D1732277

J. von Staudingers
Kommentar zum Bürgerlichen Gesetzbuch
mit Einführungsgesetz und Nebengesetzen
Buch 1 · Allgemeiner Teil
§§ 134–163
(Allgemeiner Teil 4)

J. von Staudingers
Kommentar zum Bürgerlichen Gesetzbuch
mit Einführungsgesetz und Nebengesetzen

Buch 1
Allgemeiner Teil
§§ 134–163
(Allgemeiner Teil 4)

Neubearbeitung 2003
von
Reinhard Bork
Jürgen Kohler
Herbert Roth
Rolf Sack

Redaktor
Norbert Habermann

Sellier – de Gruyter · Berlin

Die Kommentatoren

Neubearbeitung 2003
§§ 134, 138: ROLF SACK
§§ 135–137: JÜRGEN KOHLER
§§ 139–144, 157: HERBERT ROTH
§§ 145–156, 158–163: REINHARD BORK

Dreizehnte Bearbeitung 1996
§§ 134, 138: ROLF SACK
§§ 135–137: JÜRGEN KOHLER
§§ 139–144, 157: HERBERT ROTH
§§ 145–156, 158–163: REINHARD BORK

12. Auflage
§§134–163: Professor Dr. HERMANN DILCHER
(1979)

11. Auflage
§§134–163: Professor Dr. HELMUT COING
(1957)

Sachregister

Rechtsanwalt Dr. Dr. VOLKER KLUGE, Berlin

Zitierweise

STAUDINGER/SACK (2003) § 134 Rn 1
STAUDINGER/BORK (2003) Vorbem 1 zu
§§ 145 ff

Zitiert wird nach Paragraph bzw Artikel und
Randnummer.

Hinweise

Das Vorläufige Abkürzungsverzeichnis 1993 für
das „Gesamtwerk STAUDINGER" befindet sich in
einer Broschüre, die den Abonnenten zusammen mit dem Band §§ 985–1011 (1993) bzw seit
2000 gesondert mitgeliefert wird. Eine aktuali-
sierte Neubearbeitung befindet sich in Vorbereitung und wird den Abonnenten wiederum
kostenlos geliefert werden.

Der Stand der Bearbeitung ist jeweils mit
Monat und Jahr auf den linken Seiten unten
angegeben.

Am Ende des Bandes befindet sich eine
Übersicht über den aktuellen Stand des
„Gesamtwerk STAUDINGER".

Die Deutsche Bibliothek verzeichnet diese Publikation in der Deutschen Nationalbibliografie;
detaillierte bibliografische Daten sind im Internet über http://dnb.ddb.de abrufbar.

ISBN 3-8059-0976-4

Satz: jürgen ullrich typosatz, Nördlingen.

Druck: H. Heenemann GmbH & Co., Berlin.

Bindearbeiten: Lüderitz und Bauer, Buch-
gewerbe GmbH, Berlin.

Umschlaggestaltung: Bib Wies, München.

⊗ Gedruckt auf säurefreiem Papier, das
die DIN ISO 9706 über Haltbarkeit
erfüllt.

Inhaltsübersicht

[*] Zitiert wird nicht nach Seiten, sondern nach
Paragraph bzw Artikel und Randnummer; siehe
dazu auch S VI.

Allgemeines Schrifttum

Das Sonderschrifttum ist zu Beginn der einzelnen Kommentierungen bzw in Fußnoten innerhalb der Kommentierung aufgeführt.

ACHILLES/GREIFF, Bürgerliches Gesetzbuch nebst Einführungsgesetz, Allgemeiner Teil, bearb v GREIFF (21. Aufl 1958; Nachtrag 1963)
Alternativkommentar, Kommentar zum Bürgerlichen Gesetzbuch, Hrsg WASSERMANN, Bd 1, Allgemeiner Teil, bearb v DAMM ua (1987)
BÄHR, Grundzüge des Bürgerlichen Rechts (9. Aufl 1995)
BAUMBACH/HEFERMEHL, Wettbewerbsrecht (22. Aufl 2001)
BAUMGÄRTEL, Handbuch der Beweislast im Privatrecht, Bd I (2. Aufl 1991), Allgemeiner Teil, bearb v LAUMEN
BGB-RGRK s Reichsgerichtsräte-Kommentar
BIERMANN, Bürgerliches Recht, Bd I, Allgemeine Lehren und Personenrecht (1908)
BOEHMER, Einführung in das Bürgerliche Recht (2. Aufl 1965)
BOEHMER, Grundlagen der Bürgerlichen Rechtsordnung, Bd I (1950), Bd II 1 (1951), Bd II 2 (1952)
DE BOOR, Bürgerliches Recht, Allgemeiner Teil, Recht der Schuldverhältnisse, Sachenrecht (2. Aufl 1954)
BORK, Allgemeiner Teil des Bürgerlichen Gesetzbuchs (2001)
BREHM, Allgemeiner Teil des Bürgerlichen Gesetzbuchs (5. Aufl 2002)
BROX, Allgemeiner Teil des Bürgerlichen Gesetzbuchs (27. Aufl 2003)
COSACK/MITTEIS, Lehrbuch des Bürgerlichen Rechts, Bd 1 (8. Aufl 1927)
CROME, System des Deutschen Bürgerlichen Rechts, 1. Bd Allgemeiner Teil (1900)
DERNBURG, Das Bürgerliche Recht des Deutschen Reichs und Preußens, 1. Bd. Die allgemeinen Lehren (3. Aufl 1906)

DIEDERICHSEN, Der Allgemeine Teil des Bürgerlichen Gesetzbuchs für Studienanfänger (5. Aufl 1984)
ECK, Vorträge über das BGB (2. Aufl 1903)
EISENHARDT, Allgemeiner Teil des BGB (4. Aufl 1997)
ELTZBACHER, Einführung in das Bürgerliche Recht (1920)
ENDEMANN, Lehrbuch des Bürgerlichen Rechts, Bd I (8./9. Aufl 1903)
ENNECCERUS/NIPPERDEY, Allgemeiner Teil des Bürgerlichen Rechts (15. Bearb), 1. Halbbd (1959), 2. Halbbd (1960)
ERMAN, Handkommentar zum Bürgerlichen Gesetzbuch (10. Aufl 2000). Allgemeiner Teil bearb v PALM ua
FELDMANN, Bürgerliches Recht, Allgemeiner Teil des BGB (4. Aufl 1951)
FISCHER/HENLE/TITZE, Bürgerliches Gesetzbuch für das Deutsche Reich, Allgemeiner Teil, bearb v FISCHER (14. Aufl 1932)
FLUME, Allgemeiner Teil des Bürgerlichen Rechts, Bd I, Teilbd 1: Die Personengesellschaft (1977), Teilbd 2: Die juristische Person (1983), Bd II: Das Rechtsgeschäft (4. Aufl 1992)
GAREIS, Der allgemeine Teil des BGB (1900)
GERNHUBER/GRUNEWALD, Bürgerliches Recht (5. Aufl 2002)
GOLDMANN/LILIENTHAL, Das Bürgerliche Gesetzbuch, Bd 1 (3. Aufl 1921)
Grundlagen des Vertrags- und Schuldrechts, mit Beiträgen v EMMERICH, GERHARDT, GRUNSKY, HUHN, SCHMID, TEMPEL, WOLF (1972)
HACHENBURG, Das BGB für das Deutsche Reich, Vorträge (2. Aufl 1900)
Handkommentar zum Bürgerlichen Gesetzbuch (2. Aufl 2002), bearb v DÖRNER ua
HATTENHAUER, Grundbegriffe des Bürgerlichen Rechts (2. Aufl 2000)
HEIGL, Bürgerliches Recht, Allgemeiner Teil (2. Aufl 1975)
HELLMER, Systematik des Bürgerlichen Rechts und angrenzender Gebiete (2. Aufl 1961)

HENLE, Lehrbuch des Bürgerlichen Rechts, Allgemeiner Teil (1926)

HIRSCH, Der Allgemeine Teil des BGB (4. Aufl 2002)

HOELDER, Kommentar zum Allgemeinen Teil des BGB (1900)

HÜBNER, Allgemeiner Teil des Bürgerlichen Gesetzbuchs (2. Aufl 1996)

JAKOBS/SCHUBERT (Hrsg), Die Beratung des Bürgerlichen Gesetzbuchs in systematischer Zusammenstellung der unveröffentlichten Quellen, 13 Bde (1978 ff), Allgemeiner Teil (1985)

JAUERNIG (Hrsg), BGB, Kommentar (10. Aufl 2003). Allgemeiner Teil, bearb v JAUERNIG

JUNG. Bürgerliches Recht, in: STAMMLER, Das gesamte Recht, Bd 1 (1931) 447

KLUNZINGER, Einführung in das Bürgerliche Recht (11. Aufl 2002)

KÖHLER, BGB, Allgemeiner Teil (27. Aufl 2003)

KÖTZ/EITH/MÜLLER-GINDULLIS, BGB mit Leitsätzen aus der höchstrichterlichen Rechtsprechung (3. Aufl 1985)

KOHLER, Lehrbuch des Bürgerlichen Rechts, Bd 1 (1906)

KLUSSMANN, Grundzüge des BGB. Ein Leitfaden durch den Allgemeinen Teil (1954)

KRÜCKMANN, Institutionen des BGB (5. Aufl 1929)

KRÜGER, Ergänzungen zum BGB, 1. Bd (1925)

KUHLENBECK, Das BGB für das Deutsche Reich, Bd 1 (2. Aufl 1903)

KUMMEROW, BGB, Allgemeiner Teil (1948)

KUSSMANN, Lexikon des BGB (1950)

LANDSBERG, Das Recht des BGB, ein dogmatisches Lehrbuch (1904)

LARENZ/WOLF, Allgemeiner Teil des Bürgerlichen Rechts (8. Aufl 1997)

LEHMANN/HÜBNER, Allgemeiner Teil des Bürgerlichen Gesetzbuchs (15. Aufl 1966)

LEONHARD, Der Allgemeine Teil des BGB (1900)

LOENING/BASCH/STRASSMANN, Bürgerliches Gesetzbuch, Taschenkommentar (1931)

LÖWE/GRAF vWESTPHALEN/TRINKNER, Kommentar zum AGBG (2. Aufl 1983 ff)

LOEWENWARTER, Lehrkommentar zum BGB, Bd 1, Allgemeiner Teil (3. Aufl 1931)

LOEWENWARTER/BOHNENBERG, Wegweiser durch das BGB (18. Aufl 1952)

MATTHIASS, Lehrbuch des Bürgerlichen Rechts (6. Aufl 1914)

MEDICUS, Allgemeiner Teil des BGB (8. Aufl 2002)

MEDICUS, Bürgerliches Recht (19. Aufl 2002)

MÜLLER/MEIKEL, Das Bürgerliche Recht des Deutschen Reichs, Bd 1 (2. Aufl 1904)

Münchener Kommentar zum Bürgerlichen Gesetzbuch, Allgemeiner Teil (4. Aufl 2001) bearb v MAYER-MALY/ARMBRÜSTER ua

MUGDAN, Die gesammten Materialien zum Bürgerlichen Gesetzbuch für das Deutsche Reich, 5 Bde (1899)

NEUMANN, Handausgabe des BGB für das Deutsche Reich, Bd 1 (6. Aufl 1912)

NOTTARP, BGB, Allgemeiner Teil (1948)

OERTMANN, Bürgerliches Gesetzbuch, Allgemeiner Teil (3. Aufl 1927)

PALANDT, Bürgerliches Gesetzbuch, Kommentar, Allgemeiner Teil bearb v HEINRICHS (62. Aufl 2003)

PAWLOWSKI, Allgemeiner Teil des BGB (7. Aufl 2003)

PLANCK, Kommentar zum Bürgerlichen Gesetzbuch nebst Einführungsgesetz, Bd I, Allgemeiner Teil, bearb v KNOKE ua (4. Aufl 1913)

RAMM, Einführung in das Privatrecht, Allgemeiner Teil des BGB, Bde 1, 2 (2. Aufl 1974), Bd 3 (2. Aufl 1975)

REHBEIN, Das BGB mit Erläuterungen für das Studium und die Praxis, Bd I, Allgemeiner Teil (1899)

Reichsgerichtsräte-Kommentar zum BGB, Bd 1, §§ 1–240, bearb v JOHANNSEN ua (12. Aufl 1982)

ROSENTHAL, Bürgerliches Gesetzbuch, Handkommentar, bearb v KAMNITZER, BOHNENBERG (15. Aufl 1965; Nachträge 1966, 1968, 1970)

ROTHER, Grundsatzkommentar zum Bürgerlichen Gesetzbuch, Allgemeiner Teil (2. Aufl 1979)

RÜTHERS/STADLER, Allgemeiner Teil des BGB (12. Aufl 2002)

SCHACK, BGB – Allgemeiner Teil (9. Aufl 2002)

SCHERNER, BGB – Allgemeiner Teil (1995)

SCHLEGELBERGER/VOGELS, Erläuterungswerk zum Bürgerlichen Gesetzbuch, Allgemeiner Teil, bearb v VOGELS ua (1939 ff)

SCHMIDT, Bürgerliches Recht, Bd 1, Die allgemeinen Lehren des Bürgerlichen Rechts (2. Aufl 1952)

SCHUBERT (Hrsg), Die Vorlagen der Redaktoren für die erste Kommission zur Ausarbeitung des Entwurfs eines Bürgerlichen Gesetzbuchs, Allgemeiner Teil 1876–1887 (1981)

SCHWAB, Einführung in das Zivilrecht (15. Aufl 2002)

SIMEON/DAVID, Lehrbuch des Bürgerlichen Rechts. 1. Hälfte, Allgemeiner Teil, Schuldverhältnisse (15. Aufl 1928)

SOERGEL, Bürgerliches Gesetzbuch mit Einführungsgesetz und Nebengesetzen, Kommentar, Bd 1, Allgemeiner Teil, bearb v HEFERMEHL ua (13. Aufl 2000)

STAMPE, Einführung in das Bürgerliche Recht (1930)

STAUDINGER/KEIDEL, Bürgerliches Gesetzbuch, Handausgabe (3. Aufl 1931)

Studienkommentar zum BGB, Erstes bis Drittes Buch, Allgemeiner Teil, bearb v HADDING (2. Aufl 1979)

THIELE, BGB, Allgemeiner Teil – Allgemeines Schuldrecht (5. Aufl 1995)

THOMA, Bürgerliches Recht, Allgemeiner Teil (1975)

vTUHR, Der Allgemeine Teil des Deutschen Bürgerlichen Rechts, Bd I (1910), Bd II 1 (1914), Bd II 2 (1918) (Neudruck 1957)

ULMER/BRANDNER/HENSEN, Kommentar zum AGBG (9. Aufl 2001)

WARNEYER/BOHNENBERG, Kommentar zum BGB, Bd 1 (12. Aufl 1951)

WEDEMEYER, Allgemeiner Teil des BGB (1933)

WINDSCHEID/KIPP, Lehrbuch des Pandektenrechts, Bd 1 (9. Aufl 1906)

WOLF, Allgemeiner Teil des Bürgerlichen Rechts (3. Aufl 1982)

WOLF/HORN/LINDACHER, AGB-Gesetz (4. Aufl 1999)

ZITELMANN, Das Recht des BGB. I. Teil, Einleitung und Allgemeiner Teil des BGB (1900).

§ 134
Gesetzliches Verbot

Ein Rechtsgeschäft, das gegen ein gesetzliches Verbot verstößt, ist nichtig, wenn sich nicht aus dem Gesetz ein anderes ergibt.

Materialien: E I § 105; II § 100; III § 130; Mot I 210; Prot I 122.

Schrifttum

AMM, Rechtsgeschäft, Gesetzesverstoß und § 134 BGB (Diss Bochum 1982)

ANTWEILER, Vergaberechtsverstöße und Vertragsnichtigkeit, DB 2001, 1975

ASMUS, Die vinkulierte Mitgliedschaft (2001)

BAUMBACH/HEFERMEHL, Wettbewerbsrecht (22. Aufl 2001)

BEATER, Der Gesetzesbegriff von § 134 BGB, AcP 197 (1997) 505

BECKMANN, Nichtigkeit und Personenschutz (1998)

BERG, Der finanzierte Ehemäklervertrag, JuS 1973, 548

BEUTHIEN, Das fehlerhafte Arbeitsverhältnis als bürgerlich-rechtliches Abwicklungsproblem, RdA 1969, 161

BRAMSCHE, Rechtsfolgen verwaltungsvertraglicher Gesetzesverstöße, insbesondere Nichtigkeitsfolge durch entsprechende Anwendung des § 134 BGB im Rahmen des § 59 Abs 1 VwVfG sowie Vereinbarkeit des § 59 VwVfG mit dem Verfassungsrecht (1986)

F BYDLINSKI, Thesen zur Drittwirkung von Grundrechten im Privatrecht, in: RACK (Hrsg), Grundrechtsreform (1985) 173

CANARIS, Atypische faktische Arbeitsverhältnisse, BB 1967, 165

ders, Bankvertragsrecht (2. Bearb 1981)

ders, Gesetzliches Verbot und Rechtsgeschäft (1983)

ders, Grundrechte und Privatrecht, AcP 184 (1984) 201

ders, Gesamtunwirksamkeit und Teilgültigkeit rechtsgeschäftlicher Regelungen, in: FS Steindorff (1990) 519

ders, Grundrechte und Privatrecht (1999)

ders, Wandlungen des Schuldvertragsrechts – Tendenzen zu seiner Materialisierung, AcP 200 (2000) 276

ders, Nachträgliche Gesetzeswidrigkeit von Verträgen, geltungserhaltende Reduktion und salvatorische Klauseln im deutschen und europäischen Kartellrecht, DB 2002, 930

COESTER-WALTJEN, Künstliche Fortpflanzung und Zivilrecht, FamRZ 1992, 369

DAMM, Kontrolle von Vertragsgerechtigkeit durch Rechtsfolgenbestimmung, JZ 1986, 913

DEUTSCH, Embryonenschutz in Deutschland, NJW 1991, 721

DIEDERICHSEN, Das Bundesverfassungsgericht als oberstes Zivilgericht – ein Lehrstück der juristischen Methodenlehre, AcP 198 (1998) 171

DIEKHOFF, Lohnanspruch für verbotswidrige Urlaubstätigkeit, DB 1966, 1235

DILCHER, Rechtsgeschäfte auf verfassungswidriger Grundlage, AcP 163 (1963) 193

DREHER, Die zivilrechtliche Beurteilung von Provisionsabgabevereinbarungen und die Zuständigkeit der Kartellgerichte, VersR 1995, 1

ders, Die europa- und versicherungsrechtliche Beurteilung des Provisionsabgabeverbots in der Lebensversicherung, VersR 2001, 1

DÜRIG, Grundrechte und Zivilrechtsprechung, in: FS Nawiasky (1956) 157

EMMERICH, Neue Grenzen der Deliktshaftung für Marktmachtmissbrauch, AG 2001, 520

ENDEMANN, Über die civilrechtliche Wirkung der Verbotsgesetze (1887)

ERLANGER, Zur Anwendbarkeit des § 134 BGB auf Schutzgesetze, LZ 1932, 943

FIKENTSCHER, Horizontale Wettbewerbsbeschränkungen und Verträge mit Dritten, BB 1956, 793

Rolf Sack

FLUME, Verbotene Preisabsprache und Einzelvertrag, WuW 1956, 457

FRIEDRICHS, Gesetzliches Verbot und Nichtigkeit, Recht 1924, 121

GAMILLSCHEG, Die Grundrechte im Arbeitsrecht, AcP 164 (1964) 385

ders, Die Grundrechte im Arbeitsrecht (1989)

vGAMM, Wettbewerbsrecht (5. Aufl 1987)

GIGER, Rechtsfolgen norm- und sittenwidriger Verträge (1989)

GÖLDNER, Verfassungsprinzip und Privatrechtsnorm in der verfassungskonformen Auslegung und Rechtsfortbildung (1969)

HABERSACK, Staatsbürgschaften und EG-vertragliches Beihilfeverbot, ZHR 159 (1995) 663

J HAGER, Gesetzes- und sittenkonforme Auslegung und Aufrechterhaltung von Rechtsgeschäften (1983)

ders, Die gesetzeskonforme Aufrechterhaltung übermäßiger Vertragspflichten, JuS 1985, 264

ders, Grundrechte im Privatrecht, JZ 1994, 373

HECKLINGER, Urlaubszweckwidrige Tätigkeiten während des Erholungsurlaubes, BB 1963, 818

HELDMANN, Befristung des Arbeitsverhältnisses durch befristete Arbeitserlaubnis, BB 1965, 1306

HERETH, Preisrechtliches Überhöhungsverbot bei Bauvertragsangeboten, NJW 1973, 1441

B HERZOG, Quantitative Teilnichtigkeit (1926)

vHEYMANN/RÖSLER, Immobilienfinanzierungen unter Berücksichtigung der Makler- und Bauträgerverordnung (MaBV), WM 1998, 2456

DE HODY, Wann ist ein verbotswidriges Geschäft nach § 134 BGB nichtig? (Diss Würzburg 1909)

HÖNN, Kompensation gestörter Vertragsparität (1982)

ders, Inhaltskontrolle von Gesellschaftsverträgen, JurA 1987, 337

HOFHERR, Die illegale Beschäftigung ausländischer Arbeitnehmer und ihre arbeitsvertraglichen Folgen (1999)

HOLZAPFL, Werden preisrechtswidrige Verträge durch die Preisfreigabe wirksam?, BB 1965, 569

ders, „Tagespreisklausel" und Preisauszeichnung, BB 1972, 150

ders, Bindung an das Angebot bei Verstößen gegen das Baupreisrecht, BB 1973, 682

HOPT/MESTMÄCKER, Die Rückforderung staatlicher Beihilfen nach europäischem und deutschem Recht, WM 1996, 801

HOSS/LASCHET, Die Einführung des Euro in der vertrags- und wettbewerbsrechtlichen Praxis, MDR 1999, 726

H HÜBNER, Zum Abbau von Nichtigkeitsvorschriften, in: FS Wieacker (1978) 399

U HÜBNER, Personale Relativierung der Unwirksamkeit von Rechtsgeschäften nach dem Schutzzweck der Norm, in: FS Heinz Hübner (1984) 487

ders, Bereicherungsausgleich bei Drittfinanzierung der Kommanditbeteiligung an einer insolvent gewordenen Publikums-(Abschreibungs-) KG, ZIP 1984, 1175

IMMENGA, Rechtsfolgen unzulässiger Leiharbeitsverhältnisse, BB 1972, 805

JANICKI, Die Erteilung privatrechtsgestaltender behördlicher Genehmigungen nach unanfechtbarer Versagung, NJW 1963, 838

KÄSSER, Der fehlerhafte Arbeitsvertrag (1979)

KANZLEITER, Die zivilrechtlichen Auswirkungen der Makler- und BauträgerVO, WiuVw 1981, 96

KELLER, Zivilrechtliche Mietpreiskontrolle (1996)

KÖRNER, Verstöße gegen die Vorschriften des UWG und WZG und ihre Auswirkungen auf Drittverträge, GRUR 1968, 348

ders, Der Vollzug verbotener Verpflichtungsgeschäfte als selbständiger Wettbewerbsverstoß, WRP 1979, 774

KÖTZ, Die Ungültigkeit von Verträgen wegen Gesetz- und Sittenwidrigkeit, RabelsZ 58 (1994) 209

KOPP/RAMSAUER, Verwaltungsverfahrensgesetz (7. Aufl 2000)

KOZIOL, Sonderprivatrecht für Konsumentenkredit, AcP 188 (1988) 183

R KRAMER, Der Verstoß gegen ein gesetzliches Verbot und die Nichtigkeit von Rechtsgeschäften (§ 134 BGB) (Diss Mainz 1976)

KREUZER, Ausländisches Wirtschaftsrecht vor deutschen Gerichten (1986)

KUHLMANN, Übertragung einer Arztpraxis und ärztliche Schweigepflicht (zu BGH NJW 1974, 602), JZ 1974, 670

LAFRENZ, Die Folgen des Rabattverstoßes, GRUR 1979, 89

LAMBRECHT, Die Lehre vom faktischen Vertragsverhältnis, Entstehung, Rezeption und Niedergang (1994)

O Lange, Die behördliche Genehmigung und ihre zivilrechtlichen Auswirkungen, AcP 152 (1952/53) 241

Langen, Welche Bedeutung hat heutzutage der Ausdruck „gesetzliches Verbot" in § 134 BGB?, in: FS Isay (1956) 321

M Lehmann, Vertragsanbahnung durch Werbung (1981)

Leisner, Grundrechte und Privatrecht (1960)

Liermann, Ersatzmutterschaft und das Verbot ihrer Vermittlung, FamRZ 1992, 857

E Lorenz, Die Rechtswahlfreiheit im internationalen Schuldvertragsrecht, RIW 1987, 569

Lücke, Die Drittwirkung der Grundrechte an Hand des Art 19 Abs 3 GG, JZ 1999, 377

Lüderitz, Verbot von Kinderhandel und Ersatzmuttervermittlung durch Änderung des Adoptionsvermittlungsgesetzes, NJW 1990, 1633

Matthes, Die Rechtsstellung des ohne Zustimmung des Betriebsrates eingestellten Arbeitnehmers, DB 1974, 2007

Maurer, Verzicht auf Lohnfortzahlung im Krankheitsfall, DB 1972, 2481

Mayer-Maly, Handelsrechtliche Verbotsgesetze, in: FS Hefermehl (1976) 103

Metschkoll, Eingriffe in Außenhandelsverträge. Die privatrechtliche Bedeutung außenwirtschaftlicher Maßnahmen im Warenverkehr (1992)

Metzger, Nichtigkeit und Wirksamkeit von Geschäften der Schattenwirtschaft (1996)

Michalski/Römermann, Verkauf einer Anwaltskanzlei, NJW 1996, 1305

Molitor, Kritisches zum Problem der Kettenverträge, BB 1954, 504

R Müller, Anwendbarkeit von § 134 BGB im Kartellrecht, JZ 1954, 720

Neumann, Verbotene Urlaubsarbeit, DB 1972, 2209

Nicklisch, Die Behandlung von Verträgen bei Verstößen gegen das Baupreisrecht, BB 1973, 53

Nipperdey, Grundrechte und Privatrecht (1961) = FS Molitor (1962) 17

Ochs, Wertreklame und Folgeverträge, WRP 1977, 373

Oeter, „Drittwirkung" der Grundrechte und die Autonomie des Privatrechts, AöR 119 (1994) 529

vOlshausen, Zivil- und wirtschaftsrechtliche Instrumente gegen überhöhte Preise, ZHR 146 (1982) 259

Ordemann, Sind unzulässige Zugabe- und Rabattgeschäfte wegen Verstoßes gegen § 134 BGB nichtig?, WRP 1964, 231

Otte, Die Nichtigkeit letztwilliger Verfügungen wegen Gesetzes- oder Sittenwidrigkeit, JurA 1985, 192

Pansegrau, Die Fortwirkung der römischrechtlichen Dreiteilung der Verbotsgesetze in der Rechtsprechung des Reichsgerichts: Zur Vorgeschichte des § 134 BGB (1989)

Pause, Unwirksamkeit von Vollstreckungsunterwerfungsklauseln in Bauträgerverträgen und damit zusammenhängende Rechtsfragen, NJW 2000, 769

Pawlowski, Rechtsgeschäftliche Folgen nichtiger Willenserklärungen (1966)

ders, Zum Umfang der Nichtigkeit bei Verstößen gegen „öffentlich-rechtliche" Verbotsgesetze (§§ 35, 210 AVAVG), JZ 1966, 696

ders, Zur Frage der Auswirkung gesetzlicher Verbote auf Verträge (zu BGH JZ 1970, 504), JZ 1970, 506

Pechstein, Nichtigkeit beihilfegewährender Verträge nach Art 93 III 3 EGV, EuZW 1998, 495

Prost, Verbotene Geschäfte und strafbare Handlungen nach dem Kreditwesengesetz, NJW 1977, 227

Raestrup, Über die Nichtigkeit von Rechtsgeschäften, die gegen ein gesetzliches Verbot iS des § 134 BGB verstoßen (Diss Marburg 1930)

Randt, Abermals Neues zur Korruptionsbekämpfung: Die Ausdehnung der Angestelltenbestechung des § 299 StGB auf den Weltmarkt, BB 2002, 2252

Ratzel, Zivilrechtliche Konsequenzen von Verstößen gegen die ärztliche Berufsordnung, MedR 2002, 492

Reichel, Der Verstoß gegen § 66 Abs 1 BetrVerfG und seine Rechtsfolgen, AcP 167 (1967) 268

Ring, Honorarzession und Verschwiegenheitspflicht, BB 1994, 373

H Roth, Geltungserhaltende Reduktion im Privatrecht, JZ 1989, 411

Sack, Unlauterer Wettbewerb und Folgevertrag, WRP 1974, 445

ders, Der rechtswidrige Arbeitsvertrag, RdA 1975, 171

ders, Das Rücktrittsrecht gem § 13a UWG, BB 1987, Beil 2, insbes S 25 ff

ders, Wettbewerbsrechtliche Folgen von Richtlinien der Europäischen Union, VersR 1994, 1383

ders, Die Durchsetzung unlauter zustande gebrachter Verträge als unlauterer Wettbewerb, WRP 2002, 396

SCHENKE, Der rechtswidrige Verwaltungsvertrag nach dem Verwaltungsverfahrensgesetz, JuS 1977, 281

E SCHMIDT, Der Verzicht auf betriebsverfassungsrechtliche Befugnisse (1995)

K SCHMIDT, Vertragsnichtigkeit durch Genehmigungsverweigerung, JuS 1995, 102

ders, Vertragsnichtigkeit nach § 134 durch nichtregelnde Behördenmitteilung, NJW 1995, 2255

SCHMIDT-FUTTERER, Der Begriff der Zweckentfremdung von Wohnraum nach Art 6 MVerbG, ZMR 1974, 257

SCHOCKENHOFF, Wettbewerbswidrige Folgeverträge, NJW 1995, 500

W SCHROEDER, Über die verbotenen Rechtsgeschäfte nach heutigem Recht (Diss Breslau 1905)

SCHUHMACHER, Verbraucherschutz bei Vertragsanbahnung (Wien 1983)

SCHULTE WESTENBERG, Nachtarbeit von Schwangeren und Kündigung des Arbeitsvertrages, NJW 1995, 761, 762

SCHUMACHER, Vertragsaufhebung wegen fahrlässiger Irreführung unerfahrener Vertragspartner (1979)

SCHWABE, Die sogenannte Drittwirkung (1971)

SCHWARZ, Versichertengemeinschaft und zivilrechtliche Wirksamkeit sogenannter Provisionsteilungsabreden, NJW 1995, 491

SCHWINTOWSKI, Grenzen der Anerkennung fehlerhafter Gesellschaften, NJW 1988, 937

SEILER, Über verbotswidrige Rechtsgeschäfte (§ 134 BGB). Eine Bestandsaufnahme, in: Gedschr Martens (1987) 719

SETHE, Zivilrechtliche Rechtsfolgen der Korruption am Beispiel von Bankgeschäften, WM 1998, 2309 = in: PIETH/EIGEN (Hrsg), Korruption im internationalen Geschäftsverkehr (1999) 449

SIMITIS, Bemerkungen zur Nichtigkeit von Arbeitsverhältnissen, insbesondere zur nachträglichen Sitten- und Gesetzeswidrigkeit, JZ 1964, 740, 746

SPECKMANN, Die Aushöhlung gemeinschaftlicher Testamente durch Rechtsgeschäfte unter Lebenden, NJW 1968, 2222

STACH, Nichtigkeit letztwilliger Verfügungen zugunsten Bediensteter staatlicher Altenpflegeeinrichtungen?, NJW 1988, 943

U STEIN, Rechtsschutz gegen gesetzeswidrige Satzungsnormen bei Kapitalgesellschaften, ZGR 1994, 472

STEINDORFF, Nichtigkeitsrisiko bei Staatsbürgschaften, EuZW 1997, 7

STOBER, Zur zivilrechtlichen Wirkung wirtschaftsverwaltungsrechtlicher Verbote, GewArch 1981, 313

TAUPITZ, Die Standesordnungen der freien Berufe (1991)

ders, Die ärztliche Schweigepflicht in der aktuellen Rechtsprechung des BGH, MDR 1992, 421

ders, Berufsständische Satzungen als Verbotsgesetze iS des § 134 BGB, JZ 1994, 221

TILMANN/SCHREIBAUER, Rechtsfolgen rechtswidriger nationaler Beihilfen, GRUR 2002, 212

TRAUB, Durchführungsverbot und Folgeverträge, GRUR 1980, 673

P ULMER, Die Lehre von der fehlerhaften Gesellschaft – gesicherter Bestand des Gesellschaftsrechts oder methodischer Irrweg?, in: FS Flume II (1978) 301

van VENROOY, Das Verbot unterschiedlicher Behandlung nach § 26 Abs 2 Satz 1 GWB im Lichte des § 134 BGB, BB 1979, 555

VIEWEG, Embryonenschutzgesetz und Vertragsrecht, in: FS Stree/Wessels (1993) 981

WALKER, Rechtsverhältnisse bei der gewerbsmäßigen Arbeitnehmerüberlassung und Schadensersatzansprüche des Entleihers wegen Schlechtleistung, AcP 194 (1994) 295

H WEBER, Zur Lehre von der fehlerhaften Gesellschaft (1978)

WEDEMEYER, Wettbewerbswidrige Kaffeefahrten – Nichtige Kaufverträge?, WRP 1972, 117

WEILER, Gekaufte Doktortitel – Rückabwicklung nach Geschäftsführung ohne Auftrag oder Bereicherungsrecht?, NJW 1997, 1053

WEIMAR, Hat die unbefugte Vermietung einer

Sozialwohnung zivilrechtliche Folgen?, MDR
1967, 806
WESTERWELLE, Zweckentfremdung von Wohnraum, NJW 1973, 648
WESTPHAL, Zivilrechtliche Vertragsnichtigkeit
wegen Verstoßes gegen gewerberechtliche Verbotsgesetze (1985)
WIESNER, Die Lehre von der fehlerhaften Gesellschaft (1980)
WINTER, Das Provisionsabgabeverbot in der
Lebensversicherung – Grenzen und zivilrechtliche Auswirkungen, VersR 2002, 1055

WOLTERECK, Rechtsfolgen fehlender Arbeitserlaubnis bei Beschäftigung ausländischer
Arbeitnehmer, DB 1965, 779
WÜRZMANN-BERG, Die Abtretung von Honorarforderungen schweigepflichtiger Gläubiger
(1993)
ZIMMERMANN, Richterliches Moderationsrecht
oder Totalnichtigkeit? (1979).
Siehe auch Spezialschrifttum zur Gesetzesumgehung (zu Rn 144) sowie zu Verstößen gegen
§ 56 GewO (zu Rn 233), gegen das SchwArbG
(zu Rn 275) und gegen § 5 WiStG (zu Rn 92).

Systematische Übersicht

Alphabetische Übersicht

Rolf Sack

Rolf Sack

I. Der Anwendungsbereich des § 134

1. Die Verbotswidrigkeit von Rechtsgeschäften

a) Verbotswidrigkeit des Inhalts eines Rechtsgeschäfts

1 § 134 greift ein, wenn ein Rechtsgeschäft gegen ein gesetzliches Verbot verstößt. Das Rechtsgeschäft selbst muss verbotswidrig sein (RGZ 60, 273, 275, 277, 279; SACK WRP 1974, 445, 446; STAUDINGER/DILCHER[12] § 134 Rn 2; ausführlich zu den Problemen und zur Entstehungsgeschichte AMM 21). Das ist der Fall, wenn sein **Inhalt** gegen ein gesetzliches Verbot verstößt (Prot I 256; BGHZ 110, 156, 175; AMM 182 ff; SOERGEL/HEFERMEHL § 134 Rn 2, 14). § 134 dient damit der Inhaltskontrolle von Rechtsgeschäften. Inhaltliche Verbotswidrigkeit liegt insbesondere vor, wenn der mit dem Rechtsgeschäft bezweckte **Erfolg** – zB die Erfüllung des betreffenden Vertrages – verbotswidrig wäre. Inhaltlich verbotswidrig sind zB Verträge über den Praxisverkauf oder Inkassovereinbarungen mit Ärzten und Rechtsanwälten, wenn die zur Erfüllung solcher Verträge notwendige Übergabe der Patienten- oder Mandantenkartei bzw die Abtretung der Honorarforderungen die Schweigepflicht iSv § 203 StGB verletzt. Auch ein Vertrag, der gegen das RBerG verstößt, ist inhaltlich verbotswidrig. Denn die Erfüllungshandlungen wären verbotene Rechtsberatung iS des RBerG, so zB ein Geschäftsbesorgungsvertrag, den ein nicht zugelassener Rechtsberater unter Verstoß gegen Art 1 § 1 RBerG mit einem Rechtssuchenden abgeschlossen hat; der Vertrag ist nach § 134 nichtig (BGHZ 37, 258, 261; zweifelnd WESTPHAL BB 1985, 752, 753). Der mit dem Vertrag bezweckte Leistungserfolg, dh die Vornahme der Rechtsberatung wird missbilligt, weil das RBerG eine unsachgemäße Beratung und Vertretung des Rechtssuchenden verhindern will und dies nur erreichen kann, wenn der Erfüllungsanspruch des Auftraggebers vernichtet wird. Denn würde dieser ihn behalten, so wäre der Rechtsberater vertraglich gehalten, eine unerlaubte und strafbare Tätigkeit auszuüben und fortzusetzen (BGHZ 37, 258, 262).

b) Verbotswidrigkeit der Vornahme des Rechtsgeschäfts

2 § 134 ist auch dann anwendbar, wenn ein Rechtsgeschäft nicht wegen seines Inhalts, sondern wegen der besonderen Umstände der Vornahme gegen ein Gesetz verstößt, das aus diesen Gründen die Existenz des betreffenden Rechtsgeschäfts missbilligt (BGHZ 46, 24, 25; BGH NJW 1986, 1104; BGH NJW 1994, 728, 729; SOERGEL/HEFERMEHL § 134 Rn 2, 14, 18). Dies ist allerdings umstritten. Auf Rechtsgeschäfte, die nicht wegen ihres Inhalts, sondern wegen der Art ihrer **Vornahme** gegen ein Gesetz verstoßen, sei § 134 nicht anwendbar (so AMM 23–182, der solche Gesetze nicht für Verbotsgesetze iSv § 134 hält). ME läuft die Trennungslinie für die Anwendbarkeit oder Nichtanwendbarkeit von § 134 jedoch nicht zwischen verbotenem Inhalt und verbotener Vornahme eines Rechtsgeschäfts, sondern innerhalb der Fallgruppe von Rechtsgeschäften, deren Art und Weise der Vornahme das Gesetz missbilligt.

3 Ein Beispiel für ein Verbotsgesetz, das ein Rechtsgeschäft wegen der Art und Weise der Vornahme missbilligt, ist das Verbot des Abschlusses von Darlehensvermittlungsverträgen im Reisegewerbe durch § 56 Abs 1 Nr 6 GewO.

4 In Übereinstimmung mit dem Wortlaut von § 134 gibt es natürlich auch Rechtsgeschäfte, deren Vornahme zwar gegen ein Gesetz verstößt, das jedoch nicht die Nichtigkeitsfolge bezweckt. Hier fällt zwar der gesetzwidrige Abschluss eines Rechtsgeschäfts in den Anwendungsbereich des § 134; der Normzweckvorbehalt in dieser

Vorschrift verhindert jedoch die Nichtigkeitssanktion. Ein Beispiel hierfür bringt eine Entscheidung des I. ZS des BGH von 1990. Nach seiner Ansicht verstößt ein Gruppenversicherungsvertrag zwischen einer Gewerkschaft als Versicherungsnehmerin und einem Rechtsschutzversicherer, durch das die Gewerkschaft ihren Mitgliedern als Versicherten auch ohne deren Zustimmung allein kraft der Satzung Familien- und Wohnungsrechtsschutz nach den §§ 25, 29 ARB mit Mitteln des Beitragsaufkommens verschafft, zwar aus mehreren Gründen gegen § 1 UWG (BGHZ 110, 156, 161 – Gruppenversicherungsvertrag). Der Zweck der in diesem Fall verletzten Sittennorm iSv § 1 UWG verlangt jedoch keine Nichtigkeit des Gruppenversicherungsvertrags. Der BGH ist in dieser Entscheidung zwar zum selben Ergebnis gelangt, jedoch mit anderer Begründung (BGHZ 110, 156, 174 f). § 134 führe nicht zur Nichtigkeit des Gruppenversicherungsvertrages, da sich § 1 UWG im vorliegenden Falle nicht gegen den **Inhalt** des Vertrags wende, sondern gegen die Art und Weise des wettbewerblichen Verhaltens (BGHZ 110, 156, 175). § 138 sei nicht anwendbar, da der Rechtsbegriff der guten Sitten in dieser Vorschrift und in § 1 UWG nicht dieselbe Bedeutung habe. Aus der wettbewerbsrechtlichen Anstößigkeit des Abschlusses des Gruppenversicherungsvertrages könne nicht ohne weiteres abgeleitet werden, dass er auch ohne weiteres seinem Inhalt nach mit der Rechts- und Sittenordnung unvereinbar sei (BGHZ 110, 156, 174 f).

2. Verbotswidrige Umstände des Zustandekommens von Rechtsgeschäften

Nicht eindeutig geklärt ist die Frage, ob § 134 auch dann anwendbar ist, wenn die **5** Umstände des Zustandekommens bzw Zustandebringens eines Rechtsgeschäfts gegen ein gesetzliches Verbot verstoßen. Ist ein Vertrag nichtig nach § 134, wenn er mit Hilfe von Methoden zustande gebracht worden ist, die gegen das UWG verstoßen, zB durch irreführende Werbung iSv § 3 UWG oder durch pychischen Kaufzwang nach § 1 UWG? In seiner Entscheidung „Gruppenversicherungsvertrag" von 1990 hat der BGH unmissverständlich festgestellt, dass ein Rechtsgeschäft nicht schon dann ohne weiteres in den Regelungsbereich des § 134 fällt, wenn nur die Art und Weise des Zustandebringens sittenwidrig war (BGHZ 110, 156, 174; **aA** BECKMANN 399 f; nach noch anderer Ansicht sind die dabei verletzten Gesetze keine „Verbotsgesetze" iSv § 134, so STAUDINGER/DILCHER[12] § 134 Rn 2). Dieser Ansicht ist zu folgen. § 134 greift nicht schon dann ohne weiteres ein, wenn ein Rechtsgeschäft mit gesetzwidrigen Methoden zustande gebracht worden ist (BGHZ 110, 156, 175; BGHZ 141, 357, 360 f [durch Verstoss gegen § 12 UWG/ § 299 StGB zustandegebrachter Vertrag]; KISCH JW 1930, 3655; SACK WRP 1974, 445, 446; **aA** für den Regelfall BECKMANN 190, 260 m Fn 44; nach BORK, AT Rn 1103 ist § 123 lex specialis gegenüber § 134; mE haben beide Vorschriften einen unterschiedlichen Regelungsbereich). Für diese Beschränkung des Anwendungsbereichs von § 134 spricht bereits sein Wortlaut, der an die Gesetzwidrigkeit eines **Rechtsgeschäfts** anknüpft. Aus systematischen Gründen spricht für diese Ansicht, dass das BGB in den §§ 119 ff einerseits und in den §§ 134, 138 andererseits zwischen Mängeln beim Zustandekommen von Rechtsgeschäften und rechtlich zu missbilligenden Rechtsgeschäften unterscheidet.

Deshalb ist zB ein Rechtsgeschäft, das mit Hilfe unlauterer Wettbewerbsmethoden **6** unter Verstoß gegen das UWG zustande gebracht worden ist, nicht ohne weiteres gesetzwidrig und nichtig nach § 134 (BGHZ 110, 156, 175; BGHZ 141, 357, 360 f; SACK WRP 1974, 445, 446 f; MünchKomm/MAYER-MALY/ARMBRÜSTER § 134 Rn 67; **aA** AG Trier NJW 1972, 160; LG Mainz BB 1967, 1180; ausführlicher dazu unten Rn 304).

7 Es ist jedoch denkbar, dass der Gesetzgeber wegen der rechtlich zu missbilligenden Art der äußeren Umstände des Vertragsabschlusses auch das Rechtsgeschäft selbst für nichtig erklärt. Ein Beispiel hierfür ist das Wucherverbot des § 138 Abs 2 BGB. Erst aus den Umständen, unter denen Wucherverträge zustande gebracht wurden, ergibt sich deren inhaltliche Missbilligung; ohne diese Umstände käme auch eine rechtlich unbedenkliche gemischte Schenkung in Betracht. Wegen der Sonderregelung des § 138 Abs 2 bedarf es hier allerdings nicht der Anwendung des § 134.

8 Die Abgrenzung von Vorschriften, die sich nur gegen **die äußeren Umstände** beim Vertragsabschluss bzw gegen die Art und Weise des Zustandebringens von Verträgen wenden, und solchen Vorschriften, die wegen solcher äußerer Umstände auch **die Vornahme** des Rechtsgeschäfts als solchem untersagen, kann allerdings im Einzelfall erhebliche Schwierigkeiten bereiten. Ein Beispiel hierfür ist die Regelung des § 56 Abs 1 Nr 6 GewO, die früher sowohl den Abschluss als auch die entgeltliche Vermittlung von Darlehensgeschäften im Reisegewerbe verbot; seit 1. 1. 1991 verbietet sie nur noch die entgeltliche Vermittlung von Darlehensgeschäften (BGBl 1990 I 2840). § 56 Abs 1 Nr 6 GewO knüpft zweifellos an die Art des Zustandekommens von Verträgen an (BGHZ 93, 264, 269; Canaris ZIP 1980, 709, 712; Sack WRP 1974, 445, 447; anders offenbar noch BGHZ 71, 358, 361). Diese Verbotsnorm will den Kunden vor übereilten Kreditgeschäften infolge einer Beeinträchtigung seiner Entschließungsfreiheit durch Übereilung, Überrumpelung und Irreführung bewahren (BGHZ 93, 264, 269; BGHZ 71, 358, 361). Sie will den Kunden vor den nachteiligen Folgen von Verträgen schützen, die sie in solchen Situationen – an der „Haustür" – abgeschlossen hatten, „in denen ihre Entscheidungsfreiheit typischerweise beeinträchtigt wurde" (BGHZ 93, 264, 267; BGHZ 71, 358, 361). Problematisch ist jedoch, ob § 56 Abs 1 Nr 6 GewO die Kunden nur vor dieser Art und Weise des Zustandebringens von Darlehensgeschäften schützen will – dies würde für die Anwendung von § 134 nicht genügen –, oder ob der Gesetzgeber wegen dieser Art und Weise des Zustandebringens von Darlehensgeschäften zum Schutze des Kunden auch die **Vornahme** solcher Rechtsgeschäfte verboten hat, dh ob die so zustande gebrachten **Rechtsgeschäfte als solche** verboten sind. Im letzteren Falle liegt ein verbotswidriges Rechtsgeschäft iSv § 134 vor. Der BGH hat sich früher im Interesse des Kundenschutzes für diese zweite weiterreichende Interpretation des § 56 GewO entschieden (BGHZ 71, 358, 360, 362 f; BGHZ 93, 264, 267, 269; BGH WM 1991, 313; BGH NJW 1992, 425; BGH NJW 1993, 2108; ebenso im Schrifttum Berg JuS 1973, 549, 550 f; Canaris, Gesetzliches Verbot . . . 37; Höbold NJW 1970, 1869, 1870; Schmelz NJW 1991, 1219; **aA** OLG Hamm NJW 1994, 2159; LG Kassel NJW-RR 1989, 105, 106; Holschbach NJW 1973, 444, 445; Kisch JW 1930, 3655; Palandt/Heinrichs § 134 Rn 10; Teske ZIP 1986, 635). Dies hat er wie folgt begründet: Solange bei dieser gesetzwidrigen Art des Zustandebringens von Verträgen kein (anderweitiges) Vertragsauflösungsrecht bestehe, zB nach den §§ 123, 142 oder nach § 1b AbzG = § 7 VerbrKrG, könne auf die Anwendung von § 134 nicht verzichtet werden (BGHZ 93, 264, 269). Es wird die Ansicht vertreten, dass nunmehr das HausTWG das erforderliche Vertragsauflösungsrecht biete; ausführlich dazu unter Rn 235.

9 Die Frage, ob Rechtsgeschäfte, die durch verbotswidrige Tätigkeit eines der Vertragspartner zustande gebracht worden sind, unter den **Regelungsbereich** des § 134 fallen, wird häufig nicht klar getrennt von der weiteren Frage, ob in diesem Fall die **Rechtsfolge** der Nichtigkeit des Rechtsgeschäfts dem Normzweck des verletzten Gesetzes gerecht wird.

II. Rechtsgeschäfte

1. Privatrechtliche Verträge

Zu den Rechtsgeschäften iSv § 134 gehören vor allem privatrechtliche Verträge, **10** insbesondere Austauschverträge, Arbeitsverträge, Gesellschaftsverträge, Kartellverträge, aber auch familienrechtliche Verträge, Erbverträge usw.

2. Beschlüsse und Verbandsnormen

Rechtsgeschäfte sind ferner privatrechtliche Beschlüsse, dh Gesamtakte, ins- **11** besondere von Gesellschaften (vgl BGHZ 108, 21, 27). Auch Verbandsnormen privater Verbände, zB verbandsinterne Regelungen der Rechtsstellung der Mitglieder, unterliegen der Inhaltskontrolle nach den §§ 134, 138, 242 (BGH NJW 1999, 3552; NJW 2000, 1028 zu Art 59 SpO-DEB; vgl auch zu § 242 BGHZ 105, 306, 318 = NJW 1989, 1724, 1726; BGHZ 128, 93 = NJW 1995, 583, 585)

3. Tarifverträge

Rechtsgeschäfte iSv § 134 sind auch sog **Normenverträge**. Dazu gehören insbesondere **12** **Tarifverträge** (BAGE 1, 258, 269; BAGE 1, 348, 358; BAGE 4, 240, 259; BAG DB 1984, 394, 395; NZA 1998, 152, 153; MDR 2002, 525; MünchKomm/Mayer-Maly/Armbrüster § 134 Rn 29; Rieble ZfA 2000, 5, 12 ff, 25; Soergel/Hefermehl § 134 Rn 7; vgl auch Löwisch, in: MünchArbR § 246 Rn 7, 12; BAGE 4, 275, 276, 285). Dies gilt auch für ihren normativen Teil. Deshalb ist auf (normative) Tarifklauseln, die gegen ein gesetzliches Verbot verstoßen, § 134 anwendbar. Dem stünde nicht entgegen, wenn Tarifklauseln des normativen Teils von Tarifverträgen auch Rechtsnormen und Gesetzgebung wären, wie es das BAG annimmt (BAGE 1, 258, 269; BAGE 1, 348, 352; BAGE 4, 240, 250 f; Löwisch, in: MünchArbR § 246 Rn 12 ff, 18). Tarifabschlagklauseln für Frauen gegenüber den Tariflöhnen für gleiche Arbeit sind danach nichtig (BAGE 1, 258, 269; BAGE 1, 348, 352), wobei das BAG die Nichtigkeit zT wohl unmittelbar aus dem Verstoß gegen Art 3 Abs 2, 3 GG ableiten will (BAGE 1, 348, 352, 354; BAGE 4, 240, 250 ff), zT aber auch § 134 erwähnt (BAGE 1, 258, 269).

4. Betriebsvereinbarungen

Auch Betriebsvereinbarungen, die ihrer Rechtsnatur nach Normenverträge sind, **13** gelten als Rechtsgeschäfte iSv § 134 (MünchKomm/Mayer-Maly/Armbrüster § 134 Rn 29).

5. Öffentlich-rechtliche Verträge

Auf öffentlich-rechtliche Verträge ist § 134 zwar nicht unmittelbar, jedoch ent- **14** sprechend anwendbar (BVerwG DVBl 1960, 106 f, 107). Für öffentlich-rechtliche Verträge, die von Bundesbehörden oder von Landesbehörden, wenn sie Bundesrecht im Auftrag des Bundes ausführen (§ 1 BVwVfG), abgeschlossen werden, bestimmt § 59 Abs 1 BVwVfG, dass sie nichtig sind, „wenn sich die Nichtigkeit aus der entsprechenden Anwendung von Vorschriften des BGB ergibt" (BVerwGE 98, 58, 63; MünchKomm/Mayer-Maly/Armbrüster § 134 Rn 27; ausf dazu Bramsche; s a Schenke JuS 1977, 281). Entsprechende Regelungen finden sich für die Landesbehörden in den

Rolf Sack

diversen Landesverwaltungsverfahrensgesetzen, die zT auf das BVwVfG verweisen. Entsprechend anwendbar sind nicht nur die Verbotsgesetze selbst, sondern – was allerdings umstritten ist – auch die Blankettnorm des § 134 (so die **hM**, vgl BRAMSCHE 120; FRANK DVBl 1977, 682, 683; KOPP/RAMSAUER, VwVfG § 59 Rn 9; SCHENKE JuS 1977, 281, 288 f; SCHIMPF, Der verwaltungsrechtliche Vertrag unter besonderer Berücksichtigung seiner Rechtswidrigkeit [1982]; WEIDES JuS 1978, 841, 847; ebenso im Ergebnis auch schon BVerwG DVBl 1960, 106, 107; **aA** BULLINGER DÖV 1977, 812, 815; GÖLDNER JZ 1976, 352, 357; GÖTZ NJW 1976, 1425, 1430; MAURER JuS 1976, 485, 493).

Das BVerwG hat auf eine Vereinbarung über die Berechnung von Gewerbesteuer § 134 entsprechend angewendet (BVerwG DVBl 1960, 106 f). Eine Vereinbarung über den zeitweiligen Erlass von Grundsteuer wurde (ohne Erwähnung von § 134) ebenfalls für nichtig erklärt (BVerwGE 8, 329, 330 f). Ein Vertrag, durch den sich eine Behörde zu einer gesetzwidrigen Leistung verpflichtet, ist analog § 134 nichtig (so im Ergebnis BVerwG NJW 1976, 686). Dasselbe gilt für öffentlich-rechtliche Verträge, die gegen das (öffentlich-rechtliche) Verbot verstoßen, hoheitliche Maßnahmen von Gegenleistungen abhängig zu machen, die nicht in einem sachlichen Zusammenhang mit den Maßnahmen selbst stehen, sog Koppelungsverbot (BGH LM Nr 50 zu § 134 BGB; BGHZ 79, 131, 141).

6. Einseitige Rechtsgeschäfte

15 Auch einseitige Rechtsgeschäfte unterliegen der Regelung des § 134. Dazu gehören zB Testamente oder Kündigungen. Auch die Erklärung der Aussperrung ist ein Rechtsgeschäft (ArbG Paderborn DB 1975, 1655; MünchKomm/MAYER-MALY/ARMBRÜSTER § 134 Rn 26; SEITER, Streikrecht und Aussperrungsrecht [1975] 351 ff). Keine Rechtsgeschäfte iSv § 134 sind hingegen die auf den Abschluss von Verträgen gerichteten Willenserklärungen, dh das Angebot und die Annahme iS der §§ 145 ff, obwohl sie Rechtsfolgen auslösen (**aA** MünchKomm/MAYER-MALY/ARMBRÜSTER § 134 Rn 25). Deshalb ist zB ein betrügerisches Angebot nicht nach § 134 iVm § 263 StGB nichtig. Vielmehr kommt durch die Annahme durchaus ein Vertrag zustande, der jedoch nach § 123 anfechtbar ist (BORK, AT Rn 1103; nach AMM 104 ff, 118 f ist hingegen zwischen der Täuschungshandlung und der Willenserklärung zu unterscheiden).

III. Verbotsgesetze

1. Der Begriff des Gesetzes iSv § 134

a) Gesetze im formellen Sinne, Verordnungen und Satzungen

16 Zu den „Gesetzen" iSv § 134 gehören Gesetze im formellen Sinne, dh Verfassungsvorschriften und einfache Gesetze. Unter den Gesetzesbegriff des § 134 fallen außerdem Verordnungen und Satzungen (BGH NJW 1986, 2360; ERMAN/PALM § 134 Rn 8; KOPP/RAMSAUER, VwVfG § 59 Rn 9; PALANDT/HEINRICHS § 134 Rn 2), sei es von Gemeinden, sei es von anderen öffentlich-rechtlichen Institutionen (BGH NJW 1986, 2360; OLG Hamm NJW 1985, 679, 681; HÜBNER, BGB AT Rn 882), zB die Berufsordnung einer Ärztekammer (BGH NJW 1986, 2360; ausf dazu TAUPITZ JZ 1994, 221 ff). Nicht durch höherrangiges Recht legitimierte Verordnungen und Satzungen öffentlich-rechtlicher Institutionen sind hingegen keine Gesetze iS der Legaldefinition des Art 2 EGBGB und folglich auch keine Gesetze iSv § 134 (TAUPITZ JZ 1994, 221, 222 aE). Ebenfalls keine Gesetze

iSv § 134 sind Satzungen privatrechtlicher Institutionen (ERMAN/PALM § 134 Rn 8;
SOERGEL/HEFERMEHL § 134 Rn 6; TAUPITZ, Die Standesordnungen … 1076; ders JZ 1994, 221,
223 f; aA RGZ 135, 242, 245 unter Hinweis auf RGZ 49, 150, 155 betr die Satzung eines rechtsfähigen
Vereins), etwa (Muster-)Berufsordnungen privatrechtlicher Zusammenschlüsse von
Kammern, wie zB der Bundesärztekammer (TAUPITZ JZ 1994, 221, 223) oder Spielord-
nungen von Sportverbänden (BGH NJW 2000, 1028 betr Art 59 SpO-DEB; NJW 1999, 3552
betr RRNFV). Der Anwendungsbereich des § 134 wird hingegen zu sehr eingeengt,
wenn man zu den „Gesetzen" iS dieser Vorschrift nur Normen solcher Normgeber
zählt, die auch selbst und ausdrücklich die Nichtigkeit eines Rechtsgeschäfts in den
Rechtsfolgespruch ihrer Normen aufnehmen könnten und dürften; dies zeigt das
Beispiel des Gewohnheitsrechts (nächste Rn) und das Verhältnis von § 134 zu § 138
(BEATER AcP 197 [1997] 505, 512, 515 ff; 525 f; aA TAUPITZ JZ 221, 226).

b)   Gewohnheitsrecht

Zu den Rechtsnormen iSv Art 2 EGBGB rechnet man auch die des Gewohnheits- **17**
rechts. Damit sind sie nach Art 2 EGBGB ebenfalls „Gesetze" iSv § 134 (ERMAN/PALM
§ 134 Rn 8; HÜBNER, BGB AT Rn 882; KOPP/RAMSAUER, VwVfG § 59 Rn 9; BORK, AT Rn 1091;
MünchKomm/MAYER-MALY/ARMBRÜSTER § 134 Rn 32; PALANDT/HEINRICHS § 134 Rn 2; HOSS/
LASCHET MDR 1999, 726, 727; vgl auch BEATER AcP 197 [1997] 505, 526 f, 528).

c)   Allgemeine Rechtsgrundsätze?

Uneinheitlich ist die Rechtsprechung zur Frage, ob allgemeine Rechtsgrundsätze und **18**
rechtliche Wertordnungen als solche Verbotsgesetze iSv § 134 darstellen. So hat zB
der BGH aus dem auch für Schiedsgerichte geltenden und auch in den §§ 1025 Abs 2,
1032 ZPO (inzwischen ersetzt durch §§ 1034, 1036 ZPO) zum Ausdruck **gekommenen
Gebot überparteilicher Rechtspflege** abgeleitet, dass dagegen verstoßende Schieds-
klauseln nach § 134 nichtig seien (BGHZ 51, 255, 262; BGHZ 54, 392, 400).

Auch der allgemeine haushaltsrechtliche Grundsatz, dass die öffentliche Hand nichts **19**
zu verschenken habe, wenn dies nicht durch besondere öffentliche Interessen gerechtfertigt ist (BGHZ 47, 30, 39 f; aA BVerwG NJW 1959, 1098, 1099), wurde zu den
gesetzlichen Verboten iSv § 134 gerechnet (so tendenziell, jedoch im Ergebnis offen lassend
BGHZ 47, 30, 40; aA BAG DB 1985, 394 in Bezug auf § 69 Abs 2 SGB IV). Demgegenüber hat
der BGH in der Entscheidung BGHZ 36, 395, 398 f, die das Verschenken eines Bildes
durch eine Gemeinde an die Tochter eines hohen Politikers betraf, § 138 angewendet.

Aus dem aus verschiedenen Gesetzen abgeleiteten allgemeinen Grundsatz, dass **20**
Steuern nur nach Maßgabe der Gesetze erhoben werden dürfen, wurde geschlossen,
dass von der gesetzlichen Regelung der Höhe von Grundsteuern abweichende Vereinbarungen nichtig seien (BVerwGE 8, 329, 330).

Unsicher war die Rechtsprechung auch beim gesellschaftsrechtlichen Gebot der **21**
Stimmenthaltung bei Abstimmungen in eigener Sache. Aus den §§ 34 BGB, 136
Abs 1 AktG, 47 Abs 4 GmbHG und 43 Abs 6 GenG hat die Rechtsprechung den
allgemeinen Rechtsgrundsatz abgeleitet, dass im Gesellschaftsrecht die Stimmabgabe in eigener Sache unzulässig sei. Unzulässig ist danach die Ausübung des Stimmrechts durch einen Gesellschafter, wenn darüber Beschluss gefasst wird, ob er zu
entlasten ist (§ 136 Abs 1 AktG, § 47 Abs 4 GmbHG, § 43 Abs 6 GenG), ob er von
einer Verbindlichkeit zu befreien ist (§ 136 Abs 1 AktG), ob die Gesellschaft einen

Anspruch gegen ihn geltend machen soll (§ 136 Abs 1 AktG, § 47 Abs 4 GmbHG, § 43 Abs 6 GenG). Dieser allgemeine Rechtsgrundsatz gilt nicht nur für Gesellschaften, für die das Gesetz dies ausdrücklich regelt, sondern auch für andere, zB für BGB-Gesellschaften (RGZ 136, 236, 245). Auch Bestimmungen in Gesellschaftsverträgen, die in diesen Fällen das Stimmrecht zulassen, verstoßen gegen das allgemeine Stimmenthaltungsgebot bei der Abstimmung über eigene Angelegenheiten eines Gesellschafters (RGZ 136, 236, 245; BGHZ 108, 21, 26 f; BGH WM 1980, 649, 650). Das RG hat solche Bestimmungen in Gesellschaftsverträgen sowohl für gesetzwidrig iSv § 134 als auch für sittenwidrig iSv § 138 erklärt (RGZ 136, 236, 245). Nach Ansicht des BGH sind sie sittenwidrig iSv § 138 (BGHZ 108, 21, 27). Auch gegen das Stimmenthaltungsgebot verstoßende Beschlüsse hält der BGH für sittenwidrig (BGHZ 108, 21, 27).

22 Ein Teil des Schrifttums bejaht bei der Verletzung von allgemeinen Rechtsgrundsätzen die Anwendbarkeit von § 134 (BORK, AT Rn 1091; HÜBNER, BGB AT Rn 882; KOPP/RAMSAUER, VwVfG § 59 Rn 9; MünchKomm/MAYER-MALY/ARMBRÜSTER § 134 Rn 32; PALANDT/HEINRICHS § 134 Rn 3). ME sind allgemeine Rechtsgrundsätze jedoch richterliche Rechtsfortbildung außerhalb des Bereichs konkreter gesetzlicher Bestimmungen. Dies ist der Regelungsbereich von Generalklauseln, dh ua des § 138. Außerdem fehlt allgemeinen Rechtsgrundsätzen die Präzision der Tatbestandsumschreibung, die für Gesetze iSv § 134 kennzeichnend ist. Bedenken gegen die Anwendung von § 138 bestehen vor allem dann nicht, wenn man für den Vorwurf der Sittenwidrigkeit objektive Verstöße gegen objektive Verhaltensnormen genügen lässt und wenn man den Anwendungsbereich dieser Vorschrift nicht auf Handeln von grobem Unrechtsgehalt beschränkt, sondern mit ihr entsprechend ihrer lückenfüllenden Funktion alle rechtlich zu missbilligenden Rechtsgeschäfte erfasst, die nicht bereits unter § 134 fallen.

d) Ungeschriebene Gesetze
23 Ebenso wie allgemeine Rechtsgrundsätze sind auch „ungeschriebene Gesetze" keine Gesetze iSv § 134 (aA ERMAN/PALM § 134 Rn 8), sondern Sittennormen iSv § 138.

e) Tarifnormen und Betriebsvereinbarungen
24 Streitig ist, ob Tarifnormen Verbotsgesetze iSv § 134 sind (bejahend in Bezug auf normative Tarifregelungen BAGE 1, 348, 352; BAGE 4, 240, 250 ff; BGH NJW 2000, 1186, 1187 betr BAT; ebenso wohl auch BAG NJW 1999, 2541; ERMAN/PALM § 134 Rn 8; ebenso BECKMANN JZ 2001, 150; HÜBNER, BGB AT Rn 822; LÖWISCH, in: MünchArbR § 246 Rn 20, 29 f; PALANDT/HEINRICHS § 134 Rn 2; STACH NJW 1988, 943, 944 f zu § 10 BAT). Dies wird verneint, weil § 4 Abs 3 TVG zu ihrer Absicherung genüge (RICHARDI, in: MünchArbR § 46 Rn 5; MünchKomm/MAYER-MALY/ARMBRÜSTER § 134 Rn 30). Diese Frage ist mE nur zu bejahen, soweit die Tarifverträge für allgemeinverbindlich erklärt worden sind; sie kann jedoch offen bleiben, da Tarifnormen gegen abweichende Rechtsgeschäfte durch § 4 Abs 3 TVG abgesichert werden, der als Spezialregelung der allgemeinen Regelung des § 134 vorgeht.

25 Auch bei Betriebsvereinbarungen kann offenbleiben, ob sie wegen ihres normativen Charakters Verbotsgesetze iSv § 134 sind (bejahend BAGE 3, 1, 4, 5 = NJW 1956, 1086; LAG Saarbrücken NJW 1966, 2136, 2137; ERMAN/PALM § 134 Rn 8; PALANDT/HEINRICHS § 134 Rn 2; mE zutreffend verneinend MünchKomm/MAYER-MALY/ARMBRÜSTER § 134 Rn 30; RICHARDI, in: MünchArbR Kap 46 Rn 5; SCHWEIZER NJW 1967, 460; TAUPITZ JZ 1994, 221, 226 f). Denn auch ihre Einwirkung auf das Arbeitsverhältnis ist sonderrechtlich geregelt in § 77

Abs 4 BetrVG, wonach sie unmittelbare und zwingende Geltung haben (RICHARDI, in: MünchArbR § 46 Rn 5; MünchKomm/MAYER-MALY/ARMBRÜSTER § 134 Rn 30).

f) Berufsständische Regelungen

aa) Berufsständische Gesetze im formellen Sinne gehören zweifellos zu den Ge- **26** setzen iSv § 134, so zB das RBerG (BGHZ 37, 258, 261) oder § 57 StBerG betr das Verbot gewerblicher Betätigung eines Steuerberaters usw (BGHZ 78, 263, 265 f).

bb) Auch Satzungen berufsständischer Verbände (Kammern) des öffentlichen **27** Rechts enthalten Gesetze iSv § 134, sofern sie durch eine gesetzliche Ermächtigung gedeckt sind. Soweit diese den Verbandsmitgliedern bestimmte Verhaltensweisen verbieten, sind es Verbotsgesetze (BGH NJW 1986, 2360, 2361; PALANDT/HEINRICHS § 134 Rn 2; TAUPITZ, Die Standesordnungen … 1074, 1078; ders JZ 1994, 221; aA ERMAN/PALM § 134 Rn 8; STAUDINGER/DILCHER[12] § 134 Rn 2; aA zu § 823 Abs 2 STAUDINGER/SCHÄFER[12] § 823 Rn 576, 577; AK-BGB/REICH § 823 Abs 2 Rn 2); dies auch dann, wenn sie landesrechtlicher Natur sind (BGH NJW 1986, 2360, 2361), so zB § 18 der Berufsordnung der Ärztekammer für die nordrheinischen Ärzte von 1977, die die entgeltliche Zuweisung von Patienten unter Ärzten untersagt; diese Berufsordnung beruht auf der Ermächtigung in den §§ 25, 26 des Nordrhein-westfälischen Heilberufsgesetzes (BGH NJW 1986, 2360, 2361). Eine andere Frage ist allerdings, ob die in § 134 vorgesehene Nichtigkeitsfolge dem Normzweck solcher berufsständischer Verbotsgesetze entspricht. Dies ist zu verneinen, wenn der betreffende Verband nicht auch selbst berechtigt wäre, die Nichtigkeit von Rechtsgeschäften anzuordnen, die gegen seine Satzung verstoßen. Solche Verbote in Satzungen berufsständischer öffentlich-rechtlicher Verbände können allerdings den Inhalt der guten Sitten iSv § 138 mitbestimmen.

cc) Keine Gesetze iSv § 134 sind Satzungen privatrechtlicher Verbände (RGZ 135, **28** 242, 245; BGH NJW 2000, 1028 betr SpO-DEB; OLG Hamm NJW 1976, 331 f; ERMAN/PALM § 134 Rn 8; TAUPITZ JZ 1994, 221, 223 f; offengelassen in OLG Karlsruhe NJW 1978, 324; aA RGZ 49, 150, 155 betr die Satzung eines rechtsfähigen Vereins), zB die Regelung von Transfersummen durch die Statuten des Deutschen Fußballbundes (dazu OLG Karlsruhe NJW 1978, 324; OLG Hamm NJW 1976, 331 f). Sie können jedoch Einfluss auf den Inhalt der guten Sitten haben, unterliegen aber auch der Kontrolle nach den §§ 134, 138 (BGH NJW 2000, 1028 betr SpO-DEB; vgl auch KARAKAYA/BUCH ZRP 2002, 193, 195; KARAKAYA/KARTAL AuR 2002, 58, 60; unten Rn 428 zu § 138).

dd) Schließlich sind berufsständische **Richtlinien**, die die Standesauffassungen **29** freier Berufe widergeben, keine Gesetze iSv § 134. Dies gilt auch für unverbindliche Richtlinien öffentlich-rechtlicher Institutionen (TAUPITZ JZ 1994, 221, 222 aE; ders NJW 1989, 2871), zB für die Richtlinien öffentlich-rechtlicher Berufskammern darüber, was der allgemeinen Auffassung über Fragen des betreffenden Berufes entspricht (TAUPITZ, Die Standesordnungen … 568 ff, 636 ff, 1075; ders JZ 1994, 221, 222 aE; ders NJW 1989, 2871; vgl auch BVerfGE 76, 171, 186). Standesrichtlinien bilden auch zusammen mit berufsständischen Generalklauseln, zB mit § 43 BRAO, keine Verbotsgesetze (TAUPITZ, Die Standesordnungen … 1086). Sie können jedoch ebenfalls den Inhalt der guten Sitten iSv § 138 mitbestimmen (ausf TAUPITZ, Die Standesordnungen … 1086 ff).

2. Der Verbotscharakter eines Gesetzes

a) Feststellung des Verbotscharakters durch Auslegung

30 § 134 erklärt Rechtsgeschäfte für grundsätzlich nichtig, die gegen ein gesetzliches **Verbot** verstoßen. Das betreffende Gesetz muss den Inhalt oder die Vornahme eines Rechtsgeschäfts untersagen, dh das Rechtsgeschäft als solches missbilligen. Zu den Verbotsgesetzen gehören nicht nur solche, die Verpflichtungsgeschäfte untersagen, sondern auch solche, die Verfügungsgeschäfte verbieten.

31 In manchen Gesetzen heißt es ausdrücklich, dass ein bestimmtes Rechtsgeschäft „verboten" sei. Fehlt diese Formulierung, so kann das Gesetz jedoch trotzdem ein Verbotsgesetz iSv § 134 sein. Soweit ein Gesetz das betreffende Rechtsgeschäft nicht selbst ausdrücklich verbietet, ist durch Auslegung zu ermitteln, ob es ein Verbotsgesetz iSv § 134 darstellt (BGHZ 85, 39, 43; MDR 2000, 872, 873). Bei der Auslegung sind die gesetzlichen Formulierungen häufig nicht hilfreich. Es ist auf den Sinn und Zweck des betreffenden Gesetzes abzustellen. Allerdings sind Vorschriften, die die Worte „soll nicht" oder „kann nicht" verwenden, idR keine Verbotsgesetze iSv § 134, sondern reine Ordnungsvorschriften. Andererseits folgt aus dem zwingenden Charakter eines Gesetzes auch nicht ohne weiteres, dass es ein Verbotsgesetz iSv § 134 ist (MAYER-MALY, in: FS Hefermehl [1976] 103, 111; MünchKomm/MAYER-MALY/ARMBRÜSTER § 134 Rn 46; SOERGEL/HEFERMEHL § 134 Rn 2).

b) Dispositive Gesetze

32 § 134 ist nur bei Verstößen gegen zwingendes Recht anwendbar. Wenn ein Rechtsgeschäft mit dispositivem Recht unvereinbar ist, gilt dieses als von den Parteien abbedungen. § 134 steht nicht entgegen (BGH NJW 2000, 1187, 1188 u MDR 2000, 872, 873 zu § 10 Abs 1 BAT; HOSS/LASCHET MDR 1999, 726, 727 zum Umrechnungsverfahren bei der Einführung des Euro). Das wird damit begründet, dass dispositive Normen schon keine Verbotsgesetze seien (MAYER-MALY, in: FS Hefermehl [1976] 103, 111; MünchKomm/MAYER-MALY/ARMBRÜSTER § 134 Rn 46). Dem Abbedingen dispositiven Rechts sind allerdings anderweitige Grenzen gesetzt. Denn auch dispositive Vorschriften weisen einen gewissen Gerechtigkeitsgehalt auf. Wenn das Abbedingen dispositiven Rechts nicht durch besondere, vom Normalfall abweichende Umstände gerechtfertigt ist, setzen § 242, § 315 Abs 3 analog oder die 307 ff (früher §§ 9 ff AGBG) Grenzen.

c) Beschränkungen der Gestaltungs- und Verfügungsmacht

33 Von den Verbotsgesetzen iSv § 134 zu unterscheiden sind Gesetze, die die Parteien auf bestimmte Rechts- und Geschäftstypen beschränken (BGHZ 23, 291, 299) oder die rechtsgeschäftliche Gestaltungs- und Verfügungsmacht beschränken bzw die Modalitäten des Geschäftsabschlusses missbilligen, ohne darüber hinaus auch die Vornahme oder den Inhalt des intendierten Rechtsgeschäfts verbieten zu wollen (BGHZ 13, 179, 184; einhellige Meinung im Schrifttum). Nicht zu den Verbotsgesetzen iSv § 134 gehören danach die Vorschriften über die Geschäftsfähigkeit (§§ 104 ff), Scheingeschäfte (§ 117), die Vertretungsmacht, zB über die Vertretung der AG gegenüber Vorstandsmitgliedern gem § 112 AktG (JAUERNIG, in: FS Weber [1975] 31 Fn 36; SOERGEL/HEFERMEHL § 134 Rn 2) oder die Vertretungsmacht von Verwaltungsorganen bei der Veräußerung von Grundstücksvermögen nach Art 81 BayVerf (BGHZ 47, 30, 33 ff), das Selbstkontrahieren (§ 181), Verfügungsbeschränkungen in den §§ 399, 400, 514, 719, 1059 S 1 BGB oder in den §§ 80, 81 InsO (so zu den entsprechenden §§ 6, 7 KO BGHZ

40, 156, 160), Formerfordernisse. Denn § 134 setzt das grundsätzliche Bestehen rechtlicher Gestaltungsmöglichkeit voraus (zutreffend MünchKomm/MAYER-MALY/ARMBRÜSTER § 134 Rn 5). Wenn in diesen Fällen die rechtliche Gestaltungs- oder Verfügungsbefugnis fehlte oder Formerfordernisse nicht eingehalten wurden, ist das Rechtsgeschäft – unabhängig von § 134 – grundsätzlich rechtsunwirksam (BGHZ 20, 119, 126; 47, 30, 37, 39). Der Typenzwang des Sachenrechts lässt kein Abweichen von der Akzessorietät des Mobiliarpfandrechts zu (BGHZ 23, 293, 299). Vereinbarungen zwischen Erben und Testamentsvollstrecker, die dessen Befugnisse beschränken sollen, sind zwar nicht „verboten", jedoch unzulässig und unwirksam (BGHZ 25, 275, 279 f).

d)   Verbotsgesetz und Nichtigkeitssanktion

Von der Frage, ob ein Gesetz ein **Verbotsgesetz** ist, ist die Frage zu unterscheiden, ob **34** die **Nichtigkeitssanktion** des § 134 dem Sinn und Zweck des verletzten Gesetzes entspricht (MAYER-MALY, in: FS Hefermehl [1976] 103; MünchKomm/MAYER-MALY/ARMBRÜSTER § 134 Rn 41, 42; WESTPHAL 19 f, 72 ff; aA MAILÄNDER, Privatrechtliche Folgen unerlaubter Kartellpraxis [1964] 150 f; PANSEGRAU 250 f; aA im Ergebnis wohl auch WESTPHAL 130 ff, wenn er den Normzweckvorbehalt des § 134 für überflüssig hält). So ist es durchaus denkbar, dass ein Gesetz nach Sinn und Zweck ein Verbotsgesetz ist, jedoch die Nichtigkeitsfolge nicht seinem Zweck entspricht. Manche Gesetze sind zwar Verbotsgesetze; sie führen jedoch nur zur Nichtigkeit verbotswidriger Rechtsgeschäfte, wenn sich beide Parteien der Verbotswidrigkeit bewusst waren. Ein anderes Beispiel bietet das Verbot der Darlehensvermittlung im Reisegewerbe iSv § 56 Abs 1 Nr 6 GewO. Diese Vorschrift ist unstreitig ein Verbotsgesetz. Bei der Frage, ob ein im Reisegewerbe vermitteltes Kreditgeschäft nichtig ist, hat jedoch der BGH früher danach differenziert, ob das Kreditgeschäft mit unerfahrenen und minderbemittelten Personen abgeschlossen wurde oder ob es der Finanzierung von Steuersparmodellen dienen sollte. Freilich wird sich häufig aus denselben Überlegungen zum Sinn und Zweck eines Gesetzes ergeben, dass es nicht nur ein Verbotsgesetz ist, sondern dass auch die Nichtigkeitsfolge seinem Normzweck entspricht (MünchKomm/MAYER-MALY/ARMBRÜSTER § 134 Rn 42).

Veranlasst durch Mot I 210, wonach Verstöße gegen Gesetze, die sich nur gegen eine **35** der beiden Vertragsparteien richten, idR nicht ungültig seien, wurde von manchen angenommen, dass solche Gesetze auch keine Verbotsgesetze seien. Man schloss also aus der Unanwendbarkeit der Nichtigkeitssanktion bei einseitigen Gesetzesverletzungen auf das Fehlen des Verbotscharakters des verletzten Gesetzes. Nicht nur diese Vermengung der beiden Fragen, ob durch ein Rechtsgeschäft ein Verbotsgesetz verletzt wurde und ob die Nichtigkeitsfolge die normzweckgerechte Sanktion sei, ist unzutreffend. Die inzwischen vorliegende Kasuistik zeigt auch, dass die Unterscheidung zwischen einseitigen und beiderseitigen Verboten nicht die erwarteten rechtlichen Konsequenzen erlaubt, weder für die Frage, ob das verletzte Gesetz ein Verbotsgesetz ist, noch für die Frage, ob die Nichtigkeitssanktion normzweckgerecht ist; zu letzterem unten Rn 71 ff (ebenso MünchKomm/MAYER-MALY/ARMBRÜSTER § 134 Rn 47, 48; SOERGEL/HEFERMEHL § 134 Rn 15). Verbotsgesetze können auch solche sein, die sich nur gegen einen der beiden Vertragspartner richten, dh einseitige Verbotsgesetze (BGHZ 37, 258, 261; 53, 152, 157; 71, 358, 360 f; 110, 235, 240; 115, 123, 125), zB das RBerG (BGHZ 37, 258, 261) oder die Schweigepflicht gem § 203 StGB (BGHZ 115, 123, 125).

3. Die Grundrechtsnormen des Grundgesetzes und der Landesverfassungen

36 Die Vorschriften des GG einschließlich der Grundrechtsnormen sind zweifellos Gesetze. Bei ihnen ist jedoch problematisch, ob und in welcher Weise sie auf privatrechtliche Rechtsgeschäfte einwirken.

a) Verstöße durch den Staat

37 Wenn staatliche Institutionen bei rechtsgeschäftlichen Vereinbarungen gegen Grundrechte verstoßen, sind die Vereinbarungen nach § 134 bzw nach § 59 VwVfG iVm § 134 nichtig. Auch soweit sich der Staat zur Erfüllung öffentlich-rechtlicher Aufgaben zulässigerweise **privatrechtlicher** Gestaltungsmittel bedient – zB im Bereich der Leistungsverwaltung und Daseinsvorsorge –, gelten die Grundrechte unmittelbar (BGHZ 29, 76, 80; 36, 91, 96; 52, 325, 328; 65, 284, 287; BORK, AT Rn 1107). Denn der Staat kann sich nicht dadurch, dass er sich zulässigerweise privatrechtlicher Mittel bedient, der unmittelbaren Grundrechtsbindung entziehen, der er bei Einsatz öffentlich-rechtlicher Mittel unterworfen wäre (BGHZ 65, 284, 287).

b) Verstöße durch Tarifnormen

38 Die Tarifnormen des normativen Teils von Tarifverträgen wurden vom BAG als Rechtsnormen und Gesetzgebung iSv Art 1 Abs 3 GG angesehen. Soweit sie gegen Grundrechtsnormen, zB gegen das Benachteiligungsverbot des Art 3 Abs 2, 3 GG oder gegen Art 6 GG verstoßen, wurden sie vom BAG für nichtig erklärt, wobei das Gericht nicht klar erkennen lässt, ob die Nichtigkeit unmittelbar aus dem Grundrechtsverstoß folgt (vgl BAGE 1, 348, 352, 354; 4, 240, 250 ff; 4, 275, 276) oder ob es der Vermittlung des § 134 bedarf (BAGE 1, 258, 269; dazu auch SINGER ZfA 1995, 611 ff).

c) Drittwirkung der Grundrechte gegenüber Privatpersonen

39 Unmittelbare privatrechtliche Wirkung haben Grundrechtsnormen, aus deren Inhalt sich dies eindeutig ergibt, zB Art 9 Abs 3 S 2 GG, der Beschränkungen der Koalitionsfreiheit für nichtig erklärt, oder Art 11 Abs 1 S 2 Hess Verf (SCHOLZ, in: MAUNZ/DÜRIG, GG Art 9 Rn 332; SOERGEL/HEFERMEHL § 134 Rn 7). Im übrigen ist streitig, in welcher Weise die Grundrechte der Privatautonomie **nicht-staatlicher** Personen und Institutionen Grenzen setzen.

aa) Unmittelbare Drittwirkung

40 Das BAG und ein Teil des Schrifttums sind bzw waren der Ansicht, dass die in den Grundrechten enthaltenen Verbote auch gegenüber Privatpersonen und juristischen Personen des Privatrechts **unmittelbar** wirken und auch insoweit Verbotsgesetze iSv § 134 darstellen (BAGE 1, 185, 193; 1, 258, 269; 4, 275, 276, 285; 13, 168, 178 f; BAG NJW 1962, 1981, 1982; ENNECCERUS/NIPPERDEY, AT § 15 II 3; OTTO JZ 1998, 852, 854 f; STAUDINGER/COING[10/11] § 134 Rn 12a). In manchen Entscheidungen wurden privatrechtliche Rechtsgeschäfte wegen Grundrechtswidrigkeit auch ohne Hinweis auf § 134 für nichtig erklärt, ohne dass jedoch näher gesagt wurde, auf welchem Wege aus Grundrechtsartikeln die Nichtigkeit grundrechtswidriger Rechtsgeschäfte abgeleitet werden kann (vgl BAGE 1, 348, 352, 354). Man bezeichnet dies als **unmittelbare Drittwirkung** der Grundrechte. Zur unmittelbaren Drittwirkung der Grundrechte für Tarifverträge vgl noch BAGE 69, 257. Das BAG hat die Ansicht, es gebe eine unmittelbare Drittwirkung der Grundrechte, inzwischen aufgegeben (BAG GS 27.2. 1985 AP Nr 14 zu § 611 BGB – Beschäftigungspflicht; NJW 1995, 275; AP § 616 BGB Nr 18).

bb) Mittelbare Drittwirkung

Gegen die unmittelbare Drittwirkung von Grundrechten gegenüber natürlichen und **41** juristischen Personen des Privatrechts spricht, dass die Grundrechte nur gegenüber dem Staat unmittelbar wirken. Auch über Art 1 Abs 3 GG, dh über die Bindung der Rechtsprechung an die Verfassung, oder über Art 19 Abs 3 GG (so Lücke JZ 1999, 377 ff) erlangen sie keine unmittelbare Wirkung gegenüber Privatpersonen und juristischen Personen des Privatrechts (zusammenfassend zur Kritik Diederichsen AcP 198 [1998] 171, 224 ff). Nach inzwischen nahezu einhelliger Meinung enthalten jedoch die Grundrechte nicht nur Abwehrrechte gegenüber dem Staat, sondern auch eine **objektive Wertordnung** (grundlegend BVerfGE 7, 198, 205; 24, 251; ebenso BVerfGE 73, 261; BVerfG NJW 2001, 957; BGH NJW 1986, 2944; BGHZ 106, 336, 338; BAGE 13, 168, 176 = NJW 1962, 1981, 1982; BAGE 82, 344 vgl auch Soergel/Hefermehl § 134 Rn 7; Sack WRP 1985, 1, 5). Diese Wertordnung wirkt mittelbar über die **wertausfüllungsbedürftigen Generalklauseln** des Privatrechts, zB auch über § 138, ins Privatrecht hinein.* Dies bezeichnet man als **mittelbare Drittwirkung**. Nach einer weiteren, neueren Ansicht enthalten die Grundrechte auch **Schutzpflichten** der staatlichen Gewalt (BVerfGE 39, 142 = NJW 1975, 573; BVerfGE 84, 133, 147; BVerfGE 88, 203, 254 = NJW 1993, 1751; BVerfG NJW 1996, 651; JZ 1998, 848; BAG NZA 1998, 715, 716; NZA 1998, 716, 719; Canaris AcP 184 [1984] 201, 227; Isensee, in: FS Großfeld [1999] 485, 497 f, 500 f; Oetker ArbuR 1997, 41, 49 ff; Söllner NZA 1996, 897, 901), die diese verpflichten, die Durchsetzung der Grundrechte auch in Privatrechtsverhältnissen zu gewährleisten. Diese Schutzpflichten binden auch die staatlichen Gerichte (BAGE 88, 118 u 162; BAGE AuR 2001, 223; Söllner NZA 1996, 897, 901). Zu den praktischen Auswirkungen der Grundrechte auf Rechtsgeschäfte vgl unten Rn 241 ff.

4. Bundesrecht und Landesrecht

Zu den Gesetzen iSv § 134 gehören nicht nur solche des Bundesrechts. Vielmehr **42** kann ein Rechtsgeschäft auch dann nach § 134 nichtig sein, wenn es ein **landesrechtliches** Verbotsgesetz verletzt (RGZ 60, 273, 275; BGHZ 34, 200, 205; 47, 30, 40; 75, 366, 368; 97, 243, 250 f; BGH NJW 1986, 2360, 2361; BGH NJW 1992, 1159, 1160; einhellige Meinung im Schrifttum), zB landesrechtliche Berufsordnungen, landesrechtliche Bauordnungen oder landesrechtliche Pressegesetze (ausführlicher dazu unten Rn 309 ff).

5. Europäisches Recht

Die Vorschriften des europäischen Rechts sind Teil des deutschen Rechts und kön- **43**

---

* BVerfGE 7, 198, 205 f, 215 = NJW 1958, 257 „Lüth"; BVerfGE 24, 236, 251 f „Aktion Rumpelkammer"; BVerfGE 42, 143, 148 = NJW 1976, 1677; BVerfG NJW 1994, 36, 38; NJW 2001, 2248; BGHZ 50, 1, 5 „Pelzversand"; BGH NJW 1972, 1414 f; NJW 1986, 2944; BGHZ 97, 304, 306; 106, 336, 338; BGH NJW 1999, 3552; NJW 2000, 1028; BAGE 3, 296, 301; BAG NJW 1976, 1958; im Schrifttum grundlegend Dürig, in: FS Nawiasky (1956) 157 ff; ders DÖV 1958, 194; ders, in: Maunz/Dürig, GG Art 1 Rn 127 ff; Boemke ZfA 2001, 245, 250 ff, 275 ff; Erman/ Palm § 134 Rn 43; § 138 Rn 113; Flume, AT II § 17, 1 S 341 f; Mayer-Maly AcP 194 (1994) 105, 137; Sack WRP 1985, 1, 5; Soergel/ Hefermehl § 134 Rn 7; ausdrücklich gegen die Ansicht, dass die Grundrechtsnormen nur über § 138 ins Zivilrecht hineinwirken, insbesondere wegen des subjektiven Tatbestandes von § 138, BAGE 4, 275, 278 f; 13, 168, 176 = NJW 1962, 1981, 1982; krit auch Canaris AcP 184 (1984) 201 ff; krit zur mittelbaren Drittwirkung ferner Diederichsen AcP 198 (1998) 171, 230 ff, 239 ff.

nen als solche Verbotsgesetze iSv § 134 sein (BVerwGE 70, 41, 44 f, 49; ERMAN/PALM § 134 Rn 8; HOSS/LASCHET MDR 1999, 726, 727; PALANDT/HEINRICHS § 134 Rn 2).

a) Von den Vorschriften des primären Gemeinschaftsrechts gehören dazu ua die Art 9, 12, 13 EGV; öffentlich-rechtliche Verträge, die mit diesen Artikeln unvereinbare zollgleiche Belastungen vorsehen, sind insoweit analog § 134 nichtig (BVerwGE 70, 41, 45 f). Von den Vorschriften des primären EG-Rechts sind auch die des Kartellrechts zu nennen. Art 81 EG-Vertrag untersagt bestimmte wettbewerbsbeschränkende Vereinbarungen. Diese Vorschrift sieht jedoch selbst die Nichtigkeit als Sanktion vor, so dass es insoweit keines Rückgriffs auf § 134 bedarf. Keine Sonderregelung der zivilrechtlichen Sanktionen enthält hingegen das Verbot des Missbrauchs marktbeherrschender Stellungen durch Art 82 EGV, der ebenfalls ein Verbotsgesetz iSv § 134 ist.

44 b) Auch Verträge, die gegen Verbote von EU-Verordnungen verstoßen, können nach § 134 nichtig sein, zB Verstöße gegen die VO (EG) Nr 1254/1999 (früher VO [EWG] Nr 805/68) über die gemeinsame Marktorganisation für Rindfleisch oder gegen die VO (EWG) Nr 827/68 über die gemeinsame Marktorganisation für bestimmte in Anhang II des Vertrages aufgeführte Erzeugnisse (BVerwGE 70, 41, 44 f, 49; HOSS/LASCHET MDR 1999, 726, 727).

45 c) **Richtlinien** der EU sind grundsätzlich nicht unmittelbar anwendbar, sondern bedürfen der Umsetzung in nationales Recht (ausführlich dazu SACK VersR 1994, 1383 mwNw). Sie sind jedoch dann ausnahmsweise unmittelbar anwendbar, wenn und soweit sie sich gegen den Staat wenden, wenn sie unbedingt und ausreichend bestimmt sind und wenn die Umsetzungsfrist der Mitgliedstaaten abgelaufen ist (grundlegend EuGH Slg 1986, 723, 748 f Nr 46 ff – Marshall; aus neuerer Zeit EuGH NJW 1994, 2473, 2474 Nr 22 f – Faccini Dori; BVerwGE 70, 41, 49; aus dem umfangreichen Schrifttum vgl SACK VersR 1994, 1383, 1386 f mwNw). Unter diesen Voraussetzungen können sie auch Verbotsgesetze iSv § 134 sein. Außerdem sind nationale Vorschriften richtlinienkonform auszulegen, wenn es entsprechende Richtlinien gibt, wenn die betreffenden Bestimmungen der Richtlinie unbedingt und hinreichend genau sind und wenn der Wortlaut der betreffenden nationalen Regelungen eine richtlinienkonforme Auslegung erlaubt. Die Pflicht zur richtlinienkonformen Auslegung besteht nicht nur bei Gesetzen, die Richtlinien in nationales Recht umsetzen sollen, sondern – sobald die Umsetzungsfrist abgelaufen ist – bei allen anderen nationalen Normen auch (so zu Letzterem EuGH NJW 1994, 2473, 2474 Nr 26 – Faccini Dori; EuGH Slg 1990 I 4135, 4159 Nr 8 – Marleasing; SACK VersR 1994, 1384 mwNw in Fn 7). Auch solche richtlinienkonform ausgelegten nationalen Vorschriften können Verbotsgesetze iSv § 134 sein.

6. Völkerrecht

46 Völkerrechtliche Verbote können Verbotsgesetze iSv § 134 sein, wenn sie nach Art 59 Abs 2 GG in deutsches Recht transformiert worden sind. Das Gleiche gilt für „allgemeine Regeln des Völkerrechts", die nach Art 25 GG Bestandteil des Bundesrechts sind. Sie gehen nach Art 25 S 2 GG den Gesetzen vor und erzeugen Rechte und Pflichten unmittelbar für die Bewohner des Bundesgebiets (FLUME, AT II § 17, 1 S 342; MünchKomm/MAYER-MALY § 134 Rn 35; PALANDT/HEINRICHS § 134 Rn 2; vgl außerdem HÖNN, in: Gedschr Geck [1989] 321 ff).

Soweit völkerrechtliche Vereinbarungen auch die Sanktionen von Verstößen regeln, gehen diese Regelungen ua § 134 vor, so zB Art 8 Abschn 2 (b) des Abkommens von Bretton Woods über den Internationalen Währungsfonds (BGBl 1952 II 637), wonach devisenrechtlich relevante Verträge, die den Kontrollbestimmungen eines Mitgliedstaates widersprechen, in anderen Mitgliedstaaten unklagbar sind; § 134 und seine Nichtigkeitssanktion greifen nicht ein (BGHZ 55, 334, 337 f = NJW 1971, 983; BGH NJW 1991, 3095, 3096; BGHZ 116, 77, 84; offen gelassen in BGH NJW 1994, 1868); s a Rn 314.

7. Ausländische Gesetze

a)   Bei Verträgen, die mit ausländischen Verbotsgesetzen unvereinbar sind, hän- **47** gen die Rechtsfolgen in erster Linie davon ab, ob auf diese Verträge deutsches oder ausländisches Recht anwendbar ist. Diese kollisionsrechtliche Frage haben deutsche Gerichte anhand des deutschen internationalen Vertragsrechts, insbesondere anhand der Art 27 ff EGBGB zu entscheiden. Gelangt ein deutsches Gericht zur Anwendbarkeit von **ausländischem** Vertragsrecht, so entscheidet grundsätzlich auch nur dieses über die vertragsrechtlichen Folgen des Verstoßes gegen das ausländische Verbotsgesetz. Die deutsche Vorschrift des § 134 ist in diesem Fall nicht anwendbar (BGHZ 55, 334, 339 betr französische Devisenbestimmungen; 59, 82, 85 – Nigerianische Masken betr ein nigerianisches Ausfuhrverbot für bestimmte Kulturgüter), es sei denn, die Voraussetzungen des Art 30 EGBGB oder des Art 34 EGBGB sind erfüllt.

b)   Wenn kollisionsrechtlich **deutsches** Vertragsrecht gilt, ist § 134 bei einem Ver- **48** stoß gegen ausländische Verbotsgesetze ebenfalls nicht anwendbar (RGZ 108, 241, 243 aE; 161, 296, 299; BGHZ 55, 334, 339; 59, 82, 85; 69, 295, 296; OLG Hamburg RIW 1994, 686, 687; KG NJW 1976, 197, 198; aus dem Schrifttum vgl ERMAN/PALM § 134 Rn 8; MANKOWSKI RIW 1994, 689; MEDICUS, AT Rn 658; PALANDT/HEINRICHS § 134 Rn 2; **aA** jedoch wohl MünchKomm/MAYER-MALY/ARMBRÜSTER § 134 Rn 40), zB bei Verstößen gegen ausländische Einfuhr- und Ausfuhrverbote (BGHZ 59, 82, 85; OLG Hamburg RIW 1994, 686, 687), Zollgesetze (OLG Hamburg RIW 1994, 686, 687; OLG Hamburg HansRZ 1925, 195) oder ausländische Devisenbestimmungen (BGHZ 55, 334, 339). Diese Vorschrift greift also nur ein, wenn auf Verträge nach Art 27 ff EGBGB deutsches Vertragsrecht anwendbar ist und wenn diese Verträge außerdem gegen deutsche Verbotsgesetze verstoßen, dh Verbotsgesetze iSv § 134 sind nur im Inland unmittelbar verbindliche Gesetze.

c)   Ausländische Verbotsgesetze sind auch nicht nach Art 34 EGBGB zu berück- **49** sichtigen. Als Eingriffsnormen iS dieser Vorschrift kommen nur **inländische** Normen in Betracht. Ausländische Verbotsgesetze sind hingegen als solche niemals Eingriffsnormen iSv Art 34 EGBGB. Der deutsche Gesetzgeber hat bei der Novellierung des EGBGB im Jahre 1986 die Vorschrift des Art 7 Abs 1 des Römischen EWG-Übereinkommens über das auf vertragliche Schuldverhältnisse anwendbare Recht von 1980 (EuSchVÜ), die eine Regelung über die Relevanz **ausländischer** Eingriffsnormen für Verträge trifft, die dem Vertragsrecht eines anderen Staates, zB inländischem Vertragsrecht unterliegen, nicht in das deutsche EGBGB übernommen (ausführlich dazu E LORENZ RIW 1987, 569, 580 ff; sehr ausführliche Nachweise auch bei MANKOWSKI RIW 1994, 688 Fn 2).

d)   Verträge, auf die kollisionsrechtlich deutsches Recht anwendbar ist, können **50** jedoch bei Verstößen gegen ausländische Verbotsgesetze („Eingriffsnormen") **nach**

§ 138 sittenwidrig sein, wenn deren Beachtung auch im deutschen Interesse liegt (BGHZ 34, 169, 177; 59, 82, 85; 69, 295, 298; BGH VersR 1982, 92, 93; BGHZ 94, 268, 270, 272; BGH NJW 1991, 634, 635 zu II 2; RGZ 161, 296, 299 f; OLG Hamburg RIW 1994, 686, 687; ausführlich dazu mwNw PIEHL, Bestechungsgelder im internationalen Wirtschaftsverkehr [1991] 40 ff, 43) oder fundamentalen deutschen Rechtsvorstellungen entspricht (so zu § 1 UWG BGH GRUR 1980, 858, 860 – Asbestimporte; so wohl auch zu § 138 RGZ 96, 282 f; 161, 296, 299; MANKOWSKI RIW 1994, 688, 690) bzw durch gemeinsame sittlich-rechtliche Vorstellungen aller Kulturstaaten gerechtfertigt ist (RGZ 108, 241, 243 f; BGHZ 59, 82, 85 f; 69, 295, 298; 94, 268, 271 f; OLG Hamburg RIW 1994, 686, 687). Das RG wollte für die Anwendung des § 138 sogar genügen lassen, dass das ausländische Verbot „durch die deutschen Anschauungen über die guten Sitten, das deutsche gesunde Volksempfinden gerechtfertigt wird" (RGZ 161, 296, 300). Demgegenüber hat der BGH in einem anderen Zusammenhang – zum ordre public iSv § 1041 ZPO aF – mit Recht darauf hingewiesen, dass auch die Vielfalt der ausländischen Rechts- und Lebensverhältnisse zu beachten sei, an die keine inländischen Maßstäbe angelegt werden dürfen (BGH VersR 1982, 93, 94 betr „Schmiergeldzahlungen" in Form überhöhter Preise an Schutenvermieter in ausländischen Häfen zum Zwecke bevorzugter Abfertigung). Ausführlich dazu unten § 138 Rn 481 ff.

51 e) Gegen ausländische Gesetze verstoßende Rechtsgeschäfte konnten auch nach § 306 nichtig sein (RGZ 93, 182, 184; RGZ 161, 296, 300). § 306 ist durch das Schuldrechtsmodernisierungsgesetz von 2001 ersatzlos gestrichen worden.

52 f) Wenn ausländische Verbotsgesetze gegen den deutschen ordre public verstoßen, sind sie nach Art 6 EGBGB auf keinen Fall zu berücksichtigen.

53 g) Ausländische Verbotsgesetze sind dann ausnahmsweise nach § 134 zu berücksichtigen, wenn sie aufgrund völkerrechtlicher Verträge, die nach Art 59 GG in Bundesrecht transformiert worden sind, beachtet werden müssen (SOERGEL/ HEFERMEHL § 134 Rn 9). Vielfach werden jedoch insoweit Sonderregelungen die Anwendung von § 134 entbehrlich machen. So haben sich zB in dem Abkommen von Bretton Woods die Mitgliedstaaten verpflichtet, ihre devisenrechtlichen Vorschriften gegenseitig zu beachten. Die Rechtsfolgen eines Devisenverstoßes sind jedoch durch dieses Gesetz abschließend geregelt (BGHZ 55, 334, 339; SOERGEL/HEFERMEHL § 134 Rn 9; vgl auch BGHZ 31, 367, 373; vgl ferner unten Rn 314).

IV. Der Zeitpunkt der Gesetzwidrigkeit

1. Gesetzwidrigkeit bei Vornahme des Rechtsgeschäfts

54 Ein Rechtsgeschäft ist grundsätzlich nur dann nach § 134 nichtig, wenn es bereits im Zeitpunkt der Vornahme verbotswidrig war (BGHZ 45, 322, 326; OLG Düsseldorf JR 1993, 113, 114).

2. Gesetzwidrigkeit nach Vornahme des Rechtsgeschäfts

55 Wird **nach** der Vornahme eines im Zeitpunkt der Vornahme rechtmäßigen Rechtsgeschäfts ein Gesetz erlassen, das Rechtsgeschäfte dieser Art verbietet, so wirkt das Gesetz grundsätzlich nur für die Zukunft. Es berührt die Wirksamkeit früherer Rechtsgeschäfte grundsätzlich nicht (CANARIS DB 2002, 930; ERMAN/PALM § 134 Rn 15;

LARENZ/WOLF, AT § 40 Rn 26; MünchKomm/MAYER-MALY/ARMBRÜSTER § 134 Rn 20; PALANDT/
HEINRICHS § 134 Rn 12 b; vgl auch BGHZ 45, 322, 326; **aA** RGZ 102, 203, 205). So wurden zB
wettbewerbsbeschränkende Verträge, die von den strengen Regelungen der §§ 1, 15,
18 aF GWB durch Privilegierungstatbestände, insbesondere durch sog Bereichsaus-
nahmen, freigestellt und zum Zeitpunkt des Vertragsabschlusses wirksam waren,
nicht rückwirkend nach dem Wegfall der Privilegierungstatbestände durch die
GWB-Novelle 1999 oder durch das Gesetz von 1998 zur Neuregelung des Energie-
wirtschaftsrechts nach § 134 iVm § 1 oder § 14 GWB nF nichtig (so zum weggefallenen
Priviligierungstatbestand des § 103 GWB aF CANARIS DB 2002, 930; **aA** OLG Düsseldorf DB 2002,
943 f). Rückwirkend nichtig nach § 134 wird ein Rechtsgeschäft durch ein später
erlassenes Verbotsgesetz ausnahmsweise nur dann, wenn sich dieses ausdrücklich
und zulässig Rückwirkung beilegt (ERMAN/PALM § 134 Rn 15; MünchKomm/MAYER-MALY/
ARMBRÜSTER § 134 Rn 20; zögernd BGHZ 45, 322, 326 = NJW 1966, 1265 betr das Verbot der
Erhebung von Konzessionsabgaben). Wenn das später erlassene Verbotsgesetz keine
Rückwirkung vorsieht, bleiben die bis zum Inkrafttreten des Verbotsgesetzes vorgenommenen Erfüllungshandlungen wirksam. **Nach** Inkrafttreten des Verbotsgesetzes
darf das ursprünglich rechtmäßige und jetzt verbotene Rechtsgeschäft jedoch nicht
mehr vollzogen werden; es bestehen analog § 275 keine Erfüllungsansprüche mehr
(BGHZ 45, 322, 325; CANARIS DB 2002, 930, 931). Dies ergibt sich allerdings nicht aus § 134,
sondern aus dem Zweck des Verbotsgesetzes selbst (MünchKomm/MAYER-MALY/
ARMBRÜSTER § 134 Rn 20; CANARIS, DB 2002, 930, 931; offen gelassen in BGHZ 45, 322, 326).
Wird ein nach Abschluss eines Rechtsgeschäfts erlassenes Verbotsgesetz – zB ein
Kriegsbewirtschaftungsgesetz – später wieder aufgehoben, so erlangt das ursprünglich rechtmäßige Rechtsgeschäft nach Ansicht des BGH wieder Wirksamkeit (BGHZ
45, 322, 327; SOERGEL/HEFERMEHL § 134 Rn 49). Dies überzeugt allerdings nicht, da den
Vertragsparteien ein Zuwarten nicht zumutbar ist, wenn der Zeitpunkt des Wegfalls
des Verbotsgesetzes nicht absehbar ist. ME bleibt daher das betreffende Rechtsgeschäft ebenso nichtig, wie wenn es von Anfang an wegen Verbotswidrigkeit nichtig
gewesen wäre; es gelten die allgemeinen Grundsätze über den Wegfall eines Verbotsgesetzes (dazu Rn 56 ff). Die Parteien können das Rechtsgeschäft natürlich nach Wegfall des Verbotsgesetzes erneut vornehmen bzw bestätigen. In besonders gelagerten
Fällen kann auch einmal die Berufung auf die Nichtigkeit nach Wegfall des Verbotsgesetzes gegen Treu und Glauben verstoßen. Eine **Ausnahme** von der Irrelevanz
späterer Gesetze sieht § 2171 vor. Danach ist ein Vermächtnis, das im Zeitpunkt
des Erbfalles gegen ein Gesetz verstößt, unwirksam. Ansonsten ist auch für die
Anwendbarkeit von § 134 auf letztwillige Verfügungen der Zeitpunkt der Testa-
mentserrichtung bzw des Abschlusses des Erbvertrags maßgeblich (**aA** A STAUDINGER
Jura 2000, 467, 468).

3. Wegfall des Verbotsgesetzes nach Vornahme des Rechtsgeschäfts

Ein im Zeitpunkt der Vornahme nach § 134 ganz oder teilweise nichtiges Rechts- **56**
geschäft bleibt grundsätzlich nichtig, auch wenn das Verbotsgesetz später wegfällt
(BGHZ 11, 59, 60 betr Bewirtschaftungsvorschriften; RGZ 138, 52, 55; OGHZ 3, 55, 60; ERMAN/
PALM § 134 Rn 15; MünchKomm/MAYER-MALY/ARMBRÜSTER § 134 Rn 20; SOERGEL/HEFERMEHL
§ 134 Rn 49; STAUDINGER/DILCHER[12] § 134 Rn 7; vgl auch OLG Brandenburg MDR 1995, 30 betr
die Nichtigkeit nach DDR-Recht). Es bleibt grundsätzlich auch dann nichtig, wenn es im
Zeitpunkt des Fortfalls des Verbotsgesetzes noch nicht erfüllt worden war (OGHZ 3,
55, 60; FLUME, AT II § 17, 4 S 350; MünchKomm/MAYER-MALY § 134 Rn 21; **aA** HOLZAPFL BB 1965,

569, 571). Nach Wegfall des Verbotsgesetzes ist das Rechtsgeschäft jedoch dann ohne weiteres gültig, wenn die Parteien entweder bereits bei der Vornahme des Rechtsgeschäfts mit der Aufhebung des Verbotsgesetzes gerechnet und das Rechtsgeschäft auch für diesen Fall geschlossen haben (RGZ 138, 52, 55; OGHZ 3, 55, 60; 3, 275, 277 f; FLUME, AT II § 17, 4 S 349 f; HOLZAPFL BB 1965, 569, 570; SOERGEL/HEFERMEHL § 134 Rn 49) oder wenn sie ausdrücklich oder auch nur stillschweigend die Leistungspflichten von der Verbotsaufhebung abhängig gemacht haben (RGZ 138, 52, 55; HOLZAPFL BB 1965, 569, 571; MünchKomm/MAYER-MALY § 134 Rn 20; PALANDT/HEINRICHS § 134 Rn 13). Sollte das Rechtsgeschäft hingegen trotz des Verbots während dessen Geltungsdauer vollzogen werden, so bleibt es nichtig (BGH LM Nr 7 zu § 134 BGB; SOERGEL/HEFERMEHL § 134 Rn 49). Ein Rechtsgeschäft ist ferner nicht nach § 134 nichtig, wenn das Verbot wegfällt, bevor eine von den Parteien für die Wirksamkeit vereinbarte Bedingung oder Terminierung eingetreten ist (SOERGEL/HEFERMEHL § 134 Rn 49). Außerdem wird ein bei Vornahme verbotswidriges und nichtiges Rechtsgeschäft nach Aufhebung des Verbotsgesetzes auch dann wirksam, wenn es die Parteien nach § 141 durch Neuvornahme bestätigen (BGHZ 11, 59, 60 f = NJW 1954, 549; RGZ 138, 52, 55; OLG Brandenburg MDR 1995, 30). Dabei kann die Neuvornahme auch durch stillschweigendes Verhalten erfolgen, wenn es den eindeutigen Schluss auf einen übereinstimmenden Bestätigungswillen der Parteien zulässt (BGHZ 11, 59, 60; OLG Brandenburg MDR 1995, 30). Die Erfüllung eines anfänglich nach § 134 nichtigen Vertrags nach Wegfall des Verbotsgesetzes lässt nur dann den Rückschluss auf eine Neuvornahme bzw Bestätigung zu, wenn die Erfüllung in Kenntnis der ursprünglichen Nichtigkeit oder zumindest bei Zweifeln an der Gültigkeit erfolgte (RGZ 138, 52, 56; MünchKomm/MAYER-MALY/ARMBRÜSTER § 141 Rn 13). Wenn die Parteien nach Wegfall eines Verbotsgesetzes einen Vertrag über die Verteilung von Gewinn aus den ursprünglich verbotenen Geschäften schließen, so ist dieser nicht nach § 134 nichtig (BGH LM Nr 38 zu § 134 BGB; SOERGEL/HEFERMEHL § 134 Rn 49).

V.   Rechtsfolgen

1.   Die Nichtigkeitssanktion des § 134 als „Auslegungsregel"

57 a)   Nach § 134 ist ein gesetzwidriges Rechtsgeschäft nichtig, wenn sich aus dem verletzten Gesetz nicht ein anderes ergibt (zur wechselvollen Entstehungsgeschichte dieses Normzweckvorbehalts aufschlussreich AMM, Rechtsgeschäft, Gesetzesverstoß und § 134 BGB [Diss Bochum 1982] 10 ff). Wegen dieses **Normzweckvorbehalts** wird die Ansicht vertreten, dass § 134 nichtssagend sei (vor allem FLUME, AT II § 17, 1 S 341; ebenso AMM 250; ähnlich SOERGEL/HEFERMEHL § 134 Rn 1, 29; **aA** BORK, AT Rn 1090; CANARIS, Gesetzliches Verbot ... 14 ff; MünchKomm/MAYER-MALY/ARMBRÜSTER § 134 Rn 1). Er enthalte wegen des Normzweckvorbehalts keine eigenständige zivilrechtliche Sanktion, sondern verweise insoweit ausschließlich auf den Normzweck des verletzten Gesetzes; dh der zivilrechtliche Gehalt des § 134 beschränke sich auf die Verweisung auf den zivilrechtlichen Normzweck des durch ein Rechtsgeschäft verletzten Verbotsgesetzes. Ob ein verbotswidriges Rechtsgeschäft nichtig sei, ergebe sich nicht aus § 134, sondern immer nur aus dem Normzweck des verletzten Verbotsgesetzes (FLUME, AT II § 17, 1; SOERGEL/HEFERMEHL § 134 Rn 1, 29; TAUPITZ JZ 1994, 221, 225). Obwohl § 134 ausdrücklich die Nichtigkeit als Sanktion vorsehe, trete diese dennoch nur ein, wenn der Zweck des Verbotsgesetzes dies **verlange** bzw – so der BGH – wenn „es mit dem Sinn und Zweck des Verbotsgesetzes unvereinbar wäre, die durch das Rechtsgeschäft getroffene Regelung hinzunehmen und bestehen zu lassen" (so BGHZ 85, 39, 43; weitere Nachweise zur BGH-Rechtsprechung unter Rn 61; ebenso im Schrifttum BGB-RGRK/KRÜGER-NIELAND/ZÖLLER § 134 Rn 13; FLUME, AT II § 17, 1 S 341; SOERGEL/HEFERMEHL § 134 Rn 4; STAUDINGER/DILCHER[12] § 134 Rn 3).

b)   Die Gegenansicht versteht § 134 hingegen als **Auslegungsregel** zugunsten der   **58** Nichtigkeitsfolge (so die Reichstagskommission Mot I 210; BGHZ 45, 322, 326 = NJW 1966, 1265; BGH WM 1973, 1274, 1276; BGH NJW 1974, 1374, 1377; BORK, AT Rn 1111; CANARIS, Gesetzliches Verbot... 14 ff, 19, 43 f; ERMAN/PALM § 134 Rn 12; R KRAMER 43 ff; LARENZ/WOLF, AT § 40 II Rn 3; MEDICUS, AT Rn 646; PANSEGRAU 20 f, 250; PALANDT/HEINRICHS § 134 Rn 7; WESTPHAL 74 ff; ausdrücklich **aA** FLUME, AT II § 17, 1 S 341; RICHARDI, in: MünchArbR § 46 Rn 3; SEILER, in: Gedschr Martens 7, 19). Dieser Ansicht ist zu folgen, da nur sie dem Wortlaut des § 134 gerecht wird, der bestimmt, dass ein Rechtsgeschäft nichtig ist, dh immer dann die Nichtigkeitsfolge eingreift, wenn sich aus dem verletzten Gesetz nicht etwas anderes ergibt (CANARIS, Gesetzliches Verbot 15; R KRAMER 43, 44 f; WESTPHAL 75). Für diese Ansicht sprechen auch die Materialien (CANARIS aaO; KRAMER 43 aE; WESTPHAL 75 f). Die große Mehrheit der Reichstagskommission war folgender Ansicht: „... nur eine Interpretationsregel lasse sich in dieser Beziehung aufstellen und sei daher im Entwurf dahin gegeben, dass, wenn sich aus dem Gesetz kein anderer Sinn ergebe, Nichtigkeit als die gewollte Folge betrachtet werden müsse" (MUGDAN I 969). Dementsprechend heißt es auch in den Motiven: „Die gemeinrechtliche Streitfrage, ob, wenn ein Gesetz ein Rechtsgeschäft verbietet oder mit Strafe belegt, ohne dessen Nichtigkeit auszusprechen, das dem Verbot zuwider vorgenommene Rechtsgeschäft **der Regel nach** (Hervorhebung vom Verf) nichtig sei, ist von der hM ... schon bisher mit Recht bejaht worden" (Mot I 210 = MUGDAN I 468). Freilich ist **in jedem Einzelfall** zu prüfen, ob der Normzweck des verletzten Verbotsgesetzes der Nichtigkeitssanktion **entgegensteht**. Wenn sich jedoch aus dem Normzweck des verletzten Verbotsgesetzes nichts Entgegenstehendes oder gar nichts in Bezug auf die Gültigkeit des Rechtsgeschäfts ergibt, so ist dieses nichtig. Wenn sich aus dem Normzweck des Verbotsgesetzes nichts anderes ergibt, folgt die Nichtigkeit des verbotswidrigen Rechtsgeschäfts immer auch unmittelbar aus der Auslegungsregel des § 134, ohne dass auch **für die Berechtigung** der Nichtigkeitssanktion im Zweck des Verbotsgesetzes eine Bestätigung gesucht zu werden braucht. § 134 ergänzt, vorbehaltlich eines abweichenden Normzweckes des Verbotsgesetzes, dieses um die Nichtigkeitssanktion. Es müssen besondere Gründe dafür vorliegen, dass ein verbotswidriges Rechtsgeschäft nicht nichtig ist. Die **Argumentationslast** trifft denjenigen, der ein Rechtsgeschäft trotz Verstoßes gegen ein Verbotsgesetz **nicht** für nichtig hält (CANARIS, Gesetzliches Verbot ... 16, 43; ERMAN/PALM § 134 Rn 12; von einer Vermutung für die Nichtigkeit spricht BORK, AT Rn 1111).

c)   Freilich entscheidet auch bei dieser Deutung des § 134 primär der Normzweck   **59** des verletzten Gesetzes, und erst sekundär, wenn ein solcher Normzweck nicht feststellbar ist, greift die Auslegungsregel des § 134 ein. Insofern ist es zutreffend, in Anbetracht des Normzweckvorbehalts von der „Subsidiarität der Nichtigkeit" iS der Auslegungsregel des § 134 zu sprechen (ENNECCERUS/NIPPERDEY, AT § 190 II 1 S 1155; STAUDINGER/DILCHER[12] § 134 Rn 2; TAUPITZ, Die Standesordnungen ... 1082).

d)   In einer Studie von 1987 hat SEILER eine äußerst restriktive Anwendung der   **60** Nichtigkeitssanktion des § 134 vorgeschlagen (in: Gedschr Martens 719, 732). Nur bei

Verstößen gegen Verbote des **Strafrechts** einschließlich des Steuerstrafrechts passe der Grundsatz der Nichtigkeit. Bei der Verletzung anderer Verbotsvorschriften sei § 134 hingegen nicht anwendbar. Zutreffend an diesem Ansatz ist, dass der Gesetzgeber des BGB die Nichtigkeitssanktion vor allem bei der Verletzung von Straftatbeständen angewendet wissen wollte. Andererseits stöhnte man jedoch auch schon in der Zeit vor 1900 über die Vielzahl von Verbotsgesetzen (vgl ENDEMANN [1887] 125; auch zitiert bei SEILER 730). Es gibt keine Hinweise dafür, dass der BGB-Gesetzgeber diese Vorschriften vom Anwendungsbereich des § 134 ausnehmen wollte. Weder die Flut solcher Nicht-Strafvorschriften noch die Tatsache, dass sich deren Gesetzgeber in der Regel keine Gedanken über die Folgen ihrer Verletzung durch Rechtsgeschäfte gemacht hat, genügen als Argument für die Nichtanwendung des § 134 auf Verbote, die nicht Strafvorschriften sind. Die Tatsache, dass sich der Gesetzgeber von Verbotsgesetzen meist keine Gedanken über die Folgen verbotswidriger Rechtsgeschäfte gemacht hat, bereitet nur dann dogmatische Schwierigkeiten, wenn in jedem Einzelfall jede zivilrechtliche Sanktion, dh auch die in § 134 vorgesehene Nichtigkeitsfolge, mit dem Normzweck des § 134 gerechtfertigt werden muss. Anders ist dies, wenn man dem Wortlaut des § 134 folgt: Wenn sich aus dem Normzweck des verletzten Verbotsgesetzes nicht ein anderes ergibt, dann entspricht die Nichtigkeitssanktion dem Willen des Gesetzgebers, den er in § 134 deutlich gemacht hat.

61 **e)** Unklar ist die Haltung des BGH. Denn einerseits hat er § 134 in Übereinstimmung mit der hier vertretenen Ansicht mehrfach als „Auslegungsregel" bezeichnet (BGHZ 45, 322, 326; BGH WM 1973, 1274, 1276; BGH NJW 1974, 1374, 1377). Andererseits hat er jedoch vor allem in seiner **neueren** Rechtsprechung bemerkenswert häufig die Nichtigkeitsfolge des § 134 davon abhängig gemacht, dass diese dem Sinn und Zweck des verletzten Verbotsgesetzes **entspreche** (BGHZ 118, 142, 144; BGH NJW 1992, 2557, 2558; BGH NJW 1992, 1159, 1160; BGHZ 115, 123, 125; 110, 235, 240; NJW 1986, 1104; NJW 1985, 2403, 2404; BGHZ 93, 264, 267; NJW 1984, 1175; NJW 1984, 230, 231; BGHZ 89, 369, 372; 88, 240, 242; 85, 39, 43 f; 78, 269, 271; 78, 263, 265; 71, 358, 360 f; 53, 152, 156 f) und dies, obwohl der Wortlaut des § 134 – **genau umgekehrt** – den Normzweck des Verbotsgesetzes nur dann für relevant erklärt, wenn er der Nichtigkeitssanktion **entgegensteht**. Entscheidend ist nach Ansicht des BGH, ob sich das Verbotsgesetz nach seinem Sinn und Zweck gegen die **Wirksamkeit** des Rechtsgeschäfts wende (BGHZ 88, 240, 242; 89, 369, 372; 118, 142, 144 aE). Nichtigkeit sei anzunehmen, wenn es mit dem Sinn und Zweck des Verbotsgesetzes unvereinbar wäre, die durch das Rechtsgeschäft getroffene rechtliche Regelung hinzunehmen und bestehen zu lassen (BGHZ 118, 142, 145; 115, 123, 125 aE; 93, 264, 267; 78, 263, 265; 65, 368, 370; 46, 24, 26; 37, 258, 262). Bei verbotswidrigen Verträgen komme es insbesondere darauf an, ob das Verbotsgesetz Erfüllungsansprüche verhindern wolle. Damit folgt der BGH in seiner neueren Rechtsprechung jedenfalls im Ergebnis der Ansicht, die der Regelung des § 134 einen Aussagegehalt abspricht (vgl SEILER, in: Gedschr Martens [1987] 719, 728 f) und letztlich nur auf den Normzweck des verletzten Verbotsgesetzes abstellt, dh die auch für die Nichtigkeitssanktion eine Berechtigung im Normzweck des verletzten Verbotsgesetzes sucht.

62 **f)** Der Theorienstreit hat praktische Bedeutung, wenn der Zweck des verletzten Verbotsgesetzes weder die Nichtigkeit des verbotswidrigen Rechtsgeschäfts verlangt noch ihr entgegensteht. Dann ist nach der hier vertretenen Deutung des § 134 das Rechtsgeschäft nichtig (vgl CANARIS, Gesetzliches Verbot ... 17). Mit der **zusätzlichen Sanktion** der Nichtigkeit verbotswidriger Rechtsgeschäfte verstärkt § 134 die Durchsetzung des verletzten Verbotsgesetzes (Canaris 17 f), und dies nicht nur im konkreten Anwendungsfall, sondern auch **generalpräventiv** (Canaris 17; vgl auch BGHZ 89, 369, 374 f).

Ob § 134 entsprechend seinem Wortlaut eine Auslegungsregel ist oder ob die Nichtig- **63** keitsfolge nur eingreift, wenn positiv ein entsprechender Normzweck des verletzten Verbotsgesetzes nachgewiesen ist, wird außerdem dann relevant, wenn die Frage zu entscheiden ist, ob der Berufung auf die Nichtigkeit gem § 134 der Einwand der unzulässigen Rechtsausübung entgegengehalten werden kann.

2. Die Doppelfunktion des Normzweckvorbehalts

Der Normzweckvorbehalt des § 134 hat eine **Doppelfunktion**. Zum einen schließt er **64** die Nichtigkeitssanktion des § 134 aus, wenn die Nichtigkeit dem Normzweck des verletzten Verbotsgesetzes nicht gerecht wird. Darüber hinaus ermächtigt jedoch der Normzweckvorbehalt auch den Richter, im konkreten Einzelfall **andere normzweckgemäße zivilrechtliche Sanktionen** zu entwickeln (J Hager, Gesetzes- und sittenkonforme Auslegung und Aufrechterhaltung von Rechtsgeschäften [1983] 31 ff, 220; Sack RdA 1975, 171, 175 f; MünchKomm/Mayer-Maly/Armbrüster § 134 Rn 105; vgl auch Richardi, in: MünchArbR § 46 Rn 3; **aA** Zimmermann, Richterliches Moderationsrecht … 113 ff; gegen eine zu weite Anpassungsbefugnis des Richters allerdings MünchKomm/Mayer-Maly § 134 Fn 205a zu Rn 88).

3. Die Reichweite der Nichtigkeitssanktion des § 134

Soweit sich aus dem Normzweck des verletzten Verbotsgesetzes nichts anderes er- **65** gibt, ist ein verbotswidriges Rechtsgeschäft **per se** nichtig. Das verbotswidrige Rechtsgeschäft bzw die verbotswidrige Vertragsklausel ist **voll** nichtig (Canaris 16 f). Soweit sich aus dem verletzten Verbotsgesetz nicht ein anderes ergibt, wirkt die Nichtigkeitssanktion des § 134 auch **ex tunc**. Im Gegensatz zu relativen Verfügungsverboten iS der §§ 135, 136 wirkt die Nichtigkeit iSv § 134 für und gegen jedermann, dh **absolut**; sie kann von jedem geltend gemacht werden (RG JW 1930, 908; Soergel/Hefermehl § 134 Rn 30). Die Nichtigkeitssanktion des § 134 greift auch dann ein, wenn das verletzte Verbotsgesetz den Schutz eines der Vertragspartner bezweckt – zB gegen überhöhte Preise – oder dieser die Wirksamkeit des Vertrags wünscht und er ihn freiwillig abgeschlossen hat (so zu den §§ 54, 56 des II. WoBauG BGHZ 58, 231, 235; Soergel/Hefermehl § 134 Rn 29). Die Nichtigkeit nach § 134 ist im Prozess **von Amts wegen** zu berücksichtigen, dh auch dann, wenn keine der Parteien sich darauf beruft (BGH NJW 1981, 1439 f; RGZ 111, 26, 28), und auch dann, wenn sie von den Parteien nicht gewünscht wird (RGZ 111, 26, 28; Soergel/Hefermehl § 134 Rn 30).

4. Versuche der Fallgruppenbildung zum Normzweckvorbehalt des § 134

Die Nichtigkeitssanktion des § 134 greift nur ein, wenn sich aus dem verletzten **66** Verbotsgesetz nicht ein anderes ergibt. Dieser Normzweckvorbehalt ist das zentrale Problem des § 134. Er wirft sowohl die Frage auf, ob bestimmte Typen von Gesetzen herausgearbeitet werden können, die die Nichtigkeitssanktion des § 134 generell fordern oder auch generell ausschließen. Streitig ist auch, ob § 134 als Sanktion nur die Alternative volle Gültigkeit des Rechtsgeschäfts oder volle Nichtigkeit ex tunc zulässt.

a) Spezialregelungen mit Regelung der Rechtsfolge

67 „Ein anderes ergibt sich", wenn das Verbotsgesetz selbst die Sanktion regelt und für die Nichtigkeitssanktion des § 134 keinen Raum mehr lässt. Dabei ist es unerheblich, ob das Verbotsgesetz dieselbe Sanktion wie § 134, dh Nichtigkeit des Rechtsgeschäfts ex tunc, oder eine andere Sanktion vorsieht. In diesem Fall tritt die Blankettvorschrift des § 134 hinter der Sonderregelung zurück (SOERGEL/HEFERMEHL § 134 Rn 3). So enthielten zB die §§ 16 ff EheG Sonderregelungen der Rechtsfolgen von Verstößen gegen die Verbotsgesetze der §§ 4 ff EheG (SOERGEL/HEFERMEHL § 134 Rn 3 Fn 6; vgl Rn 225).

b) Verbotswidrigkeit des Inhalts und der Vornahme eines Rechtsgeschäfts

68 Ein Rechtsgeschäft wird in der Regel für nichtig gehalten, wenn das Verbot dessen **Inhalt** zum Schutze berechtigter Interessen Dritter oder der Allgemeinheit untersagt (BGH NJW 1986, 1104; ERMAN/PALM § 134 Rn 11). Nichtig sei ein Rechtsgeschäft insbesondere auch dann, wenn der **Leistungserfolg** durch das verletzte Gesetz verboten wird (BGHZ 118, 142, 144 aE).

69 Im Gegensatz dazu ist ein Rechtsgeschäft nicht nach § 134 nichtig, wenn sich das beim Abschluss verletzte Gesetz nur gegen die **Art und Weise des Zustandekommens** bzw Zustandebringens des Rechtsgeschäfts wendet (BGHZ 110, 156, 175; ERMAN/PALM § 134 Rn 11). Diese Fälle werden mE bereits vom Regelungsbereich des § 134 nicht erfasst (ausf oben Rn 5 ff).

70 Unklar ist, ob die Nichtigkeitssanktion des § 134 eingreift, wenn das verletzte Gesetz nicht den Inhalt eines Rechtsgeschäfts, sondern nur dessen **Vornahme** untersagt. Der BGH scheint der Ansicht zu sein, dass die Nichtigkeitssanktion des § 134 nicht eingreift, wenn sich das verletzte Gesetz nur gegen den „Abschluss des Rechtsgeschäfts" wendet (BGHZ 88, 240, 242; 89, 369, 372; 118, 142, 144 aE). So sehen zB die §§ 48 ff ArznmG für bestimmte Arzneimittel eine Verschreibungs- oder Apothekenpflicht vor und verbieten die Abgabe solcher Arzneimittel unter Verstoß gegen diese Pflichten. Dennoch ist zB ein Kaufvertrag über Arzneimittel nicht nichtig, wenn gegen die gesetzliche Verschreibungs- oder Apothekenpflicht verstoßen wurde (BGH NJW 1968, 2286, 2287; SOERGEL/HEFERMEHL § 134 Rn 16; **aA** OLG Stuttgart NJW 1965, 354).

c) Einseitige und beiderseitige Verbotsgesetze und Verbotsverstöße

71 **aa)** Aus den Motiven zum BGB (Mot I 210) stammt die Unterscheidung von einseitigen und beiderseitigen Verbotsgesetzen. Richtet sich ein gesetzliches Verbot gegen **beide** (alle) Vertragsparteien, so ist nach stRspr des RG und des BGH ein dagegen verstoßendes Rechtsgeschäft nach dem Zweck solcher Gesetze **idR nichtig** (RGZ 60, 273; 100, 39, 40; 104, 105, 107; 170, 155, 156; BGHZ 37, 258, 262; 37, 363, 365; 46, 24, 26; 71, 358, 360; 78, 263, 265; 85, 39, 44; 115, 123, 125; 118, 142, 145; BGH NJW 1986, 1104; NJW 1992, 2557, 2559; BAG NJW 1993, 2701, 2703; BGB-RGRK/KRÜGER-NIELAND/ZÖLLER[12] § 134 Rn 14; PALANDT/ HEINRICHS § 134 Rn 8; KÖTZ RabelsZ 58 [1994] 209, 220). Eine für alle Beteiligten geltende Straf- oder Bußgeldandrohung gibt nach Ansicht des BGH einen gewichtigen Hinweis darauf, dass die Rechtsordnung einem das Verbot missachtenden Vertrag die Wirksamkeit versagen will (BGH NJW 1986, 1104; BGHZ 118, 142, 145).

72 Allerdings ist die Regel, dass ein verbotswidriges Rechtsgeschäft nichtig sei, wenn sich das Verbot gegen beide Vertragspartner richte, nach Ansicht des BGH nur allgemeiner Natur. Diese Regel macht im Einzelfall einen Rückgriff auf den Sinn und Zweck der verletzten Verbotsnorm nicht entbehrlich (BGHZ 71, 358, 360 f; 78, 263, 265). So richtet sich zB das SchwArbG sowohl gegen den Auftragnehmer als auch gegen den Auftraggeber. Obwohl das Schwarzarbeitsverbot ein beiderseitiges Verbot ist, sind Schwarzarbeitsverträge nach Ansicht des BGH nicht generell nichtig, sondern nur, wenn auch der Auftraggeber gegen das SchwArbG verstößt oder wenn er zumindest weiß oder leichtfertig verkennt, dass der Auftragnehmer gegen das SchwArbG verstößt.

bb) Richtet sich ein Verbot hingegen nur gegen **einen** der Geschäftspartner, so soll das verbotswidrige Rechtsgeschäft **idR nicht nichtig** sein.*

Auch diese Regel hält die Rechtsprechung nur für einen allgemeinen Grundsatz, der **73** einen Rückgriff auf Sinn und Zweck der betreffenden Verbotsnorm nicht entbehrlich mache (RGZ 60, 273, 276 f; 100, 39, 40 f; BGHZ 37, 258, 262; 46, 24, 26; 53, 152, 157; 71, 358, 360 f; 361 f; 78, 263, 265; 93, 264, 267; 110, 235, 240; 115, 123, 125; 118, 142, 145; 139, 387, 391 f; 146, 250, 258; NJW 1996, 1954, 1955 [2 a]; WM 1999, 307; WM 2000, 482; MDR 2000, 872, 873; NJW 2000, 1186, 1187; WM 2001, 744, 746; NJW-RR 2002, 557; insoweit unzutreffend BGH NJW 1994, 728, 729 betr das RabattG; Canaris, Gesetzliches Verbot ... 24 ff). Richte sich ein gesetzliches Verbot nur gegen einen der Geschäftspartner, so sei das Rechtsgeschäft dennoch nichtig, wenn es mit dem Sinn und Zweck des Verbotsgesetzes unvereinbar wäre, die durch das Rechtsgeschäft getroffene rechtliche Regelung hinzunehmen und bestehenzulassen (BGHZ 118, 142, 145; 115, 123, 125; 110, 235, 240; 93, 264, 267; 88, 240, 243; 78, 263, 265; 71, 358, 360 f; 65, 368, 370; 53, 156; 46, 24, 26; 37, 258, 262; BGH NJW 1992, 737; BAG NJW 1993, 2701, 2703; Mayer-Maly, in: FS Hefermehl 103, 104; Soergel/Hefermehl § 134 Rn 15). Nichtigkeit eines Vertrags trotz einseitiger Verbotswidrigkeit sei insbesondere anzunehmen, wenn gerade der angestrebte **Schutz des Vertragsgegners** die Nichtigkeit des Rechtsgeschäfts erfordere (BGH NJW 1979, 2092; BGHZ 89, 369, 373; 93, 264, 267), wenn der angestrebte Schutz **Dritter** die Nichtigkeit des Rechtsgeschäfts erfordere (zu § 203 StGB BGHZ 115, 123, 129 f; BGH VersR 1992, 448, 449) und/oder wenn der Erfüllungsanspruch auf eine **unerlaubte Tätigkeit** gerichtet sei (BGHZ 37, 258, 262; 53, 152, 159; 89, 369, 373). So hat der BGH die Nichtigkeit eines Rechtsgeschäfts mehrfach auch dann bejaht, wenn sich das Verbot nur an einen der Geschäftspartner richtet, so zB beim Verstoß eines Geschäftsbesorgungsvertrages gegen das RBerG (BGHZ 37, 258, 262 f; vgl auch BGHZ 46, 24, 28 f), bei einem Verstoß gegen das Verbot von Darlehensgeschäften im Reisegewerbe gem § 56 Abs 1 Nr 6 GewO (BGHZ 71, 358, 360, 362 f; 93, 264, 267; BGH NJW 1992, 2560, 2561; NJW 1993, 2108), bei einem Verstoß eines Abschlussprüfungsauftrages gegen § 319 Abs 2 u Abs 3 Nr 2 HGB (BGHZ 118, 142, 145 mwNw), beim Verstoß eines Vertrags zwischen Heiminsassen und Heimpersonal gegen das zum Schutze von Heiminsassen erlassene Vertragsverbot des § 14 HeimG (BGHZ 110,

---

* So schon die Motive zum BGB-Entwurf, Mot I 210; ebenso das RG und der BGH, vgl RGZ 60, 273, 276 f; 100, 39, 40; 104, 105, 107; 106, 316, 317; 170, 155, 156; BGHZ 46, 24, 26, 28; 53, 152, 157; 65, 368, 370; 71, 358, 360; 78, 263, 265; 85, 39, 44; 88, 240, 243; 89, 373; 93, 264, 267; 118, 142, 145; BGH WM 1966, 1101, 1102; NJW 1968, 2286; 89, 373; LM Nr 56 zu § 134 BGB; WM 1972, 853; NJW 1985, 2403, 2404; NJW 1984, 1175, 1176; NJW 1986, 1104; NJW 1986, 2360, 2361; BGHZ 115, 123, 125; NJW 1994, 728, 729 aE; WRP 1996, 744, 746; NJW 2000, 1186, 1187; BAG MDR 1998, 1168, 1169; OLG Hamm NJW 1994, 2159; aus dem Schrifttum vgl Erman/Palm § 134 Rn 11; Larenz/Wolf, AT § 40 Rn 16 ff; Palandt/Heinrichs § 134 Rn 9; Taupitz JZ 1994, 221, 224; **aA** Canaris, Gesetzliches Verbot ... 9, 23, 27.

235, 240), bei verbotener Werbung für ein Heilmittel (BGHZ 53, 152, 156 f), bei Verträgen, durch deren Erfüllung eine Vertragspartei die ärztliche Schweigepflicht gem § 203 StGB verletzt (BGHZ 115, 123, 129; BGH VersR 1992, 448, 449), zumindest ex nunc bei einem Verstoß gegen die AZO bzw das ArbZRG von 1994 (BGH NJW 1986, 1486, 1487; BAGE 7, 47, 50).

74 cc) Von den eben genannten Auslegungsregeln, die an den **Adressatenkreis** des verletzten Verbotsgesetzes anknüpfen, zu unterscheiden und mit diesen nur teilweise übereinstimmend ist eine weitere Auslegungsregel des BGH, die darauf abstellt, wer das Verbotsgesetz **verletzt** hat (zu dieser Unterscheidung vgl auch BORK, AT Rn 1116, 1118; MünchKomm/MAYER-MALY/ARMBRÜSTER § 134 Rn 48). Verträge, durch deren Abschluss **beide** Vertragsparteien ein gesetzliches Verbot verletzen, hält der BGH im Allgemeinen für nichtig (BGHZ 118, 142, 145). Unter – mE unzutreffender – Berufung auf eine stRspr hat der BGH erklärt, „dass Verträge, durch deren Abschluss nur eine der Vertragsparteien ein gesetzliches Verbot **verletzt**, idR gültig" seien (BGHZ 89, 369, 373; BGH NJW 1985, 2403, 2404 zu 2. b). Diese Auslegungsregel wendete er nicht nur bei der Verletzung von Gesetzen an, die sich nur gegen eine der beiden Vertragsparteien richten, sondern auch, wenn sich das verletzte Gesetz gegen beide Parteien wendet, jedoch nur von einer der beiden Parteien verletzt wurde, während die andere Vertragspartei mangels Verschuldens nicht gegen das Gesetz verstieß. Unter Berufung auf diese Auslegungsregel nahm der BGH zB an, dass „Verträge, durch die der Auftragnehmer ohne Wissen den Auftraggebers einseitig gegen das Gesetz zur Bekämpfung der Schwarzarbeit verstößt, als wirksam anzusehen" seien (BGHZ 89, 369, 373). Wer sich bei der Vorführung von Werbefilmen, die gegen Straftatbestände des Heilmittelwerberechts verstoßen, der Strafbarkeit seines Tuns nicht bewusst gewesen sei, habe Anspruch auf die vereinbarte Vergütung für geleistete Dienste (BGHZ 53, 152, 158 aE).

75 dd) Würdigung: Die von der Rechtsprechung aus den Motiven zum BGB übernommenen Kriterien der Einseitigkeit bzw Zweiseitigkeit eines Verbots sind nicht überzeugend. Da sie keine auch nur annähernd verläßlichen Anhaltspunkte bieten, sind sie entgegen der Rechtsprechung als **Auslegungsregeln** („idR") nicht geeignet. Sie haben auch keinen **indiziellen** Charakter (BORK, AT Rn 1105, 1116; CANARIS, Gesetzliches Verbot … 9, 22 ff; ders NJW 1985, 2404; MAYER-MALY, in: FS Hefermehl [1976] 103, 104; MünchKomm/MAYER-MALY/ARMBRÜSTER § 134 Rn 49; PAWLOWSKI, AT Rn 483; SCHERNER, BGB AT 221; SOERGEL/HEFERMEHL § 134 Rn 15, 21; WESTPHAL 54 ff; krit auch BGHZ 71, 358, 360 f). Zum einen erfordern die von der Rechtsprechung entwickelten Regeln viele Ausnahmen, für deren Berechtigung es keine klaren Regeln gibt (CANARIS, Gesetzliches Verbot … 10 f), so dass letztlich doch nur der Normzweck des verletzten Verbotsgesetzes entscheidet (BGHZ 71, 358, 360 f; OLG Hamm NJW-RR 1999, 424, 425). Außerdem unterscheidet die Rechtsprechung nicht klar zum einen zwischen einseitigen und beiderseitigen **Verboten** und zum anderen zwischen einseitigen und beiderseitigen **Verstößen** gegen Verbote. Wenn bei nur einseitigen Verstößen das Rechtsgeschäft grundsätzlich gültig ist, während bei Verletzung beiderseitiger Verbote das Rechtsgeschäft grundsätzlich nichtig ist, so stellt sich die Frage, welcher der beiden Grundsätze gilt, wenn ein beiderseitiges Verbot nur einseitig verletzt wurde. Ist der Grundsatz, dass ein Verstoß gegen ein beiderseitiges Verbotsgesetz grundsätzlich die Nichtigkeit des Vertrags nach sich zieht, auf die Fälle beiderseitiger Verstöße zu beschränken? In diesem Falle wäre nicht die Beiderseitigkeit oder Einseitigkeit des Verbotsgesetzes, sondern die der Verletzung entscheidend und umgekehrt.

d)   Ordnungsvorschriften, insbesondere gewerbepolizeiliche Verbote
Die Rechtsprechung hat die Nichtigkeitssanktion des § 134 grundsätzlich nicht für **76**
erforderlich gehalten, wenn das verletzte Verbotsgesetz nur eine Ordnungsfunktion
erfülle, ordnungspolitischer Natur sei, der öffentlichen Ordnung diene usw (BGHZ 37,
363, 365; 53, 152, 157; 78, 269, 272; 88, 240, 243; 93, 264, 267; 108, 364, 368; BGH NJW 1968, 2286;
BGH WM 1972, 853; BGH NJW 1992, 1159, 1160; BGH NJW 2000, 1187, 1188; BGH MDR 2000, 872,
873; BGH WM 2001, 744, 746; BORK, AT Rn 1095; PALANDT/HEINRICHS § 134 Rn 8; STAUDINGER/
DILCHER[12] § 134 Rn 3, 8; SOERGEL/HEFERMEHL § 134 Rn 15, 20; SCHMIDT MDR 1966, 463, 464).
Dies sei insbesondere bei **gewerberechtlichen** bzw gewerbepolizeilichen Vorschriften
der Fall (BGHZ 53, 152, 157; 78, 269, 272; 93, 264, 267; BGH NJW 1968, 2286; BGH WM 1972, 852;
BGH NJW 1990, 1354, 1355; HEPP NJW 1977, 617, 618; PALANDT/HEINRICHS § 134 Rn 8; SOERGEL/
HEFERMEHL § 134 Rn 20; STAUDINGER/DILCHER[12] § 134 Rn 8; **aA** STOBER GewArch 1981, 313 ff).
Aus diesem Grunde wurde Nichtigkeit iSv § 134 abgelehnt bei Verstößen zB gegen
die Handwerksordnung wegen Nichteintragung in die Handwerksrolle (SCHMIDT MDR
1966, 463, 464) oder gegen Regelungen der Heilmittelwerbung (BGHZ 53, 152, 157).
Abweichend von dieser Regel hat der BGH jedoch einen unter Verstoß gegen
§ 56 Abs 1 Nr 6 GewO im Reisegewerbe abgeschlossenen oder vermittelten Darlehensvertrag jedenfalls dann nach § 134 für nichtig erklärt, wenn er von „unerfahrenen
und minderbemittelten Personen" abgeschlossen wurde, da diese Personen nur so
wirksam vor den nachteiligen Folgen solcher Verträge geschützt werden können
(BGHZ 71, 358, 360, 362 f; BGH NJW 1983, 868; BGHZ 93, 264, 267).

Diese Ansicht, dass Verstöße gegen ordnungspolizeiliche bzw gewerbepolizeiliche **77**
Regelungen grundsätzlich nicht die Nichtigkeit nach § 134 zur Folge haben, ist abzulehnen (ebenso FLUME § 17, 4; STOBER GewArch 1981, 313; WESTPHAL 47 ff). Der Ordnungsfunktion von Gesetzen und ihrer Zuordnung zum Gewerberecht ist nicht ohne weiteres und generell oder auch nur indiziell zu entnehmen, dass ihr Zweck der
Nichtigkeit verbotswidriger Rechtsgeschäfte entgegensteht (zutreffend BGH NJW
1968, 2286; BGHZ 78, 263, 265; NJW 1981, 399; BGH NJW 1983, 2873 zu 2a; BGHZ 93, 264 ff =
NJW 1985, 1020; MünchKomm/MAYER-MALY/ARMBRÜSTER § 134 Rn 88). Dies gilt insbesondere
dann, wenn das Gesetz nicht nur das Kausalgeschäft, sondern auch die Erfüllung
untersagt, zB die Bewirtung eines Gastes nach Eintritt der Polizeistunde. In diesem
Fall besteht kaum ein Anspruch auf strafbare bzw ordnungswidrige Erfüllung des
Kausalgeschäfts. Auch die Zuordnung zum Gewerberecht ist häufig mehr oder minder willkürlich (vgl BGH NJW 1968, 2286 zu b) und losgelöst von den Normzwecküber-
legungen des Gesetzgebers, auf die § 134 abstellt. Wie auch sonst ist auch bei Vorschriften mit reiner Ordnungsfunktion für jeden Einzelfall zu entscheiden, ob die
Nichtigkeitssanktion des § 134 mit dem Sinn und Zweck des verletzten Gesetzes
vereinbar ist (BGH NJW 1983, 2873 zu 2a; STOBER GewArch 1981, 313, 314).

e)   Verstoß gegen Straf- und Ordnungswidrigkeitentatbestände
Gesetze, die die untersagten Handlungen unter Strafe stellen oder als Ordnungs- **78**
widrigkeiten mit Buße bedrohen, bewirken nicht unabweisbar die Nichtigkeit des
verbotswidrigen Rechtsgeschäfts (BGHZ 118, 142, 144 f; 53, 152, 157). Dies gilt insbesondere bei Verstößen gegen bloße Ordnungsvorschriften, auch solchen gewerbe-
und gesundheitspolizeilicher Art (BGHZ 53, 152, 157). Eine für **alle** an einem Vertragsschluss Beteiligten geltende Straf- oder Bußgeldandrohung hält der BGH allerdings
für einen gewichtigen Hinweis darauf, dass die Rechtsordnung dem verbotswidrigen
Vertrag die Wirksamkeit versagen will (BGHZ 118, 142, 145).

f) Ausreichende verwaltungs-, strafrechtliche und standesrechtliche Maßnahmen

79   Die Entscheidung, ob ein Verstoß gegen eine Verbotsnorm die Nichtigkeit des gesetzwidrigen Rechtsgeschäfts zur Folge hat, kann auch davon abhängen, ob die
sonstigen Sanktionen ausreichen, den Schutzzweck der Verbotsnorm zu erreichen
(BGHZ 71, 358, 361 f; ERMAN/PALM § 134 Rn 12). Wenn es ausreicht, dem Verbotszweck des
verletzten Gesetzes durch verwaltungsrechtliche, strafrechtliche oder berufsrechtliche Maßnahmen Nachdruck zu verleihen, so bedarf es nicht noch der zusätzlichen
Nichtigkeitssanktion des § 134 (BGHZ 46, 24, 27; 71, 358, 361 f; 78, 263, 266; 89, 369, 373; 93,
264, 267 f; NJW 2000, 1187, 1188). So hält es der BGH zB mit dem Schutzzweck des § 56
Abs 1 Nr 6 GewO, der bis 1990 den Abschluss und nach wie vor die Vermittlung von
Darlehensgeschäften im Reisegewerbe untersagt, für vereinbar, einen Verstoß nur
als Ordnungswidrigkeit nach § 145 Abs 2 Nr 6 GewO zu ahnden oder mit verwaltungsrechtlichen Sanktionen zu belegen, jedoch den abgeschlossenen Verträgen die
Wirksamkeit zu belassen, wenn das Darlehen der Finanzierung des Beitritts zu einer
Abschreibungsgesellschaft diente und der Darlehensnehmer damit in erster Linie
steuerliche Vergünstigungen erstrebte (BGHZ 93, 264, 267 f). Nichtig nach § 134 iVm
§ 56 GewO seien hingegen Darlehensverträge, wenn sie im Reisegewerbe mit „unerfahrenen oder minderbemittelten Personen" abgeschlossen wurden (BGHZ 93, 264,
267; ausführlicher Rn 235 ff).

g) Reichweite der Kompetenz des „Gesetzgebers"

80   Die zivilrechtlichen Rechtsfolgen eines Verstoßes gegen ein Verbotsgesetz können
nicht weiterreichen als die Kompetenz des Normgebers; dh die Nichtigkeitsfolge des
§ 134 ist nur dann mit dem Normzweck des verletzten Verbotsgesetzes vereinbar, wenn
der Normgeber berechtigt gewesen wäre, auch selbst die zivilrechtliche Nichtigkeit von
verbotswidrigen Rechtsgeschäften anzuordnen (TAUPITZ, Die Standesordnungen ... 1080 ff,
1082 f; ders NJW 1989, 2871, 2872 f; ders JZ 1994, 221, 226). So haben zB die öffentlich-rechtlichen Berufskammern aufgrund der ihnen verliehenen Satzungsgewalt grundsätzlich
keine Kompetenz für die Regelung der zivilrechtlichen Beziehungen zwischen Kam-
merangehörigen untereinander und mit Außenstehenden (BGH NJW 1981, 2007, 2008,
betr BayBO für Ärzte 1977; TAUPITZ JZ 1994, 221, 225, 226; anders jedoch ders zu § 823 Abs 2).

**h) Verbote wegen des Inhalts, wegen der beteiligten Personen und wegen der
Umstände des Geschäftsabschlusses**

81   Ein Systematisierungsversuch von CANARIS unterscheidet danach, ob das Verbotsgesetz den Inhalt des Rechtsgeschäfts untersagt, ob es dem Schutz des Vertragspartners dient oder ob das Gesetz den Geschäftsabschluss nur wegen der äußeren
Umstände untersagt. Aufgrund einer Analyse der Rechtsprechung ist CANARIS, Gesetzliches Verbot und Rechtsgeschäft (1983) zu folgenden fünf Thesen gelangt:

(1) Bei beiderseitigen inhaltlichen Verstößen tritt grundsätzlich Nichtigkeit ein (S 21).

(2) Auch bei einseitigen inhaltlichen Verstößen sei grundsätzlich Nichtigkeit anzunehmen (S 23).

(3) Bei einseitigen gegen den anderen Teil gerichteten inhaltlichen Gesetzesverstö-
ßen sollte man grundsätzlich halbseitige Teilnichtigkeit in dem Sinne annehmen, dass
der geschützte Teil die vertraglichen Ansprüche behält, seinerseits jedoch nur aus
ungerechtfertigter Bereicherung haftet (S 31).

(4) Wende sich ein Verbotsgesetz gegen die äußeren Umstände des Vertragsabschlusses, so werde der Bestand des Rechtsgeschäfts grundsätzlich nicht berührt, und zwar auch dann nicht, wenn das Verbot an beide Parteien gerichtet ist (S 36; ebenso TAUPITZ JZ 1994, 221, 224).

(5) Verstöße gegen gesetzliche Verbote, die den anderen Teil in der Freiheit seiner Willensbildung bei Vertragsschluss schützen sollen, führen zu schwebender Unwirksamkeit des betreffenden Rechtsgeschäfts, auch wenn das Verbot sich nur gegen die äußeren Umstände des Vertragsschlusses richtet (S 38).

5. Der subjektive Tatbestand eines Verbotsgesetzes

a) § 134 knüpft an den Verstoß gegen ein „gesetzliches Verbot" an. Wenn das **82** Verbotsgesetz keinen subjektiven Tatbestand enthält, erfordert auch die Anwendung von § 134 grundsätzlich nicht die Verwirklichung eines solchen (BGHZ 122, 115, 122; 115, 123, 130; BORK, AT Rn 1100; CANARIS, Gesetzliches Verbot 21 f; FLUME, AT II § 17, 3; LARENZ/ WOLF, AT § 40 Rn 27).

b) Häufig enthalten jedoch Verbotsgesetze neben objektiven auch **subjektive** Tat- **83** bestandsvoraussetzungen, zB Strafgesetze. In diesen Fällen erfordert § 134 weder immer noch grundsätzlich die Verwirklichung aller objektiven und subjektiven Tatbestandsvoraussetzungen der Verbotsgesetze (aA BORK, AT Rn 1110). Vielmehr hängt es auch hier vom Schutzzweck des verletzten Verbotsgesetzes ab, ob die objektive Verbotswidrigkeit für die Nichtigkeitssanktion des § 134 genügt, oder ob dafür erforderlich ist, dass eine oder auch beide Vertragsparteien zusätzlich den subjektiven Tatbestand des Verbotsgesetzes erfüllt haben (vgl zB einerseits BGH NJW 1996, 1812 und andererseits BGHZ 115, 123, 130).

aa) **Grundsätzlich** genügt für die Nichtigkeit nach § 134 ein objektiver Verstoß **84** gegen ein Verbotsgesetz (BGHZ 37, 363, 366; 53, 152, 158; 115, 123, 130; 116, 268, 276; 122, 115, 122; RGZ 103, 108, 110; LG Hamburg NJW 1971, 1411, 1412; LG Köln NJW 1965, 157, 159; LG Mannheim NJW 1977, 1729, 1730; CANARIS, Gesetzliches Verbot … 23 aE; ENNECCERUS/NIPPERDEY, AT § 190 II; ERMAN/PALM § 134 Rn 10; FLUME, AT II § 17, 2 S 344; LARENZ/WOLF, AT § 40 Rn 27; MEDICUS, AT Rn 647; MünchKomm/MAYER-MALY/ARMBRÜSTER § 134 Rn 110; PALANDT/HEIN-RICHS § 134 Rn 12). Dies ist der Fall, wenn es mit dem Sinn und Zweck des Verbotsgesetzes unvereinbar wäre, die durch das Rechtsgeschäft getroffene Regelung hinzunehmen und bestehenzulassen mit der Folge, dass die Vertragspartner auf Vertragserfüllung haften. Insbesondere bei Straf- und Ordnungswidrigkeitstatbeständen ergibt sich das gesetzliche Verbot iSv § 134 häufig schon aus dem objektiven Tatbestand (BGHZ 115, 123, 130; aA BGH NJW 1996, 1812, 1813; grundsätzlich aA ERMAN/PALM § 134 Rn 10), während die Verwirklichung des subjektiven Tatbestandes nur für die **spezielle Sanktion** des Verbotsgesetzes, dh für die Strafe oder das Bußgeld erforderlich ist. Wurde zB durch die ohne Zustimmung eines Patienten vorgenommene Veräußerung einer Arztpraxis oder durch die Abtretung einer ärztlichen Honorarforderung an eine gewerbliche Verrechnungsstelle die ärztliche Schweigepflicht verletzt, so sind die Abtretung und das ihr zugrunde liegende Kausalgeschäft auch dann nach § 134 nichtig, wenn nur der objektive Tatbestand des § 203 StGB erfüllt wurde (BGHZ 115, 123, 130; BGH VersR 1992, 448, 450 m Anm TAUPITZ). Denn § 203 StGB missbilligt bereits die objektive Verletzung der ärztlichen Schweigepflicht, und es ist nur die Strafsanktion, die zusätzlich noch Schuld erfordert. Bereits der objektive Verstoß hat die Nichtigkeit von Verträgen auch zur Folge bei Verstößen gegen die SpielbankVO (BGHZ 37, 363, 366) oder gegen das HeilwerbG (BGHZ 53, 152, 158).

85 bb) Nach dem Schutzzweck des verletzten Gesetzes kann es jedoch auch gerechtfertigt sein, die Nichtigkeitssanktion des § 134 erst dann eingreifen zu lassen, wenn beide Parteien wußten oder schuldhaft verkannten, dass der Vertragsschluss gegen ein Gesetz verstößt (**aA** wohl SOERGEL/HEFERMEHL § 134 Rn 30). So ist zB ein Vertrag, der gegen das SchwArbG verstößt, nach der Rechtsprechung des BGH nur dann nichtig, wenn sowohl der Auftragnehmer als auch der Auftraggeber wissen oder leichtfertig verkennen, dass der Vertrag gegen dieses Gesetz verstößt (so im Ergebnis BGHZ 85, 39, 42, 44, 46; 89, 369, 373; 111, 308, 311, 313; BGH NJW 1985, 2403, 2404). Wenn dagegen der Auftraggeber nicht weiß, dass der Auftragnehmer gegen das SchwArbG verstoßen hat, ist der Vertrag nach Ansicht des BGH als wirksam anzusehen (BGHZ 89, 369, 372 f).

6. Formen der Teilnichtigkeit

a) Allgemeine Vorbemerkungen

86 Aus der Nichtigkeitssanktion und dem Normzweckvorbehalt des § 134 wird vielfach abgeleitet, dass ein verbotswidriges Rechtsgeschäft bzw eine verbotswidrige Vertragsklausel entweder voll nichtig ex tunc oder aber uneingeschränkt wirksam sei. Wenn beide Rechtsfolgen dem Normzweck des verletzten Gesetzes nicht gerecht werden oder als treuwidrig bzw als unbillig erscheinen, versucht man angemessene **differenzierte Rechtsfolgen** auf folgendem Weg zu erreichen: Entspricht die uneingeschränkte Wirksamkeit nicht dem Normzweck und scheidet sie daher aus, leitet man zunächst aus § 134 ab, dass die Nichtigkeitssanktion uneingeschränkt eingreife. Dann wird jedoch diese Nichtigkeitssanktion auf verschiedenen Wegen eingeschränkt. Das Rechtsinstitut des **faktischen Vertrags** wurde ua deshalb erfunden, um die Nichtigkeit ex tunc im Ergebnis durch eine Nichtigkeit ex nunc zu ersetzen. Gegen die Berufung auf die Nichtigkeit von Verträgen wurde auch der Einwand des venire contra factum proprium zugelassen. War gegen bereicherungsrechtliche Ansprüche aus § 812 der Einwand des § 817 S 2 (analog) tatbestandsmäßig begründet, so wurde in manchen Fällen gegen diesen als Gegeneinwand ebenfalls das Verbot des venire contra factum proprium eingeräumt (BGHZ 111, 308, 312 betr Schwarzarbeit). Bei der bereicherungsrechtlichen Rückabwicklung wurden vertragsrechtliche Maßstäbe zugrunde gelegt (BEUTHIEN RdA 1969, 161; krit dazu SACK RdA 1975, 171, 173).

87 Für die Deutung des § 134 iS eines **Alles-oder-nichts-Prinzips** und anschließend erforderlicher Korrekturen, um zu angemessenen Ergebnissen zu gelangen, besteht grundsätzlich kein Anlass. Denn wenn die von § 134 vorgesehene Nichtigkeit eines Rechtsgeschäfts bzw einer Vertragsklausel dem Normzweck des verletzten Verbotsgesetzes nicht gerecht wird, entscheidet dieser über die Einzelheiten der Abwicklung bzw Rückabwicklung des betreffenden Rechtsgeschäfts. Der Normzweckvorbehalt des § 134 gibt die Ermächtigung dazu; oben Rn 64. Entsprechend dem Normzweck des verletzten Verbotsgesetzes kann volle Nichtigkeit oder auch nur **teilweise Nichtigkeit** die richtige Rechtsfolge sein (CANARIS, Gesetzliches Verbot ... 20 ff passim; SCHERNER, BGB AT 225; SOERGEL/HEFERMEHL § 134 Rn 29). Teilweise Nichtigkeit ist entsprechend dem Normzweck des verletzten Gesetzes in verschiedenen Formen möglich: Nichtigkeit nicht des gesamten Rechtsgeschäfts, sondern nur einzelner Klauseln; Nichtigkeit ex nunc; geltungserhaltende Reduktion; einseitige Nichtigkeit; schwebende Wirksamkeit; schwebende Unwirksamkeit usw.

b) Nichtigkeit einzelner Klauseln

Vom Zweck des verletzten Verbotsgesetzes hängt es ab, ob ein Rechtsgeschäft ins- **88** gesamt oder nur teilweise nichtig ist (PALANDT/HEINRICHS § 134 Rn 13). Wenn nur ein Teil eines Vertrags, zB nur eine einzelne Klausel, gegen ein Verbotsgesetz verstößt, so ist nach § 134 grundsätzlich nicht der gesamte Vertrag, sondern nur dieser verbotswidrige Teil nichtig, und auch dies nur, wenn dies dem Zweck des verletzten Gesetzes entspricht. Ist nur ein Teil des Vertrages verbotswidrig und nichtig, so entscheiden über die Wirksamkeit der übrigen Vertragsklauseln nicht nur die zu § 139 entwickelten Regeln, sondern wiederum auch Sinn und Zweck des verletzten Verbotsgesetzes. So ist zB eine Klausel in einem Erschließungsvertrag mit einer Gemeinde, die die Beteiligung der Gemeinde an den Erschließungskosten ausschließt, nach § 129 BauGB (= § 129 BBauG) iVm § 134 nichtig; im übrigen ist der Vertrag wirksam (BGHZ 65, 368, 370 f, 372).

c) Geltungserhaltende Reduktion und quantitative Nichtigkeit

Wenn eine Vertragsklausel wegen „Übermaßes" gesetzwidrig ist, so kann der Zweck **89** des verletzten Verbotsgesetzes statt der Nichtigkeit der betreffenden Klausel auch deren „geltungserhaltende Reduktion" bzw eine nur „quantitative Nichtigkeit" rechtfertigen (ERMAN/PALM § 134 Rn 14; MünchKomm/MAYER-MALY/ARMBRÜSTER § 134 Rn 107; SACK RdA 1975, 171, 175; vgl auch schon B HERZOG, Quantitative Teilnichtigkeit [1926]). Zum gleichen Ergebnis gelangt man durch eine Interpretation des Begriffs der Nichtigkeit dahingehend, dass die vereinbarten Rechtswirkungen nicht eintreten, **soweit** dies dem Zweck der nichtigkeitsanordnenden Norm widerspräche. Die dadurch entstehende Regelungslücke sei in der Weise auszufüllen, dass an die Stelle der normwidrigen Rechtsfolgen kraft Gesetzes dem Normzweck entsprechende Rechtsfolgen treten (CAHN JZ 1997, 8, 16). Zweifelhaft ist jedoch, ob dies durch eine entsprechende Interpretation des Nichtigkeitsbegriffs zu erreichen ist. Die Anwendung des Normzweckvorbehalts des § 134 ist aus begifflichen Gründen und wegen des Zwecks des Normzweckvorbehalts vorzuziehen.

aa) So hat zB das RG mit Recht eine mit § 4 Abs 2 AbzG – später § 12 Abs 1 **90** VerbrKrG, seit 2002 § 498 Abs 1 BGB – unvereinbare Fälligkeitsklausel nicht für vollständig nichtig erklärt, sondern mit der Beschränkung auf den gesetzlich zulässigen Inhalt aufrechterhalten (RGZ 64, 92, 94 f). Im konkreten Anwendungsfall enthielt der Vertrag zwar die Klausel, dass der gesamte Kreditbetrag fällig werde, wenn der Schuldner mit zwei aufeinanderfolgenden Teilzahlungen in Verzug ist, nicht jedoch die Beschränkung der Klausel darauf, dass der Verzug 10% des Kreditbetrags betreffen müsse. Der Schuldner war mit mehr als 10% in Verzug. Die Frage war, ob die gesamte Fälligkeitsklausel nichtig war, weil sie die gesetzlich vorgeschriebene 10%-Schranke nicht enthielt, so dass der Kredit trotz des Verzugs mit zwei Teilzahlungsraten nicht fällig war, oder ob die Fälligkeitsklausel mit der in § 4 Abs 2 AbzG (= § 12 Abs 1 VerbrKrG) vorgesehenen 10%-Schranke aufrechterhalten wird, deren Voraussetzungen der Schuldner erfüllte. Das RG entschied sich zutreffend für eine geltungserhaltende Reduktion der Fälligkeitsklausel. Die Bezahlung des gesamten Kredits war fällig, wenn außer der im Vertrag vorgesehenen Fälligkeit bei Verzug mit zwei Teilzahlungen auch noch die Voraussetzungen der zwar nicht im Vertrag, jedoch

in § 4 Abs 2 AbzG vorgesehenen 10%-Schranke erfüllt waren. Das RG begründete dies wie folgt: § 4 Abs 2 AbzG bezwecke den Schutz des Käufers gegen übermäßige Härte; deshalb liege kein sachlicher Grund vor, die Ungültigkeit der Vereinbarung weiter auszudehnen, als es zur Erreichung dieses Zwecks notwendig erscheint. Sowohl dem Zweck des Gesetzes als auch dem Willen der Parteien entspreche „die Auslegung, dass die Vereinbarung nur insoweit, als sie die gesetzlichen Grenzen überschreite, ungültig, dagegen mit der Beschränkung auf den gesetzlich zulässigen Inhalt rechtswirksam ist" (RGZ 64, 92, 94).

91 bb) Eine geltungserhaltende Reduktion hat der BGH auch bei **Rabattabreden**, die gegen das im Jahre 2001 aufgehobene RabattG verstießen, vorgenommen. Habe der Verbraucher das rabattgewährende Unternehmen zur Gewährung eines rabattgesetzwidrigen Rabattes veranlasst, so sei er nach § 242 gehindert, den eingeräumten Rabatt zu verlangen, soweit dieser die nach dem RabattG zulässige Grenze von 3% übersteige (BGH NJW 1994, 728, 730 = GRUR 1994, 527). Allerdings war diese Begrenzung des Erfüllungsanspruches vom Zweck des RabattG mE nicht gedeckt.

92 cc) Ein weiteres, ebenfalls sehr umstrittenes, jedoch mE zutreffendes Beispiel für eine geltungserhaltende Reduktion bieten Verträge, die gegen den Mietwuchertatbestand des § 5 WiStG verstoßen.* Diese Vorschrift untersagt, bei Wohnraumknappheit als Mietzins unangemessen hohe Entgelte zu fordern, sich versprechen zu lassen oder anzunehmen. Unangemessenheit liegt nach § 5 Abs 2 WiStG vor, wenn – etwas verkürzt formuliert – der Mietzins die ortsübliche Vergleichsmiete um mehr als 20% übersteigt. Nähme man an, dass die wucherische Mietzinsabrede insgesamt nichtig wäre, könnte man zu dem Ergebnis gelangen, dass mangels wirksamer Vereinbarung einer Hauptleistung, dh wegen des Fehlens eines essentiale negotii, der gesamte Mietvertrag nichtig sei. Damit würde aber der von § 5 WiStG bezweckte Mieterschutz insoweit in sein Gegenteil verkehrt, als dann der Mieter trotz Wohnraumknappheit auch noch seinen Anspruch auf die Überlassung der Wohnung verlöre (BGHZ 89, 316, 319 f). Das Gesetz wendet sich nicht gegen den Leistungsaustausch insgesamt, sondern nur gegen den überhöhten Mietzins (OLG Karlsruhe NJW 1982, 1161; vgl auch RGZ 88, 250, 251 f). Deshalb besteht inzwischen weitgehende Einigkeit, dass vom Mietwucherverbot des § 5 WiStG nicht der gesamte Mietvertrag, sondern nur die Mietzinsabrede betroffen wird (so ausdrücklich LG Köln NJW 1965, 157, 159; LG Hamburg NJW 1971, 1411; ebenso implizit BGHZ 89, 316, 319 f; OLG Karlsruhe NJW 1982, 1161; OLG Stuttgart NJW 1981, 2365; OLG Hamburg ZMR 1983, 100; J Hager 101 f; Canaris, Gesetzliches Verbot … 31 f; Larenz/Wolf, AT § 40 Rn 22).

93 Streitig ist hingegen das Schicksal der Mietzinsabrede. Kann der Vermieter zumin-

---

* **Schrifttum:** Beuer, Das Verbot der Mietpreisüberhöhung nach § 5 WiStG ist verfassungswidrig, GrundE 1994, 942; Finger, Zu den Folgen einer Mietzinsvereinbarung unter Überschreitung der ortsüblichen Vergleichsmiete, ZMR 1983, 37; H Honsell, Privatautonomie und Wohnungsmiete, AcP 186 (1986) 115; Kohte, Die Rechtsfolgen der Mietpreisüberhöhung, NJW 1982, 2803; Medicus, Vergütungspflicht des Bewucherten, in: Gedschr Dietz (1973) 61; Mock, Mietwucher. Eine empirische Untersuchung über Mietpreiskontrollen nach § 5 WiStG im Zivilprozess (1994); Pakirnus, Das Ausmaß der Nichtigkeit von Mietzinsvereinbarungen gem § 134 BGB iVm § 5 Abs 1 WiStrG, ZMR 1984, 329.

dest den höchstzulässigen oder den marktüblichen Mietzins verlangen oder steht ihm kein Mietzins zu?

(1) Der BGH hält die Mietzinsabrede mE zutreffend nur insoweit für nichtig, als sie den nach § 5 WiStG **höchstzulässigen** Mietzins übersteigt (BGHZ 89, 316, 320 f; ebenso OLG Hamm WuM 1982, 302; LG Mannheim NJW 1977, 1729, 1731; LG Stuttgart NJW-RR 1993, 279; ERMAN/PALM § 134 Rn 59 a; SOERGEL/HEFERMEHL § 134 Rn 62, 63; diese Ansicht ist verfassungsgemäß, BVerfG NJW 1994, 993; krit CANARIS, in: FS Steindorff [1990] 519, 529 ff; HAGER JuS 1985, 264 ff; nach BECKMANN 302, 335 hat der Bewucherte ein Wahlrecht zwischen Nichtigkeit und Fortsetzung des Mietvertrags zum höchstzulässigen Mietzins). Denn die Teilnichtigkeit kann nicht weiterreichen als die tatbestandliche Erfüllung des Verbotsgesetzes. Was das Gesetz nicht verbietet, ist rechtmäßig, so dass für eine weiterreichende Nichtigkeitsfolge kein Anlass besteht (BGHZ 89, 316, 321; vgl insoweit auch CANARIS 29 f, der jedoch geltungserhaltende Reduktion ablehnt; vgl auch LG Stuttgart NJW-RR 1993, 273). Dies ist eine geltungserhaltende Reduktion der Mietzinsabrede. § 134 statuiert die Teilnichtigkeit auch nicht als Strafe, sondern versagt lediglich den von der Rechtsordnung verbotenen Vereinbarungen die Rechtsgültigkeit (BGHZ 89, 316, 324). Eine weitergehende Reduktion der überhöhten Miete hätte Strafcharakter, wofür angesichts der Strafsanktionen nach § 5 WiStG (und § 302a StGB) kein Raum ist und kein Bedürfnis besteht (LG Stuttgart NJW-RR 1993, 279; vgl auch BGHZ 89, 369, 373 vor c).

(2) Nach einer anderen Ansicht bewirkt § 5 WiStG iVm § 134 die Nichtigkeit der **94** Mietzinsabrede, soweit sie die **ortsübliche** Vergleichsmiete übersteigt (so OLG Stuttgart NJW 1981, 2365 aE; OLG Karlsruhe NJW 1982, 1161; OLG Hamburg ZMR 1983, 100, 102 = WuM 1983, 20; LG Köln NJW 1965, 157; MünchKomm/MAYER-MALY/ARMBRÜSTER § 134 Rn 107; vgl auch LG Hamburg NJW 1971, 1411; CANARIS, Gesetzliches Verbot … 29 ff; SCHERNER, BGB AT 225 aE). Dies wird damit begründet, dass das Gesetz nur die ortsübliche Vergleichsmiete für angemessen halte (OLG Stuttgart NJW 1981, 2365; OLG Karlsruhe NJW 1982, 1161, 1162). Dabei wird jedoch verkannt, dass das für die Anwendung von § 134 maßgebliche Verbot des § 5 WiStG gerade nicht die Überschreitung der ortsüblichen Vergleichsmiete verbietet, sondern erst bei einem um 20% darüber liegenden Betrag eingreift (BGHZ 89, 316, 321). Als weiteres Argument für die Reduktion der Mietzinsabrede auf die ortsübliche Vergleichsmiete nennt man Gründe der Praktikabilität; die ortsübliche Vergleichsmiete sei leichter feststellbar als die höchstzulässige. Dies ist jedoch kein zulässiges Argument. Ein weiteres Argument gegen die Aufrechterhaltung des Mietvertrags und der Mietzinsabrede zum höchstzulässigen Mietzins lautet, dass dem Vermieter das **Risiko** weitgehend abgenommen und sogar ein Anreiz geschaffen werde, zur Sicherung eines maximalen Mietzinses ein überhöhtes Entgelt zu fordern (OLG Stuttgart NJW 1981, 2365; OLG Karlsruhe NJW 1982, 1161; OLG Hamburg ZMR 1983, 100, 102; vgl auch FINGER ZMR 1983, 37; KOTHE NJW 1982, 2803). Diesem Einwand, der sich auf eine Entscheidung des BGH von 1977 zur sittenwidrigen Übervorteilung gem § 138 stützt (BGH NJW 1977, 1233 f), hielt der BGH in seiner Mietwucher-Entscheidung zum einen entgegen, dass die befürchtete Gefahr nicht bestehe, da der Mietwucherer ein hohes Bußgeld – damals DM 100.000,– – riskiere (BGHZ 89, 316, 324). Außerdem sei es in der Entscheidung von 1977 um einen anderen Fall, nämlich um die Umdeutung eines wegen Sittenwidrigkeit nichtigen Vertrags gegangen (BGHZ 89, 316, 324). Dieses distinguishing überzeugt allerdings nicht, da es voraussetzt, was zu beweisen wäre: Totalnichtigkeit der Entgeltabrede. ME können beide Fälle zu § 134 und zu § 138 nur übereinstimmend entschieden werden: Entweder Totalnichtigkeit der Entgeltabrede und gegebenenfalls Umdeutung oder – mE zutreffend – geltungserhaltende Reduktion der Entgeltabrede auf den höchstzulässigen Betrag. Gegen eine geltungserhaltende Reduktion der Mietzinsabrede auf die ortsübliche Vergleichsmiete spricht nicht nur der Zweck des § 5 WiStG, Mietpreise nur bei Überschreitung der Wuchergrenze zu verbieten; der Bewucherte würde durch eine Reduktion des Mietzinses auf die ortsübliche Vergleichsmiete über den Schutzzweck des Wucherverbots hinaus begünstigt, das die Grenze gerade nicht bei der ortsüblichen Vergleichsmiete, sondern deutlich darüber setzt. Es ist auch nicht einzusehen, weswegen der Bewucherte nur die ortsübliche Vergleichsmiete zu zahlen hat, während ein Mieter, der zwar einen Betrag über der Vergleichsmiete, jedoch noch unter der Wuchergrenze vereinbart hat, diesen höheren Mietzins schuldet.

95 **(3)**   Gegen beide eben erwähnten Formen der geltungserhaltenden Reduktion wurde eingewendet, dass das zu einer unterschiedlichen Behandlung des Mietwuchers iSv § 5 WiStG und des Kreditwuchers und damit zu einem Wertungswiderspruch führe, da beide Wucherverbote einen vergleichbaren Schutzzweck verfolgen (CANARIS, Gesetzliches Verbot … 29, 33). Es gehe nicht an, dass der Mietwucherer trotz seines **strafbaren** bzw ordnungswidrigen Verhaltens nach § 5 WiStG bzw § 302a StGB (jetzt § 291 StGB) dennoch den höchstzulässigen Mietzins verlangen könne, während der Kreditwucher, (auch) soweit er nicht nach § 302a StGB strafbar ist, zum völligen Verlust von Zinsansprüchen führe. Diese Diskrepanz zwischen den Rechtsfolgen des Mietwuchers und des Kreditwuchers lässt sich in der Tat nicht überzeugend rechtfertigen. Fraglich ist jedoch, ob die Rechtsfolgen des Mietwuchers denen des Kreditwuchers anzupassen sind oder umgekehrt.

96 **(4)**   Nach stRspr und hL ist ein wucherischer Kreditvertrag insgesamt nichtig. Dadurch verlöre allerdings der Bewucherte auch das Recht auf Nutzung des Darlehens, obwohl er sich idR nicht freiwillig auf Wucherzinsen eingelassen hätte, wenn er das Darlehen nicht dringend benötigt hätte. Um den Interessen des Bewucherten gerecht zu werden, hat die hM mit ziemlich kühnen Konstruktionen die bereicherungsrechtliche Abwicklung des Kreditvertrages der vertragsrechtlichen angepasst. Der Wucherer muss das Darlehen dem Bewucherten vereinbarungsgemäß belassen, erhält jedoch nach § 812 iVm § 817 S 2 (analog) keine Darlehenszinsen.

97 **(5)**   Nach CANARIS 30 ff liegt in diesen Fällen eine **halbseitige Teilnichtigkeit** des Vertrages in dem Sinne vor, dass der geschützte Vertragspartner, dh der Bewucherte, seine vertraglichen Ansprüche behält, seinerseits jedoch nur aus ungerechtfertigter Bereicherung haftet und im Falle des Wuchers wegen § 817 S 2 überhaupt keinen Wucherzins zu zahlen braucht. Diese Konstruktion leidet allerdings daran, dass der Bewucherte bei dieser nur halbseitigen Nichtigkeit des Vertrags den Kredit bzw die Mietsache **mit rechtlichem Grund** erhalten hat (gegen diesen Einwand MünchKomm/MAYER-MALY/ARMBRÜSTER § 134 Rn 108); denn er hatte darauf einen vertraglichen Anspruch. Damit scheiden Ansprüche aus § 812, 818 Abs 2 ebenso aus wie die Sperre des § 817 S 2. Die Anwendung von § 812 lässt sich bei dieser Konstruktion mE nicht damit rechtfertigen, dass der wucherische Vertrag für eine **unentgeltliche** Nutzung keinen Rechtsgrund enthalte (aA CANARIS 32).

98 **(6)**   ME ist die Diskrepanz der Rechtsfolgen des Mietwuchers und des Kreditwuchers nur dadurch zu lösen, dass in beiden Fällen eine geltungserhaltende Reduktion des Zinses vorgenommen wird, wie dies der BGH beim Mietwucher getan hat. Dies setzt allerdings voraus, dass man für die Fälle des Kreditwuchers die Nichtigkeitssanktion des § 138 teleologisch reduziert durch Einfügung eines Normzweckvorbehalts, wie ihn § 134 ausdrücklich vorsieht; zu dieser mE richtigen Lösung s unten § 138 Rn 122 ff.

d) Nichtigkeit ex nunc, faktische Verträge, Heilung durch Erfüllung und § 242 (venire contra factum proprium)

Eine große Fallgruppe ist dadurch gekennzeichnet, dass zwar die Fortsetzung der **99** Vertragsbeziehungen wegen der Verbotswidrigkeit nicht verlangt werden kann, jedoch Nichtigkeit des Verpflichtungsgeschäfts ex tunc und bereicherungsrechtliche Abwicklung keine angemessenen Rechtsfolgen wären und vom Normzweck des verletzten Gesetzes auch nicht gefordert werden (Sack RdA 1975, 171, 175 f). Diese Fälle hat man mit recht verschiedenen Konstruktionen einer angemessenen Lösung zuzuführen versucht.

aa) Bei verbotswidrigen Dauerschuldverhältnissen hat man vielfach mit der Kons- **100** truktion des **faktischen Vertrags** gearbeitet. Man anerkannte zB faktische Arbeitsverträge und faktische Gesellschaftsverträge. Zwar hielt man daran fest, dass die vom Verbotsgesetz gebotene Nichtigkeit ex tunc wirke, da unser Recht die Nichtigkeit immer als Nichtigkeit **ex tunc** verstehe. Für den Zeitraum vom Vertragsbeginn bis zum Zeitraum der Geltendmachung der Vertragsunwirksamkeit nahm man jedoch an, dass jedenfalls ein faktischer Vertrag bestanden habe, der nicht bereicherungsrechtlich, sondern vertragsrechtlich abzuwickeln sei. Diese Ansicht leidet daran, dass sie es einerseits nach dem Verbotszweck des verletzten Gesetzes für erforderlich hält, den Vertrag rückwirkend für nichtig zu erklären, ihn dann aber doch für den Zeitraum zwischen ex tunc und ex nunc **wie einen gültigen** zu behandeln. Denn entweder gebietet der Verbotszweck des verletzten Gesetzes die Nichtigkeit ex tunc; dann wäre es in fraudem legis, diesen Vertrag dennoch zunächst wie einen gültigen zu behandeln und ihm erst ex nunc die Wirksamkeit zu versagen. Oder der Normzweck des verletzten Gesetzes gebietet keine Nichtigkeit ex tunc und er wendet sich nur gegen das Fortbestehen des Vertrags und gegen Erfüllungsansprüche ex nunc; dann ist es wegen des Normzweckvorbehalts des § 134 auch nicht gerechtfertigt, den Vertrag über den Normzweck des verletzten Verbotsgesetzes hinaus als nichtig ex tunc zu behandeln.

bb) Zum gleichen vertragsrechtlichen Ergebnis wie die Lehre vom faktischen Ver- **101** trag gelangte die Lehre vom Verbot des **venire contra factum proprium**, die zwar ebenfalls von Nichtigkeit ex tunc ausging, jedoch für den Zeitraum, in dem der – angeblich nichtige – Vertrag vollzogen worden war, annahm, dass es ein unzulässiges venire contra factum proprium sei, sich für die Zeit des Vollzugs des Vertrags auf dessen Nichtigkeit zu berufen. Auch für diese Konstruktion gilt: Entweder fordert der Normzweck des verletzten Gesetzes Nichtigkeit ex tunc; dann steht eine Konstruktion, die im praktischen Ergebnis nur Nichtigkeit ex nunc bewirkt, im Widerspruch zum Zweck des verletzten Gesetzes. Oder nach dem Normzweck des verletzten Gesetzes genügt Nichtigkeit ex nunc; dann entspricht es nicht dem Normzweck des verletzten Gesetzes, zunächst Nichtigkeit ex tunc anzunehmen.

cc) ME paßt in diesen Fällen die zu fehlerhaften Dauerschuldverhältnissen entwi- **102** ckelte Rechtsfigur der **Nichtigkeit ex nunc**: Keine der beiden Vertragsparteien ist berechtigt, die Fortsetzung des verbotswidrigen Dauerschuldverhältnisses zu fordern. Soweit jedoch erfüllt worden ist, sind die Beziehungen zwischen den Parteien nicht bereicherungsrechtlich, sondern vertragsrechtlich abzuwickeln, wenn dies mit dem Zweck des verletzten Gesetzes vereinbar ist. Der Wortlaut des § 134 steht der Rechtsfigur der Nichtigkeit ex nunc nicht entgegen. Nichtig ex tunc iS dieser Vorschrift ist das Rechtsgeschäft nach § 134 nur, wenn sich aus dem verletzten Verbotsgesetz nicht ein anderes ergibt. Wenn das verletzte Verbotsgesetz nur bestimmte **zukünftige** Erfüllungshandlungen unterbinden will, während die Rückgängigmachung von Vergangenem nicht mehr vom Schutzzweck des Verbotsgesetzes umfasst wird, dann ergibt sich aus dem Normzweck des verletzten Gesetzes etwas anderes als die in § 134 vorgesehene Nichtigkeit ex tunc, nämlich Nichtigkeit ex nunc.

Praktische Bedeutung hat die Annahme von Nichtigkeit ex nunc vor allem bei fehlerhaften Arbeitsverträgen, Gesellschaftsverträgen und sonstigen Dauerschuldverhältnissen erlangt.

e) Schwebende Unwirksamkeit
aa) Genehmigungsfähige Rechtsgeschäfte

103 In manchen Fällen wird weder Nichtigkeit ex nunc oder ex tunc noch volle Rechtswirksamkeit dem Zweck des verletzten Verbotsgesetzes gerecht, sondern nur die Rechtsfolge der schwebenden Unwirksamkeit. Es sind dies zum einen Rechtsgeschäfte, die Rechte Dritter verletzen, jedoch nicht zu missbilligen sind, wenn diese die verbotenen Rechtsgeschäfte genehmigen. Dazu gehören vor allem Verträge mit Hehlern über gestohlene und unterschlagene Sachen. In diesen Fällen verstoßen zwar die Verfügungsgeschäfte sowie die zugrunde liegenden Verpflichtungsgeschäfte gegen § 259 StGB. Deshalb können sie – wenn im Falle der Unterschlagung nicht die Voraussetzungen des § 932 vorliegen – nicht als rechtswirksam bewertet werden. Erfüllungsansprüche sind nicht begründet. Andererseits besteht kein rechtliches Interesse, solche Rechtsgeschäfte auch dann als nichtig anzusehen, wenn sie der Eigentümer genehmigt. Dieser Situation wird die Rechtsfolge **der schwebenden Unwirksamkeit** der Verpflichtungs- und Verfügungsgeschäfte gerecht (vgl SCHERNER, BGB AT 224 f; außerdem Rn 293).

bb) Verbotene Erfüllungshandlung, erlaubter Erfüllungserfolg

104 Die Rechtsfolge der schwebenden Unwirksamkeit bietet sich auch an, wenn das betreffende Verbotsgesetz zwar die Erfüllungs**handlung**, nicht jedoch den Erfüllungs**erfolg** missbilligt (FLUME, AT II § 17, 4 S 347). So verbietet zB das LadSchlG zwar grundsätzlich den Verkauf nach den gesetzlichen Ladenschlusszeiten sowie an Sonn- und Feiertagen. Das GaststättenG untersagt die Bewirtung von Gästen nach der Sperrstunde. Deshalb bestehen in beiden Fällen keine Erfüllungsansprüche, dh weder Ansprüche auf Vornahme der zugesagten Erfüllungs**handlungen**, noch Schadensersatzansprüche wegen Nichterfüllung, wenn der Verkäufer bzw Gastwirt die Erfüllung verweigert (FLUME, AT II § 17, 4 S 347; MEDICUS, AT Rn 648). Die anzustrebende Widerspruchsfreiheit des Rechts verbietet es, rechtliche Ansprüche auf Vornahme rechtswidriger Handlungen zu gewähren (MEDICUS, AT Rn 647). Diese Gesetze wenden sich jedoch nur gegen die betreffenden Erfüllungshandlungen, nicht jedoch auch gegen den Leistungs**erfolg**, sobald die verbotenen Erfüllungshandlungen stattgefunden haben. Sie untersagen den Erfüllungserfolg auch nicht aus präventiven Gründen, um das Verbot der Erfüllungshandlung wirkungsvoller durchzusetzen

(MEDICUS, AT Rn 649, 650). Deshalb sind wegen des auf die Erfüllungshandlungen beschränkten Verbotszwecks sowohl das Verpflichtungsgeschäft als auch die Verfügungsgeschäfte wirksam, sobald die verbotene Erfüllungshandlung vorgenommen worden ist. Der Käufer bzw der Gast müssen bezahlen (im Ergebnis einhellige Meinung, vgl FLUME, AT II § 17, 4 S 347; vgl auch unten Rn 229, 260). Sie haben gegebenenfalls auch Mängelgewährleistungsansprüche (FLUME, AT II § 17, 4 S 347). Der Verbotszweck der verletzten Gesetze erfordert es nicht, diese Rechtsgeschäfte bereicherungsrechtlich abzuwickeln.

In einer Entscheidung zur Frage der Anwendung des § 134 auf einen gegen das **105** Arbeitsvermittlungsverbot der inzwischen nicht mehr geltenden §§ 35, 210 AVAVG verstoßenden Vertrag hat der BGH in einem obiter dictum in Erwägung gezogen, dass in einem solchen Falle das gesetzliche Verbot zwar einem Erfüllungsanspruch (und Schadensersatzanspruch wegen Nichterfüllung) des Berechtigten entgegenstehe, nicht aber den Vertrag nichtig mache und deshalb auch nicht den Gegenanspruch des Verpflichteten auf das Entgelt ausschließe, wenn er seine Leistung vertragsmäßig erbracht habe (BGHZ 46, 24, 29). Dem so erzielten Ergebnis ist zuzustimmen, die Annahme eines voll(gültigen) Vertrags ohne Anspruch auf Erfüllung stößt jedoch auf Bedenken. Auch hier bietet die Konstruktion der schwebenden Unwirksamkeit bei der Erfüllungshandlung und des Rechtswirksamwerdens des Vertrags nach Vornahme der verbotenen Erfüllungshandlung die angemessene Lösung.

Der Konstruktion nichtiger, jedoch heilbarer Verträge wurde vom BGH entgegen- **106** gehalten, dass § 134 eine derartige Differenzierung nicht zulasse (BGH WM 1973, 1024, 1026 zu §§ 35, 210 AVAVG; ausdrücklich ablehnend auch CANARIS, Gesetzliche Verbote … 35). Dieser Einwand ist jedoch zum einen kaum vereinbar mit der vom BGH vorgeschlagenen Konstruktion eines gültigen Vertrags ohne Erfüllungsanspruch (zutr CANARIS 35 Fn 50). Die Konstruktion des schwebend unwirksamen, durch Erfüllung heilbaren Vertrags ist dem Zivilrecht auch durchaus geläufig. Außerdem erlaubt auch § 134 eine solche Konstruktion: Wenn sich aus dem Zweck des Verbotsgesetzes ein anderes ergibt, greift nach § 134 als zivilrechtliche Sanktion nicht die Nichtigkeitssanktion, sondern eine **dem Verbotszweck entsprechende Sanktion** ein, s o Rn 64.

Nach CANARIS 35 sind solche Verträge zwar von Anfang an gültig, jedoch stehe dem **107** Anspruch auf Erfüllung, weil sie verbotswidrig ist, der Einwand der Unzumutbarkeit nach § 242 entgegen. Des Umwegs über § 242 bedarf es jedoch nicht, wenn man eine Heilung solcher schwebend unwirksamen Rechtsgeschäfte durch Erfüllung anerkennt.

f)   Schwebende Wirksamkeit
aa)   Verstöße gegen Verbote, die einen Vertragsteil in der **Freiheit der Willensbildung 108** bei Vertragsschluss schützen sollen, führen nach einer im Schrifttum vertretenen Meinung zu schwebender Unwirksamkeit des betreffenden Rechtsgeschäfts (CANARIS 38). Dies sei zB der Fall, wenn ein Vertrag unter Verstoß gegen die §§ 253, 263 StGB oder § 1 Abs 4 PreisAngVO zustande gebracht worden sei (CANARIS 38 f).

Gegen diese Ansicht spricht zum einen, dass das BGB auch bei **groben** Eingriffen in **109** die Freiheit der Willensbildung, zB bei arglistiger Täuschung oder widerrechtlicher Drohung, nach § 123 das betreffende Rechtsgeschäft nicht für schwebend unwirksam, sondern für anfechtbar, dh für **schwebend wirksam** erklärt. Außerdem wird diese

Fallgruppe mE schon gar nicht vom Regelungsbereich des § 134 erfasst, s o Rn 5 ff. Denn diese Verbotsgesetze untersagen nicht das Rechtsgeschäft – weder seinen Inhalt noch die Vornahme als solche –, sondern nur die Umstände, unter denen das Rechtsgeschäft zustande kommt (vgl auch BGHZ 110, 156, 174 f).

110 bb) Die Rechtsfolge der schwebenden Wirksamkeit bzw Anfechtbarkeit ist mE durch analoge Anwendung von § 123 bzw durch Rechtsanalogie zu den §§ 119, 123 zu erzielen (Sack WRP 1974, 445, 450 f; ders BB 1987, Beil 2 S 28).

111 cc) Denselben Effekt wie schwebende Wirksamkeit versucht man gelegentlich auch mit Hilfe von § 242 zu erzielen. Man erklärt den Vertrag zwar wegen Verletzung des Gesetzes, das die Willensfreiheit schützen will, für nichtig, versagt jedoch dem Vertragspartner, der die Willensfreiheit des anderen in rechtlich zu missbilligender Weise beeinflusst hat, nach § 242, sich auf die Nichtigkeit zu berufen.

g) Halbseitige Teilnichtigkeit

112 Wenn ein Gesetz verletzt wurde, das den Schutz eines der Vertragspartner bezweckt, dann wird im Schrifttum „halbseitige Teilnichtigkeit" in dem Sinne befürwortet, dass der geschützte Vertragspartner seine vertraglichen Ansprüche behält, seinerseits jedoch nur aus ungerechtfertigter Bereicherung haftet (Canaris 31; ders NJW 1985, 2404 f; ders, in: FS Steindorff [1990] 519, 530 ff; zust zur Möglichkeit „halbseitiger Teilnichtigkeit" MünchKomm/Mayer-Maly/Armbrüster § 134 Rn 108; mit überzeugender Begr abl Cahn JZ 1997, 8, 13 f). Dies sei zB der Fall bei einem Verstoß gegen das Verbot des Mietwuchers nach § 5 WiStG (Canaris 30 ff) oder bei einem einseitigen Verstoß gegen das SchwArbG (Canaris NJW 1985, 2404 f; aA Köhler JZ 1990, 466, 467).

113 Der Normzweckvorbehalt des § 134 würde diese dogmatische Konstruktion der halbseitigen Teilnichtigkeit zwar durchaus eröffnen. Sie ist jedoch **bereicherungsrechtlich** bedenklich. Denn wenn der durch das verletzte Verbotsgesetz geschützte Vertragspartner seine vertraglichen Ansprüche behält und einfordern kann, leistet der andere Vertragsteil aufgrund seiner vertraglichen Verpflichtungen **mit rechtlichem Grund**, so dass er aus diesem Grunde keine Bereicherungsansprüche aus § 812 hat (Köhler JZ 1990, 466, 467; krit auch Kern, in: FS Gernhuber 191, 195; aA MünchKomm/Mayer-Maly/Armbrüster § 134 Rn 108). Eine bereicherungsrechtliche Rechtsfortbildung dahingehend, dass der Vertrag für eine **unentgeltliche** Nutzung keinen Rechtsgrund enthalte (so Canaris 32), ist mE nicht möglich. Speziell zur Abwicklung eines wucherischen Mietvertrags wurde bereits oben in Rn 92 ff Stellung genommen.

7. Verpflichtungs- und Erfüllungsgeschäfte

114 Wenn das Gesetz die Vornahme bestimmter Handlungen untersagt, so ist zu unterscheiden zwischen Verpflichtungsgeschäften und Erfüllungs- bzw Verfügungsgeschäften und bei den Verpflichtungsgeschäften außerdem für die Zeit vor der Erfüllung und für die Zeit danach.

a) Bei Verpflichtungsgeschäften, die verbotene Erfüllungshandlungen zum Gegenstand haben, besteht kein Anspruch auf Erfüllung. Denn niemand kann sich wirksam verpflichten und aufgrund der vertraglichen Verpflichtung gezwungen werden, verbotene Erfüllungshandlungen vorzunehmen. Insoweit sind Verpflichtungsgeschäfte nichtig. So ist zB die Verpflichtung, Waren nach Ladenschluss abzugeben oder rezeptpflichtige Arzneimittel auch ohne Rezept zu verkaufen, nichtig.

b) Sobald verbotenerweise erfüllt worden ist, hängt es vom Zweck des Verbots- **115** gesetzes ab, ob auch dann das Verpflichtungsgeschäft noch unwirksam sein soll, oder ob es nur schwebend unwirksam war und durch die Erfüllung geheilt wurde. So sind Kaufverträge, die nach Ladenschluss abgeschlossen und erfüllt worden sind, nach dem Zweck des LadSchlG nicht unwirksam. Eine bereicherungsrechtliche Rückab- wicklung kommt nicht in Betracht. Wurden rezeptpflichtige Arzneimittel ohne Re- zept abgegeben, dann wird auch der Kaufvertrag als Verpflichtungsgeschäft wirksam (BGH NJW 1968, 2286; Pawlowski, AT Rn 493). Denn die Rezeptpflicht wendet sich nicht gegen das Erfüllungsgeschäft als solches, sondern nur gegen die unkontrollierte Ab- gabe von Arzneimitteln. Demgegenüber sind Verpflichtungsverträge über die Ab- gabe von Rauschgift, die gegen § 29 BTMG verstoßen, auch nach Erfüllung nichtig (BGH NJW 1983, 636; Pawlowski, AT Rn 493, 496; Scherner, BGB AT 220; Palandt/Heinrichs § 134 Rn 13; Soergel/Hefermehl § 134 Rn 17).

c) Auch bezüglich der Erfüllungsgeschäfte ist durch Auslegung festzustellen, ob **116** das betreffende Verbotsgesetz nur das Verpflichtungsgeschäft oder nur das Ver- fügungsgeschäft oder beide Geschäfte unterbinden will (BGHZ 11, 59, 61 f; 71, 358, 361 = NJW 1978, 1970; BGH NJW 1983, 636). Wenn ein Verpflichtungs- oder Kausalgeschäft wegen Verletzung eines Verbotsgesetzes nach § 134 nichtig ist, so erfasst die Nich- tigkeit **nicht ohne weiteres** auch dessen Erfüllung (BGHZ 115, 123, 130; BGH NJW 1983, 636). Dies folgt aus dem Abstraktionsprinzip (Soergel/Hefermehl § 134 Rn 35).

Wenn die Umstände, die die Verbotswidrigkeit und Nichtigkeit des Kausalgeschäfts **117** zur Folge haben, zugleich und unmittelbar auch das Erfüllungsgeschäft betreffen, so ist auch dieses verboten und nach § 134 nichtig (BGHZ 115, 123, 130 f; BGH NJW 1992, 2348; NJW 1993, 1638; NJW 1993, 1912; NJW 1993, 2795; NJW 1995, 516; BAG NJW 1993, 2701, 2703; Bork, AT Rn 1099; Hübner, BGB AT Rn 888; Larenz/Wolf, AT § 40 Rn 29). Auch dies ist keine unzulässige Durchbrechung des Abstraktionsprinzips (BAG NJW 1993, 2701, 2703; MünchKomm/Mayer-Maly/Armbrüster § 134 Rn 10). Verstößt zB die ohne Zustimmung eines Patienten bzw Mandanten erfolgte Abtretung einer ärztlichen oder anwalt- lichen Honorarforderung gegen die berufliche Schweigepflicht nach § 203 StGB, dann ist nicht nur das der Abtretung zugrunde liegende Kausalgeschäft, sondern auch die Abtretung als Erfüllungsgeschäft verboten und nach § 134 nichtig (BGHZ 115, 123, 130; BGH NJW 1993, 2795; Erman/Palm § 134 Rn 13).

Der Zweck des Verbotsgesetzes kann auch zur Folge haben, dass außer dem Ver- **118** pflichtungsgeschäft **alle** dazu gehörenden Erfüllungsgeschäfte nichtig sind. Wenn ein „Rechtsgeschäft" gegen das Betäubungsmittelgesetz verstößt, so ist nicht nur das Verpflichtungsgeschäft und die Übereignung der Betäubungsmittel, sondern auch die Übereignung des Kaufpreises nichtig (BGH NJW 1983, 636).

d) Richtet sich ein Verbotsgesetz gegen das zivilrechtliche Erfüllungsgeschäft, so **119** ist nicht nur dieses, sondern grundsätzlich auch das dazugehörige Verpflichtungs- geschäft nichtig (BGHZ 116, 268, 276 f; BGH NJW 1995, 2026, 2027; Larenz/Wolf, AT § 40 Rn 29; MünchKomm/Mayer-Maly/Armbrüster § 134 Rn 9; Palandt/Heinrichs § 134 Rn 13; Staudinger/Dilcher[12] § 134 Rn 6; vgl jedoch auch BGH NJW 1993, 648, 651 unter ff).

8. Arbeitsverträge

120 a) Gesetze, die die Abschlussfreiheit oder Inhaltsfreiheit von Arbeitsverträgen beschränken, sind idR Verbotsgesetze iSv § 134 (RICHARDI, in: MünchArbR § 46 Rn 4, 72). Dazu gehören vor allem Vorschriften des öffentlich-rechtlichen Arbeitnehmerschutzes, insbesondere des Jugendschutzes nach dem JArbSchG, des Mutterschutzes nach dem MuSchG, des Frauenschutzes und des Arbeitszeitrechts (BAGE 8, 47, 50 = NJW 1959, 2036; BUCHNER, in: MünchArbR § 40 Rn 5 ff, 16 ff, 33 ff, 39 ff, 41 ff; vgl auch BGH NJW 1986, 1486, 1487). Ein Arbeitsvertrag verstößt auch dann gegen ein Verbotsgesetz, wenn die vereinbarte Tätigkeit eine strafbare Handlung zum Gegenstand hat (RICHARDI, in: MünchArbR § 46 Rn 7), zB Handlungen zum Zwecke der Veruntreuung von Mandantengeldern (BAG AP Nr 2 zu § 611 BGB Faktisches Arbeitsverhältnis; RICHARDI, in: MünchArbR § 44 Rn 7).

121 b) Gesetzwidrige Arbeitsverträge sind nicht ohne weiteres ex tunc nichtig. Vielmehr gelten die Grundsätze über das sog „fehlerhafte Arbeitsverhältnis" (vgl dazu MünchKomm/KRAMER Bd 2 Einl Rn 73 ff; MünchKomm/MAYER-MALY/ARMBRÜSTER § 134 Rn 105; SACK RdA 1975, 171, 175 f; SOERGEL/HEFERMEHL § 134 Rn 31; krit zu dieser Konstruktion KÄSSER, Der fehlerhafte Arbeitsvertrag [1979], vgl auch LAMBRECHT, Die Lehre vom faktischen Vertragsverhältnis [1994]). Das bedeutet im einzelnen:

122 c) Wenn es mit dem Sinn und Zweck des Verbotsgesetzes unvereinbar wäre, die durch einen Arbeitsvertrag getroffene rechtliche Regelung hinzunehmen und bestehen zu lassen, dann greift die Nichtigkeitsfolge des § 134 unbeschränkt ein, solange die vereinbarte verbotswidrige Tätigkeit noch nicht erbracht worden ist (BAGE 8, 47, 50 = NJW 1959, 2036; BGHZ 53, 152, 158). Die Parteien haben für die Zukunft keine Erfüllungsansprüche, dh weder der Arbeitgeber auf Arbeitsleistung durch den Arbeitnehmer, noch der Arbeitnehmer auf Fortsetzung der Arbeit oder auf evtl vereinbarte Vorauszahlungen.

123 d) Die Nichtigkeitsfolge greift allerdings idR nur **ex nunc**, dh für die Zukunft ein (BAGE 8, 47, 50 = NJW 1959, 2036; BGHZ 53, 152, 158). Wenn sich der Arbeitnehmer der Verbotswidrigkeit seines Tuns **nicht bewusst** gewesen ist und wenn die vereinbarte Arbeitsleistung ganz oder teilweise erbracht worden ist, kann die Nichtigkeit des Arbeitsvertrags grundsätzlich nicht rückwirkend geltend gemacht werden (BAG aaO; BGH aaO; MünchKomm/KRAMER Bd 2 Einl Rn 73, 75; SACK RdA 1975, 171 f). Das gebietet eine billige Interessenabwägung (BGHZ 53, 152, 158), die auch zur Feststellung der nach dem Normzweck des Verbotsgesetzes angemessenen zivilrechtlichen Rechtsfolgen vorzunehmen ist. Der BGH berief sich zur Begründung dieses Ergebnisses auch noch auf Treu und Glauben (BGHZ 53, 152, 158 f). Für die Vergangenheit wird **das fehlerhafte Arbeitsverhältnis** wie ein wirksames behandelt. Die Rückabwicklung erfolgt nicht bereicherungsrechtlich (SACK RdA 1975, 171, 172 f; **aA** BEUTHIEN RdA 1969, 161). Vielmehr bestehen für die Zeit, in der der Arbeitnehmer seine Arbeitsleistung erbracht hat, vertragliche Vergütungsansprüche (BAGE 8, 47, 50; BGHZ 53, 152, 158; CANARIS, Gesetzliches Verbot ... 46; MünchKomm/MAYER-MALY/ARMBRÜSTER § 134 Rn 114 aE; SACK RdA 1975, 171 f; SOERGEL/HEFERMEHL § 134 Rn 31). So hat zB ein Arbeitnehmer, der sich arbeitsvertraglich zur Vorführung von Werbefilmen verpflichtet hat, die gegen Straftatbestände des Heilmittelwerberechts verstoßen, einen vertraglichen Anspruch auf die vereinbarte Vergütung für geleistete Arbeit, wenn er sich der Strafbarkeit seines Tuns

nicht bewusst gewesen ist (BGHZ 53, 152, 158 aE). Der Bürovorsteher eines Rechtsanwalts, zu dessen Aufgaben es auch gehörte, die Veruntreuung von Mandantengel-
dern einzuleiten, vorzunehmen und zu verschleiern, hat ebenfalls einen vertraglichen
Anspruch auf Bezahlung des Arbeitsentgelts für geleistete Arbeit, wenn er sich der
Strafbarkeit seines Tuns nicht bewusst gewesen ist (BAG AP Nr 2 zu § 611 BGB Faktisches
Arbeitsverhältnis). Der Arbeitnehmer hat ferner für die Vergangenheit Urlaubsansprüche (BAGE 8, 47, 50), Anspruch auf Weihnachtsgratifikationen, eventuelle vertragliche
Schadensersatzansprüche usw. Der Arbeitgeber hat seinen Anteil der Sozialversiche-
rungsbeiträge zu zahlen.

Nähme man hingegen rückwirkende Nichtigkeit an, dann wäre die Abwicklung des **124**
Arbeitsverhältnisses nach bereicherungsrechtlichen Grundsätzen vorzunehmen. Die
Beschränkung auf Ansprüche aus ungerechtfertigter Bereicherung führt jedoch zu
untragbaren Unzulänglichkeiten. Diesen Unzulänglichkeiten versuchte man mit verschiedenen Konstruktionen zu begegnen. Es wird die Ansicht vertreten, dass sich ein
Arbeitgeber, dem Dienstleistungen bereits erbracht worden sind, nach § 242 nicht auf
die Nichtigkeit des Arbeitsvertrages berufen könne, da er sich sonst mit seinem
eigenen früheren Verhalten in Widerspruch setzen würde (venire contra factum
proprium; gegen diese Konstruktion MünchKomm/KRAMER Bd 2 Einl Rn 75; SACK RdA 1975,
171, 174). Deshalb stehe dem Arbeitnehmer trotz der (rückwirkenden) Nichtigkeit
des Vertrags für die geleistete Arbeit die vereinbarte Vergütung zu.

Nach anderer Ansicht begründet die Erbringung von Arbeitsleistungen durch den **125**
Arbeitnehmer bis zum Zeitpunkt der Aufhebung des Arbeitsvertrages ex nunc einen
faktischen Arbeitsvertrag.

Eine weitere Ansicht versuchte, durch eine entsprechende Interpretation des Be- **126**
reicherungsrechts den Unzulänglichkeiten der bereicherungsrechtlichen Rückabwicklung eines (rückwirkend) nichtigen Arbeitsvertrags zu begegnen (so BEUTHIEN
RdA 1969, 161 ff).

e) Anders ist die Rechtslage zu beurteilen, wenn nicht nur dem Arbeitgeber, **127**
sondern auch dem Arbeitnehmer die Verbotswidrigkeit der vereinbarten Tätigkeit
bekannt war (RICHARDI, in: MünchArbR § 46 Rn 73). In diesem Falle ist der Arbeitnehmer
nicht schutzwürdig. Ihm steht die vertraglich vereinbarte Vergütung nicht zu (BGHZ
53, 152, 159 f). Bereicherungsansprüchen des Arbeitnehmers aus § 812 iVm § 818 Abs 2
steht § 817 S 2 entgegen. Die Berufung des Arbeitgebers auf § 817 S 2 ist nicht
treuwidrig.

9. Gesellschaftsverträge

Im Gesellschaftsrecht gibt es unter dem Begriff der „**fehlerhaften Gesellschaft**" be- **128**
sondere Regeln für Gesellschaftsverträge, die an einem Rechtsmangel leiden.
Ebenso wie im Arbeitsrecht führen auch im Gesellschaftsrecht die Sanktionen des
Bereicherungsrechts idR nicht zu angemessenen Ergebnissen, sobald eine Gesellschaft einmal in Vollzug gesetzt worden ist. Denn eine solche „auf Dauer angelegte
und tatsächlich vollzogene Leistungsgemeinschaft, für die die Beteiligten Beiträge
erbracht und Werte geschaffen, die Gewinnchancen genutzt und vor allem gemein-
schaftlich das Risiko getragen haben, kann man nicht ohne weiteres mit rückwirken-

der Kraft aus dem Rechtsleben streichen und damit so behandeln, als ob sie niemals bestanden hätte" (so BGHZ 55, 5, 8 betr eine Stille Gesellschaft; BGH WM 1976, 1027, 1028). Wenn der Rechtsmangel eines Gesellschaftsvertrags auf einer Gesetzesverletzung iSv § 134 beruht, gelten folgende Regeln:

129 **a)** Die Rückabwicklungsprobleme, die die Kritik an der Anwendung des Bereicherungsrechts auf fehlerhafte Gesellschaften rechtfertigen, bestehen erst, sobald die Gesellschaft **in Vollzug gesetzt** worden ist. Zuvor begegnet die Anwendung der Nichtigkeitsfolge des § 134 keinen durchgreifenden Bedenken. Die Invollzugsetzung der Gesellschaft liegt vor, sobald die Gesellschaft im Außenverkehr mit Dritten Geschäfte getätigt hat (BGHZ 13, 321), aber auch schon, wenn solche Geschäfte mit Dritten vorbereitet worden sind (BGHZ 3, 285, 288 = NJW 1952, 97; MünchKomm/ULMER § 705 Rn 249). Auch die Bildung von Gesamthandsvermögen begründet Invollzugsetzung (sehr streitig, so BGHZ 13, 320, 321 = NJW 1954, 1562; RGZ 166, 51, 59), nicht jedoch die bloße Handelsregistereintragung (MünchKomm/ULMER § 705 Rn 249 Fn 713).

130 **b)** Nachdem eine Gesellschaft in Vollzug gesetzt worden ist, gelten die Grundsätze über die „fehlerhafte Gesellschaft" (BGH NJW-RR 1988, 1369; BGHZ 63, 338, 345 = NJW 1975, 1022; BGHZ 55, 5, 9 = NJW 1971, 375). Sie gelten auch für den fehlerhaften Beitritt zu einer Gesellschaft (BGHZ 26, 330, 334 ff = WM 1958, 355; WM 1992, 490, 491; WM 2001, 1464 = ZIP 2001, 1364, 1366). **Rückwirkende** Nichtigkeit ist jedoch nach hM idR anzunehmen, wenn gewichtige Interessen der Allgemeinheit oder einzelner schutzwürdiger Personen entgegenstehen (BGHZ 3, 285, 288; 17, 160, 166; 55, 5, 9; 62, 234, 241; 75, 214, 217; 97, 243, 250). Dies sei der Fall, wenn der Gesellschaftszweck **Verbotsgesetze** verletzt (grundlegend BGH vom 11.4. 1951 II ZR 9/50, abgedr in WIESNER, Die Lehre von der fehlerhaften Gesellschaft [1980] 181; BGHZ 3, 285, 288; 55, 5, 9; 62, 234, 241; 75, 214, 217 f; 97, 243, 250; BGH WM 2003, 247, 249; vgl auch BGHZ 55, 160, 166; aus dem Schrifttum WIESNER 131; P ULMER, in: FS Flume II [1978] 301, 312; krit K SCHMIDT, Gesellschaftsrecht § 6 III 3c; ders AcP 186 [1986] 421, 448 ff; GRUNEWALD, Gesellschaftsrecht 77 Rn 162; SCHWINTOWSKI NJW 1988, 937) oder gegen die guten Sitten verstößt (BGH NJW-RR 1988, 1379). Rückwirkend nichtig sei danach eine Gesellschaft, wenn ihr Gesellschaftszweck gesetzwidrig ist, so zB wenn er gegen das RBerG verstößt (BGHZ 62, 234, 240, 242 = NJW 1974, 1201, 1202 betr Inkassotätigkeit; BGH WM 2003, 247, 249 betr Treuhand), wenn er den Güterfernverkehr ohne Konzession zum Gegenstand hat (BGH WM 1967, 229, 231), wenn die Gesellschaft durch die Beteiligung eines stillen Gesellschafters gegen das ApothekenG verstößt (BGHZ 75, 214, 217 = NJW 1980, 638), wenn ein rückdatierter Gesellschaftsbeitritt mit dem Hauptzweck der Steuerhinterziehung erfolgt (OLG Koblenz WM 1979, 1435, 1436) oder wenn er mit der Berufsordnung für die öffentlich bestellten Vermessungsingenieure in Nordrhein-Westfalen unvereinbar ist (BGHZ 97, 243, 250).

131 Gesellschaften, die wegen eines verbotswidrigen Gesellschaftszwecks nichtig sind, seien im Innenverhältnis bereicherungsrechtlich unter Berücksichtigung von § 817 und der Saldotheorie abzuwickeln (BGHZ 62, 234, 242; 75, 214, 217; 97, 243, 250 f). Im Innenverhältnis gebe es insbesondere keine Ansprüche auf Erfüllung bzw auf Schadensersatz wegen Nichterfüllung. Im Außenverhältnis seien zum Schutze gutgläubiger Dritter Rechtsscheingrundsätze anzuwenden.

132 Der BGH rechtfertigte die rückwirkende Nichtigkeit eines verbotswidrigen Gesellschaftsvertrages damit, dass die Rechtsordnung ein von ihr verbotenes und für nichtig erklärtes Rechtsverhältnis nicht anerkennen könne, da es laufend neue Rechte und Pflichten begründe (BGHZ 62, 234, 241; 75, 214, 218 = WM 1980, 12, 14). Hier verdiene die fehlerhafte Gesellschaft grundsätzlich keinen Bestandsschutz; das Interesse der Gesellschafter an der Anerkennung des von ihnen gewollten und tatsächlich begründeten Zustandes müsse gegenüber den entgegenstehenden Belangen der Allgemeinheit zurücktreten (BGHZ 62, 234, 241; 75, 214, 218). Die Anwendung der Grundsätze über die Abwicklung fehlerhafter Gesellschaften liefe auf eine rechtliche Anerkennung eines gesetzwidrigen Zustandes hinaus (BGH WM 1967, 229, 231). Nur bei Vorliegen besonderer Umstände komme eine Ausnahme von diesem Grundsatz in Betracht (BGHZ 62, 234, 241).

Diese Argumentation stößt allerdings auf Bedenken, da sie auf dem als überholt **133** anzusehenden Alles-oder-nichts-Prinzip beruht, wonach gesetzwidrige Rechtsgeschäfte nach § 134 entweder ex tunc voll nichtig oder voll wirksam auch für die Zukunft sind. Wenn die Begründung für die Konstruktion der fehlerhaften Gesellschaft zutrifft, dass eine bereicherungsrechtliche Rückabwicklung einer in Vollzug gesetzten Gesellschaft auf unüberbrückbare Schwierigkeiten stoße und nicht sachgerecht sei, dann ist anzunehmen, dass dies bei Gesellschaften mit gesetzwidrigem oder sittenwidrigem Gesellschaftszweck nicht anders ist, dh dass dieselben unüberbrückbaren Schwierigkeiten auch hier bestehen (PAWLOWSKI, AT Rn 496; WIESNER, Die Lehre von der fehlerhaften Gesellschaft [1980] 40). Deshalb ist auch bei gesetzwidrigen und sittenwidrigen Gesellschaften der Ansicht der Vorzug zu geben, dass sie nicht rückwirkend nichtig und bereicherungsrechtlich abzuwickeln, sondern **ex nunc** aufzulösen sind (MünchKomm/MAYER-MALY/ARMBRÜSTER § 134 Rn 104). Zumindest für die GmbH, die AG und die KGaA bestimmt Art 11 Nr 2b iVm Art 12 Abs 2 der 1. Gesellschaftsrechtlichen **Richtlinie der EG**, dass die Nichtigkeit ua wegen Gesetzwidrigkeit bewirkt, dass die Gesellschaft in Liquidation tritt, wie dies bei der Auflösung sein kann. Unbeschadet der Wirkungen, die sich daraus ergeben, dass sich die Gesellschaft in Liquidation befindet, beeinträchtigt die Nichtigkeit als solche die Gültigkeit von Verpflichtungen nicht, die die Gesellschaft eingegangen ist oder die ihr gegenüber eingegangen wurden (Richtlinie des Rates vom 9. 3. 1968 [68/151/EWG] ABIEG 1968 L 65/8 ff). Diese Richtlinie wirkt zwar nicht unmittelbar, ist jedoch bei der Ausgestaltung des Richterrechts zur fehlerhaften Gesellschaft zu berücksichtigen.

Nach wohl noch herrschender, jedoch nicht unbedenklicher Ansicht, sind Gesell- **134** schaftsverträge nach § 1 GWB iVm § 134* bzw nach Art 81 Abs 2 EG rückwirkend nichtig, wenn sie kartellrechtswidrig sind.

c) Weder § 134 noch die Regeln über die fehlerhafte Gesellschaft sind anwendbar, **135** wenn nicht der Zweck der Gesellschaft, sondern nur **einzelne Klauseln** des Gesell-

---

* OLG Hamm NJW-RR 1986, 1487; NJW-RR 1987, 1087; WuW/E OLG 4033 = OLGZ 1988, 92; OLG Frankfurt WRP 1989, 396; NJW-RR 93, 546; LOEWENHEIM/BELKE, GWB § 1 Rn 97; **aA** OLG Stuttgart WuW/E OLG 1083, 1090 „Fahrschulverkauf"; Frankfurter Kommentar zum GWB § 1 Rn 64; GRUNEWALD, Gesellschaftsrecht 78 Rn 162; MÜLLER/GIESSLER/SCHOLZ, GWB § 1 Rn 152b; MÜLLER-HENNEBERG, Gemeinschaftskommentar zum GWB § 1 Rn 133, 137; K SCHMIDT, Gesellschaftsrecht § 6 III 3c; ders WuW 1988, 5; ders AcP 186 (1986) 421, 448 ff; SCHWINTOWSKI NJW 1988, 937, 941 f; ZIMMER, in: IMMENGA/MESTMÄCKER, GWB[3] (2001) § 1 Rn 333 ff.

schaftsvertrags verbotswidrig sind (BGH WM 1976, 1027, 1029 zu einer nach § 138 sittenwidrigen Regelung des Beteiligungsverhältnisses eines Gesellschafters).

10. Sonstige Dauerschuldverhältnisse; allgemeine Grundsätze

136 Nicht nur bei fehlerhaften Arbeitsverhältnissen und Gesellschaften, sondern auch bei
sonstigen Dauerschuldverhältnissen kann nach hM dem tatsächlichen Zustand, der
eine gewisse Zeit bestanden hat, trotz der Nichtigkeit des zugrunde liegenden
Rechtsgeschäfts eine – mehr oder weniger beschränkte – rechtliche Anerkennung
nicht versagt werden (BGHZ 53, 152, 157 f). Nichtigkeit **ex nunc** ist daher auch anzunehmen zB bei Verbotswidrigkeit selbständiger Dienstverhältnisse (BGHZ 53, 152,
159 f; dazu Anm PAWLOWSKI JZ 1970, 506). Daraus wird man in Bezug auf verbotswidrige
Verträge iSv § 134 folgende **allgemeinen** Grundsätze entwickeln können:

137 a)   Wenn es mit dem Sinn und Zweck des Verbotsgesetzes unvereinbar wäre, die
durch den verbotswidrigen Vertrag getroffene rechtliche Regelung hinzunehmen und
bestehenzulassen, dann greift die Nichtigkeitsfolge des § 134 unbeschränkt ein, solange die vereinbarte verbotswidrige Tätigkeit noch nicht erbracht worden ist. Beide
Parteien haben keine Erfüllungsansprüche. Weder hat der Auftragnehmer seine
Leistung zu erbringen, noch schuldet der Auftraggeber ein Entgelt.

138 b)   Dies impliziert, dass beide Parteien das Recht haben, sich von dem verbotswidrigen Vertrag für die Zukunft loszusagen. Wenn jedoch eine der beiden Parteien
bei Abschluss des Vertrages die Verbotswidrigkeit kannte oder kennen musste, so
haftet sie der anderen nach § 311 II iVm § 280 auf das negative Interesse. Die Ersatzpflicht tritt nicht ein, wenn beide Parteien die Verbotswidrigkeit kannten oder
kennen mussten.

139 c)   Wenn bei Dienstleistungen der Auftragnehmer die vereinbarte Leistung ganz
oder teilweise erbracht hat, so ist zu unterscheiden: War ihm die Verbotswidrigkeit
seines Tuns nicht bewusst, so hat er einen (vertraglichen) Anspruch auf die vereinbarte Vergütung (BGHZ 53, 152, 159 betr den strafbaren Verstoß gegen Heilmittelwerberecht).
Wenn er hingegen die Verbotswidrigkeit seiner Tätigkeit kannte, hat er keinen Anspruch auf das vereinbarte Entgelt (BGHZ 53, 152, 159 f). Er kann auch keine bereicherungsrechtlichen Ansprüche nach § 812 iVm § 818 Abs 2 geltend machen. Denn
ihnen steht § 817 S 2 (analog) entgegen; die Berufung auf § 817 S 2 verstößt nicht
gegen Treu und Glauben.

11. Rückabwicklung nichtiger Verträge

a) Geschäftsführung ohne Auftrag

140 Bei Nichtigkeit eines Auftrags wegen § 134 sind die §§ 677 ff anwendbar, wenn ihre
sonstigen Voraussetzungen erfüllt sind (BGHZ 37, 258, 263; 111, 308, 311). Ein Vergütungsanspruch nach den §§ 683, 670 entfällt, wenn die „Aufwendungen" in einer vom
Gesetz verbotenen Tätigkeit, zB in Schwarzarbeit oder verbotener Rechtsberatung,
bestanden (BGHZ 37, 258, 263 f; 111, 308, 311). Denn diese Aufwendungen durfte der
Handelnde nicht „den Umständen nach für erforderlich halten" (BGHZ 111, 308, 311).

b) Bereicherungsrecht

Wurden aufgrund eines nach § 134 nichtigen Vertrags von den Parteien Leistungen **141** erbracht, so bestehen grundsätzlich Ansprüche aus § 812 auf Herausgabe des Erlangten (BGHZ 111, 308, 311 f betr Schwarzarbeit). Wenn das „Erlangte" nicht mehr herausgegeben werden kann, zB erbrachte Dienstleistungen, so kann nach § 818 Abs 2 Wertersatz verlangt werden. Dieser ist nach der objektiven Theorie anhand des marktüblichen Preises für die erbrachte Leistung festzustellen. Der BGH hat jedoch die Ermittlung des Wertersatzes auch vom Zweck des verletzten Verbotsgesetzes abhängig gemacht. So soll ein Schwarzarbeiter nicht das marktübliche Entgelt für seine Leistung, sondern allenfalls das – niedrigere – vereinbarte Entgelt erhalten. Dieses ist außerdem zu mindern um das Risiko des Auftraggebers (BGHZ 111, 308, 314).

Wer durch die Annahme einer Leistung gegen ein gesetzliches Verbot verstößt, haftet nach § 819 Abs 2 verschärft (BGH NJW 1958, 1725).

Ansprüchen aus den §§ 812, 818 Abs 2 kann § 817 S 2 entgegenstehen, wenn sich **142** beide Parteien des Verstoßes gegen ein Verbotsgesetz bewusst gewesen sind. Beruht die Vertragsnichtigkeit auf § 134, so ist auch bei der Frage, ob die Anwendung des § 817 S 2 mit Treu und Glauben vereinbar ist, der Zweck des verletzten Verbotsgesetzes zu berücksichtigen (BGHZ 111, 308, 312). Danach kann eine einschränkende Auslegung der rechtspolitisch ohnehin problematischen und in ihrem Anwendungsbereich umstrittenen Vorschrift geboten bzw ein Gegeneinwand aus § 242 begründet sein (BGHZ 111, 308, 312). So nimmt der BGH zB an, dass es gegen Treu und Glauben verstieße, wenn der Auftraggeber einem Schwarzarbeiter nach vollendeter Arbeit unter Berufung auf § 817 S 2 jeglichen Wertersatz verweigern könnte (BGHZ 111, 308, 313). Wurde eine Eigentümergrundschuld zur Sicherung von Forderungen aus einem nach § 134 nichtigen Vertrag abgetreten, so steht dem Anspruch auf Rückabtretung § 817 S 2 nicht entgegen.

c) Schadensersatzansprüche aus §§ 280 Abs 1, 311 Abs 2, 241 Abs 2

Außerdem bestehen, nachdem § 309 iVm §§ 307, 308 durch das Schuldrechtsmoder- **143** nisierungsgesetz aufgehoben worden sind, Schadensersatzansprüche nach §§ 280 Abs 1, 311 Abs 2, 241 Abs 2 (vgl P HUBER/F FAUST, Schuldrechtsmodernisierung [2002] 3 Rn 222). Diese Vorschriften regeln nur die Rechtsfolgen der Vertragsnichtigkeit, während sich die Tatbestandsvoraussetzungen allein nach § 134 iVm dem betreffenden Verbotsgesetz bestimmen (BGHZ 89, 369, 373).

VI. Umgehungsgeschäfte*

1. Wenn das Gesetz bestimmte Wege zur Erreichung eines an sich **zulässigen 144**

---

* BEHRENDS, Die fraus legis (1982); BENKEN-DORFF, Die Umgehung der Kartellvorschriften, WuW 1954, 147; BICKEL, Die „objektive Gesetzesumgehung" des BAG (BAG NZA 1987, 241), JuS 1987, 861; vGAMM, Die Gesetzesumgehung, WRP 1961, 259; H HONSELL, In fraudem legis agere, in: FS Kaser (1976) 111; HUBER, Typenzwang, Vertragsfreiheit und Gesetzesumgehung, JurA 1970, 784; J SCHRÖDER, Gesetzesauslegung und Gesetzesumgehung (1985); SCHURIG, Die Gesetzesumgehung im Privatrecht, in: 2. FS Murad Ferid (1988) 375; TEICHMANN, Die Gesetzesumgehung (1962).

rechtlichen Erfolgs verbietet, so wird vielfach versucht, denselben oder einen vergleichbaren rechtlichen Erfolg mit Hilfe anderer rechtsgeschäftlicher Gestaltungsformen zu erreichen. Soweit solche Rechtsgeschäfte als „Umgehungsgeschäfte" bezeichnet werden, wird zu Unrecht ihre rechtliche Bedenklichkeit suggeriert (SOERGEL/HEFERMEHL § 134 Rn 37). Sie sind grundsätzlich zulässig (RGZ 155, 138, 146). Gesetzwidrig bzw sittenwidrig werden sie erst, wenn besondere Umstände hinzutreten.

145 2.   Ein Umgehungsgeschäft im eigentlichen Sinne liegt dann vor, wenn durch Umgehung verbotener rechtlicher Gestaltungen ein **vom Gesetz verbotener Erfolg** herbeigeführt werden soll (RGZ 155, 138, 146; BGH NJW 1959, 332, 334; NJW 1991, 1060, 1061; ERMAN/PALM § 134 Rn 18; HÜBNER, BGB AT Rn 889; LARENZ/WOLF, AT § 40 II Rn 30; Münch-Komm/MAYER-MALY/ARMBRÜSTER § 134 Rn 11, 17; SOERGEL/HEFERMEHL § 134 Rn 37, 39; STAUDINGER/DILCHER[12] § 117 Rn 32, § 134 Rn 11). Anders als beim Scheingeschäft ist beim Umgehungsgeschäft der vereinbarte Erfolg wirklich gewollt (vgl ASMUS, Die vinkulierte Mitgliedschaft S 99; aA RGZ 2, 168, 170; BGHZ 28, 314, 316). Bei den auf einen verbotenen Erfolg gerichteten Umgehungsgeschäften kommt natürlich – was vielfach übersehen wird – Nichtigkeit der Umgehungsgeschäfte nur in Betracht, wenn auch ein unmittelbar gegen die betreffende Verbotsnorm verstoßendes Rechtsgeschäft nach § 134 ganz oder teilweise nichtig wäre (vgl SCHURIG, in: FS Ferid 375, 406). Trifft letzteres zu, so sind solche Umgehungsgeschäfte mit der ganz hM jedenfalls dann nichtig, wenn die Parteien in Umgehungs**absicht** gehandelt haben. Darüber hinaus ist bei solchen Umgehungsgeschäften Nichtigkeit jedoch mit der Rechtsprechung und der hL auch dann anzunehmen, wenn es an einer Umgehungsabsicht der Parteien fehlte; es genügt also ein **objektiver** Verstoß (BGHZ 51, 255, 262; 56, 285, 289; BGH WM 1990, 222, 227; BAGE 10, 65, 70; 13, 129, 134; 39, 67, 70; ERMAN/PALM § 134 Rn 18; HUBER JurA 1970, 784, 797; PALANDT/HEINRICHS § 134 Rn 28; BGB-RGRK/KRÜGER-NIELAND/ZÖLLER § 134 Rn 139; SCHURIG, in: FS Ferid [1988] 375, 398 aE; SOERGEL/HEFERMEHL § 134 Rn 40; aA MünchKomm/MAYER-MALY/ARMBRÜSTER § 134 Rn 18). Denn das Verbot der Gesetzesumgehung knüpft an die Geltung des umgangenen Gesetzes und seiner Durchsetzbarkeit aus eigener Kraft an (BGH WM 1990, 222, 227 aE). Auch ein auf Gesetzesumgehung gerichteter Vorvertrag ist nichtig (RG LZ 1931, 1060 Nr 2; BGB-RGRK/KRÜGER-NIELAND/ZÖLLER § 134 Rn 139).

146 3.   Wenn der mit dem fraglichen Rechtsgeschäft angestrebte Erfolg mit dem Zweck der betreffenden Verbotsnorm unvereinbar ist, dann ist zunächst zu versuchen, durch **extensive Auslegung** der Verbotsnorm dieses Rechtsgeschäft zu erfassen. Unmittelbar verbotswidrig ist ein Rechtsgeschäft auch dann, wenn sein **Hauptzweck** auf einen verbotswidrigen Erfolg, zB auf eine Steuerhinterziehung oder auf die Umgehung des Erfordernisses einer Gewerbekonzession, zielt (ausf unten Rn 162 f). Wenn die Anwendung von § 134 durch extensive Auslegung zu erreichen ist, handelt es sich bei solchen Rechtsgeschäften jedoch genaugenommen gar nicht um ein Umgehungsgeschäft, durch das eine Verbotsnorm umgangen wird, sondern um ein von Anfang an verbotenes Rechtsgeschäft, auf das § 134 iVm der betreffenden Verbotsnorm ohne weiteres anwendbar ist (vgl TEICHMANN, Die Gesetzesumgehung S 15 ff, 57); der Umgehungsversuch ist misslungen (zutr SCHURIG, in: FS Ferid 375, 384; vgl auch MEDICUS, AT Rn 660; MünchKomm/MAYER-MALY § 134 Rn 12). Der mögliche Wortsinn der Rechtsbegriffe des Verbotsgesetzes setzt allerdings der Auslegung Grenzen. Bei Umgehungsgeschäften, die sich mit dem möglichen Wortsinn des Verbotsgesetzes nicht mehr erfassen lassen, führt Auslegung zu keinem Erfolg (MünchKomm/MAYER-MALY/

ARMBRÜSTER § 134 Rn 11 ff; **aA** jedoch wohl FLUME, AT II § 17, 5 S 350, 351; MEDICUS, AT Rn 660 ff; SOERGEL/HEFERMEHL § 134 insbes Rn 37, 41; STAUDINGER/DILCHER[12] § 134).

4.   Wird zum Zwecke der Gesetzesumgehung das verbotene Rechtsgeschäft durch **147** ein Scheingeschäft verdeckt, so ist nach § 117 Abs 1 das Scheingeschäft nichtig, während auf das verdeckte Geschäft nach § 117 Abs 2 die für dieses geltenden Vorschriften – ua § 134 – Anwendung finden.

5.   Auf der nächsten Stufe ist zu prüfen, ob das Gesetz ein **ausdrückliches Umge-** **148** **hungsverbot** enthält, das Umgehungsgeschäfte den verbotenen Rechtsgeschäften gleichstellt. In diesem Fall bildet das gesetzliche Umgehungsverbot iVm der gesetzlichen Verbotsnorm das gesetzliche Verbot iSv § 134. Gesetzliche Umgehungsverbote finden sich zB in § 306a (früher § 7 AGBG), § 312f (früher § 5 Abs 3 HausTWG), 506 Abs 1 S 2 (früher § 18 S 1 VerbrKrG), § 42 AO (früher § 6 SteueranpassungsG), § 8 FernUSG, § 22 GüKG (inzwischen weggefallen), § 75d HGB. In Art 1 § 1 RBerG hat der Gesetzgeber zur Verhinderung von Umgehungsgeschäften die geschäftsmäßige Einziehung abgetretener Forderungen der fremden Rechtsbesorgung gleichgestellt (BGHZ 61, 317, 320 aE).

6.   Streitig ist, auf welchem rechtlichen Weg man zur Nichtigkeit von Umgehungs- **149** geschäften gelangt, die auf einen gesetzlich verbotenen Erfolg zielen, wenn diese weder durch eine extensive Auslegung der betreffenden Verbotsnorm erfasst werden können, noch gegen ein ausdrückliches gesetzliches Umgehungsverbot verstoßen (ausf dazu in neuerer Zeit ASMUS, Die vinkulierte Mitgliedschaft [2001] 91 ff).

a)   Der BGH und das BAG haben mehrfach die Ansicht vertreten, dass bei der Umgehung des Verbotsgesetzes § 134 anwendbar sei, wenn durch andere rechtliche Gestaltungsmöglichkeiten der Zweck des betreffenden Verbotsgesetzes vereitelt werde (BGHZ 44, 171, 176; 51, 255, 262; 56, 285, 289; 58, 61, 65; 59, 343, 348; 85, 39, 46; BGH NJW 1987, 780; ZIP 1991, 110, 112; BAGE 39, 67, 70; BAG DB 1982, 121, 122; ebenso die hL, vgl BORK, AT Rn 1120; LARENZ/WOLF, AT § 40 Rn 30; MAYER-MALY, in: FS Hefermehl [1976] 103, 108 f; SCHURIG, in: FS Ferid [1988] 375, 380; ausdrücklich **aA** RGZ 63, 143, 145). Denn ein vom Gesetz missbilligter Erfolg dürfe nicht durch Umgehung des Gesetzes erreicht werden (BGHZ 85, 39, 46). Allerdings hat der BGH nicht näher dargelegt, wie er zur Anwendung des § 134 gelangt, der eine Verletzung eines Verbotsgesetzes erfordert, die bei einer echten Gesetzesumgehung gerade nicht vorliegt.

b)   Zum einen kann man an eine **Analogie** zur Verbotsnorm denken (vgl TEICHMANN **150** 64, 78 ff; LARENZ/WOLF, AT § 40 Rn 30; **aA** MünchKomm/MAYER-MALY/ARMBRÜSTER § 134 Rn 11, 12, 14). Die durch Analogie gewonnene Norm könnte man ihrerseits als Verbotsgesetz iSv § 134 qualifizieren.

c)   Man kann auch ein **allgemeines Umgehungsverbot** als selbständiges Rechtsin- **151** stitut postulieren (so MünchKomm/MAYER-MALY/ARMBRÜSTER § 134 Rn 16; **aA** BORK, AT Rn 1121; unten 153). Dieses allgemeine Umgehungsverbot iVm dem umgangenen Verbotsgesetz könnte man als eigenständiges Verbotsgesetz verstehen (ASMUS, Die vinkulierte Mitgliedschaft 93, 117 f). Rechtfertigen lässt sich ein allgemeines Umgehungsverbot sowohl mit dem Verbotszweck von Verbotsgesetzen als auch mit einer Gesamtanalogie zu den gesetzlich geregelten Umgehungsverboten. Die Tatsache, dass der historische Gesetzgeber die Regelung eines allgemeinen Umgehungsverbotes ausdrücklich abgelehnt hat, weil man zu stark in die Auslegungsfreiheit des Richters eingreife und die Gefahr heraufbeschwöre, dass eine Reihe erlaubter Rechtsgeschäfte für nichtig erklärt werde (Prot II 123), dürfte überholt sein, was der Gesetzgeber durch die zunehmende Zahl der oben erwähnten ausdrücklichen Umgehungsverbote anerkannt hat (MünchKomm/MAYER-MALY/ARMBRÜSTER § 134 Rn 15).

152 **d)** Schließlich kann man – ebenfalls mit dem BGH – in einem Umgehungsgeschäft einen Verstoß gegen **die guten Sitten** iSv § 138 sehen (so zB BGH WM 1968, 918; BGH NJW 1968, 2286, 2287; BGH WM 1977, 1044, 1046; BGH NJW 1983, 2873; ebenso RGZ 63, 143, 145; 84, 304, 305; 155, 138, 146 f; OLG Hamburg MDR 1975, 141, 142; OLG Köln NJW – RR 1994, 1540, 1541; ausdrücklich gegen diese Ansicht MünchKomm/MAYER-MALY/ARMBRÜSTER § 134 Rn 16). Der Weg über § 138 wäre allerdings bedenklich, wenn man es mit der ganz herrschenden Meinung ablehnt, jede Gesetzesverletzung als sittenwidrig zu bewerten. Denn in diesem Falle könnte man mit § 138 nur solche Umgehungsgeschäfte erfassen, die Verbotgesetze umgehen, deren Verletzung ihrerseits sittenwidrig („sittlich verwerflich") wäre (bei dieser Auslegung von § 138 zutreffend gegen die Anwendung dieser Vorschrift ASMUS, Die vinkulierte Mitgliedschaft [2001] 98; 102; vgl auch BGH JR 1992, 415, 416 f). Bedenken gegen die Anwendung von § 138 auf Umgehungsgeschäfte bestehen auch dann, wenn man mit der hM die Nichtigkeitssanktion nicht durch einen ungeschriebenen Normzweckvorbehalt einschränkt; denn dann könnte die Anwendung von § 138 zur Folge haben, dass Umgehungsgeschäfte strengeren zivilrechtlichen Sanktionen unterliegen als Rechtsgeschäfte, die unmittelbar gegen ein Verbotsgesetz verstoßen und deshalb nach § 134 nur dann nichtig sind, wenn sich aus dem Zweck des verletzten Verbotsgesetzes nicht ein anderes ergibt. Die Anwendung von § 138 ist ferner problematisch, wenn man den Vorwurf der Sittenwidrigkeit von der Verwirklichung eines subjektiven Tatbestandes, zB von der Kenntnis sittenwidrigkeitsbegründenden Tatumstände oder gar vom Bewusstsein der Sittenwidrigkeit, abhängig macht. Nicht zuletzt auch aus diesem Grunde hat die Rechtsprechung die Vorschrift des § 134 der des § 138 vorgezogen (besonders deutlich BGHZ 51, 255, 262).

153 Nach der unten zu § 138 vertretenen Ansicht, wonach jede Gesetzesverletzung auch sittenwidrig ist, ein objektiver Sittenverstoß genügt und die Nichtigkeitssanktion des § 138 in gleicher Weise einem (ungeschriebenen) Normzweckvorbehalt unterliegt wie die des § 134, ist der Anwendung des § 138 auf Umgehungsgeschäfte der Vorzug zu geben. Denn es besteht, soweit keine ausdrücklichen gesetzlichen Umgehungsverbote geregelt sind, eine rechtliche Lücke, für deren Schließung der Gesetzgeber § 138 vorgesehen hat. Darüber hinaus besteht keine weitere Lücke, für deren Schließung eine Analogie zu den betreffenden Verbotsgesetzen bzw die Schaffung eines allgemeinen Umgehungsverbotes erforderlich wäre. Deshalb besteht auch kein Vorrang des richterrechtlichen Umgehungsverbots vor § 138, der ausdrücklich für die Schließung von Lücken vorgesehen ist (aA SCHURIG, in: FS Ferid 375, 407). Folgt man hingegen der herrschenden Auslegung von § 138, dann ist einer analogen Anwendung der Verbotsnorm der Vorzug zu geben (vgl TEICHMANN, Die Gesetzesumgehung 57 ff, 78 ff). Allerdings dürfte kein nennenswerter Unterschied zur Ansicht bestehen, die ein allgemeines Umgehungsverbot anerkennt.

7. Umgehung im grenzüberschreitenden Rechtsverkehr durch Rechtswahl

a) Bei grenzüberschreitenden Sachverhalten kann man inländischen Verbotsge- **154** setzen auch durch eine entsprechende Rechtswahl, dh dadurch zu entgehen versuchen, dass man den Vertrag einer ausländischen Rechtsordnung unterstellt, die keine vergleichbaren Verbotsgesetze kennt. Dem setzt allerdings das deutsche Kollisionsrecht Grenzen (ausführlich dazu SCHURIG, Kollisionsnorm und Sachrecht [1981] 240 ff). Nach Art 27 Abs 3 EGBGB kann durch die Wahl eines ausländischen Rechts und eines ausländischen Gerichtsstandes nicht von zwingenden Bestimmungen abgewichen werden bei einem reinen Inlandssachverhalt oder wenn das Rechtsgeschäft keinerlei Beziehungen zu der gewählten Rechtsordnung aufweist. Demgegenüber schließt jedoch – wegen des Auslandsbezugs – zB die zwingende Natur des § 89b HGB nicht aus, dass ein niederländischer Unternehmer mit einem deutschen Handelsvertreter, der seine Niederlassung in Deutschland hat, die Anwendung niederländischen Rechts und einen ausschließlichen niederländischen Gerichtsstand vereinbart (BGH NJW 1961, 1061).

b) Außerdem schließt Art 34 EGBGB aus, durch Rechtswahl sogenannten **Ein-** **155** **griffsnormen** des Inlands zu entgehen. Zu diesen Eingriffsnormen gehören insbesondere Vorschriften des Devisenrechts oder des Deutschen und Europäischen Kartellrechts.

c) Schließlich ist ausländisches Recht nach Art 6 EGBGB nicht anwendbar, wenn **156** es mit wesentlichen Grundsätzen des Deutschen Rechts offensichtlich unvereinbar ist. Entsprechende Beschränkungen finden sich in den prozessrechtlichen Vorschriften der §§ 328 Abs 1 Nr 4, 723 Abs 2 Nr 2, 1059 Abs 2 Nr 2 Buchst b ZPO und des Art 27 Nr 1 EuGVÜ/Art 34 Nr 1 EuGVVO.

8. Einzelfälle

Eine Vereinbarung, wonach der Mieter bei vorzeitiger Beendigung des Mietvertrags **157** die sofortige Rückzahlung des Mieterdarlehens nicht verlangen kann, ist wegen Umgehung des § 557a BGB nichtig, wenn das Darlehen zinslos gewährt wurde und nur mit 2% jährlich zu tilgen ist (so zu § 134 BGHZ 56, 285, 289; SOERGEL/HEFERMEHL § 134 Rn 86). Eine Vertragsbestimmung in einem Handelsvertretervertrag, wonach ein Teil der dem Handelsvertreter laufend zu zahlenden Vergütung auf den künftigen Ausgleichsanspruch angerechnet werden soll, verstößt im Zweifel gegen die zwingende Vorschrift des § 89b Abs 4 HGB und ist daher idR nichtig (zu § 134 BGHZ 58, 60, 65, 71; MAYER-MALY, in: FS Hefermehl [1976] 103, 107 f; SOERGEL/HEFERMEHL § 134 Rn 78). Die Vereinbarung einer Anwesenheitsprämie für Arbeitnehmer ist nichtig, wenn dadurch der Zweck eines Schutzgesetzes, zB des MuSchG, vereitelt wird (BAG AP Nr 15 zu § 611 BGB Anwesenheitsprämie). Nichtig sind auch Vereinbarungen, wenn durch sie der arbeitsrechtliche Kündigungsschutz umgangen werden soll (dazu BICKEL JuS 1987, 861), zB durch zu diesem Zweck abgeschlossene (bedingte) Aufhebungsverträge (BAGE 26, 417 = AuR 1975, 220, 221 m Anm WOLLENSCHLÄGER; MünchKomm/MAYER-MALY/ARMBRÜSTER § 134 Rn 19), auflösende Bedingungen (BAG DB 1982, 121, 122; LAG Düsseldorf DB 1974, 2111; MünchKomm/MAYER-MALY § 134 Rn 19; vgl auch BAG AuR 1974, 220, 221) oder Befristungen des Arbeitsvertrags (BAGE 10, 65, 70, 71; 25, 125; vgl auch BAG DB 1982, 123 f; MünchKomm/ MAYER-MALY/ARMBRÜSTER § 134 Rn 19). Wenn ein sachlich gerechtfertigter Grund für eine Befristung nicht vorliegt, gilt der Arbeitsvertrag als unbefristet abgeschlossen und kann nur unter Beachtung der Kündigungsschutzvorschriften aufgehoben werden.

158 Nichtig sind auch Verträge, durch die das Erfordernis einer Gewerbeerlaubnis, zB zum Güterkraftverkehr oder – besonders häufig – zum Führen einer Gastwirtschaft, umgangen werden soll (so zu § 138 RGZ 63, 143, 145; 84, 304, 305; ebenso zu § 134 RGZ 125, 209, 211 f; OLG Hamm BB 1986, 1812; BB 1988, 236; ausdrücklich gegen die Anwendung von § 134 RGZ 63, 143, 145). Deshalb ist ein Anstellungs- oder Pachtvertrag zwischen einem Geschäftsinhaber mit Gewerbekonzession, der nur als Strohmann fungiert, und einer nicht konzessionierten Person, die die Geschäfte in Wirklichkeit allein führen soll, nichtig, weil ein solcher Vertrag nur vorgetäuscht wird, um das Fehlen der Gewerbekonzession auszugleichen. Nichtige Umgehungsgeschäfte sind ferner Verpflichtungen, durch die vorgeschriebene Tarife umgangen werden sollen, zB Schmiergeldzahlungen eines Transportunternehmens an Angestellte des Absenders oder sonstige Personen, die an der Niedrighaltung der Beförderungskosten im Güterkraftverkehr interessiert sind, zur Umgehung der Tarife des Güterkraftverkehrs (BGHZ 38, 171, 176).

159 Nicht nur ein vom SchwArbG verbotener Vertrag zwischen einem Schwarzarbeiter und seinem Auftraggeber, sondern auch ein Vertrag zwischen diesem und einem „Baubetreuer", der sich zum Einsatz von Schwarzarbeitern verpflichtet, ist nichtig (so zu § 134 BGHZ 85, 39, 46). Denn ein solcher Baubetreuungsvertrag liefe auf eine Umgehung des SchwArbG hinaus (BGHZ 85, 39, 46).

160 Ein Garantieversprechen, mit dem der eine Vertragsteil eines wegen des Verstoßes gegen das Verbot der entgeltlichen Vermittlung von akademischen Graden nach § 141 Abs 4 WissHG NRW iVm § 134 nichtigen Vertrags dem anderen Vertragsteil Schadloshaltung für den Fall des Misslingens dieses Geschäfts verspricht, ist wegen Gesetzesumgehung ebenfalls nichtig, nach Ansicht des OLG Köln nach § 138 Abs 1 (NJW-RR 1994, 1540, 1541). Die Problematik der Umgehungsgeschäfte überschneidet sich zT mit der der Verträge, die ein gesetzwidriges Verhalten zur Folge haben; dazu Rn 161 ff.

VII. Verträge zur Vorbereitung verbotswidrigen Folgeverhaltens

1. Grundsatz

161 § 134 ist nur anwendbar, wenn ein Rechtsgeschäft als solches gegen ein Verbotsgesetz verstößt. Verträge, die zwar nicht selbst verbotswidrig sind, jedoch einem verbotswidrigen **Folgeverhalten** dienen sollen oder ein solches implizieren, sind grundsätzlich nicht nichtig (BGH WM 1976, 1026, 1027; BGH NJW 1983, 2873 zu 2b; CANARIS, Gesetzliches Verbot … 48; SOERGEL/HEFERMEHL § 134 Rn 27). § 134 scheitert in diesen Fällen grundsätzlich schon am Erfordernis der Verbotswidrigkeit der Vornahme des Vertrags (CANARIS, Gesetzliches Verbot … 48). Auch handelt es sich nicht um Umgehungsgeschäfte (oben Rn 144 ff). Wenn bei einem Grundstücksverkauf in der notariellen Urkunde der Kaufpreis zu niedrig angegeben wird, um Grunderwerbssteuer zu hinterziehen, so ist der Kaufvertrag nicht nach § 134 nichtig (BGH WM 1976, 1026, 1027; CANARIS 48). In diesen Fällen führt auch die beiderseitige Kenntnis der verbotswidrigen Folgehandlungen nicht ohne weiteres zur Nichtigkeit nach § 134 (CANARIS 49). Ein Kaufvertrag zwischen einem inländischen Käufer und einem inländischen Verkäufer, den dieser nur nach **Beschaffung** der Ware aus dem Ausland unter Verletzung von Einfuhrvorschriften des AWiG erfüllen könnte, ist nicht nach § 134 nichtig, wenn die Einfuhr nicht Gegenstand oder Bestandteil der Vertragsleistung ist (BGH NJW 1983, 2873). Der Vertrag über den Verkauf einer Ware ist auch dann gültig, wenn der Käufer beim **Weiterverkauf** vermutlich gegen ein Import- oder Exportverbot verstößt (RG JW 1920, 432 f m zust Anm OERTMANN; RG JW 1924, 1359; CANARIS 48; SOERGEL/HEFERMEHL § 134 Rn 28). Der Verkauf eines rezeptpflichtigen Arzneimittels an einen Händler ist auch dann gültig, wenn dieser es möglicherweise verbotswidrig rezeptfrei verkaufen wird (BGH NJW 1968, 2286, 2287; CANARIS 48 f). Der Kaufvertrag zwischen einem ausländischen Hersteller und einem inländischen Importeur über ein Heizgerät ist wirksam, auch wenn das inländische Inverkehrbringen des Geräts nach dem GSG verboten ist (BGH NJW 1981, 2640, 2641; CANARIS 49; SOERGEL/HEFERMEHL § 134 Rn 28). Der gutgläubige Importeur ist uU nach § 460 geschützt (BGH NJW 1981, 2641). Gültig sind auch Verleihverträge über einen Pornofilm, wenn dessen Vorführung nicht generell, sondern nur unter bestimmten Voraussetzungen nach § 184 Abs 1 Nr 7 StGB strafbar ist (BGH NJW 1981, 1439; CANARIS 49; SOERGEL/HEFERMEHL § 134 Rn 28; vgl auch BGH GRUR 1960, 447, 448 „Comics"; zur Strafbarkeit auch BGH NJW 1980, 65).

2.   Verbotswidriger Hauptzweck

Sobald jedoch verbotswidrige Folgehandlungen der **Hauptzweck** eines Vertrages sind, **162** ist er nach hM nichtig (BGHZ 14, 25, 30 f; RGZ 78, 347, 353; 84, 304, 305; OLG Koblenz WM 1979, 1435, 1436; CANARIS 50; SOERGEL/HEFERMEHL § 134 Rn 28), sei es nach § 134 (CANARIS 51; **aA** RGZ 63, 143, 145), sei es nach § 138 (RGZ 63, 143, 145; 84, 304, 305). Entgegen der hM ist jedoch auch hier nach dem Zweck des verletzten Verbotsgesetzes zu differenzieren. Bei einem Vertrag, dessen Hauptzweck eine Steuerhinterziehung ist, entspricht die Nichtigkeit dem Verbotszweck (BGHZ 14, 25, 30 f; BGH WM 1966, 161, 163; 1969, 163, 164; 1975, 1279, 1281; 1978, 1122, 1123; 1979, 692, 693; NJW 1983, 1843, 1844; OLG Koblenz WM 1979, 1435, 1436). Ein sog **Kastellan-Vertrag**, in dem eine Person, die keine Erlaubnis zum Betrieb einer Gaststätte hat, mit dem Inhaber einer solchen Erlaubnis einen Arbeitsvertrag schließt, als dessen Geschäftsführer oder Stellvertreter tätig zu werden, während sie in Wirklichkeit die Gaststätte allein für eigene Rechnung führen will und wird, ist ebenfalls nichtig (RGZ 63, 143, 145; 84, 304, 305; 125, 209, 211; OLG Hamm BB 1986, 1812; LG Berlin NJW 1977, 1826 f; CANARIS 51).

Wenn hingegen ein Mietvertrag eine baurechtlich oder gewerberechtlich unzulässige **163** Nutzung des Mietobjekts vorsieht, ist der Vertrag dennoch nicht nach § 134 oder § 138 nichtig, obwohl sein Hauptzweck ein verbotswidriger Leistungserfolg ist (BGHZ 75, 366, 368; BGH NJW 1980, 777; VGH München NJW-RR 1993, 1422; vgl auch VGH Kassel NJW 1964, 2444). Vielmehr hat der gutgläubige Mieter Mängelgewährleistungsansprüche (BGH NJW 1980, 777).

3.   Zwangsläufige Verbotswidrigkeit

§ 134 wird ferner dann für anwendbar gehalten, wenn die **Durchführung** eines – an **164** sich nicht verbotswidrigen – Vertrags **notwendigerweise** gegen ein Verbotsgesetz verstößt (CANARIS, Gesetzliches Verbot ... 51 f). Diese Ansicht verkürzt jedoch ungerechtfertigt die Rechte des Leistungsberechtigten. Grundsätzlich hat der Leistungsverpflichtete dafür einzustehen, dass er erfüllen kann und dass er dies rechtmäßig kann. Wenn er dies nicht rechtmäßig kann, besteht zwar keine Erfüllungspflicht; er haftet jedoch dem Leistungsberechtigten vertragsrechtlich auf Schadensersatz wegen Nichterfüllung. Wenn der Leistungsberechtigte die verbotswidrige Leistung in Anspruch genommen hat, haftet er seinerseits auf die Gegenleistung. Ein Kaufvertrag zwischen einem inländischen Verkäufer und einem inländischen Käufer, den der Verkäufer nur nach Beschaffung der Ware aus dem Ausland und insoweit nur unter Verletzung von Einfuhrvorschriften des AWiG erfüllen könnte, ist nicht nach § 134 nichtig, wenn die gesetzwidrige Einfuhr nicht Gegenstand oder Bestandteil der Vertragsleistung ist (BGH NJW 1983, 2873 betr Hemden koreanischen Ursprungs; Soergel/Hefermehl § 134 Rn 28). Denn es ist Angelegenheit des Verkäufers, die verkaufte Ware zu beschaffen. Andererseits ist ein Verkäufer nicht verpflichtet, dem gesetzwidrigen Verhalten eines Käufers Vorschub zu leisten, so dass er nach § 242 zur Lieferverweigerung berechtigt ist, wenn ihm die gesetzwidrige Absicht des Käufers bekannt wird (RG JW 1924, 1359).

VIII. Genehmigungsbedürftige Rechtsgeschäfte

165 Bestimmte Rechtsgeschäfte bedürfen der Genehmigung bzw Zustimmung. Hier ist zunächst zu unterscheiden zwischen dem Erfordernis einer behördlichen und dem einer privatrechtlichen Genehmigung.

Eine außerordentliche Kündigung ohne Zustimmung des Betriebsrats ist nach § 134 nichtig (BAG WM 1975, 40, 41 zu I 1; Soergel/Hefermehl § 134 Rn 43). Gesetze, die ein Rechtsgeschäft von einer **privatrechtlichen** Zustimmung abhängig machen, sind allerdings idR keine Verbotsgesetze iSv § 134, sondern enthalten nur Beschränkungen der Verfügungsgewalt. Dies gilt auch zB für § 1365 (vgl BGHZ 125, 355 = NJW 1994, 1785; **aA** BGB-RGRK/Krüger-Nieland/Zöller § 134 Rn 34) und § 1369 (**aA** BGB-RGRK/Krüger-Nieland/Zöller § 134 Rn 34). Diese Vorschriften enthalten allerdings kein relatives, sondern ein absolutes Veräußerungsverbot, auf das sich auch der Ehepartner berufen kann, der ohne Zustimmung verfügt hat (BGHZ 40, 218, 219 f).

166 Soweit das Gesetz **behördliche** Genehmigungen vorschreibt, sind diese häufig nicht nur Wirksamkeitsvoraussetzung für Rechtsgeschäfte, sondern Verstöße gegen die Genehmigungspflicht. Sie sind auch verboten und gegebenenfalls strafbar (Soergel/Hefermehl § 134 Rn 42). In den Fällen der Verbotswidrigkeit der Vornahme ungenehmigter Rechtsgeschäfte stellt sich die Frage der Anwendbarkeit von § 134. Hierbei ist zu unterscheiden zwischen genehmigungsbedürftigen **Verpflichtungsgeschäften** und **Verfügungsgeschäften**. Außerdem ist zu unterscheiden, ob das Gesetz für das einzelne konkrete Rechtsgeschäft eine Genehmigung verlangt oder ob die Genehmigungsbedürftigkeit in irgendeiner Weise dem Rechtsgeschäft vorgelagert ist, zB in Form einer Gewerbekonzession, und ob sich das verbotswidrige Fehlen einer Genehmigung auf Folgegeschäfte auswirkt.

1. Genehmigungsbedürftige Verpflichtungsgeschäfte

a) Genehmigungsbedürftigkeit des konkreten Rechtsgeschäfts

167 Bei Gesetzen, die ein Rechtsgeschäft von einer behördlichen Genehmigung abhängig machen, ist auf den Zweck der Genehmigung abzustellen. Außerdem ist zu unterscheiden zwischen einseitigen und zwei- bzw mehrseitigen Rechtsgeschäften.

aa) Einseitige Rechtsgeschäfte

Wenn die Genehmigung Wirksamkeitsvoraussetzung ist, so ist ein **einseitiges** Rechtsgeschäft, zB eine Aufrechnung oder Kündigung, ohne die erforderliche Genehmigung grundsätzlich nichtig (BGHZ 11, 27, 37; 37, 233, 235 f; OLG Braunschweig NJW-RR 1992, 440; MünchKomm/MAYER-MALY § 134 Rn 7; BGB-RGRK/KRÜGER-NIELAND/ ZÖLLER § 134 Rn 32; SOERGEL/HEFERMEHL § 134 Rn 43; STAUDINGER/DILCHER[12] § 134 Rn 9; PALANDT/HEINRICHS § 134 Rn 12). Dies folgt nicht aus § 134, sondern aus dem Fehlen der Genehmigung als einer gesetzlichen Wirksamkeitsvoraussetzung (ERMAN/PALM § 134 Rn 5). Eine Ausnahme hiervon gilt für behördlich zu genehmigende Vermächtnisse; sie sind vor Erteilung der Genehmigung schwebend unwirksam. Denn wegen der oft sehr langen Zeitspanne zwischen der Errichtung des Testaments und dem Anfall des Vermächtnisses entspricht die Annahme schwebender Unwirksamkeit einem dringenden praktischen Bedürfnis, ohne dass einem solchen Schwebezustand anderweitige gewichtige Interessen entgegenstehen (BGHZ 37, 233, 235 f; SOERGEL/ HEFERMEHL § 134 Rn 43).

bb) Zwei- und mehrseitige Rechtsgeschäfte

(1) Ein (noch) nicht genehmigtes zwei- oder mehrseitiges Rechtsgeschäft ist hinge- **168** gen grundsätzlich nicht nichtig (BGH NJW 1974, 1080; RGZ 104, 105, 107 f), sondern schwebend unwirksam.* Dies gilt auch dann, wenn feststeht, dass das Rechtsgeschäft nicht genehmigungsfähig ist (BGH NJW 1993, 648, 650 zu 3a bb; PALANDT/HEINRICHS § 275 Rn 27). Die Rechtsfolge der Nichtigkeit bzw schwebenden Unwirksamkeit nicht genehmigter Rechtsgeschäfte ergibt sich nicht aus § 134 (vgl jedoch BGHZ 37, 233, 235), sondern aus dem Wesen der Genehmigungsbedürftigkeit (MünchKomm/MAYER-MALY § 134 Rn 7). Denn diese Rechtsfolgen greifen auch dann ein, wenn das Gesetz, das die Genehmigungspflicht vorsieht, kein Verbotsgesetz ist (vgl zB die Entscheidung BGH NJW 1993, 648 zu § 2 GrdstVG und § 19 BBauG = BauGB).

Schwebend unwirksam sind zB (noch) nicht genehmigte, aber genehmigungsbedürf- **169** tige Devisengeschäfte iS des § 3 WährungsG (1998 aufgehoben, BGBl I 1253), des AWiG und anderer devisenrechtlicher Regelungen (BGHZ 1, 294, 301 f; BGH WM 1963, 1034, 1035 zu MRG Nr 53; WM 1977, 1044, 1045 zu 4; WM 1981, 189, 190; NJW 1995, 318, 320; OLG Koblenz NJW 1988, 3099; RGZ 168, 261; vgl auch BGH NJW 1959, 332, 334) oder bestimmte Kartelle nach den §§ 1 ff GWB oder nach Art 81 EG-Vertrag.

Wegen fehlender Genehmigung schwebend unwirksame Verträge begründen keine Erfüllungsansprüche (RGZ 1968, 261, 267; BGH WM 1977, 1044, 1045 zu 4; BGH NJW 1993, 648, 651; OLG Koblenz NJW 1988, 3099). Deshalb werden auch keine Verzugsfolgen ausgelöst, wenn die noch genehmigungsbedürftigen Hauptpflichten nicht erfüllt wer-

---

* Vgl BGH NJW 1995, 318, 320; NJW 1993, 648, 650; WM 1981, 189, 190; WM 1977, 1044, 1045 zu 4; JZ 1972, 368; WM 1971, 586; NJW 1965, 41; WM 1964, 1194, 1195; WM 1963, 1034, 1035; BGHZ 37, 233, 235; 32, 383, 389; 23, 342, 344; WM 1955, 1385; RGZ 168, 261, 266; RGZ 103, 104, 106; OLG Koblenz NJW 1988, 3099; ERMAN/PALM § 134 Rn 5; MünchKomm/MAYER-MALY/ ARMBRÜSTER § 134 Rn 7; PALANDT/HEINRICHS § 134 Rn 11 a; BGB-RGRK/KRÜGER-NIELAND/ ZÖLLER § 134 Rn 28; SOERGEL/HEFERMEHL § 134 Rn 44; STAUDINGER/DILCHER[12] § 134 Rn 9.

Rolf Sack

den (BGH NJW 1974, 1080 zu I 1; BGH NJW 1993, 648, 651; RGZ 168, 261, 267); sie sind vor der Genehmigung nicht fällig. Daher sind auch Schadensersatzansprüche wegen Nichterfüllung vor Erteilung der Genehmigung nicht begründet (BGH WM 1977, 1044, 1045; RGZ 168, 261, 267 f). Solange ein Vertrag mangels Genehmigung schwebend unwirksam ist, kann sich allerdings auch kein Vertragsteil einseitig vom Rechtsgeschäft lösen (BGH NJW 1993, 648, 651 zu B III 3a bb; BGH WM 1977, 1044, 1046; JZ 1972, 368; BGHZ 14, 1, 2; RGZ 103, 104, 106; RGZ 168, 261, 267). Vielmehr haben alle Vertragsparteien nach § 242 die Pflicht, alle zur Erteilung der Genehmigung erforderlichen Schritte zu unternehmen (BGH WM 1977, 1044, 1046; WM 1972, 1097, 1099; SOERGEL/HEFERMEHL § 134 Rn 44). Die Verletzung dieser Pflicht kann Schadensersatzansprüche des Vertragspartners wegen culpa in contrahendo auslösen, die sich, falls die Genehmigung bei rechtzeitiger und sachgerechter Mitwirkung (zB Antragstellung) erteilt worden wäre, auf das richten, was er erhalten hätte, wenn der andere Vertragspartner pflichtgemäß mitgewirkt hätte (BGH WM 1977, 1044, 1046). Allerdings ist eine Vertragspartei nach § 242 nicht gehalten, einen unbegrenzt langen Schwebezustand hinzunehmen (BGH NJW 1993, 648, 651). Trotz fehlender Erfüllungsansprüche können sich die Parteien wirksam verpflichten, bereits vor der Genehmigung Maßnahmen zu ergreifen, die der Vertragsabwicklung dienlich sind.

170 (2) Wenn die Genehmigung Wirksamkeitsvoraussetzung für das konkrete Rechtsgeschäft ist, wird es **voll wirksam**, sobald die Genehmigung erteilt wurde und unanfechtbar geworden ist (BGHZ 1, 294, 302; BGH WM 1964, 1195, 1196; WM 1971, 586; WM 1981, 189, 190; RGZ 103, 104, 106). Die Genehmigung hat idR rückwirkende Kraft, wenn dies dem Parteiwillen entspricht (BGHZ 32, 383, 389 f; BGH NJW 1965, 41; RGZ 123, 327, 330); dies ergibt sich aus dem Normzweck des Genehmigungserfordernisses, wenn das Gesetz nichts anderes vorsieht (BGHZ 32, 383, 389; RGZ 123, 327, 331). Die nachträgliche Aufhebung einer unanfechtbar gewordenen Genehmigung ist grundsätzlich nicht möglich und würde die Wirksamkeit des Vertrags grundsätzlich nicht berühren (RGZ 103, 104, 106 f; SOERGEL/HEFERMEHL § 134 Rn 46). Wurde hingegen eine noch nicht bestandskräftige Genehmigung von einem Dritten, der dadurch in seinen Rechten verletzt wurde, wirksam angefochten, so wird das Rechtsgeschäft endgültig nichtig.

171 Einer Genehmigung gleichzustellen ist ein unrichtiges Negativattest des Inhalts, dass eine Genehmigung nicht erforderlich sei (BGHZ 1, 294, 302 zum Devisenrecht; PALANDT/HEINRICHS § 275 Rn 29; vgl auch BGHZ 76, 242, 244). Das betreffende Rechtsgeschäft ist auch dann wirksam, wenn die zuständige Behörde die Genehmigungsbedürftigkeit zu Unrecht verneint hat. Denn in diesem Fall hat keine der beteiligten Parteien ein schutzwürdiges Interesse daran, geltend zu machen, dass das Rechtsgeschäft unwirksam sei, weil eine Genehmigung erforderlich sei und diese nicht erteilt wurde (BGHZ 1, 294, 302; grundsätzlich aA SOERGEL/HEFERMEHL § 134 Rn 47).

172 Wirksam wird das Rechtsgeschäft auch, wenn, solange der Schwebezustand besteht, die Genehmigungspflicht nach neuen gesetzlichen Vorschriften entfällt (BGHZ 37, 233, 236 = NJW 1962, 1715; BGH WM 1963, 1034, 1035; NJW 1965, 41; NJW 1968, 1928; WM 1981, 189, 190 zu B III 2b; NJW 1995, 318, 320; PALANDT/HEINRICHS § 275 Rn 38; SOERGEL/HEFERMEHL § 134 Rn 46, 49). Der Wegfall der Genehmigungspflicht ersetzt die Genehmigung allerdings nur, solange sie noch erwartet werden kann, dh wenn der Schwebezustand noch besteht, nicht jedoch bei abgeschlossenen Verfahren (BGH NJW 1995, 318, 320; WM

1981, 189, 190; NJW 1968, 1928; PALANDT/HEINRICHS § 275 Rn 39; vgl auch BGHZ 37, 233, 236). In diesem Fall wird der Vertrag von Anfang an wirksam (BGH NJW 1965, 41 f).

(3)   Ein mangels behördlicher Genehmigung schwebend unwirksamer Vertrag wird **173** grundsätzlich nichtig, wenn die Genehmigung **unanfechtbar** versagt worden ist (BGHZ 1, 294, 302; BGH WM 1956, 90; WM 1963, 1034, 1035; WM 1964, 1195, 1196; NJW 1965, 41; WM 1967, 229, 231; JZ 1972, 368 f; NJW 1993, 648, 650 f; NJW 1995, 318, 320 = BGHZ 127, 368 ff; MünchKomm/MAYER-MALY/ARMBRÜSTER § 134 Rn 7; PALANDT/HEINRICHS § 134 Rn 11 a; § 275 Rn 39; SOERGEL/HEFERMEHL § 134 Rn 44; krit K SCHMIDT NJW 1995, 2255 ff) oder wenn die zuständige Genehmigungsbehörde förmlich bekannt macht, dass Genehmigungen der betr Art generell versagt werden, deswegen sicher feststeht, dass die Genehmigung nicht mehr erteilt wird, und an der Rechtmäßigkeit der Versagung keine Zweifel bestehen (BGHZ 127, 368, 377 = NJW 1995, 318; SOERGEL/HEFERMEHL § 134 Rn 44; krit K SCHMIDT NJW 1995, 2255; ERMAN/PALM § 134 Rn 5). Der Vertrag ist rückwirkend nichtig (BGHZ 1, 294, 302; RGZ 172, 1, 4). Nach der unanfechtbar gewordenen Versagung der Genehmigung bleibt es auch dann bei der Nichtigkeit des Rechtsgeschäfts, wenn die Versagung nachträglich widerrufen bzw nachträglich die Genehmigung erteilt wird (BGH WM 1964, 1195, 1196; NJW 1968, 1928; JZ 1972, 368 f; RGZ 172, 1, 6; PALANDT/HEINRICHS § 275 Rn 39; SOERGEL/HEFERMEHL § 134 Rn 45; STAUDINGER/DILCHER[12] § 134 Rn 9; aA PALM, Die nachträgliche Erteilung der verweigerten Genehmigung [1964] 47 ff) oder wenn die Genehmigungspflicht entfällt (BGH WM 1964, 1195, 1196; BGB-RGRK/KRÜGER-NIELAND/ZÖLLER § 134 Rn 29). Es bleibt ferner dann bei der Nichtigkeit infolge unanfechtbar gewordener Versagung der Genehmigung, wenn sich der Verwaltungsakt nachträglich als fehlerhaft erweist und die Genehmigungsbehörde ihn (freiwillig) zurücknimmt (SOERGEL/HEFERMEHL § 134 Rn 45). Andernfalls entstünde unerträgliche Rechtsunsicherheit; die Parteien könnten nicht disponieren, wenn sie trotz rechtskräftiger Versagung der Genehmigung weiterhin damit rechnen müssten, dass das Rechtsgeschäft irgendwann doch noch genehmigt und damit wirksam würde. Soweit der nach rechtskräftiger Versagung der Genehmigung nichtige Vertrag bereits erfüllt worden ist, sind die §§ 812 ff anwendbar (BGH WM 1967, 229, 231). Die Parteien sind natürlich nicht gehindert, das zunächst wegen unanfechtbarer Versagung der Genehmigung nichtige Rechtsgeschäft zu bestätigen, wenn die Genehmigung später doch noch erteilt wird (SOERGEL/HEFERMEHL § 134 Rn 45).

(4)   Der Vertrag bleibt hingegen auch nach der Versagung der Genehmigung **174** schwebend unwirksam, solange die Versagung noch nicht unanfechtbar geworden ist (SOERGEL/HEFERMEHL § 134 Rn 45). Ersetzt die Behörde einen noch nicht rechtsbeständigen Ablehnungsbescheid durch eine Genehmigung, wird der Vertrag wirksam (BGHZ 84, 70, 71 f, 77; PALANDT/HEINRICHS § 275 Rn 39).

(5)   Nichtig ist ein zwei- oder mehrseitiges genehmigungsbedürftiges Rechts- **175** geschäft hingegen, wenn es die Parteien von Anfang an in der Absicht geschlossen haben, die ihnen bekannte Genehmigungspflicht zu **umgehen** (BAG NJW 1969, 2111, 2112; BGH NJW 1953, 1587; WM 1960, 47; NJW 1968, 1928; WM 1971, 586; BGB-RGRK/KRÜGER-NIELAND/ZÖLLER § 134 Rn 30; SOERGEL/HEFERMEHL § 134 Rn 44; anders BGH WM 1963, 1034, 1035 zu MRG Nr 53; PALANDT/HEINRICHS § 134 Rn 11 a). Ein Rechtsgeschäft ist danach auch dann nichtig, wenn die Parteien die Genehmigung für einen wegen falscher Preisangabe nichtigen Kaufvertrag beantragen, während sie für den tatsächlich gewollten Vertrag keine Genehmigung einholen wollen (BGH NJW 1968, 1928; BGH LM Nr 3 zu

§ 134 BGB; BGB-RGRK/Krüger-Nieland/Zöller § 134 Rn 30). Auch wenn die Parteien mit dem Vertrag einen gesetzwidrigen Zweck verfolgen und diesen verschweigen, um die erforderliche Genehmigung zu **erschleichen**, ist er ebenfalls nach § 134 nichtig (BGH LM Nr 2 zu § 134; BGB-RGRK/Krüger-Nieland/Zöller § 134 Rn 30; Soergel/Hefermehl § 134 Rn 44); außerdem wird die bewusste Missachtung des Genehmigungserfordernisses für sittenwidrig iSv § 138 gehalten (Soergel/Hefermehl § 134 Rn 44). Bei der bereicherungsrechtlichen Rückabwicklung ist § 817, 2 analog anzuwenden (BGH WM 1971, 586 f). Wenn hingegen nur **eine** der beiden Parteien die Absicht hat, die Genehmigungspflicht zu umgehen, ist das Rechtsgeschäft nicht nichtig, sondern schwebend unwirksam (BGH WM 1971, 586; BGB-RGRK/Krüger-Nieland/Zöller § 134 Rn 31).

176 **(6)** Wurde die Genehmigung für ein Rechtsgeschäft versagt, das keiner Genehmigung bedurfte, dann war es von Anfang an wirksam und bleibt es auch nach einer eventuellen Versagung der Genehmigung (Soergel/Hefermehl § 134 Rn 47).

b) „Vorgelagerte" Genehmigungsbedürftigkeit

177 Von den Fällen, in denen die Genehmigung Wirksamkeitsvoraussetzung eines einzelnen konkreten Rechtsgeschäfts ist, sind diejenigen zu unterscheiden, in denen das Gesetz Rechtsgeschäfte verbietet, wenn eine **„vorgelagerte"** Genehmigung fehlt. Dies trifft nicht selten bei fehlender Gewerbeerlaubnis zu. In diesen Fällen verbietet das Gesetz dem nicht zugelassenen Unternehmen häufig auch die Vornahme von Rechtsgeschäften. Das Verbot ist **subjektbezogen**. So bedürfen zB Bankgeschäfte iSv § 1 KWG nach § 32 KWG der schriftlichen Erlaubnis des Bundesaufsichtsamtes; Bankgeschäfte ohne diese Erlaubnis sind nach § 54 KWG verboten und strafbar. Vergleichbar damit sind bestimmte Versicherungsgeschäfte nach dem VAG genehmigungspflichtig. Nach dem GüKG ist das Betreiben des Güterkraftverkehrs genehmigungspflichtig. Dabei handelt es sich zwar um Verbotsgesetze iS von § 134 (**aA** BGB-RGRK/Krüger-Nieland/Zöller § 134 Rn 28); davon zu unterscheiden ist jedoch die Frage, ob die Nichtigkeitssanktion des § 134 mit dem Normzweck dieser Gesetze vereinbar ist; dazu unter Rn 247, 258.

Es gibt allerdings auch Regelungen der Gewerbeerlaubnis, die keine Aussage über die Zulässigkeit von Rechtsgeschäften des (noch) nicht konzessionierten Unternehmens treffen.

178 In manchen Fällen ist die Verbotswidrigkeit des Handelns ohne Genehmigung auch **objektbezogen**. Die Errichtung von Bauten bedarf idR behördlicher Genehmigung. Müssen Bauverträge vor der Erteilung der Genehmigung erfüllt werden (BGH NJW 1974, 1080)? Wohnraum darf nach bestimmten gesetzlichen Regelungen ohne behördliche Genehmigung nicht zweckentfremdet für kommerzielle Zwecke benutzt werden. Ist ein Mietvertrag über kommerzielle Nutzung ohne die Genehmigung der Zweckentfremdung gültig?

179 **aa)** In all diesen Fällen „vorgelagerter" Genehmigungsbedürftigkeit hängt es vom Schutzzweck des verletzten Gesetzes ab, ob bei fehlender Genehmigung die **Folgeverträge** nach § 134 nichtig sind. Sie sind weder generell schwebend unwirksam, noch generell nichtig, noch generell gültig.

So sind zB Darlehensverträge mit einem Bankunternehmen, das ohne Zulassung nach den §§ 32, 54 KWG verbotswidrig tätig wird, weder nach § 134 nichtig (BGH WM 1966, 1101, 1102; WM 1972, 853; WM 1978, 1268, 1269; WM 1980, 374, 377; CANARIS, Bankvertragsrecht[2] Rn 1286; s auch unter Rn 258) noch schwebend unwirksam oder einseitig nichtig. Einlagegeschäfte sind hingegen nur beschränkt gültig; insbesondere kann der Kunde geleistete Einlagen ungeachtet einer Fälligkeitsvereinbarung sofort zurückverlangen (CANARIS Rn 1175).

Wenn die Vertragserfüllung ohne die erforderliche Genehmigung verbotswidrig wäre, kann sie nicht verlangt und durchgesetzt werden. Der Verpflichtete haftet vor der Genehmigung weder auf Erfüllung noch wegen Verzugs auf Schadensersatz wegen Nichterfüllung (BGH NJW 1974, 1080 f). Deshalb gerät zB ein Bauunternehmen mit der Erfüllung seiner Bauleistungspflicht nicht in Verzug, wenn die erforderliche Baugenehmigung noch nicht erteilt worden ist; vor der Baugenehmigung ist der Anspruch gegen das Bauunternehmen noch nicht fällig (BGH NJW 1974, 1080). In dieser Zeit kann der Auftraggeber weder Schadensersatz geltend machen noch vom Vertrag zurücktreten.

Versicherungsverträge, die unter Verstoß gegen die Genehmigungspflicht nach dem VAG abgeschlossen werden, sind ebenfalls nicht nach § 134 nichtig (RGZ 155, 138, 144 zum PrivVersUntG).

bb) Wenn die erforderliche „vorgelagerte" Genehmigung erteilt wird, entfallen **180** etwaige Auswirkungen des Fehlens der Genehmigung auf die Wirksamkeit der Rechtsgeschäfte rückwirkend.

cc) Wird die erforderliche „vorgelagerte" Genehmigung endgültig versagt, so hän- **181** gen die Auswirkungen auf die Wirksamkeit der betroffenen Verträge wiederum vom Normzweck des im Einzelfall verletzten Verbotsgesetzes ab. Wird zB einem Unternehmen die Erlaubnis für Bankgeschäfte nach § 32 KWG versagt und schließt es dennoch verbotene Darlehensverträge ab, so sind diese nach wie vor wirksam. Bei Einlageverträgen besteht hingegen nach wie vor ein Recht, die Einlagen abweichend von einer Fälligkeitsvereinbarung sofort zu kündigen.

Wird eine Baugenehmigung für ein Gebäude unanfechtbar versagt, so entfällt für den **182** Bauvertrag über die Errichtung dieses Gebäudes die **Geschäftsgrundlage**; falls die Parteien die Baugenehmigung zur Bedingung gemacht haben, greift diese ein.

2.   Genehmigungsbedürftige Erfüllungsgeschäfte

a)   Wenn das Erfüllungsgeschäft genehmigungsbedürftig ist, so ist dieses bis zur **183** Genehmigung oder ihrer unanfechtbaren Versagung schwebend unwirksam (PALANDT/HEINRICHS § 275 Rn 41). Beschränkt sich die Genehmigungsbedürftigkeit auf das Erfüllungsgeschäft und ist das zugrundeliegende Verpflichtungsgeschäft als solches nicht ebenfalls genehmigungsbedürftig (vgl BGHZ 23, 342, 346; 37, 233, 235; BGH WM 1964, 1195, 1196), so ist es nicht schwebend unwirksam, sondern wirksam (PALANDT/HEINRICHS § 275 Rn 32). Es kann jedoch vor der Genehmigung keine Erfüllung verlangt werden, da kein Anspruch auf eine – mangels Genehmigung – verbotene Erfüllungshandlung besteht.

184 **b)** Nach Erteilung der Genehmigung wird das Erfüllungsgeschäft wirksam, und dies grundsätzlich auch mit rückwirkender Kraft (PALANDT/HEINRICHS § 275 Rn 33; vgl jedoch BGH WM 1964, 1195, 1196).

185 **c)** Wird die Genehmigung versagt, so wird das Verpflichtungsgeschäft, wenn es nicht seinerseits genehmigungsbedürftig ist, nicht nichtig (BGH NJW 1993, 648, 651 zu III 3a ff). Vielmehr wird eine Leistung, die behördlicher Genehmigung bedarf, **nachträglich unmöglich**, wenn die Genehmigung endgültig versagt wird (BGH DtZ 1994, 247; BGHZ 37, 233, 240 = NJW 1962, 1715; BGH NJW 1964, 1195, 1196; NJW 1969, 837 f; BGHZ 76, 242, 244, 248) oder wenn sie nicht mehr zu erlangen ist bzw ihre Erteilung völlig unwahrscheinlich geworden ist (BGH DtZ 1994, 247). Der durch die Genehmigungsbedürftigkeit eingetretene Schwebezustand ist jedenfalls dann beendet, wenn den Parteien nach Treu und Glauben nicht mehr zugemutet werden kann, die Genehmigung nachzusuchen (BGH DtZ 1994, 247; BGHZ 76, 242, 248), zB nach Erteilung eines (unrichtigen) Negativattests (BGHZ 76, 242, 248). Es besteht kein Anspruch auf Vornahme des mangels Genehmigung verbotenen Erfüllungsgeschäfts. Es gelten die §§ 273 ff, 323 ff (BGHZ 37, 233, 240; BGH NJW 1969, 837; NJW 1993, 648, 651; WM 1964, 1195, 1196; vgl auch BGH NJW 1980, 700). Wenn der Leistungspflichtige die Versagung der Genehmigung jedoch zu vertreten hat, haftet er auf Schadensersatz wegen Nichterfüllung (BGH NJW 1980, 700; PALANDT/HEINRICHS § 275 Rn 42).

IX. Korrekturen der Rechtsfolgen mit § 242

186 Die Rechtsfolgen der Anwendung bzw Nichtanwendung von § 134 können in vielfältiger Weise gegen Treu und Glauben verstoßen. So kann die Berufung auf die Nichtigkeit eines verbotswidrigen Vertrags ebenso treuwidrig sein wie die Berufung auf dessen Gültigkeit. Auch die Berufung auf bereicherungsrechtliche Rechtsfolgen kann treuwidrig sein.

1. Treuwidrige Berufung auf die Nichtigkeit

187 **a)** Wenn die Nichtigkeit eines Rechtsgeschäfts oder einer Vertragsklausel dem Normzweck des verletzten Verbotsgesetzes entspricht, ist die Berufung auf die Nichtigkeit grundsätzlich kein Verstoß gegen Treu und Glauben (BGHZ 118, 142, 150 zu § 319 HGB; 111, 308, 312 zum SchwArbG; BGH NJW 1986, 2360, 2361 aE zu § 203 StGB; TIEDTKE NJW 1983, 713 f). In diesem Fall ist die Berufung auf die Nichtigkeit idR auch dann nicht treuwidrig, wenn eine der beiden Vertragsparteien eine zugesagte Leistung bereits erbracht hat (BGH NJW 1986, 2360, 2361 aE; vgl jedoch BGH NJW 1981, 1439, 1440 zu § 138). Denn entweder entspricht die beiderseitige Nichtigkeit des Vertrags dem Normzweck des verletzten Verbotsgesetzes; dann darf dieser Normzweck nicht dadurch vereitelt werden, dass dennoch unter Berufung auf § 242 Vertragserfüllung verlangt werden kann (BGH NJW 1986, 2360, 2361 f; TIEDTKE NJW 1983, 713 aE). Insoweit setzt der Normzweck des verletzten Gesetzes auch der Anwendung von § 242 Grenzen. Oder die Berufung auf die Nichtigkeit nach Vertragserfüllung durch den anderen Vertragspartner ist nicht durch den Normzweck des verletzten Gesetzes gerechtfertigt; dann bedarf es grundsätzlich nicht des Umwegs über § 242.

188 Nur bei Vorliegen (sonstiger) ganz **besonderer Umstände**, die vom Normzweck des Verbotsgesetzes nicht mitberücksichtigt werden, kann die Berufung auf die Nichtig-

keit eines Vertrags oder einer Vertragsklausel gegen Treu und Glauben verstoßen (BGHZ 53, 152, 153 ff; BGH NJW 1981, 1439 f; BGHZ 85, 39, 47 = NJW 1983, 109; BGH NJW 1986, 2360, 2361 aE; BGHZ 111, 308, 311; SOERGEL/HEFERMEHL § 134 Rn 30; vgl auch BGH NJW 1981, 1439, 1440 zu § 138). Ein Festhalten am gesetzwidrigen Vertrag für die Zukunft wird allerdings nicht durch § 242 ermöglicht (BGH NJW 1981, 1439, 1440; NJW 1986, 2944, 2945; BAG NJW 1968, 1647, 1648).

b)   Wenn hingegen die Nichtigkeitsfolge nach § 134 dem Normzweck des verletzten **189** Gesetzes weder widerspricht noch von diesem gefordert wird, sondern allein aus der Auslegungsregel des § 134 folgt, dann ist ein wesentlich größerer Spielraum für den Einwand der unzulässigen Rechtsausübung gegen die Berufung auf die Nichtigkeit des verbotswidrigen Rechtsgeschäfts gegeben. Dies ist insbesondere dann anzunehmen, wenn eine Vertragspartei einen verhältnismäßig großen Teil der Vertragsleistung bereits erhalten und behalten hat und sich nun unter Berufung auf § 134 weigert, das entsprechende Entgelt zu bezahlen (vgl BGH NJW 1981, 1439, 1440). Dies gilt erst recht, wenn nur ein unbedeutender Rechtsverstoß vorliegt (BGH NJW 1981, 1439, 1440).

2.   Treuwidrige Berufung auf die Gültigkeit eines Vertrags

Umgekehrt kann auch die Erfüllung eines Vertrags, der nicht nach § 134 nichtig ist, **190** unzumutbar sein. Dies hat die Rechtsprechung zB dann angenommen, wenn der Verkäufer einer Ware erfährt, dass der Käufer sie unter Verstoß gegen Verbotsgesetze weiterverkaufen will (RGZ 96, 237, 240; 99, 156, 157; 102, 292, 294; 106, 316, 318; RG JW 1924, 1359).

3.   Treuwidrige Berufung auf bereicherungsrechtliche Rechtsfolgen

Bereicherungsrechtlichen Ansprüchen als Folge nichtiger Verträge wird häufig § 817 **191** S 2 analog entgegenstehen. Die Anwendung von § 817 S 2 analog kann jedoch mit § 242 unvereinbar sein. Dies hat der BGH zB bei der bereicherungsrechtlichen Rückabwicklung nichtiger Schwarzarbeitsverträge angenommen, wenn die eine Vertragspartei bereits erhebliche Vorleistungen erbracht hat (BGHZ 111, 308, 312 f; aA KERN, in: FS Gernhuber [1993] 191, 204; krit dazu unter Rn 278).

X.   Konkurrenzen

Viele Gesetze, die an sich als Verbotsgesetze iSv § 134 in Betracht kommen, regeln **192** die vertragsrechtlichen Rechtsfolgen selbst. In diesem Fall scheidet die Anwendung von § 134 aus Konkurrenzgründen aus; die Spezialregelung verdrängt die Blankettvorschrift des § 134. Die Frage, ob das betreffende Gesetz ein Verbotsgesetz darstellt, kann deshalb in diesen Fällen offen bleiben (MünchKomm/MAYER-MALY/ARMBRÜSTER § 134 Rn 3; SOERGEL/HEFERMEHL § 134 Rn 3). Beispiele hierfür sind aus dem BGB die §§ 248 Abs 1, 723 Abs 3, 925 Abs 2, 1136, 1229, 1238, 1600 f, 2289 Abs 1 S 2, aus dem BetrVG die §§ 77 Abs 4, 102 Abs 1 S 3; aus dem EG Art 81 Abs 2; aus dem FernUSG die §§ 7, 12; aus dem GG Art 9 Abs 3 S 2, aus dem TVG § 4 Abs 3.

Nach § 59 Abs 1 VwVfG ist ua § 134 auf öffentlich-rechtliche Verträge entsprechend **193** anwendbar. Außerdem sieht Abs 2 von § 59 VwVfG weitere Nichtigkeitsgründe für subordinationsrechtliche Verträge des öffentlichen Rechts vor.

Rolf Sack

XI. Einzelfälle

1. Bundesrecht

194 Im Folgenden werden Einzelfälle in der alphabetischen Reihenfolge von Verbotsgesetzen dargestellt. Zusammengefaßt zu Gruppen werden Verstöße gegen baurechtliche, beamtenrechtliche, europarechtliche, preisrechtliche und steuerrechtliche Regelungen. Am Ende der Kommentierung der Einzelfälle werden noch landesrechtliche, europarechtliche und völkerrechtliche Verbotsgesetze erwähnt.

Vereinbarungen, die gegen das Adoptionsvermittlungsverbot und das Ersatzmuttervermittlungsverbot des § 5 bzw § 13c und die entsprechenden Anzeigenverbote des **AdoptVermG** in der Neufassung vom 22.12. 2001 (BGBl 2002 I 354) verstoßen, sind nach § 134 nichtig (ERMAN/PALM § 134 Rn 22; S LIERMANN FamRZ 1990, 857, 860; PALANDT/ HEINRICHS § 134 Rn 14; COESTER-WALTJEN FamRZ 1992, 369, 371).

195 Die Beschäftigungs- und Arbeitsvermittlungsverbote des AFG (früher AVAVG) sind zum 1.1. 1998 durch geänderte Regelungen in den §§ 284, 297 SGB III abgelöst worden (s unten Rn 284).

196 Die Verpflichtung zur Rückgewähr oder Verzinsung von Einlagen ist nicht nach § 57 **AktG** iVm § 134 nichtig (aA Voraufl; RGZ 107, 160, 168; ebenso zu § 30 GmbHG, dazu unten Rn 245). Da das Stimmrecht nicht von der Mitgliedschaft abgespalten und isoliert übertragen werden kann, ist nach Ansicht des BGH eine Abtretung des Stimmrechts oder eine entsprechend ausgestaltete Stimmrechtsvollmacht nach § 134 **AktG** iVm § 134 BGB nichtig (BGH NJW 1987, 780 f). Zu Satzungsklauseln, die gegen das Stimmenthaltungsgebot des § 136 Abs 1 AktG verstoßen, s Rn 21.

197 § 3 **AnfG** verdrängt bei fraudulösen Geschäften als Sonderregelung § 134 und § 138; solche Geschäfte sind nicht nichtig, sondern nur anfechtbar (BGH DB 1993, 1353, 1354; BGH NJW 1973, 513, 514; BB 1968, 1057; BGHZ 56, 339, 355; RGZ 69, 143, 146 f).

198 Das **ApothekenG** sieht vor, dass eine Apotheke von einem approbierten Apotheker in eigener Verantwortung geleitet wird. Mehrere Personen dürfen nur dann gemeinsam eine Apotheke betreiben, wenn jeder von ihnen im Besitz einer Erlaubnis ist. Gegen diese Regelung verstoßende Verträge sind nichtig. Eine typische **stille Beteiligung** eines Nichtapothekers an einer Apotheke verstößt jedoch dann nicht gegen das ApothekenG, wenn sie sich im Rahmen der gesetzlichen Regelung der §§ 230 ff HGB hält; denn der typische stille Gesellschafter betreibt das Gewerbe des Geschäftsinhabers nicht mit (BGH NJW 1972, 338 f; BGHZ 75, 214, 217; vgl auch BGHZ 97, 243, 249 f; SOERGEL/HEFERMEHL § 134 Rn 70). Die stille Beteiligung ist jedoch dann wegen eines Verstoßes gegen das ApothekenG nach § 134 nichtig, wenn der stille Gesellschafter Einfluss auf die Betriebsführung hat (BGHZ 75, 214, 215). Dies ist der Fall, wenn der stille Gesellschafter gegenüber dem Apotheker ein Weisungsrecht hat oder wenn Geschäfte, die über den gewöhnlichen Betrieb einer Apotheke hinausgehen, seine Zustimmung erfordern und so der Apotheker in eine persönliche und wirtschaftliche Abhängigkeit gebracht würde (BGH NJW 1972, 338; BGHZ 75, 214, 216). In einem solchen Fall sind die Grundsätze über die fehlerhafte Gesellschaft nach Ansicht des BGH nicht anwendbar, dh der Gesellschaftsvertrag ist nach § 134 von

Anfang an in seiner Gesamtheit nichtig und bereicherungsrechtlich abzuwickeln (BGHZ 75, 214, 217). Die Vereinbarung eines von einem Apotheker für seine Mieträume zu zahlenden Umsatzmietzinses verstößt grundsätzlich weder gegen das ApothekenG noch gegen § 138. Die bloße Vereinbarung einer Umsatzmiete begründet für den Apotheker keine Betriebspflicht (BGH NJW 1979, 2351).

ArbZRG (früher AZO): Die zivilrechtlichen Folgen von Verstößen gegen das Ar- **199** beitszeitrecht sind streitig. Dieser Meinungsstreit besteht auch fort, nachdem das ArbZRG vom 6.6.1994 die AZO abgelöst hat. Ein Teil des Schrifttums nimmt an, dass sich Verstöße gegen die AZO (jetzt ArbZRG) nur als **Beschäftigungsverbote** auswirken, die ein Leistungsverweigerungsrecht begründen, dh dass keine Erfüllungsansprüche bestehen, soweit die zulässige Arbeitszeit überschritten wird (vgl BUCHNER, in: MünchArbR § 40 Rn 41 ff; vgl auch BAG AP Nr 2 zu § 1 AZO). Komme es durch ein Zweitarbeitsverhältnis eines Arbeitnehmers zu arbeitszeitrechtlichen Beschäftigungsverboten, habe der dadurch betroffene Arbeitgeber Schadensersatzansprüche gegen den Arbeitnehmer (BUCHNER Rn 48, 49).

Demgegenüber vertreten das BAG, der BGH und die hL die Ansicht, dass ein **200** Arbeitsvertrag, der gegen die Arbeitszeitregelungen der AZO (jetzt: ArbZRG) verstößt, nach § 134 nichtig sei (BGH NJW 1986, 1486 f; BAGE 8, 47, 49 f = NJW 1959, 2036; MünchKomm/MAYER-MALY/ARMBRÜSTER § 134 Rn 81; SOERGEL/HEFERMEHL § 134 Rn 25; aA jedoch BAG AP Nr 2 zu § 1 AZO zu 4). Dabei wird allerdings nicht immer klar unterschieden zwischen dem Arbeitsvertrag insgesamt und der Arbeitszeitvereinbarung im Arbeitsvertrag. Die zeitlichen Beschränkungsverbote des ArbZRG wollen nicht Arbeitsverträge insgesamt unterbinden, sondern nur die Beschäftigung zu unzulässigen Zeiten bzw von unzulässiger Arbeitsdauer. Deshalb ist davon auszugehen, dass nach dem Schutzzweck des ArbZRG **grundsätzlich** nicht der gesamte Arbeitsvertrag, sondern nur die **Arbeitszeitvereinbarung** nichtig ist (PALANDT/HEINRICHS § 134 Rn 15), und auch diese nur, soweit sie gegen das ArbZRG verstößt. Soweit die zeitlichen Beschäftigungsverbote des ArbZRG eingreifen, besteht ein Beschäftigungsverbot (vgl BAG AP Nr 2 zu § 1 AZO), dh der Arbeitgeber kann keine Erfüllung verlangen und der Arbeitnehmer nicht auf Beschäftigung bestehen. Nur insoweit sind die Arbeitszeitvereinbarung und der Arbeitsvertrag nichtig. Die Nichtigkeit wegen ArbZRG-widriger Arbeitszeitvereinbarungen kann jedoch nicht für die Vergangenheit geltend gemacht werden (BAGE 8, 47, 50), dh es besteht nur Nichtigkeit ex nunc. Das bedeutet: Der mit dem ArbZRG verfolgte Zweck, zum Schutze des Arbeitnehmers seine Beschäftigung über die zulässige Höchstarbeitszeit hinaus zu verhindern, ist am ehesten zu erreichen, wenn jeder Erfüllungsanspruch ausgeschlossen ist (BGH NJW 1986, 1486, 1487; BAGE 8, 47, 50; BUCHNER, in: MünchArbR § 40 Rn 39). Dementsprechend besteht auch zB bei einem fremdverschuldeten Unfall kein Anspruch des Arbeitnehmers nach § 252 auf Verdienstausfall, soweit das Einkommen durch einen Verstoß gegen das ArbZRG hätte erzielt werden können (BGH NJW 1986, 1486, 1487). Zweck des ArbZRG ist es jedoch nicht, einen Erwerb des Arbeitnehmers zu verhindern, der aus einer bereits erfolgten Überschreitung der zulässigen Arbeitszeit erzielt wurde (BGH NJW 1986, 1486). Deshalb ist der Arbeitsvertrag einschließlich der ArbZRG-widrigen Arbeitszeitvereinbarung insoweit gültig, als die vereinbarte Tätigkeit tatsächlich erbracht worden ist; es besteht insoweit ein arbeitsvertraglicher Anspruch auf die vereinbarte Vergütung. Dem Arbeitnehmer diesen Anspruch zu versagen, lässt sich auch nicht mit Präventionsüberlegungen rechtfertigen (BGH NJW

Rolf Sack

1986, 1486, 1487; BAGE 8, 47, 50 = NJW 1959, 2036; BAG AP Nr 2 zu § 1 AZO; GITTER Anm zu AP Nr 2 zu § 1 AZO). Auch angefallene Urlaubsansprüche, evtl Schadensersatzansprüche gegen den Arbeitgeber usw bleiben bestehen.

201 Eine ArbZRG-widrige Arbeitszeitvereinbarung erfasst ausnahmsweise den **gesamten Arbeitsvertrag**, wenn die vereinbarte Arbeitsleistung zu einem erheblichen Teil gegen die zeitlichen Grenzen des ArbZRG verstößt (BAGE 8, 47, 49 f; offen gelassen vom BGH NJW 1986, 1486, 1487), jedoch wiederum nur mit Wirkung ex nunc (BAGE 8, 47, 50). Das ist der Fall, wenn die Arbeit vereinbarungsgemäß an Tageszeiten oder an Tagen erbracht werden soll, an denen die betreffende Arbeit nicht geleistet werden darf. Nichtig ex nunc sind auch **Zweitarbeitsverhältnisse**, soweit sie – wie im Fall BAGE 8, 47, 49 f – die gesetzliche Höchstdauer der Arbeitszeit nennenswert überschreiten (MünchKomm/MAYER-MALY/ARMBRÜSTER § 134 Rn 81; **aA** BUCHNER, in: MünchArbR § 40 Rn 48 mit der Begründung, dass der Arbeitnehmer im Erstarbeitsverhältnis evtl eine Freistellung bewirken und damit seinen Zweitarbeitsvertrag erfüllen könne). Hingegen wird der **Erstarbeitsvertrag**, der seinerseits das ArbZRG beachtet, nicht von einem Zweitarbeitsvertrag berührt, wenn erst durch die Kumulation der beiden Arbeitsverhältnisse der ArbZRG-widrige Zustand begründet wird (vgl jedoch BUCHNER § 37 Rn 48). Wird die zulässige Arbeitszeit in einem Arbeitsvertrag erheblich überschritten, so ist nach § 134 zwar nur der Teil der Zeitvereinbarung, der die zulässigen Grenzen überschreitet, nichtig. Diese Teilnichtigkeit wird jedoch bei starken Überschreitungen der Höchstarbeitszeit in der Regel nach § 139 die Gesamtnichtigkeit des Arbeitsvertrages mit Wirkung ex nunc nach sich ziehen (vgl GITTER Anm zu AP Nr 2 zu § 1 AZO).

202 **Beschäftigungsverbote bzw -beschränkungen** zum Schutze von Frauen finden sich – nach der Aufhebung des § 16 AZO und der hiernach erlassenen DVOen – nur noch in Spezialgesetzen, wie zB in § 64a **BBergG** (Beschäftigung von Frauen im Bergbau unter Tage) oder in § 92 **SeemannsG** (Beschäftigung von Frauen als Besatzungsmitglieder eines Schiffes). Dagegen verstoßende Arbeitsverträge sind für beide Seiten ex nunc nichtig (BUCHNER § 40 Rn 40, 41; ERMAN/PALM § 134 Rn 25 e; HUECK/NIPPERDEY Arbeitsrecht I 178). Der Arbeitgeber kann nicht gezwungen werden, die betreffende Frau auf einem anderen Arbeitsplatz in seinem Betrieb zu beschäftigen (BUCHNER aaO). Das Nachtarbeitsverbot des § 19 AZO für Frauen wurde für verfassungswidrig erklärt (BVerfGE DB 1992, 337; ähnlich EuGH vom 25. 7. 1991 EuZW 1991, 666) und durch das Gesetz vom 6. 6. 1994 (BGBl I 1170) aufgehoben. Die Vorschriften der §§ 105a ff GewO über die Sonn- und Feiertagsarbeit sind in die §§ 9 ff ArbZRG vom 6. 6. 1994 (BGBl I 1170) übernommen worden. Ein gegen die §§ 9 ff ArbZRG verstoßender Arbeitsvertrag ist für beide Seiten ex nunc nichtig. Zu Arbeitszeitverstößen s auch Rn 255.

203 **ArznmG**: Der Verkauf von Arzneimitteln unter Verstoß gegen die Vorschriften der §§ 48 ff ArznmG über die Verschreibungs- oder Apothekenpflicht bewirkt nach Ansicht des BGH nicht die Nichtigkeit solcher Kaufverträge (BGH NJW 1968, 2286 f; LG Stuttgart NJW 1965, 354; ERMAN/PALM § 134 Rn 23; PAWLOWSKI, AT Rn 483 Fn 281, SOERGEL/HEFERMEHL § 134 Rn 16, 20, 72; WESTPHAL 147 f; **aA** LG Stuttgart NJW 1965, 354 f; MünchKomm/MAYER-MALY/ARMBRÜSTER § 134 Rn 90; PALANDT/HEINRICHS § 134 Rn 10, wohl in Widerspruch zu Rn 8), da sich die betreffenden Vorschriften nur, um mögliche Gefahren zu verhüten, gegen die Art und Weise wenden, wie der Verbraucher das Arzneimittel erlangt, nicht jedoch gegen das wirtschaftliche Ergebnis (BGH NJW 1968, 2286, 2287). ME sind solche Kaufverträge vor der Erfüllung schwebend unwirksam, da kein Anspruch auf Erfüllung bestehen kann (PAWLOWSKI, AT Rn 483, 493); sobald jedoch erfüllt ist, sind die Verträge geheilt. Das Gleiche gilt für Verstöße gegen das 1998 durch § 6a in das ArznmG eingefügte Verbot des Verschreibens und Inverkehrbringens von Arzneimitteln zu Dopingzwecken (für Nichtigkeit ERMAN/PALM § 134 Rn 23, 67); § 51 ArznmG – früher § 36 –, der den Arzneimittelvertrieb im Reisegewerbe untersagt, ist ein Verbotsgesetz iSv § 134. Da sich § 51 ArznmG nicht nur gegen die Art und Weise des Zustandebringens von Verträgen wendet, sondern auch die Vornahme solcher Verträge untersagt, sind diese nichtig (LG Düsseldorf NJW 1980, 647, betr Trinkkuren, Solebäder und Moorpackungen; ebenso zu § 36 ArznmG aF LG Stuttgart NJW 1965, 354 f betr Trink- und Bademoorpräparate; ERMAN/PALM § 134 Rn 27; PALANDT/HEINRICHS § 134 Rn 10; STAUDINGER/DILCHER[12] § 134 Rn 30). Ein Vertrag, durch den sich eine Privatperson gegenüber einem Vertreter, der sie ohne vorhergehende Bestellung aufgesucht hat, zur Abnahme einer größeren Menge von Heilmitteln (Trinkkuren, Solebäder, Moorpackungen) verpflichtet hat, ist nach § 134 nichtig. Daran hat auch das HausTWG (jetzt §§ 312f) nichts geändert.

Nach Art 1 § 1 Abs 1 **AÜG** bedürfen Arbeitgeber (Verleiher), die Leiharbeitnehmer **204** an Dritte (Entleiher) gewerbsmäßig zur Arbeitsleistung überlassen wollen, der Erlaubnis. Fehlt es daran, sind nach der Sonderregelung des Art 1 § 9 Nr 1 AÜG sowohl die Verträge zwischen Verleihern und Entleihern als auch zwischen Verleihern und Leiharbeitnehmern unwirksam. Hingegen fingiert Art 1 § 10 Abs 1 AÜG ein Arbeitsverhältnis zwischen Entleiher und Leiharbeitnehmer. Der unbefugte Verleiher kann aus ungerechtfertigter Bereicherung vom Entleiher zwar nicht Wertersatz für die von den Arbeitnehmern geleisteten Dienste, wohl aber Herausgabe dessen verlangen, was der Entleiher erspart hat, weil nicht er – der Entleiher –, sondern der Verleiher die Leiharbeitnehmer entlohnt hat (BGHZ 75, 299, 300 f, 303 ff = NJW 1980, 452). Vereinbarungen, die gegen das durch Gesetzesänderungen mehrfach eingeschränkte grundsätzliche Verbot der gewerbsmäßigen Arbeitnehmerüberlassung in Betriebe des Baugewerbes durch § 1b AÜG (früher § 12a AFG) verstoßen, sind nach § 134 nichtig (vgl BGH NJW 2000, 1157 ff).

Ein zwischen einem inländischen Verkäufer und einem inländischen Käufer abge- **205** schlossener Kaufvertrag, den der Verkäufer nur nach Beschaffung der Ware aus dem Ausland und nur unter Verletzung der Einfuhrvorschriften des **AWiG** erfüllen könnte, ist nicht nach § 134 nichtig (BGH NJW 1983, 2873; SOERGEL/HEFERMEHL § 134 Rn 28; s auch oben Rn 161 f). Zur **AZO** s ArbZRG Rn 199 ff.

BÄrzteO §§ 2, 10: Die Erlaubnis zur Ausübung ärztlicher Tätigkeit an einem Kran- **206** kenhaus umfasst nicht die Befugnis zur Vertretung eines frei niedergelassenen Arztes. Der Zweck des § 2 BÄrzteO, den Patienten vor den Gefahren nicht sachgemäßer Behandlung zu schützen, erfordert es, dass nicht nur ein Heilbehandlungsvertrag zwischen einem Arzt, der weder eine Approbation noch eine vorübergehende Erlaubnis zur Ausübung des ärztlichen Berufs besitzt, mit einem Patienten nichtig ist, sondern auch ein Vertrag zwischen ihm und einem niedergelassenen Arzt über dessen Vertretung (OLG Düsseldorf NJW 1988, 2308; ERMAN/PALM § 134 Rn 47; PALANDT/ HEINRICHS § 134 Rn 18).

Das Schenkungsannahmeverbot des § 10 Abs 1 **BAT** erfordert nach seinem Zweck **207** nicht die Nichtigkeit des Zuwendungsgeschäfts nach § 134 (BGH MDR 2000, 872, 873; NJW 2000, 1186; PALANDT/HEINRICHS § 134 Rn 20; STACH NJW 1988, 943; s auch Rn 213)

208 **Baurecht**: Eine vertragliche Nießbrauchbestellung ist nach § 134 nichtig, wenn durch sie die Ausübung eines vom anschließend protokollierten Kaufvertrag ausgelösten gesetzlichen Vorkaufsrechts einer Gemeinde iS der §§ 24 ff BauGB vereitelt werden sollte (BGHZ 34, 200, 205 betr das gesetzliche Vorkaufsrecht nach § 14 des rheinland-pfälzischen AufbauG; PALANDT/HEINRICHS § 134 Rn 29).

209 Wenn in einem Erschließungsvertrag mit einer Gemeinde deren Beteiligung an den Erschließungskosten ausgeschlossen wird, so ist diese Klausel nach § 129 BauGB, der eine Beteiligung der Gemeinde an den Erschließungskosten in Höhe von 10% vorschreibt, verboten und nach § 134 nichtig; im übrigen ist der Erschließungsvertrag wirksam (BGHZ 65, 368, 370 f, 372; ERMAN/PALM § 134 Rn 32). Nach § 2 Abs 3 BauGB besteht kein Anspruch auf Aufstellung oder Änderung von Bauleitplänen. Eine entsprechende Vereinbarung mit einer Gemeinde ist nichtig (BGHZ 76, 16, 22; BVerwG NJW 1980, 2538; MünchKomm/MAYER-MALY/ARMBRÜSTER § 134 Rn 86; PALANDT/HEINRICHS § 134 Rn 16; vgl auch BGHZ 71, 386). Die Bindung eines Grundstückskäufers im Kaufvertrag mit einer Entwicklungsgesellschaft, die durch Ratsbeschluss einer Gemeinde mit der Bauplanung betraut worden ist, des Inhalts, dass der Käufer – der Bauplanung entsprechend – von seinem auf dem Grundstück zu betreibenden Großhandelsunternehmen aus grundsätzlich keinen Endverbraucher beliefern darf, verstößt nicht gegen ein gesetzliches Verbot (BGH NJW 1981, 916, 917; PALANDT/HEINRICHS § 134 Rn 16).

210 Der Vertrag über die Errichtung eines Bauwerks ist nicht nichtig nach § 134, wenn die erforderliche Baugenehmigung noch fehlt (BGH NJW 1974, 1080; OLG Köln NJW 1961, 1023 zum früheren § 367 Abs 1 Nr 15 StGB; CANARIS, Gesetzliches Verbot … 49; ERMAN/PALM § 134 Rn 31; MünchKomm/MAYER-MALY/ARMBRÜSTER § 134 Rn 86; PALANDT/HEINRICHS § 134 Rn 16). Solange jedoch die Baugenehmigung nicht vorliegt, kann der Bauunternehmer mit seiner Leistung nicht in Verzug geraten, weil der Anspruch des Bauherrn auf Errichtung des Bauwerks noch nicht fällig ist; denn die Bauarbeiten würden mangels Baugenehmigung gegen ein gesetzliches Verbot verstoßen (BGH NJW 1974, 1080). Nichtig ist ein Bauvertrag hingegen, wenn die Parteien vereinbart haben, dass auch ohne Baugenehmigung gebaut werden soll; s auch Rn 175.

211 Ein Mietvertrag, der eine baurechtlich oder gewerberechtlich unzulässige Nutzung der Mieträume zum Gegenstand hat, ist nicht nichtig nach § 134 (BGHZ 75, 366, 368 betr einen Verstoß gegen landesbaurechtliche Vorschriften über die Mindesthöhe von Wohnungen; VGH Kassel NJW 1964, 2444 = DVBl 1964, 690; LG Frankfurt NJW 1977, 1885; vgl auch BGH NJW 1980, 777 betr Nutzungsbeschränkungen von Geschäftsräumen; ERMAN/PALM § 134 Rn 31; MünchKomm/ MAYER-MALY/ARMBRÜSTER § 134 Rn 86; PALANDT/HEINRICHS § 134 Rn 16; SOERGEL/HEFERMEHL § 134 Rn 85; aA CANARIS, Gesetzliches Verbot … 52 f). Wenn dem Mieter die öffentlich-rechtlichen Benutzungsbeschränkungen weder bekannt noch grob fahrlässig unbekannt waren, stehen ihm Mängelgewährleistungsansprüche aus den §§ 536 ff zu (BGH NJW 1980, 777 betr Mietvertrag über Verkaufsräume, die nur als Lagerräume benutzt werden durften). Waren dem Mieter die Benutzungsbeschränkungen hingegen bekannt oder grob fahrlässig unbekannt, gilt § 536a. Schadensersatzansprüche gegen Dritte, zB aus Delikt, wegen Mietausfalls sind nach § 252 ersatzfähig (BGHZ 75, 366, 368). Nach CANARIS 52 besteht hingegen halbseitige Nichtigkeit dergestalt, dass zwar der Mieter vertragliche Ansprüche hat, der Vermieter hingegen nur bereicherungsrechtliche, und auch diese nur in den Grenzen des § 817 S 2 analog.

Die in § 5 **BBiG** enthaltenen Verbotsnormen wollen die finanziellen Belastungen, die **212** einem Auszubildenden oder seinen Eltern aus der Berufsausbildung erwachsen, möglichst gering halten, damit die im BBiG geregelte Ausbildung nicht vom finanziellen Leistungsvermögen und -willen des Auszubildenden abhängt. Zweck der Regelung ist es, dem Ausbildenden die Kosten der Ausbildung aufzuerlegen (BAGE 39, 226, 228; OLG Hamm NJW 1983, 2708). Als Umgehungsgeschäfte nichtig sind daher eine von den Eltern des Auszubildenden oder Dritten übernommene Verpflichtung zur Zahlung einer Entschädigung (BAGE 39, 226, 228), ein Kaufvertrag (über einen Omnibus), wenn damit verknüpft wird, dass der Sohn des Käufers im Betrieb des Verkäufers eine Lehrstelle erhält (OLG Hamm NJW 1983, 2708 f) oder eine Darlehensgewährung an den Lehrherrn (LG Hannover NJW-RR 1989, 880). Gegen § 5 Abs 1 BBiG, der den Auszubildenden in seiner Freiheit der Berufswahl nach Beendigung des Ausbildungsverhältnisses schützen will, verstößt eine sog Weiterarbeitsklausel in einem Arbeitsvertrag, nach der der Auszubildende dem Ausbildenden drei Monate vor Beendigung des Ausbildungsverhältnisses schriftlich anzeigen muss, falls er mit ihm nach Beendigung des Ausbildungsverhältnisses kein Arbeitsverhältnis eingehen will (BAG NJW 1974, 1155 f; NJW 1975, 1575). § 5 BBiG betrifft allerdings nur Berufsausbildungsverhältnisse; zur Kontrolle von Rückzahlungsklauseln, dh der Verpflichtung, Aus- und Weiterbildungskosten zurückzuzahlen, **außerhalb** von sog Berufsausbildungsverhältnissen vgl aus neuerer Zeit BAG DB 1994, 1726; DB 1995, 632.

Beamtenrecht: Das Verbot der Vorteilsannahme nach § 70 BBG, § 43 BRRG, § 19 SG **213** u § 78 Abs 2 ZDG iVm § 19 SG (dazu BVerwG NJW 1996, 2319 f) ist ein Verbotsgesetz iSv § 134 (OLG Hamm NJW-RR 1999, 424; ERMAN/PALM § 134 Rn 34; PALANDT/HEINRICHS § 134 Rn 20; STACH NJW 1988, 943, 945). Für Angestellte im öffentlichen Dienst ist die entsprechende Regelung des § 10 BAT Verbotsgesetz iSv § 134, weil sie zum normativen Teil des BAT gehört (OLG Hamm NJW-RR 1999, 424, 425 betr Sparkassenangestellte; STACH NJW 1988, 945). Ein Beamter oder Angestellter im öffentlichen Dienst, der nur nach Erteilung einer Nebentätigkeitsgenehmigung eine Nebentätigkeit ausführen darf, verstößt gegen ein gesetzliches Verbot, wenn er die Tätigkeit ohne die erforderliche Genehmigung beginnt. Dennoch hat ein solcher Gesetzesverstoß nicht die Nichtigkeit des betreffenden Vertrags, zB eines Rechtsberatungsvertrags, zur Folge (BGH NJW 1974, 1374, 1377; OLG Schleswig SchlHA 1974, 205; ERMAN/PALM § 134 Rn 34; **aA** OLG Hamm NJW-RR 1999, 424, 425). Zum Diskriminierungsverbot des **BeschFG** vgl das am 1. 1. 2001 an seine Stelle getretene TzBfG Rn 297.

Vereinbarungen, die gegen § 3 **BetrAVG** verstoßen, sind nach § 134 nichtig. § 3 Be- **214** trAVG ist eine Verbotsnorm iSv § 134. Deshalb sind Abfindungsvereinbarungen, die gegen § 3 BetrAVG verstoßen, nichtig (BAGE 44, 29 = VersR 84, 493; BAG VersR 1999, 82, 83; BAG BB 2002, 2333). Nichtig sind danach zB Vereinbarungen zwischen Arbeitgeber und Arbeitnehmer über die Verrechnung künftiger Rentenansprüche mit Ansprüchen auf eine Abfindung nach §§ 9, 10 KSchG; der Arbeitnehmer kann im Versorgungsfall seine Betriebsrente ungekürzt verlangen (BAG VersR 1999, 82 = MDR 1998, 972).

BetrVG: Kündigungen durch den Arbeitgeber ohne Anhörung des Betriebsrats sind **215** nach § 102 Abs 1 S 3 BetrVG 1972 unwirksam (BAG WM 1975, 40, 41 zu I 1; SOERGEL/ HEFERMEHL § 134 Rn 43; **aA** noch zu § 66 BetrVG 1952 HABERKORN NJW 1952, 1234; REICHEL AcP 167 [1967] 268 ff). Demgegenüber sind Einstellungen von Arbeitnehmern ohne die in

Rolf Sack

§ 99 Abs 1 BetrVG vorgesehene Unterrichtung des Betriebsrats gültig (MünchKomm/ MAYER-MALY/ARMBRÜSTER § 134 Rn 82; aA ArbG Göttingen DB 1973, 338). § 74 Abs 2 S 1 BetrVG, der dem Betriebsrat Maßnahmen des Arbeitskampfes untersagt, ist ein Verbotsgesetz; deshalb ist ein dagegen verstoßender Betriebsratsbeschluss nichtig (HEINZE DB 1982, Beil 23 S 9 f; MünchKomm/MAYER-MALY § 134 Rn 70). Zur Nichtigkeit des Verzichts auf betriebsverfassungsrechtliche Befugnisse nach § 134 ausf ESTHER SCHMIDT (1995) passim.

216 **BGB:** Zu Satzungsklauseln, die gegen das Stimmenthaltungsgebot des § 34 BGB verstoßen, s oben Rn 21. Die §§ 104 ff, 117, 164 ff, 181 sind keine Verbotsgesetze iSv § 134 (SOERGEL/HEFERMEHL § 134 Rn 2). Auch § 225 ist kein Verbotsgesetz. Die Regelung des § 253 schließt zwar immateriellen Schadensersatz aus, soweit ihn das Gesetz nicht ausdrücklich vorsieht; diese Vorschrift verbietet jedoch nicht die freiwillige Vereinbarung von immateriellem Schadensersatz (BGH LM Nr 18 zu § 134; SOERGEL/HEFERMEHL § 134 Rn 3). Das Aufrechnungsverbot des § 394 ist kein Verbotsgesetz (RICHARDI, in: MünchArbR § 46 Rn 4). Die Abtretungsverbote der §§ 399, 400 begrenzen die betreffenden Rechte inhaltlich, sprechen jedoch kein Verbot aus (BGHZ 19, 355, 359; 40, 156, 166; aA noch RG JW 1912, 29 zu § 400). Die §§ 450, 451 enthalten eine Sonderregelung, die § 134 ausschließt. Eine gegen § 498 (früher § 12 VerbrKrG, zuvor § 4 Abs 2 AbzG) verstoßende Fälligkeitsklausel ist nur insoweit nichtig, als sie den gesetzlichen Mindestanforderungen nicht entspricht (RGZ 64, 92, 94; vgl auch oben Rn 90 zur ursprünglichen Regelung in § 4 AbzG). §§ 463 ff (früher §§ 504 ff): Eine vertragliche Nießbrauchbestellung ist nach Ansicht des BGH nach § 134 nichtig, wenn durch sie die Ausübung eines gesetzlichen Vorkaufsrechts vereitelt werden sollte (BGHZ 34, 200, 205; SOERGEL/HEFERMEHL § 134 Rn 86; gegen die Anwendung von § 134 SCHURIG, in: FS Ferid [1988] 375, 406). Zur Umgehung des § 547 (früher § 557a) vgl o Rn 157 sowie BGHZ 56, 285, 289. Die Bestimmung in einem Mietvertrag, dass sämtliche Ansprüche des Vermieters wegen Veränderung oder Verschlechterung der Mietsache – im vorliegenden Fall eines Kfz – in zwei Jahren verjähren, war nach den §§ 558, 225 iVm § 134 ebenso nichtig (OLG Frankfurt NJW 1971, 1754) wie der im voraus erklärte Verzicht auf die Einrede der Verjährung; durch die Neuregelung in den §§ 548, 202 Abs 2 stellt sich die Frage der Anwendbarkeit von § 134 auf Vereinbarungen über die Verlängerung der Verjährungsfrist oder den Verzicht auf die Einrede der Verjährung nicht mehr.

217 Das Benachteiligungsverbot des § 611a Abs 1 und das Maßregelungsverbot des § 612a sind Verbotsgesetze (vgl BAG NJW 1999, 2541, 2543; ERMAN/PALM § 134 Rn 25 d, e; RICHARDI, in: MünchArbR § 46 Rn 6; MünchKomm/MAYER-MALY/ARMBRÜSTER § 134 Rn 81; zu § 611a ausf BUCHNER, in: MünchArbR § 40 Rn 157 ff). Benachteiligende Regelungen im Arbeitsvertrag oder Kündigungen, die gegen § 611a verstoßen, sind nichtig. Ein diskriminierter Einstellungsbewerber hat allerdings nur Schadensersatzansprüche nach § 823 Abs 2 iVm § 611a (BUCHNER, in: MünchArbR § 40 Rn 212). Die Kündigungsverbote des § 613a für den Fall des Betriebsübergangs sind Verbotsgesetze iSv § 134 (BAG BB 1986, 1644, 1646). Nichtig nach § 613a iVm § 134 ist eine Vereinbarung zwischen Arbeitgeber und Arbeitnehmer über den Verzicht auf betriebliche Altersversorgung (BAG BB 1986, 1644, 1646). Als vereinbar mit § 613a und wirksam ist mit dem BAG eine Vereinbarung mit dem neuen Arbeitgeber anzusehen, das Arbeitsverhältnis nicht fortzusetzen (BAGE 27, 291, 298 f; 32, 326, 337; BAG ZIP 1999, 1572, 1574; NZA 1999, 422; NZA 1999, 262). Hingegen ist ein Aufhebungsvertrag, der lediglich die Beseitigung der Kontinuität des Arbeitsverhältnisses bei gleichzeitigem Erhalt des Arbeitsplatzes bezweckt, wegen objektiver Gesetzesumgehung nichtig, wenn die mit einer solchen Vertragsgestaltung verbundenen Verschlechterungen der Arbeitsbedingungen sachlich unberechtigt sind (BAGE 55, 228; BAG NZA 1999, 422, 424; ZIP 1999, 1572, 1574). Mit § 613a vereinbar ist es, auf rückständigen Arbeitslohn und auf freiwillig begründete betriebliche Sozialleistungen zu verzichten, wenn dafür sachliche Gründe gegeben waren (BAG AP Nr 4, 5 zu § 613a BGB; BAGE 32, 326, 337). Nichtig sind Umgehungen des in den §§ 620 ff BGB vorgesehenen Kündigungsschutzes durch sachlich ungerechtfertigte auflösende Bedingungen (BAG DB 1982, 121, 122; BAGE 10, 65, 70, 71 ff; 13, 129, 134, 137; 26, 417; ENDERLEIN RdA 1998, 90; ERMAN/PALM § 134 Rn 25i), bedingte Aufhebungsverträge (BAGE 26, 417) oder Befristungen des Arbeitsvertrags (BAGE 10, 65, 70, 71 ff; BAG DB 1982, 123 f; BAGE 82, 101 = NJW 1996, 3226; BAGE 83, 82 = NJW 1997, 1524; NJW 1998, 1350; NJW 1998, 2237; NJW 1999, 597). Eine Abfindungsvereinbarung, die die außerordentliche Kündigung eines Dienstvertrages unzumutbar erschwert, ist nach § 626 Abs 1 iVm § 134 nichtig (BGH NJW 2000, 2983, 2984). Eine arbeitsvertragliche Vereinbarung, die bei arbeitszeitabhängiger Vergütung den Arbeitgeber berechtigen soll, die zunächst festgelegte Arbeitszeit später einseitig nach Bedarf zu reduzieren (hier: bei teilzeitbeschäftigten Musiklehrern einer kommunalen Musikschule), stellt eine objektive Umgehung von zwingenden Vorschriften des Kündigungsschutzrechts (§ 2 KSchG iVm § 1 Abs 2, 3 KSchG; § 622 Abs 1, 5 BGB) dar und ist nach § 134 nichtig (BAG NJW 1985, 2151, 2152; MünchKomm/MAYER-MALY/ARMBRÜSTER § 134 Rn 81).

Die Abtretungs- und Übertragungsverbote der §§ 717, 719 sind keine Verbotsgesetze **218** iSv § 134 (BGHZ 13, 179, 182; RGZ 92, 398; RGZ 93, 294; SOERGEL/HEFERMEHL § 134 Rn 13). Das RG hielt die §§ 717, 719 für einen Anwendungsfall des § 135, so dass die Abtretungen ohne Zustimmung der Gesellschafter nur relativ unwirksam, dh nur diesen gegenüber unwirksam waren. Dies hat der BGH ausdrücklich abgelehnt. Durch das Zustimmungserfordernis werde nicht das rechtliche Dürfen wie bei einem echten Veräußerungsverbot iS der §§ 134 ff eingeschränkt, sondern lediglich der Umfang des rechtlichen Könnens nach Maßgabe der allgemeinen Vorschriften klargestellt (BGHZ 13, 179, 184). § 1238 schließt als Sonderregelung § 134 aus (SOERGEL/HEFERMEHL § 134 Rn 12). Die §§ 1240, 1242, 1243 ff sind zwar Verbotsgesetze, enthalten jedoch Sonderregelungen der Rechtsfolgen und verdrängen aus diesem Grunde § 134 (SOERGEL/HEFERMEHL § 134 Rn 3 Fn 3). Nichtig ist ein genereller oder auch nur zeitweiliger Scheidungsausschluss nach § 134 iVm §§ 1564, 1565, 1568 (vgl BGH NJW 1990, 703, 704; für sittenwidrig hielt ihn zuvor noch BGHZ 97, 304, 307 f; vgl auch COESTER-WALTJEN, in: BGH-FS I 1985, 995 f; ferner unten Rn 241) Die Schenkung eines Vormunds im Namen seines Mündels entgegen dem Schenkungsverbot des § 1804 ist nach § 134 nichtig (CANARIS, Gesetzliches Verbot … 24; PALANDT/HEINRICHS § 1804 Rn 1). Die Testierverbote der §§ 2271, 2289 sind keine gesetzlichen Verbote iSv § 134 (BGHZ 59, 343, 348, unter ausdrücklicher Aufgabe der früheren Rspr zur „Aushöhlungsnichtigkeit"; BGH WM 1973, 680, 681; FLUME, AT II § 17, 2 S 342m Fn 9 und S 343; SOERGEL/HEFERMEHL § 134 Rn 3, 13, 86; aA noch BGH NJW 1960, 524 f). Überträgt ein erbvertraglich gebundener Erblasser Vermögensgegenstände lebzeitig an einen Dritten, so ist ein solches Rechtsgeschäft nicht deshalb nichtig, weil dadurch dem Vertragserben das erwartete Erbgut entzogen wird (BGHZ 59, 343, 347 f; BGH WM 1973, 680, 681). Selbst Schenkungen, die er in der Absicht tätigt, den Vertragserben zu beeinträchtigen, sind wirksam und begründen nach § 2287 nur nach Anfall der Erbschaft einen Bereicherungsanspruch des Vertragserben gegen den Beschenkten (BGH WM 1973, 680, 681). Angesichts der klaren Abgrenzung des Gesetzes, das lebzeitige

Verfügungen zulässt und Verfügungen von Todes wegen die Wirkung versagt, ist der Gesichtspunkt der **Umgehung** nicht geeignet, solche Rechtsgeschäfte unter Anwendung von § 134 für nichtig zu erklären. Das ergibt sich ua auch aus einem Umkehrschluss zu § 2287. Wenn ganz besondere Umstände hinzutreten, kommt allerdings die Anwendung von § 138 in Betracht (BGHZ 59, 343, 348).

219   Zu § 5 **BKleingartenG** betr Überschreitungen der Höchstgrenzen für Pachtzinsen vgl BGHZ 108, 147, 150 sowie unten Rn 271. **BMietG** § 29 betr Mietpreisbindung, dazu unten Rn 269 ff. Eine Vereinbarung, die gegen § 14 Abs 4 S 1 **BNotO** verstößt, wonach es dem Notar verboten ist, Darlehen sowie Grundstücke zu vermitteln oder im Zusammenhang mit einer Amtshandlung eine Bürgschaft oder sonstige Gewährleistung für einen Beteiligten zu übernehmen, ist nichtig (BGH NJW-RR 1990, 948; NJW 2001, 1569 = WM 2001, 744, 746).

220   Das LAG Baden-Württemberg hat eine Mandantenschutzklausel nach § 134 iVm § 3 Abs 3 **BRAO** für nichtig erklärt (AnwBl 1987, 142, 145; dazu HENSSLER, in: FS Geiß [2000] 271, 276 ff). Vereinbarungen, die gegen das Tätigkeitsverbot des § 46 **BRAO** verstoßen, sind, obwohl sich das Verbot nur einseitig gegen den Rechtsanwalt wendet, wegen des Zwecks dieser Vorschrift nach § 134 nichtig (BGHZ 141, 69, 79 = NJW 1999, 1715; NJW 2001, 1569). Sonst liefe dieses Verbot weitgehend leer. § 49b BRAO untersagt bestimmte Vereinbarungen von Rechtsanwälten über die Vergütung, insbesondere in Abs 2 die Vereinbarung eines Erfolgshonorars oder einer quota litis und in Abs 3 die Vereinbarung einer Vergütung oder eines sonstigen Vorteils für die Vermittlung von Aufträgen. Dagegen verstoßende Vereinbarungen sind nach § 134 nichtig. Bereits vor dieser gesetzlichen Regelung galten Erfolgshonorarvereinbarungen als standeswidrig und sittenwidrig (RGZ 115, 141, 142 f; RGZ 142, 70, 72 ff; BGH NJW 1987, 3203, 3204; BGHZ 133, 90, 94; s auch Bruns JZ 2000, 232 ff und Rn 422 zu § 138)

221   Das **BSeuchG** ist durch das Infektionsschutzgesetz – IfSG vom 20. 7. 2000 (BGBl 2000, I 1045) abgelöst worden. Die Regelungen der §§ 18, 19 BSeuchG sind in modifizierter Form in die §§ 42, 43 IfSG übernommen worden (unten Rn 253). Bei Verstößen gegen die §§ 42, 43 IfSG ist heute § 134 in gleicher Weise anwendbar wie früher bei Verstößen gegen die §§ 17, 18 BSeuchG (vgl STAUDINGER/SACK [1996] Rn 224).

222   **BSpKG**: Weder ein Bausparvertrag, der entgegen § 4 BSpKG nicht für Zwecke des Wohnungsbaus, sondern zur Existenzgründung abgeschlossen wurde, noch die Kreditvergabe, durch die unter Verletzung der §§ 4, 6 BSpKG Bausparmittel zweckentfremdet werden, sind nichtig. Einer Zuwiderhandlung kann durch aufsichtsrechtliche Maßnahmen angemessen begegnet werden (BGH WM 1989, 706, 707; PALANDT/HEINRICHS § 134 Rn 17).

223   Bei Verstößen gegen § 29 **BetäubungsmittelG** (= § 11 BtMG aF) ist nicht nur das **Verpflichtungsgeschäft** nichtig, da ein Anspruch auf Erfüllung dem Zweck dieses Gesetzes widerspräche; nichtig sind auch die der Erfüllung dienenden **Verfügungsgeschäfte**, dh die Übergabe der betreffenden Droge nach § 929 sowie – falls nicht die §§ 946 ff eingreifen – die Übereignung des als Kaufpreis gezahlten Geldes (BGH NJW 1983, 636; ERMAN/PALM § 134 Rn 36; MünchKomm/MAYER-MALY/ARMBRÜSTER § 134 Rn 10; SCHERNER, BGB AT 220; SOERGEL/HEFERMEHL § 134 Rn 17). Deshalb erfasst eine Verfallanordnung nach § 73 StGB nicht den vom Dealer erlangten Kaufpreis (BGH aaO).

BUrlG: Vereinbarungen in Einzelverträgen, Betriebsvereinbarungen und Tarifver- **224** trägen über die Abgeltung oder den Verzicht auf Urlaubsansprüche sind nichtig, wenn sie sich nicht in den Grenzen des § 7 Abs 4 BUrlG halten (BAGE 20, 24, 25 = NJW 1967, 2376; ArbG Ulm DB 1969, 624; BUCHNER, in: MünchArbR § 40 Rn 14, 15; ERMAN/PALM § 134 Rn 25h; SOERGEL/HEFERMEHL § 134 Rn 51; für relative Nichtigkeit BECKMANN, Nichtigkeit und Personenschutz [1998] 308 f). Auch einen nach beendetem Arbeitsverhältnis vereinbarten Verzicht auf bestehende Urlaubsabgeltungsansprüche hält das BAG für nichtig (BAGE 20, 24, 25 f = NJW 1967, 2376; MünchKomm/MAYER-MALY/ARMBRÜSTER § 134 Rn 81; PALANDT/HEINRICHS § 134 Rn 15). Streitig ist, ob § 8 BUrlG ein Verbotsgesetz iSv § 134 darstellt (BAG AP Nr 3 zu § 8 BUrlG). Nach hM ist ein von einem Arbeitnehmer während des Urlaubs entgegen § 8 BUrlG abgeschlossener Arbeitsvertrag nichtig (ArbG Herne DB 1965, 1670; MünchKomm/MAYER-MALY/ARMBRÜSTER § 134 Rn 81; NEUMANN DB 1972, 2209 ff; STAUDINGER/DILCHER[12] § 134 Rn 17; WAECHTER DB 1968, 1356 ff; aA DIECKHOFF DB 1966, 1325; SOERGEL/HEFERMEHL § 134 Rn 51). Denn durch die Nichtigkeitsfolge werde der Normzweck des § 8 BUrlG besser durchgesetzt. Eine Vereinbarung, in der sich ein Arbeitnehmer verpflichtet, bei dringenden betrieblichen Belangen seinen Urlaub abzubrechen, verstößt gegen § 13 Abs 1 BUrlG und ist rechtsunwirksam, jedoch nicht nach § 134, da § 13 BUrlG kein VerbotsG ist, sondern unmittelbar aufgrund dieser Vorschrift (BAG NJW 2001, 460, 461).

Das **EheG** ist durch das **Eheschließungsrechtsgesetz (EheSchlRG)** vom 4. 5. 1998 **225** aufgehoben worden (BGBl 1998 I 833). Die Eheverbote des EheG waren Verbotsgesetze, jedoch enthielten die § 16 ff EheG Sonderregelungen, die § 134 verdrängten. Ein Teil der Eheverbote wurde durch das EheSchlRG in die § 1306 ff BGB übernommen. Für das Verbot der Doppelehe (§ 1306) und der Verwandtenehe (§ 1307) enthält § 1314 eine Sonderregelung, die § 134 vorgeht. Die Regelung der Ehe zwischen Adoptionsgeschwistern („soll nicht geschlossen werden") berührt die Gültigkeit einer solchen Ehe nicht.

EmbryonenschutzG: Vereinbarungen, die gegen Verbote dieses Gesetzes verstoßen, **226** zB gegen das Verbot des Klonens, sind nach § 134 nichtig (ERMAN/PALM § 134 Rn 28). Das EmbryonenschutzG (ESchG) untersagt in § 1 bestimmte künstliche Fortpflanzungstechniken, in § 2 bestimmte Formen der Verwendung menschlicher Embryonen sowie in den §§ 5–7 bestimmte Manipulationen, zB die künstliche Veränderung der Erbinformationen menschlicher Keimbahnzellen, das Klonen sowie die Chimären- und Hybridbildung. Das ESchG ist auf ein Vorgehen in der Bundesrepublik beschränkt. Verträge, die das untersagte Verhalten zum Gegenstand haben, sind nach § 134 nichtig. Dies entspricht dem Zweck dieser Regelungen, das betreffende Verhalten zu unterbinden (COESTER-WALTJEN FamRZ 1992, 369, 371; DEUTSCH NJW 1991, 721, 723). Nach § 134 iVm § 1 ESchG nichtig sind daher insbesondere Verträge, die die Übertragung einer fremden unbefruchteten Eizelle auf eine Frau, dh eine Eizellenspende, zum Gegenstand haben, § 1 Abs 1 Nr 1 (COESTER-WALTJEN FamRZ 1992, 369, 371), Verträge über die künstliche Befruchtung einer Eizelle zu einem anderen Zweck, als eine Schwangerschaft der Frau herbeizuführen, von der die Eizelle stammt, § 1 Abs 1 Nr 2 ESchG, dh die Schwangerschaft mit einem genetisch fremden Kind, das die Tragemutter nach der Geburt an die leiblichen Eltern herausgeben soll (ein Fall der sog **Leihmutterschaft**) oder das sie auch vereinbarungsgemäß behalten will (COESTER-WALTJEN FamRZ 1992, 369, 371), Verträge über eine künstliche Befruchtung oder die Übertragung eines menschlichen Embryos auf eine Frau, die bereit ist, ihr Kind nach der Geburt Dritten auf Dauer zu überlassen (**Ersatzmutter** iSv § 1 Abs 1 Nr 7 ESchG), wobei es sich bei der Übertragung eines menschlichen Embryos um ein für diese Frau genetisch eigenes oder genetisch fremdes Kind handeln kann (COESTER-WALTJEN FamRZ 1992, 369, 371), Verträge, die eine **heterologe Insemination** zum Gegenstand haben, wenn nicht die engen Voraussetzungen des ESchG (Ehepaar; Zustimmung des Ehemanns; Arztvorbehalt) erfüllt sind. Gegen die Nichtigkeit nach § 134 spricht nicht, dass die genannten Vorschriften nur einseitige Strafsanktionen, nämlich nur gegen das medizinische Personal, vorsehen (gegen die unmittelbare Relevanz dieses Kriteriums oben Rn 71 ff, 75). Dem gegenüber hält VIEWEG eine differenzierte Beurteilung für geboten (in: FS Stree/Wessels [1993] 981, 985 ff). Für wirksam hält er (1) trotz des Verbots des § 1 Abs 1 Nr 3 EschG Behandlungsverträge zwischen einem Arzt und einer Frau, die darauf gerichtet sind, der Frau 4 von ihr stammende – in vitro befruchtete – Eizellen zu übertragen, (2) Verträge zwischen einer Frau und einem Arzt über eine post-mortem-Befruchtung, mit der er sich nach § 4 Abs 1 Nr 3 und Abs 2 EschG strafbar macht (für Nichtigkeit hingegen COESTER-WALTJEN FamRZ 1992, 360, 371) sowie (3) Verträge über die Ersatzmutterschaft von Großmüttern, denen in vitro befruchtete Eizellen ihrer Töchter übertragen werden. Die Ablehnung der Nichtigkeitssanktion wird in diesen Fällen im Wesentlichen mit der nur einseitigen Strafbarkeit und der Möglichkeit der Durchführung der Verträge im Ausland begründet. Nach COESTER-WALTJEN (FamRZ 1992, 369, 371) ist die Vereinbarung einer Ersatzmutterschaft zwischen der Ersatzmutter und den Wunscheltern nicht nach § 134 nichtig, da das EschG nicht die Ersatzmutterschaft als solche verbiete. Für LIERMANN (FamRZ 1992, 857, 860 f) ergibt sich die Nichtigkeit nach § 134 jedoch aus dem Zeck des § 13c **AdoptVermG**.

227 Nach § 12 **Entgeltfortzahlungsgesetz (EFZG)** kann von den Vorschriften dieses Gesetzes nicht zu Ungunsten des Arbeitnehmers oder der nach § 10 berechtigten Personen abgewichen werden. Entgegenstehende Vereinbarungen sind nach § 134 nichtig (BAG MDR 2002, 525; ebenso zu den entspr Regelungen des LFZG BAG NJW 1981, 1061; NJW 1980, 2325; BAGE 24, 1, 5 f = NJW 1972, 702, 703). Die Tarifregelung eines MTV, die zu Ungunsten des Arbeitnehmers von § 4 Abs 1 EFZG abweicht, ist nach § 12 EFZG iVm § 134 nichtig (BAG MDR 2002, 525). Als Umgehung des EFZG/LFZG nichtig sind Vereinbarungen, nach denen jährlich gezahlte Anwesenheitsprämien wegen krankheitsbedingter Fehlzeiten gekürzt werden (BAGE 39, 67, 70 ff mwNw; SOERGEL/HEFERMEHL § 134 Rn 53; **aA** noch BAG AP Nr 9 zu § 611 BGB Anwesenheitsprämie; sehr streitig). Ein Verzicht auf Lohnfortzahlungsansprüche **vor** Fälligkeit oder eine entsprechende auflösende Bedingung im Arbeitsvertrag ist nach §§ 8, 12 EFZG (früher §§ 6, 9 LFZG) unwirksam (BAG NJW 1981, 1061; NJW 1980, 2325; BAGE 24, 1, 5 f = NJW 1972, 702, 703). Ein **nach** Beendigung des Arbeitsverhältnisses erklärter Verzicht auf bereits entstandene Lohnfortzahlungsansprüche ist hingegen nicht unwirksam (BAG NJW 1981, 1061, 1062; NJW 1977, 1213, 1214; BAGE 24, 1, 5 f = NJW 1972, 702, 703). Kein Verstoß gegen § 5 Abs 1 S 3 EFZG ist die arbeitsvertragliche Vereinbarung, bereits für den ersten Tag krankheitsbedingter Arbeitsunfähigkeit eine ärztliche Arbeitsunfähigkeitsbescheinigung beizubringen (BAG NJW 1998, 2762).

228 **EU-BestechungsG (EUBestG)** vom 10. 9. 1998, das das Protokoll vom 27. 9. 1996 zum Übereinkommen über den Schutz der finanziellen Interessen der Europäischen Gemeinschaften in deutsches Recht umsetzt (BGBl 1998 II 2340), sieht in Art 2 § 1 Abs 1 vor, dass für die Anwendung der §§ 332, 334 bis 336, 338 StGB einem „Richter" iSd

Vorschriften gleichgestellt werden die Richter eines anderen Mitgliedstaats der EU und die Mitglieder eines Gerichts der Europäischen Gemeinschaften sowie einem „Amtsträger" die Amtsträger eines anderen Mitgliedsstaats der EU, Gemeinschaftsbeamte und Mitglieder der Kommission und des Rechnungshofes der Europäischen Gemeinschaften (vgl dazu RANDT BB 2000, 1006 ff; SCHMITZ RIW 2003, 189, 193; ZIESCHANG NJW 1999, 105 f). Wegen dieser Gleichstellung sind Verträge mit diesen Richtern und Amtsträgern, wenn die Verträge kollisionsrechtlich deutschem Vertragsrecht unterliegen und Verstöße gegen die §§ 332 ff StGB iVm EUBestG zum Inhalt haben, in gleicher Weise nach § 134 nichtig wie Verträge mit deutschen Richtern oder Amtsträgern; vgl Rn 296.

Ein Verstoß gegen die Sperrzeiten- bzw Polizeistundenregelungen des § 18 **Gaststät- 229 tenG** iVm den einschlägigen landesrechtlichen Verordnungen macht nach hM den Gastaufnahmevertrag und den Bewirtungsvertrag nicht nach § 134 nichtig (RGZ 103, 263, 264 f; CANARIS, Gesetzliches Verbot ... 34; ERMAN/PALM § 134 Rn 11; 41c; PALANDT/HEINRICHS § 134 Rn 8, 17; SOERGEL/HEFERMEHL § 134 Rn 20; ebenso iE BORK, AT Rn 1112 Fn 28, der bereits den Verbotsgesetzcharakter verneint; ebenso zum Parallelproblem des Verstoßes gegen das LadSchlG RGZ 60, 273, 276; vgl Rn 260). Denn diese Regelungen wenden sich nicht gegen den Abschluss privatrechtlicher Verträge, sondern haben den Zweck, die öffentliche Ruhe und Ordnung aufrechtzuerhalten. Allerdings könne der Gast nicht die rechtswidrige Erfüllung von Verpflichtungen verlangen, dh dass der Gastwirt gegen Regelungen der Polizeistunde verstoße (FLUME, AT II § 17, 4 S 347); dementsprechend bestehen auch bei Nichterfüllung keine Schadensersatzansprüche. Zum selben Ergebnis gelangt die Ansicht, dass der Gastwirt nach § 242 nicht gezwungen sei, die zugesagte Bewirtung nach Eintritt der Sperrzeit vorzunehmen, weil es ihm unzumutbar ist, damit gegen ein gesetzliches Verbot zu verstoßen (CANARIS, Gesetzliches Verbot ... 35; zutreffende Kritik daran bei KRAMER 54 f). **Durchgeführte** Verträge, auch soweit sie gegen Polizeistundenregelungen verstoßen, sind hingegen vertragsrechtlich gedeckt, da insoweit der Gesetzeszweck nicht mehr erreicht werden kann. Dies gilt nicht nur für die Abgabe von Speisen und Getränken, sondern auch für die Aufnahme in den Räumlichkeiten der Gastwirtschaft. Wenn der Gastwirt den Gast bewirtet hat, hat dieser gegebenenfalls vertragsrechtliche Gewährleistungsansprüche oder Ansprüche aus pVV (FLUME, AT II § 17, 4 S 347). Bei Verletzung von Verkehrssicherungspflichten (zB fehlende Beleuchtung) in seinen Räumlichkeiten haftet der Gastwirt ua auch vertragsrechtlich (RGZ 103, 263, 264 f; FLUME, AT II § 17, 4 S 347). ME bewirkt in diesem Fall § 134 in Verbindung mit den Sperrstundenvorschriften – ebenso wie bei Ladenschlussverstößen – **schwebende Unwirksamkeit** der Vereinbarungen des Gastwirts mit dem Gast, die durch Erfüllungshandlungen des Gastwirts in Bezug auf diese Erfüllungshandlungen geheilt wird (vgl oben Rn 104). Die Erfüllung des schwebend unwirksamen Vertrags kann zwar nicht verlangt werden. Soweit jedoch erfüllt wurde, ist das Vertragsverhältnis insoweit geheilt. Zu den Erfüllungshandlungen gehören nicht nur die Abgabe von Speisen und Getränken durch den Gastwirt, sondern zuvor auch schon ua die gefahrenfreie Zurverfügungstellung der Räumlichkeiten und Einrichtungen durch den Gastwirt zur Nutzung.

Nichtig nach § 134 iVm § 2 **GaststättenG** bzw nach § 138 sind sogenannte **Kastellanverträge**, durch die das personengebundene Erfordernis der behördlichen Erlaubnis zum Betrieb des Gaststättengewerbes durch einen Gastwirt oder einen Stellvertreter umgangen werden soll (RGZ 63, 143, 145; 84, 304, 305; 125, 209, 211 f; OLG Hamm NJW 1986,

2440, 2441; LG Berlin NJW 1977, 1826 f; CANARIS, Gesetzliches Verbot … 50 f; ERMAN/PALM § 134 Rn 41b; MünchKomm/MAYER-MALY/ARMBRÜSTER § 134 Rn 19; PALANDT/HEINRICHS § 134 Rn 29; SOERGEL/HEFERMEHL § 134 Rn 69; STAUDINGER/DILCHER[12] § 134 Rn 29; vgl auch oben Rn 158). Danach sind Anstellungs- oder Pachtverträge zwischen einem konzessionierten Gastwirt und einem Dritten, durch die das Erfordernis einer behördlichen Erlaubnis des Betriebs der Gastwirtschaft durch einen Gastwirt oder seinen Stellvertreter umgangen werden soll, nichtig. Nichtig ist auch ein Vertrag, durch den sich jemand zum Abschluss eines Kastellanvertrags verpflichtet (RG HRR 1931 Nr 1428; SOERGEL/ HEFERMEHL § 134 Rn 69). Verträge, die der unbefugte Betreiber einer Gaststätte mit Kunden oder Lieferanten abschließt, werden hingegen vom Verbot des nichtgenehmigten Betreibens einer Gaststätte nicht berührt (SOERGEL/HEFERMEHL § 134 Rn 69).

230 Nach § 22 Abs 4 S 2 **GenG** darf die Genossenschaft den Genossen keinen Kredit zum Zwecke der Leistung von Einzahlungen auf den Geschäftsanteil gewähren. Dagegen verstoßende Verpflichtungs- und Erfüllungsverträge sind nach § 134 nichtig (BGH NJW 1983, 1420; SOERGEL/HEFERMEHL § 134 Rn 79). Die Nichtigkeit nach § 134 erfasst allerdings nur die Kreditierung der Geschäftsanteile, nicht jedoch – auch nicht über § 139 – ein darüber hinausreichendes Darlehen; insoweit kann jedoch bei Vorliegen besonderer Umstände § 138 anwendbar sein (BGH NJW 1983, 1420, 1421).

231 **GerätesicherheitsG (GSG):** Den Vertrag zwischen einem Importeur und seinem Zulieferer über ein Gerät, dessen Inverkehrbringen nach dem GSG verboten ist, hält der BGH für wirksam. Denn es handle sich insoweit nur um eine unschädliche Vorbereitungshandlung für das verbotene Inverkehrbringen (BGH NJW 1981, 2640, 2641; CANARIS, Gesetzliches Verbot … 49; ERMAN/PALM § 134 Rn 41c; STAUDINGER/DILCHER[12] § 134 Rn 21).

232 **GewO:** Ein Vertrag über eine Versteigerung ohne die nach § 34b Abs 1 GewO erforderliche Genehmigung ist nichtig (OLG Hamm NJW-RR 1994, 546; PALANDT/HEINRICHS § 134 Rn 25). Die im Rahmen einer nicht genehmigten Auktion zustande gekommenen Kaufverträge werden von der fehlenden Genehmigung hingegen nicht berührt; sie werden von Verbotszweck des § 34b Abs 1 GewO nicht erfaßt (BGH BB 2001, 2600, 2602 aE betr Internetauktion). Ersteigert der Versteigerer in einer von ihm durchgeführten Kunstauktion ein Gemälde für einen Dritten aufgrund eines von diesem telegrafisch erteilten Auftrags, so ist der Kaufvertrag trotz Fehlens der nach § 34b Abs 6 Nr 3 GewO erforderlichen Schriftform des Auftrags weder wegen Verletzung eines gesetzlichen Verbots noch wegen Formmangels nichtig (BGH NJW 1981, 1204, 1205). Das Fehlen der Erlaubnis zur Grundstücksvermittlung nach § 34c GewO berührt die Wirksamkeit eines Maklervertrags nicht (BGHZ 78, 263, 267; 78, 269, 271 ff; SOERGEL/ HEFERMEHL § 134 Rn 74; PALANDT/HEINRICHS § 134 Rn 11, 20; zum Zweck des § 34c GewO STOBER GewArch 1981, 315, 317). Vereinbarungen in einem Bauträgervertrag, die zum Nachteil des Erwerbers von der Makler- und Bauträgerverordnung **(MaBV zu § 34c GewO)** abweichen, zB Unterwerfungserklärungen oder Abschlagszahlungsvereinbarungen, sind nach § 134 nichtig (BGHZ 139, 387, 391 = NJW 1999, 51 m ausf Nw; BGHZ 146, 250, 257 = JZ 2001, 1182 m Anm TIEDTKE; krit PAUSE NJW 2000, 769 ff). Sie verletzen zwar nur einseitige Verbote. Deren Schutz ist jedoch nur durch die Sanktion der Nichtigkeit zu erreichen (BGHZ 139, 387, 391 f; BGHZ 146, 250, 258). Unterwirft sich zB in einem Bauträgervertrag der Erwerber der Zwangsvollstreckung in sein gesamtes Vermögen, so ist diese Erklärung nach §§ 3, 12 MaBV iVm § 134 nichtig, wenn der Notar ermächtigt ist, die Vollstreckungsklausel ohne besonderen Nachteil zu erteilen (BGHZ 139, 387 = NJW 1999, 51, 52). Es handelt sich zwar nur um ein einseitiges Verbot und die Unterwerfungserklärung hat prozessualen Charakter; die unmittelbaren materiellen Auswirkungen der Vertragsgestaltung gebieten jedoch die Anwendung des § 134. Der Schutzzweck der §§ 3, 12 MaBV ist nur durch Nichtigkeit der Vertragsklausel zu erreichen (BGHZ 139, 387 = NJW 1999, 51, 52; noch offen gelassen in BGHZ 118, 229, 231 f = NJW 1992, 2160). § 7 MaBV untersagt die Befristung von Bürgschaften durch Bauträger; sie ist nach §§ 7, 12 MaBV iVm § 134 nichtig (vHEYMANN/RÖSLER WM 1998, 2456, 2459).

Der Ankauf von Edelsteinen und Edelmetallen sowie von Bäumen, Sträuchern und Rebenpflanzgut im Reisegewerbe ist nach § 56 Abs 1 Nr 2 GewO verboten; entsprechende Verträge sind jedoch wirksam (OLG Düsseldorf MDR 1972, 321 f; ERMAN/PALM § 134 Rn 41c).

§ 56 Abs 1 Nr 6 GewO* verbot ursprünglich sowohl die Vermittlung als auch den 233 Abschluss von Darlehensverträgen im Reisegewerbe. Bei Verstößen gegen diese Vorschrift waren sowohl die im Reisegewerbe abgeschlossenen Darlehensverträge als auch die Darlehensvermittlungsverträge nach § 134 nichtig, ohne dass es auf ein konkretes Schutzbedürfnis der Kunden im Einzelfall ankam (BGHZ 71, 358, 362; BGH NJW 1983, 868 f). In der Folgezeit hat der BGH diese Ansicht jedoch aufgegeben (BGHZ 93, 264, 267). In einer Entscheidung aus dem Jahre 1985 – dh vor Inkrafttreten des HausTWG – erklärte der BGH, dass § 56 Abs 1 Nr 6 GewO in seinem Tatbestand nicht an die inhaltliche Ausgestaltung des Darlehensvertrags, sondern nur an die Art seines Zustandekommens anknüpfe. In vergleichbaren gesetzlichen Regelungen, die den Kunden vor einer Beeinträchtigung seiner Entschließungsfreiheit durch Übereilung oder Irreführung schützen wollen, werde dem Kunden ein Widerrufs- oder Anfechtungsrecht eingeräumt; er habe aber auch die Möglichkeit, an einem ihm günstig erscheinenden Vertrag festzuhalten (BGHZ 93, 264, 269; im gleichen Sinne auch BGHZ 131, 385, 389 f = NJW 1996, 926, 928; BGH NJW 1999, 1636, 1637). Solange der Gesetzgeber dem Kunden jedoch keine solche Rechtsstellung eingeräumt habe, könne auf § 134 nicht völlig verzichtet werden. Seine Anwendung erscheine aber nur gerechtfertigt, wenn ein Verstoß gegen § 56 Abs 1 Nr 6 GewO typischerweise zu Vertragsbedingungen führt, die den Kunden benachteiligen. Dementsprechend hat der III. ZS in der genannten Entscheidung von 1985 unter Berufung auf den Schutzzweck des

---

* **Schrifttum**: CANARIS, Schranken der Privatautonomie zum Schutze des Kreditnehmers, ZIP 1980, 709; DAUNER-LIEB, Kein zivilrechtlicher Schutz für Besserverdienende?, DB 1985, 1062; HABERSACK/SCHÜRNBRAND, Der Darlehensvermittlungsvertrag, WM 2003, 261; HADDING/HÄUSER, Die zivilrechtliche Reichweite des Verbots der Vermittlung und des Abschlusses von Darlehensverträgen im Reisegewerbe, WM 1984, 1413; HOLSCHBACH, Zur Wirksamkeit von Darlehensgeschäften „an der Haustür", NJW 1973, 444; HOPT, Die Nichtigkeit von Darlehensverträgen bei Abschluss oder Vermittlung im Reisegewerbe, NJW 1985, 1665; KOZIOL, Sonderprivatrecht für Konsumentenkredit, AcP 188 (1988) 183, 226; TEPPER, Einige Bemerkungen zur Wirksamkeit von Haustürgeschäften im Kreditgewerbe, JR 1990, 356; TESKE, Das gewerberechtliche Verbot des Abschlusses und der Vermittlung von Darlehensgeschäften im Reisegewerbe und seine Auswirkungen auf das Zivilrecht, ZIP 1985, 649; THILENIUS, Die Nichtigkeit von Darlehensgeschäften im Reisegewerbe, MDR 1977, 803; UNGERBIELER, Zur Nichtigkeit von Darlehensverträgen wegen Verstoßes gegen § 56 I Nr 6 GewO, NJW 1980, 568.

Rolf Sack

§ 56 Abs 1 Nr 6 GewO die Anwendung von § 134 auf Verträge mit „unerfahrenen und minderbemittelten Personen" beschränkt; nur in diesem Fall fordere der Schutzzweck des § 56 GewO, die Betroffenen wirksam vor den nachteiligen Folgen von Verträgen zu schützen, „die sie in Situationen abgeschlossen hatten, in denen ihre Entscheidungsfreiheit typischerweise beeinträchtigt ist" (BGHZ 93, 264, 267). § 56 GewO bezwecke aber zB nicht den Schutz von Personen mit höheren Einkommen, die sich in erster Linie wegen steuerlicher Vorteile am Beitritt zu einer Abschreibungsgesellschaft interessiert zeigen, da sie idR wirtschaftlich und rechtlich nicht unerfahren seien (BGHZ 93, 264, 267, 268 = NJW 1985, 1020; ähnlich schon BGHZ 71, 358, 361; Kötz RabelsZ 58 [1994] 209, 224). Diese Differenzierung nach Vermögensverhältnissen ist allerdings im Schrifttum mit Recht abgelehnt worden (vgl Dauner-Lieb DB 1985, 1062; Koziol AcP 188 [1988] 183, 227; Medicus, AT 242 Rn 655; Teske ZIP 1985, 649; Westphal BB 1985, 752). Denn ein solcher Schutzzweck lasse sich aus § 56 GewO nicht ableiten; außerdem bewirkt diese Ansicht des BGH kaum lösbare Anwendungsschwierigkeiten (Dauner-Lieb DB 1985, 1062, 1064 f; Medicus, AT 242 Rn 655; ausführlich dazu in der Vorauflage Rn 236 ff; vgl auch BGH NJW 1992, 2560, 2561 [I 1 a]).

234 Nach dem Inkrafttreten des HausTWG im Jahre 1986 war heftig umstritten, ob dieses Gesetz als lex specialis Vorrang vor § 134 hat, dh ob das Widerrufsrecht des HausTWG die Nichtigkeitssanktion des § 134 verdrängt (ausführlich dazu mwN Staudinger/Sack [1996] Rn 232 ff); an die Stelle des HausTWG sind im Jahre 2002 die §§ 312, 312 a BGB getreten. Nach ganz hM war § 56 Abs 1 Nr 6 GewO iVm § 134 nicht mehr anwendbar auf Darlehensgeschäfte, die in den zeitlichen und sachlichen Anwendungsbereich des HausTWG, jetzt §§ 312 f, fallen (BGHZ 131, 385 = NJW 1996, 926, 928; OLG München NJW-RR 1990, 1528, 1529; OLG Hamm NJW 1994, 2159; LG Kassel NJW-RR 1998, 105, 106; Erman/Palm § 134 Rn 41d; Häuser WM 1986, 603, 604; Knauth WM 1986, 507, 517; ders WM 1987, 517, 518; Koziol AcP 188 [1988] 183, 228; Mülbert JZ 1992, 291; MünchKomm/ Mayer-Maly/Armbrüster § 134 Rn 88; MünchKomm/P Ulmer Bd 3 vor § 1 HausTWG Rn 20 S 579; Palandt/Heinrichs § 134 Rn 10; Schlaus ZHR 151 [1987] 180, 186; Soergel/Hefermehl § 134 Rn 76; Teske ZIP 1985, 649, 659; ders ZIP 1986, 635; Ulmer/Habersack VerbrKrG [1992] § 1 Rn 80; vgl Hadding WuB I E 1–4. 91 zu I 1; Löwe BB 1986, 821, 822 f). Der Darlehenskunde sei durch das Widerrufsrecht ausreichend geschützt. Dem wurde entgegengehalten, dass das zeitlich begrenzte Widerrufsrecht des HausTWG (jetzt §§ 312 f) weniger Schutz biete als die zeitlich unbeschränkte Nichtigkeitssanktion des § 134. Dies stehe im Widerspruch zum Schutzzweck des HausTWG; denn der Gesetzgeber habe mit diesem Gesetz den Schutz der Verbraucher ausschließlich verbessern wollen; eine teilweise Einschränkung des bestehenden Verbraucherschutzes habe er nicht bezweckt.

235 Inzwischen hat der BGH zu dieser Streitfrage Stellung bezogen. In zwei grundsätzlichen Entscheidungen vom 16. 1. 1996 und vom 17. 9. 1996 hat er festgestellt, dass ein Verstoß gegen § 56 Abs 1 Nr 6 GewO nicht zur Nichtigkeit des **Darlehensvertrages** nach § 134 führe, wenn dem Darlehensnehmer ein Widerrufsrecht nach § 1 HausTWG (jetzt §§ 312 f) zustehe (BGHZ 131, 385, 388 ff = NJW 1996, 926, 928; BGHZ 133, 254, 256 = NJW 1996, 3414; ebenso BGH NJW 1999, 1636; vgl auch BGH ZIP 2003, 22). Denn ein Widerrufsrecht des Kunden als Ausgleich dafür, dass seine Entscheidungsfreiheit bei Vertragsabschluss beeinträchtigt war, sei angemessener als die unabhängig von seinem Willen eintretende Rechtsfolge der Nichtigkeit nach § 134 (BGHZ 131, 385, 389 f = NJW 1996, 926, 928; ebenso schon BGHZ 93, 264, 269). Nur solange es ein solches Widerrufsrecht nicht gab, sei die Anwendung von § 134 gerechtfertigt gewesen (BGHZ 131, 385, 389 aE; BGHZ 93, 264, 269). Der Anwendungsbereich des HausTWG (§§ 312 f) sei insoweit nicht enger als der des § 56 Abs 1 Nr 6 GewO (BGHZ 131, 385, 391). Das HausTWG schütze auch die Besserverdienenden (BGHZ 133, 254, 262 = NJW 1996, 3414; anders zu § 56 GewO iVm § 134 BGHZ 93, 264, 267, 268).

Anders beurteilt der BGH hingegen einen Verstoß gegen das Vermittlungsverbot des **236** § 56 Abs 1 Nr 6 GewO. Einen **Darlehensvermittlungsvertrag**, der unter Verstoß gegen diese Vorschrift zustande gebracht worden ist, hält der BGH nach wie vor für nichtig nach § 134 (BGH NJW 1999, 1636, 1637). Denn für die Anwendung von § 134 bestehe ein Bedürfnis, da die gewerbliche Vermittlung von Darlehen durch das Aufsuchen der Kunden in ihrem häuslichen Bereich besondere Gefahren mit sich bringe, denen mit der Widerrufsmöglichkeit des HausTWG (§§ 312f BGB) nicht ausreichend begegnet werden könne. Anders als bei **Darlehensverträgen**, die idR über einen längeren Zeitraum abgewickelt werden und damit mehr Zeit für einen Widerruf bei fehlender Widerrufsbelehrung lassen, werde die Leistung des **Darlehensvermittlungsvertrages** mit der Zahlung der Provision erfüllt, und das Widerrufsrecht erlösche bereits nach einem weiteren Monat (BGH NJW 1999, 1636, 1637). Die unterschiedliche Bewertung von Darlehensverträgen und Darlehensvermittlungsverträgen habe auch in der 1991 geänderten Fassung des § 56 Abs 1 Nr 6 GewO ihren gesetzlichen Ausdruck gefunden. Zum Schutz des Kunden vor zusätzlichen Kosten für die Kreditvermittlung habe der Gesetzgeber in der seit 1. 1. 1991 geltenden Fassung des § 56 GewO nur das Darlehensvermittlungsverbot aufrechterhalten (BGH NJW 1999, 1636, 1637 unter Hinweis auf den Bericht des Rechtsausschusses durch Hörster und Pick BT-Drucks 11/8274, 23).

Würdigung: Der differenzierenden Ansicht des BGH ist zuzustimmen. Dem Zweck **237** des § 56 Abs 1 Nr 6 GewO, den Kunden vor unnötigen Kreditvermittlungskosten zu schützen, wird nur die Nichtigkeitssanktion des § 134 für **Darlehensvermittlungsverträge** gerecht. Ein Widerrufsrecht, das dem Kunden bei korrekter Widerrufsbelehrung nur eine sehr kurze Überlegungsfrist belässt, würde dem Umstand nicht gerecht, dass es gerade den bevorzugten Opfern, die § 56 Abs 1 Nr 6 GewO schützen will, in der kurzen Widerrufsfrist häufig nicht möglich ist festzustellen, ob der vermittelte Darlehensvertrag günstige Konditionen vorsieht und ob nicht ein günstigerer Darlehensvertrag unmittelbar bei den Banken und ohne zusätzliche Vermittlungskosten möglich gewesen wäre. Deshalb sind Darlehensvermittlungsverträge, die unter Verstoß unter § 56 Abs 1 Nr 6 GewO zustandegebracht worden sind, wegen des vom Gesetzgeber verfolgten Zwecks, den Kunden vor unnötigen Vermittlungskosten zu schützen, nach § 134 nichtig (vgl Staudinger/Sack [1996] Rn 233; Hadding/Häuser WM 1984, 1413, 1419; **aA** wegen § 313 Habersack/Schürnbrand WM 2003, 261, 264).

Problematischer ist hingegen die Beurteilung von **Darlehensverträgen**, die im Reise- **238** gewerbe iSv § 56 Abs 1 Nr 6 GewO abgeschlossen worden sind (ausführlich dazu mwN die Staudinger Sack [1996] Rn 233 ff). Es entsprach ganz sicher nicht dem Schutzzweck des **HausTWG** von 1986, den damals mit § 134 gewährten Schutz zu verkürzen, was der Fall wäre, wenn das HausTWG bzw die §§ 312f als leges speciales gegenüber § 134 anzusehen wären. Denn das HausTWG bzw die §§ 312f bieten vor allem bei korrekter Widerrufsbelehrung mit der dann sehr kurzen Widerrufsfrist bei den häufig recht komplizierten Darlehensgeschäften keinen vergleichbaren Schutz wie § 134. Es wäre jedoch unzutreffend anzunehmen, dass es nunmehr bei Darlehensverträgen, die im Reisegewerbe geschlossen worden sind, das HausTWG bzw die §§ 312f sind, die die Nichtigkeitssanktion des § 134 verdrängen oder dass § 134 zum Schutze der Kunden eine lückenfüllende Funktion hatte, solange es das HausTWG nicht gab (so jedoch BGHZ 131, 385, 388 f, 389 aE und WM 1996, 2100, 2101 zu Darlehensverträgen von 1988, dh vor der Beschränkung des § 56 Abs 1 Nr 6 GewO auf die Darlehensvermittlung im Reisegewerbe). Ganz im Gegenteil. Diese Vorschriften füllen Schutzlücken, die der Gesetzgeber 1991 durch die Änderung des § 56 Abs 1 Nr 6 GewO geschaffen hat. Die Verkürzung des Kundenschutzes bei Darlehensverträgen, die im Reisegewerbe abgeschlossen worden sind, wurde nicht durch das HausTWG von 1986, sondern durch die Änderung des § 56 GewO im Jahre 1991 verursacht. Damals wurde durch die Beschränkung des Verbots des § 56 Abs 1 Nr 6 GewO auf die **Vermittlung** von Darlehen auch der Schutzzweck dieser Vorschrift eingeschränkt. Während der alte § 56 Abs 1 Nr 6 GewO, der sowohl Darlehensverträge als auch Darlehensvermittlungsverträge im Reisegewerbe verbot, den Kunden nicht nur vor unnötigen Vermittlungskosten, sondern vor allem auch vor nicht ausreichend überlegten Darlehensverträgen schützen wollte, wurde durch die Gesetzesänderung von 1991 der Schutzzweck des § 56 Abs 1 Nr 6 GewO auf den Schutz vor unnötigen Vermittlungskosten beschränkt. Folglich entspricht es dem Schutzzweck des geltenden § 56 Abs 1 Nr 6 GewO, den Kunden nur vor Vermittlungsverträgen und Vermittlungskosten zu schützen. Die **rechtspolitischen** Bedenken gegen die Änderung des § 56 GewO bleiben. Die kurzen Widerrufsfristen des HausTWG bzw der §§ 312f iVm § 355 bieten bei komplizierten Darlehensgeschäften – wie ein Blick in die Rechtsprechung zu § 56 Abs 1 Nr 6 GewO zeigt – häufig keinen ausreichenden Schutz. **De lege lata** entspricht es jedoch dem Schutzzweck des § 56 Abs 1 Nr 6 GewO, dass die Nichtigkeitsfolge des § 134 nur Darlehensvermittlungsverträge, nicht hingegen Darlehensverträge erfasst, die im Reisegewerbe abgeschlossen worden sind.

239 Soweit die Vorschriften über den Verbraucherkredit (§§ 499 ff; früher VerbrKrG) eingreifen, gelten auch bei Haustürgeschäften nur diese; so § 312a bzw früher § 5 Abs 2 HausTWG (zur richtlinienkonformen, einschränkenden Auslegung von § 5 Abs 2 HausTWG, jetzt § 312a, vgl BGH VersR 2002, 1035; ZIP 2003, 22, 24; ZIP 2003, 432, 433; EuGH WM 2001, 2434).

240 Die Regelung der Arbeitszeiten an Sonn- und Feiertagen durch die §§ 105a ff GewO ist in das ArbZRG vom 6. 6. 1994 (BGBl I 1170) übernommen worden. Vereinbarungen, die gegen die Lohnauszahlungsregelungen ("Truckverbot") und das Kreditierungsverbot des § 107 GewO (früher § 115 GewO) verstoßen, sind nach § 134 (früher Sonderregelung des § 117 GewO) nichtig (Schöne NZA 2002, 829, 832; aA AMM 137 [zu § 115 GewO aF]; Bauer/Opolony BB 2002, 1590, 1592, 1593; vgl auch BAG NJW 1974, 1887).

241 **Grundgesetz**: Nach Ansicht des BAG und eines Teils des Schrifttums sind die Grundrechtsartikel des GG Verbotsgesetze iSv § 134; sog **unmittelbare** Drittwirkung der Grundrechte. Die Gegenansicht, die auch der BGH vertritt, anerkennt hingegen nur eine **mittelbare** Drittwirkung dergestalt, dass die Grundrechte eine objektive Wertordnung enthalten, die ua den Inhalt der guten Sitten iSv § 138 beeinflußt; ausf dazu oben Rn 41. Nichtig nach § 134 bzw 138 sind Lohnabschlagklauseln in Tarifverträgen, die Frauen unter Missachtung von Art 3 GG diskriminieren (BAGE 1, 258, 269; 11, 338, 342), Kündigungen, welche unter Verstoß gegen Art 3 Abs 3 GG allein wegen der

Zugehörigkeit zu einer bestimmten politischen Partei erfolgen (BAG NJW 1973, 77; **aA**
SCHWERDTNER JZ 1973, 375). Nichtig nach § 138 wegen Verstoßes gegen die durch Art 3
GG geschützte Chancengleichheit der Parteien und gegen die durch Art 21 GG
geschütze Parteienfreiheit ist die Kündigung des Kontos einer Partei durch eine
Bank, weil diese Partei angeblich verfassungsfeindliche Ziele verfolgt (LG Leipzig
NJW 2001, 80; BOEMKE JuS 2001, 444; ders NJW 2001, 43; **aA** LG Frankfurt/Oder NJW 2001, 82).
Das LAG Dortmund (DB 1985, 391) hat die Kündigung eines Arbeitnehmers, der
darauf bestanden hatte, am Arbeitsplatz die Bhagwan-Kleidung zu tragen, wegen
Verstoßes gegen die Religionsfreiheit gem Art 4 GG für nichtig erklärt. Zölibatsklauseln in Arbeitsverträgen, dh Heiratsverbote zB für Lehrlinge oder Stewardessen,
bzw auflösende Bedingungen in Arbeitsverträgen für den Fall der Eheschließung
sind mit Art 1, 2, 6 GG unvereinbar und deshalb nichtig (BAGE 4, 275, 279 f, 285 zu § 134;
PALANDT/HEINRICHS § 134 Rn 15). Nichtig wegen Verstoßes gegen Art 6 GG sind auch
auflösende Bedingungen in einem Arbeitsvertrag für den Fall einer Schwangerschaft
(BAG AP Nr 3 zu Art 6 Abs 1 GG) oder die arbeitsvertragliche Verpflichtung, empfängnisverhütende Medikamente zu nehmen (LAG Hamm DB 1969, 2353, 2354;). Nach § 138
iVm Art 6 Abs 1 GG ist ein vertraglicher Ausschluss der Ehescheidung (im Ehevertrag) nichtig (BGHZ 97, 304, 306), denn zu dem der Verfassung zugrunde liegenden
Bild der „verweltlichten" bürgerlich-rechtlichen Ehe gehört es, dass Ehegatten unter
den vom Gesetz normierten Voraussetzungen geschieden werden können (BGHZ 97,
304, 306; vgl auch BVerfGE 31, 58, 82 f; 53, 224, 245). Damit gewährleistet Art 6 Abs 1 GG
ihnen auch das Recht, nach Eintritt der Scheidungsvoraussetzungen geschieden zu
werden und damit ihre Eheschließungsfreiheit wiederzuerlangen (BGHZ 97, 304, 306 f;
BGH FamRZ 1978, 881, 883). Außerdem ergibt sich die Nichtigkeit des Verzichts auf
Scheidung aus § 134 iVm §§ 1564 S 3, 1565 f, 1568 Abs 1, wonach es den Ehegatten
verwehrt ist, der Scheidung einer gescheiterten Ehe aus anderen als den dort genannten Gründen zu widersprechen. Demgegenüber ist es zulässig, **nach** dem Entstehen eines Scheidungsgrundes auf die Scheidung zu verzichten, wenn dadurch nicht
eine zukünftige Scheidung ausgeschlossen wird, sobald einer der gesetzlichen Scheidungsgründe aufgrund neuer Tatsachen erfüllt ist (BGHZ 97, 304, 308 f mwNw).

Nach Art 9 Abs 3 S 2 GG sind Vereinbarungen, die die Koalitionsfreiheit beschrän- **242**
ken, nichtig; neben dieser Spezialregelung ist für § 134 oder § 138 kein Raum. Eine
zwischen geschiedenen Eheleuten vereinbarte Beschränkung der Freizügigkeit des
einen Teils (Wohnsitzverbot) ist nach § 138 iVm Art 11 Abs 1 GG in aller Regel
nichtig (BGH NJW 1972, 1414 f). Örtliche, zeitliche und gegenständliche Wettbewerbsverbote sowie Mandantenschutzklauseln in Verträgen über die Veräußerung der
Praxis eines Freiberuflers sind nur dann mit der Wertung der Art 2, 12 GG vereinbar,
wenn sie dem Schutz eines berechtigten Interesses des Erwerbers dienen und die
Berufsausübung des Veräußerers nach Ort, Zeit und Gegenstand nicht unbillig erschweren (BGH NJW 1986, 2944 f; BGHZ 91, 1, 5 = NJW 1984, 2366; BGH NJW 1968, 1717).
Nichtig nach § 134 bzw § 138 sind vertragliche Kündigungsbeschränkungen, die mit
Art 12 GG unvereinbar sind (so zu § 134 BAGE 13, 168, 179 = NJW 1962, 1981, 1983), zB
Zahlungsverpflichtungen des Arbeitnehmers im Falle seiner Kündigung. Dasselbe
hat mE im Sport für Erschwerungen des Vereins- und Arbeitsplatzwechsels durch das
rechtsgeschäftlich festgelegte Erfordernis der Zahlung von Ablösesummen zu gelten
(vgl LAG Berlin NJW 1979, 2582 für das Fordern einer Ablösesumme nach Beendigung des Arbeitsverhältnisses eines Lizenzspielers; MünchKomm/MAYER-MALY/ARMBRÜSTER § 134 Rn 34; BUCHNER
RdA 1982, 1, 12; zur Vereinbarkeit mit Art 48 EGV [jetzt Art 43 EG] vgl die Bosman-E des EuGH v

15. 12. 1995 Slg 1995, I-4921). Das Verbot entschädigungsloser Enteignung durch Art 14 GG ist kein Verbotsgesetz iSv § 134. Art 14 GG verbietet nicht eine freiwillige vertragliche Vereinbarung, mit der ein Bürger sich zur Übertragung seines Eigentums auf die öffentliche Hand verpflichtet, ohne eine „angemessene Entschädigung" zu erhalten. Art 14 verbietet auch nicht den Verzicht auf eine angemessene Entschädigung (BGHZ 26, 84, 86). Hier gewährt auch § 138 keinen Schutz.

243 Art 19 Abs 4 GG enthält kein Verbot, auf ein öffentlich-rechtliches Rechtsmittel zu verzichten (BGHZ 26, 84, 86; 79, 131, 135 f; SOERGEL/HEFERMEHL § 134 Rn 7); auch insoweit bietet § 138 ebenfalls keinen Schutz. So ist es zB weder gesetzlich verboten iSv § 134 noch sittenwidrig nach § 138, wenn ein betroffener Anwohner sich verpflichtet, seinen Widerspruch gegen die nach dem BImSchG erteilte Genehmigung einer gewerblichen Anlage gegen Zahlung eines Entgelts zurückzunehmen (BGHZ 79, 131, 135). Denn es liegt in der Dispositionsbefugnis des Einzelnen, ob er Rechtsschutz in Anspruch nehmen will (BGHZ 79, 131, 135). Art 33 Abs 2 GG rechtfertigt die Konkurrentenklage und ggf Schadensersatzansprüche, wenn dem verfahrensfehlerhaft zurückgewiesenen Bewerber die betr Stelle richtigerweise hätte übertragen werden müssen (BGH NJW 1995, 2344; BAG MDR 1998, 1168, 1169). Arbeitsverträge, die unter Verstoß gegen Art 33 Abs 2 geschlossen worden sind, sind jedoch grundsätzlich nicht nach § 134 nichtig (BAG MDR 1998, 1168, 1169 mit der wenig tragfähigen Begründung, dass Verträge, die gegen einseitige Verbotsgesetze verstoßen, idR gültig seien). Für nichtig erklärt wegen eines Verstoßes gegen das Prinzip des freien Mandats iSv Art 38 Abs 1 S 2 GG wurde die Verpflichtung eines Abgeordneten, bei einem Parteiwechsel das Mandat niederzulegen oder eine Vertragsstrafe zu zahlen (LG Braunschweig DVBl 1970, 591, 592; ERMAN/PALM § 134 Rn 43; LARENZ/WOLF, AT § 40 II 1 Rn 8; MünchKomm/MAYER-MALY § 134 Rn 32; PALANDT/HEINRICHS § 134 Rn 4). Ein Verbotsgesetz iSv § 134 ist Art 48 Abs 2 S 2 GG, so dass eine gesellschaftsvertragliche Verpflichtung nichtig ist, soweit sie einen Gesellschafter für die Dauer seines Amtes als Bundestagsabgeordneten verpflichtet, seine gesamte Arbeitskraft der Geschäftsführung zu widmen (BGHZ 43, 384, 387; ERMAN/PALM § 134 Rn 43; LARENZ/WOLF, AT § 40 II 1 Rn 8; STAUDINGER/DILCHER[12] § 134 Rn 13). Nicht gegen Art 48 GG bzw Art 17 NdsVerf verstößt die Kündigung einer Rechtsanwaltssozietät, wenn sich der Sozius um ein Mandat als Abgeordneter bewirbt oder dieses ausübt (BGH NJW 1985, 2635, 2636).

244 Das Problem der unmittelbaren oder mittelbaren Drittwirkung von Grundrechten besteht nach Ansicht des BAG nicht bei **Tarifverträgen**, soweit es deren normativen Teil betrifft. Zwar sind auch Tarifverträge Rechtsgeschäfte (BAGE 4, 240, 259). In bezug auf ihren normativen Teil werden sie vom BAG jedoch als Gesetze im materiellen Sinne bewertet, so dass die Grundrechtsvorschriften nach Art 1 Abs 3 GG unmittelbar anwendbar sind (BAGE 1, 348, 352; 4, 240, 250, 259; vgl auch BAGE 1, 258, 269; SOERGEL/HEFERMEHL § 134 Rn 7; STAUDINGER/DILCHER[12] § 134 Rn 13). Danach sind zB Tarifnormen, die gegen Art 3 GG verstoßen, unmittelbar wegen des Verstoßes gegen diese Vorschrift unwirksam (BAGE 1, 348, 352; 4, 240, 259), ohne dass es dazu noch des § 134 bedarf (anders jedoch wohl BAGE 1, 258, 269). Nach Ansicht des BAG sind auch andere **kollektivvertragliche** Regelungen, zB in Betriebsvereinbarungen oder in festgelegten Allgemeinen Arbeitsbedingungen, ohne weiteres unwirksam, wenn sie gegen Grundrechte verstoßen (BAGE 14, 61; 34, 89, 99). Dem liegt die Annahme einer unmittelbaren Drittwirkung der Grundrechte zugrunde. Soweit es sich um privatrechtliche Kollektivverträge handelt, wäre nach der hM wegen der (nur) mittelbaren Drittwirkung der Grundrechte § 138 einschlägig.

Vereinbarungen, die gegen die Vorschriften über Sacheinlagen der §§ 5, 19 Abs 5 u 55 **245** Abs 4 **GmbHG** verstoßen, sind nach § 134 nichtig (Lutter/Hommelhoff, GmbHG § 5 Rn 47; offen gelassen in BGH DB 1998, 976); in einer früheren E hatte der BGH die Unwirksamkeit auf eine Analogie zu § 27 Abs 3 S 1 AktG gestützt (BGHZ 45, 338, 343). Ein Rechtsgeschäft, das gegen das Verbot der Einlagenrückgewähr an Gesellschafter gem § 30 **GmbHG** verstößt, ist nicht ohne weiteres nach § 134 nichtig, sondern nur bei Vorliegen besonderer Umstände, insbesondere bei Sittenwidrigkeit iSv § 138 oder bei bewusstem Zuwiderhandeln gegen das Rückgewährverbot (RGZ 107, 161, 168; 168, 292, 302; BGHZ 69, 274, 280; BGHZ 136, 125, 130 f = NJW 1997, 2599; BGHZ 138, 291, 298 = NJW 1998, 2592, 2594; OLG Koblenz DB 1977, 816; Erman/Palm § 134 Rn 40). Denn die sachgerechte Rechtsfolge eines Verstoßes gegen § 30 GmbHG besteht darin, dass ein entsprechendes Verpflichtungsgeschäft nicht erfüllt werden darf, soweit in dem maßgeblichen Zeitpunkt der Leistung das zur Deckung des Stammkapitals erforderliche Vermögen angegriffen wird, und dass eine gleichwohl erbrachte Zahlung den Erstattungsanspruch nach § 31 GmbHG auslöst (BGHZ 136, 125, 129 f). Neben den GmbHrechtlichen Kapitalschutzvorschriften besteht keine Notwendigkeit für die Anwendbarkeit des § 134 und der §§ 812 ff (so der BGH und die hL, BGHZ 136, 125, 130 f mwNw; anders noch Staudinger Sack [1996]). Entsprechendes gilt für das **aktienrechtliche** Verbot der Einlagenrückgewähr, §§ 57, 62 AktG (vgl Flume ZHR 144 [1980] 18, 23; **aA** zu § 57 AktG MünchKomm/Mayer-Maly/Armbrüster § 134 Rn 72 m Fn 241). Demgegenüber vertritt eine Mindermeinung die Ansicht, dass gegen § 57 AktG bzw § 30 GmbHG verstoßende Rechtsgeschäfte ohne weiteres nach § 134 nichtig seien, und zwar sowohl Verpflichtungsgeschäfte (vgl Canaris, Gesetzliches Verbot … 21 f; ders, in: FS Fischer [1979] 33 f; Gessler, in: FS Fischer [1979] 137; Lutter, in: Kölner Kommentar § 57 AktG Rn 24; Soergel/ Hefermehl § 134 Rn 79; **aA** Flume ZHR 144 [1980] 18, 23: „schwebende Unwirksamkeit") als auch Erfüllungsgeschäfte (vgl Lutter, Hefermehl, Canaris aaO; **aA** Flume ZHR 144 [1980] 18, 23 ff). Die Anwendbarkeit des § 134 auf die Erfüllungsgeschäfte sei vor allem in Konkurs des betreffenden Gesellschafters wegen des Aussonderungsrechts von praktischer Bedeutung (Canaris, Gesetzliches Verbot … 22; ders, in: FS Fischer [1979] 56; **aA** Flume ZHR 144 [1980] 18, 24 f). Zu Satzungsklauseln, die gegen das Stimmenthaltungsgebot des § 47 Abs 4 GmbHG und des § 43 Abs 6 GenG verstoßen, s oben Rn 21. Der Schutzzweck des § 85 GmbHG iVm § 402 BGB erfordert es nicht, die Abtretung von Vergütungsansprüchen eines GmbH-Geschäftsführers an einen Dritten generell als nichtig nach § 134 anzusehen (BGH NJW 1996, 2576). § 85 GmbHG hat keinen vergleichbaren Schutzzweck wie § 203 StGB, der ein Verbotsgesetz iSv § 134 darstellt (BGH NJW 1996, 2576; **aA** OLG Frankfurt NJW-RR 1995, 1504).

Nach § 2 **GrdstVG** genehmigungsbedürftige Rechtsgeschäfte sind vor der Ge- **246** nehmigung schwebend unwirksam und nach rechtsbeständiger Versagung der Genehmigung endgültig unwirksam (BGH NJW 1993, 648, 650 f). Vor der Genehmigung kann sich kein Vertragsteil einseitig vom Vertrag lösen, es sei denn, der Schwebezustand zögert sich nach § 242 unzumutbar lange hinaus (BGH NJW 1993, 648, 651). Solange die Genehmigung nicht erteilt ist, werden keine Verzugsfolgen ausgelöst, wenn die genehmigungsbedürftigen Erfüllungshandlungen nicht erbracht werden (BGH NJW 1993, 648, 651).

247 Ein Gesellschaftsvertrag, der einen nicht konzessionierten Güterfernverkehr zum Gegenstand hat, ist nach § 134 iVm **GüKG** nichtig (BGH WM 1967, 229, 231). Auch ein Vertrag zur Umgehung der Konzession ist nach § 134 bzw § 138 nichtig (OLG Hamm BB 1988, 236). Ferner ist der Verkauf oder die Verpachtung einer Güterfernverkehrskonzession nichtig (BGH NJW 1990, 1354, 1355; BGH VRS 8, 100 ff; ERMAN/PALM § 134 Rn 44). Die Vereinbarung einer untertariflichen Frachtvergütung berührt hingegen nicht die Wirksamkeit des Frachtvertrags (BGH NJW-RR 1998, 752, 753).

248 Verträge, die gegen die §§ 1, 14, 17 **GWB** verstoßen, sind nach § 134 nichtig, soweit es die wettbewerbsbeschränkenden Verträge, die das Gesetz untersagt, selbst betrifft. Auch § 19 GWB ist ein Verbotsgesetz iSv § 134 (vgl EMMERICH AG 2001, 520, 522); relevant wird dies für Verträge, deren Inhalt auf Ausbeutungmissbrauch beruht. Zur Frage der **rückwirkenden** Nichtigkeit von wettbeschränkenden Verträgen, die vor der GWB-Novelle wegen der Privilegierungstatbestände der Bereichausnahmen wirksam waren, so Rn 55. Problematisch ist die Beurteilung sog **Folgeverträge**. In einer Entscheidung zum alliierten Dekartellierungsrecht (MRegVO Nr 78) hat der 5. Strafsenat des BGH festgestellt, dass Kaufverträge, die zwischen einem kartellangehörigen Lieferanten und einem Dritten zu kartellgebundenen Festpreisen und unter Marktausschlussabreden abgeschlossen worden sind (sog Folgeverträge), nach § 134 zwar nicht im ganzen nichtig sind (BGHSt 8, 221, 224 = NJW 1956, 68 „Zementkartell"; krit FIKENTSCHER BB 1956, 793, 794 zu IV 2b), jedoch insoweit, als sie durch das Wettbewerbsbeschränkungsverbot betroffen werden. Danach habe der Lieferer zwar Anspruch auf Zahlung des Kaufpreises, jedoch nur in der Höhe, die ohne die wettbewerbsbeschränkenden Abreden angemessen wäre (BGH aaO). Denn das Verbot von Wettbewerbsbeschränkungen wolle nicht den Warenumsatz als solchen verhindern, sondern nur, dass er unter wettbewerbsbeschränkenden Abreden stattfindet; es wolle erreichen, dass der Warenumsatz zu den Bedingungen des freien Wettbewerbs, dh ua zu wettbewerbskonformen Preisen stattfindet (BGHSt 8, 221, 224 f).

249 Nach heute hM sind die betreffenden Verträge mit Kunden oder Lieferanten zwar voll gültig (BGH NJW 1956, 1201; aus dem neueren Schrifttum vgl statt vieler IMMENGA/MESTMÄCKER/ZIMMER, GWB³ [2001] § 1 Rn 341, IMMENGA/MESTMÄCKER/EMMERICH, GWB³ [2001] § 33 Rn 63; FLUME, AT II § 17, 4 S 349 Fn 28; differenzierend FIKENTSCHER BB 1956, 793, 794 f; MünchKomm/MAYER-MALY/ARMBRÜSTER § 134 Rn 65; nach CANARIS, in: FS Steindorff 519, 532 sind sie halbseitig nichtig; ausführlich dazu BECKMANN 360 ff). Man gewährt dem Kunden jedoch Schadensersatzansprüche nach § 33 GWB (vgl BGHZ 86, 324, 330 = NJW 1984, 2819, 2821 f „Familienzeitung"; ebenso im Ergebnis aus cic OLG Celle NJW 1963, 2126, 2127 zu II); die §§ 1, 14 GWB sind als Schutzgesetze iSv § 33 GWB anerkannt (BGHZ 86, 324, 330 „Familienzeitung"; BGHZ 64, 232, 237 f = NJW 1975, 1223 „Zusatzversicherung"; BGH LRG 19 [1987] 89, 92; aus dem Schrifttum vgl statt vieler IMMENGA/MESTERMÄCKER/EMMERICH, GWB³ [2001] § 33 Rn 12 ff, 20). Durch § 33 ist der Kunde nicht nur gegen überhöhte Kartellpreise, sondern auch gegen die Schädigung infolge anderer Klauseln in Folgeverträgen geschützt, die sein Vertragspartner mit anderen kartellrechtswidrig vereinbart hat. Verträge, die diskriminierende Preise oder Konditionen vorsehen und damit gegen § 20 GWB verstoßen, sind ebenfalls nicht nach § 134 nichtig (**aA** VAN VENROOY BB 1979, 555 ff; MünchKomm/MAYER-MALY § 134 Rn 56), begründen jedoch gegebenenfalls Schadensersatzansprüche der Diskriminierten aus § 33 GWB. Die Nichtigkeit diskriminierender Verträge und deren Rückabwicklung nach den §§ 812 ff entspräche nicht den Interessen der Parteien. Verträge, die unter Verstoss gegen die Vergaberechtsvorschriften der §§ 97 ff GWB abgeschlossen worden sind, sind grundsätzlich nicht nach § 134 nichtig; dies folgt aus § 114 GWB. Verbotsgesetze iSv § 134 sind jedoch die §§ 115 Abs 1 u 118 Abs 1, 3 GWB (ANTWEILER DB 2001, 1975, 1979; BOESEN EuZW 1998, 551, 558; MünchKomm/MAYER-MALY/ARMBRÜSTER § 134 Rn 28).

Ein Verstoß gegen das Wettbewerbsverbot des § 60 **HGB** führt nicht zur Nichtigkeit **250** eines Zweitarbeitsverhältnisses (BUCHNER, in: MünchArbR § 40 Rn 12; FLUME, AT II § 17, 4 S 349; vgl auch BAG ZIP 1989, 668) oder zur Nichtigkeit der unter Verstoß gegen das Wettbewerbsverbot abgeschlossenen Rechtsgeschäfte. Dies ergibt sich mittelbar aus der Sanktionsregelung des § 61 HGB, der neben Schadensersatz auch ein Selbsteintrittsrecht bzw einen Gewinnherausgabeanspruch des Prinzipals vorsieht und damit die Wirksamkeit eines solchen Arbeitsverhältnisses voraussetzt. Ein Wettbewerbsverbot, das gegen § 74a HGB verstößt, ist nichtig (zur Umgehung des § 89b Abs 4 HGB vgl BGHZ 58, 60, 65, 71; BGH NJW 1961, 1062; MAYER-MALY, in: FS Hefermehl [1976] 108 sowie oben Rn 157). Die in einem Handelsvertretervertrag zwischen einem Mineralölunternehmen und einem Tankstellenhalter getroffene Vereinbarung, daß 50% der Gesamtvergütung des Tankstellenhalters für „verwaltende" Tätigkeit gezahlt werden, ist wegen Verstoßes gegen § 89b Abs 4 S 1 HGB iVm § 134 nichtig und als AGB nach § 307 Abs 1 S 1 unwirksam (BGH NJW-RR 2002, 1548; NJW 2003, 290, 293). Eine Vereinbarung in einem Handelsvertretervertrag, die iSv § 90a Abs 4 HGB abweichende für den Handelsvertreter nachteilige Vereinbarung enthält, ist nach § 134 nichtig (BVerfG NJW 1990, 1969, 1471 [II. 2.]). Wenn ein Abschlußprüfer oder eine Prüfungsgesellschaft entgegen § 319 Abs 2 Nr 5 und Abs 3 Nr 2 HGB bei der Aufstellung des zu prüfenden Jahresabschlusses mitgewirkt haben, so ist zwar der Jahresabschluss wirksam (BGHZ 118, 142, 149), jedoch der erteilte Prüfungsauftrag wegen der Gefahr der Befangenheit nach § 134 nichtig (BGHZ 118, 142, 145, 147 f = NJW 1992, 2021 mit umfangreichen wNw). Diese Vorschriften wenden sich nicht nur gegen die äußeren Umstände des Zustandekommens des Rechtsgeschäfts, sondern gegen den Prüfungsauftrag als solchen und gegen seine Erfüllung (BGHZ 118, 142, 148). Dem Prüfer stehen danach keine Vergütungsansprüche aus Vertrag zu. Er hat auch keine Vergütungsansprüche aus GoA oder ungerechtfertigter Bereicherung (BGHZ 118, 142, 150). Ansprüche aus den §§ 683, 670 scheitern daran, dass der Abschlussprüfer bzw die Prüfungsgesellschaft eine nach § 319 HGB verbotene Leistung erbracht haben, die sie nicht nach den Umständen für erforderlich halten durften (BGHZ 118, 142, 150). Bereicherungsansprüche scheitern zwar nicht an § 812, da der Abschlussprüfer mit dem wirksamen Jahresabschluss eine Leistung erbracht hat; Ansprüchen aus § 812 iVm § 818 Abs 2 steht jedoch § 817 S 2 analog wegen Gesetzesverletzung entgegen (BGHZ 118, 142, 150). Die Berufung darauf ist nicht treuwidrig (BGHZ 118, 142, 150 aE).

HandwO: Ein Werkvertrag mit einem Handwerker ist nicht schon deshalb nach § 134 **251** iVm § 1 HandwO nichtig, weil der Handwerker – unter Verletzung der HandwO – nicht in die Handwerksrolle eingetragen ist (BGHZ 88, 240, 242 f = NJW 1984, 230; BGHZ 89, 369, 371; BGH NJW 1985, 2403, 2404; NJW-RR 2002, 557; BayObLG 1999, 318, 320; OLG Düsseldorf NJW-RR 1996, 661; BUCHNER GewArch 1990, 41, 42; MünchKomm/MAYER-MALY/ARMBRÜSTER § 134 Rn 89; PALANDT/HEINRICHS § 134 Rn 18; SOERGEL/HEFERMEHL § 134 Rn 75). § 1 HandwO ist eine Ordnungsvorschrift (BGHZ 88, 240, 243) zur Erhaltung und Förderung eines leistungsfähigen Handwerks, zu deren wirkungsvoller Durchsetzung jedoch nicht auch noch die Nichtigkeit von Verträgen mit nicht eingetragenen Handwerkern erforderlich ist (SOERGEL/HEFERMEHL § 134 Rn 75).

252 Ein Verstoß gegen die Erlaubnispflicht des § 1 **HeilprG** führt nach § 134 zur Nichtigkeit der Behandlungsverträge (so unter Hinweis auf die BGH-Rechtsprechung zum RBerG OLG München NJW 1984, 1826, 1827; EBERHARD NJW 1985, 664, 665 f; ERMAN/PALM § 134 Rn 47; PALANDT/HEINRICHS § 134 Rn 11, 18; vgl auch LG Saarbrücken VersR 1981, 585; kritisch dazu unter Hinweis auf die BGH-Rechtsprechung zum SchwArbG HAHN NJW 1984, 1827; vgl auch BVerfG NJW 1988, 2290 u 2293). Denn im Falle der Wirksamkeit des Behandlungsvertrages wäre der nicht zugelassene Heilpraktiker zur – ohne Genehmigung verbotenen und strafbaren – Behandlung verpflichtet (OLG München NJW 1984, 1826, 1827).

HeilWerbG: Ein Vertrag zwischen einem Unternehmen, das Moor-, Sole- und Fichtennadelpräparate sowie Kurtees zur häuslichen Anwendung vertreibt, mit einem Handelsvertreter, der Werbeveranstaltungen für diese Produkte durchführen soll, ist nach § 134 iVm dem HeilWerbG ex nunc nichtig. Der Handelsvertreter ist nicht verpflichtet, seine Tätigkeit fortzuführen, behält jedoch, wenn er gutgläubig war, seine vertraglichen Vergütungsansprüche für die bereits geleistete Tätigkeit. Der Schutzzweck des HeilWerbG verlangt nicht, ihm im Falle der Gutgläubigkeit diesen Anspruch zu zu versagen (BGHZ 53, 153, 158 f; PALANDT/HEINRICHS § 134 Rn 18; SOERGEL/HEFERMEHL § 134 Rn 73; für Nichtigkeit ex tunc MünchKomm/MAYER-MALY/ARMBRÜSTER § 134 Rn 76). Nach Ansicht des BGH können bei Gutgläubigkeit des Handelsvertreters „eine billige Interessenabwägung und die Erfordernisse von Treu und Glauben" den Anspruch auf Vergütung für geleistete Tätigkeit rechtfertigen.

253 Verträge zwischen Heimpersonal und Heiminsassen, die gegen § 14 **HeimG** (Neufassung v. 5.11. 2001, BGBl 2001 I 2970) verstoßen, sind nach § 134 nichtig (BGHZ 110, 235, 240 = NJW 1990, 1603, 1604; NJW 2000, 1187, 1188; BayObLG NJW 2000, 1875, 1876; ERMAN/PALM § 134 Rn 48; MünchKomm/MAYER-MALY § 134 Rn 28a; PALANDT/HEINRICHS § 134 Rn 19; SOERGEL/HEFERMEHL § 134 Rn 17; vgl auch BayObLG NJW 1993, 1143). Mit dem Zweck des § 14 HeimG, die wirtschaftlichen Interessen der Heiminsassen zu schützen, wäre es unvereinbar, die nach diesem Gesetz verbotenen Verträge mit ihnen wirksam zu lassen (BGH aaO). Dies gilt auch für letztwillige Verfügungen von Heiminsassen, es sei denn, dem Bedachten war dies zu Lebzeiten des Erblassers nicht bekannt (BayObLG NJW 1992, 55, 56; PALANDT/HEINRICHS § 134 Rn 19). Nach Ansicht des BayObLG kann auch bei analoger Anwendung von § 14 HeimG die Vorschrift des § 134 anwendbar sein (NJW 2000, 1875, 1876).

Durch das **Infektionsschutzgesetz – IfSG** vom 20.7. 2000 (BGBl 2000 I 1045) ist das BSeuchG aufgehoben worden. Die Beschätigungsverbote des § 42 IfSG und die Untersuchungspflicht iSv § 43 IfSG entsprechen in modifizierter Form den früheren §§ 17, 18 BSeuchG. Ein Arbeitsvertrag, der gegen die §§ 42, 43 IfSG verstößt, ist nach der Rechtsprechung des BAG zu den entsprechenden §§ 17, 18 BSeuchG grundsätzlich nicht nichtig (BAG AP Nr 1, 2 zu § 18 BSeuchG; BUCHNER, in: MünchArbR § 40 Rn 71; STAUDINGER/DILCHER[12] § 134 Rn 17; aA LAG Frankfurt DB 1966, 1023; LAG Hamm DB 1969, 1994, 1995; MünchKomm/MAYER-MALY/ARMBRÜSTER § 134 Rn 76; WESTPHAL 148 f). Dies gilt sicher dann, wenn einem Arbeitnehmer erst nach Aufnahme der Beschäftigung Tätigkeiten iS der §§ 42, 43 IfSG zugewiesen worden sind oder wenn das Beschäftigungsprofil bei Aufnahme der Arbeit noch offen war, dh auch Beschäftigungen iS §§ 42, 43 IfSG umfasste, oder wenn nur die Voraussetzungen des § 43 IfSG (Gesundheitszeugnis) nicht erfüllt waren (BUCHNER, in: MünchArbR § 40 Rn 74). Wenn hingegen wegen der in § 42 IfSG genannten Krankheiten das Arbeitsverhältnis nicht vollzogen werden kann, ist es entgegen dem BAG als nichtig anzusehen (LAG Frankfurt DB 1966, 1023; BUCHNER, in: MünchArbR § 40 Rn 74; KRAMER 98 f; MünchKomm/MAYER-MALY/ARMBRÜSTER § 134 Rn 76; aA BAG AP Nr 1, 2 zu § 18 BSeuchG).

Das **Gesetz zur Bekämpfung internationaler Bestechung (IntBestG)** vom 10. 9. 1998, **254** das das OECD-Übereinkommen vom 17. 12. 1997 über die Bekämpfung der Bestechung ausländischer Amtsträger im internationalen Geschäftsverkehr in deutsches Recht umsetzt (BGBl 1998 II 2327), sieht in Art 2 § 1 vor, dass für die Anwendung der §§ 334 ff StGB einem „Richter" iSd Vorschriften gleichgestellt werden die Richter eines ausländischen Staates oder eines internationalen Gerichts und einem „Amtsträger" die Amtsträger eines ausländischen Staates oder sonstige Personen, die mit der Wahrnehmung der Interessen eines ausländischen Staates beauftragt sind, sowie Amtsträger und sonstige Bedienstete internationaler Organisationen und Soldaten ausländischer Staaten (vgl dazu HOFMANN/ZIMMERMANN ZRP 1999, 49 ff; KRAUSE/VOGEL RIW 1999, 488 ff; RANDT BB 2000, 1006 ff; ZIESCHANG NJW 1999, 105, 106). Wegen dieser Gleichstellung sind Verträge mit solchen Richtern, Amtsträgern und Soldaten, wenn kollisionsrechtlich deutsches Vertragsrecht anwendbar ist und sie Verstöße gegen die §§ 334 ff StGB iVm IntBestG zum Inhalt haben, in gleicher Weise nach § 134 nichtig wie Verträge mit deutschen Amtsträgern, Richtern und Soldaten; vgl Rn 295.

Nach den §§ 129 ff **InsO** (früher §§ 29 ff KO) wegen Gläubigerbenachteiligung an- **255** fechtbare Rechtsgeschäfte sind weder nach § 134 noch nach § 138 nichtig (BGH BB 1968, 1057; BGHZ 56, 339, 355; RGZ 56, 229, 230; MünchKomm/MAYER-MALY/ARMBRÜSTER § 134 Rn 58; s auch zum AnfG und zu § 283c StGB Rn 202, 294). Zwar verstoßen Rechtsgeschäfte, die die Befriedigung von Gläubigern erschweren oder vereiteln, idR gegen die guten Sitten (BGH BB 1968, 1057). Die Vorschriften über die Anfechtung iSd AnfG und der InsO (früher KO) gehen jedoch als Sonderregelungen den §§ 134, 138 vor (BGH BB 1968, 1057). Nur wenn besondere, über die Voraussetzungen einer Anfechtung nach dem AnfG oder der InsO **hinausgehende** Umstände hinzutreten, kann ein Rechtsgeschäft auch nach § 138 wegen Sittenwidrigkeit nichtig sein (BGH BB 1968, 1057; ebenso zum AnfG BGH NJW 1973, 513; MünchKomm/MAYER-MALY/ARMBRÜSTER § 134 Rn 58). Treten zwei durch eine gemeinsame Muttergesellschaft verbundene Unternehmen sich gegenseitig ihre Außenstände still zum Inkasso bei Weiterbestehen der Einziehungsermächtigung ab und erweitern sie so die Aufrechnungsmöglichkeit, so kann das im Falle des Konkurses eines Geschäftsgegners wegen Umgehung der Regelung des § 96 InsO nach § 137 nichtig sein (BGH NJW 1991, 1060, 1061). **KSchG**: Zur Umgehung des Kündigungsschutzes s o Rn 157 sowie zu den §§ 620 ff BGB Rn 217.

JArbSchG: Die **Beschäftigungsverbote** des § 5 JArbSchG, der durch die KindArb- **256** SchV (BGBl 1999 I 1508) näher ausgestaltet worden ist, und des § 7 JArbSchG sind Verbotsgesetze iSv § 134. Gegen diese Verbote verstoßende Arbeitsverträge sind nichtig (BAG DB 1973, 1078; BUCHNER, in: MünchArbR § 40 Rn 18 ff, ERMAN/PALM § 134 Rn 25l, 50; MünchKomm/MAYER-MALY/ARMBRÜSTER § 134 Rn 79; STAUDINGER/DILCHER[12] § 134 Rn 17), allerdings nur mit Wirkung **ex nunc**. Dh weder der Arbeitgeber noch der jugendliche Arbeitnehmer haben Ansprüche auf Fortsetzung des Beschäftigungsverhältnisses (CANARIS 46; BUCHNER, in: MünchArbR § 40 Rn 22). Soweit jedoch Arbeitsleistungen bereits erbracht worden sind, hat der Jugendliche nach den Grundsätzen über fehlerhafte Arbeitsverhältnisse vertragliche Ansprüche auf Arbeitsentgelt, Weihnachtsgratifikation, Urlaub sowie vertragliche Schadensersatzansprüche wegen evtl Verletzung von Schutzpflichten (CANARIS, Gesetzliches Verbot ... 46; BUCHNER, in: MünchArbR § 40 Rn 22). Verstöße gegen die **Arbeitszeitregelungen** der §§ 8, 16, 17 JArbSchG berühren das Arbeitsverhältnis als solches grundsätzlich nicht; die verbotswidrigen Vereinbarungen über die Arbeitszeit sind jedoch – vorbehaltlich der gesetzlichen Ausnahmen – ex nunc nichtig (BUCHNER, in: MünchArbR § 40 Rn 24). Wenn allerdings das Arbeitsverhältnis insgesamt Arbeitsleistungen Jugendlicher zu verbotenen Zeiten zum Gegenstand hat, dann ist nicht nur die Arbeitszeitvereinbarung, sondern das gesamte Arbeitsverhältnis ex nunc nichtig (BUCHNER § 40 Rn 24). Auch Vereinbarungen über verbotswidrige Modalitäten der Tätigkeit, zB gefährliche Arbeiten (§ 22 JArbSchG), Untertagearbeit (§ 24 JArbSchG), Akkordarbeit usw, bewirken grundsätzlich nicht die Unwirksamkeit des gesamten Arbeitsvertrags, sondern nur der Vereinbarung solcher Modalitäten, es sei denn, der Arbeitsvertrag ist insgesamt und seinem Wesen nach auf solche verbotenen Tätigkeiten ausgerichtet (BUCHNER, in: MünchArbR § 40 Rn 25). Bei Verstößen gegen das Verbot des § 25 JArbSchG ist das Arbeitsverhältnis nichtig mit Wirkung ex nunc, da der Gesetzeszweck die Aufrechterhaltung des Arbeitsvertrags nicht erfordert (BUCHNER, in: MünchArbR § 40 Rn 31). Der Jugendliche hat für die vergangene Zeit bei Verletzung von Schutzpflichten durch den Arbeitgeber neben deliktsrechtlichen auch vertragsrechtliche Schadensersatzansprüche; nach BUCHNER bestehen hingegen nur Ansprüche aus cic oder aus dem – inzwischen aufgehobenen – § 309 (BUCHNER, in: MünchArbR § 40 Rn 31). Ein Vertrag mit einem Jugendlichen, der gegen Schutzvorschriften des **Jugendschutzgesetzes (JuSchG; früher JÖSchG)** verstößt, zB ein Kinobesuchsvertrag, ist nichtig (BGB-RGRK/KRÜGER-NIELAND/ZÖLLER § 134 Rn 11; ERMAN/PALM § 134 Rn 50; SOERGEL/HEFERMEHL § 134 Rn 19; STAUDINGER/DILCHER[12] § 134 Rn 21; aA ENNECCERUS/NIPPERDEY, AT § 190 II 2 Fn 27).

257 Nach § 3 **KWG** sind bestimmte Bankgeschäfte verboten. Beschränkungen von Barabhebungen sind nach § 3 Nr 3 KWG iVm § 134 nichtig (OLG Stuttgart NJW 1980, 1798, 1800; CANARIS, Bankvertragsrecht Rn 1176, 1287; ERMAN/PALM § 134 Rn 53). Die §§ 13, 13a KWG, die Großkredite beschränken, sind keine Verbotsgesetze iS von § 134; denn diese Beschränkungen gelten nach § 13 Abs 3 KWG „unbeschadet der Wirksamkeit des Rechtsgeschäfts" (CANARIS, Bankvertragsrecht Rn 1288; PALANDT/HEINRICHS § 134 Rn 20). § 15 KWG, der die Möglichkeit sog Organkredite beschränkt, ist kein Verbotsgesetz iS von § 134, sondern enthält eine gesetzliche Beschränkung der Vertretungsmacht (CANARIS, Bankvertragsrecht Rn 1289). Abreden in einem Sparvertrag, nach denen der Aussteller jeden Vorleger des Sparbuchs als berechtigt ansehen kann, das ungekündigte Kapital in Empfang zu nehmen, verstießen gegen das im inzwischen aufgehobenen § 22 Abs 1 KWG enthaltene gesetzliche Verbot, von der Einhaltung der dort bestimmten Kündigungsfristen allgemein abzusehen, und waren nach § 134 nichtig (BGHZ 64, 278, 281, 283; zu § 22 KWG vgl auch BGHZ 42, 302, 305; SOERGEL/HEFERMEHL § 134 Rn 81; aA MAYER-MALY, in: FS Hefermehl [1976] 103, 111).

258 Nach § 54 KWG sind Bankgeschäfte ohne die nach § 32 KWG erforderliche Erlaubnis verboten. Das Fehlen der erforderlichen Erlaubnis berührt jedoch nach Ansicht des BGH die Wirksamkeit der mit den Bankkunden geschlossenen Verträge nicht (BGH WM 1966, 1101, 1102; 1972, 853; 1978, 1268, 1269; 1980, 374, 377; vgl auch BGH NJW 1997, 1435, 1436 [II 1]; CANARIS, Bankvertragsrecht Rn 1286; LÜNTERBUSCH, Privatrechtliche Auswirkungen des Gesetzes über das Kreditwesen [1968] 82 f; MünchKomm/MAYER-MALY/ARMBRÜSTER § 134 Rn 69; SOERGEL/HEFERMEHL § 134 Rn 80). Denn solche Verträge seien objektiv nicht gesetzwidrig, „sondern, wenn überhaupt, nur die ohne Erlaubnis zum Betrieb von derartigen Geschäften … erfolgte Vornahme des Geschäfts"; außerdem richte sich das Verbot des § 54 KWG nur gegen eine der beiden Vertragsparteien (BGH WM 1966, 1101, 1102). Dem BGH ist – zumindest im Ergebnis – zuzustimmen, soweit es **Darlehensverträge** betrifft (CANARIS, Bankvertragsrecht Rn 1286; PALANDT/HEINRICHS § 134 Rn 20), auf die sich auch alle obengenannten BGH-Entscheidungen bezogen. Der Darlehensnehmer darf das Darlehen behalten und muss die vereinbarten Darlehenszinsen zahlen. Teilweise **aA** ist R KRAMER 99 ff, 101 f, der die Grundsätze der Rückabwicklung eines Wucherdarlehens einschließlich § 817 S 2 analog für entsprechend anwendbar hält, wonach der Darlehensnehmer das Darlehen im vereinbarten Zeitraum behalten darf, jedoch keine Darlehenszinsen zu zahlen braucht. Bei **Einlagegeschäften** (Termingelder; Spareinlagen; auch Anzahlungen) wäre es hingegen mit dem Zweck der §§ 32, 54 KWG, den Kunden vor unsoliden Bankunternehmen zu schützen, unvereinbar, die Nichtigkeitsfolge des § 134 nicht anzuwenden und damit den Einleger zu zwingen, seine Einlage uneingeschränkt bis zum gesetzlich vereinbarten Zeitpunkt einer möglicherweise gefährdeten Bank zu belassen (CANARIS, Bankvertragsrecht Rn 1175; ERMAN/PALM § 134 Rn 53; MünchKomm/MAYER-MALY/ARMBRÜSTER § 134 Rn 69). Der Schutz des Kunden erfordert allerdings nicht die beiderseitige Nichtigkeit des gesamten Einlagevertrags (**aA** wohl CANARIS, Gesetzliches Verbot … 43); es genügt vielmehr nach dem Schutzzweck des § 32 KWG und anlog § 15 Abs 5 KWG, dass der Kunde seine Einlage sofort zurückfordern kann (CANARIS, Bankvertragsrecht Rn 1175). Nichtig nach § 32 KWG iVm § 134 ist auch ein sog „Sparkaufvertrag", zB ein Ansparvertrag für Aussteuerwaren, der darauf angelegt ist, dass die wirkliche Auswahl der zu erwerbenden Waren erst nach der Ansparung der Anzahlung erfolgt, wenn die Sparraten in die Verfügungsgewalt des Verkäufers gelangen und nicht bankmäßig abgesichert sind (OLG Stuttgart NJW 1980, 1798; MünchKomm/MAYER-MALY/ARMBRÜSTER § 134 Rn 69; SOERGEL/HEFERMEHL § 134 Rn 80; vgl dazu auch BECKMANN, Nichtigkeit und Personenschutz [1998] 246 ff, 318). Nach Ansicht des OLG Stuttgart kann sich nur der geschützte Kunde auf die Nichtigkeit der Verträge berufen (OLG Stuttgart NJW 1980, 1798, 1800).

Eine Darlehensvereinbarung, die gegen ein vom BAFin (früher Bundesaufsichtsamt **259** für das Kreditwesen) nach § 46 Abs 1 KWG angeordnetes Kreditgewährungsverbot verstößt, ist nicht nach § 134 nichtig (BGH NJW 1990, 1356; ERMAN/PALM § 134 Rn 53; PALANDT/HEINRICHS § 134 Rn 20; SOERGEL/HEFERMEHL § 134 Rn 80). Denn § 46 KWG enthält selbst kein Verbot solcher Geschäfte, sondern nur die Ermächtigung des Bundesaufsichtsamts, ein solches Verbot auszusprechen. Das Verbot richtet sich nur an die Bank. Der Schutz der Bankgläubiger, den § 46 KWG bezweckt, rechtfertigt keine Anwendung zu Lasten des Darlehensnehmers, der auch idR von dem Verbot durch das Bundesaufsichtsamt gar nichts weiß. Es kann jedoch § 138 anwendbar sein, wenn beide Vertragspartner sich des Verstoßes **bewusst** waren und außerdem die Voraussetzungen einer Konkursanfechtung nach § 131 InsO (früher § 31 KO) vorlagen (BGH NJW 1990, 1356 f).

LadSchlG: Bei Verstößen gegen das LadSchlG ist zu unterscheiden zwischen der **260** gesetzwidrigen Leistungs**handlung** nach Ladenschluss und dem rechtlich unbedenklichen Leistungs**erfolg** (zutreffend AMM 206). Aufgrund dieses beschränkten Verbotszwecks berührt ein Verstoß gegen § 3 LadSchlG durch Verkauf nach Ladenschluss oder an Sonn- u Feiertagen weder die Wirksamkeit der nach Ladenschluss abgeschlossenen und erfüllten Verpflichtungsgeschäfte noch die der Erfüllungsge-schäfte (RGZ 60, 273, 276 betr § 41a GewO aF; CANARIS, Gesetzliches Verbot ... 34 f; ERMAN/PALM § 134 Rn 11, 41c; MEDICUS, AT Rn 648, 650; MünchKomm/MAYER-MALY/ARMBRÜSTER § 134 Rn 60; PAWLOWSKI, AT Rn 482; SCHERNER, BGB AT 222; STOBER GewArch 1981, 313, 321). Eine bereicherungsrechtliche Rückabwicklung scheidet aus. Im Gegensatz dazu sind auf den Verkauf zu verbotenen Zeiten gerichtete **Verpflichtungsgeschäfte** vor der Erfül-lung nicht durchsetzbar, da nicht erzwingbar sein darf, was das Gesetz verbietet: die Erfüllung nach Ladenschluss bzw an Sonn- und Feiertagen (MEDICUS, AT Rn 648; PAW-LOWSKI, AT Rn 490; SCHERNER, BGB AT 223, 224; vgl jedoch auch ERMAN/PALM § 134 Rn 11, 41c; STAUDINGER/DILCHER[12] § 134 Rn 31; aA wohl BORK, AT Rn 1096, der jedoch im LadSchlG schon kein Verbotsgesetz sieht). Die Verbote des LadSchlG bewirken also ihrem Zweck nach eine Form **schwebender Unwirksamkeit** verbotswidrig abgeschlossener Verträge, die durch Erfüllung geheilt wird. Nach der Erfüllung durch den Verkäufer ist der Schutz-zweck des LadSchlG nicht mehr zu realisieren. Auch aus generalpräventiven Grün-den ist keine strengere vertragsrechtliche Sanktion geboten; s auch Rn 104.

261 Die Vereinbarung einer nach dem **LandpachtG** unzulässigen Naturalpacht ist nicht nichtig, sondern rechtfertigt lediglich eine Beanstandung durch die Landwirtschafts-behörde (BGHZ 36, 65, 68 f). Zum **Lohnfortzahlungsgesetz (LFZG)** s Rn 227 betr Ent-geltfortzahlungsgesetz (EFZG).

262 **LMBG**: Verträge über Lebensmittel, die verdorben oder irreführend bezeichnet und nach dem LMBG nicht verkehrsfähig sind, sind nicht nichtig (RGZ 100, 39, 40; 170, 155, 156; ERMAN/PALM § 134 Rn 41c; STAUDINGER/DILCHER[12] § 134 Rn 30; WESTPHAL 147 f).

263 **LuftverkehrsG**: Ein Luftbeförderungsvertrag, bei dem das vereinbarte Beförderungs-entgelt unter dem nach § 21 genehmigten Tarifentgelt liegt, ist zwar eine Ordnungs-widrigkeit, jedoch nicht nach § 134 nichtig (LG Frankfurt NJW 1985, 562, 563; PALANDT/HEINRICHS § 134 Rn 20; aA wohl noch LG Frankfurt NJW 1979, 1109; aA auch VOIGT ZLW 1969, 1 ff). Eine dem inzwischen aufgehobenen § 23 GüKG entsprechende Regelung, wo-nach der Differenzbetrag zwischen tariflichem und vereinbartem Entgelt nachgefor-dert werden kann, enthält das LuftverkehrsG nicht. Bei einer Tarifüberschreitung wäre hingegen die Preisvereinbarung nichtig, soweit zuviel verlangt wurde (LG Frank-furt NJW 1985, 562, 563).

264 Zur **MaBV** s Rn 232. **MarkenG**: Die Verpflichtung eines Markeninhabers, gegen die Anmeldung desselben Zeichens durch einen Dritten keinen Widerspruch zu erheben, ist nicht nach § 134 iVm MarkenG nichtig (so zum WZG RG HRR 1942, 199), kann jedoch nach § 3 UWG iVm § 134 nichtig sein, wenn die Gefahr einer Irreführung des Pu-blikums besteht. Ein Kaufvertrag über Ware, deren Marke die Markenrechte eines Dritten verletzt, ist nicht nach § 134 iVm § 14 MarkenG nichtig (so zu § 25d WZG BGH WRP 1996, 744, 746).

MRVerbG: Zivilrechtliche Verträge, insbesondere Mietverträge, die eine nach dem Zweckentfremdungsrecht verbotene bzw genehmigungsbedürftige Nutzung von Wohnraum vorsehen, sind nicht nach § 134 iVm Art 6 § 1 MRVerbG nichtig (BGH NJW 1994, 320 m ausf Nachw; OLG Köln VersR 1992, 361; VGH München NJW-RR 1993, 1422; MünchKomm/MAYER-MALY/ARMBRÜSTER § 134 Rn 84; PALANDT/HEINRICHS § 134 Rn 20; SOERGEL/HEFERMEHL § 134 Rn 44; vgl auch BGH NJW 1980, 777; VGH Kassel NJW 1964, 2444). Denn dieses Gesetz richtet sich nur gegen die rein tatsächliche Beseitigung oder Vereitelung von Wohngebrauch, nicht aber gegen die privatrechtliche Vertragsfreiheit (BGH NJW 1994, 320). Die im Zusammenhang mit dem Erwerb eines Grundstücks eingetragene Verpflichtung des Käufers, ein Gebäude nach Plänen eines bestimmten Architekten zu errichten, ist nichtig, da sie eine nach Art 10 § 3 MRVerbG unzulässige Architektenbindung enthält (BGHZ 70, 55, 60 = NJW 1978, 1434 f; BGHZ 89, 240, 243; NJW 1982, 2189; NJW 1983, 227; NJW-RR 1992, 1372; NJW-RR 1998, 952). Ein Grundstücksmakler hat nach § 134 iVm Art 10 § 3 S 1 MRVerbG keinen Anspruch auf Provision für die Vermittlung eines Architektenvertrags, der wegen Koppelung von Grundstückserwerb und Architektenauftrag nach denselben Vorschriften nichtig ist (BGH WM 1979, 759 f; WM 1980, 17 f; ERMAN/PALM § 134 Rn 26).

MuSchG: Eine Kündigung, die gegen das MuSchG (Neufassung vom 20. 6. 2002, BGBl 2002 **265** I 2318) verstößt, ist nach § 134 nichtig (ERMAN/PALM § 134 Rn 57; SOERGEL/HEFERMEHL § 134 Rn 43). Das MuSchG verbietet die **Beschäftigung** während der gesetzlichen Schutzfristen vor und nach der Entbindung. Außerdem untersagt es in den §§ 3, 4, 6, 8 die Beschäftigung mit schweren und gesundheitsgefährdenden Arbeiten, nämlich Akkord- und Fließbandarbeit sowie Mehr-, Nacht-, Sonntags- und Feiertagsarbeit. Soweit die Schwangerschaft erst nach Abschluss des Arbeitsvertrags eintritt, wird dieser dadurch nicht berührt; die Beschäftigungsverbote sind trotzdem zu beachten. Wenn das Arbeitsverhältnis hingegen nach Eintritt der Schwangerschaft begründet wurde, nahmen die hM und das BAG früher Nichtigkeit des Arbeitsvertrags ex nunc an, auch wenn die Arbeitnehmerin bei Begründung des Arbeitsverhältnisses ihre Schwangerschaft nicht kannte (BAG AP Nr 2 zu § 4 MuSchG; AP Nr 24 zu § 9 MuSchG; STAUDINGER/DILCHER[12] § 134 Rn 17). In einer Entscheidung vom 8. 9. 1988 hat das BAG diese Frage offen gelassen (AP Nr 1 zu § 8 MuSchG). Dazu hat der EuGH unter Hinweis auf das Frauendiskriminierungsverbot der Richtlinie 76/207/EWG, allerdings beschränkt auf das Nachtarbeitsverbot für Schwangere, entschieden, dass das Arbeitsverhältnis weder ex tunc noch ex nunc nichtig sei (EuGH NJW 1994, 2077, 2078). Dieser Auffassung ist auch über das Nachtarbeitsverbot hinaus deshalb der Vorzug zu geben, weil die Beschäftigungsverbote nur vorübergehende Arbeitshindernisse begründen. Dem Interesse der Schwangeren genügen die Beschäftigungsverbote (BUCHNER, in: MünchArbR § 40 Rn 36, 37; MünchKomm/MAYER-MALY/ARMBRÜSTER § 134 Rn 79; vgl auch EuGH NJW 1994, 2077, 2078 Nr 23). Diese Richtlinie schließt auch ein Anfechtungsrecht des Arbeitgebers aus (EuGH NJW 1994, 2077, 2078 in Bezug auf das Nachtarbeitsverbot; BUCHNER aaO). Für die Beschäftigungsverbote aus den §§ 3 ff **MuSchVO** vom 15. 4. 1997 (BGBl 1997 I 782; früher GefahrStVO), die aufgrund von § 4 Abs 4 MuSchG erlassen worden ist und die werdende und stillende Mütter vor bestimmten giftigen oder sonst gefährlichen Stoffen schützen soll, gelten dieselben Grundsätze (BUCHNER § 40 Rn 38).

OWiG: Ein Inserat, das nach seinem objektiv erkennbaren Inhalt Gelegenheit zu **266** sexuellen Handlungen anbietet, verstößt gegen § 120 Abs 1 Nr 2 OWiG. Verträge über die Insertion solcher Kontaktanzeigen sind nach § 134 nichtig. Die Berufung auf die Nichtigkeit gegenüber Vergütungsansprüchen für erfolgte Inserate verstößt nicht gegen Treu und Glauben (BGH NJW 1992, 2557, 2558 f; MünchKomm/MAYER-MALY/ARMBRÜSTER § 134 Rn 60; PALANDT/HEINRICHS § 134 Rn 20; aA BEHM NJW 1990, 1822 f). Bereicherungsansprüche scheitern an § 817 S 2 analog; die Anwendung von § 817 S 2 analog wird ebenfalls nicht durch Treu und Glauben ausgeschlossen, da der Zweck des § 120 OWiG weitgehend unterlaufen würde, wenn ein Anspruch aus § 812 iVm § 818 Abs 2 auf Wertersatz bestünde (BGH NJW 1992, 2557, 2560). Entsprechendes gilt für Vereinbarungen über Telefonsex (LG Bonn NJW 1989, 2544; MünchKomm/MAYER-MALY/ ARMBRÜSTER § 134 Rn 60). Bierlieferungsverträge mit einem Bordell, das gegen das Prostitutionsverbot aus § 120 OWiG iVm der entsprechenden landesrechtlichen Verordnung verstößt, sind hingegen nicht nach § 134 oder § 138 nichtig (BGH WM 1987, 1106 f; SOERGEL/HEFERMEHL § 134 Rn 26; vgl auch unten Rn 291; § 138 Rn 458 ff).

267 Personenbeförderungsverträge, die unter Verstoß gegen das **PBefG** und damit zugleich unter Verstoß gegen § 1 UWG (BGH GRUR 1957, 558, 559 „Bayern-Expreß") zustande gebracht worden sind, sind dennoch nicht nichtig nach § 134. Nichtig nach § 2 Abs 3 PBefG iVm § 134 sind hingegen Konzessionsübertragungsverträge im Taxigewerbe, wenn nicht gleichzeitig das ganze Unternehmen oder dessen wesentliche selbständige und abgrenzbare Teile übertragen werden (BGHZ 108, 364, 368 = NJW 1990, 1354 f; OLG Düsseldorf JR 1993, 113, 114; MünchKomm/MAYER-MALY/ARMBRÜSTER § 134 Rn 89; PALANDT/HEINRICHS § 134 Rn 17; SOERGEL/HEFERMEHL § 134 Rn 77; vgl auch OLG Düsseldorf NJW-RR 1993, 249). In diesen Grenzen ist die Verpachtung bzw der Verkauf einer Taxikonzession grundsätzlich auch nicht sittenwidrig iSv § 138 (BVerfG NJW 1990, 1352; OLG Düsseldorf NJW-RR 1990, 1079).

Polizeistundenverordnungen: s dazu § 18 GaststättenG.

268 Die Vorschriften der **PreisAngVO** (früher **PreisAuszVO**) regeln die äußeren Umstände des Vertragsabschlusses. Sie wollen zwar den Kunden in der Freiheit der Willensbildung bei Vertragsabschluss schützen. Ihre Verbote und Gebote, zB das Gebot der Angabe des effektiven Jahreszinses bei Darlehensangeboten oder das Verbot von Tagespreisklauseln, verbieten jedoch nicht darüber hinaus auch **Rechtsgeschäfte**, die unter Verstoß gegen diese Vorschriften abgeschlossen wurden. § 134 ist deshalb nicht anwendbar (BGH NJW 1974, 859; NJW 1979, 540, 541; WM 1979, 225, 228; WM 1980, 1111, 1113; NJW 1980, 2301, 2302; NJW 1982, 2436, 2437; ZIP 1982, 1044, 1046; ERMAN/PALM § 134 Rn 59d; MünchKomm/MAYER-MALY/ARMBRÜSTER § 134 Rn 68; PALANDT/HEINRICHS § 134 Rn 26; **aA** CANARIS, Gesetzliches Verbot … 38 f). Die Tatsache, dass die PreisAngVO den Kunden in der Freiheit seiner Willensbildung bei Vertragsabschluss schützen will, genügt nicht, ihre Verbote schon deshalb zu den Verbotsgesetzen iSv § 134 zu rechnen (**aA** CANARIS, Gesetzliches Verbot … 38 in Bezug auf das Gebot der Angabe des effektiven Jahreszinses). Nicht alle Vorschriften mit diesem Schutzzweck – zB § 123 – verbieten die betreffenden Rechtsgeschäfte.

269 **Preisrecht**: Unsere Rechtsordnung verbietet in einer größeren Anzahl von Vorschriften **überhöhte Preise**. Rechtsgeschäfte, die die gesetzlichen Preisgrenzen überschreiten, sind nicht ohne weiteres nach § 134 nichtig. Denn die Preisregelungen wenden sich nicht gegen preiswidrige Rechtsgeschäfte als solche, sondern nur gegen die überhöhten Preise. Auch die gesetzwidrige **Preisvereinbarung** ist nicht ingesamt nichtig, sondern nur **teilnichtig**. Es erfolgt eine geltungserhaltende Reduktion. Heftig umstritten ist allerdings der Umfang der geltungserhaltenden Reduktion, dh ob die Preisvereinbarung mit dem **marktüblichen** oder mit dem **höchstzulässigen** Preis fortgilt. Nach einer verbreiteten und mE zutreffenden Ansicht ist grundsätzlich nur derjenige Teil der Preisvereinbarung nichtig, der die zulässige **Höchstgrenze** überschreitet. Denn die Nichtigkeit kann nicht weiter reichen als das Verbot, und dieses wendet sich nur gegen den Teil des Preises, der die Grenze des Zulässigen überschreitet (BGHZ 89, 316, 321; BGH LM Nr 8 zu § 134 BGB; LG Stuttgart NJW-RR 1993, 279). Im Übrigen ist die Preisvereinbarung bis zur höchstzulässigen Grenze wirksam (RGZ 88, 250, 251 f; 166, 89, 96; 168, 91, 100; 168, 307, 313; BGHZ 11, 90, 95; 51, 174, 181; 60, 199, 205; 89, 316, 319, 321, 324; 108, 147, 150; 116, 77, 85 aE; OLG Hamm WuM 1982, 302; LG Hamburg NJW 1971, 1411; LG Mannheim NJW 1977, 1729, 1731; LG Stuttgart NJW-RR 1993, 279; ebenso im Schrifttum; ERMAN/PALM § 134 Rn 59a; SOERGEL/HEFERMEHL § 134 Rn 32, 62, 64; STAUDINGER/DILCHER[12] § 134 Rn 26; hingegen hält AMM 154 ff, 164 die Preisvorschriften nicht für Verbotsgesetze iSv § 134; PALANDT/HEINRICHS § 134 Rn 27).

Nach **aA** bleibt der Vertrag grundsätzlich zum **marktüblichen** bzw ortsüblichen bzw objektiv angemessenen Preis aufrechterhalten (so zu § 5 WiStG OLG Hamburg NJW 1983, 1004 [Ls] = ZMR 1983, 100; OLG Karlsruhe NJW 1982, 1161; OLG Stuttgart NJW 1981, 2365; LG Köln NJW 1965, 157, 159; CANARIS, in: FS Steindorff [1990] 519, 529 ff; MünchKomm/MAYER-MALY/ARMBRÜSTER § 134 Rn 107). Die **Teilnichtigkeit** der Preisabrede ist durch den Normzweckvorbehalt des § 134 gerechtfertigt. Denn der Zweck solcher Preisregelungen ist nicht die gänzliche Unterbindung preiswidriger Verträge, sondern die preisgünstige Versorgung der Abnehmer durch Aufrechterhaltung und Förderung der Rechtsgeschäfte zu angemessenen Preisen (RGZ 88, 250, 251; 166, 89, 96; 168, 307, 313; BGHZ 11, 90, 95; SOERGEL/HEFERMEHL § 134 Rn 62; vgl auch BGHZ 89, 316, 324). Wegen dieses Schutzzwecks führt idR auch § 139 nicht zur Gesamtnichtigkeit des Vertrags (BGH LM Nr 8 zu § 134 BGB; SOERGEL/HEFERMEHL § 134 Rn 62).

Die Rspr hat diese Grundsätze ursprünglich auf Geschäfte zur Deckung des täglichen **270** Bedarfs („täglichen Warenverkehrs", „regelmäßigen Handelsverkehrs") einschließlich der Wohnungsmiete beschränkt (RGZ 166, 89, 96; 168, 91, 100; 168, 307, 313; vgl aber auch RGZ 165, 385, 389, 393, wo im PreisbildungsG und in der PreisstopVO von 1936 kein Verbotsgesetz iSv § 134 gesehen wurde). Nichtigkeit des **gesamten** Rechtsgeschäfts wegen überhöhter Preise wurde hingegen angenommen bei Grundstücksverkäufen (RGZ 166, 89, 96 f; 168, 91, 100; 168, 307, 313; BGHZ 11, 90, 95 f) oder Jagdpachtverträgen (RGZ 168, 307, 312 f, 315). In diesen Fällen bestehe kein öffentliches Interesse an der Aufrechterhaltung des Rechtsgeschäfts zu zulässigen Preisen. Dies hatte zur Folge, dass beim Grundstückskauf der Käufer einen bereits bezahlten überhöhten Kaufpreis wegen § 817 S 2 analog nicht zurückverlangen konnte (BGHZ 11, 90, 96), während bei Nichtigkeit auch der Auflassung der Verkäufer die Rückgabe des ihm verbliebenen Eigentums betreiben konnte, ohne dass dem § 817 S 2 analog entgegenstand. Der Käufer hatte daher ebenso ein Interesse an der Verschleierung des wahren Sachverhalts wie der Verkäufer, der einen unzulässig hohen Preis erzielen wollte. Dies führte zu einem „Bündnis der Vertragsparteien gegen die Preisbehörden" (BGHZ 11, 90, 96), das durch die PrÜbVO 1952 dadurch gesprengt werden sollte, dass der Käufer den Kaufpreis, soweit er die Höchstgrenze überschritt, zurückverlangen konnte. Bereits diese Korrektur der Rechtsfolgen der Anwendung der §§ 134, 812, 817 zeigt die Fragwürdigkeit der Ansicht, dass Verträge über Güter, die nicht der Deckung des täglichen Bedarfs dienen, zu überhöhten Preisen insgesamt nichtig sind (ERMAN/PALM § 134 Rn 59a; SOERGEL/HEFERMEHL § 134 Rn 62). Gesetzliche Preisbegrenzungen wollen nicht nur bei Geschäften des täglichen Bedarfs, sondern ganz allgemein überhöhte Preise verhindern, nicht jedoch ganze Rechtsgeschäfte zu überhöhten Preisen vernichten. Deshalb ist mit der hM auch bei „sonstigen Rechtsgeschäften", die nicht der Deckung des täglichen Bedarfs dienen, bei überhöhten Preisen nicht das ganze Rechtsgeschäft nichtig, sondern nur die Preisvereinbarung, soweit sie das gesetzliche Limit überschreitet. Es gilt also inzwischen der **allgemeine Grundsatz**, dass bei einem Verstoß gegen eine preisrechtliche Norm der Vertrag mit dem höchstzulässigen Preis bestehenbleibt.

271 Preisvereinbarungen sind daher bis zum höchstzulässigen Preis wirksam bei Verstößen gegen die Preisgrenzen der folgenden Gesetze: § 5 **BaupreisVO** iVm § 2 PreisG (BGHZ 51, 174, 181; SOERGEL/HEFERMEHL § 134 Rn 63); § 4 u § 10 **HOAI** (BGHZ 60, 199, 205; NJW 1993, 661; NJW 1998, 2672; ERMAN/PALM § 134 Rn 26; BGH NJW-RR 1999, 1107 = WM 1999, 1841, 1842; PALANDT/HEINRICHS § 134 Rn 27; SOERGEL/HEFERMEHL § 134 Rn 64); § 5 **BKleingartenG** betr die Höchstpacht für Kleingärten (BGHZ 108, 147, 150; PALANDT/HEINRICHS § 134 Rn 26); § 5 **WiStG** (BGHZ 89, 316, 321, 324; OLG Hamm WuM 1982, 302; LG Mannheim NJW 1977, 1729, 1731; LG Hamburg NJW 1971, 1411; LG Stuttgart NJW-RR 1993, 279; ERMAN/PALM § 134 Rn 59, 59a; LARENZ/WOLF, AT § 40 II 2 Rn 22, 23; SOERGEL/HEFERMEHL § 134 Rn 62, 63; diese Ansicht ist verfassungsmäßig, BVerfG NJW 1994, 993 f; krit CANARIS, Gesetzliches Verbot ... 28 ff; J HAGER JuS 1985, 264; für Reduzierung auf den marktüblichen bzw angemessenen Mietzins hingegen OLG Stuttgart NJW 1981, 2365; OLG Karlsruhe NJW 1982, 1161 f; OLG Hamburg NJW 1983, 1004 [LS] = ZMR 1983, 100; LG Köln NJW 1965, 157, 159; CANARIS, in: FS Steindorff [1990] 519, 529 f; PALANDT/HEINRICHS § 134 Rn 27); § 8 Abs 2 **WoBindG** in Bezug auf Mieten (ERMAN/PALM § 134 Rn 59, 59a; PALANDT/HEINRICHS § 134 Rn 26, 27; SOERGEL/HEFERMEHL § 134 Rn 63); bei devisenrechtlich genehmigten Darlehenszinssätzen (BGHZ 116, 77, 85). Wenn bei einem Möbelübernahmevertrag (Abstands-, Ablösevereinbarung) zwischen dem alten und dem neuen Mieter der vereinbarte Kaufpreis den Wert der Möbel übersteigt, ist dies bei preisgebundenen Mieträumen eine Umgehung der Mietpreisbindung und damit ein Verstoß gegen das Verbot mittelbarer Mietpreiserhöhungen durch § 29 BMietG; der Möbelübernahmevertrag bleibt zum zulässigen Preis – dh zum tatsächlichen Wert der Möbel – aufrechterhalten (BGH WM 1977, 345, 346). Vgl auch die §§ 20 ff GüKG (PALANDT/HEINRICHS § 134 Rn 26, 27), aufgehoben durch das Tarifaufhebungsgesetz vom 13. 8. 1993 (BGBl I 1489; VO TS Nr 12/58, geändert durch VO vom 1. 3. 1994 BGBl I 388). Ebenso früher bei Verstößen gegen die PrÜbVO 1952 (BGHZ 11, 90, 95), das PreisbildungsG und die PreisstopVO 1936 (RGZ 166, 89, 96; 168, 91, 100; 168, 307, 313; BGH LM Nr 8 zu § 134 BGB), das HöchstpreisG von 1914 (RGZ 88, 250, 251 f).

272 **RBerG**: Ein Geschäftsbesorgungsvertrag, den ein nicht zugelassener Rechtsberater unter Verstoß gegen Art 1 § 1 RBerG mit einem Rechtsuchenden geschlossen hat, ist nach § 134 nichtig (grundlegend BGHZ 37, 258, 262; ebenso BGHZ 47, 364, 369; 50, 90 ff; 61, 317, 324; 70, 12, 16 f; NJW 1975, 38, 40; BGHZ 102, 128, 130; BGHZ 110, 363, 369 = NJW 1990, 1721; BGH NJW 1995, 516; WM 1995, 1586, 1587; NJW 1995, 3122, 3124; NJW 1996, 1954, 1955; NJW 1998, 1955; NJW 1999, 1717; NJW 2000, 69; JZ 2001, 95, 96; NJW 2000, 1560, 1562; VersR 2002, 622, 623; NJW 2001, 3774, 3775; BGHZ 145, 265 = NJW 2001, 70; NJW 2001, 3774; NJW 2002, 66, 67; NJW 2002, 2325, 2326; WM 2003, 247, 248; ebenso die nahezu einhellige Meinung im Schrifttum; krit jedoch WESTPHAL 144 ff; ders BB 1985, 752, 753). Der Zweck dieser Vorschrift, Rechtsuchende vor den Gefahren einer ungenügenden und nicht sachgerechten Beratung und Vertretung zu schützen, kann nur durch die Nichtigkeit des verbotswidrigen Geschäftsbesorgungsvertrages erreicht werden (BGH NJW 2000, 1560, 1562) Denn es widerspräche dem Zweck des RBerG, wenn der Rechtsberater vertraglich verpflichtet wäre, seine unerlaubte und strafbare Tätigkeit auszuüben und fortzusetzen (BGHZ 37, 258, 262). Damit haben weder der unbefugte Rechtsberater noch der

Rechtssuchende Ansprüche auf Vertragserfüllung. Dem unbefugten Rechtsberater stehen auch keine Vergütungsansprüche wegen Geschäftsführung ohne Auftrag nach § 683 iVm § 670 zu, da er seine gesetzwidrige Tätigkeit nicht den Umständen nach für erforderlich halten durfte (BGH NJW 2000, 1560, 1562 mwNw). Der unbefugte Rechtsberater ist wegen seiner Leistungen auf Ansprüche aus ungerechtfertigter Bereicherung angewiesen (BGHZ 37, 263; BGH NJW 2000, 1560, 1562). Bereicherungsansprüche sind jedoch nach § 817, S 2 ausgeschlossen, wenn sich der Leistende seines Gesetzesverstoßes bewusst war (BGH NJW 2000, 1560, 1562). Dadurch wird eine Umgehung des mit der Anwendung von § 134 iVm Art 1 § 1 RBerG verfolgten Zwecks vermieden (BGH NJW 2000, 1560, 1562). Dem Schutzzweck des RBerG entsprechend hat der BGH erwogen, jedoch ursprünglich offen gelassen, den Teil der dem Rechtssuchenden erwachsenen Rechte von der Nichtigkeit auszunehmen, der geeignet ist, ihn zu schützen, so dass ihm zB der Rechtsberater unmittelbar nach Auftragsrecht, §§ 662 ff, haften würde (BGHZ 37, 263). Später hat er jedoch entschieden, dass ein Vertrag nach § 139 auch dann **insgesamt nichtig** ist, wenn er zugleich auch erlaubte Tätigkeit des Rechtsberaters umfasst (BGHZ 50, 90, 92; 70, 12, 17, NJW 2000, 69; JZ 2001, 95, 96; PALANDT/HEINRICHS § 134 Rn 21). Insoweit ist jedoch bei der Anwendung von § 817 S 2 analog zwischen erlaubten und unerlaubten Teilen des Vertrags zu unterscheiden (BGHZ 50, 90, 92 aE). Wenn eine Bank bei der Abwicklung eines Unfallschadens gegen das RBerG verstößt und in diesem Zusammenhang einen Kredit gewährt (**„Unfallhelfer-Kreditvertrag"**), erstreckt sich die Nichtigkeit nach § 134 auch auf den Kreditvertrag (BGH NJW 1977, 38, 40; NJW 1977, 431 f; NJW 1998, 1955; ERMAN/PALM § 134 Rn 63d) und eine eventuelle Bürgschaft für den Kredit (OLG Frankfurt OLGZ 1979, 56; ERMAN/PALM § 134 Rn 63d). Die Nichtigkeit eines Geschäftsbesorgungsvertrags nach § 134 erstreckt sich nach dem Zweck des RBerG auch auf eine dem Geschäftsbesorger dafür erteilte Vollmacht. Dass es sich bei der **Vollmacht** um ein einseitiges Rechtsgeschäft handelt und das Verbot unerlaubter Rechtsberatung sich nicht gegen den Vollmachtgeber richtet, ist angesichts des Schutzzwecks des RBerG unerheblich; so der III. ZS des BGH am 11. 10. 2001 (BGH NJW 2002, 66, 67; ebenso der II. ZS des BGH WM 2003, 247, 248; OLG Brandenburg WM 2002, 2197, 2199; vgl auch BGH XI. ZS NJW 2002, 2325, 2326; OLG Naumburg WM 2002, 2200, 2203). Abweichend hiervon hat der XI. ZS des BGH am 18. 9. 2001 entschieden, dass die Nichtigkeit des Treuhandvertrags nicht ohne weiteres die der Treuhänderin erteilte Vollmacht erfasse. Insoweit komme es nach st Rspr des BGH entscheidend darauf an, ob die Vollmacht mit dem Grundgeschäft nach dem Willen der Parteien zu einem einheitlichen Rechtsgeschäft iSv § 139 verbunden war (BGH NJW 2001, 3774, 3775 mwNw; NJW 2002, 2325, 2326). Jedoch sind Verträge zwischen dem Auftraggeber und Dritten, zB Darlehensverträge, Grundschuldbestellungen und Grunderwerbsverträge, die von einem unzulässig tätigen Rechtsbesorger vermittelt werden, trotz ihres engen Zusammenhangs mit der unzulässigen Rechtsberatung nach § 134 oder nach § 139 nichtig (BGH NJW 1998, 1955, 1956; OLG Naumburg WM 2002, 2200, 2203; **aA** OLG Brandenburg WM 2002, 2197, 2199). Etwas anderes kann jedoch gelten, wenn diese Dritten mit dem unbefugten Rechtsbesorger in einer Weise zusammenarbeiten, dass ihre Tätigkeit als Beteiligung an der unerlaubten Rechtsbesorgung angesehen werden muss, zB in den erwähnten Unfallhilfefällen das Zusammenwirken von Rechtsanwälten, Mietwagenunternehmen und Banken (BGH NJW 1998, 1955). Auch ein **Gesellschaftsvertrag**, dessen Zweck gegen Art 1 § 1 RBerG verstößt, ist nach § 134 nichtig; die Grundsätze über die fehlerhafte Gesellschaft gelten nicht (BGH WM 2003, 247, 249 sub III). Vom Geschäftsbesorger abgeschlossene Verträge sind allerdings **nach § 177** unwirksam, wenn die Vollmacht nach § 134 iVm

RBerG nichtig ist (BGH NJW 2002, 2325, 2326). Es gelten dann die Grundsätze der Rechtsscheinhaftung (BGH NJW 2002, 2325, 2326 f).

273 Ein Baubetreuungsvertrag zwischen einem Bauunternehmer und einem Architekten, der auch die Vorbereitung und Abfassung der Verträge mit den Erwerbern von Eigentumswohnungen und mit dem Hausverwalter vornehmen sollte, verstößt gegen das RBerG und ist insgesamt nach § 134 nichtig, obwohl er auch erlaubte Tätigkeiten umfasst. Der Bauunternehmer kann die an den Architekten bereits geleistete Zahlung nach § 812 zurückverlangen, soweit dieser durch sie bereichert ist. Umgekehrt kann der Architekt seinerseits bereicherungsrechtlich vom Bauunternehmer den Wert der von ihm erbrachten Leistungen ersetzt verlangen, der nach der Höhe der üblichen oder (mangels einer solchen) der angemessenen Vergütung zu bestimmen ist, sofern der Bauunternehmer entsprechende Auslagen erspart hat (BGHZ 70, 12, 16 f; SOERGEL/HEFERMEHL § 134 Rn 60). § 817 S 2 analog ist nicht anwendbar, wenn sich der Architekt des Verstoßes gegen das RBerG nicht bewusst war (BGHZ 70, 12, 18). Nichtig ist ferner ein Gesellschaftsvertrag (stille Gesellschaft), dessen Zweck eine ungenehmigte Inkassotätigkeit ist, die gegen das RBerG verstößt (BGHZ 62, 234, 240 = NJW 1974, 1201, 1202). Die Nichtigkeit erstreckt sich auch auf die eventuelle **Abtretung** von Forderungen zum Zwecke der Einziehung (BGH NJW 1995, 516 = WM 1993, 2214; BGH NJW 1976, 38, 40; WM 1978, 1062, 1063; BGHZ 61, 317, 324; 47, 364, 369; BAG NJW 1993, 2701, 2703; vgl auch BGH NJW 1994, 997, 998 zu 2). Wenn sich eine Schutzgemeinschaft von Kleinaktionären in der Rechtsform eines eingetragenen Vereins Schadensersatzansprüche von Mitgliedern zum Zwecke der Einklagung abtreten lässt, so betreibt sie unerlaubte Rechtsbesorgung; die Abtretung der vermeintlichen Ansprüche ist wegen Verstoßes gegen das RBerG nach § 134 nichtig und der Verein für deren gerichtliche Geltendmachung nicht aktivlegitimiert. Nicht gegen das RBerG verstoßen das echte und das unechte **Factoring** durch eine Bank, da der Factor keine fremden, sondern eigene Rechtsangelegenheiten besorgt (BGHZ 58, 364, 367 betr unechtes Factoring; BGHZ 76, 119, 125 betr echtes Factoring; SOERGEL/HEFERMEHL § 134 Rn 59); es sind echte Kreditgeschäfte, so dass die zu diesem Zweck vorgenommenen Verträge, Forderungsabtretungen und Bürgschaften nicht nach § 134 nichtig sind (BGHZ 58, 364, 366 f; 76, 119, 127;. ausführliche Nachweise zu einzelnen Verstößen gegen das RBerG bei PALANDT/ HEINRICHS § 134 Rn 21; vgl auch BVerfG ZIP 2002, 2048).

274 Art 4 **ScheckG**, wonach ein Scheck nicht angenommen werden kann, schließt nicht nach § 134 aus, dass sich der Bezogene außerhalb des Schecks vertraglich wirksam zur Einlösung des Schecks verpflichtet (BGH WM 1956, 1293; WM 1975, 466; OLG Karlsruhe WM 1971, 877, 879; ERMAN/PALM § 134 Rn 65; MünchKomm/MAYER-MALY/ARMBRÜSTER § 134 Rn 74; SOERGEL/HEFERMEHL § 134 Rn 84). Auch das sog **Scheckrückgabeabkommen** führt nicht über § 134 zur Nichtigkeit einer solchen Einlösungszusage (OLG Karlsruhe WM 1971, 877, 879; SOERGEL/HEFERMEHL § 134 Rn 84; nach MAYER-MALY, in: FS Hefermehl [1976] 103, 110 ist das Scheckrückgabeabkommen schon kein Verbotsgesetz iSv § 134; vgl auch MünchKomm/ MAYER-MALY § 134 Rn 61). Die Regelung des Art 32 ScheckG, wonach ein Widerruf des Schecks erst nach Ablauf der Vorlegungsfrist wirksam ist, verbietet nicht iSv § 134, dass sich der Bezogene verpflichtet, einen Widerruf des Schecks vor Ablauf der Vorlegungsfrist zu beachten (BGHZ 35, 217, 220 = NJW 1961, 1718; BAUMBACH/HEFERMEHL, Wechsel- und ScheckG, ScheckG Art 32 Rn 2; ERMAN/PALM § 134 Rn 65; MAYER-MALY, in: FS Hefermehl 103, 110; PALANDT/HEINRICHS § 134 Rn 22; SOERGEL/HEFERMEHL § 134 Rn 84).

SchwArbG*

a) Dieses Gesetz untersagt in § 1, Schwarzarbeit zu „erbringen", und in § 2, **275** Schwarzarbeit „ausführen zu lassen", sowie in § 4 die Werbung für Schwarzarbeit in Medien. Damit verfolgt es mehrere sozialpolitische Anliegen. Zum einen will es die Minderung des Steueraufkommens und des Beitragsaufkommens zur Sozial- und Arbeitslosenversicherung verhindern (Begr RegE BT-Drucks II/1111 S 3 f; Begr zum ÄnderungsG BT-Drucks 9/192 S 5; BGHZ 85, 39, 43; 89, 369, 374; 111, 308, 313) und damit zugleich die Sozial- und Arbeitslosenversicherung der Arbeitnehmer sicherstellen. Außerdem will es die Gefährdung gewerblicher, insbesondere handwerklicher Betriebe durch Lohn- und Preisunterbietungen verhindern, die vor allem auch durch die Hinterziehung von Steuern und Sozialversicherungsbeiträgen ermöglicht werden (BGHZ 85, 39, 43; 89, 369, 373 f; 111, 308, 313). Damit will es auch der erhöhten Arbeitslosigkeit in vielen Berufszweigen entgegenwirken (BGHZ 85, 39, 43; 89, 369, 373 aE; 111, 308, 312 f). Schließlich will dieses Gesetz die Auftraggeber vor minderwertigen Leistungen und vor der unsachgemäßen Verwendung von Rohmaterialien sowie davor schützen, dass sie bei fehlerhafter Werkleistung keine Gewährleistungsansprüche haben (Amtliche Begr BT-Drucks II/1111 und 9/192; BGHZ 89, 369, 374; 111, 308, 313). Das SchwArbG droht sowohl dem Auftragnehmer als auch dem Auftraggeber Geldbußen an. Es will Schwarzarbeit generell verbieten und den Leistungsaustausch verhindern. Es ist ein beiderseitiges Verbotsgesetz iSv § 134 (BGHZ 85, 39, 43 f; 89, 369; 111, 308, 311, 313; BGH NJW 1985, 2403; OLG Hamm NJW-RR 1977, 722).

b) Welche Rechtsfolgen Verstöße gegen das SchwArbG haben, ist heftig umstrit- **276** ten. In Übereinstimmung mit der Rspr soll zunächst zwischen **beiderseitigen** und **einseitigen** Verstößen unterschieden werden. Schwarzarbeitsverträge sind nach § 134 ex tunc nichtig, wenn **beide** Parteien gegen das SchwArbG verstoßen; so die Rspr und die hL.** Nichtigkeit ist auch dann anzunehmen, wenn der Auftraggeber

---

* **Schrifttum:** Benöhr, Rechtsfragen des Schwarzarbeitsgesetzes, BB 1975, 232; Buchner, Schwarzarbeit und Rechtsordnung, GewArch 1990, 41; Helf, Zivilrechtliche Folgen eines Verstoßes gegen das SchwarzarbeitsG (1986); Iro, Zivilrechtliche Probleme bei Verträgen mit Schwarzarbeitern, ÖJBl 1987, 1; Kern, Die zivilrechtliche Beurteilung von Schwarzarbeitsverträgen, in: FS Gernhuber (1993) 191; ders, Der geprellte Schwarzarbeiter – BGHZ 111, 308, JuS 1993, 193; Köhler, Schwarzarbeitsverträge: Wirksamkeit, Vergütung, Schadensersatz, JZ 1990, 466; Sannwald, Das Gesetz zur Bekämpfung der Schwarzarbeit und Nebengesetze (1988); Schmidt, Nichtigkeit von Schwarzarbeitsverträgen, MDR 1966, 463; Sonnenschein, Schwarzarbeit, JZ 1976, 497; Thilenius, Die Nichtigkeit von Schwarzarbeitsverträgen (Diss Hamburg 1980); Tiedtke, Baubetreuungsvertrag und Schwarzarbeit, NJW

1983, 713; ders, Die gegenseitigen Ansprüche des Schwarzarbeiters und seines Auftraggebers, DB 1990, 2307; Voss, Vertragliche und gesetzliche Ansprüche des Schwarzarbeiters (1994).
** BGHZ 85, 39, 42, 44, 46; BGH NJW 1985, 2403, 2404; BGHZ 111, 308, 311, 313; OLG Celle JZ 1973, 246; OLG Köln NJW-RR 1990, 251; Erman/Palm § 134 Rn 66; BGB-RGRK/Krüger-Nieland/Zöller § 134 Rn 58; Köhler, BGB AT § 13 Rn 12; Medicus, AT Rn 651; Blomeyer, in: MünchArbR § 54 Rn 39 S 882; Palandt/Heinrichs § 134 Rn 22; Soergel/Hefermehl § 134 Rn 16, 55; Sonnenschein JZ 1976, 497, 499; Staudinger/Dilcher[12] § 134 Rn 17; Schmidt MDR 1966, 463, 464; Tiedtke NJW 1983, 713; Voss 82; **aA** LG Osnabrück BB 1964, 904; Buchner GewArch 1990, 41, 42 f; Westphal 140 ff, 143; krit auch Schubert JR 1985, 148.

zwar nicht selbst verbotswidrig handelt, aber den Verstoß gegen das SchwArbG durch den Vertragspartner kennt und diesen bewusst zum eigenen Vorteil ausnutzt (BGH NJW 1985, 2403, 2404; ERMAN/PALM § 134 Rn 66; KÖHLER JZ 1990, 466, 467; PALANDT/ HEINRICHS § 134 Rn 22; SONNENSCHEIN JZ 1976, 497, 502 f; Voss 82; **aA** wohl OLG Celle JZ 1973, 246, 247). Denn der Zweck des SchwArbG, nämlich die Verhinderung von Schwarzarbeit, lässt sich nur erreichen, wenn solche Verträge nicht als rechtswirksam angesehen werden (BGHZ 85, 39, 44; 111, 308, 311, 313; TIEDTKE NJW 1983, 713, 716). Der **Auftraggeber** hat deshalb in diesen Fällen weder Erfüllungsansprüche, noch Ersatzansprüche wegen Nichterfüllung (BGHZ 85, 39, 49; ERMAN/PALM § 134 Rn 66; SONNENSCHEIN JZ 1976, 497, 499; **aA** SOERGEL/HEFERMEHL § 134 Rn 55) oder aus pVV (ERMAN/PALM § 134 Rn 66; **aA** SOERGEL/HEFERMEHL § 134 Rn 55), noch Mängelgewährleistungsansprüche (Amtl Begr BT-Drucks 9/192 S 5; BGHZ 111, 308, 314; vgl auch BGHZ 89, 369, 374; ERMAN/PALM § 134 Rn 66; KERN, in: FS Gernhuber 191, 198; KÖHLER JZ 1990, 466, 471 mit Fn 42; PALANDT/HEINRICHS § 134 Rn 22; TIEDTKE NJW 1983, 713, 715 f; **aA** OLG Celle JZ 1973, 246, 247; SOERGEL/HEFERMEHL § 134 Rn 55). Der **Schwarzarbeiter** seinerseits hat ebenfalls keine vertraglichen Erfüllungsansprüche, auch wenn er die vereinbarte Arbeitsleistung schon erbracht hat (BGHZ 111, 308; SONNENSCHEIN JZ 1976, 497, 501; TIEDTKE NJW 1983, 713, 715). Nichtigkeit ist auch dann anzunehmen, wenn der Vertrag von beiden Seiten erfüllt worden ist (ERMAN/PALM § 134 Rn 66; SONNENSCHEIN JZ 1976, 497, 500). Denn auch in diesem Fall wirkt zumindest das Risiko, bei Leistungsstörungen keine Vergütungsansprüche zu haben, generalpräventiv.

277 Der Normzweck des SchwArbG wirkt auch in andere Anspruchsgrundlagen hinein. So erfüllen die Leistungen eines Schwarzarbeiters zwar die Voraussetzungen der §§ 677 ff. Er hat jedoch keinen Anspruch auf Aufwendungsersatz nach § 683 iVm § 670, da er wegen des Verbots der Schwarzarbeit seine Aufwendungen nicht für erforderlich halten durfte (BGHZ 111, 308, 311; CANARIS NJW 1985, 2404, 2405; ERMAN/PALM § 134 Rn 66; KÖHLER JZ 1990, 466, 469; SONNENSCHEIN JZ 1976, 497, 501). Zum gleichen Ergebnis gelangt die Ansicht, nach der die §§ 812 ff eine abschließende bzw speziellere Regelung enthalten als die §§ 677 ff (KÖHLER JZ 1990, 466, 469). Denn auch **bereicherungsrechtliche** Ansprüche des Schwarzarbeiters werden vom Normzweck des Verbotsgesetzes beeinflußt. Aus § 812 iVm § 818 Abs 2 kann der Schwarzarbeiter nach Ansicht des BGH für seine erbrachten Leistungen zwar Wertersatz verlangen. Dies sei jedoch abweichend von der herrschenden objektiven Theorie zu § 818 Abs 2 nicht der marktübliche Preis, sondern höchstens das – niedrigere – von den Parteien vereinbarte Entgelt; denn der Schwarzarbeiter könne im Wege des Bereicherungsausgleichs keinesfalls mehr erlangen, als er mit seinem Auftraggeber – in nichtiger Weise – vereinbart hat (BGHZ 111, 308, 314; KÖHLER JZ 1990, 466, 469). Außerdem sind hiervon in aller Regel wegen der mit der Schwarzarbeit verbundenen Risiken – der Auftraggeber hat ua keine vertraglichen Gewährleistungsansprüche – erhebliche Abschläge angebracht (BGHZ 111, 308, 314).

278 Wertersatzansprüche des Schwarzarbeiters aus § 818 Abs 2 scheitern nach Ansicht des BGH nicht an § 817 S 2 analog (BGHZ 111, 308, 312 f; ebenso KÖHLER JZ 1990, 466, 469; SOERGEL/HEFERMEHL § 134 Rn 55; SONNENSCHEIN JZ 1976, 497, 501 f; ebenso im Ergebnis Münch-Komm/MAYER-MALY/ARMBRÜSTER § 134 Rn 77). Zwar sind bei beiderseitiger Bösgläubigkeit die Voraussetzungen des § 817 S 2 analog erfüllt, wenn ein Schwarzarbeiter für erbrachte Leistungen Wertersatz verlangt (BGHZ 111, 308, 312; **aA** KÖHLER und SONNENSCHEIN aaO). Nach Ansicht des BGH wäre es jedoch mit den Grundsätzen von Treu und Glauben, die auch das Bereicherungsrecht beherrschen, unvereinbar, wenn der Bereicherte den Wert des ohne rechtlichen Grund (BGH: „rechtswidrig") Erlangten nicht erstatten müsste, sondern unentgeltlich behalten könnte (BGHZ 111, 308, 312; ebenso im Ergebnis KÖHLER aaO). Denn bei Schwarzarbeitsverträgen sei dem Zweck des SchwArbG mit dem Ausschluss **vertraglicher** Ansprüche Genüge getan (BGHZ 111, 308, 313). Hingegen sei es zur Durchsetzung der Ziele des SchwArbG nicht unabweisbar geboten, dass der Besteller von Schwarzarbeit die Leistungen auf Kosten des vorleistenden Schwarzarbeiters unentgeltlich soll behalten dürfen (BGHZ 111, 308, 313). Denn der Ausschluss vertraglicher Ansprüche verbunden mit der Gefahr der Strafverfolgung und der Pflicht zur Nachzahlung von Steuern und Sozialabgaben bei Bekanntwerden der Schwarzarbeit entfalte bereits die vom Gesetzgeber gewünschte generalpräventive Wirkung (BGHZ 111, 308, 313). Die Gewährung eines bereicherungsrechtlichen Ausgleichs stehe dieser generalpräventiven Wirkung nicht entgegen (BGHZ 111, 308, 313). Außerdem solle der wirtschaftlich meist stärkere Auftraggeber keinesfalls günstiger behandelt werden als der wirtschaftlich schwächere Schwarzarbeiter (Amtl Begr BT-Drucks II/1111 S 10). Deshalb entspreche es nicht der Billigkeit, dem durch die Verleitung begünstigten Auftraggeber den durch nichts gerechtfertigten Vorteil unentgeltlich zu belassen (BGHZ 111, 308, 313). Diese Ansicht ist jedoch wegen des Zwecks des SchwArbG, Schwarzarbeit möglichst wirkungsvoll zu unterbinden, abzulehnen (so im Ergebnis zutreffend unter Anwendung von § 817 S 2 analog OLG Koblenz DB 1975, 2125, 2126; OLG Oldenburg GewArch 1978, 228, 229; BGB-RGRK/KRÜGER-NIELAND/ZÖLLER § 134 Rn 58; KERN, in: FS Gernhuber 191, 203; LARENZ/CANARIS § 63 III 3g; MünchKomm/LIEB § 817 Rn 14; SCHMIDT MDR 1966, 463, 464; SOERGEL/HEFERMEHL § 134 Rn 55; STAUDINGER/LORENZ [1999] § 817 Rn 10; TIEDTKE NJW 1983, 713, 715; ders DB 1990, 2307, 2310). Zwar ist der konkrete Schwarzarbeitsvertrag erfüllt, und in Bezug auf diesen Vertrag kann das SchwArbG keine Wirkung mehr entfalten. Der über § 242 gewährte Schutz mindert jedoch das Risiko von Schwarzarbeitsverträgen und nimmt damit dem Schwarzarbeitsverbot einen Teil seiner Wirkung.

c)   Bei einem nur **einseitigen** Verstoß gegen das SchwArbG, sofern das beauftragte **279** Unternehmen ohne Wissen des Auftraggebers gegen dieses Gesetz verstößt, hält der BGH den betreffenden Vertrag nicht für unwirksam nach § 134 (BGHZ 89, 369, 373 = NJW 1984, 1175; BGH NJW 1985, 2403, 2404; NJW-RR 2002, 557; OLG Celle JZ 1973, 246 ff; OLG Düsseldorf NJW-RR 1998, 1710; LG Osnabrück BB 1964, 904; MEDICUS, AT Rn 651; BUCHNER GewArch 1990, 41, 42; PALANDT/HEINRICHS § 134 Rn 22; SONNENSCHEIN JZ 1976, 497, 502; aA LG Bonn NJW-RR 1991, 180; LG Mainz NJW-RR 1998, 48; CANARIS NJW 1985, 2404, der halbseitige Nichtigkeit annimmt; KERN, in: FS Gernhuber 191, 198; VOSS 59, 82, 146; WITTMANN BB 1964, 904, 905; SCHMIDT MDR 1966, 463, 464). Dies ist richtig, soweit es die Rechte des Auftraggebers betrifft. Keine der oben genannten Zielsetzungen des SchwArbG erfordert bei nur einseitigen Zuwiderhandlungen die Nichtigkeit des Vertrags. Vielmehr gebieten es die berechtigten Interessen des gesetzestreuen Auftraggebers, ihm seine Erfüllungs- und Gewährleistungsansprüche zu belassen und ihn nicht auf unzureichende Ersatzansprüche delikts- und bereicherungsrechtlicher Natur zu verweisen (BGHZ 89, 369, 374; CANARIS NJW 1985, 2404 f). Vertragliche Erfüllungsansprüche geben dem Auftraggeber das Recht, die Aufnahme bzw Fortsetzung der vereinbarten Tätigkeit zu erzwingen (BGHZ 89, 369, 374; aA BUCHNER GewArch 1990, 41, 43). Zwar kann niemand zur Erbringung einer gesetzwidrigen Leistung verurteilt werden (BUCHNER GewArch 1990, 41, 43; vgl auch OLG Celle JZ 1973, 246, 247; SCHMIDT MDR 1966, 463, 464; SOERGEL/HEFERMEHL § 134 Rn 55; WITTMANN BB 1964, 904). Werkverträge brauchen jedoch vom Beauftragten, wenn nicht höchstpersönliche Leistungen vereinbart wurden, idR nicht in Person erfüllt zu werden (BGHZ 89, 369, 374; KÖHLER JZ 1990, 466, 467; SONNENSCHEIN JZ 1976, 497, 499). Der beauftragte „Schwarzarbeiter" kann daher und muss seinen Pflichten in der Weise nachkommen, dass er die Ausführung der Arbeiten auf einen eingetragenen Handwerksbetrieb überträgt (BGHZ 89, 369, 374; BENÖHR NJW 1975, 1970, 1971; ders BB 1975, 232, 235). Darin ist keine – unzulässige – Umdeutung des Werkvertrags in einen Werkverschaffungsvertrag zu sehen (aA KERN, in: FS Gernhuber 191, 197). Die Pflicht zur Erfüllung mit Hilfe erlaubter Arbeit dient auch den Zielen des SchwArbG: Sicherung des Steuer- und Sozialversicherungsaufkommens; Sicherung des rechtstreuen Handwerks (BGHZ 89, 369, 374). Außerdem bleibt die generalpräventive Funktion des SchwArbG erhalten, da „Schwarzarbeiter" wegen der vertraglichen Erfüllungs- und Haftungspflichten erhebliche Kostennachteile befürchten müssen und somit eher auf den Abschluss von Schwarzarbeitsverträgen verzichten werden (BGHZ 89, 369, 374 f). Andererseits wird der rechtstreue Auftraggeber der Notwendigkeit enthoben, unzumutbare Nachforschungen über den handwerksrechtlichen Status seines Vertragspartners anstellen zu müssen (BGHZ 89, 369, 375). Erfährt der Auftraggeber nach Vertragsabschluss, dass sein Vertragspartner die Arbeit in „Schwarzarbeit" erfüllen will, so hat er die Wahl, ob er den Vertrag durchführen, aus wichtigem Grunde kündigen oder wegen des arglistigen Verhaltens seines Vertragspartners gar anfechten will (BGHZ 89, 369, 375). Entstehen dem Auftraggeber durch verbotswidriges Handeln des „Schwarzarbeiters", zB wegen Nichtfortführung angefangener Arbeiten oder wegen der Notwendigkeit von Nachbesserungen, Mehraufwendungen, so hat er Schadensersatzansprüche wegen pVV (BGHZ 89, 369, 375 f). Nach der **Gegenansicht**, die alle Formen von Schwarzarbeitsverträgen für nichtig hält, bieten die §§ 309, 307 (jetzt §§ 280, 311 Abs 2, 241 Abs 2) dem gutgläubigen Auftraggeber ausreichenden Schutz (KERN, in: FS Gernhuber 191, 198). Soweit es bei einem einseitigen bewussten Verstoß gegen das SchwArbG Ansprüche des Werkunternehmers betrifft, hat das LG Bonn entschieden, der Vertrag sei „zumindest insoweit nichtig, als durch ihn ein Vergütungsanspruch des Werkunternehmers begründet werden sollte" (LG Bonn NJW-RR 1991, 180 f). Es bestehe **„halbseitige Teilnichtigkeit"**. Das folgert das LG im Ergebnis zutreffend aus einer teleologischen Interpretation des SchwArbG. Es bestehe kein Grund, dem Werkunternehmer deshalb einen Werklohnanspruch zuzubilligen, nur weil dem Auftraggeber der Verstoß nicht bekannt war (LG Bonn aaO; CANARIS NJW 1985, 2404, 2405). Bereicherungsrechtliche Ansprüche seien wegen § 817 S 2 analog nicht begründet. Bei einseitigen Verstößen stehe § 242 der Anwendung von § 817 S 2 analog nicht entgegen (LG Bonn aaO).

280 **d)** Nach dem Normzweck des SchwArbG ist auch folgendes Problem, mit dem sich der BGH zu befassen hatte, zu entscheiden: Die von einem Bauunternehmen, das vereinbarungsgemäß Schwarzarbeiter einsetzen sollte, zugesagten Bauarbeiten waren fast vollständig erbracht worden und der mit dem Auftraggeber vereinbarte Festpreis war ebenfalls – bis auf einen kleinen Restbetrag von ca DM 4.000,– – fast vollständig bezahlt worden. Nunmehr erhielt der Auftraggeber vereinbarungsgemäß noch Rechnungen von Lieferanten über Materiallieferungen in Höhe von ca DM 45.000,–, die – ebenfalls vereinbarungsgemäß – vom Bauunternehmer im Rahmen des vereinbarten Festpreises beglichen werden sollten. Da dieser sich weigerte, bezahlte der Auftraggeber und verlangte den betreffenden Betrag vom Bauunternehmer. Nach Ansicht des BGH hatte der Auftraggeber trotz Nichtigkeit des Schwarzarbeitsvertrags Ansprüche, da in diesem Fall die Berufung des Bauunternehmers auf die Nichtigkeit des Vertrags gegen Treu und Glauben gem § 242 verstoße (BGHZ 85, 47, 48; ERMAN/H P WESTERMANN § 817 Rn 15; PALANDT/HEINRICHS § 134 Rn 22; SOERGEL/ HEFERMEHL § 134 Rn 55; mit Recht krit die wohl hL, vgl KERN, in: FS Gernhuber 191, 194 Fn 20; KÖHLER JR 1983, 106; MEDICUS, AT Rn 651; TIEDTKE NJW 1983, 713; VOSS 147). Denn andernfalls werde der Auftraggeber unerträglich benachteiligt und das Bauunternehmen ungerechtfertigt bessergestellt, obwohl beide Parteien gegen das SchwArbG verstoßen haben und der Verstoß des Bauunternehmers eher schwerer wiege als der des Auftraggebers. Der Zweck des SchwArbG werde durch den Freistellungsanspruch des Auftraggebers nicht beeinträchtigt, da die Schwarzarbeiten bereits erbracht worden seien. Die rechtliche Abwicklung des Vertrags, nämlich die Bezahlung von Materiallieferungen durch das Bauunternehmen und die Freistellung des Auftraggebers von Forderungen der Materiallieferanten, könne den Schutzzweck des SchwArbG nicht mehr gefährden; es gehe nur noch um die Abwicklung eines nichtigen Rechtsverhältnisses (BGHZ 85, 49 f). Auch wenn im konkreten Anwendungsfall der Schutzzweck des SchwArbG nicht mehr zu erreichen ist, weil die Schwarzarbeitsleistungen bereits erbracht worden sind, so würde dies dennoch nichts an der generalpräventiven Funktion des § 134 zur Durchsetzung des SchwArbG ändern. Außerdem hätte sich das Bauunternehmen mangels wirksamer vertraglicher Verpflichtung weigern dürfen, tätig zu werden. In diesem Fall hätte der – bösgläubige – Auftraggeber auch den Bau nicht zu dem vereinbarten Festpreis erhalten. Aber auch wenn man der Ansicht des BGH im Ergebnis folgen wollte, war der Weg über § 242 unnötig. Denn wenn der im Schwarzarbeitsvertrag vereinbarte **Freistellungsanspruch** des Auftraggebers in Bezug auf Lieferantenrechnungen mit dem Zweck des SchwArbG vereinbar war, dann war es nach dem Normzweck dieses Gesetzes nicht geboten, den Schwarzarbeitsvertrag zunächst auch insoweit für nichtig zu erklären, um anschließend die Berufung auf die Nichtigkeit des Freistellungsanspruchs an § 242 scheitern zu lassen. Vielmehr forderte schon das SchwArbG – wie auch der BGH selbst feststellte – nicht die Nichtigkeit des Freistellungsanspruchs. Auch nach § 139 war er nicht nichtig.

e) Zusammenfassende Stellungnahme

Schwarzarbeit verursacht volks- und betriebswirtschaftliche Schäden in Milliardenhöhe. Steuern und Sozialversicherungsbeiträge werden hinterzogen und Tarife werden unterboten. Die Konkurrenzfähigkeit redlicher Betriebe ist bedroht und diese stehen deshalb vor der Alternative, ebenfalls Steuern und Sozialversicherungsbeiträge zu hinterziehen und untertariflich zu entlohnen oder erhebliche wirtschaftliche Nachteile zu erleiden. Das SchwArbG kann mit seinen Sanktionen die Schwarzarbeit nur teilweise verhindern. Weitere Sanktionen, zB zivilrechtlicher Natur nach § 134, können **generalpräventiv** die Beachtung des Schwarzarbeitsverbots verbessern (zur generalpräventiven Funktion BGHZ 89, 369, 374 f; KÖHLER JZ 1990, 466, 468 aE). Der Zweck des SchwArbG, Schwarzarbeit zu verhindern, ist um so wirkungsvoller durchzusetzen, je höher das Risiko der Schwarzarbeit für beide Parteien ist. Der Normzweck des SchwArbG lässt grundsätzlich keine Anhaltspunkte dafür erkennen, von der Auslegungsregel des § 134 abzuweichen und auf zivilrechtliche Sanktionen zu verzichten, dh der Normzweck des SchwArbG steht der Anwendung der Nichtigkeitssanktion des § 134 grundsätzlich nicht entgegen. Eine Ausnahme ist lediglich zugunsten **gutgläubiger** Auftraggeber gerechtfertigt, dh zugunsten derer, die weder wußten noch grob fahrlässig verkannten, dass ihre Auftragnehmer in Schwarzarbeit leisten wollten. **Daraus folgt:** (1) Wenn beide Parteien wußten oder grob fahrlässig verkannten,

281

dass ihr Vertrag gegen das SchwArbG verstößt, dann ist dieser immer nach § 134 nichtig (ERMAN/PALM § 134 Rn 66). Es bestehen keine vertraglichen Erfüllungsansprüche, Schadensersatzansprüche wegen Nichterfüllung, Gewährleistungsansprüche, Freistellungsansprüche usw. Aus generalpräventiven Gründen steht der Berufung auf die Nichtigkeit § 242 nicht entgegen. Ansprüche aus § 812 scheitern an § 817 S 2 analog (gegen die Anwendbarkeit von § 817 S 2 KÖHLER JZ 1990, 466, 469). Gegen die Berufung einer Vertragspartei auf § 817 S 2 analog kann nicht § 242 eingewendet werden (aA BGHZ 111, 308, 312). (2) War der Auftraggeber hingegen **gutgläubig**, so werden seine vertraglichen Ansprüche durch das SchwArbG nicht berührt; der Schwarzarbeiter kann sich nach § 242 nicht zu seinen Gunsten auf seinen Verstoß gegen das SchwArbG berufen (VOSS 80; im Ergebnis ähnlich CANARIS NJW 1985, 2404 f mit der Konstruktion der „halbseitigen Nichtigkeit"; ihm folgend LG Bonn NJW-RR 1991, 180, 181). Vertragliche Ansprüche des Schwarzarbeiters scheitern hingegen an § 134, bereicherungsrechtliche Ansprüche an § 817 S 2 analog. Der Schwarzarbeiter bzw das Unternehmen, das Schwarzarbeiter einsetzt, verdienen nach dem Zweck des SchwArbG keinen Schutz nach § 242. Soweit der Auftraggeber auf Erfüllung in legaler Weise, dh durch Beauftragung eines anderen Unternehmens, besteht, hat er dem Schwarzarbeiter für diesen Teil der Leistungen den im Schwarzarbeitsvertrag vereinbarten Betrag anteilig zu bezahlen (KÖHLER JZ 1990, 466, 467; VOSS 80). Gegebenenfalls hat der gutgläubige Auftraggeber auch Schadensersatzansprüche aus cic.

282 f) § 134 erfasst nicht nur Verträge eines Auftraggebers mit einem Schwarzarbeiter, sondern auch solche mit einem Unternehmen, zB einem „Baubetreuer", der sich zum Einsatz von Schwarzarbeitern verpflichtet (BGHZ 85, 39, 46; TIEDTKE NJW 1983, 713).

283 g) § 134 ist nur auf Verträge zwischen Auftraggebern und selbständigen Gewerbetreibenden anwendbar. Er passt nicht bei Arbeitsverträgen mit unselbständigen Arbeitnehmern (BUCHNER GewArch 1990, 41 ff; ders, in: MünchArbR § 40 Rn 59 ff; RICHARDI, in: MünchArbR § 46 Rn 74).

284 Nichtig nach § 32 **SGB I** iVm § 134 sind Vereinbarungen zwischen einem sozialversicherungspflichtigen Arbeitnehmer und einem Arbeitgeber über den Beitrag zur Sozialversicherung, soweit sie zum Nachteil des Arbeitnehmers von den sozialversicherungsrechtlichen Vorschriften abweichen (BAG NJW 1989, 1692, 1693; PALANDT/HEINRICHS § 134 Rn 15; vgl auch BAGE 6, 14 zur RVO).

Nach § 284 **SGB III** (früher § 19 AFG; zuvor § 43 AVAVG) bedarf die Beschäftigung ausländischer Arbeitnehmer einer Genehmigung. Die Beschäftigung ohne Arbeitserlaubnis ist verboten. Der Verbotscharakter des § 284 SGB III ergibt sich zwar nicht unmittelbar aus dem Wortlaut dieser Vorschrift, jedoch aus ihrem Zusammenhang mit der Sanktionsnorm des § 404 SGB, die die ungenehmigte Beschäftigung für ordnungswidrig erklärt (BUCHNER, in: MünchArbR § 40 Rn 53). Da § 284 SGB III nur die unerlaubte **Beschäftigung** verbietet, während er für die entsprechenden **Arbeitsverträge** keine Genehmigungspflicht vorsieht, wurde vom BAG angenommen, dass der Abschluss der betreffenden Arbeitsverträge keinen Beschränkungen unterliege (so ausdrücklich BAG AP Nr 2, 3 zu § 19 AFG; NJW 1972, 973, 975). Deshalb sei ein Arbeitsvertrag ohne die nach § 284 SGB III für die betreffende Beschäftigung notwendige Genehmigung nicht nach § 134 nichtig (ERMAN/PALM § 134 Rn 25 b; MARSCHNER BB 1998, 370, 371; NIESEL SGB III § 284 Rn 7). Das gelte nicht nur dann, wenn die Genehmigung schon beantragt ist oder demnächst beantragt werden soll (BAG NZA 1991, 341, 343; ERMAN/PALM § 134 Rn 25 b). Auch wenn die Genehmigung der Beschäftigung versagt worden ist, sei der Arbeitsvertrag nicht nach § 134 nichtig; vielmehr sei die Versagung und das damit verbundene Beschäftigungsverbot nur ein Kündigungsgrund wegen dauernder Unmöglichkeit der Arbeitsausübung (BAG NZA 1991, 341, 343; NIESEL SGB III [2002] § 284 Rn 8). Wenn eine ursprüngliche Arbeitserlaubnis ausgelaufen und die Verlängerung noch nicht beantragt oder bewilligt worden sei, führe dies ebenfalls nicht zu Nichtigkeit des Arbeitvertrags, sondern nur zu einem Beschäftigungsverbot (BAG AP Nr 2, 3 zu § 19 AFG; BAG NZA 1991, 341, 342; LAG Hamm NZA-RR 1999, 240; ERMAN/PALM § 134 Rn 25 b; MünchKomm/MAYER-MALI/ARMBRÜSTER § 134 Rn 79; NIESEL AFG § 19 Rn 77), das ein Kündigungsgrund sei (BAG NZA 1988, 94). Nichtigkeit nach § 19 AFG (jetzt § 284 SGB III) iVm § 134, und zwar mit Wirkung ex tunc, hatte das BAG hingegen in einer Entscheidung vom 30. 5. 1969 angenommen, wenn die Parteien den Arbeitsvertrag trotz Kenntnis der Genehmigungspflicht dennoch ohne Genehmigung durchführen wollen (BAGE 22, 22 = AP Nr 4 zu § 35 AVAVG; BUCHNER, in: MünchArbR § 40 Rn 59; ERMAN/PALM § 134 Rn 25 b; aA STAUDINGER/DILCHER[12] § 134 Rn 17; ENGELS RdA 1976, 165; HELDMANN BB 1975, 1306; vgl auch LAG Hamm DB 1976, 872). Inwieweit Kritik an dieser Entscheidung von 1969 einen Wandel der Rechtsprechung des BAG einleitete und dieses in seinen oben zitierten Entscheidungen von seiner Auffassung von 1969 abrückte, ist nicht eindeutig feststellbar (vgl dazu BUCHNER, in: MünchArbR § 40 Rn 54 ff). Deshalb bleibe es in diesem Fall zum Zwecke einer besseren Durchsetzung des § 19 AFG (jetzt § 284 SGB III) bei der Nichtigkeit ex tunc, auch wenn bereit Arbeitsleistungen und Lohnzahlungen erbracht worden sind.

Der Ansicht des BAG, dass ein Arbeitsvertrag nach § 134 iVm § 19 AFG (jetzt § 284 SGB III) ohne die erforderliche Arbeitserlaubnis ex tunc nichtig ist, wenn die Parteien in Kenntnis der Genehmigungspflicht den Arbeitsvertrag ohne Genehmigung durchführen wollen, ist zuzustimmen. Dies setzt allerdings voraus, dass das Beschäftigungsverbot des § 284 SGB III auch den Abschluss entsprechender Arbeitsverträge untersagt. Das ist mE die zutreffende Interpretation des § 284 SGB III. Diese Vorschrift ist auch für die vom Beschäftigungsverbot betroffenen Arbeitsverträge ein Verbotsgesetz. Deshalb gelten die Regeln über genehmigungsbedürftige Rechtsgeschäfte (oben Rn 167 ff): Wenn die nach § 284 SGB III erforderliche Genehmigung noch nicht erteilt worden ist oder abgelaufen ist, dann ist der Arbeitsvertrag nicht nur kündbar, sondern schwebend unwirksam. Dies folgt nicht aus § 134, sondern aus dem Wesen und Zweck der Genehmigungsbedürftigkeit (oben Rn 168). Wenn die Genehmigung versagt worden ist oder wenn feststeht, dass sie nicht mehr erteilt wird, ist der Arbeitsvertrag nicht nur kündbar, sondern nach § 284 SGB III iVm § 134 nichtig. Das gilt auch für einen Arbeitsvertrag, den beide Parteien trotz Kenntnis der Genehmigungsbedürftigkeit ohne die erforderliche Genehmigung abgeschlossen haben (BAG 22, 22 = AP Nr 4 zu § 35 AVAVG). Das Arbeitsverhältnis ist bereicherungsrechtlich unter Berücksichtigung des § 817 S 2 analog abzuwickeln. Der Arbeitnehmer hat ua keine Urlaubsansprüche und keine Ansprüche auf Weihnachtsgratifikation und vereinbarte außertarifliche Zulagen; er genießt auch keinen Kündigungsschutz.

Nach § 297 SGB III, der 1998 an die Stelle des § 24a AFG getreten ist, sind **Arbeitsvermittlungsverträge** mit einem Vermittler unter den in dieser Vorschrift genannten Voraussetzungen unwirksam; diese Rechtsfolge ergibt sich unmittelbar aus § 297

SGB III, sodass es des § 134 insoweit nicht (mehr) bedarf. Bereicherungsansprüchen des Arbeitsvermittlers aus den §§ 812, 818 Abs 2 steht § 817 S 2 analog entgegen, wenn er sich des Verstoßes gegen § 297 SGB III bewusst war (vgl BGH WM 1978, 949, 951). Die Wirksamkeit von Arbeitsverträgen, die unter Verstoß gegen § 297 SGB III vermittelt worden sind, wird durch solche Verstöße nicht berührt (BAG NJW 1972, 973, 975; ERMAN/PALM § 134 Rn 24).

§ 69 Abs 2 **SGB IV**, der die Versicherungsträger zur Wirtschaftlichkeit und Sparsamkeit der Haushaltsführung verpflichtet, ist kein Verbotsgesetz (BAG DB 1985, 394). In das **SGB IX** wurde das **SchwbG** weitgehend übernommen. Eine Kündigung, die wegen fehlender Zustimmung des Integrationsamtes gegen die §§ 85, 88 SGB IX verstößt, ist nach § 134 nichtig (so zu den entsprechenden §§ 15, 18 SchwbG BAGE 30, 141, 144, 158; 39, 166, 172; 84, 133; SOERGEL/HEFERMEHL § 138 Rn 17, 43, 50). Die Kündigung eines Schwerbehinderten ohne Anhörung der Schwerbehindertenvertretung ist hingegen nicht nichtig nach den §§ 95 Abs 2 1, 156 Abs 1 Nr 9 SGB IX (so zu den entsprechenden §§ 25 Abs 2, 68 Abs 1 Nr 8 SchwbG BAG DB 1984, 133, 134; PALANDT/HEINRICHS § 134 Rn 15).

285 **SpielbVO**: Die VO über öffentliche Spielbanken vom 27. 7. 1938 (RGBl I 955) verbietet grundsätzlich den Abschluss von Spielverträgen mit Ortsansässigen und Minderjährigen. Der Zweck, das Spielen dieser Personen in Spielbanken zu verhindern, ist nur zu erreichen, wenn man annimmt, dass diese VO die Spielverträge mit Ortsansässigen verbietet und dass die mit diesen abgeschlossenen Spielverträge nicht als rechtswirksam anerkannt werden. Sie sind daher nach § 134 iVm der SpielbVO nichtig (BGHZ 37, 363, 366; 47, 393, 396; LG Baden-Baden WM 1998, 1685; CANARIS, Gesetzliches Verbot … 41; ERMAN/PALM § 134 Rn 42; MünchKomm/MAYER-MALY/ARMBRÜSTER § 134 Rn 101; PALANDT/HEINRICHS § 134 Rn 28; SOERGEL/HEFERMEHL § 134 Rn 19; **aA** FLUME, AT II § 23, 3 S 345 f, wenn nur der Spieler, nicht jedoch die Spielbank den Straftatbestand erfüllt). Die Nichtigkeitssanktion greift auch dann ein, wenn eine oder beide Parteien gutgläubig waren (SOERGEL/HEFERMEHL § 134 Rn 19). Das verspielte Geld kann vom Spieler nach den §§ 812 ff zurückverlangt werden; § 762 Abs 1 S 2 steht dem nicht entgegen (BGHZ 37, 363, 366 f). War das verspielte Geld einem Dritten entwendet worden, so hat dieser Herausgabeansprüche unmittelbar gegen die Spielbank analog § 816 Abs 1 S 2 (BGHZ 37, 363, 367 ff). § 134 greift hingegen nicht bei Verstößen gegen landesrechtliche Spielordnungen ein (BGHZ 47, 393, 397; ERMAN/PALM § 134 Rn 42). S auch zu § 284 StGB Rn 295.

286 Ein Vertrag mit einer nicht zur **Steuerberatung** zugelassenen Person über die Erledigung von Arbeiten, die einem Steuerberater vorbehalten sind, ist nach § 5 Abs 1 S 2 StBerG iVm § 134 nichtig (BGH NJW 1996, 1954, 1955; ERMAN/PALM § 134 Rn 68). Dieser Vertrag ist auch nichtig, wenn die Arbeiten von einem Erfüllungsgehilfen durchgeführt werden sollen, der zur Steuerberatung zugelassen ist (BGH NJW 1996, 1954, 1955). Zwar wendet sich das Verbot der unbefugten Steuerberatung allein gegen den Hilfeleistenden. Der Gesetzeszweck, eine unsachgemäße Beratung und Vertretung des Steuerpflichtigen zu verhindern, kann jedoch nur erreicht werden, wenn die Erfüllungsansprüche beider Parteien vernichtet werden (BGH NJW 1996, 1954, 1955). Nicht berührt von § 134 wird hingegen der Vertrag zwischen dem unbefugten Steuerberater und seinem zur Steuerberatung zugelassenen Erfüllungsgehilfen (BGH NJW 1996, 1954, 1955). Ein unter Verstoß gegen das Verbot der gewerblichen Betätigung von Steuerberatern gem § 57 **StBerG** zustande gekommener Maklervertrag ist nach Ansicht des BGH nicht nichtig nach § 134 (BGHZ 78, 263, 265 f = NJW 1981, 399 f; BGHZ 95, 81, 83; zu § 57 StBerG vgl auch BGH NJW 1996, 1954, 1955 f; MünchKomm/MAYER-MALY/ ARMBRÜSTER § 134 Rn 98; PALANDT/HEINRICHS § 134 Rn 23; SOERGEL/HEFERMEHL § 134 Rn 74; **aA** mit Recht CANARIS, Gesetzliches Verbot ... 18, 43; STOBER GewArch 1981, 313, 318, 322). Zweck des Verbots, neben dem Beruf des Steuerberaters oder Steuerbevollmächtigten gleichzeitig eine gewerbliche Tätigkeit auszuüben, ist es, den Beruf der Steuerberatung zu heben. Eine Kombination beider Berufe begründet die Gefahr, dass Steuerberater die durch die Steuerberatung erworbenen Kenntnisse interner Geschäftsvorgänge ihrer Klienten im eigenen Gewerbe verwerten und so ihren Klienten Konkurrenz machen. Diesem Verbotszweck könne jedoch mit berufsrechtlichen Maßnahmen ausreichend Rechnung getragen werden; er erfordere grundsätzlich nicht, auch noch dem verbotswidrig zustande gekommenen Vertrag die zivilrechtliche Wirksamkeit zu versagen (BGHZ 78, 263, 266; krit STOBER GewArch 1981, 313, 318). Dem wird mit Recht entgegengehalten, dass es den Kerngedanken des § 57 StBerG, den Steuerberater aus dem Bereich der gewerblichen Berufe herauszuheben und Interessenkollisionen zu vermeiden, widerspräche, wenn der Steuerberater bei Verstoß gegen das Verbot einen Anspruch auf Vergütung behielte (STOBER GewArch 1981, 313, 318, 322). Verschweigt ein Steuerberater seinem Mandanten, dass er für die Vermittlung eines Geschäfts zwischen ihm und einem Dritten von diesem eine Provision erhalten soll, so ist die Provisionsabrede nach § 138 sittenwidrig und nichtig (BGHZ 95, 81, 83 ff). Aus den genannten Gründen kann auch die Verschmelzung einer Steuerberater-GmbH mit einer GmbH, die ein Handelsgewerbe betreibt, nach § 134 nichtig sein (OLG Hamm NJW 1997, 666).

Steuerrechtliche Vorschriften: Verhältnismäßig häufig hatte die Rspr über die An- **287** wendbarkeit von § 134 auf Vereinbarungen über **Steuerhinterziehungen** zu entscheiden. Einen Vertrag, mit dem eine Steuerhinterziehung verbunden ist, hält die Rspr nicht ohne weiteres für unwirksam (BGHZ 14, 25, 30 f; BGH WM 1966, 161, 163; 1975, 1279, 1281; 1976, 1026, 1027; 1978, 1122, 1123; 1979, 692, 693; VersR 1978, 915, 916; NJW 1983, 1843, 1844; BGHZ 136, 125, 132; ZIP 2001, 202, 204; NJW-RR 2002, 1527; OLG Hamm BB 1989, 651). **Nichtigkeit** ist jedoch anzunehmen, wenn die Steuerhinterziehung der **Hauptzweck** des Vertrags ist (BGHZ 14, 25, 30 f; BGH WM 1966, 161, 163; 1969, 163, 164; 1975, 1279, 1281; 1979, 692, 693; BGHZ 136, 125, 132; ZIP 2001, 202, 204; NJW-RR 2002, 1527; OLG Koblenz WM 1979, 1435; OLG Hamm BB 1989, 651; ebenso die hL; **aA** AMM 165 ff, 169 f). Nichtig ist zB ein Beitrittsvertrag zur Beteiligung an einer KG, wenn die Beitrittserklärung zum Zweck der Steuerersparnis (Verlustzuweisung) rückdatiert wurde (OLG Koblenz WM 1979, 1435, 1436 f; SOERGEL/HEFERMEHL § 134 Rn 65) oder ein Darlehen zum Ankauf unverzollter Zigaretten (OLG Köln MDR 1957, 34; PALANDT/HEINRICHS § 134 Rn 23). Wenn die Parteien eines Kaufvertrags zum Zwecke der Steuerhinterziehung vereinbart haben, dass der Käufer **keine Rechnung** erhält oder das Geschäft nicht verbucht wird und sich diese Nebenabrede auf den Kaufpreis ausgewirkt hat, dann hielt der BGH nicht nur die Nebenabrede, sondern den gesamten Kaufvertrag für nichtig (BGH LM Nr 57 zu § 134 BGB; ERMAN/PALM § 134 Rn 69; FLUME, AT II § 17, 4 S 346 Fn 14a; PALANDT/HEINRICHS § 138 Rn 44; SOERGEL/HEFERMEHL § 134 Rn 65; vgl jedoch CANARIS, Gesetzliches Verbot ... 50); man nahm an, dass die OR-Abrede nichtig sei und dies über § 139 zur Gesamtnichtigkeit des Vertrags führe (PALANDT/HEINRICHS § 138 Rn 44). An dieser Ansicht will der BGH offenbar und mit Recht nicht festhalten. Er hielt einen Architekten- und Bauvertrag nicht für nichtig, obwohl ein Verzicht auf eine Rechnung zum Zwecke der Steuerhinterziehung vereinbart war, weil **Hauptzweck** des Vertrags nicht die Steuerhinterziehung, sondern die Errichtung des vereinbarten Bauwerks war (BGH ZIP 2001, 202, 204). Ein Grundstückskaufvertrag ist in der Regel nicht nichtig, wenn in ihm die Zusammensetzung des Kaufpreises falsch angegeben wird, um Steuern zu hinterziehen (BGH NJW-RR 2002, 1527). Einen Gesellschafterbeschluss über Gewinnausschüttung mit einer Zusatzabsprache zum Zwecke der Steuerhinterziehung hielt der BGH für wirksam, weil Hauptzweck die Gewinnausschüttung war (BGHZ 136, 125, 132). Dieser engen Auslegung des **Hauptzwecks**, von dem die Anwendbarkeit von § 134 auf steuerhinterziehende Vereinbarungen abhängt, ist zuzustimmen.

288 **Nicht nichtig** ist ein Grundstückskaufvertrag, wenn zum Zwecke der Steuerersparnis ein zu niedriger Preis angegeben wird, da die Steuerhinterziehung hier nicht Hauptzweck des Vertrages ist (SOERGEL/HEFERMEHL § 134 Rn 65). Nicht nichtig ist auch ein Kaufvertrag über unversteuerte Zigaretten, wenn der Verkäufer den Käufer zum Ankauf für berechtigt hielt (PALANDT/HEINRICHS § 134 Rn 23). Wenn die Parteien eines Kaufvertrags über einen GmbH-Anteil zusätzlich zu diesem einen entgeltlichen Beratervertrag schließen, um aus steuerlichen Gründen einen weiteren Teil des Kaufpreises zu verstecken, so ist der Kaufvertrag zum Gesamtpreis – ausgewiesener Kaufpreis und Beraterhonorar – nicht nichtig, weil die Steuerhinterziehung nicht Hauptzweck des Vertrags war (BGH NJW 1983, 1843, 1844; SOERGEL/HEFERMEHL § 134 Rn 65). Verschafft eine Gesellschaft ihrem Geschäftsführer durch monatliche Aufwendungen für eine Lebensversicherung eine Versorgung, so ist diese Regelung auch dann wirksam, wenn die von der Gesellschaft aufgewendeten Prämien zwecks Verkürzung der Lohnsteuer vorgeblich auf eine steuerunschädliche Rückdeckungsversicherung gezahlt werden; denn Hauptzweck war die Lebensversicherung und nicht die Steuerhinterziehung (BGH WM 1978, 1122, 1123; SOERGEL/HEFERMEHL § 134 Rn 65).

289 Nicht nur Verträge zum Zwecke der Steuerhinterziehung, sondern auch Verträge zum Zwecke **unzulässiger Erweiterung der Steuerpflicht** sind nach § 134 (iVm § 59 VwVfG) nichtig. Dementsprechend erklärte der BGH die in einem Pachtvertrag über gemeindeeigenes Gelände enthaltene Klausel, wonach sich die pachtende Gesellschaft gegenüber der verpachtenden Gemeinde verpflichtete, ihre betrieblichen Verhältnisse und die Verhältnisse der Gesellschaft so zu gestalten, dass die in dem Unternehmen anfallende Gewerbesteuer ausschließlich der Gemeinde zufließt, als unzulässige Ausweitung der Steuerpflicht mit privatrechtlichen Mitteln für nichtig (BGHZ 66, 199, 202; PALANDT/HEINRICHS § 134 Rn 23; SOERGEL/HEFERMEHL § 134 Rn 67).

290 **Strafgesetzbuch**: Die Verfasser des BGB nahmen an, dass Verstöße gegen Strafgesetze das Hauptanwendungsgebiet des § 134 sein würden (Mot I 210). Dies hat sich, wie die von der Rspr entwickelte Kasuistik zeigt, als unzutreffend erwiesen. Einerseits liegt der Schwerpunkt des § 134 bei Verstößen gegen arbeits- und gewerberechtliche Vorschriften. Andererseits ist nicht jedes Strafgesetz ein Verbotstatbestand mit Nichtigkeitsfolge iSv § 134 (BGHZ 53, 152, 157 = NJW 1970, 609). Verträge, die eine Tätigkeit zum Inhalt haben, mit der ein Vertragspartner gegen ein strafrechtliches Berufsverbot iS der §§ 70, 145c StGB verstößt, sind nichtig (ERMAN/PALM § 134 Rn 70; STAUDINGER/DILCHER[12] § 134 Rn 20). Ein Vertrag über die Bergung eines im Zweiten Weltkrieg gesunkenen deutschen U-Boots ist nicht nach § 134 iVm § 168 StGB nichtig, da die Bergung den Tatbestand des § 168 StGB nicht erfüllt (BGH NJW 1994, 2613; PALANDT/HEINRICHS § 134 Rn 24).

Verträge über den Verkauf pornografischer Schriften oder über die Werbung für sie **291** sind wegen Verstoßes gegen § 184 StGB nichtig (OLG Hamburg MDR 1972, 237; MDR 1975, 226; ERMAN/PALM § 134 Rn 70; STAUDINGER/DILCHER[12] § 134 Rn 20). Ein Leihvertrag über einen Pornofilm ist nach § 134 nichtig, wenn dessen Vorführung nach § 184 Abs 1 Nr 7 StGB strafbar ist (BGH NJW 1981, 1439; CANARIS, Gesetzliches Verbot ... 49; MünchKomm/MAYER-MALY/ARMBRÜSTER § 134 Rn 53); jedoch können auch Verträge über die straflose Vorführung von Pornofilmen nach § 138 sittenwidrig und nichtig sein (BGH NJW 1981, 1439 aE). Weder gesetzwidrig iSv § 134 noch sittenwidrig iSv § 138 sind Bierlieferungsverträge mit einem Bordell, auch wenn dieses gegen das Prostitutionsverbot des § 184a iVm § 27 StGB oder des § 120 OWiG verstößt (BGH WM 1987, 1106 f; SOERGEL/HEFERMEHL § 134 Rn 26; s auch § 134 Rn 266; § 138 Rn 458 ff).

§ 203 StGB ist ein Verbotsgesetz, dessen Verletzung die Nichtigkeit der verbotswid- **292** rigen Rechtsgeschäfte zur Folge hat (BGHZ 115, 123, 129 f; 116, 268, 276 = NJW 1992, 737 = VersR 1992, 448, 449 mit Anm TAUPITZ; BGH NJW 1992, 2348, 2349; BGHZ 122, 115, 122 = NJW 1993, 1638; BGH NJW 1993, 1912; NJW 1993, 2348, 2349; NJW 1993, 2795; NJW 1995, 2026; NJW 1995, 3318; NJW 1996, 393; NJW 1996, 2087, 2088; NJW 1997, 188; NJW 2001, 2462, 2463; aA noch BGH NJW 1974, 602 zu § 300 StGB aF). Nichtig nach § 134 iVm § 203 StGB wegen Verletzung der berufsständischen Verschwiegenheitspflicht ist danach ein Vertrag über die **Veräußerung** der Praxis bzw Kanzlei eines Arztes, Rechtsanwalts, Steuerberaters usw, soweit sie den Veräußerer verpflichtet, auch die Patienten- und Beratungskartei zu übergeben. Ein solcher Vertrag verletzt auch das informationelle Selbstbestimmungsrecht der Patienten (BGHZ 116, 268, 272 = NJW 1992, 737, 739; BGH BB 1995, 2549 f; NJW 1995, 2026; WM 1996, 22, 24; NJW 1996, 2087, 2088; NJW 2001, 2462, 2463; anders noch BGH NJW 1974, 602; anders bei der Veräußerung an ehemalige Mitarbeiter LG Darmstadt NJW 1994, 2962, 2963). Ein Vertrag, der die Abtretung einer ärztlichen oder zahnärztlichen **Honorarforderung** ohne Zustimmung des Patienten zum Gegenstand hat und dabei die ärztliche Schweigepflicht iSv § 203 StGB verletzt, ist nach § 134 nichtig (BGHZ 115, 123; 129 f = MedR 1992, 327 m Anm TAUPITZ; BGH NJW 1993, 2371, 2372; BGH NJW 1992, 2348, 2349; NJW 1996, 775; OLG Düsseldorf NJW 1994, 2421, 2422; OLG Hamm NJW 1993, 791, 792; ERMAN/PALM § 134 Rn 70; PALANDT/HEINRICHS § 134 Rn 16, 22a; TAUPITZ VersR 1991, 1213, 1220; vgl auch BGH NJW 2000, 1329, 1330 [2a]). Entsprechendes gilt bei Inkassozessionen, wenn eine privatärztliche Verrechnungsstelle die Honorarforderung als Stellvertreter des Arztes einziehen soll oder ein Inkassobüro durch Einziehungsermächtigung in die Lage versetzt wurde, die fremde Forderung im eigenen Namen geltend zu machen (TAUPITZ MedR 1992, 330). Der Verbotszweck des § 203 StGB erfasst außer dem Verpflichtungsgeschäft auch die Abtretung als Erfüllungsgeschäft oder Übereignungen, die in diesem Fall ebenfalls nach § 134 nichtig sind (BGHZ 115, 123, 130; BGH BB 1995, 2549; NJW 1995, 2026, 2027; WM 1996, 22, 24; NJW 1996, 775; OLG Hamm NJW 1993, 791, 792; PALANDT/HEINRICHS § 134 Rn 22 a). Nach dem Schutzzweck des § 203 StGB genügt ein **objektiver** Verstoß gegen dessen Tatbestand für die zivilrechtliche Nichtigkeitssanktion des § 134; ein Verschulden des Arztes ist nicht erforderlich (BGHZ 115, 123, 130; BGH BB 1995, 2549; WM 1996, 22, 24). Entsprechendes gilt für die vom Auftraggeber nicht bewilligte Abtretung einer Honorarforderung unter Verstoß gegen § 203 StGB durch **Rechtsanwälte** (BGHZ 122, 115, 117, 121 f = NJW 1993, 1638; BGH NJW 1993, 1912; 1993, 2795; ZIP 1995, 1016, 1017 f; NJW 1995, 2915; OLG Hamburg NJW 1993, 1335 f; PALANDT/HEINRICHS § 134 Rn 21, 22a; RING BB 1994, 373, 375), durch Rechtsbeistände (LG München NJW-RR 1994, 437; PALANDT/HEINRICHS § 134 Rn 22a), durch Steuerberater bzw Steuerberatungsgesellschaften (LG Konstanz NJW 1992, 1241 f) oder durch Tierärzte (LG Bochum NJW

1993, 1535 f mit kritischer Anmerkung von WILHELMS; PALANDT/HEINRICHS § 134 Rn 22a; **aA** OLG Celle NJW 1995, 786; LG Lüneburg NJW 1993, 2994; diff MünchKomm/MAYER-MALY/ARMBRÜSTER § 134 Rn 54 aE). Unerheblich ist in den Fällen zu § 203 StGB, ob die Abtretung der Forderungen bzw die Übergabe der Karteien an Kollegen (BGH NJW 1995, 2915; NJW 1993, 1912 u 2795), berufsständische Organisationen oder an gewerbliche Verrechnungsstellen erfolgen soll. Zusätzliche Schranken für das Inkasso durch Berufsfremde setzen § 49b Abs 4 BRAO, § 64 Abs 2 StBerG und § 55a Abs 3 WPO. Kein Verstoß gegen § 203 StGB liegt in der Inkassozession der Honorarforderung des liquidationsberechtigten Krankenhausarztes an sein Krankenhaus (LG Itzehoe NJW 1993, 794; PALANDT/HEINRICHS § 134 Rn 22) und in der Abtretung von Honorarforderungen an einen Mitarbeiter des Zedenten, der bereits **vor der Abtretung** alle mit den erworbenen Forderungen verbundenen Umstände kennen gelernt hatte (BGH NJW 1995, 2915 ff, 2916). Dasselbe gilt, wenn der Abtretungsempfänger bereits vor der Abtretung zum Abwickler der Kanzlei des Zedenten, der die Anwaltstätigkeit aufgibt, bestellt worden ist (BGH NJW 1997, 188). Da sich das Mandat in einer Anwaltssozietät auch auf zukünftige Sozietätsmitglieder erstreckt, liegt ein Verstoß gegen § 203 StGB auch dann nicht vor, wenn der Veräußerer einer Anwaltskanzlei in ihr für eine Übergangszeit noch als freier Mitarbeiter tätig bleibt (BGH NJW 2001, 2462, 2463).

Vereinbarungen, die gegen das Abtreibungsverbot verstoßen, sind nach § 134 iVm § 218 StGB nichtig (OLG Bremen VersR 1984, 288); sie sind es auch, wenn bei Vertragsabschluss noch das nach § 219 StGB notwendige Beratungsgesespräch fehlt (AG Bad Oeynhausen NJW 1998, 1799). Die staatliche Schutzpflicht für das ungeborene Leben gebietet hingegen nicht, Arzt- und Krankenhausverträge, die nach dem Beratungskonzept nicht mit Strafe bedroht werden, nach § 134 oder § 138 als rechtlich unwirksam anzusehen (BVerfG NJW 1993, 1751, 1763 [6.]).

293 Ein Vertrag, der Begünstigung iS der §§ 257, 258 StGB zum Gegenstand hat, ist nichtig, zB die vor einer Straftat getroffene Vereinbarung, eine zu erwartende Geldstrafe zu ersetzen (BAGE 9, 243, 249; ERMAN/PALM § 134 Rn 70 MünchKomm/MAYER-MALY/ARMBRÜSTER § 134 Rn 59; STAUDINGER/DILCHER[12] § 134 Rn 20). Das Versprechen einer AG, einem Vorstandsmitglied eine Steuerstrafe zu ersetzen, ist keine Begünstigung iSv § 257 StGB und deshalb nicht nach § 134 nichtig (BGHZ 41, 223, 230). Wenn ein Verkäufer **gestohlene** Sachen veräußert, dann scheitert der Eigentumserwerb des Käufers auf jeden Fall an § 935. Der bestohlene Eigentümer kann jedoch genehmigen. Deshalb sind der Kaufvertrag und die Erfüllungsgeschäfte nicht nach § 134 iVm § 259 StGB nichtig (ERMAN/PALM § 134 Rn 70; **aA** jedoch KRAMER 113; LARENZ/WOLF, AT § 40 Rn 17; MünchKomm/MAYER-MALY/ARMBRÜSTER § 134 Rn 53; STAUDINGER/DILCHER[12] § 134 Rn 20), sondern **schwebend unwirksam** iS der §§ 184, 185 (SCHERNER, BGB AT 224). Der von § 259 bezweckte Schutz des Eigentümers würde sich in sein Gegenteil verkehren, wenn man ihm durch Anwendung des § 134 die Möglichkeit der Genehmigung nähme (SCHERNER, BGB AT 225). In diesem Fall ist nicht wegen des unmittelbaren Zwecks des Verbots, sondern wegen des systematischen Zusammenhangs des § 259 StGB mit den §§ 932 ff und den §§ 184, 185 von der Auslegungsregel des § 134 eine Ausnahme zu machen. War beim Erwerb **unterschlagener** Sachen der Käufer gutgläubig, so konnte er nach § 932 Eigentum erwerben; in diesem Fall folgt aus der Wertung des § 932 auch die Wirksamkeit des Verpflichtungsgeschäfts, sobald der Käufer Eigentum erworben hat (ERMAN/PALM § 134 Rn 70; FLUME, AT II § 17, 3 S 345;

KRAMER 113; SOERGEL/HEFERMEHL § 134 Rn 24). Vor dem Eigentumserwerb ist das Verpflichtungsgeschäft jedoch schwebend unwirksam, da eine rechtliche Durchsetzung der Erfüllung mit der Wertung des § 259 StGB in Widerspruch stünde (SCHERNER, BGB AT 225). War der Käufer hingegen bösgläubig, so dass ein gutgläubiger Erwerb der unterschlagenen Sache nach § 932 ausscheidet, dann kann wiederum der Eigentümer genehmigen; deshalb sind – wie beim Verkauf gestohlener Sachen – auch in diesem Fall weder der Kaufvertrag noch die Übereignung nichtig nach § 134 iVm § 259 StGB (so jedoch FLUME, AT II § 17, 2 S 345; SOERGEL/HEFERMEHL § 134 Rn 23), sondern schwebend unwirksam (SCHERNER, BGB AT 224 f).

Ein Reparaturvertrag, durch den ein Versicherer betrogen werden soll, ist nach § 134 **294** iVm § 263 StGB nichtig (OLG Karlsruhe DAR 1990, 183; nach AMM 104 ff, 118 ist § 263 StGB hingegen kein Verbotsgesetz). Ein durch Betrug nach § 263 StGB zustande gebrachtes Geschäft zu Lasten eines Vertragspartners ist hingegen nicht nach § 134 nichtig, sondern nach § 123 anfechtbar (FLUME, AT II § 17, 3 S 345; SOERGEL/HEFERMEHL § 134 Rn 24). Bei Verträgen, die das Untreueverbot des § 266 StGB verletzen, kommt es darauf an, ob ein einseitiger oder beiderseitiger Verstoß vorliegt. Bezwecken beide Parteien mit dem Vertrag Untreue gegenüber einem Dritten, so ist der Vertrag nach § 134 (und § 138) nichtig (RGZ 78, 347, 353; BAG AP Nr 2 zu § 611 BGB Faktisches Arbeitsverhältnis; nach CANARIS, Gesetzliches Verbot … 23, 28 ist der Vertrag schwebend unwirksam und kann vom Treugeber genehmigt werden; vgl auch BGH NJW 1968, 1471 zu den §§ 137, 138, 823 Abs 2, 826). Wenn dagegen nur einer der beiden Vertragspartner mit dem Abschluss eines Vertrags gegenüber einem Dritten Untreue begeht, zB durch Veräußerung von Treugut, und der andere Vertragspartner nichts davon weiß, ergreift die Nichtigkeitsfolge des § 134 weder das Kausalgeschäft noch das Erfüllungsgeschäft (CANARIS, Gesetzliches Verbot … 23, 27). Ein Rechtsgeschäft, das gegen das Verbot der Gläubigerbenachteiligung iSv § 283c StGB verstößt, ist – wenn nicht besondere Umstände hinzutreten – weder nach § 134 noch nach § 138 nichtig, sondern unterliegt den speziellen Anfechtungsregeln der §§ 29 ff KO (jetzt § 129 ff InsO), 3 AnfG (BGH NJW 1973, 513; RGZ 56, 229, 230; ERMAN/PALM § 134 Rn 70).

Ein zum Zwecke verbotenen Glücksspiels gewährtes Darlehen ist nach § 284 StGB **295** iVm § 134 nichtig (OLG Nürnberg MDR 1978, 669; STAUDINGER/DILCHER[12] § 134 Rn 20). § 284 StGB ist auf das Spiel einer nach § 1 SpielbG zugelassenen Spielbank nicht anwendbar; Verstöße gegen die mit der Zulassung verknüpften Auflagen und Bedingungen sind weder nach § 284 StGB strafbar, noch machen sie den Spielvertrag nach § 134 iVm § 284 StGB nichtig (BGHZ 47, 393, 397 f; vgl auch BGHZ 37, 363). Werden unter Verstoß gegen § 288 StGB Vermögensteile verschenkt, um sie einer drohenden Zwangsvollstreckung zu entziehen, so ist die Schenkung trotz Verbotswidrigkeit dennoch grundsätzlich wirksam, wenn der Beschenkte vom Zweck der Schenkung nichts weiß (CANARIS, Gesetzliches Verbot … 27; ERMAN/PALM § 134 Rn 58; aA PALANDT/HEINRICHS § 134 Rn 25; STAUDINGER/DILCHER[12] § 134 Rn 20), jedoch nichtig nach § 134, wenn er an der Straftat beteiligt war (RGZ 142, 373, 377; CANARIS 27; ERMAN/PALM § 134 Rn 58; STAUDINGER/DILCHER[12] § 134 Rn 20; rechtshistorisch dazu PANSEGRAU 184 ff). Bei Verstößen gegen § 288 StGB, deren Zweck im Wesentlichen darin besteht, die Gläubiger zu benachteiligen, regeln allerdings die Sondervorschriften des **AnfechtungsG** grundsätzlich abschließend, unter welchen Voraussetzungen die Gläubiger geschützt werden. Die allgemeinen Bestimmungen der §§ 134, 138 kommen daneben nicht zur Anwendung, sofern das Rechtsgeschäft nicht besondere, über die Gläubigerbenachteilung hinausgehende Umstände aufweist (BGH DB 1993, 1353, 1354; BGHZ 56, 339, 355; BGH NJW 1973, 513, 514).

Der **Wuchertatbestand** des § 291 StGB hat den des § 302 StGB ersetzt. Bei Mietverträgen besteht ein auffälliges Missverhältnis zwischen Leistung und Gegenleistung schon dann, wenn das übliche Entgelt um mehr als 50% überschritten wird (BGHSt 30, 280, 281; BGH DB 1997, 1555, 1556). Eine wucherische Vereinbarung, die gegen § 291 StGB verstößt, ist nicht insgesamt nichtig (so jedoch STAUDINGER/ DILCHER[12] § 134 Rn 20; ebenso wohl LG Halle ZMR 2002, 427), sondern nach den Grundsätzen der Verstöße gegen preisrechtliche Bestimmungen bis zum höchstzulässigen Preis gültig und nur hinsichtlich des wucherischen Teils der Preisvereinbarung nichtig (LG Köln WuM 1995, 490, 491; AG Bergheim WuM 1998, 36, 37; ebenso zum Mietwuchertatbestand des § 5 WiStG BGHZ 89, 316, 326; ebenso zu § 4a Abs 2 S 2 WoVermittG BGH DB 1997, 1555, 1556; gegen die Anwendbarkeit von § 134 AMM 121 ff, 130 f).

Schmiergeldvereinbarungen mit Angestellten, die gegen das Bestechungsverbot der §§ 299 ff StGB (bis 1997 § 12 UWG) verstoßen, sind nach § 134 nichtig (so zu § 299 StGB und § 12 UWG BGHZ 141, 357, 359 = NJW 1999, 2266 f; OL Karlsruhe BB 2000, 635 f; ebenso zu § 12 UWG RG JW 1921, 338, 393; JW 1932, 2704; BAUMBACH/HEFERMEHL Wettbewerbsrecht[19] [1996] § 12 UWG Rn 25; KÖRNER GRUR 1968, 348, 350 f; ders WRP 1979, 774, 775; MünchKomm/ MAYER-MALI/ARMBRÜSTER § 134 Rn 59; SETHE WM 1998, 2309, 2310; SOERGEL/HEFERMEHL § 134 Rn 25, § 138 Rn 180 ff, 182, 183; ebenso zu § 138 BAUMBACH/HEFERMEHL, Wettbewerbsrecht[19] § 12 UWG Rn 25; RG GRUR 1940, 220; BGHZ 141, 357, 359 = NJW 1999, 2266; BGH NJW 2000, 511, 512; NJW 2001, 1065, 1067). Nach § 299 Abs 3 StGB gelten die Abs 1 u 2 dieser Vorschrift auch für Handlungen im ausländischen Wettbewerb (BGBl 2002 I 3387; dazu RANDT BB 2002, 2252). Deshalb hat der bestochene Angestellte gegen den Bestechenden keinen Anspruch auf Leistung des vereinbarten Schmiergelds (OLG Karlsruhe BB 2000, 635; BAUMBACH/HEFERMEHL Wettbewerbsrecht[19] § 12 Rn 25 [zu § 138]; KÖRNER WRP 1979, 774, 775). Auch die zur Erfüllung von Schmiergeldvereinbarungen getätigten Geschäfte sind nach § 134 nichtig; denn sie verstoßen gegen § 299 Abs 2 StGB, der das Gewähren von Schmiergeld verbietet (so zu parallelen Problematik bei Schmiergeldvereinbarungen, die gegen die §§ 331 ff StGB verstoßen, RG JW 1921, 338; CANARIS gesetzliches Verbot … 24; FLUME AT II § 17, 3 S 345; SOERGEL/HEFERMEHL § 134 Rn 25 [zu den §§ 331 ff StGB und zu § 12 UWG]; STAUDINGER/DILCHER[12] § 134 Rn 20; aA KÖRNER WRP 1979, 774, 775). Die Gegenansicht hält hingegen die Eigentumsübertragungen zum Zwecke der Erfüllung für wirksam, da die Eigentumsübertragung als solche wertneutral sei (so KÖRNER WRP 1979, 774, 775). Ansprüchen aus § 812 auf Rückgewähr erbrachter Leistungen steht § 817 S 2 analog entgegen (OLG Hamburg MDR 1970, 47; OLG Köln ZMR 1977, 148; BLOMEYER, in: MünchArbR § 53 Rn 109; SETHE WM 1998, 2309, 2313); bei Rückgewähransprüchen aus § 985 ist streitig, ob auch sie in Analogie zu § 817 S 2 ausgeschlossen sind. Der BGH und ein Teil des Schrifttums lehnen dies ab (BGHZ 41, 341, 343; OVG Münster NJW 1989, 2834, 2835; STAUDINGER/GURSKY § 985 Rn 110; vgl auch BGHZ 63, 365, 368 f = NJW 1975, 638 [zu §§ 987, 990]). Der Gegenansicht, die § 817 S 2 analog auch aus Ansprüchen aus § 985 anwendet, ist jedoch der Vorzug zu geben. Denn wenn die verwerfliche Gesinnung dem Leistenden schon schadet, wenn nur das Grundgeschäft nichtig ist, dann muss dies erst recht gelten, wenn auch das Erfüllungsgeschäft wegen Gesetzwidrigkeit oder Sittenwidrigkeit nichtig ist (ERMANN/HEFERMEHL § 985 Rn 7; PALANDT/BASSENGE Einf vor § 854 Rn 13; SOERGEL/MÜHL § 986 Rn 9; ZIMMERMANN JR 1985, 48). Nach dem Schutzzweck des § 817 S 2 soll keinen Rechtsschutz erhalten, wer sich selbst außerhalb der Rechtsordnung stellt (BGHZ 36, 395; BGHZ 44, 1, 6; SETHE WM 1998, 2309, 2313). Der Schmier-geldempfänger zieht daraus keinen Nutzen, da er das Empfangene nach den §§ 675, 667 bzw nach § 687 Abs 2 iVm §§ 681, 667 an den Geschäftsherren herauszugeben hat (dazu SETHE WM 1998, 2309, 2321 f). Zur Wirksamkeit von Folgeverträgen („Haupt-verträgen"), die durch Schmiergeldzahlungen an Vertreter oder sonstige Interessen-wahrer eines Vertragspartners beeinflusst werden sollten, vgl Rn 472, 473 zu § 138.

Vereinbarungen, die gegen das Verbot der Bestechung oder Vorteilsannahme der §§ 331 ff StGB verstoßen, sind nach § 134 nichtig (BFH NJW 2001, 2280; ERMAN/PALM § 134 Rn 70; FLUME, AT II § 17, 3 S 345; MünchKomm/MAYER-MALY/ARMBRÜSTER § 134 Rn 59; bei Ver-stößen gegen ausländische Bestechungsverbote sind sie uU nach § 138 nichtig, BGHZ 94, 268, 270 ff; ausf dazu unten § 138 Rn 469 ff, 490). Bei Verstößen gegen das Verbot der Vorteilsan-nahme nach § 331 StGB und das Verbot der passiven Bestechung nach § 332 StGB sind außer den Verpflichtungsgeschäften auch die Erfüllungsgeschäfte nach § 134 nichtig (CANARIS, Gesetzliches Verbot … 24; FLUME, AT II § 17, 3 S 345; MünchKomm/MAYER-MALY/ARMBRÜSTER § 134 Rn 59; SOERGEL/HEFERMEHL § 134 Rn 25; STAUDINGER/DILCHER[12] § 134 Rn 20), auch wenn sich der zuwendende Teil nicht nach den §§ 333 f StGB strafbar gemacht hat. Denn das Bestechungsverbot wendet sich gegen den Leistungserfolg. Das Gesagte gilt entsprechend für Vereinbarungen mit Amtsträgern, Richtern und Soldaten ausländischer Staaten, der EU sowie internationaler Organisiation, soweit sie durch das EUBestG und das IntBestG deutschen Amtsträgern, Richtern und Soldaten gleichgestellt worden sind; s oben Rn 228 u 254.

Streitig ist, ob das Verbot der Mehrvertretung im Strafprozeß iS der §§ 146, 146a **296** StPO ein Verbotsgesetz iSv § 134 ist. Zum Teil wird angenommen, dass dem Ver-teidiger die bis zur Zurückweisung entstandenen Gebühren und Auslagen vertrags-rechtlich zustehen. Vorzugswürdig erscheint hingegen die Ansicht, dass die §§ 146, 146a StPO einem möglichen Interessenkonflikt von Anfang an entgegenwirken wol-len, so dass bereicherungsrechtlich abzuwickeln ist (OLG München NJW 1983, 1688 f; MünchKomm/MAYER-MALY/ARMBRÜSTER § 134 Rn 100; offen gelassen von BGH NJW 1991, 3095, 3097).

Rechtsgeschäfte über den Handel mit menschlichen Organen, der gegen § 18 **Trans- 297 plantationsgesetz (TPG)** verstößt, sind nach § 134 nichtig (ERMAN/PALM § 134 Rn 72).

Eine tarifvertragliche Regelung, die Teilzeitbeschäftigte diskriminiert und dadurch gegen § 4 **TzBfG** von **2001**, der an die Stelle von § 2 BeschFG getreten ist, verstößt, ist nach § 134 nichtig (so zum BeschFG BAG NZA 1998, 151, 152). Vertragliche Verein-barungen, die für einen Teilzeitarbeiter eine niedrigere Stundenvergütung vorsehen als für Vollzeitarbeiter, sind wegen Verstoßes gegen § 4 Abs 1 TzBfG nach § 134 nichtig (so zu § 2 BeschFG BAG NJW 1996, 2810, 2811 u 2812, 2813 unter ausdrücklicher Aufgabe seiner früheren Gegenanssicht, vgl BAGE 66, 17, 21).

Eine Änderungskündigung, mit der der Arbeitgeber den Abbau tariflich gesicherter Leistungen durchzusetzen versucht, ist nach § 4 Abs 4 **TVG**, § 13 Abs 3 KSchG, § 134 nichtig (BAG NJW 1999, 2541; vgl auch Rn 24).

UWG-Verstöße: (1) Nichtig nach § 134 ist ein Vertrag, der zur Begehung unlauteren **298** Wettbewerbs verpflichtet (BGHZ 1, 241, 246 – Piek Fein; 10, 196, 202 – DUN-Europa; 44, 372,

376 – Meßmer-Tee II; BGH GRUR 1970, 528, 531 – Migrol; BGH NJW 2002, 2093, 2094 – Vossius &
Partner; BGH NJW 1998, 2531, 2533 – Co-Verlagsvereinbarung = LM Nr 772 zu § 1 UWG m Anm
SACK; OLG Stuttgart NJW-RR 1997, 236; SACK WRP 1974, 445, 447 [vor II]; ders LM Nr 772 zu § 1
UWG; KÖRNER GRUR 1968, 348; MünchKomm/MAYER-MALY/ARMBRÜSTER § 134 Rn 67, BGB-
RGRK/KRÜGER-NIELAND/ZÖLLER § 134 Rn 138; ERMAN/PALM § 134 Rn 74; PALANDT/HEINRICHS
§ 134 Rn 24; REICHELSDORFER WRP 1998, 142 ff), zB durch den sich eine der Parteien, etwa
eine Werbeagentur, zu irreführender Werbung iSv § 3 UWG verpflichtet oder der auf
die redaktionelle Veröffentlichung bzw Sendung von Werbeanzeigen ohne besondere
Kennzeichnung gerichtet ist (OLG Düsseldorf NJW 1975, 2108 = WRP 1975, 602, 603 f zu § 10
Abs 3 PresseG NRW; OLG München AfP 1995, 655 f). Nach § 134 nichtig sind auch Verträge
im Rahmen eines Schneeballsystems, das gegen die §§ 1, 3, 4, 6c UWG sowie gegen
§ 263 StGB verstößt (so im Ergebnis OLG München wistra 1986, 34, 36, allerdings zu § 138; zu
§ 138 s auch BGH NJW 1997, 2314, 2315).). Ein Vertrag zwischen einem Verkäufer und
einer anderen Partei über die Ausgabe von Kaufscheinen zum Zwecke des sogenannten Kaufscheinhandels iSv § 6b UWG ist nach § 134 ebenso nichtig (BGB-RGRK/
KRÜGER-NIELAND/ZÖLLER § 134 Rn 138), wie ein Vertrag, durch den ein Beauftragter
des Kaufscheinausgebers einem Verkäufer die Vermittlung von Kaufscheininhabern
gegen Zahlung einer Provision zusagt (BGH NJW 1978, 1525 = GRUR 1978, 311 „BSW III" m
Anm KICKER; PALANDT/HEINRICHS § 134 Rn 24; STAUDINGER/DILCHER[12] § 134 Rn 13) oder ein
Vertrag zwischen einem Beauftragten des Kaufscheinausgebers und dem Lieferanten, durch die sich der Lieferant zur Belieferung des Kaufscheininhabers verpflichtet
und dem Beauftragten Provisionszahlungen für die von den Kaufscheininhabern
getätigten Käufe verspricht (BGH GRUR 1978, 370, 372 „BSW IV"). Verträge zwischen
dem Verkäufer und den Kunden, an die Kaufscheine ausgegeben worden sind, werden hingegen von § 6b UWG nicht berührt. Nichtig nach § 134 sind auch Verträge mit
einem Gewerbetreibenden, durch die sich eine der Parteien zu wettbewerbswidrigen
Sonderveranstaltungen und Räumungsverkäufen iS der §§ 7, 8 UWG verpflichtet
(OLG Stuttgart NJW 1997, 236, 237); Nichtig sind auch ein Mietvertrag und ein Darlehensvertrag, wenn sie wesentliche Grundlagen für die Durchführung der wettbewerbswidrigen Maßnahmen sind; da sie nicht selbst gegen §§ 7, 8 UWG verstoßen,
ergibt sich ihre Nichtigkeit aus § 138 (vgl OLG Stuttgart NJW-RR 1997, 236, 237).

299 **Schmiergeldvereinbarungen** mit Angestellten, die gegen das Bestechungsverbot des
§ 12 UWG verstießen, waren nach § 134 nichtig (RG JW 1921, 338, 339; 1932, 2704; RG
GRUR 1940, 220 zu § 138; BAUMBACH/HEFERMEHL, Wettbewerbsrecht § 12 UWG Rn 25; KÖRNER
GRUR 1968, 348, 350 f; ders WRP 1979, 774, 775). Das Verbot des § 12 UWG ist 1997 durch
die §§ 299 ff StGB abgelöst worden (s Rn 295). Auch Verträge, die die Verpflichtung zu
Betriebsspionage iSv § 17 UWG zum Gegenstand haben, sind nach § 134 nichtig
(REIMER/vGAMM, Wettbewerbs- und Warenzeichenrecht Bd II Kap 39 Rn 23).

300 Nicht nur die Spezialregelungen der §§ 3 ff UWG sind Verbotsgesetze iSv § 134.
Auch wenn der Inhalt des Vertrags gegen die **Generalklausel des § 1 UWG** verstößt,
ist nicht § 138, sondern § 134 anzuwenden; zwar bezieht sich § 1 UWG auf die guten
Sitten, so dass zunächst die Anwendung von § 138 näherzuliegen scheint. § 1 UWG
ist dennoch ein „Gesetz" iSv § 134. Sein Normzweck, der auch für die Anwendbarkeit
von § 134 maßgeblich ist, wird durch die im konkreten Einzelfall verletzte Sittennorm
maßgeblich mitbestimmt (vgl BGH NJW 1998, 2531, 2533 – Co-Verlagsvereinbarung = LM
Nr 772 zu § 1 UWG m Anm SACK; OLG München AfP 1995, 655 f; LG München NJW-RR 1997,
1544). Bedenken begegnet die Ansicht des BGH, dass ein Vertrag, der einen Verstoß

gegen § 1 UWG – Verletzung des medienrechtlichen Gebots der Trennung von Programm und Werbung – nicht gebietet, sondern nur nahe legt, nicht nach § 134 nichtig zu sein braucht (BGH NJW 1998, 2531, 2533 – Co-Verlagsvereinbarung). Nichtig nach § 134 ist auch zB ein Vertrag zwischen einem Kfz-Exporteur und einem Kfz-Händler, soweit sich Letzterer verpflichtet, vertriebsgebundene BMW zu liefern, die er „gegebenenfalls unter Umgehung des selektiven Vertriebssystems von BMW", dh unter Anstiftung zum Vertragsbruch eines BMW-Händlers oder durch Schleichbezug zu beschaffen verspricht. Denn in diesem Fall verstößt die Weiterveräußerung des Kfz-Händlers an den Exporteur gegen § 1 UWG; der Kaufvertrag zwischen beiden Parteien hat insoweit eine Gesetzesverletzung zum Gegenstand und ist deshalb nach § 134 nichtig; Normzweckerwägungen stehen dieser Sanktion nicht entgegen. Der BGH ist jedoch zum gegenteiligen Ergebnis gelangt, hat allerdings § 134 nicht geprüft und die Anwendbarkeit von § 138 Abs 1 unzutreffend verneint (BGH WM 1995, 112, 115); ein Vertrag, der zu sittenwidrigem Handeln, nämlich zu einem Verstoß gegen § 1 UWG verpflichtet, hat einen sittenwidrigen Inhalt und erfüllt damit – neben dem Tatbestand des § 134 – auch den Tatbestand des § 138 Abs 1.

(2) Streitig sind die Auswirkungen wettbewerbswidriger Rabatte, Zugaben und sonstiger Werbegeschenke auf die mit ihrer Hilfe zustandegebrachten Verträge. Nachdem die Sonderregelungen des RabG und der ZugabeVO im Jahre 2001 aufgehoben worden sind, unterliegen Rabatte und Zugaben nunmehr dem allgemeinen Wettbewerbsrecht, insbesondere den Regelungen der § 1, 3 UWG (Köhler/Piper, UWG³ § 1 Rn 270 ff). Diese Verträge sind von Verträgen zu unterscheiden, in denen sich die Parteien zu Durchführung wettbewerbswidriger Rabatt-, Zugabe- und sonstiger Werbegeschenkaktionen verpflichten und die nach § 134 nichtig sind (oben Rn 298, 300). Bei den folgenden zu erörternden Verträgen, deren Inhalt durch wettbewerbswidrige Wertreklame (Rabatte, Zugaben, sonstige Werbegeschenke) beeinflusst worden ist, ergeben sich Probleme vor allem dann, wenn nicht nur die Ankündigung, sondern auch die Gewährung der Rabatte, Zugaben und sonstige Werbegeschenke wettbewerbswidrig ist. Man spricht zutreffend von **zweigliedrigen Wettbewerbsverstößen** (ausf dazu Körner WRP 1979, 774 f; vgl auch Ochs WRP 1977, 373 ff). Dann ist fraglich, ob der durch sie beeinflusste Vertrag wirksam ist und ob der Kunde auch in Bezug auf die wettbewerbswidrigen Werbegeschenke Erfüllung verlangen kann.   **301**

Das **Hauptgeschäft,** zB der Kaufvertrag, wird nach nahezu einheiliger und zutreffender Ansicht durch einen Verstoß gegen ein wettbewerbsrechtliches Verbot von Rabatten, Zugaben und sonstigen Werbegeschenken nicht berührt (BGH NJW 1994, 728, 729 f = GRUR 1994, 527 – Werbeagent; BGH NJW 1952, 1056 – St. Brauerei; BGH LM Nr 12 zu § 1 UWG [Zugabeverstoß]; OLG Celle DWW 1994, 286, 288; OLG München WRP 1958, 153 f; OLG Nürnberg NJW 1955, 386; OLG Nürnberg MDR 1976, 488; Baumbach/Hefermehl, Wettbewerbsrecht § 2 ZugabeVO Rn 6; § 12 RabG Rn 5; Erman/Palm § 134 Rn 61, 80; Fuld MuW 1932, 373; vGamm, Wettbewerbsrecht⁵ Kap 60 Rn 80; Lafrenz GRUR 1979, 89; Ordemann WRP 1964, 231; BGB-RGRK/Krüger-Nieland/Zöller § 134 Rn 137; MünchKomm/Mayer-Maly/Armbrüster § 134 Rn 68; Soergel/Hefermehl § 134 Rn 83; **aA** Junckerstorff MuW 1932, 439, 440). Doch auch diejenigen Fälle des Vertrags, die durch wettbewerbswidrige Wertreklame beeinflusst worden sind – die Rabattabrede bzw der rabattierte Preis oder die Zusage bestimmter Werbegeschenke – sind nicht nach § 134 nichtig (BGH NJW 1994, 728, 729 f – Werbeagent [betr Rabatte]; OLG Stuttgart WRP 1973, 487, 490 [betr Preisausschreiben]; Erman/Palm § 134 Rn 61, 80; Fuld MuW 1932, 373; Körner WRP 1979, 774, 775; Medicus, AT 242 Rn 655;   **302**

MünchKomm/MAYER-MALY/ARMBRÜSTER § 134 Rn 68; ORDEMANN WRP 1964, 231). Zwar haben Verträge, die mit Hilfe wettbewerbswidriger Rabatte, Zugaben oder sonstige Werbegeschenke **zustande gebracht** worden sind, diese Wettbewerbsverstöße durch eine entsprechende Preisgestaltung bzw durch Geschenkzusagen zwangsläufig zum Inhalt. Dennoch sind sie nicht nach § 134 nichtig, weil diese Sanktion nicht dem Zweck der betreffenden UWG-Normen entspräche. Denn Zweck der wettbewerbsrechtlichen Verbote solcher Werbegeschenke ist es nur zu verhindern, dass dadurch Vertragsabschlüsse gefördert werden, dh die Verbote wenden sich nur gegen diese Art der Werbung. Der Normzweck dieser Verbote richtet sich jedoch nicht darüber hinaus auch noch gegen den Leistungserfolg, der durch die Vertragserfüllung bewirkt werden soll. Der Zweck der Regelungen, zu verhindern, dass Verträge durch das Ankündigen oder Gewähren attraktiver Rabatte oder Werbegeschenke **zustande gebracht** werden, ist nicht mehr zu erreichen, nachdem es zum Vertragsabschluss gekommen ist. Die gegenteilige Ansicht würde sogar noch, ganz im Widerspruch zum Zweck wettbewerbsrechtlicher Verboten von Werbegeschenken, den wettbewerbswidrig Handelnden begünstigen, wenn es ihm gelänge, mit Werbegeschenken den Abschluss von Verträgen zu fördern, diese jedoch bezüglich der vereinbarten Werbegeschenke nicht erfüllen zu müssen. Die auch den Schutz der Verbraucher bezweckenden Verbote bestimmter Formen der Wertreklame würden sich zu seinen Lasten auswirken, wenn er keine Ansprüche auf Erfüllung der gemachten Zusagen hätte (OCHS WRP 1977, 373, 377). Deshalb können in Erfüllung des Vertrags gewährte Werbegeschenke nicht nach § 812 zurückverlangt werden (BGB-RGRK/KRÜGER-NIELAND/ZÖLLER § 134 Rn 137; REIMER/vGAMM Bd II Kap 64 Rn 2; SOERGEL/HEFERMEHL § 134 RN 8). Denn sie sind mit Rechtsgrund geleistet worden. Es bedarf keiner Anwendung von § 817 S 2 analog, um eine Rückgabepflicht auszuschließen (so jedoch BAUMBACH/HEFERMEHL, Wettbewerbsrecht § 12 RabG Rn 5; vGAMM, Wettbewerbsrecht⁵ Kap 60 Rn 86; LAFRENZ GRUR 1979, 89; SOERGEL/HEFERMEHL § 134 Rn 83).

303 Soweit Rabatte und sonstige Werbegeschenke noch nicht erbracht worden sind, besteht ein **Erfüllungsanspruch** (BGH NJW 1994, 728, 730; NJW 1952, 1056; **aA** BAUMBACH/HEFERMEHL, Wettbewerbsrecht § 12 RabG Rn 5; § 2 ZugabeVO Rn 6; vGAMM WRP 1974, 1, 4; ders, Wettbewerbsrecht⁵ Kap 60 Rn 80; LAFRENZ GRUR 1979, 89; BGB-RGRK/KRÜGER-NIELAND/ZÖLLER § 134 Rn 137; SOERGEL/HEFERMEHL § 134 Rn 83). Erfüllungsansprüchen kann nicht entgegengehalten werden, dass die **Gewährung** der zugesagten Rabatte, Zugaben oder sonstigen Werbegeschenke gegen das UWG verstoße. Denn die Vertragserfüllung ist kein Handeln zu Zwecken des Wettbewerbs iSd UWG, da sie nicht auf Vertragsabschlüsse durch Inaussichtstellen möglichst günstig erscheinender Geschäftsbedingungen zielt (ausf dazu SACK WRP 2002, 396, 397; grundsätzlich ebenso im Ergebnis BGH NJW 1999, 211, 214 – Handy-Endpreis; BGH WRP 2001, 1007, 1075 = WM 2001, 1528, 1530 – Gewinn-Zertifikat). Die Erfüllung vertraglicher Zusagen wird deshalb auch vom Zweck wettbewerbsrechtlicher **Gewährungsverbote** nicht erfasst, sodass zB wettbewerbsrechtliche Unterlassungsansprüche von Mitbewerbern und Verbändern insoweit nicht bestehen (vgl KÖRNER WRP 1979, 774, 776; OCHS WRP 1977, 373, 375 f; **aA** ORDEMANN WRP 1964, 231, 232, der dem Kunden jedoch im Falle wettbewerbsrechtlicher Unterlassungsansprüche Rechte aus § 325 aF einräumen wollte). Sobald es zum Geschäftsabschluss gekommen ist, endet das Verbot übertriebenen Anlockens mit Rabatten und Werbegeschenken nach seinem Schutzzweck in Bezug auf den gewonnenen Kunden (zu den Konsequenzen für die Anwendung von § 890 ZPO vgl KÖRNER WRP 1979, 774, 776). In dem vom BGH entschiedenen Fall „Werbeagent" wäre die Erfüllung des vereinbarten Rabattanspruchs nach dem Schutzzweck des RabG kein „Gewähren eines Rabatts" gewesen (aA BGH NJW 1994, 728, 730). Deshalb werden auch die zur Vertragserfüllung notwendigen Rechtsgeschäfte, insbesondere Eigentumsübertragungen, nicht von § 134 iVm UWG erfasst. Streitig ist allerdings, ob die Geltendmachung des Erfüllungsanspruchs durch den Kunden treuwidrig ist (§ 242), wenn er wusste, dass die Gewährung der vereinbarten Rabatte, Zugaben oder sonstigen Werbegeschenke wettbewerbswidrig war (so zB Soergel/Hefermehl § 134 Rn 83; aA MünchKomm/Mayer-Maly/Armbrüster § 134 Rn 68 Fn 227). Der BGH hat 1994 zur Frage Stellung genommen, ob Erfüllungsansprüchen auf Gewährung zugesagter Rabatte § 242 entgegengehalten werden kann. Nachdem das RabG und die ZugabeVO 2001 aufgehoben worden sind, ist schwer einzuschätzen, ob seine Argumentationen auf Rabatte und Werbegeschenke übertragen werden können, die gegen das UWG verstoßen. Nach Ansicht des BGH (NJW 1994, 728, 730 – Werbeagent) stand dem Anspruch des Kunden auf Erfüllung einer rabattrechtswidrigen Rabattverpflichtung der Einwand der unzulässigen Rechtsausübung gem § 242 entgegen, wenn sich sein Verhalten nicht auf eine notwendige Teilnahme am Rabattverstoß des preisanbietenden Unternehmens beschränkte, sondern diese Rolle in einer Weise überschritt, die geeignet sein konnte, eine Teilnehmerschaft des Kunden nach § 11 RabG iVm § 14 Abs 2 OWiG zu begründen. Dies nahm er an, wenn der Kunde wusste, dass er mit seinem Verhalten das rabattanbietende Unternehmen zum weiteren gesetzwidrigen „Gewähren" des unzulässigen Preisnachlasses iSd §§ 1, 2 RabG veranlasste. Den Einwand rechtsmissbräuchlichen Verhaltens gewährte der BGH allerdings nur insoweit, als das Rabattverlangen des Kunden über den nach § 2 RabG zulässigen Rabattsatz von 3% hinausreichte (BGH NJW 1994, 728, 730 „Werbeagent"; ebenso im Ergebnis Lafrenz GRUR 1979, 89; aA Medicus, AT § 242 Rn 655). Nach dieser Ansicht konnte einem Kunden, der die Einlösung einer verbotenen **Zugabe** einforderte, der Einwand der unzulässigen Rechtsausübung gem § 242 entgegengehalten werden, wenn eine Teilnehmerhaftung nach § 3 ZugabeVO iVm § 14 Abs 2 OWiG in Betracht kam, weil er wusste, dass die Zugabegewährung gesetzwidrig war. Bei **sonstigen Werbegeschenken**, deren Gewährung nur gegen § 1 UWG verstößt, wäre der Einwand aus § 242 nach der Argumentation des BGH hingegen wohl nicht begründet, weil diese Geschenke nicht ordnungswidrig sind und deshalb eine Teilnehmerhaftung des Kunden aus § 14 Abs 2 OWiG nicht in Betracht kommt. Dem BGH kann nur insoweit zugestimmt werden, als er die Verpflichtung zur Gewährung unzulässiger Rabatte, Zugaben und sonstiger wettbewerbswidriger Werbegeschenke nicht ohne weiteres nach § 134 iVm RabG, ZugabeVO oder § 1 UWG für nichtig erklärt hat. Aus den oben genannten Gründen bestehen Ansprüche auf die vertraglich vereinbarten Rabatte, Zugaben und sonstigen Werbegeschenke. Deshalb verstießen zB Stadtwerke, die mit einem Bonus von 1000 DM für die Umstellung der Heizung auf Erdgas warben, zwar gegen § 1 UWG; dennoch waren sie verpflichtet, den Bonus an die Kunden auszubezahlen, die aufgrund solcher Werbung ihre Heizung auf Erdgas umgestellt haben (OLG Celle DWW 1994, 286, 288). Wenn aber bei „zweigliedrigen Wettbewerbsverstößen" die Gewährung der zugesagten Rabatte und Zugaben nicht wettbewerbswidrig ist, scheidet auch der Einwand der unzulässigen Rechtsausübung gegen Erfüllungsansprüche solcher Kunden aus, die wissen, dass die Zusage solcher Rabatte oder Werbegeschenke unzulässig ist.

(3) Von den Verträgen, die unlauteren Wettbewerb darstellen bzw auf Begehung **304** unlauteren Wettbewerbs gerichtet und nach § 134 nichtig sind, müssen Verträge unterschieden werden, die durch unlauteren Wettbewerb **zustande gebracht** worden sind (ausf dazu Sack WRP 1974, 445; M Lehmann, Vertragsanbahnung durch Werbung [1981]; W Schuhmacher, Verbraucherschutz bei Vertragsanbahnung [1983]; R Schumacher, Vertragsaufhebung wegen fahrlässiger Irreführung unerfahrener Vertragspartner [1979]). Solche **„Folgeverträge"**, die zB durch Täuschung, psychischen Zwang oder Machtmissbrauch zustande gebracht worden sind, sind nicht ohne weiteres nach § 134 oder § 138 nichtig, da sich in diesen Fällen das UWG nicht gegen die Vornahme oder den Inhalt der betreffenden Rechtsgeschäfte wendet (BGH NJW 1993, 3329, 3330 zu 3a; BGHZ 110, 156, 174 f; BGH LM Nr 12 zu § 1 UWG; OLG Düsseldorf WRP 1975, 602, 603; OLG Frankfurt GRUR 1978, 720, 721 Folgeverträge; OLG Frankfurt WRP 1995, 41; Baumbach/Hefermehl, Wettbewerbsrecht § 1 UWG Rn 913; Ochs WRP 1977, 373; MünchKomm/Mayer-Maly/Armbrüster § 134 Rn 67; Palandt/Heinrichs § 134 Rn 24; Sack WRP 1974, 445, 446 f; Körner GRUR 1968, 348, 351; Traub GRUR 1980, 673, 675, 677; Wedemeyer WRP 1972, 117; **aA** LG Mainz BB 1967, 1180 f; AG Trier WRP 1972, 157; Beckmann 399 f, der jedoch nur dem unlauter geworbenen Kunden die Berufung auf § 134 einräumt). In diesem Fall ist der unlauter geworbene Kunde auf die lückenhaften Rechtsbehelfe der §§ 119, 123 BGB, des § 13a UWG, des HausTWG (jetzt §§ 312d, 355 ff) und des VerbrKrG (jetzt §§ 495, 355 ff) verwiesen (vgl Sack WRP 1974, 445 ff; ders BB 1987, Beil 2 S 20 ff, 28, jeweils mit weiteren Versuchen, dem unlauter geworbenen Kunden Vertragsauflösungsrechte und Schadensersatzansprüche einzuräumen). Wenn eine Gewerkschaft in Übereinstimmung mit ihrer Satzung mit einem Rechtsschutzversicherer einen Gruppenversicherungsvertrag zugunsten ihrer Mitglieder schließt, durch den diese ohne ihre Zustimmung im Einzelfall und aus ihrem Beitragsaufkommen versichert werden, so verstößt dies zwar gegen § 1 UWG; der Vertrag ist jedoch weder nach § 134 noch nach § 138 nichtig (BGHZ 110, 156, 174 f).

305 **(4)** Der Durchsetzung unlauter zustande gebrachter Verträge, die weder nach § 134 nichtig noch aus anderen Gründen (zB Anfechtung, Widerruf, Rücktritt nach § 13a UWG) unwirksam sind, kann der Einwand unzulässiger Rechtsausübung entgegenstehen. Die Durchsetzung solcher Verträge ist hingegen grundsätzlich kein Verstoß gegen § 1 UWG (BGH GRUR 1986, 816, 818 f „Widerrufsbelehrung bei Teilzahlung"; OLG Frankfurt WRP 1975, 41, 42; LG Berlin WRP 1972, 96, 97; Sack BB 1987, 1048, 1049 ff; ders WRP 2002, 396 ff). Nur bei Vorliegen **besonderer Umstände** kann die Durchsetzung solcher Verträge unlauterer Wettbewerb iSv § 1 UWG sein und als solcher von Mitbewerbern und klagebefugten Verbänden untersagt werden (BGH GRUR 1981, 286, 287 f „Goldene Karte I"; 1986, 816, 819 „Widerrufsbelehrung bei Teilzahlungskauf"; 1988, 829, 830 „Verkaufsfahrten II"; NJW 1993, 3329 f „Folgeverträge I"; BGH NJW 1995, 1361 = ZIP 1995, 503 ff „Folgeverträge II"; OLG Frankfurt GRUR 1978, 720, 722 „Folgeverträge"; OLG Köln WRP 1975, 170, 172 f; OLG Hamburg NJW-RR 1993, 1456 f; OLG Schleswig NJW-RR 1995, 1127 = WRP 1995, 521). Solche besonderen Umstände sind mit dem BGH insbesondere beim sog Adreßbuchschwindel anzunehmen, wenn die Art der Durchführung der unlauter zustande gebrachten Verträge Teil eines **einheitlichen**, von Anfang an auf Täuschung als Mittel des Wettbewerbs angelegten Gesamtkonzepts ist und es sich dabei um Maßnahmen zur Erhaltung des Kundenstammes auf Kosten der Mitbewerber handelt (BGHZ 123, 330, 336 = NJW 1993, 3329 „Folgeverträge I"; BGH NJW 1995, 1361 = ZIP 1995, 503, 506 „Folgeverträge II"; BGH GRUR 1986, 816, 819 „Widerrufsbelehrung bei Teilzahlungskauf"; OLG Köln WRP 1975, 170, 172; OLG Hamburg NJW-RR 1993, 1456 f; dazu Schockenhoff NJW 1995, 500 ff; vgl jedoch auch LG Berlin WRP 1972, 96, 97). Zu weit geht allerdings die Ansicht, dass es gegen die guten Wettbewerbssitten iSv § 1 UWG verstoße, auf der Erfüllung von Verträgen zu bestehen, die „durch Betrug oder durch ein kraß wettbewerbs-

widriges Verhalten zustande gekommen sind" (so jedoch OLG Frankfurt GRUR 1978, 720,
722; vgl auch OLG Köln WRP 1975, 170, 173). Denn idR ist die bloße Durchsetzung unlauter
zustande gebrachter Verträge kein Handeln zu dem Zweck, auf Kosten von Mitbewerbern zu Geschäftsabschlüssen zu gelangen, und damit auch kein Handeln zu
Zwecken des Wettbewerbs iSv § 1 UWG (BGH GRUR 1986, 816, 818 f „Widerrufsbelehrung
bei Teilzahlungskauf"; LG Berlin WRP 1972, 96, 97; SACK BB 1987, 1048, 1049 ff; ders WRP 2002,
396, 397).

Das **Provisionsabgabeverbot** der Anordnung vom 8. 3. 1934, die die damalige Ver-　**306**
sicherungsaufsichtbehörde aufgrund des § 81 **VAG** von 1931 erlassen hat, untersagt
Versicherungsvermittlern die Abgabe eines Teils ihrer Provision an Kunden. Diese
Anordnung gilt nach dem Inkrafttreten des Grundgesetzes als VO des Bundesrechts
fort (vgl BGHZ 93, 177, 179 ff mit ausführlicher Begründung; zur Vereinbarkeit mit dem EG-
Kartellrecht EuGH VersR 1994, 161; DREHER VersR 2001, 1 ff; OLG Celle VersR 1991, 1373).
Zweck dieser VO ist nicht nur der Schutz der Versicherungsvermittler, sondern
auch der Schutz der Versichertengemeinschaft gegen nicht gerechtfertigte Begünsti-
gungen Einzelner und gegen Prämienerhöhungen, die durch Provisionsunkosten
infolge von Sondervergünstigungen an einzelne Versicherungsnehmer verursacht
werden (BGHZ 93, 177, 181, 183; OLG Celle VersR 1994, 856; OLG Hamburg VersR 1995, 817;
OLG Köln VersR 1991, 1373, 1374; SCHWARZ NJW 1995, 491, 492, 493; aA DREHER VersR 1995, 1, 2).
Aus den genannten Gründen hält eine verbreitete Ansicht Provisionsabgabevereinbarungen zwischen Versicherungsnehmern und Versicherungsvermittlern mE zutreffend für nichtig nach § 134 (OLG Köln VersR 1991, 1373; OLG Hamburg VerBAV 2000, 163 m
zust Anm SCHWINTOWSKI VuR 2000, 200, 201; LG Hamburg VerBAV 1998, 327; AG Hamburg NJW-
RR 1993, 1372; ERMAN/PALM § 134 Rn 75; SCHWARZ NJW 1995, 491 ff; aA OLG Frankfurt VersR
1995, 92, 94; OLG Hamburg VersR 1995, 817; OLG Celle VersR 1994, 856; LG Köln VersR 1995, 384;
DREHER VersR 1995, 1, 5; GRUBER, Berliner Komm zum VVG § 48 Rn 31; KOLLHOSSER, in: PRÖLSS,
VAG[11] [1997] § 81 Rn 69 ff, 98; ders, in: PRÖLLS/MARTIN, VVG[2] [1998] Anhang 43–48 Rn 57; Münch-
Komm/MAYER-MALY/ARMBRÜSTER § 134 Rn 68; PALANDT/HEINRICHS § 134 Rn 24; J PRÖLLS in: 2. FS
LARENZ [1983] 487, 532 f; WINTER VersR 2002, 1055, 1061 ff; ebenso im Ergebnis SchweizBGE 111 II
52, 54; ÖstOGH JBl 1968, 521, 522). Denn nur mit dieser Sanktion lässt sich der Zeck des
Provisionsabgabeverbots wirksam durchsetzen (OLG Köln VersR 1991, 1373, 1374; AG
Hamburg NJW-RR 1993, 1372 aE). Die Gegenansicht lehnt dies jedoch ab, zum Teil
mit dem nicht tragfähigen Argument, dass sich das Provisionsabgabeverbot nur einseitig an den Versicherungsvermittler, dh nur einseitig an eine Vertragspartei richte
(so jedoch OLG Frankfurt VersR 1995, 92, 94; OLG Hamburg VersR 1995, 817; OLG Celle VersR
1994, 856; DREHER VersR 1995, 1, 3; GRUBER, Berliner Komm zum VVG [1999] Anh § 48 Rn 21;
KOLLHOSSER aaO; gegen dieses Argument MünchKomm/MAYER-MALY/ARMBRÜSTER § 134 Rn 68;
aA auch OLG Köln VersR 1994, 1373, 1374), zum Teil mit dem unzutreffenden Hinweis
darauf, dass ein derartiger Schutz der Versichertengemeinschaft nicht bezweckt sei
(so MünchKomm/MAYER-MALY/ARMBRÜSTER § 134 Rn 68; OLG Frankfurt VersR 1995, 92, 94).
Dies gelte jedenfalls dann, wenn der Vermittler einen Teil seiner Provision weiter-
gebe, ohne von der Versicherung dafür einen Ausgleich zu erhalten. Auch die Auf-
sichtsbehörde sei zur Durchsetzung der VO nicht verpflichtet (OLG Frankfurt VersR
1995, 92, 94). Auch die für die hM herangezogene Parallele zum RabG (vgl WINTER VersR
2002, 1055, 1062 f) – das 2001 aufgehoben wurde – passt nicht, da sich dieses ausschließlich gegen diese Methode der Werbung für Vertragsabschlüsse wendete, nicht jedoch
gegen die Vertragsabschlüsse selbst. Unabhängig von der Gültigkeit von Provisionsabreden berühren Verstöße gegen das Provisionsabgabeverbot nicht nach § 139 die

Wirksamkeit der so zustande gebrachten Versicherungsverträge (WINTER VersR 2002, 1055, 1064; aA SCHWINTOWSKI VuR 2000, 200, 201).

Das **VerbrKrG** ist am 1. 1. 2002 durch die §§ 488 ff abgelöst worden; vgl oben Rn 90, 216. Ein öffentlich-rechtlicher Vertrag iSv § 54 Satz 2 **VwVfG**, in dem sich ein Vertragspartner einer Behörde zu einer Gegenleistung verpflichtet, die unangemessen ist oder in keinem sachlichen Zusammenhang mit der vertraglichen Leistung der Behörde steht, ist nach § 56 iVm § 59 Abs 2 Nr 4 VwVfG nichtig; des Rückgriffs auf § 134 bedarf es nicht. Die Vereinbarung eines nach § 5 **WiStG** überhöhten Mietpreises ist nach § 134 insoweit nichtig, als sie den höchstzulässigen Mietpreis – verkürzt: ortsübliche Vergleichsmiete zuzüglich 20% – übersteigt. Es erfolgt eine geltungserhaltende Reduktion der Mietzinsabrede; im Übrigen ist der Mietvertrag, wenn nicht sonstige besondere Umstände hinzutreten, wirksam (BGHZ 89, 316, 320 f; ausführlicher oben Rn 92 ff, 269 ff).

307 Ein Mietvertrag mit einem nach den §§ 4, 7 **WoBindG** nicht wohnberechtigten Mieter ist dennoch wirksam (LG Aachen ZMR 1973, 379; ERMAN/PALM § 134 Rn 56; MünchKomm/ MAYER-MALY/ARMBRÜSTER § 134 Rn 84). Auch Verträge, die gegen das Umbau- und Zweckentfremdungsverbot des § 12 WoBindG verstoßen, sind gültig (LG Dortmund ZMR 1967, 79; ERMAN/PALM § 134 Rn 56; MünchKomm/MAYER-MALY/ARMBRÜSTER § 134 Rn 84). § 4a **WoVermittG** enthält für Abstands- und Ablösevereinbarungen im Zusammenhang mit dem Abschluss von Mietverträgen eine eigene Unwirksamkeitsregelung, die § 134 und § 138 vorgeht (ERMAN/PALM § 134 Rn 79 u § 138 Rn 131 e; zu § 4a WoVermittG BGH NJW 1997, 1845). Ein Maklervertrag, der unter Verstoß gegen das Verbot des § 6 Abs 1 **WoVermittG**, Wohnräume ohne Auftrag des Vermieters oder eines anderen Berechtigten anzubieten, geschlossen worden ist, ist ebenfalls nicht nach § 134 nichtig (BGH NJW 2002, 3015 f). Das **WZG** ist durch das MarkenG abgelöst worden (s oben Rn 264).

308 **ZPO**: Nach Ansicht des BGH brachten die §§ 1025 Abs 2 aF u 1032 aF ZPO das Gebot überparteilicher Rechtspflege zum Ausdruck, weshalb er eine Bestimmung in einem Schiedsvertrag, nach der ein nur aus Mitgliedern eines Vereins zu bildendes Schiedsgericht über Streitigkeiten zwischen Vereinsmitgliedern und Nichtmitgliedern zu entscheiden hatte, nach § 134 für nichtig erklärte, wenn diese Vereinbarung unter den gegebenen Umständen zur Folge hatte, dass nur Schiedsrichter Recht sprechen sollten, die als befangen gelten müssten (BGHZ 51, 255, 262 f; SOERGEL/ HEFERMEHL § 134 Rn 85; s o Rn 18, 22; ebenso bei einseitiger Besetzung eines Schiedsgerichts durch die Arbeitgeberseite der östOGH DRdA 1979, 386 f; dazu MAYER-MALY AcP 194 [1994] 105 ff, 165). Ein solches Ergebnis lässt sich aus den an die Stelle der §§ 1025, 1032 aF ZPO getretenen §§ 1034 Abs 2, 1036 ZPO nicht mehr ableiten, da der jetzige § 1034 Abs 2 ZPO – anders als der alte § 1025 Abs 2 ZPO – im Falle einer eine Partei benachteiligenden Schiedsvereinbarung nicht mehr deren Unwirksamkeit vorsieht, sondern der – zudem nur noch hinsichtlich der Zusammensetzung des Schiedsgerichts – benachteiligten Partei lediglich das Recht einräumt, eine abweichende gerichtliche Schiedsrichterbestellung zu beantragen.

Die **ZugabeVO** ist 2001 ersatzlos gestrichen worden (vgl dazu STAUDINGER/SACK [1996] Rn 301 ff).

ZVG: Die durch Teilungserklärung getroffene Bestimmung, wonach auch der Erwerber einer Eigentumswohnung oder von Teileigentum im Wege der Zwangsversteigerung für Wohngeldrückstände des Voreigentümers haftet, verstößt gegen § 56 S 2 ZVG und ist nach § 134 nichtig (BGHZ 99, 358, 362; SOERGEL/HEFERMEHL § 134 Rn 62). Die Verpflichtung zum Nichtbieten im Rahmen einer Zwangsversteigerung verstößt gegen den Zweck des ZVG und ist deshalb nach § 134 nichtig (ERMAN/PALM § 134 Rn 81; s auch Rn 312 zu § 270 preußStGB).

2.   Landesrecht

Landesrechtliche **Berufsordnungen** für freie Berufe können Verbotsgesetze iSv § 134   **309** enthalten. Die Berufsordnung für die öffentlich bestellten Vermessungsingenieure in NRW verbietet dem öffentlich bestellten Vermessungsingenieur, sich mit einem nicht öffentlich bestellten Vermessungsingenieur zu einer Gesellschaft zum Zwecke der gemeinsamen Berufsausübung zusammenzuschließen. Haben die Parteien gegen dieses Verbot verstoßen, so finden nicht die Rechtsgrundsätze über die fehlerhafte Gesellschaft Anwendung, sondern der Verstoß führt nach § 134 zur Nichtigkeit des Gesellschaftsvertrages, da die Rechtsordnung die fehlerhafte Gesellschaft nicht anerkennen kann, wenn dem – wie hier – wichtige Gemeinschaftsinteressen entgegenstehen. Die Rückabwicklung erfolgt bereicherungsrechtlich; § 814 und § 817 S 2 analog sind nicht anwendbar (BGHZ 97, 243, 250 f; ERMAN/PALM § 134 Rn 40). Eine gegen § 18 BerufsO der Ärztekammer der nordrheinischen Ärzte verstoßende Vereinbarung zwischen zwei Ärzten über die Zuweisung von Patienten gegen Überlassung einer Patientenkartei ist nach Ansicht des BGH nach § 134 nichtig (BGH NJW 1986, 2360, 2361; RATZEL MedR 2002, 492, 496; **aA** TAUPITZ JZ 1994, 221, 226 f; weitere Beispiele für das Verbot der entgeltlichen Patientenzuweisung bei TAUPITZ MedR 1993, 367, 373; ders JZ 1994, 221 ff). Die landesrechtliche Regelung des § 18 BerufsO ist ein Gesetz iS von § 134. Es will verhindern, dass sich ein Arzt bei seiner Entscheidung, welchem anderen Arzt er Patienten zuweist, von vornherein gegen Entgelt bindet, statt sie in jedem Einzelfall aufgrund medizinischer Erwägungen im Interesse des Patienten zu treffen. Dieser Schutzzweck wird nur erreicht, wenn solchen Verträgen die Wirksamkeit versagt wird (BGH NJW 1986, 2360, 2361). Gegen die Ansicht ist allerdings eingewendet worden, dass die Ärztekammer, die die BerufsO erlassen hat, nicht die Kompetenz hatte, die zivilrechtliche Nichtigkeitsfolge anzuordnen (TAUPITZ JZ 1994, 221, 226 f). Außerdem seien die der Kammer zur Verfügung stehenden disziplinarrechtlichen Sanktionen ausreichend zur Durchsetzung dieser Vorschrift. Ferner verstoßen Provisionsabreden für die Zuführung von Mandanten gegen die guten Sitten iSv § 138 (TAUPITZ NJW 1989, 2871, 2872).

Nach § 141 Abs 4 **UniversitätsG NW** (früher wissHG NW) ist ein Vertrag über die   **310** entgeltliche Vermittlung von akademischen Graden verboten und nach § 134 nichtig. Ein Garantieversprechen, mit dem der eine Vertragsteil eines solchen nichtigen Vertrags dem anderen Vertragsteil Schadloshaltung für den Fall des Misslingens dieses Geschäfts verspricht, ist wegen Gesetzesumgehung nichtig (OLG Köln NJW-RR 1994, 1540, 1541, jedoch unter Anwendung von § 138 Abs 1; vgl auch OLG Stuttgart NJW 1996, 665). Nach § 817 kann dasjenige, was der Vertragspartner eines solchen Geschäfts dem anderen Vertragspartner zur Weiterleitung an einen Dritten in Ausführung des Geschäfts erhalten und entsprechend weitergeleitet hat, von dem anderen Vertragsteil nicht zurückgefordert werden (OLG Köln aaO).

311 Die Vereinbarung einer redaktionell getarnten Veröffentlichung von Werbeanzeigen in Printmedien ist nichtig nach § 134 wegen eines Verstoßes gegen § 10 Abs 3 **PresseG NRW** (OLG Köln MDR 1970, 673; OLG Düsseldorf NJW 1975, 2018 = WRP 1975, 602, 603; Erman/Palm § 134 Rn 60; MünchKomm/Mayer-Maly/Armbrüster § 134 Rn 91), bzw gegen entsprechende Regelungen des Gebots der Trennung von redaktionellem Teil und Werbung in anderen Landespressegesetzen, meist § 9 oder § 10. Eine entsprechende Regelung des Trennungsgebots enthält der **Rundfunkstaatsvertrag** der Bundesländer für das Fernsehen (dazu Sack ZUM 1987, 103, 114, 127 f; ders AfP 1991, 704, 707 f). Solche Verträge sind außerdem nichtig nach § 134 iVm § 3 UWG, da sie einen gegen das wettbewerbsrechtliche Irreführungsverbot verstoßenden Inhalt zum Gegenstand haben (Sack AfP 1991, 704, 713 f). Der Hersteller der betreffenden Zeitschrift oder Zeitung hat keine vertraglichen Ansprüche auf Entgelt oder Kostenbeteiligung und wegen § 817 S 2 analog auch keine Bereicherungsansprüche gegen den Anzeigenkunden.

312 Nach § 270 **preußStGB** wird bestraft, „wer andere vom Mitbieten oder Weiterbieten bei den von öffentlichen Behörden oder Beamten vorgenommenen Versteigerungen durch Zusicherung oder Gewährung eines Vorteils abhält". Wenn diese Vorschrift noch in Kraft ist (bejahend OLG Celle NJW 1969, 1764; aA Franzen NJW 1970, 662 f), sind gegen sie verstoßende Vereinbarungen nach § 134 nichtig (zutreffend Canaris, Gesetzliches Verbot … 24 ff; Soergel/Hefermehl § 134 Rn 25; ebenso früher RGZ 51, 401, 402; aA die Vereinigten Zivilsenate des RG RGZ 60, 273, 275 ff; OLG Celle NJW 1969, 1764; Amm 144 ff, 152; gegen § 134, jedoch für § 138 Palandt/Heinrichs § 134 Rn 25; § 138 Rn 103; rechtshistorisch dazu ausführlich Pansegrau 190 ff, 225 ff). Andernfalls könnte dem gebundenen Vertragspartner entgegen dem strafrechtlichen Verbot das Mit- oder Weiterbieten in der Versteigerung zivilrechtlich geboten und er bei Verstoß gegen die Vereinbarung auf Schadensersatz in Anspruch genommen werden (vgl den kritischen Hinweis darauf von Canaris, Gesetzliches Verbot … 26).

3. Europäisches Recht

313 Die Art 23, 25 EG, die zollgleiche Belastungen untersagen, sind Verbotsgesetze iSv § 134 und untersagen die Vereinbarung zollgleicher Belastungen in öffentlich-rechtlichen Verträgen (BVerwGE 70, 41, 45 f). Art 81 Abs 1 EG enthält ein Verbot für wettbewerbsbeschränkende Verträge; die Regelung der Nichtigkeitsfolge durch Art 81 Abs 2 EG verdrängt jedoch als Spezialregelung die Vorschrift des § 134. Art 82 EG ist ein Verbotsgesetz iSv § 134. Unter Missbrauch von Marktmacht iSv Art 82 EG zustande gebrachte Verträge sind nach § 134 nichtig, soweit sich aus dem Zweck des Missbrauchsverbots im Einzelfall nicht ein anderes ergibt (Emmerich AG 2001, 520, 523 ff; von der Groeben/Thiesing/Ehlermann, EWG-Vertrag Bd 2 [4. Aufl 1991] Art 86 Rn 47; MünchKomm/Mayer-Maly/Armbrüster § 134 Rn 37; Soergel/Hefermehl § 134 Rn 8). Ein Verstoss gegen das Notifizierungsgebot des Art 87 Abs 3 EG (früher Art 93 Abs 3 EGV) rechtfertigt nicht die Anwendung des § 134 (Hopt/Mestmäcker WM 1996, 801, 805 f; aA Steindorff ZHR 152 [1988] 474, 488 f). Denn nicht notifizierte Beihilfen werden nicht inhaltlich missbilligt; vielmehr will das Notifizierungsgebot die Anmeldung und die Überprüfung von Beihilfen auf ihre Berechtigung sichern. Nach § 134 nichtig sind hingegen Verträge, die gegen das **materielle** Beihilfeverbot des Art 87 EG, insbes auch gegen das in Art 87 Abs 3 S 3 angeordnete Durchführungsverbot verstoßen (Steindorff EuZW 1997, 7, 8 ff; ders ZHR 152 [1988] 474, 488 f; MünchKomm/Mayer-Maly/Armbrüster § 134 Rn 38; Palandt/Heinrichs § 134 Rn 2; aA Hopt/Mestmäcker WM 1996,

753; HABERSACK ZHR 159 [1995] 663, 679). Die VO (EWG) Nr 805/68 und die VO (EWG) Nr 827/68 über die gemeinsame Marktorganisation für Rindfleisch bzw sonstige Erzeugnisse enthalten Verbotsgesetze iSv § 134 (BVerwGE 70, 41, 44 f). Das Irak-Embargo durch die VO 2340/90/EWG (dazu BGH NJW 1994, 858) ist ein Verbotsgesetz iSv § 134; dagegen verstoßende Rechtsgeschäfte sind nichtig (PALANDT/HEINRICHS § 134 Rn 19). Auch **EG-Richtlinien** können, sofern sie ausnahmsweise unmittelbar anwendbar sind (Ablauf der Umsetzungsfrist; unbedingt; hinreichend bestimmt; gegen die öffentliche Hand gerichtet), Verbotsgesetze iSv § 134 sein; (s oben Rn 45; vgl auch Münch-Komm/MAYER-MALY/ARMBRÜSTER § 134 Rn 37).

Zur Gemeinschaftsmarkenverordnung **(GMV)** s Rn 264 zum MarkenG.

4. Völkerrecht

Verträge, die gegen Devisenbestimmungen verstoßen, die nach Artikel VIII 2 (b) des **314** **IWF-Übereinkommens** berücksichtigt werden müssen, sind nicht nichtig; aus ihnen kann jedoch in den Hoheitsgebieten der Mitgliedstaaten nicht geklagt werden; sie sind „unenforceable" (BGH NJW 1980, 520; BGHZ 116, 77, 83 f; BGH NJW 1994, 1868; dazu FUCHS IPRax 1995, 82; OLG Hamburg RiW 1994, 686, 687; SOERGEL/HEFERMEHL § 134 Rn 9). Eine Klage aus einem solchen Vertrag ist nach Ansicht des BGH unzulässig (BGHZ 116, 77, 84; 55, 334, 337 f; BGH NJW 1991, 3095, 3096; OLG Hamburg RiW 1994, 686, 687; vgl auch BGH NJW 1994, 1868 f). Nach wohl zutreffender Gegenansicht enthalten solche Verträge unvollkommene Verbindlichkeiten, die keine durchsetzbaren Ansprüche begründen (so EBKE, Internationales Devisenrecht 280 ff, 293 ff; ders JZ 1991, 335, 342; ders RiW 1991, 1, 6 f). Überschreitet der in einem internationalen Darlehensvertrag den nach ausländischen Devisenkontrollvorschriften genehmigten Zinssatz, so ist nicht der gesamte Darlehensvertrag und auch nicht die gesamte Zinsvereinbarung unklagbar, sondern nur der Teil der Zinsvereinbarung, der über die Genehmigung hinausgeht (BGHZ 116, 77, 85 aE).

§ 135
Gesetzliches Veräußerungsverbot

(1) Verstößt die Verfügung über einen Gegenstand gegen ein gesetzliches Veräußerungsverbot, das nur den Schutz bestimmter Personen bezweckt, so ist sie nur diesen Personen gegenüber unwirksam. Der rechtsgeschäftlichen Verfügung steht eine Verfügung gleich, die im Wege der Zwangsvollstreckung oder der Arrestvollziehung erfolgt.

(2) Die Vorschriften zugunsten derjenigen, welche Rechte von einem Nichtberechtigten herleiten, finden entsprechende Anwendung.

Materialien: E I § 107 Abs 1 und 2; II § 101; III § 131; Mot I 212; Prot I 124; VI 129.

Rolf Sack
Jürgen Kohler

Schrifttum

BACHMANN, Auswirkungen der Sicherungsmaßnahmen nach § 21 InsO auf das Grundbuchverfahren, Rpfleger 2001, 105

BEER, Die relative Unwirksamkeit (1975)

ders, Das Problem – Die relative Unwirksamkeit, JA 1976, 213

BERGER, Rechtsgeschäftliche Verfügungsbeschränkungen (1998)

BLOMEYER, Zum relativen Verbot der Verfügung über Forderungen, in: FS E Hirsch (1968) 25

BLUM, Veräußerungsverbot und Vormerkung (Diss Breslau 1906)

BORK, § 55 Abs 2 InsO, § 108 Abs 2 InsO und der allgemeine Zustimmungsvorbehalt, ZIP 1999, 781

BÖTTCHER, Beeinträchtigungen der Verfügungsbefugnis, Rpfleger 1983, 49 und 187

BÜLOW, Grundfragen der Verfügungsverbote, JuS 1994, 1

CANARIS, Die Verdinglichung obligatorischer Rechte, in: FS Flume I (1978) 371

DU CHESNE, Die Vollziehung eines durch einstweilige Verfügung angeordneten Veräußerungsverbotes hinsichtlich eines Liegenschaftsrechts, DNotV 1917, 205

DENCK, Die Relativität im Privatrecht, JuS 1981, 9

ders, Die Relativität im Sachenrecht, JuS 1981, 861

DUBISCHAR, Doppelverkauf und „ius ad rem", JuS 1970, 6

DULCKEIT, Die Verdinglichung obligatorischer Rechte (1951)

ECKARDT, Vorausverfügung und Sequestration, ZIP 1997, 957

EICKMANN, Grundbuchverfahrensrecht (1994)

ders, Konkurseröffnung und Grundbuch, Rpfleger 1972, 77

ders, Das allgemeine Veräußerungsverbot nach § 106 KO und sein Einfluss auf das Grundbuch-, Vollstreckungs- und Zwangsversteigerungsverfahren, KTS 35 (1974) 202

FAHLAND, Das Verfügungsverbot nach §§ 135, 136 BGB in der Zwangsvollstreckung und seine Beziehung zu den anderen Pfändungsfolgen (1976)

FOERSTE, Grenzen der Durchsetzung von Verfügungsbeschränkung und Erwerbsverbot im Grundstücksrecht (1986)

ders, Besprechung von Thomas Weiland, Die Sicherung konkurrierender Sachleistungsansprüche im Wege einstweiliger Verfügung durch Vormerkung und Verfügungsverbot, AcP 193 (1993) 274

FRAEB, Die Rechtsfolgen einer gegen die §§ 135, 136 BGB verstoßenden Verfügung unter besonderer Berücksichtigung des Zwangsversteigerungsvermerks bei eingetragenem Rangvorbehalt, ZBlFG 12 (1911/12) 613

FRITSCHE, Zivilrechtliche Verfügungsverbote im Hinblick auf konkurs- und insolvenzrechtliche Regelungen, DZWIR 2002, 1

FURTNER, Sicherung eines künftigen Rechtserwerbs durch einstweilige Verfügung, NJW 1964, 745

ders, Die rechtsgeschäftlichen Verfügungsbeschränkungen und ihre Sicherung, NJW 1966, 182

GERHARDT, Absolute und relative Unwirksamkeit als rechtliches Steuerungsinstrument im Insolvenzfall, in: FS Flume I (1978) 527

ders, Systematische Einordnung der Gläubigeranfechtung (1969)

ders, Die Verfahrenseröffnung nach der Insolvenzordnung und ihre Wirkung, ZZP 109 (1996) 415

GRIMM, Das Erwerbsverbot bei Schwarzkäufen (Diss Köln 1933)

HABSCHEID, Richterliches Erwerbsverbot und Grundbuchrecht, in: FS Schiedermair (1976) 245

HAEDICKE, Der bürgerlich-rechtliche Verfügungsbegriff, JuS 2001, 966

HÄSEMEYER, Die gesetzliche Form der Rechtsgeschäfte (1971)

HARTMANN, Ansprüche des Käufers auf Verwendungsersatz bei Ausübung eines gesetzlichen Vorkaufsrechts, NJW 1956, 899

HELWICH, Neuordnung der vorläufigen Insolvenzverwaltung im künftigen Insolvenzrecht, MDR 1990, 516

HINTZEN, Zwangsvollstreckungsverbote im Insolvenzeröffnungsverfahren, ZInsO 1998, 174

HUBERNAGEL, Das Erwerbsverbot als Verfügungsverbot, Gruchot 73 (1933) 36

U Hübner, Personale Relativierung der Unwirksamkeit von Rechtsgeschäften nach dem Schutzzweck der Norm, in: FS H Hübner (1984) 487

Hüesker, Zur Lehre von den gesetzlichen und richterlichen Veräußerungsverboten nach dem Bürgerlichen Gesetzbuch (Diss Leipzig 1910)

Jakobs, Die Verlängerung des Eigentumsvorbehalts und der Ausschluss der Abtretung der Weiterveräußerungsforderung, JuS 1973, 152

Jungk, Eigentumserwerb des durch ein relatives Veräußerungsverbot geschützten Gläubigers durch Erklärung des Schuldners nach dessen Verfügung zugunsten eines Bösgläubigen, JA 1991, 18

Kiessling/Singhoff, Verfügungsbeschränkungen in der vorläufigen Insolvenz – insbesondere zu Grundlagen und Wirkungen besonderer Verfügungsverbote und Zustimmungsvorbehalte, DZWIR 2000, 353

Kiethe/Groeschke/Hohmann, Die Vermögenszurückgewinnung beim Anlagebetrug im Spannungsverhältnis zur Insolvenzordnung, ZIP 2003, 185

Kirschbaum, Das richterliche Veräußerungsverbot nach Gemeinem Recht und Bürgerlichem Gesetzbuch (Diss Marburg 1902)

Knoke, Zur Lehre vom relativen Veräußerungsverbot, in: Königsberger FG Güterbock (1910) 401

Kohler, Das Verfügungsverbot lebt, JZ 1983, 586

ders, Das Verfügungsverbot gemäß § 938 Abs 2 ZPO im Liegenschaftsrecht (1984)

ders, Eigentumserwerb des durch Verfügungsverbot Geschützten an verbotswidrig veräußerten Mobilien, Jura 1991, 349

ders, Zivilrechtliche Sicherung der Rückerstattung von Grundstücken in den neuen Bundesländern, NJW 1991, 465

ders, Funktionales Recht – Zum Wandel im Rechtsdenken an einem zivilprozessualen Beispiel, AcP 192 (1992) 255

Kuhlmann, Relative (einseitige) Unwirksamkeit (Diss Marburg 1936)

Legart, Der Aufwendungsersatzanspruch des Grundstückserwerbers, der dem Vormerkungsberechtigten weichen muss, Gruchot 73 (1933) 311

Lüke, Der Inhalt des Pfändungspfandrechts, JZ 1955, 484

Mayer-Maly, Die relative Unwirksamkeit im österreichischen Recht, in: FS Reimer (1976) 67

Mehrtens, Das gesetzliche Veräußerungsverbot (Diss Göttingen 1974)

Merkle, Insolvenzverfahren und insolvenzrechtliches Sicherungsverfahren neu definiert, Rpfleger 2002, 105

Münzberg, Die Gefährdung des Pfändungspfandrechts durch Vollstreckungsschuldner und Dritte, ZZP 78 (1965) 287

Münzel, Gerichtliche Erwerbsverbote durch einstweilige Verfügungen, DNotV 1928, 282

Mugdan, Die gesamten Materialien zum Bürgerlichen Gesetzbuch für das Deutsche Reich, Band 1 – Einführungsgesetze und Allgemeiner Teil (1899); Band 3 – Sachenrecht (1899)

Mummenhoff, Vertragliches Abtretungsverbot und Sicherungszession im deutschen, österreichischen und US-amerikanischen Recht, JZ 1979, 425

H W Neumann, Vormerkung, Verfügungsbeschränkung und Veräußerungsverbot (Diss Hamburg 1930)

J Neumann, Vormerkung und Veräußerungsverbot, JW 1902, 454

Oertmann, Das Problem der relativen Rechtszuständigkeit, JherJb 66, 130, 249

Ostermann, Das Erwerbsverbot (Diss Bonn 1930)

C Paulus, Richterliches Verfügungsverbot und Vormerkung im Konkurs (1981)

G Paulus, Schranken des Gläubigerschutzes aus relativer Unwirksamkeit, in: FS Nipperdey Bd 1 (1965) 909

ders, Sinn und Formen der Gläubigeranfechtung, AcP 155 (1955/6) 277

Pawlowski, Zum sogenannten Verfolgungsrecht des Gerichtsvollziehers, AcP 175 (1975) 189

Raape, Das gesetzliche Veräußerungsverbot des BGB (1908)

Raible, Vertragliche Beschränkung der Übertragung von Rechten (1969)

Reinicke, Die zweckentfremdete Aufrechnung, NJW 1972, 793

Ruhwedel, Grundlage und Rechtswirkungen

sogenannter relativer Verfügungsverbote, JuS 1980, 161

SANDWEG, Anspruch und Belastungsgegenstand bei der Auflassungsvormerkung, BWNotZ 1994, 5

SAUERACKER, Der Begriff des gesetzlichen Veräußerungsverbotes (Diss Halle 1913)

SCHACHIAN, Die relative Unwirksamkeit der Rechtsgeschäfte (Diss Berlin 1910)

SCHLEGELMILCH, Das relative Eigentum (Diss Halle-Wittenberg 1928)

SCHLOSSER, Vollstreckungsrechtliches Prioritätsprinzip und verfassungsrechtlicher Gleichheitssatz, ZZP 97 (1984) 121

SCHMIDT, Über gesetzliche und richterliche Veräußerungsverbote nach früherem und heutigem Recht (Diss Breslau 1904)

SCHÖNFELD, Nochmals: Wie wirkt sich die entsprechende Anwendung des § 878 BGB auf die Bewilligung einer Vormerkung aus?, NJW 1959, 1417

SEIDEL, Das richterliche Veräußerungsverbot nach Gemeinem Recht und Bürgerlichem Gesetzbuch (Diss Greifswald 1904)

SOLON, Zur Lehre von den Veräußerungsverboten der §§ 135, 136 BGB (Diss Leipzig 1908)

STADLER, Gestaltungsfreiheit und Verkehrsschutz durch Abstraktion (1996)

STROHAL, Über relative Unwirksamkeit, in: FS zur Jahrhundertfeier des Allgemeinen Bürgerlichen Gesetzbuches II (1911) 746

VALLENDER, Die Anordnung der vorläufigen Insolvenzverwaltung, DZWIR 1999, 265

VIERTELHAUSER, Vollstreckungsmaßnahmen im Vorfeld des Insolvenzverfahrens, JurBüro 2000, 6

VOSS, Über den Schutz des Veräußerungsverbotes (§§ 135, 136 BGB) gegen Beseitigung der Veräußerung in Konkurs- und Anfechtungsfällen, LZ 1909 Sp 755

ders, Die Wechselbeziehungen zwischen Schuldanfechtungsrecht und Veräußerungsverbot (§§ 135 ff BGB), LZ 1910 Sp 520, 592

ders, Über das Verhältnis zwischen relativem Veräußerungsverbot und Vormerkung nach dem BGB, JherJb 60, 293

WAGNER, Die formlose Abtretung eines Postsparguthabens, NJW 1987, 928

ders, Vertragliche Abtretungsverbote im System zivilrechtlicher Verfügungshindernisse (1994)

ders, Materiell-rechtliche und prozessuale Probleme des § 354a HGB, WM-Sonderbeilage Nr 1/1996, 9

WEILAND, Die Sicherung konkurrierender Sachleistungsansprüche im Wege einstweiliger Verfügung durch Vormerkung und Verfügungsverbot (1992)

WEIMAR, Das relative Veräußerungsverbot, MDR 1961, 568

ders, Relatives Veräußerungsverbot, MDR 1969, 202

WENG, Erwerbsverbot im Sachenrecht (Diss Tübingen 1976)

WERNER, Zweckentfremdete Aufrechnung, NJW 1972, 1697

WICHERT, Einstweilige Verfügung bei Doppelvermietung, ZMR 1997, 16

WIELING, Jus ad rem durch einstweilige Verfügung?, JZ 1982, 839

ders, Schlusswort zu Kohler JZ 1983, 586 ff, JZ 1983, 592

WINKEL, Zum Grundsatz der Unveräußerlichkeit kirchlichen Vermögens, ZevKR 46 (2001) 418

WÜNSCHMANN, Vom pactum de non cedendo, Gruchot 54, 217

ZEISS/HOLTHAUS, Klausurwichtige Ansprüche bei Pfändung und Verwertung durch den Gerichtsvollzieher, Jura 1996, 281

ZUNFT, Tritt bei § 7 KO relative oder absolute Unwirksamkeit ein?, NJW 1956, 735.

Systematische Übersicht

Alphabetische Übersicht

I.   Normbedeutung

1.   Systematische Einordnung und Grundkonzeption

1 Nach Tatbestand, Gesetzessystematik und Funktion enthält § 135 BGB einen Sonderfall des gesetzlichen Verbots im Sinne des anderweitige gesetzliche Regelungen gestattenden Tatbestands des § 134 BGB, dessen Anwendung durch § 135 BGB als **lex specialis** ausgeschlossen wird (MünchKomm/Mayer-Maly/Armbrüster Rn 1). Im Unterschied zu § 134 BGB ist § 135 BGB auf Veräußerungs-, richtiger allgemein (zur Terminologie u Rn 5) auf **Verfügungsverbote** beschränkt und bei diesen wiederum auf solche, die **nur** den **Schutz bestimmter Personen** bezwecken. Die Vorschrift hat daher die Regelung des sogenannten **relativen Verfügungsverbots** zum Gegenstand. Als Rechtsfolge sieht § 135 BGB seiner Schutzaufgabe entsprechend im Unterschied zur absoluten Nichtigkeit gemäß § 134 BGB nur eine **relative Unwirksamkeit** vor.

Relative Unwirksamkeit bedeutet, dass eine **Verfügung** im Verhältnis zur Allgemein- 2
heit sowie grundsätzlich auch zwischen verbotswidrig Verfügendem und Dritterwerber **wirksam, bezüglich der geschützten Person** jedoch **unwirksam** ist. Die präzise
dogmatische Bedeutung der relativen Unwirksamkeit und die daraus folgenden konkreten Schutzwirkungen sind seit jeher äußerst kontrovers (zu den Einzelheiten s u
Rn 89 ff). Das Modell der relativen Unwirksamkeit dient dazu, einerseits dem Geschützten die Verteidigung seiner Rechtsposition zu gewährleisten, indem Verfügungen zugunsten Dritter über den Gegenstand seines Interesses paralysiert werden,
andererseits aber das Verfügungsgeschäft zugunsten des Dritterwerbers, soweit eben
mit dem Verbotsschutz vereinbar, seinen Weg gehen zu lassen.

§ 135 BGB verwirklicht somit von Gesetzes wegen das Gebot des **geringsterforder-** 3
lichen Eingriffs (BERGER 30; KOHLER, Verfügungsverbot 54, 71 ff), indem die Vorschrift das
Maß der Schutzbedürftigkeit zum Maß der Schutzwirkungen macht. Bei den von der
Vorschrift geregelten Verboten kraft hoheitlicher Anordnung trägt daher der § 135
BGB wesentlich zur Wahrung eines rechtsstaatlichen Postulates bei, weil die Norm
die Sicherungsbelange des Verbotsgeschützten und das Freiheitsinteresse des Verbotsbetroffenen mit rechtlicher Notwendigkeit zu einem Ausgleich bringt.

2. Relatives und absolutes Verfügungsverbot

Die nicht der Gesetzessprache entnommene, aber eingebürgerte Bezeichnung als 4
relatives oder als absolutes Verfügungsverbot ist durch **Unterschiede** im **tatbestand-**
lichen Schutzbereich und in den **Rechtsfolgen** begründet. Im Gegensatz zu der perso-
nalbeschränkten Schutzaufgabe des relativen Verfügungsverbots (s u Rn 42, 86) bezwecken absolute Verfügungsverbote den Schutz der Allgemeinheit, insbesondere
öffentlicher Interessen (s u Rn 42). Hinsichtlich der Rechtsfolge führt das relative
Verfügungsverbot zu einer bloß relativen Unwirksamkeit (s u Rn 42, 86 ff), während
eine gegen ein absolutes Verfügungsverbot verstoßende Verfügung gemäß § 134
BGB in jeder Hinsicht nichtig ist, soweit nicht das Gesetz ein anderes bestimmt
(SOERGEL/HEFERMEHL Rn 2). Bei absoluten Verfügungsbeschränkungen ist vorbehaltlich
sondergesetzlicher Regelungen ein gutgläubiger Erwerb, der den Mangel der Verfügungsmacht des Verfügenden überwindet, nicht möglich, desgleichen auch keine
Heilung gemäß § 185 Abs 2 BGB (SOERGEL/HEFERMEHL Rn 5).

3. Verfügungsverbot und Verfügungsbeschränkung

a) **Begrifflich** sind Verfügungsverbot und Verfügungsbeschränkung zu unter- 5
scheiden. Verfügungsbeschränkung ist die Minderung oder Ausschließung der dem
Inhaber eines Rechts als solchem zugewiesenen Rechtsmacht, über ein an sich veräußerliches Recht vollwirksam zu verfügen (BERGER 13; FOERSTE 17 f). Mit dem Terminus Verfügungsverbot wird prima facie ein als Imperativ zu verstehendes Verhaltensgebot des Inhaltes ausgesprochen, einen Verfügungsakt zu unterlassen (BERGER 18;
FOERSTE 18; KOHLER, Verfügungsverbot 57 ff).

§ 135 BGB **leitet** ein Verfügungsverbot in eine Verfügungsbeschränkung **über**, indem 6
die Vorschrift die von ihr erfassten Verfügungsverbote mit einem materiellrechtlich
wirkenden Schutz versieht (WEILAND 6). Die Regelung **beseitigt** damit das Bedürfnis
für ein als **Handlungsanweisung** zu verstehendes Verbot. Ein Verfügungsverbot im

Wortsinne einer Handlungsanweisung liefe überdies auf ein der absoluten Nichtigkeit gleichzustellendes Unterlassen des Verfügungsaktes hinaus und verstieße damit gegen das Ziel des § 135 BGB, das Gebot des geringsterforderlichen Eingriffs zu verwirklichen. Der Begriff des Verbotes wiegt gegenüber diesen Einwänden nicht schwer, zumal das Wort auch in anderen Fällen – beispielsweise beim sogenannten Abtretungsverbot im Sinne von § 399 2. Fall BGB – nicht korrekt verwendet wird. Harmonie von Mittel und Zweck herzustellen war mit Einführung der relativen Unwirksamkeit erstrebt, ein Verbot als Handlungsanweisung würde aber diese Harmonie stören (RAAPE 78). Wie bei dem vergleichbaren früheren Verbot der Veräußerung der streitbefangenen Sache in § 265 Abs 1 ZPO ausdrücklich geschehen (KOHLER AcP 192 [1992] 255), so ist dem § 135 BGB eine gleichgerichtete Wirkung zu attestieren. Verfügungsverbote im Sinne dieser Norm werden daher durch diese in **Verfügungsgestattungen in Verbindung mit Wirksamkeitsbeschränkungen** umgedeutet (so schon RAAPE 81; FAHLAND 16 f; KOHLER, Verfügungsverbot 57 ff, 71 f; RUHWEDEL JuS 1980, 161, 163; FLUME § 17, 6c; im Wesentlichen auch BERGER 24 f).

7 Vielfach leisten verfügungsuntersagende Normen allerdings schon **unmittelbar** die **Umstellung vom Untersagungsbefehl auf ein Wirkungsregulativ**, indem sie nicht ein Verfügungsverbot als Rechtsfolge vorsehen, sondern sie selbst die Unwirksamkeit der Verfügung anordnen. Der damit vollzogene Verzicht des Gesetzes auf die primäre Verhängung von Unterlassungsgeboten hat jedoch nicht nur zur Folge, dass die Terminologie unscharf wurde und sich dies bei der Bestimmung des Geltungsbereichs des § 135 BGB zu dessen Nachteil restriktiv auswirkt (BERGER 22 f). Vielmehr wurde insoweit die wesentliche Funktion des § 135 BGB gegenstandslos, die Umdeutung eines Imperativs in ein materiellrechtliches Wirkungsmodell zu leisten (KOHLER, Verfügungsverbot 57 ff; ders AcP 192 [1992] 255), wodurch sich der **unmittelbare Anwendungsbereich** des § 135 BGB **mittelbar** deutlich **verkleinert** hat (BERGER 23 f; plakativ 29: Die relative Unwirksamkeit ist das prominenteste Opfer der Wandelung vom Veräußerungsverbot zur Verfügungsbeschränkung).

8 Die (im Anschluss an BGHZ 13, 179, 184 = NJW 1954, 1155) als maßgeblich angesehene (BGB-RGRK/KRÜGER-NIELAND/ZÖLLER Rn 4; SOERGEL/HEFERMEHL Rn 3) Unterscheidung zwischen rechtlichem „Nichtkönnen" und rechtlichem „Nichtdürfen", nach der allein Letzteres von § 135 BGB erfasst werde, wird bei Berücksichtigung der genannten Funktionen des § 135 BGB insofern zweifelhaft, als es Aufgabe und Wirkungsweise des § 135 BGB ist, das „Nichtdürfen" in ein „Nichtkönnen" umzuwandeln. Richtig ist allerdings, dass § 135 BGB tatbestandlich an die Anordnung eines Verfügungsverbotes anknüpft, also eine als solche formulierte Verfügungsbeschränkung nicht unmittelbar erfasst wird.

9 b) Das von § 135 BGB tatbestandlich vorausgesetzte Vorliegen eines Verfügungsverbotes schließt allerdings die **analoge Anwendung** des § 135 BGB **auf** gesetzlich unmittelbar als solche angeordnete **Verfügungsbeschränkungen** nicht a limine aus, sondern wirft nur die Frage nach der Analogiefähigkeit der auf Verfügungsverbote bezogenen Regelung auf. Die Analogie ist mit Rücksicht auf das Erfordernis, das allgemeingültige Rechtsprinzip des geringsterforderlichen Eingriffs möglichst weitgehend wirksam werden zu lassen, bei solchen Verfügungsbeschränkungen **grundsätzlich** zu **befürworten**, die zwar ohne explizites Verfügungsverbot bestehen, aber, wie im Fall des § 135 BGB vorausgesetzt, nur den Schutz bestimmter Personen bezwecken (FLUME § 17, 6c; **aA** SOERGEL/HEFERMEHL Rn 3). Allerdings muss das Vorhandensein einer **Regelungslücke** als **weitere Voraussetzung** der Analogie festgestellt werden. Mit Hilfe dieses Erfordernisses sowie der Unterscheidung zwischen Verfügungsbeschränkung und **wesensgemäßer Unübertragbarkeit des Rechts selbst** ist das sonst herkömmlich mit der Unterscheidung zwischen „Nichtkönnen" und „Nichtdürfen" verfolgte Ziel überzeugend zu erreichen, die Fälle der relativen Unwirksamkeit einer Verfügung von den Fällen der außerhalb des Anwendungsbereichs von § 134 BGB eintretenden absoluten Unwirksamkeit zu unterscheiden (s u Rn 20 ff).

c) **Typologisch** (übersichtsweise BERGER 18 ff; auch FOERSTE 18 f) sind Verfügungsverbote **10** bzw Verfügungsbeschränkungen nach dem **Entstehungsgrund** als gesetzliche, gerichtliche und behördliche sowie rechtsgeschäftliche Verfügungsverbote oder Verfügungsbeschränkungen zu gruppieren, wie die §§ 134–137 BGB zeigen. Je nach dem **Rechtsgrundbezug** lässt sich zwischen eigenständigen und vom Rechtsgrund der Verfügung abhängigen Beschränkungen unterscheiden, welch Letztere etwa in den Schenkungsfällen der §§ 1390, 2113 Abs 2, 2205 S 3, 2287 Abs 1, 2288 Abs 2 S 2 BGB vorliegen. Ebenfalls je nach dem Rechtsgrundbezug des Verfügungsverbots sind **isolierte** Verfügungsverbote zu identifizieren als solche, die nicht mit einem Verpflichtungsverbot einhergehen, wie etwa typischerweise im Fall des § 938 Abs 2 ZPO; als Beispiele für nicht isolierte Verfügungsverbote kommen etwa die ehegüterrechtlichen Beschränkungen der §§ 1365, 1369 BGB in Betracht sowie der wettbewerbsrechtliche Fall des § 18 Abs 1 Nr 3 GWB, dem gemäß verboten werden kann, die Abgabe gelieferter Waren an Dritte vertraglich zu beschränken. Nach dem **Entstehungszeitpunkt** ist zwischen anfänglichen und nachträglichen Verfügungsverboten zu differenzieren, welch Letztere inhaltsändernde Verfügungen sind. In personaler Hinsicht kann je nach **Urheberschaft** eine Selbst- oder eine von Dritten veranlasste Fremdbeschränkung vorliegen; Letzteres gilt namentlich für erb- oder insolvenz- und vollstreckungsrechtliche Beschränkungen. Nach der objektiven **Schutzfunktion** lassen sich Erwerbs-, Beteiligten-, Verwaltungs-, Haftungs- und Zwecksicherung abgrenzen. Namentlich mit den Unterschieden in den Schutzfunktionen zusammenhängend, ist hinsichtlich der **Wirkung** primär zwischen imperativen Anweisungen zu einem tatsächlichen Verhalten, also Verfügungsverboten im engeren Sinn, und durch Unwirksamkeitsanordnung rechtlich wirkenden Verfügungshindernissen zu unterscheiden (BERGER 26), während sekundär zwischen absoluter und relativer, zu absoluter oder schwebender, durch Zustimmung einer Person heilbarer Unwirksamkeit oder durch Gutgläubigkeit des Erwerbers erzielbarer Wirksamkeit zu differenzieren ist (FOERSTE 19); auch kann eine dingliche Wirkung von Verfügungsbeschränkungen fehlen und sich die Sanktion auf die Einräumung schuldrechtlicher Rückgewähransprüche beschränken, wie etwa in Fällen der §§ 1390, 2287 Abs 1, 2288 Abs 2 S 2 und 2329 Abs 1 BGB. Beim Kreis der **Drittbetroffenheit** kann unterschieden werden zwischen verfügungsbeschränkenden Wirkungen gegenüber jedermann, gegenüber einer spezifisch verbotsgeschützten Person, wie namentlich im Fall des § 938 Abs 2 ZPO, und Wirkung nur gegenüber bestimmten Gruppen; Letzteres ist etwa der Fall, wenn der Gesellschaftsvertrag die Übertragung von Anteilen nur an namentlich oder typisiert Benannte zulässt. Hinsichtlich des Kreises der Verbotsbegünstigten ist bei **Drittbegünstigungen** in der Regel ein besonderes Revokationsrecht vorgesehen, sei es durch materielle Ansprüche des Dritten wie im Fall des § 888 Abs 2 BGB oder durch Einräumung einer Prozessstandschaft wie im Fall des § 1368 BGB.

4. Offene Regelung

11 § 135 BGB enthält eine in doppelter Hinsicht offene Regelung. Dies gilt zunächst in **tatbestandlicher** Hinsicht. Den Kreis derjenigen Verfügungsverbote, die im Sinne der Norm nur den Schutz bestimmter Personen bezwecken, beschreibt die Vorschrift nicht; sie zieht vielmehr nur Folgerungen aus anderweitigen Vorgaben derartiger Verfügungsverbote (BEER 179; BERGER 22; BÜLOW JuS 1994, 1, 2; MünchKomm/MAYER-MALY/ARMBRÜSTER Rn 1). Die Öffnung des § 135 BGB für eine analoge Anwendung auf Verfügungsbeschränkungen (s o Rn 9) bestärkt überdies den Blankettcharakter der Norm.

12 Die Regelung ist außerdem auch hinsichtlich der **Rechtsfolgen** offen (**aA** AK-BGB/DAMM Rn 1). § 135 BGB beschreibt die Art der Unwirksamkeit einer verbotswidrigen Verfügung nur in der Weise, dass sie eine personalbezogen relative sei, lässt jedoch das konkret das verbotsgeschützte Interesse realisierende Wirkungsbild unbestimmt. Dies ist durchaus normzweckangemessen, weil die Rechtsfolge jeweils im Einzelfall mit Rücksicht auf die Funktion der Norm ermittelt werden muss und soll, den je nach Art der Zuwiderhandlung gegen das Verfügungsverbot erforderlichen Schutz unter Berücksichtigung des Gebots des geringsterfordernlichen Eingriffs zu bemessen.

13 **Begrifflich** lässt sich in der Konsequenz der beschriebenen Normoffenheit hinsichtlich des Tatbestandes und der Rechtsfolgen von einem **Absicherungsrecht** mit schuldrechtlichen und dinglichen Merkmalen sprechen (BEER 179 f). Mit diesem Begriff ist allerdings kein Erkenntniswert verbunden, insbesondere ist er nicht in einem begriffsjuristischen Sinne als solcher geeignet, bei der Bestimmung des Anwendungsbereichs oder der konkreten Rechtsfolgen des § 135 BGB zu helfen (so auch MAYER-MALY JZ 1991, 40, 41).

II. Tatbestandlicher Anwendungsbereich

1. Verfügung

14 **a)** § 135 Abs 1 S 1 BGB versteht, der allgemein geltenden Terminologie entsprechend, in einem weiten Sinn (dazu BERGER 7 ff) unter Verfügung jedwedes privatrechtliche **Rechtsgeschäft**, durch das ein Recht **unmittelbar** begründet, aufgehoben, übertragen oder sonst inhaltlich verändert wird (BGHZ 1, 294, 404; HAEDICKE JuS 2001, 966 f). Die Veräußerung ist nur ein Spezialfall der Verfügung. Als Verfügung genügt wegen ihrer dinglichen, den Vollrechtserwerb in vielen Hinsichten vorwegnehmenden Wirkung bereits die Bestellung einer **Vormerkung** zur Sicherung des Anspruchs auf Erwerb eines Liegenschaftsrechts, dessen Bestellung seinerseits eine Verfügung wäre (OLG Oldenburg OLGR 1994, 268, 269). Eine **Anweisung** zu einer Geldleistung, die namentlich mit einer Scheckbegebung verbunden ist, ist mangels einer durch sie veranlassten Unmittelbarkeit der Änderung von gegenständlichen Rechtspositionen des Verbotsbetroffenen noch keine Verfügung und diese selbst daher nicht relativ unwirksam, wenn sie nach Erlass eines Verfügungsverbots im Sinne der §§ 135 f BGB erteilt wurde (**aA** die wohl hM, LG Gera NJW-RR 2000, 937, 938 mwN zum früheren § 106 Abs 1 S 3 KO); allerdings ist eine anweisungsgemäße Geldleistung nach Entstehen des Verfügungsverbots mangels einer von § 135 Abs 2 BGB in Bezug genommenen Gutglaubensschutznorm stets relativ unwirksam und demgemäß eine Befreiungswirkung zum Nachteil des aufgrund der Anweisung Zahlenden relativ nicht eingetreten, so dass der Angewiesene die Anweisung nicht ausführen muss. Eine **Besitzverschaffung** ist als Realakt keine Verfügung (HAEDICKE JuS 2001, 966, 968; WICHERT ZMR 1997, 16, 18); eine analoge Anwendung des § 135 BGB ist unzulässig (**aA** WICHERT ZMR 1997, 16, 18), weil die bei § 135 BGB eintretende Rechtsfolge der relativen Unwirksamkeit eine spezifisch rechtsgeschäftliche ist, deren Übertragung auf eine tatsächliche Besitzeinräumung nicht sinnvoll möglich ist. Vermögensbezogene Rechtsänderungen durch **Verwaltungsakt** sind nicht Verfügungen im Sinne des § 135 Abs 1 S 1 BGB. § 10d **VAHRG** begründet daher kein relatives Verfügungsverbot; überdies enthält die Vorschrift nur eine nicht gegenstandsbindende Unterlassungsverpflichtung (BGH NJW 1995, 135 = FamRZ 1995, 31, 32; SOERGEL/HOHLOCH/SCHMEIDUCH § 10d VAHRG Rn 3 unter Aufgabe der in der Vorauflage vertretenen Auffassung; **aA** OLG Hamburg FamRZ 1994, 899 und SCHMEIDUCH/KRUMNACK Amtl Mitt LVA Rheinpr 1987, 493, 494); die Berücksichtigung der durch unzulässige Leistung des Rentenversicherungsträgers erloschenen Anrechte im Rahmen des Versorgungsausgleichs hängt daher von der verwaltungsrechtlichen Aufhebung des unzulässigen Beitragserstattungsbescheids und der Rückforderung der auf seiner Grundlage erbrachten Leistungen ab.

b) **Verpflichtungsgeschäfte** regelt § 135 BGB unmittelbar (zur mittelbaren Wirkung im Drittverhältnis Rn 120 ff) nicht (BERGER 30). Daher wird der Fall des **§ 311b Abs 2 BGB nF**, früher § 310 BGB, nicht erfasst, da diese Vorschrift nur die Befugnis zum Abschluss schuldrechtlicher Verträge beschränkt, durch die sich der eine Teil verpflichtet, sein künftiges Vermögen oder einen Bruchteil seines künftigen Vermögens zu übertragen oder mit einem Nießbrauch zu belasten (SOERGEL/HEFERMEHL Rn 4; so jetzt auch MünchKomm/MAYER-MALY/ARMBRÜSTER Rn 14; ERMAN/PALM Rn 6). Dasselbe gilt für den Fall des **§ 311b Abs 4 BGB**, früher § 312 BGB, also bei einem Vertrag über den Nachlass eines noch lebenden Dritten und für einen Vertrag über den Pflichtteil oder ein Vermächtnis aus dem Nachlass eines noch lebenden Dritten (BGHZ 37, 319, 324; SOERGEL/HEFERMEHL Rn 4; ERMAN/PALM Rn 6). Soweit § 311b Abs 4 BGB zusätzlich für Verfügungsgeschäfte gilt, enthält die Vorschrift eine den Rückgriff auf § 135 BGB ausschließende selbständige Anordnung der Nichtigkeit, die konsequent mit Rücksicht auf die Nichtigkeit des rechtsgrundbildenden Verpflichtungsgeschäfts absolut ist. **15**

c) § 135 Abs 1 **S 2** BGB stellt der rechtsgeschäftlichen Verfügung eine Verfügung gleich, die im Wege der **Zwangsvollstreckung** oder der **Arrestvollziehung** erfolgt. Rechtsgeschäftliche Verfügung und Zwangsverfügung werden damit, obwohl gleichermaßen dem Begriff der Verfügung unterstellt, regelungstechnisch getrennt, jedoch zugleich dem Regelungsinhalt nach gleichgeordnet. **16**

Verfahrensrechtlich zieht § 772 ZPO die Konsequenz aus der Geltung des § 135 BGB bei Verfügungen im Wege der Zwangsvollstreckung oder der Arrestvollziehung. Der mit dem Verfügungsverbot belegte Gegenstand soll wegen eines persönlichen Anspruchs oder aufgrund eines infolge des Verbots unwirksamen Rechts nicht im Wege der Zwangsvollstreckung veräußert oder überwiesen werden; aufgrund des Verfügungsverbots kann nach Maßgabe des § 771 ZPO Drittwiderspruchsklage erhoben werden (eingehend KOHLER, Verfügungsverbot 57 ff, 182 ff; WEILAND 93 f). **17**

d) Verfügungen des Insolvenzverwalters im **Insolvenzverfahren** des Verbotsbetrof- **18**

fenen werden, wie dies auch für das frühere Konkursverfahren galt, grundsätzlich von § 135 BGB nicht erfasst. Der Tatbestand des § 135 Abs 1 S 2 BGB steht insoweit in auffälligem Gegensatz zu § 161 Abs 1 S 2 BGB. Verfahrensrechtlich konsequent erklärt **§ 80 Abs 2 InsO** in der Nachfolge des früheren § 13 KO das Verfügungsverbot für im Insolvenzverfahren unwirksam, sofern es sich nicht um ein Verfügungsverbot infolge einer Pfändung oder infolge der Zwangsvollstreckung in das unbewegliche Vermögen im Wege der Beschlagnahme handelt (dazu KOHLER, Verfügungsverbot 200 ff). Die Freistellung des Insolvenzverwalters von den Beschränkungen des Verfügungsverbots ist jedenfalls konsequent, weil und wenn das Verfügungsverbot einen obligatorischen Erwerbsanspruch sichert und sich der Insolvenzverwalter gemäß § 103 InsO dafür entscheiden kann, die Erfüllung dieses Anspruchs abzulehnen. Insoweit besteht ein Zusammenhang zwischen § 80 Abs 2 S 1 InsO und dem Fehlen eines spezifisch obligatorischen Insolvenzschutzes über den bloßen Prätendentenschutz hinaus, das solchen Verfügungsverboten – im Unterschied zur Vormerkung und der dort mittels des § 106 InsO zusätzlich gewährten Sicherung der Obligation vor ihrer spezifisch insolvenzrechtlichen Schwäche – eigen ist.

19 **e)** Eine **Vollmacht** zur Vornahme einer Verfügung ist von dieser selbst zu trennen. Schon aus diesem Grund gehört der relative Fortbestand einer Vollmacht gemäß den §§ 170 ff BGB nicht in den Regelungsbereich des § 135 BGB (MünchKomm/MAYER-MALY/ARMBRÜSTER Rn 13).

2. Verfügung über einen Gegenstand

20 § 135 BGB gilt für Verfügungen über **jedweden Gegenstand**; bewegliche und unbewegliche Sachen werden daher ebenso erfasst wie Forderungen und sonstige Rechte. Die Vorschrift setzt Gegenstände voraus, die **ihrer Natur nach veräußerlich** sind. Dies trifft namentlich auf Fälle des **Abtretungsausschlusses** gemäß § 399 **1. Fall BGB** und auf den **Nießbrauch** wegen § 1059 BGB nicht zu (MEHRTENS 49 f; BÜLOW JuS 1994, 1, 2), eine Verfügung über derartige Rechte ist daher absolut unwirksam. Auch § **2033 Abs 2 BGB**, aufgrund dessen die Verfügung eines Miterben über seinen Anteil an den einzelnen Nachlassgegenständen ausgeschlossen ist, enthält keinen Fall des § 135 BGB (MEHRTENS 52 f; BÜLOW JuS 1994, 1, 2), da die Unverfügbarkeit aus der Natur des Rechtsobjekts und nicht aus einer hinzutretenden Verfügungsbeschränkung folgt. Weil § 135 BGB einen an sich verfügbaren Gegenstand durch Minderung der Verfügungsmacht des Rechtsinhabers zu einem nur im Einzelfall unverfügbaren macht, ist die **Singularität** als ein Charakteristikum des § 135 BGB anzusehen.

21 Die **vorausgesetzte wesensmäßige Verfügbarkeit** des Gegenstandes **schließt** einige dem § 135 BGB nahestehende Rechtsverhältnisse von der **Anwendung** dieser Norm **aus**.

22 **a)** Dies gilt für den vertraglichen **Abtretungsausschluss** gemäß § 399 **2. Fall BGB**, irreführend auch Abtretungsverbot genannt (MEHRTENS 55; MünchKomm/MAYER-MALY/ARMBRÜSTER Rn 15); eine entgegen der abtretungsausschließenden Vereinbarung stattfindende Zession ist absolut unwirksam. Die Forderung ist ein durch Willensakt konstituierter oder, sofern kraft Gesetzes entstanden, inhaltlich modifizierbarer Gegenstand, dessen immanente Eigenschaften, zu denen die Übertragbarkeit gehört, ebenso wie Begründung und Aufhebung der Forderung selbst der Disposition von Gläubiger und Schuldner unterliegen (BGHZ 19, 355, 359 = NJW 1956, 463; BGHZ 40, 156,

159 f = NJW 1964, 243; BGHZ 56, 228, 231 = NJW 1971, 1750; BGHZ 70, 299, 303 = NJW 1978, 813; RAIBLE 38 ff; MUMMENHOFF JZ 1979, 425, 426; RUHWEDEL JuS 1980, 161, 162; SOERGEL/HEFERMEHL Rn 13; BGB-RGRK/KRÜGER-NIELAND/ZÖLLER Rn 5; in der Begründung abweichend, auf rechtsgeschäftlichen Ausschluss einer präsumptiven Abtretungsermächtigung abstellend BERGER 226 ff; aA BEER 180 ff; JAKOBS JuS 1973, 152, 156). Der als zwingendes Recht ausgestaltete § 354a HGB schließt allerdings die Unwirksamkeit der Abtretung in den dort genannten Fällen der Zession von Geldforderungen aus beidseitigen Handelsgeschäften oder solchen Zahlungsansprüchen, deren Schuldner eine juristische Person des öffentlichen Rechts oder ein öffentlich-rechtliches Sondervermögen ist, mit der Folge aus, dass die Zession absolut wirksam ist, wobei jedoch die Empfangszuständigkeit des Zedenten nach Wahl des Schuldners der abgetretenen Geldforderung und unabhängig von dessen Kenntnis der Abtretung fortbesteht (dazu statt vieler WAGNER, WM-Sonderbeilage Nr 1/1996, 9 f; dort 11 f zur Vorzugswürdigkeit einer im Verhältnis zum Drittschuldner relativen Unwirksamkeit der Abtretung im Hinblick auf Probleme des § 354a S 2 HGB); in Fällen des § 354a HGB ist also rechtsgeschäftlich allenfalls Raum für eine gemäß § 137 S 2 BGB nur obligatorisch wirkende Verfügungsbeschränkung.

Die Möglichkeit einer Vinkulierung mit der Folge absoluter Unwirksamkeit dennoch **23** vorgenommener Verfügungen gemäß § 399 2. Fall BGB besteht ferner für die gemäß den **§§ 413, 398 BGB** übertragbaren Rechte, da § 413 BGB auch auf § 399 BGB verweist. Auch die Fälle des **§ 5 ErbbauVO** und des **§ 12 WEG** rechnen zu diesem Bereich, in dem die Verfügbarkeit rechtsimmanent ausgeschlossen werden kann, desgleichen die Vinkulierung von GmbH-Anteilen gemäß **§ 15 Abs 5 GmbHG** und von Aktien gemäß **§ 68 Abs 1 AktG** (BERGER 367; MEHRTENS 51).

b) Ebenso, wie eine Forderung oder sonst ein Recht durch Gesetz oder aufgrund **24** Rechtsgeschäfts gemäß § 399 2. Fall BGB als uneingeschränkt unübertragbar konzipiert werden kann, kann eine Forderung aufgrund Gesetzes oder kraft Rechtsgeschäfts **als** wesensgemäß **nur in bestimmten Fällen** oder unter bestimmten Voraussetzungen **übertragbar konstituiert** werden.

Dies ist etwa bei **§ 613 S 2 BGB** und bei **§ 664 Abs 2 BGB** der Fall, die wegen der **25** Höchstpersönlichkeit der Leistung wesensgemäß in Übereinstimmung mit dem Rechtsgedanken des § 399 1. Fall BGB die Abtretbarkeit des Anspruchs auf Dienstleistungen bzw Auftragsausführung ausschließen (nur im Ergebnis ebenso MEHRTENS 52); allerdings steht den Parteien frei, den Anspruch auf die Dienstleistungen bzw die Auftragsausführung disponibel zu machen.

Ebenso verhält es sich in den Fällen der **§§ 15, 98 VVG.** Sie enthalten entgegen der **26** wohl herrschenden Ansicht (RGZ 95, 207, 208; BEER 186, 192; MAYER-MALY, in: FS Reimer [1976] 67, 70; MünchKomm/MAYER-MALY/ARMBRÜSTER Rn 29; STAUDINGER/DILCHER[12] Rn 9) keine relativen Verfügungsverbote (BLOMEYER, in: FS E Hirsch [1968] 2, 37 ff; SOERGEL/HEFERMEHL Rn 16). Die dort betroffenen Forderungen sind als solche ihrem Wesen gemäß nur als eingeschränkt veräußerlich entstanden, die Nichteinhaltung dieser Grenzen führt zur vollständigen Unwirksamkeit der Verfügung.

§ 156 Abs 1 VVG enthält nicht nur eine selbständige, vollständige Regelung der **27** relativen Unwirksamkeit von Verfügungen über die Entschädigungsforderung aus einem drittschützenden Haftpflichtversicherungsverhältnis (BEER 192; BÜLOW JuS 1994,

1, 2; MünchKomm/Mayer-Maly/Armbrüster Rn 29; BGB-RGRK/Krüger-Nieland/Zöller Rn 8), neben der ein Rückgriff auf die allgemeinen Regelungen des § 135 BGB aus Spezialitätsgründen nicht zuzulassen ist. Vor allem liegt auch hier eine Inhaltsbestimmung des Anspruchs selbst vor. Ein Verstoß führt daher nicht nur zu relativer, sondern zu absoluter Unwirksamkeit (Blomeyer, in: FS E Hirsch [1968] 2, 37 ff; aA Mayer-Maly, in: FS Reimer [1976] 67, 70; MünchKomm/Mayer-Maly/Armbrüster Rn 29; Staudinger/Dilcher[12] Rn 9); diese kann allerdings, dem Schutzbereich der Norm entsprechend, nur vom Drittbegünstigten in der Weise geltend gemacht werden, dass er erneut Leistung an sich verlangt.

28 Ein Beispiel für eine kraft Gesetzes formfrei nicht übertragbare Forderung war der bis Ende 1997 geltende **§ 23 Abs 4 S 3 PostG**, der die Abtretung eines Postspargut-habens betraf. Die Nichteinhaltung der Abtretungsform führte daher zu absoluter Unwirksamkeit der formlosen Abtretung (BGH NJW 1986, 2107, 2108; unentschieden MünchKomm/Mayer-Maly/Armbrüster Rn 29; aA Wagner NJW 1987, 928 ff).

29 c) Die von **§ 473 BGB nF**, früher § 514 BGB, angeordnete, aber disponible **Un-übertragbarkeit des Vorkaufsrechts** ist Inhalt des schuldrechtlichen Vorkaufsrechts selbst. Ein Verstoß gegen diese Vorschrift führt daher zu absoluter Unwirksamkeit (MünchKomm/Mayer-Maly/Armbrüster Rn 17; aA RGZ 148, 105, 111; BGH WM 1983, 619; Beer 184; Bülow JuS 1994, 1, 3; unentschieden BGB-RGRK/Krüger-Nieland/Zöller Rn 6); dies gilt jedoch nicht, weil die Vorschrift die Verfügungsmacht beschränkt (Flume § 17, 6b; Enneccerus/Nipperdey § 144 II 1 Anm 6; MünchKomm/Mayer-Maly/Armbrüster Rn 17; Soergel/Hefermehl Rn 13), sondern weil die Verfügbarkeit kraft Natur des Rechts ausgeschlossen ist.

30 d) Verfügungen über den **Anteil** eines Personengesellschafters **am Gesellschafts-vermögen** oder über seinen **Anteil** an den einzelnen **dazugehörenden Gegenständen**, ferner Verfügungen über **Ansprüche**, die den Gesellschaftern **aus dem Gesellschafts-verhältnis** gegeneinander zustehen, sind gemäß den **§§ 717 S 1, 719 BGB** absolut un-wirksam (BGHZ 13, 179, 182 = NJW 1954, 1155; BGHZ 24, 106, 114; Berger 363 ff; Erman/Palm Rn 4; Flume § 17, 6b; MünchKomm/Mayer-Maly/Armbrüster Rn 18; BGB-RGRK/Krüger-Nie-land/Zöller Rn 5; Soergel/Hefermehl Rn 12; aA RGZ 92, 398, 400 f; BGHZ 44, 229, 231 = NJW 1966, 499; Kuhlmann 39). Die rechtliche Verhinderung der nicht von allen Gesellschaf-tern gewollten Übertragung der gesellschaftsrechtlichen Kernposition, deren Um-fang in den §§ 717 S 1, 719 BGB beschrieben wird, realisiert die der Natur der gesell-schaftsrechtlichen Position immanenten Grenzen des Gesellschafterrechts selbst; eine Überschreitung dieser Grenzen steht daher außerhalb des Regelungsbereiches des § 135 BGB und führt zur absoluten Unwirksamkeit.

3. Veräußerungsverbot

31 a) Der Begriff des Veräußerungsverbots ist anerkanntermaßen zu eng; gemeint ist **jedwedes Verfügungsverbot** (Mot AT 213 = Mugdan AT S 470; Bülow JuS 1994, 1, 2; Fah-land 16; Flume § 17, 6 a; Foerste 16; Jauernig/Jauernig Anm 1; Larenz/Wolf, AT § 44 Rn 59; MünchKomm/Mayer-Maly/Armbrüster Rn 2; Palandt/Heinrichs Rn 1; BGB-RGRK/Krüger-Nieland/Zöller Rn 2; Soergel/Hefermehl Rn 1; Weiland 5). Demgemäß sanktioniert § 135 Abs 1 S 1 BGB ausdrücklich die verbotswidrige Verfügung über einen Gegen-stand. In neuerer Terminologie bevorzugt die Gesetzgebung mit Recht den präziseren Begriff des Verfügungsverbots, wie etwa der Unterschied zwischen § 21 Abs 2 Nr 2 InsO und der Vorgängernorm § 106 Abs 1 S 3 KO zeigt (BERGER 18). Ein Verfügungsverbot kann auch vorliegen, wenn das Gesetz statt der Verbotsanordnung eine **Verpflichtung** zum Unterlassen einer Verfügung vorsieht (insoweit wohl **aA** BGH NJW 1995, 135, 136 = FamRZ 1995, 31, 32); diese Formulierung als Verfügungsverbot zu verstehen, liegt noch im Rahmen der Gesetzesauslegung.

Das Verfügungsverbot muss sich **gerade gegen die Wirksamkeit** des verbotenen Ge- **32** schäfts und **nicht gegen die Tatsache** seiner Vornahme wenden. Diese Voraussetzung wird von der Notwendigkeit eines Rechtswidrigkeitszusammenhangs zwischen dem vom Tatbestand des § 135 BGB vorausgesetzten personalen Schutzzweck und der auf rechtsgeschäftliche Unwirksamkeit zielenden Rechtsfolge der Norm gefordert. Die Strafbarkeit des **Verstrickungsbruchs** gemäß § **136 Abs 1 StGB** genügt demgemäß nicht für die Anwendung des § 135 BGB, da sich diese Vorschrift primär gegen tatsächliche Eingriffe als solche richtet (FAHLAND 43 f; MünchKomm/MAYER-MALY/ARMBRÜSTER Rn 9). Für den Fall der **Vereitelung der Zwangsvollstreckung, § 288 StGB**, gilt dasselbe. Auch das in § **3 Abs 3 VermG** normierte Verfügungsverbot bezweckt nicht, die trotz eines Rückerstattungsantrages vorgekommenen Verfügungen für dinglich unwirksam zu erklären (OLG Dresden OLGR 1998, 88; BÜLOW JuS 1994, 1, 2; KOHLER NJW 1991, 465, 466).

b) **Verpflichtungsverbote** regelt die Vorschrift **nicht**; sie beschränkt sich auf die **33** Regelung der Rechtsfolgen von verbotswidrigen Verfügungen (BEER 97; Münch-Komm/MAYER-MALY/ARMBRÜSTER Rn 2; SOERGEL/HEFERMEHL Rn 4). Da nur das obligatorische Geschäft betreffend, ist die für das **obligatorische Vorkaufsrecht** geltende Regelung des § **465 BGB nF**, früher § 506 BGB (dazu U HÜBNER, in: FS H Hübner [1984] 487, 491 f), trotz Anordnung der relativen Unwirksamkeit nicht dem § 135 BGB zuzuordnen (MünchKomm/MAYER-MALY/ARMBRÜSTER Rn 16).

c) **Erwerbsverbote** regelt § 135 BGB **nicht**. Erwerbsverbote kraft Gesetzes sind **34** nicht vorgesehen. In den §§ **450 f BGB nF** (zu den Vorgängernormen §§ 456–458 BGB aF U HÜBNER, in: FS H Hübner [1984] 487, 492) sind nur obligatorisch bezogene Kaufverbote angeordnet, die überdies abweichend von § 135 BGB gemäß § 451 BGB nF, früher § 458 BGB, zu einer schwebenden, insoweit jedoch absoluten Unwirksamkeit führen. Die Rechtsprechung hat jedoch gerichtliche Erwerbsverbote zugelassen (vgl § 136 Rn 29 ff), die analog § 135 BGB behandelt werden.

d) Gesetzliche Unwirksamkeitsanordnungen als Folge von **Defiziten einer Wil- 35 lenserklärung** als solchen, zu denen auch die Fälle der **Anfechtung** zählen, betreffen nicht die Verfügung als solche, sondern ihre rechtsgeschäftlichen Konstituenten und den Willensbildungsprozess. An Willensmängel anknüpfende Unwirksamkeit ist daher nicht gegenständlich-verbotsbezogen, wie dies § 135 BGB voraussetzt, sondern subjektiv-willensbezogen; § 135 BGB ist daher in diesen Fällen nicht anwendbar (MünchKomm/MAYER-MALY/ARMBRÜSTER Rn 5). Dies gilt namentlich für Geschäftsfähigkeitsmängel und die Versagung einer erforderlichen Genehmigung gemäß den §§ 1643, 1812 ff, 1908i BGB.

e) Können Verfügungsbeschränkungen zum Schutz bestimmter Personen dem **36** Tatbestand des § 135 BGB zugeordnet werden, wird die Vorschrift grundsätzlich auch anwendbar bei Geschäften, deren Wirksamkeit **im Interesse Einzelner** von deren **Zustimmung abhängig** gemacht ist (**aA** die **hM**: MEDICUS, AT § 45 Rn 668; MünchKomm/MAYER-MALY/ARMBRÜSTER Rn 5; BGB-RGRK/KRÜGER-NIELAND/ZÖLLER § 134 Rn 33). Die Anordnung der Wirksamkeit einer Verfügung für den Fall der Zustimmung ist bloß die spiegelbildliche Ausdrucksform für die Unwirksamkeit bei Fehlen der Zustimmung, deren Erteilung übrigens bei relativen Verfügungsverboten stets die Vollwirksamkeit des Geschäfts zur Folge hat (vgl Rn 63). Aufgrund dessen ist der Fall des § **1071 BGB** – Erforderlichkeit der Zustimmung des Nießbrauchers zur rechtsgeschäftlichen Aufhebung eines dem Nießbrauch unterliegenden Rechts – dem Tatbestand des § 135 BGB zuzuordnen (BEER 90, 196; im Ergebnis auch MünchKomm/MAYER-MALY/ARMBRÜSTER Rn 20). Dasselbe gilt für die Regelung des § **1276 BGB**, demgemäß ein verpfändetes Recht durch Rechtsgeschäft nur mit Zustimmung des Pfandgläubigers aufgehoben werden kann (BEER 186; im Ergebnis auch MünchKomm/MAYER-MALY/ARMBRÜSTER Rn 20).

37 Wird die **Zustimmung** eines Dritten als Wirksamkeitsvoraussetzung im **Allgemeininteresse** gefordert, tritt hingegen schwebende absolute Unwirksamkeit ein. In diesen Fällen findet sich übrigens oft eine selbständige Rechtsfolgenregelung im Gesetz, die überdies die Anwendung des § 135 BGB ausschließt. Ein Fall des zustimmungsbedürftigen Rechtsgeschäfts im Allgemeininteresse liegt bei § **72 VAG** vor (BÜLOW JuS 1994, 1, 2; **aA** wohl SOERGEL/HEFERMEHL Rn 16), der die Verfügung über Bestände des Versicherungsdeckungsstocks von der Zustimmung des Treuhänders abhängig macht.

38 **f) Öffentlich-rechtliche Genehmigungsvorbehalte** können grundsätzlich, auch wenn sie nicht als Verfügungsverbote zu qualifizieren sind, wegen ihrer verfügungsbeschränkenden Wirkung (s o Rn 5 ff) dem Tatbestand des § 135 BGB zugeordnet werden (vgl zu § 75 Abs 1 S 1 BVG BGHZ 19, 355 ff im Anschluss an § 6 KapAbfG und OLG Rostock KGJ 52, 124, 130; **aA** MEHRTENS 102 ff). Allerdings scheitert die Anwendung des § 135 BGB in der Regel daran, dass die Rechtsfolgen im Einzelfall speziell gesetzlich selbständig abschließend geregelt sind oder aber der Schutz der Allgemeinheit bezweckt ist und daher, in der Regel schwebende, absolute Unwirksamkeit eintritt.

4. Gesetzliche Anordnung des Veräußerungsverbots

39 Das Verfügungsverbot muss **unmittelbar** auf Gesetz beruhen; unter einem Gesetz ist gemäß Art 2 EGBGB jede Rechtsnorm im Sinne einer abstrakt-generellen Regelung (MünchKomm/MAYER-MALY/ARMBRÜSTER Rn 4) zu verstehen. Das Gesetz selbst muss das Verfügungsverbot, wenigstens dem Sinne nach, anordnen; ermächtigt es nur zum Erlass von Verfügungsverboten, liegt der Fall des § 135 BGB nicht vor, jedoch kann § 136 BGB anwendbar sein, wenn ein Gericht oder eine Behörde von der gesetzlichen Ermächtigung Gebrauch macht. Das gesetzliche Verbot muss die Verhinderung vollwirksamen Erwerbs bezwecken und darf sich nicht auf die Untersagung der Verfügung als eines tatsächlichen Aktes beschränken (s o Rn 29).

40 Allenfalls formal als kraft Gesetzes angeordnet können die in den §§ **1124 Abs 2, 1126 BGB** enthaltenen relativ wirkenden Verfügungsverbote (weitergehend BEER 186; MünchKomm/MAYER-MALY/ARMBRÜSTER Rn 21) gelten. Richtigerweise modifizieren diese Vorschriften nur die Wirkungen des kraft Beschlagnahme im Wege der Zwangsvollstreckung eintretenden gerichtlichen Verfügungsverbotes im Sinne des § 136 BGB

und sind daher nur als gesetzliche Annexregelungen zu diesem, nicht aber als selbständige gesetzliche Verfügungsverbote zu verstehen. Im Übrigen ist die Rechtsfolge der dort vorgesehenen Verfügungsbeschränkungen selbständig geregelt, so dass mangels Regelungslücke ein Rekurs auf § 135 BGB ausgeschlossen ist (BÜLOW JuS 1994, 1, 2; FLUME § 17, 6c).

Kirchenrechtliche Verfügungsverbote sind als gesetzliche Verbote mit innerkirchlichem Genehmigungsvorbehalt anzusehen und zivilrechtlich gemäß § 134 BGB geschützt; ein Verstoß gegen ein kirchenrechtliches Verfügungsverbot ist jedoch durch Genehmigung heilbar, so dass ein verbotswidriges Rechtsgeschäft bis zur Versagung der Genehmigung schwebend unwirksam ist (WINKEL ZevKR 46 [2001] 418, 436 f). **41**

5. Auf den Schutz bestimmter Personen begrenzter Verbotszweck

§ 135 BGB ist nur auf Verfügungsverbote und Verfügungsbeschränkungen anzuwenden, die den Schutz bloß bestimmter Personen bezwecken. Diesem relativen Schutzkreis entspricht die Rechtsfolge der Norm, eine lediglich relative Unwirksamkeit in Bezug auf das Schutzinteresse bestimmter Personen anzuordnen. Tatbestand und Rechtsfolge der Norm sind daher zweckangemessen aufeinander bezogen. **42**

a) Verfügungsverbote zum **Schutz öffentlicher bzw allgemeiner Interessen** oder in concreto **nicht umschreibbarer größerer Gruppen** werden von § 135 BGB nicht erfasst (MünchKomm/MAYER-MALY/ARMBRÜSTER Rn 7); der letztgenannte Fall wird dadurch indiziert, dass sich der Kreis der Personen nicht bestimmen lässt, durch deren Zustimmung das Geschäft vollwirksam wird (vgl MEDICUS, AT § 45 Rn 666; MünchKomm/MAYER-MALY/ARMBRÜSTER Rn 7). Dieser Fall liegt häufig bei öffentlich-rechtlichem Genehmigungsvorbehalt, aber auch bei einigen Fällen erforderlicher rechtsgeschäftlicher Zustimmung vor (s o Rn 37 f). **43**

b) Auch **Verbote im Interesse des Verfügenden** regelt § 135 BGB nicht, da diese Vorschrift stets drittschützenden Charakter des Verbots voraussetzt (BÜLOW JuS 1994, 1, 2; MünchKomm/MAYER-MALY/ARMBRÜSTER Rn 7). In den genannten Fällen ist die Wirksamkeit anhand des § 134 BGB zu beurteilen (MünchKomm/MAYER-MALY/ARMBRÜSTER Rn 6; BGB-RGRK/KRÜGER-NIELAND/ZÖLLER Rn 11; SOERGEL/HEFERMEHL Rn 2, 5). Absolute Verfügungsverbote sind daher beispielsweise in den Fällen der **§§ 43 ff AMG, §§ 11, 12, 18a BtMG und §§ 8 ff LMBG** anzunehmen. **44**

c) Die Orientierung des Tatbestands an dem Zweck, nur dem Schutz bestimmter Personen zu dienen, und die daraus folgende Beschränkung der Rechtsfolge auf die nur personalbezogen relative Unwirksamkeit wird verfehlt, wenn ein Verbotsgesetz oder eine Verfügungsbeschränkung zusätzlich zum Schutz bestimmter Personen auch sicherstellen soll, dass eine Person die ihr übertragenen **Aufgaben** in einem bestimmten Handlungskreis **mit Wirkung für und gegen alle erfüllen** kann. Eine solche, durch das Zusammenwirken mit § 80 Abs 2 InsO, früher § 6 KO, bedingte **erweiterte Zielsetzung** verfolgt **§ 81 Abs 1 S 1 InsO** in der Nachfolge des früheren § 7 KO, der die Unwirksamkeit von Rechtshandlungen des Insolvenzschuldners nach Eröffnung des Insolvenzverfahrens im Interesse der Stärkung der Verwaltungsmacht des Insolvenzverwalters vorsieht. In diesem Fall tritt daher keine relative Unwirksamkeit im Sinne des § 135 BGB ein (so aber KG OLGE 14, 72, 73 f; BEER 175 f; MünchKomm/MAYER-MALY/ **45**

ARMBRÜSTER Rn 28); gerade darauf deutet es auch hin, dass das neue Insolvenzrecht die ehedem in § 7 KO verwendete Formulierung vermeidet, dass die Verfügung „den Konkursgläubigern gegenüber" unwirksam sei. Vielmehr entsteht eine **absolute**, jedoch sachlich **durch den Zweck des Insolvenzverfahrens beschränkte Unwirksamkeit** (BGHZ 133, 307 = JR 1997, 332, 334; BACHMANN Rpfleger 2001, 105, 106; BORK, Einführung in das neue Insolvenzrecht [1998] Rn 106; GERHARDT ZZP 109 [1996] 415, 417; UHLENBRUCK, Probleme des Eröffnungsverfahrens nach dem Insolvenzrechts-Reformgesetz 1994, KTS 1994, 169, 179; schon zum früheren Recht: RGZ 71, 38, 39; 157, 294, 295; BEER 191; FLUME § 17, 6b; FOERSTE 21 f; GERHARDT, Die systematische Einordnung der Gläubigeranfechtung 150; MERKLE Rpfleger 2002, 105, 107; MünchKomm/MAYER-MALY/ARMBRÜSTER Rn 28; zur Rechtslage während der Geltungszeit der KO vgl STAUDINGER/KOHLER [1996] Rn 41; MünchKomm/MAYER-MALY [3. Aufl 1992] Rn 22; BGB-RGRK/KRÜGER-NIELAND/ZÖLLER Rn 9; SOERGEL/HEFERMEHL Rn 14; WEILAND 89), auf die sich der Insolvenzverwalter und auch die Schuldner des Insolvenzschuldners (noch zur Rechtslage gem § 7 KO MünchKomm/MAYER-MALY [3. Aufl 1992] Rn 22; SOERGEL/HEFERMEHL Rn 14) berufen können.

46 Auch wenn § 135 BGB im Falle des § 81 InsO für anwendbar gehalten werden sollte, so gilt dies keinesfalls für § 135 Abs 2 BGB. Für den Erwerb von Immobiliarrechten enthalten die §§ 81 Abs 1 S 2, 91 InsO eine abschließende Sonderregelung, und § 82 InsO eine solche für Leistungen an den Insolvenzschuldner nach Eröffnung des Insolvenzverfahrens; für einen darüber hinausgehenden Gutglaubensschutz ist daher kein Raum (ERMAN/PALM Rn 5). In den Fällen des § 81 InsO tritt, der zweckgebundenen absoluten Wirkung des Verfügungsverbots entsprechend und zum Schutz der Verfügungsmacht des Insolvenzverwalters, eine Grundbuchsperre bei Verfügungen des Insolvenzschuldners nach Eröffnung des Insolvenzverfahrens ein (zum früheren Recht RGZ 71, 38, 39; 157, 294, 295; FLUME § 17, 6b), sofern dem nicht § 878 BGB und § 892 Abs 2 BGB (str, vgl STAUDINGER/GURSKY [1996] § 892 Rn 192) entgegenstehen.

47 d) Für den Fall des **§ 1984 BGB**, also bei Anordnung der **Nachlassverwaltung**, gilt das zu § 81 InsO Ausgeführte entsprechend (MEHRTENS 94).

III. Nichttatbestandliche Anwendungsgrenzen

1. Vorrang spezialgesetzlicher Regelungen

48 Vorschriften, die den Schutz bestimmter Personen vor Verfügungen über einen Gegenstand bezwecken, sind auch für den Fall, dass sie die relative Unwirksamkeit schutzzweckwidriger Verfügungen anordnen, nicht durch § 135 BGB erfasst, soweit sie eine **eigenständige und abschließende Rechtsfolgenregelung** enthalten. Dies folgt aus dem Grundsatz, dass die spezialgesetzliche Regelung die allgemeine verdrängt.

49 a) Verfügungen unter einer **Bedingung** sind selbständig geregelt. Eine zweite Verfügung, die zum Nachteil einer früheren bedingten Verfügung während der durch die Bedingung verursachten Schwebezeit getroffen wurde, ist nicht anhand des § 135 BGB zu beurteilen. Dies gilt unabhängig davon, ob in der Schwebezeit der ersten bedingten Verfügung ein Verbot weiterer den bedingt Berechtigten benachteiligender Verfügungen oder eine Beschränkung der Verfügungsmacht des zuvor bedingt Verfügenden anzunehmen ist. Die Rechtsfolgen einer solchen Verfügung während schwebender Bedingungen im Falle des Bedingungseintritts sind nämlich in § 161

BGB abschließend geregelt (BEER 179 f; MünchKomm/MAYER-MALY/ARMBRÜSTER Rn 12; SOERGEL/HEFERMEHL Rn 9; iE ebenso ERMAN/PALM Rn 4). Eine solche das bedingte Recht vereitelnde Verfügung ist nicht relativ zum bedingt Berechtigten unwirksam, sondern während der Unentschiedenheit der aufschiebenden oder auflösenden Bedingung entweder schwebend wirksam oder schwebend unwirksam und nach Entscheidung über den Eintritt der Bedingungen definitiv unwirksam oder wirksam; in allen Fällen jedoch absolut, dh gegenüber jedermann zunächst schwebend wirksam oder unwirksam und schließlich entschieden unwirksam oder wirksam. Die Möglichkeit eines gutgläubigen Erwerbs in der Schwebelage richtet sich allein nach § 161 Abs 3 BGB; § 135 Abs 2 BGB ist unanwendbar.

b) Die **§§ 566b ff BGB nF**, früher §§ 573 ff BGB, die mietzinsbezogene Verfügun- **50** gen betreffen, enthalten zwar Verfügungsbeschränkungen. Die Rechtsfolgen sind jedoch in einer die Anwendung des § 135 BGB ausschließenden Weise dort selbständig geregelt (zu den früheren §§ 573 ff BGB FLUME § 17, 6c).

c) Die **Vormerkung** ist wegen ihrer speziellen Regelung in den §§ 883 ff BGB **51** unabhängig davon, dass sie kein Verfügungsverbot begründet (ganz **hM**; **aA** BEER 139, 185; MünchKomm/MAYER-MALY/ARMBRÜSTER Rn 19, 26; früher SCHMIDT 63), auch nicht hinsichtlich ihrer verfügungsbeschränkenden Wirkung von § 135 BGB erfasst (wohl **aA** MünchKomm/MAYER-MALY/ARMBRÜSTER Rn 19). Die Möglichkeit eines gutgläubigen Dritterwerbs, der den Vormerkungsschutz vereitelt, richtet sich ausschließlich nach den liegenschaftsrechtlichen Vorschriften der §§ 892 f BGB.

d) § **1052 BGB** enthält eine selbständige Regelung der absoluten Unwirksamkeit **52** von Verfügungen des in seiner Verwaltungsmacht beschränkten Nießbrauchers. Ein Rückgriff auf § 135 BGB ist daneben ausgeschlossen (im Ergebnis auch MEHRTENS 97 f); insbesondere ist dessen zweiter Absatz unanwendbar, wie der Rückschluss aus § 2129 Abs 2 BGB zeigt.

e) § **1128 BGB**, der die Empfangszuständigkeit für die **Leistung eines Gebäudever-** **53** **sicherers** im Verhältnis zwischen Grundeigentümer und Hypothekengläubiger regelt, mag zwar ein relativ wirkendes Verfügungsverbot beinhalten (BEER 186; BÜLOW JuS 1994, 1, 2; FLUME § 17, 6c; MünchKomm/MAYER-MALY/ARMBRÜSTER Rn 21). Dennoch ist diese Regelung dem § 135 BGB nicht zuzuordnen, weil die Vorschrift eine eigenständige Rechtsfolgenregelung enthält (FLUME § 17, 6c; MünchKomm/MAYER-MALY/ARMBRÜSTER Rn 21). Die Verweisung des § 1128 Abs 3 BGB auf die für eine verpfändete Forderung geltenden Vorschriften belegt im Hinblick auf die §§ 1281 f BGB, dass es sich um eine Frage der Empfangszuständigkeit und nicht um einen Verstoß gegen ein Verfügungsverbot handelt; die Verweisung zeigt überdies, dass ein Gutglaubensschutz zum Vorteil des Schuldners in den Grenzen des § 1128 Abs 3 BGB nicht gemäß § 135 Abs 2 BGB, sondern gemäß den §§ 1275, 407 BGB stattfindet (BGH VersR 1984, 1137; **aA** BEER 186; MünchKomm/EICKMANN § 1128 Rn 17). Dasselbe gilt für den Fall des § **1130 BGB** (MünchKomm/MAYER-MALY/ARMBRÜSTER Rn 21; **aA** BEER 186).

f) Die in den §§ **1365, 1369 BGB** für den gesetzlichen Ehegüterstand getroffenen **54** Regelungen, welche die Wirksamkeit der **Verfügung** eines **Ehegatten** über sein **Vermögen im Ganzen** oder **über ihm gehörende Gegenstände des ehelichen Haushalts** von der Zustimmung des anderen Ehegatten abhängig machen – gemäß § 8 Abs 2 LPartG gilt dies entsprechend auch für **Lebenspartnerschaften** –, enthalten zwar Verfügungs-beschränkungen im Interesse des anderen Ehegatten. Entgegen einer kurz nach Inkrafttreten dieser Vorschriften vertretenen Mindermeinung (BOEHMER, Ergänzende Bemerkungen zu der sogenannten Vinkulierung des Hausrats in § 1369 BGB nF, FamRZ 1959, 81, 84; FRANK, Kein Gutglaubensschutz nach dem Gleichberechtigungsgesetz, NJW 1959, 135, 136) wird allgemein von einer Beschränkung der Verfügungsmacht ausgegangen, deren Miss-achtung zu absoluter Unwirksamkeit führt (BGHZ 40, 218, 219 f = NJW 1964, 347; BayObLG NJW 1967, 1614; KG NJW 1973, 428, 429; AK-BGB/DAMM Rn 7 iVm Rn 6; ERMAN/PALM Rn 4; MünchKomm/MAYER-MALY/ARMBRÜSTER Rn 22; SOERGEL/HEFERMEHL Rn 11). Dem ist unabhängig davon zuzustimmen, ob diese Vorschriften überhaupt ein Verfügungs-verbot aufstellen (BGHZ 40, 218, 219 f = NJW 1964, 347), welches allerdings außer den anderen Ehegatten auch die wirtschaftliche Grundlage der Ehe schützen solle und daher ein absolutes sei (BGHZ aaO), oder ob es sich um verbotsunabhängige Be-schränkungen der Verfügungsmacht handelt, die als solche nicht zum Regelungsbe-reich des § 135 BGB zählen (MEHRTENS 81 ff; SOERGEL/HEFERMEHL Rn 11 iVm Rn 3). Die Unanwendbarkeit des § 135 BGB folgt vielmehr aus der Spezialität der in den §§ 1366 ff BGB geregelten Rechtsfolgen. Die Parallelität des § 1366 BGB zur Re-gelungstechnik der §§ 108, 177 BGB deutet auf schwebende, insoweit jedoch absolute Unwirksamkeit von nichtkonsentierten Verfügungen; § 1368 BGB bestätigt die ab-solute Unwirksamkeit der Verfügung für den Fall der Verweigerung der erforderli-chen Zustimmung, weil der geschützte Ehegatte nur prozessstandschaftlich die Rechte geltend macht, die dem verfügenden Ehegatten im Verhältnis zum Dritt-erwerber aufgrund der in diesem Verhältnis bestehenden Unwirksamkeit des zustim-mungsbedürftigen Verpflichtungs- und Verfügungsgeschäfts erwachsen. § 135 Abs 2 BGB ist daher ebenfalls nicht anwendbar. Damit verträgt sich auch, dass der gute Glaube des Dritten daran, dass der Veräußerer nicht dem Güterstand der Zugewinn-gemeinschaft unterworfen sei, schutzlos bleibt.

55 g) **§ 2026 BGB**, der die **Ersitzung eines Erbschaftsgegenstandes** durch den Erb-schaftsbesitzer betrifft, ist dem Anwendungsbereich des § 135 BGB nicht zuzuord-nen, weil der dort geregelte Fall der Ersitzung mangels rechtsgeschäftlichen Ele-ments keine Verfügung über einen Gegenstand enthält (nur im Ergebnis ebenso BEER 187; MünchKomm/MAYER-MALY/ARMBRÜSTER Rn 23).

56 h) In den Fällen der **§§ 2113 ff BGB**, welche die Wirksamkeit dort näher bezeich-neter **Verfügungen eines Vorerben** für den Fall des Eintritts der Nacherbfolge regeln, liegt kein Verfügungsverbot vor (AK-BGB/DAMM Rn 7 iVm 6; BEER 188; BLOMEYER, in: FS E Hirsch [1968] 26; FLUME § 17, 6b; MEHRTENS 97; MünchKomm/MAYER-MALY/ARMBRÜSTER Rn 24; SOERGEL/HEFERMEHL Rn 10), aber auch keine dem § 135 BGB zuzuordnende Verfügungsbeschränkung (im Ergebnis auch MEHRTENS 94 ff). Bis zum Eintritt des Nach-erbfalls ist nämlich die von den §§ 2113 ff BGB erfasste Verfügung absolut wirksam, danach jedoch absolut unwirksam, weil nur dies dem Ziel dieser Normen entspricht, den Nacherben so zu stellen, wie er stünde, wenn die beeinträchtigende Verfügung nicht stattgefunden hätte. Im Übrigen enthält § 2113 Abs 1 BGB eine selbständige Rechtsfolgenregelung, die durch die eigenständige Gutglaubensschutzregelung in § 2113 BGB vervollständigt wird und den Rückgriff auf § 135 BGB ausschließt.

57 **§ 2129 BGB**, der die Entziehung der Verfügungsmacht des Vorerben betrifft, enthält ebenso wie der dort in Bezug genommene § 1052 BGB eine selbständige Regelung

der absoluten Unwirksamkeit (MEHRTENS 97 f). Die dort vorgesehene selbständige
Regelung des gutgläubigen Erwerbs erspart nicht nur den Rückgriff auf § 135
Abs 2 BGB, sondern schließt ihn aus.

i) Gemäß **§ 2205 S 3 BGB** nicht autorisierte unentgeltliche **Verfügungen eines** 58
Testamentsvollstreckers über Nachlassgegenstände sind absolut unwirksam (BGHZ
57, 84, 91 f; SOERGEL/HEFERMEHL Rn 10), da die Vorschrift nicht die Wirksamkeit einer
aufgrund einer bestehenden Verfügungsmacht getroffenen Verfügung regelt, sondern
die Grenzen einer verliehenen Verfügungsmacht bestimmt.

Die in **§ 2211 BGB** vorgesehene **Beschränkung der Verfügungsmacht des Erben** über 59
einen der Verwaltung des Testamentsvollstreckers unterliegenden Nachlassgegen-
stand ordnet kein Verfügungsverbot als solches an. Ein Verstoß gegen die durch
diese Vorschrift bewirkte Beschränkung der Verfügungsmacht ist aber trotz grundsätzlich möglicher analoger Anwendung des § 135 BGB auf Beschränkungen der
Verfügungsmacht nicht dem § 135 BGB zuzuordnen, weil § 2211 Abs 1 BGB auffälligerweise nicht anordnet, dass eine solche Verfügung nur gegenüber dem
Testamentsvollstrecker unwirksam sei. Im Übrigen enthält § 2211 Abs 2 BGB eine
selbständige Regelung zugunsten des gutgläubigen Dritterwerbers, die den Rückgriff
auf § 135 Abs 2 BGB verbietet (iE ebenso RGZ 87, 432, 434; AK-BGB/DAMM Rn 7 iVm Rn 6;
BEER 188; MEHRTENS 90 ff; RAAPE 99 f; SOERGEL/HEFERMEHL Rn 10).

k) Die **§§ 26 Abs 3 S 1, 27 Abs 3 S 1 AktG** enthalten zwar Fälle relativer Unwirk- 60
samkeit, da sie sich auch auf Verfügungen in Ausführung unzulässiger Sondervor-
teilszusagen erstrecken (MAYER-MALY, in: FS Reimer [1976] 67, 70 f gegen BEER 195). Die
Vorschriften enthalten jedoch eine abschließende Regelung, die einen ergänzenden,
insbesondere § 135 Abs 2 BGB umfassenden Rückgriff auf § 135 BGB nicht zulässt
(im Ergebnis auch BÜLOW JuS 1994, 1, 3).

2. Priorität des Verfügungsverbotes

Die Wirkung eines Verfügungsverbots im Drittverhältnis hängt grundsätzlich vom 61
Zeitpunkt seines Entstehens im Verhältnis zum verbotswidrigen Erwerb ab. Maßgeblich ist dabei hinsichtlich des eventuell verbotsbetroffenen Erwerbs der Zeitpunkt, in
dem das letzte Element des Verfügungstatbestands erfüllt ist (BGHZ 135, 140 = NJW
1997, 1857, 1858). Wurde das Verfügungsverbot vor diesem Zeitpunkt wirksam, kommen jedoch in Bezug auf spätere Erwerbsvorgänge **Einschränkungen** der Verbots-
wirksamkeit namentlich gemäß **§ 878 BGB** in Betracht; auf Gutglaubensschutz
kommt es insoweit nicht an (dazu u Rn 65 ff). Eine **antizipierte Sicherungszession**
oder **Pfändung** bleibt auch dann von einem späteren insolvenzrechtlichen Verfügungsverbot unberührt, wenn die der Abtretung oder Pfändung unterliegende Forderung erst nach einer verfügungsbeschränkenden Anordnung gemäß § 106 KO bzw
§ 21 InsO entstand, sofern nicht der Fall des § 88 InsO vorliegt (BGHZ 135, 140 = NJW
1997, 1857, 1858; **aA** ECKARDT ZIP 1997, 957, 959 ff).

Die Wirksamkeit eines Verfügungsverbots wird durch ein **konkurrierendes** späteres 62
Verfügungsverbot nicht berührt (ganz hM, Nachw § 136 Rn 9). Das zweite Verbot ist im
Verhältnis zum früheren Verbot als eine gemäß § 135 Abs 1 S 1 BGB (FOERSTE AcP 193
[1993] 274, 277) oder § 135 Abs 1 S 2 BGB (KOHLER JZ 1983, 586 ff) unwirksame Ver-

fügung anzusehen. Im Ergebnis entscheidet damit auch insoweit grundsätzlich das **Prioritätsprinzip**, eingeschränkt nach Maßgabe des § 135 Abs 2 BGB, über das Wirksamkeitsverhältnis zwischen Verfügungsverboten, deren Schutzbereiche inkompatibel sind. Dies wird, allerdings wohl nur bei konkurrierenden Verfügungsverboten aufgrund einstweiliger Verfügung zum Schutz vor Erwerbsprätendenten, zwar vereinzelt bezweifelt; indes ist ein solcher Zweifel aus rechtssystematischen und wertend-funktionalen Gründen auch in diesen Fällen nicht gerechtfertigt (dazu eingehend § 136 Rn 9 ff). Das Prioritätsprinzip gilt auch im Verhältnis von Verfügungsverbot und **konkurrierender Vormerkung** (OLG Oldenburg OLGR 1994, 268, 269).

3. Wegfall des Schutzinteresses

63 a) Ein Verfügungsgeschäft, das mit der **Zustimmung** der durch das Verfügungsverbot geschützten Personen stattfindet, ist analog § 185 BGB wirksam (BERGER 31 f; im Ergebnis auch BÜLOW JuS 1994, 1, 3); dies gilt insbesondere auch für eine Genehmigung gemäß § 185 Abs 2 BGB (FRITSCHE DZWIR 2002, 1, 4). Der **Verbotsschutz** ist **disponibel**, weil er nicht in öffentlichem, sondern in privatem Interesse gewährt wird. Der Adressat der Zustimmungserklärung wird durch § 182 BGB bestimmt, die Frage der Rückwirkung einer Genehmigung ist nach § 184 BGB zu entscheiden.

64 b) Die Aufhebung der Verbotsnorm oder des Verbots, desgleichen das objektive Fehlen oder der Wegfall des verbotsgeschützten Rechts führt in Analogie zu § 185 Abs 2 S 1, 1. Fall BGB zur **Konvaleszenz** des verbotswidrigen Geschäfts (BERGER 33; vTUHR AT § 69 II 2). Das vor allem bei behördlichen oder gerichtlichen Verfügungsverboten mögliche anfängliche Fehlen des zu schützenden Rechts führt zur anfänglichen Vollwirksamkeit des Dritterwerbs. Aufgrund dieser Wirkung kann von **Akzessorietät im Verhältnis von Verbotswirkung und verbotsgeschütztem Recht** gesprochen werden.

4. Gutgläubig-verbotsbefreiter Erwerb (§ 135 Abs 2 BGB)

65 a) § 135 Abs 2 BGB erklärt die Vorschriften zugunsten derjenigen für anwendbar, welche Rechte von einem Nichtberechtigten herleiten (dazu BERGER 33 ff). Die in **Bezug genommenen Gutglaubensschutzvorschriften**, die sich in ihrem originären Anwendungsbereich auf den guten Glauben an die Rechtsinhaberschaft beziehen, sind bei **Liegenschaftsrechten** die §§ 892 f, 1138 BGB und § 1155 BGB; dort gilt § 892 Abs 1 S 1 BGB für die Verfügungsverbote und Verfügungsbeschränkungen, deren Eintragung im Grundbuch konstitutiv ist, während § 892 Abs 1 S 2 BGB das Fehlen deklaratorischer Eintragungen betrifft, um die es sich im Fall des § 135 BGB handelt, und lediglich den negativen Publizitätsschutz gewährleistet (BERGER 33 f). Die bei **beweglichen Sachen** in Bezug genommenen Gutglaubensschutzvorschriften sind die §§ 932 ff, 1032, 1207, 1244 BGB sowie § 366 HGB, obwohl diese Bezugnahme unpassend ist, weil der Besitz als der dort maßgebliche Rechtsscheinträger den Schluss auf die Verfügungsbefugnis im Fall des § 135 Abs 2 BGB nicht gestattet (s u Rn 73 ff). Bei **Forderungen** und **sonstigen Rechten** kommt ein Gutglaubensschutz gemäß den §§ 398 ff BGB grundsätzlich nicht in Betracht (BÜLOW JuS 1994, 1, 3). Für Leistungen an den Altgläubiger ist jedoch nach richtiger Ansicht (anders Mot AT 214 = MUGDAN AT 470) die Möglichkeit einer befreienden Leistung in Analogie zu den §§ 407 f BGB anzuerkennen (BGHZ 86, 337, 339; BÜLOW JuS 1994, 1, 6; FLUME § 17, 6d;

JAUERNIG/JAUERNIG Anm 3; PALANDT/HEINRICHS Rn 9; MünchKomm/MAYER-MALY/ARMBRÜSTER Rn 47; BGB-RGRK/KRÜGER-NIELAND/ZÖLLER Rn 23; SOERGEL/HEFERMEHL Rn 22; vTUHR AT 69 II 2).

Der gute Glaube muss sich auf das **Fehlen eines Verfügungsverbotes** beziehen (RGZ 90, **66** 335, 338; AK-BGB/DAMM Rn 18; BÜLOW JuS 1994, 1, 6; ERMAN/PALM Rn 14; JAUERNIG/JAUERNIG Anm 3; MünchKomm/MAYER-MALY/ARMBRÜSTER Rn 48; PALANDT/HEINRICHS Rn 9; BGB-RGRK/ KRÜGER-NIELAND/ZÖLLER Rn 21; SOERGEL/HEFERMEHL Rn 22). Bei Verfügungen über bewegliche Sachen schadet Kenntnis oder grobfahrlässige Nichtkenntnis von dem Verfügungsverbot (dazu in tatsächlicher Hinsicht in einem Fall des früheren § 106 Abs 1 S 3 KO BGH NJW-RR 2000, 576), bei Verfügungen über Liegenschaftsrechte und bei der analogen Anwendung der §§ 407 f BGB schadet nur positive Kenntnis. Für die Verfügung über Liegenschaftsrechte wird dies durch § 892 Abs 1 S 2 BGB bestätigt.

Da das relativ wirkende Verfügungsverbot nicht gutglaubensschutzresistent ist, muss **67** es, wie auch § 892 Abs 1 S 2 BGB zeigt, **grundbuchfähig** sein, soweit sich das Verfügungsverbot gegen Verfügungen über eintragungsfähige Liegenschaftsrechte wendet. Auch verfahrensrechtliche Vorschriften wie § 941 ZPO und vor allem die früheren §§ 106, 113 KO zeigen die Eintragungsfähigkeit, während die dem § 106 KO nachfolgenden §§ 21, 25, 32 f InsO dies nicht mehr ohne weiteres belegen, soweit sie gemäß § 24 Abs 1 InsO zu einer auf den Insolvenzzweck beschränkten absoluten Unwirksamkeit gemäß den §§ 81 f InsO führen. Die formellen Voraussetzungen für die Grundbucheintragung ergeben sich aus allgemeinen grundbuchrechtlichen Regeln. Seine Eintragung kann aufgrund von § 894 BGB verlangt werden, ferner ist sie gemäß § 22 Abs 1 S 2 GBO zu bewirken (KOHLER, Verfügungsverbot 83 ff). Die Wirksamkeit eines eingetragenen Verfügungsverbots setzt dabei die Bezeichnung der geschützten Person im Grundbuch selbst voraus (RGZ 89, 152, 159; SOERGEL/HEFERMEHL Rn 23).

b) Gutglaubensschutz findet unzweifelhaft **bei rechtsgeschäftlichen** verfügungsver- **68** botswidrigen **Vorgängen** statt. Nach herrschender Ansicht ist der Gutglaubensschutz dagegen bei einem Erwerb im Wege der **Zwangsvollstreckung** ausgeschlossen (RGZ 90, 335, 338 ff; KG JW 1932, 197; MünchKommZPO/K SCHMIDT § 772 Rn 16; G PAULUS, in: FS Nipperdey Bd 1 [1965] 909; SOERGEL/HEFERMEHL Rn 22; STEIN/JONAS/MÜNZBERG § 772 ZPO Anm II 2; **aA** LARENZ/WOLF, AT § 44 Rn 69; MünchKomm/MAYER-MALY/ARMBRÜSTER Rn 49; wohl auch BGB-RGRK/KRÜGER-NIELAND/ZÖLLER Rn 22; BÜLOW JuS 1994, 1, 6). Hier ist richtigerweise zu unterscheiden:

aa) Wird die Zwangsvollstreckung zur Realisierung eines das verbotsgeschützte **69** Interesse beeinträchtigenden **Individualanspruchs** eines Dritten durchgeführt, so ist sie verfahrensrechtlich zwar nicht gemäß § 772 ZPO zu verhindern. Der Erwerb ist jedoch gemäß § 135 Abs 1 BGB relativ unwirksam, wobei dahingestellt bleiben kann, ob dieser Fall von § 135 Abs 1 S 1 oder S 2 BGB erfasst wird. Allerdings ist gutgläubig-verbotsbefreiter Erwerb gemäß § 135 Abs 2 BGB möglich. Die Gutglaubensschutzregelung ist auf diesen Zwangsvollstreckungsfall anzuwenden, weil sich aus den §§ 894, 897 f ZPO die rechtstechnische und funktionale Gleichstellung der erzwungenen mit einer rechtsgeschäftlichen Verfügung ergibt.

bb) Findet eine Zwangsvollstreckung wegen einer **Geldforderung** im Wege der **70**

Zwangsversteigerung statt, führt der **Zuschlag**, sofern er nicht auf der Grundlage des § 772 ZPO bzw der §§ 28, 37 Nr 5 ZVG verhindert wird, ungeachtet des § 135 Abs 1 S 2 BGB zu einem **vollwirksamen Eigentumserwerb** des Dritten kraft Zuschlags als Hoheitsakt (vgl u Rn 83). Auf die Frage des Gutglaubenserwerbs kommt es daher nicht an (WEILAND 94).

71 cc) Die Zwangsvollstreckung wegen einer **Geldforderung** durch Erwirken einer **Zwangshypothek** – ihr steht die **Arresthypothek** gleich – scheitert zwar verfahrensrechtlich **nicht** an **§ 772 ZPO**. Der Verbotsgesicherte ist jedoch hinsichtlich des Erwerbs derartiger Hypotheken **wegen § 135 Abs 1 S 2 BGB uneingeschränkt geschützt**, da die ganz herrschende Ansicht im Unterschied zum Erwerb durch Zuschlag eine gewissermaßen öffentlich-rechtliche Erwerbstheorie in Bezug auf Zwangs- und Arresthypothek ablehnt und **§ 135 Abs 2 BGB nicht** auf den erzwungenen Hypothekenerwerb **anzuwenden** ist. Die Beschränkung des Gutglaubensschutzes auf rechtsgeschäftliche Erwerbsvorgänge entspricht allgemeinen liegenschaftsrechtlichen Grundsätzen, wie sie in § 837 Abs 1 des ersten BGB-Entwurfs, der sachlich in § 892 Abs 1 BGB fortgilt, deutlich zu Tage traten. Vor allem belegt der anlässlich der Konkursnovelle von 1898 eingefügte § 98 Abs 1 S 4 KO aF, dass die §§ 135 Abs 1, 892 Abs 1 S 2 BGB einen verbotsbefreiten Erwerb auch im Falle der Gutgläubigkeit ausschließen (iE ebenso GERHARDT, in: FS Flume I [1978] 527, 538). Dagegen wiegt der Hinweis auf die systematische Stellung des § 135 Abs 2 BGB nicht schwer, aus welcher ein Rückbezug der Regelung auf beide Sätze des ersten Absatzes gefolgert wird (aA LARENZ/WOLF, AT § 44 Rn 71). Dieser Normaufbau ist nämlich mit dem Bemühen des Gesetzgebers zu erklären, vorrangig die grundsätzliche und gleichartige Wirkung von Verfügungsverboten gegenüber rechtsgeschäftlichen wie vollstreckungsmäßigen Verfügungen einleitend zusammenhängend zu regeln und die insoweit sachlich gebotene Einheit nicht durch die Regelung des sekundären Problems der Verteidigung von Verfügungsverboten gegenüber gutgläubigen Dritten zu unterbrechen (KOHLER, Verfügungsverbot 185 f).

72 Unberührt von der relativen Unwirksamkeit des Hypotheken- oder Pfandrechtserwerbs bleibt freilich die Möglichkeit vollwirksamen **Dritterwerbs** im Zuge der Verwertung dieser Rechte durch Zwangsversteigerung nach Maßgabe von § 90 ZVG bzw § 1244 BGB (vTUHR AT § 69 II 2).

73 c) Bei **Bewertung** der **sachlichen Richtigkeit** der durch § 135 Abs 2 BGB eingeräumten Möglichkeit, gutgläubig-verbotsbefreit in Analogie zu den Vorschriften über den gutgläubigen Erwerb des Rechts vom Nichtberechtigten zu erwerben, ist zwischen der grundsätzlichen Zulassung des gutgläubig-verbotsbefreiten Erwerbs und der Gestaltung seiner normativen Voraussetzungen zu unterscheiden (dazu KOHLER, Verfügungsverbot 148 f).

74 Die **Zulassung** verbotsbefreiten Erwerbs kraft guten Glaubens scheint in der Tat gerechtfertigt aufgrund der bereits in den Motiven zum Bürgerlichen Gesetzbuch zutage getretenen Erwägung (Mot AT 213 = MUGDAN AT 470), dass dann, wenn der gänzliche Mangel des Rechts in der Person des Vorgängers dem Rechtserwerb nicht im Wege steht, auch ein teilweiser Mangel nicht hinderlich sein kann. Neben diesem formalen **Schluss a maiore ad minus** ist die Zulassung des gutgläubig-verbotsbefreiten Erwerbs auch rechtspolitisch wünschenswert, weil die Existenz nicht einmal im Liegenschaftsrecht publikationsbedürftiger Verfügungsbeschränkungen gerade auch wegen ihrer Singularität die **Sicherheit des redlichen Rechtsverkehrs** gefährdet.

Die **rechtstechnische Umsetzung** dieses berechtigten Schutzbedürfnisses durch die **75** Bezugnahme auf die Gutglaubensschutzregeln, die im Falle des Erwerbs vom Nichtberechtigten gelten, ist jedoch nicht sachgerecht. Die Fälle des § 135 Abs 2 BGB und die Fälle im unmittelbaren Anwendungsbereich der in Bezug genommenen Gutglaubensschutzvorschriften sind nämlich in entscheidender Hinsicht inkompatibel, weil Letztere jedenfalls bei Mobiliarverfügungen an Rechtsscheinträger anknüpfen, die spezifisch den Schluss auf die Rechtsinhaberschaft, nicht aber auf die Verfügungsmacht zulassen (zutreffend BERGER 35; G PAULUS, in: FS Nipperdey Bd 1 [1965] 909, 913 ff; KOHLER, Verfügungsverbot 148 f), weil im Fall des § 366 HGB die in § 135 BGB fehlende Besonderheit vorliegt, dass dort der Verfügende nicht Rechtsinhaber ist, aber handelsgeschäftstypisch der Innehabung des Besitzes oft die Einräumung der Verfügungsbefugnis durch den Berechtigten zugrunde liegt, so dass dort ausnahmsweise gerechtfertigt ist, den guten Glauben an die Verfügungsbefugnis unter Anknüpfung an die Besitzlage zu schützen. Die koordinierende Bezugnahme des § 135 Abs 2 BGB auf denselben Rechtsscheinträger ist nur im Liegenschaftsrecht wegen der Bezugnahme des Gutglaubensschutzes auf das die Verfügungsbeschränkung als solche verlautbarende Grundbuchsystem unbedenklich. Während aber die Unstimmigkeit des in Bezug genommenen Rechtsscheinträgers für die Frage des gutgläubig-verbotsbefreiten Erwerbs im Liegenschaftsrecht wohl auch praktisch in der Regel nicht nachteilig zu Tage tritt, verhält es sich anders bei Forderungen und sonstigen Rechten; die Anerkennung eines Schuldnerschutzes bei **verfügungsverbotswidriger Zahlung** eines Schuldners an einen nichtverfügungsberechtigten Gläubiger in **Analogie zu § 407 BGB** (BGHZ 86, 337 = NJW 1983, 886; OLG Celle OLGR 1998, 210, 211) belegt dies. Bei beweglichen Sachen ist es zwar de lege lata nicht zu vermeiden, aber sachlich unangemessen, den Gutglaubensschutz an die Besitzlage zu knüpfen, weil dieser den Schluss auf das Vorhandensein von Verfügungsbefugnis nicht gestattet; deshalb liegt im Ergebnis hier Verkehrsschutz ohne Anknüpfung an einen sachlich passenden Rechtsscheinträger vor (BERGER 35).

5.   Ersitzung

Liegen die Voraussetzungen der **Ersitzung** in der Person dessen vor, der relativ **76** unwirksam erwarb, **konvalesziert** sein Erwerb und wird voll wirksam. Diese schon vom historischen Gesetzgeber anerkannte Möglichkeit (Mot AT 214 = MUGDAN AT 470) kann sich auf die Analogie zu den §§ 937, 945 BGB stützen und wird durch die Erwägung gerechtfertigt, dass der relativ wirksame Erwerb nicht schlechter als der absolut unwirksame Erwerb gestellt sein darf. Allerdings bleibt stets zu prüfen, ob das Ersitzungserfordernis der Gutgläubigkeit vorliegt, und zwar bezogen auf das Verfügungsverbot; ein über § 135 Abs 2 BGB hinausgehender Schutz wird daher durch die Ersitzung nur vereinzelt stattfinden.

6.   Verfügung des Insolvenzverwalters

a)   Im Insolvenzverfahren **suspendiert** § 80 Abs 2 S 1 InsO ebenso, wie dies früher **77** in § 13 HS 1 KO vorgesehen war, ein gegen den Insolvenzschuldner bestehendes Verfügungsverbot gemäß den §§ 135, 136 BGB im Verhältnis zu den Insolvenzgläubigern. Gemäß § 80 Abs 2 S 2 InsO, früher § 13 S 1 HS 2 KO, bleiben jedoch eine Pfändung, die eine gerichtliche Beschlagnahme mit einer zivilrechtlichen Wirkung gemäß §§ 136, 135 BGB zur Folge hat, und eine bei der Zwangsvollstreckung in das unbewegliche Vermögen erfolgte Beschlagnahme wirksam; Letzteres beruht auf der das Pfändungspfandrecht vertretenden Wirkung der Grundstücksbeschlagnahme, die wie ein solches im Insolvenzverfahren ein Verwertungsprivileg im Wege der Absonderung begründet und daher insolvenzverfahrensfest sein muss. Die Wirkungslosigkeit des Verfügungsverbots tritt gemäß **§ 80 Abs 2 S 1 InsO** nur im Insolvenzverfahren ein, so dass es sich gewissermaßen um eine relative Unwirksamkeit der relativen Unwirksamkeit handelt (vgl zum früheren § 13 HS 1 KO ebenso RAAPE 69; KOHLER, Verfügungsverbot 201 f; JAEGER/HENCKEL, Konkursordnung § 13 Rn 11; **aA** WEILAND 91).

78 Demgemäß erlangt der Insolvenzverwalter die **Freiheit zur Verfügung** über den verbotsbetroffenen Gegenstand; vollwirksamer Dritterwerb ohne Rücksicht auf Gutgläubigkeit und damit Stärkung der Geldmasse im Interesse der Insolvenz- und der Massegläubiger (JAEGER/HENCKEL, Konkursordnung § 13 Rn 10) sind die Folgen (vgl zu den Einzelheiten der Konkursverwalterfreiheit KOHLER, Verfügungsverbot 203 ff; FLUME § 17, 6d; ERMAN/PALM Rn 13; MünchKomm/MAYER-MALY/ARMBRÜSTER Rn 42; **aA** SOERGEL/HEFERMEHL Rn 21). In der Konsequenz der durch § 80 Abs 2 S 1 InsO getroffenen Regelung fehlt in § 135 Abs 1 S 2 BGB die Gleichsetzung der Verfügung des Insolvenzverwalters über einen verbotsbetroffenen Gegenstand mit einer rechtsgeschäftlichen Verfügung. § 80 Abs 2 S 1 InsO verschafft dem Insolvenzverwalter jedoch keine Verwertungsmöglichkeit, wenn der Verbotsbetroffene über den Gegenstand bereits vor Eröffnung des Insolvenzverfahrens unter Verstoß gegen das Verfügungsverbot verfügt hatte; denn das Verfügungsverbot führt nur zu einer Unwirksamkeit in Bezug auf das verbotsgeschützte Drittinteresse, nicht auch im Interesse der Insolvenzmasse (KOHLER, Verfügungsverbot 202 f iVm 129 ff; s u Rn 80 f).

79 b) Verbotsschutz gemäß § 135 Abs 1 BGB schließt das **Wahlrecht** des Insolvenzverwalters gemäß **§ 103 Abs 1 InsO**, früher § 17 Abs 1 KO, im Verhältnis zu dem Verbotsgeschützten **nicht** aus (KOHLER, Verfügungsverbot 131 f; G PAULUS, in: FS Nipperdey Bd 1 [1965] 909, 933; vTUHR AT § 69 II 2; **aA** C PAULUS 107 ff). Eine dem § 106 InsO, früher § 24 KO, entsprechende Vorschrift fehlt. In Anbetracht dieser Tatsache und des § 80 Abs 2 InsO führt auch die Publizierung des Verfügungsverbots bei Liegenschaftsrechten nicht zu einem absonderungsartigen Recht des Geschützten in dem gegen den Verbotsbetroffenen betriebenen Insolvenzverfahren; eine analoge Anwendung des § 106 InsO findet nicht statt. Dieses Ergebnis ist auch in der Sache richtig. Der Zweck eines Verfügungsverbots zum Schutz eines Erwerbsanspruchs beschränkt sich nämlich im Unterschied zur Vormerkung auf den Schutz vor Dritterwerbern, ist also allein verfügungsbezogen. Das Verfügungsverbot soll hingegen den Erwerbsanspruch, den es als gegeben voraussetzt, nicht vor rechtlichen Risiken schützen, die nicht die Folge einer verbotswidrigen Verfügung zugunsten eines Dritten sind. Mit der Differenzierung zwischen der gemäß § 106 InsO, früher § 24 KO, auch in insolvenzrechtlicher Hinsicht obligationssichernden Wirkung der Vormerkung einerseits und dem Fehlen eines dem § 103 Abs 1 InsO, früher § 17 Abs 1 KO, entgegenwirkenden Schutzes beim Verfügungsverbot andererseits schöpft der Gesetzgeber daher nicht nur die ihm zustehende Gestaltungsmacht aus, sondern er handelt auch funktionsgerecht, indem der Schutzbereich des Verfügungsverbots gerade auf die spezifisch durch eine Verfügung ausgelösten Gefahren begrenzt wird. Eine ungerechtfertigte Bevorzugung der Insolvenzgläubiger liegt darin nicht (**aA** C PAULUS 41). Die Erfüllungsablehnung zum Nachteil eines verbotsgesicherten Anspruchs nach einem verbotswidrigen Dritterwerb führt nämlich zur Vollwirksamkeit dieses Erwerbs, so dass der Gegenstand der Insolvenzmasse entzogen wird. Ist hingegen ein verbotswidriger Dritterwerb unterblieben, so kann die Erfüllungsablehnung gemäß § 103 Abs 1 InsO zwar zu einer Massestärkung im Interesse der Insolvenzgläubiger führen; dieses Ergebnis ist jedoch mit dem Schutzzweck des Verfügungsverbots vereinbar, da das Verfügungsverbot nicht den positiven Inhalt einer vorweggenommenen Rechtszuordnung hat, sondern lediglich negativ wirkt, indem es den in der Person des Verbotsbetroffenen eintretenden Verlust an Verfügungsmacht als nicht eingetreten behandelt (KOHLER, Verfügungsverbot 131; im Ergebnis auch G PAULUS, in: FS Nipperdey Bd 1 [1965] 909, 933).

c) Eine **verbotswidrige Verfügung des Verbotsbetroffenen vor Eröffnung des gegen** **80** **diesen gerichteten Insolvenzverfahrens** ist für den Verbotsgesicherten vorteilhaft. Das lediglich zum Schutz eines Dritten ergangene Verfügungsverbot kann nämlich nicht im Widerspruch zu seinem personal beschränkten Schutzzweck die Rückordnung des verbotsbetroffenen Gegenstands in das verfügbare Vermögen des Insolvenzschuldners zum Vorteil seiner Gläubiger bewirken; im Verhältnis zum Insolvenzschuldner und seinen Gläubigern ist der verbotsbetroffene Gegenstand aus dem Haftungsvermögen ausgeschieden (ganz **hM**, BEER 133; FLUME § 17, 6d; FOERSTE 33; GERHARDT, in: FS Flume I [1978] 527, 531 Fn 18; JAEGER/HENCKEL, Konkursordnung § 13 Rn 22 f; KOHLER, Verfügungsverbot 130; OERTMANN JherJb 66, 271 f; C PAULUS 41; G PAULUS, in: FS Nipperdey Bd 1 [1965] 909, 932; ders AcP 155 [1955/6] 277, 291; RAAPE 69; STROHAL 798 ff; VOSS LZ 1909 Sp 757, 764; **aA** vTUHR AT § 58 Fn 22). Daher entgeht der Haftungsmasse durch das Fortgelten des Verfügungsverbots nichts, so dass es trotz § 80 Abs 2 S 1 InsO seine gewöhnliche Schutzwirkung im Verhältnis zwischen Verbotsgeschütztem und verbotswidrigem Dritterwerber beibehält; eine durch die Eröffnung des Insolvenzverfahrens veranlasste Konvaleszenz des verbotswidrigen Drittgeschäfts zugunsten eines im Sinne des § 135 Abs 2 BGB bösgläubigen Erwerbers wäre eine grundlose Drittbegünstigung (JAEGER/HENCKEL, Konkursordnung § 13 Rn 23).

Der schließliche Erwerb des Verbotsgesicherten ist **praktisch** auch **nicht wegen** der **81** fortwährenden Anwendbarkeit des **§ 103 InsO gefährdet**, da sich der Insolvenzverwalter regelmäßig für die Erfüllung des verbotsgesicherten Anspruchs entscheiden wird. Die Erfüllungsablehnung führt nämlich zur Konvaleszenz des Dritterwerbs, trägt also nicht zur Stärkung der Masse bei; im Verhältnis zum Verbotsgesicherten begründet sie einen Schadensersatzanspruch gemäß § 105 S 1 InsO, der die Gemeinschaft der Insolvenzgläubiger meist stärker belastet als die Haftung gegenüber dem gemäß § 135 Abs 2 BGB als bösgläubig vorauszusetzenden verbotswidrigen Dritterwerber, weil dessen Ansprüchen auf Schadensersatz wegen Nichterfüllung nach Durchsetzung des verbotsgesicherten Rechts häufig der Einwand des § 442 Abs 1 S 1 BGB entgegengesetzt werden kann (KOHLER, Verfügungsverbot 131 f im Hinblick § 439 BGB aF). **Von Rechts wegen** bleibt allerdings die Befugnis des Insolvenzverwalters unberührt, sich entgegen diesen Erwägungen für die Erfüllungsablehnung zu entscheiden; der verbotsgeschützte Anspruch ist dann bloße Insolvenzforderung (FLUME § 17, 6d).

d) Hat eine **verbotswidrige Verfügung stattgefunden, bevor das Insolvenzverfahren** **82** **gegen den verbotswidrigen Erwerber eröffnet** wurde, bleibt die Wirkung des Verfügungsverbots unberührt. Die Position des Insolvenzverwalters kann nicht stärker sein als die Position des Erwerbers vor Eröffnung des gegen ihn gerichteten Insolvenzverfahrens (Beer JA 1976, 216 f; Foerste 34; Flume § 17, 6d; Jaeger/Henckel, Konkursordnung § 13 Rn 24).

7. Zuschlag in der Zwangsversteigerung

83 Der Zuschlag im Zuge der Zwangsversteigerung einer verbotsbetroffenen Sache führt **entgegen § 135 Abs 1 S 2 BGB** und **ohne Rücksicht auf Gutgläubigkeit** des Ersteigerers zum **Eigentumserwerb**.

84 Dies folgt für Grundstücksversteigerungen aus § 90 Abs 1 ZVG; der für die Vormerkung geltende **§ 48 ZVG** ist **nicht entsprechend anzuwenden** (Kohler, Verfügungsverbot 191 ff; C Paulus 80; Weiland 128 ff). Eine surrogatweise **Erlösbeteiligung** findet **nicht** statt (Anm Arnheim zu KG JW 1932, 2441, 2442; **aA** C Paulus 105 f). Auf der Grundlage der öffentlich-rechtlichen Theorie vom Eigentumserwerb kraft Zuschlags in der Mobiliarvollstreckung geht das Verfügungsverbot ebenfalls mit dem Zuschlag unter (OLG Hamburg MDR 1966, 515, 516; MünchKommZPO/K Schmidt § 772 Rn 16; kritisch G Paulus, in: FS Nipperdey Bd 1 [1965] 909, 918 ff; C Paulus 104 f). Die damit erreichte Suspendierung des § 135 Abs 1 S 2 BGB macht die **öffentlich-rechtliche Konzeption des Eigentumsübergangs kraft Zuschlags fraglich**, ist aber auf deren Grundlage folgerichtig und wohl unvermeidlich (so auch Weiland 126 ff, 130 ff; **aA** Larenz/Wolf, AT § 44 Rn 70 f; MünchKomm/Mayer-Maly/Armbrüster Rn 44), wenn verhindert werden soll, dass die Veräußerung einer schuldnerfremden Sache größere Bestandskraft hat als die Veräußerung einer schuldnereigenen, jedoch von einem Verfügungsverbot betroffenen Sache. Wird mit der Gegenansicht § 135 Abs 1 S 2 BGB im Fall der Zwangsversteigerung angewendet, so ist ein gutgläubig-verbotsbefreiter Erwerb gemäß § 135 Abs 2 BGB auch nicht aufgrund der systematischen Stellung der Gutglaubensschutzregel zuzulassen (bestr; s o Rn 70); die Ausführungen zur Zwangshypothek (vgl Rn 71) gelten entsprechend.

85 § 772 ZPO, im Liegenschaftsrecht ferner die §§ 28, 37 Nr 5 ZVG, enthalten daher den **alleinigen**, und zwar **verfahrensbezogenen Schutz** des Verfügungsverbots in Zwangsversteigerungsfällen (näher u Rn 103). Die Aufwertung dieser Vorschriften zur einzigen Sicherung des Verfügungsverbots infolge der Funktionslosigkeit des § 135 Abs 1 S 2 BGB ist zwar planwidrig, da ihr Zweck entfallen ist, dem wegen § 135 Abs 1 S 2 BGB sonst zu erwartenden Zuschlag zu einem übermäßig niedrigen Gebot vorzubeugen (Mot AT 215 = Mugdan AT 471; Gerhardt, in: FS Flume I [1978] 527, 530; Kohler, Verfügungsverbot 189). Die mit dem normativen Zweck des § 772 ZPO nicht übereinstimmende Bedeutungssteigerung dieser Vorschrift rechtfertigt jedoch nicht, den Schutz des Verfügungsverbots auch verfahrensrechtlich entfallen zu lassen und es damit in der Zwangsversteigerung völlig schutzlos zu stellen (Kohler, Verfügungsverbot 198 f).

IV. Rechtsfolgen

86 Verbotswidrige Verfügungen sind nur den Personen gegenüber unwirksam, zu deren Schutz das Verfügungsverbot bestimmt ist. Im Übrigen ist die verbotswidrige Verfügung wirksam. Zur Beschreibung dieses Wirkungsbildes dient der Terminus der

relativen Unwirksamkeit und der Begriff der relativen Beschränkung der Verfügungsmacht.

1.   Relative Beschränkung der Verfügungsmacht

Die Beschreibung der Verbotsfolge als **relative Beschränkung der Verfügungsmacht** ist **87** wegen der in dieser Terminologie enthaltenen Bezugnahme auf das vom Verfügungsverbot betroffene Subjekt **irreführend**. Sie deutet auf eine subjektbezogen beschränkte Wirkung des Verfügungsverbots hin, die jedoch nicht verifizierbar ist. Relativ unwirksam ist nämlich auch die Zweitverfügung desjenigen, der seinerseits einen Gegenstand verbotswidrig in Kenntnis des Verfügungsverbots erwarb und ihn an einen bösgläubigen Vierten weiter übertrug, obwohl sich die Anordnung des Verfügungsverbots nur an den Ersterwerber wandte. Der Begriff der relativen Beschränkung der Verfügungsmacht ist daher lediglich als Versuch zu verstehen, eine Ursache für den Eintritt bzw Ausfall bestimmter Rechtswirkungen einer Verfügung zu beschreiben, nicht aber als adäquate Beschreibung der technischen Rechtsfolgen eines Verfügungsverbots.

2.   Kein tatsächliches Verhaltensgebot

Die begriffliche Anknüpfung an den Terminus Verfügungsverbot rechtfertigt es **nicht**, **88** das Verfügungsverbot gemäß § 135 BGB als **Handlungsverbot** bzw **Verhaltensgebot** in einem **tatsächlichen** Sinne zu verstehen. § 135 Abs 1 S 1 BGB deutet gerade das Verbot der Verfügung in eine **Handlungsgestattung** um, die durch Anordnung einer spezifischen Form materieller Unwirksamkeit hinreichend schadlos gestellt wird (vgl o Rn 6; im Wesentlichen auch Berger 24 f). Eine gemäß **§ 890 ZPO** zu vollziehende Vollstreckung eines Urteils auf Unterlassung einer Verfügung ist deshalb **nicht** möglich, wenn das Urteil Tatbestandswirkung bei § 136 BGB hat (Kohler, Verfügungsverbot 74 f; **aA** Foerste 17; Furtner NJW 1964, 745, 747; ders NJW 1966, 182, 184; ders JuS 1967, 178 Fn 3).

3.   Relative Unwirksamkeit

Eine Verfügung entgegen einem gesetzlichen Verfügungsverbot, das nur den Schutz **89** bestimmter Personen bezweckt, führt zu einer **subjektiv-relativen Unwirksamkeit**. Die Formulierung deutet auf eine personalbezogene Teilung der Rechtszuständigkeit an einem mit einheitlichem Inhalt bestehenden Recht. Die Art dieser Teilung präzise zu erfassen, bereitet seit jeher Schwierigkeiten (vgl übersichtsweise Beer 132 ff; Foerste 24 ff; Kohler, Verfügungsverbot 19 ff; Oertmann JherJb 66, 250 ff; C Paulus 18 ff; Wolf, AT § 10 B II, hält die Konstruktion sogar für unmöglich).

a)   Vorwiegend (so schon vTuhr 327 ff; Enneccerus/Nipperdey § 144 II 2 und § 202 III; zahlr **90** Nachw bei Fahland 18 f; Foerste 25 f, dieser zust 34; jetzt auch Larenz/Wolf AT § 44 Rn 63, ablehnend noch in der Vorauflage) wird von einer **Duplizität des Rechtssubjekts** ausgegangen, indem eine subjektbezogene Spaltung der Rechtszuständigkeit in einer solchen vom Schutzzweck gebotenen Weise angenommen wird, dass der verbotswidrige Erwerber gegenüber jedermann mit Ausnahme des Geschützten und des Verfügenden der neue Rechtsinhaber ist, jedoch der Verfügende im Verhältnis zum Geschützten und zum Erwerber weiterhin als Berechtigter gilt, soweit dies das gesicherte Recht erfordert (krit schon Oertmann JherJb 66, 130, 245; Voss JherJb 60, 293, 305). Gegen dieses Wirkungsmodell spricht allerdings die ihm eigene Verletzung des Prinzips des geringsterforderlichen Eingriffs, weil zur Sicherung des Verbotserfolgs die Zurückbehaltung des Rechts in der Hand des Verbotsbetroffenen nicht erforderlich ist, sondern die Retention der Verfügungsmacht genügt. Im Übrigen führt das Bild der Eigentumsspaltung zu Zuordnungsschwierigkeiten bei den Nutzungen im Rahmen des § 953 BGB (insow aA FOERSTE 34).

91 Vorzugswürdig erscheint daher die Annahme, dass die verbotswidrige Verfügung allgemein wirksam sei, aber der verbotswidrig Verfügende die **Rechtsmacht zur Verfügung** über das Recht des Dritterwerbers im Rahmen des durch das Verfügungsverbot gewährten Schutzes behält (MEHRTENS 24 ff; RAAPE 49 f; ebenso noch LARENZ, AT [7. Aufl 1989] § 23 IV; wohl auch FLUME § 17, 6d). Allerdings kann auch dieses Modell, das auf den Schutz von Verschaffungsansprüchen durch Verfügungsverbote zugeschnitten ist, den gesamten Wirkungsbereich des § 135 Abs 1 BGB nicht decken. Dies zeigt sich etwa bei widerspruchsvertretenden Verfügungsverboten zum Schutz des Grundbuchberichtigungsanspruchs, da sich hier die Funktion des § 135 Abs 1 S 1 BGB darauf beschränkt, den gutgläubigen Erwerb im Verhältnis zum Verbotsgeschützten auszuschließen (wie hier Mot AT 214 = MUGDAN AT 471; KOHLER, Verfügungsverbot 139 ff).

92 Die von § 135 Abs 1 S 1 BGB angeordnete Rechtsfolge ist daher eine **eigenartige**, mit Bezugnahmen auf anderweit bekannte Rechtsmodelle allenfalls teilweise erklärbare. Die Wirkung des Verfügungsverbots mag daher, ohne dass damit inhaltlich Konkretes gewonnen wäre (so auch MAYER-MALY JZ 1991, 40, 41), als **Absicherungsrecht eigener Art** beschrieben werden (BEER 164; MünchKomm/MAYER-MALY/ARMBRÜSTER Rn 36), wenngleich das Verfügungsverbot nicht selbst ein Recht ist, sondern lediglich ein rechtliches Mittel zum Schutz eines rechtlichen Interesses. Allerdings greift diese Bezeichnung zutreffend den Umstand auf, dass § 135 Abs 1 S 1 BGB als Rechtsfolge lediglich eine Funktionsbeschreibung enthält: Ein Verfügungsverbot ist „nicht ein der Veräußerung anhaftender Mangel, welcher die Gültigkeit des Aktes in Frage stellen könnte. Es hat seinem Zwecke nach nur die Folge, dass derjenige, zu dessen Schutz es dient, die Veräußerung ignorieren darf ohne Rücksicht darauf, ob dieselbe gültig ist oder nicht; gegen ihn hat sie die gesetzliche Wirkung nicht." (Redaktorenvorlage Sachenrecht Bd 1, 535) Die Rechtsfolge des § 135 Abs 1 S 1 BGB ist daher unter rechtstechnischem Aspekt **offen** und nicht doktrinär festgelegt (vgl FLUME § 17, 6d; wohl auch SOERGEL/HEFERMEHL Rn 18); die konkrete Rechtsfolge und die Schutztechnik werden vielmehr allein durch die Schutzaufgabe im Einzelfall bestimmt. Die Rechtsfolge der Norm ist also charakterisiert durch eine rechtstechnische Variabilität, die anhand der jeweils gestellten Sicherungsaufgabe mit Rücksicht auf das Leitprinzip des geringsterforderlichen Eingriffs zu konkretisieren ist.

93 **b)** Der bloß sichernden Aufgabe des Verfügungsverbots entsprechend beschränkt sich die Verbotswirkung auf die **Negation** nachteiliger Verfügungen. Es ordnet den Verfügungsgegenstand nicht positiv zu, sondern verhindert nur die Störung bereits anderweitig vorgegebener Rechtspositionen. Dieser funktionalen Wirkungsgrenze entsprechend entstehen im Zustand der verbotswidrigen Verfügung nur insoweit eigenständige Rechte aufgrund des § 135 Abs 1 S 1 BGB, als dies unabweisbar ist, um den Verbotsschutz zu verwirklichen. Die verbotsspezifischen Rechte im Störungszustand sind daher allein ergänzende Hilfsansprüche, deren Gewährung je nach Notwendigkeit von dem Grundsatz bestimmt wird, dass das gesicherte Recht das primär inhaltsbestimmende und leitende Recht ist.

c) Von einem **ius ad rem** (WIELING JZ 1982, 839 ff) kann dem gemäß allenfalls ergeb- **94** nisorientiert gesprochen werden, weil der Verbotsschutz ähnlich wie bei dem historisch bekannten ius ad rem zur Durchsetzung eines obligatorischen Erwerbsanspruchs gegenüber einem Erwerbskonkurrenten führt. Seinem juristischen Gehalt nach ist der Verbotsschutz jedoch andersartig, namentlich und unbeschadet weiterer Unterschiede weil der Gesicherte sein Recht gegenüber dem Dritten nicht aufgrund eines selbständig im Drittverhältnis erwachsenden Rechts durchsetzt, sondern er weiterhin primär an die Verfolgung seines Rechts in dem ursprünglichen obligatorischen Verhältnis gebunden wird (BEER 144 f; FOERSTE 30 Fn 60; KOHLER JZ 1983, 586 ff; C PAULUS 34 f; WEILAND 80; WICHERT ZMR 1997, 16, 18 f). § 888 Abs 2 BGB zeigt gerade dies, weil es sich um einen Ausnahmefall handelt, der nur spezifisch liegenschaftsrechtlich wegen der grundbuchrechtlichen Geltung des formellen Bewilligungs- und Voreintragungsprinzips vorgesehen werden muss; materielle Ansprüche gegen den Dritterwerber als Grundlage für den Rechtserwerb des Verbotsgeschützten sind daher nicht indiziert (ganz **hM**, statt vieler WEILAND 80; **aA** FOERSTE 30 f, für materiellrechtliche Bedeutung des § 888 Abs 2). Auch der Vergleich mit der **actio in rem scripta** (KNOKE, in: FG Güterbock [1910] 401, 419; PREDARI Gruchot 55, 688) befriedigt nicht. Diese bietet nämlich das Bild mehrerer einander ablösender Obligationen von gleichem Gehalt, indem sie voraussetzt, dass der Dritte zumindest gleichstufig neben den Verbotsbetroffenen oder sogar an dessen Stelle in die ursprüngliche Obligation eintritt. Dagegen geht das Modell des § 135 Abs 1 S 1 BGB primär von einem Fortgelten des gesicherten Rechts und seiner fortgesetzten Durchsetzung gegenüber dem ursprünglich Verbotsbetroffenen aus (vgl ablehnend Prot 4785 = MUGDAN Sachenrecht 570; so schon RAAPE 74). Ein auf Gleichsetzung ausgerichteter Rückgriff auf solche Figuren ist daher nicht nur ohne Erklärungswert, sondern verdunkelt vielmehr die Einsicht in die vom modernen Gesetzgeber erstrebte, dem jeweiligen Sicherungszweck genau angepasste Konstruktion (vgl DUBISCHAR JuS 1970, 6, 12).

Nicht beizutreten ist dem Versuch, dennoch den Verfügungsverbotsschutz im Sinne **95** eines ius ad rem oder einer actio in rem scripta in der Weise weiterzuentwickeln, dass dem Geschützten **ein unmittelbarer, als solcher hinreichender Anspruch gegen den verbotswidrigen Dritterwerber** auf Realisierung des verbotsgesicherten Interesses eingeräumt wird (so aber MAYER-MALY JZ 1991, 40, 41). Das Verfügungsverbot zum Schutz eines schuldrechtlichen Leistungsanspruchs verteidigt diesen, und zwar seinem Schutzzweck entsprechend nur vor Nachteilen infolge von Verfügungen. Hingegen gehört es nicht zum Schutzbereich des Verfügungsverbots, den Gläubiger von nicht verfügungsbedingten obligationstypischen Nachteilen zu befreien, beispielsweise von der Schwierigkeit, den Aufenthaltsort des Vertragspartners zwecks klageweiser Durchsetzung des schuldrechtlichen Erfüllungsanspruchs zu ermitteln. Der Verzicht darauf, die relative Unwirksamkeit und das aus ihr folgende Rechtsschutzmodell an der Figur des ius ad rem oder der actio in rem scipta zu orientieren oder sonst einen unmittelbaren, hinreichenden Leistungsanspruch im Drittverhältnis zu gewähren, dient mithin der sachgerechten Beschränkung des verfügungsverbotseigenen Schutzes auf den spezifisch verfügungsbezogen begrenzten Schutzbereich, den das Verfügungsverbot schafft.

96 **d)** Der **Vollzug** des verbotsgesicherten rechtlichen Interesses entzieht dem verbotswidrig erwerbenden Dritten in der Regel die von ihm erworbene Rechtsposition vollständig; insoweit tritt schließlich **im Ergebnis** im Verhältnis zum Dritterwerber eine der **absoluten Unwirksamkeit** ähnliche Rechtslage ein (vgl OERTMANN ZZP 33, 27 f). Dieses Ergebnis mag die Deutung nahelegen, dass das Verfügungsverbot eine durch Geltendmachung des verbotsgesicherten Interesses **resolutiv bedingte** Wirksamkeit verbotswidriger Verfügungen zur Folge habe (STROHAL 799 f; FRAEB ZBlFG 12 [1911/12] 612, 623; PLANCK/FLAD II 1d; kritisch FLUME § 17, 6 Fn 49; FOERSTE 30; VOSS JherJb 60, 293, 315 ff; OERTMANN JherJb 66, 249, 259 f). Ähnlich wird das Wirkungsbild gedacht, wenn § 135 Abs 1 BGB im Ergebnis mit Rücksicht auf den Eintritt absoluter Nichtigkeit verbotswidriger Verfügungen infolge der Geltendmachung des verbotsspezifischen Schutzes als Fall einer **Anfechtung** gedeutet wird (WÜNSCHMANN Gruchot 54, 217; vgl auch RAAPE 47; OERTMANN JherJb 66, 130, 192; GERHARDT, Die systematische Einordnung der Gläubigeranfechtung [1969] 146 ff; G PAULUS AcP 155 [1955/6] 277, 288 ff; kritisch SCHMIDT 47 ff; MEHRTENS 23; Münch-Komm/MAYER-MALY/ARMBRÜSTER Rn 5). Diese Parallelen sind jedoch ebenso wenig wie die Parallele zum Genehmigungsvorbehalt (zu diesen MEHRTENS 102 ff) oder, umfassender, zur **Zustimmungsbedürftigkeit** zu ziehen (so auch MünchKomm/MAYER-MALY/ ARMBRÜSTER Rn 5). Diese Fälle sind nämlich durch das Bild einer schwebenden, jedoch allseits wirkenden Unwirksamkeit charakterisiert, die bei Eintritt der auflösenden Bedingung, mit der Anfechtung oder bei der Versagung der erforderlichen Zustimmung vermittels absoluter Negation der gescheiterten Verfügung zu einer Rückordnung des betroffenen Gegenstands in das Vermögen des Verfügenden führt, während die Geltendmachung des verfügungsverbotsgesicherten Interesses dies gerade vermeidet und unmittelbar das geschützte Interesse verwirklicht.

4. Rangunfähigkeit

97 Verfügungsverbote haben **keinen Rang** im Sinne der §§ 879 BGB (RGZ 135, 378, 384; KGJ 38, 299, 301; KGJ 51, 295; MünchKomm/WACKE § 879 Rn 6; STAUDINGER/KUTTER [2000] § 879 Rn 13; WEILAND 82 ff). Maßgeblich ist grundsätzlich das zeitliche Verhältnis zwischen Verfügungsverbot und zuwiderlaufender Verfügung (s o Rn 61 ff).

5. Rechtsmängelhaftung

98 **Verpflichtungsgeschäfte**, die verbotswidrigen Verfügungen zugrunde liegen, werden in ihrer **Wirksamkeit** durch § 135 Abs 1 S 1 BGB **nicht berührt** (BERGER 30). Die Verwirklichung eines verbotsgesicherten Erwerbsanspruches steuert das zwischen Verbotsbetroffenem und Dritterwerber geschlossene Verpflichtungsgeschäft allerdings insofern, als der primäre Leistungsanspruch nunmehr definitiv unerfüllbar wird. Die Durchsetzung des verbotsgesicherten Interesses kann daher **Rechtsmängelansprüche** im Verhältnis zwischen dem Dritterwerber und dem verbotswidrig Verfügenden auslösen. Diese werden allerdings häufig gemäß **§ 442 Abs 1 BGB** eingeschränkt sein (vgl in Bezug auf den vormaligen § 439 BGB RGZ 132, 145, 148), da das Verfügungsverbot Drittwirkung nur unter den Voraussetzungen des § 135 Abs 2 BGB bzw, im Liegenschaftsrecht, des § 892 Abs 1 S 2 BGB entfaltet.

6. Verfahrensrechtliche Folgen

99 **a)** Die **grundbuchrechtliche** Behandlung verbotswidriger Verfügungen hat nach herrschender Meinung zwischen verbotswidrigen Verfügungen vor und nach Eintragung des Verfügungsverbots zu unterscheiden. Dem ist zumindest für Fälle des § 135 BGB, auch in seiner Verbindung mit § 136 BGB, nicht beizutreten. Das liegenschaftsbezogene Verfügungsverbot gemäß § 135 Abs 1 BGB hat **keine Grundbuchsperre** (zu diesem Begriff mit Recht krit Eickmann, Grundbuchverfahrensrecht 5. Kap. § 3 III 3. 3d bb; Foerste 50 ff) zur Folge. Dies ist unstreitig, **soweit** das Verfügungsverbot **eingetragen** ist und damit der gutgläubig-verbotsbefreite Dritterwerb gemäß den §§ 135 Abs 2, 892 Abs 1 S 2 BGB ausgeschlossen ist (Mot Sachenrecht 219 f = Mugdan Sachenrecht 121 f; KGJ 44, 174, 179). **Vor Eintragung** des Verfügungsverbots im Grundbuch nimmt die herrschende Ansicht eine Grundbuchsperre an (KG JW 1938, 3122 f mwN; BayObLG NJW 1954, 1120 f = DNotZ 1954, 394; KG NJW 1973, 56, 58 = DNotZ 1973, 301, 304), jedoch zu Unrecht (Bachmann Rpfleger 2001, 105, 112; Beer 110 Fn 54; Böttcher Rpfleger 1983, 49, 55; Foerste 36 ff; Gerhardt, in: FS Flume I [1978] 527, 529; Kohler, Verfügungsverbot 108 ff; Kuntze/Ertl/Herrmann/Eickmann, GBO § 19 Rn 113 iVm 98 ff; MünchKomm/Mayer-Maly/Armbrüster § 135 Rn 38; MünchKomm/Wacke § 892 Rn 70; unentschieden RGZ 105, 71, 76 und RGZ 132, 145, 149).

Die gegen eine Grundbuchsperre anzuführenden Gründe sind vielfältig. Die Grund- **100** buchsperre lässt sich weder aus dem **Begriff** des Verfügungsverbots noch der Verfügungsbeschränkung ableiten; das Verfügungsverbot als Handlungsanweisung wird durch § 135 BGB gerade aufgehoben, und der Terminus der Verfügungsbeschränkung ist lediglich die ins Rechtssubjekt rückverlagerte begriffliche Erklärung des Effekts der relativen Unwirksamkeit verbotswidriger Verfügungen eines an sich Berechtigten. Vielmehr führt die Grundbuchsperre zu einer mit den Intentionen des § 135 Abs 1 S 1 BGB nicht zu vereinbarenden **vollständigen Herausnahme** des verbotsbetroffenen Liegenschaftsrechts aus dem Rechtsverkehr. Die Grundbuchsperre ist überdies vor dem Hintergrund des § 892 Abs 1 S 2, Abs 2 BGB als ein **Unterlaufen** des grundbuchrechtlich in den §§ 17, 45 GBO gewährleisteten **Prinzips** der Behandlung von Grundbuchanträgen nach **der Reihenfolge** der Antragstellung zu werten, wodurch die Erkundigungsobliegenheiten eines Erwerbers zu dessen Nachteil planwidrig und unter Verschiebung des insolvenzrechtlichen Gegenleistungsrisikos auf nicht grundbuchmäßig ermittelbare Vorgänge erstreckt werden (Foerste 38 ff, 88). Die ungehinderte Eintragung verstößt auch nicht gegen die **grundbuchrechtliche Pflicht** des Grundbuchamts, tunlichst für ein **richtiges Grundbuch** zu sorgen (so aber KG HRR 1934 Nr 1095); denn der durch die Eintragung bewirkte gutgläubig-verbotsbefreite Erwerb führt gerade zu einem richtigen Grundbuchinhalt (so auch Foerste 78), während im Falle der Bösgläubigkeit der Grundbuchinhalt nicht materiell falsch, sondern lediglich ebenso wie vor der verbotswidrigen Verfügung nur in Bezug auf die Verlautbarung des Verfügungsverbots und der daraus folgenden relativen Unwirksamkeit des Zwischenerwerbs unvollständig ist. Der grundbuchmäßige Vollzug einer verbotswidrigen Verfügung ist in den Fällen gerichtlicher Verfügungsverbote auch **keine Störung der gerichtlichen Tätigkeit**, da § 941 ZPO zeigt, dass die Sicherung des Verfügungsverbots gegen gutgläubigen Dritterwerb von dessen Anordnung zu trennen und gerade nicht unmittelbarer Gegenstand gerichtlicher Tätigkeit ist; im Übrigen wäre auch ein gerichtliches Eintragungsersuchen im Falle des § 938 ZPO dem Reihenfolgeprinzip des § 17 GBO unterworfen (Foerste 48). Schließlich spricht gegen die Grundbuchsperre auch die Auffassung des Gesetzgebers (Mot Sachenrecht 219 f = Mugdan Sachenrecht 121 f), die **Zügigkeit des Grundbuchverfahrens** nicht dadurch zu beeinträchtigen, dass dem Grundbuchbeamten die Prüfung auferlegt werde, ob eine bestimmte beantragte Grundbucheintragung mit einem Verfügungsverbot kollidiere.

101 b) Ein Verfügungsverbot gemäß § 135 BGB behindert die **Zwangsvollstreckung** in wesentlichen Bereichen. Gemäß § 772 ZPO soll der Gegenstand, auf den sich ein Verfügungsverbot gemäß den §§ 135 f BGB bezieht, wegen eines persönlichen Anspruchs oder aufgrund eines infolge des Verbots unwirksamen Rechts nicht im Wege der Zwangsvollstreckung veräußert oder überwiesen werden. Die Verletzung dieser Sollvorschrift berechtigt zu einer Widerspruchsklage des Verbotsgeschützten gemäß § 771 ZPO. Für die Liegenschaftsvollstreckung wird die Regelung des § 772 ZPO durch die §§ 28, 37 Nr 5 ZVG ergänzt. Der Geschützte kann überdies Erinnerung gemäß § 766 ZPO (AG Siegen DGVZ 1995, 93) und sofortige Beschwerde, § 793 ZPO, einlegen (Kohler, Verfügungsverbot 190 Fn 619; G Paulus, in: FS Nipperdey Bd 1 [1965] 909, 919, 927; Weiland 135 Fn 213; aA OLG Hamburg MDR 1956, 515, 516).

102 § 772 ZPO gilt nur für die **Zwangsvollstreckung wegen Geldforderungen**. Auch insoweit ist die Vorschrift nicht auf den Erwerb einer Zwangs- oder Arresthypothek anwendbar; hier ist der Verbotsgeschützte allein durch § 135 BGB gesichert, im Übrigen steht jedoch der Verwertung dieser Hypothek § 772 ZPO entgegen (Kohler, Verfügungsverbot 184 ff). Dasselbe gilt für die Zwangsverwaltung, soweit sich das Verfügungsverbot auf die Nutzungen erstreckt; erst die Nutzungsverteilung steht prozessual unter der Einschränkung des § 772 ZPO (Stein/Jonas/Münzberg, ZPO § 772 Fn 21) und materiell unter dem Vorbehalt des § 135 BGB (Kohler, Verfügungsverbot 187). In der Zwangsversteigerung ist § 772 ZPO der allein wirksame Schutz, da § 135 Abs 1 S 2 BGB insoweit entgegen dem Gesetzestext und der Gesetzesintention gegenüber dem Zuschlag versagt (Kohler, Verfügungsverbot 187 ff; o Rn 85).

103 Im Zuge des Zwangsversteigerungsverfahrens **hindert** § 772 ZPO nicht schon die Verfahrenseinleitung und die rangwahrende Pfändung sowie Beschlagnahme, die als Vollstreckungsakte auch materiellrechtlich rechtmäßig sind (MünchKommZPO/ K Schmidt § 772 Rn 16) und als Grundlage der Vollstreckung in etwaige ihrerseits nicht verfügungsverbotsbetroffene Nutzungen dienen können (Berger 42, 45), sondern erst die **Verwertung** durch Überweisung oder Zuschlag (AG Siegen DGVZ 1995, 93; Berger 41 ff, dort auch zu gleicher Regelung bei nicht von § 135 BGB erfassten Verfügungsbeschränkungen). Dies folgt aus der Funktion der Norm, im Interesse des Vollstreckungsschuldners für ein möglichst vorteilhaftes Gebot zu sorgen, mit dem nicht zu rechnen wäre, wenn der Zwangsversteigerungserwerber – wie dies § 135 Abs 1 S 2 BGB voraussetzt – nicht mit einem sicheren Erwerb rechnen kann. Allerdings hat § 90 ZVG für die Grundstücksversteigerung sowie die öffentlichrechtliche Theorie des Erwerbs in der Mobiliarvollstreckung zur Folge, dass der **trotz Verfügungsverbots** stattfindende Zuschlag zu **vollwirksamem Erwerb** führt (dazu o Rn 84). § 772 ZPO verliert daher zwar seine ursprüngliche Funktion; die Norm wird dadurch jedoch nicht gegenstandslos, sondern zur **alleinigen Schutznorm** des Verbotsgesicherten in der Zwangsversteigerung aufgewertet (Kohler, Verfügungsverbot 187 ff; Weiland 130, 134 f).

104 Der vollstreckungshemmenden Wirkung eines Verfügungsverbots kann durch **Gläubigeranfechtung** nach Maßgabe des Anfechtungsgesetzes begegnet werden (Berger 46 f; Kohler, Verfügungsverbot 207 ff). Als gläubigerbenachteiligende Rechtshandlung des Schuldners gemäß § 1 AnfG kann auch das Dulden eines beseitigungsfähigen Verfügungsverbots gelten. Im Übrigen hängt die Anfechtbarkeit insbesondere davon ab, ob das fortgesetzte Gewährenlassen des Verfügungsverbots einen Anfechtungstatbestand im Sinne der §§ 3 ff AnfG erfüllt; in Betracht kommt praktisch namentlich die vorsätzliche Gläubigerbenachteiligung und das Vorliegen einer unentgeltlichen Leistung. Als Folge einer erfolgreichen Gläubigeranfechtung ist der Vollstreckende gemäß § 11 Abs 1 S 1 AnfG so zu stellen, wie wenn das Verfügungsverbot in seiner Eigenschaft als Vollstreckungshindernis gemäß § 772 ZPO bzw §§ 28, 37 Nr 5 ZVG nicht bestünde; dies kann der Vollstreckungsgläubiger gegen eine Klage gemäß § 772 S 2 ZPO und gegen die Zuschlagsversagung einwenden (KOHLER, Verfügungsverbot 218).

c)   In einem gegen den Verbotsbetroffenen betriebenen **Insolvenzverfahren** hebt 105
§ 80 Abs 2 InsO, früher § 13 KO, unter der Voraussetzung, dass der Insolvenzschuldner nicht schon vor Eröffnung des Insolvenzverfahrens verbotswidrig verfügt hatte (so Rn 78, 80 f), die Wirksamkeit des gegen den Insolvenzschuldner bestehenden Verfügungsverbots im Verhältnis zu den Insolvenzgläubigern auf, sofern es sich nicht um ein Verfügungsverbot infolge einer Pfändung oder infolge der bei der Zwangsvollstreckung in das unbewegliche Vermögen erfolgten Beschlagnahme handelt. Der Insolvenzverwalter ist daher zu jedweder Veräußerung freigestellt, § 135 Abs 1 S 2 BGB hindert den vollwirksamen Dritterwerb nicht (so Rn 77 ff). § 106 InsO, früher § 24 KO, ist nicht entsprechend anwendbar (so Rn 79). Für eine Insolvenzanfechtung fehlt wegen der insolvenzrechtlichen Unwirksamkeit des Verfügungsverbots gemäß § 80 Abs 2 S 1 InsO das Bedürfnis.

V.   Verwirklichung des verbotsgesicherten Rechts

1.   Grundlagen

Der Offenheit der verfügungsverbotseigenen Rechtsfolgen, die je nach der Art der 106
Beeinträchtigung des verbotsgesicherten Interesses unter Berücksichtigung des Gebots des geringsterforderlichen Eingriffs zu konkretisieren sind, entspricht die **Offenheit** hinsichtlich **der** zur Durchsetzung des verbotsgeschützten Interesses einzusetzenden **Rechtstechnik**. Die variabel gehaltene Rechtsfolgenanordnung des Verfügungsverbots muss sich allerdings dem Rationalitätsprinzip der Kodifikation unterordnen, zu dem der Grundsatz der Orientierungssicherheit durch sparsamen Einsatz möglichst systemkonformer Rechtsformen gehört. Dem entspricht das Bemühen, die **Formen**, in denen das verbotsgeschützte Interesse durchgesetzt wird, **mit den bekannten Rechtsgestaltungen** des Zivilrechts zu **verbinden**.

Da das Verfügungsverbot dem Schutz verschiedener Rechte dienen kann und der 107
Kreis der durch Verfügungsverbot sicherbaren Rechte prinzipiell offen ist, sind auch die konkreten Formen, in denen sich der durch die relative Unwirksamkeit vermittelte Schutz realisiert, vielfältig und nicht abschließend zu beschreiben. Die Darstellung ist daher grundsätzlich auf die Fälle der **Sicherung eines Erwerbsanspruchs** zu beschränken; dabei ist nach dem verbotsbetroffenen **Objekt** zu differenzieren.

Aus dem Modell der relativen Unwirksamkeit einer verbotswidrigen Verfügung und 108
aus dem Grundsatz des geringsterforderlichen Eingriffs folgt **einheitlich** als Prinzip, dass sich der Verbotsschutz in diesen Fällen auf die bloße **Verteidigung des obliga-**

torischen **Erwerbsanspruchs** beschränkt, indem es den Einwand der Erfüllungsunmöglichkeit ausschließt. Das Verfügungsverbot schützt daher nur das Erwerbsinteresse, **ersetzt** aber **nicht den** ohnedies erforderlichen **Erwerbsvorgang** und nimmt auch den Rechtserwerb als solchen nicht vorweg. Daraus folgt der Grundsatz, dass der geschützte Anspruch trotz verbotswidriger Verfügung **weiterhin in dem Verhältnis mit dem Schuldner zu realisieren** ist (**aA** MAYER-MALY JZ 1991, 40, 41; dageg o Rn 95), während der verbotswidrige Dritterwerber nicht oder nur im rechtlich unvermeidbaren Maße an der Rechtsdurchsetzung beteiligt wird.

2. Verfügungsverbot betreffend Forderungen und Rechte

109 a) Sichert das Verfügungsverbot den **Erwerb** einer Forderung oder eines Rechts, ist ein vollwirksamer Dritterwerb kraft guten Glaubens mangels einer durch § 135 Abs 2 BGB in Bezug zu nehmenden Gutglaubensschutznorm nicht möglich (BÜLOW JuS 1994, 1, 3). Infolgedessen behält der verbotsbetroffene Schuldner trotz relativ wirksamen Dritterwerbs die Rechtsmacht, über das betroffene Recht zugunsten des Geschützten zu verfügen (OLG Hamburg MDR 1958, 432; MünchKomm/MAYER-MALY/ ARMBRÜSTER Rn 40; RUHWEDEL JuS 1980, 161, 167; SOERGEL/HEFERMEHL Rn 28). Mit Vollzug dieser Verfügung wird der verbotswidrige Dritterwerb mit Wirkung ex nunc absolut unwirksam. Dies gilt auch für inhaltsändernde Verfügungen, namentlich für die Stundung, aber auch für forderungs- bzw rechtsaufhebende Verfügungen, namentlich für den Erlass (SOERGEL/HEFERMEHL Rn 28).

110 b) Verstößt die **Einziehung** einer Forderung gegen ein Verfügungsverbot, so kann der Schuldner die **Leistung verweigern**, da er nicht vollwirksam erfüllen kann (vTUHR AT § 69 II 2). Leistet der Schuldner jedoch, so **bleibt** er dem Verbotsgesicherten gegenüber grundsätzlich **zur Leistung verpflichtet**. Dies gilt auch für eine als Erfüllung fungierende Hinterlegung; mangels Erfüllungswirkung kann der Hinterleger den Hinterlegungsbegünstigten bereicherungsrechtlich auf Freigabe des Hinterlegten in Anspruch nehmen (OLG München OLGR 1997, 183). Der Schuldner wird allerdings frei, soweit sein **guter Glaube** analog §§ 407, 408 BGB **geschützt** wird (s o Rn 75). Auf guten Glauben kann sich der Schuldner aber nicht berufen, wenn ihm das Verfügungsverbot als solches mitgeteilt worden war und er es lediglich deswegen nicht beachtete, weil der Name des Verbotsbetroffenen geringfügig fehlerhaft geschrieben war, aber der leistende Schuldner den Gemeinten unschwer, etwa durch variierte Namenseingabe in sein Rechnersystem, hätte ermitteln können (LG Stralsund ZIP 1995, 578, 579).

111 **Unabhängig von gutem Glauben** des Zahlung leistenden Schuldners ist die Leistung an den Forderungsinhaber bei einem Verfügungsverbot voll wirksam, das infolge der Pfändung eines Zahlungsanspruchs im Wege der Zwangsvollstreckung entsteht, wenn die gepfändete Forderung einer **treuhänderischen Zweckbindung** unterliegt und der Schuldner nach Wirksamwerden des pfändungsbedingten Verfügungsverbots im Rahmen dieser Zweckbindung leistet (BGH NJW 1998, 746 f). Die Pfändung und Überweisung bewirken nämlich nicht, dass der Vollstreckungsgläubiger im Verhältnis zum Drittschuldner weitergehende Rechte erwirbt, als sie dem Vollstreckungsschuldner gegen diesen zustehen (BGHZ 58, 25, 27 = NJW 1972, 428). Diese beschränkte pfändungsrechtliche Wirkung ist folgerichtig auf den Schutzbereich des begleitenden gerichtlichen Verfügungsverbots in der Weise zu erstrecken, dass die relative Unwirksamkeit insoweit nicht eintritt, wie der Drittschuldner an die weiterhin zuständige Zahlstelle, in der Praxis in der Regel auf ein Notaranderkonto, in Verwirklichung der treuhänderischen Zweckbindung zahlt. Schließlich ist ferner zu beachten, dass sich die Verbotswirkung **auf den Gegenstand der Verbotsanordnung beschränkt**; daher bewirkt das pfändungsbedingte Entstehen eines Verfügungsverbots betreffend den Anspruch des Grundeigentümers gegen einen Grundschuldgläubiger auf Rückübertragung der Grundschuld nach Erledigung des Sicherungszwecks nicht, dass die Übertragung der Grundschuld durch Vereinbarung des Grundschuldgläubigers mit einem Dritten vom Verfügungsverbot miterfasst und daher relativ unwirksam ist (OLG Schleswig WM 1997, 965, 967).

c) Bei Verfügungsverboten betreffend Forderungen kann die **Aufrechnung** wegen 112 ihrer Rückwirkung **unabhängig von gutem Glauben** des Schuldners den Verbotsschutz vereiteln, wenn die Aufrechnungslage bereits bei Wirksamwerden des Verfügungsverbots bestand (RUHWEDEL JuS 1980, 161, 167 f). Bei später entstehenden Aufrechnungslagen ist die aufrechnungsweise Erfüllung allerdings relativ unwirksam, sofern der Aufrechnende nicht in Bezug auf den Bestand des Verfügungsverbots gutgläubig war (OLG Dresden ZIP 1994, 1128; LG Chemnitz ZIP 1995, 860, 861), so dass es auf eine Insolvenzanfechtung nicht ankommt (insow unklar LG Chemnitz ZIP 1995, 861, 862 f; insow krit HOLZER EWiR 1995, 493).

d) Hat der **Schuldner** nach verbotswidriger Abtretung **an einen Dritten** analog 113 §§ 407 f BGB **befreiend geleistet**, ist der Verbotsgesicherte zum Ausgleich grundsätzlich auf die Geltendmachung von Ansprüchen gegen den **Verbotsbetroffenen** verwiesen, die sich aus dem durch Verfügungsverbot gesicherten Anspruch auf Erwerb des verbotsbetroffenen Rechts ergeben; in der Regel wird ein Anspruch gemäß § 285 BGB, früher § 281 BGB, auf Herausgabe des Wertes der Schuldbefreiung bestehen (vgl zum früheren § 281 BGB RGZ 120, 347, 350).

Hingegen wird auch bzw stattdessen ein **Direktanspruch gegen den Dritten** auf 114 Herausgabe des Erlangten angenommen (MünchKomm/MAYER-MALY/ARMBRÜSTER Rn 36; MAYER-MALY JZ 1991, 40, 41 generell für Verfügungsgeschäfte bezüglich jeglicher verbotsbetroffener Objekte). Dem ist nicht beizutreten, wenn das Abtretungsverbot den Erwerb des verbotswidrig abgetretenen Rechts sichern sollte. Aus dem Begriff des Absicherungsrechts ist diese Rechtsfolge in diesem Fall nur aufgrund eines überwundenen begriffsjuristischen Verständnisses herzuleiten. Allenfalls kommt eine Analogie zu § 816 Abs 2 BGB als Anspruchsgrundlage in Betracht, doch erscheint auch dies verfehlt; denn das Verfügungsverbot zur Sicherung eines gegenständlichen Leistungsanspruchs ist kein Mittel zur indirekten Verbesserung der insolvenzrechtlichen Lage des Verbotsgeschützten, indem diesem für den Fall der Beeinträchtigung des Verbotsschutzes sekundär Geldansprüche gegen Dritte zugewiesen werden (vgl näher unten Rn 134 ff). Anders verhält es sich allerdings, wenn das Verfügungsverbot die bereits bestehende Rechtsinhaberschaft oder zumindest die bereits bestehende Verfügungszuständigkeit des Verbotsgesicherten bezüglich des verbotsbetroffenen Rechts gegen verfügungsbedingten Verlust sichern soll, wie dies etwa im Fall des früheren § 106 Abs 1 S 3 KO oder § 2 Abs 3 GesO (OLG Celle EWiR § 106 KO 2/96; im Erg zutr auch LG Gera ZIP 1997, 287, 288 betr Zahlung auf verbotswidrig übertragene Schecks), aber auch bei einer Vollstreckung gemäß den §§ 829 ff ZPO nach Pfändung und Überweisung zutrifft. Wird in einem solchen Fall verbotswidrig über das gesicherte Recht verfügt und leistet der Schuldner namentlich analog §§ 407 f BGB kraft guten Glaubens schuldbefreiend an den verbotswidrigen Erwerber, ist dieser dem Geschützten analog § 816 Abs 2 BGB zur Herausgabe der erlangten Leistung verpflichtet (OLG Celle EWiR § 106 KO 2/96); handelt es sich um eine Zahlung auf einen verbotswidrig übertragenen Scheck oder Wechsel, kommen überdies auch Ansprüche gemäß §§ 989, 990 Abs 1 S 1 BGB in Betracht.

3. Verfügungsverbot betreffend Liegenschaftsrechte

115 Bei Verfügungsverboten zum Schutz eines liegenschaftsrechtlichen Anspruchs wird die zur Verwirklichung des gesicherten Rechts eingesetzte Technik vom Gesetz selbst deutlich vorgezeichnet. Der Geschützte verfolgt seinen obligatorischen Anspruch trotz zwischenzeitlicher verbotswidriger Verfügung weiterhin in dem ursprünglichen obligatorischen Verhältnis, insbesondere bleibt der Schuldner zur Abgabe der **zum Verfügungstatbestand erforderlichen Willenserklärungen** verpflichtet. Insoweit schließt § 135 Abs 1 S 1 BGB den Unmöglichkeitseinwand aus; einer entsprechenden Anwendung des § 883 Abs 2 BGB bedarf es dazu nicht (**aA** Mehrtens 30; MünchKomm/ Mayer-Maly/Armbrüster Rn 38).

116 Zur Eintragung ist **grundbuchrechtlich** nach Maßgabe der §§ 19, 29, 39 GBO die Eintragungsbewilligung des eingetragenen verbotswidrigen Dritterwerbers nötig; einen Anspruch gegen diesen auf Abgabe der formgerechten Eintragungsbewilligung gewährt § **888 Abs 2 BGB**. Hierbei handelt es sich um einen lediglich formalrechtlich nötigen **Hilfsanspruch**, der nichts an dem Grundsatz ändert, dass der Geschützte primär darauf verwiesen ist, sein materielles Recht im Verhältnis zu seinem ursprünglichen Obligationspartner zu verfolgen. Für diesen Anspruch, namentlich auch im Falle des Erfüllungsverzugs, gelten die für den vormerkungseigenen Anspruch gemäß § 888 Abs 1 BGB anerkannten Grundsätze (Staudinger/Gursky [1996] § 888 Rn 2), auf den die Rechtsfolgenbestimmung des § 888 Abs 2 BGB vollständig verweist. Eine Grundbuchsperre zum Nachteil verbotswidrigen Dritterwerbs löst weder das eingetragene noch das nicht eingetragene Verfügungsverbot als solches aus (s o Rn 99 f). § **894 BGB** ist nur ausnahmsweise zur Durchsetzung des verbotsgesicherten Rechts heranzuziehen, wenn das Verfügungsverbot dem Schutz einer dinglichen Berechtigung dient und gutgläubigen Dritterwerb verhindert hat (RGZ 132, 145, 149; Kohler, Verfügungsverbot 139 ff; MünchKomm/Mayer-Maly/Armbrüster Rn 38). Gleiches gilt, wenn das Verfügungsverbot wie im Fall des früheren § 106 Abs 1 S 3 KO der einstweiligen Sicherung einer Verwaltungszuständigkeit dient und die verbotswidrige Verfügung schließlich mit Eröffnung des Konkursverfahrens bezogen auf dessen Zweck absolut unwirksam wird (insow **aA**, für Anwendung des § 888 Abs 2, OLG Oldenburg OLGR 1994, 268, 269; zur Rechtslage nach § 21 InsO s o Rn 67).

4. Verfügungsverbot betreffend Mobiliarrechte

117 **a)** Bei einem Verfügungsverbot zum Schutz eines Anspruchs auf Erwerb einer beweglichen Sache oder eines Rechts an einer solchen gilt ebenfalls der Grundsatz, dass das verbotsgesicherte Recht primär im Verhältnis zum Schuldner des obligatorischen Leistungsanspruchs zu verfolgen ist. Die gemäß § 135 Abs 1 S 1 BGB eintretende relative Unwirksamkeit der Verfügung schließt auch insoweit den Einwand der Erfüllungsunmöglichkeit aus; der verbotsbetroffene Veräußerer behält die Verfügungsmacht, und zwar gerade auch im Verhältnis von Verbotsgesichertem und verbotswidrigem bösgläubigem Dritterwerber, soweit dies zur Herbeiführung des Sicherungserfolgs erforderlich ist (aA wohl FOERSTE 28). Er kann daher als Berechtigter die zum Erwerbstatbestand gehörenden **rechtsgeschäftlichen Erklärungen** mit Wirkung auch gegenüber dem Dritterwerber abgeben.

b) Erklärungsprobleme bereitet der zum Eigentumserwerb grundsätzlich erfor- **118** derliche **Vollzug der Übergabe** im Sinne des § 929 S 1 BGB. Die Frage der Konstruktion ist kontrovers. Mit Recht im Wesentlichen unstreitig ist nur, dass eine **Analogie zu § 888 Abs 2 BGB nicht** zulässig ist (ENNECCERUS/NIPPERDEY § 144 II 2 Fn 18 f; FLUME § 17, 6d; MEHRTENS 30; MünchKomm/MAYER-MALY/ARMBRÜSTER Rn 39; PALANDT/ HEINRICHS Rn 7; SOERGEL/HEFERMEHL Rn 26; aA FOERSTE 30 f; SCHACHIAN 16), weil diese für den Erwerb von Liegenschaftsrechten geltende Vorschrift eine nur grundbuchrechtlich bedingte Hilfsfunktion erfüllt (ganz hM; aA FOERSTE 30 f). Der Hinweis auf die Anerkennung eines **Herausgabeanspruchs kraft „Absicherungsrechts"** (BEER 164 ff; MünchKomm/MAYER-MALY Rn 39; dagegen BGHZ 111, 364, 368 = NJW 1990, 2459, 2460; KOHLER Jura 1991, 349) überzeugt ebenfalls **nicht**, da es sich um eine strukturell dem § 888 Abs 2 BGB nachgebildete Hilfskonstruktion handelt, die ohne Notwendigkeit auf die Einordnung in bekannte mobiliarrechtliche Modelle verzichtet und stattdessen auf begrifflich abgeleitete Postulate rekurriert.

aa) Die **Rechtsprechung** lässt für den Vollzug der Übereignung genügen, dass der **119** verbotsbetroffene Schuldner die ihm aufgrund der relativen Unwirksamkeit noch zustehende Rechtsmacht dem geschützten Gläubiger übertrage und demgemäß zum Ausdruck bringe, dass dieser die Rechtsstellung haben solle, die ihm zustünde, wenn zu seinen Gunsten in Erfüllung des verbotsgesicherten Verschaffungsanspruchs nicht verbotswidrig zugunsten des Dritten über die Sache verfügt worden wäre (BGHZ 111, 364, 369 = NJW 1990, 2459, 2460). Im Ergebnis wird damit die bloße Einigung über den Eigentumsübergang zwischen Verbotsbetroffenem und Verbotsgeschütztem als für den Eigentumserwerb des Verbotsgeschützten genügend angesehen (so, im Erg dem BGH zustimmend, SOERGEL/HEFERMEHL Rn 26; STAUDINGER/WIEGAND [1995] § 931 Rn 47). Dies bedeutet einen Verzicht auf die Einordnung des Übereignungsvorgangs in die Dogmatik der §§ 929 ff BGB und wendet sich insbesondere gegen die herrschende Ansicht, der gemäß die Übereignung mit Hilfe des in § 931 BGB angegebenen Übergabesurrogats, also durch Abtretung eines Herausgabeanspruchs des verbotswidrigen Veräußerers gegen den Dritterwerber, zu vollziehen sei (LARENZ/ WOLF § 44 Rn 65; FLUME § 17, 6d; ERMAN/PALM Rn 10; AK-BGB/DAMM Rn 14; JAUERNIG/JAUERNIG Anm 3; unentschieden BGB-RGRK/KRÜGER-NIELAND/ZÖLLER Rn 15). Dieser Weg ist aus Gründen der kodifikatorisch-konstruktiven Rationalität und, damit zusammenhängend, der Sparsamkeit der Rechtsformen nur dann einzuschlagen, wenn dies unabweisbar ist, weil das sonstige Instrumentarium des Gesetzes keine Lösung bietet. Dies ist indes nicht der Fall; vielmehr ist der Weg konstruktiv jedenfalls dann nicht stimmig, wenn er auf der Annahme beruht, der verbotswidrige Veräußerer habe auch nach verbotswidriger Übereignung noch Besitz an der verbotswidrig veräußerten Sache (so STAUDINGER/WIEGAND [1995] § 931 Rn 47). Daher gebührt der herkömmlichen, auf § 931 BGB zurückgreifenden herrschenden Ansicht der Vorzug (KOHLER Jura 1991, 349, 350 ff). Zu einem Verzicht auf die Anwendung gesetzlich vorgesehener Übereignungsformen besteht kein Anlass, auch wenn richtig sein sollte, dass die bloße Einigung über den Eigentumsübergang nicht ebenso wie in anderen Fällen, in denen der Veräußerer keine besitzrechtliche Beziehung zu der zu übereignenden Sache hat

(Baur/Stürner, Sachenrecht § 51 F II 2b; H Westermann/H P Westermann, Sachenrecht § 42 II 3), zur Übereignung genügt.

120 **bb)** Die **Übereignung** nach verbotswidriger Veräußerung lässt sich **gemäß den §§ 929, 931 BGB** wie folgt darstellen: Die nach § 929 S 1 BGB erforderliche Übergabe der Sache ist durch Abtretung eines Herausgabeanspruchs des verbotswidrigen Veräußerers gegen den Dritterwerber gemäß § 931 BGB zu ersetzen. Nach § 135 Abs 1 S 1 BGB ist die Verfügung des Verbotsbetroffenen im Verhältnis zu dem verbotsgesicherten Recht als unwirksam anzusehen; zum Zwecke der Durchsetzung des verbotsgesicherten Rechts gilt daher der verbotswidrige Veräußerer auch im Verhältnis zum Dritterwerber als Berechtigter. In Bezug auf den Verbotsgeschützten ist daher auch dem verbotswidrigen Veräußerer die **Vindikation** im Verhältnis zum Dritterwerber zuzubilligen (**aA** Foerste 28 f); ein Recht zum Besitz aus dem dem verbotswidrigen Erwerb zugrunde liegenden Schuldverhältnis kann dabei relativ zum verbotsgeschützten Interesse nicht geltend gemacht werden (näher Kohler, Verfügungsverbot 154 ff und u Rn 122; **aA** Staudinger/Wiegand [1995] § 931 Rn 47). Die Abtretung des Vindikationsanspruchs, wird sie entgegen der wohl herrschenden Ansicht als zulässig angesehen (dagegen statt vieler Staudinger/Gursky [1993] § 985 Rn 3 mwN; Foerste 29; offenlassend BGH NJW 1989, 895, 896; nach Staudinger/Wiegand [1995] § 931 Rn 15 wird eine Vindikationszession überwiegend, allerdings zu Unrecht, als möglich angenommen), oder deren ermächtigungsweise Überlassung zur Ausübung als abtretungsersetzender Vorgang für die Übereignung gemäß § 931 BGB genügt alsdann, um den Rechtserwerb des Verbotsgesicherten zu vollenden (zur Zulässigkeit der Legitimationszession Staudinger/Gursky [1993] § 985 Rn 3).

121 Für die Übereignung gemäß § 931 BGB kommt es jedoch nicht entscheidend auf die Übertragung eines fiktiven Vindikationsanspruchs des verbotswidrig Verfügenden oder auf eine auf diesen Anspruch gestützte Legitimationszession an. Vielmehr erfüllt die **Abtretung eines obligatorischen Herausgabeanspruchs** des verbotswidrig Veräußernden gegen den Dritterwerber die Übergabeersatzfunktion im Rahmen der Übereignung gemäß §§ 929, 931 BGB. Im Zuge der berechtigten Durchsetzung des verbotsgesicherten Rechts wird nämlich der dem verbotswidrigen Recht immanente Rechtsmangel aktualisiert und dabei das zeitweilig relativ wirksame Geschäft in ein absolut unwirksames umgesteuert. Dies löst grundsätzlich die **Rechtsmängelhaftung** des verbotswidrigen Veräußerers im Verhältnis zum Dritterwerber aus. Dieser hat auch als bösgläubiger Erwerber, der das **Verfügungsverbot kannte**, kaufrechtlich trotz § 439 Abs 1 BGB, und zwar unbeschadet und gerade bei Unanwendbarkeit der Rechtsmängelhaftung gemäß dem neuen § 437 BGB, unmittelbar den durch § 326 Abs 1 S 1, HS 1 BGB begründeten Vorteil, von seiner Gegenleistungspflicht befreit zu sein und eine etwa schon erbrachte Vorleistung gemäß § 326 Abs 4 BGB zurückfordern zu können; dies entspricht der unter der Geltung des früheren Rechts herrschenden Ansicht, der zufolge auch der im Sinne des früheren § 439 Abs 1 BGB bösgläubige Käufer die nach den vormaligen §§ 440, 320 bis 323 BGB begründeten Rechte hatte, also er sich auf die Schuldbefreiung gemäß § 323 Abs 1 BGB aF bzw auf den Anspruch auf Rückgewähr der erbrachten Leistung gemäß § 323 Abs 3 BGB aF berufen konnte. Der Schuldbefreiung des Käufers korrespondiert aber das Entstehen eines Rückforderungsanspruchs bezüglich der vom verbotsbetroffenen Veräußerer seinerseits erbrachten Leistungen zumindest aufgrund von **§ 812 Abs 1 S 2, 1. Fall BGB** (so zur früheren, insoweit fortgeltenden Rechtslage Staudinger/Otto [1995] § 323

Rn 5; im Ergebnis ebenso, soweit nach früherem Recht § 439 BGB zur Unanwendbarkeit auch der §§ 320 bis 323 BGB führte, SOERGEL/HUBER § 439 Rn 24 iVm 21) oder nach neuem Recht **analog §§ 326 Abs 4, 283 S 2 iVm 281 Abs 5 BGB**. Ein solcher abtretbarer Anspruch genügt im Rahmen des Übereignungstatbestands des § 931 BGB, weil dort die Zession eines künftigen Anspruchs ausreicht (STAUDINGER/WIEGAND [1995] § 931 Rn 26) und dieser nicht aus einem ein Besitzmittlungsverhältnis begründenden Rechtsverhältnis stammen muss (STAUDINGER/WIEGAND [1995] § 931 Rn 6, 12; SOERGEL/MÜHL § 931 Rn 4). War der Dritterwerber nur **grob fahrlässig** hinsichtlich des Bestehens des deshalb gemäß § 135 Abs 2 BGB ihm gegenüber wirksamen Verfügungsverbots, führt die Unanwendbarkeit des § 439 Abs 1 BGB auch zur Anwendung des § 437 Nr 2 und Nr 3 BGB. Wählt der Dritterwerber hier unter dem Eindruck der Geltendmachung des Verbotsschutzes den **Rücktritt**, besteht ohnehin ein im Rahmen des § 931 BGB abtretbarer Rückgewähranspruch des Veräußerers aufgrund des § **346 Abs 1 BGB**. Bei der in Fällen eines Verfügungsverbots allein sinnvollen Berechnung von **Schadensersatz** auf der Basis der Rückgewähr des erlangten verbotsbelasteten Eigentums gilt gemäß den §§ 437 Nr 3, 280 Abs 1 und 3, 283 S 2, 281 Abs 5, 346 Abs 1 BGB nichts anderes (zum früheren Recht im Hinblick auf die früheren §§ 280 Abs 2 S 2, 325 Abs 1 S 2, 326 Abs 1 S 3 BGB KOHLER, Die gestörte Rückabwicklung gescheiterter Austauschverträge [1989] 64 ff).

Einwendungen und Einreden des verbotswidrigen Dritterwerbers aus seinem Verhältnis zum verbotswidrigen Veräußerer hindern die Abtretung und mit ihr den Eigentumsübergang gemäß §§ 929, 931 BGB nicht; diese bestehen ohnedies nur relativ in diesem Verhältnis, und auch in diesem sind sie im Verhältnis zum Verbotsgeschützten insoweit relativ unwirksam, wie dies der Sicherungszweck des § 135 Abs 1 S 1 BGB erfordert (näher KOHLER, Verfügungsverbot 154 ff). Mit der Verwirklichung dieses Übereignungstatbestands entsteht der Vindikationsanspruch in der Person des Verbotsgeschützten, der auf dieser Grundlage die Herausgabe der Sache verlangen kann (SOERGEL/HEFERMEHL Rn 26). Das relativ erworbene Recht des Dritterwerbers ist damit vollständig entzogen. Ein gemäß § 986 Abs 2 BGB einwendbares Recht zum Besitz aufgrund des Rechtsverhältnisses zwischen dem verbotswidrigen Dritterwerber und dem verbotswidrig Veräußernden, das dieser dem nun in der Person des Verbotsgesicherten entstandenen Vindikationsanspruch entgegensetzen könnte, besteht nicht, da die durch § 986 Abs 2 BGB ausnahmsweise vermittelte Drittwirkung eines fremden Schutzverhältnisses in Beziehung zum Verbotsgesicherten mit Rücksicht auf die Schutzfunktion des Verfügungsverbots nicht anzuerkennen ist (vgl dazu o Rn 15, 98). **122**

cc) Die beschriebene konstruktive Lösung vermeidet nicht nur eine freie Rechtsschöpfung unter Verstoß gegen das rationale Prinzip tunlichst sparsamer Entwicklung von Rechtsformen. Sie hilft auch überzeugend bei der Entscheidung, unter welchen Voraussetzungen ein **gutgläubiger Erwerb** des Verbotsgeschützten für den Fall möglich ist, dass der verbotsbetroffene Veräußerer ein Nichtberechtigter ist. Der Gutglaubenserwerb vollzieht sich solchenfalls gemäß den §§ 929, 931, 934, 2. Fall BGB. Er hängt also mangels Besitzmittlungsverhältnisses davon ab, dass der Verbotsgeschützte Besitzer der Sache wird. Dies entspricht dem durch die §§ 929 S 1, 932 Abs 1 S 1 BGB geschaffenen Verkehrsschutz, dessen Eingreifen der Verbotsgeschützte vor der verbotswidrigen Verfügung grundsätzlich erwarten konnte und musste; die Maßgeblichkeit allein dieser Situation für den Eintritt gutgläubigen Erwerbs ist auch mit der bloß negativen Wirkung des Verfügungsverbots vereinbar. Lässt man hingegen mit der höchstrichterlichen Rechtsprechung für die Übereignung **123**

die bloße Einigung über die Verschaffung der zum Eigentumserwerb erforderlichen Rechtsmacht genügen, blieben die Bedingungen für einen gutgläubigen Eigentumserwerb offen.

5. Beweislast

124 Die **Verbotswidrigkeit** der Verfügung wird nicht von Amts wegen berücksichtigt, vielmehr muss sie der Verbotsgeschützte behaupten und beweisen (MEHRTENS 30; RUHWEDEL JuS 1980, 161, 166; MünchKomm/MAYER-MALY/ARMBRÜSTER Rn 37; BGB-RGRK/KRÜGER-NIELAND/ZÖLLER Rn 13; und früher BLUM 60; KUHLMANN 23; aA ERMAN/PALM Rn 10; SOLON 40 f). Soweit ein **gutgläubig-verbotsbefreiter Erwerb** materiell in Betracht kommt, gelten die für die in Bezug genommenen Gutglaubensschutzregeln maßgeblichen Beweislastgrundsätze; in der Regel hat daher auch insoweit der Verbotsgeschützte den Beweis der Bösgläubigkeit zu führen.

VI. Sekundärrechte

1. Thematik

125 Sekundärrechte **des Verbotsgeschützten** können Ansprüche auf **Schadensersatz** bei **rechtlich oder tatsächlich nachteiligen Einwirkungen** auf den verbotsbetroffenen Gegenstand, ferner **bereicherungsrechtliche** Ansprüche umfassen. Daneben kommen Ansprüche auf **Nutzungsherausgabe** in Betracht. Sekundäransprüche **gegen den Verbotsbegünstigten** können den Ausgleich von **Verwendungen** auf den verbotsbetroffenen Gegenstand zum Inhalt haben. In allen Fällen ist danach zu unterscheiden, ob die genannten Rechte im **ursprünglichen** verbotsgesicherten **Rechtsverhältnis** verfolgt werden, oder ob sie gegen den bzw von dem verbotswidrigen **Dritterwerber**, der nicht gutgläubig-verbotsbefreit erwarb, erhoben werden.

2. Grundlagen

126 a) Die spezifisch durch das Verfügungsverbot geschaffene Rechtslage bewirkt **keine Verdinglichung** oder **anwartschaftsrechtsähnliche Vorwegnahme** des geschützten Interesses mit der Folge, dass die verbotseigene Rechtslage als absolute Rechtsposition oder als Vorwegnahme des geschützten Interesses angesehen werden dürfte, die als solche die analoge Anwendung der für den geschützten Rechtserwerb selbst geltenden Regelungen rechtfertigen könnte (KOHLER, Verfügungsverbot 99 ff). Das Verfügungsverbot verschafft dem gesicherten Recht zwar ein gewisses Maß an Verdinglichung, indem es dieses rechtsnachfolgefest macht. Ihm fehlt allerdings die für Sachenrechte in der Regel zu fordernde Publizität; es ist daher auch nicht grundsätzlich gutglaubensschutzfest. Der Sukzessionsschutz wird überdies in der Einzelzwangsvollstreckung für den wichtigsten Fall der Zwangsversteigerung auf den bloß verfahrensrechtlichen Schutz unter Verzicht auf die materielle Verteidigung des Verfügungsverbots zurückgenommen. Überdies gibt § 80 Abs 2 InsO das Verfügungsverbot im Insolvenzverfahren in der Regel preis. Damit fehlt es gerade auch im Vergleich zur Vormerkung (STAUDINGER/GURSKY [1996] § 883 Rn 205 f) an wesentlichen Voraussetzungen einer Verdinglichung ebenso wie am Charakter einer anwartschaftsrechtlichen Position. Dies **schließt** Ansprüche gemäß **§ 823 Abs 1 BGB** (KOHLER, Verfügungsverbote 100 f; aA vTUHR AT § 69 II 2; Voss JherJb 60, 293, 357; STAUDINGER/

DILCHER[12] Rn 17) und Rechte in **Analogie zu den §§ 987 ff BGB** (aA FOERSTE 31) grundsätzlich **aus**.

b) Dieses Ergebnis wird durch den Umstand unterstützt, dass das Verfügungsver- **127**
bot bloß negativ wirkend die Folgen nachteiliger Verfügungen ausschließen soll, ihm
aber die positive Zuordnungswirkung als Vorwegnahme einer Realisierung des gesicherten Rechts fremd ist (BERGER 36). Der Verbotsschutz kann demgemäß auch **nicht
mit** der **Rechtshängigkeitshaftung gleichgesetzt** werden, die zu einer Haftung gemäß
§ 292 BGB mit Weiterverweisung auf die §§ 987 ff BGB führt (KOHLER, Verfügungsverbot 101 ff).

c) Ansprüche aus **§ 823 Abs 2 BGB** sind bei Beeinträchtigung des Verbotserfolgs **128**
nicht begründet (KOHLER, Verfügungsverbot 100 f; **aA** vTuHR AT § 69 II 2; Voss JherJb 60, 293,
357; STAUDINGER/DILCHER[12] Rn 17). Das gemäß § 135 Abs 1 S 1 BGB wirkende Verfügungsverbot verliert gerade durch diese materielle Regelung den Charakter als Ver-
haltensanweisung (s o Rn 6). Die Haftung aufgrund des § 823 Abs 2 BGB schafft
jedoch keine Verhaltensregel, sondern setzt eine solche als anderweitig gegeben
voraus und zieht bloß die schadensersatzrechtliche Konsequenz aus deren Missachtung.

d) Zur **positiven** Bestimmung der durch das Verfügungsverbot etwa geschaffenen **129**
Sekundärrechte trägt im Wesentlichen die Erkenntnis bei, dass das Verfügungsverbot
ein akzessorisches, mithin ein **geführtes Recht zum Schutz eines anderweit gegebenen
Rechts vor spezifisch verfügungsbedingten Nachteilen** ist. Es hat keine schadensersatz-
pflichtbegründende Aufgabe (BERGER 24). Aus dieser derart beschränkten Zweck-
bestimmung ergeben sich zwei Begrenzungen für Sekundärrechte kraft Verfügungsverbots. Zum einen folgt aus der Rechtsverteidigungsfunktion des Verfügungsverbots,
dass es **keine Rechtserweiterung** zum Vorteil des Verbotsgeschützten zur Folge haben
kann. Die sekundären Rechtsfolgen des Verfügungsverbots sind daher inhaltlich
immer auf den Rechtsgehalt des geschützten Rechts selbst beschränkt. Zum anderen
gewährleistet das Verfügungsverbot dem gesicherten Interesse nur insoweit Schutz,
als es gerade durch Verfügungen bedroht wird; denn das Verfügungsverbot beschränkt sich auf die Abwehr von Rechtseingriffen, so dass die sekundären Rechtsfolgen kraft Verfügungsverbots auf den Bereich eines Schutzes vor **spezifisch verfügungsbedingten Nachteilen** zu beschränken sind.

3. Rechte zwischen Verbotsgeschütztem und Verbotsbetroffenem

a) Wirkt der Verbotsbetroffene in **tatsächlicher** Weise auf den Gegenstand ein, **130**
richten sich die Rechte des Verbotsgeschützten nach Grund und Inhalt ausschließlich
nach dem geschützten Recht selbst (BERGER 36; KOHLER, Verfügungsverbot 105 ff). Das
Verfügungsverbot begründet weder ein absolutes Recht im Sinne des § 823 Abs 1
BGB, noch nimmt es den geschützten Erwerb vorweg, so dass auch eine Analogie
etwa zu den §§ 989 ff, 292 BGB ausgeschlossen ist. Der bloßen Sicherungsfunktion
des Verfügungsverbots entspricht es, den Verbotsgeschützten auf die Geltendmachung etwaiger sekundärer Rechte aus dem geschützten Rechtsverhältnis zu verweisen. Dieses Ergebnis wird auch dadurch unterstützt, dass das Verfügungsverbot
nicht den Schutz vor tatsächlichen Maßnahmen bezweckt. Aus diesen Gründen bietet
das Verfügungsverbot als solches auch keine Grundlage für einen gegen den Verbots-

betroffenen gerichteten Anspruch auf Unterlassen drohender tatsächlicher Veränderungen des verbotsbetroffenen Gegenstands.

131 **b)** Bei **rechtlicher** Einwirkung auf das verbotsgeschützte Interesse durch Ermöglichung eines gutgläubig-verbotsbefreiten Dritterwerbs ist der Verbotsgeschützte ebenfalls auf die dem geschützten Interesse eigenen Sekundärrechte gegenüber dem verbotsbetroffenen Partner angewiesen (BERGER 24, 36; KOHLER, Verfügungsverbot 97 ff). Hinsichtlich der **schadensersatzrechtlichen** Grundlagen gilt das für die tatsächlichen Einwirkungen Gesagte entsprechend. Auch ein Anspruch gemäß **§ 816 Abs 1 S 1 BGB** ist nicht begründet (BERGER 36; KOHLER, Verfügungsverbot 104 f; anders FLUME § 17, 6d; STAUDINGER/DILCHER[12] Rn 17). Diese Vorschrift gewährt einen Ersatz für den eingriffsbedingten Verlust eines dem Anspruchsinhaber zugeordneten Gegenstands. Ungeachtet der Frage, ob das Verfügungsverbot den betroffenen Gegenstand dem Geschützten bereits zuordnet, ist eine Zuweisung des durch die Verfügung Erlangten zur Person des Verbotsgeschützten mit Rücksicht auf den Zweck des Verfügungsverbots als solchem jedoch nicht zuzulassen. Das Verfügungsverbot soll nämlich das gesicherte Recht lediglich erfüllbar halten und bezieht bloß sekundäre Wertteilhaberechte nicht in seinen Schutzbereich ein. Ansprüche aus **Geschäftsführung ohne Auftrag** scheitern wegen der bloß negativen Wirkung des Verfügungsverbots schon an der objektiven Fremdheit der Verfügung zugunsten eines Dritten; im Übrigen fehlt dem Verbotsbetroffenen im Allgemeinen der Wille zur Fremdgeschäftsführung oder, im Falle des § 687 Abs 2 BGB, das Wissen um seine mangelnde Geschäftsführungsbefugnis, zumal das Verfügungsverbot durch § 135 Abs 1 S 1 BGB gerade materiellrechtlich in eine Verfügungserlaubnis umzudeuten ist (s o Rn 6).

132 **c)** Die aus einem verbotsbetroffenen Gegenstand gezogenen **Nutzungen** nehmen an dem Verbotsschutz nur teil, wenn sich der Verbotsschutz ausdrücklich oder nach dem Sinn der Verbotsanordnung auch auf die Nutzungen erstreckt (BEER 132 f, 167 mwN; KOHLER, Verfügungsverbot 106 f; C PAULUS 32). Ist dies der Fall und respektiert der Verbotsbetroffene den auf Nutzungen erstreckten Verbotsschutz nicht, so gelten die vorgenannten Grundsätze entsprechend, wenn die Durchsetzung des auf die Nutzungen erstreckten Verbotsschutzes gegenüber dem Dritterwerber rechtlich nicht möglich ist.

133 **d)** Gegenansprüche wegen **Verwendungen** kann der Verbotsbetroffene nicht aufgrund des Verfügungsverbots gegen den Geschützten geltend machen (KOHLER, Verfügungsverbot 107). Das Verfügungsverbot ist ein Sicherungsmittel zum Vorteil des Geschützten, das den Gegenstand noch nicht neu zuordnet und überdies seiner Funktion gemäß auch nicht Rechte des Verbotsbetroffenen zum Nachteil des Gesicherten begründet. Die Ansprüche des Verbotsbetroffenen bestimmen sich ausschließlich nach dem Gehalt des gesicherten Rechts.

4. **Rechte zwischen Verbotsgeschütztem und Dritterwerber**

134 Sekundäre Rechte im Verhältnis von Verbotsgesichertem und verbotswidrigem Dritterwerber können nicht in einem begrifflichen Sinne aus der mit dem Verbotsschutz verbundenen begrenzten Verdinglichung entwickelt werden, die ohnedies schwächer ausgebildet ist als bei der Vormerkung (zu dieser STAUDINGER/GURSKY [1996] § 883 Rn 203). Vielmehr müssen die sekundären Rechte auch in diesem Verhältnis mit Rücksicht auf den **Zweck** und auf die **Funktionsweise** des Verfügungsverbotes begründet werden. In diesen Hinsichten ist für das Verfügungsverbot charakteristisch, dass es in der Regel Rechtssicherung bezweckt, es also **Verteidigungscharakter** hat und **nicht** zu einer **inhaltlichen Erweiterung** des gesicherten Rechts führt. Aus der verbotseigenen Aufgabe einer bloßen Rechtsverteidigung folgt ferner zum einen, dass eine Vorwegnahme der Zuweisung des gesicherten Objekts selbst – dies belegt die nur negative Wirkung des Verfügungsverbots – nicht stattfindet. Zum anderen zeigt sich, dass die Zuwendung oder der Schutz sekundärer Rechte aus dem Rechtsverhältnis zwischen dem Verbotsgeschützten und dem Verbotsbetroffenen grundsätzlich nicht zum Regelungsbereich des Verfügungsverbots gehört, weil es seiner Aufgabe gemäß gerade das Entstehen sekundärer Leistungsstörungsrechte verhindern soll. Schließlich ergibt sich aus der Funktionsweise des Verbotsschutzes, das gesicherte Recht trotz verbotswidriger Verfügung weiterhin im Verhältnis zum Verbotsbetroffenen durchsetzbar zu halten, dass dem Verfügungsverbot die Begründung unmittelbar im Verhältnis zum verbotswidrigen Dritterwerber geltender materiellrechtlicher Ansprüche fremd ist. Auf dieser Grundlage ergeben sich die folgenden Rechte (vgl zu Einzelheiten KOHLER, Verfügungsverbot 150 ff):

a)   Schäden infolge **rechtlicher** Einwirkungen des Dritterwerbers auf den verbots- **135** betroffenen Gegenstand kann der Geschützte bei liegenschaftsbezogenen Verfügungsverboten durch Betreiben der **Grundbucheintragung** oder durch Eintragung eines **Widerspruchs entgegenwirken**, in anderen Fällen dadurch, dass er in geeigneter Weise für den Ausschluss gutgläubig-verbotsbefreiten Vierterwerbs sorgt. Ein gemäß § 890 ZPO vollstreckbarer Unterlassungsanspruch besteht nicht, da sich dieser nicht mit der Grundentscheidung des § 135 Abs 1 S 1 BGB vereinbaren lässt, den verbotsbetroffenen Gegenstand nicht allein wegen des Verfügungsverbots aus dem rechtsgeschäftlichen Verkehr zu nehmen.

Hat der verbotswidrige **Dritterwerber zugunsten eines gutgläubigen Vierten verfügt** **136** und dadurch den Verbotsschutz vereitelt, wird die analoge Anwendung des § 816 Abs 1 BGB vorwiegend befürwortet (FLUME § 17, 6d; SOERGEL/HEFERMEHL Rn 26). Wird die durch Verfügungsverbot erzielbare Verdinglichung des gesicherten Anspruchs betont, erscheint auch ein Anspruch gemäß § 823 Abs 1 BGB erwägenswert, sofern dieser nicht durch den Vorrang der etwa analog anzuwendenden §§ 989 f BGB verdrängt wird. Sämtliche derartigen Ansprüche sind jedoch nicht anzuerkennen (BERGER 24, 36; KOHLER, Verfügungsverbot 158 ff). Der Schutzzweck des Verfügungsverbots ist auf die Sicherung des primären Erfüllungsinteresses beschränkt. Die Durchsetzung von Sekundäransprüchen gegen den verbotswidrigen Dritterwerber in Fällen einer mit der Vereitelung des Verbotsschutzes verbundenen Leistungsstörung hat praktisch nur den Sinn, dem Verbotsgeschützten bei Insolvenz seines vom Verfügungsverbot betroffenen Partners eine weitere Haftungsmasse, nämlich das Vermögen des verbotswidrigen Dritterwerbers, zu erschließen; der Schutz vor Insolvenzrisiken des Partners durch Eröffnung auf die Haftungsmasse Dritter gehört jedoch nicht zur Funktion des Verfügungsverbots, wie § 80 Abs 2 S 1 InsO zeigt.

b)   Bei nachteiligen **tatsächlichen** Einwirkungen des Dritterwerbers auf den ver- **137** botsbetroffenen Gegenstand gilt dasselbe (BERGER 24; KOHLER, Verfügungsverbot 162 ff); bei einer Sachbeschädigung ist der Dritterwerber nicht nach § 823 BGB schadensersatzpflichtig (**aA** SOERGEL/HEFERMEHL Rn 26; STAUDINGER/DILCHER[12] Rn 17), und bei einem Verbrauch haftet er nicht nach § 812 Abs 1 BGB (aA Soergel/Hefermehl Rn 26). Dies gilt auch, wenn die Störung des gesicherten Rechts infolge Beschädigungen der verbotsbetroffenen Sache im Verhältnis zum primär Verbotsbetroffenen überhaupt Schadensersatzansprüche auslösen sollte. Die Gewährung von Schadensersatzansprüchen im Drittverhältnis ist nämlich auch hier mit den Funktionsgrenzen des Verbotsschutzes nicht vereinbar, weil solche Ansprüche entgegen der mit § 80 Abs 2 S 1 InsO verfolgten Absicht nur den Zweck haben, dem Verbotsgeschützten in einem gegen den Verbotsbetroffenen betriebenen Insolvenzverfahren durch Erschließung einer weiteren Haftungsmasse gegenstandsübergreifend Deckung für sein Geldinteresse zu bieten.

138 Vorbeugend kann jedoch das Verfügungsverbot Ansprüche auf **Unterlassen** drohender Veränderungen des verbotsbetroffenen Gegenstands tragen (näher Kohler, Verfügungsverbot 164 ff). Dieser Anspruch stimmt mit dem regelmäßigen Inhalt des Verbotsschutzes überein, die Erfüllung des Primärrechts als solche zu sichern. Der Unterlassungsanspruch gegen den Dritterwerber geht allerdings nur soweit, wie der Verbotsgesicherte von dem zunächst verbotsbetroffenen Partner Unterlassung verlangen könnte, wenn dieser die drohende Veränderung vornähme; der Verbotsschutz ist auch insoweit akzessorisch. Der Sicherung dieser Rückbindung der Ansprüche im Drittverhältnis an die Ansprüche in der ursprünglichen Rechtsbeziehung zwischen Verbotsgeschütztem und Verbotsbetroffenem dient es, und in der Konsequenz der verbotstypisch fortgesetzten Verweisung des Verbotsgesicherten auf seine Ansprüche gegen den primär Verbotsbetroffenen liegt es, dass der Verbotsgesicherte zunächst aufgrund der ihm gegenüber dem Verbotsbetroffenen etwa zustehenden Unterlassungsansprüche die Abtretung derjenigen Unterlassungsansprüche verlangen muss, die diesem fiktiv zum Vorteil des Verbotsgesicherten gegenüber dem Dritterwerber aus dem verbotswidrig veräußerten absoluten Recht zustehen.

139 c) Verwendungsersatzansprüche des Dritterwerbers (näher Kohler, Verfügungsverbot 167 ff) sind ebenso begründet wie in Fällen absolut unwirksamen Dritterwerbs. Die Anordnung bloß relativer Unwirksamkeit bezweckt im Vergleich zur Anordnung absoluter Unwirksamkeit eine Besserstellung des Dritten, so dass dieser erwarten kann, hinsichtlich seiner Rechte nicht schlechter als ein absolut unberechtigter Erwerber gestellt zu werden (Hartmann NJW 1956, 899; Schwerdtner BWNotZ 1972, 148 f; aA Meyer NJW 1971, 1318). Der indirekten Konstruktion des Verbotsschutzes folgend, aber auch zur sachgerechten Beschränkung der Verwendungsersatzhaftung des Verbotsgesicherten auf das Maß der Ausgleichsansprüche, die im Innenverhältnis zwischen Dritterwerber und verbotswidrig Verfügendem infolge der Geltendmachung des Verbotsschutzes intern entstehen, ist ein Direktanspruch des Dritterwerbers gegen den Verbotsgeschützten ausgeschlossen. Stattdessen ist der im Verhältnis zwischen Dritterwerber und verbotswidrig Veräußerndem in dem vergleichsweise angenommenen Fall der absoluten Unwirksamkeit des Dritterwerbs zu gewährende Verwendungsersatzanspruch maßgeblich, der als ein solcher aus dem Eigentümer-Besitzer-Verhältnis nach Maßgabe des **§ 999 Abs 2 BGB** nach Realisierung des verbotsgesicherten Rechtes gegen den Verbotsgeschützten durchsetzbar ist. Der aufgrund des Eigentümer-Besitzer-Verhältnisses entwickelte Verwendungsersatzanspruch ist **in der Regel** auf Ansprüche gemäß **§ 994 Abs 2 BGB** beschränkt (im Erg auch Foerste 32); Ausnahmen können in seltenen Fällen in Betracht kommen, wenn der Dritterwerber aufgrund besonderer Umstände redlicherweise damit rechnen durfte, dass der Verbotsgeschützte den Erwerb bestehen lassen werde.

Ansprüche aufgrund **Geschäftsführung ohne Auftrag** scheitern gewöhnlich am Eigen- **140** geschäftsführungswillen des verbotswidrigen Dritterwerbers (LEGART Gruchot 73 [1933] 311 ff; SCHWERDTNER BWNotZ 1972, 150). Ansprüche gemäß **§§ 946, 951 Abs 1 S 1 BGB** sind wegen Fehlens eines sich unmittelbar mit dem Einbau vollziehenden dinglichen Rechtszuwachses in der Person des Verbotsgeschützten nicht begründet. Ansprüchen unmittelbar aufgrund von **§ 812 Abs 1 S 1 BGB** steht entgegen, dass die Verwendung keine Leistung des Dritterwerbers ist und im Übrigen eine abschöpfbare Bereicherung in sonstiger Weise nicht vorliegt, weil der Vermögenszuwachs in der Person des Verbotsgeschützten erst durch Vollzug des verbotsgeschützten Interesses und daher nicht in bereicherungsrechtlichem Sinne unmittelbar auf Kosten des Dritterwerbers stattfindet.

§ 136
Gerichtliches oder behördliches Veräußerungsverbot

Ein Veräußerungsverbot, das von einem Gericht oder von einer anderen Behörde innerhalb ihrer Zuständigkeit erlassen wird, steht einem gesetzlichen Veräußerungsverbote der im § 135 bezeichneten Art gleich.

Materialien: E I § 107 Abs 1; II § 102; III § 132; Mot I 212; Prot I 124.

Schrifttum

Siehe bei § 135.

Systematische Übersicht

Alphabetische Übersicht

I. Anwendungsbereich

1. Schutzbereich des gerichtlichen oder behördlichen Verfügungsverbots

1 a) Die auf § 135 BGB verweisende Vorschrift **gilt** für die von einem Gericht oder von einer anderen Behörde innerhalb ihrer Zuständigkeit erlassenen Veräußerungsverbote und sonstigen Verfügungsverbote (§ 135 Rn 31), wenn diese **nur den Schutz bestimmter Personen** bezwecken. Dies ergibt sich aus der Normgeschichte. Das gerichtliche Veräußerungsverbot wurde in § 107 E I, dem Vorläufer des heutigen § 135 BGB, zusammen mit dem gesetzlichen Veräußerungsverbot zum Schutze bestimmter Personen geregelt; den gerichtlichen Verfügungsverboten stellte Art 7 des Einführungsgesetzes zum ersten Entwurf des BGB die behördlichen Verfügungsverbote gleich. Die zweite Kommission fasste die Regelung des gerichtlichen und des behördlichen Veräußerungsverbots zusammen und trennte sie zugleich von der Regelung des nachmaligen § 135 BGB, indem sie – in der Zählung des ersten Entwurfs – den § 107 a, den Vorläufer des heutigen § 136 BGB, schuf. Eine sachliche Änderung gegenüber der inhaltlichen Regelung des ersten Entwurfs war mit dieser redaktionellen Neufassung nicht beabsichtigt. Die Beschränkung der Vorschrift auf Verfügungsverbote zum Schutze bestimmter Personen ist daher normgeschichtlich als ungeschriebenes Tatbestandsmerkmal anzusehen. Die **Verweisung allein auf § 135 BGB** ist demgemäß system- und zweckgerecht.

2 b) Gerichtliche oder behördliche Verfügungsverbote zum **Schutz der Allgemeinheit** werden daher **von § 136 BGB nicht erfasst**. Die Lücke ist durch eine **entspre-**

chende Anwendung des § 134 BGB in der Weise zu schließen, dass gerichtliche oder behördliche Verfügungsverbote zum Schutz der Allgemeinheit gesetzlichen Verfügungsverboten der in § 134 BGB bezeichneten Art gleichstehen (RGZ 105, 71, 75; FAHLAND 17; MEHRTENS 31 f; MünchKomm/MAYER-MALY/ARMBRÜSTER Rn 1; BGB-RGRK/ KRÜGER-WIELAND/ZÖLLER Rn 1; SOERGEL/HEFERMEHL Rn 5). Dementsprechend sind absolute gerichtliche oder behördliche Verfügungsverbote grundsätzlich ohne Rücksicht auf Gutgläubigkeit des Erwerbers wirksam, eine verbotswidrige Verfügung absolut unwirksam (KGJ 50 A 170; KG JFG 15, 208; SOERGEL/HEFERMEHL Rn 8).

Mit Rücksicht auf das grundbuchrechtliche Prinzip, dass das Grundbuchamt nicht **3** beim Zustandekommen eines unrichtigen Grundbuchs mitwirken darf, hat das absolut wirkende gerichtliche oder behördliche Verfügungsverbot eine **Grundbuchsperre** zur Folge (RGZ 105, 71, 76). Mangels Gefahr eines gutgläubigen Dritterwerbs sind derartige liegenschaftsbezogene Verfügungsverbote prinzipiell **weder grundbuchbedürftig noch grundbuchfähig** (SOERGEL/HEFERMEHL Rn 7). Ausnahmen können gesetzlich vorgesehen sein; dies gilt etwa für § 75 BVG (vgl BGHZ 19, 355, 359 = NJW 1956, 463 zu § 77 RVG); alsdann gelten die beim relativen Verfügungsverbot bestehenden Regeln über den gutgläubigen Erwerb, die Eintragung des Verfügungsverbotes und die Offenheit des Grundbuchs für verbotswidrige Verfügungen entsprechend.

c) Die **Feststellung, ob** ein gerichtliches oder behördliches Verfügungsverbot **nur** **4** **dem Schutz bestimmter Personen** oder dem Schutz der Allgemeinheit dient, ist durch **Auslegung** der gerichtlichen oder behördlichen Anordnung unter Zugrundelegung der Prinzipien zu treffen, die für die Ermittlung des Inhalts gerichtlicher oder behördlicher Entscheidungen nach prozessrechtlichen oder verwaltungsrechtlichen Gesichtspunkten gelten. Wesentlich ist dabei auch der Inhalt der das gerichtliche oder behördliche Verfügungsverbot tragenden gesetzlichen Ermächtigungsgrundlage, der erforderlichenfalls im Wege der Auslegung, dabei namentlich unter Berücksichtigung des Schutzzwecks des Gesetzes, festzustellen ist. Ein absolutes Verfügungsverbot ist anzunehmen, wenn das Gesetz den Schutz öffentlicher Interessen zum Ziel hat; beschränkt sich die Aufgabe des Gesetzes auf die Sicherung privater Interessen einzelner Personen, ist in der Regel ein nur relativ wirkendes Verfügungsverbot im Sinne des § 135 BGB anzunehmen.

2. Gerichtliche Verfügungsverbote

Gerichtliche Verfügungsverbote zum Schutze bestimmter Personen sichern dem **5** § 135 BGB unter Vermittlung des § 136 BGB den praktisch wesentlichen Anwendungsbereich (MünchKomm/MAYER-MALY/ARMBRÜSTER Rn 1; SOERGEL/HEFERMEHL Rn 17); dabei stehen gerichtlichen Verfügungsverboten gerichtliche Vergleiche, in denen Verfügungsverbote vereinbart wurden, nicht gleich (OLG Koblenz DRZ 1949, 234, 235; PALANDT/HEINRICHS Rn 4). Da die gerichtlichen, aber auch die behördlichen Verfügungsverbote in der Regel nur die zeitweilige Sicherung einer klärungsbedürftigen Rechtslage bezwecken, ist bei diesen die relative Aufrechterhaltung der Verfügungszuständigkeit des Rechtsinhabers als geeignetes Mittel zur Verwirklichung des Grundsatzes des geringsterforderlichen Eingriffs tunlich und zugleich wegen des bloß einstweiligen Charakters dieses Rechtszustands vom Rechtsverkehr eher hinnehmbar als bei gesetzlichen Verfügungsverboten, die in der Regel Dauerwirkung haben (BERGER 30 f). In Betracht kommen insbesondere die folgenden Fälle:

6 a) In einem **Erkenntnisverfahren**, nämlich als Inhalt einer **einstweiligen Verfügung**, kann gemäß **§ 938 ZPO** ein Verfügungsverbot angeordnet werden. § 938 Abs 2 ZPO nennt diesen Inhalt einer einstweiligen Verfügung für Grundstücke ausdrücklich (dazu FOERSTE 46 f; KOHLER, Verfügungsverbot 57 ff; C PAULUS 26 f). Die Möglichkeit seiner Eintragung in das Grundbuch und die damit verbundene Verhinderung der Gefahr gutgläubig-verbotsbefreiten Dritterwerbs macht diese Sicherung praktisch sinnvoll; dem Sicherungserfolg dient auch, dass § 135 Abs 1 S 1 BGB in Verbindung mit § 888 Abs 2 BGB bei liegenschaftsbezogenen Verfügungsverboten ein klares Modell zur Durchsetzung des rechtlich geschützten Interesses bereitstellt (§ 135 Rn 116).

7 aa) **Im Liegenschaftsrecht** kann das Verfügungsverbot aufgrund einer einstweiligen Verfügung **anstelle** einer **Vormerkung** (KOHLER, Verfügungsverbot 221 ff; WEILAND 31) oder eines **Widerspruchs** (KOHLER, Verfügungsverbot 221 ff), im Sonderfall einer grundbuchunabhängigen Grundeigentumszuweisung gemäß Art 22 Abs 4 S 3 EinigungsV in Verbindung mit einer gemäß § 8 Abs 1 u 2 VZOG fiktiven Verfügungsberechtigung auch neben einem Widerspruch (Thüringer OLG OLG-NL 1995, 44, 46 f), eingesetzt werden. Das Verfügungsverbot kann auch der Verteidigung nicht vormerkbarer, auf Grundstücksbenutzung zielender **Obligationen mit verdinglichter Wirkung** vor Eintritt dieser Wirkungen dienen; das trifft namentlich bei Vermietung und Verpachtung vor der Besitzeinräumung mit Rücksicht auf die §§ 566, 567 BGB, früher §§ 571 ff BGB, im Verhältnis zu einem künftigen Erwerber eines vermieteten oder verpachteten Grundstücks zu, so dass der **Mieter** oder **Pächter** eine Sicherung durch ein gegen seinen Vermieter oder Verpächter gerichtetes Verfügungsverbot mit Tatbestandswirkung gemäß §§ 136, 135 BGB erwirken kann (KOHLER, Verfügungsverbot 322 ff). Hingegen ist ein bloßes Besitzüberlassungsverbot zur Sicherung vor anderen Miet- oder Pachtprätendenten mangels Vorhandenseins einer Verfügung im Sinne der §§ 135 f BGB nur im Sinne eines gemäß § 890 ZPO bewehrten Unterlassungsgebots möglich (§ 135 Rn 14; aA WICHERT ZMR 1997, 16, 18). Ein Verfügungsverbot ist ferner, anders als nach herrschender Ansicht die Vormerkung (BGHZ 12, 115, 120; RGZ 145, 343, 352 ff; KGJ 25 A 166, 167 f; OLG Hamm NJW 1965, 2303, 2304 u NJW-RR 1990, 272; BAUR/STÜRNER, Sachenrecht § 20 II 1c), zulässig zur Sicherung des Schlusserwerbers im Verhältnis zu seinem Verkäufer, der seinerseits das betreffende Grundstück selbst gekauft und es noch nicht zu Eigentum erworben hat – Fall des **Kettenverkaufs** –; kommt jedoch entgegen der herrschenden Meinung (vgl MünchKomm/WACKE § 883 Rn 17) in diesem Fall auch eine Vormerkung zugunsten des Schlusserwerbers in Betracht, hat das Verfügungsverbot kaum praktische Bedeutung (näher KOHLER, Verfügungsverbot 260 ff). Das gerichtliche Verfügungsverbot dient ferner der Sicherung des nicht vormerkbaren **Restitutionsanspruchs** auf der Grundlage des **Gesetzes zur Regelung offener Vermögensfragen**; der Verfügungsanspruch ergibt sich aus § 3 Abs 3 S 1 VermG (BGHZ 124, 147, 148 = NJW 1994, 457, 458; KG DtZ 1991, 191, 191 f; BezG Erfurt DtZ 1991, 252, 253; BezG Magdeburg DNotZ 1991, 743, 744; OLG Dresden OLGR 1998, 88 f; BÖHRINGER, Grundbuchrechtliche Probleme in den neuen Bundesländern, NJ 1992, 289; ders, Beeinträchtigungen des Grundstücksverkehrs durch „ostspezifische" Regelungen, Rpfleger 1994, 45 f; KOHLER NJW 1991, 465 ff; ders, Einstweilige Sicherung der Rückerstattung von Grundstücken in den neuen Bundesländern, DNotZ 1991, 699 ff; PALANDT/HEINRICHS Rn 4). Hingegen sind verfahrensrechtlich hinreichend gesicherte **Anwartschaftsrechte** mangels obligatorischer Basis weder vormerkbar noch durch Verfügungsverbot gegen Risiken aus dem Bereich der grundbuchamtlichen Behandlung schwebender Eintragungsanträge zu sichern (KOHLER, Verfügungsverbot 247 ff; aA KG JW 1925, 643; KG JW 1926, 2701; KG OLGE 18, 20 f).

bb) Das gerichtliche Verfügungsverbot steht insbesondere zur **Sicherung** von An- **8** sprüchen auf **Rechtserwerb an Mobilien, Forderungen oder sonstigen Rechten** zur Verfügung (STADLER 510). Hier ist es praktisch von besonderem Interesse, weil derartige Ansprüche nicht durch Vormerkung zu sichern sind.

cc) Im Verhältnis mehrerer **konkurrierender gerichtlicher Verfügungsverbote**, die **9** zur Sicherung **kollidierender Erwerbsansprüche** aufgrund einstweiliger Verfügungen erwirkt wurden, gilt das **Prioritätsprinzip**, da das frühere Verfügungsverbot in den Grenzen des § 135 Abs 2 BGB nachfolgende Verfügungsverbote gemäß § 135 Abs 1 S 2 BGB (KOHLER JZ 1983, 586 ff) oder gemäß § 135 Abs 1 S 1 BGB (so FOERSTE AcP 193 [1993] 274, 277) relativ unwirksam macht. Damit wird die Konkurrenz um die Erfüllung unter dem Vorbehalt des § 135 Abs 2 BGB auf die Konkurrenz um die Anspruchssicherung vorverlegt (dazu schon allgemein bei Verfügungsverboten § 135 Rn 62, ganz **hM**; KOHLER JZ 1983, 586 ff; ders, Verfügungsverbot 243 ff; MünchKomm/WACKE § 879 Rn 6; PALANDT/ HEINRICHS Rn 8; C PAULUS 26; SCHLOSSER ZZP 97 [1984] 121, 137 ff; SCHÖNFELD NJW 1959, 1417 f; SOERGEL/HEFERMEHL Rn 26; STAUDINGER/GURSKY [2000] § 879 Rn 68; vTUHR AT § 69 II Fn 82 u § 94 III; WICHERT ZMR 1997, 16, 17; zur entsprechenden Frage bei der Konkurrenz von Verfügungsverbot und Vormerkung ebenso BGHZ 28, 182, 187 f = NJW 1958, 2013, 2014 f mwN; BGH JZ 1966, 526; BayObLG NJW 1954, 1120 f; **aA** OLG Rostock OLGE 29, 272; OLG Frankfurt aM ZMR 1997, 22 m abl Anm WICHERT ZMR 1997, 16; WIELING JZ 1982, 839 ff u JZ 1983, 592; WEILAND 77 ff, 147 ff; dagegen FOERSTE AcP 193 [1993] 274, 277), auch wenn richtig ist, dass grundstücksbezogene Verfügungsverbote keinen Rang im Sinne der §§ 879 ff BGB begründen (WIELING JZ 1982, 839, 841). Die **Anordnung** eines gerichtlichen Verfügungsverbots kann daher **nicht** mit der Begründung **versagt** werden, dass ein solches wegen der Möglichkeit von Erwerbskonkurrenten, ihrerseits weitere Verfügungsverbote zu erwirken, ohnedies funktionslos sei (so im Ergebnis grundsätzlich, trotz der Annahme wechselseitiger Paralysierung konkurrierender Verfügungsverbote, auch WEILAND 9 ff, 150 f; **aA** OLG Rostock OLGR 1, 144 f u OLGR 29, 273 f; auch OLG Frankfurt aM ZMR 1997, 22 mit abl Bespr WICHERT ZMR 1997, 16 betr einstweilige Verfügungen bei Doppelvermietung). Dies folgt aus dem Normsystem, ist wertungsgerecht und praktisch sinnvoll.

Die allgemein (für konkurrierende Verfügungsverbote in Zwangsvollstreckungs- und Insolvenz- **10** verfahren BGHZ 135, 140 = NJW 1997, 1857 mwN), aber insbesondere auch bei Sicherung konkurrierender Erwerbsansprüche zutreffende **Geltung des Prioritätsprinzips** im Verhältnis von relativ wirkenden Verfügungsverboten zueinander ist **vom Normsystem indiziert**. Ein erster Beleg dafür ist § **80 Abs 2 S 1 InsO**, früher § 13 S 1 HS 1 KO (aA WIELAND 88 ff). Der BGB-Gesetzgeber verstand nämlich das mit Konkurseröffnung begründete Veräußerungsverbot als ein konkurrierendes Verfügungsverbot im Sinne der §§ 136, 135 BGB (so explizit auch RGZ 71, 38, 40) und musste deshalb § 13 S 1 HS 1 KO eigens vorsehen, um den zwischen Verfügungsverboten im Sinne des § 135 BGB geltenden Prioritätsgrundsatz insoweit singulär außer Kraft zu setzen. Dass die mit der Eröffnung des Insolvenzverfahrens eintretende Verfügungsbeschränkung mit Rücksicht auf den Übergang der Verfügungsbefugnis auf den Insolvenzverwalter gemäß § 80 Abs 1 InsO, früher auf den Konkursverwalter gemäß § 6 KO, nach Auffassung der späteren Rechtsprechung eine absolute Verfügungsbeschränkung zur Folge hat (RGZ 71, 38, 40), ändert an der bei Schaffung des § 13 S 1 HS 1 KO erkennbaren Auffassung des BGB-Gesetzgebers zum relativen Wirkungsverhältnis von Verfügungsverboten im Sinne des § 135 BGB nichts (dies verkennend WIELAND 89 f). Für die Geltung des Prioritätsprinzips im Verhältnis von Verfügungsverboten gemäß § 135 BGB zueinander spricht überdies § **80 Abs 2 S 2 InsO**, früher § 13 S 1 HS 2 KO, auch und insbesondere wenn richtig ist, dass die Vorschrift die Konsequenz daraus zieht, dass die in der Immobiliarvollstreckung vorgesehene und in § 23 Abs 1 S 1 ZVG mit der Wirkung eines Verfügungsverbots gemäß den §§ 136, 135 BGB versehene Beschlagnahme pfandrechtsvertretend gemäß § 49 InsO, früher § 47 KO, in Verbindung mit § 19 Abs 1 Nr 5 ZVG ein Befriedigungsvorrecht mit Absonderungskraft gibt (so zu Letzterem zutr WEILAND 91). Gerade zur Sicherung dieser Wirkung ist nämlich eine Regelung, wie sie in § 80 Abs 2 S 2 InsO vorgesehen ist, als Wiederherstellung des zwischen Verfügungsverboten im Sinne der §§ 136, 135 BGB geltenden Prioritätsprinzips nicht bloß klarstellend, sondern essenziell nötig, wenn bzw weil das Prioritätsprinzip, wie es Auffassung des Gesetzgebers zur Zeit der Schaffung des Bürgerlichen Gesetzbuchs und der seinerzeitigen Konkursrechtsnovelle war, singulär in § 80 Abs 2 S 1 InsO für das Insolvenzverfahren gerade prinzipiell außer Kraft gesetzt ist; denn eine solche Regelung ist rechtstechnisch unabdingbar, wenn die Legitimation der Einzelvollstreckung auf der Beschlagnahme und der damit einhergehenden Wirkung des Verfügungsverbots, nicht aber formell auf einem Pfändungspfandrecht als der Grundlage für eine insolvenzrechtliche Privilegierung beruht (dies verkennend WEILAND 91 f). Auch § **772 ZPO** macht die fortwährende Wirksamkeit eines früher entstandenen Verfügungsverbots im Sinne des § 135 BGB gegenüber einem durch spätere Beschlagnahme im Zuge einer Immobiliarvollstreckung entstehenden Verfügungsverbot derselben Art deutlich; denn gerade weil allein der in § 772 ZPO gewährte Rechtsschutz das Verfügungsverbot vor dem Untergang durch den Zuschlag gemäß § 90 ZVG und den sich damit vollziehenden uneingeschränkten Eigentumserwerb des Ersteigerers kraft Hoheitsakts bewahrt (KOHLER, Verfügungsverbot 187 ff; insow zutr WEILAND 93 f), zeigt sich, dass das frühere Verfügungsverbot als solches nicht schon vor dem Zuschlag, namentlich mit der Beschlagnahme und damit durch das damit entstehende konkurrierende spätere Verfügungsverbot gemäß §§ 136, 135 BGB wirkungslos wurde (dies verkennend WEILAND 93 f).

11 Dieser dem positiven Recht zu entnehmenden Indikation gegenüber überzeugt es nicht, mit dem Hinweis auf eine vermeintlich nur negative Wirkung des Verfügungsverbots eine vom Prioritätsprinzip gesteuerte Schutzwirkung eines Verfügungsverbots im Verhältnis zu einem konkurrierenden Verfügungsverbot zur Sicherung eines kollidierenden Erwerbsanspruchs zu verneinen (so WEILAND 120 ff). Vielmehr ist das Prioritätsprinzip erkennbar auch **wertend** zu bevorzugen. Das Verfügungsverbot hat nämlich in der **Einzelvollstreckung** wegen § 772 ZPO eine **positive**, vollständige Schutzwirkung im Verhältnis zu Verfügungen zu Gunsten Dritter; an dieser wirksam gegenständlich zuweisenden Schutzwirkung ändert es im Prinzip nichts, dass der hoheitliche Erwerb bei Zuschlag in der Versteigerung den Verbotsschutz entgegen § 135 Abs 1 S 2 BGB preisgibt. Wenn hingegen eine solche positive Schutzwirkung in einem gegen den Verbotsbetroffenen gerichteten **Insolvenzverfahren** gemäß § 80 Abs 2 S 1 InsO nicht gilt, so beruht dies **nur** darauf, dass das Verfügungsverbot, anders als dies in § 106 InsO für die Vormerkung vorgesehen ist, den gesicherten Anspruch als solchen nicht gegen die Ausübung des dem Insolvenzverwalter gemäß § 103 InsO eingeräumten **Wahlrechts** schützt. Eine Schwächung der mit dem Verfügungsverbot positiv verbundenen gegenständlichen Zuordnungswirkung in den Fällen, in denen der zu sichernde Erwerbsanspruch schuldrechtlich lediglich durch die drohende Erfüllungsunmöglichkeit beeinträchtigt wird, wie dies bei konkurrierenden Erfüllungsansprüchen der Fall ist, ist daher nicht mit Rücksicht auf die insolvenzrechtliche Behandlung des Verfügungsverbots indiziert.

Wenn im Ergebnis der Wettlauf um die Erfüllung auf den Wettlauf um das Verfü- **12** gungsverbot vorverlegt wird, so bedeutet dies im Übrigen nicht, dass dieses Ergebnis als Unterstellung einer positiven Zuordnungswirkung unfair und zufällig ist (so WEILAND 98 f). Vielmehr hat es auch **Sinn**, wenn das Verfügungsverbot das Prinzip der Gleichberechtigung konkurrierender Forderungen durchbricht, indem die über die Kollision entscheidende Konkurrenz um die Erfüllung auf den den Prätendenten offenstehenden Wettbewerb um das erfüllungssichernde Verfügungsverbot vorgezogen wird. Denn entweder waren die konkurrierenden Erwerbsansprüche sämtlich zur Zeit der Erwirkung des ersten Verfügungsverbots entstanden, so dass ein jeder um Sicherung hätte nachsuchen können und deshalb Chancengleichheit bestand; oder die konkurrierenden Erwerbsansprüche entstanden erst nach Erwirkung eines Verfügungsverbots zur Sicherung eines früheren Erwerbsanspruchs, so dass dessen Bevorzugung doch nicht als zufällig und sachwidrig erscheint (FOERSTE, Vollstreckungsvorsprung durch einstweiligen Rechtsschutz, ZZP 106 [1993] 143, 152; KOHLER JZ 1983, 592; SCHLOSSER ZZP 97 [1984] 121, 138; WICHERT ZMR 1997, 16, 17 gegen OLG Frankfurt aM ZMR 1997, 22 betr einstw Verfügung bei Doppelvermietung). Schließlich vermeidet die Anerkennung des Prioritätsprinzips auch, dem Verfügungsverbot zur Sicherung eines Erwerbsanspruchs im Verhältnis zu Erwerbsprätendenten durch die Annahme einer wechselseitigen Wirkungsparalysierung die praktisch wesentliche Funktion generell zu nehmen (so auch FOERSTE AcP 193 [1993] 274, 277; WICHERT ZMR 1997, 16, 17). Wechselseitige Paralysierung würde nämlich zur praktischen Absurdität des Verfügungsverbots als Sicherungsmittel führen (FOERSTE AcP 193 [1993] 274, 277; WICHERT ZMR 1997, 16, 17). Die Funktionstüchtigkeit des Verfügungsverbots gerade auch im Prätendentenstreit nahm der Gesetzgeber aber mit Selbstverständlichkeit an, als er das Veräußerungsverbot im Liegenschaftsrecht zunächst statt der Vormerkung als zum Schutz eines Erwerbsanspruchs vor Erwerbsprätendenten genügend ansah; denn die erst im späteren Gesetzgebungsverfahren beschlossene Einführung der Vormerkung bezweckte nicht eine Erhöhung der Erwerbssicherheit im Verhältnis zu Erwerbsprätendenten, sondern vornehmlich eine Steigerung der Bestandskraft des gesicherten Anspruchs als solchem gegen dessen obligationstypisch insolvenz- und erbrechtliche Schwächen, gegen die zu schützen mittels der §§ 883 Abs 2 S 2 BGB, 106 InsO und des § 884 BGB erreicht wird.

Ein mit Rücksicht auf das **zivilrechtliche Gesamtsystem** unzulässiges **ius ad rem** **13** (WIELING JZ 1982, 839 ff) wird schließlich durch die Anerkennung eines von einem Verfügungsverbot im Verhältnis zu Erwerbskonkurrenten vermittelten Sicherungserfolgs **nicht** geschaffen (so auch WEILAND 82). Das Verbot des ius ad rem wendet sich nämlich nicht gegen die Rechtssicherung als Ergebnis, sondern gegen die diesem Recht eigene Rechtstechnik, einen eigenständigen Erwerbsanspruch gegen den Dritterwerber zu begründen (s § 135 Rn 94).

dd) Der **Anspruch auf bloßes Unterlassen** einer Verfügung gemäß § 137 S 2 BGB ist **14** entgegen der wohl noch herrschenden Meinung nicht durch Verfügungsverbot mit

Tatbestandswirkung im Sinne des § 136 BGB zu schützen (vgl dazu § 137 Rn 54 ff). Das gerichtliche Verfügungsverbot mit Tatbestandswirkung bei § 136 BGB kann ferner nicht zur Sicherung der **güterrechtlichen Mitwirkungsrechte** gemäß den **§§ 1365 ff BGB** bei Ehegatten bzw gemäß § 8 Abs 2 PartnerschaftsG eingesetzt werden. Dies gilt ebenso mit Rücksicht auf den Vorrang des Arrests für die Sicherung von Geldwertinteressen; das **Anfechtungsrecht gemäß AnfG** mit der Rechtsfolge des § 11 AnfG ist entgegen der herrschenden Meinung (zum früheren, insow nicht abweichenden Recht RGZ 67, 39, 41; BGH NJW-RR 1992, 612, 613; OLG Köln VersR 1997, 466 und NJW 1955, 717, 718; OLG Koblenz NJW-RR 1993, 1343, 1344 = ZIP 1992, 1754 m Anm PAPE EWiR § 7 AnfG 1/93, 9; OLG Frankfurt aM OLGZ 1979, 75; BÜLOW JuS 1994, 1, 3) deshalb nicht durch Verfügungsverbot, sondern durch Arrest zu sichern (KOHLER, Verfügungsverbot 353 ff; ZÖLLER/VOLLKOMMER § 916 ZPO Rn 5); dabei ist die Gefährdung des Rechts analog den §§ 885 Abs 1 S 2, 899 Abs 2 S 2 BGB nicht glaubhaft zu machen. Gleiches gilt für den Schutz des Anspruchs auf **Zugewinnausgleich** (KOHLER, Verfügungsverbot 379 ff; aA die **hM**, KG OLGZ 1974, 450, 452 f = FamRZ 1974, 310, 311 = MDR 1974, 755; OLG Hamburg FamRZ 1982, 284, 284 f mwN und Nachweise PALANDT/DIEDERICHSEN § 1389 Rn 4).

15 **b)** Im Zuge der **Zwangsvollstreckung** werden ebenfalls relative gerichtliche Verfügungsverbote angeordnet. Dies gilt bei der **Forderungspfändung** (FAHLAND 38 ff, 49, 58, 86, 89) gemäß § 829 Abs 1 S 2 ZPO, ferner gemäß § 857 ZPO für sonstige **Rechtspfändungen**. Das Verfügungsverbot steht primär der Einziehung der Forderung entgegen, aber auch jeder sonstigen Verfügung zum Nachteil des Vollstreckungsgläubigers. Einwendungen des Drittschuldners gegen die gepfändete Forderung werden durch das Verfügungsverbot und durch eine verbotswidrige Zahlung nicht berührt (BGHZ 58, 25, 27 f = NJW 1972, 428; BEER 189 f; MünchKomm/MAYER-MALY/ARMBRÜSTER Rn 5; PALANDT/HEINRICHS Rn 9; BGB-RGRK/KRÜGER-NIELAND/ZÖLLER Rn 4; aA REINICKE NJW 1972, 793, 796; WERNER NJW 1972, 1697).

16 Bei der **Immobiliarvollstreckung** zum Zweck der **Zwangsversteigerung** wird ein Verfügungsverbot gemäß den §§ 20, 23 Abs 1 ZVG durch die Grundstücksbeschlagnahme in Kraft gesetzt (RGZ 90, 335, 340; AK-BGB/DAMM Rn 4; PALANDT/HEINRICHS Rn 4). § 23 Abs 2 ZVG enthält eine partiell eigenständige Gutglaubensschutzregelung, indem die Vorschrift anordnet, dass der Kenntnis der Beschlagnahme, der die Wirkung eines Veräußerungsverbotes durch § 23 Abs 1 S 1 ZVG zuerkannt wird, die Kenntnis des Versteigerungsantrags gleichsteht. Wie sich aus § 146 Abs 1 ZVG und zusätzlich im Rückschluss aus § 148 Abs 1 S 2 ZVG ergibt, ist auch mit der Anordnung der **Zwangsverwaltung** von Grundstücken die Beschlagnahme und damit ein Verfügungsverbot in Bezug auf die der Zwangsverwaltung unterliegenden Gegenstände verbunden.

17 Bei der **Mobiliarpfändung** sieht die Zivilprozessordnung ein mit der Pfändung verbundenes Verfügungsverbot nicht ausdrücklich vor. Da dies auffällig von den §§ 829, 857 ZPO abweicht, nimmt die hM ein mit der Pfändung verbundenes Verfügungsverbot als Folge der Verstrickung auch hier an (BROX/WALKER, Zwangsvollstreckungsrecht Rn 361, 370; FAHLAND 94; GAUL, Die Struktur der Zwangsvollstreckung, Rpfleger 1971, 1, 7; MÜNZBERG ZZP 78 [1965] 287, 297 f; ROSENBERG/GAUL/SCHILKEN, Zwangsvollstreckungsrecht § 50 III 2b; STEIN/JONAS/MÜNZBERG, ZPO § 804 Rn 43; aA LÜKE JZ 1955, 484, 486 f). Die grundsätzliche Parallelität aller Zwangsveräußerungsfälle legt deren **Gleichordnung auch hinsichtlich der Annahme eines** mit der Vollstreckungsbeschlagnahme bzw Pfändung verbundenen **Verfügungsverbots** nahe. Zwingend erscheint dies allerdings nicht. Bei der Mobiliarpfändung genügt nämlich das Pfändungspfandrecht, um die Rechte zwischen den Beteiligten zu regeln und insbesondere den Schutz des gutgläubigen Drittschuldners gemäß § 936 BGB zu gewährleisten; die Sicherung des gutgläubigen Drittschuldners gemäß § 135 Abs 2 BGB (Fahland 107; Münzberg ZZP 78 [1965] 287, 298 ff) ist daneben entbehrlich.

c) Im **Insolvenzverfahren** bewirkt die **Verfahrenseröffnung** gemäß den §§ 80 ff InsO   **18** den Übergang der Verwaltungs- und Verfügungsmacht auf den Insolvenzverwalter, verbunden mit einem Verlust der Verfügungsmacht des Insolvenzschuldners. Wie früher gemäß den §§ 6 f KO sind dennoch stattfindende Verfügungen des Insolvenzschuldners nach Maßgabe des § 81 InsO absolut, jedoch beschränkt auf die Zwecke des Insolvenzverfahrens unwirksam (statt vieler Fritsche DZWIR 2002, 1, 9); ein Fall der §§ 135 f BGB liegt nicht vor. Ein Gutglaubensschutz findet gemäß § 81 Abs 1 S 2 InsO dennoch statt, so dass eine Grundbucheintragung der Verfahrenseröffnung zulässig und ratsam ist.

Das im **Insolvenzeröffnungsverfahren** ergehende **allgemeine Verfügungsverbot** des   **19** Insolvenzgerichts gemäß § 21 Abs 2 Nr 2, 1. Alt InsO, das an den Schuldner und bei einer Gesellschaft bürgerlichen Rechts beschränkt auf das haftende Gesellschaftervermögen an alle ihre Gesellschafter als den Schuldnern (Wellkamp, Verfahrensprobleme bei der Insolvenz der Gesellschaft bürgerlichen Rechts, KTS 2000, 331, 340) gerichtet ist, ist im Unterschied zu seinen Vorläufern, den §§ 106 Abs 1 S 3, 113 KO (hM, BGHZ 135, 140 = BGH NJW 1997, 1857; OLG Oldenburg OLGR 1994, 268, 269; OLG Düsseldorf ZIP 1995, 1100, 1101, dort auch zur Bereicherungshaftung bei Leistung des Insolvenzverwalters auf eine relativ unwirksame Hypothek; Gerhardt, in: FS Flume I [1978] 527, 536 ff) und § 2 Abs 3 GesO (LG Stralsund ZIP 1995, 578, 579; LG Gera NJW-RR 2000, 937, 938; offen lassend BGH JR 1997, 332, 334), nicht mehr als ein Verfügungsverbot im Sinne und mit den Wirkungen des § 136 BGB anzusehen (Bachmann Rpfleger 2001, 105, 106; Fritsche DZWIR 2002, 1, 6 ff; Gerhard ZZP 109 [1996] 415, 416 ff; Hintzen ZInsO 1998, 174, 176; Kiessling/Singhoff DZWIR 2000, 353, 354; aA Hess/Pape, InsO und EGInsO: Grundzüge des neuen Insolvenzrechts [1995] Rn 625; Hess, Das Insolvenzeröffnungsverfahren nach der Insolvenzordnung, FLF 1995, 8, 10; Smid, Funktion des Sequesters und Aufgaben des Insolvenzgerichtes in der Eröffnungsphase nach der verabschiedeten Insolvenzordnung, WM 1995, 785, 787). § 24 Abs 1 InsO sieht nämlich nun im Unterschied zum früheren Recht die Gleichordnung der Wirkungen dieses Verfügungsverbots mit den durch die Eröffnung des Insolvenzverfahrens gemäß den §§ 81 f InsO eintretenden Wirkungen vor, und dort tritt, allerdings beschränkt auf Zwecke des Insolvenzverfahrens, **absolute Unwirksamkeit** entgegenstehender Verfügungen des Insolvenzschuldners ein (BGHZ 135, 140 = NJW 1997, 1857 f; s o § 135 Rn 45), unbeschadet der Möglichkeit des Insolvenzverwalters, einer verbotswidrigen Verfügung durch Genehmigung zur Wirksamkeit zu verhelfen (Jaffe/Hellert, Keine Haftung des vorläufigen Insolvenzverwalters bei der Anordnung eines allgemeinen Zustimmungsvorbehaltes, ZIP 1999, 1204, 1206; Kiessling/Singhoff DZWIR 2000, 353, 363; Merkle Rpfleger 2002, 105, 106 ff, der dies allerdings unzutreffend mit einer Geschäftsfähigkeitsbeschränkung begründet). Dies gilt **auch** für die Anordnung eines **umfassenden Zustimmungsvorbehalts** des vorläufigen Insolvenzverwalters gemäß § 21 Abs 2 Nr 2, 2. Alt InsO, wie sich aus der uneingeschränkten Verweisung des § 24 InsO auf die §§ 81 f InsO ergibt und wie dies auch dem gleichartig zu erfüllenden Bedürfnis nach umfassendem Schutz der Verfügungsbefugnis des vorläufigen Insolvenzverwalters entspricht (Bachmann Rpfleger 2001, 105, 106 f; Bork ZIP

1999, 781, 785; GERHARDT ZZP 109 [1996] 415, 416, 423; KIESSLING/SINGHOFF DZWIR 2000, 353, 356; aA HESS, Insolvenzordnung § 21 Rn 34). Maßnahmen der **Zwangsvollstreckung**, die allerdings auch schon von einem allgemeinen Verfügungsverbot gemäß § 21 Abs 2 Nr 2 InsO als solchem erfasst werden (HELWICH MDR 1990, 516, 520; aA HINTZEN ZInsO 1998, 174, 176), können gemäß **§ 21 Abs 2 Nr 3 InsO** gerichtlich mit **derselben Wirkung** untersagt und die einstweilige Einstellung bereits vorgenommener Vollstreckungs-handlungen angeordnet werden, sofern nicht unbewegliche Gegenstände betroffen sind (BACHMANN Rpfleger 2001, 105, 108; VIERTELHAUSER JurBüro 2000, 6, 8 f); Grundbuchein-tragungen bedürfen daher eines gegen den vorläufigen Insolvenzverwalter gerichte-ten Titels (BACHMANN Rpfleger 2001, 105, 108).

20 Unbeschadet der in § 21 Abs 2 Nr 2 InsO bezeichneten Verfügungsverbote, für die allein § 24 Abs 1 InsO auf die §§ 81 f InsO verweist, kann sich das Insolvenzgericht jedoch gemäß **§ 21 Abs 1 InsO** auch darauf beschränken, ein **einzelobjektbezogenes Verfügungsverbot** mit Tatbestandswirkung bei **§ 136 BGB** anzuordnen und damit eine vom früheren § 106 Abs 1 S 3 KO bekannte, mithin insolvenzrechtlich nicht sach-fremde und effektive Rechtslage zu schaffen (BACHMANN Rpfleger 2001, 105, 107; FRITSCHE DZWIR 2002, 1, 8 f; GERHARDT ZZP 109 [1996] 415, 423; VIERTELHAUSER JurBüro 2000, 6, 8 f; aA KIESSLING/SINGHOFF DZWIR 2000, 353, 357 ff). Eine solche Anordnung ist namentlich in den Fällen angezeigt, in denen die Verwaltungs- und Verfügungsbefugnis nicht auf den vorläufigen Insolvenzverwalter übertragen werden soll. Verstöße gegen **gegen-ständlich beschränkte Zustimmungsvorbehalte**, deren Anordnung auf § 24 Abs 1 InsO gestützt werden kann (insow zutr KIESSLING/SINGHOFF DZWIR 2000, 353, 360), sind analog zu behandeln und führen zu relativer Unwirksamkeit; § 21 Abs 2 Nr 2, 2. Alt InsO mit der Verweisung des § 24 Abs 1 InsO auf die §§ 81 f InsO gilt insoweit nicht (BORK, Einführung in das neue Insolvenzrecht [1998] Rn 109; GERHARDT ZZP 109 [1996] 415, 423; aA KIESSLING/SINGHOFF DZWIR 2000, 353, 359; VALLENDER DZWIR 1999, 265). Unberührt bleibt die Befugnis des Insolvenzgerichts, in diesen Fällen eine absolute Unwirksamkeit solcher Verfügungen herbeizuführen, indem es diese Wirkung als Inhalt seiner An-ordnung gemäß § 21 Abs 1 InsO eigens in Analogie zu § 21 Abs 2 Nr 2 InsO anordnet (KIESSLING/SINGHOFF DZWIR 2000, 353, 360). Eine derartige Rechtsfolgenanordnung ge-stattet einerseits die Offenheit der Anordnungsregelung des § 21 Abs 1 InsO und andererseits der Umstand, dass die Verbindung allein des § 21 Abs 2 InsO mit § 24 Abs 1 InsO nicht mit Rücksicht auf ein anerkennenswertes Schutzinteresse des Schuldners oder Dritter als abschließend anzusehen ist, da dieser Effekt durch Ver-hängung eines allgemeinen Verfügungsverbots gemäß § 21 Abs 2 Nr 2 InsO ohnehin erzielt werden kann.

21 Sämtliche Verfügungsbeschränkungen gemäß § 21 InsO können gestützt auf § 23 Abs 3 iVm § 32 InsO deklaratorisch, gegebenenfalls unter Verlautbarung des Zu-stimmungsvorbehalts im Sinne des § 21 Abs 2 Nr 2, 2. Alt InsO, zur Verhinderung gutgläubigen Erwerbs auf Grund von Rechtsgeschäften des Insolvenzschuldners in das **Grundbuch** eingetragen werden (BACHMANN Rpfleger 2001, 105, 108). Dies gilt wegen §§ 135 Abs 2, 892 Abs 1 S 2 BGB auch für ein auf § 21 Abs 1 InsO gestütztes Ver-fügungsverbot mit Wirkung gemäß § 136 BGB (nur insow aA BACHMANN Rpfleger 2001, 105, 109).

22 In der Sache entstand eine relativ wirkende Verfügungsbeschränkung auch im **frü-heren Vergleichsverfahren** bei allgemeinen und besonderen Veräußerungsverboten gemäß § 59 VerglO, jedoch sah § 59 S 3 VerglO vor, dass sich die Rechtsfolgen ausschließlich nach den §§ 62 ff VerglO als leges speciales richteten (FRITSCHE DZWIR 2002, 1, 5; MEHRTENS 100 ff; BGB-RGRK/KRÜGER-NIELAND/ZÖLLER Rn 8; AK-BGB/ DAMM Rn 4).

d) Die Zahlungssperre, die während des zur Kraftloserklärung eines verlorenen **23** Inhaberpapiers führenden **Aufgebotsverfahrens** gemäß § 1019 ZPO angeordnet wird, beinhaltet ebenfalls ein gerichtliches Verfügungsverbot im Sinne des § 136 BGB (BÜLOW JuS 1994, 1, 3; MünchKomm/MAYER-MALY/ARMBRÜSTER Rn 6; BGB-RGRK/KRÜGER-NIE-LAND/ZÖLLER Rn 5; SOERGEL/HEFERMEHL Rn 17).

e) **Strafverfahrensrechtlich** angeordnete Sicherstellungen durch Beschlagnahme **24** aufgrund des § 111b StPO haben nach Maßgabe des § 111c Abs 5 StPO die Wirkung eines Veräußerungsverbots im Sinne des § 136 BGB (KIETHE/GROESCHKE/HOHMANN ZIP 2003, 185, 189); § 111g Abs 3 StPO erstreckt die Schutzwirkung vom Zeitpunkt der Beschlagnahme an auch auf solche Verletzte, die während der Dauer der Beschlagnahme die Zwangsvollstreckung in den beschlagnahmten Gegenstand betreiben oder den Arrest vollziehen. Die das gerichtliche Verfügungsverbot begründende Beschlagnahme endet erst mit deren Aufhebung durch das Gericht oder mit der Rechtskraft einer Entscheidung, in der von einer Einziehung oder einem Verfall des beschlagnahmten Gegenstands abgesehen wird (OLG Düsseldorf NJW 1995, 2239). In einem gegen den Betroffenen betriebenen Insolvenzverfahren ist ein solches Verfügungsverbot gemäß § 80 Abs 2 S 1 InsO unwirksam, wenn die Beschlagnahme nicht im Allgemeininteresse stattfand und nur der Schutz eines Verletzten gemäß § 111g Abs 3 S 1 StPO beabsichtigt war (LG Düsseldorf NZI 2001, 488). Strafgerichtliche Verfügungsverbote mit ausdrücklichem Verweis auf § 136 BGB enthalten auch die zur Sicherung des Fiskus getroffenen, noch nicht rechtskräftigen Anordnungen des Verfalls und der Einziehung auf der Grundlage der §§ 73d Abs 2 und 74e Abs 3 StGB (trotz der ausdrücklichen Verweisung für absolute Wirkung RÜHTERS/STADLER, AT § 26 Rn 22; SOERGEL/HEFERMEHL Rn 6).

Strafgerichtliche Veräußerungsverbote infolge einer Beschlagnahme ergehen aller- **25** dings häufig **im Allgemeininteresse.** Hierher zählen beispielsweise neben der Beschlagnahme gemäß § 111p StPO (MÜLLER-TUCKFELD wistra 1995, 330, 332) die Vermögensbeschlagnahme gemäß § 290 StPO, die nicht nur zum Schutz von fiskalischen Belangen stattfindet (BÜLOW JuS 1994, 1, 3; RÜTHERS/STADLER AT § 26 Rn 22; SOERGEL/ HEFERMEHL Rn 6); hat die Vermögensbeschlagnahme nur die Wirkung einer unabhängig von einem Veräußerungsverbot eintretenden Entziehung der Verfügungsmacht (so MünchKomm/MAYER-MALY/ARMBRÜSTER § 135 Rn 9), tritt dieselbe Rechtsfolge, nämlich absolute Unwirksamkeit einer beschlagnahmewidrigen Verfügung ein. Dasselbe gilt für die Vermögensbeschlagnahme aufgrund von § 443 StPO (**aA** BÜLOW JuS 1994, 1, 3; SOERGEL/HEFERMEHL Rn 17).

3. Behördliche Verfügungsverbote

Behördliche Verfügungsverbote zum Schutz bestimmter Personen sind selten. In den **26** meisten Fällen ist der **Schutz der Allgemeinheit** bezweckt. Die Rechtsfolgen einer verbotswidrigen Verfügung werden in solchen Fällen durch § 134 BGB bestimmt. Eine Verfügung entgegen einem behördlichen Verfügungsverbot ist allerdings sogar voll wirksam, wenn das Verfügungsverbot, wie im Fall einer Veräußerungsuntersagung durch eine Vergabeprüfstelle auf der Grundlage von § 57b Abs 4 S 4 HGrG, nur der **verwaltungsinternen Rechtsaufsicht** und nicht dem Schutz von bestimmten privaten Personen oder Unternehmen dient (OLG Düsseldorf NZBau 2000, 391, 393). Ein Beispiel für ein relatives behördliches Verfügungsverbot ist der **Enteignungsbeschluss** (RGZ 62, 215, 218; MünchKomm/Mayer-Maly/Armbrüster Rn 6).

II. Rechtsfolgen

1. Grundsatz

27 Die Rechtsfolgen von Verstößen gegen gerichtliche oder behördliche Verfügungsverbote zum Schutze bestimmter Personen werden von § 135 BGB bestimmt. § 136 BGB enthält im Ergebnis eine **Rechtsfolgenverweisung**, indem die Vorschrift derartige Verfügungsverbote mit gesetzlichen Verfügungsverboten zum Schutze bestimmter Personen tatbestandlich gleichstellt. Die Rechtsfolgen von Verstößen gegen gerichtliche und behördliche Verfügungsverbote zum Schutze der Allgemeinheit richten sich nach § 134 BGB.

2. Gutgläubig-verbotsbefreiter Erwerb

28 In den Fällen relativ wirkender gerichtlicher oder behördlicher Verfügungsverbote ist die Geltung der Gutglaubensschutzregel des § 135 Abs 2 BGB im Gegensatz zur Anwendbarkeit des § 135 Abs 1 BGB nicht unstreitig (vgl Lüke JZ 1955, 484, 486 f). Die **Möglichkeit gutgläubig-verbotsbefreiten Erwerbs** ist jedoch auch bei Verstößen gegen gerichtliche oder behördliche Verfügungsverbote zu gewährleisten (MünchKomm/ Mayer-Maly/Armbrüster Rn 7; Münzberg ZZP 78 [1965] 287, 300 f; Pawlowski AcP 175 [1975] 189, 195; Zeiss/Holthaus Jura 1996, 281, 283 f; grundsätzlich auch LG Gera NJW-RR 2000, 937, 938). Gesetzessystematisch ergibt sich dies schon aus § 23 Abs 2 ZVG, der die prinzipielle Möglichkeit gutgläubig-verbotsbefreiten Erwerbs auch bei einem richterlichen Verfügungsverbot voraussetzt. Die Ermöglichung gutgläubig-verbotsbefreiten Erwerbs ist auch trotz der damit verbundenen Vereitelung gerichtlicher oder behördlicher Anordnungen sachlich nicht verfehlt, weil der damit erzielte Verkehrsschutz ebenfalls ein berechtigtes Anliegen der Rechtsordnung ist und Vorrang vor dem öffentlichen Interesse an der Aufrechterhaltung des Verbotsschutzes genießen kann (MünchKomm/Mayer-Maly/Armbrüster Rn 7; Münzberg ZZP 78 [1965] 287, 300 f; Pawlowski AcP 175 [1975] 189, 195). In Beschlagnahmefällen, insbesondere im Zuge von Zwangsvollstreckungsmaßnahmen, kann dem gemäß der Verbotsschutz durch gutgläubigen Erwerb beendet werden, die Verstrickung jedoch fortgelten (Fahland 111 f; **aA** MünchKomm/Mayer-Maly/Armbrüster Rn 7).

III. Erwerbsverbot

1. Regelungszweck und Sicherungsgrundlage

29 Die Rechtsprechung (RGZ 117, 287, 291; RGZ 120, 118, 120; später KG DNotZ 1962, 400 f und MDR 1977, 500; OLG Hamm OLGZ 1970, 438, 440 f; BayObLG Rpfleger 1978, 306; BayObLG NJW-RR 1997, 913) entwickelte in Schwarzkauffällen praeter legem relativ wirkende Erwerbsverbote in Anlehnung an § 136 BGB in Verbindung mit § 135 BGB (näher

FOERSTE 114 ff). Das aufgrund einstweiliger Verfügung verhängte Erwerbsverbot, das auch noch nach dem in § 878 BGB bezeichneten Zeitpunkt Wirkung soll entfalten können (**hM**, RGZ 120, 118, 120; KG DNotZ 1962, 400 f; GRIMM 42 f; HUBERNAGEL Gruchot 73 [1933] 36, 48), bezweckt in der Regel, den infolge Vollzugs des Veräußerungsgeschäfts drohenden dauernden **Rechtsverlust abzuwenden**, der **durch** den bevorstehenden **Verlust des Kondiktionsanspruchs infolge einer Heilung** des dem Verpflichtungsgeschäft anhaftenden Unwirksamkeitsgrundes zu befürchten ist. Diese Rechtslage findet sich wegen § 311b Abs 1 BGB, früher § 313 S 2 BGB, insbesondere bei formnichtigen Verträgen über die Verpflichtung zur Veräußerung oder zum Erwerb eines Grundstücks; daneben kann aber etwa auch der Fall des formnichtigen Schenkungsversprechens in Betracht kommen.

Die den Grundstückserwerb verbietende einstweilige Verfügung, die dem Erwerber **30** gemäß den §§ 929, 936 ZPO **zugestellt** werden muss, um wirksam zu werden, sichert den Veräußerer nach herrschender Auffassung primär dadurch, dass das selbst mangels Voreintragung des betroffenen Erwerbers nicht eintragbare Erwerbsverbot als **Eintragungshindernis** im Sinne des § 18 GBO gilt (OLG Hamm DNotZ 1970, 661, 662; BayObLG NJW-RR 1997, 913; BGB-RGRK/KRÜGER-NIELAND/ZÖLLER Rn 10; FOERSTE 134; MünchKomm/MAYER-MALY/ARMBRÜSTER Rn 8). Wird der infolge Zustellung des Erwerbsverbots bösgläubige Erwerber verbotswidrig eingetragen, weil das Grundbuchamt keine Kenntnis von dem Erwerbsverbot hat oder es dieses fehlerhaft nicht beachtet hat, ist der verbotene **Erwerb** in Analogie (PALANDT/HEINRICHS Rn 5) zu den §§ 136, 135 Abs 1 S 1 BGB **relativ unwirksam**; infolgedessen **konvalesziert** das dem Erwerbsgeschäft zugrunde liegende **Verpflichtungsgeschäft** nicht. Zur Verhinderung eines vollwirksamen Erwerbs eines hinsichtlich des Erwerbsverbots gutgläubigen Vierten ist alsdann das Erwerbsverbot zu Lasten des nun voreingetragenen Erwerbers eintragbar.

Die materiellrechtliche **Sicherungswirkung** lässt sich begrifflich damit **erklären**, dass **31** das Erwerbsverbot einen materiellrechtlichen Eingriff in die Befugnis des Erwerbers enthält, sich das angebahnte Sachenrecht zu verschaffen (MünchKomm/MAYER-MALY/ARMBRÜSTER Rn 8). Unter verfahrensrechtlichem Aspekt lässt sich dieses Ergebnis durch die Erwägung stützen, dass das Verbot, den Antrag auf Eintragung des begehrten Sachenrechts zu stellen, bzw das Gebot, einen bereits gestellten Antrag zurückzunehmen, den gestellten Antrag relativ unwirksam und ihn damit als Grundlage eines Rechtserwerbs ungeeignet macht.

2.   Zulässigkeitsbedenken

Die **Zulässigkeit** richterlicher Erwerbsverbote ist umstritten; die wohl herrschende **32** Ansicht hält sie für gerechtfertigt (BAUR/STÜRNER, Sachenrecht § 15 IV 2c; BEER 172 ff; ERMAN/PALM Rn 15; ERMAN/H P WESTERMANN § 819 Rn 7; FOERSTE 116 ff, 122; GRIMM pass; HABSCHEID, in: FS Schiedermair [1976] 245 ff; HUBERNAGEL Gruchot 73 [1933] 36, 40 f; MünchKomm/MAYER-MALY/ARMBRÜSTER Rn 9; MÜNZEL DNotV 1928, 282, 290; OSTERMANN pass; SOERGEL/HEFERMEHL Rn 31; STADLER 510 f; WENG pass), und zwar trotz beachtlichen Widerspruchs (FLUME § 17, 6e; LARENZ/WOLF, AT § 44 Rn 72 f; MEDICUS, AT Rn 665). Die hier nicht im einzelnen darzustellenden (dazu eingehend STAUDINGER/GURSKY [1996] § 888 Rn 70 ff; MünchKomm/WACKE § 888 Rn 24 f) berechtigten **Bedenken** sind **vielfältig**. Schon grundsätzlich ist zweifelhaft, ob es eine durch Gerichtsverbot einzuschränkende Erwerbsmacht überhaupt gibt (FLUME § 17, 6e; LARENZ/WOLF, AT § 44 Rn 72 f; ähnlich schon MÜNZEL DNotV 1928, 282, 288 f; E WOLF, Sachenrecht S 246 Fn 10). Bezüglich des zu sichernden Anspruchs aus Leistungskondiktion (RGZ 108, 329, 331 ff; HABSCHEID, in: FS Schiedermair [1976] 245, 252), welcher die Auflassung oder das Anwartschaftsrecht (BAUR/STÜRNER, Sachenrecht § 19 B I 3c) zum Gegenstand hat, ist fraglich, ob er nicht schon vor der Eigentumsumschreibung durch Heilung des Formmangels entfallen ist (BÜLOW JuS 1994, 1, 6; FLUME § 17, 6e) oder ob ihm § 814 BGB als Sonderfall des allgemeinen Arglisteinwands entgegensteht (vgl RGZ 108, 329, 333 ff und RG JW 1928, 2462, 2463 f; HABSCHEID, in: FS Schiedermair [1976] 245, 252 f; MünchKomm/WACKE § 888 Rn 24 f; WENG 5 f; anders RGZ 117, 287, 295). Auch der Rechtsgedanke der §§ 878, 892 Abs 2 BGB kann das Erwerbsverbot als Sicherungsmittel des Veräußerers disqualifizieren, wenn die Funktion dieser Vorschrift betont wird, den Erwerber nicht den Nachteil aus der Dauer des Eintragungsverfahrens tragen zu lassen (HÄSEMEYER, Die gesetzliche Form der Rechtsgeschäfte [1971] 255; MünchKomm/WACKE § 878 Rn 25 und § 888 Rn 24; MÜNZEL DNotV 1928, 282, 290; OSTERMANN 47 f; zweifelnd HABSCHEID, in: FS Schiedermair [1976] 245, 251; aA RGZ 120, 118, 120 und KG JFG 1, 379, 382 ff; FOERSTE 123 f; WENG 40 ff). Schließlich fehlt außer in den Fällen, in denen der Rechtsgrundmangel durch erfüllungsbedingte Behebung des dem Verpflichtungsgeschäft anhaftenden Formmangels beseitigt wird, der für eine Rechtsfortbildung erforderliche Regelungsbedarf als Legitimation des Erwerbsverbots, weil sich der Verfügende insoweit eine Sicherung seines bereicherungsrechtlichen Rückerwerbsanspruchs durch Vormerkung oder gerichtliches Verfügungsverbot verschaffen kann (STADLER 511 f; STAUDINGER/GURSKY [1996] § 888 Rn 71; aA MünchKomm/WACKE § 888 Rn 25).

3. Rechtsfolgenbedenken

33 Zweifel an den Rechtsfolgen des Erwerbsverbots ergänzen die grundsätzlichen Zulässigkeitsprobleme. Die von der herrschenden Ansicht angenommene **Grundbuchsperre widerspricht** dem Regelungsbild der §§ 135, 136 BGB (HUBERNAGEL Gruchot 73 [1933] 36, 41 ff; KOHLER, Verfügungsverbot 133 Fn 369; MÜNZEL DNotV 1928, 282, 291 f), auf die sich allerdings die materielle Schutzwirkung des Erwerbsverbots gerade stützen soll (näher FOERSTE 129 ff, 132). Wird dem Erwerbsverbot die Wirkung zuerkannt, die Auflassung zu suspendieren (so FOERSTE 137 ff; HABSCHEID, in: FS Schiedermair [1976] 245, 252), sollte der Eintragung ebenfalls nichts im Wege stehen, da alsdann die Eintragung eines Widerspruchs dem Sicherungsinteresse des Veräußerers Genüge täte. Die Grundbuchsperre steht überdies nicht im Einklang mit dem Grundsatz des geringsterforderlichen Eingriffs, dem das Erwerbsverbot als Maßnahme des einstweiligen Rechtsschutzes ebenfalls Genüge tun muss. Vielmehr gefährdet die Grundbuchsperre den Erwerber erheblich, indem sie diesem den Schutz vor anderweitiger Verfügung seitens des Veräußerers und vor einem gegen diesen gerichteten Insolvenzverfahren für den Fall, dass sich das Erwerbsverbot schließlich als unberechtigt herausstellt, grundlos vorenthält. Schließlich ist die Verweigerung der Grundbucheintragung prozessual insoweit bedenklich, als damit infolge einer Anordnung im Wege der einstweiligen Verfügung unzulässig, nämlich ohne Notwendigkeit, eine Vorwegnahme in der Hauptsache erreicht wird. Denn auf diese Weise wird nicht nur der durch den gesicherten Bereicherungsanspruch erreichbare Erfolg einer Herausgabe des Erlangten vorweggenommen, da der Erwerber nicht nur das Eigentum nicht erwirbt; vielmehr verliert er sogar unmittelbar seine verfahrens- und sachenrechtlich bereits verfestigte Erwerbsaussicht und läuft dadurch Gefahr, dass eine

zwischenzeitliche Weiterveräußerung stattfindet und diese seinen Erwerb für den Fall dauerhaft vereitelt, dass sich im Hauptsacheverfahren die Annahme eines Rechtsgrundmangels als irrig herausstellt (aA FOERSTE 139 ff).

4. Rechtsfolgenordnung

Dem vom Veräußerer mit dem Erwerbsverbot verfolgten **Sicherungszweck genügt** 34 richtigerweise eine relative Unwirksamkeit der erwerbsverbotswidrigen Verfügung ausschließlich mit der Folge einer **Suspendierung der** sonst mit dem Verfügungsgeschäft verbundenen **Heilungswirkung**, namentlich gemäß § 311b Abs 1 BGB, früher § 313 S 2 BGB, anzunehmen; eine Grundbuchsperre findet nicht statt. Der durch das Verfügungsverbot Geschützte mag alsdann das zugunsten des Erwerbers gebuchte Eigentum bereicherungsrechtlich zurückfordern (HUBERNAGEL Gruchot 73 [1933] 36, 48 ff). Daneben ist § 894 BGB nicht anzuwenden, sofern nur die Rückbuchung des Eigentums auf den durch das Erwerbsverbot Geschützten verlangt wird, weil der Anspruch gemäß § 894 BGB die materielle Lage nicht ändert, der Erwerber also auch nach dessen Durchsetzung das Eigentum relativ wirksam erlangt hätte und damit das Grundbuch entgegen dem Zweck des § 894 BGB falsch würde (HUBERNAGEL Gruchot 73 [1933] 36, 49 f; aA WENG 117 f). Bei der Durchsetzung des Rückforderungsanspruchs bedarf es der analogen Anwendung des § 888 Abs 2 BGB im Übrigen nur, soweit sich ein Dreipersonenverhältnis infolge einer Verfügung des verbotswidrigen Erwerbers zugunsten eines Dritten entwickelt hat (HUBERNAGEL Gruchot 73 [1933] 36, 50; aA WENG 116 f).

Die damit vorgeschlagene **Sicherungswirkung** des Erwerbsverbots, sofern es dem 35 Grunde nach überhaupt für zulässig gehalten wird, ist hinsichtlich der Rechtsfolgen **unmittelbar aus den §§ 135 f BGB abgeleitet**; einer Analogie bedarf es insoweit nicht (aA FOERSTE 132). Die damit gewonnene Gleichordnung der Rechtsfolgen mit den Regeln, die für das Verfügungsverbot gelten, ist wegen der damit erzielbaren Verwirklichung des Prinzips des geringsterforderlichen Eingriffs, dessen Geltung schon die Grundsätze des einstweiligen Rechtsschutzes gebieten, durchaus zu begrüßen. Es empfiehlt sich daher, das etwa als zulässig angesehene Erwerbsverbot in Parallele zum Verfügungsverbot zu konstruieren (HABSCHEID, in: FS Schiedermair [1976] 245, 254), insoweit jedoch mit aller Konsequenz.

§ 137
Rechtsgeschäftliches Verfügungsverbot

Die Befugnis zur Verfügung über ein veräußerliches Recht kann nicht durch Rechtsgeschäft ausgeschlossen oder beschränkt werden. Die Wirksamkeit einer Verpflichtung, über ein solches Recht nicht zu verfügen, wird durch diese Vorschrift nicht berührt.

Materialien: E I § 796; II § 102a; III § 133;
Mot III 77; Prot III 76 und 257.

Schrifttum

ASSFALG, Der Schutz des Treuhandbegünstigten gegen abredewidrige Verfügungen des Treuhänders in rechtsvergleichender Sicht, NJW 1970, 1902

BARTHELMESS/BRAUN, Zulässigkeit schuldrechtlicher Verfügungsbeschränkungen über Aktien zugunsten der Aktiengesellschaft, AG 2000, 172

BERGER, Rechtsgeschäftliche Verfügungsbeschränkungen (1998)

BLAUM, Das Abtretungsverbot nach § 399 2. Alt BGB und seine Auswirkungen auf den Rechtsverkehr (1983)

BRÜTT, Das rechtsgeschäftliche Veräußerungsverbot nach Gemeinem Recht und Bürgerlichem Gesetzbuch (Diss Berlin 1900)

BÜLOW, Verfügungsunterlassungsvertrag, Vormerkung und künftige Ansprüche, Jura 1989, 393

ders, Zu den Vorstellungen des historischen Gesetzgebers über die absolute Wirkung rechtsgeschäftlicher Abtretungsverbote, NJW 1993, 901

ders, Grundfragen der Verfügungsverbote, JuS 1994, 1

CANARIS, Die Verdinglichung obligatorischer Rechte, in: FS Flume I (1978) 371

ders, Die Rechtsfolgen rechtsgeschäftlicher Abtretungsverbote, in: FS Rolf Serick (1992) 9

COING, Die Treuhand kraft privaten Rechtsgeschäfts (1973)

DÄUBLER, Rechtsgeschäftlicher Ausschluss der Veräußerlichkeit von Rechten?, NJW 1968, 1117

ERMAN, Verwaltung der Rechte eines Kommanditisten durch einen persönlich haftenden Gesellschafter der Kommanditgesellschaft, in: FS Nipperdey Bd 1 (1965) 277

FLEISCHMANN, Lebzeitige Verfügungsfreiheit bei erbrechtlicher Bindung und Pflichtteilsberechtigung nach den Vorschriften des BGB (1989)

FURTNER, Sicherung eines künftigen Rechtserwerbs durch einstweilige Verfügung, NJW 1964, 745

ders, Die rechtsgeschäftlichen Verfügungsbeschränkungen und ihre Sicherung, NJW 1966, 182

GAA, Die Vererbung von Unterlassungspflichten, AcP 161 (1961) 433

GROSSFELD/GERSCH, Zeitliche Grenzen von privaten Schuldverträgen, JZ 1988, 937

GRUBER, Der Treuhandmissbrauch – Zur dogmatischen Rechtfertigung eines Verfügungsschutzes des Treugebers, AcP 202 (2002) 435

HAEDICKE, Der bürgerlich-rechtliche Verfügungsbegriff, JuS 2001, 966

HATTENHAUER, Die Entdeckung der Verfügungsmacht (1969)

HENSSLER, Treuhandgeschäft – Dogmatik und Wirklichkeit, AcP 196 (1996) 37

JAKOBS, Die Verlängerung des Eigentumsvorbehalts und der Ausschluß der Abtretung der Weiterveräußerung, JuS 1973, 152

KEGEL, Nemo minus iuris transferre potest quam ipse habet, oder warum Erbteilungsverbote so kraftlos sind, in: FS Richard Lange (1976) 927

KOHLER, Das Verfügungsverbot lebt, JZ 1983, 586

ders, Das Verfügungsverbot gemäß § 938 Abs 2 ZPO im Liegenschaftsrecht (1984)

ders, Vormerkbarkeit eines durch abredewidrige Veräußerung bedingten Rückerwerbsanspruchs, DNotZ 1989, 339

KNOKE, Zur Lehre vom relativen Veräußerungsverbot, in: FG Güterbock (Berlin 1910) 401

LANGE, Bindung des Erblassers an seine Verfügungen, NJW 1963, 1571

LIEBS, Die unbeschränkbare Verfügungsbefugnis, AcP 175 (1975) 1

MERREM, Sicherung vertraglicher Verfügungsverbote, JR 1993, 53

MÜLLER-FREIENFELS, Die Vertretung beim Rechtsgeschäft (1955)

MUMMENHOFF, Vertragliches Abtretungsverbot und Sicherungszession im deutschen, österreichischen und US-amerikanischen Recht, JZ 1979, 425

OERTMANN, Rechtsgeschäftliches Veräußerungsverbot als dingliche Dispositionsbeschränkung nach gegenwärtigem und künftigem Rechte, SeuffBl 64, 353 u 369

OSTERMANN, Das Erwerbsverbot (Diss Bonn 1930)

PIKALO, § 137 BGB in der Praxis des Rechtslebens, DNotZ 1972, 644

PREUSS, Die Vormerkungsfähigkeit von Übertragungsansprüchen auf den Todesfall, DNotZ 1998, 602

RAAPE, Das gesetzliche Veräußerungsverbot des BGB (1908)

RAIBLE, Vertragliche Beschränkung der Übertragung von Rechten (Diss Tübingen 1969)

REICHERT/HARBARTH, Stimmrechtsvollmacht, Legitimationszession und Stimmrechtsausschlussvertrag in der AG, AG 2001, 447

RIEZLER, Anmerkungen zu Schott, Über Veräußerungsverbote und Resolutivbedingungen im Bürgerlichen Recht, KritVSchr 48 (1909) 65

RUHWEDEL, Grundlage und Rechtswirkungen sogenannter relativer Verfügungsverbote, JuS 1980, 161

SANDWEG, Anspruch und Belastungsgegenstand bei der Auflassungsvormerkung, BWNotZ 1994, 5

SCHLOSSER, Außenwirkungen verfügungshindernder Abreden bei der rechtsgeschäftlichen Treuhand, NJW 1970, 681

SCHOLZ, Die verbotswidrige Abtretung, NJW 1960, 1837

SCHOTT, Über Veräußerungsverbote und Resolutivbedingungen im bürgerlichen Recht, in: Breslauer FG Dahn III (1905) 305

SEIFERT, Verfügungsfreiheit und rechtsgeschäftliches Veräußerungsverbot (Diss Frankfurt aM 1965)

STADLER, Gestaltungsfreiheit und Verkehrsschutz durch Abstraktion (1996)

TEICHMANN, Gestaltungsfreiheit in Gesellschaftsverträgen (1970)

THIELE, Die Zustimmungen in der Lehre vom Rechtsgeschäft (1966)

TIMM, Außenwirkungen vertraglicher Verfügungsverbote?, JZ 1989, 13

WAGNER, Vertragliche Abtretungsverbote im System zivilrechtlicher Verfügungshindernisse (1994)

ders, Rechtsgeschäftliche Unübertragbarkeit und § 137 S 1 BGB, AcP 194 (1994) 451

ders, Absolute Wirkung vertraglicher Abtretungsverbote gleich absolute Unwirksamkeit verbotswidriger Abtretung?, JZ 1994, 227

WANK, Missbrauch der Treuhandstellung und der Vertretungsmacht – BGH WM 1977, 525, JuS 1979, 402

WEITNAUER, Die unverzichtbare Handlungsfreiheit, in: FS F Weber (1975) 429

H P WESTERMANN, Vertragsfreiheit und Typengesetzlichkeit im Recht der Personengesellschaften (1970)

WIEDEMANN, Die Übertragung und Vererbung von Mitgliedschaftsrechten bei Handelsgesellschaften (1965)

WIEGAND, Numerus clausus der dinglichen Rechte, in: FS Kroeschell (1987) 635

ders, Die Entwicklung des Sachenrechts im Verhältnis zum Schuldrecht, AcP 190 (1990) 112

WIESMANN, Zur Tragweite des § 137 BGB (Diss Münster 1991)

WOLANY, Bedingte Einziehbarkeit gepfändeter GmbH-Geschäftsanteile, in: FS Nipperdey Bd 1 (1965) 975

ZIEGLER, Bedingte Verfügungen und § 137 Satz 1 BGB (1980)

ZÖLLNER, Vertragsfreiheit und Bindung an den Typus im ehemaligen Güterrecht, FamRZ 1965, 113.

Systematische Übersicht

Alphabetische Übersicht

I. Grundlagen und Regelungsbereich

Die zweigliedrige Vorschrift zeigt die für das Bürgerliche Gesetzbuch charakteris- **1** tische scharfe Trennung von Verpflichtungs- und Verfügungsgeschäft und verweist damit klar auf die der Norm zu Grunde liegende **wesensgemäße Unterscheidung von Obligation und** objektbezogener, insbesondere **sachenrechtlicher Zuständigkeit** (BERGER 59, zu den Grenzen der Trennung 62 ff; STADLER 251; TIMM JZ 1989, 13 ff; WIESMANN 25). Indem die Regelung im ersten Satz rechtsgeschäftlich begründete Verfügungsbeschränkungen für unwirksam erklärt, hingegen im zweiten Satz die rechtsgeschäftlich begründete Pflicht zum Unterlassen einer Verfügung als wirksam akzeptiert, betont die Norm die Eigenart von Verpflichtungs- und Verfügungsgeschäft hinsichtlich der vom rechtsgeschäftlichen **Grundsatz der privatautonomen Gestaltungsfreiheit** veranlassten Problematik nach der Zulässigkeit und Wirkung verfügungsbeschränkender rechtsgeschäftlicher Akte. Die Antwort ist eine differenzierende, weil die rechtsgeschäftliche **Regelungsmacht**, soweit diese die Beschränkung der Verfügbarkeit von Gegenständen betrifft, **nur für** das Gebiet der **Obligationen anerkannt** wird. Damit verbindet sich die Auffassung, dass gewillkürte drittwirkende Verfügungsbeschränkungen nur zugelassen werden können, wenn das zu vinkulierende Recht überhaupt erst durch einen privatautonomen Willensakt geschaffen wird, so dass die aus der Rechtsbegründung folgende Verfügungsmacht nur abgeleitet-sekundär ist und daher auch die Inhaltsgestaltung des so geschaffenen Rechts der Privatautonomie weitgehend anheim gestellt werden kann (so schon RGZ 31, 164, 167; 136, 395, 399; BGHZ 40, 156, 160), während eine Verfügungsbeschränkung bei den typischerweise objektbezogenen, elementar-originär entstehenden Zuordnungsverhältnissen, also namentlich beim Eigentum und bei Immaterialgüterrechten, grundsätzlich nicht durch nachträglich von außen herangetragene rechtsgeschäftliche Akte veranlasst werden kann (BERGER 3, 52 ff, 226 ff, 239, 249, der Letztgenannte als monistische Rechte im Gegensatz zu relationalen Rechten bezeichnet).

Die Regelung des § 137 S 1 BGB ist **kein selbstverständlicher Inhalt** einer jeglichen **2** Zivilrechtsordnung (so aber RAIBLE 82; dagegen auch MünchKomm/MAYER-MALY/ARMBRÜSTER Rn 3, 7; WIESMANN 26). Ihr stehen historische Beispiele entgegen, etwa das Preußische

Allgemeine Landrecht, dort I 4 §§ 15 ff. Auch ausländische Rechtsordnungen wie die englische lassen dingliche Verfangenschaft kraft rechtsgeschäftlicher Verfügungsbeschränkung zu und mildern nur deren freiheitsbegrenzende und verkehrshemmende Wirkung, indem sie durch rules against perpetuities für Befristungen der beschränkenden rechtsgeschäftlichen Regelungen sorgen. Dank der grundsätzlichen Versagung dinglich wirkender rechtsgeschäftlicher Verfügungsverbote sind solche sekundären Beschränkungen der Wirksamkeit derartiger Verfügungsverbote im deutschen Recht weitgehend entbehrlich (s u Rn 11).

II. Normzwecke

3 Die Norm wird als eine **Grundvorschrift** des Zivilrechts angesehen (AK-BGB/Damm Rn 1; MünchKomm/Mayer-Maly/Armbrüster Rn 3; Soergel/Hefermehl Rn 1; Wagner AcP 194 [1994] 451, 466 f). Ihre schon durch den Kontrast ihrer beiden Sätze verdeutlichte Funktion, die Trennung und **Verschiedenheit von Verpflichtungs- und Verfügungsgeschäften herauszustellen** sowie die **gesetzliche Typisierung der verfügbaren Rechte** gegen rechtsgeschäftliche Modifikationen zu **sichern**, stützt diese Einschätzung. Nicht zuletzt gewährleistet § 137 S 1 BGB, dass subjektives Recht, mithin Rechtszuordnung, und Rechtsmacht zur Verfügung über dieses, also wirkungsfähige Disposition über ein zugeordnetes subjektives Recht, zur **Sicherung funktionierender Privatautonomie** im Interesse des Rechtsinhabers und aus Verkehrsschutzgründen im Interesse an einer Verfügung beteiligter Dritter koordiniert und gesichert werden (Berger 14 f, 49 ff; die grundsätzliche Unzulässigkeit verdrängender Vollmachten betreffend Reichert/Harbarth AG 2001, 447, 449). Schon diese Aufgaben genügen, um der Norm elementare Bedeutung beizumessen.

4 Der Vorschrift werden indessen **weitere**, über die gesetzliche Strukturbildung und -sicherung hinausgehende **Sinngehalte** zuerkannt. Die umfassende Ermittlung der Normzwecke ist bedeutsam für die Beurteilung rechtsgeschäftlicher Gestaltungen unterschiedlicher Art, die im Ergebnis bewirken sollen, dass der Inhaber eines Rechtes über dieses nicht dinglich frei in der Weise verfügen kann, dass er das betroffene Recht einem von ihm ausgewählten Dritten übertragen oder es zu dessen Gunsten belasten kann. Die Erörterung der Normzwecke ist im Fall des § 137 BGB in besonderem Maße erforderlich, weil die Folgerungen aus der Vielzahl der heterogen und unverbunden bleibenden Normzwecke beliebig zu bleiben drohen (Berger 61 f). Die folglich **notwendige Diskussion** um die Funktionen des § 137 BGB hat allerdings nur teilweise zu Einmütigkeit geführt. Erörtert werden die folgenden Zwecke:

1. Freiheitsschutz

5 **a)** Der **Schutz der persönlichen Freiheit** wird nicht selten als Aufgabe des § 137 BGB angesehen, die Vorschrift damit als Schutz der Persönlichkeit oder gar der Menschenwürde gedeutet (BayObLG NJW 1978, 700, 701; OLG Düsseldorf OLGZ 1984, 90, 91; OLG Zweibrücken OLGZ 1981, 167, 168; F Baur JZ 1961, 334, 335; Bülow JuS 1994, 1, 4; Grossfeld/Gersch JZ 1988, 937, 944; Liebs AcP 175 [1975] 1, 39 f; Palandt/Heinrichs Rn 1; Raible 77 ff; Schlosser NJW 1970, 681, 683 ff; Seifert 75 ff; Weitnauer, in: FS Weber [1975] 429, 431, 434; zurückhaltend Kegel, in: FS Lange [1976] 927, 938; Medicus, AT Rn 678; ähnlich Jauernig/Jauernig Anm 2). Freiheitsschutz zugunsten des Einzelnen ist jedoch nicht Primärzweck der Norm, sondern nur **Rechtsreflex** (Berger 68 ff; ders JZ 1997, 519;

KOHLER, Verfügungsverbot 298 ff; ders DNotZ 1989, 339, 346 f; MünchKomm/MAYER-MALY/
ARMBRÜSTER Rn 3; SOERGEL/HEFERMEHL Rn 1; vorausgesetzt auch von KGJ 40, 123, 124 ff; AK-
BGB/DAMM Rn 1 ff; LARENZ/WOLF, AT § 23 III; TIMM, JZ 1989, 13, 16; H P WESTERMANN, Vertragsfreiheit 421). § 137 S 2 BGB nimmt nämlich dem jeweiligen gegenwärtigen (anders bei
künftigen, BERGER 70) Rechtsinhaber, der ein Verfügungsverbot vereinbart, in zulässiger
Weise die Freiheit, die der vorangegangene Satz zu gewähren vorgibt (BGHZ 134, 182,
186 = BGH NJW 1997, 861, 862; DÄUBLER NJW 1968, 1117, 1118 f; so insbesondere auch BERGER 59,
68 ff; DÄUBLER NJW 1968, 1117, 1118 f; JAUERNIG/JAUERNIG Anm 2; KOHLER, Verfügungsverbot
298 ff; MEDICUS, AT Rn 678; MünchKomm/MAYER-MALY/ARMBRÜSTER Rn 3; SEIFERT 97 ff; TIMM
JZ 1989, 13, 16; WANK JuS 1979, 402, 403; WIESMANN 41 ff, 99; H P WESTERMANN, Vertragsfreiheit
423; ZIEGLER 78 f); von der Sicherung der Verfügungsfreiheit um der persönlichen
Freiheit willen kann deshalb nicht gesprochen werden, wenn diese Freiheit nur im
Wege der Pflichtverletzung realisiert werden kann (BERGER 69). Gegen diese Einschätzung spricht das praktisch häufige Fehlen einer Sanktion bei Verstößen gegen
die Unterlassungspflicht nicht grundsätzlich. Mit Recht ist nämlich der Gebrauch der
Freiheit zur Verfügung als rechtswidrig anzusehen, wenn und weil der Pflichtverstoß,
Vorhandensein eines materiellen Schadens vorausgesetzt, schadensersatzpflichtig
macht.

b) Die Sicherung der **Marktfreiheit** wird zur Aufgabe der Norm erklärt, wenn die **6**
Gewährleistung von freiem Güterumsatz als Aufgabe der Norm angesehen wird
(BGHZ 56, 275, 278 f; KG NJW 1973, 428, 429; AK-BGB/DAMM Rn 4; BERGER 51 f, 74 ff; BÜLOW
JuS 1994, 1, 4; DÄUBLER NJW 1968, 1117, 1121; KEGEL, in: FS Lange [1976] 927, 938; LIEBS AcP 175
[1975] 1, 37 f; MünchKomm/MAYER-MALY/ARMBRÜSTER Rn 4; RUHWEDEL JuS 1980, 161, 162;
SOERGEL/HEFERMEHL Rn 1; STADLER 112, 251; WEITNAUER, in: FS Weber [1975] 429, 432 f; WIES-
MANN 27 f; insbesondere Verhinderung privater Fideikommissbildung: MÜLLER-FREIENFELS 130;
WEITNAUER, in: FS Weber [1975] 429, 430, 432; RGZ 90, 232; MEDICUS, AT Rn 678; aA TIMM JZ
1989, 13, 17). Damit verbunden wird § 137 S 1 BGB mit Recht die historisch-rechts-
politische Dimension zuerkannt, die Verfügbarkeit von Gütern **gegen familiär-erb-
rechtliche** und insbesondere **feudalrechtliche Bindungen** durchzusetzen (BERGER 49 ff;
GROSSFELD NJW 1995, 1719, 1722; HATTENHAUER 32 ff; KEGEL, in: FS Lange [1976] 927, 938; SAND-
WEG BWNotZ 1994, 5, 8; WIESMANN 11 ff, 30 ff, 48 f; ZIEGLER 75 f; aA DÄUBLER NJW 1968, 1117,
1118; TIMM JZ 1989, 13, 17). Damit erreicht die Vorschrift für diesen Lebensbereich, aber
auch generell, dass tunlichst das Entstehen von **res extra commercium verhindert** wird
(HAEDICKE JuS 2001, 966, 971; MÜLLER-FREIENFELS 124 ff; WAGNER AcP 194 [1994] 451, 468 f;
WIESMANN 27; ZIEGLER 70 ff). Die Norm hat infolge dessen eine ökonomische Bedeutung
insofern, als sie Güter als dinglich verfügbar erhält, sie deshalb den zur Erwerbs-
vergewisserung erforderlichen Informationsaufwand eines potenziellen Erwerbers
minimiert und sie eine Verfügungssperre lediglich mit der Folge einer Risikozuwei-
sung im Internum von verbotsbetroffenem Rechtsinhaber und Verbotsbegünstigtem
auslöst, die überdies in der Regel nur schadensersatzrechtlich sanktioniert und daher
in der Regel merkantil lösbar ist (BERGER 75 f, 78). Umsatz- und damit Marktfreiheit
werden darüber hinaus jedoch wegen § 137 S 2 BGB ebenso, wie dies für den Schutz
der persönlichen Freiheit gilt, nur unvollkommen **reflexweise** und nur **partiell** geschützt (KOHLER, Verfügungsverbot 300 ff; RAIBLE 74 f; SCHLOSSER NJW 1970, 681, 683; SEIFERT
93 f; THIELE 195 f; TIMM JZ 1989, 13, 17). Die Sicherung der Marktdynamik ist in Anbetracht der wegen § 137 S 2 BGB bestehenden verkehrsbeschränkenden Wirkungen
vielmehr maßgebliche Aufgabe des Gesetzes gegen Wettbewerbsbeschränkungen; im
Zusammenwirken mit den dortigen Regelungen trägt allerdings § 137 S 1 BGB durch

den Ausschluss dinglich wirkender Vertriebsbindungen zum Funktionieren des Marktes durchaus bei (LIEBS AcP 175 [1975] 1, 37 f; SOERGEL/HEFERMEHL Rn 15; BÜLOW JuS 1994, 1, 4 zur Verhinderung privater Fideikommisse).

2. Sicherung der Zivilrechtsstruktur

7 a) Die institutionelle Sicherung des **numerus clausus der güterzuordnenden Rechte**, namentlich der Sachenrechte und dabei vor allem des Eigentums (BERGER 56), wird mit Recht als Aufgabe des § 137 S 1 BGB angesehen (BGHZ 134, 182, 186 = NJW 1997, 861, 862 = JZ 1997, 516, 517 mAnm BERGER JZ 1997, 519 ff; BERGER 78 ff, insbes zur Offenheit für Neuentwicklungen 89; CANARIS, in: FS Flume I [1978] 371, 419 f; FLUME § 17, 7; FURTNER NJW 1966, 182, 185; GROSSFELD/GERSCH JZ 1988, 937, 944; LIEBS AcP 175 [1975] 1, 26, 32 ff; MünchKomm/ MAYER-MALY/ARMBRÜSTER Rn 5; RAIBLE 75, 106 ff; RIEZLER KritVSchr 48 [1909] 65, 69; SEIFERT 89 f; STADLER 112; THIELE 195, 201; WAGNER AcP 194 [1994] 451, 474; WIESMANN 32 ff; ZIEGLER 76 f; einschränkend DÄUBLER NJW 1968, 1117, 1120 f; SCHLOSSER NJW 1970, 681, 683; WIEGAND, in: FS Kroeschell [1987] 631 ff). Diese Deutung kann sich auf die Gesetzesmaterialien stützen (Mot Sachenrecht 77 = MUGDAN Sachenrecht 42 f und Prot 3797 = MUGDAN Sachenrecht 500 f; deutlich auch Redaktorenvorlage Sachenrecht Bd 1, 536 in Verbindung mit 501; BERGER 56 ff; KOHLER, Verfügungsverbot 302 ff; WIEGAND, in: FS Kroeschell [1987] 623, 635 f; ders AcP 190 [1990] 112 ff). Durch § 137 S 1 BGB wird die dauernde Spaltung der Verfügungs- von der Nutzungsbefugnis verhindert und auf diese Weise die Rückkehr einer feudalrechtlichen **Trennung in Verfügungs- und Nutzungseigentum** (so auch FLUME § 17, 7; SOERGEL/ HEFERMEHL Rn 1) bzw Ober- und Untereigentum (BERGER 50 f, 56 ff) **ausgeschlossen.** Damit wird zugleich verhindert, dass der Rechtsinhaber seine Rechtsmacht dazu verwendet, dem ihm zugewiesenen subjektiven Recht zum Nachteil für Dritte sowie für Rechtsnachfolger auf Dauer die Substanz zu entziehen, die gerade in der grundsätzlich freien Betätigung der der Rechtszuweisung inhaltlich eigenen Rechtsmacht liegt (BERGER 52 ff). Die Unzulässigkeit von Grunddienstbarkeiten gemäß § 1018 BGB (BGHZ 29, 244, 249) oder beschränkten persönlichen Dienstbarkeiten gemäß § 1090 BGB (OLG Frankfurt aM Rpfleger 1978, 306, 306) mit dem Inhalt, eine Grundstücksveräußerung an die Zustimmung eines Dritten zu binden (OLG Schleswig OLG-R 1997, 273), unterstützt die mit § 137 BGB intendierte Sicherung des numerus clausus der Sachenrechte, soweit dieses Prinzip gerade die Trennung von Verfügungs- und Nutzungseigentum verhindern soll.

8 Neben dieser durch § 137 S 1 BGB erreichten, freiheitsschützenden Sicherung des sachenrechtlichen numerus-clausus-Prinzips dient die Vorschrift dem ebenfalls mit dem Grundsatz des numerus clausus der Sachenrechte verbundenen Ziel, durch Beschränkung auf wenige gesetzlich bestimmte güterzuordnende Rechtsfiguren **Orientierungssicherheit** für den Rechtsverkehr und damit **Rechtssicherheit durch Rechtsklarheit** zu schaffen (BayOLG NJW 1978, 700, 701; BERGER 72 ff, 79; BGB-RGRK/ KRÜGER-NIELAND/ZÖLLER Rn 8; DÄUBLER NJW 1968, 1117, 1120; ERMAN/PALM Rn 1; JAUERNIG/ JAUERNIG Anm 2; KOHLER, Verfügungsverbot 305 ff; LIEBS AcP 175 [1975] 1, 23, 34 ff; MEDICUS, AT Rn 678; PALANDT/HEINRICHS Rn 1; RAIBLE 106 ff; SEIFERT 94 f; WAGNER AcP 194 [1994] 451, 473; WANK JuS 1979, 402, 403; WIESMANN 39 ff; ZIEGLER 80; **aA** SCHLOSSER NJW 1970, 681, 683). Allerdings hätte die nötige Erwerbssicherheit, die zu gewährleisten das Ideal der Orientierungssicherheit bezweckt, bei Zulassung rechtsgeschäftlicher Verfügungsbeschränkungen mit dinglicher Wirkung auch durch Vorhalten einer Gutglaubensschutzregelung, etwa nach dem Vorbild des § 135 Abs 2 BGB, erhalten werden können. Der Verzicht auf dingliche Wirkungen rechtsgeschäftlicher Verfügungs-beschränkungen erübrigt allerdings im Interesse der **Rechtsvereinfachung** einen nur sekundären Schutz des redlichen Verkehrs durch Gutglaubensschutzregeln, zumal sich solche nicht ohne weiteres im ganzen, nicht nur für den sachenrechtlichen Anwendungsbereich des § 137 BGB entweder mangels Rechtsscheinträgers überhaupt nicht oder bei Vorhandensein eines solchen nicht widerspruchsfrei (s o § 135 Rn 73 ff) entwickeln lassen (Berger 84 ff). Orientierungssicherheit durch Sicherung eines numerus clausus von Anwendungsfällen eines Rechtstypus wird im Übrigen auch dadurch verwirklicht, dass auch eine gewillkürte Begründung **gesamt-händerischer Vermögenszuordnungen** in Formen, die nicht gesetzlich vorgesehen sind, an § 137 S 1 BGB scheitert (Berger 142 ff).

b) Die **Vermeidung** unerwünscht **relativ-dinglicher Rechte mit Dauerwirkung** 9 (Kohler, Verfügungsverbot 311 ff; Riezler KritVSchr 48 [1909] 65, 69; Schott, in: FG Dahn III [1905] 305, 309; vgl auch Raible 19 ff, 72 f) trägt ebenfalls zur Wahrung des numerus clausus der Sachenrechte bei. Die Regelung des § 137 S 1 BGB erspart zumindest das aus Rechtsordnungen mit dinglich wirkenden rechtsgeschäftlichen Verfügungs-beschränkungen bekannte Regelwerk zur Befristung derartiger Beschränkungen.

c) Der Wahrung zivilrechtlicher Strukturprinzipien im Schnittpunkt von Schuld- 10 und Sachenrecht dient auch die bislang nicht beachtete Funktion des § 137 S 1 BGB, zur **Vermeidung** des unerwünschten **ius ad rem** beizutragen (zust Berger 77). Diese rechtstechnisch namentlich aus dem Preußischen Allgemeinen Landrecht bekannte Rechtsfigur führt zu einer quasi-dinglichen Sicherung obligatorischer Erwerbsan-sprüche, indem sie diesen Ansprüchen Rechtsverfolgungsfunktion in Bezug auf Dritte beilegt, die die zu leistende Sache vor der Erfüllung des obligatorischen Leistungsanspruchs erwarben. Ein dinglich wirkendes rechtsgeschäftliches Verfü-gungsverbot würde einen gleichartigen, unerwünschten Sachverfolgungscharakter annehmen, wenn es begleitend zu einem obligatorischen Erwerbsanspruch hinzu-träte. Die Kombination des ius ad rem im Preußischen ALR I 2 § 124, 132 ff, I 10 § 25 und I 19 § 5f mit einem dinglich wirkenden rechtsgeschäftlichen Verfügungs-verbot im Preußischen ALR I 4 §§ 15 ff ist daher stimmig; umgekehrt fordert die Verwerfung des Ersteren durch das Bürgerliche Gesetzbuch konsequent auch die Verwerfung des Letzteren (Bülow JuS 1994, 1, 8; Kohler, Verfügungsverbot 243 f). Einer **Obligation Sukzessionsschutz** zuzuerkennen ist **nicht** die Regel des geltenden Zivil-rechts, wie etwa gerade Ausnahmen von der Art des mietrechtlichen § 566 BGB zeigen, so dass die Zivilrechtsordnung auch nicht generell rechtsgeschäftliche Ver-fügungsbeschränkungen anerkennen kann, ohne eine Handhabe dafür zu bieten, Obligationen planwidrig im Ergebnis zu rechtsnachfolgefesten und ranggeschützten, mithin zu quasi beschränkten dinglichen Rechten zu machen; zu diesem Zweck stehen ausschließlich die sachenrechtlichen Formen zur Verfügung (Berger 80 f).

d) Mit Recht anerkannt ist die **vollstreckungssichernde Funktion** des § 137 S 1 11 BGB (BGHZ 134, 182, 186 = NJW 1997, 861, 862; BayObLG NJW 1978, 700; Mot Sachenrecht 77 = Mugdan Sachenrecht 43; AK-BGB/Damm Rn 3; BGB-RGRK/Krüger-Nieland/Zöller Rn 7; Bülow JuS 1994, 1, 4; Erman/Palm Rn 1; Flume § 17, 7; Furtner NJW 1966, 182, 185; Grossfeld/Gersch JZ 1988, 937, 944; Kohler, Verfügungsverbot 315 ff; ders DNotZ 1989, 339, 348 f; Liebs AcP 175 [1975] 1, 12, 17 ff, 23, 36 f; MünchKomm/Mayer-Maly/Armbrüster Rn 6; Oertmann Recht 1916 Sp 57; Schott, in: FG Dahn III [1905] 305, 331; Soergel/Hefermehl Rn 1;

TIMM JZ 1989, 13, 17 f; WAGNER AcP 194 [1994] 451, 472; WANK JuS 1979, 402, 403; WIEDEMANN 184 f; WIESMANN 36 ff; ZIEGLER 72 ff; aA DÄUBLER NJW 1968, 1117, 1118; RAIBLE 73 f; SCHLOSSER NJW 1970, 681, 683). Diese Normfunktion ergibt sich de lege lata aus § 851 Abs 1 ZPO, indem diese Vorschrift zeigt, dass die Pfändbarkeit eines Rechts grundsätzlich von dessen Übertragbarkeit abhängt. Allerdings kann die Sicherstellung der Pfändbarkeit die Regelung des § 137 S 1 BGB nur **im Sinne einer Rechtsvereinfachung legitimieren**, weil gesetzgebungstechnisch bei Anerkennung dinglich wirkender rechtsgeschäftlicher Verfügungsbeschränkungen auch der in § 851 Abs 2 ZPO beschrittene Weg gangbar gewesen wäre, die Pfändbarkeit des Rechts unabhängig von seiner Übertragbarkeit zuzulassen und von einer analogen Anwendung des § 772 S 2 ZPO abzusehen (nur unter dieser Prämisse zutr BERGER 71 f).

III. Allgemeiner Anwendungsbereich (Satz 1 und 2)

1. Veräußerliches Recht

12 Die Vorschrift regelt nur rechtsgeschäftliche Verfügungsbeschränkungen in Bezug auf Rechte, die kraft Gesetzes veräußerlich sind (BERGER 91); dabei umfasst die Veräußerlichkeit jede Form der Verfügung, beispielsweise auch die Verpfändbarkeit (BGHZ 32, 151, 155 = NJW 1960, 1053; BGHZ 37, 203, 207 = NJW 1962, 1613; MünchKomm/ MAYER-MALY/ARMBRÜSTER Rn 8 f). Die Vorschrift knüpft mithin differenzierend an die **Unterscheidung** zwischen der **objektiven Eigenschaft eines Rechts**, veräußerlich zu sein, und der **subjektbezogenen Verfügungsmacht des jeweiligen Rechtsinhabers** an (MünchKomm/MAYER-MALY/ARMBRÜSTER Rn 9; RUHWEDEL JuS 1980, 161; aA BERGER 95 f; DÄUBLER NJW 1968, 1117, 1118). Nur deren Beschränkung regelt die Vorschrift. Ihrem Inhalt nach kraft Gesetzes unübertragbare Rechte werden hingegen von der Vorschrift grundsätzlich nicht erfasst (RGZ 136, 395, 399; SOERGEL/HEFERMEHL Rn 3). Die Unanwendbarkeit des § 137 BGB beschränkt sich aber auch bei einem kraft Gesetzes unveräußerlichen Recht auf solche Verfügungen über das an sich unveräußerliche Recht, die schon durch die gesetzliche Unverfügbarkeit ausgeschlossen sind; die Bestellung ausschließlicher Nutzungsrechte bei dem gemäß § 29 S 2 UrhG unübertragbaren Urheberrecht etwa ist daher anhand des § 137 S 1 BGB zu beurteilen (BERGER 91 f).

13 **a)** **Aufgrund Gesetzes** ihrem Inhalt nach ausdrücklich oder implizit **unübertragbar** sind **im vermögensrechtlichen Bereich** das schuldrechtliche **Vorkaufsrecht**, das allerdings vertraglich übertragbar gestellt werden kann (§ 473 BGB; § 514 BGB aF), die **miet- oder pachtrechtliche Gebrauchsüberlassung** (§ 540 BGB; § 549 BGB aF), die aber ebenfalls durch Vereinbarung als übertragbar gestaltet werden kann, der **Nießbrauch** (§ 1059 BGB), die **beschränkte persönliche Dienstbarkeit** (§ 1092 Abs 1 BGB) und die **Reallast** nach Maßgabe des § 1111 Abs 2 BGB. Bei den **spezialgesetzlichen Nutzungsrechten** enthält § 34 Abs 1 S 1 UrhG eine Bindung der Verfügbarkeit von Lizenzen an die Zustimmung des Urheberrechtsinhabers, während § 28 Abs 1 S 1 VerlG für das Verlagsrecht Übertragbarkeit vorsieht, die aber gemäß § 28 Abs 1 S 2 VerlG ebenso vinkuliert werden kann, wie dies gemäß §§ 413, 399 2. Fall BGB bei Patent- oder Markenlizenzen möglich ist, für die es an besonderen Gesetzesregeln zur Übertragbarkeit fehlt (BERGER 368 ff). Namentlich die Rücksichtnahme auf persönliche oder sonstige besondere soziale Bindung ist ein wichtiges Motiv für die Unübertragbarkeit von Rechten aus **Rechtsbeziehungen mit personalem Einschlag**

(BERGER 331 ff). Hierher gehören neben den meisten der vorgenannten Fälle die höchstpersönlichen Rechtsbeziehungen zwischen Ehegatten und im Eltern-Kind-Verhältnis (BGB-RGRK/KRÜGER-NIELAND/ZÖLLER Rn 17; MünchKomm/MAYER-MALY/ARMBRÜSTER Rn 12; SOERGEL/HEFERMEHL Rn 4 f; ZÖLLNER FamRZ 1965, 113, 117), Ansprüche auf eine persönliche **Dienstleistung** (§ 613 S 2 BGB) und auf die **Ausführung eines Auftrags** (§ 664 Abs 2 BGB), ferner die **Vereinsmitgliedschaft** (§ 38 BGB), mit der **Gesellschafterstellung** verbundene Ansprüche aus dem Gesellschaftsverhältnis (§ 717 S 1 BGB) und Anteile am Gesellschaftsvermögen einer Personengesellschaft (§ 709 Abs 1 BGB); auch diese Rechte können durch Vertrag fungibel gemacht werden. Eine gesetzliche, aber abdingbare Verfügungsbindung enthält auch § 17 GmbHG betreffend die Veräußerung von Teilen eines Geschäftsanteils, und zwar im Unterschied zur grundsätzlichen, allerdings nach § 15 Abs 5 GmbHG beschränkbaren Veräußerlichkeit des gesamten Geschäftsanteils gemäß § 15 GmbHG (dazu BGHZ 32, 151, 155; AK-BGB/DAMM Rn 5; MünchKomm/MAYER-MALY/ARMBRÜSTER Rn 23 f; SOERGEL/HEFERMEHL Rn 4). Gemäß § 68 Abs 2 AktG können auch **Aktien** einer AG und gemäß § 76 Abs 1 S 2 GenG ferner **genossenschaftliche Geschäftsguthaben** vinkuliert sein.

§ 399 **1. Fall BGB** ordnet die Unübertragbarkeit kraft Gesetzes unter der Voraus- **14** setzung an, dass die Verfügung zu einer Inhaltsänderung des betroffenen Rechts führen würde. Diese Vorschrift enthält eine **Blankettregelung**. Ihre Voraussetzungen liegen allerdings in der Regel bei besonderer Prägung des Schuldverhältnisses durch die Person des Gläubigers oder des Schuldners vor.

b) Aufgrund gesetzlicher Einzelermächtigung können veräußerliche Rechte in **15** einigen Fällen bei der Konstituierung des Rechts durch den Begründer des Rechts oder durch Vereinbarung zwischen dem Rechtsinhaber und dem rechtseinräumenden Teil **kraft Rechtsgeschäfts zu unveräußerlichen Rechten** gemacht werden. Dies kann auch nachträglich geschehen.

§ 5 **ErbbauVO** gestattet, als Inhalt des Erbbaurechts zu vereinbaren, dass der Erb- **16** bauberechtigte zur Veräußerung und grundpfandrechtlichen Belastung des Rechts der Zustimmung des Grundstückseigentümers bedarf. § 12 **WEG** sieht für das Wohnungseigentum die Möglichkeit vor, als Inhalt des Sondereigentums zu vereinbaren, dass ein Wohnungseigentümer zur Veräußerung seines Wohnungseigentums der Zustimmung anderer Wohnungseigentümer oder eines Dritten bedarf (BGHZ 37, 203, 204 ff; 49, 250, 257); gemäß § 15 WEG kann auch die Einräumung eines Nießbrauchs als Gebrauchsregelung der Zustimmung der übrigen Sondereigentümer bedürfen (LG Augsburg Rpfleger 1999, 125). Gleiches gilt aufgrund von § 35 **WEG** für das Dauerwohnrecht. Eine nach der ErbbauVO und dem WEG erforderliche Zustimmung zur Verfügung kann jedoch nur aus wichtigem Grund verweigert werden; mangels eines solchen ist sie durch gerichtliche Entscheidung zu ersetzen. § 792 **Abs 2 S 1 BGB** ermöglicht dem Anweisenden, durch einseitigen rechtsgeschäftlichen Akt die Übertragung der Anweisung auszuschließen. Die schon genannten Fälle der § 15 Abs 5 GmbHG, § 68 Abs 2 AktG, § 76 Abs 1 S 2 GenG sowie der § 28 Abs 1 S 1 VerlagsG, § 34 Abs 4 UrhG sind auch hierher zu rechnen.

Bei **Forderungen** kann die Abtretbarkeit durch Vereinbarung zwischen Gläubiger **17** und Schuldner gemäß § 399 **2. Fall BGB** ausgeschlossen werden (vgl zu Einzelheiten Komm dort; eingehend BERGER 228 ff; WAGNER, Abtretungsverbote pass), wobei die Vinkulierung eines Anspruchs auf Erwerb eines Liegenschaftsrechts dessen Vormerkbarkeit nicht ausschließt (LG Oldenburg Rpfleger 1995, 208). Der Abtretungsausschluss führt vorbehaltlich einer Heilung infolge einer Zustimmung des Schuldners, die die Zession im Rahmen der Zustimmung wirksam macht, nach hM (BGHZ 40, 156, 159 = NJW 1964, 243, 244) stets zu absoluter Unwirksamkeit der Zession. Damit wird eine Teilung der Rechtszuständigkeit, die die Rechtsdurchsetzungsmacht des Zessionars gegenüber dem Schuldner beeinträchtigen würde, ebenso vermieden wie die Preisgabe des Leitgedankens des Abtretungsrechts, das abgetretene Recht durch den Subjektswechsel nicht inhaltlich zu verändern; eine Rechtsfolgenanalogie zu § 135 BGB generell oder wenigstens je nach Feststellbarkeit einer typisch personal begrenzten Schutz- und Interessenlage ist demnach nicht anzuerkennen (BERGER 286 ff gegen CANARIS, in: FS Serick [1992] 9 ff; WAGNER, Abtretungsverbote 472 ff). Der Tatbestand des § 399 2. Fall BGB ist hingegen nicht erfüllt, wenn die Abrede zwischen Gläubiger und Schuldner lediglich den Inhalt hat, die Zession einer an sich übertragbaren Forderung zu unterlassen; dies ist ein Fall des § 137 BGB mit der Konsequenz, dass die dennoch erfolgte Abtretung wirksam ist, aber der Zedent im Innenverhältnis schadensersatzpflichtig sein kann (WAGNER JZ 1994, 227, 229).

18 Die nach § 399 2. Fall BGB gegenständlich wirkende rechtsgeschäftliche Forderungsvinkulierung **schließt** allerdings in Abweichung von dem Grundsatz, dass die Übertragbarkeit über die **Pfändbarkeit** entscheidet, die Pfändung ausnahmsweise gemäß § 851 Abs 2 ZPO **nicht aus** (BGHZ 56, 228, 232; 56, 275, 279; BERGER 317 ff; BÜLOW 1994, 1, 5). **§ 354a HGB** sieht überdies als zwingendes Recht bei einer mit dem Schuldner getroffenen Vereinbarung über den Ausschluss der Abtretung einer Geldforderung gemäß § 399 BGB vor, dass die **Abtretung gleichwohl wirksam** ist, wenn das Rechtsgeschäft, das diese Forderung begründet, für beide Teile ein Handelsgeschäft ist, oder wenn der Schuldner eine juristische Person des öffentlichen Rechts oder ein öffentlich-rechtliches Sondervermögen ist; unberührt bleibt das Recht des Schuldners, auch in Kenntnis der trotz Vinkulierungsvereinbarung wirksamen Abtretung mit befreiender Wirkung an den bisherigen Gläubiger zu leisten. Vorbehaltlich der Anwendbarkeit des § 354a HGB kann die Forderungsvinkulierung insbesondere dazu führen, dass ein **verlängerter Eigentumsvorbehalt** nicht wirksam wird (BGHZ 56, 173, 175; BÜLOW JuS 1994, 1, 5) und deshalb die Einwilligung des Eigentumsvorbehaltsverkäufers in die Verfügung über das unter Eigentumsvorbehalt gelieferte Gut oder zu einer eigentumsentziehenden Maßnahme nach Maßgabe der §§ 946 ff BGB fehlt; in solchen Fällen ist der Abtretungsausschluss auch nicht aufgrund des § 138 Abs 1 BGB als sittenwidrig unwirksam, da § 399 2. Fall BGB das Interesse des Schuldners am Ausschluss eines Gläubigerwechsels anerkennt (BGHZ 51, 113, 116 = NJW 1969, 415 ff; BÜLOW JuS 1994, 1, 6; SOERGEL/HEFERMEHL Rn 7; **aA** MATTHIES, Abtretungsverbot und verlängerter Eigentumsvorbehalt, WM 1981, 1042, 1045; MUMMENHOFF JZ 1979, 425 ff).

19 Der **mit einem Dritten vereinbarte Zessionsausschluss** wird nicht von § 399 2. Fall BGB, sondern von **§ 137 BGB** erfasst (BERGER 91; BÜLOW JuS 1994, 1, 4 f; PALANDT/HEINRICHS Rn 2; SOERGEL/HEFERMEHL Rn 6). Gleiches gilt für **andere verfügungsbeschränkende Rechtsgeschäfte im Drittverhältnis.** Dazu zählt etwa die Bindung eines Kontoinhabers dahingehend, über das Kontoguthaben nur mit Zustimmung anderer verfügen zu dürfen, wie es etwa bei Konten auf den Namen eines Hausverwalters vorkommt; eine Vinkulierung des Kontoguthabens ist daher nur möglich, wenn die Wohnungseigentümergemeinschaft trotz der anderslautenden Deklaration die Voll-

rechtsinhaberin ist und der Hausverwalter nur gemäß § 185 Abs 1 BGB verfügungs-
ermächtigt ist (OLG München NJW-RR 2000, 1682, 1683).

Wegen **§ 413 BGB** ist die Verfügungsbeschränkung auch bei sonstigen Rechten **20**
grundsätzlich möglich, deren Übertragbarkeit nicht eigenständig geregelt ist (eingehend BERGER 331 ff); dies gilt aber wie bei unmittelbarer Anwendung des § 399 2. Fall
BGB nur für Vereinbarungen zwischen den am Recht Beteiligten, nicht für Vereinbarungen des Rechtsinhabers mit Dritten (BERGER 334, für Mitgliedschaftsrechte 368).
Fehlt es an der ausdrücklichen gesetzlichen Zulassung einer rechtsgeschäftlichen
Vinkulierung bei rechtsgeschäftlicher Schaffung eines hinsichtlich seiner Verfügbarkeit nicht gesetzlich definierten Rechts, ist allerdings eine Vinkulierung gemäß § 413
BGB grundsätzlich **unzulässig** und § 137 S 1 BGB entsprechend anzuwenden, wenn
das Recht nur ein absolut wirkendes, primär bloß Nichtstörungspflichten auferlegen-
des Recht ist und es **kein relationales Rechtsverhältnis** mit Leistungs- oder Mitwir-
kungspflichten in einer besonderen personellen Beziehung begründet; **Ausnahmen**
bei den ausschließlich absolut wirkenden Rechtsverhältnissen sind nämlich nur zuzulassen, wenn das Interesse der Beteiligten anzuerkennen ist, nachhaltig **Sicherheit**
hinsichtlich der Person des Partners zu haben (insow zutr BERGER 94 ff, 333 f; **aA** DÄUBLER
NJW 1968, 1117, 1120).

Sachenrechte haben zwar eine derart absolut wirkende Struktur, können aber den- **21**
noch zugleich relativ in dem Sinne sein, dass sie eine personale Sonderrechtsbezie-
hung begründen (BERGER 351 ff), die eine rechtsgeschäftliche Vinkulierung rechtfertigt. Letzteres trifft neben dem gemeinschaftsrechtlich geprägten **Miteigentum**
(BERGER 359; RAIBLE 171; SOERGEL/STÜRNER vor § 1008 Rn 6; **aA** LG München I ZBlFG 1,
515 ff; DÄUBLER NJW 1968, 1117, 1121; STAUDINGER/GURSKY [1999] § 1010 Rn 15; WALTER, Der
gebundene Miteigentümer – Beschränkung der Verfügung über einen Miteigentumsanteil?, DNotZ
1975, 518) namentlich auf die **beschränkt dinglichen Rechte** zu (BERGER 352). Praktisch
von Belang ist dies vor allem für die **Grundschuld** (OLG Stuttgart OLGZ 1965, 96, 97; OLG
Hamm NJW 1968, 1289, 1290; OLG Köln DNotZ 1970, 419, 422; BERGER 360 f mit dem Hinweis, dass
dies nicht für die Eigentümergrundschuld gilt; MünchKomm/MAYER-MALY/ARMBRÜSTER Rn 20; **aA**
RAIBLE 193 ff), wodurch möglich wird, die Grundschuldabtretung gleichgerichtet an
eine etwaige Abtretung der gesicherten Forderung zu binden; ein akzessorisches
Recht entsteht damit nicht, da die Grundschuld jedenfalls gesondert übertragen
werden muss (BERGER 354 f). Bei der **Hypothek** ergibt sich die Möglichkeit einer
Vinkulierung bereits aus Akzessorietätsgründen infolge des Ausschlusses der Übertragbarkeit der gesicherten Forderung. **Immaterialgüterrechte** wie Urheber-, Patent-,
Gebrauchs- und Geschmacksmuster-, Marken- und Firmenrecht begründen primär
absolut wirkende Zuweisungs- und Ausschließungsrechte, so dass sie, soweit sie als
Stammrecht nicht kraft sondergesetzlicher Regelung unübertragbar sind, zwar
grundsätzlich gemäß § 137 BGB zu behandeln sind und sie nicht aufgrund des
§ 413 BGB vinkuliert werden können; hier rechtfertigt es aber in der Regel der
personenrechtliche Einschlag, sie dennoch durch Vereinbarung zwischen Rechtsinhaber und Erwerber hinsichtlich der Weiterveräußerung zu vinkulieren (RGZ
127, 197, 205; BGH GRUR 1959, 147, 149; BERGER 338 ff).

Ohne praktische Bedeutung ist die Frage, ob die genannten Fälle, in denen das **22**
Gesetz rechtsgeschäftliche Verfügungsbeschränkungen zulässt, als Ausnahme von
der Regel des auch hier grundsätzlich anwendbaren § 137 BGB anzusehen sind (so

BERGER 94 ff; MünchKomm/MAYER-MALY/ARMBRÜSTER Rn 20 mwN), oder ob es sich um eine **gesetzlich zugelassene Inhaltsbestimmung des Rechts** handelt (BGHZ 19, 355, 359 = NJW 1956, 463; BGHZ 40, 156, 160; 70, 299, 303 = NJW 1978, 813 ff; FLUME § 17, 7; RAIBLE 19; SOERGEL/ HEFERMEHL Rn 6; dag insbes WAGNER AcP 194 [1994] 451 ff). Letzteres ist zutreffend, obwohl Gläubiger und Schuldner die Vinkulierungsvereinbarung auch nach Begründung des Rechtes wirksam treffen können. Den rechtsgeschäftlichen Ausschluss der Verfügbarkeit eines Rechtes als Inhaltsbestimmung anzusehen ist stets dann möglich, wenn das der Vinkulierung unterliegende Recht nicht originär, sondern durch freien rechtsgeschäftlichen Dispositionsakt entstand, oder wenn die Rechtsaufhebung der Vertragsfreiheit unterliegt.

23 **c)** Ein **veräußerliches Recht** im Sinne des § 137 BGB ist das **Eigentum**. Ihm steht das als wesensgleiches Minus verstandene **Eigentumsanwartschaftsrecht** gleich. Es ist nicht vinkulierbar (BGH NJW 1970, 699; BERGER 355 ff; BGB-RGRK/KRÜGER-NIELAND/ ZÖLLER Rn 19; ERMAN/PALM Rn 2; FLUME AT II § 42, 4 b; LIEBS AcP 175 [1975] 1, 4, 41; Münch-Komm/MAYER-MALY/ARMBRÜSTER Rn 12; SOERGEL/HEFERMEHL Rn 7; WIESMANN 150), auch wenn zur Begründung nicht auf die Klassifizierung als wesensgleiches Minus zum Eigentum und damit formal auf die dortige Anwendbarkeit des § 137 BGB rekurriert wird; insoweit enthält nämlich § 161 BGB eine abschließende Sukzessionsschutzregelung, und dem Revokationsinteresse des Vorbehaltseigentümers genügt es, wenn er die Besitzweiterübertragung vertraglich ausschließt. Übertragbar ist ferner das Geschmacksmusterrecht gemäß § 3 GeschMG und das Patentrecht nach § 9 PatG. Das urheberrechtliche Erschöpfungsprinzip gemäß §§ 17 Abs 2, 69c Nr 3 S 2 UrhG beruht trotz seines immaterialgüterrechtlichen Verkehrsschutzzwecks nicht auf § 137 S 1 BGB, weil es an die tatsächliche Verbreitung des Originals, Werkexemplars oder Erzeugnisses anknüpft (BERGER 81 ff; **aA** RGZ 63, 394, 399; KG GRUR 1951, 41, 42).

24 Auch bei **treuhänderischer Übertragung** des Eigentums oder des Eigentumsanwartschaftsrechts ist eine dingliche Wirkung verfügungsbeschränkender Abreden nicht zulässig (RGZ 99, 142, 143; 153, 366, 369; BGHZ 11, 37, 43 = NJW 1954, 190; BGH NJW 1968, 1471 = JZ 1968, 791; BGH BB 1982, 890, 891; AK-BGB/DAMM Rn 7; BERGER 150 ff; BGB-RGRK/ KRÜGER-NIELAND/ZÖLLER Rn 20; BÜLOW JuS 1994, 1, 4; ERMAN/PALM Rn 5; GRUBER AcP 202 [2002] 435, 438; MünchKomm/MAYER-MALY/ARMBRÜSTER Rn 18; PALANDT/HEINRICHS Rn 2; SOERGEL/ HEFERMEHL Rn 9; TIMM JZ 1989, 13, 19 f; WIESMANN 115 ff; ZIEGLER 100). Dies ist allerdings nicht unbestritten (ASSFALG NJW 1970, 1902; COING 164 ff mwN; SCHLOSSER NJW 1970, 681, 684 f; WANK JuS 1979, 402; teilw LIEBS AcP 175 [1975] 1, 40), zumindest für bestimmte Treuhandgestaltungen wie etwa für die Liquidationstreuhand wird sie in Erwägung gezogen (LIEBS AcP 175 [1975] 1, 40). Für eine dingliche Bindung von Treugut ist zwar ein Sicherungsinteresse des Treugebers anzuführen (so auch MünchKomm/MAYER-MALY/ ARMBRÜSTER Rn 18). Der Anerkennung dinglich wirkender Verfügungsbeschränkungen in diesen Fällen steht jedoch das durch § 137 S 1 BGB geschützte Interesse des allgemeinen Rechtsverkehrs an Orientierungssicherheit (MünchKomm/MAYER-MALY/ ARMBRÜSTER Rn 18; SOERGEL/HEFERMEHL Rn 9) und die im Vergleich zum Verkehrsinteresse geringe Schutzwürdigkeit des Treugebers entgegen, der den Gegenstand eigenverantwortlich dem Treunehmer überlassen hat; der herrschenden Ansicht ist daher beizutreten.

2. Ausschluss oder Beschränkung der Verfügungsbefugnis

Unter **Verfügungsbefugnis** ist die Fähigkeit des Inhabers eines veräußerlichen Rechts **25** zu verstehen, eine Verfügung durch ordnungsgemäße Vornahme aller zum Verfügungstatbestand gehörenden Rechtsakte wirksam vorzunehmen. Dem steht die Befugnis zur Heilung von Verfügungsakten Nichtberechtigter gemäß § 185 BGB gleich (BERGER 93). Die Verfügungsbefugnis hat damit zu Gunsten ihres Inhabers die Funktionen der objektbezogenen **Zuweisung** im Sinne der die Vornahme rechtsgeschäftlicher Akte betreffenden **Ermächtigung des Rechtsinhabers** und der **Ausschließung Dritter** von Verfügungen; daher steht die Verfügungsbefugnis in unmittelbarem Zusammenhang mit dem Selbstbestimmungsprinzip einer auf Privatautonomie gegründeten Rechtsordnung (BERGER 10 f).

Ein **Ausschluss** der Verfügungsbefugnis liegt vor, wenn jegliche Verfügung, ins- **26** besondere auch die Veräußerung unstatthaft und unwirksam sein soll. Eine **Beschränkung** der Verfügungsmacht liegt vor, wenn nur ein Teil der von der Rechtsordnung vorgesehenen Verfügungsgeschäfte unstatthaft und unwirksam sein soll. Dabei macht es **keinen Unterschied**, ob **Verfügungsmacht** durch Rechtsgeschäft **schlicht negiert** wird, oder ob die Wirksamkeit des verfügenden Rechtsgeschäfts eines Rechtsinhabers **positiv von** der **Zustimmung** des Schuldners oder eines Dritten **abhängig gemacht** wird (SOERGEL/HEFERMEHL Rn 7; einschränkend BÜLOW JuS 1994, 1, 2 mwN in Fn 2, aber 5).

a) Eine Beschränkung der Verfügungsbefugnis im unmittelbaren Sinne des § 137 **27** S 1 BGB liegt ebenfalls nicht bei der **Überlassung von konkurrierender Verfügungsmacht** vor (MünchKomm/MAYER-MALY/ARMBRÜSTER Rn 16 mwN). Die Überlassung als solche nimmt nämlich dem Rechtsinhaber selbst im Unterschied zum Fall der verdrängenden Ermächtigung (s u Rn 34) die Verfügungsmacht nicht.

Bei **abgeleiteter** Verfügungsmacht, etwa in Fällen der Insolvenzverwaltung, der **28** Testamentsvollstreckung oder der Ermächtigung gemäß § 185 Abs 1 BGB, erfasst § 137 S 1 BGB nicht deren Beschränkung durch denjenigen, der die Verfügungsmacht verleiht (BERGER 93 f). Dies gilt auch, wenn etwa das Amt eines Testamentsvollstreckers für den Fall einer von diesem testamentswidrig betriebenen Erbauseinandersetzung auflösend bedingt ist (AG Starnberg FamRZ 1999, 743, 745). **Verpflichtungs-** und **Erwerbsbefugnis** regelt die Vorschrift nicht; auf diese ist sie auch nicht analog anwendbar (BERGER 94; **aA** MünchKomm/MAYER-MALY/ARMBRÜSTER Rn 8; offenlassend LIEBS AcP 175 [1975] 1, 40, 41 f).

Ein Verfügungsverbot, das eine dingliche oder schuldrechtliche Beschränkung der **29** Verfügungsmacht zum Gegenstand hat, liegt nicht vor, wenn ein Grundeigentümer bei der Abtretung des Anspruchs auf Rückgewähr einer Sicherungsgrundschuld, der dem Grundeigentümer aus dem mit dem Grundschuldgläubiger geschlossenen Sicherungsvertrag bei Erledigung des Sicherungszwecks zusteht, mit dem Zessionar des Rückgewähranspruchs vereinbart, dass der Grundeigentümer künftig den Sicherungsvertrag nicht mehr im Einvernehmen mit dem Grundschuldgläubiger ändern darf (vgl OLG München WM 1999, 1276, 1278 = DNotZ 1999, 744, 746 mAnm EICKMANN DNotZ 1999, 746 f). Mangels Akzessorietät der Grundschuld beeinträchtigt nämlich eine die **Grundschuldsicherungszweckabrede betreffende Unterlassungsvereinbarung**, sofern

Jürgen Kohler

sie überhaupt als gegeben anzunehmen ist, nur die schuldrechtliche Verpflichtungs-
freiheit und berührt dem gemäß weder dinglich noch obligatorisch die Befugnis zur
Verfügung über die Grundschuld als solcher. Unabhängig von § 137 S 2 BGB (insow
wohl aA OLG München aaO), aber im Ergebnis durchaus mit dieser Norm übereinstimmend, ist eine solche Unterlassungsvereinbarung allerdings wirksam, wenngleich
ohne Wirkung in Bezug auf zuwiderlaufende Vereinbarungen zur Änderung des
Sicherungsvertrags; unbeschadet dessen kann der Grundeigentümer dem Zessionar
wegen Verletzung der Unterlassungsvereinbarung gemäß § 280 Abs 1 BGB schadensersatzpflichtig sein, wenn die Änderung der Sicherungsabrede den abgetretenen
Anspruch auf Rückgewähr der Grundschuld entwertet hat (insow zutr OLG München
aaO).

30 b) Die Verfügung über ein veräußerliches Recht unter der zur Sicherung von
Treuhandbindungen, bei vorweggenommener Erbregelung und zur Bindung bei Ehe-
gattenverfügungen häufig verwendeten **auflösenden Bedingung** für den Fall, dass der
Erwerber über das erlangte Recht abredewidrig weiterverfügt, ist keine Beschränkung der Verfügungsbefugnis gemäß § 137 S 1 BGB im unmittelbaren Sinne, da die
Vereinbarung einer derartigen auflösenden Bedingung nicht die Erlaubtheit oder
Rechtmäßigkeit einer bedingungswidrigen Verfügung berührt, sondern gemäß
§ 158 Abs 2 BGB nur deren Wirksamkeit (**aA** WIESMANN 67). Gleiches gilt für eine
Verfügung, deren Wirksamkeit durch eine Verfügung entgegen einem rechtsgeschäftlichen Verfügungsverbot **aufschiebend bedingt** ist (zur Vormerkungssicherung bei entsprechend bedingten Verschaffungsansprüchen u Rn 55 ff). Eine Bedingung begründet jedoch
mittelbar wegen dieser Rechtsfolgen eine Verfügungsbeschränkung in Abhängigkeit
vom Bedingungseintritt; dies gilt generell für bedingte und entsprechend für befristete Verfügungen (RGZ 76, 89, 91; BERGER 168; FLUME AT II § 39, 3a; RAAPE 135). Die
analoge Anwendung des § 137 S 1 BGB auf den genannten Fall der auflösenden
Bedingung ist deshalb allerdings zu erwägen, weil es sich um eine Rechtsgestaltung
mit dem Ziel und der Folge handelt, einer auf Unterlassen einer Verfügung gerichteten Vereinbarung eine dingliche Wirkung beizulegen, allerdings in den Grenzen
des § 161 Abs 3 BGB und damit unter Wahrung von Verkehrsfähigkeit zu Gunsten
gutgläubiger Dritterwerber. Eine solche dem dinglichen Geschäft beigefügte Bedingung wird daher nicht selten als Verstoß gegen § 137 S 1 BGB und mithin grundsätzlich als unwirksam angesehen (ERMAN/PALM Rn 5; FLUME, AT II, § 17, 7; JAUERNIG/
JAUERNIG Anm 2; MünchKomm/MAYER-MALY/ARMBRÜSTER Rn 15; RAIBLE 75; SCHOTT, in: FG
Dahn III [1905] 303 ff; WIESMANN 50 ff). Es werden jedoch auch differenzierende Auffassungen vertreten (BERGER 173 ff); insbesondere wird die bedingte Verfügung unter der
hier genannten Bedingung der Weiterverfügung etwa bei Treuhandverhältnissen
(SOERGEL/HEFERMEHL Rn 14) für zulässig gehalten und sonst generell, wenn ihr ein
Verschaffungsanspruch zugrunde liegt (MEDICUS, AT Rn 852; ZIEGLER 89 ff).

31 Mit der wohl herrschenden Ansicht (BGHZ 134, 182, 187 = NJW 1997, 861, 862 = JZ 1997, 516,
517 mAnm BERGER JZ 1997, 519 ff; BayObLG NJW 1978, 700, 701; OLG Zweibrücken OLGZ 1981,
167, 169; OLG Düsseldorf OLGZ 1984, 90, 91; früh schon KG OLGRspr 22 [1911] 388; BÜLOW JuS
1994, 1, 5; FURTNER NJW 1966, 182, 185; HENSSLER AcP 196 [1996] 37, 69 f; KOHLER DNotZ 1989,
339 ff; PALANDT/HEINRICHS Rn 4; PIKALO DNotZ 1972, 644, 651; RAIBLE 181 ff; SCHLOSSER NJW
1970, 681, 682; TIMM JZ 1989, 13 ff; wohl auch BGB-RGRK/KRÜGER-NIELAND/ZÖLLER Rn 29) ist
die Verfügung unter der auflösenden Bedingung einer Weiterverfügung grundsätzlich als **zulässig** und wirksam anzusehen. Sie verstößt nicht gegen Zwecke des

§ 137 S 1 BGB. Freiheitsschutz und Gewährleistung des Güterumsatzes gehören nämlich nicht zu den primären Aufgaben der Norm, sondern sind allenfalls Rechtsreflexe (s o Rn 5 f). Die auflösende Bedingung der genannten Art führt auch nicht zu einer Trennung der Verfügungsmacht von dem Nutzungsrecht, weil die Ausübung der Verfügungsmacht durch den Rechtsinhaber im Verhältnis zum gutgläubigen Dritterwerber bei Anwendbarkeit des § 161 Abs 3 BGB zum Verfügungserfolg führt, anderenfalls aber im Unterschied zum Regelfall des § 137 BGB zur Rückordnung des betroffenen Gegenstands in das Vermögen des durch die auflösende Bedingung Begünstigten. Die verfügungsbeschränkende Wirkung der Bedingung endet daher stets mit der Ausübung der Verfügungsmacht; deren Wahrnehmung hat in allen Fällen eine rechtsumordnende Wirkung. Die Rechtsgestaltung beeinträchtigt auch nicht die Orientierungssicherheit; Gewißheit über die Rechtslage ist anhand der §§ 158 ff BGB zu gewinnen, und die Möglichkeit gutgläubigen Erwerbs gemäß § 161 Abs 3 BGB vervollständigt den formalen Aspekt der Orientierungssicherheit materiell, indem dem gutgläubigen Dritten überdies Erwerbssicherheit gegeben wird. Schließlich findet auch keine unzulässige Schaffung dauernd relativer dinglicher Rechte statt, da die auflösende Bedingung auch nicht vorübergehend zu einer auf das Rechtssubjekt bezogenen Spaltung der Rechtszuständigkeit führt. Für Verfügungen, die für den Fall einer abredewidrigen Verfügung zu Gunsten eines Dritten aufschiebend bedingt sind, gilt dies entsprechend.

Eine **Vollstreckungsgefährdung** liegt zwar in Fällen der an eine Weiterverfügung an- **32** knüpfenden bedingten Verfügung insoweit vor, als weder gegen den bedingt Berechtigten über die Einleitung der Vollstreckung hinaus bis zur schließlichen Verwertung noch vor Einleitung der Vollstreckung gegen den durch den Bedingungseintritt Begünstigten von dessen Gläubigern erfolgreich vollstreckt werden kann (BERGER 180 f). Diese Gefährdung **allein** ist jedoch nicht so geartet, dass der missbräuchlichen Vertragsgestaltung zu dem Zweck, auf Dauer vollstreckungsfreies Eigentum zu schaffen, nicht von Rechts wegen im Zusammenwirken von Bedingungs- und Vollstreckungsrecht begegnet werden könnte. Die Einleitung der Vollstreckung gegen den bedingt Berechtigten ist nämlich zulässig, und damit wird der Rückfall des Rechts ausgelöst, das infolgedessen künftig ungehindert von einer bedingungsrechtlichen Schwebelage als Vermögensbestandteil des Rückerwerbers von seinen Gläubigern verwertet werden kann. Liegt der bedingten Verfügung ein Austauschvertrag zugrunde, so löst überdies der Rückfall in der Regel Rückerstattungsansprüche des bedingt Erwerbenden aus, die ihrerseits als Vollstreckungsgegenstand zu Gunsten seiner Gläubiger in Betracht kommen, so dass der in das bedingte Recht vollstreckende Gläubiger auch häufig ein praktisches Interesse hat, zur Auslösung dieses Erstattungsvorgangs in das bedingte Recht zu vollstrecken. Aus diesen Gründen ist daher die hier behandelte bedingungsrechtliche Gestaltung grundsätzlich **nicht unzulässig**. Als **unwirksam** anzusehen sind entgegen der wohl herrschenden Ansicht allerdings solche einer Verfügung hinzugefügten Bedingungen, die **nur** den Fall der **Zwangsvollstreckung als Anlass für den Bedingungseintritt** zum Gegenstand haben. Solche Gestaltungen sind nämlich nicht bloß gegen das Prinzip der Einheit von Rechtsinhaberschaft und Haftung gerichtet, sondern unmittelbar und nur gerade gegen das etwa in den §§ 135 Abs 1 S 2, 161 Abs 1 S 2, 883 Abs 2 S 2 BGB zum Ausdruck kommende Prinzip der einheitlichen Behandlung von rechtsgeschäftlichem und pfändungsweisem Verfügenkönnen, und sie verstoßen überdies gegen den gläubigerschützenden Regelungszweck des § 851 Abs 2 ZPO (BERGER 188 ff; ZIEGLER 89 ff; **aA** RG JW 1932, 344; KGJ 40

[1911] A 232, 233 f; KG OLGRspr 22 [1911] 388; ERMAN, in: Gedächtnisschr R Schmidt [1966] 261, 273 Fn 10; GAUL, Die Zwangsvollstreckung in den Geldkredit, KTS 1989, 3, 26 Fn 166; OLZEN, Die Zwangsvollstreckung in Dispositionskredite, ZZP 97 [1984] 1, 23; WIESMANN 82 ff).

33 Wegen der grundsätzlich vom Sicherungszweck unabhängigen Zulässigkeit einer Verfügung unter der auflösenden Bedingung anderweitiger Verfügung besteht **kein Anlass** dafür, dinglich wirkende verfügungsbeschränkende Abreden **nur in Treuhandverhältnissen** zu gestatten, weil dort im Unterschied zu schlicht verfügungshindernden Vereinbarungen ein vertraglicher oder gesetzlicher Anspruch auf Rückübertragung des Treuguts bestehe; auch sonst ist nicht angezeigt, die Zulässigkeit von dem Zweck abhängig zu machen, mit ihrer Hilfe einen **bestehenden Verschaffungsanspruch zu sichern** (o Rn 29). Die Unterscheidung nach dem Maß des Sicherungsbedürfnisses, das durch begleitende obligatorische Leistungsansprüche bestimmt werden soll, würde überdies zu einer nicht tragbaren Rechtsunsicherheit hinsichtlich der Anwendungsgrenzen des § 137 S 1 BGB führen. Dieses Kriterium erlaubt nämlich, auch obligatorische Erwerbsansprüche durch eine zusätzliche verfügungsbeschränkende Vereinbarung zwischen Veräußerer und Erwerber in den Kreis der durch Rechtsgeschäft dinglich sicherbaren Rechtslagen einzubeziehen; ein die bedingte Verfügung begleitendes Erwerbsrecht kann in der Regel beliebig begründet werden. Schließlich entstehen Regelungswidersprüche; denn es leuchtet nicht ein, Treugut nicht durch entsprechende Rückfallbedingung sichern zu können, wenn die Treuhandabrede nicht auf Rückgewähr an den Treugeber, sondern auf Leistung an einen Dritten gerichtet ist (BERGER 181 f). Aus den genannten Gründen für eine allgemeine Zulässigkeit der Rechtskonstruktion, bei der eine Verfügung unter der Bedingung des Unterlassens einer weiteren Verfügung steht, ist daher nicht zu befürworten, deren Anerkennung im Wege einer diesbezüglich rechtsfortbildend restriktiven Interpretation von § 137 S 1 BGB allein auf die Fälle der Treuhand und der vorweggenommenen Erbfolge zu begrenzen (BERGER 182 ff). Richtig ist allerdings, dass bei Verfügbarkeit **besonderer gesetzlicher Instrumente zur Errichtung von Verfügungsbeschränkungen**, wie namentlich nach den Regeln des dinglichen Vorkaufsrechts und der ehegüterrechtlichen Verfügungsbeschränkungen, diese als **abschließende Spezialregelungen** anzusehen sind (BERGER 184).

34 c) Die Überlassung der Verfügungsbefugnis zur ausschließlichen Ausübung durch einen anderen liegt, anders als bei der unwiderruflichen Vollmacht (BERGER 93; wohl **aA** LIEBS AcP 175 [1975] 1, 41), im Ergebnis bei der **verdrängenden Vollmacht** vor. Auf diese ist § 137 S 1 BGB analog anzuwenden, so dass diese unwirksam ist (BGH WM 1971, 957 mwN; BERGER 92 f; BGB-RGRK/KRÜGER-NIELAND/ZÖLLER Rn 21; BÜLOW JuS 1994, 1, 4 f; ERMAN/ PALM Rn 5; FLUME § 53, 6 Fn 36; LIEBS AcP 175 [1975] 1, 40, 41; MünchKomm/MAYER-MALY/ ARMBRÜSTER Rn 17; SOERGEL/HEFERMEHL Rn 10; THIELE 199, 202; WEITNAUER 433; WIESMANN 147 f; zT abw OLG Hamm OLGZ 1975, 294, 300; **aA** MÜLLER-FREIENFELS 129 ff). Das gilt auch für eine **verdrängende Ermächtigung** gemäß § 185 Abs 1 BGB (BERGER 92 f; SOERGEL/HEFERMEHL Rn 10). Eine verdrängende Vollmacht bzw Ermächtigung verstößt gegen den Zweck des § 137 S 1 BGB, die Trennung der Verfügungszuständigkeit von der Rechtsinhaberschaft und die Zuweisung der Verfügungsmacht zu einem auf die Mitwirkung des Rechtsinhabers nicht angewiesenen Dritten zu verhindern. Die verdrängende Vollmacht bzw Ermächtigung hat im Unterschied zur Verfügung unter der auflösenden Bedingung anderweitiger Verfügung des Rechtsinhabers eine derartige unerlaubte Wirkung zur Folge. Die **Testamentsvollstreckung** wirkt zwar gemäß den

§§ 2205 S 2, 2211 Abs 1 BGB im Ergebnis wie eine verdrängende Verfügungser-
mächtigung, ist aber ein vom Gesetz zugelassenes Mittel zur Sicherung von Interessen eines Erblassers daran, den Erben dinglich wirksam an Verfügungen zu hindern (Berger 147).

Eine Ausnahme von der Unzulässigkeit der verdrängenden Vollmacht bzw Ermäch-   **35**
tigung ist **auch in Sonderfällen nicht** anzuerkennen. Sie wird für Verwaltungsrechte
eines Kommanditisten gelegentlich befürwortet (Erman, in: FS Nipperdey Bd 1 [1965] 277,
280 ff; Krückmann JW 1930, 3799; ders LZ 1931, 1169; Möhring JurJb Bd 7 [1966/7] 123, 134).
Dieser Auffassung ist nicht beizutreten (BGHZ 3, 354, 357; 20, 363 ff; MünchKomm/Mayer-
Maly/Armbrüster Rn 17; Soergel/Hefermehl Rn 10; Wiedemann 276 ff). Zu dem grundsätzlichen Einwand des Verstoßes gegen Funktionen des § 137 S 1 BGB tritt das
Bedenken, dass die Trennung des Mitgliedschaftsrechts von mitgliedschaftsrecht-
lichen Verwaltungsrechten mit dem Wesen einer Personengesellschaft nicht zu vereinbaren ist (Soergel/Hefermehl Rn 10).

3. Rechtsgeschäftliche Grundlage des Ausschlusses oder der Beschränkung

Rechtsgeschäftliche Verfügungsbeschränkungen sind **gegen die Wirksamkeit einer**   **36**
Verfügung gerichtete Abreden (Berger 9). Im weiteren Sinn zählen dazu alle Verfügungshindernisse, die das Gesetz an ein rechtsgeschäftlich begründetes Rechtsverhältnis knüpft, im engeren Sinn des § 137 BGB jedoch nur solche, bei denen
nur der Parteiwille final auf die Begründung des Verfügungshindernisses gerichtet
ist und das Gesetz diesen Parteiwillen nicht anerkennend eigens normiert (Berger 27);
§ 107 Abs 2 des ersten Entwurfs des BGB hatte die erstgenannten Fälle ausdrücklich
den gesetzlichen Verfügungsverboten im Sinne des jetzigen § 135 BGB zugeordnet.
Als rechtsgeschäftliche Grundlage von Verfügungsbeschränkungen im weiten und
engen Sinne kommen **Vertragsvereinbarungen** in Betracht, etwa als unselbständige
Abrede zur Sicherung eines Erfüllungsanspruchs, als selbständige Reservierungs-
abrede, als Abrede im Zuge vorweggenommener erbrechtlicher Regelungen, als
Treuhandabrede oder als Sicherung einer Ausschließlichkeits- und Vertriebsbindung
(Berger 102). Praktisch wichtig ist die Anwendung der Norm auf **einseitige rechtsge-**
schäftliche Akte, dabei neben dem Fall der Vinkulierung einer Anweisung durch den
Anweisenden gemäß § 792 Abs 2 BGB namentlich die Anwendung bei **Stiftungen**
und auf **Testamente** (Berger 103 f); für den **Erbvertrag** findet sich eine den § 137 S 1
BGB wiederholende Regel zu Gunsten des Erblassers in § 2286 BGB (Berger 213).
Aufgrund von Verfügungen von Todes wegen kann eine gewisse dingliche Bindung
des Erben durch **Anordnung** einer **Nacherbfolge** gemäß den §§ 2113 ff BGB oder
einer **Testamentsvollstreckung** gemäß den §§ 2211 ff BGB erreicht werden (BGHZ 57,
84, 87; Berger 147 ff; BGB-RGRK/Krüger-Nieland/Zöller Rn 18; MünchKomm/Mayer-Maly/
Armbrüster Rn 21; Soergel/Hefermehl Rn 8). Neben diesen erbrechtlich vorgesehenen
Formen einer Verfügungsbeschränkung zum Nachteil des Erben sind weitere dinglich
wirkende Beschränkungen nicht möglich, jedoch können diese im Einzelfall als Anordnung einer Einsetzung als bloßer Vorerbe oder einer Testamentsvollstreckung
verstanden werden (KG HRR 1925 Nr 146; KG OLGRspr 44 [1925] 92, 93; Erman/Palm Rn 4;
Soergel/Hefermehl Rn 8). Allerdings kann im Wege einer **Teilungsanordnung** in zuläs-
siger Weise eine verdinglichte Bindung von Miterben erreicht werden, indem die
Verfügung über einen Nachlaßgegenstand von der Zustimmung einer bestimmten
Zahl von Miterben abhängig gemacht wird (RGZ 110, 270, 274; Soergel/Hefermehl Rn 8).

Der mit dem Entzug der Verfügungsmacht zum Nachteil des Erblassers mit der Testamentsvollstreckung verbundene Übergang der Verfügungsmacht auf den Testamentsvollstrecker kann seinerseits nicht mit dinglicher Wirkung dadurch beschränkt werden, dass der Testamentsvollstrecker durch letztwillige Verfügung gemäß § 2208 Abs 1 BGB von der Verfügung über bestimmte Nachlassgegenstände ausgeschlossen wird (BGHZ 40, 115, 117; 56, 275, 278; BERGER 148; BGB-RGRK/KRÜGER-NIELAND/ZÖLLER Rn 18; ERMAN/PALM Rn 4; SOERGEL/HEFERMEHL Rn 8). Die **Testierfreiheit** als solche ist **nicht** Regelungsgegenstand des § 137 BGB (BERGER 97 f).

IV.   Gegenstandsbezogene Rechtsfolgen (Satz 1)

1.   Grundsatz

37 In dem Anwendungsbereich des § 137 S 1 BGB ist eine **Verfügung** des originär verfügungszuständigen Rechtsinhabers (BERGER 147 f) unter Verstoß gegen ein rechtsgeschäftliches Verfügungsverbot **uneingeschränkt wirksam** (BÜLOW JuS 1994, 1, 6), weil das Rechtsgeschäft, das die Verfügungsbeschränkung konstituieren soll, gemäß § 137 S 1 BGB nichtig ist (BERGER 98). Dies gilt auch bei pflichtwidrigen rechtsgeschäftlichen **Verfügungen über treuhänderisches Eigentum**, auch wenn der Treugeber bei Insolvenz des Treunehmers oder bei einer gegen diesen betriebenen Zwangsvollstreckung geschützt wird (BERGER 153 ff; aA WIEGAND AcP 190 [1990] 112, 136 f). Die Unwirksamkeit der verfügungsbeschränkenden rechtsgeschäftlichen Regelung kann allerdings für den Fall, dass diese einem Verfügungsgeschäft zu dem Zweck beigefügt wurde, die Weiterveräußerung durch den Erwerber zu verhindern, zur Unwirksamkeit der Erstverfügung nach Maßgabe des § 139 BGB führen (BGH NJW 1993, 1640, 1641; aA BERGER 99 unter Beschränkung auf bloße Unwirksamkeit der zugrunde liegenden Obligation).

38 Bei Anwendbarkeit des § 137 S 1 BGB ist **Gutgläubigkeit** des Erwerbers hinsichtlich des Nichtbestehens einer rechtsgeschäftlich begründeten Verfügungsbeschränkung **unerheblich.** Kenntnis des Erwerbers vom Bestehen eines rechtsgeschäftlichen Verfügungsverbots hindert seinen Rechtserwerb nicht (HENSSLER JuS 2000, 156, 158; KÖTZ NJW 1968, 1471 f; SCHLOSSER NJW 1970, 681, 685 f; TIMM JZ 1989, 13, 22 ff). Mangels eines sachenrechtlichen Erfolgs ist eine liegenschaftsrechtliche **Verfügung** auch dann **im Grundbuch zu vollziehen**, wenn den Beteiligten und den Grundbuchbeamten das Bestehen einer verfügungsbeschränkenden rechtsgeschäftlichen Regelung mit intendiert dinglicher Wirkung bekannt ist (BGH NJW 1968, 1471; BGB-RGRK/KRÜGER-NIELAND/ZÖLLER Rn 1). Das gemäß § 137 S 1 BGB unwirksame rechtsgeschäftliche **Verfügungsverbot** seinerseits ist mangels Erheblichkeit für den Erfolg grundstücksrechtlicher Erwerbsvorgänge auch **nicht im Grundbuch zu vermerken;** ist es irrig eingetragen, so ist es wirkungslos und von Amts wegen zu löschen.

2.   Verfügung entgegen gegenstandsbindender Verfügungsbeschränkung

39 Verfügungen unter Verstoß gegen eine zulässige rechtsgeschäftliche Vinkulierung mit dinglicher Wirkung sind durch Aufhebung der verfügungsbeschränkenden Vereinbarung oder durch Zustimmung des von der Verfügung betroffenen Schuldners oder sonst Passivbeteiligten **heilbar;** insoweit kann von schwebender Unwirksamkeit gesprochen werden (SOERGEL/HEFERMEHL Rn 6 mwN). Ohne Zustimmung ist die Verfügung nicht nur relativ (BEER 180; CANARIS, in: FS Serick [1992] 9 Fn 32; JAKOBS JuS 1973, 152,

156), sondern **absolut unwirksam** (BÜLOW NJW 1993, 901 f; ERMAN/PALM Rn 4; FURTNER NJW 1966, 182, 186; MünchKomm/MAYER-MALY/ARMBRÜSTER Rn 19; SOERGEL/HEFERMEHL Rn 6). Für eine Analogie zu den §§ 135 f BGB fehlt es an der planwidrigen Regelungslücke; dies gilt auch für vinkulierte Forderungen. Rechtsgeschäftliche Verfügungsbeschränkungen mit dinglicher Wirkung sind nämlich dort auffälligerweise nicht geregelt. Dies erscheint nicht als verfehlte Auslassung; denn das Gesetz setzt auch in anderen Fällen, in denen es nur den Schutz von Einzelinteressen bezweckt, die absolute Unwirksamkeit als Rechtsfolge ein. Der Verzicht auf die Analogie zu den §§ 135 f BGB bestätigt im Übrigen konsequent, dass in den genannten Fällen weder tatbestandlich ein Verfügungsverbot iS der §§ 135 f BGB noch eine analog zu behandelnde Verfügungsbeschränkung des Rechtsinhabers vorliegt, sondern eine **Inhaltsbestimmung des Rechts selbst**.

V. Verpflichtung zum Unterlassen einer Verfügung (Satz 2)

1. Voraussetzungen

Mit **obligatorischer** Wirkung, übereinstimmend mit dem Prinzip der im Schuldrecht **40** geltenden Vertragsfreiheit (BERGER 99; FLUME, AT II § 17, 7), kann die Pflicht im Sinne des § 241 Abs 1 S 2 BGB (BERGER 118), eine Verfügung zu unterlassen, durch Rechtsgeschäft grundsätzlich **wirksam**, klagbar und gemäß § 890 ZPO vollstreckbar (BGH FamRZ 1967, 470; BERGER 126) begründet werden. Aus der rechtsgeschäftlichen Pflicht zum Unterlassen einer Verfügung lässt sich im Wege der Auslegung auch die Pflicht zum Unterbrechen einer im Vollzug befindlichen Verfügung entwickeln, wegen der Grenzen möglicher Verbalinterpretation hingegen nicht aus dem Verfügungsverbot allein eine Pflicht zur Beseitigung einer vollzogenen Verfügung (BERGER 118). In den Grenzen des Schuldrechts wird damit der **Vertragsfreiheit** der Vorrang **vor** der **Verfügungsfreiheit** eingeräumt (SOERGEL/HEFERMEHL Rn 11). Damit wird die durch § 137 S 1 BGB gewährleistete dingliche Verfügungsfreiheit indirekt eingeschränkt, soweit sich der Verpflichtete rechtstreu verhält.

Die Verpflichtung, eine Verfügung zu unterlassen, ist grundsätzlich **formfrei** (BGH **41** NJW 1959, 2252, 2253; BGH NJW 1963, 1602, 1602; BGH FamRZ 1967, 470, 471; BGH DNotZ 1969, 759, 760; BERGER 104; BGB-RGRK/KRÜGER-NIELAND/ZÖLLER Rn 24; ERMAN/PALM Rn 6; Münch-Komm/MAYER-MALY/ARMBRÜSTER Rn 25; SOERGEL/HEFERMEHL Rn 12, 15; kritisch PIKALO DNotZ 1972, 644, 655 f), auch wenn sich die Verpflichtung gegen eine Grundstücksübereignung wendet (BERGER 104 ff; FLEISCHMANN 282 f). Anders verhält es sich allerdings, wenn die Verpflichtung, nicht zu verfügen, eine rechtliche Einheit mit einem formbedürftigen Geschäft bildet; dies kann insbesondere bei einem Erbvertrag mit Rücksicht auf § 2276 BGB der Fall sein (BGHZ 36, 65, 71; BERGER 104; BGB-RGRK/KRÜGER-NIELAND/ZÖLLER Rn 24; FLEISCHMANN 284 ff; SOERGEL/HEFERMEHL Rn 12, 15). Ferner kommt eine analoge Anwendung des § 311b Abs 3 BGB in Betracht, wenn sich die Verpflichtung zur Unterlassung von Verfügungen auf das gegenwärtige Vermögen bezieht (FLEISCH-MANN 275 ff zum vormaligen § 311 BGB).

Die Pflicht zum Unterlassen kann auch **durch schlüssiges Verhalten** rechtsgeschäftlich **42** begründet werden (BGH NJW 1959, 2252, 2253; BGH FamRZ 1967, 470, 471; BGB-RGRK/KRÜGER-NIELAND/ZÖLLER Rn 23). Allerdings wird die Vereinbarung einer solchen Unterlassungspflicht **nicht vermutet** (BGH NJW 1959, 2252; 2253; OLG Hamm NJW-RR 2000,

Jürgen Kohler

1389, 1390); wegen der freiheitsbeschränkenden Wirkung von Verfügungsverboten ist Zurückhaltung bei der Auslegung von Erklärungen und beredtem Verhalten im Sinne der Annahme von Verfügungsverboten angezeigt (BGH NJW 1973, 240; BERGER 110 f mwN; FLEISCHMANN 260 ff; MünchKomm/MAYER-MALY/ARMBRÜSTER Rn 25 mwN). Der Verbotsbegünstigte hat die Darlegungs- und Beweislast für das Bestehen einer rechtsgeschäftlich begründeten Verfügungsunterlassungspflicht (BGH NJW 1959, 2252, 2253; OLG Hamm NJW-RR 2000, 1389, 1390). Eine **Auslegungsregel** des Inhaltes, dass bei der Begründung eines rechtsgeschäftlichen Verfügungsverbots im Zweifel von einer obligatorischen Verfügungsunterlassungsabrede auszugehen ist, enthält § 137 BGB **nicht** (BERGER 99). Die **Umdeutung** einer unwirksamen dinglichen Verfügungsbeschränkung in eine zulässige obligatorische Beschränkung gemäß § 140 BGB ist allerdings möglich (BERGER 100).

2. Wirksamkeitsgrenzen

43 **a)** **Ausnahmsweise** ist kraft besonderer gesetzlicher Anordnung auch die **schuldrechtliche Verpflichtung** zum Unterlassen einer Verfügung unzulässig und **unwirksam** im Fall des § 1136 BGB, der die Verpflichtung zum Unterlassen einer **hypothekarischen** oder, gemäß § 1192 Abs 1 BGB, einer **grundschuldrechtlichen Belastung** zum Gegenstand hat, weil und soweit der Schutz des Grundpfandgläubigers wegen der dinglichen Wirkung des Grundpfandrechts in der Regel nicht die Zurücksetzung des Verfügungsinteresses des Grundeigentümers erfordert (RGZ 55, 78, 79 f; BERGER 108 ff; BÜLOW JuS 1994, 1, 4; ERMAN/PALM Rn 7; FURTNER NJW 1966, 182, 185; MünchKomm/MAYER-MALY/ARMBRÜSTER Rn 25). Auch Umgehungen des § 1136 BGB, etwa durch Vereinbarung der Kündbarkeit des gesicherten Darlehens im Fall einer Verfügung des Eigentümers oder durch Bestellung eines dinglichen Vorkaufsrechts zu Gunsten des Grundpfandgläubigers, sind wegen Verstoßes gegen die ratio des § 1136 BGB unwirksam, sofern nicht besondere Umstände im Einzelfall anderes indizieren (BGHZ 76, 371, 373 f = NJW 1980, 1625 f; BayObLG DNotZ 1981, 128; weitergehend BERGER 109 f). Eine Ausnahme von § 137 S 2 BGB enthält auch § 2302 BGB, der die Verpflichtung zur Errichtung oder zum Unterlassen der Errichtung einer **Verfügung von Todes wegen** regelt (RGZ 75, 34, 35; ERMAN/PALM Rn 7; MünchKomm/MAYER-MALY/ARMBRÜSTER Rn 26). Ferner lässt sich der erbvertraglichen Regelung des § 2286 BGB entnehmen, dass kraft des Erbvertrags als solchem auch keine Pflicht zur Unterlassung von **Verfügungen zum Nachteil eines Vertragserben** begründet werden kann (BERGER 213), unbeschadet der Zulässigkeit einer zusätzlichen Vereinbarung einer Pflicht des Erblassers zur Unterlassung von Verfügungen zum Nachteil des Vertragserben gemäß § 137 S 2 BGB (vgl BGHZ 59, 343, 350 = NJW 1973, 240 ff; BGH DNotZ 1969, 759, 760; BERGER 214 ff). Auch aus dem **Wettbewerbsrecht** kann sich die Unwirksamkeit schuldrechtlicher Bindungsklauseln ergeben. § 68 Abs 2 AktG lässt die Wirksamkeit einer verfügungsbeschränkenden Vereinbarung mit schuldrechtlicher Wirkung unberührt (BARTHELMESS/BRAUN AG 2000, 172, 174 unter Bezug auf BayObLG WM 1989, 138, 143; bestr).

44 **b)** Ein obligatorisch wirkendes Verfügungsverbot kann ferner gemäß § 138 Abs 1 BGB **wegen Sittenwidrigkeit nichtig** sein (BERGER 113 ff). Die Tatsache allein, dass § 137 S 2 BGB eine freiheitsbeschränkende Wirkung auslöst, genügt für die Annahme von Sittenwidrigkeit allerdings nicht; diesbezüglich ist **Zurückhaltung grundsätzlich geboten**. Anderenfalls wäre die Norm nicht nur praktisch weitgehend gegenstandslos. Vielmehr ist eine weitreichende Annahme von Nichtigkeit wegen sittenwidriger

Freiheitsbeschränkung auch nicht damit in Einklang zu bringen, dass § 137 S 1 BGB jedenfalls nicht primär Freiheitssicherung bezweckt, und dass es im Übrigen dem gerade in dem Gegensatz der beiden Sätze des § 137 BGB zum Ausdruck gebrachten Grundsatz der im Anwendungsbereich des § 137 S 2 BGB geltenden Vertragsfreiheit entspricht, sich wirksam zu einem Unterlassen verpflichten zu können. Sittenwidrigkeit kann daher **nur aufgrund besonderer Umstände** unter Würdigung der Interessen auch des Begünstigten angenommen werden. Unter dem Gesichtspunkt einer Sicherung eines Minimums an rechtsgeschäftlicher Handlungsfreiheit sind dem gemäß verfügungsbeschränkende Rechtsgeschäfte nur dann grundsätzlich als sittenwidrig und daher nichtig anzusehen, wenn sie sich auf das gesamte Vermögen beziehen (BERGER 114) und auch das künftige Vermögen miterfassen; der Rechtsgedanke des § 311a Abs 2 BGB stützt diese Bewertung (FLEISCHMANN 249 ff). Im Übrigen, also im Regelfall, kommt es im Rahmen der Einzelwürdigung namentlich auf die Dauer der Bindung, auf das von der Art des betroffenen Gegenstands bestimmte Maß der Handlungsbeeinträchtigung, auf das Vorhandensein von Gegenleistungen des Begünstigten und vor allem auf das Vorliegen eines schutzwürdigen Interesses des Begünstigten an, als das nicht nur ein vermögenswertes in Betracht kommt (BERGER 113 ff; WIESMANN 101). Stets sind schließlich der Anwendung des § 138 Abs 1 BGB solche Lösungen vorzuziehen, die in Analogie zu **speziellen gesetzlichen Regelungen** wie der schenkungsrechtlichen Notbedarfseinrede oder einer Kündigung wegen Eintritts eines wichtigen Grundes zu einer spezifisch sachangemessenen Gegenstandslosigkeit des verfügungsbeschränkenden Rechtsgeschäfts führen (BERGER 113); auch eine Anpassung wegen Störung der Geschäftsgrundlage kommt in Betracht.

c)   **Zeitablauf** kann zur Unwirksamkeit einer Verfügungsunterlassungsvereinba- **45** rung führen. Der obligatorische Anspruch auf Unterlassen einer Verfügung **verjährt** gemäß § 195 BGB zwar nach drei Jahren, jedoch beginnt der Lauf der Verjährungsfrist mit Rücksicht auf § 199 Abs 5 BGB erst mit der Zuwiderhandlung (BERGER 117). Aufgrund des Verbots übermäßiger Beschränkung der Freiheit des Rechtsinhabers wird daher eine **Unwirksamkeit unbefristeter Unterlassungsverpflichtungen** gemäß § 138 Abs 1 BGB angenommen und eine solche auf der Grundlage der §§ 139 f BGB in eine **zeitlich befristete Unterlassenspflicht umgedeutet**; mit Rücksicht auf eine im Bürgerlichen Gesetzbuch wiederholt, beispielsweise in § 544 BGB und in den §§ 2044 Abs 2 S 1, 2109 Abs 1 S 1, 2162 Abs 1 und 2210 S 1 BGB, vorgesehene Befristung von verfügungsbeschränkenden rechtsgeschäftlichen Regelungen wird eine dreißigjährige Frist befürwortet (GROSSFELD/GERSCH JZ 1988, 937, 943 f; in Analogie zu § 137 S 1 BGB auch MünchKomm/MAYER-MALY/ARMBRÜSTER Rn 25; PALANDT/HEINRICHS Rn 3; WIESMANN 102). Eine zeitliche Begrenzung mittelbar verfügungsbeschränkender rechtsgeschäftlicher Regelungen ist im Interesse der Freiheit des rechtsgeschäftlichen Verkehrs in der Tat wünschenswert; sie ist bei Dauerschuldverhältnissen zur Gewährleistung jeweils aktueller, den auf Dauer veränderten Umständen angepasster Privatautonomie generell erforderlich und bei diesen auch von der Rechtsordnung anerkannt (BERGER 116), wie jetzt § 314 BGB bei Vorliegen eines wichtigen Grundes zeigt. Allerdings verzichtet das Gesetz, wie die Verjährungsregel zeigt, auf die Festlegung einer bestimmten Frist, innerhalb deren der Unterlassungsanspruch längstens durchsetzbar sein soll; auch das dingliche Vorkaufsrecht, dem ebenfalls im Ergebnis verfügungsausschließende Wirkung zukommt, ist unbefristet. Eine **starre zeitliche Limitierung** des Anspruchs auf Unterlassung einer Verfügung ist deshalb **abzulehnen** (anders BERGER 117). Vorzugswürdig ist eine **bewegliche Lösung**, die aufgrund von Treu und Glauben zu einer Anspruchsbegrenzung jeweils mit Rücksicht darauf führt, ob dem Untersagungsanspruch noch ein **anerkennenswertes Interesse** zugrunde liegt. Die Entscheidung des nach Maßgabe des § 242 BGB anzuwendenden § 138 BGB fügt sich damit den Grundsätzen ein, die für die Begrenzung unverjährbarer dinglicher Rechte gelten, beispielsweise für Ansprüche auf Aufhebung einer nach Ansicht des betroffenen Grundeigentümers gegenstandslos gewordenen Grunddienstbarkeit. Der Ablauf einer Frist von **dreißig Jahren** seit Entstehung des Unterlassungsanspruchs kann in diesem Zusammenhang allerdings, aber auch nur allenfalls, eine **Vermutung** für den Fortfall des Untersagungsinteresses begründen.

46 **d)** Im **Erbfall** wirken Verfügungsverbote grundsätzlich **gegen den Erben** fort, weil sie gegenstandsbezogen sind (BERGER 130 ff; aA GAA AcP 161 [1961/2] 433, 444 ff). Vor dem Erbfall bestehende Handlungsmöglichkeiten des künftigen Erben werden in diesen Fällen nicht beschnitten, da das mittelbar vom Verfügungsverbot betroffene Objekt erst mit dem Erbfall in das Erbenvermögen gelangte. Eine unzulässige Verdinglichung der Obligation ist damit nicht verbunden, da nur die Konsequenz aus dem erbrechtlichen Grundsatz der Universalsukzession gezogen wird. Allerdings kann die den Erbfall überdauernde Pflicht zur Unterlassung einer Verfügung insbesondere unwirksam sein, weil sie eine übermäßig dauernde und von keinem sachlichen Interesse gerechtfertigte Einschränkung der Handlungsfreiheit des Erben ist (o Rn 44). Im Übrigen kann die Auslegung der Unterlassungsvereinbarung ergeben, dass die Unterlassungspflicht des Erblassers mit dem Erbfall erlischt, was insbesondere anzunehmen ist, wenn zugleich eine eigene Unterlassungspflicht des Erben nach Eintritt des Erbfalls vereinbart wird; diese Vereinbarung ist allerdings als Vertrag zu Lasten Dritter unwirksam (vgl LG Siegen Rpfleger 1995, 66). Ein **Vermächtnis**, das einen vom Verfügungsverbot mittelbar erfassten Gegenstand betrifft, ist wirksam; analog § 2170 Abs 2 S 2 BGB kann der Verpflichtete dem Vermächtnisnehmer aber Wertersatz leisten, wenn er das Verfügungsverbot nicht durch Zustimmung des Verbotsbegünstigten beseitigen kann (BERGER 133). Einer **Nachlassauseinandersetzung** durch Veräußerung zwecks Teilung des erzielten Erlöses steht § 137 S 2 BGB nur insoweit entgegen, als gemäß den §§ 2042 Abs 2, 753 Abs 1 S 2 BGB nur der Erwerb durch einen Miterben zulässig ist; die Veräußerung ist gemäß § 2044 Abs 1 BGB nur dann vollständig ausgeschlossen, wenn die Nachlassauseinandersetzung in der Form der letztwilligen Verfügung untersagt wurde (BERGER 133 f).

47 **e)** In einem **Insolvenzverfahren**, das den **Verbotsbegünstigten** betrifft, fällt der Untersagungsanspruch gemäß § 35 InsO in dessen Insolvenzmasse, wenn der Anspruch dem Schutz eines Massegegenstands dient (BERGER 127). Bei **Insolvenz des verbotsbelasteten Schuldners** kann der Unterlassungsanspruch, wenn er Vermögenswert hat, grundsätzlich eine Insolvenzforderung gemäß § 38 InsO sein, wenn und weil, wie es bei gegenstandsbezogenen Unterlassungspflichten die Regel ist, die Unterlassungspflicht nicht nur höchstpersönlich, sondern auch von dem an Stelle des verbotsbetroffenen Rechtsinhabers handelnden Verfügungsermächtigten zu erfüllen ist und der verfügungsverbotsbetroffene Gegenstand zur Insolvenzmasse gehört; allerdings ist der Insolvenzverwalter, wenn er nicht gemäß § 103 InsO Erfüllung wählt, nicht in dem Sinne gebunden, dass er den Unterlassungsanspruch als solchen erfüllen müsste, sondern nur in der Weise, dass der Unterlassungsanspruch zur anteiligen Befriedigung berechtigt (BERGER 127 ff).

3. Verfügung entgegen obligatorischer Unterlassungspflicht

a) Im **Verhältnis zum Unterlassungspflichtigen** kann die Nichtbeachtung der **48** Pflicht, eine Verfügung nicht vorzunehmen, **Leistungsstörungsrechte** auslösen (zum früheren Schuldrecht BGHZ 31, 13, 19; AK-BGB/Damm Rn 11; Berger 119 ff; BGB-RGRK/Krü-ger-Nieland/Zöller Rn 26; Bülow JuS 1994, 1, 4; Erman/Palm Rn 9; MünchKomm/Mayer-Maly/Armbrüster Rn 32; Soergel/Hefermehl Rn 2; Teichmann JZ 1974, 32, 34). Da der Sinn des Verfügungsverbots darin besteht, dass der Schuldner die Wirkungen einer Verfügung gerade dadurch nicht herbeiführt, dass er die dazu erforderliche Verfügungshandlung unterlässt, ist **Leistungsunmöglichkeit** anzunehmen, wenn das betroffene Recht ohnedies nicht übertragbar ist (Berger 119). In diesem Fall, aber auch bei irreversiblem Verstoß gegen das obligatorische Verfügungsverbot, ist § 275 Abs 1 BGB anzuwenden. Bei synallagmatischen Verträgen, die die Pflicht des einen Teils zur Unterlassung einer Verfügung beinhalten, kann der andere Teil gemäß § 326 Abs 1 S 1, HS 1 BGB ebenfalls von seiner Leistungspflicht frei werden. Im Übrigen kommen **Schadensersatzansprüche** gemäß § 280 Abs 1 BGB in Verbindung mit §§ 275 Abs 4, 280 Abs 3, 283 BGB oder gemäß § 311a BGB in Betracht, wobei auch § 278 BGB anwendbar ist (vgl Berger 119 ff; Fleischmann 295 f, beide zum früheren Schuldrecht). Eine Haftung aufgrund positiver Vertragsverletzung (so BGB-RGRK/Krüger-Nieland/Zöller Rn 28; MünchKomm/Mayer-Maly/Armbrüster Rn 32) unmittelbar aufgrund von § 280 Abs 1 BGB ist wegen des Vorrangs des Unmöglichkeitsrechts ausgeschlossen. Auch eine Haftung gemäß **§ 823 Abs 2 BGB in Verbindung mit § 266 StGB** kommt in Betracht (BGB-RGRK/Krüger-Nieland/Zöller Rn 28). Grundsätzlich ist gemäß § 249 Abs 1 BGB Naturalrestitution geschuldet (**aA** Fleischmann 301), so dass sich der Verpflichtete bis zur Grenze eines unverhältnismäßigen Aufwandes um das Rückgängigmachen der verbotswidrigen Verfügung bemühen muss (Berger 121). In vielen Fällen gelingt dies jedoch nicht; alsdann ist grundsätzlich Schadensersatz in Geld geschuldet. Schützt das rechtsgeschäftliche Verfügungsverbot jedoch nur ein ideelles Interesse, fehlt es an einem in Geld ersatzfähigen Schaden.

b) Im **Verhältnis zum Dritterwerber** kann die Mitwirkung an der Verletzung der **49** schuldrechtlichen Pflicht zum Unterlassen einer Verfügung nach herrschender Meinung einen **schadensersatzrechtlichen** Anspruch aufgrund des **§ 826 BGB** begründen (Berger 121 f; BGB-RGRK/Krüger-Nieland/Zöller Rn 1; Erman/Palm Rn 9; Fleischmann 299, 306; MünchKomm/Mayer-Maly/Armbrüster Rn 1, 32; Soergel/Hefermehl Rn 11). Eine vorsätzliche sittenwidrige Schädigung liegt allerdings nicht schon dann vor, wenn der Erwerber vom Bestehen der rechtsgeschäftlichen Verfügungsbeschränkung weiß (Berger 121 f). Grundsätzlich fordert die Anwendung des § 826 BGB, dass der Erwerber den Veräußerer zur abredewidrigen Verfügung verleitet hat (Fleischmann 306). Die Voraussetzungen können ferner bei einer Untreue des Veräußerers, zu der der Dritterwerber Beihilfe geleistet hat, vorliegen (BGH NJW 1968, 1471; BGB-RGRK/Krüger-Nieland/Zöller Rn 1). Vorzugswürdig ist es jedoch, § 826 BGB mit Rücksicht auf die vorrangige Spezialregelung in § 137 S 1 BGB (so tendenziell auch Soergel/Hefermehl Rn 11) auch in diesen Fällen **ebenso wenig anzuwenden**, wie dies – entgegen der herrschenden Meinung – im Falle konkurrierender obligatorischer Leistungsansprüche im Verhältnis der Erwerbskonkurrenten zueinander geschehen sollte. Dafür spricht vorliegend erst recht, dass der Vollzug der gemäß § 826 BGB geschuldeten dinglichen Rückgewähr (Soergel/Hefermehl Rn 11) wegen der Erforderlichkeit einer diesbezüglichen dinglichen Einigung zwischen dem Veräußerer und dem Erwerber rechtstechnisch unklar und wegen der Gefahr mangelnden tatsächlichen Vollzugs praktisch oft erfolglos ist.

4.　Vorbeugende Sicherungen

50　a)　Als bloß schuldrechtlich wirkende rechtsgeschäftliche Regelung kann das Recht, von dem Berechtigten die Unterlassung einer Verfügung zu verlangen, **nicht** durch **Grundbucheintragung** gesichert werden (RGZ 73, 16, 18; 90, 232, 237; Soergel/ Hefermehl Rn 12). Dies gilt auch für eine in einem Prozessvergleich begründete Unterlassungspflicht (OLG Koblenz DRiZ 1949, 234 f mit Anm Baur; Soergel/Hefermehl Rn 12). Eine dennoch erfolgte Eintragung ist unwirksam (RG SeuffA 85 Nr 95; Soergel/Hefermehl Rn 12) und als gegenstandslos gemäß § 53 Abs 1 S 2 GBO von Amts wegen zu löschen. Da die Regelung ferner weder auf Herbeiführung eines dinglichen Erfolgs zielt noch gar einen solchen unmittelbar schafft, ist der obligatorische Verfügungsunterlassungsanspruch als solcher auch **weder vormerkbar** (OLG Hamm DNotZ 1956, 151; OLG Köln MittRhNotK 1995, 100, 101; Raible 179; Sandweg BWNotZ 1994, 5, 8, 12 f; Timm JZ 1989, 13, 21; Wiesmann 91) **noch** Grundlage für einen **Widerspruch** im Sinne des § 899 BGB. Ein rechtsgeschäftliches Verfügungsverbot ist auch **nicht** als **beschränkt persönliche Dienstbarkeit** oder als **Grunddienstbarkeit** eintragungsfähig, da eine Verfügungsunterlassungsvereinbarung oder die Bindung einer Grundstücksübereignung an die Zustimmung eines Dritten kein zulässiger Inhalt dieser beschränkten dinglichen Rechte sein kann (BGHZ 29, 244, 249; OLG Schleswig WuM 1997, 448 f).

51　b)　Im **Verhältnis zum Unterlassungspflichtigen** stehen abgesehen von der Verfügung unter der – in der Regel auflösenden – Bedingung einer Weiterverfügung (o Rn 30 ff), die allerdings wegen § 925 Abs 2 BGB bei einer Auflassung nicht zulässig ist, mehrere Maßnahmen zur Sicherung der nur obligatorisch verfügungsbeschränkend wirkenden rechtsgeschäftlichen Regelung zur Verfügung (vgl Berger 122 f).

52　aa)　Primär kommt die zusätzliche Ausbedingung einer **Vertragsstrafe** für den Fall der Verletzung der Pflicht zur Unterlassung einer Verfügung in Betracht (RGZ 55, 78, 80; 73, 16, 17; BGB-RGRK/Krüger-Nieland/Zöller Rn 30; Fleischmann 310 ff; Furtner NJW 1966, 182, 184; Liebs AcP 175 [1975] 1, 25; Merrem JR 1993, 53, 54; MünchKomm/Mayer-Maly/ Armbrüster Rn 33 mwN; Palandt/Heinrichs Rn 6; Soergel/Hefermehl Rn 13; Ziegler 13). Dieses Sicherungsmittel ist praktisch vor allem in den Fällen bedeutsam, in denen ein ersatzfähiger materieller Schaden nicht vorliegt. Eine Sicherung des Vertragsstrafeanspruchs durch ein Grundpfandrecht ist zulässig (BGH MDR 1966, 756; RGZ 73, 16, 18; BGB-RGRK/Krüger-Nieland/Zöller Rn 30 mwN; Erman/Palm Rn 9; Fleischmann 313 ff; Mattern, Die Rechtsprechung des Bundesgerichtshofs zur Testamentsaushöhlung, DNotZ 1964, 196, 213 ff; MünchKomm/Mayer-Maly/Armbrüster Rn 33; Soergel/Hefermehl Rn 13).

53　bb)　Ein durch **einstweilige Verfügung** erwirkbares Verfügungsverbot auf der Grundlage des § 938 Abs 2 ZPO **mit den Rechtsfolgen des § 136 BGB** ist entgegen der wohl noch herrschenden Meinung (BGH LM § 137 Nr 2, beiläufig bestätigend BGHZ 134, 182, 186 = NJW 1997, 861, 862; BayObLG NJW 1978, 700, 701; OLG Köln MittRhNotK 1995, 102; Baur/ Stürner, Sachenrecht § 20 VII; BGB-RGRK/Krüger-Nieland/Zöller Rn 27; Bülow JuS 1994, 1, 8; Däubler NJW 1968, 1117, 1119; Erman/Palm Rn 9; Jauernig/Jauernig Anm 3; Münch-Komm/Mayer-Maly/Armbrüster Rn 31; Pikalo DNotZ 1972, 651; Seifert 94; Soergel/

HEFERMEHL Rn 13; STEIN/JONAS/GURSKY, ZPO § 935 Rn 5; TEICHMANN JZ 1974, 32, 34) **abzulehnen** (eingehend KOHLER, Verfügungsverbot 293 ff; ders DNotZ 1989, 342 ff [zu Unrecht zitiert von
BGHZ 134, 182, 186 = NJW 1997, 861, 862]; BERGER 123 ff; FLEISCHMANN 290 ff; MERREM JR 1993,
53, 55; OERTMANN Recht 1916 Sp 57 ff; SCHOTT, in: FG Dahn III [1905] 319 ff; für isolierte rechtsgeschäftliche Verfügungsverbote, die keinen Erwerbsanspruch sichern [der als solcher sicherungs-
fähig ist], RAIBLE 180; auch ZIEGLER 107 ff; MünchKomm/WACKE § 883 Rn 6; STAUDINGER/GURSKY
[1996] § 894 Rn 40; unentschieden FURTNER NJW 1966, 182, 183). Die herrschende Ansicht
stützt sich (so BayObLG NJW 1978, 700, 701) auf ein obiter dictum (BGH LM § 137 Nr 2),
das seinerseits beiläufig auf lediglich behauptende und offensichtlich verfehlte Kommentierungen zurückgreift (dazu KOHLER, Verfügungsverbot 295 Fn 311). Ein gerichtliches
Verfügungsverbot mit Tatbestandswirkung bei § 136 BGB zur Sicherung des Verfü-
gungs- und Unterlassungsanspruchs verträgt sich nicht mit dem Prinzip der bloßen
Vorläufigkeit des einstweiligen Rechtsschutzes, da es kein zugehöriges Hauptsacheverfahren gibt, nach dessen Durchführung das Bedürfnis für den einstweiligen
Rechtsschutz entfällt (BERGER 124; KOHLER, Verfügungsverbot 295 ff; MERREM JR 1993, 53,
54 f). Ein derartiges gerichtliches Verfügungsverbot widerspricht auch dem materiellen Recht, weil es zu einem Schutz von der Art führt, die § 137 S 1 BGB gerade
verwehrt (BERGER 123 f; KOHLER, Verfügungsverbot 295 ff). Im Ergebnis entstehen unerwünscht dauernde relativ-dingliche Rechte, die überdies mit Rücksicht auf § 772
ZPO die Gefahr einer nachhaltigen Vereitelung der Zwangsvollstreckung in Schuldnervermögen mit sich bringen (KOHLER, Verfügungsverbot 297 ff). Ein gerichtliches Verfügungsverbot kann daher in diesen Fällen nur mit der Wirkung einer Vollstreckbarkeit gemäß § **890 ZPO** angeordnet werden (BERGER 124 f; FLEISCHMANN 292; KOHLER,
Verfügungsverbot 321; wohl auch insoweit abl MERREM JR 1993, 53, 55).

cc) Zur Verstärkung des Anspruchs auf Unterlassung einer Verfügung kann dem **54**
Geschützten auch ein obligatorischer **Erwerbsanspruch** eingeräumt werden. Ein derartiger Erwerbsanspruch entsteht entweder als ein vertraglicher und als solcher
namentlich als Ankauf- oder Vorkaufsrecht (FLEISCHMANN 322 ff; FURTNER NJW 1966,
182, 184 f; **aA** MünchKomm/MAYER-MALY/ARMBRÜSTER Rn 15 ff), der aufschiebend **bedingt
durch eine verbotswidrige Verfügung ist**; oder er entsteht in Rückerwerbsfällen oft
auch als bereicherungsrechtlicher Anspruch infolge Auslösung einer dem Erwerbs-
grundgeschäft beigefügten auflösenden Bedingung, die mit Vornahme einer verbotswidrigen Verfügung eintritt. Die Zulässigkeit einer derartigen Regelung mit schuldrechtlicher Wirkung ist als solche wohl unstreitig. Allerdings kann im Einzelfall ein
Scheingeschäft im Sinne des § 117 Abs 1 BGB mit der Folge der Nichtigkeit des
Rechtsgeschäfts vorliegen, wenn die Parteien die mit der Einräumung des Erwerbsanspruchs verbundenen Rechtsfolgen in Wirklichkeit nicht wünschten. Ein derartig
bedingter Erwerbsanspruch verschafft jedoch keine Erwerbssicherheit im Verhältnis
zu Dritterwerbern; die Verletzung der Unterlassungspflicht führt mittels des dadurch
wirksam werdenden Erwerbsanspruchs lediglich zu einer Schadensersatzpflicht des
Unterlassungspflichtigen gemäß §§ 280 Abs 1 und 3, 275 Abs 1 und 4, § 283 BGB bzw
bereicherungsrechtlich in Fällen des Eintritts einer auflösenden Bedingung gemäß
den §§ 820 Abs 1, 818 Abs 4, 292 Abs 1, 989 BGB. Der Inhalt dieses Schadensersatz-
anspruchs kann, da die Nichterfüllung des Erwerbsinteresses des Geschützten zu
liquidieren ist, von dem Schadensumfang abweichen, der bei Verletzung des schlichten Anspruchs auf Unterlassung einer Verfügung zu berechnen ist.

c) Im **Verhältnis zu Dritterwerbern** wirkt der Erwerbsanspruch, der durch die **55**

Verletzung einer rechtsgeschäftlich ausbedungenen Pflicht zur Unterlassung einer Verfügung bedingt ist, wenn er mit einer **Vormerkung** zugunsten des durch die Unterlassungspflicht und den bedingten Erwerbsanspruch Geschützten versehen wird. Derartige Gestaltungen finden sich als aufschiebend bedingte Erwerbsansprüche in Verbindung mit **Ankaufs- oder Wiederkaufsrechten** oder zur Sicherung eines durch auflösend bedingten Schuldgrund entstehenden obligatorischen, namentlich bereicherungsrechtlichen **Rückübertragungsanspruchs**. Häufig dienen diese Gestaltungen der Regelung **vorweggenommener Erbfolge** bei Übergabeverträgen, bei denen sich der künftige Erblasser lebzeitig sichern möchte (FLEISCHMANN 322 ff; PREUSS DNotZ 1998, 602 ff; SANDWEG BWNotZ 1994, 5, 13 f), oder sonst der Sicherung von **Erbaussichten** (BERGER 196), hier oft zur Sicherung von erbvertraglichen Erwartungen im Interesse des künftigen Erben (OLG Köln MittRhNotK 1995, 100; BERGER 211 ff). Die Zulässigkeit und Wirksamkeit eines Vormerkungsschutzes zur Sicherung solchermaßen bedingter Erwerbsansprüche ist zwar bestritten (OLG Hamm DNotZ 1956, 151, 151 f; ablehnend ERMAN/PALM Rn 9; TIMM JZ 1989, 13, 21 f; wohl auch MünchKomm/MAYER-MALY/ARMBRÜSTER Rn 35 aE; ZIEGLER 93 ff; differenzierend wie bei entsprechend bedingten Verfügungen [s o Rn 36]; SOERGEL/HEFERMEHL Rn 13), jedoch **grundsätzlich anzuerkennen** (BGHZ 134, 182, 186 ff = NJW 1997, 861, 862 = JZ 1997, 516, 518 mAnm BERGER JZ 1997, 519 ff; BGH DNotZ 1995, 204; BayObLG NJW 1978, 700, 701; OLG Zweibrücken OLGZ 1981, 167, 169 f; OLG Düsseldorf OLGZ 1984, 90, 91; OLG Hamm DNotZ 1978, 356 ff; OLG Köln MittRhNotK 1995, 100, 101 f; LG Bad Kreuznach DNotZ 1965, 301 f; BÜLOW Jura 1989, 393, 396 ff; ders JuS 1994, 1, 6; FLEISCHMANN 322 ff; KOHLER DNotZ 1989, 339 ff; MERREM JR 1993, 53, 57 ff; PREUSS DNotZ 1998, 602, 604 ff; SANDWEG BWNotZ 1994, 5, 13 f, jedoch mit Zweifeln bei unentgeltlicher Restitution; MünchKomm/WACKE § 33 f; STAUDINGER/GURSKY [1996] § 883 Rn 79; bei Ankaufs- und Wiederkaufsrechten grds krit und nur aus Rücksicht auf die quasi gewohnheitsrechtlich verdichtete langjährige Praxis BERGER 193 ff, 201; abl BERGER 202 ff bei Übergabeverträgen, sofern nicht, wie in der Regel, auch eine personale Nähe gesichert werden soll; krit, aber im Erg befürwortend BERGER 214 ff zur Sicherung erbvertraglicher Erwerbsaussichten). Die Vormerkung vertritt im Liegenschaftsrecht die dort wegen § 925 Abs 2 BGB bei der Auflassung nicht zugelassene bedingte Verfügung; funktionsbezogen ist daher nicht anders als bei der außerhalb der Grundstücksübertragung möglichen Verfügung unter der auflösenden Bedingung (zu dieser Rn 30 ff) einer absprachewidrigen Veräußerung zugunsten eines Dritten zu entscheiden (insow zutr WIESMANN 97 f; aA TIMM JZ 1989, 13, 21). Anzuerkennende Aufgaben des § 137 S 1 BGB werden durch eine derartige Vormerkungsgestaltung nicht vereitelt (BGHZ 134, 182, 186 ff = NJW 1997, 861, 862; KOHLER DNotZ 1989, 339, 346 ff; teilw aA BERGER 193 ff); insbesondere verstößt diese Gestaltung nicht gegen die Funktion des § 137 S 1 BGB, den numerus clausus der Sachenrechte zu wahren (OLG Köln MittRhNotK 1995, 102).

56 Die Vormerkungssicherung eines durch eine vereinbarungsgemäß zu unterlassende Verfügung ausgelösten Erwerbsanspruchs leistet insbesondere **nicht** einer **unangemessenen Beeinträchtigung der Vollstreckbarkeit** in schuldnereigenes Vermögen in einer Weise Vorschub, die diese Rechtsgestaltung grundsätzlich als unzulässig erscheinen lässt (grds zutr für Wirksamkeit trotz vollstreckbarkeitsbeschränkenden Effekts BayObLG NJW 1978, 700, 701; OLG Zweibrücken OLGZ 1981, 167, 169; OLG Düsseldorf OLGZ 1984, 90, 91; KOHLER DNotZ 1989, 339, 348 ff; MünchKomm/WACKE § 883 Rn 34; PIKALO DNotZ 1972, 644, 655 Fn 51; WÖRBELAUER, Das unter Eigentumsvorbehalt stehende Grundstück – eine res extra commercium?, DNotZ 1963, 580, 582; aA BERGER 206 ff; TIMM JZ 1989, 13, 17 f). Der Vormerkungsschutz hindert nämlich wegen § 48 ZVG rechtlich die Vollstreckung in das vormerkungsbetroffene Recht nicht. Soweit die Vormerkung ein tatsächliches Vollstreckungshemmnis darstellt, handelt es sich nicht nur um eine von Rechts wegen hingenommene vormerkungstypische Folge. Vielmehr ist auch das Maß der tatsächlichen Einwirkung auf den Vollstreckungswillen des Gläubigers gering. Da ihm durch Auslösung des vormerkungsgesicherten obligatorischen Leistungsanspruchs zugunsten des Vormerkungsgeschützten in der Regel von Rechts wegen unmittelbar Zahlungsansprüche seines Schuldners gegen den Vormerkungsgeschützten als neues Haftungsobjekt zur Verfügung gestellt werden, hat der Gläubiger ein wirkungsvolles Interesse an der Vollstreckung trotz der Vormerkung, zumal die Aussicht auf eine solche Vollstreckung den Vormerkungsgeschützten zu einem Verzicht auf den Vormerkungsschutz bewegen könnte; damit entfaltet sich durchaus die gewünschte und von § 137 S 1 BGB geschützte sachenrechtliche Dynamik (**aA** BERGER 209; ders JZ 1997, 519, 520 f). Ebenso wie bei der Verfügung unter der Bedingung des Unterlassens einer Weiterverfügung ist allerdings eine entsprechende Vormerkungsgestaltung ausnahmsweise **unwirksam**, wenn diese **nur zu vollstreckungsvereitelnden Zwecken gelten** soll, sie also für den Fall der Verfügung durch einen Gläubiger des Betroffenen oder durch den Insolvenzverwalter im Insolvenzverfahren des Vormerkungsbetroffenen vereinbart ist (s o Rn 31), während eine Hinderung von Verfügungen generell unter Einschluss auch rechtsgeschäftlicher Akte nicht gewollt ist.

Die verfügungsbeschränkende Wirkung der **Vormerkung entfällt** mit der Gegen- **57** standslosigkeit der Vormerkung, die sich insbesondere **aus Akzessorietätsgründen** infolge einer Unwirksamkeit des gesicherten Anspruchs ergibt. Seine Unwirksamkeit kann aus **§ 117 BGB** folgen, aber insbesondere auch aus **§ 138 Abs 1 BGB** (o Rn 44). Von der Verjährung abgesehen, kann dabei mit Rücksicht auf die bei § 137 S 2 BGB geltende Rechtslage (s o Rn 45 f) analog auch in Bezug auf den vormerkungsgesicherten Anspruch gemäß § 138 Abs 1 BGB einer **unangemessen lang dauernden**, insbesondere einer unbefristeten **Bindung entgegengewirkt** werden (für dieses Ziel zutr BERGER 199) und eine **durch Zeitablauf begründete Unwirksamkeit** eintreten, die zugleich den Vormerkungsschutz beseitigt. Dies gilt auch für die zeitliche Beschränkung von vormerkungsgesicherten **Erwerbsoptionen**, die der Sache nach nur Gestaltungsformen sind, um dem Verfügungsunterlassungsanspruch gemäß § 137 S 2 BGB sachenrechtliche Wirkung zu verschaffen (vgl KGJ 40 [1911] A 123 ff; dazu BERGER 195). Die Koordination mit den Wirksamkeitsgrenzen des § 137 S 2 BGB ist nicht nur sachgerecht, sondern sie **verhindert** auch, dass **auf Dauer wirkende Verfügungsbeschränkungen** entstehen und damit auch die Schutzfunktion der Vormerkung als eines auf ein Durchgangsstadium ausgelegtes Sicherungsmittel überschritten wird (vgl zu diesen Bedenken BERGER 194 f, 201); subsidiär bietet sich die analoge Anwendung des § 462 S 1 BGB, bisher § 503 S 1 BGB, zur Limitierung an (BERGER 202). Für die zulässige (BayObLG DNotZ 1979, 27; BayObLG DNotZ 1989, 370; OLG Celle DNotZ 1952, 236; OLG Hamm DNotZ 1995, 315; BERGER 216 ff; **aA** FLEISCHMANN 337 ff), den spezifisch erbrechtlichen Schutzbereich des § 2286 BGB nicht berührende (BERGER 211 ff, 218 f) **Vormerkungssicherung einer erbvertraglichen Erwerbsaussicht** durch eine die Form gemäß § 2301 BGB beachtende (FLEISCHMANN 330 ff) **Sicherungsschenkung** in der Gestalt, dass neben Erbvertrag und Verfügungsunterlassungsvereinbarung gemäß § 137 S 2 BGB eine durch eine verbotswidrige lebzeitige Verfügung des Erblassers bedingte schenkweise, als solche vormerkungsgeschützte Übereignungspflicht begründet wird (zu dieser Rechtsgestaltung der Sicherungsschenkung BERGER 216 f), ergibt sich die notwendige Befristung aus dem Eintritt des Erbfalls (BERGER 218 f). Gleiches gilt für vormerkungsweise Sicherungen in **Übergabeverträgen** in Fällen vorweggenommener Vererbung (Rn 58).

58 In **Analogie zu § 1136 BGB** ist ferner grundsätzlich einem vormerkungsgesicherten Erwerbsanspruch der **Vormerkungsschutz zu versagen**, wenn dieser nur der Sicherung einer Rechtsposition vor den Gefahren ihrer Beeinträchtigung durch Weiterverfügung dienen soll, aber solche Gefahren rechtlich nicht bestehen, weil die **zu schützende Rechtsposition** als **dingliches Recht** ausgestaltet und daher **ipso iure nachfolgefest** ist (BERGER 205). Dies gilt grundsätzlich etwa für den Fall der Kombination eines vorbehaltenen Nießbrauchs oder Wohnrechts mit einer Grundstücksübertragung in Verbindung mit einer vormerkungsgesicherten Rückübertragungsverpflichtung für den Fall einer nicht konsentierten Weiterveräußerung des übertragenen Grundstücks, wie sie häufig bei Regelungen im Zuge **vorweggenommener Erbfolge in Übergabeverträgen** vorkommt (insow daher nicht überzeugend OLG Zweibrücken OLGZ 1981, 167, 169 f mit dem bloßen Hinweis auf den Schutz des Wohnrechts als solchem). Allerdings ist eine solche Unwirksamkeit **nicht** anzunehmen, wenn – wie in dem genannten Lebensbereich die Regel – es den Beteiligten wegen des **personalen Näheverhältnisses** auf die fortgesetzte Rechtsbindung des betroffenen Grundstücks gerade in dieser Personenbeziehung ankommt (OLG Düsseldorf OLGZ 1984, 90, 92; BERGER 205); dies gilt umso mehr bei Fehlen einer dinglichen Reservierung der Grundstücksnutzung zu Gunsten des Vormerkungsgesicherten. Aus der Maßgeblichkeit des personalen Näheverhältnisses als Voraussetzung und zugleich als Grenze für die Anerkennungsfähigkeit des indirekt zur Sicherung einer Verfügungsunterlassungspflicht fungierenden Vormerkungsschutzes ergibt sich zugleich, dass die Geltung der verfügungsbeschränkenden Vormerkungswirkung zur Regelung vorweggenommener Erbfälle in Übergabeverträgen zweckimmanent als auf die Lebzeit des Geschützten begrenzt anzusehen ist, auch wenn dies nicht vertraglich eigens ausdrücklich vereinbart ist (BERGER 206). Eine darüber hinauserstreckte Geltung verbietet sich schließlich auch, weil, ebenso wie dies bei der funktional verwandten bedingungsrechtlichen Konstruktion der Fall ist, die **Spezialität von gesetzlich vorgesehenen Gestaltungsformen**, namentlich solcher des Ehegüterrechts und des Erbrechts in Gestalt von Testamentsvollstreckung und Nacherbeneinsetzung, anzuerkennen ist, die eine dinglich wirkende Verfügungsbeschränkung auslösen (BERGER 206); in ihrem Anwendungsbereich, also zur Unwirksamkeit von erbrechtlich motivierten Vormerkungssicherungen nach Eintritt des Erbfalls führend, stehen als Sicherungsmittel alsdann nur diese Gestaltungsformen zur Verfügung (BERGER 206).

59 Mit Rücksicht auf § 137 S 1 BGB ist schließlich die **Vormerkbarkeit** eines Anspruchs auf Erwerb einer **Grundstücksteilfläche** ausgeschlossen, wenn die **Teilfläche nicht** bestimmt oder genügend **bestimmbar** bezeichnet ist und (insow tatsächlich anders BayObLG DNotZ 1985, 44) die Auflassungsvormerkung im Ergebnis das **gesamte Grundstück verkehrsunfähig** machen würde. Die Auflassungsvormerkung hätte infolgedessen eine verfügungsbeschränkende Wirkung, die § 137 S 1 BGB ausschließen soll und die auch nicht durch ein anerkennungsfähiges Interesse gerechtfertigt ist (BayObLG DNotZ 1960, 47; zust SANDWEG BWNotZ 1994, 5, 14 f; krit HIEBER, Vormerkung eines bedingten Anspruchs, DNotZ 1960, 97; STRUMPP, Auflassungsvormerkung zur Sicherung des Anspruchs auf Übertragung einer der Lage nach zu bestimmenden Teilfläche, Rpfleger 1973, 389; unter Aufgabe seiner früheren Rechtspr BayObLG DNotZ 1974, 174).

§ 138
Sittenwidriges Rechtsgeschäft; Wucher

(1) Ein Rechtsgeschäft, das gegen die guten Sitten verstößt, ist nichtig.

(2) Nichtig ist insbesondere ein Rechtsgeschäft, durch das jemand unter Ausbeutung der Zwangslage, der Unerfahrenheit, des Mangels an Urteilsvermögen oder der erheblichen Willensschwäche eines anderen sich oder einem Dritten für eine Leistung Vermögensvorteile versprechen oder gewähren lässt, die in einem auffälligen Missverhältnis zu der Leistung stehen.

Materialien: E I § 106; II § 103; III § 134; Mot I 211; Prot I 123; BT-Drucks 7/3441 S 40 ff.

Schrifttum

ABRAHAM, Die Doktrin der Public Policy, AcP 150 (1949) 385

ADOMEIT, Die gestörte Vertragsparität – ein Trugbild, NJW 1994, 2467

ALTHAUS, Die Konstruktion der herrschenden Meinung in der juristischen Kommunikation (Diss München 1994)

ANNUSS, AGB-Kontrolle im Arbeitsrecht: Wo geht die Reise hin?, BB 2002, 458

ARMBRÜSTER, Zivilrechtliche Folgen des Gesetzes zur Regelung der Rechtsverhältnisse der Prostituierten, NJW 2002, 2763

ARZT, Die Ansicht aller billig und gerecht Denkenden (Diss Tübingen 1962)

BALDUS, Die Einheit der Rechtsordnung (1995)

BARKHAUSEN, Das Verhältnis der Nichtigkeit wegen Knebelung zur Gläubigergefährdung bei der Sicherungsübertragung, NJW 1953, 1412

BARTHOLOMEYCZIK, Äquivalenzprinzip, Waffengleichheit und Gegengewichtsprinzip in der modernen Rechtsentwicklung, AcP 166 (1966) 68

ders, Der maßgebende Zeitpunkt für die Bestimmung der Sittenwidrigkeit nichtiger Verfügungen von Todes wegen, in: FS OLG Zweibrücken (1969) 26

BAUER, Arbeitsrechtliche Aufhebungsverträge (4. Aufl 1995)

ders, Nachvertragliche Wettbewerbsverbote mit GmbH-Geschäftsführern, GmbHR 1999, 885

BAUER/DILLER, Wettbewerbsverbote (3. Aufl 2002)

BAUER/DILLER, Zur Inhaltskontrolle von Aufhebungsverträgen, DB 1995, 1810

BAUER-MENGELBERG, Knebelungsverträge (1929)

M BECKER, Vertragsfreiheit, Vertragsgerechtigkeit und Inhaltskontrolle, WM 1999, 709

BECKMANN, Nichtigkeit und Personenschutz (1998)

BEER, Die „unmoralische" Zimmerbestellung, JuS 1977, 374

BEHM, Zur Wirksamkeit von Rechtsgeschäften über „Telefonsex", NJW 1990, 1822

BELSER, Freiheit und Gerechtigkeit im Vertragsrecht (2001)

BENDA, Humangenetik und Recht – eine Zwischenbilanz, NJW 1985, 1730

BENDER, Das „Sandhaufentheorem", in: Gedschr Rödig (1978) 34

BENGEL, Gestaltung letztwilliger Verfügungen bei Vorhandensein behinderter Abkömmlinge, ZEV 1994, 29

BIHLER, Rechtsgefühl, System und Wertung (1979)

BINDSEIL, Die Absichtsanfechtung außerhalb und innerhalb des Konkurses im Verhältnis zu den §§ 138 I, 823, 826 BGB (Diss Heidelberg 1965)

BIRK, Der Zeitpunkt für die Beurteilung der Sittenwidrigkeit von Testamenten und Erbverträgen, FamRZ 1964, 120

BIRKE, Richterliche Rechtsanwendung und gesellschaftliche Auffassungen (1968)

BITTNER, Zivilrechtliche Folgen von Handelsbeschränkungen, ZVglRWiss 93 (1994) 268

BLECKMANN, Sittenwidrigkeit wegen Verstoßes gegen den ordre public international, ZaöRV 34 (1974) 112

BÖCKENFÖRDE, Mittelbare/repräsentative Demokratie als eigentliche Form der Demokratie, in: FS Eichenberger (Basel 1982) 301

BOEMKE, Kontenkündigung als Sittenverstoß, JuS 2001, 444

ders, Kündigung von NPD-Konten und § 138 BGB, NJW 2001, 43

BOEMKE/GRÜNDEL, Grundrechte im Arbeitsverhältnis, ZfA 2001, 245

BÖRNER, Die Rechtsfolgen des Wärmelieferungsvertrages (1971)

BÖTTICHER, Die „sozial ungerechtfertigte Kündigung" im Sinne des KSchG vom 10. 8. 1951, MDR 1952, 260

ders, Zur Ausrichtung der Sanktion nach dem Schutzzweck der verletzten Privatrechtsnorm, AcP 158 (1959/60) 404

BOSCH, Unterhaltsverzichtsvereinbarungen, in: FS Habscheid (1989) 23

BREITHAUPT, Die guten Sitten, JZ 1964, 283

BROCKER/KNOPS, Die Präjudizienvermutung als methodologisches Prinzip, Jura 1993, 300

DE BRONNET, Der Bierlieferungsvertrag als Beispiel vertraglicher Monopole im deutschen, französischen und belgischen Recht (Diss Köln 1970)

BROX, Fragen der rechtsgeschäftlichen Privatautonomie, JZ 1966, 761

BRÜCKNER, Die Kontrolle von Abfindungsklauseln in Personengesellschafts- und GmbH-Verträgen (1995)

BRÜGGEMANN, Die rechtliche Begründungspflicht (1971)

BRUNS, Das Verbot der quota litis und die erfolgshonorierte Prozessfinanzierung, JZ 2000, 232

BÜRGE, Rechtsdogmatik und Wirtschaft; Das richterliche Moderationsrecht beim sittenwidrigen Rechtsgeschäft im Rechtsvergleich BRD, Schweiz, Österreich, Frankreich (1987)

BÜRGER, Über das Wesen der guten Sitten als Erscheinung der Rechtspraxis (Diss München 1957)

BÜTTNER, Flexible Grenzen der Durchsetzbarkeit von Abfindungsbeschränkungen in Personengesellschaftsverträgen, in: FS Nirk (1992) 119

BUTTERS, Modifizierte Teilnichtigkeit sittenwidriger nachvertraglicher Wettbewerbsverbote, JuS 2001, 324

F BYDLINSKI, Privatautonomie und objektive Grundlagen des verpflichtenden Rechtsgeschäfts (Wien 1967)

ders, Rechtsgesinnung als Aufgabe, in: FS Larenz (1983) 1

ders, Möglichkeiten und Grenzen der Präzisierung aktueller Generalklauseln, in: Rechtsdogmatik und praktische Vernunft, Symposion zum 80. Geburtstag von Franz Wieacker (1990) 189

ders, Zulässigkeit und Schranken „ewiger" und extrem lang dauernder Vertragsbindungen (1991)

ders, Juristische Methodenlehre und Rechtsbegriff (2. Aufl 1991)

ders, Über das Verständnis der „guten Sitten" im österreichischen Recht, in: FS Gernhuber (1993) 827

CAHN, Ehrenwort und Reichsgericht, BayZ 1912, 275

A CAHN, Zum Begriff der Nichtigkeit im Bürgerlichen Recht, JZ 1997, 8

CANARIS, Systemdenken und Systembegriff in der Jurisprudenz (1969)

ders, Schutzgesetze – Verkehrspflichten – Schutzpflichten, in: FS Larenz (1983) 27

ders, Grundrechte und Privatrecht, AcP 184 (1984) 201

ders, Grundrechtswirkungen und Verhältnismäßigkeitsprinzip in der richterlichen Anwendung und Fortbildung des Privatrechts, JuS 1989, 161

ders, Gesamtunwirksamkeit und Teilgültigkeit rechtsgeschäftlicher Regelungen, in: FS Steindorff (1990) 519

ders, Grundrechte und Privatrecht (1999)

ders, Wandlungen des Schuldvertragsrechts – Tendenzen zu seiner „Materialisierung", AcP 200 (2000) 276

CASPAR, Prostitution im Gaststättengewerbe? Zur Auslegung des Begriffs der Unsittlichkeit im Gaststättengesetz, NJW 2002, 1322

COESTER-WALTJEN, Rechtliche Probleme der für andere übernommenen Mutterschaft, NJW 1982, 2528 dies, Die Inhaltskontrolle von Verträgen außerhalb des AGBG, AcP 190 (1990) 1

dies, Künstliche Fortpflanzung und Zivilrecht, FamRZ 1992, 369

dies, Verbraucherschutz und Abschlusskontrolle, Jura 1994, 534

dies, Liebe – Freiheit – gute Sitten, in: 50 Jahre Bundesgerichtshof (2000) Bd I 985

COING, Allgemeine Rechtsgrundsätze in der Rechtsprechung des Reichsgerichts zu dem Begriff „gute Sitten", NJW 1947/48, 213

CUSTODIS, Architektenbindungsklausel nach altem und neuem Recht, DNotZ 1973, 526

DAMM, Kontrolle von Vertragsgerechtigkeit durch Rechtsfolgenbestimmung. Nichtigkeit und Nichtigkeitsbeschränkung bei Gesetzes- und Sittenverstoß, JZ 1986, 913

DAUNER, Der Kondiktionsausschluss gemäß § 817 Satz 2 BGB, JZ 1980, 495

DAUNER-LIEB, Verbraucherschutz durch Ausbildung eines Sonderprivatrechts für Verbraucher (1983)

dies, Abfindungsklauseln bei Personengesellschaften, ZHR 158 (1994) 271

dies, Angemessenheitskontrolle privatautonomer Selbstbindung des Gesellschafters?, GmbHR 1994, 836

dies, Reichweite und Grenzen der Privatautonomie im Ehevertragsrecht, AcP 201 (2001) 295

DERLEDER, Privatautonomie, Wirtschaftstheorie und Ethik des rechtsgeschäftlichen Handelns, in: FS Wassermann (1985) 643

DEMPEWOLF, Sittenwidriger Akzeptaustausch, NJW 1959, 229

DETHLOFF, Die einverständliche Scheidung – Eine rechtsvergleichende und rechtshistorische Untersuchung zu Umfang und Grenzen der Privatautonomie im Scheidungsrecht (1994)

dies, Verträge zur Prozessfinanzierung gegen Erfolgsbeteiligung, NJW 2000, 2255

DEUTSCH, Die künstliche Befruchtung beim Menschen – Zulässigkeit und zivilrechtliche Folgen, NJW 1986, 1971

DICK, Der „Verstoß gegen die guten Sitten" in der gerichtlichen Praxis, ArchBürgR 33, 74

DIEDERICHSEN, Die Flucht des Gesetzgebers aus der politischen Verantwortung im Zivilrecht (1974)

ders, Die Selbstbehauptung des Privatrechts gegenüber dem Grundgesetz, Jura 1997, 57

ders, Das Bundesverfassungsgericht als oberstes Zivilgericht – ein Lehrstück der juristischen Methodenlehre, AcP 198 (1998) 171

DIETERICH, Grundgesetz und Privatautonomie im Arbeitsrecht, RdA 1995, 129

ders, Erwiderung (auf BAUER/DILLER DB 1995, 1810), DB 1995, 1813

DÖRNER, Ärztliche Honorarvereinbarungen und Verbraucherschutz, in: FS Stree/Wessels (1993) 997

DORALT, Konvalidierung einer wegen Wuchers nichtigen Vereinbarung durch spätere Bestätigung JBl 1998, 806

DREIER, Gesellschaft, Recht, Moral, Universitas 1993, 247

DRESSLER, Der Zeitpunkt für die Beurteilung der Sittenwidrigkeit von auf die Zukunft ausgerichteten Sicherungsgeschäften (Diss Heidelberg 1974)

DREXL, Die wirtschaftliche Selbstbestimmung des Verbrauchers (1998)

ders, Der Bürge als deutscher und europäischer Verbraucher, JZ 1998, 1046

DROSDECK, Die herrschende Meinung – Autorität als Rechtsquelle – Funktionen einer juristischen Argumentationsfigur (1989)

DÜRIG, Der Grundrechtssatz von der Menschenwürde, AöR 81 (1956) 117

ECKERT, Sittenwidrigkeit und Wertungswandel, AcP 199 (1999) 337

ECKHOLD-SCHMIDT, Legitimation durch Begründung – Eine erkenntniskritische Analyse der Drittwirkungskontroverse (1974)

ECKSTEIN, Zur Lehre von der Nichtigkeit des Vertrages wegen Unsittlichkeit, ArchBürgR 38, 195

ders, Studien zur Lehre von den unsittlichen Handlungen, Rechtshandlungen und Rechtsgeschäften, insbesondere Verträge, ArchBürgR 41, 178

EICHENHOFER, Das Behindertentestament oder: Sozialhilfe für Vermögende?, JZ 1999, 226

ENGEL, Wird der Rechtsbestand des dinglichen Erfüllungsgeschäftes durch ein gegen § 138 BGB verstoßendes Kausalgeschäft beeinflußt (Diss Marburg 1911)

ERNST, Aufhebungsverträge zur Beendigung von Arbeitsverhältnissen (1993)

ESCH, Gesellschaftsvertragliche Buchwertabfindung im Falle der Ausschließungskündigung, NJW 1973, 1390

ESSER, § 138 BGB und die Bankpraxis der Globalzession, ZHR 135 (1971) 320

EVERS, Die Nichtigkeit von Handelsvertreterverträgen wegen zu geringer Verdienstmöglichkeiten und ihre Rückabwicklung, BB 1992, 1365

FALK, Zur Sittenwidrigkeit von Testamenten. Grundlinien der Rechtsprechung im 19. und 20. Jahrhundert, in: FALK/MOHNHAUPT (Hrsg), Das Bürgerliche Gesetzbuch und seine Richter (2000) 451

FASTRICH, Richterliche Inhaltskontrolle im Privatrecht (1992)

ders, Inhaltskontrolle im Arbeitsrecht nach der Bürgschaftsentscheidung des Bundesverfassungsgerichts vom 19. 10. 1993, RdA 1997, 65

FIKENTSCHER, Vertrag und wirtschaftliche Macht, in: FS Hefermehl (1971) 41

ders, Präjudizienbindung, ZfRV 1985, 163

FIKENTSCHER/WAIBL, Ersatz im Ausland gezahlter Bestechungsgelder, IPRax 1987, 86

FISCHER, Sittlichkeit und Billigkeit im deutschen bürgerlichen Recht, ArchRWPhil 11, 296

FLUME, Rechtsgeschäft und Privatautonomie, in: FS DJT (1960) Bd I S 135

ders, Die Abfindung nach der Buchwertklausel für den Gesellschafter minderen Rechtes einer Personengesellschaft, NJW 1979, 902

ders, Zur Anwendung der Saldotheorie im Fall der Nichtigkeit eines Grundstücks-Kaufvertrags nach § 138 Abs 1 BGB wegen verwerflicher Gesinnung des Käufers, ZIP 2001, 1621

FRITZSCHE/SCHMIDT, Eine neue Form der Versicherung?, NJW 1999, 2998

FUCHS, Die drohende Revisionsverstümmelung vom Standpunkt der soziologischen Rechtslehre, JW 1910, 209

FUTTER, Energieversorgungsverträge und Monopolmissbrauch, BB 1978, 935

GEILER, Die Konkretisierung des Rechtsgebots der guten Sitten im modernen Wirtschaftsrecht, in: FS Pinner (1932) 254

GERNHUBER, Testierfreiheit, Sittenordnung und Familie, FamRZ 1960, 326

GILLES, Zur neueren Verbraucherschutzgesetz-

gebung in ihrem Verhältnis zum klassischen Privatrecht, JurA 1980, 1

GODBERSEN, Das Verhältnis der §§ 138 Abs 1, 826 BGB zu den Vorschriften über die Gläubigeranfechtung innerhalb und außerhalb des Konkurses (Diss Göttingen 1968)

GOUNALAKIS/SCHELLING, Der praktische Fall – Bürgerliches Recht: Der gekaufte Doktortitel, JuS 1999, 776

GRAEF, Zur Zulässigkeit von Erfolgshonoraren im englischen Recht, RIW 1995, 549

GROSSMANN-DOERTH, Selbstgeschaffenes Recht der Wirtschaft und staatliches Recht (1933)

GRUNEWALD, Der Ausschluss aus Gesellschaft und Verein (1987)

dies, Prozessfinanzierungsvertrag mit gewerbsmäßigem Prozessfinanzierer – ein Gesellschaftsvertrag, BB 2000, 729

GRUNWALD, Sittenwidrigkeit, Rechtswidrigkeit und dolus malus (Diss Göttingen 1974)

GRUNSKY, Vertragsfreiheit und Kräftegleichgewicht (1995)

GRZIWOTZ, Partnerschaftsverträge für nichteheliche Lebensgemeinschaften, MDR 1999, 709

GUSY, Sittenwidrigkeit im Gewerberecht, DVBl 1982, 984

HABERSACK, Vertragsfreiheit und Drittinteressen (1992)

HABERSTUMPF, Die Formel vom Anstandsgefühl aller billig und gerecht Denkenden in der Rechtsprechung des Bundesgerichtshofs (1976)

HAGEN, Rückwirkung der Rechtsprechung, in: FS Geiss (2000) 97

J HAGER, Gesetzes- und sittenkonforme Auslegung und Aufrechterhaltung von Rechtsgeschäften (1983)

ders, Die gesetzeskonforme Aufrechterhaltung übermäßiger Vertragspflichten, JuS 1985, 264

ders, Der lange Abschied vom Verbot der geltungserhaltenden Reduktion, JZ 1996, 175

HAILBRONNER, Frachtgut gesunkener Schiffe und Kulturgüterschutz vor deutschen Gerichten, JZ 2002, 957

HART, Zur konzeptionellen Entwicklung des Vertragsrechts, AG 1984, 66

HENSSLER, Risiko als Vertragsgegenstand (1994)

ders, Mandatsschutzklauseln in Sozietätsverträgen, in: FS Geiss (2000) 271

HARENBERG, Kontrolle sittenwidriger, wucherischer und unangemessen hoher Preise durch die Rechtsprechung (1981)

HATTENHAUER, Die Privatisierung der Ehe, ZRP 1985, 200

ders, Über ehestabilisierende Rechtstechniken, FamRZ 1989, 225

HAUBELT, Die Konkretisierung von Generalklauseln (Diss München 1978)

HECKELMANN, Abfindungsklauseln im Gesellschaftsrecht (1973)

HEDEMANN, Die Flucht in die Generalklauseln (1933)

HEERDT/VAUGHEL, Nochmals: Zur Scheck-Wechsel-Deckung, DB 1969, 1592

HELDRICH, Die Bedeutung der Rechtssoziologie für das Zivilrecht, AcP 186 (1986) 74

HELM, Zulässigkeit von Wettbewerbsverboten beim Unternehmenskauf, in: FS Hefermehl (1972) 299

HERB, Vereinbarung des Schuldprinzips in Ehe- und Scheidungsverträgen, FamRZ 1988, 123

HERSCHEL, Nachträgliche Sittenwidrigkeit, JW 1938, 545

B HERZOG, Quantitative Teilnichtigkeit (Diss Göttingen 1926)

H HERZOG, Zum Begriff der guten Sitten im BGB (1910)

HIDDEMANN, Die Rechtsprechung des BGH zum Bierlieferungsvertrag, WM 1975, 942

ders, Die Rechtsprechung des BGH zu den Energieversorgungsverträgen, WM 1976, 1294

HILDENBRAND, Time-Sharing-Verträge in der Rechtspraxis, NJW 1994, 1992

HILLE, Die Inhaltskontrolle der Gesellschaftsverträge von Publikums-Personengesellschaften (1986)

E vHIPPEL, Kein Schutz des Versicherungsnehmers vor Wucher?, BB 1997, 218

F vHIPPEL, Das Problem der rechtsgeschäftlichen Privatautonomie (1936)

HIRTE, Zivil- und kartellrechtliche Schranken für Wettbewerbsverbote im Zusammenhang mit Unternehmensveräußerungen, ZHR 154 (1990) 443

HÖLDER, Das gegen die guten Sitten verstoßende Rechtsgeschäft, DJZ 1908, 46

HÖNN, Kompensation gestörter Vertragsparität.

Ein Beitrag zum inneren System des Privatrechts (1982)

ders, Wirksamkeitskontrolle als Instrument des allgemeinen Privatrechts zur Bewältigung von Ungleichgewichtslagen, JZ 1983, 677

ders, Inhaltskontrolle von Gesellschaftsverträgen, JurA 1987, 337

ders, Nicht-nationale Normen als Grenzen der Gültigkeit von Rechtsgeschäften nach nationalem Recht, in: Gedschr Geck (1989) 321

HÖSCH, Café Pssst – Abschied von der Unsittlichkeit der Prostitution, GewArch 2001, 112

HOLZER, Der Fall Bosman und der österreichische Sport, DRdA 1996, 197

HONSELL, Die Rückabwicklung sittenwidriger oder verbotener Geschäfte (1974)

ders, Die zivilrechtliche Sanktion der Sittenwidrigkeit, JZ 1975, 439

ders, Die zivilrechtliche Sanktion der Sittenwidrigkeit, JurA 1986, 573

ders, Die Abwicklung sittenwidriger Darlehensverträge in rechtsvergleichender Sicht, in: FS Giger (1989) 287

N HORN, Die Verwendung von Scheckkarten für Kreditzwecke, NJW 1974, 1481

ders, Zur Zulässigkeit der Globalbürgschaft – Bestimmtheitsgrundsatz und Verbot der Fremddisposition im Bürgschaftsrecht, ZIP 1997, 525

vHOYNINGEN-HUENE, Die Billigkeit im Arbeitsrecht (1978)

U HUBER, Der Ausschluss des Personengesellschafters ohne wichtigen Grund, ZGR 1980, 177

HUCKO, Die kombinierte Scheck- und Wechselreiterei, BB 1968, 1179

HÜBNER, Schutzmittelverkauf aus Warenautomaten, FamRZ 1960, 335

G HUECK, Gleichbehandlung und Inhaltskontrolle, in: Gedschr Dietz (1973) 243

HÜLSMANN, Buchwertabfindung des GmbH-Gesellschafters im Lichte aktueller Rechtsprechung, GmbHR 2001, 409

ders, Abfindungsklauseln: Kontrollkriterien der Rechtsprechung, NJW 2002, 1673

HUPPERTZ, Die Grenzen zulässiger Bindung der wirtschaftlichen Bewegungsfreiheit (Diss Köln 1935)

HUSMANN, Die Testierfreiheit im Lichte der

Grundrechte und des Sittengesetzes, NJW 1971, 404

ILLEDITS, Teilnichtigkeit im Privatrecht (Wien 1991)

ISENSEE, Vertragsfreiheit im Griff der Grundrechte. Inhaltskontrolle von Verträgen am Maßstab der Verfassung, in: FS Großfeld (1999) 485

JACOBI, Recht, Sitte und Sittlichkeit, JherJb 41 (1900) 68

JOERGES, Verbraucherschutz als Rechtsproblem (1981)

JOSEF, Ausländisches Recht und Sittenwidrigkeit des Vertrages, NiemZ 1921, 27

KACEN, Zur Sittenwidrigkeit von Behindertentestamenten: ein Beitrag zur praktischen Relevanz der Subsidiarität (1998)

KÄSSER, Der fehlerhafte Arbeitsvertrag (1979)

KAMANABROU, Teilverbindlichkeit überschießender nachvertraglicher Wettbewerbsverbote für GmbH-Geschäftsführer, ZGR 2002, 898

KARAKATSANES, Die Widerrechtlichkeit in § 123 BGB (1974)

KARAKAYA/BUCH, Sittenwidrigkeit von Sportmanagementverträgen, ZRP 2002, 193

KARAKAYA/KARTAL, Zur rechtlichen Zulässigkeit von Transfersummenvereinbarungen im „bezahlten Amateursport", insbesondere im Amateurfußball, AuR 2002, 58

KAROW, Die Sittenwidrigkeit von Verfügungen von Todes wegen in historischer Sicht (1997)

KAUFMANN, Recht und Sittlichkeit (1964)

KEMPERMANN, Unlautere Ausnutzung von Vertrauensverhältnissen im englischen, französischen und deutschen Recht (1975 = Diss Bonn 1974)

KEUK, Der Erblasserwille post testamentum. Zur Unzulässigkeit der testamentarischen Potestativbedingung, FamRZ 1972, 9

KIMMINICH, Fluchthilfe und Flucht aus der DDR in die Bundesrepublik Deutschland (1974)

KIND, Die Suche nach dem Vergleichsmarkt: Zur Beurteilung der Sittenwidrigkeit von Time-Sharing-Verträgen, NZM 1998, 943

KLAAS, Zur Dauer von Bierlieferungsverträgen unter besonderer Berücksichtigung der neueren Rechtsprechung des Bundesgerichtshofes, BB 1974, 1098

KLEBAU, Die richterliche Inhaltskontrolle von Klauseln in notariellen Individualverträgen (Diss Augsburg 1992)

KNÖCHLEIN, Abfindungsvereinbarungen bei Personalhandelsgesellschaften, DNotZ 1960, 452

H KÖHLER, Möglichkeiten richterlicher Monopolpreiskontrolle, ZHR 137 (1973) 237

W KOEHLER, Die Anwendung des § 138 zum Schutz sozialer Interessen der Allgemeinheit, SJZ 1946, 165

KÖNDGEN, Selbstbindung ohne Vertrag (1981)

KÖTZ, Die Ungültigkeit von Verträgen wegen Gesetz- und Sittenwidrigkeit, RabelsZ 58 (1994) 209

KOLLER, Sittenwidrigkeit der Gläubigergefährdung und Gläubigerbenachteiligung, JZ 1985, 1013

KOLLHOSSER, Kaufzwangklauseln in Erbbaurechtsverträgen, NJW 1974, 1302

ders, Rechtsprobleme bei medizinischen Zeugungshilfen, JA 1985, 553

KOHTE, Die Rechtsfolgen der Mietpreisüberhöhung. Ein Beitrag zur Differenzierung der Rechtsfolgen unerlaubter Rechtsgeschäfte, NJW 1982, 2803

ders, Rechtsschutz gegen die Vollstreckung des wucherähnlichen Rechtsgeschäfts nach § 826 BGB. Ein Beitrag zur Normzwecklehre bei sittenwidriger Schädigung, NJW 1985, 2217

KOZIOL, Die Beeinträchtigung fremder Forderungsrechte (1967)

KRAFT, Interessenabwägung und gute Sitten im Wettbewerbsrecht (1963)

KRAMER, Die „Krise" des liberalen Vertragsdenkens (1972)

KRAMPE, Testamentsgestaltung zugunsten eines Sozialhilfeempfängers – Überlegungen zum „Behindertentestament"-Urteil des BGH vom 21.3.1990, AcP 191 (1991) 526

ders, Aufrechterhaltung von Verträgen und Vertragsklauseln, AcP 194 (1994) 1

KRASSER, Der Schutz vertraglicher Rechte gegen Angriffe Dritter (1971)

KREFT, Privatautonomie und persönliche Verschuldung, WM 1992, 1425

KREJCI, Bewegliches System und kombinatorisch gestaltete Anfechtungs- und Nichtigkeitstatbestände, in: FS Wilburg (Wien 1986) 127

KREUZER, Ausländisches Wirtschaftsrecht vor deutschen Gerichten (1986)

KRIELE, Theorie der Rechtsgewinnung (2. Aufl 1976)

ders, Recht und praktische Vernunft (1979)

KÜHNE, Prostitution als bürgerlicher Beruf?, ZRP 1975, 184

KÜNSTLER, Der Bierlieferungsvertrag (1967)

KUHLMANN, Übertragung einer Arztpraxis und ärztliche Schweigepflicht, JZ 1974, 670

KURZ, Prostitution und Sittenwidrigkeit, GewArch 2002, 142

LAMBRECHT, Die Lehre vom faktischen Vertragsverhältnis (1994)

LAMMEL, Vertragsfreiheit oder Wirtschaftsfreiheit – Zur Teilnichtigkeit von Wettbewerbsabreden, AcP 189 (1989) 244

LARENZ, Grundsätzliches zu § 138 BGB, JurJb 7 (1966/67) 98

LASKOWSKI, Arbeits- und sozialrechtliche Auswirkungen des neuen Prostitutionsgesetzes, AuR 2002, 406

LAUFF/ARNOLD, Der Gesetzgeber und das Retortenbaby, ZRP 1984, 279

LAUFS, Krankenpapiere und Persönlichkeitsschutz, NJW 1975, 1433

LAUTERBURG, Recht und Sittlichkeit (1918)

LEHMANN, Nachträgliches Unsittlichwerden von Verträgen (Diss Jena 1934)

LEONHARD, Der Verstoß gegen die guten Sitten, in: FS Bekker (1907) 87

LERCHE/vPESTALOZZA, Altverträge unter neuem Richterrecht, BB 1986 Beil 14 S 3

LIEB, Sonderprivatrecht für Ungleichgewichtslagen? Überlegungen zum Anwendungsbereich der sog Inhaltskontrolle privatrechtlicher Verträge, AcP 178 (1978) 196

LIESEGANG, Zur Frage der Sittenwidrigkeit sogenannter Fluchthilfeverträge, JZ 1977, 87

LIMBACH, Der verständige Rechtsgenosse (1977)

LINDACHER, Grundsätzliches zu § 138 BGB, AcP 173 (1973) 124

LÖWISCH, Der Deliktsschutz relativer Rechte (1970)

S LORENZ, Vertragsaufhebung wegen unzulässiger Einflussnahme auf die Entscheidungsfreiheit: Der BGH auf dem Weg zur reinen Abschlusskontrolle, NJW 1997, 2578

LORITZ, Vertragsfreiheit und Individualschutz im Gesellschaftsrecht, JZ 1986, 1073

LOTMAR, Der unmoralische Vertrag (1896)

MAASS, Grundstückskauf nur noch mit Wertgutachten?, NJW 2001, 3467

MANGER, Das nachvertragliche Wettbewerbsverbot des GmbH-Geschäftsführers, GmbHR 2001, 89

MARK, Zweckmäßige Abfindungsklauseln für Personengesellschaften und Gesellschaften mit beschränkter Haftung (1996)

MAST, Die Einwirkung der beiderseitigen Sittenwidrigkeit des Grundgeschäfts auf das abstrakte Verfügungsgeschäft in der Rechtsprechung des Reichsgerichts und des Bundesgerichtshofs (Diss Freiburg 1957)

MATTERN, Die Rechtsprechung des BGH zur Testamentsaushöhlung, DNotZ 1964, 196

MAYER-MALY, Der liberale Gedanke und das Recht, in: FS Merkel (1970) 247

ders, Die politische Funktion der Rechtsprechung in einer pluralen Gesellschaft, DRiZ 1971, 325

ders, Das Bewußtsein der Sittenwidrigkeit (1971)

ders, Der Jurist und die Evidenz, in: 2. FS Verdross (1971) 259

ders, Der gerechte Preis, in: FS Demelius (1973) 139

ders, Handelsrechtliche Verbotsgesetze, in: 2. FS Hefermehl (1976) 103

ders, Wertungswandel und Privatrecht, JZ 1981, 801

ders, Renaissance der laesio enormis?, in: FS Larenz (1983) 395

ders, Über die der Rechtswissenschaft und der richterlichen Rechtsfortbildung gezogenen Grenzen, JZ 1986, 557

ders, Die guten Sitten als Maßstab des Rechts, JuS 1986, 596

ders, Bewegliches System und Konkretisierung der guten Sitten, in: FS Wilburg (1986) 117

ders, Was leisten die guten Sitten?, AcP 194 (1994) 105

ders, Die guten Sitten des Bundesgerichtshofs, in: 50 Jahre Bundesgerichtshof Bd I (2000) 69

MECKLENBRAUCK, Abfindungsbeschränkungen in Gesellschaftsverträgen, BB 2000, 2001

MEDICUS, Vergütungspflicht des Bewucherten?, in: Gedschr Dietz (1973) 61

ders, Abschied von der Privatautonomie im Schuldrecht? (1994)

ders, Neues zur Rückwirkung von Rechtsprechung, WM 1997, 2333

MELULLIS, Zu Zulässigkeit und Wirksamkeit von Wettbewerbsverboten anläßlich von Vereinbarungen über das Ausscheiden eines Gesellschafters, WRP 1994, 686

MEYER-CORDING, Gute Sitten und ethischer Gehalt des Wettbewerbs. Grundätzliches zu § 1 UWG, JZ 1964, 273

MICHALSKI, Die Anwendbarkeit der §§ 138, 315 ff BGB auf die behördlich genehmigten Preise der Telekom, DZWiR 1996, 353

ders, Die (Un-) Wirksamkeit der neuen Gebührentarife der Telekom, BB 1996, 1177

MICHALSKI/RÖMERMANN, Wettbewerbsbeschränkungen zwischen Rechtsanwälten, ZIP 1994, 433

dies, Die Wirksamkeit der salvatorischen Klausel, NJW 1994, 886

MIKAT, Gleichheitsgrundsatz und Testierfreiheit, in: FS Nipperdey (1965) Bd I 597

MITTEIS, Zur Auslegung von BGB § 138 I, in: FS Wach (1918) 1

MÖLDERS, Nichtigkeit von Grund- und Erfüllungsgeschäft (Diss Münster 1959)

MÜHL, Sittenwidrigkeit und Leistungsgeschäft (Diss Göttingen 1947)

MÜLLER, Der Plausibilitätsgedanke in der Rechtsprechung, in: Für Staat und Recht (1994) 61

MÜLLER-FREIENFELS, Zur Rechtsprechung beim sogenannten „Mätressen-Testament", JZ 1968, 441

MÜLLER-GÜLDEMEISTER/ROLLMANN, Die Prozessfinanzierung der FORIS AG ist keine Versicherung, NJW 1999, 3540

MUTIUS, Zulässigkeit und Grenzen verwaltungsrechtlicher Verträge über kommunale Folgekosten, VerwArch 65 (1974) 201

NEIDERT, Branchen wir ein Fortpflanzungsmedizingesetz?, MedR 1998, 347

NIEDER, Das Behindertentestament, NJW 1994, 1264

ODERSKY, Ruinöse Bürgschaften – Rechtsethik und Zivilrecht, ZGR 1998, 169

OECHSLER, Theorie und Geschichte der Vertragsgerechtigkeit (1997)

OETKER, Gibt es einen Kündigungsschutz außerhalb des Kündigungsschutzgesetzes?, AuR 1997, 41

OHLY, Generalklausel und Richterrecht, AcP 201 (2001) 1

E VOLSHAUSEN, Zivil- und wirtschaftsrechtliche Instrumente gegen überhöhte Preise, ZHR 146 (1982) 259

H VOLSHAUSEN, Menschenwürde im Grundgesetz: Wertabsolutismus oder Selbstbestimmung?, NJW 1982, 2221

OSWALD, Kaufverträge mit Steuerhinterziehung, Frage der Rechtswirksamkeit, Wpg 1969, 695

OTT, Systemwandel im Wettbewerbsrecht – Die Generalklausel des § 1 UWG und ihre Rückwirkung auf Rechtsprechung und Dogmatik, in: FS L Raiser (1974) 403

OTTE, Die Nichtigkeit letztwilliger Verfügungen wegen Gesetzes- oder Sittenwidrigkeit, JurA 1985, 192

OVERATH, Die Stimmrechtsbindung (1973)

PAULUS, Sittenwidrige Rechtsgeschäfte des bürgerlichen Rechts (Diss Erlangen 1937)

H PAULY, Die geltungserhaltende Reduktion: Dogmatische Bedenken und vorhandene Wertungswidersprüche, JR 1997, 357

R PAULY, Gesetz zur Regelung der Rechtsverhältnisse der Prostitution (Prostitutionsgesetz) sowie Vollzug der Gewerbeordnung und des Gaststättengesetzes, GewArch 2002, 217

PEHLE/STIMPEL, Richterliche Rechtsfortbildung (1969)

PEIFER, Sittenwidrigkeit von Verträgen über die Bereitstellung von Telefonsexdiensten, NJW 2001, 1912

PHILIPP, Der Bordellverkauf (§§ 138, 817 BGB), BayZ 1905, 382

PIEHL, Bestechungsgelder im internationalen Wirtschaftsverkehr. Korruption in Schuldverträgen mit Auslandsberührung (1991)

PICKER, Richterrecht oder Rechtsdogmatik – Alternativen der Rechtsgewinnung?, JZ 1988, 1 u 62

PIERER VESCH, Teilnichtige Rechtsgeschäfte (1968)

PIEROTH, Grundgesetzliche Testierfreiheit, So-

zialhilferechtliches Nachrangprinzip und das
sogenannte Behindertentestament, NJW 1993,
173

PIEROTH/KAMPMANN, Außenhandelsbeschrän-
kungen für Kunstgegenstände, NJW 1990, 1385

PORTZ, Das Gebot sittlichen Verhaltens im
deutschen Privatrecht (Diss Würzburg 1973)

PREIS, Grundfragen der Vertragsgestaltung im
Arbeitsrecht (1993)

ders, Der Kündigungsschutz außerhalb des
Kündigungsschutzgesetzes, NZA 1997, 1256

RAISCH, Zur Rechtsnatur des Automatenauf-
stellungsvertrages, BB 1968, 526

G H RAISER, Sittenwidriges Behindertentestament und unerträgliche Belastung der Allgemeinheit, MDR 1995, 237

L RAISER, Das Recht der Allgemeinen
Geschäftsbedingungen (1935)

ders, Vertragsfunktion und Vertragsfreiheit, in:
FS DJT (1960) Bd I 101

RAMM, Abschied vom Mätressentestament, JZ
1970, 129

RASNER, Abfindungsklauseln in OHG- und KG-
Verträgen, NJW 1983, 2903

ders, Abfindungsklauseln bei Personengesellschaften, ZHR 158 (1994) 292

RAUTENBERG, Prostitution: Das Ende der Heu-
chelei ist gekommen, NJW 2002, 650

RAWLS, Ein Entscheidungsverfahren für die
normative Ethik, in: BIRNBACHER/HOERSTER
(Hrsg), Texte zur Ethik (1976) 124

REBE, Privatrecht und Wirtschaftsordnung – Zur
vertragsrechtlichen Relevanz der Ordnungsfunktion dezentraler Interessenkoordination in
einer Wettbewerbswirtschaft (1978)

REHBINDER, Fragen an die Naturwissenschaften
zum sog Rechtsgefühl, JZ 1982, 1

REICH, „Leasing-Verträge", Abzahlungsrecht
und Sittenwidrigkeit, JuS 1973, 480

REINKING/NIESSEN, Sittenwidrigkeit von Kfz-
Leasing-Verträgen, NZV 1993, 49

REUTER, Freiheitsethik und Privatrecht, in:
FS Hoppmann (1994) 349 = DZWir 1993, 45

RIEBLE, Arbeitsmarkt und Wettbewerb. Der
Schutz von Vertrags- und Wettbewerbsfreiheit
im Arbeitsrecht (1996)

ders, Der Tarifvertrag als kollektiv-privatauto-
nomer Vertrag, ZfA 2000, 5

RIEBLE/GUTZEIT, Individualarbeitsrechtliche

Kontrolle erfolgsabhängiger Vergütungsformen,
Jb des Arbeitsrechts 37 (2000) 41

RITTNER, Der Beitrag zur Restschuld-Lebens-
versicherung und der Darlehensvertrag – § 138
BGB, Synallagma und Preisangabenverordnung,
DB 1980 Beil 16 S 1

ders, Über das Verhältnis von Vertrag und
Wettbewerb, AcP 188 (1988) 101

ders, Die gestörte Vertragsparität und das
Bundesverfassungsgericht, NJW 1994, 3330

RÖMERMANN, Nachvertragliche Wettbewerbsverbote bei Freiberuflern, BB 1998, 1489

A ROTH, Die Zustimmung des Mannes zur
heterologen Insemination bei seiner Ehefrau,
FamRZ 1996, 769

H ROTH, Geltungserhaltende Reduktion im
Privatrecht, JZ 1989, 411

ROTHER, Sittenwidriges Rechtsgeschäft und
sexuelle Liberalisierung, AcP 172 (1972) 498

ROTH-STIELOW, Die guten Sitten als aktuelles
Auslegungsproblem, JR 1965, 210

ders, Verträge, unerlaubte Handlung und
Sozialstaatsprinzip, JR 1973, 185

RUDLOFF, Zur Sittenwidrigkeit der Verfügungen
von Todes wegen (Diss Marburg 1962)

RÜTHERS, Die unbegrenzte Auslegung (3. Aufl
1988)

ders, Richterrecht – rechtswidrig oder notwendig?, AöR 1988, 268

SACK, Sittenwidrigkeit, Sozialwidrigkeit und
Interessenabwägung, GRUR 1970, 493

ders, Gibt es einen spezifisch kartellrechtlichen
Lauterkeitsbegriff?, BB 1970, 1511

ders, Unlauterer Wettbewerb und Folgevertrag,
WRP 1974, 445

ders, Der rechtswidrige Arbeitsvertrag, RdA
1975, 171

ders, Das Anstandsgefühl aller billig und gerecht
Denkenden und die Moral als Bestimmungs-
faktoren der guten Sitten, NJW 1985, 761

ders, Die lückenfüllende Funktion der Sittenwidrigkeitsklauseln, WRP 1985, 1

ders, Wettbewerbsrechtliche Folgen von Richtlinien der Europäischen Union, VersR 1994,
1383

ders, Die Präzisierung des Verbraucherleitbildes
durch den EuGH, WRP 1999, 399

ders, Auswirkungen des europäischen Verbraucherleitbilds auf das Markenrecht, Mitt 2002, 494

SAMBUC, Folgenerwägungen im Richterrecht (1977)

SANDROCK, Subjektive und objektive Gestaltungskräfte bei der Teilnichtigkeit von Rechtsgeschäften – ein Beitrag zur Auslegung des § 139 BGB, AcP 159 (1960) 481

SCHACHTSCHNEIDER, Das Sittengesetz und die guten Sitten, in: FS Thieme (1993) 195

SCHAPP, Grundfragen der Rechtsgeschäftslehre (1986)

ders, Grundrechte als Wertordnung, JZ 1998, 913

ders, Privatautonomie und Verfassungsrecht, ZBB 1999, 30

ders, Die Konkretisierung von Generalklauseln durch den Zivilrichter am Beispiel der Sittenwidrigkeit von Bürgschaften naher Angehöriger, in: FS Söllner (2000) 973

SCHEFFLER, Von Telefonsex, Sittenwidrigkeit und Betrug – LG Mannheim, NJW 1995, 3398, JuS 1996, 1070

SCHEUERLE, Juristische Evidenzen, ZZP 1984, 241

SCHEUING, Der Knebelvertrag (Diss Tübingen 1930)

SCHEYHING, Pluralismus und Generalklauseln (1976)

SCHIEK, Differenzierte Gerechtigkeit: Diskriminierungsschutz und Vertragsrecht (2000)

SCHLÜTER, Grenzen der Testierfreiheit – Grenzen einer „Herrschaft aus dem Grabe", in: Festgabe Zivilrechtslehrer 1934/1935 (1999) 575

J SCHMID, Die richterliche Kontrolle des Inhalts von Gesellschaftsverträgen (1979)

H SCHMIDT, Die Lehre von der Sittenwidrigkeit der Rechtsgeschäfte in historischer Sicht (1971)

SCHMIDT-FUTTERER, Die neuen Vorschriften über den Mietwucher in straf- und zivilrechtlicher Sicht, JR 1972, 133

SCHMIDT-RIMPLER, Grundfragen einer Erneuerung des Vertragsrechts, AcP 147 (1941) 130

ders, Zum Vertragsproblem, in: FS L Raiser (1974) 3

SCHMITT, Die Sittenwidrigkeit von Testamenten in der höchstrichterlichen Rechtsprechung (1999)

SCHMITZ, Auslandsgeschäfte unter Berücksichtigung des Korruptionsstrafrechts, RIW 2003, 189

SCHMOECKEL, Der maßgebende Zeitpunkt zur Bestimmung der Sittenwidrigkeit nach § 138 I BGB, AcP 197 (1997) 1

SCHÖN, Buchwertabfindung im Personengesellschaftskonzern, ZHR 166 (2002) 585

R SCHNEIDER, Der Rechtsanwalt, ein unabhängiges Organ der Rechtspflege (1976)

U H SCHNEIDER, Wettbewerbsverbot für Aufsichtsratsmitglieder einer Aktiengesellschaft?, BB 1995, 356

SCHOTT, Der Missbrauch der Vertretungsmacht, AcP 171 (1971) 385

SCHOLZ, Sind Restschuldversicherungsprämien Kreditkosten?, MDR 1976, 281

ders, Fiktive Preiserrechnung im Teilzahlungskredit, NJW 1981, 323

SCHRICKER, Gesetzesverletzung und Sittenverstoß (1970)

SCHUHMACHER, Sittenwidrige Testamente, FamRZ 1956, 261

SCHULTE, Zur Aushöhlungsnichtigkeit nach § 138 BGB, AgrarR 1973, 388

SCHULZE, Das Geschäft mit der Stimme – Zur Sittenwidrigkeit von Verträgen über sog Telefonsex – BGH NJW 1998, 2895, JuS 1999, 636

SCHURIG, Das Vorkaufsrecht im Privatrecht (1975)

SCHWABE, Die sogenannte Drittwirkung der Grundrechte (1971)

SCHWADORF-RUCKDESCHEL, Rechtsfragen des grenzüberschreitenden rechtsgeschäftlichen Erwerbs von Kulturgütern (1995)

SCHWERDTNER, Anmerkung zu BGH vom 28. 9. 1972 (betr Sittenwidrigkeit einer Kündigung), JZ 1973, 377

SCHWINTOWKSI, Die wirtschaftliche Leistungsfähigkeit des Schuldners als Maßstab der Wirksamkeit von Verbraucherkreditverträgen, ZBB 1989, 91

SEIBERT, Ein Urteil des Pariser Kassationshofes zu Ansprüchen der Geliebten, NJW 1970, 985

SEIDL/WANK, Richterliche Rechtsfortbildung und Verfassungsrecht, ZGR 1988, 296

SENDLER, Überlegungen zu Richterrecht und richterlicher Rechtsfortbildung, DVBl 1988, 828

SETHE, Zivilrechtliche Rechtsfolgen der Korruption am Beispiel von Bankgeschäften, WM 1998, 2309

SIEGERS, Die Sittenwidrigkeit von letztwilligen

Verfügungen eines Vaters an sein nichteheliches Kind, FamRZ 1965, 594

SIEMENS, Wandel in der Rechtsprechung zur Sittenwidrigkeit von „Mätressentestamenten" unter Berücksichtigung soziologischer Gesichtspunkte (Diss Münster 1974)

SIGLE, Gedanken zur Wirksamkeit von Abfindungsklauseln in Gesellschaftsverträgen, ZGR 1999, 659

K SIMITIS, Gute Sitten und ordre public (1960)

SIMSHÄUSER, Zur Sittenwidrigkeit der Geliebten-Testamente (1971)

SINGER, Selbstbestimmung und Verkehrsschutz im Recht der Willenserklärungen (1995)

ders, Vertragsfreiheit, Grundrechte und der Schutz des Menschen vor sich selbt, JZ 1995, 1133

SMID, Rechtliche Schranken der Testierfreiheit aus § 138 I BGB, NJW 1990, 409

SÖLLNER, Der Richter als Ersatzgesetzgeber, ZG 1995, 1

ders, Grenzen des Tarifvertrags, NZA 1996, 897

SPECKMANN, Terminologisches zur Rechtsprechung in der Frage der Sittenwidrigkeit letztwilliger Zuwendungen bei ehebrecherischen Beziehungen, JZ 1969, 733

ders, Nochmals: Testierfreiheit und Nichtigkeit bzw Teilnichtigkeit des „Geliebtentestaments", NJW 1971, 924

ders, Aushöhlungsnichtigkeit und § 2287 BGB bei Erbverträgen und gemeinschaftlichen Testamenten, NJW 1974, 341

ders, Zur Frage der Beeinträchtigungsabsicht im § 2287 BGB, JZ 1974, 543

SPIESS, Inhaltskontrolle von Verträgen – Das Ende privatautonomer Vertragsgestaltung?, DVBl 1994, 1222

SPINDLER, Lohnwucher – ein neues Rechtsproblem, AuR 1999, 296

SPOERR/BRINKER/DILLER, Wettbewerbsverbote zwischen Ärzten, NJW 1997, 3056

STAUDINGER, Die Nichtigkeit der Verfügungen von Todes wegen und der Erbstreit im Adelshause Hohenzollern, Jura 2000, 467

vSTEBUT, Der soziale Schutz als Regelungsproblem des Vertragsrechts (1982)

STEFFEN, Neues vom Bundesgerichtshof zum Geliebtentestament, DRiZ 1970, 347

STEINBACH, Die Moral als Schranke des Rechtserwerbs und der Rechtsausübung (1898)

ders, „Die guten Sitten" im Rechte, DJZ 1899, 47

STEINDORFF, Die guten Sitten als Freiheitsbeschränkung, in: Summum ius summa iniuria (1963) 58

STREIT, JOACHIM, Die Nichtigkeit, Sittenwidrigkeit und Aufhebbarkeit von Bierlieferungsverträgen unter Berücksichtigung des deutschen und europäischen Kartellrechts (Diss Trier 2001/ 02)

SUNDER-PLASSMANN, Das Verhältnis arbeitsvertraglicher Unwirksamkeitsgründe zu § 138 Abs 1 BGB (Diss Münster 1964)

TAUPITZ, Zur Sittenwidrigkeit einer Vereinbarung zwischen Anwalt und Nichtanwalt über die Zahlung von Provisionen für die Vermittlung von Mandanten, NJW 1989, 2871

ders, Die Standesordnungen der freien Berufe (1991)

TEUBNER, Standards und Direktiven in Generalklauseln (1971)

ders, Generalklauseln als sozionormative Modelle, in: Generalklauseln als Gegenstand der Sozialwissenschaften (1978) 13

THIELMANN, Sittenwidrige Verfügungen von Todes wegen (1973)

TIEDTKE, Teilnichtigkeit eines sittenwidrigen Rechtsgeschäfts, ZIP 1987, 1089

TIEFENBACHER, Ist der Verkauf einer Anwaltspraxis zulässig?, BB 1959, 473

TRAUB, „Geltungserhaltende Reduktion" bei nichtigen vertraglichen Wettbewerbsverboten?, WRP 1994, 714 u 802

TROCKEL, Die Rechtfertigung ärztlicher Eigenmacht, NJW 1970, 489

ULMER, Wirksamkeitsschranken gesellschaftsvertraglicher Abfindungsklauseln, NJW 1979, 81

ders, Wettbewerbsverbote in Unternehmensveräußerungsverträgen, NJW 1979, 1585

ders, Teilunwirksamkeit von teilweise unangemessenen AGB-Klauseln, NJW 1981, 2024

ders, Abfindungsklauseln in Personengesellschafts- und GmbH-Verträgen – Plädoyer für die Ertragswertklausel, in: FS Quack (1991) 477

ULMER/SCHÄFER, Die rechtliche Beurteilung vertraglicher Abfindungsbeschränkungen bei nachträglich eintretendem grobem Missverhältnis, ZGR 1995, 134

VEELKEN, Bindungen des Revisionsgerichts bei der Beurteilung der Sittenwidrigkeit von Rechtsgeschäften nach § 138 BGB, AcP 185 (1985) 46

VOGEL, Der Begriff des gegen die guten Sitten verstoßenden Rechtsgeschäfts nach § 138 Abs 1 BGB (Diss Leipzig 1906)

VOGT, Bedeutungsgehalt und Funktion der guten Sitten im Wettbewerbsrecht, NJW 1976, 729

VOLMER, Vertragspaternalismuis im Gesellschaftsrecht? – Neues zu Abfindungsklauseln, DB 1998, 2507

VORSPEL-RÜTER, Telefonsex kostenlos?, K & R 1999, 505

VOSS, Leih- und Ersatzmutterschaftsverträge im amerikanischen Recht, FamRZ 2000, 1552

WÄLDE, Juristische Folgenorientierung (1979)

WANGLER, Abfindungsregelungen in Gesellschaftsverträgen: Zum aktuellen Stand in Literatur, Rechtsprechung und Vertragspraxis, DB 2001, 1763

WANNER, Die Sittenwidrigkeit der Rechtsgeschäfte im totalitären Staate: eine rechtshistorische Untersuchung zur Auslegung und Anwendung des § 138 Absatz 1 BGB im Nationalsozialismus und in der DDR (1996)

D WEBER/HIKEL, Die Wirksamkeit von „Hinauskündigungsklauseln" im Recht der Personengesellschaften, NJW 1986, 2752

H J WEBER, Kreditsicherheiten (7. Aufl 2002)

R WEBER, Gedanken zur Konkretisierung von Generalklauseln durch Fallgruppen, AcP 192 (1992) 516

U WEBER/EHRICH, Anfechtung eines Aufhebungsvertrags – der verständig denkende Arbeitgeber, NZA 1997, 414

WEDEMEYER, Wettbewerbswidrige Kaffeefahrten – Nichtige Kaufverträge, WRP 1972, 117

WEIMAR, Der Mietwucher in seinen zivilrechtlichen Folgen, DB 1963, 439

ders, Nach welchem Zeitpunkt ist die Sittenwidrigkeit eines Rechtsgeschäfts zu beurteilen?, MDR 1968, 110

WELLER, Die Bedeutung der Präjudizien im Verständnis der deutschen Rechtswissenschaft (1979)

WESEL, Frauen schaffen an, das Patriarchat kassiert ab, NJW 1998, 120

ders, Prostitution als Beruf, NJW 1999, 2865

H P WESTERMANN, Das Verhältnis von Standesregeln und guten Sitten im Wettbewerbsrecht, in: FS Barz (1974) 545

ders, Die geltungserhaltende Reduktion im System der Inhaltskontrolle im Gesellschaftsrecht, in: FS Stimpel (1985) 69

ders, Die Bedeutung der Privatautonomie im Recht des Konsumentenkredits, in: FS Lange (1992) 995

ders, Die Gestaltungsfreiheit im Personengesellschaftsrecht in den Händen des Bundesgerichtshofs, in: 50 Jahre Bundesgerichtshof (2000) Bd II 245

H WESTERMANN, Interessenkollisionen und ihre richterliche Wertung bei den Sicherungsrechten an Fahrnis und Forderungen (1954)

WESTERWELLE, Die Sittenwidrigkeit von Sicherungsübereignungen unter besonderer Berücksichtigung der Gläubigergefährdung (Diss Köln 1960)

WESTHOFF, Die Inhaltskontrolle von Arbeitsverträgen (1975)

WIEACKER, Rechtsprechung und Sittengesetz, JZ 1961, 337

ders, Recht und Sittlichkeit – Über die Beziehungen der Rechtsordnung zu den ethischen Normen, Zeitwende 1969, 244

ders, Privatrechtsgeschichte der Neuzeit (2. Aufl 1967)

WIEDEMANN, Rechtsethische Maßstäbe im Unternehmens- und Gesellschaftsrecht, ZGR 1968, 147

WILBURG, Zusammenspiel der Kräfte im Aufbau des Schuldrechts, AcP 163 (1963) 346

WINKLER, Reduzierung der Ansprüche der bei der Gesellschafter-Nachfolge übergangenen Pflichtteilsberechtigten durch gesellschaftsvertragliche Abfindungsklauseln?, BB 1997, 1697

WITTEK, Verfügungen von Todes wegen zugunsten behinderter Menschen (1996)

M WOLF, Rechtsgeschäftliche Entscheidungsfreiheit und vertraglicher Interessenausgleich (1970)

ders, Inhaltskontrolle von Sicherungsgeschäften, in: FS F Baur (1981) 147

ders, Inhaltskontrolle von Arbeitsverträgen, RdA 1988, 270

WÜST, Vom ungebundenen Individualgläubiger

zum rücksichtsvollen Mitgläubiger, in:
FS Wilburg (1965) 257

ZIEGLER, Gesellschaftsvertragliche Abfindungsklauseln mit Ratenzahlung, DB 2000, 2107

REINHARD ZIMMERMANN, Richterliches Moderationsrecht oder Totalnichtigkeit? Die rechtliche Behandlung anstößig-übermäßiger Verträge (1979)

ders, Sittenwidrigkeit und Abstraktion, JR 1985, 48

RITA ZIMMERMANN, Die Relevanz einer herrschenden Meinung für Anwendung, Fortbildung und wissenschaftliche Erforschung des Rechts (1983)

ZIPPELIUS, Legitimation durch Verfahren? in: FS Larenz (1973) 293

ders, Zur Funktion des Konsenses in Gerechtigkeitsfragen: in: FS H-J Bruns (1978) 1

ZÖLLNER, Privatautonomie und Arbeitsverhältnis. Bemerkungen zu Parität und Richtigkeitsgewähr beim Arbeitsvertrag, AcP 176 (1976) 221

ders, Inhaltsfreiheit bei Gesellschaftsverträgen, in: FS 100 Jahre GmbH-Gesetz (1992) 85

ders, Vermögensrechtliche Folgenvereinbarungen für den Scheidungsfall, in: FS Hermann Lange (1992) 973

ders, Regelungsspielräume im Schuldvertragsrecht, AcP 196 (1996) 1

ZWANZIGER, Arbeitsrechtliche Aufhebungsverträge und Vertragsfreiheit, DB 1994, 982

ZWEIGERT, Verbotene Geschäfte, in: FS Riese (1964) 213.

Siehe auch die Angaben zu Spezialschrifttum zum Wucher und zu wucherähnlichen Geschäften (zu Rn 172), zur Mithaftung von Angehörigen (zu Rn 314), zur Übersicherung von Kreditnehmern (zu Rn 263) sowie zur Globalzession und zum verlängerten Eigentumsvorbehalt (zu Rn 340).

Systematische Übersicht

Rolf Sack

Alphabetische Übersicht

I. Der Anwendungsbereich von § 138

1. Sittenwidrigkeit des Inhalts von Rechtsgeschäften

1 a) Der Anwendungsbereich des § 138 deckt sich mit dem des § 134. § 138 Abs 1 ist anwendbar, wenn ein Rechtsgeschäft wegen seines **Inhalts** sittenwidrig ist (BGHZ 110, 156, 174 aE). Damit dient diese Vorschrift, ebenso wie § 134, der Inhaltskontrolle von Rechtsgeschäften.

2 Ergibt sich die Sittenwidrigkeit eines Rechtsgeschäfts unmittelbar aus seinem Inhalt, zB bei einem Vertrag über die Begehung sittenwidriger Handlungen, so bezeichnet man diese Form der Sittenwidrigkeit als **Inhaltssittenwidrigkeit**. Wenn die Sittenwidrigkeit des Inhalts eines Rechtsgeschäfts hingegen nicht unmittelbar aus seinem Inhalt als solchem, sondern erst aus den besonderen hinzutretenden Umständen folgt, die den Gesamtcharakter des Rechtsgeschäfts prägen, liegt sogenannte **Umstandssittenwidrigkeit** vor (BGHZ 86, 82, 88; 107, 92, 97; BGH NJW 1990, 703, 704). Beispiele hierfür sind die Fälle der wucherähnlichen Geschäfte, der Übersicherung oder der Mithaftung einkommens- und mittelloser Angehöriger eines Kreditnehmers.

3 Die gebräuchliche Formel, dass ein Rechtsgeschäft nach § 138 nichtig sei, wenn es nach seinem aus **„Inhalt, Zweck und Beweggrund"** zu entnehmenden Gesamtcharakter gegen die guten Sitten verstößt (vgl RGZ 114, 339, 341; RGZ 150, 1, 3; BGHZ 53, 369, 375 aE; BGHZ 43, 46, 50 = NJW 1965, 580; NJW 1968, 932, 934; BGHZ 60, 28, 33; BGHZ 86, 82, 88; BGHZ 106, 269, 272 = NJW 1989, 830; BGHZ 107, 92, 97; BGH WM 1995, 1331, 1332; BGH BB 1995, 2288, 2289; NJW 1995, 1886, 1887; NJW 1995, 2284; NJW 1997, 1980, 1981 [3]; NJW 1997, 2314, 2315; WM 1998, 513, 514; BGHZ 141, 357, 361 = NJW 1999, 2266; NJW 2002, 361, 362; BAG NJW 1976, 1958), ist missverständlich. Zutreffend ist sie nur, soweit sie besagen soll, dass sich die Sittenwidrigkeit des **Inhalts** eines Rechtsgeschäfts nicht nur aus dem objektiven Inhalt als solchem, sondern auch aus den Begleitumständen, insbesondere aus dem Zweck und den Beweggründen, ergeben kann (ähnlich RGZ 114, 339, 341; BGH WM 1995, 1331, 1332; NJW 1997, 1980, 1981 [3]; WM 1998, 513, 514; SOERGEL/HEFERMEHL § 138 Rn 27, 29). Denn § 138 dient nur der Inhaltskontrolle von Rechtsgeschäften.

Nach § 138 ist nur zu überprüfen, ob der Inhalt eines **Rechtsgeschäfts** mit den guten **4** Sitten vereinbar ist. Das **Verhalten** der Vertragsparteien als solches ist hingegen nicht nach § 138 zu beurteilen. Die Art des Verhaltens kann allerdings für die Bewertung eines darauf beruhenden Rechtsgeschäfts von Bedeutung sein (BGHZ 53, 369, 375; BGH NJW 1973, 1645, 1646; 1983, 674, 675; 1984, 2150, 2151; BARTHOLOMEYCZIK, in: FS OLG Zweibrücken [1969] 26, 66; BGB-RGRK/KRÜGER-NIELAND/ZÖLLER § 138 Rn 30; FLUME, AT § 18, 2 u 6 S 368, 375, 379; LINDACHER AcP 173 [1973] 124, 135; MEDICUS, AT Rn 685; OTTE JurA 1985, 192, 196; SCHMOECKEL AcP 197 [1997] 1, 26 ff; SOERGEL/HEFERMEHL § 138 Rn 29, 37).

b) Auch beim **Wuchertatbestand** des § 138 Abs 2 geht es der Sache nach um In- **5** haltskontrolle. Zwar knüpft diese Vorschrift auch an rechtlich zu missbilligendes Verhalten beim Zustandebringen von Verträgen an: Ausbeutung der Zwangslage, der Unerfahrenheit, des Mangels an Urteilsvermögen oder der erheblichen Willensschwäche eines anderen. Diese Kriterien dienen jedoch nur der Feststellung, ob der durch ein Missverhältnis von Leistung und Gegenleistung gekennzeichnete **Inhalt** eines Vertrages rechtlichen Bestand hat (zB als gemischte Schenkung), oder ob sein Inhalt wegen der Verwirklichung dieser Kriterien als Wucher rechtlich zu missbilligen ist (SACK WRP 1974, 445, 448, 449; ders NJW 1974, 564). Im gleichen Sinne sind die **Bürgschaftsentscheidungen** des BVerfG und des BGH zu verstehen. Auch wenn sie an das unerträgliche Ungleichgewicht der Vertragspartner, an die ermotionalen Bindungen des Bürgen im Verhältnis zum Hauptschuldner oder an die geschäftliche Unerfahrenheit des Bürgen anknüpfen (BGHZ 89, 214; 125, 206, 209), ist darin keine Entwicklung weg von der Inhaltskontrolle und hin zur Abschlusskontrolle mit § 138 zu sehen (vgl jedoch ST LORENZ NJW 1997, 2578); vielmehr dient diese Anknüpfung – insoweit vergleichbar mit der Struktur des Wuchertatbestandes des § 138 Abs 2 – nur der Feststellung, ob die die Vermögensverhältnisse des Bürgen weit übersteigende Bürgschaftszusage, dh ihr Inhalt, mit den guten Sitten vereinbar ist. Denn vielfach wird erst durch die Hinzunahme des subjektiven Moments, zB durch die verwerfliche Gesinnung, der **Inhalt** des Rechtsgeschäfts in das rechte Licht gerückt (so schon Prot I 123 f).

2. Sittenwidrige Umstände des Zustandekommens von Rechtsgeschäften

Ebenso wie § 134 ist auch § 138 nicht schon dann ohne weiteres anwendbar, wenn **6** nicht der Inhalt eines Rechtsgeschäfts, sondern die Art und Weise seines Zustandebringens gegen die guten Sitten verstößt (BGHZ 110, 156, 174 f; vgl auch BGHZ 117, 280, 286; ferner SACK WRP 1974, 445, 448; ders NJW 1974, 564; LEHMANN NJW 1981, 1232, 1237;

St Lorenz NJW 1997, 2578; Palandt/Heinrichs § 138 Rn 18; Soergel/Hefermehl § 138 Rn 65; kritisch Gitter SAE 1981, 174; aA wohl BGB-RGRK/Krüger-Nieland/Zöller § 138 Rn 25; Beckmann 399 zu § 134). Deshalb ist zB ein Vertrag, der unter Verstoß gegen die guten Sitten iSv § 1 UWG, etwa durch psychischen Kaufzwang bei Kaffeefahrten, zustande gebracht worden ist, nicht schon deshalb auch ohne weiteres sittenwidrig und nichtig nach § 138 (BGHZ 110, 156, 174 f; BGH NJW 1998, 2531, 2532; LG Trier NJW 1974, 151; BGB-RGRK/Krüger-Nieland/Zöller § 138 Rn 17, § 134 Rn 138; Körner GRUR 1968, 348; Palandt/Heinrichs § 138 Rn 18; Sack WRP 1974, 445, 448; ders NJW 1974, 564 f; ders Anm in LM Nr 772 zu § 1 UWG BL 4 R; Soergel/Hefermehl § 138 Rn 65; aA AG Trier NJW 1972, 160; LG Mainz BB 1967, 1180). Selbst wenn ein Rechtsgeschäft in grob sittenwidriger Weise zustande gebracht worden ist, zB durch arglistige Täuschung oder durch widerrechtliche Drohung mit Gewalt, ist es nicht ohne weiteres nach § 138 nichtig, sondern „nur" anfechtbar nach § 123 (RGZ 115, 378, 383; BGH WM 1966, 585, 589; WM 1972, 766, 767; BGHZ 60, 102, 104, 105 = NJW 1973, 465; WM 1977, 394, 395; NJW 1988, 902, 903; 1988, 2599, 2601; Münch-Komm/Kramer § 123 Rn 33; Palandt/Heinrichs § 138 Rn 18; Sack WRP 1974, 445, 448; Staudinger/Dilcher[12] § 138 Rn 120; kritisch Gitter SAE 1981, 174; vgl auch § 134 Rn 5). Der Grund dafür liegt nicht darin, dass § 123 gegenüber § 138 eine Spezialvorschrift ist (so jedoch wohl RGZ 114, 342; aA Beckmann, Nichtigkeit und Personenschutz [1998] 190), sondern weil das sittenwidrige Zustandebringen von Verträgen nicht vom Regelungsbereich des § 138 erfasst wird (Sack WRP 1974, 445, 448; MünchKomm/Mayer-Maly/Armbrüster § 138 Rn 5 mFn 13; Soergel/Hefermehl § 138 Rn 65). Wegen desselben Regelungsbereichs ist auch § 134 bei einem unter Verstoß gegen § 1 UWG zustande gebrachten Vertrag nicht anwendbar (oben § 134 Rn 5 f, 304).

7 Es müssen vielmehr besondere Umstände hinzukommen, die auch die Sittenwidrigkeit des **Inhalts** eines Vertrags begründen (LG Trier NJW 1974, 151 m Anm Sack NJW 1974, 564 f; aA AG Trier NJW 1972, 160). So verstößt zwar nach Ansicht des I. Zivilsenats des BGH der Abschluss eines Gruppenversicherungsvertrags zwischen einer Gewerkschaft als Versicherungsnehmerin und einem Rechtsschutzversicherer, durch den die Gewerkschaft ihren Mitgliedern als Versicherten auch ohne deren Zustimmung allein kraft der Satzung Familien- und Wohnungsrechtsschutz nach den §§ 25, 29 ARB mit Mitteln des Beitragsaufkommens verschafft, in mehrfacher Hinsicht gegen § 1 UWG (BGHZ 110, 156, 161 ff). Daraus folgt jedoch nicht ohne weiteres die Sittenwidrigkeit und Nichtigkeit des Gruppenversicherungsvertrags nach § 138 (BGHZ 110, 156, 174 f). Der BGH hat dieses zutreffende Ergebnis damit begründet, dass der Rechtsbegriff der guten Sitten in § 1 UWG nicht dieselbe Bedeutung habe, wie in § 138. Während § 138 der autonomen Rechtsgestaltung beim Abschluss von Verträgen Grenzen setze und Missbräuchen der Privatautonomie damit entgegenwirke, schütze § 1 UWG die guten Sitten des Wettbewerbs und knüpfe an einen Verstoß – anders als § 138 – gerade nicht die Rechtsfolge der Nichtigkeit, sondern die Verpflichtung zur Unterlassung und – bei Verschulden – zum Schadensersatz. Das schließe es aus, in einem nach § 1 UWG zu missbilligenden wettbewerbswidrigen Verhalten, möge dieses auch in einem Rechtsgeschäft seinen Niederschlag finden, ohne weiteres einen Verstoß gegen § 138 zu erblicken (BGHZ 110, 156, 174 mwNw). Diese Argumentation lässt den Grund der Nichtanwendbarkeit von § 138 nicht so deutlich erkennen, wie die anschließenden und zutreffenden Ausführungen des BGH zu § 134: Die Anwendbarkeit von § 134 bzw § 138 erfordert, dass der **Inhalt** eines Vertrags sittenwidrig ist. Dies ist nicht ohne weiteres der Fall, wenn die Art des

Zustandebringens eines Vertrags gegen die guten Sitten (iSv § 1 UWG) verstößt (Sᴀᴄᴋ WRP 1974, 445, 447).

Desgleichen ist ein bei einer Kaffeefahrt unter Verstoß gegen § 1 UWG zustande **8** gebrachter Kaufvertrag nicht ohne weiteres auch nach § 138 sittenwidrig und nichtig; so im Ergebnis zutreffend das LG Trier (NJW 1974, 151), jedoch mit der unzutreffenden Begründung, dass der Begriff der guten Sitten in § 1 UWG anders zu bestimmen sei als in § 138. Vielmehr ist der **Gegenstand** der sittlich-rechtlichen Bewertung nach § 1 UWG ein anderer als nach § 138 BGB: Nach § 1 UWG sind Wettbewerbshandlungen zu bewerten, nach § 138 ist es der Inhalt von Rechtsgeschäften.

Dies schließt nicht aus, dass im Einzelfall dieselben Umstände, die die Anwendung **9** von § 1 UWG rechtfertigen, auch die Voraussetzungen des § 138 erfüllen. Wer durch arglistige Täuschung im Wettbewerb den Abschluss eines Vertrags herbeiführt, in dem Leistung und Gegenleistung in einem auffälligen Missverhältnis stehen, verstößt nicht nur gegen § 1 UWG, sondern zugleich auch gegen den Wuchertatbestand des § 138 Abs 2, der einen besonderen Anwendungsfall des § 138 Abs 1 regelt.

II. Rechtsgeschäfte

Der Begriff des Rechtsgeschäfts hat in § 138 dieselbe Bedeutung wie in § 134. Des- **10** halb kann auf die dortigen Ausführungen verwiesen werden (oben § 134 Rn 10 ff). Auch Tarifverträge unterliegen als Rechtsgeschäfte der Inhaltskontrolle nach § 138 (Rɪᴇʙʟᴇ ZfA 2000, 5, 12 ff, 25; **aA** Söʟʟɴᴇʀ NZA 1996, 897, 091).

III. Die guten Sitten

Die Nichtigkeit eines Rechtsgeschäfts nach § 138 Abs 1 erfordert einen Verstoß **11** gegen die guten Sitten. Der Begriff der guten Sitten ist ein **Rechtsbegriff** (Sᴛᴀᴜᴅɪɴɢᴇʀ/ Dɪʟᴄʜᴇʀ[12] § 138 Rn 5).

Bei der Anwendung von § 138 ist zu unterscheiden zwischen der **Auslegung** und der **12** **Konkretisierung** des Begriffs der guten Sitten. In einer ersten Stufe ist durch Auslegung zu ermitteln, welche Maßstäbe und Kriterien den Inhalt der guten Sitten im rechtlichen Sinne bestimmen: Das Anstandsgefühl aller billig und gerecht Denkenden? Die geltende Rechts- und Sozialmoral? Durch Meinungsumfragen zu ermittelnde herrschende Meinungen? Zur Auslegung gehört auch die Frage, ob ein Sittenverstoß die Verwirklichung eines subjektiven Tatbestandes erfordert. Erst wenn auf diese Weise der Rahmen des Begriffs der guten Sitten bzw des Sittenverstoßes durch Auslegung bestimmt ist, beginnt die **Konkretisierung**, dh die Entwicklung von Fallgruppen sittenwidriger Rechtsgeschäfte anhand der durch Auslegung ermittelten Maßstäbe und Kriterien.

1. Das Anstandsgefühl aller billig und gerecht Denkenden (sog Anstandsformel)

Über den Inhalt der guten Sitten entscheidet nach stRspr und hL das „Anstands- **13** gefühl aller billig und gerecht Denkenden" (so bereits zu § 826 das RG vom 11. 4. 1901 RGZ 48, 114, 124; ebenso zu § 138 RGZ 80, 219, 221; RGZ 120, 142, 148; BGHZ 10, 228, 232 = NJW 1953, 1665; BGHZ 17, 327, 332, 333 = NJW 1955, 1274; BGHZ 20, 71, 74; BGHZ 27, 172, 178; BGHZ 67,

119, 121 aE; BGH NJW 1982, 1455; BAG NJW 1976, 1958; ausführlich dazu insbesondere ARZT, Die Ansicht aller billig und gerecht Denkenden [Diss Tübingen 1962]; HABERSTUMPF, Die Formel vom Anstandsgefühl … [1976]; SACK NJW 1985, 761). Diese sogenannte **Anstandsformel** stammt aus den Motiven zu § 826, wo es heißt, dass derjenige, der einem anderen vorsätzlich einen Schaden zufüge, missbräuchlich handle und auf Schadensersatz hafte, „wenn seine Handlungsweise den in den guten Sitten sich ausprägenden Auffassungen und dem Anstandsgefühl aller billig und gerecht Denkenden widerspricht" (Mot II 727 = MUGDAN II 406). Diese Formulierung lässt allerdings zweifeln, ob die Verfasser des § 826 die Anstandsformel wirklich als Interpretationsbehelf für den Begriff der guten Sitten verstanden haben. Sie wird heute jedoch so verstanden, und dies nicht nur für § 826, sondern für alle anderen Sittenwidrigkeitsklauseln unseres Rechts (erstmals zu § 138 RGZ 80, 219, 221).

14 Die Anstandsformel warf die nahe liegende Frage auf, wer die billig und gerecht Denkenden seien und wie man deren Anstands**gefühl** feststelle (MEDICUS, AT Rn 682; SACK NJW 1985, 761; SOERGEL/HEFERMEHL § 138 Rn 5). Dazu gibt es vor allem im Wettbewerbsrecht eine umfangreiche Diskussion, die wegen ihrer wettbewerbsrechtlichen Spezifika allerdings nicht auf § 138 übertragen werden kann (ausführlich dazu MEYER-CORDING JZ 1964, 273 ff; SACK NJW 1985, 761 f).

15 Das Anstandsgefühl bzw die Ansicht aller billig und gerecht Denkenden lässt sich nicht einfach durch **Meinungsumfragen** feststellen (BOEMKE JuS 2001, 444, 445, BREITHAUPT JZ 1964, 283, 284; ERMAN/PALM § 138 Rn 32; HELDRICH AcP 186 [1986] 74, 94, 97; HÖSCH GewArch 2001, 112, 113; MünchKomm/MAYER-MALY/ARMBRÜSTER § 138 Rn 14; RÖHL AcP 172 [1972] 555, 557 ff; SOERGEL/HEFERMEHL § 138 Rn 4; STAUDINGER/DILCHER¹² § 138 Rn 7; TEUBNER 11, 33 f, 112; THIELMANN 31 f; **aA** OVG Berlin JZ 1955, 272, 275; BIRKE 45, 50 f; RHEINFELS WuW 1956, 785, 787; vgl dazu auch BVerwG GewArch 1996, 19, 21). Denn es entscheidet nicht das Anstandsgefühl **aller**, sondern nur das der billig und gerecht Denkenden, und Mehrheitsmeinungen sind nicht unbedingt identisch mit dem, was ein billig und gerecht Denkender für anständig hält (SACK NJW 1985, 761, 763; SOERGEL/HEFERMEHL § 138 Rn 4). Entscheidend kann auch nicht das Anstandsgefühl all derer sein, die normalerweise billig und gerecht denken; denn sie können im konkreten Einzelfall mit ihrem Urteil fehl gehen (SACK NJW 1985, 761, 763). In diesem Sinne zutreffend hat WIEDEMANN zur Anwendbarkeit der Anstandsformel im Wettbewerbsrecht ausgeführt: „Der Kaufmann ist befangen, der Laie nicht kompetent" (WIEDEMANN, Rechtsethische Maßstäbe im Unternehmens- und Gesellschaftsrecht [1979] 34 = ZGR 1980, 147, 168; vgl jedoch zB auch BGHZ 20, 43, 50 = NJW 1956, 706: „Anstandsgefühl aller billig und gerecht denkenden Bankkaufleute"). Diese Aussage lässt sich auf alle wirtschaftlich relevanten Probleme des § 138 übertragen und auch darüber hinaus verallgemeinern. Deshalb kann es nur auf das Anstandsgefühl bzw die Ansicht derer ankommen, die **im konkreten Einzelfall** gerecht und billig denken (SACK GRUR 1970, 493, 497; ders NJW 1985, 761, 763). Um diesen Personenkreis feststellen zu können, muss man allerdings bereits wissen, was im konkreten Einzelfall gerecht und billig ist. Wer jedoch dies weiß, der weiß auch, was im konkreten Fall den guten Sitten entspricht, so dass sich eine Befragung der im konkreten Einzelfall billig und gerecht Denkenden erübrigt (SACK GRUR 1970, 493, 496 f; ders NJW 1985, 761, 763 f). Eine Interpretation des Wortlauts der Anstandsformel führt also zu keinen Ergebnissen, die bei der Konkretisierung der Sittenwidrigkeitsklauseln unmittelbar hilfreich sein könnten.

Aufgrund der historischen Gegebenheiten, unter denen die Anstandsformel geschaf- **16**
fen wurde, wird man jedoch davon ausgehen dürfen, dass der **Richter als Repräsentant**
der gerecht und billig Denkenden verstanden wurde (SACK NJW 1985, 761, 763 f; vgl auch
ARZT 5, 63 ff, 74 ff; DICK ArchBürgR 33 [1909] 74, 103; MEYER-CORDING JZ 1964, 273, 274;
NORDEMANN GRUR 1975, 625, 627; OTT, in: FS L Raiser [1974] 403, 414; SIEMENS 7, 60; TEUBNER
19). Ihn ermächtigen die Sittenwidrigkeitsklauseln zur **Rechtsfortbildung**; sie weisen
ihm die Aufgabe zu, sich im konkreten Einzelfall um eine billige und gerechte
Entscheidung zu bemühen. Übereinstimmend damit heißt es in den Motiven zum
BGB: „Dem richterlichen Ermessen wird ein Spielraum gewährt, wie ein solcher
großen Rechtsgebieten bisher unbekannt ist. Fehlgriffe sind nicht ausgeschlossen.
Bei der Gewissenhaftigkeit des deutschen Richterstandes darf indessen unbedenklich darauf vertraut werden, dass die Vorschrift nur in dem Sinne angewendet werden
wird, in dem sie gegeben ist." (Mot I 211). Verfehlt ist die viel zitierte polemische
Äußerung von BAUMBACH, über den Inhalt der guten Sitten entscheide nicht das
Anstandsgefühl aller billig und gerecht Denkenden, sondern letztlich nur „das Anstandsgefühl älterer Richter in hoher Stellung, die das praktische Geschäftsleben
überwiegend nie kennengelernt haben" (BAUMBACH, Wettbewerbsrecht [1. Aufl 1929] 175;
ders JW 1930, 1643, 1644; wörtlich oder sinngemäß übereinstimmend R vGODIN MuW 1930, 42, 45;
KIRCHBERGER, Unlauterer, sittenwidriger und unerlaubter Wettbewerb [1931] 40 Fn 25; NORDE-
MANN, Wettbewerbsrecht [7. Aufl 1993] 50 Rn 41; SCHRICKER, Gesetzesverletzung und Sittenverstoß
[1970] 220; kritisch zu dieser Äußerung NERRETER, Allgemeine Grundlagen eines deutschen Wettbewerbsrechts [1936] 36 f; SACK NJW 1985, 761, 764). Denn es sind gerade die „älteren
Richter in hoher Stellung", die in einem Verfahren, das Berufungen und Revisionen
zulässt, als zuletzt entscheidende Richter am besten die billig und gerecht Denkenden iS der Anstandsformel repräsentieren. Dabei kommt ihnen zugute, dass sie in
einer Vielzahl von Verfahren, in denen sie mitgewirkt haben, meist einen besseren
Überblick über die rechtlich relevanten Umstände des Geschäftslebens haben, als
der einzelne Geschäftsmann, der häufig nur die Verhältnisse seiner Branche über-
blickt und außerdem interessengebunden und befangen ist (WIEDEMANN ZGR 1980, 147,
168; SACK NJW 1985, 761, 764; vgl auch RITTNER AcP 188 [1988] 101, 135). Soweit dem Richter
jedoch entscheidungserhebliche – zB branchenspezifische – Kenntnisse tatsächlicher
Gegebenheiten fehlen, bleibt es den betroffenen Parteien unbenommen, ihm diese
Kenntnisse im Verlaufe eines Verfahrens zu vermitteln und deren rechtliche Relevanz für die Entscheidung zu verdeutlichen. In diesem Sinne repräsentieren „höhere
Richter" iSv JOHN RAWLS die unabhängigen und „kompetenten Beurteiler" (WIEDE-
MANN ZGR 1980, 168 mit Hinweis auf JOHN RAWLS, Ein Entscheidungsverfahren für die normative
Ethik, in: BIRNBACHER/HOERSTER [Hrsg], Texte zur Ethik [1976] 124, 125 ff).

Gegen die Anwendung der Anstandsformel wurde eingewendet, sie sei eine **Leer-** **17**
formel (HABERSTUMPF 12, 74, 113; HELDRICH AcP 186 [1986] 74, 94; SAMBUC 33, 34; TEUBNER 20 f,
23, 51), die keinen eigenständigen Erkenntniswert für die Feststellung der guten Sitten
habe, nichtssagend und deshalb unbrauchbar sei (SAMBUC 31; aA MünchKomm/MAYER-
MALY/ARMBRÜSTER § 138 Rn 14; SACK NJW 1985, 761, 764). Daran ist zutreffend, dass die
Anstandsformel insofern leerformelhaft und nichtssagend ist, als man aus ihr nicht
unmittelbar ableiten kann, ob ein bestimmtes Verhalten mit den guten Sitten vereinbar ist. Es gibt jedoch unterschiedliche Grade von Leerformelhaftigkeit. Eine
Leerformel kann durchaus den **Rahmen** abstecken, in dem sich eine bestimmte
Entscheidung zu halten hat (SACK NJW 1985, 761, 765). So ist es auch bei der Anstands-
formel. Sie steht zB der Ansicht entgegen, dass der Vorwurf der Sittenwidrigkeit nur

gegenüber „**grob rechtswidrigen**" Verhaltensweisen erhoben werden könne bzw einen Verstoß gegen „fundamentale" oder „jedermann einsichtige" Normen erfordere. Denn es gibt auch nicht-fundamentale und nicht jedermann einsichtige Normen der Rechts- und Sozialmoral, die auf einen gerechten und billigen Interessenausgleich zielen und damit nach der Anstandsformel zu den guten Sitten gehören. Aus der Anstandsformel ergibt sich ferner, dass ein Sittenverstoß nicht generell die Verwirklichung eines **subjektiven** Tatbestandes voraussetzt. Denn es gibt auch Normen der Gerechtigkeit und Billigkeit, die ein rein objektives Fehlverhalten missbilligen. Nach der Anstandsformel kommt es nicht darauf an, wie ein gerecht und billig Denkender gehandelt hätte, wenn er sich in der Lage des Handelnden befunden hätte (so jedoch E ULMER/D REIMER 43 Rn 65; zust vGAMM WRP 1974, 1, 3), sondern wie ein gerecht und billig Denkender das betreffende Verhalten als solches bewertet (SACK NJW 1985, 761, 765). Die Anstandsformel gibt also keinerlei Anhaltspunkte dafür, dass ein Verstoß gegen die guten Sitten in jedem Fall die Verwirklichung eines subjektiven Tatbestandes voraussetze.

2. Ethik, Moral und Sittlichkeit als Bestimmungsfaktoren der guten Sitten

18 Nach nahezu einhelliger Meinung verweisen die Sittenwidrigkeitsklauseln mit dem Begriff der guten Sitten auf die Maßstäbe der Ethik, Moral und Sittlichkeit. Maßgeblich sei die **herrschende Rechts- und Sozialmoral** (BGB-RGRK/KRÜGER-NIELAND/ ZÖLLER § 138 Rn 21; ECKERT AcP 199 [1999] 337, 345 f; LARENZ JurJb 7 [1966/67] 98, 105; SOERGEL/HEFERMEHL § 138 Rn 2, 3; STAUDINGER/DILCHER¹² § 138 Rn 6). Diese Ansicht erstaunt. Denn die Verfasser des BGB haben es **ausdrücklich abgelehnt**, den Begriff „gegen die guten Sitten" durch den Begriff „gegen die Sittlichkeit" zu ersetzen; der Begriff „gegen die guten Sitten" sichere der Vorschrift „einen umfassenderen Geltungsbereich und enthalte den richtigen objektiven Maßstab" (Prot I 258 = MUGDAN I 725).

19 Ob diese Argumentation zutrifft, hängt allerdings davon ab, was man unter den – meist synonym gebrauchten – Begriffen der Sittlichkeit, Ethik und Moral versteht. Die Diskussion dazu leidet vor allem darunter, dass diese Begriffe in sehr unklaren und auch unterschiedlichen Bedeutungen gebraucht werden. Vor allem unterscheidet man nicht ausreichend zwischen der **autonomen** Moral und den **heteronomen** Moralordnungen (dazu COING, Grundzüge der Rechtsphilosophie [3. Aufl 1976] 106; KIRCHBERGER, Unlauterer, sittenwidriger und unerlaubter Wettbewerb [1931] 16 f; SACK GRUR 1970, 493, 495 f und NJW 1985, 761, 767; ähnlich die Unterscheidung von autonomer Moral, Hochethik der religiösen und weltanschaulichen Systeme und Sozialmoral [einfache Sittlichkeit] bei HENKEL, Einführung in die Rechtsphilosophie [2. Aufl 1977] 67 ff; LARENZ JurJb 7 [1966/67] 107, 121 f). Die Normen der **autonomen** Moral entstammen der Gesinnung bzw dem Gewissen des Einzelnen, dessen Handeln zu beurteilen ist (HENKEL 68 f, 78 f; KRAFT, Interessenabwägung und gute Sitten im Wettbewerbsrecht [1963] 106, 107 f, 109, 115, 139; SACK GRUR 1970, 495 f und NJW 1985, 767). Diese Moralnormen sind für die Konkretisierung der zivilrechtlichen Sittenwidrigkeitsklauseln unbrauchbar (KRAFT 107, 109; LARENZ JurJb 7 [1966/67] 98, 105, 106; PALANDT/HEINRICHS § 138 Rn 2; SACK GRUR 1970, 493, 496; ders NJW 1985, 761, 767 mwNw in Fn 90–93; SOERGEL/HEFERMEHL § 138 Rn 3). Denn die Wirksamkeit von Rechtsgeschäften nach § 138 bzw die Haftung für Schäden nach § 826 oder für Wettbewerbshandlungen nach § 1 UWG kann nicht von der individuellen moralischen Einschätzung des einzelnen abhängen. Sonst wäre dem moralisch Abgestumpften erlaubt, was dem moralisch sensibel Empfindenden verwehrt ist. Außerdem wäre niemals sichergestellt, ob das, was der einzelne als Ergebnis seiner Gewissensprüfung dartut, auch tatsächlich dieses Ergebnis ist.

Das Gegenstück zur autonomen Moral ist die Gruppe der **heteronomen Moral-** 20 **ordnungen**, dh der fremd gesetzten Moralnormen. Nur solche heteronomen Moralnormen kommen als gute Sitten iS der Sittenwidrigkeitsklausel in Betracht. Mit dieser Feststellung ist jedoch wegen der Vielzahl von Quellen heteronomer Moralnormen für die Konkretisierung der guten Sitten im Einzelfall nur wenig gewonnen. Denn es gibt eine Vielzahl solcher heteronomer Moralen, die sich gegenseitig ergänzen können, nicht selten aber auch einander widersprechen, zB die Rechts- und Staatsmoral, die Kirchenmoral, die Vereinsmoral usw. Soweit man es allerdings schon begrifflich ablehnt, solche heteronomen Normen zu den Moralnormen zu zählen, ist es folgerichtig, in den Sittenwidrigkeitsklauseln keine Vorschriften zu sehen, die auf die Normen der Ethik, Moral und Sittlichkeit Bezug nehmen.

Zu den heteronomen Moralnormen gehören **alle** Normen, die bei Interessenkonflik- 21 ten auf einen gerechten Interessenausgleich zielen und damit **Gerechtigkeitsnormen** sind (ausführlicher Sack GRUR 1970, 493, 496; ders NJW 1985, 761, 768). Denn ein zentrales Anliegen der Ethik, Moral und Sittlichkeit ist die Verwirklichung von Gerechtigkeit, woher auch immer die Maßstäbe dafür stammen. Einen gerechtigkeitsneutralen bzw ethisch neutralen Interessenausgleich gibt es nicht (Sack aaO). Deshalb ist es nicht möglich, aus dem (angeblichen) Verweis der Sittenwidrigkeitsklauseln auf die Maßstäbe der Ethik, Moral und Sittlichkeit zu folgern, dass sie nur bei Verstößen gegen **fundamentale Normen** anwendbar seien, ein Handeln von gesteigertem Unrechtsgehalt bzw eine gesteigerte Rechtswidrigkeit mit subjektiver Färbung erfordern (so jedoch Deutsch, Fahrlässigkeit und erforderliche Sorgfalt [1963] 149; ders JZ 1963, 385, 389) und nur einen „auf Extremfälle beschränkten Minimalschutz" geben (so jedoch Canaris AcP 184 [1984] 201, 236). Außerdem gehört es nicht zum Wesen heteronomer Moralnormen, Verstöße generell von der Verwirklichung eines **subjektiven Tatbestandes** abhängig zu machen (Sack NJW 1985, 761, 768). Die Ansicht, dass der Vorwurf der Sittenwidrigkeit die Verwirklichung eines subjektiven Tatbestandes erfordere, weil die Sittenwidrigkeitsklauseln auf die Normen der Moral verweisen, beruht auf einer Verwechslung von autonomer und heteronomer Moral und wäre nur zutreffend, wenn der Inhalt der guten Sitten iSd Sittenwidrigkeitsklauseln unseres Rechts unmittelbar durch Normen der autonomen Moral bestimmt würde.

Zwischenergebnis: Die Sittenwidrigkeitsklauseln verweisen mit dem Begriff der gu- 22 ten Sitten auf Normen der heteronomen Moral. Dazu gehören nicht nur fundamentale Normen, sondern alle, die die vom jeweiligen Regelungsbereich der Sittenwidrigkeitsklauseln erfassten Interessenkonflikte in irgendeiner Weise lösen. Aus der ethischen Natur der guten Sitten lässt sich nicht ableiten, dass der Vorwurf der Sittenwidrigkeit die Verwirklichung eines subjektiven Tatbestandes erfordere. Darüber hinaus liefert die These bzw Feststellung, dass die Sittenwidrigkeitsklauseln auf die Normen der Moral verweisen, keine weitere Handhabe für die Feststellung, ob bestimmte Rechtsgeschäfte oder Handlungen gegen die guten Sitten iSd Sittenwidrigkeitsklauseln unseres Rechts verstoßen.

3.   Die Funktion umfassender Lückenfüllung als Zweck des § 138

a)   Die lückenfüllende Funktion des § 138

23 Über die Auslegung des Begriffs der guten Sitten in § 138 entscheidet die Funktion dieser Vorschrift. Während bei anderen Gesetzen die Auslegung nach Sinn und Zweck seit Jahrzehnten eine Selbstverständlichkeit ist, wurde diese Auslegungsmethode bei der Auslegung der Sittenwidrigkeitsklauseln und des Begriffs der guten Sitten bemerkenswert wenig beachtet (vgl jedoch LINDACHER AcP 173 [1973] 124 f; TEUBNER 60 ff; SACK GRUR 1970, 493, 494 aE; ders WRP 1985, 1, 2; **aA** offenbar HAUBELT 58). Wesentlich mehr konzentrierte man sich auf die Interpretation der Anstandsformel und auf die Frage, welche Normen ethischer, moralischer oder sittlicher Natur seien.

24 Einigkeit besteht im wesentlichen noch insoweit, dass § 138, wie alle anderen Sittenwidrigkeitsklauseln auch, eine **lückenfüllende** Funktion hat. Es geht hierbei freilich nicht um Lücken iSv planwidriger Unvollständigkeit, sondern um bewußte Lücken, dh um ein Stück vom Gesetzgeber bewußt „offen gelassener Gesetzgebung" (HEDE-MANN, Die Flucht in die Generalklauseln [1933] 58; vgl auch HELDRICH AcP 186 [1986] 74, 97; SACK WRP 1985, 1, 2; AK-BGB/DAMM § 138 Rn 3; dies im Gegensatz zu sog „planwidrigen" Lücken, dazu CANARIS, Die Feststellung von Lücken im Gesetz [2. Aufl 1983] 16, 26 ff, 39; MAYER-MALY AcP 194 [1994] 105, 175). Sittenwidrigkeitsklauseln legitimieren die Gerichte, Lücken im Rechtsschutz zu schließen, die die Sonderregelungen sowie Gesetzwidrigkeitsblankette, zB § 134 oder § 823 Abs 2, lassen (vgl MAYER-MALY AcP 194 [1994] 105, 131 f). Sie legitimieren ihn zur **Rechtsfortbildung** (SOERGEL/HEFERMEHL § 138 Rn 5; TEUBNER 59, 60 ff).

b)   Die Funktion umfassender Lückenfüllung

25 Offen und wenig diskutiert ist hingegen bisher die Frage nach der **Reichweite** der Lückenschließung durch die Sittenwidrigkeitsklauseln. Nach einer verbreiteten Ansicht bietet § 138 nur einen „auf Extremfälle beschränkten Minimalschutz" (CANARIS AcP 184 [1984] 201, 236, 241, 244; ders, in: FS Larenz [1983] 27, 49, 50; BEATER AcP 197 [1997] 505, 524; ähnlich COESTER-WALTJEN AcP 190 [1990] 1, 15, 31; DAUNER-LIEB AcP 201 [2001] 295, 325; FASTRICH, Richterliche Inhaltskontrolle im Privatrecht [1992] 17 ff; vgl auch WIEACKER JZ 1961, 337, 339 f). § 138 Abs 1 definiere lediglich eine „äußerste Toleranzgrenze" (FASTRICH 20; vgl auch ZIMMERMANN 83); er habe eine „relativ hohe Eingriffsschwelle" und erfasse nur „schwerwiegende" konkrete Einzelfälle (COESTER-WALTJEN AcP 190 [1990] 1, 15, 31); § 138 sichere nur die „äußersten Grenzen" der herrschenden Rechts- und Sozialmoral und sanktioniere nur „evidente Verstöße" gegen sie (DAUNER-LIEB AcP 201 [2002] 295, 325). Das **BAG** beschränkte den Vorwurf der Sittenwidrigkeit auf „besonders krasse Fälle" (BAG JZ 1975, 737, 738; BEATER AcP 197 [1997] 505, 527). Noch in einer Entscheidung vom 19. 10. 1993 machte der **BGH** den Vorwurf der Sittenwidrigkeit nach § 826 von „schwerwiegenden Verstößen gegen das Anstandsgefühl" abhängig (BGH ZIP 1994, 121 LS 1).

26 Nach der mE zutreffenden Gegenansicht enthalten Sittenwidrigkeitsklauseln eine **umfassende Regelung aller rechtlich zu missbilligenden** Handlungen und Rechtsgeschäfte, für die es keine Spezialregelungen oder Gesetzwidrigkeitsblankette gibt (SACK WRP 1985, 1, 2 ff; ders RdA 1975, 171, 176 f; ders GRUR 1970, 493, 498; DAMM JZ 1986, 913, 918; AK-BGB/DAMM § 138 Rn 3, 83; tendenziell auch REUTER ZGR 1987, 489, 498; aus rechtshistorischer Sicht wohl auch H SCHMIDT, Die Lehre von der Sittenwidrigkeit des Rechtsgeschäfts in historischer Sicht [1973] 150; dezidiert **aA** CANARIS AcP 184 [1984] 201, 236; MAYER-MALY AcP 194

[1994] 105, 159; ders JuS 1986, 596, 600). Der Vorwurf der Sittenwidrigkeit ist nicht erst bei „Unerträglichkeit", sondern schon bei „Ungerechtigkeit" begründet (AK-BGB/DAMM § 138 Rn 82, 92; vgl auch SACK NJW 1985, 761, 768). Für eine **umfassende** lückenfüllende Funktion sprechen sowohl der Wortlaut als auch die systematische Stellung der Sittenwidrigkeitsklauseln im Gesetz. Der Begriff „gut" iSd Sittenwidrigkeitsklauseln bedeutet soviel wie **rechtlich gesollt** (KELSEN, Reine Rechtslehre [2. Aufl 1960] 69; SACK GRUR 1970, 493, 495; ders WRP 1985, 1, 3). Gute Sitten sind rechtlich gesollte Sitten. Alle rechtlich zu missbilligenden Handlungen und Rechtsgeschäfte verstoßen gegen das rechtlich Gesollte und damit zunächst rein **begrifflich** auch gegen die guten Sitten. Diese Wortlautinterpretation wird bestätigt durch die **systematische** Stellung der Sittenwidrigkeitsklauseln im Gesetz. Meist stehen sie neben Spezialregelungen und/ oder Blankettvorschriften, die auf andere Gesetze verweisen. Am vollständigsten ist dieses System im Vertragsrecht und Deliktsrecht: Neben der Spezialregelung des § 138 Abs 2 findet sich das Gesetzwidrigkeitsblankett des § 134 und die Sittenwidrigkeitsklausel des § 138 Abs 1. Auch im Deliktsrecht stehen mit den §§ 823 Abs 1, 824, 825 Spezialregelungen neben dem Gesetzwidrigkeitsblankett des § 823 Abs 2 und der Sittenwidrigkeitsklausel des § 826. Im Bereicherungsrecht stehen Gesetzwidrigkeits- blankette und Sittenwidrigkeitsklauseln nebeneinander, so in § 817 und § 819. Im Wettbewerbsrecht findet sich neben den Spezialregelungen der §§ 3 ff UWG nur noch die Sittenwidrigkeitsklausel des § 1 UWG, jedoch kein Gesetzwidrigkeitsblan- kett.

Allen einschlägigen Regelungskomplexen ist **gemeinsam**, dass sie neben den Sitten- **27** widrigkeitsklauseln nicht noch weitere **Hilfsgeneralklauseln** vorsehen, mit denen man die „kleinen Rechtswidrigkeiten" erfassen könnte. Würde man die Sittenwidrigkeits- klauseln nur auf Extremfälle bzw auf Fälle „gesteigerter Rechtswidrigkeit" beschrän- ken, so blieben zwangsläufig vom Gesetzgeber nicht gewollte Lücken, soweit es die Fälle der „einfachen Rechtswidrigkeiten" betrifft. Diese systematische Betrachtung führt dazu, den Sittenwidrigkeitsklauseln eine **umfassende** lückenfüllende Funktion beizumessen, so dass sich mit ihnen **alle rechtlich zu missbilligenden** Handlungen und Rechtsgeschäfte, die in den Regelungsbereich von Sittenwidrigkeitsklauseln fallen, erfassen lassen (SACK WRP 1985, 1, 3; AK-BGB/DAMM § 138 Rn 83; speziell zu § 1 UWG SACK GRUR 1970, 493, 498). Mit dieser Feststellung ist allerdings noch keine Aussage darüber getroffen, **welche** Handlungen rechtlich zu missbilligen sind.

Die Ansicht, dass mit den Sittenwidrigkeitsklauseln **alle** rechtlich zu missbilligenden **28** Handlungen bzw Rechtsgeschäfte zu erfassen sind, soweit keine gesetzlichen Spe- zialregelungen oder Gesetzwidrigkeitsblankette vorliegen, entspricht im Wettbe- werbsrecht seit langem der Praxis bei der Anwendung von **§ 1 UWG**, auch wenn die Theorie dazu noch nachhinkt. Man benötigt im Wettbewerbsrecht keine „Hilfs- generalklauseln", um alle rechtswidrigen Wettbewerbshandlungen unterbinden zu können; dies leistet lückenlos § 1 UWG. Anders verlief die Entwicklung in der Dogmatik der Sittenwidrigkeitsklauseln des BGB. Hier wendete man die Sittenwid- rigkeitsklauseln meist nur auf Fälle **„gesteigerter Rechtswidrigkeit"** an (ENNECCERUS/ NIPPERDEY, AT I 203; AT II 1164; CANARIS AcP 184 [1984] 201, 236, 241, 244; ders, in: FS Larenz [1983] 27, 29, 40; COESTER-WALTJEN AcP 190 [1990] 1, 15, 31; DEUTSCH, Haftungsrecht I [1976] 232; ders JZ 1963, 385, 389; FASTRICH 20; LARENZ JurJb 7 [1966/67] 98, 104; LARENZ/WOLF § 41 Rn 3; MAYER-MALY JuS 1986, 596, 600; MERTENS ZHR 143 [1979] 174, 181; PASCHKE ZHR 155 [1991] 1, 19; WIEACKER JZ 1961, 337, 339 f; ebenso wohl auch MünchKomm/MAYER-MALY/ARMBRÜSTER § 138

Rn 13; gegen diese Beschränkung DAMM JZ 1986, 913, 918; MEES WRP 1985, 373, 375; SACK WRP 1985, 1). So ging zB der BGH in einer neueren Entscheidung offenbar noch davon aus, dass § 138 nur anwendbar sei bei einem Verstoß gegen „grundlegende Wertmaßstäbe" der Rechts- und Sittenordnung des gesellschaftlichen Zusammenlebens (BGH NJW 1998, 2531, 2532). Auf dem Gebiet der rechtlich zu missbilligenden **Rechtsgeschäfte** schloß man die so verbleibenden Schutzlücken durch Anwendung des § 242 oder durch analoge Anwendung des § 315 Abs 3. Dies geschah ursprünglich vor allem auf dem Gebiet der Inhaltskontrolle von Allgemeinen Geschäftsbedingungen (BGHZ 22, 90, 96; 22, 164 ff; 37, 94, 99; 38, 183; 41, 151, 154; 54, 106, 109; BGH DB 1973, 1341 f u 1343; NJW 1983, 99), das später in den §§ 9 ff AGBG, jetzt §§ 307 ff, eine Sonderregelung erfahren hat. Im **Gesellschaftsrecht** hat der BGH sogar in einer Entscheidung vom 13. 7. 1981 bei der Beurteilung einer gesellschaftsvertraglichen Ausschlussklausel unterschieden zwischen einem Verstoß gegen „die **allgemeinen** Grundsätze der Rechtsordnung", der nach § 138 die Nichtigkeit begründet, und einem Verstoß gegen „die Grundprinzipien des **Gesellschaftsrechts**", der nach Ansicht des BGH offenbar einen – neben § 138 und § 134 – selbständigen Nichtigkeitsgrund darstellt (BGH NJW 1981, 2565 aE; für die Anwendung von § 138 hingegen in diesen Fällen GRUNEWALD, Der Ausschluss aus Gesellschaft und Verein [1987] 126 ff; SACK WRP 1985, 1, 2; wieder § 138 anwendend BGH NJW 1985, 2421 f = WM 1985, 772 f). Auch der Vorschlag, § 134 bei der Verletzung „ungeschriebener gesetzlicher Verbote" anzuwenden (so CANARIS AcP 184 [1984] 201, 236 in Bezug auf aus Art 3 GG ableitbare ungeschriebene gesetzliche Verbote), ist ein Versuch, Lücken infolge einer zu engen Auslegung des § 138 zu schließen. Es würde § 138 Abs 1 entbehrlich machen, was zweifellos nicht dem umfassenden lückenfüllenden Zweck dieser Vorschrift entspricht.

c)   Mögliche Gründe für eine enge Auslegung des Begriffs der Sittenwidrigkeit
aa)   Der „Makel" der Sittenwidrigkeit

29 Die Beschränkung der Sittenwidrigkeitsklauseln auf Fälle „gesteigerter Rechtswidrigkeit" oder gar auf „Extremfälle" wird – wenn überhaupt – damit gerechtfertigt, dass es ein schwerer Vorwurf sei, gegen die guten Sitten verstoßen zu haben. Der Vorwurf der Sittenwidrigkeit enthalte das „Verdikt einer gewissen Unanständigkeit" (CANARIS AcP 184 [1984] 201, 234; ders, in: FS Larenz [1983] 27, 32: „besonders schwerwiegendes Verdikt"). Dieser Vorwurf behafte die Betroffenen mit einem **„Makel"**, mit dem Makel der „Unsittlichkeit"; das Wort „Makel" findet sich in einer Vielzahl von Entscheidungen (zB RG JW 1921, 1363, 1364; JW 1932, 938; RGZ 136, 293, 297; 144, 242, 245; 150, 1, 5; BVerfG GRUR 1972, 358, 360; BGHZ 3, 270, 279; 14, 294, 303; 52, 17, 20; NJW 1968, 932 ff [gleich 6 mal betr Geliebtentestament]; NJW 1970, 1273, 1275; NJW 1979, 365, 366; ausdrücklich **aA** FLUME, AT § 18, 1 S 367; SACK NJW 1985, 761, 766; SOERGEL/HEFERMEHL § 138 Rn 19). Der Vorwurf der Sittenwidrigkeit „brandmarke" den Täter vor der Öffentlichkeit als unsittlich (BAUMBACH JW 1930, 1643, 1645). Der Vorwurf der Sittenwidrigkeit sei „der schwerste Makel, der einem Rechtsgeschäft anhaften kann und damit per se superlativ, der sinnvoll nicht weiter steigerungsfähig" sei (ZIMMERMANN JR 1985, 48, 51). Er sei „diskriminierend" (HUBMANN ZHR 117 [1955] 41, 75; MünchKomm/MAYER-MALY/ARMBRÜSTER § 138 Rn 2; **aA** SACK NJW 1985, 761, 766 ff; ders WRP 1985, 1, 3 ff), „diffamierend" (GALPERIN, in: FS Nipperdey [1965] Bd II 197, 208, 217; HUECK/NIPPERDEY, Lehrbuch des Arbeitsrechts II 2 [1970] 990, 991; NIPPERDEY, in: FS Sitzler [1956] 79, 87, 89), „infamierend" (E FUCHS JW 1910, 209, 210); er enthalte einen „moralischen Bannfluch" (VOGT NJW 1976, 729, 731). Wem der Vorwurf der Sittenwidrigkeit gemacht wird, der werde „zeitlebens mit einem Schandmal gebrandmarkt"; man könne sich „feinfühlige Menschen denken, denen ein solcher im besten Glauben, es sei das gerechtes Recht, verübter Rechts- und Ehrenmord die gesamte Daseinsfreude, das Lebensglück vergällte" (so E FUCHS JW 1910, 209, 210).

Diese Argumentationen sind nicht haltbar. Der Vorwurf, dass ein Verhalten gegen **30** die guten Sitten verstoße, ist **begrifflich** nicht schwerer als der Vorwurf, gesetzwidrig oder treuwidrig gehandelt zu haben. Auch im allgemeinen Sprachgebrauch ist mit dem Vorwurf der Sittenwidrigkeit kein besonders schwerer Vorwurf verbunden, wie auch ein Blick in die Praxis des Wettbewerbsrechts zeigt; § 1 UWG wird sehr viel häufiger von Gerichten angewendet als § 138. Die Notwendigkeit, die infolge einer restriktiven Auslegung des Begriffs der guten Sitten in § 138 verbleibenden Lücken mit fragwürdigen Konstruktionen zu schließen, insbesondere durch Anwendung des § 134 auf die Verletzung „ungeschriebener gesetzlicher Verbote", durch Anwendung der dafür nicht gedachten Generalklauseln der §§ 242, 315 oder durch Schaffung von gesellschaftsrechtlichen Nichtigkeitsgründen praeter legem, spricht gegen diese Ansicht (SACK WRP 1985, 1, 3; AK-BGB/DAMM § 138 Rn 3).

bb) Historische Gründe
(1) Es gibt, soweit ersichtlich, allenfalls historische Erklärungen für die enge Aus- **31** legung des Begriffs der guten Sitten in § 138. Die enge Auslegung der Sittenwidrigkeitsklauseln stammt aus der Rechtsprechung des **Reichsgerichts** unmittelbar nach Inkrafttreten des BGB und war durch damalige Rechtsvorstellungen geprägt, die heute nicht mehr in gleicher Weise gelten. Seinerzeit folgerte man aus dem **Gewaltenteilungsprinzip**, dass der Richter nur in Ausnahmefällen über die Auslegung von mehr oder minder präzisen Gesetzen hinaus rechtsfortbildend tätig werden dürfe. Die Verfasser des UWG von 1896 hielten in der Amtlichen Begründung die Richter sogar noch für unfähig, mit Generalklauseln umzugehen, weswegen dieses UWG noch keine Generalklausel enthielt.

(2) Auch war der damalige Zeitgeist stark durch die Idee des **Liberalismus** geprägt. **32** Bei Inkrafttreten des BGB war es erst wenige Jahrzehnte her, seit die strengen Zunftordnungen abgeschafft und die Gewerbefreiheit in Deutschland flächendeckend eingeführt worden war. In dieser Zeit kurz nach Inkrafttreten des BGB gehörten zu den „rechtlich zu missbilligenden" Handlungen bzw Rechtsgeschäften nur diejenigen, die heute als Fälle „gesteigerter Rechtswidrigkeit" bzw als „Extremfälle" angesehen werden. Seinerzeit war § 138 trotz – aus heutiger Sicht! – enger Auslegung geeignet, **alle** Rechtsgeschäfte zu erfassen, die nach damaliger Auffassung rechtlich zu missbilligen waren; § 138 wurde also damals seiner **umfassenden** lückenfüllenden Funktion zunächst durchaus gerecht. In der Folgezeit änderten sich allerdings die Vorstellungen über die richterliche Rechtsfortbildungsmacht sowie darüber, was rechtlich zu missbilligen sei. Dieser Wandel der Rechtsvorstellungen hatte jedoch nur einen Wandel der guten Sitten im Wettbewerbsrecht zur Folge, während die Dogmatik zu den Sittenwidrigkeitsklauseln des BGB davon nur wenig berührt wurde, so dass man gezwungen war, den gewandelten Rechtsvorstellungen anderweitig Rechnung zu tragen, insbesondere durch entsprechende Anwendung des § 242, der dafür nicht gedacht war, durch analoge Anwendung des § 315 Abs 3, durch Anwendung des § 134 auf „ungeschriebene gesetzliche Verbote" und durch die Einführung gesellschaftsrechtlicher Nichtigkeitsgründe praeter legem.

33 Wenn man heute mit den Sittenwidrigkeitsklauseln des BGB nur Extremfälle bzw Fälle gesteigerter Rechtswidrigkeit erfassen zu können glaubt, während man auf dem Gebiet des Wettbewerbsrechts die Sittenwidrigkeitsklausel des § 1 UWG letztlich auf alle Fälle rechtlich zu missbilligender Wettbewerbshandlungen anwendet, für die es keine Spezialregelungen gibt, so zeigt dies, dass es nicht am **Begriff** der guten Sitten liegt, wenn die Sittenwidrigkeitsklauseln des BGB nur bei gesteigerter Rechtswidrigkeit angewendet werden.

cc)   Die starre Rechtsfolge des § 138

34 Einen weiteren Grund dafür, den Vorwurf der Sittenwidrigkeit iSv § 138 auf die Fälle gesteigerter Rechtswidrigkeit zu beschränken, wird man in der Regelung der **Rechtsfolge** dieser Vorschrift zu sehen haben (krit Beater AcP 197 [1997] 505, 517 f, 519, 523 f, 527). Anders als nach § 134, der einen Normzweckvorbehalt vorsieht, ist zumindest nach dem Wortlaut von § 138 ein sittenwidriges Rechtsgeschäft **voll nichtig** mit Wirkung **ex tunc**. Diese Rechtsfolge führt nicht selten zu unangemessenen Ergebnissen. Dem wollte man durch eine Reduzierung des Anwendungsbereichs von § 138 entgehen, um die danach verbleibenden Lücken mit der flexiblen **Supergeneralklausel** des § 242 zu schließen. Gegen dieses Verfahren spricht zum einen, dass § 242 für diesen Anwendungsfall nicht vorgesehen war. Außerdem ist die Vorstellung unzutreffend, dass bei gesteigerter Rechtswidrigkeit **immer** die Nichtigkeitssanktion des § 138 passe. Vielmehr ist der Fehler des Gesetzgebers, bei der Sanktion des § 138 auf einen Normzweckvorbehalt verzichtet zu haben, durch richterliche Rechtsfortbildung zu korrigieren, indem die Rechtsfolgenregelung des § 138 der des § 134 angeglichen wird (dazu Rn 95).

d)   Überforderung der Gerichte

35 Gegen die Ansicht, dass § 138 in seinem Regelungsbereich eine umfassende lückenfüllende Funktion habe, ist eingewendet worden, dass damit dem Richter häufig die Lösung von Ordnungsproblemen aufgebürdet werde, die ihn ihrer Natur nach überfordern. Bei Ordnungsproblemen sei einer gesetzgeberischen Lösung der Vorzug zu geben (Mayer-Maly AcP 194 [1994] 105, 157 f, 159). Ein Beispiel für die fehlende Eignung des § 138, Ordnungsprobleme zu lösen, biete das der Mithaftung vermögensloser Kinder und Ehegatten als Bürgen für hohe Schulden eines anderen Familienangehörigen (Mayer-Maly AcP 194 [1994] 105, 151 ff, 159). An dieser Argumentation ist sicher zutreffend, dass in vielen Fällen einer klaren gesetzgeberischen Entscheidung der Vorzug vor der Rechtsfortbildung mit den Sittenwidrigkeitsklauseln zu geben wäre. Daraus zu folgern, dass in diesen Fällen – in welchen Grenzen? – die Sittenwidrigkeitsklauseln nicht lückenfüllend seien, hieße jedoch, insoweit den Schutz gegen rechtlich zu missbilligende Rechtsgeschäfte iSv § 138, Schädigungshandlungen iSv § 826 oder Wettbewerbshandlungen iSv § 1 UWG **pauschal zu verweigern**, solange der Gesetzgeber keine klare Regelung getroffen hat. Auch die Anwendung anderer Generalklauseln, zB des § 242, müsste in vielen Fällen an dem Hinweis auf die vorzugswürdige Lösung von Ordnungsproblemen durch den Gesetzgeber scheitern. Genau dieses Ergebnis, dh die **Schutzlosigkeit** beim Fehlen einer speziellen gesetzlichen Regelung, sollen jedoch die Sittenwidrigkeitsklauseln vermeiden helfen.

e)   Sittenwidrigkeitsklauseln als gesetzliche Legitimation zur Rechtsfortbildung

36 Aus der umfassenden Lückenfüllungsfunktion der Sittenwidrigkeitsklauseln folgt allerdings nicht, dass der richterlichen Rechtsfortbildung mit diesen Vorschriften keine Grenzen gesetzt seien. Vielmehr gelten die allgemeinen Grundsätze über Reichweite und Grenzen richterlicher Rechtsfortbildung (vgl dazu allgemein MAYER-MALY JZ 1986, 557 ff; PICKER JZ 1988, 1 ff u 62 ff; RÜTHERS AöR 1988, 268; SEIDL/WANK ZGR 1988, 296; SENDLER DVBl 1988, 828 ff), wobei die Sittenwidrigkeitsklauseln ausdrücklich zur Rechtsfortbildung ermächtigen. Mit der Formel der umfassenden Lückenfüllungsfunktion ist gesagt, dass sich die Sittenwidrigkeitsklauseln nicht nur gegen Verhaltensweisen richten, die „gesteigert rechtswidrig" sind bzw grob gegen das Rechtsgefühl verstoßen. Vielmehr unterliegen sie keinen Beschränkungen, die über die allgemeinen Grenzen zulässiger richterlicher Rechtsfortbildung hinausreichen.

4.   Interessenabwägung

a)   Rechtsfortbildung durch Interessenabwägung

Aus der umfassenden Lückenfüllungsfunktion des § 138 folgt, dass die Gerichte 37 durch diese Vorschrift aufgerufen und legitimiert sind, **rechtsfortbildend** Sittennormen zu entwickeln, mit deren Hilfe alle rechtlich zu missbilligenden Rechtsgeschäfte zu erfassen sind, für die es (noch) keine speziellen gesetzlichen Regelungen gibt (MünchKomm/MAYER-MALY/ARMBRÜSTER § 138 Rn 3; SACK WRP 1985, 1, 3, 4 mwNw in Fn 28; TEUBNER 99 ff, 106 f). Der Richter hat sich bei der Wahrnehmung der ihm mit § 138 übertragenen Rechtsfortbildungsbefugnis so zu verhalten wie der Gesetzgeber (KRAFT 43, 61; OTT, in: FS L Raiser [1974] 403, 417, 419). Die Feststellung, ob ein Rechtsgeschäft rechtlich zu missbilligen ist, muss durch eine umfassende Interessenabwägung erfolgen (BORK, AT Rn 1182 f; SACK WRP 1985, 1, 3 mwNw zu § 1 UWG in Fn 28; ebenso zu § 826 BGHZ 38, 391, 395 – Industrieböden; BOEMKE JuS 2001, 444, 446; ÖstOGH JBl 1966, 364, 367). § 138 enthält ebenso wie die anderen Sittenwidrigkeitsklauseln unseres Recht eine methodische Anweisung zur Interessenabwägung (KRAFT 43).

Bei der Interessenabwägung zur Feststellung der Sittenwidrigkeit ist eine Gesamt- 38 würdigung aller Umstände vorzunehmen. Es sind **alle** Interessen zu berücksichtigen, die unmittelbar oder mittelbar, aktuell oder potenziell durch das zu bewertende Rechtsgeschäft berührt werden. Auch die rechtlichen und tatsächlichen Folgen von Entscheidungen sind in die Interessenabwägung einzubeziehen (zum Erfordernis von Folgenerwägungen HABERSTUMPF, Die Formel vom Anstandsgefühl aller billig und gerecht Denkenden in der Rechtsprechung [1976] 115 ff; SAMBUC, Folgenerwägungen im Richterrecht [1977] 53 ff, 90 ff, 108 ff). Die einschlägigen Wertmaßstäbe finden sich sowohl in **Gesetzen** als auch im **außergesetzlichen** Bereich. Insofern ist eine diese Ansätze **kombinierende** Abwägung geboten (F BYDLINSKI, in: FS Gernhuber [1993] 827, 830 ff; ERMAN/PALM § 138 Rn 35; LARENZ JurJb 7 [1966/67] 98 ff, 109 ff passim; LARENZ/WOLF, AT § 40 Rn 3, 12; SACK WRP 1985, 1, 4 ff; SOERGEL/HEFERMEHL § 138 Rn 5, 7 f, 10; vgl auch MAYER-MALY AcP 194 [1994] 105, 174 f; MünchKomm/MAYER-MALY/ARMBRÜSTER § 138 Rn 11; **gegen die „Kombinationstheorie"** SCHACHTSCHNEIDER, in: FS Thieme [1993] 195, 215; SCHULZE JuS 1999, 636, 637; für eine Beschränkung des § 138 auf Analogien zu gesetzlichen Verboten PAWLOWSKI, AT Rn 498b). Kollidieren rechtliche Wertungen mit außerrechtlichen Moralvorstellungen, so haben die Ersteren Vorrang (BOEMKE JuS 2001, 444, 446; PALANDT/HEINRICHS § 138 Rn 6; SOERGEL/HEFERMEHL § 138 Rn 11)

b)   Gesetzliche Wertmaßstäbe

Bei der Interessenabwägung ist der Anwender des § 138 in erster Linie an Wertungen 39 gebunden, die in den Regelungen des gesetzten Rechts zum Ausdruck kommen (BVerfGE 7, 198, 206; 13, 153, 164; 21, 73, 82; BGHZ 80, 153, 157, 158; 106, 336, 338; ZIP 1989, 770; OLG Koblenz WM 2003, 378, 379; Boemke JuS 2001, 444, 445; ders NJW 2001, 43, 44; Erman/ Palm § 138 Rn 33, 35; Köhler, AT § 13 Rn 20; Koziol AcP 188 [1988] 183, 191 mit Fn 38; Larenz JurJb 7 [1966/67] 98, 118; Larenz/Wolf § 41 Rn 3, 12, 18 ff; Mayer-Maly AcP 194 [1994] 105, 175; Palandt/Heinrichs § 138 Rn 3; Sack WRP 1985, 1, 4 m Fn 37; Soergel/Hefermehl § 138 Rn 7, 10). Er darf seine persönlichen oder sonstigen Wertvorstellungen nicht an die Stelle vorhandener Wertvorstellungen des Gesetzgebers setzen (Sack WRP 1974, 247, 250; ders WRP 1985, 1, 4).

aa) Verfassungsrechtliche Wertungen

40 Zu den gesetzlichen Wertentscheidungen unserer Rechtsordnung, die den Inhalt der guten Sitten beeinflussen, gehören vor allem und in erster Linie die der Verfassung, insbesondere die **objektive Wertordnung** der Grundrechtsnormen (BVerfGE 7, 198, 205 f; 13, 153, 164; 21, 73, 82; 24, 251; 42, 143, 148; NJW 1990, 1469, 1470; NJW 1994, 36, 38; BGHZ 80, 153, 157; 106, 336, 338; BGH NJW 1999, 566, 568; NJW 1999, 3552; NJW 2000, 1028; NJW 2001, 957, 958; NJW 2001, 2248; aus dem Schrifttum vgl Boemke JuS 2001, 444, 445; ders NZA 1993, 532, 533; Canaris JuS 1989, 161, 164 ff; Erman/Palm § 138 Rn 113; Köhler, AT § 13 Rn 20; Larenz JurJb 7 [1966/67] 98, 119; MünchKomm/Mayer-Maly/Armbrüster § 138 Rn 20; Sack WRP 1985, 1, 5; Soergel/Hefermehl § 138 Rn 10). Auf diesem Wege wirken die Grundrechtsnormen unserer Verfassung ins Zivilrecht hinein; man bezeichnet dies als die **„mittelbare Drittwirkung"** der Grundrechte (ausf dazu § 134 Rn 36 u Rn 241 f). Allerdings erlauben die Grundrechtsnormen nur selten eine abschließende Feststellung darüber, ob ein bestimmtes Verhalten mit den guten Sitten vereinbar ist. Denn sie stecken nur einen **rechtlichen Rahmen** ab, der dem Gesetzgeber bzw Richter bei der Rechtsfindung einen relativ weiten Entscheidungsspielraum belässt (Göldner, Verfassungsprinzip und Privatrechtsnorm in der verfassungskonformen Auslegung und Rechtsfortbildung [1969] 143 f). Außerdem ist unsere Verfassung gekennzeichnet durch Wertkonkurrenzen und Wertgegensätze (Isensee NJW 1977, 545, 549), die im Einzelfall durch entsprechende Verfassungsinterpretation aufzulösen sind, wobei die jeweils herrschenden gesellschaftlichen Wertentscheidungen erhebliche Bedeutung haben. So besteht eine Wechselwirkung zwischen Verfassungsnormen und gesellschaftlichem Konsens (Isensee NJW 1977, 545, 550; Sack WRP 1985, 1, 5). Bei Kollision haben die Verfassungsnormen Vorrang vor einem etwa davon abweichenden gesellschaftlichen Konsens (oben Rn 38; Boemke JuS 2001, 444, 446).

Zu den Auswirkungen des Verfassungsrechts auf die Inhaltskontrolle von Verträgen hat das BVerfG bereits mehrfach Stellung genommen, und zwar zu nachvertraglichen Wettbewerbsverboten für Handelsvertreter (BVerfGE 81, 242 = NJW 1990, 1469), zu Bürgschaften von Familienangehörigen des Hauptschuldners (BVerfGE 89, 214 = NJW 1994, 36, 38; NJW 1994, 2749 f; NJW 1996, 2021) und zu Eheverträgen vor der Eheschließung über die Unterhaltssituation des gemeinsamen Kindes (BVerfG NJW 2001, 957). In seinen Entscheidungen betonte das BVerfG, dass es die Auslegung und die Anwendung einfachen Rechts durch die Fachgerichte nur in eingeschränktem Maße nachzuprüfen habe (NJW 1990, 1469). Ihm obliege insoweit keine allgemeine und umfassende Rechtskontrolle, sondern lediglich die Prüfung, ob die Gerichte Verfassungsrecht verletzt haben (NJW 1990, 1469). Ein Verstoß gegen Verfassungsrechte liege vor, wenn Entscheidungen der Zivilgerichte Auslegungsfehler erkennen lassen, die auf einer grundsätzlich unrichtigen Auffassung von der Bedeutung des Grundrechts, insbesondere vom Umfang seines Schutzbereichs, beruhen und auch in ihrer materiellen Bedeutung für den konkreten Rechtsfall **von einigem Gewicht** sind (BVerfGE 18, 85, 95 = NJW 1964, 1713; BVerfGE 42, 143, 149 = NJW 1976, 1677; NJW 1990, 1469; NJW 1994, 36, 38). Die Gestaltung der Rechtsverhältnisse durch den Einzelnen nach seinem Willen sei ein Teil der allgemeinen Handlungsfreiheit (NJW 1994, 36, 38 [II. 2. a]; NJW 1994, 2749, 2750). Zutreffend weist das BVerfG daraufhin, dass die Vertragsfreiheit auf dem **Prinzip der Selbstbestimmung** beruhe (NJW 1990, 1469, 1470; NJW 1994, 36, 38; NJW 1994, 2749, 2750; NJW 1996, 2021). Der durch einen Vertragsabschluss zum Ausdruck gebrachte übereinstimmende Wille der Vertragsparteien lässt in der Regel auf einen durch den Vertrag hergestellten sachgerechten Interessenausgleich schließen, den der Staat grundsätzlich zu respektieren hat (BVerfGE 81, 242, 254 = NJW 1990, 1469; NJW 2001, 957, 958). Dieses Prinzip setzt jedoch voraus, dass die Bedingungen freier Selbststimmung tatsächlich auch gegeben sind (BVerfG NJW 1990, 1469, 1470; NJW 1994, 36, 38; NJW 2001, 957, 958). Als Mittel eines **angemessenen Interessenausgleichs** taugt die Vertragsfreiheit nur im Falle eines **annähernd ausgewogenen Kräfteverhältnisses** (BVerfG NJW 1994, 36, 38 aE). Da alle Beteiligten des Zivilrechtsverkehrs den Schutz der allgemeinen Handlungsfreiheit nach Art 2 Abs 1 GG genießen und sich gleichermaßen auf die grundrechtliche Gewährleistung ihrer Privatautonomie berufen können, darf nicht nur das Recht des Stärkeren gelten (BVerfG NJW 1994, 36, 38; NJW 1994, 2749, 2750; NJW 1996, 2021). Deshalb sind die kollidierenden Grundrechtspositionen nach Ansicht des BVerfG in ihrer Wechselwirkung zu sehen und so zu begrenzen, dass sie für alle Beteiligten möglichst weitgehend wirksam werden (BVerfG aaO). Hat einer der Vertragsteile ein so starkes Übergewicht, dass er vertragliche Regelungen faktisch einseitig setzen kann, bewirkt dies für den anderen Vertragsteil Fremdbestimmung (BVerfGE 81, 242, 255 = NJW 1990, 1469, 1470; NJW 1994, 36, 38 [II. 2. d], 39; NJW 1994, 2749, 2750; NJW 1996, 2021; NJW 2001, 957, 958). Wo ein annäherndes Kräftegleichgewicht der Parteien fehlt, ist mit den Mittel des Vertragsrechts allein kein sachgerechter Ausgleich der Interessen zu gewährleisten. Wird bei einem solchen Kräfteungleichgewicht über **grundrechtlich verbürgte Positionen** verfügt, müssen staatliche Regelungen ausgleichend eingreifen, um den Grundrechtsschutz zu sichern (BVerfG NJW 1990, 1469, 1470; NJW 1994, 36, 38 f). Allerdings darf ein Vertrag nicht schon bei jeder Störung des Verhandlungsgleichgewichts infrage gestellt und korrigiert werden (BVerfG NJW 1994, 36, 38; NJW 1994, 2749, 2750; NJW 1996, 2021). Vielmehr muss eine erhebliche **strukturelle Unterlegenheit** eines Vertragspartners vorliegen, die zu einem Vertragsabschluss geführt hat, dessen Folgen für ihn **„ungewöhnlich belastend und als Interessenausgleich offensichtlich unangemessen"** sind. In diesen Fällen sind Korrekturen durch die Zivilrechtsordnung geboten (so BVerfG NJW 1994, 36, 38, 39; NJW 1994, 2749, 2750; NJW 1996, 2021; NJW 2001, 957, 958). Dies folgert das BVerfG aus der grundrechtlichen Gewährleistung der Privatautonomie, Art 2 Abs 1 GG, und dem Sozialstaatsprinzip, Art 20 Abs 2 und Art 28 Abs GG (BVerfG NJW 1994, 36, 38; NJW 1994, 2749, 2750; NJW 1996, 2021). Einen typischen Fall der Verhandlungsunterlegenheit bei Vertragsschluss regelt § 138 Abs 2 (BVerfG NJW 1994, 36, 39). Strukturelle Unterlegenheit besteht nach Ansicht des BVerfG typischer Weise auch beim Abschluss eines Handelsvertretervertrags mit einem Einfirmen-Vertreter, der ein nachvertragliches Wettbewerbsverbot ohne Karenzentschädigung vereinbart (BVerfG NJW 1990, 1469, 1470), beim Abschluss eines Bürgschaftsvertrags mit einem Familienangehörigen des Hauptschuldners, bei dem der Bürge die Bürgschaft ohne eigenes Interesse aufgrund seiner emotionalen Bindung übernimmt (BVerfG NJW 1994, 36, 39; NJW 1994, 2749, 2750; NJW 1996, 2021) oder beim Abschluss einer Unterhaltsvereinbarung mit einer nichtverheirateten schwangeren

Frau vor Eheschluss, wenn sie vor der Alternative steht, in Zukunft allein die Verantwortung für das gemeinsame Kind tragen zu müssen oder durch Eheschluss den Kindesvater in die Ehe einzubinden, wenngleich um den Preis eines sie stark belastenden Ehevertrags (BVerfG NJW 2001, 957, 958 [I. 2. b]). Fehlt es an Spezialregelugen, greifen die Generalklauseln ein, die als „Übermaßverbote" wirken, insbesondere die §§ 138, 242, 315 (BVerfG NJW 1990, 1469, 1470; NJW 1994, 36, 39; NJW 1994, 2749, 2750; NJW 1996, 2021; NJW 2001, 957, 958).

Die Einflussnahme des BVerfG auf das Zivilrecht ist vor allem in neuerer Zeit zunehmend auf heftige Kritik gestoßen (ADOMEIT NJW 1994, 2467; DIEDERICHSEN Jura 1997, 57, 61 ff; ders AcP 198 [1998] 171, 199 ff, 239 ff; ISENSEE, in: FS Großfeld [1999] 485, 501 ff, 515 f; SENDLER NJW 1994, 1518, 1519; ZÖLLNER AcP 196 [1996] 1 ff; differenzierend SINGER JZ 1995, 1133; gegen die Berechtigung der Kritik LIMBACH, in: Festgabe der Zivilrechtslehrer 1934/35 [1999] 383). Sie mündet im Wesentlichen in den Vorwurf, dass das BVerfG als Verfassungsrecht deklariere, was noch in den Gestaltungs- und Beurteilungsspielraum des einfachen Gesetzgebers und der Fachgerichte falle, und dass es im Widerspruch zur Idee der Verfassungsgerichtsbarkeit als Superrevisionsinstanz auftrete (DIEDERICHSEN Jura 1997, 57). Dies sehe man ua in den Ausführungen zum Zweck der Selbstbestimmung bei Vertragsabschlüssen, zu den Funktionsvoraussetzungen der Selbstbestimmung und zur Notwendigkeit einer Inhaltskontrolle bei struktureller Unterlegenheit eines Vertragspartners, wenn die Verträge ungewöhnlich belastend und als Interessenausgleich offensichtlich unangemessen sind. Diese Bedenken überzeugen allerdings nicht, wenn man aus den Grundrechten eine objektive Wertordnung ableitet und Verstöße gegen die Verfassung bei der Anwendung von § 138 nur in engen Grenzen zulässt, wie sie das BVerfG bereits selbst formuliert hat: Eine Inhaltskontrolle von Verträgen ist gerechtfertigt und geboten, wenn zwischen den Vertragspartnern bei typisierender Betrachtung ein **erhebliches strukturelles Ungleichgewicht** besteht und die Folgen des Vertrags für die strukturell unterlegene Vertragspartei **ungewöhnlich belastend** und als Interessenausgleich **offensichtlich unangemessen** sind. Im Sinne eines beweglichen Systems ist auch der Grad der strukturellen Unterlegenheit im konkreten Anwendungsfall zu berücksichtigen: Je größer die Unterlegenheit ist, desto eher sind ungewöhnlich belastende Verträge als sittenwidrig zu bewerten.

bb) Wertentscheidungen einfacher Gesetze

41 Auch die Wertentscheidungen **einfacher** Gesetze sind bei der Interessenabwägung zu berücksichtigen (KOZIOL AcP 188 [1988] 183, 191 m Fn 38 zum Verhältnis von § 138 Abs 2 zu § 138 Abs 1; SACK WRP 1985, 1, 5). So sind zB Zusagen eines Arbeitgebers, dem Arbeitnehmer bei der Arbeitsausübung auferlegte Geldstrafen oder Geldbußen – zB wegen Überschreitung der Lenk- und Ruhezeiten eines Kraftfahrers – zu übernehmen, idR nichtig, weil sie jedenfalls dem Zweck von Straf- und Bußgeldvorschriften zuwiderlaufen und geeignet sind, die Hemmschwelle, Straf- oder Ordnungswidrigkeiten zu begehen, herabzusetzen (BAG NJW 2001, 1962, 1963; LAG Hamm NJW 1991, 861). Bei der Bewertung von Wettbewerbsverboten nach § 138 sind auch die Wertungen des GWB und des Art 81 EG-Vertrag zu berücksichtigen (P ULMER NJW 1979, 1585, 1586). Ein Verstoß gegen das aus den Wertungen des Haushaltsrechts abgeleitete Verbot, Mittel der öffentlichen Hand zu verschenken, wenn dies nicht durch besondere öffentliche Interessen gerechtfertigt ist (BGHZ 36, 395, 398 f; BGHZ 47, 30, 39; **aA** BVerwG NJW 1959, 1098, 1099), ist sittenwidrig und führt zur Anwendung von § 138 (zutreffend BGHZ 36, 395, 398 f). Aus den §§ 34 BGB, 136 Abs 1 AktG, 47 Abs 4 GmbHG, 43 Abs 6 GenG ist der allgemeine Rechtsgrundsatz abzuleiten, dass im Gesellschaftsrecht die Stimmabgabe in eigener Sache unzulässig ist; soweit diese Vorschriften nicht unmittelbar eingreifen, sind dagegen verstoßende Rechtsgeschäfte nach § 138 sittenwidrig (RGZ 136, 236, 245; BGH WM 1980, 649, 650; BGHZ 108, 21, 26 f; s auch § 134 Rn 21). Für gesellschaftsvertragliche Klauseln, zB Ausschlussklauseln, die gegen „Grundprinzipien" des Gesellschaftsrechts verstoßen, bedarf es neben § 138 keines selbständigen ungeschriebenen gesellschaftsrechtlichen Verbots- und Nichtigkeitstatbestandes praeter legem (so jedoch zu Ausschlussklauseln BGH NJW 1981, 2565 aE; nicht eindeutig insoweit BGHZ 68, 212; dagegen Sack WRP 1985, 1, 3; die „Grundprinzipien des Gesellschaftsrechts" und § 138 werden nebeneinander erwähnt in BGH NJW 1985, 2421 = WM 1985, 772 f). Abzulehnen ist die Ansicht des BGH in einer Entscheidung vom 13. 7. 1981, soweit er bei der Beurteilung einer gesellschaftsvertraglichen Ausschlussklausel unterschieden hat zwischen einem Verstoß gegen „die **allgemeinen** Grundsätze der Rechtsordnung", der nach § 138 die Nichtigkeit begründet, und einem Verstoß gegen die „Grundprinzipien des **Gesellschaftsrechts**", der nach Ansicht des BGH offenbar einen – neben § 138 – selbständigen Nichtigkeitsgrund darstellt (BGH NJW 1981, 2565 aE). Zutreffend hat der BGH hingegen Abfindungsklauseln, die ohne sachlichen Grund von der gesetzlichen Regelung abweichen, nach § 138 für sittenwidrig und nichtig erklärt (BGH NJW 1979, 104; dazu Esch NJW 1979, 1390, 1392; H Westermann, in: FS Larenz [1983] 723, 729; zur Anwendung der Sittenwidrigkeitsklauseln auf Typusabweichungen im Gesellschaftsrecht Sack DB 1974, 369, 372 f), obwohl auch bei diesen nicht Verstöße gegen die allgemeinen Grundsätze der Rechtsordnung, sondern Verstöße gegen spezielle gesellschaftsrechtliche Prinzipien vorlagen. An der Wertentscheidung des sog Bestsellerparagraphen des § 32a UrhG (früher § 36 UrhG), der dem Urheber im Falle eines besonderen Markterfolges seines Werkes einen Nachvergütungsanspruch einräumt, folgt, dass Freistellungsklauseln, die diesen Anspruch ausschließen, mit den guten Sitten unvereinbar sind (Erdmann GRUR 2002, 923, 927; Nordemann, Das neue Urhebervertragsrecht [2002] 102).

Echte **Umgehungsgeschäfte**, die nicht unmittelbar ein spezielles Verbotsgesetz verletzen, so dass § 134 nicht anwendbar ist, sondern die nur gegen die Wertungen eines Verbotsgesetzes verstoßen, sind ebenfalls nach § 138 sittenwidrig (RGZ 63, 143, 145; 84, 304, 305; 155, 138, 146 f; BGH WM 1968, 918; NJW 1968, 2286, 2287 zu cc; WM 1977, 1044, 1046; NJW 1983, 2873; OLG Köln NJW-RR 1994, 1540, 1541); ausführlicher zu der Streitfrage, ob und wann auf Umgehungsgeschäfte § 134 oder § 138 anwendbar ist, oben § 134 Rn 144 ff.   **42**

Auch Wertungen **dispositiver** Gesetze können den Inhalt der guten Sitten bestimmen   **43** (BGH NJW 1969, 230, 231 [insoweit nicht in BGHZ 51, 55]; ZIP 1989, 770, 772; AK-BGB/Damm § 138 Rn 54; Enneccerus/Nipperdey, AT § 49 III S 301; Sack WRP 1985, 1, 5; ebenso zu § 242 BGHZ 41, 151, 154 = NJW 1964, 1123). Mit Recht hat sich die Erkenntnis durchgesetzt, dass dispositive Gesetze, soweit sie nicht nur auf reinen Zweckmäßigkeitsvorstellungen, sondern auf einem für den Durchschnittsfall konzipierten Gerechtigkeitsgebot beruhen, **nicht beliebig disponibel** sind. Soweit kein sachlich gerechtfertigter Grund für die Abweichung von rechtlichen Wertvorstellungen besteht, die in dispositivem Recht zum Ausdruck gekommen sind, verleihen ihnen die Generalklauseln eine gewisse Verbindlichkeit. In § 9 Abs 2 Nr 1 AGBG, der aus einer entsprechenden Rechtsprechung zu § 242 hervorgegangen ist (vgl BGHZ 41, 151, 154; 54, 106, 109 f; BGH DB 1973, 1341 f u 1343 f), und inzwischen durch den übereinstimmenden § 307 Abs 2 Nr 1 ersetzt worden ist, hat dem der Gesetzgeber ausdrücklich Rechnung getragen. Dieser Rechtsgedanke gilt jedoch auch für die Auslegung anderer Generalklauseln, insbesondere für die Auslegung der Treuwidrigkeitsklausel des § 242, für die dies anerkannt ist (BGH aaO), sowie für die Sittenwidrigkeitsklausel des § 138. Auch für die Auslegung des § 138 können Vorschriften des dispositiven Rechts **Leitbildfunktion** haben (so BGH ZIP 1989, 770, 772 zur Leitbildfunktion der Abfindungsregelung des § 738 für § 138; vgl auch ZIEGLER DB 2000, 2107; dagegen VOLMER DB 1998, 2507, 2511).

cc)　Europarechtliche Richtlinien

44 Auch europarechtliche Richtlinien können den Inhalt von Sittenwidrigkeitsklauseln beeinflussen (so zu § 1 UWG SACK VersR 1994, 1383, 1385 f; ders WRP 1998, 241; ders GRUR Int 1998, 263 ff; ebenso BGHZ 138, 55). Soweit Richtlinien der EU den Inhalt von Verträgen regeln und soweit keine richtlinienkonformen Spezialregelungen existieren, sind die guten Sitten iSv § 138 richtlinienkonform auszulegen (ERMAN/PALM § 138 Rn 101; EHRICKE EuZW 1999, 553; PALANDT/HEINRICHS § 138 Rn 6).

c)　Allgemeine Rechtsüberzeugungen

45 Bei der Konkretisierung des Begriffs der guten Sitten sind nicht nur gesetzliche Wertmaßstäbe zu berücksichtigen, sondern auch **außergesetzliche**, die im positiven Recht (noch) keinen Niederschlag gefunden haben (LARENZ JurJb 7 [1966/67] 98, 109; SACK WRP 1985, 1, 7). Die Wertmaßstäbe des positiven Rechts haben zwar Vorrang, bestimmen jedoch nicht ausschließlich den Inhalt der guten Sitten (aA KRAFT, in: FS Bartholomeyczik [1973] 223, 234; PAWLOWSKI ARSP 1964, 503, 504, 513; ders, AT Rn 498d). (Dem Begriff „gesetzlich" wird hier der Vorzug vor dem in diesem Zusammenhang häufig verwendeten Begriff „rechtlich" eingeräumt, um dem unfruchtbaren begrifflichen Streit auszuweichen, ob auch **außergesetzliche** Wertmaßstäbe, die den Inhalt des Rechtsbegriffs der guten Sitten mitbestimmen, zu den rechtlichen oder außerrechtlichen gehören.) Die reiche Kasuistik der Rechtsprechung zu den Sittenwidrigkeitsklauseln zeigt, dass bei der Konkretisierung des Begriffs der guten Sitten ohne außergesetzliche Wertmaßstäbe nicht auszukommen ist. Andererseits ist es unhaltbar, dass der Inhalt der guten Sitten ausschließlich durch außergesetzliche Maßstäbe bestimmt werde (vgl jedoch GUSY DVBl 1982, 984, 987).

46 Zu den außergesetzlichen Wertmaßstäben gehören vor allem **allgemeine Rechtsüberzeugungen** (vgl BAG NJW 1976, 1958; SACK WRP 1974, 247, 252, 254; ders WRP 1985, 1, 7; vgl auch ZIPPELIUS, in: FS Larenz [1973] 300; BGHZ 80, 153, 158 [„herrschende Rechts- und Sozialmoral"]; zur Bedeutung der „herrschenden Meinung" ALTHAUS [Diss München 1994]; SOERGEL/HEFERMEHL § 138 Rn 9; gegen die Brauchbarkeit dieses Kriteriums AK-BGB/DAMM § 138 Rn 58, 61). Sofern sie gewohnheitsrechtlich verfestigt sind, sind sie ohnehin Rechtsnormen iSv Art 2 EGBGB und damit Gesetze iSv § 134. Aber auch allgemeine Rechtsüberzeugungen ohne gewohnheitsrechtliche Verfestigung sind bei der Konkretisierung der Sittenwidrigkeitsklauseln zu berücksichtigen. Dies gilt insbesondere für einheitliche und gefestigte **Standesauffassungen** (so zu § 138 BGHZ 22, 347, 356, 357; ebenso zu § 1 UWG BGH GRUR 1972, 709, 710 – Patentmark; GRUR 1969, 474, 476 – Bierbezug; GRUR 1965, 690, 693 – Facharzt; WuW/E BGH 905 – Grabsteinaufträge; GRUR 1960, 558 – Eintritt in Kundenbestellungen; OLG Hamm WRP 1979, 151, 152 f), soweit diesen keine vorrangigen Interessen der Allgemeinheit entgegenstehen. Selbstverständlich ist nicht jedes standeswidrige Verhalten ohne weiteres sittenwidrig (BGH NJW 1980, 2407 betr Honorarverzicht u § 138; BGH NJW 1973, 315 f; BGH NJW 1999, 2360 betr Provisionsabreden für die Vermittlung von Mandanten bzw Klienten; BGH NJW 1996, 1954, 1956 betr Steuerberatung; s auch unter Rn 416 ff, 479; vgl ferner KRASSER GRUR 1980, 191; H P WESTERMANN, in: FS Barz [1974]

545 ff). Wenn ein nicht unerheblicher Teil der beteiligten Verkehrskreise ein Verhalten für unbedenklich hält, rechtfertigt eine entgegenstehende Mehrheitsmeinung oder die Meinung der Standesvertretung nicht den Vorwurf der Sittenwidrigkeit (BGH GRUR 1972, 709, 710 – Patentmark; SACK WRP 1985, 1, 7). Für den Vorwurf der Sittenwidrigkeit nach § 138 genügt auch nicht die (erhebliche) Gefahr eines Wettbewerbsvorsprungs durch Verletzung von Standesgrundsätzen (BGH NJW 1999, 2360).

Im Gegensatz zu allgemeinen Rechtsüberzeugungen sind bloße **Mehrheitsmeinungen** **47** kein verbindlicher Maßstab für die Konkretisierung der guten Sitten (SACK WRP 1985, 1, 8; BOEMKE JuS 2001, 444, 445; MünchKomm/MAYER-MALY/ARMBRÜSTER § 138 Rn 14). Weder rechtfertigt eine strenge Mehrheitsmeinung, nach der in einem konkreten Anwendungsfall ein Sittenverstoß vorliegt, ohne weiteres den Vorwurf der Sittenwidrigkeit in rechtlichem Sinne. Noch erlaubt eine Mehrheitsmeinung, die im konkreten Fall einen Sittenverstoß ablehnt, ohne weiteres die Feststellung der Vereinbarkeit des betreffenden Verhaltens mit den guten Sitten (BOEMKE JuS 2001, 444, 445). Mit Recht wurde es als ein „plebiszitäres Missverständnis" bezeichnet, in demoskopisch ermittelten Mehrheitsmeinungen eine für den Richter verbindliche Entscheidungsgrundlage finden zu wollen (TEUBNER 112 mwNw; RÖHL AcP 172 [1972] 555, 557, 558 f; SACK WRP 1985, 1, 8).

d) Vorhandenes Richterrecht

Wenn weder normgewordene politische Wertungen des Gesetzgebers noch allge- **48** meine Rechtsüberzeugungen Anhaltspunkte dafür bieten, ob ein bestimmtes Verhalten sittenwidrig oder sittengemäß ist, dann ist auf vorhandenes Richterrecht und auf die in ihm enthaltenen Wertungen zurückzugreifen (ARZT 79; LARENZ/WOLF, AT § 41 Rn 13 mit Fn 26; SACK WRP 1974, 247, 252; ders WRP 1985, 1, 8; OHLY AcP 201 [2001] 1, 16 ff; OLG Koblenz WM 2003, 378, 379). In seiner Rechtsprechung zu den Sittenwidrigkeitsklauseln hat sich der BGH mit Recht immer auch maßgeblich an den vorhandenen Präjudizien orientiert (vgl die aufschlussreiche Analyse von HABERSTUMPF 45, 47, 49 f). Richterrecht hat zwar im deutschen Recht als Rechtsquelle nicht denselben Rang wie gesetztes Recht und allgemeine Rechtsüberzeugungen, und es ist sogar streitig, ob es in unserem Rechtssystem überhaupt als (selbständige) Rechtsquelle anerkannt werden kann. Manche bejahen dies (so ADOMEIT, Rechtsquellenfragen im Arbeitsrecht [1969] 21, 37 ff, 53 ff; F BYDLINSKI, Juristische Methodenlehre und Rechtsbegriff[2] [1991] 512 ff; FIKENTSCHER, Methoden des Rechts, Band IV [1977] 222 f; ders ZfRvgl 1985, 163 ff; KRIELE, Theorie der Rechtsgewinnung[2] [1976] 243 ff, 258 ff, 269 ff, 326 ff; RÜTHERS, Die unbegrenzte Auslegung[1] 445 ff, 457 ff; ZIPPELIUS NJW 1964, 1981, 1986; zur historischen Entwicklung der Präjudizienbindung in Deutschland instruktiv WELLER, Die Bedeutung der Präjudizien im Verständnis der deutschen Rechtswissenschaft [1979]). Andere lehnen dies ab (so CANARIS, Systemdenken und Systembegriff in der Jurisprudenz [1969] 69; ENECCERUS/NIPPERDEY, AT § 42 I 1 S 275; ESSER, in: FS F vHippel [1967] 95, 113 f, 118 ff).

Auch wenn man den Rechtsquellencharakter des Richterrechts leugnet – und dies **49** hängt letztlich auch davon ab, wie man den Begriff der „Rechtsquelle" definiert –, so ist es doch zumindest als **„Rechtserkenntnisquelle"** für die Beurteilung gleich gelagerter Fälle weitgehend anerkannt (ESSER, in: FS F vHippel [1967] 95, 113 f; LARENZ, Methodenlehre der Rechtswissenschaft[5] [1983] 415; MAYER-MALY AcP 194 [1994] 105, 135; SCHOLZ DB 1972, 1771, 1772; E ULMER, Sinnzusammenhänge im modernen Wettbewerbsrecht [1932] 33, der in Präjudizien „Überzeugungsgründe" sieht; P ULMER NJW 1982, 1975, 1977; vgl auch BROCKER/KNOPS

Jura 1993, 300 ff). Es ist davon auszugehen, dass Richterrecht eine gewisse **Vermutung der Richtigkeit** in sich trägt (KRIELE 243, 247 „präsumptive Verbindlichkeit"; HAUBELT, Die Konkretisierung der Generalklauseln [Diss München 1978] 84; LARENZ, Methodenlehre ... 416; SACK WRP 1974, 247, 252; ders WRP 1985, 1, 8). Wie stark die Vermutungswirkung ist, hängt wesentlich ab vom Rang des Gerichts, von dem das Präjudiz stammt; von der Anzahl sachlich übereinstimmender Entscheidungen desselben Gerichts und anderer Gerichte zur selben Rechtsfrage, wobei eine ständige Rechtsprechung zu einer bestimmten Rechtsfrage ein anderes Gewicht hat als ein einzelnes Präjudiz; vom Grad der Anerkennung der Entscheidung durch die Lehre sowie vom Grad der Bekanntheit des Präjudizes.

50 Mit Recht haben mehrere Senate des BAG betont, dass obere Bundesgerichte von ihrer eigenen Rechtsprechung nicht abweichen sollen, wenn sowohl für die eine wie für die andere Ansicht gute Gründe sprechen (BAGE 12, 278, 284; BAG DB 1964, 265; DB 1967, 778; vgl auch MAYER-MALY RdA 1970, 293; ders AcP 194 [1994] 105, 135; SACK WRP 1974, 247, 252). Von höchstrichterlichen Entscheidungen sollten aber auch und erst recht Instanzgerichte nur dann abweichen, wenn **gewichtige** Bedenken gegen deren Richtigkeit bestehen (ALEXY, Theorie der juristischen Argumentation[3] [1996] 339; KRIELE, Theorie der Rechtsgewinnung[2] 247, 328; ders, Recht und praktische Vernunft [1979] 91 ff, 93 f, 108, 109; BAUDENBACHER GRUR 1981, 19, 20; ENNECCERUS/NIPPERDEY, AT I 275; OHLY AcP 201 [2001] 1, 27 ff, 37 f; SACK WRP 1974, 247, 252; ders WRP 1985, 1, 8; SCHLÜCHTER, Die Mittlerfunktion der Präjudizien [1986] 111 ff). Derartige Bedenken können sich ergeben, wenn sich seit dem Erlass einschlägiger Entscheidungen relevante rechtliche, wirtschaftliche oder soziale Veränderungen vollzogen haben. Auch **neue** Gesichtspunkte und Erkenntnisse von Gewicht erlauben das Abweichen von Präjudizien. Eine entgegenstehende **allgemeine** Rechtsüberzeugung fordert sogar das Abweichen von Richterrecht (PEHLE, in: PEHLE/STIMPEL, Richterliche Rechtsfortbildung [1969] 1, 6; SACK WRP 1974, 247, 252; ders WRP 1985, 1, 8).

e) Richterliches Rechtsgefühl und „Legitimation durch Begründung"

51 Lassen sich weder dem gesetzten Recht noch vorhandenen allgemeinen Rechtsüberzeugungen noch dem Richterrecht ausreichende Anhaltspunkte für die Anwendbarkeit von Sittenwidrigkeitsklauseln auf einen konkreten Einzelfall entnehmen, dann ist der Richter letztlich weitgehend auf sein Rechtsgefühl angewiesen (HABERSTUMPF 85 ff, 94 ff; KRAFT 89; PETERS NJW 1975, 1890; PORTZ 56 ff; SACK WRP 1974, 247, 252; **aA** BGB-RGRK/KRÜGER-NIELAND/ZÖLLER § 138 Rn 19; DAUNER-LIEB GmbHR 1994, 836, 840; MünchKomm/MAYER-MALY/ARMBRÜSTER § 138 Rn 14; STAUDINGER/DILCHER[12] § 138 Rn 8; ausf zum Rechtsgefühl BIHLER, Rechtsgefühl, System und Wertung [1979]; M REHBINDER, Fragen an die Nachbarwissenschaften zum sog Rechtsgefühl, JZ 1982, 1). Vor allem bei divergierenden Ansichten über die Anforderungen der Rechts- und Sozialmoral muss sich der Richter zwangsläufig um ein **eigenständiges Urteil** bemühen.

52 Die Gegenansicht lautet, dass zu den guten Sitten nur solche Normen und Wertungen der Sollensordnungen gehören, deren Geltung auf **allgemeiner Überzeugung der Gesellschaft** beruht (BGB-RGRK/KRÜGER-NIELAND/ZÖLLER § 138 Rn 19). Aus der Anstandsformel folge, dass das Sittenwidrigkeitsurteil nur auf Wertungen gestützt werden dürfe, die sich bei den beteiligten Verkehrskreisen durchgesetzt haben (DAUNER-LIEB GmbHR 1994, 836, 840). Ähnlich ist das **„Toleranzgebot"** zu verstehen, wonach ein Rechtsgeschäft bzw Handeln nur dann als sittenwidrig bewertet werden darf, wenn es auf die (nahezu) einhellige Ablehnung aller billig und gerecht Denkenden stößt (Breithaupt JZ 1964, 283, 285 [zu § 226a StGB]; ders NJW 1968, 932 f [zum Geliebten-testament]; Portz 61; ähnlich BVerwGE 10, 164, 167 f = NJW 1960, 1407, 1409; BGHSt 4, 24 ff = JZ 1953, 244 ff; Arthur Kaufmann JZ 1963, 137, 148; Wieacker JZ 1961, 339 f). Nach Wieacker (JZ 1961, 339 f) handelt es sich bei den guten Sitten um Grundgebote der praktisch von niemandem in Frage gestellten Sittlichkeit.

Diese Ansichten werden dem bestehenden **Wertepluralismus** in unserer Gesellschaft **53** nicht gerecht, der ua dadurch gekennzeichnet ist, dass es zu den meisten Lebens-sachverhalten, mit denen sich die Gerichte bei der Anwendung von Sittenwidrig-keitsklauseln zu befassen haben, unterschiedliche Wertvorstellungen gibt, hinter denen mehr oder weniger große Personen- und insbesondere Interessengruppen stehen (Sack NJW 1985, 761, 767 f; AK-BGB/Damm § 138 Rn 18). Den Vorwurf der Sitten-widrigkeit von einem Verstoß gegen eine allgemeine Rechtsüberzeugung abhängig zu machen bzw nach dem Toleranzgebot zu verfahren, steht auch im Widerspruch zur ständigen Praxis der Gerichte. Denn diese haben in vielen Entscheidungen auch dann Sittenverstöße angenommen, wenn keine entsprechende allgemeine Rechtsüber-zeugung in unserer Gesellschaft bestand. Dürfte ein Sittenverstoß nur dann bejaht werden, wenn dies einer allgemeinen Rechtsüberzeugung entspricht, so würden sich bei unterschiedlichen Wertvorstellungen letztlich immer die **liberalsten** durchsetzen. Denn sobald in Bezug auf bestimmte Formen von Rechtsgeschäften neben strengen Wertvorstellungen auch besonders laxe bestehen, würde es an der **allgemeinen** Rechtsüberzeugung fehlen, wie sie von der hier kritisierten Ansicht für den Vorwurf der Sittenwidrigkeit gefordert wird. Dh letztlich wären besonders laxe Wertvorstel-lungen maßgeblich. Auch die Verfasser des BGB haben den Richter nicht auf die rechtliche Umsetzung allgemeiner Überzeugungen der Gesellschaft beschränkt. Vielmehr heißt es in den Motiven: „Dem richterlichen Ermessen wird ein Spielraum gewährt, wie ein solcher großen Rechtsgebieten bisher unbekannt ist." (Mot I 211).

Bei der Bildung einer eigenständigen Entscheidung ist der Richter allerdings – auch **54** soweit die eben erörterten Bewertungskriterien nicht vorliegen – nicht völlig frei und ungebunden. So müssen rechtsschöpferische Entscheidungen eines Richters von sei-ner Rechtsüberzeugung getragen sein, dass er unter gleichen tatsächlichen Umstän-den wieder zur gleichen Entscheidung gelangen würde. Er muss überzeugt sein, dass seine Entscheidungen, wenn nicht singuläre Umstände vorliegen, **verallgemeine-rungsfähig** sind und als Präjudizien für künftige eigene oder auch fremde Entschei-dungen geeignet sein können (Kriele, Recht und praktische Vernunft [1979] 97 f; Rawls 130; Sack WRP 1974, 247, 252; ders WRP 1985, 1, 8; Steindorff, in: Summum ius summa iniuria [1963] 59, 64; vgl auch Soergel/Hefermehl § 138 Rn 8).

Bei der Rechtsfortbildung mit Hilfe von Sittenwidrigkeitsklauseln muss sich der **55** Richter auch um die **Konsensfähigkeit** und **Gemeinverträglichkeit** seiner Entschei-dungen bemühen, dh er muss zumindest versuchen, durch seine Argumentation die Zustimmung des Gesetzgebers, anderer Gerichte und der betroffenen Verkehrs-kreise zu gewinnen (Arzt 79, 99; Breithaupt JZ 1964, 283, 285; Hilger, in: FS Larenz [1973] 109, 114 f; Larenz/Wolf, AT § 41 Rn 9; Redeker NJW 1972, 409, 411; Sack WRP 1974, 247, 252; ders WRP 1985, 1, 8; Sambuc 119, 121 ff; Steindorff, in: FS Larenz [1973] 217, 218, 228 f; Teubner 105, 118; zur Konsensbildung ausführlich AK-BGB/Damm § 138 Rn 67 ff). Konsens kann er nur erwarten, wenn er „plausible, rational nachvollziehbare und einsichtige Argumente zur Begründung seiner Wertentscheidung" anzubieten vermag (Eckhold-Schmidt 21, 92 ff; Haberstumpf 82, 123; Portz 60; Sack WRP 1985, 1, 8; Sambuc 133; Soergel/Hefermehl § 138 Rn 8 aE; Esser, Vorverständnis und Methodenwahl in der Rechtsfindung [Ausgabe 1972] 26; vgl auch Müller, Der Plausibilitätsgedanke in der Rechtsprechung, in: Für Staat und Recht [1994] 61 ff). Er muss sich deshalb um eine **„Legitimation durch Begründung"** bemühen (zum Begründungszwang Eckhold-Schmidt 22, 92 ff; Brüggemann, Die richterliche Begründungspflicht; Ott, in: FS L Raiser [1974] 403, 417 ff, 420; Sack WRP 1985, 1, 9 mwNw in Fn 100; vgl auch AK-BGB/Damm § 138 Rn 75). Beim Bemühen um Plausibilität sind vor allem auch die besonderen Umstände des Einzelfalles zu berücksichtigen. So können zB auf dem Land andere Maßstäbe gelten als in einer Großstadt (Soergel/Hefermehl § 139 Rn 4). Nicht ohne weiteres im Rahmen des § 138 zu berücksichtigen sind hingegen konfessionelle Gebote (BGHZ 21, 340, 350 mwNw; MünchKomm/Mayer-Maly/Armbrüster § 138 Rn 11; Soergel/Hefermehl § 138 Rn 4).

56 Aus dem Gebot des Bemühens um konsensfähige Entscheidungen folgt, dass besonders **laxe** Moralauffassungen und bestehende **Unsitten** nicht maßgebend sein können, auch wenn sie verbreitet sind (RGZ 58, 214, 217; 120, 144, 148; 135, 385, 395; BGHZ 10, 228, 232; BGHZ 16, 4, 12; BAG NJW 1976, 1958; Erman/Palm § 138 Rn 33; Köhler, AT § 13 Rn 19; MünchKomm/Mayer-Maly/Armbrüster § 138 Rn 14; Palandt/Heinrichs § 138 Rn 2; Rother AcP 172 [1972] 498, 501 aE; Staudinger/Dilcher¹² § 138 Rn 7, 17). Andererseits bestimmen jedoch auch **besonders strenge** Moralauffassungen nicht die guten Sitten im rechtlichen Sinne (RGZ 55, 367, 373; 58, 214, 217, 218; 58, 219, 220; 145, 396, 398; BGHZ 21, 340, 350 betreffend die Sittenordnung einer Glaubensgemeinschaft; BGHZ 60, 28, 33 betreffend strenge Standesordnungen; BGB-RGRK/Krüger-Nieland/Zöller § 138 Rn 20; Larenz JurJb 7 [1966/67] 105; Portz 60; Siemens 84 f; Staudinger/Dilcher¹² § 138 Rn 7). § 138 dient nicht der Durchsetzung der Normen der Hochethik (Medicus, AT Rn 680). Vielmehr ist im Interesse der Konsensfähigkeit ein **durchschnittlicher** Maßstab anzulegen (BGHZ 10, 228, 232; Erman/Palm § 138 Rn 33; Palandt/Heinrichs § 138 Rn 2; Rother AcP 172 [1972] 498, 502; Soergel/Hefermehl § 138 Rn 4). Dieser kann allerdings nicht durch Meinungsumfragen festgestellt werden (s o Rn 15).

f) Summenwirkung und bewegliches System

57 Die unter III 4 (o Rn 37 ff) dargestellte Hierarchie von Wertmaßstäben und Kriterien darf nicht verabsolutiert werden. Denn die Kriterien und Argumente auf den verschiedenen Stufen können, jede auf ihrer Stufe, von unterschiedlichem Gewicht sein. Vielfach werden erst mehrere Kriterien aus den verschiedenen Stufen zusammen eine abschließende Bewertung erlauben (Mayer-Maly, in: FS Wilburg [1986] 117, 122 f).

58 Auch in **tatsächlicher** Hinsicht wird sich der Vorwurf der Sittenwidrigkeit häufig nicht aus einem einzigen Umstand ergeben, sondern aus einer Kumulation negativer Tatumstände, von denen jeder für sich allein den Vorwurf der Sittenwidrigkeit vielleicht noch nicht trägt (BGHZ 51, 55, 56 = NJW 1969, 220, 231; BGH NJW 1983, 159, 161 [vor 4]; MünchKomm/Mayer-Maly/Armbrüster § 138 Rn 27), zB aus dem Missbrauch einer Machtstellung oder Vertrauensstellung, aus der Ausnutzung einer Zwangslage oder der Unerfahrenheit des Vertragspartners (vgl § 138 Abs 2), aus Äquivalenzstörungen, aus der übermäßigen Knebelung der wirtschaftlichen Freiheit des Vertragspartners, aus der Täuschung von Personen, aus der Schädigung Dritter, aus der Verletzung von Interessen der Allgemeinheit, aus Verstößen gegen allgemein anerkannte Wert- und Moralvorstellungen und Ordnungen, aus der Kommerzialisierung höchstpersönlicher Güter, aus dem Zweck eines Rechtsgeschäfts usw. In einer Entscheidung zu einem Automatenaufstellvertrag nahm der BGH an, dass die vereinbarten Eingriffsbefugnisse und Rechte des Klägers zwar für sich betrachtet noch nicht gegen die guten Sitten verstoßen; jedoch engten die Vertragsbestimmungen **in ihrer Gesamtheit** die Bewegungsfreiheit des betroffenen Gastwirts in unvertretbarem Maße ein (BGHZ 51, 55, 56 = NJW 1969, 230).

In solchen Fällen wäre es verfehlt, in einem konkreten Fall nach der „**Substraktions-** **59** **methode**" (Köndgen NJW 1991, 2018) jeden einzelnen Umstand gesondert für sich zu würdigen und aus der Feststellung, dass keiner der Umstände **für sich allein** den Vorwurf der Sittenwidrigkeit rechtfertigt, zu folgern, dass auch insgesamt keine Sittenwidrigkeit vorliege. Denn es geht hier nicht um die Summierung sittlich völlig neutraler oder gar positiv zu bewertender Umstände, sondern um solche Umstände, deren negative Bewertung je für sich allein **noch nicht** ausreicht, um sie allein als sittenwidrig anzusehen. Wenn genügend solcher Umstände zusammenkommen, kann auch die Summe dieser für sich allein gesehen „noch nicht" sittenwidrigen Umstände zum Gesamturteil der Sittenwidrigkeit führen (OLG Stuttgart NJW 1979, 2409, 2412; Mayer-Maly, in: FS Wilburg [1986] 117, 123 ff). Es kommt also darauf an festzustellen, wieviele solcher Umstände und in welcher Stärke sie verwirklicht sind. Letztlich entscheidet dann die **Summenwirkung** der im Einzelfall erfüllten Kriterien (so zu § 1 UWG Schramm, Die Summenwirkung GRUR 1974, 369). Dies wurde auch als „Sandhaufentheorem" bezeichnet (BGHZ 80, 153, 159; OLG Stuttgart NJW 1979, 2409, 2412; Bender, in: Gedschr Rödig [1980] 38 ff; ders NJW 1980, 1129, 1133; vgl auch unten Rn 217).

Deshalb erlaubt häufig erst ein „bewegliches Zusammenspiel" der einzelnen Tatum- **60** stände und Maßstäbe die gesuchte sittlich-rechtliche Bewertung (Mayer-Maly, in: FS Wilburg [1986] 117, 122 f; MünchKomm/Mayer-Maly/Armbrüster § 138 Rn 29 ff; Sack WRP 1985, 1, 9; Soergel/Hefermehl § 138 Rn 8). § 138 bietet einen klassischen Anwendungsfall eines **beweglichen Systems** iS Wilburgs (Wilburg, Entwicklung eines beweglichen Systems im bürgerlichen Recht [1951]; zu Anwendungsfällen des beweglichen Systems F Bydlinski/Krejci/Schilcher/Steininger [Hrsg], Das Bewegliche System im geltenden und künftigen Recht, FS Wilburg [1986]; F Bydlinski, in: Behrends ua [Hrsg], Rechtsdogmatik und praktische Vernunft [1990] 189 ff, 229 f).

5. Der subjektive Tatbestand der Sittenwidrigkeit

Der Vorwurf der Sittenwidrigkeit erfordert nach wohl noch hM neben einem ob- **61** jektiven Sittenverstoß immer auch die Verwirklichung eines subjektiven Tatbestandes. Man hält den Vorwurf der Sittenwidrigkeit nur für gerechtfertigt, wenn die Beteiligten zumindest alle sittenwidrigkeitsbegründenden Tatumstände gekannt oder sich deren Kenntnis bewußt verschlossen oder entzogen haben (RGZ 97, 253, 255; 120, 144, 148; BGHZ 10, 228, 233; BGHZ 20, 43, 52; NJW 1980, 2407, 2408; BB 1981, 78, 79; BGHZ 80, 153, 160 f; NJW 1982, 1455; WM 1984, 1044, 1046 sub IV 3; BGH NJW 1988, 1373, 1374; WM 1993, 1189, 1191; NJW 1994, 187, 188; BAG NJW 1991, 860, 861; WM 1998, 513, 514; WM 1998, 968; NJW 1998, 2531, 2532; BGHZ 146, 298, 301; WM 2002, 1186, 1189; Erman/Palm § 138 Rn 40; Hübner, AT Rn 898; Köhler, AT § 13 Rn 23). Ein Bewußtsein der Sittenwidrigkeit oder eine Schädigungsabsicht wird hingegen von der neueren Rechtsprechung nicht für erforderlich gehalten (BGHZ 94, 268, 272 f; BGH NJW 1988, 1373, 1374; WM 1993, 1189, 1191; BGHZ 146, 298, 301; BGH WM 1998, 513, 514; NJW 1993, 1587, 1588; BAG NJW 1991, 860, 861;

BGB-RGRK/Krüger-Nieland/Zöller § 138 Rn 73, 30; Erman/Palm § 138 Rn 40; Mayer-Maly, Das Bewußtsein der Sittenwidrigkeit [1971] 11; MünchKomm/Mayer-Maly/Armbrüster § 138 Rn 129 f; Soergel/Hefermehl § 138 Rn 19, 31, 33, 37; aA Enneccerus/Nipperdey, AT § 191 II 2a S 1167 für den Fall der sog Umstandssittenwidrigkeit). Das RG hatte demgegenüber den Vorwurf der Sittenwidrigkeit sogar noch von einer verwerflichen Gesinnung abhängig gemacht (RGZ 150, 1, 5; dagegen Soergel/Hefermehl § 138 Rn 19). Zum Teil wird aber auch die Ansicht vertreten, dass nur für **Inhaltssittenwidrigkeit** die Kenntnis der sittenwidrigkeitsbegründenden Tatumstände genüge, während für **Umstandssittenwidrigkeit** die Kenntnis der Sittenwidrigkeit erforderlich sei (Enneccerus/Nipperdey, AT § 191 II 2a S 1167; Larenz/Wolf, AT § 41 Rn 27, 28). Eine weitere Meinung verlangt für Inhaltssittenwidrigkeit keine Kenntnis der sittenwidrigkeitsbegründenden Tatumstände, während sie bei Umstandssittenwidrigkeit erforderlich sei (Palandt/Heinrichs § 138 Rn 7, 8).

62 Demgegenüber genügt nach einer sich in der Lehre durchsetzenden und mE zutreffenden Ansicht ein objektiver Sittenverstoß, wenn nicht im konkreten Einzelfall die Sittenwidrigkeit gerade (auch) auf der Verwirklichung eines subjektiven Tatbestandes beruht, zB auf der mit einem Rechtsgeschäft verfolgten sittenwidrigen Zielsetzung (AK-BGB/Damm § 138 Rn 80; Bork, AT Rn 1199; Eckert AcP 199 [1999] 337, 350 f; Esser ZHR 135 [1971] 320, 330 ff; Flume, AT § 18, 3 S 373; Larenz JurJb 7 [1966/67] 98, 119 f, 122; Larenz/Wolf, AT § 41 Rn 24 ff; Lindacher AcP 173 [1973] 124, 126 ff; Mayer-Maly, Das Bewußtsein der Sittenwidrigkeit [1971] 25 ff; ders, in: FS Wilburg [1986] 117, 125; MünchKomm/Mayer-Maly/Armbrüster § 138 Rn 129 ff; Sack GRUR 1970, 493, 502; ders NJW 1985, 761, 765, 768; ders WRP 1985, 1, 12 f; Soergel/Hefermehl § 138 Rn 31, 33; vgl auch Erman/Palm § 138 Rn 44; OLG Stuttgart NJW 1979, 2412). Dieser Ansicht hat sich auch der IV a-Zivilsenat des BGH in einer Entscheidung von 1985 unter Hinweis auf die hL angeschlossen (BGHZ 94, 268, 272 f betr Schmiergeldzahlungen an ausländische Beamte; vgl auch OLG Stuttgart NJW 1979, 2409 ff). In ihr hat er dezidiert erklärt, dass „Rechtsgeschäfte, die schon nach ihrem **objektiven** Inhalt sittlich-rechtlichen Grundsätzen widersprechen, ... ohne Rücksicht auf die Vorstellungen der das Rechtsgeschäft vornehmenden Personen nichtig" seien. Soweit die Rechtsprechung des BGH das Vorliegen subjektiver Voraussetzungen verlangt habe, handle es sich „entweder um Fälle, in denen sich die Sittenwidrigkeit nicht ohne weiteres aus dem objektiven Inhalt des Rechtsgeschäfts ergab, oder um solche, in denen auch bei Zugrundelegung der im Schrifttum herrschenden Ansicht nicht anders zu entscheiden gewesen wäre" (BGHZ 94, 268, 272 aE). Außerdem seien in den Fällen, in denen ein Rechtsgeschäft schon seinem Inhalt nach sittenwidrig ist, den Parteien die die Sittenwidrigkeit begründenden Tatumstände bekannt (BGHZ 94, 268, 273; ebenso Erman/Palm § 138 Rn 40).

63 Der objektiven Theorie, wonach ein Rechtsgeschäft allein aufgrund der objektiven Umstände sittenwidrig sein **kann**, ohne dass ein subjektiver Tatbestand hinzukommen muss, ist der Vorzug zu geben. Dies schließt freilich nicht aus, dass es im Einzelfall auch einmal gerade erst die Verwirklichung eines subjektiven Tatbestands durch einen Vertragspartner oder durch beide den Vorwurf der Sittenwidrigkeit rechtfertigt, zB der sittenwidrige Zweck eines Rechtsgeschäfts (MünchKomm/Mayer-Maly/Armbrüster § 138 Rn 129, 130). Die objektive Theorie ist vom **Begriff** der guten Sitten gedeckt; gute, dh gesollte Sitten sind objektive Verhaltensnormen. Auch der umfassenden lückenfüllenden Funktion der Sittenwidrigkeitsklauseln und speziell der des § 138 wird nur die objektive Theorie gerecht. Denn andernfalls blieben

Lücken im Rechtsschutz oder es müssten dafür nicht vorgesehene Vorschriften als Hilfsgeneralklauseln eingreifen, wenn ein Verhalten bzw Rechtsgeschäft zwar rechtlich zu missbilligen ist, jedoch der subjektive Tatbestand durch die Parteien nicht verwirklicht wurde. Auch in den Materialien zu § 138 wird die Verwirklichung eines subjektiven Tatbestandes nicht (generell) für erforderlich gehalten. In Mot I 211 heißt es dazu: „Die Grenze ist dahin zu ziehen, dass Nichtigkeit eintritt, wenn der Inhalt eines Rechtsgeschäfts unmittelbar, in objektiver Hinsicht und unter Ausscheidung der subjektiven Seite, die guten Sitten verletzt". Nach Prot I 124 = MUGDAN I 725 wurde der Antrag, den Ausdruck „gegen die guten Sitten" zu ersetzen durch den Ausdruck „gegen die Sittlichkeit" mit der Begründung abgelehnt, der Ausdruck „gegen die guten Sitten" sichere „der Vorschrift einen umfassenderen Geltungsbereich und enthalte den **richtigen objektiven Maßstab** für die Handhabung des Gesetzes".

Die Gegenansicht, dh die subjektive Theorie, wird zum einen damit begründet, dass **64** das Urteil, ein Rechtsgeschäft sei sittenwidrig, einen (persönlichen) **Vorwurf** enthalte (vgl H WESTERMANN, Interessenkollisionen ... [1954] 29), den Vorwurf der unmoralischen Handlungsweise. Er behafte die Betroffenen mit einem „Makel"; er sei diskriminierend, diffamierend, infamierend (Nachweise oben in Rn 29 zu den Funktionen der guten Sitten). Von diesem Verständnis ausgehend glaubten die Rechtsprechung und ein Großteil des Schrifttums, den Vorwurf der Sittenwidrigkeit nur erheben zu können, wenn das Verhalten der Parteien beruht auf „Gewissenlosigkeit" (RG JW 1914, 83 Nr 14; BGH DB 1962, 1003, 1004; NJW 1972, 678, 680; WM 1975, 559, 560), auf einem „Gesinnungsmangel" oder auf „verwerflicher Gesinnung" (RGZ 150, 1, 5; REIMER MuW 29 [1929] 208 ff passim), auf „niederer Sinnesart" (RGZ 150, 1, 5), auf „niederer Gesinnung" (RGZ 58, 219, 220, 223) oder gar auf „Gesinnungsgemeinheit" (RGZ 58, 219, 220, 223).

Dieser Interpretation wurde mit Recht entgegengehalten, dass sie auf einer unbe- **65** gründeten sprachlichen Empfindlichkeit beruhe (SCHRICKER, Gesetzesverletzung und Sittenverstoß [1970] 204, 206; ders AcP 172 [1972] 203, 209; vgl auch MAYER-MALY AcP 194 [1994] 105, 172). Diese sprachliche Empfindlichkeit sollte man im Interesse der umfassenden lückenfüllenden Funktion der Sittenwidrigkeitsklausel nicht etwa noch pflegen, sondern nach Kräften abzubauen versuchen. Weder begrifflich noch durch den allgemeinen Sprachgebrauch ist die subjektive Interpretation des Begriffs der guten Sitten vorgegeben (SACK WRP 1985, 1, 13). Die Bewertung eines Lebenssachverhalts als sittenwidrig umfasst nicht in jedem Fall einen persönlichen sittlichen Vorwurf (MAYER-MALY AcP 194 [1994] 105, 172; SOERGEL/HEFERMEHL § 138 Rn 31, 37). Denn bei der Anwendung von § 138 geht es nicht um die Bewertung des **Verhaltens** einer Person, sondern um die Bewertung eines Rechtsgeschäfts (vgl oben Rn 4 mwNw).

Auch aus der **sittlichen** Implikation des Vorwurfs der Sittenwidrigkeit wollte man das **66** Erfordernis der Verwirklichung eines subjektiven Tatbestandes rechtfertigen. Dies wäre nur zutreffend, wenn die **autonome** Moral über den Inhalt der guten Sitten entscheiden würde. Dass dies nicht so ist, wurde oben dargelegt (oben Rn 21; vgl auch MAYER-MALY, Das Bewußtsein der Sittenwidrigkeit [1971] 27; SACK NJW 1985, 761, 768; vgl ferner LARENZ JurJb 7 [1966/67] 98, 108). Außerdem haben es die Verfasser des BGB ausdrücklich abgelehnt, in § 138 den Begriff der guten Sitten durch den der Sittlichkeit zu ersetzen, und dies ua damit begründet, der Begriff der guten Sitten „enthalte den richtigen objektiven Maßstab für die Handhabung des Gesetzes" (Prot I 124 =

Mugdan I 725). Schließlich beruht die subjektive Theorie auch auf einer Fehlinterpretation der **Anstandsformel**. Diese knüpft nicht an das Anstandsgefühl der „Täter" an (vgl jedoch E Ulmer/D Reimer, Unlauterer Wettbewerb III [1968] 43 Rn 65; ebenso vGamm WRP 1974, 1, 3; **aA** Sack WRP 1985, 1, 15), sondern an das Anstandsgefühl der – wie auch immer zu bestimmenden – gerecht und billig Denkenden in Bezug auf das zu beurteilende Verhalten.

6. Die Einheit der guten Sitten

67 Die Frage, ob es eine „Einheit der guten Sitten" gebe, ist, gerade auch in Zusammenhang mit § 138, heftig umstritten (bejahend AG Trier NJW 1972, 160; LG Mainz BB 1967, 1180; Kohte NJW 1985, 2217, 2220 [zu § 138 u § 826]; Sack BB 1970, 1511, 1514; verneinend zB BGH NJW 1998, 2531, 2532 = LM Nr 772 zu § 1 UWG m Anm Sack; LG Trier NJW 1975, 151; Erman/ Palm § 138 Rn 32, 171; Mayer-Maly JuS 1986, 596, 600; MünchKomm/Mayer-Maly/Armbrüster § 138 Rn 25). Die Diskussion darüber leidet vor allem daran, dass unterschiedliche Fragestellungen nicht ausreichend getrennt und anschließend die Antworten verallgemeinert werden (vgl zB Mayer-Maly, in: FS Wilburg [1986] 117; MünchKomm/Mayer-Maly/ Armbrüster § 138 Rn 25).

a) Einheitliche lückenfüllende Funktion
68 **Alle** Sittenwidrigkeitsklauseln mitsamt dem Begriff der guten Sitten haben eine **umfassende lückenfüllende** Funktion (Sack WRP 1985, 1, 4). Mit ihnen sollen in ihrem jeweiligen Regelungsbereich alle rechtlich zu missbilligenden Lebenssachverhalte erfasst werden, für die es keine Spezialtatbestände oder auf solche verweisende Gesetzwidrigkeitsblankette (zB §§ 134, 823 Abs 2) gibt. Die praktische Bedeutung dieser Aussage besteht darin, dass es ua nicht angeht, die Sittenwidrigkeitsklauseln des BGB nur auf Fälle „gesteigerter Rechtswidrigkeit" oder gar nur auf „Extremfälle" anzuwenden, während zB mit § 1 UWG – so die zutreffende Praxis der Gerichte – **alle rechtlich zu missbilligenden** Wettbewerbshandlungen erfasst werden, für die es keine Spezialregelungen gibt (für eine solche Differenzierung jedoch BGH NJW 1998, 2531, 2532; Mayer-Maly JuS 1986, 596, 600; **aA** Mertens ZHR 143 [1979] 174, 179).

b) Einheitliche Wertordnung
69 Aus dem Prinzip der Einheit der Rechtsordnung folgt, dass bei der Konkretisierung des Begriffs der guten Sitten idealiter von einer **einheitlichen und widerspruchsfreien Wertordnung** auszugehen ist, die den Inhalt der guten Sitten bestimmt. Ein und dieselbe Rechtsordnung kann nicht ein und dasselbe Verhalten an einer Stelle als sittenwidrig missbilligen und an einer anderen Stelle als den guten Sitten entsprechend billigen (Sack BB 1970, 1511, 1514; ders NJW 1974, 564; ders WRP 1974, 445, 447 f; ders WRP 1985, 1, 4; vgl auch AG Trier NJW 1972, 160 aE; **aA** LG Trier NJW 1974, 151, 152; MünchKomm/Mayer-Maly/Armbrüster § 138 Rn 25; **aA** wohl auch BGH WM 1995, 112, 115).

c) Unterschiedliche Regelungsbereiche der Sittenwidrigkeitsklauseln
70 Das Prinzip der Einheit der guten Sitten führt selbstverständlich nur dann zu einheitlichen Ergebnissen im Einzelfall, wenn sich die Regelungsbereiche der Sittenwidrigkeitsklauseln überschneiden; dies wird von den Kritikern des Prinzips der Einheit der guten Sitten häufig übergangen (vgl MünchKomm/Mayer-Maly/Armbrüster § 138 Rn 25), dh sie kritisieren Auswirkungen dieses Prinzips, für die es gar nicht gilt und die

insoweit ungeeignet sind, dieses Prinzip in Frage zu stellen. Soweit sich die Regelungsbereiche der Sittenwidrigkeitsklauseln unterscheiden und sie nicht ein und denselben Gegenstand regeln, beschränkt sich die praktische Bedeutung des Prinzips der Einheit der guten Sitten auf die unter a) und b) gemachten Aussagen.

Deshalb sind zB Verträge, die durch sittenwidrige Wettbewerbshandlungen iSv § 1 UWG, etwa durch irreführende Werbung oder psychischen Kaufzwang, zustande gebracht worden sind, nicht schon aus diesem Grunde sittenwidrig und nichtig nach § 138 (SACK WRP 1974, 445, 447 f). Denn in diesem Fall haben beide Vorschriften unterschiedliche Regelungsbereiche: § 1 UWG bewertet ein Handeln, nämlich die Art und Weise des Zustandebringens von Verträgen; § 138 ist hingegen nur anwendbar, wenn ein **Rechtsgeschäft** als solches, dh sein Inhalt als solcher rechtlich zu missbilligen ist (vgl BGH WM 1995, 112, 115; NJW 1998, 2531, 2532; dazu SACK LM Nr 772 zu § 1 UWG; zur Unterscheidung zwischen der Bewertung eines Handelns einerseits und eines Rechtsgeschäfts andererseits äußerte sich der BGH auch besonders deutlich in seiner Geliebtentestament-Rechtsprechung, vgl BGHZ 53, 369, 375, 377; NJW 1973, 1645, 1646; 1983, 674, 675; 1984, 2150, 2151; vgl auch BARTHOLOMEYCZIK, in: FS OLG Zweibrücken [1969] 26, 66; FLUME, AT § 18, 2 S 368; MEDICUS, AT Rn 681, 685; OTTE JurA 1985, 192, 196). Der **Inhalt** eines Vertrags ist nicht schon deshalb rechtlich zu missbilligen, weil ein Vertragspartner mit unlauteren Methoden angelockt worden ist. Wurde der Vertragspartner mit arglistiger Täuschung zum Vertragsschluss veranlasst, so kann er ihn nach § 123 anfechten, während weder § 138 noch § 134 iVm § 263 StGB ohne weiteres anwendbar sind. Der Inhalt eines Vertrages ist auch dann nicht schon ohne weiteres rechtlich zu missbilligen und sittenwidrig, wenn er ein Verhalten nahe legt, das gegen § 1 UWG verstößt. Nur wenn der Inhalt des Vertrags den Verstoß gegen das UWG gebietet, ist er gesetz- und sittenwidrig. Mangels einer solchen vertraglichen Verpflichtung hat der BGH in seiner E „Co-Verlagsvereinbarung" von 14. 5. 1998 die Anwendung von § **134** abgelehnt (BGH NJW 1998, 2531, 2533), obwohl der Vertrag einen UWG-Verstoß nahegelegt hatte. Mit derselben Begründung wäre auch die Anwendung von § **138** abzulehnen gewesen, soweit es die Frage betraf, ob der Vertrag sittenwidrig ist, weil er zu sittenwidrigem Wettbewerb verpflichtet. Insoweit bestand kein Anlass zur Feststellung, dass es keine Einheit der guten Sitten gebe. Eine andere Frage ist es, ob ein Vertrag schon deshalb einen sittenwidrigen Inhalt hat, weil er zu UWG-Verstößen anstiftet. Diese Frage ist mE zu bejahen (im Ergebnis anders BGH NJW 1998, 2531 – Co-Verlagsvereinbarung).

Unzutreffend hat daher zB das AG Trier in einer Entscheidung von 1971 (NJW 1972, **71** 160 f) einen anlässlich einer sog Kaffeefahrt abgeschlossenen Kaufvertrag schon deshalb nach § 138 für sittenwidrig und nichtig erklärt, weil er unter Verstoß gegen § 1 UWG mit sittenwidrigem psychischem Kaufzwang zustande gebracht worden war (krit dazu SACK NJW 1974, 564; ders WRP 1974, 445, 447; ders WRP 1985, 1, 4; nach MünchKomm/ MAYER-MALY/ARMBRÜSTER § 138 Rn 26 ist die sittenwidrige Herbeiführung eines Vertrags ein starkes Indiz für die Sittenwidrigkeit des Vertrags). Dem AG Trier ist zwar darin zuzustimmen, dass in einer einheitlichen Rechtsordnung der Inhalt der guten Sitten gleichsinnig bestimmt werden müsse. Da jedoch unterschiedliche Sachverhalte nach § 1 UWG und § 138 zu beurteilen waren, konnten auch trotz einer einheitlichen Rechtsordnung keine einheitlichen Ergebnisse erwartet werden. Die Sittenwidrigkeit des Zustandebringens von Verträgen nach § 1 UWG erlaubt keine unmittelbaren Rückschlüsse auf die Vereinbarkeit des **Inhalts** der betreffenden Rechtsgeschäfte mit den guten Sitten iSv § 138. Deshalb ist dem LG Trier (NJW 1974, 151) im Ergebnis zuzustimmen, wenn es ablehnte, von der Sittenwidrigkeit der **Vertragsanbahnung** nach § 1 UWG auf die Sittenwidrigkeit des **Vertragsinhalts** nach § 138 zu schließen. Dieser Rückschluss verbot sich jedoch entgegen dem LG nicht deshalb, weil über die guten Sitten iS des **§ 138 BGB** das Anstandsgefühl „aller billig und gerecht Denkenden", über die guten Sitten iSv **§ 1 UWG** hingegen das der „verständigen Durchschnittsgewerbe-treibenden" entscheidet (gegen diese Differenzierung SACK NJW 1974, 564). Vielmehr unter-schieden sich insoweit die Regelungsbereiche des § 138 und des § 1 UWG. Mit § 1 UWG war eine Aussage über die Zulässigkeit der Vertragsanbahnung getroffen worden; die Anwendbarkeit des § 138 hing hingegen von der Sittenwidrigkeit des Vertragsinhalts ab.

72 Wegen der unterschiedlichen Regelungsbereiche von § 138 und § 1 UWG hat es der BGH in seiner Entscheidung „HBV-Familien- und Wohnrechtsschutz" vom 25. 1. 1990 abgelehnt, aus der Tatsache, dass der **Abschluss** des zu beurteilenden Gruppen-versicherungsvertrags zwischen einem Rechtsschutzversicherer und einer Gewerk-schaft gegen § 1 UWG verstieß, zu folgern, dass der Vertrag auch nach § 138 sitten-widrig und nichtig sei. Zutreffend stellte der BGH klar, dass die Sittenwidrigkeit nach § 1 UWG nicht zwangsläufig zur Sittenwidrigkeit und Nichtigkeit der abgeschlos-senen Verträge nach § 138 führt (BGHZ 110, 156, 174; zustimmend MAYER-MALY AcP 194 [1994] 105, 138; ebenso BGH NJW 1998, 2531, 2532; öOGH MuR 1997, 170 zu § 1 UWG u § 879 ABGB; SACK WRP 1974, 445, 447). Dies erlaubt jedoch nicht den weiterreichenden Schluss, dass es keine Einheit der guten Sitten gebe (so jedoch wohl MAYER-MALY AcP 194 [1994] 105, 138 unter unzutreffendem Hinweis auf eine angeblich abweichende Meinung von mir in BB 1970, 1511, 1514, wo aber nur zu dem unter b) [Rn 69] behandelten Aspekt Stellung genommen wurde; vgl auch MAYER-MALY, in: FS Wilburg [1986] 117; MünchKomm/MAYER-MALY/ARMBRÜSTER § 138 Rn 24–26; so wohl auch BGH WM 1995, 112, 115).

d)   Überschneidungen der Regelungsbereiche der Sittenwidrigkeitsklauseln
73 Von praktischer Bedeutung kann die Einheit der guten Sitten werden, soweit sich die Regelungsbereiche von Sittenwidrigkeitsklauseln überschneiden. So ist zB eine Wettbewerbshandlung iSv § 1 UWG, die auch eine vorsätzliche Schädigungshand-lung iSv § 826 darstellt, einheitlich als sittenwidrig oder sittengemäß zu bewerten (SACK WRP 1985, 1, 4); dies kann wegen der unterschiedlichen Verjährungsfristen des § 21 UWG und des § 852 von praktischer Bedeutung sein, wenn man der – mE allerdings unzutreffenden – Ansicht des BGH folgt, dass zwischen Ansprüchen aus § 1 UWG und § 826 Anspruchskonkurrenz bestehe und jeder dieser Ansprüche der für ihn im Gesetz vorgesehenen Verjährungsfrist unterliege (vgl BGHZ 36, 252, 256 – Gründerbildnis). Ein Vertrag, der die Begehung sittenwidrigen Wettbewerbs zum **Inhalt** hat, ist damit auch ohne weiteres nach § 138 sittenwidrig (oben § 134 Rn 300; **aA** jedoch offenbar BGH WM 1995, 112, 115); allerdings hat in diesem Fall § 134 iVm § 1 UWG Vorrang vor dem ebenfalls tatbestandsmäßig erfüllten § 138; s o § 134 Rn 300.

7.   Tatfragen und Rechtsfragen

74 Die Feststellung der Sittenwidrigkeit eines Rechtsgeschäfts umfasst Tatfragen und Rechtsfragen. Soweit es die objektiven und subjektiven Voraussetzungen betrifft, auf die das Sittenwidrigkeitsurteil gegründet wird, handelt es sich um Tatfragen, die nicht revisibel sind. Eine Rechtsfrage ist es hingegen, ob ein Rechtsgeschäft aufgrund der vorgetragenen objektiven und subjektiven Tatumstände gegen die guten Sitten verstößt (RGZ 128, 92, 95; 160, 52, 56; BGH WM 1969, 1255, 1257; NJW 1991, 353, 354; BGB-RGRK/ KRÜGER-NIELAND/ZÖLLER § 138 Rn 41; ERMAN/PALM § 138 Rn 64; MünchKomm/MAYER-MALY § 138 Rn 130; PALANDT/HEINRICHS § 138 Rn 23; SOERGEL/HEFERMEHL § 138 Rn 19). Diese Rechtsfrage ist revisibel (RGZ 128, 92, 95; BGH WM 1969, 1256, 1257; BGH NJW 1991, 353, 354; MünchKomm/MAYER-MALY/ARMBRÜSTER § 138 Rn 156).

8.   Beweislast

Nach hM trägt die Beweislast für die objektiven und subjektiven Voraussetzungen **75** der Sittenwidrigkeit entsprechend den allgemeinen Beweislastregeln grundsätzlich derjenige, der sich auf die Sittenwidrigkeit und Nichtigkeit eines Rechtsgeschäfts beruft (BGHZ 53, 369, 379 f = NJW 1970, 1273, 1275; NJW 1974, 1821; BGHZ 95, 81, 85; NJW 1979, 2089; NJW 1995, 1429; BGB-RGRK/KRÜGER-NIELAND/ZÖLLER § 138 Rn 42; ERMAN/PALM § 138 Rn 64; MünchKomm/MAYER-MALY/ARMBRÜSTER § 138 Rn 156; PALANDT/HEINRICHS § 138 Rn 23). Es wurden jedoch auch Ausnahmen zugelassen. So hat zB der BGH in seiner früheren Rechtsprechung zum Geliebtentestament dem **Kläger**, der sich auf § 138 berief, nicht die volle Beweislast für das Vorliegen der objektiven und subjektiven Voraussetzungen der Sittenwidrigkeit aufgebürdet, sondern Sittenwidrigkeit ua nur dann verneint, wenn die **beklagte** Erbin den Nachweis achtenswerter Motive des Erblassers erbringen konnte (OGHZ 1, 249, 252; BGH FamRZ 1954, 195, 196; FamRZ 1963, 287, 289; NJW 1964, 764 f; BGB-RGRK/KRÜGER-NIELAND/ZÖLLER § 138 Rn 42; kritisch HELDRICH AcP 186 [1986] 74, 83 f). Die Beweislastverteilung beim Geliebtentestament hat der BGH allerdings inzwischen aufgegeben (so im praktischen Ergebnis BGHZ 53, 369, 379 ff).

Es bestehen Bedenken, demjenigen, der sich auf die Sittenwidrigkeit beruft, die volle **76** Beweislast aufzubürden, wenn man die Sittenwidrigkeit durch eine **Interessenabwägung** feststellt. Für das Vorliegen von Sittenwidrigkeit ist dann nicht derjenige beweislastpflichtig, der sich auf sie beruft. Vielmehr ist jeder nur für das Vorliegen derjenigen tatsächlichen Voraussetzungen der Sittenwidrigkeit beweispflichtig, die zu seinen Gunsten gehen, dh der sich auf § 138 Berufende für das Vorliegen der tatsächlichen Voraussetzungen, die **für** die Sittenwidrigkeit, die Gegenseite für das Vorliegen der Tatsachen, die **gegen** die Sittenwidrigkeit und für die Gültigkeit des Rechtsgeschäfts sprechen.

IV.   Der Wandel der guten Sitten und der für die Feststellung der Sittenwidrigkeit maßgebliche Zeitpunkt

1.   Der Wandel der guten Sitten

Ebenso wie Gesetze unterliegen auch die guten Sitten einem ständigen Wandel (BGH **77** NJW 1983, 2692, 2693; BGHZ 92, 213, 219; NJW 1999, 566, 568 [III]; NJW 2001, 361; BVerwG NVwZ 1990, 668; BVerwG GewArch 1998, 419; aus dem Schrifttum statt vieler LARENZ/WOLF, AT § 41 Rn 16; MÜLLER-FREIENFELS JZ 1968, 441, 442 f; ROTHER AcP 172 [1972] 498, 501 f; SCHMOECKEL AcP 197 [1997] 1 ff; K SIMITIS 12). Der Wandel der guten Sitten wird durch die verschiedensten Gründe verursacht. Gesetze und gesetzliche Wertungen, die den Inhalt der guten Sitten mitbestimmen, können sich ändern. Aus dem europarechtlichen Gebot der richtlinienkonformen Auslegung nationaler Gesetze folgt, dass die guten Sitten auch durch die **Richtlinien der EU** beeinflusst werden können (vgl SACK VersR 1994, 1383,

1385 f zur entsprechenden Problematik bei § 1 UWG). Eine bessere Erkenntnis von wirtschaftlichen und sozialen Zusammenhängen kann sich ebenfalls auf die sittlich-rechtlichen Bewertungen auswirken. Auch können sich im Verlaufe öffentlicher Diskussionen allgemeine Rechtsüberzeugungen wandeln. Rechtsüberzeugungen können ferner durch ausländisches Recht beeinflusst werden, das auf diese Weise Einfluss auf den Inhalt der guten Sitten des deutschen Rechts nehmen kann. Darin liegt die Bedeutung der **Rechtsvergleichung** für die deutschen guten Sitten.

78 Auf dem Gebiet des **Wirtschaftsrechts** sind die guten Sitten im Laufe der letzten Jahrzehnte tendenziell strenger geworden. Strenger als früher beurteilt man zB Ratenkreditverträge (vgl vor allem BGH NJW 1983, 2692) oder Vereinbarungen über Bürgschaften und Schuldbeitritte einkommens- und vermögensloser Familienangehöriger eines Kreditnehmers mit dem Kreditinstitut (BGHZ 125, 206, 216). Demgegenüber hat auf dem Gebiet der **Familien- und Sexualmoral** eine deutliche Liberalisierung stattgefunden (vgl ROTHER AcP 172 [1972] 498). Man denke an Mietverträge mit nichtverheirateten Paaren (BGHZ 92, 213, 219; BGHZ 84, 36, 38 f; LG Bonn NJW 1976, 1690, 1691; strenger hingegen AG Emden NJW 1975, 1363), insbesondere Mietverträge mit Dirnen (BGH NJW 1970, 1179 f), Verträge im Zusammenhang mit Bordellen (BGHZ 63, 365) oder Geliebten- bzw Mätressentestamente (BGHZ 53, 369, 375).

2. Sittenwidrigkeit bei Vornahme des Rechtsgeschäfts

79 Die Anwendbarkeit von § 138 setzt in zeitlicher Hinsicht voraus, dass das zu beurteilende Rechtsgeschäft im **Zeitpunkt seiner Vornahme** sittenwidrig war.* Davon gingen bereits die Verf des BGB aus (vgl Mot II zu Entw I § 347 S 180 = MUGDAN II S 99). Durch die spätere Änderung der Verhältnisse wird weder ein ursprünglich sittenwidriges Rechtsgeschäft nachträglich wirksam, noch ein ursprünglich sittengemäßes Rechtsgeschäft nachträglich nichtig (BGH NJW 1995, 2350, 2352; ZIP 1995, 1021, 1026; LARENZ/WOLF, AT § 41 Rn 30; MAYER-MALY JZ 1981, 801, 804; differenzierend MünchKomm/MAYER-MALY/ARMBRÜSTER § 138 Rn 133 f; SCHMOECKEL AcP 197 [1997] 1 ff, 48 f). Bei Verträgen entscheidet der Zeitpunkt des Vertrags**abschlusses**, nicht der vereinbarte Zeitpunkt der Vertrags**erfüllung** (BGH WM 1966, 585, 589; NJW 2002, 429, 431; WM 2002, 1186, 1189). Etwas anderes kann nur gelten, wenn ein Rechtsgeschäft nachträglich geändert oder durch Zusatzvereinbarungen ergänzt wurde (BGHZ 100, 353, 359 = NJW 1987, 1878; BGH

---

* RGZ 128, 1, 5; 150, 1, 2; 153, 294, 303; BGHZ 7, 111, 114; 20, 71, 73, 75; BGH WM 1977, 399; NJW 1983, 1420, 1422; NJW 1983, 2692 aE; WM 1984, 88, 90; NJW 1986, 2568, 2569; BGHZ 100, 353, 359 f; BGHZ 107, 92, 96 f; NJW 1991, 913, 914; BGHZ 120, 272, 276; BGHZ 125, 206, 209 = NJW 1994, 1278; NJW 1995, 1886, 1887; NJW 1995, 2350, 2351; ZIP 1995, 1021, 1025; NJW 1998, 156, 159; WM 1998, 1020, 1024; NJW 2002, 744, 745; BAG NJW 1991, 860, 861; BVerfG NJW 2001, 927; BORK, AT Rn 1156; BUNTE NJW 1983, 2674, 2675; DAUNER-LIEB AcP 201 (2001) 295, 308 f, 326; ERMAN/PALM § 138 Rn 58; FLUME, AT § 18, 6 S 377; HAGEN, in: FS Geiß

(2002) 97, 101 f; LARENZ/WOLF § 41 Rn 30; MEDICUS NJW 1995, 2577, 2578; ders WM 2333, 2337; ders, AT Rn 691 (einschränkend Rn 692); MünchKomm/MAYER-MALY/ARMBRÜSTER § 138 Rn 23, 133; PALANDT/HEINRICHS § 138 Rn 9, 10; SCHMOECKEL AcP 197 (1997) 1 ff passim, 55 f, 78; SOERGEL/HEFERMEHL § 138 Rn 40, 41, 43, 75, 102; STAUDINGER/DILCHER[12] § 138 Rn 18 (einschränkend Rn 19); **aA** OLG Stuttgart BB 1972, 1202; ECKERT AcP 199 (1999) 337, 352, 355; **aA** in Bezug auf letztwillige Verfügungen RG DR 1943, 91; DR 1944, 494; **aA** in Bezug auf Bierlieferungsverträge RG JW 1910, 62; **aA** auch VEELKEN AcP 185 (1985) 46, 53.

WM 1977, 399, 400; BAG NJW 1991, 860, 861). Auch bei letztwilligen Verfügungen ist der Zeitpunkt der Vornahme maßgeblich (aA ECKERT AcP 199 [1999] 337, 355 ff; STAUDINGER JurA 2000, 467, 469). Die Gegenansicht, die den Zeitpunkt der Rechtswirkungen für maßgeblich hält, will vor allem unbillige Ergebnisse vermeiden, wenn sich zwischenzeitlich die tatsächlichen Verhältnisse oder die guten Sitten gewandelt haben. Außerdem folge aus dem Zweck von § 138, Rechtswirkungen zu vermeiden, die mit den guten Sitten unvereinbar sind, dass der Zeitpunkt dieser Rechtswirkungen maßgeblich sei (ECKERT AcP 199 [1999] 337, 352). Diese Ansicht leidet daran, dass sie den Systemzusammemhang zwischen Inhaltskontrolle nach § 138 und Ausübungskontrolle nach § 242 nicht berüchsichtigt. Einem Wandel der tatsächlichen Verhältnisse und der guten Sitten kann mit § 242 Rechnung getragen werden (s u Rn 83 ff). Der Nachteil der auf den Zeitpunkt der Rechtswirkungen abstellenden Ansicht besteht vor allem darin, dass sie nur für Rechtsgeschäfte mit zukünftigen Rechtswirkungen gelten kann. Ein erst teilweise erfüllter Vertrag wäre bei einem Wandel der guten Sitten oder der tatsächlichen Verhältnisse uU für einen bestimmten Zeitraum sittenwidrig und nichtig, für einen anderen hingegen sittengemäß.

a)   Dies bedeutet zum einen, dass allein auf die **tatsächlichen** Umstände im Zeit- **80** punkt der Vornahme des Rechtsgeschäfts abzustellen ist (RGZ 63, 390, 391; JW 1927, 119, RGZ 152, 251, 253 f; BGHZ 7, 111, 114; NJW 1983, 2692; BGHZ 100, 353, 359 = NJW 1987, 1878; BGHZ 107, 92, 96 f = NJW 1989, 1276; NJW 1992, 896, 898; BGHZ 120, 272, 276; BGHZ 125, 206, 209; NJW 1994, 1441, 1442; WM 1996, 262, 263; NJW 2002, 429, 431; WM 2002, 1186, 1189). Dazu können allerdings auch die zum Abschlusszeitpunkt schon vorgezeichneten Entwicklungen der tatsächlichen Verhältnisse gehören, soweit die Vereinbarungen Regelungen für die Zukunft treffen (COESTER-WALTJEN, in: BGH-FS I [985] 1004). Sonstige spätere Änderungen der tatsächlichen Umstände, die zu einer anderen sittlich-rechtlichen Bewertung des Rechtsgeschäfts führen würden, sind bei der Anwendung von § 138 nicht zu berücksichtigen. Deshalb sind zB künftige Gewinne, die eine Partei möglicherweise aus der von ihr erworbenen Leistung ziehen kann, bei der Prüfung des Äquivalenzmissverhältnisses ohne Bedeutung (BGH NJW 2002, 429, 431).

b)   Außerdem entscheiden allein die im Zeitpunkt der Vornahme des Rechts- **81** geschäfts maßgeblichen **Wertanschauungen** über seine Vereinbarkeit mit den guten Sitten (BGH NJW 1983, 2692; PALANDT/HEINRICHS § 138 Rn 9, 10). Ein späterer Wandel dieser Maßstäbe berührt das Sittenwidrigkeitsurteil nicht. Stellt die Rechtsprechung einen Wandel der guten Sitten fest, der im Zeitpunkt der Vornahme des Rechtsgeschäfts bereits abgeschlossen war, so gelten ebenfalls nur die zu diesem Zeitpunkt neuen guten Sitten (BGH NJW 1983, 2692; BVerfG NJW 1984, 2345 sub 2a). So nahm der BGH zB in einer Entscheidung von 1983 an, dass seine Ende 1978 beginnende Rechtsprechung zur Sittenwidrigkeit von Ratenkreditverträgen nicht erst den Wandel der maßgebenden Wertanschauungen geschaffen habe, sondern den im Zeitpunkt des jeweiligen Vertragsabschlusses bereits **vollzogenen** Wertungswandel nur feststellte (BGH NJW 1983, 2692 [LS 2], 2693 mwNw). Mit dieser Begründung erklärte er einen 1976 abgeschlossenen Ratenkreditvertrag nach § 138 für nichtig, der den erst in der Zeit danach vom BGH präzisierten Bewertungskriterien nicht gerecht wurde (BGH NJW 1983, 2692).

3. Sittenwidrigkeit nach Vornahme des Rechtsgeschäfts

82 Wenn ein Rechtsgeschäft im Zeitpunkt der Vornahme aufgrund der zu dieser Zeit gegebenen Umstände und Wertanschauungen mit den guten Sitten vereinbar war, während es aufgrund eines Wandels der Wertanschauungen oder der tatsächlichen Umstände im Zeitpunkt der Erfüllung als sittenwidrig zu bewerten wäre, bleibt es bei der Unanwendbarkeit des § 138, dh die Gültigkeit des Rechtsgeschäfts wird durch § 138 nicht berührt (BGHZ 7, 111, 114 = NJW 1952, 1169; BGHZ 20, 71, 73 = NJW 1956, 925; WM 1966, 585, 589; NJW 1983, 2692 aE; NJW 1988, 2362, 2363; NJW 1993, 3193; ZIP 1995, 1021, 1026; BGH WM 2002, 1186, 1189; BGB-RGRK/KRÜGER-NIELAND/ZÖLLER § 138 Rn 24; BORK, AT Rn 1156; ENNECCERUS/NIPPERDEY, AT § 191 I 3 S 1165; ERMAN/PALM § 138 Rn 59; FLUME, AT § 18, 6 S 377; KÖHLER, AT § 13 Rn 21; LARENZ/WOLF, AT § 41 Rn 30; MAYER-MALY JZ 1981, 801, 804; PALANDT/HEINRICHS § 138 Rn 10; PAWLOWSKI, AT Rn 499b; SOERGEL/HEFERMEHL § 138 Rn 40, 41, 43; ULMER/SCHÄFER ZGR 1995, 134, 139 f; aA BUNTE NJW 1985, 705, 706; ECKERT AcP 199 [1999] 337, 355; aA auch vorübergehend in Bezug auf noch nicht abgewickelte Rechtsgeschäfte wohl zeitbedingt RG GS v 13. 3. 1936 RGZ 150, 1, 4; RGZ 166, 395; 397; RG DR 1940, 2167 f; differenzierend zwischen abgewickelten und noch nicht abgewickelten Verträgen MünchKomm/MAYER-MALY/ARMBRÜSTER § 138 Rn 135 ff; STAUDINGER/DILCHER[12] § 138 Rn 19). Es gibt **keine rückwirkende Sittenwidrigkeit** (BGH WM 1966, 585, 589; BGB-RGRK/KRÜGER-NIELAND/ZÖLLER § 138 Rn 24; SCHMOECKEL AcP 197 [1997] 1, 79; SOERGEL/HEFERMEHL § 138 Rn 41 ff). Ein Wandel der tatsächlichen Umstände oder der Wertanschauungen führt nicht rückwirkend zur Nichtigkeit eines ursprünglich wirksam geschlossenen Rechtsgeschäfts (BGH NJW 1983, 2692 aE). Dies gilt nicht nur für bereits **erfüllte Verpflichtungsgeschäfte** sowie **Erfüllungsgeschäfte** (STAUDINGER/DILCHER[12] § 138 Rn 19). Auch noch **nicht erfüllte Verpflichtungsgeschäfte** bleiben wirksam, wenn sich nach ihrer Vornahme die Bewertung aufgrund veränderter Tatumstände oder aufgrund einer strengeren sittlich-rechtlichen Bewertung (zB im Falle der wucherähnlichen Kreditgeschäfte) ändert. Die noch nicht erfüllten Verpflichtungsgeschäfte werden **weder rückwirkend noch ex nunc** nichtig, wenn sich die tatsächlichen Umstände oder die Wertvorstellungen so ändern, dass die Rechtsgeschäfte inzwischen als sittenwidrig zu bewerten wären (SOERGEL/HEFERMEHL § 138 Rn 43; aA OLG Stuttgart BB 1972, 1020; BUNTE NJW 1985, 705, 706; STAUDINGER/DILCHER[12] § 138 Rn 19).

83 Wenn bei einem noch nicht erfüllten Rechtsgeschäft der Wandel der tatsächlichen Umstände oder der Wertanschauungen zur Folge hätte, dass die vom Schuldner noch zu erbringende Leistung im Zeitpunkt der Erfüllung gegen die guten Sitten verstieße, so ist er jedoch nach **§ 242** berechtigt, die Erfüllung zu verweigern; das Bestehen auf der Erfüllung eines inzwischen als sittenwidrig zu bewertenden Rechtsgeschäfts wäre unzulässige Rechtsausübung (BGH NJW 1983, 2692 f; BGHZ 20, 71, 75; BGB-RGRK/KRÜGER-NIELAND/ZÖLLER § 138 Rn 24, 66; BORK, AT Rn 1156; ERMAN/PALM § 138 Rn 59; HAGEN, in: FS Geiß [2000] 97, 102; HÜBNER, AT Rn 895, LARENZ/WOLF, AT § 41 Rn 30; PALANDT/HEINRICHS § 138 Rn 10; SOERGEL/HEFERMEHL § 138 Rn 43, 75; ULMER/SCHÄFER ZGR 1995, 134, 145; zurückhaltender MEDICUS WM 1997, 2333, 2339 [1.], der nachträgliche Sittenwidrigkeit nicht ohne weiteres für die Einrede nach § 242 genügen lassen will). Wenn eine im Zeitpunkt des Geschäftsabschlusses sittengemäße Vereinbarung aufgrund des Wandels der tatsächlichen Umstände oder der Wertanschauungen die Rechte des **Gläubigers** in sittenwidriger Weise verkürzt, dann bleibt die Vereinbarung zwar wirksam; sie ist jedoch entsprechend den §§ 157, 242 den veränderten Umständen anzupassen (BGH NJW 1994, 2536, 2539 aE, 2540; NJW 1993, 2101, 2102; 1993, 3193, 3194; MÖHRING, in: FS Barz [1974] 49, 58, 62). Die Abwicklungskontrolle nach § 242 greift nicht nur ein, wenn die Ausübung der Rechte aus dem betr Rechtsgeschäft den gegenwärtigen Auffassungen und Wertungen, „zutiefst widersprechen und grundlegende Elemente der öffentlichen Ordnung" („ordre public interne") verletzen würde (so jedoch zu § 138 Abs 1 und § 242 SCHMOECKEL AcP 197 [1997] 1, 24, 40, 48 f, 55, 57 f, 79, der dies als ein Gebot des ordre public interne bezeichnet; die Formulierung deutet allerdings auf den ordre public international, der hier grundsätzlich nicht einschlägig ist). Haben zB die Gesellschafter einer BGB-Gesellschaft für den Fall der Kündigung durch einen Gesellschafter eine Abfindungsvereinbarung getroffen, in der der vereinbarte Übernahmepreis (zB der Buchwert) und der tatsächliche Verkehrswert der Anteile zwar im Zeitpunkt der Vereinbarung in einem vertretbaren Verhältnis standen, während im Zeitpunkt der Kündigung aufgrund der Änderung der Umstände nach Vertragsabschluss ein grobes Missverhältnis bestand, so bleibt zwar die ursprünglich sittengemäße Abfindungsklausel wirksam; der ausscheidende Gesellschafter hat jedoch nach § 242 einen Anspruch auf eine den veränderten Umständen angepasste Abfindung (BGH NJW 1994, 2536, 2539; NJW 1993, 2101, 2102; 1993, 3193, 3194). Bei der Feststellung des angepassten Übernahmepreises sind neben den Interessen des Ausscheidenden einschließlich der Dauer seiner Mitgliedschaft auch die Unternehmensinteressen zu berücksichtigen, so dass der angepaßte Betrag idR nicht den tatsächlichen Verkehrswert erreichen, sondern zwischen Verkehrswert und Buchwert liegen wird (BGH NJW 1993, 3193, 3195).

Im Falle des Wandels der Wertanschauungen wird allerdings die Rechtsprechung **84** dennoch häufig zur Anwendung von § 138 gelangen, und dies damit rechtfertigen, dass sie im Zeitpunkt der Entscheidung die bereits bei Vornahme des Rechtsgeschäfts maßgebenden Wertanschauungen nur **nachvollzogen** habe (vgl BGH NJW 1983, 2692, 2693; NJW 1986, 2568, 2569; SOERGEL/HEFERMEHL § 138 Rn 42, 102; kritisch zu dieser Praxis mit Recht BUNTE NJW 1983, 2674, 2675; ders NJW 1985, 705, 709; ECKERT AcP 199 [1999] 337, 341; KOZIOL AcP 188 [1988] 183, 208 ff; MEDICUS NJW 1995, 2577; VEELKEN AcP 185 [1985] 46, 53 ff; WEBER WM 1996, 49; dazu auch HAGEN, in: FS Geiß [2000] 97, 103 ff). Dies sei weder eine rückwirkende Sittenwidrigkeit noch eine rückwirkende Rechtsprechungsänderung (SOERGEL/HEFERMEHL § 138 Rn 42; aA ECKERT AcP 199 [1999] 337, 341). Der Unterschied zur Anwendung des § 242 besteht in diesem Fall darin, dass diese Vorschrift nur der Durchsetzung noch nicht erfüllter Verträge entgegenstünde, während § 138 auch bereits erfüllte Verträge berühren würde, die nach den §§ 812 ff rückabzuwickeln wären (vgl BGH NJW 1983, 2692, 2693).

4.   Wegfall der Sittenwidrigkeit nach Vornahme des Rechtsgeschäfts

Ein Rechtsgeschäft, das bei der Vornahme nach den zu diesem Zeitpunkt gegebenen **85** Tatumständen und Wertanschauungen sittenwidrig war, **bleibt** nach § 138 grundsätzlich nichtig, auch wenn inwischen eine Liberalisierung der guten Sitten stattgefunden hat und der Vorwurf der Sittenwidrigkeit im Zeitpunkt der Erfüllung des Rechtsgeschäfts nicht mehr begründet wäre (BGH GRUR 1984, 298, 300 [betr Änderung der Tatumstände bei einem Bierlieferungsvertrag]; BGB-RGRK/KRÜGER-NIELAND/ZÖLLER § 138 Rn 24; BORK, AT Rn 1157; FLUME, AT § 18, 6 S 377; PALANDT/HEINRICHS § 138 Rn 10; SCHMOECKEL AcP 197 [1997] 1, 23; STAUDINGER/DILCHER[12] § 138 Rn 18; aA ECKERT AcP 199 [1999] 337, 355; ERMAN/PALM § 138 Rn 60; HÜBNER, AT Rn 895; MAYER-MALY JZ 1981, 801, 804 f; PAWLOWSKI, AT Rn 499b; SOERGEL/HEFERMEHL § 138 Rn 44; WEIMAR MDR 1968, 110, 111). Wirksam ist es hingegen, wenn es nach dem entscheidenden Wandel der tat-

sächlichen Umstände oder Wertanschauungen rechtswirksam nach § 141 **bestätigt**
worden ist, wobei allerdings bestehende Formvorschriften zu beachten wären
(PALANDT/HEINRICHS § 138 Rn 10). Außerdem kann die Berufung auf die Sittenwidrigkeit
und Nichtigkeit eines Rechtsgeschäfts **treuwidrig** sein, wenn im Zeitpunkt der Erfüllung die tatsächlichen oder sittlich-rechtlichen Gründe für den Vorwurf der ursprünglichen Sittenwidrigkeit weggefallen sind (SCHMOECKEL AcP 197 [1997] 1, 23). Im
Schrifttum wird außerdem folgende differenzierende Ansicht vertreten: Bei einer
Änderung der tatsächlichen Verhältnisse sei der Zeitpunkt der Vornahme des
Rechtsgeschäfts maßgebend, bei einer Änderung der guten Sitten hingegen der Er-
füllungszeitpunkt. Dies gelte jedenfalls bei einer Liberalisierung der guten Sitten;
denn es gebe keinen Grund, einem im Zeitpunkt der Vornahme sittenwidrigen
Rechtsgeschäft auch dann die Wirksamkeit zu versagen, wenn es im Erfüllungszeit-
punkt mit den guten Sitten vereinbar ist (MünchKomm/MAYER-MALY/ARMBRÜSTER § 138
Rn 135 ff; OLG Hamm OLGZ 1979, 425, 427 f).

5.   Speziell: Der Wandel der guten Sitten bei letztwilligen Verfügungen

86 Streitig ist, ob die Regel, dass sich die Sittenwidrigkeit und Wirksamkeit eines
Rechtsgeschäfts nach den tatsächlichen Umständen und Wertanschauungen im Zeitpunkt seiner Vornahme bestimmt, auch bei letztwilligen Verfügungen gilt (ausf dazu
BARTHOLOMEYCZIK, in: FS OLG Zweibrücken [1969] 26 ff). Auch hier ist zu unterscheiden
zwischen (1) letztwilligen Verfügungen, die im Zeitpunkt der Errichtung mit den
guten Sitten vereinbar waren, jedoch im Zeitpunkt des Erbfalles gegen sie verstoßen,
und (2) letztwilligen Verfügungen, die – genau umgekehrt – im Zeitpunkt ihrer Errichtung sittenwidrig waren, jedoch im Zeitpunkt des Erbfalles mit den guten Sitten
vereinbar sind. Für die erste Fallgruppe enthält § 2171 Wertungen, die auch bei
sittenwidrigen letztwilligen Verfügungen zu berücksichtigen sind. Diese Vorschrift
erklärt ein **Vermächtnis**, das zur Zeit des Erbfalles gegen ein **gesetzliches Verbot**
verstößt, ausdrücklich für unwirksam. Die Materialien zu § 2171 rechtfertigen den
Umkehrschluss, dass sonstige letztwillige Verfügungen sowie alle letztwilligen Verfügungen, die im Zeitpunkt des Erbfalls nicht gegen ein Gesetz, sondern gegen die
guten Sitten verstoßen, wirksam sind, wenn sie es im Zeitpunkt der Errichtung der
letztwilligen Verfügung waren. Dies schließt allerdings nicht aus, dass es im Falle der
Sittenwidrigkeit im Zeitpunkt des Erbfalles treuwidrig sein kann, sich auf die Vereinbarkeit der letztwilligen Verfügung mit den guten Sitten im Zeitpunkt ihrer Errichtung zu berufen. Zu weitgehend demselben Ergebnis gelangt ein Teil der Lehre, die
auf die Wertung von § 2171 eine doppelte **Analogie** stützt, wonach **alle** letztwilligen
Verfügungen und außerdem auch solche, die im Zeitpunkt des Erbfalles gegen die
guten Sitten verstoßen, unwirksam sind. Die Analogie macht es ua entbehrlich, den
Sittenverstoß entgegen der terminologischen Unterscheidung des Gesetzes zwischen
gesetzwidrigen und sittenwidrigen Rechtsgeschäften in § 134 und § 138 als Verstoß
gegen ein „gesetzliches Verbot" zu deuten (SOERGEL/STEIN § 1937 Rn 28; SOERGEL/WOLF
§ 2171 Rn 8; KEUK, Der Erblasserwille post testamentum und die Auslegung des Testaments [1965]
22; vgl auch schon DERNBURG; Das Bürgerliche Recht ... V [3. Aufl 1911] § 75 V S 217; **aA**
SCHMOECKEL AcP 197 [1997] 1, 68 f).

Keine Rückschlüsse erlaubt § 2171 hingegen für diejenigen Fälle, in denen eine
letztwillige Verfügung im Zeitpunkt der Errichtung sittenwidrig war, jedoch im Zeitpunkt des Erbfalles nicht mehr gegen die guten Sitten verstieß. Träfe es zu, dass diese

letztwilligen Verfügungen, die im Zeitpunkt der Errichtung wegen Sittenwidrigkeit nichtig waren, nach § 138 Abs 1 nichtig bleiben, dann wären heute viele letztwillige Verfügungen, insbesondere sog Geliebtentestamente, nichtig, die zwar im Zeitpunkt ihrer Errichtung sittenwidrig waren, heute jedoch aufgrund der inzwischen stattgefundenen Liberalisierung der guten Sitten als sittengemäß zu bewerten wären. Die Rechtsprechung zu dieser Frage war schwankend. Ursprünglich erklärte das RG den Zeitpunkt der Errichtung des Testaments für maßgeblich (vgl RGZ 166, 395, 400). Später stellte es auf den Zeitpunkt des Erbfalls ab (RG DR 1943, 91, 93; DR 1944, 494). Der BGH kehrte zur ursprünglichen Auffassung des RG zurück, wonach auch eine letztwillige Verfügung, ebenso wie andere Rechtsgeschäfte, grundsätzlich nach den guten Sitten zZ ihrer Errichtung zu beurteilen ist (so unter ausdrücklicher Abweichung vom RG der BGH in BGHZ 20, 71, 73 passim; NJW 1969, 1343; LM Nr 11 zu § 138 BGB [Cd]; OLG Celle NJW 1956, 265; OLG Frankfurt aM NJW-RR 1995, 265, 266; KG FamRZ 1967, 226 f; OLG Köln OLGZ 1968, 489 f). Wolle der Erblasser ein im Zeitpunkt der Errichtung sittenwidriges Testament nach einem Wandel der Wertanschauungen aufrechterhalten, so müsse er ein neues errichten (BGHZ 20, 71, 75; **kritisch** dazu Bartholomeyczik, in: FS OLG Zweibrücken [1969] 26, 63; Johannsen WM 1971, 923; Thielmann 154 ff; Weimar MDR 1968, 110, 111). Der BGH hat diese Ansicht allerdings nur in einem obiter dictum geäußert, da er davon ausging, dass das 1945 errichtete Geliebtentestament „zu keiner Zeit als gültig anerkannt werden" könne und deshalb auch noch im Zeitpunkt des Erbfalls 1954 sittenwidrig und nichtig war (BGHZ 20, 71, 74).

Demgegenüber hält die heute wohl **hL** bei letztwilligen Verfügungen nicht die tat- **87** sächlichen Umstände und Wertanschauungen im Zeitpunkt der Errichtung, sondern die im Zeitpunkt des Erbfalles für entscheidend (OLG Hamm OLGZ 1979, 425, 427 f; Bartholomeyczik, in: FS OLG Zweibrücken [1969] 26, 63, 68; Brox, AT Rn 286; Cahn JZ 1997, 8, 10 f; Eckert AcP 199 [1999] 337, 356 f; Erman/Palm § 138 Rn 60; Flume, AT § 18, 6 S 378 f; Gernhuber FamRZ 1960, 326, 334; Kipp/Coing, Erbrecht[14] § 16 III 1a; Larenz/Wolf, AT § 41 Rn 32; Medicus, AT Rn 692; Otte JurA 1985, 192, 201; Simshäuser 22 f; Soergel/Hefermehl § 138 Rn 44; Thielmann 154 ff; Weimar MDR 1968, 110, 111; ausdrücklich **aA** BGHZ 20, 71; Palandt/Heinrichs § 138 Rn 10; BGB-RGRK/Krüger-Nieland/Zöller § 138 Rn 24; Schmoeckel JZ 1999, 517, 519; ders AcP 197 [1997] 1, 64; Smid NJW 1990, 409, 410). Dieser Ansicht ist zwar im **praktischen Ergebnis** zuzustimmen. Es besteht kein anerkennenswertes Interesse der Rechtsgemeinschaft, einer letztwilligen Verfügung, die heute mit den guten Sitten vereinbar ist, nur deshalb die Wirksamkeit zu versagen, weil sie im Zeitpunkt der Errichtung, die uU viele Jahre zurückliegt, sittenwidrig war. Denn auf diese Weise würden Personen bedacht, die der Erblasser nicht bedenken wollte und umgekehrt. Probleme bereitet jedoch die dogmatische Begründung des rechtspolitisch wünschenswerten Ergebnisses, bei letztwilligen Verfügungen die Bewertung im Zeitpunkt des Erbfalles für maßgeblich zu halten. Vielfach wird keine dogmatische Begründung gegeben. Nach Bartholomeyczik ist das Tatbestandsmerkmal „Rechtsgeschäft" in § 138 idR erst mit dem Tode des Erblassers voll erfüllt (in: FS OLG Zweibrücken [1959] 26, 63; **aA** MünchKomm/Mayer-Maly/Armbrüster § 138 Rn 134; Schmoeckel AcP 197 [1997] 1, 71 f). In der kurzen Zeit, in der das RG diese Ansicht vertrat, nahm es an, dass der Erblasser seine letztwillige Verfügung fortlaufend aufrechterhalte und formlos **bestätige**, solange er von einem Widerruf absehe (RG DR 1943, 91; **aA** Birk FamRZ 1964, 120; Gernhuber FamRZ 1960, 326, 334). Diese Ansicht widerspricht zwar nicht „natürlichem Denken", wie der BGH meinte (BGHZ 20, 71, 74). Eine **Bestätigung** iSv § 141 wird allerdings idR an den Formerfordernissen für letztwillige Verfügungen scheitern (gegen die Wirksamkeit einer formlosen Bestätigung BGHZ 20, 71, 74; PALANDT/HEINRICHS § 138 Rn 10; SCHMOECKEL AcP 197 [1997] 1, 60 f). Man wird jedoch letztwillige Verfügungen dahingehend **auslegen** können, dass sie unter der **aufschiebenden Bedingung** ihrer Gültigkeit im Zeitpunkt des Erbfalles getroffen worden sind (ähnlich BORK, AT Rn 1157; zu ähnlichen Konstruktionen bei gesetzwidrigen Rechtsgeschäften s o § 134 Rn 56). Außerdem erscheint es als **treuwidrig** und im Widerspruch zum (inzwischen) zulässigen letzten Willen des Erblassers, sich auf die anfängliche Sittenwidrigkeit eines Testaments zu berufen, wenn seit dessen Errichtung die tatsächlichen oder sittlich-rechtlichen Gründe für den Vorwurf der Sittenwidrigkeit weggefallen sind und der Inhalt auch noch im Zeitpunkt des Erbfalles dem Willen des Erblassers entspricht (PALANDT/HEINRICHS § 138 Rn 10).

88 Wenn hingegen die letztwillige Verfügung im Zeitpunkt der Errichtung mit den guten Sitten vereinbar war, während sie heute aufgrund einer Änderung der tatsächlichen Umstände oder Wertanschauungen gegen diese verstößt, so ist und bleibt sie zwar gültig. Eine Berufung auf sie ist jedoch nach den allgemeinen Grundsätzen des § 242 unter dem Gesichtspunkt unzulässiger Rechtsausübung unwirksam (BGHZ 20, 71, 75; MünchKomm/MAYER-MALY/ARMBRÜSTER § 138 Rn 138).

V. Rechtsfolgen

1. Nichtigkeit

89 Nach § 138 ist ein sittenwidriges Rechtsgeschäft grundsätzlich nichtig mit Wirkung ex tunc. Verstoßen in einem Vertrag nur einzelne Klauseln oder abtrennbare Teile gegen die guten Sitten, so sind nur diese nach § 138 nichtig (MünchKomm/MAYER-MALY/ARMBRÜSTER § 138 Rn 159; vgl auch BGHZ 44, 158, 162 = NJW 1965, 2147); ob die Teilnichtigkeit eines Vertrages seine Gesamtnichtigkeit zur Folge hat, ist dann nach § 139 zu entscheiden. Wegen der Doppelnatur des Prozessvergleichs ist dieser auch als Prozesshandlung unwirksam, wenn er nach § 138 materiell nichtig ist (BGHZ 16, 388, 390 = NJW 1955, 705; BGHZ 28, 171, 172 = NJW 1958, 1970; BGHZ 51, 141, 143 f).

90 Nach der Terminologie des BGB bedeutet Nichtigkeit, dass das sittenwidrige Rechtsgeschäft bzw die sittenwidrige Vertragsklausel **insgesamt** nichtig ist. Soweit einzelne Klauseln eine **einheitliche Regelung** darstellen, kann diese nach hM nicht in ihre einzelnen Teile zerlegt werden; vielmehr ist dann die gesamte Regelung nichtig (BGHZ 44, 158, 162 betr die Sittenwidrigkeit von Gesellschafterrechten; BGH NJW 1987, 2014, 2015). Nach hM ist eine Vertragsklausel auch dann insgesamt nichtig, wenn sie wegen **Übermaßes** in zeitlicher, örtlicher oder gegenständlicher Hinsicht sittenwidrig ist (KÖHLER, AT § 13 Rn 31). Die Möglichkeit einer **geltungserhaltenden Reduktion** bestehe bei einem Verstoß gegen § 138 nicht (BGHZ 44, 158, 162; BGHZ 68, 204, 207; NJW 1979, 1605, 1606; NJW 1983, 1420, 1423; WM 1989, 170; NJW 1993, 2108; NJW 1995, 1152, 1153; FLUME, AT § 18, 9 S 389; HONSELL ZHR 148 [1984] 298, 299; KÖHLER, AT § 13 Rn 31; MICHALSKI BB 1996, 1177, 1182; MünchKomm/MAYER-MALY/ARMBRÜSTER § 138 Rn 4, 157 ff; SANDROCK AcP 159 [1960] 514; P ULMER NJW 1981, 2025, 2028; ZIMMERMANN 80 ff; ebenso SOERGEL/HEFERMEHL § 138 Rn 46, 47, jedoch einschränkend in Rn 49). Dies ergebe sich eindeutig aus dem Wortlaut von § 138 (HONSELL ZHR 148 [1984] 298, 299).

91 Die Sittenwidrigkeit und Nichtigkeit nach § 138 begründet nicht bloß eine Einrede, sondern ist **von Amts wegen** zu beachten (RGZ 78, 347, 354; RGZ 160, 52, 55 f; BGH WM 1969, 1256, 1257; NJW 1981, 1439 aE). Sie kann grundsätzlich von **jedermann** geltend gemacht werden (RGZ 150, 181, 186; 160, 52, 56; BGHZ 27, 172, 180 aE; BGHZ 60, 102, 105; BAG NJW 1976, 1958, 1959). Bei sittenwidrigen Verträgen sind dies nicht nur die beiden Vertragspartner, sondern gegebenenfalls auch Dritte. Grundsätzlich kann sich auch ein Vertragspartner, der selbst sittenwidrig gehandelt hat, auf die Nichtigkeit nach § 138 berufen (RGZ 150, 181, 186; RGZ 160, 52, 56; BGHZ 27, 172, 180 aE = NJW 1958, 989; BGHZ 60, 102, 105 = NJW 1973, 465; BAG NJW 1976, 1958, 1959), da andernfalls eine rechtliche Pflicht zur Fortsetzung des sittenwidrigen Vertragsverhältnisses bestünde; so zB ein an Wechselreiterei beteiligter Vertragspartner auf die Nichtigkeit des mit ihm zu diesem Zweck geschlossenen Vertrags (BGHZ 27, 172, 180) oder ein Ehepaar, das sich vertraglich zur öffentlichen Darbietung von Geschlechtsverkehr verpflichtet hat (BAG NJW 1976, 1958, 1959). In besonders gelagerten Ausnahmefällen kann allerdings die Berufung auf die Nichtigkeit nach § 138 unzulässige Rechtsausübung iSv § 242 sein (s u Rn 156 ff; **aA** MünchKomm/Mayer-Maly/Armbrüster § 138 Rn 155).

2. Die Nichtigkeitssanktion und der Normzweck der verletzten Sittennorm

In neuerer Zeit setzen sich zunehmend Ansichten durch, die bei der Anwendung von **92** § 138 das **Alles-oder-Nichts-Prinzip** (entweder voll wirksam oder voll nichtig ex tunc) ablehnen und die Art der Sanktion vom Normzweck der verletzten Sittennorm abhängig machen, mit dem Ergebnis, dass in manchen Fällen zB nur Nichtigkeit **ex nunc** (Arbeitsverträge; Gesellschaftsverträge), in anderen Fällen nur quantitative Teilnichtigkeit bzw eine geltungserhaltende Reduktion übermäßiger Entgeltvereinbarungen oder zeitlicher Bindungen dem Normzweck der verletzten Sittennorm entspricht und die Sanktion nach § 138 bestimmt (vgl vor allem AK-BGB/Damm § 138 Rn 87 ff; J Hager, Gesetzes- und sittenkonforme Auslegung und Aufrechterhaltung von Rechtsgeschäften [1983]; ders JuS 1985, 264; H Hübner, in: FS Wieacker [1978] 399; Kohte NJW 1982, 2803, 2804 f; Lindacher AcP 173 [1973] 124, 131; H Roth JZ 1989, 411; Sack RdA 1975, 171, 176 f; zu Bierlieferungsverträgen vgl auch schon Herzog, Quantitative Teilnichtigkeit [Diss Göttingen 1926]; krit zur hM auch Erman/Palm § 138 Rn 55).

a) Restriktive Auslegung des § 138

Die Ansicht, dass der Wortlaut des § 138 die Sanktion der Gesamtnichtigkeit eines **93** sittenwidrigen Vertrags bzw einer sittenwidrigen Vertragsklausel mit Wirkung ex tunc vorschreibe (Honsell ZHR 148 [1984] 298, 299), ist nicht zwingend. Man kann bereits den **Wortlaut** dieser Vorschrift auch so lesen, dass ein Rechtsgeschäft nichtig ist, **soweit** es gegen die guten Sitten verstößt; bei Sittenwidrigkeit wegen Übermaßes verstößt nur der übermäßige Teil gegen die guten Sitten, so dass zumindest der Wortlaut des § 138 auch die Interpretation deckt, dass nur der übermäßige Teil des Vertrags bzw der Vertragsklausel nichtig ist (ebenso im Ergebnis Lindacher AcP 173 [1973] 124, 131, der eine entsprechende teleologische Reduktion des § 138 fordert). Es ist dann eine Frage des § 139, ob diese quantitative Teilnichtigkeit die gesamte Vertragsklausel bzw das gesamte Rechtsgeschäft erfasst.

b) Die teleologische Reduktion des § 138 durch einen immanenten Normzweckvorbehalt

Falls man dieser Auslegung des Wortlauts von § 138 nicht folgt, stellt sich die Frage, **94** ob man dem Normzweck der verletzten Sittennorm auf anderem Wege Rechnung tragen kann. Denn die vom Wortlaut des § 138 vorgesehene Sanktion der vollen Nichtigkeit sittenwidriger Rechtsgeschäfte mit Wirkung ex tunc führt nicht immer zu angemessenen Entscheidungen. Einig ist man sich zB, dass sittenwidrige Arbeitsverträge und sonstige sittenwidrige Dauerschuldverhältnisse nicht in jedem Falle mit Wirkung ex tunc, sondern gelegentlich auch nur mit Wirkung **ex nunc** nichtig sind. Zumindest im praktischen Ergebnis ist man sich auch einig, dass sittenwidrig lange **zeitliche Bindungen** in Bierlieferungsverträgen, Automatenaufstellverträgen, Geschäftsführerverträgen usw nicht insgesamt mit Wirkung ex tunc nichtig, sondern durchaus eine bestimmte (angemessene bzw höchstzulässige) Zeit wirksam sind (BGH NJW 1972, 1459; WM 1973, 357; WM 1974, 1042, 1043; WM 1975, 850, 851; BGHZ 68, 1, 5; BGHZ 68, 204, 206 f; NJW 1979, 865, 866; WM 1984, 88, 90; NJW 1985, 2693, 2695; ebenso auch schon NIPPERDEY JW 1927, 119, 120; ECKSTEIN ArchBürgR 38, 195 ff; **aA** RGZ 76, 78, 80). Sittenwidrige testamentarische Zuwendungen an eine „Geliebte" hielt der BGH nicht ohne weiteres und in jedem Fall für insgesamt nichtig, sondern nur für „teilweise unwirksam"; im übrigen blieben sie in der Höhe wirksam, in der sie der Erblasser rechtswirksam hätte testamentarisch anordnen können (BGH FamRZ 1963, 287, 289 f; BGHZ 52, 17, 23 f; BGHZ 53, 369, 383). Die Gerichte sind nicht gehindert, letztwillige Verfügungen, die lediglich durch das **Übermaß** der Zuwendung gegen die guten Sitten verstoßen, nur hinsichtlich dieses Übermaßes für nichtig zu erklären (BGHZ 52, 17, 24).

95 Diese Ergebnisse, über die im wesentlichen Einigkeit besteht, sind mE nur zu erzielen, wenn man die Sanktion dieser Vorschrift – in Anlehnung an § 134 – unter einen Normzweckvorbehalt stellt: Nichtig ist ein sittenwidriges Rechtsgeschäft nur dann und nur, wenn und soweit dies dem Normzweck der verletzten Sittennorm entspricht (AK-BGB/DAMM § 138 Rn 87 ff; DAMM JZ 1986, 913, 919; J HAGER 87 ff, 145 ff; ders JuS 1985, 264; KOHTE NJW 1982, 2803, 2804 f; LINDACHER AcP 173 [1973] 125, 131; H ROTH JZ 1989, 411; RÜHLE, Das Wucherverbot [1978] 66 ff; SACK RdA 1975, 171, 176 ff; ders WRP 1985, 1, 11 f; **aA** BORK, AT Rn 1201; MünchKomm/MAYER-MALY/ARMBRÜSTER § 138 Rn 157). Im Gegensatz zu § 134 enthält allerdings der Wortlaut des § 138 keinen ausdrücklichen Normzweckvorbehalt. Deswegen ist § 138 dahingehend **teleologisch zu reduzieren**, dass ein sittenwidriges Rechtsgeschäft nur dann nichtig ist, wenn sich aus der verletzten Sittennorm nicht ein anderes ergibt (SACK RdA 1975, 171, 177). Bei sittenwidrigen Arbeitsverträgen wird idR nicht Nichtigkeit ex tunc, sondern nur Nichtigkeit ex nunc dem Normzweck der verletzten Sittennorm entsprechen (BAG BB 1973, 291 = AP Nr 18 zu § 611 BGB – Faktisches Arbeitsverhältnis; SACK RdA 1975, 171, 177; ders WRP 1985, 1, 12). Bei sittenwidrig langen Vertragsbindungen entspricht nicht die Nichtigkeit der gesamten Laufzeitregelung, sondern nur die Nichtigkeit nach Ablauf der höchstzulässigen Laufzeit dem Normzweck der verletzten Sittennorm; ihm entspricht eine geltungserhaltende Reduktion der Zeitvereinbarung auf die höchst zulässige Zeitdauer (SACK WRP 1985, 1, 11 f). Bei einem Geliebtentestament, bei dem die Zuwendung an die Geliebte der Höhe nach teilweise gerechtfertigt ist, entspricht nur die Nichtigkeit des darüber hinausgehenden Teils dem Normzweck der verletzten Sittennorm (BGHZ 52, 17, 24).

c)   Argumente aus dem Verhältnis von § 138 zu § 134
aa)   § 134 als lex specialis

96 § 134 ist lex specialis gegenüber § 138 Abs 1 (BGH NJW 1983, 868, 869 f; BAG NJW 1993, 2701, 2703; AK-BGB/DAMM § 138 Rn 101; § 134 Rn 19 ff; BGB-RGRK/KRÜGER-NIELAND/ZÖLLER § 138 Rn 9; ERMAN/PALM § 138 Rn 10; MAYER-MALY, in: FS Hefermehl [1976] 103, 108; Münch-

Komm/Mayer-Maly/Armbrüster § 134 Rn 4; § 138 Rn 4; vOlshausen ZHR 146 [1982] 259, 288 ff; H Roth JZ 1989, 411, 416; Sack WRP 1985, 1, 11; Schmoeckel AcP 197 [1997] 1, 36 Fn 189; Taupitz VersR 1991, 1213, 1221; Soergel/Hefermehl § 138 Rn 63; **aA**, dh § 134 neben § 138, BGHZ 53, 152, 160; Hübner, AT Rn 923; Staudinger/Dilcher[12] § 138 Rn 121). Dies folgt aus der lückenfüllenden Funktion des § 138; die Konsequenz davon wäre allerdings, dass auf ein Rechtsgeschäft, das wegen der Art der Gesetzwidrigkeit zugleich gegen die guten Sitten verstößt, nur § 134 anzuwenden ist (BAG NJW 1993, 2701, 2703; MünchKomm/Mayer-Maly/Armbrüster § 134 Rn 4; vOlshausen ZHR 146 [1982] 259; **aA** BGHZ 53, 152, 160; Hübner, AT Rn 923). Auch wenn in diesem Fall das Rechtsgeschäft wegen des Normzweckvorbehalts nicht nach § 134 nichtig ist, würden § 138 und dessen Nichtigkeitssanktion nicht ohne weiteres eingreifen (BGB-RGRK/Krüger-Nieland/Zöller § 138 Rn 9; **aA** MünchKomm/Mayer-Maly/Armbrüster § 134 Rn 4; RGZ 115, 320, 325). Nur wenn über die Gesetzwidrigkeit hinaus besondere die Sittenwidrigkeit begründende Tatumstände hinzukommen, ist § 138 anwendbar (ebenso im Ergebnis BGH NJW 1998, 2592, 2594; BGB-RGRK/Krüger-Nieland/Zöller § 138 Rn 9).

Gegen die Mindermeinung, die § 138 und § 134 nebeneinander anwenden will, wenn   **97** die Gesetzesverletzung auch den Vorwurf der Sittenwidrigkeit rechtfertigt, spricht aber außer der lückenfüllenden Funktion der Sittenwidrigkeitsklauseln noch ein zweiter Grund: sie hätte ein Leerlaufen des Normzweckvorbehalts von § 134 zur Folge, wenn man § 138 für anwendbar hält und die Sanktion dieser Vorschrift mit der noch hM nicht unter einen entsprechenden Normzweckvorbehalt stellt, der dem des § 134 entspricht. Beide Einwände gegen ein Nebeneinander von § 134 und § 138 – nur lückenfüllende Funktion des § 134; nach hM kein Normzweckvorbehalt – vermeidet die Ansicht, nach der § 134 lex specialis gegenüber § 138 ist. Ein Bedenken gegen die Spezialität von § 134 bleibt allerdings. Diese Ansicht kann, wenn man mit der hM einen Normzweckvorbehalt in § 138 ablehnt, nicht erklären, warum der Verstoß gegen eine – gesetzlich noch nicht geregelte – Sittennorm durch ein Rechtsgeschäft unabhängig von ihrem Normzweck **immer** die Nichtigkeit zur Folge hat, während die Verletzung derselben Norm, sobald sie einmal Gesetz geworden ist, dann nicht mehr zur Nichtigkeit führt, wenn sich aus ihrem Normzweck ein anderes ergibt. Dieser Einwand entfällt nur in den Fällen, in denen der Gesetzgeber mit der Kodifizierung einer Sittennorm den Normzweck dahingehend **ändern** wollte, dass nunmehr Totalnichtigkeit ex tunc nicht mehr die richtige Rechtsfolge ist (insoweit zutreffend Bork, AT Rn 1154 Fn 5). Der Einwand bleibt jedoch bestehen, wenn eine solche Änderung des Normzwecks mit der Kodifizierung der Sittennorm nicht bezweckt war. Diesem Einwand kann man in zweifacher Weise begegnen. Er entfällt zum einen, wenn man doch mit der Mindermeinung § 134 und § 138 nebeneinander anwendet, weil sich dann durch die Anwendung von § 138 am Ergebnis der Totalnichtigkeit ex tunc nichts ändert; dagegen spricht jedoch nach wie vor, dass die Rechtsfolge des § 134 nicht mit § 138 unterlaufen werden darf (zutreffend Bork, AT Rn 1154 aE). Dem Einwand, dass die Kodifikation einer Sittennorm noch nicht ohne weiteres, dh ohne Änderung des Normzwecks, eine Änderung der Sanktion rechtfertigen kann, kann man aber auch durch eine Ergänzung von § 138 Abs 1 durch einen Normzweckvorbehalt begegnen, was allerdings die noch hM ablehnt, jedoch mit zweifelhaften Ausweichkonstruktionen (zB Anwendung von § 242 statt von § 138; ungeschriebene Rechtsgrundsätze als „Gesetze" iSv § 134) zumindest im Ergebnis zutreffend schon längst praktiziert.

bb) Das Verhältnis von Sittenwidrigkeit und Gesetzwidrigkeit

98 Ein Verstoß gegen ein Verbotsgesetz iSv § 134 begründet nach hM nicht ohne weiteres den Vorwurf der Sittenwidrigkeit iSv § 138 (RGZ 115, 319, 325; BGHZ 138, 291, 299 = NJW 1998, 2592; 2594; BAG NJW 1993, 2701, 2703; Hübner, AT Rn 923; MünchKomm/Mayer-Maly/Armbrüster § 138 Rn 4; Soergel/Hefermehl § 138 Rn 63, 194; Staudinger/Dilcher[12] § 138 Rn 13, 121; ebenso zu § 1 UWG Baumbach/Hefermehl, Wettbewerbsrecht[22] [2001] § 1 UWG Rn 610; Doepner WRP 1980, 473; Mees WRP 1985, 373, 375). Dies wird meist ohne nähere Begründung aus dem Verhältnis von § 134 zu § 138 Abs 1 abgeleitet (BGHZ 138, 291, 299 = NJW 1998, 2592, 2594; MünchKomm/Mayer-Maly/Armbrüster § 138 Rn 4). Soweit eine Begründung angeboten wird, lautet sie lapidar: andernfalls liefe § 134 leer (BGH NJW 1998, 2592, 2594; MünchKomm/Mayer-Maly/Armbrüster § 138 Rn 4), was freilich ebenfalls begründungsbedürftig wäre. In der Tat würde der **Normzweckvorbehalt** des § 134 leerlaufen, wenn jedes gesetzwidrige Rechtsgeschäft immer auch sittenwidrig nach § 138 Abs 1 wäre und die Sanktion dieser Vorschrift entsprechend ihrem Wortlaut keinem Normzweckvorbehalt unterläge (BAG NJW 1993, 2701, 2703). Zwar könnte man diesem Argument **formal** mit der Begründung entgehen, dass § 134 lex specialis gegenüber § 138 sei (BAG aaO). Der Sache nach wäre dies jedoch nicht überzeugend. Denn viele Gesetze iSv § 134, bei denen der Normzweckvorbehalt dieser Vorschrift greift, waren einmal gesetzlich nicht geregelte Sittennormen iSv § 138. In diesen Fällen gibt es keinen überzeugenden Grund für die Annahme, dass der Gesetzgeber die Rechtsfolge eines Verstoßes gegen die guten Sitten durch die Kodifizierung in der Weise einschränken wollte, dass nun § 134 einschlägig ist und nun der Normzweckvorbehalt dieser Vorschrift gilt. Vielmehr ist – genau umgekehrt – davon auszugehen, dass auch die Sanktion des § 138 einem Normzweckvorbehalt unterliegt. Dann entfällt allerdings auch der Haupteinwand gegen die Gleichsetzung von Gesetzwidrigkeit und Sittenwidrigkeit (diesen Haupteinwand gegen die hM übergeht MünchKomm/Mayer-Maly/Armbrüster § 138 Rn 4 mFn 10). Im Verhältnis von § 138 zu § 134 wird diese Gleichsetzung nicht relevant, wenn man nicht nur die Sanktion des § 134, sondern auch die des § 138 unter einen Normzweckvorbehalt stellt. In anderen Rechtsgebieten, die zwar eine Sittenwidrigkeitsklausel, jedoch kein Gesetzwidrigkeitsblankett vorsehen, wie zB das UWG, hat diese Gleichsetzung von Gesetzwidrigkeit und Sittenwidrigkeit hingegen praktische Bedeutung.

cc) Der unterschiedliche Wortlaut von § 134 und § 138 in Bezug auf den Normzweckvorbehalt

99 (1) Gegen eine teleologische Reduktion der Rechtsfolge des § 138 kann eingewendet werden, dass sich der Wortlaut dieser Vorschrift in diesem Punkt deutlich von dem des § 134 unterscheidet. Im Gegensatz zu § 134 enthält der Wortlaut des § 138 keinen Normzweckvorbehalt (so BGH NJW 1958, 1772). Während gesetzwidrige Rechtsgeschäfte nach dem Wortlaut des § 134 nur nichtig sind, wenn sich aus den verletzten Gesetzen nicht ein anderes ergibt, erklärt der Wortlaut des § 138 sittenwidrige Rechtsgeschäfte sowie speziell auch Wuchergeschäfte ohne Normzweckvorbehalt für nichtig. Aus dem Wortlaut der Rechtsfolgenregelung des § 138 und aus dem Unterschied zum Wortlaut des § 134 wurde ua abgeleitet, dass ein sittenwidriges Rechtsgeschäft **in jedem Fall** nichtig sei, dh voll nichtig mit Wirkung ex tunc (MünchKomm/Mayer-Maly § 138 Rn 132; vgl auch Honsell ZHR 148 [1984] 298, 299).

100 (2) Diesem Einwand aus den unterschiedlichen Formulierungen der Rechtsfolgen in § 134 und § 138 könnte man in der Weise zu entgehen versuchen, dass man den

Vorwurf der **Sittenwidrigkeit** nur dann für berechtigt hält, wenn die Nichtigkeitssanktion des § 138 dem Normzweck der verletzten Sittennorm entspricht (so wohl Münch-Komm/MAYER-MALY/ARMBRÜSTER § 138 Rn 4, 157; diese Ansicht ist auch schon zur Sittenwidrigkeitsklausel des § 1 UWG vertreten worden, vgl SCHRICKER 251; dagegen SACK WRP 1985, 1, 11). Gegen diese Ansicht spricht vor allem, dass sie in vielen Fällen zu keinen brauchbaren Ergebnissen führt. Als Beleg dafür können wieder die Fälle der sittenwidrig langen Vertragsbindungen, der Geliebtentestamente oder der sittenwidrigen Arbeitsvertragsklauseln angeführt werden. Lehnt man in diesen Fällen Sittenwidrigkeit ab, weil volle Nichtigkeit der Zeitvereinbarung, der testamentatischen Verfügung oder Nichtigkeit des Arbeitsvertrags ex tunc keine annehmbare Lösung ist, dann bliebe es bei der sittenwidrig langen zeitlichen Vertragsbindung, bei der uneingeschränkten Zuwendung an die Geliebte oder bei der Pflicht, den sittenwidrigen Arbeitsvertrag auch in Zukunft zu erfüllen.

(3) ME zwingt die Tatsache, dass § 138 im Gegensatz zu § 134 keinen Normzweck- **101** vorbehalt vorsieht, nicht dazu, von einer teleologischen Reduktion der Rechtsfolge des § 138 abzusehen. Denn im Ergebnis ist die Notwendigkeit einer Beschränkung der Rechtsfolgen des § 138 ohnehin allgemein anerkannt, wie die erwähnten Beispiele gezeigt haben. Aber auch ein Blick zB in das Allgemeine Deliktsrecht, in dem nur die Vorschrift des § 823 Abs 2 einen **ausdrücklichen** Normzweckvorbehalt kennt, relativiert die Argumentation mit den Unterschieden in den Formulierungen des Gesetzeswortlauts der verschiedenen Vorschriften. Aus der Tatsache, dass nur der Wortlaut des § 823 Abs 2 ausdrücklich einen Normzweckvorbehalt vorsieht, wurde im Allgemeinen Deliktsrecht nicht etwa abgeleitet, dass die Schadensersatzsanktionen der übrigen Vorschriften nicht unter einem Normzweckvorbehalt stehen. Vielmehr ist schon lange anerkannt, dass auch die Erfüllung aller Tatbestandsmerkmale des § 823 Abs 1 nur dann Schadensersatzansprüche des Verletzten begründet, wenn dies dem Schutzzweck bzw Normzweck des verletzten Rechts oder Rechtsgutes entspricht (BGH NJW 1968, 2287 = JZ 1969, 702 m Anm von HUBER auf S 677 ff), so bei Schäden infolge unfallbedingter Renten- oder Konversionsneurosen, für die es nach dem Schutzzweck des § 823 Abs 1 keinen Schadensersatz gibt (BGHZ 20, 137, 140; BGHZ 39, 313, 317; NJW 1986, 777, 779; weitere Nachweise bei SACK VersR 1988, 439, 451); ebenso im Falle eines Einkommensverlustes infolge einer Frühpensionierung, nachdem bei einer unfallbedingten Untersuchung eine zur Frühpensionierung führende Gehirngefäßsklerose festgestellt worden war, da – so der BGH – die Haftung für Körperverletzungen nach § 823 Abs 1 nicht davor schützen soll, dass bei einer ärztlichen Untersuchung bis dahin verborgen gebliebene Erkrankungen entdeckt werden, die zur Frühpensionierung führen (BGH NJW 1968, 2287). In einigen Entscheidungen hat der BGH unter Hinweis auf den Schutzzweck einer (möglicherweise) verletzten Amtspflicht Ansprüche aus § 839 abgelehnt (BGHZ 109, 380, 389 ff, 393 ff; 111, 272, 276; 113, 367, 372; 117, 83, 90; 117, 363, 372; 123, 191, 198; VersR 1995, 334, 336).

Auch zur **Sittenwidrigkeitsklausel** des § 826 ist inzwischen mit Recht entschieden **102** worden, dass sie gegen eine sittenwidrige vorsätzliche Schädigung nur Schutz gewährt, wenn dies dem Schutzzweck der verletzten Sittennorm entspricht (BGHZ 57, 137, 142 = NJW 1972, 36; BGHZ 96, 231, 236 f = NJW 1986, 837, 838; BGH NJW 1991, 634, 635 sub II 2 mwNw; BGB-RGRK/STEFFEN § 826 Rn 40; DEUTSCH VersR 1993, 1, 3 [m Fn 31], 5; DEUTSCH/AHRENS, Deliktrecht[4] [2002] S 117 Rn 35; S 125 f Rn 235; MünchKomm/MERTENS[3] § 826 Rn 52 ff; SACK WRP 1985, 1, 12 mwNw in Fn 133). Die Tatsache, dass die Sittenwidrigkeitsklausel des § 826 im Gegensatz zum Gesetzwidrigkeitsblankett des § 823 Abs 2 keinen ausdrücklichen Normzweckvorbehalt vorsieht, hat den BGH nicht zum Umkehrschluss veranlasst, dass bei der Haftung aus § 826 ein Normzweckvorbehalt ausscheide. Die Parallele zwischen den §§ 134, 138 und den §§ 823 Abs 2, 826, soweit es die Regelung bzw Nichtregelung eines Normzweckvorbehalts betrifft, ist offensichtlich. Wenn es die Unterschiede im **Wortlaut** des § 823 Abs 2 und des § 826 nicht ausschließen, die Haftung aus § 826 unter einen Normzweckvorbehalt zu stellen, so ist auch bei den §§ 134, 138 der unterschiedliche Wortlaut der Sanktionenregelung kein ausreichendes Argument gegen eine teleologische Reduktion der Nichtigkeitsfolge des § 138 mit Hilfe des Normzwecks der verletzten Sittennorm.

103 **(4)** Den Unterschieden in der Formulierung der Rechtsfolgen des § 134 und des § 138 ist auch deshalb keine große Bedeutung beizumessen, weil sie in den gesetzgeberischen Materialien nicht thematisiert worden ist. Entweder haben die Verfasser des BGB den Begriff der Nichtigkeit seinerzeit sehr viel weiter verstanden und auch die Teilnichtigkeit, die quantitative Nichtigkeit, die Nichtigkeit ex nunc oder die relative Nichtigkeit darunter subsumiert. Oder sie sind – unzutreffend – davon ausgegangen, dass bei einem sittenwidrigen Rechtsgeschäft die volle Nichtigkeit ex tunc **immer** die angemessene Rechtsfolge darstelle. Dass letzteres nicht zutrifft, zeigen die obengenannten Beispiele der sittenwidrig langen zeitlichen Bindungen, der Geliebtentestamente und der sittenwidrigen Arbeitsverträge bzw Gesellschaftsverträge. Der Unterschied zwischen gesetzwidrigen und sittenwidrigen Verträgen liegt **nicht in der Schwere** des Verstoßes, sondern im Unterschied zwischen geschriebenen und ungeschriebenen rechtlichen Verhaltensnormen (Sack RdA 1975, 171, 176 f; AK-BGB/ Damm § 138 Rn 83). Viele Gesetze sind aus urprünglich ungeschriebenen Sittennormen hervorgegangen.

dd) Der Risikogedanke

104 Unzutreffend in ihrer Allgemeinheit ist auch die Ansicht, dass es im Widerspruch zu Sinn und Zweck des § 138 stünde, wenn das Gericht eine andere Sanktion als volle Nichtigkeit ex tunc festsetzen könnte, weil sonst das sittenwidrige Rechtsgeschäft das von der Nichtigkeitssanktion ausgehende **Risiko** verlöre (so jedoch BGH NJW 1997, 3089, 3090; 1986, 2944, 2945; 1984, 48, 49 sub 1a bb; 1979, 1605, 1606 aE; BGHZ 68, 204, 207; ebenso zu § 817 S 2 BGH NJW 1983, 1420, 1423; Beater AcP 197 [1997] 505, 517 f; ausführlich zum Präventions- oder Risikogedanken Beckmann, Nichtigkeit und Personenschutz [1998] 282 ff; Canaris, in: FS Steindorff [1990] 519, 523 ff; Hager JZ 1996, 175, 176 f; Tiedtke ZIP 1987, 1089, 1092 f). Denn zum einen würde dieses Risikoargument ebenso bei § 134 passen, der jedoch ausdrücklich einen Normzweckvorbehalt vorsieht. Außerdem hat sich der BGH in vielen Entscheidungen zu § 138 selbst nicht an diese Vorgabe gehalten, insbesondere in seiner Rechtsprechung zu den sittenwidrig langen Bierlieferungsverträgen, Managementverträgen, Automatenaufstellverträgen usw sowie in seiner Rechtsprechung zu den Geliebtentestamenten.

ee) Zwischenergebnis

105 Als Zwischenergebnis ist festzuhalten, dass ein sittenwidriges Rechtsgeschäft nur dann nichtig ist, wenn sich aus dem Normzweck der verletzten Sittennorm nicht ein anderes ergibt. Ebenso wie in § 134 ist auch in § 138 die Nichtigkeitsregelung nur ein Auslegungsbehelf: Wenn sich aus dem Normzweck der verletzten Sittennorm nicht ein anderes ergibt, ist davon auszugehen, dass volle Nichtigkeit ex tunc dem

Zweck der durch ein Rechtsgeschäft bzw eine einzelne Vertragsklausel verletzten Sittennorm entspricht.

3. Nichtigkeit ex nunc bei Arbeits- und Gesellschaftsverträgen

Die folgenden Ausführungen sollen zeigen, dass die Rechtsprechung bereits in einer **106** Vielzahl von Fällen mit recht unterschiedlichen Konstruktionen die vom Wortlaut des § 138 an sich vorgesehene Sanktion eingeschränkt hat.

a) Arbeitsverträge

Da bei sittenwidrigen Arbeitsverträgen bzw sittenwidrigen Klauseln in Arbeitsver- **107** trägen die Rechtsfolge der Nichtigkeit ex tunc und eine bereicherungsrechtliche Rückabwicklung nicht immer zu befriedigenden Ergebnissen führen (BAG AP Nr 2 zu § 138 = MDR 1960, 612; Sack RdA 1975, 171, 177; aA Beuthien RdA 1969, 161, 173), hält die hM sittenwidrige Arbeitsverträge, sobald sie in Vollzug gesetzt worden sind, grundsätzlich nur mit Wirkung **ex nunc** für nichtig (BAGE 5, 58 ff = AP Nr 2 zu § 125 BGB; BAG AP Nr 2 zu § 138 sub III 2 = MDR 1960, 612; BAGE 8, 47 f = AP Nr 1 zu § 611 BGB Doppelarbeitsverhältnis; BAG AP Nr 18 zu § 611 BGB Faktisches Arbeitsverhältnis = BB 1973, 291; BGB-RGRK/Krüger-Nieland/Zöller § 138 Rn 38; Erman/Palm § 138 Rn 57; Sack RdA 1975, 171, 177; Soergel/Hefermehl § 138 Rn 15; Staudinger/Dilcher[12] § 138 Rn 116; vgl auch BAG NJW 1976, 1958, 1959; aA Beuthien RdA 1969, 161 ff;). Nur in besonders gelagerten Ausnahmefällen ist rückwirkende Nichtigkeit die angemessene Rechtsfolge (vgl BAG NJW 1976, 1958, 1959; Hueck/Nipperdey, Lehrbuch des Arbeitsrechts I[7] S 191, 192), insbesondere wenn die geschuldete Tätigkeit nach ihrem Inhalt und Zweck **grob sittenwidrig** ist, zB wenn das Arbeitsverhältnis die öffentliche Vorführung von Geschlechtsverkehr zum Gegenstand hat (BAG NJW 1976, 1958, 1959 = AP Nr 34 zu § 138). Soweit Nichtigkeit ex tunc für unangemessen und Nichtigkeit ex nunc für die passende Sanktion gehalten wurde, bediente man sich der Konstruktion des **faktischen bzw fehlerhaften Arbeitsverhältnisses** (BAG AP Nr 2 zu § 138 sub III 2 = MDR 1960, 612; Soergel/Hefermehl § 138 Rn 15; Staudinger/Dilcher[12] § 138 Rn 116; vgl auch BAG NJW 1976, 1958, 1959; zu den verschiedenen Konstruktionen vgl die Zusammenstellung bei Sack RdA 1975, 171 ff). Andere hielten in solchen Fällen eine Berufung auf rückwirkende Nichtigkeit für treuwidrig. Für diese Konstruktionen gilt jedoch: Entweder entspricht Nichtigkeit ex tunc dem Normzweck der verletzten Sittennorm; dann darf diese Rechtsfolge nicht bzw nur bei Vorliegen ganz besonderer Umstände mit der Konstruktion des faktischen Arbeitsvertrages oder mit § 242 verhindert werden. Oder die Rechtsfolge der Nichtigkeit ex tunc ist nicht von der verletzten Sittennorm bezweckt; dann ist die Sanktion des § 138 **teleologisch zu reduzieren**.

b) Gesellschaftsverträge

Nach § 138 sittenwidrige Gesellschaftsverträge und sittenwidrige Beitrittserklärun- **108** gen hält die Rechtsprechung grundsätzlich nicht rückwirkend, sondern nur mit Wirkung ex nunc für nichtig (RGZ 123, 102, 107 f; 124, 279, 287 f; 142, 98, 102 f; BGH WM 1973, 900, 902; BGB-RGRK/Krüger-Nieland/Zöller § 138 Rn 39; Erman/Palm § 138 Rn 57; Soergel/ Hefermehl § 138 Rn 13, 14; Staudinger/Dilcher[12] § 138 Rn 115; ausführlicher zu den fehlerhaften Gesellschaften § 134 Rn 128 ff, 133; krit C Schäfer, Die Lehre vom fehlerhaften Verband [2002]; ders BKR 2002, 1010 ff). Für sie gelten die Grundsätze über die **fehlerhafte Gesellschaft** (BGHZ 55, 5 = WM 1971, 127; WM 1973, 900, 901, jeweils betr Stille Gesellschaften). Dies kann zB der Fall sein, wenn zwischen der Einlage eines Gesellschafters und seinem vertraglich festgelegten Beteiligungsverhältnis ein besonders grobes Missverhältnis besteht und wenn der begünstigte Gesellschafter nach diesem Beteiligungsverhältnis an Gewinn und Verlust beteiligt ist, der Verlust jedoch auf seine Einlage begrenzt wird (BGH DB 1976, 2106). Rückwirkende Nichtigkeit wurde nur ausnahmsweise bei Verletzung **gewichtiger Interessen** der Allgemeinheit oder einzelner schutzwürdiger Personen bejaht (BGHZ 3, 285, 288; BGHZ 26, 330, 335; BGH LM Nr 3 zu § 138 [Cd] BGB; BGB-RGRK/KRÜGER-NIELAND/ZÖLLER § 138 Rn 39; ERMAN/PALM § 138 Rn 57; STAUDINGER/DILCHER[12] § 138 Rn 115). Rückwirkende Gesamtnichtigkeit des Gesellschaftsvertrags nimmt der BGH (auch) an, wenn der vertragsmäßig verfolgte **Gesellschaftszweck** sittenwidrig ist (BGH NJW-RR 1988, 1379; DB 1976, 2106; WM 1973, 900, 902; NJW 1970, 1540, 1541; ERMAN/PALM § 138 Rn 57; MünchKomm/MAYER-MALY/ARMBRÜSTER § 138 Rn 162; PALANDT/HEINRICHS § 138 Rn 11; SOERGEL/HEFERMEHL § 138 Rn 30). Falls der BGH damit zum Ausdruck bringen wollte, dass ein Gesellschaftszweck nur dann sittenwidrig ist, wenn gewichtige Interessen der Allgemeinheit oder einzelner Personen verletzt werden bzw dass ein Sittenverstoß immer gewichtige Interessen der Allgemeinheit oder Dritter verletzt, ist dies nach der hier vertretenen Ansicht zur umfassenden lückenfüllenden Funktion der Sittenwidrigkeitsklauseln abzulehnen. Nicht jeder sittenwidrige Gesellschaftszweck verletzt so gewichtige Interessen der Allgemeinheit oder sonstiger Personen, dass er zur rückwirkenden Nichtigkeit des Gesellschaftsvertrags führen müsste. Wie bei gesetzwidrigen Gesellschaftsverträgen sollten auch bei sittenwidrigen Gesellschaftsverträgen generell die Grundsätze über die fehlerhafte Gesellschaft angewendet werden. Wenn dies damit gerechtfertigt wird, dass eine bereicherungsrechtliche Rückabwicklung ex tunc auf unüberbrückbare Schwierigkeiten stoße und nicht sachgerecht sei, dann gilt dies in gleicher Weise für alle gesetzwidrigen und sittenwidrigen Gesellschaftsverträge (ausführlicher dazu oben § 134 Rn 128 ff, 133).

4. Geltungserhaltende Reduktion bei Sittenwidrigkeit wegen Übermaßes („Quantitative Teilnichtigkeit")

109 Wenn ein Vertrag wegen **Übermaßes** sittenwidrig ist, stellt sich die Frage, ob die Nichtigkeitssanktion den gesamten Vertrag bzw die gesamte übermäßige Vertragsklausel erfasst, oder ob der Vertrag nur hinsichtlich des Übermaßes nichtig ist („quantitative Teilnichtigkeit"), im Übrigen aber fortbesteht. Nach wohl noch hM ist eine **geltungserhaltende Reduktion des Übermaßes** grundsätzlich nicht möglich (BGH NJW 1958, 1772; BGHZ 44, 158, 162; BGHZ 68, 204, 207; BGH NJW 1997, 3089, 3090 mwNw; FLUME, AT § 18, 9 S 389; MünchKomm/MAYER-MALY/ARMBRÜSTER § 138 Rn 160, 161; SOERGEL/HEFERMEHL § 138 Rn 29; STAUDINGER/DILCHER[12] § 138 Rn 108; **aA** jedoch zB das schweiz BG v 26. 6. 1997, ZEuP 1999, 140 m Anm PICHONNAZ). Denn eine einheitliche Regelung könne nicht in einzelne – gültige und ungültige – Teile zerlegt werden (BGHZ 44, 158, 162). Außerdem verliere ein sittenwidriges Rechtsgeschäft für die begünstigte Partei das **Risiko**, wenn sie damit rechnen könnte, durch gerichtliche Festsetzung das zu bekommen, was gerade noch vertretbar und sittengemäß ist (BGHZ 68, 204, 207; BGH NJW 1979, 1605, 1606 aE; 1983, 1420, 1423; 1984, 48, 49; 1986, 2944, 2945; 1987, 2014, 2015; CANARIS, in: FS Steindorff [1990] 519, 523; HONSELL ZHR 148 [1984] 298, 300; KRAMPE JZ 1975, 574, 576; MEDICUS, in: GedSchr Dietz [1973] 61, 72; TIEDTKE ZIP 1987, 1089, 1092, 1094). Inzwischen häufen sich jedoch die Ausnahmen von diesem Grundsatz, so dass wohl inzwischen die quantitative Nichtigkeit des Übermaßes bei Fortgeltung der übrigen Teile des Rechtsgeschäfts den tatsächlichen Grundsatz bildet.

a) Überlange Bezugsbindungen in Bierlieferungsverträgen

Bierlieferungsverträge enthalten idR Bezugsbindungen mit einer bestimmten Lauf- **110**
zeit. Die Vereinbarung einer sittenwidrig langen Laufzeit ist nach nahezu einhelliger
Ansicht nicht insgesamt nichtig, sondern nur, soweit sie die Grenze der höchst zulässigen Laufzeit überschreitet (vgl die Nachweise in den folgenden Zitaten; ausf dazu HERZOG,
Quantitative Teilnichtigkeit [Diss Göttingen 1926]; aA RG JW 1910, 62; TIEDTKE ZIP 1987, 1089,
1095).

aa) Diese geltungserhaltende Reduktion sittenwidrig langer Zeitvereinbarungen **111**
stützt die Rechtsprechung vorwiegend auf eine **Analogie zu § 139** (RGZ 82, 124, 125;
BGH NJW 1962, 734; BGHZ 68, 1, 5; BGHZ 68, 204, 207; BGH NJW 1972, 1459 f; WM 1973, 357,
358; NJW 1974, 2089, 2090; WM 1975, 850, 851; NJW 1979, 865, 866; BGHZ 74, 293, 268 f; NJW 1979,
2149, 2150; WM 1984, 88, 90; NJW 1985, 2693, 2695; NJW-RR 1990, 816; NJW 1992, 2145, 2146).
Derartige Verträge seien in Zeitabschnitte derart zu zerlegen, dass diese sich als Teile
eines ganzen Vertrages iSd § 139 darstellen, mit der Folge, dass sie bei einem entsprechend bestehenden oder zu vermutenden Parteiwillen mit einer kürzeren, nicht
zu beanstandenden Laufzeit aufrechterhalten bleiben (RGZ 82, 124, 125; BGH NJW 1972,
1459). Diese Analogie zu § 139 stößt jedoch auf Bedenken (vgl RG JW 1910, 62; RGZ 76,
78, 80; CANARIS, in: FS Steindorff [1990] 519, 541; HONSELL ZHR 148 [1984] 298, 302; MAYER-MALY
AcP 194 [1994] 105, 167 f Fn 302; H ROTH JZ 1989, 411, 416; P ULMER NJW 1981, 2024, 2028), da sie
bereits voraussetzt, was sie erst bewirken soll. Denn § 139 regelt, unter welchen
Voraussetzungen Teilnichtigkeit zur Vollnichtigkeit eines Rechtsgeschäfts führt, während es bei den überlangen Zeitvereinbarungen um die vorgreifliche und umgekehrte
Frage geht, ob eine nach dem Gesetzeswortlaut an sich insgesamt nichtige Regelung
durch Beschränkung der Nichtigkeitsfolge als nur teilnichtige aufrechterhalten werden kann (vgl HONSELL ZHR 148 [1984] 298, 302; ders JurA 1986, 573). Weder für diese
umgekehrte Fragestellung noch für die Beantwortung der Frage, ob in Abweichung
vom Wortlaut des § 138 eine geltungserhaltende Reduktion möglich ist, bietet § 139
ein Argument. Erst wenn man – mit welcher rechtlichen Konstruktion auch immer –
zum Ergebnis gelangt ist, dass eine wegen Übermaßes sittenwidrige Zeitvereinbarung nur teilnichtig ist, stellt sich die nach § 139 zu beantwortende Frage, ob die
Teilnichtigkeit zur Gesamtnichtigkeit führt.

bb) Auch mit Hilfe einer **Umdeutung iSv § 140** können sittenwidrig lange Bindun- **112**
gen nicht mit höchstzulässiger Bindungsdauer aufrechterhalten werden (BGH NJW
1986, 2944, 2945; BGHZ 68, 204, 206 f; ERMAN/PALM § 138 Rn 55; aA OLG Stuttgart JZ 1975, 572; vgl
auch O FISCHER, in: FS Wach I [1913] 202, 263). Zwar entspricht die auf das zulässige Maß
reduzierte zeitliche Bindung den Erfordernissen eines „anderen Rechtsgeschäfts" iSd
§ 140, das zulässig wäre (so OLG Stuttgart JZ 1975, 572, 573). Eine Umdeutung nach § 140
setzt jedoch voraus, dass nicht der von den Parteien erstrebte Erfolg, sondern nur das
von ihnen gewählte rechtliche Mittel von der Rechtsordnung missbilligt wird (BGH
NJW 1986, 2944, 2945; BGHZ 68, 204, 206; BGHZ 19, 269, 273 f). Bei sittenwidrig langen
Vertragsbindungen richtet sich der Vorwurf nicht gegen das von den Parteien gewählte Mittel, sondern gegen den erstrebten Erfolg, nämlich gegen die Zeitdauer der
vertraglichen Bindung. Wenn das wirtschaftliche Ziel der Parteien nicht auf einem
anderen rechtlichen Weg möglichst vollständig zu erreichen ist, sondern der wirtschaftliche Gehalt des sittenwidrigen Rechtsgeschäfts rechtsgestaltend verändert
werden müsste, ist für § 140 kein Raum (BGHZ 68, 204, 206 f). Dies wäre aber der
Fall bei der Reduktion überlanger Bezugsbindungen.

113 Der BGH hat die Nichtanwendbarkeit von § 140 auf Rechtsgeschäfte, die wegen Unverhältnismäßigkeit sittenwidrig sind, ferner damit begründet, dass das sittenwidrige Rechtsgeschäft für den dadurch Begünstigten das Risiko verlöre, mit dem es durch die vom Gesetz angedrohte Nichtigkeitsfolge behaftet sein soll, wenn er damit rechnen könnte, schlimmstenfalls durch gerichtliche Festsetzung das zu bekommen, was gerade noch vertretbar und damit sittengemäß ist (BGH NJW 1986, 2944, 2945; BGHZ 68, 204, 207). Das ist in dieser Allgemeinheit nicht haltbar. Die Beispiele sittenwidrig langer Bierlieferungsverträge und anderer Verträge, die die Rechtsprechung – ungeachtet der gewählten rechtlichen Konstruktion – auf eine angemessene Zeitdauer reduziert hat, zeigen, dass es durchaus Fälle gibt, in denen eine gerichtliche Reduzierung des Übermaßes auf das gerade noch vertretbare und sittengemäße Maß zumindest nicht generell durch den Zweck des § 138 ausgeschlossen wird (nicht überzeugend der Differenzierungsversuch in BGHZ 68, 204, 207; zutreffend hingegen schon NIPPERDEY JW 1927, 119, 120).

114 cc) Das Dilemma, das die starre Rechtsfolgenregelung des § 138 verursacht, hat man auch durch Anwendung des § 242 aufzulösen versucht. Dies geschah in unterschiedlicher Weise. Manche verneinten zwar Sittenwidrigkeit iSv § 138, versagten jedoch dem durch die Zeitvereinbarung Begünstigten die Berufung auf die Zeitvereinbarung, wenn sie vom Gebundenen nach Ablauf einer angemessenen zeitlichen Bindung verletzt wurde. Nach **aA** sind sittenwidrig lange zeitliche Bindungen nach § 138 zwar insgesamt nichtig; dem Gebundenen wurde jedoch vor Ablauf der rechtlich noch hinnehmbaren Zeitdauer die Berufung auf die Nichtigkeit nach § 242 versagt. Keine dieser auf § 242 gestützten Ansichten überzeugt. Denn wenn volle Nichtigkeit ex tunc dem Zweck der verletzten Sittennorm iSv von § 138 entspricht, dann darf diese angeblich bezweckte Rechtsfolge grundsätzlich nicht mit Hilfe von § 242 verhindert werden. Nur bei Vorliegen ganz besonderer Umstände, dh in ganz besonders gelagerten, atypischen Ausnahmefällen, kann gegen die Berufung auf die Nichtigkeit nach § 138 der Einwand der unzulässigen Rechtsausübung erhoben werden (BGH NJW 1981, 1439, 1440; NJW 1986, 2944, 2945). Solche ganz besonders gelagerten Ausnahmefälle liegen bei der Berufung auf die Nichtigkeit sittenwidrig langer zeitlicher Bezugsbindungen in Bierlieferungsverträgen idR nicht vor. Eine ganz andere Frage ist es, ob bei Vertragsschluss **nicht vorhergesehene** Auswüchse eine Fortführung des Vertrags als nicht mehr sinnvoll und nicht mehr zumutbar erscheinen lassen und nach § 242 ein Kündigungsrecht aus wichtigem Grunde rechtfertigen (BGH NJW 1970, 2243).

115 dd) Eine weitere Ansicht hält es für möglich, dass sittenwidrig lange Vertragsbindungen durch eine **an § 242 orientierte Auslegung** auf ein vertretbares Maß zurückgeführt werden (BGH NJW 1983, 159, 160 sub II 2; BGHZ 51, 55, 56 f = NJW 1969, 230, 231 aE; **aA** RGZ 76, 78, 80). Auch diese Konstruktion stößt auf Bedenken (so schon NIPPERDEY JW 1927, 119, 120). Wenn die Parteien eine exakte Zeitvereinbarung getroffen haben, erlaubt die „Auslegung" dieser Zeitvereinbarung keine Verkürzung der vereinbarten Vertragsbindung (RGZ 76, 78, 80; NIPPERDEY JW 1927, 119, 120). Das vermeintlich Geringere ist vom Standpunkt der Parteien aus, der allein entscheidet, nicht etwas Geringeres, sondern etwas anderes (so schon RGZ 76, 78, 80). Man könnte allenfalls in den Vertrag die **stillschweigende Vereinbarung** hinein interpretieren, dass im Falle rechtlicher Bedenken gegen die Länge der Vertragsbindung zumindest die **höchstzulässige Bezugsdauer** von den Parteien gewollt war. Derartige Vereinbarungen werden nicht selten ausdrücklich getroffen, so dass eine dahingehende Vermutung bezüglich des Parteiwillens nicht unrealistisch ist. Eine zwingende Konsequenz solcher „Auslegung" von Verträgen wäre allerdings, dass zB auch bei wucherischen Preis- und Zinsabreden eine **stillschweigende Vereinbarung** des Inhalts in den Vertrag hinein zu interpretieren wäre, dass zumindest der höchstzulässige Preis oder Zins von den Parteien gewollt war.

b) Sonstige sittenwidrig lange zeitliche Bindungen

Auch bei anderen Vertragstypen ist anerkannt, dass eine übermäßig lange vertrag- **116** liche Bindung auf das höchstzulässige zeitliche Maß zu reduzieren ist, so zB bei Dienstbarkeiten zur Absicherung von Bierbezugsverpflichtungen (BGHZ 74, 293, 298 f), bei Miet- und Pachtverträgen (RGZ 82, 124, 125; BGH NJW 1962, 734; BGH NJW 1972, 1459), bei Automatenaufstellverträgen (BGHZ 51, 55, 56 f = NJW 1969, 230, 231; WM 1971, 243, 244; NJW 1971, 1034, 1035; vgl auch BGH NJW 1983, 159, 161 sub d), bei einem Managementvertrag über 50 Jahre (BGH WM 1982, 394, 399) oder bei einem Tankstellenvertrag in den neuen Bundesländern mit einer Laufzeit von 15 Jahren (BGH NJW 1998, 156, 160). Auch in diesen Fällen wurde die geltungserhaltende Reduktion gestützt auf eine Analogie zu § 139 (RGZ 82, 124, 125; BGH NJW 1962, 734 [Zerlegung des Vertrags in einzelne Zeitabschnitte]; BGH NJW 1998, 156, 160) oder auf eine „einengende Auslegung nach § 242" (BGHZ 51, 55, 56 f; BGH NJW 1971, 1034, 1035).

c) Gesellschaftsvertragliche Ausschlussklauseln

Ein in einem Gesellschaftsvertrag unbefristet vereinbartes und nach § 138 sitten- **117** widriges Ausschlussrecht gegen bestimmte Gesellschafter hat der BGH als – an ein bestimmtes Ereignis anzuknüpfendes – zeitlich begrenztes Ausschlussrecht aufrechterhalten (BGHZ 105, 213, 220). Eine gesellschaftsvertragliche Bestimmung, die einem Gesellschafter das Recht einräumt, einen oder mehrere Mitgesellschafter nach freiem Ermessen aus der Gesellschaft auszuschließen, verstößt wegen dieses Inhalts zwar gegen die guten Sitten (BGHZ 68, 212, 215; BGHZ 81, 263, 266 f; WM 1985, 772, 773; BGHZ 105, 213, 216 f; BGHZ 107, 351, 353), ist jedoch insoweit nach dem hypothetischen Parteiwillen aufrechtzuerhalten, als sie den Ausschluss aus wichtigem Grund zulässt (BGHZ 107, 351, 355 f). Auch in diesen Fällen stützte der BGH die geltungserhaltende Reduktion der sittenwidrigen Klausel auf eine entsprechende Anwendung des § 139 (BGHZ 105, 213, 220 f; BGHZ 107, 351, 355).

d) Geliebtentestament

Testamentarische Zuwendungen an eine „Geliebte", die Verwandte in sittenwidriger **118** Weise benachteiligen, sind nicht in jedem Fall insgesamt nichtig, sondern in der Höhe wirksam, in der sie der Erblasser rechtswirksam hätte testamentarisch anordnen können. Sie sind nur hinsichtlich des Übermaßes sittenwidrig und nichtig (BGH FamRZ 1963, 287, 289 f; BGHZ 52, 17, 23 f; BGHZ 53, 369, 383; OLG Düsseldorf FamRZ 1970, 105, 107; ebenso schon zu § 48 TestG aF RGZ 168, 177, 182 f; GERNHUBER FamRZ 1960, 326, 334; ebenso auch OTTE JurA 1985, 192, 200 mwNw; aA RAMM JZ 1970, 129 ff; REINICKE NJW 1969, 1343 ff; SIMSHÄUSER 59). Letztwillige Verfügungen, die lediglich durch das **Übermaß** der Zuwendungen gegen die guten Sitten verstoßen, darf der Richter hinsichtlich des Übermaßes für nichtig erklären (so ausdrücklich BGHZ 52, 17, 24). Der BGH stützt auch diese Ansicht auf § 139 (BGHZ 52, 17, 25 aE; vgl auch BGH NJW 1987, 2014, 2015) und rechtfertigt sie im Ergebnis damit, dass der Erblasser die Geliebte jedenfalls in der zulässigen Höhe als Erbin eingesetzt hätte, wenn er gewusst hätte, dass er sie nicht zur

Alleinerbin machen könne (BGHZ 52, 17, 23). Dieser Ansicht ist nur ein Teil des Schrifttums gefolgt (CANARIS, in: FS Steindorff [1990] 519, 566 f; HAGER 93). Gegen eine geltungserhaltende Reduktion spreche der Risiko- bzw Präventionsgedanke (TIEDTKE ZIP 1987, 1089, 1094).

e)　Abstrakte Schuldanerkenntnisse

119 Ein abstraktes Schuldanerkenntnis anlässlich eines Nachtclubbesuches, das wegen der Höhe der versprochenen Leistung sittenwidrig ist, bleibt in dem Umfang rechtswirksam, in dem es hätte wirksam abgegeben werden können (BGH NJW 1987, 2014, 1015; aA TIEDTKE ZIP 1987, 1089, 1095 f). Die Nichtigkeit kann nach Ansicht des BGH betragsmäßig begrenzt werden, denn die Parteien hätten auch Teilschuldanerkenntnisse über Teilbeträge vereinbaren können (BGH NJW 1987, 2014, 2015; zutreffend gegen diese Begründung CANARIS, in: FS Steindorff [1990] 519, 567 f). Wegen dieser Teilbarkeit des Geschäfts könne man es nicht mit anderen vergleichen, bei denen es der BGH abgelehnt habe, sie auf das gerade noch tragbare Maß zurückzuführen (BGH NJW 1987, 2014, 2015). Offenbar sieht der BGH in § 139 die Rechtsgrundlage dafür, dass das wucherische Schuldanerkenntnis nur teilnichtig ist.

f)　Mietwucher

120 Bei den Rechtsfolgen wucherischer Rechtsgeschäfte unterscheiden die Rechtsprechung und die hL ua zwischen Mietwucher, Lohnwucher und Kreditwucher. Wucherische **Mietverträge** sind nach nahezu einhelliger Meinung nicht insgesamt nichtig. Auch die wucherische **Mietzins**vereinbarung ist nicht insgesamt nichtig, sondern geltungserhaltend zu reduzieren (ausf oben § 134 Rn 93 ff), nach Ansicht des BGH auf den **höchstzulässigen** Mietzins (grundlegend BGHZ 89, 316, 320 f; ebenso OLG Hamm WuM 1982, 302; LG Mannheim NJW 1977, 1729, 1731; LG Stuttgart NJW-RR 1993, 279; ERMAN/ PALM § 134 Rn 59; SOERGEL/HEFERMEHL § 134 Rn 62, 63; krit dazu CANARIS, in: FS Steindorff [1990] 519, 529; HAGER JuS 1985, 264 ff), nach **aA** auf die ortsübliche Vergleichsmiete (OLG Stuttgart NJW 1981, 2365 aE; OLG Karlsruhe NJW 1982, 1161; OLG Hamburg ZMR 1983, 100, 102; LG Köln NJW 1965, 157; MünchKomm/MAYER-MALY/ARMBRÜSTER § 134 Rn 107; ebenso das schweiz BG v 26. 6. 1997 ZEuP 1999, 140, 143 [8]; krit dazu oben § 134 Rn 94). Der BGH hat seine Auffassung zu § 5 WiStG iVm § 134 damit begründet, dass die Teilnichtigkeit nicht weiterreichen könne als die tatbestandliche Erfüllung des Verbotsgesetzes; was das Gesetz nicht verbiete, sei rechtmäßig, so dass für eine weiter reichende Nichtigkeitsfolge kein Anlass bestehe (BGHZ 89, 316, 321). Geltungserhaltende Reduktion auf den höchstzulässigen Mietzins ist bei Zugrundelegung der Rechtsprechung des BGH auch dann die richtige Rechtsfolge, wenn der Mietwucher gegen die guten Sitten verstößt. Würde man hingegen den Mietwuchervertrag nach § 134 oder § 138 für nichtig erklären, so könnte der Wucherer die Mietsache sofort nach § 985 herausverlangen, ohne durch § 817 S 2 analog daran gehindert zu sein, der nach hM nur bereicherungsrechtlichen Ansprüchen, nicht jedoch Ansprüchen aus § 985 entgegensteht. Der Mietwucherer könnte nach Realisierung seiner Ansprüche aus § 985 einen erneuten Wucherversuch unternehmen. Der Bewucherte, dessen Schutz das Wucherverbot bezweckt, befände sich wieder in derselben Zwangslage, die ihn zuvor schon zum Abschluss eines Wuchervertrags veranlasst hat.

g)　Lohnwucher

121 Auch sittenwidriger Lohnwucher („Hungerlohn") führt nach hM weder zur Nichtigkeit des gesamten Arbeitsvertrags (BAG AP Nr 2 zu § 138 BGB = MDR 1960, 612, 613; LAG

Bremen AP Nr 33 zu § 138 BGB; LAG Düsseldorf DB 1978, 165; Erman/Palm § 138 Rn 28; Bertold 9) noch zur Nichtigkeit der Lohnabrede (aA BAG NJW 2000, 3589, 3590; BAG AP Nr 2
zu § 138 BGB). Vielmehr ist diese **geltungserhaltend zu „extendieren"**, dh zu erhöhen,
diesmal jedoch – abweichend vom Mietwucher – nach hM nicht auf das **gerade noch
zulässige** Maß (so jedoch Sack RdA 1975, 171, 178), sondern auf die **übliche** Vergütung
(BAG AP Nr 2 zu § 138 BGB = MDR 1960, 612, 613; LAG Bremen AP Nr 33 zu § 138 BGB; LAG
Düsseldorf DB 1978, 165; Bertold 9; Canaris, in: FS Steindorff [1990] 519, 530 f). Es werden die
Grundsätze über das fehlerhafte Arbeitsverhältnis angewendet; die Festlegung der
Lohnhöhe auf die übliche Vergütung wird mit § 612 Abs 2 gerechtfertigt (BAG AP Nr 2
zu § 138 BGB sub III 2; LAG Bremen AP Nr 33 zu § 138 BGB; LAG Düsseldorf DB 1978, 165).
Sofern ein die gleiche Arbeit regelnder Tarifvertrag besteht, sei die übliche Vergü-
tung – auch bei nichttarifgebundenen Arbeitnehmern – grundsätzlich diesem Tarifvertrag zu entnehmen (LAG Düsseldorf DB 1978, 165, 166).

h) Kreditwucher

Noch anders ist nach stRspr und hL die Rechtsfolge beim sittenwidrigen Kredit- **122**
wucher und bei sonstigen wucherischen Verträgen, zB Kaufverträgen.

aa) Die Rechtsprechung und hL

Wucherische Kreditverträge sind nach ganz hM insgesamt nichtig mit Wirkung ex
tunc (BGH NJW 1958, 1772; NJW 1962, 1148; BGHZ 44, 158, 162; BGHZ 68, 204, 207; NJW 1983,
1420, 1421; NJW 1983, 2692; NJW 1994, 1275 [zu § 138 Abs 2]; Canaris WM 1981, 978, 979; Honsell
ZHR 148 [1984] 298, 299, 301; Lindacher AcP 173 [1973] 124, 138; Zimmermann 177 ff). Eine
Aufrechterhaltung solcher Wucherverträge zu marktüblichen oder höchstzulässigen
Preisen bzw Zinsen ist nach hM ausgeschlossen (BGHZ 44, 158, 162; BGHZ 68, 204, 207;
NJW 1958, 1772; OLG Oldenburg NJW-RR 1986, 857, 858; LG Aachen NJW-RR 1987, 741, 742; vgl
auch BGH NJW 1990, 384; Canaris aaO; Zimmermann 177 ff). Dies folge aus dem „Auch-
Pönalcharakter der Nichtigkeitsfolge des § 138 BGB" (Lindacher AcP 173 [1973] 124,
130). Eine analoge Anwendung von § 139 ist nach Ansicht des BGH nicht möglich,
weil die Preis- bzw Zinsvereinbarung eine **einheitliche Regelung** darstelle (BGHZ 44,
158, 162; ebenso Tiedtke ZIP 1987, 1089, 1092). Auch eine Umdeutung nach § 140 komme
nicht in Betracht, da damit nicht ein annähernd gleicher wirtschaftlicher Erfolg auf
anderem Wege erzielt, sondern der Inhalt des Rechtsgeschäfts rechtsgestaltend verändert würde (BGHZ 68, 204, 206 f; Tiedtke ZIP 1987, 1089, 1093). Bereicherungsrechtlichen Ansprüchen setzt § 817 S 2 analog Grenzen. „Leistung" iSv § 817 S 2 analog ist
allerdings nicht die Überlassung des Darlehenskapitals als solchem, sondern nur die
Einräumung der zeitweiligen Nutzung (grundlegend RGZ 161, 52, 56 f; BGH WM 1969, 857,
858; NJW 1983, 1420, 1422; NJW 1995, 1152, 1153). Daraus leitet die hM ab, dass der Darlehensgeber das Darlehen erst nach der vertraglich vereinbarten Zeit nach § 812 zurückverlangen könne (RGZ 161, 52, 53, 56 f, 58; BGH NJW 1962, 1148; WM 1969, 857, 858; NJW
1983, 1420, 1422; BGHZ 99, 333, 338 f; NJW 1989, 3217 aE; NJW 1993, 2108; NJW 1995, 1152, 1153).
Für die Zeit der Nutzungsüberlassung gewährt man jedoch dem Darlehensgeber –
ebenfalls analog § 817 S 2 – keine Ansprüche aus § 812 iVm § 818 Abs 1 oder 2 auf
Zinsen, auch nicht auf die höchstzulässigen oder nur marktüblichen Zinsen (RGZ 161,
52, 57 f; BGH NJW 1962, 1148; WM 1969, 857, 858; NJW 1983, 1420, 1422, 1423; BGHZ 99, 333, 338;
NJW 1989, 3217 aE; NJW 1993, 2108; NJW 1995, 1152, 1153). Nach Ablauf der vereinbarten
Laufzeit kann der Wucherer sein Darlehenskapital zurückverlangen; § 817 S 2 analog
steht dem nicht entgegen (heute einhellige Meinung; grundlegend RGZ 161, 52, 53, 56 f, 58; aA
noch RGZ 151, 70). Für die Anwendbarkeit von § 817 S 2 analog ist allerdings in sub-

jektiver Hinsicht ein vorsätzlicher oder zumindest leichtfertiger Verstoß gegen das Wucherverbot erforderlich (RGZ 161, 52, 57; BGH NJW 1983, 1420, 1423 sub V 1b; NJW 1993, 2108). Diese Rechtsfolgen greifen nach hM nicht nur bei Wucher iSv § 138 Abs 2 ein, sondern auch bei wucherähnlichen sittenwidrigen Kreditgeschäften iSv § 138 Abs 1 (RGZ 161, 52, 53, 59 f; BGH NJW 1983, 1420, 1423 sub V 1b; BGH NJW 1989, 3217 aE).

bb) Kritik an der hM

123 Das Ergebnis der Rechtsprechung und der wohl noch hL, dem Bewucherten das Darlehen für die vereinbarte Laufzeit zinslos, dh **unentgeltlich** zu überlassen, stößt zunehmend und berechtigt auf Kritik (BUNTE NJW 1983, 2674, 2676; ders WM 1984 Sonderbeil 1 S 24; CANARIS WM 1981, 978, 985 f; DAUNER JZ 1980, 495, 503; FLUME, AT § 18, 10; J HAGER 97 ff; ders JuS 1985, 264 ff; KOPPENSTEINER/KRAMER, Ungerechtfertigte Bereicherung² [1988] 65 f; LARENZ, Schuldrecht II¹² § 69 III b S 562 Fn 3; MEDICUS, in: Gedschr Dietz [1973] 61, 71, 74; MünchKomm/LIEB § 817 Rn 17, 17 a; REICH JZ 1980, 334; RÜHLE 70; STAUDINGER/LORENZ [1999] § 817 Rn 12; ZIMMERMANN 173 f). Es erscheint nicht als gerechtfertigt, den Bewucherten besser zu stellen als andere, die einen angemessenen oder sogar überhöhten Preis bzw Zins zahlen müssen, solange dieser nicht die höchstzulässige Grenze überschreitet. Zwar müsse man den Bewucherten schützen. Es darf sich jedoch nicht lohnen, sich bewuchern zu lassen (BUNTE NJW 1983, 2674, 2676). Insoweit geht die hM über den Schutzzweck des Wucherverbots hinaus. Auch die unterschiedliche Behandlung des Miet- und Lohnwuchers einerseits und des Darlehens- und sonstigen Wuchers andererseits lässt sich sachlich nicht rechtfertigen. Es wäre ein Wertungswiderspruch, den strafbar handelnden Mietwucherer, dem der höchstzulässige oder jedenfalls marktübliche Mietzins belassen wird, besser zu stellen, als den Kreditwucherer und sonstige Wucherer, die sich mit ihren Wucherverträgen nicht strafbar gemacht haben (KOZIOL AcP 188 [1988] 183, 222; vgl auch HAGER JuS 1985, 264, 267).

124 Nicht überzeugend ist ferner die vom BGH für die unterschiedliche Behandlung der Wuchergeschäfte iSv § 138 und der Verstöße gegen Höchstpreisgesetze gegebene Begründung, dass Letztere die Versorgung der Bevölkerung mit Ware zu erträglichen Preisen sichern sollen (BGH NJW 1958, 1772). Denn auch das Wucherverbot wendet sich nicht gegen die Wuchergeschäfte als solche, sondern will die Versorgung der Bevölkerung zu angemessenen Preisen durchsetzen. Gegen die Gesamtnichtigkeit des Kreditwuchervertrags ergeben sich schließlich auch deshalb Bedenken, weil dann der Bewucherte vor der Vertragserfüllung durch den Wucherer keinen Anspruch auf **Auszahlung** des Darlehens hätte, auch nicht für die vereinbarte Laufzeit (HAGER JuS 1985, 264, 268); erst wenn er das Darlehen erhalten hat, darf er es nach hM für die vereinbarte Zeit zinslos behalten. Diese unterschiedliche Behandlung des Bewucherten vor und nach der Gewährung des Darlehens enthält einen Wertungswiderspruch. Das Wucherverbot, das an sich den Schutz des Kreditnehmers bezweckt, würde sich vor der Auszahlung des Darlehens gegen ihn wenden. Hat der Bewucherte aus einer Zwangslage heraus gehandelt, so würde diese Zwangslage durch Anwendung des § 138 vor der Auszahlung des Darlehens wieder hergestellt (vgl MEDICUS, in: Gedschr Dietz [1973] 61, 69).

cc) Anderweitige Lösungsmöglichkeiten

125 Aus der Kritik lassen sich unterschiedliche dogmatische Konsequenzen ziehen.

(1) Man könnte daran denken, die wucherische Entgeltabrede geltungserhaltend zu reduzieren, dh nur für teilnichtig anzusehen und im Übrigen den Wuchervertrag für wirksam zu halten (Bunte WM 1984 Sonderbeil 1 S 24; J Hager 94 ff; MünchKomm/Lieb § 817 Rn 17 a; H Roth JZ 1989, 413, 418 f). Soweit es den **Umfang** der Teilnichtigkeit betrifft, kommen zumindest zwei Alternativen in Betracht. Zum einen könnte man die wucherische Entgeltabrede auf das **höchstzulässige** Maß reduzieren, wie dies die Rechtsprechung beim Mietwucher, bei der Verletzung von Höchstpreisvorschriften, bei überlangen Bierbezugsbindungen oder bei „Geliebtentestamenten" getan hat. Denn was das Wucherverbot nicht verbietet, ist rechtmäßig, so dass für eine weiterreichende Nichtigkeitsfolge kein Anlass besteht (so zu § 134 iVm § 5 WiStG BGHZ 89, 316, 321). In diesem Falle bliebe der Kreditvertrag wirksam, jedoch mit der auf das höchstzulässige Maß reduzierten Entgeltabrede (vgl Koziol AcP 188 [1988] 183, 219 aE). Eine zweite Form der geltungserhaltenden Reduktion wäre, die wucherische Entgeltabrede auf das **marktübliche** Maß zu reduzieren (Bunte WM 1984 Sonderbeil 1 S 24; MünchKomm/Lieb § 817 Rn 17 a; **aA** ausdrücklich BGHZ 44, 158, 162; Soergel/Hefermehl § 138 Rn 101).

(2) Anstelle einer geltungserhaltenden Reduktion kommt als zweite Möglichkeit **126** in Betracht, zwar nur die Entgeltabrede, diese jedoch insgesamt nach § 138 für nichtig zu erklären. Die Entgeltabrede ist allerdings ein **essentiale negotii**, und Vereinbarungen, in denen eine Abrede über ein essentiale negotii fehlt oder nichtig ist, sind grundsätzlich insgesamt nichtig. Von diesem Grundsatz macht das Gesetz allerdings Ausnahmen: Nach § 612 und § 632 **gilt** in Dienst- und Werkverträgen bei fehlender Entgeltabrede eine solche als stillschweigend vereinbart, und wenn die Höhe der Vergütung nicht bestimmt ist, gilt die taxmäßige bzw übliche Vergütung als vereinbart. In **Analogie zu den §§ 612, 632** könnte man auch bei Wucherverträgen, bei denen die Entgeltabrede nach § 138 nichtig ist, fingieren, dass das übliche Entgelt als vereinbart gilt. Gegen diese Analogie spricht jedoch, dass – anders als in den Fällen der §§ 612, 632 – ein entgegenstehender Wille des Wucherers in Bezug auf das Entgelt im Vertrag zum Ausdruck gekommen ist.

(3) Ein dritter Lösungsansatz wäre, den Wuchervertrag wegen der nichtigen Ent- **127** geltabrede zwar insgesamt für nichtig zu erklären, die Ansprüche des Wucherers aus § 812 iVm § 818 Abs 2 jedoch nicht insgesamt nach § 817 S 2 analog zu blockieren, sondern nur dessen **Rückzahlungsansprüche** vor Ablauf der vereinbarten Vertragslaufzeit. Dann dürfte der Bewucherte das Darlehen zwar in der vereinbarten Laufzeit nutzen; er hätte jedoch nach § 812 iVm § 818 Abs 2 den marktüblichen Zins zu bezahlen. Auf die Vergütungsansprüche aus § 812 iVm § 818 Abs 2 wegen Unmöglichkeit der Herausgabe der zeitlichen Nutzung des Darlehenskapitals wäre § 817 S 2 analog nicht anzuwenden (Bunte NJW 1983, 2674, 2676 f; ders WM 1984 Sonderbeil 1 S 24; Larenz, Schuldrecht II[12] § 69 III b S 562 Rn 3; Medicus, in: Gedschr Dietz [1973] 61, 73 f; Münch-Komm/Lieb § 817 Rn 17; Soergel/Hefermehl § 138 Rn 85; Staudinger/Lorenz [1999] § 817 Rn 12; Zimmermann 173 f; ausdrücklich **aA** BGH NJW 1983, 1420, 1422 f). Der analogen Anwendung von § 817 S 2 auch auf die **Vergütungsansprüche** aus § 818 Abs 2 stünde der Normzweck des Wucherverbots entgegen, der sich nicht gegen den Wuchervertrag insgesamt, sondern nur gegen die Entgeltabrede wendet, soweit sie die Höchstgrenze überschreitet. Der Mechanismus des § 818 Abs 2 erlaubt allerdings nicht Wertersatzansprüche in Höhe des höchstzulässigen Entgelts, sondern nur in Höhe des **marktüblichen** Wertes.

dd) Einwendungen gegen Vergütungsansprüche des Wucherers

128 **(1)** Gegen eine geltungserhaltende Reduktion der Entgeltabrede auf das höchst-zulässige oder marktübliche Maß könnte man einwenden, dass § 138 sittenwidrige und wucherische Rechtsgeschäfte für nichtig erkläre und im Gegensatz zu § 134 keinen Normzweckvorbehalt vorsehe. Der Hinweis darauf, dass § 134 im Gegensatz zu § 138 ausdrücklich einen Normzweckvorbehalt kenne, ist jedoch nur ein formales Argument, das die inhaltlichen Bedenken gegen die unterschiedliche Behandlung verschiedener Wucherverträge nicht widerlegt. Gegen die Ansicht, dass die Regelung eines Normzweckvorbehalts in § 134 und das Fehlen einer entsprechenden Regelung in § 138 einen Umkehrschluss rechtfertige, wurde bereits oben unter Rn 99 ff Stellung genommen.

129 **(2)** Ein zweiter Einwand gegen Vergütungsansprüche des Wucherers lautet, dass § 138 und § 817 S 2 einen **Strafzweck** verfolgen (RGZ 95, 347, 349; LINDACHER AcP 173 [1973] 124, 130; allgem zum Strafzweck des § 817 S 2 BGHZ 39, 87, 91; BGHZ 62, 365, 369). Dem ist zu widersprechen. Denn dem Vertragsrecht und dem Bereicherungsrecht sind Strafzwecke grundsätzlich fremd (BÜRGE 88 ff; BUFE AcP 157 [1958] 252, 253 f; BUNTE NJW 1983, 2674, 2676; CANARIS, in: FS Steindorff [1990] 519, 523; FLUME, AT § 18, 10 S 390; HONSELL, Die Rückabwicklung … 58 f; KÖTZ RabelsZ 58 [1994] 209, 225 m Fn 57; KOZIOL AcP 188 [1988] 183, 218; LARENZ, Schuldrecht II¹² § 69 III a S 560; MEDICUS, in: Gedschr Dietz [1973] 61, 67, 75 f; H ROTH JZ 1989, 411, 417; SOERGEL/HEFERMEHL § 138 Rn 85; ZIMMERMANN 61, 162; **aA** BGHZ 39, 87, 91; BGHZ 63, 365, 369). Außerdem hat die Rechtsprechung nicht einmal bei der Verletzung der Straftatbestände des § 302a StGB und des § 5 WiStG aus dem Strafzweck dieser Vorschriften abgeleitet, dass ihre zivilrechtlichen Rechtsfolgen nach § 134 Mietzins-ansprüche insgesamt ausschließen. Ferner würde ein Strafzweck wegen des straf-rechtlichen Analogieverbots der **analogen** Anwendung von § 817 S 2 auf Ansprüche aus § 812 iVm § 818 Abs 2 entgegenstehen (vgl BGHZ 63, 365, 369 zur analogen Anwendung von § 817 S 2 auf Ansprüche aus § 987); unmittelbar passt § 817 S 2 in den vorliegenden Fällen ohnehin nicht. Schließlich würde eine Strafe eine verwerfliche Gesinnung voraussetzen (BUNTE WM 1984 Sonderbeil 1 S 24; ders NJW 1983, 2674, 2677; KOZIOL AcP 188 [1988] 183, 219; vgl auch BT-Drucks 10/307 S 4).

130 **(3)** Gegen reduzierte Vergütungsansprüche des Wucherers wurde drittens der sog Risikogedanke und der damit korrespondierende Zweck der Generalprävention eingewendet: Das wucherische bzw sittenwidrige Rechtsgeschäft verlöre für den Wucherer das **Risiko**, mit dem es durch die von § 138 angedrohte Nichtigkeitsfolge behaftet sein soll, wenn derjenige, der seinen Vertragspartner in wucherischer bzw sittenwidriger Weise übervorteilt hat, damit rechnen müsste, schlimmstenfalls durch gerichtliche Festsetzung das zu bekommen, was gerade noch vertretbar und damit sittengemäß ist (Nw o in Rn 104, 109, 113). Wer überhöhte Preise versucht, soll riskieren, gar kein Entgelt für seine Leistung zu erhalten. Mit dem Risikoargument hat der BGH auch eine geltungserhaltende Reduktion mit Hilfe einer Umdeutung nach § 140 ausgeschlossen (BGH NJW 1986, 2944, 2945; BGHZ 68, 204, 207). Es sei nicht Aufgabe des Richters, für den Wucherer das höchstzulässige Entgelt herauszufinden und ihm dazu zu verhelfen (MEDICUS, in: Gedschr Dietz [1973] 61, 72). Der Risikogedanke findet indes im Gesetz keine Stütze. Außerdem gilt auch hier, dass kein Grund besteht, beim Kreditwucher anders zu verfahren als beim Mietwucher oder Lohnwucher. Auch die Tatsache, dass der Mietwucherer ein Bußgeld riskiert, rechtfertigt im Ergebnis keine unterschiedlichen zivilrechtlichen Konsequenzen bei der Anwendung von § 138 bzw

§ 134 (aA BGHZ 89, 316, 324; s o § 134 Rn 94). Ferner ist das Risikoargument auch in **empirischer** Hinsicht zweifelhaft; obwohl das österreichische und das Schweizer Recht nur Teilnichtigkeit vorsehen, sind keine Anhaltspunkte dafür ersichtlich, dass der Wucher gefördert werde, weil er ohne Risiko versucht werden könne (KOZIOL AcP 188 [1988] 183, 219; vgl auch BÜRGE 233).

(4) Ein vierter Einwand gegen die geltungserhaltende Reduktion einer wucheri- **131** schen Entgeltabrede lautet, dass der Wuchervertrag bzw die Entgeltabrede eine **einheitliche** Regelung sei, die keinen rechtsanpassenden Eingriff erlaube, weil sie durch eine Reduzierung einen anderen Inhalt erhielte (BGHZ 68, 204, 207 f; CANARIS WM 1981, 978, 979; SOERGEL/HEFERMEHL § 138 Rn 101; ZIMMERMANN 76; vgl auch SANDROCK AcP 159 [1960] 481, 539). Wäre dies zutreffend, dann hätte die Rechtsprechung auch beim Mietwucher, beim Lohnwucher, beim Verstoß gegen Höchstpreisvorschriften, bei überlangen Bierbezugsbindungen oder bei Geliebtentestamenten keine – wie auch immer dogmatisch begründete – geltungserhaltende Reduktion vornehmen dürfen (BUNTE NJW 1983, 2674, 2677; KOZIOL AcP 188 [1988] 183, 221). Außerdem ist die völlige Versagung eines Entgelts ein viel größerer Eingriff in den Vertrag und in die Vertragsfreiheit als die Beschränkung der Entgeltansprüche auf das höchstzulässige oder marktübliche Maß (KOZIOL AcP 188 [1988] 183, 220).

ee) Die Höhe der Vergütungsansprüche
Da es mE keine überzeugenden Argumente gegen Vergütungsansprüche des Wu- **132** cherers gibt, lautet die nächste Frage, ob er die **höchstzulässige** oder nur die **markt- übliche** (bzw angemessene) Vergütung verlangen kann. Für eine Beschränkung der Vergütungsansprüche auf die marktübliche Vergütung (vgl MEDICUS, in: Gedschr Dietz [1973] 61, 72) spricht, dass sie wesentlich **einfacher festzustellen** ist als die höchstzulässige. Zugunsten der marktüblichen Vergütung spricht auch wiederum der **Risikoge- danke** und als Pendant dazu der Präventivgedanke (KOZIOL AcP 188 [1988] 183, 221 f). Es wird verhindert, dass es der Wucherer letztlich dem Richter überlässt, ihm den höchstzulässigen Preis bzw Zins zu sichern (MEDICUS, in: Gedschr Dietz [1973] 61, 72). Auch der – allerdings im Zivilrecht zweifelhafte – Strafgedanke ließe sich anführen, wonach der Wucherer jedenfalls insoweit einen Nachteil erleiden soll, als er nicht in den Genuss des Entgelts gelangt, das zwischen dem marktüblichen und dem höchst- zulässigen Betrag liegt.

Für eine Beschränkung der Vergütungsansprüche auf das höchstzulässige Maß **133** spricht hingegen, dass das Wucherverbot und das Verbot wucherähnlicher Verträge sich nur gegen das **Übermaß** der Entgeltabrede wenden, soweit diese die Höchst- grenze überschreitet. Es erscheint auch als unbillig, wenn der Bewucherte nur das marktübliche Entgelt bezahlt, während andere Kreditnehmer, die ein gerade noch zulässiges Entgelt zwischen dem marktüblichen und dem höchstzulässigen Betrag, dh ein niedrigeres Entgelt vereinbart haben, letztlich ein höheres als der Bewucherte bezahlen müssen. Es ist kein Grund ersichtlich, der es rechtfertigen könnte, dass der Bewucherte weniger zu zahlen hat als der nur „fast Bewucherte". Außerdem über- zeugt es nicht, dass der **Mietwucherer**, der sich strafbar gemacht hat, dennoch die höchstzulässige Vergütung erhält, während dem Kreditwucherer – falls überhaupt – nur marktübliche Zinsen zugestanden werden.

ff) Folgerung

134 ME ist beim Kreditwucher ebenso wie beim Mietwucher oder Lohnwucher der wucherische Vertrag zwar wirksam, jedoch die Entgeltvereinbarung teleologisch zu reduzieren (ebenso BÜRGE 217 ff; KOZIOL AcP 188 [1988] 183, 223; RÜHLE 70; vgl auch LINDACHER AcP 173 [1973] 124, 131). Sie ist auf den höchstzulässigen Preis bzw Zins zu reduzieren. Dies folgt aus dem Zweck des Wucherverbots: Was es nicht verbietet, nämlich Preis- oder Zinsvereinbarungen bis zur höchstzulässigen Grenze, ist rechtmäßig, so dass für eine über diesen Zweck hinausreichende Nichtigkeitsfolge kein Anlass besteht (so zu § 5 WiStG iVm § 134 BGHZ 89, 316, 321).

i) Verallgemeinerung

135 Bei Verträgen bzw Vertragsklauseln, die wegen eines **Übermaßes** in zeitlicher oder gegenständlicher Hinsicht sittenwidrig waren, hat die Rechtsprechung in einer Vielzahl von Fällen eine geltungserhaltende Reduktion auf das (gerade noch) zulässige Maß vorgenommen. Es handelte sich dabei um überlange Bierbezugsbindungen, sonstige zeitliche überlange Vertragsbindungen, Geliebtentestamente, abstrakte Schuldanerkenntnisse und letztlich auch – wenngleich im Rahmen des § 134 iVm § 5 WiStG – um strafbaren und deshalb auch sittenwidrigen Mietwucher. Neben den eben genannten Fällen, in denen die Rechtsprechung und die hL – auf welchem dogmatischen Weg auch immer – der Sache nach eine geltungserhaltende Reduktion anerkennen, gibt es jedoch auch andere Fälle, in denen dies von der hM abgelehnt wird. Dies gilt insbesondere für den Darlehenswucher und für den Wucher bei Kauf- und Werkverträgen. Die Argumente, die in diesen Fällen gegen eine geltungserhaltende Reduktion vorgebracht werden, würden allerdings in den anderen Fällen, in denen die geltungserhaltende Reduktion zumindest im Ergebnis anerkannt ist, ebenso gut passen (zutreffend J HAGER JuS 1985, 264, 267; vgl auch ERMAN/PALM § 138 Rn 55). Es gibt keine überzeugenden Argumente, die die unterschiedliche Behandlung der verschiedenen Fallgruppen tragen könnte, dh es besteht ein Wertungswiderspruch in der Rechtsprechung zu den verschiedenen Fallgruppen (so zum Verhältnis von Mietwucher und Darlehenswucher zutreffend J HAGER S 94 ff, 101 ff; ders JuS 1985, 264; HONSELL ZHR 148 [1984] 298, 301; ders JurA 1986, 573, 575; ders, in: FS Giger [1989] 287, 295). Speziell auch der Unterschied zwischen § 134 iVm § 5 WiStG betr Mietwucher und § 138 betr Darlehenswucher vermag die unterschiedliche Behandlung beider Fallgruppen wertungsmäßig nicht zu erklären.

136 Der beim Darlehenswucher vorgetragene **Sanktionsgedanke** passt auch in den Fällen, in denen eine geltungserhaltende Reduktion anerkannt ist. Er ist ferner wegen seiner pönalen Ausrichtung ein Fremdkörper im Zivilrecht. Schließlich ist gegen den Sanktionsgedanken einzuwenden, dass er ohne weiteres umgangen werden kann. Denn die Parteien können eine **salvatorische Klausel** des Inhalts in den Vertrag aufnehmen, dass im Falle der Sittenwidrigkeit und Nichtigkeit einer Klausel wegen übermäßiger zeitlicher, örtlicher oder gegenständlicher Beschränkungen einer Vertragspartei die Reduktion dieser Klausel auf das höchstzulässige Maß dem Willen der Parteien entspreche (vgl HAGER JuS 1985, 264, 269 f; MünchKomm/MAYER-MALY/ARMBRÜSTER § 139 Rn 5; H ROTH JZ 1989, 411, 412; MICHALSKI/RÖMERMANN NJW 1994, 886; TRAUB WRP 1994, 802, 805; P ULMER, in: FS Steindorff [1990] 799, 804 f). Diese Möglichkeit hat der BGH in entsprechender Anwendung des § 139 mehrfach zugelassen (BGHZ 72, 308, 315; BGH DB 1989, 1620, 1621; WM 1996, 22, 24); dem steht nicht entgegen, dass diese Vorschrift der Sache nach dafür nicht geeignet ist (zutr H ROTH JZ 1989, 411, 416).

Auch der **Risikogedanke**, mit dem man die Gesamtnichtigkeit wucherischer Darle-   **137**
hensverträge rechtfertigt, würde in gleicher Weise beim Mietwucher, beim Geliebtentestament, bei übermäßigen abstrakten Schuldanerkenntnissen oder bei übermäßig langen Vertragsbindungen passen.

Deshalb ist es gerechtfertigt, Verträge und Vertragsklauseln, die wegen **Übermaßes** in   **138**
zeitlicher, örtlicher oder sachlicher Hinsicht sittenwidrig sind, grundsätzlich einheitlich zu behandeln. Dem kann man mit folgenden Konstruktionen Rechnung tragen:
(1) § 138 ist dahingehend auszulegen, dass ein wegen Übermaßes sittenwidriger
Vertrag **nur insoweit** nichtig ist, als er – nämlich in Höhe des Übermaßes – gegen
die guten Sitten verstößt (vgl LINDACHER AcP 173 [1973] 124, 131; ähnlich schon BERTOLD
58 ff). (2) Bei einem wegen Übermaßes sittenwidrigen Vertrag könnte man auch
argumentieren, dass eine Reduzierung auf das höchstzulässige Maß implizit gewollt
und der Vertrag daher in diesem Sinne **auszulegen** sei. Da es den Parteien durch
entsprechende **ausdrückliche salvatorische Klauseln** ohnehin möglich wäre, die wegen
Übermaßes sittenwidrigen Klauseln in einem reduzierten Maße aufrechtzuerhalten,
sei eine Verallgemeinerung dahingehend gerechtfertigt, dass dies auch beim Fehlen
ausdrücklicher Klauseln **implizit gewollt** sei (so andeutungsweise BGHZ 72, 309, 316 betr
Globalzession; ähnlich HAGER JuS 1985, 264, 270). Wenn sich der benachteiligte Vertragspartner auf das Übermaß eingelassen hat, so hätte er es auch – und erst recht – auf das
gerade noch zulässige Maß. (3) Schließlich kommt noch in Betracht, dass bei Sittenwidrigkeit wegen Übermaßes eine **geltungserhaltende Reduktion** in Höhe des Übermaßes die vom Normzweck der verletzten Sittennorm gewollte Rechtsfolge ist. § 138
wäre dahingehend teleologisch zu reduzieren, dass er – wie § 134 – einen **Normzweckvorbehalt** erhält (so HONSELL JurA 1986, 573, 574, 576; ebenso für übermäßige Wettbewerbsverbote TRAUB WRP 1994, 802). Dementsprechend wäre bei sittenwidrig niedrigen Preisen bzw Zinsen eine geltungserhaltende Extension vorzunehmen (vgl SACK RdA 1975,
171, 178). ME bietet diese geltungserhaltende Reduktion bzw Extension den richtigen
Weg, um bei Verträgen, die wegen Übermaßes sittenwidrig sind, zu angemessenen
Ergebnissen zu gelangen. Abzulehnen ist die Anwendung von § 139 (analog) sowie
der §§ 140, 141. Auch bereicherungsrechtliche Lösungen überzeugen nicht.

5.   Verpflichtungs- und Erfüllungsgeschäfte

a)   Nichtigkeit nach § 138 Abs 2
Bei Verstößen gegen das Wucherverbot des § 138 Abs 2 trifft die Nichtigkeitssank-   **139**
tion nicht nur die Verpflichtungsgeschäfte, sondern auch die Erfüllungsgeschäfte
(RGZ 75, 68, 76; 109, 201, 202; BGH WM 1974, 774; WM 1984, 1545, 1547; NJW 1994, 1275; FLUME,
AT II § 18, 7 d; LARENZ/WOLF, AT § 41 Rn 77; MEDICUS, AT Rn 712; MünchKomm/MAYER-MALY/
ARMBRÜSTER § 138 Rn 164; PALANDT/HEINRICHS § 138 Rn 75; SOERGEL/HEFERMEHL § 138 Rn 55;
krit ZIMMERMANN JR 1985, 48, 49). Die Nichtigkeit erfasst ferner die Bestellung von
Sicherheiten durch den Bewucherten (BGH NJW 1982, 2767, 2768; NJW 1994, 1275) und
seine Leistungen erfüllungshalber, zB die Hingabe eines Schecks oder Wechsels
(BGH NJW 1990, 384, 385; NJW 1982, 2767; WM 1974, 774, 775; WM 1968, 651, 654 sub V).
Ausführlicher zu den Sanktionen u Rn 218 ff.

b)   Nichtigkeit nach § 138 Abs 1
aa)   Wenn ein Verpflichtungsgeschäft sittenwidrig ist, so erfasst die Nichtigkeits-   **140**
sanktion des § 138 Abs 1 grundsätzlich nur dieses Verpflichtungsgeschäft, nicht je-

doch ohne weiteres und in jedem Fall – anders als bei § 138 Abs 2 – auch die **Erfüllungsgeschäfte** (RGZ 68, 97, 100; 109, 201, 202; BGH NJW 1973, 613, 615; NJW 1985, 3006, 3007; NJW 1988, 2362 u 2364; NJW-RR 1989, 519; NJW 1990, 384, 385; BGHZ 146, 298, 306; WM 1997, 1155 1156; OLG Stuttgart NJW-RR 1997, 236, 237; BORK, AT Rn 1200; ENNECCERUS/ NIPPERDEY, AT § 191 II 3; Ep 53; ERMAN/PALM § 138 Rn 53; FLUME, AT § 18, 8a S 383; HONSELL, Die Rückabwicklung ... 57; LARENZ/WOLF, AT § 41 Rn 70; MünchKomm/MAYER-MALY/ARM-BRÜSTER § 138 Rn 165; PALANDT/HEINRICHS § 138 Rn 11, 20; STAUDINGER/DILCHER[12] § 138 Rn 110; SOERGEL/HEFERMEHL § 138 Rn 12, 50; **aA** RUMPF AcP 117 [1919] 315). Das gilt auch für wucherähnliche Geschäfte iSv § 138 Abs 1 (unter Rn 227 f), weil das Äquivalenz-missverhältnis allein das Kausalgeschäft betrifft (BGHZ 146, 298, 306; BGH WM 1997, 1155, 1156). Bei einem sittenwidrigen Grundstückskaufvertrag erfasst die Nichtigkeit nicht ohne weiteres auch die in derselben notariellen Urkunde vorgenommene Auflassung (SOERGEL/HEFERMEHL § 138 Rn 59; vgl auch RGZ 104, 102, 104). Dies folgt aus dem **Abstraktionsprinzip** (ERMAN/PALM § 138 Rn 54; SOERGEL/HEFERMEHL § 138 Rn 50; STAUDINGER/ DILCHER[12] § 138 Rn 110; ZIMMERMANN JR 1985, 48, 51; gegen diese Begründung FLUME, AT § 18, 8 S 303; krit auch MünchKomm/MAYER-MALY/ARMBRÜSTER § 138 Rn 165) bzw aus der im Regelfall bestehenden Neutralität oder sittlichen Indifferenz der Verfügungsgeschäfte (MünchKomm/MAYER-MALY/ARMBRÜSTER § 138 Rn 165), die allerdings die Geltung des Abstraktionsprinzips zur Voraussetzung hat (zutr ZIMMERMANN JR 1985, 48, 51). In der Regel besteht keine Fehleridentität. Die Nichtigkeit des Verpflichtungsgeschäfts erstreckt sich auch nicht nach § 139 oder wegen Wegfalls der Geschäftsgrundlage auf das Verfügungsgeschäft. Auch wird die Gültigkeit des Verfügungsgeschäfts idR nicht an die Bedingung der Wirksamkeit des Verpflichtungsgeschäfts geknüpft. Vielmehr bedarf die Annahme der Sittenwidrigkeit von Verfügungsgeschäften einer eigenständigen Begründung (ERMAN/PALM § 138 Rn 54; FLUME, AT § 18, 8 S 383 aE; MünchKomm/ MAYER-MALY/ARMBRÜSTER § 138 Rn 165).

141 Auch Leistungen **erfüllungshalber** sind nicht ohne weiteres nichtig, wenn das Grundgeschäft sittenwidrig und nichtig ist. Die Nichtigkeit eines Darlehens nach § 138 Abs 1 erfasst nicht ohne weiteres die Bestellung von **Sicherheiten** (BGH WM 2000, 1580, 1582); diese bleiben vielmehr idR bestehen und sichern den bereicherungsrechtlichen Anspruch auf Rückzahlung des Darlehens ab (BGH WM 1994, 583, 584; WM 2000, 1580, 1582). Die erfüllungshalber oder zur Sicherung eines nach § 138 sittenwidrigen und nichtigen Vertrags abgeschlossenen Wechsel- oder Scheckbegebungsverträge sind wegen der abstrakten Rechtsnatur von Wechsel- und Scheckerklärungen nicht ohne Hinzutreten besonderer Umstände nichtig (BGH NJW 1990, 384, 385 sub I 2). Bei Scheckreiterei ist hingegen auch der Begebungsvertrag sittenwidrig und deshalb nichtig (BGHZ 27, 172, 178 f; BGB-RGRK/KRÜGER-NIELAND/ZÖLLER § 138 Rn 34). Die Sittenwidrigkeit einer Getränkelieferungsvereinbarung bewirkt nicht ohne weiteres auch die Nichtigkeit der zur Sicherung des Verbots, Getränke anderer Lieferanten zu vertreiben, eingetragenen Dienstbarkeit (BGH NJW-RR 1992, 593, 594).

142 **bb)** Der Durchsetzung von Rechten aus an sich abstrakten Erfüllungsgeschäften, Leistungen erfüllungshalber und Sicherheitsbestellungen kann jedoch der **Einwand des Rechtsmissbrauchs** entgegenstehen (BGH NJW 1990, 384, 385). So berührt zB bei einem sittenwidrigen Verpflichtungsgeschäft die Nichtigkeit nach § 138 Abs 1 zwar nicht die Wirksamkeit von Scheckbegebungsverträgen (BGH NJW 1990, 384, 385). Dennoch gewährt die Rechtsprechung der die Scheckeinlösung garantierenden Bank idR jedenfalls gegen den ersten Schecknehmer und unmittelbar Garantiebegünstigten den Einwand des Rechtsmissbrauchs gegen die Geltendmachung der Rechte aus der Garantie, da die Bank nicht auf dem Umweg über die Einlösungsgarantie zur Mitwirkung an einem sittenwidrigen Geschäft gezwungen werden darf (BGH NJW 1990, 384, 385).

cc) Das Erfüllungsgeschäft kann jedoch nichtig sein, wenn es seinerseits sitten- **143** widrig ist, insbesondere wenn die Sittenwidrigkeit gerade im Vollzug der Erfüllungsleistung liegt oder wenn mit dem Erfüllungsgeschäft ein sittenwidriger Zweck verfolgt wird (RGZ 81, 175, 176; RGZ 145, 152 ff; BGHZ 19, 12, 18; BGHZ 27, 111, 114 f; BGH NJW 1973, 613, 615; WM 1984, 1545, 1547; NJW 1985, 3006, 3007; NJW 1988, 2364; WM 1989, 723; WM 1992, 593, 594; WM 1997, 480, 481; WM 1997, 1155, 1156; OLG Stuttgart NJW-RR 1997, 236, 237; ERMAN/PALM § 138 Rn 53; FLUME, AT § 18, 8a; LARENZ/WOLF, AT § 41 Rn 71, 75 ff; PALANDT/ HEINRICHS § 138 Rn 20; SOERGEL/HEFERMEHL § 138 Rn 51, 52; aA ZIMMERMANN JR 1985, 48, 50). Nichtig wegen eines sittenwidrigen Zwecks sind nach der hier vertretenen Auffassung zum Verhältnis von Gesetzwidrigkeit und Sittenwidrigkeit auch Verträge, die wesentliche Grundlage für die Durchführung gesetzwidriger Maßnahmen sind, ohne selbst gegen das betreffende Gesetz zu verstoßen, zB ein Miet- und ein Darlehensvertrag, durch den sich eine Partei zu einer nach den §§ 7, 8 UWG unzulässigen Sonderveranstaltung verpflichtet, der deshalb seinerseits nach § 134 nichtig ist (OLG Stuttgart NJW-RR 1997, 236, 237). Nichtig wegen eines sittenwidrigen Zwecks ist ein Erfüllungsgeschäft, das die Täuschung Dritter bezweckt (BGHZ 10, 228, 233; STAU-DINGER/DILCHER[12] § 138 Rn 112), das Ansprüche Dritter gefährden soll (RGZ 81, 175 betr Forderungsabtretung; RGZ 111, 151 ff betr Schenkung; BGH 7, 111, 114 f) oder die Allgemeinheit belasten soll (BGH LM Nr 3 a zu § 138 [Ca] BGB betr Erschleichung des Armenrechts). Sittenwidrig und nichtig sind danach zB Globalzessionen und Sicherungsübereignungen eines Unternehmens, durch die seine gegenwärtigen oder künftigen Gläubiger über die Kreditwürdigkeit getäuscht werden; in diesem Falle sind nicht nur die Sicherungsversprechen, sondern auch die Erfüllungsgeschäfte sittenwidrig und nichtig (BGHZ 19, 12, 18; BGHZ 30, 149, 153; BGHZ 32, 361, 366). Sittenwidrig und nichtig sind auch Erfüllungsgeschäfte, durch die der Schuldner geknebelt wird (BGHZ 19, 12, 18). Das Erfüllungsgeschäft kann ferner dann nichtig sein, wenn Grund- und Erfüllungsgeschäft von den Parteien in einer Einheit iSv § 139 zusammengefasst werden (BGH NJW 1985, 3006, 3007) oder wenn die Gültigkeit des Erfüllungsgeschäfts in Form einer Bedingung von der des Verpflichtungsgeschäfts abhängig gemacht worden ist und Letzteres gegen die guten Sitten verstößt (RG JW 1930, 907; STAU-DINGER/DILCHER[12] § 138 Rn 110); eine solche bedingungsweise Verknüpfung von Verpflichtungs- und Verfügungsgeschäft erfasst jedoch nicht bedingungsfeindliche Verfügungsgeschäfte, dh zB nicht eine Auflassung (BGH NJW 1985, 3006, 3007). Ein Missverhältnis von Leistung und Gegenleistung betrifft allein das Kausalverhältnis (BGH WM 1155, 1156); das Verfügungsgeschäft wird grundsätzlich nur unter den zusätzlichen Voraussetzungen des § 138 Abs 2 von der Nichtigkeit erfasst.

Auch **abstrakte** Rechtsgeschäfte sind nach § 138 nichtig, wenn sie sittenwidrigen **144** Zwecken dienen (BGH NJW 1987, 2014 f; TIEDTKE ZIP 1987, 1089 ff), zB ein abstraktes Schuldanerkenntnis (BGH WM 1976, 907, 909; NJW 1987, 2014, 2015; HONSELL, Die Rückabwicklung ... 55 m Fn 22) oder ein zum Zwecke der Wechselreiterei durchgeführter Austausch von Finanzwechseln (BGHZ 27, 172, 176; BGH WM 1973, 66; HÜBNER, AT Rn 904; SOERGEL/HEFERMEHL § 138 Rn 54, 201 f).

145 dd) Wenn das Erfüllungsgeschäft wegen Sittenwidrigkeit nach § 138 nichtig ist, so ist idR auch ein auf ein solches Erfüllungsgeschäft gerichtetes Verpflichtungsgeschäft sittenwidrig und nach § 138 nichtig (**aA** Soergel/Hefermehl § 138 Rn 59 aE).

VI. Das Verhältnis von § 138 zu anderen Vorschriften

1. § 134

146 Die Bestimmung des Verhältnisses von § 138 zu § 134 hängt davon ab, ob man eine teleologische Reduktion des § 138 durch das Anfügen eines Normzweckvorbehalts anerkennt, wie ihn § 134 ausdrücklich vorsieht (ausf insoweit zum Verhältnis von § 138 zu § 134 o Rn 96 ff; vgl auch Rn 34 zu § 138).

a) Ergänzt man mit der hier vertretenen Ansicht § 138 um einen Normzweckvorbehalt, dann ist der hM zu folgen, dass § 134 **lex specialis** gegenüber § 138 ist (o Rn 96). Das bedeutet zum einen, dass auf ein gesetzwidriges Rechtsgeschäft nur § 134 anwendbar ist, auch wenn die Gesetzesverletzung zugleich ohne weiteres die Voraussetzungen eines Sittenverstoßes erfüllt. Auch wenn die Nichtigkeitssanktion des § 134 wegen des Normzweckvorbehalts dieser Vorschrift nicht eingreift, wäre § 138 nicht anzuwenden, da diese Vorschrift aufgrund der teleologischen Reduktion durch Anfügen eines Normzweckvorbehalts zum selben Ergebnis führen würde wie § 134. Nur wenn über die Gesetzesverletzung iSv § 134 hinaus besondere **sittenwidrigkeitsbegründende Tatumstände** hinzutreten, ist aus diesem Grunde neben § 134 auch § 138 anwendbar. Dies wird praktisch relevant, wenn zwar die Gesetzesverletzung als solche wegen eines abweichenden Normzweckes des Gesetzes nach § 134 nicht zur Nichtigkeit führt, die über die Gesetzesverletzung hinausreichenden sittenwidrigkeitsbegründenden Tatumstände jedoch nach § 138 eine Sanktion rechtfertigen, die über die des § 134 hinausgeht.

147 b) Lehnt man hingegen eine Ergänzung des § 138 um einen Normzweckvorbehalt ab, dann wird man in jedem Fall beide Vorschriften **nebeneinander** anwenden müssen, wenn deren Tatbestandsvoraussetzungen erfüllt sind. Praktisch relevant wird dies, wenn folgende beiden Umstände zusammentreffen: Ein gesetzwidriges Rechtsgeschäft ist wegen der Art der Gesetzesverletzung ohne Hinzutreten weiterer Tatumstände auch sittenwidrig; außerdem steht der Normzweck des verletzten Gesetzes der Nichtigkeitssanktion des § 134 entgegen. Wenn es – entgegen der hier vertretenen Ansicht – zutrifft, dass § 138 keine teleologische Reduktion durch einen Normzweckvorbehalt erlaubt, dann darf die von § 138 angeblich gewollte uneingeschränkte Nichtigkeitssanktion nicht vereitelt werden, indem man § 134 zur lex specialis erklärt (aA Erman/Palm § 138 Rn 10; MünchKomm/Mayer-Maly/Armbrüster § 138 Rn 4 mFn 10; gegen diese Argumentation oben Rn 96 ff). Dh auch wenn bei einem Zusammentreffen von Gesetzwidrigkeit und Sittenwidrigkeit der Nichtigkeitssanktion des § 134 der Normzweck des verletzten Gesetzes entgegenstünde, würde dennoch die Nichtigkeitssanktion nach § 138 voll zur Geltung kommen (vgl BGHZ 53, 152, 160; Hübner, AT Rn 923). Die Nichtanwendung von § 138 unter Berufung auf die Spezialität von § 134 wäre in diesem Falle des Zusammentreffens von Gesetzwidrigkeit und Sittenwidrigkeit ein **formales** Argument auf der Konkurrenzebene, das dem (angeblichen) Zweck des § 138 nicht gerecht würde. Vor allem könnte die Annahme von Spezialität des § 134 in diesem Fall nicht erklären, warum bei einem Sittenverstoß, der zugleich gesetzwidrig ist, der Normzweckvorbehalt des § 134 eingreift, so dass im praktischen Ergebnis die Nichtigkeitssanktion des § 138 ohne Wirkung bleibt, während bei einem Sittenverstoß, der nicht zugleich gesetzwidrig iSv § 134 ist, die Nichtigkeitssanktion des § 138 uneingeschränkt zum Tragen kommt.

## 2.	§ 157

Eine den guten Sitten entsprechende **Auslegung** eines Rechtsgeschäfts nach § 157 hat **148** Vorrang vor der Anwendung von § 138. Wenn ein auslegungsfähiges Rechtsgeschäft nach § 157 so ausgelegt werden kann, dass es nicht gegen die guten Sitten verstößt, dann muss es auch so ausgelegt werden, so dass für § 138 insoweit kein Raum bleibt (BGB-RGRK/KRÜGER-NIELAND/ZÖLLER § 138 Rn 11; LEENEN MDR 1980, 353, 356; PALANDT/ HEINRICHS § 138 Rn 14).

## 3.	§ 123

Nach wohl noch hM ist § 123 **lex specialis** gegenüber § 138 (RGZ 114, 338, 342; RGZ 115, 378, **149** 383; BGH WM 1966, 585, 589; BGHZ 60, 102, 104 = NJW 1973, 465; BGH WM 1977, 394, 395; ebenso wohl auch noch BGH NJW 1988, 2599, 2601, sub II 2; NJW-RR 1990, 1521, 1522; BAG NJW 1997, 1940, 1942; ebenso im Schrifttum AK-BGB/DAMM § 138 Rn 102; BGB-RGRK/KRÜGER-NIELAND/ZÖLLER § 138 Rn 10, 28; § 123 Rn 84; ERMAN/PALM § 138 Rn 6; HÜBNER, AT Rn 845, 924; KARAKATSANIS 52 ff; KRAMPE JZ 1974, 574 f; PALANDT/HEINRICHS § 138 Rn 15; SOERGEL/HEFERMEHL § 123 Rn 60; § 138 Rn 64). Daraus wird zT gefolgert, dass ein Rechtsgeschäft, das die Voraussetzungen beider Vorschriften erfüllt, dennoch nicht ohne weiteres nichtig nach § 138, sondern nur anfechtbar nach § 123 sei (KRAMPE JZ 1974, 574; AK-BGB/DAMM § 138 Rn 102; ebenso wohl auch HÜBNER, AT Rn 845; SOERGEL/HEFERMEHL § 123 Rn 60; nicht einschlägig ist die für diese Ansicht häufig zitierte Entscheidung RGZ 115, 378, 383; nicht eindeutig insoweit auch RGZ 114, 338, 342). Denn der Getäuschte könne ein Interesse daran haben, am Rechtsgeschäft festzuhalten (KRAMPE JZ 1974, 574, 575). Andererseits soll sich jedoch der Getäuschte bzw Bedrohte nach Ablauf der Anfechtungsfrist des § 124 nicht mehr auf die Nichtigkeit nach § 138 berufen können (KRAMPE JZ 1974, 574, 575).

Nach einer davon möglicherweise abweichenden Ansicht kann § 138 neben § 123 **150** anwendbar sein, wenn besondere Umstände hinzukommen, die das Rechtsgeschäft nach seinem Gesamtcharakter als sittenwidrig erscheinen lassen (RGZ 115, 378, 383; BGHZ 60, 102, 104; BGH WM 1977, 394, 395; NJW 1988, 2599, 2601; NJW-RR 1990, 1521, 1522; BAG SAE 1981, 171, 172; BAGE 74, 281 = NJW 1994, 1021, 1022; NJW 1997, 1940, 1942; NJW 1999, 2059, 2061 f; BGB-RGRK/KRÜGER-NIELAND/ZÖLLER § 123 Rn 84; § 138 Rn 10; ERMAN/PALM § 138 Rn 6; HÜBNER, AT Rn 845; MünchKomm/MAYER-MALY/ARMBRÜSTER § 138 Rn 5; SOERGEL/HEFERMEHL § 123 Rn 60; § 138 Rn 64; vgl auch BGH NJW 1988, 902, 903). Unklar bleibt bei dieser Ansicht, ob es Fälle gibt, in denen § 123 auch dann als lex specialis vorgeht, wenn die Tatbestandsvoraussetzungen des § 138 erfüllt sind, dh wenn der Inhalt des betreffenden Rechtsgeschäfts sittenwidrig ist.

Die Stellungnahmen zum Verhältnis von § 123 zu § 138 leiden darunter, dass sie die **151** **unterschiedlichen Regelungsbereiche** beider Vorschriften nicht ausreichend trennen. § 123 regelt bestimmte Mängel beim Zustandebringen von Rechtsgeschäften; § 138 ist hingegen nur dann tatbestandsmäßig erfüllt, wenn der **Inhalt** eines Rechtsgeschäfts sittenwidrig ist. Ein mit den sittenwidrigen Methoden der arglistigen Täu-

schung oder der widerrechtlichen Drohung iSv § 123 zustandegebrachtes Rechtsgeschäft ist nicht zwangsläufig auch inhaltlich sittenwidrig iSv § 138. (Ausführlich
zum Regelungsbereich der – insoweit übereinstimmenden – §§ 134, 138 oben § 138 Rn 1 ff u § 134
Rn 1 ff). Insofern ist die Ansicht zutreffend, dass eine sittenwidrige Willensbeeinflussung iSv § 123 nicht für die Anwendung von § 138 genüge (RGZ 72, 216, 217 f; BGH WM
1966, 585, 589; WM 1972, 766, 767; BGHZ 60, 102, 104, 105 = NJW 1973, 465; WM 1977, 394, 395;
NJW 1988, 902, 903; NJW 1988, 2599, 2601; BAG SAE 1981, 171, 172; MünchKomm/KRAMER § 123
Rn 33; SACK WRP 1974, 445, 448; STAUDINGER/DILCHER[12] § 138 Rn 120; krit GITTER SAE 1981, 174).

152 Aus den unterschiedlichen Regelungsbereichen von § 123 und § 138 folgt: Wenn ein
Rechtsgeschäft mit arglistiger Täuschung oder widerrechtlicher Drohung zustande
gebracht worden ist, ist es zunächst nur nach § 123 anfechtbar. Wenn nicht besondere
Umstände hinzukommen, die auch die Sittenwidrigkeit des **Inhalts** eines solchen
Rechtsgeschäfts begründen, scheidet die Anwendbarkeit des § 138 schon deshalb
aus, weil seine Tatbestandsvoraussetzungen nicht erfüllt sind (BGH NJW 1988, 2599,
2601). Die Frage nach der Konkurrenz beider Vorschriften stellt sich in diesem Fall
nicht. Relevant wird die Konkurrenzfrage, ob § 123 lex specialis gegenüber § 138 ist,
erst dann, wenn die Voraussetzungen beider Vorschriften tatbestandsmäßig erfüllt
sind, dh wenn ein Rechtsgeschäft, das mit den Mitteln der arglistigen Täuschung oder
widerrechtlichen Drohung iSv § 123 zustande gebracht worden ist, zugleich auch
inhaltlich gegen die guten Sitten iSv § 138 verstößt. In diesem Fall ist jedoch kein
überzeugender Grund ersichtlich, § 138 nicht anzuwenden (MünchKomm/KRAMER § 123
Rn 33; MünchKomm/MAYER-MALY/ARMBRÜSTER § 138 Rn 5 m Fn 13; STAUDINGER/DILCHER[12] § 123
Rn 43; Einl 80 zu §§ 104 ff). Der Wuchertatbestand des § 138 Abs 2 zeigt, dass der Gesetzgeber bei **inhaltlicher** Sittenwidrigkeit eines Rechtsgeschäfts auch dann die Nichtigkeitssanktion und nicht nur die Anfechtbarkeit vorsieht, wenn das Rechtsgeschäft
durch rechtswidrige Willensbeeinflussung bzw durch Ausnutzung von Willensmängeln zustandegebracht worden ist. Dem Interesse des nach § 123 Getäuschten bzw
Bedrohten, im Einzelfall am Rechtsgeschäft festhalten zu können (vgl HÜBNER, AT
Rn 845; KRAMPE JZ 1974, 574, 575; SOERGEL/HEFERMEHL § 123 Rn 60), kann mit § 242 Rechnung getragen werden: Wer ein inhaltlich sittenwidriges Rechtsgeschäft durch Täuschung oder Drohung zustande gebracht hat, darf sich nach Treu und Glauben nicht
auf die Nichtigkeit nach § 138 berufen. Außerdem würde die Ansicht, dass § 123 lex
specialis gegenüber § 138 sei, die Rechte des Getäuschten bzw Bedrohten verkürzen;
denn das Anfechtungsrecht nach § 123 unterläge der Frist des § 124, während die
Nichtigkeitssanktion nach § 138 nicht befristet ist.

153 Dh, sobald sich das Konkurrenzproblem stellt, weil neben den Tatbestandsvoraussetzungen des § 123 zugleich auch die des § 138 erfüllt sind, ist § 123 entgegen der hM
nicht lex specialis gegenüber § 138. Die Ansicht der hM, dass § 138 nur dann neben
§ 123 anwendbar sei, wenn besondere Umstände hinzukommen, ist nur dann zutreffend, wenn man sie wie folgt interpretiert: Ein Rechtsgeschäft, das unter Verstoß
gegen § 123 zustande gebracht wurde, ist nicht ohne weiteres auch sittenwidrig und
nichtig nach § 138. Sobald jedoch besondere Umstände zur Täuschung oder Drohung
hinzukommen, die auch die Sittenwidrigkeit des **Inhalts** des Rechtsgeschäfts zur
Folge haben, ist neben § 123 auch § 138 anwendbar (ERMAN/PALM § 138 Rn 6); beide
Vorschriften sind **nebeneinander** anwendbar. Neben § 138 kann § 123 allerdings wohl
nur dann Bedeutung erlangen, wenn die Nichtigkeitssanktion des § 138 nicht dem
Normzweck der verletzten Sittennorm entspricht.

4. § 242

a) Der unterschiedliche Unrechtsgehalt iSv § 242 und § 138

Nach hM ist ein Verstoß gegen Treu und Glauben iSv § 242 ein geringerer Verstoß als **154** ein Sittenverstoß iSv § 138 (so ausdrücklich BAGE 16, 21, 25). § 138 stelle strengere Anforderungen als § 242; denn § 138 verlange ein sittlich vorwerfbares Verhalten (BAGE 16, 21, 25). Zwar sei jeder Verstoß gegen die guten Sitten auch ein Verstoß gegen Treu und Glauben, aber nicht jeder Verstoß gegen Treu und Glauben sei auch ein Verstoß gegen die guten Sitten (BAGE 16, 21, 25; SCHAPP ZBB 1999, 30, 36 ff). Danach wäre es möglich, dass ein Rechtsgeschäft bereits im Zeitpunkt seiner Vornahme zwar treuwidrig, jedoch nicht sittenwidrig ist. Dementsprechend wird vielfach eine – über § 138 hinausreichende – Inhaltskontrolle nach § 242 bejaht (vgl BECKER WM 1999, 709, 717; DAUNER-LIEB AcP 201 [2001] 295, 327 f). Allerdings bezweckt § 242 unmittelbar nur die Ausübungs- oder Durchsetzungskontrolle (SACK WRP 1974, 445, 453; HENSSLER, Risiko als Vertragsgegenstand [1994] 231; ANNUSS BB 2001, 1898, 1900 f; ders BB 2002, 458). Wenn jedoch der Inhalt des Rechtsgeschäfts gegen Treu und Glauben verstößt, so ist zwangsläufig auch die Durchsetzung von Rechten aus diesem Rechtsgeschäft treuwidrig; § 242 eignet sich auf diese Weise mittelbar zur Inhaltskontrolle von Rechtsgeschäften.

Nach der hier vertretenen Ansicht ist diese Unterscheidung von § 242 und § 138 nicht **155** gerechtfertigt. Denn die Sittenwidrigkeitsklausel des § 138 hat eine **umfassende** lückenfüllende Funktion, so dass sich mit ihr **alle** rechtlich zu missbilligenden Rechtsgeschäfte erfassen lassen, die nicht schon am Gesetzwidrigkeitsblankett des § 134 scheitern (oben Rn 25 ff). Jedes Rechtsgeschäft, das bereits bei der Vornahme gegen Treu und Glauben verstößt, ist rechtlich zu missbilligen. Damit verstößt es auch gegen die guten Sitten. Auch **begrifflich** bereitet es Schwierigkeiten, einen Verstoß gegen Treu und Glauben als mit den guten Sitten vereinbar zu bewerten. Sieht man hingegen in der Sittenwidrigkeit iSv § 138 nur eine „gesteigerte Form der Rechtswidrigkeit", dann bedarf es für die Fälle **einfacher Rechtswidrigkeit**, die nicht von anderen Vorschriften erfasst werden (§ 134; §§ 307f usw) der mittelbaren Inhaltskontrolle durch § 242. Diese Flucht in § 242 als Hilfsgeneralklausel wäre jedoch in diesem Fall nur die konsequente Folge einer unnötig restriktiven Auslegung des Begriffs der guten Sitten, dh einer Fehlinterpretation des § 138 (aA ERMAN/PALM § 138 Rn 2).

b) Treuwidrige Berufung auf die Nichtigkeit iSv § 138

Auf die Nichtigkeit nach § 138 kann sich grundsätzlich jedermann berufen, dh sowohl **156** die am Rechtsgeschäft Beteiligten als auch Dritte (oben Rn 91). Die Berufung auf die Nichtigkeit nach § 138 kann jedoch treuwidrig sein, wenn sich seit der Vornahme eines Rechtsgeschäfts die tatsächlichen Umstände oder die Wertanschauungen in einer Weise geändert haben, dass dieses Rechtsgeschäft heute nicht mehr als sittenwidrig erscheint (vgl oben Rn 85). Streitig ist, ob darüber hinaus auch bei unveränderten Tatumständen und Wertanschauungen die Berufung auf die Sittenwidrigkeit und Nichtigkeit eines Rechtsgeschäfts treuwidrig sein kann. Die hM bejaht diese Möglichkeit (BGH WM 1957, 1118, 1121; WM 1957, 1155, 1158; WM 1972, 486, 488; NJW 1980, 2407; NJW 1981, 1439 aE; NJW 1986, 2944, 2945; BAG NJW 1968, 1647, 1648; vgl auch BAG NJW 1976, 1958, 1959; SOERGEL/HEFERMEHL § 138 Rn 61; aA RGZ 160, 52, 56; RGZ 162, 323, 329; Münch-Komm/MAYER-MALY/ARMBRÜSTER § 138 Rn 155; STAUDINGER/DILCHER[12] § 138 Rn 107; differenzierend BGB-RGRK/KRÜGER-NIELAND/ZÖLLER § 138 Rn 40).

157 Insbesondere bei **einseitiger** Sittenwidrigkeit kann es treuwidrig sein, wenn der durch die Sittenwidrigkeit begünstigte Vertragspartner die Nichtigkeit nach § 138 geltend macht (BGH WM 1957, 1158; WM 1972, 486, 488; BGB-RGRK/KRÜGER-NIELAND/ZÖLLER § 138 Rn 40; SOERGEL/HEFERMEHL § 138 Rn 61; **aA** STAUDINGER/DILCHER[12] § 138 Rn 107; grundsätzlich **aA** auch MünchKomm/MAYER-MALY/ARMBRÜSTER § 138 Rn 25; RGZ 160, 52, 56). In sehr seltennen Ausnahmefällen kann es aber auch bei **beiderseitiger** Sittenwidrigkeit treuwidrig sein, wenn sich ein Vertragspartner auf die Sittenwidrigkeit und Nichtigkeit nach § 138 beruft (BGH NJW 1981, 1439; BAG NJW 1968, 1647, 1648; SOERGEL/HEFERMEHL § 138 Rn 61; **aA** RGZ 150, 181, 186; RGZ 162, 323, 329), zB bei einem Vertrag, der sittenwidrig und nichtig ist, weil er einen Verleih pornographischer Spielfilme zum Gegenstand hat (BGH NJW 1981, 1439 f). Nach Ansicht des BAG handelt ein Arbeitgeber, der seinem Buchhalter gestattet hat, als Schweigegeld bestimmte Beträge der Kasse zu entnehmen, rechtsmissbräuchlich, wenn er unter Berufung auf die Sittenwidrigkeit des Vertrags im Wege der Schadensersatzklage Rückzahlung des Schweigegelds verlangt (BAG NJW 1968, 1647, 1648; SOERGEL/HEFERMEHL § 138 Rn 61).

158 Der Einwand der unzulässigen Rechtsausübung muss allerdings auf besonders gelagerte Ausnahmefälle beschränkt bleiben (BGH NJW 1981, 1439, 1440; NJW 1986, 2944, 2945; BAG NJW 1976, 1958, 1959; vgl auch RGZ 160, 52, 56). Denn andernfalls würden sittenwidrige Rechtsgeschäfte auf dem Umweg über Treu und Glauben im praktischen Ergebnis doch wieder entgegen dem Zweck des § 138 Wirksamkeit erlangen (BGH aaO; BAG aaO; SOERGEL/HEFERMEHL § 138 Rn 61). Vor allem darf die Berufung auf § 242 nicht dazu führen, ein sittenwidriges Rechtsgeschäft auch **für die Zukunft** aufrechtzuerhalten (RGZ 150, 181, 186; RGZ 160, 52, 56; BGH NJW 1981, 1439, 1440; BAG NJW 1968, 1647, 1648; NJW 1976, 1958, 1959; SOERGEL/HEFERMEHL § 138 Rn 61), dh sittenwidrige Erfüllungshandlungen auch in Zukunft noch verlangen zu können, zB Prostitution oder die öffentliche Vorführung von Geschlechtsverkehr in einem Nachtlokal (BAG NJW 1976, 1958, 1959).

c) Treuwidrige Berufung auf die Wirksamkeit eines Rechtsgeschäfts

159 An § 242 scheitert die Durchsetzung von Rechten aus Rechtsgeschäften, wenn dies gegen Treu und Glauben verstoßen würde. Das ist vor allem der Fall, wenn sich seit der Vornahme eines wirksamen Rechtsgeschäfts die tatsächlichen oder rechtlichen Umstände so **verändert** haben, dass die Geltendmachung von Rechten aus diesem Rechtsgeschäft treuwidrig wäre.

5.   § 826

160 § 138 und § 826 haben unterschiedliche Regelungsbereiche. Während § 138 Rechtsgeschäfte für nichtig erklärt, wenn ihr Inhalt sittenwidrig ist, sanktioniert § 826 sittenwidrige Schädigungen. Schon daraus folgt, dass ein Verstoß gegen § 138 **nicht ohne weiteres** Schadensersatzansprüche aus § 826 begründet (BGH NJW 1970, 657, 658; MünchKomm/MAYER-MALY § 138 Rn 19). Bei **einseitiger** Sittenwidrigkeit können jedoch beide Vorschriften nebeneinander anwendbar sein, wenn sich die Sittenwidrigkeit nach § 138 aus einem Verhalten ergibt, das zugleich eine sittenwidrige vorsätzliche Schädigungshandlung iSv § 826 darstellt (RGZ 72, 61, 69 f; BGH NJW 1970, 657, 658; vgl auch BGHZ 99, 101, 107). In diesen Fällen werden meist auch Ansprüche aus **culpa in contrahendo**, jetzt § 280 iVm § 311 Abs 2, begründet sein (BGHZ 99, 101, 106 f); diese reichen noch insofern über solche aus § 826 hinaus, als Fahrlässigkeit genügt, nach

§ 278 auch für Erfüllungsgehilfen gehaftet wird, Beweislastvorteile bestehen und die Verjährungsfrist länger ist als die deliktsrechtliche (BGHZ 99, 101, 107, 108). Schadensersatzansprüche aus cic und § 826 können zB begründet sein bei Wucherverträgen oder Knebelungsverträgen (BGHZ 99, 101, 105 f). Die Rechtsfolge dieser Schadensersatzansprüche kann sein, dass dem sittenwidrig Geschädigten die Vorteile aus dem nach § 138 nichtigen Rechtsgeschäft ganz oder teilweise erhalten bleiben (PALANDT/HEINRICHS § 138 Rn 17). Bei beiderseitiger Sittenwidrigkeit werden hingegen idR keine Schadensersatzansprüche eines Vertragspartners gegen den anderen begründet sein.

6.   Die §§ 307 ff (früher §§ 9 ff AGBG)

a)   § 138 und die §§ 307–309 sind nebeneinander anwendbar, wenn ihre Voraus-   **161** setzungen erfüllt sind (BRANDNER, in: ULMER/BRANDNER/HENSEN, AGB-Gesetz [6. Aufl 1990] § 9 Rn 32; SOERGEL/HEFERMEHL § 138 Rn 66; SOERGEL/STEIN vor § 8 AGBG Rn 11; WOLF, in: WOLF/HORN/LINDACHER, AGB-Gesetz [3. Aufl 1994] § 9 Rn 22). Bei der Inhaltskontrolle von Verträgen sind die §§ 307–309 auch dann nicht leges speciales gegenüber § 138, wenn es um die Beurteilung von AGB-Klauseln geht, die eine unangemessene Benachteiligung des Vertragspartners zum Gegenstand haben (**aA** BGB-RGRK/KRÜGER-NIELAND/ZÖLLER § 138 Rn 18; BRUSE BB 1986, 478, 482 ff; BUNTE WM 1984 Sonderbeil 1 S 3, 10 f; ERMAN/PALM § 138 Rn 8; ERMAN/HEFERMEHL/WERNER vor §§ 8, 9 AGBG Rn 5; HÜBNER, AT Rn 903; MünchKomm/MAYER-MALY/ARMBRÜSTER § 138 Rn 8; PALANDT/HEINRICHS § 138 Rn 16; STAUDINGER/DILCHER[12] § 138 Rn 10). Dies folgt zum einen aus dem unterschiedlichen Schutzzweck dieser Regelungen: Die §§ 307–309 bezwecken nach hM nur den Schutz des Vertragspartners (besonders deutlich BGH NJW 1994, 1798; ebenso BGH NJW 1987, 837, 838 sub 3b; NJW 1991, 353, 354; BB 1995, 1554, 1555; M WOLF, in: FS Baur [1981] 147, 153 ff, 168; PALANDT/HEINRICHS § 307 Rn 7; SOERGEL/HEFERMEHL § 138 Rn 66; **aA** HABERSACK, Vertragsfreiheit und Drittinteressen [1992] 172 ff, 176 ff; BAETGE AcP 202 [2002] 972, 979 ff), während § 138 Abs 1 einen umfassenden Schutz aller schutzwürdigen Interessen, dh auch aller schutzwürdigen Interessen Dritter und der Allgemeinheit ermöglicht (WOLF, in: WOLF/HORN/LINDACHER, AGBG [3. Aufl 1994] § 9 Rn 18; BRANDNER, in: ULMER/BRANDNER/HENSEN, AGBG [6. Aufl 1990] § 9 Rn 32). Außerdem ist nach § 307 (früher § 9 AGBG) – anders als bei § 138 – nicht auf die Interessen des **einzelnen** Vertragspartners abzustellen; vielmehr gilt eine „überindividuell-generalisierende, typisierende, von den konkreten Umständen des Einzelfalls absehende Betrachtungsweise" (st Rspr des BGH, vgl BGHZ 98, 303, 308; BGHZ 110, 241, 244; BGH CR 1998, 286, 287; FASTRICH, Richterliche Inhaltskontrolle im Privatrecht [1992] S 310). Ferner würde die Annahme von Spezialität der §§ 307–309 unnötige und unauflösbare Schwierigkeiten bereiten, wenn ein Vertrag sowohl Interessen des Vertragspartners als auch solche der Allgemeinheit und Dritter verletzt.

Das bedeutet: Soweit die Regelungen der §§ 307–309 strenger sind, setzen sich diese   **162** im Ergebnis durch. So kennen zB die §§ 305 ff keine geltungserhaltende Reduktion von Vertragsklauseln, die wegen Übermaßes gegen die §§ 307 ff verstoßen (so zum AGBG BGHZ 84/109, 155; BGHZ 86, 284, 297; BGH NJW 1983, 1320, 1321; WM 1985, 31, 32; BGHZ 98, 303, 311; BGHZ 114, 338, 342 f; BGHZ 120, 108, 122; NJW 2000, 1110, 1113; ebenso jetzt zu den §§ 307 ff PALANDT/HEINRICHS Vorb §§ 307–309 Rn 8; **aA** HAGER JZ 1996, 175). Wenn ein Bierlieferungsvertrag, der die Voraussetzungen des § 305 erfüllt, eine sittenwidrige und treuwidrig lange Bezugsbindung vorsieht, so ist nach dem AGBG die **gesamte** Zeitvereinbarung nichtig; die Tatsache, dass der gleichzeitig verwirklichte Verstoß gegen § 138 nur eine geltungserhaltende Reduktion der sittenwidrig langen zeitlichen

Bindung zur Folge hätte, wirkt sich neben der strengeren Regelung der §§ 305 ff nicht aus. Zur wirksamen Bekämpfung von Verstößen gegen die §§ 307 ff sieht das Unterlassungsklagengesetz (UKlaG), das insoweit an die Stelle von § 13 AGBG getreten ist, eine besondere Verbandsklagebefugnis vor.

163 **b)** Wenn man mit einem Teil der Meinungen in der Sittenwidrigkeit iSv § 138 nur eine Form gesteigerter Rechtswidrigkeit sieht und die Inhaltskontrolle nach den §§ 307 ff für strenger hält (so BGHZ 94, 105, 112 = NJW 1985, 1836; BGHZ 104, 102, 107; BGHZ 120, 300, 303; BGHZ 124, 380, 384; BGHZ 147, 279, 287 [4.]; PALANDT/HEINRICHS Vorb vor § 307 Rn 16; BRANDNER, in: ULMER/BRANDNER/HENSEN, AGBG § 9 Rn 32; ERMAN/HEFERMEHL/ WERNER vor §§ 8, 9 AGBG Rn 5; GRABA, in: SCHLOSSER/COESTER-WALTJEN/GRABA, AGBG [1977] § 9 Rn 8; MICHALSKI BB 1996, 1177, 1178 f; SOERGEL/HEFERMEHL § 138 Rn 66; M WOLF, in: FS Baur [1981] 147, 148 f, 168; ders, in: WOLF/HORN/LINDACHER, AGBG § 9 Rn 16; **aA** AK-BGB/DAMM § 138 Rn 111; HÖNN JZ 1983, 677, 683), dann haben diese Vorschriften bei der Inhaltskontrolle von AGB-Verträgen auch eine **lückenfüllende** Funktion. Diese enge Interpretation des § 138 ist allerdings abzulehnen. AGB-Verträge, die den Vertragspartner des Klauselverwenders entgegen den Geboten von Treu und Glauben unangemessen benachteiligen, verstoßen nicht nur gegen § 307, sondern entsprechen auch nicht den guten Sitten iSv § 138. Schon aus **begrifflichen** Gründen ist es abzulehnen, eine iSd Rechts treuwidrige Benachteiligung eines Vertragspartners als vereinbar mit den guten Sitten iS derselben Rechtsordnung anzusehen. Außerdem hat die Sittenwidrigkeitsklausel des § 138 in ihrem Anwendungsbereich eine umfassende lückenfüllende Funktion, die keine Lücken lässt, die mit § 307 gefüllt werden müssten. Soweit die Ansicht, dass § 307 einen strengeren Prüfungsmaßstab enthalte, als § 138, auf die Begr RegE zum AGBG gestützt wird, ist dies ein Missverständnis. Dort heißt es, dass „für AGB **verschärfte** Inhaltskontrollen notwendig (seien), weil der Verwender vorformulierter Vertragsbedingungen bei der Gestaltung des Vertragsinhaltes die Vertragsfreiheit regelmäßig für sich allein in Anspruch nimmt und den anderen Vertragsteil auf die bloße Abschlussfreiheit beschränkt" (BT-Drucks 7/3919 S 22 zu § 7). Daraus folgt jedoch nur, dass AGB wegen der besonderen Beziehungen der Vertragspartner einer verschärften Inhaltskontrolle bedürfen. Dies ist selbstverständlich auch bei der Konkretisierung der guten Sitten iSv § 138 zu berücksichtigen. Die Tatsache, dass AGB einer verschärften Inhaltskontrolle bedürfen, erlaubt hingegen nicht den Schluss, dass dies nur bei der Anwendung von § 307 relevant werde, während die Gründe für die verschärfte Inhaltskontrolle von AGB bei der Anwendung von § 138 nicht zu berücksichtigen wären.

164 **c)** § 138 reicht in vielen Punkten weiter als die §§ 307 ff. Denn § 138 ist auf **alle Individualvereinbarungen** sowie auf **einseitige** Rechtsgeschäfte anwendbar. Außerdem ist § 307 nach hM nicht anwendbar, wenn ein Vertrag bzw eine Vertragsklausel nicht die Interessen des Vertragspartners, sondern nur solche der Allgemeinheit oder Dritter verletzt; denn § 307 bezweckt nach hM nur den Schutz des Vertragspartners eines Klauselverwenders, was auch in den Worten „Treu und Glauben" und „unangemessene Benachteiligung" zum Ausdruck kommt (s o Rn 161). Ferner unterliegt die Anwendung des § 138 nicht den Beschränkungen, die § 310 für die Anwendung der §§ 305 ff auf dem Gebiet des Arbeits-, Erb-, Familien- und Gesellschaftsrechts vorsieht.

165 Schließlich **war nur** § 138 Abs 1 auf AGB-Verträge anwendbar, wenn im Einzelfall aufgrund der besonderen Beziehungen der Parteien sittenwidrige Tatumstände vorlagen, die bisher bei der nach hM **generell-typisierenden** Anwendung von § 307 nicht berücksichtigt werden konnten (ERMAN/HEFERMEHL/WERNER § 9 AGBG Rn 7; MünchKomm/ KÖTZ § 9 AGBG Rn 5; SOERGEL/STEIN § 9 AGBG Rn 8 ff). Insoweit hat jedoch die AGB-Richtlinie der EG (ABlEG 1993 L 94/29 ff), die bis zum 31. 12. 1994 in nationales Recht umzusetzen war, zu einer Änderung geführt. Denn die Richtlinie schreibt in Art 4 Abs 1 eine **konkret-individuelle** Inhaltskontrolle vor. Dem trägt § 310 Abs 3 Rechnung, der **richtlinienkonform** anzulegen ist; individuelle Umstände können allerdings nur im Individualprozeß berücksichtig werden (PALANDT/HEINRICHS § 310 Rn 19, 20). Außerdem kann man mit § 138 den Anforderungen der Richtlinie Rechnung tragen, wenn man in der Sittenwidrigkeit nicht nur eine gesteigerte Form der Rechtswidrigkeit sieht, sondern § 138 auf alle Rechtsgeschäfte anwendet, deren Inhalt rechtlich zu missbilligen ist.

7. AnfG und InsO (früher KO)

§ 3 AnfG und die §§ 129 ff InsO (früher §§ 29 ff KO) sind leges speciales gegenüber **166** § 138. Nach § 3 AnfG und nach den §§ 129 ff InsO wegen Gläubigerbenachteiligung anfechtbare Rechtsgeschäfte sind deshalb nicht ohne weiteres nach § 138 nichtig, sondern nach den genannten Vorschriften nur anfechtbar (RGZ 56, 229, 230; RGZ 69, 143, 146 f; BGHZ 53, 174, 180; BGH BB 1968, 1057; BGHZ 60, 102, 104; NJW 1973, 513, 514; NJW-RR 1987, 1401; NJW-RR 1990, 143; NJW 1993, 2041 f; BGB-RGRK/KRÜGER-NIELAND/ZÖLLER § 138 Rn 13; ERMAN/PALM § 138 Rn 7; HÜBNER, AT Rn 904; MünchKomm/MAYER-MALY/ ARMBRÜSTER § 134 Rn 51; § 138 Rn 5; SOERGEL/HEFERMEHL § 138 Rn 67; ebenso zum Verhältnis von § 3 AnfG, §§ 29 KO zu § 823 Abs 2 und § 826 BGHZ 56, 339, 355; s auch o § 134 Rn 202, 256, 294). Denn andernfalls wären die Bestimmungen des AnfG und der InsO über die Anfechtung wegen Gläubigerbenachteiligung überflüssig, weil § 138 einerseits nicht nur wirksamere Hilfe böte (Nichtigkeit statt Anfechtbarkeit) und andererseits weniger Voraussetzungen, nämlich nicht den Nachweis der tatsächlich eingetretenen Benachteiligung, erfordern würde (BGH NJW-RR 1987, 1401). Deshalb kommt die Anwendung von § 138 neben § 3 AnfG oder den §§ 129 ff InsO nur in Betracht, wenn weitere **besondere Umstände** hinzutreten, die über den Normaltatbestand der Absichtsanfechtung wegen Gläubigerbenachteiligung hinausgehen (BGH WM 1968, 1057, 1068; BGHZ 53, 174, 180; NJW 1973, 513, 514; NJW-RR 1987, 1401; NJW-RR 1990, 142; NJW 1993, 2041 aE; NJW 1995, 1668; aA H WESTERMANN, Interessenkollisionen und ihre richterliche Wertung bei den Sicherungsrechten an Fahrnis und Forderungen [1956] 25 f).

Dies ist zB grundsätzlich dann der Fall, wenn ein Schuldner sein letztes zur Gläubi- **167** gerbefriedigung taugliches Vermögen einem bestimmten Gläubiger überträgt und dadurch gegenwärtige oder künftige Gläubiger über seine Kreditwürdigkeit täuscht und wenn dabei die Vertragspartner zusammengewirkt haben oder der Begünstigte mit der Möglichkeit des bevorstehenden Zusammenbruchs des Schuldners gerechnet, sich jedoch über diese Erkenntnis grob fahrlässig hinweggesetzt hat (BGH NJW 1995, 1668). § 138 ist auch dann anwendbar, wenn ein unterhaltspflichtiger geschiedener Ehegatte durch eine Reihe planmäßiger, in sich zusammenhängender Maßnahmen seine Erwerbstätigkeit aufgibt, sich seines gesamten greifbaren Vermögens entäußert und es einem mit dem Sachverhalt vertrauten Dritten zuwendet, um auf diesem Wege den Zugriff der geschiedenen Ehefrau wegen ihres Unterhaltsanspruchs zu vereiteln (BGH NJW 1973, 513). Für die Anwendung von § 138 ist es hingegen nicht ausreichend, wenn der Gläubiger, zu dessen Benachteiligung das Rechts-geschäft abgeschlossen worden ist, zum Schuldner in nahen Familienbeziehungen stand und deshalb seine vom Schuldner beabsichtigte Benachteiligung besonders verwerflich erscheinen mag (BGH WM 1958, 1278; WM 1968, 1057; NJW 1973, 513).

8.   § 312 f/HausTWG

168 Haustürgeschäfte, die die Voraussetzungen der §§ 312 f, die am 1.1.2002 an die Stelle des HausTWG getreten sind, erfüllen, sind nicht ohne weiteres auch sitten-widrig. Soweit sie jedoch auch die Voraussetzungen des § 138 BGB erfüllen, ist diese Vorschrift neben § 312 anwendbar, was letztlich einen Vorrang von § 138 bedeutet (vgl BGH NJW 1998, 2356, 2357 [II.]; krit DREXL JZ 1998, 1046, 1056; ders, Die wirtschaftliche Selbstbestimmung des Verbrauchers [1998] § 10 II). Danach ist § 138 auf sittenwidrige „Haustürgeschäfte" nicht nur dann anwendbar, wenn nicht alle Tatbestandsvoraus-setzungen des § 312 erfüllt sind oder – umgekehrt – wenn über § 312 hinaus beson-dere Umstände hinzutreten, sondern in jedem Fall, dh zB auch dann, wenn die Widerrufsfrist des § 312 abgelaufen ist.

9.   Wettbewerbs- und Kartellrecht

169 Bei Wettbewerbsverboten sind § 138 und § 1 GWB iVm § 134 nebeneinander an-wendbar, wenn die Voraussetzungen beider Vorschriften erfüllt sind (BGH NJW 1979, 1605, 1606; NJW-RR 1989, 900; NJW 1994, 384, 386; BGB-RGRK/KRÜGER-NIELAND/ZÖLLER § 138 Rn 15; HEINZE NJW 1973, 492 f; P ULMER NJW 1979, 1585, 1586). Denn diese Vorschriften haben unterschiedliche Schutzzwecke (BGH NJW 1994, 384, 386; ausführlicher unter Rn 299). Wenn ein Vertrag wegen Missbrauchs einer marktbeherrschenden Stellung sittenwidrig ist, dann ist § 138 neben den §§ 19, 20 GWB anwendbar (BGH BB 1971, 1177 f; MünchKomm/MAYER-MALY/ARMBRÜSTER § 138 Rn 8 aE). Verlangt ein Stromlieferant von einem Abnehmer überhöhte Strompreise, die diesen gegenüber anderen Strom-abnehmern in sachlich nicht gerechtfertigter Weise diskriminieren, dann bestehen neben den Rechtsbehelfen aus § 138 auch solche aus § 20 iVm § 33 GWB (BGH NJW 1976, 710, 711).

170 Bei wettbewerbsbeschränkenden Vereinbarungen, die gegen Art 81 EG-Vertrag ver-stoßen, hat Art 81 Abs 2 EG-Vertrag Vorrang vor § 138, soweit die Sittenwidrigkeit auf der tatbestandsmäßigen Erfüllung des Art 81 Abs 1 EG-Vertrag beruht. Verein-barungen, die unter Missbrauch einer marktbeherrschenden Stellung iSv Art 82 EG-Vertrag geschlossen worden sind, werden von § 134 erfasst; sie sind nach § 134 nich-tig, soweit sich aus dem Zweck des Missbrauchsverbots nicht ein anderes ergibt (o § 134 Rn 313); daneben ist für § 138 kein Raum.

Zum Verhältnis des § 138 zum allgemeinen Wettbewerbsrecht vgl o § 138 Rn 7 ff, 44, 70 ff und § 134 Rn 298 ff.

10.   Weitere Konkurrenzen

171 § 241 Nr 4 **AktG** ist lex specialis zu § 138 (BGHZ 15, 382, 384 f); § 241 Nr 4 AktG ist analog auf GmbH-Beschlüsse anwendbar (BGHZ 15, 382, 384). Zum Verhältnis von § 138 zum **KSchG** vgl unten Rn 407 ff.

VII. Das Wucherverbot des § 138 Abs 2*

Einen Sonderfall der Sittenwidrigkeit regelt der Wuchertatbestand des § 138 Abs 2, **172** wonach Rechtsgeschäfte „insbesondere" bei Wucher nichtig sind (RGZ 64, 181, 182;

* **Schrifttum**: BECKER, Die Lehre von der laesio enormis in der Sicht der heutigen Wucherproblematik. Ausgewogenheit als Vertragsinhalt und § 138 BGB (1993); BENDER, Probleme des Konsumentenkredits, NJW 1980, 1129; BLODIG, Der Wucher und seine Gesetzgebung (1892); BRANDAU, Die Sittenwidrigkeit des Konsumenten-Teilzahlungskredites wegen eines überhöhten Entgeltes (1982); BODENBENNER, Rechtsfolgen sittenwidriger Ratenkreditverträge, JuS 2001, 1172; BRUSE, Zur Berücksichtigung Allgemeiner Geschäftsbedingungen bei der Sittenwidrigkeitskontrolle von Konsumentenkreditverträgen, BB 1986, 478; BÜLOW, Sittenwidriger Konsumentenkredit³ (1997); BUNTE, Probleme der Ratenkreditverträge, WM 1984 Sonderbeil 1 S 3; ders, Rechtsanwendungsprobleme im Bereich des Konsumentenkredits, NJW 1985, 705; ders, Rückabwicklung sittenwidriger Ratenkreditverträge, NJW 1983, 2674; P BYDLINSKI, Die Stellung der laesio enormis im Vertragsrecht, JBl 1983, 410; CANARIS, Der Zinsbegriff und seine rechtliche Bedeutung, NJW 1978, 1891; ders, Schranken der Privatautonomie zum Schutze des Kreditnehmers, ZIP 1980, 709; ders, Der Bereicherungsausgleich bei sittenwidrigen Teilzahlungskrediten, WM 1981, 978; ders, Die Auswirkungen der Sittenwidrigkeit von Ratenkreditverträgen auf Folgekreditverträge, WM 1986, 1453; DERLEDER, Der Marktvergleich beim Konsumentenratenkredit als Mittel der Sittenwidrigkeitsprüfung, NJW 1982, 2401; GÖBEL, Übersicherung und Freigabeklauseln in vorformulierten Kreditsicherungsverträgen (1993); GRUNWALDT, Sittenwidriger Ratenkreditvertrag: Kurze Verjährung und vertragsgemäße Verrechnung der Zahlungen, MDR 1995, 125; HACKL, Äquivalenzstörung und Sittenwidrigkeit, BB 1977, 1412; ders, Die guten Sitten als Kontrollinstrument für Kreditgeschäfte, DB 1985, 1327; HADDING, Welche Maßnahmen empfehlen sich zum Schutz des Verbrauchers auf dem Gebiet des Konsumentenkredits? Gutachten zum 53. Deutschen Juristentag (1980);

HAMMEN, Der Maßstab des Doppelten bei der Sittenwidrigkeit von Zinsvereinbarungen, ZBB 1991, 87; HARENBERG, Kontrolle sittenwidriger, wucherischer und unangemessen hoher Preise durch die Rechtsprechung (Diss Göttingen 1981); ders, Sittenwidrige Höhe von Darlehenszinsen, NJW 1981, 99; JOEINIG, Zentralprobleme des Wuchers in Tatbestand und Rechtsfolgen, ÖJZ 2003, 1; Joos, Zur Sittenwidrigkeit von Ratenbarkrediten an Konsumenten wegen fehlender Leistungsäquivalenz (1986); KOCHENDÖRFER, Sittenwidrige Höhe von Darlehenszinsen, NJW 1980, 215; KOZIOL, Sonderprivatrecht für Konsumentenkredite?, AcP 188 (1988) 183; KREBS, Sittenwidrigkeit beim Finanzierungsleasing von Mobilien wegen Wucherähnlichkeit, NJW 1996, 1177; MARTINEK, Der Maklervertrag als wucherähnliches Geschäft? Vorschlag für einen Paradigmawechsel bei der Sittenwidrigkeitskontrolle von Maklerverträgen, JZ 1994, 1048; MÜNSTERMANN, Zur Frage der Sittenwidrigkeit von Konsumenten-Ratenkredit-Verträgen, WM 1982, 1070; MÜSSIGBRODT, Sittenwidrigkeit und Wucher beim Darlehensvertrag, JurA 1980, 697; NÜSSGENS, Zum Verhältnis zwischen § 138 Abs 1 BGB und den Regelungen des AGBG im Bereich des sog Konsumentenkredits (Finanzierter Abzahlungskauf), in: FS Werner (1984) 591; ders, Einzelne Fragen aus dem Bereich des Konsumentenkredits, insbesondere unter Berücksichtigung der neueren Rechtsprechung des Bundesgerichtshofs, FLF 1986, 90; REICH, Reform des Rechts des Konsumentenkredits, JZ 1980, 329; REINHARDT, Der gerechte Preis, ein Bestandteil unserer Rechtsordnung?, in: FS Lehmann (1937) 221; RELLERMEYER, Objektive Bezugsgrößen für die Bewertung von Kreditsicherheiten, WM 1994, 1009 u 1053; RÜHLE, Das Wucherverbot – effektiver Schutz des Verbrauchers vor überhöhten Preisen? (1978); SCHOLZ, Zur persönlichen Schwächesituation des Kreditnehmers bei der Anwendung von § 138 Abs 1 BGB, MDR 1987, 529; SCHWARK, Rechtsfragen des Konsumen-

BGH WM 1981, 404; BGHZ 125, 135, 137 = NJW 1994, 1475; LG Trier NJW 1974, 151, 152). Deshalb verdrängt § 138 Abs 2 die Regelung des § 138 Abs 1 (RGZ 72, 61, 69; RGZ 93, 27, 28 f; BGB-RGRK/KRÜGER-NIELAND/ZÖLLER § 138 Rn 44). Nur wenn ein Tatbestandsmerkmal des § 138 Abs 2 nicht erfüllt ist oder wenn besondere über den Wuchertatbestand hinausgehende Tatumstände hinzukommen, kann § 138 Abs 1 zur Anwendung kommen. Wenn über das Wucherverbot des § 138 Abs 2 hinaus besondere sittenwidrigkeitsbegründende Tatumstände hinzukommen, sind beide Vorschriften nebeneinander anwendbar.

173 In seiner ursprünglichen Fassung schützte § 138 Abs 2 nur gegen das Ausbeuten einer Notlage, des Leichtsinns oder der Unerfahrenheit. Nach seiner Novellierung durch Art 3 des Ersten Gesetzes zur Bekämpfung der Wirtschaftskriminalität (1. WiKG) im Jahre 1976 (BGBl I 2043, dazu BT-Drucks 7/3441 S 40 ff) erfasst § 138 Abs 2 nunmehr die Ausbeutung der Zwangslage, der Unerfahrenheit, des Mangels an Urteilsvermögen oder der erheblichen Willensschwäche des Bewucherten; statt einer „Notlage" ist jetzt nur noch eine „Zwangslage" erforderlich, und statt Leichtsinns genügen jetzt der Mangel an Urteilsvermögen oder eine erhebliche Willensschwäche.

174 Infolge der Angleichung der Formulierungen durch das 1. WiKG deckt sich der Wortlaut des § 138 Abs 2 mit den entsprechenden Regelungen des § 291 StGB (früher § 302a StGB), der ein „Gesetz" iSv § 134 darstellt. Nach wohl hL sind § 138 Abs 2 und § 134 iVm § 291 StGB (früher § 302a StGB) nebeneinander anwendbar (ERMAN/ PALM § 138 Rn 10 aE; PALANDT/HEINRICHS § 138 Rn 76; SOERGEL/HEFERMEHL § 138 Rn 70 aE; STAUDINGER/DILCHER¹² § 138 Rn 106; § 134 Rn 20). Nach **aA** hat § 134 Vorrang vor § 138 Abs 2 (JAUERNIG/JAUERNIG § 138 Anm 19; ebenso wohl auch BGB-RGRK/KRÜGER-NIELAND/ ZÖLLER § 138 Rn 50). ME verdrängt jedoch genau umgekehrt § 138 Abs 2 als zivilrechtliche Sonderregelung des Wuchers die Anwendung des Gesetzwidrigkeitsblanketts des § 134 iVm § 291 StGB (SCHERNER, AT 232; BORK, AT Rn 1158; MünchKomm/MAYER MALY/ARMBRÜSTER § 138 Rn 147). Demgegenüber geht die Regelung des Mietwuchers durch § 5 WiStG über den Wuchertatbestand des § 138 Abs 2 hinaus; § 134 iVm § 5 WiStG und § 138 Abs 2 sind nebeneinander anwendbar. Vorrang hat das Gesetzwidrigkeitsblankett des § 134 nur vor der lückenfüllenden Sittenwidrigkeitsklausel des § 138 Abs 1, nicht vor der Spezialregelung des § 138 Abs 2 (SOERGEL/HEFERMEHL § 138 Rn 76). Neben § 134 iVm § 291 StGB oder § 5 WiStG ist für den lückenfüllenden Tatbestand des § 138 Abs 1 nur Raum, wenn besondere Tatumstände hinzutreten, die über diese Spezialregelungen hinausreichen.

1. Auffälliges Missverhältnis von Leistung und Gegenleistung

a) Allgemeine Anmerkungen

175 Wucher iSv § 138 Abs 2 erfordert ein auffälliges Missverhältnis von Leistung und

---

tenkredits (1986); STURM, Die Neufassung des Wuchertatbestandes und die Grenzen des Strafrechts, JZ 1977, 84; WEBER, Die Nichtigkeit von Teilzahlungsverträgen, NJW 1980, 2062; H P WESTERMANN, Die Bedeutung der Privatautonomie im Recht des Konsumentenkredits, in: FS Hermann Lange (1992) 995; ZITZEWITZ, Ist

bei der Sittenwidrigkeitsprüfung eines Verbraucherkreditvertrages zur Feststellung eines „auffälligen Missverhältnisses" die Absenkung des Nominalzinses nach § 6 VerbrKrG zu berücksichtigen?, VuR 1998, 149; ZWANZIGER, Sondermarkt für Teilzahlungsbanken im Konsumentenratenkredit, BB 1980, 1282.

Gegenleistung. Dies setzt Verträge voraus, die auf einen **Leistungsaustausch** gerichtet sind (BGH NJW 1982, 2767), sei es zwischen den Parteien, sei es zugunsten Dritter. Da § 138 Abs 2 auf alle Verträge anwendbar sein kann, die einen Leistungsaustausch zum Gegenstand haben, ist deren Rechtsnatur für die Anwendung dieser Vorschrift unerheblich.

Nicht vom Wuchertatbestand erfasst werden unentgeltliche Geschäfte, zB Bürg- **176** schaftsverpflichtungen, die wegen einer Zwangslage des Hauptschuldners übernommen werden, da zwischen dem Bürgen und dem Gläubiger kein Leistungsaustausch stattfindet (BGHZ 106, 269, 271 f = NJW 1989, 830, 831), eine vorweggenommene Erbfolge (SOERGEL/HEFERMEHL § 138 Rn 74) oder eine Schenkung.

Ob ein Missverhältnis zwischen Leistung und Gegenleistung **auffällig** ist, muss an- **177** hand einer Gesamtwürdigung aller Umstände des Einzelfalles festgestellt werden. Von erheblicher Bedeutung sind dabei vor allem auch die **Risiken**, die eine Partei zu tragen hat (BGHZ 69, 295, 300 f = NJW 1977, 2356; NJW 1982, 2767; BB 1990, 1509, 1510; dazu HENSSLER, Risiko als Vertragsgegenstand [1994] 227 ff; R SINGER JZ 2001, 195, 196), zB das Risiko der Zahlungsunfähigkeit des Vertragspartners oder des Wertes der bestellten Sicherheiten (BGH NJW 1982, 2767), das Risiko von Preis- und Wertschwankungen während der Vertragslaufzeit, bei Honorarvereinbarungen mit Anwälten der Umfang und die Schwierigkeit ihrer Tätigkeit, was ein Mehrfaches der gesetzlichen Gebühren rechtfertigen kann (BGHZ 144, 343, 346), oder – bei Fluchthelferverträgen – das Lebensrisiko (BGHZ 69, 295, 300 f). Maßgeblich sind immer nur die **objektiven** Werte von Leistung und Gegenleistung (BGH WM 1969, 1255, 1257; WM 1984, 874, 875; NJW 1988, 130, 131 aE; NJW-RR 1990, 950; NJW-RR 1993, 198, 199; NJW 1996, 1204; WM 1997, 230, 232; NJW 1999, 3187, 3190; NJW 2000, 1254, 1255; WM 2000, 1580, 1581; BGHZ 146, 298, 303); ein Affektionsinteresse bleibt außer Betracht (BGH NJW-RR 1993, 198, 199). Besondere Interessen oder Motivationen einer Vertragspartei können nicht für die Prüfung des Äquivalenzverhältnisses, sondern nur für die subjektiven Voraussetzungen der Sittenwidrigkeit Bedeutung erlangen (BGH WM 1987, 352, 354; NJW 2002, 429, 430). Wer sich auf Sittenwidrigkeit beruft, den trifft hinsichtlich des objektiven Wertes der Leistungen die Darlegungs- und Beweislast (BGHZ 53, 369, 379; NJW 1995, 1425, 1429; NJW 2002, 429, 431).

Zu berücksichtigen sind auch die Vermögensvorteile, die nicht dem Vertragspartner, **178** sondern **einem Dritten** versprochen bzw gewährt worden sind (BGH NJW 1980, 1155, 1156; ERMAN/PALM § 138 Rn 14; MünchKomm/MAYER-MALY/ARMBRÜSTER § 138 Rn 145). Die Tatsache, dass eine solche „**Additionsklausel**" durch das 1. WiKG zwar in den Wortlaut des § 302a StGB (jetzt § 291 StGB), nicht jedoch in den des § 138 Abs 2 aufgenommen worden ist (dazu RITTNER DB 1980 Beil 16 S 8) und entsprechende Gesetzesvorschläge erfolglos blieben (vgl Begr RegE BT-Drucks 9/132 und 10/307), erlaubt keinen Umkehrschluss, da man davon ausging, dass die Rechtsprechung § 138 Abs 2 iS der Additionsklausel auslegen werde. Deshalb sind zB beim finanzierten Abzahlungskauf ungeachtet der formalen Trennung von Kauf- und Darlehensvertrag wegen der wirtschaftlichen Einheit alle Leistungen des Käufers/Darlehensnehmers einerseits und alle Leistungen des Verkäufers und des Darlehensgebers andererseits einander gegenüberzustellen (BGH NJW 1980, 1155, 1156; MünchKomm/MAYER-MALY/ARMBRÜSTER § 138 Rn 144; SOERGEL/HEFERMEHL § 138 Rn 74).

179 Miteinander zu vergleichen sind die **marktüblichen** Preise bzw Zinsen mit den **vertraglich** vereinbarten Preisen bzw Zinsen (BGHZ 125, 135, 137; BGH NJW 1999, 3187, 3190; NJW 2002, 55, 56). Als Faustregel gilt, dass ein auffälliges Missverhältnis zwischen Leistung und Gegenleistung besteht, sobald der Wert einer vertraglich vereinbarten Leistung und deren marktüblicher Wert im Verhältnis von 1 zu 2 und mehr stehen; mit einer neueren Formulierung des BGH ist ein besonders auffälliges, grobes Missverhältnis schon dann anzunehmen, wenn der Wert der Leistung **knapp bzw annähernd doppelt so hoch** ist wie derjenige der Gegenleistung (BGH WM 1980, 597 f; WM 1984, 874, 875; NJW-RR 1991, 589; NJW 1992, 899, 900 = WM 1992, 441, 442; NJW 1994, 1344, 1377; NJW 1995, 2635, 2636 = WM 1995, 1575, 1577; WM 1997, 230, 232; NJW-RR 1997, 1460, 1461; WM 1997, 1155 f; NJW-RR 1998, 932, 934; WM 1998, 932, 934; NJW 2000, 1254, 1255; NJW 2000, 1487, 1488; BGHZ 146, 298, 302; NJW 2002, 55, 57; NJW 2002, 429, 432; ZIP 2003, 23; Bork, AT Rn 1161; Larenz/Wolf, AT § 41 Rn 64, 65; MünchKomm/Mayer-Maly/Armbrüster 138 Rn 144; vgl auch Hackl BB 1977, 1412, 1413; Bender NJW 1980, 1129, 1133). Werden diese Größenordnungen nicht erreicht, kann dennoch ein grobes Missverhältnis bestehen, wenn weitere nachteilige Vertragsbedingungen für eine Partei hinzutreten (BGHZ 110, 336, 341 f; BGH WM 1997, 230, 232). Im Einzelfall ist auch schon bei weniger als 100% ein überhöhter Preis anzunehmen (so zu Pachtzinsen grundlegend BGHZ 141, 257 = NJW 1999, 3187). Der Vergleich kann ergeben, dass das vereinbarte Entgelt sowohl wucherisch hoch als auch wucherisch niedrig ist. Wucherisch hoch ist das vereinbarte Entgelt (Preis, Zins), wenn es ca 100% über dem marktüblichen Entgelt liegt; wucherisch niedrig ist es, wenn es nur ca 50% des marktüblichen Entgelts ausmacht (BGH WM 1980, 597; NJW-RR 1991, 589). Beim Vorliegen besonderer Umstände kann jedoch auch eine kleinere Differenz für den Wuchervorwurf genügen bzw – bei hohen Risiken – eine größere Differenz gerechtfertigt sein. Wenn das vereinbarte Entgelt um das Mehrfache vom üblichen abweicht, so kann dennoch ein auffälliges Missverhältnis zu verneinen sein, wenn für die Berechtigung des Entgelts besondere Gründe dargelegt werden können (BGHZ 125, 135, 138). Je weniger ein marktüblicher Preis für die betreffende Leistung feststellbar ist, um so mehr sind alle Umstände des Einzelfalles zu würdigen. Auch speziell beim **Lohnwucher** sind der vertraglich vereinbare Lohn und der marktübliche miteinander zu vergleichen (BAG AuR 2001, 509, 512 m Anm Peter), wobei der Letztere nicht immer mit dem bestehenden Tariflohn gleichgesetzt werden kann, weil manchmal auch nennenswerte außertarifliche Zuschläge zum Tariflohn marktüblich sind. Ist der Tariflohn marktüblich, dann besteht nach Ansicht des BGH (St) und einiger Arbeitsgerichte ein auffälliges Missverhältnis schon bei einem Lohn, der nur 2/3 des Tariflohns beträgt (BGHSt 43, 54 = NJW 1997, 2689 = AuR 1997, 453 m krit Anm Reinecke; LAG Berlin AuR 1998, 468; ebenso Peter AuR 1999, 289, 293; Reinecke NZA Beil zu Heft 3, S 23, 32; ausf dazu Peter AuR 2001, 510 ff). Bei **Mietverträgen** wird ein auffälliges Missverhältnis iSd Wuchertatbestände des § 138 Abs 2, des § 302a StGB (jetzt § 291 StGB) und des § 5 WiStG schon dann angenommen, wenn das übliche Entgelt um mehr als 50% überschritten wird (BGHSt 30, 280, 281; BGH DB 1997, 1555, 1556). Bei **Lizenzverträgen** ist das Verhältnis von Leistung und Gegenleistung rechnerisch zum Zeitpunkt des Vertragsabschlusses häufig nicht feststellbar. Denn es sind gewagte Geschäfte mit Risiken für beide Seiten (RGZ 33, 103, 104; BGH GRUR 1961, 27, 28; ZIP 1995, 1021, 1026). Der Umstand, dass sich die Risiken sehr ungleich ausgewirkt haben, rechtfertigt nicht den Rückschluss auf ein auffälliges Missverhältnis von Leistung und Gegenleistung. Einer solchen Entwicklung kann mit den Grundsätzen des Wegfalls der Geschäftsgrundlage Rechnung getragen werden (BGH ZIP 1995, 1021, 1027 f).

Für die Feststellung, ob ein auffälliges Missverhältnis zwischen Leistung und Gegen- **180** leistung besteht, ist der **Zeitpunkt** des Vertragsabschlusses entscheidend (BGHZ 20, 71, 73; BGH WM 1966, 585, 589; WM 1977, 399, 400; NJW 1983, 2692; BGHZ 107, 92, 96 f; NJW 2000, 1254, 1255), nicht der Zeitpunkt der gerichtlichen Entscheidung (so jedoch OLG Stuttgart BB 1972, 1202). Bei der Feststellung eines auffälligen Missverhältnisses zu diesem Zeitpunkt ist jedoch zu berücksichtigen, ob und in welchem Umfang die Werte von Leistung und Gegenleistung mit einem Verlustrisiko bzw einer Gewinnchance verbunden waren (ausf dazu HENSSLER, Risiko als Vertragsgegenstand [1994] 227 ff, 252 f). Ein **nachträglich** entstehendes Missverhältnis zwischen Leistung und Gegenleistung ist für § 138 nicht relevant, es sei denn, es ist durch ein zusätzliches Rechtsgeschäft entstanden (BGB-RGRK/KRÜGER-NIELAND/ZÖLLER § 138 Rn 47; PALANDT/HEINRICHS § 138 Rn 66; SOERGEL/HEFERMEHL § 138 Rn 75). Sind nach Vertragsabschluss die Marktpreise bzw Zinssätze gesunken, so führt ein **dadurch** nachträglich entstandenes Missverhältnis zwischen Leistung und Gegenleistung nicht zur Anwendbarkeit von § 138 Abs 2 (BGH NJW 1983, 2692). Dementsprechend gilt umgekehrt, dass ein Steigen der marktüblichen Preise und Zinsen nach Vertragsabschluss mit der Folge des nachträglichen Wegfalls des Missverhältnisses einen im Zeitpunkt des Vertragsabschlusses nach § 138 Abs 2 nichtigen Vertrag nicht nachträglich „heilt" (ERMAN/PALM § 138 Rn 29; PALANDT/HEINRICHS § 138 Rn 66). Auch durch eine Änderung der Rechtsanschauung zu den Voraussetzungen eines auffälligen Missverhältnisses bzw zu den subjektiven Tatbestandsvoraussetzungen des § 138 Abs 2 kann ein im Zeitpunkt der Vornahme gültiges Rechtsgeschäft nicht nichtig bzw ein nichtiges Rechtsgeschäft nicht gültig werden. Wenn allerdings ein im Zeitpunkt der Vornahme gültiger Vertrag ein Entgelt vorsieht, das nach der gegenwärtigen Rechtsanschauung wucherisch ist, so steht dem Anspruch auf Leistung der Einwand der unzulässigen Rechtsausübung nach § 242 entgegen (BGH NJW 1983, 2692, 2693; ERMAN/PALM § 138 Rn 29; SOERGEL/HEFERMEHL § 138 Rn 75 aE, 102). Soweit jedoch das Entgelt bereits bezahlt worden ist, kann es nicht nach § 812 zurückgefordert werden (SOERGEL/HEFERMEHL § 138 Rn 75). Eine Sonderregelung für den Ausgleich eines nachträglichen Missverhältnisses von Leistung und Gegenleistung enthält der sog Bestsellerparagraph § 32a UrhG (früher § 36 UrhG; dazu BGH JZ 2002, 147 – Kinderhörspiele) in der Fassung durch das UrhebervertragsG vom 22. 3. 2002 (BGBl 2002 I 1155).

b) Konsumentenkreditverträge mit Kreditinstituten

Ob ein auffälliges Missverhältnis vorliegt, ergibt sich aus einem Vergleich des ge- **181** forderten Zinses, dh des **Vertragszinses**, mit dem **Marktzins** im Zeitpunkt des Vertragsabschlusses (BGH NJW 1983, 1420, 1422). Als Vertragszins gilt der **effektive Jahreszins** (BGH BB 1975, 1129, 1130; NJW 1995, 1146, 1147; WM 2000, 1580, 1581). Bei der Marktzinsberechnung ist vom sog **Schwerpunktzins** auszugehen. Das ist der in den Monatsberichten der Deutschen Bundesbank angegebene durchschnittliche Monatszinssatz für Ratenkredite (BGH WM 2000, 1580, 1581; ZIP 1995, 383, 385, 387; NJW 1991, 832, 833 und 834, 835; WM 1990, 1322, 1323; NJW 1988, 1661, 1662; NJW 1988, 818; NJW 1987, 2220, 2221 sub II 1b; NJW 1987, 181; BGHZ 98, 174, 176 f = NJW 1986, 2564, 2565; NJW 1986, 2568; NJW 1983, 1420, 1421; NJW 1982, 2433, 2434 und 2436, 2437; BGHZ 80, 153, 162 = NJW 1981, 1206; zu Besonderheiten beim Finanzierungsleasing BGH NJW 1995, 1146, 1147 f, m Anm BECKER CR 1996, 149). Dieser ist auch bei der Bewertung eines Kontokorrentkredits oder ähnlicher Kredite mit variablem Zinssatz und festen Rückzahlungs(mindest)raten zugrunde zu legen (BGH NJW 1991, 832, 833). Die Zinsstatistik der Bundesbank für Hypothekenkredite kann nicht generell einen Anhalt für die Bestimmung des angemessenen

Zinssatzes bieten (BGH NJW 1994, 1275). Denn sie bezieht sich nur auf langfristige Bankkredite, die durch erstrangige Grundpfandrechte innerhalb der banküblichen Beleihungsgrenzen abgesichert sind. Anders ist hingegen die Angemessenheit bei kurzfristigen Darlehen zu bestimmen, für die nur nachrangige Sicherheiten bestehen, die den zunächst angesprochenen Banken nicht mehr ausreichend erschienen (BGH NJW 1994, 1275; WM 1990, 1322, 1323 sub II 2b). Problematisch ist, ob die gesetzlich in § 494 Abs 2 S 2 (früher § 6 Abs 2 S 2 VerbrKrG) vorgesehene Ermäßigung des Zinssatzes bei bestimmten Formmängeln in Verbraucherkreditverträgen bei der Feststellung eines auffälligen Missverhältnisses zu berücksichtigen ist. Dafür spricht, dass diese Vorschrift mit ihrer differenzierten Folgenregelung Vorrang vor den allgemeinen Vorschriften des BGB genießt. Andererseits hätte die vorrangige Anwendung dieser Regelung zur Folge, dass der Verbraucher schlechter stünde, als wenn es diese Regelung nicht gäbe und deshalb nach hM die ganze Zinsvereinbarung nichtig wäre. Dies widerspricht dem Zweck des besonderen Verbraucherschutzes durch das Verbraucherkreditrecht der §§ 491 ff (früher VerbrKrG). Deshalb ist bei der Bestimmung des auffälligen Missverhältnisses von Leistung und Gegenleistung die Ermäßigungsregelung des § 494 Abs 2 S 2 nicht zu berücksichtigen (ZITZEWITZ VuR 1998, 149, 151).

182 Ein auffälliges Missverhältnis zwischen Leistung und Gegenleistung besteht idR dann, wenn der als effektiver Jahreszins berechnete Vertragzins rund doppelt so hoch ist wie der Marktzins (iS des Schwerpunktzinses), dh bei einem **relativen** Unterschied von ca 100% (BGH NJW 1988, 818; NJW 1988, 1661, 1662; BGHZ 104, 102, 105 = NJW 1988, 1659; BGHZ 110, 336, 338 f = NJW 1990, 1595, 1596; BGH NJW 1995, 1019; BGH NJW 1995, 1146, 1148). Da es sich jedoch nicht um eine starre Grenze handelt, kann die Anwendung von § 138 Abs 1 auch dann gerechtfertigt sein, wenn die relative Zinsdifferenz zwischen Vertragzins und Marktzins zwar nur zwischen 90 und 100% liegt, jedoch sonstige den Kreditnehmer unbillig belastende Umstände hinzukommen (BGH NJW 1982, 2433, 2435; NJW 1982, 2436, 2437; NJW 1987, 183 = WM 1986, 1517, 1518; NJW 1988, 696; NJW 1988, 1661, 1662 aE; BGHZ 104, 102, 105 = NJW 1988, 1659, 1660; BGHZ 110, 336, 338 = NJW 1990, 1595), zB eine Verzugsregelung, die den Kreditnehmer übermäßig belastet, sofern eine gewisse Wahrscheinlichkeit für einen Verzug besteht (BGH NJW 1982, 2436, 2437), oder wenn durch die Ablösung eines Fremdkredits erhebliche Umschuldungsnachteile entstanden sind (BGH NJW 1988, 818, 819; NJW 1990, 1048, 1049; NJW 1990, 1597, 1598). Andererseits kann auch bei einem Vertragzins, der den Schwerpunktzins um 110% überschreitet, ein auffälliges Missverhältnis zu verneinen sein, wenn der Kredit in einer **Niedrigzinsphase** langfristig ohne Zinsanpassungsklausel gewährt wurde (BGH NJW 1991, 834, 835).

Bei einem **relativen** Zinsunterschied von weniger als 90% hat der BGH hingegen ein auffälliges Missverhältnis grundsätzlich verneint (BGH NJW 1982, 2433, 2434; NJW 1982, 2436 f; BGHZ 99, 333, 336 = NJW 1987, 941, 944; NJW 1988, 1661, 1662 aE [81 u 84%]; BGHZ 104, 102, 105 = NJW 1988, 1659, 1660; BGHZ 110, 336, 338 = NJW 1990, 1595), es sei denn, es liegt ein außergewöhnlich hoher **absoluter** Zinsunterschied vor und es kommen besondere Umstände hinzu (BGHZ 104, 102, 105 f = NJW 1988, 1659, 1660; BGHZ 110, 336, 338 aE = NJW 1990, 1595). Insoweit misst der BGH einem absoluten Zinsunterschied von etwa **zwölf Prozentpunkten** zwischen Vertragzins und Marktzins eine Richtwertfunktion für ein auffälliges Missverhältnis bei (BGHZ 110, 336, 339 f mwNw = NJW 1990, 1595 [12,66%]; vgl auch BGHZ 104, 102, 106 [13,58%]; nicht ausreichend 11,5% nach BGH WM 1989, 1675, 1676 sub II

2; PALANDT/HEINRICHS § 138 Rn 27). Als überholt anzusehen und abzulehnen ist die bis etwa 1978 hM, die bei der Frage nach einem auffälligen Missverhältnis von Leistung und Gegenleistung **generell** auf eine feste Zinshöhe abgestellt und die Grenze zuletzt bei etwa 28 bis 30% gezogen hat. Denn die marktüblichen Zinsen schwanken ständig und zT recht erheblich; Hochzinsphasen und Niedrigzinsphasen wechseln einander ab.

Bei der Prüfung eines auffälligen Missverhältnisses zwischen Leistung und Gegen- **183** leistung beim Ratenkreditvertrag sind die Kosten einer **Restschuldversicherung** weder bei der Berechnung des Vertrags- noch des Marktzinses zu berücksichtigen, da sie grundsätzlich beiden Seiten gleiche Vorteile bringt (BGH NJW 1982, 2433, 2434; NJW 1982, 2436, 2437 [in Abgrenzung zu BGHZ 80, 153]; BGHZ 99, 333, 336 = NJW 1987, 944; NJW 1988, 818; NJW 1988, 1661, 1662 sub 2d; BGHZ 104, 102, 104 = NJW 1988, 1659; NJW 1989, 3217; NJW 1990, 1048, 1049; MünchKomm/MAYER-MALY/ARMBRÜSTER § 138 Rn 119, 146). Die **Vermittlerkosten** sind hingegen grundsätzlich nicht beim Marktzins, sondern nach ständiger Rechtsprechung des BGH beim Vertragszins zu berücksichtigen, da die Einschaltung eines Kreditvermittlers im Allgemeinen im weitaus überwiegenden Interesse der Banken liegt (BGH NJW 1986, 376; NJW 1986, 2568; NJW 1987, 181; NJW 1987, 2220, 2221; NJW 1988, 1659, 1660; NJW 1988, 1661, 1662; BGHZ 104, 102, 104 = NJW 1988, 1659; NJW 1990, 1048, 1049; MünchKomm/MAYER-MALY/ARMBRÜSTER § 138 Rn 146; PALANDT/HEINRICHS § 138 Rn 26; SOERGEL/HEFERMEHL § 138 Rn 74, 89; **aA** CANARIS ZIP 1980, 709, 714; KOZIOL AcP 188 [1988] 183, 214 f; STAUDINGER/DILCHER[12] § 138 Rn 99). Von diesem Grundsatz ist dann eine Ausnahme zu machen, wenn sich aus den Umständen des Einzelfalles ergibt, dass die Tätigkeit des Vermittlers nicht so sehr im Interesse der Bank, sondern des Kreditnehmers lag oder ihm besondere Vorteile gebracht hat (BGH NJW 1987, 181, 182; PALANDT/HEINRICHS § 138 Rn 26; SOERGEL/HEFERMEHL § 138 Rn 89; STAUDINGER/DILCHER[12] § 138 Rn 99). Eine Ausnahme gilt ferner dann, wenn der Kreditgeber von der Vermittlung nichts wusste (BGH WM 1987, 1331 f). Beim Vertragszins zu berücksichtigen sind auch einmalige **Bearbeitungsgebühren** und ähnliche Gebühren (BGH NJW 1982, 2433, 2434).

Unterschiede der internen Kostenstruktur der einzelnen Typen von Kreditinstituten **184** rechtfertigen es nicht, dem Schwerpunktzins die Eignung für die Wertbemessung abzusprechen (BGHZ 80, 153, 163 f = NJW 1981, 1206; NJW 1982, 2433, 2434; NJW 1983, 1420, 1421 sub III 1; BGHZ 98, 174, 177 = NJW 1986, 2564; BENDER NJW 1980, 1129; REICH JZ 1980, 329, 334; HACKL DB 1985, 1327, 1329; MünchKomm/MAYER-MALY/ARMBRÜSTER § 138 Rn 119; PALANDT/HEINRICHS § 138 Rn 26; SOERGEL/HEFERMEHL § 138 Rn 93; krit KOZIOL AcP 188 [1988] 183, 195 ff). Denn den unterschiedlichen Kostenstrukturen wird bereits dadurch Rechnung getragen, dass sie den Schwerpunktzins um ca 100% überschreiten dürfen (PALANDT/HEINRICHS § 138 Rn 26).

c) Sonstige Kreditverträge

Die zu den Konsumentenkreditverträgen mit Kreditinstituten entwickelten Regeln **185** sind nur beschränkt auf andere Typen von Kreditverträgen übertragbar.

aa) Bei Krediten **an Gewerbetreibende** zu einem Zinssatz – je nach dem Zeitpunkt **186** der Rückzahlung – zwischen 94% und 180% besteht – auch bei wertlosen Sicherheiten – ein auffälliges Missverhältnis; jedoch greift die Vermutung, dass der subjektive Tatbestand vorliegt, nicht ein (BGH NJW 1982, 2767; NJW 1991, 1810).

187 bb) Die 100%-Regel und die Vermutung des subjektiven Tatbestandes gilt nicht für Gelegenheitskredite von **nichtgewerbsmäßigen Darlehensgebern** (BGH NJW-RR 1990, 1199 = BB 1990, 1509, 1510; NJW 1994, 1056, 1057). Bei einem risikoreichen Darlehen für etwa 6 Wochen besteht kein auffälliges Missverhältnis bei einem Auszahlungsbetrag von 72.000,– DM und einem Rückzahlungsbetrag von 90.000,– DM; bei einem kurzfristigen Darlehen kann die Vergütung nicht ohne weiteres auf einen Jahresbetrag hochgerechnet und mit dem marktüblichen Zinssatz von Banken verglichen werden (BGH NJW 1994, 1056).

188 cc) Die Kombination von **Lebensversicherung** und Konsumentenkredit ist nach ihrem wirtschaftlichen Zweck mit einem üblichen Ratenkredit vergleichbar (BGHZ 111, 117, 120; WM 1989, 665; vgl auch WM 1988, 364). Deshalb kann die Gesamtbelastung des Verbrauchers aus Kreditzinsen und Versicherungsprämie beim Effektivzinsvergleich der marktüblichen Belastung aus einem Ratenkredit mit Restschuldversicherung gegenübergestellt werden (BGHZ 111, 117, 121; REIFNER ZIP 1988, 817, 819; aA KOHTE ZBB 1989, 130, 139). Belastungsmindernd zu berücksichtigen ist die Gewinnbeteiligung (BGHZ 111, 117, 122 f; WM 1988, 364, 366; aA SCHMELZ/KLUTE NJW 1988, 3113, 3116 f; KOHTE ZBB 1989, 130, 138; OLG Celle WM 1989, 847, 849) und ein etwaiger mit der Versicherung verbundener Steuervorteil (BGH WM 1988, 364, 366; REIFNER ZIP 1988, 817, 821 f; offengelassen in BGHZ 111, 117, 123; aA REIFNER VuR 1986, 6, 10 f; KOHTE ZBB 1989, 130, 138). Wenn die Vertragskombination aus Lebensversicherung und Kredit für den Kunden ungünstiger ist als ein üblicher Ratenkredit, bedarf dies der Rechtfertigung (BGHZ 111, 117, 120).

189 dd) Streitig ist die Anwendbarkeit der zum Darlehenswucher entwickelten Kriterien für die Feststellung eines auffälligen Missverhältnisses auf das **Finanzierungsleasing**. ZT wird die Ansicht vertreten, diese Kriterien seien wegen der „Finanzierungsfunktion" des Finanzierungsleasing ohne weiteres übertragbar (OLG Karlsruhe NJW-RR 1986, 217). Gegen die Übertragbarkeit wird hingegen eingewendet, dass der Leasingvertrag kein Darlehensvertrag, sondern ein atypischer Mietvertrag sei und die Leistungen des Leasinggebers wegen höherer Aufwendungen umfangreicher seien als die eines Darlehensgebers (OLG München NJW 1981, 1104; OLG Saarbrücken NJW-RR 1988, 243; OLG Celle NdsRpfl 1990, 249; OLG Hamm NJW-RR 1994, 1467; BUNTE EWiR 1986, 115; REINKING/NIESSEN NZV 1993, 49). Zustimmung verdient die Ansicht, dass nicht in erster Linie die Rechtsnatur des Leasingvertrages maßgeblich ist (BGH NJW 1995, 1019, 1020), sondern dass – wie auch bei Ratenkreditverträgen – ein Vergleich der konkret vereinbarten Leasingrate („Vertragspreis") mit den auf dem Markt üblichen Leasingraten für entsprechende Objekte (Marktpreis) vorgenommen werden muss (BGH NJW 1995, 1019, 1020; NJW 1995, 1146, 1147; ebenso KREBS NJW 1996, 1177, der die BGH-Entscheidungen jedoch in Bezug auf die praktische Anwendung dieses Ansatzes heftig kritisiert). Ein objektives Missverhältnis liegt vor, wenn der Vertragspreis den Marktpreis um 100% übersteigt (BGH NJW 1995, 1019, 1020 f).

190 Wenn sich ein übliches Entgelt mangels aussagekräftiger Vergleichsvorgänge und Vergleichsobjekte nicht feststellen lässt, ist hilfsweise von den für Ratenkreditverträge entwickelten Kriterien auszugehen (BGH NJW 1995, 1019, 1021; NJW 1995, 1146, 1147). Dabei können höhere Aufwendungen, die der Leasinggeber nachweisbar im Vergleich zum Geldkreditgeber hat, durch einen entsprechenden Zuschlag zum Schwerpunktzins berücksichtigt werden, zB Gewerbesteuer oder höhere Refinanzierungskosten (BGH NJW 1995, 1019, 1021; NJW 1995, 1146, 1147). Eine Abwandlung ist notwendig bei **Teilamortisationsverträgen** (vgl dazu BGH NJW 1995, 1146, 1147 f unter Bezugnahme auf SCHMIDT/SCHAMM DB 1989, 2109, 2112).

d) Sonstige Verträge

aa) Ein auffälliges Missverhältnis wurde **bejaht** in folgenden Fällen: ganz allge-   **191** mein, wenn der Wert des Grundstücks (knapp) doppelt so hoch ist wie der Kaufpreis (BGHZ 146, 298, 302; weitere Angaben in Rn 179); beim Verkauf eines **Grundstücks** im Wert von ca 80.000,– DM zum Preis von 45.000,– DM, ohne dass mit dem Geschäft ein wirtschaftliches Risiko verbunden war (BGH WM 1980, 597 f), im Wert von 400.000,– DM zum Preis von 220.000,– DM (BGH NJW-RR 1991, 589), im Wert von 300.000,– DM zu ca 125.000,– DM (BGH NJW-RR 1993, 198, 199) oder – diesmal zu teuer – beim Verkauf eines Grundstücks im Wert von 164.000,– DM zum Preis von 300.000,– DM (BGH WM 1984, 874, 875), im Wert von ca 64.500,– DM zum Preis von 138.000,– DM (BGH NJW-RR 1990, 950); beim Verkauf mangelhafter **Eigentumswohnungen** im Wert von zusammen 30.000,– DM zum Preis von 160.000,– DM (BGH NJW 1992, 899, 900 sub II 2); beim Verkauf eines Anteils an einer Eigentumswohnung im sog **Time-sharing-Modell**, wenn der dabei zu bezahlende Quadratmeterpreis bei etwa dem 7–10-fachen des für solche Eigentumswohnungen in der betreffenden Gegend üblichen Preises liegt (BGHZ 125, 218, 227 f = NJW 1994, 1344, 1347; LG Berlin NJW-RR 1995, 754, 755; LG Duisburg NJW-RR 1995, 883, 884; vgl auch LG Detmold NJW 1994, 3301; LG Tübingen NJW-RR 1995, 1142), auch wenn in Time-sharing-Modellen noch höhere Preise verlangt werden; beim Kauf von Chemikalien für eine Galvanisierungsanlage zu einem Preis, der über 1.000% über dem angemessenen liegt (BGH WM 1982, 849); bei einem **Pachtvertrag** über Gewerberäume, wenn der Pachtzins rund 145% über dem marktüblichen liegt (OLG Stuttgart NJW-RR 1993, 654); bei gewerblichen Miet- und Pachtverträgen, wenn der Miet- oder Pachtvertrag „um knapp" 100% höher oder niedriger ist als der objektive Marktwert (BGH NJW-RR 2002, 1521 f); zur Bewertung einer Gaststättenpacht ist die sog **EOP-Methode** (an der Ertragskraft orientierte Pachtwertfindung) ebenso wenig geeignet (BGH NJW 1999, 3187, 3190; NJW 2002, 55, 56; NJW-RR 2002, 1521, 1522) wie ähnliche, zB an der Umsatzerwartung je Sitzplatz, ausgerichtete Methoden (BGH NJW 2002, 55, 56; aA OLG München NZM 2000, 1059, 1061); bei der Bewertung einer Einlage eines Gesellschafters in der Eröffnungsbilanz mit weniger als 30% ihres Wertes (BGH WM 1975, 325, 327 [zu § 826]; bei einem um 220% überhöhten Kaufpreis für einen GmbH-Anteil OLG München BB 1995, 2235); der BGH hat die Annahme der Revision abgelehnt (Hinweis in ZIP 1995, A 110 Nr 270); bei einem Vergleich über die Abfindung einer **Versorgungsanwartschaft** im Wert von 110.000,– DM gegen Zahlung von 5.000,– DM (BAG DB 1986, 548); bei einem zinslosen Darlehen in Höhe von 175.200,– DM mit 40-jähriger Rückzahlungsfrist in Raten gegen die vertraglich nicht festgelegte und fehlgeschlagene Hoffnung auf eine Beteiligung oder Beschäftigung im Betrieb des Darlehensnehmers (BGH WM 1988, 195, 196); bei einem **Werklohn**, der mit 499,50 DM fast das Dreifache des üblichen und angemessenen Werklohns in Höhe von höchstens 187,– DM betrug (LG Nürnberg BB 1973, 777); bei einer **Maklerprovision** in Höhe des 4–8fachen des Üblichen, da dadurch der Bruttogewinn des Kunden sinkt und der Makler Herr des Geschäfts wird, ohne die Risiken zu übernehmen (BGH WM 1976, 289, 290 [eine Million DM an Provision für die Vermittlung eines Kredits in Höhe von sechs Millionen DM]; BGHZ 125, 135, 137 f); bei einer Provision von 6% zuzüglich 13% MWSt für die Vermittlung eines Kredits in Höhe von 1,2 Millionen DM bei ortsüblichen Provisionen in Höhe von 1% (OLG Oldenburg NJW-RR 1986, 857 f; vgl auch BGH WM 1976, 289); bei einer Provision von 50.000,– DM für die Vermittlung eines Kredits in Höhe von 4.500,– DM (LG Aachen NJW-RR 1987, 741); bei einem durch Schuldanerkenntnis „abgesicherten" Entgelt in Höhe von rund 80.000,– DM für einen Nachtclubbesuch (BGH NJW 1987, 2014, 2015; der BGH anerkannte jedoch einen Betrag in Höhe von 4.675,– DM; krit dazu TIEDTKE ZIP 1987, 1089 ff, 1095 f); bei einem Entgelt von 116.000,– DM für 40-jährige Grabpflege bei einem Wert der Grabpflege von 65.000,– DM (LG München NJW-RR 1989, 197); bei einer Vergütung von 4.985,– DM für 4 **Partnervermittlungsvorschläge** (AG Eltville FamRZ 1989, 1299 f; anders bei Vergütung von 3.075,– DM für 25 Partnervermittlungsvorschläge, LG Krefeld MDR 1984, 491 f); bei einer Vergütung von 9.120,– DM für wertloses Adressenmaterial bei einem Partnerschaftsvermittlungsvertrag (OLG Celle NJW-RR 1988, 1516); bei Aufwendungen des Käufers für einen **finanzierten Kauf** einer Heißmangel in Höhe von 10.520,– DM im Vergleich mit nur ca 4.330,– DM zu marktüblichen Bedingungen (BGH NJW 1980, 1155, 1156); bei einem **Mietkauf** eines Spielgeräts zu Gesamtkosten in Höhe des 2½fachen gegenüber dem Marktüblichen (BGH NJW 1979, 758); bei einem Zweijahresmietzins für Zigarettenautomaten, der die tatsächlichen Aufwendungen des Wucherers um mehr als das 3fache übersteigt (LG Frankfurt NJW 1964, 255, 256); bei vollständiger Überbürdung der Produktionskosten auf einen Künstler in einem **Verwertungsvertrag** über Unterhaltungsmusik (BGH NJW-RR 1989, 746, 747 sub II 1a); bei einem Zuschlag von 13,41 % durch ein E-Werk mit örtlicher Monopolstellung ohne eigene Marktleistung für die Stromlieferungen eines anderen Werks (BGH LM Nr 4 zu § 138 [Cc] BGB); bei der Vereinbarung einer „**Hungerprovision**" in einem Vertrag mit einem Einfirmenvertreter (dazu EVERS BB 1992, 1365); zum Lohnwucher vgl u Rn 387 ff; zur Sittenwidrigkeit von Unfallversicherungsprämien vgl vHIPPEL BB 1997, 218 ff.

192 bb) Ein auffälliges Missverhältnis wurde **verneint** in folgenden Fällen: bei einem Kaufpreis von 2/3 des objektiven Wertes (BGH LM Nr 4 zu § 138 [Ba] BGB); idR bei einem ungewöhnlich hohen **Liebhaberpreis** für ein Grundstück in einem Naturschutzgebiet (BGH DNotZ 1977, 102, 104); bei einer Vergütung von 3.075,– DM für 25 Partnervorschläge (LG Krefeld MDR 1984, 491). Nach einer Verordnung vom 1. 6. 1976 über den Geschäftsbetrieb der Pfandleiher ist wegen der idR geringen Kreditbeträge, der kurzen Laufzeiten und des Arbeitsaufwands ein Zinssatz bis 1.080 % pa zulässig, obwohl wegen der Pfandbestellungen kaum Risiken bestehen (vgl den Hinweis durch KOZIOL AcP 188 [1988] 183, 186). In Frage gestellt hat der BGH 1997 (WM 1998, 932, 934) eine Entscheidung von 1979, in der er Sittenwidrigkeit verneint hatte, obwohl die Gegenleistungen des Erwerbers eines Billardgeräts dessen Wert um das Zweieinhalbfache überstiegen hatten (WM 1979, 491, 492).

193 cc) **Weitere Fälle:** Auf einem „**grauen Markt**" für ausverkaufte Eintrittskarten zum Endspiel der Fußball-WM in Rom 1990 ist ein Preis in Höhe von 3.250,– DM, der den offiziellen in Höhe von ca 355,– DM um ein Mehrfaches übersteigt, nicht wucherisch; denn es ist nicht ungewöhnlich, dass sich für knappe Güter – zB Gemälde oder am Postschalter nicht mehr erhältliche Briefmarken – ein Marktpreis herausbildet, der ein Vielfaches des ursprünglichen Abgabepreises beträgt (OLG Köln OLGZ 1993, 193, 194; ERMAN/PALM § 138 Rn 118; PALANDT/HEINRICHS § 138 Rn 67). Bei **Übererlösklauseln**, die einem Makler eine bestimmte Provision vom Übererlös sichern, kommt es darauf an, wie sicher der Übererlös vorhersehbar ist und auf Leistungen des Maklers beruht (SOERGEL/HEFERMEHL § 138 Rn 104). Ist ein bestimmter Übererlös mit einer gewissen Sicherheit vorhersehbar, so besteht bei einer Provision von 27,77 % des Übererlöses

im Vergleich zu einer üblichen Provision von 3% bzw der eines Doppelmaklers von
kaum einmal 6% ein auffälliges Missverhältnis (BGHZ 125, 135, 138 f = NJW 1994, 1475,
1476). Ein Missverhältnis besteht hingegen nicht, wenn offen ist, ob und in welcher
Höhe der Übererlös erzielt werden kann (BGH NJW-RR 1994, 559; WM 1969, 886 u 1628).
Das Versprechen einer unverhältnismäßig hohen **Vertragsstrafe** ist nicht ohne weiteres sittenwidrig und insgesamt nichtig; vielmehr kann sie nach § 343 herabgesetzt
werden (RGZ 114, 304, 307; SOERGEL/HEFERMEHL § 138 Rn 106). Anderes gilt jedoch für eine
Vertragsstrafe, die einem Kaufmann versprochen wird, da insoweit die Herabsetzung
nach § 343 durch § 348 HGB ausgeschlossen ist.

2. Der subjektive Tatbestand des § 138 Abs 2

Der Wuchertatbestand des § 138 Abs 2 verlangt neben einem auffälligen Missver-   **194**
hältnis von Leistung und Gegenleistung auch die Verwirklichung eines subjektiven
Tatbestandes, nämlich die Ausbeutung der Zwangslage, der Unerfahrenheit, des
Mangels an Urteilsvermögen oder der erheblichen Willensschwäche des Bewucherten. Diese subjektiven Tatbestandsmerkmale werden wegen der weitreichenden
Rechtsfolgen des § 138 Abs 2 – auch die Erfüllungsgeschäfte sind nichtig! – verhältnismäßig eng ausgelegt (vgl BGH WM 2000, 1580, 1581 [3 a]). Verbleibende Schutzlücken
schließt die Rechtsprechung mit § 138 Abs 1 unter dem Gesichtspunkt „wucherähnliche" Verträge (zur Problematik dieses Vorgehens unten Rn 228 f). Der subjektive Tatbestand des § 138 Abs 2 grenzt den Wucher von der **gemischten Schenkung** ab, die
eine Einigung der Parteien über die teilweise Unentgeltlichkeit voraussetzt (BGHZ 82,
274, 281 = NJW 1982, 43; NJW 2002, 3165, 3166). Genau genommen handelt es sich bei dem
„subjektiven Tatbestand" des § 138 Abs 2 um zwei Tatbestandsmerkmale: auf Seiten
des Bewucherten um das Vorliegen einer Zwangslage usw sowie auf Seiten des
Wucherers um deren Ausbeutung (vgl HENSSLER, Risiko als Vertragsgegenstand 206 f).

a) Ausbeutung einer Zwangslage
In der Neufassung des § 138 Abs 2 von 1976 ist der Begriff der Notlage durch den der **195**
Zwangslage ersetzt worden. Nach den Materialien zu § 138 Abs 2 nF liegt eine
Zwangslage vor, wenn durch wirtschaftliche Bedrängnis oder durch Umstände anderer Art für den Betroffenen ein dringendes Bedürfnis nach einer Geld- oder Sachleistung besteht (BT-Drucks 7/3441 S 40 aE; ERMAN/PALM § 138 Rn 21; STURM JZ 1977, 84, 86).
Dieser neue Begriff der Zwangslage umfasst zwar den der Notlage iS des § 138 Abs 2
aF, so dass auf die Rechtsprechung dazu zurückgegriffen werden kann; der Begriff
reicht jedoch weiter (BGH NJW 1982, 2767, 2768). Über eine Notlage hinaus umfasst der
(neue) Begriff der Zwangslage auch jede andere drohende Gefahr schwerer **wirtschaftlicher** Nachteile (BGH NJW 1994, 1275, 1276; MünchKomm/MAYER-MALY/ARMBRÜSTER
§ 138 Rn 149; PALANDT/HEINRICHS § 138 Rn 70; SOERGEL/HEFERMEHL § 138 Rn 78).

Eine Zwangslage iSv § 138 Abs 2 besteht bei **existenzgefährdender** wirtschaftlicher **196**
Geldnot (BGH NJW 1957, 1274). Ein Darlehensnehmer befindet sich in einer solchen
Zwangslage, wenn infolge seiner Geldnot seine wirtschaftliche Existenz bedroht ist
(BGH NJW 1994, 1275, 1276; ebenso die Rechtsprechung zu § 138 Abs 2 aF, vgl BGH NJW 1982,
2767, 2768). Das ist der Fall, wenn ihm ein empfindlicher Verlust seines inländischen
oder ausländischen Vermögens droht, falls er keinen Kredit erhält und deshalb nicht
in einer bestimmten Zeit eine bestimmte Zahlung leisten kann (BGH NJW 1982, 2767,
2768). Dazu gehört auch eine drohende Konkursgefahr (BGH NJW 1982, 2767, 2768).

197 Auch **nicht primär wirtschaftliche** Gründe können ein zwingendes Bedürfnis nach Geld- oder Sachleistungen und damit eine wirtschaftliche Zwangslage iSv § 138 Abs 2 auslösen (Begr RegE BT-Drucks 7/3441 S 40 aE; Bork, AT Rn 1164). Dazu gehören gesundheitliche Gründe, zB Pflegebedürftigkeit (BGH WM 1981, 1050, 1051). Eine Zwangslage besteht auch, wenn jemand aus **gesundheitlichen** Gründen überteuerte Heilbehandlungen oder Sachleistungen, zB Medikamente, akzeptiert (BGH WM 1981, 1050, 1051; Dörner, in: FS Stree/Wessels [1993] 997, 1008) oder aufgrund einer besonderen psychischen Zwangslage zu einer unwiderruflichen Erbeinsetzung veranlasst wird (BGHZ 50, 63, 71). Eine Zwangslage ist danach auch anzunehmen, wenn das zwingende Bedürfnis nach einer Geld- oder Sachleistung die Folge von Alkohol- oder Drogenabhängigkeit ist. Eine Zwangslage wird auch bejaht, wenn immaterielle Güter, zB der gute Ruf, bedroht sind (BGH BB 1958, 1153; BGB-RGRK/Krüger-Nieland/Zöller § 138 Rn 57; MünchKomm/Mayer-Maly/Armbrüster § 138 Rn 149; Soergel/Hefermehl § 138 Rn 78). Auch **politische** Gründe können eine Zwangslage auslösen. Wer aus politischen Gründen fliehen muss und dafür finanzielle Hilfe benötigt, befindet sich in einer solchen Zwangslage (BGHZ 69, 295, 299 = NJW 1977, 2358 f betr Fluchthelfervertrag; BGH NJW 1980, 1574; BB 1954, 175).

198 An einer Zwangslage fehlt es hingegen, wenn jemand wegen seiner Ablehnung der bestehenden politischen Verhältnisse freiwillig flieht und dafür Geld benötigt (BGH NJW 1977, 2358 f; NJW 1980, 1574, 1575 f). Der Wunsch nach einem höheren Lebensstandard begründet als solcher keine Zwangslage (Palandt/Heinrichs § 138 Rn 70; differenzierend Soergel/Hefermehl § 138 Rn 78).

199 Eine Zwangslage kann auch durch die Notwendigkeit, **schnell** handeln zu müssen, begründet werden; so kann sich zB bei einem Wasserrohrbruch der Hauseigentümer in der Zwangslage befinden, schnell – und überteuert – mit einem Unternehmen einen Reparaturvertrag abschließen zu müssen (LG Nürnberg-Fürth BB 1973, 777, 778). Eine Zwangslage kann außerdem bei nur **vorübergehender** Geldverlegenheit bestehen (BGH NJW 1982, 2767, 2768). In einer solchen kann sich auch ein Kreditnehmer befinden, der an sich vermögend ist, wenn er zB wegen anderweitiger finanzieller Dispositionen kurzfristig nicht zahlen bzw einen Wechsel nicht einlösen kann (BGH NJW 1982, 2767, 2768; WM 1959, 566, 567).

200 Von einer individuellen Zwangslage iSv § 138 Abs 2 zu unterscheiden ist eine **ungünstige Marktlage**, die für alle davon Betroffenen in gleicher Weise besteht, zB Wohnungsnot (BGH NJW 1957, 1274; Staudinger/Dilcher¹² § 138 Rn 101). Eine ungünstige Marktlage **als solche** ist noch keine Zwangslage iSv § 138 Abs 2, kann jedoch bei Vorliegen einer Zwangslage der Grund für ein Missverhältnis von Leistung und Gegenleistung sein.

201 Eine Zwangslage liegt grundsätzlich nur vor, wenn **Bestehendes gefährdet** wird (BGH NJW 1994, 1275, 1276). Es genügt nicht, wenn ohne Kredit **bloße Zukunftspläne** scheitern würden (BGH NJW 1994, 1275, 1276; vgl auch BGH NJW 1957, 1274 = LM Nr 2 zu § 138 [Ba] BGB), wenn Projektplanungen eingeschränkt oder zeitlich verschoben werden müssen (BGH NJW 1994, 1275, 1276) oder wenn Gewinnchancen nicht realisiert werden können. Ein Abfindungsvertrag, den ein Unternehmen mit einem Anwohner schließt, um ihn zur Rücknahme seines Widerspruchs gegen die nach dem BImSchG erteilte Genehmigung einer gewerblichen Anlage zu veranlassen, wird nicht auf-

grund einer Zwangslage geschlossen, auch wenn der Widerspruch den Beginn der Bauarbeiten verzögert; hier bieten die verwaltungsrechtlichen Vorschriften ausreichenden Schutz (BGHZ 79, 131, 137 f). An einer Zwangslage fehlt es auch, solange der Kunde aufgrund funktionierenden Wettbewerbs die Möglichkeit hat, ohne unzumutbaren Suchaufwand den Kreditbedarf zu angemessenen Bedingungen zu decken (KOZIOL AcP 188 [1988] 183, 203 mwNw).

Ein anderweitig nicht zu befriedigender Kreditbedarf begründet nicht ohne weiteres **202** und in jedem Fall eine Zwangslage iSv § 138 Abs 2 (BGH NJW 1994, 1275, 1276). Vielmehr müssen besondere Umstände hinzukommen. Dabei kommt es insbesondere darauf an, wofür der Kredit benötigt wird und welche Gefahren drohen, wenn der Bedarf nicht befriedigt wird (BGH NJW 1994, 1275, 1276).

In einer Zwangslage können sich nicht nur natürliche, sondern auch juristische Personen befinden (RGZ 93, 27, 28; BGB-RGRK/KRÜGER-NIELAND/ZÖLLER § 138 Rn 56; ERMAN/ **203** PALM § 138 Rn 21; SOERGEL/HEFERMEHL § 138 Rn 78; STAUDINGER/DILCHER[12] § 138 Rn 101). Unerheblich für die Annahme einer wirtschaftlichen Zwangslage ist, ob sie vom Betroffenen verschuldet worden ist.

Wenn der Betroffene **irrtümlich** eine wirtschaftliche Zwangslage annimmt, kann dies **204** für die Anwendung von § 138 Abs 2 genügen (PALANDT/HEINRICHS § 138 Rn 70; **aA** die hL, vgl BGB-RGRK/KRÜGER-NIELAND/ZÖLLER § 138 Rn 54; ERMAN/PALM § 138 Rn 21; MünchKomm/ MAYER-MALY/ARMBRÜSTER § 138 Rn 149; SOERGEL/HEFERMEHL § 138 Rn 78; STAUDINGER/ DILCHER[12] § 138 Rn 101). Für die Anwendung von § 138 Abs 2 kann auch die Zwangslage eines **Dritten**, insbesondere eines Angehörigen, genügen (RG JW 1915, 574; BGH NJW 1980, 1574, 1575 sub III 1b).

b) Unerfahrenheit

Unerfahrenheit ist ein Mangel an Lebenserfahrung und Geschäftskenntnis, allge- **205** mein oder auf bestimmten Gebieten (BGH DB 1958, 1241; einhellige Lehre), so dass der Bewucherte die Vor- und Nachteile des Geschäfts nicht erkennen kann. Dieser Mangel an Erfahrung kann vor allem vorliegen bei Jugendlichen (BGH NJW 1966, 1451 aE), bei geistig Beschränkten (RGZ 67, 393 f; RGZ 72, 61, 68), aber auch bei Personen, die aus anderen Staaten mit anderen Rechts- und Wirtschaftssystemen in die Bundesrepublik gekommen sind, insbesondere bei Ausländern und Aussiedlern (OLG Hamm JMBl NRW 1974, 32, 33; MünchKomm/MAYER-MALY/ARMBRÜSTER § 138 Rn 150; MEYER/WEHLAU VuR 1991, 141, 143) sowie wegen der vergleichbaren Situation auch bei Bürgern der neuen Bundesländer, solange sie das westliche Rechts- und Wirtschaftssystem noch nicht ausreichend kennen (BGHZ 125, 135, 140 = NJW 1994, 1475, 1476). Auch bei Personen, die mit dem Geschäftsleben kaum (mehr) in Berührung kommen, zB bei manchen Pensionären, kann geschäftliche Unerfahrenheit vorliegen (BGB-RGRK/KRÜGER-NIELAND/ZÖLLER § 138 Rn 61; STAUDINGER/DILCHER[12] § 138 Rn 102).

Unerfahrenheit ist zu **vermuten**, wenn der Bewucherte nicht die bestehenden und **206** durchaus nahe liegenden Möglichkeiten genutzt hat, sich die benötigten Mittel auf weit günstigere Art zu verschaffen (BGB-RGRK/KRÜGER-NIELAND/ZÖLLER § 138 Rn 63).

Unerfahrenheit iSv § 138 Abs 2 ist nach Ansicht des BGH grundsätzlich nur gegeben, **207** wenn sich der Mangel an Erfahrung auf das Geschäftsleben **insgesamt** bezieht (BGH

BB 1966, 226; WM 1982, 849; ebenso öOGH JBl 1998, 643, 649; SOERGEL/HEFERMEHL § 138 Rn 79). Sie liege hingegen nicht vor bei mangelnder Rechtskenntnis (LAG München DB 1986, 2191; krit MünchKomm/MAYER-MALY/ARMBRÜSTER § 138 Rn 150) oder bei mangelnden Erfahrungen und Geschäftskenntnissen auf einem bestimmten Lebens- oder Wirtschaftsgebiet (BGH NJW 1957, 1274; NJW 1979, 758 sub 1; WM 1982, 849; BB 1966, 226; BGB-RGRK/KRÜGER-NIELAND/ZÖLLER § 138 Rn 62; BORK, AT Rn 1167 ERMAN/PALM § 138 Rn 22; LARENZ/WOLF, AT § 41 Rn 66; MünchKomm/MAYER-MALY/ARMBRÜSTER § 138 Rn 150; SOERGEL/HEFERMEHL § 138 Rn 79; STAUDINGER/DILCHER[12] § 138 Rn 102; ebenso öOGH JBl 1998, 643, 649; KREJCI, in: RUMMEL[2] Rn 222 zu § 879 ABGB; APATHY, in: SCHWIMANN[2] Rn 27 zu § 879 ABGB; aA LG Trier NJW 1974, 151, 152 betr Kaffeefahrt). Ein Kaufmann, der bisher mit Bürobedarfsartikeln gehandelt hat, sei nicht unerfahren, wenn er eine Strumpfwirkerei erwerbe; deshalb liege kein Wucher vor, wenn er aufgrund seiner ungenügenden Fachkenntnis einen weit überhöhten Preis bezahlt habe, denn er habe das Risiko bewusst in Kauf genommen, wenn er sich nicht ausreichend erkundigt habe (BGH BB 1966, 226). Ein Gastwirt, der den Marktpreis und die Rentabilität eines Billardgeräts nicht kenne, könne sich nicht auf Unerfahrenheit berufen, wenn er das Gerät überteuert gekauft habe (BGH NJW 1979, 758). Unerfahrenheit iSv § 138 Abs 2 wird insbesondere dann verneint, wenn dem Bewucherten die ausreichenden **technischen** Kenntnisse auf dem Gebiet fehlen, auf das sich der Vertrag bezieht, und er deshalb den sachlich nicht gerechtfertigten Preis nicht feststellen kann (BGH WM 1982, 849).

208 Diese Beschränkung des Schutzes gegen Wucher überzeugt allerdings nicht. Der Wortlaut des § 138 Abs 2 verlangt keine **generelle** geschäftliche Unerfahrenheit des Opfers. Wem nur in Bezug auf das konkrete Rechtsgeschäft die erforderlichen Kenntnisse fehlen, ist in diesem konkreten Falle ebenso gefährdet und schutzbedürftig wie der generell Unerfahrene. Deshalb genügt für die Anwendung von § 138 Abs 2 auch eine **partielle Unerfahrenheit** auf rechtlichem, wirtschaftlichem oder technischem Gebiet, sofern auf deren Ausnutzung das betreffende Rechtsgeschäft beruht (so in Bezug auf überteuerte Geschäftsabschlüsse bei Kaffeefahrten LG Trier NJW 1974, 151, 152; SACK NJW 1974, 564 aE; vgl auch MünchKomm/MAYER-MALY/ARMBRÜSTER § 138 Rn 150 aE). Wenn der Geschäftsabschluss mit dem Ergebnis eines auffälligen Missverhältnisses von Leistung und Gegenleistung auf täuschender Werbung beruht, erfüllt das Geschäft nicht nur die Anfechtungsvoraussetzungen des § 119 oder § 123, sondern es kann auch nach § 138 Abs 2 wegen Ausnutzung partieller geschäftlicher Unerfahrenheit nichtig sein. In solchen Fällen wird allerdings idR auch das Tatbestandsmerkmal „mangelndes Urteilsvermögen" erfüllt sein. Außerdem böte auch § 138 Abs 1 als Auffangtatbestand Schutz.

c) Mangelndes Urteilsvermögen

209 Ein Mangel an Urteilsvermögen besteht ganz allgemein dann, wenn dem Bewucherten in erheblichem Maße die Fähigkeit fehlt, sich durch vernünftige Beweggründe leiten zu lassen (Begr RegE zu § 302a StGB u § 138 Abs 2 nF, BT-Drucks 7/3441 S 41; ERMAN/PALM § 138 Rn 23; SOERGEL/HEFERMEHL § 138 Rn 80; STURM JZ 1977, 84, 86). Der Mangel an Urteilsvermögen umfasst insbesondere die Unfähigkeit, die beiderseitigen Leistungen und die wirtschaftlichen Folgen des Geschäftsabschlusses, dh die Vor- und Nachteile richtig zu bewerten (Begr RegE S 41; BGH NJW 2002, 3165, 3167; OLG Köln OLGZ 1993, 193, 195). Nicht erforderlich ist, dass es dem Betroffenen generell an Urteilsvermögen mangelt oder dass er an Verstandesschwäche leidet. Entscheidend ist vielmehr, dass der Betroffene das **konkrete** Rechtsgeschäft nicht ausreichend beurteilen konnte und dieser Mangel für den Vertragsabschluss ausgenutzt worden ist (ERMAN/PALM § 138 Rn 23; SOERGEL/HEFERMEHL § 138 Rn 80). Danach kann es bei einem komplizierten Rechtsgeschäft auch einem normal Begabten und Erfahrenen am erforderlichen Urteilsvermögen fehlen (OLG Stuttgart FamRZ 1983, 498, 499 aE). Ein Mangel an Urteilsvermögen besteht allerdings nicht, wenn sich der Betroffene in Bezug auf Gewinnchancen verspekuliert hat, zB wenn er in der Hoffnung auf die Bebaubarkeit eines Grundstücks in einem Naturschutzgebiet einen überhöhten Kaufpreis vereinbart hat (BGH WM 1976, 926, 927). Wer aufgrund täuschender Werbung einen Vertrag abgeschlossen hat, der durch ein auffälliges Missverhältnis von Leistung und Gegenleistung gekennzeichnet ist, braucht diesen nicht nach § 119 oder § 123 anzufechten; dieser Vertrag ist wegen Ausnutzung des Mangels an Urteilsvermögen im konkreten Einzelfall nach § 138 Abs 2 nichtig (oben Rn 5, 8, 71, 208).

d)   Erhebliche Willensschwäche
Eine erhebliche Willensschwäche liegt vor, wenn der Betroffene zwar den Inhalt und **210** die Nachteile des Rechtsgeschäfts durchschaut, jedoch wegen verminderter psychischer Widerstandsfähigkeit, die in der Persönlichkeit und dem Wesen des Bewucherten ihre Ursache hat, dem Geschäftsabschluss nicht widerstehen kann (Begr RegE zu § 302a StGB u § 138 Abs 2 nF, BT-Drucks 7/3441 S 41; OLG Köln OLGZ 1993, 193, 195; ERMAN/PALM § 138 Rn 24; MünchKomm/MAYER-MALY/ARMBRÜSTER § 138 Rn 152; STURM JZ 1977, 84, 86). Sie kann auf einem krankhaften Zustand beruhen; ein solcher ist jedoch nicht erforderlich (Bericht des Sonderausschusses zum 1. WiKG BT-Drucks 7/5291 S 20). Eine erhebliche Willensschwäche kann bei Jugendlichen oder bei alten Menschen vorliegen. Sie kann auch die Folge von Alkohol- und Drogenabhängigkeit oder von Spielleidenschaft sein (Bericht des Sonderausschusses zum 1. WiKG, BT- Drucks 7/5291 S 20).

Wenn ein Fußballfan eine Eintrittskarte zu einem überhöhten Preis kauft, so liegt **211** nicht ohne weiteres die Ausnutzung einer erheblichen Willensschwäche vor (OLG Köln OLGZ 1993, 193). Es wird vertreten, dass eine erhebliche Willensschwäche auch dann nicht schon ohne weiteres anzunehmen sei, wenn jemand das Opfer **verführerischer Werbung** geworden ist (Bericht des Sonderausschusses zum 1. WiKG, BT-Drucks 7/5291 S 20; MünchKomm/MAYER-MALY/ARMBRÜSTER § 138 Rn 152). ME wird eine erhebliche Willensschwäche zumindest dann ausgebeutet, wenn eine **psychische Zwangslage** für den Geschäftsabschluss ausgenutzt wurde (BGHZ 50, 63, 71 = NJW 1968, 1571). Dies ist zB der Fall, wenn bei Kaffeefahrten psychischer Kaufzwang ausgeübt wird, um den Teilnehmern unter Appell an ihre Dankbarkeitsgefühle völlig überteuerte Waren zu verkaufen (LG Trier NJW 1977, 151; dazu SACK NJW 1974, 564 f; vgl auch dens WRP 1974, 445, 449 f; ERMAN/PALM § 138 Rn 24; **aA** BORK, AT Rn 1173, der das Widerrufsrecht nach dem HausTWG [jetzt §§ 312, 355] für ausreichend hält). Auch in diesen Fällen fehlt – ob selbst verschuldet oder nicht – die Freiheit der Entscheidung des Vertragspartners, auf die § 138 Abs 2 auch mit seinen übrigen Tatbestandsmerkmalen abstellt.

e)   Kenntnis und Absicht der Ausbeutung
Für den Wuchertatbestand des § 138 Abs 2 ist es in subjektiver Hinsicht außerdem **212** erforderlich, aber auch ausreichend, dass der Wucherer **Kenntnis** von dem auffälligen Leistungsmissverhältnis und von der Ausbeutungssituation hat und er sich diese Situation **vorsätzlich** zunutze macht (RGZ 60, 9, 11; BGH NJW 1982, 2767, 2768; NJW 1985, 3006, 3007; WM 1990, 1322, 1323; NJW 1994, 1275, 1276). Fahrlässigkeit, auch grobe Fahrlässigkeit, allein genügt nicht (BGH NJW 1985, 3006, 3007). Allerdings ist § 138

Abs 1 anwendbar, wenn sich der Wucherer im Zeitpunkt des Vertragsabschlusses **leichtfertig der Einsicht verschließt**, dass sich der andere Vertragsteil nur unter dem Zwang der Verhältnisse auf den ungünstigen Vertrag eingelassen hat (BGHZ 80, 153, 160 f = NJW 1981, 1206; NJW 1985, 3006, 3007). Nicht erforderlich ist hingegen eine besondere Absicht der Ausbeutung (RGZ 60, 9, 11; BGH NJW 1982, 2767, 2768; NJW 1985, 3006, 3007; NJW-RR 1990, 1199). Über eine vorsätzliche Ausnutzung der Ausbeutungssituation hinaus hat der BGH auch noch – mE unzutreffend – verlangt, dass sich der Wucherer die Zwangslage usw des Bewucherten in arglistiger oder sonstiger **verwerflicher Weise** zunutze gemacht hat (BGH NJW 1974, 1275, 1276; NJW-RR 1990, 1199).

213 Wenn ein Verkäufer die Verhandlungen und den tatsächlichen Vertragsabschluss vollständig einer mit der Sachlage allein vertrauten Hilfsperson überlässt, muss er sich deren Wissen im Rahmen des § 138 Abs 1 **entsprechend § 166 Abs 1 zurechnen** lassen (BGH WM 1992, 441, 442; BGHZ 83, 293, 297; SOERGEL/HEFERMEHL § 138 Rn 73 aE; vgl auch zur Zurechnung beim finanzierten Abzahlungskauf BGH NJW 1980, 1155, 1156 f). Dies gilt auch dann, wenn die Hilfsperson ohne Abschlussvollmacht tätig wurde, jedoch der Verkäufer ihr Handeln später genehmigt hat (BGH WM 1992, 441, 442).

214 Eine Ausbeutung des Mangels an Urteilsvermögen oder einer erheblichen Willensschwäche kann auch dann vorliegen, wenn das **Angebot** zum Geschäftsabschluss von der benachteiligten Partei ausgegangen ist (BGH NJW 1985, 3006, 3007). Ausbeutung iSv § 138 Abs 2 kann ferner dann vorliegen, wenn sich der Bewucherte aus Dankbarkeit auf das Geschäft eingelassen hat (RG HRR 1930 Nr 693).

f) Vermutung für das Vorliegen des subjektiven Tatbestandes

215 Für das Vorliegen (eines) der subjektiven Tatbestandsmerkmale des § 138 Abs 2 spricht bei **Konsumentenkrediten** eine tatsächliche Vermutung, wenn objektiv ein auffälliges Missverhältnis zwischen Leistung und Gegenleistung vorliegt (BGH BB 1990, 1509, 1510 = WM 1990, 1322, 1323). Bei vollkaufmännischen Geschäftspartnern wird hingegen umgekehrt vermutet, dass die persönlichen Voraussetzungen des Wuchertatbestandes nicht vorliegen. Bei minderkaufmännischen Geschäftspartnern gilt die allgemeine Beweislastregel, dass derjenige, der sich auf die Nichtigkeit des Geschäfts beruft, die subjektiven Voraussetzungen der Sittenwidrigkeit darlegen und notfalls beweisen muss (BGH NJW 1995, 1019, 1022 zu § 138 Abs 1).

216 Wenn allerdings ein **besonders grobes** Missverhältnis zwischen Leistung und Gegenleistung vorliegt, dann spricht auch bei Geschäften unter Kaufleuten eine Vermutung für das Vorliegen des subjektiven Tatbestandes des § 138 Abs 2 (BGH NJW 1979, 758; BGHZ 80, 153, 159 f; NJW 1982, 2767, 2768; WM 1990, 1322, 1323; NJW-RR 1991, 589; NJW 1994, 1275). Ein besonders grobes Missverhältnis wurde bei Krediten bei einer relativen Marktzinsüberschreitung ab etwa 200% angenommen (BGH WM 1990, 1322, 1323).

g) Das „Sandhaufentheorem"

217 Wenn ein Tatbestandsmerkmal des § 138 Abs 2 „übererfüllt" ist – zB bei einem **besonders** groben Missverhältnis von Leistung und Gegenleistung –, so ist dies nach hM nicht geeignet, Defizite bei den anderen Tatbestandsmerkmalen dieser Vorschrift – zB bei der Unerfahrenheit des Bewucherten – auszugleichen (BGHZ 80, 153, 159; CANARIS ZIP 1980, 709, 717; ERMAN/PALM § 138 Rn 18; MÜSSIGBRODT JurA 1980, 697, 700; RITTNER DB 1980 Beil 16 S 13; SOERGEL/HEFERMEHL § 138 Rn 72; **aA** OLG Stuttgart NJW 1979, 2409, 2412 sub B I; BENDER NJW 1980, 1129 ff; RIEBLE/GUTZEIT, Jahrbuch des Arbeitsrechts 37 [2000] 41, 51). Es gelte beim Wuchertatbestand des § 138 Abs 2 nicht das sog „Sandhaufentheorem" (BGHZ 80, 153, 159 aE; CANARIS; ERMAN/PALM aaO; MÜSSIGBRODT aaO; RITTNER aaO; SOERGEL/ HEFERMEHL § 138 Rn 72; krit KOZIOL AcP 188 [1988] 183, 188; vgl auch MAYER-MALY, in: FS Larenz [1983] 395, 406 f; allgemein zum „Sandhaufentheorem" BENDER, in: Gedschr Rödig [1978] 34). Dem ist insoweit zuzustimmen, dass ein wucherisches Rechtsgeschäft iSv § 138 Abs 2 nur vorliegt, wenn **alle** Tatbestandsmerkmale dieser Vorschrift erfüllt sind (BGHZ 80, 153, 159 aE; KOZIOL AcP 188 [1988] 183, 188). Andererseits bezeichnen jedoch die Tatbestandsmerkmale „auffälliges Missverhältnis", „Zwangslage" usw keine exakten Größen; vielmehr sind es „quantitativ abstufbare Tatbestandsmerkmale", so dass es als ausreichend anzusehen ist, wenn nach der Idee eines **beweglichen Systems** iSv W WILBURG ein „übererfülltes" Tatbestandsmerkmal Defizite bei einem anderen Tatbestandsmerkmal ausgleicht, das nur in geringerem Maße erfüllt ist (KOZIOL AcP 188 [1988] 183, 187 f, 207 f; ebenso OLG Stuttgart NJW 1979, 2409, 2412; vgl auch MünchKomm/MAYER-MALY/ARMBRÜSTER § 138 Rn 29 m Fn 117; ausdrücklich **aA** BGHZ 80, 153, 159 zu § 138 Abs 2, während er nach § 138 Abs 1 eine Gesamtwürdigung aller Umstände zulässt). Außerdem kann ein grobes Missverhältnis von Leistung und Gegenleistung die Annahme nahelegen, dass der Vertragspartner, der aus diesem groben Missverhältnis Vorteile zieht, bewusst oder grob fahrlässig irgendeinen den anderen Vertragspartner beeinträchtigenden Tatumstand **sittenwidrig** ausgenutzt hat, so dass ein **wucherähnliches** sittenwidriges Rechtsgeschäft vorliegt (BGHZ 80, 153, 160; WM 1969, 1255, 1257).

3. Rechtsfolgen

a) Geltungserhaltende Reduktion (Mindermeinung)

Wucherische Verträge sind nach der hier vertretenen Ansicht nicht insgesamt nichtig, **218** sondern bezüglich der wucherischen Entgeltvereinbarung auf das höchstzulässige Maß **geltungserhaltend zu** reduzieren (HAGER [1983] 149; KOZIOL AcP 188 [1988] 183, 223; H ROTH JZ 1989, 411, 416; **aA** BGHZ 68, 204; BORK, AT Rn 1177; CAHN JZ 1997, 8, 14 ff; CANARIS WM 1981, 978, 979; ERMAN/PALM § 138 Rn 25; ZIMMERMANN [1979] 177 ff). Bei **Mietwucher** nimmt die Rechtsprechung nach § 134 iVm § 5 WiStG eine geltungserhaltende Reduktion der Mietzinsklausel in der Weise vor, dass der Mietvertrag zum höchstzulässigen Mietzins wirksam bleibt (vgl vor allem BGHZ 89, 316, 320 f; vgl auch o Rn 120 sowie § 134 Rn 92 ff, 269). Dies gilt beim Mietwucher nicht nur unter den Voraussetzungen des § 134 iVm § 5 WiStG, sondern auch dann, wenn die Voraussetzungen des § 138 Abs 2 erfüllt sind. Auch dann sind wucherische Mietverträge nicht nach § 138 Abs 2 insgesamt nichtig. Denn andernfalls würde die geltungserhaltende Reduktion nach § 134 iVm § 5 WiStG nur selten zur Wirkung kommen. Auch wenn der Wuchervertrag gegen (sonstige) preisrechtliche Vorschriften verstößt, wird er zum höchstzulässigen Preis aufrechterhalten (s § 134 Rn 269). Das zum Mietwucher Gesagte gilt in gleicher Weise auch für **andere** Wucherverträge. Bei **Lohnwucher**, dh bei der Vereinbarung eines Hungerlohns, ist der Arbeitsvertrag weder insgesamt nichtig, noch hat der bewucherte Arbeitnehmer nach den Grundsätzen über das fehlerhafte Arbeitsverhältnis analog § 612 Abs 2 einen Anspruch auf die übliche Vergütung (so jedoch die hM, BAG AP Nr 2 zu § 138 BGB = MDR 1960, 613; LAG Düsseldorf DB 1978, 165); vielmehr hat er einen Anspruch auf den niedrigstzulässigen Lohn. Abweichend von der ständigen Rechtsprechung sollte auch bei wucherischen Darlehensverträgen, Kaufverträgen und sonstigen Verträgen der wucherische Preis bzw Zins geltungserhaltend auf das höchstzulässige Maß reduziert werden (ausf o Rn 122 ff). Die Rechtsfolgen davon sind:

Der Wuchervertrag ist in der reduzierten Form wirksam. Bei Miet- und Darlehenswucher hat der Bewucherte einen Anspruch auf Erfüllung, dh auf Einräumung des
Mietgebrauchs bzw auf Auszahlung des Darlehens. Er darf die Sachen vertragsgemäß
und für den vereinbarten Zeitraum nutzen. Für die Zeit der Nutzung muss er den
höchstzulässigen Miet- bzw Darlehenszins bezahlen. Bei Mietwucher kann der Wucherer die Mietsache nicht vorzeitig nach § 985 herausverlangen; dem steht § 986
entgegen.

219 Auch beim Kaufwucher haben beide Parteien Erfüllungsansprüche. Der Käufer kann
die Übereignung der Kaufsache verlangen. Die Wirksamkeit der Übereignung und –
bei unbeweglichen Sachen – der Auflassung scheitert nicht an § 138 Abs 2. Der
Käufer hat den höchstzulässigen Kaufpreis zu bezahlen, wenn er bewuchert worden
ist, und – umgekehrt – den niedrigstzulässigen Kaufpreis, wenn der Verkäufer das
Opfer des Wuchers war.

b)   Rechtsfolgen bei Gesamtnichtigkeit iSd hM
aa)   Die Verpflichtungsgeschäfte

220 Sehr kompliziert sind die Rechtsfolgen, wenn man mit der (noch) hM, dh mit der
ständigen Rechtsprechung und einem Teil des Schrifttums, annimmt, dass ein Wuchervertrag insgesamt nach § 138 Abs 2 nichtig und eine geltungserhaltende Reduktion ausgeschlossen sei (RGZ 161, 52, 56; BGHZ 44, 158, 162; BGHZ 68, 204, 207; NJW 1994,
1275; CANARIS WM 1981, 978, 979; ERMAN/PALM § 138 Rn 25; ZIMMERMANN 177 ff; aA MEDICUS, in:
Gedschr Dietz [1973] 61, 74 ff). Auf die Nichtigkeit nach § 138 Abs 2 kann sich grundsätzlich jedermann berufen, dh auch der Wucherer oder ein Dritter (RGZ 78, 347, 354;
RGZ 150, 181, 186; RGZ 161, 52, 56; STAUDINGER/DILCHER[12] § 138 Rn 107). Die Geltendmachung der Nichtigkeit durch den Wucherer gegenüber dem Bewucherten kann
jedoch im Einzelfall nach § 242 treuwidrig sein, wenn der Bewucherte – aus welchen
Gründen auch immer – am Vertrag festhalten will (ERMAN/PALM § 138 Rn 25; aA
STAUDINGER/DILCHER[12] § 138 Rn 107).

221 Der **Bewucherte** kann das von ihm Geleistete nach § 812 (ggf iVm § 818) zurückverlangen. Beim Darlehenswucher hat er nach § 812 Anspruch auf Rückgewähr aller
im Zusammenhang mit dem Darlehen erbrachten Leistungen, dh auf Rückzahlung
von bereits gezahlten Zinsen, Bearbeitungsgebühren oder Vermittlungskosten, auf
Rückübertragung von Geschäftsanteilen (BGH NJW 1983, 1420, 1422 sub IV 2; NJW 1983,
2692, 2693 f sub III; NJW 1984, 2292; NJW 1986, 2564, 2565; NJW 1986, 2568; NJW 1987, 181;
SOERGEL/HEFERMEHL § 138 Rn 103; aA BUNTE NJW 1983, 2674) sowie auf Rückgewähr der
gestellten Sicherheiten. Von einer bezahlten Restschuldversicherung kann der Bewucherte die Hälfte zurückverlangen (BGH NJW 1983, 2692, 2694; SOERGEL/HEFERMEHL
§ 138 Rn 103). Diese Ansprüche auf Rückzahlung geleisteter Zinsen und sonstiger Kosten verjähren nach § 195 in drei Jahren (grundlegend BGHZ 98, 174, 179 = NJW 1986, 2564,
2566 f mwNw; ebenso BGH NJW 1986, 2568, 2569; NJW 1987, 181, 182; NJW 1987, 183 f; BUNTE
NJW 1985, 705, 711; CANARIS WM 1981, 978, 989; REUTER/MARTINEK, Ungerechtfertigte Bereicherung 763, 764; SOERGEL/HEFERMEHL § 138 Rn 103 mwNw). Soweit die Kapitalschuld noch
nicht voll getilgt ist, kann der Kreditnehmer eine Verrechnung seiner Restkapital-
schuld mit den von ihm bereits – ohne Rechtsgrund – gezahlten Kostenbeträgen
verlangen, auch und gerade insoweit, als seine Ansprüche auf Rückzahlung dieser
Kostenbeträge bereits verjährt wären (BGH NJW 1987, 181, 182).

Den Bereicherungsansprüchen des **Wucherers** setzt § 817 S 2 analog Schranken (ausf **222** dazu DAUNER JZ 1980, 495 ff; HONSELL 17 ff). In subjektiver Hinsicht erfordert allerdings die Anwendbarkeit von § 817 S 2 analog, dass dem Wucherer ein vorsätzlicher Verstoß gegen das Wucherverbot oder zumindest ein leichtfertiges Sichverschließen in die Einsicht der Gesetzwidrigkeit bzw Sittenwidrigkeit vorgeworfen werden kann (RGZ 161, 52, 57; BGH NJW 1983, 1420, 1423; NJW 1993, 2108; CANARIS WM 1981, 978, 985). Beim **Darlehenswucher** steht allerdings § 817 S 2 analog der Rückforderung des Darlehens durch den Wucherer nicht generell und für immer entgegen (grundlegend RGZ 161, 52 ff; **aA** noch RGZ 151, 70 ff). Denn „Leistung" iSv § 817 S 2 analog ist nicht die endgültige Überlassung des Darlehens, sondern nur die **Einräumung zeitweiliger Nutzung** (RGZ 161, 52, 56 f; BGH WM 1969, 857, 858; NJW 1983, 1420, 1422; NJW 1995, 1152, 1153; CANARIS, in: FS Steindorff [1990] 519, 527; PALANDT/THOMAS § 817 Rn 23; STAUDINGER/LORENZ [1999] § 817 Rn 12; ablehnend dazu HONSELL 21 ff, 152). Diese „Leistung" kann der Wucherer analog § 817 S 2 nicht zurückverlangen. Daraus folgt: Der Wucherer muss das Darlehenskapital dem Darlehensnehmer so lange belassen, wie dieser es bei Gültigkeit des Darlehensvertrags hätte nutzen dürfen (RGZ 161, 52, 53, 56 f, 58; BGH NJW 1962, 1148; WM 1969, 857, 858; NJW 1983, 1420, 1422; BGHZ 99, 333, 338 f; NJW 1989, 3217 aE; NJW 1993, 2108; NJW 1995, 1152, 1153; ebenso die hL; krit J HAGER 96 ff, 124; ders JuS 1985, 264, 268; HONSELL ZHR 148 [1984] 298, 301; ders JurA 1986, 573, 574 f; ders, in: FS Giger [1989] 287, 294; H ROTH JZ 1989, 411, 413). Für diese Zeitbestimmung bleibt also der an sich nichtige Darlehensvertrag von Bedeutung (auch deshalb krit HONSELL JurA 1986, 573, 575; ders, in: FS Giger 294). Nach ständiger Rechtsprechung hat der Darlehensgeber außerdem wegen § 817 S 2 analog für die Zeit der Nutzung des Kapitals weder aus Vertrag noch aus § 812 iVm § 818 Abs 1 oder Abs 2 einen Anspruch auf Darlehenszinsen*; er kann nach stRspr weder die vereinbarten Zinsen noch die höchstzulässigen Zinsen noch marktübliche Zinsen verlangen. Nach Ablauf der vereinbarten Laufzeit des Darlehens kann der Wucherer das Darlehen zurückverlangen; § 817 S 2 analog steht dem nicht entgegen (RGZ 161, 52, 53, 56 f, 58; BGH NJW 1962, 1148 f; WM 1969, 857, 858; WM 1989, 3217; NJW 1993, 2108; NJW 1995, 1152, 1153; **aA** noch RG LZ 1916, 461; RGZ 85, 293; RGZ 151, 70, 74 [jedoch insoweit § 817 S 2 kritisierend]; **aA** auch zB für die Schweiz BGE 102 II 401, 411 f). Wurde der Wuchervertrag unbefristet abgeschlossen, hat der Wucherer das Recht, den Vertrag nach der gesetzlichen oder der vereinbarten Kündigungsfrist zu kündigen (MEDICUS, in: Gedschr Dietz [1973] 61, 63; SOERGEL/HEFERMEHL § 138 Rn 85; STAUDINGER/LORENZ [1999] § 817 Rn 12).

Der Darlehensgeber kann nach der Laufzeit das Darlehen auch dann nach § 812 **223** zurückfordern, ohne an § 817 S 2 analog zu scheitern, wenn es **sittenwidrigen Zwecken** dienen sollte, zB der Finanzierung eines Bordellbetriebs oder Spielzwecken (BGH NJW 1995, 1152, 1153). Denn andernfalls würde der von der Rechtsordnung missbilligte Zweck auch noch gleichsam legalisiert (BGH NJW 1995, 1152, 1153). Da der Darlehens-

---

* RGZ 161, 52, 57 f; BGH NJW 1962, 1148; WM 1969, 857, 858; NJW 1983, 1420, 1422 f; BGHZ 99, 333, 338; NJW 1989, 3217 aE; NJW 1993, 2108; NJW 1995, 1152, 1153; **gegen unentgeltliche** Nutzung des Kapitals durch den Bewucherten hingegen BÜRGE 217; BUNTE NJW 1983, 2674, 2676; ders WM 1984 Sonderbeil 1 S 24; CANARIS WM 1981, 978, 985 f; DAUNER JZ 1980, 503; FLUME, AT § 18, 10 S 394; J HAGER 97 ff; U HÜBNER ZIP 1984, 1185; KOPPENSTEINER/ KRAMER, Ungerechtfertigte Bereicherung (2. Aufl 1988) 66; KOZIOL AcP 188 (1988) 183, 223; LARENZ, Schuldrecht II[12] § 69 IIIb; LINDACHER AcP 173 (1973) 124, 131; MEDICUS, in: Gedschr Dietz (1973) 61, 71, 74 ff; Münch-Komm/LIEB[3] § 817 Rn 17, 17 a; REICH JZ 1980, 334; RÜHLE 70; STAUDINGER/LORENZ (1999) § 817 Rn 12 mit ausf Nachw; ZIMMERMANN 174.

Rolf Sack

nehmer weiß, dass er das Darlehen nach der vereinbarten Nutzungsdauer zurück-
geben muss, kann er sich analog § 819 in Bezug auf das Darlehenskapital nicht nach
§ 818 Abs 3 auf den Wegfall der Bereicherung berufen (BGH NJW 1995, 1152, 1153; NJW
1985, 1828, 1829; NJW 1982, 1585; WM 1969, 857, 858; RGZ 151, 123, 127; ebenso im Ergebnis, jedoch
analog § 820 CANARIS WM 1981, 978, 981).

bb) Erfüllungsgeschäfte und Sicherheiten

224   Die Nichtigkeit nach § 138 Abs 2 erfasst auch die Erfüllungsgeschäfte des Bewucherten (RGZ 109, 201, 202; RGZ 162, 302, 306; BGHZ 50, 112 = NJW 1968, 1379; NJW 1973, 613, 615;
WM 1974, 774; NJW 1982, 2767, 2768; NJW 1990, 384, 385; NJW 1994, 1275 und 1470). Dies folgert
man für Wuchergeschäfte iSv § 138 Abs 2 aus dem Tatbestandsmerkmal „oder gewähren lässt" (RGZ 109, 201, 202; BGH NJW 1982, 2767, 2768 sub II 1; BGB-RGRK/KRÜGER-
NIELAND/ZÖLLER § 138 Rn 36; BORK, AT Rn 1175; ENNECCERUS/NIPPERDEY, AT § 192 III 1;
LARENZ/WOLF, AT § 41 Rn 77; beachtliche Kritik an diesem Argument übt ZIMMERMANN JR
1985, 48, 49). Der Bewucherte kann daher zum Zwecke der Erfüllung des Wuchervertrags übergebene Sachen nach § 985 zurückverlangen (ENNECCERUS/NIPPERDEY, AT § 192
III 1; ERMAN/PALM § 138 Rn 26; SOERGEL/HEFERMEHL § 138 Rn 84). Nichtig nach § 138 Abs 2
sind auch alle Rechtsgeschäfte **erfüllungshalber**, zB eine Forderungsabtretung zur
Tilgung eines Darlehens (RGZ 93, 74; SOERGEL/HEFERMEHL § 138 Rn 56), eine Scheckbegebung (BGH NJW 1990, 384, 385; MünchKomm/MAYER-MALY § 138 Rn 139; PALANDT/
HEFERMEHL § 138 Rn 75; SOERGEL/HEFERMEHL Ergänzungsband § 138 Rn 56), eine Wechselbegebung (BGH NJW 1982, 2767; WM 1974, 774; RGZ 162, 302, 306; STAUDINGER/DILCHER[12] § 138
Rn 111). Deshalb erwirbt zB der erste Wechsel- oder Schecknehmer kein Eigentum
am Wechsel oder Scheck (RGZ 162, 302, 306; BGH NJW 1990, 384, 385). Dies kann die
Bank auch bei der Scheckkartengarantie oder bei einer Scheckeinlösungsgarantie
dem Schecknehmer entgegenhalten, weil die Garantie nur dem materiell berechtigten Schecknehmer gewährt wird (BGH NJW 1990, 384, 385). Soweit nach einem wucherischen Grundstücksgeschäft ein Wucherer im Grundbuch als Eigentümer eingetragen worden ist, hat der Veräußerer einen Grundbuchberichtigungsanspruch
nach § 894 (BGH WM 1984, 1545, 1546); außerdem hat er einen Bereicherungsanspruch
auf Herausgabe der Buchberechtigung, nicht jedoch einen Rückübereignungs-
anspruch, da er wegen § 138 Abs 2 noch Eigentümer ist (RG Recht 1915 Nr 439;
SOERGEL/HEFERMEHL § 138 Rn 56; vgl auch zu den §§ 104, 105 BGH NJW 1973, 613). Nichtig
nach § 138 Abs 2 sind ferner alle Rechtsgeschäfte des Bewucherten, durch die dieser
zur Sicherung des wucherischen Verpflichtungsgeschäfts **Sicherheiten** bestellt hat, zB
Grundpfandrechte (BGH NJW 1982, 2767, 2768; NJW 1994, 1275 sub II 1); auch insoweit hat
der Bewucherte einen Grundbuchberichtigungsanspruch nach § 894 sowie einen Bereicherungsanspruch nach § 812.

225   Die Nichtigkeitsfolge des § 138 Abs 2 erstreckt sich hingegen nach hM nicht auf
Erfüllungsgeschäfte des **Wucherers** (BGB-RGRK/KRÜGER-NIELAND/ZÖLLER § 138 Rn 36;
BORK, AT Rn 1175; ERMAN/PALM § 138 Rn 27; FLUME, AT § 18, 7d S 382; PALANDT/HEINRICHS
§ 138 Rn 20, 75; SOERGEL/HEFERMEHL § 138 Rn 57; STAUDINGER/COING[10/11] § 138 Rn 37 ff; **aA**
ENNECCERUS/NIPPERDEY, AT § 192 III 1; JAKOBY JherJb 60 [1912] 229 ff). Sie sind auch nicht
nach § 138 Abs 1 nichtig (**aA** STAUDINGER/DILCHER[12] § 138 Rn 112) oder weil sie mit den
dazugehörenden Kausalgeschäften eine Einheit bildeten; Letzteres verbietet sich
schon deshalb, weil dadurch das Abstraktionsprinzip in diesen Fällen generell in
Frage gestellt würde. Deshalb hat der Wucherer nur Bereicherungsansprüche, die
jedoch an § 817 S 2 analog scheitern können.

Soweit man hingegen auch die Verfügungsgeschäfte des **Wucherers** für nichtig hält, **226**
stellt sich die Frage, ob Ansprüche, die er aus § 985 oder § 894 hat, an § 817 S 2 analog
scheitern. Die hM verneint dies (BGH NJW 1951, 643; BGHZ 39, 87, 91; BGHZ 41, 341, 349;
vgl auch BGHZ 63, 365, 369; **aA** ZIMMERMANN JR 1985, 48, 49 f).

VIII. Sittenwidrigkeit gegenüber dem Geschäftspartner

Bei der Feststellung der Sittenwidrigkeit gegenüber dem Geschäftspartner steht das **227**
Selbstbestimmungsrecht der Parteien im Vordergrund (umfassend dazu SINGER, Selbstbestimmung und Verkehrschutz im Recht der Willenserklärungen [1995] passim, zusammenfassend
245). Soweit es nur die Beziehungen der Geschäftspartner betrifft, begründet die freie
Selbstbestimmung der Parteien eine **Richtigkeitschance** (SACK, Unlauterer Wettbewerb
und Folgevertrag, WRP 1974, 445, 450; M WOLF, Rechtsgeschäftliche Entscheidungsfreiheit und
vertraglicher Interessensausgleich [1970] 73 f; FIKENTSCHER, in: FS Hefermehl [1971] 41, 48) und
zugleich eine Vermutung der Richtigkeit (von **Richtigkeitsgewähr** spricht SCHMIDT-RIMPLER
AcP 147 [1941] 130, 165; ders, in: FS L Raiser [1974] 1, 12 ff; dazu COESTER-WALTJEN AcP 190 [1990]
1, 14 ff). Soweit Verbraucher am Vertragsabschluss beteiligt sind, ist die Reichweite
ihres Selbstbestimmungsrechts anhand des **Verbraucherleitbilds** zu präzisieren, das
der EuGH in einer großen Anzahl von Entscheidungen entwickelt hat (grundlegend
EuGH Slg 1998, I-4657 Rn 31 = WRP 1998, 848, 850 – Gut Springenheide; ebenso EuGH Slg 1999, I-
513 Rn 36, 37 = WRP 1999, 307, 310 f – Sektkellerei Kessler; Slg 1999, I-3819 Rn 26 = WRP 1999, 806
– Lloyd; Slg 2000, I-117 Rn 27, 32 = WRP 2000, 289, 292 – Estée Lauder Cosmetics [„Lifting-Creme"];
Slg 2000, I-2297 Rn 20, 22 = WRP 2000, 489, 491 – Darbo [„naturrein"]; GRUR 2002, 354 = WRP
2001, 1432 Rn 52 – Toshiba/Katun; WRP 2002, 924 Rn 63 – Philips/Remington; EuG Slg 2001, II-1645
Rn 27 – DKV/HABM [„EuroHealth"]; WRP 2002, 936 Rn 38 – SAT. 2) und das inzwischen –
wenngleich bisher erst auf anderen Rechtsgebieten – auch vom BGH übernommen
worden ist (vgl zum MarkenG BGH GRUR 2000, 619, 621 = WRP 2000, 535, 539 – Attaché/
Tisserand; GRUR 2000, 820, 821 = WRP 2000, 724 – Space Fidelity Peep-Show; GRUR 2000, 875, 877
= WRP 2000, 1142 – Davidoff; WRP 2002, 987, 989 – Festspielhaus; WRP 2002, 982, 985 – Frühstücks-
Drink I; WRP 2002, 985, 98 – Frühstücks-Drink II; ebenso zum Wettbewerbsrecht BGH WRP 2001,
1286, 1289 – Mitwohnzentrale; WRP 2001, 1450, 1453 – Warsteiner III; WRP 2002, 81, 84 – Anwalts-
und Steuerkanzlei; WRP 2002, 977, 978 – Scanner-Werbung; unter Hinweis auf das europäische
Verbraucherleitbild ähnlich und grundlegend schon BGH GRUR 2002, 619, 621 = WRP 2000,
517, 520 – Orient-Teppichmuster). Die Berücksichtigung dieses Verbraucherleitbilds ist
ua ein Gebot des Willens der Mitgliedstaaten der EU, der bereits in vielen Einzel-
vorschriften des europäischen Gesetzgebers deutlich zum Ausdruck gekommen ist,
die Rechtsordnungen der Mitgliedstaaten zu harmonisieren. Nach dem europäischen und inzwischen auch deutschen Verbraucherleitbild maßgeblich ist der
*„durchschnittlich informierte, aufmerksame und verständige Durchschnittsverbrau-
cher"* (ausführlich zur Entwicklung der deutschen und europäischen Rechtsprechung zum Verbraucherleitbild mwNw und bisherigen Interpretationen SACK WRP 1998, 264; ders WRP 1999, 399; ders
Mitt 2002, 494). Wegen abweichender sprachlicher Fassungen, die jedoch aus europarechtlichen Gründen einheitlich ausgelegt werden müssen, seien noch die englische
und französische Formulierung des Verbraucherleitbilds des EuGH und des EuG
erwähnt: *„average consumer who is reasonably well-informed and reasonably obser-
vant and circumspect"; „consommateur moyen, normalement informé et raisonnable-
ment attentif et avisé"*. Bemerkenswert ist, dass dieses Verbraucherleitbild offenbar
bereits dem des BGB im Zeitpunkt seines Inkrafttretens sehr ähnlich ist. Nach
WIEACKER (Privatrechtsgeschichte der Neuzeit[2] [1967] 487, 482) war das BGB seinerzeit

geprägt vom „Leitbild des vernünftigen, selbstverantwortlichen und urteilsfähigen Rechtsgenossen".

1. Wucherähnliche Verträge

a)   Das Verhältnis von § 138 Abs 2 zu § 138 Abs 1

228 aa) An die Voraussetzungen zur Verwirklichung des subjektiven Tatbestands des § 138 Abs 2 stellt die Rspr verhältnismäßig strenge Anforderungen (BGH NJW 1994, 1275 sub II 1). Dies wird mit den strengen Rechtsfolgen des § 138 Abs 2 begründet, die darin bestehen, dass die Nichtigkeit nicht nur das wucherische Verpflichtungs-geschäft, sondern auch die Erfüllungsgeschäfte des Bewucherten, Leistungen erfüllungshalber sowie die von ihm bestellten Sicherheiten erfasse (BGH NJW 1994, 1275). Die enge Auslegung von § 138 Abs 2 lässt allerdings Schutzlücken. Diese kann man mit § 138 Abs 1 schließen. Rechtsgeschäfte können, auch wenn die Voraussetzungen des Wuchertatbestands des § 138 Abs 2 nicht erfüllt sind, als sog **wucherähnliche** Rechtsgeschäfte nach § 138 Abs 1 sittenwidrig und nichtig sein, wenn ein auffälliges Missverhältnis zwischen Leistung und Gegenleistung besteht und weitere Umstände hinzutreten*. § 138 Abs 2 steht der lückenfüllenden Anwendung von § 138 Abs 1 auf wucherähnliche Verträge nicht entgegen. Denn § 138 Abs 2 enthält nach hM **keine abschließende** Regelung für Verträge, bei denen ein auffälliges Missverhältnis zwischen Leistung und Gegenleistung besteht (zum Verhältnis zwischen § 138 Abs 2 und § 138 Abs 1 KOZIOL AcP 188 [1988] 183 ff, 187; HENSSLER, Risiko als Vertragsgegenstand [1994] 206 ff). Einer analogen Anwendung des § 138 Abs 2 bedarf es daneben nicht (**aA** MünchKomm/ MAYER-MALY/ARMBRÜSTER § 138 Rn 153).

bb) Die lückenfüllende Anwendung von § 138 Abs 1 auf wucherähnliche Verträge ist allerdings auf Kritik gestoßen (KOZIOL AcP 188 [1988] 183, 191 f). Sie stützt sich auf die „Basiswertung" des § 138 Abs 2, nach der Rechtsgeschäfte, die durch ein auffälliges Missverhältnis von Leistung und Gegenleistung gekennzeichnet sind, nur unter den subjektiven Voraussetzungen des § 138 Abs 2 nichtig sein sollen (KOZIOL aaO). Diese Basiswertung sei auch bei der Konkretisierung des Begriffs der guten Sitten iSv § 138 Abs 1 zu berücksichtigen. Soweit ein Schutzbedürfnis bestehe, sei dies durch eine entsprechend weite Auslegung des § 138 Abs 2 zu befriedigen.

229 cc) Die richtige Lösung dürfte in der Mitte liegen. Soweit ein bestehendes Schutzbedürfnis durch eine **weite** Auslegung des subjektiven Tatbestands von § 138 Abs 2

---

* Aus der umfangreichen Rspr vgl BGH NJW 1979, 805; NJW 1980, 2301; WM 1980, 597; WM 1981, 404 aE; BGHZ 80, 153, 160 f = NJW 1981, 1206; NJW 1982, 2433 und 2436; NJW 1983, 1420, 1421 und 2692; NJW 1984, 2292, 2294; NJW 1986, 2564 und 2568; NJW 1987, 181 f und 183 f; BGHZ 99, 333, 335 = NJW 1987, 944; NJW 1988, 818; BGHZ 110, 336, 337 f = NJW 1990, 1595; BGHZ 125, 135, 137; NJW 1995, 1019; NJW 1995, 1146, 1147; NJW 1995, 1425, 1429; ZIP 1995, 1021, 1025; NJW 1995, 2635, 2636; NJW 1996, 1024; WM 1997, 1155, 1157; NJW-RR 1997, 1460, 1461; WM 1998, 932, 933; NJW-RR 1998, 1065, 1066; NJW 1999, 3187, 3190; NJW 2000, 1254, 1255; NJW 2000, 1487, 1488; BGHZ 146, 298, 301 = NJW 2001, 1127 = JZ 2001, 1135 zu Anm R BORK; NJW 2002, 55, 56; NJW 2002, 429, 430 [2 b], 431 f; NJW 2002, 3165, 3166; NJW-RR 2002, 1521; KG NJW-RR 1995, 1422; zust BGB-RGRK/KRÜGER-NIELAND/ZÖLLER § 138 Rn 45; vOLSHAUSEN ZHR 146 (1982) 287, 296 f; SOERGEL/HEFERMEHL § 138 Rn 73, 83, 86; STAUDINGER/DILCHER[12] § 138 Rn 105.

befriedigt werden kann, sollte dies geschehen. In diesen Fällen sind auch keine sachlich gerechtfertigten Bedenken gegen die weiten Rechtsfolgen des § 138 Abs 2 erkennbar, dh dagegen, dass nicht nur das wucherische Verpflichtungsgeschäft, sondern auch die Erfüllungsgeschäfte des Bewucherten einschließlich der Geschäfte erfüllungshalber und der Rechtsgeschäfte zur Bestellung von Sicherheiten nichtig sind (aA jedoch wohl BGH NJW 1994, 1275). Soweit durch eine weite Auslegung von § 138 Abs 2 nicht alle Schutzlücken zu schließen sind, ist jedoch § 138 Abs 1 lückenfüllend anzuwenden. ME ist § 138 Abs 2 keine dahingehende Wertung zu entnehmen, dass bei einem auffälligen Missverhältnis von Leistung und Gegenleistung ein über diese Vorschrift hinausgehender Schutz mit § 138 Abs 1 ausgeschlossen sei. Vielmehr kann bei der Beurteilung der Sittenwidrigkeit das Fehlen von subjektiven Merkmalen iSv § 138 Abs 2 durch andere, auch objektive Merkmale kompensiert werden. § 138 Abs 2 regelt zwar einen Sonderfall des § 138 Abs 1, enthält jedoch keinen Wertentscheidung, die einen weiterreichenden Schutz des „Bewucherten" ausschließt (ähnlich HENSSLER, Risiko als Vertragsgegenstand [1994] 209 f).

b)   Keine Sittenwidrigkeit allein wegen eines auffälligen Missverhältnisses

Allerdings ist ein Vertrag nicht schon dann ohne weiteres sittenwidrig, wenn zwischen **230** Leistung und Gegenleistung kein angemessenes Verhältnis besteht (BGHZ 87, 309, 318; WM 1982, 849 aE). Ein **iustum pretium** ist ohnehin vielfach gar nicht feststellbar (vgl L RAISER, in: DJT-FS [1960] 130; RITTNER AcP 188 [1988] 101, 128; ders DB 1980 Beil 16 S 12; BUNTE WM 1984 Sonderbeil 1 S 3, 5 f; zum gerechten Preis ausführlich MAYER-MALY, in: FS Demelius [1973] 139; REINHARDT, in: FS H Lehmann [1937] 221). Außerdem wäre er keine verbindliche Sittennorm iSv § 138. Auch soweit **marktübliche** Preise bestehen, ist ein Abweichen von ihnen nicht ohne weiteres sittenwidrig. Selbst bei einem besonders groben Missverhältnis von Leistung und Gegenleistung ist der Vorwurf der Sittenwidrigkeit nicht ohne weiteres begründet (BGHZ 80, 153, 155, 156, 158; BGH NJW 1984, 2292, 2293 f; BGHZ 125, 135, 137; NJW 1999, 3187, 3189 f; BGHZ 146, 298, 301; NJW 2002, 429, 430 [2]; RGZ 93, 27, 28 f; CANARIS ZIP 1980, 709, 714; KOZIOL AcP 188 [1988] 183, 193; KREJCI, in: FS Wilburg [1986] 127, 134 f; PALANDT/HEINRICHS § 138 Rn 34; RITTNER DB 1980 Beil 16 S 5, 13; SOERGEL/HEFERMEHL § 138 Rn 73, 97; aA OLG Stuttgart NJW 1979, 2409, 2410, 2412; BENDER NJW 1980, 1129, 1133 f; HACKL BB 1977, 1412, 1415; aA für Arbeitsverträge RICHARDI, in: MünchArbR § 14 Rn 69; § 46 Rn 19). Sogar gröbste Inäquivalenz kann, wie die Beispiele der (gemischten) Schenkung bzw des Freundschaftskaufs zeigen, in voller Freiwilligkeit akzeptiert und unbedenklich sein (KOZIOL AcP 188 [1988] 183, 193 ff; MAYER-MALY, in: FS Larenz [1983] 395, 405; SOERGEL/HEFERMEHL § 138 Rn 87). Deshalb ist ein Darlehensvertrag bzw eine Zinsvereinbarung nicht schon deshalb ohne weiteres sittenwidrig, weil der vom Darlehensgeber verlangte effektive Jahreszins den üblichen Marktzins um mehr als 100% überschreitet (BGHZ 88, 153, 155). Im geltenden Recht gibt es nicht (mehr) das gemeinrechtliche – zB in Österreich in § 934f ABGB fortgeführte – Verbot der **laesio enormis** (Mot II 321 = MUGDAN II 178; BGHZ 80, 153, 156; MünchKomm/MAYER-MALY/ARMBRÜSTER § 138 Rn 114; L RAISER, in: DJT-FS [1960] 130; RITTNER DB 1980 Beil 16 S 11 f; STAUDINGER/ DILCHER[12] § 138 Rn 42; aA OLG Stuttgart NJW 1979, 2409, 2410; WM 1985, 349, 354 f; ausf zur laesio enormis P BYDLINSKI ÖstJBl 1983, 410 ff; MAYER-MALY, in: FS Larenz [1983] 395 ff; ders, in: BGH-FS I 69, 75). Zwar hätte die Festlegung bestimmter Preis- und Zinsgrenzen den Vorteil der einfacheren Handhabung. Dennoch hat sich der deutsche Gesetzgeber in Kenntnis des österreichischen und des gemeinen Rechts ausdrücklich gegen eine entsprechende Regelung entschieden (Mot II 322 = MUGDAN II 178; RGZ 64, 181, 182; BGHZ 80, 153, 156; MAYER-MALY, in: FS Larenz [1983] 395, 403; KOCHENDÖRFER NJW 1980, 215,

216; Weber NJW 1980, 2062, 2063). Ein entsprechender Gesetzentwurf des Bundesrats vom 18. 8. 1983, § 138 um einen Abs 3 zu ergänzen, der bei Kreditgeschäften die Nichtigkeitssanktion unmittelbar an ein auffälliges Missverhältnis von Leistung und Gegenleistung anknüpfen wollte (BT-Drucks 10/307 S 3), ist nicht Gesetz geworden.

c) Die objektiven und subjektiven Voraussetzungen der Sittenwidrigkeit

231 **aa)** Ein Vertrag kann nur dann als wucherähnliches Rechtsgeschäft sittenwidrig sein, wenn zu dem auffälligen Missverhältnis von Leistung und Gegenleistung weitere besondere Umstände hinzutreten, die den Verwurf der Sittenwidrigkeit rechtfertigen (BGH WM 1998, 932, 933) Zur Feststellung der Sittenwidrigkeit ist eine Gesamtwürdigung aller objektiven und subjektiven Geschäftsumstände erforderlich (BGH NJW 1979, 805; NJW 1979, 808; NJW 1980, 2301; BGHZ 80, 153, 165 f, 171 f = NJW 1981, 1206; NJW 1982, 2433, 2434, 2435; NJW 1982, 2436; NJW 1983, 1420, 1421 und 2692; NJW 1984, 2292, 2294; NJW 1987, 2014, 2015 und 3256, 3258; NJW 1988, 818; BGHZ 110, 336, 341 = NJW 1990, 1595; Nüssgens, in: FS Werner [1984] 591; Soergel/Hefermehl § 138 Rn 73, 86, 87). Handelt es sich bei den besonderen Umständen, die die Sittenwidrigkeit begründen, ua um unbillige und deshalb **unwirksame AGB**, so will der BGH diese trotz ihrer Unwirksamkeit bei der nach § 138 Abs 1 erforderlichen Gesamtwürdigung des Vertrags mitberücksichtigen (BGH NJW 1980, 2301, 2302; BGHZ 80, 153, 172 = NJW 1981, 1206; WM 1981, 516, 517; NJW 1982, 2433, 2435; NJW 1982, 2436, 2437; BGHZ 98, 174, 177 = NJW 1986, 2564; BGHZ 99, 333, 335 = NJW 1987, 944; BGHZ 110, 336, 341 f = NJW 1990, 1595; Erman/Palm § 138 Rn 72; Soergel/ Hefermehl § 138 Rn 96). Diese Ansicht unterscheidet mE nicht ausreichend zwischen dem Anwendungsbereich des § 138 und des § 139. Auch die nach § 138 gebotene Gesamtwürdigung sollte zunächst nur die Entgeltvereinbarung betreffen. Unwirksame andere Klauseln belasten den Bewucherten nicht oder nur dann, wenn er irrtümlich erfüllt (**aA** Soergel/Hefermehl § 138 Rn 96). Mit einer Mindermeinung sollte man daher unwirksamen Klauseln bei der erforderlichen Gesamtwürdigung nach § 138 kein oder allenfalls ein geringes Gewicht beimessen (so Bunte WM 1984 Sonderbeil 1 S 3, 11 ff; Canaris ZIP 1980, 709, 713; ders WM 1986, 1453, 1464; Koziol AcP 188 [1988] 183, 190 f; Löwe NJW 1980, 2078, 2079; für eine etwas geringere Gewichtung unwirksamer AGB Nüssgens, in: FS Werner [1984] 591, 595, 597; ders FLF 1986, 90, 91; ausdrücklich aA BGH WM 1981, 516, 517 sub II 2).

232 **bb)** Bei der Gesamtwürdigung ist von besonderem Gewicht, ob und in welchem Maße zwischen Leistung und Gegenleistung ein **auffälliges Missverhältnis** besteht (RGZ 161, 52, 59 f; BGH NJW 1979, 805; NJW 1980, 2301; BGHZ 80, 153, 160 = NJW 1981, 1206; NJW 1982, 2436; NJW 1983, 1420, 1421 und 2692; NJW 1984, 2292, 2294; BGHZ 98, 174, 176 = NJW 1986, 2564; NJW 1988, 818 und 1659, 1660 und 1661 f; BGHZ 110, 336, 338; BGHZ 125, 135, 137; ZIP 1995, 1021, 1025 aE; NJW 2002, 55; NJW 2002, 429, 230; zum Finanzierungsleasing BGH NJW 1995, 1019 und 1146, 1147). Insoweit gelten für § 138 Abs 1 dieselben Regeln wie oben zu § 138 Abs 2 dargelegt (Rn 175 ff).

233 **cc)** Über ein auffälliges Missverhältnis von Leistung und Gegenleistung hinaus erfordert der Vorwurf der Sittenwidrigkeit auch die Verwirklichung eines **subjektiven Tatbestandes** in der Person des **Bewucherten** (BGHZ 87, 309, 318). Es müssen besondere Umstände in der Person dessen vorliegen, der überhöhte Preise akzeptiert hat (BGHZ 80, 153, 158; NJW 1984, 2292, 2294; BGHZ 98, 174, 178 = NJW 1986, 2564). Entscheidungserheblich ist ua, ob der Kunde geschäftlich unerfahren ist (BGHZ 80, 153, 158, 161; NJW 1984, 2292, 2294; BGHZ 98, 174, 178 = 1986, 2564, 2565; NJW 1987, 153; BGHZ 104, 102, 107 = NJW

1988, 1659, 1661; BGHZ 125, 135, 137), ob er rechtsunkundig ist (BGHZ 80, 153, 158; NJW 1983, 1420, 1421 f; NJW 1984, 2292, 2294; BGHZ 98, 174, 178 = NJW 1986, 2564; NJW 1987, 183; BGHZ 104, 102, 107 = NJW 1988, 1659, 1661), ob er sich in einer schwierigen Lage befand (BGHZ 125, 135, 137) oder ob er den Vertrag aus Mangel an Urteilsvermögen oder wegen erheblicher Willensschwäche abgeschlossen hat (BGH NJW 1985, 3006, 3007; vgl auch BGH NJW 1987, 183). Zu berücksichtigen ist auch, ob der Vertragspartner eine wirtschaftliche, organisatorische oder intellektuelle Überlegenheit ausnutzen konnte (BGH NJW 1979, 805; NJW 1980, 2301; BGHZ 80, 153, 158 f, 160 f; WM 1982, 849; NJW 1984, 2292, 2294; NJW 1985, 3006, 3007; BGHZ 98, 174, 178 = NJW 1986, 2564, 2565; NJW 1987, 183; BGHZ 104, 102, 107 = NJW 1988, 1659, 1661; BGHZ 125, 135, 137; BAG NJW 1985, 2661, 2662; DB 1986, 548), zB einen Informationsvorsprung (BGHZ 80, 153, 158) oder die Tatsache, dass die Vertragsbedingungen in ihrer Gesamtheit unübersichtlich und ihre Folgen unüberschaubar waren (BGHZ 80, 153, 158).

dd) Außerdem muss nach hM in der Person des **Wucherers** idR ein subjektiver **234** Tatbestand hinzukommen, nämlich die Ausnutzung der genannten Umstände für das eigene übermäßige Gewinnstreben (BGHZ 125, 135, 137; WM 1980, 597 aE WM 1998, 932, 933), die Ausnutzung einer Monopolstellung (BGH LM Nr 4 zu § 138 [Cc] BGB; SOERGEL/HEFERMEHL § 138 Rn 100, 108; STAUDINGER/DILCHER¹² § 138 Rn 20, 29) oder eine **verwerfliche Gesinnung** des Gläubigers derart, dass er sich böswillig oder grob fahrlässig der Erkenntnis der misslichen Situation des anderen Teils verschließt, aufgrund derer sich dieser zum Abschluss des für ihn ungünstigen Darlehensvertrags entschlossen hat (RGZ 161, 52, 60; BGH NJW 1979, 258; NJW 1980, 2301; BGHZ 80, 153, 156; WM 1981, 1050, 1051; WM 1982, 849 aE; NJW 1984, 2292, 2294; NJW 1985, 3006, 3007; BGHZ 104, 102, 107 = NJW 1988, 1659; NJW 1992, 899 f; BGHZ 125, 135, 140 = NJW 1994, 1475; NJW 1995, 1019; ZIP 1995, 1021, 1025 f; NJW 1995, 1146, 1147; NJW 1995, 2635, 2636; NJW 1996, 1204; WM 1997, 230, 232; WM 1997, 1155, 1157; NJW-RR 1997, 1460, 1461; WM 1998, 932, 933, 935; NJW-RR 1998, 1065, 1066; BGHZ 141, 257, 263 = NJW 1999, 3187, 3190; NJW 2000, 1254, 1255; NJW 2000, 1487, 1488; NJW 2002, 55, 56 f; NJW 2002, 429, 430, 432; NJW 2002, 3165, 3166; NJW-RR 2002, 1521; OLG München BB 1995, 2235; BAG NJW 1985, 2661, 2662; DB 1986, 548). Ein sittenwidriges Ausbeutungsgeschäft kann aber auch bei einer unangemessenen Häufung von übermäßigen Belastungen vorliegen (BGHZ 80, 153, 171 = NJW 1981, 1206; NJW 1995, 1425, 1429).

Auch bei wucherähnlichen Rechtsgeschäften scheitert die Anwendbarkeit von § 138 **235** Abs 1 nicht daran, dass die **Initiative** zum Geschäftsabschluss vom Benachteiligten ausgegangen ist (BGH NJW 1985, 3006, 3007; BODENBENNER JuS 2001, 1172, 1173).

ee) Bei einem auffälligen Missverhältnis von Leistung und Gegenleistung erlangt **236** § 138 Abs 1 praktische Bedeutung, wenn die Voraussetzungen des § 138 Abs 2 nicht erfüllt sind, weil die besonderen Umstände in der Person des **Bewucherten**, dh eine Zwangslage, Unerfahrenheit, Mangel an Urteilsvermögen oder eine erhebliche Willensschwäche, nicht vorliegen, oder weil der **Wucherer** nur aus Leichtfertigkeit – nach § 138 Abs 2 ist Vorsatz erforderlich – das Vorliegen des objektiven Missverhältnisses von Leistung und Gegenleistung oder die Ausbeutungssituation in der Person des Bewucherten nicht zur Kenntnis genommen hat.

ff) Liegt der objektive Tatbestand eines wucherähnlichen Vertrags vor, so wird das **237** Vorliegen der subjektiven Voraussetzungen des § 138 Abs 1 allerdings **vermutet** (BGH NJW 1984, 2292, 2294; BGHZ 98, 174, 178 = NJW 1986, 2564; NJW 1987, 181, 182; NJW 1987, 183;

BGHZ 1988, 818, 819 sub IV; BGHZ 104, 102, 107, 108 = NJW 1988, 1659; NJW 1992, 899, 900; BGHZ 125, 135, 140 = NJW 1994, 1475; NJW 1995, 1019; NJW 1995, 2635, 2636; NJW 1996, 1204; WM 1997, 230, 232; WM 1997, 1155, 1157; NJW-RR 1997, 1460, 1461; WM 1998, 932, 933 f; NJW 2000, 1254, 1255; NJW 2000, 1487, 1488; BGHZ 144, 343, 346; BGHZ 146, 298, 302; NJW 2002, 3165, 3166; BAG DB 1986, 548; BGB-RGRK/KRÜGER-NIELAND/ZÖLLER § 138 Rn 45; STEINMETZ NJW 1976, 2569; SOERGEL/HEFERMEHL § 138 Rn 73, 99; aA MünchKomm/MAYER-MALY § 138 Rn 98, 107; ders, in: FS Larenz [1983] 395, 400, 403 ff), dh der Kreditgeber hat die Beweislast für das Nichtvorliegen dieser Umstände (BGHZ 98, 174, 178 f). Denn nach der Lebenserfahrung werden, wie auch der Begünstigte idR weiß, solche außergewöhnlichen Zugeständnisse nicht ohne besondere, den Benachteiligten in seiner Entscheidungsfreiheit hemmenden Umstände gemacht (BGH NJW 1992, 899, 900). Die Vermutung greift nach Ansicht des BGH auch dann ein, wenn der Begünstigte die Wertdifferenz nicht kennt (BGH NJW 2001, 1127; krit MAASS NJW 2001, 3467). Die Vermutung, dass bei einem auffälligen Missverhältnis die subjektiven Voraussetzungen erfüllt sind, kann durch Darlegung besonderer Umstände widerlegt werden, dh der subjektive Tatbestand wird nicht (unwiderleglich) **fingiert** (BGHZ 98, 174, 178 = NJW 1986, 2564; WM 1997, 1155, 1156; BGHZ 146, 298, 305 = NJW 2001, 1127, 1128; NJW 2002, 3165, 3166; NJW 2003, 283, 284; diesbezügliche Bedenken äußern hingegen BUNTE WM 1984 Sonderbeil 1 S 3, 9 f; HACKL DB 1985, 1327, 1329, 1330; KOZIOL AcP 188 [1988] 183, 185, 187; MAYER-MALY, in: FS Larenz [1983] 395, 400, 403 f; ders, in: MünchKomm/ARMBRÜSTER § 138 Rn 116; krit auch BGH WM 1983, 1134, 1136 sub III 3; nach FLUME ZIP 2001, 1621, 1622 entspricht dies der vom Gesetzgeber ausdrücklich abgelehnten laesio enormis; aA ausdrücklich BGH NJW 2002, 3165, 3166; BORK JZ 2001, 1138, 1139; LORENZ Anm zu LM 138 [D] Nr 3). Es ist lediglich eine beweiserleichternde tatsächliche Vermutung (BGH NJW 2002, 3165, 3166). Die Vermutung einer verwerflichen Gesinnung kann zB erschüttert werden durch sachgerechte, eine Übervorteilung regelmäßig ausschließende Bemühungen zur Ermittlung eines den Umständen nach angemessenen Leistungsverhältnisses, wie etwa durch ein (fehlerhaftes) Verkehrswertgutachten als Grundlage der Kaufpreisbemessung (BGHZ 146, 298, 305 = NJW 2001, 1127; NJW 2002, 3165, 3166). Die Vermutung ist mE auch dann widerlegt, wenn sich dem Begünstigten die Kenntnis der Wertdifferenz nicht aufdrängen musste. Bei größeren Rechtsgeschäften auf unbekanntem Terrain empfiehlt sich ohnehin ein Wertgutachten (dazu MAASS NJW 2001, 3467).

238 Wie beim Wucher iSv § 138 Abs 2 (oben Rn 216) hatte der BGH diese Vermutung ursprünglich nur bei einem **besonders groben** Missverhältnis von Leistung und Gegenleistung aufgestellt (BGH WM 1966, 832, 835; WM 1969, 1255, 1257; WM 1976, 322 und 2106, 2107; NJW 1979, 758; WM 1981, 404, 405; WM 1981, 1050, 1051; WM 1998, 932, 933 f; NJW 2000, 1487, 1488; WM 2000, 1580, 1581; BGHZ 146, 298, 302; vgl auch BAG NJW 1985, 2661, 2662; OLG München BB 1995, 2235). In seiner neueren Rspr zu § 138 Abs 1 lässt er hingegen jedes auffällige Missverhältnis dafür genügen. Dies ist kein Widerspruch, da der BGH den speziellen Wuchertatbestand des § 138 Abs 2 wegen der strengeren Rechtsfolgen verhältnismäßig eng auslegt (vgl den Hinweis darauf in BGH NJW 1994, 1275; vgl auch BGH NJW-RR 1993, 198, 199; NJW 1988, 130, 131). Von einem besonders groben Missverhältnis, das den Schluss auf eine verwerfliche Gesinnung rechtfertigt, ist mit der neueren Rechtsprechung des BGH allerdings grundsätzlich schon dann auszugehen, wenn der Wert der Leistung **knapp doppelt** so hoch ist wie der Wert der Gegenleistung des Begünstigten (BGH NJW 1992, 899, 900; 1994, 1475, 1476; 1995, 2635, 2636; NJW-RR 1998, 1065, 1066; BGHZ 146, 298, 302; NJW 2000, 1254, 1255; NJW 2000, 1487, 1488; NJW 2002, 55, 57; mit Recht zurückhaltender jedoch für Miet- und Pachtverträge wegen der

Unsicherheit der Feststellung eines Missverhältnisses BHG NJW 2002, 55, 57, wo eine verwerfliche Gesinnung nur vermutet wird, wenn das Missverhältnis für den Begünstigten ohne weiteres erkennbar war.). Diese Vermutung beruht auf dem Erfahrungssatz, dass außergewöhnliche Leistungen in der Regel nicht ohne Not zugestanden werden und auch der Begünstigte diese Erfahrung teilt (BGHZ 146, 298, 302 f, 303 aE; WM 1997, 1155, 1156).

In der Tendenz ist eine Ausweitung des Tatbestandes des wucherähnlichen Rechtsgeschäfts festzustellen: Die erforderliche verwerfliche Gesinnung wird vermutet bei einem groben Missverhältnis von Leistung und Gegenleistung. Ein grobes Missverhältnis wird jedoch neuerdings auch schon dann angenommen, wenn der Wert der Leistung nur noch knapp doppelt so hoch ist wie der Wert der Gegenleistung des Begünstigten. Ein Unterschied zu dem nach § 138 Abs 2 für den Wucher erforderlichen Missverhältnis besteht kaum mehr (vgl auch BGH WM 2000, 1580, 1581 [II 1]). Der Unterschied zwischen Wucher iSv § 138 Abs 2 und wucherähnlichen Geschäften iSv § 138 Abs 1 reduziert sich zunehmend auf die Rechtsfolgen: das Wucherverbot erfasst außer dem Verpflichtungsgeschäft auch das Erfüllungsgeschäft.

gg) Wenn die Zwangslage, die Unerfahrenheit, das mangelnde Unvermögen oder **239** weitere persönliche Schwächen eines Vertragspartners ausgenutzt werden, es jedoch an einem auffälligen Missverhältnis von Leistung und Gegenleistung fehlt, so kann der Vorwurf der Sittenwidrigkeit nur bei Hinzutreten weiterer besonderer Umstände begründet sein (BGHZ 50, 63, 70 f betr Erbvertrag). Es ist jedoch nicht in jedem Fall anstößig, eine Hilfeleistung, selbst für einen Menschen in einer Notlage, von einer Vergütung abhängig zu machen (BGHZ 69, 295, 299 betr Fluchthelfervertrag).

d) Rechtsfolgen
aa) Geltungserhaltende Reduktion
Auch bei wucherähnlichen Rechtsgeschäften ist einer geltungserhaltenden Vertrags- **240** anpassung, wie sie bei Mietwucher und Lohnwucher anerkannt ist, der Vorzug zu geben (aA BGHZ 146, 298, 306).

bb) Nichtigkeit
Nach hM decken sich bei wucherähnlichen Rechtsgeschäften die Rechtsfolgen für **241** die **Verpflichtungsgeschäfte** mit denen von Wuchergeschäften. Dies gilt insbesondere auch für die Anwendung von § 817 S 2 analog (RGZ 161, 52, 59 f; BGH NJW 1983, 1420, 1423 sub V 1b; NJW 1989, 1217 aE; SOERGEL/HEFERMEHL § 138 Rn 103).

Anders als § 138 Abs 2 erfasst jedoch die Nichtigkeit nach § 138 Abs 1 nicht ohne **242** weiteres auch die **Erfüllungsgeschäfte** (BGH NJW 1973, 613, 615; NJW 1985, 3006, 3007; BGHZ 146, 298, 306; MünchKomm/MAYER-MALY/ARMBRÜSTER § 138 Rn 165). Das (dingliche) Erfüllungsgeschäft kann jedoch seinerseits sittenwidrig und nach § 138 Abs 1 nichtig sein, wenn die Unsittlichkeit gerade im Vollzug des sittenwidrigen Verpflichtungsgeschäfts besteht (BGH aaO), dh wenn mit dem Erfüllungsgeschäft sittenwidrige Zwecke verfolgt werden (BGH NJW 1985, 3006, 3007). Das Erfüllungsgeschäft kann auch nach § **139** nichtig sein, wenn die Parteien das sittenwidrige Verpflichtungsgeschäft und das Erfüllungsgeschäft bewusst zu einer Einheit zusammengefügt haben (BGH NJW 1985, 3006, 3007; NJW 1979, 1495, 1496; OLG Frankfurt NJW 1981, 876, 877). Ein solcher Parteiwille ist jedoch grundsätzlich nicht zu unterstellen (BGH NJW 1985, 3006, 3007), auch wenn – wie beim Grundstückskauf üblich – der Kaufvertrag und die

Auflassung in derselben Urkunde enthalten sind (BGH NJW 1985, 3006, 3007; vgl auch BGH NJW 1967, 1128, 1130; BGHZ 30, 321, 323 = NJW 1960, 621; NJW 1952, 60, 61).

2. Folgeverträge nach Umschuldung („Kettenkreditverträge")

a) Folgeverträge nach nichtigen Erstverträgen

243 Kreditverträge werden häufig durch neue Kreditverträge abgelöst, um den Kreditzeitraum zu verlängern, das Kreditvolumen zu erhöhen oder um durch den Wechsel des Kreditgebers die Konditionen zu verbessern. In diesen Fällen stellt sich die Frage, ob es sich auf den Folgevertrag auswirkt, wenn der Erstvertrag wucherisch oder wucherähnlich und damit nach § 138 nichtig – bzw nach der hier vertretenen Ansicht teilnichtig – war (ausführlich dazu CANARIS WM 1986, 1453).

244 aa) Wenn ein Wuchervertrag zum Zwecke der Umschuldung durch einen neuen Kreditvertrag abgelöst wird, unterliegt der Folgevertrag einer **eigenständigen** Beurteilung. Die Nichtigkeit des Erstvertrags nach § 138 wegen Wuchers oder Sittenwidrigkeit bewirkt nicht ohne weiteres auch die Nichtigkeit des Folgevertrags (BGHZ 99, 333, 336 f = NJW 1987, 944; NJW-RR 1987, 679, 681; NJW-RR 1988, 363, 364; NJW 1990, 1597, 1598; WM 2002, 955, 956; OLG Köln NJW-RR 1991, 1456, 1457; CANARIS WM 1986, 1453, 1456; ERMAN/ PALM § 138 Rn 91 f; MünchKomm/MAYER-MALY/ARMBRÜSTER § 138 Rn 121; PALANDT/HEINRICHS § 138 Rn 31). Denn andernfalls wäre jeder zur Deckung **zusätzlichen** Kreditbedarfs geschlossene Folgevertrag nichtig, was nach hM zugleich bedeutete, dass auch der aus dem Folgevertrag bereits gewährte Kredit nicht zu verzinsen wäre. Diese Konsequenz wäre unannehmbar (BGHZ 99, 333, 337; NJW-RR 1987, 679, 681; CANARIS WM 1986, 1453, 1458). Außerdem hätte der Kreditnehmer keinen Anspruch auf die Gewährung noch nicht ausgezahlter Kreditbeträge. Dies gilt nicht nur bei externer Umschuldung, dh wenn der Folgevertrag mit einem anderen Kreditgeber abgeschlossen wurde als der Erstvertrag, sondern grundsätzlich auch bei interner Umschuldung zwischen denselben Vertragspartnern (BGHZ 99, 333, 336).

245 bb) Wenn – bei interner oder externer Umschuldung – beide Parteien den Erstvertrag **irrtümlich** für gültig gehalten haben, ist es erforderlich und ausreichend, den Folgevertrag nach § 242 wegen Fehlens der Geschäftsgrundlage anzupassen (BGHZ 99, 333, 337 = NJW 1987, 944; NJW-RR 1987, 679, 681; NJW-RR 1988, 363, 364 f; NJW 1990, 1597, 1599; WM 2002, 955, 956 [2.]; OLG Köln NJW-RR 1991, 1456, 1457; OLG Hamm WM 1985, 1143; WM 1986, 1246; ebenso bei interner Umschuldung CANARIS WM 1986, 1453, 1460 ff; ERMAN/PALM § 138 Rn 91 f; **aA** bei externer Umschuldung CANARIS WM 1986, 1456 f).

246 Eine Vertragspartei handelt treuwidrig, wenn sie nach Aufklärung des beiderseitigen Rechtsirrtums den Vorteil behalten will, der ihr im Widerspruch zur wirklichen Rechtslage aus dem Vertrag zufließen würde, insbesondere wenn sie der durch den Irrtum benachteiligten Vertragspartei die falsche rechtliche Bewertung als die richtige hingestellt hat (BGH NJW-RR 1987, 679, 681). Danach hat der Kreditgeber nur Ansprüche, die ihm bei Kenntnis und Berücksichtigung der Nichtigkeit des Erstvertrags billigerweise eingeräumt worden wären (BGHZ 99, 333, 338 = NJW 1987, 944; NJW 1987, 679, 681; NJW-RR 1988, 363, 364; OLG Köln NJW-RR 1991, 1456, 1457; PALANDT/ HEINRICHS § 138 Rn 31; krit MÜNSTERMANN WM 1987, 745; H P WESTERMANN WuB I E 2 b-6.87 S 769; ders EWiR § 242 BGB 6/87 S 345). Das bedeutet, dass dem Kreditgeber nach § 242 keine Zinsansprüche zustehen, soweit der Folgevertrag dem Kreditnehmer solche

Rechte einräumte, die er aufgrund der Nichtigkeit des Erstvertrags ohnehin schon hatte, nämlich – nach hM – das Recht der **zinslosen** Nutzung des Darlehenskapitals in der für den Erstvertrag maßgeblichen Laufzeit (BGH NJW-RR 1987, 679, 681; NJW-RR 1988, 363, 364; OLG Köln NJW-RR 1991, 1456, 1457; enger OLG Hamm WM 1985, 1143; WM 1986, 1246). Nach der hier vertretenen Ansicht, nach der die wucherische und wucherähnliche Verträge geltungserhaltend auf das höchstzulässige Maß zu reduzieren sind, wäre die Zinsbelastung des Folgevertrags nach § 242 entsprechend zu reduzieren. Außerdem ist bei **interner** Umschuldung die Kreditsumme des Folgevertrags um den Gegenanspruch zu kürzen, der dem Kreditnehmer bereicherungsrechtlich wegen der Zuvielzahlungen aufgrund des sittenwidrigen und nichtigen Erstvertrags zustand (BGHZ 99, 333, 338; NJW-RR 1988, 363, 364). Bei **externer** Umschuldung ist diese Kürzung der Kreditsumme des Folgevertrags um den Gegenanspruch gegen den Erstkreditgeber hingegen nicht möglich; insoweit bleibt der Kreditnehmer auf seine Bereicherungsansprüche gegen den Erstkreditgeber verwiesen (BGH NJW 1990, 1597, 1599).

cc) Ein Folgevertrag, der bei isolierter Betrachtung weder wucherisch noch sitten- **247** widrig iSv § 138 ist, kann jedoch gegen die guten Sitten verstoßen, wenn nur der Kreditgeber des Folgekredits positiv weiß, dass der Erstvertrag nach § 138 nichtig ist. Sittenwidrigkeit liegt vor, wenn bei interner Umschuldung der Kreditgeber in Kenntnis der Nichtigkeit des Erstvertrags mit dem Folgevertrag den übermäßigen Gewinn aus dem Erstvertrag zu sichern versucht (BGHZ 99, 333, 337; NJW 1990, 1597, 1598; NJW-RR 1987, 679, 681). Der BGH hält Sittenwidrigkeit auch für denkbar, wenn die Kreditkonditionen des Folgevertrags bei isolierter Betrachtung an der Grenze des nach § 138 Abs 1 Erlaubten liegen und in denen dann der Umstand, dass der Vertrag teilweise auch der Ablösung eines sittenwidrigen älteren Vertrags dient, im Rahmen der Gesamtwürdigung den Ausschlag geben kann (BGH NJW-RR 1987, 679, 681; vgl auch OLG Stuttgart NJW-RR 1988, 427, 429).

b)   Folgeverträge nach wirksamen Erstverträgen
Auch bei Ablösung eines **wirksamen** Erstvertrags kann der Folgevertrag sittenwidrig **248** und nichtig sein (OLG Stuttgart NJW-RR 1988, 427). Ein Kreditnehmer schließt einen Folgevertrag zum Zwecke der Umschuldung nur dann, wenn er sich davon eine Verbesserung seiner Situation erwartet, insbesondere eine Senkung der Zinslast oder eine Verlängerung oder Erhöhung des Kredits. Deshalb darf eine Bank ihr Interesse an der Umschuldung nicht ohne Rücksicht auf die wirtschaftlichen Belange des Kunden durchzusetzen suchen (BGH NJW 1990, 1597, 1598; NJW 1988, 818, 819). Danach liegt Sittenwidrigkeit vor, wenn die Ablösung **wirtschaftlich unvertretbar** ist, weil die Konditionen des Folgevertrags wesentlich ungünstiger sind als die des Erstvertrags (BGH NJW 1990, 1597, 1598; BGHZ 104, 102, 107 = NJW 1988, 1659; NJW 1988, 818, 819; OLG Stuttgart NJW-RR 1988, 427), sei es, dass die Zinsen des Erstvertrags wesentlich niedriger waren als die des Folgevertrags, sei es, dass die Umschuldungskosten unverhältnismäßig hoch sind (OLG Stuttgart NJW-RR 1988, 427).

c)   Schadensersatzansprüche wegen Verletzung von Aufklärungspflichten
Vergleiche dazu BGH NJW 1990, 1597, 1598 vor 3; NJW 1990, 1048, 1049 = WM **249** 1990, 136, 138 sub IV.

d)   Erstreckung der Kettenvertragsregeln auf andere Vertragstypen
Der BGH hat die zu den Umschuldungsverträgen entwickelten Regeln auch auf
einen erweiterten Mietvertrag für anwendbar erklärt (NJW-RR 1999, 1456).

3.   Ausnutzung einer Macht- und Monopolstellung

250   Mit der Fallgruppe der Wucher- und wucherähnlichen Geschäfte überschneidet sich
die weitere Fallgruppe der sittenwidrigen Ausnutzung einer Macht- und Monopolstellung zur Durchsetzung eines übermäßigen Entgelts oder unbilliger Geschäftsbedingungen. Ein sittenwidriger Missbrauch einer Monopolstellung liegt vor, wenn
sie dazu ausgenutzt wird, dem Vertragspartner unangemessene Bedingungen aufzuerlegen und überhöhte Entgelte abzuverlangen (RGZ 62, 264, 266; BGHZ 19, 85, 94).
Unerheblich ist, ob die Initiative vom Inhaber der Machtstellung oder von seinem
Vertragspartner ausgegangen ist (BGH NJW 1985, 3006, 3007; NJW 1988, 130, 131; MICHALSKI
BB 1996, 1177, 1183; MünchKomm/MAYER-MALY/ARMBRÜSTER § 138 Rn 86). Die Verwirklichung eines subjektiven Tatbestandes muss idR nicht nachgewiesen werden
(SOERGEL/HEFERMEHL § 138 Rn 109), weder ein Sittenwidrigkeitsbewußtsein oder eine
verwerfliche Gesinnung (BGH BB 1971, 1177 = GRUR 1972, 718) noch die Kenntnis
der sittenwidrigkeitsbegründenden Tatumstände (aA BGH aaO); Kenntnis der sittenwidrigkeitsbegründenden Tatumstände wird ohnehin idR vorliegen.

251   Eine marktbeherrschende Stellung ist anzunehmen, wenn ein Gewerbetreibender in
räumlicher, sachlicher oder zeitlicher Hinsicht keinem nennenswerten Wettbewerb
ausgesetzt ist und sich deshalb in der Lage befindet, den Vertragsinhalt in Abweichung von üblichen Entgelten und Geschäftsbedingungen einseitig zu diktieren. In
räumlicher Hinsicht hat ein Gewerbetreibender eine marktbeherrschende Stellung,
wenn – wie bei Wasser- und Energieversorgungsunternehmen – ein Ausweichen auf
Mitbewerber nicht möglich ist oder wenn dem Kunden, gemessen am Anlass, ein
Ausweichen auf einen räumlich entfernten Mitbewerber nicht zugemutet werden
kann. In zeitlicher Hinsicht hat zB ein Reparaturunternehmen bei einem Rohrbruch
eine marktbeherrschende Stellung, wenn nicht schnell genug ein anderes Reparaturunternehmen gerufen werden kann (vgl LG Nürnberg-Fürth BB 1973, 777). In Anlehnung
an § 19 Abs 1 GWB sind auch marktbeherrschende Oligopole denkbar, die ihre
Marktmacht sittenwidrig ausnutzen.

252   Unter dem Gesichtspunkt der missbräuchlichen Ausnutzung einer Monopolstellung
erklärte das RG ursprünglich **unbillige AGB** von marktbeherrschenden Unternehmen für sittenwidrig und nichtig (RGZ 62, 264, 266; 79, 224, 229; 81, 316, 320; 83, 9, 14;
99, 107, 109; 106, 386, 388; 115, 218, 219 f; 115, 253, 258; 128, 92, 96; 133, 388, 391; 143, 24, 28; ebenso
auch noch BGH NJW 1956, 1065). Die AGB-Kontrolle wurde jedoch später in die Vor-
schrift des § 242 verlagert (RG DR 1941, 1726, 1727; RGZ 168, 321, 329; BGH NJW 1956, 909;
NJW 1956, 1065, 1066; BGHZ 65, 359, 363), was den Vorteil hatte, dass auch AGB, die nicht
auf Marktmacht beruhten, kontrolliert werden konnten und man auch solche AGB
untersagen konnte, von denen man annahm, dass sie zwar nicht sittenwidrig, jedoch
treuwidrig waren. Die Rechtsprechung zu § 242 war schließlich die Basis für das
spätere AGBG, heute §§ 305 ff. Daneben bleibt jedoch auch für § 138 Raum (vgl o
Rn 161 ff). Sittenwidrig sind insbesondere sachlich nicht berechtigte **Freizeichnungs-
klauseln**, die unter Ausnutzung einer Monopolstellung ohne sachlich gerechtfertigten
Grund von der gesetzlichen Haftungsregelung abweichen (BGH NJW 1956, 1065; KG

NJW 1977, 854 f). Sittenwidrig ist auch ein Verzicht auf rechtmäßig begründete Ansprüche, wenn kein sachlich gerechtfertigter Grund für diesen Verzicht besteht (RGZ 62, 264, 266; 115, 253, 258; 128, 92, 96; 133, 388, 391).

Sittenwidrig ist ferner die Ausnutzung einer Machtstellung, um **überhöhte Gegen-** 253
leistungen durchzusetzen (RGZ 62, 264, 266; BGHZ 19, 85, 94; BGH NJW 1958, 1772; BGHZ 41, 271, 278; BB 1971, 1177; BGHZ 65, 284, 289 = NJW 1976, 709 f; NJW 1976, 710, 711; NJW 1998, 3188, 3191; vgl auch MICHALSKI BB 1996, 1177, 1179 f). Ob ein Preis als überhöht anzusehen ist, richtet sich nach den **gesamten** Umständen (BGH NJW 1976, 710, 711). Überhöht ist ein Preis grundsätzlich dann, wenn er nicht unerheblich über dem Preis in vergleichbaren Fällen liegt (BGH NJW 1976, 710, 711; NJW 1998, 3188, 3191). Das ist grundsätzlich immer der Fall, wenn ein auffälliges Missverhältnis zwischen Leistung und Gegenleistung iS des Wuchertatbestandes besteht (BGHZ 65, 284, 289 = NJW 1976, 709; vgl auch LG Nürnberg-Fürth BB 1973, 777). Insoweit handelt es sich um einen Anwendungsfall wucherähnlicher Verträge; häufig sind auch zugleich die Voraussetzungen des § 138 Abs 2 erfüllt. Sittenwidrig wegen Ausnutzung einer Monopolstellung ist danach zB die Erhöhung des Standgeldes für Straßenhändler durch eine Gemeinde auf das 12fache (BGHZ 19, 85, 94) oder die Vereinbarung einer Vergütung von 4% des Jahresumsatzes für die Vermietung eines Grundstücks an einen Straßenhändler, der im Straßenhandel Verkaufsfahrzeuge einsetzen wollte (BGH NJW 1958, 1772). Überhöht kann jedoch im Einzelfall auch ein deutlich unter der Wuchergrenze liegendes Entgelt sein, zB ein um 13,41 % überhöhter Gewinn eines Elektrizitätswerks mit Gebietsschutz (BGH BB 1971, 1177).

Stets ist zu prüfen, ob der höhere Preis des Monopols im Verhältnis zum Vergleichs- 254
preis durch besondere Umstände gerechtfertigt ist oder nur mit seiner marktbeherrschenden Stellung erklärt werden kann (BGH NJW 1976, 710, 711). Bei der Überprüfung der Angemessenheit des Vertragspreises sind insbesondere zu berücksichtigen die Marktpreise in anderen Regionen (insbesondere bei Elektrizitäts- und Wasserwerken mit Gebietsschutz), strukturelle Besonderheiten des Monopolgebiets und die Abnahmemenge des einzelnen Kunden (BGH NJW 1958, 1772; BGHZ 65, 284, 289; BB 1971, 1177 f). Unterschiedliche Abnahmemengen können auch unterschiedliche Preise, dh eine unterschiedliche Behandlung der Kunden des marktbeherrschenden Unternehmens rechtfertigen (BGHZ 65, 284, 289; BGB-RGRK/KRÜGER-NIELAND/ZÖLLER § 138 Rn 68).

Ein **Hoheitsträger** darf eine Leistung nicht von einer Gegenleistung abhängig ma- 255
chen, wenn kein ausreichender sachlicher Zusammenhang zwischen Leistung und Gegenleistung besteht (BGHZ 26, 84, 87; WM 1966, 1039, 1041; BGH NJW 1972, 1657; NJW 1975, 1019, 1020; BGHZ 94, 125, 127, 129 = NJW 1985, 1825; NJW 1999, 208, 209). Wegen Ausnutzung einer Machtstellung sittenwidrig und nichtig ist zB die Abtretung eines Grundstücksanteils an eine Gemeinde, wenn diese davon die Erteilung einer Ausnahmegenehmigung abhängig gemacht hat und kein innerer sachlicher Zusammenhang zwischen der Genehmigung und der Abtretung besteht (BGHZ 26, 84, 87; BGH NJW 1972, 1657; NJW 1975, 1019, 1020 aE; BGHZ 94, 125, 127 = NJW 1985, 1825; NJW 1985, 1892 f; HÜBNER, AT Rn 899; MünchKomm/MAYER-MALY/ARMBRÜSTER § 138 Rn 88; vgl auch § 134 Rn 289). Aus dem selben Grund darf ein Finanzamt eine steuerliche Unbedenklichkeitsbescheinigung iS der VOB/A nicht zur Sicherung künftiger Steuerforderungen von einer Forderungsabtretung durch den Antragsteller abhängig machen (BGHZ 94, 125, 129, 131 = NJW 1985, 1825). Ablösungsverträge im Zusammenhang mit einer öffent-

lich-rechtlichen Stellplatzverpflichtung sind nur unbedenklich, wenn die geforderten Beträge dazu bestimmt sind, die vom Bauvorhaben des Bauwilligen ausgehende Verkehrsgefährdung auszuräumen (BGHZ 94, 125, 127 = NJW 1985, 1825; vgl auch BGH NJW 1979, 642; WM 1981, 179; WM 1983, 713; NJW 1983, 2823). Die Erteilung einer Ausnahmegenehmigung von einer Bausperre darf nur dann von einer Gegenleistung des Bauherrn abhängig gemacht werden, wenn dies im inneren Zusammenhang mit den Zwecken der Bausperre steht (BGHZ 26, 84; BGHZ 94, 125, 127 = NJW 1985, 1825). Auch Folgekostenverträge, in denen sich ein Privater zur Zahlung eines bestimmten Betrages verpflichtet, um eine Gemeinde zur Aufstellung eines Bebauungsplans oder zur einvernehmlichen Mitwirkung am Baugenehmigungsverfahren zu veranlassen, sind nur wirksam, soweit der Gemeinde voraussichtlich anteilige Kosten entstehen werden (BGH NJW 1975, 1019, 1020; BGHZ 94, 125, 127 f). Verträge mit der öffentlichen Hand, die im Ergebnis eine unzulässige Erweiterung der Steuerpflicht vorsehen, sind nicht nur sittenwidrig (vgl MünchKomm/MAYER-MALY/ARMBRÜSTER § 138 Rn 88), sondern auch wegen Gesetzwidrigkeit nach § 134 nichtig (BGHZ 66, 199, 202 = NJW 1976, 1500 f; MünchKomm/MAYER-MALY/ARMBRÜSTER § 138 Rn 88; PALANDT/HEINRICHS § 134 Rn 23; SOERGEL/ HEFERMEHL § 134 Rn 67; s auch o § 134 Rn 289). Nicht sittenwidrig, auch nicht unter dem Gesichtspunkt eines unzulässigen **Koppelungsgeschäfts**, ist ein Grundstückskaufvertrag, durch den ein Grundstückseigentümer einen Teil seines im Außenbereich liegenden Grundstücks für einen marktgerechten Preis (Bauerwartungsland) an eine Gemeinde zur Beschaffung von Bauland im Rahmen eines Einheimischenmodells verkauft und sie ihm dafür in Aussicht stellt, sie werde das ganze Grundstück in den Bebauungsplan aufnehmen (BGH NJW 1999, 208, 209).

256 Nicht sittenwidrig ist ein Rücktrittsvorbehalt in einem Kaufvertrag mit einer Gemeinde für den Fall, dass auf dem Grundstück keine Kurpension betrieben wird (BGH WM 1984, 1252, 1254). Zulässig ist auch die dem Erwerber eines Grundstücks von der veräußernden Gemeinde auferlegte zivilrechtliche Verpflichtung, sich bei der Errichtung eines Bauvorhabens an einen noch nicht bestandskräftigen Bebauungsplan zu halten (BGH NJW 1985, 1892 f [zu § 134 und § 242]).

257 Rechtsgeschäfte, die auf einem Missbrauch marktbeherrschender Stellungen beruhen, unterliegen auch der kartellrechtlichen Kontrolle nach den §§ 19, 20 GWB. Verboten und nach § 134 nichtig sind sie, wenn sie Entgelte oder sonstige Geschäftsbedingungen enthalten, die sich bei wirksamem Wettbewerb mit hoher Wahrscheinlichkeit nicht ergeben hätten (BGH BB 1971, 1177, 1178 = GRUR 1972, 718 [mit Anm LEHM-PFUHL ua zu § 104 GWB aF]; BGH NJW 1976, 710, 711; BGHZ 65, 284, 291). Soweit durch den Machtmissbrauch der grenzüberschreitende Handel in der EU beeinträchtigt wird, unterliegen Verträge nach Art 82 EGV der kartellrechtlichen Kontrolle durch die EG-Kommission in Brüssel. Wenn der benachteiligte Vertragspartner einen Schaden erlitten hat, stehen ihm Schadensersatzanprüche nach § 823 Abs 2 iVm Art 82 EGV zu.

4. Ausnutzung einer Vertrauensstellung

258 Ein Rechtsgeschäft kann sittenwidrig sein, wenn ein Vertragspartner seine Vertrauensstellung zu seinem Vorteil ausgenutzt hat. So erklärte zB der BGH einen Erbvertrag zwischen einem 23-jährigen geistig beschränkten Erblasser und seiner älteren Schwester für sittenwidrig, weil diese die Pflege für das geistige und körperliche Wohl des Erblassers übernommen hatte und ihn unter Ausnutzung dieser Stellung im Bewusstsein, dass er die Tragweite des Vertrages nicht überblicke, und in dem planmäßigen Bestreben, erhebliche Teile seines Vermögens an sich zu bringen, veranlasst hatte, sie in dem Erbvertrag als Erbin einzusetzen (BGH LM Nr 1 zu § 138 [Bc] BGB; FLUME, AT § 18, 2 S 371 f).

5.   Sittenwidrige Knebelungsverträge

a)   Allgemeine Vorbemerkungen

Ein Vertrag ist sittenwidrig, wenn durch eine einseitige Vertragsgestaltung im Über- **259** maß die persönliche oder geschäftliche Handlungsfreiheit einer Vertragspartei eingeschränkt wird, insbesondere dadurch, dass ihr Vertragspartner seine wirtschaftliche Übermacht zur Fremdbestimmung des anderen Vertragsteils einsetzt (BGH NJW 1998, 2531, 2533; im gleichen Sinne RGZ 130, 1, 3; RGZ 130, 143, 145; RGZ 143, 48, 51; BGHZ 19, 12, 18 = NJW 1956, 337; BGHZ 22, 347; BGH NJW 1962, 102, 103; BGHZ 44, 158, 161; WM 1976, 181, 182 f; BGHZ 83, 313, 316; NJW 1993, 1587, 1588; vgl ferner BVerfG NJW 1996, 2021; aus dem Schrifttum vgl LARENZ/WOLF, AT § 41 Rn 35; MEDICUS, AT Rn 698; PALANDT/HEINRICHS § 138 Rn 39; SOERGEL/HEFERMEHL § 138 Rn 26, 116 ff; zu Sportmanagementverträgen KARAKAYA/BUCH ZRP 2002, 193, 194 f). Man bezeichnet solche Verträge als **Knebelungsverträge**. Zwar gehört es zum Wesen von Wirtschaftsverträgen, dass sie die wirtschaftliche Betätigungsfreiheit der Vertragspartner in irgendeiner Weise beschränken (RGZ 165, 1, 15; BGH NJW 1967, 1042, 1043). Deshalb ist nicht jede Beschränkung der wirtschaftlichen Betätigungsfreiheit eines Vertragspartners ohne weiteres rechtlich zu missbilligen. Das **Ausmaß** der Beschränkungen kann jedoch den Vorwurf der Sittenwidrigkeit rechtfertigen. Eine sittenwidrige Knebelung liegt vor, wenn ein Vertragspartner aufgrund des Vertrags seine wirtschaftliche Selbständigkeit nahezu völlig verliert und in sittlich-rechtlich zu missbilligender Weise vom anderen Vertragspartner abhängig wird. Die Verwirklichung eines subjektiven Tatbestandes ist nicht erforderlich (SOERGEL/HEFERMEHL § 138 Rn 117). Der Knebelnde muss weder in Knebelungs- noch in Schädigungsabsicht gehandelt haben (RG JW 1919, 443; ERMAN/PALM § 138 Rn 119; PALANDT/HEINRICHS § 138 Rn 39; SOERGEL/HEFERMEHL § 138 Rn 117; **aA** SERICK, Eigentumsvorbehalt und Sicherungsübertragung IV § 31 VII 4 S 91). Der Vorwurf der Sittenwidrigkeit erfordert auch nicht, dass der Knebelnde die sittenwidrigkeitsbegründenden Tatumstände gekannt oder sich deren Kenntnis grob fahrlässig entzogen hat (SOERGEL/HEFERMEHL § 138 Rn 117; **aA** SERICK III § 30 I 2, VII 3).

b)   Eingriffs- und Kontrollbefugnisse des Gläubigers

Eine sittenwidrige Knebelung liegt grundsätzlich vor, wenn ein Geschäftsinhaber **260** seinem Gläubiger umfassende Eingriffs- und Kontrollbefugnisse oder gar umfassende Mitwirkungsrechte bei der Geschäftsführung einräumt. Deshalb ist es sittenwidrig, wenn eine effektive wirtschaftliche Betätigung des Darlehensnehmers vollständig von der Mitwirkung eines Darlehensgebers abhängig gemacht wird (BGH NJW 1993, 1587, 1588). Auch ein Mietvertrag zwischen einem Einzelhändler als Mieter und einem Großhändler als Vermieter, in dem sich dieser durch die Vereinbarung einer Bezugsbindung und eines Rechts auf regelmäßige Büchereinsicht eine umfassende **Geschäftsaufsicht** über alle Geschäfte des Einzelhändlers sicherte, auch soweit sie nicht die Geschäfte mit dem Großhändler betrafen, ist wegen Knebelung sittenwidrig (OLG Hamm BB 1970, 374). Sittenwidrig ist grundsätzlich auch eine Vereinbarung, nach der der Gläubiger jederzeit die Fortführung des Betriebs unterbinden kann, insbesondere wenn er die dem Schuldner eingeräumte Verfügungsbefugnis über Sicherungsgut widerrufen oder die ihm zur Sicherheit übereigneten Gegenstände in Besitz nehmen kann (SOERGEL/HEFERMEHL § 138 Rn 120). Ein Sittenverstoß ist hingegen zu verneinen, wenn der Gläubiger diese Rechte nur bei Vorliegen eines wichtigen Grundes hat, insbesondere bei wirtschaftlichen Schwierigkeiten des Schuldners (BGH WM 1961, 1297, 1299).

c) Stille Geschäftsinhaberschaft

261 Sittenwidrigkeit liegt auch vor, wenn der Inhaber eines Geschäfts in seiner Handlungsfreiheit so beschnitten wird, dass er nur noch die Stellung eines abhängigen Verwalters hat und der Vertragspartner faktisch zum **stillen Geschäftsinhaber** wird, dem letztlich auch der Gewinn zufließt (RGZ 136, 247, 253 f; BGH NJW 1976, 181, 182 f). Wegen Knebelung sittenwidrig ist danach eine Vereinbarung über die Übernahme einer Filiale durch einen Gewerbetreibenden, wenn dieser zwar das volle unternehmerische Risiko tragen muss, jedoch weitgehend nur die Stellung eines Filialleiters hat, ohne indessen einen Gehalts- oder sonstigen Vergütungsanspruch gegen den Vertragspartner zu haben, während sich dieser durch eine überhöhte Umsatzbeteiligung von 20% ein risikoloses Einkommen sichert (BGH WM 1976, 181, 182 f; vgl auch BGH NJW 1967, 1043). Es ist hingegen nicht sittenwidrig, wenn ein Schuldner einem Treuhänder vorübergehend weitreichende Geschäftsführungsbefugnisse einräumt, damit dieser das Unternehmen mit Fremdmitteln saniert (BGH WM 1959, 626, 628; zurückhaltender OLG Frankfurt NJW 1967, 1043 ff).

d) „Aussaugung"

262 Eine sittenwidrige Knebelung liegt ferner vor, wenn ein Geschäftsinhaber durch die Stellung von Sicherheiten so in seiner wirtschaftlichen Bewegungsfreiheit beschränkt wird, dass die Existenz seines Geschäfts gefährdet ist (RGZ 136, 247, 253; MünchKomm/ MAYER-MALY/ARMBRÜSTER § 138 Rn 73; SOERGEL/HEFERMEHL § 138 Rn 119). Das RG bezeichnete dies als „Aussaugung" (RGZ 136, 247, 253). Danach sind zB Forderungsabtretungen und Sicherungsübereignungen an eine Bank, die das gesamte pfändbare Vermögen eines Unternehmers erfassen, sittenwidrig und nichtig, wenn es ihm dadurch unmöglich gemacht wird, weiteres betriebsnotwendiges Fremdkapital aufzunehmen und Gläubiger zu befriedigen (BGHZ 19, 12, 18 = NJW 1956, 337; BGH NJW 1967, 1043). Der BGH erklärte mit Recht die Abtretung der Forderungen eines Bauunternehmens gegen seinen Auftraggeber an die kreditgewährende Bank, die die vom Bauunternehmen durchgeführten Arbeiten finanziert hat, für sittenwidrig und nichtig, wenn die Bank bereits vor Abschluss des Finanzierungsvertrages unter Ausnutzung ihrer wirtschaftlichen Machtstellung das ganze pfändbare Vermögen des Bauunternehmens an sich gebracht hatte und dadurch dem Bauunternehmen jegliche Freiheit für eigene wirtschaftliche und kaufmännische Entschließungen genommen wurde, weil es kein weiteres Fremdkapital mehr aufnehmen und Gläubiger nicht mehr befriedigen konnte (BGHZ 19, 12, 18). Wirtschaftliche Bewegungsfreiheit würde dem Bauunternehmer hingegen in ausreichendem Maße verbleiben, wenn der eingeräumte Kredit so hoch war, dass es ihm möglich war, seine aus dem Auftrag erwachsenen Verbindlichkeiten, seinen Lebensunterhalt und auch alte Gläubiger zu befriedigen (BGHZ 19, 12, 18; NJW 1962, 102, 103). Eine sittenwidrige Knebelung liegt auch dann nicht ohne weiteres vor, wenn der Schuldner Verpflichtungen übernommen hat, die sein Leistungsvermögen übersteigen und er deshalb seine wirtschaftliche Betätigungsfreiheit weitgehend einbüßt. Eine sittenwidrige Knebelung scheidet

auch aus, wenn der Schuldner ermächtigt ist, über wesentliche Teile des von ihm gestellten Sicherungsgutes zu verfügen (Soergel/Hefermehl § 138 Rn 120).

e) Die Übersicherung von Kreditgebern*

Mit der Fallgruppe der „Aussaugung" wird sich häufig die weitere Fallgruppe der **263** Übersicherung überschneiden. Sicherungsübereignungen, Globalzessionen, verlängerte und erweiterte Eigentumsvorbehalte sowie Lohnabtretungen sind wegen Knebelung sittenwidrig, wenn sie den Sicherungsgeber in seiner wirtschaftlichen Betätigungsfreiheit unangemessen einschränken, weil dieser wegen **Übersicherung** eines Gläubigers nicht mehr in der Lage ist, die für weitere geschäftsnotwendige Kredite erforderlichen Sicherheiten zu bieten (BGHZ 94, 105, 112; 98, 303, 309 f; 108, 98, 104 f; 117, 374, 377 f; 120, 300, 302; 124, 371, 377; 124, 380, 387; 125, 83, 85). Soweit diese Sicherheiten formularmäßig vereinbart werden, ist idR § 307 anwendbar. Daneben greift jedoch auch § 138 ein. Das ist vor allem bei Individualvereinbarungen sowie bei der Verletzung von Interessen der Allgemeinheit oder Dritter, die durch § 307 nicht geschützt werden, von praktischer Bedeutung. Die im Folgenden zitierten Entscheidungen sind zwar zu § 9 AGBG (jetzt § 307) ergangen, passen jedoch nach der hier

---

* **Schrifttum:** Bruchner, Entscheidung des Großen Senates des BGH für Zivilsachen über die Freigabeklauseln bei Globalsicherungen, WM 1998, 2185; Bülow, Qualifizierte Freigabeklauseln in der Sicherungstreuhand: Die Diskussion ist offen, JZ 1997, 500; Canaris, Die Problematik der Sicherheitenfreigabeklauseln im Hinblick auf § 9 AGBG und § 138 BGB, ZIP 1996, 1109; ders, Deckungsgrenze und Bewertungsmaßstab beim Anspruch auf Freigabe von Sicherheiten gemäß § 242 BGB, ZIP 1996, 1577; ders, Voraussetzungen und Inhalt des Anspruchs auf Freigabe von Globalsicherheiten gemäß § 242 BGB, ZIP 1997, 813; Ganter, Die nachträgliche Übersicherung eines Kredits, ZIP 1994, 257; ders, Die ursprüngliche Übersicherung, WM 2001, 1; Glöckner, Verlängerungklauseln beim Eigentumsvorbehalt und die Rechtsprechung zur nachträglichen Übersicherung durch revolvierende Globalsicherungen, DZWiR 1999, 492; Haertlein, Kollision zwischen Factoring und Globalzession, JA 2001, 808; Kindl, Der Beschluss des Großen Senats in Zivilsachen vom 27. November 1997 zur Freigabe von revolvierenden Globalsicherheiten – eine Nachbetrachtung, Jura 2001, 92; Liebelt-Westphal, Die gesetzliche Deckungsgrenze bei der Gewährung von Sicherheiten, ZIP 1997, 230; Nobbe, Aktuelle Entwicklungen zur Sicherungsübereignung und Globalzession im Lichte des AGB-Gesetzes, ZIP 1996, 657; Pfeiffer, Der gesetzliche Inhalt des allgemeinen Freigabeanspruchs, ZIP 1997, 49; Rombach, Die anfängliche und nachträgliche Übersicherung bei revolvierenden Globalsicherheiten (2001); Schröter, Die Freigabe vom Globalsicherheiten – Zu den Vorlagebeschlüssen an den Großen Senat aus der Sicht der Kreditpraxis –, WM 1997, 2193; Schwab, Übersicherung und Sicherheitenfreigabe – BGH, NJW 1998, 671 –, JuS 1999, 740; ders, Die Auswirkungen des Freigabeklausel-Beschlusses auf den einfachen Eigentumsvorbehalt an Sachgesamtheiten, ZIP 2000, 609; Serick; Neues zur formularmäßigen Globalzession, zugleich zur Unentbehrlichkeit eines Spruchs des Großen Senats für Zivilsachen oder des Bundesverfassungsgerichts zum Gewohnheitsrecht, BB 1996, 857; ders, BGH, 16. 4. 1996 – Ein neuer Anfrage-Beschluss und totgeschwiegenes Recht mit Gesetzesrang, BB 1996, 1777; ders, Gewohnheitsrecht und fehlende vertragliche Deckungsgrenze bei fiduziarischen Kreditsicherheiten, WM 1997, 345; ders, Freigabeklauseln, Deckungsgrenze und Haftobergrenze, NJW 1997, 1529; ders, Der Beschluss des Großen Senats vom 27. 11. 1997 am Pranger höchstrichterlicher Rechtsfortbildungsblockade, BB 1998, 801; Trapp, Praktische Auswirkungen des Abschieds von qualifizierten Freigabeklausel bei Globalzessionen, NJW 1996, 2914; Wiegand/Brunner, Übersicherung und Freigabeanspruch, NJW 1995, 2513;

---

zum Begriff der Sittenwidrigkeit vertretenen Ansicht in gleicher Weise auch für die Anwendung des § 138.

Eine Übersicherung führt nicht in jedem Fall zur Sittenwidrigkeit und Nichtigkeit der gesamten Sicherungsvereinbarung. Vielmehr ist zu unterscheiden zwischen Sicherungsvereinbarungen über im Zeitpunkt der Vereinbarung **bestimmte** Forderungen bzw Sachen und solchen über zukünftige Forderungen und Sachen des Sicherungsgebers, die zwar bestimmbar sind, deren Volumen sich aber **ändern** kann (vgl insbesondere BGHZ 109, 240, 247; BGHZ 124, 371, 378 ff; BGHZ 124, 380, 387 f). Außerdem kann es darauf ankommen, ob gesetzliche oder vertragliche Freigabeansprüche des Sicherungsgebers bestehen.

aa) Anfängliche Übersicherung

264 Eine Sicherungsvereinbarung über **bestimmte** Forderungen oder Sachen ist grundsätzlich auch bei Übersicherung wirksam (BGHZ 124, 371, 380; BGHZ 124, 380, 388; NJW 1994, 1796, 1797; BB 1995, 1556, 1557 f; OLG Hamm NJW 1994, 2623), zB bei der Sicherungsübereignung bestimmter Sachen (BGHZ 124, 380, 385 = NJW 1994, 864), einer Sachgesamtheit, wenn ihr Bestand – vom Austausch einzelner entwerteter Stücke abgesehen – bereits bei Vertragsschluss feststeht (BGHZ 124, 371, 378 f = NJW 1994, 861), einer Grundschuld (BGH NJW 1994, 1796; BGHZ 110, 241, 246; BGHZ 109, 240, 247; WM 1980, 1306) sowie bei einer kombinierten Abtretung des Darlehens- und Lebensversicherungsanspruchs beim Berlin-Darlehen (OLG Celle NJW-RR 1994, 937). Sittenwidrig ist jedoch nach Ansicht des BGH eine **ursprüngliche Übersicherung**, wenn bereits bei Vertragsabschluss gewiss ist, dass im noch ungewissen Verwertungsfall ein **auffälliges Missverhältnis** zwischen dem realisierbaren Wert der Sicherheit und der gesicherten Forderung bestehen wird (BGH NJW 1994, 1796, 1798; NJW 1998, 2047; NJW-RR 1998, 1123, 1124; ausf dazu in neuerer Zeit GANTER WM 2001, 1). Dabei hilft nach Ansicht des BGH keine Vermutung, dass dem Sicherungsinteresse des Gläubigers durch einen Abschlag von einem Drittel vom Nennwert abgetretener Forderungen oder vom Schätzwert sicherungsübereigneter Waren ausreichend Rechnung getragen werde (BGH NJW 1998, 2047). Diese Grenze ist nur für das Entstehen eines Freigabeanspruchs wegen **nachträglicher** Übersicherung maßgeblich (BGH NJW 1998, 2047 unter Hinweis auf BGH GS BGHZ 137, 212 = NJW 1998, 671). Für die Frage, ob eine anfängliche sittenwidrige Übersicherung vorliegt, ist der realisierbare Wert nach den ungewissen Marktverhältnissen im Falle einer Insolvenz des Schuldners maßgeblich. Bei anfänglicher Übersicherung erfordert der Vorwurf der Sittenwidrigkeit eine deutlich höhere Grenze als die Deckungsgrenze bei der nachträglichen Übersicherung (GANTER WM 2001, 1, 5; NOBBE, in: FS Schimansky [2000] 433, 451). Eine sittenwidrige Übersicherung wird man erst bei mindestens 200% des realisierbaren Vermögenswertes der Sicherheiten annehmen können (NOBBE 448, 451 fordert sogar eine „Deckungsgrenze mal 2" = 300%). Sittenwidrige anfängliche Übersicherung erfordert aber auch eine verwerfliche Gesinnung des Sicherungsnehmers, insbesondere Rücksichtslosigkeit gegenüber den berechtigten Belangen des Sicherungsgebers (BGH NJW 1998, 2047). Anders als bei der nachträglichen Übersicherung (dazu grundlegend BGHZ 137, 212; unten Rn 270) besteht bei anfänglicher Übersicherung nach Ansicht des BGH kein aus § 157 abzuleitender Freigabeanspruch, der den Vorwurf der Sittenwidrigkeit entfallen ließe (BGHZ 137, 212, 223 [bb], zust H ROTH JZ 1998, 462, 463; PFEIFFER EWiR § 9 AGBG 7/97; **aA** CANARIS ZIP 1997, 813; anders auch noch STAUDINGER/SACK [1996] Rn 264).

bb) Nachträgliche Übersicherung bei revolvierenden Globalsicherheiten: Bei Sicher- **265** heiten mit **wechselndem** Bestand unterscheidet die neuere Rechtsprechung zwischen der Übersicherung infolge **Zunahme** der Sicherheiten und der Übersicherung infolge der **Abnahme** der gesicherten Forderung wegen der teilweisen Rückzahlung des Kredits durch den Sicherungsgeber (besonders deutlich BGHZ 124, 371, 379). Eine Sicherungsvereinbarung verstößt nicht gegen § 9 AGBG (jetzt § 307) oder § 138, wenn sie keine Freigabeklausel für den Fall enthält, dass es zu einer Übersicherung wegen der **Abnahme** der Kreditsumme kommt, weil der Schuldner einen Teil des Kredits zurückgezahlt hat (BGHZ 124, 371, 379 f = NJW 1994, 861, 863, in ausdrücklicher Abweichung von BGHZ 117, 374, 379). Denn mit einer Übersicherung infolge der Abnahme der gesicherten Forderung rechnet jeder Sicherungsgeber (BGHZ 124, 371, 379).

Demgegenüber forderte der BGH, insbesondere der VII., VIII. und IX. ZS, bislang **266** **ausdrückliche Freigabeklauseln** mit einer zahlenmäßig bestimmten, dh ermessensunabhängigen **Deckungsgrenze** für den Fall der Übersicherung infolge der **Zunahme** von Sicherheiten mit wechselndem Bestand, dh bei Globalzessionen mit wechselndem Forderungsbestand (BGHZ 98, 303, 316; BGHZ 109, 240, 245 ff, 247 = NJW 1990, 716; NJW 1991, 2144, 2147; NJW 1991, 2768; BGHZ 117, 374, 377; WM 1993, 213, 216; NJW 1994, 445; BGHZ 124, 371, 376; BGHZ 124, 380, 387; BGHZ 125, 83, 87; NJW 1994, 1798), bei der Sicherungsübereignung eines Warenlagers mit wechselndem Warenbestand (BGHZ 117, 374, 377 f; BGHZ 124, 371, 376; BGHZ 124, 380, 387; BGHZ 125, 83, 87; OLG Hamm WM 1995, 1834 f), beim erweiterten und verlängerten Eigentumsvorbehalt (BGHZ 26, 185, 190; BGH NJW 1974, 942; NJW 1977, 2261, 2262; BGHZ 94, 105, 112, 113 ff; BGHZ 98, 303, 308, 310 ff; BGHZ 120, 300, 302; BGHZ 124, 380, 387; BGHZ 125, 83, 87 f = NJW 1994, 1154) und bei der Lohnabtretung (BGHZ 98, 303 ff; BGHZ 108, 98, 104 ff; vgl auch BGHZ 20, 43 ff; BGHZ 124, 371, 376). Denn in diesen Fällen ist die Entwicklung der Belastung für den Sicherungsgeber nicht ausreichend überschaubar (BGHZ 124, 371, 377). Auch die Ermittlung des Wertes der Sicherheiten im Zeitpunkt des Sicherungsfalles ist bei Sicherheiten mit wechselndem Bestand mit erheblichen Schwierigkeiten verbunden (BGHZ 124, 371, 377 f). Außerdem ist ein Anwachsen der Sicherheiten und damit eine Übersicherung vorgegeben (BGHZ 108, 98, 106 f; BGHZ 124, 371, 377). Unerheblich ist, ob eine konkrete Übersicherung besteht; entscheidend ist vielmehr, ob aufgrund der Vertragsgestaltung eine unverhältnismäßige Übersicherung nicht ausgeschlossen ist (BGHZ 98, 303, 308; 109, 240, 248 f; 117, 374, 379; NJW 1991, 2768, 2769; BGHZ 124, 371, 374; BGHZ 125, 83, 88 f; deshalb krit der XI. ZS des BGH NJW 1994, 1798, 1799). Die Aufrechterhaltung des Vertrags durch eine entsprechende Vertragsauslegung nach § 157 oder einen gesetzlichen Freigabeanspruch nach § 242 hielt der BGH bei wechselndem Umfang der Sicherheiten – anders als bei wertmäßig festen Sicherheiten – nicht für möglich.

Die Freigabevereinbarung musste nach der (früheren) Rechtsprechung des VII., **267** VIII. und IX. ZS des BGH zu § 9 AGBG eine sog **qualifizierte Freigabeklausel** enthalten (BGHZ 117, 374, 377 ff; BGHZ 120, 300, 302; NJW 1994, 445; BGHZ 124, 371, 376 f = NJW 1994, 861; BGHZ 124, 380, 387 = NJW 1994, 864; BGHZ 125, 83, 89 = NJW 1994, 1154; BB 1996, 14; zu einem Ausnahmefall BGH NJW 1996, 253). Damit ist gemeint, dass die Freigabevereinbarung die Freigabe von Sicherheiten nicht ins billige Ermessen des Gläubigers stellen darf, sondern zahlenmäßig bestimmte Berechnungsgrößen nennen muss, die es ermöglichen, unschwer festzustellen, ob die Deckungsgrenze überschritten ist (BGHZ 108, 98, 104 ff; 109, 240, 245 f; 117, 374, 377 ff, 379; 120, 300, 302; NJW 1991, 2768, 2769; WM 1993, 213, 216; NJW 1994, 445; BGHZ 124, 380, 387; BGHZ 125, 83, 89; vgl auch BGH

NJW 1994, 1798, 1799; **aA** OLG Hamm NJW 1994, 2623, 2624). Beim **erweiterten und verlängerten Eigentumsvorbehalt** liegt nach der bisherigen Rechtsprechung des BGH die Grenze der Freigabepflicht in Bezug auf den realisierbaren Wert der Sicherheiten **(Normalwert)** bei einer Übersicherung von 20% (zu § 9 AGBG vgl BGHZ 94, 105, 114 ff; BGHZ 109, 240, 246; BGHZ 120, 300, 302, 304; WM 1993, 213, 216; vgl auch BGH BB 1995, 1554, 1555) bzw 25% (betr § 138 vgl BGHZ 26, 185; 10% werden für ausreichend gehalten ua von M WOLF, in: FS Baur [1981] 147, 166 f) und bei 50% über dem **Nennwert** der abgetretenen Forderungen (BGHZ 98, 303, 317; 109, 240, 246; 120, 300, 302 f, 304; WM 1993, 213, 216). Soweit es die Frage der Übersicherung betrifft, ist für den Wert von Sicherheiten nicht deren Nennbetrag, sondern der bei ihrer Verwertung realisierbare Erlös maßgebend, der bei Sicherungszessionen nicht selten weit unter dem Nennbetrag liegen wird (BGHZ 98, 303, 317 f; M WOLF, in: FS Baur [1981] 147, 165 ff). Bei Sicherungsgut, das wechselnder Mode und Saisonbedürfnissen unterworfen ist, ist eine höhere Sicherungsgrenze zulässig als bei Sicherungsgütern, die im Wert beständig sind (LG Essen WM 1995, 1835 ff, 1837). Bei der Interpretation einer Sicherungsvereinbarung ist hingegen unter dem Begriff „Wert einer Forderung", wenn die Parteien nichts anderes vereinbart haben, der Nennwert und nicht der realisierbare Wert zu verstehen (BGHZ 98, 303, 316, 318; NJW 1994, 445 f; NJW 1994, 1798, 1799). Soweit Freigabevereinbarungen **Sachen** betreffen, muss eine Bezugsgröße für die Berechnung des Warenwertes genannt werden (BGHZ 117, 374, 379; 124, 371, 376 f; 125, 83, 89). Wenn Freigaberegelungen diesen Anforderungen nicht entsprechen, ist nicht nur die gesamte Sicherungsvereinbarung, sondern auch die Bestellung der Sicherheiten unwirksam (BGHZ 117, 374, 377; 120, 300, 304; 125, 83, 89; vgl aber auch BGH NJW 1994, 1798; krit FRÜH DB 1994, 1860; NEUHOF NJW 1994, 1763; WEBER WM 1994, 1549). Soweit bei einem **erweiterten und verlängerten Eigentumsvorbehalt** keine wirksame Freigabeklausel vorliegt, wird allerdings nur die schuldrechtliche Vereinbarung davon berührt, nicht hingegen die dingliche Wirksamkeit des einseitigen Vorbehalts des Vorbehaltsverkäufers (BGHZ 104, 129, 136 f; BGHZ 125, 83, 89 f). Bei **Globalzessionen** künftiger Kundenforderungen an Banken verlangt der BGH eine dingliche Freigabeklausel, während er im Verhältnis zwischen Lieferanten und Abnehmern eine schuldrechtliche Freigabeklausel genügen lässt (BGHZ 94, 105, 115).

268 Die vor allem vom VII., VIII. und IX. ZS des BGH vertretene Ansicht, dass Globalzessionen und Sicherungsübereignungen mit wechselndem Volumen gegen § 9 AGBG (jetzt § 307) verstoßen, wenn sie keine ausdrücklichen qualifizierten Freigabeklauseln enthalten, ist vom XI. ZS in Frage gestellt worden (BGH NJW 1994, 1798, 1799; NJW 1995, 1085, 1086; BB 1995, 1556, 1557; NJW 1996, 388; BB 1996, 344, 345; krit auch OLG Hamm NJW 1994, 2623, 2624; FRÜH DB 1994, 1860; NEUHOF NJW 1994, 1763; RELLERMEYER WM 1994, 1009 u 1053; SERICK ZIP 1995, 789; ders WM 1995, 2017; ders, in: FS Trinkner [1995] 407; H WEBER WM 1994, 1549; M WOLF EWiR 1990, 215; ULMER/BRANDNER/HENSEN, AGBG[7] Anh §§ 9 bis 11 Rn 658). Denn Nutznießer der Anwendung des § 9 AGBG (jetzt § 307), der zur Unwirksamkeit formularmäßiger Globalzessionen auch dann führt, wenn eine Übersicherung des Sicherungsnehmers nie eingetreten ist, sondern eine Unterdeckung seiner Forderungen feststeht, seien in der Praxis fast ausschließlich Dritte, vor allem die ungesicherten Gläubiger im Konkurs des Sicherungsgebers (BGH NJW 1994, 1798, 1799; BB 1995, 1554, 1555; vgl auch schon WÜST, in: FS Wilburg [1965] 257, 264). Deren Schutz werde jedoch von § 9 AGBG (jetzt § 307) nicht bezweckt (BGH NJW 1994, 1798, 1799; BB 1995, 1554, 1555 = JZ 1995, 1178 m krit Anm WEBER).

Gegen diese Argumentation spricht allerdings, dass sie sich zu einseitig auf den **269**
Konkursfall beschränkt. Sie berücksichtigt nicht ausreichend, dass der Knebelungs-
effekt einer Übersicherung **vor** dem Konkursfall den Sicherungsgeber unangemessen
benachteiligen kann und möglicherweise erst dadurch der Konkursfall ausgelöst
wird. Bei der Anwendung von § 9 AGBG (jetzt § 307) und § 138 ist der Zeitpunkt
des Vertragsabschlusses, dh ein Zeitpunkt vor dem möglichen Konkurs maßgeblich.
Soweit § 9 AGBG (jetzt § 307) eingreift, ist eine geltungserhaltende Reduktion ausgeschlossen. Bei der Anwendung von § 138 ist hingegen nach der hier vertretenen
Ansicht nur die Übersicherung nichtig, dh dem Sicherungsnehmer verbleiben die zur
Sicherung seiner Forderungen notwendigen Sicherheiten. Dennoch ist dem XI. ZS
des BGH zumindest im Ergebnis zuzustimmen. Die Differenzierung zwischen Über-
sicherungen durch Sicherheiten mit festem Bestand einerseits und mit wechselndem
Bestand andererseits ist nicht überzeugend. Es gibt keinen sachlich gerechtfertigten
Grund, im Falle fehlender Freigabeklauseln dem übersicherten Gläubiger die volle
Sicherung zu belassen, wenn die Sicherheiten einen festen Bestand aufweisen, wäh-
rend bei wechselndem Bestand der Sicherheiten der übersicherte Gläubiger nur, wie
alle anderen – ungesicherten – Gläubiger auch, einen Anteil am Vermögen des
Schuldners erhält.

Eine zutreffende Klärung der zentralen Streitfragen brachte eine umfangreiche Ent- **270**
scheidung des Großen Senats für Zivilsachen vom 27. 11. 1997 (BGHZ 137, 212 = NJW
1998, 671 = JZ 1998, 456 mA H ROTH = DZWiR 1998, 198 m Anm BERGER; GANTER WM 1999, 1741;
dazu auch KINDL Jura 2001, 92; SERICK BB 1998, 801, SCHWAB JuS 1999, 740), die auf Grund von
Vorlagebeschlüssen des IX. ZS vom 6. 3. 1997 (BGH NJW 1997, 1570; dazu ausf CANARIS
ZIP 1997, 813) und des XI. ZS vom 13. 5. 1997 (BGH WM 1997, 1197) ergangen ist.
Danach hat der Sicherungsgeber, wenn bei einer Globalzession oder bei einer Sicherungsübereignung mit wechselndem Bestand eine nachträgliche Übersicherung
eintritt, auch dann einen **ermessensunabhängigen Freigabeanspruch**, wenn der Sicherungsvertrag keine oder eine ermessensabhängige Freigabeklausel enthält (BGHZ 137,
212, 218, 219 f; BGH NJW 1998, 2206). Soweit ein Freigabeanspruch besteht, hat der
Sicherungsnehmer – abgesehen vom Fall auflösend bedingter Sicherungsübertragungen – die Pflicht, die Sicherheiten schon vor Beendigung des Vertrags zurückzugewähren, wenn und soweit sie nicht mehr benötigt werden. Der Freigabeanspruch
besteht unabhängig davon, ob es sich um einen Individualvertrag oder um einen
Formularvertrag handelt und ob er eine Singularsicherheit oder eine revolvierende
Sicherheit zum Gegenstand hat (BGHZ 133, 25, 30; BGH WM 1997, 750, 753; BGHZ 137, 212,
219). Dies folgt nach § 157 aus dem fiduziarischen Charakter der Sicherungsabrede
und der Interessenlage der Parteien (BGHZ 124, 371, 375 ff; BGHZ 124, 380, 384 ff; BGHZ
133, 25, 30; BGH WM 1997, 1197, 1199; BGHZ 137, 212, 219).

Eine Beschränkung des vertraglichen Freigabeanspruchs durch eine Regelung, die
die Freigabe in das Ermessen des Sicherungsnehmers stellt, ist unwirksam nach § 307
(BGHZ 137, 212, 219, 230; BGH NJW 1998, 2206 f; BGH NJW 1997, 671) bzw § 138. Denn sie
benachteiligt den Sicherungsgeber unangemessen, da dieser ein schutzwürdiges Interesse daran hat, über die Sicherungsgegenstände, die zur Absicherung des Sicherungsnehmers nicht benötigt werden, schnell frei verfügen zu können, insbesondere
sie zur Kreditbeschaffung verwenden zu können (BGH WM 1997, 750, 755; BGHZ 137, 212,
220 f).

Einen Ermessensspielraum hat der Sicherungsnehmer nur bei der Entscheidung, welche von mehreren Sicherheiten er freigeben will. Die Unwirksamkeit einer ermessensabhängigen Freigaberegelung führt nicht zur Gesamtnichtigkeit der Forderungsabtretungen oder Sicherungsübertragungen; vielmehr tritt an ihre Stelle auch bei revolvierenden Globalsicherheiten der ermessensunabhängige Freigabeanspruch des Sicherungsgebers (BGHZ 133, 25, 32 ff; BGHZ 137, 212, 221 = NJW 1998, 671; NJW-RR 1998, 1123, 1124; NJW 1998, 2206, 2207).

Die ausdrückliche Festlegung einer zahlenmäßig bestimmten **Deckungsgrenze**, dh einer Grenze zur Feststellung der Übersicherung, ist bei Sicherungsverträgen über revolvierende Globalsicherheiten in keinem Falle Voraussetzung für die Wirksamkeit solcher Verträge (BGHZ 137, 212, 222; **aA** noch BGH WM 1997, 311 f). Etwas anderes gilt auch nicht bei hohem Ausfallrisiko. Anderenfalls würde dem Sicherungsnehmer gerade dann jeglicher Schutz versagt, wenn er besonders schutzbedürftig ist, dh wenn der Sicherungsgeber insolvent geworden und damit der Verwertungsfall eingetreten ist (BGHZ 137, 212, 223). Obwohl dann die Deckungsgrenze, die nur der Feststellung der Übersicherung dienen soll, keine Rolle mehr spielt, könnte sich der Insolvenzverwalter nach der Gegenansicht mit Erfolg auf die gesamte Nichtigkeit der Globalabtretung nach § 138 berufen. Dies geht vor allem dann weit über die schutzwürdigen Interessen des Sicherungsgebers hinaus, wenn eine Übersicherung nie bestand und deshalb auch kein Freigabeanspruch begründet war (BGH WM 1997, 750, 757; WM 1997, 1197, 1201; BGHZ 137, 212, 223).

Auch eine ausdrückliche Festlegung der **Maßstäbe** der Bewertung für den Sicherungsgegenstand ist nach zutreffender Ansicht des BGH in keinem Fall Voraussetzung für die Wirksamkeit revolvierender Globalsicherungen (BGHZ 137, 212, 223; **aA** noch BGHZ 117, 374, 379; BGHZ 125, 83, 89). Denn wenn man einen Freigabeanspruch, soweit er nicht ausdrücklich vertraglich geregelt ist, aus § 157 ableitet, dann kann es im Belieben der Vertragsparteien stehen, ob und mit welcher Dichte sie die Voraussetzungen des Freigabeanspruchs ausdrücklich regeln (BGHZ 137, 212, 224).

Dem Zweck eines Sicherungsvertrags, eine Absicherung des Sicherungsnehmers im Falle der Leistungsunfähigkeit des Schuldners zu gewährleisten, und dem Zweck des Freigabeanspruchs, die wirtschaftliche Bewegungsfreiheit des Sicherungsgebers nicht unnötig einzuschränken, wird nur eine **abstrakt-generelle Deckungsgrenze** gerecht (BGH WM 1997, 750, 755 f; BGHZ 137, 212, 225).

Der Sicherungszweck eines Sicherungsvertrags wird nur erreicht, wenn der im Falle der Insolvenz des Sicherungsgebers **realisierbare Verwertungserlös** die gesicherten Forderungen mit 110% absichert (BGHZ 137, 212, 224, 228 f). Eine Deckungsgrenze von nur 100% wäre ungenügend, da idR zu den gesicherten Forderungen bei der Verwertung der Sicherheiten weitere Feststellungs- und Verwertungskosten hinzukommen, die den Verwertungserlös mindern (BGHZ 137, 212, 228 f). Ein Teil der Verwertungskosten (zB Steuern) ist allerdings bereits bei der Feststellung des realisierbaren Vermögenswertes zu berücksichtigen (vgl BGHZ 137, 212, 219).

Allgemeingültige und branchenunabhängige Maßstäbe zur Bestimmung des realisierbaren Wertes von Sicherungsgegenständen gibt es weder für abgetretene noch für sicherungsübereignete Waren (BGHZ 137, 212, 230 ff). Deshalb ist die bloße Festlegung

einer Deckungsgrenze von 110% nicht sachgerecht. Unter Berücksichtigung der
Wertungen der §§ 232 ff ist daher mit dem Großen Zivilsenat des BGH davon auszugehen, dass die Grenze für das Entstehen eines Freigabeanspruchs idR bei **150%**
des Sicherungsgutes liegt (BGHZ 137, 212, 232 ff). In dem Zuschlag von 50% ist der
Anteil von 10% für Feststellungs-, Verwertungs- und Rechtsverfolgungskosten enthalten (BGHZ 137, 212, 235).

Soweit eine Übersicherung geeignet ist, weitere Gläubiger über die Kreditwürdigkeit   **271**
des Sicherungsgebers zu **täuschen**, und sich der Sicherungsnehmer dieser Erkenntnis
leichtfertig verschließt, ist § 138 auf Sicherungszessionen und Sicherungsübereignungen auch unter dem Gesichtspunkt der **Gläubigergefährdung** anwendbar (dazu unten
Rn 334 ff).

f)   Knebelnde Zeitvereinbarungen
aa)   Vorbemerkungen
Knebelnd können auch Zeitvereinbarungen sein. Dies gilt insbesondere für über-   **272**
mäßig lange Vertragsbindungen. Zwar sind Verträge, die eine sehr lange Laufzeit
vorsehen oder gar auf ewig geschlossen sind, nicht schon aus diesem Grunde insgesamt oder auch nur in Bezug auf die Zeitvereinbarung nichtig (BGHZ 64, 288, 290 = NJW
1975, 1268; BGH NJW-RR 1993, 1460 f; BGH NJW 1995, 2350, 2351; F BYDLINSKI, Zulässigkeit und
Schranken „ewiger" und extrem langer Vertragsbindung [1991]; MAYER-MALY AcP 194 [1994] 105,
167). In der Regel trägt die Möglichkeit der Kündigung aus wichtigem Grunde den
berechtigten Interessen der Parteien ausreichend Rechnung (MAYER-MALY aaO).
Anders ist dies bei Verträgen, die ohne Kündigungsmöglichkeit die Wettbewerbsfreiheit des Gebundenen übermäßig beschränken (MAYER-MALY aaO), insbesondere
bei Zeitvereinbarungen in Bierlieferungsverträgen mit Bezugsbindungen, in Miet-
und Pachtverträgen oder in Automatenaufstellverträgen. Auch die Ankaufsverpflichtung in einem Erbbauvertrag kann sittenwidrig sein, wenn die Ankaufspflicht vor
Ablauf einer bestimmten Schonfrist besteht (BGHZ 68, 1, 4 f; BGHZ 75, 15, 16; BGH WM
1980, 877 f). Die Sittenwidrigkeit langfristiger Vertragsbindungen lässt sich nicht generell, sondern nur unter Berücksichtigung und Abwägung der jeweiligen vertrags-
typischen und durch die Besonderheiten des Einzelfalles geprägten Umstände bestimmen (BGH NJW 1995, 2350, 2351).

bb)   Langfristige Bezugsbindungen in Bierlieferungsverträgen
In Bierlieferungsverträgen finden sich meist längerfristige Bezugsbindungen. Daran   **273**
sind die liefernden Brauereien im Hinblick auf eine vorausschauende Produktions-
und Investitionsplanung interessiert. Sie gewinnen Gastwirte für langfristige Bezugsbindungen vor allem durch Gewährung von (günstigen) Krediten und sonstigen
Zuwendungen für die Ausstattung, Renovierung und den Ausbau ihrer Betriebe
(BGH NJW 1972, 1459; NJW 1985, 2693, 2695). Trotz dieser anfänglichen zT recht erheblichen Vorteile laufen Gastwirte bei langfristigen Bindungen Gefahr, dass sie sich in
Zukunft nicht mehr die für sie günstigsten Vertragspartner aussuchen können, dh sie
begeben sich durch langfristige Bezugsbindungen ihrer wirtschaftlichen Bewegungsfreiheit (BGH NJW 1972, 1459; NJW 1974, 2089, 2090).

Im Hinblick auf die Vertragsfreiheit verstoßen Bezugsbindungen in Bierlieferungs-   **274**
verträgen nicht ohne weiteres gegen die guten Sitten (BGH NJW 1970, 2243; NJW 1972,
1459; NJW 1974, 2089, 2090; WM 1981, 687, 688). Sittenwidrigkeit liegt vielmehr erst dann

vor, wenn die wirtschaftliche Bewegungsfreiheit und die Selbständigkeit des Gast-
wirts in unvertretbarer Weise eingeengt werden und er dadurch in eine mit den
Anschauungen des redlichen Verkehrs nicht mehr vereinbare Abhängigkeit zur
Brauerei gerät (RGZ 63, 390, 392; RGZ 152, 251, 253; BGH WM 1970, 99; BGHZ 54, 145, 156
= NJW 1970, 2157; NJW 1970, 2243; NJW 1972, 1459; WM 1973, 357 und 1360; NJW 1974, 2089, 2090;
WM 1975, 850; NJW 1979, 2149, 2150; WM 1981, 687, 688; NJW 1985, 2693, 2694 aE; BGHZ 147, 279,
284). Je länger der Zeitraum ist, für den sich ein Gastwirt zum Bezug bei einer
bestimmten Brauerei verpflichtet hat, um so näher liegt der Schluss auf eine sittenwidrige Knebelung (BGH WM 1970, 99, 101). Erforderlich ist allerdings eine Würdigung
des Gesamtcharakters des Bierlieferungsvertrags (BGH NJW 1970, 2243; NJW 1972, 1459;
WM 1975, 307, 309; GRUR 1984, 298, 299 aE; NJW 1985, 2693, 2694 f). Ob eine langfristige
Bezugsbindung mit den Anschauungen des redlichen Verkehrs unvereinbar ist, hängt
ua auch vom wirtschaftlichen **Wert der Leistungen der Brauerei** ab (BGH NJW 1970,
2243; NJW 1972, 1459; WM 1973, 357; NJW 1974, 2089, 2090; WM 1975, 850 f; WM 1981, 687, 688;
NJW 1985, 2393, 2395; BGHZ 147, 279, 283 ff), dh auch von folgenden Umständen: Betreibt
der Gastwirt sein Lokal in eigenen bzw von Dritten gepachteten Räumen oder hat er
sie von der ihn beliefernden Brauerei gepachtet? Hat der Gastwirt bei der Brauerei
ein langfristiges Darlehen aufgenommen (BGH WM 1970, 99, 101; NJW 1970, 2243; NJW
1972, 1459; WM 1973, 357; WM 1975, 850, 851; WM 1971, 687, 688 f)? Wurde das Inventar von
der beliefernden Brauerei gestellt? Wie hoch war sein Wert (BGH NJW 1970, 2243; NJW
1972, 1459; WM 1973, 357; NJW 1979, 865)? Je höher die Gegenleistungen der Brauerei
sind, um so eher kann eine langfristige Bezugsbindung gerechtfertigt sein (BGH NJW
1974, 2089, 2090; WM 1975, 850, 851; NJW 1979, 2149, 2150; WM 1984, 88; krit OLG München NJW
1968, 650). Auch der **Grad der Abhängigkeit** des Gastwirts von der Brauerei ist zu
berücksichtigen: Darf er auch Biere anderer Brauereien, zB Spezialbiere, vertreiben,
um sich dem Publikumsgeschmack laufend anpassen zu können (BGH NJW 1970, 2243;
NJW 1974, 2089, 2090)? Sind Mindestabnahmepflichten pro Jahr vereinbart, die die
Möglichkeit des Vertriebs anderer Biere einschränken?

275 Zeitlich **unbegrenzte** Bezugsbindungen in einem Bierlieferungsvertrag sind nach
stRspr des RG und des BGH, der zu folgen ist, sittenwidrig (RG JW 1927, 119; WM
1970, 99, 101; NJW 1970, 2243; NJW 1972, 1459; BGHZ 68, 1, 5; NJW 1979, 2150, 2151). Als
unbegrenzt ist eine Bezugspflicht auch anzusehen, wenn sie für einen auf bestimmte
Zeit abgeschlossenen Pachtvertrag eingegangen wird, der sich jedoch automatisch
verlängert, wenn er nicht innerhalb einer bestimmten Frist gekündigt wird (BGH NJW
1988, 2362, 2363). Eine Bindung von 20 Jahren ist grundsätzlich die äußerste Grenze
und nur bei Vorliegen besonderer Umstände gerechtfertigt (BGH NJW 1970, 2243; NJW
1972, 1459; WM 1973, 357; NJW 1974, 2089, 2090; WM 1975, 307, 308 und 850, 851; NJW 1979, 865;
BGHZ 74, 293, 298 = NJW 1979, 2150, 2151; WM 1981, 687, 688; WM 1984, 88, 89; NJW 1985, 2693,
2695; NJW 1989, 2362 aE; NJW-RR 1990, 816; NJW 1992, 2145 aE). Letzteres ist zB der Fall,
wenn sich die Bindung nur auf einen Teil des Bedarfs bezieht, so dass die Abhängigkeit des Gastwirts von der Brauerei von Anfang an lockerer war (BGH NJW 1979,
865). Eine zwanzigjährige Bindung kann ferner bei ungewöhnlich hohen Gegenleistungen der Brauerei gerechtfertigt sein (BGH NJW 1979, 865). Sobald jedoch die
Bindungsdauer einen Zeitraum von 20 Jahren übersteigt, ist eine Bezugsbindung in
aller Regel sittenwidrig (BGH NJW 1970, 2243; NJW 1972, 1459; WM 1973, 357; NJW 1974,
2089; WM 1975, 850, 851 f; BGHZ 68, 1, 5; NJW 1979, 865, 866; NJW 1979, 2149, 2150; BGHZ 74, 293,
298 = NJW 1979, 2150, 2151; WM 1981, 687, 688; NJW-RR 1992, 816). Nur wegen des Vorliegens
ganz besonderer Umstände hat der BGH höchst ausnahmsweise auch länger andau-

ernde Bezugsbindungen für zulässig erklärt, zB 23 Jahre (BGH WM 1973, 924; vgl auch BGH NJW 1979, 865) oder 36 Jahre (BGH WM 1975, 307).

Manche Senate des BGH halten für den „Normalfall" eine Bezugsbindung für die **276** Dauer von 15 Jahren für zulässig (BGH NJW 1979, 2149, 2150; BGHZ 74, 293, 298 = NJW 1979, 2150, 2151; WM 1981, 687, 688; NJW 1992, 2145, 2146). Demgegenüber hält der VIII. Zivilsenat auch in diesem Fall eine Gesamtwürdigung des Vertrags für erforderlich (BGH WM 1984, 88, 89 aE; BGHZ 147, 279, 282 f). Dem ist zuzustimmen.

Die Vereinbarung einer sittenwidrig langen Bezugsbindung bleibt, soweit sie die **277** Höchstgrenze überschreitet, auch dann nichtig, wenn auf Seiten des Gastwirts ein **Nachfolger** in den Vertrag eintritt (BGH NJW 1988, 2362 aE). Unter den genannten Umständen sind auch Bierbezugsverpflichtungen in Verträgen zugunsten Dritter sittenwidrig und nichtig (BGHZ 54, 145, 156 = NJW 1970, 2157). Die Vereinbarung einer Gesamtmindestabnahmemenge in einem auf 20 Jahre geschlossenen Bierlieferungsvertrag steht einer Kündigung des Gastwirts zum Vertragsende nicht entgegen, auch wenn er die Gesamtmenge nicht abgenommen hat; beruht die nicht vollständige Abnahme auf einer Pflichtverletzung des Gastwirts, hat die Brauerei Schadensersatzansprüche (BGH NJW 1979, 865 f).

Für sittenwidrig hielt der BGH ursprünglich auch entsprechend lange dingliche **278** Dienstbarkeiten zur Absicherung der Bierbezugsverpflichtung (BGH NJW 1979, 2149, 2150; BGHZ 74, 293, 298 f = NJW 1979, 2150, 2151; offen gelassen in BGH NJW 1985, 2474). Diese Ansicht hat er jedoch wegen des Abstraktionsprinzips, dh wegen der Abstraktheit dinglicher Rechtsgeschäfte gegenüber Verpflichtungsgeschäften, aufgegeben (BGH NJW 1988, 2362, 2363; NJW 1988, 2364; NJW-RR 1992, 593, 594 f; dazu auch WALTER/MAIER NJW 1988, 377).

Bei sittenwidrig langen Bezugsbindungen ist die sittenwidrige Zeitvereinbarung nicht **279** insgesamt nichtig, sondern nur insoweit, als sie den höchstzulässigen Zeitraum überschreitet. Sie wird geltungserhaltend auf das **höchstzulässige** Maß reduziert (ausf oben Rn 110 ff); bis zur Grenze der höchstzulässigen Zeitdauer der Bindung bleibt die Zeitvereinbarung wirksam (BGH NJW 1972, 1459; WM 1973, 357 f; WM 1974, 1042, 1043; WM 1975, 850, 851; BGHZ 68, 1, 5 und 204, 206 f; NJW 1979, 865, 866; WM 1984, 88, 90; NJW 1985, 2693, 2695; ERMAN/PALM § 138 Rn 88; NIPPERDEY JW 1927, 119, 120; SOERGEL/HEFERMEHL § 138 Rn 129; aA RGZ 76, 78, 80; LINDACHER AcP 173 [1973] 124, 129; STAUDINGER/DILCHER[12] § 138 Rn 37; ZIMMERMANN 44 ff). Wenn im konkreten Anwendungsfall eine Bindungsdauer bis zu 15 Jahren zulässig gewesen wäre und diese in der Vereinbarung überschritten wurde, so ist der betreffende Gastwirt 15 Jahre gebunden. Verletzt er vor Ablauf dieser Frist seine Bezugsbindung, dann haftet er auf Schadensersatz und Unterlassung wegen Verletzung der Bezugsbindung (BGH NJW 1979, 865, 866; WM 1975, 850, 851; NJW 1974, 2089, 2090). Die unter Abwägung der beiderseits zu erbringenden und bereits erbrachten Leistungen vorgenommene Reduzierung der Bindungsdauer ist **unter unveränderter Aufrechterhaltung** der übrigen Teile der beiderseitigen vertraglichen Verpflichtungen, insbesondere auch der Gegenleistungen der Brauerei, vorzunehmen (BGH NJW 1992, 2145, 2146; NJW 1985, 2693, 2695; PALANDT/HEINRICHS § 138 Rn 81; aA MEILICKE/WEYDE DB 1994, 821). Nur die **einseitige** Vertragsanpassung in Bezug auf die Bindungsdauer kann in diesem Fall das Missverhältnis der Verpflichtungen der Vertragsteile ausgleichen (BGH NJW 1992, 2145, 2146). Die Brauerei kann sich insoweit nicht auf einen Wegfall der Geschäftsgrundlage berufen (BGH NJW 1985, 2693, 2695).

280 In manchen Entscheidungen heißt es, dass die sittenwidrig lange Zeitvereinbarung „mit einer kürzeren, angemessenen Laufzeit" aufrechtzuerhalten sei (BGHZ 68, 1, 5). Aus dieser Formulierung könnte man entnehmen, dass die Zeitvereinbarung nicht mit der höchstzulässigen, sondern mit einer uU kürzeren, angemessenen Zeitdauer aufrechtzuerhalten sei. Dies wäre jedoch eine Überinterpretation der zitierten Formulierung des BGH. Tatsächlich hat er in allen einschlägigen Entscheidungen die Zeitvereinbarung mit der nach seiner Ansicht höchstzulässigen Bindungsdauer aufrechterhalten. Ein paralleles Problem ist aus dem Preisrecht, insbesondere zum Mietwucher, wohl bekannt. Dort hat sich die Rspr zu § 134 zutr dafür ausgesprochen, überhöhte Preisvereinbarungen nicht auf den marktüblichen, sondern auf den höchstzulässigen Preis zu reduzieren (BGHZ 89, 316, 320; weitere Nachw in § 134 Rn 92 ff, 269 ff). Denn die Teilnichtigkeit könne nicht weiterreichen, als die tatbestandliche Erfüllung des Verbotsgesetzes; was das Gesetz nicht verbietet, ist rechtmäßig, so dass für Nichtigkeit insoweit kein Anlass besteht (BGHZ 89, 316, 321 betr Mietwucher). Diese Argumentation zu § 134 iVm § 5 WiStG ist auf § 138 übertragbar, wenn man – wie hier – die Vorfrage nach der Möglichkeit einer geltungserhaltenden Reduktion bejaht. In dem Maße, in dem eine Zeitvereinbarung nicht gegen das sittlich-rechtliche Verbot übermäßiger zeitlicher Bindungen verstößt, ist sie rechtmäßig, und für die Nichtigkeitssanktion besteht insoweit kein Anlass. Dh, die Zeitvereinbarung bleibt bis zur höchstzulässigen Grenze wirksam. Dies entspricht im praktischen Ergebnis auch der Rspr und der hL, die mit § 242 oder mit § 139 analog nur eine Überschreitung der höchstzulässigen Zeitdauer unterbinden (BGH NJW 1972, 1459; NJW-RR 1990, 816). Für eine weiterreichende Reduktion, zB aus generalpräventiven Gründen, besteht kein Anlass. Sie hätte außerdem Strafcharakter, wofür im Zivilrecht grds kein Raum ist.

281 Wenn die Zeitdauer der vereinbarten Bezugsbindung (auch) gegen das AGBG bzw die §§ 307 ff verstößt, ist allerdings eine geltungserhaltende Reduktion nach hM nicht möglich. Dann ist die gesamte Zeitvereinbarung nichtig (BGH NJW 1984, 48, 49; vgl auch BGH NJW 1994, 2693, 2695 aE und 2696), auch beim Individualprozess (BGH NJW 1984, 48, 49).

282 Wettbewerbsbeschränkende Vereinbarungen in Bierlieferungsverträgen, insbes Bierbezugsverpflichtungen, unterliegen auch der kartellrechtlichen Missbrauchskontrolle nach § 16 GWB. Alleinbezugsbindungen in Bierlieferungsverträgen eines Gastwirts an eine Brauerei können außerdem als wettbewerbsbeschränkende Vereinbarungen die Voraussetzungen von Art 81 Abs 1 EG-Vertrag erfüllen, wenn sie nach der sog „Bündeltheorie" insgesamt – also nicht nur der einzelne Vertrag – die kartellrechtliche Spürbarkeitsgrenze überschreiten (EuGH Slg 1967, 543 = WuW/E EWG/MUV Brasserie de Haecht; EuGH Slg 1991, I-936 Delimitis; BGHZ 54, 145, 149 ff = NJW 1970, 2157; OLG Stuttgart WRP 1986, 119; vgl auch BGH NJW 1992, 2145 mwNw; NJW-RR 1992, 593, 595; OLG Karlsruhe EuZW 1990, 102; dazu auch JEHLE EuZW 1991, 372). Nach Art 81 Abs 2 EG-Vertrag sind sie nichtig, wenn keine Freistellung iSv Art 81 Abs 3 EG-Vertrag vorliegt. Durch die GruppenfreistellungsVO (EG) Nr 2790/1999 (ABlEG 1999, L 336/21 ff v 29.12.1999) hat die EG-Kommission Gruppen **vertikaler** wettbewerbsbeschränkender Vereinbarungen, zu denen auch wettbewerbsbeschränkende Bierlieferungsverträge gehören, nach Art 81 Abs 3 EG-Vertrag vom Kartellverbot freigestellt.

Diese GruppenfreistellungsVO ist an die Stelle der GruppenfreistellungsVO über Alleinbezugsvereinbarungen (EWG) Nr 1984/83 getreten. Die GruppenfreistellungsVO (EG) Nr 2790/1999 gilt nach Art 5 nicht für Wettbewerbsverbote mit zeitlichen Bindungen von mehr als 5 Jahren. Diese Zeitregelung hat jedoch keine Leitbildfunktion iSd AGB-Rechts (OLG Karlsruhe MDR 2002 445; offengelassen in BGHZ 147, 279, 285 f; vgl auch BGHZ 143, 103, 115 betr Tankstellenverträge; aA PALANDT/HEINRICHS § 307 Rn 91) und enthält auch keine für § 138 maßgebliche Wertentscheidung. Denn die Gründe, die eine mehr oder weniger lange Bindungsdauer rechtfertigen, sind in den praktischen Anwendungsfällen sehr unterschiedlich. Die 5-Jahresfrist der GruppenfreistellungsVO gilt als grundsätzlich unverfänglich. Deshalb können, unbeeinflusst durch Art 5 der GruppenfreistellungsVO (EG) Nr 2790/1999, durchaus auch Bezugsbindungen mit einer längeren Bindungsdauer die Voraussetzungen einer Individualfreistellung nach Art 81 Abs 3 EG erfüllen. Die Gruppenfreistellungsverordnungen sollen durch die neue KartellverfahrensVO 1/2003/EG vom 16.12.2002 (ABIEG 2003 L 1/1), die ab dem 1.5.2004 gilt, offenbar nicht beeinflusst werden (vgl Erwägungsgrund Nr 10 der VO 1/2003).

cc) Auch **Tankstellen-Stationärverträge** dürfen eine zeitliche Bezugsbindung und **283** entsprechende Verbote des Vertriebs von Konkurrenzprodukten für eine gewisse zeitliche Dauer vorsehen (BGHZ 52, 171, 176, 181; BGH NJW 1998, 156, 159; NJW 1995, 2350, 2351; vgl auch BGHZ 83, 313 ff). Denn die Mineralölgesellschaften setzen idR zugunsten der Tankstellen erhebliches Kapital, Baumaßnahmen, Einrichtungen, zinsgünstige Darlehen usw ein (BGHZ 52, 171, 176). Bei zu kurzer Bindungsdauer wären sie wohl nicht zu einem solchen Kapitaleinsatz bereit. Dies ginge zu Lasten potenzieller Tankstelleninhaber, die am Abschluss von Tankstellenverträgen interessiert sind (BGHZ 52, 171, 176; KÖTZ RabelsZ 58 [1994] 209, 214). Wie bei Bierlieferungsverträgen ist auch bei Tankstellenverträgen anerkannt, dass das höchstzulässige Maß zeitlicher Bezugsbindungen davon abhängt, wie erheblich die **Gegenleistungen** des Lieferanten sind (BGHZ 143, 103, 115 f; WM 1997, 1403 [III 4 d]; NJW 1998, 156, 159).

In aller Regel bestehen gegen Bezugsbindungen von 5 Jahren keine Bedenken **284** (BGHZ 52, 171, 176). Auch Laufzeiten bis zu 25 Jahren hat der BGH bei entsprechenden Gegenleistungen des Lieferanten gebilligt (BGHZ 52, 171, 176 f; 83, 313, 316 f; 143, 103, 116). Andererseits hat er auch in einem Fall wegen der Gesamtumstände eine Laufzeit von mehr als 10 Jahren missbilligt (BGHZ 143, 103, 115; vgl auch BGH NJW 1998, 156, 159). Sittenwidrig ist auch eine Klausel, die einer Mineralölgesellschaft das unwiderrufliche Recht vorbehält, nach einer Vertragszeit von mehr als 25 Jahren die Vertragsbeziehungen mit dem Tankstelleninhaber zu den Bedingungen des Angebots eines Dritten fortzusetzen (BGHZ 83, 313, 318 f = NJW 1982, 1692). Das House of Lords hat eine Bindungsdauer von 21 Jahren für zu lang gehalten (Esso Petroleum Co Ltd v Harper's Garage … Ltd [1968] A C 269; rechtsvergleichende Hinweise bei KÖTZ RabelsZ 58 [1994] 214 Fn 17). Solche Vertragsbindungen beschränken die wirtschaftliche Selbständigkeit und berufliche Bewegungsfreiheit des Tankstelleninhabers in nicht hinnehmbarer Weise (BGHZ 83, 313, 319). Andererseits ist es der Mineralölgesellschaft nicht unzumutbar, wenn der Tankstelleninhaber nach Ablauf der von der Gesellschaft selbst bestimmten Dauer des Vertrags und der Amortisation des von ihr eingesetzten Kapitals das Vertragsverhältnis beendet (BGHZ 83, 313, 319). Eine Bindungsdauer von über 20 Jahren wurde vom OLG Düsseldorf (WM 1985, 727, 728) bei einem Tankstellenpächter, der 80 Tankstellen hatte, hingegen für wirksam erklärt.

285 Bezugsbindungen von Tankstelleninhabern verstoßen gegen Art 81 Abs 1 EG-Vertrag, wenn sie geeignet sind, den zwischenstaatlichen Handel iSd „Bündeltheorie" spürbar zu beeinträchtigen (BGH NJW 1998, 156, 159). Auch für die Tankstellenverträge gilt die GruppenfreistellungsVO (EG) Nr 2790/1999 betr vertikale Vereinbarungen, die die GruppenfreistellungsVO (EWG) Nr 1984/83 betr Alleinbezugsvereinbarungen abgelöst hat. Die in Art 5 der GVO (EG) Nr 2790/1999 vorgesehene zeitliche Beschränkung der Gruppenfreistellung auf Wettbewerbsverbote bis maximal 5 Jahre hat weder Leitbildfunktion iSd AGB-Rechts (offen gelassen in BGHZ 143, 103, 113; ebenso für Bierlieferungsverträge BGHZ 147, 279, 285 f) noch enthält sie eine für § 138 maßgebliche Wertentscheidung.

286 dd) Eine zehnjährige Mindestlaufzeit in einem **Automatenaufstellvertrag** mit einem Gastwirt ist keine unangemessene Beschränkung der wirtschaftlichen Bewegungsfreiheit des Gastwirts (BGHZ 51, 55, 56 f = NJW 1969, 230, 231; WM 1971, 243, 244; NJW 1971, 1034; NJW 1983, 159, 161; vgl auch BGH WM 1977, 112 f; zur Rechtsnatur des Automatenaufstellvertrags BGHZ 47, 202, 203). Unangemessen und sittenwidrig ist hingegen in einem solchen Vertrag die Vereinbarung einer zweijährigen bzw zweieinhalbjährigen Kündigungsfrist, nach deren Verstreichen sich der Vertrag um jeweils drei bzw fünf Jahre verlängert (BGH NJW 1983, 159, 161; vgl auch BGH NJW 1969, 230, 231 [insoweit nicht in BGHZ 51, 55]). Sie birgt für den Gastwirt die Gefahr, dass er wegen der noch weit entfernt liegenden Zeit der Vertragsbeendigung den Kündigungstermin übersieht, während auf Seiten des Geräteaufstellers, der alle 6 bis 9 Monate die Geräte austauscht, kein Interesse erkennbar ist, das diese Gefahr für den Gastwirt rechtfertigen könnte (BGH NJW 1983, 159, 161; da noch eine größere Anzahl weiterer Klauseln des Vertrags sittenwidrig war, erklärte der BGH den gesamten Vertrag für nichtig, BGH NJW 1983, 162).

287 ee) Ein **Managementvertrag** betreffend den Betrieb eines Hotels enthielt ua die Vereinbarung einer Vertragsdauer von 20 Jahren sowie das Recht des Managers, durch einseitiges Gestaltungsrecht dreimal um je 10 Jahre zu verlängern. Der BGH hatte keine Bedenken gegen die zeitliche Bindung von 20 Jahren, hielt jedoch die weitergehende Bindung von bis zu 50 Jahren für übermäßig und sittenwidrig. Im Vertrag war ausdrücklich vorgesehen, dass nichtige Klauseln – hier die Verlängerungsklauseln – als nicht geschrieben gelten (BGH WM 1982, 394, 399).

288 ff) **Miet- und Pachtverträge** können grds für eine lange Zeitdauer abgeschlossen werden; dies ergibt sich aus § 567. Werden sie für eine längere Zeit als 30 Jahre geschlossen, besteht nach § 544 (iVm § 581 Abs 2) für beide Seiten grds das Recht, unter Einhaltung der gesetzlichen Frist zu kündigen. Wenn in langfristigen Miet- oder Pachtverträgen ausnahmsweise die Vereinbarung der Bindungsdauer unwirksam ist, sind sie mit der höchstzulässigen Laufzeit aufrechtzuerhalten (RGZ 82, 124, 125; BGH NJW 1962, 734). Sittenwidrig ist eine Abrede in einem Pachtvertrag, nach der der Pächter durch Aufwendungen mit vertragsverlängernder Wirkung dem Verpächter die Verfügungsmacht über sein Grundstück nehmen kann (OLG Nürnberg BB 1958, 812).

289 gg) **Ankaufsverpflichtungen in Erbbauverträgen** können sittenwidrig sein, wenn dem Erbbauberechtigten keine angemessene **Schonfrist** bis zur Ankaufspflicht eingeräumt wird. Zwar ist es nicht ohne weiteres sittenwidrig, in einem Erbbauvertrag zu vereinbaren, dass der Erbbauberechtigte auf Verlangen des Grundstückseigentümers zur käuflichen Übernahme des Grundstücks verpflichtet ist (BGHZ 68, 1, 3;

BGHZ 75, 15, 16; BGH WM 1980, 877; MünchKomm/MAYER-MALY/ARMBRÜSTER § 138 Rn 71; aA
KOLLHOSSER NJW 1974, 1302). Die Ankaufsverpflichtung ist vor allem nicht schon dann
ohne weiteres nichtig, wenn sie den Erbbauberechtigten, der auf dem Wege der
Erbpacht zu einem günstigen Preis ein Haus erwerben wollte, finanziell überfordert.
Es ist durchaus auch denkbar, dass der Erbbauberechtigte von Anfang an den Kauf
vorgezogen hätte, wenn der Eigentümer dazu bereit gewesen wäre (BGHZ 68, 1, 3 f).
Die Ankaufsverpflichtung kann jedoch sittenwidrig sein, wenn besondere Umstände
hinzukommen (BGHZ 68, 1, 4 f; BGHZ 75, 15, 16). Insbesondere wegen der Regelung des
Zeitraums, in dem die Ankaufsverpflichtung besteht, kann diese nichtig sein (BGHZ
68, 1, 5; BGHZ 75, 15, 19; BGH WM 1980, 877 f). Eine Ankaufsverpflichtung über die
gesamte Vertragsdauer von 99 Jahren ist sittenwidrig lang (BGH WM 1980, 877). Außerdem muss dem Erbbauberechtigten eine angemessene, seine wirtschaftlichen Verhältnisse und die Höhe des Kaufpreises berücksichtigende Zeitspanne zur Beschaffung der erforderlichen Geldmittel zugestanden werden (BGH WM 1980, 877, 878). Der
BGH hat eine Schonfrist von 10 Jahren, in der die Ankaufsverpflichtung noch nicht
wirkt, für angemessen gehalten (BGHZ 68, 1, 5; BGHZ 75, 15, 19; BGH WM 1980, 877 f).
Wurde eine zeitlich unbegrenzte Ankaufsverpflichtung vereinbart, so ist diese nicht
insgesamt nichtig, sondern geltungserhaltend in der Weise zu reduzieren, dass dem
Erbbauberechtigten eine angemessene Schonfrist zur Beschaffung der erforderlichen
Geldmittel eingeräumt wird, bevor er zum Ankauf verpflichtet ist (so in analoger An-
wendung von § 139 BGHZ 68, 1, 5; BGHZ 75, 15, 19 aE; BGH WM 1980, 877, 878).

hh) Längerfristige Bindungen von Schülern durch **Internats- und Direktunterrichts-** 290
verträge können aufgrund der typischen Interessenlage der Parteien unter Berücksichtigung der Berufs- und Ausbildungsfreiheit sittenwidrig sein (BGHZ 120, 108, 115,
118 f mwNw; BGH WM 1985, 780, 781 sub III 4; vgl auch BGH DB 1995, 1560; vgl auch BGH NJW
1995, 2350, 2351).

ii) **Optionsrecht eines Verlags**: Wegen übermäßiger Einengung der wirtschaftlichen 291
und persönlichen Freiheit ist eine Vereinbarung nach § 138 sittenwidrig, durch die
sich ein Schriftsteller gegenüber einem Verleger verpflichtet, diesem **ohne zeitliche**
Begrenzung alle zukünftigen Werke zuerst anzubieten, ohne dass dem eine Pflicht des
Verlegers zur Übernahme der Werke gegenübersteht (BGHZ 22, 347, 356 f; MünchKomm/
MAYER-MALY/ARMBRÜSTER § 138 Rn 71). Demgegenüber hatte das RG eine zeitlich unbegrenzte und unentgeltlich übernommene Verpflichtung eines Operettenkom-
ponisten, seinem Verleger alle seine künftigen Kompositionen zuerst zum Erwerb
anzubieten, für rechtswirksam erachtet (RGZ 79, 156 ff). Der BGH rechtfertigte diese
Diskrepanz der Entscheidungen nicht nur mit dem unterschiedlichen Verlegerrisiko,
das bei der Vervielfältigung und Werbung für Operetten viel größer sei als bei
Büchern, sondern auch mit dem Wandel der wirtschaftlichen Gegebenheiten und
der Rechtsauffassungen über das Verleger-Autorenverhältnis (BGHZ 22, 347, 355). Nur
die zuletzt genannte Begründung überzeugt. Grundsätzlich **nicht sittenwidrig** ist eine
Vereinbarung, durch die sich ein Verleger für ein bestimmtes Werk das Verlagsrecht
nicht nur für eine Auflage, sondern für **sämtliche Auflagen** einräumen lässt und durch
die der Autor sich verpflichtet, das Werk gegebenenfalls zu aktualisieren (RGZ 112,
173, 175 ff; RGZ 140, 264, 266 f; STRAUS, in: FS Schricker [1995] 291, 321 f). Auf wirtschaftliche
und persönlichkeitsrechtliche Bedenken stoßen solche Vereinbarungen jedoch, wenn
für sämtliche weiteren Auflagen dieselben Konditionen, zB in Bezug auf die Berechnung des Honorars, gelten sollen und wenn der Autor, der zu einer Neubearbeitung

nicht mehr willens oder fähig ist, sein Werk an einen Bearbeiter verliert (überzeugend dazu STRAUS 322 f). Insoweit sind die Umstände des Einzelfalles entscheidend.

292 kk) Treuhandvertrag auf Lebenszeit: Sittenwidrig ist die Vereinbarung eines Gesellschafters einer OHG mit den anderen Gesellschaftern, die Ausübung aller ihm nach Gesetz und Vertrag zustehenden Gesellschafterrechte auf Lebenszeit einem sog Treuhänder zu übertragen, wenn der Gesellschafter bei der Auswahl des Treuhänders nicht mitwirken, ihm keine Weisungen erteilen und ihn nicht jederzeit abberufen kann (BGHZ 44, 158, 161). Eine geltungserhaltende Reduktion der Beschränkungen hat der BGH in diesem Fall abgelehnt (BGHZ 44, 162).

293 ll) Ein Vertrag, durch den sich der geschäftsführende Gesellschafter einer Personenhandelsgesellschaft dieser gegenüber verpflichtet, Einnahmen aus anderweitiger Tätigkeit jeder Art zu einem Teil an die für einen Zeitraum von 30 Jahren eingegangene Gesellschaft abzuführen, ist sittenwidrig und nichtig (BGHZ 37, 381, 385 = NJW 1961, 1811). Insbesondere wegen der Bindungsdauer bringt sie den Gesellschafter in persönliche und wirtschaftliche Abhängigkeit. Auch ist es nicht zu rechtfertigen, wenn sich jemand ohne entsprechende Gegenleistung die Arbeitskraft eines anderen so dienstbar machen will, dass er an den Erträgnissen jedweder Art teilhat (BGHZ 37, 381, 385). Eine solche Klausel lässt sich auch nicht damit rechtfertigen, dass sie den vollen Einsatz der Arbeitskraft des Geschäftsführers für die Belange der Gesellschaft sichern soll (BGHZ 37, 381, 384 f).

294 mm) Der Ausschluss der ordentlichen Kündigung in einem zeitlich nicht begrenzten **Wärmeversorgungsvertrag** zwischen einem Hauseigentümer und einem Fernheizwerk ist nicht sittenwidrig (so BGHZ 64, 288, 290 ff; BGHZ 100, 1, 3; vgl auch BGH NJW 1995, 2350, 2351). Wenn die Abgabe von Wärme und warmem Wasser zu angemessenen Preisen erfolgt und sichergestellt ist, dass der Abnehmer bei Ausfall der Wärmeversorgung seine eigene Heizanlage in Betrieb nehmen darf, so besteht idR kein überzeugender Grund, ihm neben dem Recht zur außerordentlichen Kündigung aus wichtigem Grunde noch das Recht zur ordentlichen Kündigung überhaupt oder nach einer gewissen Laufzeit einzuräumen (BGHZ 64, 288, 291). Diese Dauerbindung ist – ebenso wie die Einräumung eines Versorgungsmonopols –, damit zu rechtfertigen, dass hohe Investitions- und laufende Unterhaltungskosten eine überschaubare Kalkulation des Fernheizwerks erfordern (BGHZ 64, 288, 292; zur Rechtfertigung des Versorgungsmonopols vgl BGHZ 24, 148, 150). Ein Heizwerk, das in einer Wohnanlage mit Eigentumswohnungen mit hohen Investitionen die Voraussetzungen zum Bezug von Fernwärme geschaffen hat, kann die Verpflichtung, ausschließlich bei ihm die Fernwärme zu beziehen, durch eine Reallast sichern (OLG Celle JZ 1979, 268).

295 nn) Wenn die ordentliche Kündigung eines **Handelsvertretervertrags** ausgeschlossen oder unzumutbar erschwert wird, hängt die Anwendung des § 138 entscheidend von der wirtschaftlichen Stellung und den wirtschaftlichen Beziehungen der Vertragspartner zueinander ab (BGH NJW 1995, 2350, 2351 f betr das Verhältnis zwischen Muttergesellschaft und Tochtergesellschaft; SOERGEL/HEFERMEHL § 138 Rn 134).

296 oo) Nicht sittenwidrig ist eine Bindungsdauer von 15 Jahren in einem Ratenkreditvertrag (OLG Hamm NJW-RR 1992, 685) und von 7 Jahren in einem Haarpflegevertrag (BGH NJW-RR 1986, 982).

6. Wettbewerbsverbote und Kundenschutzklauseln

Wegen ihrer knebelnden Wirkung können auch Wettbewerbsverbote sowie Kunden- **297**
schutzklauseln sittenwidrig sein, wenn sie die wirtschaftliche Betätigungsfreiheit des
Betroffenen nach Art, Dauer und räumlicher Reichweite in unangemessener Weise
einschränken (BGH BB 1998, 1554, 1555). Es gibt im Wirtschaftsleben eine große Vielfalt
von Wettbewerbsverboten, zB Wettbewerbsverbote für Arbeitnehmer, für Gesellschafter und Geschäftsführer von Gesellschaften (dazu ausf in neuerer Zeit MELULLIS
WRP 1994, 686; TRAUB WRP 1994, 802; OLG Karlsruhe WM 1986, 1473, 1475) und Wettbewerbsverbote für Veräußerer von Unternehmen bzw Praxen von Freiberuflern (BGH NJW
1979, 1605, 1606; NJW 1986, 2944; dazu auch HIRTE ZHR 154 [1990] 443). Diese Wettbewerbsverbote können den Wettbewerb während der Vertragslaufzeit betreffen oder auch
als nachvertragliche Wettbewerbsverbote vereinbart sein, vgl §§ 74 ff, 90a HGB,
§ 110 GewO (früher § 133f GewO).

Viele Wettbewerbsverbote finden ihre Rechtfertigung in speziellen gesetzlichen Re- **298**
gelungen und sind als solche zulässig, zB Wettbewerbsverbote für Gesellschafter
nach §§ 112, 113 HGB (iVm § 161 Abs 2 HGB) und § 284 AktG, Wettbewerbsverbote für Vorstandsmitglieder von Aktiengesellschaften nach § 88 AktG und Geschäftsführer von GmbHs, die zT aus § 43 GmbHG abgeleitet werden, sowie das
Wettbewerbsverbot für kaufmännische Angestellte nach § 60 HGB.

a) Kartellrechtliche Grenzen

Eine erste enge Schranke erfahren vertragliche Wettbewerbsverbote durch das Kar- **299**
tellverbot des § 1 GWB bzw durch Art 81 Abs 1, 2 EG-Vertrag, soweit dadurch der
Handel zwischen den Mitgliedstaaten der EU beeinträchtigt wird (ausf HIRTE ZHR 154
[1990] 443, 461 ff; MELULLIS WRP 1994, 686 ff). Diese Kartellverbote regeln Wettbewerbsbeschränkungen zwischen Unternehmen. Zu den „Unternehmen" iS dieser Vorschriften gehören auch Freiberufler. Kartellrechtlich zulässig sind Wettbewerbsverbote zwischen Unternehmen nur dann, wenn sie als Nebenbestimmungen im übrigen
kartellrechtsneutraler Verträge erforderlich sind, um deren Zwecke zu erreichen und
zu gewährleisten (so zu § 1 GWB BGHZ 68, 6, 9 – Fertigbeton I; NJW 1980, 185 = WuW/E BGH
1597, 1599 – Erbauseinandersetzung; NJW 1982, 2000, 2001 = WuW/E BGH 1898, 1899 – Holzpaneele; WuW/E BGH 2085, 2086 – Strohgäu-Wochenjournal; NJW-RR 1986, 1486 = WuW/E BGH
2285, 2288 – Spielkarten; BGHZ 96, 1, 7 = NJW 1986, 1107; BGHZ 120, 161, 166 = NJW 1993, 1710 –
Taxigemeinschaft; NJW 1994, 384; BGH BB 1998, 1554, 1555 f; OLG München NJW-RR 1995, 1191;
zu Art 85 [jetzt Art 81] EGV vgl EG-Kommission WuW/E EV 678, 679; 1020, 1022; EuGH WuW/E
EWG/MUV 690, 691). Bei Unternehmensveräußerungen muss ein Wettbewerbsverbot
nach Zeit, Ort und Gegenstand auf das Maß beschränkt werden, das erforderlich ist,
damit der Erwerber bzw Pächter die ihm bei der Unternehmensübertragung überlassenen Kundenbeziehungen festigen kann (BGH NJW 1979, 1605 – Ausscheidungsverein-
barung; NJW 1980, 185 – Erbauseinandersetzung; NJW 1982, 2000, 2001 – Holzpaneele; NJW-RR
1989, 2000, 2001; EG-Kommission WuW/E EV 678, 679 und 1020, 1022; EuGH Slg 1985, 2545, 2571 =
WuW/E EWG-MUV 690, 691). Insoweit werden **immanente** Schranken der weiten Kartellverbote des § 1 GWB bzw des Art 81 Abs 1 EG-Vertrag anerkannt. Wettbewerbsverbote sind nicht nur gerechtfertigt bei Unternehmensveräußerungsverträgen und
Unternehmenspacht (BGH NJW-RR 1989, 900; NJW 1982, 2000, 2001; EuGH Slg 1985, 2545,
2571), sondern auch beim Ausscheiden eines Gesellschafters oder Geschäftsführers
aus einer Gesellschaft (BGHZ 96, 1, 7 = NJW 1986, 1107), bei der Aufteilung eines

Geschäftsbetriebs einer Kapitalgesellschaft anlässlich des Ausscheidens eines Gesellschafters zwischen diesem und der Gesellschaft (BGH NJW 1994, 384) sowie bei Lizenz-
und Know-How-Verträgen (BGH WuW/E BGH 2090). IdR wird beim Ausscheiden von
Gesellschaftern oder Geschäftsführern aus einer Gesellschaft oder bei Unternehmensveräußerungsverträgen in zeitlicher Hinsicht ein zweijähriges Wettbewerbsverbot genügen (BGH NJW 1994, 384, 385; BGHZ 96, 1, 7 = NJW 1986, 1107; EG-Kommission WuW/
E EV 678, 679 und 1020, 1022; EuGH Slg 1985, 2545 = WuW/E EWG/MUV 690, 691). Soweit ein
Wettbewerbsverbot in zeitlicher oder räumlicher Hinsicht über das zur Erreichung
des Vertragszwecks Erforderliche hinausgeht, kann es auf ein angemessenes Maß
reduziert werden (BGH WuW/E BGH 2090, 2095 – Stadler-Kessel; BGH NJW 1994, 384, 386 sub
IV 1; HIRTE ZHR 154 [1990] 443, 465; MELULLIS WRP 1994, 686, 691).

b) Grenzen durch die §§ 74 ff HGB (analog) und § 110 GewO (früher § 133f GewO)

300 **aa) Nachvertraglichen** Wettbewerbsverboten für kaufmännische Angestellte setzen
die §§ 74 ff HGB Grenzen. Für gewerbliche Angestellte ist die Sonderregelung des
§ 110 GewO (früher § 133f GewO) einschlägig, wonach die Beschränkung nur insoweit verbindlich ist, als sie nicht nach Zeit, Ort und Gegenstand die Grenzen überschreitet, durch welche eine **unbillige** Erschwerung des Fortkommens des Angestellten ausgeschlossen wird. Die Konkretisierung des Begriffs „unbillig" erfolgt anhand
der Kriterien der §§ 74 ff HGB (grundlegend BAG AP Nr 23 zu § 133f GewO; vgl auch
RICHARDI, in: MünchArbR § 46 Rn 17). Eine entsprechende Regelung enthält § 5 BBiG
für Lehrlinge. Sonstige Wettbewerbsverbote zu Lasten von Arbeitnehmern, die nicht
unter die §§ 74 ff HGB, 110 GewO, 5 BBiG fallen, hat die Rechtsprechung ursprünglich mit § 138 kontrolliert und dabei den Inhalt der guten Sitten anhand der Maßstäbe
der §§ 74 ff HGB konkretisiert (BAG BB 1958, 1245; AP Nr 1 zu § 611 BGB Abwerbung; AP
Nr 21 zu § 611 BGB Konkurrenzklausel; AP Nr 22 zu § 611 BGB Konkurrenzklausel; HUECK/
NIPPERDEY, Lehrbuch I § 38; ebenso auch SANDROCK AcP 159 [1960] 481, 521). Dies gilt insbesondere für Wettbewerbsverbote zu Lasten von Angestellten freiberuflich Tätiger
(BAG aaO). Für nichtig nach § 138 erklärte das BAG auch zB ein nachvertragliches
Wettbewerbsverbot, das einem gewerblichen Arbeitnehmer nach dem Ausscheiden
aus dem Betrieb des Arbeitgebers die Verwertung der im Betrieb erworbenen Kenntnisse als selbständiger Unternehmer für immer und als Arbeitnehmer für 5 Jahre
untersagte, ohne dass er dafür eine Karenzentschädigung erhielt (BAG NJW 1961,
748 f).

301 In seiner neueren Rechtsprechung wendet das BAG statt § 138 die **§§ 74 ff HGB
analog** an (grundlegend BAGE 22, 6 und 22, 125; ebenso BAGE 22, 324; BB 1974, 1531;
STAUDINGER/RICHARDI [1999] § 611 Rn 402). Auch speziell bei Taxifahrern sind anstelle
von § 138 (so noch BAG MDR 1966, 446; dazu SOERGEL/HEFERMEHL § 138 Rn 164) die Vorschriften der §§ 74 ff HGB analog anzuwenden; den mit einem Wettbewerbsverbot
verbundenen Nachteilen des Taxifahrers stehen grundsätzlich keine berechtigten
Interessen des Taxiunternehmens gegenüber, wenn diese sich in der Abwehr von
Wettbewerb erschöpfen. Auch auf **Kundenschutzklauseln** sind die §§ 74 ff HGB analog anzuwenden. Danach sind auch sie ohne Vereinbarung einer Karenzentschädigung unwirksam (BAGE 23, 382, 386 ff). Auf Bedenken stößt die Ansicht des BAG (NJW
1998, 100; krit ERMAN/PALM § 138 Rn 182a), dass auch bei abhängigen freien Mitarbeitern
die §§ 74 ff HGB analog anzuwenden seien.

bb) Eine analoge Anwendung der §§ 74 ff HGB auf nachvertragliche Wettbewerbs-   **302**
verbote zu Lasten ehemaliger **Organmitglieder** von Gesellschaften, dh auf ehemalige
Geschäftsführer, hat der BGH hingegen mit Recht abgelehnt, auch wenn sie wie
andere Angestellte wirtschaftlich abhängig sind (BGHZ 91, 1, 3 ff; NJW 1968, 1717;
BAUMBACH/HUECK/SCHULZE-OSTERLOH, GmbHG [17. Aufl 2000] § 35 Rn 107a; BAUMBACH/HOPT,
HGB [30. Aufl 2000] § 74 Rn 3; LUTTER/HOMMELHOFF, GmbHG [15. Aufl 2000] Anh zu § 6 Rn 25;
BUCHNER, Wettbewerbsverbote, [2. Aufl 1997] Rn C 80; vgl auch OLG Karlsruhe WM 1986, 1473,
1475; ERMAN/PALM § 138 Rn 182a; **aA** BAUER/DILLER GmbHR 1999, 885 passim; BELLSTEDT
GmbHR 1976, 236 ff; GISBERT, Arbeitnehmerschutz für den GmbH-Geschäftsführer [1987] S 136;
HACHENBURG/MERTENS, GmbHG [7. Aufl 1979] § 35 Rn 204 ff; HEYMANN/HENSSLER, HGB [2. Aufl
1995] vor § 74 Rn 10; ROWEDDER/KOPPENSTEINER, GmbHG [3. Aufl 1997], § 35 Rn 2; STAUB/
KONZEN/WEBER, HGB [4. Aufl 1995] vor § 74 Rn 20 ff; vgl ferner BHG DB 1992, 936; ausführlich
dazu BAUER/DILLER GmbHR 1999, 885). Denn eine Konkurrenztätigkeit nach ihrem Ausscheiden begründet in wesentlich stärkerem Maße als bei einem Arbeitnehmer die
Gefahr, dass das Unternehmen Schaden leidet, da der ausgeschiedene Geschäftsführer leichter in den Kundenkreis seines früheren Unternehmens eindringen und
auch dessen Bezugsquellen eher ausnutzen kann (BGHZ 91, 1, 4). Dieser Situation
kann mit dem flexiblen § 138 angemessener Rechnung getragen werden als mit den
§§ 74 ff HGB (BGHZ 91, 1, 4). Auch auf nachvertragliche Wettbewerbsverbote zu
Lasten von **Gesellschaftern**, die aus einer Gesellschaft ausgeschieden sind, werden
nicht die §§ 74 ff HGB analog angewendet. Insoweit greift die Rechtsprechung auf
§ 138 iVm Art 2, 12 GG zurück. Dabei berücksichtigt sie allerdings die in den §§ 74 ff
HGB zum Ausdruck gekommenen Rechtsgrundsätze; solche Wettbewerbsverbote
sind wirksam, die dem Schutz eines berechtigten Interesses der Gesellschaft dienen
und nach Ort, Zeit und Gegenstand die Berufsausübung und wirtschaftliche Betätigung des ausgeschiedenen Gesellschafters bzw Geschäftführers nicht unbillig erschweren (BGHZ 91, 1, 5; WM 1974, 74).

cc) Streitig ist, ob auch bei nachvertraglichen Wettbewerbsverboten für Rechts-   **303**
anwälte und andere **Freiberufler** nach Beendigung eines **Angestelltenverhältnisses**
statt des § 138 die §§ 74 ff HGB analog anzuwenden sind. Die hM gibt bei Wettbewerbsverboten zu Lasten von Freiberuflern generell § 138 den Vorzug (BGH NJW
1986, 2944; 1997, 3089; 2000, 2584; 2002, 3536, 3537), auch wenn es sich um ein nachvertragliches Wettbewerbsverbot aus einem früheren Angestelltenverhältnis handelt. Demgegenüber befürwortet eine abweichende Ansicht auch insoweit eine analoge Anwendung von § 74a HGB (CANARIS JuS 1989, 161, 164 f). Der Vorteil der Analogie zu
§ 74a HGB wird darin gesehen, dass – anders als nach § 138 – die Unwirksamkeit
eines übermäßigen Wettbewerbsverbots auf das durch das berechtigte Interesse nicht
gedeckte bzw den anderen Teil unbillig behindernde Übermaß beschränkt wäre
(CANARIS JuS 1989, 161, 164 f; BAUER/DILLER GmbHR 1999, 885, 890). Nach der hier vertretenen Ansicht erlaubt hingegen auch § 138 bei Sittenwidrigkeit wegen Übermaßes
eine Beschränkung der Nichtigkeitssanktion auf das Übermaß (BGH NJW 2000, 2584,
2585). Ein weiterer Unterschied wäre, dass ein nachvertragliches Wettbewerbsverbot
nach den §§ 74 ff HGB analog ohne Vereinbarung einer angemessenen Karenzentschädigung nichtig wäre, während dies für den Vorwurf der Sittenwidrigkeit nach
§ 138 nicht für ausreichend gehalten wird. Das LAG Baden-Württemberg hat eine
Mandantenschutzklausel nach § 134 iVm § 3 Abs 3 BRAO, der die freie Anwaltswahl
schützt, für nichtig erklärt (AnwBl 1987, 142, 145).

c)   Grenzen durch § 138

304 Soweit die §§ 74 ff HGB unmittelbar oder analog anwendbar sind, ist für § 138 kein
Raum. Mit § 138 sind jedoch die verbleibenden Lücken zu füllen, dh § 138 kann
anwendbar sein auf Wettbewerbsverbote zu Lasten des Erwerbers eines Unternehmens sowie auf nachvertragliche Wettbewerbsverbote zu Lasten von Gesellschaftern,
Geschäftsführern und Freiberuflern (BGHZ 91, 1, 5; BGH NJW 2000, 2584 f; NJW 2002, 3536,
3537; NJW 2002, 3538, 3539). Bei der Konkretisierung von § 138 zu berücksichtigen sind
sowohl die Wertungen der §§ 74 ff HGB als auch die des § 1 GWB und des Art 81
EG-Vertrag (P ULMER NJW 1979, 1585, 1586). Zur Feststellung der Sittenwidrigkeit ist
ein **zweistufiges** Verfahren anzuwenden: a) Das Wettbewerbsverbot muss einem berechtigten geschäftlichen Interesse der Gesellschaft bzw des Arbeitgebers des Ausscheidenden dienen. b) Es darf die zukünftige wirtschaftliche Betätigung des Ausscheidenden nicht unbillig behindern. Fehlt es an einem berechtigten Interesse der
Gesellschaft bzw des Arbeitgebers (a) ist das Wettbewerbsverbot ohne weiteres
sittenwidrig. Besteht ein solches berechtigte Interesse, dann ist durch eine Interessenabwägung festzustellen, ob der Ausscheidende unbillig behindert wird (MANGER
GmbHR 2001, 89). Bei der Interessenabwägung zur Feststellung, ob ein Wettbewerbsverbot nach Art, Dauer und räumlichem Geltungsbereich angemessen ist, sind zum
einen die wirtschaftlichen und persönlichen Belange des Verpflichteten zu berücksichtigen, insbesondere auch sein Alter, die beruflichen Chancen nach Ablauf des
Wettbewerbsverbots, die Möglichkeit, andernorts im bisherigen Beruf weiterarbeiten
zu können usw. Andererseits ist in Anlehnung an § 74a HGB auch zu prüfen, ob ein
Wettbewerbsverbot nach Zeit oder Gegenstand über das Maß hinausgeht, das zum
Schutze der berechtigten Interessen des Begünstigten erforderlich ist (BGH NJW 1964,
2203; NJW 1979, 1605, 1606; BGHZ 91, 1, 5; DB 1989, 1620, 1621; NJW 1991, 699; BGH NJW 2000,
2584, 2585; ebenso bei zeitlichem Übermaß, nicht jedoch bei zeitlichem und räumlichen Übermaß
BGH NJW 1997, 3089 f; vgl ferner OLG Karlsruhe WM 1986, 1473, 1475; MELULLIS WRP 1994, 686,
690; MünchKomm/MAYER-MALY/ARMBRÜSTER § 138 Rn 79; SOERGEL/HEFERMEHL § 138 Rn 164).
Die Interessen der Parteien müssen gegeneinander abgewogen werden.

305 aa)   Ein in einem **Unternehmensveräußerungsvertrag** vereinbartes unbefristetes und
örtlich unbegrenztes Wettbewerbsverbot ist nach Ansicht des BGH wegen Über-
maßes grundsätzlich sittenwidrig (BGH WM 1989, 954 ff [anders, wenn der Veräußerer die
Altersgrenze erreicht hat]; MünchKomm/MAYER-MALY/ARMBRÜSTER § 138 Rn 79; SOERGEL/
HEFERMEHL § 138 Rn 166; dazu LAMMEL AcP 189 [1989] 244, 286). Auch ein zehnjähriges
Wettbewerbsverbot nach einem Unternehmenskauf ist wegen Übermaßes sittenwid-
rig, wenn es nicht zur Konsolidierung der Kundenbeziehungen erforderlich ist (BGH
NJW 1979, 1605, 1606 – Frischbeton). Bei einer Betriebsübernahme zur Abwendung eines
Konkurses ist ein auf Deutschland beschränktes Wettbewerbsverbot für die Dauer
von 5 Jahren nicht sittenwidrig (OLG München NJW-RR 1995, 1191).

306 bb)   Wesentlich strenger wurden früher Wettbewerbsverbote zu Lasten von **Freiberuflern** beurteilt. Wettbewerbsverbote in Verträgen mit Rechtsanwälten oder Ärzten
hat das RG ursprünglich generell für sittenwidrig und nichtig erklärt (RGZ 16, 143;
RGZ 66, 146; RGZ 90, 35), da diese Berufe fundamentale, allgemeine öffentliche Zwecke
unter einer besonderen Verantwortung zu erfüllen haben und die Ausübung dieser
Berufe deshalb kraft der ihnen innewohnenden sittlichen Würde im öffentlichen
Interesse von allen Beschränkungen im Privatinteresse und zum Privatnutzen eines
anderen zu Lasten der Allgemeinheit frei bleiben müssen. Der BGH hat sich diese

rigide Untersagung von Wettbewerbsverboten zwischen Freiberuflern jedoch mit Recht nicht zu eigen gemacht (BGH NJW 1955, 337, 338; BGH NJW 1986, 2944, 2945; BGHZ 91, 1, 7; BGH NJW 1997, 3089 f; NJW 2000, 2584 f). Allerdings sind Wettbewerbsverbote nach wie vor nur in begrenztem Maße mit dem Berufszweck von Freiberuflern vereinbar. Sie sind nur sittengemäß, wenn **besondere Umstände** vorliegen, die ein anerkennenswertes Bedürfnis begründen, den Vertragspartner vor illoyaler Verwertung des Erfolgs seiner Arbeit zu schützen (BGH NJW 1986, 2944, 2945; BGHZ 91, 1, 6; BGH NJW 1997, 3089; NJW 2000, 2584 f). Anzuerkennen sind **Kundenschutzklauseln**, die verhindern sollen, dass der aus einer Praxis Ausscheidende Mandanten, Klienten, Patienten usw abzieht, die er nur aufgrund seiner Tätigkeit in der Praxis gewinnen konnte (BGH NJW 1968, 1717, 1718; NJW 1986, 2944, 2945; BGH NJW 2000, 2584 f; NJW 1997, 3089 f). Entsprechend ist es beim Praxistausch und bei der Praxisveräußerung gerechtfertigt, durch Mandanten- bzw Patientenschutzklauseln in angemessener Weise zu verhindern, dass der Tauschende bzw Veräußernde seine Kunden „mitnimmt". Zulässig ist auch ein maßvolles zeitlich und örtlich begrenztes **Wettbewerbsverbot** (BGHZ 16, 71, 81), wenn es letztlich den Begünstigten davor schützen soll, dass ihm bisherige Klienten, Patienten usw abgezogen werden. Ein zeitlich unbegrenztes Wettbewerbsverbot für einen Umkreis von 30 km hat der BGH insgesamt für nichtig erklärt und eine geltungserhaltende Reduktion abgelehnt (BGH NJW 1997, 3089 f betr Tierarzt). Statt eines Niederlassungverbots sind idR Abwerbeverbote und Kundenschutzklauseln ausreichend (BGH NJW 1997, 3089). Demgegenüber verstößt eine Vereinbarung mit einem neu in eine Gemeinschaftspraxis eingetretenen Vertragsarzt, die ihm für den Fall des Ausscheidens die Pflicht zum Verzicht auf die Zulassung zum Kassenarzt auferlegt, jedenfalls dann nicht gegen § 138, wenn der Ausscheidende wegen der relativ kurzen Zeit seiner Mitarbeit die Gemeinschaftspraxis noch nicht entscheidend mitprägen konnte (BGH NJW 2002, 3536, 3537; NJW 2002, 3538, 3539). In diesem Fall ist die Kollision des nach Art 12 GG geschützten Interesses des ausscheidenden Arztes mit dem ebenfalls nach Art 12 GG geschützten Interesse der verbleibenden Ärzte nach dem Grundsatz der praktischen Konkordanz zu lösen (BGH NJW 2002, 3536, 3537).

In Bezug auf die zeitliche Dauer wurden für zulässig gehalten ein Rückkehrverbot **307** für zwei bis drei Jahre im Falle eines Praxistauschs zweier Ärzte (BGHZ 16, 71, 81), ein nachvertragliches Wettbewerbsverbot zu Lasten eines Apothekers für ca drei Jahre nach Ende einer Apothekenpacht (BGH NJW 1964, 2203), eine Mandantenschutzklausel zu Lasten eines Gesellschafters einer Freiberuflersozietät (zB zwischen Anwälten) für 2 Jahre (BGH NJW 2000, 2584, 2585) oder eine Mandantenschutzklausel, die es einem ehemaligen Bürogehilfen einer Steuerberatungspraxis für zwei Jahre untersagte, unter Inanspruchnahme der relativ wenigen Mandanten seines bisherigen Arbeitgebers eine eigene Steuerberatungspraxis aufzubauen (BAG NJW 1966, 1677 f). **Ein zeitlich und örtlich unbegrenztes** Wettbewerbsverbot ist hingegen grundsätzlich sittenwidrig und nichtig, weil es die Berufsfreiheit nach Art 12 GG zu sehr beschränkt, so im Falle der Übernahme einer Anwaltspraxis (BGH NJW 1986, 2944) oder des Ausscheidens eines Tierarztes aus einer Gemeinschaftspraxis (BGH NJW 1997, 3089; SOERGEL/HEFERMEHL § 138 Rn 164, 239). Auch ein Wettbewerbsverbot, durch das eine Wirtschaftsprüfungsgesellschaft ihren ehemaligen geschäftsführenden Wirtschaftsprüfer für mehrere Jahre als Konkurrenten ausschalten soll, ist nicht durch schutzwürdige Interessen der Gesellschaft gerechtfertigt und deshalb sittenwidrig und in diesem Umfange nichtig (BGH NJW 1968, 1717). Die zeitliche Grenze ist bei etwa 2 bis 3 Jahren anzusetzen, vorausgesetzt, es bestehen schutzwürdige Interessen des Berechtigten, die sich nicht nur in der Abwehr eines Konkurrenten erschöpfen (BGH NJW 2000, 2584, 2585: maximal 2 Jahre bei Rechtsanwalt; BGH NJW 1997, 799; mehr als 1 Jahr ist bei Ärzten für Laboratoriumsmedizin nicht erforderlich). Soweit eine Mandantenschutzklausel das zeitlich tolerable Maß überschreitet, führt dies nicht zur Nichtigkeit der Abrede, sondern zu einer zeitlichen Begrenzung des Mandantenschutzes (BGH NJW 1991, 699; NJW 1997, 3089; NJW 2000, 2584, 2585). Kumulieren zeitliche und örtliche Wettbewerbsverbote, dh untersagen sie nicht nur die „Mitnahme" bisheriger, sondern auch den Erwerb zukünftiger Mandanten/Klienten in dem räumlichen Schutzbereich, dann tendiert der BGH zur Gesamtnichtigkeit des Wettbewerbsverbots (BGH NJW 1997, 3089, 3090 ausf dazu sowie zur Zulässigkeit von Honorarabführungsklauseln HENSSLER, in: FS Geiß [2000] 271, 273 ff, 282 ff; RÖMERMANN BB 1998, 1489 f).

308 Die Wirksamkeit von Mandantenschutzklauseln bzw entsprechenden Wettbewerbsverboten zu Lasten von Freiberuflern wird nicht von einer **Karenzentschädigung** abhängig gemacht (BGHZ 91, 1, 4).

309 **cc)** Ein nachvertragliches Wettbewerbsverbot ist nach § 138 nichtig, wenn es nicht dem berechtigten Interesse des Unternehmers dient und wenn es nach Ort, Zeit und Gegenstand die Berufsausübung und/oder die wirtschaftliche Bestätigung des **Organmitglieds** unbillig erschwert (BGHZ 91, 1, 5). In der Regel gilt nur ein Zeitraum von 2 Jahren als angemessen (MANGER GmbHR 2001, 89, 90; ebenso in Bezug auf Mandantenschutzklauseln BGHZ 91, 1, 7). Ein fünfjähriges Wettbewerbsverbot für einen ausscheidenden **GmbH-Gesellschafter** oder **Geschäftsführer** ist sittenwidrig (OLG Karlsruhe WM 1986, 1473, 1475; vgl auch BGH NJW 1991, 699, 700).

310 **dd)** Keinen Sittenverstoß sah das RG in einem nachvertraglichen Wettbewerbsverbot, das einem **Dirigenten** untersagte, innerhalb von fünf Jahren in einem räumlich begrenzten Gebiet tätig zu werden (RGZ 80, 219, 223 ff). Anders als bei Ärzten und Rechtsanwälten seien bei einem Dirigenten durch ein solches Wettbewerbsverbot keine öffentlichen Interessen berührt (RG aaO). Zweifel an dieser Ansicht ergeben sich heute aus den Wertungen der Art 5 Abs 3 und Art 12 Abs 1 GG sowie aus § 1 GWB bzw Art 81 Abs 1 EG-Vertrag.

311 **ee)** In besonders gelagerten Fällen kann einem zeitlich unbegrenzten Wettbewerbsverbot die knebelnde Wirkung fehlen und deshalb der Vorwurf der Sittenwidrigkeit unbegründet sein, zB wenn sich der davon Betroffene wegen seines Alters (hier: 64 Jahre) ohnehin zur Ruhe setzen wollte (BGH NJW 1982, 2000, 2001).

312 **ff)** Anders als bei Verstößen gegen das Kartellrecht hat der BGH Wettbewerbsverbote, die in zeitlicher oder räumlicher Hinsicht wegen Übermaßes sittenwidrig sind, sofern eine salvatorische Klausel fehlt (dies zulassend BGH DB 1989, 1620, 1621 = GRUR 1989, 534, 535 – Reinigungsbetrieb; dazu MICHALSKI/RÖMERMANN NJW 1994, 886; P ULMER, in: FS Steindorff [1990] 799, 804 f), nicht auf das zulässige Maß reduziert, sondern insgesamt für nichtig erklärt (BGH NJW 1986, 2944, 2945 sub 4; NJW-RR 1989, 900 = DB 1989, 1620, 1621; SOERGEL/HEFERMEHL § 138 Rn 166; aA jedoch wohl jetzt BGH NJW 1991, 699, 700; aA wohl auch BGH NJW 1964, 2203; offengelassen in BGH NJW 1979, 1605, 1606). Denn es sei nicht Aufgabe der Gerichte, ein wegen Übermaßes sittenwidriges Rechtsgeschäft in ein eben noch zulässiges umzugestalten (BGH NJW 1986, 2944, 2945). Diese Begründung ist

in Anbetracht der Rechtsprechung zu anderen Rechtsgebieten, in denen der BGH
durchaus geltungserhaltende Reduktionen vorgenommen hat, allerdings nicht mehr
überzeugend. Der BGH hat bei kartellrechtswidrigen Wettbewerbsverboten in zeitlicher Hinsicht eine geltungserhaltende Reduktion in Erwägung gezogen (BGH NJW
1994, 384, 386 sub IV 1). Auch bei einem sittenwidrig langen Wettbewerbsverbot zu
Lasten eines ausgeschiedenen BGB-Gesellschafters hat er in zeitlicher Hinsicht eine
geltungserhaltende Reduktion für möglich gehalten (BGH NJW 1991, 699, 700). Ein
Wettbewerbsverbot „für immer" nach Ende einer Apothekenpacht zu Lasten des
Pächters wurde dahingehend „ausgelegt", dass ein zeitlich begrenztes Verbot gemeint gewesen sei (BGH NJW 1964, 2203). Es ist kein Grund ersichtlich, bei Wettbewerbsverboten, die wegen eines **zeitlichen** Übermaßes sittenwidrig sind, eine geltungserhaltende Reduktion abzulehnen (MELULLIS WRP 1974, 686, 692; TRAUB WRP
1994, 802, 805 f mit Fn 30; SOERGEL/HEFERMEHL § 138 Rn 164; vgl auch OLG Hamm NJW-RR
1993, 1314). Desgleichen ist bei einem **räumlich** übermäßigen Wettbewerbsverbot
eine geltungserhaltende Reduktion vorzunehmen. Ferner hat der BGH in einer
Entscheidung von 1968, die ein Wettbewerbsverbot zu Lasten des aus einer Wirtschaftsprüfungsgesellschaft ausscheidenden geschäftsführenden Wirtschaftsprüfers
betraf, erwogen, ob die Gesellschaft nicht eine **Mandantenschutzklausel** hingenommen hätte, wenn sie gewusst hätte, dass das mehrjährige Wettbewerbsverbot nichtig
ist (BGH NJW 1968, 1717, 1718). ME ist es zulässig, in Übereinstimmung mit dem Willen
der Parteien das wegen Übermaßes sittenwidrige Wettbewerbsverbot auf eine Mandantenschutzklausel zu reduzieren.

gg) § 138 ist neben den **Kartellverboten** des § 1 GWB und des Art 81 EG-Vertrag **313**
anwendbar (BGH NJW 1979, 1605, 1606; NJW-RR 1989, 900; NJW 1994, 384, 386; BB 1998, 1554,
1555). Denn § 138 und die Kartellverbote haben unterschiedliche Schutzzwecke
(BGH NJW 1994, 384, 386): Das Kartellrecht schützt im Interesse der Allgemeinheit
die Funktionsfähigkeit des Wettbewerbs; § 138 schützt, soweit es Wettbewerbsverbote betrifft, neben den Interessen der Allgemeinheit auch die individuelle wirtschaftliche Betätigungsfreiheit von Wettbewerbsteilnehmern gegen unangemessene
Beschränkungen. Ein weiterer Unterschied besteht darin, dass das deutsche und das
europäische Kartellrecht auf dem Verbotsprinzip beruhen, wonach wettbewerbsbeschränkende Vereinbarungen zwischen Unternehmen grundsätzlich verboten und
nur bei Vorliegen besonderer Umstände – einschließlich der sog immanenten
Schranken – gerechtfertigt sind. Demgegenüber ist das Verbot des § 138 nur bei
Vorliegen besonderer Umstände anwendbar. Kartellrechtlich sind Wettbewerbsverbote untersagt, wenn sie nicht in zeitlicher und räumlicher Hinsicht ausnahmsweise
gerechtfertigt sind. § 138 greift hingegen erst ein, wenn Wettbewerbsverbote in zeit-
licher oder räumlicher Hinsicht übermäßig und deshalb sittenwidrig sind. Praktische
Bedeutung kann § 138 neben den Kartellverboten des § 1 GWB und des Art 81 EG-
Vertrag vor allem dann erlangen, wenn ein Wettbewerbsverbot zwar wegen Über-
maßes sittenwidrig ist, jedoch **den Wettbewerb nicht spürbar** beeinflusst (BGH NJW-
RR 1989, 900; vgl auch BGH NJW 1982, 2000, 2001; NJW 1994, 384, 386) sowie wenn sich das
Wettbewerbsverbot auch auf nicht-selbständige nachvertragliche Tätigkeit erstreckt.
Praktische Bedeutung hat die Anwendung von § 138 auf Wettbewerbsverbote, die
wegen Übermaßes sittenwidrig sind, ferner dann, wenn man insoweit eine geltungs-
erhaltende Reduktion ablehnt, während sie bei Verstößen gegen § 1 GWB oder
Art 81 EG-Vertrag möglich ist.

7. Die Mithaftung von Familienangehörigen und sonstigen „Nahbereichspersonen" für Kredite*

314 Banken und andere Kreditgeber sichern die gewährten Kredite nicht selten in der Weise, dass Familienangehörige des Kreditnehmers eine „**Mithaftung**" in Form einer Bürgschaft oder eines Schuldbeitritts übernehmen. Solche Vereinbarungen sind häu-

---

* **Schrifttum:** ADEN, Bürgschaft vermögenslose Nahbereichspersonen versus insolvenzbedingte Restschuldbefreiung, NJW 1999, 3763; ALBERS-FRENZEL, Die Mithaftung naher Angehörige für Kredite des Hauptschuldners (1996); BARTELS, Eingriffe in die Vertragsbeteiligung durch Auslegung, Typenlehre und Umgehungsverbot, WM 2002, 1905; BECKER, Wirkungslose Bürgschaften und andere persönliche Sicherheiten naher Angehöriger, DZWir 1994, 397; BLAUROCK, Nahe Angehörige als Sicherheitengeber, ZEuP 1996, 314; CHELIDONIS, Die erkennbar untaugliche Bürgschaft: rechtstheoretische Überlegungen zu einer im letzten Jahrzehnt in den Vordergrund getretenen strittigen Erscheinung des Bankrechts (1999); DIETRICH, Bundesverfassungsgericht und Bürgschaftsrecht, WM 2000, 11; DRYGALA, Schutz der Privatautonomie durch Inhaltskontrolle von Individualverträgen – Die Bürgschaftsentscheidung des BVerfG, Jb junger Zivilrechtswissenschaftler (1994) 63; ERNST, Interzession. Vom Verbot der Fraueninterzession über die Sittenwidrigkeit von Angehörigenbürgschaften zum Schutz des Verbrauches als Interzedenten, in: ZIMMERMANN (Hrsg), Rechtsgeschichte und Rechtsdogmatik (2001) 395; FISCHER, Aktuelle höchstrichterliche Rechtsprechung zur Bürgschaft und zum Schuldbeitritt, WM 2001, 1049 u 1749; ders, Die Bürgschaft zwischen Dogmatik, Verbraucherschutz und Praxis, WM 2000, 14; FRANK, Sittenwidrigkeit als Folge „strukturell ungleicher Verhandlungsstärke" – BVerfG, NJW 1994, 2749 –, JuS 1996, 389; FREY, Die Haftung mittelloser Bürgen zwischen Verfassungs- und Vertragsrecht, WM 1996, 1612; GERNHUBER, Ruinöse Bürgschaften als Folge familiärer Verbundenheit, JZ 1995, 1086; GROESCHKE, Überschießende Nichtigkeitssanktion in der Rechtsprechung des BGH zur Bürgschaft, BB 2001, 1540; GRÜN, Die Generalklauseln als Schutzinstrumente der Privatautonomie am Beispiel der

Kreditmithaftung von vermögenslosen nahen Angehörigen, WM 1994, 713; HABERSACK, Sittenwidrigkeit der Bürgschaft wegen krasser finanzieller Überforderung des Bürgen? – Eine rechtsvergleichende und europarechtliche Skizze –, WM 2001, 1100; HEINRICHSMEIER, Die Einbeziehung des Ehegatten in die Haftung für Geldkredite (1993); HERGENRÖDER, Vertragsimparität und richterliche Inhaltskontrolle, DZWir 1994, 485; HERRMANN, Der Schutz des Bürgen. Grenzen eines Risikogeschäfts (1996); HOES/LWOWSKI, Die Wirksamkeit von Ehegattenbürgschaften aufgrund drohender Vermögensverschiebung?, WM 1999, 2097; HOLZNAGEL, Das System des Bürgenschutzes und die Auswirkungen der Schuldrechtsreform, VuR 2001, 428; HONSELL, Die Mithaftung mittelloser Angehöriger, JuS 1993, 817; ders, Bürgschaft und Mithaftung einkommens- und vermögensloser Familienmitglieder, NJW 1994, 565; HORN, Bürgschaften und Garantien, RWS-Skript 94 (6. Aufl 1995); ders, Übermäßige Bürgschaften mitteloser Bürgen: wirksam, unwirksam oder mit eingeschränktem Umfang?, WM 1997, 1081; ISENSEE, Vertragsfreiheit im Griff der Grundrechte. Inhaltskontrolle von Verträgen am Maßstab der Verfassung, in: FS Großfeld (1999) 485; KIETHE/GROESCHKE, Vertragsdisparität und strukturelle Unterlegenheit als Wirksamkeits- und Haftungsfalle, BB 1994, 2291; KNÜTEL, Befreite Ehefrauen? Zur Mithaftung für Bankkredite von Angehörigen, ZIP 1991, 493; KÖNIG, Die Bestimmung der Leistungsfähigkeit eines Bürgen, NJW 1997, 3290; KRÜGER, Angehörigenbürgschaften – Keine Sittenwidrigkeit des Vertrages bei Möglichkeit der Restschuldbefreiung?, MDR 2002, 855; KULKE, Der finanzielle krass überforderte Bürge, ZIP 2000, 952; ders, Sittenwidrigkeit eines Schuldbeitritts und Teilnichtigkeit, ZIP 2001, 985; MARTIS, Sittenwidrigkeit von Bürgschaften einkommens- und vermögensloser fig das Ergebnis eines Abhängigkeitsverhältnisses unter den Familienangehörigen. Eine Vielzahl von Gerichtsentscheidungen aus neuerer Zeit hat gezeigt, dass das Kreditvolumen die Einkommens- und Vermögensverhältnisse der mithaftenden Verwandten häufig bei weitem überstieg. Andererseits sind es nicht selten auch die mithaftenden Angehörigen, denen der Kredit in irgendeiner Weise zugute kommt. Außerdem kann ihre Einbeziehung in die Haftung häufig die Gewähr dafür bieten,

Kinder, MDR 1998, 882; ders, Sittenwidrigkeit von Bürgschaften einkommens- und vermögensloser Ehegatten sowie nichtehelicher Lebenspartner, MDR 1998, 936; Löwe, Bürgen in Sippenhaft dürfen aufatmen, ZIP 1993, 1759; Medicus, Leistungsfähigkeit und Rechtsgeschäft, ZIP 1989, 817; ders, Die Bedeutung von Erwartungen des Gläubigers beim Abschluss der Bürgschaft, in: FS Fikentscher (1998) 265; ders, Entwicklung im Bürgschaftsrecht – Gefahren für die Bürgschaft als Mittel der Kreditsicherung?, JuS 1999, 833; H-F Müller, Der „nahe Angehörige" in der Bürgschaftsrechtsprechung des BGH, DZWiR 1998, 447; Müller-Feldhammer, Grundlagenstörung und Vertragskonrrektur im Bürgschaftsrecht, WM 2001, 65; Nobbe/Kirchhof, Bürgschaften und Mithaftungsübereinkommen finanziell überforderter Personen, BKR 2001, 5; Oberhammer, Sittenwidrigkeit und Haftungszweck von Ehegattenbürgschaften, DZWiR 2000, 45; Odersky, Ruinöse Bürgschaften – Rechtsethik und Zivilrecht, ZGR 1998, 169; Pape, Die neue Bürgschaftsrechtsprechung – Abschied vom „Schuldturm"?, ZIP 1994, 515; ders, Zur Regelung der Insolvenz privater Verbraucher nach der Insolvenzordnung (InsO), Rpfleger 1995, 133; ders, Die Entwicklung des Bürgschaftsrechts im Jahre 1996, NJW 1997, 980; Preis/Rolfs, Gestörte Vertragsparität und richterliche Inhaltskontrolle, DB 1994, 261; Rabl, Sittenwidrige Bürgschaften vermögensschwacher Angehöriger, ecolex 1998, 8; Rehbein, Zur Mithaftung vermögensloser Angehöriger, JR 1995, 45; Reifner, Die Mithaftung der Ehefrau im Bankkredit – Bürgschaft und Gesamtschuld im Kreditsicherungsrecht, ZIP 1990, 427; Reinicke/Tiedtke, Zur Sittenwidrigkeit hoher Verpflichtungen vermögens- und einkommensloser oder einkommensschwacher Bürgen, ZIP 1989, 613; Schanbacher, Bürgschaft und Erbschaft – Zur Sittenwidrigkeit von Bürgschaften

finanziell überforderter Personen, WM 2001, 74; Schapp, Die Konkretisierung von Generalklauseln durch den Zivilrichter am Beispiel der Sittenwidrigkeit von Bürgschaften naher Angehöriger, in: FS Söllner (2000) 973; Schimansky, Aktuelle Rechtsprechung des BGH zur krassen finanziellen Überforderung von Mithaftenden bei der Kreditgewährung, WM 2002, 2437; Schröter, Auswirkungen der geänderten Bürgschaftsrechtsprechung auf die Kreditpraxis, WM 2000, 16; Schwarz, Die Bürgschaft des Ehegatten zur Sicherung betrieblicher Ruhegehaltsansprüche, NJW 1993, 2916; Seidel/Brink, Bürgschaften vermögens- und einkommensloser Bürgen, DB 1998, 661; Teubner, Ein Fall von struktureller Korruption? Die Familienbürgschaft unverträglicher Handlungslogiken (BVerfGE 89, 214), KritV 2000, 388; Tiedtke, Sittenwidrigkeit der Bürgschaft eines nahen Angehörigen des Hauptschuldners bei krasser finanzieller Überforderung des Bürgen, NJW 1999, 1209; ders, Rechtsprechung des BGH auf dem Gebiet des Bürgschaftsrechts seit 1997, NJW 2001, 1015; Tonner, Die Haftung vermögens- und einkommensloser Bürgen in der neueren Rechtsprechung, ZIP 1999, 901; ders, Sittenwidrigkeit von Bürgschaften vermögensloser Bürgen vor dem Großen Senat für Zivilsachen – Anmerkung zu BGH, Vorlagebeschluss vom 29. 6. 1999 – XI ZR 10/98 (=NJW 1998, 2584 = ZIP 1999, 1257), VuR 1999, 440; ders, Sittenwidrigkeit von Ehegattenbürgschaften BGH, NJW 1999, 58, JuS 2000, 17; Wesser, Sittenwidrige Bürgschaftsverträge – Unzulässigkeit der Zwangsvollstreckung gem § 79 II BVerfGG analog?, NJW 2001, 475; Wochner, Die neue Schuldknechtschaft, BB 1989, 2354; Zöllner, Die Bürgschaften des Nichtunternehmers, WM 2000, 1; zum öst Recht vgl Marwan-Schlosser, Sittenwidrigkeit der Haftungsübernahme durch mittellose Angehörige, RdW 1995, 373.

dass der Kreditnehmer nicht leichtfertig Schulden macht und dass er sich um Rückzahlung bemüht. Schließlich verhindert die Mithaftung von Familienangehörigen, dass der Kreditgeber deshalb leer ausgeht, weil der Hauptschuldner sein pfändbares Vermögen diesen Familienangehörigen wirksam übertragen hat.

315 Ob in solchen Fällen die Übernahme der Bürgschaft bzw der Schuldbeitritt gegen die guten Sitten verstößt, hängt von einer **Gesamtwürdigung** aller Umstände beim Vertragsschluss ab (BGH NJW 1989, 1665, 1666, 1667; 1992, 896, 898; BGHZ 120, 272, 275 = NJW 1993, 322; BGHZ 125, 206 ff; NJW 1994, 1341, 1342). Nach dem Prinzip der „Summenwirkung" können Umstände, die je für sich allein den Vorwurf der Sittenwidrigkeit nicht tragen, in ihrer Gesamtheit diesen Vorwurf rechtfertigen. Zwischen diesen Umständen bestehen Wechselwirkungen iS eines **„beweglichen Systems"**; ein Mehr des einen Umstandes kann ein Weniger eines anderen Umstandes kompensieren (ausführlich zu den Einzelheiten STAUDINGER/HORN [1997] § 765 Rn 160 ff). Deshalb ist es methodisch unzutreffend, jeden einzelnen der von der Rechtsprechung für relevant erachteten Umstände isoliert zu überprüfen, ob er den Vorwurf der Sittenwidrigkeit trägt, um bei Verneinung die Relevanz für das Sittenwidrigkeitsurteil zu bestreiten und aus der Feststellung, dass jeder der einzelnen Umstände idR das Sittenwidrigkeitsurteil nicht allein rechtfertigt, zu folgern, dass deshalb keine Sittenwidrigkeit vorliege. In den Einzelheiten ist noch vieles heftig umstritten, was auch in divergierenden Entscheidungen des IX. und XI. Zivilsenats des BGH zum Ausdruck kam. Die Anrufung des Großen Senats in Zivilsachen durch den XI. Zivilsenat (NJW 1999, 2584) brachte nicht die erwünschte Klärung, da die Revision zurückgenommen wurde. Inzwischen haben jedoch beide Senate ihre Standpunkte angenähert. Seit 1.1. 2001 ist nur noch der XI. Zivilsenat für das Bürgschaftsrecht zuständig.

316 Ein Volljähriger darf Verbindlichkeiten eingehen, die ihn finanziell überfordern. Sittenwidrig ist eine Vereinbarung der Mithaftung als Bürge oder Mitschuldner nicht schon deshalb, weil dadurch **einseitig** nur der Mithaftende belastet wird. Denn dies gehört zum Wesen dieser rechtlich anerkannten Formen der Kreditsicherung (BGHZ 125, 206, 209 = NJW 1994, 1278; NJW 1994, 1341, 1342). Die Sittenwidrigkeit ergibt sich nach ständiger Rechtsprechung auch nicht ohne weiteres daraus, dass das Kreditvolumen die Einkommens- und Vermögensverhältnisse des Mithaftenden erheblich übersteigt (BGH NJW 1991, 2015, 2016; BGHZ 125, 206, 209; NJW 1994, 1341, 1342; NJW 1995, 592; LG Zweibrücken NJW-RR 1995, 311, 312). Denn die Privatautonomie erlaubt auch **Risikogeschäfte** und die Verpflichtung zu Leistungen, die nur unter günstigen Bedingungen, gegebenenfalls unter dauernder Inanspruchnahme des pfändungsfreien Einkommens, erbracht werden können (BGHZ 106, 269, 272 = NJW 1989, 830; BGHZ 107, 92, 98 = NJW 1989, 1276; NJW 1989, 1665, 1666; 1991, 2015, 2017; 1992, 896, 898; BGHZ 120, 272, 274; NJW 1974, 1341, 1342; BGHZ 125, 206, 209 f; **aA** H HONSELL JZ 1989, 495, 496; WOCHNER BB 1989, 1354, 1355). Dies gilt grundsätzlich auch dann, wenn der Mithaftende dem Hauptschuldner verwandtschaftlich eng verbunden ist (BGHZ 106, 269, 272; NJW 1991, 2015, 2016; NJW 1992, 896, 898; BGHZ 125, 206, 210; NJW 1994, 1341, 1342; NJW 1995, 592).

317 Zu den sittenwidrigkeitsbegründenden Tatumständen gehört das **Kreditrisiko**, dh das Haftungsrisiko des Bürgen oder Mitschuldners (vgl BVerfG NJW 1994, 36, 38, 39; NJW 1996, 2021). Je größer dieses Risiko ist, desto eher ist der Vorwurf der Sittenwidrigkeit begründet. Die **finanzielle Überforderung** des Bürgen oder Mitschuldners ist ebenfalls ein sittenwidrigkeitsbegründender Umstand. Zwar kann auch sie allein die Sittenwidrigkeit nicht begründen. Je größer jedoch das Missverhältnis zwischen dem Verpflichtungsumfang und der Leistungsfähigkeit des Mitschuldners ist, desto eher sind bei Hinzutreten sonstiger sittenwidrigeitsbegründender Umstände die Voraussetzungen der Sittenwidrigkeit erfüllt (BVerfG NJW 1994, 2749, 2750; BGH NJW 1991, 923, 925; BGHZ 125, 205, 210; NJW 1994, 1341, 1342; NJW 1994, 1726, 1728; NJW 1995, 592; BGHZ 136, 347, 351 = NJW 1997, 3372; BGHZ 137, 329, 333 f = NJW 1998, 597; NJW 2002, 746; NJW 2002, 2228, 2229 [II. 1.]; NJW-RR 2002, 1130, 1132; zum öst Recht vgl OGH ecolex 1995, 638 f; SCHIMANSKY WM 2002, 2437, 2439; krit zur Entwicklung der Rechtsprechung MEDICUS, Abschied von der Privatautonomie in Schuldrecht? [1994] 33 f). Eine **krasse finanzielle Überforderung** des Mithaftenden liegt nach der inzwischen übereinstimmenden Ansicht des IX. und XI. Zivilsenats vor, wenn dieser voraussichtlich nicht einmal die vertraglich festgelegte Zinslast aus dem pfändbaren Teil seines Einkommens oder Vermögens bei Eintritt des Sicherungsfalles dauerhaft tragen kann (BGH WM 1999, 1556, 1559; BGHZ 146, 37, 42; BGH NJW 2001, 2466 [IX. ZS], BGH NJW 2002, 2705, 2706 mwNw; ZIP 2002, 2750; NJW 1996, 2021). Dabei kommt es allein auf die Einkommens- und Vermögensverhältnisse des Mithaftenden an; die voraussichtliche Leistungsfähigkeit des Hauptschuldners ist hingegen bei der Frage der krassen Überforderung des Mithaftenden nicht zu berücksichtigen (BGH NJW 2000, 1182, 1183, BGHZ 146, 37, 43 = NJW 2001, 115; BGH NJW 2002, 2705, 2706; NJW 2000, 1182, 1183 [IX. ZS]; **aA** der IX. ZS früher, vgl BGH NJW 1996, 519, 521). Sittenwidrig ist die Haftungsvereinbarung insbesondere, wenn ein besonders grobes Missverhältnis zwischen dem Verpflichtungsumfang und der Leistungsfähigkeit des Mithaftenden besteht und dieser **geschäftlich unerfahren** ist (BVerfGE 89, 214 = NJW 1994, 36, 39; BVerfG NJW 1994, 2749, 2750; BGHZ 125, 206, 210 aE = NJW 1994, 1278; NJW 1994, 1341, 1342; NJW 1994, 1726, 1727; NJW 1995, 592, 593; NJW 2002, 956, 957; NJW 2002, 2634, 2635; ZIP 2002, 2249, 2252; BAG ZIP 2000, 1351, 1353; OLG Karlsruhe WM 1994, 2152 f; OLG Köln BB 1995, 2081; LG Zweibrücken NJW-RR 1995, 311, 312). Über die Fähigkeit des Mithaftenden, aufgrund seiner Vermögens- und Einkommensverhältnisse die Mithaftungsverpflichtung notfalls in nennenswertem Umfang erfüllen zu können, ist eine Zukunftsprognose erforderlich. Für diese Zukunftsprognose ist der Zeitpunkt des Vertragsabschlusses maßgeblich (BGHZ 120, 272, 276). Wenn in diesem Zeitpunkt der Verpflichtungsumfang die gegenwärtige Leistungsfähigkeit des Mithaftenden weit überschreitet, sind bei der Zukunftsprognose alle im Zeitpunkt des Vertragsabschlusses erkennbaren zukünftigen Umstände zu berücksichtigen, die einen Kreditgeber bei realistischer Betrachtung veranlassen könnten, mit einer Besserung der finanziellen Verhältnisse des mithaftenden Familienangehörigen zu rechnen (BGHZ 120, 272, 276; BGH NJW 1994, 1726, 1727; NJW 1996, 1274; ZIP 2002, 167, 170 [Zahnarzt ohne zu versteuerndes Einkommen]). Die abstrakte Möglichkeit, irgendwann irgendwie, zB durch eine unerwartete Erbschaft oder durch Lottogewinn, zu Vermögen zu kommen, genügt nicht, um den Vorwurf der Sittenwidrigkeit auszuräumen (BGHZ 120, 272, 276). Aber auch die durchaus realistische Chance, einmal **Erbe des Kreditnehmers** zu werden, genügt idR nicht als Einwand gegen den Vorwurf der Sittenwidrigkeit (BGHZ 120, 272, 278; 125, 206, 211). Dies gilt auch bei kreditfinanzierten Objekten, die wertbeständig sind oder bei denen sogar Wertsteigerungen erwartet werden können, zB bei Immobilien. Denn die im Laufe der Jahre anfallende Zinsbelastung kann dazu führen, dass die Haftungssumme insgesamt erheblich über dem Wert des geerbten kreditfinanzierten Objekts liegt. Das bedeutet zugleich, da §138 nur bei Sittenwidrigkeit im Zeitpunkt der Vornahme eines Rechtsgeschäfts anwendbar ist, dass die Nichtigkeit der Bürgschaft oder des Schuldbeitritts auch dann fortbesteht, wenn der Mithaftende nachträglich durch Erbschaft, Lottogewinn, Erbschaft usw zu Vermögen gekommen ist. Seiner Berufung auf § 138 kann in diesen Fällen allerdings der Einwand des § 242 entgegenstehen. Die Sittenwidrigkeit der Bürgschaft und Mithaftung von Familienangehörigen entwickelten Grundsätze sind nicht ohne weiteres auf die Bestellung einer **Sicherungsgrundschuld** durch einen Familienangehörigen übertragbar. Denn § 138 will einen Sicherungsgeber nicht davor bewahren, einen Vermögensgegenstand als Sicherheit zu geben, bei dessen Verwertung er neben wirtschaftlichen auch persönliche Nachteile, zB den Verlust des längjährig genutzten Eigenheimes, erleidet (BGH WM 2002, 1642; vgl auch BGH NJW 2001, 2466). Denn hier fehlt es an dem in der Bürgschaftsrechtsprechung neben anderen Umständen maßgeblichen Kriterium eines krassen Missverhältnisses zwischen Verpflichtungsumfang und Leistungsfähigkeit des Sicherungsgebers. Er wird auch dann nicht krass überfordert, wenn er die gesamte Bürgschaftsschuld voraussichtlich durch Verwertung des von ihm bewohnten Eigenheims zu tilgen vermag (BGH NJW 2001, 2466, 2467).

318 Bei einem groben Missverhältnis zwischen dem Verpflichtungsumfang und der Leistungsfähigkeit des Mithaftenden ist Sittenwidrigkeit idR auch dann anzunehmen, wenn die Verpflichtung aufgrund einer **„strukturellen Unterlegenheit"** (BVerfG NJW 1994, 36, 38, 39; NJW 1996, 2021), insbesondere wegen familiärer Beziehungen nicht in freier eigener Entscheidung, sondern aus familiärer Hilfsbereitschaft und aus Anstand in einer **„seelischen Zwangslage"** eingegangen worden ist (BGHZ 120, 272, 277; BGHZ 125, 206, 214 = NJW 1994, 1278; NJW 1974, 1341, 1342; 1994, 1726, 1728; 1994, 2749, 2750; 1995, 592, 593; WM 1996, 53, 54; NJW 2002, 956, 957; NJW 2002, 2634, 2635; ZIP 2002, 2249, 2252; BAG ZIP 2000, 1351, 1353; GERNHUBER JZ 1995, 1086 ff; PALANDT/HEINRICHS § 138 Rn 38; REIFNER ZIP 1990, 427, 434; SCHIMANSKY WM 2002, 2437 f; SCHWINTOWSKI ZBB 1989, 91, 92; H P WESTERMANN, in: FS Lange [1992] 995, 1007; WOCHNER BB 1989, 1354, 1357; **aA** noch BGH NJW 1991, 2015, 2016, 2017 mit abl Anm KÖNDGEN 2018 f; BGHZ 106, 269, 272 = NJW 1989, 830). Diese seelische Zwangslage besteht bei **Kindern**, die gerade volljährig geworden und von ihren Eltern noch abhängig sind, idR mehr als bei **Ehegatten**, die in einer Partnerschaft gleichen Rechts und gleicher Pflichten leben (BGH NJW 1995, 592, 593 [IX. ZS]; zurückhaltender in Bezug auf Ehegatten der XI. ZS NJW 1994, 1726, 1727). Beim Ausnutzen von familiärer Hilfsbereitschaft und Abhängigkeit verstößt der von der Mithaftung profitierende Familienangehörige auch gegen die rechtliche Pflicht zu gegenseitiger Rücksicht innerhalb einer Familie iSv § 1618a (BGHZ 125, 206, 213, 214; NJW 1994, 1341, 1342 f). Diese Pflicht bindet zwar nur die Familienangehörigen untereinander; die Ausnutzung der Verletzung dieser Rechtspflicht durch den Kreditgeber rechtfertigt es jedoch, eine darauf beruhende Mithaftungsvereinbarung als sittenwidrig zu bewerten (BGHZ 125, 206, 215 f; NJW 1994, 1341, 1343). Das Ausnutzen einer seelischen Zwangslage oder der geschäftlichen Unerfahrenheit von Familienangehörigen durch den Kreditgeber sind – ähnlich wie in § 138 Abs 2 (vgl BVerfG NJW 1994, 36, 39) – besondere Umstände, die es rechtfertigen, die Vereinbarung einer Mithaftung grundsätzlich als sittenwidrig zu bewerten, wenn ein grobes Missverhältnis zwischen dem Verpflichtungsumfang und der Leistungsfähigkeit des Mithaftenden besteht (BGHZ 125, 206, 210; ebenso im Ergebnis HONSELL JZ 1989, 495 f; ders JuS 1993, 817; vgl auch DERLEDER NJW 1993, 2401 ff). Denn erst die Freiheit, sich für oder gegen eine vertragliche Bindung zu entscheiden, sowie die Erkenntnismöglichkeit, mit welchen Rechtsfolgen die in Frage stehende Verpflichtung verbunden sein kann, ergeben die Rechtfertigung dafür, den Mithaftenden trotz der ihn außergewöhnlich belastenden Rechtsfolgen an der selbstverantwortlich getroffenen Entscheidung festzuhalten (BGHZ 125, 206, 210, 213; NJW 1994, 1341, 1342 sub 4; BVerfG NJW 1994, 36, 38 f). In manchen Entscheidungen werden **nichteheliche Lebenspartner** ebenso wie Ehegatten geschützt (BGH NJW 1997, 1005; NJW 2000, 1182, 1184 [2]; OLG Köln NJW-RR 1995, 1197). Bei einer besonders krassen Überforderung des Bürgen oder Mitschuldners spricht eine widerlegliche **Vermutung** für dessen emotionale Verbundenheit mit dem Hauptschuldner und seine „strukturelle Unterlegenheit", die in sittenwidriger Weise ausgenutzt worden ist (BGHZ 136, 346, 351 = NJW 1997, 3372; BGHZ 146, 37, 42 = NJW 2001, 815; NJW 2002, 2228, 2229; NJW 2002, 2230, 2231; NJW 2002, 2705, 2706; NJW 2002, 2940, 2941; vgl auch Nobbe/Kirchhof BKR 2001, 5, 7; Schimansky WM 2002, 2439, 2441; aA Zöllner WM 2000, 1, 6).

Die freie Willensentscheidung ist auch wesentlich beeinträchtigt, wenn der Familien- **319** angehörige mit dem Ansinnen der Mithaftung **überrumpelt** wurde (BGHZ 120, 272, 276 f; BGH ZIP 2002, 167, 170 [3. b]), zB wenn ein Bankvertreter einen Ehegatten in der ehelichen Wohnung unvorbereitet mit dem Ansinnen konfrontiert, er solle die Mithaftung für Schulden des anderen übernehmen (BGHZ 120, 272, 276 f). Gegen solche Überrumpelung bot ursprünglich § 56 Abs 1 Nr 6 GewO Schutz (BGH NJW 1991, 923, 924). Die Tatsache, dass diese Vorschrift nach ihrer Neufassung im Jahre 1990 (BGBl I 2840) nur noch die entgeltliche **Vermittlung** von Krediten im Reisegewerbe untersagt, nicht mehr jedoch den **Abschluss** von Bankgeschäften im Reisegewerbe, rechtfertigt nicht zugleich auch eine Einschränkung des Schutzes nach § 138 (BGHZ 120, 272, 277). Die Entscheidungsfreiheit des Mithaftenden wird ferner unlauter beeinflusst, wenn der unzutreffende Eindruck erweckt wird, seine Unterschriftsleistung sei eine bloße Formalität, oder wenn in anderer Weise die Tragweite **verharmlost** wird (BGHZ 120, 272, 277 = NJW 1993, 322; NJW 1994, 1341, 1343, 1344; ZIP 2002, 2249, 2252 [III. 3.]; ZIP 2002, 167, 170 [3. b]; NJW 1998, 597, 598 [II.]; BVerfG NJW 1994, 36, 39; Palandt/Heinrichs § 138 Rn 38; H P Westermann, in: FS Lange [1992] 995, 1005 f). In den Fällen der Überrumpelung, Verharmlosung und Irreführung ist allerdings zweifelhaft, ob Sittenwidrigkeit vorliegt, oder ob Abschlusskontrolle angebracht ist (s o Rn 1 ff u 6 ff; S Lorenz NJW 1987, 2578).

Die zur Sittenwidrigkeit der Mithaftung und Bürgschaft finanziell überforderter **320** Familienangehörige entwickelte Dogmatik gilt grundsätzlich nicht für Bürgschaften von **Gesellschaftern** für Schulden ihrer Gesellschaft (so zur **GmbH** BGHZ 137, 329, 336; WM 1998, 235, 236; WM 2000, 514, 516; ZIP 2001, 1954, 1955; WM 2001, 2156, 2157; NJW 2002, 956; NJW 2002, 1337, 1338; NJW 2002, 2634, 2635; NJW 2003, 967, 968 betr Bürgschaft eines Minderheitsgesellschafters; ebenso zur **KG** BGH NJW 2002, 2634, 2635; ZIP 2002, 2249, 2251). Dies gilt grundsätzlich auch für die Bürgschaft des einzigen Kommanditisten der Hauptschuldnerin, wenn er lediglich die Funktion eines Strohmannes hat (BGH ZIP 2002, 2249, 2251; NJW 2002, 2634, 2635; NJW 2002, 1337, 1338; NJW 2002, 956). Die Grundsätze zur Sittenwidrigkeit von Bürgschaften von Familienangehörigen gelten jedoch, wenn für das Kreditinstitut klar ersichtlich ist, dass der Mithaftende finanziell nicht beteiligt ist und die Stellung eines Gesellschafters ohne eigenes wirtschaftliches Interesse nur aus persönlicher Verbundenheit mit einer die Gesellschaft wirtschaftlich beherrschenden Person übernommen hat (BGH ZIP 2002, 2249, 2251).

Als sittenwidrigkeitsbegründender Umstand ist die Verpflichtung zur Mithaftung von **321** einkommens- und vermögenslosen Familienangehörigen ferner anzusehen, wenn bürgschaftsrechtliche Schutzvorschriften abbedungen werden (BGHZ 136, 347, 352; OLG Köln NJW 1994, 2553, 2555; vgl auch BVerfG NJW 1994, 36, 38, 39), wenn eine betragsmäßige Begrenzung der Mithaftung fehlt (Palandt/Heinrichs § 138 Rn 38) oder wenn der Hauptschuldner bereits völlig überschuldet ist (OLG Frankfurt NJW-RR 1992, 1009).

322 In besonders gelagerten, krassen Ausnahmefällen ist eine Mithaftungsvereinbarung auch schon allein wegen des Missverhältnisses des Haftungsvolumens und der Leistungsfähigkeit des Mithaftenden sittenwidrig. Dies ist der Fall, wenn bereits im Zeitpunkt des Vertragsschlusses feststeht, dass der Mithaftende auch bei günstigster Prognose der Entwicklung seiner Einkommens- und Vermögensverhältnisse die Schuld mit an Sicherheit grenzender Wahrscheinlichkeit nicht einmal zu großen Teilen tilgen kann (BGHZ 125, 206, 211; vgl auch LG Lübeck NJW 1987, 959), dh wenn das Beharren der Mithaftung für den Kreditgeber weitgehend sinnlos und für den Mithaftenden ruinös ist (SCHIMANSKY WM 2002, 2437, 2438).

323 Hingegen ist Sittenwidrigkeit zu **verneinen**, wenn die Höhe der Verpflichtung auf das zu erwartende künftige Einkommen des Angehörigen abgestimmt ist (BGHZ 125, 206, 211 = NJW 1994, 1728). Der Vorwurf der Sittenwidrigkeit kann auch entfallen, wenn die Haftungssumme nicht übermäßig hoch ist (OLG Koblenz NJW-RR 1995, 1260). Auch wenn der Mithaftende ein **eigenes wirtschaftliches Interesse** an den Krediten hat, dh wenn er an den Vorteilen des Kredits rechtlich oder wirtschaftlich wesentlich beteiligt ist, kann der Vorwurf der Sittenwidrigkeit unbegründet sein (BVerfG NJW 1993, 36, 38, 39; NJW 1996, 2021; BGHZ 120, 272, 278; BGHZ 125, 205, 211; NJW 1994, 1726, 1727; NJW 1995, 592, 593; BGHZ 137, 329, 336 f = NJW 1998, 597; NJW 2002, 1337; NJW 2002, 956; NJW 2003, 59; OLG Karlsruhe WM 1994, 2152, 2153; LG Zweibrücken NJW-RR 1995, 311, 312; SCHIMANSKY WM 2002, 2437, 2438). Dies ist der Fall, wenn er an dem Objekt, zB an einem Grundstück, das mit dem betreffenden Kredit finanziert wird, als Miteigentümer beteiligt ist (BGHZ 120, 272, 278), wenn der Kredit der Finanzierung eines Gewerbebetriebs dient, aus dessen Einkünften der wesentliche Familienunterhalt auch für den mithaftenden Ehegatten erwirtschaftet wird (BGH NJW 1992, 896, 898; OLG Karlsruhe WM 1994, 2152, 2153), wenn der Mithaftende in dem kreditfinanzierten Objekt die Hausverwaltung übernimmt und die Zwischenvermietung durchführt (BGHZ 125, 206, 216), wenn der Kredit für ein zwar risikoreiches Projekt aufgenommen worden ist, an dem sich der Angehörige jedoch beteiligt hat, um Gewinne zu erzielen (BGHZ 125, 205, 211) oder wenn der Hauptschuldner nur beschränkt haftet (zB als GmbH) und der Mithaftende Mitgesellschafter oder Geschäftsführer ist (LG Zweibrücken NJW-RR 1995, 311, 312). Ein wirtschaftliches Eigeninteresse wird häufig beim Ehegatten des Kreditnehmers vorliegen (BGH NJW 1995, 592, 593; anders aber zB im Fall BGH NJW 1994, 1726, 1727 aE betr die Mithaftung der Ehefrau für ein privat genutztes Kfz des Ehemannes). Diese Rechtfertigungsgründe greifen mE allerdings nicht durch, wenn die **geschäftliche Unerfahrenheit** des Mithaftenden ausgenutzt wurde (BGH NJW 1995, 592, 593), wenn die Rechtsfolgen der Mithaftung ihm gegenüber verharmlost wurden oder wenn er mit dem Ansinnen der Mithaftung überrumpelt wurde. Sittenwidrigkeit der Mithaftung eines Ehegatten wurde auch verneint, wenn die Kreditaufnahme auf einem gemeinsamen Entschluss der Ehegatten beruhte (OLG Hamburg FamRZ 1993, 957).

324 Der Vorwurf der Sittenwidrigkeit ist auch dann nicht begründet, wenn der Kreditgeber **ohne eigenes Verschulden** die sittenwidrigkeitsbegründenden Tatumstände (grobes Missverhältnis von Verpflichtungsumfang und Leistungsfähigkeit des Mithaftenden; geschäftliche Unerfahrenheit; seelische Zwangslage usw) nicht gekannt bzw irrtümlich rechtfertigende Umstände angenommen hat, zB dass der Mithaftende an dem kreditfinanzierten Objekt wirtschaftlich angemessen beteiligt sei (BGHZ 125, 206, 217; OLG Karlsruhe WM 1994, 2152, 2153; vgl auch MAYER-MALY AcP 194 [1994] 105, 157). Dieser Einschränkung des § 138 kommt allerdings kaum praktische Bedeutung zu, denn auch aus den in der Entscheidung BVerfGE 89, 214 genannten Gründen ist es Aufgabe des Kreditgebers, sich über die genannten sittenwidrigkeitsbegründenden Tatumstände zu informieren. Wenn der Kreditgeber davon absieht, kann angenommen werden, dass ihm die sittenwidrigkeitsbegründenden Tatumstände entweder schon bekannt waren oder dass er sich der Kenntnis bewusst verschlossen hat (BGHZ 125, 206, 212 f = NJW 1994, 1278; NJW 1994, 1341, 1343; NJW 1995, 592).

Der IX. und auch der III. Zivilsenat des BGH haben ursprünglich der Gefahr, dass **325** ein Familienangehöriger aus geschäftlicher Unerfahrenheit oder in einer Zwangslage die Mithaftung für einen Kredit übernimmt, dessen Vornahme seine eigene Leistungsfähigkeit weit übersteigt und an dem er auch kein eigenes Interesse hat, keine entscheidende Bedeutung für die Anwendbarkeit des § 138 beigemessen (BGHZ 106, 269, 272; BGH NJW 1991, 2015, 2017; vgl auch BGH NJW 1989, 1665; ebenso KNÜTEL ZIP 1991, 493 ff; KREFT WM 1992, 1425 ff; REHBEIN JR 1989, 468, 471 f; krit dazu GRÜN NJW 1991, 925; HONSELL JZ 1989, 494; ders JuS 1993, 817; ders NJW 1994, 565; KÖNDGEN NJW 1991, 2018; PALANDT/HEINRICHS § 138 Rn 37; PAPE ZIP 1994, 515; REIFNER ZIP 1990, 427; REINICKE/TIEDTKE ZIP 1989, 613; SCHWINTOWSKI ZBB 1989, 91; H P WESTERMANN, in: FS Lange [1992] 995; WOCHNER BB 1989, 1354). Diese Ansicht hat der IX. Zivilsenat in zwei Entscheidungen vom 24. 2. 1994 ausdrücklich aufgegeben (BGHZ 125, 206, 216 = NJW 1994, 1298; NJW 1994, 1341, 1343). In einer Entscheidung vom 5. 1. 1995 will nun der IX. Zivilsenat zwischen Ehegatten oder Lebenspartnern des Bürgen einerseits und den meist gerade erst knapp volljährigen Kindern andererseits unterscheiden (BGH NJW 1995, 592, 593). Er hält eine Bürgschaft, die ein geschäftsunerfahrener Ehegatte oder Lebenspartner auf Veranlassung der Bank erteilt hat, idR nicht schon allein deshalb für nichtig, weil zwischen dem Verpflichtungsumfang und der Leistungsfähigkeit des Bürgen ein großes Missverhältnis besteht. Wenn allerdings die Bürgschaft des einkommens- und vermögenslosen Ehegatten oder Lebenspartners lediglich verhindern sollte, dass der Gläubiger durch **Vermögensverlagerungen** Nachteile erleidet, dann könne er nach Treu und Glauben ganz oder teilweise gehindert sein, den Bürgschaftsanspruch geltend zu machen, sobald feststeht, dass sich die Gefahr nicht realisiert hat, vor der er sich schützen wollte (BGH NJW 1995, 592, 593). Und umgekehrt gilt: Wenn der Hauptschuldner nicht zuletzt auch deshalb mittellos ist, weil er die kreditfinanzierten Objekte oder einen Teil davon auf den als Bürgen oder Mitschuldner mithaftenden Familienangehörigen verlagert hat, so verstieße dessen Berufung auf die Sittenwidrigkeit und Nichtigkeit der Bürgschaft oder des Schuldbeitritts gegen § 242. Die vom IX. ZS ursprünglich vertretene Ansicht, dass eine Mithaftung von Ehepartnern auch gerechtfertigt sein könne, um **Vermögensverschiebungen zwischen den Eheleuten** zu erfassen, aufgrund derer der Hauptschuldner nicht zahlungsfähig ist (BGHZ 128, 230, 234 = NJW 1995, 592; BGHZ 134, 325, 327 = NJW 1997, 1003; BGHZ 136, 347, 352 = NJW 1997, 3372; BGH NJW 1999, 58, 59, 60) ist von diesem inzwischen aufgegeben worden (vgl BGH NJW 2002, 2228, 2229 f = WM 2002, 1347, 1349; NJW 2002, 2230, 2231 = WM 2002, 1350; NJW 2002, 2940, 2941).

Im Schrifttum wurde vertreten, die Verpflichtungserklärung eines Vermögenslosen **326** impliziere ein **pactum de non petendo**, solange der leistungsunfähige Partner kein Vermögen erworben hat (so H P WESTERMANN, in: FS Lange [1992] 995, 1014; neuerdings auch BGH NJW 1995, 592, 593). Damit soll der Tatsache Rechnung getragen werden, dass Ehegatten oder in einer eheähnlichen Lebensgemeinschaft verbundene Personen häufig Teile des Vermögens auf den am Betrieb, der mit dem Kredit finanziert wird, nicht beteiligten Partner verlagern, weil sich dies als steuerlich oder haftungs-rechtlich günstiger erweist (BGH NJW 1995, 592, 593). Dieser Ansicht wurde jedoch mit Recht entgegengehalten, dass die Annahme eines stillschweigend abgeschlossenen pactum de non petendo eine Fiktion sei, die die Grenzen zulässiger Rechtsgeschäfts-auslegung sprenge (MAYER-MALY AcP 194 [1994] 105, 151 Fn 218).

327 Gegen die Anwendung von § 138 kann nicht der Schutz des Mithaftenden durch die **Pfändungsfreigrenze** eingewendet werden (BGHZ 125, 206 ff; **aA** BGH NJW 1989, 1665, 1666; NJW 1991, 2015, 2017; ähnlich MEDICUS ZIP 1989, 817, 823 f).

328 Die am 1. 1. 1999 in Kraft getretene InsO sieht eine **Restschuldbefreiung** vor. Diese Regelung hat nach Ansicht des BGH insofern keine Auswirkung auf die **Altfälle** aus der Zeit zuvor, als es beim Vorwurf der Sittenwidrigkeit bleibt; denn maßgeblich sind die tatsächlichen und rechtlichen Gegebenheiten zum Zeitpunkt des Vertragsab-schlusses, dh der Übernahme der Bürgschaft oder Mitschuld (BGH NJW 2002, 744 = WM 2002, 223). Für **Neufälle** nach dem 1. 1. 1999 gilt hingegen, dass das Risiko einer **lebenslangen** Mithaftung wegen der Möglichkeit der Restschuldbefreiung nach den §§ 286 ff InsO nicht mehr besteht und deshalb nicht mehr zu den sittenwidrigkeits-begründenden Tatumständen zu rechnen ist. Ob dies Einfluss auf die sittlich-recht-liche Bewertung von Bürgschaften und sonstigen Formen der Mithaftung für Schul-den eines Familienangehörigen haben wird, ist streitig (bejahend ADEN NJW 1999, 3763 f; NOBBE/KIRCHHOF BKR 2001, 5, 8; ZÖLLNER WM 2000, 1, 5; verneinend GERNHUBER JZ 1995, 1086, 1094; KRÜGER MDR 2002, 855, 857 f; offen gelassen von ODERSKY ZGR 1998, 169, 184; SCHIMANSKY WM 2002, 2437, 2439). ME ist diese Frage zu bejahen. Sittenwidrigkeit liegt in Zukunft nur noch vor, wenn auch das 6-jährige Haftungsrisiko bis zum Eintritt der Möglich-keit der Restschuldbefreiung für den Mithaftenden unzumutbar ist, zB weil er mit Wissen des Kreditgebers über das Kreditrisiko oder den möglichen Haftungsumfang im Unklaren gelassen worden ist.

329 **Zusammenfassend** ist festzuhalten, dass bei der sittlich-rechtlichen Beurteilung der Mithaftung von Familienangehörigen keine Einheitslösungen möglich sind, sondern in jedem Einzelfall eine Gesamtwürdigung aller Umstände vorzunehmen ist, von denen grds keiner allein den Vorwurf der Sittenwidrigkeit rechtfertigen kann, son-dern die ein **bewegliches System** bilden. Es sind vor allem folgende Kriterien von Bedeutung: (1) Bestand eine realistische Chance, dass der Kreditnehmer den Kredit begleichen kann? Wie hoch war die Wahrscheinlichkeit einer Inanspruchnahme des mithaftenden Familienangehörigen? (2) Wie hoch ist der Betrag, für den der Fami-lienangehörige potenziell mithaftet? Je höher er ist, desto eher ist § 138 anwendbar. (3) Besteht ein Missverhältnis zwischen dem Umfang der Verpflichtung und der Leistungsfähigkeit des Mithaftenden? Wie groß ist das Missverhältnis? Wie sind die aktuellen bzw realisticherweise zu erwartenden Vermögens- und Einkommens-verhältnisse des Mithaftenden jetzt und im Zeitpunkt der Haftung? (4) Wie hoch ist das Eigeninteresse des Mithaftenden? Wer ist Nutznießer des Kredits? Wer partizi-piert an dem finanzierten Objekt, zB an einer Immobilie oder an einem teuren Sportwagen? Erwirbt auch der Mithaftende Eigentum? Bei der Kreditfinanzierung eines Betriebs: Zieht der Mithaftende als Gesellschafter, Geschäftsführer oder An-gestellter des Betriebs Nutzen aus der Kreditfinanzierung? (5) Der subjektive Tat-bestand auf Seiten des Mithaftenden begründet infolge „struktureller Unterlegen-heit" Fremdbestimmung (BVerfG NJW 1994, 36, 38; NJW 1996, 2021): Erfolgte die Zusage der Mithaftung des Familienangehörigen aufgrund einer Zwangslage, aufgrund von Unerfahrenheit, aufgrund eines Mangels an Urteilsvermögen oder aufgrund einer erheblichen Willensschwäche? Befand sich der Mithaftende in einer psychischen Abhängigkeit vom Kreditnehmer? Traf er eine überlegte Entscheidung oder wurde er, zB bei einem „Haustürgeschäft", überrumpelt? (6) Relevant ist auch der subjektive Tatbestand auf seiten des Kreditgebers: Kannte er die oben genannten Umstände auf seiten des Kreditnehmers und des Mithaftenden? Hat er sich deren Kenntnis bewusst verschlossen? (7) Die bloße Eigenschaft als Ehepartner oder als Kind des Kreditnehmers hat als solche zwar keinen unmittelbaren Einfluß auf die Bewertung der Mithaftung. Die oben genannten Kriterien werden jedoch die Mithaftung eines Ehepartners oder Lebensgefährten häufiger rechtfertigen als die eines Kindes des Kreditnehmers. Danach ist eine Bürgschaftsvereinbarung mit Familienangehörigen des Schuldners sittenwidrig, wenn ein außerordentlich hohes Risiko besteht, der Bürge kein eigenes wirtschaftliches Interesse an dem gesicherten Kredit hat, er auf nahezu alle abdingbaren Schutzvorschriften des BGB verzichtet, das Risiko die Leistungsfähigkeit des Bürgen weit übersteigt und die kreditgewährende Bank dies leicht feststellen kann (vgl BVerfG v 19.10. 1993 NJW 1994, 36, 38, 39).

8.   Sonstige Fälle der Beeinträchtigung des Geschäftspartners

Sittenwidrig ist ein Vertrag, wenn ein Vertragspartner ohne weiteres erkennen kann, **330** dass der vom anderen Vertragspartner mit dem Vertrag bezweckte Erfolg mit Sicherheit nicht erreicht werden kann. Ein **Erlassvertrag** über große Teile einer Grundstückskaufpreisforderung ist sittenwidrig und nichtig, wenn die Käufer die ihnen bekannte intellektuelle Unterlegenheit und Willensschwäche mit sittenwidrigen Methoden (geschickte Ausschaltung seines Rechtsanwalts) ausnutzen und daraus Vorteile ziehen (BGH WM 1998, 513, 516). Nach § 138 nichtig ist auch ein Vertrag, durch welchen die Vertragsparteien einen Dritten durch **kollusives Zusammenwirken** schädigen wollen (BGH WM 1996, 1004, 1005).

Ein Darlehensvertrag ist sittenwidrig und nichtig, wenn der Darlehensgeber mit dem **331** Darlehen fremde **Spielleidenschaft** aus eigenem Gewinnstreben ausnutzt, zB wenn das Darlehen einem Spieler die Fortsetzung des Glücksspiels ermöglichen soll und der Darlehensgeber, der selbst am Glücksspiel beteiligt ist, in gewinnsüchtiger Absicht handelt (RGZ 67, 355, 358; BGH LM Nr 1 zu § 762 BGB; BGH NJW 1974, 1821; SOERGEL/ HEFERMEHL § 138 Rn 162). Sittenwidrig und nichtig sind Verträge, die Gewinnspiele nach Art der sog **Schneeballsysteme** zum Gegenstand haben (BGH NJW 1997, 2314, 2315; SOERGEL/HEFERMEHL § 138 Rn 161). Eine Sonderregelung hierfür enthält § 6c UWG (s Rn 298 zu § 134).

Ein Vertrag ist nicht schon dann ohne weiteres sittenwidrig, wenn er das Leistungs- **332** vermögen eines Vertragspartners überfordert (BGH NJW 1986, 1665, 1666; NJW 2001, 1414, 1415). Die guten Sitten verlangen vom Gläubiger auch nicht, bei einer Vereinbarung über die Folgen des Leistungsunvermögens des Schuldners mit diesem unter Zurückstellung eigener Interessen einen Ausgleich zu suchen (BGH NJW 2001, 1414, 1415). Auch ein auf eine objektive oder subjektiv unmögliche Leistung gerichteter Vertrag ist nicht schon wegen der Unmöglichkeit der Leistungserbringung ohne weiteres nach § 138 nichtig; § 306 aF ist durch das SchuldrechtsmodernisierungsG ersatzlos gestrichen worden, so dass diese Vorschrift nur noch für früher geschlossene Verträge gilt. Ein Vertrag ist auch nicht schon allein deshalb sittenwidrig und nichtig, weil er den Schuldner finanziell überfordert, dh weil er die übernommenen Verpflichtungen voraussichtlich nicht oder allenfalls unter Einsatz seines gesamten pfändbaren Arbeitseinkommens erfüllen kann (BGH NJW 1989, 1665, 1666; aA LG Münster NJW 1990, 1668, 1669 betr die Mithaftung mittelloser Familienangehöriger). Bei finanzieller Überforderung ist ein Vertragspartner ausreichend geschützt durch das Wucherverbot, durch das sittlich-rechtliche Verbot wucherähnlicher Verträge sowie durch die Pfändungsschutzvorschriften (BGH NJW 1989, 1665 f; PALANDT/HEINRICHS § 138 Rn 36). Eine analoge Anwendung von § 311b (früher § 310) kommt in diesen Fällen nicht in Betracht (BGHZ 107, 92, 100 f, 103 = NJW 1989, 1276; BGH NJW 1989, 1665, 1666; NJW 1991, 2015, 2016).

IX. Sittenwidrigkeit gegenüber Dritten und der Allgemeinheit

333 Rechtsgeschäfte, die Dritten oder der Allgemeinheit Schaden zufügen, sind nicht schon aus diesem Grunde ohne weiteres sittenwidrig (MAYER-MALY AcP 194 [1994] 105, 147, 148). Es müssen dafür besondere Umstände hinzukommen.

1. Täuschung Dritter

334 Sittenwidrig sind Verträge, die auf die Täuschung eines Dritten gerichtet sind (BGHZ 60, 102, 104 f = NJW 1973, 465; NJW 1985, 2953, 2954; OLG Koblenz WM 2003, 378, 379; Münch-Komm/MAYER-MALY/ARMBRÜSTER § 138 Rn 96; PALANDT/HEINRICHS § 138 Rn 86; SOERGEL/HEFERMEHL § 138 Rn 168). Für den Vorwurf der Sittenwidrigkeit genügt bereits das Verschweigen wesentlicher Umstände (BGH NJW 1985, 2953, 2954). Vielfach werden in diesen Fällen **Gesetze** verletzt sein, die zur Anwendbarkeit von § 134 führen (vgl oben § 134 Rn 287 ff betr Steuerhinterziehung und Rn 294 betr Betrug).

a) Täuschung über die Kreditwürdigkeit
335 Verträge können sittenwidrig sein, wenn sie geeignet sind, gegenwärtige oder künftige Gläubiger eines Schuldners über dessen Kreditwürdigkeit zu täuschen. Sittenwidrig ist ein Vertrag, durch den ein Schuldner sein letztes zur Gläubigerbefriedigung taugliches Vermögen einem bestimmten Gläubiger überträgt, wenn dadurch andere gegenwärtige oder künftige Gläubiger über die Kreditwürdigkeit des Schuldners getäuscht werden und beide Vertragspartner zusammengewirkt haben (RGZ 118, 361, 363; RGZ 127, 337, 340; BGH NJW 1956, 417, 418; BGHZ 20, 43, 50 = NJW 1956, 706; NJW 1995, 1668). Nicht erforderlich ist, dass die Täuschung und Gefährdung der anderen Gläubiger der Zweck der Vermögensübertragung war (BGH NJW 1995, 1668); es genügt, dass beide Partner mit der Möglichkeit der Gläubigertäuschung gerechnet haben (BGH NJW 1995, 1668). Darüber hinaus ist § 138 auch dann anwendbar, wenn der begünstigte Gläubiger die Umstände kannte, die den Schluss auf einen bevorstehenden Zusammenbruch des Schuldners aufdrängen, und er sich mindestens leichtfertig, dh **grob fahrlässig** über diese Erkenntnis hinweggesetzt hat (RGZ 143, 48, 51 f; BGHZ 10, 228, 233 f; BGHZ 20, 43, 50 ff; NJW 1995, 1668). Je größer und konkreter die Gefahr des Zusammenbruchs ist, desto sorgfältiger muss der Sicherungsnehmer die Auswirkungen der Übertragung von Sicherheiten durch den Schuldner auf dessen Vermögen prüfen (BGHZ 10, 228, 233; NJW 1995, 1668; KOLLER JZ 1985, 1013, 1017 f). Unterlässt er in diesem Fall die gebotene Prüfung, so trifft ihn der Vorwurf, sich leichtfertig über die Gefahr hinweggesetzt zu haben, dass andere Gläubiger über die Kreditwürdigkeit des Schuldners getäuscht werden (BGHZ 10, 228, 233; NJW 1995, 1668).

Sicherungsvereinbarungen sind auch unter dem Gesichtspunkt der **Konkursver- 336 schleppung** (jetzt Insolvenzverschleppung) sittenwidrig, wenn der begünstigte Gläubiger um eigener Vorteile willen den unvermeidlichen Konkurs eines Schuldners hinausschiebt, indem er diesem Kredite gewährt, die nicht zur Sanierung geeignet sind, sondern nur den Zusammenbruch hinauszögern sollen, wenn dadurch andere Gläubiger über die Kreditwürdigkeit des Schuldners getäuscht und dadurch geschädigt werden und der Kreditgeber sich dieser Erkenntnis zumindest leichtfertig verschließt (RGZ 136, 247, 253; BGHZ 10, 228, 233; 20, 43, 50; 75, 96, 114 f; 90, 381, 399 [zu § 826]; NJW 1995, 1668, 1669; ERMAN/PALM § 138 Rn 124; PALANDT/HEINRICHS § 138 Rn 86; SOERGEL/ HEFERMEHL § 138 Rn 172; WÜST, in: FS Wilburg [1965] 257, 261, 263). Demgegenüber ist es nicht ohne weiteres sittenwidrig, wenn ein konkursreifes Unternehmen fortgeführt wird, um die Sanierungsmöglichkeit zu überprüfen und zu diesem Zweck Kredite gegen Sicherheiten gewährt werden (BGHZ 90, 381, 399 [zu § 826]; BGHZ 75, 96, 110 [zu § 92 AktG]; vgl auch BGHZ 10, 228, 234; BGHZ 20, 43, 49 f). In den Fällen der Sittenwidrigkeit nach § 138 haftet der Kreditgeber den dadurch geschädigten Gläubigern idR auch nach § 826 auf Schadensersatz (BGH NJW 1970, 657, 658 f; BGHZ 90, 381, 399 = NJW 1984, 1893).

Wegen der Gefährdung der Ansprüche eines Frachtführers ist die Abtretung aller 337 Ansprüche des Spediteurs gegen die Versender an eine kreditgebende Bank sittenwidrig (OLG Hamm NJW-RR 1987, 235, 236).

Mangels Täuschung nicht sittenwidrig ist die Übereignung des Warenlagers eines 338 Flüchtlingsbetriebs an die öffentliche Hand zur Sicherung von Krediten, da andere Gläubiger mit einer ungenügenden Kapitalausstattung rechnen müssen (BGH BB 1966, 12; SOERGEL/HEFERMEHL § 138 Rn 172; dazu auch WÜST, in: FS Wilburg [1965] 257, 261 f).

Ein auf Kredittäuschung gerichtetes Rechtsgeschäft ist **insgesamt** nichtig. Die Nich- 339 tigkeit nach § 138 erfasst nicht nur das Verpflichtungsgeschäft, sondern auch das Erfüllungsgeschäft, da auch mit diesem ein Täuschungszweck verfolgt wird (SOERGEL/HEFERMEHL § 138 Rn 174).

b)   Speziell: Globalzession und verlängerter Eigentumsvorbehalt*
Eine Globalzession, mit der ein Bankkunde seine gesamten gegenwärtigen und 340

---

* **Schrifttum:** BÄHR, Verlängerter Eigentumsvorbehalt und Factoring-Globalzession, NJW 1979, 1281; BETTE/MARWEDE, Neuere Entwicklungen der Kollisionsproblematik bei Mehrfachabtretungen, BB 1980, 23; BEUTHIEN, Verlängerter Eigentumsvorbehalt und Globalabtretung, BB 1971, 375; ERMAN, Die Globalzession im Verhältnis zum verlängerten Eigentumsvorbehalt (1960); ESSER, Globalzession und verlängerter Eigentumsvorbehalt, JZ 1968, 281; FINGER, Verlängerter Eigentumsvorbehalt und Globalzession, JZ 1970, 642; ders, Globalzessionsklauseln in den Allgemeinen Geschäftsbedingungen der Banken, DB 1982,

475; GLÖCKNER, Verlängerungsklauseln beim Eigentumsvorbehalt und die Rechtsprechung zur nachträglichen Übersicherung durch revolvierende Globalsicherungen, DZWiR 1999, 492; HIEMSCH, Die Kollision von Vorausabtretungen bei Globalzession, verlängertem Eigentumsvorbehalt und Factoring (Diss Gießen 1991); JORK, Factoring, verlängerter Eigentumsvorbehalt und Sicherungsglobalzession in Kollisionsfällen, JuS 1994, 1019; KALOMIRIS, Verlängerter Eigentumsvorbehalt und Globalzession im deutschen und französischen Recht (1995); KOPPENSTEINER, Abtretungsverbote gegenüber dem Kreditnehmer im Spannungsfeld zwischen Globalkünftigen Forderungen aus Geschäften mit Dritten zur Sicherung von Bankkrediten abtritt, kann im kaufmännischen Verkehr grundsätzlich wirksam vereinbart werden, wenn dadurch nicht die wirtschaftliche Bewegungsfreiheit des Zedenten übermäßig beeinträchtigt wird und keine Gefährdung berechtigter Interessen künftiger Gläubiger des Zedenten eintritt (BGHZ 30, 149, 152; BGHZ 72, 308, 310; NJW 1977, 2261; BGHZ 98, 303, 314). Die Gefahr der Gläubigergefährdung und einer übermäßigen Beeinträchtigung der wirtschaftlichen Bewegungsfreiheit des Zedenten besteht, wenn eine Globalzession mit einem verlängerten Eigentumsvorbehalt zugunsten von Warenlieferanten desselben Kreditnehmers kollidiert. In diesem Fall gilt das **Prioritätsprinzip** mit der Folge, dass im praktischen Ergebnis idR die Globalzession Vorrang vor der Abtretung der Kundenforderungen an die Lieferanten im Rahmen des verlängerten Eigentumsvorbehalts genießt. Das Prioritätsprinzip erfasst auch die (zulässige) Abtretung zukünftiger Forderungen (BGHZ 30, 149, 151 = NJW 1959, 1533; BGHZ 32, 361, 363 = NJW 1960, 1716; BGH NJW 1999, 2588, 2589). Dies bringt den Kreditnehmer in das Dilemma, entweder auf den üblichen und auch wirtschaftlich benötigten Lieferantenkredit zu verzichten und so wirtschaftliche Nachteile zu erleiden oder unter Verschweigen der Globalzession einen verlängerten Eigentumsvorbehalt zu vereinbaren und so gegen das Betrugsverbot zu verstoßen, weil der verlängerte Eigentumsvorbehalt wegen der vorrangigen Globalzession unwirksam ist (BGHZ 30, 149, 152 f; 55, 34, 35 f; 98, 303, 314 f).

341 Diesem Dilemma wollten manche in der Weise begegnen, dass der verlängerte Eigentumsvorbehalt **Vorrang** habe vor der Globalzession, wenn und soweit die zukünftigen Kundenforderungen des Kreditnehmers als Surrogat an die Stelle des vorbehaltenen Eigentums treten; eine andere Begründung lautete, dass der Lieferant diesen Forderungen „näher" stehe. Diese Ansicht ist jedoch mit dem gesetzlich vorgegebenen Prioritätsprinzip nicht vereinbar. Außerdem wird die Geschäftstätigkeit des Kreditnehmers nicht nur durch den Warenkredit des Lieferanten, sondern auch durch den Geldkredit der Bank ermöglicht (vgl BGHZ 30, 149, 152; KOLLER JZ 1985, 1014, 1021, 1022; PALANDT/HEINRICHS § 398 Rn 24). Ein weiterer Vorschlag wollte die Kundenforderungen auf die kreditgewährende Bank und auf die Warenlieferanten aufteilen, sei es nach Wertquoten (FRANKE JuS 1978, 373), sei es nach den jeweiligen Kreditsummen (BEUTHIEN BB 1971, 375). Dieses Teilungsprinzip ist ebenfalls mit dem Prioritätsprinzip unvereinbar und außerdem wegen der ständig wechselnden

zession und verlängertem Eigentumsvorbehalt, JuS 1972, 373; LAMBSDORFF/SKORA, Globalzession und Lieferantenvorausabtretung – kein Ende, NJW 1977, 701; dies, Die Doppelsicherung des Warenlieferanten, BB 1977, 922; NIRK, Interessenwiderstreit der Waren- und Geldgeber, NJW 1971, 1913; PFEIFFER, Übersicherung, Freigabeanspruch, Freigabeklauseln, WM 1995, 1565; REICH, Funktionsanalyse und Dogmatik bei der Sicherungsübereignung, AcP 169 (1969) 247; E SCHMID, Die Rücksichtnahmepflicht bei Sicherungsübereignungen (Diss Tübingen 1961); K SCHMIDT, Factoring, Globalzession und verlängerter Eigentumsvorbehalt, DB 1977, 65;

SCHWEIGER, Die Sittenwidrigkeit der Sicherungsübereignung, MDR 1953, 707; SCHWERDTNER, Globalzession und verlängerter Eigentumsvorbehalt, NJW 1974, 1785; SERICK, Eigentumsvorbehalt und Sicherungsübertragung Bd I–IV (1963–1976); ders, Verlängerter Eigentumsvorbehalt und Globalzession, BB 1960, 141; ders, Die Globalzession der Vorlieferanten: Ende oder Anfang?, BB 1974, 845; ders, Neuere Entwicklungen beim Factoring-Geschäft, BB 1979, 845; WUNSCHEL/NEUBECK, Globalzession und verlängerter Eigentumsvorbehalt, NJW 1959, 1953.

Kreditbeträge bei den Banken und Warenlieferanten praktisch kaum durchführbar
(Finger DB 1982, 475 f; Koller JZ 1985, 1014, 1021).

Solange keine spezialgesetzliche Regelung dieses Problems erfolgt (vgl Mayer-Maly **342**
AcP 194 [1994] 105, 149), wird folgende Lösung den Interessen der beteiligten Parteien
noch am besten gerecht. Danach ist eine zur Kreditsicherung vereinbarte Globalzession idR sittenwidrig und nach § 138 nichtig, wenn sie nach dem Willen der
Vertragspartner auch solche Forderungen umfassen soll, die der Schuldner zur Erlangung von Lieferantenkredit seinen Lieferanten aufgrund eines verlängerten
Eigentumsvorbehalts abtreten muss und abtritt (grundlegend BGHZ 30, 149, 153; ebenso
BGHZ 32, 361, 365 f; 51, 118; 55, 34, 35; NJW 1968, 1516; NJW 1969, 318; NJW 1974, 942; NJW 1977,
2261; BGHZ 72, 308, 310 = NJW 1979, 365; NJW 1983, 2502, 2504; BGHZ 98, 303, 315; NJW 1991,
2144, 2147; Flume NJW 1950, 841, 847; Hübner, AT Rn 905; MünchKomm/Mayer-Maly/
Armbrüster § 138 Rn 99, 100; Soergel/Hefermehl § 138 Rn 175; vgl auch BGHZ 109, 240 ff;
krit dazu Medicus, AT Rn 699). Denn sie zwingt den Zedenten, entweder auf betriebs-
notwendigen Lieferantenkredit zu verzichten, oder sie verleitet ihn zur Täuschung
des Lieferanten über die Abtretbarkeit der Forderungen und zum **Vertragsbruch**
(BGHZ 30, 149, 153; BGHZ 55, 34, 35 = NJW 1971, 372; NJW 1977, 2261; BGHZ 72, 308, 310 =
NJW 1979, 365; BGHZ 98, 303, 315 = NJW 1987, 487; NJW 1991, 2144; NJW 1999, 940; NJW 1999,
2588, 2589; Larenz/Wolf, AT § 41 Rn 52; MünchKomm/Mayer-Maly/Armbrüster § 138 Rn 102;
Palandt/Heinrichs § 398 Rn 25). Der Vorwurf der Sittenwidrigkeit erfordert kein Sittenwidrigkeitsbewußtsein oder eine verwerfliche Gesinnung (Esser ZHR 135 [1971] 320,
330 ff; MünchKomm/Mayer-Maly/Armbrüster § 138 Rn 97; Soergel/Hefermehl § 138 Rn 175;
aA BGHZ 32, 361, 366 = NJW 1960, 1716; OLG Düsseldorf WM 1977, 405, 406; offen gelassen in
BGH NJW 1969, 318, 320; vgl auch BGH WM 1987, 1172, 1173). Die Globalzession ist jedoch,
unabhängig von den allgemeinen Wirksamkeitsvoraussetzungen (oben Rn 263 ff) wegen der Besonderheit bei einer Kollision mit verlängerten Eigentumsvorbehalten,
wirksam, wenn die Parteien eine **dingliche Teilverzichtsklausel** vereinbaren (BGH NJW
1974, 942 f; BGHZ 72, 308, 310 = NJW 1979, 365; BGHZ 98, 303, 314; NJW 1991, 2144, 2147; BGHZ
109, 240, 245; NJW 1994, 445; NJW 1999, 940; MünchKomm/Mayer-Maly/Armbrüster § 138
Rn 103; Palandt/Heinrichs § 138 Rn 25; Serick BB 1979, 845, 850; Soergel/Hefermehl § 138
Rn 175; krit Glöckner DZWiR 2000, 70, 71); denn sie eröffnet dem Schuldner die Möglichkeit, Lieferantenkredit in Anspruch zu nehmen und für dessen Sicherung einen
verlängerten Eigentumsvorbehalt zu vereinbaren, ohne den Lieferanten zu täuschen
und Vertragsbruch zu begehen. Eine nur **schuldrechtliche** Teilverzichtsklausel genügt
hingegen nicht, um dem Vorwurf der Sittenwidrigkeit zu begegnen (BGHZ 72, 308, 311
= NJW 1979, 365; NJW 1995, 1669; NJW 1999, 940; 941 = JZ 1999, 404 m krit Anm Kieninger;
Serick, Eigentumsvorbehalt und Sicherungsübertragung IV § 49 II 5b; ders BB 1974, 845, 849;
Palandt/Heinrichs § 398 Rn 25; Soergel/Hefermehl § 138 Rn 175). Denn der nur schuldrechtliche Anspruch verschafft dem Lieferanten nicht denselben Schutz wie eine
aufgrund des verlängerten Eigentumsvorbehalts vereinbarte Abtretung zukünftiger
Kundenforderungen; sie verschafft ihm insbesondere beim Konkurs der Bank keinerlei Vorzugsrecht, dh nicht die erwartete Sicherung (BGHZ 72, 308, 311). Auch ein
nachträglicher Verzicht des Globalzessionars auf seine Rechte kann eine Globalzession, die mit einem verlängerten Eigentumsvorbehalt kollidiert, nicht retten (BGH
NJW 1974, 942, 943). Der Vorrang künftiger Vorausabtretungen an Warenlieferanten
kann jedoch wirksam auf die Fälle des **branchenüblichen** verlängerten Eigentumsvorbehalts beschränkt werden (BGHZ 98, 303, 314 f). Mit einem nicht branchenüblichen
verlängerten Eigentumsvorbehalt braucht die Bank nicht zu rechnen, und der Zedent

ist auch üblicherweise nicht gezwungen, zu solchen Konditionen abzuschließen, so dass seine wirtschaftliche Bewegungsfreiheit nicht unangemessen eingeschränkt ist und er insoweit auch nicht zur Täuschung zukünftiger Warenkreditgeber genötigt ist (BGHZ 98, 303, 315; NJW 1999, 940 = WM 1999, 126). Die aus der Sittenwidrigkeit folgende Nichtigkeit wirkt für und gegen jedermann (BGH NJW 1999, 940 = WM 1999, 126 [II 2 c]; NJW 1999, 2588 = WM 1999, 1216 [II 1 b bb]; krit MEDICUS EWiR 1999, 299).

343 Diese Grundsätze gelten auch bei Globalzessionen zugunsten von Warenlieferanten (BGH WM 1974, 368; WM 1977, 480; BGH NJW 1974, 942 = WM 1974, 368; NJW 1977, 2261 = WM 1977, 480; NJW 1995, 1668 = WM 1995, 995; NJW 1999, 2588, 2589 = WM 1999, 1216; SERICK BB 1979, 845; SOERGEL/HEFERMEHL § 138 Rn 175). Denn der Käufer gerät beim Warenbezug von anderen Lieferanten in dieselbe Dilemmasituation wie bei Globalzessionen zugunsten von Banken.

c) Wechsel- und Scheckreiterei

344 Wegen Täuschungsgefahr sittenwidrig sind Verträge, die sog **Wechselreiterei**, dh den Austausch von Finanzwechseln zum Zwecke der Kreditbeschaffung zum Gegenstand haben. Denn sie gefährden unter Missbrauch der Institution des Wechsels nicht nur die Tauschpartner, sondern täuschen auch künftige Kreditgeber (BGHZ 27, 172, 176; BGH WM 1960, 1381; 1970, 633, 635; 1973, 66; NJW 1980, 931). Obwohl sie nur Finanzwechsel zum Zwecke der Kreditbeschaffung sind, bieten sie das äußere Bild von Waren- und Dienstleistungswechseln (MünchKomm/MAYER-MALY/ARMBRÜSTER § 138 Rn 110). Gleiches gilt für die **Scheckreiterei**, dh für den von beiden Vertragspartnern planmäßg betriebenen Austausch von Schecks, denen keine Warenumsätze zugrunde liegen, zum Zwecke einer verdeckten Kreditbeschaffung; damit missbrauchen solche Verträge die für Zahlungsvorgänge gedachte Institution des Schecks (BGH WM 1969, 334, 335; BGHZ 121, 279, 280 = NJW 1993, 1068 f). Sittenwidrig ist schließlich auch eine kombinierte Scheck-/Wechselreiterei (vgl BGH NJW 1980, 931 aE).

345 Da bei Wechsel- und Scheckreiterei nicht nur die entsprechenden Verpflichtungsgeschäfte, sondern auch die Begebungsverträge selbst gegen die guten Sitten verstoßen, sind auch diese nichtig (BGHZ 27, 172, 178 f; WM 1960, 1381; 1969, 334, 335; 1970, 633, 635; BGHZ 121, 279, 280 = NJW 1993, 1068, 1069). Die Sittenwidrigkeit des Systems begründet zugleich die Sittenwidrigkeit der in seinem Rahmen abgeschlossenen einzelnen Tauschgeschäfte (BGHZ 27, 172, 178 f). Trotz Nichtigkeit der Begebungsverträge kann allerdings eine scheck- bzw wechselrechtliche Haftung wegen zurechenbar veranlassten Rechtsscheins in Betracht kommen (BGH NJW-RR 1989, 1207 = WM 1989, 1009, 1010; BGHZ 121, 279, 281).

346 Eine sittenwidrige Wechsel-/Scheckreiterei liegt nicht vor, wenn der Wechselnehmer dem Akzeptanten für den Wechsel einen gedeckten und sofort fälligen Scheck gibt (BGH NJW 1980, 931). Die Begebung von sog **Finanzwechseln**, dh lediglich zu Kreditzwecken geschaffener Wechsel, die nicht mit einem Waren- oder Dienstleistungsgeschäft in Zusammenhang stehen, sowie die ihr zugrundeliegende Vereinbarung sind nicht grundsätzlich sittenwidrig (BGH NJW 1980, 931, 932; MünchKomm/MAYER-MALY/ARMBRÜSTER § 138 Rn 110 Fn 496; PALANDT/HEINRICHS § 138 Rn 103; SOERGEL/HEFERMEHL § 138 Rn 201). Dies zeigt schon die Zulässigkeit des eigenen Wechsels iSv Art 75 WG, der typischerweise ein Finanzwechsel ist (BGH NJW 1980, 931, 932). Grundsätzlich nicht sittenwidrig ist auch die Ausstellung und Diskontierung eines sog Akzeptantenwechsels oder „umgedrehten" Wechsels, dh solcher Wechsel, die der Bank vom Akzeptanten eingereicht werden (BGHZ 56, 264, 265 f; NJW 1984, 728; OLG Frankfurt WM 1993, 1710, 1712). Denn dabei wird kein zugrundeliegendes Waren- oder Dienstleistungsgeschäft vorgetäuscht. Die Diskontierung von Akzeptantenwechseln ist auch dann nicht sittenwidrig, wenn die diskontierende Bank weiß, dass ihr Kunde sein Geschäftsvermögen soweit sicherungsübereignet hat, dass bei ihm für einen Regress des Ausstellers kein vollstreckungsfähiges Vermögen vorhanden ist (BGH NJW 1984, 728).

d) Sonstige Fälle der Täuschung Dritter

Verträge sind sittenwidrig und nichtig, die auf die Täuschung von Behörden zielen, **347** um rechtswidrige Vorteile zu erlangen (BGH NJW 1985, 2953, 2954; NJW-RR 1992, 949). Wenn zB eine privatschriftliche Zusatzvereinbarung zu einem notariellen Grundstückskaufvertrag den Zweck hat, eine Gemeinde über die Höhe des Kaufpreises zu täuschen, um sie von der Ausübung eines Wiederkaufsrechts abzuhalten, dann ist diese Zusatzvereinbarung wegen des Täuschungszwecks sittenwidrig und nichtig (BGH NJW 1985, 2953, 2954).

2. Sittenwidrige Gläubigergefährdung und Gläubigerbenachteiligung

a) Ein Rechtsgeschäft kann nach § 138 wegen Gläubigergefährdung oder Gläubi- **348** gerbenachteiligung sittenwidrig und nichtig sein (BGH WM 2002, 1186, 1189; BGH NJW 1995, 1668; BGHZ 10, 228 ff; ausführlicher dazu KOLLER JZ 1985, 1014; M WOLF, in: FS Baur [1981] 147; WÜST, in: FS Wilburg [1965] 257). Dies ist allerdings nicht schon dann ohne weiteres der Fall, wenn ein Gläubiger durch Entgegennahme von Erfüllungsleistungen und Sicherheiten die Befriedigung anderer Gläubiger gefährdet (BGH LM Nr 13 zu § 138 [Bb] BGB; SOERGEL/HEFERMEHL § 138 Rn 171). Nicht ohne weiteres sittenwidrig ist danach zB die Sicherungsübereignung nahezu des ganzen Warenlagers (BGH NJW 1962, 102, 103), eines ganzen Maschinenparks (BGHZ 20, 43, 49 f) oder eine Globalzession (dazu o Rn 340 ff). Eine unmittelbare Gläubigerbenachteiligung liegt nicht vor, wenn für einen vom Schuldner veräußerten Gegenstand unmittelbar eine gleichwertige Gegenleistung in sein Vermögen fließt (RGZ 116, 134, 136; BGH ZIP 1995, 134, 135; ZIP 1995, 1021, 1022; vgl auch BGHZ 28, 344, 347; BGHZ 77, 250, 253 f).

Auch wenn die Voraussetzungen der Insolvenz- oder Gläubigeranfechtung erfüllt **349** sind, ist § 138 nicht ohne weiteres anwendbar; denn die Anfechtungstatbestände dieser Regelungen haben für den Normaltatbestand einer Absichtsanfechtung Vorrang vor § 138 (RGZ 69, 143, 146 f; BGH WM 1968, 1057, 1058; BGHZ 56, 339, 355; NJW 1973, 513; NJW-RR 1987, 1401; NJW-RR 1990, 142; NJW 1993, 2041 aE; NJW 1995, 1668; WM 2002, 1186, 1189). Es müssen zur bloßen Gläubigergefährdung besondere Umstände hinzutreten, damit der Vorwurf der Sittenwidrigkeit begründet ist (BGH NJW 1993, 2041 f; NJW 1995, 1668; BGHZ 138, 291, 299 f; BGH WM 2002, 1186, 1189).

b) Sittenwidrig sind insbesondere Verträge, wenn sie geeignet sind, Gläubiger **350** über die Kreditwürdigkeit eines gegenwärtigen oder zukünftigen Schuldners zu **täuschen** und beide Vertragspartner bei dieser Täuschung zusammengewirkt haben (RGZ 118, 361, 363; RGZ 127, 337, 340; BGHZ 20, 43, 49 f; BGH NJW 1995, 1668; BGHZ 138, 291, 300) oder zumindest mit der Möglichkeit gerechnet haben, dass andere Gläubiger geschädigt werden (BGH NJW 1995, 1668). In diesem Punkt überschneidet sich der

Tatbestand der Gläubigergefährdung mit dem der Kredittäuschung (o Rn 335 ff). Wenn der begünstigte Gläubiger die Umstände kennt, die den Schluss auf eine bevorstehende Insolvenz aufdrängen, so handelt er schon dann sittenwidrig, wenn er sich über diese Erkenntnis mindestens grob fahrlässig hinweggesetzt (RGZ 143, 48, 51 f; BGHZ 10, 228, 233 f; BGHZ 20, 43, 50 f; NJW 1956, 417; NJW 1995, 1668). Je größer und konkreter die Gefahr der Insolvenz ist, umso sorgfältiger muss der Gläubiger die Auswirkungen auf das Vermögen des Schuldners prüfen, von dem er sich umfassende Sicherheiten gewähren lässt (BGH NJW 1995, 1668; KOLLER JZ 1985, 1013, 1017 f). Unterlässt er die gebotene Prüfung, dann trifft ihn der Vorwurf, sich leichtfertig und sittenwidrig über die Gefährdung der Gläubiger durch **Kredittäuschung** hinweggesetzt zu haben (BGHZ 10, 228, 233; BGH NJW 1995, 1668).

Eine sittenwidrige Gläubigerbenachteiligung kann ferner vorliegen, wenn der Begünstigte einer Globalabtretung den Schuldner **zum Vertragsbruch verleitet** hat (BGH NJW 1995, 1668, 1669). Das ist grundsätzlich dann der Fall, wenn sich die Globalabtretung bestimmungsgemäß auf Forderungen erstreckt, die von einem verlängerten Eigentumsvorbehalt erfasst werden (BGHZ 30, 149, 152 f; BGHZ 55, 34, 35 f; NJW 1995, 1668, 1669). Davon sind allerdings Ausnahmen zu machen, wenn der Abtretungsempfänger nach den Umständen des Einzelfalles – zB wegen Unüblichkeit des verlängerten Eigentumsvorbehalts in der betreffenden Branche – eine Kollision der Sicherungsrechte für ausgeschlossen halten darf (BGHZ 32, 361, 366; BGHZ 98, 303, 314 f; BGH NJW 1995, 1668, 1669), oder wenn der verlängerte Eigentumsvorbehalt nach dem Willen der Parteien von Anfang an Vorrang haben soll (BGHZ 98, 303, 314; BGH NJW 1995, 1668, 1669).

351 **c)** Auch in der **Konkursverschleppung/Insolvenzverschleppung** als solcher zur Sicherung der eigenen Forderungen wird man einen selbständigen sittenwidrigkeitsbegründenden Tatumstand sehen müssen. Der BGH hatte Konkursverschleppung als sittenwidrig bewertet, wenn damit eine Täuschung anderer Gläubiger verbunden war (BGHZ 10, 228, 233; 20, 43, 50; 90, 381, 399; NJW 1995, 1668, 1669). Darüber hinaus ist jedoch auch eine Konkursverschleppung als solche unter dem Gesichtspunkt der Gläubigergefährdung negativ zu bewerten. Denn das rechtliche Gebot der rechtzeitigen Konkurseröffnung bezweckt den Schutz aller gegenwärtigen Gläubiger; ihre Deckungsmasse soll nicht weiter verkürzt und ein Eigentumsvorbehalt an gelieferten Waren nicht mehr vereitelt werden (zutreffend WÜST, in: FS Wilburg [1965] 257, 261; vgl auch SOERGEL/HEFERMEHL § 138 Rn 169 mwNw). Der Vorwurf der sittenwidrigen Konkursverschleppung entfällt nur, wenn die Sanierungsfähigkeit zuvor sorgfältig geprüft worden und ein angemessener Eigenkapitaleinsatz geleistet worden ist (WÜST 262 f; SOERGEL/HEFERMEHL § 138 Rn 172).

352 **d)** Ein sittenwidrigkeitsbegründender Tatumstand ist es auch, wenn sich ein Großgläubiger unter Ausnutzung seiner wirtschaftlichen **Machtstellung** sämtliche Werte eines konkursreifen Unternehmens übertragen lässt, so dass ein später zu eröffnendes Konkursverfahren wegen Mangels an Masse eingestellt werden müsste und die übrigen Gläubiger unbefriedigt blieben (BGH NJW 1956, 417; PALANDT/HEINRICHS § 138 Rn 86; WÜST 261; krit BARKHAUSEN NJW 1956, 417 f). Soweit diese durch das Verhalten des Großgläubigers geschädigt worden sind, kann er ihnen gegenüber nach § 826 zum Schadensersatz verpflichtet sein (BGH NJW 1956, 417).

e)   Auf Bedenken stößt ferner die **nachträgliche** Absicherung eines ursprünglich   **353** nicht (ausreichend) gesicherten Kredits bei der Gewährung eines Zusatzkredits. Denn der Gläubiger dieses Kredits verschafft sich dadurch ein Vorrecht vor anderen Altgläubigern und verkürzt so deren Vollstreckungschancen (Wüst 264).

3.   Rechtsgeschäfte zu Lasten Dritter

a)   Missbrauch der Vertretungsmacht
Ein Vertrag kann unter bestimmten Voraussetzungen bei Missbrauch der Vertre-   **354** tungsmacht sittenwidrig und nichtig sein. Zwar hat grundsätzlich der Vertretene das Risiko des Missbrauchs der Vertretungsmacht zu tragen, und den Vertragspartner trifft keine besondere Prüfungspflicht, ob und inwieweit der Vertreter im Innenverhältnis gebunden ist, von einer nach außen unbeschränkten Vertretungsmacht nur beschränkten Gebrauch zu machen (BGH NJW 1966, 1911; NJW-RR 1989, 642). Wenn jedoch ein Treuebruch des Bevollmächtigten und eine bewußte Ausnutzung des Treuebruchs durch den Vertragsgegner zusammenkommen, ist der Vertrag nach § 138 nichtig (BGH NJW-RR 1989, 642). Danach ist zB ein Kaufvertrag sittenwidrig und nach § 138 nichtig, wenn bei dessen Abschluss der Vertreter der einen Partei mit dem Vertragspartner **kollusiv** zum Nachteil des Vertretenen zusammenwirkt (BGH NJW-RR 1989, 642; BGHZ 50, 112, 114). Kaufverträge, bei denen der Testamentsvollstrecker und ein Käufer bewußt zum Nachteil des Nachlasses zusammenwirken, sind nach § 138 nichtig (BGH NJW-RR 1989, 642). Der Vorwurf der Sittenwidrigkeit hängt nicht davon ab, dass der Bevollmächtigte aus dem Treuebruch Vorteile zieht.

Auch wenn kein Vorsatz des Vertragsgegners vorliegt, kann sich der Vertretene   **355** ausnahmsweise bei Vorliegen besonderer Umstände auf einen Missbrauch der Vertretungsmacht durch den Bevollmächtigten berufen (BGH NJW 1966, 1911; BGHZ 50, 112, 114 = NJW 1968, 1379; NJW-RR 1989, 642). Das ist zB der Fall, wenn der Vertreter in ersichtlich verdächtiger Weise zum Nachteil des Vertretenen gehandelt hat und dies dem Vertragspartner in schuldhafter Weise nicht bekanntgeworden ist (BGH NJW 1966, 1911; BGHZ 50, 112, 114; NJW-RR 1989, 642). In diesem Fall ist zwar der Vertrag nicht nach § 138 nichtig; der Vertragsgegner kann sich jedoch nach § 242 nicht auf den Vertrag berufen (BGHZ 50, 112, 114; NJW 1966, 1911).

b)   Vereitelung fremder Forderungsrechte
Ein Vertrag ist grds sittenwidrig, wenn die Beteiligten mit ihm den Zweck verfolgen,   **356** in bewußtem und gewolltem Zusammenwirken schuldrechtliche Rechte Dritter zu vereiteln (RGZ 81, 86, 89, 90; BGHZ 60, 102, 104, 105 = NJW 1973, 465; NJW 1981, 2184, 2185; 1988, 1716, 1717 aE; 1988, 902, 903; Medicus, AT Rn 706; MünchKomm/Mayer-Maly/Armbrüster § 138 Rn 96; Palandt/Heinrichs § 138 Rn 101; Soergel/Hefermehl § 138 Rn 184). Die Relativität von Forderungsrechten hindert nicht daran, ihre Verletzung als sittenwidrig zu bewerten. In diesem Falle sind auch evtl Freistellungsvereinbarungen, durch die eine Vertragspartei die andere von Schadensersatzansprüchen des geschädigten Dritten freizustellen verspricht, nach § 138 nichtig (BGHZ 60, 102, 104 f).

Sittenwidrig können Vereinbarungen mit einem Vorkaufsverpflichteten sein, die den   **357** Zweck haben, das Vorkaufsrecht des Vorkaufsberechtigten zu vereiteln (BGHZ 23, 293, 301; BGHZ 25, 174; NJW 1962, 1908 = WM 1962, 1091, 1094; NJW 1964, 540, 541). Zwar genügt die Absicht oder auch nur das Bewußtsein, ein Vorkaufsrecht zu vereiteln, nicht ohne weiteres für den Vorwurf der Sittenwidrigkeit. Sittenwidrigkeit liegt jedoch vor, wenn die Vereitelung des Vorkaufsrechts aus verwerflichen Gründen oder in Schädigungsabsicht geschieht oder durch unlautere Mittel erfolgt (BGH NJW 1964, 540, 541).

ME ist auch beim **Doppelverkauf** ein und derselben Sache der zweite Kaufvertrag nach § 138 nichtig, wenn der Zweitkäufer und der Verkäufer in bewusstem und gewolltem Zusammenwirken die schuldrechtlichen Rechte des Erstkäufers aus seinem Kaufvertrag vereiteln. Nichtig wäre auch in diesem Fall eine evtl Freistellungszusage des Zweitkäufers. Der BGH hat in den Doppelverkaufsfällen allerdings bisher nur sehr zurückhaltend den Vorwurf der Sittenwidrigkeit bejaht, und auch dies nur in Bezug auf Schadensersatzansprüche des geschädigten Erstkäufers gegen den Verkäufer und den Zweitkäufer nach § 826 (vgl BGHZ 12, 308, 318; NJW 1981, 2184, 2185). Sittenwidrigkeit nahm er an, wenn das Verhalten des Verkäufers „sittlich besonders verwerflich" war (BGHZ 12, 308, 318). Für sittenwidrig erklärte er auch einen Grundstückskaufvertrag zwischen der Bundesbahn und einem Verkäufer, der dasselbe Grundstück zuvor Landwirten, die von einem Flughafenbau betroffen waren, als Ersatzland verkauft hatte. Die Bundesbahn hatte dem Verkäufer eine Freistellungszusage für den Fall von Schadensersatzansprüchen der Landwirte gemacht (BGH NJW 1981, 2184).

Das RG bewertete mit Recht die Abtretung von GmbH-Anteilen als sittenwidrig und nichtig, wenn damit das Vorkaufsrecht eines Mitgesellschafters vereitelt werden sollte (RG JW 1934, 1412). Sittenwidrig ist auch die Abtretung einer Forderung an eine vermögenslose Person, wenn dies für den Fall eines ungünstigen Ausgangs eines Prozesses nur zu dem Zweck geschieht, dass diese Person sie für den Abtretenden einzieht und dass dadurch dem obsiegenden Prozessgegner des Abtretenden die Erstattung seiner Kosten unmöglich gemacht werden soll (RGZ 81, 175, 176).

c) Bietungsabkommen (pactum de non licitando)

358 Nach stRspr und hL ist ein sog Bietungsabkommen, durch das sich jemand verpflichtet, bei einer Versteigerung nicht mitzubieten oder den Vertragspartner nicht zu überbieten, nicht ohne weiteres sittenwidrig, sondern nur, wenn besondere Umstände hinzutreten (RGZ 18, 219, 222 [1887]; RGZ 58, 393, 400; RG JW 1907, 201; JW 1933, 425; BGH NJW 1961, 1012, 1013 = WM 1961, 447; WM 1965, 203; OLG Celle NdsRpfl 1961, 12, 13; OLG Celle NJW 1969, 1764, 1765 [m Anm FRANZEN NJW 1970, 662 f]; OLG Köln BB 1963, 1280; OLG Köln NJW 1978, 47; OLG Frankfurt aM WM 1989, 1102, 1104; ERMAN/PALM § 138 Rn 89; Münch-Komm/MAYER-MALY/ARMBRÜSTER § 138 Rn 109; SOERGEL/HEFERMEHL § 138 Rn 187; STAUDINGER/COING¹⁰/¹¹ § 138 Anm 18 oo). Sittenwidrig ist es, durch ein Bietungsabkommen den Zweck einer Versteigerung zu vereiteln (BGH NJW 1961, 1012 f; OLG Frankfurt aM WM 1989, 1102, 1104; OLG Koblenz WM 2003, 378, 379; MünchKomm/MAYER-MALY/ARMBRÜSTER § 138 Rn 109). Dieser Zweck besteht vor allem darin, auf dem relevanten Markt den Wettbewerbspreis zu erzielen, dh auf dem Versteigerungsmarkt von den potenziellen Nachfragern den höchsten Preis geboten zu bekommen. Deshalb ist ein Bietungsabkommen grds dann sittenwidrig, wenn dadurch potenzielle Bieter ausgeschaltet werden sollen, die bereit und in der Lage wären, mehr zu bieten als die anderen, damit der Begünstigte infolge der beseitigten oder geschmälerten Konkurrenz den Versteigerungsgegenstand selbst günstiger erwerben kann (so zutr BGH NJW 1961, 1012, 1013 = WM 1961, 447; WM 1965, 203, 204; OLG Köln NJW 1978, 47 f; ERMAN/PALM § 138 Rn 89; SOERGEL/

Hefermehl § 138 Rn 187). Sittenwidrig ist es zB, bei einer Grundstücksversteigerung vier weitere Interessenten gegen Bezahlung zum Verzicht auf das Mitbieten zu veranlassen, um dann als einziger Bieter das Grundstück weit unter dem Wert zu erhalten, den er selbst zu bieten bereit war und den er aufgrund des Bietungsabkommens insgesamt zu zahlen hatte (BGH NJW 1961, 1012, 1013). Ein Verstoß gegen die guten Sitten liegt hingegen nicht vor, wenn das Bietungsabkommen nicht geeignet ist, Dritte zu schädigen (BGH NJW 1961, 1012, 1013; OLG Celle NJW 1969, 1764; MünchKomm/ Mayer-Maly § 138 Rn 95). Letztlich lässt sich als **Grundsatz** formulieren, dass ein Bietungsabkommen gegen die guten Sitten verstößt, wenn es geeignet ist, durch Beeinflussung des Versteigerungsverfahrens den Anbieter des Versteigerungsgegenstandes zu schädigen. Bietungsabkommen sind nicht erst dann als sittenwidrig anzusehen, wenn sie alle in Betracht kommenden Bieter ausschalten (BGH NJW 1961, 1012, 1013; WM 1965, 203, 204; Soergel/Hefermehl § 138 Rn 187). Soweit ein Bietungsabkommen sittenwidrig ist, sind Zahlungsverpflichtungen daraus nichtig, auch wenn der Versprechende den Gegenstand der Versteigerung günstig erwerben konnte (OLG Köln NJW 1978, 47, 48). Soweit er bereits die vereinbarte Zahlung erbracht hat, scheitern Rückzahlungsansprüche aus § 812 an § 817 S 2 analog. Wer entsprechend der sittenwidrigen Vereinbarung dennoch mitbietet, haftet nicht wegen Vertragsverletzung. Im Geltungsbereich des § 270 preußStGB wird nach dieser Vorschrift bestraft, „wer andere vom Mitbieten oder Weiterbieten bei den von öffentlichen Behörden oder Beamten vorgenommenen Versteigerungen durch Zusicherung oder Gewährung eines Vorteils abhält"; entsprechende Bietungsvereinbarungen sind nach § 134 iVm § 270 preußStGB nichtig (zu den Streitfragen, ob § 270 preußStGB noch in Kraft ist und ein Verbotsgesetz iSv § 134 darstellt, ausführlich o § 134 Rn 312 mwNw). Wenn ein Bietungsabkommen **zwischen Unternehmen** geschlossen wird, kann es gegen § 1 GWB oder Art 81 EG-Vertrag verstoßen und nach § 134 bzw Art 81 Abs 2 EG nichtig sein (OLG Frankfurt aM WM 1989, 1102, 1105; MünchKomm/Mayer-Maly/Armbrüster § 138 Rn 109). Außerdem begründen Bietungsabkommen **Schadensersatzansprüche** gegen die Beteiligten aus § 826 (BGH NJW 1961, 1012 f; OLG Frankfurt aM WM 1989, 1102; RGZ 58, 393; RG JW 1907, 201; HRR 1929 Nr 1096; JW 1933, 425) bzw aus § 823 Abs 2 iVm § 270 preußStGB (RG JW 1911, 291; LZ 1912 Sp 72) sowie bei Kartellverstößen aus § 33 iVm § 1 GWB (OLG Frankfurt aM WM 1989, 1102, 1105) bzw aus § 823 Abs 2 iVm Art 81 Abs 1 EG-Vertrag.

d) Rechtsgeschäfte zu Lasten der Sozialhilfe
aa) Unterhaltsverzicht in Eheverträgen und Scheidungsvereinbarungen

Rechtsgeschäfte, die nach Inhalt, Zweck und Beweggrund in erster Linie darauf **359** angelegt sind, Vermögensverhältnisse zum Schaden der Sozialhilfeträger und damit auf Kosten der Allgemeinheit zu regeln, verstoßen grds gegen die guten Sitten iSv § 138, wenn nicht besondere Rechtfertigungsgründe vorliegen (vgl BGHZ 86, 82, 86 ff; NJW 1985, 1835, 1836; BGHZ 111, 36, 40 ff; NJW 1991, 913, 914; NJW 1992, 3164, 3165; VGH Mannheim NJW 1993, 2953). Diese Voraussetzungen können **Unterhaltsabreden** in Eheverträgen und Scheidungsvereinbarungen erfüllen. Nach § 1585c können Ehegatten Vereinbarungen über die Unterhaltspflicht für die Zeit der Scheidung treffen. Danach können sie grds wirksam auch auf zukünftige Unterhaltsansprüche verzichten (BGH NJW 1985, 1833; 1985, 1835, 1836; 1991, 913, 914; 1992, 3164, 3165). Ein Unterhaltsverzicht kann jedoch sittenwidrig sein, wenn er zur Sozialbedürftigkeit und zur Belastung der Sozialhilfe führt.

360 Grds ist davon auszugehen, dass Sozialhilfe nach § 2 BSHG, § 9 SGB I **subsidiärer** Natur ist und erst dann nachrangig eingreift, wenn keine privaten Unterhaltsquellen zur Verfügung stehen (BGHZ 86, 82, 87 f; vgl auch BGHZ 111, 36, 41; BGHZ 123, 368, 378; FamRZ 1992, 1403 aE). Verträge „zu Lasten Dritter" – hier der Sozialhilfe – verdienen grds keine Anerkennung. Andererseits können aber auch besondere Umstände vorliegen, die einen Unterhaltsverzicht in einem Ehevertrag oder einer Scheidungsvereinbarung rechtfertigen. Das bedeutet: Nicht der Vorwurf der Sittenwidrigkeit, sondern die Rechtfertigung einer Scheidungsvereinbarung oder eines Ehevertrags mit Unterhaltsverzicht bedarf näherer Begründung.

Ein Unterhaltsverzicht in einer Scheidungsvereinbarung ist immer dann sittenwidrig, wenn er in der Absicht oder aus dem wesentlich mitbestimmenden Beweggrund abgeschlossen worden ist, den dadurch begünstigten Ehegatten auf Kosten des Sozialhilfeträgers zu entlasten (BGHZ 86, 82, 86; vgl auch BGHZ 111, 36, 41). Eine Unterhaltsvereinbarung kann auch sittenwidrig und nach § 138 nichtig sein, wenn die Vertragschließenden dadurch **bewußt** eine Unterstützungsbedürftigkeit zu Lasten der Sozialhilfe herbeiführen, auch wenn eine Schädigung des Trägers der Sozialhilfe nicht bezweckt ist (BGHZ 86, 82, 88; NJW 1992, 3164; NJW 1994, 248, 250; MEDICUS, AT Rn 706a). Dies ist der Fall, wenn der verzichtende Ehegatte weder erwerbsfähig ist noch über nennenswertes Vermögen verfügt.

361 Andererseits kann ein Unterhaltsverzicht gerechtfertigt sein, wenn der verzichtende Ehegatte auf andere Weise wirtschaftlich ausreichend gesichert erscheint (BGHZ 86, 82, 87). Durch besondere Umstände gerechtfertigt sind häufig auch Verzichtsvereinbarungen, die unter der Geltung des früheren Scheidungsrechts abgeschlossen worden sind. Das ist der Fall, wenn bei einer Scheidung nach früherem Recht ein Unterhaltsverzicht des ohne (überwiegendes) Verschulden geschiedenen Ehegatten vereinbart wird, damit der andere Ehegatte, der die Scheidung aus dem (überwiegenden) Verschulden des verzichtenden Ehegatten hätte erreichen können, von der Geltendmachung seiner Scheidungsgründe absieht und diesem eine sog „ritterliche" Scheidung ermöglicht (BGHZ 86, 82, 86 f). In diesen Fällen waren Unterhaltsverzichtsvereinbarungen nach § 72 EheG aF idR von dem Bestreben der Eheleute geprägt, die als notwendig erkannte Scheidung auf anständige Weise durchzuführen (BGHZ 86, 82, 85). Außerdem hätte der Sozialhilfeträger in solchen Fällen bei Unterstützungsbedürftigkeit des (überwiegend) schuldig geschiedenen Ehegatten auch dann eintreten müssen, wenn der andere Ehegatte seine Scheidungsgründe geltend gemacht hätte (BGHZ 86, 82, 85, 86 f).

362 Einen Unterhaltsverzicht, den Eheleute vor oder während der Ehe in einem Ehe- und Erbvertrag vereinbart haben, hat der BGH in zwei neueren Entscheidungen nicht für sittenwidrig erklärt, da er das Unterhaltsrisiko des Verzichtenden nicht erhöht habe; vielmehr sei durch die Eheschließung für die Zeit der Ehe eine bis dahin nicht bestehende Sicherung des Unterhalts überhaupt erst geschaffen worden (BGH NJW 1991, 913, 914; NJW 1992, 3164, 3165; **aA** BOSCH, in: FS Habscheid [1989] 23, 34 ff). Die Reichweite dieser Entscheidungen ist schwer abzuschätzen. Sie decken wohl nur die konkreten Anwendungsfälle ab. In einem Fall war die nach der Ehescheidung unterhaltsbedürftige Ehefrau bereits vor der Eheschließung schwanger, und die Bereitschaft des Ehemannes zur Eheschließung war auch von einem Ehe- und Erbvertrag dieses Inhalts abhängig gemacht worden. Nach Treu und Glauben kann sich der geschiedene Ehegatte jedoch nicht auf den Unterhaltsverzicht des anderen berufen, wenn und soweit das Wohl eines gemeinschaftlichen, von dem anderen Ehegatten betreuten Kindes den Bestand der Unterhaltspflicht fordert (BGH NJW 1992, 3164, 3165; NJW 1991, 913, 914 aE).

bb) Testamente zu Lasten der Sozialhilfe

Auch Testamente, die nach Inhalt, Zweck und Beweggrund darauf zielen, Vermö- **363** gensverhältnisse zum Schaden der Sozialhilfe und damit auf Kosten der Allgemeinheit zu regeln, sind grds sittenwidrig, wenn sie bewußt durch Enterbung die Sozialbedürftigkeit eines gesetzlichen Erben herbeiführen wollen (VGH Mannheim NJW 1993, 2953 mwNw; wesentlich zurückhaltender der BGH, vgl BGHZ 111, 36, 41; BGHZ 123, 368 ff; NJW 1994, 248 ff; Erman/Palm § 138 Rn 100a). Klärungsbedürftig sind allerdings noch die Fälle, in denen solche Testamente zu Lasten der Sozialhilfe gerechtfertigt sein können. Insbesondere ist noch nicht abschließend geklärt, ob und inwieweit das BSHG dem § 138 Grenzen setzt.

Praktische Bedeutung hat die Streitfrage vor allem bei sog **Behindertentestamenten** erlangt. Nach Ansicht des BGH verstößt eine Verfügung von Todes wegen, mit der Eltern ihr behindertes, auf Kosten der Sozialhilfe in einem Heim untergebrachtes Kind nur als nicht befreiten Vorerben auf einen den Pflichtteil kaum übersteigenden Erbteil einsetzen, bei seinem Tod ein anderes Kind als Nacherben berufen und dieses zum Vollerben auch des übrigen Nachlasses bestimmen, nicht gegen § 138, auch soweit dadurch der Sozialhilfeträger keinen Kostenersatz erlangt (BGHZ 111, 36, 42 = NJW 1990, 2055; BGHZ 123, 368; NJW 1994, 248, 250; zust Krampe AcP 191 [1991] 526, 559; Kuchninke FamRZ 1992, 363; Mayer DNotZ 1994, 347; Otte JZ 1990, 1027, 1028; Palandt/ Heinrichs § 138 Rn 50 a; Pieroth NJW 1993, 173, 177 f; Schubert JR 1991, 106, 107; Soergel/ Hefermehl § 138 Rn 231; Wittek, Verfügungen von Todes wegen zugunsten behinderter Menschen [1996] 62 ff; **aA** LG Konstanz FamRZ 1992, 360; LG Flensburg NJW 1993, 1866, 1867; Köbl ZfSH/ SGB 1990, 449, 465; Köndgen Anm zu BGH EWiR § 138 BGB 6/90; G H Raiser MDR 1995, 237 f; krit auch MünchKomm/Mayer-Maly/Armbrüster § 138 Rn 45; Eichenhofer JZ 1999, 226, 232 fordert zumindest de lege ferenda einen Zugriff der Träger der Sozialhilfe auf das Vermögen des Behinderten, da niemandem die Verfügungsmacht über sein Vermögen in der Weise entzogen werden darf, dass er sein Leben nicht mehr mit eigenen Mitteln zu bestreiten vermag). Nicht sittenwidrig nach § 138 sei ein Testament, durch das der Vater eines schwerbehinderten Kindes ein bescheidenes Vermögen im Interesse des Kindes so an eine Gesellschaft zur Unterstützung Behinderter weiterleitet, dass die Sozialbehörde keine Möglichkeit hat, wegen ihrer Aufwendungen für das Kind auf den Nachlass zurückzugreifen (BGHZ 111, 36, 40 ff; BGHZ 123, 368). Anders sei möglicherweise zu entscheiden, wenn der Erblasser ein beträchtliches Vermögen hinterlasse und der Pflichtteil des Behinderten so hoch ist, dass daraus seine Versorgung (zu einem erheblichen Teil) sichergestellt wäre (noch offen gelassen in BGHZ 111, 36, 41; NJW 1994, 248, 249; vgl auch BGHZ 123, 368, 371).

Die unterschiedliche Beurteilung des Behindertentestaments und des Unterhaltsver- **364** zichts in einer Vereinbarung für Scheidungsfälle hat der BGH ua damit gerechtfertigt, dass beim freiwilligen Unterhaltsverzicht der Unterhaltsberechtigte bestehende Unterhaltsquellen aufgebe, während beim Behindertentestament das unterhaltsbedürftige Kind keinen Einfluss auf seine Unterhaltsquellen genommen habe (BGHZ 111, 36, 41; krit Mayer-Maly AcP 194 [1994] 105, 146). Außerdem erfolgten derartige letztwillige Verfügungen im Behindertentestament zugunsten des behinderten Kindes, während der Unterhaltsverzicht zu Lasten des Verzichtenden gehe. Die Eltern seien nicht verpflichtet, die sie in erster Linie treffende Verantwortung für das Wohl des Kindes dem Interesse der öffentlichen Hand an einer (teilweisen) Kostendeckung hintanzusetzen (BGHZ 111, 36, 42; BGHZ 123, 368, 374). Der Grundsatz der Subsidiarität der Sozialhilfe nach § 2 BSHG und § 9 SGB I genieße nicht generell Vorrang vor anderen Prinzipien, zB vor dem Grundsatz der Testierfreiheit (BGHZ 111, 36, 39 f; BGHZ 123, 368, 377; NJW 1994, 248, 250). Eine Durchbrechung des Grundsatzes der Testierfreiheit durch Anwendung des § 138 zugunsten des Grundsatzes der Subsidiarität der Sozialhilfe sei nicht gerechtfertigt, denn der Gesetzgeber habe den Grundsatz der Subsidiarität der Sozialhilfe selbst mehrfach in erheblichem Maße durchbrochen (BGHZ 111, 36, 42; BGHZ 123, 368, 376, 378; NJW 1994, 248, 250).

365 Die Ansicht des BGH hat nicht nur Zustimmung erfahren, sondern ist auch auf heftige und mE zumindest im Ergebnis zutreffende Kritik gestoßen (G H RAISER MDR 1995, 237; EICHENHOFER JZ 1999, 226, 232 f; MAYER-MALY AcP 194 [1994] 105, 146; Münch-Komm/MAYER-MALY/ARMBRÜSTER § 138 Rn 45). Denn Zweck des § 92c BSHG ist es, die Allgemeinheit vor Kosten zu schützen, die der Kostenverursacher bzw dessen „Verantwortungskreis" zumutbar selbst tragen kann. Vermögen, auf das der Hilfeempfänger einen Anspruch hat – nämlich den Pflichtteilsanspruch – und das einen bestimmten Sockelbetrag übersteigt, muss spätestens mit dem Tod des Hilfeempfängers im wohlverstandenen Interesse der Allgemeinheit dem Sozialhilfeträger zufallen, statt vermögensvermehrend auf dritte, bislang nicht einmal belastete Personen (Nacherben) verteilt zu werden (so G H RAISER MDR 1995, 237, 238; vgl auch Münch-Komm/MAYER-MALY/ARMBRÜSTER § 138 Rn 45; MAYER-MALY AcP 194 [1994] 105, 146). Die vom BGH gebilligten Konstruktionen sind Umgehungen des im Sozialhilferecht bestehenden Subsidiaritätsprinzips, das den Schutz der Allgemeinheit bezweckt. Die Tatsache, dass der Gesetzgeber selbst gewisse Ausnahmen davon zulässt, ist kein ausreichendes Argument, weitere Ausnahmen durch bestimmte Gestaltungen letztwilliger Verfügungen zu schaffen. Es sind Umgehungen des Subsidiaritätsprinzips, soweit es den Pflichtteilsanspruch betrifft, durch den der Gesetzgeber auch die Testierfreiheit eingeschränkt hat. Es gibt auch keine als vorrangig anzuerkennenden Interessen der Nacherben vor dem Interesse der Allgemeinheit, nur subsidiär helfend eingreifen zu müssen.

X. Gesellschaftsrechtliche Beziehungen

1. Kündigungsbeschränkungen

366 Nach § 723 Abs 3 ist eine Vereinbarung, durch die das Kündigungsrecht eines BGB-Gesellschafters ausgeschlossen oder dem § 723 zuwider beschränkt wird, nichtig. Die Vorschrift des § 723 beruht auf dem allgemeinen Rechtsgedanken, dass es mit der persönlichen Freiheit von Vertragschließenden unvereinbar ist, persönliche und wirtschaftliche Bindungen ohne zeitliche Begrenzung und ohne Kündigungsmöglichkeiten einzugehen. Der zwingende Charakter des § 723 Abs 3 schließt auch die freiwillige Vereinbarung derartiger Kündigungsbeschränkungen aus (BGHZ 126, 226 = BGH NJW 1994, 2536, 2537; dazu DAUNER-LIEB GmbHR 1994, 836; BGH NJW 1954, 106). Diese Regelung gilt nach § 105 HGB auch für die OHG (BGH NJW 1954, 106; BGHZ 23, 10, 12; NJW 1985, 192 f, 193; NJW 1993, 2101, 2102) und nach den §§ 105, 161 Abs 2 HGB für die

KG (BGHZ 123, 281 = NJW 1993, 3193 betr den Kommanditisten einer KG; BGH NJW 1954, 106
betr den Komplementär einer KG); ihr Rechtsgedanke trifft ferner auch die stille Gesellschaft (BGHZ 23, 10, 12 ff, 15 = NJW 1957, 461; NJW 1954, 106; aA RGZ 156, 129) und die
GmbH (BGHZ 116, 359, 369). Gegen diesen Rechtsgedanken verstoßen Vereinbarungen über die **vermögensrechtlichen Folgen** einer Kündigung, die zwar das Kündigungsrecht formal nicht berühren, faktisch aber dazu führen, dass ein Gesellschafter wegen der ihm im Falle der Kündigung drohenden Vermögensnachteile nicht
mehr frei entscheiden kann, ob er von seinem Kündigungsrecht Gebrauch macht
oder nicht (BGHZ 126, 226 = NJW 1994, 2536, 2537; NJW 1993, 2101, 2102). Vereinbarungen
über derartige an die Kündigung geknüpfte Folgen kommen einem faktischen Ausschluss des Kündigungsrechts gleich und sind nichtig (BGH NJW 1985, 192, 193; NJW 1989,
3272; BGHZ 126, 226 = NJW 1994, 2536, 2537; HECKELMANN, Abfindungsklauseln in Gesellschaftsverträgen [1973] 142; STAUDINGER/KESSLER[12] § 723 Rn 41 ff; differenzierend MÖHRING, in: FS Barz
[1974] 49, 60 ff). Die Nichtigkeit ergibt sich, sofern nicht § 723 Abs 3 (iVm § 105 Abs 2,
§ 161 Abs 2 HGB) anwendbar ist, aus § 138, wobei der Rechtsgedanke des § 723
Abs 3 den Inhalt der guten Sitten mitbestimmt.

Eine sittenwidrige Beschränkung des Kündigungsrechts kann sich insbesondere aus
Abfindungsklauseln ergeben, die den kündigungswilligen Gesellschafter bei der Abfindung erheblich benachteiligen; dazu im folgenden.

2. Abfindungsklauseln

Nach § 738 ist einem Gesellschafter beim Ausscheiden aus einer BGB-Gesellschaft **367**
sowie nach § 105 HGB und § 161 Abs 2 HGB aus einer OHG oder KG dasjenige zu
zahlen, das er bei der Auseinandersetzung der Gesellschaft erhalten würde, wenn die
Gesellschaft im Zeitpunkt seines Ausscheidens aufgelöst würde. Dies kann allerdings
mit einem erheblichen Kapitalabfluss verbunden sein, der den Bestand und die
Fortführung der Gesellschaft gefährden könnte. Aus diesem Grunde (vgl BGH NJW
1992, 892, 894), aber auch ua zur Vermeidung von Streitigkeiten über die Höhe des
Abfindungsanspruchs, enthalten Gesellschaftsverträge meist Abfindungsregeln, die
von der dispositiven Regelung des § 738 abweichen. Sie sind grds zulässig (BGHZ 116,
359, 368; NJW 1993, 2101, 2102; BGHZ 126, 226, 239 ff; WM 1997, 1619). Dem sind jedoch in
Anbetracht der Leitbildfunktion des § 738 Grenzen gesetzt (BGH ZIP 1989, 770, 772; vgl
auch oben Rn 43; zu den Grenzen der Gleichbehandlung im Gesellschaftsrecht und gegen die Leitbildfunktion des § 738 VOLMER DB 1998, 2507 f, 2511). Sofern beim Ausscheiden eines Gesellschafters zu einem erheblichen Missverhältnis zwischen dem Abfindungsanspruch
und dem tatsächlichen Verkehrswert des Gesellschaftsanteils führen würden, stünde
dies im praktischen Ergebnis auch im Widerspruch zum Verbot des § 723 Abs 3, das
Kündigungsrecht auszuschließen oder erheblich zu beschränken bzw zum Rechtsgedanken dieses Verbots (WESTERMANN, in: BGH-FS II 245, 259; krit VOLMER DB 1998, 2507,
2508). Nur bei Gesellschaften ohne Erwerbszweck wird eine erhebliche Beschränkung oder gar ein Ausschluss der Abfindung im Falle des Ausscheidens eines Gesellschafters für grundsätzlich wirksam erachtet (BGH WM 1997, 1619).

Der BGH hat ursprünglich angenommen, dass Abfindungsklausen gegen § 138 ver- **368**
stoßen, wenn sie aufgrund der wirtschaftlichen Entwicklung der Gesellschaft ein
erhebliches Missverhältnis zwischen der Abfindung (zB zum Buchwert) und dem
tatsächlichen Wert der Beteiligung zur Folge haben und dadurch die Freiheit des

Gesellschafters zu kündigen, unzumutbar beschränken (BGH NHW 1985, 192, 193; BB 1992, 448 ff). Im Jahre 1993 änderte der BGH diese Rechtssprechung (BGH NJW 1993, 3193). Nunmehr unterscheidet er bei gesellschaftsvertraglichen Abfindungsklauseln zutreffend zwischen dem Zeitpunkt der Vornahme des Rechtsgeschäfts und dem Zeitpunkt des Ausscheidens des betreffenden Gesellschafters. Nur so lässt sich vermeiden, dass ein und dieselbe Abfindungsklausel je nach der Entwicklung des Verhältnisses zwischen dem Wert des vereinbarten Abfindungsanspruchs und dem tatsächlichen Anteilswert einmal wirksam und einmal unwirksam ist (vgl den zutr Hinweis darauf in BGHZ 123, 281, 284; ebenso Büttner, in: FS Nirk [1992] 119, 124 f, 127 f; Mecklenbrauck BB 2000, 2001, 2002; Rasner NJW 1983, 2905, 2908; K Schmidt, Gesellschaftsrecht § 50 IV 2c cc; Sigle ZGR 1999, 659, 665 aE, 666 f; Ulmer/Schäfer ZGR 1995, 134, 136; HP Westermann, in: BGH-FS II 245, 253; Winkler BB 1997, 1699, 1700 f; unklar insoweit noch BGH NJW 1989, 3272).

369 **a)** Von Anfang an unwirksam wegen unzulässiger Beschränkung des Kündigungsrechts eines Gesellschafters sind Abfindungsklauseln, wenn die vorgesehene Abfindung schon **im Zeitpunkt der Vereinbarung** der Abfindungsklausel in einem erheblichen Missverhältnis zum tatsächlichen Verkehrswert des Gesellschaftsanteils des ausscheidenden Gesellschafters steht (BGH NJW 1985, 192, 193; NJW 1989, 2685, 2686; NJW 1989, 3272; BGHZ 116, 359, 369; NJW 1993, 2101, 2102; BGHZ 123, 281; BGHZ 126, 226, 230 f).

370 Die Nichtigkeit stützt man zT unmittelbar auf § 723 Abs 3, soweit es BGB-Gesellschaften betrifft (so wohl BGH NJW 1985, 192 f, 193; dagegen BGH NJW 1989, 3272) oder auf eine analoge Anwendung von § 723 Abs 3 (BGH NJW 1989, 3272; BGHZ 123, 281), und dies nicht nur wegen der §§ 105, 161 HGB auch bei der OHG und KG, sondern auch bei anderen Gesellschaftstypen. Auch mit einem Verstoß gegen § 138 (BGH NJW 1989, 2685, 2686; BGHZ 116, 359, 368; K Schmidt, Gesellschaftsrecht § 50 IV 2c cc; Büttner, in: FS Nirk [1992] 119, 121 f; Palandt/Heinrichs § 138 Rn 85; Ulmer/Schäfer ZGR 1995, 134 ff passim; krit zur Anwendung von § 138 Dauner-Lieb ZHR 158 [1994] 271, 288; dies GmbHR 1994, 836, 840; MünchKomm/Ulmer § 738 Rn 35) oder mit einem Verstoß gegen das Umgehungsverbot wird sie begründet (Heckelmann, Abfindungsklauseln in Gesellschaftsverträgen 142; Münch-Komm/Ulmer § 738 Rn 38; K Schmidt, Gesellschaftsrecht aaO). In der Tat liegt in der faktischen Beschränkung der Kündigungsfreiheit durch nachteilige Abfindungsklauseln eine Umgehung des § 723 Abs 3 bzw ein Verstoß gegen den Rechtsgedanken dieser Vorschrift, was nach der hier vertretenen Ansicht sittenwidrig und nach § 138 nichtig ist (K Schmidt, Gesellschaftsrecht § 50 IV 2c cc; vgl auch H P Westermann, in: FS Stimpel [1985] 69, 73, 81, 90 f); der Rechtsgedanke des nicht unmittelbar auf Abfindungsklauseln anwendbaren § 723 Abs 3 bestimmt den Inhalt der guten Sitten iSv § 138 mit. Da es sich um einen allgemeinen Rechtsgedanken handelt, der seinem Wesen nach nicht nur auf die BGB-Gesellschaft und die Personenhandelsgesellschaften beschränkt ist, wird er über § 138 auch bei den übrigen Gesellschaftsformen relevant, zB bei der GmbH (BGHZ 116, 359, 368 f, 372, 374). Nicht nur für die Anwendung des § 138, sondern auch für die des § 723 Abs 3 (analog) ist nicht der Zeitpunkt des Ausscheidens aus der Gesellschaft, sondern der der Vornahme des Rechtsgeschäfts maßgeblich (BGHZ 123, 281, 284; Büttner, in: FS Nirk [1992] 119, 120, 125, 126 f; Ulmer/Schäfer ZGR 1995, 134, 139, 154).

371 Für nichtig nach § 138 wegen unzumutbarer Beschränkung der Kündigung erklärte der BGH Abfindungsklauseln, wenn ein **erhebliches Missverhältnis** zwischen der vertraglich vereinbarten Abfindungshöhe und dem nach dem Verkehrswert zu bemessenden Abfindungsanspruch („Anteilswert") besteht, sofern diese Beschränkung des Abflusses von Gesellschaftskapital vollkommen außer Verhältnis zu der Beschränkung steht, die erforderlich ist, um im Interesse der verbleibenden Gesellschafter den Fortbestand der Gesellschaft und die Fortführung des Unternehmens zu sichern (BGH NJW 1985, 192, 193; NJW 1989, 3272; BGHZ 116, 359, 368, 369 f = NJW 1992, 892; vgl auch BGH WM 2000, 1762, 1763; krit SIGLE ZGR 1999, 659, 663 f). Von Anfang an unwirksam ist zB eine Vereinbarung, wonach der kündigende Gesellschafter **keine** Abfindung erhält (RG Recht 1909 Nr 2387; KNÖCHLEIN DNotZ 1960, 452, 455), aber auch zB die Beschränkung der Abfindung auf den halben Buchwert und die Streckung der Auszahlung auf 15 Jahre (BGH NJW 1989, 2685, 2686; BÜTTNER, in: FS Nirk [1992] 119; Münch-Komm/MAYER-MALY/ARMBRÜSTER § 138 Rn 81). Demgegenüber hält die Rspr bislang sog **Buchwertklauseln** für grds zulässig (BGH NJW 1975, 1835; 1985, 192, 193; NJW 1989, 2685, 2686; NJW 1989, 3272; BGHZ 116, 359, 368 f = NJW 1992, 892, 894; GRUNEWALD, Gesellschaftsrecht S 68 Rn 139; RASNER NJW 1983, 2905, 2907 ff; K SCHMIDT, Gesellschaftsrecht § 50 IV 2c ee; ULMER NJW 1979, 81, 86). Bei einer konzernleitenden Personengesellschaft richtet sich der Buchwert nicht nach dem Eigenkapital in der Einzelbilanz der Obergesellschaft, sondern nach der Konzernbilanz der Unternehmensgruppe (SCHÖN ZHR 166 [2002] 585, 590 ff, 599). Von diesem Grundsatz wurden jedoch Ausnahmen gemacht, wenn Buchwertklauseln zur Folge haben, dass der Abfindungsanspruch des Gesellschafters erheblich unter dem tatsächlichen Anteilswert liegt (BGH NJW 1979, 104; 1985, 192, 193). Diese Ansicht verkennt, dass für die Anwendung des § 138 der Zeitpunkt des Abschlusses des Gesellschaftsvertrags bzw des Gesellschaftsbeitritts maßgeblich ist. Eine Abfindungsklausel kann nicht, je nach der Entwicklung der Gesellschaft und dem aktuellen Anteilswert im Zeitpunkt des Ausscheidens des Gesellschafters, sittenwidrig oder nicht sittenwidrig iSv § 138 sein. Wenn die vereinbarte Abfindung im Zeitpunkt des Ausscheidens aus der Gesellschaft nicht mehr angemessen ist, muss nach § 242 angepasst werden (unten Rn 375 f).

Eine Satzungsbestimmung, wonach die Abfindung ohne Ansatz des Firmenwertes **372** oder der stillen Reserven berechnet werden soll, ist grds wirksam (BGH NJW 1979, 104). Sie ist auch wirksam, wenn sie für den Fall der Ausschließung eines Gesellschafters aus wichtigem Grunde vorgesehen ist (BGH NJW 1975, 1835 f).

Soweit eine Abfindungsklausel von Anfang an nach § 723 Abs 3 (analog) oder § 138 **373** unwirksam ist, tritt an ihre Stelle nicht die dispositive Regelung des § 738 (so jedoch BGH NJW 1979, 104; BÜTTNER, in: FS Nirk [1992] 119, 127; HÜLSMANN GmbHR 2001, 409, 415; MünchKomm/ULMER § 738 Rn 57; ULMER NJW 1979, 81, 86; WANGLER DB 2001, 1763, 1768). Denn dies stünde im Widerspruch zum Parteiwillen (RASNER ZHR 158 [1994] 292, 297 f). Vielmehr ist wegen des **Übermaßes** der Beschneidung der Rechte des ausscheidenden Gesellschafters eine – bezogen auf das Übermaß – geltungserhaltende Reduktion vorzunehmen, die im praktischen Ergebnis zu einer **geltungserhaltenden Extension** des Abfindungsanspruches führt (vgl K SCHMIDT, Gesellschaftsrecht § 50 IV 2c dd; dazu auch H P WESTERMANN, in: FS Stimpel [1985] 69 ff; aA BÜTTNER, in: FS Nirk [1992] 119, 127). Dies wurde vom BGH auch als „ergänzende Vertragsauslegung" bezeichnet (BGH NJW 1985, 192, 193; BGHZ 123, 281, 284, 286 = NJW 1993, 3193); dieser Begriff passt jedoch nicht, da für eine ergänzende Vertragsauslegung, dh für ein Zuendedenken des Vertrags unter maßgeblicher Berücksichtigung des Parteiwillens nur Raum ist, wenn das von den Parteien Gewollte Zweifel lässt, während hier in Wirklichkeit in Abweichung vom Parteiwillen eine Vertragskorrektur vorgenommen wird (zutr DAUNER-LIEB ZHR

158 [1994] 271, 277 f; Rasner ZHR 158 [1994] 292, 306; Ulmer/Schäfer ZGR 1995, 134, 141 aE, 144). Der Abfindungsanspruch des ausscheidenden Gesellschafters darf nicht weiter unter dem normalen Auseinandersetzungsguthaben liegen, als ihn die Parteien unter Berücksichtigung der Wertung des § 723 Abs 3 hätten vereinbaren dürfen. Er hat einen Anspruch auf eine **angemessene Abfindung**. Bei der Feststellung der Abfindungshöhe muss allerdings ein angemessener Ausgleich zwischen dem Interesse des ausscheidenden Gesellschafters und den Interessen der Gesellschafter gefunden werden. Einerseits darf das Kündigungsrecht des Gesellschafters nicht durch eine allzu ungünstige Abfindung unzumutbar eingeschränkt werden. Andererseits ist auf Interessen der Gesellschafter am Bestand und an der Fortführung der Gesellschaft Rücksicht zu nehmen (BGH NJW 1993, 2101, 2102). Demgemäß muss sich die angemessene Abfindung nicht unbedingt mit dem aktuellen Verkehrswert des Anteils decken. Vielmehr sind auch die berechtigten Interessen der Gesellschafter, insbesondere am Bestandsschutz durch Einschränkung des Kapitalabflusses, sowie der wirkliche oder mutmaßliche Wille der Parteien zu berücksichtigen (BGH NJW 1993, 2101, 2102; BGHZ 123, 281, 284 f = NJW 1993, 3193; vgl auch BGHZ 116, 359, 368; Büttner, in: FS Nirk [1992] 119, 130 ff; K Schmidt, Gesellschaftsrecht § 50 IV 2c cc). Maßgeblich ist nicht nur die prozentuale Differenz zwischen Abfindungshöhe und Anteilswert, sondern auch die Differenz in absoluten Zahlen (Rasner ZHR 158 [1994] 292, 303 f). Ferner ist zu berücksichtigen, ob der Gesellschafter freiwillig kündigt, ob ihm wegen Vorliegens eines wichtigen Grundes gekündigt wurde oder ob ihm – sofern ausnahmsweise zulässig – ohne Vorliegen eines besonderen Grundes gekündigt wurde (vgl BGH NJW 1979, 104; NJW 1989, 2685, 2686; Ulmer/Schäfer ZGR 1995, 134, 153).

374 Für von Anfang an sittenwidrig und insgesamt unwirksam hielt der ÖstOGH die Zusicherung eines **über** dem Betrag der Einlage liegenden festen Abfindungsguthabens, das unabhängig von den Vermögensverhältnissen der Gesellschaft gewährt wird (ÖstOGH RdW 1995, 217, 218). Er begründete diese Ansicht damit, eine solche Zusicherung führe im Regelfall dazu, dass die ausscheidenden Gesellschafter zu Lasten der verbleibenden Gesellschafter und der Gesellschaftsgläubiger abgefunden werden, wenn die Zusage über einen längeren Zeitraum gegeben werde, so dass eine seriöse Voraussage nicht möglich sei, ob das Vermögen der Gesellschaft zu jenem Zeitpunkt einen Abfindungsanspruch in der zugesagten Höhe rechtfertige (ÖstOGH aaO).

375 b)   Wenn eine Abfindungsklausel im Zeitpunkt des Vertragsabschlusses wirksam war und erst **nachträglich** ein nicht vorhersehbares Missverhältnis zwischen vereinbarter Abfindung und tatsächlichem Wert des Gesellschaftsanteils entstanden ist, wird sie nicht nachträglich unwirksam (so neuerdings zutr BGH NJW 1993, 2101, 2102; BGHZ 123, 281, 284 = NJW 1993, 3193; ebenso Hülsmann GmbHR 2001, 409, 415; Rasner ZHR 158 [1994] 292, 297; Ulmer NJW 1979, 81, 82; ders, in: FS Quack [1991] 477, 486; Ulmer/Schäfer ZGR 1995, 134, 139, 144 f; krit G Müller ZIP 1995, 1561; Volmer DB 1998, 2507, 2508). Dasselbe gilt bei einer Änderung der sittlich-rechtlichen Vorstellungen über die Grenzen der noch bzw nicht mehr hinzunehmenden Differenz zwischen der vereinbarten Abfindung und dem tatsächlichen Wert des Gesellschaftsanteils. Da die **Inhaltskontrolle** nach § 723 (analog) oder § 138 nicht eingreift, muss im Wege der **Ausübungskontrolle** nach § 242 eine Vertragsanpassung an die veränderten Umstände erfolgen (BGHZ 116, 359, 371; NJW 1993, 2101, 2102; BGHZ 123, 281, 284 = NJW 1993, 3193; BGHZ 126, 226 = NJW 1994, 2536, 2539; Büttner, in: FS Nirk [1992] 119, 126, 127 f, 135 f; Meck-

LENBRAUCK BB 2000, 2001, 2004; MÖHRING, in: FS Barz [1974] 49, 58, 62; K SCHMIDT, Gesellschaftsrecht § 50 IV 2c ee; ULMER/SCHÄFER ZGR 1995, 134, 144 f, 154; H P WESTERMANN AcP 175 [1975]
414, 423 f; krit VOLMER DB 1998, 2507, 2510). Die Wertung des § 723 Abs 3 bestimmt auch
die Ausübungskontrolle nach Treu und Glauben. Dem ausscheidenden Gesellschafter muss trotz entgegenstehender Abfindungsklausel eine angemessene Abfindung
gezahlt werden (BGHZ 123, 281, 285). Sie ist durch eine **Interessenabwägung** festzustellen, bei der alle Umstände des Einzelfalles einschließlich der nach Vertragsabschluss eingetretenen Änderungen der wirtschaftlichen Verhältnisse zu berücksichtigen sind, zB die Dauer seiner Mitgliedschaft in der Gesellschaft, sein Anteil
am Aufbau und Erfolg der Gesellschaft oder der Anlass seines Ausscheidens (BGH
NJW 1994, 1472, 1474; HÜLSMANN GmbHR 2001, 409, 415). In der Regel wird eine Abfindung
angemessen sein, die zwischen dem tatsächlichen Verkehrswert und dem vereinbarten Abfindungsbetrag liegt (BGH GmbHR 1993, 806; GmbHR 1994, 871, 877; HÜLSMANN
GmbHR 2001, 409, 415; vgl auch BRANDES WM 1995, 641, 651; MECKLENBRAUCK BB 2000, 2001,
2005 f). Auch in diesen Fällen ist also die Anwendung der dispositiven Regelung des
§ 738 abzulehnen (RASNER ZHR 158 [1994] 292, 297 f; SIGLE ZGR 1999, 659, 668; aA BÜTTNER,
in: FS Nirk [1992] 119, 127; FLUME DB 1986, 629, 634), mit der man zu anderen Ergebnissen
gelangen würde, da dies dem Parteiwillen nicht gerecht würde. Unerheblich ist, ob
die Gesellschafter einen anderen Abfindungswert vereinbart hätten, wenn sie die
tatsächliche Entwicklung des Wertes der Gesellschaft vorausgesehen hätten. Denn
nach § 723 Abs 3 bzw nach der Wertung dieser Vorschrift kommt es nicht darauf an,
ob eine Kündigungsbeschränkung freiwillig vereinbart wurde und ob sie vorhersehbar war (aA RASNER ZHR 158 [1994] 292, 298; zur Reduzierung erbrechtlicher Ansprüche durch
Abfindungsklauseln vgl WINKLER BB 1997, 1699, 1701 ff).

c)   Im praktischen Ergebnis führt die **Inhaltskontrolle** nach § 723 Abs 3 (analog)   **376**
oder § 138 zum selben Ergebnis wie die an der Wertung des § 723 Abs 3 orientierte
Ausübungskontrolle nach § 242 bei einer unvorhersehbaren Entwicklung des tatsächlichen Wertes der Gesellschaft (aA RASNER ZHR 158 [1994] 292, 298 f). Denn bei der
Ausübungskontrolle ist ein Verstoß gegen Treu und Glauben immer und nur dann
anzunehmen, wenn im Falle eines vorhersehbaren Missverhältnisses zwischen der
Abfindung und dem tatsächlichen Wert des Gesellschaftsanteils die Abfindungsvereinbarung gegen § 723 Abs 3 verstoßen hätte bzw unter Berücksichtigung der Wertung des § 723 Abs 3 nach § 138 sittenwidrig gewesen wäre (ULMER/SCHÄFER ZGR 1995,
134, 145 f, 147 f). Deshalb kann in aller Regel dahingestellt bleiben, ob die tatsächliche
Entwicklung des Wertes der Gesellschaft vorhersehbar war oder nicht.

d)   Nichtig nach § 138 wegen **Gläubigergefährdung** ist auch eine Abfindungsbe-   **377**
schränkung, die nur für den Fall des Gesellschafterkonkurses bzw eines Zugriffs
von persönlichen Gläubigern eines Gesellschafters auf das Gesellschaftsvermögen
gilt (K SCHMIDT, Gesellschaftsrecht § 50 IV 2c aa; ERMAN/PALM § 138 Rn 110; vgl auch BGHZ 65,
22, 28). Die Regelungen der §§ 29 KO (jetzt §§ 129 ff InsO) und der §§ 2 ff AnfG
bieten insoweit keinen ausreichenden Schutz (K SCHMIDT aaO).

3.   Kündigungs- und Ausschlussklauseln

Eine gesellschaftsvertragliche Bestimmung, die die Möglichkeit eines Ausschlusses   **378**
eines Gesellschafters – zB durch die Gesellschafterversammlung – ohne Vorliegen
sachlich gerechtfertigter Gründe vorsieht, ist grds nichtig (BGHZ 68, 212, 215; 81, 263,

266 ff; 84, 11, 14 f; NJW 1985, 2421, 2422; BGHZ 104, 50, 57 ff; 105, 213, 216 f; 107, 351, 353; NJW 1994, 1156, 1157; WM 1996, 133, 135; PALANDT/HEINRICHS § 138 Rn 85; SOERGEL/HEFERMEHL § 138 Rn 140; vgl auch GRUNEWALD, Der Ausschluss aus Gesellschaft und Verein [1987] 132 f; H P WESTERMANN, in: BGH-FS II 245, 255 ff; anders noch zB BGHZ 34, 80; zum Wandel der Rspr durch BGHZ 68, 212 vgl U HUBER ZGR 1980, 177, 187, 198). Nichtig ist auch eine Satzungsbestimmung, die einen Gesellschafter berechtigt, die gesamte Gesellschaft nach freiem Ermessen zu kündigen und das Geschäft ohne Liquidation mit Aktiven und Passiven zu übernehmen (BGH NJW 1985, 2421, 2422; MünchKomm/MAYER-MALY/ARMBRÜSTER § 138 Rn 82; SOERGEL/HEFERMEHL § 138 Rn 140; krit FLUME JZ 1985, 1106 f; LORITZ JZ 1986, 1073 ff; WEBER/HIKEL NJW 1986, 2752 ff). Damit sollen die Gesellschafter einerseits davor geschützt werden, dass sie die Gefahr eines nicht näher zu begründenden Ausschlusses als Disziplinierungsmittel empfinden, das ihre Entschließungsfreiheit bei der Wahrnehmung gesellschaftsvertraglicher Rechte beeinträchtigt (BGHZ 81, 263, 266 f; BGH NJW 1985, 2421, 2422; BGHZ 105, 213, 217; NJW 1994, 1156, 1157; U HUBER ZGR 1980, 177, 199; SOERGEL/HEFERMEHL § 138 Rn 140). Außerdem soll verhindert werden, dass Gesellschafter nur das Risiko der Gesellschaft tragen, jedoch durch Gesellschaftsausschluss um die Früchte einer erfolgreichen Tätigkeit ihrer Gesellschaft gebracht werden können (BGHZ 84, 11, 14 f; 104, 50, 58 f; BGH NJW 1994, 1156, 1157). Der Nichtigkeit solcher Ausschlussklauseln kann nicht dadurch begegnet werden, dass der ausgeschlossene Gesellschafter eine volle oder jedenfalls angemessene Abfindung beanspruchen kann (BGHZ 81, 263, 268 aE; 84, 11, 15; 104, 50, 58 f; BGH NJW 1994, 1156, 1157; SOERGEL/HEFERMEHL § 138 Rn 140; WIEDEMANN ZGR 1980, 147, 153). Denn damit würde die einseitige Benachteiligung der Anleger nicht beseitigt, die daraus folgt, dass sie Gefahr laufen, ihre Beteiligung nur dann zu verlieren, wenn die Gesellschaft erfolgreich arbeitet (BGHZ 84, 11, 15 f; 104, 50, 59).

379 Nur bei Vorliegen **außergewöhnlicher** Umstände ist es denkbar, dass eine Gesellschaftsvertragsklausel, die die Möglichkeit der Hinauskündigung ohne Begründung nach freiem Ermessen vorsieht, als gerechtfertigt erscheint (BGHZ 68, 212, 215; 81, 263, 269; 105, 213, 217 aE; 107, 351, 353; SOERGEL/HEFERMEHL § 138 Rn 140). Dies kann zB der Fall sein, wenn der Gesellschaftsvertrag für den Fall des Todes eines Gesellschafters ein Kündigungsrecht gegenüber den Erben vorsieht (BGHZ 105, 213, 217 aE; BGH WM 1971, 1338, 1340; SOERGEL/HEFERMEHL § 138 Rn 140). Ein bedingungsloses Ausschlussrecht ist auch dann ausnahmsweise wirksam, wenn dem betreffenden Gesellschafter die Beteiligung an der Gesellschaft unentgeltlich eingeräumt worden ist (BGHZ 34, 80, 83 = NJW 1961, 504; EISELT, in: FS vLübtow 1980 S 656; MünchKomm/MAYER-MALY[3] § 138 Rn 74; SOERGEL/HEFERMEHL § 138 Rn 140; aA SCHMIDT, Gesellschaftsrecht § 50 III 4 a; MünchKomm/ MAYER-MALY/ARMBRÜSTER § 138 Rn 82).

380 Soweit für die Nichtigkeit von Ausschlussklauseln überhaupt eine Rechtsgrundlage genannt wird, stützt man sie auf „Grundprinzipien des Gesellschaftsrechts", die der „Vertragsfreiheit immanente Grenzen" setzen (so BGHZ 81, 263, 266 = NJW 1981, 2565 aE; der Sache nach auch BGH NJW 1994, 1156 ff; vgl auch BGH NJW 1985, 2421), auf § 138 (BGH NJW 1985, 2421, 2422; BGHZ 105, 213, 216 f, 218, 220; BGHZ 107, 351, 353; U HUBER ZGR 1980, 177, 199), auf beide Rechtsgrundlagen (BGHZ 81, 263, 266) oder wegen Abweichens vom gesetzlichen Leitbild auf § 242 (BGHZ 84, 11, 13, 14; 104, 50, 52, 58; vgl auch WIEDEMANN ZGR 1980, 147, 150 [grundsätzlich nur „Ausübungskontrolle"]).

381 Soweit die Ausschließung eines Gesellschafters ohne wichtigen Grund ausnahmsweise zulässig ist, ist eine **Abfindungsregelung**, zB eine Buchwertklausel, grundsätzlich nach § 138 nichtig bzw nach § 242 anzupassen, wenn sie wesentlich vom aktuellen Verkehrswert des Gesellschaftsanteils abweicht (BGH NJW 1979, 104; NJW 1989, 2685, 2686; krit FLUME NJW 1979, 902, 904; K SCHMIDT, Gesellschaftsrecht § 50 IV 2c bb). Nur bei Vorliegen besonderer Umstände kann eine solche Abweichung gerechtfertigt sein.

4. Sonstige Regelungen

Überträgt ein Gesellschafter einer OHG durch Vereinbarung mit den anderen Ge- **382** sellschaftern auf Lebenszeit die Ausübung aller ihm nach Gesetz und Vertrag zustehenden Gesellschafterrechte einem sog **Treuhänder**, so ist diese Vereinbarung wegen sittenwidriger Knebelung nach § 138 nichtig, wenn der Gesellschafter bei der Auswahl des Treuhänders nicht mitwirken, ihm keine Weisungen erteilen und ihn nicht jederzeit abberufen kann (BGHZ 44, 158, 161; BGH MDR 1966, 101 m Anm WIEDEMANN; PALANDT/HEINRICHS § 138 Rn 85; SOERGEL/HEFERMEHL § 138 Rn 139). Sittenwidrig ist eine solche Bindung deshalb, weil sich der Gesellschafter in einem weiten Bereich seiner wirtschaftlichen Betätigung seiner freien Selbstbestimmung entäußert und sich insoweit auf Lebenszeit der Entscheidung eines Dritten unterworfen hat, der nicht einmal eine Person seines Vertrauens zu sein braucht. Hinzu kommt sein Risiko infolge seiner unbeschränkten persönlichen Haftung nach § 128 HGB (BGHZ 44, 158, 161).

Auf inhaltlich sittenwidrige Beschlüsse von Aktiengesellschaften ist § 241 Nr 4 AktG **383** anwendbar, der als lex specialis die Sittenwidrigkeitsklausel des § 138 verdrängt (BGHZ 15, 382, 384 f zu § 195 Nr 4 AktG aF). Auf inhaltlich sittenwidrige Beschlüsse der Gesellschafterversammlung einer GmbH ist nicht § 138, sondern § 241 Nr 4 AktG analog anzuwenden (RGZ 166, 129, 131; BGHZ 11, 231, 235; BGHZ 15, 382, 384 f).

Eine Satzungsbestimmung, die bei **Pfändung** eines Geschäftsanteils dessen Einzie- **384** hung gegen ein Entgelt zulässt, das nicht dem aktuellen Verkehrswert entspricht, ist nur wirksam, wenn die Satzung auch eine entsprechende und wirksame Berechnung von Abfindungen vorsieht (BGH NJW 1975, 1735 f).

Auf eine Satzungsbestimmung, die gegen das **Stimmenthaltungsgebot** verstößt, hat **385** der BGH § 138, das RG neben § 138 auch § 134 angewendet (RGZ 136, 236, 245; BGH WM 1980, 649, 650; BGHZ 108, 21, 27; s o § 134 Rn 21). Stimmbindungsverträge sind idR nicht sittenwidrig (RGZ 161, 300; BGH NJW 1951, 268).

Sittenwidrig ist die Vereinbarung mit dem geschäftsführenden Gesellschafter einer **386** auf 30 Jahre eingegangenen Personenhandelsgesellschaft, alle Einnahmen aus anderweitiger Tätigkeit an die Gesellschaft abzuführen (BGHZ 37, 381, 385; o Rn 293). Zu den gesellschaftsrechtlichen Wettbewerbsverboten s o Rn 297 ff; zu den Rechtsfolgen eines Gesellschaftsvertrags, der auf einen sittenwidrigen Gesellschaftszweck gerichtet ist, s o Rn 108.

XI. Arbeitsverhältnisse

1. Sittenwidrige Lohnabreden

387 Für einen Großteil der Arbeitnehmer sind die Löhne in Tarifverträgen geregelt. Soweit ein Tarifvertrag einen Arbeitgeber bindet und zugunsten eines Arbeitnehmers gilt, ist diesem der Tariflohn zu zahlen, auch wenn die Parteien einen untertariflich niedrigen Lohn vereinbart haben (BAG DB 1990, 2023; HANAU, in: MünchArbR I § 62 Rn 48, 49). Im außertarifvertraglichen Bereich ist eine Lohnvereinbarung nicht schon dann ohne weiteres sittenwidrig, wenn der marktübliche Lohn für vergleichbare Arbeit unterschritten wird; es müssen für den Vorwurf der Sittenwidrigkeit besondere Umstände hinzutreten (ERMAN/PALM § 138 Rn 77b; PALANDT/HEINRICHS § 138 Rn 79). Auch eine Unterschreitung des Tariflohns des betr Wirtschaftszweiges macht eine Lohnvereinbarung nicht ohne weiteres sittenwidrig (BAG AP Nr 30 zu § 138 BGB).

388 **a)**   Eine Lohnvereinbarung ist nichtig, wenn zwischen dem vereinbarten Lohn und der zu erbringenden Arbeitsleistung ein auffälliges **Missverhältnis** besteht und der Ausbeutungstatbestand des § 138 Abs 2 erfüllt ist (dazu RICHARDI, in: MünchArbR I § 14 Rn 62, § 46 Rn 19; vgl auch HANAU, in: MünchArbR I § 63 Rn 4 ff). Ob Leistung und Gegenleistung in einem auffälligen Missverhältnis stehen, wird sich in aller Regel weniger nach dem Nutzen der Arbeit für den Arbeitgeber als vielmehr danach beurteilen, ob die Arbeitsleistung nach Dauer, Schwierigkeitsgrad, körperlicher oder geistiger Beanspruchung sowie hinsichtlich der Arbeitsbedingungen schlechthin noch ausreichend entlohnt wird (BAG AP Nr 30 zu § 138 BGB; MünchKomm/MAYER-MALY/ARMBRÜSTER § 138 Rn 148). Es genügt nicht, sich auf einen Vergleich des vereinbarten Lohns mit den Tariflöhnen des betr Wirtschaftszweiges zu beschränken (BAG AP Nr 30 zu § 138 BGB; ArbG Essen BB 1978, 255, 256). Ein auffälliges Missverhältnis wurde bejaht im Jahre 1973 bei einem Arbeitslohn des Fahrers eines Brötchendienstes von 1,04 DM pro Stunde abzüglich der Kosten für die Fahrt mit dem eigenen PKW des Arbeitnehmers (LAG Bremen AP Nr 33 zu § 138 BGB) bei einem Monatslohn von 450,– DM bzw später 550,– DM bei einem Tariflohn von 883,– DM (ArbG Essen BB 1978, 255 f) oder bei einem Stundenlohn von DM 12,70 im Vergleich mit einem Tariflohn von DM 19,05 (BGHSt 43, 53 = JZ 1998, 627 n Anm BERNSMANN; dazu NÄGELE BB 1997, 2162). Verneint wurde ein auffälliges Missverhältnis zwischen dem vereinbarten Lohn von 2,50 DM und einem Tariflohn von 3,44 DM im Jahre 1969 (BAG AP Nr 30 zu § 138 BGB mit krit Anm KONZEN; weitere Beispiele bei HANAU, in: MünchArbR I § 63 Rn 3 ff). Eine Zwangslage iSv § 138 Abs 2 kann sich aus Arbeitslosigkeit ergeben, wenn Arbeitslosengeld oder -hilfe nicht gewährt werden (RICHARDI, in: MünchArbR I § 46 Rn 22).

389 **b)**   Fehlt es am Ausbeutungstatbestand des § 138 Abs 2, kann bei einem auffälligen Missverhältnis von Leistung und Gegenleistung eine verwerfliche Gesinnung den Vorwurf der Sittenwidrigkeit iSv § 138 Abs 1 rechtfertigen (BAG AP Nr 1 u 30 zu § 138 BGB; KÄSSER 136; RICHARDI, in: MünchArbR I § 46 Rn 19). Ein „auffälliges" Missverhältnis als solches ohne Verwirklichung eines subjektiven Tatbestandes genügt hingegen nicht für den Vorwurf der Sittenwidrigkeit (RICHARDI, in: MünchArbR I § 14 Rn 63, 64; § 46 Rn 19); dies folgt aus der Wertung des § 138 Abs 2, der zusätzlich zu einem auffälligen Missverhältnis einen Ausbeutungstatbestand voraussetzt. Ein Sittenverstoß iSv § 138 Abs 1 liegt jedoch vor bei einem **besonders groben Missverhältnis** von Leistung und Gegenleistung, wenn es dafür keine besonderen Rechtfertigungsgründe gibt (Richardi, in: MünchArbR I § 14 Rn 64; § 46 Rn 19). Lohnwucher kann nicht nur bei zu niedrigen, sondern auch bei **überhöhten** Entgeltabreden vorliegen (BAG AP Nr 1 zu § 138 BGB).

c) Eine arbeitsvertragliche Vergütungsregelung wird auch dann für sittenwidrig **390** gehalten, wenn der Arbeitnehmer mit dem **Betriebs- und Wirtschaftsrisiko des Arbeitgebers** belastet wird (BAG NJW 1991, 860, 861; LAG Hamm ZIP 1990, 880, 883 f, 886; Gaul ZIP 1990, 889, 890; Hanau, in: MünchArbR I § 63 Rn 7; Palandt/Heinrichs § 138 Rn 79; Richardi, in: MünchArbR I § 46 Rn 18; zurückhaltender Soergel/Hefermehl § 138 Rn 155). Es verstoße gegen das **duale System** der Erwerbstätigkeit, nämlich entweder als Arbeitnehmer oder als selbständiger Unternehmer tätig zu sein, eine Person zwar als Arbeitnehmer im Rahmen eines Angestelltenverhältnisses zu beschäftigen, die Vergütung jedoch an dem für selbständige Unternehmer geltenden Werkvertragsrecht auszurichten (LAG Hamm ZIP 1990, 880, 884). Dieses duale System sei rechtlich verbindlich. Der durch arbeitsrechtliche Sondergesetze und richterliche Rechtsfortbildung besonders ausgeformte Typ des Arbeitsvertrags befreie den abhängig Beschäftigten von den nicht von ihm beeinflußbaren Marktschwankungen und gewährleiste einen weitgehenden Existenz- und Kontinuitätsschutz (LAG Hamm ZIP 1990, 880, 885).

Diesen Folgerungen aus dem dualen System der Erwerbstätigkeit kann in ihrer All- **391** gemeinheit nicht gefolgt werden. Ein Sittenverstoß ist zwar gegeben, wenn die Vergütungsabrede eine **Verlustbeteiligung** des Arbeitnehmers vorsieht, ohne dass dem eine nennenswerte Gegenleistung des Arbeitgebers gegenübersteht (BAG NJW 1991, 860, 861; Hanau, in: MünchArbR I § 63 Rn 7; MünchKomm/Mayer-Maly/Armbrüster § 138 Rn 90). Nach Ansicht des BAG ist es auch sittenwidrig, wenn sich ein Arbeitnehmer die Weiterbeschäftigung für ein Jahr dadurch „erkaufen" muss, dass er sich im Gegenzuge verpflichtet, für die während seiner Tätigkeit unvermeidbar eintretenden Verluste einzustehen (BAG NJW 1991, 860, 861; Gaul ZIP 1990, 889, 890; MünchKomm/Mayer-Maly/Armbrüster § 138 Rn 90; Richardi, in: MünchArbR I § 46 Rn 18; zutreffende Kritik durch Wank EWiR § 138 BGB 5/91, 341, weil die Beschäftigung auf Wunsch und im Interesse des Arbeitnehmers erfolgte). Sittenwidrigkeit liege in diesem Fall auch dann vor, wenn die Anregung zu dieser Vertragsgestaltung vom Arbeitnehmer ausgegangen ist; denn in diesem Falle ziehe der Arbeitgeber aus der schwächeren Position des Arbeitnehmers übermäßige Vorteile (BAG NJW 1991, 860, 861). Sittenwidrig ist ferner eine Vereinbarung, nach der der Arbeitnehmer nur bei einem nicht ohne weiteres zu erreichenden Mindesterfolg eine Vergütung erhält (LAG Hamm ZIP 1990, 880, 881; Palandt/Heinrichs § 138 Rn 79).

Ein Sittenverstoß ist hingegen zu verneinen, wenn einem Arbeitnehmer neben einer **392** angemessenen Grundvergütung noch eine **Gewinnbeteiligung** zugesagt wird, obwohl auch in diesem Fall sein Gesamteinkommen vom wirtschaftlichen Erfolg seines Arbeitgebers abhängt und er damit auch das Betriebs- und Wirtschaftsrisiko des Arbeitgebers mitträgt. Je mehr ein Arbeitnehmer durch seinen Einsatz auf das Betriebsergebnis Einfluss nehmen kann, um so eher ist es ihm zumutbar und mit den guten Sitten vereinbar, sein Gesamteinkommen zu einem mehr oder weniger großen Teil vom Betriebsergebnis abhängig zu machen. Es ist auch nicht ohne weiteres sittenwidrig, wenn ein Außendienstangestellter **kein festes Gehalt**, sondern nur eine umsatzabhängige Provision erhalten soll (RAG ARS 7, 317; LAG Berlin AP Nr 14 zu § 65 HGB; Hanau, in: MünchArbR I § 63 Rn 7; Richardi ibid § 46 Rn 18; **aA** LAG Hamm ZIP

1990, 880, 884 ff). Bedenken bestehen gegen die Ansicht, dass eine Abrede generell sittenwidrig sei, nach der Servierpersonal nur insoweit Anspruch auf Umsatzprozente, die einen wesentlichen Lohnanteil ausmachen, habe, als die Gäste zahlungsfähig und zahlungswillig seien, dh tatsächlich bezahlen (so jedoch LAG Hamm BB 1980, 105 f; MünchKomm/MAYER-MALY/ARMBRÜSTER § 138 Rn 90); dies widerspreche dem Wesen des auf den Austausch von Dienstleistungen und Vergütung gerichteten Arbeitsverhältnisses (LAG Hamm BB 1980, 105 f). Sittenwidrig kann jedoch die Vereinbarung einer **„Hungerprovision"** sein, dh einer Provision, die auch bei erfolgreicher Tätigkeit in keinem angemessenen Verhältnis zur Leistung steht und zu einem unangemessen niedrigen Einkommen führt (EVERS BB 1992, 1365 [betr Einfirmenvertreter]; PALANDT/HEINRICHS § 138 Rn 79; RICHARDI, in: MünchArbR I § 46 Rn 18; RIEBLE/GUTZEIT Jahrbuch des Arbeitsrechts 37 [2000] 41, 49, 51).

393 Bei der Vereinbarung eines umsatzabhängigen Lohns kann sich die Sittenwidrigkeit ferner aus zusätzlichen besonderen Umständen ergeben. Dies ist zB der Fall, wenn ein minderjähriger Arbeitnehmer durch einen für zwei Jahre unkündbaren Vertrag, der einen umsatzabhängigen Lohn sowie weitere drückende Vertragsbedingungen vorsieht, an einen Arbeitgeber gebunden wird (LAG Berlin AP Nr 23 zu § 138 BGB; MünchKomm/MAYER-MALY/ARMBRÜSTER § 138 Rn 90; PALANDT/HEINRICHS § 138 Rn 79).

394 **d)** Die Sittenwidrigkeit der Lohnabrede führt nicht zur Nichtigkeit des ganzen Arbeitsvertrags, sondern nur zur Nichtigkeit der Lohnabrede (ArbG Essen BB 1978, 255, 256 = DB 1978, 165; bestätigend LAG Düsseldorf ibid). Aus § 612 Abs 2 wird abgeleitet, dass der für vergleichbare Arbeit **übliche** Lohn zu zahlen sei (BAG AP Nr 2 zu § 138 BGB = MDR 1960, 612; LAG Bremen AP Nr 33 zu § 138 BGB; LAG Düsseldorf BB 1978, 265 = DB 1978, 165 f; für „angemessenen" Lohn ArbG Essen BB 1978, 255, 256; RICHARDI, in: MünchArbR I § 46 Rn 76; ablehnend und ausführlich dazu KÄSSER, Der fehlerhafte Arbeitsvertrag [1979] 133 ff); bestehe ein entsprechender Tarifvertrag, auch wenn er nicht unmittelbar zugunsten des Arbeitnehmers anwendbar ist, so gelte der Tariflohn (LAG Düsseldorf BB 1978, 256 = DB 1978, 165, 166; krit GUMPERT BB 1978, 256 f); sofern außertarifliche Bezahlung in dem betreffenden Betrieb üblich ist, sei unter Gleichbehandlungsgesichtspunkten diese maßgeblich.

395 ME ist ein Arbeitsvertrag, der wegen eines zu niedrigen Lohnes wucherisch oder sittenwidrig ist, weder ex tunc noch ex nunc nichtig, sondern geltungserhaltend zu reduzieren bzw „extendieren". Die Lohnvereinbarung ist nur insoweit nichtig, als sie sittenwidrig bzw wucherisch ist; bei wucherisch niedrigem Lohn hat der Arbeitnehmer Anspruch auf den gerade noch zulässigen, dh den **niedrigstzulässigen**, bei wucherisch hohem Lohn auf den **höchstzulässigen** Lohn (SACK RdA 1975, 171, 178). Im Übrigen ist der Arbeitsvertrag wirksam.

2. Sittenwidrige Arbeitsleistungen

396 Ein Arbeitsvertrag war nach bisher hM grundsätzlich nichtig, wenn er eine sittenwidrige Arbeitsleistung zum Gegenstand hatte (BGH AP Nr 34 zu § 138 BGB; BGHZ 67, 119, 122 = NJW 1976, 1883; OLG Düsseldorf NJW 1970, 1852; RICHARDI, in: MünchArbR I § 46 Rn 15; vgl auch BGHZ 53, 369, 376; BGH NStZ 1987, 7; BayVerfGH NJW 1983, 2188, 2190; BFH NJW 1965, 79, 80). Dies galt insbesondere für Verträge, die mit der Sexualmoral unvereinbar waren. Eine Differenzierung bei den Rechtsfolgen gebietet nunmehr das

„Gesetz zur Regelung der Rechtsverhältnisse von Prostituierten (Prostitutionsgesetz – ProstG)" vom 20. 12. 2001 (BGBl 2001 I 3983). Entgegen der Gesetzesüberschrift regelt es nicht nur die Prostitution, sondern generell entgeltliche Verträge über sexuelle Handlungen.

Nach § 1 ProstG begründet eine entgeltliche Vereinbarung über sexuelle Handlun-   **397** gen nach deren Vornahme eine rechtswirksame Forderung auf das vereinbarte Entgelt. Das Gleiche gilt nach § 1 S 2 ProstG, wenn sich eine Person, insbesondere im Rahmen eines Beschäftigungsverhältnisses, für die Erbringung derartiger Handlungen gegen ein vorher vereinbartes Entgelt für eine bestimmte Zeitdauer bereit hält; in diesem Fall kann das vereinbarte Entgelt auch verlangt werden, wenn die vertragsgegenständlichen sexuellen Handlungen nicht vorgenommen wurden. Entgeltansprüche im Rahmen von Beschäftigungsverhältnissen gegen den Auftraggeber haben daher Prostituierte, Peepshow-Darstellerinnen, Stripteasetänzerinnen (vgl Münch-Komm/MAYER-MALY/ARMBRÜSTER ProstG § 1 Rn 13; ebenso im Ergebnis schon BAG BB 1973, 291 = AP Nr 18 zu § 611 BGB – Faktisches Arbeitsverhätnis) oder Telefonsexanbieterinnen. Entgeltansprüche bestehen aber auch, wenn im Rahmen eines Beschäftigungsverhältnisses die öffentliche Darbietung von Geschlechtsverkehr vereinbarungsgemäß erfolgt ist. Solche Vereinbarungen sind zwar grob sittenwidrig (BAG NJW 1976, 1958 = AP Nr 34 zu § 138 BGB; ebenso zu § 33a GewO BVerwGE 64, 280 = NJW 1982, 665; BVerwG NVwZ 1990, 668, 669; krit dazu KÄSSER 139). Dies ist jedoch kein besonderer Umstand, der eine Ausnahme von dem insoweit eindeutigen Wortlaut des § 1 ProstG rechtfertigen könnte. Soweit ein rechtswirksamer Entgeltanspruch nach § 1 ProstG begründet ist, sind auch die Rechtsgeschäfte zur Erfüllung der Entgeltansprüche rechtswirksam und mit Rechtsgrund vorgenommen worden, so dass Herausgabeansprüche aus § 812 oder § 985 grundsätzlich ausgeschlossen sind.

Das ProstG sichert in § 1 nur die Entgeltansprüche für die Vornahme oder Bereit-   **398** haltung sexueller Handlungen. Es ändert jedoch nichts an der sittlich-rechtlichen Bewertung von Verträgen über entgeltliche sexuelle Handlungen. Soweit eine entgeltliche Verpflichtung zur Vornahme sexueller Handlungen mit der Menschenwürde unvereinbar ist, ist die Verpflichtung nach § 138 sittenwidrig und nichtig (MünchKomm/MAYER-MALY/ARMBRÜSTER § 138 Rn 57; aA nach Inkrafttreten des ProstG MünchKomm/MAYER-MALY/ARMBRÜSTER ProstG § 1 Rn 17, 22, 23). Nichtig ist daher die Verpflichtung zur Prostitution, aber auch die Verpflichtung zu Darbietungen in Peepshows oder bei Telefonsex (str; vgl unten Rn 452 ff). Auch die vertragliche Verpflichtung zur Darbietung von Striptease ist entgegen der hM als sittenwidrig und nichtig zu bewerten (vor Inkrafttreten des ProstG MünchKomm/MAYER-MALY/ARMBRÜSTER § 138 Rn 58; RICHARDI, in: MünchArbR I § 46 Rn 15; offen gelassen vom BAG BB 1973, 291 = AP Nr 18 zu § 611 BGB – Faktisches Arbeitsverhältnis; ausf dazu unten Rn 453 ff).

Der Arbeitsvertrag einer **Bardame** verstößt nicht ohne weiteres gegen die guten   **399** Sitten (RICHARDI, in: MünchArbR I § 46 Rn 16).

Ein Arbeitsvertrag ist ferner nicht schon deshalb nichtig, weil zwischen den Vertrags-   **400** parteien sexuelle Beziehungen bestehen und der Arbeitsvertrag ohne dieses Verhältnis nicht abgeschlossen worden wäre, sofern die zugesagte Entlohnung keine solche für geschlechtliche Hingabe, sondern nur den angemessenen Gegenwert für die geleistete Arbeit darstellt (BAG AP Nr 15 zu § 612 BGB; RICHARDI, in: MünchArbR I § 46 Rn 16).

3. Sonstige Abreden in Arbeitsverträgen

401 Sittenwidrig und nichtig können auch einzelne arbeitsvertragliche Nebenabreden sein, zB die Vereinbarung einer übermäßigen Verpflichtung zur Verschwiegenheit über betriebliche Tatsachen, die durch betriebliche Belange nicht mehr gerechtfertigt ist (LAG Hamm DB 1989, 783 f; PALANDT/HEINRICHS § 138 Rn 79), die Vereinbarung unangemessen hoher Vertragsstrafen, zB bei Verstößen gegen Wettbewerbsverbote (RGZ 68, 229; RGZ 90, 181), die Abbedingung der Haftungsvergünstigung für Arbeitnehmer ohne Vereinbarung einer angemessenen Gegenleistung (ArbG Marburg BB 1969, 1479; ERMAN/PALM § 138 Rn 77d; MünchKomm/MAYER-MALY/ARMBRÜSTER § 138 Rn 90), eine Delkrederehaftung bei unzureichender Provision (LG Heidelberg BB 1958, 7; ERMAN/PALM § 138 Rn 77d; MünchKomm/MAYER-MALY/ARMBRÜSTER § 138 Rn 90), ein Ausschluss der Vergütung für Ausschussarbeit (ERMAN/PALM § 138 Rn 77d; SACK RdA 1975, 171), die arbeitsvertragliche Verpflichtung, empfängnisverhütende Mittel zu benutzen (BGH NJW 1986, 2043, 2045). Grundsätzlich nicht sittenwidrig ist der Ausschluss eines regelmäßigen Anspruchs eines Piloten auf Nachschulung und Wiederholungsprüfungen (BAG NZA 1999, 1275, 1276).

402 **Mankoabreden**, dh die Übernahme einer schuldunabhängigen Mankohaftung durch einen Verkäufer ohne wirtschaftlichen Ausgleich durch ein Mankogeld, sind grds sittenwidrig (BAG AP Nr 4 u 54 zu § 611 BGB – Haftung des Arbeitnehmers; BAG NJW 1974, 1155 = AP Nr 67 zu § 626 BGB; BAG AP Nr 1 zu § 305 BGB; ERMAN/PALM § 138 Rn 77d; PALANDT/ HEINRICHS § 138 Rn 79; ausf zur Mankohaftung RICHARDI, in: MünchArbR I § 59 Rn 73 ff, § 46 Rn 20). Trotz Zahlung eines Mankogeldes ist eine Mankovereinbarung sittenwidrig, nach der eine Verkäuferin unabhängig vom Verschulden für einen Fehlbetrag haften soll, der in einer Verkaufsstelle festgestellt wird, in der neben ihr noch weitere Verkäuferinnen in Wechselschicht tätig sind, wenn die Verkäuferin die nicht in ihrer Schicht eingesetzten Kolleginnen nicht in zumutbarer Weise überwachen kann und dem Arbeitgeber dieser Umstand bekannt ist (BAG NJW 1974, 1155; BAG AP Nr 77 zu § 611 BGB – Haftung des Arbeitnehmers; RICHARDI, in: MünchArbR I § 59 Rn 75).

403 Grds zulässig sind sog **Verfallklauseln**, wonach alle Ansprüche aus dem Arbeitsverhältnis verfallen, wenn sie nicht innerhalb einer bestimmten Frist oder in bestimmter Form geltend gemacht werden (BAG BB 1989, 223, 224; ZIP 2001, 801, 803; LAG Düsseldorf DB 1981, 590). Sie sind nur bei Vorliegen besonderer Umstände sittenwidrig. Ihre Vereinbarkeit mit § 138 hängt vor allem davon ab, ob sie auf beide Parteien des Arbeitsverhältnisses Anwendung finden und ob sie inhaltlich angezeigt sind oder die Rechte des Arbeitnehmers einseitig beschneiden (BAG BB 1989, 223, 224).

404 Sog **Rückzahlungsklauseln**, dh Vereinbarungen über die Rückzahlung freiwillig an den Arbeitnehmer gezahlter **Gratifikationen** bei Auflösung des Arbeitsvertrags, sind grds wirksam (stRspr seit BAGE 9, 250 = NJW 1960, 1926, 1927; BAGE 13, 129 = NJW 1962, 1537, 1538; BAG AP Nr 106 zu § 611 BGB – Gratifikation; BAG NJW 1993, 3345). Sie können jedoch sittenwidrig sein, wenn besondere Umstände hinzutreten, insbesondere eine unzumutbare Erschwerung der Kündigung durch den Arbeitnehmer und eine Verletzung der Fürsorgepflicht des Arbeitgebers (ausf PALANDT/PUTZO § 611 Rn 89). Ihre Vereinbarkeit mit den guten Sitten hängt vor allem ab von der Höhe der Gratifikation, gemessen am Monatsgehalt (BAGE 13, 129 = NJW 1962, 1537, 1539; NJW 1973, 1247 f; NJW 1983, 67; AP Nr 106 zu § 611 BGB – Gratifikation; NJW 1993, 3345 = BB 1993, 1809, 1810); bei einer Gratifikation bis zu 100,– DM ist eine Rückzahlungsabrede generell unwirksam. Ihre Zulässigkeit ist ferner abhängig von der Dauer der Betriebsbindung (BAG NJW 1993, 3345) sowie davon, wofür und wann die Gratifikation gewährt wurde (BAG NJW 1962, 1538 f; AP Nr 99 zu § 611 BGB – Gratifikation), von wem der Arbeitsvertrag aufgelöst wurde und weswegen er aufgelöst wurde. Vereinbarungen über die Rückzahlung aufgewendeter **Ausbildungskosten**, wenn der Arbeitnehmer das Arbeisverhältnis vor einer bestimmten Frist beendet, sind grundsätzlich zulässig (BGH NJW 1996, 1916). Sie sind jedoch sittenwidrig, soweit sie auch die Rückzahlung für den Fall einer betriebsbedingten Kündigung vor Ablauf der Frist umfassen (so zu § 138 u § 242 BAG NJW 1999, 443, 444; BAG NJW 1996, 1916).

Sittenwidrig ist der Ausschluss des Kündigungsrechts eines minderjährigen Arbeit- **405** nehmers für zwei Jahre, wenn dem keine angemessene Gegenleistung gegenübersteht (LAG Berlin AP Nr 23 zu § 138 BGB).

Für grds sittenwidrig hat das RG auch sog **Ehrenwortklauseln** erklärt (RGZ 68, 229, 231; **406** 74, 332, 333 f; 78, 258, 260, 263; ebenso MünchKomm/Mayer-Maly/Armbrüster § 138 Rn 70; Palandt/Heinrichs § 138 Rn 84; dazu Sandrock AcP 159 [1960] 481, 516 f). Denn die Ehre bilde als ideales Gut einen Teil des Persönlichkeitsrechts des Menschen und sei die Grundlage seiner Existenz, die nicht ohne weiteres in vermögensrechtlichen Beziehungen zugunsten anderer verwendet werden könne (RGZ 68, 229, 231; 74, 332, 333; 78, 258, 260). Nach § 138 nichtig seien nicht nur die Ehrenwortklauseln als solche, sondern auch die Verpflichtungen – meist Wettbewerbsverbote –, auf die sich das Ehrenwort beziehe (RGZ 74, 332, 334; 78, 258, 260; MünchKomm/Mayer-Maly/Armbrüster § 138 Rn 70). Denn Ehrenwortklauseln seien keine selbständigen Nebenabreden, die zum Vertrag hinzutreten, sondern sie seien untrennbar mit den Verpflichtungen verbunden, auf die das Ehrenwort gegeben wurde (RGZ 74, 332, 334; 78, 258, 260). Darüber hinaus sei nach § 139 der gesamte Vertrag nichtig, da er ohne Verpfändung des Ehrenworts nicht zustande gekommen wäre (RGZ 74, 332, 334 f; 78, 258, 260). Eine Sonderregelung für Ehrenwortklauseln zur Absicherung von Wettbewerbsverboten enthält § 74a Abs 2 S 2 HGB, der so abgesicherte Wettbewerbsverbote ausdrücklich für nichtig erklärt.

Zu **nachvertraglichen Wettbewerbsverboten** für Arbeitnehmer vgl oben Rn 297 ff.

4.   Sittenwidrige Kündigung

a)   Kündigungen im Regelungsbereich des KSchG
Zum Schutz gegen ungerechtfertigte Kündigungen enthält das KSchG Sonderrege- **407** lungen. Die Unwirksamkeit sozial nicht gerechtfertigter Kündigungen iSv § 1 KSchG kann nach § 4 KSchG nur vor Arbeitsgerichten geltend gemacht werden. Nach § 13 Abs 2 KSchG kann jedoch die Nichtigkeit einer gegen die guten Sitten verstoßenden Kündigung grds unabhängig von den Vorschriften des KSchG geltend gemacht werden. Aus § 13 Abs 2 KSchG folgt, dass auch Kündigungen, die in den Anwendungsbereich des KSchG fallen, zusätzlich noch der Kontrolle nach § 138 unterliegen, wenn über die Sozialwidrigkeit iSv § 1 KSchG hinaus **besondere Umstände** hinzutreten, die

den Vorwurf der Sittenwidrigkeit rechtfertigen (BAGE 16, 21, 26, 28; AP Nr 1 zu § 1 KSchG; BAG NJW 2001, 2994, 2995 [4.]; vgl auch BAG NJW 2002, 532, 534 [5.]; ERMAN/PALM § 138 Rn 5; HUECK, KSchG § 13 Rn 40; MAYER-MALY RdA 1979, 356 ff; MünchKomm/MAYER-MALY/ ARMBRÜSTER § 138 Rn 7; krit BÖTTICHER MDR 1952, 260, 263 f). Dies müssen allerdings **keine besonders schwerwiegenden** Gründe sein (**aA** BAGE 16, 21, 26; AP Nr 1 zu § 1 KSchG [„dem Anstandsgefühl … gröblich widersprechendes Gesamtverhalten"; „ausgesprochen verwerfliche Motive"]; BAG NJW 1995, 275, 276; BAG NJW 2002, 2994, 2995 [4.]; KONZEN Anm zu BAG AP Nr 1 zu § 1 KSchG; krit dazu OETKER AuR 1997, 41, 47 f); vielmehr wird § 138 vom KSchG nur insoweit verdrängt, als es sich ausschließlich um sozial ungerechtfertigte Kündigungen iS des KSchG handelt. Denn das KSchG wollte den nach § 138 bestehenden Kündigungsschutz nicht einschränken, sondern ihn durch Sonderregelungen verbessern. Deshalb ist § 13 Abs 2 KSchG wie folgt zu lesen: Verstößt eine Kündigung **über § 1 KSchG hinaus** gegen die guten Sitten, so ist neben dem KSchG auch § 138 anwendbar.

408 Zwar wird man davon ausgehen können, dass die Verfasser des § 13 Abs 2 KSchG bei der Freistellung der **sittenwidrigen** Kündigung von den Regeln des KSchG in Übereinstimmung mit einem Teil der Lehre an besonders schwerwiegende Fälle gedacht haben. Inzwischen wird man diese Ansicht zum Begriff der guten Sitten jedoch als überholt ansehen dürfen; nur ein Teil der Lehre vertritt sie noch, und die Gerichte legen den Begriff der guten Sitten inzwischen wesentlich weiter aus. Es wäre eine Überinterpretation des § 13 Abs 2 KSchG, aus dieser Vorschrift abzuleiten, dass eine Kündigung nur sittenwidrig sei, wenn besonders schwerwiegende Gründe den Vorwurf der Sittenwidrigkeit rechtfertigen. Der Zweck des § 13 Abs 2 KSchG beschränkt sich vielmehr auf folgende Aussagen: (1) Für Kündigungen, die vom KSchG erfasst werden und die iSv § 1 KSchG sozial ungerechtfertigt sind, gelten nur die Regelungen des KSchG. Insoweit enthält das KSchG eine Spezialregelung gegenüber § 138 oder § 242. (2) Soweit über die Sozialwidrigkeit iSv § 1 KSchG hinaus noch **andere** Tatumstände vorliegen, nach denen eine Kündigung gegen die guten Sitten verstößt, ist § 138 nach Maßgabe des § 13 Abs 2 KSchG anwendbar. (3) § 138 ist auch anwendbar, wenn nicht die Voraussetzungen der Sozialwidrigkeit iSv § 1 KSchG, sondern ausschließlich andere sittenwidrigkeitsbegründende Tatumstände erfüllt sind.

409 Aufgrund seiner umfassenden lückenfüllenden Funktion erfasst § 138 tatbestandsmäßig **alle** sozial nicht gerechtfertigten Kündigungen iSv § 1 KSchG; denn sie sind rechtlich zu missbilligen. § 138 wird jedoch insoweit durch die Spezialregelungen des KSchG verdrängt. Auch § 242 bietet in den vom KSchG erfassten Fällen keinen zusätzlichen Rechtsbehelf neben § 1 KSchG und § 138; zwischen § 1 KSchG und § 138 ist kein Raum für § 242 (BAGE 16, 21, 26; BAG NJW 1973, 77, 78; zu § 242 vgl jedoch BAG NJW 2001, 2994).

b) Kündigungen außerhalb des Regelungsbereichs des KSchG

410 § 138 ist uneingeschränkt anwendbar, wenn eine Kündigung nicht in den Regelungsbereich des KSchG fällt (BVerfGE 97, 169, 178 = NJW 1998, 1475), weil die Sechsmonatsfrist des § 1 KSchG noch nicht verstrichen ist (BAG NJW 1973, 77, 78) oder weil vom KSchG nicht geschützte Arbeitnehmer betroffen sind (zum Kündigungsschutz außerhalb des KSCHG vgl die Fallgruppen bei PREIS NZA 1997, 1256 ff). Aus dem KSchG wurde allerdings abgeleitet, dass es in diesen Fällen nicht angehe, die Grenzen der Sittenwidrigkeit weiter zu fassen als bei den vom KSchG erfassten Kündigungen. Eine solche Auslegung von § 138 sei nicht mit dem Zweck des KSchG vereinbar, das in diesen Fällen außerhalb des KSchG absichtlich den Schutz gegen „bloß sozialwidrige" Kündigungen versagt habe (so HUECK/NIPPERDEY, Lehrbuch des Arbeitsrechts I⁷ § 56 IX 1 S 558; PREIS NZA 1997, 1256, 1264 f, 1266). Dem ist entgegenzuhalten, dass das KSchG nur den Kündigungsschutz in denjenigen Fällen, die von diesem Gesetz erfasst werden, regeln und verbessern, nicht jedoch in den Fällen außerhalb des KSchG den Schutz nach § 138 einschränken wollte. In den vom KSchG nicht erfassten Fällen ist deshalb § 138 uneingeschränkt anwendbar; das KSchG hat insoweit keine Beschränkung des Kündigungsschutzes bezweckt, sondern für diese Fälle **keine** Regelung getroffen. Das KSchG erlaubt deshalb nicht den Schluss, dass Kündigungen von Arbeitsverträgen nur in besonders schwerwiegenden Fällen sittenwidrig seien und dies auch für die vom KSchG nicht erfassten Arbeitsverhältnisse gelte. Eine andere – mE zu bejahende – Frage ist es, ob eine sozial ungerechtfertigte Kündigung immer auch die Voraussetzungen eines Sittenverstoßes iSv § 138 erfüllt (vgl OETKER ArbuR 1997, 41, 47 ff; **aA** PREIS NZA 1997, 1256, 1264 f). Soweit es Arbeitnehmer betrifft, die nicht unter das KSchG fallen, oder soweit Kündigungsgründe in Betracht kommen, die bei der Prüfung der Sozialwidrigkeit iSv § 1 KSchG nicht zu berücksichtigen sind, kann nach hM § 242 anwendbar sein (BAGE 16, 21, 26 f; BAG NJW 1973, 77, 78; WANK, in: MünchArbR II § 119 Rn 110); nach der hier vertretenen Ansicht wäre – wenn die Voraussetzungen des § 242 erfüllt sind – in jedem Fall auch § 138 erfüllt und vorrangig vor § 242 anwendbar (so zutr zum Verhältnis von § 138 zu § 242 PREIS NZA 1997, 1256, 1266).

c)   Die praktische Bedeutung des § 138 beim Kündigungsschutz
Wegen der verhältnismäßig engen Auslegung des Begriffs der Sittenwidrigkeit durch **411** die Gerichte, soweit es Kündigungen betrifft, und wegen der Existenz des KSchG hatte der Kündigungsschutz nach § 138 keine große praktische Bedeutung (HUECK/ NIPPERDEY, Lehrbuch des Arbeitsrechts I § 56 IX 1 S 558; WANK, in: MünchArbR II § 119 Rn 105). Eine Kündigung ist sittenwidrig und nichtig, wenn sie auf verwerflichen Motiven beruht oder wenn mit ihr ein sittenwidriger Zweck verfolgt wird (BAG MDR 1962, 337; BAGE 16, 21, 28; BAG AP Nr 46 zu § 138 BGB = NZA 1989, 936; WANK, in: MünchArbR II § 119 Rn 102). Die Sittenwidrigkeit kann sich aber auch aus den Folgen der Kündigung für den Arbeitnehmer ergeben. Sittenwidrig ist eine Kündigung aus Rachsucht oder Vergeltung (BAG MDR 1962, 337; BAGE 16, 21, 28; BAG NJW 1990, 142; PALANDT/HEINRICHS § 138 Rn 91; vgl auch BGH NJW 1970, 855 f [Kündigung eines Tankstellenverwaltervertrags]), aus sexuellen Gründen, insbesondere aus Vergeltung für zurückgewiesene Annäherungsversuche (WANK, in: MünchArbR II § 119 Rn 107; vgl auch HUECK/NIPPERDEY 558) oder wegen der Weigerung des Arbeitnehmers, an strafbaren Handlungen mitzuwirken (ArbG Göttingen DB 1961, 1296; WANK, in: MünchArbR II § 119 Rn 107). Als sittenwidrig wurden Kündigungen auch bewertet, wenn sie die Reaktion des Arbeitgebers auf berechtigte Forderungen des Arbeitnehmers waren; insoweit enthält jedoch nun das Maßregelungsverbot des § 612a iVm § 134 eine Sonderregelung (WANK, in: MünchArbR II § 119 Rn 107). Als sittenwidrig wurde eine Kündigung bewertet, wenn sie deshalb ausgesprochen wurde, weil der Arbeitnehmer Ansprüche infolge eines Arbeitsunfalls gegen den Arbeitgeber geltend machte, den dieser bedingt vorsätzlich verursacht hatte (BAG AP Nr 1 zu § 1 KSchG 1969 m krit Anm KONZEN; WANK, in: MünchArbR II § 119 Rn 107).

Wegen der **mittelbaren Drittwirkung der Grundrechte** (ausf dazu § 134 Rn 241 ff) ist eine **412** Kündigung auch sittenwidrig nach § 138, wenn sie wegen der Mitgliedschaft in einer

Partei oder wegen politischer Betätigung für eine Partei im Wahlkampf erfolgt (so nach § 134 iVm Art 3 GG BAG NJW 1973, 77, 78 in Bezug auf die DKP; BOEMKE JuS 2001, 444, 447; POLZER/POWIETZKA NZA 2000, 970, 976; PREIS NZA 1997, 1256, 1266; aA SCHWERDTNER JZ 1973, 375), oder wenn sie ausgesprochen wird, weil ein Arbeitnehmer unter Nichtbeachtung einer arbeitsvertraglichen Zölibatsklausel geheiratet hat (BAGE 4, 274, 279 f, 285 [zu § 134]; BOEMKE ZfA 2001, 245, 275 f).

413 Eine Kündigung ist hingegen nicht sittenwidrig, wenn sie erklärt wurde wegen des persönlichen Sexualverhaltens (Homosexualität) während der Probezeit (BAG NJW 1995, 275, 276) oder weil der der DKP angehörende Arbeitnehmer noch innerhalb der Sechsmonatsfrist im Landtagswahlkampf durch Verteilen eines Extrablattes ua auch seinen Arbeitgeber kämpferisch angegriffen und in der öffentlichen Meinung herabgesetzt hat (BAGE 24, 438 = NJW 1973, 77, 78). Der Vorwurf der Sittenwidrigkeit ist auch nicht ohne weiteres begründet, wenn die **Art und Weise**, in der die Kündigung erfolgte, zu missbilligen ist (HUECK/NIPPERDEY § 56 IX 1; WANK, in: MünchArbR II § 119 Rn 108). Deshalb ist zB eine Kündigung nicht schon deshalb sittenwidrig und nichtig nach § 138, weil sie dem Arbeitnehmer am Heiligen Abend zugegangen ist (BAG AP Nr 88 zu § 626 BGB = NZA 1986, 97 f; BOEMKE JuS 2001, 444, 447).

414 Unter denselben Voraussetzungen, unter denen eine Kündigung sittenwidrig wäre, sind auch **auflösende Bedingungen**, bei deren Eintritt der Arbeitsvertrag endet, sittenwidrig und nichtig, zB entsprechende Zölibatsklauseln (BAGE 4, 274, 279 f, 285 [zu § 134]).

5. Sittenwidrige Aufhebungsverträge

415 Zur Vermeidung von Kündigungsschutzprozessen, deren Ausgang schwer vorherzusagen ist, bevorzugen es viele Arbeitgeber, ein Arbeitverhältnis durch Aufhebungsvereinbarungen zu beenden. Solche Vereinbarungen können anfechtbar sein; dazu ist hier nicht Stellung zu nehmen (vgl U WEBER/EHRICH NZA 1997, 414 ff). Sie können auch sittenwidrig und nichtig sein, wenn sie zwingende Kündigungsschutzbestimmungen umgehen, zB § 613a Abs 4 (vgl BAG NZA 1988, 198 = AP Nr 5 zu § 1 BetrAVG Betriebsveräußerung; WEBER/EHRICH NZA 1997, 414, 419). Sittenwidrig ist auch ein **Aufhebungsvertrag**, wenn er auf Überrumpelung beruht, offensichtlich keinen angemessenen Interessenausgleich herbeiführt und das Ergebnis unterschiedlicher Verhandlungsstärke der Partner ist (DIETERICH RdA 1995, 129 ff; ders DB 1995, 1813; ZWANZIGER DB 1994, 982, 983; aA BAG DB 1994, 279 = AP Nr 37 zu § 123 BGB; bestätigt durch BAG 1996, 2593; BAUER/DILLER DB 1995, 1810 ff). In solchen Fällen führen die rechtlich zu missbilligenden Umstände beim Zustandebringen des Aufhebungsvertrags, da er dem Arbeitnehmer erhebliche Nachteile bringt, auch zur **inhaltlichen** Missbilligung (aA BAG DB 1994, 279). Demgegenüber meinte das BAG in einer Entscheidung vom 30. 9. 1993, es müssten über die Voraussetzungen des § 123 hinaus besondere Umstände hinzutreten, damit die Voraussetzungen des § 138 Abs 1 erfüllt sind (BAG DB 1994, 279). Dabei wird nicht ausreichend gewürdigt, dass der Aufhebungsvertrag, in dem keine Abfindung vorgesehen war, für den Arbeitnehmer ausschließlich **nachteilig** war. Die Vorschrift des § 138 Abs 2 zeigt, dass für die inhaltliche Missbilligung von Verträgen solchen Inhalts auch eine Einflussnahme auf die Entscheidungsfreiheit genügen kann, die unter der Intensitätsschwelle des § 123 (arglistige Täuschung; Drohung) liegt. Im konkreten Anwendungsfall ist dem BAG allerdings im Ergebnis zu folgen, weil auch eine

Kündigung gerechtfertigt gewesen wäre und besondere Umstände vorlagen, aufgrund
derer die Berufung auf die Nichtigkeit des Aufhebungsvertrags gegen Treu und
Glauben verstieß (BAG DB 1994, 279, 280 aE). Ein Aufhebungsvertrag ist nicht schon
dann sittenwidrig, wenn er keine Abfindung für den Arbeitnehmer vorsieht (WEBER/
EHRICH NZA 1997, 414, 419).

XII. Standeswidrigkeit

Ein Vertrag, mit dem eine an Standesregeln gebundene Partei standeswidrig handelt,   **416**
ist nicht schon aus diesem Grunde ohne weiteres sittenwidrig und nichtig (BGHZ 39,
142, 148; BGHZ 60, 28, 33 = NJW 1973, 315, 316; NJW 1967, 873; NJW 1980, 2407; BGHZ 78, 263, 267
= NJW 1981, 399; WM 1995, 1064, 1066; NJW 1996, 1954, 1955 f; NJW 1999, 2360 [2]; ebenso schon
RGZ 83, 109, 114; 142, 70, 81; 144, 242, 244; 146, 190, 194 aE; 153, 294, 302; ebenso im Schrifttum
ERMAN/PALM § 138 Rn 86; LARENZ/WOLF, AT § 41 Rn 58; MünchKomm/MAYER-MALY/ARMBRÜS-
TER § 138 Rn 47; PALANDT/HEINRICHS § 138 Rn 57; SACK WRP 1985, 1, 7; SOERGEL/HEFERMEHL
§ 138 Rn 233; STAUDINGER/DILCHER[12] § 138 Rn 72; TAUPITZ NJW 1989, 2871, 2872). Ein solcher
Vertrag ist auch nicht „in der Regel" nichtig (so jedoch TROCKEL NJW 1971, 1057, 1059
Fn 24). Die gegenteilige Ansicht lässt sich nicht damit rechtfertigen, dass der die
Standesregeln nicht Beachtende sonst einen ungerechtfertigten Vorsprung vor seinen
sich standesgerecht verhaltenden Konkurrenten erhielte (so jedoch MEDICUS, AT
Rn 700). Auch Verstöße gegen Richtlinien der maßgeblichen Standesvertretungen
sind weder ohne weiteres noch idR sittenwidrig (BGHZ 78, 263, 267; BGH NJW-RR
1989, 1385, 1386; BGH WM 1990, 1250, 1252 aE; KG NJW 1989, 2893, 2894; OLG Stuttgart NJW
1980, 1583, 1584; PALANDT/HEINRICHS § 138 Rn 57; TAUPITZ NJW 1989, 2871, 2872; anders wohl noch
BGHZ 22, 347, 356 f; **aA** auch OLG Hamm NJW 1985, 679, 680; BGB-RGRK/KRÜGER-NIELAND/
ZÖLLER § 138 Rn 198; SOERGEL/HEFERMEHL § 138 Rn 233).

Sittenwidrig sind jedoch Verstöße gegen eine **einheitliche und gefestigte Standesauf-**   **417**
fassung (BGHZ 22, 347, 356 f; BAUMBACH/HEFERMEHL, Wettbewerbsrecht[22] Einl UWG Rn 87, § 1
UWG Rn 673 ff; SACK WRP 1985, 1, 7; vgl auch BGHZ 51, 290, 293 f; ebenso zu **§ 1 UWG** BGH
GRUR 1972, 709, 710 – Patentmark; GRUR 1969, 474, 476 – Bierbezug; GRUR 1965, 690, 693 –
Facharzt; WuW/E BGH 905 – Grabsteinaufträge; GRUR 1960, 558 – Eintritt in Kundenbestellungen;
OLG Hamm WRP 1979, 151, 152 f), jedenfalls soweit ihr keine vorrangigen Interessen der
Allgemeinheit entgegenstehen (BAUMBACH/HEFERMEHL, Wettbewerbsrecht[22] Einl UWG
Rn 88 aE; vgl auch BGHZ 34, 64, 71; H P WESTERMANN, in: FS Barz [1974] 545, 555 f). Wenn
hingegen ein **„nicht unerheblicher Teil** der beteiligten Berufskreise" ein Verhalten für
unbedenklich hält, genügt eine entgegenstehende Mehrheitsmeinung oder die Meinung der Standesvertretung nicht für den Vorwurf der Sittenwidrigkeit (BGH GRUR
1972, 709, 710 – Patentmark [zu § 1 UWG]; SACK WRP 1985, 1, 7; vgl auch BGHZ 22, 162, 165).

Als standes- und sittenwidrig wurde früher der **Verkauf einer Anwalts- oder Arztpraxis**   **418**
bewertet (RGZ 66, 139; 75, 120; 153, 280; 161, 153). Die neuere Rspr hält solche Verkäufe
hingegen nur für sittenwidrig, wenn besondere Umstände hinzutreten (betr Ärzte BGHZ
16, 71, 74; BGH NJW 1989, 763; betr Rechtsanwälte BGHZ 43, 46, 47, 50; NJW 1973, 98, 100; betr
Steuerberater BGH BB 1958, 496; vgl auch SOERGEL/HEFERMEHL § 138 Rn 235, 238; STAUDINGER/
DILCHER[12] § 138 Rn 74). Ein sittenwidrigkeitsbegründender Umstand ist es, wenn dadurch
der Erwerber übermäßig belastet wird und deshalb die Gefahr überhöhter Honorarforderungen oder – bei Arztpraxen – von Verstößen gegen das Gebot der Wirtschaftlichkeit bei der Behandlung von Patienten bestünde (BGH NJW 1989, 763; BGHZ 43, 46, 49;

RGZ 115, 172, 174; Soergel/Hefermehl § 138 Rn 235, 238; Staudinger/Dilcher[12] § 138 Rn 74). Außerdem setzt die Schweigepflicht gem § 203 StGB iVm § 134 Praxisverkäufen erhebliche Grenzen (BGHZ 119, 268, 272; ausf oben § 134 Rn 292). Nach Ansicht des BGH liegt bei der Veräußerung einer Anwaltspraxis Sittenwidrigkeit vor, wenn die Gefahr besteht, dass der Erwerber die Praxis in einer Weise fortführt, die die Belange der Rechtspflege beeinträchtigt (BGHZ 43, 46, 50; BGH NJW 1973, 98, 100). Zu **Wettbewerbsverboten** anläßlich eines Praxiskaufs oder Praxistauschs s o Rn 306 f.

419 Die stille Beteiligung eines Nichtapothekers an einer **Apotheke** ist wegen Verstoßes gegen das ApothekenG iVm § 134 nichtig, wenn der stille Gesellschafter Einfluß auf die Betriebsführung hat (BGHZ 75, 214, 215 f; BGH NJW 1972, 338; NJW 1979, 2351; ausf o § 134 Rn 203). Die Vereinbarung eines von einem Apotheker für seine Mieträume zu zahlenden Umsatzmietzinses verstößt weder gegen das ApothekenG noch gegen § 138 (BGH NJW 1979, 2351).

420 Streitig war, ob sog **Architektenbindungsklauseln**, durch die sich der Erwerber eines Grundstücks im Zusammenhang mit dem Erwerb verpflichtet, bei der Planung oder Ausführung eines Bauwerks auf dem Grundstück die Leistung eines bestimmten Architekten oder Ingenieurs in Anspruch zu nehmen, gegen die guten Sitten verstößt. Dies ist inzwischen in Art 10 § 3 MRVerbG geregelt; dagegen verstoßende Verträge sind nach § 134 nichtig (BGHZ 60, 28, 33 = NJW 1973, 315 f; NJW 1978, 1434 f; Palandt/Heinrichs § 138 Rn 57; Soergel/Hefermehl § 138 Rn 144; vgl o § 134 Rn 264).

421 Sittenwidrig ist ein Kaufvertrag über eine Sache (Grundstück) zwischen einem Rechtsanwalt und seinem Auftraggeber, wenn dieser von jenem zum Verkauf veranlasst worden ist, obwohl der Verbleib der Sache beim Auftraggeber zur erfolgversprechenden Durchführung des von diesem erteilten Auftrags unbedingt erforderlich war; denn damit verletzte der Rechtsanwalt seine Pflicht zur Wahrung der Interessen seines Mandanten (BGH NJW 1967, 873; MünchKomm/Mayer-Maly/Armbrüster § 138 Rn 50; Soergel/Hefermehl § 138 Rn 237). Die Übereignung von Hausrat des Auftraggebers zur Sicherung des Gebührenanspruchs eines Rechtsanwalts ist grds zulässig (OLG Braunschweig MDR 1962, 303).

422 **Erfolgshonorare** für Rechtsanwälte oder andere Rechtsvertreter hatte das RG für standeswidrig, nicht jedoch ohne weiteres für sittenwidrig iSv § 138 gehalten; für den Vorwurf der Sittenwidrigkeit mussten besondere Umstände hinzutreten, wie zB rücksichtsloses Ausnutzen des Klienten, Garantie eines Mindestbetrages, zeitliche Unbegrenztheit oder Abbedingen der Ursächlichkeit (RGZ 83, 109, 111; 115, 141; 142, 70, 74). Demgegenüber hielt der BGH die Vereinbarung eines **Erfolgshonorars** oder einer **quota litis** für einen deutschen Rechtsanwalt grds für sittenwidrig (BGHZ 22, 162, 165; 34, 64, 71; 39, 142, 146, 148 f; 51, 290, 293; BGH NJW 1981, 998; NJW 1987, 3203, 3204; WM 1990, 1250, 1253; NJW 1992, 681, 682; BGHZ 133, 90, 94; NJW 1996, 2499, 2500; vgl auch BGHZ 118, 312, 340 f = JZ 1993, 261, 264 m Anm Deutsch; Graef RIW 1995, 549). Denn das finanzielle Interesse des Rechtsanwalts am Prozeßausgang gefährde seine Unabhängigkeit und Stellung als Organ der Rechtspflege, der **deswegen** in der Allgemeinheit besonderes Vertrauen genieße (RGZ 115, 141, 142; BGHZ 22, 162, 165 f; 51, 290, 293 f; 34, 64, 72; 39, 142, 146 f; NJW 1981, 998; BGHZ 133, 90, 94). Seit 1994 untersagt § 49b BRAO die Vereinbarung eines Erfolgshonorars oder einer quota litis; entsprechende Verträge sind nach § 134 nichtig (vgl auch Rn 479 und oben § 134 Rn 223).

Anders ist die Rechtslage zu beurteilen, wenn Vereinbarungen mit **ausländischen** 423
Rechtsanwälten **ausländischem** Recht unterliegen und diesen Anwälten nicht die
Stellung eines Organs der **deutschen** Rechtspflege zukommt. Die Anwendung ausländischen Rechts auf solche Verträge ist mit dem deutschen ordre public iSv Art 6
EGBGB (= Art 30 EGBGB aF) vereinbar (BGHZ 22, 162 f, 165 f, 166 f; BGHZ 44, 183,
187 ff = NJW 1966, 296; NJW 1981, 998, 999; rechtsvergleichend BGHZ 22, 162, 164 f; GRAEF RIW
1995, 549 zum englischen Recht).

Sittenwidrig und inzwischen nach § 49b Abs 3 BRAO auch gesetzwidrig und nichtig 424
ist die Abgabe oder Entgegennahme eines Teils der Gebühren oder sonstiger Vorteile für die Vermittlung von Aufträgen (so zu § 138 BGH NJW 1980, 2407). Sittenwidrig
ist auch eine Vereinbarung, durch die ein Rechtsanwalt im Rahmen einer für einen
Mandanten übernommenen Hausverwaltung Renovierungsarbeiten vergibt und sich
dafür von dem Handwerker eine Provision versprechen lässt; denn die Provisionsver-
einbarung dient nicht der Wahrnehmung der Interessen des Mandanten, sondern
geht zu dessen Lasten und ist damit Parteiverrat (OLG Frankfurt NJW 1990, 2131,
2132). Auch Vereinbarungen eines Rechtsanwalts mit einem Nichtanwalt über die
Zahlung von Provisionen für vermittelte Mandate sind sittenwidrig (KG NJW 1989,
2893, 2894; krit dazu, jedoch im Ergebnis zustimmend TAUPITZ NJW 1989, 2871, 2872). Solche
Provisionsabreden sind außerdem nach § 203 StGB iVm § 134 (KG NJW 1989, 2893)
und seit 1994 auch nach § 49b Abs 3 BRAO iVm § 134 nichtig. Die Sittenwidrigkeit
der Honorarabrede führt nur zu deren Nichtigkeit, nicht jedoch zur Nichtigkeit des
gesamten Anwaltsvertrages; denn sonst würden etwaige Ansprüche des Auftraggebers wegen Vertragsverletzung entfallen (BGHZ 18, 340, 348 f; SOERGEL/HEFERMEHL § 138
Rn 234).

Die Vereinbarung einer **Maklerprovision** zwischen einem Rechtsanwalt und einem 425
Grundstückskäufer ist nicht sittenwidrig, wenn der Rechtsanwalt für eine ihm fami-
liär verbundene Person vereinbarungsgemäß unentgeltlich tätig wird und ihm diese
gestattet, den Verkauf ihres Grundstücks gegen eine Maklerprovision zu vermitteln
(BGH NJW 1992, 681, 682). Denn in einem solchen Fall wird der Rechtsanwalt nicht in
dieser Funktion, sondern nur als Makler tätig. Im Gegensatz zu **Notaren** ist ihm eine
Maklertätigkeit nicht untersagt, und im Gegensatz zu Steuerberatern ist ihm auch
gewerbliche Tätigkeit nicht generell verboten. Eine Interessenkollision ist nicht zu
befürchten. Nur eine regelmäßige Tätigkeit als Makler wäre einem Rechtsanwalt
nicht erlaubt (BGH NJW 1992, 681, 682).

Gegen die guten Sitten verstößt ein Vertrag, durch den einem **steuerlichen Berater** 426
von einem Unternehmen eine Provision dafür versprochen wird, dass er seine Mandanten zu einer bestimmten Vermögensanlage veranlasst (BGH NJW 1985, 2523; Münch-
Komm/MAYER-MALY/ARMBRÜSTER § 138 Rn 51). Dasselbe gilt für ein Provisionsversprechen an eine Gesellschaft, an der der steuerliche Berater maßgeblich beteiligt ist
(BGH NJW 1985, 2523). Denn es besteht generell die Gefahr, dass ein steuerlicher
Berater bei der Empfehlung steuergünstiger Kapitalanlagen nicht mit der gebotenen
und vom Mandanten erwarteten Objektivität berät, sondern sich durch persönliche
Vermögensvorteile, zB durch die ihm von einem Dritten für die Zuführung von
Kunden zugesagte Provision, leiten lässt (BGH NJW 1985, 2523). Auf Bedenken stößt
deshalb die Ansicht des BGH, dass ein Provisionsversprechen eines Baubetreuers an
einen Steuerberater für die Zuführung von Klienten nicht sittenwidrig und nichtig

sei, obwohl auch hier die Gefahr bestehe, dass der Steuerberater seine Mandanten nicht mehr unvoreingenommen berät und deshalb die Standesrichtlinien solche Provisionen für Vermittlungstätigkeit untersagen (so BGHZ 78, 263, 268; MünchKomm/MAYER-MALY/ARMBRÜSTER § 138 Rn 51; SOERGEL/HEFERMEHL § 138 Rn 242). In diesem Fall hielt der BGH trotz eines Verstoßes gegen das Verbot der gewerblichen Tätigkeit von Steuerberatern nach § 57 StBerG den Vertrag auch nicht nach § 134 für nichtig, weil die Nichtigkeit nicht dem Normzweck des verletzten Gesetzes entspreche und berufsrechtliche Maßnahmen ausreichten (BGHZ 78, 263, 266 f; BGH NJW 1985, 2523; MünchKomm/MAYER-MALY/ARMBRÜSTER § 138 Rn 51; aA mit Recht CANARIS, Gesetzliches Verbot und Rechtsgeschäft [1983] 18, 43; STOBER GewArch 1981, 313, 318; dazu auch o § 134 Rn 286).

427 Der ein Grundstück kaufende Arzt kann sich wirksam dazu verpflichten, dem Verkäufer nicht nur eine lebenslängliche Rente zu zahlen (vgl RG JW 1938, 370; SOERGEL/HEFERMEHL § 138 Rn 237, 238), sondern ihn auch im Krankheitsfall unentgeltlich zu behandeln (BGH NJW 1965, 2005; MünchKomm/MAYER-MALY § 138 Rn 44; SOERGEL/HEFERMEHL § 138 Rn 238; STAUDINGER/DILCHER[12] § 138 Rn 75). Schließlich gibt es Leistungen, die aus **standesrechtlichen** Gründen nicht Gegenstand entgeltlicher Verträge sein dürfen, zB die entgeltliche Vermittlung von Patienten an einen Arzt (OLG Hamm NJW 1985, 679; BGH NJW 1999, 2360; vgl auch BGH NJW 1986, 2360), von Mandanten eines Rechtsanwalts (KG NJW 1989, 2893; BGH NJW 1999, 2360) oder Provisionsversprechen an einen Steuerberater, wenn er seine Mandanten zu einer bestimmten Kapitalanlage veranlasst (BGHZ 95, 84; BGH NJW-RR 1987, 1108). Denn für diese Fälle ist kennzeichnend, dass das **besondere Vertrauen**, das der Mandant dem Anwalt, der Patient dem Arzt usw entgegenbringen sollte, es verbietet, durch eine derartige Kommerzialisierung Schaden leidet (BGH NJW 1999, 2360). Daraus lässt sich allerdings kein allgemeines Verbot für Angehörige sonstiger freier Berufe herleiten, für die Vermittlung von Aufträgen Provisionen zu vereinbaren (BGH NJW 1999, 2360). Deshalb ist ein Vertrag, in dem einem Makler Provisionen für die Vermittlung von Aufträgen an einen Architekten zugesagt werden, nicht ohne weiteres sittenwidrig (BGH NJW 1999, 2360). Es kann jedoch § 134 anwendbar sein, wenn derartige Provisionsabreden gegen das Landesrecht verstoßen, zB gegen das Baukammergesetz NW (vgl BGH NJW 1999, 2360). Verträge, deren Abschluss die **Unabhängigkeit** eines Freiberuflers konkret gefährden, sind regelmäßig sittenwidrig (BGH NJW 1996, 1954, 1956). S auch oben Rn 46.

428 Nicht sittenwidrig trotz Standeswidrigkeit sind Verstöße gegen das Werbeverbot für Heilpraktiker (BGH NJW-RR 1989, 1385, 1386 zu § 1 UWG) sowie gegen das Verbot, die HOAI zu unterbieten (OLG Stuttgart NJW 1980, 1583, 1584). Nicht sittenwidrig sind auch Verstöße gegen die Statuten von Sportverbänden, in denen bestimmte Spielerzuwendungen („Handgelder") untersagt werden; denn durch solche Verstöße werden keine Interessen der Allgemeinheit verletzt (BAG NJW 1971, 855 f betr das Bundesligastatut des DFB; OLG Köln NJW 1971, 1367, 1369; LAG Saarland AP Nr 1 zu § 611 BGB – Berufssport mit Anm von K H SCHMIDT; OLG Hamm NJW 1976, 331, 332; MünchKomm/MAYER-MALY/ARMBRÜSTER § 138 Rn 52; PALANDT/HEINRICHS § 138 Rn 98; STAUDINGER/DILCHER[12] § 138 Rn 82). Auf sittlich-rechtliche Bedenken stoßen hingegen die im Berufssport üblichen Ablösesummen beim Vereinswechsel von Spielern (BGH NJW 2000, 1028, 1030 u NJW 1999, 3552 unter zutr Hinweis auf die Wertentscheidung des Art 12 GG und des Art 39 nF = Art 48 aF EG-Vertrag; vgl auch LAG Berlin NJW 1979, 2582; BORK, AT Rn 1188; FÜLLGRAF, Der Lizenzfußball [1981] 86 ff; HOLZER DRdA 1996, 197, 198; KARAKAYA/KARTAL AuR 2002, 58, 61 ff; aA OLG Karlsruhe NJW 1978, 324; BUCHNER RdA 1982, 12; REUTER NJW 1983, 649 ff mwNw; STAUDINGER/

DILCHER[12] § 138 Rn 82; zur Vereinbarkeit mit Art 48 EG-Vertrag EuGH v 15. 12. 1995 NJW 1996, 505 – BOSMAN).

XIII. Ehe- und Familienordnung

1. Ehewidrige Vereinbarungen und Scheidungsvereinbarungen

Vereinbarungen, die gegen das Wesen der Ehe verstoßen, sind sittenwidrig und **429** nichtig (RGZ 158, 294, 298; BayObLG NJW 1983, 831, 832; OLG Karlsruhe NJW 1988, 3023). Dies folgt aus der Wertentscheidung des Art 6 GG (BayObLG NJW 1983, 831, 832; OLG Karlsruhe NJW 1988, 3023). Mit dem Wesen der Ehe und der Wertentscheidung des Art 6 GG unvereinbar und deshalb sittenwidrig und nach § 138 nichtig ist ein **Verlöbnis** oder Eheversprechen trotz (noch) bestehender Ehe eines Partners (RGZ 170, 72, 76; OLG Karlsruhe NJW 1988, 3023; PALANDT/HEINRICHS § 138 Rn 46; SOERGEL/HEFERMEHL § 138 Rn 20, 221; ebenso zum Verlöbnis iSv § 52 Abs 1 Nr 1 StPO BGHSt 3, 215; VRS 36 [1969] 20, 21 f; BayObLG NJW 1983, 831, 832). Deshalb ist es unerheblich, ob sich einer der beiden Partner oder beide der Sittenwidrigkeit bewusst gewesen sind (OLG Karlsruhe NJW 1988, 3023). Unerheblich ist auch, ob der verheiratete Partner irrtümlich annahm, seine Ehe sei rechtskräftig geschieden oder ob er einen Scheidungsantrag gestellt hat oder ob ein tragfähiger Scheidungsgrund vorlag (OLG Karlsruhe NJW 1988, 3023; BayObLG NJW 1983, 831; **aA** BGB-RGRK/ROTH-STIELOW[12] § 1297 Rn 6; offengelassen von BGH VRS 36 [1969] 20, 22). Denn eine rechtliche Anerkennung eines solchen Verlöbnisses oder Eheversprechens würde einer eventuellen Wiederherstellung der noch bestehenden Ehe im Wege stehen oder der Ehescheidung in Abweichung vom dem dafür vorgesehenen Verfahren vorgreifen (BayObLG NJW 1983, 831, 832). Dem scheidungswilligen Partner stehen rechtliche Gestaltungsmöglichkeiten zur Regelung der wirtschaftlichen Beziehungen mit seinem Partner in hinreichendem Maße zur Verfügung. Deshalb bedarf der verheiratete „Verlobte" auch nicht des Schutzes der §§ 1298 f analog (OLG Karlsruhe NJW 1988, 3023). Die Nichtigkeit des Verlöbnisses und die Wertentscheidung des Art 6 GG schließen hingegen eine analoge Anwendung der §§ 1298 f zugunsten des Partners, der von der Ehe des Anderen nichts weiß oder in Bezug auf eine rechtskräftige Scheidung gutgläubig ist, nicht aus (OLG Karlsruhe NJW 1988, 3023). Im Falle seiner Bösgläubigkeit spricht die Wertentscheidung des Art 6 GG gegen eine analoge Anwendung der §§ 1298 f. Dem steht grundsätzlich nicht entgegen, dass Ansprüche aus den §§ 1298 f zu Lasten des Familienvermögens gehen. Denn entsprechende Vereinbarungen zu Lasten des Familienvermögens hätten grundsätzlich auch ohne Verlöbnis getroffen werden können.

Mit dem Wesen einer bestehenden Ehe unvereinbar und daher sittenwidrig ist auch **430** eine Vereinbarung, nach der der Ehemann keine Verwandten in seinen Betrieb aufnehmen darf (RGZ 158, 294, 298, 300), keine Geschäftsreisen allein, dh ohne Überwachungsperson, unternehmen darf (RGZ 158, 294, 298, 300), oder die Vereinbarung über ein dauerndes Recht zum Getrenntleben (OLG Düsseldorf FamRZ 1981, 545, 546; PALANDT/HEINRICHS § 138 Rn 46; SOERGEL/HEFERMEHL § 138 Rn 216).

Zum Wesen der Ehe iSd Wertentscheidungen, die aus Art 6 GG sowie aus den **431** §§ 1564 S 3, 1565 f, 1568 Abs 1 abzuleiten sind, gehört ferner, dass Ehegatten nach den vom Gesetz normierten Voraussetzungen **geschieden** werden können (BGHZ 97, 304, 307 f = NJW 1986, 2046; vgl auch BVerfGE 31, 58, 82 f; 53, 224, 245; vgl auch o § 134 Rn 241).

Damit unvereinbar und deshalb sittenwidrig und nichtig nach § 138 sind Vereinbarungen über den Ausschluss der Scheidung (BGHZ 97, 304, 306 f; BGH NJW 1990,
703 [zu § 134]; KNÜTEL FamRZ 1985, 1089, 1090 f; MünchKomm/MAYER-MALY/ARMBRÜSTER
§ 138 Rn 65; PALANDT/HEINRICHS § 138 Rn 46; SOERGEL/HEFERMEHL § 138 Rn 216 aE; aA
HATTENHAUER FamRZ 1989, 225, 232; ders ZRP 1985, 200, 201 f; vgl auch o § 134 Rn 241), sei
es generell, sei es vor einem bestimmten Zeitpunkt (BGHZ 97, 304, 307), sowie Vereinbarungen, die die Scheidung in Abweichung von der gesetzlichen Regelung erheblich erschweren, zB eine Abrede über die Geltung des Schuldprinzips bei der
Scheidung (COESTER-WALTJEN, in: BGH-FS I 985, 995 f; HERB FamRZ 1988, 123; MünchKomm/
MAYER-MALY/ARMBRÜSTER § 138 Rn 65; PALANDT/HEINRICHS § 138 Rn 46; krit WALTER NJW 1981,
1409, 1412), eine Vereinbarung, nach der im Falle der Scheidung von einem Ehepartner
eine Abfindung in existenzvernichtender Höhe zu zahlen ist (BGH NJW 1990, 703, 704;
OLG Hamm FamRZ 1991, 443; OLG Hamm NJW 1988, 2474, 2475), oder ein Vertragsstrafeversprechen zur Sicherung ehegemäßen Verhaltens (BGH NJW 1990, 703, 704; RGZ 158,
294, 300).

432 Wirksam ist hingegen der Verzicht auf ein bereits **entstandenes** Scheidungsrecht, mit
der Folge, dass es erlischt, soweit es erwachsen ist, aber neu entsteht, wenn einer der
im Gesetz vorgesehenen Scheidungstatbestände aufgrund einer neuen Tatsachenlage
erfüllt wird (BGHZ 97, 304, 308 f). Wirksam ist auch die Verpflichtung zur Zahlung
einer Abfindung im Falle der Scheidung, wenn diese eine angemessene wirtschaftliche Sicherung des Begünstigten bezweckt und die Grenzen der Leistungsfähigkeit
des Verpflichteten nicht überschreitet (BGH NJW 1990, 703, 704) sowie die Verpflichtung zu einer angemessenen finanziellen Wiedergutmachung zwischen Ehegatten, auch wenn keine Rechtspflicht zu Schadensersatz besteht (BGH WM 1974, 967, 968).

433 Mit dem Wesen der Ehe unvereinbar und sittenwidrig ist auch die Vereinbarung eines
Entgelts oder Darlehens für das Eingehen einer **Scheinehe** (OLG Düsseldorf FamRZ
1983, 1023). Sittenwidrig ist ferner ein Eheversprechen eines bereits mit einer anderen
Person **Verlobten** (RGZ 105, 245; SOERGEL/HEFERMEHL § 138 Rn 221).

434 Ehegatten können nach § 1585c für die Zeit nach der Ehescheidung Unterhaltsver-
einbarungen treffen. Nach hM können sie grds auch wirksam auf Unterhalt verzichten (BGH NJW 1985, 788, 789; 1990, 703; 1991, 913, 914; 1992, 3164; 1997, 192, 193; MünchKomm/
MAYER-MALY/ARMBRÜSTER § 138 Rn 63 [anders die Voraufl Rn 57]; PALANDT/HEINRICHS § 138
Rn 47; krit BOSCH, in: FS Habscheid [1989] 23, 34 ff). Solche Vereinbarungen können grds
auch schon vor der Eheschließung oder während der Ehe für den Fall der Scheidung
wirksam getroffen werden (BGH NJW 1991, 913; NJW 1992, 3164; NJW 1995, 3251; NJW 1997,
126; NJW 1997, 192; NJW 1997, 2239; MünchKomm/MAYER-MALY/ARMBRÜSTER § 138 Rn 63). Sie
sind nicht sittenwidrig, wenn sie die Scheidung ermöglichen oder erleichtern sollen
(BGHZ 28, 45, 50; SOERGEL/HEFERMEHL § 138 Rn 217; anders noch RGZ 145, 152, 153; vgl auch
RGZ 159, 157, 165). Sie sind auch dann nicht sittenwidrig, wenn sie den Betreuungs-
unterhalt nach § 1570, den Versorgungsausgleich und den Zugewinnausgleich umfassen (BGH NJW 1997, 192; NJW 1985, 3164). Sie sind selbst dann nicht sittenwidrig, wenn
ein Ehegatte in einer Ehekrise den Versuch, die Ehe fortzusetzen, vom Abschluss
eines solchen Vertrags abhängig gemacht hat (BGH NJW 1997, 192, 193). Es hat keinen
Einfluss auf die Anwendbarkeit von § 138, dass solche Vereinbarungen ganz oder
überwiegend zu Lasten einer der beiden Ehegatten gehen und dass sie den Entschluss
des benachteiligten Ehegatten, sich scheiden zu lassen, erschweren könnten (BGH

NJW 1990, 703; NJW 1997, 192, 193; kritisch DETHLOFF JZ 1997, 414). Eine Einschränkung erfahren solche Vereinbarungen ohnehin nach § 242, wonach sich ein Ehegatte nicht auf den Unterhaltsverzicht berufen kann, wenn und soweit das Wohl eines gemeinsamen, von dem anderen Ehegatten betreuten Kindes den Bestand der Unterhaltspflicht erfordert (BGH NJW 1992, 3164; NJW 1997, 126, 128; NJW 1996, 192) Offen gelassen hat der BGH, ob ein nach langjähriger Ehe vereinbarter Verzicht auf Unterhalt, Versorgungsausgleich und Zugewinn sittenwidrig ist (BGH NJW 1997, 192, 193; bejahend OLG Karlsruhe FamRZ 1991, 332) Grundsätzlich wirksam ist auch ein Ehevertrag, der den gesetzlichen Güterstand dahin modifiziert, dass das Betriebsvermögen des Unternehmer-Ehegatten nicht in den Zugewinnausgleich fällt (BGH NJW 1997, 2239, 2241); denn ein Zugewinnausgleich könnte häufig nur aus der Substanz des Unternehmens befriedigt werden und damit dessen Existenz gefährden. Da eine solche Vereinbarung nicht auf die Äquivalenz von Leistung und Gegenleistung zielt, ist ein auffälliges Missverhältnis nicht maßgeblich (BGH NJW 1997, 2239, 2241). Auch eine Vereinbarung, durch die ein Ehegatte den anderen anläßlich der Scheidung von **Unterhaltsansprüchen gemeinschaftlicher Kinder** freistellt, ist grds wirksam (BGH NJW 1986, 1167, 1168). Er wird auch nicht dadurch nach § 138 unwirksam, dass der freigestellte Ehegatte in derselben Vereinbarung der Übertragung der elterlichen Sorge auf den freistellenden Ehegatten zugestimmt hat (BGH NJW 1986, 1167, 1168 sub II 3). Sittenwidrig ist jedoch eine Unterhaltsfreistellung, wenn ein damit verbundener Elternvorschlag zur Regelung der elterlichen Sorge über gemeinschaftliche Kinder sich über deren Wohl bewusst hinwegsetzt (BVerfG NJW 2001, 727; BGH NJW 1986, 1167, 1168; SOERGEL/ HEFERMEHL § 138 Rn 228). Sittenwidrig ist insbesondere eine Unterhaltsfreistellungsvereinbarung, wenn sie einen ständigen Anreiz bieten kann, ohne Rücksicht auf das Wohl des Kindes aus finanziellen Gründen von der Ausübung des generell unverzichtbaren **Umgangsrechts** abzusehen (BGH NJW 1984, 1951, 1952; NJW 1986, 1167, 1168; anderes gilt nach OLG Frankfurt FamRZ 1986, 596, wenn der Ausschluss des Umgangsrechts dem Kindeswohl entspricht). Außerdem kann die Berufung des Freigestellten auf den Unterhaltsverzicht des anderen wegen der besonderen Umstände zum aktuellen Zeitpunkt gegen Treu und Glauben verstoßen, zB wenn dies schutzwürdige Interessen der gemeinschaftlichen Kinder beeinträchtigt (BVerfG NJW 2001, 957, 958; BGH NJW 1991, 913, 914; 1987, 776; 1985, 1833). In diesem Fall kann die Berufung auf den an sich wirksam vereinbarten Unterhaltsverzicht ganz oder zumindest zeitweise ausgeschlossen sein (BGH NJW 1991, 913, 914 f). Zum Unterhaltsverzicht in einer Scheidungsvereinbarung, der **zu Lasten der Sozialhilfe** geht, vgl BGHZ 86, 82, 88; BGH NJW 1992, 3164 ff und o Rn 359 ff.

Eine Scheidungsvereinbarung, die die **Freizügigkeit** eines geschiedenen Ehegatten **435** durch ein Wohnsitzverbot beschränkt, ist idR nach § 138 iVm Art 11 GG sittenwidrig und nichtig (BGH NJW 1972, 1414 f; ERMAN/PALM § 138 Rn 95c; 181; krit MERTEN NJW 1972, 1799; SCHWABE NJW 1973, 229; vgl auch o § 134 Rn 242).

In einem Scheidungsrechtsstreit können sich beide Parteien durch Vertrag grds wirk- **436** sam verpflichten, auf ein Rechtsmittel gegen ein demnächst etwa ergehendes Scheidungsurteil zu verzichten (BGHZ 28, 45, 50; SOERGEL/HEFERMEHL § 138 Rn 218; anders noch RGZ 70, 59). Darin ist keine rechtlich zu missbilligende Verfügung über die Ehe zu sehen, auch wenn das Scheidungsurteil die Scheidung zu Unrecht aussprechen sollte (BGHZ 28, 45, 50). Ein solcher Rechtsmittelverzicht kann nur bei Vorliegen besonderer Umstände sittenwidrig sein, zB wenn die Parteien den Inhalt des Scheidungsurteils in unlauterer Weise beeinflussen, etwa mit dem Vorbringen fingierter oder nicht mehr bestehender Scheidungsgründe (BGHZ 28, 45, 50).

2. Letztwillige Verfügungen

a) Allgemeine Anmerkungen

437 Bei der Inhaltskontrolle letztwilliger Verfügungen nach § 138 ist vom **Grundsatz der Testierfreiheit** auszugehen, der grundrechtlichen Schutz nach Art 14 GG genießt (BGHZ 53, 369, 374; NJW 1968, 932, 934; NJW 1983, 674; BGHZ 111, 36, 39; BGHZ 123, 368, 371; NJW 1999, 566, 568; zum grundrechtlichen Schutz nach Art 14 GG vgl BVerfGE 91, 346, 358 = NJW 1995, 2977; BGHZ 123, 368, 371 = NJW 1994, 248; BGH NJW 1999, 566, 568). Dieser Grundsatz darf nur bei Vorliegen besonderer Umstände eingeschränkt werden. Ein solcher besonderer Umstand liegt nicht schon vor, wenn durch eine letztwillige Verfügung Erbansprüche eines an sich erbberechtigten Angehörigen eingeschränkt oder ausgeschlossen werden. Der Gesetzgeber geht davon aus, dass erbberechtigte Angehörige durch das Pflichtteilsrecht bzw durch Ansprüche auf Zugewinnausgleich grds ausreichend geschützt sind (BGH FamRZ 1954, 195, 197; BGHZ 52, 17, 19 f; BGHZ 53, 369, 374; BGH NJW 1968, 932, 934; BayObLG NJW 1987, 910, 911; Flume, AT § 18, 5 S 376; Gernhuber FamRZ 1960, 326, 333; Larenz/Wolf, AT § 41 Rn 61; Otte JurA 1985, 192, 197). Sittenwidrig kann also ein Testament nur sein, wenn über die testamentarische Beschränkung oder den Ausschluss des gesetzlichen Erbanspruchs hinaus besonders schwerwiegende Umstände hinzukommen (BGH NJW 1983, 674; BGHZ 111, 36, 40 = NJW 1990, 2055; NJW 1999, 566, 568 f). Dieser Grundsatz der Testierfreiheit darf durch Anwendung des § 138 nur eingeschränkt werden, wenn sich der Vorwurf der Sittenwidrigkeit auf eine klare, deutlich umrissene Wertung des Gesetzgebers oder auf eine allgemeine Rechtsauffassung stützen könnte (BGHZ 123, 368, 378). Für letztwillige Verfügungen gilt der Grundsatz der Gleichbehandlung aller Kinder und das daraus folgende Diskriminierungsverbot, wie es für die gesetzliche Erbfolge in § 1924 Abs 4 verankert ist, nicht (BGHZ 70, 313 ff = NJW 1978, 943; BHG NJW 1999, 566, 569; BVerfG FamRZ 1989, 1047). Eine Missachtung des Differenzierungsverbots des Art 3 Abs 3 GG führt auch nicht ohne weiteres zu § 138, da auch die Testierfreiheit nach Art 14 GG grundrechtlichen Schutz genießt (BGH NJW 1999, 566, 569). Auch eine Erbunfähigkeitsklausel, die die freie Wahl des Ehepartners durch den Bedachten beeinflusssen kann, ist nicht ohne weiteres wegen der Wertung des Art 6 GG sittenwidrig, sondern allenfalls dann, wenn einer der Abkömmlinge des Erblassers bei der Wahl seiner Ehefrau mit Hilfe der Erbunfähigkeitsklausel gewissermaßen „gekauft" werden sollte (BGH NJW 1999, 566, 569: Otte JA 1985, 192, 199). Eine letzwillige Verfügung, die nicht auf die Verletzung von Grundrechten zielt, sondern mit dem Nachlass sachlich zusammenhängende Ziele verfolgt, ist grundsätzlich nicht sittenwidrig (BGH NJW 1999, 566, LS 1 = JR 1999, 504 m Anm Probst = JZ 1999, 514 m Anm Schmoeckel). Wirksam sind auch sog **Wiederverheiratungsklauseln**, nach denen eine letztwillige Zuwendung an den überlebenden Ehegatten entfällt, wenn dieser nach dem Erbfall wieder heiratet. Demgegenüber differenziert eine Mindermeinung zwischen **vermögens- und verhaltensbezogenen** Bedingungen der Zuwendung. Aus dem Sinn und Zweck der Testierfreiheit folge, dass der Erblasser mit dem Instrument der Verfügung von Todes wegen nur die Möglichkeit zur Verteilung des Vermögens haben solle, nicht aber, über den eigenen Tod hinaus Einfluss auf die Entscheidungen und die Lebensführung des Bedachten soll nehmen können. Letztere, dh verhaltensbezogene Zuwendungen seien ohne weiteres nichtig (so Keuk FamRZ 1972, 9, 13; ebenso neuerdings wieder Schlüter, in: Festgabe

Zivilrechtslehrer 1934/1935 [1999] 575, 579 ff; **aA** GOEBEL FamRZ 1997, 656, 660; SOERGEL/LORITZ[12] 1996 § 2074 Rn 22; STAUDINGER/OTTE [2002] § 2074 Rn 32, 39; THIELMANN, Sittenwidrige Verfügungen von Todeswegen [1973] 273; krit auch KELLENTER, Bedingte Verfügungen von Todes wegen [1989] 82 f). Sie seien ein Missbrauch des Rechtsinstituts der Testierfreiheit. Denn Erbrecht sei in erster Linie Vermögenszuordnungsrecht (SCHLÜTER 580 ff). Als immanente Schranken der Testierfreiheit seien sie allerdings dem § 138 vorgelagert (SCHLÜTER S 584 f). Unabhängig von diesem Meinungsstreit ist es auf jeden Fall sittenwidrig, wenn ein Erblasser die Zuwendung davon abhängig macht, dass ihm der Bedachte im Falle des Todes die Pulsadern öffnet, damit er nicht Gefahr läuft, lebendig bestattet zu werden (BayObLG FamRZ 1986, 606). Für vereinbar mit den guten Sitten hielt der BGH hingegen Erbunfähigkeitsklauseln in Adelskreisen, wonach nur derjenige älteste Abkömmling Erbe sein kann, der nach der alten Hausverfassung des betreffenden Adelsgeschlechts aus einer ebenbürtigen Ehe stammt und in einer solchen lebt (BGHZ 140, 118 = NJW 1999, 566, 569; ebenso BayObLG ZEV 1997, 119 m Anm OTTE; **aA** OLG Stuttgart ZEV 1998, 185 m Anm OTTE; dazu auch GOEBEL FamRZ 1997, 656; **aA** auch STAUDINGER Jura 2000, 467, 470 ff, der diese Klausel mit der heutigen in Art 3 und 6 GG niedergelegten Wertordnung für unvereinbar hält).

b)   Das sog Geliebtentestament

Die sittlich-rechtliche Bewertung von testamentarischen Zuwendungen eines Man- **438** nes an eine mit ihm nicht verheiratete Geliebte – sog Geliebtentestamente oder „Mätressentestamente" – nach § 138 unterlag im Laufe der vergangenen Jahrzehnte mehrfachen Änderungen. Eine weitere Änderung muss mE das „Gesetz zur Regelung der Rechtsverhältnisse der Prostituierten (Prostitutionsgesetz – ProstG)" vom 20. 12. 2001 (BGBl 2001 I 3983) zur Folge haben. Es regelt, entgegen seiner Überschrift, nicht nur Verträge über Prostitution, sondern ganz allgemein entgeltliche Verträge über sexuelle Handlungen. Zwar passt es auf Geliebtentestamente nicht unmittelbar. Seine Wertungen sind jedoch bei der Anwendung von § 138 zu berücksichtigen, um **Wertungswidersprüche** zu vermeiden. Da zZt noch nicht abzusehen ist, ob sich die Praxis die Ansicht zueigen macht, dass die Beurteilung der Geliebtentestamente durch das ProstG beeinflusst wird, sollen zunächst die Entwicklung und der bisherige Stand der Diskussion nachgezeichnet werden. Am Ende der Ausführungen soll dann zu den Auswirkungen des ProstG auf die Beurteilung von Geliebtentestamenten Stellung genommen werden.

Ursprünglich scheint es einer verbreiteten Ansicht entsprochen zu haben, dass außereheliche sexuelle Beziehungen ein unsittliches Verhalten seien und deshalb ein Geliebtentestament generell gegen die guten Sitten verstoße (zum mehrfachen Wandel der Rechtsprechung, auch schon vor dem Inkrafttreten des BGB, instruktiv FALK, in: Das Bürgerliche Gesetzbuch und seine Richter [2000] 451). Diese Ansicht wurde später jedoch mit Recht dahingehend geändert, dass es bei der Beurteilung eines Geliebtentestaments nach § 138 nicht entscheidend um die Beurteilung des **Verhaltens** einer Person und um Sanktionen für unsittliches Verhalten gehe, sondern allein um die Beurteilung eines **Rechtsgeschäfts**, bei der allerdings die Art des Verhaltens Bedeutung erlangen kann (BGHZ 53, 369, 375, 377; BGH NJW 1973, 1645, 1646; 1983, 674, 675; 1984, 2150, 2151; ebenso BARTHOLOMEYCZIK, in: FS OLG Zweibrücken [1969] 26, 66; ECKERT AcP 199 [1999] 337, 351 f; FLUME, AT § 18, 2 u 6 S 368, 375, 379; OTTE JurA 1985, 192, 196; MEDICUS, AT Rn 685; SOERGEL/ HEFERMEHL § 138 Rn 222; vgl auch OLG Frankfurt aM NJW-RR 1995, 265, 266). Offen ist dabei natürlich die Frage, in welcher Weise die Art des Verhaltens der Parteien bei der

Bewertung des mit dem Geliebtentestament vorgenommenen Rechtsgeschäfts von Bedeutung ist.

439 Soweit es die Berücksichtigung des Verhaltens der Parteien betrifft, war ursprünglich die Ansicht herrschend, dass ein Geliebtentestament **immer** sittenwidrig sei, wenn sexuelle Motive für die Zuwendung bestimmend oder auch nur **mitbestimmend** waren. Diese Ansicht ist in der neueren Rspr dahingehend eingeschränkt worden, dass Geliebtentestamente nur dann sittenwidrig und insgesamt nichtig seien, wenn sie **ausschließlich** den Zweck haben, die Geliebte für geschlechtliche Hingabe zu belohnen oder die Fortsetzung der sexuellen Beziehungen zu fördern (BGH FamRZ 1963, 287, 288; NJW 1964, 764 f; NJW 1968, 932, 934, 936; BGHZ 52, 17, 20; BGHZ 53, 369, 376, 386; NJW 1983, 674; NJW 1984, 797; NJW 1984, 2150; BGHZ 112, 259, 262; ebenso im Schrifttum BORK, AT Rn 1192; MünchKomm/MAYER-MALY/ARMBRÜSTER § 138 Rn 59; OTTE JurA 1985, 192, 195 f; PALANDT/HEINRICHS § 138 Rn 50; SOERGEL/HEFERMEHL § 138 Rn 222; STAUDINGER Jura 2000, 467, 469). Unter diesen Voraussetzungen wendete der BGH § 138 auf Geliebtentestamente nicht nur an, wenn der Erblasser bei der Errichtung des Testaments verheiratet war, sondern auch, wenn dieser zwar unverheiratet war, jedoch die Geliebte in gültiger Ehe lebte (BGH NJW 1968, 932).

440 Ein Sittenverstoß wird demgegenüber grds abgelehnt, wenn der Erblasser die Verfügung auch ohne geschlechtliche Hingabe der Bedachten getroffen haben würde und das Liebesverhältnis für die Zuwendung nur mitbestimmend gewesen ist, der Erblasser sich aber auch aus anderen achtenswerten Gründen der Bedachten habe dankbar zeigen wollen, zB wenn er sie für die von ihr erbrachten außergeschlechtlichen Leistungen und Opfer, insbesondere für Krankenpflege oder finanzielle Aufwendungen, habe schadlos halten wollen (BGH FamRZ 1954, 195; NJW 1968, 932, 934, 936; BGHZ 52, 17, 20; BGHZ 53, 369, 376 f; BGH NJW 1983, 674, 675). Auch wenn das Geliebtentestament ohne die missbilligte „Lebens- und Liebesbeziehung" des Erblassers zur Bedachten nicht gemacht worden wäre, sei es nicht ohne weiteres sittenwidrig und ganz oder teilweise nichtig (BGHZ 53, 369, 376 f). Nur bei Vorliegen besonderer Umstände, die zu den sexuellen Motiven hinzukommen, kann das Testament sittenwidrig und nichtig sein. Zu den besonderen Umständen, die den Vorwurf der Sittenwidrigkeit begründen, gehört es, wenn die Zuwendung an die Geliebte den an sich erbberechtigten Kindern und Ehegatten **unzumutbar** war (BGH NJW 1983, 674, 675 f).

441 Auch zu der Frage, wer die **Beweislast** dafür trägt, dass eine testamentarische Zuwendung an eine Geliebte nicht ausschließlich sexuelle, sondern auch andere Motive hatte, hat sich die Rspr geändert. Ursprünglich galt die **Vermutung**, dass ein Geliebtentestament eine Belohnung für geschlechtliche Hingabe sein und deren Fortsetzung fördern sollte (BGH NJW 1964, 764, 765; NJW 1968, 932, 935 [unter Berufung auf „allgemeine Beweisregeln"]; krit dazu FLUME, AT § 18, 8c; GERNHUBER FamRZ 1960, 326, 329; HELDRICH AcP 186 [1986] 74, 83; MÜLLER-FREIENFELS JZ 1968, 441, 445). Dementsprechend trug die Geliebte die Beweislast dafür, dass dies nicht zutreffe und dass – andere – achtenswerte Motive für die Verfügung des Erblassers maßgeblich waren. In diesem Sinne ist es auch wohl noch zu deuten, wenn der BGH es für sittenwidrig erklärte, die unmittelbar erbberechtigten Angehörigen durch Enterbung und Beschränkung auf den Pflichtteil in ihrer persönlichen und wirtschaftlichen Stellung zurückzusetzen, wenn sich dies nicht durch Leistungen der Geliebten, die über die geschlechtliche Hingabe hinausgehen, sittlich rechtfertigen lasse (BGH FamRZ 1963, 287, 289). Nach neuerer Rspr trägt hingegen hierfür die Beweislast, wer sich auf die Sittenwidrigkeit wegen dieses Zwecks beruft (BGHZ 53, 369, 379; BGH FamRZ 1971, 638, 639; ebenso Münch-Komm/MAYER-MALY/ARMBRÜSTER § 138 Rn 59; OTTE JurA 1985, 192, 196; SOERGEL/HEFERMEHL § 138 Rn 222, 224). Es besteht **keine Vermutung** dahingehend, dass die Zuwendung an eine(n) Geliebte(n) ausschließlich den Zweck verfolgt, die geschlechtliche Hingabe zu belohnen oder zu fördern (SOERGEL/HEFERMEHL § 138 Rn 224). Das praktische Ergebnis dieser Entwicklung der Rspr ist, dass Geliebtentestamente jedenfalls nicht mehr wegen angeblich ausschließlich sexueller Motive an § 138 Abs 1 scheitern. Zu weit geht es hingegen wohl, aus dieser Änderung der Beweislastverteilung verallgemeinernd zu schließen, dass Geliebtentestamente **nicht mehr** nach § 138 Abs 1 nichtig sind (so jedoch PALANDT/HEINRICHS § 138 Rn 50). Denn es erscheint durchaus als möglich, dass die durch das Testament benachteiligten Angehörigen den Beweis erbringen, aus anderen Gründen in **unzumutbarer** Weise benachteiligt worden zu sein.

Die Tendenz der neueren Rspr verdient Zustimmung. Auszugehen ist vom Grundsatz **442** der Testierfreiheit; sie darf nur bei Vorliegen ganz besonderer Umstände eingeschränkt werden (o Rn 437). Zu diesen besonderen Umständen gehört nicht ohne weiteres die testamentarische Benachteiligung des Ehegatten oder der Kinder des Erblassers. Denn zu deren Schutze hält das Gesetz das Pflichtteilsrecht bzw den Anspruch auf Zugewinnausgleich für grds ausreichend. Deshalb kann nur ausnahmsweise bei Vorliegen besonderer Umstände, die über die Benachteiligung der Angehörigen hinausgehen, ein Geliebtentestament gegen die guten Sitten verstoßen (BGH NJW 1983, 674, 675). Sexuelle Motive, die den Erblasser zur Abweichung von der gesetzlichen Erbfolge veranlasst haben, sind dabei mE grds nicht von Bedeutung (BGHZ 53, 369, 374). Nachdem nichteheliche Lebensgemeinschaften inzwischen soziale und rechtliche Anerkennungen gefunden haben und zum Teil sogar mit den ehelichen Lebensgemeinschaften gleichgestellt worden sind, sind Zuwendungen an Geliebte nicht mehr ohne weiteres mit einem sittlich-rechtlichen „Makel" behaftet. Sittenwidrigkeit kann nur noch angenommen werden, wenn ein Geliebtentestament den Benachteiligten **unzumutbar** ist (vgl BGH NJW 1968, 932, 934; OTTE JurA 1985, 192, 197; ähnlich SOERGEL/HEFERMEHL § 138 Rn 222 aE). Bei der Feststellung einer etwaigen Unzumutbarkeit ist eine **Gesamtwürdigung** aller Umstände vorzunehmen (BGH NJW 1964, 764; BGHZ 52, 17, 20). Dabei sind vor allem folgende Umstände zu berücksichtigen: War der Erblasser im Zeitpunkt der Zuwendung an die Geliebte (noch) verheiratet? Wenn nicht, dann ist das Testament grds nicht sittenwidrig (**aA** BGH NJW 1968, 932 ff; dagegen mit Recht BREITHAUPT NJW 1968, 932 f; MÜLLER-FREIENFELS JZ 1968, 441), es sei denn, es wurden Kinder aus einer früheren Ehe in unzumutbarer Weise übergangen. In welchem Umfang war die Ehefrau des Zuwendenden am Erwerb des Vermögens, das der (dem) Gebliebten zugewendet wurde, beteiligt (BGHZ 53, 369, 378; BayObLG NJW 1987, 910, 912; OTTE JurA 1985, 192, 197)? Lebte der Zuwendende mit der Geliebten in einer eheähnlichen Lebensgemeinschaft zusammen? Wenn ja: Wie lange (SOERGEL/ HEFERMEHL § 138 Rn 224)? Sind aus dieser Lebensgemeinschaft Kinder hervorgegangen? Hat der Erblasser von der Geliebten über die geschlechtliche Hingabe hinaus in nennenswertem Umfang Dienst- und Hilfsleistungen, finanzielle Zuwendungen usw erhalten? Bestehen – bei einer längeren nichtehelichen Lebensgemeinschaft – gegenüber der Geliebten und eventuellen nichtehelichen Kindern moralische Verpflichtungen, die über gesetzliche Ansprüche hinausreichen? Und aus der Sicht der Angehörigen: Ist der Lebensunterhalt des Ehepartners und der gemeinsamen Kinder ohne die Erbschaft gesichert? Führt ein Vermächtnis an die Geliebte zu einer Überschuldung des Nachlasses (vgl BGH NJW 1983, 674, 676)? In welchem rechtlichen und persönlichen Verhältnis standen die Benachteiligten zum Erblasser?

443 Unzumutbar und sittenwidrig ist ein Geliebtentestament, wenn es die Ehepartner oder die ehelichen Kinder faktisch zu laufenden persönlichen Kontakten mit der als Allein- oder Miterbin eingesetzten Geliebten zwingt (OTTE JurA 1985, 192, 197, 200 f), zB wenn die Angehörigen darauf angewiesen sind, in dem ganz oder teilweise an die Geliebte vererbten Haus zu wohnen oder in dem hinterlassenen Unternehmen mitzuarbeiten. Sittenwidrigkeit liegt auch vor, wenn die testamentarische Übergehung von Kindern nur den Schlusspunkt einer fortgesetzten krassen Vernachlässigung der elterlichen Sorge darstellt (OGHZ 3, 158, 162; BGH LM Nr 7 zu § 138 [Cd] BGB; vgl auch SOERGEL/HEFERMEHL § 138 Rn 222 aE, 223; aA OTTE JurA 1985, 192, 198) oder wenn die Kinder trotz des Pflichtteilsanspruchs infolge der Übergehung bedürftig sind oder werden (OTTE JurA 1985, 192, 198). Der Gegenansicht, die sich auf das Bestehen eines Pflichtteilsrechts stützt (GERNHUBER FamRZ 1960, 326, 329; RAMM JZ 1970, 129, 132; SIMSHÄUSER 49), ist in diesem Fall entgegenzuhalten, dass dieses Recht die Normalfälle in pauschalierender Weise regelt, während Bedürftigkeit ein besonderer Umstand ist, der rechtliche Ausnahmeregelungen erlaubt (OTTE JurA 1985, 192, 198). Sittenwidrig ist es ferner, Dritten Gegenstände zuzuwenden, die einen besonderen familiären Erinnerungswert haben, zB Fotos, Familienschmuck oder Briefe der enterbten Angehörigen (OTTE JurA 1985, 192, 198).

444 Wenn ein Geliebtentestament gegen die guten Sitten verstößt, kann es, je nach den Umständen, insgesamt nichtig oder auch nur teilweise nichtig, im übrigen aber gültig sein; die Tatsache, dass es sich um eine einheitliche Verfügung handelt, steht dem nicht entgegen (BGH FamRZ 1963, 287, 289 f; NJW 1964, 764, 765; BGHZ 52, 17, 23 f; BGHZ 53, 369, 383). Denn da der Wille des Erblassers nach Möglichkeit zu beachten ist, kann eine letztwillige Verfügung, die auch auf achtenswerten Motiven beruht, nicht insgesamt für nichtig erklärt werden. Andererseits geht es nicht an, eine teilweise sittenwidrige Verfügung insgesamt als gültig anzuerkennen (BGHZ 52, 17, 24). Sowohl die volle Gültigkeit als auch die Gesamtnichtigkeit können in manchen Fällen zu unzumutbaren Ergebnissen führen (BGHZ 52, 17, 24).

445 Die gegenwärtige sittlich-rechtliche Bewertung von Geliebtentestamenten muss mE aufgrund des ProstG vom 20. 12. 2001 geändert werden. Zwar fällt das Geliebtentestament zweifellos nicht in den Regelungsbereich dieses Gesetzes. Seine Wertungen reichen jedoch über den Gesetzeswortlaut hinaus. Sie sind bei Geliebtentestamenten zu berücksichtigen, um Wertungswidersprüche zu vermeiden. Wenn das ProstG einen Entgeltanspruch **nach Vornahme** sexueller Handlungen bei Prostitution usw in der Weise anerkennt, dass die sexuellen Handlungen wirksame Entgeltanspüche begründen, dann müssen auch und **erst recht** rechtsgeschäftliche Zusagen durch Geliebtentestamente wirksam sein (ebenso im Ergebnis ARMBRÜSTER NJW 2002, 2763, 2765; MünchKomm/MAYER-MALY/ARMBRÜSTER ProstG § 1 Rn 24; vgl auch LEIPOLD, Erbrecht[14] [2002] Rn 246). Die bisher herrschende Meinung, dass Geliebtentestamente dann sittenwidrig und nichtig seien, wenn sie ausschließlich oder ganz überwiegend den Zweck haben, die Geliebte für geschlechtliche Hingabe zu belohnen, lässt sich nicht mehr halten, wenn die Vereinbarung eines Entgelts für geschlechtliche Hingabe im Rahmen von Prostitution einen rechtswirksamen Entgeltanspruch begründet. Diese Auswirkungen des ProstG auf die Bewertung von Geliebtentestamenten sind zwar vom Zweck dieses Gesetzes nicht mitumfasst. Sie sind jedoch geboten, um Wertungs-widersprüche zu vermeiden. Der herkömmliche Grundsatz, dass Rechtsgeschäfte über das Entgelt für geschlechtliche Hingabe auch **nach** deren Vornahme sittenwidrig seien (so zur herkömmlichen Ansicht zutreffend MünchKomm/MAYER-MALY/ARMBRÜSTER § 138 Rn 59), worin man auch den richtigen Kern der älteren Rechtsprechung zu den Geliebtentestamenten sah (vgl MünchKomm/MAYER-MALY/ARMBRÜSTER § 138 Rn 59), ist durch das ProstG außer Kraft gesetzt worden. Es besteht kein Anlass, an diesem Grundsatz nur noch bei Geliebtentestamenten festzuhalten und damit die Beziehun-gen des Erblassers zu einer Geliebten mehr zu inkriminieren als die Prostitution. Der Gesichtspunkt der Entlohnung für geschlechtliche Hingabe ist deshalb **als solcher** kein Tatumstand mehr, der ohne weiteres die Sittenwidrigkeit von Geliebtentesta-menten bewirken könnte. Sie sind erst dann sittenwidrig, wenn weitere besondere Umstände hinzutreten, von denen die wichtigsten in den Rn 442, 443 dargestellt worden sind. Da zwischen der Errichtung eines Testaments und dem Erbfall ein langer Zeitraum liegen kann, in dem sich die guten Sitten erheblich geändert haben können, ist der **Zeitpunkt** der sittlich-rechtlichen Beurteilung eines Testaments nach § 138 von erheblicher praktischer Bedeutung (dazu o Rn 86 ff).

c) Erbeinsetzung eines gleichgeschlechtlichen Lebenspartners
Für die Erbeinsetzung eines gleichgeschlechtlichen Lebenspartners gelten dieselben **446** Grundsätze wie für die Geliebtentestamente (aA MünchKomm/MAYER-MALY/ARMBRÜSTER § 138 Rn 59; LIEBL-WACHSMUTH MDR 1983, 988 ff). Sie verstößt nicht gegen § 138, wenn nicht besondere Umstände hinzutreten (OLG Frankfurt aM NJW-RR 1995, 265, 266; BayObLG NJW 1987, 910 = FamRZ 1986, 1248 m abl Anm von BOSCH; aA RG LZ 1922, 556). Denn auch insoweit geht es im Rahmen des § 138 nicht um die Unsittlichkeit eines Verhaltens, sondern um die Sittenwidrigkeit eines Rechtsgeschäfts (OLG Frankfurt aM NJW-RR 1995, 265, 266). Da dem Grundsatz der Testierfreiheit überragende Bedeutung zukommt, kann Sittenwidrigkeit nur in besonders hervorstechenden Ausnahmefällen angenommen werden. Die Rspr nimmt solche Ausnahmefälle an, wenn die testa-mentarische Zuwendung **ausschließlich** die geschlechtliche Hingabe belohnen oder den Empfänger zur Fortsetzung der sexuellen Beziehungen bestimmen will (OLG Frankfurt aM NJW-RR 1995, 265, 266).

d) Zum Behindertentestament zu Lasten der Sozialhilfe vgl o Rn 363 ff.

3. „Aushöhlung" von Erbverträgen und gemeinschaftlichen Testamenten durch Zuwendungen unter Lebenden

Ein Rechtsgeschäft, durch das ein durch gemeinschaftliches Testament oder Erb- **447** vertrag an die Anordnung eines Vermächtnisses gebundener Erblasser über den Gegenstand des Vermächtnisses unter Lebenden verfügt, ist grds rechtswirksam (BGHZ 26, 274, 277; BGHZ 59, 343, 347). Die Rechtsprechung hat ursprünglich angenom-men, dass Zuwendungen unter Lebenden nach § 138 nichtig sein können, wenn der Zuwendende dadurch einen mit ihm geschlossenen Erbvertrag oder ein gemein-schaftliches Testament „aushöhlt" und dadurch § 2271 Abs 1 S 2 bzw § 2289 Abs 1 S 2 umgangen wird. Man sprach von „Aushöhlungsnichtigkeit". Diese im Schrifttum heftig kritisierte Ansicht hat der BGH 1972 ausdrücklich und mit Recht aufgegeben (BGHZ 59, 343, 346 mit ausf Nw zum Schrifttum; ebenso BGH WM 1973, 680, 681). Denn nach der Regelung des § 2286 kann der durch Erbvertrag gebundene Erblasser zu Lebzeiten frei über sein Vermögen verfügen (BGHZ 59, 343, 347). Grenzen setzt § 2287, der auch auf wechselbezügliche gemeinschaftliche Testamente anwendbar ist, erst bei Schenkungen (BGHZ 59, 343, 348). Selbst Schenkungen, die in der Absicht getätigt wurden, den Vertragserben zu beeinträchtigen, sind wirksam und begründen nach § 2287 nur nach Anfall der Erbschaft einen Bereicherungsanspruch des Vertragserben gegen den Beschenkten (BGH WM 1973, 680, 681). Sittenwidrig sind Vermögensverfügungen zu Lebzeiten nur dann, wenn zur Testamentsaushöhlung besondere Umstände hinzukommen, zB anstößiges Zusammenwirken des Verfügenden und des Begünstigten, um die in einem entgeltlichen Erbvertrag übernommene Bindung im Ergebnis wirkungslos zu machen (BGHZ 59, 343, 348).

4. Vereinbarungen über nichteheliche Kinder

448 Auch die entgeltliche Vereinbarung zwischen der Mutter eines nichtehelichen Kindes und dessen Vater, die Nichtehelichkeit zu verschweigen, ist sittenwidrig (PALANDT/ HEINRICHS § 138 Rn 48). Soweit es die Vereinbarung betrifft, den Namen des leiblichen Vaters zu verschweigen, verstößt dies gegen das aus Art 6 GG abzuleitende Recht des Kindes auf Kenntnis des Vaters (vgl BVerfG NJW 1988, 3010). Die Vereinbarung zwischen der Mutter eines nichtehelichen Kindes und dessen Vater, ihn vor Unterhaltsansprüchen dieses Kindes freizuhalten und selbst keine Unterhaltsansprüche für das Kind geltend zu machen, ist idR sittenwidrig (OLG Hamm FamRZ 1977, 556; PALANDT/ HEINRICHS § 138 Rn 48). Sittenwidrig sind entgeltliche Geschäfte über die Anfechtung der Ehelichkeit (OLG Celle NdsRpfl 1962, 188; PALANDT/HEINRICHS § 138 Rn 48). Der Verzicht eines Ehemanns auf das Recht, die Ehelichkeit eines während der Ehe geborenen, nicht von ihm gezeugten Kindes anzufechten, ist unwirksam (BGHZ 87, 169, 172 f = NJW 1983, 2073, 2074; NJW 1995, 2921, 2922). Denn der Verzicht auf das Anfechtungsrecht kommt in seiner Wirkung einer Anerkennung der Ehelichkeit gleich (BGHZ 87, 169, 172 f). Die dafür in den §§ 1594 ff genannten Voraussetzungen können nicht durch einen Verzicht auf die Ehelichkeitsanfechtung umgangen werden. Wegen der Wertungen der §§ 1594 ff ist deshalb der Verzicht sittenwidrig nach § 138 (vgl HOHLOCH JuS 1996, 75). Dies gilt auch dann, wenn das Kind aus einer mit Zustimmung des Ehemannes vorgenommenen heterologen Insemination hervorgegangen ist (BGHZ 87, 169 = NJW 1983, 2073, 2074; NJW 1995, 2921, 2922).

449 Der Vater eines nichtehelichen Kindes kann sich wirksam zu Unterhaltsleistungen an dieses verpflichten, auch wenn der Ehemann der Mutter die Ehelichkeit nicht nach § 1593f angefochten hat (BGHZ 46, 56, 59 f). Wenn der Ehemann die Unterhaltsansprüche gegen den nichtehelichen Vater geltend macht, so wird damit nicht dem Verbot des § 1593 zuwider auch die Nichtehelichkeit des Kindes geltend gemacht. Vielmehr sollte mit der Unterhaltsvereinbarung die Geltendmachung der Nichtehelichkeit gerade vermieden werden (BGHZ 46, 56, 59 f).

5. Verträge über Leihmutterschaft und heterologe Insemination

450 **Leihmutterschaft** bzw **Ersatzmutterschaft** („womb leasing") gibt es in verschiedenen Fallgestaltungen. Soweit entsprechende Verträge gegen das Embryonenschutzgesetz (EschG) verstoßen, sind sie schon nach § 134 nichtig (oben Rn 226 zu § 134). Im Übrigen ist § 138 anzuwenden (OLG Hamm NJW 1986, 781, 782 = FamRZ 1986, 159; LG Freiburg NJW

1987, 1486, 1488 = JZ 1986, 441; Deutsch NJW 1986, 1771, 1774; Kollhosser JZ 1986, 446; Larenz/
Wolf, AT § 41 Rn 57; Lauff/Arnold ZRP 1984, 279, 282; MünchKomm/Mayer-Maly/Armbrüs-
ter § 138 Rn 66; Palandt/Heinrichs § 138 Rn 48; aA Coester-Waltjen NJW 1982, 2528, 2531 ff,
die jedoch eine „unvollkommene Verbindlichkeit" annimmt; zum amerikanischen Recht vgl Voss
FamRZ 2000, 1552). Sittenwidrig und nichtig sind Verträge über Ersatzmutterschaft,
wenn das Kind auf natürlichem Wege gezeugt werden soll (LG Freiburg NJW 1987, 1486,
1488, wo auch haftungsrechtliche Probleme dieser Fallgestaltung erörtert werden). Zwar ist der
Wunsch von Ehepartnern nach einem Kind nicht zu missbilligen. Die „Erfüllung" des
Leihmuttervertrags hat jedoch erhebliche statusrechtliche und vertragsrechtliche
Auswirkungen zu Lasten des geplanten Kindes (dazu AK-BGB/Damm § 138 Rn 206;
Coester-Waltjen NJW 1982, 2528 ff): Es ist nichtehelich, auch wenn es später vom Vater
adoptiert wird. Es gehört letztlich zwei Müttern, der leiblichen und der adoptieren-
den. Es besteht die realistische Gefahr, dass die Leihmutter das Kind nicht heraus-
geben will, mit der Folge von Sorgerechtsstreitigkeiten (vgl die Komplikationen im Falle
LG Freiburg NJW 1987, 1486 ff). Einem solchen Vertrag mit vorhersehbaren Wirkungen
zu Lasten des Kindes ist die Wirksamkeit zu versagen. Er steht auch im Widerspruch
zu den Wertungen des Art 6 GG und des geltenden Familienrechts. Wenn Ehepartnern der Wunsch nach eigenen gemeinsamen Kindern versagt bleibt, haben sie die
Möglichkeit der Adoption eines fremden Kindes (Deutsch NJW 1986, 1971, 1974;
Soergel/Hefermehl § 138 Rn 214). Aus den genannten Gründen sind aber auch Verträge
innerhalb des Regelungsbereichs des ESchG sittenwidrig und nichtig (so vor dem
ESchG – heute ein Fall des § 1 Abs 1 Nr 7 – OLG Hamm NJW 1986, 781), wenn man entgegen
der hier vertretenen Ansicht (oben Rn 227 zu § 134) § 134 für unanwendbar hält, weil
das ESchG nur einseitige Verbote enthalte oder nicht Ersatzmutterschaft verbiete. In
diesen Fällen ergibt sich die Sittenwidrigkeit zusätzlich auch aus den gesetzgeberischen Wertungen des ESchG. So erklärte zB das OLG Hamm 1985 zutreffend einen
Vertrag zwischen einem Ehepaar und einer Leihmutter für sittenwidrig, in dem sich
die Leihmutter gegen Entgelt (DM 27.000.–) bereit erklärte, im Wege künstlicher
Befruchtung mit Sperma des Ehemanns ein Kind zu empfangen, es auszutragen und
nach Feststellung der Schwangerschaft eine unwiderrufliche Verzichtserklärung mit
Freigabe zur Adoption durch das Ehepaar abzugeben (OLG Hamm NJW 1986, 781 ff;
ebenso Soergel/Hefermehl § 138 Rn 214), heute ein Fall des § 1 Abs 1 Nr 7 ESchG.
Damit wird das Kind zur Handelsware degradiert (OLG Hamm NJW 1986, 781, 782;
LG Freiburg NJW 1987, 1486, 1488; Lauff/Arnold ZRP 1984, 279, 282; MünchKomm/Mayer-
Maly/Armbrüster § 138 Rn 66; Soergel/Hefermehl § 138 Rn 214; vgl auch Coester-Waltjen
NJW 1982, 2528, 2532). Die **Vermittlung** von Leihmüttern ist in jedem Fall sittenwidrig
und seit 1989 durch § 13a–d AdoptVermG verboten (BGBl 1989 I 2094; Neufassung vom
22.12.2001, BGBl 2002 I 354; vgl dazu Lüderitz NJW 1990, 1633); entsprechende Vermittlungsverträge sind nach § 134 nichtig.

Bei Verträgen über **heterologe Insemination** ist streitig, ob sie mit den guten Sitten **451**
vereinbar sind. Für einen Teil der Fallgestaltungen sieht der Gesetzgeber im Embryonenschutzgesetz (ESchG) Verbote vor. Verträge, deren Durchführung gegen
Verbote des ESchG verstoßen, sind nach § 134 nichtig (oben Rn 226 zu § 134); das
sind insbesondere Verträge über die künstliche Befruchtung einer Eizelle zu einem
anderen Zweck, als eine Schwangerschaft der Frau herbeizuführen, von der die Eizelle stammt (§ 1 Abs 1 Nr 7 ESchG), oder Verträge über die künstliche Befruchtung
einer Frau, die bereit ist, ihr Kind nach der Geburt Dritten auf Dauer zu überlassen
(Ersatzmutter iSv § 1 Abs 1 Nr 7 ESchG). Der häufigste Fall künstlicher Insemina-

tion wird hingegen vom ESchG nicht geregelt: die künstliche Insemination einer Frau, deren Ehepartner oder sonstiger Lebensabschnittspartner nicht zeugungsfähig ist (vgl die Fallgestaltungen in den BGH-Entscheidungen NJW 1995, 2028 ff und 2031 f). Auch in diesen Fällen hält ein Teil der Lehre die Verträge zwischen den Partnern und mit dem die heterologe Insemination durchführenden Arzt (Klinik) für sittenwidrig und nichtig (MünchKomm/MAYER-MALY/ARMBRÜSTER § 138 Rn 66; SOERGEL/HEFERMEHL § 138 Rn 214; vgl auch BENDA NJW 1985, 1730, 1732; ebenso im Ergebnis KOLLHOSSER JA 1985, 553, 556, jedoch nicht nach § 138, sondern aus „zwingenden Gründen des Adoptionsrechts", was mE gerade deshalb zur Anwendung von § 138 führen müsste, vgl oben Rn 41). Dies wird vor allem mit den statusrechtlichen, unterhaltsrechtlichen und erbrechtlichen Folgen einer heterologen Insemination begründet, aber auch damit, dass es dabei häufig zu Mehrlingsschwangerschaften komme, die nicht nur für die Mutter, sondern auch für das Leben der einzelnen Föten bzw Kinder mit erheblichen Gefahren verbunden seien (dazu NEIDERT MedR 1998, 347, 351). Die Sittenwidrigkeit entfällt jedoch nach einer anderen Ansicht, wenn das Recht des Kindes auf Kenntnis der eigenen Abstammung gewährleistet (dazu BVerfG NJW 1988, 3010) und ein möglicher Konflikt zwischen genetischer und sozialer Elternschaft ausgeräumt ist (so AK-BGB/DAMM § 138 Rn 203; LARENZ/WOLF, AT § 41 Rn 47; PALANDT/HEINRICHS § 138 Rn 48; vgl auch BGHZ 87, 169, 178). Demgegenüber geht der BGH von grundsätzlicher Zulässigkeit der Verträge zwischen Ehepartnern und Ärzten/Klinken über heterologe Insemination aus (vgl BGH NJW 1995, 2028 ff und 2031 f). Dem ist zuzustimmen, wenn die vom BGH entwickelten Rahmenbedingungen für die Folgen der heterologen Insemination erfüllt sind. Der BGH sah in einem Vertrag zweier Ehepartner mit einer Klinik über die Durchführung einer heterologen Insemination, die eine entsprechende Vereinbarung zwischen den Ehepartnern umfasste und deren Unterhaltsverpflichtung für das gewünschte Kind vorsah, einen **Vertrag zugunsten des Kindes** (§ 328), das darauf grundsätzlich Unterhaltsansprüche stützen konnte (BGH NJW 1995, 2028, 2029 f; NJW 1995, 2031 f). Der Ehemann kann die Zustimmung zur heterologen Insemination immer, aber auch nur bis zu ihrer Durchführung widerrufen (BGH NJW 1995, 2028, 2029; NJW 1995, 2031, 2032). Dem Ehemann bleibt grundsätzlich das Recht zur Ehelichkeitsanfechtung; ein vertraglicher Ausschluss des Ehelichkeitsanfechtungsrechts im Voraus ist idR mit elementaren Grundsätzen des Familien- und Verfassungsrechts unvereinbar (BGH NJW 1995, 2921, 2923; NJW 1995, 2028, 2030; ebenso schon BGHZ 87, 169, 175 ff = NJW 1983, 2073; aA DEUTSCH MDR 1985, 180; A ROTH FamRZ 1996, 769, 770 f; KOLLHOSSER JA 1985, 553, 555; sehr streitig). Die rechtskräftige Ehelichkeitsanfechtung im Statusverfahren berührt nicht ohne weiteres die aus dem Vertrag der Ehegatten mit der Klinik zugunsten des Kindes begründete Unterhaltsverpflichtung (BGH NJW 1995, 2028, 2029; NJW 1995, 2031, 2032). Die spätere Ehescheidung bedeutet keinen Wegfall der Geschäftsgrundlage für die Unterhaltsverpflichtung. Die rechtskräftige Ehelichkeitsanfechtung bewirkt ebenfalls keinen Wegfall der Geschäftsgrundlage, wenn sie vom Ehemann eingeleitet worden ist (BGH NJW 1995, 2028, 2031); wurde sie hingegen von dem Kind betrieben, kann sich der Ehemann grundsätzlich auf den Wegfall der Geschäftsgrundlage für die Unterhaltsverpflichtung berufen (BGH NJW 1995, 2031, 2032). Diese Ausführungen des BGH zeigen, das er Verträge über heterologe Insemination in diesen klassischen Fällen grundsätzlich nicht für sittenwidrig hält; denn sonst bestünden gegenüber dem Kind keine vertraglichen Unterhaltsverpflichtungen aus dem Vertrag der Ehepartner mit der Klinik. Auch der Hinweis des BGH, dass im Falle eine Widerrufs der Zustimmung zur heterologe Insemination von den Vertragspartnern der Klinik die für die Vertragserfüllung inzwischen entstandenen Kosten erstattet werden müssen, setzt einen wirksamen Vertrag voraus. Eine Vertragsklausel, die die Möglichkeit des Widerrufs der Zustimmung zu heterologen Insemination ausschließt, ist nach Ansicht des BGH unwirksam, weil sie gegen elementare Grundsätze des Familien- und Verfassungsrechts verstößt; mE ist sie aus diesem Grunde sittenwidrig und nach § 138 nichtig. Die Nichtigkeit dieser Klausel erfasst grundsätzlich nicht nach § 139 den gesamten Vertrag über die heterologe Insemination. Offen lassen die Entscheidungen des BGH die Frage, ob ein Vertrag über heterologe Insemination sittenwidrig und nichtig ist, wenn eine Vereinbarung über die Unterhaltsverpflichtung fehlt und auch keine entsprechende ergänzende Vertragsauslegung möglich ist (vgl LG Duisburg NJW 1987, 1485 f). ME ist dann Sittenwidrigkeit zu bejahen, da dann das Kind im Falle einer wirksamen Ehelichkeitsanfechtung in Bezug auf die Unterhaltsverpflichtung rechtlos gestellt ist. Denn auch der genetische Vater ist in diesen Fällen in aller Regel nicht bekannt.

XIV. Verstöße gegen die Sexualmoral

1. Vorbemerkungen

Die Rechtsprechung hat Rechtsgeschäfte, die gegen die Sexualmoral verstoßen, ur- **452** sprünglich sehr weitgehend für sittenwidrig und nichtig erklärt. In den vergangenen Jahrzehnten hat jedoch eine erhebliche Liberalisierung der Vorstellungen über die Sexualmoral stattgefunden (ausf dazu schon ROTHER AcP 172 [1972] 498 ff). Dies hatte jedoch zunächst nur zur Folge, dass die Rechtsprechung vor allem im Zusammenhang mit Geliebtentestamenten zutreffend feststellte, im Rahmen des § 138 gehe es nicht um die Beurteilung des **Verhaltens** einer Person und um Sanktionen für unsittliches Verhalten, sondern um die Frage der Sittenwidrigkeit eines **Rechtsgeschäfts**, bei dessen Beurteilung allerdings die Art des Verhaltens der Beteiligten von Bedeutung sein könne (BGHZ 53, 369, 375; BGH NJW 1973, 1645, 1646; NJW 1984, 2150, 2151; vgl auch LINDACHER AcP 173 [1973] 124, 135; SOERGEL/HEFERMEHL § 138 Rn 206). Der weitergehende Vorschlag, zwischen dem Zahlungsversprechen und dem Anspruch auf Erbringung sexueller Handlungen zu unterscheiden und nur Letzteren an § 138 scheitern zu lassen (so schon ROTHER AcP 172 [1972] 498, 507), stieß hingegen auf nahezu einhellige Ablehnung. Diese Unterscheidung hat sich jedoch inzwischen der Sache nach der Gesetzgeber zueigen gemacht und sie dem „Gesetz zur Regelung der Rechtsverhältnisse der Prostituierten (Prostitutionsgesetz – ProstG)" vom 20. 12. 2001 zugrunde gelegt (BGBl 2001 I 3983). Dieses Gesetz erfasst entgegen der vom Gesetzgeber gewählten Überschrift nicht nur die Prostitution, sondern ganz allgemein entgeltliche Verträge über „sexuelle Handlungen" (MünchKomm/MAYER-MALY/ARMBRÜSTER Bd 1 a [2003] ProstG § 1 Rn 5).

Die Abgrenzung zu anderen Handlungen mit sexuellem Bezug, die zweifellos nicht vom ProstG erfasst werden sollten, zB Bettszenen oder die bloße Darstellung von Nacktheit in einem Film (MünchKomm/MAYER-MALY/ARMBRÜSTER ProstG § 1 Rn 6) fällt schwer. Hingegen wird man die Mitwirkung in Pornofilmen unter den Begriff der sexuellen Handlungen in § 1 ProstG zu subsumieren haben (MünchKomm/MAYER-MALY/ARMBRÜSTER ProstG § 1 Rn 5).

2. Ansprüche auf Entgelt nach Vornahme sexueller Handlungen

453 Das ProstG regelt nur einen Teilaspekt der Rechtsgeschäfte über sexuelle Handlungen, nämlich die Ansprüche auf vereinbartes Entgelt für sexuelle Handlungen. § 1 S 1 ProstG bestimmt, dass nach der Vornahme sexueller Handlungen, für die ein Entgelt vereinbart worden war, eine rechtswirksame Forderung auf das vereinbarte Entgelt begründet ist. Das Gleiche gilt nach § 1 S 2 ProstG, „wenn sich eine Person, insbesondere im Rahmen eines Beschäftigungsverhältnisses, für die Erbringung derartiger Handlungen gegen ein vorher vereinbartes Entgelt für eine bestimmte Zeitdauer bereithält". Die Regelung des § 1 ProstG gilt nicht nur für die Rechtsbeziehungen zwischen der (dem) sexuell Handelnden und dem Kunden, sondern auch für die Rechtsbeziehungen mit einem Bordellbetreiber oder sonstigen Arbeitgeber sowie für die Rechtsbeziehungen zwischen dem Kunden und dem Arbeitgeber der (des) sexuell Handelnden. Auch diese Fallgestaltungen unterfallen nicht nur dem Wortlaut des § 1 ProstG; ihre Erfassung entspricht auch den Vorstellungen des Gesetzgebers (BT-Drucks 14/5958 S 6 rSp). Eine insoweit vom Wortlaut des § 1 ProstG abweichende Zielsetzung ist dem ProstG und den gesetzgeberischen Materialien dazu nicht zu entnehmen (aA MünchKomm/MAYER-MALY/ARMBRÜSTER ProstG § 1 Rn 12, 21 unter Berufung die Zielsetzung des ProstG und insbesondere auf § 2 S 1 ProstG). Deshalb kann bei **Prostitution** das mit dem Freier bzw mit dem Bordellwirt vereinbarte Entgelt nach Vornahme der sexuellen Handlungen verlangt werden. Das Gleiche gilt für Darbietungen im Rahmen von **Peepshows** (ARMBRÜSTER NJW 2002, 2763, 2764; MünchKomm/MAYER-MALY/ARMBRÜSTER Bd 1 a ProstG § 1 Rn 5). Sie sind sexuelle Handlungen im Sinn des ProstG. Deshalb hat die Darstellerin nach deren Vornahme gegen den Veranstalter Ansprüche auf das vereinbarte Entgelt.

Bei **Striptease** ist schon lange anerkannt, dass die Darstellerin nach ihrem Auftritt gegen den Veranstalter einen Anspruch auf das vereinbarte Entgelt hat. In einer Entscheidung von 1972 hat das BAG dieses Ergebnis auf § 242 gestützt: ein Stripteasevertrag sei, auch wenn er sittenwidrig wäre, jedenfalls für den Zeitraum, in dem er in Vollzug gesetzt worden ist, wie ein mangelfrei zustande gekommener zu behandeln; eine Berufung auf rückwirkende Nichtigkeit sei treuwidrig nach § 242 (BAG BB 1973, 291 = AP Nr 18 zu § 611 BGB – Faktisches Arbeitsverhältnis; zust MünchKomm/MAYER-MALY/ARMBRÜSTER § 138 Rn 58; krit KÄSSER 138). Dieser Konstruktion bedarf es heute nicht mehr; denn nunmehr sichert § 1 ProstG den Anspruch auf das vereinbarte Entgelt nach Vornahme der sexuellen Handlung.

Ob dies in gleicher Weise auch für einen Vertrag gelten kann, der die öffentliche Darbietung von **Geschlechtsverkehr** zum Gegenstand hat, ist problematisch. Denn ein solches Verhalten ist grob sittenwidrig, auch wenn die Darbietung nur in Nachtbars erfolgen soll (BAG NJW 1976, 1958 = AP Nr 34 zu § 138 BGB; ERMAN/PALM § 138 Rn 77 a; MünchKomm/MAYER-MALY/ARMBRÜSTER § 138 Rn 58; PALANDT/HEINRICHS § 138 Rn 52 a; RICHARDI, in: MünchArbR I § 46 Rn 15, 76; SOERGEL/HEFERMEHL § 138 Rn 209; ebenso zu § 33a GewO BVerwGE 64, 280 = NJW 1982, 665; BVerwG NVwZ 1990, 668, 669; krit dazu KÄSSER 139; aA nach Inkrafttreten des ProstG MünchKomm/MAYER-MALY/ARMBRÜSTER ProstG § 1 Rn 5, 7). Aus diesem Grunde hatte das BAG – anders als in seiner Entscheidung vom 1972 zum Striptease – nicht die Grundsätze des fehlerhaften Arbeitsvertrags angewendet, sondern den Vertrag ex tunc für nichtig erklärt (BAG NJW 1976, 1958, 1959 = AP Nr 34 zu § 138 BGB; ebenso RICHARDI, in: MünchArbR I § 46 Rn 76). An dieser Ansicht kann nach Inkrafttreten des § 1 ProstG wohl nicht festgehalten werden. Trotz des groben Sittenverstoßes liegen keine besonderen Umstände vor, die ein Abweichen von dem insoweit eindeutigen Wortlaut des § 1 ProstG rechtfertigen, dh die Ansprüche auf das vereinbarte Entgelt sind nach Vornahme der Darbietung grundsätzlich begründet. Verhindern lassen sich derartige Sittenverstöße insbesondere gaststättenrechtlich oder gewerberechtlich nach § 33a GewO.

Schließlich hat das ProstG auch für Verträge über **Telefonsex** insoweit eine Klärung gebracht (zur Rechtslage vor dem ProstG STAUDINGER/SACK [1996] § 138 Rn 454), dass die Anbieterinnen nach Vornahme der betreffenden sexuellen Handlungen von ihrem Kunden bzw von ihrem Arbeitgeber das vereinbarte Entgelt verlangen können. Eventuelle Arbeitgeber haben ihrerseits Ansprüche auf Bezahlung des vereinbarten Entgelts durch den Kunden (ARMBRÜSTER NJW 2002, 2763, 2764). Falls man entgegen der hier vertretenen Ansicht in der lediglich akustischen Vermittlung sexueller Reize keine sexuellen Handlungen im Sinne des ProstG sieht (so zu den §§ 119, 120 OWiG BGH NJW 1998, 2895, 2896; OLG Hamm NJW 1995, 2797; OLG Stuttgart NJW 1989, 2899; BEHM NJW 1990, 1822, 1823; aA LG Bonn NJW 1989, 2544; aA zum ProstG ARMBRÜSTER NJW 2002, 2763, 2764; MünchKomm/MAYER-MALY/ARMBRÜSTER ProstG § 1 Rn 5), besteht ebenfalls ein Entgeltanspruch; dies folgt dann zwar nicht aus § 1 ProstG, ergibt sich jedoch unter Berücksichtigung der Wertungen des ProstG aus einer entsprechenden Beschränkung der Rechtsfolgen des § 138 aus dem abgeschlossenen Vertrag. Damit erledigt sich auch die vom BGH aus jetziger Sicht im Ergebnis zutreffend (NJW 2002, 361, 362 f), jedoch seinerzeit mit zweifelhafter Begründung entschiedene Frage, ob bei Telefonsex das vom Telefonkunden, der die Telefonnummer 0190 gewählt hat, dem Sexanbieter geschuldete Entgelt von der Telefongesellschaft eingezogen werden darf. Soweit der Telefonkunde das Geld nach § 1 ProstG schuldet, hat auch die eingeschaltete Telefongesellschaft einen wirksamen Gebührenanspruch gegen den Telefonkunden (ARMBRÜSTER NJW 2002, 2763, 2764; MünchKomm/MAYER-MALY/ARMBRÜSTER § 138 Rn 58 und ProstG § 1 Rn 23; ebenso im Ergebnis BGH NJW 2002, 361, 362 = CR 2002, 107 m Anm ECKHARDT = MMR 2002, 91 m Anm MÜLLER = K&R 2002, 142 m Anm SCHMITTMANN; zust FRITZSCHE LM Nr 15 zu § 138 [Ce] BGB; PALANDT/HEINRICHS § 138 Rn 52 a; SPINDLER JZ 2002, 408 ff; krit zur Konstruktion HOFFMANN ZIP 2002, 1705; HÄRTING DB 2002, 2147).

Die Entgeltverpflichtung gilt allerdings nur, wenn nicht sittenwidrige Tatumstände hinzukommen (MünchKomm/MAYER-MALY/ARMBRÜSTER ProstG § 1 Rn 19, 20), zB wenn das vereinbarte Entgelt weit überhöht ist. Deshalb ist § 138 auch in Zukunft anzuwenden, wenn in **Animierlokalen** das Entgelt auch Leistungen von Bardamen auf sexuellem Gebiet abdeckt, dafür jedoch eine weit überhöhte Vergütung angesetzt wird (BGH NJW 1987, 2015 [Schuldanerkenntnis über DM 79.749,-]; OLG Hamm NJW-RR 1986, 547; OLG Zweibrücken MDR 1992, 952 [Schuldanerkenntnis über DM 11.832,-]; LG Berlin NJW 1986, 1940 [Schuldanerkenntnis über DM 15.642,-]; LG Hamburg MDR 1974, 50 [Wechsel über DM 2.430,- als Entgelt für einige Biere]; PALANDT/HEINRICHS § 138 Rn 53).

Wirksamkeit der Erfüllungsgeschäfte: Aus dem Zweck der gesetzlichen Absicherung der Entgeltansprüche folgt zwingend, dass auch Erfüllungsgeschäfte bezgl des Entgelts grundsätzlich wirksam sind (so auch schon vor dem ProstG BGH St 6, 379; OLG Düsseldorf NJW 1970, 1852; MünchKomm/MAYER-MALY/ARMBRÜSTER § 138 Rn 57; PALANDT/HEINRICHS § 138 Rn 52; SOERGEL/HEFERMEHL § 138 Rn 208). Das betrifft insbesondere die Übereignung von Geld oder Wertgegenständen, die als Entgelt vereinbart worden sind. Dies war schon vor dem ProstG trotz bestehender Bedenken herrschende Meinung und ist nun wegen des Zwecks des ProstG zwingend. Geleistete Entgelte können weder bereicherungsrechtlich noch nach § 985 zurückgefordert werden.

3. Verpflichtung zur Vornahme sexueller Handlungen

454 Das ProstG regelt nur die Frage des Entgeltanspruchs nach Vornahme der vereinbarten sexuellen Handlungen. Es trifft hingegen keine unmittelbare Aussage über die Wirksamkeit der **Verpflichtung zur Vornahme** von sexuellen Handlungen. Nur soviel geben die Materialien zu erkennen, dass ein solcher Vertrag nach der Vornahme der sexuellen Handlungen nicht (mehr) gegen die guten Sitten verstoße (Begründung zum Gesetzentwurf der SPD-Fraktion und der Fraktion Bündnis 90/Die Grünen BT-Drucks 14/5958 S 4, 6; Beschlussempfehlung und Bericht des 13. Ausschusses BT-Drucks 14/7174 S 7). Es darf davon ausgegangen werden, dass das ProstG nichts an der bisher nahezu einhelligen Meinung geändert hat, dass entgeltliche Vereinbarungen über sexuelle Handlungen keine vertragliche Verpflichtung zur Vornahme begründen (so auch die Begründung zum Gesetzentwurf der SPD-Fraktion und der Fraktion Bündnis 90/Die Grünen BT-Drucks 14/5958 S 5, 6; ARMBRÜSTER NJW 2002, 2763 f; MünchKomm/MAYER-MALY/ARMBRÜSTER ProstG § 1 Rn 7; KURZ GewArch 2002, 142, 144; nach PAULY GewArch 2002, 217, 218 f folgt dies aus § 2 S 2 ProstG). Ganz allgemein gilt, dass es mit der verfassungsrechtlich geschützten Würde des Menschen und seiner persönlichen Entfaltungsfreiheit unvereinbar und deshalb sittenwidrig ist, das Sexualverhalten zu kommerzialisieren und den Intimbereich zum Handelsobjekt zu degradieren (BGH NJW 1998, 2895, 2896 [bb]; OLG Karlsruhe NJW 1997, 2605; BORK, AT Rn 1186; FLUME, AT II S 369; LARENZ/WOLF, AT § 41 Rn 54; MünchKomm/MAYER-MALY/ARMBRÜSTER § 138 Rn 58; PALANDT/HEINRICHS Anhang zu § 138, ProstG § 1 Rn 2; PEIFER NJW 2001, 1912, 1914; SCHULZE JuS 1999, 636, 638). Das gilt nicht nur für die entgeltliche Verpflichtung zu sexueller Hingabe (vgl BGHZ 53, 369, 376; RICHARDI, in: MünchArbR I § 46 Rn 15), sondern grundsätzlich auch für die Zusage sonstiger sexueller Handlungen. Die Grenzen zu sexuellen Handlungen, deren Zusage nicht gegen die guten Sitten verstößt, können allerdings nur im konkreten Einzelfall festgelegt werden. Das ProstG kann den grundgesetzlichen Schutz der Menschenwürde und der freien Persönlichkeitsentfaltung nicht aufheben, sondern bedarf seinerseits einer verfassungskonformen Auslegung. Der Wortlaut des ProstG erlaubt dies, da es in § 1 nur die Wirksamkeit der Entgeltabrede regelt, nicht jedoch die weitere Frage, ob Verträge über sexuelle Handlungen insgesamt, dh einschließlich der Verpflichtung zur Vornahme der vereinbarten sexuellen Handlungen, noch sittenwidrig sind. Deshalb sind Verträge über **Prostitution** nach wie vor sittenwidrig (so zur bisherigen Rechtslage BGH NJW 1970, 1179; BGHZ 63, 365, 366; BGHZ 67, 119, 122, 124 f = NJW 1976, 1883; OLG Düsseldorf NJW 1970, 1852; LG Mannheim NJW 1995, 3398; BORK, AT Rn 1186; MEDICUS, AT Rn 701; PALANDT/HEINRICHS § 138 Rn 52; SOERGEL/HEFERMEHL § 138 Rn 208; **aA** zur neuen Rechtslage ARMBRÜSTER NJW 2002, 2763, 2765; MünchKomm/MAYER-MALY/ARMBRÜSTER ProstG § 1 Rn 7, 19 [vor dem ProstG anders in Rn 57, 58 zu § 138]; RAUTENBERG NJW 2002, 650, 651; **aA** vor dem ProstG schon KÜHNE ZRP 1975, 184; WESEL NJW 1998, 120 f; ders NJW 1999, 2865) und in Bezug auf die Verpflichtung zur Vornahme der vereinbarten sexuellen Handlungen nach § 138 nichtig (vgl ARMBRÜSTER NJW 2002, 2763, 2764; LARENZ/WOLF, AT § 41 Rn 23, 54, 55; RAUTENBERG NJW 2002, 650, 651). An dieser Bewertung hat und hatte auch die Tatsache nichts geändert, dass es sich bei der Prostitution um das älteste Gewerbe der Welt handelt, dass sehr häufig gegen das sittlich-rechtliche Verbot der Prostitution verstoßen wird (vgl jedoch KÜHNE ZRP 1975, 184, 185), dass die Einnahmen aus Prostitution zu versteuern sind (BFHE 80, 73 = NJW 1965, 79) und dass eine Prostituierte, die verletzt wurde, ua auch unter dem Schutze des Rechts Schadensersatz wegen entgangener Einnahmen geltend machen kann (BGHZ 67, 119 ff = NJW 1972, 132; OLG Düsseldorf NJW 1970, 1852; OLG München VersR 1977, 628; ARMBRÜSTER NJW 2002, 2763, 2764 f; seine Ansicht, dass die bisher von der Rechtsprechung vorgenommene Begrenzung des Verdienstausfallschadens nach dem ProstG nicht mehr möglich sei, stößt allerdings auf Bedenken). An dieser sittlich-rechtlichen Bewertung der Verpflichtung zur Vornahme sexueller Handlungen hat aber auch das ProstG nichts geändert (PALANDT/HEINRICHS Anh zum § 138, ProstG § 1 Rn 2; ebenso zum Gewerbe- und Gaststättenrecht KURZ GewArch 2002, 143 ff; PAULY GewArch 2002, 217, 218; **aA** insbes MünchKomm/MAYER-MALY/ARMBRÜSTER ProstG § 1 Rn 7, 19). Es bezweckt keine sittlich-rechtliche Neubewertung der betreffenden Verträge, sondern will nur die Entgeltansprüche und bei Arbeitsverhältnissen die Sozialversicherung sichern sowie die Strafbarkeit nach den §§ 180a, 181a StGB modifizieren. Zum Schutze der Menschenwürde, die auch die guten Sitten im Sinn von § 138 prägt, muss die Bereitschaft zu geschlechtlichen Handlungen jederzeit widerruflich bleiben. Die sittlich-rechtliche Missbilligung der Prostitution ist unabhängig davon, ob diese Leistungen beruflich oder außerberuflich gegen Entgelt erbracht werden sollen.

Entsprechendes gilt für **Peepshows.** Die Anbieterin der Show kann zwar nach § 1 ProstG von ihrem Auftraggeber nach Vornahme der vereinbarten sexuellen Handlungen das vereinbarte Entgelt verlangen. Sie ist jedoch nach § 138 nicht verpflichtet, die vereinbarten sexuellen Handlungen zu erbringen (MEDICUS, AT Rn 701; gegen die Anwendung von § 138 MünchKomm/MAYER-MALY/ARMBRÜSTER ProstG § 1 Rn 22). Denn das ProstG hat nichts an der bisher nahezu einhelligen Meinung geändert, dass Peepshows gegen die guten Sitten verstoßen (so zu § 33a GewO grundlegend BVerwGE 64, 274, 280 = NJW 1982, 664 f, BVerwG NJW 1982, 665 f; NVwZ 1987, 411; NVwZ 1990, 668, 669 = JZ 1990, 382; GewArch 1996, 19 [dort auch zur Vereinbarkeit dieser Rechtsprechung mit Art 59 EGV, jetzt Art 49 EG]; VG Weimar GewArch 2002, 289; KURZ GewArch 2002, 142 ff; ebenso zu § 138 PALANDT/ HEINRICHS Rn 52 a; ebenso früher auch MünchKomm/MAYER-MALY/ARMBRÜSTER § 138 Rn 58; anders jetzt nach dem ProstG Rn 7, 22 zu § 1 ProstG). Das BVerwG hat dies zutreffend damit begründet, dass den zur Schau gestellten Frauen eine ihre Menschenwürde iSv Art 1 Abs 1 GG missachtende, objekthafte Rolle zugewiesen werde; die Frauen werden durch den Veranstalter den in Einzelkabinen befindlichen Zuschauern wie eine der sexuellen Stimulierung dienende Sache zur entgeltlichen Betrachtung dargeboten (BVerwG NVwZ 1990, 668). Diese Ansicht ist zwar in einem Teil des Schrifttums auf heftige Kritik gestoßen. Sie richtete sich jedoch, wie das BVerwG feststellte, in erster Linie gegen die aus Art 1 Abs 1 GG hergeleitete Begründung, während nur wenige die Peepshows sittlich-rechtlich billigten (BVerwG NVwZ 1990, 668, 669; zur Diskussion vgl GERN NJW 1983, 1585; GRONIMUS JuS 1985, 174; GUSY DVBl 1982, 984, 988 f; ders GewArch 1984, 155; HÖFLING NJW 1983, 1582; HOERSTER JuS 1983, 93, 95 f; KIRCHBERG NVwZ 1983, 142; VOLSHAUSEN NJW 1982, 2221; SCHATZSCHNEIDER NJW 1985, 2793, 2796; STAROSTA GewArch 1985, 290).

Auch bei Verträgen über **Striptease** ist eine differenzierte Betrachtung geboten. Sie begründen zwar Ansprüche auf das vereinbarte Entgelt, wenn die Darbietungen erbracht worden sind. Die vom BAG in einer Entscheidung von 1972, in der Entgeltansprüche bejaht wurden, offen gelassene Frage, ob solche Verträge sittenwidrig seien, ist mE zu bejahen. Es besteht wegen § 138 keine Pflicht zur Vornahme des vereinbarten Striptease (RICHARDI, in: MünchArbR I § 46 Rn 15; ebenso auch schon trotz seines liberalen Ansatzes ROTHER AcP 172 [1972] 498, 505 f; **aA** PALANDT/HEINRICHS § 138 Rn 52 a; **aA** auch noch STAUDINGER/SACK [1996] Rn 398 zu § 138). Auch bei Striptease handelt es sich um sexuelle Handlungen, bei denen es die Würde des Menschen verbietet, sich entgeltlich zu ihrer Vornahme verpflichten zu können (RICHARDI, in: MünchArbR I § 46 Rn 15; differenzierend nach den Umständen des Einzelfalles MünchKomm/MAYER-MALY/ARMBRÜSTER § 138 Rn 58). Insoweit stimmt die Beurteilung von Striptease und Peepshows überein. Die tatsächlichen Unterschiede zwischen ihnen, mit denen man eine unterschiedliche sittlich-rechtliche Bewertung zu rechtfertigen versucht hat – Peepshows sittenwidrig, Striptease nicht sittenwidrig –, sind irrelevant, wenn man die sittlich-rechtlichen Maßstäbe der Menschenwürde entnimmt. Mit der Menschenwürde unvereinbar ist nicht nur die Verpflichtung zum üblichen Striptease in Nachtlokalen, sondern auch zum Striptease mit Anspruch auf künstlerische Qualität, zB im Rahmen mehr oder weniger anspruchsvoller Theateraufführungen.

Nahezu unstreitig sind Verträge über die öffentliche Darbietung von **Geschlechtsverkehr** sittenwidrig (BAG NJW 1976, 1958, 1959 = AP Nr 34 zu § 138 BGB; ERMAN/PALM § 138 Rn 77 a; MünchKomm/MAYER-MALY/ARMBRÜSTER § 138 Rn 58; PALANDT/HEINRICHS § 138 Rn 52 a; RICHARDI, in: MünchArbR I § 46 Rn 15; SCHACK, BGB AT Rn 265; SOERGEL/HEFERMEHL § 138 Rn 209 ebenso zu § 33a GewO BVerwGE 64, 280 = NJW 1982, 665; BVerwG NVwZ 1990, 668, 669; krit dazu KÄSSER 139). Daran hat auch das ProstG nichts geändert. Eine vertragliche Verpflichtung zur Vornahme der vereinbarten Darbietung besteht nach § 138 nicht (**aA** MünchKomm/MAYER-MALY/ARMBRÜSTER Bd 1 a ProstG § 1 Rn 7, 22).

Heftig umstritten ist hingegen, ob Verträge über **Telefonsex** mit den guten Sitten vereinbar sind. Der XI. ZS des BGH bewertete sie bisher als sittenwidrig, und zwar sowohl Verträge zwischen der Telefonsexanbieterin und Kunden als auch Anzeigenverträge über Werbung für Telefonsex (BGH NJW 1998, 2895, 2896; BGH NJW 2002, 361; ebenso OLG Hamm NJW 1989, 2551; OLG Düsseldorf NJW-RR 1999, 1431; OLG Karlsruhe NJW 1997, 2605; OLG Stuttgart NJW-RR 1999, 1430; LG Mannheim NJW 1995, 3398 f [„Wortbordelle"]; AG Essen NJW 1989, 3162; AG Garmisch-Partenkirchen NJW 1990, 1856 f; AG Dortmund MDR 1991, 535; AG Halle NJW-RR 1993, 1016; MünchKomm/MAYER-MALY/ARMBRÜSTER § 138 Rn 58 [nach Inkrafttreten des ProstG aber **aA** ProstG § 1 Rn 23]; PEIFER NJW 2001, 1912, 1914; SCHULZE JuS 1999, 636, 638; **aA** OLG Frankfurt NJW-RR 2002, 994; OLG Hamm NJW 1995, 2797; OLG Köln MMR 2001, 43, 44 f; OLG Stuttgart NJW 1989, 2899; LG Hamburg NJW-RR 1997, 178; AG Düsseldorf NJW 1990, 1856; AG Offenbach NJW 1988, 1097; BEHM NJW 1990, 1822 ff; LARENZ/WOLF, AT § 41 Rn 55 aE; PALANDT/HEINRICHS § 138 Rn 52 a). Allerdings hat der III. ZS Zweifel an dieser Ansicht angemeldet, wenn das ProstG in Kraft treten sollte (BGH NJW 2002, 361 f; zust SPINDLER JZ 2002, 408). Es ist inzwischen in Kraft getreten. Sein Zweck, die Anbieterinnen sexueller Handlungen vertrags- und sozialversicherungsrechtlich besser abzusichern und die Strafbarkeit zu modifizieren, erlaubt jedoch keine Verallgemeinerungen dahingehend, dass entgeltliche Verträge über sexuelle Handlungen in Zukunft nicht mehr sittenwidrig seien (**aA** MünchKomm/MAYER-MALY/ARMBRÜSTER ProstG § 1 Rn 23), was ua auch die vertragliche Verpflichtung zur Vornahme der vereinbarten sexuellen Handlungen zur Folge hätte. Eine solche Deutung des ProstG, für die es allerdings keine Anhaltspunkte bietet, wäre mit dem verfassungsrechtlichen Schutz der Menschenwürde nach heutigem Verständnis kaum vereinbar.

Anbahnung von Verträgen über sexuelle Handlungen: Soweit Vereinbarungen über die entgeltliche Vornahme sexueller Handlungen sittenwidrig sind, gilt diese Bewertung auch für Verträge, die der Anbahnung solcher Vereinbarungen dienen. Deshalb sind zB Verträge über „**Kontaktanzeigen**" in Zeitungen und Zeitschriften, in denen mehr oder minder verdeckt für Prostitution geworben wird, sittenwidrig und außerdem auch nach § 134 iVm § 120 Abs 1 Nr 2 OWiG nichtig (BGHZ 118, 182, 185 ff = NJW 1992, 2557, 2558 f; **aA** die hM, LG Frankfurt NJW 1985, 1639, 1641; OLG Frankfurt NJW-RR 1991, 244; OLG Hamburg MDR 1985, 319; AG Berlin NJW 2002, 1885; AG Heidelberg NJW-RR 1998, 260; PALANDT/HEINRICHS § 138 Rn 52; ebenso zu § 134 iVm § 120 Abs 1 Nr 1 OWiG oben § 134 Rn 266; ARMBRÜSTER NJW 2002, 2763, 2765; MünchKomm/MAYER-MALY/ARMBRÜSTER § 134 Rn 60; ProstG § 1 Rn 17). Auch Anzeigenverträge über Werbung für Telefonsex sind sittenwidrig (**aA** OLG Stuttgart NJW 1989, 2551; **aA** zu § 1 UWG betreffend die Werbung für Telefonsex OLG Hamm NJW 1995, 2797). Gegen die guten Sitten verstößt ferner ein Vertrag, der darauf gerichtet ist, durch die Vermarktung und den Vertrieb von Telefonkarten Telefonsex kommerziell zu fördern (BGH NJW 1998, 2895, 2896). Die Nichtigkeit erstreckt sich nach § 139 auch auf ein damit verbundenes Darlehen (BGH NJW 1998, 2895, 2896).

4. Die dogmatische Einordnung des ProstG in das Vertragsrecht

Problematisch ist die dogmatische Einordnung des ProstG in das Vertragsrecht. Die **455** Gesetzesbegründungen und erste Stellungnahmen qualifizieren einen Vertrag über die entgeltliche Vornahme sexueller Handlungen als „**einseitig verpflichtenden Vertrag**" (Gesetzentwurf der SPD-Fraktion und der Fraktion BÜNDNIS 90/DIE GRÜNEN BT-Drucks 14/ 5958 S 4, 6; vgl auch die Beschlussempfehlung und den Bericht des 13. Ausschusses BT-Drucks 14/ 7174 vom 17. 10. 2001 S 7; ARMBRÜSTER NJW 2002, 2763; MünchKomm/MAYER-MALY/ARMBRÜSTER ProstG § 1 Rn 7, 14; DÖRNER, in: HK-BGB[2] § 138 Rn 9; RAUTENBERG NJW 2002, 650, 651; **aA** PALANDT/HEINRICHS Anh zu § 138, ProstG § 1 Rn 2; LASKOWSKI AuR 2002, 406, 407). Der Gesetzestext bietet für diese Konstruktion allerdings keine brauchbaren Anhaltspunkte. Mit der Qualifizierung als „einseitig verpflichtenden Vertrag" werden zwar die vertragsrechtlichen Wirkungen zutreffend beschrieben, jedoch wird nicht gesagt, auf welchem Wege man mit den vorliegenden Vorschriften dazu gelangt, einen Vertrag, der Leistung und Gegenleistung synallagmatisch miteinander verbindet, nur als einseitig verpflichtend zu bewerten. Der klassische Fall eines nur einseitig verpflichtenden Vertrags, der dadurch gekennzeichnet ist, dass sich eine Partei zu einer Leistung **ohne Gegenleistung** verpflichtet, liegt zweifellos nicht vor. Es handelt sich allenfalls um einen neuen Typ eines einseitig verpflichtenden Vertrags. Die Frage bleibt jedoch, warum ein Vertrag, der nach den Vorstellungen der Parteien Leistung und Gegenleistung miteinander verbindet, nur einseitig verpflichtend sein soll; so die Kritik der CDU/CSU-Fraktion (BT-Drucks 14/7174 S 8), die zutreffend von der „Fiktion einer einseitig verpflichtenden Rechtsbeziehung für ein de facto auf Gegenseitigkeit angelegtes Verhältnis" spricht. Die Konstruktion des einseitig verpflichtenden Vertrags erklärt nicht, weshalb ein Vertrag, der von den Parteien als ein gegenseitig verpflichtender Vertrag abgeschlossen worden ist, rechtlich dennoch nur ein einseitig verpflichtender Vertrag sein soll, wobei die Entgeltverpflichtung eine erbrachte Gegenleistung voraussetzt. Die Antwort kann mE nur sein, dass der nicht verpflichtende Vertragsbestandteil deswegen ohne Verpflichtungswirkung ist, weil er gegen die guten Sitten verstößt und deshalb nichtig ist.

Unzutreffend wäre es, aus dem ProstG zu folgern, dass Verträge über sexuelle Handlungen in Zukunft grundsätzlich **nicht mehr sittenwidrig** seien (so jedoch, dh gegen Sittenwidrigkeit, die Begründung zum Gesetzentwurf der SPD-Fraktion und der Fraktion Bündnis 90/Die

Grünen BT-Drucks 14/5958 S 4 [2.1.; 3.] und 6; Armbrüster NJW 2002, 2763, 2764; MünchKomm/
Mayer-Maly/Armbrüster ProstG § 1 Rn 7, 12, 19; Caspar NVwZ 2002, 1322, 1324; Laskowski
AuR 2002, 406; Rautenberg NJW 2002, 650, 651; Wesel NJW 1998, 120; ders NJW 1999, 2865; im
gleichen Sinne gegen die Annahme von Sittenwidrigkeit im Gewerbe- und Gaststättenrecht VG
Berlin NJW 2001, 983; Caspar NVwZ 2002, 1322 ff; Hösch GewArch 2001, 112 ff, 118 f). Denn
dies hätte zur Folge, dass auch Ansprüche auf Erbringung der zugesagten sexuellen
Leistungen erfüllt werden müssten. Für die Wirksamkeit solcher Ansprüche bietet
das ProstG jedoch keine Handhabe. Ein rechtlicher Anspruch auf Erfüllung solcher
Ansprüche verstieße auch gegen die verfassungsrechtlich garantierte Würde des
Menschen, hier des Anbieters der sexuellen Leistungen (zutreffend Palandt/Heinrichs
Anh zu § 138, ProstG § 1 Rn 2; ebenso früher MünchKomm/Mayer-Maly/Armbrüster § 138
Rn 58).

Würde man hingegen an der herkömmlichen Ansicht festhalten, dass entgeltliche
Verträge über sexuelle Handlungen sittenwidrig sind (Palandt/Heinrichs Anh zu § 138
ProstG § 1 Rn 2; Kurz GewArch 2002, 142, 144; Pauly GewArch 2002, 217), dann ließe sich
allerdings der Entgeltanspruch des Anbieters sexueller Leistungen mit der bisherigen
Dogmatik zu § 138 nicht erklären. An der bisherigen Dogmatik könnte man hingegen
festhalten, wenn man im ProstG eine gesetzliche Sonderregelung sieht, die von den
Nichtigkeitsfolgen eines Vertrages über sexuelle Leistungen für die Entgeltan-
sprüche (und mittelbar auch für Erfüllungsgeschäfte) eine Ausnahme macht.

Eine weitere Ansicht lautet, dass entgeltliche Verträge über sexuelle Handlungen
zwar zunächst sittenwidrig und nichtig sind, jedoch nachträglich nach Vornahme der
vereinbarten sexuellen Handlungen und bei der ihnen nach § 1 S 2 ProstG gleich-
gestellten Bereitschaft dazu **nachträglich** zum Teil wirksam werden (Palandt/
Heinrichs Anh zu § 138, ProstG § 1 Rn 2).

Schließlich könnte man mit der hier bevorzugten Ansicht eine Beschränkung der
Nichtigkeitsfolgen des § 138 anhand des Zwecks der verletzten Sittennorm vornehmen. Das ProstG hat die guten Sitten iSv § 138 dahingehend verändert, dass bei
entgeltlichen Vereinbarungen über sexuelle Handlungen grundsätzlich nur noch die
Zusage dieser Handlungen sittlich- rechtlich zu missbilligen ist, nicht mehr hingegen
die Entgeltzusage ("pecunia non olet"). Deren Nichtigkeit ginge über den Zweck der
betreffenden Sittennorm hinaus, die nur dem Anspruch auf Vornahme sexueller
Handlungen entgegensteht. Gegen diese Ansicht, dass Verträge über die vom ProstG
erfassten sexuellen Handlungen nach wie vor sittenwidrig seien, kann nicht eingewendet werden, dass die Spezialregelung des ProstG den Rückgriff auf § 138 sperre
(so jedoch MünchKomm/Mayer-Maly/Armbrüster § 138 Rn 7). Denn die Vorschriften des
ProstG enthalten keine derartige Spezialregelung. Das ProstG regelt insoweit nur
den Entgeltanspruch nach Vornahme sexueller Handlungen. Die Wertungen dieses
Gesetzes lassen auch noch erkennen, dass kein Anspruch auf Vornahme dieser Handlungen besteht. Diese Wertung findet jedoch in keiner Regelung des ProstG einen
ausdrücklichen Niederschlag. Einem Anspruch auf Vornahme sexueller Handlungen
kann keine Vorschrift des ProstG entgegengehalten werden. Deshalb folgt die These,
dass kein Anspruch auf Vornahme sexueller Handlungen bestehe, nicht aus dem
ProstG (so jedoch MünchKomm/Mayer-Maly/Armbrüster ProstG § 1 Rn 7), sondern allenfalls aus Wertungen des Gesetzgebers. Gesetzgeberische Wertungen umzusetzen ist,
wenn keine speziellen Vorschriften vorhanden sind, Aufgabe des § 138 (vgl oben

Rn 41). Deshalb ist mangels einer Spezialregelung im ProstG der Rückgriff auf § 138 soweit ersichtlich die einzige Möglichkeit, der Wertung des ProstG, dass kein Anspruch auf die Vornahme der vom ProstG erfassten sexuellen Handlungen besteht, Rechnung zu tragen.

5. Zuwendungen zwischen nichtehelichen Geschlechtspartnern

Zuwendungen an eine(n) Geliebte(n) sind nach Ansicht des BGH idR sittenwidrig **456** nach § 138, wenn sie **ausschließlich** die geschlechtliche Hingabe belohnen oder deren Fortsetzung fördern sollen (BGH NJW 1984, 797; NJW 1984, 2150, 2151; NJW 1973, 1645, 1646; MDR 1961, 128; vgl auch BGHZ 53, 369, 376; MünchKomm/MAYER-MALY/ARMBRÜSTER/ ARMBRÜSTER § 138 Rn 57; SOERGEL/HEFERMEHL § 138 Rn 206, 225). Diese Voraussetzungen sind nicht erfüllt bei Zuwendungen in einer **nichtehelichen Lebensgemeinschaft**, die auf Dauer angelegt und von innerer Bindung getragen ist; sie sind nicht sittenwidrig, wenn nicht besondere Umstände hinzukommen (BGH WM 1965, 793; NJW 1973, 1645, 1646; BGHZ 77, 55, 59; NJW 1984, 797; NJW 1984, 2150, 2151; BGHZ 112, 259, 262; SOERGEL/ HEFERMEHL § 138 Rn 210, 225). Eine Zuwendung ist auch dann grundsätzlich nicht sittenwidrig, wenn einer der Partner verheiratet ist (BGHZ 77, 55, 59; BGH NJW 1984, 2150, 2151; BGHZ 112, 259, 262). Eine unter Lebenden gemachte unentgeltliche Zuwendung an den Partner einer außerehelichen Geschlechtsbeziehung kann jedoch dann sittenwidrig sein, wenn dies für die Benachteiligten **unzumutbar** ist, insbesondere wenn dies zur Gefährdung von Unterhaltsansprüchen oder zur Aushöhlung eines Erbvertrags mit einem nahen Angehörigen führt (BGHZ 77, 55, 59; BGH NJW 1984, 2150, 2151; SOERGEL/ HEFERMEHL § 138 Rn 225). Die **Beweislast** für das Vorliegen der sittenwidrigkeitsbegründenden Tatumstände liegt bei demjenigen, der sich auf die Nichtigkeit beruft (BGH NJW 1973, 1645, 1646).

6. Sittenwidrige Raumüberlassungsverträge

Soweit es Rechtsgeschäfte betrifft, die Verstöße gegen die Sexualmoral zwar ermög- **457** lichen oder fördern sollen, die jedoch in sich selbst wertneutral sind, wird deren Sittenwidrigkeit zunehmend verneint (BGHZ 67, 119, 124; MEDICUS, AT Rn 701). Nicht mehr haltbar ist die Ansicht, dass die Vermietung eines Doppelzimmers an Nichtverheiratete ohne weiteres sittenwidrig sei*. Auch ein Mietvertrag mit einer Dirne ist nicht in jedem Falle nach § 138 nichtig (BGH NJW 1970, 1179; BGHZ 63, 365, 367 = NJW 1975, 638; BGH NJW-RR 1988, 1379; ERMAN/PALM § 138 Rn 150b; MünchKomm/MAYER-MALY/ ARMBRÜSTER § 138 Rn 61; PALANDT/HEINRICHS § 138 Rn 6, 52; SOERGEL/HEFERMEHL § 138 Rn 211). Denn damit wird verhindert, dass Dirnen auf die Straße, in die Familie oder in nicht überwachbare Schlupfwinkel getrieben werden. Diese auf § 180 StGB aF aufbauende Argumentation des BGH passt auch jetzt noch. Das Vertrags-

---

* So jedoch noch in einem viel diskutierten Urteil das AG Emden NJW 1975, 1363 f; ebenso LG Bonn MDR 1958, 920; LG Essen ZMR 1961, 44; LG Köln WuM 1974, 242; HÄNDEL NJW 1976, 521; krit zu dieser Ansicht jedoch BGHZ 84, 36, 38 f; BGHZ 92, 213, 219 f mwNw; LG Bonn NJW 1976, 1690, 1691; BEER JuS 1977, 374; BERG NJW 1976, 2166; BERGFELDER WuM 1977, 45; ERMAN/PALM § 138 Rn 150b; LEENEN MDR 1980, 353; LINDACHER JR 1976, 60 f; MünchKomm/MAYER-MALY/ARMBRÜSTER § 138 Rn 61; PALANDT/HEINRICHS § 138 Rn 51; PETERS NJW 1975, 1890; SCHICKEDANZ NJW 1975, 1890 f; SCHNEIDER ZMR 1977, 131; SOERGEL/ HEFERMEHL § 138 Rn 212; STAUDINGER/ DILCHER[12] § 138 Rn 94.

recht muss diesen Überlegungen durch Anerkennung der Mietverträge Rechnung tragen (BGH NJW 1970, 1179 f). Sittenwidrigkeit ist erst anzunehmen, wenn besondere Umstände hinzukommen, zB eine weit überhöhte Miete (BGHZ 63, 365, 367; 67, 119, 124 f; NJW 1970, 1179; SOERGEL/HEFERMEHL § 138 Rn 212).

7. Rechtsgeschäfte mit Bezug auf Bordelle („Bordellverträge")

458 Ein Wandel der sittlich-rechtlichen Bewertung hat auch in Bezug auf Bordellkäufe, Bordellverpachtungen, Bordellhypotheken und andere Rechtsgeschäfte mit Bezug auf Bordelle stattgefunden. Früher wurden sowohl diesbezügliche Verpflichtungsgeschäfte als auch die dazugehörenden Erfüllungsgeschäfte für sittenwidrig und nichtig erklärt, weil diese Geschäfte nur mit Dirnenlohn finanziert werden können und damit ihrem Wesen nach Prostitution voraussetzen (RGZ 63, 365, 366 f; 68, 97, 99; 71, 192; 71, 433; BGHZ 41, 341, 343; BGH WM 1969, 1083). Der BGH beurteilt dies inzwischen nicht mehr so streng (BGHZ 63, 365, 367; BGH NJW-RR 1990, 750). Ebenso wie Mietverträge mit Prostituierten sind auch Bordellpachtverträge und sonstige Verträge mit Bordellen bzw Verträge, die einen Bordellbetrieb in irgendeiner Weise zum Gegenstand haben, grundsätzlich nicht sittenwidrig, da sie im Interesse der Allgemeinheit eine gewisse Ordnung der Prostitution, eine bessere Kontrolle von Geschlechtskrankheiten und einen besseren Schutz der Dirnen vor Zuhältern bewirken (BGHZ 63, 365, 366 f; BGH NJW-RR 1990, 750; OLG Hamm NJW 1975, 653; ERMAN/PALM § 138 Rn 150b; SOERGEL/HEFERMEHL § 138 Rn 211). Auch ein Bauvertrag über den Wiederaufbau eines Gebäudes, welches in Zukunft, ebenso wie schon früher, Bordellzwecken dienen soll, ist nicht in jedem Fall sittenwidrig (RGZ 71, 192, 194; anders noch RGZ 63, 367, 370). Ferner sind Werkverträge mit Handwerkern über normale bauliche Leistungen, Reparaturen usw an Häusern, in denen ein Bordellbetrieb stattfindet, nicht sittenwidrig (BGH NJW-RR 1987, 999, 1000; ROTHER AcP 172 [1972] 498, 509). Ein Bierlieferungsvertrag mit einem Bordell ist selbst dann nicht sittenwidrig, wenn der Bordellbetrieb ordnungswidrig ist (BGH NJW-RR 1987, 999, 1000). Auch eine Feuerversicherung eines Bordellgebäudes ist nicht sittenwidrig (STAUDINGER/COING[10/11] § 138 Anm 19 aa). Wirksam ist auch ein Gesellschaftsvertrag mit dem Zweck, ein Hausgrundstück durch Zimmervermietung an Prostituierte zu nutzen (BGH WM 1974, 749, 750; NJW-RR 1988, 1379; ERMAN/PALM § 138 Rn 150b; MEDICUS, AT Rn 701; SOERGEL/HEFERMEHL § 138 Rn 211). Die Verpflichtung zur Bezahlung hoher Zechschulden ist nicht schon deshalb sittenwidrig, weil sie in einem Animierlokal entstanden sind; ebenso wenig ist die Begebung von Schecks zur Bezahlung solcher Schulden oder ein entsprechendes Schuldanerkenntnis ohne weiteres unwirksam (BGH NJW 1980, 1742; NJW 1987, 2014). Auch Darlehen zum Erwerb von Bordellen und zur Finanzierung ihres Betriebs sind grundsätzlich nicht sittenwidrig (BGH NJW-RR 1990, 750 f).

459 Sittenwidrig sind jedoch Rechtsgeschäfte, die ein Bordell fördern, in dem die Voraussetzungen des § 180a StGB erfüllt werden, dh in denen die Prostituierten in wirtschaftlicher oder persönlicher Abhängigkeit gehalten werden oder in denen die Prostitution durch Maßnahmen gefördert wird, welche über die bloße Gewährung von Wohnung, Unterkunft oder Aufenthalt und die damit überlicherweise verbundenen Nebenleistungen hinausgehen (dazu BGH NJW 1987, 3209; BGH NJW-RR 1990, 750 f). Danach sind zB sittenwidrig und nichtig Darlehensverträge zum Erwerb eines Bordells, in dem gegen § 180a StGB verstoßen wird, sowie die zur Sicherung bestellten Grundschulden (BGH NJW-RR 1990, 750 f). Sittenwidrig sind auch Bordell-

pachtverträge, wenn der Betrieb gegen § 180a StGB verstößt (BGH NJW-RR 1990, 750).
Bei einem „bloß untergeordneten Hilfsgeschäft, das nur einen entfernten Zusammenhang mit dem verbotenen Unrecht aufweist", will der BGH hingegen § 138 nicht anwenden. Dies sei zB der Fall bei Getränkelieferungsverträgen (BGH NJW-RR 1990, 750, 751, unter Bezugnahme auf BGH NJW-RR 1987, 999). Sittenwidrig sind auch Bordellpachtverträge, wenn der Pachtzins in einem auffälligen Missverhältnis zum Pachtwert steht (BGHZ 63, 365, 367; OLG Hamm NJW 1975, 653 f; ERMAN/PALM § 138 Rn 150b; SOERGEL/HEFERMEHL § 138 Rn 211; krit HONSELL JZ 1975, 439). In solchen Fällen ergibt sich jedoch die Sittenwidrigkeit nicht aus einem Verstoß gegen die Sexualmoral, sondern aus dem allgemeinen Verbot wucherischer bzw wucherähnlicher Rechtsgeschäfte.

8. Verträge über Pornographie und Pornofilme

Kaufverträge über pornographische Publikationen sind nach hM nicht mehr ohne **460** weiteres sittenwidrig (BGH NJW 1981, 1439; OLG Hamburg MDR 1975, 226, 227; SOERGEL/HEFERMEHL § 138 Rn 213; STAUDINGER/DILCHER[12] § 138 Rn 94; **aA** jedoch mit gewichtigen Argumenten LG Landau MDR 1977, 840; vgl auch AG Hagen MDR 1959, 756). Dasselbe gilt für die straflose öffentliche Vorführung pornographischer Filme (BGH NJW 1981, 1439 aE; OLG Hamburg GRUR 1980, 998, 999; OLG Hamburg GRUR 1984, 663, 664; STAUDINGER/DILCHER[12] § 138 Rn 94; ebenso zu § 33a GewO BVerwG NVwZ 1990, 668, 669; BVerwGE 71, 34 = NVwZ 1985, 827). Verträge über die Herstellung pornographischer Aufnahmen werden ebenfalls nicht ohne weiteres für sittenwidrig gehalten (OLG Stuttgart NJW-RR 1987, 1435; PALANDT/HEINRICHS § 138 Rn 54). Sittenwidrig sind solche Verträge jedoch zB, wenn sie den sexuellen Missbrauch von Kindern zum Gegenstand haben (OLG Hamburg MDR 1975, 226, 227; GRUR 1980, 998, 999; BGB-RGRK/KRÜGER-NIELAND/ZÖLLER § 138 Rn 192; MünchKomm/MAYER-MALY/ARMBRÜSTER § 138 Rn 62; SOERGEL/HEFERMEHL § 138 Rn 213).

9. Verträge über Empfängnisverhütung

Verträge zum Zwecke der Empfängnisverhütung sind nach den heute herrschenden **461** und auch rechtlich maßgeblichen Moralvorstellungen nicht (mehr) sittenwidrig. Wirksam sind daher Kaufverträge über Präservative, Antibabypillen uä (LG Itzehoe VersR 1969, 265; vgl auch BGHSt 24, 318; PALANDT/HEINRICHS § 138 Rn 55; STAUDINGER/DILCHER[12] § 138 Rn 94). Auch ein Vertrag mit einem Arzt über **Sterilisation** ist heute nicht mehr als sittenwidrig zu bewerten, auch soweit sie nicht medizinisch indiziert ist (BGHZ 67, 48, 51; PALANDT/HEINRICHS § 138 Rn 10, 55; SOERGEL/HEFERMEHL § 138 Rn 215; vgl auch OLG Bamberg NJW 1978, 1685 [zur Haftung eines Arztes nach fehlgeschlagener Sterilisation aus positiver Vertragsverletzung und aus den §§ 823 ff]; anders noch RGZ 108, 87). Denn nach den heute herrschenden Moralvorstellungen ist in den Grenzen des § 218 StGB weder die Empfängnisverhütung noch die ärztliche Mithilfe sittlich-rechtlich zu missbilligen (BGHZ 67, 48, 51; SOERGEL/HEFERMEHL § 138 Rn 215). Die durch Art 6 GG geschützten sittlichen Werte von Ehe und Familie werden durch Empfängnisverhütung nicht angetastet (BGHZ 67, 48, 51). Ein Vertrag einer Frau mit einem Arzt über ihre Sterilisation ist auch ohne Zustimmung des Ehemannes und sogar gegen dessen Willen wirksam (SOERGEL/HEFERMEHL § 138 Rn 215). Überholt sind Entscheidungen noch aus den 60er Jahren, die die Sterilisation einer Frau generell als Körperverletzung und deren Einwilligung als sittenwidrig iSv § 226a StGB (jetzt § 228 StGB) bewerteten.

Man kann sich jedoch nicht rechtswirksam verpflichten, regelmäßig bzw während der **462**

Dauer eines Arbeitsverhältnisses empfängnisverhütende Mittel zu benutzen (BGH NJW 1986, 2043, 2045; MünchKomm/Mayer-Maly/Armbrüster § 138 Rn 21, 69; Soergel/ Hefermehl § 138 Rn 21). Dies verstößt gegen das durch Art 1 Abs 1 und Art 2 Abs 1 GG geschützte persönliche Selbstbestimmungsrecht, das der Frau die freie Entscheidung darüber sichert, ob sie empfängnisverhütende Mittel gebrauchen will (BGH NJW 1986, 2043, 2045; LAG Hamm DB 1969, 2353, 2354, das § 134 iVm Art 1, 2, 6 GG anwenden will). Auf Bedenken stößt hingegen die Ansicht des BGH (NJW 1986, 2043), dass eine Frau sich nicht rechtsverbindlich verpflichten könne, ihrem Partner mitzuteilen, wenn sie zur Empfängnisverhütung nicht mehr bereit ist, weil dadurch ihre Intimsphäre unzumutbar berührt werde.

XV. Rechtsgeschäfte über nicht kommerzialisierbare Güter

1. Rechtsgeschäfte über höchstpersönliche Güter

463 Es gibt Güter und Interessen, die ihrem Wesen nach nicht kommerzialisierbar sind (MünchKomm/Mayer-Maly/Armbrüster § 138 Rn 127 f; Palandt/Heinrichs § 138 Rn 56). Man könnte sie in einem abgewandelten Sinne als res extra commercium bezeichnen. In diesen Fällen ergibt sich die Sittenwidrigkeit vor allem aus der Verknüpfung der Verpflichtung zu einem Tun oder Unterlassen **gegen Bezahlung** eines Entgelts. Entgeltliche Verträge über sie sind, sofern sie nicht schon gegen spezielle Gesetze verstoßen, sittenwidrig.

464 Zu den „res extra commercium" gehören vor allem **höchstpersönliche** Güter und Interessen. So gibt es höchstpersönliche **Verhaltensweisen**, die nach allgemeiner Rechtsüberzeugung schon ihrem Wesen nach einer rechtsgeschäftlichen Bindung nicht zugänglich sind (Flume, AT § 18, 2b S 368 f; Scherner, AT S 229; Soergel/Hefermehl § 138 Rn 21). Zum Teil wurde die Ansicht vertreten, dass Verträge über solche höchstpersönlichen Verhaltensweisen schon deshalb nichtig sind, weil dieser gesamte Bereich bereits seinem Wesen nach rechtsgeschäftlicher Bindung verschlossen sei (Eckstein ArchBürgR 38, 195, 213; Flume, AT § 18, 2 b S 369). Nach dem System unserer Rechtsgeschäftslehre ist jedoch der Anwendung von § 138 Abs 1 der Vorzug zu geben. Meist verstoßen solche Rechtsgeschäfte auch gegen die objektive Wertordnung des **Grundgesetzes** (vgl dazu o § 134 Rn 241).

465 Sittenwidrig wegen des Verstoßes gegen die objektive Wertung des Art 6 GG und nach § 138 nichtig sind **Zölibatsklauseln**, dh die Verpflichtung, (in einer bestimmten Zeit) nicht zu heiraten (s o § 134 Rn 241; BAGE 4, 275, 279 f, 285 [zu § 134]; Flume, AT § 18, 2 S 368, 369; Soergel/Hefermehl § 138 Rn 21, 22, 23) sowie die Verpflichtung, eine bestimmte Person nicht zu heiraten (Soergel/Hefermehl § 138 Rn 21), außerdem – umgekehrt – die Verpflichtung, zu heiraten bzw eine bestimmte Person zu heiraten (Flume, AT § 18, 2 S 368; Soergel/Hefermehl § 138 Rn 21, 22). Sittenwidrig ist auch der entgeltliche Verzicht auf Ehelichkeitsanfechtung (OLG Celle NdsRpfl 1962, 188), auf die elterliche Sorge (OLG Hamburg FamRZ 1984, 1223) oder auf das elterliche Umgangsrecht (BGH NJW 1984, 1952). Sittenwidrig ist ferner die arbeitsvertragliche Verpflichtung, empfängnisverhütende Mittel zu benutzen (BGH NJW 1986, 2043, 2045; s o Rn 462).

466 Sittenwidrig ist ferner die vertragliche Verpflichtung, eine Ehescheidungsklage zu erheben bzw sich vor dem Vorliegen eines Scheidungsgrundes generell zu verpflichten, ihre Erhebung zu unterlassen (BGHZ 97, 304, 306 betr Scheidungsverbot; BGH FamRZ 1978, 881, 883; s auch oben Rn 431). Im Widerspruch dazu steht wohl die Ansicht des BGH, dass die Erbeinsetzung der Söhne eines Bauern unter der **Bedingung**, dass sie sich von ihren Frauen scheiden lassen, weil diese während der Kriegsgefangenschaft der Söhne nicht treu gewesen und deshalb nicht würdig seien, Bäuerinnen auf seinem Hof zu werden, mit den guten Sitten vereinbar sei (BGH LM Nr 5 zu § 138 [Cd] BGB). Diese Entscheidung ist allerdings auf Kritik gestoßen, da sie die Söhne mit der Alternative „Frau oder Hof" zwingen wolle, sich scheiden zu lassen (ERMAN/PALM § 138 Rn 95; FLUME, AT § 18, 2 cc S 370; MEDICUS, AT Rn 687). Die Ansicht des BGH ist schon wegen der Wertung des Art 6 GG abzulehnen (FLUME, MEDICUS aaO). Die Bedingung, dass die Söhne nur erben sollen, wenn sie sich von ihren jetzigen Frauen scheiden lassen, ist sittenwidrig und nichtig (FLUME, AT § 18, 2 S 370 m Fn 27). Im Übrigen ist die Erbeinsetzung der Söhne wirksam.

Sittenwidrig ist ferner die unmittelbare oder mittelbare rechtsgeschäftliche oder **467** testamentarische Klausel, die Konfession zu wechseln bzw beizubehalten (RG JW 1913, 1100; OLG Braunschweig OLGZ 1976, 52; FLUME, AT § 18, 2 S 368 f; SCHERNER, AT 229 f; SOERGEL/HEFERMEHL § 138 Rn 21, 22; STAUDINGER/DILCHER¹² § 138 Rn 86), in den geistlichen (katholischen) Stand einzutreten (BayObLG SeuffA 50 Nr 95; SOERGEL/HEFERMEHL § 138 Rn 23), die Staatsangehörigkeit zu wechseln bzw beizubehalten (FLUME, AT § 18, 2 S 368; SOERGEL/HEFERMEHL § 138 Rn 21), bestimmte Berufe auszuüben bzw nicht auszuüben (FLUME, AT § 18, 2 S 369) sowie eine Beschränkung der Freizügigkeit durch ein Wohnsitzverbot (BGH NJW 1972, 1414 f; zurückhaltender SOERGEL/HEFERMEHL § 138 Rn 167; krit MERTEN NJW 1972, 1799; SCHWABE NJW 1973, 229 f; dazu ferner CANARIS AcP 184 [1984] 217 ff; für die Anwendung von § 888 ZPO CANARIS JuS 1989, 161, 164). Zu sog **Ehrenwortklauseln** s o Rn 406.

Bei Vorliegen besonderer Umstände können Verträge über höchstpersönliche Güter **468** allerdings ausnahmsweise **gerechtfertigt** sein. In gemeinschaftlichen Testamenten und Erbverträgen zwischen Eheleuten gilt eine auflösende Bedingung nicht als sittenwidrig, nach der sich der Überlebende im Falle der Wiederverheiratung mit den Kindern nach den Regeln der gesetzlichen Erbfolge auseinanderzusetzen hat (RGZ 156, 171, 181; dazu THIELMANN 257 ff). Nicht gerechtfertigt ist hingegen, wie bereits erwähnt, die Erbeinsetzung von Söhnen unter der Bedingung, dass sie sich scheiden lassen, weil die Ehefrauen nicht treu gewesen sind (aA in einem allerdings etwas komplizierter gelagerten Fall BGH LM Nr 5 zu § 138 [Cd] BGB).

2. Schmiergeldvereinbarungen

a) Nichtig sind sog Schmiergeldvereinbarungen, dh Vereinbarungen mit **Vertre-** **469** **tern** eines Vertragspartners, über die Zahlung von Entgelt (Provision, Gratifikation, Schmiergeld usw), wenn sie einen Vertragsabschluss mit diesem ermöglichen oder inhaltlich beeinflussen sollen. Der Vertreterbegriff ist hier in einem sehr weiten Sinne zu verstehen, umfasst also neben Angestellten eines Unternehmens und unmittelbaren Stellvertretern auch mittelbare Stellvertreter, gesetzliche Vertreter oder Organe von Gesellschaften sowie Amtsträger der öffentlichen Hand. Sofern solche Vertreter gegen die Bestechungsverbote der §§ 299 ff StGB (früher § 12 UWG) oder der §§ 331 ff StGB verstoßen, folgt die Nichtigkeit der Schmiergeldvereinbarungen aus § 134 iVm diesen Vorschriften (vgl o § 134 Rn 296, 299; vgl auch BGH NJW 1962,

1099; OLG Hamburg MDR 1970, 47 zu § 12 UWG iVm § 138). Im übrigen sind sie nach § 138 sittenwidrig und nichtig (RGZ 86, 146, 148; RGZ 136, 359, 360; RGZ 161, 229, 230, 233 f; RG GRUR 1940, 220, 221; BGH NJW 1962, 1099; NJW 1973, 363; WM 1986, 1389, 1390; NJW 1989, 26 f; WM 1991, 645, 646; BGHZ 141, 357, 359; NJW 2000, 511, 512; NJW 2001, 1065, 1067; OLG Köln NJW-RR 1992, 623, 624; BGB-RGRK/Krüger-Nieland/Zöller § 138 Rn 177; Hübner, AT Rn 905; MünchKomm/Mayer-Maly/Armbrüster § 138 Rn 128; Palandt/Heinrichs § 138 Rn 63; Soergel/Hefermehl § 138 Rn 180, 181). Der Vorwurf der Sittenwidrigkeit ist unabhängig davon, ob dem Gegner Nachteile entstanden sind oder solche beabsichtigt waren, sondern beruht auf Verheimlichung der Zuwendung (RG GRUR 1940, 220, 222; BGH NJW 1962, 1099; NJW 1973, 363; Palandt/Heinrichs § 138 Rn 63). Sittenwidrig sind auch Schmiergeldvereinbarungen mit **sonstigen Personen**, denen die Pflicht obliegt, fremde Interessen zu wahren (BGH NJW 1973, 363; BGHZ 95, 81, 83 ff; NJW-RR 1987, 42; NJW 1991, 1819 f; BGH NJW 1999, 2266; NJW 2000, 511, 512; NJW 2001, 1065, 1067; OLG Hamburg MDR 1970, 47; OLG Köln NJW-RR 1988, 144), auch wenn diese Personen unentgeltlich tätig geworden sind (BGH NJW-RR 1987, 42). Sittenwidrig sind zB Entgeltzusagen an Berater des Vertragspartners (BGH NJW 1973, 363; NJW-RR 1987, 42; NJW 1991, 1819 f), Entgeltzusagen an den künftig für die Anschaffung von Inventar entscheidungsbefugten Hotelpächter (OLG Köln NJW-RR 1988, 144), an den Angestellten eines Unternehmens zum Zwecke der Förderung oder Veranlassung der Übernahme seines Unternehmens durch den anderen Unternehmer (OLG Hamm ZIP 1993, 468) oder Entgeltzusagen durch einen Bauunternehmer an einen Architekten für die Vermittlung von Bauaufträgen (OLG Hamburg MDR 1970, 47). Sittenwidrig ist auch eine „Provisionsteilungsvereinbarung" zwischen einem Makler und einem Bankangestellten, wenn dieser aufgrund seines dienstlichen Wissens dem Makler Kauf- bzw Verkaufsinteressenten benennt (BGH LM Nr 24 zu § 138 [Aa] BGB); denn eine solche Vereinbarung gefährdet ernsthaft die unbedingte Loyalität des Bankangestellten gegenüber seiner Bank.

470 Unerheblich ist, ob die Schmiergelder unmittelbar der mit der Interessenwahrung bedachten Person oder an Dritte geleistet werden sollen, zB an nahe Angehörige (BGH NJW 1989, 26, 27). Der Vorwurf der Sittenwidrigkeit ergibt sich aus der Gefahr einer missbräuchlichen Ausnutzung einer **Vertrauensstellung** zur heimlichen Erlangung von Vorteilen (RG GRUR 1940, 220, 222; RGZ 161, 229, 230; BGH NJW 1962, 1099; BGH NJW 1973, 363; LM Nr 24 zu § 138 [Aa] BGB; OLG Köln NJW-RR 1988, 144; Palandt/Heinrichs § 138 Rn 63; Soergel/Hefermehl § 138 Rn 180; ähnlich OLG Hamm ZIP 1993, 468). Unerheblich ist es deshalb, ob mit der vereinbarten Zuwendung Nachteile für den Arbeitgeber bzw Auftraggeber verbunden oder beabsichtigt waren (RGZ 161, 229, 231; BGH NJW 1962, 1099; NJW 1973, 363; WM 1986, 206; OLG Hamburg MDR 1970, 47). Die Schmiergeldvereinbarung ist selbst dann sittenwidrig, wenn sie sich nicht nachteilig auf den Geschäftsherrn auswirken kann (MünchKomm/Mayer-Maly/Armbrüster § 138 Rn 128; Soergel/Hefermehl § 138 Rn 180). Zur Wirksamkeit von Erfüllungsgeschäften und zu ihrer Rückabwicklung sowie zu Folgeverträgen, die durch Schmiergelder zustande gebracht worden sind, vgl Rn 295 zu § 134.

471 **b)** Problematisch ist die Wirksamkeit von **Folgeverträgen** – man bezeichnet sie auch als **Hauptverträge** –, deren Zustandekommen oder Inhalt durch Schmiergeldzahlungen an **Vertreter** oder sonstige Interessenwahrer beeinflusst werden sollte. Eine früher verbreitete Meinung nahm an, dass auch solche Verträge ohne weiteres nach § 134 bzw § 138 nichtig seien; die Sittenwidrigkeit der Absprache erfasse wegen des Zusammenhangs mit dem kollusiven Verhalten auch das Hauptgeschäft zwischen den Vertragsparteien (RGJW 1932, 2704; RGZ 136, 359, 360; BGH NJW 1989, 26, 27). Dabei wird jedoch verkannt, dass die §§ 134, 138 nur eingreifen, wenn auch der **Inhalt** eines Folgevertrags seinerseits gesetz- oder sittenwidrig ist (BGHZ 141, 157, 360 = NJW 1999, 2266). Dies ist bei Folgeverträgen nicht schon dann ohne weiteres der Fall, wenn durch gesetzwidrige oder sittenwidrige Schmiergeldzusagen auf ihr Zustandekommen Einfluss genommen worden ist. Deshalb ist mit der heute hM davon auszugehen, dass Folgeverträge, deren Zustandekommen durch gesetz- oder sittenwidrige Schmiergeldvereinbarungen beeinflusst worden ist, ihrerseits nicht ohne weiteres wegen Gesetzwidrigkeit oder Sittenwidrigkeit nach § 134 oder § 138 nichtig sind (BGHZ 141, 357, 360 = NJW 1999, 2266; BGH NJW 2000, 511, 512; BAUMBACH/HEFERMEHL, Wettbewerbsrecht¹⁹ § 12 UWG Rn 25; SOERGEL/HEFERMEHL § 138 Rn 183; KÖRNER GRUR 1968, 348, 351 f; ders WRP 1979, 774, 775 Fn 15; REINHARDT JW 1932, 2704, 2705). Das RG hat ursprünglich angenommen, dass ein durch Schmiergeldzusagen vermittelter Vertrag erst dann sittenwidrig sei, wenn das Mittel zur Bestechung zu einem **höchst unbilligen** Vertrag geführt habe, bei dem zB der bedungene Preis in einem auffälligen Missverhältnis zu der vereinbarten Leistung steht (RGZ 86, 146, 148; vgl auch RGZ 132, 131, 134). In späteren Entscheidungen des RG sowie anschließend vom BGH wurde der Hauptvertrag hingegen schon dann als sittenwidrig bewertet, wenn er für den Geschäftsherrn des Schmiergeldempfängers **nachteilig** war (RGZ 134, 43, 56; RGZ 136, 359, 360; RGZ 161, 229, 233; BGH NJW 1989, 26, 27; BGH NJW-RR 1990, 442, 443 = WM 1990, 516, 517; BGHZ 141, 357, 361 f = NJW 1999, 2266, 2267; BGH NJW 2000, 511, 512; OLG Hamm NJW-RR 1997, 737; OLG Köln NJW-RR 1992, 623, 624; BAUMBACH/HEFERMEHL, Wettbewerbsrecht¹⁹ § 12 UWG Rn 25; SOERGEL/HEFERMEHL § 138 Rn 53, 183 [sie lassen schon die Möglichkeit eines Nachteils genügen]; PALANDT/HEINRICHS § 138 Rn 63; SETHE WM 1998, 2309, 2315 [6]), so zB bei Vereinbarung eines überhöhten Kaufpreises durch einen geschmierten Komplementär zum Nachteil einer KG (BGH NJW 1989, 26 f). Nach dem Beweis des ersten Anscheins seien Verträge, bei deren Zustandekommen Schmiergeld gezahlt wurde, nachteilig zulasten der Vertragspartei, deren Vertreter oder Interessenwahrer geschmiert worden ist (RGZ 136, 359, 360 f; RGZ 161, 229, 232, 233; BGH NJW 1962, 1099, 1100; BGH NJW 1989, 26, 27 = WM 1988, 1380, 1382; BGH LM Nr 13 zu § 138 [Cb] BGB; BGHZ 141, 357, 362 = NJW 1999, 2266; SETHE WM 1998, 2309, 2315; SOERGEL/HEFERMEHL § 138 Rn 183; im Falle der Nichtanwendung von § 138 für die Anwendbarkeit von § 123 und § 139 SETHE WM 1998, 2315 f). Daraus entwickelte der BGH den Rechtssatz, dass sich die Nichtigkeit einer Schmiergeldvereinbarung regelmäßig auch auf den durch Schmiergeld zustande gekommenen Hauptvertrag erstrecke (BGH NJW 1989, 26, 27; NJW 2000, 511, 512; NJW 2001, 1065, 1067). Hingegen entfällt nach Ansicht des BGH der Vorwurf der Sittenwidrigkeit, wenn die Schmiergeldzahlung wegen der Umstände des Einzelfalles auf den Folgevertrag (Hauptvertrag) keinen Einfluss gehabt haben kann (BGH NJW-RR 1990, 442, 443; BGHZ 141, 357, 361; BGH NJW 2000, 511, 512; PALANDT/HEINRICHS § 138 Rn 63). In diesem Fall führe die Sittenwidrigkeit und Nichtigkeit der Schmiergeldvereinbarung nicht nach § 139 zur Nichtigkeit des Folgevertrags; denn die beiden Vereinbarungen bilden kein einheitliches Vertragswerk (BGH NJW-RR 1990, 442, 443). Allerdings handelt in diesen Fällen, so der BGH zutreffend, der Vertreter regelmäßig ohne Vertretungsmacht, weil er im Zweifel ohne vorherige Information des Vertretenen nicht befugt ist, für diesen einen Vertrag mit dem Verhandlungspartner abzuschließen, der den Vertreter gerade bestochen hat (BGHZ 141, 357, 363 f = NJW 1999, 2266, 2268; BGH NJW 2001, 1065, 1067).

Die Feststellung, ob eine Schmiergeldvereinbarung auf den Abschluss und Inhalt des **472**

Hauptvertrags Einfluss hatte, bereitet erhebliche Schwierigkeiten und ist häufig gar nicht möglich (ERMAN/PALM § 138 Rn 85d). Ebenso schwierig ist es festzustellen, ob ein durch Schmiergeldvereinbarungen beeinflusster Vertragsabschluss für den Geschäftsherrn nachteilig war. Sind die Nachteile anhand objektiver Maßstäbe festzustellen? Anhand welcher Maßstäbe? Oder entscheiden subjektive Vorstellungen des Geschäftsherrn? Wenn es überhaupt darauf ankäme, müssten es die subjektiven Vorstellungen des Geschäftsherrn sein. Denn andernfalls würde ihm uU ein Vertragsabschluss entgehen, den er unter Berücksichtigung seiner mit dem Vertrag verfolgten Zwecke und der Marktverhältnisse als vorteilhaft ansieht. Ist es relevant, ob der Geschäftsherr den für ihn nachteiligen Vertrag auch ohne kollusives Zusammenwirken seines Vertreters mit dem Vertragspartner abgeschlossen hätte? Bei der Sittenwidrigkeits-Bewertung dürfen Mängel bei der Vertragsanbahnung nicht ohne weiteres die für § 138 maßgebliche Inhaltskontrolle verdrängen.

Deshalb wird schon lange und mit Recht die Ansicht vertreten, dass nicht die Nichtigkeit von Folgeverträgen, sondern die **Genehmigungsmöglichkeit** interessengerecht sei. Vorgeschlagen wurde deshalb eine **analoge Anwendung von § 177** (BGHZ 141, 357, 263 f = NJW 1999, 2266, 2268; NJW 2001, 1065, 1067; ENNECCERUS/NIPPERDEY, AT § 191 II Fn 14; ERMAN/PALM § 138 Rn 85d; AK-BGB/DAMM § 138 Rn 176; **aA** wegen des Interesses der Allgemeinheit an der Unterdrückung und Sanktionierung des Schmiergeldunwesens und der Interessen eventueller Sicherungsgeber, zB Bürgen, die den Interessen des Geschäftsherrn vorgehen, da die Korruption aus seiner Interessenssphäre stamme, SETHE WM 1998, 2309, 2313 f). Danach hängt die Wirksamkeit des Vertrags von der Genehmigung des Vertretenen ab (BGH NJW 2001, 511, 512 mwN). Der BGH hat sich diese Ansicht unlängst im Ansatz zueigen gemacht und sie damit begründet, dass in solchen Fällen der Vertreter regelmäßig ohne Vertretungsmacht handle, weil er ohne vorherige Information des Vertretenen nicht befugt sei, für diesen einen Vertrag mit dem Verhandlungspartner abzuschließen, der den Vertreter gerade bestochen habe (BGHZ 141, 357, 363 f = NJW 1999, 2266, 2268; BGH NJW 2001, 1065). Dieser Interpretation der Grenzen der Vertretungsmacht des Vertreters ist zu folgen. Jedoch bedarf es dann keiner analogen Anwendung von § 177. Handelte der Vertreter aus den genannten Gründen ohne Vertretungsmacht, so ist der Vertrag **unmittelbar nach § 177** unwirksam. Genehmigt der Geschäftsherr den Vertragsabschluss, nachdem er Kenntnis von der Schmiergeldvereinbarung erlangt hat, dann ist es für die Wirksamkeit des Vertrages unerheblich, ob es zuvor Schmiergeldzusagen gegeben hat und ob diese den Vertragsinhalt zum Nachteil des Geschäftsherrn beeinflusst haben. § 138 ist nicht anwendbar, wenn nicht sonstige besondere Umstände hinzutreten. Die Anwendung von § 177 anstelle von § 138 vermeidet, dass durch Schmiergeld geförderte Verträge aufgrund vermuteter Nachteiligkeit nichtig sind, auch wenn sie den Geschäftsherrn nützlich erscheinen, oder dass Rechtsunsicherheit besteht, weil es von sehr vielen verschiedenen Umständen abhängen kann, ob ein Vertrag für den Vertretenen vorteilhaft oder nachteilig erscheint.

473 Über § 177 gelangt man allerdings nicht zur Unwirksamkeit des Folgevertrags, wenn dieser nicht vom bestochenen Verhandlungsvertreter, sondern vom Geschäftsherrn selbst abgeschlossen worden ist. Auch § 138 ist aus den oben genannten Gründen nicht anwendbar, auch wenn der Hauptvertrag durch die Schmiergeldzusage zum Nachteil des Geschäftsherrn beeinflusst worden ist. Die Schmiergeldzusage begründet jedoch eine Haftung des Vertragspartners des Geschäftsherrn auf Schadensersatz wegen **Verschuldens bei Vertragsschluss** (BGH NJW 2001, 1065, 1067). Dieser Schadensersatzanspruch aus cic nach § 311 Abs 2 iVm § 280 umfasst außer dem Schaden infolge nachteiliger Verträge auch einen Anspruch auf Rückgängigmachung des Vertrags. Außerdem kann sich der Geschäftsherr gegen Ansprüche aus dem Vertrag mit § 242 wehren, weil das kollusive Zusammenwirken mit dem betreffenden Verhandlungsvertreter oder Interessenwahrer des Geschäftsherrn gegen Treu und Glauben verstößt. Die Lösungen über § 242 und § 311 Abs 2 belassen es im Ermessen des Geschäftsherrn, ob er den betreffenden Vertrag gegen sich gelten lassen will. Auch in diesen Fällen ist § 138 auf Folgeverträge nicht anzuwenden, wenn über die Schmiergeldvereinbarung hinaus keine besonderen Umstände hinzutreten.

c) Schmiergeldzahlungen an Angestellte können auch den Zweck haben, dass **474** diese unbefugt **dienstliches Wissen** weitergeben. Soweit es sich um eine verbotene Weitergabe von Betriebs- und Geschäftsgeheimnissen iSv § 17 UWG oder von Vorlagen iSv § 18 UWG handelt, sind die Vereinbarungen nach § 134 nichtig. Wenn die §§ 17, 18 UWG nicht erfüllt sind, folgt die Nichtigkeit aus § 138 (BGH WM 1976, 1306 = BB 1977, 264; BGB-RGRK/Krüger-Nieland/Zöller § 138 Rn 178; MünchKomm/Mayer-Maly/ Armbrüster § 138 Rn 128; Palandt/Heinrichs § 138 Rn 63; Soergel/Hefermehl § 138 Rn 181).

d) Durch sittenwidrige Schmiergeldvereinbarungen bzw -zahlungen verursachte **475** Schäden begründen Schadensersatzansprüche des hintergangenen Geschäftsherrn gegen den Vertragspartner aus cic (BGH NJW 2001, 1065, 1067), jetzt §§ 280, 311 Abs 2, und aus § 826 (BGH NJW 1962, 1099; NJW-RR 1987, 42) sowie gegen den Schmiergeldempfänger gegebenenfalls wegen Vertragsverletzung und nach den §§ 17, 18 iVm § 19 UWG. Der Schmiergeldempfänger hat empfangene Schmiergelder seinem Geschäftsherrn herauszugeben, wenn ein Dienstvertrag mit dem Geschäftsherrn bestand nach den §§ 675, 667, ansonsten nach § 687 Abs 2 iVm §§ 681, 667 (RGZ 99, 31, 33; RGZ 164, 98, 102 f; BGHZ 39, 1, 2 f; BGH NJW-RR 1991, 483; BAGE 11, 208; BGB-RGRK/ Krüger-Nieland/Zöller § 138 Rn 181; Soergel/Hefermehl § 138 Rn 182). Zu Schmiergeldvereinbarungen mit Vertretern und Beratern **ausländischer** Vertragspartner vgl u Rn 490 f.

3. Sonstige Fälle sittenwidriger Kommerzialisierung

Wegen der Verknüpfung mit einem Entgelt sittenwidrig und nach § 138 nichtig ist **476** eine Entschädigungszusage bzw ein Schuldenerlass gegen Rücknahme oder Nichterstattung einer Strafanzeige wegen Vergewaltigung, wenn damit eine psychische Zwangslage ausgenutzt wird (BGH NJW 1991, 1046, 1047; BGB-RGRK/Krüger-Nieland/ Zöller § 138 Rn 187; MünchKomm/Mayer-Maly/Armbrüster § 138 Rn 127 m Fn 596; Staudinger/Dilcher[12] § 138 Rn 84; ebenso für den Fall eines überhöhten Entgelts Palandt/Heinrichs § 138 Rn 56), sowie das Versprechen eines Entgelts für die Nichtausübung des Zeugnisverweigerungsrechts bzw für eine bestimmte Zeugenaussage (RGZ 79, 371, 374). Sittenwidrig ist auch die Vereinbarung eines **Schweigegelds** über einen Ehebruch (BGH LM Nr 18 zu § 134 BGB; MünchKomm/Mayer-Maly/Armbrüster § 138 Rn 127 m Fn 596; Palandt/Heinrichs § 138 Rn 56), über das Unterlassen einer Strafanzeige oder Disziplinaranzeige, zB wegen Unzucht mit dem 7-jährigen Sohn (RGZ 58, 204, 206; vgl auch BAG NJW 1968, 1647, 1648), oder dafür, dass über einen Meineid bis zur Verjährung der Strafverfolgung geschwiegen wird, wenn dies zu dem Zwecke geschieht, sich oder einen anderen der Strafe zu entziehen (Soergel/Hefermehl § 138 Rn 22). Sittenwidrig ist auch das Versprechen eines Entgelts für die Nichtbeteiligung bzw für die Erbringung minderer Leistungen bei einem sportlichen Wettkampf, um dem Versprechenden den Sieg zu ermöglichen (RGZ 138, 137, 141 f; FLUME, AT § 18, 2 S 369; MünchKomm/ MAYER-MALY/ARMBRÜSTER § 138 Rn 127; SOERGEL/HEFERMEHL § 138 Rn 30, 205; STAUDINGER/ DILCHER[12] § 138 Rn 82, 83 aE).

477 Sittenwidrig ist ein Vertrag, in dem ein Siedlungsunternehmen auf Ausübung seines gesetzlichen Vorkaufsrechts **gegen Entgelt** verzichtet. Denn das Vorkaufsrecht soll der Beschaffung von Siedlungsland dienen und nicht als Mittel zur Geldbeschaffung (RGZ 120, 144, 149). Eine vergleichsweise getroffene Vereinbarung, durch die sich der Eigentümer eines Grundstücks verpflichtet, der Bebauung eines angrenzenden Grundstücks nicht weiter entgegenzutreten, ist nicht sittenwidrig, weil er auf die ihm durch das öffentliche Baurecht gewährte Position gegen Entgelt verzichtet (BGH NJW 1999, 3113; BGHZ 79, 131, 141 = NJW 1981, 811). Sie ist auch nicht deshalb sittenwidrig, weil die hierfür vom Bauwilligen zu erbringende Zahlung weit über die Minderung des Wertes des beeinträchtigten Grundstücks hinausgeht (BGH NJW 1999, 3113). Weder gegen ein gesetzliches Verbot iSv § 134 noch gegen die guten Sitten iSv § 138 verstößt ein Vertrag, durch den ein betroffener Anwohner sich verpflichtet, seinen Widerspruch gegen die nach dem Bundesimmissionsschutzgesetz erteilte Genehmigung einer gewerblichen Anlage gegen Zahlung eines **Entgelts** zurückzunehmen (BGHZ 79, 131, 141 = NJW 1981, 811; ERMAN/PALM § 138 Rn 108; **aA** KNOTHE JuS 1983, 18; krit auch MEDICUS, AT Rn 705).

478 Sittenwidrig sind auch entgeltliche Geschäfte über die Verschaffung von **öffentlichen Ämtern, Titeln, Orden oder staatlichen Auszeichnungen** (BGH NJW 1994, 187 f [Ehrenkonsul]; RGZ 86, 98 f [Hoflieferant]; RG JW 1919, 447, 448; RG JW 1931, 1924, 1925; LG Bonn MDR 1992, 125; OLG Köln NJW-RR 1994, 1540, 1541; GOUNALAKIS/SCHELLING JuS 1999, 776, 777; WEILER NJW 1997, 1053). Denn die Anerkennung solcher Geschäfte würde zu einer Sinnentleerung von Titeln und Auszeichnungen bzw zu einer wesentlichen Beeinträchtigung der Funktionsfähigkeit öffentlicher Ämter führen (BGH NJW 1994, 187, 188; LG Bonn MDR 1992, 125). Die Tatsache, dass sich auf diesem Gebiet bereits missbräuchliche Praktiken in erheblichem Umfange herausgebildet haben, steht dieser Ansicht nicht entgegen (BGH NJW 1994, 187, 188; vgl auch BGHZ 10, 228, 232; BGHZ 16, 4, 12). Ein diesbezüglicher Wandel der guten Sitten im rechtlichen Sinne hat nicht stattgefunden. Sittenwidrig ist danach zB die Zahlung eines Entgelts (125.000,- Dollar), um zum Honorarkonsul von Sierra Leone in Ungarn ernannt zu werden (BGH NJW 1994, 187). Sittenwidrig sind auch Verträge, die unmittelbar oder mittelbar die **Adoption** einer erwachsenen Person zum Zwecke des Erwerbs eine Adelstitels zum Gegenstand haben. Denn eine Adoption ist sittlich nur gerechtfertigt, wenn ein Eltern-Kind-Verhältnis zu erwarten ist. Deshalb waren erkaufte Adoptionsverträge, bei denen zu Adoptierende nur am Erweb eines Adelstitels und der Adoptierende nur am Kaufpreis interessiert waren, sittenwidrig und nichtig (vgl BGHZ 35, 75, 80, 82). Auch nachdem seit dem Adoptionsgestz von 1976 die Adoption nicht mehr durch Vertrag, sondern durch gerichtlichen Ausspruch erfolgt (§ 1752), unterliegen dem § 138 wegen des genannten Zwecks der Adoption alle Verträge, die auf eine Adoption hinwirken sollen, durch die kein Eltern-Kind-Verhältnis begründet werden soll, sondern die auf den Kauf eines Adelstitels zielen, insbesondere Vermittlungsverträge und Treuhandverträge über die zu leistenden Zahlungen (BGH NJW 1997, 47, 48; MünchKomm/MAYER-MALY/ARMBRÜSTER § 138 Rn 67, 127). Soweit der Handel mit Titeln usw durch spezielle gesetzliche Regelungen untersagt wird, zB durch § 141 wissHG NRW der Handel mit akademischen Graden, ist der Vertrag nach § 134 nichtig (vgl o § 134 Rn 310; § 138 wurde angewendet vom OLG Köln NJW-RR 1994, 1540, 1541).

Prozessfinanzierung gegen Erfolgshonorar: Streitig ist, ob Rechtssuchende gegen Zah- **479** lung eines Erfolgshonorars mit einem Dritten die Finanzierung des Prozessrisikos und der Prozesskosten vereinbaren können. Solche Vereinbarungen haben Ähnlichkeiten mit Factoringverträgen; ihre Rechtsnatur ist jedoch unklar (Fritzsche/Schmidt NJW 1999, 2998 ff; gegen die Einordnung als Versicherungsvertrag Müller-Güldemeister/Rollmann NJW 1999, 3540). Sie verstoßen weder gegen das Verbot von Erfolgshonoraren durch § 49b BRAO, der nur für Rechtsanwälte gilt, noch sind es Umgehungen dieser Vorschrift. Die Vorteile dieser Vereinbarungen liegen darin, dass das Finanzierungsunternehmen die Prozessaussichten vorweg prüft und bei negativem Verfahrensausgang die Prozesskosten trägt; dieses Risiko hindert manchen vor einer Klageerhebung. Dafür zahlt jedoch der Kläger das vereinbarte Erfolgshonorar. Solche Vereinbarungen werden zum Schutze der Rechtssuchenden und im Interesse der prozessualen Waffengleichheit für sittenwidrig gehalten (Bruns JZ 2000, 232, 236 ff). In der Tat bestehen Bedenken gegen überhöhte Erfolgshonorare, insbesondere wenn das Prozessrisiko im Einzelfall gering ist. ME tragen jedoch diese Bedenken nicht generell den Vorwurf der Sittenwidrigkeit, dh solche Vereinbarungen sind mit den guten Sitten grundsätzlich vereinbar (Dethloff NJW 2000, 2225, 2228 f; Fritzsche/Schmidt NJW 1999, 2998, 3002; zu Problemen der Prozessfinanzierung vgl auch Grunewald BB 2000, 729, 732; Doralt JBl 1998, 806).

Nicht sittenwidrig sind Verträge über einen **Studienplatztausch**, auch wenn einer der **480** Vertragspartner eine Zuzahlung leistet (OLG München NJW 1978, 701, 702 f; Erman/Palm § 138 Rn 161; MünchKomm/Mayer-Maly/Armbrüster § 138 Rn 127; Soergel/Hefermehl § 138 Rn 188). Grundsätzlich wirksam ist auch der entgeltliche Verzicht einer Bürgerinitiative auf ein Rechtsmittel gegen einen Kraftwerksbau (BGHZ 79, 131, 135; vgl auch BGH NJW 1999, 3113; **aA** Medicus, AT Rn 705; Knothe JuS 1983, 18; dazu o § 134 Rn 243).

XVI. Verletzung ausländischer Gesetze

1. Vorbemerkungen

Bei Rechtsgeschäften, die gegen ausländische Gesetze verstoßen, ist zunächst die **481** kollisionsrechtliche Frage zu beantworten, ob sie nach deutschem oder ausländischem Recht zu beurteilen sind (vgl o § 134 Rn 47 ff). Wenn ausländisches Recht anwendbar ist, entscheidet dieses über die Wirksamkeit und die Rechtsfolgen des betreffenden Rechtsgeschäfts. Ist hingegen kollisionsrechtlich deutsches Recht anzuwenden, zB weil es die Parteien wirksam vereinbart haben, so ist nicht § 134 einschlägig; denn zu den Verbotsgesetzen iSv § 134 gehören nur **deutsche** Gesetze (vgl o § 134 Rn 47 ff). Von einer dem Art 7 Abs 1 EuSchVÜ entsprechenden Regelung, wonach ausländische „Eingriffsnormen" unter bestimmten Voraussetzungen im Inland zu beachten sind, hat der deutsche Gesetzgeber bei der Neufassung der IPR-Vorschriften des EGBGB bewusst abgesehen (BT-Drucks 10/504 S 100 = BR-Drucks 224/1/83 S 2).

Gegen ausländische Gesetze verstoßende Rechtsgeschäfte konnten nach **§ 306 aF** **482** nichtig sein, wenn die Erfüllung wegen der ausländischen Gesetze von Anfang an objektiv unmöglich war (RGZ 93, 182, 184; RGZ 161, 296, 300; ERMAN/PALM § 134 Rn 8). § 306 BGB aF ist durch das SchuldrechtsmodernisierungsG von 2001 ersatzlos gestrichen worden. Ein Vertrag, der dem deutschen Recht unterliegt, kann auch nach § 138 sittenwidrig und nichtig sein, wenn er ausländisches Recht verletzt.* Zwar prägen ausländische Rechtsgrundsätze nicht unmittelbar und ohne weiteres die deutschen guten Sitten (BGH NJW 1965, 2005). Eine ganz andere Frage ist jedoch, ob und unter welchen Voraussetzungen die Verletzung ausländischen Rechts **zugleich** einen Verstoß gegen die deutschen guten Sitten darstellen kann. Ausländische Gesetze können Argumente für eine entsprechende Fortentwicklung der deutschen guten Sitten auf rechtsvergleichender Basis abgeben.

483 Sittenwidrig ist ein gegen ein ausländisches Gesetz verstoßender Vertrag nach nahezu einhelliger Meinung, wenn die Beachtung des verletzten ausländischen Gesetzes auch **im deutschen Interesse** liegt (BGHZ 34, 169, 177; 59, 82, 85; 69, 295, 298; BGH VersR 1982, 92, 93; BGHZ 94, 268, 270, 272; BGH NJW 1991, 634, 635; RGZ 161, 296, 299; OLG Hamburg RIW 1994, 686, 687; KG NJW 1976, 197, 198; FIKENTSCHER/WAIBL IPRax 1987, 86; PALANDT/ HEINRICHS § 134 Rn 2; SOERGEL/HEFERMEHL § 138 Rn 197), wenn ihre Missachtung allgemein zu achtenden Interessen der Völker zuwiderhandelt (BGHZ 69, 295, 298; KG NJW 1976, 197, 198), wenn das verletzte ausländische Gesetz **fundamentalen** deutschen Rechts- und Gerechtigkeitsvorstellungen entspricht (vgl MANKOWSKI RIW 1994, 688, 690; MAYER-MALY AcP 194 [1994] 105, 145; ähnlich BGH GRUR 1980, 858, 860, wo Sittenwidrigkeit iSv § 1 UWG angenommen wurde bei der im Ausland erfolgten Verletzung von „Anforderungen, die an jede menschliche und staatliche Ordnung zu richten sind.") oder auch wenn es auf gemeinsamen sittlich-rechtlichen Vorstellungen aller Kulturstaaten beruht (RGZ 108, 241, 243 f; BGHZ 59, 82, 85 f; 69, 295, 298; 94, 268, 271 f; OLG Hamburg RIW 1994, 686, 687; KG NJW 1976, 197, 198; HAILBRONNER JZ 2002, 957, 961; ausdrücklich **aA** RGZ 161, 296, 300). Darüber hinaus hält der BGH in neuerer Zeit die Verletzung ausländischer Rechtsnormen auch dann für sittenwidrig iSd deutschen Sittenwidrigkeitsklauseln, wenn diese ausländischen Rechtsnormen „nach den in Deutschland herrschenden rechtlichen und sittlichen Anschauungen anzuerkennen sind" (BGHZ 94, 268, 271; ähnlich schon RGZ 161, 296, 300; dies wurde noch im Fall RGZ 108, 241, 244 verneint; nach SOERGEL/HEFERMEHL § 138 Rn 197 genügt eine Verletzung von Rechtsnormen, die Ausdruck allgemein anerkannter Werte sind). Dem ist zuzustimmen, wenn dies ein Grundsatz ist, der Ausnahmen zulässt. Ausnahmen können insbesondere aufgrund der örtlichen Gegebenheiten im Ausland gerechtfertigt sein, dh bei der Feststellung, ob die Verletzung ausländischen Rechts gegen die guten deutschen Sitten verstößt, ist auch die Vielfalt der ausländischen Rechts- und Lebensverhältnisse zu beachten, an die keine inländischen Maßstäbe angelegt werden dürfen (zutreffend BGH VersR 1982, 93, 94 betr Schmiergeldzahlungen in Form überhöhter Preise an Schutenvermieter in ausländischen Häfen zum Zwecke bevorzugter Abfertigung).

---

* S o § 134 Rn 50; vgl auch BGHZ 34, 169, 177; 59, 82, 85; 69, 295, 297 f; 94, 268, 270, 272; RGZ 96, 282, 283; 108, 241, 243 f; 161, 296, 300; OLG Hamburg RIW 1994, 686, 687; ebenso zu § 826 BGH NJW 1991, 634, 635; ebenso im Schrifttum FIKENTSCHER/WAIBL IPRax 1987, 86; MEDICUS, AT Rn 658; MünchKomm/MAYER-MALY/ARM-BRÜSTER § 134 Rn 40, § 138 Rn 17; PIEHL, Be-

stechungsgelder im internationalen Wirtschaftsverkehr (1991) 40 ff, 43; SOERGEL/HEFERMEHL § 134 Rn 9, 197; für ungeeignet hält § 138 KREUZER, Ausländisches Wirtschaftsrecht vor deutschen Gerichten (1986) 86 f; vgl auch den kollisionsrechtlichen Ansatz von E LORENZ RIW 1987, 569, 580 ff und KREUZER 88 ff.

Nicht anzuerkennen und nicht über die deutschen Sittenwidrigkeitsklauseln mit **484**
Sanktionen zu versehen sind vor allem ausländische Gesetze, die mit inländischen
Rechtsvorstellungen in Widerspruch stehen (RGZ 108, 241, 244 unter Hinweis darauf, dass
die staatssozialistischen Rechtsgrundsätze Rußlands bzw der Sowjetunion den deutschen Rechtsanschauungen widersprechen; BGHZ 69, 295, 298 betr Fluchthelfervertrag; ebenso für Österreich OGH
JBl 1981, 273 f). Keine Anerkennung verdienen außerdem ausländische Gesetze ua
dann, wenn sie aus handelspolitischen Gründen zum Zwecke der Schädigung der
deutschen Wirtschaft erlassen sind (BGHZ 34, 169, 176 f; RG JW 1927, 2288) oder wenn sie
auf unsachlichen Gründen beruhen. Die Anwendbarkeit der deutschen Sittenwidrigkeitsklauseln wegen Verletzung ausländischen Rechts ist hingegen nicht schon dann
ohne weiteres ausgeschlossen, wenn das verletzte ausländische Recht ausschließlich
außenpolitische, handelspolitische oder **fiskalische** Ziele verfolgt (so jedoch zu § 826 BGH
NJW 1991, 633, 635; **aA** OLG Hamburg RIW 1994, 686, 687; RG JW 1927, 2288 – Kokain).

2. Ausländische Ausfuhrbeschränkungen

Sittenwidrig und nach § 138 nichtig ist ein Vertrag, der ein ausländisches Ausfuhr- **485**
verbot verletzt, das den Schutz **nationalen Kulturguts** bezweckt (BGHZ 59, 82, 85 f –
Nigerianische Masken; vgl auch BGH VersR 1976, 678; dazu BLECKMANN ZaöRV 34 [1974] 112;
HAILBRONNER JZ 2002, 957, 961; HÖNN, in: Gedschr Geck [1989] 321, 332 f; MünchKomm/MAYER-
MALY § 138 Rn 14; PIEROTH/KAMPMANN NJW 1990, 1385; SOERGEL/HEFERMEHL § 138 Rn 197; dazu
auch KREUZER, Ausländisches Wirtschaftsrecht vor deutschen Gerichten [1986] 19 ff; SCHWADORF-
RUCKDESCHEL, Rechtsfragen des grenzüberschreitenden rechtsgeschäftlichen Erwerbs von Kulturgütern [1995]; SACK GRUR Int 1988, 320, 338 [zu § 1 UWG]). Denn nach heutiger Auffassung
besteht ein allgemein zu achtendes Interesse aller Völker an der Erhaltung ihrer
Kulturwerke an Ort und Stelle, dh im Ursprungsland. Anzuerkennen ist zB ein
Interesse Nigerias an der Verhinderung der Ausfuhr afrikanischer Masken und Figuren (BGHZ 59, 82, 85). Eine Bestätigung für eine solche Überzeugung der Völker-
gemeinschaft fand der BGH in einem UN-Übereinkommen, auch wenn dieses damals in Deutschland noch nicht in Kraft getreten war (BGHZ 59, 82, 85 f). In diesem
Fall war nicht nur der Kaufvertrag, der gegen das ausländische Ausfuhrverbot verstieß, sondern auch ein dazugehörender Transportversicherungsvertrag nach § 138
nichtig (BGHZ 59, 82).

Für sittenwidrig wurde auch ein Kaufvertrag erklärt, der gegen **US-amerikanische** **486**
Embargobestimmungen verstieß, die die Ausfuhr einer bestimmten Chemikalie (Ra-
surit bzw Borax) beschränkten, um zu verhindern, dass diese als Rohstoff oder die
daraus hergestellten Fertigfabrikate der Erhöhung des Rüstungspotenzials des Ostblocks zugute kommen (BGHZ 34, 169, 177; NJW 1962, 1436, 1437; zu Ansprüchen aus § 826
wegen Verletzung ausländischer Embargobestimmungen, jedoch mit völlig anderer Begründung,
nämlich unter Hinweis auf die Gefährdung von Vermögensinteressen unbeteiligter Dritter, BGH
NJW 1991, 634, 635; WM 1973, 73 ff). Der Zweck der amerikanischen Embargobestimmungen, zu verhindern, dass mit westlichen Wirtschaftsgütern das Kriegspotenzial
des Ostblocks vermehrt würde, diente der Aufrechterhaltung des Friedens und der
freiheitlichen Ordnung des Westens und damit auch deutschen Interessen (BGHZ 34,
169, 177 f; BGH NJW 1962, 1436, 1437; krit dazu HÖNN, in: Gedschr Geck [1983] 321, 332; Münch-
Komm/MAYER-MALY/ARMBRÜSTER § 138 Rn 17; vgl auch RG Recht 1922 Beil Nr 87 betr Kaufvertrag über Vieh in Holland zur Einfuhr nach Deutschland unter Verletzung eines holländischen
Ausfuhrverbots). Eine Sonderregelung findet sich in § 31 AWG (dazu HÖNN aaO).

3. Ausländische Zoll- und Einfuhrbestimmungen

487 Sittenwidrig ist auch eine Vereinbarung, die unter Verletzung ausländischer Zoll-
oder Einfuhrbestimmungen unmittelbar auf die Förderung gewerbsmäßigen
Schmuggels abzielt (RGZ 96, 282 f; RG JW 1920, 1027; 1924, 1359; 1926, 2169; 1927, 2287;
1929, 244; 1931, 928, 930; OLG Köln MDR 1957, 34; vgl dazu auch KREUZER, Ausländisches Wirtschaftsrecht vor deutschen Gerichten [1986] 13 ff; SCHRICKER, Gesetzesverletzung und Sittenverstoß
[1970] 62 f, 71 ff; MünchKomm/MAYER-MALY/ARMBRÜSTER § 138 Rn 17); so das RG in einem
Fall, in dem ein hoher russischer Einfuhrzoll umgangen werden sollte. Den Vorwurf
der Sittenwidrigkeit begründete das RG damit, dass der gewerbsmäßige Schmuggel
eine dem Gemeinwohl gefährliche Verwirrung und Verwilderung der sittlichen Begriffe erzeuge (RGZ 96, 282, 283). Im gegenteiligem Sinne hat allerdings in neuerer Zeit
das OLG Hamburg entschieden. In der Verletzung ausländischer Zoll- oder Einfuhrbestimmungen sei kein Sittenverstoß zu sehen, wenn diese allein **handelspolitischen** Beschränkungen des freien Warenverkehrs, **fiskalischen** Interessen an der Erlangung von Einfuhrzoll sowie der Verhinderung verschleierten Devisentransfers ins
Ausland dienen (OLG Hamburg RIW 1994, 686, 687 m Anm MANKOWSKI 688 ff; ebenso
SOERGEL/HEFERMEHL § 138 Rn 198; **aA** zu § 826 BGH NJW 1991, 634, 635). Denn ausländische
Zoll- und Einfuhrbestimmungen, so das OLG, schützen weder deutsche Interessen
noch beruhen sie auf allgemein anerkannten rechtlichen Erwägungen (OLG Hamburg
RIW 1994, 686, 687). Dem zweiten Argument ist zu widersprechen, da alle Staaten in
irgendeiner Weise Zoll- und Einfuhrbestimmungen vorsehen. Nur bei exzeptionellen
ausländischen Regelungen, die in anderen Staaten keine Entsprechung finden, ist
von der Anwendung des § 138 abzusehen.

488 Sittenwidrig sind Verträge über den Transport und die Lagerung von Schmuggelware
(RGZ 42, 295, 296 f [noch zum ALR]; RGZ 56, 179, 181; Recht 1917 Beil Nr 155, 156; RGZ 96, 282),
die Darlehensgewährung zur Ermöglichung von Schmuggelgeschäften (RG JW 1927,
2287; SOERGEL/HEFERMEHL § 138 Rn 198) sowie Verträge über die Lieferung von Kokain
nach Indien unter Verletzung indischer Einfuhrbeschränkungen, die dem Gesund-
heitsschutz dienen sollen (RG JW 1927, 2288).

489 Demgegenüber begründet die bloße Kenntnis des Verkäufers von der Absicht des
Käufers, die gekaufte Ware zum Schmuggel zu verwenden, nicht den Vorwurf der
Sittenwidrigkeit, wenn sich das Interesse des Verkäufers auf den normalen Vertrags-
abschluss beschränkt (RG JW 1924, 1359; 1929, 244; 1931, 928 f). Für nicht sittenwidrig hielt
das RG das Anheuern von Schiffen für sog „Spritfahrten" in die skandinavischen
Länder (RG JW 1926, 2169; 1929, 244).

4. Bestechung ausländischer Amtsträger

490 Durch das **EUBestG** und das **IntBestG** sind für die Anwendung der §§ 332 ff bzw
334 ff StGB ausländische und internationale Amtsträger und Richter den deutschen
gleichgestellt worden. Insoweit sind Schmiergeldvereinbarungen, die kollisionsrechtlich deutschem Vertragsrecht unterliegen, wenn sie Verstöße gegen die §§ 332 ff iVm
EuBestG bzw IntBestG zum Inhalt haben, nach § 134 nichtig (vgl Rn 228, 254, 296 zu
§ 134). Diese Regelungen erfassen jedoch nur einen Teil der Schmiergeldvereinbarungen mit ausländischen und internationalen Amtsträgern, Richtern und Soldaten.
Soweit diese gesetzlichen Regelungen nicht eingreifen, ist eine kollisionsrechtlich

nach deutschem Recht zu beurteilende Vereinbarung eines deutschen Unternehmens mit einem ausländischen Amtsträger, durch die dieser unter Verstoß gegen ausländisches Strafrecht gegen Zahlung eines Schmiergeldes die Vornahme einer bestimmten Amtshandlung verspricht, ist nach § 138 sittenwidrig und nichtig (BGHZ 94, 268, 272 f; ebenso OLG Hamburg NJW 1992, 635; zustimmend Hönn, in: Gedschr Geck [1989] 321, 336; Palandt/Heinrichs § 138 Rn 43; Soergel/Hefermehl § 138 Rn 181; vgl jedoch auch BGH VersR 1982, 93 f; krit dazu Fikentscher/Waibl IPRax 1987, 86 ff; Knapp RIW 1986, 999, 1000; ausf dazu Piehl, Bestechungsgelder im internationalen Wirtschaftsverkehr [1991] 67 ff). Ebenso zu beurteilen ist ein Vertrag zwischen einem deutschen Unternehmen und einem Vermittler, wenn dessen Hauptaufgabe darin besteht, eine Schmiergeldvereinbarung mit dem zuständigen Amtsträger herbeizuführen und das Schmiergeld an diesen weiterzuleiten (BGHZ 94, 268, 273; vgl auch BGH VersR 1982, 93, 94). Dies gilt auch dann, wenn in dem betr Land staatliche Aufträge nur durch Bestechung der zuständigen Staatsorgane zu erlangen sind, so dass von einem deutschen Unternehmen nicht erwartet werden könne, auf dieses Mittel zu verzichten und das Geschäft weniger gewissenhaften Konkurrenten zu überlassen (BGHZ 94, 268, 272). Das schließt allerdings nicht aus, dass das deutsche Unternehmen seinem Angestellten oder Handelsvertreter uU die verauslagten Schmiergelder nach den §§ 670, 675 BGB, 87d HGB ersetzen muss (BGHZ 94, 268, 272).

Die strenge Haltung des BGH wurde in der Voraufl kritisiert, weil – wie der BGH an **491** anderer Stelle zutreffend ausgeführt hat – an die Vielfalt ausländischer Rechts- und Lebensverhältnisse keine inländischen Maßstäbe angelegt werden dürfen (BGH VersR 1982, 93 f, 94; NJW 1968, 1572, 1574 – Bierexport). Soweit in einem ausländischen Staat „Schmiergeldzahlungen" von den staatlichen Behörden geduldet werden (so seinerzeit offenbar im Hafen von Abadan im Iran), seien schon aus Gründen der wettbewerblichen Chancengleichheit bei der Anwendung von § 138 nicht die strengeren inländischen Maßstäbe anzuwenden (so zu Schmiergeldzahlungen, die das Be- und Entladen im Hafen beschleunigen sollen, BGH VersR 1982, 93, 94; ebenso als Vorinstanz OLG Hamburg VersR 1982, 92, 93; zu diesem „Gefangenen-Dilemma" Eigen AnwBl 2001, 453, 456 f). An dieser Kritik kann de lege lata nicht festgehalten werden. Die geäußerten Bedenken müssen den normgewordenen Wertungen weichen, die im EUBestG u IntBestG zum Ausdruck kommen.

5.   Fluchthelferverträge

Vor der Wiedervereinigung verstießen sog Fluchthelferverträge, wenn nicht beson- **492** dere Umstände hinzukamen, nicht schon deshalb gegen § 138, weil das Recht der ehemaligen DDR die Flucht untersagte (BGHZ 69, 295, 297 ff; BGHZ 69, 302; NJW 1980, 1574; KG NJW 1976, 197; ebenso Erman/Palm § 138 Rn 105; Jauernig/Otto JuS 1977, 109; Liesegang JZ 1977, 87; MünchKomm/Mayer-Maly/Armbrüster § 138 Rn 19; Soergel/Hefermehl § 138 Rn 197; ebenso auch der ÖstOGH JBl 1981, 273 für Flucht aus der ehemaligen DDR; aA KG NJW 1976, 1211 mit Anm Crezelius NJW 1976, 1639; vgl dazu ferner Wengler JZ 1978, 64 ff; Heimeshoff ZRP 1978, 97 ff). Auch Fluchthelferverträge, die die Flucht **aus anderen Staaten** zum Gegenstand haben, sind nicht schon dann ohne weiteres sittenwidrig, wenn sie **ausländisches** Recht verletzen. Soweit sie jedoch gegen inländisches Recht verstoßen, sind sie nach § 134 nichtig (ÖstOGH JBl 1981, 273 für die Flucht aus der DDR nach Österreich; MünchKomm/Mayer-Maly § 138 Rn 15). Sie sind auch dann nicht sittenwidrig, wenn der Fluchtweg außer dem Herkunfts- und dem Bestimmungsland weitere Länder berührt und die Flucht gegen dortige Einreise- und Ausreisebestimmungen verstößt (KG NJW 1976, 197, 198). Denn Ein- und Ausreisebestimmungen liegen allein im Interesse der sie erlassenden Länder; allgemein anerkannte Wertanschauungen werden dabei ebenso wenig verletzt wie völkerrechtlich anerkannte Regeln (KG NJW 1976, 197, 198). Der Vorwurf der Sittenwidrigkeit kann auch nicht darauf gestützt werden, dass es – unabhängig von der Höhe des vereinbarten Entgelts und dem Risiko – generell verwerflich sei, aus der persönlichen Bedrängnis anderer Kapital zu ziehen und uU Angehörige der Flüchtenden und weitere Personen in dessen Herkunftsland zu gefährden (so jedoch der Senat 20 U des KG NJW 1976, 1211 im Gegensatz zum Senat 18 U des KG NJW 1976, 197, 198). Der Vorwurf der Sittenwidrigkeit kann jedoch begründet sein, wenn besondere Umstände hinzutreten, zB weit überzogene Entgelte unter Ausnutzung der Notlage des Flüchtenden oder der Missbrauch von Vertrauensstellungen (KG NJW 1976, 197, 198; ERMAN/PALM § 138 Rn 105; MünchKomm/MAYER-MALY § 138 Rn 15).

XVII. Fälle zwischen § 138 und § 134

1. Verträge zur Förderung und Ausnutzung von Straftaten

493 **a)** Sittenwidrig nach § 138 sind Vereinbarungen, die die Begehung von Straftaten zum Inhalt haben (FLUME, AT § 18, 2b S 368; MünchKomm/MAYER-MAL/ARMBRÜSTER § 138 Rn 42). Auch strafrechtlich an sich indifferente Verträge, zB Kaufverträge oder Darlehensverträge, sind sittenwidrig, wenn die Vertragsparteien damit in Form der strafrechtlichen Mittäterschaft oder Teilnahme ein Verhalten fördern wollen, dessen Strafbarkeit sie kennen (RGZ 100, 39, 42; BGHZ 53, 152, 160; BGH NJW-RR 1990, 750 f; NJW 1992, 310), zB ein Kaufvertrag über Hehlerware (BGH NJW 1992, 310) oder die Gewährung eines Darlehens zum Betrieb eines gegen § 180a StGB verstoßenden Bordells (BGH NJW-RR 1990, 750 f). Wenn beide Parteien damit die Voraussetzungen der Täterschaft oder Teilnahme an der geplanten Straftat erfüllen, ergibt sich die Nichtigkeit des Rechtsgeschäfts auch aus § 134 (oben § 134 Rn 290 ff). Nicht anwendbar auf strafrechtlich an sich indifferente Rechtsgeschäfte ist § 138 hingegen, wenn das Verhalten eines Vertragspartners nicht als gewollte Unterstützung strafbaren Verhaltens gewertet werden kann (BGH NJW 1992, 310; RG JW 1931, 928 betr Kaufvertrag über ein Schiff, das der Käufer zum Schmuggel benutzen wollte). **Nachträgliche** Kenntnis vom strafbaren Ziel eines Rechtsgeschäfts berührt dessen Wirksamkeit nicht (BGH NJW 1955, 586). Wenn es noch nicht erfüllt worden ist, kann und muss jedoch der ursprünglich gutgläubige Vertragspartner die Erfüllung verweigern. Erfüllt der bösgläubig gewordene Vertragspartner, sind die Erfüllungshandlungen sittenwidrig nach § 138.

494 Das Zusammentreffen von § 134 und § 138 in den eben genannten Fällen kann praktisch relevant werden, wenn man mit der hM und entgegen der hier vertretenen Ansicht annimmt, dass die Nichtigkeitssanktion des § 138 keinem Normzweckvorbehalt unterliegt. Zu Verträgen, die die Verletzung ausländischer Straftatbestände zum Gegenstand haben, s o Rn 481 ff.

495 **b)** Sittenwidrig nach § 138 sind auch Verträge, die der Vorbereitung, Förderung oder Ausnutzung von Straftaten dienen sollen, ohne dass das vereinbarte Handeln in Form von Täterschaft oder Teilnahme strafbar ist (BGH WM 1990, 1324, 1325; NJW 1992, 310; FLUME, AT § 18, 2b S 368; MünchKomm/MAYER-MALY/ARMBRÜSTER § 138 Rn 42; PALANDT/

HEINRICHS § 138 Rn 42). In diesen Fällen ist § 134 nicht anwendbar, weil die vereinbarten Handlungen nicht unmittelbar gesetzwidrig sind, obwohl sie Straftaten in
irgendeiner Weise vorbereiten, fördern oder ausnutzen. Solche Verträge sind nur
sittenwidrig, wenn alle Beteiligten den strafbaren Zweck kennen oder sich dieser
Kenntnis grob fahrlässig entziehen (BGH NJW 1992, 310). Sittenwidrig ist danach zB
der Verkauf von Diebesgut, wenn der Käufer und Verkäufer die Herkunft der Ware
kennen oder grob fahrlässig nicht kennen (BGH NJW 1992, 310). Auch Rechtsgeschäfte
zur Vorbereitung eines Betrugs sind sittenwidrig (BGH DB 1971, 39; BGH NJW-RR 1990,
1521, 1522), zB der Kauf von wertlosen Aktien zur Vorbereitung eines Betrugs (BGH
DB 1971, 39). Sittenwidrig sind ferner Verträge, die auf Bestechung zielen. Auch ein
Kaufvertrag über ein Kfz-**Radarwarngerät** ist sittenwidrig (AG Berlin-Neukölln NJW
1995, 2173 f). Denn solche Verträge fördern eine Übertretung von Geschwindigkeits-
beschränkungen iSd StVO und auch des § 315c Abs 1 Nr 2 d StGB (AG Berlin-Neukölln
aaO). Unabhängig davon ergibt sich die Sittenwidrigkeit solcher Kaufverträge daraus,
dass sie im praktischen Ergebnis zur Gefährdung von Leben und Gesundheit anderer
Verkehrsteilnehmer beitragen können (AG Berlin-Neukölln aaO). Zur Steuerhinterziehung vgl o § 134 Rn 162, 287 f.

2. Verletzung von Grundrechtsnormen

Sittenwidrig sind Rechtsgeschäfte, die gegen die objektive Wertordnung der Grund- **496**
rechte des GG verstoßen. Grundrechte sind zwar im Verhältnis zwischen Privatpersonen nicht unmittelbar anwendbar; deshalb scheidet insoweit auch die Anwendung von § 134 im Verhältnis zwischen Privatpersonen aus. Die Grundrechte sind
jedoch andererseits nicht nur Abwehrrechte gegen den Staat, sondern enthalten
darüber hinaus eine objektive Wertordnung, die ua auch bei der Konkretisierung
zivilrechtlicher Generalklauseln zu berücksichtigen ist und auf diesem Wege, zB auch
über § 138, in das Zivilrecht hineinwirkt (ausf dazu § 134 Rn 39 ff, 241 ff).

3. Die Verletzung allgemeiner Rechtsgrundsätze

Ungeklärt ist, ob Rechtsgeschäfte, die gegen allgemeine Rechtsgrundsätze verstoßen, **497**
unter § 134 oder § 138 fallen, zB bei Verstößen gegen den haushaltsrechtlichen
Grundsatz, dass die öffentliche Hand nichts zu verschenken hat, oder gegen das
zivilprozessrechtliche Gebot überparteilicher Rechtspflege (ausf dazu o § 134 Rn 18 ff,
308) oder gegen gesellschaftsrechtliche Grundsätze. Allgemeine Rechtsgrundsätze
wurden von der Rechtsprechung gelegentlich als „Gesetze" iSv § 134 bewertet
(BGHZ 51, 255, 262; 54, 392, 400; vgl auch BGHZ 47, 30, 40). Vorzuziehen ist jedoch die
Ansicht, dass allgemeine Rechtsgrundsätze bei der Konkretisierung der guten Sitten
iSv § 138 zu berücksichtigen sind (so BGHZ 36, 395, 398 f betr Haushaltsgrundsätze; BGHZ
108, 21, 27; PALANDT/HEINRICHS § 138 Rn 13, 44).

4. Umgehungsgeschäfte

Schließlich ist auch bei Rechtsgeschäften, die gesetzliche Verbote umgehen sollen, **498**
die Zuordnung zu § 134 oder § 138 umstritten (ausf o § 134 Rn 144 ff). ME ist auch in
diesen Fällen der Anwendung von § 138 der Vorzug zu geben (vgl o § 134 Rn 152 ff;
ebenso BEATER AcP 197 [1997] 505, 525).

§ 139
Teilnichtigkeit

Ist ein Teil eines Rechtsgeschäfts nichtig, so ist das ganze Rechtsgeschäft nichtig, wenn nicht anzunehmen ist, dass es auch ohne den nichtigen Teil vorgenommen sein würde.

Materialien: E I § 114; II § 112; III § 135;
SCHUBERT, AT II 214 f; 735; Mot I 222; Prot I
134; MUGDAN I 474 f; 728 ff.

Schrifttum

ANDRÉ, Einfache, zusammengesetzte, verbundene Rechtsgeschäfte, in: Marburger FG Enneccerus (1913)

J F BAUR, Schicksal der Lieferverträge nach Wegfall der Ausschließlichkeitsabrede, RdE 1997, 41

BECKMANN, Nichtigkeit und Personenschutz (1998)

BEYER, Salvatorische Klauseln (1988)

BÖHME, Erhaltungsklauseln. Zugleich ein Beitrag zur Lehre vom teilnichtigen Rechtsgeschäft (2000)

BÜRGE, Rechtsdogmatik und Wirtschaft – Das richterliche Moderationsrecht beim sittenwidrigen Rechtsgeschäft im Rechtsvergleich – Bundesrepublik Deutschland-Schweiz-Österreich-Frankreich (1987)

BUTTERS, Modifizierte Teilnichtigkeit sittenwidriger nachvertraglicher Wettbewerbsverbote – BGH NJW 1997, 3089, JuS 2001, 324

CANARIS, Gesamtunwirksamkeit und Teilgültigkeit rechtsgeschäftlicher Regelungen, in: FS Steindorff (1990) 519

ders, Nachträgliche Gesetzeswidrigkeit von Verträgen, geltungserhaltende Reduktion und salvatorische Klauseln im deutschen und europäischen Kartellrecht, DB 2002, 930

EISENHARDT, Die Einheitlichkeit des Rechtsgeschäfts und die Überwindung des Abstraktionsprinzips, JZ 1991, 271

FASTRICH, Unwirksame Hinauskündigungsklausel und geltungserhaltende Reduktion, ZGR 1991, 306

FINGER, Zu den Folgen einer Mietzinsvereinbarung unter Überschreitung der ortsüblichen Vergleichsmiete, ZMR 1983, 37

W GERHARDT, Teilweise Unwirksamkeit beim Vertragsschluß durch falsus procurator – BGH NJW 1970, 240, JuS 1970, 326

J HAGER, Gesetzes- und sittenkonforme Auslegung und Aufrechterhaltung von Rechtsgeschäften (1983)

ders, Die gesetzeskonforme Aufrechterhaltung übermäßiger Vertragspflichten – BGHZ 89, 316 und 90, 69, JuS 1985, 264

HÄSEMEYER, Zur Anwendung des § 139 BGB auf Erbverträge, FamRZ 1967, 30

ders, Geltungserhaltende oder geltungszerstörende Reduktion?, in: FS Ulmer (2003) 1097

HELM, Teilnichtigkeit nach Kartellrecht, GRUR 1976, 496

HERSCHEL, Teilnichtigkeit kollektiver Regelungen, BB 1965, 791

HERZOG, Quantitative Teilnichtigkeit (1926)

KEIM, Keine Anwendung des § 139 BGB bei Kenntnis der Parteien von der Teilnichtigkeit?, NJW 1999, 2866

KOHLER, Teilunwirksamkeitsklauseln, DNotZ 1961, 195

KOHTE, Unwirksame Bestätigung eines wucherähnlichen Kreditvertrags – BGH NJW 1982, 1981, JuS 1984, 509

KRAMPE, Aufrechterhaltung von Verträgen und Vertragsklauseln, AcP 194 (1994) 1

KRIECHBAUM, Teilnichtigkeit und Gesamtnichtigkeit: Die Rechtsprechung des Reichsgerichts vor und nach Erlaß des BGB, in: FALK/MOHNHAUPT (Hrsg), Das Bürgerliche Gesetzbuch und seine Richter (2000) 39

KULKE, Sittenwidrigkeit eines Schuldbeitritts
und Teilnichtigkeit, ZIP 2001, 985

LAMMEL, Vertragsfreiheit oder Wirtschaftsfreiheit – Zur Teilnichtigkeit von Wettbewerbsabreden, AcP 189 (1989) 244

MAYER-MALY, Über die Teilnichtigkeit, in:
Gedschr Gschnitzer (1969) 265

ders, Die Bedeutung des tatsächlichen Parteiwillens für den hypothetischen, in: FS Flume I
(1978) 621

MEILICKE/WEYDE, Ist der Fall der Teilnichtigkeit
von Verträgen vertraglich nicht mehr regelbar?,
DB 1994, 821

OEPEN, Zur Dogmatik des § 139 BGB. Grundsätzliche Überlegungen zu einer zentralen Regelung des Bürgerlichen Rechts (2000)

OERTMANN, Subjektive Teilnichtigkeit, ZHR
101 (1935) 119

PAWLOWSKI, Rechtsgeschäftliche Folgen nichtiger Willenserklärungen (1966)

PIERER VESCH, Teilnichtige Rechtsgeschäfte
(1968)

H ROTH, Geltungserhaltende Reduktion im
Privatrecht, JZ 1989, 411

ders, Zinszahlungspflichten bei wucherischen
und wucherähnlichen Darlehensverträgen, ZHR
153 (1989) 423

ders, Vertragsänderung bei fehlgeschlagener
Verwendung von Allgemeinen Geschäftsbedingungen (1994)

SANDROCK, Subjektive und objektive Gestaltungskräfte bei der Teilnichtigkeit von Rechtsgeschäften, AcP 159 (1960/1961) 481

H-H SEILER, Utile per inutile non vitiatur, Zur
Teilunwirksamkeit von Rechtsgeschäften im römischen Recht, in: FS Kaser (1976) 127

SKOURIS, Teilnichtigkeit von Gesetzen (1973)

SOMMER/WEITBRECHT, Salvatorische Klauseln in
GmbH-Verträgen, GmbH-Rdsch 1991, 449

STEINDORFF, Teilnichtigkeit kartellrechtswidri-
ger Vereinbarungen in der Rechtsprechung des
Bundesgerichtshofs, in: FS Hefermehl (1971) 177

TIEDTKE, Teilnichtigkeit eines sittenwidrigen
Rechtsgeschäfts, ZIP 1987, 1089

P ULMER, Offene Fragen zu § 139 BGB, Vorteilsregel und „Politik des Gesetzes", in:
FS Steindorff (1990) 799

WERNICKE, Die Rückführung überlanger Wettbewerbsverbote in der BGH-Rechtsprechung,
BB 1990, 2209

H P WESTERMANN, Die geltungserhaltende Reduktion im System der Inhaltskontrolle im Gesellschaftsrecht, in: FS Stimpel (1985) 69

WUFKA, Rechtseinheit zwischen Kausalgeschäft
und Einigung bei Erbbaurechtsbestellungen,
DNotZ 1985, 651

ZIMMERMANN, Richterliches Moderationsrecht
oder Teilnichtigkeit (1979).

Systematische Übersicht

Alphabetische Übersicht

I. Normzweck

1 § 139 regelt den Fall, daß ein Unwirksamkeitsgrund bloß einen Teil eines Rechtsgeschäfts berührt. Im Zweifel soll dann die Unwirksamkeit des Vertragsteils auch diejenige des Restes des Rechtsgeschäfts nach sich ziehen. Damit weicht das BGB von der hM im *Gemeinen Recht* ab, wonach bei Teilnichtigkeit die Aufrechterhaltung des Geschäfts im übrigen angenommen wurde (etwa WINDSCHEID, Pandektenrecht I § 82 Fn 12; REGELSBERGER, Pandekten § 175 II; ausführlich KRIECHBAUM 39 ff; zur Gesetzgebungsgeschichte MAYER-MALY, in: Gedschr Gschnitzer [1969] 265, 275 f; KUHLENBECK, Von den Pandekten zum Bürgerlichen Gesetzbuch I [1898] 328; BÜRGE 60 ff; zurückhaltend die Mot [MUGDAN I 475 = Mot I 222]; mit überzogenen Schlußfolgerungen PIERER VESCH 68; zu abweichenden Regeln in Auslandsrechten SANDROCK AcP 159 [1960/1961] 481, 488; zum österreichischen Recht MAYER-MALY, in: Gedschr Gschnitzer [1969] 265, 270 ff). Nach einer zutreffenden Formulierung des RG (RG JW 1908, 445) beruht § 139 auf der Erwägung, daß den Beteiligten, die einen einheitlichen umfassenden Rechtserfolg zu verwirklichen bezweckten, eine nur teilweise Verwirklichung dieses Erfolges nicht gegen ihren Willen aufgedrängt werden dürfe (wohl ebenso FLUME, AT[4] II 570). Die Norm soll damit der **Durchsetzung der Privatautonomie** dienen (BGH NJW 1986, 2576, 2577; H ROTH, Vertragsänderung 3; OEPEN 45; SANDROCK AcP 159 [1960/1961] 481, 491; H-H SEILER, in: FS Kaser [1971] 127, 145 f; LARENZ/M WOLF, AT[8] § 45 Rn 1; u Rn 75 ff).

2 § 139 ist keine Auslegungsregel, weil es bei der Ermittlung des maßgeblichen hypothetischen Parteiwillens (u Rn 74 ff) nicht um eine Vertragsauslegung im eigentlichen Sinn geht (u § 157 Rn 3; ebenso LARENZ, AT[7] 462; BÖHME 34; aA BGH NJW 1994, 720, 721; WM 1964, 1125, 1126; BGHZ 85, 315, 318 [dort wird aber gleichbedeutend von einer „Vermutung" gesprochen]; KG KTS 1968, 117, 120; LG Düsseldorf WuW 1962, 446, 448; ERMAN/PALM[10] Rn 1, 11; BORK, Allgemeiner Teil des Bürgerlichen Gesetzbuchs [2001] Rn 1209; OEPEN 29). Auch bedeutet die Norm keine Beweislastregel, weil es sich bei der in erster Linie maßgeblichen Wertungsfrage (u Rn 75) nicht um eine Tatsache handelt, die allein einer beweisrechtlichen Regelung zugänglich ist (FLUME, AT II 581; anders wohl die Materialien, MUGDAN I 475 = Mot I 222 [Regelung der „Beweislage"]; ihnen folgend BGH NJW 2003, 347; zur Beweislast u Rn 79). Nach richtiger Auffassung spricht § 139 eine widerlegliche **Nichtigkeitsvermutung** aus, wenn die Feststellung des hypothetischen Parteiwillens ausnahmsweise zu keinem Ergebnis führt (FLUME, AT II 581; wohl auch P ULMER, in: FS Steindorff [1990] 799, 815; MEDICUS, Rechtsfolgen für den Vertrag bei Unwirksamkeit von Allgemeinen Geschäftsbedingungen, in: Zehn Jahre AGB-Gesetz [1987] 83, 84; dagegen J HAGER 153 f mit der unrichtigen Behauptung 152, es gäbe keine „widerlegbaren Rechtsvermutungen"; dagegen auch H-H SEILER, in: FS Kaser [1976] 127, 147; ferner u Rn 76). In erster Linie kommt es darauf an, welche Entscheidung die Parteien bei Kenntnis der Sachlage nach Treu und Glauben und nach vernünftiger Abwägung getroffen hätten (BGH WM 1997, 625, 627).

II. Subsidiarität des § 139

3 Die Norm hat in der Praxis nicht den ihr wohl ursprünglich zugedachten weiten Anwendungsbereich erfahren. Vielmehr ist die Rspr in vielen Fallgruppen zu einer größtmöglichen Aufrechterhaltung der restlichen Teilregelung gelangt (H ROTH JZ 1989, 411 ff; J HAGER, insbes 31 ff). Bisweilen wird übertreibend geradezu von einer „Derogation" des § 139 gesprochen (WIEDEMANN AP § 4 TVG Effektivklausel Nr 8 Bl 514;

H-H Seiler, in: FS Kaser [1976] 127, 147 [„überflüssig"]). Auch findet sich in der neueren Gesetzgebung insbes zum Recht der AGB in § 6 AGBG (§ 306 BGB nF) die umgekehrte Tendenz, wie sie in § 139 BGB angedeutet ist (u Rn 7). Deshalb kommt in § 139 keineswegs ein übergreifendes Prinzip der bürgerlichen Rechtsordnung zum Ausdruck (Herschel BB 1965, 791). Daher ist § 139 auch nicht Teil des deutschen **ordre public** (OLG Hamm NJW-RR 1998, 1542). Weitgehende Einigkeit herrscht darüber, daß der Anwendungsbereich des § 139 in dem Sinne subsidiär ist, daß der **Schutzzweck von Nichtigkeitsnormen** vorgeht. Aus ihnen kann sich nach Sinn und Zweck statt Totalnichtigkeit bloße Teilnichtigkeit ergeben (u Rn 17; Flume, AT II 576; Pierer vEsch 147; H Roth, Vertragsänderung 4; AK-BGB/Damm Rn 3; MünchKomm/Mayer-Maly/Busche⁴ Rn 3; grundsätzlich gegen eine „Relativierung" von Unwirksamkeitsfolgen Häsemeyer, in: FS Ulmer [2003] 1097). Heute wird mit Recht zunehmend daran gezweifelt, ob die für die Gesamtnichtigkeit sprechende Vermutung des § 139 überzeugend ist (H-H Seiler, in: FS Kaser [1976] 127, 147; Medicus, AT⁸ Rn 510; MünchKomm/Mayer-Maly/Busche⁴ Rn 3). Die Entscheidung zwischen Totalnichtigkeit und Teilnichtigkeit läßt sich gleichwohl nicht hinreichend deutlich durch das Zusammenspiel von Generalprävention einerseits und Verhältnismäßigkeitsgrundsatz andererseits begründen (anders die Konzeption von Canaris, in: FS Steindorff [1990] 519, 567 ff; ders DB 2002, 930 ff). Auch scheint mir die in den Mittelpunkt gestellte „subjektive Komponente" als allzu unscharf (gegen Canaris auch Krampe AcP 194 [1994] 1, 34). Krampe verfolgt freilich keinen eigenen Ansatz und gibt sich weitgehend mit den vielfach widersprüchlich entschiedenen Fallgruppen der höchstrichterlichen Rspr zufrieden. Gänzlich unhaltbar ist es, daß er eine „gut kalkulierbare Aufrechterhaltungsrechtsprechung" nicht einmal für wünschenswert hält (Krampe AcP 194 [1994] 1, 41). Entgegengesetzt zu der hier verfolgten Tendenz wird nur noch vereinzelt einer **Totalnichtigkeit** das Wort geredet (insbes Zimmermann 199 ff; Häsemeyer, in: FS Ulmer [2003] 1097). Vorzugswürdig ist es, wenn durchgängig **geltungserhaltende Reduktion** iSe offenen Rechtsprinzips angenommen wird, wonach übermäßige Rechtsfolgen zur Vermeidung der Totalnichtigkeit durch richterliche Abmilderung vermieden werden (H Roth JZ 1989, 411 ff; J Hager 419 ff; aA vor allem die Rspr zu sittenwidrigen Rechtsgeschäften, BGH NJW 2001, 815, 817; OLG Stuttgart NJW 2002, 1431 [Mandantenschutzklausel]; dazu Römermann NJW 2002, 1399; aus der Lit vor allem Zimmermann 199 ff; Bürge 124; Krampe AcP 194 [1994] 1, 41; Kulke ZIP 2001, 985, 993). Doch geht es dabei in erster Linie um die Reichweite des durch die §§ 134, 138 sowie durch sonstiges zwingendes Recht zu verwirklichenden Interessenschutzes (insoweit zust Kulke ZIP 2001, 985, 991 Fn 74; speziell zu personalistisch orientierten Schutzzwecken Beckmann 215 ff; dazu u Rn 13 ff und im Schwerpunkt die Erl zu § 134 Rn 89 ff und zu § 138 Rn 109 ff, 240). § 139 enthält der Sache nach eine ähnliche Einschränkung, wie sie sich in § 134 ausdrücklich ausgesprochen findet (Hönn AcP 183 [1983] 368). Die **Rechtserhaltung** wird zunehmend auch im öffentlichen Recht als leitender Rechtsgedanke anerkannt (grundlegend Hoppe DVBl 1996, 12 ff).

Der dargestellten **Subsidiarität** des § 139 hat auch der Aufbau der vorliegenden **4** Kommentierung Rechnung zu tragen. Deshalb müssen die speziellen Regelungen, die den § 139 verdrängen, an der Spitze der Darstellung und nicht an ihrem Ende stehen. Zunächst geht es um abweichende gesetzliche Regelungen (u Rn 5 ff) sowie um einzelne zwingende schutzgesetzliche Normen (u Rn 13 ff). Verdrängt wird § 139 nach dem Gesagten auch dann, wenn Sinn und Zweck von gesetzlichen Regelungen ohne Rücksicht auf einen hypothetischen Parteiwillen das übrige Rechtsgeschäft aufrechterhalten wollen (u Rn 17). Es treten noch weitere Einschränkungen des Anwendungsbereichs der Norm hinzu (u Rn 18 ff). In der Vermutungswirkung umgekehrt wird § 139 auch durch abweichende privatautonome Regelungen, da § 139 selbst Ausdruck der Privatautonomie ist (o Rn 1). Zu nennen ist in erster Linie die Vereinbarung von salvatorischen Klauseln (u Rn 22). Dazu kommt die Anwendung einer geltungserhaltend wirkenden ergänzenden Vertragsauslegung (u Rn 25). Nach dem Befund der Rspr kann im Ergebnis ohne weiteres von einer Wiederkehr nicht überwundener gemeinrechtlicher Vorstellungen gesprochen werden (MAYER-MALY, in: Gedschr Gschnitzer [1969] 265, 282).

III. Abweichende gesetzliche Regelungen

1. Regelungsmöglichkeiten

5 Der Gesetzgeber kann im Falle der bloßen Teilnichtigkeit eines Rechtsgeschäfts flür das Schicksal des gesamten Rechtsgeschäfts verschiedene *Modellvorstellungen* verwirklichen (MEDICUS, AT[8] Rn 497 ff). Mit der Regelung des § 139 wird im Zweifel Totalnichtigkeit angeordnet: Ist ein Teil des Rechtsgeschäfts nichtig, so ergibt sich daraus auch die Nichtigkeit des von der Teilnichtigkeit an sich nicht betroffenen Restes (u Rn 74 ff).

6 Umgekehrt kann im Zweifelsfall die Teilnichtigkeit einer Regelung an der Gültigkeit des Vertragsrestes nichts ändern wollen. Es gilt dann das übrige Rechtsgeschäft ohne den unwirksamen Teil. Diese Regelung ist für das *Erbrecht* gewählt worden (favor testamenti). Zu nennen sind die §§ 2085 (Testament), 2195 (Auflage) und § 2279 Abs 1 (Erbvertrag). Bezogen auf das Gesamtrechtsgeschäft liegt bereits eine Inhaltsänderung vor. Zwar fällt der unwirksame Teil ersatzlos weg. Doch handelt es sich dann bei dem aufrechterhaltenen Rechtsgeschäft nicht mehr um dasjenige, das der Erblasser mit seiner ursprünglichen Regelung angestrebt hat (zur Abgrenzung von § 139 etwa OLG Hamm JMBlNRW 1964, 272, 273; BGB-RGRK/KRÜGER-NIELAND/ZÖLLER[12] Rn 23 mwNw).

7 Eine noch weiterreichende Aufrechterhaltungsmöglichkeit kennt für das **Recht der AGB** § 6 Abs 2 AGBG (§ 306 Abs 2 BGB nF). Nicht nur ordnet § 6 Abs 1 AGBG (§ 306 Abs 1 BGB nF) unabhängig von einem hypothetischen Parteiwillen die Gültigkeit des Vertragsrestes an. Vielmehr fällt die teilnichtige Regelung darüber noch hinausreichend nicht einfach ersatzlos weg (o Rn 6). Vielmehr treten an deren Stelle die gesetzlichen Vorschriften. Das gemeinte dispositive Gesetzesrecht bedeutet eine noch weitergehende Änderung des Geschäftsinhaltes als schon erwähnt (o Rn 6). Zudem kann auch im Bereich des § 306 Abs 2 eine weitgehende Nähe zur Privatautonomie erreicht werden, wenn der nichtige Vertragsteil ausnahmsweise nach dem hypothetischen Parteiwillen ergänzt wird, weil kein dispositives Gesetzesrecht zur Verfügung steht (BGHZ 90, 69 [Tagespreisklausel]). In diesen Fällen wird der gültige Vertragsrest wegen § 306 Abs 1 durch das Gesetz aufrechterhalten und der unwirksame Vertragsteil nach § 306 Abs 2 aufgrund des vermuteten Parteiwillens ergänzt. In seinem Anwendungsbereich genießt § 306 den Vorrang vor § 139 BGB (ZOLLER WuB I F 4 – Sicherungsabtretung 3.93 zu BGH NJW 1993, 1640; offengelassen von BGH NJW 1995, 722, 724).

2. Bewertung

In § 6 AGBG (§ 306 BGB nF) hat sich das durch § 139 BGB abgelehnte gemein- **8** rechtliche Prinzip **„utile per inutile non vitiatur"** (o Rn 1, 4) in der modernen Gesetzgebung wieder Durchbruch verschafft. Die Abkehr des § 306 Abs 1 von der Privatautonomie (o Rn 7) erklärt sich daraus, daß die Norm dem Kunden auch bei der Beanstandung unangemessener Klauseln den Vertrag erhalten will, selbst wenn der Verwender der allgemeinen Geschäftsbedingungen nach seinem Willen den Vertrag ohne die unwirksamen Klauseln nicht abgeschlossen hätte. Diese Motivation fällt im Bereich der allgemeinen Rechtsgeschäftslehre weg, so daß über die Totalnichtigkeit aufgrund eines hypothetischen Parteiwillens entschieden werden kann. Sachgerecht ist zudem die Umkehr der Vermutungsrichtung gegenüber der in § 139 BGB ausgedrückten Tendenz (o Rn 3). Der Wertung des § 139 BGB überlegen ist nach dem Vorbild des § 306 Abs 2 auch die Bevorzugung der Ersetzung des nichtigen Vertragsteils durch dispositives Gesetzesrecht oder durch eine am hypothetischen Parteiwillen orientierte **ergänzende Vertragsauslegung** (iE auch Böhme 49). So wird von der Rspr auch im eigentlichen Anwendungsbereich des § 139 verfahren: In einem Fall hatten die Parteien eines Mietvertrages eine genehmigungsbedürftige, aber nicht genehmigungsfähige *Wertsicherungsklausel* vereinbart (BGHZ 63, 132; ferner BGH WM 1993, 1759, 1760). Jedenfalls eine der Vertragsparteien hätte die Mietverträge ohne Wertsicherungsklausel nicht geschlossen. Die Regel des § 139 schien daher die Unwirksamkeit des Gesamtvertrages nahezulegen. Demgegenüber hatte der BGH durch eine ergänzende Vertragsauslegung bereits die durch § 139 vorausgesetzte Teilnichtigkeit des Vertrages vermieden (zust K Schmidt JuS 1975, 118; Braxmaier LM § 3 WährG Nr 26; MünchKomm/Mayer-Maly/Busche⁴ Rn 31; für § 140 dagegen Oepen 44). Danach hätten die Parteien, um den Vertrag wirksam abschließen und durchführen zu können, eine genehmigungsfreie Wertsicherungsklausel vereinbart. Diese gelte dann von Anfang an (BGHZ 63, 132, 136; u Rn 25). Die Entscheidung ist weiterhin von Bedeutung, weil für die Nachfolgeregelung des aufgehobenen § 3 WährG, den § 2 PaPkG, weitgehend die gleichen Grundsätze gelten (dazu Vogler NJW 1999, 1236; Medicus Schuldrecht I¹³ Rn 173). Der BGH geht weiter mit Recht davon aus, daß für die Anwendung des § 139 von vornherein kein Raum und der Vertrag insgesamt wirksam sei. Der Sache nach bedeutet das eine **Änderung des Geschäftsinhalts**, wie sie sonst nur in § 6 AGBG (§ 306 BGB nF) für den Bereich des Sonderprivatrechts vorgesehen ist (o Rn 7). Da der hypothetische Parteiwille das Zentrum des § 139 bildet (u Rn 75 ff) und die Norm überdies dispositiv ist (u Rn 22), liegt in der Entscheidung kein Verstoß gegen § 139 (u Rn 61). In Fortführung dieser Gedanken läßt sich sagen, daß § 6 AGBG (§ 306 BGB nF) einen verallgemeinerungsfähigen Rechtsgedanken für das allgemeine Privatrecht enthält (Canaris, in: FS Steindorff [1990] 519, 539). Bisweilen wird auch § 139 mit den Grundsätzen der ergänzenden Vertragsauslegung vermengt. So wurde die mit einer **Gratifikationszusage** verbundene unzulässige Bindungsdauer unter Anwendung beider Institute auf das zulässige Maß zurückgeführt (LAG Köln MDR 2001, 1000). Einen Fall der ergänzenden Vertragsauslegung betraf wohl auch die wegen § 296 Abs 1 S 2 AktG unzulässige rückwirkende Aufhebung eines **aktienrechtlichen Unternehmenvertrages**. Hier hätten die Parteien bei Kenntnis der Teilnichtigkeit eine Aufhebung des Vertrages zum nächstmöglichen Zeitpunkt vereinbart (BGH ZIP 2002, 35, 36).

3. Weitere Sonderregelungen

a) Wahlschuld

9 Für den Bereich der Wahlschuld wird § 139 durch die Sonderregelung des § 265 verdrängt. Ohne Rücksicht auf den hypothetischen Parteiwillen beschränkt sich das Schuldverhältnis auf die übrigen Leistungen, wenn eine der Leistungen unmöglich ist (dazu vTUHR, AT II 1 S 286). Der wahlberechtigte Schuldner kann sich dann nicht mehr durch die Wahl der unmöglichen Leistung seiner Leistungspflicht entledigen.

b) Mietrecht

10 Im Mietrecht scheidet die Anwendbarkeit des § 139 bei einem Mietvertrag über ein *Grundstück* für länger als ein Jahr wegen § 550 aus, wenn er nur mündlich geschlossen wird. Der Vertrag gilt als für unbestimmte Zeit geschlossen, auch wenn dieses Ergebnis nicht dem hypothetischen Willen der Parteien entspricht (MünchKomm/MAYER-MALY/BUSCHE[4] Rn 3; vTUHR, AT II 1 S 286 mN der Gegenauffassung).

c) Kapitalgesellschaften

11 Im Recht der **AG** und der **GmbH** beschränken § 275 AktG und § 75 GmbHG die Nichtigkeitsfolgen eines Gesellschaftsvertrages. Dort kann die Klage auf Nichtigkeit einer Kapitalgesellschaft nur in den aufgeführten bestimmten Fällen auf die Unwirksamkeit von Satzungsbestimmungen gestützt werden. Aus diesen Regelungen geht hervor, daß eine Anwendung des § 139 bei Nichtigkeit anderer Satzungsbestimmungen ausgeschlossen ist (RGZ 73, 431; SOERGEL/HEFERMEHL[13] Rn 59; zum Normcharakter von Satzungsbestimmungen uRn 19; SOMMER/WEITBRECHT GmbH-Rdsch 1991, 449, 450 [zur GmbH]).

d) Sonstiges

12 Nach Art 10 § 3 S 2 MRVerbG bleibt die Wirksamkeit des auf den Erwerb des Grundstücks gerichteten Vertrages von der Nichtigkeit des mit dem **Architekten** geschlossenen Vertrages unberührt **(Koppelungsverbot).** Im Rahmen des § 139 ist also der Wille des Verkäufers zur Koppelung beider Geschäfte unbeachtlich (dazu PALANDT/SPRAU[62] § 631 Rn 2). Dagegen findet § 139 Anwendung, soweit andere Koppelungsverträge, wie Bauwerksverträge, betroffen sind (KG SCHÄFER/FINNERN/HOCHSTEIN Art 10 § 3 MRVG Nr 8).

IV. Zwingende schutzgesetzliche Normen

13 Einzelne schutzgesetzliche Regelungen mit zwingendem Charakter ersetzen die gegen sie verstoßenden Teile des Rechtsgeschäfts, indem sie an deren Stelle treten. Sie bilden dann die „richtige" Regelung und schließen überdies Totalnichtigkeit aus (FLUME, AT II 576 f). Damit wird für die allgemeine Rechtsgeschäftslehre für das zwingende Recht im Ergebnis eine vergleichbare Technik verfolgt, wie sie § 6 Abs 2 AGBG (§ 306 Abs 2 BGB nF) im Sonderprivatrecht der allgemeinen Geschäftsbedingungen für das dispositive Recht kennt (o Rn 7). Dem durch das Gesetz geschützten Vertragsteil wird der Vertrag unter Abänderung seines Inhaltes erhalten. Anders als bei § 139 kommt es nicht auf einen abweichenden (hypothetischen) Parteiwillen an. § 139 ist damit im Ergebnis ausgeschaltet (dazu BECKMANN 221 ff). Dem Schwerpunkt nach handelt es sich um Schutznormen aus dem *Miet-, Arbeits- und Dienstvertragsrecht* (u Rn 15). Vergleichbar liegt es, wenn das Gesetz sonst die Wirksamkeit rechtsgeschäftlicher Regelungen beschränkt (sogleich u Rn 14).

1.   Arglistiges Verschweigen von Mängeln ua

Nach einer Reihe von Vorschriften (§§ 444 BGB nF, 536d, 639 BGB nF) wird der **14** vertragliche Ausschluß der Gewährleistung ua für nichtig erklärt, wenn der betreffende Mangel arglistig verschwiegen wird. In diesen Fällen tritt an die Stelle der nichtigen die gesetzliche Regelung (RGZ 62, 122 [zu § 476]; BGB-RGRK/KRÜGER-NIELAND/ ZÖLLER[12] Rn 6; FLUME, AT II 576; dagegen ANDRÉ 36 ff). Diese Vorschriften bezwecken den Schutz eines Vertragsteiles vor bestimmten Vertragsklauseln, wollen ihm den Vertrag aber im übrigen erhalten. In vergleichbarer Weise kann ein umfassender individual-vertraglicher gegen § 276 Abs 2 BGB aF verstoßender Haftungsausschluß für grobe und leichte Fahrlässigkeit wirksam bleiben (für § 139 BGB allerdings OLG Köln NJW-RR 2001, 1302).

2.   Miet-, Arbeits- und Dienstvertragsrecht

Auf den genannten Gebieten tritt das zwingende Gesetzesrecht gleichfalls an die **15** Stelle des teilnichtigen Geschäfts. Zu nennen sind vor allem die Normen der §§ 574 Abs 4, 556b Abs 2 S 2, 571 Abs 3, 547 Abs 2, 573c Abs 4, 611a, 612 Abs 3, 612a, 619 BGB (vTUHR, AT II 1 S 286); §§ 74 ff HGB (nachvertragliches Wettbewerbsverbot für Handlungsgehilfen); 86a ff HGB, insbes § 89 HGB (BGHZ 40, 235, 239). Auf einen abweichenden Parteiwillen kommt es nicht an. Für den Bereich des **Arbeitsrechts** gilt der Grundsatz, daß das Arbeitsverhältnis bestehen bleibt, die nichtige Einzelbestimmung entfällt und an ihre Stelle die gesetzliche Regelung tritt (RGZ 146, 119; BAG NJW 1957, 1688 [Zölibatsklausel]; BGB-RGRK/KRÜGER-NIELAND/ZÖLLER[12] Rn 43). Ist eine Abrede nichtig, wonach eine *Anwesenheitsprämie* nicht weiter gezahlt werden soll, so wird die Wirksamkeit der Prämienzusage im übrigen nicht berührt (BAG NJW 1979, 2119). § 139 ist im Bereich der Abdingungsverbote nicht anwendbar. Ebenso liegt es etwa für das Schutzgesetz des § 5 Abs 1 BBiG, da dem Auszubildenden nicht das Recht auf Weiterbeschäftigung genommen werden darf. Das entspricht der Regel des allgemeinen Zivilrechts, wonach die Anwendung einer Schutznorm nicht durch die Anwendung des § 139 zum Nachteil desjenigen ausschlagen soll, der durch die Norm geschützt wird (BAG BB 1975, 883; AP § 5 BBiG Nr 1 im Anschluß an BGHZ 40, 235, 239). Vergleichbares gilt, wenn der **Mieter** in einem Räumungsvergleich einen (nichtigen) Verzicht auf Mieterschutz erklärt (BGH MDR 1968, 43). Bei Verstößen gegen § 10 MHRG (jetzt § 557 Abs 3 BGB) bleibt der Mietvertrag unter Wegfall der nichtigen Bestimmung im übrigen wirksam (Einzelheiten bei OLG Koblenz OLGZ 1981, 459 [Wertsicherungsklausel]; OLG Schleswig OLGZ 1981, 375 [Vergleichsmiete bei vereinbarter Staffelmiete]; OLG Celle OLGZ 1982, 219 [Wertsicherungsklausel]). Auch wurde ein **Dienstvertrag** trotz eines nichtigen Wettbewerbsverbotes aufrechterhalten (RGZ 146, 116 ff).

3.   Sonderprivatrechte ua

Der Vorrang der Teilnichtigkeit vor der Totalnichtigkeit gilt auch bei Verstößen **16** gegen zwingende Vorschriften des *HausTWG* (§ 312 BGB nF) (ULMER, in: FS Steindorff [1990] 799, 804) oder gegen § 651k BGB (PALANDT/HEINRICHS[62] Rn 18). Ebenso liegt es bei einem Verstoß gegen 276 Abs 3 BGB nF, wonach eine Freizeichnungsklausel nicht die Haftung für den eigenen Vorsatz ausschließen darf (FLUME, AT II 577). Das Gesagte gilt auch für Verstöße gegen zwingende Normen des *VerbrKrG* (§§ 491 ff, 655a ff BGB nF), *TzWrG* (§§ 481 ff BGB nF), *FernAbsG* (§ 312b BGB nF). § 494 Abs 1

BGB nF (früher § 6 Abs 1 VerbrKrG) enthält eine Sondervorschrift zu § 139 BGB. Das gilt auch für § 494 Abs 2 S 2 BGB nF (früher § 6 Abs 2 S 2 VerbrKrG), wonach der Verbraucher einen günstigeren Zinssatz erhält als er hoffen durfte. Letztlich läuft das auf eine geltungserhaltende Reduktion hinaus.

V.   Gesetzliche Verbote (§ 134)

17 Die Subsidiarität des § 139 (o Rn 3) zeigt sich am deutlichsten bei Verstößen gegen Schutzgesetze iSd § 134 (MAYER-MALY, in: Gedschr Gschnitzer [1969] 265, 277 ff). Danach ist ein Rechtsgeschäft, das gegen ein gesetzliches Verbot verstößt, nichtig, „wenn sich nicht aus dem Gesetz ein anderes ergibt". Über die Aufrechterhaltung des Rechtsgeschäfts entscheidet hier nicht der hypothetische Parteiwille (u Rn 75 ff), sondern der **Schutzzweck des betreffenden Verbotsgesetzes** (BGH ZIP 2003, 165, 167 [Nichtigkeit der Vollmacht bei nichtigem Treuhandvertrag wegen unerlaubter Rechtsbesorgung]; ausführlich H ROTH JZ 1989, 411, 413; DAMM JZ 1986, 913, 914 f; H-H SEILER, in: Gedschr W Martens [1987] 719, 732; BECKMANN 221 ff; o Rn 3). In diesem Bereich zeichnet sich die Tendenz ab, Rechtsgeschäfte soweit als möglich aufrechtzuerhalten (MünchKomm/MAYER-MALY/ARMBRÜSTER⁴ § 134 Rn 103 ff; KRAMPE AcP 194 [1994] 1, 28 ff; anders in BGH ZIP 2003, 165, 167). So kam es im Falle des Mietwuchers mit einem Verstoß gegen § 5 WiStG zu einer geltungserhaltenden Reduktion des überhöhten auf den ortsüblichen Mietzins (H ROTH JZ 1989, 411, 413; J HAGER JuS 1985, 264; CANARIS, in: FS Steindorff [1990] 519, 529 f [„halbseitige Teilnichtigkeit"]; OLG Stuttgart NJW 1981, 2365 mit zu Unrecht abl Anm ZIMMERMANN JR 1982, 96; OLG Karlsruhe NJW 1982, 1161 [zust KOHTE NJW 1982, 2803; FINGER ZMR 1983, 37 ff]; aA BGHZ 89, 316, 320 ff [mit dem Gesetz noch vereinbarer Betrag]; zur Teilnichtigkeit eines Staffelmietvertrages OLG Hamburg MDR 1999, 669). So bleiben dem Mieter die Ansprüche aus dem weiterbestehenden Mietvertrag erhalten. § 134 HS 2 ermöglicht Teilnichtigkeit iSd Herabsetzung einer übermäßigen Pflicht. Nicht etwa ist im Rahmen dieser Norm lediglich die Alternative zwischen Nichtigkeit und Nicht-Nichtigkeit eröffnet (H ROTH ZHR 153 [1989] 423, 434; aA ZIMMERMANN 113 f). Ausschlaggebend für die genannte Rechtsfolge ist jeweils die **Auslegung des betreffenden Verbotsgesetzes** und nicht das Abstellen auf den hypothetischen Parteiwillen. Einzelheiten gehören daher zu den Erl zu § 134 (dazu im einzelnen § 134 Rn 57 ff; auch § 138 Rn 92 ff). Insbes führen auch sonstige Preisverstöße nicht zur Gesamtnichtigkeit des Rechtsgeschäfts. Dieses bleibt vielmehr mit dem zulässigen Preis aufrechterhalten (allgM, weitere Bsp bei PALANDT/HEINRICHS⁶² § 134 Rn 26; SOERGEL/HEFERMEHL¹³ Rn 53). Nach dem Gesagten führt auch eine nichtige Wertsicherungsklausel über eine Wohnungsmiete nicht zur Gesamtnichtigkeit des Mietvertrages. Zu beachten ist der Schutzzweck von § 10 MHRG (§§ 557, 557a BGB nF) (OLG Celle OLGZ 1982, 219, 220; o Rn 8 zu BGHZ 63, 132). Die Nichtigkeit von *Abschlagszahlungsvereinbarungen* (§ 3 Abs 2 MaBV) führt nicht zur Nichtigkeit der übrigen vertraglichen Vereinbarungen (BGH JZ 2001, 1182 mit Anm TIEDTKE). Verstößt eine Gemeinde gegen ihre Verpflichtung zur Beteiligung an den *Erschließungskosten* nach § 129 BBauG, so ist nur der Ausschluß der Selbstbeteiligung nichtig. Im übrigen ist nach dem Zweck des § 129 BBauG (BauGB) der Vertrag wirksam. Die Anwendung des § 139 ist ausgeschlossen (BGH NJW 1976, 415). Auch macht ein unwirksam vereinbarter *Baukostenzuschuß* nicht den gesamten Mietvertrag nichtig (LG Hamburg WuM 1965, 103). Bei einem Verstoß gegen § 22 Abs 3 GüKG aF wurde der einzelne Beförderungsvertrag zu den tarifmäßigen Bedingungen aufrechterhalten (dazu BGH MDR 1969, 731). Ein unwirksam vereinbartes *anwaltliches Erfolgshonorar* führt nicht zur Unwirksamkeit des ganzen Anwaltsvertrags (BGHZ 18,

340, 349; BGH BB 1962, 2 [LS]). Anstelle des sonst eingreifenden § 612 Abs 2 durfte aber nicht mehr als das (niedrigere) unwirksam vereinbarte Honorar gefordert werden. Der unwirksame Vertragsteil wirkt in diesem Falle also zugunsten des durch die Unwirksamkeitsnorm Geschützten. Es kommt zu einer Vertragsänderung (auch o Rn 8). In vergleichbarer Weise gebietet der Schutzzweck von § 15 GWB aF (§ 14 GWB nF) keine Gesamtnichtigkeit des Rechtsgeschäfts (BGH NJW 1994, 1651, 1653 [Pronuptia II; zust J F BAUR RdE 1997, 41, 44; zu einem anderen Verständnis der salvatorischen Klausel jetzt aber BGH NJW 2003, 347; u Rn 22). Im Gegenteil kann ohne die unzulässigen Abreden sogar ein wettbewerbsfördernder Effekt eintreten (zur Problematik der salvatorischen Klausel u Rn 22). Das bedeutet in der Sache eine Absage an generalpräventive Überlegungen im Bereich des *Kartellrechts* (entgegen der Tendenz von STEINDORFF, in: FS Hefermehl [1971] 177 ff). Doch wurde im Falle eines bestehenden *Stromlieferungsvertrages* mit einem Verteilerunternehmen bei wegen § 1 GWB nichtiger Gesamtbezugsverpflichtung und Kundenschutzklausel trotz salvatorischer Klausel Gesamtnichtigkeit angenommen (LG Mannheim BB 1999, 1082; **aA** ROTTNAUER BB 1999, 2145, 2150 ff). Mit Aufhebung des § 103 GWB aF wurde § 1 GWB auch auf vorher geschlossene Verträge in vollem Umfang angewendet und gleichfalls trotz salvatorischer Klausel Totalunwirksamkeit angenommen (OLG Düsseldorf DB 2002, 943; dagegen mit Recht CANARIS DB 2002, 930). Hier hätte mit geltungserhaltender Reduktion geholfen werden können (insoweit **aA** CANARIS DB 2002, 930, 933).

VI.   Normen und normähnliche Regelungen

1.   Gesetze; Bebauungspläne

§ 139 ist unanwendbar auf Normen und normähnliche Regelungen, auch soweit diese   **18** durch Rechtsgeschäft geschaffen worden sind (u Rn 20). Bei Gesetzen führt die Nichtigkeit einzelner Vorschriften in der Regel daher nicht zur Nichtigkeit des ganzen Gesetzes (BVerfGE 8, 301 gegen BVerwGE 4, 24). Gesamtnichtigkeit ist nur ausnahmsweise anzunehmen, wenn die verbleibenden Bestimmungen keine selbständige Bedeutung haben (heute wohl hL, MünchKomm/MAYER-MALY/BUSCHE[4] Rn 14; SOERGEL/HEFERMEHL[13] Rn 14). § 139 findet nach richtiger Auffassung auch auf Bebauungspläne keine Anwendung. Diese bleiben im übrigen wirksam, soweit sie trotz bestehender Teilnichtigkeit eine sinnvolle städtebauliche Ordnung enthalten (BVerwG NVwZ 1990, 160). Bei *fehlender Abtrennbarkeit* kommt es zur Nichtigkeit des gesamten Bebauungsplanes (BVerwG ZfBR 1993, 238, 239). Deshalb führt die Nichtigkeit einzelner Festsetzungen eines Bebauungsplanes immer dann zur Gesamtnichtigkeit des Plans, wenn diese mit den übrigen Festsetzungen in einem untrennbaren Zusammenhang stehen (BVerwG DVBl 1993, 661, 662). Trotz durchweg sinnvoller Ergebnisse stellt die Rspr gleichwohl dem Grundsatz nach in fehlerhafter Weise auf die Anwendbarkeit des § 139 ab (BVerwG ZfBR 1993, 238, 239; zum ganzen SENDLER NJW 1999, 1834). Auch im übrigen kann nicht zugegeben werden, daß der dem § 139 „zugrunde liegende Rechtsgedanke" auch im **öffentlichen Recht** gilt (**aA** BGHZ 16, 192, 198). In § 139 wird noch nicht einmal für das klassische Privatrecht ein tragendes Rechtsprinzip entfaltet (o Rn 3). Im Gegensatz zu der hier vertretenen Tendenz wird etwa für formnichtige Satzungen die Anwendbarkeit „des Rechtsgedankens" des § 139 unter bestimmten Voraussetzungen bejaht (etwa HessVGH DVBl 1993, 1221 [LS]). Für öffentlich-rechtliche Verträge gilt § 59 Abs 3 VwVfG und für Verwaltungsakte § 44 Abs 4 VwVfG.

2. Satzungen

19 § 139 kann nicht eingreifen, wenn die Entscheidung über die Fortgeltung der übrigen Teile eines Rechtsgeschäftes nicht von einem hypothetischen Parteiwillen abhängt, sondern nur nach anderen, objektiven Maßstäben getroffen werden kann. Deshalb darf bei Vereinssatzungen nicht auf den hypothetischen Willen der Vereinsgründer abgestellt werden, obwohl es sich dabei um einen Vertrag handelt (BGHZ 47, 172, 179). Der Gründerwille tritt vielmehr mit der Entstehung des Vereins hinter dem in der Satzung **objektivierten Vereinswillen** zurück. Die Aufrechterhaltung des Restes bestimmt sich danach, ob der verbleibende Satzungsteil nach dem Vereinszweck und den satzungsmäßigen Mitgliederbelangen noch eine in sich sinnvolle Regelung des Vereinslebens darstellt. Das Gesagte gilt auch für Satzungen einer Kapitalgesellschaft (AG; KGaA; GmbH; dazu OLG Hamburg AG 1970, 230, 231). Doch ist § 139 auf Beschlüsse von Körperschaften anwendbar, soweit sie einen rechtsgeschäftlichen Inhalt haben (BGH NJW 1994, 520, 523; RGZ 118, 218, 221; 140, 174, 177; SOERGEL/HEFERMEHL[13] Rn 12; u Rn 27).

3. Tarifverträge

20 Soweit Tarifverträge Rechtsnormen enthalten, scheidet die Anwendung des § 139 aus (SOERGEL/HEFERMEHL[13] Rn 13; MAYER-MALY, in: Gedschr Gschnitzer [1969] 265, 278; HERSCHEL BB 1965, 791, 792). Hinsichtlich des schuldrechtlichen Teils des Tarifvertrages bleibt § 139 aber anwendbar (Nachw bei HERSCHEL BB 1965, 791, 792). Gegen die Tendenz des § 139 zieht die Unwirksamkeit einer Tarifbestimmung nicht die Unwirksamkeit der übrigen tariflichen Vorschriften nach sich (BAGE 1, 258, 272 = AP Art 3 GG Nr 4; AP § 4 TVG Effektivklausel Nr 8 m Anm WIEDEMANN; ferner auch BAG BB 1986, 1776 f). Vielmehr werden in den angeführten Entscheidungen des BAG die *normativen Bestimmungen* des Tarifvertrages wie Gesetzesbestimmungen behandelt. Es ist unerheblich, daß § 139 in diesem Zusammenhang als „Auslegungsregel" bezeichnet wird (o Rn 2). Auf einer anderen Ebene, nämlich derjenigen des Bereichs des zwingenden Rechts (o Rn 13), liegt die Frage, ob einem Tarifvertrag widersprechende Regelungen des Einzelarbeitsvertrags zu dessen Totalnichtigkeit führen. Nach vorzugswürdiger Auffassung werden die widersprechenden Bestimmungen durch die Regelungen des Tarifvertrags ersetzt (FLUME, AT II 577).

4. Betriebsvereinbarungen

21 In vergleichbarer Weise wie bei Tarifverträgen (o Rn 20) kann § 139 auch nicht auf teilnichtige Betriebsvereinbarungen angewendet werden (BAG DB 1984, 723; PALANDT/HEINRICHS[62] Rn 3; SOERGEL/HEFERMEHL[13] Rn 13; MünchKomm/MAYER-MALY/BUSCHE[4] Rn 7; HERSCHEL BB 1965, 791, 792). Das Gesagte folgt gleichfalls aus deren *normativem Charakter*. Die Rspr des BAG kommt ständig zu diesem Ergebnis, auch wenn mit dem Gedanken des § 139 argumentiert wird (BAG AP BetrVG § 56 Akkord Nr 5). Totalnichtigkeit wird nur ausnahmsweise angenommen, wenn der verbleibende Rest der Betriebsvereinbarung einen Wechsel des Sinngehaltes erfährt, weil er mit dem nichtigen Teil in einem unlösbaren Zusammenhang steht. Soweit bei Betriebsvereinbarungen ein schuldrechtlicher Teil geleugnet wird, scheidet die Anwendung des § 139 insgesamt aus (dazu HERSCHEL BB 1965, 791, 792).

VII. Vorrangige privatautonome Regelungen

1. Salvatorische Klauseln

Die Regelung des § 139 steht zur Disposition der Parteien (BGH WM 1997, 625, 627 **22** [Bürgschaft]; NJW 1996, 773, 774 [Praxisübernahmevertrag]; MAYER-MALY, in: FS Flume [1978] 621, 623; mit je unterschiedlichen Ergebnissen auch OLG München NJW 1974, 1659; LG Memmingen NJW 1975, 451). Häufig werden sog salvatorische Klauseln vereinbart. Sie bestehen meist aus einer Kombination von Erhaltungs- und Ersetzungsklauseln. Die **Erhaltungsklauseln** bezwecken gegen die Tendenz des § 139 die Aufrechterhaltung des Vertragsrestes bei Teilungültigkeit des Rechtsgeschäfts (ausführlich BÖHME 50 ff). Daneben bestimmen die darüber hinausgehenden **Ersetzungsklauseln** (KOHLER DNotZ 1961, 195 [Erbrecht]), welche Regelungen an die Stelle von nichtigen oder undurchführbaren Bestimmungen treten sollen. Die von den Parteien verabredete Verpflichtung, eine nichtige Bestimmung durch eine wirtschaftlich gleichwertige gültige Regelung zu ersetzen, verhindert aber den Eintritt der Nichtigkeitsfolgen nicht, solange die Parteien eine Ersatzvereinbarung nicht getroffen haben (BGH NJW 1996, 773, 774). Anders als in § 139 vorgesehen soll bei Ersetzungsklauseln der Vertrag nicht nur teilweise gelten, sondern mit einem vereinbarten zulässigen Inhalt im ganzen (Beispiel im Beck'schen Formularbuch VIII B 2 § 12). Salvatorische Klauseln sind überaus häufig und begegnen grundsätzlich sowohl als Erhaltungs- wie als Ersetzungsklauseln keinen Bedenken (BGH NJW 2003, 347; 1995, 2026, 2027 [Kanzleiübernahmevertrag]; WM 1976, 1027, 1029 [Gesellschaftsrecht]; FamRZ 1983, 455, 456; NJW-RR 1989, 800, 801 re Sp; DB 1955, 750; WM 1973, 900, 902; OLG Zweibrücken MDR 1990, 336 [Wettbewerbsverbot]; OLG Saarbrücken NJW 1969, 662; MICHALSKI/RÖMERMANN NJW 1994, 886, 888 [individualvertraglich vereinbarte Ersetzungsklauseln]; H P WESTERMANN, in: FS Möhring [1975] 135 ff; BEYER 92, 102; KOHLER DNotZ 1961, 195). Ggf muß die salvatorische Klausel selbst noch ausgelegt werden (BGH WM 1997, 625, 627 mit zust Anm BÜLOW LM § 139 BGB Nr 86). Das gilt vor allem bei Teilnichtigkeit eines Vertrages wegen eines Formmangels. Im **Gesellschaftsrecht** kommt derartigen Klauseln eher eine klarstellende Funktion zu, da dort § 139 ohnehin nicht paßt (SOMMER/WEITBRECHT GmbH-Rdsch 1991, 449 [zur GmbH]; u Rn 83). Im Einzelfall ergeben sich Grenzen für formularmäßig vereinbarte salvatorische Klauseln, wenn der unwirksame Klauselteil von so **einschneidender Bedeutung** ist, daß eine gänzlich neue, von der bisherigen völlig abweichende, Vertragsgestaltung eintritt (BGH NJW 1983, 159, 162; auch KG NJW-RR 2001, 1215; H ROTH, Vertragsänderung 21). Daher werden salvatorische Klauseln mit Unterschieden im einzelnen nicht unbesehen gutgeheißen (OLG Hamburg WuW 1987, 393 [„grundlegende Bedeutung für den Vertragsschluß"]; LG Mannheim BB 1999, 1082 mit abl Stellungnahme ROTTNAUER BB 1999, 2145, 2150 ff [alter Stromlieferungsvertrag mit Verteilerunternehmen]). Ist nicht nur eine Nebenabrede, sondern ein **wesentlicher Vertragsteil** nichtig und wird dadurch das Verhältnis zwischen Leistung und Gegenleistung gestört, so muß der Vertrag trotz der vereinbarten Wirksamkeit wenigstens für die Zukunft beendet werden können (zu diesen Einschränkungen BGH NJW 1996, 773, 774 [Praxisübernahmevertrag]; vergleichbar KG NJW-RR 2001, 1215, 1216 [Praxisübernahmevertrag]; BGH BB 1995, 2549, 2550; DB 1976, 2106; WM 1976, 1027 [Gesellschaftsvertrag]; MEDICUS, AT[8] Rn 510). Auch können salvatorische Klauseln bei einem institutionellen Fehlgebrauch nicht wirken (H ROTH, Vertragsänderung 47, 65 ff). Daher kann die Vertragsauslegung ergeben, daß die Aufrechterhaltung des Restgeschäfts im Einzelfall trotz der salvatorischen Klausel vom Parteiwillen nicht mehr gedeckt ist (BGH NJW 1996, 773, 774). So kann ein **gegenseitiger Vertrag** nur so in einen gültigen und einen ungültigen Teil aufgespalten werden, daß sowohl Leistung wie Gegenleistung geteilt werden. Das setzt voraus, daß nach dem Willen der Vertragsparteien eine Aufschlüsselung der Gegenleistung auf die verschiedenen Teile der Leistung der anderen Seite (zB Patientenkartei und Kauf der Praxiseinrichtung) möglich ist (BGH NJW 1996, 773, 774). Nach jetzt hL werden *durchgängig* salvatorische Klauseln lediglich iSe Umkehr der Vermutung des § 139 interpretiert (so BGH NJW 2003, 347 [unter Aufgabe von BGH NJW 1994, 1651 „Pronuptia II"]; WM 1997, 625, 627; NJW 1996, 773, 774; FLUME, AT II 575; P ULMER, in: FS Steindorff [1990] 799, 805; KG NZG 1999, 1102, 1108 mit abl Anm MICHALSKI; OLG Stuttgart ZIP 1989, 60, 63; OLG Hamm GRUR 1980, 183, 185 [für wesentliche Vertragsbestandteile]; BGH BB 1995, 2549, 2550; anders dagegen wohl OLG Celle WM 1993, 888, 889; BÖHME 75 ff). Nach hL trifft die Darlegungs- und Beweislast für Umstände, welche die Nichtigkeit des ganzen Vertrages begründen, denjenigen, der entgegen der Erhaltungsklausel den Vertrag als Ganzen für unwirksam hält (BGH NJW 2003, 347). Der BGH maß früher salvatorischen Klauseln bisweilen eine darüber hinausreichende Bedeutung zu. So wurde ein Vertrag, der einzelne **kartellrechtswidrige Abreden** enthielt (Preisbindung und Marktaufteilung: § 15 GWB aF [§ 14 GWB nF]), nicht schon deshalb im ganzen nichtig, weil der Wegfall dieser Abreden die wirtschaftlichen Vertragsgrundlagen wesentlich verändert hätte (BGH NJW 1994, 1651, 1653 [„Pronuptia II"]; zust BÖHME 64 ff; J F BAUR RdE 1997, 41, 43 ff; CANARIS DB 2002, 930, 934; anders in der Tendenz BGB-RGRK/KRÜGER-NIELAND/ZÖLLER[12] Rn 8; diese Entscheidung aufgebend jetzt BGH NJW 2003, 347). Zur Totalnichtigkeit kommt es, wenn der Schutzzweck des Gesetzes einer teilweisen Aufrechterhaltung entgegensteht (so auch die Tendenz von LUKES BB 1999 Beilage 8 S 20). Für § 15 GWB aF (§ 14 GWB nF) wurde das mit Recht verneint. Auch der nachträgliche Verstoß gegen § 1 GWB wegen des Wegfalls von § 103 GWB aF kann mit einer salvatorischen Klausel gerettet werden (CANARIS DB 2002, 930, 934 gegen OLG Düsseldorf DB 2002, 943). Auch kann die salvatorische Klausel ihrerseits gegen ein gesetzliches Verbot verstoßen, wenn sie dessen Umgehung ermöglicht (LG Nürnberg-Fürth VersR 1974, 814, 817 [Art 1 § 1 RBerG] m Anm H FISCHER). Aus einer im Mietvertrag enthaltenen salvatorischen Klausel kann für die Frage, ob die Parteien zur Nachholung der Schriftform verpflichtet sind, ohne weitere Anhaltspunkte nichts hergeleitet werden (BGH NJW-RR 2002, 1377).

2. Gesamtunwirksamkeitsklauseln

23 Den Parteien bleibt eine Vereinbarung unbenommen, wonach bei Teilnichtigkeit des Rechtsgeschäfts der gesamte Vertrag ungültig sein soll. Damit wird das Abstellen auf einen etwa anders ausgerichteten *hypothetischen Parteiwillen* verhindert (Münch-Komm/MAYER-MALY/BUSCHE[4] Rn 4). Für die Herbeiführung dieser Wirkung ist es freilich nicht ausreichend, wenn zB eine Wertsicherungsklausel als „integrierender Bestandteil" eines Vertrages bezeichnet wird (BGH BB 1959, 1006).

3. Kenntnis von der Teilunwirksamkeit

24 In der höchstrichterlichen Rspr wird § 139 nicht angewendet, wenn die Parteien wissen, daß ein Teil des Rechtsgeschäfts ungültig ist (BGHZ 45, 376, 379 m Anm MATTERN LM Nr 35; BGH WM 1994, 1711, 1712; WarnR 1969 Nr 151; BAGE 1, 258, 270; RGZ 122, 138, 140 f; OLG Frankfurt aM MDR 1969, 760; ferner LG Mannheim WuM 1967, 145). In diesem Falle werde das Rechtsgeschäft lediglich von den übrigen Vertragsbestimmungen gebildet (auch u Rn 31). Der andere Teil bedeute wegen eines *fehlenden Rechtsbindungswillens*

kein Rechtsgeschäft. Doch müsse das Restgeschäft mit diesem Inhalt von den Parteien für sich allein gewollt werden. Diese Rspr soll aber neuerdings nicht anwendbar sein, wenn die Parteien anstelle eines aufschiebend bedingt gewollten Vertrages einen unbedingten beurkunden lassen (BGH NJW 1999, 351; iE zust, aber krit zur Begründung KEIM NJW 1999, 2866). Nach richtiger Auffassung ergibt sich der Wille zur Teilgültigkeit bereits daraus, daß die Parteien erkannt Unwirksames in den Vertrag aufgenommen haben (MEDICUS, AT[8] Rn 507; MünchKomm/MAYER-MALY/BUSCHE[4] Rn 32). Dann ist der tatsächliche Parteiwille auf Restgültigkeit gerichtet, ohne daß es auf den Rechtsbindungswillen im übrigen ankäme (JAUERNIG[10] Rn 13 gegen BGHZ 45, 376; ferner auch BGH NJW 1985, 2423; 1975, 205; ohne die hier gerügte Begründung BGH WM 1973, 41 f).

4. Geltungserhaltende ergänzende Vertragsauslegung

Bisweilen schließt die Rspr die durch Teilnichtigkeit entstandene Lücke des Rechts- **25** geschäfts schon durch eine ergänzende Vertragsauslegung und vermeidet auf diese Weise die Anwendbarkeit des § 139 (BGHZ 63, 132, 136; o Rn 8). Derartige Fälle bleiben außerhalb des Anwendungsbereichs des § 139.

VIII. Voraussetzungen des § 139

§ 139 findet Anwendung auf Rechtsgeschäfte (u Rn 27), wobei es sich um eine teil- **26** weise Nichtigkeit (u Rn 31) handeln muß. Für das Rechtsgeschäft wird Einheitlichkeit idS gefordert, daß es sich um ein einziges Rechtsgeschäft handeln muß (u Rn 36). Schließlich greift § 139 nur ein, wenn das Rechtsgeschäft teilbar ist (u Rn 60).

1. Rechtsgeschäft

§ 139 gilt grundsätzlich für Rechtsgeschäfte aller Art. Es kann sich dabei handeln um **27** „einfache Rechtsgeschäfte" wie Kündigungen (ANDRÉ 6), „zusammengesetzte Rechtsgeschäfte" wie Verträge (ANDRÉ 7) sowie um „verbundene Rechtsgeschäfte" (ANDRÉ 9) iSv u Rn 37. Die Norm findet auch Anwendung auf Geschäfte des Familien- und Erbrechts. So ist § 139 auch für Erbverträge einschlägig (Bedenken dagegen bei HÄSEMEYER FamRZ 1967, 30, 31). Dagegen scheidet die Rechtsfolge des § 139 für **vollzogene Arbeits-** und **Gesellschaftsverhältnisse** weithin aus. Zum Tragen kommen die Grundsätze über die fehlerhafte Gesellschaft (BGH WM 1976, 1027; u Rn 83). Nichtigkeitsgründe können daher nur mit Wirkung ex nunc geltend gemacht werden. Auch auf *Unternehmensverträge* (Beherrschungs- und Gewinnabführungsverträge) wurde die Norm wegen deren organisationsrechtlichen Charakters mit Recht nicht angewendet. Hier bleibt es im Zweifel bei der bloßen Teilnichtigkeit. Der maßgebliche Gedanke ist hier, daß geschaffene Organisationsstrukturen nicht zerschlagen werden sollen (OLG Hamburg NJW 1990, 3024 m Anm KRIEGER EWiR § 291 AktG 1/91, 217; iE auch OLG Hamburg NJW 1990, 521; MünchKomm/MAYER-MALY/BUSCHE[4] Rn 10). Dagegen fallen **Versammlungsbeschlüsse** mit rechtsgeschäftlichem Inhalt unter § 139 (BGH NJW 1994, 520, 523; RGZ 140, 177; OLG Hamm NJW-RR 1986, 501; OLG München WuB II A § 186 AktG 4.93 m Anm HEINSIUS [Hauptversammlungsbeschluß AG]; LG Braunschweig WuB II A § 221 AktG 2.93 m Anm MARSCH-BARNER; LUTTER EWiR AktG 2/93, 527). Deshalb wurde § 139 mit Recht auch auf Beschlüsse des Aufsichtsrates angewendet, wenn diese auf die Begründung, Änderung oder Aufhebung sozial- oder individualrechtlicher Befugnisse gerichtet sind und ihnen bereits deshalb ein rechtsgeschäftlicher Inhalt zuerkannt werden kann

(BGH NJW 1994, 520, 523 m Anm CREZELIUS EWiR § 256 AktG 1/94, 9). Das wurde auch für formal selbständig gefaßte Beschlüsse angenommen, die sachlich an vorhergehende Beschlüsse anschließen, deren Gültigkeit sie voraussetzen. Im übrigen wurde offengelassen, ob § 139 auf **Organ- und Versammlungsbeschlüsse** uneingeschränkt paßt. Eine Ablehnung wird insoweit mit Recht erwogen, soweit Beschlüsse nur als „Sozialakte" verstanden werden können, weil sie lediglich interne Wirkung haben (BGH NJW 1994, 520, 523). Entsprechendes gilt für teilweise nichtige Beschlüsse von Hauptversammlungen zu teilweise nichtigen Unternehmensverträgen (OLG Hamburg NJW 1990, 521 [teilweise Nichtigkeit bejaht]). § 139 ist auch einschlägig für die Beurteilung der Aufteilung nach dem WEG (BRINGER MittRhNotK 1987, 269, 276). § 139 findet bei Teilunwirksamkeit eines **Eigentümerbeschlusses** von Wohnungseigentümern als mehrseitiges Rechtsgeschäft eigener Art entsprechend Anwendung (BGHZ 139, 288 = WM 1998, 2336, 2339). Das gilt dann, wenn der Beschluß nicht lediglich interne Wirkung hat, sondern auf die Begründung, Änderung oder Aufhebung rechtlicher Befugnisse oder Pflichten gerichtet ist.

a) Öffentlich-rechtliche Verträge

28 Für öffentlich-rechtliche Verträge gelten der mit § 139 BGB sachlich übereinstimmende § 59 Abs 3 VwVfG sowie die entsprechenden landesrechtlichen Vorschriften. § 139 findet auch Anwendung auf gemischt bürgerlich- und öffentlich-rechtliche Verträge (vgl BGH NJW 1980, 826; OLG München OLGZ 1980, 474, 480; MünchKomm/MAYER-MALY/BUSCHE[4] Rn 14).

b) Verwaltungsakte; Sonstiges

29 Für teilnichtige Verwaltungsakte gelten § 44 Abs 4 VwVfG sowie die entsprechenden landesrechtlichen Vorschriften der Verwaltungsverfahrensgesetze. Daneben ist ein Rückgriff auf § 139 weder möglich noch auch erforderlich. Der Verwaltungsakt weist nicht einmal annähernd Gemeinsamkeiten mit dem bürgerlich-rechtlichen Rechtsgeschäft auf, so daß § 139 schon deshalb nicht paßt (MünchKomm/MAYER-MALY/BUSCHE[4] Rn 13; SOERGEL/HEFERMEHL[13] Rn 14). Die frühere entgegenstehende Rspr (BGHZ 16, 192, 198) ist weithin überholt. Auch sonst ist § 139 nicht auf *öffentlich-rechtliche Willenserklärungen* anwendbar. Für sonstige einseitige Erklärungen des öffentlichen Rechts außerhalb des Verwaltungsaktsbereichs paßt § 139 ebenfalls nicht (PALANDT/HEINRICHS[62] Rn 4 [für § 59 Abs 3 VwVfG analog]; ERMAN/PALM[10] Rn 9).

c) Prozeßhandlungen; Verfahrenshandlungen

30 § 139 kann auch im Zivilprozeß entsprechend angewendet werden. Insbes ist eine Einheit von materiellrechtlichem Rechtsgeschäft und Prozeßhandlung im Falle der Prozeßaufrechnung zu bejahen. Wird die Berufung auf die Aufrechnung als prozessual unzulässig zurückgewiesen, so hat nach § 139 analog auch die materiellrechtliche Aufrechnung keine Gültigkeit (zutr ROSENBERG/SCHWAB/GOTTWALD, ZPO[15] 596 mN; andere Begründung bei MUSIELAK JuS 1994, 817, 821). Anders liegt es, wenn die Aufrechnung vor dem Prozeß oder außerhalb des Prozesses erklärt worden ist (ROSENBERG/SCHWAB/GOTTWALD, ZPO[15] 597; wN bei SOERGEL/HEFERMEHL[13] Rn 11). § 139 ist auch im Verfahren der freiwilligen Gerichtsbarkeit einschlägig (BayObLG Rpfleger 1962, 178). Bei der analogen Anwendung des § 139 kommt es maßgeblich auf den tatsächlichen oder den hypothetischen Willen des Erklärenden an (STEIN/Jonas/LEIPOLD, ZPO[21] § 145 Rn 57). Angewendet wird § 139 auch auf **Grundbucheintragungen** (RGZ 119, 211, 214), nicht jedoch auf Eintragungen in andere öffentliche Register (RGZ 132, 22, 56; BGB-RGRK/

KRÜGER-NIELAND/ZÖLLER[12] Rn 26). Im **Grundbuchberichtigungsverfahren** gilt die „Beweisregel" des § 139 nicht (BayObLG NJW-RR 1997, 590, 591).

2. Nichtigkeit

Erfaßt der Nichtigkeitsgrund das gesamte Rechtsgeschäft, so ist § 139 unanwendbar. **31** Es muß sich vielmehr um eine **Teilnichtigkeit** handeln. Ein nichtiges Rechtsgeschäft liegt vor, wenn es zwar dem Tatbestand nach gegeben ist, die bestimmungsgemäßen Rechtsfolgen aber von Anfang an nicht eintreten (u § 142 Rn 4). Der Grund für die Nichtigkeit ist ohne Belang (vTUHR, AT II 1 S 283; SANDROCK AcP 159 [1960/1961] 481, 505; anders der Sache nach aber BGHZ 45, 376, 379 zur Nichtigkeit nach §§ 116 S 2; 117 Abs 1; dagegen JAUERNIG[10] Rn 1; o Rn 24). Ausreichend ist etwa auch die rückwirkende Nichtigkeit (§ 142 Abs 1) nach einer **Teilanfechtung** (BGH NJW 1969, 1759; RGZ 62, 184, 186; MEDICUS, AT[8] Rn 497). Für zahlreiche Nichtigkeitsgründe bestimmen sich aber die Rechtsfolgen außerhalb von § 139 nach Sinn und Zweck der betreffenden Nichtigkeitsnorm (o Rn 13 ff).

Tritt eine nachträgliche Teilnichtigkeit des Rechtsgeschäfts durch eine **Gesetzesän-** **32** **derung** ein, so findet § 139 jedenfalls entsprechende Anwendung (FLUME, AT II 582: direkte Anwendung), wenn das Änderungsgesetz keine eigene Regelung über die Rechtsfolge enthält (PALANDT/HEINRICHS[62] Rn 2; JAUERNIG[10] Rn 1; SOERGEL/HEFERMEHL[13] Rn 7; FLUME, AT II 584 gegen RGZ 146, 366, 368; diesem zustimmend aber CANARIS DB 2002, 930, 933). Zu prüfen ist immer vorrangig der Sinn des nachträglich ergangenen Gesetzes. Erst im Anschluß daran ist auf den hypothetischen Parteiwillen abzustellen (ERMAN/PALM[10] Rn 28 treten für eine ergänzende Vertragsauslegung ein).

Unter § 139 fallen auch **alle Arten der Unwirksamkeit** des Rechtsgeschäfts (BGH WM **33** 1964, 1125, 1126; OLG Zweibrücken NJW-RR 1993, 1478, 1479; LARENZ/M WOLF, AT[8] § 45 Rn 2), so die relative oder schwebende oder nachträgliche Unwirksamkeit (PALANDT/HEINRICHS[62] Rn 2; AK-BGB/DAMM Rn 9). Das gleiche wird jetzt für die „schwebende Wirksamkeit" in den Fällen des § 361a (§ 355 BGB nF) behauptet (PALANDT/HEINRICHS[62] Rn 2). Das ist kaum richtig, weil der Vertrag bis zum Widerruf wirksam war (JAUERNIG[10] Rn 1 aE). Dann war auch das restliche Geschäft sogleich wirksam. Das ist nicht mit der zutreffenden Aussage zu verwechseln, daß sich nach § 139 beurteilt, ob durch den Widerruf zB eines Getränkebezugsvertrages auch die Wirksamkeit eines Kaufvertrages berührt wird (so für das AbzG BGH NJW 1991, 917). Für die schwebende Unwirksamkeit ist die Anwendbarkeit des § 139 von der Rspr mehrfach ausgesprochen worden (RGZ 120, 126; 133, 7, 14; BGHZ 53, 174, 179; BGH LM Nr 24; NJW 1962, 734; LM § 105 HGB Nr 19 m Anm FISCHER; LG Neubrandenburg MDR 1995, 1212 [Belastungsvollmacht]). Erstreckt sich die schwebende Unwirksamkeit eines Teils eines Rechtsgeschäfts auf das ganze Rechtsgeschäft, so wird das ganze Rechtsgeschäft wirksam, wenn der schwebend unwirksame Teil zB durch Genehmigung wirksam wird. Bei schwebender Unwirksamkeit einer Vertragsabrede (Währungsklausel) wurde § 139 mit dem Ergebnis angewendet, daß der gesamte Vertrag schwebend unwirksam ist. Er bleibt schwebend unwirksam bis zur Erteilung der erforderlichen Genehmigung (OLG Schleswig SchlHA 1961, 52, 53). Doch hilft in diesen Fällen besser die ergänzende Vertragsauslegung, die schon eine Lücke vermeidet (o Rn 8; ferner BayObLG MDR 1980, 757). Bei **schwebend unwirksamen Rechtsgeschäften** bleiben Vereinbarungen von den Nichtigkeitsfolgen unberührt, welche die Parteien gerade mit Rücksicht auf die schwebende Unwirksamkeit des Vertrages schließen (BGH ZIP 1986, 36). § 139 erfaßt auch die durch einen Widerruf nach §§ 7, 9 VerbrKrG (§§ 355, 358 BGB nF) oder nach § 1 Abs 1 HausTWG (§ 312 BGB nF) herbeigeführte Unwirksamkeit (BGH NJW 1991, 917 [zu § 1b AbzG]; 1983, 2027, 2028 [AbzG]; ferner OLG Hamm VuR 1998, 355, 358 mit zust Anm Hass). Entsprechendes gilt für die Unwirksamkeit nach § 779 (OLG Köln OLGZ 1972, 49). Nach dem Gesagten wird von § 139 die **endgültige Unwirksamkeit** des Rechtsgeschäfts erfaßt, wenn die notwendige Genehmigung, zB nach §§ 108, 177 (zu § 177: BGH WM 1964, 913, 915 im Anschluß an RGZ 146, 366, 367), § 1829 (OLG Zweibrükken NJW-RR 1993, 1478, 1479) ua verweigert wird (BGH LM Nr 24). Wenn die Parteien freilich wissen, daß ein Teil des Rechtsgeschäfts genehmigungsbedürftig ist und sie keine besondere Regelung für die Aufrechterhaltung des übrigen Teils treffen, so kann wohl regelmäßig davon ausgegangen werden, daß bei einer versagten Genehmigung das Gesamtgeschäft hinfällig werden soll (Flume, AT II 583). Möglich ist die Anwendung des § 139 auch im Falle des **Teilrücktritts** (dazu BGH NJW 1976, 1931). Doch kann bei einem einheitlichen Rechtsgeschäft das Rücktrittsrecht hinsichtlich der verbundenen Geschäfte grundsätzlich auch nur einheitlich ausgeübt werden (BGH NJW 1976, 1931, 1932). Anwendung findet § 139 auch auf die Teilaufhebung (BGH FamRZ 1990, 976) oder auf die Teilgenehmigung (Schulte AgrarR 1975, 37 zu OLG Karlsruhe AgrarR 1974, 326). Ist der Vertrag wegen eines Formmangels nichtig, so kann der Vertragsteil bei vorhandenem hypothetischen Parteiwillen aufrechterhalten werden, der für sich gesehen nicht formbedürftig war (BGH NJW 1986, 2642, 2643 [dort § 139 analog]).

34 Bei einer nachträglichen *Teilunmöglichkeit* gelten nicht die Nichtigkeitsfolgen, sondern es greifen die Normen der §§ 275 ff, 323 (§§ 275, 323 BGB nF) ein (Palandt/ Heinrichs[62] Rn 2). Doch war § 139 auf eine anfängliche Teilunmöglichkeit anwendbar (RGZ 162, 121, 123; Mugdan II 97 = Mot II 177; Flume, AT II 577). Wegen § 311a BGB nF stellt sich das Problem in dieser Form künftig nicht mehr.

35 Endet ein Vertragsverhältnis, das mit einem anderen Rechtsgeschäft verbunden ist, so gilt § 139 ebenfalls, wobei die direkte oder analoge Anwendung der Norm offengelassen wurde (BGHZ 74, 253, 255; Soergel/Hefermehl[13] Rn 8).

3. Einheitlichkeit des Rechtsgeschäfts

36 § 139 setzt voraus, daß es sich um ein einziges Rechtsgeschäft handelt. Dagegen gilt die Norm nicht für selbständig nebeneinander stehende Rechtsgeschäfte, auch wenn sie sich in irgendeinem Zusammenhang befinden (MünchKomm/Mayer-Maly/Busche[4] Rn 15).

a) Einheitlichkeitswille und objektiver Sinnzusammenhang
37 Da § 139 Ausfluß der Privatautonomie ist (o Rn 1), kommt es in erster Linie auf den Willen der Parteien an, ob sie mehrere rechtsgeschäftliche Regelungen („verbundene Rechtsgeschäfte", o Rn 27) als Teile eines einzigen Rechtsgeschäfts iSv § 139 wollen. Entscheidend ist der Einheitlichkeitswille der Parteien zur Zeit der Vornahme des Rechtsgeschäfts. Dieser Wille wird auch von der ständigen Rspr und der hL entscheidend betont (BGH NJW 1987, 2004, 2007; 1976, 1931, 1932; DB 1970, 1591; OLG Köln VersR 2000, 459; OLG Schleswig NJW-RR 1995, 554; Erman/Palm[10] Rn 21; Bork AT Rn 1210; Kulke ZIP 2001, 985, 991). Die Maßgeblichkeit des Parteiwillens scheint auch in den Motiven aufzu-

scheinen, wenn es dort heißt: „Die Bedeutung, welche der Verbindung von mehreren, in einem Zusammenhange stehenden Willenserklärungen zukommt, kann lediglich dem Willen der Betheiligten entnommen werden;" (Mot I 222; so auch die Interpretation von FLUME, AT II 571 Fn 5). Demgegenüber wird in der Literatur bisweilen nicht in erster Linie auf den Parteiwillen, sondern darauf abgestellt, welcher objektive Sinnzusammenhang zwischen den einzelnen Abreden besteht (insbes MünchKomm/MAYER-MALY/ BUSCHE[4] Rn 16). In der Tat stehen die Materialien diesem Verständnis wohl nicht entgegen, da dort nicht für den Tatbestand „ein Rechtsgeschäft", sondern für die Rechtsfolge auf den Parteiwillen abgestellt wird (so das Verständnis bei MünchKomm/ MAYER-MALY/BUSCHE[4] Rn 16). Allerdings räumt auch die Gegenauffassung ein, daß der Parteiwille in „vielen Fällen große Bedeutung hat", so daß die praktischen Unterschiede trotz der verschiedenen Ausgangspunkte nicht allzu groß sein dürften.

Auch wenn – wie hier – mit der hL primär auf den **Parteiwillen** abgestellt wird, so ist **38** es doch zutreffend, daß die Parteien sich häufig keine Gedanken gemacht haben, so daß auch keine Erklärung darüber vorliegt, ob die Regelungen als einheitliches Rechtsgeschäft gewollt sind oder nicht. In diesen Fällen kommt es auf den **objektiven Sinngehalt** der Rechtsgeschäfte an (u Rn 45). Darüber besteht weitgehend Einigkeit (LARENZ/M WOLF, AT[8] § 45 Rn 8; FLUME, AT II 571; für die Gleichrangigkeit beider Kriterien wohl MEDICUS, AT[8] Rn 502).

b) Einheitlichkeitswille und Indizien
Die Parteien können nach ihrem Willen auch zeitlich getrennte oder Geschäfte **39** unterschiedlichen Typs iSe einzigen Rechtsgeschäfts als rechtliche Einheit nach § 139 zusammenfassen. Das gilt selbst dann, wenn an ihnen unterschiedliche Personen beteiligt sind wie beim Krankenhausvertrag (BGH MDR 1998, 582, 583). So liegt es, wenn die betreffenden Vereinbarungen nach dem Willen der Parteien derart voneinander abhängig sind, daß sie miteinander „stehen und fallen" sollen (RGZ 78, 41; 79, 434; BGHZ 112, 288, 293; 50, 8, 13; BGH WM 1994, 1711; NJW 1983, 2026, 2028; 1976, 1931, 1932; WarnR 1977 Nr 8; 1966 Nr 121; SONNENSCHEIN/WEITEMEYER Jura 1993, 30, 34). Der Wille zur lediglich *wirtschaftlichen Verknüpfung* genügt dagegen nicht (BGH NJW 1987, 2004, 2007). Dabei kann ein einheitlicher Vertrag auch dann vorliegen, wenn nur einer der Vertragspartner einen solchen Einheitlichkeitswillen erkennen läßt und der andere Partner ihn anerkennt oder zumindest hinnimmt (BGHZ 112, 376, 378 [Grundstückskaufvertrag und Bierlieferungsvertrag]; 78, 346, 349; 76, 43, 49; 50, 13; BGH NJW-RR 1993, 1421; NJW 1990, 1473, 1474 [Kauf- und Erlaßvertrag]; BB 1990, 733, 734 [Kaufvertrag und Zusatzzahlung]; NJW-RR 1988, 348; NJW 1987, 1069; 1986, 1983, 1984; WarnR 1971 Nr 84; BFHE 135, 217, 221). Der Einheitlichkeitswille muß sich aus den Erklärungen der Parteien unter Berücksichtigung ihrer Interessen (BGH WM 1993, 1759, 1760) und der Verkehrssitte nach § 157 (BGH WarnR 1966 Nr 121) erschließen lassen. Da dieser Wille selten offen zutage tritt, kommt es oftmals auf äußere Indizien an. Beim äußerlich selbständigen Abschluß von Arztzusatzvertrag und Wahlleistungsvereinbarung wird der Einheitlichkeitswille durch die Bestimmungen der Bundespflegesatzverordnung normativ mitbestimmt, so daß entsprechende tatrichterliche Feststellungen entbehrlich sind (BGH MDR 1998, 582, 583). Vom Einheitlichkeitswillen zu unterscheiden ist die Feststellung der **Teilnichtigkeit**. Sie erfolgt bei zusammengefaßten mehreren Verträgen ohne Berücksichtigung des Inhalts des anderen Vertrages. Deshalb sind für die Beurteilung der Angemessenheit von Leistung und Gegenleistung nicht alle Verträge in eine Gesamtschau mit einzubeziehen und es kann eine bei isolierter Betrachtung wuche-

rische Gegenleistung nicht durch die in einem zweiten Vertrag festgelegte sittengemäße Gegenleistung wirksam werden (mit Recht MICHALSKI NZG 1999, 1108 gegen KG ebd).

40 Ein äußeres Indiz für ein „einziges Rechtsgeschäft" iSd § 139 ist die **Einheit des Zustandekommens**. So liegt es bei einer einheitlichen mündlichen Absprache oder der Vereinbarung in einer Urkunde. Allerdings wird die Einheitlichkeit durch eine rein äußere Verbindung der Geschäfte in einer Urkunde noch nicht begründet. Auch ein bloß wirtschaftlicher Zusammenhang oder eine wirtschaftliche Motivation genügen nicht (RGZ 103, 298; BGH NJW 1987, 2004, 2007; PALANDT/HEINRICHS[62] Rn 5). Doch hat die Aufnahme in einer Urkunde indizielle Bedeutung. In diesem Falle soll eine „tatsächliche Vermutung" für den erforderlichen Einheitlichkeitswillen bestehen (BGHZ 54, 71, 72; BGH NJW-RR 1988, 348, 351; NJW 1987, 2004, 2007; 1976, 1931, 1932; OLG Stuttgart FamRZ 1987, 1034, 1035). Es handelt sich nach richtiger Auffassung um einen **Anscheinsbeweis**, der nach den für ihn geltenden Regeln entkräftbar ist (JAUERNIG[10] Rn 3). Gegen die „Vermutung" kann insbes der Gegenstand der Vereinbarungen sprechen (BGH NJW 1987, 2004, 2007 [kombinierter Vertrag über Hardware und Software]).

41 Dagegen sind regelmäßig mehrere Verträge anzunehmen, wenn verschiedene Absprachen in einem zeitlichen Abstand oder in mehreren Urkunden getroffen werden. Deshalb bedeutet insbes die **getrennte Beurkundung** einen Anscheinsbeweis für die Selbständigkeit der Geschäfte (BGHZ 104, 18, 22; 78, 346, 349 [„tatsächliche Vermutung"]; BGH NJW-RR 1988, 348; WM 1967, 1131; WarnR 1966 Nr 121; ebenso RGZ 79, 434). Diese „Vermutung" kann schon durch die entsprechende Formulierung des Vertragstextes entkräftet werden (BGH NJW-RR 1993, 1421, 1422). Zu ihrer Widerlegung genügt aber nicht schon der Nachweis eines wirtschaftlichen Zusammenhangs (o Rn 39) und auch nicht der gleichzeitige Abschluß der Geschäfte (BGH WM 1967, 1131, 1132; RdL 1967, 153, 154; RGZ 103, 295, 297 f). Doch kann sich die äußerliche Trennung aus der höchstpersönlichen Natur der Verträge erklären lassen (BGH WarnR 1966 Nr 121). Andererseits scheitert eine Einheit nicht schon an der höchstpersönlichen Natur der Erklärungen (BGH WarnR 1966 Nr 121). In getrennten Urkunden niedergelegte *Abfindungsvereinbarung* und *Wettbewerbsverbot* wurden nicht als Teil einer Geschäftseinheit angesehen (OLG Köln VersR 1998, 97, 99).

c) Verschiedenheit der Geschäftstypen

42 Die mehreren rechtlichen Vereinbarungen brauchen nicht demselben rechtlichen Geschäftstyp anzugehören (BGH WarnR 1966 Nr 121). So können beispielsweise zusammengefaßt werden ein Kaufvertrag über die Einrichtung und ein Mietvertrag über die Räume (BGH NJW 1983, 2028). Ebenso liegt es für die Kombination von Grundstückskauf- und Baubetreuungsvertrag (BGH NJW 1976, 1931, 1932; 1955, 297 [LS]). Das gleiche gilt für einen *Franchisevertrag* und einen *Mietvertrag* (OLG Nürnberg NZM 1998, 375). Auch können etwa ein Pachtvertrag und die Einräumung eines Vorkaufsrechts zusammengefaßt werden oder die nichtige Vereinbarung über die Durchführung von Räumungsverkäufen mit einem Miet- und Darlehensvertrag (einen Fall des § 139 betraf in Wirklichkeit OLG Stuttgart BB 1996, 2060). Auch im übrigen besteht *kein Typenkombinationsverbot*.

d) Verschiedenheit der Personen

43 Nach hL wird die erforderliche Geschäftseinheit nicht dadurch ausgeschlossen, daß an den mehreren Rechtsgeschäften nicht stets dieselben Personen teilgenommen haben (BGH MDR 1998, 582, 583 [Wahlleistungsvereinbarung zwischen Krankenhausträger und Patient und Arztzusatzvertrag zwischen Arzt und Patient]; BGH NJW-RR 1993, 1421, 1422; BB 1990, 733, 734; NJW-RR 1988, 348; NJW 1976, 1931, 1932; WarnR 1966 Nr 121; NJW 1955, 297 [LS]; BFHE 135, 217, 220; KG NJW 1983, 291, 292; OERTMANN ZHR 101 [1934] 119 ff). Fälle dieser Art liegen etwa dann vor, wenn der Käufer bei dem Verkäufer eine Sache kauft und für den Kaufpreis bei einer Bank ein Darlehen aufnimmt. Die Rspr verlangt aber, daß die Einheitlichkeit zur Zeit des Vertragsabschlusses von mindestens einer Vertragspartei erkennbar gewollt und von allen übrigen Parteien hingenommen worden sein muß (BGH BB 1990, 733, 734 [Übergreifen eines sittenwidrigen Vertrages]). Die Literatur ist dieser Auffassung weitgehend gefolgt (PALANDT/HEINRICHS⁶² Rn 5; JAUERNIG¹⁰ Rn 3; Münch-Komm/MAYER-MALY/BUSCHE⁴ Rn 19; ERMAN/Palm¹⁰ Rn 21; SOERGEL/HEFERMEHL¹³ Rn 22). Vereinzelt wird daran festgehalten, daß die rechtsgeschäftlichen Regelungen zwischen denselben Personen getroffen worden sein müssen (FLUME, AT II 572). Das gelte selbst bei einem zu bejahenden *Sinnzusammenhang* zwischen den einzelnen Regelungen. So soll es selbst dann nicht zur Anwendung des § 139 kommen, wenn die Bevollmächtigung gegenüber einem Dritten geschieht; es handele sich um ein selbständiges Rechtsgeschäft und für § 139 sei kein Raum. Das ist kaum überzeugend. Bisweilen wird wenigstens für das Beispiel des *finanzierten Kaufvertrages* nicht § 139 angewendet, sondern für die Einheitlichkeit darauf abgestellt, ob die Wirksamkeit des einen Geschäfts zur Bedingung oder zur Geschäftsgrundlage für das andere gemacht worden ist (MEDICUS, AT⁸ Rn 502). Jedenfalls kommt aber für den *Verbraucherkredit* § 9 VerbrKrG (§ 358 BGB nF) als Sonderregelung zur Anwendung (mit Recht MEDICUS, AT⁸ Rn 502). § 139 ist nicht einschlägig, wenn sich mehrere Personen gegenüber einem Gläubiger in der Form der selbständigen *Mitbürgschaft* verpflichten (SOERGEL/HEFERMEHL¹³ Rn 22; FLUME, AT II 572). Anders liegt es dagegen bei der gemeinschaftlichen Mitbürgschaft (insoweit **aA** FLUME, AT II 572). Auch ist der gesamte Vertrag nach § 139 nichtig, wenn von zwei einen *Darlehensvertrag* als Gesamtschuldner unterzeichnenden Darlehensnehmern der eine unerkannt geschäftsunfähig ist (OLG Karlsruhe NJW-RR 1991, 947, 948 im Anschluß an RGZ 99, 52, 55; 138, 272). Einheitlichkeit wird nicht dadurch ausgeschlossen, daß zwar dieselben Personen an verschiedenen Rechtsgeschäften, aber nicht in gleicher Weise beteiligt sind. So liegt es bei der Beteiligung einmal im fremden und einmal im eigenen Namen (RGZ 79, 434, 436; SOERGEL/HEFERMEHL¹³ Rn 22).

§ 139 kommt nach allgM zur Anwendung, wenn **mehrere Personen auf einer Seite** **44** eines Rechtsgeschäfts stehen (BGHZ 3, 206, 209; BGH NJW 1994, 1470, 1471; 1991, 39, 40 [Eheleute als Darlehensnehmer]; 1970, 240, 241; WM 1961, 1149, 1151; RGZ 141, 104, 108; FLUME, AT II 573; MEDICUS, AT⁸ Rn 502; vWESTPHALEN BB 1993 Beil Nr 8, 19 ff [Leasinggeschäfte]). So liegt es etwa, wenn Eheleute, Lebenspartner oder die Beteiligten von nichtehelichen Lebensgemeinschaften eine Wohnung mieten. Auch kommt § 139 zur Anwendung, wenn jemand einen Vertrag im eigenen Namen und zugleich als vollmachtloser Vertreter für einen anderen abschließt und der Vertretene die Genehmigung verweigert (BGH NJW 1970, 240 f mit iE zust Bespr von W GERHARDT JuS 1970, 326; zur Teilbarkeit u Rn 65). Ein *überflüssiger Teil* eines Rechtsgeschäfts ist kein Teil, dessen Nichtigkeit zur Anwendung des § 139 führte (FLUME, AT II 573 gegen BGHZ 3, 206, 209). Das ist etwa der Fall bei der gegenstandslosen Mitwirkung des Ehepartners an einem Rechtsgeschäft, für das der andere Teil allein verfügungsberechtigt ist. Bei der „belanglosen Erklärung" handelt es sich nicht um eine Teilnichtigkeit iSd § 139.

Herbert Roth

e)   Objektiver Sinnzusammenhang und Indizien

45 Die erforderliche Geschäftseinheit wird sich häufig aus dem objektiven Sinnzusammenhang mehrerer Geschäfte ergeben, wenn sich ein Einheitlichkeitswille der Parteien nicht feststellen läßt (o Rn 37 f). So liegt es insbes bei Organ- und Versammlungsbeschlüssen (BGH NJW 1994, 520, 523). Ausschlaggebend ist dann der Inhalt der getroffenen Vereinbarungen (BGH NJW 1994, 520, 523), wobei maßgebend ist, daß bei äußerer Trennung der Geschäfte die getroffenen Regelungen wirtschaftlich so eng miteinander verflochten sind, daß sie nur miteinander als sinnvolle Regelung zu bestehen vermögen (so LARENZ/M WOLF, AT⁸ § 45 Rn 8; im gleichen Sinn FLUME, AT II 571 f). Ist der **wirtschaftliche Zusammenhang** zwischen den Regelungen weniger eng als in dieser Formulierung zugrunde gelegt, so vermag er allerdings für sich allein noch nicht die erforderlichen Voraussetzungen für die Einheit des Rechtsgeschäfts zu schaffen (mit Recht BGH DB 1969, 1591; RGZ 79, 434, 439; MünchKomm/MAYER-MALY/BUSCHE⁴ Rn 17). Allerdings hat der wirtschaftliche Zusammenhang Indizwirkung für die Annahme einer solchen Einheit (BGH LM Nr 34; FamRZ 1967, 465, 467).

f)   Sonstige Vertragsverbindungen

46 Zwischen mehreren Regelungen kann ein rechtlicher Zusammenhang auch durch rechtsgeschäftliche Bedingung hergestellt werden (§ 158). Dann liegt kein Fall des § 139 vor. Andererseits ist es für die Anwendung des § 139 auch nicht notwendig, daß der *Einheitlichkeitswille* einer derartigen Bedingung entspricht (BGH NJW 1976, 1931, 1932). Eine weitere sondergesetzlich geregelte Art der Vertragsverbindung ergibt sich aus § 9 VerbrKrG (§ 358 BGB nF). Diese Regelung ist dem § 139 vorrangig (o Rn 43). Auch kann die Wirksamkeit des einen Rechtsgeschäfts zur Geschäftsgrundlage für das andere gemacht werden (MEDICUS, AT⁸ Rn 503). Die Annahme der Totalnichtigkeit richtet sich dann nicht nach den Voraussetzungen des § 139.

g)   Prozessuales

47 Nach hL geht es bei der Frage nach dem Vorliegen eines einheitlichen Rechtsgeschäfts um eine **Tatfrage** (BGH WM 1994, 1711; NJW-RR 1993, 1421, 1422; NJW 1991, 917; NJW-RR 1988, 348; NJW 1976, 1931, 1932; DB 1970, 1591; FamRZ 1967, 465, 467; NJW 1955, 297 [LS]). Die Revision nimmt das Ergebnis dieser tatrichterlichen Würdigung hin (BGHZ 78, 346, 349). Nach richtiger Auffassung handelt es sich dagegen um eine **revisible Rechtsfrage** (MünchKomm/MAYER-MALY/BUSCHE⁴ Rn 15). Abzustellen ist sowohl auf den Vortrag der Parteien als auch auf die Umstände des Rechtsgeschäfts (OLG Zweibrücken NJW-RR 1993, 1478, 1479). Erschließen sich die maßgebenden Gesichtspunkte allein aus den vorgelegten Vertragswerken und kommen weitere tatsächliche Umstände ersichtlich nicht in Betracht, so prüft und entscheidet der BGH selbst (BGHZ 76, 43, 49; BGH NJW-RR 1993, 1421, 1422; NJW 1987, 2004, 2007).

h)   Einzelfälle

48 Die nachfolgende Darstellung der Einzelfälle hat stets **Beispielcharakter**, da es jeweils ausschlaggebend auf die besondere Fallgestaltung ankommt. Schematische Übertragungen auf andere Fälle sind deshalb unzulässig.

49 Die Möglichkeit der Annahme eines einzigen Rechtsgeschäfts wurde **bejaht** für einen Wohnungstauschvertrag und ein Besitzwechselverfahren nach den §§ 68, 126 ZGB-DDR (BGH WM 1993, 1759, 1760 [dort aber ergänzende Vertragsauslegung]; o Rn 8), eine Grundmieterhöhung und einen Beschaffenheitszuschuß (AG Naumburg WuM 1993,

666), formal selbständige Beschlüsse des Aufsichtsrates, soweit sie inhaltlich in einem engen inneren Zusammenhang stehen (BGH NJW 1994, 520, 523), Trennungsvereinbarungen zwischen unverheirateten Lebenspartnern, bestehend aus einer Unterhaltsvereinbarung und sonstigen Regelungen (OLG Zweibrücken DAVorm 1993, 964), sowie für einen Grundstückskaufvertrag und einen Treuhandvertrag (BGH NJW-RR 1993, 1421). Ein einheitliches Rechtsgeschäft bedeuten auch ein Grundstückskaufvertrag und eine Auflassungsvollmacht (BGH DNotZ 1990, 359 m Anm HECKSCHEN) sowie überhaupt Vollmacht und zugrunde liegender Baubetreuungsvertrag (BGHZ 102, 60, 62; BGH NJW 1994, 2095; WM 1992, 1662 m Anm HAUG EWiR § 19 BNotO 1/92, 983). Ebenso liegt es bei einem kombinierten Vertrag über Hardware (Kauf eines Computers) und Software (Lizenzvertrag) (BGH NJW 1987, 2004, 2007; 1990, 1312; OLG Köln NJW-RR 1991, 1463; OLG Koblenz NJW-RR 1992, 689; OLG München NJW-RR 1992, 1271). Im Zweifel gilt das aber nicht bei Verträgen über Standardware von verschiedenen Herstellern (BGH NJW 1987, 2007; aA ZAHRNT BB 1993, 1675). Ein einheitliches Rechtsgeschäft wurde auch zugrunde gelegt bei einem Ehevertrag und einem Erbvertrag (OLG Stuttgart FamRZ 1987, 1034, 1035; Abgrenzungsentscheidung: BGHZ 29, 129, 132) sowie bei der Vereinbarung eines Gesamthonorars, bestehend aus Anwaltstätigkeit einerseits und notarieller Tätigkeit andererseits (BGH NJW 1986, 2576, 2577). Werden das Geschäft, aus dem die zu sichernde Forderung erwächst, und die Sicherungsabrede durch den Parteiwillen zu einer rechtlichen Einheit verbunden, so hat die Nichtigkeit des ersten Geschäfts auch die Nichtigkeit der Sicherungsabrede zur Folge (BGH WM 1994, 1711, 1712).

Ein **einheitliches Rechtsgeschäft** kann sich auch aus einer Vergütungszusage für Mak- **50** lerprovision und einem Schmiergeldversprechen zusammensetzen (BGH NJW-RR 1986, 346, 348). Mit Recht wurde § 139 auch auf „Kettenverträge" im Rahmen von Umschuldungen angewendet (OLG Frankfurt aM NJW 1985, 745; ferner BGH NJW 1983, 1420 sub II 2 [mehrere Darlehensverträge]). Geschäftseinheit kann auch vorliegen bei einem Getränkelieferungsvertrag und einem Darlehensvertrag (BGH ZIP 1991, 1011 m Anm THAMM/Detzer EWiR § 1c AbzG 2/91, 833), einem Grundstückskaufvertrag und einem Bierlieferungsvertrag (BGH NJW 1991, 917) sowie einem Bierlieferungsvertrag und einem Maklervertrag (OLG Koblenz WM 1984, 1238, 1239). Ebenso ist zu entscheiden für die verschiedenen Punkte einer Scheidungsfolgenvereinbarung wie Zugewinnausgleich und Unterhalt (OLG Stuttgart FamRZ 1984, 806), die Vereinbarung zwischen geschiedenen Ehegatten über die Freistellung von Ansprüchen auf Kindesunterhalt und den Verzicht auf die Ausübung des Umgangsrechts (OLG Karlsruhe FamRZ 1983, 417), den Abschluß eines Kreditvertrags und einer Restschuldversicherung (KG NJW 1983, 291, 292 [str]; u Rn 53) sowie einen Grundstückskaufvertrag und einen Gebäudeerrichtungsvertrag (BFHE 135, 217, 221).

Ein einheitliches Geschäft bilden auch ein Architektenvertrag (Art 10 § 3 S 1 **51** MRVerbG) und der mit ihm verbundene Bauwerkvertrag (KG SCHÄFER/FINNERN/ HOCHSTEIN Art 10 § 3 MRVG Nr 8; aber o Rn 12), ein Grundstückskaufvertrag und ein Baubetreuungsvertrag (BGH NJW 1976, 1931), die Bestellung eines Fertighauses und die Verpflichtung zum dafür erforderlichen Grundstückserwerb (LG Hamburg AIZ 1974, 252), ein Garagenkauf und der nachfolgende Kauf einer Eigentumswohnung (BFH DStR 1970, 277 [LS]) sowie ein beurkundeter Kaufvertrag und mündliche Abreden über eine Rückübertragungsverpflichtung (BGH FamRZ 1967, 465, 467). Eine rechtliche Einheit bedeuten können auch Auflassung und Nießbrauchbestellung zugunsten des

Verkäufers (OLG Saarbrücken JBlSaar 1967, 164), ein Kaufvertrag und eine Schuldübernahme nach § 415 (OLG Hamburg NJW 1966, 985 m Anm HECKELMANN NJW 1966, 1925) sowie die Provisionszusage gegenüber dem Makler und das Strafversprechen zwischen den Kaufinteressenten (BGH NJW 1970, 709, 711).

52 Ferner wurde die Annahme eines einzigen Rechtsgeschäfts bejaht für die Verpfändung des Ehrenworts für das zugesagte Unterlassen von Wettbewerb (RGZ 74, 332, 334 f), die Verbindung von Vermietung und Möbelverkauf (BGH LM Nr 29), bei der Unfallfinanzierung für die Gewährung eines Darlehens und die Abtretung einer Forderung (BGH WM 1976, 1350, 1351; OLG München NJW 1974, 1659), eine Grundschuldbestellung und eine Bürgschaft (BGH FamRZ 1983, 455), für einen Franchise-Vertrag und einen Kaufvertrag (BGHZ 112, 288, 293) oder einen sonstigen Nebenvertrag wie einen Mietvertrag (OLG Nürnberg NZM 1998, 375). Das gleiche gilt für einen Darlehensvertrag mit verschiedenen Darlehensnehmern (BGH NJW 1991, 39, 40). Eine rechtliche Einheit kann auch gegeben sein zwischen einem Adoptionsvertrag und Erbverträgen zweier Erblasser (BGH WarnR 1966 Nr 121; abl HÄSEMEYER FamRZ 1967, 30).

53 Die Annahme eines *einzigen Rechtsgeschäfts* wurde **verneint** bei einem Preisbindungsvertrag in Form eines Rahmenvertrages, der einzelne Verpflichtungen bündelt (OLG Stuttgart WuW 1971, 441), sowie einem Vertrag, in dem der Verkäufer dem Käufer die Möglichkeit verkauft, mit einem Dritten einen nach § 1 GWB unwirksamen Kartellvertrag abzuschließen (OLG Stuttgart WuW 1970, 377, 383 [aber mit der unrichtigen Begründung der Beteiligung verschiedener Personen], o Rn 43). Auch wurde die Enterbung der Ehefrau neben der Erbeneinsetzung der Geliebten als selbständige Verfügung von Todes wegen angesehen (OLG Karlsruhe FamRZ 1967, 691, 693 [zu § 2085]). Keine Einheit gegeben ist in der Regel auch bei mehreren Bürgschaften (OLG Frankfurt aM NJW-RR 1988, 496). Verneint wurde die rechtliche Einheit auch für Darlehens- und Pfandbestellung (RGZ 86, 323, 324 [zweifelhaft]). Ebenso wurde entschieden für Darlehen und Restschuldversicherung (BGH VersR 1990, 884; OLG Frankfurt aM NJW-RR 1989, 591; vgl aber o Rn 50 aE). Ebensowenig ist der Schiedsvertrag Teil eines einheitlichen, aus Hauptvertrag und Schiedsvertrag bestehenden Rechtsgeschäfts (BGHZ 53, 315, 318). Einheitlichkeit ist auch abzulehnen zwischen der dinglichen Einigung und dem Besitzkonstitut (MICHALSKI AcP 181 [1981] 381, 384; MünchKomm/MAYER-MALY/BUSCHE[4] Rn 22). Verneint wurde eine Geschäftseinheit für eine in getrennten Urkunden niedergelegte *Abfindungsvereinbarung* und ein Wettbewerbsverbot (OLG Köln VersR 1998, 97, 99).

i)   Insbesondere: Grund- und Erfüllungsgeschäft
54 Das **Abstraktionsprinzip** schließt nach richtiger Auffassung die Annahme einer Geschäftseinheit nach § 139 zwischen Grund- und Erfüllungsgeschäft aus. Abzulehnen ist es insbes, daß sich der Einheitswille aus den Umständen des Falles ergeben soll. Deshalb zieht die Nichtigkeit der Verpflichtung im Zweifel nicht die Nichtigkeit der Verfügung nach sich (STADLER, Gestaltungsfreiheit und Verkehrsschutz durch Abstraktion [1996] 94 f; MEDICUS, AT[8] Rn 241, 504; LARENZ/M WOLF, AT[8] § 45 Rn 11; FLUME, AT II 178; JAUERNIG JuS 1994, 721, 724; GRIGOLEIT AcP 199 [1999] 379, 414 ff; abschwächend MünchKomm/MAYER-MALY/BUSCHE[4] Rn 20; **aA** EISENHARDT JZ 1991, 271, 277 mwNw; WUFKA DNotZ 1985, 651 [Erbbaurecht]; HAFERKAMP Jura 1998, 511, 515; AK-BGB/DAMM Rn 12). Dagegen hält die Rspr die Zusammenfassung von Verpflichtungs- und Verfügungsgeschäft zu einem einheitlichen Geschäft über § 139 dem Grundsatz nach für möglich. Freilich überwiegen bei weitem

die Entscheidungen, in denen eine Geschäftseinheit abgelehnt oder irrtümlich mit einer Geschäftseinheit argumentiert wurde (richtig JAUERNIG JuS 1994, 721, 724; BGH NJW 1991, 917, 918 [„ausnahmsweise"]; NJW-RR 1989, 519 [„höchst selten"]; BB 1986, 1252; BGHZ 31, 321, 323 [„ausnahmsweise"]; BGH NJW 1979, 1495, 1496 [„ausnahmsweise"]). Bisweilen wird auch gar keine Verbindung einer Verpflichtung mit einer zugehörigen Verfügung betroffen (so in BGH BB 1986, 1251, 1252; JAUERNIG JuS 1994, 721, 724). Dagegen geht das BAG von einer Anwendung des § 139 „in aller Regel" aus (BAG NJW 1967, 751). Richtig ist freilich, daß die Wirksamkeit des zugrunde liegenden Verpflichtungsgeschäfts bei Zweifeln daran als **(uneigentliche) Bedingung** für die Verfügung vereinbart werden kann. So liegt es bei der Übertragung von Forderungen und bei der Übereignung beweglicher Sachen. Bei der Auflassung von Grundstücken scheitert diese Möglichkeit an § 925 Abs 2. Doch reicht auch für die Annahme einer derartigen Bedingung eine stillschweigende Vereinbarung nicht aus. Vielmehr müssen konkrete Anhaltspunkte für einen wirklichen Parteiwillen vorliegen (MEDICUS, AT[8] Rn 241; JAUERNIG JuS 1994, 721, 724; GRIGOLEIT AcP 199 [1999] 379, 412; **aA** PALANDT/HEINRICHS[62] Rn 7).

Die Rspr hat ihren unrichtigen Ausgangspunkt auf verschiedene Weise ein- **55** geschränkt. So scheidet eine Zusammenfassung der beiden Geschäfte stets aus, wenn das Erfüllungsgeschäft **bedingungsfeindlich** ist, wie das wegen § 925 Abs 2 bei der Auflassung der Fall ist (vorige Rn). Den Parteien könne hier nicht der Wille zu einer Umgehung des Gesetzes unterstellt werden (BGH NJW 1991, 917, 918; 1985, 3006, 3007; 1979, 1495, 1496; BayObLG Rpfleger 1969, 48 m Anm HAEGELE; OLG Frankfurt aM NJW 1981, 876, 877; LG Dortmund Rpfleger 1962, 444). Das gilt auch dann, wenn Grundgeschäft und Auflassung in einer Urkunde erklärt sind. Eine Zusammenfassung scheidet auch dann aus, wenn das Grundgeschäft als Scheingeschäft nichtig ist, da hier kein einheitlicher Wille bestehe (BGH BB 1994, 2228, 2229 [formnichtiger Verkauf von GmbH-Geschäftsanteilen]; RGZ 104, 104; OLG München NJW-RR 1986, 13; zur zweifelhaften Begründung o Rn 24). Drittens schließlich kommt eine Zusammenfassung nicht in Betracht, wenn das Erfüllungsgeschäft das Grundgeschäft heilt, so in den Fällen der §§ 518 Abs 2; 766 S 2 BGB; § 15 Abs 4 S 2 GmbHG. § 311b S 2 bleibt wegen § 925 Abs 2 außer Betracht.

Eine Zusammenfassung wurde für möglich gehalten in den Fällen der Sicherungs- **56** abtretung (BGH NJW 1982, 275, 276; dagegen JAUERNIG JuS 1994, 721, 724: [Verwechslung von Abstraktion und Akzessorietät]; BAG NJW 1967, 751). Doch reicht es entgegen diesen Entscheidungen keineswegs aus, daß Grundgeschäft und Abtretung Teile einer einheitlichen Vereinbarung sind und in einer Vertragsurkunde aufgenommen wurden. Auch der „wirtschaftliche Zweck" des Vertragswerks ist nicht hinreichend, da er naturgemäß stets zu bejahen sein wird. Für die Sicherungsübereignung wird dagegen vorsichtiger formuliert (in Abgrenzung von BGH NJW 1982, 275, 276). Danach gebe es keinen allgemeinen Rechtsgrundsatz, wonach Sicherungsübereignungen stets durch den Sicherungszweck bedingt seien. Auch auf § 139 wurde nicht zurückgegriffen (BGH NJW 1991, 353). Ansonsten wird § 139 für die Fahrnisübereignung für anwendbar gehalten (BGH NJW 1952, 60). In dieser Entscheidung wurde die Norm aber nur am Rande erwähnt. Die Instanzgerichte entscheiden bisweilen anders (OLG Hamm NJW-RR 1988, 628). Einheitlichkeit wurde (ausnahmsweise) ferner bejaht für eine Schuldübernahme (BGHZ 31, 321, 323; auch OLG Hamburg NJW 1966, 985, 986 [§ 415]), die Bestellung eines Nießbrauchs (OLG Celle OLGZ 1974, 170), die Bestellung eines Erbbaurechts (ausführlich WUFKA DNotZ 1985, 651) und einen Erbteilskaufvertrag und die

Übertragung eines Erbteils (BGH NJW 1967, 1128, 1130 [mE Sonderfall]; DNotZ 1971, 38; OLG Schleswig SchlHA 1954, 54). Das **äußerliche Zusammentreffen** der Geschäfte soll dabei aber mit Recht nicht ausreichend sein (zu weitgehend BAG NJW 1967, 751; richtig insoweit BGH NJW 1967, 1128, 1130). Eine Geschäftseinheit wird auch zwischen Grundgeschäft und **Vollmacht** als möglich erörtert (BGH NJW 2002, 2325, 2327 [Geschäftsbesorgungsvertrag und Vollmacht]; ZIP 2003, 165 f [Treuhandvertrag und Vollmacht]; o Rn 17; nicht entschieden in BGH DNotZ 1980, 344, 349 m Anm WOLFSTEINER; NJW 1985, 730 [offengelassen]; NJW 1988, 697, 698; RGZ 81, 49, 51; BGH WM 1964, 182, 183; **aA** MünchKomm/SCHRAMM⁴ § 164 Rn 97). Wie § 168 zeigt, ist die Innenvollmacht gegenüber dem Grundgeschäft nicht wirklich abstrakt (MEDICUS, AT⁸ Rn 949). Deshalb sollte die Innenvollmacht bei Nichtigkeit des Grundverhältnisses ebenfalls ungültig sein (vgl BGH NJW 1990, 1721, 1723; **aA** zB OLG München NJW-RR 2002, 1489; JAUERNIG¹⁰ § 168 Rn 4). Ist der Geschäftsbesorgungsvertrag zur Abwicklung eines Grundstückserwerbs im Bauträgermodell wegen Verstoßes gegen das Rechtsberatungsgesetz nichtig, so ergibt sich aus dessen Schutzzweck auch die Nichtigkeit der dem Treuhänder erteilten Vollmacht. Es wurde offengelassen, ob sich das Ergebnis auch über § 139 begründen läßt (BGH NJW 2002, 66, 67). Die Nichtigkeit des Kreditgeschäfts führt auch zur Nichtigkeit der dabei geschehenen Wechselbegebung (BGH WM 1978, 1349).

57 Die Rspr zeigt auch weitere beifallswerte **einschränkende Tendenzen**. So müssen für einen entsprechenden Parteiwillen konkrete Anhaltspunkte vorliegen (BGH DNotZ 1990, 170). Ferner wird eine Zusammenfassung nur bei Vorliegen besonderer Umstände vorgenommen (BGH NJW 1952, 60). Wenn diese nicht vorhanden sind, bleiben die beiden Geschäfte selbständig und die Anwendbarkeit des § 139 scheidet aus. So wurde eine Dienstbarkeit als wirksam angesehen, auch wenn die schuldrechtlich vereinbarte Bezugspflicht wegen übermäßiger Länge sittenwidrig war. Die Geschäftseinheit des § 139 käme „höchst selten" vor (BGH NJW 1988, 2364; NJW-RR 1989, 519).

58 Die einschränkende Handhabung des § 139 ist insbes für das **Grundbuchverfahrensrecht** von Bedeutung. Das Grundbuchamt kann in aller Regel davon ausgehen, daß das Erfüllungsgeschäft wirksam ist und von Mängeln des Verpflichtungsgeschäfts nicht berührt wird (BayObLG NJW-RR 1997, 590; PALANDT/HEINRICHS⁶² Rn 8; trotz eines anderen Ausgangspunkts auch WUFKA DNotZ 1985, 651, 664). Die Prüfung des hypothetischen Parteiwillens in bezug auf die Geschäftseinheit gehört nicht zu den Aufgaben des Grundbuchamts (vgl auch BayObLG NJW-RR 1995, 209, 211).

59 Für den Handkauf (Bargeschäft) gilt nichts Abweichendes. Auch hier kann aus § 139 regelmäßig keine Geschäftseinheit hergeleitet werden (MEDICUS, AT⁸ Rn 241; **aA** PALANDT/HEINRICHS⁶² Rn 8). Doch kommt es zu einer Verbindung von mehreren Verfügungen etwa bei Geldwechselgeschäften (MEDICUS, AT⁸ Rn 241; FLUME, AT II 179).

4. Teilbarkeit des Rechtsgeschäfts

a) Zusammenhänge mit der Geschäftseinheit

60 Im Anschluß an die Bejahung eines einzigen Rechtsgeschäfts ist die Frage der Teilbarkeit dieses Geschäfts zu prüfen. Die von den Parteien vereinbarte Regelung muß so zerlegt werden können, daß ein Teil verbleibt, der einer selbständigen Geltung fähig ist (RGZ 146, 234, 236; BGH NJW 1962, 913; BGB-RGRK/KRÜGER-NIELAND/ZÖLLER¹²

Rn 3; KULKE ZIP 2001, 985, 991; zu Unrecht gegen die selbständige Prüfung der Zerlegbarkeit
PAWLOWSKI 175 f). Aus der Annahme eines (einzigen, einheitlichen) Rechtsgeschäfts
ergibt sich für den Regelfall noch nicht die Totalnichtigkeit des Gesamtgeschäfts
(MünchKomm/MAYER-MALY/BUSCHE[4] Rn 23 gegen BGHZ 54, 71, 74). Vielmehr ist vor der
Ermittlung des hypothetischen Parteiwillens (u Rn 74 ff) vorrangig die **Zerlegbarkeit**
des Geschäfts zu prüfen. Allerdings ist bei den kraft Parteiwillens zusammengesetz-
ten einheitlichen Rechtsgeschäften (o Rn 37 ff) die Zerlegbarkeit regelmäßig anzunehmen. Wenn sie nicht möglich ist, so führt jede Teilnichtigkeit auch zur Totalnichtigkeit. Als grobe Faustregel wird dabei zu gelten haben, daß eine Teilbarkeit dann
möglich ist, wenn der Nichtigkeitsgrund einen **unwesentlichen Bestandteil** des Rechtsgeschäfts betrifft (weitergehende Formulierungen etwa bei BGB-RGRK/KRÜGER-NIELAND/
ZÖLLER[12] Rn 3). Fälle einer Nichtzerlegbarkeit sind bislang eher selten aufgetreten.
Es ergibt sich eine „Tendenz zur Teilbarkeit" (AK-BGB/DAMM Rn 23; so auch in BGH NJW
2001, 815, 817; TIEDTKE EWiR 2001, 301, 302; aA KULKE ZIP 2001, 985, 992). Meist entscheidet
erst der hypothetische Parteiwille über Teil- oder Totalnichtigkeit des Rechtsgeschäfts (richtig MünchKomm/MAYER-MALY/BUSCHE[4] Rn 24).

b)   Teilbarkeit einheitlicher Regelungen und ergänzende Vertragsauslegung
Wenn **eine Regelung** im ganzen unwirksam ist, so wird § 139 analog angewendet,   **61**
wenn die Parteien bei Kenntnis der Unwirksamkeit eine andere Regelung getroffen
hätten, die auf das zulässige Maß beschränkt ist (BGHZ 107, 351, 355; 105, 213, 221). So
wurde eine (nichtige) gesellschaftsvertragliche Bestimmung, die einem Gesellschafter das Recht einräumte, einen oder mehrere Gesellschafter nach freiem Ermessen
aus der Gesellschaft auszuschließen, insoweit aufrechterhalten, als sie die Ausschließung aus wichtigem Grund zuläßt (BGHZ 107, 351; dazu FASTRICH ZGR 1991, 306; zust zu den
Entscheidungen CANARIS, in: FS Steindorff [1990] 519, 544; GRUNEWALD JZ 1989, 956; bestätigt in
BGH NJW 2001, 815 [Schuldbeitritt]). Auch wurde ein vertraglich vereinbartes (nichtiges)
unbefristetes Kündigungsrecht als zeitlich begrenztes Ausschließungsrecht aufrechterhalten (BGHZ 105, 213). In seinem direkten Anwendungsbereich sei in § 139 der Fall
nicht getroffen, daß die Parteien anstelle der vereinbarten nichtigen Regelung eine
andere, auf das noch zulässige Maß reduzierte Regelung, vereinbart hätten (BGHZ
105, 213, 220 f). In Wirklichkeit geht es aber in beiden Entscheidungen darum, daß
schon die vorausgesetzte Teilnichtigkeit durch eine ergänzende Vertragsauslegung
vermieden wird (o Rn 8). Im Gesellschaftsrecht wird der Grundsatz des Vorrangs der
ergänzenden Vertragsauslegung vor dem **dispositiven Gesetzesrecht** angenommen
(BGH NJW 1979, 1705). Bei gesetzes- und sittenwidrigen Verträgen gibt es kein Verbot
der ergänzenden Vertragsauslegung (CANARIS, in: FS Steindorff [1990] 518, 540). Doch
kann ihre grundsätzliche Anwendbarkeit auch dann nicht verneint werden, wenn
das Bedürfnis für sie erst durch die Nichtigkeit einer Bestimmung entstanden ist
(insoweit aA CANARIS, in: FS Steindorff [1990] 518, 541). Der hypothetische Parteiwille
entscheidet in den genannten Fällen nicht über die Frage der Teil- oder Totalnichtigkeit, sondern er kommt schon früher bei der Frage der Lückenfüllung ins Spiel.
Diese Entscheidungen bedeuten ein Verlassen des § 139 (insoweit ebenso, aber mit anderer Begründung CANARIS, in: FS Steindorff [1990] 518, 544) und in der Sache die Anerkennung einer **geltungserhaltenden Reduktion** (o Rn 3). Neuerdings scheint der BGH in
derartigen Fällen sogar von einer direkten Anwendung des § 139 BGB auszugehen.
Zwar sei Teilnichtigkeit nach § 139 in erster Linie gegeben, wenn „nach Entfernung
(sozusagen: „Hinausstreichen") des unwirksamen Teils ein Vertragsinhalt übrig
bleibt, der für sich allein genommen seinen Sinn behält. Doch sei die Norm nach

ihrer Zielsetzung auch dann anwendbar, wenn die Vertragsschließenden an Stelle der unwirksamen Regelung, hätten sie die Nichtigkeit von Anfang an gekannt, eine andere auf das zulässige Maß beschränkte vereinbart hätten und sich der Vertragsinhalt in eindeutig abgrenzbarer Weise in den nichtigen Teil und den von der Nichtigkeit nicht berührten Rest aufteilen läßt (BGH NJW 2001, 815, 817; dazu u Rn 70; zu den übrigen Fällen einer quantitativen Teilnichtigkeit u Rn 68 ff).

c) Verbundene Rechtsgeschäfte

62 Liegt ein einziges, kraft Parteiwillens verbundenes, Rechtsgeschäft vor (o Rn 36 ff), so ist eine Teilung des Rechtsgeschäfts im Hinblick auf die einzelnen selbständigen Geschäfte grundsätzlich immer möglich. So liegt es etwa, wenn von zwei äußerlich getrennten, aber einheitlichen Rechtsgeschäften, der eine Teil sittenwidrig ist und der andere nicht (BGH LM Nr 8; zust SOERGEL/HEFERMEHL[13] Rn 24). Auch kann die vereinbarte Gütertrennung wirksam sein, wenn der gleichzeitig erklärte Verzicht auf Unterhalts-, Zugewinn- und Versorgungsausgleich unwirksam ist (OLG Stuttgart BWNotZ 1990, 168).

d) Einzelbestimmungen des Rechtsgeschäfts

63 § 139 hat seinen genuinen Anwendungsbereich auch bei der Nichtigkeit von Einzelbestimmungen eines Rechtsgeschäfts (SOERGEL/HEFERMEHL[13] Rn 16, 25: Einheitlichkeit „in strengem Sinne"). Keine Selbständigkeit ist dagegen gegeben, wenn bei einem Vertrag nur der Antrag oder bei einem **gegenseitigen Vertrag** nur die Gegenleistung nichtig sind. Hier bedeutet die jeweilige Erklärung kein selbständiges Rechtsgeschäft und es kommt zur Totalnichtigkeit (MEDICUS, AT[8] Rn 505; JAUERNIG[10] Rn 5; FLUME, AT II 574; ANDRÉ 6 ff). Nach der hier vertretenen Auffassung ist allerdings geltungserhaltende Reduktion möglich (u Rn 70). Auch paßt etwa bei einem Besitzkonstitut (§ 930) die Rechtsfolge der Nichtigkeit für Tathandlungen wie die Übergabe nicht (MICHALSKI AcP 181 [1981] 384, 388 ff; FLUME, AT II 574 Fn 17). Im übrigen haben sich die Fallgruppen der objektiven (sogleich u Rn 64), der subjektiven (u Rn 65 ff) und der quantitativen Teilbarkeit (u Rn 68) herausgebildet.

aa) Objektive Teilbarkeit

64 Von objektiver Teilbarkeit wird überwiegend gesprochen, wenn nur einzelne Bestimmungen eines Vertrages nichtig sind (SOERGEL/HEFERMEHL[13] Rn 26), und der verbleibende Rest als sinnvolles Rechtsgeschäft Bestand haben kann (ERMAN/PALM[10] Rn 15). So liegt es etwa bei nichtigen Gewährleistungsabreden (doch o Rn 14). Die Zerlegung in selbständige Teile ist auch denkbar, wenn zusammengehörige teilbare Gegenstände veräußert werden, wie zB Hof- und Forstabschnitte und dies zu einem Gesamtpreis geschieht (RGZ 146, 234). Hier kommt es maßgebend darauf an, ob die Gegenleistung nach objektiven Kriterien entsprechend aufgeteilt werden kann (BGH BB 1957, 164; 1983, 1812). Auch lassen sich gemischte Schenkungen in einen nichtigen (§§ 518, 125) entgeltlichen und einen unentgeltlichen Teil aufspalten (RGZ 148, 236, 240; BGH NJW 1953, 501; zust SOERGEL/HEFERMEHL[13] Rn 26; krit ERMAN/PALM[10] Rn 15). Ein Fall der objektiven Teilbarkeit ist auch gegeben, wenn etwa in einem Alleinvertriebsvertrag nach Kartellrecht nichtige Preisbindungsabreden enthalten sind (BGH GRUR 1976, 101 „EDV-Zubehör"; 1971, 272 „Blitzgeräte"). Handelt ein Vertreter unter Überschreitung seiner Vertretungsmacht, so kann sich das Geschäft wohl in einen durch die Vollmacht gedeckten und im übrigen ungedeckten Teil aufspalten lassen (SOERGEL/HEFERMEHL[13] Rn 26). Vergleichbar liegt es, wenn jemand in eigenem Namen und zugleich als vollmachtloser Vertreter handelt und die Genehmigung verweigert wird (o

Rn 44). Zustimmungsbeschlüsse von Hauptversammlungen sind uU teilbar, auch wenn sie in einer einzigen Erklärung bestehen (OLG Hamburg NJW 1990, 3024, 3025). Teilbar war auch der Kreditvertrag im Rahmen der Schadensregulierung von Unfallschäden (aA LG Nürnberg-Fürth VersR 1974, 814, 816). Die Totalungültigkeit ergab sich aus dem Schutzzweck des RBerG (zutr MünchKomm/Mᴀʏᴇʀ-Mᴀʟʏ/Bᴜsᴄʜᴇ4 Rn 24; wie hier wohl in der Tendenz OLG München NJW 1974, 1659).

bb) Subjektive Teilbarkeit
Von subjektiver Teilbarkeit wird gesprochen, wenn mehrere Personen auf einer oder   65
beiden Seiten des Rechtsgeschäfts beteiligt sind (o Rn 44; BGHZ 53, 174, 179; 24, 345, 349; 3, 206, 209; BGH NJW 1991, 39, 40; WM 1961, 1149; RGZ 59, 174, 175; 141, 104, 108), und das Rechtsgeschäft im Verhältnis zu einer der Parteien nichtig ist. Die Art der gemeinschaftlichen Beteiligung, ob anteilige oder gesamtschuldnerische Haftung, ist unerheblich (RGZ 99, 52; Sᴏᴇʀɢᴇʟ/Hᴇғᴇʀᴍᴇʜʟ13 Rn 27). Auch bei subjektiver Teilnichtigkeit ist Subsidiarität iS der Respektierung der Wertungen anderer Rechtsnormen (zB § 123) zu beachten. So kann bei der Anfechtung einer Vermieterzustimmung zu einer zwischen dem bisherigen und dem neuen Mieter vereinbarten **Vertragsübernahme** wegen arglistiger Täuschung die Wertung des § 123 Abs 1, 2 nicht über § 139 außer Kraft gesetzt werden (BGH NJW 1998, 531, 533). Doch bedeutet die Verfügung von **mehreren Miteigentümern** einer Bruchteilsgemeinschaft oder von Miterben über einen gemeinschaftlichen Gegenstand keine koordinierte Verfügung aller Teilhaber über die betreffenden Anteile, so daß die Anwendbarkeit des § 139 ausscheidet (BGH NJW 1994, 1470, 1471; u § 140 Rn 65).

Teilbarkeit besteht insbes bei **Gesamtschuldverhältnissen** (RGZ 99, 55; 138, 272; OLG   66
Karlsruhe NJW-RR 1991, 947). Sie liegt auch vor bei einer Bürgschaftsübernahme durch Mitbürgen (RGZ 138, 270) oder die Verbürgung zugunsten mehrerer Gläubiger (BGH WM 2001, 1772, 1775) einer Hypothekenbestellung an mehreren Miteigentumsanteilen (BGH DNotZ 1975, 152), uU auch bei einer Forderungsabtretung durch Gesamtgläubiger (BGH NJW-RR 1987, 1260). Auch konnte bei einer gemeinschaftlichen Adoption durch Ehegatten nach früherem Recht in Einzeladoptionen aufgespalten werden (BGHZ 24, 345, 349). Teilbarkeit ist ausgeschlossen, wenn die Erklärung eines Gesamtvertreters nichtig ist, weil die Erklärungen der anderen Vertreter für sich allein keinen Bestand haben können (RGZ 145, 155, 160; BGHZ 53, 210, 215). Sie kommt dagegen bei einem Vertrag mit Ehegatten in Betracht, wenn einer davon geschäftsunfähig ist (BGH WM 1987, 1038). Eine Verfügung von Todes wegen wurde aufgespalten, wenn mehrere Erben durch ein Geldvermächtnis beschwert werden, die Belastung eines Miterben aber unwirksam ist (RG SeuffA 75 Nr 36; Sᴏᴇʀɢᴇʟ/Hᴇғᴇʀᴍᴇʜʟ13 Rn 27). Ebenso liegt es, wenn die angeordnete Testamentsvollstreckung für einen von mehreren Erben nach § 2306 oder nach § 2289 unwirksam ist (KG Recht 1915 Nr 573), oder wenn für den ganzen Nachlaß Testamentsvollstreckung angeordnet wurde, die Anordnung aber für einen Miterben unwirksam ist (BGH LM § 2085 Nr 3; auch BayObLG FamRZ 1991, 231).

Teilbarkeit wurde auch angenommen bei einem Pachtvertrag mit Geschäftsunfähig-   67
keit eines der Pächter (RGZ 99, 55) oder bei einem Prozeßvergleich (RGZ 141, 108).

cc) Quantitative Teilbarkeit
Die Rspr wendet § 139 seit langem auch bei Dauerrechtsverhältnissen iSe **zeitlichen**   68

Teilbarkeit an (RGZ 82, 124; PIERER vESCH 56 ff; BÜRGE 16 ff [wucherische Darlehenszinsen], 31 ff [überlange Bezugsverpflichtungen]; J HAGER 94 ff [Wucher], 104 ff [überlange Bindungszeiträume]; ZIMMERMANN 60 ff, 200 [abl]). Es handelt sich dabei allenfalls um eine analoge Anwendung des § 139, da die Vorschrift den Fall nicht trifft, daß die Parteien anstelle der vereinbarten nichtigen Regelung eine andere, auf das noch zulässige Maß reduzierte Regelung, vereinbart hätten (SOERGEL/HEFERMEHL[13] Rn 29; o Rn 61). Im Kern geht es nicht um eine Teilbarkeits-, sondern um eine **Schutzzweckproblematik** iSd von der betreffenden Nichtigkeitsnorm selbst angeordneten Beschränkung der Nichtigkeitsfolge (AK-BGB/DAMM Rn 16; BÖHME 24; o Rn 17). In diesem Sinne wurde ein Pachtvertrag, der wegen seiner langen Laufzeit nach § 1822 Nr 5, § 1643 Abs 1 genehmigungsbedürftig war, bei verweigerter Genehmigung für die höchst zulässige, genehmigungsfreie Laufzeit aufrechterhalten (RGZ 82, 124; 114, 35, 39). Ebenso wurde entschieden für einen Mietvertrag (oder Pachtvertrag) ohne die dazu erforderliche vormundschaftsgerichtliche Genehmigung (BGH NJW 1962, 734). Vergleichbar liegt es für einen ohne vormundschaftsgerichtliche Genehmigung abgeschlossenen Lebensversicherungsvertrag, wo die objektive Zerlegbarkeit zu bejahen war (BGHZ 28, 78, 83 f; PIERER vESCH 57; MünchKomm/MAYER-MALY/BUSCHE[4] Rn 25; JAUERNIG[10] Rn 12). In der Entscheidung wurde nur der erforderliche hypothetische Parteiwille verneint. Der Schwerpunkt der Rspr liegt jedoch in der Beurteilung von Verträgen, die sich wegen einer **überlangen Laufzeit** als sittenwidrig darstellen. Auch hier kommt es zu einer Aufrechterhaltung des Rechtsgeschäfts mit der zulässigen Dauer, soweit sonstige Bedenken nicht zu erheben sind (BGH NJW 1979, 1605, 1606). Folgt dagegen die Sittenwidrigkeit noch aus anderen Gründen und kann deshalb der sittenwidrige Vertragsteil nicht eindeutig ausgeschieden werden, so soll eine Teilung und Herabsetzung der Bindungsdauer ausgeschlossen sein (BGH NJW 1986, 2944, 2945).

69 So wurde etwa ein überlanger Bierlieferungsvertrag mit einer daraus folgenden nach § 138 Abs 1 sittenwidrigen Bindung in analoger Anwendung des § 139 auf den längsten sittengemäßen Zeitraum von maximal zwanzig Jahren begrenzt (BGH NJW 1974, 2089; 1972, 1459 [gegen RGZ 76, 78]; 1970, 2243; NJW-RR 1990, 816; iE zust CANARIS, in: FS Steindorff [1990] 519, 542). Im Einzelfall wurde die Geltungsdauer auch von 20 auf 15 Jahre verkürzt (BGH NJW 1992, 2145). Diese Rückführung der Vertragslaufzeit unterliegt in ihrer Dauer weitgehend der freien **tatrichterlichen Würdigung** (BGH NJW 1992, 2145, 2146; 1985, 2693). Die Laufzeitverringerung führt allein zur Verkürzung der Vertragsdauer unter unveränderter Aufrechterhaltung der übrigen Teile der beiderseitigen vertraglichen Verpflichtungen (BGH NJW 1992, 2145, 2146; krit dazu MEILICKE/WEYDE DB 1994, 821). Der Rspr muß man die Befugnis zur Setzung derartiger „gegriffener" Größen im Interesse der Rechtssicherheit zuerkennen (G HAGER AcP 181 [1981] 447, 450 gegen ZIMMERMANN 177 ff; dagegen wiederum ZIMMERMANN AcP 184 [1984] 505, 510). Dabei kann man nicht von einer Unschärfe der juristischen Technik sprechen (so aber BÜRGE 71). In gleicher Weise wurde quantitative Teilbarkeit auch bei übermäßig lange bindenden Ankaufsverpflichtungen in Erbbaurechtsverträgen angenommen (BGHZ 68, 1, 6 [94 Jahre]; 75, 15, 19; zust CANARIS, in: FS Steindorff [1990] 519, 544). Ebenso entschieden wurde für einen übermäßig lange andauernden Betriebsführungsvertrag (BGH ZIP 1982, 584). Eine entsprechende Laufzeitbegrenzung muß dann konsequenterweise auch gelten für die übermäßige Dauer eines vertraglichen Wettbewerbsverbotes (OLG Schleswig MDR 2001, 1018, 1019; OLG Stuttgart NJW 1978, 2340 [abgelaufener Apothekenpachtvertrag]; offengelassen in BGH NJW 1979, 1605; abgelehnt dagegen in BGH NJW-RR 1989, 800, 801 [dort aber zeitlich unbefristetes, örtlich unbegrenztes und entschädigungsloses

Wettbewerbsverbot]; krit OLG Zweibrücken NJW-RR 1990, 482, 483 [dort Reduzierung auf 5 Jahre, freilich unter Beachtung einer salvatorischen Klausel], o Rn 22). Eine **geltungserhaltende Reduktion** wurde im Falle einer **Mandantenschutzklausel** für unzulässig gehalten (BGH NJW 1991, 699, 700 m Anm G H ROTH EWiR § 112 HGB 1/91, 73; ebenso OLG Stuttgart NJW 2000, 1431; dazu *Römermann* NJW 2002, 1399), weil das Wettbewerbsverbot nicht allein wegen der unangemessenen Laufzeit gegen die guten Sitten verstieß. Auch wurde die Verkürzung eines zeitlich, örtlich und gegenständlich unbeschränkten Wettbewerbsverbotes zwischen den Kaufvertragsparteien einer Anwaltspraxis abgelehnt, weil das umfassende Wettbewerbsverbot eine einheitliche Regelung sei, die nicht in mehrere Teile zerlegt werden könne (BGH NJW 1986, 2944, 2945; aber wohl nicht vereinbar mit BGH NJW 1987, 2014 [sittenwidriges Schuldanerkenntnis]; dazu LAMMEL AcP 189 [1989] 244, 246). In der Tendenz will die Rspr wohl nur reduzieren, wenn die überlange Dauer den **einzigen Grund** für die Annahme der Sittenwidrigkeit bildet. Dann wird das Dauerschuldverhältnis derart in Zeitabschnitte zerlegt, daß sie sich als Teile eines ganzen Vertrages iS des § 139 darstellen. So können sie bei entsprechendem hypothetischen Parteiwillen mit einer kürzeren nicht zu beanstandenden Laufzeit aufrechterhalten bleiben (BGH NJW 1991, 699, 700; dem Grundsatz nach bestätigt durch BGH NJW 1997, 3089). Vergleichbares sollte auch gelten bei einer zu weitgehenden **räumlichen Erstreckung** (HIRTE ZHR 154 [1990] 443, 459; MELULLIS WRP 1994, 686, 691 f; offengelassen in BGH NJW 1997, 3089) oder einem übertriebenen **mengenmäßigen Umfang** einer Bindung (CANARIS DB 2002, 930, 932). Die Zurückführung scheitert deshalb, wenn noch weitere erschwerende Gesichtspunkte hinzukommen (so die Wertung der Rspr durch WERNICKE BB 1990, 2209). So soll das Gericht nicht an Stelle des Betroffenen festlegen können, mit welchen zeitlichen, räumlichen und gegenständlichen Grenzen das Verbot gilt (BGH NJW 1997, 3089; mit Recht großzügiger BUTTERS JuS 2001, 324). Im genannten Fall hätte aber nicht nur die übermäßige zeitliche und räumliche Ausdehnung des Wettbewerbsverbotes ohne weiteres auf das Angemessene zurückgeführt werden können, sondern auch die zu weit gehende verbotene Ausübung des Tierarztberufes auf die Tätigkeit als freiberuflicher Tierarzt. Nach den durch das BVerfG (BVerfGE 81, 242, 256 = NJW 1990, 1469) aufgestellten Grundsätzen wirken die §§ 138, 242, 315 iSv Übermaßverboten. Deshalb liegt eine **geltungserhaltende Reduktion** gegen die restriktive Tendenz des BGH ganz allgemein nahe (dazu CANARIS, in: FS Steindorff [1990] 519, 539; ebenso für vertikale Beschränkungen unter Abstellen auf die – unklare – Unterscheidung von Individual- und Sozialbereich LAMMEL AcP 189 [1989] 244 ff). So wurde ein Wettbewerbsverbot von drei Jahren gegenüber einem ausgeschiedenen Sozius auf diesem Wege auf zwei Jahre gekürzt (OLG Schleswig MDR 2001, 1018, 1019).

Dagegen verneint die Rspr in der Regel ganz allgemein eine Teilbarkeit, wenn der **70** Vertrag nur wegen der **übermäßigen Höhe** einer der beiden Leistungen gegen § **138** verstößt. Hier wird die Leistung nicht in einen angemessenen, nicht zu beanstandenden, und einen sittenwidrigen Teil geteilt. Das Geschäft dürfe für denjenigen, der seinen Vertragspartner übervorteile, nicht das Risiko verlieren, mit dem es durch die gesetzlich angeordnete Nichtigkeitsfolge behaftet sei (BGHZ 68, 204, 207 [zu § 140]). Es sei nicht Aufgabe des Richters, für die Parteien anstelle des sittenwidrigen Rechtsgeschäfts eine Vertragsgestaltung zu finden, die den beiderseitigen Interessen gerecht wird und die Folge der Sittenwidrigkeit vermeidet (BGH NJW 2001, 815, 817; BGHZ 107, 351, 358; zust MEDICUS, AT[8] Rn 505 gegen H ROTH ZHR 153 [1989] 423). Das Gesagte bedeutet das Verbot der **geltungserhaltenden Reduktion** im Bereich des Sittenwidrigkeitsurteils. Dem liegt auch die Befürchtung zugrunde, der Richter greife unbefugterweise in das von den Parteien zu bestimmende Äquivalenzverhältnis ein (Palandt/ Heinrichs[62] Rn 10). Im wesentlichen geht es freilich nicht um Probleme des § 139 (o Rn 3). Im einzelnen ist zu unterscheiden (dazu vor allem die Erl zu § 138 Rn 109 ff, 240 ff und zu § 134 Rn 89 ff): Die Rspr hält **Wuchergeschäfte** und **wucherähnliche Geschäfte** nicht mit einer angemessenen Gegenleistung aufrecht (BGHZ 68, 207; ebenso Larenz/M Wolf, AT[8] § 45 Rn 20 ff; Flume, AT II 574; Zimmermann 76 ff; aA J Hager 88 ff; H Roth JZ 1989, 411, 417). ME fordern Sinn und Zweck des Wucherverbotes (§ 302a StGB iVm § 134 BGB) lediglich Teilnichtigkeit. Das Rechtsgeschäft ist jedenfalls dann zum angemessenen Preis aufrechtzuerhalten, wenn dieser gesetzlich festgelegt oder sonst hinreichend sicher ermittelbar ist (im Grundsatz ebenso Jauernig[10] Rn 9). Deshalb ist wohl auch der **Wucherkauf** nicht stets totalnichtig (aA Jauernig[10] Rn 9; H Honsell ZHR 148 [1984] 298, 303), weil sich für die verkaufte Sache meistens ein objektiver Marktwert ermitteln lassen wird. Darum besteht auch keineswegs immer eine Vielzahl von Reduktionsmöglichkeiten. Geltungserhaltende Reduktion wurde wenigstens in dem Sonderfall des Kaufes eines Eigenheims von einem gemeinnützigen Wohnungsunternehmen anerkannt (BGH NJW 1972, 1189, 1190 [2. BerechnungsVO]). Das gleiche gilt für den **Mietwucher.** Dort mindert die Rspr bis zur Wesentlichkeitsgrenze des § 5 WiStG (BGHZ 89, 321). Richtig ist aber auch hier das Abstellen auf den angemessenen Preis (o Rn 17). Ebenso ist zu entscheiden für den **Lohnwucher,** wo der nichtige „Hungerlohn" durch § 612 Abs 2 ersetzt wird. § 139 scheidet hier schon wegen des Vorrangs der Auslegung des Schutzgesetzes (o Rn 17) aus (Kohte NJW 1982, 2086; Jauernig[10] Rn 9; mit Abweichungen BAG MDR 1960, 612 f; ferner BAGE 14, 185; LAG Berlin NZA-RR 1998, 392). Bei einem **Wucherdarlehen** soll der Bewucherte das Darlehen wegen § 817 S 2 unentgeltlich bis zum unwirksam vereinbarten Rückzahlungstermin behalten dürfen (BGH WM 1989, 170 mN). Richtig ist es auch bei Wucherdarlehen (§ 138 Abs 2), den Vertrag zum marktgerechten Zins aufrechtzuerhalten (Streitstand bei H Roth ZHR 153 [1989] 423 ff; Jauernig[10] Rn 10 tritt für den sich aus § 246 ergebenden Zins ein). Bei den häufigeren **wucherähnlichen Darlehen** des § 138 Abs 1 sollte ebenfalls nicht § 139 angewendet werden (aA Jauernig[10] Rn 10), sondern eine geltungserhaltende Reduktion auf den marktgerechten Zins stattfinden (ie H Roth ZHR 153 [1989] 423, 440 ff mwNw). Auch bei einer nach § 138 Abs 1 BGB sittenwidrigen **Angehörigenbürgschaft** (oder Schuldbeitritt) kommt es nach der Rspr regelmäßig zur gänzlichen Unwirksamkeit der Bürgschaft und nicht über § 139 BGB zu einer Reduktion der Verpflichtung auf das noch Sittengemäße (BGH NJW 2001, 815, 817; Medicus JuS 1999, 833, 838; Gernhuber JZ 1995, 1086, 1095 f; Kulke ZIP 2001, 985, 993). Dieses Ergebnis soll auch nicht durch eine geltungserhaltende Reduktion oder eine Umdeutung nach § 140 BGB erreicht werden dürfen. Doch wurde eine gegen die guten Sitten verstoßende Mithaftungsabrede nach § 139 BGB teilweise aufrechterhalten, wenn die Parteien bei Kenntnis des Nichtigkeitsgrundes an Stelle der unwirksamen Regelung eine andere auf das zulässige Maß beschränkte vereinbart hätten und sich der Vertragsinhalt in eindeutig abgrenzbarer Weise in den nichtigen Teil und den von der Nichtigkeit nicht berührten Rest aufteilen läßt (BGH NJW 2001, 815 im Anschluß an BGHZ 107, 351). Daher wurde die Mithaftungsabrede für den Teil aufrechterhalten, der nicht die geschäftlich veranlaßten Verbindlichkeiten des Ehemannes, sondern die privat veranlaßten gemeinsamen Verbindlichkeiten der Eheleute betraf (aA Kulke ZIP 2001, 985, 990 ff unter Verneinung der Teilbarkeit). Ich halte die Entscheidung jedenfalls in *diesem* Punkt für zutreffend (ebenso Palandt/Heinrichs[62] § 138 Rn 38 e; im übrigen aber H Roth JZ 2001, 1039).

Vergleichbar einer geltungserhaltenden Reduktion wirkt die **Billigkeitsprüfung** nach 71 § 315 Abs 3 S 2, welche der Prüfung der Sittenwidrigkeit vorangeht und diese verdrängt (BGH NJW-RR 1990, 1204 [Monopolpreiskontrolle]; Einzelheiten bei KOHTE ZHR 137 [1973] 237, 253 ff; KRONKE AcP 183 [1983] 124 ff).

Schließlich wurden auch „**Geliebtentestamente**" von ihrem sittenwidrigen Übermaß 72 befreit (BGHZ 52, 17, 22 ff). Auch wurden umfassende und sittenwidrige **Globalabtretungen** an Lieferanten im Rahmen eines Eigentumsvorbehalts im Wege einer „vernünftigen Auslegung" reduziert (BGHZ 26, 178, 182 f; 79, 16, 18; skeptisch BGHZ 98, 303, 311 ff; zur weiteren Entwicklung der Rspr BGH WM 1994, 1283 ff; zum anderen Fall der nachträglichen Übersicherung BGHZ 137, 212). Abgetreten sein sollte danach nur ein sittenkonformer Teil der Kundenforderungen.

Eine Teilbarkeit wurde auch bejaht im Falle der Einsetzung zum Alleinerben des 73 Gesamtvermögens, wo geteilt wurde in die Einsetzung zum Miterben eines Vermögensteils (BGHZ 53, 369, 381). Das ist kaum richtig, weil sich wegen der §§ 2033 Abs 2, 2034, 2038 ff die Stellung des Miterben von derjenigen des Alleinerben wesentlich unterscheidet (JAUERNIG[10] Rn 7). Für möglich gehalten wurde auch die Aufteilung einer unwirksamen Testamentsvollstreckung für den ganzen Nachlaß in eine Testamentsvollstreckung für einen Erbteil (BGH NJW 1962, 912; BayObLG FamRZ 1991, 231; dazu vPREUSCHEN FamRZ 1993, 1390 ff). In gleicher Weise reduziert wurde ein in voller Höhe sittenwidriges Schuldanerkenntnis (BGH ZIP 1987, 519; krit dazu TIEDTKE ZIP 1987, 1089; CANARIS, in: FS Steindorff [1990] 519, 568). Diese Annahme ist aber kaum mit der sonstigen angeführten Rspr vereinbar. Ich selbst möchte eine zulässige geltungserhaltende Reduktion annehmen.

IX. Rechtsfolgen des § 139

„Die Bedeutung, welche der Verbindung von mehreren, in einem Zusammenhange 74 stehenden Willenserklärungen zukommt, kann lediglich dem Willen der Beteiligten entnommen werden" (Mot I 222). Heute wird dazu überwiegend auf den **hypothetischen Parteiwillen** und nicht so sehr auf den zur Zeit des Geschäftsabschlusses vorhandenen Willen der Parteien abgestellt (SOERGEL/HEFERMEHL[13] Rn 34; MünchKomm/ MAYER-MALY/BUSCHE[4] Rn 28; CAHN JZ 1997, 8, 18; **aA** noch ENNECCERUS/NIPPERDEY[15], AT I 2 1219; zur Entwicklung der Auslegung PAWLOWSKI 207). Gleichwohl ist ein (ausnahmsweise) vorhandener **realer Wille** der Parteien beachtlich und geht der Auslegung nach dem hypothetischen Willen vor (o Rn 22 ff; DEUBNER JuS 1996, 106). Im Regelfall ist aber ein derartiger Wille von den Parteien nicht gebildet worden. Dann ist auf den anderen Maßstab des hypothetischen Parteiwillens abzustellen (ausführlich OEPEN 3 ff; SANDROCK AcP 159 [1960/1961] 481, 483 ff).

1. Hypothetischer Parteiwille

a) Objektive Wertung und Standpunkt der Parteien

Die Rspr wendet zur Ermittlung des hypothetischen Parteiwillens die Grundsätze der 75 ergänzenden Vertragsauslegung an (§ 157). Maßgebend soll sein, welche Entscheidung die Parteien bei Kenntnis der Sachlage nach Treu und Glauben und bei vernünftiger Abwägung der beiderseitigen Interessen getroffen hätten (RGZ 118, 218, 222; BGH WM 1997, 625, 627; NJW 1986, 2576, 2577; u § 157 Rn 30 ff). Dabei ist die Feststellung

Herbert Roth

nicht ausreichend, wonach die Parteien in jedem Fall, aber vielleicht mit anderem Inhalt, abgeschlossen hätten. Vielmehr muß feststehen, daß das Rechtsgeschäft so abgeschlossen worden wäre, wie es sich ohne den nichtigen Teil darstellt (RGZ 146, 118; LG Düsseldorf WuW/E LG/AG 186 [„Gummistecker"]). Nach dem Gesagten wird in der Regel das **objektiv Vernünftige** als Parteiwille angenommen (RGZ 107, 40; 118, 218, 222; Palandt/Heinrichs[62] Rn 14; Sandrock AcP 159 [1960/1961] 481). In gleichem Sinne wird auch von einer „Wertung" (Flume, AT II 580) oder einer „Bewertung" (Larenz/M Wolf, AT[8] § 45 Rn 28) gesprochen. Dabei wird die präzisierende Frage vorgeschlagen, ob die Parteien des Rechtsgeschäfts als verständige Personen das Geschäft hinsichtlich des nicht von dem Nichtigkeitsgrund betroffenen Teils hätten gelten lassen, wenn sie unmittelbar nach Abschluß des Geschäftes vor die Alternative gestellt gewesen wären, ob das Geschäft zum Teil oder überhaupt nicht gelten solle (RGZ 146, 116; Flume, AT II 581; BGB-RGRK/Krüger-Nieland/Zöller[12] Rn 38). Das ist nur mit der Einschränkung richtig, daß ein **tatsächlicher Wille** der Parteien nicht ermittelt werden kann (o Rn 74). Zutreffend ist es aber, die Frage nach dem hypothetischen Parteiwillen so zu stellen, daß die Behebbarkeit des Nichtigkeitsgrundes außer Betracht gelassen wird. Deshalb ist zu fragen, ob die Parteien das Rechtsgeschäft ohne den von dem Nichtigkeitsgrund betroffenen Teil abgeschlossen hätten, wenn sie bei behebbaren Mängeln den Mangel als nichtbehebbar angesehen hätten (Flume, AT II 579). Entgegen der vor allem von Flume vertretenen Tendenz darf es freilich nicht um eine rein objektive Wertung gehen, weil damit der Ausgangspunkt verlassen würde, wonach § 139 der Durchsetzung des Parteiwillens dienen will (o Rn 1; zutr Soergel/Hefermehl[13] Rn 34; Medicus, AT[8] Rn 508). Vielmehr kommt es für die anzustellende Wertung in erster Linie auf den **Standpunkt der Parteien** selbst an und nicht auf denjenigen eines vernünftigen Dritten oder denjenigen des Richters (Mayer-Maly, in: FS Flume [1978] 621, 622 f; Medicus, AT[8] Rn 508; grundsätzlich auch Oepen 14 ff). Der Unterschied zur Vertragsauslegung besteht darin, daß auch bloß einseitige Interessen zu beachten sind (Medicus, AT[8] Rn 508; auch W Gerhardt JuS 1970, 326; gegen dieses Argument Bork AT Rn 1218 Fn 19). Man kann hier von einem „individuellen hypothetischen Parteiwillen" sprechen (Sandrock, Zur ergänzenden Vertragsauslegung im materiellen und internationalen Schuldvertragsrecht [1966] 93 ff). In diesem Zusammenhang ist es nicht von Bedeutung, daß sich die (auch) auf objektive Merkmale gestützte Wertung von dem „historischen Grundgedanken" entfernt (dazu H-H Seiler, in: FS Kaser [1976] 127, 146 Fn 79). In der praktischen Anwendung werden objektive Wertung und Rücksichtnahme auf den Standpunkt der Parteien oftmals in wechselnder Intensität zusammenspielen. So muß zwangsläufig die Objektivierung des Rechtsgeschäfts im Vordergrund stehen, wenn sich der Standpunkt der Parteien nicht feststellen läßt. Auch die Motive erwähnen die objektive Wertung, wenn formuliert wird: „... die Verbindung selbst spricht aber zunächst für die innere Zusammengehörigkeit" (Mugdan I 475 = Mot I 222).

76 Das Abstellen auf den **hypothetischen Parteiwillen** bedeutet, daß die anzustellende Wertung oder Bewertung in der dargestellten Weise oftmals zu einem Ergebnis in dem Sinne führen wird, daß das Rechtsgeschäft, abgesehen von seinem ungültigen Teil, als wirksam angesehen wird (Flume, AT II 581). Die Tendenz des § 139 zur Totalnichtigkeit greift also wiederum nur subsidiär ein, wenn die vorzunehmende Wertung nicht zu einer eindeutigen Entscheidung führt (Flume, AT II 581; o Rn 2). Bisweilen wird sogar (übertreibend) angenommen, daß § 139 überhaupt entbehrlich ist, weil sich der hypothetische Parteiwille immer ermitteln ließe (so H-H Seiler, in: FS Kaser

[1976] 127, 147). Doch muß das nicht immer der Fall sein (BayObLG MDR 1980, 756; BGB-
RGRK/Krüger-Nieland/Zöller[12] Rn 38; o Rn 2).

b)   Maßgebender Zeitpunkt

Maßgebend ist bereits nach dem Wortlaut des § 139 und auch nach dem Sinn der   **77**
Regelung der hypothetische Wille der Parteien zur Zeit des Vertragsabschlusses
(BGHZ 17, 41, 59; BGH NJW-RR 1989, 800, 801; RGZ 146, 366, 369; Oepen 10 f; Jauernig[10]
Rn 13; zum Fall der nachträglichen Gesetzesänderung o Rn 32).

c)   Ersetzende Regelungen

Die Regelung des § 139 geht an sich davon aus, daß der nichtige Teil des Rechts-   **78**
geschäfts ersatzlos wegfällt. Deshalb wird bisweilen vertreten, daß der Richter im
Rahmen des § 139 nicht an die Stelle des nichtigen Teils eines Rechtsgeschäfts eine
andere Regelung setzen könne (Soergel/Hefermehl[13] Rn 38 im Anschluß an Flume, AT II
582). Das bedeute die „Garantiefunktion" des Vertrages. Doch werden von diesem
Grundsatz ohnehin weitreichende Ausnahmen anerkannt, wie etwa bei einem Verstoß gegen zwingendes Gesetzesrecht (o Rn 13 ff). Darüber hinaus kommt es zu einer
Inhaltsänderung des Vertrages auch dann, wenn die durch Teilnichtigkeit entstandene Lücke durch ergänzende Vertragsauslegung gefüllt wird (o Rn 8). § 139 BGB
nähert sich dann den Möglichkeiten des § 306 BGB an (o Rn 7). Insoweit kann nicht
davon gesprochen werden, daß den Parteien ein Vertragsinhalt aufgedrängt werde (so
auch MünchKomm/Mayer-Maly/Busche[4] Rn 31). Auch wird den Parteien bei nichtigen
Wertsicherungsklauseln von der Rspr eine Neuverhandlungspflicht in dem Sinne
auferlegt, daß sie einer Änderung der vereinbarten Wertsicherungsklausel in eine
solche mit genehmigungsfähigem oder nichtgenehmigungsbedürftigem Inhalt zustimmen (BGH DB 1979, 1790, 1791). Auch das bedeutet eine Inhaltsänderung des
Vertrages über die Stoßrichtung des § 139 hinaus.

2.   Prozessuales; Beweislast

Wer die Gültigkeit des Restgeschäftes in Anspruch nimmt, trägt für diejenigen Tat-   **79**
sachen die **Beweislast**, aus denen sich ergeben soll, daß das Rechtsgeschäft auch ohne
den nichtigen Teil abgeschlossen worden wäre (BGHZ 45, 376, 380; BGH NJW-RR 1986,
346, 348; undeutlich BGH NJW 1995, 722, 724; OLG München NJW-RR 1987, 1042; LG Düsseldorf
WuW/E LG/AG 186; MünchKomm/Mayer-Maly/Busche[4] Rn 33; Palandt/Heinrichs[62] Rn 14).
Soweit es um die objektive Wertung geht, kann von einer Beweislast nur in bezug auf
diejenigen Tatsachen die Rede sein, aufgrund derer die erforderliche Wertung vorgenommen werden soll. Die Wertung selbst ist einer Beweislastentscheidung nicht
zugänglich. Da aber auch ein etwa vorhandener tatsächlicher Parteiwille ermittelt
werden muß, kommt im Hinblick auf die betreffenden Tatsachen sehr wohl eine
Beweislastentscheidung in Betracht (insoweit anders Flume, AT II 581). Führt die anzustellende Wertung nicht zum Erfolg, so greift die Regel des § 139 mit der Folge der
Totalnichtigkeit ein (o Rn 76). Insoweit ist es freilich nicht ganz korrekt, von einem
„non liquet" zu sprechen. Vielmehr greift hier die dem hypothetischen Parteiwillen
nachrangige Wertung des Gesetzes mit § 139 ein. Die Gesamtnichtigkeit wirkt gegenüber jedermann. Das Gericht hat sie **von Rechts wegen** (nicht: von Amts wegen) zu
berücksichtigen, auch wenn sich keine der Parteien darauf beruft. Doch gibt es dazu
Ausnahmen (u Rn 89). Wenn tatsächliche Feststellungen nicht mehr zu erwarten sind,
kann auch das Revisionsgericht die erforderliche Wertung vornehmen (BGH NJW

1994, 720, 721). Über den **Vortrag der Parteien** oder einer der Parteien, was sie im Falle der Teilnichtigkeit vereinbart haben würden, ist Beweis zu erheben, wenn der Vortrag nicht unstreitig wird (zB OLG Frankfurt aM ZIP 1993, 1488, 1490 m Anm KREITNER EWiR § 372 BGB 2/93, 963; OLG Stuttgart FamRZ 1987, 1034, 1037). Das ergibt sich daraus, daß bei Vorhandensein eines beachtlichen tatsächlichen Parteiwillens für eine Orientierung am hypothetischen Parteiwillen kein Raum ist (besonders klar MAYER-MALY, in: FS Flume [1978] 621, 623). Wird für die Anwendung des § 139 wesentliches Parteivorbringen außer Acht gelassen, so liegt darin ein **Revisionsgrund** (BGH WuB VIII A. § 19 BNotO 2.93 m Anm LANGENFELD). Der Vortrag einer Bank im Prozeß, sie verzichte auf den unwirksamen Teil einer Zweckbestimmungserklärung einer Bürgschaft, ist in Wahrheit ein tatsächlicher Umstand, der für die Aufrechterhaltung des Restvertrages nach dem hypothetischen Parteiwillen spricht (übersehen von OLG Zweibrücken WuB I F 1a Bürgschaft 1.93 m Anm von BECKER-EBERHARD). Für die Prüfung der Voraussetzungen des § 139 kommt es nicht allein entscheidend auf die Vertragsurkunde an. Vielmehr sind alle für die Ermittlung des Parteiwillens in Betracht kommenden Umstände, auch solche außerhalb des Vertragstextes, heranzuziehen (BGH NJW 1986, 2576, 2577). Zu der Anwendung der Regel des § 139 genügt es, wenn nach den unstreitig gegebenen Umständen nicht anzunehmen wäre, daß die Vertragsparteien das Rechtsgeschäft auch ohne den nichtigen Teil vorgenommen hätten (BGH NJW 1994, 1470, 1471).

3.   Einzelfälle

80 Die Rspr hat den hypothetischen Parteiwillen für viele Fallgruppen typisiert. Dabei handelt es sich um die typische Bewertung von Parteiinteressen, wo davon ausgegangen wird, daß das Rechtsgeschäft auch ohne den nichtigen Teil vorgenommen worden wäre. Eine schematische Übertragung auf andere Fälle ist unzulässig, weil stets vorrangig der Standpunkt der Parteien zu berücksichtigen ist (o Rn 75).

a)   Kartellrecht; Wettbewerbsbeschränkungen

81 Im Kartellrecht ist Teilnichtigkeit bei der Anwendung kartellrechtlicher Verbote insbes bei Austauschverträgen eine häufige Erscheinung. Die Frage nach Total- oder Teilnichtigkeit beurteilt sich nach § 139 (dazu CANARIS DB 2002, 930; HELM GRUR 1976, 496). Nach der Streichung (wegen fehlenden Bedarfs) von § 19 Abs 2 GWB aF mit den zivilrechtsgestaltenden Befugnissen der **Kartellbehörde** bestimmen sich jetzt auch die zivilrechtlichen Folgen des Einschreitens der Kartellbehörde nach den allgemeinen Vorschriften und damit auch nach § 139 (dazu BT-Drucks 13/9720 S 35 v 29. 1. 1998 zum Sechsten Gesetz zur Änderung des Gesetzes gegen Wettbewerbsbeschränkungen). Die Rede sein soll aber nur von den Verträgen Privater. Maßgebend ist der hypothetische Parteiwille (o Rn 74 ff). Der auf der Verletzung von Kartellrechtsvorschriften beruhende Verstoß gegen den **ordre public** führt nicht etwa dazu, daß dieser auf Aufrechterhaltung des Vertrages gerichtete Parteiwille unbeachtlich wäre (ULMER, in: FS Steindorff [1990] 798, 810 f gegen STEINDORFF, in: FS Hefermehl [1971] 177, 186 f). Überhaupt darf die Aufrechterhaltung des Rechtsgeschäfts bei einem entsprechenden hypothetischen Parteiwillen nicht aus Gründen der Generalprävention scheitern. ME sollte die Tendenz hier noch mehr von der Gesamtnichtigkeit weggehen, ohne daß dem Ziele des GWB widersprächen (BGH NJW 1994, 1651, 1653 [„Pronuptia – II"]; insoweit nicht überholt durch BGH NJW 2003, 347; CANARIS DB 2002, 930; entgegengesetzte Tendenz bei OLG Düsseldorf DB 2002, 943 [Energielieferungsvertrag]). Bei § 1 GWB (iV mit § 134 BGB) beschränkt sich die Nichtigkeit des Vertrages grundsätzlich auf die gegen § 1 verstoßenden Vertragsklauseln. Die Ausstrahlung auf den Rest beurteilt sich nach § 139. Totalnichtigkeit ist anzunehmen, wenn die aus kartellrechtlichen Gründen unwirksame Regelung aus dem Gesamtzusammenhang des Vertrages nicht herausgebrochen werden kann, ohne daß dieser als wirtschaftliche Einheit in sich zusammenfällt (HELM GRUR 1976, 496, 501; zweifelhaft LG Mannheim BB 1999, 1082; dagegen ROTTNAUER BB 1999, 2145, 2150 ff [Stromlieferungsvertrag mit Verteilerunternehmen]). Auch für Lieferverträge über Strom und Gas nach Wegfall der Ausschließlichkeitsabrede wird mit Recht Teilnichtigkeit das Wort geredet (J F BAUR RdE 1997, 41, 43 ff; LUKES BB 1999, Beilage 8 S 20; CANARIS DB 2002, 930 gegen OLG Düsseldorf DB 2002, 943). Totalnichtigkeit wird man dann annehmen können, wenn die Wettbewerbsbeschränkung (§ 1 GWB) den Hauptzweck der Parteien darstellte (OLG Frankfurt aM WuW/E OLG 3498, 3500 f; EMMERICH, Kartellrecht [9. Aufl 2001] 57). Bei Nichtigkeit des Kartellvertrages nach § 1 GWB iV mit § 134 BGB sind **Folgeverträge** in Ausführung des nichtigen Kartellvertrages aus Gründen der Rechtssicherheit grundsätzlich wirksam (Nachw bei BECHTOLD, GWB [2. Aufl 1999] § 1 Rn 53; EMMERICH, Kartellrecht[9] S 57 f; MünchKomm/MAYER-MALY/ARMBRÜSTER[4] § 134 Rn 65). Für möglich gehalten wurde die Aufrechterhaltung des restlichen Kaufvertrags bei Nichtigkeit eines Wettbewerbsverbotes (BGH NJW-RR 1989, 800, 801). Die nach **Art 85 Abs 1 EGV** (Art 81 EG) nichtige Verpflichtung des Franchisegebers, dem Franchisenehmer in einem bestimmten Bezirk die ausschließliche Benutzung der ihm überlassenen Bezeichnung zu sichern, in Verbindung mit der Verpflichtung des Franchisenehmers, die Vertragswaren nur in dem festgelegten Geschäftslokal zu verkaufen, führte nicht zur Nichtigkeit des gesamten Franchisevertrages. Die Gebietsklausel war für das Funktionieren des gesamten Systems nicht erforderlich (OLG Hamburg WuW 1987, 393). In gleicher Weise führten nach Art 85 EGV, § 15 GWB (§ 14 GWB nF) nichtige Preisbindungen und Marktaufteilungen nicht zur Gesamtnichtigkeit eines Franchisevertrages (BGH NJW 1994, 1651, 1653 [„Pronuptia – II"]; insoweit nicht überholt durch BGH NJW 2003, 347). Die kartellrechtliche Nichtigkeit einiger Bestimmungen eines Vertriebsbindungsvertrages erfaßte nicht den Vertragsrest (OLG Düsseldorf WuW 1984, 84 [„Grundig-Vertriebsbindungssystem"]).

Gegen § 15 GWB (§ 14 GWB nF) verstoßende Regelungen in einem Gaststättenpachtvertrag führen nicht notwendigerweise zur Nichtigkeit des gesamten Pachtvertrages (OLG Hamm GRUR 1980, 183, 185 [iE hier aber Totalnichtigkeit]). Im Einzelfall wurde bei einem Verstoß gegen § 15 GWB wegen einer Preisbindungsvereinbarung auch die Totalnichtigkeit des Alleinvertriebsvertrages angenommen (BGH GRUR 1976, 101, 103 m Anm KROITZSCH [„EDV-Zubehör"]; ausführlich STEINDORFF, in: FS Hefermehl [1971] 177 ff). Im übrigen wird eher großzügig verfahren. So sollen nach § 15 GWB nichtige Bestimmungen über vertikale Bindungen in Alleinvertriebsverträgen nicht zur Totalnichtigkeit führen (OLG Frankfurt aM NJW 1974, 2239). Zudem wurde § 139 auf Massenverträge über die Preisbindung gewerblicher Leistungen beim Vertrieb von Markenwaren nicht angewendet (KG WuW 1970, 237 [zu § 16 GWB aF]). Doch kann Preis- und Konditionenabsprachen eine solche Bedeutung zukommen, daß es bei einer Patentgemeinschaft zur Totalnichtigkeit kommt (LG Düsseldorf WuW/E LG/AG 186 „Gummistecker"). **82**

b) Gesellschafts- und Arbeitsverträge

§ 139 paßt nicht auf **ausgeführte Dauerrechtsverhältnisse** wie insbes im Falle von Gesellschafts- und Arbeitsverträgen (CANARIS, in: FS Steindorff [1990] 519, 542; AK-BGB/DAMM Rn 3). Sind einzelne Bestimmungen eines Gesellschaftsvertrages nichtig, so **83** bleibt deshalb der Vertrag in der Regel im übrigen gültig (BGHZ 49, 364, 365 f; 107, 351 ff; SOMMER/WEITBRECHT GmbH-Rdsch 1991, 449 [zur GmbH]). Selbst wenn sich im Einzelfall die Teilnichtigkeit auf den gesamten Vertrag auswirkt, gelten die Grundsätze über die **fehlerhafte Gesellschaft** (BGH WM 1976, 1027, 1029; OLG Stuttgart WuW 1970, 377, 384). Die Gesellschaft ist dann nur mit Zukunftswirkung auflösbar (vgl auch SOERGEL/HEFERMEHL[13] Rn 58; PIERER VESCH 118 ff). Für das Gesellschaftsrecht bietet sich demnach die geltungserhaltende Reduktion in besonderem Maße an (ausführlich H P WESTERMANN, in: FS Stimpel [1985] 69 ff). Im Arbeitsrecht wird ganz allgemein Totalnichtigkeit vermieden, soweit die Teilnichtigkeit auf einem Verstoß gegen ein arbeitsrechtliches Schutzgesetz beruht (o Rn 15; BAG BB 1975, 883).

84 Die Teilnichtigkeit des Hauptversammlungsbeschlusses von Aktionären einer Aktiengesellschaft zu einem in unzulässiger Weise vereinbarten Beherrschungsvertrag mit rückwirkender Kraft führt nicht zur Totalnichtigkeit. Abgestellt wurde auf den Standpunkt von vernünftig urteilenden Aktionären (OLG Hamburg NJW 1990, 3024, 3025 unter Hinweis auf BGHZ 36, 121, 140 m zust Anm KRIEGER EWiR § 291 AktG 1/91, 217; auch OLG Hamburg NJW 1990, 521). Doch sind hier Beweisangebote darüber nicht zu erheben, wie die Mehrheit der Aktionäre hypothetisch abgestimmt haben würde. Ein auf Totalnichtigkeit gerichteter Wille ist nicht notwendigerweise bei der Übernahme einer Stammeinlage einer GmbH und einem Baggerkauf gegeben (komplizierter Sachverhalt in BGH WarnR 1977 Nr 26). Auch sonst bleibt die Anwendung des § 139 auf Hauptversammlungsbeschlüsse meist folgenlos (OLG Hamburg AG 1970, 230; für Beschlüsse des Aufsichtsrates BGH NJW 1994, 520).

c) Gerichtsstands- und Schiedsgerichtsklauseln
85 Die Nichtigkeit des Hauptvertrages berührt in der Regel nicht die Gerichtsstandsklausel (RGZ 87, 10; BGH LM ZPO Nr 38; KG BB 1983, 218). Ebenso liegt es für eine Schiedsabrede (BGHZ 53, 315, 318; BGH LM Nr 6; NJW 1979, 2567, 2568; 1977, 1397, 1398). Ist die Gerichtsstandsklausel ungültig, so bleibt die Gültigkeit des Hauptvertrages erhalten (BGHZ 22, 90). Die Ungültigkeit der Schiedsgerichtsklausel läßt die gleichzeitig vereinbarte Gerichtsstandsklausel unberührt (BGH DB 1984, 825).

d) Wertsicherungsklauseln
86 Der Mietvertrag bleibt insgesamt wirksam, wenn im Falle der Wohnungsmiete eine Wertsicherungsklausel unwirksam ist (OLG Celle OLGZ 1982, 219 ff). Die Nichtigkeit von Wertsicherungsklauseln (§ 3 WährG ist jetzt durch den vergleichbaren § 2 PaPKG ersetzt) führt allgemein zur Aufrechterhaltung des Vertrages unter Ersetzung der unwirksamen Klausel im Wege der ergänzenden Vertragsauslegung (BGHZ 63, 132; o Rn 8). Hier wird § 139 von vornherein vermieden.

e) Grundstücksverkehr
87 Ist eine Nebenabrede, wonach auf den für den Kauf des Erbbaurechts zu zahlenden Preis eine schon geleistete Zahlung anzurechnen ist, formnichtig, so wurde der beurkundete Kaufvertrag für wirksam angesehen, wenn der Käufer die Vorauszahlung ohne weiteres zu belegen vermag (BGH NJW 1994, 720, 721; BGHZ 85, 315, 318; bestätigt durch BGH NJW 2000, 2100, 2101; zust BORK AT Rn 1221). Die Formnichtigkeit eines Grundstückskaufvertrages führt nicht zur Unwirksamkeit der in diesem Vertrag dem Käufer vom Verkäufer erteilten Auflassungsvollmacht, wenn die Vollmacht unwiderruflich zur Sicherung des Vertrags erteilt ist (BGH DNotZ 1990, 359 m Anm HECKSCHEN). Bei

Unwirksamkeit einer Grundschuldbestellung ist nicht auch eine Bürgschaftsverpflichtung unwirksam (BGH FamRZ 1983, 455, 456), wenn der Kredit schon ausgezahlt ist. Wurde in einem Grundstückskaufvertrag eine Abrede, die der Käufer als verbindliche Zusicherung verstehen durfte, nicht mitbeurkundet, so wird freilich grundsätzlich von der Nichtigkeit des Vertrages ausgegangen (BGH WM 1976, 1111). Totalnichtigkeit wurde auch angenommen, wenn einheitliche Grundstücksgeschäfte willkürlich in formbedürftige und nichtformbedürftige Teilvereinbarungen aufgespalten wurden (OLG Stuttgart BWNotZ 1970, 23). Das gleiche gilt auch bei Teilnichtigkeit, wenn mehrere Grundstückskaufverträge als einheitliches Geschäft abgeschlossen werden, ohne daß die Verknüpfung der einzelnen Verträge beurkundet wird und die Parteien keinen isolierten Verkauf der Fläche gewollt haben (BGH NJW 2000, 2017). Wirksamkeit wurde bei der Teilnichtigkeit eines Grundstückskaufs infolge der fehlerhaften Bezeichnung des Grundstücks angenommen, wobei sich die verkaufte Fläche aus der im Vertrag bezeichneten Parzelle und einem Teil des Nachbargrundstücks zusammensetzte (OLG Düsseldorf MDR 1997, 1018). Die wegen § 2276 formnichtige Erbeinsetzung führt nicht zur Unwirksamkeit einer gleichzeitig erklärten Auflassung eines Grundstücks samt dem schuldrechtlichen Geschäft (OLG Hamm DNotZ 1996, 671).

f) Sonstiges

Bei einer Scheidungsfolgenvereinbarung im Rahmen des familiengerichtlichen Verbundverfahrens scheidet ein auf Restgültigkeit gerichteter hypothetischer Wille der Parteien wegen des engen Zusammenhangs der Scheidungsfolgen in aller Regel aus (OLG Stuttgart FamRZ 1984, 806, 808). Das gleiche gilt für zusammenhängende Vereinbarungen von geschiedenen Ehegatten über die Freistellung von Ansprüchen auf Kindesunterhalt mit dem Verzicht auf Ausübung des Umgangsrechts (OLG Karlsruhe FamRZ 1983, 417). Ist eine *Wahlleistungsvereinbarung* zwischen Krankenhausträger und Patient wegen fehlender formaler Voraussetzungen der BPflV unwirksam, so ist wegen § 139 auch ein mündlich oder konkludent abgeschlossener Arztzusatzvertrag nichtig. Doch bleibt der (totale) Krankenhausvertrag wirksam (BGH MDR 1998, 582). Bei einem *Kanzleiübernahmevertrag* führt die Nichtigkeit der Vereinbarung über den Verkauf der Honorarforderungen und die Nichtigkeit der Vereinbarung über die Übertragung der Akten zur Nichtigkeit des gesamten Vertrages (BGH NJW 1995, 2026, 2027). Ist eine *Provisionsteilungsabrede* zwischen einer Versicherungsagentur und einem Versicherungsnehmer nach § 134 nichtig, so führt das nicht zur Unwirksamkeit der Provisionsregelung in dem auf Dauer angelegten Agenturvertrag mit dem Versicherer (BGH NJW-RR 1997, 1381). Können bei der *Sicherungsübereignung* einer Mehrheit von Sachen nur einzelne identifiziert werden, so kann das Ziel des Vertragsschlusses wenigstens teilweise erreicht werden, wenn die darauf bezogene Übereignung als wirksam angesehen wird (als Beispiel erwogen in BGH ZIP 2001, 1706, 1709).

X. Rechtsmißbrauchsschranken

1. Vorteilsregel

Einer Vertragspartei wird es nach § 242 verwehrt, sich unter Berufung auf § 139 ihrer Vertragspflichten insgesamt zu entledigen, wenn lediglich eine einzelne abtrennbare Regelung unwirksam ist, die allein den anderen Vertragspartner begünstigt, und dieser unbeschadet des Fortfalls dieser Regelung am Vertrag festhalten will (BGH WM 1997, 625, 627 mit Anm Bülow LM § 139 BGB Nr 86 [Bürgschaft]; NJW 1993, 1587, 1589 m

88

89

Anm LANGENFELD WuB VIII A. § 19 BNotO 2. 93; NJW-RR 1989, 998; 1989, 800, 802; WM 1985, 993, 994; FamRZ 1983, 455, 456; GRUR 1971, 272, 273; NJW 1967, 245 [Unterwerfungsklausel]; BÖHME 50; krit STEINDORFF, in: FS Hefermehl [1971] 177 ff mit Überbetonung des ordre-public Gedankens; gegen ihn P ULMER, in: FS Steindorff [1990] 799 ff). Die Hauptanwendungsfälle finden sich im **Kartellrecht**, wo die Vorteilsregel in gleicher Bedeutung gilt, ohne durch Erwägungen der Generalprävention ausgeschaltet zu werden. Im übrigen kann es sich handeln um die Unterwerfung unter die Zwangsvollstreckung, die Bestellung von Sicherheiten, die Einräumung von Kontrollrechten usw (PALANDT/HEINRICHS⁶² Rn 16). Ebenso liegt es etwa bei der Unwirksamkeit einer Sicherungszession zugunsten des Verkäufers (RG JW 1916, 390). Ein Teil der Literatur will diese Rspr nicht mit dem Arglisteinwand begründen (FLUME, AT II 588). Vielmehr handele es sich um eine Einschränkung des § 139 für den Fall, daß der nichtige Teil des Rechtsgeschäfts ausschließlich im Interesse eines der am Rechtsgeschäft Beteiligten vereinbart ist. Das ist beifallswert. Der benachteiligten Partei ist ein **Wahlrecht** zur einseitigen Herbeiführung der Wirksamkeit des Restgeschäfts zu geben. Diese Wahl ist wegen der §§ 350, 323 befristet vorzunehmen (P ULMER, in: FS Steindorff [1990] 799 ff; zust JAUERNIG¹⁰ Rn 13). Maßgebend ist dann nicht der hypothetische, sondern der tatsächliche Wille. Bis zur Ausübung des Wahlrechts ist der Vertrag schwebend unwirksam (P ULMER, in: FS Steindorff [1990] 799, 815). Mit der Fortgeltungsentscheidung tritt volle Wirksamkeit des Vertrages ein. In diesem Sinne ist es sehr wohl möglich, daß die durch eine Vertragsklausel allein begünstigte Partei diese Klausel „verzichtend ausschalten" darf (**aA** STEINDORFF, in: FS Hefermehl [1971] 177 ff).

2. Bedeutungslos gebliebene Bestimmungen

90 Die Rspr beurteilt die Geltendmachung der Nichtigkeit ferner als Rechtsmißbrauch (§ 242), wenn die Nichtigkeit eines bereits durchgeführten Vertrages aus einer Regelung hergeleitet werden soll, die für die Durchführung des Vertrages ohne Bedeutung geblieben ist (BGHZ 112, 288, 296; RGZ 153, 59, 61; RG SeuffA 77 Nr 114; PALANDT/HEINRICHS⁶² Rn 16; SOERGEL/HEFERMEHL¹³ Rn 45; FLUME, AT II 584 f; BECKMANN 223 f). Die Frage nach dem hypothetischen Parteiwillen bleibt in diesem Falle sinnlos. Ist allerdings in dem nichtigen Teil für die vereinbarte, aber nicht zum Zuge gekommene Leistung, eine Gegenleistung vereinbart worden, so ist auch diese Vereinbarung nichtig. Insoweit stellt sich dann das Problem des § 139 (FLUME, AT II 586). Es geht in den entschiedenen Fällen allerdings nicht um den prozessualen Arglisteinwand (anders wohl BGH LM Nr 36), sondern um die ausgeschlossene Anwendung des § 139 (zu RGZ 153, 59, 61 LARENZ/M WOLF, AT⁸ § 45 Rn 38).

3. Sonstige unzulässige Rechtsausübung

91 Die Rspr beruft sich bisweilen auch in dem umgekehrten Fall auf § 242, wenn derjenige Vertragsteil, dem der nichtige Teil des Vertrags nur Vorteile gebracht hat, jetzt also durch den Wegfall der Bestimmung benachteiligt wird, sich auf die Nichtigkeit als Vorwand beruft, um sich vom Vertrag loszusagen (OLG Frankfurt aM NJW 1974, 2239 [§ 15 GWB: unzulässige vertikale Bindung]). Doch wird hier der Mißbrauchseinwand gerade in dem gegenteiligen Sinn einer „**Nachteilsregel**" gebraucht. Die Berufung auf die Verschlechterung der eigenen Rechtsstellung kann wohl nicht an § 242 scheitern (zutr die Kritik von P ULMER NJW 1974, 2240; dagegen für die Nachteilsregel PALANDT/HEINRICHS⁶² Rn 16 aE).

§ 140
Umdeutung

Entspricht ein nichtiges Rechtsgeschäft den Erfordernissen eines anderen Rechts-geschäfts, so gilt das letztere, wenn anzunehmen ist, dass dessen Geltung bei Kenntnis der Nichtigkeit gewollt sein würde.

Materialien: VE-AT § 129; E I § 111; II § 111; III § 136; JAKOBS/SCHUBERT, AT I 760 f; SCHUBERT, AT II 222 ff; Mot I 218; Prot I 126; MUGDAN I 473, 727.

Schrifttum

ABRAMENKO, Die Umdeutung unwirksamer Eintragungen von Sondereigentum in Sonder-nutzungsrechte, Rpfleger 1998, 313

BACH, Die Umdeutung rechtsgestaltender Willenserklärungen im Rahmen des Kranken-versicherungsvertrages, VersR 1977, 881

BÜRCK, Umdeutung eines Vertrags bei Ausfall einer Vertragsbedingung – BGH NJW 1971, 420, JuS 1971, 571

ders, Zur Umdeutung von Rechtsgeschäften nach § 140 BGB, SchlHA 1973, 37

DERLEDER, Die Auslegung und Umdeutung defizitärer mobiliarsachenrechtlicher Übereig-nungsabreden, JZ 1999, 176

FINGER, Die Umgestaltung nichtiger Rechtsge-schäfte (1932)

O FISCHER, Konversion unwirksamer Rechts-geschäfte, in: FS Wach I (1913) 179

vFRIESEN/REINECKE, Probleme der Umdeutung von außerordentlichen Kündigungen in ordent-liche Kündigungen bei schwerbehinderten Ar-beitnehmern, BB 1979, 1561

GANDOLFI, La conversione dell' atto invalido, I, Il modello germanico (Milano 1984); II, Il pro-blema in proiezione europea (Milano 1988)

J HAGER, Gesetzes- und sittenkonforme Aus-legung und Aufrechterhaltung von Rechts-geschäften (1983)

ders, Die Umdeutung der außerordentlichen in eine ordentliche Kündigung, BB 1989, 693

HERSCHEL, Der für die Umdeutung von Rechtsgeschäften maßgebende Zeitpunkt, DRiZ 1952, 41

HIEBER, § 140 und das Grundbuchamt, DNotZ 1954, 303

M KAHL, Grenzen der Umdeutung rechts-geschäftlicher Erklärungen (§ 140 BGB) (Diss Münster 1985)

KESSEL, Keine Umdeutung eines formun-gültigen Schecks in ein selbständiges Schuld-versprechen, einen kaufmännischen Verpflich-tungsschein oder einen Garantievertrag, BlfGe-nossW 1973, 123

KRAMPE, Die Konversion des Rechtsgeschäfts (1980)

ders, Aufrechterhaltung von Verträgen und Vertragsklauseln, AcP 194 (1994) 1, 22

LÜDEMANN/WINDTHORST, Die Umdeutung von Verwaltungsakten, BayVBl 1995, 357

F MÖLLER, Die Umdeutung von Blanko-Wech-seln, DB 1961, 159

MOLKENBUR/KRASSHÖFER-PIDDE, Zur Umdeu-tung im Arbeitsrecht, RdA 1989, 337

MÜHLHANS, Die (verkannten?) Auswirkungen der §§ 116, 117 BGB auf die Umdeutung gem § 140 BGB, NJW 1994, 1049

PAWLOWSKI, Rechtsgeschäftliche Folgen nichti-ger Willenserklärungen (1966)

PETERSEN, Die Umdeutung eines Wechsels in ein abstraktes Schuldanerkenntnis (BGHZ 124, 263), Jura 2001, 596

D REINICKE, Rechtsfolgen formwidrig abge-schlossener Verträge (1969)

ders, Die Umdeutung nichtiger Wechsel, DB 1960, 1028

RÖMER, Zur Lehre von der Konversion der Rechtsgeschäfte überhaupt und ihrer besonde-

ren Anwendung auf das Wechselversprechen,
AcP 36 (1853) 66
H ROTH, Geltungserhaltende Reduktion im
Privatrecht, JZ 1989, 411
SCHÜTZ, Die Umdeutung einer formnichtigen
Bürgschaft in einen Kreditauftrag, WM 1963,
1051
SILLER, Die Konversion (§ 140 BGB), AcP 138
(1934) 144
TIEDTKE, Die Umdeutung eines Vermächtnisses
in ein Rechtsgeschäft unter Lebenden, NJW
1978, 2572
ders, Die Umdeutung eines nach den §§ 1365,
1366 BGB nichtigen Rechtsgeschäfts in einen
Erbvertrag, FamRZ 1980, 1

VEIT/WAAS, Die Umdeutung einer kompetenz-
widrigen Betriebsvereinbarung, BB 1991, 1329
W WEIMAR, Die Umdeutung unzulässiger Eintragungen im Grundbuch, WM 1966, 1098
ders, Die Umdeutung wechsel- und scheck-
rechtlicher Erklärungen, WM 1967, 862
WEYREUTHER, Zur richterlichen Umdeutung
von Verwaltungsakten, DÖV 1985, 126
WIEACKER, Zur Theorie der Konversion nichtiger Rechtsgeschäfte, in: FS Herm Lange (1992)
1017
ZEISS, Die Umdeutung einer formnichtigen
Bürgschaft in einen Kreditauftrag, WM 1963,
906.

Systematische Übersicht

Alphabetische Übersicht

I. Normzweck

1 § 140 (Umdeutung, Konversion) will dem auf einen bestimmten wirtschaftlichen Erfolg gerichteten Willen der Parteien in weitestmöglichem Umfang zum Erfolg verhelfen (vgl Mugdan I 727 = Prot I 127). Dieser Auffassung hat sich die Rspr unter ausdrücklicher Bezugnahme mit gleichbedeutenden Formulierungen angeschlossen. Danach besteht der Normzweck des § 140 darin, „den von den Parteien erstrebten wirtschaftlichen Erfolg auch dann zu verwirklichen, wenn das rechtliche Mittel, das sie dafür gewählt haben, unzulässig ist, jedoch ein anderer, rechtlich gangbarer Weg zur Verfügung steht, der zum annähernd gleichen wirtschaftlichen Ergebnis führt" (BGHZ 68, 204, 206; 19, 269, 273; BGH NJW 1994, 1785, 1787; LM Nr 4; BAG NJW 2002, 2972, 2973; OVG Münster NJW 1981, 1328 [öffentlich-rechtlicher Vertrag]). Dabei ist es ausreichend, wenn der **wirtschaftliche Zweck** des zunächst beabsichtigten Geschäfts nur teilweise oder in nicht so vollkommener Weise erreicht wird (Bork, Allgemeiner Teil des Bürgerlichen Gesetzbuchs [2001] Rn 1227; Enneccerus/Nipperdey, AT[15] I 2 S 1222). Mit § 140 wird das von den Parteien gewählte untaugliche Mittel durch ein anderes **taugliches Mittel**

ersetzt (MEDICUS, AT⁸ Rn 516; D REINICKE 88). Allerdings wird der sich im Verlauf des 19. Jahrhunderts schärfer herausbildende Begriff der „Konversion" (FLUME, AT⁴ II 590; RÖMER AcP 36 [1853] 66 ff) vielfach mit Recht als wenig glücklich angesehen, weil die Gültigkeit des Rechtsgeschäfts nicht durch den Richter herbeigeführt wird, sondern vielmehr auf dem **Gesetz** beruht (BAG NJW 2002, 2972, 2973; vTUHR, AT II 1 287 Fn 52; mit etwas anderer Zielrichtung WINDSCHEID § 82 Fn 15; wie hier JAUERNIG¹⁰ Rn 1; schief BGHZ 19, 269, 273 [„rechtsgestaltende Aufgabe"] im Anschluß an SILLER AcP 138 [1934] 144, 148; offengelassen durch BGH LM Nr 4). Die Umdeutung ist auch nicht als Einrede oder als Einwendung ausgestaltet (BAG NJW 2002, 2972, 2973).

II.   Grenzen

Nach höchstrichterlicher Rspr ist eine Umdeutung nach § 140 nur möglich, wenn   **2** nicht der mit dem Rechtsgeschäft angestrebte wirtschaftliche Erfolg selbst, sondern nur das von den Parteien gewählte rechtliche Mittel von der Rechtsordnung mißbilligt wird (o Rn 1). Deshalb sollen **sittenwidrige Rechtsgeschäfte** grundsätzlich nicht nach § 140 umgedeutet werden können (BGH NJW 2001, 815, 817 [Bürgschaft und Schuldbeitritt]). In gleicher Weise soll ein nach § 138 Abs 2 wegen Wuchers nichtiges Rechtsgeschäft nicht durch Herabsetzung der überhöhten Leistung aufrechterhalten werden können (BGHZ 68, 204, 206 f). Könnte derjenige, der seinen Vertragspartner in sittenwidriger Weise übervorteilt, damit rechnen, „schlimmstenfalls durch gerichtliche Festsetzung das zu bekommen, was gerade noch vertretbar und damit sittengemäß ist, verlöre das sittenwidrige Rechtsgeschäft für ihn das Risiko, mit dem es durch die vom Gesetz angedrohte Nichtigkeitsfolge behaftet sein soll" (BGHZ 68, 204, 207 m Anm LINDACHER JR 1977, 410 unter Aufhebung der Vorinstanz OLG Stuttgart JZ 1975, 572; BGH NJW 1986, 2944, 2945; zust die hL: MEDICUS, AT⁸ Rn 523; LARENZ/M WOLF, AT⁸ § 44 Rn 89; JAUERNIG¹⁰ Rn 2; KRAMPE AcP 194 [1994] 1, 22 ff; GANDOLFI II 390 ff; einschränkend aber MünchKomm/MAYER-MALY/BUSCHE⁴ Rn 11; iE abw BGH ZIP 1987, 519 [Reduzierung eines in voller Höhe sittenwidrigen Schuldanerkenntnisses]; krit TIEDTKE ZIP 1987, 1083). ME können sittenwidrige Rechtsgeschäfte im Wege einer **geltungserhaltenden Reduktion** iSe Abmilderung übermäßiger Rechtsfolgen gerettet werden (H ROTH JZ 1989, 411 ff mwN; o § 139 Rn 3). § 140 ist mit dieser Aufgabe überfordert, weil es dabei nicht um den in der Vorschrift gemeinten hypothetischen Parteiwillen geht (u Rn 24), sondern in erster Linie um die Festlegung des jeweiligen **Normzwecks** der betreffenden Nichtigkeitsnorm (u Rn 32; H ROTH ZHR 153 [1989] 423 ff). Umgedeutet werden kann (selbstverständlich) nur in ein vom Gesetz anerkanntes Rechtsinstitut (KG DtZ 1994, 285, 287 [Vorkaufsrecht nach §§ 306 ff DDR-ZGB]).

III.   Verwandte Rechtsinstitute; Abgrenzungen

1.   Falsa demonstratio

Die Regeln der Umdeutung finden keine Anwendung, wenn die Parteien das Rechts-   **3** geschäft nur unrichtig bezeichnet hatten (Vorlagen der Redaktoren für die erste Kommission bei SCHUBERT, AT II 224; MünchKomm/MAYER-MALY/BUSCHE⁴ Rn 4; undeutlich KRAMPE 285). Es handelt sich um einen schlichten Auslegungsfall. Das Geschäft gilt mit dem übereinstimmend gewollten Inhalt, ohne daß § 140 zu bemühen wäre. Auch liegt kein Fall der Umdeutung vor, wenn die Parteien einen Mietvertrag als Leihe oder einen Pachtvertrag als Mietvertrag bezeichnen (FLUME, AT II 590).

2. Gesetzliche Sonderregelungen

4 In einigen Fällen stellt das Gesetz nicht auf den hypothetischen Willen der Parteien ab (u Rn 24 ff), sondern ersetzt das gewollte Rechtsgeschäft ohne Rücksicht auf einen hypothetischen Parteiwillen und auf die Besonderheiten des konkreten Falles durch ein anderes Rechtsgeschäft. So gilt nach § **150 Abs 1** die verspätete Annahme eines Antrags als neuer Antrag, nach Abs 2 eine vom Inhalt des Antrags abweichende Annahme als Ablehnung, verbunden mit einem neuen Antrag, ohne daß ein hypothetischer Wille des Annehmenden zu erforschen wäre (vTuhr, AT II 1 291; Flume, AT II 599). Allerdings kann der Annehmende die Unterstellung seiner Annahmeerklärung unter § 150 verhindern, da es sich um eine bloße Auslegungsregel handelt (MünchKomm/Kramer[4] § 150 Rn 1) und zudem um dispositives Recht (vTuhr, AT II 1 291 Fn 75).

5 Auch in anderen Fällen sind die Voraussetzungen einer Umdeutung nach § 140 nicht zu prüfen, wenn das Gesetz festlegt, daß ein fehlerhaftes Rechtsgeschäft mit einem bestimmten Inhalt gilt. So liegt es etwa in den Fällen von § 550. Zu nennen ist ferner § 2301. Abweichend von dem Willen der Parteien entsteht keine Schenkungsforderung, sondern ein Vermächtnis (vTuhr, AT II 1 291 f). Dagegen ist ein spezieller Fall der Umdeutung in § 2101 enthalten. Die dort vorgesehene Behandlung als Nacherbeneinsetzung tritt nicht ein, wenn dieses Ergebnis dem hypothetischen Willen des Erblassers nicht entspricht (treffend vTuhr, AT II 1 291).

3. Salvatorische Klauseln

6 Es bleibt den Parteien unbenommen, durch Rechtsgeschäft zu bestimmen, daß für den Fall der Nichtigkeit eine andere Regelung als Ersatzgeschäft gelten soll **(Konversionsklausel)** (etwa RGZ 125, 209, 212; Flume, AT II 595; Medicus, AT[8] Rn 510, 520; MünchKomm/Mayer-Maly/Busche[4] Rn 6). Diese Umdeutung kraft Rechtsgeschäftes beurteilt sich nicht nach § 140. Vielmehr handelt es sich um ein bedingtes Rechtsgeschäft (Flume, AT II 594: „Bedingung im weiteren Sinn"). Insbes dürfen die Wirkungen des Ersatzgeschäftes über diejenigen des zunächst vereinbarten Rechtsgeschäfts hinausgehen (demgegenüber u Rn 22). Umgekehrt können die Vertragsparteien aber auch jede Umdeutung ausschließen (MünchKomm/Mayer-Maly/Busche[4] Rn 6). Das wird aber eher selten der Fall sein (u Rn 26). Maßgebend ist stets ein (feststellbarer) wirklicher Wille der Parteien (u Rn 25 f). Hauptfall ist die unwirksame fristlose Kündigung im Arbeitsrecht (u Rn 37).

4. Auslegung

7 Die Auslegung geht der Umdeutung nach richtiger Auffassung stets vor (BGH ZIP 2001, 305, 307). Häufig ergibt sich erst aus der Auslegung, ob das erklärte Rechtsgeschäft nichtig ist (Soergel/Hefermehl[13] Rn 1; Medicus, AT[8] Rn 517). Die Umdeutung des § 140 folgt dann der Auslegung nach, deren Ergebnisse sie voraussetzt. Auslegung und Umdeutung sind zwar im Einzelfall nicht trennscharf abgrenzbar, doch bleibt für die Umdeutung des § 140 ein eigenständiger Regelungsbereich. Erst das Institut der Umdeutung entscheidet, ob ein Rechtsgeschäft, das nach den allgemeinen Auslegungsgrundsätzen der §§ 133, 157 nichtig ist, doch noch Rechtswirkungen äußern kann (hL, OLG Bremen OLGZ 1987, 10, 11; Medicus, AT[8] Rn 517; Larenz/M Wolf, AT[8] § 44 Rn 93; vTuhr, AT II 1 287; MünchKomm/Mayer-Maly/Busche[4] Rn 3; Soergel/Hefermehl[13]

Rn 1; PALANDT/HEINRICHS[62] Rn 1; ERMAN/PALM[10] Rn 5). Nicht etwa ist die Umdeutung nur als Unterfall der Auslegung anzusehen (so aber KRAMPE 284; J HAGER 155; BÜRCK SchlHA 1973, 37, 38). Der typologische Unterschied zwischen Auslegung und Umdeutung ergibt sich daraus, daß die (eigentliche) Auslegung in erster Linie auf den wirklichen Willen der Parteien abstellt, wogegen die Umdeutung primär an dem hypothetischen Willen der Parteien orientiert ist (BGHZ 19, 269, 273; SOERGEL/HEFERMEHL[13] Rn 1).

Zwischen Umdeutung und Vertragsauslegung bestehen allerdings zwei Berührungs- **8** punkte. So stellt auch die ergänzende Vertragsauslegung auf den **hypothetischen Parteiwillen** ab (BGHZ 19, 269, 273; u § 157 Rn 30 ff). Doch ist die Umdeutung deshalb noch kein Fall der ergänzenden Vertragsauslegung, da diese eine Vertragslücke voraussetzt, die sich innerhalb der von den Parteien wirksam getroffenen Regelung schließen läßt (u § 157 Rn 15 ff). Dagegen greift die Umdeutung erst dann ein, wenn der Vertrag nach geschehener ergänzender Auslegung im ganzen nichtig ist (zutr SOERGEL/HEFERMEHL[13] Rn 1; LARENZ/M WOLF, AT[8] § 44 Rn 94). Auf der anderen Seite spielt der **wirkliche Wille** der Parteien auch bei der Umdeutung eine Rolle, da er bei Feststellbarkeit nicht außer acht gelassen werden darf (BGHZ 19, 269, 272 f; u Rn 25). Doch ergeben sich hier Überschneidungen nur ausnahmsweise, weil in aller Regel ein wirklicher Wille für den Fall der Nichtigkeit des gewollten Geschäfts nicht gebildet wird (zu einer Ausnahme o Rn 6). Der Unterschied zwischen Auslegung und Umdeutung scheint auch schon deutlich in den Vorlagen der Redaktoren für die erste Kommission auf (SCHUBERT II 223): „Es würde daher an sich unbedenklich sein, den rechtsgeschäftlichen Tatbestand unter die von den Beteiligten vielleicht übersehenen Rechtssätze zu subsumieren, welche den Absichten derselben am meisten Rechnung tragen. Die Schwierigkeit besteht darin, daß bei der Herleitung der Wirkungen des Rechtsgeschäfts aus anderen, als den von den Beteiligten ins Auge gefaßten Rechtssätzen, auch die Wirkungen zu anderen werden – die vertragsmäßige Bewilligung eines Erbrechts zur Erbeinsetzung, die Wechselverpflichtung zur Schuldverpflichtung – und daß es zweifelhaft wird, ob diese anderen Wirkungen alsdann noch innerhalb des wirklich Gewollten und als gewollt Erklärten liegen und nicht Zutaten enthalten, welche dem Willen der Beteiligten Zwang antun." Die zweite Kommission (MUGDAN I 727 = Prot I 126) lehnte den gestellten Antrag auf Streichung der Norm ab, „weil sonst Mißverständnisse über die Zulässigkeit der Konversion nicht ausgeschlossen seien" (zur Entstehungsgeschichte ausführlich KRAMPE 130 ff mit der unzutreffenden Behauptung [137], GEBHARD folgte der Lehre von WINDSCHEID von der Umdeutung als aufrechterhaltender Auslegung).

IV. Voraussetzungen

1. Nichtiges Rechtsgeschäft

Das erklärte Rechtsgeschäft muß nichtig sein, was ggf durch vorhergehende Auslegung (o Rn 7) zu klären ist.

a) Rechtsgeschäft

Es können grundsätzlich Rechtsgeschäfte aller Art umgedeutet werden (LAG Berlin **9** NZA-RR 2000, 131, 133 [Umdeutung einer Änderungskündigung in Ausübung des Direktionsrechts]). Dabei kann es sich um schuldrechtliche wie auch um dingliche Rechtsgeschäfte handeln (RGZ 66, 24, 28; 124, 28; 129, 122, 123; REINICKE 90). Weiter kann es um Rechtsgeschäfte unter Lebenden wie auch um Verfügungen von Todes wegen gehen (BGHZ 40, 218, 224; u Rn 49 ff). § 140 setzt keine gleichartigen Rechtsgeschäfte voraus, so daß etwa ein Rechtsgeschäft unter Lebenden als Erbvertrag aufrechterhalten werden kann (u Rn 54). Umgedeutet werden können auch **gegenseitige Verträge** (BGH NJW 1963, 339 f; REINICKE 113 ff), wobei jedoch das Synallagma zu wahren ist. Ausschlaggebend ist der hypothetische Wille derjenigen Vertragspartei, die durch die Umdeutung benachteiligt wird (BayObLG NJW-RR 1999, 620, 621; MünchKomm/MAYER-MALY/BUSCHE[4] Rn 7). Im Falle der Ausklammerung von gegenseitigen Verträgen würde sich die Umdeutungsmöglichkeit in der Hauptsache auf unentgeltliche Zuwendungen beziehen. Diese Einschränkung ist aber nach dem historischen wie auch nach dem systematischen Zusammenhang nicht begründbar. Umdeutbar sind auch Rechtsgeschäfte des Familienrechts (OLG Karlsruhe NJW 1977, 1731 [Vereinbarung über Elternrechte]; **aA** OLG Stuttgart Die Justiz 1974, 128; u Rn 70). Der nichtige **Wohnungseigentümerbeschluß** über eine nachträgliche Umwandlung von Gemeinschaftseigentum in Sondereigentum kann nicht in die Begründung eines Sondernutzungsrechts umgedeutet werden (OLG Düsseldorf NJW-RR 1996, 210; BÄRMANN/PICK, WEG [15. Aufl 2001] § 23 Rn 15).

10 Auch im **Grundbuchrecht** ist eine Umdeutung von **Grundbucherklärungen** in analoger Anwendung des § 140 grundsätzlich nicht ausgeschlossen, wobei aber das Grundbuchverfahrensrecht Einschränkungen erfordert (OLG Bremen OLGZ 1987, 10, 11). Der Grundbuchrichter (Rechtspfleger) ist zur Umdeutung berechtigt und verpflichtet, wenn die vorgelegten Urkunden eine abschließende Würdigung gestatten (BayObLG NJW-RR 1999, 620, 621; FamRZ 1983, 1033, 1034; OLG Bremen OLGZ 1987, 10, 11). Eine Umdeutung ist sonach unter den genannten Voraussetzungen vorzunehmen, wenn zwar die Grundbucherklärung ihrem Wortlaut nach nicht eintragungsfähig ist, jedoch objektiv und nach dem wirtschaftlich mit ihr Gewollten den Erfordernissen eines anderen, eintragungsfähigen Rechts entspricht (BayObLG NJW-RR 1997, 1511, 1512; FamRZ 1983, 1033, 1034). Eine Umdeutung ist dagegen ausgeschlossen, solange sie nur als möglich erscheint (OLG Stuttgart BWNotZ 1979, 17). Eine Umdeutung scheidet ferner aus, wenn eine Beweisaufnahme erforderlich wird (dazu KG NJW 1967, 2358; BayObLG NJW 1953, 1914; HIEBER DNotZ 1954, 303). Ebenso liegt es, wenn die Verhältnisse sonst unklar sind (BayObLGZ 1997, 121, 123). Keiner Umdeutung zugänglich ist die **Eintragung** selbst. Andernfalls würde die Publizitätsfunktion des Grundbuchs gestört (BayObLG NJW-RR 1997, 1511, 1512; MünchKomm/MAYER-MALY/BUSCHE[4] Rn 7; KAHL 389 ff; WEIMAR WM 1966, 1098, 1099). Daran scheitert etwa die Umdeutung von als Sondereigentum eingetragenen Stellplätzen im Freien in Sondernutzungsrechte (ABRAMENKO Rpfleger 1998, 313 mN des Streitstandes). Die aufschiebend bedingte Übertragung des Anteils am Vermögen einer Gesellschaft Bürgerlichen Rechts kann nicht in die Auflassung eines Miteigentumsanteils an einem Grundstück umgedeutet werden, von dem die Vertragsschließenden irrigerweise angenommen haben, es gehöre zum Gesellschaftsvermögen (BayObLG NJW-RR 1999, 620). Die Umdeutung in eine bedingte Auflassung scheitert an § 925 Abs 2 BGB, die Umdeutung in eine unbedingte Auflassung daran, daß deren Rechtswirkungen über die der aufschiebend bedingten Anteilsübertragung hinausgingen. Die Umdeutung einer unwirksamen *Löschungserleichterung* wegen einer Reallast, die die Beerdigungskosten und Kosten der Grabpflege zum Gegenstand hat, in eine Bevomächtigung des Berechtigten zur Löschung über den Tod hinaus, ist nicht möglich, weil die Bevollmächtigung nicht gewollt ist (BayObLGZ 1998, 250, 254 mit zu Unrecht abl Anm AMANN MittBayNot 1999, 74; BayObLGZ 1997, 121, 123). Umgedeutet werden kann eine Eintragungsbewilligung, in der das herrschende Grundstück einer Grunddienstbarkeit offensichtlich fehlerhaft

bezeichnet ist, anhand eines gerichtlichen Vergleichs, in dem die Bewilligung erklärt ist und anhand der Katasterunterlagen (BayObLG NJW-RR 1997, 1511, 1512).

Die Rspr wendet auf **fehlerhafte Prozeßhandlungen** § 140 entsprechend an, um die **11** Annahme einer Unwirksamkeit zu vermeiden. Dann muß die fehlerhafte Parteihandlung den Voraussetzungen einer anderen, den gleichen Zwecken dienenden Handlung entsprechen (BGH FamRZ 2003, 305 [Umdeutung einer Klage nach § 654 ZPO in eine solche nach § 323]; JZ 2002, 620 [abgelehnte Umdeutung in Rechtsbeschwerde]; ZIP 2001, 305, 307; NJW 1992, 438, 439; OLG Braunschweig FamRZ 1995, 237; gegen diese Entscheidung mit Recht OLG Köln NJW-RR 2002, 1231 [keine Umdeutung von Klageabweisungsantrag und Klageerwiderung in einen Einspruch gegen das Versäumnisurteil) und es darf kein schutzwürdiges Interesse des Gegners entgegenstehen. Es gilt sogar eine Umdeutungspflicht des Gerichts, bei deren Verletzung die Revision gerechtfertigt ist (ROSENBERG/SCHWAB/GOTTWALD, ZPO15 372). Entscheidend ist der hypothetische Parteiwille, wobei aber ein abweichender tatsächlicher Wille zu respektieren ist (BGH ZIP 2001, 305, 307). Das entspricht den allgemeinen Grundsätzen der Umdeutung. So kann etwa eine unzulässige Hauptberufung als zulässige Anschlußberufung gerettet werden (BGHZ 100, 383, 387 f; BGH FamRZ 1987, 154). In gleicher Weise darf eine sofortige Beschwerde als Berufung aufgefaßt (BGH NJW 1987, 1204) oder ein wegen des Nichterreichens der Rechtsmittelsumme unzulässiges Rechtsmittel als Anschlußberufung oder -revision umgedeutet werden (BGH ZZP 68 [1955] 212). Auch kann eine Leistungsklage auf Unterhalt in eine Abänderungsklage nach § 323 ZPO umgedeutet werden (BGH NJW 1992, 438), oder eine Vollstreckungsgegenklage in eine Abänderungsklage und umgekehrt (OLG Brandenburg FamRZ 2002, 1193), aber nicht die im schriftlichen Vorverfahren verspätete Verteidigungsanzeige mit Klageerwiderung in einen Einspruch gegen ein ergangenes Versäumnisurteil (**aA** OLG Braunschweig FamRZ 1995, 237, 238). Eine zur Zeit unbegründete Leistungsklage kann als Feststellungsklage gerettet werden (BGH ZIP 1994, 1846 [Stufenklage]). Ist ein nur partiell übernehmender Rechtsträger der irrigen Meinung, er sei im Prozeß an die Stelle des Beklagten getreten und hat er deshalb unzulässigerweise Berufung eingelegt, so kann die Berufungsschrift dahin umgedeutet werden, daß der übernehmende Rechtsträger dem Rechtsstreit als *Nebenintervenient* beitritt und in dieser Eigenschaft gleichzeitig Berufung einlegt (BGH ZIP 2001, 305). Für eine Umdeutung besteht auch weithin Bedarf, wenn die betreffende fehlerhafte Prozeßhandlung wegen ihrer Eindeutigkeit und Klarheit einer berichtigenden Auslegung nicht zugänglich ist. In derartigen Fällen ist es ungenau, von einer falsa demonstratio auszugehen. Der Zivilprozeß dient der weitestmöglichen Verwirklichung des materiellen Rechts und nicht der Verhinderung einer Entscheidung über die materielle Rechtslage. Gleichwohl darf eine Parteihandlung nicht in eine einem anderen prozessualen Zweck dienende Prozeßhandlung umgedeutet werden. So liegt es etwa für eine Umdeutung einer wegen fehlender Zulassung unzulässigen Revision in eine Zulassungsbeschwerde (BGH DB 1971, 2256 [Entschädigungsverfahren]). Es wurde dort nur eine Nebenentscheidung angegriffen. Auch kann eine *Gegenvorstellung* nicht in eine sofortige Beschwerde umgedeutet werden (BGH NJW-RR 2001, 279), weil sich beide Institute in ihrer rechtlichen Wirkung nicht entsprechen. Unter den gegebenen Voraussetzungen kann auch ein Vergleichsantrag umgedeutet werden (LG Osnabrück KTS 1962, 126, 127 [dort aber zu Recht abgelehnt]). Ein wegen formeller Mängel unwirksamer Prozeßvergleich kann als außergerichtlicher materiellrechtlicher Vergleich aufrechterhalten werden, wenn dies dem hypothetischen Parteiwillen entspricht (BGH NJW 1985, 1962, 1963; auch BVerwG NJW 1994, 2306, 2307 [aber: Auslegung]).

12 **Öffentlich-rechtliche Verträge** können wegen § 59 Abs 1, § 62 S 2 VwVfG grundsätzlich nach § 140 BGB umgedeutet werden (BGHZ 76, 16, 28; OVG Münster NJW 1981, 1328 [Abführung von Teilen der Liquidationseinnahmen eines beamteten Chefarztes an den Dienstherrn]; SOERGEL/HEFERMEHL[13] Rn 2; LÖWER WissR 26 [1993] 233, 244 [Umdeutung einer formwidrigen Berufungsvereinbarung]). Für **fehlerhafte Verwaltungsakte** enthält § 47 VwVfG eine eigenständige Regelung, die wegen einer fehlenden Gesetzeslücke den Rückgriff auf die analoge Anwendung des § 140 BGB verbietet (LÜDEMANN/ WINDTHORST BayVBl 1995, 357, 359; MünchKomm/MAYER-MALY/BUSCHE[4] Rn 9 gegen REDEKER DVBl 1973, 744, 746; ausführlich zum ganzen WEYREUTHER DÖV 1985, 126). Im übrigen ist streitig, ob § 140 auf öffentlich-rechtliche Willenserklärungen Anwendung findet (Nachw bei OVG Münster NVwZ 1990, 676, 677 [offenlassend]). ME ist das nicht der Fall.

13 Eine unwirksame **Betriebsvereinbarung** (zB § 77 Abs 3 BetrVG) kann nach hL durch analoge Anwendung des § 140 zum Inhalt der Einzelverträge der Arbeitnehmer werden. Doch werden hierbei strenge Anforderungen an einen Verpflichtungswillen des Arbeitgebers gestellt, weil eine Kündigung der Arbeitsverträge nur unter erschwerten Umständen möglich ist. Liegen die erforderlichen Voraussetzungen vor, so werden insbes gebündelte Vertragsangebote des Arbeitgebers mit stillschweigender Annahme (§ 151) durch die Arbeitnehmer angenommen (BAG BB 1989, 2330; BAG NZA 1997, 951; 1996, 948; MünchKomm/MAYER-MALY/BUSCHE[4] Rn 7). Dagegen sind allerdings mit Recht Bedenken erhoben worden (VEIT/WAAS BB 1991, 1329 f). ME geht hier das Ersatzgeschäft in seinen Wirkungen über diejenigen des wirklich gewollten Geschäfts hinaus (ferner u Rn 43). Zumal für **verschlechternde** Betriebsvereinbarungen (Lohnkürzung und Verlängerung der regelmäßigen Arbeitszeit) scheidet eine Umdeutung aus (beifallswert LAG Hamm NZA-RR 2000, 27).

b)   Nichtigkeit

14 Die Umdeutung setzt die Nichtigkeit des gesamten Rechtsgeschäfts voraus (BayObLG NJW-RR 1999, 620, 621). Gemeint sind nicht nur die vom Gesetz ausdrücklich als nichtig bezeichneten Geschäfte, sondern auch **andere Fälle der Unwirksamkeit**, insbes absolute und endgültige Unwirksamkeit (MATTERN LM Nr 5). Die bloße Teilnichtigkeit beurteilt sich hingegen nach § 139. Erst wenn sie über diese Norm zur Totalnichtigkeit wird, wird das Geschäft umdeutungsfähig (JAUERNIG[10] Rn 2; MünchKomm/MAYER-MALY/BUSCHE[4] Rn 10; **aA** OLG Stuttgart WuW 1985, 888; u Rn 74). Gültige oder heilbare Rechtsgeschäfte können nicht umgedeutet werden (BGH WM 1972, 461, 462 [formgültiger Wechsel]; 1970, 1022, 1023 [nachholbare Unterschrift des Wechselausstellers]; u Rn 61). Kann nämlich die Unwirksamkeit des Geschäftes noch behoben werden, wie zB durch eine Genehmigung nach § 108 oder durch Vollzug nach § 311b Abs 1 S 2, so muß abgewartet werden, ob es nicht ohne Inhaltsänderung wirksam wird (allgM, etwa MünchKomm/MAYER-MALY/BUSCHE[4] Rn 10; MEDICUS, AT[8] Rn 518). Doch ist die Umdeutung eines **schwebend unwirksamen** Rechtsgeschäfts jedenfalls dann möglich, wenn es durch Verweigerung der Genehmigung endgültig unwirksam geworden ist (BGHZ 40, 218, 222 [unter Abweichung von RGZ 79, 306, 308 f]; BGH NJW 1994, 1785 [§ 1365]; OLG Düsseldorf ZIP 1998, 744, 745 [Vertragsübernahme]). § 140 ist auch anwendbar, wenn das nichtige Rechtsgeschäft den Erfordernissen eines heilbaren, unvollendeten (etwa § 311b Abs 1) Rechtsgeschäfts entspricht (RGZ 129, 122; ENNECCERUS/NIPPERDEY AT[15] I 2 S 1223 Fn 75).

15 Nach richtiger Auffassung ist eine Umdeutung auch bei einem wegen Irrtums, Täuschung oder Drohung **angefochtenen Rechtsgeschäfts** möglich, dessen Nichtigkeit nach § 142 Abs 1 eintritt (Bork AT Rn 1228 Fn 32; Enneccerus/Nipperdey AT[15] I 2 S 1223; Soergel/Hefermehl[13] Rn 13; Palandt/Heinrichs[62] Rn 3; Jauernig[10] Rn 2). Die Gegenauffassung will § 140 nicht anwenden, weil die Willenserklärung als Grundlage einer rechtlichen Regelung „storniert" sei und sie sich daher nicht mehr als Grundlage für ein Ersatzgeschäft eigne (Flume, AT II 592 f; Medicus, AT[8] Rn 518; Krampe 247 ff; MünchKomm/Mayer-Maly/Busche[4] Rn 12; Spiess JZ 1985, 593, 597 f). Doch ist das angefochtene Rechtsgeschäft nicht etwa ein Nullum, sondern immer noch ein – wenngleich angefochtenes – Rechtsgeschäft, so daß bei der Ermittlung eines hypothetischen Parteiwillens eine Umdeutung möglich ist (Soergel/Hefermehl[13] Rn 3). Diese Sicht der Dinge wird insbes in anderen Zusammenhängen stets von Flume, AT II 547 f betont, so daß seine abweichende Stellungnahme zur Umdeutung dazu widersprüchlich ist. Doch ist § 140 nicht anwendbar auf ein zwar anfechtbares, aber nicht angefochtenes Geschäft, weil die bloße Anfechtbarkeit keine Nichtigkeit begründet.

16 Grundsätzlich gilt § 140 für alle Nichtigkeitsgründe, wobei aber in jedem Fall zu prüfen ist, ob nicht der **Zweck der jeweiligen Nichtigkeitsnorm** einer Umdeutung entgegensteht (BGH NJW 1994, 1785, 1787 [zu § 1365]; NJW 1980, 2517 [§ 34 GWB aF]; u Rn 29, 72). Da alle Nichtigkeitsgründe gleich zu behandeln sind (insoweit auch Flume, AT II 592; MünchKomm/Mayer-Maly/Busche[4] Rn 11), ist insbes eine die Auslegung übersteigende Umdeutung von formwidrigen, verbotswidrigen, sittenwidrigen oder angefochtenen Verträgen möglich (aA Krampe 283). So ist zu entscheiden für formwidrige (BGH LM Nr 4; DB 1980, 1535) und gesetzwidrige (RGZ 125, 209, 212; BGHZ 26, 320, 328), sittenwidrige (aber o Rn 2) Rechtsgeschäfte.

17 **Nicht umgedeutet** werden kann das Rechtsgeschäft eines Geschäftsunfähigen, weil dieser zu einer rechtsgeschäftlichen Regelung überhaupt nicht in der Lage ist (Flume, AT II 592; Siller AcP 138 [1934] 144, 158). § 140 kommt auch nicht zur Anwendung, wenn das betreffende Rechtsgeschäft infolge eines Dissenses gescheitert ist (MünchKomm/Mayer-Maly/Busche[4] Rn 10). Mit Recht wird auch vertreten, daß bei Scheingeschäften § 117 Spezialvorschrift zu § 140 ist (MünchKomm/Mayer-Maly/Busche[4] Rn 10; u Rn 28). Mängel in der Verfügungsmacht schließen eine Umdeutung nicht aus (Palandt/Heinrichs[62] Rn 3 gegen RGZ 124, 28, 31). Nach § 141 bestätigte Rechtsgeschäfte können ebenfalls nicht umgedeutet werden. Umdeutbar sind auch relativ unwirksame Rechtsgeschäfte (Jauernig[10] Rn 2).

2. Ersatzgeschäft

18 § 140 stellt für das Ersatzgeschäft, wie es durch die Umdeutung zu ermitteln ist, zwei Voraussetzungen auf: Einmal müssen die Erfordernisse des Ersatzgeschäftes durch das nichtige Rechtsgeschäft gewahrt sein (u Rn 21). Zum anderen wird für das Ersatzgeschäft vorausgesetzt, daß „dessen Geltung bei Kenntnis der Nichtigkeit gewollt sein würde" (u Rn 24).

a) Anderes Rechtsgeschäft

19 Das nichtige Rechtsgeschäft muß den „Erfordernissen eines anderen Rechtsgeschäfts" entsprechen. Damit ist kein Rechtsgeschäft von anderer Art vorausgesetzt (MünchKomm/Mayer-Maly/Busche[4] Rn 13; zum umgekehrten Fall o Rn 9). Vielmehr kann es (und wird es häufig) dem von den Parteien vorgestellten Geschäftstyp entsprechen

(OLG Stuttgart JZ 1975, 572, 573; O FISCHER, in: FS Wach I [1913] 179). Ausreichend ist daher eine inhaltliche Änderung unter Beibehaltung der Rechtsform, wie etwa die Umdeutung einer unwiderruflichen in eine widerrufliche Vollmacht (SOERGEL/HEFERMEHL[13] Rn 4 [str]; u Rn 73). Auch kann die Umdeutung bloß die Änderung der Rechtsform betreffen. So liegt es, wenn ein formnichtiges öffentliches als ein formgültiges eigenhändiges Testament aufrechterhalten wird (SOERGEL/HEFERMEHL[13] Rn 4; u Rn 49). Umgekehrt setzt § 140 aber keine gleichartigen Rechtsgeschäfte voraus (o Rn 9).

20 Ausreichend ist es, wenn das nichtige Rechtsgeschäft in ein **weniger fehlerhaftes** Rechtsgeschäft umgedeutet wird, da auch darin eine Annäherung an den wirtschaftlichen Erfolg liegen kann, den die Parteien anstreben (RGZ 129, 122, 124; SOERGEL/ HEFERMEHL[13] Rn 4; MünchKomm/MAYER-MALY/BUSCHE[4] Rn 13; o Rn 14). So kann umgedeutet werden in ein bloß anfechtbares oder schwebend unwirksames Rechtsgeschäft. Doch kann ein nichtiger Umwandlungsbeschluß nicht in eine auflösende Übertragung des LPG-Vermögens umgedeutet werden, weil eine derartige Einzelrechtsnachfolge nach dem LwAnpG nicht zulässig ist (BGH VIZ 1998, 466, 467).

b) Kongruenzerfordernis

21 Nach § 140 muß das nichtige Rechtsgeschäft den Erfordernissen des umgedeuteten Rechtsgeschäfts „entsprechen". Das bedeutet nach zutreffender Auffassung die Kongruenz von nichtigem Geschäft und Ersatzgeschäft (MünchKomm/MAYER-MALY/BUSCHE[4] Rn 14; ZEISS WM 1963, 906, 908). Dagegen stellt das Gesetz nicht darauf ab, daß das Ersatzgeschäft in dem wirklich vorgenommenen Geschäft enthalten sein müsse (so aber FLUME, AT II 592 ff; eine ähnlich ausdeutbare Formulierung in den Motiven, MUGDAN I 473; vielfach auch die Rspr: RGZ 121, 99, 106; BGHZ 19, 269, 275; 20, 363, 370; 26, 320, 329). Mit dieser Auffassung wird der Anwendungsbereich des § 140 zu sehr eingeengt. Es kommt nicht darauf an, ob das als gültig anzusehende Rechtsgeschäft in dem nichtigen Geschäft als dessen Teil schon vollständig enthalten war, sondern auf den **erstrebten wirtschaftlichen Erfolg** der Parteien (BGHZ 68, 204, 206; LARENZ/M WOLF, AT[8] § 44 Rn 91). Die Umdeutung ist kein besonderer Fall der Teilnichtigkeit. Deshalb kann etwa eine verspätete Kündigung, die von dem Empfänger akzeptiert wird, in einen Antrag auf Abschluß eines Aufhebungsvertrags umgedeutet werden, obgleich wegen der ganz unterschiedlichen rechtlichen Ausgestaltung in der Kündigung kein Vertragsantrag „enthalten" ist (LARENZ/M WOLF, AT[8] § 44 Rn 92; u Rn 41). Es kommt hinzu, daß in aller Regel eine Voraussetzung des Ersatzgeschäfts nicht vorliegt, da es nicht wirklich gewollt ist (MEDICUS, AT[8] Rn 519). Schließlich werden nach der abzulehnenden Auffassung die Grenzen des § 140 zu § 139 fließend, weil danach die Umdeutung nur ein Unterfall des § 139 wäre und es dann der Regelung des § 140 überhaupt nicht mehr bedürfte (LARENZ/M WOLFF AT[8] § 44 Rn 91; MEDICUS, AT[8] Rn 519). Wegen des verneinten wirtschaftlichen Erfolges wurde eine wegen der fehlenden Zustimmung der Vertragspartner fehlgeschlagene *Vertragsübernahme* nicht in eine Abtretung der Werklohnansprüche aus den zu übernehmenden Verträgen durch den Sequester der späteren Gemeinschuldnerin an den Übernehmer umgedeutet (OLG Düsseldorf ZIP 1998, 744, 745).

22 Dagegen bedeutet Kongruenz in dem hier verstandenen Sinne, daß das **Ersatzgeschäft in seinen Wirkungen** nicht über diejenigen des wirklich gewollten Geschäfts hinausgehen darf (insoweit auch BGHZ 20, 363, 370 f; BAG DB 1975, 214; BayObLG NJW-RR 1999, 620, 621; MEDICUS, AT[8] Rn 519; MünchKomm/MAYER-MALY/BUSCHE[4] Rn 15; SOERGEL/

HEFERMEHL[13] Rn 5; anders BÜRCK SchlHA 1973, 37, 40). Diese Begrenzungswirkung folgt aus dem Tatbestandsmerkmal „entspricht" (SOERGEL/HEFERMEHL[13] Rn 5), aber auch aus der Beachtung des hypothetischen Parteiwillens (u Rn 24). Deshalb darf etwa eine wegen fehlender Übergabe nichtige Bestellung eines Mobiliarpfandrechts nicht in eine Sicherungsübereignung nach § 930 umgedeutet werden (MEDICUS, AT[8] Rn 519; u Rn 67). Vergleichbar kann eine ordentliche Kündigung nicht als außerordentliche Kündigung aufrechterhalten werden (u Rn 42).

Schließlich meint das Merkmal der Kongruenz, daß alle für das umgedeutete Rechts- **23** geschäft (Ersatzgeschäft) bestehenden Gültigkeitsvoraussetzungen vorliegen müssen. So müssen etwa gegeben sein Geschäftsfähigkeit, Verfügungsmacht, die Einhaltung von Formen, des Gesetzes und der guten Sitten (LARENZ/M WOLF, AT[8] § 44 Rn 88; MEDICUS, AT[8] Rn 519). Hinzukommen muß ferner das Gewolltsein iSe hypothetischen Parteiwillens (u Rn 24). Über § 140 dürfen daher fehlende Tatbestandsmerkmale nicht fingiert werden (RG JW 1938, 44; PALANDT/HEINRICHS[62] Rn 6).

c) Hypothetischer Parteiwille

Das Ersatzgeschäft gilt nach § 140, wenn anzunehmen ist, daß dessen Geltung bei **24** Kenntnis der Nichtigkeit gewollt sein würde (vergleichbare Formulierung bei BGH BB 1961, 717 m zust Anm GUMPERT). In aller Regel haben die Parteien bei dem Rechtsgeschäft für den Fall der Nichtigkeit einen **realen Parteiwillen** nicht gebildet, da sie die Nichtigkeit nicht bedacht haben (o Rn 6). Der in § 140 gemeinte Wille ist daher ein hypothetischer Parteiwille (ganz hL: BGH NJW 2001, 1855 [Scheck]; BGHZ 19, 269, 273; BAG AP § 2 ArbGG 1953 Zuständigkeitsprüfung Nr 18 m Anm POHLE; Medicus AT[8] Rn 520; LARENZ/M WOLF, AT[8] § 44 Rn 76 ff; MünchKomm/MAYER-MALY/BUSCHE[4] Rn 17; SOERGEL/HEFERMEHL[13] Rn 8; PALANDT/ HEINRICHS[62] Rn 8). Vergleichbar wie § 140 stellt auch § 139 auf den hypothetischen Parteiwillen ab (o § 139 Rn 74 ff). § 139 und § 140 dienen daher gleichermaßen der **Durchsetzung der Privatautonomie** (H ROTH, Vertragsänderung bei fehlgeschlagener Verwendung von Allgemeinen Geschäftsbedingungen [1994] 3).

Der hypothetische Parteiwille ist nach den Grundsätzen der **ergänzenden Vertrags- 25 auslegung** zu ermitteln (u § 157 Rn 75 ff; PALANDT/HEINRICHS[62] Rn 8). Entscheidend ist, was die Parteien gewollt hätten, wenn sie die Nichtigkeit des abgeschlossenen Rechtsgeschäftes gekannt hätten. Ein solcher Wille wird regelmäßig anzunehmen sein, wenn durch das andere Rechtsgeschäft derselbe wirtschaftliche Erfolg erreicht wird wie durch das nichtige Rechtsgeschäft (BGHZ 19, 269, 273). Ein nichtiges Beamtenverhältnis kann in der Regel nicht in ein Arbeitsverhältnis umgedeutet werden (BAG AP § 2 ArbGG 1953 Zuständigkeitsprüfung Nr 18). Der hypothetische Wille entspricht also in erster Linie dem, was vernünftige Parteien anstelle der Beteiligten gewollt hätten. Allerdings kann der hypothetische Parteiwille nicht nach rein objektiven Gesichtspunkten ermittelt werden. Die Umdeutung darf die Parteien nicht bevormunden und muß daher einen wirklichen Parteiwillen vorrangig berücksichtigen, wenn er festgestellt werden kann (BGH ZIP 2001, 305, 307; BGHZ 19, 269, 273; BGH BB 1996, 342 f; MAYER-MALY, in: FS Flume I [1978] 621, 623 f). Ein wirklicher Parteiwille setzt sich gegenüber dem hypothetischen Willen selbst dann durch, wenn er unvernünftig sein sollte (o Rn 8).

Ist etwa die wirksame Errichtung einer **OHG** gescheitert, weil der Gesellschafts- **26** zweck nicht auf den Betrieb eines Handelsgewerbes gerichtet war (§ 105 Abs 1

HGB), und das Registergericht deshalb die Eintragung verweigert, so kommt eine Umdeutung in eine BGB-Gesellschaft grundsätzlich in Betracht (BGHZ 19, 269 ff). Anders liegt es aber, wenn eine Partei sich von vornherein gegen die Errichtung einer **BGB-Gesellschaft** verwahrt hat. Hier ist der wirkliche Wille selbst dann beachtlich, wenn ihm die irrige Annahme einer Wahlmöglichkeit zwischen mehreren Gesellschaftsformen zugrunde gelegen haben sollte (insoweit unrichtig BGHZ 19, 269, 275; krit dazu deshalb MEDICUS, AT[8] Rn 521; LARENZ/M WOLF, AT[8] § 44 Rn 81; FLUME, AT II 596; SOERGEL/HEFERMEHL[13] Rn 10; ferner KRAMPE 222 ff; J HAGER 124; BATTES AcP 174 [1974] 429, 444). Die Entscheidung läßt sich auch nicht mit der Erwägung halten, es sei lediglich eine Frage der juristischen Qualifikation, ob sich ein Gesellschaftsvertrag als Vertrag über eine OHG oder eine BGB-Gesellschaft darstelle (so aber FLUME, AT I 1 200; krit dazu MEDICUS, AT[8] Rn 521). Der wirkliche Parteiwille setzt sich durch (grundsätzlich anders D REINICKE 99; HIEBER DNotZ 1954, 303, 304). So kann etwa die unwirksame außerordentliche Kündigung eines **Kooperationsvertrages** grundsätzlich in eine ordentliche Kündigung umgedeutet werden. Doch muß die ordentliche Kündigung dem Willen des Kündigenden entsprechen und dieser Wille muß in seiner Erklärung für den Empfänger der Kündigung erkennbar zum Ausdruck gekommen sein. An die „Unzweideutigkeit" der Kündigungserklärung sind aber keine überspannten Anforderungen zu stellen. Vor allem kann auch bei fombedürftigen Erklärungen auf Umstände zurückgegriffen werden, die außerhalb der Erklärung liegen (mit Recht einschränkend BORK, AT Rn 1233 Fn 43). In Wirklichkeit liegt aber schon kein Fall des § 140 mehr vor (u Rn 36). An einem derartigen Willen kann es fehlen, wenn der Vertragspartner durch die Kündigung lediglich unter Druck gesetzt werden soll (BGH NJW 1998, 1551).

27 Maßgebend ist der hypothetische Wille zum **Zeitpunkt der Vornahme** des nichtigen Rechtsgeschäfts. Dagegen kommt es nicht auf den Umdeutungszeitpunkt an (BGHZ 40, 218, 223; OLG Hamm FamRZ 1997, 581, 582; KG DtZ 1994, 285, 287; HERSCHEL DRiZ 1952, 41 f; anders RGZ 79, 306, 308 f). Für diesen Zeitpunkt ist der von den Parteien angestrebte wirtschaftliche Erfolg festzustellen. Später eintretende Änderungen der Verhältnisse kommen nicht in Betracht (MünchKomm/MAYER-MALY/BUSCHE[4] Rn 20). Auch sonst kommt es bei einer ergänzenden Vertragsauslegung auf den hypothetischen Willen der Parteien zur Zeit der Vornahme des Rechtsgeschäftes an (Nachw u § 157 Rn 34).

28 Eine Umdeutung ist ausgeschlossen, wenn der Erklärende die Nichtigkeit des Rechtsgeschäftes kannte. In diesem Fall läßt sich die Frage nicht sinnvoll stellen, ob die Geltung des Ersatzgeschäfts „gewollt sein würde" (OLG Hamm VersR 1986, 759; LG Göttingen WM 1992, 1375; PALANDT/HEINRICHS[62] Rn 8; MünchKomm/MAYER-MALY/BUSCHE[4] Rn 16; mit einer Begründung aus § 117 Abs 1 MÜHLHANS NJW 1994, 1049). Ein **Kennenmüssen** ist aber nicht gleichbedeutend mit **Kenntnis**. War die Nichtigkeit nicht allen Beteiligten bekannt, so ist eine Umdeutung nicht ausgeschlossen. Doch wird der hypothetische Parteiwille nur für diejenigen Beteiligten ermittelt, denen die Nichtigkeit unbekannt war (MünchKomm/MAYER-MALY/BUSCHE[4] Rn 16; im Ergebnis ebenso, aber mit einer Begründung aus § 116 S 1 MÜHLHANS NJW 1994, 1049, 1050).

3. Normzweck

29 Schranken für die Umdeutung können sich aus dem Normzweck der betreffenden Nichtigkeitsnorm ergeben (DERLEDER JZ 1999, 177, 179). Neben dem Kongruenzerfordernis (o Rn 21) und dem hypothetischen Parteiwillen (o Rn 24) handelt es sich um das dritte Kriterium, das eine Begrenzung der Umdeutungsmöglichkeiten bezweckt. Der Zweck der Nichtigkeitsnorm darf der Umdeutung nicht entgegenstehen (o Rn 16). Im einzelnen gilt folgendes:

a)   Formvorschriften

Auch wenn bei einem Verstoß gegen Formvorschriften grundsätzlich umgedeutet **30** werden kann (o Rn 16), so darf doch etwa ein verfolgter **Übereilungsschutz** nicht beeinträchtigt werden. Deshalb scheidet die Umdeutung einer wegen § 766 S 1 formunwirksamen Bürgschaft in einen formfreien Schuldbeitritt aus. Ein Schuldbeitritt darf vielmehr nur dann angenommen werden, wenn ein eigenes unmittelbares wirtschaftliches Interesse des Beitretenden bejaht werden kann (MEDICUS, AT⁸ Rn 522; SOERGEL/ HEFERMEHL¹³ Rn 6). Dagegen war ein wegen einer Ausschließlichkeitsbindung formnichtiger Automatenaufstellungsvertrag (§ 18 Abs 1 Nr 2, § 34 GWB aF iVm § 125 BGB) in einen Vertrag ohne diese Bindung umzudeuten, weil die Mißbrauchskontrolle der Kartellbehörde dadurch nicht verhindert wurde (BGH NJW 1980, 2517; aA EMMERICH NJW 1980, 1367; ausführlich zum formwidrigen Vertrag KRAMPE 226 ff; u Rn 72). Überhaupt bilden Formmängel einen der wichtigsten Anwendungsbereiche des § 140 (D REINICKE 88 ff). So kann ein wegen der fehlenden Angabe des Tages der Ausstellung nach Art 1 Nr 5, 2 Abs 1 ScheckG formnichtiger **Scheck** in eine Ermächtigung des Scheckausstellers an die bezogene Bank umgedeutet werden, für ihn und auf seine Rechnung an den Scheckbegünstigten zu zahlen (BGH NJW 2001, 1855). Der ungültige Scheck kann auch als Anweisung umgedeutet werden (KOLLER LM § 140 BGB Nr 28).

b)   Gesetzliche Verbote

Die Umdeutung eines nach § 134 nichtigen Rechtsgeschäfts ist nicht ausgeschlossen **31** (o Rn 16). Doch ist Voraussetzung der Umdeutung in ein anderes Geschäft, daß der Zweck des Verbotes nicht entgegensteht (RGZ 125, 209, 212; LARENZ/M WOLF, AT⁸ § 44 Rn 89; ferner dazu KRAMPE 234 ff). In erster Linie geht es hier aber weniger um den der Privatautonomie verpflichteten § 140, sondern darum, daß **Sinn und Zweck** eines Verbotsgesetzes nach § 134 auf bloße Teilnichtigkeit unter Aufrechterhaltung des verbliebenen Vertragsrestes zielen (zB BGHZ 89, 316 ff [unzulässig hohe Mietzinsvereinbarung]; H ROTH JZ 1989, 411, 413; Einzelheiten bei den Erl zu § 134 Rn 89 ff). Abzulehnen ist die Gegenauffassung, wonach in den Fällen des § 134 eine Umdeutung stets ausscheide, weil ansonsten die rechtliche Mißbilligung praktisch wirkungslos bliebe (so aber JAUERNIG¹⁰ Rn 2).

c)   Sittenwidrige Rechtsgeschäfte

Die hL lehnt eine Umdeutung ab, wenn die mit dem Rechtsgeschäft verfolgten **32** Absichten der Parteien nach § 138 mißbilligt werden. Sittenwidrige Geschäfte sollen danach nicht durch Umdeutung in gerade noch sittengemäße Geschäfte gerettet werden können (o Rn 2, 16). Nach richtiger Auffassung bleibt aber auch hier ein Spielraum für Umdeutungsmöglichkeiten (MünchKomm/MAYER-MALY/BUSCHE⁴ Rn 11). Im Kern dreht es sich freilich nicht um Möglichkeiten des § 140 und damit um die Frage des Vorrangs der Privatautonomie, sondern um den **Sinngehalt des § 138** (H ROTH JZ 1989, 411, 413 ff; ders ZHR 153 [1989] 423 ff), also um die Auslegung gesetzlicher Normen (o § 139 Rn 3). § 140 wird denn auch durchgehend nicht als das geeignete Mittel einer (teilweisen) Aufrechterhaltung sittenwidriger Verträge angesehen (KRAMPE AcP 194 [1994] 1, 22; WIEACKER, in: FS Herm Lange [1992] 1017, 1027).

V. Prozessuales

33 Das Gericht hat **von Rechts wegen** umzudeuten, wenn der vorgetragene Sachverhalt eine ausreichende Basis für eine Umdeutung liefert. Es ist nicht erforderlich und auch nicht ausreichend, daß sich eine Prozeßpartei auf die Umdeutung beruft (BGH NJW 1963, 339, 340; ERMAN/PALM[10] Rn 18; MünchKomm/MAYER-MALY/BUSCHE[4] Rn 32; LAG Hamm BB 1982, 2109; KAHL 380 ff; MOLKENBUR/KRASSHÖFER-PIDDE RdA 1989, 337, 340; **aA** SILLER AcP 138 [1934] 144, 185). Unglücklich ist allerdings der Ausdruck, das Gericht habe „von Amts wegen" umzudeuten. Das Gesagte gilt in vollem Umfang auch für das Gebiet des **Arbeitsrechts** (**aA** BAG DB 1976, 634; SAE 1976, 31, 33; AP § 13 KSchG 1969 Nr 3; LAG Rheinland-Pfalz NZA 1985, 290, 291; wie hier dagegen MünchKomm/MAYER-MALY/ BUSCHE[4] Rn 32). Insbes muß für den Fall einer Umdeutung einer außerordentlichen in eine ordentliche Kündigung der Arbeitgeber die Umdeutung im Prozeß nicht geltend machen (ausführlich J HAGER BB 1989, 693, 694 [mit anderem rechtlichen Ausgangspunkt]; u Rn 36 ff). Der Richter hat schlicht das Gesetz anzuwenden. Nach richtiger Auffassung kann auch im arbeitsgerichtlichen Prozeß in der Berufungsinstanz umgedeutet werden, wenn dies in der ersten Instanz nicht geschehen ist. § 6 KSchG steht nicht entgegen (J HAGER BB 1989, 693, 699 gegen LAG Rheinland-Pfalz NZA 1985, 290, 291).

34 Wenn eine Partei Rechtsfolgen aus einem umgedeuteten Rechtsgeschäft geltend macht, so trägt sie für die von ihr für die Umdeutung vorgetragenen Tatsachen die **Behauptungs- und Beweislast** (ERMAN/PALM[10] Rn 8). Werden aus einem umgedeuteten Rechtsgeschäft Rechtsfolgen hergeleitet, so liegt darin keine Klageänderung nach § 263 ZPO (OLG Celle WuW 1975, 409, 415; MünchKomm/MAYER-MALY/BUSCHE[4] Rn 32). Die Umdeutung rechtsgeschäftlicher Erklärungen ist wie die Auslegung in erster Linie Sache des **Tatrichters** und damit in der Revisionsinstanz nur begrenzt nachprüfbar (BGH NJW 1981, 43, 44). Das BAG setzt im Arbeitsrecht dem Arbeitgeber die Rechtskraft des ersten Prozesses entgegen, wenn er sich im Falle einer außerordentlichen Kündigung im Kündigungsschutzprozeß nicht darauf berufen hat, daß die Kündigung zugleich als ordentliche Kündigung anzusehen ist (BAG AP § 615 BGB Bösgläubigkeit Nr 2 m Anm A HUECK; AP § 11 KSchG Nr 12 m Anm HERSCHEL; zum Streitstand J HAGER BB 1989, 693, 696 ff).

VI. Fallgruppen

1. Einzelfall und Verallgemeinerung

35 Die zahlreichen von der Rspr entschiedenen Fälle sind als Beispiele anzusehen, die einer systematisierenden Schwerpunktbildung zugänglich sind. Verallgemeinerungen sind dagegen nur schwer möglich, weil die Ermittlung des hypothetischen Parteiwillens (o Rn 24) oftmals von den *Umständen des Einzelfalles* mit abhängt. Darauf kommt es für die Umdeutung entscheidend an. Die in der Rspr aufgetauchten Schwerpunkte liegen vor allem im Arbeitsrecht und dort wiederum im Bereich des Kündigungsrechts (u Rn 36 ff), im Miet- und Pachtrecht (u Rn 46), im Erbrecht (u Rn 49 ff), im Gesellschaftsrecht (u Rn 57), im Wertpapierrecht (u Rn 61), im Grundstücksrecht (u Rn 63), aber auch in Bereichen des allgemeinen rechtsgeschäftlichen Verkehrs (u Rn 70).

2. Arbeitsrecht

a) Unwirksame fristlose Kündigung

Den Schwerpunkt bildet die Rspr zur Umdeutung einer unwirksamen fristlosen **36** außerordentlichen Kündigung aus wichtigem Grund in eine befristete Kündigung zum nächstmöglichen Termin (dazu ausführlich MOLKENBUR/KRASSHÖFER-PIDDE RdA 1989, 337 ff; J HAGER BB 1989, 693 ff; SCHMIDT NZA 1989, 661). Vergleichbares gilt auch für das Dienstvertragsrecht (OLG München NJW-RR 1995, 740, 741). Die ordentliche Kündigung muß dem Willen des Kündigenden entsprechen (bejahend zB BGH NJW 1998, 76 [Geschäftsführer-Anstellungsvertrag]; verneinend zB in BGH NJW-RR 2000, 987, 988 [Geschäftsführer-Anstellungsvertrag]). Die Aufrechterhaltung unwirksamer Kündigungen ist auch im Bereich des *Kündigungsschutzgesetzes* möglich. Die gegen eine Umdeutung gerichtete Auslegungsregel des § 11 Abs 2 S 1 KSchG aF ist weggefallen (BAG NJW 1988, 581; LAG Hamm BB 1982, 2109; LAG Baden-Württemberg DB 1968, 943 [LS] [außerhalb des allgemeinen Kündigungsschutzes]; LAG Hamm DB 1967, 1272 [LS]; zu § 11 KSchG aF auch LAG Bremen DB 1965, 1671 [LS] und LAG Baden-Württemberg BB 1965, 629 [Kündigungsabfindung]). Seit der Neufassung des KSchG v 25. 8. 1969 (BGBl I 1317) spricht keine Vermutung mehr gegen die Umdeutung einer unwirksamen außerordentlichen in eine ordentliche Kündigung (BAG AP § 626 BGB-Druckkündigung Nr 10 m Anm HÖLTERS [aber: Auslegungsfrage]). Gleichwohl werden die Voraussetzungen für eine Umdeutung in den meisten Fällen nicht von § 140 BGB bestimmt (MEDICUS, AT[8] Rn 524; anders die Selbstdeutung der Rspr, etwa BAG NJW 1988, 581). Nach der Rspr soll es darauf ankommen, daß für den Kündigungsempfänger eindeutig erkennbar ist, daß die fristlose Kündigung im Falle ihrer Unwirksamkeit als befristete Kündigung gelten soll (BAG NJW 2002, 2972; 1988, 581; NZA 1985, 286, 288; NJW 1976, 2366; AP § 11 KSchG Nr 11 m Anm A HUECK [allerdings zur alten Fassung]; § 626 BGB-Druckkündigung Nr 10; § 102 BetrVG 1972 Nr 21; auch BGH NJW 1982, 2603 [Dienstvertrag]). Dann handelt es sich aber in Wahrheit um *Auslegung* (o Rn 7), die der Umdeutung vorangeht (LAG Hamm BB 1982, 2109). Einer Umdeutung bedarf es dann nicht mehr (SOERGEL/HEFERMEHL[13] Rn 17; KRAMPE 258; ferner FLUME, AT II 599).

Im Arbeitsrecht muß wegen § 102 BetrVG der **Betriebsrat** zu Kündigungen jeder Art **37** angehört werden (etwa EBERT BB 1976, 1132). Die Rspr fordert, daß der Arbeitgeber den Betriebsrat deutlich darauf hinweist, daß die außerordentliche Kündigung hilfsweise auch als ordentliche gelten solle (BAG NJW 1994, 1891, 1893; 1988, 581, 582; 1979, 76; LAG Düsseldorf BB 1975, 516). Die wirksame Anhörung zur außerordentlichen Kündigung reicht lediglich dann zu einer ordentlichen Kündigung aus, wenn der Betriebsrat der außerordentlichen Kündigung ausdrücklich und vorbehaltlos zugestimmt hat und einer ordentlichen Kündigung erkennbar nicht entgegengetreten wäre (BAG NZA 1985, 286, 287; NJW 1978, 76; abl J HAGER BB 1989, 693, 696). Im Ergebnis wird vom Arbeitgeber für das Ersatzgeschäft ein realer Wille gebildet und auch erklärt. Es wird in der Sache hilfsweise eine befristete Kündigung unter der **Rechtsbedingung** erklärt, daß nicht schon die zunächst erklärte formlose Kündigung wirksam geworden ist. Deshalb ist § 140 BGB hier nicht mehr nötig (MEDICUS, AT[8] Rn 524; o Rn 6 [Konversionsklausel]). Eine außerordentliche Kündigung kann nicht in eine ordentliche umgedeutet werden, wenn der Betriebsrat nicht nach § 102 BetrVG zu der außerordentlichen Kündigung angehört worden ist. Die ordnungsgemäße Anhörung des Betriebsrates wegen einer beabsichtigten, dann aber nicht ausgesprochenen ordentlichen Kündigung reicht nicht aus (BAG NJW 1976, 2366, 2368; einschränkend LAG Düsseldorf DB 1977, 121, 123 [keine Widerspruchsgründe nach § 102 Abs 3 BetrVG; krit J HAGER BB 1989, 693, 696). Auch die Umdeutung einer außerordentlichen fristlosen Kündigung in eine außerordentliche Kündigung mit notwendiger Auslauffrist setzt grundsätzlich eine Beteiligung des Betriebs- oder Personalrats nach den für eine ordentliche Kündigung geltenden Bestimmungen voraus (BAG NZA 2001, 219, 220).

38 Scheiterte eine außerordentliche Kündigung aus wichtigem Grund nach Maßgabe der Anl 1 Kap XIX Sachgebiet A Abschn III Nr 1 Abs 5 Ziff 2 zum **Einigungsvertrag**, so sollte sie nicht in eine ordentliche Kündigung umgedeutet werden können, wenn der Personalrat ihr ohne Kenntnis von der Absicht zur ordentlichen Kündigung ausdrücklich zugestimmt hatte (LAG Köln ArbuR 1994, 39 [Sonderkündigungsrecht für Beschäftigte des öffentlichen Dienstes nach dem Einigungsvertrag]). Das entspricht den allgemeinen Grundsätzen der Rspr. Eine durch Berufung nach § 61 AGB-DDR begründetes Arbeitsverhältnis kann einseitig nur durch Abberufung nach § 62 AGB-DDR beendet werden. Eine danach unwirksame Kündigung läßt sich nicht in eine Abberufung umdeuten (LAG Berlin NZA 1992, 371, 373; ArbG Berlin DB 1991, 2444).

39 Hat im Falle der Kündigung eines **Schwerbehinderten** die Hauptfürsorgestelle (jetzt: Integrationsamt [§ 85 SGB IX]) lediglich die Zustimmung zu einer außerordentlichen Kündigung erteilt, so kann nicht in eine ordentliche Kündigung umgedeutet werden, weil insoweit eine Zustimmung fehlt (LAG Berlin NZA 1985, 95; ebenso v Friesen/ Reinecke BB 1979, 1561). Vergleichbares gilt für Kündigungen nach § 9 MuSchG, § 18 BErzGG oder nach § 103 BetrVG. Auch im Bereich des Dienstvertragsrechts ist die Umdeutung einer außerordentlichen Kündigung in eine ordentliche Kündigung grundsätzlich zulässig (BGH NJW 1982, 2603 [Belegarztvertrag]; OLG München NJW-RR 1995, 740, 741). Doch wird auch hier die Erkennbarkeit für den anderen Teil gefordert. Auch bei einem **Handelsvertretervertrag** kommt die Umdeutung einer fristlosen in eine ordentliche Kündigung in Betracht (LAG Düsseldorf VersR 1980, 1143).

40 Eine Umdeutung in eine fristgerechte Kündigung scheidet aus, wenn sich der Personalrat in Kenntnis der richtigen Verhältnisse energisch gegen eine Kündigung gewandt hat und mit Sicherheit anzunehmen ist, daß sich der Arbeitgeber dessen Würdigung nicht verschlossen haben würde (LAG Berlin DB 1960, 1460).

b) Umdeutung in Aufhebungsvertrag

41 Trotz Schriftformerfordernisses mündlich erklärte Kündigungen können nach § 140 in Anträge zum Abschluß eines Aufhebungsvertrages umgedeutet werden (o Rn 21). Neben nicht formgerechten Kündigungen gilt das auch für verspätete Kündigungen (BAG EzA § 626 BGB nF Nr 13; OLG Hamm BB 1969, 582; Kliemt DB 1993, 1874, 1876). Doch muß dann die „Annahme" des Empfängers begründet werden können (LAG Baden-Württemberg BB 1975, 1254). Die **unwirksame Eigenkündigung** des Arbeitnehmers kann in ein Vertragsangebot zur Aufhebung des Arbeitsvertrages umgedeutet werden (LAG Berlin NZA 1989, 968 [LS]; zu den weiteren Voraussetzungen LAG Düsseldorf BB 1996, 1119 [LS]). Will der Arbeitnehmer erkennbar unter allen Umständen vom Vertrag loskommen, so entspricht es seinem hypothetischen Willen, dies notfalls auch über einen Aufhebungsvertrag erreichen zu wollen (BGH NJW 1981, 43, 44). Das ist gleichermaßen für das Arbeits- wie für das Dienstvertragsrecht anerkannt. Diese Rechtsfolge wird meist auf die genannten Fälle beschränkt, in denen vom kündigenden Vertragspartner persönliche Arbeits- oder Dienstleistungen geschuldet werden (einschränkend auch RGZ 123, 124 ff). Nur unter strengen Voraussetzungen wird eine entsprechende

Umdeutung auch bei einer Kündigung durch den Arbeitgeber bejaht (OLG Hamm BB 1969, 582; großzügiger wohl LAG Frankfurt aM BB 1966, 124).

c) Unwirksame ordentliche Kündigung

Eine ordentliche Kündigung kann nicht in eine außerordentliche Kündigung umge- **42** deutet werden, weil die Wirkungen des Ersatzgeschäftes nicht weiter gehen dürfen als diejenigen des unwirksamen Geschäftes (o Rn 22; BAG DB 1975, 214; AP § 9 MuSchG 1968 Nr 4; ferner LAG Frankfurt aM BB 1974, 839; LAG Düsseldorf/Köln DB 1968, 753 [mit unrichtiger Begründung]). Auch scheidet die Umdeutung in eine Anfechtungserklärung nach §§ 119, 123 aus, weil auch dieser Rechtsbehelf zur sofortigen Auflösung des Arbeitsverhältnisses führt. Zudem ergeben sich nachteilige Folgen für den Arbeitnehmer durch die Nichtanwendbarkeit der §§ 9, 10 KSchG (BAG AP § 15 KSchG 1969 Nr 12). Doch kann eine außerordentliche Kündigung in eine Anfechtungserklärung umgedeutet werden (K Dörner, Anfechtung im Arbeitsrecht, AR-Blattei SD [2. Lfg April 1993] Rn 106; LAG Saarbrücken DB 1965, 222 [LS]; aA MünchKomm/Mayer-Maly/Busche[4] Rn 29). Zudem ist es auch möglich, daß sich eine fristlose Kündigung schon als Anfechtung auslegen läßt. Aus den genannten Gründen kann eine wegen Verstoßes gegen § 9 **MuSchG** nichtige fristgemäße Kündigung nicht in eine Anfechtung nach den §§ 119, 123 BGB umgedeutet werden (BAG AP § 9 MuSchG 1968 Nr 4 m Anm K H Schmidt). Die Kündigung „zum Ablauf seiner Erkrankung" wurde umgedeutet in eine fristgerechte Kündigung mit der Zusage, den Arbeitnehmer so zu stellen, als ob sein Arbeitsverhältnis bis zum Ablauf der Erkrankung fortbestehen würde (ArbG Solingen DB 1974, 2164). Eine unwirksame verhaltensbedingte Kündigung wurde in eine wirksame betriebsbedingte Kündigung umgedeutet (dazu ArbG Göttingen DB 1965, 366). Eine unwirksame **Änderungskündigung** wurde in die Ausübung des Direktionsrechts umgedeutet (LAG Berlin NZA-RR 2000, 131, 133).

d) Unwirksame Kollektivverträge; Sonstiges

Formnichtige Tarifverträge können in formfreie Vorverträge umgedeutet werden **43** (Wiedemann/Wiedemann, TVG [6. Aufl 1999] § 1 Rn 105). Das wird auch für Kollektivvereinbarungen aus der ehemaligen DDR erwogen (Däubler BB 1993, 427, 432). Im übrigen wird aber die Umdeutung nichtiger Tarifverträge oder Betriebsvereinbarungen eher ablehnend erörtert (Molkenbur/Krasshöfer-Pidde RdA 1989, 337, 348; o Rn 13). Aussperrungen des Arbeitgebers mit unverhältnismäßigem Umfang (zwei Tage) sollen in solche mit verhältnismäßigem Umfang (ein halber Tag) umgedeutet werden können (Löwisch AR-Blattei Arbeitskampf III Aussperrung 170.3 Nr 16 gegen BAG ebd).

e) Andere Dauerschuldverhältnisse

Die genannten, im Arbeitsrecht entwickelten Grundsätze werden auch auf andere **44** Dauerschuldverhältnisse wie insbes des **Privatversicherungsrechts** angewendet (AG Garmisch-Partenkirchen VersR 1972, 344 [Hausratsversicherung]). Doch muß der Versicherungskunde zum Ausdruck bringen, daß er das Vertragsverhältnis unter allen Umständen beenden will. Ein Widerspruch der Versicherungsgesellschaft ändert an den dann eintretenden Rechtsfolgen nichts (ausführlich zur Umdeutung im Rahmen des Krankenversicherungsvertrages Bach VersR 1977, 881). Freilich muß eine mit sofortiger Wirkung ausgesprochene unwirksame Kündigung etwa bei einem Lebensversicherungsvertrag nicht in jedem Falle als ordentliche Kündigung aufrecht erhalten werden. So kann es etwa bei Unvernunft des Versicherungsnehmers liegen (OLG Hamm VersR 1984, 958). Eine Kündigung des Versicherungsvertrages kann auch in einen Antrag auf Aufhebung umgedeutet werden (dazu OLG Hamm NJW-RR 1987, 342). Für einen **Händler-vertrag** wurde die Umdeutung ausgeschlossen, wenn der geltend gemachte Grund zur fristlosen Kündigung (Insolvenz) nicht erkennen läßt, daß die Vertrauensgrundlage insgesamt entfallen ist und deshalb das Vertragsverhältnis auf jeden Fall beendet werden soll (OLG Saarbrücken NJW-RR 1998, 1191, 1192). Die fristlose Kündigung des Pächters eines **gewerblichen Pachtverhältnisses** kann in einen Antrag auf Abschluß eines Aufhebungsvertrages umgedeutet werden (zu den Grenzen OLG Köln MDR 2002, 390).

f) Mängel des Vertragsschlusses

45 Ist ein Arbeitsvertrag wegen Verstoßes gegen das **Feiertagsrecht** nichtig, so wird in einen gültigen Pauschalabgeltungsvertrag von Zusatzarbeit umgedeutet (LAG Baden-Württemberg DB 1966, 1614). Ein unkündbarer Arbeitsvertrag mit einer Minderjährigen wurde als Vertrag mit gesetzlicher Kündigungsfrist aufrechterhalten (LAG Berlin AP § 138 BGB Nr 23). Der Umdeutung zugänglich ist auch der Antrag des nach § 613a gebundenen neuen Arbeitgebers auf Abschluß eines Arbeitsvertrages in ein Angebot zur Vertragsänderung (BAG DB 1977, 1192).

3. Miet- und Pachtrecht

46 Weniger großzügig als im Arbeitsrecht wird für das Miet- und Pachtrecht die Umdeutung einer nicht wirksamen außerordentlichen Kündigung in eine ordentliche Kündigung „im Einzelfall nicht ausgeschlossen" (BGH NJW 1981, 976, 977; auch LG Mannheim NJW 1970, 328). Dabei soll der Wille, den Vertrag auf jeden Fall, notfalls zum nächstmöglichen Termin zu beenden, für den Kündigungsempfänger „zweifels-frei" ersichtlich sein müssen (OLG Hamburg WuM 1998, 160, 161; aber o Rn 26). Auch im übrigen soll sich nach Auffassung der Rspr grundsätzlich aus der Erklärung selbst ergeben müssen, daß die Kündigung hilfsweise als ordentliche gelten soll. Doch ist das dann kein Fall des § 140 mehr (o Rn 36 f). In vergleichbarer Weise wird die Umdeutung einer unwirksamen fristlosen Kündigung in einen Antrag auf Aufhebung des Vertrages unter einschränkenden Voraussetzungen für möglich gehalten (BGH NJW 1981, 976, 977; 1981, 42 [dort aber abgelehnt]). Die Einschränkungen begründen sich daraus, daß dem Kündigungsgegner ansonsten *Unklarheiten* drohten. Die genannten Grundsätze werden nicht unverändert auf eine ordentliche Kündigung mit unrichtig bemessener Kündigungsfrist übertragen (OLG Frankfurt aM NJW-RR 1990, 337). Freilich sollte in aller Regel als hypothetischer Wille angenommen werden, die Kündigung zum nächstzulässigen Kündigungstermin eingreifen zu lassen (OLG Hamm MDR 1994, 56 f; offengelassen durch OLG Frankfurt aM NJW-RR 1990, 337).

47 Für langfristige *Apothekenmietverträge* wurde neben den Grundsätzen über den Wegfall der Geschäftsgrundlage auch eine Anpassung nach § 140 erwogen (OLG Oldenburg NJW-RR 1990, 84). Nach bisweilen vertretener Auffassung kann bei einem Mietverhältnis über Wohnraum wegen der Regelung des § 556a Abs 6 S 1 (§ 574b Abs 2 S 1 BGB nF) die unwirksame fristlose Kündigung nicht in eine ordentliche Kündigung umgedeutet werden, selbst wenn der Vermieter das Mietverhältnis auf jeden Fall beenden will (LG Gießen ZMR 1975, 114 m Anm DEMEL; LG Braunschweig BlGBW 1968, 33 [LS]; Bedenken auch bei LG Mannheim NJW 1970, 328 [Pachtvertrag]; aA LG Aachen NJW 1964, 1476; LG Essen ZMR 1969, 309; LG Hannover ZMR 1971, 377). Eine nach § 565 Abs 2 S 4 (§ 573c Abs 1 S 2 BGB nF) unwirksame Fortsetzungsklausel wurde in eine Klausel umgedeutet, wonach die Parteien das Mietverhältnis mit einer sechsmonatigen Kündigungsfrist zum Ende jeden Kalendermonats kündigen können (AG Stuttgart ZMR 1972, 274).

Wird eine vereinbarte oder gesetzliche Schriftform verfehlt, so können die ent- **48** sprechenden Verträge nicht ohne weiteres in *Vorverträge* umgedeutet werden, „wenn nicht der geringste Anhaltspunkt besteht, daß Vorverträge gewollt waren" (BGH WM 1963, 172). Eine Erbpacht kann in einen Pachtvertrag umgedeutet werden (RG WarnR 28, 420).

4. Erbrecht

a) Typenwahrende Umdeutung
Ein formnichtiges öffentliches Testament kann als eigenhändiges Testament auf- **49** rechterhalten werden (SOERGEL/HEFERMEHL[13] Rn 22). Haben *Nichteheleute* (§ 2265) ein gemeinschaftliches (nicht wechselbezügliches) Testament verfügt, so ist bei Wahrung der Form des § 2247 eine Umdeutung in Einzeltestamente möglich (OLG Koblenz NJW 1947/1948, 384; KG NJW 1969, 798; D REINICKE 112; SOERGEL/HEFERMEHL[13] Rn 22; aA RGZ 87, 33; KGJ 35 A 98; OLG Neustadt NJW 1958, 1785, 1786). Ebenso liegt es, wenn von *Partnern einer Lebensgemeinschaft* nur der Entwurf eines „gemeinschaftlichen Testaments" vorliegt, weil einer der Partner nicht unterschrieben hat. Dann kann die vom Erblasser eigenhändig geschriebene und unterschriebene Erklärung als einseitiges Testament aufrechterhalten bleiben (BGH NJW-RR 1987, 1410). Scheitert ein Erbvertrag an der Minderjährigkeit eines Vertragspartners (§ 2275 Abs 1), so kann der Vertrag als Testament aufrecht erhalten werden, wenn der Minderjährige testierfähig ist (§ 2229 Abs 2) (FLUME, AT II 592; MünchKomm/MAYER-MALY/BUSCHE[4] Rn 24). Das gleiche gilt, wenn der Erbvertrag wegen Geschäftsunfähigkeit des Vertragspartners des Erblassers unwirksam ist (BayObLG NJW-RR 1996, 7, 8). Auch kann der von einem Ehegatten eigenhändig geschriebene und unterzeichnete Entwurf eines gemeinschaftlichen Testaments in ein Einzeltestament umgedeutet werden, wenn es dem Willen des Erblassers entsprach, daß seine Verfügungen unabhängig vom Beitritt des anderen Ehegatten gelten sollen (BayObLG NJW-RR 1992, 332, 333). Dagegen kann die in einem gemeinschaftlichen Testament von Nichtehegatten getroffene Verfügung eines Beteiligten nicht im Wege der Umdeutung als einseitige letztwillige Verfügung aufrechterhalten werden, wenn sie im Verhältnis der Wechselbezüglichkeit zu der Verfügung des anderen steht, die ihrerseits nicht den Formerfordernissen eines wirksamen Einzeltestaments entspricht (OLG Hamm FamRZ 1997, 55, 56).

Verkauft ein Miterbe einen Anteil an einem zum Nachlaß gehörenden Grundstück **50** an die anderen Miterben, so ist der Vertrag wegen § 2033 nichtig. Er kann aber als Auseinandersetzungsvertrag über das Nachlaßgrundstück aufrechterhalten werden, wenn alle Miterben mitgewirkt haben und der bezweckte Erfolg eingetreten ist (OLG Bremen OLGZ 1987, 10). Auch kann ein formnichtiger Erbschaftskauf (§ 2371) in einen heilbar nichtigen (o Rn 14) Erbauseinandersetzungsvertrag (RGZ 129, 122, 123; ausführlich KRAMPE 227 f) oder in die Abtretung eines künftigen Auseinandersetzungsanspruches (RGZ 137, 176) umgedeutet werden (SOERGEL/HEFERMEHL[13] Rn 22; PALANDT/HEINRICHS[62] Rn 10). Wegen § 2302 ist die mit einer letztwilligen Verfügung verbundene Anordnung unwirksam, wonach sich der Bedachte verpflichtete, testamentarische Verfügungen ausschließlich zugunsten der gemeinschaftlichen Kinder zu treffen.

Doch kann diese Auflage als Anordnung einer Vor- und Nacherbschaft aufrechterhalten werden (OLG Hamm FamRZ 1974, 48, 50). In vergleichbarer Weise ist eine Erklärung nach § 2302 unwirksam, wonach sich Ehegatten in einem Erbvertrag gegenseitig zu Erben eingesetzt und bestimmt haben, der Längstlebende sei verpflichtet, das bei seinem Tod vorhandene Vermögen auf die aus der Ehe hervorgegangenen Kinder zu übertragen. Die Umdeutung ergibt, daß nach dem Tode des Längstlebenden der beiderseitige Nachlaß an die gesetzlichen Erben fallen soll (OLG Hamm JMBlNRW 1960, 125). Auch wird eine nach § 2302 unwirksame Anordnung des Erblassers, die mit einem Vermächtnis bedachte Ehefrau solle die Werte ihrerseits drei bestimmten Kindern vererben und einem vierten Kind einen ihr als angemessen erscheinenden Ausgleich gewähren, als Nachvermächtnis zugunsten der drei Kinder und als ein diese beschwerendes Untervermächtnis umgedeutet (BGH DRiZ 1966, 398).

51 Ein **nichtiger Erbvertrag** unter Ehegatten kann in ein gemeinschaftliches oder in ein einfaches Testament umgedeutet werden (BayObLG NJW-RR 1996, 7; Soergel/Hefermehl[13] Rn 21). Die nach § 311b Abs 4 nichtige Übertragung eines Erbanteils an dem Nachlaß eines noch lebenden Dritten läßt sich als Erbverzicht nach § 2352 aufrechterhalten (BGH NJW 1974, 43, 44). Das Angebot zur Aufhebung eines Erbvertrages kann in einen Rücktritt umgedeutet werden (OLG Hamm Rpfleger 1977, 208).

b) Nichtige Verfügung von Todes wegen

52 Ist der Erblasser wegen § 2271 Abs 2 durch ein gemeinschaftliches Testament gebunden, so ist ein Vermächtnis unwirksam, worin in einem Erbvertrag einem Dritten ein Schulderlaß vermacht wird. Diese nichtige Verfügung von Todes wegen kann in einen nach § 2286 zulässigen, auf den Tod des Erblassers befristeten, schenkweisen Erlaßvertrag unter Lebenden umgedeutet werden (§ 397 Abs 1) (BGH NJW 1978, 423 m krit Anm Schubert JR 1978, 289; abl Tiedtke NJW 1978, 2572). Die vollzogene Schenkung geht hier in ihren Wirkungen nicht spürbar über das *Befreiungsvermächtnis* hinaus, weil aus dem Befreiungsvermächtnis mit dem Erbfall eine Einrede gegen die erlassene Forderung entstanden wäre. Deren Wirkung ist dem vollzogenen Erlaß aber wenigstens kongruent (o Rn 21; Medicus, AT[8] Rn 528). Anderes gilt nur, wenn der Normzweck des § 2287 verfehlt würde. Die grundsätzliche Zulässigkeit einer Umdeutung einer nichtigen Verfügung von Todes wegen in ein Rechtsgeschäft unter Lebenden kann nicht mit der Behauptung generell verneint werden, der Schuldner werde dadurch stärker belastet (aA D Reinicke 94 f). Die in einem Ehevertrag enthaltene, wegen § 2302 unwirksame Verpflichtung, ein Testament zu errichten, kann in einen wirksamen bedingten Erbvertrag umgedeutet werden (OLG Hamm FamRZ 1997, 581).

53 Ein nichtiger Erbvertrag zwischen Ehegatten und Kindern kann in einen Vertrag nach § 311b Abs 5 zwischen den Kindern über den künftigen Erbteil umgedeutet werden (RG HRR 1927 Nr 1403).

c) Nichtiges Rechtsgeschäft unter Lebenden

54 § 140 setzt keine gleichartigen Rechtsgeschäfte voraus (BGHZ 8, 23, 34; o Rn 9). Deshalb kann ein wegen § 1365 nichtiger Übergabevertrag als Rechtsgeschäft unter Lebenden in einen Erbvertrag als einer Verfügung von Todes wegen umgedeutet werden (BGHZ 40, 218, 224 m Anm Mattern LM Nr 5; Abgrenzungsentscheidung: BGH NJW 1994, 1785, 1787 [Umdeutung abgelehnt]). Der hypothetische Parteiwille wird anhand der Umstände des Einzelfalles und der Interessenlage der Parteien ermittelt. Die Umdeutung setzt gewichtige Anhaltspunkte voraus, damit die Verweigerung der Genehmigung des anderen Ehegatten nicht unterlaufen und der Schutzzweck des § 1365 (o Rn 29) ausgehöhlt wird (gegen jede Umdeutung in einen Erbvertrag jedoch Tiedtke FamRZ 1981, 1, 5; einschränkend auf Ausnahmefälle MünchKomm/Koch⁴ § 1366 Rn 37, 38). Eine Umdeutung ist ferner ausgeschlossen, wenn die Parteien die Nichtigkeit gekannt (o Rn 28) und gleichwohl bis zum Tode des vertragsschließenden Ehegatten kein Ersatzgeschäft geschlossen haben (BGH NJW 1994, 1785, 1787; Tiedtke FamRZ 1981, 1, 3). Eine Umdeutung kommt insbes in Betracht, wenn sich die Übertragung als „verfrühte Erbfolge" darstellt (so in BGHZ 40, 218; anders in BGH NJW 1994, 1785). Bei einem Verstoß gegen § 311b Abs 2 kann der Vertrag als Erbvertrag aufrechterhalten werden (BGHZ 8, 23, 34). (Flume, AT II 598) wendet sich allgemein dagegen, daß ein Geschäft unter Lebenden als Verfügung von Todes wegen aufrechterhalten wird, weil es „eben kein Geschäft von Todes wegen ist". Doch hängt diese Auffassung damit zusammen, daß nach seiner Meinung das Ersatzgeschäft in dem anderen Geschäft „mit enthalten" sein muß (o Rn 21).

Die in einem Scheidungsvergleich eingegangene, wegen § 2302 nichtige Verpflichtung eines Erblassers, ein Testament nicht zu ändern, kann in einen Erbvertrag umgedeutet werden (OLG Stuttgart NJW 1989, 2700; Palandt/Heinrichs⁶² Rn 10). Die wegen § 2302 nichtige Verpflichtung aus einem gerichtlichen Vergleich, einen Erbvertrag abzuschließen, kann grundsätzlich in einen Vertrag zugunsten Dritter (§§ 328 ff) umgedeutet werden, wenn die Verpflichtung einen hinreichend konkreten Inhalt hat (BGH MDR 1961, 128). **55**

Ein schenkweise erteiltes Schuldanerkenntnis, das wegen § 518 Abs 1 S 2 nichtig ist, kann als privatschriftliches Testament aufrechterhalten werden (RG JW 1910, 467). Wird die Formvorschrift des § 2247 gewahrt, so ist es als Vermächtnisanordnung gültig (ebenso Flume, AT II 598). Überhaupt können **formnichtige Schenkungsversprechen** grundsätzlich in ein Testament mit Vermächtnisanordnung umgedeutet werden (RG Recht 1912 Nr 1884; aA Flume, AT II 598). Die Umdeutung eines wegen fehlender vormundschaftsgerichtlicher Genehmigung (§ 1795 Abs 1) unwirksamen Darlehensabtretungsvertrages wurde verneint, weil der Zessionar eine Vermögensabgabe vom 18. Lebensjahr an hätte zahlen sollen. Bei einer Umdeutung in eine letztwillige Verfügung wäre diese Verpflichtung entfallen (BGH WM 1962, 788, 790 f). **56**

5. Gesellschaftsrecht

Grundsätzlich kann ein OHG-Vertrag in einen BGB-Gesellschaftsvertrag umgedeutet werden (BGHZ 19, 272 ff), es sei denn, eine Partei hat sich von vornherein gegen die Errichtung einer BGB-Gesellschaft gewehrt (o Rn 26). Umgekehrt kann eine BGB-Gesellschaft nicht in eine OHG oder KG umgedeutet werden (Soergel/Hefermehl¹³ Rn 10 aE; MünchKomm/Mayer-Maly/Busche⁴ Rn 26). Daran hat BGHZ 146, 341 nichts geändert. Liegt ein Fall des § 140 vor, so sind die Grundsätze über die fehlerhafte Gesellschaft (u § 142 Rn 32) nicht anwendbar (Soergel/Hefermehl¹³ Rn 24). Die nichtige Übertragung eines Gesellschaftsanteils kann als eine Abtretung der Ansprüche aus § 717 aufrechterhalten werden (RG Recht 1913 Nr 1424). Die Rspr geht auch von der Umdeutungsfähigkeit einer Kommanditgesellschaft in eine BGB-Gesellschaft aus (BGH WM 1972, 22; BB 1974, 58; krit Battes AcP 174 [1974] 445). Eine nichtige *Verschmel-* **57** *zung* zweier Gesellschaften kann nicht in eine bloße Vermögensübertragung umgedeutet werden (BGH NJW 1996, 659 [noch zu § 419]).

58 Ist in einer Kommanditgesellschaft eine *Stimmrechtsvereinbarung* unwirksam, so wird in einen gesellschaftsvertraglichen Stimmrechtsausschluß umgedeutet, verbunden mit der Erhöhung des Stimmrechts anderer Gesellschafter (BGHZ 20, 363, 370 f; OLG Koblenz ZIP 1992, 846). Ähnlich wurde eine nach GmbH-Recht unzulässige Stimmrechtsermächtigung als Stimmrechtsvollmacht aufrechterhalten (OLG Hamburg NJW 1989, 1866). Das ist freilich wegen der drohenden Durchbrechung des Abspaltungsverbotes zweifelhaft (MünchKomm/MAYER-MALY/BUSCHE[4] Rn 27). Erwogen wurde auch die Umdeutung einer unwirksamen Abspaltung in eine Treuhand am Gesellschaftsanteil (OLG Hamm NZG 1999, 995 [aber wohl ergänzende Vertragsauslegung]). In vergleichbarer Weise wurde im Falle einer GmbH eine nichtige *Stimmrechtsübertragung* in eine widerrufliche Stimmrechtsvollmacht für den Nießbraucher umgedeutet (OLG Koblenz EWiR § 1068 BGB 1/92, 259 [PETZOLD]). Nicht entschieden wurde die konkrete Frage, ob ein nichtiger Beschluß der Gesellschafterversammlung über die ersatzlose Streichung eines *Wettbewerbsverbotes* in einen Beschluß über die Befreiung der Gesellschafter von dem Wettbewerbsverbot umgedeutet werden könnte, da dieser Beschluß ebenfalls nichtig gewesen wäre (BGH WM 1983, 862). Eine Schiedsgerichtsklausel in einem Gesellschaftsvertrag, die auf den darüber abgeschlossenen Schiedsvertrag verweist, kann wegen fehlender Konkretisierung nicht in einen Vorvertrag auf Abschluß eines Schiedsvertrages umgedeutet werden (BGH MDR 1973, 1001).

59 Eine *Anfechtung* kann in eine Kündigung aus wichtigem Grund umgedeutet werden (BGH NJW 1975, 1700 [Kommanditmassengesellschaft]). Dagegen wurde die Umdeutung einer Anfechtungserklärung wegen arglistiger Täuschung in eine Austrittskündigung bei einem nicht offensichtlich vermögenslosen Immobilienfonds abgelehnt (OLG Celle ZIP 1999, 1128).

60 Die Teilung und Abtretung des in DM neu festgesetzten einzigen Geschäftsanteils einer ostdeutschen GmbH war als Teilung und Abtretung des Anteils in Mark der DDR auszulegen, wenn die Kapitalneufestsetzung noch nicht im Handelsregister eingetragen ist (LG Dresden DB 1993, 929). Doch vermengt die Entscheidung Auslegung und Umdeutung (ULBERT EWiR § 15 GmbHG 2/93, 1087). Wird die Forderung einer *Publikumsgesellschaft bürgerlichen Rechts* an einen Gesellschafter unwirksam abgetreten, so kann die Abtretung in eine Einziehungsermächtigung umgedeutet werden (BGH NJW 1987, 3121, 3122 im Anschluß an BGHZ 68, 118, 125). Die von einem GmbH-Geschäftsführer unwirksam erteilte **Generalvollmacht** kann in eine Handlungsvollmacht nach § 54 HGB umgedeutet werden (BGH NJW-RR 2002, 1325 mit krit Anm HAAS LM GmbHG § 35 Nr 39).

6. Wertpapierrecht

61 Die nach **Wechselrecht** unwirksame Annahmeerklärung (Art 26 Abs 1 WG) auf einem gezogenen Wechsel kann in ein abstraktes Schuldversprechen (§ 780 BGB) umgedeutet werden (BGH NJW 1994, 447 mit Besprechung PETERSEN Jura 2001, 596 unter Aufgabe von BGH WM 1955, 1324; RGZ 136, 207, 210; hL; FLUME, AT II 598; D REINICKE 93; SOERGEL/HEFERMEHL[13] Rn 25; KRAMPE 269 ff; ERMAN/PALM[10] Rn 29; vgl auch BÜRCK SchlHA 1973, 37, 41; SCHWINTOWSKI EWiR Art 26 WG 1/94, 203; MARLY LM WG Art 26 Nr 1 [4/94]). Ferner ist ein formnichtiger gezogener Wechsel in eine kaufmännische Anweisung (§ 363 Abs 1 S 1 HGB) (WEIMAR WM 1967, 862) oder in eine bürgerlich-rechtliche Anweisung (§ 783 BGB) umdeutbar (OLG Bamberg NJW 1967, 1913 m Nachw der Gegenauffassung; ERMAN/PALM[10] Rn 29). Ein formnichtiger eigener Wechsel kann in einen kaufmännischen Verpflichtungsschein (§ 363 Abs 1 S 2 HGB) oder in ein abstraktes Schuldversprechen (§ 780 BGB) umgedeutet werden (RGZ 136, 207, 210 [obiter]; BGH ZIP 1988, 18; OLG Zweibrücken BB 1998, 181, 182; PALANDT/HEINRICHS[62] Rn 12; ERMAN/PALM[10] Rn 29; FLUME, AT II 597 f). Ein formgültiger Wechsel kann nicht in eine andere rechtsgeschäftliche Erklärung umgedeutet werden (o Rn 14; BGH WM 1972, 461; KESSEL BlfGenossW 1972, 159). Das gleiche gilt für einen Wechsel, bei dem lediglich die nachholbare Unterschrift des Ausstellers fehlt (BGH WM 1970, 1023, 1024). Ein nichtiges Indossament (Ladeschein) wurde als Abtretung aufrechterhalten (RG SeuffA 67 Nr 83). Eine Umdeutung eines Indossaments auf einem nichtigen Wechsel als bestärkende Schuldübernahme (BGH NJW 1957, 1837, 1838; RGZ 130, 82, 84), als abstraktes Schuldversprechen oder als Garantievertrag wurde nicht vorgenommen (BGH NJW 1957, 1837, 1838; MünchKomm/MAYER-MALY/BUSCHE[4] Rn 26; PALANDT/HEINRICHS[62] Rn 12). Auch wechselrechtliche Erklärungen des Ausstellers scheiden aus (D REINICKE DB 1960, 1028; ERMAN/PALM[10] Rn 29; PALANDT/HEINRICHS[62] Rn 12). Dagegen tritt FLUME (AT II 598) für die Konversion des Indossaments mit der Begründung ein, es sei als Garantie- oder Schuldmitübernahme zu den Bedingungen eines Indossaments aufrechtzuerhalten. Diese Auffassung ist wohl vorzugswürdig, da damit das Ersatzgeschäft nicht über die Wirkungen des ursprünglichen Geschäfts hinausgeht. Ein Blankowechsel ist nicht umdeutungsfähig, da er kein nichtiger Wechsel ist (D REINICKE DB 1960, 1028 ff; SOERGEL/HEFERMEHL[13] Rn 25 aE; weitgehend auch F MÖLLER DB 1961, 159).

Ein formnichtiger **Scheck** kann nach hL in eine Anweisung (AG Springe WM 1987, 309; **62** KOLLER LM § 140 BGB Nr 28) oder eine Ermächtigung des Scheckausstellers an die bezogene Bank umgedeutet werden, für ihn und auf seine Rechnung an die Scheckbegünstigten zu zahlen (BGH NJW 2001, 1855 mit zust Anm KOLLER LM § 140 BGB Nr 28; BB 1993, 1031; Nachw bei BAUMBACH/HEFERMEHL[22] Art 2 ScheckG Rn 5). So liegt es etwa, wenn Tag oder Ort der Ausstellung des Schecks versehentlich nicht angegeben sind. Dagegen wird die Einstandspflicht des Ausstellers nicht in ein Garantieversprechen umgedeutet (Nachw bei HUECK/CANARIS, Wertpapierrecht[12] § 6 V 4a). Abgelehnt wird auch die Umdeutung eines ungültigen Schecks in ein selbständiges Schuldversprechen oder einen kaufmännischen Verpflichtungsschein (OLG Karlsruhe NJW 1977, 589; OLG Düsseldorf WM 1973, 403; MünchKomm/MAYER-MALY/BUSCHE[4] Rn 26; KESSEL BlfGenossW 1973, 123). Bei den genannten Rechtsinstituten haftete der Verpflichtete primär, wogegen ein Scheckaussteller nach Art 12 ScheckG nur eine bedingte Rückgriffshaftung auf sich nimmt (offengelassen in BGHZ 3, 238, 239). Doch würde auch die Umdeutung in eine Anweisung keine Garantiehaftung der Bank aus einer ec-Scheckkartengarantie auslösen (CANARIS EWiR Art 1 ScheckG 1/93, 607). Jedenfalls nach Verlust des Rückgriffsrechts kann ein Scheck nicht in ein Schuldversprechen umgedeutet werden, da sonst Art 40 ScheckG dem Aussteller gegenüber ausgehöhlt würde (BGHZ 3, 238, 239).

7. Grundstücksverkehr

Ein aufgrund eines Formmangels nichtiger Grundstücksveräußerungsvertrag kann in **63** einen Vertrag über eine Dienstbarkeitsbestellung umgedeutet werden (RGZ 110, 391,

392 [formloses Mitgiftversprechen als lebenslanger Nießbrauch]). Ein Verstoß gegen den Normzweck des § 311b Abs 1 (o Rn 29) liegt darin nicht (aA FLUME, AT II 596). Die nichtige Verpfändung einer Hypothek kann als Einräumung eines persönlichen Zurückbehaltungsrechts am Hypothekenbrief aufrechterhalten werden (RGZ 66, 24, 28; ferner RGZ 124, 28, 30 [Grundschuldbrief]). Ein unwirksam begründetes dingliches Vor- oder Wiederverkaufsrecht kann in eine schuldrechtliche Rückkaufsverpflichtung umgedeutet werden (RGZ 104, 122, 124; BGH WM 1965, 205). Eine nichtige Nießbrauchs-bestellung kann als eine nach § 1059 mögliche Ausübungsüberlassung aufrecht-erhalten werden (RG WarnR 1910 Nr 317). Die nach § 1098 Abs 1, § 464 Abs 2 unzu-lässige Vereinbarung eines Vorkaufsrechts mit festem Preis wurde in ein durch Auflassungsvormerkung zu sicherndes schuldrechtliches Vorkaufsrecht umgedeutet (RGZ 104, 124).

64 Ein nichtiger Erbbaurechtsvertrag wurde in einen Pachtvertrag umgedeutet unter Übernahme der vorgesehenen zeitlichen Begrenzung (RG Recht 1928 Nr 393). Ein nicht wirksam angenommenes Angebot wurde in ein Angebot mit längerer Annahmefrist (Option) umgedeutet (RGZ 169, 71). Die Abtretung einer als Hypothek eingetragenen vermeintlichen Eigentümergrundschuld kann bei nichtiger Hypothekenbestellung als Grundschuldbestellung aufrechterhalten werden (RG LZ 1931, 839, 841, 842; anders gelagerter Fall in RGZ 70, 353, 358 f). Ein Ersuchen auf Eintragung eines Grundstücks als Eigentum des Volkes kann nicht in einen Antrag des Antragstellers auf Eintragung als Eigentümer umgedeutet werden, wenn diesem zum maßgeblichen Zeitpunkt das Grundstück nach dem Vermögenszuordnungsgesetz noch nicht zu Eigentum zuge-ordnet war (BezG Potsdam ZEV 1993, 268). Die unwirksame Bestimmung einer Teilungs-erklärung, wonach die Außenfenster dem Sondereigentumsbereich zugeordnet wer-den (§ 5 Abs 2 WEG), kann dahin aufrechterhalten werden, daß der jeweilige Wohnungs- oder Teileigentümer die Instandhaltungspflicht in bezug auf die Außen-fenster zu tragen hat (OLG Hamm NJW-RR 1992, 148, 149). Bei der Umdeutung sind die Interessen aller Beteiligten zu berücksichtigen. Verneint wurde im Einzelfall die Umdeutung einer unwirksamen Einräumung von Sondereigentum in ein Sondernut-zungsrecht nach § 15 Abs 1 WEG (BayObLG MDR 1981, 145). Dies hätte dem Berech-tigten eine umfassendere Rechtsstellung verschafft.

65 Bei einer Nichtübereinstimmung von Auflassungserklärung und übereinstimmend Gewolltem ist der nichtige Teil der Auflassung in einen wirksamen umzudeuten (OLG Stuttgart BWNotZ 1979, 17). Eine Umdeutung gegen den wirklich erklärten Willen der Parteien ist nicht möglich (o Rn 25). Haben daher die Parteien nur den Kauf einer Bodenfläche unter einer bestimmten Bedingung (Teilungsgenehmigung) gewollt, so ist bei Ausfall dieser Bedingung eine Umdeutung in die Bestellung einer Grund-dienstbarkeit an der Fläche nicht möglich. Das gilt selbst dann, wenn hierdurch der letztlich angestrebte Erfolg erzielt würde und die Parteien bei Vertragsschluß diese Möglichkeit nicht erkannt haben, bei deren Kenntnis für den Fall des Ausfalls der Bedingung aber gewollt haben würden (BGH NJW 1971, 420; dazu teils krit BÜRCK JuS 1971, 571). Eine wegen § 93 nichtige Vereinbarung kann grundsätzlich umgedeutet werden (dazu LG Krefeld MDR 1961, 849 [Giebelmauer]). Ein Kaufvertrag über einen wesentlichen Grundstücksbestandteil (Wochenendhaus) wurde als Abstandsvereinbarung auf-rechterhalten (LG Hannover MDR 1980, 310). Die formnichtige Zusage von Mit- und Wohnungseigentum kann in ein Dauerwohnrecht umgedeutet werden (BGH NJW 1963, 339 m zust Anm H WESTERMANN JZ 1963, 367), dessen Einräumung formlos gültig ist. Es ist unschädlich, daß der umzudeutenden Vertragsleistung eine Gegenleistung des anderen Vertragspartners gegenübersteht (o Rn 9). Soll das Eigentum bei Bruchteilseigentum oder bei Miterben im Ganzen übertragen werden, und ist einer der Beteiligten geschäftsunfähig, so ist die Verfügung des fehlerfrei handelnden Teilhabers als Verfügung eines Nichtberechtigten schwebend unwirksam. Eine Umdeutung in eine Verfügung über den Bruchteil richtet sich nach § 140 und nicht nach § 139 (BGH NJW 1994, 1470, 1471; o § 139 Rn 65).

66 Eine Grunddienstbarkeit kann nicht in eine beschränkt persönliche Dienstbarkeit umgedeutet werden (OLG München NJW 1957, 1765). Nach § 1090 muß zugunsten einer individuell bestimmten Person eingetragen werden. Ein Grundstückskaufvertrag mit einer nichtigen Planungszusage der Gemeinde kann uU als Kaufvertrag mit Übernahme des Planungsrisikos aufrechterhalten werden (BGHZ 76, 16, 28 f).

8. Sicherungsgeschäfte

a) Sicherungsübereignung und -abtretung; Verpfändung

67 Eine nichtige Verpfändung von Mobilien (zB fehlende Übergabe nach §§ 1205 f) oder von Forderungen (zB fehlende Schuldneranzeige nach § 1280) kann als Bestellung eines Zurückbehaltungsrechts an dem geleisteten Gegenstand bis zur Rückzahlung des Kredits aufrechterhalten werden (schon RGZ 66, 24, 28; OGHBrZ 4, 146; DERLEDER JZ 1999, 176). Auf die in § 273 Abs 1 vorausgesetzte Konnexität kommt es nicht an. Das gilt auch bei der Verfügung eines Nichtberechtigten (überzeugend DERLEDER JZ 1999, 177, 179; PALANDT/HEINRICHS⁶² Rn 12; aA RGZ 124, 31). Dagegen scheidet die Umdeutung in eine Sicherungsübereignung oder in eine Sicherungsabtretung aus, weil deren Wirkungen weiterreichen als das nichtige Rechtsgeschäft (D REINICKE 94; o Rn 22). Die unwirksame Sicherungsübereignung eines Grundstücks kann als Verpflichtung zur Bestellung einer Sicherungshypothek aufrechterhalten werden (RG JW 1929, 70). Eine unwirksame Sicherungsabtretung kann in die Verpfändung einer Forderung umgedeutet werden (BGH VersR 1953, 470). Die Umdeutung der Leihe in ein anderes Besitzmittlungsverhältnis nach § 868 ist möglich (RG JW 1915, 656). Wird der schuldrechtliche, weggefallene Herausgabeanspruch aus einem Sicherungsgeschäft abgetreten, so kann dies in die Abtretung des Bereicherungsanspruches auf Herausgabe des Erlöses umgedeutet werden (OLG Hamm MDR 1962, 985, 986; allgemein zur Umdeutung von Sicherungsgeschäften SERICK II 141 ff).

b) Grundschuld; Hypothek

68 Eine Hypothek mit unwirksamer Kursgarantie wurde in eine Hypothek ohne diese Klausel umgedeutet (RGZ 108, 149). Wird eine für eine Buchhypothek gehaltene Briefhypothek abgetreten, so wurde das Rechtsgeschäft als Abtretung des Anspruches auf Rückübertragung der an einen Dritten abgetretenen Hypothek aufrechterhalten (RG Recht 1909 Nr 3032; zust ERMAN/PALM¹⁰ Rn 26; ferner o Rn 63, 64). Eine blanko abgetretene Hypothekenforderung wurde als Verpfändung aufrechterhalten, wenn die Abtretungsurkunde zu Verpfändungszwecken hingegeben wurde und sich der Name des Pfandgläubigers aus einem weiteren Briefwechsel herleiten ließ (RG JW 1928, 174; SOERGEL/HEFERMEHL¹³ Rn 13).

c) Bürgschaft; Sonstiges

69 Eine formnichtige Bürgschaft kann nur in einen Kreditvertrag umgedeutet werden, wenn der Schutzzweck des § 766 gewahrt bleibt (ZEISS WM 1963, 906, 910; ferner dazu SCHÜTZ WM 1963, 1051). Eine Umdeutung in einen Schuldbeitritt ist möglich, wenn dessen Voraussetzungen gegeben sind (o Rn 30). Ein nichtiger Darlehnsvertrag macht auch die Sicherungsabreden unwirksam. Diese dürfen nicht in Sicherungsrechte für einen Bereicherungsanspruch umgedeutet werden (BGH WM 1966, 399, 401 re Sp). Eine auf erstes Anfordern erteilte Bürgschaft kann unter bestimmen Voraussetzungen in eine gewöhnliche Bürgschaft umgedeutet werden. Doch darf der Schutzzweck des § 648a Abs 2 S 2 nicht vereitelt werden (BGH NJW 2001, 3616, 3618). Daran scheitert auch eine ergänzende Vertragsauslegung.

9. Gütergemeinschaft

70 Die unwirksame Verfügung über einen Anteil an einer fortgesetzten Gütergemeinschaft (§ 1497 Abs 2, § 1419 Abs 1) kann in die Übertragung des Anspruches auf dasjenige, was dem Beteiligten bei der Auseinandersetzung zusteht, umgedeutet werden (BGH MDR 1966, 750). Die Abtretung des Anteils des Ehegatten am Grundstück der Gütergemeinschaft kann als Abtretung des Anspruchs auf den Auseinandersetzungserlös aufrechterhalten werden (RG LZ 1929, 575). Die Übereignung eines Grundstücks bei Auseinandersetzung der Gütergemeinschaft kann in die Abtretung des Anspruchs auf Übereignung des Grundstücks gegen die Siedlungsgesellschaft umgedeutet werden (RG WarnR 1931 Nr 45).

10. Allgemeiner Rechtsverkehr

71 Die Umdeutung findet weithin auch im allgemeinen Rechtsverkehr statt. Die Beispielsfälle werden in alphabetischer Reihenfolge dargestellt. Eine *Abtretung* kann in eine Einziehungsermächtigung umgedeutet werden (BGHZ 68, 118, 125 [Wandelung]; BGH NJW 1987, 3121, 3122 [Publikumsgesellschaft]; MDR 2003, 145; ferner o Rn 67). Die Abtretung eines nicht mehr bestehenden Herausgabeanspruches kann als Abtretung des Anspruchs aus § 816 aufrechterhalten werden (OLG Hamm MDR 1962, 985, 986). Die Umdeutung in einen wirksamen *Adoptionsvertrag* wurde abgelehnt, weil dadurch der Wille der Parteien nicht in rechtlich zulässiger Weise verwirklicht worden wäre (BGH NJW 1971, 428, 429). Eine *Anfechtung* wegen arglistiger Täuschung kann als Irrtumsanfechtung aufrechterhalten werden (BGH NJW 1979, 160, 161 [dort aber Auslegung] m Anm BERG JuS 1981, 179). Eine *Anfechtung* kann auch als Kündigung umgedeutet werden (BGH NJW 1975, 1700 [Auslegung oder Umdeutung bei einer Kommanditmassengesellschaft]; OLG Hamm VersR 1981, 275). Nicht möglich ist die Umdeutung der Anfechtung (eines Versicherers) in einen Rücktritt (OLG Köln VersR 1993, 29 f; aA ERMAN/PALM[10] Rn 20a; PALANDT/HEINRICHS[62] Rn 6). Vergleichbar kann umgekehrt ein Rücktritt nicht als Anfechtungserklärung aufrechterhalten werden (BGH BB 1965, 1083; MünchKomm/MAYER-MALY/BUSCHE[4] Rn 22).

72 Im Falle einer vereinbarten Ausschließlichkeitsbindung steht der Zweck des § 34 GWB aF (o Rn 16, 29 f) einer Umdeutung des Vertrages in einen der Schriftform nicht unterliegenden Vertrag ohne *Ausschließlichkeitsbindung* nicht im Weg (OLG Düsseldorf WuW 1981, 733 [„Würzburger Hof"] im Anschluß an BGH NJW 1980, 2517 [dieselbe Sache]; im Grundsatz ebenso OLG Hamm NJW-RR 1992, 563, 564 [aber kein entsprechender hypothetischer Wille]; anders OLG Celle WuW 1975, 409). Die Vereinbarung, wonach ein *Eigentumsvorbehalt* auch nach Lieferung der Ware weiter bestehen soll, wurde als Verarbeitungsklausel aufrechterhalten (OLG Frankfurt aM NJW 1959, 578). Ein unwirksamer *Haftungs-ausschluß* kann als Abtretungsverbot aufrechterhalten werden (OLG Bremen OLGZ 1966, 136, 138). Werden in einem Architektenvertrag die *Höchstbeträge* der HOAI überschritten, so wurde der Vertrag zu den höchstmöglichen Gebühren erhalten (KG NJW-RR 1990, 91, 92). Der *Kauf der eigenen Sache*, welche der Käufer vorher dem Verkäufer unter Eigentumsvorbehalt verkauft hatte, wurde in den Kauf des Besitzes der Sache oder die Rückgängigmachung des ersten Kaufvertrages umgedeutet (RG JW 1924, 1360 m Anm Heck; Soergel/Hefermehl[13] Rn 16; dazu Krampe 214 f). In einem Einzelfall wurde eine nichtige *Lieferfristvereinbarung* nicht in eine zulässige Fristverkürzung umgedeutet (BGH VersR 1960, 304 f [GüKG aF]). Die Umdeutung einer nach § 15 GWB (§ 14 GWB nF) nichtigen *Preisbindung* wurde in einem Einzelfall abgelehnt (OLG Düsseldorf WuW 1988, 430 [„Betonpumpe"]). Eine unwirksame *Prokura-erteilung* kann als Handlungsbevollmächtigung aufrechterhalten werden (§ 54 HGB) (Busch Rpl-Stud 1993, 182, 184).

Die *Übereignung* einer dem Verkäufer nicht gehörenden Sache wurde in die Über-   **73** tragung der Anwartschaft umgedeutet (OLG Hamm JW 1931, 550; Soergel/Hefermehl[13] Rn 16). Doch wird hier schon bisweilen die Auslegung helfen können (o Rn 7). Der unwirksame *Verkauf einer Sache* kann als Verkauf der auf Leistung der Sache ge- richteten Forderung aufrechterhalten werden (Flume, AT II 596). Eine *unwiderrufliche Vollmacht* kann in eine widerrufliche umgedeutet werden (Flume, AT II 596; Palandt/ Heinrichs[62] Rn 13; anders RG Gruchot 68, 538, 542). Vergleichbar kann eine *verdrängende Vollmacht* in eine nicht ausschließende Vollmacht umgedeutet werden (OLG Hamburg DB 1989, 618). Eine nichtige *Vermögensübertragung* kann als Übertragung der einzel- nen Vermögensgegenstände aufrechterhalten werden (RGZ 76, 3; 82, 277).

Ein wegen § 1 GWB unzulässiges unbeschränktes *Wettbewerbsverbot* wurde in eine   **74** Wettbewerbsbeschränkung von angemessener Dauer umgedeutet (OLG Stuttgart WuW 1985, 888 [„Tanzschule"]). Doch wurde hier § 140 angewendet, obgleich nur ein Teil eines Rechtsgeschäfts nichtig war (o Rn 14; zust aber Hübner[2], AT Rn 512).

§ 141
Bestätigung des nichtigen Rechtsgeschäfts

(1) Wird ein nichtiges Rechtsgeschäft von demjenigen, welcher es vorgenommen hat, bestätigt, so ist die Bestätigung als erneute Vornahme zu beurteilen.

(2) Wird ein nichtiger Vertrag von den Parteien bestätigt, so sind diese im Zweifel verpflichtet, einander zu gewähren, was sie haben würden, wenn der Vertrag von Anfang an gültig gewesen wäre.

Materialien: VE-AT § 125; E I § 110; II § 110;
III § 137; Jakobs/Schubert, AT I 743 f;
Schubert, AT II 213 f; Mot I 217; Prot I 126;
Mugdan I 472 f, 727.

Schrifttum

A Böhm, Die Bestätigung nichtiger Rechts-
geschäfte (Diss Greifswald 1926)
Graba, Bestätigung und Genehmigung von
Rechtsgeschäften (Diss München 1967)
Kohte, Unwirksame Bestätigung eines wucher-
ähnlichen Kreditvertrags – BGH NJW 1982,
1981, JuS 1984, 509
M Müller, Die Bestätigung nichtiger Rechts-
geschäfte nach § 141 BGB (1989)
Rosenthal, Die rechtliche Natur und die Wir-
kung der Bestätigung nichtiger und anfechtbarer
Rechtsgeschäfte (Diss Jena 1911)

Seip vEngelbrecht, Die Bestätigung nichtiger
und anfechtbarer Rechtsgeschäfte (Diss Erlan-
gen 1907)
Untermann, Die Bestätigung nichtiger
Rechtsgeschäfte (Diss Marburg 1928)
Weimar, Die Bestätigung nichtiger Rechts-
geschäfte, DRZ 1940, 109
Wurmstich, Die Bestätigung nichtiger und
anfechtbarer Rechtsgeschäfte nach dem BGB
(Diss Jena 1910).

Systematische Übersicht

Alphabetische Übersicht

I. Normzweck

§ 141 findet seinen Grund darin, daß ein nichtiges Rechtsgeschäft auch dann nichtig **1** bleibt, wenn der Nichtigkeitsgrund später wegfällt (dazu KOHTE JuS 1984, 509, 511; Mot I 217). Die Norm eröffnet den Parteien die Möglichkeit, dem Rechtsgeschäft unter **erleichterten Voraussetzungen** vom Zeitpunkt der Bestätigung an Wirksamkeit zu verschaffen (u Rn 15). Die Verfasser des BGB gingen allerdings davon aus, aus dem Begriff der Nichtigkeit folge zwingend die Unheilbarkeit des Rechtsgeschäftes, so daß es an sich nicht „bestätigt" werden könne (MUGDAN I 472 = Mot I 217; SCHUBERT, AT II 213 f; ENNECCERUS/NIPPERDEY, AT[15] I 2 1211). Die rechtliche Bedeutung der Bestätigung wurde daher als erneute Errichtung eines Rechtsgeschäfts von gleichem Inhalt gesehen. Doch besteht heute zunehmend Einigkeit darin, daß § 141 Abs 1 nicht schlechthin eine **Neuvornahme** verlangt, weil damit nur Selbstverständliches ausgesprochen werden würde (GRÖSCHLER NJW 2000, 247, 248). Die Formulierung des § 141 Abs 1 bedeutet vielmehr nur, daß die wirksame Bestätigung die Folgen einer Neuvornahme hat (BGH NJW 1999, 3704, 3705; MEDICUS, AT[8] Rn 532; BORK, Allgemeiner Teil des Bürgerlichen Gesetzbuchs [2001] Rn 1238; M MÜLLER 199 ff, 233 m Nachw des Streitstandes; u Rn 13; krit etwa LUIG IuS Commune 1990, 376 ff). Aus der positiven Entscheidung des Gesetzes (dazu FLUME, AT II 551) geht aber deutlich hervor, daß für die Bestätigung alle materiellen Geltungs- und Wirksamkeitsvoraussetzungen gegeben sein müssen. Diese Deutung entspricht dem als Fiktion ausgestaltetem Wortlaut des § 141 Abs 1.

II. Abgrenzungen

Das Gesetz spricht von Bestätigung, wenn eine Partei ein von ihr selbst abgeschlos- **2** senes Geschäft erst noch in Geltung setzt. So liegt es für das in § 141 geregelte nichtige Rechtsgeschäft und für das in § 144 gemeinte anfechtbare Rechtsgeschäft (u § 144 Rn 1). In unsystematischer Ausdrucksweise spricht § 108 Abs 3 von „Genehmigung". Ist ein Rechtsgeschäft schon wirksam angefochten worden, so kann es wegen § 142 Abs 1 nur nach § 141 bestätigt werden (zu den Unterschieden u § 144 Rn 3).

Die von der **Bestätigung** zu unterscheidende **Genehmigung** schwebend unwirksamer **3** Geschäfte (§ 184) liegt vor, wenn ein Dritter ein von ihm nicht selbst abgeschlossenes

Geschäft in Geltung setzt (§ 182). So liegt es bei der Genehmigung des gesetzlichen Vertreters für das Geschäft des beschränkt Geschäftsfähigen nach § 108 oder bei dem Vertragsschluß durch einen Vertreter ohne Vertretungsmacht nach § 177. Kennzeichnend für die Genehmigung ist die weitreichende Rückwirkung (§ 184), die über die Rückwirkung des § 141 Abs 2 hinausgeht (u Rn 26 ff). Das Gesetz sondert damit Bestätigung und Genehmigung trotz ihrer gemeinsamen Wurzeln in der gemeinrechtlichen *ratihabitio* (GRABA 118 ff; SEUFFERT, Die Lehre von der Ratihabition der Rechtsgeschäfte [1868]).

4 Keine Bestätigung nach § 141 ist die **Heilung durch Erfüllung**, wie sie in den §§ 311b S 2, 518 Abs 2 genannt ist (BGHZ 32, 11, 12 f; MünchKomm/MAYER-MALY/BUSCHE[4] Rn 6; JAUERNIG[10] Rn 6; HÄSEMEYER, Die gesetzliche Form der Rechtsgeschäfte [1971] 96; aA RGZ 75, 114, 115; HERM LANGE AcP 144 [1937/1938] 149, 156). Die Heilung durch Erfüllung verlangt keinen Bestätigungswillen und setzt überhaupt kein Rechtsgeschäft voraus. Da der Heilung nach § 311b S 2 keine Rückwirkung zukommt (BGHZ 54, 56, 63), kommt aber eine analoge Anwendung des § 141 Abs 2 in Betracht, der schuldrechtlich zwischen den Parteien wirkt. Die Rspr entnimmt dem § 141 Abs 2 die „tatsächliche Vermutung", daß die Parteien des durch Auflassung und Eintragung geheilten Kaufvertrages einander das gewähren wollen, was sie bei Abschluß des Vertrages einander zu gewähren beabsichtigten (RGZ 115, 6, 11 f; BGHZ 32, 11, 13; 54, 56, 63 f; LÜKE JuS 1971, 341, 342; MünchKomm/MAYER-MALY/BUSCHE[4] Rn 6). Der Rückgriff auf § 141 Abs 2 wird nicht etwa mit der Begründung entbehrlich, daß der Kaufvertrag durch die Heilung „seinem ganzen Inhalte nach" gelte (so aber FLUME, AT II 553; gegen ihn MünchKomm/MAYER-MALY/BUSCHE[4] Rn 6; aA STAUDINGER/DILCHER[12] Rn 13).

5 Die *Ergänzung* eines unvollständigen Rechtsgeschäfts bedeutet keine Bestätigung iSv § 141. So liegt es etwa, wenn ein versteckter Dissens (§ 155) entdeckt wird (RG JW 1929, 575; PALANDT/HEINRICHS[62] Rn 2; JAUERNIG[10] Rn 6; MünchKomm/MAYER-MALY/BUSCHE[4] Rn 7). Der bei § 141 erforderliche Bestätigungswille (u Rn 20 ff) ist für die Ergänzung nicht erforderlich. Doch kann eine Bestätigung vorliegen, wenn die Parteien den Vertrag im Bewußtsein seiner Fehlerhaftigkeit und in der Absicht ergänzen, dadurch die volle Wirksamkeit herbeizuführen (OLG Celle DNotZ 1980, 414; BGB-RGRK/KRÜGER-NIELAND/ZÖLLER[12] Rn 6).

6 Das *kaufmännische Bestätigungsschreiben* hat mit der Bestätigung der §§ 141 (u 144) nichts zu tun, da ihm im Regelfall kein nichtiges Rechtsgeschäft vorausgeht. Zudem sind die Folgen des kaufmännischen Bestätigungsschreibens nicht von der „erneuten Vornahme" im erörterten Sinn (o Rn 1) abhängig (GRABA 70 ff).

7 Die Umdeutung (Konversion) des § 140 dient der Durchsetzung des hypothetischen Parteiwillens (o § 140 Rn 24 ff). Dagegen beruht die Bestätigung auf dem ausdrücklichen oder stillschweigenden (u Rn 23) Willen der Parteien (MünchKomm/MAYER-MALY/BUSCHE[4] Rn 8; BGB-RGRK/KRÜGER-NIELAND/ZÖLLER[12] Rn 8; RUTENBECK, Der Gegensatz der sogenannten Konversion zur Bestätigung nicht gültiger Rechtsgeschäfte [Diss Erlangen 1907] passim).

III. Bestätigung einer Ehe trotz Aufhebungsgrund

8 Die Bestätigung einer Ehe nach § 1315 ist kein Rechtsgeschäft und keine Bestätigung

iS des § 141 (Palandt/Brudermüller[62] § 1315 Rn 3; MünchKomm/Müller-Gindullis[4] § 1315 Rn 5). Auch wenn ein Aufhebungsgrund nach 1314 besteht, so ist die Ehe doch bis zur Aufhebung nach § 1313 durch rechtskräftiges Urteil voll gültig. Sie weist daher eher eine gewisse Verwandtschaft mit § 144 auf.

IV. Voraussetzungen

1. Nichtiges Rechtsgeschäft

Das zu bestätigende Rechtsgeschäft muß **nichtig** sein. Der Grund für die Nichtigkeit **9** ist gleichgültig. An der erforderlichen Nichtigkeit des Rechtsgeschäfts fehlt es, wenn etwa ein „Schuldbeitritt" zu einer nicht entstandenen Darlehensschuld ins Leere gegangen ist. Eine Bestätigung ist hier nicht möglich, weil die Ursache für das Nichteintreten der Rechtswirkungen des Schuldbeitritts nicht in diesem selbst liegt, sondern in dem Geschäft, auf das er sich bezieht (BGH NJW 1987, 1698, 1699 f). § 141 ist auch anwendbar, wenn eine erklärte Anfechtung das Rechtsgeschäft nichtig gemacht hat (BGH NJW 1971, 1795, 1800 re Sp). § 141 kann analog angewendet werden, wenn das (schwebend unwirksame) Rechtsgeschäft zwar nicht nichtig ist, aber infolge einer Genehmigungsverweigerung **endgültig unwirksam** (BGH NJW 1999, 3704, 3795). Vergleichbar konnte auch ein (wegen §§ 52, 53 Abs 1, 2 BörsG) **unverbindliches Börsentermingeschäft** bestätigt werden (BGH NJW 1998, 2528, 2529; jetzt keine Unverbindlichkeit mehr, vgl § 37d WpHG).

Das betreffende Rechtsgeschäft kann eines unter Lebenden wie auch eine letztwil- **10** lige Verfügung sein (vgl den Fall von BGHZ 1, 116, 118; MünchKomm/Mayer-Maly/Busche[4] Rn 2). Es kann sich sowohl um zweiseitige als auch um einseitige Rechtsgeschäfte handeln, so daß auch etwa nichtige Kündigungen bestätigungsfähig sind (BAG DB 1976, 969, 970). Ferner sind nichtige Gesamtakte wie Eigentümerbeschlüsse nach dem WEG nach § 141 bestätigungsfähig, da es sich um Rechtsgeschäfte handelt (vgl BayObLG NJW 1978, 1387 [dort aber § 144 analog]).

Auf **öffentlich-rechtliche Verträge** findet § 141 BGB wegen § 62 S 2 VwVfG entspre- **11** chende Anwendung (dazu Löwer WissR 26 [1993] 233, 245 f). Zudem soll § 141 auch auf *nichtige Verwaltungsakte* anwendbar sein (BGH WM 1954, 40; BGB-RGRK/Krüger-Nieland/Zöller[12] Rn 3). Das ist zweifelhaft, weil sich Rechtsgeschäfte und Verwaltungsakte nach Voraussetzungen und Wirkungen grundlegend unterscheiden. *Prozeßhandlungen* der Parteien können mit Wirkung ex nunc in der Weise bestätigt werden, daß die betreffende mangelbehaftete Handlung fehlerfrei wiederholt wird (Rosenberg/Schwab/Gottwald, ZPO[15] 372).

Die Nichtigkeit des Rechtsgeschäfts kann beruhen auf einem Verstoß gegen ein **12** Verbotsgesetz nach § 134 (BGHZ 11, 59, 60), auf Sittenwidrigkeit nach § 138 (BGH NJW 1982, 1981; BGB-RGRK/Krüger-Nieland/Zöller[12] Rn 2), einem Scheingeschäft nach § 117, einem Verstoß gegen ein Formgebot nach § 125 (BGH WM 1977, 387, 389) oder auf § 142 Abs 1 (o Rn 9).

2. Bestätigung

a) Bedeutung

13 Nach dem Wortlaut des § 141 Abs 1 ist „die Bestätigung als erneute Vornahme zu beurteilen". Diese Fiktion bedeutet aber nur, daß die wirksame Bestätigung die Folgen einer *Neuvornahme* hat (o Rn 1; **aA** ausdrücklich PALANDT/HEINRICHS[62] Rn 4). Entgegen einer weitverbreiteten Formulierung (etwa PALANDT/HEINRICHS[62] Rn 4) geschieht die Bestätigung gerade nicht durch Neuvornahme, da ein fehlgeschlagenes Geschäft selbstverständlich immer neu abgeschlossen werden kann (eindeutig BGH NJW 1999, 3704, 3705). Damit würde der Vereinfachungszweck (o Rn 1) des § 141 verfehlt.

b) Rechtsgeschäft

14 Die Bestätigung ist ein Rechtsgeschäft, im einzelnen eine empfangsbedürftige Willenserklärung (BGB-RGRK/KRÜGER-NIELAND/ZÖLLER[12] Rn 1; M MÜLLER 208). Bestätigt werden muß durch diejenigen, die das nichtige Geschäft ursprünglich abgeschlossen haben. Ein nichtiger Vertrag kann daher nur durch übereinstimmendes Handeln aller Vertragspartner bestätigt werden (RGZ 52, 161, 164; FLUME, AT II 552). Deshalb reicht in diesem Fall die Erklärung nur durch eine Partei nicht aus. Jedoch genügt eine einseitige Parteierklärung, wenn sich die Nichtigkeit des Vertrages aus der Nichtigkeit der Willenserklärung nur einer der Vertragsparteien ergibt (MünchKomm/MAYER-MALY/BUSCHE[4] Rn 10). Wird ein einseitiges nichtiges Rechtsgeschäft bestätigt, wie zB eine bedingte Aufrechnungserklärung, so kann dies durch eine unbedingte, an den Aufrechnungsgegner gerichtete, Erklärung geschehen (vTUHR, AT II 1 S 293).

c) Neuvornahme

15 § 141 verlangt keine Neuvornahme in allen Einzelheiten (M MÜLLER 201; AK-BGB/DAMM Rn 1). Deshalb braucht für die erforderliche neue Einigung bei einem nichtigen Vertrag „nicht über alle einzelnen Abmachungen des ursprünglichen Rechtsgeschäftes erneut eine Willensübereinstimmung hergestellt und erklärt zu werden" (BGH NJW 1982, 1981). Vielmehr reicht es aus, daß sich die Parteien in Kenntnis der Abreden „auf den Boden des Vertrages stellen" (BGH NJW 1999, 3704, 3705; 1982, 1981; WM 1968, 276; MEDICUS, AT[8] Rn 532; MünchKomm/MAYER-MALY/BUSCHE[4] Rn 11; ERMAN/PALM[10] Rn 4). Mit der Bestätigung kann auch eine Vertragsänderung oder- ergänzung verbunden werden (BGH NJW 1999, 3704, 3705). Auch kann die Bestätigung in der Abänderungsvereinbarung liegen (BGHZ 7, 161, 163; BGH NJW 1982, 1981). Doch können die Vertragsparteien einen abweichenden Willen zum Ausdruck bringen (BGHZ 7, 161, 163). Bei einem teilbaren Rechtsgeschäft (§ 139) ist auch eine teilweise Bestätigung möglich (SOERGEL/HEFERMEHL[13] Rn 4). Ausreichend sind auch Bezugnahmen auf seinerzeit errichtete Urkunden, wenn der zu bestätigende Vertrag formgerecht abgeschlossen war (BGH NJW 1999, 3704, 3705; RG Gruchot 71, 386, 389; MünchKomm/MAYER-MALY/BUSCHE[4] Rn 11).

16 Da die Bestätigung gerade keine vollständige Neuvornahme bedeutet, bedarf sie **keiner Form**, wenn die betreffende Formvorschrift bei dem zu bestätigenden Geschäft eingehalten worden war und dessen Nichtigkeit nicht auf der Verletzung des Formgebotes beruhte. Wortlaut und Gesetzgebungsgeschichte (Mot I 217) treten hinter dem Normzweck zurück (MEDICUS, AT[8] Rn 532; M MÜLLER 211; GRABA 60 ff; **aA** die ganz hL, RGZ 146, 234, 238; BGH NJW 1985, 2579, 2580; auch NJW 1999, 3704, 3705; BGB-RGRK/KRÜGER-NIELAND/ZÖLLER[12] Rn 13; PALANDT/HEINRICHS[62] Rn 4; SOERGEL/HEFERMEHL[13] Rn 7; JAUERNIG[10]

Rn 3; MünchKomm/MAYER-MALY/BUSCHE⁴ Rn 14; FLUME, AT II 551 f; BORK AT Rn 1244; Streitstand bei K SCHMIDT JuS 1995, 102, 106). Bei einem rechtsgeschäftlich vereinbarten Formgebot genügt stets die formlose Bestätigung (so auch BGB-RGRK/KRÜGER-NIELAND/ ZÖLLER¹² Rn 14).

d)   Vorliegen allgemeiner Wirksamkeitserfordernisse
Da die Bestätigung als „erneute Vornahme" (iSv o Rn 1, 13) beurteilt wird, müssen **17** jetzt alle Wirksamkeitserfordernisse für das zu bestätigende Rechtsgeschäft vorliegen (dazu auch BECKMANN, Nichtigkeit und Personenschutz [1998] 156). Doch schadet es nicht, wenn die Bestätigung durch einen vollmachtlosen Vertreter abgegeben wird. Das zunächst schwebend unwirksame Rechtsgeschäft kann dann durch Genehmigung wirksam werden (BGH NJW 1999, 3704, 3705). Nach dem Gesagten dürfen weder die alten noch auch neue Nichtigkeitsgründe vorliegen. So dürfen die Gründe für die **Sittenwidrigkeit** des Rechtsgeschäfts im Zeitpunkt der Bestätigung nicht mehr fortbestehen (BGHZ 60, 102, 108). So kann es liegen, wenn im Falle des Wuchers (§ 138 Abs 2) die Notlage zwischenzeitlich weggefallen ist. Ein Kreditgeschäft bleibt unwirksam, wenn eine Gesamtwürdigung ergibt, daß trotz weggefallener einzelner Umstände die weiterwirkenden übrigen allein oder zusammen mit hinzutretenden neuen Umständen auch das neu vorgenommene Rechtsgeschäft als sittenwidrig erscheinen lassen (BGH NJW 1982, 1981 mit zust Bespr KOHTE JuS 1984, 509 ff).

Ein seinerzeit verletztes **Verbotsgesetz** (§ 134) darf jetzt nicht mehr entgegenstehen. **18** Eine wirksame Bestätigung ist daher nur möglich, wenn das Verbot jetzt entfallen ist (BGHZ 11, 59, 60; OLG Brandenburg MDR 1995, 30; OLG Düsseldorf NJW 1976, 1638, 1639). Derartige Rechtsgeschäfte werden im übrigen durch Erfüllung nicht wirksam. Werden nach Aufhebung des Verbotsgesetzes Gewinne aus verbotenen Kompensationsgeschäften verteilt, so tritt Wirksamkeit ein (BGH NJW 1960, 1204).

Ein früher nicht eingehaltenes **Formgebot** (§ 125) muß jetzt gewahrt sein. Deshalb **19** kann ein nach Wegfall des Formerfordernisses des § 34 GWB aF nach wie vor unwirksames Rechtsgeschäft bestätigt werden (zu dieser Möglichkeit BGH BB 1999, 865). Die Bestätigung ist etwa durch formlosen Vollzug des Geschäfts möglich (dazu BUNTE BB 1999, 866). Dabei ist es ausreichend, wenn die neue Urkunde auf die frühere Bezug nimmt (RG Gruchot 71, 386, 389; PALANDT/HEINRICHS⁶² Rn 4). Eine formfreie Bestätigung ist möglich, wenn das Formerfordernis im Bestätigungszeitpunkt nicht mehr gilt (BGH NJW 1973, 1367; MünchKomm/MAYER-MALY/BUSCHE⁴ Rn 8). Eine Einschränkung der Beachtung des Formerfordernisses ergibt sich aus dem o Rn 16 Gesagten. Die Gründe, die zunächst zur Unverbindlichkeit des *Börsentermingeschäfts* geführt haben, müssen jetzt weggefallen sein (BGH NJW 1998, 2528, 2529; aber o Rn 9).

e)   Äußerer Erklärungstatbestand; Bestätigungswille
Die Bestätigung muß nach außen hin sichtbar machen (äußerer Erklärungstatbe- **20** stand), daß das Rechtsgeschäft trotz der von dem Bestätigenden erkannten **Zweifel an der Wirksamkeit** gelten soll (MEDICUS, AT⁸ Rn 531). Läßt sich aus der Erklärung nicht erkennen, daß solche Zweifel klargestellt und ausgeräumt werden sollen, so ist keine Bestätigung iSd § 141 erklärt worden. Die Rspr spricht in wohl gleichem Sinne, aber in eher mißverständlicher Weise, von einem erforderlichen Bestätigungswillen (BGHZ 110, 220, 222 [§ 144]; BGH ZIP 1990, 314). Entscheidend ist, daß der Wille nach außen hin erkennbar in Erscheinung tritt (auch BGH WarnR 69 Nr 309). Nicht etwa ist

ein besonders intensives Erklärungsbewußtsein gefordert (MEDICUS, AT[8] Rn 531). Der Bestätigungswille in dem erörterten Sinn setzt voraus, daß der Bestätigende zumindest Zweifel an der Wirksamkeit des Geschäfts hat (BGH NJW 1995, 2290, 2291; 1982, 1981; OLG Stuttgart NJWE-WettbR 1998, 94 [Projektschutzvereinbarung]; OLG Hamm JZ 1988, 249 m Anm FINGER; OLG Düsseldorf WuW 1978, 721; LARENZ/M WOLF, AT[8] § 44 Rn 14; MünchKomm/MAYER-MALY/BUSCHE[4] Rn 13; abweichend zum Bestätigungswillen K SCHMIDT AcP 189 [1989] 1, 8 f). Kenntnis von der Nichtigkeit (Unwirksamkeit; Unverbindlichkeit) ist also nicht erforderlich (wohl ebenso trotz anderer Formulierung BGH NJW 1998, 2528, 2529 [Börsentermingeschäft]). Auf der anderen Seite brauchen keine „ernsten" Zweifel vorzuliegen; vielmehr genügt jeder Argwohn (MünchKomm/MAYER-MALY/BUSCHE[4] Rn 13; aA SOERGEL/HEFERMEHL[13] Rn 2).

21 Eine Bestätigung iSd § 141 kann nicht angenommen werden, wenn die Parteien das Geschäft als gültig behandeln, weil sie sich seiner Nichtigkeit nicht bewußt sind (BGH NJW 1995, 2290, 2291; LARENZ/M WOLF, AT[8] § 44 Rn 14). Das Festhalten an **unerkannt nichtigen Geschäften** ist keine Bestätigung und führt daher nicht zur Wirksamkeit des Rechtsgeschäfts (OLG Hamm EWiR § 398 BGB 1/93 [MÜLLER-WÜSTEN]). Allenfalls kommt eine Anerkennung in Betracht, die unter den Voraussetzungen des § 812 Abs 2 beseitigt werden kann (vTUHR, AT II 1 S 293).

22 Es ist nicht erforderlich, daß der vom Gegner behauptete Nichtigkeitsgrund anerkannt wird. Vielmehr genügt eine Beilegung des Streites durch die Verabredung, der ursprüngliche Vertrag solle als gültig behandelt werden (BGH WM 1977, 387, 389; BGB-RGRK/KRÜGER-NIELAND/ZÖLLER[12] Rn 10). Ein Rechtsgeschäft kann auch durch denjenigen bestätigt werden, der es für gültig hält, aber aufgetretene Zweifel an seiner Gültigkeit auf jeden Fall beseitigen will (RGZ 150, 385; BGH WarnR 69 Nr 309). Der Ausdruck „Bestätigung" muß nicht verwendet werden. Auch brauchen sich die Beteiligten über die Folgen eines Unwirksamkeitsgrundes nicht völlig im klaren zu sein (OLG Celle DNotZ 1980, 415 f).

f) Konkludentes Verhalten

23 Die Bestätigung kann ausdrücklich erklärt werden. Es genügt aber auch ein konkludentes Verhalten (o Rn 7). Dazu muß in schlüssiger Weise zum Ausdruck gebracht werden, das nichtige Geschäft solle weiter gelten (BGHZ 11, 59, 60; OLG Brandenburg MDR 1995, 30). So kann es liegen, wenn ein Vertragsteil einen angefochtenen Vertrag fortsetzt, nachdem der Gegner Vergleichsangebote abgelehnt hat (BGH WarnR 69 Nr 309). Schlüssiges Verhalten kommt im Anwendungsbereich der Bestätigung recht häufig vor (etwa RGZ 61, 246, 266; 104, 50, 54; 125, 3, 7; BGHZ 11, 59, 60). Die Rspr stellt freilich eher scharfe Anforderungen und entnimmt aus einem schlüssigen Verhalten nur dann einen Bestätigungswillen, wenn jeder Beteiligte dieses Verhalten eindeutig als Bestätigung auffassen mußte. Sobald das betreffende Verhalten auch auf anderen Gründen beruhen kann, wird eine Bestätigung grundsätzlich nicht angenommen (RGZ 150, 389; BGH NJW 1971, 1795, 1800 m Anm GIESEN). So soll die *Weiterbenutzung* einer durch einen angefochtenen Kauf erworbenen Sache in der Regel keine Bestätigung bilden, wenn die Benutzung nur bis zur unverzüglichen Beschaffung eines Ersatzstückes geschieht. Ist die alsbaldige Beschaffung eines Ersatzstücks unmöglich, so schadet eine Benutzung zur Abwendung größerer Nachteile gleichfalls nicht (BGH NJW 1971, 1795, 1800). Entsprechendes gilt für *Erfüllungshandlungen*.

Ein ausreichendes konkludentes Verhalten kann etwa die *Veräußerung* der gekauften **24**
Sache oder das Weiterzahlen von Raten darstellen. Entsprechendes gilt für die Fortsetzung eines Mietvertrages (LG Berlin GrundE 1993, 1161). Die sog unechte Freigabe im
Konkurs (Insolvenz) durch den Konkursverwalter (Insolvenzverwalter) ist lediglich
eine deklaratorisch wirkende Erklärung und bedeutet keine Bestätigung (OLG Düsseldorf BB 1994, 1379, 1380).

V.   Rechtsfolgen

1.   Zukunftswirkung

Der Bestätigung kommt als „Neuvornahme" (aber o Rn 1, 13) keine Rückwirkung zu. **25**
Vielmehr gilt das Rechtsgeschäft erst vom Zeitpunkt der Bestätigung an für die
Zukunft (RGZ 75, 115). Bei der Bestätigung einseitiger Rechtsgeschäfte kommt
eine Rückwirkung ohnehin nicht in Betracht. Eine **dingliche Drittwirkung** scheidet
aus (1. Kommission, JAKOBS/SCHUBERT, AT I 744). Wird etwa eine im Januar vorgenommene
nichtige Verfügung im Juli bestätigt, so ist das Recht des Erwerbers im Juli entstanden. Hat der Veräußerer in der Zwischenzeit zugunsten eines Dritten verfügt, so
bleibt dessen Recht bestehen, wenn nicht der Erwerber gutgläubig erworben hat
(Beispiel nach vTUHR, AT II 1 S 294). Allerdings können Schadensersatzansprüche aus
der Rechtsmängelhaftung entstehen. § 141 ist insoweit zwingend, als die Parteien
keine Rückwirkung vereinbaren können, die sich auf Dritte bezieht (LARENZ/M WOLF,
AT⁸ § 44 Rn 17).

2.   Die Auslegungsregel des Abs 2

Abs 2 gibt eine auf Verträge beschränkte Auslegungsregel, wonach sich die Parteien **26**
im Zweifel so zu stellen haben, wie sie bei anfänglicher Gültigkeit stünden (MUGDAN I
727 = Prot I 126: „Interpretationsregel"). Es handelt sich nur um eine auf die Parteien
beschränkte, **schuldrechtliche Rückwirkung**, die nicht durch Vereinbarung auf Dritte
ausgedehnt werden kann (o Rn 25). Der Käufer kann etwa die Nutzungen der Kaufsache seit der Übergabe (§ 446 Abs 1 S 2; 445 S 2 BGB nF) behalten, und der Verkäufer braucht den schon vor der Bestätigung erhaltenen Kaufpreis nicht nach § 818
Abs 1 zu verzinsen (MEDICUS, AT⁸ Rn 533). Wird ein im Januar abgeschlossener nichtiger Pachtvertrag im Juli bestätigt, so muß der Pächter die für das abgelaufene
Halbjahr anfallende Pacht entrichten. Die Früchte kann er nach § 141 Abs 2 beanspruchen, wenngleich er nicht nach § 956 Eigentümer geworden ist (Beispiel nach
vTUHR, AT II 1 S 294).

Die Auslegungsregel des § 141 Abs 2 greift nur „im Zweifel" ein. Es steht den **27**
Parteien daher offen, bei der Bestätigung die Rückwirkung ganz auszuschließen
oder sie zu beschränken. § 141 Abs 2 kommt nicht zur Anwendung, wenn ein **abweichender Parteiwille** feststeht (RG JW 1931, 2227; PALANDT/HEINRICHS⁶² Rn 8). Auch
kann sich aus den Umständen des konkreten Falles eine von § 141 Abs 2 abweichende Rechtsfolge ergeben (RG JW 1911, 187; SOERGEL/HEFERMEHL¹³ Rn 11).

Wird ein Vertrag über eine Güterzuordnung bestätigt, wie zB eine Eigentumsüber- **28**
tragung oder eine Forderungsabtretung, so begründet die Anwendung des § 141
Abs 2 wohl einen selbständigen Schuldvertrag zwischen den Parteien, auch wenn

zwischen ihnen ursprünglich gar kein Schuldverhältnis bestanden hat (so mE mit Recht
FLUME, AT II 552).

29 § 141 Abs 2 findet auf **einseitige Rechtsgeschäfte** keine Anwendung. Doch kann zB
bei der verfrühten Kündigung einer Gesellschaft vereinbart werden, daß die Rechtsfolgen so ausgestaltet werden sollen, wie wenn das einseitige Rechtsgeschäft gültig
gewesen wäre (vTUHR, AT II 1 S 294 Fn 95). Doch dürfen keine Rechtsnachteile für
unbeteiligte Dritte entstehen.

VI. Prozessuales

30 Leitet eine Partei aus einem nichtigen Rechtsgeschäft Rechte her, so muß sie die
Tatsachen behaupten und beweisen, aus denen sich eine Bestätigung ergibt (BGB-
RGRK/KRÜGER-NIELAND/ZÖLLER[12] Rn 18; MünchKomm/MAYER-MALY/BUSCHE[4] Rn 18). Doch
muß sich der Begünstigte nicht etwa auf die Bestätigung „berufen". Ergibt sich die
Bestätigung aus dem Sach- und Streitstand, so ist sie von Rechts wegen (nicht: „von
Amts wegen") zu berücksichtigen, ohne daß die begünstigte Partei diesen Umstand
noch besonders geltend zu machen brauchte (BGH NJW 1967, 720, 721 [zu § 144]).

§ 142
Wirkung der Anfechtung

**(1) Wird ein anfechtbares Rechtsgeschäft angefochten, so ist es als von Anfang an
nichtig anzusehen.**

**(2) Wer die Anfechtbarkeit kannte oder kennen musste, wird, wenn die Anfechtung
erfolgt, so behandelt, wie wenn er die Nichtigkeit des Rechtsgeschäfts gekannt hätte
oder hätte kennen müssen.**

Materialien: VE-AT §§ 126, 128; E I § 112; II
§ 113; III § 138; JAKOBS/SCHUBERT, AT I 756;
SCHUBERT, AT II 218 ff; Mot I 219 ff; Prot I 127;
MUGDAN I 473, 727.

Schrifttum

BEER, Die relative Unwirksamkeit (1975)
BRUCK, Die Bedeutung der Anfechtbarkeit für
Dritte (1900)
P BYDLINSKI, Die Übertragung von Gestal-
tungsrechten (1986)
COESTER-WALTJEN, Die fehlerhafte Willenser-
klärung, Jura 1990, 362
FLUME, Rechtsakt und Rechtsverhältnis (1990)
GIESEN, Grundsätze der Konfliktlösung bei
fehlerhaften Rechtsgeschäften, Jura 1980, 23 ff;

1981, 505 ff; 561 ff; 1984, 505 ff; 1985, 1 ff; 57 ff;
1989, 57 ff; 1990, 169 ff
GRIGOLEIT, Abstraktion und Willensmängel –
Die Anfechtbarkeit des Verfügungsgeschäfts,
AcP 199 (1999) 379
GRUNDMANN, Zur Anfechtbarkeit des Verfü-
gungsgeschäfts, JA 1985, 80
HARDER, Die historische Entwicklung der An-
fechtbarkeit von Willenserklärungen, AcP 173
(1973) 209

L Jacobi, Die fehlerhaften Rechtsgeschäfte, AcP 86 (1896) 51

Th Kipp, Über Doppelwirkungen im Recht, in: FS vMartitz (1911) 211

Leenen, Die Anfechtung von Verträgen, Jura 1991, 393

Oellers, Doppelwirkungen im Recht?, AcP 169 (1969) 67

Pawlowski, Rechtsgeschäftliche Folgen nichtiger Willenserklärungen (1966)

Schmidt-de Caluwe, Zur Anfechtung privater Willenserklärungen im öffentlichen Recht, insbesondere im Sozialrecht, Jura 1993, 399, 404

Spiess, Zur Einschränkung der Irrtumsanfechtung, JZ 1985, 593

Steinbeck, Die Übertragbarkeit von Gestaltungsrechten (1994)

Vetter, Die Beschränkung der Teilanfechtung auf den angefochtenen Teil, MDR 1998, 573

W Weimar, Die Anspruchsgrundlagen bei Rückwirkung der Anfechtung, JR 1971, 64

ders, Die Bedeutung der Kenntnis des Anfechtungsgrundes gem § 142 Abs 2 BGB für Haftungstatbestände, MDR 1975, 116.

Systematische Übersicht

Alphabetische Übersicht

I. Normzweck

1 § 142 Abs 1 legt in der Formulierung einer Fiktion die Wirkungen der Anfechtung eines Rechtsgeschäftes fest. Die Norm bezweckt die rückwirkende Beseitigung der Mängel, die in der fehlenden Übereinstimmung von Wille und Erklärung bestehen (SPIESS JZ 1985, 593, 599). Nach den Vorstellungen des Gesetzgebers sollte das anfechtbare Rechtsgeschäft in die Lage kommen, „als wenn es nicht vorgenommen worden wäre" (so die Formulierung des VE-AT § 126). Das Geschäft hänge ab „von einer auflösend wirkenden Gesetzesbedingung, deren Eintritt kraft positiv gesetzlicher Bestimmung rückwirkende Kraft hat" (Vorlage der Redaktoren für die erste Kommission bei SCHUBERT, AT II 219; zust BGH NJW-RR 1987, 1456; aber u Rn 5). Die Anfechtung beseitigt die zunächst eingetretenen Rechtsfolgen in der Regel **rückwirkend** (ex tunc).

2 § 142 Abs 2 regelt in erster Linie die Wirkung der Anfechtung auf **Dritte** (u Rn 39 ff; zu akzessorischen Rechtsgeschäften u Rn 23). Der Dritte wird behandelt, wie wenn er von einem Nichtberechtigten erworben hätte, indem seine Unredlichkeit hinsichtlich der Anfechtbarkeit auf die später eintretende Nichtigkeit des Rechtsgeschäfts bezogen wird. Abs 2 gewinnt vor allem Bedeutung für die Beschränkung des **gutgläubigen Erwerbs** durch einen Dritten, dessen Vormann seinerseits aufgrund eines anfechtbaren Rechtsgeschäfts ein Recht erworben hat (FLUME, AT II 558; u Rn 38 ff). Daneben hat die Norm auch Bedeutung für das Verhältnis der Anfechtungsparteien. So ist es etwa dem Anfechtungsgegner verwehrt, daß er sich nach Anfechtung des Kausalgeschäfts auf den Wegfall der Bereicherung beruft, wenn er die Anfechtbarkeit kannte oder kennen mußte (§§ 819 Abs 1, 142 Abs 2, 818 Abs 4).

§ 142 bestimmt die Wirkungen der Anfechtung vor deren Tatbestand (§ 143) (Münch-   **3**
Komm/MAYER-MALY/BUSCHE[4] Rn 1). Die betreffenden *Anfechtungsrechte* sind anderweitig in den §§ 119 ff geregelt und werden in § 142 vorausgesetzt. Bei der Prüfung der Anfechtung im Fallaufbau ist mit § 142 Abs 1 zu beginnen (SEIDL/ZIMMERMANN Jura 1993, 34, 36 Fn 23).

II. Anfechtbarkeit und Nichtigkeit

Die Anfechtbarkeit bildet einen Teilausschnitt aus der Lehre von der **Wirksamkeit**   **4**
der Rechtsgeschäfte. Sie ist insbes zu unterscheiden von der durch das BGB nicht definierten Nichtigkeit. Die Nichtigkeit bedeutet den stärksten Grad der Unwirksamkeit (MEDICUS, AT[8] Rn 487). Sie verhindert schon ein wirksames Zustandekommen des Rechtsgeschäfts. Im Unterschied dazu läßt die bloße Anfechtbarkeit die Unwirksamkeit des fehlerhaften Rechtsgeschäfts nicht von selbst eintreten. Die Anfechtbarkeit ist Ausfluß der **Privatautonomie**, da die Unwirksamkeit von der Anfechtung durch den Anfechtungsberechtigten abhängt. Dagegen beruht die Unwirksamkeit der Nichtigkeit auf Gesetz (zB §§ 134, 138, 125, 105).

Solange nicht angefochten ist, ist das anfechtbare Rechtsgeschäft unbeschränkt gültig   **5**
(etwa BGH NJW-RR 1987, 1456). Es ist daher wenig sachgerecht, das anfechtbare Rechtsgeschäft als „schwebend nichtig" anzusehen, auch wenn die Gesetzesmaterialien eher ein solches Verständnis nahelegen (o Rn 1; wie FLUME, AT II 557 gegen ENNECCERUS/ NIPPERDEY AT[15] I 2 S 1213). Der Übergang von der Wirksamkeit in die Unwirksamkeit durch Anfechtung legte im übrigen eher ein Verständnis iSe **„schwebenden Wirksamkeit"** wie bei einer auflösenden Bedingung (§ 158 Abs 2) nahe. Doch gibt es auch insoweit Unterschiede: Die Entscheidung über die Anfechtung trifft der Urheber der fehlerhaften Erklärung. Dagegen kommt sie bei schwebender Nichtigkeit oder schwebender Wirksamkeit in der Regel von außen (MEDICUS, AT[8] Rn 492).

III. Abgrenzungen

Die Anfechtbarkeit des § 142 bezieht sich auf die Tatbestände des Irrtums (§ 119),   **6**
der Drohung und der arglistigen Täuschung (§ 123). In diesen Fällen ist es sinnvoll, daß die Entscheidung über die Geltung des Rechtsgeschäfts von der privatautonomen Entscheidung des Urhebers der Willenserklärung abhängt. Weitere Anfechtungsmöglichkeiten sind geregelt in den §§ 1954, 1956, 2078 ff, 2281 ff und § 2308. Die §§ 1954 ff bilden lediglich eine spezielle Regelung für *Form und Frist* der Anfechtung. Die Anfechtungsgründe sind dagegen den §§ 119 ff zu entnehmen.

Die Regelung der §§ 142 ff ist nicht maßgeblich für die familienrechtlichen Sonder-   **7**
vorschriften der **Vaterschaftsanfechtung** nach den §§ 1599 ff BGB (§ 640 Abs 2 Nr 2 ZPO). Zudem wird die Anfechtung hier durch ein Gestaltungsklagerecht ausgeübt und endet mit einem rechtskräftigen Gestaltungsurteil (dazu BGH NJW 1999, 1632).

Außerhalb der §§ 142 ff liegt auch die Anfechtung des Erbschaftserwerbs wegen Erbunwürdigkeit nach den §§ 2340 ff. Hier soll der Erwerb der schon angefallenen Erbschaft wieder beseitigt werden. Das gilt auch für den Erwerb durch den gesetzlichen Erben. Bei der Adoption liegt wegen des **Dekretsystems** (§ 1752) schon kein privates Rechtsgeschäft vor, wie es in § 142 vorausgesetzt ist.

8 Die **Insolvenzanfechtung** nach den §§ 129 ff InsO und den §§ 1 ff AnfG hat mit § 142 BGB nichts zu tun. Das gilt sowohl für die Voraussetzungen als auch für die Art der Durchführung. Es geht vielmehr darum, einen anfechtbar weggegebenen Insolvenzgegenstand wieder in die Insolvenzmasse zurückzuholen (§ 143 InsO) oder darum, einem titulierten Gläubiger die Zwangsvollstreckung in einen derartigen Gegenstand zu gestatten (§§ 11, 2 AnfG). Die Anfechtung muß in beiden Fällen klage- oder einredeweise (§§ 146 Abs 2 InsO, 9 AnfG) geltend gemacht werden. Im *Strafrecht* gilt § 142 Abs 1 nicht (OLG Hamm NJW 1967, 1344 [LS] gegen OLG Frankfurt aM NJW 1967, 262).

IV. Anfechtungsrecht

1. Gestaltungsrecht

9 Das Anfechtungsrecht ist ein Gestaltungsrecht des Anfechtungsberechtigten. Es handelt sich um eine formfreie empfangsbedürftige Willenserklärung (näher u § 143 Rn 6). Mit der Ausübung wird die anfechtbare Willenserklärung mit Rückwirkung nichtig.

2. Vererblichkeit; Eintritt in ein Vertragsverhältnis

10 Das Anfechtungsrecht ist **vererblich**. Daneben ist ein Übergang auch in den anderen Fällen einer umfassenden Rechtsnachfolge zu bejahen (MEDICUS, AT⁸ Rn 714). Tritt eine Partei in ein Vertragsverhältnis ein, so geht das Anfechtungsrecht auf den Eintretenden über, wenn nur er von der Anfechtung betroffen wird (FLUME, AT II 561). Wird ein **vermietetes Grundstück** veräußert (§ 571; § 566 BGB nF), so steht das Anfechtungsrecht Veräußerer und Erwerber nur gemeinsam zu, weil sie beide von der Anfechtung betroffen werden. Der Veräußerer haftet nach § 571 Abs 2 S 1 (§ 566 Abs 2 BGB nF) als Bürge zunächst weiter (MEDICUS, AT⁸ Rn 714; FLUME, AT II 561). Das Anfechtungsrecht wird also weder bei dem Urheber des Rechtsgeschäfts belassen (so vTUHR, AT II 1 S 307 zu Anm 67), noch geht es allein auf den Vertragsnachfolger über (so HÜBNER, AT² Rn 516), noch wird jedem das Anfechtungsrecht zugestanden (so aber LARENZ/M WOLF, AT⁸ § 44 Rn 25). Die hier vertretene Lösung entspricht dem Rechtsgedanken des § 351.

3. Abtretung; Verpfändung

11 Das Anfechtungsrecht ist an die Person des Erklärenden gebunden, soweit es dessen Entschließungsfreiheit sichern soll. Es kann daher nicht selbständig übertragen oder verpfändet werden (hL, LARENZ/M WOLF, AT⁸ § 44 Rn 24; MEDICUS, AT⁸ Rn 715; FLUME, AT II 561; dagegen P BYDLINSKI 45 ff; mit ihm sympathisierend MünchKomm/MAYER-MALY/BUSCHE⁴ Rn 7; STEINBECK 111 f). Da das Anfechtungsrecht nicht abgetreten werden kann, geht es bei der Abtretung (§ 398) von Rechten aus einem Rechtsgeschäft nicht auf den

Zessionar über. Es steht aber wohl nichts entgegen, die *Ausübung* des Anfechtungs-rechts zu gestatten (so BGB-RGRK/Krüger-Nieland/Zöller[12] Rn 7, str).

Das Anfechtungsrecht kann auch nicht selbständig **gepfändet** werden. Übereignet A **12** an B anfechtbar eine Sache, so kann der Gläubiger C des A nichts tun, um diese Sache zum Zweck der Vollstreckung wieder dem Schuldnervermögen des A zuzu-führen. Er kann das Anfechtungsrecht des A nicht pfänden und sich zur Ausübung überweisen lassen. Doch ist dieses Ergebnis hinnehmbar (Medicus, AT[8] Rn 715): Bei einer Irrtumsanfechtung (§§ 119, 120) ist für den Schuldner A wohl regelmäßig schon nach § 121 Fristversäumung eingetreten („unverzüglich"). Bei einem auf § 123 be-ruhenden Anfechtungsrecht kann C bei A den sich aus der Täuschung oder Drohung ergebenden Deliktsanspruch pfänden und sich überweisen lassen.

Aus dem Gesagten ergibt sich ohne weiteres, daß bei Abtretungen alleine der Zedent **13** Anfechtungsgegner bleibt (RGZ 86, 305, 310; MünchKomm/Mayer-Maly/Busche[4] Rn 7).

4. Einrede der Anfechtbarkeit

Es gibt keine „Einrede der Anfechtbarkeit". So kann der Anfechtungsberechtigte **14** nicht etwa die Leistung mit der Begründung verweigern, ihm stehe ein Anfechtungs-recht zu, wenn er nicht anficht. Ist die Anfechtungsfrist versäumt, so bleibt aber die Arglisteinrede aus § 853 (RG JW 1928, 2972). Im übrigen muß sich der Anfechtungs-berechtigte für oder gegen die Ausübung seines Anfechtungsrechts entscheiden (zu-treffend MünchKomm/Mayer-Maly/Busche[4] Rn 8; P Schlosser JuS 1966, 257, 266 f).

V. Rechtsgeschäft

1. Gegenstand der Anfechtung

Angefochten wird die fehlerhafte Willenserklärung mit der Folge des § 142 Abs 1, **15** daß dasjenige Rechtsgeschäft, das auf der angefochtenen Willenserklärung beruht, rückwirkend vernichtet wird. Angefochten wird also nicht der Vertrag selbst, sondern die auf den Abschluß des Vertrages gerichtete **Willenserklärung** (Flume, AT II 421; Bork, Allgemeiner Teil des Bürgerlichen Gesetzbuchs [2001] Rn 915). Die Gegenthese sieht dagegen bei einem Vertrag als Gegenstand der Anfechtung nicht die einzelne Wil-lenserklärung an, sondern das Rechtsgeschäft Vertrag (so Leenen Jura 1991, 393, 398; Palandt/Heinrichs[62] Rn 1). Doch ergeben sich aus dieser Betrachtungsweise wenig-stens keine praktischen Fortschritte. Die aus dieser Meinung abgeleitete Konsequenz betrifft in erster Linie die Rechtsfolgen einer *Umdeutung* nach § 140. Unrichtig sei danach die hL, wonach die Umdeutung eines infolge einer Anfechtung nichtigen Rechtsgeschäfts ausscheide. Nach ihr sei die Willenserklärung wegen der Anfechtung derartig beseitigt, daß sie sich nicht mehr als Grundlage für ein Ersatzgeschäft eigne (Leenen Jura 1991, 393, 397). Doch sollte diese anfechtbare Konsequenz der hL nicht von der genannten Unterscheidung abhängig gemacht werden (o § 140 Rn 15).

2. Geschäftsähnliche Handlungen; Realakte

§ 142 findet auch auf geschäftsähnliche Willensäußerungen wie Zahlungsaufforde- **16** rungen oder Mahnungen Anwendung, deren Rechtsfolgen an sich durch das Gesetz bestimmt werden (BGHZ 47, 352, 357; Palandt/Heinrichs[62] Rn 1; BGB-RGRK/Krüger-Nieland/Zöller[12] Rn 2). Das Ergebnis beruht auf deren Ähnlichkeit mit Willenserklärungen. Ausgeschlossen ist aber die Anfechtung von *Tathandlungen* (BGH NJW 1952, 417 [Widerruf ehrkränkender Behauptungen]; Palandt/Heinrichs[62] Rn 1).

3. Öffentliches Recht; Prozeßrecht

17 Auf öffentlich-rechtliche Verträge (§ 59 VwVfG) werden die §§ 119 ff, 142 ff entsprechend angewendet, auch wenn diese Normen naturgemäß in erster Linie für privatrechtliche Rechtsgeschäfte Geltung beanspruchen wollen. Im übrigen kommen die Anfechtungsregeln des bürgerlichen Rechts im öffentlichen Recht grundsätzlich zur Anwendung (Abweichungen werden erörtert durch Schmidt-de Caluwe Jura 1993, 399 ff).

18 **Prozeßhandlungen** sind wegen Willensmängeln nicht anfechtbar (RGZ 69, 261; 156, 70, 73; BGH NJW 1963, 957; Rosenberg/Schwab/Gottwald, ZPO[15] 361 f; aA vor allem Arens, Willensmängel bei Parteihandlungen im Zivilprozeß [1968] 115 ff; 205 ff). Es kommt auch keine analoge Anwendung der Irrtumsvorschriften in Betracht. Nicht angefochten werden können daher etwa der Klageantrag (BGH NJW 1963, 957), das Anerkenntnis (BGH NJW 1981, 2193), die Klagerücknahme (RG WarnR 1916, 144), die Rechtsmitteleinlegung sowie deren Rücknahme oder Verzicht (OLG Karlsruhe NJW 1975, 1933; BGH NJW 1991, 2839; 1985, 2335).

19 Der **Prozeßvergleich** ist dagegen bei Vorliegen eines Willensmangels anfechtbar, da er nach hL zugleich privatrechtliche und prozeßrechtliche Wirkungen entfaltet. Voraussetzung ist ein Willensmangel in der Person eines Vergleichsschließenden (BGHZ 41, 310, 311; 28, 171, 176; Rosenberg/Schwab/Gottwald, ZPO[15] 772). Ausreichend ist eine Drohung durch das Gericht (BGH JZ 1966, 753). Eine Täuschung des Gerichts genügt dagegen nicht (RGZ 153, 56 f).

20 **Prozeßverträge** können gleichfalls nach den §§ 119 ff angefochten werden, solange nicht eine unverrückbare prozessuale Lage verfestigt ist (Rosenberg/Schwab/Gottwald, ZPO[15] 370). Zu nennen sind Prorogationsverträge (§ 38 ZPO), Schiedsvereinbarungen (§ 1029 ZPO), die Unterwerfung unter die sofortige Zwangsvollstreckung (§ 794 Abs 1 Nr 5) sowie vor allem die gesetzlich nicht geregelten Klage- und Rechtsmittelrücknahmeversprechen (weitere Fälle bei Rosenberg/Schwab/Gottwald, ZPO[15] 370 f; Schiedermair, Vereinbarungen im Zivilprozeß [1935] 147 ff; Arens, Willensmängel bei Parteihandlungen im Zivilprozeß [1968] 85 ff; teils weiter einschränkend Henckel, Prozeßrecht und materielles Recht [1970] 76 f; 410; Baumgärtel, Wesen und Begriff der Prozeßhandlung einer Partei im Zivilprozeß [1957] 118 f).

4. Kausalgeschäft; Erfüllungsgeschäft

21 Aufgrund des Trennungs- und *Abstraktionsprinzips* ist das dingliche Erfüllungsgeschäft nicht schon deshalb unwirksam, weil die schuldrechtliche Verpflichtung unwirksam ist. Deshalb bleibt das dingliche Erfüllungsgeschäft bei der Anfechtung des Kausalgeschäfts grundsätzlich unberührt (Larenz/M Wolf, AT[8] § 44 Rn 42).

22 Im Falle einer **Fehleridentität** kann auch das dingliche Rechtsgeschäft angefochten werden, da dann beide Geschäfte von demselben Anfechtungsgrund betroffen sind (dazu HAFERKAMP Jura 1998, 511). So liegt es etwa, wenn sich der Irrtum über eine wesentliche Eigenschaft (§ 119 Abs 2) sowohl auf das Erfüllungs- wie auf das Verpflichtungsgeschäft bezieht (MEDICUS, AT[8] Rn 253; aA ausführlich GRIGOLEIT AcP 199 [1999] 379, 396 ff mwN). Häufiger liegt Fehleridentität bei einer widerrechtlichen Drohung und bei einer arglistigen Täuschung (§ 123) vor, wenn der durch die Täuschung hervorgerufene Irrtum oder die durch die Drohung bewirkte Zwangslage im Zeitpunkt der Verfügung noch andauern (dazu RGZ 66, 385, 390; 69, 13, 17; OLG Hamm VersR 1975, 814; GRIGOLEIT AcP 199 [1999] 379, 404 ff). Vergleichbar kann es liegen, wenn Grund- und Erfüllungsgeschäft aufgrund des Parteiwillens zu einem einheitlichen Rechtsgeschäft zusammengefaßt sind (BGHZ 31, 321, 323 [Schuldübernahmevertrag]; SPELLENBERG/ LEIBLE Jura 1993, 656, 661). Doch ist hierbei äußerste Zurückhaltung geboten (o § 139 Rn 54 ff).

5.   Akzessorische Rechtsgeschäfte

Mit der wirksamen Anfechtung eines Rechtsgeschäfts entfallen auch die Wirkungen   **23** akzessorischer Rechtsgeschäfte. Doch kann die Anfechtbarkeit des Hauptgeschäfts eine *dilatorische Einrede* begründen. So entsteht etwa aus der Anfechtbarkeit eine Einrede für den Bürgen (§ 770 Abs 1), den Eigentümer des mit einer Hypothek belasteten Grundstücks (§ 1137 Abs 1 S 1) und den Verpfänder (§ 1211 Abs 1 S 1). Nach § 129 HGB erhält der Gesellschafter eine Einrede wegen des Anfechtungsrechts der Gesellschaft (FLUME, AT II 559; auch H ROTH, Die Einrede des Bürgerlichen Rechts [1988] 223 [zu § 770]). In allen Fällen erlischt die Einrede, wenn eine Anfechtung nicht mehr möglich ist.

6.   Einseitige Rechtsgeschäfte

Auch einseitige Rechtsgeschäfte, wie zB eine *Kündigung*, können angefochten wer-   **24** den. Anfechtbares Rechtsgeschäft kann auch die Anfechtung selbst sein. Die wegen des angefochtenen Rechtsgeschäfts zunächst eingetretene Rechtsgestaltung ist dann rückwirkend nicht eingetreten. Der aufgrund der ersten Anfechtung mit Rückwirkung nichtige Kaufvertrag wird jetzt auch für die verflossene Zeit wieder in Geltung gesetzt (LARENZ/M WOLF, AT[8] § 44 Rn 45 f: „Negation der Negation"). Wird eine Genehmigung (§ 184 Abs 1) angefochten, so wird darin in aller Regel die endgültige Verweigerung der Genehmigung zu sehen sein. Das Rechtsgeschäft wird jetzt endgültig unwirksam (LARENZ/M WOLF, AT[8] § 44 Rn 46).

Ist wirksam angefochten worden und liegt in bezug auf die Anfechtungserklärung   **25** kein Anfechtungsgrund vor, so ist keine *einseitige Rücknahme* der Anfechtung mehr möglich (RGZ 74, 1, 3). Es bleibt die Bestätigung nach § 141 mit der für Verträge in dessen Abs 2 ermöglichten schuldrechtlichen Rückwirkung.

7.   Teilbarkeit

Bei teilbaren Rechtsgeschäften ist eine Teilanfechtung grundsätzlich zulässig (zur   **26** Teilbarkeit o § 139 Rn 60 ff). Voraussetzung ist, daß nur ein Teil durch den Anfechtungsgrund betroffen ist (RGZ 56, 423; 62, 184, 186; 76, 306, 312; BGH MDR 1973, 653). Die Rechtsfolgen ergeben sich aus § 139. Wird die Anfechtungserklärung unter der Voraussetzung abgegeben, daß der Bestand des Rechtsgeschäfts im übrigen wirksam bleibe, so ist die Teilanfechtung wegen ihrer Verbindung mit einer unzulässigen Bedingung wirkungslos (RGZ 146, 234; **aA** VETTER MDR 1998, 573). Wenn **mehrere Parteien** an einer Seite des Rechtsgeschäfts beteiligt sind, so kann ein jeder seine Erklärung selbständig anfechten (RGZ 56, 423).

8. Anfechtung nichtiger Rechtsgeschäfte

27 Es ist bis heute streitig geblieben, ob ein bereits nichtiges Rechtsgeschäft gleichwohl angefochten werden kann, um Rechtsnachteile für den Anfechtenden zu vermeiden. Unabhängig von der Stellungnahme zu der (fälschlich) sog **„Doppelwirkung"** steht es den Parteien im Prozeß frei, sich mit einer auf § 119 oder auf § 123 gestützten Anfechtung zu verteidigen, wenn das Rechtsgeschäft etwa nach §§ 134, 138 nichtig ist, diese Nichtigkeit aber schwerer nachweisbar ist (BGH LM Nr 2; zust BGB-RGRK/ KRÜGER-NIELAND/ZÖLLER[12] Rn 11; MEDICUS, AT[8] Rn 730).

28 Richtigerweise ist auch eine **Anfechtung wegen Täuschung** (§ 123) möglich, wenn zunächst nur wegen eines Irrtums (§ 119) angefochten worden ist, und der arglistig Getäuschte die Täuschung erst später entdeckt. Die zweite Anfechtung vermeidet die ungünstige Rechtsfolge des § 122. Doch hilft zu diesem Ergebnis auch schon eine offene Gesetzesauslegung, ohne daß auf die von KIPP begründete Lehre (in: FS vMartitz [1911] 211 ff) von den Doppelwirkungen im Recht zurückgegriffen werden müßte (MünchKomm/MAYER-MALY/BUSCHE[4] Rn 11; BGB-RGRK/KRÜGER-NIELAND/ZÖLLER[12] Rn 11; SOERGEL/HEFERMEHL[13] Rn 7; OELLERS AcP 169 [1969] 67).

29 Mit einer offenen Gesetzesauslegung kann auch der folgende von KIPP herangezogene Fall gelöst werden: Der beschränkt geschäftsfähige A veräußert ohne Zustimmung seines gesetzlichen Vertreters eine bewegliche Sache an B, der den A arglistig täuscht. B übereignet die Sache weiter an C, der zwar hinsichtlich der Täuschung bösgläubig ist, hinsichtlich der Minderjährigkeit aber gutgläubig. Die Veräußerung A – B ist hier wegen § 108 nichtig. Da C in bezug auf diesen Nichtigkeitsgrund gutgläubig war, scheint § 932 einen gutgläubigen Erwerb zu ermöglichen. Hält man das nichtige Geschäft für unanfechtbar, so scheint § 142 Abs 2, der die Anfechtung voraussetzt, den gutgläubigen Erwerb nicht verhindern zu können. In diesem Falle stünde C besser, als wenn er von einem voll Geschäftsfähigen erworben hätte. Dieser *Wertungswiderspruch* kann mit KIPP vermieden werden, wenn man die nichtige Veräußerung A–B für anfechtbar hält (dafür FLUME, Rechtsakt und Rechtsverhältnis [1990] 12 f; dagegen PAWLOWSKI 104). Zum gewünschten (und allein sinnvollen) Ergebnis kann man auch gelangen, wenn die Redlichkeit für den Erwerb vom Nichtberechtigten schon verneint wird, wenn der Erwerber bloß hinsichtlich eines möglichen Grundes für die Nichtberechtigung des Veräußerers unredlich ist (MEDICUS, AT[8] Rn 729). Dieser Ansatz ist ebenso gesetzesnah wie die Anfechtbarkeit und als die einfachere Lösung vorzuziehen (**aA** BORK AT Rn 928).

30 Jenseits dieser Fälle spricht mE nichts Entscheidendes gegen die Aufstellung des Grundsatzes, daß eine Anfechtung nichtiger Geschäfte möglich ist, wenn der Anfechtende dadurch für ihn ungünstige Rechtsfolgen des nichtigen Geschäfts vermeiden kann (FLUME AT 13; MEDICUS, AT[8] Rn 729 aE; SOERGEL/HEFERMEHL[13] Rn 7; PALANDT/ HEINRICHS[62] Rn 1; JAUERNIG[10] vor § 104 Rn 22; BORK AT Rn 928; **aA** MünchKomm/MAYER-MALY/ BUSCHE[4] Rn 11 [„bedenklich"]).

VI. Wirkungen

1. Vernichtung zwischen den Parteien (Abs 1)

a) Rückwirkung

Zwischen den am Rechtsgeschäft Beteiligten führt die Anfechtung zur rückwirken- 31
den Vernichtung des Rechtsgeschäfts, „das auf der angefochtenen Willenserklärung
beruht" (so die Formulierung von MEDICUS, AT[8] Rn 726; ferner LG Wuppertal VerBAV 1969, 27).
Sind die Leistungen bereits ausgetauscht worden, so können sie über die *Leistungskondiktion* des § 812 Abs 1 S 1 Alt 1 zurückgefordert werden (BGH NJW-RR 1993, 1463;
OLG Hamm VersR 1982, 248). Aus der Wirkung ex tunc ergibt sich die Nichtanwendbarkeit der condictio ob causam finitam (§ 812 Abs 1 S 2 Alt 1). Nach dem Eintritt
des Erbfalles kann eine Anfechtung einen Erbverzicht nicht mehr rückwirkend beseitigen. Deshalb kann ein Erb- und Pflichtteilsverzichtsvertrag nach dem Eintritt des
Erbfalles nicht mehr angefochten werden (BGH NJW-RR 1993, 708, 709). Nur ganz
ausnahmsweise wird die Nichtigkeitsfolge des § 142 Abs 1 nach einer Anfechtung
wegen arglistiger Täuschung aufgrund des Einwands der unzulässigen Rechtsausübung (§ 242) vermieden werden können (mit Recht abgelehnt durch BGH NJW 1985,
2579, 2580; aber auch u Rn 38). Bereits aufgelaufene Verpflichtungen wie zB Zinsen fallen
durch die Anfechtung weg. Die Nichtigkeit tritt ein, ohne daß es dazu irgendeiner
Mitwirkung des Anfechtungsgegners bedarf. Nichtigkeit bedeutet im übrigen nicht
die Nichtexistenz eines Rechtsgeschäfts, sondern nur die „Nichtgeltung" im Hinblick
auf den Anfechtungsgrund (FLUME, AT II 566). Nach der Anfechtung kann allenfalls
noch das **negative Interesse** und nicht das Erfüllungsinteresse geltend gemacht werden (MünchKomm/MAYER-MALY/BUSCHE[4] Rn 14). Es geht daher zu weit, dem arglistig
getäuschten Käufer trotz der Anfechtung den Geldanspruch auf das Erfüllungsinteresse zu gewähren (so aber FLUME, AT II 568; BGB-RGRK/KRÜGER-NIELAND/ZÖLLER[12]
Rn 23; dagegen MEDICUS, AT[8] Rn 806; u Rn 37).

b) Gesellschaftsverträge; Arbeitsverträge

Mit Recht wird heute überwiegend vertreten, daß die Anfechtungsfolgen des Bürger- 32
lichen Rechts wegen ihrer Rückwirkung auf den Abschluß des Rechtsgeschäfts für
Gesellschaftsverhältnisse nicht passen, soweit sie auf mangelhafter Vertragsgrund-
lage durchgeführt worden sind. Voraussetzung für die Einschränkung der Anfech-
tungswirkungen ist jedoch, daß eine Vereinbarung überhaupt vorliegt. In diesem Fall
wird der Anfechtungsgrund für die Vergangenheit nicht voll beachtet, und es wird die
Rückwirkung der Anfechtung ausgeschlossen. Die Unwirksamkeitsgründe werden
durch **Kündigung aus wichtigem Grund** für die Zukunft (BGHZ 55, 5, 8 [typische Form der
stillen Gesellschaft]) oder durch **richterliches Gestaltungsurteil** nach § 133 HGB geltend
gemacht (BGHZ 3, 285, 291 [KG]). Die genannten Grundsätze sind angewendet worden
auf die Gründergesellschaft einer GmbH (BGHZ 13, 320), die Beitrittserklärung zu
einer Genossenschaft (RGZ 68, 344, 348; BGH DB 1976, 861), den Beitritt zu einer KG
(BGH NJW 1973, 1604 [fristlose Kündigung]) oder einer BGB-Gesellschaft (OLG Frankfurt aM NJW-RR 1994, 1321) sowie auf die Vereinbarung über das Ausscheiden eines
Gesellschafters (BGH LM § 138 Nr 11). Doch finden die Grundsätze der **fehlerhaften
Gesellschaft** keine Anwendung, wenn die Abtretung eines GmbH-Anteils wegen
arglistiger Täuschung oder Irrtums angefochten wird. Es bleibt hier bei der Rückwirkung des § 142 Abs 1 (BGH NJW 1990, 1915 m zust Anm HEINEMANN EWiR § 16 GmbHG

1/91, 65 gegen BGH WM 1975, 512). Diese Rechtsfolge ergibt sich aus § 16 GmbHG. Das gleiche gilt für den Kauf eines GmbH-Anteils (BGH NJW-RR 1998, 1406).

33 Grenzen der Nichtbeachtung des Unwirksamkeitsgrundes werden gezogen, wenn ihr gewichtige **Interessen der Allgemeinheit** oder einzelner **schutzwürdiger Personen** entgegenstehen. Dabei handelt es sich etwa um grobe Sittenwidrigkeiten (§ 138), Gesetzesverstöße (§ 134) oder um Täuschung oder Drohung (§ 123) (BGHZ 55, 5, 9; 3, 285, 288; 26, 330, 334; MünchKomm/MAYER-MALY/BUSCHE[4] Rn 15, 17; MEDICUS, AT[8] Rn 255; FLUME, AT I 1, 13 ff; WIEDEMANN, Gesellschaftsrecht 147 ff; KÜBLER, Gesellschaftsrecht[4] § 25; PALANDT/HEINRICHS[62] § 119 Rn 5).

34 Vergleichbaren Grundsätzen unterliegt die Anfechtung von **Arbeitsverträgen**. Die Anfechtung wegen Irrtums wirkt bloß für die Zukunft (BAG AP § 119 Nr 3 m Anm G KÜCHENHOFF), wenn das Arbeitsverhältnis schon in Vollzug gesetzt worden ist. Das gleiche wurde früher auch angenommen, wenn wegen Täuschung nach § 123 (BAG AP § 123 Nr 2) oder Drohung (BAG AP § 123 Nr 18) angefochten worden ist. Das war freilich wegen der Schutzwürdigkeit des Getäuschten oder Bedrohten von vornherein zweifelhaft (krit mit Recht MünchKomm/MAYER-MALY/BUSCHE[4] Rn 16). Begünstigt wurden dadurch der Täuschende oder der Drohende. Doch konnte die Täuschungsanfechtung auf den Zeitpunkt zurückwirken, zu dem ein zunächst vollzogener Arbeitsvertrag außer Funktion gesetzt wurde (BAG NJW 1984, 446; NZA 1985, 58; vgl auch BAG DB 1987, 1045; Abgrenzungsentscheidung BAG AP § 63 HGB Nr 32 mit abl Anm MAYER-MALY). Offengelassen wurde, ob in den genannten Fällen eine solche Rückwirkung auch bei einer Irrtumsanfechtung eintritt (BAG NZA 1985, 58): Es stünden möglicherweise Gesichtspunkte des Vertrauensschutzes entgegen. Jetzt hat das BAG seine Rspr mit Recht geändert: Ficht der Arbeitgeber im Anschluß an eine Arbeitsunfähigkeit des Arbeitnehmers den Arbeitsvertrag wegen **arglistiger Täuschung** an (unrichtige Beantwortung der Frage nach der Schwerbehinderteneigenschaft), so bleibt es bei der Rückwirkung der Anfechtung nach § 142 Abs 1. Die Anfechtung wirkt auf den Zeitpunkt zurück, seit dem der Arbeitnehmer nicht mehr gearbeitet hat (BAG NZA 1999, 584, unter Aufgabe von BAG AP § 63 HGB Nr 32; AP § 123 BGB Nr 31). Auch angefangene Ruhestandsverhältnisse können nicht mit Rückwirkung außer Kraft gesetzt werden (BAG AP § 119 Nr 2). Entsprechendes gilt für die Anfechtung einer Urlaubserteilung. Bis Urlaubsantritt wirkt die Anfechtung ex tunc; nach Antritt des Urlaubs wirkt sie ex nunc, und nach Beendigung des Urlaubs ist sie ausgeschlossen (BAG NJW 1960, 1734; BGB-RGRK/KRÜGER-NIELAND/ZÖLLER[12] Rn 19).

35 Möglich ist etwa auch die Anfechtung einer *einzelnen Arbeitsbedingung* wegen arglistiger Täuschung des Arbeitgebers. Der restliche Teil des Vertrages kann wirksam bleiben, wenn dieses Ergebnis sinnvoll ist. Der erfolgreich angefochtene Teil des Vertrages soll dann rückwirkend entfallen (BAG NJW 1970, 1941). Rückwirkung wird auch angenommen, wenn ein Vorvertrag zu einem Tarifvertrag angefochten wird (BAG DB 1977, 408; BGB-RGRK/KRÜGER-NIELAND/ZÖLLER[12] Rn 20; MünchKomm/MAYER-MALY/BUSCHE[4] Rn 16).

c) Sonstige Dauerschuldverhältnisse
36 Der Ausschluß der Rückwirkung des § 142 hat sich nicht für alle in Vollzug gesetzten Dauerrechtsverhältnisse durchgesetzt. So kommt etwa der Anfechtung von **Miet- oder Pachtverhältnissen** nach der zutreffenden hL Rückwirkung zu (KG MDR 1967,

404; LG Kassel ZMR 1967, 133; WEIMAR MDR 1966, 1004; **aA** LG Nürnberg-Fürth MDR 1966, 1003; AG Hamburg NJW-RR 1998, 809; BROX, Die Einschränkung der Irrtumsanfechtung [1960] 237). Die Einschränkung der Irrtumsanfechtung für Gesellschafts- und Arbeitsverhältnisse bedeutet in der Sache eine Rechtsfortbildung extra legem, deren Ausdehnung auf weitere Fallgruppen ein jeweils gesondert zu begründendes dringendes Bedürfnis des Rechtsverkehrs voraussetzt (ähnlich MünchKomm/MAYER-MALY/BUSCHE[4] Rn 15; **aA** HORN, in: Gutachten und Vorschläge zur Überarbeitung des Schuldrechts Bd 1 [1981] 628). Auch bei **Sukzessivlieferungsverträgen** wird allgemein von einer Rückwirkung der Anfechtung ausgegangen (so auch BROX 246 f). Vergleichbar wurde entschieden für die Anfechtung der Zustimmungserklärung nach rechtswirksamem Verlöbnis der Minderjährigen (LG Saarbrücken NJW 1970, 327).

d)   Schadensersatzansprüche

Im Irrtumsfall trifft den Anfechtenden nach § 122 eine auf den Ersatz des Vertrau- **37** ensschadens (negatives Interesse) gerichtete Ersatzpflicht. Im Falle der arglistigen Täuschung (§ 123) muß der Täuschende Schadensersatz nach den Grundsätzen der cic (§§ 280 Abs 1, 311 Abs 2) sowie meistens auch nach § 823 Abs 2 BGB iVm § 263 StGB und nach § 826 BGB leisten. Geschuldet wird das negative Interesse (o Rn 31; str, vgl BGH NJW 1960, 237).

e)   Beschränkung auf den fehlerfreien Teil der Willenserklärung

Nach heute hL werden die Wirkungen des § 142 Abs 1 in dem Sinne beschränkt, daß **38** der Irrende an den fehlerfreien Teil seiner Willenserklärung gebunden wird. Er muß seine Erklärung in dem von ihm **gemeinten Sinn** gelten lassen. Ansonsten läge ein Verstoß gegen Treu und Glauben vor (FLUME, AT II 421; MEDICUS, AT[8] Rn 781; LOBINGER AcP 195 [1995] 274; KRAMPE/M BERG Jura 1986, 206; **aA** SOERGEL/HEFERMEHL[13] Rn 9; SPIESS JZ 1985, 593). Der Anfechtungsgegner kann damit die Nichtigkeitsfolge vermeiden, wenn er dem Anfechtenden unverzüglich erklärt, er wolle die angefochtene Erklärung im gemeinten Sinne gelten lassen. Wegen der Anwendbarkeit des § 242 trägt das Gegenargument nicht, diese Rechtsfolge sei nicht vom Gesetz vorgesehen (gegen SOERGEL/HEFERMEHL[13] Rn 9). So kann etwa bei der Anfechtung eines Versicherungsvertrages wegen § 123 die Nichtigkeitsfolge dahin gehend eingeschränkt sein, daß Leistungsfreiheit nur für die Zukunft, aber nicht für einen bereits abgeschlossenen Versicherungsfall besteht (OLG Nürnberg MDR 1997, 1927, 1028).

2.   Drittwirkungen (Abs 2)

§ 142 Abs 2 wurde eingefügt trotz bestehender Zweifel an der Tragweite der Norm **39** und den davon zu machenden Ausnahmen (MUGDAN I 727 f = Prot I 127). Die bestehenden Befürchtungen haben sich in der Praxis nicht bewahrheitet.

a)   Angefochtene Verfügungsgeschäfte

§ 142 Abs 2 behandelt einen **Dritten** so, wie wenn er vom Nichtberechtigten erwor- **40** ben hätte (o Rn 2; OLG Hamm VersR 1975, 814 f). Hat der Erwerber einer Sache vor der Anfechtung durch den Veräußerer an einen Dritten weiter verfügt, so war er vor der Anfechtung Berechtigter. Abs 2 trägt der Rechtsfolge des Abs 1 Rechnung, wonach der Erwerber nach geschehener Anfechtung rückwirkend zum Nichtberechtigten wird. Ohne Abs 2 wäre ein gutgläubiger Erwerb zB nach § 932 oder nach § 892 ohne weiteres möglich. Der Dritte kann zur Zeit der Verfügung hinsichtlich der

Berechtigung seines Vormanns gar nicht bösgläubig sein. Abs 2 stellt die Kenntnis oder das Kennenmüssen des Dritterwerbers von der Anfechtbarkeit der Kenntnis oder dem Kennenmüssen der Nichtberechtigung gleich. Die **Voraussetzungen der Bösgläubigkeit** ergeben sich aus den jeweils anwendbaren Vorschriften über den Erwerb vom Nichtberechtigten (zB §§ 932, 892, 1138, 1155, 1207 f, 1244). So schadet bei § 892 nur Kenntnis, bei § 932 dagegen auch grobe (nicht aber leichte) Fahrlässigkeit (BGH NJW-RR 1987, 1456, 1457; OLG Hamm VersR 1975, 814 f; PALANDT/HEINRICHS[62] Rn 4; HÜBNER, AT[2] Rn 519; FLUME, AT II 558; WEIMAR JR 1971, 64). Liegt Bösgläubigkeit nicht vor, so bleibt daher der Dritte trotz der Anfechtung des Vorerwerbs Eigentümer (BGH NJW-RR 1987, 1456, 1457). Gegenstand der Gutgläubigkeit ist die Anfechtbarkeit des später angefochtenen Rechtsgeschäfts. Abs 2 hat (selbstverständlich) keine Funktion, soweit die Verfügung etwa bei Forderungen (§ 398) oder den unter § 413 fallenden Rechten wirkungslos und einem Gutglaubenserwerb nicht zugänglich ist (Ausnahme etwa in § 2366). Ferner hat § 142 Abs 2 Bedeutung für die Haftung aus den §§ 823 ff, 990 (dazu WEIMAR MDR 1975, 116 ff).

41 Kenntnis oder Kennenmüssen der Anfechtbarkeit beziehen sich auf die die Anfechtbarkeit begründenden Tatsachen (BGH NJW-RR 1987, 1457; LM Nr 1; OLG Hamm VersR 1975, 814 f; FLUME, AT II 558; aA ENNECCERUS/NIPPERDEY AT[15] I 2 S 1225). Die Kenntnis oder das Kennenmüssen der Rechtsfolge der Anfechtung ist daher nicht erforderlich. Auf die **Zurechnung der Bösgläubigkeit** findet § 166 Anwendung (BGH NJW 1989, 2879; 1989, 2881 [Kenntnisse eines Filialleiters]). § 404 enthält gegenüber § 142 Abs 2 eine Sonderregelung (BGH LM Nr 1). Ein gewisser Schutz folgt nur aus § 409.

b) Angefochtene Verpflichtungsgeschäfte

42 Ist die Leistung bei Anfechtung des obligatorischen Vertrages nach § 812 Abs 1 S 1 Alt 1 zurückzuerstatten, kann der gutgläubige Bereicherungsschuldner nach § 818 Abs 3 privilegiert oder verneinendenfalls nach § 819 Abs 1 iVm § 818 Abs 4 wie ein anderer Schuldner ohne diese Wohltat haften. Der „Mangel des rechtlichen Grundes" bedeutet hier die Anfechtbarkeit des Grundgeschäfts. § 142 Abs 2 führt dann zur Verschärfung der Bereicherungshaftung (BGHZ 57, 137, 151: keine Anwendung der Saldotheorie). Auf die Feststellung der Anfechtung als begründet kommt es nicht an (WEIMAR JR 1971, 64, 65).

c) Angefochtene Vollmachtserteilung

43 Wird eine anfechtbare Vollmachtserteilung angefochten, so hat der Geschäftspartner nach § 179 Abs 3 keinen Anspruch gegen den Bevollmächtigten nach § 179, wenn der Geschäftspartner die Anfechtbarkeit kannte oder kennen mußte (vgl auch BGH NJW 1989, 2879, 2880; SOERGEL/HEFERMEHL[13] Rn 15).

§ 143
Anfechtungserklärung

(1) Die Anfechtung erfolgt durch Erklärung gegenüber dem Anfechtungsgegner.

(2) Anfechtungsgegner ist bei einem Vertrag der andere Teil, im Falle des § 123 Abs. 2 Satz 2 derjenige, welcher aus dem Vertrag unmittelbar ein Recht erworben hat.

(3) Bei einem einseitigen Rechtsgeschäft, das einem anderen gegenüber vorzunehmen war, ist der andere der Anfechtungsgegner. Das Gleiche gilt bei einem Rechtsgeschäft, das einem anderen oder einer Behörde gegenüber vorzunehmen war, auch dann, wenn das Rechtsgeschäft der Behörde gegenüber vorgenommen worden ist.

(4) Bei einem einseitigen Rechtsgeschäft anderer Art ist Anfechtungsgegner jeder, der auf Grund des Rechtsgeschäfts unmittelbar einen rechtlichen Vorteil erlangt hat. Die Anfechtung kann jedoch, wenn die Willenserklärung einer Behörde gegenüber abzugeben war, durch Erklärung gegenüber der Behörde erfolgen; die Behörde soll die Anfechtung demjenigen mitteilen, welcher durch das Rechtsgeschäft unmittelbar betroffen worden ist.

Materialien: VE-AT §§ 127, 103; E I § 113; II § 114; III § 139; JAKOBS/SCHUBERT, AT I 757 ff; SCHUBERT, AT II 219 f; Mot I 220 f; Prot I 127; MUGDAN I 473 ff; 727 ff.

Schrifttum

DÖRNER, Anfechtung und Vertragsübernahme, NJW 1986, 2916
KLUCKHOHN, Die Person des Anfechtungsgegners bei einer einseitigen, nichtempfangsbedürftigen Willenserklärung, AcP 113 (1915) 35

PROBST, Zur „Eindeutigkeit" von Anfechtungserklärungen, JZ 1989, 878
STÜSSER, Die Anfechtung der Vollmacht nach bürgerlichem Recht und Handelsrecht (1986).

Systematische Übersicht

Alphabetische Übersicht

Herbert Roth

I.   Normzweck

1   Nach § 143 Abs 1 geschieht die Anfechtung durch eine **empfangsbedürftige Willens-erklärung** (Gestaltungsrecht, o § 142 Rn 9) und nicht etwa im Wege einer Klage oder einer Einrede (GEBHARD, in: SCHUBERT, AT II 219 f). Im übrigen legt die Norm fest, an wen die Anfechtungserklärung zu richten ist (u Rn 17 ff). Unterschieden werden die Vertragsanfechtung (Abs 2), die Anfechtung einseitiger empfangsbedürftiger Willenserklärungen (Abs 3) und diejenige nicht empfangsbedürftiger oder nur gegenüber einer Behörde abzugebender Willenserklärungen (Abs 4). Dagegen bestimmt § 143 nicht den Anfechtungsberechtigten (u Rn 14) und auch nicht die Anfechtungsfristen. Für letztere finden sich die wichtigsten Regelungen in § 121 und in § 124 sowie außerhalb des Allgemeinen Teils in den §§ 1954, 2082 und den §§ 2283, 2308 Abs 2. Für die verschiedenen Anfechtungsgründe ergeben sich jeweils unterschiedliche Fristen.

II.   Anfechtungserklärung

1.   Inhalt

2   Anfechtungserklärung ist jede Willenserklärung, die erkennen läßt, daß der Anfechtungsberechtigte (u Rn 14) seine vorangehende Erklärung nicht gelten lassen will. Es bedarf dazu nicht des ausdrücklichen Gebrauchs des Wortes „anfechten" (BGHZ 91, 324, 331). Ausreichend ist es vielmehr, wenn nach dem **objektiven Erklärungswert** der Willensäußerung die übernommene Verpflichtung „bestritten oder nicht anerkannt oder wenn ihr widersprochen wird" (BGHZ 91, 324, 331).

Es genügt, wenn die allgemeinen Auslegungsregeln zu der erforderlichen Verständ- **3** lichkeit der Anfechtungserklärung führen (MEDICUS, AT[8] Rn 717; PROBST JZ 1989, 878; CANARIS NJW 1984, 2281, 2282). Es ist deren Sinn, Zweideutigkeiten zu beseitigen. Demgegenüber verlangt die wohl hL, es müsse sich „unzweideutig" der Wille erge- ben, das Geschäft gerade wegen des Willensmangels nicht bestehen lassen zu wollen (BGHZ 91, 324, 332; BGH WM 1975, 1002, 1003; DB 1971, 2302; LM § 119 Nr 5; MünchKomm/ MAYER-MALY/BUSCHE[4] Rn 4 mit Fn 8; BGB-RGRK/KRÜGER-NIELAND/ZÖLLER[12] Rn 2; LARENZ/M WOLF, AT[8] § 44 Rn 35; BORK, Allgemeiner Teil des Bürgerlichen Gesetzbuchs [2001] Rn 905). Doch überspannt die Rspr die Anforderungen an die geforderte **Unzweideutigkeit** nicht übermäßig. So werden auch außerhalb der Anfechtungserklärung liegende Um- stände berücksichtigt, die dem Anfechtungsgegner vor der Anfechtung bekannt ge- worden sind (BGH WM 1980, 984, 985; BGB-RGRK/KRÜGER-NIELAND/ZÖLLER[12] Rn 3).

Eine **wirksame Anfechtung** liegt auch nach den allgemeinen Auslegungsregeln nicht **4** vor, wenn ein Kaufvertrag im Verlaufe eines Minderungsstreites von dem Minde- rungsberechtigten vorsorglich angefochten, gleichzeitig aber ausschließlich Minde- rung beantragt wird (LG Aachen NJW 1962, 395 mit abl Anm KUBISCH NJW 1962, 1062). Ferner erfüllt eine Strafanzeige nicht die Voraussetzungen einer Anfechtungserklä- rung (BGH WM 1975, 1002, 1003). Nicht ausreichend ist auch die Mitteilung, man habe die gelieferte Ware nicht bestellt (BGH DB 1971, 2302). Ebenso genügt es nicht, wenn mit der Anfechtungserklärung die damit unvereinbare Forderung nach Schadenser- satz wegen Nichterfüllung gem § 463 (§§ 437 Nr 3, 280 BGB nF) verbunden wird (BGH NJW 1991, 1673, 1674). Ebensowenig reicht ein Rücktritt aus, der auf Umstände nach Vertragsschluß gestützt wird (RGZ 105, 208; PALANDT/HEINRICHS[62] Rn 3). Genügen kann aber die Äußerung, sich an der Erklärung wegen eines Übertragungsfehlers nicht festhalten lassen zu wollen (OLG Karlsruhe VersR 1992, 1121; PALANDT/HEINRICHS[62] Rn 3).

Nach richtiger Auffassung muß die Anfechtungserklärung nicht gerade auf die **„rück-** **5** **wirkende Beseitigung"** der Geltung des Rechtsgeschäfts abgestellt sein. Dem Laien werden etwa die Unterschiede von Anfechtung oder Rücktritt nicht geläufig sein. Es reicht daher aus, daß der Anfechtende erklärt, das Rechtsgeschäft solle nicht gelten (FLUME, AT II 560; MünchKomm/MAYER-MALY/BUSCHE[4] Rn 3). Die zT abweichenden For- mulierungen der Rspr sind denn auch eher beiläufig ausgesprochen worden (zB BGHZ 91, 324, 331; BGH DB 1971, 2302). Auch nach der allgemeinen Rechtsgeschäftslehre ist es nicht erforderlich, daß die betreffenden Rechtsfolgen des Rechtsgeschäfts mit ange- sprochen werden.

2. Form

Die Anfechtungserklärung bedarf in der Regel keiner Form. Das gilt auch dann, **6** wenn sie ein formgebundenes Rechtsgeschäft vernichten soll. Insbes findet § 311b Abs 1 keine Anwendung, weil die Anfechtung weder ein Vertrag ist, noch sich aus ihr eine rechtsgeschäftliche Verpflichtung zur Rückübereignung eines Grundstücks ergibt (MEDICUS, AT[8] Rn 717). Sie kann auch im Verlaufe eines Rechtsstreits (BGH NJW 1968, 2099) oder in **prozessualer Form** abgegeben werden, wie zB in der Klage, in einem Schriftsatz oder auch in der mündlichen Verhandlung. Die Anfechtung bleibt ein privatrechtliches Rechtsgeschäft und ist daher von dem weiteren Verlauf des Rechtsstreits unabhängig (vTUHR, AT II 1 303).

7 Es steht den Parteien gleichwohl frei, für die Anfechtung eine **Form** zu **vereinbaren**. Doch können sich der Drohende oder der Täuschende selbst darauf nicht berufen (FLUME, AT II 559). Im Gesetz finden sich vereinzelte Ausnahmevorschriften, die für die Anfechtungserklärung eine Form vorsehen. Zu nennen sind die Anfechtung der Annahme oder der Ausschlagung einer Erbschaft (§§ 1955 S 2, 1945) und die Anfechtung eines Erbvertrages durch den gesetzlichen Vertreter (§ 2282 Abs 3). Eine Sonderregelung gilt auch für die Anfechtung eines Testaments (§ 2081).

3. Bedingung; Eventualanfechtung

8 Die Anfechtungserklärung ist als Ausübung eines Gestaltungsrechts **bedingungs- und befristungsfeindlich**. Der Anfechtungsgegner soll endgültig wissen, woran er ist, selbst wenn er gedroht oder getäuscht hat (RGZ 66, 153, 154; 146, 234, 240; BGH NJW 1968, 2099). Er muß nicht den Schwebezustand hinnehmen, der infolge einer Bedingung oder einer Befristung eintritt. Auch Potestativbedingungen sind grundsätzlich unwirksam (MünchKomm/MAYER-MALY/BUSCHE[4] Rn 5; **aA** ERMAN/PALM[10] Rn 3).

9 Zugelassen wird aber mit Recht eine **Eventualanfechtung** idS, daß etwa in erster Linie die vertragliche Gewährleistung wegen des Nichtvorliegens einer zugesicherten Eigenschaft geltend gemacht und die Anfechtung wegen arglistiger Täuschung für den Fall erklärt wird, daß das Gericht den Gewährleistungsanspruch verneint (BGH NJW 1991, 1673, 1674). Ebenso liegt es, wenn die (unbedingte) Anfechtungserklärung nur für den Fall gelten soll, daß ein Vertrag in einem der Auffassung des Anfechtenden widersprechenden Sinne ausgelegt wird (BGH NJW 1968, 2099; KG WRP 1990, 39, 42). Für diesen Fall will der Anfechtende nicht an den Vertrag gebunden sein. Die genannte Auffassung hat in der Lit allgemeine Zustimmung gefunden (MünchKomm/MAYER-MALY/BUSCHE[4] Rn 6; PALANDT/HEINRICHS[62] Rn 2; ERMAN/PALM[10] Rn 3; SOERGEL/HEFERMEHL[13] Rn 3).

4. Begründung

10 Das Gesetz sieht regelmäßig für die Ausübung von Gestaltungsrechten im allgemeinen und für die Anfechtungserklärung im besonderen keinen **Begründungszwang** vor. Spezialgesetzliche Besonderheiten ergeben sich aber etwa für die Kündigung des Wohnraumvermieters (§§ 564a Abs 1 S 2 [§ 573 Abs 3 BGB nF], 556a Abs 1 S 3 [§ 574 Abs 3 BGB nF], 564b Abs 3 [§ 573 Abs 3 BGB nF]) und für die Kündigung des Arbeitgebers (§ 102 BetrVG). Das RG (RGZ 65, 86, 88) hat denn auch konsequent die Auffassung vertreten, daß es auf die Angabe eines Anfechtungsgrundes nicht ankomme. Das gelte sowohl für die Angabe des gesetzlichen Tatbestandes wie auch für das Anführen von konkreten Tatsachen. Im Anschluß daran wird auch heute noch vertreten, daß in der Anfechtungserklärung der Anfechtungsgrund nicht angegeben zu werden braucht (PALANDT/HEINRICHS[62] Rn 3). Der Sache nach wird diese Auffassung

heute aber nur für den Fall durchgehalten, daß sich der Anfechtungsgrund klar aus den gegebenen Umständen ergibt, zB aus der sofortigen Anfechtung nach Entdecken eines Betruges (MEDICUS, AT[8] Rn 724).

Im übrigen wird heute mit Recht gefordert, daß der Anfechtungsgrund für den An- **11** fechtungsgegner wenigstens erkennbar sein muß, damit dieser sich gegen die Anfechtung angemessen verteidigen kann. Ist daher der **Anfechtungsgrund unklar**, so muß er genannt werden (FLUME, AT II 560; MEDICUS, AT[8] Rn 724; PALANDT/HEINRICHS[62] Rn 3; SOERGEL/ HEFERMEHL[13] Rn 2; HÜBNER, AT[2] Rn 515; offengelassen durch BGH NJW 1966, 39). Umständlicher ist es, zwar keine Erkennbarkeit zu verlangen, aber den Anfechtungsgegner darauf zu verweisen, den Anfechtungsgrund nachzufragen (ERMAN/PALM[10] Rn 1; zu weiteren „Mittelmeinungen" MünchKomm/MAYER-MALY/BUSCHE[4] Rn 7). Nach dem Gesagten ist eine Angabe des Anfechtungsgrundes stets überflüssig, wenn dieser dem Gegner bekannt oder erkennbar ist (insoweit ebenso MünchKomm/MAYER-MALY/BUSCHE[4] Rn 9).

Wird lediglich wegen einer **arglistigen Täuschung** (§ 123) angefochten, so ist es eine **12** Frage der Auslegung, ob darin zugleich eine Anfechtung wegen eines Irrtums über eine verkehrswesentliche Eigenschaft nach § 119 Abs 2 zu sehen ist. In diesem Falle ist eine Berufung des Anfechtenden im Prozeß auf Irrtum entbehrlich (BGHZ 34, 32, 39; 78, 216, 221 mit krit Anm BERG NJW 1981, 2337), da jedenfalls nach der Auslegung der Anfechtungsgrund des Irrtums für den Anfechtungsgegner erkennbar war. Umgekehrt kann eine Auslegung auch ergeben, daß eine auf § 119 Abs 2 gestützte Anfechtung zugleich eine Anfechtung nach § 123 beinhaltet. Ist ein Anfechtungsgrund dagegen weder erkannt noch erkennbar und wird er von dem Anfechtenden auch nicht (fristgerecht) genannt, so ist die Anfechtung unwirksam. Nicht etwa „gilt" die Anfechtung als Irrtumsanfechtung (so aber MünchKomm/MAYER-MALY/BUSCHE[4] Rn 9). Dagegen spricht schon die Haftung des Anfechtenden aus § 122. FLUME, AT II 560 f schlägt ein Fragerecht des Anfechtungsgegners vor, wonach der Anfechtende zur Erklärung verpflichtet sei, ob er auch wegen Irrtums anficht. Erklärt er sich nicht, so soll nur wegen arglistiger Täuschung angefochten worden sein. ME ist allein auf die Auslegung nach den allgemeinen Grundsätzen abzustellen.

5. Nachschieben von Anfechtungsgründen

Nach hL kann der Anfechtende, der die Anfechtung mit einer bestimmten tatsäch- **13** lichen Begründung erklärt hat, sich zu ihrer Rechtfertigung nicht auf andere Gründe berufen, die zu diesem Zeitpunkt durch Anfechtung nicht mehr geltend gemacht werden können. Dieses Nachschieben von Anfechtungsgründen widerspricht dem berechtigten Interesse des Anfechtungsgegners, der davon ausgehen darf, die Wirksamkeit der Willenserklärung werde nur aus den angegebenen Gründen in Zweifel gezogen (BGH NJW 1966, 39). In derartigen Fällen liegt vielmehr eine neue Anfechtungserklärung vor, deren Rechtzeitigkeit (insbes § 121) nach dem Zeitpunkt ihrer Abgabe zu beurteilen ist (BGH NJW-RR 1993, 948; 1989, 1183; BB 1981, 1156; BAG AP § 119 Nr 5; MEDICUS, AT[8] Rn 724; BORK AT Rn 906 MünchKomm/MAYER-MALY/BUSCHE[4] Rn 10; vTUHR, AT II 1 216; LARENZ/M WOLF, AT[8] § 44 Rn 37; PALANDT/HEINRICHS[62] Rn 3; BETHGE WuB I E 2b – 10. 91). Ausgeschlossen ist danach zwar das Nachschieben eines weiteren gesetzlichen Anfechtungsgrundes. Möglich bleibt es aber, **innerhalb** des erkennbar geltend gemachten gesetzlichen **Anfechtungsgrundes** weitere Tatsachen vorzubringen, welche die erklärte Anfechtung stützen können (LARENZ/ M WOLF, AT[8] § 44 Rn 37).

III. Anfechtungsberechtigte

14 **Anfechtungsberechtigter** ist in der Regel derjenige, von dem die anfechtbare Erklärung herrührt (BGHZ 137, 255, 258; o § 142 Rn 11). Anfechten muß daher der Vertretene und nicht der Vertreter. Anders liegt es, wenn eine erteilte Vollmacht auch die Anfechtung mit umfaßt (FLUME, AT II 561). Im einzelnen ergibt sich das Anfechtungsrecht aus den Normen, welche die Anfechtungsmöglichkeit regeln. So ist in den Fällen des § 119 der Irrende Anfechtungsberechtigter, in den Fällen des § 123 sind es der Getäuschte oder der Bedrohte.

15 Ausnahmen kennt das Gesetz in **§ 2080**, weil dort der Erklärende selbst an der Anfechtung kein Interesse hat. Bei der Leistungsbestimmung durch Dritte nach **§ 318 Abs 2** steht das Anfechtungsrecht nur den Vertragsschließenden zu und nicht dem Dritten. Dessen Bestimmung ist lediglich eine Ergänzung der Erklärungen der Vertragspartner. Auch bei einem **Vertrag zugunsten Dritter** sind nur die Vertragsparteien, nicht aber der Dritte anfechtungsberechtigt. Sind an einem Rechtsgeschäft mehrere Personen beteiligt, so steht einer jeden ein selbständiges Anfechtungsrecht zu (RGZ 65, 398, 405). Allerdings kann ein zum Nachlaß gehörendes Anfechtungsrecht nur von der Erbengemeinschaft, nicht aber von den einzelnen Miterben ausgeübt werden (RGZ 107, 238, 239).

16 Sonstigen an der **Anfechtung Interessierten** wie Bürgen, Hypothekaren und Verpfändern gibt das Gesetz keine eigenen Anfechtungsrechte. Hier wird mit dilatorischen Einreden geholfen, die mit dem Anfechtungsrecht erlöschen (§§ 770 Abs 1, 1137 Abs 1 S 1, 1211 Abs 1 S 1).

IV. Anfechtungsgegner

17 Anfechtungsgegner ist derjenige, an den die Anfechtung zu richten ist. Darüber enthält § 143 Abs 2–4 eine differenzierte Regelung (o Rn 1). Gegenüber einem unbekannten Anfechtungsgegner kann nach § 132 Abs 2 die Anfechtung öffentlich erklärt werden.

1. Vertrag (Abs 2)

18 Bei einem Vertrag ist nach Abs 2 Anfechtungsgegner der „andere Teil". Wird durch Stellvertreter abgeschlossen, so ist der Vertretene der andere Teil und nicht der Vertreter. Eine Sonderregelung enthält für den Fall der arglistigen Täuschung § 143 Abs 2 Alt 2 iVm § 123 Abs 2 S 2 vor allem für den **echten Vertrag zugunsten Dritter**. Dort ist Anfechtungsgegner der Dritte, weil er nach § 328 Abs 1 aus dem Vertrag „unmittelbar" einen Leistungsanspruch erworben hat. In diesem Falle kann nicht angenommen werden, daß auch gegenüber dem ursprünglichen Vertragspartner mit Wirkung für beide angefochten werden kann (aA MünchKomm/MAYER-MALY/ BUSCHE[4] Rn 18). Es ist für die Festlegung des Anfechtungsgegners unerheblich, wenn das aus dem anfechtbaren Rechtsgeschäft herrührende Recht vor der Anfechtung auf einen Dritten übertragen wurde, wie zB im Falle der abgetretenen Kaufpreisforderung aus einem anfechtbaren Kaufvertrag. Obgleich der Dritte das erworbene Recht mit der Anfechtung des Vertrages rückwirkend verliert, ist er als unmittelbar Betroffener (auch o Rn 16) nicht Anfechtungsgegner. Nach dem **Tode des Anfechtungsgegners** muß den Erben gegenüber angefochten werden.

a)   Verträge zugunsten Dritter

Bei einem echten Vertrag zugunsten Dritter ist nicht der begünstigte Dritte, sondern **19** der Vertragspartner der Anfechtungsgegner (BGH LM PatG § 9 Nr 8; PALANDT/ HEINRICHS[62] Rn 5; MünchKomm/MAYER-MALY/BUSCHE[4] Rn 14; ERMAN/PALM[10] Rn 6; BGB-RGRK/KRÜGER-NIELAND/ZÖLLER[12] Rn 16). Der Versprechende kann also nur gegenüber dem Versprechensempfänger anfechten. Eine Ausnahme enthält § 143 Abs 2 Alt 2 (o Rn 18).

b)   Gesellschaftsverträge

Bei einer Anfechtungserklärung, die Mitgesellschafter betrifft, muß die Anfechtung **20** gegenüber allen Gesellschaftern erklärt werden, wenn sie eine Änderung der Grundlage des Gesellschaftsverhältnisses bewirkt. So liegt es etwa bei der Anfechtung der Zustimmung zu einer Anteilsabtretung (BGH WM 1976, 448; MünchKomm/MAYER-MALY/ BUSCHE[4] Rn 16). Das entspricht der Rechtslage bei den sonstigen Fällen der Mehrbeteiligung (u Rn 23).

c)   Schuldübernahme

Wird bei einer Schuldübernahme nach § 415 der Übernehmer durch den Schuldner **21** getäuscht und hat der Gläubiger das Geschäft genehmigt, so ist der Schuldner bei einer Anfechtung durch den Übernehmer Anfechtungsgegner. Die Anfechtung des Übernahmevertrags wirkt trotz der **Genehmigung** auch gegenüber dem Gläubiger. Die Anfechtbarkeit setzt nicht voraus, daß der Gläubiger die Täuschung gekannt hat oder hätte kennen müssen. Ein Fall des § 143 Abs 2 Alt 2 iVm § 123 Abs 2 S 2 (o Rn 18) liegt nicht vor (BGHZ 31, 321 ff mNachw des Streitstandes; MünchKomm/MAYER-MALY/BUSCHE[4] Rn 15; ERMAN/PALM[10] Rn 6; SOERGEL/HEFERMEHL[13] Rn 9; BGB-RGRK/KRÜGER-NIELAND/ZÖLLER[12] Rn 17; PALANDT/HEINRICHS[55] Rn 5; aA NÖRR/SCHEYHING, Sukzessionen [1983] 305; HIRSCH JR 1960, 295 f). Der Übernehmer kann dem Schuldner gegenüber das ganze Geschäft anfechten, das aus Grundgeschäft und Schuldübernahme besteht, aber ein einheitliches Rechtsgeschäft bildet (BGHZ 31, 321 ff).

d)   Vertragsübernahme

Bei einer mehrseitigen Vertragsübernahme kann diejenige Partei, die alle Rechte **22** und Pflichten aus dem zwischen den beiden anderen Parteien geschlossenen Vertrag an Stelle einer derselben übernommen hat, ihre Erklärung nur durch eine beiden gegenüber abzugebende Erklärung anfechten. So wurde für den Fall entschieden, daß der *Leasinggeber* anstelle des *Leasingnehmers* alle Rechte und Pflichten aus dem von diesem dem Hersteller/Lieferanten abgeschlossenen Kaufvertrag über das Leasingobjekt übernahm (BGHZ 96, 302, 309 ff). Die Anfechtung muß allen Parteien gegenüber erklärt werden, weil sie **alle Beteiligte** berührt (BGHZ 137, 255 = BGH NJW 1998, 531, 532; ebenso FLUME, AT II 565 [auch zur Gesetzgebungsgeschichte]; LARENZ/M WOLF, AT[8] § 44 Rn 33 Fn 26; PALANDT/HEINRICHS[62] Rn 5; ERMAN/PALM[10] Rn 6; SOERGEL/HEFERMEHL[13] Rn 8). Ausdrücklich entschieden wurde das für die Fallgestaltung, daß der zustimmende in dem Vertragsverhältnis verbleibende Vertragspartner seine Zustimmungserklärung anficht (BGH NJW 1998, 531, 532). Dagegen wird vereinzelt bei Anfechtung einer Vertragsübernahme nicht durch den zustimmenden Teil, sondern durch den Übernehmer, allein der ausgeschiedene Vertragszedent als Anfechtungsgegner für ausreichend angesehen (DÖRNER NJW 1986, 2916 ff; für diese Konstellation offenlassend BGH NJW 1998, 531, 532). Doch muß auch DÖRNER die im Vertrag verbleibende Partei durch eine analoge Anwendung des § 409 schützen. ME fehlt es bei der Anfechtung gegenüber allen Geschäftspartnern an der für eine Analogie erforderlichen Lücke.

e) Sonstige Fälle der Mehrbeteiligung

23 Auch in sonstigen Fällen der Mehrbeteiligung muß der Anfechtende, dem bei Schuldverhältnissen mit **unteilbarer Leistung** mehrere Vertragspartner gegenüberstehen, die Anfechtung allen gegenüber erklären (BGHZ 96, 302, 309; FLUME, AT II 565 im Anschluß an die Auffassung der 2. Kommission [MUGDAN I 731]; MünchKomm/MAYER-MALY/BUSCHE[4] Rn 17; BGB-RGRK/KRÜGER-NIELAND/ZÖLLER[12] Rn 19; aA ENNECCERUS/NIPPERDEY AT[15] I 2 S 1228). So ist etwa auch in den Fällen der außerordentlichen Kündigung eines Mietverhältnisses gegenüber mehreren Vermietern oder Mietern die Kündigung allen beteiligten Mietern oder Vermietern gegenüber auszusprechen (BGHZ 96, 302, 309 f unter Bezugnahme auf BGHZ 26, 102 f und BGH NJW 1972, 249). Das ist zutreffend, weil eine Anfechtung, die nur gegenüber einem von mehreren Vertragspartnern zugelassen würde, die **Umgestaltung des ganzen Schuldverhältnisses** zu Lasten der anderen Beteiligten zur Folge hätte. Für eine Anwendung des § 139 ist nach dem Gesagten kein Raum (FLUME, AT II 565). Eine Einzelanfechtung ist unwirksam. Das gleiche gilt, wenn das Anfechtungsrecht bei unteilbarer Leistung nicht allen Geschäftspartnern gegenüber besteht (FLUME, AT II 565). Deshalb ist es unrichtig, in diesen Fällen die Einzelanfechtung zuzulassen und die Nichtigkeit gegenüber den übrigen Vertragspartnern nach § 139 zu bestimmen. Diese Auffassung verträgt sich nicht mit der Wertung des § 123 Abs 2 (BGHZ 137, 255, 262 f; BORK AT Rn 908; FLUME, AT II 565 f; SOERGEL/HEFERMEHL[13] Rn 8; aA RGZ 65, 399 ff; 405 ff; im betreffenden Fall auch OLG Koblenz NJW-RR 2003, 119, 120; BGB-RGRK/KRÜGER-NIELAND/ZÖLLER[12] Rn 19).

24 Anders liegt es bei **teilbaren Rechtsgeschäften** (SOERGEL/HEFERMEHL[13] Rn 8). Dann kann das Rechtsgeschäft durch Anfechtung gegenüber einem Anfechtungsgegner im Verhältnis zum Anfechtungsberechtigten nichtig, im übrigen aber gültig sein (FLUME, AT II 565; BGB-RGRK/KRÜGER-NIELAND/ZÖLLER[12] Rn 19). Bei teilbaren Rechtsgeschäften ist deshalb auch eine Anfechtung möglich, die sich nur auf einen Geschäftspartner bezieht, weil nur diesem, nicht aber den übrigen gegenüber, ein Anfechtungsrecht besteht. Das folgt aus der Wertung des § 123 Abs 2 (FLUME, AT II 565).

f) Vorkaufsfälle

25 Im Falle eines Vorkaufsrechts sind die Partner des Kaufvertrages grundsätzlich nicht an einer Anfechtung des Vertrages gehindert (BGH NJW 1987, 890, 893). Doch muß die Nichtigkeit des Grundgeschäfts nicht notwendigerweise auch zur rückwirkenden Nichtigkeit des Vorkaufsverhältnisses führen. So liegt es etwa, wenn der Vorkaufsverpflichtete sein Anfechtungsrecht erst zu einem Zeitpunkt ausübt, nachdem der Vorkaufsberechtigte sein Vorkaufsrecht bereits ausgeübt hat. Der BGH erwägt, daß die Anfechtung des Kaufvertrages das Vorkaufsverhältnis dann nicht berührt, wenn sich etwa die Anfechtung auf Gründe in der Person des Dritten stützt, die für das Vertragsverhältnis mit dem Vorkaufsberechtigten bedeutungslos sind (BGH NJW 1987, 890, 893). Mit Recht wird für andere Fälle vertreten, Anfechtungserklärungen auch gegenüber dem Vorkaufsberechtigten zu fordern, um dem Gedanken des § 506 (§ 465 BGB nF) Geltung zu verschaffen (so MünchKomm/MAYER-MALY/BUSCHE[4] Rn 18 zu BGH NJW 1987, 890; MAYER-MALY, in: FS K Wagner [1987] 283 ff).

2. Einseitige empfangsbedürftige Willenserklärungen (Abs 3)

Nach § 143 Abs 3 S 1 muß bei Rechtsgeschäften durch einseitige empfangsbedürftige **26**
Willenserklärungen die Anfechtung an denjenigen gerichtet werden, dem gegenüber
das Geschäft vorzunehmen war. Hauptfall ist die *Kündigung*, deren Anfechtung
durch Erklärung an den Gekündigten auszusprechen ist.

Kann die Erklärung wahlweise an eine Privatperson oder an eine Behörde gerichtet **27**
werden, so ist nie die **Behörde**, sondern stets die zur Wahl stehende **Privatperson** der
einzige Anfechtungsgegner, selbst wenn die Willenserklärung nur der Behörde gegenüber abgegeben wurde (§ 143 Abs 3 S 2). Grund dafür ist, daß die Anfechtung nur
die Privatperson in ihren Rechten betrifft und diese daher vorrangig von der Anfechtung erfahren muß (MEDICUS, AT[8] Rn 719). Es handelt sich um die Fälle des § 875
Abs 1 S 2 (Aufhebung eines Rechts an einem Grundstück), § 876 S 3 (Aufhebung
eines belasteten Rechts), § 880 Abs 2 S 3 (Zustimmung zu einer Rangänderung),
§ 1168 Abs 2 S 1 (Verzicht auf die Hypothek), § 1180 Abs 2 S 1 (Zustimmung zur
Forderungsauswechslung), § 1183 S 2 (Aufhebung der Hypothek).

Von § 143 Abs 3 S 2 zu unterscheiden sind die Fälle des § 143 Abs 4 S 2 (u Rn 30), **28**
wenn die Willenserklärung **nur der Behörde** gegenüber abzugeben war. Dorthin
gehört etwa auch die Anfechtung eines gerichtlichen Anerkenntnisses (OLG Düsseldorf SJZ 1948, 460 mit Anm RIEZLER; MünchKomm/MAYER-MALY/BUSCHE[4] Rn 20).

3. Einseitige Rechtsgeschäfte anderer Art (Abs 4)

Einseitige Rechtsgeschäfte anderer Art sind nach § 143 Abs 4 S 1 zunächst diejeni- **29**
gen, die auf einer **nichtempfangsbedürftigen Willenserklärung** beruhen (ausführlich, aber
teils veraltet, KLUCKHOHN AcP 113 [1915] 35 ff). Gemeint sind vor allem die Auslobung
nach § 657 und die Dereliktion beweglicher Sachen nach § 959. Die in § 143 Abs 4 S 1
verlangte Unmittelbarkeit des Rechtsvorteils wird weit ausgelegt (ausführlich vTUHR,
AT II 1 310). Darunter gehört daher jeder Vorteil, der nicht auf einer Rechtsnachfolge
beruht. Ausreichend ist es, daß **keine Zwischenperson** beteiligt war. So ist die *Dereliktion* einer beweglichen Sache demjenigen gegenüber anfechtbar, der sich die Sache
nach § 958 angeeignet hat. Die „Mittelbarkeit" des Erwerbs durch die erforderliche
Aneignung schadet also nicht (MEDICUS, AT[8] Rn 720; MünchKomm/MAYER-MALY/BUSCHE[4]
Rn 21; PALANDT/HEINRICHS[62] Rn 7; ERMAN/PALM[10] Rn 8; SOERGEL/HEFERMEHL[13] Rn 11; FLUME,
AT II 564). Für die Anfechtung einer Dereliktion vor der Okkupation wird in der
Regel kein Bedürfnis bestehen. Doch wird man annehmen müssen, daß die Anfech-
tung gegenüber einem „Okkupationsinteressenten" dessen Eigentumserwerb durch
Okkupation ausschließt (so FLUME, AT II 564).

§ 143 Abs 4 S 2 betrifft mit dem einseitigen Rechtsgeschäft anderer Art diejenigen **30**
Willenserklärungen, die nur einer Behörde gegenüber abzugeben waren (o Rn 28).
Hier kann der Anfechtungsberechtigte **wahlweise** gegenüber der Behörde und der
Privatperson des Satz 1 anfechten. Hauptfall ist die *Dereliktion des Grundeigentums*
nach § 928 Abs 1. Daneben sind zu nennen § 1109 Abs 2 BGB (Grundstücksteilung)
und § 11 ErbbauRVO. Doch kann nach § 1955 die Ausschlagung nur gegenüber dem
Nachlaßgericht angefochten werden.

31 Speziell geregelt ist die Anfechtung eines **Testaments** als des wichtigsten einseitigen nicht empfangsbedürftigen Rechtsgeschäfts. Dort ist in § 2081 die Anfechtungserklärung gegenüber dem Nachlaßgericht und nicht gegenüber dem Bedachten vorgesehen. Die Anwendung des § 143 Abs 4 S 1 ist damit ausgeschlossen (etwa PALANDT/ EDENHOFER[62] § 2081 Rn 1).

32 Die im Falle des § 143 Abs 4 S 2 (o Rn 30) in HS 2 vorgesehene **Mitteilungspflicht der Behörde** ist lediglich eine Ordnungsvorschrift. Deshalb ist die Anfechtung auch dann wirksam, wenn die Mitteilung unterbleibt (PALANDT/HEINRICHS[62] Rn 7; MünchKomm/ MAYER-MALY/BUSCHE[4] Rn 22).

4. Bevollmächtigung und Zustimmung

33 Vollmachtserteilung (§ 167) oder Zustimmung (§ 182 [zur Anfechtung eines Mietübernahmevertrages BGHZ 137, 255, 260 ff; o Rn 22]) können zwei verschiedenen Privatpersonen gegenüber vorgenommen werden. So kann etwa nach § 167 Abs 1 die Vollmacht durch Erklärung dem zu Bevollmächtigenden oder dem Dritten gegenüber erteilt werden, dem gegenüber die Vertretung stattfinden soll. Nach § 143 Abs 3 S 1 scheint dann ausschlaggebend für die Bestimmung des Anfechtungsgegners zu sein, ob eine **Innen- oder eine Außenvollmacht** erteilt worden ist, weil der „andere" iS dieser Vorschrift der wirkliche Empfänger der empfangsbedürftigen Willenserklärung ist (Nachw bei FLUME, AT II 870 Fn 33; STÜSSER 40 ff). Bei der internen Bevollmächtigung müßte danach der Vertreter der Anfechtungsgegner sein. Heute setzt sich jedoch mit Recht zunehmend die Unterscheidung danach durch, ob auf Grund der Bevollmächtigung (oder Zustimmungserklärung) bereits ein Rechtsgeschäft wirksam abgeschlossen worden ist:

34 Weithin Einigkeit besteht darin, daß die Anfechtung gegen denjenigen zu richten ist, der die anzufechtende Erklärung tatsächlich empfangen hat, solange auf Grund der Vollmacht oder der Zustimmung noch kein Geschäft abgeschlossen worden ist. Die Rechtsfolge ergibt sich schon ohne weiteres aus § 143 Abs 1 S 1 (FLUME, AT II 563; MEDICUS, AT[8] Rn 721). Ist sowohl intern wie auch extern bevollmächtigt oder zugestimmt worden, so reicht die Anfechtung des internen Akts für sich allein nicht aus (§§ 170–173; FLUME, AT II 563; SOERGEL/HEFERMEHL[13] Rn 10).

35 Ist das betreffende Geschäft bereits abgeschlossen worden und wurde extern bevollmächtigt oder zugestimmt, so folgt wiederum bereits schon aus § 143 Abs 3 S 1, daß nur dem **dritten Geschäftspartner** gegenüber angefochten werden kann (FLUME, AT II 563; STÜSSER 41). Unrichtig ist hier die Annahme der Anfechtungsmöglichkeit auch gegenüber dem **Vertreter** (so aber etwa SOERGEL/HEFERMEHL[13] Rn 10; insoweit wie hier BGB-RGRK/KRÜGER-NIELAND/ZÖLLER[12] Rn 22). Wurde lediglich intern bevollmächtigt oder zugestimmt, so muß gleichwohl dem dritten Geschäftspartner gegenüber angefochten werden, der dann gegen seinen Vertragspartner den Schadensersatzanspruch aus § 122 hat. Dann ist also auch die **Innenvollmacht** nicht dem Vertreter gegenüber, sondern dem Dritten gegenüber anzufechten (so LARENZ, AT[7] 622; MEDICUS, AT[8] Rn 721; FLUME, AT II 563 und 870; aA HÜBNER, AT[2] Rn 646; STÜSSER 43 f; PALANDT/HEINRICHS[62] Rn 6). Der Geschäftsgegner ist in erster Linie der Betroffene der Anfechtung; er ist der Partner des letztlich angestrebten Rechtsgeschäftes. Die dargestellte Auffassung bedeutet eine Durchbrechung des § 143 Abs 1 S 1 unter Abstellen auf die Partner des im Ergebnis beabsichtigten Rechtsgeschäftes. Bei der Anfechtung der **Zustimmung** nach § 182 verlangt die Rspr die Anfechtung gegenüber beiden Beteiligten (BGHZ 137, 255, 260 [Vertragsübernahme]; aA PALANDT/HEINRICHS[62] Rn 6).

§ 144
Bestätigung des anfechtbaren Rechtsgeschäfts

(1) Die Anfechtung ist ausgeschlossen, wenn das anfechtbare Rechtsgeschäft von dem Anfechtungsberechtigten bestätigt wird.

(2) Die Bestätigung bedarf nicht der für das Rechtsgeschäft bestimmten Form.

Materialien: VE-AT § 127 Abs 2; E I § 113 Abs 3; II § 115; III § 140; JAKOBS/SCHUBERT, AT I 748; SCHUBERT, AT II 219 ff; Mot I 222; Prot I 133; MUGDAN I 474 f, 731.

Schrifttum

S die Angaben zu § 141.

Systematische Übersicht

Alphabetische Übersicht

I. Normzweck

1 Die Bestätigung des § 144 betrifft ein gültiges Rechtsgeschäft, da die Anfechtung noch nicht bewirkt ist (BGH WM 1979, 237). Abweichend von § 141 (aber o § 141 Rn 13) sieht das Gesetz in § 144 **keine Neuvornahme** des Rechtsgeschäfts. Gegenüber der Bestätigung eines nichtigen Rechtsgeschäfts nach § 141 bringt § 144 mit der Bestätigung eines anfechtbaren Rechtsgeschäfts noch eine zusätzliche Erleichterung, da § 144 Abs 2 von der Einhaltung eines Formzwanges befreit. Im übrigen braucht das Geschäft nicht unter Vermeidung des Anfechtungsgrundes erneut vorgenommen zu werden. Auch insofern liegen die Dinge bei § 141 anders (§ 141 Rn 1), als sich dort die Parteien weiterhin „auf den Boden des Vertrages" stellen müssen (§ 141 Rn 15). Ausreichend ist die Entscheidung des Anfechtungsberechtigten, das Rechtsgeschäft ungeachtet des Anfechtungsrechts gelten zu lassen (FLUME, AT II 568 f).

II. Genehmigung; Verzicht

2 § 113 Abs 3 E I hatte folgende Fassung: „Durch die Genehmigung des Anfechtungsberechtigten wird das Rechtsgeschäft unanfechtbar". Mit Recht wurde das Wort „Genehmigung" gestrichen, da der Ausdruck „Genehmigung" ansonsten hier in einem anderen Sinne gebraucht würde, als dies an anderen Stellen des BGB der Fall ist (MUGDAN I 731 = Prot I 133 f). Die Gesetzesväter (MUGDAN I 731; JAKOBS/SCHUBERT, AT I 748) hatten in der Bestätigung einen einfachen Verzicht auf das Anfechtungsrecht gesehen. Doch wurde der Ausdruck Verzicht ua vermieden, weil es sich nicht um einen Verzicht auf das „Anfechtungsrecht" iSe subjektiven Privatrechtes handele, sondern nur um die rechtliche Möglichkeit, ein Rechtsgeschäft wegen anhaftender Mängel anzufechten (MUGDAN I 731). In der Sache besteht aber heute weithin Einigkeit, daß zwischen der Bestätigung des § 144 und dem Verzicht keine sachlichen Unterschiede bestehen (RGZ 68, 398, 400; MEDICUS, AT[8] Rn 534; JAUERNIG[10] Rn 2; PALANDT/HEINRICHS[62] Rn 1; ERMAN/PALM[10] Rn 1; SOERGEL/HEFERMEHL[13] Rn 1; FRÜH JuS 1994, 486, 491; **aA** FLUME, AT II 568 f; Münch-Komm/MAYER-MALY/BUSCHE[4] Rn 2). In der Sache führt die Bestätigung des § 144 deshalb zu einer „Rückwirkung" mit Wirkung gegenüber Dritten (u Rn 13). Die Rede von der **„Rückwirkung"** ist allerdings ungenau, da lediglich die Anfechtbarkeit eines bestehenden Rechts beseitigt wird (s die wiedergegebenen Erwägungen bei JAKOBS/SCHUBERT, AT I 748).

III. Voraussetzungen

1. Anfechtbares Rechtsgeschäft

3 Es ist gleichgültig, aus welchem Grunde das betreffende Rechtsgeschäft anfechtbar ist. So ist die Norm insbes auch bei *arglistiger Täuschung* nach § 123 anwendbar (etwa BGHZ 110, 220, 221; BGH NJW-RR 1992, 779). Erforderlich ist aber, daß das Rechtsgeschäft noch nicht angefochten worden ist. Nach der Anfechtung kommt wegen § 142 Abs 1 nur noch eine Bestätigung nach § 141 in Betracht (o § 141 Rn 2).

2. Bestätigung

a) Empfangsbedürftige Willenserklärung

Die Bestätigung ist ein Rechtsgeschäft iSe einseitigen formfreien (Abs 2) Willenser- **4** klärung. Der Gesetzgebungsgeschichte folgend soll es sich nach hL freilich um eine **nicht empfangsbedürftige Willenserklärung** handeln (Mugdan I 731; RGZ 68, 398, 399; OLG Nürnberg DAR 1962, 202, 204; MünchKomm/Mayer-Maly/Busche[4] Rn 1; Palandt/ Heinrichs[62] Rn 1; Jauernig[10] Rn 2; BGB-RGRK/Krüger-Nieland/Zöller[12] Rn 4). Deshalb soll ein Zugang der Erklärung an den Erklärungsempfänger (§ 130) nicht erforderlich sein. Auch ein nicht in Richtung auf den Anfechtungsgegner abgegebener stillschweigender Verzicht müsse das Rechtsgeschäft unanfechtbar machen (Mugdan I 731 = Prot I 133 f). Dieser Auffassung kann nicht gefolgt werden. Der Gegner des Anfechtungsberechtigten muß wissen, woran er ist, damit er den Schluß auf den entsprechenden Rechtsfolgewillen ziehen kann. Erfährt er von einer „Bestätigung" nur auf Umwegen oder durch Dritte, so kann er sich nicht darauf verlassen (Larenz/M Wolf, AT[8] § 44 Rn 28; Medicus, AT[8] Rn 534). Daraus folgt auch, daß der „Bestätigende" nicht gebunden ist, wenn er die Bestätigung nicht gegenüber dem Anfechtungsberechtigten erklärt hat (Medicus, AT[8] Rn 534). Es bedarf dann keiner Anfechtung der Bestätigung. Freilich kommt die Rspr zu vergleichbaren Ergebnissen, da sie für konkludent erklärte Bestätigungen strenge Anforderungen stellt (BGH NJW-RR 1992, 779; u Rn 5). Doch handelt es sich dabei um einen überflüssigen Umweg. Ähnlich sieht sich auch die herrschende Literaturmeinung zu der Einschränkung gezwungen, es genüge für § 144 nur ein dem Anfechtungsgegner erkennbares Verhalten (MünchKomm/Mayer-Maly/ Busche[4] Rn 5).

b) Formfreiheit; konkludentes Verhalten

Da die Bestätigung nach Abs 2 formfrei möglich ist, genügt für sie auch ein kon- **5** kludentes Verhalten. Die Rspr stellt an die Annahme einer Bestätigung durch konkludentes Verhalten **strenge Anforderungen**, da Teilnehmer am Rechtsverkehr erfahrungsgemäß nicht ohne weiteres auf bestehende Befugnisse oder Gestaltungsmöglichkeiten zu verzichten pflegten (BGHZ 110, 220, 222; BGH NJW-RR 1992, 779; WM 1982, 1249, 1251; NJW 1967, 720, 721). Zwar soll ein Verhalten genügen, das den Willen offenbart, trotz Kenntnis der Anfechtbarkeit an dem Rechtsgeschäft festzuhalten (BGHZ 112, 220, 222). Doch darf es nur dann als Bestätigung gewertet werden, wenn „jede andere den Umständen nach einigermaßen verständliche Deutung dieses Verhaltens ausscheidet" (BGHZ 110, 220, 222; BGH NJW-RR 1992, 779, 780). Sobald ein Verhalten auch auf einem anderen Grund beruhen kann, scheidet danach eine Bestätigung grundsätzlich aus.

Strenge Anforderungen werden insbes im Falle einer **arglistigen Täuschung** nach **6** § 123 gestellt, damit die Überlegungsfrist des § 124 nicht durch eine zweifelhafte Bestätigung unterlaufen wird. Deshalb werden Entgegennahme und Gebrauch einer nach dem anfechtbaren Vertrag geschuldeten Leistung nur dann als Bestätigung gewertet, wenn dies nicht nur aus wirtschaftlicher Notwendigkeit oder zur Abwendung eines größeren Verlustes geschieht (BGH NJW-RR 1992, 779, 780). Vergleichbar tritt ein Bestätigungswille nicht schon dadurch eindeutig hervor, daß der Käufer in Kenntnis der Anfechtbarkeit von dem Verkäufer klageweise Gewährleistung verlangt. Ansonsten würde das Wahlrecht des Käufers verkürzt (BGHZ 110, 220, 222 f). Eine Bestätigung wurde auch verneint, wenn der Mieter eines Ladengeschäftes in den Mieträumen den Geschäftsbetrieb aufnimmt und lediglich die Nebenkosten, nicht aber den vereinbarten Mietzins bezahlt (BGH NJW-RR 1992, 779, 780). Dieser Rspr ist zum erforderlichen Schutz des Vertragsgegners im Ergebnis zuzustimmen (o Rn 4; einschränkend MünchKomm/Mayer-Maly/Busche[4] Rn 3 aE). Unter den gegebenen Voraussetzungen kann eine Bestätigung im Einzelfall gleichwohl in der Annahme der Leistung, in der freiwilligen Erfüllung der Verbindlichkeit oder in einer Pfandbestellung liegen (s die in Jakobs/Schubert AT I 748 wiedergegebenen Erwägungen). Ebenso liegt es, wenn sich der Anfechtungsberechtigte verurteilen läßt, ohne anzufechten (vTuhr, AT II 1 320). Eine Bestätigung wird auch darin zu sehen sein, daß das durch das anfechtbare Geschäft erworbene Recht weiter veräußert wird (Enneccerus/Nipperdey AT[15] I 2 S 1229). Sie wurde ferner angenommen, wenn trotz Kenntnis von der Anfechtbarkeit eines Vergleiches an diesem festgehalten wird und weiter Zahlungen geleistet werden (OLG Koblenz FamRZ 1983, 720). Keine Bestätigung ist dagegen gegeben, wenn der Anfechtungsberechtigte eine Handlung vornimmt, welche im Interesse des Gegners nötig ist (vTuhr, AT II 1 320 Fn 130a).

c) Kenntnis der Anfechtbarkeit

7 Nach hL setzt die Bestätigung nach § 144 notwendig die Kenntnis der Anfechtbarkeit voraus (RGZ 68, 398, 400; BGHZ 110, 220, 222; BGH NJW 1995, 2290, 2291; WM 1961, 785, 787; MünchKomm/Mayer-Maly/Busche[4] Rn 4). Abschwächend wird bisweilen formuliert, es genüge das Bewußtsein, daß ein Anfechtungsrecht „möglicherweise" besteht (Enneccerus/Nipperdey AT[15] I 2 S 1229; Soergel/Hefermehl[13] Rn 2). Im Falle der arglistigen Täuschung soll der Anfechtungsberechtigte wenigstens mit der Möglichkeit rechnen müssen, daß der Gegner ihn bewußt getäuscht hat (BGH NJW-RR 1990, 817, 819). Neben der Kenntnis der tatsächlichen Umstände, aus denen sich ein Anfechtungsrecht ergibt, muß für den Anfechtungsberechtigten zusätzlich die Vorstellung hinzutreten, daß er etwas gegen das Rechtsgeschäft unternehmen könne (MünchKomm/Mayer-Maly/Busche[4] Rn 4 im Anschluß an RGZ 128, 116, 119; ebenso BGH NJW-RR 1990, 817, 819). Überwiegend wird verneint, daß ein bloßer Argwohn ausreiche (MünchKomm/Mayer-Maly/Busche[4] Rn 4).

8 ME kommt es entscheidend darauf an, ob die betreffende Handlung des Anfechtungsberechtigten nach ihrem **äußeren Erscheinungstatbestand** für den Anfechtungsgegner die Bedeutung einer Bestätigung idS hat, daß das Geschäft trotz erkannter Zweifel an der Anfechtbarkeit gelten solle. Ist das der Fall, so kann der Bestätigung ihre Bedeutung nur durch eine Anfechtung nach § 119 genommen werden. Die Dinge liegen also vergleichbar wie bei der Bestätigung nach § 141 (o § 141 Rn 20 ff). Läßt sich aus der Erklärung nicht erkennen, daß bestehende Zweifel ausgeräumt werden sollen, so ist eine Bestätigung nicht erklärt worden. Einer Anfechtung bedarf es dann nicht.

d) Teilbarkeit

9 Ist dem Bestätigenden die Anfechtbarkeit nur aus einem bestimmten Grunde, zB wegen eines Irrtums nach § 119 bekannt, so kann sich aus der Auslegung der Be-

stätigung ergeben, daß eine Anfechtbarkeit wegen Täuschung nach § 123 nicht ausgeschlossen werden soll (RG HRR 1938 Nr 1004; ENNECCERUS/NIPPERDEY AT[15] I 2 S 1229;
MünchKomm/MAYER-MALY/BUSCHE[4] Rn 4). Die Bestätigung ist also teilbar idS, daß sie auf
bestimmte Anfechtungsgründe beschränkt sein kann. Mußte der Anfechtungsgegner
die Bestätigung als umfassend verstehen, so hilft dem Bestätigenden nur die Anfechtung (§ 119) hinsichtlich des ihm unbekannten Anfechtungsgrundes. Im Falle der
arglistigen Täuschung sind an die Verständnismöglichkeiten des Täuschenden allerdings strenge Anforderungen zu stellen (RG JW 1937, 2651; BGB-RGRK/KRÜGER-NIE-
LAND/ZÖLLER[12] Rn 9).

Ist ein Rechtsgeschäft nur wegen **Drohung** anfechtbar, so kommt eine Bestätigung **10**
erst nach Wegfall der Zwangslage in Betracht (OGHBrZ SJZ 1949, 470). Ist die **Täuschung** durch einen Dritten (§ 123 Abs 2) verübt worden, so muß der Bestätigende
Kenntnis davon haben, daß der andere, dem gegenüber die Erklärung abzugeben
war, die Täuschung kannte oder hätte kennen müssen (RG JW 1914, 188; BGB-RGRK/
KRÜGER-NIELAND/ZÖLLER[12] Rn 10).

e) Bestätigungsberechtigung
Zur Bestätigung befugt ist der Anfechtungsberechtigte oder sein Vertreter. In der **11**
Regel handelt es sich um denjenigen, der die anfechtbare Erklärung abgegeben hat.
Bei **§ 318 Abs 2** kann jede Vertragspartei bestätigen und damit das Anfechtungsrecht
ausschließen. Das Anfechtungsrecht des anderen Teils bleibt bestehen (vTUHR, AT II 1
321).

Obgleich bei einem **anfechtbaren Testament** das Anfechtungsrecht nicht dem Erblas- **12**
ser, sondern nach § 2080 den Interessenten zusteht, so kann doch auch der Erblasser
bestätigen, wenn er seine Verfügungen aufrechterhalten will (OLG Hamm NJW-RR
1994, 462, 464; **aA** BayObLG Rpfleger 1975, 242). Das dem Erblasser eingeräumte Widerrufsrecht hat dieselben Funktionen wie ein Anfechtungsrecht, wenn der Widerruf auf
einem Willensmangel beruht (zutreffend vTUHR, AT II 1 321).

IV. Rechtsfolgen

1. Rückwirkung

Im untechnischen Sinn (o Rn 2) kommt der Bestätigung des § 144 volle Rückwirkung **13**
auch gegenüber Dritten zu. Genauer ist es, zu sagen, daß für das bereits jetzt wirksame Rechtsgeschäft die Anfechtungsgefahr endgültig wegfällt. Durch die Bestätigung entstehen daher keine neuen Rechtswirkungen. Vielmehr werden bereits eingetretene Wirkungen unanfechtbar. Daher bedeutet die Bestätigung einer
Verpflichtung keine Erweiterung für den *Bürgen* nach § 767 oder nach § 1210 im
Falle der *Verpfändung* (RGZ 62, 54; vTUHR, AT II 1 322).

Haben **Dritte** in der Zwischenzeit **Rechte** erworben, so können sie durch die Bestäti- **14**
gung nicht verändert werden. Wenn A dem X ein anfechtbares, und später dem Y ein
gültiges Pfandrecht bestellt hat und A das Pfandrecht des X bestätigt, so bleibt die
Rechtslage des Y unberührt. Er nimmt lediglich den zweiten Rang ein (vgl die Erwägungen bei JAKOBS/SCHUBERT, AT I 748).

15 Das Anfechtungsrecht wird durch die Bestätigung endgültig beseitigt. Ein **Widerruf der Bestätigung** ist auch nicht in offener Anfechtungsfrist möglich (MünchKomm/ Mayer-Maly/Busche[4] Rn 6). Es bleibt unter den gegebenen Voraussetzungen lediglich eine Anfechtung der Bestätigung übrig.

2. Verzicht auf Schadensersatzansprüche

16 Die Bestätigung des § 144 beschränkt sich grundsätzlich auf die Beseitigung des Anfechtungsrechts. Dagegen schließt sie etwaige Schadensersatzansprüche wegen Betruges gegen den Anfechtungsgegner nicht aus (RG JW 1911, 398; Hübner, AT[2] Rn 521). Allerdings kann die Auslegung ergeben, daß die Bestätigung auch einen Verzicht auf einen bestehenden Schadensersatzanspruch enthält (Enneccerus/ Nipperdey AT[15] I 2 S 1229; BGB-RGRK/Krüger-Nieland/Zöller[12] Rn 13). Doch erfordert der Verzicht dann die Annahme der entsprechenden Erklärung (Soergel/Hefermehl[13] Rn 7). Es gibt jedenfalls keine Regel des Inhalts, wonach der Wille des Bestätigenden regelmäßig auf die Beseitigung aller aus dem Anfechtungstatbestand folgenden Ansprüche geht (Soergel/Hefermehl[13] Rn 7 Fn 28; **aA** Erman/Palm[10] Rn 4).

V. Prozessuales

17 Der Anfechtungsgegner trägt die **Behauptungs- und Beweislast** dafür, daß eine Anfechtung wegen der Bestätigung ausgeschlossen ist (BGH NJW 1967, 720 f; MünchKomm/ Mayer-Maly/Busche[4] Rn 7; Soergel/Hefermehl[13] Rn 4). Dabei reicht es aus, wenn der Anfechtungsgegner nachweist, daß dem Anfechtungsberechtigten die die Anfechtung begründenden Tatsachen bekannt gewesen sind (RGZ 68, 401; BGB-RGRK/ Krüger-Nieland/Zöller[12] Rn 12). Ergibt sich eine Bestätigung aus dem Sach- und Streitstand, so ist sie durch das Gericht **von Rechts wegen** zu berücksichtigen, ohne daß sich die begünstigte Partei darauf berufen muß (BGH NJW 1967, 720, 721).

Titel 3
Vertrag

Vorbemerkungen zu §§ 145–156

Schrifttum

ACHENBACH, Der briefliche und telegraphische Vertrag im vergleichenden und internationalen Privatrecht (1934)

ADLER, Realcontract und Vorvertrag, JherJb 31, 190

vARNIM, Die Option im Waren- und Aktienbereich, AG 1983, 29

BAHNTJE, Gentlemen's Agreement und abgestimmtes Verhalten (1982)

BAILAS, Das Problem der Vertragsschließung und der vertragsbegründende Akt (1962)

BEHREND, Haftung für Gefälligkeitshandlungen, Recht 1919, 291

BELKE, Die Geschäftsverweigerung im Recht der Wettbewerbsbeschränkungen (1966)

BIEREKOVEN, Der Vertragsabschluss via Internet im internationalen Wirtschaftsverkehr (2001)

BISCHOFF, Der Vertragsschluß beim verhandelten Vertrag (2001)

BLATZHEIM, Die Unfallhaftung aus der sog Gefälligkeitsfahrt im Kraftfahrzeug (Diss Köln 1952)

BLAUROCK, Der Vorvertrag zur Zeichnung von Aktien, in: FS Rittner (1991) 33

E BÖHMER, Definition des Begriffs der Gefälligkeitsfahrt, VersR 1964, 807

ders, Unbilligkeit der Haftung des Gefälligkeitsfahrers, JR 1970, 135

ders, Zum Begriff der Gefälligkeitsfahrt, JR 1957, 338

BRÜGGEMANN, Causa und Synallagma im Recht des Vorvertrages, JR 1968, 201

BUCHER, Die verschiedenen Bedeutungsstufen des Vorvertrages, in: Berner Festgabe zum Schweizerischen Juristentag (1979) 169

BÜLCK, Vom Kontrahierungszwang zur Abschlußpflicht (1940)

F BYDLINSKI, Kontrahierungszwang und Anwendung des allgemeinen Zivilrechts, JZ 1980, 378

ders, Zu den dogmatischen Grundfragen des Kontrahierungszwangs, AcP 180 (1980) 1

CARTELLIERI, Die Option, BB 1948, 162

CONTZEN, Kontrahierungszwang bei marktbeherrschenden Unternehmen (Diss Köln 1965)

CZEGUHN, Vertragsschluss im Internet, JA 2001, 708

DAHMANN, Gefälligkeitsbeziehungen (Diss Erlangen 1935)

DEGENKOLB, Der Begriff des Vorvertrages (1871)

ders, Zur Lehre vom Vorvertrag, AcP 71 (1887) 1

DEITER, Der Verpflichtungsvertrag (pactum de contrahendo) (Diss Marburg 1902)

vDEWITZ, Gefälligkeitsverhältnisse im Bürgerlichen Recht (Diss Tübingen 1939)

DIELE, Haftpflichtrisiko und Schadensverteilung bei sog Gefälligkeitsfahrten (Diss Freiburg 1959)

EHLERS, Die Problematik des Kontrahierungszwangs in der Wettbewerbsordnung (Diss Hamburg 1979)

vEINEM, Die Rechtsnatur der Option (1974)

ETZBACH, Die Haftung aus erwiesener und empfangener Gefälligkeit unter besonderer Berücksichtigung der Haftung bei Gefälligkeitsfahrten (Diss Erlangen 1935)

EVERS, Zum Problem der Kraftfahrzeug-Gefälligkeitsfahrt (Diss Köln 1936)

EYLERT, Gefälligkeitsbeziehungen (Diss Köln 1955)

FISCHBACH, Vorbereitende Rechtsverhältnisse, ArchBürgR 41, 160

H-D FISCHER, Gefälligkeitsfahrt und vorvertragliche Haftung (1938)

FREUND, Die stillschweigende Vertragsannahme (Diss Breslau 1899)

Reinhard Bork

FRIEDRICH, Die Gefälligkeitsfahrt im Kraftfahrzeug (Diss Göttingen 1939)

GEHRLEIN, Das Zusammenspiel vorvertraglicher Ansprüche und einer Haftung aus Culpa in contrahendo, VersR 1997, 928

GELLER, Der Vorvertrag (Diss Erlangen 1908)

GERNHUBER, Austausch und Kredit im rechtlichen Verbund; zur Lehre von der Vertragsverbindung, in: FS Larenz (1973) 455

GEORGIADES, Optionsvertrag und Optionsrecht, in: FS Larenz (1973) 409

GREIB, Der Kontrahierungszwang im geltenden Recht (Diss Würzburg 1960)

GROSSMANN, Die Vertragsfreiheit als ökonomisches und juristisches Ordnungsprinzip (Diss Freiburg 1957)

GRUNEWALD, Vereinsaufnahme und Kontrahierungszwang, AcP 182 (1982) 181

HACKL, Vertragsfreiheit und Kontrahierungszwang im deutschen, im österreichischen und im italienischen Recht (1980)

vHASE, Vertragsbindung durch Vorvertrag (1999)

HEDEMANN, Der Kontrahierungszwang, Erinnerung und Ausblick, in: FS Nipperdey (1955) 251

HENRICH, Unwiderrufliches Angebot und Optionsvertrag, in: ZIMMERMANN (Hrsg), Rechtsgeschichte und Rechtsdogmatik (1999) 207

ders, Vorvertrag, Optionsvertrag, Vorrechtsvertrag (1965)

HERRMANN, Die Abschlußfreiheit – ein gefährdetes Prinzip, ZfA 27 (1996) 19

HERTEL, Rechtsgeschäfte im Vorfeld eines Projekts, BB 1983, 1824

HERZOG, Der Vorvertrag im schweizerischen und deutschen Schuldrecht (Zürich 1999)

HEYL, Die rechtliche Behandlung der Gefälligkeiten, insbesondere der Gefälligkeitsfahrt, unter besonderer Berücksichtigung der Lehre von den faktischen Vertragsverhältnissen (Diss Köln 1943)

HILLGRUBER, Abschied von der Privatautonomie?, ZRP 1995, 6

E vHIPPEL, Die Haftung bei Gefälligkeitsfahrten, in: FS F vHippel (1969) 233

HOFFMANN, Der Einfluß des Gefälligkeitsmoments auf das Haftungsmaß, AcP 167 (1967) 394

HONSELL/HOLZ-DAHRENSTAEDT, Grundprobleme des Vertragsschlusses, JuS 1986, 969

KALLMEYER, Die Gefälligkeitsverhältnisse (Diss Göttingen 1968)

KILIAN, Kontrahierungszwang und Zivilrechtssystem, AcP 180 (1980) 47

KLIMKE, Rechtsprobleme um die Ersatzpflicht aus Anlaß von Gefälligkeitshandlungen, ZfVersW 1977, 51

KLÜNDER, Die rechtliche Natur der Gefälligkeitsleistungen (Diss Göttingen 1932)

KÖHLER, Vorvertrag, Option und Festofferte, Jura 1979, 465

KÖNDGEN, Selbstbindung ohne Vertrag (1981)

KORTE, Die Vertragslehre im Bürgerlichen Gesetzbuch für das Deutsche Reich (1897)

E A KRAMER, Grundfragen der vertraglichen Einigung (1972)

G KRAMER, Vertragstatbestand, Vertragsinhalt und Wirksamkeitsvoraussetzungen des Vertrages (Diss Heidelberg 1964)

KRÜCKMANN, Die Gefälligkeitsfahrt, JW 1932, 3688

ders, Enteignung, Einziehung, Kontrahierungszwang (1925)

ders, Gefälligkeitsverträge, SeuffBl 74, 113

KÜTTNER, Aufnahmezwang für Gewerkschaften?, NJW 1980, 968

LAMBRECHT, Die Lehre vom faktischen Vertragsverhältnis (1994)

LARENZ, Die rechtliche Bedeutung von Optionsvereinbarungen, DB 1955, 209

LEENEN, Abschluß, Zustandekommen und Wirksamkeit des Vertrages, AcP 188 (1988) 381

LEVINSOHN, Der Vorvertrag (1931)

LIETZ, Über die Rechtsfindung auf dem Gebiet der sog Gefälligkeitsverhältnisse (Diss Frankfurt 1940)

LORENZ, Vorzugsrechte beim Vertragsschluß, in: FS Dölle I (1963) 103

LUCKE, Ein Beitrag zur Frage der Haftung aus Gefälligkeitsfahrten mit Kraftfahrzeugen (Diss Heidelberg 1931)

LUDWIG, Der Vertragsschluß nach UN-Kaufrecht im Spannungsverhältnis von Common Law und Civil Law (1994)

MAHRZAHN, Die Haftung des Kraftfahrzeughalters aus Gefälligkeit (Diss Göttingen 1921)

MANIGK, Das Wesen des Vertragsschlusses in der neueren Rechtsprechung, JherJb 75, 127

MARKERT, Privatautonomie und Kontrahierungszwang, AG 1991, 288

MERSSON, Zur Haftung bei Gefälligkeitsfahrten, DAR 1993, 87

MERZ, Vertrag und Vertragsschluß (2. Aufl 1992)

METZDORF, Die Grundfragen des Vorvertrages nach deutschem und österreichischem Recht (Diss Breslau 1939)

MEYER, Vertragsvollziehung oder Vertragsproduktion, AcP 87 (1897) 77

MICHAELIS, Gefälligkeitsleistung und Vertrag (Diss Leipzig 1937)

MOLITOR, Zur Theorie des Vertragszwangs, JherJb 73, 1

MÜLLEREISERT, Vertragslehre (1947)

NIPPERDEY, Kontrahierungszwang und diktierter Vertrag (1920)

ders, Stromsperre, Zulassungszwang und Monopolmißbrauch (1929)

ders, Vorhand, Vorkaufsrecht und Einlösungsrecht, ZBlHR 1930, 300

PALLMANN, Rechtsfolgen aus Gefälligkeitsverhältnissen (Diss Regensburg 1971)

PAPPENHEIM, Die Vertragsfreiheit und die moderne Entwicklung des Verkehrsrechts, in: FS G Cohn (1915) 289

PROPACH, Die Gefälligkeiten des täglichen Lebens, insbesondere die Gefälligkeitsfahrt (Diss Erlangen 1935)

RADTKE, Die Kraftfahrzeug-Gefälligkeitsfahrt (Diss Halle 1935)

RATH, Vorverträge nach dem Bürgerlichen Gesetzbuche (Diss Erlangen 1906)

RATH-GLAWATZ, Anzeigenauftrag und Kontrahierungszwang, WRP 1982, 625

REINICKE/TIEDTKE, Heilung eines formnichtigen Vorvertrages und ihre Auswirkungen auf die Vertragsstrafe, NJW 1982, 1430

REUSS, Die Intensitätsstufen der Abreden und die Gentlemen-Agreements, AcP 154 (1955) 485

RITZINGER, Der Vorvertrag in der notariellen Praxis, NJW 1990, 1201

RÖHL, Über außervertragliche Voraussetzungen des Vertrages, in: FS Schelsky (1978) 435

ROLL, Die Verjährung beim Vorvertrag, BB 1978, 69

H ROTH, Der Vorvertrag (1928)

H ROTH, Der faktische Vertrag, JuS 1991, L 89

ROTHER, Der Vertrag als Vertragsgegenstand, in: FS Larenz (1973) 435

F SCHÄFER, Der Darlehensvorvertrag (Diss Freiburg 1902)

SCHLOSSMANN, Der Vertrag (1876)

ders, Über den Vorvertrag und die rechtliche Natur der sog Realkontrakte, JherJb 45, 1

SCHMALZEL, Vorverträge zugunsten Dritter, AcP 164 (1964) 446

K SCHMIDT, Zur Durchsetzung vorvertraglicher Pflichten, DNotZ 1990, 708

SCHUMACHER, Über die rechtliche Natur der Gefälligkeiten des täglichen Lebens und die Haftung aus Gefälligkeiten unter besonderer Berücksichtigung der Haftung bei der Gefälligkeitsfahrt (Diss Marburg 1939)

SIMON, Zum Kontrahierungszwang von Kreditinstituten, ZIP 1987, 1234

STEINDORFF, Vorvertrag zur Vertragsänderung, BB 1983, 1127

STINTZING, Die Vorverpflichtung im Gebiet der Schuldverhältnisse (1903)

SIBER, Die schuldrechtliche Vertragsfreiheit, JherJb 70, 223

W STRAUSS, Gewerbefreiheit und Vertragsfreiheit, in: FS Böhm (1975) 603

THEEGARTEN, Die Schadensersatzpflicht aus Gefälligkeitsverhältnissen (Diss Köln 1949)

TRAUT, Beiträge zur Lehre vom Vorvertrag (Diss Heidelberg 1911)

VAN VENROOY, Vertrag und Unwirksamkeit bei § 18 GWB (1980)

WABNITZ, Der Vorvertrag in rechtsgeschichtlicher und rechtsvergleichender Betrachtung (Diss Münster 1962)

WAGENFÜHR, Die Gefälligkeitsfahrt im Kraftfahrzeug unter besonderer Berücksichtigung der Haftung des gefälligen Fahrers (Diss Frankfurt 1943)

WEBER, Der Optionsvertrag, JuS 1990, 249

WENNER, Vorverhandlungen und Vorvertrag, BB 1966, 669

WILLOWEIT, Abgrenzung und rechtliche Relevanz nicht rechtsgeschäftlicher Vereinbarungen (1969)

ders, Die Rechtsprechung zum Gefälligkeitshandeln, JuS 1986, 96

Reinhard Bork

ders, Schuldverhältnis und Gefälligkeit, JuS
1984, 909
WUNNER, Die Problematik des Grundsatzes der
Vertragsfreiheit im Privatrecht (Diss Heidelberg
1957)

ZÖLLNER, Der arbeitsrechtliche Vorvertrag, in:
FS Floretta (1983) 455.
Vgl ferner die Schrifttumsangaben bei
STAUDINGER/DILCHER[12] Einl zu §§ 104 ff und
Vorbem zu §§ 116 ff.

Systematische Übersicht

Alphabetische Übersicht

I. Überblick

1. Vertrag

Der 3. Titel des 3. Abschnitts im 1. Buch ist mit „Vertrag" überschrieben. Die **1**
§§ 145 ff regeln zwar – übrigens in Übereinstimmung mit der Titelüberschrift im
1. Entwurf – im wesentlichen nur den Vertrags*schluß*, also das Zustandekommen
des Vertrages. Gleichwohl ist eine Definition des Vertragsbegriffs für das Verständnis
der Vorschriften unerläßlich. Der Vertrag ist die zwei- oder mehrseitige **rechtsgeschäftliche Regelung eines Rechtsverhältnisses, die von den Vertragsparteien einverständlich getroffen wird** (FLUME § 33, 2). Man muß freilich sehen, daß es sich dabei –
dem Wesen des AT entsprechend – um eine eher technische Bestimmung des Vertragsbegriffs handelt. Eine funktionsbezogene Charakterisierung, die über den Topos
der privatautonomen Regelung hinausgeht, kann nur nach Maßgabe der Rechtsge-
biete erfolgen, auf denen Verträge geschlossen werden. Es ist daher nicht verwun-
derlich, daß der Vertrag – gemeinrechtlicher Tradition folgend (s Rn 9) – in anderen
Ländern überwiegend im Obligationenrecht behandelt wird (s Rn 11), womit einer
eher funktionalen Betrachtungsweise gefolgt wird, weil der Vertrag im Schuldrecht
seine größte Regelungsbedeutung hat.

Ein Vertrag ist ein (mindestens) **zweiseitiges** Rechtsgeschäft. Ein einseitiges Rechts- **2**
geschäft kann niemals ein Vertrag sein, sondern diesem allenfalls gleichgestellt werden (vgl für die Gründung einer Einmann-GmbH im Hinblick auf § 2 GmbHG HÜFFER, in: ROTH
[Hrsg], Die Zukunft der GmbH [1983] 167, 168). Als Rechtsgeschäft setzt der Vertrag bei
beiden Parteien **Rechtsfolgenwillen** und **Übereinstimmung** in diesem Rechtsfolgenwillen voraus: Die Parteien müssen Rechtsfolgen herbeiführen wollen, und sie müssen dieselben Rechtsfolgen wollen. Die Rechtsfolgen des Vertrages treten nur deshalb ein, weil sie von den Parteien übereinstimmend gewollt sind, und sie treten nur
dann ein, wenn sie von den Parteien übereinstimmend gewollt sind. Deshalb kommt
diese rechtsgeschäftliche Regelung nur zustande, wenn beide Parteien ausdrücklich
oder stillschweigend zum Ausdruck gebracht haben, daß sie diese Rechtsfolgen verbindlich wollen. Der Vertrags*schluß* setzt daher übereinstimmende, auf dieselben
Rechtsfolgen gerichtete Willenserklärungen voraus (näher dazu Rn 36).

Durch den Rechtsfolgen- bzw Rechtsbindungswillen unterscheidet sich der Vertrag **3**
vor allem vom Gefälligkeitsverhältnis (s dazu Rn 79 ff) und vom **„gentlemen's agreement"**. Von letzterem spricht man, wenn sich die Parteien Leistungen zusagen, dabei
aber rechtliche Unverbindlichkeit zugrunde legen (vgl BAHNTJE 16 ff). Dies kann darauf
beruhen, daß die Parteien eine rechtliche Bindung für unnötig halten, weil sie darauf
vertrauen, daß auch eine unverbindliche Zusage eingehalten wird. Es kann aber auch
darauf beruhen, daß die Parteien wissen (oder meinen), daß das Recht ihre Vereinbarung nicht als wirksam anerkennen würde, zB weil sie gegen ein gesetzliches
Verbot verstoßen würde (vgl für § 1 GWB auch unten Rn 7). Ob ein Rechtsbindungswille
vorliegt und wie weit er reicht, ist in jedem Einzelfall durch Auslegung zu ermitteln
(BGH MDR 1964, 570; REUSS AcP 154 [1955] 485, 490 ff; SOERGEL/WOLF Vor § 145 Rn 94).
Keinesfalls darf man von der Verwendung des Begriffes „gentlemen's agreement"
auf den fehlenden Rechtsfolgenwillen schließen (vgl aber OLG Hamburg MDR 1953, 482;
dagegen BGH MDR 1964, 570; SOERGEL/WOLF Vor § 145 Rn 101). Fehlt er tatsächlich, sind
Erfüllungsansprüche ausgeschlossen. In Betracht kommen aber Schadensersatz-

ansprüche aus der Verletzung eines gesetzlichen Schuldverhältnisses, zu dem sich die Parteibeziehungen verdichtet haben können (vgl Rn 85 sowie BAHNTJE 179 ff; Münch-Komm/KRAMER Einl § 241 Rn 43). Außerdem kann das gentlemen's agreement als Geschäftsgrundlage Bedeutung erlangen (OLG Nürnberg NJW-RR 2001, 636, 637).

2. Regelungsgehalt der §§ 145–156

4 Das BGB knüpft den Eintritt von Rechtsfolgen an den verschiedensten Stellen an eine rechtsgeschäftliche Vereinbarung über diese Rechtsfolgen, so in § 305 für die Begründung oder Änderung eines vertraglichen Schuldverhältnisses, in § 873 Abs 1 S 1 und in § 929 S 1 für den Eigentumsübergang, in § 1408 für vertragliche Güterstände oder in § 1941 für die vertragliche Erbfolge. Die §§ 145 ff regeln daher weder, was ein Vertrag ist (s dazu Rn 2), noch, wo ein Vertrag erforderlich ist, sondern sie regeln nur, wie ein Vertrag geschlossen wird, wenn er erforderlich ist. Aber auch die **Regelung über den Vertragsschluß** ist nur fragmentarisch. Das Gesetz sagt zB nicht, daß ein Vertrag regelmäßig durch Annahme eines Angebotes geschlossen wird (s dazu näher Rn 37; anders übrigens noch § 77 des 1. Entwurfs), sondern regelt in §§ 145–153 gleich Detailfragen. §§ 154, 155 befassen sich mit den Rechtsfolgen eines offenen oder versteckten Einigungsmangels, und § 156 enthält eine Sondervorschrift für den Vertragsschluß bei einer Versteigerung. Lediglich § 157 befaßt sich nicht mit dem Zustandekommen, sondern mit der Auslegung, also der Inhaltsermittlung von Verträgen.

3. Anwendungsbereich der §§ 145–156

5 Die hier zu behandelnden Normen stehen im 1. Buch des BGB und gelten deshalb nach der Methode des „vor-die-Klammer-Ziehens" für alle privatrechtlichen Vereinbarungen, die – außerhalb von Gefälligkeitsverhältnissen (s dazu Rn 79) – auf die Erzielung einer bestimmten Rechtsfolge gerichtet sind (BGH NJW-RR 1994, 1163, 1164). Erfaßt sind damit **alle Verträge des Bürgerlichen Rechts**, also schuldrechtliche, sachenrechtliche (dingliche), familien- und erbrechtliche Verträge gleichermaßen (s zu den Vertragsarten unten Rn 87 ff). Auch im übrigen Privatrecht ist der Vertragsschluß (natürlich nur, soweit autonomes deutsches Recht anzuwenden ist, s Rn 99) nach §§ 145 ff zu beurteilen, sofern nicht Sondervorschriften entgegenstehen. – Zu den *öffentlich-rechtlichen* Verträgen s Rn 94.

6 Es muß sich freilich stets um das Zustandekommen von *Verträgen* handeln. **Beschlüsse**, etwa auf dem Gebiet des Vereins- oder Gesellschaftsrechts, sind zwar mehrseitige Rechtsgeschäfte der internen Willensbildung, aber keine Verträge (grundlegend schon vTUHR Bd I § 36 IV S 514 f, Bd II/1 § 53 IV S 234 f; vgl für die heute ganz hM nur K SCHMIDT, Gesellschaftsrecht [3. Aufl 1997] § 15 I 2). Demgegenüber meint ULMER (in: FS Niederländer [1991] 415, 424 ff; zust MünchKomm/KRAMER Vor § 145 Rn 24), der Beschluß sei ein Vertrag, wenn es sich um einen den Gesellschaftsvertrag ändernden oder einen sonstigen Grundlagenbeschluß handele und für ihn das Einstimmigkeitsprinzip gelte; §§ 146 ff seien in diesem Fall für die Frage, wie lange jemand an seine Stimmabgabe gebunden sei, direkt, bei Geltung des Mehrheitsprinzips analog anwendbar. Bei anderen als Grundlagenbeschlüssen ergebe sich die Bindung an die Stimmabgabe nicht aus §§ 146 ff, sondern aus § 130. Diese Differenzierung nach dem Beschlußgegenstand vermag nicht zu überzeugen. Freilich ist stets zuerst zu prüfen, ob sich nicht hinter einem vertragsändernden „Beschluß" in Wirklichkeit ein Vertrag verbirgt, der auch durch allseitige Zustimmung zu einer Vorlage („Antrag") zustandekommen kann (s u Rn 36). Ansonsten sind Beschlüsse aber von den Verträgen zu unterscheiden. Beschlüsse können nicht selten mit Stimmenmehrheit gefaßt werden, und das paßt nicht zur Vertragsstruktur, die einen allseitigen Rechtsfolgenwillen voraussetzt (s Rn 1 f). Die Rechtsnatur der Beschlüsse kann aber nicht davon abhängen, ob der Beschluß einstimmig gefaßt werden muß oder nicht. Für die Frage, ob und wie lange jemand an seine Stimmabgabe gebunden ist, bedeutet das indessen nicht, daß auf § 130 BGB zurückgegriffen werden müßte (so aber MESSER, in: FS Fleck [1988] 221 ff; ULMER 421, 428). Vielmehr können §§ 145 ff auf das Zustandekommen von Beschlüssen, wo es paßt, analog angewandt werden, ohne daß es auf den Beschlußgegenstand oder die erforderliche Mehrheit ankäme. § 130 BGB regelt nur die Wirksamkeit der Willenserklärung, sagt aber nichts über deren Widerruflichkeit. Eine Willenserklärung ist (grundsätzlich) nur dann unwiderruflich, wenn sie Rechtsfolgen herbeigeführt hat (vgl BGH NJW 1987, 1546, 1547). Gerade deshalb bedarf es ja der §§ 145 ff, denen zugrunde liegt, daß ein Antrag noch keine Rechtsfolgen herbeigeführt hat. Auch die einzelne Stimmabgabe hat noch keine Rechtsfolgen, solange sich nicht die übrigen Gesellschafter mit ihrer Stimme angeschlossen haben (aM MESSER 224 ff), so daß eine Analogie zu §§ 145 ff im Einzelfall gerechtfertigt sein kann.

Auf **Kartellverträge** iSv § 1 GWB sollen die §§ 145 ff nach hM nur eingeschränkt **7** anwendbar sein. Zwar können Verträge iSd BGB unstreitig auch solche iSv § 1 GWB sein. Der Vertragsbegriff des § 1 GWB geht aber nach herrschender Auffassung weiter als der des BGB: Er setze zwar wie dieser (s Rn 1 f) eine Willenseinigung der Parteien voraus (BGHSt 24, 54, 61 = NJW 1971, 521, 524 = WuW/E BGH 1147, 1153 – „Teerfarben"), verlange aber keinen rechtlichen Bindungswillen. Er begnüge sich vielmehr damit, daß eine tatsächliche Bindung der Beteiligten angestrebt ist, wie sie etwa vorliegt, wenn die Parteien wissen, daß ihre Vereinbarung gegen § 1 GWB verstößt und deshalb nichtig ist, so daß es am Rechtsbindungswillen fehlt, oder wenn sie sich nicht wechselseitig Rechtsansprüche zuwenden wollen, sondern sich auf der Grundlage eines „gentlemen's agreement" (s dazu oben Rn 3) lediglich „moralisch" gebunden fühlen (ausf IMMENGA, in: IMMENGA/MESTMÄCKER/, GWB [2. Aufl 1992] § 1 Rn 109 ff mwN). Diese hM verdient keine Gefolgschaft mehr. Sie beruht auf der überholten Diskussion um die „Teerfarben"-Entscheidung des BGH (aaO), die vor der 2. GWB-Novelle von 1973 ergangen ist. Durch diese Novelle ist mit § 25 GWB – heute durch die 6. GWB-Novelle in § 1 GWB inkorporiert – eine Vorschrift eingefügt worden, die das abgestimmte Verhalten dem vertraglich vereinbarten gleichstellt, so daß es nicht mehr erforderlich ist, den Vertragsbegriff des GWB gegenüber dem des BGB zu erweitern. Bei einem „gentlemen's agreement" liegt mangels Rechtsbindungswillens kein Vertrag, sondern ein abgestimmtes Verhalten vor (so schon BELKE ZHR 139 [1975] 53 Fn 3; BEUTHIEN, in: FS Hartmann [1976] 51, 59; ausf BAHNTJE 34 ff).

4. Bedeutung des Vertragsschlusses

Im Moment des Vertragsschlusses treten die von den Parteien gewollten Rechts- **8** folgen ein (sofern nicht die Wirksamkeit an Realakte, den Eintritt von Bedingungen, die Genehmigung durch Dritte oä gebunden ist). Die Rechtsbeziehung zwischen den Parteien wird entsprechend der *lex contractus* umgestaltet (Rechte und Pflichten entstehen, ändern sich, wechseln das Zuordnungssubjekt, gehen unter). Nicht selten verdichtet sich durch den Vertragsschluß die allgemeine Rechtsbeziehung der „Rechtsgenossen" zu einem vertraglichen Schuldverhältnis mit konkreten subjektiven Rechten und Pflichten und vor allem der Haftung für Erfüllungsgehilfen nach § 278. Freilich ist dieser Zäsur durch die Anerkennung vorvertraglicher Schuldverhältnisse (dazu s u Rn 48 sowie STAUDINGER/LÖWISCH [2001] Vorbem 59 ff zu §§ 275 ff) die entscheidende Schärfe genommen worden.

II.　Geschichtliche Entwicklung

9　Eine allgemeine Dogmatik des Vertrages hat sich erst relativ spät entwickelt (vgl auch COING, Europäisches Privatrecht Bd I [1985] § 31, Bd II [1989] § 44). Der Vertrag wurde überwiegend als Kategorie des Obligationen- bzw Schuldrechts angesehen, die vom (heutigen) Begriff des Vertragstypus her zu verstehen war (vgl auch Rn 1). Schon im römischen Recht wurden mit den Begriffen *contractus* und *pactum* nur bestimmte Formen der vertraglichen Einigung bezeichnet. Eine allgemeine Vertragsdogmatik stand dahinter nicht. Auch das kanonische Recht stützte seine allgemeine Anerkennung des *pactum* nicht auf eine generelle Konsenslehre (vgl LIPP, Die Bedeutung des Naturrechts für die Ausbildung der Allgemeinen Lehren des deutschen Privatrechts [1980] 76 ff). In der Naturrechtslehre fand zwar der Begriff der *promissio* eine dem heutigen Begriff des Rechtsgeschäfts sich annähernde Ausgestaltung (BAILAS 79 ff; H DILCHER, in: Gedächtnisschrift f H Conrad [1979] 85; LIPP 133 ff), ohne daß damit aber eine allgemeine Vertragstheorie verbunden gewesen wäre. Noch im Vorentwurf von GEBHARD für den AT des BGB gab es keine Normen über den Vertrag. Zur Begründung hieß es, es rechtfertige sich dies aus Gründen der Zweckmäßigkeit; der Vertragsbegriff sei für das Obligationenrecht von größerer Bedeutung als für die übrigen Teile des Privatrechts (GEBHARD, AT Begr II/2 S 8 ff).

10　Demgegenüber wurde in den §§ 1 ff I 5 ALR eine allgemeine Vertragstheorie zum Gesetz erhoben. Die Vorschriften regelten den Allgemeinbegriff des Vertrages in einer dem heutigen Recht vergleichbaren, wenn auch ungleich ausführlicheren Weise. Es war schließlich SAVIGNY vorbehalten, eine über das Schuldrecht hinausgreifende, allgemeine Vertragslehre zu entwickeln (System III §§ 140 ff), wie sie dann auch mit der Plazierung der Vorschriften über die „Vertragsschließung" in §§ 77 ff des 1. Entwurfs ihren Niederschlag gefunden hat (vgl Mot I 127 = MUGDAN 422), auf die die heutige Regelung zurückgeht (vgl im übrigen zur Genese der §§ 145–156 JAKOBS/SCHUBERT, Die Beratung des Bürgerlichen Gesetzbuches, AT, 2. Teilband [1985] 779 ff).

III.　Rechtsvergleichende Hinweise

11　In den meisten kontinentaleuropäischen Zivilgesetzbüchern wird der Vertrag auf der Grundlage einer eher funktionalen Betrachtungsweise (s Rn 1) als Erscheinung des Obligationenrechts behandelt, so zB im Common Law im Law of contract, in Frankreich in Art 1101 ff code civil, in Italien in Art 1321 ff codice civile, in Österreich in § 861 ABGB oder in der Schweiz in Art 1 ff SchwOR (vgl aber auch Art 7 SchwZGB: „Die allgemeinen Bestimmungen des Obligationenrechts über die Entstehung, Erfüllung und Aufhebung von Verträgen finden auch Anwendung auf andere zivilrechtliche Verhältnisse."). In Griechenland gibt es hingegen allgemeine Regelungen über den Vertrag in Art 195 ff griechZGB, und auch in den übrigen Ländern kennt die zivilrechtliche Dogmatik heute unabhängig von der konkreten Plazierung im geschriebenen Recht eine allgemeine Vertragslehre (vgl auch Zweigert/Kötz, Einführung in die Rechtsvergleichung Bd 2 [2. Aufl 1984] § 1 II).

IV. Abschlußfreiheit und Kontrahierungszwang

1. Abschlußfreiheit

Es gehört zu den grundlegenden Ordnungsprinzipien einer Privatrechtsordnung, daß **12** das Recht die Möglichkeit gewährleistet, Rechtsbeziehungen vertraglich zu regeln. Dieses Prinzip der **Vertragsfreiheit** ist in diesem Kommentar in der Einl zu §§ 104–185 ausführlich behandelt, insbesondere in seiner rechtsethischen und verfassungsrechtlichen Grundlegung und mit seinem ersten Hauptaspekt, der **inhaltlichen Gestaltungsfreiheit**. Im Zusammenhang mit den Vorschriften über den Vertragsschluß interessiert an dieser Stelle nur der zweite Hauptaspekt, die **Abschlußfreiheit**, die als positive und als negative Abschlußfreiheit zu betrachten ist.

a) **Positive Abschlußfreiheit** meint die von der Rechtsordnung grundsätzlich ga- **13** rantierte Möglichkeit, Privatrechtsverhältnisse durch Verträge regeln zu können: Man muß Verträge abschließen können. Zur Gewährleistung der positiven Abschlußfreiheit gehört, daß der Staat einverständliche Regelungen zwischen Privatrechtssubjekten überhaupt zuläßt, also eine Regelung durch übereinstimmenden Rechtsfolgenwillen der Parteien anerkennt, und daß er das für den Vertragsschluß nötige Instrumentarium zur Verfügung stellt, wie es in §§ 145 ff und den diesen Vorschriften zugrundeliegenden Rechtsprinzipien geschehen ist. Daß es **Abschlußverbote** gibt, wie sie zB in Nichtigkeitsnormen zum Ausdruck kommen, steht dem nicht entgegen. Denn zum einen betreffen solche Verbote idR nur die inhaltliche Gestaltungsfreiheit im Einzelfall, nicht die Abschlußfreiheit als solche. Und zum anderen unterliegt auch die Abschlußfreiheit den Schranken der Rechtsordnung, so daß Einschränkungen durch höherrangige Interessen Dritter oder der Allgemeinheit, aber auch einer der Vertragsparteien selbst gerechtfertigt sein können. Insofern gelten für die Abschlußfreiheit dieselben rechtlichen Garantien und Schranken, die für die Privatautonomie insgesamt bestehen.

b) **Negative Abschlußfreiheit** meint die Freiheit, von der Möglichkeit zur vertrag- **14** lichen Regelung keinen Gebrauch machen zu müssen: Man muß sich dafür entscheiden können, einen angebotenen Vertrag nicht abzuschließen. Diese negative Abschlußfreiheit ist im Vertragsbegriff grundsätzlich mitenthalten, der einen übereinstimmenden Rechtsfolgenwillen verlangt (s Rn 1 f), so daß eben eine vertragliche Regelung nicht zustande kommt, wenn auch nur eine Partei sie nicht will. Das bedeutet indessen nicht, daß ein Vertrag begrifflich einen frei bestimmten Willen voraussetzt. Auch wer sich geirrt hat oder durch Täuschung oder Drohung zum Vertragsschluß bestimmt wurde, hat zunächst einmal einen Vertrag geschlossen, den er freilich durch Anfechtung wieder beseitigen kann.

2. Rechtsgrundlagen des Kontrahierungszwangs

Wer von seiner negativen Abschlußfreiheit Gebrauch macht, muß das normalerweise **15** nicht besonders begründen. Ein Willkürverbot gibt es für die Ausübung der Abschlußfreiheit grundsätzlich nicht. Erst wenn zwischen Anbieter und Nachfrager ein gravierendes Machtungleichgewicht besteht, insbesondere wenn der Anbieter eine Monopolstellung innehat, stellt sich die Frage nach dem **Kontrahierungszwang**, der zu verstehen ist als „die aufgrund einer Norm der Rechtsordnung einem Rechtssubjekt ohne seine Willensbildung im Interesse eines Begünstigten auferlegte Verpflichtung, mit diesem einen Vertrag bestimmten oder von unparteiischer Seite zu bestimmenden Inhalts abzuschließen" (NIPPERDEY, Kontrahierungszwang und diktierter Vertrag [1920] 7). Es handelt sich also nicht nur um eine Einschränkung der *Abschluß-freiheit* (und damit zugleich auch der *Beendigungsfreiheit*, s Rn 30), sondern idR zugleich auch um eine Einschränkung der *inhaltlichen Gestaltungsfreiheit*: Es besteht nicht nur die Verpflichtung, überhaupt einen Vertrag zu schließen, sondern es besteht die Verpflichtung, den Vertrag zu angemessenen und gleichen Bedingungen zu schließen, die dem Berechtigten zumutbar sind (s näher Rn 18), denn anderenfalls könnte die Abschlußverpflichtung durch das Aufstellen unannehmbarer Konditionen, die dem Berechtigten seinen Vertragswunsch austreiben sollen, unterlaufen werden.

16 Im übrigen folgt aber ein Kontrahierungszwang nicht schon von selbst aus einem bestehenden Machtungleichgewicht. Vielmehr bedarf diese Einschränkung der Abschlußfreiheit einer Verankerung in der Rechtsordnung. Es ist daher eine **Rechtsgrundlage** anzugeben, für deren Tatbestand die Marktstärke oder Monopolstellung relevant sein kann und als deren Rechtsfolge sich ein Kontrahierungszwang ergeben kann. Dabei ist an folgende Normen zu denken:

17 a) Ein unmittelbarer Kontrahierungszwang (oder wenigstens eine gesetzliche Ermächtigung dazu) ergibt sich zT aus **spezialgesetzlichen Anordnungen**, die sich im Anschluß an KILIAN (AcP 180 [1980] 47, 53 f) wie folgt systematisieren lassen:

– *Arbeitsrecht*
   § 78a BetrVG v 15. 1. 1972 (BGBl I 13);
   § 9 BPersvertrG v 15. 3. 1974 (BGBl I 693);
   Gesetze über einen Bergmannsversorgungsschein in den Ländern Nordrhein-Westfalen (idF v 14. 4. 1971, GVBl 125, § 5) und Saarland (idF v 16. 10. 1981, ABl 825, § 5); mittelbarer Zwang in §§ 71, 77, 156 SGB IX v 19. 6. 2001 (BGBl I, 1046);

– *Berufsrecht*
   § 15 BnotO idF v 31. 8. 1998 (BGBl I 2585);
   freilich wird der Notar auf der Grundlage des gegen ihn gerichteten Justizgewährungsanspruchs, nicht auf der Grundlage eines Vertrages tätig;
   §§ 48, 49 BRAO v 1. 8. 1959 (BGBl I 565);
   § 49a Abs 1 BRAO iVm BerHG v 18. 6. 1980 (BGBl I 689);

– *Energieversorgungsrecht*
   § 3 Erneuerbare-Energien-Gesetz v 29. 3. 2000 (BGBl I 305);

– *Gewerblicher Rechtsschutz*
   § 20 GebrMG v 28. 8. 1986 (BGBl I 1455);
   § 24 PatG v 16. 12. 1980 (BGBl 1981 I 1);
   Ermächtigung in Art 5 PVÜ v 1883 idF v 14. 7. 1967 (BGBl 1970 II 391);
   § 61 UrhG v 9. 9. 1965 (BGBl I 1273);
   § 26 VerlagsG v 19. 6. 1901 (RGBl I 217);

§ 11 Abs 1 G über die Wahrnehmung von Urheberrechten und verwandten Schutz-
rechten v 9. 9. 1965 (BGBl I 1294);

– *Kartellrecht*
  § 20 Abs 6 GWB idF v 26. 8. 1998 (BGBl I 2546);
  ferner § 33 iVm § 20 Abs 1 und 2 GWB (dazu u Rn 18);

– *Landwirtschaftsrecht*
  Ermächtigung in § 8 GetreideG v 24. 11. 1951 (BGBl I 900);
  § 1 Abs 1 MilchFettG idF v 10. 12. 1952 (BGBl I 811);

– *Notstandsrecht*
  § 10 iVm § 13 ArbSichG v 9. 7. 1968 (BGBl I 787);
  § 14 BLG idF v 27. 9. 1961 (BGBl I 1769);

– *Verkehrsrecht*
  § 13 BOKraft v 21. 6. 1975 (BGBl I 1573);
  § 21 Abs 2 LuftVG v 14. 1. 1981 (BGBl I 61);
  §§ 22, 47 PersBefG v 21. 3. 1961 (BGBl I 241);
  §§ 11, 13 Abs 2 PostG idF v 22. 12. 1997 (BGBl I 3294);
  §§ 17, 19 Abs 2 TKG v 25. 6. 1996 (BGBl I 1120);

– *Versicherungsrecht*
  §§ 1, 5 PflVersG v 5. 4. 1965 (BGBl I 213).

Daneben gibt es zahlreiche *landesrechtliche Vorschriften*, zB § 10 Abs 2 S 2 bwGemO
(Benutzung öffentlicher Gemeindeeinrichtungen durch Einwohner dieser Gemeinde); § 5 Abs 2 nwSparkassenVO (Einrichtung von Girokonten bei Sparkassen).

b)   Die vorstehend genannten Vorschriften geben kaum Anlaß zu besonderen **18**
Streitigkeiten. Große praktische Bedeutung hat hingegen der mittelbare Kontrahierungszwang, der sich als **Rechtsfolge aus einem Verstoß gegen das kartellrechtliche
Behinderungs- und Diskriminierungsverbot** ergeben kann (§ 33 iVm § 20 Abs 1 und 2
GWB). *Normadressaten* sind nach § 20 Abs 1 GWB marktbeherrschende Unternehmen (§ 19 Abs 2 GWB), erlaubte Kartelle und preisbindende Unternehmen,
außerdem nach Abs 2 der Vorschrift marktstarke Unternehmen im Verhältnis zu
von ihnen mangels Ausweichmöglichkeit abhängigen kleineren oder mittleren Unternehmen (vgl etwa BGH ZIP 1994, 806, 807 f – „Orthopädisches Schuhwerk"). **Geschützt** werden
bei Abs 1 „Unternehmen in einem Geschäftsverkehr, der gleichartigen Unternehmen üblicherweise zugänglich ist". Das (angeblich) diskriminierte Unternehmen
muß sich also auf einem Markt bewegen, der üblicherweise auch anderen Unternehmen zugänglich ist, die – nach unternehmerischer Tätigkeit und wirtschaftlicher
Funktion – im Verhältnis zum Verbotsadressaten dieselbe Grundfunktion ausüben
(BGHZ 101, 72, 79 – „Krankentransporte"; BGH NJW-RR 2000, 773, 774 – „Feuerwehrgeräte";
OLG Hamburg WRP 1988, 465, 468 – „Märklin"). Bei Abs 2 werden die bereits beschriebenen kleineren oder mittleren Unternehmen geschützt, die (in einem Geschäftsverkehr, der gleichartigen Unternehmen üblicherweise zugänglich ist) als Anbieter
oder Nachfrager auf der Marktgegenseite stehen und von dem marktstarken Unternehmen abhängig sind, weil es keine ausreichenden oder zumutbaren Möglichkeiten

gibt, auf andere Abnehmer oder Lieferanten auszuweichen (Beispiel: Ein Händler muß eine bestimmte Ware führen, um konkurrenzfähig zu sein; vgl BGH NJW 1979, 2152, 2153 – „Fernsehgeräte I"; 1976, 801, 802 – „Rossignol"; DANELZIK BB 1979, 651 ff; KILIAN ZHR 142 [1978] 453 ff). *Gegenstand des Verbots* ist nach § 20 Abs 1 und 2 GWB die (unmittelbare oder mittelbare) unbillige Behinderung oder die gegenüber gleichartigen Unternehmen sachlich nicht gerechtfertigte unterschiedliche Behandlung (Diskriminierung), insbesondere durch Bezugs- oder Liefersperren. Ob eine Behinderung unbillig oder eine Ungleichbehandlung sachlich gerechtfertigt ist oder nicht, ist im Einzelfall unter Abwägung der beteiligten Interessen einschließlich des Allgemeininteresses an einem Offenhalten der Märkte festzustellen (vgl schon BGHZ 38, 90, 102 – „Treuhandbüro"; ferner BGHZ 107, 273, 280 – „Lotterievertrieb"; BGH NJW-RR 2000, 773, 774 – „Feuerwehrgeräte"; ZIP 1995, 1114, 1117 – „Importarzneimittel"; OLG Frankfurt NJW-RR 1988, 229, 230 – „Pressegrossist"; OLG Hamburg aaO).

19 Liegt ein Verstoß gegen das Diskriminierungsverbot des § 20 GWB vor, so ergeben sich die **Rechtsfolgen** nicht aus dieser Vorschrift selbst, sondern im wesentlichen aus § 33 GWB, der zu Schadensersatz und Unterlassung verpflichtet, denn § 20 GWB ist unstreitig eine Vorschrift, die „den Schutz eines anderen bezweckt" (§ 33 S 1 GWB). Kann die verbotswidrige Behinderung oder Diskriminierung anders als durch Abschluß eines (Liefer-)Vertrages nicht beseitigt werden, so ergibt sich als Rechtsfolge ein *Kontrahierungszwang* (vgl nur BGHZ 107, 273, 279 – „Lotterievertrieb"; BGH ZIP 1994, 806, 808 – „Orthopädisches Schuhwerk"). Das marktbeherrschende bzw marktstarke Unternehmen ist – sofern es lieferfähig ist (vgl OLG Koblenz NJW-RR 1991, 944, 946 – „Fernsehwerbung"; idR wird hier aber schon die Ungleichbehandlung sachlich gerechtfertigt sein, vgl Rn 18) – verpflichtet, mit der Gegenseite einen *Vertrag über die begehrte Leistung* zu schließen, und zwar – da der Kontrahierungszwang sonst unterlaufen werden könnte (s o Rn 15) – *zu angemessenen und gleichen Bedingungen* (RGZ 133, 388, 391; NIPPERDEY, Kontrahierungszwang 31 ff). In der Regel werden das die Bedingungen sein, die den gleichartigen Unternehmen (vgl Rn 18) angeboten werden, da anderenfalls die sachlich nicht gerechtfertigte Ungleichbehandlung fortbestünde (vgl BGH NJW-RR 1991, 408, 409). Insgesamt muß sich der Verpflichtete so verhalten, wie sich ein unter Wettbewerbsbedingungen stehender Marktteilnehmer in dieser Situation im wohlverstandenen Eigeninteresse verhalten würde (vgl MESTMÄCKER JZ 1964, 441, 444 f).

20 Umstritten ist die **Rechtsnatur** dieses Kontrahierungszwanges (s zu § 826 BGB auch u Rn 27). Nach wohl hM handelt es sich um einen *Schadensersatzanspruch*: Bestehe die Diskriminierung in einer Vertragsverweigerung, so verpflichte dies das diskriminierende Unternehmen gemäß §§ 33 GWB, 249 BGB zum Schadensersatz im Wege der Naturalrestitution durch Abschluß des verweigerten Vertrages (so zB BGHZ 107, 273, 279 – „Lotterievertrieb"; 49, 90, 98 – „Jägermeister"; 36, 91, 100 – „Gummistrümpfe"; BGH NJW 1976, 801, 802 – „Rossignol"; OLG Celle WRP 1995, 35, 36 – „Taxizentrale"; OLG Koblenz NJW-RR 1991, 944, 946 – „Fernsehwerbung"; BENISCH, in: Gemeinschaftskomm z GWB [4. Aufl 1981] § 26 Rn 143; LANGEN/SCHULTZ, Komm z deutschen und europäischen Kartellrecht [9. Aufl 2001] § 20 Rn 202; MÖHRING DB 1974, 223 ff; offen BGH GRUR 1988, 642, 644 – „Opel Blitz"). Diese Konstruktion hat indessen den Nachteil, ein Verschulden verlangen zu müssen (vgl instruktiv OLG Koblenz aaO), was nicht paßt, weil die Beseitigung der Diskriminierung kaum davon abhängen kann, ob schuldhaft diskriminiert wurde oder nicht. Außerdem ist zu bedenken, daß es beim Kontrahierungszwang eher um Schadensverhütung als um Schadensbeseitigung geht; der „Angriff" des Diskriminierten zielt eher in die

Zukunft als in die Vergangenheit. Es ist daher vorzugswürdig, hier von einem – in § 33 GWB ebenfalls angelegten – verschuldensunabhängigen *quasinegatorischen Unterlassungsanspruch* auszugehen (so zB KG WuW/E OLG 2210, 2212 – „Rote Liste"; OLG Karlsruhe WRP 1979, 61, 67 – „Multiplex"; WuW/E OLG 2217, 2223 – „Allkauf-Saba"; BECHTOLD, GWB [1993] § 35 Rn 9; BELKE 423 ff; EHLERS 190 ff; KILIAN AcP 180 [1980] 47, 82; MARKERT, in: IMMENGA/MESTMÄCKER/, GWB [2. Aufl 1992] § 26 Rn 301; MÖSCHEL, Recht der Wettbewerbsbeschränkungen [1983] Rn 667; K SCHMIDT DRiZ 1977, 97, 98; WESTRICK/LOEWENHEIM, GWB [1981] § 26 Rn 211). Daß es dabei um das Unterlassen eines Unterlassens (der Vertragsverweigerung) und damit im Ergebnis um den Anspruch auf ein positives Tun (den Vertragsabschluß) geht, nötigt nicht dazu, dem quasinegatorischen Unterlassungsanspruch als zusätzliches Rechtsinstitut einen „positiven Handlungsanspruch" auf „Naturalpraestation" zur Seite zu stellen (so aber BYDLINSKI AcP 180 [1980] 1, 13; MünchKomm/ KRAMER Vor § 145 Rn 13; NIPPERDEY, Kontrahierungszwang 96 f/99).

c)   Der Abschlußzwang nach § 33 iVm § 20 GWB beschränkt sich auf Rechtsver- **21** hältnisse zwischen Unternehmen (bzw zwischen Unternehmen und Vereinigungen von Unternehmen). Im Verhältnis der Unternehmen zu den Endverbrauchern hat das Reichsgericht einen mittelbaren Kontrahierungszwang auf **§ 826 BGB** gestützt, wenn die Verweigerung des Vertragsschlusses zu den für alle geltenden oder zu den angemessenen Bedingungen nach den Umständen des Einzelfalles eine sittenwidrige Schädigung darstellte (vgl nur RGZ 148, 326, 334; 133, 388, 392; 132, 273, 276). Dieser Kontrahierungszwang war aber im wesentlichen beschränkt auf *Monopolbetriebe* (vgl heute noch BGH ZIP 1994, 1274, 1276; FLUME § 33, 6 spricht daher von einem auf Monopolbetriebe bezogenen selbständigen Rechtssatz) und auf *lebensnotwendige Leistungen*. Daß in diesen Fällen ein Kontrahierungszwang besteht, ist unbestritten; die Frage ist nur, ob es bei diesen engen Voraussetzungen bleiben muß und ob § 826 BGB die richtige Anspruchsgrundlage ist (so zB ERMAN/HEFERMEHL Vor § 145 Rn 18; JAUERNIG Vor § 145 Rn 11; SOERGEL/WOLF Vor § 145 Rn 53; vgl auch LG Oldenburg NJW-RR 1992, 53, 54). Teilweise wird die Auffassung vertreten, ein Kontrahierungszwang müsse in Rechtsanalogie zu den hier in Rn 17 ff behandelten Vorschriften jedenfalls dann angenommen werden, wenn das verweigernde Unternehmen mit einer öffentlichen Versorgungsaufgabe betraut sei (LARENZ, SchR I [14. Aufl 1987] § 4 Ia; zust MünchKomm/KRAMER Vor § 145 Rn 14). Andere wollen anstelle der Monopolstellung Marktstärke (BYDLINSKI AcP 180 [1980] 1, 35; KILIAN AcP 180 [1980] 47, 60 f; MünchKomm/KRAMER Vor § 145 Rn 13; vgl auch BGH NJW 1980, 186; abl BGH NJW 1990, 761, 763) oder den Umstand genügen lassen, daß jemand lebenswichtige Güter öffentlich anbietet (vgl etwa PALANDT/HEINRICHS Einf v § 145 Rn 10; offen BGH ZIP 1994, 1274, 1276; NJW 1990, 761, 763). Nach der weitestgehenden Ansicht besteht Kontrahierungszwang bereits bei jeder Bedarfsdeckung im Rahmen einer normalen Lebensführung eines Durchschnittsmenschen („Normalbedarf"; so BYDLINSKI 37; MEDICUS, SchR I [12. Aufl 2000] Rn 84).

Stellungnahme: Da unsere Rechtsordnung grundsätzlich von der Abschlußfreiheit **22** ausgeht, muß für einen Kontrahierungszwang dargelegt werden, daß die Ausübung dieser grundsätzlich gewährten Freiheit im Einzelfall mit der Rechts- und Sittenordnung unvereinbar, also rechts- bzw sittenwidrig ist (so grds auch LARENZ aaO). Bedenkt man, daß es sich beim Kontrahierungszwang auch hier nicht um einen Schadensersatzanspruch, sondern um einen vorbeugenden Unterlassungsanspruch handelt (s Rn 27), und daß es bei dieser „Sittenwidrigkeit" nicht um den Vorwurf moralisch verwerflichen Fehlverhaltens, sondern um die Durchsetzung von Rechtsprinzipien im Wirtschaftsleben geht, dann ist es im Grundsatz richtig, an den objektiven Tatbestand des § 826 BGB anzuknüpfen. Die Frage nach der Sittenwidrigkeit muß dann aber offengehalten werden und darf nicht von vornherein auf eine einzige Fallgruppe beschränkt werden. Vielmehr müssen alle Umstände des Einzelfalles darauf untersucht werden, ob es ausnahmsweise gerechtfertigt ist, die Abschlußfreiheit einzuschränken. Dabei ist die Bedeutung der Grundrechte (zB Art 1 und 2 GG bei der Versorgung mit anders nicht erreichbaren lebensnotwendigen Gütern) und tragender Wertentscheidungen der Verfassung (zB des Sozialstaatsprinzips) zu berücksichtigen. In aller Regel wird es auf drei Grundfragen hinauslaufen:

– Besteht für den Kunden **keine zumutbare Ausweichmöglichkeit**, oder kann er die begehrte Leistung auch von jemand anders erhalten?
– Ist der Kunde **auf die Leistung angewiesen**, oder ist ihm ein Verzicht zumutbar?
– Ist die **Ablehnung sachlich nicht begründet**, handelt es sich also um eine willkürliche oder um eine gerechtfertigte Entscheidung?

Zumeist wird ein Kontrahierungszwang nur in Betracht kommen, wenn alle diese Kriterien erfüllt sind. Zwingend erforderlich ist das aber nicht (vgl auch BGH NJW 1990, 761, 762 f). Vielmehr muß, wie gesagt, stets die Gesamtabwägung im Einzelfall entscheiden.

23   Einige wenige **Beispiele** mögen das verdeutlichen. In der berühmten und bis heute umstrittenen **Theaterkritiker**-Entscheidung hat es das Reichsgericht gebilligt, daß ein Stadttheater einem mißliebigen Theaterkritiker den Zutritt verweigerte (RGZ 133, 388, 392; zust EIDENMÜLLER NJW 1991, 1439, 1441). Aus dem Kritikerberuf folgt, daß es für den Kritiker keine Ausweichmöglichkeit gab und daß er auf den mehr der Berufsausübung als der Unterhaltung dienenden Besuch des Theaterstücks angewiesen war, anders als der „normale" Besucher. Im Hinblick auf die Berufs-, Meinungs- und Pressefreiheit (Art 5, 12 GG), die gegen die Vertragsfreiheit (Art 2 Abs 1 GG) abzuwägen sind, wird man die Vertragsverweigerung durch das Stadttheater heute als sachlich nicht gerechtfertigt ansehen müssen (so auch LARENZ, MEDICUS, MünchKomm/ KRAMER und PALANDT/HEINRICHS aaO; für Sportreporter auch LG Münster NJW 1978, 1329). Das Reichsgericht (aaO) hat übrigens sehr wohl gesehen, daß § 826 BGB eine Handhabe bieten könne, „unparteiischer Berichterstattung und sachlicher Kritik den nötigen Schutz zu gewähren", hat aber gemeint, daß das Stadttheater nicht willkürlich gehandelt habe, weil es mit dem Anliegen, eine Schädigung des Theaters durch nach dessen Ansicht unsachliche, unrichtige und schädigende Kritik zu vermeiden, berechtigte Belange verfolgt habe.

24   Unklar ist die Rechtslage auch bei der Vertragsverweigerung, die sich als **rassische Diskriminierung** darstellt, etwa der Weigerung, Ausländer oder Farbige in eine Gaststätte oder Diskothek zu lassen. Gaststätten und Diskotheken haben keine Monopolstellung, und ihr Besuch ist auch nicht lebensnotwendig. Gleichwohl kann man hier einen Kontrahierungszwang dann begründen, wenn man aus den Wertentscheidungen des Grundgesetzes (Art 1 und 3 Abs 3 GG) ableitet, daß die diskriminierende Ablehnungsentscheidung nicht nur unsachlich und intolerant, sondern selbst in einer die Vertragsfreiheit garantierenden Rechtsordnung sittenwidrig und deshalb nicht hinnehmbar ist (so zB BEZZENBERGER AcP 196 [1996] 395, 427 ff; LARENZ, SchR I § 4 IV;

PALANDT/HEINRICHS aaO; ferner OTTO, Personale Freiheit und soziale Bindung [1978] 139 ff, 147 f). Andere wollen den Diskriminierten auf Schmerzensgeldansprüche und die Ahndung durch Strafverfolgungsbehörden und Gewerbeaufsicht vertrösten (so zB KÜHNER NJW 1986, 1397, 1401; MEDICUS aaO; vgl auch CANARIS AcP 184 [1984] 201, 243). Daran ist zwar richtig, daß der Kontrahierungszwang nicht die einzige denkbare zivilrechtliche „Sanktion" ist. Es geht aber gar nicht um Sanktion, sondern um Prävention. Geht man nämlich von einem quasinegatorischen Unterlassungsanspruch aus (s u Rn 27), dann erscheint es kaum akzeptabel, die geschehene Diskriminierung mit Schmerzensgeld und Strafurteil wegen Beleidigung zu ahnden, dem Betroffenen aber die zivilrechtliche Möglichkeit zu versagen, künftige Eingriffe dieser Art zu verhindern. Im Ergebnis wird man daher einen Kontrahierungszwang bejahen müssen. Das bedeutet nicht, daß ein Kontrahierungszwang schon für jeden bestünde, der gegenüber der Allgemeinheit einen Rechtsverkehr eröffnet hat und die Vertragsablehnung sachlich nicht begründen kann (dafür aber TILMANN ZHR 141 [1977] 32, 74 ff; vgl für die Ausübung des Hausrechts BGHZ 124, 39 = ZIP 1993, 1798, 1799; zutr dagegen OLG Celle OLGZ 1972, 281, 282: kein Kontrahierungszwang für einen Lebensmittelhändler ohne Monopolstellung; vgl für Spielbanken auch BGH ZIP 1994, 1274, 1276). Es ist nicht jede Unsachlichkeit gleich schon sittenwidrig; eine sachlich nicht begründete Ungleichbehandlung reicht für sich genommen nicht. Bei der rassischen Diskriminierung ist die Grenze aber überschritten, weil mit der Vertragsablehnung ein die Menschenwürde in ganz erheblicher Weise negierendes Unwerturteil verbunden ist (Wertungen der Art 1, 3 Abs 3 GG, der über Abs 1 hinausgeht) und sich das Verhalten des Ablehnenden deshalb als sittenwidrig darstellt. – Zum gesetzlichen Reformvorhaben eines Antidiskiminierungsgesetzes vgl vKOPPENFELS WM 2002, 1489 ff.

Für die **Presse** ist heute anerkannt, daß für sie – auch bei einer Monopolstellung – **25** kein Zwang besteht, *politische* Anzeigen abzudrucken (BVerfGE 42, 53, 62 = NJW 1976, 1627; LG Nürnberg-Fürth AfP 1984, 174, 175; **aM** KÜBLER, Pflicht der Presse zur Veröffentlichung politischer Anzeigen? [1976]). Insoweit geht das Recht der Presse zur „Unausgewogenheit" vor. Bei *sonstigen* Anzeigenaufträgen, insbesondere bei Klein- oder Familienanzeigen, kommt hingegen ein Kontrahierungszwang nach Maßgabe des zu Rn 22 Gesagten in Betracht, wenn eine örtliche oder regionale Monopolstellung vorliegt, für den Inserenten keine zumutbare Ausweichmöglichkeit besteht und der Verleger keine stichhaltigen publizistischen oder wirtschaftlichen Gründe zur Vertragsablehnung hat, wie sie etwa in einer Konterkarierung der redaktionellen Linie oder in einer Gefährdung des Anzeigengeschäfts liegen können (OLG Karlsruhe NJW 1988, 341; LG Braunschweig NJW 1975, 782, 784; LG Karlsruhe NJW-RR 1986, 1250; RATH-GLAWATZ WRP 1982, 625 mwN; vgl auch [zu § 26 GWB aF] KG WuW/E OLG 2903 ff; OLG Stuttgart NJW-RR 1986, 1488; weitergehend – aber zu § 26 GWB aF – OLG Schleswig NJW 1977, 1886).

Von großer praktischer Bedeutung ist die Frage, unter welchen Voraussetzungen **26** **Vereine** Interessenten aufnehmen müssen. Für die Aufnahme eines Unternehmens in eine Wirtschafts- oder Berufsvereinigung enthält § 20 Abs 6 GWB eine Sonderregel, die das Kartellamt unter bestimmten Voraussetzungen zu einer Aufnahmeanordnung ermächtigt. Als Schutzgesetz begründet die Vorschrift zugleich einen privatrechtlichen Aufnahmeanspruch des Unternehmens (BGHZ 29, 344, 347 ff). Im übrigen gilt auch hier (vgl schon oben Rn 22), daß ein Aufnahmezwang nur besteht, wenn der Verein eine Monopolstellung oder eine überragende Machtstellung innehat, eine zumutbare Ausweichmöglichkeit also nicht besteht, wenn die Mitgliedschaft für

Reinhard Bork

den Interessenten aus beruflichen, wirtschaftlichen oder sozialen Gründen objektiv wichtig, er darauf angewiesen ist und wenn sich der Ausschluß mangels rechtfertigender Gründe als ungerechtfertigte und unbillige Ungleichbehandlung darstellt (BGHZ 140, 74, 76 ff [Sportverein]; 102, 265, 276 [Gewerkschaft]; 101, 193, 200 f [politische Partei]; 93, 151, 152 ff [Gewerkschaft]; BGH NJW 1980, 186 [Anwaltverein]; OLG Celle WRP 1995, 35 [Taxizentrale]; zu den Einzelheiten s Grunewald AcP 182 [1982] 181 ff sowie Staudinger/Weick [1994] § 35 Rn 28 ff).

27 Für die **Rechtsnatur** dieses Kontrahierungszwangs kann auf die Ausführungen zu §§ 20, 33 GWB (oben Rn 20) verwiesen werden. Auch hier handelt es sich nicht um einen verschuldensabhängigen Naturalrestitutionsanspruch (so aber zB RGZ 155, 257, 276, 284; 148, 326, 334; 132, 273, 276; LG Oldenburg NJW-RR 1992, 53 f mwN; Jauernig Vor § 145 Rn 11; Soergel/Wolf Vor § 145 Rn 53), sondern um einen verschuldensunabhängigen quasinegatorischen Unterlassungsanspruch (so vor allem Larenz, SchR I § 4 Ia; ferner Erman/Hefermehl Vor § 145 Rn 19).

28 **d)** Bricht ein Verhandlungspartner die Vertragsgespräche grundlos ab, so kann das zu Schadensersatzansprüchen aus **culpa in contrahendo** (§§ 280, 311 Abs 2) führen. Das hat aber selbst dann keinen Kontrahierungszwang zur Folge, wenn der Gegner nach Klärung aller relevanten Vertragspunkte die berechtigte Erwartung haben durfte, der Vertrag werde nicht mehr scheitern, und sich hierauf eingerichtet hat (so aber Soergel/Wolf Vor § 145 Rn 55). Denn auch in diesem Falle ist nur das negative Interesse zu ersetzen (BGH JZ 1984, 745, 746; Wolf beruft sich freilich auf diese Entscheidung), so daß ein Erfüllungsanspruch – auch als quasinegatorischer Anspruch – nicht in Betracht kommt (s auch unten Rn 50).

3. Rechtsfolgen des Kontrahierungszwangs

29 **a)** Es ist bereits dargelegt worden, daß bei bestehendem Kontrahierungszwang der Verpflichtete mit dem Berechtigten einen Vertrag zu gleichen und angemessenen Bedingungen schließen muß (s Rn 19). Um das durchzusetzen, muß der Vertragswillige der Gegenseite ein annahmefähiges **Angebot** unterbreiten, das diese annehmen muß. Der Kontrahierungszwang fingiert also nicht etwa ein Angebot des Verpflichteten, was zur Folge hätte, daß der Berechtigte das fingierte Angebot nur noch anzunehmen brauchte und dann direkt Leistung verlangen könnte (so aber Soergel/Wolf Vor § 145 Rn 51; wie hier Erman/Hefermehl Vor § 145 Rn 17; Palandt/Heinrichs Einf v § 145 Rn 11). Eine solche Fiktion scheitert regelmäßig schon an der hinreichenden Konkretisierung der Details. Dazu ist vielmehr erforderlich, daß der Berechtigte eine Offerte unterbreitet, die (wenigstens) die essentialia negotii enthält, sich also über die zu erbringende Leistung (zB Waren nach Gegenstand und Zahl) und den Preis verhält. Ist dem Berechtigten eine solche Spezifikation nicht möglich, muß er die Gegenseite auffordern, ein Angebot zu unterbreiten, die ihrerseits aus dem Kontrahierungszwang zu einem solchen Angebot verpflichtet ist (vgl für die Durchsetzung eines Vorvertrages auch unten Rn 64).

30 Liegt ein rechtlich annahmefähiges Angebot vor, ist dessen Empfänger zur **Annahme** verpflichtet, soweit sich das Angebot im gesetzlichen Rahmen hält (Bydlinski JZ 1980, 378, 384). *Schweigen* des Verpflichteten reicht für das Zustandekommen des Vertrages – auch bei einem gesetzlichen Kontrahierungszwang (**aM** insoweit OGHZ 2, 352, 356 f;

ERMAN/HEFERMEHL Vor § 145 Rn 17; MünchKomm/KRAMER § 151 Rn 5; BGH LM Nr 1 zu § 284 BGB betraf hingegen eine konkludente Annahme durch Lieferung) – nur in Ausnahmefällen, wenn der Anbietende darauf vertrauen durfte, der Gegner werde, wenn er nicht annehmen wolle, protestieren (BYDLINSKI JZ 1980, 378 f), oder wenn das Gesetz es ausdrücklich vorsieht (vgl zB § 5 Abs 3 S 1 PflVersG). Hingegen kann in diesen Fällen nach der Verkehrssitte von der Erklärung der Annahme gegenüber dem Antragenden regelmäßig gemäß § 151 S 1 BGB abgesehen werden (OGHZ 1, 253, 256; BYDLINSKI JZ 1980, 378, 379).

Verzögert der aus dem Kontrahierungszwang Verpflichtete die Annahme, so ist er **31** der Gegenseite zum **Schadensersatz** verpflichtet. Der Anspruch ergibt sich nicht (nur) aus §§ 826 BGB, 33 GWB, was den Nachteil hätte, daß – jedenfalls bei § 826 BGB (anders § 33 GWB) – Vorsatz erforderlich wäre, der bei einem Irrtum über den Kontrahierungszwang (generell oder bezogen auf diesen Gegner) ausgeschlossen sein könnte. Vielmehr folgt der Anspruch (auch) aus cic (§§ 280, 311 Abs 2) sowie unter den Voraussetzungen des § 286 BGB aus Verzug (§ 280 Abs 2), so daß Fahrlässigkeit reicht (§ 276 BGB). Zwischen den Beteiligten besteht von dem Moment eines hinreichend konkreten Leistungsbegehrens des Vertragswilligen an (BYDLINSKI JZ 1980, 378, 384) ein vorvertragliches gesetzliches Schuldverhältnis, aus dem der Angesprochene zur Annahme des Angebotes und zur Rücksichtnahme auf die Interessen des Berechtigten verpflichtet ist (BGH NJW 1974, 1903, 1904 – „Luft-Taxi"; LG Oldenburg NJW-RR 1992, 53, 54; ERMAN/HEFERMEHL Vor § 145 Rn 21; MünchKomm/KRAMER Vor § 145 Rn 12; SOERGEL/WOLF Vor § 145 Rn 51).

Für bereits geschlossene Verträge führt der Kontrahierungszwang zu einer Fortset- **32** zungspflicht und damit auch zu einer **Kündigungssperre** (vgl nur BGHZ 107, 273, 279 f – „Lotterievertrieb"). Wer sogleich nach Beendigung des bestehenden Vertragsverhältnisses zum Neuabschluß verpflichtet wäre, darf die bestehende Rechtsbeziehung gar nicht erst beenden. Möglich ist freilich eine „Änderungskündigung", wenn mit ihr die Anpassung an die mittlerweile veränderten üblichen Vertragsbedingungen (s Rn 19) oder an veränderte Umstände erreicht werden soll (vgl auch BGH GRUR 1988, 642, 644 – „Opel-Blitz").

b) **Prozessual** sind die Vertragsansprüche aus dem Kontrahierungszwang in erster **33** Linie durch eine *Klage auf Annahme des Angebotes* durchzusetzen. Die Vollstreckung eines der Klage stattgebenden Urteils erfolgt dann nach § 894 ZPO. Freilich müssen das Angebot (s Rn 29) und der Klageantrag (§ 253 Abs 2 Nr 2 ZPO) hinreichend bestimmt sein. Ist dem Kläger eine solche Konkretisierung nicht möglich, weil er zB die zu liefernden Waren nach Gegenstand, Zahl und Preis allein nicht genau genug zu bezeichnen vermag oder weil er die sonst üblichen Vertragsbedingungen (s Rn 19) nicht kennt, so läßt die Praxis anstelle der Leistungsklage eine *Feststellungsklage* zu (BGH NJW 1985, 2135, 2136 – „Technics"; 1981, 644, 645 – „Dispositionsrecht"; OLG Hamburg WRP 1988, 465, 467 – „Märklin"; OLG Karlsruhe BB 1977, 1112). Da der Beklagte in diesen Fällen seinerseits zur Offerte verpflichtet ist (s Rn 29), ist auch eine *Klage auf Abgabe eines Angebotes* denkbar, die gemäß § 888 ZPO vollstreckt werden kann und deshalb der Feststellungsklage vorgehen muß. Dasselbe gilt für eine *Klage auf Unterlassen der Nichtbelieferung*, die gemäß § 890 ZPO zu vollstrecken ist (SCHOCKENHOFF NJW 1990, 152, 154 f). Eine solche Klage ist grundsätzlich zulässig (**aM** WEBER WuW 1986, 26, 29), da sie dem negatorischen Charakter des Anspruchs entspricht (s oben Rn 20, 27).

Schließlich gebietet es der effektive Rechtsschutz, mit der Klage auf Annahme eines Angebotes die *Klage auf Leistung* aus dem erst noch abzuschließenden Vertrag verbinden zu können (Palandt/Heinrichs Einf v § 145 Rn 11; Soergel/Wolf Vor § 145 Rn 51; vgl etwa BGH NJW-RR 1991, 408). Das gilt jedenfalls dann, wenn der Kontrahierungszwang unmittelbar auf Gesetz beruht (s Rn 17) und das Gesetz nicht nur den Vertragsschluß erreichen will, sondern dem Begünstigten die daraus folgende Leistung zukommen lassen will (vgl Bydlinski AcP 180 [1980] 1, 25). – Vgl zu den entsprechenden Überlegungen für die Durchsetzung eines Vorvertrages unten Rn 67.

34 Darüber hinaus ist es zulässig, die Ansprüche aus dem Kontrahierungszwang im Wege des **einstweiligen Rechtsschutzes** durchzusetzen, sofern die essentialia negotii feststehen (vgl OLG Karlsruhe GRUR 1980, 811, 812 – „Lesezirkel", ferner den Tatbestand von BGH NJW-RR 1991, 408). Ein Verfügungsgrund (§§ 935, 940 ZPO) ist gegeben, wenn dem Antragsteller ohne die sofortige Belieferung erhebliche (Wettbewerbs-)Nachteile drohen würden (OLG Düsseldorf NJW-RR 1996, 123, 124 – „Franchise-Messe"; OLG Koblenz NJW-RR 1991, 944 – „Fernsehwerbung" mwN; OLG Stuttgart WuW/E 4829, 4832 – „Katalysatornachrüstsätze"; NJW-RR 1990, 940 – „Hörfunkwerbung"; Schockenhoff NJW 1990, 152, 155). Geht der Streit allerdings nur um einzelne Vertragsbedingungen, so kann es dem Berechtigten im Einzelfall zumutbar sein, zunächst unter Vorbehalt zu den ungünstigeren Bedingungen zu beziehen und den Streit dann im ordentlichen Erkenntnisverfahren auszutragen (Markert, in: Immenga/Mestmäcker/, GWB [2. Aufl 1992] § 26 Rn 305).

4. Diktierter Vertrag

35 In einigen wenigen Fällen kann ein Vertragsverhältnis durch privatrechtsgestaltenden Verwaltungsakt oder durch gerichtliche Entscheidung begründet werden. So war zB die Wohnungsbehörde gemäß § 16 WohnRBewG befugt, durch Verwaltungsakt einen Zwangsmietvertrag festzusetzen. Nach §§ 5 Abs 2, 6 Abs 2 HausratsVO kann der Scheidungsrichter Mietverhältnisse an der Ehewohnung begründen; vgl ferner § 97 Abs 2 BauGB. In diesen Fällen kommt aber das Mietrechtsverhältnis direkt durch den Verwaltungsakt oder die richterliche Entscheidung, nicht durch Vertragsschluß zustande (vgl OGHZ 2, 352, 355). §§ 145 ff sind daher nicht einschlägig. Nur soweit es nicht das Zustandekommen, sondern die Durchführung des Vertrages betrifft, sind hier die Normen des Privatrechts heranzuziehen (BGH LM Nr 1 zu § 284 BGB = MDR 1952, 155; Hedemann, in: FS Nipperdey [1955] 251, 252 ff; Siebert, in: FS Niedermeyer [1953] 215, 232; aM Soergel/Wolf Vor § 145 Rn 56: öffentlich-rechtliche Rechtsbeziehung).

V. Vertragsschluß

36 Das Gesetz regelt nicht ausdrücklich, *wie* ein Vertrag geschlossen wird. In § 77 des 1. Entwurfs hieß es noch: „Zur Schließung eines Vertrages wird erfordert, daß die Vertragschliessenden ihren übereinstimmenden Willen sich gegenseitig erklären." Die 1. Kommission hatte aber selbst schon Zweifel daran, ob diese Vorschrift angebracht sei (vgl Mot I 161 = Mugdan I 441). Von der 2. Kommission wurde sie als überflüssig gestrichen, da sich die wesentlichen Elemente der Vertragsschließung auch aus dem (heutigen) § 145 entnehmen ließen (Prot 156 = Mugdan I 688). Demzufolge liegt dem Gesetz als Regelfall der sukzessive Vertragsschluß durch Annahme eines vorausgehenden Angebotes zugrunde (s Rn 37). Entscheidend für die Vertragsbindung ist aber nicht diese Technik, sondern der Konsens der Parteien als deren Resultat. Dieser Konsens, der übereinstimmende Rechtsfolgenwille, kann auch auf andere Weise herbeigeführt werden, etwa dadurch, daß der Vertragsvorschlag eines Dritten mit gleichlautenden, parallelen Zustimmungserklärungen der Parteien angenommen wird (s Rn 38).

1. Angebot und Annahme

In den §§ 145 ff geht das Gesetz vom Vertragsschluß durch Angebot und Annahme **37** aus, was noch am deutlichsten in den ersten Wörtern des § 151 S 1 zum Ausdruck kommt. Die eine Partei muß der anderen den Vertragsschluß ausdrücklich oder stillschweigend in annahmefähiger Weise anbieten, dh so, daß der andere den Vertrag durch eine bloße (ebenfalls ausdrücklich oder stillschweigend mögliche) Zustimmung zustande bringen kann. Das setzt voraus, daß das Angebot alle wesentlichen Vertragsbestandteile, die sog essentialia negotii, in bestimmbarer Weise umfaßt. Der Vertrag kommt zustande, wenn sich die andere Partei mit diesem Angebot vorbehaltlos einverstanden erklärt. Die Erklärungen der Parteien sind dabei auf dieselben Rechtsfolgen gerichtet, entsprechen sich also, haben aber einen unterschiedlichen Wortlaut. Zu den Einzelheiten s für das Angebot § 145 Rn 1 ff, für die Annahme § 146 Rn 1 ff; zu den sich kreuzenden Angeboten s § 146 Rn 7.

2. Zustimmung zu einer Vorlage

Nicht selten wird ein Vertrag dadurch geschlossen, daß sich die Parteien mit einem **38** Vorschlag eines Dritten einverstanden erklären. Dies ist zB beim elektronischen Handel an der Wertpapierbörse (vgl KÜMPEL WM 1991 Beil 4, 1, 5 ff) oder dann der Fall, wenn eine von einem Notar vorbereitete Vertragsurkunde unterschrieben wird oder die Parteien eines Prozesses einem Vergleichsvorschlag des Gerichts zustimmen. Die typische Formulierung im Sitzungsprotokoll („Auf Vorschlag des Gerichts schließen die Parteien folgenden Vergleich …") ändert nichts daran, daß hier nicht eine Partei das Angebot der anderen annimmt, sondern daß beide dem „Angebot" des Dritten zustimmen. Das Ergebnis dieser Zustimmungserklärungen, die vertragliche Bindung, unterscheidet sich nicht von dem, das durch Angebot und Annahme bewirkt wird. Der Unterschied ist lediglich technischer Natur. Er liegt darin, daß die Parteien hier gleichlautende und nicht nur sich entsprechende Willenserklärungen abgeben (FLUME § 34, 1; vgl auch HUBER RabelsZ 43 [1979] 413, 445 f). §§ 145 ff sind für diesen Fall nicht gedacht, können aber, wo es paßt, im Einzelfall analog herangezogen werden (aM LEENEN AcP 188 [1988] 381, 399 ff, 404 ff, der nur §§ 154, 155 anwenden will, was indessen zu kurz greift, da zB §§ 147 ff auch passen, wenn es um die Frage geht, ob die Zustimmung zu einer Vorlage rechtzeitig erklärt worden ist; auch § 152 ist ohne weiteres anwendbar, wenn es [zB] um die Zustimmung zu einer von einem Notar erarbeiteten Vorlage geht).

3. Die Lehre vom faktischen Vertrag

In seiner Schrift „Über faktische Vertragsverhältnisse" (1941) hatte HAUPT die Lehre **39** vom faktischen Vertrag begründet, derzufolge ein vertragsähnliches Rechtsverhältnis trotz fehlenden Rechtsfolgenwillens und deshalb ohne Vertragsschluß ieS durch sozialtypisches Verhalten begründet werden könne. Diese Lehre, die heute keine Gefolgschaft mehr findet, nachdem auch LARENZ (§ 28 II; seit der 7. Aufl) sie aufgegeben hat, ist von STAUDINGER/DILCHER[12] Einl 27 ff zu §§ 104 ff ausführlich dargelegt und erörtert worden (vgl auch LAMBRECHT, Die Lehre vom faktischen Vertragsverhältnis [1994] sowie als Zusammenfassung nur ROTH JuS 1991, L 89 ff). An dieser Stelle reicht der Hinweis, daß sich die Probleme, zu deren Lösung diese Lehre angetreten ist, in den meisten Fällen durchaus mit den allgemeinen Regeln der Rechtsgeschäftslehre bewältigen lassen. Insbesondere ist es nicht nötig, bei der Inanspruchnahme einer öffentlich angebotenen Leistung auf einen Vertragsschluß zu verzichten, weil er sich idR durch sachgerechte Auslegung des Parteiverhaltens (vgl zB BGH NJW 1991, 564) sowie nicht selten mit Hilfe von § 151 BGB leicht begründen läßt (vgl näher § 151 Rn 19). Der gleichzeitig mit der Inanspruchnahme erklärte Vorbehalt, man wolle sich gleichwohl nicht zu einer Gegenleistung verpflichten (vgl BGHZ 21, 319, 333 ff), ist dabei als protestatio facto contraria unbeachtlich (vgl nur BGHZ 95, 393, 399; BGH MDR 2000, 956, 957; abl ua KÖHLER JZ 1981, 464 ff; MEDICUS, AT Rn 249).

4. Ort, Zeitpunkt, Beweislast

40 a)　Der Vertrag ist grundsätzlich an dem **Ort** geschlossen, an dem die zuletzt abgegebene Willenserklärung wirksam wird. Dies ist regelmäßig der Ort, an dem dem Anbietenden die Annahmeerklärung zugeht, denn mit dem Zugang wird diese Erklärung gemäß § 130 wirksam. Bei parallelen Zustimmungserklärungen zu einer Vorlage (s Rn 38) ist der Zugang der zuletzt abgegebenen Erklärung beim Adressaten (zB dem Gericht) entscheidend. Wird gemäß § 151 auf den Zugang der Annahmeerklärung verzichtet, so ist auf den Ort abzustellen, an dem der Annahmewille betätigt wird (vgl RGZ 62, 379, 381). Bei einer Sukzessivbeurkundung wird der Vertrag gemäß § 152 an dem Ort geschlossen, an dem die Annahmeerklärung beurkundet wird.

41 b)　Die vorstehenden Erwägungen gelten entsprechend für den **Zeitpunkt** des Vertragsschlusses. Auch hier ist im Regelfall nicht auf die Absendung, sondern auf den Zugang der Annahmeerklärung abzustellen (vgl Mot I 174), im Falle des § 151 auf die Betätigung des Annahmewillens, im Falle des § 152 auf die Beurkundung der Annahmeerklärung. An diesen Zeitpunkt knüpfen sich auch die Vertragswirkungen, solange die Parteien nichts anderes vereinbart haben (vgl zur Rückdatierung U H SCHNEIDER AcP 175 [1975] 279 ff).

42 c)　Die **Beweislast** für den Vertragsschluß, den Vertragsort oder den Zeitpunkt des Vertragsschlusses (vgl dazu BGH ZIP 1991, 173, 175) liegt bei demjenigen, der daraus Rechtsfolgen ableitet. Insoweit gelten die allgemeinen Beweislastregeln des Zivilrechts (s auch § 145 Rn 38, § 146 Rn 3, § 147 Rn 16).

5. Beseitigung

43　Die Einigung kann zunächst unter den Voraussetzungen der §§ 119, 120, 123 durch Anfechtung sowie gem § 355 durch Widerruf, im übrigen aber nur durch contrarius consensus, also nur durch einen **Aufhebungsvertrag** beseitigt werden (ausf FLUME § 33, 5). Ein solcher Aufhebungsvertrag ist *jederzeit zulässig*, solange dadurch nicht in Rechte Dritter eingegriffen wird, zB weil eine Forderung aus dem aufzuhebenden Vertrag bereits abgetreten worden ist. Hingegen hängt die Zulässigkeit nicht davon ab, ob auf den aufzuhebenden Vertrag bereits geleistet wurde. Solche Leistungen sind nur für die Wirkungsbeschreibung und die Form relevant. Der Aufhebungsvertrag entfaltet nämlich seine aufhebende **Wirkung** in jedem Fall nur *ex nunc*, dh er beseitigt den aufzuhebenden Vertrag nur für die Zukunft. Deshalb können einmal vollzogene dingliche Einigungen nicht aufgehoben, sondern nur rückgängig gemacht werden. Bei schuldrechtlichen Verträgen kann es mit der Wirkung ex nunc sein Bewenden haben, wenn noch nicht geleistet worden ist. Sind hingegen schon Leistungen erbracht worden, so sind sie zurückzugewähren, wenn die Parteien nichts anderes vereinbart haben (vgl BGH NJW 1978, 2198: Auslegung nach Maßgabe der Umstände des konkreten Einzelfalles). Der Rückgewähranspruch folgt weder aus § 812, da der Aufhebungsvertrag den Rechtsgrund für die Leistungen nicht rückwirkend beseitigt, noch aus § 346 BGB, da kein Rücktritt vorliegt, sondern er folgt aus dem Aufhebungsvertrag selbst (FLUME § 33, 5; weitergehend BGH NJW 1982, 1639). Dieser ist nämlich regelmäßig dahingehend auszulegen, daß die Parteien sich (stillschweigend) verpflichten, einander so zu stellen, als ob der aufgehobene Vertrag nie geschlossen worden wäre (vgl schon Mot II 79 = MUGDAN II 44). Das impliziert eine schuldrechtliche Rückwirkung nach dem Vorbild des § 159 BGB und damit vertragliche Rückgewähransprüche für bereits erbrachte Leistungen.

Der Aufhebungsvertrag bedarf grundsätzlich keiner **Form**, und zwar auch dann nicht, **44** wenn der aufzuhebende Vertrag formgebunden war, da idR nur Pflichten beseitigt, nicht begründet werden. Etwas anderes gilt nur dann, wenn der Aufhebungsvertrag Rückgewähransprüche begründet (s Rn 43) und die ursprüngliche Leistungsverpflichtung formbedürftig war (Beispiel: Aufhebung eines vom Verkäufer bereits erfüllten Grundstückskaufvertrages; vgl BGH NJW 1982, 1639; FLUME § 33, 5). – Zu weiteren Einzelheiten s STAUDINGER/LÖWISCH (2001) § 305 Rn 74 ff.

VI. Vorvertragliche Bindungen

1. Vertragsverhandlungen

Einem Vertragsschluß gehen häufig mehr oder weniger langwierige Vertragsver- **45** handlungen voraus. Rechtsnotwendig ist dies selbstverständlich nicht; der Kontakt zwischen den Parteien kann auch direkt mit dem Angebot beginnen, wie es gerade bei Alltagsgeschäften der Fall ist. Durch die Aufnahme von Vertragsverhandlungen treten die Parteien aus dem allgemeinen Rechtsgenossenstatus heraus in eine vorvertragliche Sonderverbindung (s Rn 48). Die in dieser Phase abgegebenen Erklärungen, in denen Vorstellungen über den angestrebten Vertragsinhalt geäußert werden, sind zunächst einmal *keine Willenserklärungen*, da es am Rechtsbindungswillen fehlt. Die Partei muß sich an diesen Äußerungen nicht festhalten lassen. Eine Verpflichtung zum Vertragsabschluß erwächst daraus nicht. Das wird erst anders, wenn konkrete Vertragsangebote unterbreitet werden, die dann gemäß § 145 verbindlich sind. Freilich können in der Verhandlungsphase auch solche Vertragsangebote noch mehrfach revidiert werden, insbesondere wenn ihnen mit einer modifizierten Erklärung begegnet wird (§ 150 Abs 2).

Gehen einem Vertragsschluß Verhandlungen voraus, so können die dabei abgegebe- **46** nen Erklärungen, aber auch sonstige Verhaltensweisen (zB die widerspruchslose Entgegennahme einer Erklärung des Kontrahenten), zur *Auslegung* des später geschlossenen Vertrages herangezogen werden. Das gilt insbesondere für einen im

Rahmen der Vorverhandlungen geführten Schriftwechsel (vgl Staudinger/Dilcher[12] § 133 Rn 27; Flume § 33, 8).

47 Wurden bei den Vertragsverhandlungen bereits einzelne Punkte des künftigen Vertrages vorläufig festgelegt, so handelt es sich um eine sog **Punktation**. Im Unterschied zur österreichischen Regelung in § 885 ABGB kommt ihr nach § 154 Abs 1 S 2 grundsätzlich keine Rechtsverbindlichkeit zu (RGZ 124, 81, 84). Vielmehr kann sie von jeder Partei einseitig und beliebig zurückgenommen werden. Etwas anderes gilt, wenn die Parteien aufgrund eines Vorvertrages zu einer der Punktation entsprechenden Einigung verpflichtet sind oder wenn die Punktation nach dem Parteiwillen abweichend von der Vermutung des § 154 Abs 1 S 2 als verbindliche Teileinigung gewollt ist (s § 154 Rn 11). – Zum „letter of intent" s § 145 Rn 14.

2.   Vorvertragliches Schuldverhältnis

48 Dadurch, daß die Parteien in einen geschäftlichen Kontakt treten, entsteht zwischen ihnen ein gesetzliches Schuldverhältnis, das sie verpflichtet, auf die Interessen des Gegners Rücksicht zu nehmen (§ 311 Abs 2). Werden diese Pflichten schuldhaft verletzt, so haftet die Partei der anderen für **culpa in contrahendo** (§ 280 Abs 1). Die Einzelheiten dieser Rechtsbeziehung sind bei Staudinger/Löwisch (2001) Vorbem 59 ff zu §§ 275 ff dargestellt. Im Zusammenhang mit den §§ 145 ff reichen folgende Hinweise:

49 a)   Die Aufnahme eines geschäftlichen Kontakts begründet zwischen den Parteien keine vertraglichen Pflichten, sondern gem § 311 Abs 2 ein **gesetzliches Schuldverhältnis**, aus dem gesetzlich begründete Pflichten entspringen. *Inhalt* dieser Pflichten ist es nicht, einen Vertrag zu schließen. Der Eintritt in einen geschäftlichen Kontakt begründet keinen Kontrahierungszwang. Die Parteien sind vielmehr nur verpflichtet, sich gegenüber dem Verhandlungspartner loyal zu verhalten und auf seine Interessen Rücksicht zu nehmen. Das bedeutet zunächst, daß dem Vertragspartner keine Körper- oder Sachschäden zugefügt werden dürfen. Haben sich die Parteien geeinigt, so darf das Wirksamwerden des Vertragsschlusses nicht unnötig verzögert oder gar vereitelt werden. Damit korrespondiert die Pflicht, Vertragsverhandlungen nicht grundlos abzubrechen, wenn beim Verhandlungspartner das Vertrauen auf das Zustandekommen des Vertrages erweckt wurde. Schließlich bestehen Aufklärungs- und Mitteilungspflichten. Zu den Einzelheiten s Staudinger/Löwisch (2001) Vorbem 74 ff zu §§ 275 ff.

50 b)   Die **Rechtsfolgen** hängen von der konkreten Pflichtverletzung ab (Larenz, SchR I § 9 I 3). Sie reichen vom Ersatz des Vertrauensschadens über eine Vertragsanpassung bis hin zu einem Rücktrittsrecht. Ein Ersatz des Erfüllungsinteresses kommt hingegen auch bei einer Enttäuschung des Vertrauens auf das Zustandekommen des Vertrages nicht in Betracht, weil dies wirtschaftlich einem nicht gerechtfertigten Kontrahierungszwang gleichkäme (str; s zum Meinungsstand Staudinger/Löwisch [2001] Vorbem 84 zu §§ 275 ff). Noch viel weniger besteht ein Schadensersatzanspruch auf Vertragsabschluß (BGH WM 1968, 1402, 1403; Flume § 15 III 4c dd; vgl auch BGH NJW 1994, 1470, 1471; Grunewald JZ 1984, 708 ff; Weber AcP 192 [1992] 390, 428 ff).

3. Vorvertrag

a) Der Vorvertrag ist ein **obligatorischer Vertrag**, in dem sich die Parteien darüber **51** einigen, einen anderen schuldrechtlichen Vertrag, den sog Hauptvertrag, abzuschließen (BGHZ 102, 384, 388). Der Vorvertrag begründet also einen **vertraglichen Kontrahierungszwang** (zutr MünchKomm/KRAMER Vor § 145 Rn 43). Dieses Rechtsinstitut hat sich aus dem früheren pactum de contrahendo bzw pactum praeparatorium entwickelt. Der Ausdruck „Vorvertrag" stammt von THÖL (Handelsrecht [3. Aufl 1854] § 62). In das BGB wurde der Vorvertrag als besonderes Rechtsinstitut nicht aufgenommen, weil ein Regelungsbedürfnis nicht anerkannt wurde (Mot I 178 = MUGDAN I 450). Es ist aber damals wie heute als Ausdruck der Vertragsfreiheit im Grundsatz allgemein anerkannt (grundlegend RGZ 66, 116, 120).

Die **Abgrenzung** des Vorvertrages von anderen Verträgen fällt nicht immer leicht (vgl **52** ausf HERZOG 74 ff). Zunächst ist festzuhalten, daß der Vorvertrag vom **Hauptvertrag** zu unterscheiden ist. Der Vorvertrag muß zunächst *Vertrag* sein, also mit Rechtsbindungswillen geschlossen sein (s Rn 2). Unverbindliche oder gar gescheiterte Vorverhandlungen stellen keinen Vorvertrag dar (BGH WM 1973, 67; 1966, 737). Bleiben wesentliche Dinge ungeregelt, kann der Rechtsbindungswille zweifelhaft sein (ERMAN/HEFERMEHL Vor § 145 Rn 39). Eine Beurkundung spricht allerdings regelmäßig für den Rechtsbindungswillen (BGH NJW-RR 1988, 970, 971; RITZINGER NJW 1990, 1201, 1202). Auch die Vermutung des § 154 gilt für Vorverträge (BGH NJW-RR 1992, 977; DB 1956, 1153, 1154; **aM** MünchKomm/KRAMER Vor § 145 Rn 44). Das bedeutet vor allem, daß ein Vorvertrag im Zweifel nicht anzunehmen ist, wenn nicht besondere Umstände darauf schließen lassen, daß sich die Parteien schon binden wollten, bevor sie alle Vertragspunkte abschließend geregelt haben (BGH NJW 1980, 1577, 1578). Im übrigen gilt das zu § 154 Rn 6 ff Gesagte sinngemäß auch für den Vorvertrag.

Sodann muß der Vorvertrag einen anderen *Vertragsgegenstand* haben als der Haupt- **53** vertrag. Bei diesem Hauptvertrag muß es sich um einen schuldrechtlichen Vertrag handeln. Die Verpflichtung zu einer Verfügung ist kein Vorvertrag, sondern selbst schon Hauptvertrag (RGZ 48, 133, 135). Ein Vorvertrag liegt nicht vor, wenn eine Vereinbarung zwar als Vorvertrag bezeichnet wird, darin jedoch alle Vertragsbedingungen festgelegt sind (BGH NJW 1962, 1812; FLUME § 33, 7). Bestehen *Zweifel*, ob es sich um einen Vorvertrag oder um einen Hauptvertrag handelt, ist der Vorvertrag als Ausnahme anzusehen (BGH WM 1973, 238; 1969, 686; NJW 1962, 1812; RGZ 86, 30, 32). Es müssen dann schon besondere Gründe vorliegen, um einen Vorvertrag anzunehmen (BGH DB 1956, 1153, 1154). Im Zweifel liegt kein Vorvertrag, sondern ein – ggf bedingter – Hauptvertrag vor (BGH EWiR 1989, 537 [zust DILCHER]; HENRICH 116).

Kein Vorvertrag ist der sog **Rahmen-** oder **Mantelvertrag**. Eine solche Vereinbarung **54** legt nur bestimmte Einzelheiten künftiger Verträge fest, begründet aber keine Hauptpflicht zum Abschluß eines Einzelvertrages (vgl OLG Köln CR 1994, 737, 738). Vielmehr entsteht ein Dauerschuldverhältnis, in dem die Verweigerung von Einzelverträgen eine positive Vertragsverletzung des Rahmenvertrages sein kann (BGH NJW-RR 1992, 977, 978; HENRICH 117). Rahmen- oder Mantelverträge gibt es sowohl unter den Parteien der in Aussicht genommenen Einzelverträge, etwa als Grundlage langdauernder Bezugsverpflichtungen, als auch für Leistungen einer Rahmenvertragspartei an Dritte, zB über die Gewährung von Darlehen an Kunden des Vertragspartners im Rahmen von finanzierten Kaufverträgen (vgl Hörter, Der finanzierte Abzahlungskauf [1969] 130) oder bei der Vereinbarung eines Beherbergungsunternehmens mit einem Reiseveranstalter über die künftige Aufnahme eines bestimmten Kontingents von Gästen (vgl Rother, in: FS Larenz [1973] 435, 451 ff).

55 **Anpassungsklauseln** sind keine selbständigen Vorverträge, sondern Bestandteile von Hauptverträgen, die freilich nicht nur zum Verhandeln (vgl zu den sog „Neuverhandlungsklauseln" Horn AcP 181 [1981] 255 ff; abl Martinek AcP 198 [1998] 329 ff), sondern auch zum Abschluß eines auf den bereits geschlossenen Hauptvertrag bezogenen Änderungsvertrages verpflichten können, sofern sie die Anpassungskriterien und -maßstäbe hinreichend bestimmt festlegen (vgl Steindorff BB 1983, 1127 ff). Da aber der Änderungsvertrag Verfügungsvertrag ist (vgl Bork, Der Vergleich [1988] 70 ff), können zur Änderung verpflichtende Anpassungsklauseln keine Vorverträge sein (s Rn 53). – Zur Abgrenzung von *Option, Vorhand* und *Vorrechtsvertrag* s Rn 69 ff; zum *„Letter of Intent"* s § 145 Rn 14.

56 **b)**   Der **notwendige Inhalt** eines Vorvertrages ergibt sich zunächst aus dem Vertragstypus selbst: Der Vertrag muß dazu verpflichten, einen Hauptvertrag abzuschließen. Dabei reicht es, wenn *eine Partei* verpflichtet wird, die dann unter den im Vorvertrag genannten Voraussetzungen ein entsprechendes Hauptvertragsangebot der anderen Seite annehmen muß (vgl BGH NJW-RR 1992, 977; NJW 1990, 1233; 1962, 1812; WM 1962, 1399, 1401; BayObLGZ 1982, 374, 378; OLG Hamburg NJW-RR 1992, 20, 21; LAG Hamm BB 1986, 667, 668; Henrich 184). Der Vorvertrag kann vorsehen, daß eine Partei den Hauptvertrag mit einem Dritten abschließen muß (dazu BGHZ 97, 147, 151 f; Schmalzel AcP 164 [1964] 446 ff; Flume § 33, 7 spricht bei nur einseitiger Bindung oder bei Verpflichtung gegenüber einem Dritten vom „Optionsvertrag"; vgl demgegenüber Rn 69). Die Vereinbarung eines *Entgelts* ist nicht nötig (vgl BGH NJW 1990, 1233, 1234).

57 Unklar ist, welche Anforderungen an die **Bestimmtheit des Hauptvertrages** zu stellen sind (ausf dazu Herzog 123 ff). Die Rechtsprechung meint zT, der Vorvertrag müsse nicht die gleiche Vollständigkeit aufweisen, die für den vorgesehenen Hauptvertrag zu verlangen sei (vgl BGHZ 97, 147, 154; BGH NJW 2001, 1285, 1286; LG Essen ZMR 1979, 143). Diese Formulierung schießt jedoch über das für den verfolgten Zweck Notwendige hinaus (vgl auch die Kritik von Flume § 33, 7; ferner MünchKomm/Kramer Vor § 145 Rn 46). Der Vorvertrag soll eine vertragliche Bindung auch dort ermöglichen, wo der Inhalt des Hauptvertrages noch nicht in allen Einzelheiten festgelegt werden kann (BGHZ 97, 147, 154). Sinn hat eine solche vertragliche Bindung aber idR nur, wenn sie später auch durchsetzbar ist (krit Bucher AcP 186 [1986] 1, 52, der darauf hinweist, daß Vorverträge auch als Grundlage für Schadensersatzansprüche wegen Nichterfüllung zu würdigen seien). Der Vorvertrag muß daher den Hauptvertrag soweit konkretisieren, daß es möglich ist, Erfüllungsklage auf Abschluß des Hauptvertrages zu erheben und notfalls nach § 894 ZPO zu vollstrecken (so iE auch die Rspr, vgl BGH BB 1953, 97; OLG Karlsruhe NJW-RR 1996, 997, 998; OLG Saarbrücken NJW-RR 1998, 341; LG Essen ZMR 1979, 143). Der Hauptvertrag muß daher zumindest bestimmbar sein, dh sein Inhalt muß unter – ggf ergänzender – Auslegung des Vorvertrages sowie unter Heranziehung des dispositiven Rechts durch den Richter zu ermitteln sein (vgl BGH WM 1994, 752, 754; 1966, 89; NJW-RR 1993, 139, 140; 1992, 977; NJW 1990, 1234, 1235; OLG Düsseldorf BB 1969, 894; LAG Hamm BB 1986, 667, 668; BFHE 140, 238, 240). Auch § 287 ZPO ist dabei zu berücksichtigen (BGH WM 1961, 1053,

1055; BB 1953, 97; RG JW 1938, 2740, 2743; LG Essen ZMR 1979, 143; vgl auch Ritzinger NJW 1990, 1201, 1204 ff).

Dieses Bestimmtheitserfordernis bezieht sich nicht nur auf die **essentialia negotii** (vgl **58** BGH NJW 1999, 2806: Höhe der Gegenleistung), sondern auch auf alle von den Parteien als wesentlich angesehenen **Nebenpunkte** (vgl BGH NJW 1990, 1234, 1235). Natürlich kann der Vorvertrag ein Verfahren vorsehen, wie die – als solche nicht hinreichend bezeichnete – Leistung bestimmt werden soll, zB nach § 315 durch einen Dritten. Ohne eine solche Festlegung ist diese Vorschrift aber nicht anwendbar (vgl Soergel/Wolf Vor § 145 Rn 62; **aM** MünchKomm/Kramer Vor § 145 Rn 46 Fn 198; wohl auch LG Essen ZMR 1979, 143 m zust Anm Tiefenbacher; es gilt hier das zu § 154 Rn 8 Gesagte entsprechend). Außerdem können die Parteien aus dem Vorvertrag verpflichtet sein, fehlende Bestimmungen nach billigem Ermessen zu ergänzen (Flume § 33, 7). Der Vorvertrag hat daher im wesentlichen den Sinn, die Voraussetzungen festzulegen, unter denen der Hauptvertrag geschlossen werden muß.

Kann der Inhalt des Hauptvertrages nicht mit hinreichender Bestimmtheit ermittelt **59** werden, so ist der Vorvertrag **unwirksam** (OLG Karlsruhe NJW-RR 1996, 997, 998; OLG Nürnberg MDR 1960, 308; OLG Saarbrücken NJW-RR 1998, 341; Flume § 33, 7). Dies gilt zB für einen Gesellschaftsvorvertrag, der nicht festlegt, ob eine AG, eine GmbH oder eine Personengesellschaft gegründet werden soll (RGZ 106, 174, 176; OLG Frankfurt MDR 1973, 759) oder der sich nicht zur Höhe des Stammkapitals und der Einlagen äußerst (OLG Karlsruhe NJW-RR 1996, 997, 998). Nicht hinreichend ist ferner eine Vereinbarung, den künftigen Bedarf bei jemandem zu decken, wenn nicht die Höhe dieses Bedarfs und die Zeitdauer der Bindung bestimmt werden kann (Henrich 119 ff mwN). Unwirksam ist der Vorvertrag im übrigen auch dann, wenn der Hauptvertrag auf eine unmögliche (§ 306) oder verbotene (§§ 134 ff) Leistung gerichtet ist (Soergel/Wolf Vor § 145 Rn 61).

c) Einer besonderen **Form** bedarf der Vorvertrag grundsätzlich nicht. Etwas an- **60** deres gilt nur dann, wenn der Hauptvertrag formbedürftig ist und die gesetzliche Form nicht nur eine reine Beweisfunktion erfüllen soll, sondern eine Warnfunktion gegenüber voreiliger Bindung. In diesem Fall muß die Formvorschrift nach ihrem Sinn und Zweck auch auf den Vorvertrag angewandt werden, der ja bereits eine Bindung herbeiführen soll (Herzog 169 ff; Ritzinger NJW 1990, 1201, 1203). Demzufolge ist gemäß § 313 S 1 vor allem der Vorvertrag zu einem Grundstücksverkauf formbedürftig (BGH NJW 1999, 2806; 1986, 2820, 2821; RGZ 169, 185, 189; 124, 81, 83; OLG Hamburg NJW-RR 1992, 20, 21; vgl auch BGH WM 1994, 752, 754), ebenso gemäß § 4 Abs 3 WEG derjenige zu einem Sondereigentumsvertrag (BGH WM 1966, 89). Beim Bürgschaftsvorvertrag ist die Erklärung des künftigen Bürgen nach § 766 S 1 formbedürftig (BGH NJW 1966, 730). Der Vorvertrag zum Gesellschaftsvertrag einer GmbH bedarf der Form des § 2 Abs 1 GmbHG (BGH NJW-RR 1988, 288; RGZ 130, 73; Henrich 159 ff), bei einer AG der des § 23 AktG (RGZ 156, 129, 138) oder der des § 185 AktG (dazu Blaurock, in: FS Rittner [1991] 33, 43 ff). Formbedürftig ist ferner der Vorvertrag zu einem Jagdpachtvertrag nach § 11 Abs 4 S 1 BJagdG (BGHZ 61, 48).

Formfrei können Vorverträge zu Tarifverträgen geschlossen werden (BAG NJW 1977, **61** 318). Vorverträge zu langfristigen Mietverträgen bedürfen nicht der Form des § 566, weil die Vorschrift nicht den Mieter schützen, sondern eine Informationsgrundlage für mögliche Grundstückserwerber schaffen will, die nach § 571 in den Mietvertrag eintreten würden (BGH NJW 1980, 1577, 1578; WM 1961, 1053, 1054; BB 1956, 1091, 1092; RGZ 104, 131, 132; 86, 30, 32; HENRICH 153 ff; aM FLUME § 33, 7; HÄSEMEYER, Die gesetzliche Form der Rechtsgeschäfte [1971] 112 ff). Beim Vorvertrag zu den abstrakten Verpflichtungsverträgen der §§ 780, 781 bedarf die Erklärung des künftig Verpflichteten nicht der Schriftform (so aber obiter RGZ 48, 133, 135), da diese nicht dem Übereilungsschutz, sondern nur der Beweissicherung dient (vgl näher STAUDINGER/MARBURGER [1997] § 780 Rn 7 mwN). – Ist für den Hauptvertrag **gewillkürte Schriftform** vorgesehen, so muß durch Auslegung ermittelt werden, ob das Formerfordernis auch für den Vorvertrag gelten soll (BGH BB 1963, 572; NJW 1958, 1281). Dabei kann aus § 154 Abs 2 kein Schluß auf die Einbeziehung des Vorvertrages in den Formzwang gezogen werden. Ebensowenig gilt § 154 Abs 2 für den Vorvertrag, wenn die rechtsgeschäftlich bestimmte Form nur Beweiszwecken dienen soll (BGH WM 1959, 561, 562; PIKART WM 1963, 1023).

62 Ist der Vorvertrag formunwirksam, so kommt eine **Heilung** durch formwahrenden Abschluß des Hauptvertrages in Betracht (BGHZ 82, 398, 403 ff; MünchKomm/FÖRSCHLER § 125 Rn 46; REINICKE, Die Rechtsfolgen formwidrig abgeschlossener Verträge [1969] 25 ff; REINICKE/TIEDTKE NJW 1982, 1430 ff; aM HENRICH 169). Die Heilung des Vorvertrages kann bedeutsam sein für die Bestandskraft des Hauptvertrages (s Rn 68) sowie für Ansprüche auf im Vorvertrag vereinbarte Entgelte, Provisionen, Vertragsstrafen etc (vgl BGHZ 82, 398). Im übrigen ist es auch beim Vorvertrag jedenfalls möglich, den Grundsatz von Treu und Glauben mit der Folge heranzuziehen, daß sich eine Seite gegenüber der anderen nicht auf die Formwidrigkeit berufen kann (HENRICH 170 ff; vgl BGH WM 1994, 752, 754 sowie allg STAUDINGER/DILCHER¹² § 125 Rn 38 ff).

63 d)   Bedarf der Hauptvertrag einer behördlichen **Genehmigung**, so ist der Vorvertrag nur dann genehmigungsbedürftig, wenn das Genehmigungserfordernis dem Schutz eines Beteiligten dienen soll. Hier gilt das zur Form Gesagte entsprechend (s Rn 60). Soll die Genehmigung hingegen nur eine öffentliche Kontrolle über den endgültigen Vertrag ermöglichen, so ist der Vorvertrag nicht genehmigungsbedürftig (RG JW 1936, 2404). Ohnehin kann es für den Vorvertrag nur auf die Genehmigungsbedürftigkeit des schuldrechtlichen Verpflichtungsgeschäfts, nicht auf die der Verfügungsgeschäfte ankommen. Die Genehmigung eines Vorvertrages erstreckt sich im übrigen nicht auf den Hauptvertrag, sondern muß für diesen erneut eingeholt werden (SOERGEL/WOLF Vor § 145 Rn 66).

64 e)   Da durch einen wirksamen Vorvertrag ein rechtsgeschäftlicher Kontrahierungszwang begründet wird (s Rn 51), kann für die **Rechtsfolgen** auf die Überlegungen zum gesetzlichen Kontrahierungszwang zurückgegriffen werden (s Rn 29 ff). **Materiell-rechtlich** ist jede Partei unter den im Vorvertrag genannten Voraussetzungen verpflichtet, ein dem Vorvertrag entsprechendes Hauptvertragsangebot anzunehmen oder – wenn dem Vertragswilligen ein solches Angebot nicht möglich ist – selbst ein entsprechendes Angebot zu unterbreiten (BGH WM 1994, 752, 753; 1981, 695, 697). Ob der angebotene bzw abgeschlossene Hauptvertrag die Verpflichtungen aus dem Vorvertrag erfüllt, ist durch Auslegung unter Berücksichtigung des mutmaßlichen Parteiwillens und des dispositiven Rechts zu ermitteln (BGH WM 1994, 752, 754; NJW 1990, 1234, 1235). Hat eine Seite einen dem Vorvertrag entsprechenden Hauptvertrag mit einem vollmachtlosen Vertreter geschlossen, so ist der Vertretene aus dem Vorvertrag zur Genehmigung verpflichtet. Die Verurteilung zur Genehmigung des Hauptvertrages wirkt aber nicht auf den Zeitpunkt des Abschlusses des Rechtsgeschäftes zurück

(BGHZ 108, 380, 382 ff; zust K SCHMIDT DNotZ 1990, 708 ff). Eine bereits erklärte Verweigerung der Genehmigung ist gemäß § 242 als treuwidrig unbeachtlich (vgl auch Rn 68). – Die Abschlußverpflichtung desjenigen, der ein Angebot abgegeben hat, erlischt im übrigen nicht etwa dadurch, daß die Gegenseite die Erfüllung des Hauptvertrages verweigert (BGH JZ 1958, 245; **aM** PALANDT/HEINRICHS Einf v § 145 Rn 21). Freilich kann es gegen Treu und Glauben verstoßen, wenn die Partei, die die Erfüllung bislang verweigert hat, nunmehr auf Abschluß des Hauptvertrages dringt (venire contra factum proprium, BGH aaO) oder wenn der Gegner bei Abschluß des Hauptvertrages von diesem sogleich wieder zurücktreten könnte (BGH NJW 2001, 1285, 1287).

Gerät der Schuldner mit der Erfüllung der Abschlußpflicht in **Verzug** oder verhält er **65** sich sonstwie vertragswidrig, so kann der Gegner Schadensersatz verlangen oder vom Vorvertrag zurücktreten (BGH NJW 1984, 479 f; 1958, 1531; vgl auch BGH NJW-RR 1993, 139, 140 und BUCHER AcP 186 [1986] 1, 52). Voraussetzung ist freilich, daß sich der Rücktrittswillige selbst vertragstreu verhalten hat (BGH NJW-RR 1993, 139, 141; NJW 1984, 479, 480). Nur bei Dauerschuldverhältnissen ist ein Festhalten am Vertrag auch bei eigener Vertragsuntreue regelmäßig unzumutbar (BGH NJW 1984, 479, 480; 1958, 1531). Der für den Verzugseintritt maßgebende Fälligkeitszeitpunkt kann im Vorvertrag ausdrücklich genannt sein. Anderenfalls ist er durch Auslegung zu ermitteln. Auf § 271 kann nicht zurückgegriffen werden (HENRICH 193). Der Schadensersatzanspruch umfaßt in diesen Fällen auch den durch die Nichterfüllung des geschuldeten Hauptvertrages entstehenden Schaden, denn es folgt aus dem Vorvertrag auch die Pflicht, sich für den künftigen Hauptvertrag leistungsbereit zu halten (BGH NJW 1990, 1233 f; 1963, 1247; HENRICH 215; anders ist es natürlich, wenn wegen cic bei Vorvertragsverhandlungen eine Verpflichtung zum Ersatz des Vertrauensschadens begründet wurde; s Rn 50 sowie BGH WM 1968, 1402).

Ein Rücktritt vom Vertrag ist gemäß § 242 auch aufgrund von **veränderten Umstän- 66 den** möglich, insbesondere wenn sie bei einem Dauerschuldverhältnis zur Kündigung aus wichtigem Grund berechtigen würden (BGH NJW 1958, 1531; OLG Koblenz NJW-RR 1998, 808; MünchKomm/KRAMER Vor § 145 Rn 48). Entscheidend ist, ob der Partei das Festhalten am Vertrag noch zumutbar ist oder nicht (vgl BGH NJW 1990, 1233, 1234 [betr Wegfall der Geschäftsgrundlage]; NJW 1958, 1531). Bei einer Klage aus dem Vorvertrag kann das Gericht den Inhalt des Hauptvertrages auch den veränderten Umständen anpassen und insoweit von der vorvertraglichen Parteivereinbarung abweichen (BGH NJW 1962, 1812, 1813). – Die **Verjährung** der Ansprüche aus dem Vorvertrag richtet sich nicht nach den Vorschriften, die für Ansprüche aus dem Hauptvertrag gelten würden, da die Zielrichtung des Vorvertrages eine andere ist (HENRICH 218; **aM** ROLL BB 1978, 69 f; ihm folgend MünchKomm/KRAMER Vor § 145 Rn 49).

Weigert sich der Gegner, den Hauptvertrag abzuschließen, so kann aufgrund des **67** Vorvertrages **Erfüllungsklage** erhoben werden (s auch Rn 33). Soweit der Kläger das Angebot selbst formulieren kann, ist *Leistungsklage* auf Annahme dieses Angebotes zu erheben (BGH NJW 2001, 1272, 1273; WM 1994, 752, 753). Für die Klage auf Abgabe eines Angebotes fehlt deshalb idR das Rechtsschutzinteresse (BRÜGGEMANN JR 1968, 201, 203; offen für den Regelfall BGH NJW 1984, 479, 480; ebenso und – zutr – anders für die Unmöglichkeit, das Angebot selbst zu formulieren [s Rn 64] BGHZ 98, 130, 133 f). Die Zwangsvollstreckung erfolgt dann nach § 894 ZPO; für neben (oder anstelle) der Annahmeerklärung erforderliche Rechtshandlungen gelten §§ 887, 888 ZPO (BGH WM 1961,

1053, 1055; RGZ 156, 164, 170; Henrich 185). Möglich ist uU auch die Klage auf Annahme eines erst später noch genauer zu formulierenden Angebots, etwa eines solchen, das der notariellen Beurkundung bedarf (BGHZ 97, 147, 149 f). Eine *Feststellungsklage* wird hier nur selten in Betracht kommen, da die Klage nach dem zu Rn 57 Gesagten ohnehin nur Erfolg haben kann, wenn der Hauptvertrag im Vorvertrag hinreichend bestimmt festgelegt ist, so daß dem Kläger in aller Regel auch die Formulierung eines annahmefähigen Angebotes (s Rn 64) und eines konkreten, den Anforderungen des § 253 Abs 2 Nr 2 ZPO genügenden Klageantrages möglich sein wird (vgl auch BGH WM 1994, 752, 753). Schließlich kann auch hier direkt *Klage auf die Hauptvertrags-leistung* erhoben werden, freilich idR nur in Verbindung mit der Klage auf Abschluß des Hauptvertrages (BGHZ 98, 130, 134 f; BGH NJW 2001, 1285, 1286; 1986, 2820, 2821; 1975, 443, 444; OLG Koblenz NJW-RR 1998, 808; RGZ 124, 81, 85; enger noch BGH WM 1971, 44, 45). Eine isolierte Erfüllungsklage kommt allenfalls in Betracht, wenn sich „auf Grund sinn- und interessengemäßer Auslegung" aus dem Vorvertrag selbst ergibt, daß dem Gläubiger eine Hauptvertragsleistung sofort zustehen soll (BGH NJW 1972, 1189, 1190).

68 **f)** Der Vorvertrag hat insofern **Bedeutung für den Hauptvertrag**, als er dessen *Rechtsgrund* sein kann. Ist daher der Vorvertrag nichtig, so können der zu seiner Erfüllung geschlossene Hauptvertrag und mit ihm die zu dessen Erfüllung erbrachten Leistungen gemäß §§ 812, 813, 821 kondiziert werden. Freilich ist genau zu prüfen, ob und wie sich *Mängel des Vorvertrages* auf den Hauptvertrag auswirken. So können formnichtige Vorverträge durch Abschluß des Hauptvertrages geheilt werden (s Rn 62). Außerdem kann der Abschluß des Hauptvertrages unter den Voraussetzungen der §§ 141, 144 als Bestätigung des Vorvertrages aufgefaßt werden. Eine Kondiktion kommt daher nur in Betracht, wenn der Hauptvertrag ausschließlich in der irrigen Annahme einer Verpflichtung aus dem Vorvertrag geschlossen wurde (Brüggemann JR 1968, 201, 206; zust MünchKomm/Kramer Vor § 145 Rn 43 Fn 180). Eine *Anfechtung des Hauptvertrages* ist nach dem Grundsatz „dolo agit qui petit quod statim redditurus est" gemäß § 242 unbeachtlich, wenn nicht auch der Vorvertrag anfechtbar ist und angefochten wird (BGH WM 1973, 238, 239).

4. Option

69 **a)** Eine Option ist die Möglichkeit für den Berechtigten, durch einseitige Willens-erklärung einen Vertrag zustande zu bringen oder zu verlängern (Henrichs 227). Eine Verpflichtung dazu besteht nicht. Ob der Vertrag zustande kommt oder nicht, hängt allein von der Ausübung des Optionsrechts ab. Darin unterscheidet sich die Option vom Vorvertrag, der nur einen Anspruch auf den Vertragsabschluß begründet, aber keine Möglichkeit gewährt, den Vertrag durch einseitige Erklärung herbeizuführen (BGH WM 1971, 44, 45; OLG Hamburg NJW-RR 1992, 20, 21). Gesetzliches Beispiel für ein Optionsrecht ist der Wiederkauf (§ 456 Abs 1 S 1), während es sich beim Vorkauf trotz der Formulierung des § 464 Abs 2 nicht um eine Option handelt, da das Vertragsverhältnis nicht allein durch die Willenserklärung des Vorkaufsberechtigten begründet wird, sondern außerdem voraussetzt, daß der Verkäufer sich zum Verkauf entschließt (vgl auch Staudinger/Mader [1995] Vorbem 33 f zu § 504). Die Option auf einen Kaufvertrag nennt man auch *Ankaufsrecht*. Freilich hält sich die Vertragspraxis selten streng an diese Terminologie und die damit bezeichneten Abgrenzungen, so daß im Einzelfall durch Auslegung zu ermitteln ist, welchen rechtlichen Instrumentariums sich die Parteien bedienen wollten (vgl auch LORENZ, in: FS Dölle I [1963] 103, 104/110 ff).

Das Ziel, dem Berechtigten eine Option zu verschaffen, läßt sich mit verschiedenen **70** rechtlichen **Gestaltungsmöglichkeiten** erreichen (vgl auch BGHZ 97, 147, 152; OLG Düsseldorf BB 1979, 962; nach **aA** handelt es sich stets um einen Vertrag sui generis, s vARNIM AG 1983, 29, 39 f; WEBER JuS 1990, 249, 253 f). Zunächst kann der Verpflichtete dem Berechtigten einseitig ein **Optionsrecht** verschaffen, indem er ihm ein befristetes oder unbefristetes Angebot unterbreitet, das der Berechtigte nach Belieben annehmen kann („Festofferte"). Eine solche Selbstbindung beim Angebot ist zulässig (s § 145 Rn 24, § 148 Rn 7). Sie verschafft dem Berechtigten die Möglichkeit, den Vertrag durch einseitige Willenserklärung, die Annahme, zustande zu bringen. Es ist daher zutreffend, hier von einer Option zu sprechen (ebenso RGZ 169, 65, 71; vEINEM 18; ERMAN/HEFERMEHL Vor § 145 Rn 43; MünchKomm/KRAMER Vor § 145 Rn 52; **aM** GEORGIADES, in: FS Larenz [1973] 409, 412 ff; HENRICH 231; JAUERNIG Vor § 145 Rn 6; LARENZ/WOLF § 29 Rn 47). Nur muß man sich eben der Tatsache bewußt sein, daß die Ausübung des Optionsrechts nichts anderes ist als die Annahme eines Vertragsangebotes, so daß auch die für alle Annahmeerklärungen geltenden Rechtsregeln anzuwenden sind (vgl auch Rn 74).

Daneben kommt in Betracht, einen **Optionsvertrag** zu schließen, für den wiederum **71** zwei Varianten denkbar sind. Die Parteien können einen *Angebotsvertrag* schließen, in dem die eine Partei ein – vorher ausgehandeltes – bindendes Vertragsangebot abgibt und der anderen Partei das Recht eingeräumt wird, dieses Angebot – ggf unter bestimmten Bedingungen oder Befristungen – anzunehmen (HENRICHS 241 f). Ein solcher Vertrag begründet für die anbietende Partei zugleich die Nebenverpflichtung, sich leistungsfähig zu halten (OLG Düsseldorf BB 1979, 962; vEINEM 61 ff; GEORGIADES, in: FS Larenz [1973] 409, 426 ff; HENRICHS 271; MünchKomm/KRAMER Vor § 145 Rn 53 mwN). Alternativ können die Parteien aber auch bereits den Hauptvertrag abschließen und dabei vereinbaren, daß dieser Vertrag erst durch die Erklärung des Berechtigten in Kraft gesetzt werden solle. Wählen die Parteien diesen Weg, so kann man von einem *bedingten Hauptvertrag* sprechen, weil die Ausübung des Optionsrechts hier Bedingung für den Eintritt der Rechtsfolgen sein soll (vgl OLG Bamberg NJW-RR 1989, 1449). Es handelt sich dabei nicht um eine Potestativbedingung, sondern um eine Wollensbedingung, weil die Bedingung nur in einer auf die Wirkungen des Rechtsgeschäfts bezogenen Willenserklärung, nicht in einem sonstigen willensabhängigen Verhalten einer Partei besteht (zutr FLUME § 38, 2d; **aM** ERMAN/HEFERMEHL Vor § 158 Rn 13). Eine solche Wollensbedingung ist hier zulässig, da die Wirksamkeit des Vertrages nicht nur im Belieben des allein Verpflichteten steht (vgl BGHZ 47, 387, 391; BGH LM Nr 16 zu § 433 BGB = WM 1962, 1399; HENRICHS 236; **aM** JAUERNIG Vor § 145 Rn 6, der deshalb hier nicht von einer Bedingung, sondern von einem Gestaltungsrecht spricht; allg zur Zulässigkeit der Wollensbedingung s Vorbem 14 ff zu §§ 158 ff).

Die vorstehenden Gestaltungsmöglichkeiten dürfen nicht als verschiedene dogmati- **72** sche Erklärungsversuche einer einheitlichen rechtlichen Erscheinung mißverstanden werden. Vielmehr handelt es sich um verschiedene Wege, zwischen denen die Parteien die freie Wahl haben (grundlegend BGH LM Nr 16 zu § 433 BGB). Was die Parteien tatsächlich gewollt haben, ist durch **Auslegung** zu ermitteln, wobei auch der Grundsatz zu beherzigen ist, daß im Zweifel derjenigen Auslegungsmöglichkeit der Vorzug zu geben ist, die dem Parteiwillen zum Erfolg verhilft. Es ist daher vor der These zu warnen, die Annahme eines bedingten Hauptvertrages entspreche idR nicht dem Parteiwillen (so aber ERMAN/HEFERMEHL Vor § 145 Rn 13; HENRICHS 236 ff), denn da die Ausübung der Option nach hM bei dieser Konstellation formfrei möglich ist (s näher Rn 74), kann es angebracht sein, ihr bei einer ansonsten offenen Auslegung den Vorzug zu geben.

73 Die Option wird von der ganz hM als **Gestaltungsrecht** bezeichnet (vgl nur vEINEM 23 ff; JAUERNIG Vor § 145 Rn 6; MünchKomm/KRAMER Vor § 145 Rn 41; PALANDT/HEINRICHS Einf v § 145 Rn 23). Das trifft aber weder auf das *Optionsrecht* noch auf den *Angebotsvertrag* zu, denn wer ein Angebot annimmt, übt kein (gesetzliches oder vertragliches) Gestaltungsrecht aus (s näher § 145 Rn 34). Nur beim *bedingten Hauptvertrag* kann man von einem vertraglich begründeten Gestaltungsrecht sprechen (richtig daher BGHZ 94, 29, 31 für die Option zur Verlängerung eines Mietvertrages).

74 b) Für die Frage, ob Einräumung oder Ausübung der Option einer bestimmten **Form** bedürfen, ist zu differenzieren. Beim *Optionsrecht* sind sowohl auf die einseitige Einräumung als auch auf die Ausübung des Optionsrechts die allgemeinen Regeln anzuwenden, die für die Form von Angebot und Annahme gelten (vgl schon Rn 70). In der Regel sind also beide Erklärungen formbedürftig, solange das Gesetz nicht nur für die Erklärung nur einer Partei die Einhaltung einer bestimmten Form verlangt, wie etwa bei § 766. Der *Optionsvertrag* unterliegt selbst stets der Form, die für das Rechtsgeschäft, das der Optionsberechtigte zustande bringen kann, vorgesehen ist (vgl nur BGH LM Nr 16 zu § 433 BGB), denn der bedingte Hauptvertrag ist schon selbst dieses Rechtsgeschäft, der Angebotsvertrag enthält zumindest die Angebotserklärung dazu. Fraglich ist allein, ob auch die Ausübung der Option formbedürftig ist. Beim Angebotsvertrag ist das ohne weiteres zu bejahen (BGH aaO; HENRICHS 273 ff; anders nur LARENZ/WOLF § 29 Rn 47), da hier die Ausübung der Option nichts anderes ist als die Annahme des Angebots. Beim bedingten Hauptvertrag schließt die hM aus § 456 Abs 1 S 2, daß die Geltungserklärung des Berechtigten formfrei möglich sei (BGH aaO; vEINEM 114 ff; ERMAN/HEFERMEHL Vor § 158 Rn 13; LARENZ/WOLF § 29 Rn 47; PALANDT/HEINRICHS Einf v § 145 Rn 23; SOERGEL/WOLF Vor § 145 Rn 71). Demgegenüber steht die Gegenansicht zu Recht auf dem Standpunkt, daß zumindest solche Formvorschriften anzuwenden sind, die den Erklärenden schützen wollen, da dieser bisher noch nicht gebunden war und keinen Verpflichtungen unterlag, so daß ihm dem Zweck der Formvorschrift entsprechend nun noch einmal die Bedeutung seiner Erklärung vor Augen geführt werden muß (FLUME § 38, 2d; GEORGIADES, in: FS Larenz [1973] 409, 425 f; JAUERNIG Vor § 145 Rn 6; LORENZ, in: FS Dölle [1963] 103, 115 ff; MünchKomm/ KRAMER Vor § 145 Rn 45). Auf § 456 Abs 1 S 2 kann sich die hM dabei nicht berufen, denn daß die Ausübung des Wiederkaufsrechts dort formfrei gestellt ist, korrespondiert mit der ursprünglichen Fassung des § 313, der nur die Erklärung des Grundstücksverkäufers der Form unterwarf. In den Fällen des § 456 gibt aber nur der Wiederkäufer, nicht der Wiederverkäufer eine Erklärung ab. Dessen Bindung beruht bereits auf dem ursprünglichen Kaufvertrag, so daß er bei der Wiederkaufserklärung durch den Wiederkäufer gar nicht geschützt werden kann (zutr RGZ 126, 308, 312). Daß § 456 Abs 1 S 2 durch die Änderung des § 313 im Jahre 1973 (BGBl I 501), derzufolge heute auch der Erwerber geschützt werden soll, rechtspolitisch fragwürdig geworden ist, ist freilich noch nicht in das allgemeine Bewußtsein gedrungen (vgl STAUDINGER/ MADER [1995] § 497 Rn 18). Jedenfalls sprechen aber Sinn und Zweck des § 456 Abs 1 S 2 gerade für die hier befürwortete Ansicht und stehen einer analogen Anwendung auf die Optionsausübung entgegen.

c) Die Frage nach der **Übertragbarkeit** des Optionsrechts ist nicht pauschal zu **75** beantworten. Eine Vorgabe findet sich immerhin in § 473, demzufolge ein Vorkaufsrecht nicht übertragbar ist. Das gilt freilich nur, solange die Parteien nichts anderes vereinbart haben (RGZ 148, 105, 108). Für das Wiederkaufsrecht wird die Übertragbarkeit hingegen überwiegend bejaht (s näher STAUDINGER/MADER [1995] § 497 Rn 8). Bei der Option ist – sofern kein Einverständnis des Optionsverpflichteten vorliegt – über § 413 auf § 399, 1. Fall abzustellen und unter umfassender Interessenabwägung zu fragen, ob die Abtretung zu einer Inhaltsänderung führt. Das wird man für den Regelfall annehmen müssen. Durch die Ausübung des Optionsrechts wird ein Vertrag in Geltung gesetzt. Der Optionsverpflichtete hat sich mit der Optionseinräumung an eine ganz bestimmte Person gebunden, deren Kreditwürdigkeit (zB in bezug auf die Gegenleistung) und deren Geschäftsgebaren (zB in bezug auf die Abwicklung von Gewährleistungsfällen) ihm akzeptabel erschienen. Das Optionsrecht kann deshalb ohne Zustimmung des Verpflichteten idR nicht in der Weise abgetreten werden, daß bei Ausübung durch den Zessionar das Vertragsverhältnis zwischen diesem und dem Verpflichteten zustande kommen soll, denn das hieße, dem Verpflichteten einen neuen Vertragspartner aufzudrängen, den er sich nicht ausgesucht hat (ebenso HENRICH 279 ff; LORENZ, in: FS Dölle I [1963] 103, 129 ff; unklar SOERGEL/WOLF Vor § 145 Rn 76). Abtretbar können freilich die bei Ausübung des Optionsrechts entstehenden künftigen Vertragsansprüche sein, so daß man fragen kann, ob nicht das Optionsrecht in dem Sinne abtretbar sein oder zur Ausübung überlassen werden können soll, daß es in der Hand des Zessionars liegen soll, über die Ausübung des Optionsrechts und damit über das Wirksamwerden des Vertragsverhältnisses (zwischen dem Verpflichteten und dem Zedenten) sowie zugleich über die Entstehung der ihm abgetretenen Ansprüche zu entscheiden. Ob das möglich ist, ist gemäß § 399, 1. Fall nach dem jeweiligen Vertragsverhältnis zu entscheiden. So wird etwa ein Mieter es kaum einem Dritten überlassen können, über die Ausübung der Verlängerungsoption mit bindender Wirkung für die Mietvertragsparteien zu entscheiden; darüber, ob man weiter in einer Wohnung wohnen will, muß man schon selbst befinden. Bei einer Kaufoption mag nach Maßgabe des Einzelfalles anders entschieden werden können; vgl allg auch § 145 Rn 35.

Für die Universalsukzession gilt § 399 nicht. Das Optionsrecht ist daher **vererblich**, es **76** sei denn, der Vertrag, der durch die Ausübung des Optionsrechts in Geltung gesetzt werden soll, sah eine höchstpersönlich zu erbringende Leistung des Erblassers vor (HENRICH 281). **Pfändbar** ist das Optionsrecht nur, soweit es – etwa kraft entsprechender Parteivereinbarung – übertragbar ist bzw einem Dritten zur Ausübung überlassen werden kann (§ 857 Abs 3 ZPO). Dasselbe gilt gemäß § 36 Abs 1 InsO für die Frage, ob das Optionsrecht zur Insolvenzmasse gehört (HENRICH 282 f).

5. Vorrechtsverträge

a) Vorrechtsverträge sind alle Verträge, die einem Vertragspartner für den Fall, **77** daß sein Kontrahent sich zum Abschluß eines weiteren bestimmten Vertrages entschließen sollte, ein Vorrecht vor anderen einräumen (HENRICH 296). Darunter fallen zunächst die vertraglich begründeten *Vorkaufsrechte* sowie sonstige *Eintrittsrechte* in

Verträge, die der Verpflichtete mit einem Dritten schließt, zB Vormiet- und Vor-pachtrechte (s dazu näher STAUDINGER/MADER [1995] Vorbem 38 f zu § 504). Schließlich ge-hört hierher auch die *Vorhand.*

78 **b)** Unter einer **Vorhand** versteht man den vertraglich begründeten Anspruch da-rauf, daß der Verpflichtete dem Berechtigten eine Sache oder ein Recht, über das er verfügen möchte, zuerst anbietet und ihm den Vorrang vor anderen Interessenten einräumt (vgl BGHZ 102, 384, 387). Dieses Recht kann unterschiedlich stark ausgestaltet sein (vgl RG HRR 1933 Nr 913; HENRICH 300 ff; LORENZ, in: FS Dölle I [1963] 103, 118 ff; Münch-Komm/KRAMER Vor § 145 Rn 56), wobei durch Auslegung zu ermitteln ist, was die Par-teien gewollt haben. Die Verpflichtung des Veräußerungswilligen kann sich darauf beschränken, den Berechtigten *über die Verkaufsabsicht zu informieren* und ihm Gelegenheit zur Stellungnahme zu geben, bevor die Sache veräußert wird (vgl RG SeuffA 81 [1927] 360, 363). Eine Verpflichtung, Angebote des Vorhandberechtigten anzunehmen, besteht hier nicht (HENRICH 304 ff). Folglich ist eine solche Vereinbarung nicht formbedürftig (OLG Hamburg NJW-RR 1992, 20, 21). Weitergehend kann die Ver-pflichtung begründet werden, *Angebote Dritter mitzuteilen.* In diesem Fall muß der Vorhandberechtigte, wenn er an der Sache oder dem Recht interessiert ist, ein mindestens gleichwertiges Angebot abgeben, zu dessen Annahme der Vorhandver-pflichtete dann verpflichtet ist (HENRICH 303 f). Bei der stärksten Version muß der Vorhandverpflichtete die Sache oder das Recht *dem Berechtigten anbieten* (BGH NJW 1988, 1261; RGZ 79, 156, 158; 16, 155, 158; vgl auch BGHZ 22, 347, 352 ff). In diesem Fall handelt es sich um einen einseitig bindenden, aufschiebend bedingten Vorvertrag (s Rn 56), wobei die aufschiebende Bedingung eine Wollensbedingung, nämlich der Wille des Verpflichteten ist, nunmehr veräußern zu wollen (LARENZ, SchR II/1 § 44 IV 2; NIPPERDEY ZBlHR 1930, 300 f). Der Vorhandvertrag muß dann auch hinreichend bestimmt sein (s Rn 57 sowie ausf HENRICH 311 ff). Da die beiden zuletzt beschriebenen Varianten Verpflichtungen begründen, bedürfen sie der für das jeweilige Veräußerungsgeschäft vorgeschriebenen Form (HENSE DNotZ 1951, 128, 130 f; HENRICH 321 f).

VII. Gefälligkeitsverhältnis

79 Unter Gefälligkeitsverhältnissen versteht man (Leistungs-)Beziehungen, die nicht von einem gemeinsamen Rechtsbindungswillen getragen sind. Die Parteien handeln nicht auf vertraglicher Grundlage, sondern *ausschließlich* aus gesellschaftlicher Ge-fälligkeit, also aus Freundschaft, Kollegialität, Nachbarschaft oder sonstigem Alt-ruismus. Die Gefälligkeitsverhältnisse sind damit von den (unentgeltlichen) Vertrags-verhältnissen abzugrenzen (s Rn 80). Diese Abgrenzung hat vor allem Bedeutung für die Frage, ob Erfüllungsansprüche bestehen (s Rn 83), für die Haftungsgrundlage (s Rn 85) und für den Haftungsmaßstab (s Rn 86). Da das Gefälligkeitsverhältnis in diesem Kommentar in der Einleitung zu §§ 241 ff (Rn 174 ff) ausführlich erörtert wird, reichen an dieser Stelle folgende kurze Bemerkungen:

1. Abgrenzung

80 Von den Gefälligkeitsverhältnissen sind die sog *Gefälligkeitsverträge* zu unter-scheiden, insbesondere Auftrag, Leihe, unentgeltliche Verwahrung und zinsloses Darlehen (zum „gentlemen's agreement" s Rn 3). Hier handelt es sich um rechtsverbind-liche Verträge, bei denen nur die Motivation zum Vertragsschluß dem Bereich der

Gefälligkeit entspringen kann. Ob ein Gefälligkeitsverhältnis oder ein vertragliches Schuldverhältnis vorliegt, beurteilt sich allein danach, ob die Parteien ihre Abrede mit *Rechtsbindungswillen* getroffen haben oder nicht. Die gegen dieses Kriterium gerichtete Kritik von FLUME vermag nicht zu überzeugen. FLUME (§ 7, 5 ff; vgl auch PLANDER AcP 176 [1976] 425, 440 ff) meint, die Suche nach einem solchen Rechtsbindungswillen sei illusorisch; es handele sich um eine reine Fiktion, die verkenne, daß es allein darum gehe, eine Sorgfaltspflicht anzuerkennen, bei deren Verletzung Schadensersatz zu leisten sei. Dem ist zwar zuzugeben, daß die Abgrenzung – wie bei jeder Auslegung – im Einzelfall schwer sein kann und daß sie im wesentlichen als Vorfrage für Haftungsansprüche anfällt. Gleichwohl darf man die Frage nicht auf das Haftungsproblem reduzieren, sondern man muß auch die Erfüllungs- und Kondiktionsansprüche im Blick behalten. Außerdem steht es den Parteien frei, Gefälligkeiten vertraglich zu vereinbaren, so daß man von der Feststellung, ob sie das getan haben, nicht von vornherein absehen kann (vgl aber FLUME § 70, 5; dazu SCHWERDTNER NJW 1971, 1673, 1674; zust MünchKomm/KRAMER Einl vor § 241 Rn 30 mwN).

Ob die Parteien mit Rechtsbindungswillen gehandelt haben oder nicht, ist auch hier **81** durch **Auslegung** zu ermitteln (grundlegend – auch zum folgenden – BGHZ 21, 102, 106 f; vgl ferner BGH NJW 1992, 498): Es kommt darauf an, ob der Leistungsempfänger aus dem Handeln des Leistenden unter den gegebenen Umständen nach Treu und Glauben mit Rücksicht auf die Verkehrssitte auf einen solchen Willen schließen mußte. *Kriterien* sind vor allem die Art der Gefälligkeit, ihr Grund und Zweck, ihre wirtschaftliche und rechtliche Bedeutung, insbesondere für den Empfänger, die Umstände, unter denen sie erwiesen wird, und die dabei bestehende Interessenlage der Parteien. Während zwar nicht schon die Unentgeltlichkeit und Uneigennützigkeit für sich genommen, wohl aber der Umstand, daß es sich um eine Gefälligkeit des täglichen Lebens handelt oder um eine solche, die im rein gesellschaftlichen Verkehr wurzelt, ebenso *gegen* den Rechtsbindungswillen spricht wie das Risiko, daß den Leistenden eine völlig unverhältnismäßige Haftung treffen würde, können der Wert einer anvertrauten Sache, die wirtschaftliche Bedeutung der Angelegenheit, das erkennbare Interesse des Begünstigten, der Umstand, daß er sich auf die Leistung ersichtlich verläßt, und die dem Leistenden erkennbare Gefahr, in die der Begünstigte durch eine fehlerhafte Leistung geraten könnte, *für* den Rechtsbindungswillen sprechen, ebenso ein eigenes wirtschaftliches oder rechtliches Interesse des Gefälligen.

Einige **Beispiele** mögen das erläutern (weiteres Fallmaterial bei MünchKomm/KRAMER Einl **82** zu § 241 Rn 32 ff; SOERGEL/WOLF Vor § 145 Rn 95 ff; WILLOWEIT JuS 1986, 96 ff): *Kein Rechtsbindungswille* besteht bei einer Gefälligkeitsfahrt (BGH NJW 1992, 498: wenn auf Seiten des Beförderten kein dringliches Interesse an einer Bindung erkennbar ist) oder einem Gefälligkeitsflug (vgl BGHZ 76, 32 f); bei einer Lottotippgemeinschaft (BGH NJW 1974, 1705, 1706: wegen des unverhältnismäßigen Haftungsrisikos; dazu PLANDER AcP 176 [1976] 425 ff); bei der Bereitschaft, auf das Haus des Nachbarn während des Urlaubs aufzupassen (LG Hamburg VersR 1989, 468: wegen des zu weit gehenden Haftungsrisikos); bei der Betreuung von Nachbarskindern, die sich zum Spielen eingefunden haben (BGH NJW 1968, 1874: Gefälligkeit des täglichen Lebens; anders OLG Celle NJW-RR 1987, 1384: bei ausdrücklicher Einladung der Kinder zu einem Kindergeburtstag); bei Zusagen im Rahmen einer nichtehelichen Lebensgemeinschaft (BGHZ 97, 372, 381: wegen der grundsätzlichen Entscheidung der Partner, sich außerhalb vertraglicher Beziehungen zu bewegen). Hingegen ist *Rechtsbindungswille bejaht* worden bei Fahrgemeinschaften (BGH NJW 1992, 498 f: weil jede Partei auf die

Verbindlichkeit angewiesen ist; vgl auch MÄDRICH NJW 1982, 859, 860); bei Starthilfegewährung gegenüber Fremden (AG Kaufbeuren NJW-RR 2002, 382); bei Auskünften, die für den Empfänger eine erhebliche wirtschaftliche Bedeutung haben (zB BGH NJW 1993, 2433; NJW-RR 1992, 1011: insbesondere bei besonderer Sachkunde oder eigenem wirtschaftlichen Interesse des Beratenden; ausf dazu STAUDINGER/WITTMANN [1994] § 676 Rn 3 ff, 9 ff); bei Zusagen in der Auslobung eines Architektenwettbewerbs (BGHZ 88, 373, 382: wegen des eigenen Interesses des Auslobenden); bei der Gratisbehandlung unter Ärzten (BGH NJW 1977, 2120: wegen des Interesses an einer sorgfältigen Behandlung); beim „Verleihen" eines LKW-Fahrers unter Spediteuren (BGHZ 21, 102, 107 f: weil die Angelegenheit die wirtschaftliche Betätigung beider Teile betraf); bei der Bereitschaft, Schecks über 50.000,– DM weiterzuleiten (OLG Saarbrücken MDR 2002, 689, 690).

2. Rechtsfolgen

83 **a)** Bei einem Gefälligkeitsverhältnis bestehen definitionsgemäß **keine Vertragsansprüche**. Weder kann der eine Teil *Erfüllung* verlangen, noch der andere Teil *Aufwendungsersatz*. Auch die *Fortsetzung* eines Gefälligkeitsverhältnisses ist nicht erzwingbar, wobei freilich bei grundlosem Abbruch zur Unzeit Schadensersatz nach Maßgabe des zu Rn 79 Gesagten wegen Verletzung einer quasivertraglichen Schutzpflicht zur Rücksichtnahme auf die Interessen des Gegners zu leisten ist (nur in diesem Sinne richtig BGH NJW 1986, 978, 979 f, wo von Kündigung aus einem wichtigen Grund die Rede ist). Schließlich richten sich auch die *Sekundäransprüche* nicht nach Vertragsrecht (vgl zum Schadensersatz sogleich Rn 85).

84 Demgegenüber wird gelegentlich versucht, mit der Rechtsfigur des „Vertrages ohne primäre Leistungspflichten" zu helfen: Zwar bestünden zwischen den Parteien keine vertraglichen Erfüllungsansprüche. Wenn aber die eine Partei sich zur Leistung entschließe, dann träfen sie die vertraglichen Sorgfaltspflichten; zugleich diene dieser Vertrag als Rechtsgrund für das Behaltendürfen der freiwillig erbrachten Leistung (vgl etwa FIKENTSCHER, Schuldrecht [8. Aufl 1992] Rn 25; SOERGEL/WOLF Vor § 145 Rn 85; WILLOWEIT JuS 1986, 96, 106; 1984, 909, 915). Dem ist indessen nicht zu folgen. Daß die bei einem Gefälligkeitsverhältnis erbrachte Leistung nicht kondiziert werden kann, ergibt sich schon daraus, daß der Zweck der Zuwendung erreicht ist, hilfsweise aus § 814 BGB, und als Rechtsgrundlage für Schutz- und Sorgfaltspflichten ist ein vertragsähnliches Vertrauensverhältnis (erweiterte Anwendung der cic) zu bevorzugen (s Rn 85). Ein Vertrag ohne primäre Leistungspflichten ist zwar möglich, wäre aber jedenfalls ein Vertrag, so daß mangels ausdrücklicher Erklärungen nach einem Rechtsbindungswillen gesucht werden müßte, der sich auf sekundäre Verhaltenspflichten zu beschränken hätte, womit die Auslegung endgültig überfordert wäre (vgl schon oben Rn 80).

85 **b)** Mangels vertraglicher Rechtsbeziehungen kommt als **Haftungsgrundlage** für Schäden, die bei der Ausführung des Gefälligkeitsverhältnisses verursacht werden, grundsätzlich nur das *Deliktsrecht* (§§ 823 ff) in Frage (OLG Hamm NJW-RR 1987, 1109 f; MERSSON DAR 1993, 87, 90). Die Gefährdungshaftung aus § 7 StVG scheitert hingegen regelmäßig an § 8a StVG (BGHZ 80, 303, 305; dazu auch MÄDRICH NJW 1982, 859, 861). Eine erweiterte Haftung (Einbeziehung von reinen Vermögensverletzungen; Haftung für Gehilfen nach § 278) sollte nicht durch die Annahme eines Vertrages ohne primäre Leistungspflichten konstruiert werden (s Rn 84), sondern sie kommt deshalb in Betracht, weil auch ein Gefälligkeitsverhältnis zu einem gesteigerten sozialen Kontakt führt und dadurch ein gesetzliches Schuldverhältnis, eine *vertragsähnliche Sonderbeziehung* iSv § 311 Abs 2 entsteht, kraft deren der Leistungsempfänger darauf vertrauen darf, daß ihm der Vertragspartner mit besonderer Sorgfalt entgegentritt (JAUERNIG/VOLLKOMMER § 241 Rn 25; MünchKomm/KRAMER Einl zu § 241 Rn 41 mwN; PALANDT/HEINRICHS Einl v § 241 Rn 10; SCHWERDTNER NJW 1971, 1673, 1675; THIELE JZ 1967, 649, 652; iE auch FLUME § 7, 7). Freilich müssen die Pflichten aus einem solchen gesetzlichen Schutzverhältnis nach Bestehen und Umfang in jedem Einzelfall besonders begründet werden.

c)   Ist eine – deliktische oder vertragsähnliche – Haftungsgrundlage gegeben, stellt   **86** sich als nächstes die Frage nach dem **Haftungsmaßstab**. Grundsätzlich ist § 276 heranzuziehen. Eine Privilegierung in Rechtsanalogie zu §§ 521, 599, 690 muß nach stRspr daran scheitern, daß beim ebenfalls unentgeltlichen Auftrag eine solche Haftungsbeschränkung fehlt (vgl nur BGHZ 21, 102, 110; BGH NJW 1992, 2474, 2475; anders HOFFMANN AcP 167 [1967] 394, 401 ff). Allerdings wird man §§ 521, 599, 690 beim Gefälligkeitsverhältnis analog anwenden können, wenn diese Vorschriften anwendbar wären, falls die Parteien auf rechtsgeschäftlicher Grundlage tätig geworden wären (ebenso FRÜH JuS 1994, 212, 213; SCHWERDTNER NJW 1971, 1673, 1675; abl BGH NJW 1992, 2474, 2475 mwN). Ebenso wird man entscheiden müssen, wenn man zum Auftrag der Ansicht folgt, daß dort eine Haftung für leichte Fahrlässigkeit nur angebracht ist, wenn der Beauftragte eine selbständige Tätigkeit wirtschaftlicher Art für einen anderen ausübt (MünchKomm/KRAMER Einl § 241 Rn 40 im Anschluß an ESSER, SchuldR II [3. Aufl 1969] § 82 I; MEDICUS, Bürgerliches Recht Rn 369). Eine Haftungsbeschränkung durch den Gedanken des „Handelns auf eigene Gefahr" hat die Rechtsprechung aufgegeben (BGH NJW 1961, 777); allenfalls komme eine Minderung gemäß § 254 wegen Mitverschuldens in Betracht (BGHZ 43, 72, 77; 34, 355, 363). Insoweit besteht Einigkeit darüber, daß eine Haftungsprivilegierung interessenwidrig wäre, wenn sie nur der Haftpflichtversicherung des Schädigers zugute käme (vgl nur FLUME § 7, 6). In allen anderen Fällen wird aber für die Haftung bei Gefälligkeitsverhältnissen gleichwohl eine weitgehende Begrenzung des Haftungsmaßstabes auf Vorsatz und grobe Fahrlässigkeit befürwortet (vgl nur FLUME § 7, 6; ERMAN/WERNER Einl zu § 241 Rn 35; MERSSON DAR 1993, 87, 91; MünchKomm/KRAMER Einl § 241 Rn 42). Dem ist zuzustimmen, wobei weniger auf die „naturalia negotii" abgestellt werden sollte (so FLUME § 7, 6 bei gleichzeitiger Ablehnung jeglicher rechtsgeschäftlicher Komponente) als vielmehr auf einen stillschweigenden Haftungsverzicht, den freilich die Rechtsprechung bei grundsätzlicher Verweigerung (vgl BGHZ 34, 355 = NJW 1961, 655 = JZ 1961, 602 m Anm FLUME; BGH NJW 1992, 2474, 2475) nur in Ausnahmefällen in Erwägung ziehen will (vgl zu solchen Ausnahmen BGHZ 76, 32, 34 f; BGH NJW 1980, 1681, 1682; DB 1978, 2358, 2359; OLG Celle NZV 1993, 187; OLG Karlsruhe OLGZ 1980, 386, 387).

VIII. Vertragsarten

1.   Unterscheidung nach dem Inhalt

a)   Verträge können nach ihrem Inhalt **unter verschiedenen Gesichtspunkten** geord-   **87** net werden. So lassen sich schuldrechtliche, sachenrechtliche, familienrechtliche und erbrechtliche Verträge unterscheiden. Ferner kann man Verpflichtungs- und Verfügungsverträge voneinander abheben. Schließlich sind entgeltliche und unentgeltliche, formfreie und formbedürftige sowie kausale und abstrakte Verträge zu unterscheiden. Vgl dazu näher STAUDINGER/DILCHER[12] Einl 37 ff zu §§ 104–185.

88 b) Aufgrund der Spezialvorschriften in §§ 320 ff bilden die **gegenseitigen Verträge** eine besondere Gruppe. Bei ihnen stehen wechselseitige Leistungsversprechen in einem Austauschverhältnis, dem Synallagma. Vom gegenseitigen Vertrag sind die *unvollkommen zweiseitigen Verträge* zu unterscheiden, bei denen die Verpflichtung nur eines Partners notwendig ist, eine Verpflichtung der Gegenseite jedoch entstehen kann, wie etwa die Pflicht zum Aufwendungsersatz beim Auftrag. Eine dritte Art bilden die streng *einseitig verpflichtenden Verträge*, bei denen eine Erfüllungsverpflichtung nur für eine Seite vorhanden ist, wie zB beim Bürgschaftsvertrag. Vgl dazu näher STAUDINGER/OTTO (2000) Einl 1 ff zu §§ 320 ff.

89 c) Schließlich lassen sich die **typischen Verträge** von den *atypischen* und den *gemischten Verträgen* unterscheiden. Der Gesetzgeber hat im Besonderen Schuldrecht bestimmte, häufig vorkommende Vertragstypen im Gesetz vorgeformt. Diese Vertragstypen sind aber aufgrund der Vertragsfreiheit weder konstitutiv noch abschließend (vgl STAUDINGER/DILCHER[12] Einl 6 zu §§ 104–185). Sie können deshalb in gemischten Verträgen miteinander (oder mit unabhängig vom Gesetz geschaffenen Vertragsbestandteilen) verknüpft werden. Neben die klassischen Fälle der gemischten Verträge wie etwa den Pensionsvertrag, den Hausmeister- oder den Theatervertrag treten heute neue Arten wie zB der Automatenaufstellungsvertrag, der Reihenhausvertrag sowie sonstige Vertragsarten, die – wie zB Leasing-, Franchising- oder Just-in-time-Verträge – ihrerseits wieder vertypt sind und als moderne Vertragstypen gehandelt werden (umfassend dazu MARTINEK, Moderne Vertragstypen [1. Bd 1991, 2. Bd 1992, 3. Bd 1993]).

90 Zu den typischen Verträgen gehören auch die **Gesellschaftsverträge** (§ 705). Sie haben Vertragscharakter auch dann, wenn sie auf die Errichtung einer juristischen Person gerichtet sind. Es handelt sich dabei nach heute hL nicht um soziale Schöpfungsakte oder konstitutive Gesamthandlungen, wie vGIERKE (Deutsches Privatrecht I [1895] § 60) gelehrt hat, sondern um *Organisationsverträge* (vgl SOERGEL/HADDING § 25 Rn 11 ff; STAUDINGER/WEICK [1994] § 25 Rn 15 mwN; K SCHMIDT, Gesellschaftsrecht [3. Aufl 1997] § 5 I 1b; anders freilich MünchKomm/REUTER § 25 Rn 16 ff), auf die §§ 145 ff grundsätzlich anwendbar sind.

2. Normenverträge

91 Der Begriff des Normenvertrages hat seinen Platz vornehmlich im Arbeitsrecht. Er stammt aus dem Anfang des 20. Jahrhunderts (vgl SINZHEIMER, Der korporative Arbeitsnormenvertrag [1907] 98). Wichtigster Normenvertrag ist der *Tarifvertrag*, der für die Einzelverträge einer Vertragspartei oder für die Mitglieder der tarifgebundenen Organisationen Normen setzt. Umstritten ist dabei, ob diese Normsetzungsbefugnis auf einer durch Art 9 Abs 3 GG, § 1 Abs 1 TVG begründeten Delegation des Gesetzgebers an die Tarifvertragsparteien beruht oder ob sie Ausdruck einer staatlich eingerichteten Tarifautonomie ist (vgl dazu BIEDENKOPF, Grenzen der Tarifautonomie [1964] 48 ff; REHBINDER JR 1968, 167 ff; SCHAUB, Arbeitsrechtshandbuch [9. Aufl 2000] § 198 Rn 14; ZÖLLNER/LORITZ, Arbeitsrecht [5. Aufl 1998] § 33 IV).

92 Neben den normativ wirkenden gibt es auch *schuldrechtliche Normenverträge*, in denen sich die Vertragspartner verpflichten, darauf hinzuwirken, daß zwischen ihnen vereinbarte Regeln zum Inhalt künftiger Einzelverträge erhoben werden (vgl A HUECK JherJb 73, 32, 59 ff). Dies gilt zB für Verträge, die zwischen Vermieter- und Mieterorganisationen über den Inhalt künftiger Einzelmietverträge geschlossen werden. Davon zu unterscheiden sind die sog *Richtlinienverträge*, bei denen die Vertragspartner nur unverbindliche Empfehlungen zum Inhalt künftiger Einzelverträge geben (vgl A HUECK JherJb 73, 32, 47 ff). Weder der schuldrechtliche Normenvertrag noch der Richtlinienvertrag sind dabei Verträge zugunsten Dritter. – Zum *Rahmen-* oder *Mantelvertrag* s oben Rn 54.

3. Massenverträge

Der massenweise Abschluß gleichartiger Verträge gibt Veranlassung, nach einer **93** Gleichförmigkeit solcher Verträge zu streben. Dies soll durch die Vorformulierung standardisierter Vertragsinhalte erreicht werden, die in **Allgemeinen Geschäftsbedingungen** oder in **Formularverträgen** niedergelegt werden. Mit dem tatsächlichen Rationalisierungseffekt solcher Verträge ist der Wunsch nach einer möglichst großen rechtlichen Entlastung im Bereich des abdingbaren Gesetzesrechts verbunden. Dies führt in der Praxis häufig dazu, daß die AGB oder Formularverträge vom mächtigeren Vertragspartner verwendet werden und den Gegner benachteiligen. AGB und Formularverträge müssen sich deshalb zum Schutz des Vertragspartners an den Maßstäben der §§ 305 ff messen lassen.

4. Öffentlich-rechtliche Verträge

a) Der Begriff des öffentlich-rechtlichen Vertrages umfaßt in einem weiteren **94** Sinne zunächst die **verfassungsrechtlichen Verträge**. Verträge auf dem Gebiet des Verfassungsrechts können nur von Rechtssubjekten des Verfassungsrechts abgeschlossen werden. Zu solchen Verträgen zählen zB die Staatsverträge des Bundes und der Länder, deren Kirchenverträge sowie Verwaltungsabkommen. Im weiteren Sinne gehören auch die völkerrechtlichen Verträge in diesen Zusammenhang. §§ 54 ff VwVfG finden auf diese Verträge keine Anwendung (SCHERZBERG JuS 1992, 205; STELKENS/BONK/SACHS, VwVfG [6. Aufl 2001] § 54 Rn 68 ff). Auch §§ 145 ff gelten für alle diese Verträge nur sehr begrenzt. Staats- und Völkerrecht enthalten eigenständige Rechtsregeln, die von den vergleichbaren privatrechtlichen Normen zT beträchtlich abweichen. Allenfalls können einzelne zivilrechtliche Vertragsregeln in Form allgemeiner Rechtsgrundsätze zur Anwendung kommen.

Der **Verwaltungsvertrag** (öffentlich-rechtlicher Vertrag ieS) ist in § 54 S 1 VwVfG **95** (bzw den vergleichbaren Vorschriften der Länder) definiert (zur kaum noch zu übersehenden Literatur s WOLFF/BACHOF/STOBER, Verwaltungsrecht II [6. Aufl 2000] § 54 vor Rn 1). Danach handelt es sich um einen Vertrag, durch den ein Rechtsverhältnis auf dem Gebiet des öffentlichen Rechts begründet, geändert oder aufgehoben wird. Nach § 54 S 2 VwVfG ist der öffentlich-rechtliche Vertrag eine Alternative zum Verwaltungsakt. Er ist daher nicht nur als *koordinationsrechtlicher Vertrag* denkbar, bei dem die Rechtsverhältnisse gleichgeordneter Träger öffentlicher Verwaltung geregelt werden (Beispiel: Nutzungsvertrag zwischen Gemeinden), sondern auch als *subordinationsrechtlicher Vertrag*, durch den das Rechtsverhältnis eines Trägers öffentlicher Gewalt zu einem ihm unterworfenen Rechtssubjekt geregelt wird. Ein solcher Vertrag ist als Handlungsform *zulässig*, solange Rechtsvorschriften nicht entgegenstehen (§ 54 S 1 VwVfG), dh solange sich nicht aus einer ausdrücklichen Anordnung oder dem Sinn eines spezialgesetzlichen Normbereichs ergibt, daß die Möglichkeit einvernehmlicher Gestaltung ausgeschlossen und die einseitige Regelung durch Verwaltungsakt zwingend geboten ist (vgl ERICHSEN, Allgemeines Verwaltungsrecht [11. Aufl 1998] § 26 Rn 4; MAURER, Allgemeines Verwaltungsrecht [13. Aufl 2000] § 14 Rn 26 ff). Außerdem sind §§ 55, 56 VwVfG zu beachten.

96 Zu den öffentlich-rechtlichen Verträgen gehören auch die **Prozeßverträge**. Dabei handelt es sich um Verträge, die auf prozessuale Folgen ausgerichtet sind (vgl SCHIE-DERMAIR, Vereinbarungen im Zivilprozeß [1935] 42 ff). Sie führen die prozessualen Folgen entweder unmittelbar herbei, wie etwa eine Gerichtsstandsvereinbarung oder ein Schiedsvertrag; dann spricht man von Prozeßverträgen *mit verfügender Wirkung* (ROSENBERG/SCHWAB/GOTTWALD, Zivilprozeßrecht [15. Aufl 1993] § 66 II). Es gibt aber auch Prozeßverträge *mit verpflichtender Wirkung*, in denen sich eine Partei zu einem bestimmten prozessualen Verhalten, etwa einer Klagerücknahme oder einem Rechtsmittelverzicht, verpflichtet. Derartige Prozeßverträge begründen nur eine prozessuale Einrede, die zur Abweisung der Klage oder des Rechtsmittels als unzulässig führt (ROSENBERG/SCHWAB/GOTTWALD § 131 I 2; zum Prozeßvergleich s STAUDINGER/DILCHER[12] Vorbem 88 zu §§ 116 ff). Auf das Zustandekommen der Prozeßverträge sind §§ 145 ff anwendbar, soweit nicht das Prozeßrecht besondere Regelungen enthält (vgl für Gerichtsstandsvereinbarungen STEIN/JONAS/BORK, ZPO [21. Aufl 1993] § 38 Rn 44 f mwN).

97 b) Die **Abgrenzung** zwischen privatrechtlichen und öffentlich-rechtlichen Verträgen, die vor allem im Hinblick auf die Form (§ 57 VwVfG), die Wirksamkeitsvoraussetzungen (§§ 58 ff VwVfG) und den Rechtsweg (§ 40 VwGO/§ 13 GVG) von Bedeutung ist, erfolgt nicht nach den am Vertrag beteiligten Rechtssubjekten. Auch eine Körperschaft des öffentlichen Rechts kann privatrechtliche Verträge schließen, etwa Grundstücke kaufen oder mieten (vgl BGHZ 76, 16, 24). Maßgeblich ist vielmehr allein der *Vertragsgegenstand*. Wie § 54 S 1 VwVfG formuliert, kommt es darauf an, ob der Vertrag ein Rechtsverhältnis auf dem Gebiet des öffentlichen Rechts regeln soll. Dafür ist allein die objektive Rechtsnatur des zu regelnden Rechtsverhältnisses entscheidend (GemSOGB NJW 1986, 2359 = BGHZ 97, 312, 314; BGHZ 116, 339, 342). Es kommt darauf an, ob sich der Vertrag nach seinem Schwerpunkt auf einen öffentlich-rechtlich zu beurteilenden Sachverhalt bezieht, insbesondere ob die vertraglich übernommenen Verpflichtungen oder die vertraglich vollzogenen Verfügungen öffentlich-rechtlichen Charakter haben, was etwa dann der Fall ist, wenn der Vertrag dem Vollzug öffentlich-rechtlicher Normen dient, wenn er die Verpflichtung zum Erlaß eines Verwaltungsakts oder einer sonstigen hoheitlichen Amtshandlung enthält oder wenn er sich auf eine öffentlich-rechtliche Berechtigung oder Verpflichtung des Bürgers bezieht (MAURER § 14 Rn 11; vgl auch SCHERZBERG JuS 1992, 205, 206 ff).

98 c) Das **Zustandekommen** des öffentlich-rechtlichen Vertrages ist im VwVfG nicht näher geregelt. Gemäß § 62 S 2 VwVfG gelten daher insoweit die §§ 145 ff BGB (vgl OLG Saarbrücken NJW 1993, 1612 ff): Erforderlich sind Angebot und Annahme in der **Form** des § 57 VwVfG (wobei diese Formvorschrift zugleich die Anwendung des § 151 BGB ausschließt, STELKENS/BONK/SACHS § 62 Rn 29). Hinsichtlich der **Wirksamkeit** ist auf §§ 58 ff VwVfG zu verweisen; das Privatrecht findet gemäß § 62 S 2 VwVfG nur ergänzend Anwendung.

IX. Sachverhalte mit Auslandsberührung

Für das Zustandekommen eines Vertrages gilt im deutschen **Internationalen Privat-** 99
recht gemäß Art 31 Abs 1 EGBGB grundsätzlich (dh vorbehaltlich der Ausnahme
des Abs 2) dasjenige Recht, das gemäß Art 27 ff EGBGB anzuwenden ist, wenn der
Vertrag wirksam ist. Das Entstehungsstatut folgt also dem Vertragsstatut. Wegen der
Einzelheiten ist auf die Kommentierung bei STAUDINGER/HAUSMANN (2000) Art 31
EGBGB zu verweisen. – Für den internationalen Warenkauf enthalten Art 14 ff des
Wiener UN-Übereinkommens über Verträge über den internationalen Warenkauf vom
11. 4. 1980 (BGBl 1989 II 588; für die Bundesrepublik Deutschland in Kraft seit dem 1. Januar
1991) besondere Vorschriften über den Vertragsschluß. Insoweit ist auf die Kommen-
tierung des Übereinkommens bei STAUDINGER/MAGNUS (1999) CISG in diesem
Kommentar zu verweisen (vgl hier nur LUDWIG, Der Vertragsschluß nach UN-Kaufrecht im
Spannungsverhältnis zwischen Common Law und Civil Law [1994]).

§ 145
Bindung an den Antrag

**Wer einem anderen die Schließung eines Vertrags anträgt, ist an den Antrag gebun-
den, es sei denn, dass er die Gebundenheit ausgeschlossen hat.**

Materialien: E I §§ 80 und 81; II § 118; III § 141;
Mot I 164; Prot I 75.

Schrifttum

ANDREAE, Das Recht des Antragsempfängers
(Diss Erlangen 1914)
BAILAS, Das Problem der Vertragsschließung
und der vertragsbegründende Akt (1962)
BARTL, Aktuelle Rechtsfragen des Bildschirm-
textes, DB 1982, 1097
BINDEWALD, Der Tod des Antragenden (Diss
Jena 1938)
BISCHOFF, Der Vertragsschluß beim verhandel-
ten Vertrag (2001)
BÖHMERT, Das Geschäft und der Rechtsschutz
des Verkehrsautomaten nach modernem Recht
(Diss Erlangen 1910)
BRINKMANN, Vertragsrechtliche Probleme bei
Warenbestellungen über Bildschirmtext, BB
1981, 1183
ders, Zivil- und Presserechtliche Fragen bei der
Nutzung von Bildschirmtext, ZUM 1985, 337
BULTMANN/RAHN, Rechtliche Fragen des Tele-
shopping, NJW 1988, 2432
DAHNKE, Besteht die Möglichkeit einer Offerte

zwecks Vertragsschluß mit einer beliebigen
Person im geltenden bürgerlichen Recht? (Diss
Kiel 1932)
GLATT, Vertragsschluss im Internet (2002)
GRAUE, Vertragsschluß durch Konsens? in: G
JAKOBS (Hrsg), Rechtsgeltung und Konsens
(1976) 105
HART, Soziale Steuerung durch Vertragsab-
schlußkontrolle – Alternativen zum Vertrags-
schluß?, KritV 1986, 211
HERTEL, Rechtsgeschäfte im Vorfeld eines Pro-
jekts, BB 1983, 1824
HONSELL/HOLZ-DAHRENSTAEDT, Grundpro-
bleme des Vertragsschlusses, JuS 1986, 969
KILIAN, Rechtssoziologische und rechtstheore-
tische Aspekte des Vertragsabschlusses, in:
FS Wassermann (1985) 715
KÖHLER, Vereinbarung und Verwirkung der
Vertragsstrafe, in: FS Gernhuber (1993) 207
ders, Rechtsgeschäfte mittels Bildschirmtext, in:

HÜBNER ua, Rechtsprobleme des Bildschirmtextes (1986) 51

KÖNDGEN, Selbstbindung ohne Vertrag (1981)

KOHLER, Über den Vertrag unter Abwesenden, ArchBürgR 1, 283

KORFMACHER, Die Offerte ad incertam personam (Diss Köln 1936)

KRÜCKMANN, Die sog „Offerte ad incertam personam", BayZ 1915, 97

H LANGE, Die Rechtsnatur von Antrag, Annahme und Ablehnung, geprüft bei Verträgen beschränkt Geschäftsfähiger, in: FS Reinhardt (1972) 95

LINDACHER, Die Bedeutung der Klausel „Angebot freibleibend", DB 1992, 1813

LUDWIG, Notarielle Urkunden für die, die es angeht?, DNotZ 1982, 724

MAYER-MALY, Vertrag und Einigung, in: FS Nipperdey I (1965) 509

MICKLITZ, Verbraucherschutz und Bildschirmtext, NJW 1982, 263

MUSCHELER/SCHEWE, Die invitatio ad offerendum auf dem Prüfstand, Jura 2000, 565

NEUMAYER, Vertragsschluß durch Kreuzofferten?, in: FS Riese (1964) 309

NEUMOND, Der Automat, AcP 89 (1899) 166

PAEFGEN, Forum: Bildschirmtext – Herausforderung zum Wandel der allgemeinen Rechtsgeschäftslehre?, JuS 1988, 592

ders, Rechtsgeschäfte mittels Bildschirmtext, AfP 1991, 365

PROBANDT, Zivilrechtliche Probleme des Bildschirmtextes, Ufita 98 (1984) 9

REDEKER, Geschäftsabwicklung mit externen Rechnern im Bildschirmtextdienst, NJW 1984, 2390

SOHM, Über Vertragsschluß unter Abwesenden und Vertragsschluß mit einer persona incerta, ZHR 17 (1873) 16

STAWOWY, Vertragsverhandlungen und Vorfeldvereinbarungen beim Unternehmenskauf (2001)

ZSCHIMMER, Die Offerte an das Publikum (Diss Rostock 1897).

Vgl auch die Angaben in den Vorbem zu §§ 145 ff.

Systematische Übersicht

Alphabetische Übersicht

S Vorbem zu §§ 145–156.

I. Überblick

Ein Vertrag kommt grundsätzlich durch zwei sich inhaltlich entsprechende, auf die- **1**
selben Rechtsfolgen gerichtete Willenserklärungen, Angebot und Annahme, zustande (vgl – auch zu den Ausnahmen – Vorbem 36 zu §§ 145 ff). Das Angebot, das vom
Gesetz auch als **Antrag** bezeichnet wird, ist dabei die *empfangsbedürftige Willenserklärung, durch die jemand einem anderen in verbindlicher und annahmefähiger Weise
den Abschluß eines Vertrages vorschlägt.* Diese Willenserklärung stellt jedoch noch
nicht das vollständige Rechtsgeschäft dar, sondern ist nur Teil des Rechtsgeschäfts
„Vertrag" (OLG Hamm NJW 1982, 2076; FLUME § 35 I 1; LANGE, in: FS Reinhardt [1972] 95). Das
bedeutet, daß die vertraglichen Rechtsfolgen erst durch den vollendeten Vertragstatbestand ausgelöst werden (s Vorbem 8 zu §§ 145 ff) und daß die Vorschriften über
einseitige Rechtsgeschäfte keine Anwendung finden.

II. Abgrenzung

Als Willenserklärung muß der Antrag von einem gegenwärtigen Willen zu einer **2**
rechtserheblichen Äußerung getragen sein (vgl näher STAUDINGER/DILCHER[12] Vorbem
18 ff zu §§ 116 ff). In früherer Zeit wurde sogar verlangt, daß beim Verb nicht die
Zeitform des Futurs verwendet werde (vgl BAILAS 81). Das Angebot ist daher vor
allem durch einen **Rechtsbindungswillen** gekennzeichnet (vgl für die Abgrenzung zum
Gefälligkeitsverhältnis auch Vorbem 80 ff zu §§ 145 ff). Dieser muß sich auf den künftigen
Vertragsschluß beziehen, nicht auf die Bindungswirkung des Angebots (zutr ERMAN/
HEFERMEHL § 145 Rn 3), denn wie sich aus § 145 selbst ergibt, kann die Gebundenheit an
den Antrag ausgeschlossen werden.

1. invitatio ad offerendum

a)   Von einer invitatio ad offerendum spricht man, wenn jemand selbst noch kein **3**
Angebot abgeben will, sondern den anderen zur Abgabe von Angeboten auffordert.
In diesem Fall fehlt es an dem nötigen Rechtsbindungswillen. Der Erklärende will,
falls der Gegner sich einverstanden erklärt, noch nicht vertraglich gebunden sein,
sondern er will sich seinerseits eine zum Vertragsschluß führende Annahmeerklärung
erst noch vorbehalten. Seine jetzige Erklärung hat nur den Sinn, den potentiellen
Vertragspartner über das eigene Waren- oder Leistungsangebot zu informieren, Vertragsbereitschaft zu signalisieren und die Grenzen abzustecken, innerhalb deren der
Gegner mit einem Zustandekommen des Vertrages rechnen kann. Von einer Regelung dieses Sachverhalts hat der Gesetzgeber bewußt abgesehen (vgl Mot I 166 f).

b)   Ob ein Angebot oder eine invitatio ad offerendum vorliegt, ist daher durch **4**
Auslegung zu ermitteln, für die es nicht auf den inneren Willen des Erklärenden
ankommt, sondern darauf, wie seine Äußerung vom Empfängerhorizont her verstanden werden konnte und durfte (s STAUDINGER/DILCHER[12] § 133 Rn 30 ff). Dafür sind alle
aus der Sicht eines objektiven Beobachters erkennbaren Umstände heranzuziehen.

Zu berücksichtigen ist vor allem, daß sich jemand, der sich an das breitere Publikum wendet, häufig vorbehalten muß, vor einem verbindlichen Vertragsschluß die eigene Leistungsfähigkeit und die Zahlungsfähigkeit des Gegners zu überprüfen, so daß es in solchen Fällen nicht selten am sofortigen Rechtsbindungswillen fehlen wird.

5 c) Vor diesem Hintergrund mögen folgende **Beispiele** die Abgrenzung der invitatio ad offerendum vom Angebot verdeutlichen: Eine **öffentliche Ankündigung** stellt nur eine Aufforderung zur Abgabe eines Vertragsangebotes dar. Wer also beispielsweise durch Plakat eine Theatervorstellung ankündigt, gibt kein Vertragsangebot ab, das durch Verlangen der Eintrittskarte angenommen werden könnte (RGZ 133, 388, 391). Auch die **Versendung von Werbematerial** wie Preislisten, Katalogen, Prospekten, Proben und Mustern wird allgemein als invitatio ad offerendum bewertet (vgl nur M LEHMANN, Vertragsanbahnung durch Werbung [1981] 114 ff), insbesondere weil auch aus der Sicht des Umworbenen erkennbar ist, daß der Versender nicht unbegrenzt leistungsfähig sein kann und deshalb die eigene Leistungsfähigkeit vor Vetragsschluß prüfen muß. In Art 337 ADHGB war dies ausdrücklich vorgesehen. Auch wenn das Werbematerial Klauseln wie „Solange der Vorrat reicht" enthält, spricht das nicht schon für die Deutung als Angebot zum Abschluß eines schuldrechtlichen Vertrages, ebensowenig das Beifügen von Antragsformularen (LG Berlin VersR 1967, 698, 699 f für Werbung eines Versicherers).

6 Hingegen kann die **Zusendung unbestellter Waren** als Vertragsangebot verstanden werden (das der Empfänger konkludent – zB durch Bezahlung – annehmen kann), denn hier bezieht sich die Erklärung auf ein ganz bestimmtes Stück, so daß die Leistungsfähigkeit des Offerenten feststeht, der zugleich zum Ausdruck bringt, daß er auf eine Überprüfung der Zahlungsfähigkeit des Empfängers verzichtet. S dazu näher § 146 Rn 11 ff.

7 **Auslagen im Schaufenster** sind nicht als Vertragsangebot zu werten, auch dann nicht, wenn sie entsprechend den Preisauszeichnungsvorschriften mit einer verbindlichen Preisangabe versehen sind, denn auch hier muß sich der Unternehmer die Überprüfung vorbehalten, ob noch verkaufbare Stücke der ausgestellten Art vorhanden sind und ob der Gegner den Kaufpreis bezahlen kann; außerdem muß sichergestellt werden, daß nicht mehrere Kunden das (vermeintliche) Angebot gegenüber verschiedenen Mitarbeitern des Verkaufspersonals annehmen (BGH NJW 1980, 1388; OLG München ZIP 1981, 1347; FLUME § 35 I 1; LARENZ/WOLF § 29 Rn 20; MEDICUS Rn 360; aM KÖNDGEN 291 ff; WAHL, in: FS Hefermehl [1976] 1, 6). Anders ist für die **Auslagen im Selbstbedienungsladen** zu entscheiden. Hier sind die ausgelegten Waren als Angebot des Ladeninhabers zu bewerten, das der Kunde zwar noch nicht mit Einlegen der Ware in den Einkaufswagen annimmt (er muß die Möglichkeit haben, sich anders zu entscheiden, und außerdem will er das Preisrisiko bei unverschuldeter Zerstörung der Sache nicht tragen), wohl aber mit Vorzeigen an der Kasse (vgl BÖGNER JR 1953, 417 ff; BORK Rn 719; MünchKomm/KRAMER § 145 Rn 10; MUSCHELER/SCHEWE Jura 2000, 565, 567; SOERGEL/WOLF § 145 Rn 7; aM CARLSSON JR 1954, 253 f; DIETRICH DB 1972, 957 f; ERMAN/HEFERMEHL § 145 Rn 10; RECKE NJW 1953, 92; offen BGHZ 66, 51, 55 f; vgl auch BGHZ 124, 39, 43). Ein besonderer Grund, hier eine Überprüfung der beiderseitigen Leistungsfähigkeit vorzuschalten, besteht – wie beim Automaten (s Rn 8) – nicht.

8 Bei **Waren- oder Leistungsautomaten** bietet der Aufsteller die im Automat enthalte-

nen Waren an. Dieses Angebot kann (aus technischen Gründen: nur) durch Einwerfen des geforderten Geldbetrages angenommen werden. Es handelt sich um ein Angebot ad incertam personam (s dazu Rn 19), das – für den Automatenbenutzer erkennbar – unter dem Vorbehalt lauterer Bedienung sowie der Funktionsfähigkeit des Automaten steht und nur solange gilt, wie der Vorrat reicht (OLG Düsseldorf ZMR 1987, 328; **aM** – nur invitatio – ERMAN/HEFERMEHL § 145 Rn 5; KÖNDGEN 284 ff; MEDICUS Rn 362; PADECK VersR 1989, 541, 542). Wer mit einer gestohlenen Scheckkarte Geld vom Bankautomaten abhebt, erlangt also kein Eigentum an dem Geld, da das Übereignungsangebot der Bank unter dem Vorbehalt lauterer Bedienung steht (BGH NJW 1988, 979, 980 f; **aM** THAETER JA 1988, 547, 548 f). Entsprechendes gilt für die Zapfsäulen an einer **Selbstbedienungstankstelle**. Wegen der Unumkehrbarkeit des Entnahmevorgangs liegt hier ein Angebot vor, das vom tankenden Autofahrer durch Bedienung der Zapfsäule angenommen wird (BORCHERT/HELLMANN NJW 1983, 2799, 2800 [freilich nur für das schuldrechtliche Geschäft]; A SCHMIDT, Rechtsfiguren der Selbstbedienung im Zivilrecht [Diss München 1985] 96 f; nach **aM** gibt der Tankende ein Angebot ab, dessen Annahme erst in der Freigabe oder dem Nichtsperren der Zapfsäule durch das Tankstellenpersonal [OLG Düsseldorf JR 1982, 343; HERZBERG NJW 1984, 896, 897; ders JA 1980, 385, 389 f] oder gar erst in einer Erklärung an der Kasse liegt [DEUTSCHER JA 1983, 125, 126]). Ein **Energieversorgungsunternehmen**, das per Hausanschluß Gas, Wasser oder Strom zur Entnahme gegen Entgelt bereitstellt, gibt ebenfalls ein Vertragsangebot ab (OLG München RdE 1995, 29; zur Annahme s § 151 Rn 19).

Die vorstehenden Kriterien gelten entsprechend für Warenangebote über **elektro** **9** **nische Medien**. So geht beim *Bildschirmtext* das Angebot nicht vom Warenanbieter, sondern vom Btx-Teilnehmer aus (BARTL DB 1982, 1097, 1100; BRINKMANN BB 1981, 1183, 1185; KÖHLER 56; PAEFGEN JuS 1988, 592, 595; REDEKER NJW 1984, 2390 f; SOERGEL/WOLF § 145 Rn 7; **aM** OLG Oldenburg DB 1993, 532; HART KritV 1986, 211, 234; LACHMANN NJW 1984, 405, 407 f; MICKLITZ NJW 1982, 263, 266; MünchKomm/KRAMER § 145 Rn 8; PROBANDT Ufita 98 [1984] 9, 10 ff), auf dessen elektronische Anfrage noch die Leistungsfähigkeit geprüft werden muß. Entsprechendes gilt beim *Teleshopping*. Hier ist nicht schon die Warenanpreisung im Fernsehen das Angebot, sondern erst die telefonische Bestellung des Zuschauers (BULTMANN/RAHN NJW 1988, 2432, 2434; ECKERT DB 1994, 717, 718; KESSLER WRP 1991, 285, 290; ausf WELLENS, Grenzen der Rundfunkfinanzierung: Teleshopping [1991] 16 ff). Angebote im *Internet* sind normalerweise – wenn sich der konkreten Webseite nichts anderes entnehmen lässt – ebenfalls nur als invitatio ad offerendum aufzufassen. Der elektronische Katalog ist nicht anders zu behandeln als der gedruckte (AG Butzbach NJW-RR 2003, 54 f; BORK Rn 709; LAUKTIEN/VARADINEK ZUM 2000, 646, 647; SCHERER/BUTT DB 2000, 1009, 1012; TAUPITZ/KRITTER JuS 1999, 839, 840 f; WALDENBERGER BB 1996, 2365; **aM** MUSCHELER/SCHEWE Jura 2000, 565, 568 f); vgl zu Internet-Auktionen auch § 156 Rn 10a.

Bei **öffentlichen Verkehrsmitteln** fordert das Verkehrsunternehmen nach allgemeiner **10** Ansicht nicht zur Abgabe von Angeboten auf, sondern erbietet sich schon durch das Bereitstellen des Verkehrsmittels in rechtsverbindlicher Weise zum Vertragsabschluß. Wer ein solches Verkehrsmittel benutzt, nimmt dieses Angebot an und schuldet damit den Fahrpreis. Sind Fahrkartenautomaten aufgestellt, wird der Vertragsschluß auf die Bedienung des Automaten vorverlagert (anders wieder für im Verkehrsmittel selbst aufgestellte Fahrkartenautomaten).

In **Gaststätten** ist die Speisekarte nur als invitatio ad offerendum zu bewerten. Der **11**

Gastwirt muß die Möglichkeit haben, auf ein geändertes Leistungsangebot hinzuweisen, etwa wenn die Zutaten für bestimmte Speisen ausgegangen sind. Hingegen
handelt es sich um ein Angebot (das der Gast durch Selbstbedienung annimmt),
wenn auf den Tischen Brotkörbe oä aufgestellt sind.

12 Mitteilungen innerhalb eines bestehenden Vertragsverhältnisses können Angebote
zum Abschluß eines Vertrages, etwa eines Änderungsvertrages, sein. Das wird
man zwar nicht schon annehmen können, wenn ein *Arbeitgeber* auf einer Betriebs-
versammlung Gehaltserhöhungen zusagt (LAG Frankfurt LAGE § 151 BGB Nr 1; LAG
Hamm ARST 1992, 94). Die Rücknahme einer wirksam gewordenen Kündigung ist
hingegen regelmäßig als Angebot zum Abschluß eines Fortsetzungsvertrages zu
verstehen (BAG BB 1983, 704, 705; OLG Nürnberg DB 1993, 1013; BERKOWSKY BB 1984, 216,
217). Wenn eine *Versicherungsgesellschaft* ihren Versicherungsnehmer darüber informiert, daß der Versicherungsvertrag durch Rechtsnorm abgeändert ist (RGZ 170, 397,
400), dann stellt das kein Änderungsangebot dar. Anders verhält es sich, wenn ein
Unternehmen, insbesondere eine *Bank*, dem Kunden im Laufe einer andauernden
Geschäftsbeziehung die Neufassung der AGB mit der Ankündigung zuleitet, diese
künftig dem Geschäftsverkehr zugrunde zu legen. Der Kunde muß dieses Angebot
aber noch annehmen (vgl OLG Saarbrücken NJW-RR 1989, 92), was zB gemäß Nr 1 Abs 2
S 2 AGB-Banken durch widerspruchslose Entgegennahme geschehen kann. Entsprechend gilt die Zusendung eines Kontoauszuges, auf dem der Rechnungsabschluß-
saldo dokumentiert ist, als Angebot zum Abschluß eines Anerkenntnisvertrages, das
der Kunde gemäß Nr 7 Abs 2 S 2 AGB-Banken stillschweigend annimmt, wenn er
nicht rechtzeitig protestiert (näher dazu STAUDINGER/MARBURGER [1997] § 782 Rn 8).

13 Leitet jemand einem Wettbewerber ein Abmahnschreiben zu, dem ein vorformulier-
tes *Vertragsstrafeversprechen* beigefügt ist, so ist das nicht nur eine invitatio ad offerendum, sondern ein Angebot im Rechtssinne (vgl BGH WRP 1993, 240, 241/242; OLG
Karlsruhe WRP 1990, 51, 52; KÖHLER, in: FS Gernhuber [1993] 207, 208 f; TEPLITZKY WRP 1994, 709,
710 mwN). Hingegen ist der Nachweis durch einen *Makler* aus der Sicht des Kunden
nicht unbedingt als Angebot zum Abschluß eines (Doppel-)Maklervertrages zu verstehen, da der Kunde davon ausgehen darf, daß der Makler vom Verkäufer beauftragt
ist (BGHZ 95, 393, 395 ff; BGH NJW 1981, 279).

2.   Letter of Intent

14 Am Rechtsbindungswillen und damit an der wesentlichen Voraussetzung für ein
Vertragsangebot iSd § 145 fehlt es auch beim sog „Letter of Intent" (ausf dazu
BLAUROCK ZHR 147 [1983] 334 ff; HEUSSEN, Letter of Intent [2001]; LUTTER, Der Letter of Intent
[2. Aufl 1983]; SIEBOURG, Der Letter of Intent [Diss Bonn 1979]). Dabei handelt es sich um eine
schriftliche **Absichtserklärung**, mit der im Vorfeld komplexer – idR wirtschaftsrecht-
licher – Vertragsverhandlungen (zB über den Bau von Industrieanlagen, über die
Einräumung von Lizenzen, über den Unternehmenskauf etc) Vertragsbereitschaft
signalisiert wird. Eine solche Erklärung äußert sich zwar häufig zu den Eckwerten des
in Aussicht genommenen Vertrages und formuliert die Bereitschaft, in ernsthafte
Vertragsverhandlungen zu treten. Sie wird aber regelmäßig ohne Rechtsbindungswillen abgegeben, was nicht selten auch ausdrücklich zum Ausdruck gebracht wird
(„no binding clause"; vgl auch OLG Köln EWiR 1994, 533 m Anm WEBER). In diesem Fall
handelt es sich letztlich nur um eine invitatio ad offerendum. Allerdings kann ein

solches Schreiben bereits **vertrauensbegründende Wirkung** haben und Grundlage einer cic-Haftung sein, etwa wenn sich später herausstellen sollte, daß ernsthafte Verhandlungen gar nicht geplant waren (MünchKomm/KRAMER Vor § 145 Rn 41). Nach Maßgabe des Einzelfalles ist außerdem denkbar, daß die in dem Letter of Intent enthaltene Absichtserklärung im Laufe der Verhandlungen durch Zustimmung der Gegenseite zu einer **Vorfeldvereinbarung** wird, mit der sich die Parteien über die Verteilung der Verhandlungs(neben)kosten oder über Informationspflichten einigen oder Exklusivbindungen vereinbaren (BISCHOFF 132 ff; LUTTER 35 ff; STAWOWY, passim; WEBER JuS 1990, 249, 252; krit BLAUROCK ZHR 147 [1983] 334, 337 ff); allerdings wird hier in der Praxis häufig eine ausdrückliche Vereinbarung (**„Instruction to Proceed"**) vorgezogen (s BISCHOFF 153 f; HERTEL BB 1983, 1824, 1826). Sodann kann der Letter of Intent zur **Punktation** werden (die freilich immer noch unverbindlich ist, s Vorbem 47 zu §§ 145 ff), in besonderen Fällen auch zu einem verbindlichen **Vorvertrag** (s zu diesem Vorbem 45 ff zu §§ 145 ff) oder gar zum endgültigen **Hauptvertrag**, der dann aber die Bezeichnung Letter of Intent zu Unrecht führen dürfte (vgl OLG Köln EWiR 1994, 533 m Anm WEBER).

3. Sonstiges

Ob ein Verhalten auf einen Rechtsfolgenwillen schließen läßt, ist durch Auslegung **15** festzustellen (s schon Rn 4). So läßt zB die zeitweilige *Duldung* einer Hausbesetzung kaum den Schluß auf einen Mietvertragswillen zu (BGH NJW 1981, 1849). Umgekehrt kann aus einer tatsächlichen *Nutzung* einer Sache nicht schon auf einen entsprechenden Angebotswillen geschlossen werden (vgl BGH NJW 1991, 564; NJW-RR 1991, 176; AG Germersheim ZMR 1989, 262, 263), wohl aber uU auf einen Annahmewillen (vgl § 151 Rn 18 f). – Im Arbeitsrecht wird bei einer *betrieblichen Übung* angenommen, daß die Arbeitnehmer aus einer regelmäßig wiederholten Verhaltensweise des Arbeitgebers bei Auslegung vom Empfängerhorizont schließen könnten, ihnen solle eine Leistung oder Vergünstigung auf Dauer gewährt werden (vgl BAGE 59, 224, 232; 53, 42, 55 f; 49, 299, 300; BAG NZA 1990, 69). Dabei dürfte es sich aber eher um einen Fall der Vertrauenshaftung als des rechtsgeschäftlichen Verhaltens handeln (vgl zur Kritik BACKHAUS ArbuR 1983, 65, 67 ff; GAMILLSCHEG, in: FS Hilger/Stumpf [1983] 227, 238 ff; HROMADKA NZA 1984, 241, 244 f; ZÖLLNER/LORITZ, Arbeitsrecht [5. Aufl 1998] § 6 I 7 mwN).

III. Wirksamkeit

1. Allgemeine Wirksamkeitsvoraussetzungen

Der Antrag ist eine empfangsbedürftige Willenserklärung. Als solche wird er gemäß **16** § 130 Abs 1 mit dem *Zugang* wirksam, sofern er durch verkörperte Willenserklärung erfolgt; als nicht verkörperte Willenserklärung bedarf er zum Wirksamwerden der *Vernehmung* (s STAUDINGER/DILCHER[12] § 130 Rn 8 ff). Da es sich nicht um ein einseitiges Rechtsgeschäft handelt, finden §§ 111, 174, 180 keine Anwendung (s Rn 1). Ob das Angebot eines *Minderjährigen* wirksam ist, beurteilt sich vielmehr nach §§ 107 ff, wobei es nicht von der Bindungswirkung des Antrages, sondern von den Rechtsfolgen des in Aussicht genommenen Vertrages abhängt, ob die Willenserklärung für den Minderjährigen lediglich rechtlich vorteilhaft iSd § 107 ist oder nicht; zum Zugang eines an Minderjährige gerichteten Angebots s Rn 33. Eine besondere *Form* ist für Anträge als solche nicht vorgeschrieben. Sie sind daher grundsätzlich formlos (und damit auch konkludent) möglich (BGH VersR 1991, 910; OLG Saarbrücken NJW 1976, 65), auch in Gestalt der *Realofferte* durch Präsentation der angebotenen Waren (s auch Rn 6). Etwas anderes gilt dann, wenn für das Rechtsgeschäft Formzwang besteht, wie insbesondere beim Grundstückskaufvertrag nach § 313 S 1. Sofern das Erfordernis der Schriftform nur für eine der beiden vertragsbegründenden Erklärungen besteht, wie zB bei der Bürgschaft (§ 766), ist der Antrag vom Formerfordernis nicht betroffen, wenn er von demjenigen stammt, dessen Erklärung formfrei möglich ist, sich also beispielsweise die Bürgenerklärung als Vertragsannahme darstellt. Ob *schlüssiges Verhalten* zum Vertragsschluß führt, ist – von der Formfrage abgesehen – danach zu beurteilen, ob das Verhalten der Beteiligten nach Treu und Glauben und mit Rücksicht auf die Verkehrssitte eindeutig und zweifelsfrei als auf den Abschluß eines Vertrages gerichtete Willenserklärungen aufzufassen ist (BGH NJW 1991, 2084, 2085 f; NJW-RR 1991, 176).

2. Bestimmtheit

17 a) Der Antrag ist nur wirksam, wenn er hinreichend bestimmt ist. Er muß so beschaffen sein, daß der Vertrag mit der Annahmeerklärung zustande kommen kann (RG HRR 1930 Nr 91). Das bedeutet, daß der Antrag nach seinem Inhalt derart bestimmt sein muß, daß die **Annahme durch einfaches „Ja"** oder durch einfache Wahl zwischen mehreren angebotenen Möglichkeiten erfolgen kann (vgl SOERGEL/WOLF § 145 Rn 4) und daß der Vertragsinhalt im Streitfall richterlich festgestellt werden kann. Ob das der Fall ist, ist gegebenenfalls im *Auslegungswege* zu ermitteln, wofür auch auf die Vorverhandlungen zurückzugreifen ist (s Vorbem 46 zu §§ 145 ff). Demnach muß das Angebot vor allem die **essentialia negotii** bezeichnen (allg dazu STAUDINGER/DILCHER[12] Einl 14 zu §§ 104 ff; vgl für den Vorvertrag Vorbem 57 zu §§ 145 ff), also Vertragsgegenstand, Vertragstyp, Vertragsparteien und eine evtl zu erbringende Gegenleistung hinreichend bestimmt festlegen (vgl OLG Karlsruhe DNotZ 1988, 694 ff; LG Bad Kreuznach NJW-RR 2002, 130; LG Hagen VuR 1992, 362 [LS]; LG Lübeck NJW-RR 1999, 1655; LG Mainz NJW-RR 1998, 631). Die Gegenleistung kann nur dann offenbleiben, wenn sie, wie etwa bei einer Hotelzimmerbestellung, nach den Regeln der §§ 316, 612 Abs 2, 632 Abs 2 bestimmt werden kann (vgl OLG Düsseldorf NJW-RR 1991, 1143, 1144). Ist das Angebot auf den Abschluß eines atypischen Vertrages gerichtet, ist es nur dann hinreichend bestimmt, wenn der Antrag eine sinnvolle, in sich geschlossene und verständliche Regelung enthält (MünchKomm/KRAMER § 145 Rn 4). Hingegen kann die Festlegung der **accidentalia negotii** stets dem Angebotsempfänger zugestanden werden (FLUME § 35 I 1).

b) Beispiele

18 Dem Bestimmtheitserfordernis ist genügt, wenn ein Arbeitgeber aufgrund einer Bewerbung dem Bewerber die näheren Bedingungen mitteilt und bei ihm anfragt, ob der Eintritt auch zu einem früheren Termin möglich sei (RAG Recht 1938 Nr 5413). Das gleiche gilt, wenn der Antragende ein Formblatt an den maßgeblichen Leerstellen ausfüllt, auch wenn er es unterläßt, den übrigen Text hiermit in Übereinstimmung zu bringen (OLG München NJW 1958, 1876, 1877). Die Bestimmtheit des Angebots wird nicht dadurch beeinträchtigt, daß dem Angebotsempfänger das Recht zugestanden wird, das Annahmerecht aus dem Angebot einem Dritten abzutreten (RG JW 1914, 350; s dazu auch Rn 35), oder daß ein Vermögenswert zwei Personen alternativ angeboten wird, die sich einigen sollen, wer den Vermögenswert bekommt (BGH EWiR 1988,

1103 f). Anders ist es, wenn der Erklärungsempfänger das Angebot an einen von ihm selbst noch zu bestimmenden Dritten weiterleiten soll, ohne selbst eintrittsberechtigt zu sein (vgl dazu HAEGELE/SCHÖNER/STÖBER, Grundbuchrecht [9. Aufl 1989] Rn 906 mwN; LUDWIG Rpfleger 1986, 345 ff).

c) Das Bestimmtheitserfordernis ist auch dann gewahrt, wenn sich jemand an das **19** Publikum wendet und einen Antrag **ad incertam personam** abgibt. Die Person des Vertragspartners wird hier zwar nicht konkret bezeichnet. Sie ist aber hinreichend bestimmbar, weil (und sofern) die Auslegung ergibt, daß der Antragende mit jedem abschließen will, der die Annahme erklärt (vgl schon SOHM ZHR 17 [1873] 16, 62). Das wird idR nur bei Alltagsgeschäften der Fall sein (sehr weitgehend deshalb BGH NJW-RR 1994, 1185 f: Prospekt mit verbindlichem Angebot zum Abschluß eines Gesellschaftsvertrages über eine PublikumsKG an eine unbestimmte Vielzahl von Personen). Beispiele bieten die *Auslagen im Selbstbedienungsladen* (str, s Rn 7), die Aufstellung eines *Warenautomaten* (ebenfalls str, s Rn 8), das *Bereitstellen öffentlicher Verkehrsmittel* (s Rn 10) oder das *Aufstellen einer Sammelbüchse* als Angebot an die Allgemeinheit, Schenkungen anzunehmen. Bei Grundstücksgeschäften wird aber ein Angebot ad incertam personam regelmäßig nicht in Betracht kommen (OLG Karlsruhe DNotZ 1988, 694; LUDWIG DNotZ 1982, 724 ff). Bei *Internet-Auktionen* (dazu § 156 Rn 10a) kann sich der Verkäufer bereits im Vorfeld zur Annahme des Höchstgebotes bereiterklären und damit eine Erklärung ad incertam personam abgeben (BGH NJW 2002, 363, 364).

IV. Wirkungen für den Antragenden

1. Bindungswirkung

a) § 145 bestimmt, daß der Antragende an sein Angebot gebunden ist, wenn er **20** diese Bindung nicht ausgeschlossen hat. Diese Bindungswirkung besteht bis zum Erlöschen des Antrages nach § 146 (s näher § 146 Rn 8). **Sinn und Zeck** der Norm ist es, den Verkehrsbedürfnissen zu entsprechen. Nach gemeinem Recht war der Antrag noch bis zur Annahme widerruflich, während die Bindungswirkung in §§ 90 ff I 5 ALR, § 872 ABGB und Art 319 ADHGB als notwendiges Verkehrserfordernis vorgesehen war. Im gleichen Sinne wurde bei der Abfassung des BGB davon ausgegangen, daß der Annehmende für seine Entschließung einer sicheren Grundlage bedürfe und daß es auch der Absicht des Antragenden selbst entspreche, dem Empfänger die für die Annahmeerklärung unumgängliche Zeit zu lassen (Mot I 165). Wie lang diese Zeit ist, ergibt sich aus §§ 147 ff. Insbesondere durch das in § 147 Abs 1 vorgesehene Erfordernis sofortiger Annahme bei Erklärungen unter Anwesenden ist die Bindungswirkung praktisch nur für Angebote in verkörperten Willenserklärungen (s Rn 16) relevant.

b) Die Bindungswirkung tritt **erst mit Zugang** des Antrages ein. Nach *Abgabe* der **21** Angebotserklärung (s dazu STAUDINGER/DILCHER[12] § 130 Rn 2 ff) kann der Erklärende noch gemäß § 130 Abs 1 S 2 widerrufen (OLG Nürnberg BB 1969, 1106; FLUME § 35 I 3b; LARENZ/WOLF § 29 Rn 39), wozu erforderlich ist, daß der Widerruf dem Angebotsadressaten vor oder gleichzeitig mit der Angebotserklärung zugeht (vgl STAUDINGER/DILCHER[12] § 130 Rn 59 ff). *Nach dem Wirksamwerden* des Angebots (s Rn 16) kann der Antragende keinen Einfluß mehr darauf nehmen, ob der Vertrag zustande kommt oder nicht. Dies liegt jetzt – nach Maßgabe der §§ 146 ff (s Rn 20) – allein in der Entscheidung des Angebotsempfängers.

22 Etwas anderes kann bei zwischenzeitlich **veränderten Umständen** gelten. Grundsätzlich hat der Gesetzgeber es in Kauf genommen, daß sich die für die Formulierung des Angebots maßgeblichen Umstände zwischen Abgabe der Antragserklärung und Annahme des Angebots zum Nachteil des Anbietenden ändern (vgl Mot I 166). Das ist hinnehmbar, wenn diese Änderung für den Antragenden voraussehbar war oder wenn es sich um nicht besonders gravierende Änderungen handelt. Haben sich jedoch – für den Empfänger erkennbar – die maßgeblichen Umstände in unvorhersehbarer Weise so erheblich geändert, daß dem Antragenden ein Festhalten an seinem Angebot unzumutbar wäre, dann kann er das Angebot widerrufen, und bei bereits erfolgter Annahme ist es dem Annehmenden verwehrt, sich auf die Annahme zu berufen (OLG Düsseldorf OLGZ 1991, 88, 90; AG Lübeck WuM 1985, 111; FLUME § 35 I d; LARENZ/WOLF § 29 Rn 37).

23 Die Bindungswirkung tritt im übrigen nur ein, wenn der in Aussicht genommene **Vertrag selbst bindend** ist (FLUME § 35 I 3b). So ist das nicht beurkundete Auflassungsangebot sowenig bindend wie die nicht beurkundete Auflassung selbst (s dazu STAUDINGER/GURSKY [2000] § 873 Rn 147 ff). Umgekehrt ist ein Angebot zum Abschluß eines **genehmigungsbedürftigen** Vertrages bindend. Eine Ausnahme hat für Verträge zu gelten, die der Genehmigung des Vormundschaftsgerichts bedürfen. Da die vom Vormundschaftsgericht erteilte Genehmigung gemäß § 1829 Abs 1 S 2 erst wirksam wird, wenn sie dem Gegner vom Vormund (gesetzlichen Vertreter) mitgeteilt wird, der Vormund also über das Wirksamwerden des Vertrages auch nach Erteilung der Genehmigung noch entscheiden können soll, muß es ihm auch möglich sein, sein Angebot zu widerrufen und den Vertrag bereits daran (und nicht erst am Zurückhalten der vormundschaftsgerichtlichen Genehmigung) scheitern zu lassen (FLUME § 35 I 3b).

24 **c)** Bei einer **Festofferte** erklärt der Antragende ausdrücklich, auf einen möglichen Ausschluß der Gebundenheit (s dazu Rn 26 ff) zu verzichten (RG SeuffA 82 [1928] Nr 31). Eine solche Erklärung hat freilich idR nur deklaratorische Bedeutung, indem sie Zweifel daran, ob die Gebundenheit ausgeschlossen sein soll, vermeidet. Wie sich aber aus § 145 ergibt, ist die Bindungswirkung die Regel, so daß sie auch ohne ausdrückliche Erklärung eintritt, wenn sich ihr Ausschluß nicht feststellen läßt (s zur Beweislast Rn 38). Größere Bedeutung erlangt sie, wenn in ihr eine *Bindungsfrist* erklärt wird. Das entspricht dann der Einräumung einer Annahmefrist iSd § 148 (OLG München VersR 1976, 745, 746; s dazu § 148 Rn 7 sowie zum Optionscharakter Vorbem 70 zu §§ 145 ff). Im übrigen steht der Annahme nicht entgegen, daß sich jemand – auch gegenüber einem Dritten – schuldrechtlich verpflichtet, ein nicht bindendes Angebot nicht zu widerrufen.

25 **d)** Die Bindungswirkung des Antrags bringt **keine Verfügungssperre** für den Antragenden mit sich. Das gilt auch für das Angebot zum Abschluß eines Verfügungsvertrages. Hat der Antragende ein Übereignungsangebot abgegeben, aber vor der Annahmeerklärung anderweitig verfügt, so ist diese Zwischenverfügung (ebenso wie eine solche im Wege der Zwangsvollstreckung) wirksam. Gleichwohl führt die Annahme des zeitlich früheren Antrages noch zum Zustandekommen des Verfügungsvertrages; der Antragende verfügt aber jetzt als Nichtberechtigter (FLUME § 35 I 3b). Scheitert diese Übereignung, so ist **Schadensersatz** analog § 160 Abs 1 zu leisten. Ist hingegen nur der Abschluß eines Verpflichtungsvertrages angeboten worden und kann dieser wegen einer anderweitigen Verfügung zwischen Zugang des Angebotes und dessen Annahme vom Antragenden nicht mehr erfüllt werden, so liegt anfängliches Unvermögen mit der Folge einer Schadensersatzhaftung aus § 311a Abs 2 vor. Ist der Vertragsgegenstand in dem fraglichen Zeitraum untergegangen oder die Leistung sonstwie unmöglich geworden, so gilt dasselbe. Darüber hinaus geht mit der Bindung ein gegenseitiges **vorvertragliches Vertrauensverhältnis** einher (RGZ 107, 240, 242 f; OLG Düsseldorf OLGZ 1991, 88, 90), das den Antragenden zB verpflichtet, nicht den rechtzeitigen Zugang der Annahmeerklärung zu vereiteln oder den Gegner auf den verspäteten Eingang der Annahme hinzuweisen (s § 148 Rn 11). Eine Verletzung dieser Pflichten führt zu einer Haftung wegen culpa in contrahendo aus §§ 280 Abs 1, 311 Abs 2 (s auch Rn 36).

2. Ausschluß der Bindung

a) § 145 erlaubt es dem Antragenden, die Bindung an das Angebot auszuschlie- **26** ßen. Das geschieht in der Praxis mit sehr unterschiedlichen Formulierungen, die vom einfachen Widerrufsvorbehalt bis zu Klauseln wie „ohne Verbindlichkeit", „sine obligo", „freibleibend", „solange Vorrat reicht", „Zwischenverkauf vorbehalten", „Selbstbelieferung vorbehalten", „Preis freibleibend" reichen. Der Antragende kann die Bindung schon im Antrag selbst ausschließen. Er kann aber eine entsprechende Erklärung nach dem Rechtsgedanken des § 130 Abs 1 S 2 auch nachträglich abgeben, solange sie nur den Angebotsempfänger vor oder gleichzeitig mit der Angebotserklärung erreicht (Mot I 168; RG JW 1911, 643, 644). Ein Fall des § 145 liegt dabei freilich nur vor, wenn der Antragende nur die Bindung an das Angebot ausschließen will. Handelt er völlig ohne Rechtsbindungswillen, dann liegt gar kein Angebot vor, um dessen fehlende Bindungswirkung es noch gehen könnte, sondern eine invitatio ad offerendum (s dazu Rn 3 ff). Es ist daher zu unterscheiden zwischen der als Angebot zu verstehenden Willenserklärung, von der wieder abzurücken sich der Antragende vorbehält, und der invitatio ad offerendum, bei der es sich mangels Rechtsbindungswillens nicht um eine Willenserklärung handelt (s Rn 30 f). Von beiden ist noch einmal abzugrenzen die Aufnahme von „Unverbindlichkeitsklauseln" in den Vertrag (s Rn 31; die zu § 145 angeführte Rechtsprechung befaßt sich meist nur mit diesen Fällen, nicht mit einem Abrücken von einem widerruflichen Angebot *vor* Vertragsschluß).

b) Ein Bindungsausschluß kann unterschiedliche **Bedeutung** haben. In vielen Fäl- **27** len wird es sich um einen **Widerrufsvorbehalt** handeln. Es liegt dann eine wirksame und verbindliche Willenserklärung vor (BGH NJW 1984, 1885). Der Antragende kann aber die Bindungswirkung durch Widerruf beseitigen. Ein entsprechender Vorbehalt kann dahin auszulegen sein, daß der Antragende das Angebot nicht nur bis zum Zugang der Annahmeerklärung (so zB RG JW 1911, 643, 644), sondern auch noch unmittelbar nach deren Zugang widerrufen kann (FLUME § 35 I 3c; offen BGH NJW 1984, 1885, 1886). Der Anbietende soll, „wenn es ernst wird", noch einmal über das Zustandekommen des Vertrages entscheiden können. Näher liegt dann freilich die Annahme eines vertraglichen **Rücktrittsrechts** (BORK Rn 724 f). Dabei ist allerdings zu verlangen, daß der Antragende unverzüglich nach Zugang der Annahmeerklärung zurücktritt.

28 Der Widerrufsvorbehalt kann sich auf den ganzen Vertrag oder auf einzelne Vertragselemente beziehen. Im zweiten Fall handelt es sich genau genommen um einen **Abänderungsvorbehalt.** Es liegt – wie etwa bei der Klausel „Preis freibleibend" – insgesamt ein gültiges Angebot vor, das nur in einem Punkt nach dem Willen des Antragenden abänderbar sein soll. Allerdings wird dann die Auslegung ergeben, daß diese Möglichkeit auf eine einmalige Änderung beschränkt ist (RG LZ 1923, 272).

29 Ebenso kann der Antragende bestimmen, daß die Gebundenheit an das Angebot mit dem Eintritt einer bestimmten **Bedingung** enden soll. Dabei kann die Bindung von beliebigen objektiven Umständen abhängig gemacht werden. Diese können sich auch aus den dem Angebot beigefügten AGB ergeben, sofern auf deren Geltung für das Angebot ausdrücklich hingewiesen ist (vgl OLG Bremen NJW 1965, 977, 978). Bei der Klausel „Zwischenverfügung vorbehalten" wird man eine auflösende Bedingung annehmen können: Hier soll die Annahmefähigkeit ohne weiteres, insbesondere ohne vorherigen Widerruf des Anbietenden, entfallen, wenn der Antragende die Ware vor der Annahme der Offerte anderweitig verkauft (vgl OLG Hamburg BB 1960, 383; KG JR 1925 II Nr 261).

30 Denkbar ist aber auch, daß sich aus der die Bindung ausschließenden Klausel ergibt, daß der Erklärende gar keine Willenserklärung abgeben will. Es liegt dann eine **invitatio ad offerendum** vor (s Rn 3 ff). Verhält es sich so, was die Rechtsprechung – freilich stets nach Maßgabe des Einzelfalles (s Rn 31) – für die Klausel „freibleibend" angenommen hat (BGH NJW 1996, 919 f; RGZ 105, 8, 12; 103, 312 f; 102, 227, 228 f; anders aber BGH NJW 1984, 1885 für „freibleibend entsprechend unserer Verfügbarkeit"), dann liegt erst in der aufgrund der invitatio abgegebenen Bestellung ein Angebot, das noch nach Maßgabe der §§ 146 ff angenommen werden muß und bei Überschreiten der dort gesetzten Fristen erlischt. Allerdings wird man für denjenigen, der in dieser Weise freibleibend zur Abgabe von Angeboten eingeladen hat, eine *Erklärungspflicht* hinsichtlich der ihm zugehenden Angebote bejahen müssen, deren Verletzung dazu führt, daß sich der Empfänger nach Treu und Glauben so behandeln lassen muß, als habe er angenommen (RGZ 103, 312 f; 102, 227, 229 f; RG JW 1921, 393 Nr 2; Honsell/ Holz-Dahrenstaedt JuS 1986, 969 f; Lindacher DB 1992, 1813 f; MünchKomm/Kramer § 145 Rn 7 mwN; Soergel/Wolf § 145 Rn 10; s auch § 146 Rn 10).

31 Welche Bedeutung dem Bindungsausschluß im Einzelfall zukommt, ist durch **Auslegung** zu ermitteln. Für die Abgrenzung zur invitatio ad offerendum ist dabei auch erheblich, ob es sich erkennbar um eine nur an eine einzelne Person und nicht an einen größeren Adressatenkreis gerichtete Erklärung handelt und ob sie die Vertragselemente so konkret beschreibt, daß eine Annahme rechtlich möglich ist und praktisch auch in Betracht kommt (vgl RGZ 105, 8, 12). *Im Zweifel* wird man dann nicht von einer invitatio, sondern von einem *Widerrufsvorbehalt* auszugehen haben (Soergel/Wolf § 145 Rn 10). Das gilt insbesondere dann, wenn der auszulegenden Erklärung selbst schon eine invitatio ad offerendum vorausgegangen ist (BGH NJW 1984, 1885 f). – Zur **Beweislast** s Rn 38.

32 **c)** Über das bisher Gesagte hinaus ist es möglich, die erwähnten Klauseln zum **Vertragsbestandteil** zu machen (vgl BGHZ 1, 353, 354; RGZ 102, 227, 228). Insoweit ist durch (restriktive, s BGH NJW 1958, 1628) Auslegung zu ermitteln, ob das Widerrufs- oder Änderungsrecht nur bis zum Vertragsschluß oder auch darüber hinaus gelten soll (instruktiv RGZ 102, 227, 228). Eine Widerrufs- oder „Freiklausel", die sich auf das gesamte Geschäft bezieht, ist dann als vertragliches *Rücktrittsrecht* iSv § 346 zu verstehen. Die Klausel kann sich aber auch auf einzelne Vertragspunkte beschränken, etwa auf die Preisvereinbarung („Preise freibleibend"). Dann kann das als *Leistungsbestimmungsrecht* nach § 315 ausgelegt werden (OGHBrZ 4, 165, 169; RGZ 104, 306, 307; 103, 414, 415; FLUME § 35 I 3c), aber auch als die Befugnis, vom ursprünglichen Vertrag zurückzutreten und dem Gegner ein neues Angebot zu unterbreiten, das dieser nicht annehmen muß (BGHZ 1, 353, 354). Die Vertragsklausel „Liefermöglichkeit vorbehalten" kann für den Fall, daß dem Verkäufer Beschaffungsanstrengungen unzumutbar sind (vgl BGH NJW 1958, 1628 f), als *auflösende Bedingung* den von ihr begünstigten Vertragspartner von seinen Lieferpflichten (und den anderen Teil von der Gegenleistung) oder als *Haftungsausschluß* von den Folgen der Nichterfüllung befreien (BGHZ 24, 39, 42; RG LZ 1923, 310, 311; vgl auch § 158 Rn 5). Wird eine AGB-Klausel über die „Selbstbelieferung" des Verkäufers zum Vertragsbestandteil, so wird der Verkäufer beim Ausfall seines Lieferanten von der Leistungspflicht auch dann frei, wenn eine Gattungsschuld vorliegt (BGHZ 49, 388, 391 ff; OGHBrZ 1, 178, 179 f).

V.   Wirkungen für den Antragsempfänger

1.   Überblick

Aufgrund des Angebotes kann dessen Empfänger nunmehr entscheiden, ob er den **33** angetragenen Vertrag schließen will oder nicht. Diese Rechtslage ist für ihn günstig. Der Empfang eines Angebotes bringt dem Adressaten daher *lediglich einen rechtlichen Vorteil*, so daß es bei einem beschränkt geschäftsfähigen Adressaten gemäß § 131 Abs 2 S 2 mit Zugang bei diesem wirksam wird (s STAUDINGER/DILCHER[12] § 131 Rn 7; aM LANGE, in: FS Reinhardt [1972] 95, 96 ff, der auf die Vorteilhaftigkeit des angebotenen Rechtsgeschäfts abstellt). Der beschränkt Geschäftsfähige kann also das Angebot ohne Mitwirkung des gesetzlichen Vertreters wirksam empfangen, während die Ablehnung des Angebots in keinem Fall einen lediglich rechtlichen Vorteil darstellt (LANGE 99 f). – Sofern der Antrag die vertragliche Begründung eines Rechts zum Inhalt hat, besteht aufgrund der Gebundenheit des Antragenden für den Angebotsempfänger eine entsprechende *Anwartschaft* (RGZ 151, 75; FURTNER NJW 1964, 745; vgl allg dazu Vorbem 53 ff zu §§ 158 ff). Anders ist es dann, wenn die Bindung an den Antrag ausgeschlossen (s Rn 26 ff), also zB ein Widerruf vorbehalten wurde. – Einen durch die Annahme bedingten *Erfüllungsanspruch* begründet das Angebot hingegen nicht (RGZ 132, 6, 7; 131, 24, 26). Wohl aber kann, da künftige Ansprüche vormerkungsfähig sind, für den künftigen Erfüllungsanspruch bereits eine *Vormerkung* zugunsten des Angebotsempfängers eingetragen werden, wenn der Antrag unwiderruflich ist (ausf STAUDINGER/GURSKY [1996] § 883 Rn 122 ff). Entsprechend kommt die *Sicherung* durch Bürgschaft (§ 765 Abs 2), Grundpfandrecht (§§ 1113 Abs 2, 1192 Abs 1) oder Pfandrecht (§ 1204 Abs 2) in Betracht. Auch die *Unterwerfung unter die sofortige Zwangsvollstreckung* nach § 794 Abs 1 Nr 5 ZPO kann bereits in den Antrag aufgenommen werden (BGH WM 1978, 577, 578; RGZ 132, 6 7).

2.   Zur Einordnung als Gestaltungsrecht

Nach früher hM wurde die für den Angebotsempfänger begründete Rechtsposition **34** als Gestaltungsrecht bewertet, das die Befugnis zum Inhalt hat, durch Annahmeerklärung den Vertrag zustandezubringen (vgl nur RGZ 132, 6, 7; OLG Celle NJW 1962, 743, 744; ENNECCERUS/NIPPERDEY § 161 IV 1; JAUERNIG § 145 Rn 4; LORENZ, in: FS Dölle I [1963] 103, 106 ff; PALANDT/HEINRICHS § 145 Rn 5). Heute steht die überwiegende Meinung zu Recht auf dem gegenteiligen Standpunkt (vgl BÖTTICHER, in: FS Dölle I [1963] 41, 52 ff; ders, Gestaltungsrecht und Unterwerfung im Privatrecht [1964] 13 ff; ERMAN/HEFERMEHL § 145 Rn 18; GEORGIADES, in: FS Larenz [1973] 409, 420; ders JZ 1966, 285, 286; LARENZ/WOLF § 29 Rn 43; SOERGEL/WOLF § 145 Rn 16; offen MünchKomm/KRAMER § 145 Rn 20). Von einem Gestaltungsrecht läßt sich nicht schon dann sprechen, wenn jemand ein Rechtsverhältnis zu einem anderen nur *begründen* kann. Vielmehr liegt ein Gestaltungsrecht nur dann vor, wenn jemand die Rechtsmacht hat, auf ein bestehendes Rechtsverhältnis verändernd einzuwirken. Der Antragsempfänger hat daher kein Gestaltungsrecht, sondern nur eine sonstige „Rechtsposition". Dafür spricht zudem, daß die Annahme nur Teil des rechtsbegründenden Vertragsschlusses und die Bindung des Antragenden nur technisches Mittel zur Erleichterung dieses Vertragsschlusses ist (BÖTTICHER, in: FS Dölle I [1963] 41, 53). Jedenfalls muß aber klar sein, daß sich aus der Begriffsbildung so oder so keine Rechtsfolgen ableiten lassen (zutr MünchKomm/KRAMER § 145 Rn 20). – Zur entsprechenden Frage bei der *Option* s Vorbem 73 zu §§ 145 ff.

3.   Übertragbarkeit

35 Daß die Rechtsposition des Angebotsempfängers gemäß §§ 413, 398 übertragbar ist, läßt sich weder generell verneinen (so aber RG JW 1911, 752 f; PFEIFFER LZ 1912, 374 ff, weil das Angebot stets höchstpersönlich sei) noch pauschal bejahen. Vielmehr ist durch *Auslegung* in jedem Einzelfall zu ermitteln, ob das Angebot auch von einem Dritten angenommen werden kann, auf den der Antragsempfänger seine Annahmebefugnis übertragen hat (ERMAN/HEFERMEHL § 145 Rn 18; MünchKomm/KRAMER § 145 Rn 21; PALANDT/HEINRICHS § 145 Rn 5; SOERGEL/WOLF § 145 Rn 19). Dabei geht es wohlgemerkt nicht darum, den Dritten zu ermächtigen, über die Annahme des Angebotes mit Wirkung für den Angebotsempfänger zu entscheiden, sondern es geht darum, ob der Antragsempfänger das Angebot so an den Dritten weiterleiten kann, daß dieser den Vertrag zwischen sich und dem Antragenden durch bloße Annahmeerklärung zustande bringen kann. Dabei kann die Auslegung des Angebotes ergeben, daß das Angebot bereits mit an den Dritten (oder ad incertam personam, s Rn 19) gerichtet ist (vgl RG JW 1914, 350, das freilich gleichwohl Abtretung und antezipierte Zustimmung des Antragenden unterstellt). Sie kann aber auch ergeben, daß zur Übertragung das Einverständnis des Antragenden erforderlich ist oder daß der Antragende ausschließlich mit dem Angebotsempfänger selbst abschließen will und die Übertragung damit ausgeschlossen ist. Im *Zweifel* ist – jedenfalls bei Verträgen, bei denen die Person des Kontrahenten (etwa wegen der Leistungsfähigkeit) von Bedeutung ist, von fehlender Übertragbarkeit auszugehen (ebenso ERMAN/HEFERMEHL § 145 Rn 18; JAUERNIG § 145 Rn 5; SOERGEL/WOLF § 145 Rn 19), da sich der Antragende den künftigen Vertragspartner im allgemeinen sorgfältig aussuchen wird (vgl zur *Option* auch Vorbem 75 zu §§ 145 ff). Läßt sich die Übertragbarkeit feststellen, dann ist die Rechtsposition des Angebotsempfängers auch gemäß § 1274 Abs 2 *verpfändbar*, gemäß §§ 857, 851 ZPO *pfändbar* und möglicher Bestandteil der *Insolvenzmasse*, so daß der Insolvenzverwalter über die Annahme entscheidet (MünchKomm/KRAMER § 145 Rn 21; s näher § 153 Rn 16); zur *Vererblichkeit* s § 153 Rn 10 ff. Ob ein solcher Zugriff auf die Position des Antragsempfängers Sinn hat, wird wesentlich davon abhängen, wieviel Zeit für die Annahme bleibt (vgl SOERGEL/WOLF § 145 Rn 21). – Einer *Form* bedarf die Übertragung nicht. Das gilt auch

dann, wenn der abzuschließende Vertrag formbedürftig ist. Es reicht, wenn das Angebot des Antragenden und die Annahmeerklärung des Dritten der jeweiligen Formvorschrift genügen.

4. Schadensersatzansprüche

a) Ein **Schutz des Angebotsempfängers** gegen eine Beeinträchtigung seiner **36** Rechtsposition ergibt sich weder aus *§ 823 Abs 1*, da es sich bei dieser Rechtsposition, selbst wenn man sie als Gestaltungsrecht einordnen will, mangels absoluten Charakters nicht um ein sonstiges Recht im Sinne dieser Vorschrift handelt. Anders verhält es sich nur, wenn der Angebotsempfänger bereits ein dingliches Anwartschaftsrecht hat (vgl Vorbem 67 zu §§ 158 ff). Auch *§ 823 Abs 2* scheidet als Haftungsgrundlage aus, da es sich bei § 145 nicht um ein Schutzgesetz im Sinne dieser Vorschrift handelt. Der Angebotsempfänger ist daher deliktsrechtlich auf *§ 826* beschränkt. Wie aber zu Rn 25 bereits ausgeführt wurde, begründet (spätestens) das Angebot ein *vorvertragliches Schuldverhältnis* zwischen den Parteien, dessen Verletzung den Antragenden schadensersatzpflichtig macht.

b) Auch der **Schutz des Antragenden** läßt sich im wesentlichen nur auf ein vorver- **37** tragliches Schuldverhältnis stützen. Es kann für den Angebotsempfänger die Pflicht zu einer sorgfältigen Behandlung des Angebotes begründen. Eine Verletzung dieser Pflicht ist dann als cic zu bewerten, wobei für Gehilfen nach § 278 zu haften ist (RGZ 107, 240, 242). Wer zur Abgabe von Angeboten aufgefordert hat (s Rn 3 ff), kann verpflichtet sein, dem Anbietenden unverzüglich mitzuteilen, daß er nicht mit einem Vertragsschluß rechnen kann (s § 146 Rn 10).

VI. Beweislast

Die Beweislast dafür, daß ein rechtsverbindlicher *Antrag* vorliegt, trifft nach allge- **38** meinen Regeln denjenigen, der sich darauf beruft (vgl – auch zum folgenden – BAUMGÄRTEL/LAUMEN, Hdb d Beweislast [2. Aufl 1991] § 145 Rn 1 ff mwN). Er muß also die seiner Meinung nach als Antrag zu qualifizierenden tatsächlichen Umstände darlegen und beweisen, und er trägt das Risiko, daß das Gericht – unter Berücksichtigung der Zweifelsregel (s Rn 31) – zu dem Ergebnis kommt, daß nur eine invitatio ad offerendum vorliegt. Hingegen muß der Antragende die Umstände vortragen und beweisen, aus denen sich der *Ausschluß der Gebundenheit* ergeben soll. *Ob* sie einen Bindungsausschluß ergeben und welche rechtliche Bedeutung das hat, ist freilich eine Rechtsfrage und deshalb keines Beweises zugänglich. Die *Rechtzeitigkeit eines zulässigen Widerrufs* hat ebenfalls derjenige zu beweisen, der sich auf den Widerruf beruft, idR also der Antragende.

§ 146
Erlöschen des Antrags

Der Antrag erlischt, wenn er dem Antragenden gegenüber abgelehnt oder wenn er nicht diesem gegenüber nach den §§ 147 bis 149 rechtzeitig angenommen wird.

Reinhard Bork

Materialien: E I §§ 82–85 und 88 Abs 2; II § 119; III § 142; Mot I 168; Prot I 77; VI 124.

Schrifttum

ASSMANN, Die unbestellten Zusendungen (1901)

FREUND, Die stillschweigende Vertragsannahme (Diss Breslau 1899)

GREIFELT, Die Zusendung unbestellter Waren, WRP 1955, 120

HILDEBRANDT, Die Annahme eines Vertragsantrages (Diss Jena 1907)

HILGER, Die verspätete Annahme, AcP 185 (1985) 559

KRAMER, Schweigen als Annahme eines Antrages, Jura 1984, 235

H LANGE, Die Rechtsnatur von Antrag, Annahme und Ablehnung, geprüft bei Verträgen beschränkt Geschäftsfähiger, in: FS Reinhardt (1972) 95

MÖSSNER, Die Zusendung unbestellter Waren (Diss Heidelberg 1942)

R vMÜLLER, Zusendung unbestellter Waren (Diss Marburg 1940)

NEUMAYER, Vertragsschluß durch Kreuzofferten?, in: FS Riese (1964) 309

SCHWUNG, Die Zusendung unbestellter Waren, JuS 1985, 449

WEDEMEYER, Der Abschluß eines obligatorischen Vertrages durch Erfüllungs- und Aneignungshandlungen (Diss Marburg 1904)

WEIMAR, Zweifelsfragen zur unbestellten Ansichtssendung, JR 1967, 417

WESSEL, Die Zusendung unbestellter Waren, BB 1966, 432

K F WILHELM, Die Rechtslage bei der Zusendung unbestellter Bücher (Diss Jena 1933).

Systematische Übersicht

Alphabetische Übersicht

I. Annahme

1. Überblick

1 Die Annahmeerklärung ist eine grundsätzlich *empfangsbedürftige Willenserklärung, durch die der Angebotsempfänger seine vorbehaltlose Zustimmung zum Antrag erklärt.* Der Annehmende muß zum Ausdruck bringen, daß er mit dem vom Gegner angebotenen Vertrag uneingeschränkt (arg § 150 Abs 2) einverstanden ist. Ob das der Fall ist, ist durch *Auslegung* vom Empfängerhorizont zu ermitteln (vgl BGH WM 1985, 1481), ebenso, ob eine Erklärung schon als Annahme oder nur als deren *Ankündigung* zu verstehen ist. Ein Telegramm mit dem Zusatz „Brief folgt" oder „Näheres brieflich" wird im allgemeinen nur als eine solche Ankündigung zu verstehen sein (OLG Hamm DB 1983, 2619; RGZ 105, 8, 13; RG SeuffA 83 Nr 104). Freilich können die Umstände auch für das gegenteilige Ergebnis sprechen (vgl RG LZ 1924, 811). Wenn das Telegramm zB die Annahmefrist nach §§ 147, 148 wahren soll und die vollständige Annahmeerklärung enthält, schadet der Zusatz dem Annahmecharakter des Telegramms nicht (MünchKomm/KRAMER § 151 Rn 2). Eine Annahme vorbehaltlich weiterer Prüfung wird den Vertrag idR nicht zustande bringen, da es an einer vorbehaltlosen Annahmeerklärung fehlt (vgl OLG Koblenz VersR 1999, 219, 220).

Die Annahme kann *ausdrücklich* (vgl BGH WM 1985, 1481), bei formfreier Erklärung **2** auch *konkludent* erfolgen (vgl RG WarnR 1939 Nr 79; LAG Baden-Württemberg BB 1991, 69, 70), insbesondere dadurch, daß die Vertragsleistung erbracht (vgl BGH NJW 1980, 2245, 2246; RGZ 129, 109, 113; OLG Hamm NJW-RR 1987, 153, 154; LG Frankfurt NJW-RR 1989, 308) oder – etwa in Form eines Inkassos – in Anspruch genommen wird (vgl BGH NJW-RR 1991, 1177, 1178; MDR 1982, 993; NJW 1963, 1248; OLG Hamburg MDR 1973, 495 [LS]; LG München II VersR 1991, 685; zurückhaltend OLG Hamm VersR 1982, 844; hier kann uU auch § 151 eingreifen, s § 151 Rn 18 f). Freilich kann sich in bestimmten Branchen die Verkehrsübung einer ausdrücklichen Annahme entwickelt haben (vgl für das Versicherungsvertragsrecht OLG Hamm VersR 1978, 1134, 1135; **aM** AG Lingen VersR 1988, 1037), was zur Folge hat, daß eine stillschweigende Annahme zwar zulässig bleibt, aber besonders dargelegt werden muß. Mit Wirksamkeit der Annahmeerklärung (s dazu Rn 4) kommt der angestrebte Vertrag zustande (s Vorbem 41 zu §§ 145 ff), sofern der Antrag noch nicht erloschen war (s dazu Rn 8). Nur ausnahmsweise kann der Annahmewille unter den Voraussetzungen des § 151 auch anders als durch empfangsbedürftige Willenserklärung geäußert werden (s näher § 151 Rn 17 ff). Eine weitere Ausnahme vom Grundsatz der Empfangsbedürftigkeit der Annahmeerklärung regelt § 152 (s dazu § 152 Rn 1); zu weiteren Sonderfällen s Rn 5 ff.

Eine *Pflicht* zur Abgabe der Annahmeerklärung besteht in den Fällen des Kontra- **3** hierungszwangs (s näher Vorbem 29 ff zu §§ 145 ff). Auch ein Vorvertrag kann eine solche Verpflichtung begründen (s näher Vorbem 51 ff zu §§ 145 ff). Hingegen begründen Vertragsverhandlungen keine Abschlußpflicht, sondern allenfalls eine Erklärungspflicht zur Ablehnung eines Angebotes (s Rn 10 sowie § 145 Rn 37). – Den *Beweis* der erfolgten Annahme muß führen, wer sich auf das Zustandekommen des Vertrages beruft (s Vorbem 42 zu §§ 145 ff).

2. Wirksamkeit

Als empfangsbedürftige Willenserklärung muß die Annahmeerklärung zielgerichtet **4** gegenüber dem Antragenden *abgegeben* werden (vgl OLG Hamburg VersR 1984, 860, 861; OVG Saarlouis NJW 1993, 1612, 1613). Sie wird gemäß § 130 wirksam, wenn sie dem Adressaten *zugeht* (vgl LG Berlin ZMR 1984, 337). Ob ein *beschränkt Geschäftsfähiger* die Annahme ohne Mitwirkung seines gesetzlichen Vertreters erklären kann, bestimmt sich nach der Vorteilhaftigkeit des mit der Annahme abgeschlossenen Vertrages (LANGE, in: FS Reinhardt [1972] 99). *Formbedürftig* ist die Annahmeerklärung, wenn beide Vertragserklärungen einer Form unterworfen sind oder die Annahme

diejenige Vertragserklärung darstellt, für welche – etwa nach § 766 – Formzwang
besteht. Der Antragende kann allerdings einseitig für die Annahmeerklärung eine
Form bestimmen, deren Einhaltung dann zur Wirksamkeitsvoraussetzung für die
Annahme wird (RGZ 92, 232, 235). So kann zB eine Auftragsbestätigung als Annahmeerklärung (vgl dazu STAUDINGER/DILCHER[12] Vorbem 55 zu §§ 116 ff) gewillkürt formbedürftig
sein, wenn die AGB des Antragenden hierfür Schriftform vorsehen. Ist die Annahmeerklärung danach formbedürftig, muß sie dem Antragenden in der erforderlichen Form zugehen. Es reicht nicht aus, daß der Annehmende mündlich mitteilt, er
habe die Annahmeerklärung formgerecht abgegeben (OLG Dresden OLG-NL 1999, 19,
20).

3. Sonderfälle

5 a) Das **Schweigen** des Angebotsempfängers ist – auch im kaufmännischen Verkehr
(arg § 362 HGB) – grundsätzlich keine Willenserklärung und daher weder Annahmeerklärung (BGHZ 61, 282, 285; 18, 212, 216; BGH NJW-RR 1999, 818, 819; 1994, 1163, 1165; NJW
1996, 919, 920; 1990, 1601 f; 1988, 1790, 1791; 1981, 43, 44; LG Frankfurt NJW 1991, 2842, 2843; s auch
§ 150 Rn 14) noch Ablehnung (s Rn 9). Das gilt auch im Arbeitsrecht (BAG NZA 1986,
474, 475). Das schließt es nicht aus, auch dem Schweigen nach der Verkehrssitte unter
bestimmten Umständen sowohl bei verkörperten als auch bei nichtverkörperten
Angebotserklärungen Erklärungswert beizumessen und es daher *als Annahme zu
werten* (BGH NJW-RR 1999, 818, 819; 1986, 456, 457; NJW 1995, 1281 [krit dazu SCHEFFER NJW
1995, 3166, 3168; SCHULTZ MDR 1995, 1187, 1188 ff]; 1981, 43, 44; WM 1981, 333, 335; 1979, 437, 438;
LG Kaiserslautern WuM 1990, 288, 289; BAG ZTR 1993, 248, 249; s dazu nur CANARIS, in: FS Wilburg
[1975] 77 ff; KRAMER Jura 1984, 235 ff; ausf STAUDINGER/DILCHER[12] Vorbem 11 ff, 56 ff zu §§ 116 ff).
Außerdem wird Schweigen in bestimmten Fällen als Annahmeerklärung *gesetzlich
fingiert* (s näher STAUDINGER/DILCHER[12] Vorbem 43 zu §§ 116 ff). Es reicht aber nicht aus, daß
der Anbietende *im Antrag* ausführt, er werde Schweigen als Annahme verstehen
(LAG Schleswig-Holstein SchlHA 1971, 84, 85; vgl auch RGZ 106, 330, 333). Eine solche Klausel
führt bei Schweigen grundsätzlich nicht zum Vertragsschluß und verpflichtet den
Angebotsempfänger auch nicht dazu, seine mangelnde Vertragsbereitschaft besonders zu verlautbaren (s Rn 10). Anders verhält es sich, wenn die Parteien für ihre
Rechtsbeziehungen verbindlich vereinbart haben, daß Schweigen als Annahme gelten soll (vgl BGH NJW 1975, 40), oder wenn sich zwischen ihnen jedenfalls eine entsprechende Übung entwickelt hat.

6 b) Auch nach den Regeln über das **kaufmännische Bestätigungsschreiben** kann
Schweigen zum Vertragsschluß führen. Voraussetzung dafür ist nach stRspr (vgl bereits BGHZ 7, 187, 189 mwN; 11, 1, 3; zuletzt BGH NJW 1994, 1288), daß (1) die Parteien
Kaufleute sind oder nach Kaufmannsart am Geschäftsleben teilnehmen, (2) nach
Meinung des Absenders mündlich ein Vertrag geschlossen wurde, der in dem Bestätigungsschreiben schriftlich fixiert oder präzisiert werden soll, (3) das Schreiben unmittelbar nach Abschluß der Verhandlungen abgeschickt wird und (4) dem Vertragspartner zugeht. Schweigt der Empfänger in diesem Fall, widerspricht er also nicht
unverzüglich, so gilt der Inhalt des Bestätigungsschreibens als vereinbart, es sei denn,
der Absender durfte mit dem Einverständnis des Gegners nicht rechnen, etwa weil
bewußt oder wesentlich vom Vereinbarten abgewichen wurde (ausf dazu STAUDINGER/
DILCHER[12] Vorbem 49 ff, 57 zu §§ 116 ff).

c) Umstritten ist, ob ein Vertrag auch durch sog **Kreuzofferten** zustande kommen **7** kann. Davon spricht man, wenn die eine Partei ein Angebot unterbreitet, während ein *inhaltlich übereinstimmendes* Angebot der anderen Partei zu ihr unterwegs ist. In diesem Fall ergibt die Auslegung vom Empfängerhorizont (s § 145 Rn 4), daß beide Parteien anbieten wollen. Beide Erklärungen sind nicht auf das Angebot des Gegners bezogen, bringen also keinen Annahmewillen zum Ausdruck. Hier wird zT verlangt, daß einer der Angebotsempfänger ein dem Angebot des Gegners korrespondierendes Verhalten zeigt, das gemäß § 151 auch in einer nicht empfangsbedürftigen Willenserklärung zum Ausdruck kommen kann (MERTENS/REHBINDER, Internationales Kaufrecht [1975] Art 6 EAG Rn 5). Die hM läßt es demgegenüber genügen, wenn beide Parteien nach dem Inhalt ihrer Erklärungen dieselben Rechtsfolgen wollen (vgl ENNECCERUS/NIPPERDEY § 161 Fn 6; FLUME § 35 II 1; MünchKomm/KRAMER § 151 Rn 5; NEUMAYER, in: FS Riese [1964] 309, 317 ff). Da die beiden vertragsbegründenden Willenserklärungen nicht zu einem einheitlichen Vertragswillen zusammengefaßt werden, besteht für einen Vertragsabschluß durch Kreuzofferten kein logisches Hindernis (vgl NEUMAYER 315 ff). Freilich schwebt beiden Antragenden vor, der Vertrag werde durch eine Annahmeerklärung der Gegenseite zustande kommen. Das steht der Vertragsbegründung aber nicht entgegen. Denn zum einen wird diese Vorstellung nicht als „Bedingung" in das rechtsverbindliche Angebot einbezogen. Und zum anderen kann man diesem Umstand durch die Annahme Rechnung tragen, daß jede Partei das Schweigen ihres Gegners wegen der besonderen Konstellation nach den zu Rn 4 dargelegten Grundsätzen nach Treu und Glauben als Zustimmung werten darf (ebenso SOERGEL/WOLF § 145 Rn 24). Demnach genügt es nicht, wenn der auf den Vertragsschluß gerichtete Wille von beiden Seiten mit übereinstimmendem Inhalt geäußert wurde (so aber MünchKomm/KRAMER § 151 Rn 5; NEUMAYER, der 328 von „materieller Konsensbildung" spricht), sondern es muß hinzukommen, daß keine Partei unverzüglich widerspricht (BORK Rn 739; weitergehend FLUME aaO, der bei Widerspruch der einen Partei der anderen das Recht zu einer nachträglichen Annahme zugestehen will).

4. Beweislast

Die Beweislast für die Annahme und ihre Wirksamkeit trägt derjenige, der sich auf **7a** den Vertragsschluß beruft (OLG Dresden OLG-NL 1999, 19, 21).

II. Zeitliche Grenzen

§ 145 bestimmt, daß der Antragende an sein Angebot gebunden ist, wenn er diese **8** Bindung nicht ausgeschlossen hat (s § 145 Rn 20 ff). Diese Gebundenheit und damit die Annahmefähigkeit des Antrages besteht in den zeitlichen Grenzen des § 146. Die Vorschrift bestimmt freilich, daß nicht nur die Bindungswirkung entfällt (so aber BGH NJW 1973, 1789, 1790; anders schon Mot I 168), sondern daß der Antrag *erlischt*, wenn er abgelehnt oder nicht rechtzeitig angenommen wird (vgl nur BGH NJW-RR 1994, 1163, 1164), setzt also – durch Verweisung auf die §§ 147 bis 149 – auch die zeitlichen Grenzen fest, innerhalb deren die Annahmeerklärung dem Gegner zugegangen sein muß, wenn der Angebotsempfänger den angebotenen Vertrag schließen will (zu den Einzelheiten s die Kommentierung der §§ 147–149). Kommt die Annahme zu spät, ist sie gemäß § 150 Abs 1 als neuer Antrag zu verstehen, der seinerseits angenommen werden muß (s näher § 150 Rn 1 ff). Zu dieser Annahme ist der Erstofferent nicht verpflichtet. Er macht sich daher auch nicht schadensersatzpflichtig, wenn er nach

Erlöschen seines Antrages anderweitig disponiert (BGH DB 1971, 232). – Zum Erlöschen des Antrages durch Widerruf s § 145 Rn 26 ff.

III. Ablehnung des Angebots

9 Der Angebotsempfänger kann den Antrag *ausdrücklich oder stillschweigend* ablehnen. So kann zB die Anfechtung des vermeintlich schon geschlossenen Vertrages als Ablehnung zu verstehen sein (vgl OLG Hamm VersR 1978, 1039). Wenn die Ablehnungserklärung, bei der es sich um ein einseitiges Rechtsgeschäft handelt (LANGE, in: FS Reinhardt [1972] 95, 100), dem Anbietenden zugeht und dadurch wirksam wird, entfällt nicht nur die Bindungswirkung, sondern der Antrag erlischt (s Rn 8). Ein *beschränkt Geschäftsfähiger* kann deshalb die Ablehnung nicht ohne Mitwirkung seines gesetzlichen Vertreters erklären (s § 145 Rn 33). *Schweigen* ist keine Ablehnung (solange ihm nicht Erklärungsbedeutung zugemessen wird, vgl Rn 5). Vielmehr erlischt der Antrag hier dadurch, daß er nicht innerhalb der durch die §§ 147–149 gesteckten zeitlichen Grenzen (s Rn 8) angenommen wird (BGHZ 18, 212, 215). Einer besonderen *Form* bedarf die Annahmeverweigerung selbst dann nicht, wenn Angebot und Annahme formbedürftig sind, da die Formvorschriften für die Errichtung der Rechtsgeschäfte, nicht für deren Verweigerung gelten. Ist ein Antrag an *mehrere Adressaten* als gemeinschaftliche Partei gerichtet, so erlischt der Antrag bereits, wenn einer der Adressaten ablehnt. Die übrigen können dann nicht mehr wirksam annehmen (BGH MDR 1965, 572).

10 Eine **Verpflichtung**, einen empfangenen Antrag ausdrücklich abzulehnen, besteht grundsätzlich nicht, und zwar auch dann nicht, wenn der Anbietende darum bittet oder erklärt, Schweigen als Annahme verstehen zu wollen (s Rn 5). Auch insoweit sorgt schon der Umstand, daß der Anbietende nicht unbegrenzt, sondern nur für eine bestimmte Frist an sein Angebot gebunden ist (s Rn 8), für hinreichende Rechtssicherheit. Der Antragsempfänger kann diese Bindungsfrist voll ausschöpfen (OLG Hamm VersR 1985, 557; LG Bremen VersR 1982, 694; LG Mönchengladbach VersR 1983, 49, 50). Etwas anderes gilt kraft Gesetzes gemäß § 663 BGB und § 362 HGB, ferner dann, wenn zwischen den Parteien ein vorvertragliches Schuldverhältnis besteht, kraft dessen der Anbietende nach Treu und Glauben erwarten durfte, daß sich der Empfänger entsprechend erklären werde (vgl BGH NJW-RR 1986, 456, 457; NJW 1981, 43, 44). Das kann etwa der Fall sein, wenn der Angebotsempfänger zur Abgabe von Angeboten aufgefordert hatte (s § 145 Rn 30, 37) oder wenn es um die Reaktion auf eine verspätete, deshalb gemäß § 150 Abs 1 ihrerseits als Angebot zu wertende Annahmeerklärung geht (s § 150 Rn 6). In diesen Fällen muß die Ablehnung *unverzüglich* erfolgen. Eine Verletzung dieser Pflicht stellt einen Fall der cic dar, begründet aber nur einen Schadensersatzanspruch auf das negative Interesse (s Vorbem 50 zu §§ 145 ff), wenn nicht die Voraussetzungen vorliegen, unter denen das Schweigen als Zustimmung zu werten ist (s Rn 5).

IV. Zusendung unbestellter Waren

1. Vertragsschluß

11 Die Zusendung unbestellter Waren enthält idR keine invitatio ad offerendum (s § 145 Rn 6), sondern den *Antrag* zum Abschluß eines Kaufvertrages und zur gleichzeitigen

Übereignung der Ware. Die *Annahme* dieser Anträge kann nach den allgemeinen Regeln ausdrücklich oder stillschweigend erklärt (s Rn 2) oder abgelehnt (s Rn 9) werden. Das gilt auch dann, wenn die Ware durch einen Unternehmer an einen Verbraucher geschickt wurde. Im übrigen ist aber für diese Konstellation auf die Kommentierung zu § 241a zu verweisen. Für die Rechtsbeziehungen zwischen Unternehmern und zwischen Verbrauchern gilt folgendes: Das Angebot kann, außer durch ausdrückliche oder stillschweigende Annahmeerklärung, auch gemäß § 151 durch nicht empfangsbedürftige Willenserklärung angenommen werden, etwa durch endgültige Benutzung der zugesandten Ware (OLG Köln NJW 1995, 3128, 3129; RGZ 64, 145 f; RG JW 1900, 297; **aM** SCHWUNG JuS 1985, 449, 450). Das Auspacken oder Aufschneiden zu Prüfzwecken ist aber noch nicht als Annahme zu bewerten (WEIMAR JR 1967, 417). Auch bloßes Nichtstun (Schweigen) des Empfängers gilt – auch im kaufmännischen Verkehr (OLG Köln aaO) – selbst dann nicht als Annahme, wenn der Zusender erklärt hat, er werde Schweigen als Annahme verstehen (s Rn 5; vgl auch LG Frankfurt NJW 1991, 2842, 2843). Ebensowenig begründet das Überschreiten einer vom Antragenden gesetzten Frist eine Annahme; vielmehr gilt auch hier, daß das Angebot gemäß §§ 146, 148 mit Fristablauf erlischt.

Die Zusendung unbestellter Ware begründet für den Empfänger keine Verpflichtung **12** zur *Ablehnung* des Antrages (s Rn 10). Das gilt auch dann, wenn der Empfänger nur Prospektmaterial angefordert, aber gleich die Ware geliefert bekommen hat (WESSELS BB 1966, 432, 434). Anders kann es dann sein, wenn die Zusendung im Rahmen bestehender Geschäftsbeziehungen erfolgt. Hier kann der Empfänger erkennen, daß der Absender – zulässigerweise – auf eine Annahme vertraut, und deshalb nach Treu und Glauben verpflichtet sein, sich unverzüglich zu erklären (RG LZ 1919, 966).

2.   Haftung

Für das Verhältnis zwischen Unternehmer und Verbraucher ist wieder auf § 241a zu **13** verweisen. Im übrigen gilt folgendes: Wird die unverlangt zugesandte Ware beim Empfänger beschädigt oder zerstört, so stellt sich die Frage nach der Haftung. Sicher ist jedenfalls, daß für den Empfänger **keine Pflicht zur Rücksendung** der unbestellten Ware besteht (vgl auch Rn 14). Das gilt selbst dann, wenn ein Freiumschlag beigefügt und ein Interesse des Absenders an anderweitiger Verwendung erkennbar war. Im übrigen ist zu differenzieren:

a)   **Vertragliche Ansprüche** könnten im Rahmen eines unentgeltlichen *Verwah-* **14** *rungsvertrages* bestehen. Die Zusendung der Ware wird man als das Angebot zum Abschluß eines solchen Verwahrungsvertrages ansehen können. Eine Annahme scheitert nicht schon an fehlender Besitzbegründung (so aber STAUDINGER/DILCHER[12] § 146 Rn 13; WEIMAR JR 1967, 417), sondern daran, daß der Besitz vor einer möglichen Entscheidung über die Annahme begründet wird (nämlich bereits mit Ablieferung) und daß sich danach ein Wille zum Abschluß eines Verwahrungsvertrages sowenig feststellen läßt wie der zum Abschluß des Kaufvertrages (vgl STAUDINGER/GURSKY [1999] Vorbem 15 zu §§ 987 ff mwN). Der Absender wird daher regelmäßig auf einen Abholungsanspruch verwiesen (s Rn 15). Da der Empfänger somit zur Verwahrung vertraglich nicht verpflichtet ist, wird man ihm jedenfalls bei geringwertigen Gegenständen (zB Postkarten) auch das Recht zubilligen müssen, sich vor der Belästigung durch *Wegwerfen* zu schützen (dafür stets JAUERNIG § 145 Rn 6; wie hier restriktiv MünchKomm/

KRAMER § 145 Rn 11; SOERGEL/WOLF § 145 Rn 26). Läßt sich der Abschluß eines Verwahrungsvertrages ausnahmsweise doch einmal bejahen, so haftet der Empfänger gemäß § 690 für eigenübliche Sorgfalt. Eine Nebenpflicht, die Ware zurückzusenden oder den Absender zur Abholung aufzufordern, begründet aber auch der Verwahrungsvertrag nicht. Er besteht auch nicht für unbegrenzte Zeit, sondern endet nach dem ungenutzten Verstreichen einer zumutbaren Abholzeit durch Zeitablauf.

15 b) Läßt sich der Abschluß eines Verwahrungsvertrages nicht feststellen oder ist der Vertrag durch Zeitablauf beendet (s Rn 14), so könnten die Vorschriften über das **Eigentümer-Besitzer-Verhältnis** eingreifen. Die hM lehnt dies aber zu Recht ab, weil der Empfänger bis zu einem Abholversuch einem berechtigten Besitzer gleichzustellen ist (ausf STAUDINGER/GURSKY [1999] Vorbem 15 zu §§ 987 ff mwN). Ebenso wird der Empfänger für Ansprüche aus **ungerechtfertigter Bereicherung** nicht schon wegen der Besitzerlangung als bösgläubiger Bereicherungsschuldner angesehen. Läßt sich auch die Besitzbegründung beim Empfänger nicht feststellen, so bleibt der Absender auf einen **Abholungsanspruch** analog §§ 867, 1005 angewiesen.

16 c) Die **deliktische Haftung** des Empfängers bleibt bestehen. Sie ist allerdings nach hM analog § 300 auf die Haftung für Vorsatz und grobe Fahrlässigkeit zu begrenzen (ENNECCERUS/NIPPERDEY § 126 Rn 8; ERMAN/HEFERMEHL § 147 Rn 4; MünchKomm/KRAMER § 145 Rn 11; STAUDINGER/GURSKY [1999] Vorbem 15 zu §§ 987 ff mwN; abl SCHWUNG JuS 1985, 449, 452). Zusätzlich kann zu Lasten des Versenders § 254 eingreifen (SCHRÖDER AcP 179 [1979] 567, 593, der den Empfänger aber nur für diesen Fall privilegieren will). Daß die Zusendung unbestellter Waren *wettbewerbswidrig* ist und deshalb grundsätzlich ein sittenwidriges Verhalten iSd § 1 UWG darstellt (stRspr seit BGH GRUR 1959, 277, 278; vgl nur BGH NJW 1976, 1977, 1978; BAUMBACH/HEFERMEHL, Wettbewerbsrecht [22. Aufl 2000] § 1 UWG Rn 72 ff), wird hierbei freilich nicht erheblich.

§ 147
Annahmefrist

(1) Der einem Anwesenden gemachte Antrag kann nur sofort angenommen werden. Dies gilt auch von einem mittels Fernsprechers oder einer sonstigen technischen Einrichtung von Person zu Person gemachten Antrag.

(2) Der einem Abwesenden gemachte Antrag kann nur bis zu dem Zeitpunkt angenommen werden, in welchem der Antragende den Eingang der Antwort unter regelmäßigen Umständen erwarten darf.

Materialien: E I §§ 83 und 84; II § 120; III § 143; Mot I 168; Prot I 78.

Schrifttum

BARTL, Aktuelle Rechtsfragen des Bildschirmtextes, DB 1982, 1097   Warenbestellungen über Bildschirmtext, BB 1981, 1183
BRINKMANN, Vertragsrechtliche Probleme bei

ders, Zivil- und presserechtliche Fragen bei der Nutzung von Bildschirmtext, ZUM 1985, 337
DÖRNER, Rechtsgeschäfte im Internet, AcP 202 (2002) 363
FINKENAUER, Zur Bestimmung der gesetzlichen Annahmefrist in § 147 II BGB – LAG Berlin NZA-RR 1999, 355, JuS 2000, 119
FRANCKE, Zum Vertragsabschluß durch Fernsprecher, Recht 1901, 201
FRANKENBURGER, Die rechtliche Bedeutung der Telefongespräche, DJZ 1904, 844
FRITZSCHE/MALZER, Ausgewählte zivilrechtliche Probleme elektronisch signierter Willenserklärungen, DNotZ 1995, 3
GREULICH, Der Fernschreiber, Rechtsfragen bei der Verwendung im Geschäftsverkehr, BB 1954, 491
JOERGES, Zum Recht des Fernsprechverkehrs, ZHR 56 (1905) 44

KÖHLER, Rechtsgeschäfte mittels Bildschirmtext, in: HÜBNER ua, Rechtsprobleme des Bildschirmtextes (1986) 51
PAEFGEN, Forum: Bildschirmtext – Herausforderung zum Wandel der allgemeinen Rechtsgeschäftslehre?, JuS 1988, 592
ders, Rechtsgeschäfte mittels Bildschirmtext, AfP 1991, 365
PROBANDT, Zivilrechtliche Probleme des Bildschirmtextes, Ufita 98 (1984) 9
REDEKER, Geschäftsabwicklung mit externen Rechnern im Bildschirmtextdienst, NJW 1984, 2390
REICHAU, Der Vertragsschluß durch Fernsprecher, insbesondere beim Eintreten von Mittelspersonen (Diss Jena 1908)
WALCHSHÖFER, Annahmefristen in Allgemeinen Geschäftsbedingungen, WM 1986, 1041.

Systematische Übersicht

Alphabetische Übersicht

I.   Allgemeines

§ 147 bestimmt den Zeitpunkt, bis zu welchem der Antrag mangels abweichender **1** gesetzlicher oder gewillkürter Fristsetzung (s § 148 Rn 2 f) *annahmefähig* bleibt und gemäß § 145 seine *Bindungswirkung* entfaltet (falls diese nicht ausgeschlossen wurde, s § 145 Rn 26 ff), wobei das Gesetz zwischen Anträgen unter Anwesenden (Rn 2 ff) und unter Abwesenden (Rn 7 ff) unterscheidet. Nach diesem Zeitpunkt erlischt der Antrag, nicht nur die Bindungswirkung (s § 146 Rn 8). Die Vorschrift, die den gebundenen Anbieter davor schützen will, daß der Antragsempfänger die Entwicklung der Marktverhältnisse abwartet und so auf Kosten des Antragenden spekuliert, ist gemäß

§ 148 *dispositiv*. Die Parteien können daher vereinbaren, daß der Antrag in der Schwebe bleiben und unabhängig von den Regelungen des § 147 annahmefähig bleiben soll (BGH WM 1968, 1103, 1105; RG SeuffA 80 Nr 72; s dazu auch § 148 Rn 7). Eine solche Fristverlängerung ist auch noch nachträglich möglich, solange die Frist nicht abgelaufen ist (vgl OLG Hamm NJW 1976, 1212 sowie § 148 Rn 9). Umgekehrt kann der Antragende auch die Frist des § 147 Abs 2 gemäß § 148 verkürzen, etwa indem er in einem Brief auf einer sofortigen Antwort besteht (s Rn 14).

II. Antrag unter Anwesenden (Abs 1)

1. Voraussetzungen

2 **a)** § 147 Abs 1 geht nicht von der physischen Anwesenheit der Parteien, sondern von einem unmittelbaren, regelmäßig **mündlichen Kontakt** aus, wie sich aus § 147 Abs 1 S 2 ohne weiteres ergibt, der das Telefonat ausdrücklich miteinbezieht (s näher Rn 4). Abs 1 ist daher dahin zu verstehen, daß der Antrag durch eine *nicht verkörperte Willenserklärung* (dazu STAUDINGER/DILCHER[12] § 130 Rn 9) erfolgt. Voraussetzung ist dabei natürlich, daß der Antrag überhaupt durch Vernehmung (s STAUDINGER/DILCHER[12] § 130 Rn 14) wirksam geworden ist. Fehlt es daran, zB weil mit einem schwerhörigen Adressaten telefoniert wurde, so mangelt es bereits an einem annahmefähigen Antrag. Der dem Adressaten *schriftlich* vorgelegte Antrag fällt nur dann unter Abs 1, wenn der Antragende auf einer sofortigen Antwort besteht. Ansonsten fällt er unter Abs 2 (BGH NJW 1985, 196, 197; LM Nr 2 zu § 147; OLG Frankfurt NJW-RR 1998, 566, 567; LG Hamburg NJW 1988, 1150; RGZ 83, 104, 106; 61, 414, 415; MünchKomm/KRAMER § 147 Rn 4; PALANDT/HEINRICHS § 148 Rn 6; SOERGEL/WOLF § 147 Rn 2; aM [im Regelfall Abs 1] FLUME § 35 I 2). Allerdings kann auch hier die Antwortspanne (s Rn 10 ff) möglicherweise sehr kurz ausfallen (s Rn 14). Zu Telegramm, Telefax oder Btx s Rn 4.

3 **b)** Bei der Einschaltung von **Hilfspersonen** ist zu unterscheiden. Die **von** einem *Erklärungsvertreter* mündlich abgegebene oder von einem *Erklärungsboten* ausgerichtete Antragserklärung ist eine nicht verkörperte Willenserklärung, die durch Vernehmung wirksam wird (vgl STAUDINGER/DILCHER[12] § 130 Rn 6, 11, 14). Ob der Adressat dieses Angebot nach Maßgabe von § 147 Abs 1 sofort annehmen muß, hängt davon ab, ob der Erklärungsvertreter/-bote zugleich zum Empfang der Annahmeerklärung berechtigt ist oder nicht. Ist er zugleich *Empfangsvertreter* oder *Empfangsbote* für die Antwort des Adressaten, so kann und muß die Annahme sofort gegenüber der Hilfsperson erklärt werden (RG Gruchot 67, 194, 195 f; MünchKomm/KRAMER § 147 Rn 2). Fehlt dagegen dem Erklärungsvertreter oder dem Erklärungsboten die Legitimation zum Empfang der Antwort, so kann in der Einschaltung dieser Hilfsperson eine Fristbewilligung iSd § 148 zu sehen sein. Regelmäßig wird man aber § 147 Abs 2 anwenden müssen, weil die Erklärung überhaupt erst wirksam wird, wenn sie dem Geschäftsherrn zugeht (ENNECCERUS/NIPPERDEY § 161 Fn 23; SOERGEL/WOLF § 147 Rn 2). Wird das Angebot **gegenüber** der Hilfsperson abgegeben, so gilt Entsprechendes (vgl RG SeuffA 59 Nr 218): Ist die Hilfsperson nicht empfangsberechtigt, so handelt es sich um eine Willenserklärung unter Abwesenden (aM BGH MDR 1996, 855, 856); ist sie hingegen empfangsberechtigt, so handelt es sich um eine Willenserklärung unter Anwesenden, aber die Annahme kann nur diejenige Hilfsperson sofort erklären, die auch erklärungsbefugt ist (vgl OLG Frankfurt BB 1995, 2440, 2441; eine solche

Konstellation lag offenbar der Entscheidung LG Kaiserslautern WuM 1990, 288 zugrunde). Ist sie es nicht, liegt wieder eine Fristbewilligung iSd § 148 vor.

c) In § 147 Abs 1 S 2 wird klargestellt, daß auch ein **telefonischer Antrag** ein **4** Angebot unter Anwesenden ist. Der Umstand, daß in die akustische Übermittlung ein „Mechanismus" eingeschaltet wird, wurde bei den Vorarbeiten zu § 147 ausdrücklich als unerheblich bewertet (Prot I 78 = Mugdan I 690). Voraussetzung ist aber, daß der Gesprächspartner auch berechtigt ist, das Angebot anzunehmen, daß also der Antragende mit dem Vertragspartner oder einem zur Abgabe der Annahmeerklärung berechtigten Vertreter telefoniert (vgl RGZ 61, 125, 126 f; s auch Rn 3). Anträge, die per *Telegramm, Telefax, E-Mail oder Btx* erklärt werden, sind verkörperte Willenserklärungen, die sofort angenommen werden können, aber nicht sofort angenommen werden müssen, da sie nicht unter Abs 1, sondern unter Abs 2 fallen (Bartl DB 1982, 1097, 1100; Erman/Hefermehl § 147 Rn 17; Greulich BB 1954, 491, 492; Paefgen AfP 1991, 365, 370 und JuS 1988, 592, 596; Redeker NJW 1984, 2390, 2391; s auch Rn 2). Dem Telefon gleichgestellt sind durch die Neufassung des Gesetzes nur *sonstige technische Einrichtungen*, die eine unmittelbare Kommunikation von Person zu Person ermöglichen, also beispielsweise Video-Konferenzen oder Computer-Chats (Bork Rn 605; Larenz/Wolf § 26 Rn 12/33; **aM** für Chats Dörner AcP 202 [2002] 363, 375 f). Der Austausch von E-Mails reicht dafür nicht. Etwas anderes gilt auch nicht für Angebote gegenüber voll interaktionsfähigen EDV-Anlagen, die zu einer individuellen Antwort fähig und so programmiert sind, daß sie dem Kunden die Leistung vorbehaltlos zusagen können (so aber Fritzsche/Malzer DNotZ 1995, 3, 11; Köhler 57; Soergel/Wolf § 147 Rn 3; früher auch Brinkmann BB 1981, 1183, 1185 [aufgegeben ua in ZUM 1985, 337, 340]). Denn für die Frage, ob es sich um eine Erklärung unter Anwesenden handelt, ist nicht die technische Möglichkeit zu einer umgehenden Antwort entscheidend, sondern der unmittelbare menschliche Kontakt (vgl auch Paefgen AfP 1991, 365, 370 und Probandt Ufita 98 [1984] 9, 13 f, die zu Recht darauf hinweisen, daß sich dem Interesse des Kunden an einer umgehenden Antwort auch durch eine entsprechende Bestimmung der Annahmefrist nach § 147 Abs 2 Rechnung tragen lasse).

2. Sofortige Annahme

a) Der durch eine nicht verkörperte Willenserklärung erfolgende Antrag kann, **5** wenn nicht eine Fristbewilligung nach § 148 vorliegt, nur **sofort** angenommen werden (vgl AG Usingen WuM 1989, 554). „Sofort" bedeutet dabei, daß der Antrag so rasch wie objektiv möglich angenommen werden muß. Anders als bei der in § 121 Abs 1 S 1 definierten Unverzüglichkeit schadet hier auch schuldloses Zögern. Freilich muß dem Angebotsempfänger auch hier Zeit bleiben, das Angebot aufzunehmen und seinen Inhalt sowie die eventuellen Vertragsfolgen zu realisieren. Die dafür nach dem Inhalt des Angebots objektiv erforderliche Zeit steht dem Adressaten daher zu. Eine darüber hinausgehende Überlegungsfrist ist aber nur nach § 148 möglich (vgl RG SeuffA 80 Nr 72).

b) Bei **Störungen** ist für die Risikoverteilung zu unterscheiden. Eine *Unterbre-* **6** *chung der Telefonverbindung* soll dazu führen, daß das Angebot erlischt (Flume § 35 I 2). Dem ist aber nur für den Fall zuzustimmen, daß die Parteien das Telefonat einverständlich abbrechen, ohne sich geeinigt haben (RGZ 104, 235, 236). Bei einer den Parteien nicht zuzurechnenden Unterbrechung sollte vielmehr § 147 Abs 2 angewandt werden (was idR erwarten läßt, daß die Annahme durch ein erneutes Telefonat übermittelt wird, s Rn 14), während die hM eine analoge Anwendung des § 149 befürwortet (ENNECCERUS/NIPPERDEY § 161 Fn 24; MünchKomm/KRAMER § 147 Rn 3; SOERGEL/ WOLF § 147 Rn 5). Das muß erst recht gelten, wenn der Antragende selbst die Telefonverbindung unterbrochen hat. Nach hM sollen hier die Grundsätze über die Zugangsvereitelung (s dazu STAUDINGER/DILCHER12 § 130 Rn 51 ff) für die Vereitelung der rechtzeitigen Annahmeerklärung entsprechend gelten, so daß eine alsbald nach der Unterbrechung des Telefonats, etwa aufgrund eines Rückrufs erklärte Annahme den Vertrag noch zustande bringt (RG LZ 1925, 252; FLUME § 35 I 2; MünchKomm/ KRAMER § 147 Rn 3). Berechnet man die Frist dagegen mit der hier vertretenen Ansicht nach § 147 Abs 2 und verlangt nach Maßgabe des zu Rn 14 Gesagten die Annahme in einem erneuten Telefonat, so führt das – nur direkter – zum selben praktischen Ergebnis.

II. Antrag unter Abwesenden (Abs 2)

1. Bedeutung der Regelung

7 § 147 Abs 2, dessen heutige Formulierung auf die 2. Kommission zurückgeht (ausf zur Entstehungsgeschichte FINKENAUER JuS 2000, 119 f) gilt für unter Abwesenden, dh *durch verkörperte Willenserklärungen* (dazu STAUDINGER/DILCHER12 § 130 Rn 9) gemachte Anträge (vgl Rn 2), für die keine Annahmefrist nach § 148 gesetzt ist, außerdem für unter Anwesenden gemachte Anträge, wenn der Antragende auf die sofortige Antwort verzichtet (BGH NJW 1985, 196 f; OLG Frankfurt NJW-RR 1998, 566, 567). Für diese Fälle wird dem Antragsempfänger eine **gesetzliche Annahmefrist** bis zu dem Zeitpunkt eingeräumt, zu dem der Antragende den *Eingang der Antwort unter regelmäßigen Umständen* erwarten kann. Folglich gilt § 147 Abs 2 in den Fällen des § 151 nicht, da hier der Zugang einer Antwort gar nicht erwartet werden kann. Die Annahmefrist ist eine *objektiv* zu berechnende Frist (s näher Rn 10 ff). Ob der Anbietende den Eingang der Antwort tatsächlich noch erwartet hat, spielt daher keine Rolle (BGH LM Nr 1 zu § 147). Vielmehr handelt es sich, wie sich aus dem Abstellen auf die „regelmäßigen Umstände" ergibt, um eine tatrichterliche *Ermessensentscheidung* (vgl BGH NJW 1986, 1807, 1808 f; RG HRR 1937 Nr 849), die vom Revisionsgericht nur daraufhin überprüfbar ist, ob der Tatrichter die Voraussetzungen und Grenzen des Ermessens richtig bestimmt und eingehalten hat (BGH LM Nr 1 zu § 147).

8 Zur **Fristwahrung** ist erforderlich, daß die *Annahmeerklärung* als empfangsbedürftige Willenserklärung (s § 146 Rn 1) bis zu dem fraglichen Zeitpunkt *wirksam* geworden ist, dem Antragenden also zugeht (s dazu § 146 Rn 4 sowie LG Berlin ZMR 1984, 337). Innerhalb dieser Frist muß der Antragende Klarheit bekommen. Die bloße Ankündigung einer Annahme (s dazu § 146 Rn 1) reicht daher nicht. Eine Pflicht des Antragenden, den Adressaten auf den Fristenlauf des § 147 Abs 2 hinzuweisen, besteht nicht (BGH DB 1971, 232). Ob die Annahme eines schriftlichen Angebotes dabei mündlich (auch: telefonisch) oder schriftlich, ausdrücklich oder konkludent erfolgt, ist gleich (BGH LM Nr 2 zu § 147; s auch Rn 14), solange nicht die Schriftform aus anderen Gründen zu wahren ist (s § 146 Rn 4).

9 Wird die in § 147 vorgesehene **Frist überschritten**, so handelt es sich bei der verspätet beim Antragenden eingehenden Annahme gemäß § 150 Abs 1 um ein neues Angebot, sofern kein Fall des § 149 vorliegt. Das Risiko, daß dem Angebotsempfänger eine rechtzeitige Annahme aus Gründen, die der Anbietende nicht zu vertreten hat, nicht gelingt, liegt daher beim Annehmenden (vgl RG Recht 1924 Nr 941; SeuffA 80 Nr 175). Hat allerdings der Antragende den rechtzeitigen Zugang der Annahmeerklärung *vereitelt*, so gelten die Grundsätze über die Wirksamkeitsvereitelung von Willenserklärungen (ausf dazu STAUDINGER/DILCHER[12] § 130 Rn 50 ff). In diesen Fällen kann der Annehmende gegebenenfalls auch Schadensersatz aus § 280 Abs 1 wegen cic (s § 145 Rn 25) oder aus § 826 verlangen (ERMAN/HEFERMEHL § 147 Rn 20; vgl auch § 145 Rn 36).

2. Grundsätze der Fristberechnung

a) Die gesetzliche Annahmefrist setzt sich als objektiv zu berechnende (s Rn 7) **10** **einheitliche Frist** (Mot I 170; ENNECCERUS/NIPPERDEY § 161 II 2b; FLUME § 35 I 2) zusammen aus der Zeit für die *Beförderung des Antrages* zum Empfänger (s Rn 11), aus der Überlegungs- und *Bearbeitungszeit* beim Empfänger (s Rn 12) sowie aus der Zeit für die *Rückbeförderung der Annahmeerklärung* (s Rn 14). Verzögerungen in einem dieser Zeitabschnitte können durch Beschleunigung in einem anderen ausgeglichen werden (OLG Hamburg OLGRspr 44, 129; s auch Rn 11 aE). Wie sich aus der Einbeziehung der Antragsbeförderungszeit ergibt, läuft die Frist von der Abgabe, nicht erst vom Zugang des Antrages an.

b) Für die Zeit, die für die **Beförderung des Antrages** erforderlich ist, kann von **11** einem normalen Zugang des Antrages beim Adressaten ausgegangen werden (ausf dazu STAUDINGER/DILCHER[12] § 130 Rn 21 ff), insbesondere davon, daß der Adressat entsprechende Empfangsvorkehrungen getroffen hat (RGZ 59, 296, 300). Ihm *bekannte Beförderungshindernisse*, etwa einen Streik beim Beförderungsunternehmen, muß der Antragende für die Fristberechnung berücksichtigen (vgl auch RG HRR 1937 Nr 849). Die Hindernisse müssen nicht außergewöhnlicher Natur sein. So liegt bei postalischer Beförderung der Willenserklärung eine Beförderungsdauer, die die schnellstmögliche Zeit um das Doppelte überschreitet, noch innerhalb der regelmäßigen Umstände. *Unbekannte Beförderungshindernisse* wie etwa eine besondere Verzögerung durch die Post (vgl RG Recht 1924 Nr 941) fließen in die Fristberechnung nicht mit ein. Sie führen gleichwohl nicht per se dazu, daß der beim Empfänger später als erwartet eingegangene Antrag erlischt und damit seine Annahmefähigkeit verliert. Vielmehr erlischt der Antrag erst, wenn die Frist des Abs 2 ungenutzt verstrichen ist (s Rn 1, 9). Vorher bleibt es dabei, daß der Empfänger versuchen kann, diesen Antrag – zB durch telefonische Antwort – noch innerhalb der nach Abs 2 zu berechnenden Gesamtfrist anzunehmen (vgl schon Mot I 170). Nur fließt eben die nicht vorherzusehende Beförderungsverzögerung in die Berechnung dieser Frist nicht mit ein. Ein Antrag, der unerwarteterweise erst nach 13 Tagen eingeht, kann daher, wenn die Antwort unter regelmäßigen Umständen binnen 14 Tagen zu erwarten war, noch kurzentschlossen angenommen werden, zB telefonisch, telegrafisch, per E-Mail oder per Telefax, aber auch brieflich (wenn man das Risiko eingehen will, daß der Brief am nächsten Tag noch nicht angekommen ist).

c) Dem Antragsempfänger muß außerdem eine für seine Verhältnisse normale **12** Zeit für die **Bearbeitung des Antrages** zugebilligt werden (LAG Baden-Württemberg DB 1966, 1058; LARENZ/WOLF § 29 Rn 28). Dies bedeutet bei Anträgen an einen gewerblichen Adressaten, daß die üblichen Geschäftszeiten zugrunde zu legen sind. Außerdem sind Feiertage und arbeitsfreie Tage am Wochenende zu berücksichtigen (FLUME § 35 I 2). Darüber hinaus sind Besonderheiten beim Adressaten in Rechnung zu stellen, die dem Antragenden bekannt sind (BGH LM Nr 1 zu § 147; OLG München VersR 1976, 745, 746; RGZ 142, 402, 404; RG HRR 1937 Nr 849; aM FINKENAUER JuS 2000, 119, 121), etwa die urlaubsbedingte Abwesenheit, Krankheit oder besondere Arbeitsüberlastung des Empfängers. Etwas anderes mag dann gelten, wenn vom Empfänger zu erwarten ist, daß er solchen Umständen durch organisatorische Vorkehrungen Rechung trägt (vgl RGZ 59, 296, 300; SOERGEL/WOLF § 147 Rn 10). Richtet sich der Antrag an eine juristische Person, so ist die nächste ordentliche Sitzung der für die Entscheidung zuständigen Organe abzuwarten (vgl auch OVG Saarlouis NJW 1993, 1612, 1613).

13 Zur Bearbeitungszeit gehört auch eine angemessene **Überlegungsfrist**. Dem Angebotsempfänger kann zB die Untersuchung einer Probe zuzubilligen sein, die Einsichtnahme ins Grundbuch oder ein anderes Register, die Einholung einer Rechtsauskunft, die Erkundung der Marktlage oder eine Rücksprache des Vormunds mit dem Vormundschaftsgericht (vgl auch LINDACHER JR 1990, 327).

14 **d)** Hinzuzurechnen ist schließlich die nach den Umständen zu erwartende Zeit für die **Rückbeförderung der Annahmeerklärung**. Hier verlangen die regelmäßigen Umstände, daß sich der Angebotsempfänger für seine Annahmeerklärung eines Erklärungsmittels bedient, das an Schnelligkeit dem für den Antrag gewählten Beförderungsmittel gleichsteht (vgl RG WarnR 1908 Nr 355). Grundsätzlich ist also einem telegrafischen Antrag auch (mindestens, s Rn 8) telegrafisch zu antworten. Dasselbe gilt für Anträge, die per Fernschreiben oder auf dem Luftpostwege übermittelt wurden (vgl RGZ 87, 141, 144; FLUME § 35 I 2), während ein Telefax nicht schon von selbst auf besondere Eilbedürftigkeit schließen läßt, da dieses Kommunikationsmittel häufig aus Kostengründen gewählt wird (ebenso MünchKomm/KRAMER § 147 Rn 7 Fn 28; vgl aber auch LG Wiesbaden NJW-RR 1998, 1435, 1436). Allerdings reicht eine briefliche Antwort auf ein telegrafisches Angebot aus, wenn der Brief nicht viel länger als das Telegramm benötigt. Im übrigen kommt es auf die erkennbaren Umstände des Einzelfalles an, etwa auf die Dringlichkeit des Geschäfts, die Branchenüblichkeit oder die bisherigen Gepflogenheiten der Parteien. Außerdem kann der Antragende die Frist des § 147 Abs 2 gemäß § 148 verkürzen, etwa wenn er in einem brieflichen Angebot eine mündliche oder telegrafische Beantwortung verlangt oder sonstwie auf einer umgehenden Antwort besteht (BGH WarnR 1969 Nr 221; RGZ 26, 6, 8; RG LZ 1914, 1113; OLG Hamburg HansRGZ 1930 B 246, 249; OLG Stettin LZ 1924, 648; AG Frankfurt NJW-RR 1989, 47; ENNECCERUS/NIPPERDEY § 161 II 2b; vgl auch Rn 2 sowie § 148 Rn 4).

e) Beispiele

15 Nicht mehr rechtzeitig ist zB normalerweise eine Antwort, die zwei Monate nach einem schriftlichen *Kaufangebot* eingeht (LG Kempten BB 1972, 630; vgl aber für einen Autokauf LG Hamburg NJW 1988, 1150: nach 12 Tagen zu spät; noch strenger OLG Frankfurt NJW-RR 1998, 566, 567: nach 6 Tagen zu spät); dasselbe gilt für *Arbeitsverträge* (vgl ArbG Bochum DB 1974, 99; aM LAG Berlin NZA-RR 1999, 355, 356; dagegen zutr FINKENAUER JuS 2000, 119 ff) und *Werkverträge* (OLG Rostock NJW-RR 1998, 526 f). Bei *Mietverträgen* ist dem Interessenten an einer raschen Entscheidung gelegen, so daß nur eine kurze Annahmefrist in Betracht kommt (vgl etwa KG MDR 2001, 685; LG Berlin WuM 1987, 378; LG Köln WuM 1988, 50; KLIPPEL/KRÖGER-SCHRADER Jura 1989, 537, 538). Hingegen kann die Antwort auf ein *Maklerangebot* noch nach Monaten erwartet werden (OLG München OLGZ 1978,

444, 446), die auf einen *Versicherungsantrag*, für den nicht die gesetzlichen Fristen der §§ 81 VVG, 5 Abs 3 PflVersG eingreifen (s dazu § 148 Rn 2; nach OLG Hamburg VersR 1988, 1169 sind vom Versicherer genormte Anträge gleichzustellen), noch nach vier Wochen (OLG Frankfurt NJW-RR 1986, 329 für den Antrag auf Umwandlung einer Vollkasko- in eine Teilkaskoversicherung), aber nicht mehr wesentlich später (OLG Celle ZfS 1985, 56; LG Augsburg ZfS 1983, 207), bei nicht besonders eiligen Erweiterungsanträgen auch noch nach drei Monaten (OLG München VersR 1976, 745, 746), aber nicht mehr nach einem Jahr (AG Aschaffenburg ZfS 1982, 300).

IV. Beweislast

Die Beweislast dafür, daß der Antrag rechtzeitig angenommen wurde, liegt bei **16** demjenigen, der den Vertragsschluß behauptet und daraus Rechtsfolgen ableitet (BAUMGÄRTEL/LAUMEN, Hdb d Beweislast [2. Aufl 1991] § 147 Rn 1).

§ 148
Bestimmung einer Annahmefrist

Hat der Antragende für die Annahme des Antrags eine Frist bestimmt, so kann die Annahme nur innerhalb der Frist erfolgen.

Materialien: E I § 82; II § 121; III § 144; Mot I
168; Prot I 77.

Schrifttum

S § 147.

Systematische Übersicht

Alphabetische Übersicht

I. Überblick

Auch § 148 befaßt sich mit der Frage, bis zu welchem Zeitpunkt der Antragende an **1** seinen Antrag gebunden ist (s schon § 147 Rn 1). Die Vorschrift sieht – dem Grundsatz der

Privatautonomie folgend – im Interesse der Klarheit über die Bindung vor, daß der Antragende diesen Zeitpunkt selbst bestimmen kann. Das gilt freilich nur, sofern keine spezialgesetzliche Annahmefrist besteht (s Rn 2). Macht der Antragende von den ihm durch § 148 gewährten Möglichkeiten keinen Gebrauch, greift subsidiär die Regelung des § 147. Dasselbe gilt, wenn die Fristbestimmung unwirksam ist (BGHZ 109, 359, 361).

II. Spezialgesetzliche Annahmefristen

2 Für bestimmte Vertragstypen enthalten Spezialgesetze Sondervorschriften über die Annahmefrist, die der subsidiären gesetzlichen Frist des § 147 vorgehen. Solche Sondervorschriften existieren im Interesse der Rechtssicherheit vor allem auf dem Gebiet des **Versicherungsrechts** (vgl die Übersicht bei OLG Frankfurt NJW-RR 1986, 329 f). So erlischt nach § 81 Abs 1 S 1 VVG der Antrag auf Abschluß, Verlängerung oder Änderung eines Feuerversicherungsvertrages erst dann, wenn er nicht binnen zwei Wochen (oder gemäß § 81 Abs 3 S 2 VVG innerhalb einer anderen vom Antragenden nach § 148 fest bestimmten Frist) angenommen worden ist (vgl OLG Hamm NJW-RR 1987, 153). Diese Regelung gilt freilich nur in ihrem definierten Anwendungsbereich und kann allenfalls auf kombinierte Verträge (zB gemischte Feuer- und Sturmversicherungen), nicht aber auf andere Anträge im Zusammenhang des Feuerversicherungsrechts oder auf andere Versicherungsarten übertragen werden (aM – für alle vergleichbaren Sachversicherungszweige – PRÖLSS/MARTIN, VVG [26. Aufl 1998] Vor § 81 Rn 4 mwN; wie hier BGH LM Nr 1 zu § 147; OLG Frankfurt NJW-RR 1986, 329). Weitere Annahmefristen enthalten zT die *Allgemeinen Versicherungsbedingungen* (vgl etwa die 2-Wochen-Frist in § 9 Nr 3 S 1 AVR [Allg Bedingungen für die Versicherung von Rindern]). Auch solche Fristen können nicht für andere als die ausdrücklich erwähnten Fälle, etwa die Aufhebung oder Änderung des Versicherungsvertrages, gelten (BGH LM Nr 1 zu § 147; OLG Nürnberg VersR 1975, 228; vgl auch OLG Braunschweig VersR 1967, 852, 853).

III. Gewillkürte Annahmefristen

1. Fristsetzung

3 **a)** Nach ihrem **Inhalt** kann die Fristsetzung nach Maßgabe der §§ 186 ff durch Bestimmung eines Endtermins mittels **Datums oder Zeitraumfestsetzung** erfolgen (zB „bis zum 17. 5." oder „binnen einer Woche"). In diesen Fällen ist der *Fristbeginn* nach § 187 zu beurteilen. Dies bedeutet, daß durch Auslegung zu ermitteln ist, ob bei einer Fristbestimmung nach Tagen der Erklärungstag noch in die Frist eingeschlossen sein soll oder nicht. Im Zweifel ist anzunehmen, daß der Erklärungstag mitzählt (OLG Hamburg OLGRspr 41, 91; vgl auch STAUDINGER/WERNER [2001] § 187 Rn 4). Die Frist beginnt also unter Abwesenden mit Abgabe (die durch das in einem Brief angegebene Datum indiziert wird), nicht mit Zugang des Antrages oder mit Datum des Poststempels (vgl auch § 81 Abs 2 VVG). Beim *Fristende* ist der angegebene Schlußtag gemäß § 188 noch in die Frist eingeschlossen (RGZ 105, 417, 420; vgl auch RGZ 92, 208, 210). Ist eine Uhrzeit nicht angegeben, so muß die Annahmeerklärung bis zum Ende der üblichen Geschäftszeit eingegangen sein (vgl allg dazu STAUDINGER/DILCHER[12] § 130 Rn 21, 25, 30). Wird als Zeitpunkt ein bestimmter Tag mit dem Zusatz „früh" angegeben, so bedeutet das den Beginn der üblichen Geschäftszeit (die bei den heutigen, von der „Kernarbeitszeit" geprägten Büroöffnungszeiten eher bei 10 Uhr liegen dürfte), „vormittags" bedeutet „bis 12 Uhr" (OLG Hamburg OLGRspr 44, 130).

Neben der Angabe eines konkret bestimmten oder konkret zu berechnenden Ter- **4** mins kann die Befristung auch durch **jede andere zeitliche Konkretisierung** erfolgen, durch die der Antragende zu erkennen gibt, daß er von der gesetzlichen Regelung des § 147 nach oben oder unten abweichen will. So kann insbesondere die Frist des § 147 Abs 2 dadurch verkürzt werden, daß eine sofortige, eine möglichst rasche oder eine Annahme auf einem bestimmten Wege (mündlich, telefonisch, per Telefax oä) verlangt wird (vgl dazu bereits § 147 Rn 1, 14). In diesen Fällen beginnt die Frist mit dem Wirksamwerden des Antrages. Möglich ist es auch, eine (umgehende) Erklärung gegenüber einem Vertreter oder einem sonstigen *Dritten* zu verlangen (BGH WarnR 1969 Nr 221). Schickt der Angebotsempfänger die Annahme dann trotzdem an den Anbietenden und kommt sie dort verspätet an, so kann sich der Annehmende nicht darauf berufen, die Erklärung wäre auf dem Weg über den Dritten auch nicht eher beim Anbietenden angekommen (RG Recht 1924 Nr 1448).

Für die **Dauer** der gewillkürten Annahmefrist gibt es – von § 516 Abs 2 S 1 abge- **5** sehen, der eine „angemessene" Frist verlangt – keine gesetzlichen Grenzen (vgl auch BGH WarnR 1969 Nr 221). Eine objektiv nicht einhaltbare kurze Frist ist freilich auf eine unmögliche Handlung gerichtet und damit unwirksam. Es gilt dann § 147 Abs 2, wenn sich nicht den Umständen entnehmen läßt, daß die Angebotserklärung gar nicht ernstgemeint war, es also am Rechtsbindungswillen fehlt, so daß gar kein annahmefähiger Antrag vorliegt.

Eine in *AGB* bestimmte unangemessen lange Frist ist gemäß § 308 Nr 1 unwirksam **6** (ausf dazu WALCHSHÖFER WM 1986, 1041 ff). Auch hier greift die subsidiäre Regelung des § 147 Abs 2 (BGHZ 109, 359, 361; OLG Frankfurt NJW-RR 1998, 566, 567). Es handelt sich idR um Fälle, in denen das Angebot ganz oder teilweise von der Gegenseite vorformuliert ist und dabei eine Annahmefrist oder eine als solche zu verstehende „Bindefrist" enthält. Solche Klauseln finden sich zB in Versicherungsanträgen (dort ist eine Frist von höchstens 4 Wochen zulässig; aM OLG Frankfurt VersR 1983, 528, 529; zu Bedenken gegen die Bestimmtheit vgl LG Köln MDR 1987, 676), in Bauausschreibungen gemäß § 19 Nr 3 VOB/A (vgl dazu OLG Düsseldorf BauR 1980, 65, 66), in Darlehensanträgen der Banken (vgl BGH NJW 1988, 2106, 2107 = EWiR 1988, 627 [m krit Anm WOLF]: Frist von einem Monat ist zulässig; BGH NJW 1986, 1807, 1808: Frist von 6 Wochen ist unzulässig), in Leasingverträgen (vgl OLG Hamm WM 1986, 1362, 1363: Frist von 2 Monaten ist unzulässig), in Möbelkaufverträgen (BGH NJW 2001, 303: Frist von 3 Wochen ist unzulässig) oder in Formularen des Kraftfahrzeughandels (für Zulässigkeit einer 4-Wochen-Frist BGHZ 109, 359, 361 ff = JZ 1990, 249 = NJW 1990, 1748 = JR 1990, 325 [m Anm LINDACHER]; dagegen heute LG Lüneburg NJW-RR 2002, 564; anders auch für den Fall, dass nichts mehr zu klären ist, OLG Frankfurt NJW-RR 1998, 566, 567; sehr rigoros für den Gebrauchtwagenhandel AG Diepholz MDR 1987, 936: 10-Tage-Frist unzulässig).

Bei den sog *Festofferten* (s dazu schon § 145 Rn 24) ist das Angebot nicht völlig unbe- **7** fristet. Vielmehr ist eine solche Klausel dahin zu verstehen, daß das Angebot nach einer angemessenen Frist erlöschen soll, die sich aus den Umständen ergibt, insbesondere aus der Natur des Rechtsgeschäfts (RGZ 97, 2, 3). Dasselbe muß auch für eine (BGH WM 1968, 1103 zugrundeliegende) Vereinbarung gelten, das Angebot solle „in der Schwebe bleiben".

b) Von ihrer **Rechtsnatur** her ist die Fristsetzung einseitiges *Rechtsgeschäft*. Das **8**

gilt auch dann, wenn sie außerhalb des Antrages erfolgt (s Rn 9). Ein beschränkt Geschäftsfähiger kann daher die Fristbestimmung ohne Mitwirkung seines gesetzlichen Vertreters nur vornehmen, wenn das angetragene Rechtsgeschäft rechtlich lediglich vorteilhaft und die gesetzte Frist kürzer ist als die gesetzliche Frist des § 147 Abs 2 (nach **aM** soll es reichen, wenn nur die Frist des § 147 Abs 2 verkürzt wird, s Münch-Komm/KRAMER § 148 Rn 2; SOERGEL/WOLF § 148 Rn 3). Die Frist kann im übrigen *ausdrücklich oder konkludent* gesetzt werden (FLUME § 35 I 2). Ob das gewollt ist, ist durch Auslegung vom Empfängerhorizont unter Berücksichtigung der Geschäftssitten, der Gepflogenheiten unter den Parteien und der Natur des konkreten Rechtsgeschäfts zu ermitteln (BGH NJW-RR 1994, 1163, 1164). So ist zB beim Angebot eines Lotterieloses konkludent mitbestimmt, daß die Annahme vor dem Ziehungszeitpunkt wirksam werden muß (BGH LM Nr 2 zu § 148). Einer bestimmten *Form* bedarf die Fristsetzung nur, wenn der Antrag formbedürftig ist. Das gilt auch dann, wenn die Frist – was möglich ist (s Rn 9) – nachträglich gesetzt oder verlängert wird (RG JW 1928, 649).

9 **c)** Die Frist kann dem Angebotsempfänger **im Antrag**, aber auch unabhängig von diesem **in einer selbständigen Erklärung** gesetzt werden (vgl BGH WarnR 1969 Nr 221). Die Fristsetzung kann daher dem Antrag auch vorausgehen oder ihm während der laufenden gesetzlichen Frist nachfolgen (zur Frage des Formzwangs in diesen Fällen s Rn 8). Allerdings kann eine *kürzere* als die gesetzliche Frist gemäß § 130 Abs 1 S 2 nur spätestens gleichzeitig mit dem Antrag gesetzt werden (ERMAN/HEFERMEHL § 148 Rn 5; SOERGEL/WOLF § 148 Rn 3), weil sich der Empfänger des unbefristeten Antrages darauf einrichten kann, die gesetzliche Frist ausschöpfen zu dürfen. Der Antragende ist entsprechend gebunden und kann diese Bindung nicht zu Lasten des Empfängers beseitigen. Eine *längere* als die gesetzliche Frist kann der Antragende dagegen zugunsten des Empfängers auch noch nachträglich bestimmen. Freilich ist eine solche *Fristverlängerung*, die auch konkludent gewährt werden kann (OLG Hamm NJW 1976, 1212), nur möglich, solange die ursprüngliche (gesetzliche oder rechtsgeschäftlich bestimmte) Frist noch läuft, denn mit deren Ablauf ist der Antrag gemäß § 146 erloschen und kann folglich gar nicht mehr angenommen werden (s § 146 Rn 8). Eine solche verspätete Fristverlängerung ist dann aber als neuer Antrag mit gewillkürter Annahmefrist zu verstehen (ERMAN/HEFERMEHL § 148 Rn 5; SOERGEL/WOLF § 148 Rn 10).

2. Fristwahrung

10 Grundsätzlich kann der Angebotsempfänger die ihm gesetzte Frist voll ausschöpfen. Zu einer vorzeitigen Erklärung ist er nicht verpflichtet, gleich ob er den Antrag annehmen oder ablehnen will (BGH NJW 1966, 1407; LG Bremen VersR 1982, 694). Die Frist ist aber nur dann gewahrt, wenn die *Annahmeerklärung* innerhalb der gesetzten Frist *wirksam* wird. Daß der Angebotsempfänger seine Annahmeerklärung innerhalb der Frist abgegeben hat, genügt nicht (RGZ 53, 59, 61; 43, 75, 80; RG WarnR 1916 Nr 8; OLG Hamm VersR 1978, 1039; zu den Fällen des § 151 s § 151 Rn 26; zu § 152 s § 152 Rn 4). Freilich kann der Antragende von dieser Regel abweichen und bestimmen, daß fristgerechtes Absenden genügen soll (vgl RGZ 48, 175, 178 f; OLG Düsseldorf NJW-RR 1995, 1392; OLG Köln NJW 1990, 1051). Ob das gewollt ist, ist Auslegungsfrage (ENNECCERUS/NIPPERDEY § 161 Fn 22). Ist die Annahme von einem *Vertreter ohne Vertretungsmacht* (und damit zunächst einmal nicht, wie es erforderlich wäre, wirksam, sondern nur schwebend unwirksam) erklärt worden, so muß auch die Genehmigung des Vertretenen innerhalb der Annahmefrist erklärt werden. Wegen der Schutzfunktion des § 148 wirkt die Genehmigung insoweit – abweichend von § 184 – nicht auf den Zeitpunkt der Annahmeerklärung zurück (BGH NJW 1973, 1789, 1790; ERMAN/HEFERMEHL § 148 Rn 7; vgl auch BGHZ 108, 380, 384; OLG Hamburg MDR 1988, 861 [Genehmigung einer Vorstandsentscheidung durch die Kirchenaufsicht]; aM RGZ 76, 364, 366; JAUERNIG § 184 Rn 2; ders, in: FS Niederländer [1991] 285 ff). Denn mangels wirksamer Annahme ist der Antragende nicht mehr gebunden, und die dadurch gewonnene Dispositionsfreiheit kann ihm nicht durch nachträgliche Genehmigung wieder genommen werden.

3. Fristüberschreitung

Ist die Frist nicht gewahrt, so erlischt der Antrag (s § 146 Rn 8). Das muß im Interesse **11** der Rechtssicherheit auch bei nur geringfügigem Überschreiten gelten (s näher § 150 Rn 3). Eine verspätete Annahmeerklärung ist dann gemäß § 150 Abs 1 als neuer Antrag anzusehen, sofern kein Fall des § 149 vorliegt. Allerdings kann der Antragende aufgrund des vorvertraglichen Vertrauensverhältnisses (s dazu § 145 Rn 25), das über das Erlöschen des Angebotes hinaus besteht, verpflichtet sein, den Gegner umgehend darauf hinzuweisen, daß die Annahme zu spät eingegangen und der Vertragsschluß deshalb gescheitert ist. Verletzt er diese Pflicht, so kann er dem Gegner wegen einer cic auch über § 149 hinaus zur Leistung verpflichtet sein (RGZ 147, 103, 110). Zur *Vereitelung* des rechtzeitigen Zugangs durch den Antragenden gilt das zu § 147 Rn 9 Gesagte sinngemäß.

IV. Beweislast

Die Befristung des Angebots muß als Abweichung von § 147 derjenige beweisen, der **12** sich darauf beruft, idR also der Antragende, der geltend macht, die Annahme sei zu spät gekommen (PALANDT/HEINRICHS § 148 Rn 5; SOERGEL/WOLF § 148 Rn 14; aM RG SeuffA 80 Nr 72; BAUMGÄRTEL/LAUMEN, Hdb d Beweislast [2. Aufl 1991] § 147 Rn 2; MünchKomm/KRAMER § 148 Rn 8). Steht die Befristung fest, so trägt derjenige, der behauptet, daß die mit dem Antrag verbundene Fristsetzung nicht die Annahmefähigkeit beschränken sollte, dafür die Beweislast (RG SeuffA 75 Nr 4; vgl auch RGZ 76, 364, 366).

§ 149
Verspätet zugegangene Annahmeerklärung

Ist eine dem Antragenden verspätet zugegangene Annahmeerklärung dergestalt abgesendet worden, dass sie bei regelmäßiger Beförderung ihm rechtzeitig zugegangen sein würde, und musste der Antragende dies erkennen, so hat er die Verspätung dem Annehmenden unverzüglich nach dem Empfang der Erklärung anzuzeigen, sofern es nicht schon vorher geschehen ist. Verzögert er die Absendung der Anzeige, so gilt die Annahme als nicht verspätet.

Materialien: E I § 85; II § 122; III § 145; Mot I 170; Prot I 81.

Reinhard Bork

Schrifttum

HILGER, Die verspätete Annahme, AcP 185 (1985) 559.

Systematische Übersicht

Alphabetische Übersicht

I. Überblick

1 § 149 regelt, wie § 150 Abs 1, die Folgen eines gemessen an den Erfordernissen der §§ 147, 148 *verspäteten Zugangs einer verkörperten Annahmeerklärung*. Als Grundsatz bestimmt § 150 Abs 1, daß die verspätete Annahme als neuer Antrag gilt. Sofern jedoch die Verspätung einer verkörperten Annahmeerklärung ihren Grund nicht in einer verspäteten Abgabe (s Rn 3), sondern in einer *unregelmäßigen Beförderung* der Erklärung hat (s Rn 4), gilt die Annahmeerklärung bei Erkennbarkeit dieser Verzögerung (s Rn 5) für den Antragenden als rechtzeitig zugegangen, sofern nicht unverzüglich eine Verspätungsanzeige abgesendet wird (s Rn 6 ff). Bedeutung hat die Vorschrift *nur bei verkörperten Willenserklärungen*. Sie greift daher nicht in den Fällen des § 147 Abs 1 (s dazu § 147 Rn 2), da es hier kein Transportrisiko gibt, und auch nicht in den Fällen des § 151, da die Annahme hier nicht durch empfangsbedürftige Willenserklärung erfolgt; zum Verhältnis zu § 150 Abs 2 s Rn 3. § 149 ist *dispositiv*, so daß – wenn auch nicht in AGB (§ 307 Abs 2) – vereinbart werden kann, daß bei verspätetem Zugang der Vertrag auch ohne Verspätungsanzeige gescheitert sein soll (SOERGEL/WOLF § 149 Rn 1).

2 Der **Gesetzeszweck** liegt im Schutz des Antragsempfängers (MünchKomm/KRAMER § 149 Rn 1; SOERGEL/WOLF § 149 Rn 1). Er darf bei rechtzeitiger Absendung einer verkörperten Annahmeerklärung darauf vertrauen, sie werde beim Antragenden nach normaler Beförderungsdauer eingehen. Vermag der Antragende zu erkennen, daß sich der Annehmende in diesem Punkt getäuscht hat, so hat er nach Treu und Glauben diesen Irrtum unverzüglich aufzuklären und den Gegner dadurch vor Schaden zu bewahren, der durch Dispositionen entstehen könnte, die im Vertrauen auf den Vertragsschluß getätigt werden (Mot I 171; vgl auch RGZ 105, 255, 257). Anderenfalls wird die Verspätung ignoriert, und der Vertrag ist zustandegekommen (s Rn 11). Der Gesetzgeber hat damit freilich einen ungewöhnlichen Weg beschritten. Er hat nämlich keine Informations*pflicht* für den Antragenden normiert, was in Ausprägung des Instituts der culpa in contrahendo nahegelegen hätte, und als Sanktion auch keinen Schadensersatzanspruch gewährt (s auch Rn 12), sondern er hat eine *Obliegenheit* für den Antragenden formuliert, deren Verletzung dazu führt, daß der Vertrag als rechtzeitig geschlossen fingiert wird (krit dazu CANARIS, Die Vertrauenshaftung im deutschen Privatrecht [1971] 326 ff). Es geht daher nicht an, in § 149 S 2 einen Sondertatbestand der cic zu sehen (so aber HILGER AcP 185 [1985] 559, 561 ff; abl ERMAN/HEFERMEHL § 149 Rn 4; Münch-Komm/KRAMER § 149 Rn 1 Fn 3; PALANDT/HEINRICHS § 149 Rn 1), da die Rechtsfolge (Vertragsschluß) nicht an eine Pflichtverletzung anknüpft und auch nicht zum Institut der cic paßt, bei der idR nur auf das negative Interesse gehaftet wird (s Vorbem 50 zu §§ 145 ff).

II. Voraussetzungen der Benachrichtigungspflicht

1. Rechtzeitiges Absenden der Annahmeerklärung

Erste Voraussetzung des § 149 ist die rechtzeitige Absendung der Annahmeerklärung **3** (vgl CANARIS 328 gegen FLUME § 35 II 2, der § 149 bei verspätetem Absenden unter bestimmten Voraussetzungen erweiternd anwenden will; s auch § 150 Rn 6). Hierunter ist mehr zu verstehen als nur die Abgabe der Erklärung, die sich bei verkörperten Willenserklärungen als die auf den Wirksamkeitseintritt gerichtete Entäußerung darstellt (vgl dazu STAUDINGER/DILCHER[12] § 130 Rn 2 ff). Während diesem Erfordernis zB genügt ist, wenn einem privaten Boten die Erklärungsverkörperung mit der Bitte um Aushändigung bei passender Gelegenheit anvertraut wird, erfordert eine Absendung iSd § 149, daß eine **fristwahrende Übermittlung** der Erklärungsverkörperung nach Maßgabe der Verkehrsüblichkeit gewählt wird (ERMAN/HEFERMEHL § 149 Rn 2). Die Annahmeerklärung muß also so „in Marsch gesetzt" worden sein, daß sie bei regelmäßiger Beförderung rechtzeitig eingetroffen wäre und dadurch die Frist gewahrt hätte. Das ist normalerweise bei rechtzeitiger Einschaltung der Post der Fall. Sofern der Antragende eine bestimmte Beförderungsweise für die Annahmeerklärung vorgeschrieben hat, muß diese gewahrt sein. Im übrigen muß die Annahmeerklärung natürlich überhaupt zugegangen sein und sich mit dem Antrag decken. Hätte sie den Vertragsschluß gemäß § 150 Abs 2 ohnehin nicht herbeigeführt, spielt die Verspätung, die allein § 149 überwindet, keine Rolle (SOERGEL/WOLF § 149 Rn 2).

2. Unregelmäßige Beförderung

Als Verspätungsursache darf nur ein ungewöhnlicher Fehler beim zulässigerweise **4** (s Rn 3) gewählten Beförderungsmittel eingetreten sein. Praktisch erfaßt dies die *unvorhersehbaren Verzögerungen* bei der postalischen Beförderung. Jedoch kann die Verzögerung auch durch das nicht zu erwartende Verhalten eines privaten Erklärungsboten bewirkt worden sein, sofern ein solcher als Mittel der „regelmäßigen Beförderung" in Betracht kam. Das Risiko *vorhersehbarer Verzögerungen* in der Beförderung trägt demnach der Annehmende, ebenso alle sonstigen Verzögerungsgründe, die aus seinem Risikobereich stammen.

3. Erkennbarkeit

5 Weiter verlangt § 149, daß der Antragende als Empfänger der Annahmeerklärung
erkennen konnte oder mußte, daß die Ursache der Verspätung im unregelmäßigen
Funktionieren des Beförderungsmittels lag. Bei *postalischer Erklärungsbeförderung*
wird dies durch den Poststempel oder den Aufgabevermerk ermöglicht (vgl RGZ 105,
255, 257; ENNECCERUS/NIPPERDEY § 162 III 1), so daß dessen fahrlässige Nichtbeachtung für
den Tatbestand des § 149 genügt. Sofern ein *Erklärungsbote* die Verzögerung bewirkt
hat, ist § 149 erfüllt, wenn der Antragende von dem Boten oder aus anderer zuver-
lässiger Quelle gleichzeitig mit dem Eingang der verspäteten Annahmeerklärung von
den unvorhersehbaren Verzögerungsursachen erfährt. Der Umstand, daß der Bote
einen zerknitterten und verschmutzten Brief wortlos (verspätet) aushändigt, ist aber
noch kein ausreichendes Indiz für das Vorliegen einer unvorhersehbaren Verzögerung nach rechtzeitiger Erklärungsabsendung (vgl aber für das Geständnis des Boten
SOERGEL/WOLF § 149 Rn 6). Bei nicht voll Geschäftsfähigen ist § 131 analog anzuwenden
(SOERGEL/WOLF § 149 Rn 6).

III. Verspätungsanzeige

1. Inhalt

6 Will der Antragende bei Vorliegen der vorstehend erläuterten Voraussetzungen den
Vertragsschluß verhindern, so muß er den Gegner über die Verspätung informieren.
Die Verspätungsanzeige soll den Annehmenden davon in Kenntnis setzen, daß seine
Annahmeerklärung verspätet eingegangen und ein Vertrag deshalb nicht zustande
gekommen ist (s Rn 2). Inhaltlich muß daher die Verspätungsanzeige entsprechend
formuliert sein. Die Geltendmachung anderer Erlöschensgründe für den Antrag
genügt nicht (RGZ 105, 255, 257).

2. Zeitpunkt

7 Der Antragende kann den Vertragsschluß unter den Voraussetzungen des § 149 nur
dadurch verhindern, daß er die ordnungsgemäße Verspätungsanzeige **unverzüglich**
absendet, also ohne schuldhaftes Zögern (vgl die Legaldefinition in § 121 Abs 1 S 1
und dazu STAUDINGER/DILCHER[12] § 121 Rn 3). Zur Wahrung dieses Erfordernisses reicht es
gemäß § 149 S 2 aus, daß der Antragende die Verspätungsanzeige rechtzeitig **absendet** (zur Frage, ob die Anzeige auch ankommen muß, s Rn 8). Außerdem muß sich der Antragende grundsätzlich eines mindestens gleich schnellen Beförderungsmittels bedienen, wie es der Annehmende für die Übersendung der Annahmeerklärung gewählt
hat (OLG Dresden OLGRspr 42, 264). Auch eine mündliche Anzeige ist möglich; daß
§ 149 S 2 nur den Fall der verkörperten Verspätungsanzeige im Auge hat, steht dem
nicht entgegen. Zulässig ist es, die Verspätungsanzeige *vor* dem verspäteten Eingang
der Annahmeerklärung abzusenden, also dann, wenn der Antragende wegen Fristablaufs weiß, daß eine etwa noch eintreffende Annahmeerklärung verspätet zugehen
würde. Geht die Anzeige ihrerseits verspätet zu, so gilt § 149 S 1 entsprechend: Unvorhersehbare Beförderungsverzögerungen sind bei einer ordnungsgemäß abgesen-
deten Anzeige für deren vertragshindernde Wirkung unschädlich, sofern sie für den
Empfänger der Anzeige erkennbar sind.

3.   Rechtsnatur

Die Verspätungsanzeige stellt als Mitteilung eine **geschäftsähnliche Handlung** dar (allg **8** dazu STAUDINGER/DILCHER[12] Einl 18 ff, 20 zu §§ 104 ff). §§ 104 ff gelten entsprechend (SOERGEL/WOLF § 149 Rn 8). Ob die Anzeige **empfangsbedürftig** ist, ist umstritten. Überwiegend wird sie im Anschluß an die Gesetzesmaterialien (Mot I 171) als nicht empfangsbedürftig angesehen, so daß ihre Wirksamkeit mit der Absendung und ohne Rücksicht auf die für empfangsbedürftige Erklärungen bestehenden Erfordernisse des Zugangs bzw der Vernehmung eintritt (vgl ERMAN/HEFERMEHL § 149 Rn 3; PALANDT/HEINRICHS § 149 Rn 3; SOERGEL/WOLF § 149 Rn 11). Das bedeutet, daß der Vertrag auch dann nicht zustandekommt, wenn die Verspätungsanzeige ihren Adressaten gar nicht erreicht, sie etwa unterwegs verloren geht. Grundlage dieser Auffassung ist, daß § 149 S 2 nur die Absendung der Verspätungsanzeige verlangt. Hieraus auf die Nichtempfangsbedürftigkeit zu schließen, ist jedoch keineswegs zwingend, da § 149 S 2 an die Absendung der Anzeige nur den Ausschluß des Zustandekommens eines Vertrages knüpft. Die in den Motiven niedergelegte Vorstellung von der fehlenden Empfangsbedürftigkeit hat daher im Gesetz keinen klaren Niederschlag gefunden. Sie wäre auch mit dem Schutzzweck des § 149 schlecht vereinbar. Denn wenn es um eine rechtzeitige Information des Annehmenden geht (s Rn 2), dann muß die Information auch bei dem, der geschützt werden soll, ankommen. Im übrigen ist in § 121 Abs 1 S 2 für die Anfechtungserklärung eine entsprechende Regelung enthalten, durch welche ebenfalls lediglich das Verspätungsrisiko während des Transportes, nicht aber die Wirksamkeitsvoraussetzungen erfaßt werden (vgl STAUDINGER/DILCHER[12] § 121 Rn 2). Richtigerweise ist daher auch die Absendungsregel des § 149 S 2 nur im Sinne einer Verteilung des Verspätungsrisikos zu verstehen, und die Frage des Wirksamkeitseintritts der Verspätungsanzeige im übrigen nach allgemeinen Gesichtspunkten zu entscheiden (ebenso MünchKomm/KRAMER § 149 Rn 4). Da die Verspätungsanzeige eine adressatengerichtete Handlung darstellt, sind ihre allgemeinen Wirksamkeitsvoraussetzungen dieselben wie bei empfangsbedürftigen Willenserklärungen (vgl dazu STAUDINGER/DILCHER[12] Einl 20 zu §§ 104 ff und § 130 Rn 16). Das bedeutet ua, daß unter analoger Anwendung der Voraussetzungen des § 130 Abs 1 S 2 auch ein *Widerruf* möglich ist (SOERGEL/WOLF § 149 Rn 9). Eine *Anfechtung* ist aber nicht möglich, da sonst die durch die Anzeige herbeigeführte Rechtssicherheit wieder beseitigt würde (SOERGEL/WOLF § 149 Rn 9).

IV.   Rechtsfolgen

1.   vor der Verspätungsanzeige

Bis zur Entscheidung, ob aufgrund der rechtzeitig abgegebenen und verspätet wirk- **9** sam gewordenen Annahmeerklärung ein Vertragsabschluß durch unverzügliche Abgabe der Verspätungsanzeige verhindert wird oder nicht, besteht ein *Schwebezustand* (ENNECCERUS/NIPPERDEY § 162 III 1; ERMAN/HEFERMEHL § 149 Rn 3). Da die Annahmeerklärung aber bereits – wenn auch verspätet – zugegangen ist, kann sie in dieser Phase gemäß § 130 Abs 1 S 2 nicht mehr widerrufen werden.

2.   bei rechtzeitiger Verspätungsanzeige

Wird die Verspätungsanzeige rechtzeitig abgegeben (s Rn 7), so hat das zur Folge, daß **10** die Annahme gemäß § 150 Abs 1 als neuer Antrag zu bewerten ist. Ein Vertrag kommt daher nur zustande, wenn diesem Antrag eine Annahmeerklärung des Erstofferenten folgt. Dafür bedarf es einer eigenen Willenserklärung. Die Verspätungsanzeige kann nicht als eine solche Annahmeerklärung verstanden werden, da es sich nur um eine geschäftsähnliche Handlung handelt und der Absender mit der Verspätungsanzeige gerade zum Ausdruck bringen will, daß er den Vertrag nicht als geschlossen ansieht. Aber auch als (antizipierte) Ablehnung kann die Verspätungsanzeige nicht interpretiert werden, da der Absender lediglich äußert, daß die Annahmeerklärung des Gegners den Vertrag nicht zustande gebracht hat.

3. bei verspäteter Verspätungsanzeige

11 Zeigt der Anbietende den verspäteten Zugang der Annahmeerklärung nicht oder nicht unverzüglich an, so wird die Verspätung der Annahmeerklärung fiktiv beseitigt. Das hat, wenn sonstige Wirksamkeitshindernisse nicht im Wege stehen, zur Folge, daß der Vertrag durch die verspätete Annahmeerklärung zustande gekommen ist. Maßgeblicher *Zeitpunkt* für den Vertragsschluß ist der Zugang der verspäteten Annahmeerklärung (RGZ 105, 255, 257; ERMAN/HEFERMEHL § 149 Rn 4; MünchKomm/KRAMER § 149 Rn 4; SOERGEL/WOLF § 149 Rn 10). Der Vertragsschluß wird also nicht auf den Moment, in dem die Verspätungsanzeige spätestens hätte abgeschickt werden müssen, fingiert, und auch nicht auf einen früheren, der rechtzeitigen Annahme entsprechenden Zeitpunkt (Mot I 171). Eine solche Rückbeziehung der Rechtswirkungen kann nur durch den Parteiwillen herbeigeführt werden. Bestätigt der Antragende den Vertragsschluß, statt die Verspätung anzuzeigen, so kann er sich auf diese später nicht mehr berufen (RG WarnR 1911 Nr 423).

12 Eine *Rechtspflicht* zur Verspätungsanzeige besteht grundsätzlich nicht. Vielmehr handelt es sich um eine Obliegenheit des Antragenden (s näher Rn 2). Das Unterlassen der Anzeige löst daher als solche keine Schadensersatzansprüche aus. Anders kann es sein, wenn der Antragende aufgrund eines vorvertraglichen Vertrauensverhältnisses zwischen den Parteien verpflichtet ist, den Gegner auf das Scheitern des Vertragsschlusses hinzuweisen (s § 148 Rn 11).

V. Beweislast

13 Wenn der Angebotsempfänger den *Vertragsschluß behauptet*, dann muß er beweisen, daß die Annahmeerklärung rechtzeitig abgegeben wurde und daß dem Antragenden die ungewöhnliche Beförderungsverzögerung als Grund für die Verspätung erkennbar war (ERMAN/HEFERMEHL § 149 Rn 5). Es ist dann Sache des Antragenden, der den *Vertragsschluß bestreitet*, das rechtzeitige Absenden der Verspätungsanzeige nachzuweisen (BAUMGÄRTEL/LAUMEN, Hdb d Beweislast [2. Aufl 1991] § 149 Rn 2 f; MünchKomm/ KRAMER § 149 Rn 5; ROSENBERG, Die Beweislast [5. Aufl 1965] 257). Umgekehrt muß der Antragende beweisen, daß er keine rechtzeitige Verspätungsanzeige abgeschickt hat, wenn er sich bei feststehender verspäteter Annahme auf den Vertragsschluß beruft (SOERGEL/WOLF § 149 Rn 14).

§ 150
Verspätete und abändernde Annahme

(1) Die verspätete Annahme eines Antrags gilt als neuer Antrag.

(2) Eine Annahme unter Erweiterungen, Einschränkungen oder sonstigen Änderungen gilt als Ablehnung verbunden mit einem neuen Antrag.

Materialien: E I § 88 Abs 1 und 3; II § 123;
III § 146; Mot I 175; Prot I 86.

Schrifttum

HILGER, Die verspätete Annahme, AcP 185
(1985) 559.

Systematische Übersicht

Alphabetische Übersicht

I.   Überblick

Wird die Annahme verspätet wirksam oder stimmt sie mit dem Antrag nicht überein, **1**
so kommt ein Vertrag nicht zustande. Das beruht im ersten Fall darauf, daß der
Antrag inzwischen erloschen ist und deshalb durch die verspätete Annahme nicht
mehr angenommen werden kann, im zweiten Fall darauf, daß ein Vertrag nur dann
zustande kommt, wenn sich die Parteien einig sind, also dieselben Rechtsfolgen
wollen (s Vorbem 2 zu §§ 145 ff). Für diese Fälle enthält aber § 150 die widerlegliche
Auslegungsregel, daß die Annahme als neuer Antrag verstanden werden kann. Es
handelt sich um eine am mutmaßlichen Parteiwillen orientierte *Umdeutung* der
Annahmeerklärung (vgl schon ZITELMANN, Die Rechtsgeschäfte im Entwurfe eines BGB, I
[1889] 121 f; ferner HILGER AcP 185 [1985] 559, 580 ff), die nur deshalb durch Auslegung
und nicht aus § 140 zu gewinnen ist, weil das Rechtsgeschäft hier nicht nichtig,
sondern fehlgeschlagen ist. Hingegen handelt es sich nicht um eine Fiktion, weil
sich schon aus der Annahmeerklärung selbst ergeben kann, daß sie nicht als neues
Angebot gewertet werden kann (SOERGEL/WOLF § 150 Rn 3). Dieses Verständnis des
§ 150 bedeutet einerseits, daß die Parteien Abweichendes vereinbaren, also die Wir-

kung des § 150 ausschließen können (vgl BGH NJW 1986, 1983, 1984; WM 1968, 1103, 1105; s auch Rn 13, 16). Und es bedeutet andererseits, daß mangels abweichender Vereinbarung die Annahmeerklärung wie ein Antrag zu behandeln ist, insbesondere Bindungswirkung erzeugt und durch rechtzeitige Annahme zum Vertragsschluß führen kann. In den Fällen der §§ 151, 152, 156 ist für die Anwendung des § 150 allerdings erforderlich, daß die Annahme dem Anbietenden zur Kenntnis gelangt, da die verspätete oder modifizierte Annahme als Angebot gewertet wird, als solches den allgemeinen Regeln über Angebote unterliegt (s Rn 4) und deshalb zugegangen sein muß (Soergel/Wolf § 150 Rn 2).

II. Verspätete Annahme (Abs 1)

1. Annahmeerklärung

1a Voraussetzung ist zunächst eine Annahmeerklärung (s § 146 Rn 1 ff). Daran fehlt es beispielsweise, wenn der Angebotsempfänger bereits von einem geschlossenen Vertrag ausgeht. Übersendet er etwa die Kopie einer Vertragsausfertigung zur Information, so liegt gar keine Willenserklärung vor. Es fehlt dann an einer Annahmeerklärung, so daß § 150 Abs 1 nicht herangezogen werden kann (OLG Dresden OLG-NL 1999, 19, 21).

2. Verspätung

2 Eine verspätete Annahmeerklärung kann nicht mehr zum Vertragsschluß führen, weil bei ihrem Wirksamwerden kein annahmefähiger Antrag mehr vorliegt. Der Antrag ist gem § 146 mangels rechtzeitiger Annahme bereits erloschen (s § 146 Rn 8). Aus dem Zusammenhang mit § 146 folgt für § 150 Abs 1, daß die Annahmeerklärung im Sinne dieser Vorschrift verspätet ist, wenn sie erst nach Ablauf der gesetzlichen oder gewillkürten Annahmefrist gem §§ 147, 148 *wirksam* wird und auch nicht gemäß § 149 S 2 als rechtzeitig wirksam geworden anzusehen ist. Darauf, ob die Annahmeerklärung rechtzeitig *abgegeben* wurde, kommt es nicht bzw nur im Zusammenhang mit § 149 S 1 an (**aM** wohl MünchKomm/Kramer § 150 Rn 2. Zu den Einzelheiten der Fristwahrung s § 147 Rn 5 ff, 8, 10 ff, § 148 Rn 3 ff, 10).

3 Auch bei einer nur **geringfügigen Überschreitung** der Annahmefrist ist die Annahme verspätet, so daß ein Vertrag nur zustande kommt, wenn die gemäß § 150 als neuer Antrag zu verstehende Annahmeerklärung ihrerseits angenommen wird. Der Gedanke der Rechtssicherheit verlangt grundsätzlich, daß der Antragende sich auf die Ausschlußwirkung des Fristablaufs verlassen und – der an den ursprünglichen Antrag geknüpfen Bindungswirkung ledig – neu disponieren kann. Es ist daher mit Sinn und Zweck des § 146 grundsätzlich nicht vereinbar, die Verspätung bei nur geringfügigem Überschreiten der Frist zu ignorieren (so aber RG HRR 1929 Nr 1559; vgl auch OLG Hamm ZIP 1983, 186; dagegen zutr BGH NJW 1951, 313; Soergel/Wolf § 150 Rn 2; s auch § 148 Rn 11). Allenfalls kann aufgrund besonderer Umstände das Urteil gerechtfertigt sein, daß der Antragende gemäß § 242 gegen Treu und Glauben verstößt, wenn er sich im konkreten Fall auf die Verspätung beruft, so daß er sich so behandeln lassen muß, als sei die Annahme rechtzeitig wirksam geworden. Liegen solche besonderen Umstände nicht vor, ist § 150 Abs 1 anzuwenden, wobei freilich zu berücksichtigen ist, daß gerade bei geringfügiger Verspätung das Schweigen des Erstofferenten als Annahme des neuen Antrages zu verstehen sein kann (s Rn 6).

3. Rechtsfolge

Durch § 150 Abs 1 wird die verspätete Annahmeerklärung mangels abweichender **4** Vereinbarung kraft Gesetzes als **neuer Antrag** ausgelegt. Das ist darin begründet, daß der Vertragswille des Annehmenden in seiner Erklärung Ausdruck gefunden hat, so daß es gerechtfertigt erscheint, seine Annahmeerklärung als Angebot zu verstehen. Das gilt auch für Versicherungsverträge (OLG Hamm NJW-RR 1987, 153, 154). Für dieses Angebot gelten die allgemeinen, auf jeden Antrag anzuwendenden Regeln. Hinsichtlich des *Bestimmtheitserfordernisses* (s § 145 Rn 17) kann allerdings auf die frühere Antragserklärung zurückgegriffen werden, sofern sich die verspätete Annahme inhaltlich auf diese bezieht (vgl OLG München OLGZ 1978, 444, 446 f). Sind die an ein Angebot zu stellenden Anforderungen erfüllt, so ist der Annehmende an seine jetzt als Angebot zu verstehende Erklärung wie bei einem erstmaligen Antrag *gebunden*. Die Bindung erlischt gemäß § 146, wenn nicht der Erstofferent das neue Angebot rechtzeitig annimmt.

4. Annahme des neuen Antrages

Der Empfänger der als neues Angebot zu verstehenden Annahmeerklärung ist **5** grundsätzlich frei, dieses Angebot **ausdrücklich oder konkludent** anzunehmen, abzulehnen oder ungenutzt verstreichen zu lassen. Ficht er den vermeintlich geschlossenen Vertrag wegen angeblicher arglistiger Täuschung an, so ist dies selbst dann als Ablehnung zu verstehen, wenn gleichzeitig aufgrund eines noch nicht widerrufenen Dauerauftrages die Gegenleistung erbracht wird (OLG Hamm VersR 1978, 1039). Die *Annahmefrist* wird sich im allgemeinen nach § 147 richten. Für die nach § 147 Abs 2 vorzunehmende Berechnung der Annahmefrist ist dabei zu berücksichtigen, daß die einzukalkulierende Überlegungsfrist (s § 147 Rn 12 f) wegen der Übereinstimmung des neuen Antrages mit dem erloschenen kürzer bemessen werden kann als beim Empfang eines inhaltlich völlig neuen Angebotes (RG HRR 1929 Nr 1559).

Will der Erstofferent den neuen Antrag annehmen, so kann er dies ausdrücklich oder **6** konkludent tun (s näher § 146 Rn 2). Außerdem ist allgemein anerkannt, daß seine Annahmeerklärung gemäß § 151 idR **nicht empfangsbedürftig** ist (vgl etwa OLG Düsseldorf MDR 1993, 26; OLG Karlsruhe WRP 1990, 51, 52; PALANDT/HEINRICHS § 150 Rn 1; anders für einen Darlehensvertrag wegen dessen Bedeutung OLG Köln NJW 1990, 1051; ebenso für Versicherungsverträge OLG Hamburg VersR 1988, 1168; LG Aachen ZfS 1990, 89; für Unterrichtsverträge LG München I NJW-RR 1992, 244; s auch § 151 Rn 6 f). Es liegt in der Konsequenz dieses Satzes, daß auch einem **Schweigen** auf den neuen Antrag Erklärungswert beigemessen werden und dieses Schweigen nach Treu und Glauben als konkludente Annahme zu werten sein *kann*, insbesondere wenn besondere Umstände fehlen, die ein Interesse an einer exakten Einhaltung der Annahmefrist erkennen lassen. Derjenige, dessen Erklärung als neues Angebot interpretiert wird, darf mangels entgegenstehender Umstände, die auf einen Sinneswandel des Erstofferenten schließen lassen könnten, das Schweigen des Gegners dahingehend deuten, daß dieser einverstanden ist (BGH WM 1986, 577, 579; BB 1955, 1068; NJW 1951, 313; RGZ 103, 11, 13; LG Kaiserslautern WuM 1990, 288 f; DIEDERICHSEN JuS 1966, 129, 131; ERMAN/HEFERMEHL § 150 Rn 1; LARENZ/WOLF

§ 29 Rn 58; PALANDT/HEINRICHS § 150 Rn 1; zu pauschal ENNECCERUS/NIPPERDEY § 162 III 2; aM FLUME § 35 II 2, der § 149 erweiternd anwenden will, s dazu § 149 Rn 3; LINDACHER JR 1986, 462, 463; vgl auch § 146 Rn 5 und STAUDINGER/DILCHER[12] Vorbem 59 zu §§ 116 ff). Der Vertrag ist dann zu dem *Zeitpunkt* geschlossen, zu welchem unter regelmäßigen Umständen die Ablehnung spätestens erwartet werden durfte. Ist das Schweigen nicht als Willenserklärung zu werten, so kann es unter eingeschränkten Voraussetzungen gleichwohl eine culpa in contrahendo darstellen (s § 146 Rn 10).

III. Modifizierte Annahme (Abs 2)

1. Modifikationen

7 Ein Vertrag kommt durch eine Annahme nur dann zustande, wenn beide Parteien dieselben Rechtsfolgen wollen (s Vorbem 2 zu §§ 145 ff). Der Annehmende muß daher ein vorbehaltsloses „Ja" erklären. Tut er das nicht, sondern weicht er vom Angebot in irgendeiner Hinsicht ab, so ist der Antrag nicht angenommen, sondern, wie § 150 Abs 2 bestimmt, endgültig abgelehnt und damit erloschen (vgl § 146 Rn 8); die Annahme gilt als neuer Antrag, der seinerseits angenommen werden muß. Etwas anderes gilt nur dann, wenn die Abweichung mit dem Anbietenden abgestimmt ist, dieser also beispielsweise auf Rückfrage zugestimmt hat, daß der Annehmende ein schriftliches Vertragsangebot ändert (vgl OLG Düsseldorf MDR 1989, 738).

8 Die in der Annahmeerklärung formulierten Modifikationen können dabei **beliebige Änderungen** inhaltlicher Art sein. In Betracht kommen Erweiterungen oder Einschränkungen der Hauptleistungen (vgl aus der reichhaltigen Judikatur exemplarisch BGH NJW-RR 1993, 1035, 1036 für das Verlangen einer Gegenleistung; NJW-RR 1990, 1006, 1007 für den Umfang einer Bürgschaft; RGZ 92, 232, 233 f für Qualitätsanforderungen; OLG Köln BauR 1992, 779, 780 für ein Skontoverlangen; AG Starnberg NJW 1989, 1548 für die Art der ärztlichen Behandlung; s auch Rn 11), Bedingungen für den Vertragsschluß (vgl RGZ 92, 232, 235) oder dessen Wirksamkeit, Befristungen oder Rücktrittsvorbehalte sowie alle sonstigen Änderungen, etwa hinsichtlich der Vertragsparteien (vgl OLG Köln IPRax 1994, 210, 212), der Leistungszeit (vgl OLG Koblenz MedR 1992, 284; LG Frankfurt NJW-RR 1987, 1268), des Leistungsortes, der Gefahrtragung, der Kosten, der Sicherheitsleistung (vgl BGH ZIP 1984, 1326, 1330) oder einer Vertragsstrafe (vgl dazu OLG Celle GRUR 1990, 481; OLG Köln WRP 1985, 175, 176; OLG München WRP 1980, 715, 716; aber auch KG WRP 1986, 680, 682; OLG Karlsruhe WRP 1990, 51, 52 f). Ob es sich um dem Gegner günstige oder ungünstige, *wesentliche oder unwesentliche* Änderungen (zB die Art der Verpackung) handelt, bleibt sich gleich (BGH MDR 2001, 207; LARENZ/WOLF § 29 Rn 61).

9 Ob eine Abweichung vorliegt, ist durch **Auslegung** der beiden Willenserklärungen festzustellen. Maßgebend ist der erkennbar gewordene Willensinhalt. Die Auslegung kann ergeben, daß eine Modifikation trotz divergierenden Wortlauts nicht vorliegt (vgl zB OLG Frankfurt NJW-RR 1993, 153). Zweifel gehen zu Lasten des Annehmenden, wenn der Empfänger nach Treu und Glauben und unter Berücksichtigung der Verkehrssitte von einer unbeschränkten Annahmeerklärung ausgehen durfte. Einschränkungen und Erweiterungen müssen daher eindeutig erkennbar sein, wozu beispielsweise das bloße Beifügen eines anderen Formulars nicht genügt (BGH WM 1983, 313, 314; vgl auch LG Lübeck WuM 1991, 80; AG Freudenstadt NJW-RR 1994, 238, 239). – Zur telegrafischen Antwort mit dem Zusatz „Brief folgt" s § 146 Rn 1.

Keine modifizierte Annahme liegt bei offensichtlichen Schreibfehlern etc vor (ERMAN/ **10** HEFERMEHL § 150 Rn 3; SOERGEL/WOLF § 150 Rn 10), oder wenn der Annehmende nur versucht hat, den Antragenden zu neuen Bedingungen zu veranlassen, jedoch erkennen läßt, daß er beim Beharren des Antragenden auf den ursprünglichen Bedingungen von seinen Änderungsvorschlägen Abstand nimmt (vgl BGH WM 1982, 1329, 1330; RG Recht 1930 Nr 1230; OLG Frankfurt BB 1982, 1510). Sofern es sich in diesen Fällen überhaupt um eine Willenserklärung handelt, liegt eine uneingeschränkte Annahme verbunden mit einem Vertragsergänzungs- oder -änderungsangebot vor (vgl LG Tübingen MDR 1955, 473; SOERGEL/WOLF § 150 Rn 12). Auch das Äußern von Wünschen und Erwartungen bedeutet keine modifizierte Annahme (vgl RG JW 1931, 1181, 1183), da diese Vorstellungen nicht vom Rechtsfolgenwillen umfaßt werden. Ebensowenig fällt die Bitte, die Annahmefrist zu verlängern, unter § 150 Abs 2 (RG WarnR 1931 Nr 58).

Eine Modifikation im Sinne des § 150 Abs 2 liegt aber vor, wenn die Annahmeer- **11** klärung auf eine **größere Menge** lautet als das Angebot. In diesem Fall kommt grundsätzlich kein Vertrag über die kleinere Menge zustande (RG JW 1925, 236), denn die Erklärung des Annehmenden ist in der Regel so zu verstehen, daß er die größere Menge braucht und nicht einen Teil beim Anbietenden und den Rest bei einem Dritten bestellen will. Etwas anderes kann sich im Wege der Auslegung ergeben, etwa wenn ein Geschädigter gegenüber dem Vergleichsvorschlag einer Versicherung erklärt, er nehme diesen an, möchte jedoch, daß ihm zusätzlich die Anwaltskosten erstattet werden (LG Mainz VersR 1965, 1059, 1060). Ebenso ist durch Auslegung – jetzt aber des Angebotes (vgl auch MünchKomm/KRAMER § 150 Rn 6) – zu klären, ob die Annahme einer **kleineren Menge** als der angebotenen möglich sein soll (vgl dazu BGH NJW 1986, 1983, 1984; OLG Hamburg OLGRspr 44, 130; ERMAN/HEFERMEHL § 150 Rn 4), was etwa der Fall sein kann, wenn die größere Menge nicht als untrennbare Einheit angeboten wurde.

Häufig erfolgt eine Modifikation dadurch, daß der Annehmende auf seine **Allge-** **12** **meinen Geschäftsbedingungen** Bezug nimmt. Auch diese Konstellation fällt unter § 150 Abs 2 (BGH NJW 1988, 2106, 2108; OLG Köln WM 1993, 369 f; ERMAN/HEFERMEHL § 150 Rn 2; vgl aber auch AG Freudenstadt NJW-RR 1994, 238, 239). Hierher gehört auch die Auftragsbestätigung unter erstmaliger Beifügung von Geschäftsbedingungen (vgl BGHZ 18, 212, 215; OLG Hamburg DB 1981, 470; OLG Köln IPRax 1993, 399, 400; LG Rottweil NJW-RR 1992, 688), da die Auftragsbestätigung rechtlich eine Annahmeerklärung ist (s STAUDINGER/DILCHER[12] Vorbem 55 zu §§ 116 ff aE). Zur Vertragsannahme in diesen Fällen s Rn 14 f, zum Problem des beiderseitigen Beharrens auf einander widersprechenden eigenen AGB s Rn 17.

2. Rechtsfolge

Die modifizierte Annahme stellt, da sie mit dem Antrag nicht übereinstimmt, eine **13** **Ablehnung des Antrages** mit der Folge dar, daß dieser gemäß § 146 erlischt. Eine Ausnahme enthält § 2 KSchG für das mit einer Kündigung verbundene Änderungsangebot des Arbeitgebers, das der Arbeitnehmer unter dem Vorbehalt annehmen kann, daß die Änderung sozial gerechtfertigt ist. Bei Versicherungsanträgen geht § 5 VVG vor (OLG Hamm NJW-RR 1989, 533.) Der Antrag erlischt vollständig, nicht nur hinsichtlich der Divergenz (BGH NJW-RR 1993, 1035, 1036), es sei denn, es ließe sich dem Parteiwillen entnehmen, daß eine Teilannahme möglich sein soll (BGH NJW 1986, 1983,

1984; BAGE 38, 318, 323; s auch Rn 1, 11; für das Verhältnis zu §§ 154, 155 s Rn 16). Daher kann eine alsbald nachfolgende neue Annahmeerklärung, welche vom früheren Antrag nicht mehr abweicht, keinen Vertragsschluß mehr herbeiführen, da sie auf kein annahmefähiges Angebot trifft (RG Recht 1923 Nr 1336; AG Esslingen VersR 1967, 1105). Stattdessen wird gemäß § 150 Abs 2 die Ablehnung durch modifizierte Annahmeerklärung als **neuer Antrag** gewertet. Er richtet sich auf einen Vertragsschluß zu den neuen Bedingungen. Ob dieser Erfolg dem Erklärenden bewußt ist, spielt keine Rolle (FLUME § 35 Fn 49). Voraussetzung ist allerdings auch hier wieder, daß der neue Antrag die erforderliche *Bestimmtheit* aufweist (vgl bereits oben Rn 4), was zB nicht der Fall ist, wenn die Änderung darin besteht, daß der Antragsempfänger erklärt, er nehme das Angebot an, jedoch sei ihm der Preis zu hoch.

3. Annahme des neuen Antrages

14 Ein Vertrag kommt auch in den Fällen des § 150 Abs 2 nur zustande, wenn der neue Antrag vom Erstanbietenden angenommen wird (BGH NJW 1990, 1846). Diese Annahme des neuen Antrages folgt den allgemeinen Regeln. Für die *Annahmefrist* gelten §§ 147, 148 (BGH JZ 1977, 602, 603). Die Annahme des neuen Antrages kann **ausdrücklich oder konkludent** erfolgen (s dazu § 146 Rn 2). Wird zB auf den Antrag zur Vollkaskoversicherung nur eine Teilkaskopolice übersandt, so wird der neue Antrag auf Abschluß eines Teilkaskoversicherungsvertrages durch Zahlung der geforderten Prämie konkludent angenommen (OLG Köln VersR 1966, 868, 869 f). Ebenso führt idR die Abnahme und Bezahlung der unter neuen Bedingungen gelieferten Ware zum Vertragsschluß (BGHZ 18, 212, 216 f; BGH NJW 1995, 1671, 1672; OLG Köln IPRax 1993, 399, 400; LG Rottweil NJW-RR 1992, 688; ERMAN/HEFERMEHL § 150 Rn 6). Freilich entspricht es in den Fällen des § 150 Abs 2 in der Regel nicht der Verkehrssitte, auf die **Empfangsbedürftigkeit** der Annahmeerklärung gemäß § 151 zu verzichten (s auch LG Frankfurt NJW-RR 1987, 1268; anders im Einzelfall OLG Köln WM 1993, 369, 370; vgl ferner LG Ravensburg VersR 1988, 1259, 1260; s auch § 151 Rn 7). Ein solcher Verzicht ist grundsätzlich nur zu bejahen, wenn der neue Antrag für den Erstofferenten günstigere Bedingungen als vorher enthält (SOERGEL/WOLF § 150 Rn 8).

15 Auch das **Schweigen** auf den neuen Antrag ist normalerweise weder als Willenserklärung zu werten, noch begründet es einen Vertrauenstatbestand (vgl nur BGH NJW 1995, 1671, 1672; ZIP 1984, 1326, 1330; NJW 1983, 1603; OLG Düsseldorf NJW-RR 1996, 622, 623; OLG Hamburg VersR 1987, 481, 482; OLG Hamm NJW-RR 1996, 1454; AG München DAR 1982, 400; ERMAN/HEFERMEHL § 150 Rn 6; s näher § 146 Rn 5). Das gilt auch dann, wenn die Änderung darin besteht, daß der Annehmende erstmals (seine) AGB ins Spiel bringt (vgl BGHZ 18, 212, 215 f; LG Rottweil NJW-RR 1992, 688; vgl auch OLG Köln IPRax 1993, 399, 400). Nur in Ausnahmefällen kann durch Schweigen auf die modifizierte Annahme einmal ein Vertrag zu den neuen Bedingungen zustandekommen, wenn nach Treu und Glauben eine ausdrückliche Ablehnung erwartet werden kann. So verhält es sich etwa dann, wenn sich die Abweichung nur auf Kleinigkeiten bezieht, deren Akzeptieren sicher erwartet werden kann (BGH DB 1956, 474; LG Gießen NJW-RR 1997, 1210; ERMAN/HEFERMEHL § 150 Rn 2/6), wenn der Anbietende schon damit rechnen mußte, daß der Gegner nur unter den dann auch formulierten Modifikationen annehmen würde (LARENZ/WOLF § 29 Rn 62), oder wenn das Gesetz die Annahme bei Schweigen fingiert, wie es etwa in §§ 5 f VVG geschieht.

Liegen diese Voraussetzungen nicht vor, so ist der Vertragsschluß gescheitert. Ob die **16** Parteien dies erkennen oder ob sie meinen, sie seien gebunden – etwa mit der Folge, daß sie versuchen, sich vom vermeintlich geschlossenen Vertrag durch Rücktritt oä zu lösen –, ist ohne Belang (BGH NJW 1990, 1846; 1983, 1603; OLG Hamm NJW-RR 1996, 1454; BUNTE ZIP 1983, 765; vgl auch OLG Düsseldorf NJW-RR 1989, 50, 51). Freilich ist insoweit das **Verhältnis des § 150 Abs 2 zu §§ 154, 155** zu berücksichtigen. Diese Vorschriften knüpfen wie § 150 Abs 2 daran an, daß sich die Parteien nicht über alle Punkte einig geworden sind, lassen aber einen Vertragsschluß gleichwohl zu (s § 154 Rn 6, § 155 Rn 14). Lehnt man die Auffassung ab, daß §§ 154, 155 nur den Vertragsschluß durch Zustimmung zu einer Vorlage betreffen (s dazu § 154 Rn 1 und Vorbem 38 zu §§ 145 ff), dann wird man sich auf den Standpunkt stellen können, daß § 150 Abs 2 zurücktritt, also nur insoweit zur Anwendung kommt, als der Vertrag nicht nach §§ 154, 155 wirksam ist (vgl BUNTE ZIP 1983, 765; MünchKomm/KRAMER § 150 Rn 5; SOERGEL/WOLF § 150 Rn 17). Ergibt also die Auslegung, daß der Vertrag trotz der offenen oder versteckten Abweichung des Angebots von der Annahme geschlossen sein soll, so gilt § 150 Abs 2 nicht für die gesamte Annahme, sondern nur für den divergierenden Teil. Allerdings kommt man in der Praxis zu diesem Ergebnis regelmäßig auch ohne Rückgriff auf §§ 154, 155, sofern sich die Zulässigkeit einer Teilannahme begründen läßt (s dazu oben Rn 13).

IV. Beiderseitiges Beharren auf Allgemeinen Geschäftsbedingungen

Probleme bereitet in diesem Zusammenhang immer noch der sukzessive Wider- **17** spruch von Allgemeinen Geschäftsbedingungen im kaufmännischen Verkehr (ausf dazu ULMER/BRANDNER/HENSEN, AGBG [9. Aufl 2001] § 2 Rn 92 ff; WOLF/HORN/LINDACHER, AGBG [4. Aufl 1999] § 2 Rn 73 ff). Bietet der Besteller unter Beifügung seiner AGB an und nimmt der Lieferant das Angebot unter Beifügung seiner eigenen AGB an, die von denen des Bestellers abweichen, so liegt an und für sich ein Fall des § 150 Abs 2 vor (s Rn 12). Die Rechtsprechung – insbesondere des BGH – hat daher lange Zeit angenommen, daß für die Annahme dieses neuen Angebotes das „Prinzip des letzten Wortes" (LINDACHER JZ 1977, 604) gelten müsse: Wer auf die zuletzt übersandten AGB des Gegners schweige (s Rn 15) oder die Leistung widerspruchslos annehme (s Rn 14), habe die AGB des Gegners akzeptiert (vgl nur BGH BB 1951, 456). Allerdings hat man davon später jedenfalls für den Fall, daß in den eigenen AGB eine sog „Abwehrklausel" enthalten ist, mit der der Verwender ausdrücklich darauf besteht, daß der Vertrag zu seinen eigenen Bedingungen geschlossen wird, mit den nachstehend geschilderten Rechtsfolgen eine Ausnahme gemacht (vgl nur BGHZ 61, 282, 288 f; BGH NJW-RR 2001, 484, 485; NJW 1991, 2633, 2634 f; 1985, 1838, 1839; WM 1990, 1671, 1672; 1974, 842; OLG Düsseldorf NJW-RR 1997, 946, 947; OLG Hamm WM 1985, 785, 786 f; dazu auch LAMBSDORFF ZIP 1987, 1370 ff; DE LOUSANOFF NJW 1985, 2921 ff; vWESTPHALEN ZIP 1987, 1361 ff; offen BGH ZIP 1982, 447, 448 [m krit Anm BUNTE]; anders noch BGH JZ 1977, 602, 603 [abl LINDACHER]; unklar OLG Karlsruhe VersR 1990, 1281, 1283).

In der Literatur wird das „Prinzip des letzten Wortes" allgemein als unbefriedigend **18** empfunden, weil sich auch ohne ausdrückliche Abwehrklausel schon aus der Verwendung eigener AGB ergibt, daß man zu den Bedingungen des Gegners nicht abschließen will. Man löst diese Situation daher mit Recht nicht über § 150 Abs 2, sondern behandelt sie als einen Fall des Dissenses und kommt unter Anwendung der §§ 306, 139 und abweichend von den (Auslegungs-)Regeln der §§ 154, 155 zu dem

Ergebnis, daß die AGB nur soweit gelten, wie sie sich decken (s auch § 155 Rn 12). Im übrigen sind die AGB beider Parteien nicht wirksam vereinbart worden. Gleichwohl ist der Vertragsschluß nicht vollständig gescheitert, sondern in der Regel läßt sich – insbesondere, wenn das Geschäft durchgeführt worden ist – annehmen, daß der Vertrag im übrigen wirksam sein soll, wobei die nicht einbezogenen Klauseln durch dispositives Gesetzesrecht ersetzt werden (vgl etwa OLG Hamburg ZIP 1981, 1238, 1239; OLG Koblenz WM 1984, 1347, 1348 f; OLG Saarbrücken NJW-RR 1998, 1664; BUNTE JA 1982, 321 ff; FLUME § 37, 3; LARENZ/WOLF § 43 Rn 32; LINDACHER JZ 1977, 604 f; NIEBLING BauR 1981, 227, 230; SCHLECHTRIEM, in: FS Wahl [1973] 67, 75 ff; STRIEWE JuS 1982, 728 ff; ULMER/BRANDNER/ HENSEN § 2 Rn 98 ff, 101 ff; WOLF/HORN/LINDACHER § 2 Rn 78 ff; anders aber EBEL NJW 1978, 1033 ff). Etwas anderes gilt nur dann, wenn eine Partei über eine etwaige Abwehrklausel hinaus ausdrücklich und unmißverständlich die Wirksamkeit des Vertrages und dessen Durchführung von der uneingeschränkten Einbeziehung der eigenen AGB abhängig macht und sich die andere Partei diesem Wirksamkeitsvorbehalt letztlich unterwirft (OLG Köln BB 1980, 1237, 1239; SCHLECHTRIEM 76 f; ULMER/BRANDNER/ HENSEN § 2 Rn 99).

§ 151
Annahme ohne Erklärung gegenüber dem Antragenden

Der Vertrag kommt durch die Annahme des Antrags zustande, ohne dass die Annahme dem Antragenden gegenüber erklärt zu werden braucht, wenn eine solche Erklärung nach der Verkehrssitte nicht zu erwarten ist oder der Antragende auf sie verzichtet hat. Der Zeitpunkt, in welchem der Antrag erlischt, bestimmt sich nach dem aus dem Antrag oder den Umständen zu entnehmenden Willen des Antragenden.

Materialien: E I § 86; II § 124; III § 147; Mot I 171; Prot I 81.

Schrifttum

BREHMER, Die Annahme nach § 151 BGB, JuS 1994, 386

P BYDLINSKI, Probleme des Vertragsabschlusses ohne Annahmeerklärung, JuS 1988, 36

ECKARDT, Die „Vergleichsfalle" als Problem der Auslegung adressatenloser Annahmeerklärungen nach § 151 S 1 BGB, BB 1996, 1945

EHRLICH, Die stillschweigende Willenserklärung (1893)

FREUND, Die stillschweigende Vertragsannahme (§ 151 BGB) (Diss Breslau 1899)

HIMMELSCHEIN, Beiträge zu der Lehre vom Rechtsgeschäft (1930)

ISAY, Zur Lehre von den Willenserklärungen nach dem BGB, JherJb 44, 43

JACOBSOHN, Die Anfechtung stillschweigender Willenserklärungen wegen Irrtums, JherJb 56, 329, 390

KLEINSCHMIDT, Annahme eines Erlassangebots durch Einlösung eines mit dem Angebot übersandten Verrechnungsschecks?, NJW 2002, 346

LANGE, Die Erlaß- bzw Vergleichsfalle, WM 1999, 1301

MANIGK, Das rechtswirksame Verhalten (1939)

PÄRN, Vertragswirkungen ohne Vertragsschluß, eine Studie zu § 151 BGB (Diss Kiel 1956)

vRANDOW, Die Erlaßfalle, ZIP 1995, 445

REPGEN, Abschied von der Willensbetätigung, AcP 200 (2000) 533

SCHEFFER, Schweigen auf Angebot als stillschweigende Annahme?, NJW 1995, 3166
SCHNEIDER, Neue Rechtsprechung zur „Erlaßfalle", MDR 2000, 857
SCHÖNFELDER, Die Erlassfalle – ein unmorali-
sches Angebot?, NJW 2001, 492
SCHULTZ, Annahme im Sinne des § 151 BGB

und Annahme durch Schweigen, MDR 1995,
1187
SZAMOTULSKI, Der Vertragsschluß ohne Annahmeerklärung gegenüber dem Antragenden
(Diss Freiburg 1903)
WEDEMEYER, Der Abschluß eines obligatorischen Vertrages durch Erfüllungs- und Aneignungshandlungen (Diss Marburg 1904).

Systematische Übersicht

Alphabetische Übersicht

I.   Überblick

1.   Regelungsgehalt

Ein Vertrag kommt regelmäßig durch die Annahme eines Antrages zustande. Die **1** Annahme ist dabei normalerweise eine empfangsbedürftige Willenserklärung (s § 146 Rn 1). Von dieser Regel enthält § 151 eine Ausnahme (FLUME § 35 II 3). Sie besagt, daß in bestimmten Fällen die *Annahme auch durch eine nicht empfangsbedürftige Willenserklärung* erfolgen kann. § 151 verzichtet daher nicht auf die Annahmeerklärung, sondern nur auf deren **Zugang** (s näher Rn 14). Der Vertrag kommt zustande, ohne daß der Antragende von der Annahme Kenntnis erhalten haben müßte. Es soll dadurch die Schnelligkeit des Rechtsverkehrs gefördert und eine Verzögerung, die sich aus einer Empfangsbedürftigkeit der Annahmeerklärung ergeben würde, vermieden werden.

Es wird häufig gesagt, aus § 151 ergebe sich, daß eine Vertragsannahme auch durch **2** **schlüssiges Verhalten** möglich sei. Aus den Gesetzesmaterialien (Mot I 171 f) folgt sogar, daß eine Vertragsannahme durch schlüssiges Verhalten ursprünglich nur für den Fall des Annahmeverzichts als zulässig angesehen werden sollte. Heute wäre ein

Reinhard Bork

solcher Schluß verfehlt. Die Vorschrift darf auch nicht dazu verleiten, jede konkludente Annahme unter § 151 zu subsumieren. Denn die Vorschrift wird bei schlüssigem Verhalten nicht gebraucht, wenn dieses *gegenüber dem Antragenden* an den Tag gelegt wird (zust SOERGEL/WOLF § 151 Rn 2). Wenn sich der Angebotsempfänger gegenüber dem Antragenden so verhält, daß dieser daraus schließen darf, der Antrag solle konkludent angenommen werden, dann ist der Vertrag bereits geschlossen, ohne daß § 151 bemüht werden müßte. Die Vorschrift kommt nur zum Zuge, wenn es um ein Verhalten geht, das dem Antragenden nicht zur Kenntnis gebracht wird. So ist beispielsweise die Lieferung einer bestellten Sache eine konkludente Annahmeerklärung, die dem Besteller mit der Lieferung zugeht, ohne daß auf § 151 zurückgegriffen werden müßte (vgl aber zB LG Hamburg NJW-RR 1990, 495). Auf diese Vorschrift kommt es häufig nur an, wenn zu prüfen ist, ob die Annahme bereits zu einem früheren Zeitpunkt stattgefunden hat, etwa bei der Bereitstellung der Lieferung oder – noch früher – bei Beginn der innerbetrieblichen Bearbeitung des Auftrages (s auch Rn 17). Erst recht besteht natürlich kein Rechtssatz des Inhalts, daß die Annahme durch ausdrückliche Erklärung unter den Voraussetzungen des § 151 ausgeschlossen sein soll (SOERGEL/WOLF § 151 Rn 2).

3 Umgekehrt ist der an ein **Schweigen** angeknüpfte Vertragsschluß regelmäßig kein Fall des § 151 (ERMAN/HEFERMEHL § 151 Rn 9; KRAMER Jura 1984, 235, 248). Die Vorschrift befreit nur von der Empfangsbedürftigkeit der Annahmeerklärung, nicht vom Erklärungstatbestand (s näher Rn 14 f). Wer gar kein Verhalten an den Tag legt, das auf einen Annahmewillen schließen lassen könnte, bringt den Vertrag nicht nach § 151 zustande (vgl nur RG HRR 1928 Nr 2260; SCHEFFER NJW 1995, 3166 ff; SCHULTZ MDR 1995, 1187 ff). Das Schweigen *ist* nämlich keine Willenserklärung (auch keine konkludente), sondern es kann allenfalls als solche *gewertet* werden (s § 146 Rn 5).

2. Anwendungsbereich

4 § 151 gilt für alle privaten Annahmeerklärungen, die nicht formgebunden sind (aM SOERGEL/WOLF § 151 Rn 3; für § 34 GWB aF auch BGH GRUR 1986, 758, 759; anders noch BGH WuW/E BGH 2064, 2065), auch für dingliche Verträge. Ist Schriftform vereinbart worden, scheidet § 151 also aus (OLG Düsseldorf NJW-RR 1988, 948, 949; OLG Köln BauR 1992, 779, 780; vgl auch LG Frankfurt NJW-RR 1987, 1268). Da *öffentlich-rechtliche Verträge* gemäß § 57 VwVfG der Schriftform bedürfen, kann § 151 bei diesen also nicht zum Zuge kommen. Die analoge Anwendung auf sonstige für die Wirksamkeit eines Vertrages erforderliche Erklärungen, etwa auf eine *vormundschaftsgerichtliche Genehmigung*, ist ebenfalls ausgeschlossen. Das bedeutet, daß die Parteien eines genehmigungspflichtigen Vertrages nicht vereinbaren können, daß die Genehmigung abweichend von § 1829 Abs 1 S 2 auch ohne Zugang beim Vertragspartner wirksam werden soll (ERMAN/HEFERMEHL § 151 Rn 2; aM BayObLGZ 22 [1924] 139, 140; 2 [1902] 746, 748).

II. Voraussetzungen für die Entbehrlichkeit des Zugangs

1. Entbehrlichkeit kraft Verkehrssitte

5 a) Die Annahme ist nur dann nicht empfangsbedürftig, wenn der Antragende auf den Zugang der Annahme verzichtet oder wenn dieser nach der Verkehrssitte nicht zu erwarten ist. Die Unterscheidung beider Fälle ist vielfach schwierig; FLUME (§ 35 II

3; zust MünchKomm/K<small>RAMER</small> § 151 Rn 52) hält sie sogar für undurchführbar, weil im allgemeinen anzunehmen sei, daß sich auch der Antragende der Verkehrssitte gemäß verhalte, so daß sein Angebot so zu verstehen sei, daß es den konkludenten Verzicht auf eine empfangsbedürftige Annahmeerklärung enthalte, wenn eine solche nach der Verkehrssitte nicht zu erwarten sei. Es mag indessen Fälle geben, in denen ein Verzichtswille gerade des Antragenden nicht sicher festgestellt werden kann, wohl aber eine Verkehrssitte die Empfangsbedürftigkeit der Annahmeerklärung entfallen läßt, so daß sich angesichts der Üblichkeit des Verzichts (s Rn 6) die weitere Suche nach einem konkreten Verzicht erübrigt. Umgekehrt muß bei Fehlen einer Verkehrssitte die Suche nach einem konkludenten Verzicht nicht von vornherein aussichtslos erscheinen (ebenso S<small>OERGEL</small>/W<small>OLF</small> § 151 Rn 21).

Ob eine entsprechende **Verkehrssitte** besteht, ist eine Frage des Einzelfalles (vgl allg **6** dazu S<small>TAUDINGER</small>/D<small>ILCHER</small>[12] §§ 133, 157 Rn 34 ff). Es ist zu fragen, ob bei einem Geschäft dieser Art unter vergleichbaren Umständen üblicherweise auf eine Annahmeerklärung gerade dem Antragenden gegenüber verzichtet wird. Die Entstehung einer entsprechenden Verkehrssitte ist nicht auf den Handelsverkehr beschränkt. Für *seltene Geschäfte* kann sich eine solche Verkehrssitte regelmäßig nicht gebildet haben, weil es an einer hinreichend großen Menge vergleichbarer Fälle fehlt, aus denen auf eine verkehrsübliche Erwartungshaltung geschlossen werden könnte (vgl RG SeuffA 65 Nr 63). Bei Verträgen mit *erheblicher wirtschaftlicher Bedeutung* wird der Zugang der Annahmeerklärung idR ebenfalls nicht entbehrlich sein (vgl OLG Köln NJW 1990, 1051; VersR 1989, 1148; s auch § 150 Rn 6).

b)   Eine Verkehrssitte, die die Empfangsbedürftigkeit der Annahmeerklärung ent- **7** fallen läßt, besteht häufig bei der **Bestellung von Waren** oder bei **Dienstleistungsaufträgen**, etwa bei kurzfristigen Reservierungswünschen für *Hotelzimmer* zu kurzer Aufenthaltsdauer (vgl OLG Düsseldorf MDR 1993, 26; B<small>ROX</small> Rn 188; E<small>NNECCERUS</small>/N<small>IPPERDEY</small> § 162 I 2a). Auch ein Vertrag über den Abdruck einer *Zeitungsannonce* kommt regelmäßig nach § 151 zustande (LG Nürnberg-Fürth AfP 1984, 174, 175). Ebenso kann bei eiligen *Bank- oder Börsengeschäftsanträgen* gegenüber einem Kunden, zu dem eine dauernde Geschäftsverbindung besteht, eine entsprechende Verkehrssitte bejaht werden (E<small>RMAN</small>/H<small>EFERMEHL</small> § 151 Rn 3; anders für den Wechseldiskont BGH NJW 1985, 196, 197). Hingegen besteht im *Versicherungsgewerbe* keine allgemeine Verkehrssitte, nach welcher die Empfangsbedürftigkeit von Annahmeerklärungen entfallen kann (BGH NJW-RR 1987, 1429; r + s 1989, 69 f; NJW 1976, 289, 290; 1951, 313; OLG Frankfurt NJW-RR 1986, 329; LG Frankfurt VersR 1994, 301, 303; E<small>RMAN</small>/H<small>EFERMEHL</small> § 151 Rn 3). Vielmehr muß die Annahme des Versicherers dem Versicherungsnehmer gegenüber erklärt werden und ihm zugehen (OLG Celle ZfS 1985, 55, 56; OLG Hamburg VersR 1988, 1169). Etwas anderes kann allenfalls für Verlängerungsanträge gelten: Nimmt etwa ein Versicherungsunternehmen nach der Rücknahme einer wirksamen Kündigung durch den Versicherungsnehmer dessen weitere Prämienzahlungen widerspruchslos entgegen, so wird der darin liegende Fortsetzungsantrag gemäß § 151 angenommen und das Versicherungsverhältnis fortgesetzt (BGH VersR 1969, 415).

Für die Fälle des **Kontrahierungszwangs** läßt sich ebenfalls eine Verkehrssitte beja- **8** hen, wonach der Leistungsverpflichtete das ihm vom Berechtigten unterbreitete Angebot zwar noch annehmen muß, von der Empfangsbedürftigkeit seiner Annahmeerklärung aber freigestellt ist (s Vorbem 30 zu §§ 145 ff). Auch bei **lediglich vor-**

teilhaften Angeboten kann eine Verkehrssitte bestehen, derzufolge die Annahmeerklärung des Begünstigten nicht empfangsbedürftig ist (BGH NJW 2000, 276, 277; 1999, 1328). Das gilt etwa für das Angebot zur Verbesserung eines Arbeitsvertrages (BAGE 11, 236, 249), für Abtretungen (BGH NJW 2000, 276, 277; OLG Düsseldorf ZIP 1992, 1460, 1461), Aufrechnungsverträge (vgl BFHE 143, 1, 4; FG Rheinland-Pfalz EFG 1978, 625), Erlaßverträge (vgl BGH WM 1984, 243; OLG Schleswig SchlHA 1981, 70), Schuldanerkenntnisse (BGH ZIP 2000, 972, 973; OLG München NJW 1975, 174, 175; vgl auch BAG NJW 1993, 2553, 2554), wettbewerbsrechtliche Unterwerfungserklärungen (OLG Frankfurt OLGZ 1987, 76, 77 f; OLG Hamburg GRUR 1988, 240 [LS]; OLG Karlsruhe WRP 1990, 51, 52 f; OLG Köln WRP 1986, 505; 1985, 175, 176; anders, wenn ein Entwurf des Gegners zu dessen Nachteil erheblich geändert wurde, s OLG Celle GRUR 1990, 480, 481), Schuldmitübernahmen (BGH NJW-RR 1994, 280, 281; RG SeuffA 79 Nr 89), Bürgschaften (BGH NJW 1997, 2233; 1986, 1681, 1682; OLG Köln NJW-RR 1992, 555, 556) oder Garantieverträge (BGHZ 104, 82, 85; 78, 369, 372 f). Allerdings wird in diesen Fällen häufig schon das Schweigen als Annahme gewertet werden können (SOERGEL/WOLF § 151 Rn 18).

9 **c)**   Trotz des Bestehens einer entsprechenden Verkehrssitte kann der Antragende verlangen, daß die Annahme durch empfangsbedürftige Willenserklärung erfolgt. Die Bitte um eine *Annahmebestätigung* muß ein solches Verlangen aber nicht unbedingt enthalten. Sie kann auch bedeuten, daß der Gegner von der *erfolgten* Annahme Mitteilung machen soll (RGZ 134, 73, 76 f).

2.   Verzicht

10 **a)**   Gemäß § 151 S 1 kann der Antragende auf die Empfangsbedürftigkeit der Annahmeerklärung verzichten. Die Annahme eines Verzichtsantrages ist nicht erforderlich. Das wirft uU die Frage auf, wie der Angebotsempfänger davor geschützt werden kann, daß sein Verhalten vorschnell als Annahme verstanden wird. Hier den ausdrücklichen Verzicht als treuwidrig zu mißachten (so OLG Hamburg ZIP 1988, 835, 836 f), dürfte mit dem Wortlaut des § 151 kaum vereinbar sein. Vielmehr ist die Lösung über eine sachgerechte Auslegung des Empfängerverhaltens zu suchen (s Rn 15 ff). Dieser Verzicht erfolgt durch einseitige **empfangsbedürftige Willenserklärung**. Nach **aM** handelt es sich bei dem Verzicht um eine geschäftsähnliche Handlung (vgl SOERGEL/WOLF § 151 Rn 21), auf die dann die Rechtsgeschäftsregeln kraft Analogie anzuwenden wären (STAUDINGER/DILCHER[12] Einl 18 ff zu §§ 104 ff). Da hier indessen die Rechtsfolgen nur deshalb eintreten, weil sie gewollt sind, ist es korrekt, von einer Willenserklärung zu sprechen.

11 **b)**   Die Verzichtserklärung ist **formfrei** möglich und kann demnach auch **konkludent** abgegeben werden (BGH GRUR 1986, 758, 759; OLG Dresden OLG-NL 1999, 19, 21; Prot I 83 = MUGDAN I 693). Allerdings sollte der Verzicht nicht vorschnell bejaht werden, denn immerhin hat er zur Folge, daß der Antragende zunächst einmal mit der Unsicherheit leben muß, ob der Vertrag zustande gekommen ist oder nicht. Es ist aber nicht angezeigt, in jeder „Auftragsbestätigung" gleich den Verzicht auf den Zugang der Annahmeerklärung zu sehen (vgl aber AG Korbach NJW-RR 1994, 374). Bei *bedeutsamen Geschäften* wird man einen Verzicht im Zweifel nicht oder nur bei Vorliegen besonderer Umstände unterstellen können (MünchKomm/KRAMER § 151 Rn 48). So läßt sich ein konkludenter Verzicht etwa annehmen, wenn der Antragende *sofortige Leistung begehrt*, also etwa sofortiger Vollzug der auf vertraglicher Grundlage angesonnenen Handlung gefordert (RGZ 103, 312, 313; 84, 320, 323; OLG Hamburg WM 1993, 1877, 1879; BRINKMANN BB 1981, 1183, 1186; PAEFGEN JuS 1988, 592, 597) oder eine starken Preisschwankungen unterliegende Ware „expreß" bestellt wird (RGZ 102, 370, 372). Hierher gehört auch die Beauftragung eines Rechtsanwaltes mit einer eilbedürftigen Prozeßhandlung (OLG Stettin JW 1928, 2799) oder eines Arztes mit einem eiligen Krankenbesuch. Ein Verzicht auf die Empfangsbedürftigkeit der Annahmeerklärung liegt ferner vor, wenn der *Antrag durch das Anbieten der Leistung,* dh durch eine sog Realofferte erfolgt (s allg § 145 Rn 16 sowie OLG Düsseldorf MDR 1992, 1042). Dies geschieht zB bei der Zusendung unbestellter Waren, so daß in diesen Fällen Aneignungshandlungen des Empfängers zur Annahme des Verkaufs- und Übereignungsangebotes genügen (s § 146 Rn 11 und unten Rn 18). Ebenso kann ein Verzicht auf die Empfangsbedürftigkeit der Annahmeerklärung bei der Zusendung eines Ersatzloses bejaht werden, wenn die bisherigen Geschäftsbeziehungen der Beteiligten diesen Schluß rechtfertigen (BGH NJW 1957, 1105 f). Dasselbe gilt, wenn der Antrag auf Abschluß eines Maklervertrages durch Zusendung des zu verkaufenden Viehs erfolgt (OGHBrZ 1, 253, 256). Hingegen liegt in der Zahlung der ersten Versicherungsprämie kein Verzicht des Versicherungsnehmers auf die Annahmeerklärung des Versicherers (BGH NJW 1951, 313). Erst recht läßt sich ein Verzicht nicht annehmen, wenn der Antragende um Rücksendung eines unterschriebenen Vertragsexemplars bitte (BGH NJW 1999, 1328, 1329).

Im *Lastschriftverkehr* gibt die 1. Inkassostelle (Gläubigerbank) der Zahlstelle **12** (Schuldnerbank) den Auftrag, den Lastschriftbetrag vom Schuldnerkonto abzubuchen. Fehlt es an einem entsprechenden Abbuchungsauftrag, so ist das Übersenden der Lastschrift als Angebot der Gläubigerbank an die Schuldnerbank auf Abschluß eines besonderen Auftragsvertrages zu verstehen, den Betrag auch ohne Abbuchungsauftrag vom Schuldnerkonto einzuziehen. Auf die Annahme haben die Banken in dem zwischen ihnen geschlossenen Lastschriftabkommen in Abschnitt I Nr 6 ausdrücklich verzichtet, so daß ein Fall des § 151 vorliegt. Die Annahme liegt dann in der wirksamen Belastung des Schuldnerkontos (BGHZ 79, 381, 386; 74, 352, 355 f; BAUER WM 1983, 198, 204; SOERGEL/WOLF § 151 Rn 6).

Auch bei nur *vorteilhaften Angeboten* kann ein konkludenter Verzicht auf die Emp- **13** fangsbedürftigkeit der Annahmeerklärung bejaht werden. Das ist etwa der Fall, wenn der Hersteller einer Ware eine vom Verkäufer (s dann auch Rn 24) oder Käufer auszufüllende Garantiekarte für eine Herstellergarantie mitliefert (vgl BGHZ 104, 82, 85; 78, 369, 372 f; OLG Hamm MDR 1984, 53). Daneben kann eine entsprechende Verkehrssitte bestehen (s Rn 8). Zum Fall der sog *Kreuzofferten* s § 146 Rn 7.

III. Annahme des Vertragsangebotes

1. Annahme durch nicht empfangsbedürftige Willenserklärung

Seinem Wortlaut nach kann § 151 so verstanden werden, daß es unter den beschrie- **14** benen Voraussetzungen einer Annahmeerklärung überhaupt nicht mehr bedarf. Möglich ist aber auch die Wortlautinterpretation, daß es einer Annahmeerklärung nur „dem Antragenden gegenüber" nicht bedarf. In diesem Fall würde abweichend von § 130 nur auf den *Zugang* der Annahmeerklärung verzichtet. Nach Sinn und Zweck der Vorschrift (Erleichterung des Rechtsverkehrs, s Rn 1) kann nur das letztere richtig sein. Wer einen Vertrag anbietet, will, daß der Vertrag geschlossen wird. Er (bzw die entsprechende Verkehrssitte, s Rn 5) verzichtet also nicht auf die Annahme selbst, denn das würde eine Bindung ohne Vertragsschluß bedeuten, die § 151 sicher nicht einführen wollte. Er verzichtet vielmehr allenfalls darauf, von der Annahme zu erfahren. Weitergehende Konzessionen an die üblichen Erfordernisse einer Annahmeerklärung sind durch Sinn und Zweck der Norm nicht veranlaßt, so daß es richtig ist, eine Annahmeerklärung iSd § 151 als **nicht empfangsbedürftige Willenserklärung** anzusehen, die – eben mit Ausnahme der zielgerichteten Abgabe in Richtung auf einen bestimmten Empfänger und der Empfangsbedürftigkeit – den allgemeinen Anforderungen unterliegt, die an Willenserklärungen im allgemeinen und Annahmeerklärungen im besonderen zu stellen sind (ebenso BGH NJW-RR 1994, 280, 281; OLG Köln VersR 1989, 1148; LG Berlin NJW 1992, 1327, 1328 [dazu krit KRAMPE NJW 1992, 1264, 1266]; BREHMER JuS 1994, 386, 387; ENNECCERUS/NIPPERDEY § 145 II A 3; JAUERNIG § 151 Rn 1; KRAMER Jura 1984, 235, 248; MünchKomm/KRAMER § 151 Rn 49 ff; PALANDT/HEINRICHS § 151 Rn 1; SOERGEL/WOLF § 151 Rn 7; vgl auch REPGEN AcP 200 [2000] 533 ff; **aM** zB KANZLEITER DNotZ 1988, 498, 499). Im einzelnen bedeutet das:

15 a)　　Auch in den Fällen des § 151 ist ein objektiver äußerer **Erklärungstatbestand** erforderlich, also ein Verhalten, das auf einen endgültigen Annahmewillen des Angebotsempfängers schließen läßt. Der – im übrigen kaum feststellbare – bloße Annahmeentschluß reicht dafür nicht (**aM** FLUME § 35 II 3). Vielmehr muß der Annahmewille objektiv erkennbar hervorgetreten sein (BGHZ 74, 352, 356; BGH NJW 2000, 276, 277; 1999, 2179; 1997, 2233; NJW-RR 1994, 280, 281; 1986, 415; WM 1990, 812, 813; RG HRR 1928 Nr 2260; OLG Köln NJW 1995, 3128, 3129; ERMAN/HEFERMEHL § 151 Rn 5; MünchKomm/KRAMER § 151 Rn 50; SOERGEL/WOLF § 151 Rn 5). In diesem Sinne ist es auch richtig zu verlangen, daß der Annahmewille „nach außen" hervorgetreten sein müsse. Freilich kann das nicht bedeuten, daß der Erklärungstatbestand in jedem Fall außerhalb der eigenen vier Wände oder der betrieblichen Sphäre stattgefunden haben müßte; gerade darauf verzichtet ja § 151 (ebenso PALANDT/HEINRICHS § 151 Rn 2; s auch unten Rn 17). Sondern es kann nur bedeuten, daß der bloße Annahmeentschluß nicht reicht, sondern die „Gedankenwelt" des Angebotsempfängers verlassen haben und in diesem Sinne wahrnehmbar geworden sein muß. Auf der anderen Seite ist auch in den Fällen des § 151 für den Erklärungstatbestand keine ausdrückliche Annahmeerklärung erforderlich, sondern es reicht ein **konkludentes Verhalten**, also ein Verhalten, das auf den endgültigen Annahmewillen des Angebotsempfängers schließen läßt. Ob das der Fall ist, ist nicht durch Auslegung vom Empfängerhorizont festzustellen, da die Annahme ja gerade nicht empfangsbedürftig ist, sondern – was freilich im Ergebnis keinen Unterschied machen wird – vom Standpunkt eines unbeteiligten objektiven Dritten (BGHZ 111, 97, 101; BGH NJW 2000, 276, 277; WM 1990, 812, 813; NJW-RR 1986, 415; OLG Celle NJW-RR 1992, 884, 885; MünchKomm/KRAMER § 151 Rn 51; SOERGEL/WOLF § 151 Rn 8; für die natürliche Auslegung [Feststellung des wirklichen Willens] ECKARDT BB 1996, 1947 ff). Zur Annahme durch Schweigen s Rn 3.

16 b)　　Neben dem objektiven Erklärungstatbestand bedarf es in Übereinstimmung mit den allgemeinen Regeln außerdem der **subjektiven Elemente** einer Willenserklärung (allg dazu STAUDINGER/DILCHER[12] Vorbem 16 ff zu §§ 116 ff). Erforderlich sind also *Handlungswille, Erklärungsbewußtsein* und *Geschäftswille.* Allerdings ist dieser Satz nicht unbestritten. PÄRN (44 ff) sieht die Annahme gemäß § 151 als rein tatsächlichen Akt an und verzichtet auf jede subjektive Voraussetzung. Nach hM ist für das

Erklärungsbewußtsein zu unterscheiden: Wer – insbesondere beim Ge- oder Verbrauch unbestellt zugesandter Waren – wisse, daß das Verhalten als Annahme interpretiert werde, könne sich nach dem Rechtsgedanken des § 116 nicht darauf berufen, keinen Annahmewillen gehabt zu haben. Wer hingegen die Sache unter Verkennung der Sachlage ge- oder verbrauche, etwa weil er die Sache für seine eigene oder für aus einem anderen, bereits geschlossenen Vertrag stammend halte, müsse zwar nachweisen, daß der Annahmewille gefehlt habe; gelinge ihm dies aber, so sei die Annahme ohne Anfechtung unwirksam (so insbes BGH NJW-RR 1986, 415; BYDLINSKI JuS 1988, 36, 37 f; LARENZ/WOLF § 30 Rn 22; MünchKomm/KRAMER § 151 Rn 51; PALANDT/HEINRICHS § 151 Rn 2). Dem ist indessen nicht zu folgen. Ob ein Verhalten des Angebotsempfängers als Annahmeerklärung zu verstehen ist, ist durch Auslegung zu ermitteln (s Rn 15), die auch darüber Auskunft gibt, ob Erklärungsbewußtsein und Geschäftswille vorliegen. Stellt es sich aus der Sicht des objektiven Beobachters so dar, so ist es Sache des (vermeintlich) Annehmenden, fehlendes Erklärungsbewußtsein oder fehlenden Geschäftswillen nachzuweisen und die Erklärung gegebenenfalls gemäß § 119 Abs 1 anzufechten. Für die „normale" Willenserklärung ist das heute weitgehend anerkannt (vgl nur BGHZ 109, 171, 177). Die hM meint, in den Fällen des § 151 anders entscheiden zu können, weil und solange die Willensbetätigung des Annehmenden keine Außenwirkung erzielt und beim Anbietenden keinen Vertrauenstatbestand erzeugt habe, so daß dieser auch nicht durch Abstellen auf die Sicht des objektiven Beobachters geschützt werden müsse. Das vermag indessen nicht zu überzeugen, da die Fälle ohnehin erst relevant werden, wenn der Vorgang Außenwirkung erlangt hat, und da die vorgeschlagene Differenzierung im subjektiven Bereich noch mehr Rechtsunsicherheit erzeugt, als § 151 ohnehin schon mit im Gepäck führt. Es bleibt daher dabei, daß sich der Angebotsempfänger an seinem aus neutraler Sicht als Annahme zu verstehenden Verhalten festhalten lassen muß, wenn es ihm nicht gelingt, sich durch Anfechtung nach § 119 Abs 1 davon zu lösen (ebenso BREHMER JuS 1994, 386, 389 f; wohl auch SOERGEL/WOLF § 151 Rn 8). Der Anbietende ist dann gemäß § 122 schadlos zu stellen (s auch Rn 23).

c) Die entscheidende Frage ist deshalb stets, *wann* ein Verhalten des Angebots- **17** empfängers den Schluß auf den Annahmewillen erlaubt. Hier muß stets auf den Einzelfall abgestellt werden (BGH NJW-RR 1986, 415). Einige **Beispiele** mögen das erläutern. Das Vertragsangebot eines *Warenbestellers* kann sicher dadurch angenommen werden, daß der Lieferant die bestellten (nicht: andere, s MünchKomm/KRAMER § 151 Rn 50) Waren abschickt. Dann bedarf es aber in der Regel des § 151 nicht, weil die dadurch zum Ausdruck gebrachte konkludente Annahmeerklärung dem Lieferanten mit der Lieferung zugeht (s oben Rn 2). Sucht man nach einem früheren Zeitpunkt, was insbesondere im Hinblick auf § 447 erforderlich ist, dessen Gefahrtragungsregel nach hM voraussetzt, daß bei Versendung bereits ein Kaufvertrag geschlossen war (statt vieler: MünchKomm/KRAMER § 151 Rn 47), so kommt etwa das Aussondern der Ware im Lager in Betracht, das die hM aber nicht genügen lassen will, weil in diesem Vorgang noch keine objektiv erkennbare Verlautbarung des Erklärungswillens erblickt werden könne (RGZ 102, 370, 372; ERMAN/HEFERMEHL § 151 Rn 5; FLUME § 35 Fn 67; JAUERNIG § 151 Rn 1; MünchKomm/KRAMER § 151 Rn 50 Fn 230). Bei Routinefällen erscheint das als zu eng. Wird etwa bei einem Versandunternehmen die eingehende Bestellung nach Kreditwürdigkeitsprüfung zur Ausführung in die Vertriebsabteilung gegeben, so läßt das den Schluß auf einen endgültigen Annahmewillen zu (vgl auch SOERGEL/WOLF § 151 Rn 16). Anders kann es sein, wenn besondere Umstände darauf schließen lassen, daß die endgültige Entscheidung noch nicht gefallen ist, etwa wenn ein erforderlicher Ladeschein, ohne den über das Gut nicht verfügt werden kann, noch nicht aus der Hand gegeben ist (RGZ 84, 320, 323), wenn die Ware schon einmal versandfertig gemacht, aber zur Absendung noch gesondert freigegeben werden muß etc. Auch wer eine *Banküberweisung* ausfüllt, hat das Angebot des Warenlieferanten in der Regel erst angenommen, wenn er die Überweisung absendet.

18 Die Annahme kann auch darin liegen, daß der Empfänger eine ihm unverlangt zugesandte *Sache in Gebrauch nimmt*, etwa den Wein trinkt oder das Buch liest (näher § 146 Rn 11; s auch Rn 16). Ebenso nimmt derjenige, dem ein Scheck mit der Bedingung übersandt worden ist, der Scheck solle nur bei Annahme des gleichzeitig unterbreiteten *Abfindungsangebotes* eingelöst werden, dieses Angebot an, wenn er den Scheck seiner Bank zum Einzug schickt (BGH WM 1990, 812, 813 f; NJW-RR 1986, 415 f; OLG Düsseldorf NZV 1993, 432 [LS]; MDR 1992, 1042; 1990, 920; OLG Hamm NJW-RR 1998, 1662 f; OLG Köln NJW-RR 2000, 1073; VersR 1994, 113; HARDER WuB IV A § 151 BGB 1.92; aM AG Schöneberg MDR 1999, 1373). Etwas anderes gilt freilich dann, wenn besondere Umstände dieser Auslegung entgegenstehen. Solche Umstände sind etwa eine Erklärung, den Scheck nur als Teilzahlung zu betrachten, eine krasse Abweichung vom bisherigen Stand der Vergleichsverhandlungen, ein auffälliges Mißverhältnis zwischen angebotenem Teilbetrag und Gesamtforderung oä (vgl BVerfG NJW 2001, 1200; BGHZ 111, 97, 101 ff [dazu krit vRANDOW ZIP 1995, 445 ff]; BGH NJW 2001, 2324 [dazu KLEINSCHMIDT NJW 2002, 346 ff] = BB 2001, 1762 [FRINGS]; NJW-RR 1987, 937 f; OLG Celle NJW-RR 1992, 884, 885; OLG Dresden WM 1999, 488, 489; OLG Hamburg ZIP 1988, 835, 837; OLG Hamm MDR 1992, 450; OLG Jena VersR 2001, 980, 981; OLG-NL 1998, 99, 100; OLG Karlsruhe ZIP 2000, 534, 535 ff; WM 1999, 490, 491; OLG München MDR 1998, 1236; OLG Nürnberg NJW-RR 1998, 256; LG Bremen WM 1998, 2189, 2190; LG Rostock MDR 1998, 1341; LG Waldshut-Tiengen WM 1998, 2191, 2192; BLAUROCK EWiR 1986, 241, 242; ECKARDT BB 1996, 1945, 1950 ff; LANGE WM 1999, 1301 ff; OTT WuB IV A § 151 BGB 1.90 und 2.90; SCHNEIDER MDR 2000, 857 f; SCHÖNFELDER NJW 2001, 492 ff).

19 In diesen Zusammenhang gehören auch zahlreiche Fälle, die früher mit der Rechtsfigur des *faktischen Vertrages* gelöst wurden (vgl dazu Vorbem 39 zu §§ 145 ff). Die Nutzung einer im Massenverkehr angebotenen Leistung wird bei objektiver Auslegung (s oben Rn 15) häufig auf einen Annahmewillen schließen lassen, sofern nicht besondere Umstände entgegenstehen. So kommt etwa nach § 151 ein Abwasserbeseitigungsvertrag zustande, wenn der Grundstückseigentümer Wasser in die gemeindliche Kanalisation einleitet (BGH MDR 1982, 993; OLG Koblenz OLGZ 1988, 373, 374 f), oder ein Wasser- oder Energieversorgungsvertrag, wenn Wasser bzw Energie aus dem Versorgungsnetz entnommen wird (OLG Dresden NZM 2000, 158; OLG Saarbrücken NJW-RR 1994, 436 f; OLG München RdE 1995, 29 f; vgl auch OLG Brandenburg OLG-NL 2001, 88; OLG Frankfurt NJW-RR 1998, 1515 f; anders für die Müllentsorgung OVG Münster NVwZ 1998, 1210, 1211). Der Rechtsfigur des faktischen Vertrages bedarf es dabei nicht (anders noch OLG Frankfurt MDR 1989, 257; LG Köln RdE 1993, 28; JANKE-WEDDIGE BB 1985, 758 ff; zweifelhaft auch OLG Hamm ZIP 1983, 329 f). Das Handeln eines Dritten ist nach den bei Rn 24 beschriebenen allgemeinen Grundsätzen zuzurechnen.

20 Beim Abschluß eines Vertrages, der *Dienstleistungen* des Antragsempfängers zum Gegenstand haben soll, die dieser innerhalb seines eigenen Betriebes erbringen muß, genügt zur Annahme sicher der Beginn der nach dem Betriebsablauf für die Ausführung des Vertrages erforderlichen Handlungen (ENNECCERUS/NIPPERDEY § 162 I 2a), also etwa der Beginn der Reparatur einer übersandten Sache (für Vorverlegung auf das Unterlassen unverzüglicher Ablehnung SOERGEL/WOLF § 151 Rn 14). Es kommen aber auch vorgelagerte Handlungen in Betracht, etwa das Eintragen in ein Auftragsbuch (zB das Zimmerverzeichnis des Hoteliers, s MünchKomm/KRAMER § 151 Rn 54). Ebenso erklärt ein Arbeitnehmer, der nach dem Angebot einer nachteiligen Vertragsänderung seine Arbeit widerspruchslos fortsetzt, sein Einverständnis mit der Vertragsänderung (BAG ZIP 2002, 46, 48; BB 1976, 1128). Der Gläubiger eines *Bürgen* nimmt das Bürgschaftsangebot schon dadurch an, daß er es zu den Akten heftet (BGH NJW 1997, 2233). Dasselbe gilt für die Annahme sonstiger Sicherheiten, etwa bei der Sicherungs-/Vorauszession (BGH NJW 2000, 276, 277; 1999, 2179).

Auch ein *Verhalten gegenüber Dritten* kann als Annahme des Vertragsangebotes zu **21** verstehen sein (RGZ 117, 312, 315; 84, 320, 323; ERMAN/HEFERMEHL § 151 Rn 5; SOERGEL/WOLF § 151 Rn 10). So kann der Eintritt in Weiterverkaufsverhandlungen über eine unbestellt zugesandte Sache die Annahme hinsichtlich des Erwerbs dieser Sache darstellen, wenn sich nicht aus den Umständen ergibt, daß der Angebotsempfänger durch die Weiterverkaufsverhandlungen erst einmal nur den Markt sondieren und sich Gewißheit darüber verschaffen will, ob sich der Erwerb der unbestellten Ware lohnt. – Zum Überweisungsauftrag s Rn 17 aE; zur Annahme durch Scheckeinlösung s Rn 18 aE.

2. Anwendbarkeit der §§ 104 ff

Da es sich bei der Annahmeerklärung des § 151 um eine normale Willenserklärung **22** handelt, bei der lediglich von der Empfangsbedürftigkeit abgesehen wird, finden die Vorschriften über Willenserklärungen grundsätzlich Anwendung, soweit sie nicht gerade an die Empfangsbedürftigkeit anknüpfen. So wird etwa die Annahme in den Fällen des § 151 von der Regelung des § 130 Abs 1 S 2 über den **Widerruf** nicht erfaßt. Auch eine analoge Anwendung dieser Vorschrift dahin, daß ein Widerruf erfolgen könne, bevor der Antragende von der Tatsache der Annahme Kenntnis erhalten hat, ist abzulehnen, da der Vertrag mit der Verlautbarung der Annahmeerklärung bereits abgeschlossen ist (RGZ 102, 370, 372; ENNECCERUS/NIPPERDEY § 162 Fn 9; FLUME § 35 II 3; SOERGEL/WOLF § 151 Rn 9; **aM** BREHMER JuS 1994, 386, 390 f; BYDLINSKI JuS 1988, 36, 38; MünchKomm/KRAMER § 151 Rn 50 Fn 233: Widerruf möglich, solange beim Offerenten noch kein Vertrauenstatbestand geschaffen ist).

Die **Anfechtung** der Annahmeerklärung nach § 151 geschieht nach den allgemeinen **23** Regeln (JAUERNIG § 151 Rn 1; offen BGH WM 1990, 812, 815; zweifelnd offenbar BGH NJW-RR 1986, 415, 416), so zB, wenn jemand bei seiner Annahmehandlung über den Preis einer unbestellt zugesandten Ware im Irrtum war; zur Anfechtung wegen Irrtums über die Rechtserheblichkeit des Annahmeverhaltens s Rn 16. Ein *Vertrauensschaden* kann dem Antragenden allerdings nur dann entstehen, wenn er von der Annahmeerklärung Kenntnis erhalten hat (ERMAN/HEFERMEHL § 151 Rn 8; SOERGEL/WOLF § 151 Rn 9). Eine Anfechtung ist nicht erforderlich, wenn ein versteckter Dissens vorliegt (oder eine Einigung über die essentialia negotii fehlt, s § 154 Rn 3, 8), also zB der Empfänger unbestellter Waren bei seiner Verbrauchshandlung annimmt, ihm solle geschenkt werden, während in Wirklichkeit ein Verkaufsangebot gemacht war.

24 **Stellvertretung** ist bei der Annahmeerklärung nach § 151 ebenso wie bei anderen nicht empfangsbedürftigen Willenserklärungen möglich (vgl BGH WM 1990, 812, 815; NJW-RR 1986, 415, 416; Soergel/Wolf § 151 Rn 7). Allerdings müssen die Erfordernisse des Offenkundigkeitsprinzips gewahrt sein (allg dazu Staudinger/Schilken [2001] Vorbem 35 zu § 164).

3. Zeitpunkt des Vertragsschlusses

25 Abweichend von der Regel (s Vorbem 41 zu §§ 145 ff) kommt der Vertrag in den Fällen des § 151 nicht mit dem Zugang, auf den ja gerade verzichtet wird, sondern zu dem Zeitpunkt zustande, zu dem die Annahmeerklärung abgegeben wird.

IV. Erlöschen des Antrages

26 Für die Dauer der Anträge, die gemäß § 151 S 1 durch nicht empfangsbedürftige Erklärung angenommen werden können, enthält § 151 S 2 eine Sonderregelung. Danach unterliegt die Annahmefrist in erster Linie der **Bestimmung des Antragenden**. Für diese Fristsetzung gelten die allgemeinen Vorschriften des § 148 (s § 148 Rn 3 ff). Sie kann auch noch nachträglich erfolgen (s § 148 Rn 9). Die Frist ist überschritten und der Antrag damit erloschen, wenn die Annahmeerklärung unterlassen oder verspätet abgegeben wird (RGZ 124, 336, 338; 117, 312, 314 f).

27 Ist vom Antragenden keine Frist gesetzt worden, so gilt nicht der objektive Maßstab des § 147 Abs 2 (vgl § 147 Rn 7). Vielmehr ist auf den anhand der Umstände durch Auslegung zu ermittelnden **Willen des Antragenden** abzustellen (BGH NJW 1999, 2179, 2180; RGZ 83, 104, 106). Die in § 86 Abs 4 E I noch vorgesehene Regelung, daß der Antragende, der sofortige Leistung verlangt, im Zweifel nur solange gebunden sein soll, wie zur Bewirkung der Leistung erforderlich ist, wurde nicht in das BGB übernommen. Die Auslegung kann jedoch ergeben, daß der Antragende einen auf eine derartige Begrenzung gerichteten Willen erklärt hat. Fehlt es an Umständen, aus denen sich der Wille des Antragenden ergeben könnte, eine Annahmefrist zu bestimmen, so bleibt der Antragende an den Antrag bis zu dessen Ablehnung durch den anderen Teil gebunden (BGH NJW 2000, 2984, 2985; 1999, 2179, 2180; KG NJW-RR 2000, 1307, 1308).

V. Beweislast

28 Die Beweislast für die Abgabe einer Annahmeerklärung nach Maßgabe des § 151 trifft denjenigen, der das Zustandekommen des Vertrages behauptet. Er muß beweisen, daß die Voraussetzungen des § 151 vorgelegen haben und daß die Annahmeerklärung (konkludent) abgegeben wurde (Soergel/Wolf § 151 Rn 28); zur Beweislast für fehlendes Erklärungsbewußtsein s Rn 16.

§ 152
Annahme bei notarieller Beurkundung

Wird ein Vertrag notariell beurkundet, ohne dass beide Teile gleichzeitig anwesend sind, so kommt der Vertrag mit der nach § 128 erfolgten Beurkundung der Annahme zustande, wenn nicht ein anderes bestimmt ist. Die Vorschrift des § 151 Satz 2 findet Anwendung.

Materialien: E II § 124a; III § 148; Prot V 439.

Systematische Übersicht

Alphabetische Übersicht

I. Überblick

§ 152 regelt den Moment des Vertragsschlusses für den Fall einer **Sukzessivbeurkun-** **1** **dung** und legt fest, daß der Vertrag nicht erst mit Zugang der beurkundeten Annahmeerklärung beim Anbietenden, sondern schon mit der Beurkundung der Annahmeerklärung selbst zustande kommt. Die Vorschrift, deren heutige Fassung auf dem BeurkG von 1969 beruht, wurde erst von der zweiten Kommission eingefügt. Sie bezweckt eine **Beschleunigung des Vertragsabschlusses** in solchen Fällen, in denen typischerweise angenommen werden kann, daß sich die Parteien über den Vertragsinhalt bereits einig sind (s auch SOERGEL/WOLF § 152 Rn 1).

II. Voraussetzungen

§ 152 setzt die **Beurkundung** eines Vertrages voraus. Obgleich das Gesetz von einer **2** *notariellen* Beurkundung spricht, ist anerkannt, daß die Beurkundung durch *andere Stellen* gleichsteht, wenn sie gemäß § 61 BeurkG nach Landesrecht anstelle des Notars zuständig sind (RGZ 68, 393, 394; RG WarnR 1923/24 Nr 111; SOERGEL/WOLF § 152 Rn 2). Ob die Beurkundung in Erfüllung einer gesetzlichen Formvorschrift erfolgt oder auf dem Parteiwillen beruht (s dazu STAUDINGER/DILCHER[12] § 128 Rn 2 f), ist unerheblich. Auf die Fälle einfacher Schriftform oder öffentlicher Beglaubigung der Vertragserklärungen kann die Norm aber nicht angewandt werden, auch nicht analog (RGZ 93, 175, 176; OLG Braunschweig SeuffA 65 Nr 107). Allerdings können hier die Voraussetzungen des § 151 vorliegen.

3 Sind bei der Beurkundung vor dem Notar *beide Parteien anwesend*, so stellt sich die von der Vorschrift geregelte Frage nach dem Zeitpunkt des Zustandekommens nicht. Häufig wird man hier nicht einmal von Angebot und Annahme im eigentlichen Sinne sprechen können (s Vorbem 38 zu §§ 145 ff). § 152 setzt vielmehr außerdem voraus, daß es sich um eine **Sukzessivbeurkundung** handelt, daß also nicht beide Teile gleichzeitig anwesend sind, sondern daß Angebot und Annahme getrennt, in gesonderten Terminen von demselben oder verschiedenen Notaren beurkundet werden (s näher STAUDINGER/DILCHER¹² § 128 Rn 4 f). Damit vergleichbar ist der Fall, daß jemand, der durch einen Vertreter ohne Vertretungsmacht vertreten wurde, diesen Vertrag genehmigen will. Hier ist § 152 entsprechend anwendbar (OLG Karlsruhe NJW 1988, 2050; MünchKomm/KRAMER § 152 Rn 5; **aM** HÄNLEIN JuS 1990, 737, 739; TIEDTKE BB 1989, 924, 926 ff).

III. Rechtsfolgen

1. Wirkung des § 152 S 1

4 § 152 S 1 gestaltet in den Fällen sukzessiver notarieller Vertragsbeurkundung die Annahmeerklärung als eine **nicht empfangsbedürftige Willenserklärung** aus, so daß bereits die Beurkundung der Erklärungsabgabe den Vertragsschluß bewirkt. Das Zugehen der Annahmeerklärung ist nicht erforderlich (BGH NJW 2002, 213, 214; OLG Karlsruhe NJW 1988, 2050). Der Antragende kann auch nicht verlangen, daß er von der Abgabe der Annahmeerklärung *benachrichtigt* wird (TIEDTKE BB 1989, 924, 926). Enthält die Annahme allerdings gegenüber dem Angebot *Änderungen*, so greift § 150 Abs 2 ein. Die Erklärung ist dann, da sie als neues Angebot noch angenommen werden muß, empfangsbedürftig.

2. Abweichende Bestimmung

5 § 152 S 1 läßt eine von der Rechtsfolgenbestimmung der Norm abweichende Bestimmung im Vertragsangebot zu, ist also nicht zwingend (OLG Karlsruhe NJW 1988, 2050). Die abweichende Bestimmung kann insbesondere dahin gehen, daß der Vertrag erst mit dem **Zugang der Annahmeerklärung** beim Antragenden zustande kommen soll. In diesem Fall ist zu prüfen, ob der Notar, der den Antrag beurkundet hat, als Empfangsvertreter bzw als Empfangsbote des Antragenden eingesetzt worden ist (RGZ 96, 273, 275; 49, 127, 130).

6 Ebenso kann im Antrag bestimmt werden, daß der Vertragsabschluß zwar mit der Beurkundung der Erklärungsabgabe vollzogen sein soll, daß aber der Annehmende verpflichtet sein soll, die Tatsache der Annahmeerklärung dem **Antragenden zur Kenntnis zu bringen**. Der Inhalt einer solchen Bestimmung ist durch Auslegung zu ermitteln. Sie kann bedeuten, daß der Vertrag unter der *auflösenden oder aufschiebenden Bedingung* stehen soll, daß die Annahme dem Antragenden mitgeteilt wird. Es kann aber auch eine selbständige *Benachrichtigungspflicht* begründet worden sein (SOERGEL/WOLF § 152 Rn 6). In diesem Fall ist im Wege der Auslegung zu klären, ob dieser Verpflichtung bereits durch eine Nachricht an den Notar genügt werden kann, der den Antrag beurkundet hat, oder ob der Antragende persönlich benachrichtigt werden muß. Die Einschaltung eines Dritten in den Benachrichtigungsvorgang ist jedenfalls möglich (zurückhaltender SOERGEL/WOLF § 152 Rn 6: nur bei Benachrichtigung durch *interessierte* Dritte, zB Bürgen). Verzögert sich die Benachrichtigung, so entsteht für den Antragenden eine Rückfragepflicht (RGZ 96, 273, 277).

Eine abweichende Bestimmung kann auch **durch konkludentes Handeln** erfolgen **7** (RGZ 76, 364, 366; 49, 127, 132). Jedoch müssen dabei die Umstände, die für eine abweichende Bestimmung sprechen, deutlich hervortreten (zust SOERGEL/WOLF § 152 Rn 8). So wird man zB aus der Bestimmung einer Annahmefrist (s dazu Rn 8) nicht schon zwingend die konkludente Bestimmung des Zugangserfordernisses für die Annahmeerklärung entnehmen können (ERMAN/HEFERMEHL § 152 Rn 4; FLUME § 35 II 1; MünchKomm/KRAMER § 152 Rn 3; **aM** RGZ 96, 273, 275; 76, 364, 366; 49, 127, 132; JAUERNIG § 152 Rn 2; SOERGEL/WOLF § 152 Rn 7). Jedenfalls kann eine (der Beweislastentscheidung vorgehende) Würdigung der Umstände des Einzelfalles, insbesondere der Interessenlage der Parteien, zu diesem Ergebnis führen (BGH NJW-RR 1989, 198; EMMERICH WuB IV A § 152 BGB 1.89). Kann der Annehmende den Willen des Antragenden nicht klar genug erkennen, so ist er zur Rückfrage verpflichtet. Anderenfalls kann eine cic vorliegen.

IV. Erlöschen des Antrages

Da der Antragende in den Fällen des § 152 ein Interesse daran hat, nur auf bestimmte **8** Zeit an seinen Antrag gebunden zu sein, kann er eine **Annahmefrist** bestimmen, nach deren Überschreiten der Antrag gemäß §§ 146, 148 erlischt. Ob innerhalb dieser Frist die Annahmeerklärung nur abgegeben oder dem Antragenden auch zugegangen sein muß, ist durch Auslegung zu ermitteln. Im Zweifel wird man annehmen müssen, daß die Annahmeerklärung nur innerhalb der Annahmefrist wirksam abgegeben sein muß (s auch Rn 7). Hilfsweise muß auch § 149 in Betracht gezogen werden (SOERGEL/ WOLF § 152 Rn 7). Ebenso ist durch Auslegung zu ermitteln, ob auch erforderliche Genehmigungen Dritter innerhalb der Frist erteilt bzw gemäß § 1829 Abs 1 S 2 wirksam geworden sein müssen, was im Zeifel ebenfalls zu verneinen ist (**aM** RGZ 76, 364, 366; wie hier wohl SOERGEL/WOLF § 152 Rn 7).

Hat der Antragende keine Annahmefrist bestimmt, so gilt § 152 S 2, der auf § 151 S 2 **9** verweist. Das bedeutet, daß sich die Dauer der Bindung des Antragenden aus dem anhand der Umstände durch Auslegung zu ermittelnden **Willen des Antragenden** ergibt (s näher dazu § 151 Rn 27). Ist die Frist überschritten, so gilt die verspätete Annahme auch in den Fällen des § 152 gemäß § 150 Abs 1 als neuer Antrag (ERMAN/ HEFERMEHL § 152 Rn 3).

V. Beweislast

Wer eine vom Grundsatz des § 152 abweichende Bestimmung behauptet, muß deren **10** Inhalt beweisen. Da eine Fristbestimmung im Zweifel keine von § 152 S 1 abweichende Bestimmung enthält, muß der Antragende das Gegenteil beweisen (vgl oben Rn 7, 8 sowie BAUMGÄRTEL/LAUMEN, Hdb d Beweislast [2. Aufl 1991] § 152 Rn 1; MünchKomm/ KRAMER § 152 Rn 3; SOERGEL/WOLF § 152 Rn 9; **aM** RGZ 96, 273, 275; RG WarnR 1913 Nr 354).

§ 153
Tod oder Geschäftsunfähigkeit des Antragenden

Das Zustandekommen des Vertrags wird nicht dadurch gehindert, dass der Antragende vor der Annahme stirbt oder geschäftsunfähig wird, es sei denn, dass ein anderer Wille des Antragenden anzunehmen ist.

Materialien: E I § 89; II § 125; III § 149; Mot I
175; Prot I 86.

Systematische Übersicht

Alphabetische Übersicht

I.   Entstehung und Bedeutung der Vorschrift

1 Nach gemeinem Recht hatten Tod oder Geschäftsunfähigkeit sowohl des Antragenden als auch des Antragsgegners vor der Annahme das Erlöschen des Antrags zur Folge. Dagegen gingen §§ 106 ff I 5 ALR und § 818 SächsBGB davon aus, daß ein Vertragsantrag weder durch den Tod des Antragenden noch durch den Tod des Antragsempfängers erlischt, sofern nicht der Antrag auf persönlichen Beziehungen beruhte, die mit dem Tod wegfallen. Ähnlich war es in Art 297 ADHGB bestimmt (vgl BINDEWALD, Der Tod des Antragenden [Diss Jena 1938] 18 ff). Auch § 153 liegt der Gedanke zugrunde, daß Vertragsanträge regelmäßig auf einem Vermögensinteresse beruhen, das bestehen bleibt, wenn das Vermögen mit dem Tod des bisherigen Inhabers in andere Hände übergeht (Mot I 176). Der Eintritt der Geschäftsunfähigkeit wird dabei nach gemeinrechtlichem Vorbild dem Tod gleichgestellt. Bedeutung hat die Vorschrift nur für verkörperte Willenserklärungen, da nicht verkörperte gemäß § 147 Abs 1 nur sofort angenommen werden können (vgl aber SOERGEL/WOLF § 153 Rn 2).

II. Tod oder Geschäftsunfähigkeit des Antragenden

1. Eintritt vor Zugang des Antrags

Treten Tod oder Geschäftsunfähigkeit ein, nachdem der in einer verkörperten Wil- **2** lenserklärung enthaltene Antrag abgegeben, aber bevor er zugegangen ist, so wird das *Wirksamwerden* der Erklärung gemäß § 130 Abs 2 nicht gehindert (näher dazu STAUDINGER/DILCHER[12] § 130 Rn 64). Im Todesfall ist dann der Erbe an den Antrag gebunden, sofern es ihm nicht gelingt, rechtzeitig von dem ihm bzw dem gesetzlichen Vertreter des Geschäftsunfähigen verbleibenden Widerrufsrecht nach § 130 Abs 1 S 2 Gebrauch zu machen (s STAUDINGER/DILCHER[12] § 130 Rn 65). Die *Annahmefähigkeit* des so wirksam gewordenen Angebotes richtet sich dann nach § 153. Man kann nicht aus § 130 Abs 2 schließen, daß das trotz Tod oder Geschäftsunfähigkeit wirksam gewordene Angebot auch dann angenommen werden können soll, wenn – wie § 153 einschränkt – „ein anderer Wille des Antragenden anzunehmen ist". Für § 153 ist es also letztlich gleich, ob Tod oder Geschäftsunfähigkeit vor oder nach Zugang des Antrages eingetreten sind.

2. Eintritt nach Zugang des Antrags

a) Treten Tod oder Geschäftsunfähigkeit des Antragenden ein, nachdem der in **3** einer verkörperten Willenserklärung enthaltene Antrag zugegangen (bzw der in einer nicht verkörperten Willenserklärung enthaltene Antrag vernommen worden) ist, dann folgt aus § 153, daß der Antrag **annahmefähig** bleibt. Das gilt erst recht, wenn die Annahme bereits erklärt, aber ihrerseits noch nicht zugegangen ist (OLG Hamm NJW-RR 1987, 342, 343). Andere Wirksamkeitshindernisse bleiben unberührt. So gibt zB ein nach § 153 zustande gekommener Lebensversicherungsvertrag keinen Anspruch auf die Versicherungssumme, weil der Todesfall schon vor Vertragsschluß eingetreten ist (RG SeuffA 81 Nr 20). Dagegen kann eine *Schenkung auf den Todesfall –* zB durch Anlegen eines (Spar-)Kontos – noch nach dem Tode des Antragenden angenommen werden. Die erbrechtliche Formvorschrift des § 2301 steht nach hM nicht entgegen, weil sie durch § 331 verdrängt wird, die schuldrechtliche des § 518 nicht, weil die Schenkung mit der Annahme vollzogen ist (BGHZ 46, 198, 204; KG OLGZ 1979, 460, 463 f; ERMAN/HEFERMEHL § 153 Rn 1; MünchKomm/KRAMER § 153 Rn 5; wohl auch KIPP/ COING, Erbrecht [14. Aufl 1990] § 81 IV 2a; **aM** MEDICUS BR Rn 394 ff mwN).

Für die **Annahme** gelten die allgemeinen Regeln der §§ 146 ff. Die *Annahmefrist* des **4** § 147 Abs 2 verlängert sich allerdings um die Zeit, welche zur Ermittlung des Erben erforderlich ist. Außerdem entsteht im Falle des § 151 für den Annehmenden nach Treu und Glauben eine *Benachrichtigungspflicht* gegenüber dem Erben oder gesetzlichen Vertreter, der von dem abgeschlossenen Vertrag nichts weiß. *Empfangszuständig* für eine empfangsbedürftige Annahmeerklärung ist im Falle des Todes der Erbe des Antragenden. Es genügt jedoch auch eine Abgabe gegenüber dem Verstorbenen, wenn die Erklärung dem Erben zugeht. Bei Geschäftsunfähigkeit muß die Annahme gemäß § 131 Abs 1 dem gesetzlichen Vertreter zugehen (vgl STAUDINGER/DILCHER[12] § 131 Rn 3 f). Eine *Auslegung* der Annahmeerklärung kann ergeben, daß der Annehmende nur mit dem Offerenten persönlich abschließen will, zB bei einem Kreditgeschäft. In diesem Fall kommt der Vertrag trotz der aus § 153 resultierenden Annahmefähigkeit des Angebotes nicht zustande (MünchKomm/KRAMER § 153 Rn 4).

5 b) § 153 bestimmt, daß der Antrag die Annahmefähigkeit mit dem Tode oder der Geschäftsunfähigkeit des Antragenden verliert und somit erlischt, wenn ein **anderer Wille des Antragenden anzunehmen** ist. Es kommt dazu nur auf den Willen des Antragenden, nicht auch auf den des Antragsempfängers an (RG SeuffA 81 Nr 20). Der Antragende kann einen entsprechenden Willen *ausdrücklich* erklären. Nötig ist das aber nicht. Vielmehr ergibt sich unmittelbar aus § 153, daß ein entgegenstehender Wille im Wege der *Auslegung* festgestellt werden kann. Für diese Auslegung müssen die allgemeinen Regeln gelten (insofern zutr FLUME § 35 I 4; MEDICUS, AT Rn 377; Münch-Komm/KRAMER § 153 Rn 3), dh es ist unter Berücksichtigung der für den Empfänger erkennbaren Umstände der objektive Erklärungswert des Angebotes festzustellen. Ob der Empfänger aus den ihm erkennbaren Umständen auch tatsächlich die richtigen Schlüsse gezogen hat, ist unerheblich. Da sich ein wirklicher Wille kaum feststellen lassen wird, ist nach dem hypothetischen Willen des Antragenden zu fragen, also danach, was er bestimmt hätte, wenn er das eingetretene Ereignis vorausgesehen hätte. Geben die dem Empfänger erkennbaren Umstände nichts her, bleibt es bei der Regel des § 153. Die Vorschrift erweist sich damit als *Auslegungsregel* (**aM** die vorstehend Genannten, die meinen, es handele sich um einen die Bindungswirkung der Offerte ergänzenden und durch sie bestimmten Rechtssatz; wie hier BORK Rn 735; ERMAN/HEFERMEHL § 153 Rn 2; LARENZ/WOLF § 29 Rn 31).

6 Vorliegen wird ein entgegenstehender Wille in solchen Fällen, in denen der Vertrag auf **Leistungen für den höchstpersönlichen Bedarf** des Verstorbenen gerichtet war. Im Falle der Geschäftsunfähigkeit des Antragenden kann die Einschränkung der Annahmefähigkeit für Anträge auf höchstpersönliche Leistungen gelten, von denen der Antragende nur mit gesunden Sinnen Gebrauch gemacht hätte (Mot I 176; **aM** SOERGEL/WOLF § 153 Rn 10: Wegfall der Geschäftsgrundlage).

7 Außerdem ist ein entgegenstehender Wille des Antragenden anzunehmen, wenn sein Tod oder seine Geschäftsunfähigkeit einen **Beendigungsgrund** für den bereits abgeschlossenen Vertrag dargestellt hätte. Dies gilt zB für §§ 613, 672, 673, 675, 727, 1061, 1090 Abs 2 (ERMAN/HEFERMEHL § 153 Rn 2).

8 Hatte der Antragsempfänger in den Fällen eines entgegenstehenden Willens bereits vor Kenntniserlangung vom Tod oder von der Geschäftsunfähigkeit des Antragenden mit der **Ausführung des Vertrages** begonnen und hierfür Aufwendungen gemacht, so wird ihm zT in analoger Anwendung der §§ 122, 307 *Ersatz des Vertrauensschadens* zugebilligt (CLASEN NJW 1952, 14; ENNECCERUS/NIPPERDEY § 161 III 2; ERMAN/HEFERMEHL § 153 Rn 4; JAUERNIG § 153 Rn 4; LARENZ/WOLF § 29 Rn 31; PALANDT/HEINRICHS § 153 Rn 2). Das kommt indessen allenfalls dann in Betracht, wenn der Antragsempfänger unter Berücksichtigung der ihm erkennbaren Umstände von einem wirksamen Vertragsschluß ausgehen durfte (ganz ablehnend FLUME § 35 I 4; MünchKomm/KRAMER § 153 Rn 3; SOERGEL/WOLF § 153 Rn 13). Begründet ist die Ersatzpflicht hingegen in den Fällen eines Verschuldens des Erben oder des gesetzlichen Vertreters, insbesondere wenn sie mit einem an den Antragenden übersandten Leistungsgegenstand nicht sorgfältig umgegangen sind oder wenn eine Benachrichtigung den Annehmenden von seinen Aufwendungen abgehalten hätte.

III. Tod oder Geschäftsunfähigkeit des Antragsempfängers

In § 89 E I war vorgesehen, daß Tod oder Geschäftsunfähigkeit des Antragsempfän- **9**
gers ebenso behandelt werden sollten wie beim Antragenden. Diese Vorschrift wurde
indessen nicht in das BGB übernommen (vgl Prot I 182 = Mugdan I 695). Demnach
besteht folgende Rechtslage:

1. Eintritt vor Zugang des Antrags

Stirbt der Adressat, bevor der Antrag wirksam wird, insbesondere also vor dem **10**
Zugang einer verkörperten Willenserklärung, so kann der Antrag nur wirksam werden, wenn er als auch an den Erben des Adressaten gerichtet anzusehen ist. Ob es
sich so verhält, muß im Wege der Auslegung festgestellt werden (Erman/Hefermehl
§ 153 Rn 7; Flume § 35 I 4; MünchKomm/Kramer § 153 Rn 7; Soergel/Wolf § 153 Rn 15). Eine
Vermutung besteht dafür nicht. Wird der Adressat vor dem Wirksamwerden *geschäftsunfähig*, so gilt § 131 Abs 1. Demnach tritt die Wirksamkeit des Antrags durch
Zugang beim gesetzlichen Vertreter ein oder dadurch, daß dieser den Antrag vernimmt (vgl Staudinger/Dilcher[12] § 131 Rn 3 ff). Entsteht die Geschäftsunfähigkeit nach
der Erklärungsabgabe, so kann § 131 Abs 1 analog angewandt werden.

2. Eintritt nach Zugang des Antrags

Stirbt der Antragsempfänger, nachdem der Antrag wirksam geworden ist, aber **vor** **11**
Abgabe der Annahmeerklärung, so kann – gleichgültig, ob die Annahme durch empfangsbedürftige oder nicht empfangsbedürftige Erklärung erfolgen soll – die aus der
Bindung des Antragenden resultierende Rechtsposition des Antragsempfängers vererbt werden, sofern ein entsprechender Wille des Antragenden festzustellen ist
(Erman/Hefermehl § 153 Rn 7; Larenz/Wolf § 29 Rn 32; MünchKomm/Kramer § 153 Rn 7;
Soergel/Wolf § 153 Rn 16; s auch § 145 Rn 35). Eine Vermutung dafür besteht auch hier
nicht. Die Vererblichkeit der Rechtsposition des Antragsempfängers ist insbesondere
zu verneinen, wenn die Auslegung ergibt, daß der Antragende mit dem Adressaten
nur persönlich abschließen wollte (Mot I 176). Ebenso scheidet die Vererblichkeit
aus, wenn §§ 613, 673, 675, 727, 1061 oä einem Vertrag mit dem Erben entgegenstehen würden.

Wird der Antragsempfänger vor Abgabe der Annahmeerklärung *geschäftsunfähig*, so **12**
kommt es ebenfalls darauf an, ob der Wille des Antragenden darauf gerichtet ist, den
Vertrag auch mit einem geschäftsunfähigen Partner abzuschließen. Wird dies bejaht,
so kann die Annahmeerklärung durch den gesetzlichen Vertreter erfolgen. Ein derartiger Wille scheidet zB aus, wenn vom Antragsempfänger die Leistung eines geistig
Gesunden erwartet wurde, zB eine erzieherische Tätigkeit.

Stirbt der Antragsempfänger erst **nach Abgabe der Annahmeerklärung**, so ist bei nicht **13**
empfangsbedürftiger Annahmeerklärung der Vertrag bereits zustande gekommen.
Bei empfangsbedürftiger Annahmeerklärung gilt § 130 Abs 2 (vgl Staudinger/
Dilcher[12] § 130 Rn 64). Dieselbe Rechtslage besteht beim Eintritt der *Geschäftsunfähigkeit* nach Abgabe der Annahmeerklärung. Erst recht bleibt eine **antizipierte Einigung** wirksam, so daß zB eine antizipierte Übereignung bei Erwerb des Rechts trotz

zwischenzeitlicher Geschäftsunfähigkeit wirksam ist, sofern die besitzrechtlichen Voraussetzungen erfüllt sind (BGH NJW 1988, 3260, 3262).

IV. Andere Fälle geminderter Rechtsmacht

1. Beschränkte Geschäftsfähigkeit

14 Die Wirkung des Eintritts beschränkter Geschäftsfähigkeit beim Antragenden oder beim Antragsempfänger ist in § 153 nicht geregelt. Hat ein Geschäftsfähiger eine Vertragserklärung *abgegeben*, so steht die nachfolgende Beschränkung seiner Geschäftsfähigkeit dem Wirksamwerden nicht entgegen. § 130 Abs 2 gilt analog (s STAU-DINGER/DILCHER[12] § 130 Rn 66). Wird der Antrag gegenüber einem bei Wirksamkeitseintritt nur beschränkt geschäftsfähigen Adressaten abgegeben, so kommt es für die *Empfangszuständigkeit* gemäß § 131 Abs 2 darauf an, ob der Antrag dem beschränkt geschäftsfähigen Adressaten lediglich rechtliche Vorteile bringt bzw ob der gesetzliche Vertreter dem Zugang beim beschränkt Geschäftsfähigen zugestimmt hat (vgl § 145 Rn 33). Die *Annahmefähigkeit* richtet sich hier nach den allgemeinen Regeln. Einer analogen Anwendung des § 153 bedarf es in diesem Falle nicht (JAUERNIG § 153 Rn 2; **aM** ERMAN/HEFERMEHL § 153 Rn 5; MünchKomm/KRAMER § 153 Rn 2; SOERGEL/WOLF § 153 Rn 3). Sofern die *Annahme* des Vertrages vom inzwischen beschränkt Geschäftsfähigen erklärt werden soll, bedarf es für rechtlich nicht lediglich vorteilhafte Verträge der Zustimmung des gesetzlichen Vertreters (s § 146 Rn 4).

2. Eröffnung des Insolvenzverfahrens

15 a) Die Eröffnung des Insolvenzverfahrens **über das Vermögen des Antragenden** berührt die Wirksamkeit eines vorher oder danach von ihm abgegebenen Antrags auf Abschluß eines *schuldrechtlichen Vertrages* nicht, sofern nicht die Auslegung ergibt, daß der Antrag im Insolvenzfall keinen Bestand haben soll. Auch der Annahme des Antrags steht die Eröffnung des Insolvenzverfahrens über das Vermögen des Antragenden nicht entgegen. § 153 gilt hier nicht (BGH NJW 2002, 213, 214; JAEGER/HENCKEL, KO [9. Aufl 1977] § 7 Rn 41). Der Vertragspartner kann den Antrag annehmen, was aber einen Vertrag nur mit dem Insolvenzschuldner, nicht mit dem Insolvenzverwalter begründet. Deshalb muß die Annahme auch gegenüber dem Schuldner erklärt werden. Der Insolvenzverwalter ist dafür nicht empfangszuständig. *Verfügungsverträge* über Gegenstände der Insolvenzmasse sind dagegen gemäß § 81 InsO unwirksam, können also nach Verfahrenseröffnung nicht mehr angenommen werden.

16 b) Wird das Insolvenzverfahren **über das Vermögen des Antragsempfängers** eröffnet, so ist zunächst im Wege der Auslegung zu prüfen, ob das Angebot auch für den Insolvenzfall gelten soll, was etwa zu verneinen ist, wenn es auf Einräumung eines Kredits gerichtet war. Im übrigen gilt das in Rn 15 Gesagte sinngemäß. Die Annahmebefugnis hinsichtlich eines wirksamen Antrags verbleibt dem Insolvenzschuldner. Sie gehört nicht zur Insolvenzmasse, so daß auch die aus der Vertragsannahme entstehenden Ansprüche nicht in die Insolvenzmasse fallen. Etwas anderes gilt – auch für dingliche Verträge – nur dann, wenn dem Antrag im Wege der Auslegung zu entnehmen ist, daß er sich auch an einen eventuellen Insolvenzverwalter richtet (s JAEGER/HENCKEL § 7 Rn 36/38 sowie § 145 Rn 35).

3. Beschränkung der Verfügungsmacht

Nach der Abgabe des Antrages können Beschränkungen der Verfügungsmacht *beim* **17** *Antragenden* eintreten, wie zB Nachlaßverwaltung, Verfügungsbeschränkungen gem §§ 1365, 1369 oder gem §§ 1422 ff. In diesen Fällen kann ein vor Eintritt der Verfügungsbeschränkung abgegebener Antrag, der sich auf einen von der Verfügungsbeschränkung erfaßten Gegenstand bezieht, noch wirksam werden. Für die Annahmeerklärung gilt § 153 analog (RGZ 111, 185, 190; SOERGEL/WOLF § 153 Rn 5). Tritt eine der genannten Verfügungsbeschränkungen *beim Adressaten* ein, so wird das Wirksamwerden eines Antrags, der sich auf die Verfügung über einen von der Beschränkung betroffenen Gegenstand bezieht, nicht ausgeschlossen. Die Annahme eines derartigen Antrags kann allerdings nur durch einen Verfügungsberechtigten oder den von ihm ermächtigten Adressaten erfolgen.

V. Beweislast

Nach der Auslegungsregel (s Rn 5) des § 153 bleibt der Antrag trotz Tod oder Ge- **18** schäftsunfähigkeit annahmefähig. Daher trägt derjenige, der einen anderen Willen des Antragenden behauptet, dafür die Beweislast (BAUMGÄRTEL/LAUMEN, Hdb d Beweislast [2. Aufl 1991] § 153 Rn 1; MünchKomm/KRAMER § 153 Rn 6; SOERGEL/WOLF § 153 Rn 12).

§ 154
Offener Einigungsmangel; fehlende Beurkundung

(1) Solange nicht die Parteien sich über alle Punkte eines Vertrags geeinigt haben, über die nach der Erklärung auch nur einer Partei eine Vereinbarung getroffen werden soll, ist im Zweifel der Vertrag nicht geschlossen. Die Verständigung über einzelne Punkte ist auch dann nicht bindend, wenn eine Aufzeichnung stattgefunden hat.

(2) Ist eine Beurkundung des beabsichtigten Vertrags verabredet worden, so ist im Zweifel der Vertrag nicht geschlossen, bis die Beurkundung erfolgt ist.

Materialien: E I § 78; II § 116; III § 150; Mot I 162; Prot I 74, 87; VI 133.

Schrifttum

BADING, Irrtum und Dissens, JW 1914, 609
BAILAS, Das Problem der Vertragsschließung und der vertragsbegründende Akt (1962)
DIEDERICHSEN, Der Auslegungsdissens, in: FS H Hübner (1984) 421
ders, Der logische Dissens, in: FS zum 125-jährigen Bestehen der Juristischen Gesellschaft zu Berlin (1984) 81

ENGELS, Der offene und versteckte Dissens (Diss Rostock 1903)
FUNK, Die Beweislastverteilung beim Streit über das Zustandekommen, die Wirksamkeit und den Inhalt von Verträgen auf der Grundlage des Bürgerlichen Gesetzbuches und der Zivilprozeßordnung (Diss Göttingen 1974)
GRÜNWALD, Der versteckte Dissens (Diss Köln 1939)

JUNG, Die Einigung über die „essentialia negotii" als Voraussetzung für das Zustandekommen eines Vertrages, JuS 1999, 28

E A KRAMER, Grundfragen der vertraglichen Einigung (1972)

LEENEN, Abschluß, Zustandekommen und Wirksamkeit des Vertrages, AcP 188 (1988) 381

MANIGK, Das Wesen des Vertragsschlusses in der neueren Rechtsprechung, Beiträge zur Lehre vom Konsens und Dissens, JherJb 75, 127

MATTHES, Irrtum und Mißverständnis in ihrer Beziehung zueinander nach den §§ 119, 155 des BGB (Diss Leipzig 1905)

R RAISER, Schadenshaftung bei verstecktem Dissens, AcP 127 (1927) 1

SCHLACHTER, Irrtum, Dissens und kaufrechtliche Gewährleistungsansprüche, JA 1991, 105

TITZE, Die Lehre vom Mißverständnis (1910).

Systematische Übersicht

Alphabetische Übersicht

I. Überblick

1 Ein Vertrag kann nur zustande kommen, wenn sich die Parteien über die vertragswesentlichen Punkte einig sind, denn ein Vertrag setzt Übereinstimmung im Rechtsfolgenwillen voraus (s Vorbem 2 zu §§ 145 ff). Der Konsens bildet daher ein wesentliches Element des Vertrages. Freilich war schon bei Abfassung des BGB umstritten, auf welche Punkte sich der Konsens erstrecken muß. § 78 E I sah vor, daß ein Vertrag noch nicht abgeschlossen sei, „solange die Vertragschließenden über die nach dem gesetzlich zum Wesen des zu schließenden Vertrages gehörenden Teile sich nicht geeinigt haben", also noch essentialia negotii offen sind (s dazu auch Rn 3, 8). In § 154 ist diese Regel nicht übernommen worden, so daß der Vertragsabschluß auch an offenen Nebenpunkten scheitern kann, solange nur der zum Dissens führende Punkt vertraglich geregelt werden sollte (BGH MDR 1954, 217). Dies ist letztlich Konsequenz der negativen Abschlußfreiheit (MünchKomm/KRAMER § 154 Rn 1). Dabei bezieht sich die Regelung des § 154 vor allem auf eine schrittweise herausgearbeitete Einigung, die das Ergebnis längerer Verhandlungen und unterschiedlicher Vorschläge bildet (LARENZ/WOLF § 29 Rn 73; nach LEENEN AcP 188 [1988] 381, 405 ff haben §§ 154, 155 deshalb überhaupt nur Bedeutung für den Vertragsschluß durch Zustimmung zu einer ausgehandelten Vorlage, s Vorbem 38 zu §§ 145 ff; für das Verhältnis zu § 150 Abs 2 s § 150 Rn 16). Die Gefahr, daß eine Partei den Vertrag an einem noch offenen Nebenpunkt scheitern läßt, obwohl es ihr eher um die Lösung vom bereits Vereinbarten als wirklich um diesen Nebenpunkt geht, haben die Gesetzesverfasser bewußt in Kauf genommen (vgl Mot I 162). – Die Regelung des § 154 gilt für Verträge aller Art. Auf *Tarifverträge* ist sie wegen deren Normcharakters allerdings nicht anwendbar (BAGE 57, 334, 341; 46, 61, 69; 42, 86, 93).

II. Offener Dissens (Abs 1 S 1)

1. Voraussetzungen

Ein **Dissens** liegt nach der Formulierung des § 154 vor, wenn sich die Parteien nicht **2** über alle Punkte geeinigt haben, über die nach der Erklärung auch nur einer Partei eine Vereinbarung getroffen werden soll. Es geht also um die Divergenz von Vertragsinhalt und „Regelungsprogramm" (LEENEN AcP 188 [1988] 381, 383). Von einem *offenen* Dissens spricht man, wenn sich die Parteien dieser Nichtübereinstimmung bewußt sind und davon ausgehen, daß die lückenhafte Einigung noch vervollkommnet werden muß. Glauben die Parteien hingegen irrig, sie hätten sich bereits vollständig geeinigt, so liegt ein *versteckter* Dissens vor (näher zu diesem § 155 Rn 1, 7 ff). Für § 154 Abs 1 S 1, der den offenen Dissens regelt, ist also über den Dissens hinaus erforderlich, daß beide Parteien – oder jedenfalls eine, für den Gegner erkennbar (BGH NJW-RR 1990, 1009, 1011; DIEDERICHSEN, in: FS H Hübner [1984] 421, 440; KORTE DNotZ 1984, 3, 19 f; MEDICUS, AT Rn 436; nach **aM** fällt der einseitig versteckte Dissens unter § 155, s FLUME § 34, 4; MünchKomm/KRAMER § 155 Rn 2; PALANDT/HEINRICHS § 155 Rn 1; SOERGEL/WOLF § 155 Rn 12) – davon ausgegangen sind, die lückenhafte Einigung müsse noch vervollständigt werden.

Haben sich die Parteien nicht einmal über die **essentialia negotii** geeinigt, so kommt **3** ein Vertrag auf keinen Fall zustande (OLG Koblenz NJW-RR 2002, 890, 891). Man kann hier auch von einem *logischen* Dissens sprechen (DIEDERICHSEN, in: FS Jur Ges Berlin [1984] 81/89 ff). Ein Anwendungsfall des § 154 Abs 1 S 1 (wonach der Vertrag nur im Zweifel nicht geschlossen sein soll, s Rn 6) liegt dabei nicht vor, zumal sich erst für accidentalia negotii sinnvoll sagen läßt, daß über sie „nach der Erklärung auch nur einer Partei eine Vereinbarung getroffen werden soll" (BORK, Der Vergleich [1988] 33 Fn 71 mwN; ERMAN/HEFERMEHL § 154 Rn 2; FLUME § 34, 6b; s auch Rn 8). Allerdings reicht es aus, wenn die essentialia negotii bestimmbar sind (BGH NJW 1997, 2671 f). Es genügt also beispielsweise, daß sich die Parteien auf ein Verfahren zur Bestimmung des fehlenden Teils geeinigt haben, etwa nach §§ 315 ff, oder daß sich die Bestimmung im Wege ergänzender Vertragsauslegung oder durch analoge Anwendung gesetzlicher Normen treffen läßt (vgl BGH MDR 2002, 447).

Ob ein Dissens vorliegt, ist durch **Auslegung** festzustellen (ausf dazu DIEDERICHSEN, in: **4** FS H Hübner [1984] 421 ff). Diese hat zu ermitteln, worüber nach dem erkennbaren Willen auch nur einer Partei (s Rn 2) eine Einigung erzielt werden sollte. Dieser Parteiwille muß nach außen hervorgetreten sein. Ein bloß innerer Vorbehalt reicht nicht. Maßgeblich ist, daß die Partei zu erkennen gegeben hat, daß sie ungeachtet einer etwaigen gesetzlichen Regelung eine vertragliche Vereinbarung auch über diesen Punkt zur Voraussetzung des Vertragsabschlusses machen wollte. Dies kann durch schlüssiges Verhalten verlautbart werden (BGH NJW-RR 1990, 1009, 1011; RG SeuffA 78 Nr 61). Hingegen geht es zu weit, Schweigen als konkludentes Erkennbarmachen für den Fall genügen zu lassen, daß ein objektiv wichtiger und üblicherweise vertraglich geregelter Punkt noch offen ist.

Offener Dissens liegt nach der Rspr zB vor, wenn in Kaufvertragsverhandlungen die **5** Gegenleistung offengeblieben ist (BGH NJW-RR 1999, 927), wenn nur die obere Grenze des Kaufpreises bestimmt wurde (RGZ 124, 81, 84) oder wenn über eine verlangte

Anzahlung noch keine Einigung erzielt wurde (BGH NJW 1998, 3196); ebenso, wenn die Mietsache noch nicht genau bestimmt ist (OLG Hamburg OLGE 44, 131) oder der Mietbeginn nicht feststeht (AG Bremen WuM 1967, 6); ferner wenn bei einem Gesellschaftsvorvertrag die Gesellschaftsart nicht feststeht (RGZ 106, 174, 177) oder wenn bei einem Finanzierungskauf die Finanzierungsbedingungen nicht vereinbart sind (LG Essen NJW 1958, 869; vgl aber auch KG NJW 1971, 1139). Häufig wird es hier freilich schon an einer Einigung über die essentialia negotii fehlen (s Rn 3, 8). *Kein* Dissens besteht dagegen, wenn der Käufer hinsichtlich eines Vertragspunktes ein Wahlrecht hat (OLG Düsseldorf NJW 1963, 2079). Bei einem Mietvertrag liegt kein Dissens vor, wenn Einigung über das Tragen von Instandsetzungskosten besteht, deren Höhe aber noch offen ist (LG Bonn WuM 1966, 8, 9). Bei einem Maklervertrag handelt es sich nicht um einen Dissens, wenn über die Entgeltlichkeit Einigkeit besteht und nur die Höhe der Provision offengeblieben ist; hier greift § 653 Abs 2 (BGH MDR 2002, 447).

2. Rechtsfolge

6 Nach § 154 Abs 1 S 1 ist der Vertrag bei einem offenen Dissens nicht etwa nichtig, sondern *im Zweifel nicht geschlossen*. Es liegt also tatbestandlich ein Rechtsgeschäft nicht vor (zur Ausnahme bei kollidierenden AGB s § 150 Rn 18). Der nach dem Parteiwillen maßgebliche Punkt kann in diesem Fall auch dann nicht durch Anwendung dispositiven Gesetzesrechts geklärt werden, wenn es sich objektiv um eine unwesentliche Frage handelt (BGH MDR 1954, 217). Es handelt sich bei § 154 allerdings um eine **Auslegungsregel**, nicht um eine Vermutung (BGH WM 1981, 1140, 1141 f). Dies und der Grundsatz der Privatautonomie erlauben es, daß die Parteien eine vertragliche Einigung auch unter *Offenlassen* einzelner Punkte schließen (BGHZ 119, 283, 288; BGH BB 1966, 1412; WM 1965, 950, 951 f; ENNECCERUS/NIPPERDEY § 163 I). Es ist also zunächst durch Auslegung zu ermitteln, welche Rechtsfolge die Parteien für ihren Dissens vereinbart haben (DIEDERICHSEN, in: FS H Hübner [1984] 421, 432 f; s auch Rn 9). § 154 Abs 1 S 1 gilt eben nur „im Zweifel".

7 Eine verbindliche Einigung trotz Teildissenses ist etwa anzunehmen, wenn sich die Parteien ohne Rücksicht auf den offenen Punkt erkennbar vertraglich binden wollen (BGH NJW-RR 1992, 977, 978; NJW 1983, 1727, 1728; BB 1961, 1027; RGZ 105, 8, 13; 60, 174, 178; KG NJW 1971, 1139; GIESEN Jura 1980, 23, 31). Erkennbar kann ein solcher Wille ua daran werden, daß mit der Ausführung des Vertrages begonnen wird (BGHZ 119, 283, 288; BGH MDR 2002, 447; NJW 1983, 1727, 1728; 1960, 430; RG SeuffA 82 Nr 182; OLG Düsseldorf NJW-RR 1996, 622, 623; LG Lübeck WuM 1991, 80; BAG DB 1980, 934, 935; BFHE 140, 44, 46; FLUME § 34, 6e; LARENZ/WOLF § 29 Rn 75; MünchKomm/KRAMER § 154 Rn 7; vgl auch BGH NJW-RR 1991, 499, 500; ZIP 1986, 162, 163 m krit Anm GÜNTHER EWiR 1986, 175; widersprüchlich ERMAN/HEFERMEHL § 154 Rn 6; zu eng auch LG Ravensburg NJW 1977, 684, 685 [zu § 154 Abs 2]) oder die Parteien den Vertrag trotz ausgesprochener Änderungskündigung fortsetzen (BGH NJW 1983, 1777). Man kann hier von einer „Selbstinterpretation durch späteres Verhalten" reden (LINDACHER JZ 1977, 604, 605). Ebenso spricht das Bestehen eines Kontrahierungszwanges für die vertragliche Bindung (BGHZ 41, 271, 275; OGHBrZ 2, 352, 358; MünchKomm/KRAMER § 154 Rn 8; PALANDT/HEINRICHS § 154 Rn 2). Auch Handelsbräuche können hier herangezogen werden (OLG Frankfurt NJW 1977, 1015, 1016; vgl aber auch FISCHER-ZERNIN/BECKER transpR 1987, 211 für den „subject details"-Vorbehalt, der es bei der Regel des § 154 beläßt).

Haben sich die Parteien allerdings nicht einmal über die **essentialia negotii** geeinigt, **8** kommt eine vertragliche Bindung nicht in Betracht (FLUME § 34, 6e; JUNG JuS 1999, 28 ff; LEENEN AcP 188 [1988] 381, 411; MünchKomm/KRAMER § 154 Rn 5/6 m Fn 5; TRINKNER BB 1983, 1874, 1875; vgl zB AG Starnberg NJW 1989, 1548; LAG Berlin BB 1990, 1563; KÖHLER JZ 1981, 464, 469), es sei denn, die Parteien hätten ein Verfahren zur Bestimmung der essentialia negotii gewählt oder wenigstens die gesetzlichen Regeln, insbesondere §§ 315 ff (s Rn 9) akzeptiert (vgl zur Bestimmung der Gegenleistung BGHZ 119, 283, 288; BGH NJW 1983, 1603 f; 1983, 1189, 1190; OLG Frankfurt NJW-RR 1992, 756, 757; OLG Hamm NJW 1976, 1212; OLG Karlsruhe MDR 1963, 924; ERMAN/HEFERMEHL § 154 Rn 6; JAUERNIG § 154 Rn 3; nach SOERGEL/WOLF § 154 Rn 6 liegt idR Unausfüllbarkeit der von den Parteien geschlossenen Vertragslücke vor; vgl auch BGH NJW 1990, 1234, 1235). Allerdings ist § 154 unanwendbar, wenn die Parteien den fraglichen Punkt ohnehin nicht beliebig regeln können, weil eine Rechtsnorm zwingend einen bestimmten Inhalt vorschreibt, etwa die Höhe einer Versicherungsprämie (AG Heidelberg VuR 1992, 153, 154 mwN), oder wenn das Gesetz wie in § 632 Abs 2 den offenen Punkt selbst regelt (vgl OLG Stuttgart BauR 1985, 346, 347).

Verbleibende Lücken in der dann bestehenden vertraglichen Regelung können auf **9** verschiedene Weise geschlossen werden. Die Parteien können sich verpflichten, den offenen Punkt später einvernehmlich zu regeln (vgl BGH WuW/E BGH 1927, 1928). Sie können aber auch vereinbaren, daß das Gericht den offenen Punkt ausfüllen soll (BGH BB 1965, 103; **aM** wohl FLUME § 34, 6e). Ferner ist eine ergänzende Auslegung des Parteiwillens mit dem Ziel der Lückenschließung möglich (OLG Hamm NJW 1976, 1212; BAG DB 1980, 934, 935; ERMAN/HEFERMEHL § 154 Rn 6). Indiz für den richtigen Weg zur Lückenfüllung kann dabei die tatsächliche Handhabung der Vertragsdurchführung sein (BGHZ 119, 283, 288). Soweit eine Parteivereinbarung fehlt, greifen die gesetzlichen Regeln, insbesondere §§ 315 ff, ein (BGH NJW-RR 1988, 970, 971; NJW 1964, 1617, 1618 f; OLG Karlsruhe WRP 1981, 661, 662; OLG Schleswig WuW/E OLG 3042, 3044; RGZ 60, 174, 178). Schließlich kann die weitere Einigung über den noch offenen Punkt zur auflösenden Bedingung für die Gültigkeit der bereits begründeten vertraglichen Bindung erhoben worden sein (KG NJW 1971, 1139 [abl HERETH NJW 1971, 1704]).

Sofern eine Partei, dergegenüber bereits geleistet wurde, den Einigungsmangel nur **10** geltend macht, um sich unter Einbehaltung der erlangten Vorteile der eigenen Verpflichtung zu entziehen, verstößt sie damit gegen **Treu und Glauben**. Ein solches Verhalten ist als unzulässige Rechtsausübung unbeachtlich (BGH MDR 1954, 217; ERMAN/HEFERMEHL § 154 Rn 7; FLUME § 34, 6e; MünchKomm/KRAMER § 154 Rn 7).

III. Punktation (Abs 1 S 2)

Als Punktation wird die *Einigung über einzelne Punkte* bezeichnet, welche Inhalt **11** eines künftigen Vertrages werden sollen (vgl Vorbem 47 zu §§ 145 ff). Gemäß § 154 Abs 1 S 2 ist eine solche Punktation selbst dann nicht bindend, wenn eine schriftliche Fixierung der einzelnen Punkte stattgefunden hat, was eigentlich schon in § 154 Abs 1 S 1 enthalten ist (vgl FLUME § 36, 6g). Allerdings gilt auch im Falle der Punktation, daß der bereits erfolgten Einigung *kraft des Parteiwillens Verbindlichkeit* zukommen kann. Voraussetzung hierfür ist jedoch, daß die Punktation einen Umfang erreicht hat, der es nach den zu Rn 9 genannten Grundsätzen erlaubt, den Inhalt des Vertrages zu bestimmen.

IV. Vereinbarte Beurkundung (Abs 2)

12 Als *Auslegungsregel*, die in Parallele zu § 125 S 2 steht (s Staudinger/Dilcher[12] § 125 Rn 33; MünchKomm/Kramer § 154 Rn 18), wird in § 154 Abs 2 bestimmt, daß eine vereinbarte Beurkundung im Zweifel als **Voraussetzung der Vertragsvollendung** angesehen werden soll, so daß der Vertrag trotz erzielter Willensübereinstimmung nur mit vollzogener Beurkundung zustandekommen kann (RG Gruchot 61, 774, 775; KG OLGE 17, 10). Beurkundet werden müssen alle Punkte, die nach dem Willen auch nur einer Partei beurkundet werden sollen. § 154 Abs 2 regelt dabei den Fall, daß *vor oder bei Vertragsabschluß* die Vertragsbeurkundung vereinbart wurde, wobei kein Unterschied zwischen notarieller oder privatschriftlicher Beurkundung besteht (OLG Hamburg ZUM 1995, 637, 638); auch eine Sukzessivbeurkundung kann ausreichend sein (Weber MittRhNotK 1987, 37, 44). Eine nachträglich vereinbarte Beurkundung dient idR nur Beweiszwecken (s Rn 14). Ob und in welcher Form eine Beurkundung gewollt ist, ist durch Auslegung zu ermitteln. Bei besonders wichtigen Rechtsgeschäften ist im Zweifel von einem solchen Parteiwillen auszugehen (s Rn 17). Die Vereinbarung kann auch durch schlüssiges Verhalten erfolgen (RG SeuffA 85 Nr 155; JW 1908, 446; OLG Celle MDR 1960, 398), etwa dadurch, daß der Arbeitnehmer am Ende eines Vorstellungsgesprächs aufgefordert wird, sich den Vertrag abzuholen (vgl LAG Berlin ArbuR 1962, 316 f; s zur vereinbarten Schriftform bei Arbeitsverträgen auch LAG Hamm ARST 1985, 189). Es genügt sogar, daß nur eine Partei die Beurkundung verlangt und damit zu erkennen gegeben hat, daß die Endgültigkeit ihres Rechtsbindungswillens davon abhängt (Flume § 34, 6g; Leenen AcP 188 [1988] 381, 403). Soll ein außergerichtlicher Vergleich noch gerichtlich protokolliert werden, so ist in der Regel anzunehmen, daß der Vergleich erst mit der Protokollierung geschlossen ist (KG FamRZ 1984, 284, 285; OLG Karlsruhe NJW 1995, 1561, 1562; OLG Schleswig MDR 1984, 51).

13 § 154 Abs 2 gilt auch bei Verträgen mit **gesetzlichem Beurkundungserfordernis**, sofern die Parteien eine auf Einhaltung der gesetzlichen Form gerichtete Vereinbarung getroffen haben. In diesem Fall liegt zB bei einem formwidrigen Grundstückskaufvertrag kein nichtiger, sondern überhaupt noch kein Vertrag vor, so daß keine Heilung möglich ist (Soergel/Wolf § 154 Rn 12). Glauben die Parteien irrig, es bestehe gesetzlicher Formzwang, so bringt eine nur mündliche Einigung den Vertrag nicht zustande, da die Parteien nicht den Willen haben, sich bereits durch mündliche Erklärungen rechtlich zu binden (OLG Düsseldorf DB 1970, 1778; Erman/Hefermehl § 154 Rn 9).

14 § 154 Abs 2 ist **nicht anwendbar**, wenn nach beiderseitigem Parteiwillen die Beurkundung nur *Beweiszwecken* dienen soll (BGH NJW 1999, 1328, 1329; 1964, 1269, 1270; NJW-RR 1993, 235, 236; RG SeuffA 83 Nr 75; HRR 1930 Nr 92; OLG Hamburg ZMR 1974, 242; OLG München WM 1984, 469, 470; Erman/Hefermehl § 154 Rn 8). Dies wird häufig im Handelsverkehr der Fall sein. Wegen der Vermutung des § 154 Abs 2 müssen dafür freilich – auch im kaufmännischen Verkehr – besondere Anhaltspunkte vorliegen, die dafür sprechen, daß die vereinbarte Form nur Beweiszwecken dienen soll (BGH NJW-RR 1991, 1053, 1054; OLG Düsseldorf ZMR 1990, 300; OLG Hamburg ZUM 1995, 637, 638; OLG Schleswig MDR 1984, 51). Ferner können die Parteien ein vereinbartes Formerfordernis beim Abschluß eines formlosen Vertrages stillschweigend oder ausdrücklich *aufgehoben* haben (s dazu näher Staudinger/Dilcher[12] § 125 Rn 10 ff sowie BGH NJW 1983, 1727, 1728). Dann greift § 154 Abs 2 nicht ein. Ebensowenig gilt die Vorschrift, wenn die Parteien erst *nach einem wirksamen Vertragsabschluß* übereinkommen, über den Vertrag eine Urkunde zu errichten (RGZ 94, 333, 335; 62, 78; RG SeuffA 86 Nr 3; OLG Frankfurt NJW-RR 1992, 756, 757). Diese Übereinkunft ist entweder dahin zu verstehen, daß hinsichtlich des Vertragsabschlusses ein Beweismittel geschaffen werden soll, oder aber es wird der ursprüngliche Vertrag aufgehoben und durch einen neuen, vereinbarungsgemäß beurkundeten Vertrag ersetzt (zust SOERGEL/WOLF § 154 Rn 11). Außerdem kommt auch in den Fällen des § 154 Abs 2 entsprechend dem zu Rn 10 Gesagten der Einwand des *Rechtsmißbrauchs* in Betracht (BGH NJW-RR 1987, 1073, 1074; BÖHM AcP 179 [1979] 425, 444 ff; MünchKomm/KRAMER § 154 Rn 22).

§ 154 Abs 2 kann **analog** für *Beschlüsse* gelten, für die ein Gesellschaftsvertrag ein   **15** Protokoll vorschreibt (OLG Stuttgart BB 1983, 1050), und für *einseitige Erklärungen*, die in einen Vertrag aufgenommen werden sollen, zB für die Einwilligung in die Verwertung eines Fotos nach § 22 KunstUrhG im Zuge eines Verwertungsvertrages (OLG Hamburg ZUM 1995, 637, 638) oder für einen Unterhaltsverzicht (OLG Karlsruhe FamRZ 1984, 174, 175).

V.   Beweislast

§ 154 Abs 1 S 1 enthält eine Beweislastregel dahin, daß die Verbindlichkeit getroffe-   **16** ner **Teilabreden** von demjenigen bewiesen werden muß, der sie behauptet (RGZ 57, 46, 51; AG Pirna NJW-RR 1994, 1074; FUNK 178; PALANDT/HEINRICHS § 154 Rn 6). Gelingt der Beweis einer Einigung über die essentialia negotii, so muß freilich zunächst die Gegenseite beweisen, daß über weitere Punkte eine Vereinbarung getroffen werden sollte (BGH NJW-RR 1990, 1009, 1011; SOERGEL/WOLF § 154 Rn 10). Steht dies fest, so muß derjenige, der sich auf das Zustandekommen des Vertrages beruft, beweisen, daß die Einigung über die Nebenpunkte erzielt worden ist (KG OLGE 4, 211, 212; ERMAN/ HEFERMEHL § 154 Rn 3). Dies gilt auch dann, wenn die Teilabreden erfüllt sind.

Die Vereinbarung einer konstitutiven **Vertragsform** muß beweisen, wer diese Verein-   **17** barung behauptet (OLG München WM 1984, 469, 470; ERMAN/HEFERMEHL § 154 Rn 8; Münch-Komm/KRAMER § 154 Rn 23 mwN; PALANDT/HEINRICHS § 154 Rn 6; SOERGEL/WOLF § 154 Rn 16; **aM** RG WarnR 1922 Nr 48; REINECKE JZ 1977, 159, 164). Jedoch wird bei langfristigen und wichtigen Verträgen, insbesondere bei Sicherungsverträgen, eine solche Vereinbarung vermutet (BGHZ 109, 197, 200; BGH NJW-RR 1993, 235, 236; WM 1982, 443, 444; 1982, 209, 211; RGZ 103, 73, 75; RG SeuffA 85 Nr 155). Die Aufhebung einer vereinbarten Vertragsform ist grundsätzlich nicht zu vermuten. Daß eine unstreitig vereinbarte Beurkundung nur Beweiszwecken dienen sollte, hat derjenige zu beweisen, der aus der formlosen Vereinbarung Rechte herleiten will (BGH WM 1966, 979, 980).

§ 155
Versteckter Einigungsmangel

Haben sich die Parteien bei einem Vertrag, den sie als geschlossen ansehen, über einen Punkt, über den eine Vereinbarung getroffen werden sollte, in Wirklichkeit nicht geeinigt, so gilt das Vereinbarte, sofern anzunehmen ist, dass der Vertrag auch ohne eine Bestimmung über diesen Punkt geschlossen sein würde.

Materialien: E I § 100; II § 117; III § 151; Mot I
202; Prot I 115.

Schrifttum

Vgl § 154.

Systematische Übersicht

Alphabetische Übersicht

S Vorbem zu §§ 145–156.

I.   Überblick

1 § 155 regelt den *versteckten Dissens*, also den Fall, daß sich die Parteien nicht über alle Punkte geeinigt haben, über die nach der Erklärung auch nur einer Partei eine Vereinbarung getroffen werden sollte, sie aber irrig glauben, sie hätten sich bereits vollständig geeinigt (s zum Begriff § 154 Rn 2). Die Vorschrift bildet keine Ausnahme zu § 154, wie dies früher zT angenommen wurde, sondern §§ 154 und 155 regeln unterschiedliche Tatbestände und stehen deshalb gleichwertig nebeneinander (DIEDERICHSEN, in: FS H Hübner [1984] 421, 422 f; SOERGEL/WOLF § 154 Rn 1), wobei § 154 auch den einseitigen versteckten Dissens regelt (s § 154 Rn 2). Für das Verhältnis zu § 150 Abs 2 s § 150 Rn 16.

2 Die **Gesetzesgeschichte** zeigt, daß der versteckte Dissens früher als Irrtumsfall behandelt worden ist (s FLUME § 34, 4; vgl auch LEENEN AcP 188 [1988] 381, 414 ff). Vom allgemeinen Begriff des Konsenses als Willensübereinstimmung ausgehend wurde mit der Bezeichnung Dissens jede mangelnde Willensübereinstimmung bezeichnet, die nach dem Sprachgebrauch auch vorliegt, wenn einer der Erklärenden einem Irrtum oder einem anderen Willensmangel unterlegen ist. Dementsprechend war in § 100 E I der Erklärungsdissens in seiner Nichtigkeitswirkung dem Bedeutungsirrtum des § 98 E I (heute § 119) gleichgestellt. Erst in der zweiten Kommission wurde die Irrtumsregelung im heutigen Sinne abgeändert und der versteckte Dissens vom Irrtum abgegrenzt (s dazu STAUDINGER/DILCHER[12] § 119 Rn 6 ff sowie sogleich Rn 3 ff).

II. Dissens und Irrtum

Dissens mit der Folge des Nichtzustandekommens eines Vertrages (s Rn 13) ist nach **3** dem Vorstehenden nur in solchen Fällen gegeben, in denen die Parteien *weder Willenseinigung noch äußere Übereinstimmung der Erklärungen erreicht* haben. (Außerdem muß das vorgesehene „Regelungsprogramm" erfüllt sein, s Rn 7; davon kann hier für die Abgrenzung zum Irrtum zunächst abgesehen werden.) Stimmen dagegen die Parteierklärungen in ihrer durch Auslegung zu ermittelnden objektiven Bedeutung (nicht unbedingt: im Wortlaut, s Rn 5) überein, so ist der Vertrag zustande gekommen, auch wenn der Wille einer Partei von der abgegebenen Erklärung abweicht (BGH NJW 1993, 1798; WM 1986, 857, 858; VersR 1981, 526, 527; KG MDR 1983, 1023; Diederichsen, in: FS H Hübner [1984] 421, 438 f; vgl auch LG Aurich ZfS 1980, 6, 7). Diese Partei kann dann allenfalls ihre Erklärung wegen Irrtums nach § 119 mit der Schadensersatzfolge des § 122 anfechten. Die andere Partei wird also in ihrem Vertrauen auf den objektiven *Erklärungs*gehalt der *gegnerischen* Erklärung geschützt, obwohl eine *Willens*einigung im strengen Sinne nicht erreicht wurde (vgl auch Schlachter JA 1991, 105, 107). Man kann in diesen Fällen auch von einem „normativen Konsens" sprechen (Kramer 176 ff).

Maßgebend für den Tatbestand des versteckten Dissenses ist mithin, daß die Erklä- **4** rungen in ihrem objektiven Sinn aneinander vorbeigehen, *ohne daß dies den Parteien bewußt wird.* Der Grund hierfür kann in einer Unaufmerksamkeit der Beteiligten liegen, ebenso aber auch in der Unvollständigkeit (s Rn 7) oder der Mißverständlichkeit (s Rn 8) ihrer Erklärungen. Da § 155 voraussetzt, daß den Beteiligten diese Nichtübereinstimmung entgangen ist, kann man, im Unterschied zum Irrtum über den Inhalt der eigenen Erklärung, auch von einem Irrtum über den Inhalt der gegnerischen Erklärung sprechen (Erman/Hefermehl § 155 Rn 2).

Für die Feststellung der vorliegenden oder mangelnden Erklärungsübereinstimmung **5** ist vom objektiven Inhalt der Erklärung auszugehen, wie er durch **Auslegung** ermittelt wird (BGH VersR 1981, 526, 527; BB 1967, 476; NJW 1961, 1668, 1669; WM 1961, 785; OLG Köln NJW-RR 2000, 1720; RGZ 100, 134, 135; RG WarnR 1933 Nr 143; Diederichsen, in: FS H Hübner [1984] 421, 428 ff; Erman/Hefermehl § 155 Rn 4; Soergel/Wolf § 155 Rn 3), wobei auch hier auf den Empfängerhorizont abzustellen ist (BGH BB 1973, 1601; fragwürdig deshalb AG Köln NJW 1980, 2756, wo zu sehr auf die Vorstellungen des Erklärenden abgestellt wird). Dabei ist zunächst der Inhalt jeder einzelnen Erklärung festzustellen. Ist auch nur eine von ihnen so unbestimmt oder widersprüchlich, daß ihr eine klare Aussage nicht entnommen werden kann, so liegt schon gar keine gültige Willenserklärung vor, so daß eine Einigung bereits daran scheitert. Anderenfalls ist zu ermitteln, ob die Erklärungen *inhaltlich* übereinstimmen (was auch dann zu verneinen sein kann, wenn der Wortlaut sich deckt; vgl BGH NJW-RR 1993, 373).

Ergibt die Auslegung, daß die Vertragserklärungen inhaltlich übereinstimmen, so **6** kommt nur ein **Willensmangel**, insbesondere ein zur Anfechtung berechtigender Irrtum desjenigen in Betracht, der mit seiner Erklärung einen anderen Sinn verbinden wollte (BGH NJW 1961, 1668, 1669; WM 1961, 785; OLG Köln NJW-RR 2000, 1720). § 119 Abs 1 und § 155 ergänzen sich daher und stehen nicht etwa in Widerspruch zueinander (**aM** Bailas 5 ff; wie hier Flume § 34, 4 Fn 12; MünchKomm/Kramer § 155 Rn 3). Zwar ist zuzugeben, daß es im Extremfall dazu kommen kann, daß ein Vertragsabschluß bejaht wird, aber gleich beide Vertragsparteien anfechten können. Die Lösung dieses Problems ist aber nicht im Verhältnis des § 155 zu § 119 zu suchen, sondern den Grundsätzen über das Fehlen der subjektiven Geschäftsgrundlage (§ 313 Abs 2) zu entnehmen (vgl dazu STAUDINGER/DILCHER¹² § 119 Rn 93).

III. Einzelfälle des versteckten Dissenses

1. Unvollständigkeit der Erklärungen

7 Ein versteckter Dissens entsteht, wenn beide Parteien annehmen, einig zu sein, während sie in Wirklichkeit einen Punkt, dessen Regelungsbedürftigkeit gesehen wurde, übersehen und insoweit unvollständige Erklärungen abgegeben haben. Es ist dann das von mindestens einer Seite formulierte „Regelungsprogramm" nicht erfüllt (s dazu schon § 154 Rn 2; nach LEENEN AcP 188 [1988] 381, 408 ff/416 f regelt § 155 überhaupt nur diesen Fall, der aber nicht als Dissens verstanden werden soll). So verhält es sich beispielsweise, wenn bei Bestellung einer Rentenschuld die Aufnahme der Ablösesumme in die Einigung versehentlich unterblieben ist (BGH WM 1965, 950, 952). Allerdings muß ein solcher Dissens nicht notwendig das Zustandekommen des Vertrages verhindern. Vielmehr läßt § 155 es zu, im übrigen eine bindende Einigung der Parteien zu bejahen (s Rn 14). Haben die Parteien den Punkt überhaupt nicht bedacht und folglich auch nicht regeln wollen, so liegt kein Dissens, sondern eine Vertragslücke vor, die nach den allgemeinen Regeln zu schließen ist (MünchKomm/KRAMER § 155 Rn 8).

2. Mißverständlichkeit der Erklärungen

8 Ein verborgen gebliebenes, dissensbegründendes Mißverständnis liegt vor, wenn die Erklärungen nach erfolgter Auslegung aneinander vorbeigehen, sich also inhaltlich nicht decken. Jede der beiden Parteien irrt in der Annahme, dasselbe erklärt zu haben wie die Gegenpartei. Dies kann zB auf ein Verlesen oder Verhören zurückzuführen sein (ERMAN/HEFERMEHL § 155 Rn 5). Hat allerdings jemand eine inhaltlich umfassende Annahmeerklärung abgegeben, insbesondere sich auf ein Angebot mit „Ja" oder „Einverstanden" geäußert, so besteht Konsens der Erklärungen. Im Falle einer abweichenden Vorstellung des Annehmenden vom Inhalt seiner Erklärung liegt ein Verlautbarungsirrtum vor (vgl dazu STAUDINGER/DILCHER¹² § 119 Rn 17).

9 Häufig tritt ein Dissens ein, weil die scheinbare Übereinstimmung der Erklärungen auf der *Verwendung mehrdeutiger Begriffe* beruht, wobei jede der beiden Parteien mit dem beiderseitig verwendeten Begriff eine vom Gegner unerkannte andere Vorstellung verbunden hat (BGH NJW-RR 1993, 373; VersR 1981, 526, 527; DB 1958, 1297). Hier spricht man von einem *Scheinkonsens* (OLG Köln NJW-RR 2000, 1720; R RAISER AcP 127 [1927] 1, 13; krit DIEDERICHSEN, in: FS H Hübner [1984] 421, 424). Eine solche Mehrdeutigkeit einer Erklärung kann dadurch entstehen, daß einem objektiv eindeutigen Begriff unklare Erläuterungen beigefügt werden (RG JW 1938, 590) oder daß bei einem zweisprachigen Vertragstext die beiden Fassungen sich nicht decken (vgl OLG Hamburg IPRax 1981, 180 f; ArbG Wiesbaden BB 1980, 630 [LS]). Meist aber wird die Mehrdeutigkeit dadurch verursacht, daß Kunstworte oder nicht hinreichend definierte Fachbegriffe gebraucht werden. Dies kann zB gelten für das Codewort „Semilodei" (RGZ 68, 6, 9 f) sowie für die Begriffe „Typenflug" (RGZ 116, 274, 275 f), „Eigenkapital" (RG HRR 1936

Nr 526), „Baukostenzuschuß" (OLG Braunschweig NdsRpfl 1954, 150), „Best-of-Album" (OLG Köln NJW-RR 2000, 1720) oder „Aktien", wenn es sowohl Stamm- als auch Vorzugsaktien gibt (OLG Köln WM 1970, 892, 893). Bei der Bestellung eines „Doppelzimmers" darf der Vermieter nach heutigen Maßstäben nicht mehr davon ausgehen, es handele sich um eine Bestellung für zwei miteinander verheiratete Personen (s Beer JuS 1977, 374, 375; Leenen MDR 1980, 353 ff; aM Lindacher JR 1976, 61, 62; zur Frage der Sittenwidrigkeit s Staudinger/Sack [1996] § 138 Rn 78).

Kein Dissens besteht jedoch, sofern trotz einer vorhandenen Erklärungsdivergenz **10** der Wille beider Parteien übereinstimmt (BGH NJW-RR 1986, 724, 725; BB 1967, 811; RGZ 99, 147, 148; RG JW 1938, 590; Erman/Hefermehl § 155 Rn 6; Giesen Jura 1980, 23, 32; Soergel/ Wolf § 155 Rn 14). In diesem Fall gilt der Satz **„falsa demonstratio non nocet"** (vgl dazu näher Staudinger/Dilcher[12] § 119 Rn 13 ff, § 133 Rn 20), welcher den Erklärungswiderspruch durch Rückgriff auf eine vereinbarte einheitliche Bedeutung der Erklärung beseitigt. Dies trifft zB zu, wenn beiderseitig eine Leibrente gewollt ist, während die Erklärungen von einer Rentenschuld sprechen (RG SeuffA 70 Nr 235). Dasselbe gilt für falsche Grundstücksbezeichnungen (BGH MDR 2001, 1046, 1047; vgl Staudinger/ Dilcher[12] § 119 Rn 14). Ebenso kann sich die falsa demonstratio auf die rechtliche Zuordnung eines Übertragungsgegenstandes beziehen, so zB wenn die Übertragung eines Erbteils vereinbart wird, der Veräußerer aber nur Miterbeserbe ist (BGH WM 1964, 94, 95).

Ein aus übereinstimmendem Willen folgender Konsens liegt auch vor, sofern jemand **11** die Vorstellungen des Erklärungsgegners von der Bedeutung seiner Erklärung erkannt hat und sie mit dem (unwirksamen) **geheimen Vorbehalt** der Nichtanerkennung übernimmt (RGZ 66, 427, 428; LG Aachen NJW 1982, 1106; Erman/Hefermehl § 155 Rn 7; MünchKomm/Kramer § 155 Rn 5; Soergel/Wolf § 155 Rn 15; vgl auch RGZ 100, 134, 135; 97, 191, 195; krit Diederichsen, in: FS Jur Ges Berlin [1984] 81, 87 f). Außerdem kann Konsens aufgrund Willensübereinstimmung der Parteien trotz äußerer Erklärungsdivergenz bei **alternativem Einverständnis** angenommen werden, etwa wenn eine Partei für die Gegenleistung einen höheren Betrag genannt hat als die andere, jedoch ebenso mit dem geringeren Betrag einverstanden sein will (Soergel/Wolf § 155 Rn 16; vgl auch § 150 Rn 10).

3. Mißverständliche oder widersprüchliche AGB

Die Mehrdeutigkeit von in AGB gebrauchten Begriffen geht nach § 305c Abs 2 zu **12** Lasten des Verwenders, so daß § 155 nicht anwendbar ist (vgl nur Ulmer/Brandner/ Hensen § 5 AGBG Rn 1; Staudinger/Dilcher[12] § 133 Rn 53). Hingegen kann ein Dissens aus der beiderseitigen Verwendung eigener AGB entstehen, wenn sich deren Inhalte von den Vertragsparteien unerkannt widersprechen. In diesem Falle tritt bei sukzessiver Bezugnahme auf eigene AGB grundsätzlich entweder gem § 150 Abs 2 eine Anpassung des Vertragsinhalts an die jeweils zuletzt mitgeteilten und hingenommenen AGB ein, oder aber es bleibt bei der Einigung, soweit sie reicht, und im übrigen gilt dispositives Gesetzesrecht (s näher § 150 Rn 17 f). Wenn die Unterschiedlichkeit der beiderseitigen AGB unentdeckt geblieben ist, handelt es sich um einen versteckten Dissens, der aber die Gültigkeit der Vereinbarung, soweit die AGB sich decken, ebenfalls nicht ausschließt (s auch Rn 14).

IV. Rechtsfolgen des versteckten Dissenses

1. Nichtzustandekommen des Vertrages

13 Liegt ein versteckter Dissens vor, so ist der Vertrag nicht etwa nichtig (RG Recht 1929 Nr 1461). Vielmehr ergibt sich als Rechtsfolge des § 155, daß ein Vertrag *grundsätzlich* gar nicht zustande gekommen ist (OLG Hamm NJW-RR 1996, 1454). § 155 ist hier entgegen seinem Wortlaut wie § 139 zu verstehen (FLUME § 34, 7; MünchKomm/KRAMER § 155 Rn 1; OEPEN, Zur Dogmatik des § 139 BGB [2000] 26; SCHLACHTER JA 1991, 105, 107 f; SOERGEL/WOLF § 155 Rn 18; krit LEENEN AcP 188 [1988] 318, 412).

14 Als *Ausnahme* sieht § 155 vor, daß bei einem **Teildissens**, bei dem die Einigung vom Dissens – wie meistens – nur in einem Teilpunkt betroffen ist, gleichwohl ein gültiger Vertrag zustande gekommen sein kann, wenn dieser auch ohne Einigung über den offenen Punkt geschlossen worden wäre. Es ist also zu fragen, ob die Parteien sich auch dann für verpflichtet gehalten hätten, wenn ihnen der Dissens bei Vertragsschluß bekannt gewesen wäre (MünchKomm/KRAMER § 155 Rn 12). Dies gilt zB bei einander widersprechenden AGB der Parteien (s oben Rn 12 sowie § 150 Rn 17 f).

15 Bei § 155 handelt es sich um eine **Auslegungsregel** (DIEDERICHSEN, in: FS H Hübner [1984] 421, 427 f). Ob eine Einigung trotz Teildissenses dem Parteiwillen entspricht, ist daher durch *Auslegung* zu ermitteln. Die Feststellung des auf Gültigkeit der verbleibenden Einigung gerichteten Parteiwillens ist dabei Aufgabe des Tatrichters (BGH WM 1966, 142, 143). Für die Auslegung kommt es auf die konkreten Umstände des Einzelfalles an, insbesondere darauf, welche Bedeutung der offene Punkt für den Vertrag hat. Je geringfügiger die infolge Dissenses bestehende Lücke ist, um so eher kann der Gültigkeitswille bejaht werden (BGH WM 1977, 1349, 1350; 1966, 142, 143). Sofern allerdings der Dissens ein essentiale negotii betrifft, scheidet ein Zustandekommen des Vertrages aus (RGZ 93, 297, 299; BROX Rn 220; DIEDERICHSEN, in: FS Jur Ges Berlin [1984] 81, 89 ff; GIESEN Jura 1980, 23, 32; MünchKomm/KRAMER § 155 Rn 12; SOERGEL/WOLF § 155 Rn 18).

16 Wird das Zustandekommen bejaht, so ist die verbliebene *Einigungslücke* durch Rückgriff auf die gesetzlichen Regeln und im Wege ergänzender Vertragsauslegung zu schließen (BGH WM 1966, 142, 143; OLG Karlsruhe WRP 1981, 661, 662; RGZ 88, 377, 379; ERMAN/HEFERMEHL § 155 Rn 9). Im übrigen gilt das *Verbot unzulässiger Rechtsausübung* im gleichen Umfang wie bei § 139 (OLG Hamm NJW-RR 1996, 1454; ausf STAUDINGER/ROTH [1996] § 139 Rn 90). So kann zB jemand, zu dessen Ungunsten die vom Teildissens betroffene Regelung gewirkt hätte, die Gültigkeit einer nunmehr für ihn günstigeren Einigung nicht in Frage stellen (FLUME § 34, 7).

2. Schadensersatzpflicht

17 Eine Schadensersatzpflicht wegen cic (§§ 280 Abs 1, 311 Abs 2) trifft denjenigen, der durch ein von ihm zu vertretenes Verhalten, zB durch schuldhaft unklare Ausdrucksweise, den versteckten Dissens herbeigeführt hat (RGZ 143, 219, 221; 104, 265, 268; ENNECCERUS/NIPPERDEY § 163 Fn 9; ERMAN/HEFERMEHL § 155 Rn 10; GIESEN Jura 1980, 23, 34; PALANDT/HEINRICHS § 155 Rn 5; SOERGEL/WOLF § 155 Rn 21; **aM** FLUME § 34, 5, der meint, daß beim Dissens eine einseitige Zurechnung des Fehlers nicht stattfinden dürfe; zust JAUERNIG § 155 Rn 3; MünchKomm/KRAMER § 155 Rn 14; SCHLACHTER JA 1991, 105, 108). Die den Schadensersatzanspruch auslösende Pflichtverletzung besteht darin, daß ein Verhandlungspartner dem Gebot zuwidergehandelt hat, eine Irreführung des Gegners durch klare Ausdrucksweise zu vermeiden (MEDICUS, AT Rn 439). Im Falle mitwirkenden Verschuldens greift nicht § 122 Abs 2, sondern § 254 ein (RG JW 1932, 735, 739; ENNECCERUS/NIPERDEY § 163 Fn 9; SOERGEL/WOLF § 155 Rn 21; **aM** auch insoweit FLUME § 34, 5).

V.   Beweislast

Wer sich auf einen versteckten Dissens beruft, muß die Umstände beweisen, aus **18** denen sich dessen Vorliegen ergeben soll (BAUMGÄRTEL/LAUMEN, Hdb d Beweislast [2. Aufl 1991] § 155 Rn 1; MünchKomm/KRAMER § 155 Rn 15; vgl BAGE 56, 251, 261). Die Beweislast für die Gültigkeit der verbleibenden Einigung trifft dann denjenigen, der behauptet, daß trotz eines Teildissenses der Vertrag zustande gekommen sei (ROSENBERG AcP 94 [1903] 1, 25; SOERGEL/WOLF § 155 Rn 20).

§ 156
Vertragsschluss bei Versteigerung

Bei einer Versteigerung kommt der Vertrag erst durch den Zuschlag zustande. Ein Gebot erlischt, wenn ein Übergebot abgegeben oder die Versteigerung ohne Erteilung des Zuschlags geschlossen wird.

Materialien: E I § 90; II § 126; III § 152; Mot I 176; Prot I 87.

Systematische Übersicht

Alphabetische Übersicht

I.   Überblick

Die Vorschrift regelt den Sonderfall des Vertragsschlusses bei einer Versteigerung, **1** behandelt also das Rechtsverhältnis zwischen Bieter/Ersteher und Versteigerer/Einlieferer (s Rn 6; zum Rechtsverhältnis zwischen Versteigerer und Einlieferer s vHOYNINGEN-HUENE NJW 1973, 1473). Die Versteigerung ist ein *öffentlicher Verkauf*, bei dem für eine angebotene Leistung durch Konkurrenz der Bieter eine möglichst hohe Gegenleistung erzielt werden soll. Gemeinrechtlich war umstritten, ob schon in der Veranstaltung der Versteigerung ein bindendes Angebot des Versteigerers an den Meistbietenden zu sehen sei, so daß jedes Gebot eines Bieters als Annahme des Vertrags-angebotes unter der auflösenden Bedingung des Nichtnachfolgens eines höheren Gebotes aufzufassen war. Die Gegenmeinung nahm an, daß die Veranstaltung einer Versteigerung lediglich die Einladung des Versteigerers darstelle, ihm durch Gebote Vertragsanträge zu machen, welche mit dem Zuschlag angenommen werden konn-ten. Das BGB hat diese Streitfrage in § 156 S 1 im letzteren Sinne entschieden. § 156 ist mehr als nur eine Auslegungsregel (Prot I 87 = Mugdan I 695; aM Enneccerus/Nipperdey § 49 II 2 und 161 Fn 19). Die Vorschrift enthält vielmehr **dispositives Recht** (BGHZ 138, 338, 343; KG NJW 2002, 1583, 1584; Soergel/Wolf § 156 Rn 14; s auch Rn 9).

II. Vertragsschluß nach § 156

1. Das Gebot als Antrag

2 Gemäß § 156 S 1 ist das Gebot als Vertragsantrag des Bieters, der Zuschlag als An-nahme dieses Angebotes aufzufassen (zum näheren Ablauf einer Versteigerung s die VersteigerungsVO v 1. 6. 1976, BGBl I 1345). Auch der letzte Bieter hat daher aus seinem Gebot *keinen Anspruch auf Vertragsabschluß oder auf Leistung*. Erst mit dem Zuschlag ist der Vertrag geschlossen. Ein danach erfolgendes Übergebot beseitigt diesen Vertragsschluß freilich nicht.

3 Als Antragserklärung unterliegt das Gebot den **allgemeinen Regeln für Willens-erklärungen** (BGHZ 138, 339, 342). Es ist *auslegungsfähig*, kann wegen Irrtums *ange-fochten* werden (OLG Dresden OLGE 17, 355) und durch *Stellvertreter* abgegeben wer-den. Auch der Versteigerer selbst kann – etwa auf der Grundlage eines ihm übersandten schriftlichen „Höchstgebots" – als Vertreter eines Kaufinteressenten Erklärungen abgeben, sofern er vom Verbot des § 181 befreit ist (vgl auch § 34b Abs 6 Nr 3 GewO sowie unten Rn 4). Ein Gebot liegt dann aber erst in dieser Erklä-rung, nicht schon in der Beauftragung des Versteigerers (BGH NJW 1983, 1186 f m Anm Kelwing/Joch; vHoyningen-Huene NJW 1973, 1473, 1477 f). Die *Wirksamkeit* des Gebotes als einer idR nicht verkörperten Willenserklärung tritt ein, wenn es vom Versteigerer vernommen wird (vgl OLG Dresden SächsArch 14 [1904] 222, 223). Als Antragender ist der Bieter nach § 145 *an das Gebot gebunden* (s § 145 Rn 20 ff). Das Angebot des Bieters erlischt nach der allgemeinen Regel des § 146, wenn der Versteigerer – ohne daß § 156 S 2 eingreift (s Rn 4) – seinen *Antrag zurückweist* (Soergel/Wolf § 156 Rn 8), zB weil er nicht den Versteigerungsbedingungen genügt, sonst gemäß § 156 S 2 mit dem *Schluß der Versteigerung*, wenn kein Zuschlag erteilt wurde, weil das Angebot dann nicht rechtzeitig angenommen wurde (vgl § 146 Rn 8). Dem ist es gleichzustellen, wenn der Versteigerer zu *anderen Bedingungen* übergeht. Keine Beendigung der Bindungswir-kung tritt hingegen ein, wenn sich der Bieter vor dem Zuschlag vom Versteigerungs-ort entfernt (s Rn 5).

4 Gemäß § 156 S 2 erlischt das (An-)Gebot außerdem, wenn ein **Übergebot** abgegeben wird. Es entfällt also nicht nur die Bindungswirkung. Voraussetzung ist hierfür nicht, daß es sich um ein rechtswirksames Übergebot handelt, weil das Interesse an Rechts-klarheit darauf gerichtet ist, daß das Übergebot schon als Tatsache Berücksichtigung findet (Erman/Hefermehl § 156 Rn 3; MünchKomm/Kramer § 156 Rn 4; Soergel/Wolf § 156 Rn 6 mwN). Etwas anders kann nur dann gelten, wenn das Übergebot offensichtlich unwirksam ist (Soergel/Wolf § 156 Rn 6) oder wegen seines Mangels sofort vom Ver-

steigerer zurückgewiesen wird (MünchKomm/KRAMER § 156 Rn 4). Ob ein Übergebot vorliegt, richtet sich nach dem Nennbetrag der Gebote. Die Umsatzsteuer ist nicht abzuziehen (RGZ 101, 365, 366 f). Auf einen dem Versteigerer erteilten *Ersteigerungsauftrag* (s Rn 3) bezieht sich § 156 S 2 nicht. Er kann also die ergebnislos abgebrochene Versteigerung überdauern (BGH NJW 1983, 1186, 1187 m Anm KELWING/JOCH).

2. Der Zuschlag als Annahme

Mit dem Zuschlag nimmt der Versteigerer das Angebot des Bieters an. Der Zuschlag **5** stellt eine nicht verkörperte und nicht empfangsbedürftige Willenserklärung dar, die demnach *mit Abgabe wirksam* wird (s STAUDINGER/DILCHER[12] § 130 Rn 7). Es kommt auch nicht darauf an, daß der Bieter den Zuschlag vernimmt. Er kann sich daher vor dem Zuschlag vom Versteigerungsort entfernen (SOERGEL/WOLF § 156 Rn 10). Eine ausdrückliche Regel dieses Inhalts enthält § 15 S 2 BeurkG, der Nachfolger des früheren § 181 S 2 FGG.

Die Abgabe der Zuschlagserklärung kann durch den Versteigerer im eigenen Namen **6** als Kommissionär oder – was der Regelfall sein wird – im fremden Namen als **Stellvertreter** seines Auftraggebers erfolgen (vgl RG Gruchot 56, 1083, 1084; vHOYNINGEN-HUENE NJW 1973, 1473, 1477; SOERGEL/LEPTIEN § 164 Rn 15). Eine Verpflichtungsermächtigung des Versteigerers scheitert hingegen nach hM an den grundsätzlichen Bedenken gegen dieses Institut (s dazu STAUDINGER/GURSKY [2001] § 185 Rn 108 ff).

Sofern der abzuschließende Vertrag **formbedürftig** ist, kommt er durch mündliche **7** Erklärungen nicht zustande. Dies gilt zB für Jagdpachtverträge, die nach § 11 Abs 4 S 1 BJagdG der *Schriftform* bedürfen. Der Zuschlag bei einer Jagdpachtversteigerung stellt demnach nur die Bereitschaftserklärung dar, mit dem Bieter einen formwirksamen Vertrag zu schließen (vgl KG OLGE 39, 128; SOERGEL/WOLF § 156 Rn 15; abl BGHZ 138, 339, 342 f). Da die Schriftform des Jagdpachtvertrages Beweisfunktion hat, ist dem Versteigerungszuschlag der Charakter eines formlos wirksamen Vorvertrages beizulegen (s dazu Vorbem 60 zu §§ 145 ff). Eine erforderliche *notarielle Beurkundung* kann dadurch gewahrt werden, daß der Notar an der Versteigerung teilnimmt und über die abgegebenen Erklärungen eine Niederschrift anfertigt. Diese Beurkundung kann dann gemäß § 126 Abs 3 auch die Schriftform ersetzen. Die Rechtsprechung nimmt demgegenüber an, daß Gebot und Zuschlag notariell zu beurkunden sind (BGHZ 138, 339, 342 ff; KG NJW-RR 2002, 883 f). Eine Niederschrift nach §§ 36, 37 BeurkG reicht danach nicht.

Im Unterschied zum Zuschlag nach § 90 ZVG (s dazu auch Rn 12) hat der Zuschlag **8** nach § 156 nur den Abschluß eines **Verpflichtungsgeschäftes** zum Inhalt. Die erforderlichen Erfüllungshandlungen müssen selbständig nachfolgen. Insbesondere muß das Eigentum nach §§ 873, 929 ff übertragen werden (ENNECCERUS/NIPPERDEY § 161 I 2b; PESCH Jura 1993, 371).

3. Abweichende Versteigerungsbedingungn

§ 156 enthält dispositives Recht (s Rn 1 aE). Sowohl für das Zustandekommen als auch **9** für den Inhalt des Vertrages gilt der Grundsatz der **Vertragsfreiheit**, der vor allem in den Versteigerungsbedingungen seinen Ausdruck finden kann. So kann sich zB der

Versteigerer im voraus des Rechtes begeben, den Zuschlag zu verweigern. Ebenso darf er sich das Recht vorbehalten, nach einem erfolgten Übergebot ein geringeres Gebot anzunehmen, also unter mehreren Geboten auszuwählen (ERMAN/HEFERMEHL § 156 Rn 5), oder er kann sich einen späteren Zuschlag vorbehalten. Dann bleibt der Bieter angemessene Zeit an sein Höchstgebot gebunden (RGZ 96, 102, 103). Ein Zuschlag nach dem Ende der Versteigerung muß dann durch empfangsbedürftige Willenserklärung erfolgen (SOERGEL/WOLF § 156 Rn 14).

III. Anwendungsbereich des § 156

10 § 156 gilt in allen Fällen, in denen eine **Versteigerung nach den Vorschriften des Privatrechts** erfolgt, also in den Fällen der §§ 383 ff, 753, 966 Abs 2, 975, 979 ff, 1219. Ferner gilt § 156 in den Fällen der §§ 373 Abs 2, 376 Abs 4, 389, 407 Abs 2, 417 Abs 1 HGB sowie nach Maßgabe der besonderen Vorschriften in den §§ 1233 ff für den im Wege öffentlicher Versteigerung zu bewirkenden Pfandverkauf (§ 1235). Ob bewegliche oder unbewegliche Sachen, Forderungen oder Rechte versteigert werden, bleibt sich gleich. Unerheblich ist ferner, ob der Versteigerer aufgrund von § 34b Abs 5 GewO öffentlich bestellt ist oder nicht (BGH NJW 1992, 2570, 2572).

10a § 156 kann schließlich auch dann gelten, wenn die private Versteigerung nicht gesetzlich vorgesehen, sondern vom Veräußerer als Vertriebsweg gewählt worden ist. Das kann beispielsweise auf private *Internet-Auktionen* zutreffen (dazu HOEREN, On-line-Auktionen [2002]; LEIBLE, Versteigerung im Internet [2002]). Grundsätzlich ist bei ihnen die Präsentation im Internet als invitatio ad offerendum, das elektronische Gebot als Angebot und der Zuschlag als Annahme zu verstehen (AG Hannover NJW-RR 2002, 131). Aus den Umständen, etwa aus den Versteigerungsbedingungen, kann sich aber auch ergeben, daß schon die Präsentation im Internet als Angebot zum Vertragsschluß mit dem Meistbietenden oder als antizipierte Annahme des Höchstgebotes zu werten ist (BGHZ 149, 129 = BGH NJW 2002, 363, 364 [dazu LETTL JuS 2002, 219 ff; WENZEL NJW 2002, 1550 f] = JZ 2002, 504 [krit HAGER]; ebenso die Vorinstanz OLG Hamm NJW 2001, 1142 [zust ULRICI NJW 2001, 1112 f; abl HAGER JZ 2001, 786 ff] = MMR 2001, 105 [WIEBE] = DB 2001, 88 [WENZEL/BRÖCKERS]; anders zuvor LG Münster JZ 2000, 730 [abl HOLLERBACH DB 2000, 2001, 2006 f; RÜFNER JZ 2000, 715 ff; ULRICI JuS 2000, 947 ff; vgl auch WIEBE MMR 2000, 323 ff]; im konkreten Fall abweichend auch zutr LG Darmstadt NJW-RR 2002, 1139; AG Kerpen NJW 2001, 3274; wie der BGH hingegen KG NJW 2002, 1583 f; AG Sinsheim MMR 2000, 181).

11 Für **Versteigerungen im Rahmen der Zwangsvollstreckung** (zu denen auch der in § 450 Abs 1 vorgesehene Verkauf im Wege der Zwangsvollstreckung gehört) verweist zwar § 817 Abs 1 ZPO ausdrücklich auf § 156. Jedoch ist dieser Verweisung nach heutiger Auffassung von der Pfandverwertung im Rahmen der Zwangsvollstreckung nur noch sehr eingeschränkt zu folgen. Das *Gebot* im Rahmen einer Versteigerung zum Zwecke der Zwangsvollstreckung stellt eine Prozeßhandlung dar und keinen bürgerlich-rechtlichen Vertragsantrag, so daß die zivilrechtlichen Vorschriften über Willenserklärungen nicht eingreifen (STEIN/JONAS/MÜNZBERG, ZPO § 817 Rn 8). Auch der *Zuschlag* ist sicher nicht als privatrechtliche Willenserklärung aufzufassen. Teilweise wird er als Hoheitsakt angesehen (GAUL GS Ahrens [1993] 89, 110 ff; STEIN/JONAS/MÜNZBERG § 817 Rn 20). Wenn man aber die Verweisung des ZPO-Gesetzgebers auf § 156 nicht völlig mißachten will, dann wird man den Zuschlag eher als Vollendung eines öffentlich-rechtlichen Vertrages einordnen müssen (OLG München DGVZ 1980,

122, 123; JAUERNIG, Zwangsvollstreckungs- und Insolvenzrecht [21. Aufl 1999] § 18 IV 1; Münch-KommZPO/SCHILKEN § 814 Rn 8; ROSENBERG/GAUL/SCHILKEN, Zwangsvollstreckungsrecht [11. Aufl 1997] § 53 III 1a; THOMAS/PUTZO, ZPO [24. Aufl 2002] § 817 Rn 2). In Übereinstimmung mit der Regelung des § 156 muß jedenfalls auch hier anschließend noch eine Übertragung des Eigentums an der versteigerten Sache durch den Gerichtsvollzieher erfolgen. Dies geschieht hoheitlich durch Eigentumszuweisung bei der Ablieferung der gepfändeten Sache an den Erwerber (BGH NJW 1992, 2570, 2571). Der Zuschlag selbst bewirkt den Eigentumsübergang nicht (RGZ 153, 257, 260 f). Das gilt auch bei einer anderweitigen Verwertung durch den Gerichtsvollzieher iSd § 825 ZPO, aber nicht bei einer Versteigerung der gepfändeten Sache durch einen privaten Auktionator. Hier vollzieht sich der Vorgang insgesamt in privatrechtlichen Formen (BGH NJW 1992, 2570, 2571).

Der **Zuschlag im Zwangsversteigerungsverfahren** ist in §§ 71 ff ZVG abweichend von § 156 geregelt. Hier ist der Bieter an sein Gebot nur gebunden, wenn es zugelassen wird. Außerdem hat der Meistbietende nach § 81 ZVG einen Anspruch auf die Erteilung des Zuschlags. Die wichtigste Abweichung gegenüber § 156 besteht darin, daß der Zuschlagsbeschluß gemäß § 90 ZVG bereits den Eigentumsübergang bewirkt (vgl RGZ 60, 48, 54). **12**

Nach **Ausschreibungen zur Vergabe öffentlicher Aufträge** (und von hier übernommen auch bei privatrechtlichen Aufträgen) erfolgt ebenfalls ein Zuschlag, der einen privatrechtlichen Vertrag begründet (BVerwG JZ 1962, 639, 641). § 156 gilt in diesen Fällen jedoch deshalb nicht, weil es sich um einen Vertragsabschluß unter Abwesenden, also durch verkörperte Willenserklärungen handelt (OLG Hamburg OLGE 15, 316; SOERGEL/WOLF § 156 Rn 16). Dementsprechend wird der Zuschlag hier erst mit dem Zugang wirksam (BVerwG JZ 1962, 639, 641). **13**

§ 157
Auslegung von Verträgen

Verträge sind so auszulegen, wie Treu und Glauben mit Rücksicht auf die Verkehrssitte es erfordern.

Materialien: (teils auch zu § 133): E I § 359; II § 127; III § 154; JAKOBS/SCHUBERT, SchR I 46 f; SCHUBERT, AT II 270 ff; Mot I 154 ff; Mot II 197 f; Prot I 623 ff; MUGDAN I 437; 685; MUGDAN II 109; 521 ff.

Schrifttum

EHRICKE, Zur Bedeutung der Privatautonomie bei der ergänzenden Vertragsauslegung, RabelsZ 60 (1996) 661
J HAGER, Gesetzes- und sittenkonforme Aus-legung und Aufrechterhaltung von Rechtsgeschäften (1983)
HENCKEL, Die ergänzende Vertragsauslegung, AcP 159 (1960/1961) 106
HÖK, Ergänzende Mietvertragsauslegung unter

Reinhard Bork
Herbert Roth

Berücksichtigung des ZGB als Geschäftsgrundlage, MDR 1994, 1157
Kötz, Vertragsauslegung, in: FS Zeuner (1994) 219
Larenz, Ergänzende Vertragsauslegung und dispositives Recht, NJW 1963, 737
ders, Die Methode der Auslegung des Rechtsgeschäfts (1930; Neudruck mit Nachwort 1966)
Lüderitz, Auslegung von Rechtsgeschäften (1966)
Mangold, Eigentliche und ergänzende Vertragsauslegung, NJW 1961, 2284
Mayer-Maly, Die Bedeutung des tatsächlichen Parteiwillens für den hypothetischen, in: FS Flume (1978) 621
Medicus, Vertragsauslegung und Geschäftsgrundlage, in: FS Flume (1978) 629
Nelle, Neuverhandlungspflichten (1993)
Pilz, Richterliche Vertragsergänzung und Vertragsabänderung (1963)

H Roth, Vertragsänderung bei fehlgeschlagener Verwendung von Allgemeinen Geschäftsbedingungen (1994)
Salzmann, Die Neuverhandlungsklausel als ein Problem ergänzender Vertragsauslegung (1986)
Sandrock, Zur ergänzenden Vertragsauslegung im materiellen und internationalen Schuldvertragsrecht (1966)
Schimmel, Zur ergänzenden Auslegung von Verträgen, JA 2001, 339
Singer, Selbstbestimmung und Verkehrsschutz im Recht der Willenserklärungen (1995)
Sonnenberger, Verkehrssitten im Schuldvertrag (1970)
Vogenauer, Die Auslegung von Gesetzen in England und auf dem Kontinent I/II (2001)
Wieacker, Die Methode der Auslegung des Rechtsgeschäfts, JZ 1967, 385.
Weiteres Schrifttum findet sich bei § 133.

Systematische Übersicht

I.   Normzweck; Anwendungsbereich

1 Gegenstand der nachfolgenden Kommentierung ist die **ergänzende Vertragsaus-legung**. § 157 enthält neben § 133 die zweite allgemeine Auslegungsregel des BGB (methodenkritisch VOLLMER, Auslegung und „Auslegungsregeln" [1990] 20 ff). Nach § 157 sind Verträge nach Treu und Glauben mit Rücksicht auf die Verkehrssitte auszulegen. Heute ist weithin anerkannt, daß die Auslegung von Willenserklärungen und Verträgen trotz der systematischen Trennung von § 133 und § 157 durch den Gesetzgeber im wesentlichen den gleichen Grundsätzen gehorcht. Insbes gilt § 157 entgegen sei-nem Wortlaut nicht nur für die Auslegung von Verträgen, sondern auch für diejenige von einseitigen Rechtsgeschäften (zu Testamenten u Rn 12, 31) und empfangsbedürftigen Willenserklärungen (RGZ 169, 125; BGHZ 47, 75, 78; PALANDT/HEINRICHS[62] Rn 1; SOERGEL/M WOLF[13] Rn 115). Umgekehrt wird § 133 nicht auf die Auslegung von Willens-erklärungen beschränkt. Vielmehr gilt die Norm auch für Verträge und Rechtsge-schäfte jeder Art (s Erl zu § 133). Im großen und ganzen deckt sich daher der Anwen-dungsbereich beider Vorschriften. Dementsprechend ist auch eine Trennung des Auslegungsinhalts nach § 133 einerseits und nach § 157 andererseits nicht möglich. Die Rspr wendet oftmals in unproblematischer Weise beide Vorschriften ohne Ab-grenzung nebeneinander an (zB RGZ 128, 245; BGHZ 105, 24, 27 [„die nach §§ 133, 157 vorzunehmende Auslegung"]; BGH WM 1994, 389, 393). Die den §§ 133, 157 **gemeinsamen Auslegungsgrundsätze** sind bei § 133 zusammenfassend dargestellt (s Erl zu § 133).

2 Da der Wortlaut des § 157 mit dem durch die Nennung der Verkehrssitte (s Erl zu § 133) und von Treu und Glauben (s Erl zu § 133) angedeuteten Vertrauensschutz die Zielrichtung einer **objektiven Auslegung** zum Ausdruck bringt (aber u Rn 32), bildet diese Norm den zutreffenden Ort für die Darstellung der **ergänzenden Vertragsauslegung** (Larenz/M Wolf, AT⁸ § 28 Rn 13). So spricht die Rspr für die ergänzende Vertragsauslegung von dem „objektiven Auslegungsmaßstab" des § 157 (etwa BGHZ 9, 273, 278). Trotz der mit der Trennung von § 133 und § 157 verunglückten gesetzgeberischen Entscheidung rechtfertigt sich daher die geschlossene Unterbringung der ergänzenden Vertragsauslegung bei § 157 und insoweit der Verzicht auf eine gemeinsame Kommentierung der §§ 133, 157 (wie hier auch im wesentlichen die Aufteilung bei Palandt/Heinrichs⁶² Rn 2 ff; Jauernig¹⁰ Rn 2; Erman/Hefermehl¹⁰ Rn 16 ff; MünchKomm/Mayer-Maly/Busche⁴ Rn 25 ff; BGB-RGRK/Piper¹² Rn 97 ff; Soergel/M Wolf¹³ Rn 103 ff). Deshalb können auch die Kasuistik außerhalb der ergänzenden Vertragsauslegung (zu ihr u Rn 57 ff) sowie die im Rechtsverkehr gebräuchlichen typischen Klauseln eher bei § 133 untergebracht werden. Löst man die ergänzende Vertragsauslegung von § 157 ab und ordnet sie als eine auf § 242 gestützte **Rechtsfortbildung** durch die Gerichte ein, besteht die Gefahr einer eher **vertragsfernen** Auslegung (für Rechtsfortbildung Ehricke RabelsZ 60 [1996] 661, 669, der aber im übrigen mit Recht durchgängig die Privatautonomie betont). Die gleichen Bedenken ergeben sich, wenn von einer auf § 242 gestützten heteronomen Rechtsfortbildung gesprochen wird (so oder vergleichbar aber MünchKomm/Mayer-Maly/Busche⁴ Rn 26; Busche, Privatautonomie und Kontrahierungszwang [1999] 6; Singer, Selbstbestimmung und Verkehrsschutz im Recht der Willenserklärungen [1995] 50 ff; Oechsler, Gerechtigkeit im modernen Austauschvertrag [1997] 235 ff). Dagegen geht es stets um die Bestimmung des Vertragsinhalts durch Auslegung (Soergel/M Wolf¹³ Rn 104).

II. „Eigentliche" und ergänzende Auslegung

3 Aufgabe der **„eigentlichen Auslegung"** (zu ihr Erl zu § 133) (so die Terminologie bei Palandt/Heinrichs⁶² Rn 2) ist die Feststellung, ob ein bestimmtes Parteiverhalten als Willenserklärung aufzufassen ist und welchen Inhalt diese Willenserklärung hat. Bezogen auf Verträge, wird auch in gleicher Bedeutung von „einfacher Vertragsauslegung" (MünchKomm/Mayer-Maly/Busche⁴ Rn 2) oder von „unmittelbarer Auslegung" (BGH NJW-RR 1995, 833, 834; NJW 1976, 1314) oder „natürlicher Auslegung" (Bork, Allgemeiner Teil des Bürgerlichen Gesetzbuchs [2001] Rn 532) gesprochen. Bei den hier in erster Linie in Rede stehenden empfangsbedürftigen Willenserklärungen ist Auslegungsziel dasjenige, was der Adressat nach seinem Empfängerhorizont als Willen des Erklärenden verstehen konnte. Es geht also auch bei der eigentlichen Auslegung nicht in erster Linie um die Feststellung des wirklichen Willens des Erklärenden, sondern um diejenige des normativen Willens (Flume, AT II 310; Medicus, AT⁸ Rn 323; Wieser JZ 1985, 407 ff; o Erl zu § 133). Obwohl danach auch die eigentliche Auslegung die Ermittlung einer objektiven normativen Bedeutung meint (Larenz/M Wolf, AT⁸ § 28 Rn 23), so besteht doch ein unmittelbarer Bezug zur Parteiautonomie. Am deutlichsten wird er für die Fälle der vorrangig zu beachtenden übereinstimmend gemeinten Bedeutung (Erl zu § 133).

4 Als Zweck der **ergänzenden Vertragsauslegung** wird es allgemein angesehen, Lücken der betreffenden rechtsgeschäftlichen Regelung zu schließen (BGHZ 9, 273, 277 f; 77, 301, 304 [„Schönheitsreparaturen"]; Hök MDR 1994, 1157; u Rn 15). Die ergänzende Vertragsauslegung setzt erst dann ein, wenn die offene Auslegungsfrage nicht durch die eigentliche Auslegung zu lösen ist (MünchKomm/Mayer-Maly/Busche⁴ Rn 25; Bork AT Rn 533; o Rn 3; zur Prüfungsreihenfolge u Rn 10). Nach einigen Entscheidungen sollen die

Maßstäbe der ergänzenden Vertragsauslegung weithin von der Parteiautonomie gelöst sein. Danach soll der maßgebende **hypothetische Parteiwille** (u Rn 30 ff) keine unmittelbaren Berührungspunkte mit der Parteiautonomie aufweisen, weil er nicht durch die subjektiven Vorstellungen der Vertragsschließenden, sondern aufgrund einer vom Gericht vorgenommenen Interessenabwägung auf objektiver Grundlage bestimmt werde (BGHZ 96, 313, 320 f [EKG] im Anschluß an BGHZ 74, 193, 199 [EKG]; 7, 231, 235). Diese Formulierungen sind indessen zu weit geraten (Zweifel auch bei MEDICUS, AT[8] Rn 343). Die ergänzende Vertragsauslegung muß in der **allgemeinen Rechtsgeschäftslehre** verwurzelt bleiben und darf den Parteien des Vertrages nicht den gestaltenden Willen des Richters aufzwingen. Deshalb ist es höchst bedenklich, die Vertragspflichten der Parteien in mehrgliedrigen **„vernetzten Verträgen"** (zB Leasing, Franchising) durch Überstülpen eines einheitlichen Vertragszweckes der Effizienzsteigerung im Wege der ergänzenden Vertragsauslegung zu bestimmen. Letztlich führt das zur Fremdbestimmung im Vertrag (mit Recht MARTINEK NJW 2000, 1397 zu ROHE, Netzverträge. Rechtsprobleme komplexer Vertragsänderungen [1998]). Der Zusammenhang mit der Parteiautonomie ist im Vergleich mit der eigentlichen Auslegung (o Rn 3) zwar gelockert, aber nicht aufgegeben. So darf nach allgM die ergänzende Vertragsauslegung nicht einem feststellbaren **tatsächlichen Parteiwillen** widersprechen (BGHZ 9, 273, 279; LAG Berlin NZA-RR 1999, 262, 263; MAYER-MALY, in: FS Flume [1978] 621, 625). Zum anderen hat sich der Richter am tatsächlichen Parteiwillen in der Weise zu orientieren, daß eine für den konkreten Fall richtige Ergänzung zu finden ist (u Rn 32). Deshalb kann an den in der Regelung eines anderen Punktes des Vertrages zum Ausdruck kommenden tatsächlichen Willen der Parteien auch dann angeknüpft werden, wenn diese Regelung (etwa wegen Verstoßes gegen § 3 WährG [zwischenzeitlich durch den gleichbedeutenden § 2 PaPkG ersetzt]) als solche unwirksam ist (zutr BGH LM § 157 [D] Nr 12; WM 1974, 74, 76 re Sp; MAYER-MALY, in: FS Flume [1978] 621, 625). Insofern ergeben sich **Parallelen zu § 139** (o § 139 Rn 74) und zu **§ 140** (o § 140 Rn 25; MAYER-MALY, in: FS Flume [1978] 621 ff). Die erforderliche Beachtung des tatsächlichen Parteiwillens spricht für eine Vertragsergänzung, die auf den **Zeitpunkt des Vertragsabschlusses** abstellt und nicht auf die Verhältnisse zum Zeitpunkt der Auslegung (MAYER-MALY, in: FS Flume [1978] 621, 626; **aA** SOERGEL/M WOLF[13] Rn 132; u Rn 34). Auch die ergänzende Vertragsauslegung ist daher nach dem Gesagten noch Auslegung iSd § 157 (BGHZ 9, 273, 277; 12, 337, 343; BGH WM 1969, 1237, 1239; LARENZ NJW 1963, 737 ff; u Rn 32).

III. Abgrenzung zu verwandten Rechtsinstituten

1. Eigentliche Auslegung

5 Die ergänzende Vertragsauslegung kommt erst in Betracht, wenn die eigentliche Auslegung zu keinem Ergebnis geführt hat (Beispiel BGH DB 1963, 1461; o Rn 3, 4). Es ist also zunächst das Auslegungsinstrumentarium heranzuziehen, das die **engste Verknüpfung mit der Parteiautonomie** aufweist (o Rn 3). Die Grenzen zu einer eigentlichen, wenngleich konkludenten Auslegung (o Erl zu § 133), werden allerdings fließend, soweit die ergänzende Auslegung nur das Erklärte iSd wirklich Gewollten ergänzt (MEDICUS, AT[8] Rn 339). Doch sind diese Fälle wegen der Gleichheit der Rechtsfolgen unproblematisch (u Rn 45). Auch ein (angeblich) **klarer und eindeutiger Wortlaut** einer Erklärung hindert eine ergänzende Auslegung anhand der Gesamtumstände nicht (BGH NJW 2002, 1260, 1261).

2.   Umdeutung (§ 140)

Nach richtiger Auffassung reicht § 140 über das durch § 157 Erreichbare hinaus. Die **6** Umdeutung ist nicht etwa ein Sonderfall der Auslegung (o § 140 Rn 7 f). Die ergänzende Auslegung vervollständigt lediglich ein lückenhaftes wirksames Rechtsgeschäft, wogegen die Umdeutung an die Stelle der vereinbarten unwirksamen Regelung im Ganzen eine andere setzt (Larenz/M Wolf, AT[8] § 44 Rn 94). Die Rspr. prüft beide Institute oft ohne genauere Abgrenzung nebeneinander. So dürfen Schutzvorschriften zugunsten des Bürgen vor einer gesetzwidrigen Inanspruchnahme wie § 648a Abs 2 S 2 weder durch Umdeutung noch durch ergänzende Vertragsauslegung ausgehebelt werden (BGH NJW 2001, 3616, 3618).

3.   Teilnichtigkeit (§ 139)

Die ergänzende Vertragsauslegung ist den Rechtsfolgen aus § 139 insoweit vorrangig, **7** als mit ihrer Hilfe eine sich aufgrund einer unwirksamen Bestimmung ergebende Vertragslücke geschlossen werden kann. In diesem Fall kann die sich ansonsten nach § 139 möglicherweise ergebende Totalnichtigkeit vermieden werden. In derartigen Fällen ist die Anwendung des § 139 ausgeschlossen (BGHZ 63, 132, 135 f [Wertsicherungsklausel]; o § 139 Rn 8; 107, 351, 355; o § 139 Rn 61; 105, 213, 221; o § 139 Rn 61; OLG Köln ZMR 1999, 633 [unwirksame Gleitklausel im Mietvertrag]). Bisweilen werden in undeutlicher Weise auch beide Institute nebeneinander angewandt (LAG Köln MDR 2001, 1000 [Rückführung einer mit einer Gratifikationszusage verbundenen unzulässigen Bindungsdauer auf das zulässige Maß]).

4.   Treu und Glauben (§ 242)

Bei Schuldverträgen kann mit § 157 häufig die Generalklausel des § 242 konkur **8** rieren. Beide Vorschriften nehmen auf „Treu und Glauben" Bezug. Bisweilen werden die maßgeblichen Rechtsfolgen ebenbürtig aus § 157 und aus § 242 hergeleitet, weil der Wortlaut der Vorschriften insoweit gleich ist (etwa Medicus, AT[8] Rn 343; auch BGH VersR 1962, 809, 810; ArbG Essen DB 1965, 259 [LS]). ZT wird § 242 aber als Grundlage einer ergänzenden Vertragsauslegung ausdrücklich ausgeschlossen (etwa BGH WM 1969, 1237, 1239; Palandt/Heinrichs[62] Rn 2; Soergel/M Wolf[13] Rn 26 ff). In der Mehrzahl der Fälle zieht die Rspr wohl § 157 als alleinige Norm, auf die eine ergänzende Vertragsauslegung gestützt wird, heran (zB BGH WM 1965, 1191, 1192; BAG DB 1966, 1400; LG Offenburg ZGenW 14 [1964] 105 [LS]). Zwar ist es grundsätzlich richtig, daß eine genaue Abgrenzung von § 157 und § 242 weder möglich noch auch erforderlich ist, wenn daran keine unterschiedlichen Rechtsfolgen geknüpft werden (subtile Unterscheidungen dagegen bei Soergel/M Wolf[13] Rn 26 ff). ME ist es aber nicht vertretbar, § 242 als Grundlage iSe objektiven Bestimmung der Leistungspflicht mit dem Ziel zu nennen, die ergänzende Vertragsauslegung dadurch zu ersetzen (so aber Wieacker JZ 1967, 385, 390; Henckel AcP 159 [1960/1961] 106 ff; u Rn 32). Die Betonung der ergänzenden Vertragsauslegung als **eigenständiges Rechtsinstitut** legt in richtiger Weise den Schwerpunkt stärker auf den Vertrag und damit auf den Regelungsplan der Parteien (mit Recht in der Sache Soergel/M Wolf[13] Rn 26 aE). Der zutreffende Ort für die Anwendung des § 242 liegt dagegen in der Ergänzung des Vertrages um vertragliche Nebenpflichten wie zB Beratungspflichten (Kötz, in: FS Zeuner [1994] 219, 238).

5.   Fehlen (Wegfall) der Geschäftsgrundlage

9 Die Anwendung der ergänzenden Vertragsauslegung genießt nach richtiger Auffassung auch **Vorrang** vor der Anwendung der Grundsätze über das Fehlen oder den Wegfall der Geschäftsgrundlage (jetzt § 313 BGB nF) (BGHZ 81, 135, 143 [Roggenklausel]; 74, 370, 373 [Bauerwartungsland]; BGH NJW 2001, 2464, 2465 [Umsatzsteuer]; 1993, 2935, 2936; NJW-RR 1986, 866, 867 [Unterhaltsvereinbarung]; WM 1969, 769, 770; 1967, 1277, 1279; LG Bochum NJW-RR 1989, 915; LAG Berlin NZA-RR 1999, 262, 264; Larenz/M Wolf, AT⁸ § 38 Rn 54; Köhler, AT²⁶ § 9 Rn 21; einschränkend MünchKomm/Mayer-Maly/Busche⁴ Rn 33 im Anschluß an Medicus, in: FS Flume [1979] 629, 645). Zwar weisen beide Institute wegen des beide Male entscheidenden hypothetischen Parteiwillens vielfache Ähnlichkeiten und Berührungspunkte auf. Gleichwohl bilden sie **kein einheitliches Rechtsinstitut** der Lückenfüllung mit dem Ergebnis der Entbehrlichkeit der Lehre vom Fehlen (Wegfall) der Geschäftsgrundlage (so aber Nicklisch BB 1980, 949; AK-BGB/Hart §§ 133, 157 Rn 71; dagegen Littbarski JZ 1981, 8; Larenz, in: 25 Jahre Karlsruher Forum [1983] 156; gegen ihn C Müller JZ 1981, 337 f; sympathisierend Medicus, AT⁸ Rn 879). In der früheren Rspr wird der Vorrang der ergänzenden Vertragsauslegung idS betont, daß sich die Frage nach dem rechtlichen „Sollen" iSd § 242 erst stellt, wenn sich aus dem durch Auslegung zu gewinnenden „Wollen" der Parteien ausreichende Anhaltspunkte für eine Entscheidung nicht gewinnen lassen. Führt die ergänzende Vertragsauslegung nicht zu einer sicheren Entscheidungsgrundlage, so bleibt die Prüfung erforderlich, ob ein Wegfall der Geschäftsgrundlage eine Anpassung nach § 242 (jetzt § 313) erforderlich macht (BGH NJW 1994, 2688, 2690 [Anpassung von Nutzungsverträgen zwischen ehemaligen DDR-Konsumgenossenschaften]; WM 1969, 1237, 1240). Gleichwohl bleibt dann die sich bisweilen anschließende Formulierung mißverständlich, wonach die Rechtsgrundsätze vom Wegfall der Geschäftsgrundlage durch die Möglichkeit einer ergänzenden Vertragsauslegung nicht eingeschränkt oder ausgeschlossen werden. Auch nach der hier vertretenen Auffassung bleiben Fälle möglich, die sich eher den Grundsätzen über den Wegfall der Geschäftsgrundlage unterordnen lassen, weil sie zur ergänzenden Vertragsauslegung nicht passen. So hat die Rspr die Entscheidung auf die Lehre von der Geschäftsgrundlage gestützt, wenn es um eine Teilung des Risikos geht (BGH ZIP 1992, 1787, 1792; NJW 1984, 1746, 1747; näher Medicus, in: FS Flume [1978] 629 ff). Im übrigen wird man aber formulieren können (im Anschluß an Larenz, AT⁷ 545): Die ergänzende Vertragsauslegung behebt eine Regelungslücke, damit der erkennbare Regelungsplan der Parteien durchgeführt werden kann. Dagegen behebt die Lehre von der Geschäftsgrundlage die Unangemessenheit des Vertrags, wenn eine ergänzende Vertragsauslegung nicht möglich ist, weil der Regelungsplan der Parteien für die zu lösende Frage nichts ergibt (so auch OLG Hamm NJW-RR 1993, 181). So lag es etwa in einem durch den BGH richtig entschiedenen Fall (BGHZ 77, 194): Dort ging es um die Erhöhung eines im Jahre 1939 vereinbarten *Erbbauzinses*, wobei die Parteien im Vertrag keine Anpassungsklausel vereinbart hatten. Hier sollte dem Besteller das Risiko der Geldentwertung nach dem Regelungsplan der Parteien nicht abgenommen werden. Aus diesem Grunde war auch (anders als im Roggenfall von BGHZ 81, 135, 143) eine Vertragslücke zu verneinen. Da aber die Lebenshaltungskosten in dem Zeitraum von 1939 bis 1975 um über 222% gestiegen waren, wurde die aufgetretene **schwere Äquivalenzstörung** nach den Grundsätzen der Geschäftsgrundlage durch eine angemessene Erhöhung des Erbbauzinses bewältigt. Die Rspr spricht freilich in diesem Zusammenhang mißverständlich davon, daß die Vertragsergänzung einen erforderlichen Anhaltspunkt im Wortlaut des Vertrages haben muß (so BGH WM 1969,

769, 770). Dagegen kommt es nur auf die Erkennbarkeit des Regelungsplanes der Parteien an.

Die ergänzende Vertragsauslegung hat den Vorrang, weil die Anforderungen an die **10** Lehre von der Geschäftsgrundlage, die lediglich eine grobe Unbilligkeit vermeiden will (auch in § 313), strenger sind (LARENZ, AT⁷ 545). Ist eine schwere Äquivalenzstörung zu verneinen und liegen die Voraussetzungen einer ergänzenden Vertragsauslegung nicht vor, weil die Parteien im Vertrag überhaupt keine (auch keine unwirksame) Vorsorge getroffen haben, so scheidet eine Anpassung des Vertrages aus (BGHZ 86, 167 [Anstieg des Lebenshaltungskostenindexes um lediglich rund 133%]). Insgesamt läßt sich also eine **Rangordnung** in der Reihenfolge von eigentlicher Vertragsauslegung (o Rn 5), ergänzender Vertragsauslegung und Anpassung der vertraglichen Beziehungen durch den Richter im Wege der Lehre von der Geschäftsgrundlage feststellen (BGH NJW 1978, 695; WM 1971, 509, 510; 1967, 1277, 1279 [Lastenausgleichsgesetzgebung]; 1966, 877, 878; 1963, 288, 289; 1961, 1194, 1195 [Hypothekengewinnabgabe]; 1958, 965, 967; auch LM § 199 LAG Nr 2). Scheitert eine ergänzende Vertragsauslegung oder führt sie nicht zu einem eindeutigen oder brauchbaren Ergebnis, so greifen die **Grundsätze der Geschäftsgrundlage** insbes bei einer gemeinsamen irrigen Vorstellung der Parteien über den ungeregelten Punkt ein (BGH NJW 1978, 695, 696; auch LM § 346 [Ed] HGB Nr 6; WM 1963, 288, 289; 1961, 1194, 1195 [Hypothekengewinnabgabe]; auch BGH NJW 1994, 2688, 2690). Dem propagierten Vorrang von *Neuverhandlungspflichten* der Parteien gegenüber der ergänzenden Vertragsauslegung (NELLE 206 ff [passim]) vermag ich mich nicht anzuschließen. Die auftretenden praktischen Probleme erscheinen kaum überwindbar (eher abschreckend auch die Darstellung bei SALZMANN 165 ff).

IV.   **Voraussetzungen der ergänzenden Vertragsauslegung**

Die ergänzende Auslegung ist bei Rechtsgeschäften aller Art möglich (u Rn 12 ff). Sie **11** setzt eine **Regelungslücke** voraus, die insbes bei Vorliegen dispositiven Rechts stets begründungsbedürftig ist (u Rn 15 ff). Sind die Voraussetzungen der ergänzenden Auslegung zu bejahen, so ist die Regelungslücke entsprechend dem hypothetischen Parteiwillen zu ergänzen (u Rn 30 ff).

1.   **Gegenstand**

Gegenstand der ergänzenden Auslegung ist die Willenserklärung (Erl zu § 133), bei der **12** ergänzenden Vertragsauslegung der Vertrag als Rechtsgeschäft iSe selbständigen Rechtsquelle (BGHZ 9, 273, 277; PALANDT/HEINRICHS⁶² Rn 2; FLUME, AT II 309 f). Ausgangspunkt der ergänzenden Auslegung ist bei Rechtsgeschäften unter Lebenden die rechtsgeschäftliche Regelung, wie sie sich aufgrund der eigentlichen Auslegung (o Rn 3) ergibt (FLUME, AT II 327). In der Praxis bildet der **Schuldvertrag** den Schwerpunkt der ergänzenden Vertragsauslegung. Häufiger ergibt sich die Notwendigkeit einer derartigen Auslegung auch im Falle des fehlerhaften Zustandekommens des Vertrages im Umfeld des *§ 155* (etwa BGH WM 1977, 1349, 1350). Die Bestimmung des § 157 war im *ersten Entwurf* denn auch im Schuldrecht enthalten (I § 359). Erst durch die zweite Kommission wurde sie in den Allgemeinen Teil eingestellt (MUGDAN II 521 ff). Gleichwohl ist die ergänzende Auslegung bei **Rechtsgeschäften aller Art möglich**. So liegt es auch bei einseitigen Willenserklärungen wie zB der Auslobung oder des Einredeverzichtes (**aA** noch BGH VersR 1962, 809, 810). Zugänglich sind ihr auch

Verträge, die einer öffentlich-rechtlichen Genehmigung bedürfen (BGH WM 1982, 1331), Ehe- und Erbverträge (BGH NJW 1957, 423) und Testamente (BGHZ 22, 357, 360). Doch sind bei der Verfügung von Todes wegen Besonderheiten zu beachten (dazu u Rn 31). Kein Hindernis für die ergänzende Vertragsauslegung stellt es dar, wenn etwa eine Änderung des betreffenden Vertrages einer notariellen Beurkundung bedarf, wie zB bei einem Erbbaurechtsvertrag. Sie bezieht sich darauf, was als von Anfang an vereinbarter Vertragsinhalt anzusehen ist (BGH NJW-RR 1989, 1490, 1491). Die Rspr nimmt hilfsweise Heilung durch Eintragung an (BGHZ 81, 135, 143 f). Ganz allgemein kann daher eine Lücke auch bei **formbedürftigen Verträgen** gefüllt werden (OLG Karlsruhe JZ 1982, 860 m Anm SCHLOSSHAUER-SELBACH). Bei formbedürftigen Geschäften werden mit Recht auch Umstände außerhalb der Urkunde berücksichtigt (BGH NJW 2002, 2310, 2311; BGHZ 74, 346, 349; 63, 359, 362). Das gilt vor allem für den Inhalt vorvertraglicher Verhandlungen (BGH NJW 2002, 1260, 1261). Das Formerfordernis ist für denjenigen Vertragsinhalt erfüllt, den die Auslegung ergibt (RGZ 109, 334, 336; BGHZ 63, 359, 362). Doch werden Umstände außerhalb der Urkunde von der Rspr nur einbezogen, wenn der rechtsgeschäftliche Wille der Partei in der formgerechten Urkunde einen wenn auch nur unvollkommenen Ausdruck gefunden hat (BGHZ 63, 359, 362). Diese Einschränkung ist wenig überzeugend, da die ergänzende Auslegung dem Grundsatz nach ohnehin nicht zu einer Erweiterung des Vertragsgegenstandes führen darf (MünchKomm/MAYER-MALY/BUSCHE[4] Rn 46; SOERGEL/M WOLF[13] Rn 119; M WOLF/GANGEL JuS 1983, 663; u Rn 39; zur umstrittenen „Andeutungstheorie" allgemein Erl zu § 133; zu den Formproblemen im Rahmen der *Testamentsauslegung* [u Rn 31] ausführlich STAUDINGER/OTTE [1996] Vorbem 23 ff zu §§ 2064 ff).

Tarifverträge werden durch die Rspr der Arbeitsgerichte dem Grundsatz nach wie Gesetze ausgelegt (BAG AP § 1 TVG Nr 9; ferner AP § 1 TVG Auslegung Nr 123). Damit ergeben sich gegenüber der ergänzenden Auslegung von Willenserklärungen wenigstens im Ausgangspunkt erhebliche Unterschiede (dazu etwa MEDICUS, AT[8] Rn 307 ff). Das BAG fordert für die ergänzende Auslegung von Tarifverträgen das Vorliegen einer „unbewußten Regelungslücke" (BAG NJW 1983, 1343, 1344 [dort verneint]; NZA 1988, 553; SIEGERS DB 1967, 1630, 1636). Für lückenhafte oder lückenhaft gewordene tarifliche Regelungen wird eine ergänzende Auslegung nur zugelassen, wenn aus dem Gesamtzusammenhang des Tarifvertrags „eindeutig" hervorgeht, daß die Tarifpartner eine tarifliche Regelung in einem bestimmten Sinn vorgenommen hätten. Läßt sich dies nicht feststellen, so liegt eine tarifliche Regelung nicht vor (BAG DB 1967, 820 [bargeldlose Lohnzahlung]; ferner BAG DB 1977, 503 [Spannenklausel]; DB 1969, 754, 755 [„Eindeutigkeit"]; DB 1991, 1881; neutralere Formulierung bei LAG Baden-Württemberg DB 1964, 553; zur ergänzenden Vertragsauslegung von Tarifverträgen insbes SCHAUB NZA 1994, 597, 600 ff; LIEDMEIER, Die Auslegung und Fortbildung arbeitsrechtlicher Kollektivverträge [1991] 121; SIEGERS DB 1967, 1630, 1636; G MÜLLER DB 1960, 119 ff; 148 ff; HERSCHEL, in: FS Molitor [1961] 161, 191). Im übrigen wird auch für den Tarifvertrag anerkannt, daß es sich bei der Lückenschließung um Tarifvertragsauslegung handelt und nicht um die Schaffung neuen Tarifrechts (BAG DB 1965, 977). Der ergänzenden Vertragsauslegung zugänglich sind auch **Betriebsvereinbarungen** (BAG NJW 1976, 78 [LS]). Doch wird auch dort betont, daß sie „wie Gesetze" auszulegen sind. Freilich unterscheidet sich die Gesetzesauslegung auch in diesem Zusammenhang in mehreren Punkten grundlegend von der Auslegung von Rechtsgeschäften (dazu STAUDINGER/COING [1995] Einl 120 ff zum BGB; MEDICUS, AT[8] Rn 307 ff). Die angeschnittenen Fragen können an dieser Stelle nicht weiter verfolgt werden. Grundsätzlich werden auch Gemeinschaftsordnungen der **Wohnungs-**

eigentümer nach dem WEG ergänzend ausgelegt (BayObLG DNotZ 1980, 48 [im entschiedenen Fall abgelehnt]). Das gleiche gilt auch für die ergänzende Auslegung von Eigentümerbeschlüssen (BayObLG WuM 1993, 482, 483).

Ein **stillschweigender Haftungsausschluß** wird von der Rspr im Wege der ergänzenden **13** Vertragsauslegung sogar dann angenommen, wenn ein endgültiger Vertragsschluß gescheitert ist. Vertragsverhandlungen oder bloßer sozialer Kontakt genügen daher in Fällen einer aufgedrängten Probefahrt mit einem Gebrauchtwagen (BGH NJW 1979, 643; 1980, 1681, 1682 li Sp). Doch setzt die ergänzende Vertragsauslegung nach richtiger Auffassung einen gültigen Vertrag voraus (SOERGEL/M WOLF[13] Rn 116). Ein Haftungsausschluß sollte daher nicht auf ergänzende Vertragsauslegung gestützt werden, sondern mit Hilfe der Auslegung und Fortbildung von gesetzlichen Instituten begründet werden (SOERGEL/M WOLF[13] Rn 116). Besonderheiten sind für die ergänzende Auslegung von allgemeinen Geschäftsbedingungen zu beachten (BGHZ 90, 69 ff [„Tagespreisklausel"]; u Rn 46 ff).

Im **öffentlichen Recht** hat die ergänzende Vertragsauslegung ebenfalls ihren Platz. **14** Für die Auslegung öffentlich-rechtlicher Verträge folgt das aus § 62 S 2 VwVfG (zum früheren Recht etwa OVG Münster ZMR 1970, 89). Vergleichbares gilt für behördliche Verfügungen (BFH BB 1982, 41; SOERGEL/M WOLF[13] Rn 117). **Handelsübliche Klauseln** können durch ergänzende Auslegung nicht abgeändert werden, da der Rechtsverkehr sich auf die gewöhnliche Bedeutung verlassen darf (BGHZ 14, 61, 62). Ausnahmen werden nur bei „ganz besonders schwerwiegenden Umständen" für möglich gehalten. So enthält etwa die Klausel „netto Kasse gegen Rechnung und Verladepapiere" einen Aufrechnungsverzicht, der durch ergänzende Vertragsauslegung nicht beseitigt werden kann.

2. Regelungslücke

Voraussetzung der ergänzenden Vertragsauslegung ist eine Regelungslücke in der **15** vertraglichen Regelung (RGZ 87, 211, 213; BGHZ 9, 273, 277 f; 40, 91, 103; BGH NJW 2002, 669, 670; NJW-RR 1995, 1360; BB 1994, 2234, 2235 [Verzinsung einer Mietkaution bei gewerblichen Räumen]; NJW 1994, 2757, 2758 [Baulastbestellung]; NJW-RR 1987, 1459, 1460; WM 1981, 1222, 1223 [Konzessionsvertrag]; 1966, 39, 41; 1963, 288, 289; 1962, 150, 152; 1961, 1194, 1195; 1961, 863, 864; LM § 157 [B] Nr 7; OLG Hamm NZV 1994, 435 [Abfindungsvergleich]; LAG Sachsen-Anhalt NZA 1995, 791 [keine Formvorschriften für Kündigung]). Die „Vermutung der Richtigkeit und Vollständigkeit notarieller Urkunden" betrifft nur die vollständige und richtige Wiedergabe der getroffenen Vereinbarungen, enthebt aber nicht von der Ermittlung des Vertragswillens der Parteien. Ansonsten wäre eine ergänzende Vertragsauslegung nie möglich, weil die Vollständigkeitsvermutung stets die Annahme einer Vertragslücke verhinderte (BGH FamRZ 2002, 1178). Die gemeinte „planwidrige" Lücke (BGH NJW 2002, 2310; zur bewußten Lücke u Rn 17) setzt voraus, daß die beidseitige Planvorstellung der Parteien fehlgeschlagen ist. Dagegen unterfällt das **Fehlschlagen einseitiger** Planvorstellungen den Regeln der Irrtumsanfechtung (BGH NJW 2001, 2464, 2465; NJW-RR 2000, 1652 [Irrtum über die Umsatzsteuer]). So fehlte es etwa im Falle der *Auflösung des Schiedsgerichts* bei der Kammer für Außenhandel der DDR wegen der in § 1033 ZPO aF angeordneten klaren Rechtsfolge an der erforderlichen regelungsbedürftigen Lücke (BGH JZ 1994, 968, 971; dazu W J HABSCHEID/ E HABSCHEID JZ 1994, 945, 952; zu den Grenzen auch BGH BB 1994, 2372, 2373 [Gesellschaftsvertrag]; NJW 1994, 3156 [Veränderung einer Fernwasserleitung]). Doch stellt nach allgemeiner Meinung nicht jeder offengebliebene Punkt eines Vertrages eine Lücke in dem geforderten Sinne dar. Eine Lücke ist dann zu bejahen, wenn die von den Parteien vereinbarte Regelung eine Bestimmung vermissen läßt, die erforderlich ist, um den ihr zugrunde liegenden Regelungsplan der Parteien zu verwirklichen (LARENZ/M WOLF, AT⁸ § 28 Rn 114). Vergleichbar ist die Formulierung, wonach eine Lücke vorliegt, wenn eine regelungsbedürftige Situation von dem objektiven Regelungsinhalt des Rechtsgeschäfts nicht mehr erfaßt wird (MünchKomm/MAYER-MALY/BUSCHE⁴ Rn 29; ferner HENCKEL AcP 159 [1960/1961] 106, 115; RUMMEL, Vertragsauslegung nach der Verkehrssitte [1972] 70). Die Lückenfeststellung ergibt sich erst nach Durchführung der eigentlichen Auslegung (BGH NJW 2003, 832; zu ihr o Rn 5). Die **Rspr** verwendet dem Sinne nach ähnliche Aussagen (etwa BGHZ 40, 91, 103; 77, 301, 304; BGH LM § 157 [D] Nr 1). Danach muß das Vereinbarte innerhalb seines tatsächlich gegebenen Rahmens oder innerhalb der wirklich gewollten Vereinbarungen der Parteien einen offengebliebenen Punkt enthalten, den die Parteien abschließend zu regeln unterlassen haben (BGH WM 1969, 769, 770; DB 1963, 1461; VersR 1962, 809, 810). Mit Recht wird in einigen Entscheidungen angedeutet, daß bereits das Erfordernis der Feststellung einer Lücke **richterliche Eingriffe** in den Vertrag nach Möglichkeit verhindern will. Danach setzt die Lücke voraus, daß der Vertrag einen offengebliebenen regelungsbedürftigen Punkt enthält, dessen Ergänzung „zwingend und selbstverständlich" geboten ist, um einen offenbaren Widerspruch zwischen der tatsächlich entstandenen Lage und dem vertraglich Vereinbarten zu beseitigen (BGH WM 1969, 1238 im Anschluß an BGHZ 9, 273, 277; 12, 337, 343). Entscheidend ist stets die **Vervollständigungsbedürftigkeit** idS, daß ohne die gebotene Vervollständigung eine angemessene, interessengerechte Lösung nicht zu erzielen ist (BGH NJW 1993, 2935, 2936; NJW-RR 1993, 1378; BGHZ 90, 69, 74 [Tagespreisklausel]; LAG Sachsen-Anhalt NZA 1995, 791). Da auch bewußte Lücken möglich sind (u Rn 17), empfiehlt es sich nicht, die erforderliche Regelungslücke *stets* iSe „planwidrigen Unvollständigkeit" in den Bestimmungen des Rechtsgeschäfts zu definieren (so aber etwa BGH BB 1994, 2234, 2235; WM 1993, 1668; NJW-RR 1990, 817, 818). Bei vertraglichen Nebenpflichten wird meist nicht von einer „Vertragslücke" gesprochen, sondern auf § 242 zurückgegriffen (KÖTZ, in: FS Zeuner [1994] 219, 238).

Die Lehre von der Vertragslücke ist nicht etwa ein Scheinproblem (anders etwa LÜDERITZ 410; SONNENBERGER 165; gegen sie MünchKomm/MAYER-MALY/BUSCHE⁴ Rn 27). Die **Kritik** an dem gewiß unscharfen Begriff verkennt die bereits genannte begrenzende Funktion der Regelungslücke (zutr SOERGEL/M WOLF¹³ Rn 124). Sie verhindert einen richterlichen Eingriff in den Vertrag aus bloßen Billigkeitsgründen. Zudem macht sie die Grenzen der einfachen Auslegung (o Rn 3) deutlich, wenngleich es sich auch dabei um eine normative Auslegung handelt. Bereits die Feststellung einer Regelungslücke hängt damit mit der Respektierung der Privatautonomie zusammen.

a) Anfängliche und nachträgliche Lücken

16 Die erforderliche Regelungslücke kann von Anfang an bestanden haben, aber auch erst später entstanden sein, weil die Wirklichkeit sich anders entwickelt hat als von den Parteien vorhergesehen (RGZ 164, 196, 202; BGH NJW-RR 1995, 1360; 1989, 1490, 1491; NJW 1988, 2099, 2100 [Erschließungskosten bei Grundstückskaufvertrag]; NJW-RR 1987, 458 [Erschließungskosten]; WM 1982, 545, 547 [Duldung einer Stromleitung]; NJW 1981, 219, 220; BayObLG DNotZ 1990, 734, 735; EHRICKE RabelsZ 60 [1996] 661, 676 f). So war etwa in einem 1940 geschlossenen *Erbbau-Heimstättenvertrag* noch kein Bedürfnis für die Erstel-

lung einer Abwasseranlage hervorgetreten. Dieses Bedürfnis trat erst später durch die veränderte Lebensweise der Siedler hervor. Aus dem dadurch herrührenden Anschluß an die öffentliche Kanalisation ergab sich die nachträglich entstandene Regelungslücke, wer die Herstellungskosten einer gemeinschaftlichen Abwasseranlage zu tragen hatte (BGH NJW-RR 1989, 1490, 1491). Für die Lückenschließung sind in erster Linie die Verhältnisse zur **Zeit des Vertragsabschlusses** zu berücksichtigen (MünchKomm/MAYER-MALY/BUSCHE[4] Rn 22, 31; **aA** BGHZ 23, 282, 285; SOERGEL/M WOLF[13] Rn 132; u Rn 34). Vor allem sind auch **Verkehrssitten** nach ihrem damaligen Stand zu beachten.

b)   Versehentliches oder bewußtes Offenlassen

Nach den Formulierungen der Rspr ist es unerheblich, aus welchen Gründen die **17** Parteien einen regelungsbedürftigen Punkt offengelassen haben (BGH NJW-RR 1995, 1360; WM 1976, 251, 252; Bedenken bei EHRICKE RabelsZ 60 [1996] 661, 674 ff). Das ist aber wenigstens mißverständlich (mit Recht MünchKomm/MAYER-MALY/BUSCHE[4] Rn 29). Allerdings können sie bewußt auf eine ins einzelne gehende Regelung verzichtet (BGH WM 1979, 889, 891; 1967, 1147, 1148) oder aber diese versehentlich unterlassen haben (BGH NJW-RR 1989, 1490, 1491). Insbes ist daher eine ergänzende Vertragsauslegung möglich, wenn den Parteien in einem **Rahmenvertrag** eine Lücke bewußt war, sie aber eine Regelung in der Erwartung unterlassen haben, daß bei Festlegung der Vertragseinzelheiten auch insoweit eine Regelung herbeigeführt werden könne (BGH NJW 1975, 1116, 1117; WM 1967, 1147; anders BGH NJW 1965, 1960 [nur versehentliches Unterlassen]). Auch sonst scheidet eine ergänzende Vertragsauslegung nicht deshalb aus, weil die Parteien von einer Regelung abgesehen haben, weil sie übereinstimmend davon ausgegangen sind, daß darüber noch eine Einigung zu erzielen ist. Ebenso liegt es, wenn eine ausdrückliche Regelung nicht getroffen wurde, weil die Parteien eine Einigung als selbstverständlich angesehen haben (BGH WM 1979, 889, 891; 1969, 1323, 1324). Deshalb wird jetzt mit Recht formuliert, daß eine Regelungslücke vorliegt, wenn ein **Punkt bewußt offengelassen** worden ist, weil die Parteien ihn im Zeitpunkt des Vertragsschlusses für nicht regelungsbedürftig gehalten haben, diese Annahme sich aber nachträglich als unzutreffend herausstellt (BGH NJW 2002, 2310; MDR 2002, 573, 574). Auf der anderen Seite wurde eine ergänzende Vertragsauslegung abgelehnt, wenn der betreffende **Vorvertrag** nicht mehr als einen bloßen Rahmen für später zu treffende und ihn ausfüllende Einzelbestimmungen enthielt. Bei derart lockeren Bindungen sei es nicht richterliche Aufgabe, den wesentlichen Vertragsinhalt selbst zu schaffen (BGH WM 1967, 1250, 1251). Bei einem bewußten Offenlassen ist stets daran zu denken, ob nicht die Parteien sich damit für eine bestimmte Lösung entschieden haben und die getroffene **Regelung** daher **abschließend** sein sollte (BGHZ 23, 53, 55; BGH NJW 1990, 1723, 1724; so möglicherweise auch das Verständnis von BGH NJW 1965, 1960). Nicht alles, worüber in einem Vertrag nicht gesprochen ist, stellt daher eine Vertragslücke dar. Im Bereich des **Tarifvertragsrechts** hat sich das BAG gegen eine Ausfüllung bewußter Lücken ausgesprochen (o Rn 12). Doch hängen die Entscheidungen wohl mehr mit den Eigenarten der tariflichen Regelung zusammen. Soll die getroffene Regelung nach dem Willen der Parteien danach bewußt abschließend sein, so liegt keine Regelungslücke vor (BGH MDR 2002, 573, 574; NJW 1990, 1723, 1724; 1985, 1835, 1836 [Scheidungsfolgenvereinbarung]; NJW 1981, 2180, 2181 [Disagio bei vorzeitiger Beendigung des Darlehensvertrages]; auch BGH VersR 1967, 804, 805; NJW 1965, 1960 [bestätigt durch BGH MDR 2002, 573, 574]; WM 1961, 1192, 1194; Ufita 40 [1963] 150, 152; LAG Hamm DB 1966, 788 [LS]). Ist etwa eine Vertragsrente an die Sozialversicherungsrente angebunden, so liegt eine Lücke nicht vor, auch wenn sich die Regelung als unzweckmäßig erweisen sollte. Helfen können dann nur die Grundsätze über den Wegfall der Geschäftsgrundlage (BGH BB 1975, 623).

c) Wegfall unwirksamer Vereinbarungen

18 Nach heute herrschender Auffassung kann sich eine Regelungslücke auch aus der Unwirksamkeit einer Vertragsbestimmung ergeben (BGHZ 63, 132, 135 [Wertsicherungsklausel]; 90, 69, 74 [Tagespreisklausel]; OLG Köln ZMR 1999, 633 [Gleitklausel]; OLG Hamburg NJW-RR 1992, 74, 75 [Mieterhöhungsklausel]; P ULMER NJW 1981, 2030). Es muß sich also nicht immer um eine Unvollständigkeit im Willen oder in der Erklärung der Parteien handeln (**aA** STAUDINGER/DILCHER[12] §§ 133, 157 Rn 40; PILZ 29; SONNENBerger 159; EHRICKE RabelsZ 60 [1996] 661, 677; HÄSEMEYER, in: FS Ulmer [2003] 1097, 1100; für die hL dagegen MünchKomm/MAYER-MALY/BUSCHE[4] Rn 32; PALANDT/HEINRICHS[62] Rn 3; SOERGEL/M WOLF[13] Rn 123; wNw bei H ROTH, Vertragsänderung 60; krit MEDICUS, in: Zehn Jahre AGB-Gesetz [1987] 94). ME darf trotz der Unwirksamkeit der Bestimmung auf den Willen zurückgegriffen werden, der sich in der unwirksamen Vereinbarung manifestiert hat. Es handelt sich dabei ja um den normativen hypothetischen Willen (u Rn 30), der nicht mit dem Verdikt der Unwirksamkeit belegt ist (u Rn 36).

d) Unbilligkeiten

19 Die ergänzende Vertragsauslegung vermag nicht zu helfen, wenn eine eindeutige Regelung zu Unbilligkeiten führt (BGH BB 1984, 695; LAG Hamm DB 1991, 1577). Insbes läßt sich mit bloßen Billigkeitserwägungen nicht die **vertragliche Risikoverteilung** aus den Angeln heben (BGHZ 74, 370, 373 ff). Vielmehr fehlt es dann an der für die ergänzende Vertragsauslegung vorausgesetzten Lücke. Daran zeigt sich am deutlichsten die begrenzende Funktion der Lückenfeststellung (o Rn 15).

e) Einzelfälle

20 In aller Regel ist eine Regelungslücke darauf zurückzuführen, daß die Parteien nicht an einen regelungsbedürftigen Punkt gedacht haben (etwa BGH NJW-RR 1991, 177). Doch kann etwa auch die frühere Vereinbarung nicht mehr feststellbar sein (SCHOPP MDR 1958, 291; zu Gesellschaftsverträgen auch WIEDEMANN DNotZ Sonderheft 1977, 99, 110). So kann es insbes bei langfristig laufenden Verträgen liegen. Eine Regelungslücke ist zu verneinen, wenn die Parteien den durch die ergänzende Vertragsauslegung anzustrebenden Erfolg auch selbst herbeiführen können, etwa durch Inverzugsetzen des anderen Teils (BGH LM § 286 Nr 7 [Nachlieferung einer delivery-order]). Ebenso liegt es, wenn eine andere Regelung als die getroffene den Belangen einer der Parteien oder beiden Vertragspartnern besser entsprechen würde (RGZ 82, 316; RG JW 1909, 169; BGB-RGRK/PIPER[12] Rn 100). Die leasingtypische volle Amortisation der vom Leasinggeber aufgewandten Gesamtkosten läßt im Falle der ordentlichen Kündigung durch den Leasingnehmer keine zu füllende Lücke entstehen. Sie ist „vertragsimmanent" (BGHZ 95, 39, 54 f; bestätigt durch BGH NJW 1986, 1746, 1747). Die Annahme einer Regelungslücke hindert nicht, daß der die Auslegung betreffende Bereich nicht im Vertrag geregelt worden ist (BGHZ 11, 16, 24; SOERGEL/M WOLF[13] Rn 124). Mit Recht verlangt die Rspr eine ausfüllungsbedürftige Lücke idS, daß ihre Schließung für die **Sicherung des Vertragszweckes** erforderlich ist (BGHZ 16, 71, 76 [Praxistausch zwischen Ärzten]). An einer Lücke fehlt es auch, wenn die Vertragsverhandlungen nicht zu einem Vertrag geführt haben (BGH WM 1968, 1038; aber o Rn 12).

Die zu vermeidende Gefährdung des Vertragszweckes liegt nicht vor, wenn einer der **21** Parteien oder einem Dritten ein **Bestimmungsrecht nach den §§ 315, 317** zusteht (SOERGEL/M WOLF[13] Rn 124). Eine Regelungslücke ist ferner zu verneinen, wenn die Parteien eine offene Vertragsauslegung durch ihr *eigenes Verhalten* interpretieren (BGH JZ 1978, 349). Haben die Parteien den Eintritt des von ihnen (gleichwohl) geregelten Falles für gänzlich unwahrscheinlich gehalten und tritt er unerwartet ein, so liegt zwar keine Lücke vor, doch bleibt eine Vertragsanpassung nach § 242 möglich (BGH WM 1961, 863, 864 [LAG]). Eine Vertragslücke wurde verneint, wenn in einem Vertrag über die Abtretung eines Antrags zum Verkauf eines Grundstücks die Folgen eines Rechtsmangels nicht geregelt sind (RG JW 1923, 456; anders BGHZ 11, 16). Eine Lücke fehlt ferner, wenn nach der Vertragsauslegung die getroffenen Vereinbarungen auch für künftige unvorhersehbare Fälle gelten und das Rechtsverhältnis in abschließender Weise regeln sollen (RGZ 106, 396; 129, 80; BGHZ 2, 379, 385 f [Abfindung eines nichtehelichen Kindes]). Eine ergänzende Vertragsauslegung soll zur Ausfüllung einer nachträglich entstandenen Vertragslücke ferner nicht in Betracht kommen, wenn sich das eingetretene Ereignis infolge einer **Veränderung der allgemeinen Verhältnisse und der Rechtsanschauung** einer Beurteilung nach dem Vertragswillen entzieht (BGHZ 23, 283, 285 f [Dienstunfähigkeit eines NSDAP-Mitglieds; aber o Rn 16 aE]). So kann etwa die Frage sinnvoll nicht gestellt werden, was ehemalige *DDR-Konsumgenossenschaften* im Jahre 1965 als redliche Vertragspartner vereinbart hätten, wenn sie den Zusammenbruch der sozialistischen Wirtschaftsverfassung ins Kalkül gezogen hätten (BGH NJW 1994, 2688, 2690; vergleichbar auch BGH JZ 1994, 968, 971 [Auflösung des Schiedsgerichts bei der Kammer für Außenhandel der DDR]). In derartigen Fällen vermag nur die Lehre vom **Wegfall der Geschäftsgrundlage** zu helfen (auch BGHZ 121, 378 ff). Eine Vertragslücke liegt nicht vor, wenn die später eingetretene Veränderung der Verhältnisse (hier: Spaltung Berlins) für die geltend gemachten Ansprüche ohne Bedeutung ist (BGH WM 1961, 694, 695).

V. Lückenfüllung

1. Terminologisches

Die Rspr (BGHZ 40, 91, 103; BGH WM 1974, 11, 12) verneint bereits das Vorliegen einer **22** Regelungslücke, wenn das Rechtsgeschäft zwar „lückenhaft" ist, die Vertragsparteien aber bei Vertragsabschluß keine vom Gesetz abweichende Regelung treffen und die nähere Ausgestaltung den Gesetzesvorschriften überlassen. Zwar ist es zutreffend, daß derartige Verträge täglich „in unübersehbarer Zahl" geschlossen werden. Gleichwohl sollte man in diesen Fällen die Annahme einer Lücke bejahen, die dann eben durch dispositives Recht geschlossen wird. Lückenfeststellung und Lückenfüllung, sei es mit Hilfe des **dispositiven Rechts**, sei es durch die Verkehrssitte, sei es mit Hilfe der ergänzenden Vertragsauslegung, sollten im Interesse der Klarheit voneinander geschieden werden (ebenso MünchKomm/MAYER-MALY/BUSCHE[4] Rn 28). Andere als terminologische Probleme ergeben sich aus der abgelehnten Vermengung der Gesichtspunkte aber wohl nicht (wie hier im Ergebnis obiter OLG München ZMR 1989, 15, 17).

2. Vorhandenes dispositives Recht

Nach der zutreffenden Annahme der hL scheidet eine ergänzende Vertragsauslegung **23** in der Regel aus, wenn die festgestellte Regelungslücke (o Rn 22) durch Heranziehung vorhandenen dispositiven Rechts geschlossen werden kann (ständige Rspr, BGHZ 40, 91, 103; 77, 301, 304 [Verpflichtung des Pächters zu Schönheitsreparaturen]; 90, 69, 75 [Tagespreisklausel]; BGH JZ 2001, 1182, 1184 mit Anm TIEDTKE [Verstoß gegen § 3 Abs 2 MaBV]; BayObLG DNotZ 1980, 48; LAG Bayern Ufita 43 [1964] 184, 188). Auch das Bestehen von **Handelsbräuchen** (§ 346 HGB, Art 9 CISG), die für die Parteien gelten, kann eine Lücke schließen (beifallswert EHRICKE RabelsZ 60 [1996] 661, 681 ff, der aber schon das Bestehen einer Lücke verneint; MünchKomm/MAYER-MALY/BUSCHE⁴ Rn 28 Fn 76 sehen dadurch nur die einfache Vertragsauslegung betroffen). Das beifallswerte Anliegen besteht darin, den **Vorrang** der Anwendung **dispositiven Rechts** vor dem Eingreifen der ergänzenden Vertragsauslegung zu sichern (BGHZ 40, 91, 103; BGH WM 1974, 11, 12; aber vorige Rn). Die Rspr bestimmt daher als Regel, daß die Normen des dispositiven Rechts der ergänzenden Vertragsauslegung vorgehen (BGHZ 90, 69, 75; 74, 370, 374 [Bauerwartungsland]; MEDICUS, AT⁸ Rn 344; BORK AT Rn 534; als undifferenziert kritisiert von JAUERNIG¹⁰ Rn 3). Ansonsten würde das dispositive Recht obsolet (iE zust EHRICKE RabelsZ 60 [1996] 661, 679 f). Bleibt also in einem Kaufvertrag die Sachmängelhaftung ungeregelt, so gelten die §§ 434 ff, ohne daß auf die Grundsätze der ergänzenden Vertragsauslegung zurückgegriffen werden dürfte. Zum dispositiven Recht zählen auch die durch Rechtsfortbildung gewonnenen Ergebnisse (KÖTZ, in: FS Zeuner [1994] 219, 231). Zur Lückenfüllung geeignet sein kann auch die *analoge* Anwendung vorhandenen dispositiven Rechts.

Die genannte Regel unterliegt jedoch **Ausnahmen**, die sich schlagwortartig iSd **Typizität des Geschäfts** so formulieren lassen: Je mehr das Rechtsgeschäft sich einem gesetzlich geregelten Typenvertrag annähert, desto näher liegt die Anwendung vorhandenen dispositiven Rechts. Je weiter sich das Rechtsgeschäft von gesetzlich geregelten Modellen entfernt, desto näher liegen die Anwendungsmöglichkeiten der ergänzenden Vertragsauslegung (in gleichem Sinne JAUERNIG¹⁰ Rn 3; SOERGEL/M WOLF¹³ Rn 113; FLUME, AT II 325; MünchKomm/MAYER-MALY/BUSCHE⁴ Rn 35; LARENZ/M WOLF, AT⁸ § 28 Rn 109). Auch bei **gemischten und atypischen Verträgen** kann jedoch dispositives Recht anwendbar sein, wenn einzelne Regelungskomplexe des Vertrages gesetzestypisch ausgestaltet sind (SOERGEL/M WOLF¹³ Rn 113). Daneben sind aber noch weitere Unterscheidungen anerkannt, wonach das vorhandene dispositive Gesetzesrecht selbst durch einen bloß hypothetischen Parteiwillen verdrängt wird (u Rn 24 ff). Das dispositive Recht enthält den allgemeinen, auf eine typische Interessenabwägung gegründeten Beurteilungsmaßstab, wogegen die ergänzende Vertragsauslegung den Besonderheiten des Einzelfalles Rechnung tragen muß. Diese können darin bestehen, daß der zu regelnde Sachverhalt oder die von den Parteien getroffene Regelung rechtliche und tatsächliche Eigenheiten aufweist, denen das abstrahierende dispositive Gesetzesrecht nicht Rechnung tragen kann (so die Abgrenzung von BGHZ 74, 370, 373 f; SANDROCK 24, 45 f).

a) Gerechtigkeitsgehalt

24 Unproblematisch ist der Fall, daß der ausdrückliche oder wenigstens konkludent erklärte **Parteiwille** die Anwendung vorhandenen dispositiven Rechts ausschließen will. Das steht den Parteien stets frei. So liegt es etwa, wenn im Arbeitsvertrag die Kündbarkeit des Vertrages ungeregelt bleibt, aber beide Vertragsparteien von unterschiedlichen, gleichwohl längeren Fristen als den gewöhnlichen Regelfristen ausgegangen sind. Die Regelung des § 622 paßt dann nicht (BAG AP § 611 BGB Vertragsabschluß Nr 2; BB 1980, 580, 581). In den genannten Fällen geschieht die Lückenfüllung nach den Grundsätzen der ergänzenden Vertragsauslegung (BGH DB 1990, 1558,

1559; JZ 1989, 956, 957; MünchKomm/Mayer-Maly/Busche[4] Rn 36). Zweifelhaft wird die Anwendung dispositiven Rechts erst, wenn ein solcher Wille nicht im Wege der Auslegung gewonnen werden kann. Hier wird zunehmend auf den **Gerechtigkeitsgehalt des dispositiven Rechts** idS abgestellt, wie subsidiär sich das betreffende dispositive Recht gibt (Medicus, AT[8] Rn 341 ff; Soergel/M Wolf[13] Rn 112; sympathisierend MünchKomm/Mayer-Maly/Busche[4] Rn 35). In eine vergleichbare Richtung geht der Vorschlag, darauf abzustellen, ob das dispositive Recht materiellen Ordnungsgehalt hat und dann der ergänzenden Vertragsauslegung vorgeht, oder ob es als ihr nachrangiger vermuteter Parteiwille zu deuten ist (Bucher, in: FS Deschenaux [1977] 249 ff). „Höchst subsidiäre Normen" ohne Gerechtigkeitsgehalt sind etwa die §§ 125 S 2, 154 Abs 2, 262, 269 Abs 1, 271 Abs 1. In deren Anwendungsbereich setzt sich auch bei einem Typengeschäft des BGB selbst der hypothetische Parteiwille durch. Muß der Verkäufer etwa die Ware erst erkennbar selbst beschaffen, so kann er entgegen § 271 Abs 1 nicht sofort zur Lieferung verpflichtet sein (Medicus, AT[8] Rn 341).

b) Unpassendes Gesetzesrecht

Das zur Verfügung stehende dispositive Recht wird auch bei Typenverträgen durch **25** einen bloß hypothetischen Parteiwillen verdrängt, wenn es der Interessenlage des konkreten Vertrages offensichtlich nicht gerecht wird und damit auf diesen Vertrag nicht paßt. Wird etwa bei einem als langfristig vorgestellten Vertrag die Vertragsdauer nicht geregelt, so scheidet die Anwendung des unpassenden § 89 HGB (Eigenhändlervertrag) aus. Die Lücke wird durch ein länger befristetes Kündigungsrecht geschlossen (BGH NJW 1975, 1116, 1117; Bork, AT Rn 536). Auch kann im Rahmen einer BGB-Gesellschaft (Arbeitsgemeinschaft von Bauunternehmern) § 722 Abs 1 (hälftige Teilung) durch den hypothetischen Parteiwillen verdrängt werden, wonach die Verteilung nach den für den gemeinschaftlichen Zweck eingesetzten Vermögenswerten bestimmt wird (BGH NJW 1982, 2816, 2817). Ebenso lag es, wenn die Anwendung des § 306 aF oder der §§ 437, 440, 323 ff aF die von den Parteien beabsichtigte Durchführung eines Pfandrechtsverkaufes verhinderte (BGH NJW-RR 1990, 817, 819).

c) Veraltetes Gesetzesrecht

Die Rspr sieht weite Teile des **handelsrechtlichen Personengesellschaftsrechts** als nicht **26** mehr zeitgemäß geregelt an. Im Innenverhältnis der Gesellschafter verdrängt daher der hypothetische Wille „in aller Regel" das dispositive Gesetzesrecht (BGH NJW 1979, 1705, 1706; zu Besonderheiten Grunewald ZGR 1995, 68, 70 ff). In diese Richtung wurde etwa entschieden für die §§ 161 Abs 2, 131 Nr 4 HGB aF (jetzt § 131 Abs 3 Nr 1 HGB), wonach der Tod des persönlich haftenden Gesellschafters einer KG zur Auflösung der Gesellschaft führte. Angenommen wurde vielmehr die Umwandlung in eine OHG (zust MünchKomm/Mayer-Maly/Busche[4] Rn 36; bestätigt durch BGH WM 1984, 1506; BGHZ 107, 351, 355). Der Vorrang des hypothetischen Parteiwillens setzt sich sogar gegenüber einer Vertragsklausel durch, wonach an die Stelle einer etwa unwirksamen Vertragsbestimmung „die gesetzliche Regelung in Verbindung mit der Rechtsprechung" treten soll. Diese Formulierung will lediglich die Totalnichtigkeit des Gesellschaftsvertrags vermeiden, ohne daß eine verdrängende ergänzende Vertragsauslegung ausgeschlossen werden sollte (BGHZ 107, 351, 355). Für das Personengesellschaftsrecht wird geradezu von dem Rückgriff auf das dispositive Gesetzesrecht als auf einen „letzten Notbehelf" gesprochen (BGH WM 1993, 2008, 2009 m Anm Mark JZ 1994, 1125). Vielmehr müßten die Grundzüge des konkreten Vertrages im Wege der ergänzenden Vertragsauslegung „zu Ende gedacht" werden. Diesem Ansatz möchte ich ausdrücklich zustimmen, soweit nicht der Gesetzgeber Einzelheiten modernisiert hat (zB § 131 Abs 3 Nr 1 HGB durch das HRefG v 1998).

d) Moderne Vertragstypen; atypische Verträge; Besonderheiten

27 Entspricht der betreffende Vertrag keinem gesetzlich geregelten Geschäftstyp, so fehlt es an vorhandenem dispositivem Recht. Hier ist die Domäne der ergänzenden Vertragsauslegung (MünchKomm/MAYER-MALY/BUSCHE[4] Rn 36; PALANDT/HEINRICHS[62] Rn 6; LARENZ/M WOLF, AT[8] Rn 112; o Rn 23). So liegt es vor allem für moderne Verträge wie das **Leasing**, die sich nicht ohne weiteres einem gesetzlich geregelten Vertragstyp zuordnen lassen (etwa MünchKomm/MAYER-MALY/BUSCHE[4] Rn 36; aber auch o Rn 23).

28 Freilich kann auch ein **Typenvertrag** gegenüber dem Normaltyp so weitreichende **Besonderheiten** aufweisen, daß das dispositive Recht nicht als seine sinnvolle Ergänzung angesehen werden kann. Ist etwa der Verkäufer Fachmann und zu einer Reparatur der verkauften Sache in der Lage, so konnte sich für den Kaufvertrag im Wege der ergänzenden Vertragsauslegung ein Nachbesserungsrecht für den Käufer ergeben (jetzt § 439 BGB nF). Auch mag das vorhandene dispositive Recht für einen Typenvertrag nicht ausreichen oder sonst lückenhaft sein. Wird ein Geschäft samt Geschäftsverbindungen und Absatzmöglichkeiten verkauft und soll der Verkäufer auf die Dauer von 10 Jahren am Geschäftserlös in bestimmter Höhe beteiligt sein, so ergibt eine ergänzende Vertragsauslegung auch ein 10-jähriges Konkurrenzverbot des Verkäufers (RGZ 117, 176). In gleicher Weise kann sich bei einem **Praxistauschvertrag** zweier Ärzte ein befristetes Rückkehrverbot für den Vertragspartner ergeben (BGHZ 16, 71). Ebenso wurde die durch die Unwirksamkeit einer **Tagespreisklausel** entstandene Regelungslücke im Wege einer ergänzenden Vertragsauslegung so geschlossen, daß dem Verkäufer ein Preisänderungsrecht zugestanden, dem Käufer aber unter bestimmten Voraussetzungen ein Rücktrittsrecht eingeräumt wurde. Dispositives Gesetzesrecht stand nicht zur Verfügung (BGHZ 90, 69, 75; zu den Besonderheiten der ergänzenden Auslegung von AGB-Verträgen u Rn 46 ff). Dem Verpächter kann wegen Umbauarbeiten anstelle eines wirtschaftlich sinnlos gewordenen Anspruchs auf Durchführung von **Schönheitsreparaturen** ein entsprechender Geldanspruch zu geben sein (BGHZ 77, 301, 304 f). Die ergänzende Vertragsauslegung geht dem dispositiven Recht vor und verdrängt etwaige Schadensersatzansprüche des Verpächters aus § 326 (§ 280 BGB nF; bestätigt durch BGHZ 92, 363, 370 mN des Streitstandes [Formularmietvertrag]; OLG Oldenburg NJW-RR 1992, 1036; Abgrenzungsentscheidung BGHZ 96, 141, 145 f; ausführlich und krit zum Ganzen RÜCKERT AcP 184 [1984] 107).

29 Bei einem Grundstückskauf wurden Vorausleistungen auf Erschließungskosten berücksichtigt, wenn der Käufer unerwartet mit Erschließungskosten belastet wurde (BGH NJW 1988, 2099, 2100 li Sp). Die ergänzende Vertragsauslegung hilft ferner dann, wenn die Erschließung entgegen den anfänglichen Vorstellungen vom Verkäufer durchgeführt wurde (BGH NJW-RR 1987, 458; ergänzend für die gleichmäßige Kostenverteilung wegen einer nicht vorgesehenen Privaterschließung BGH NJW-RR 2000, 894). Ergänzend ausgelegt wurde auch ein zur Abwendung der Enteignung geschlossener Grundstückskaufvertrag (BGH NJW 1981, 219 [zu § 16 PrEnteigG]; weitere Rspr u Rn 58). Die Rspr weist für die Anwendung der ergänzenden Vertragsauslegung auf den Grundgedanken des § 287 ZPO hin (BGH WM 1976, 251, 253). ME ist das überflüssig, wohl auch gefährlich. Doch kann nicht in jedem Falle im Wege der ergänzenden Auslegung aus einem zur Abwendung einer drohenden Enteignung geschlossenen Grundstücksübertragungs-

vertrag bei Wegfall des Verwendungszweckes ein Anspruch des früheren Eigentümers auf Rückübertragung hergeleitet werden (BGHZ 84, 1, 7 f). Auch in sonstigen Fällen verdrängt bei **Vereinbarungen mit atypischem Inhalt** die ergänzende Vertragsauslegung das vorhandene dispositive Recht (BGHZ 63, 338, 345 f [Ausscheiden des Kommanditisten bei einer kapitalistisch strukturierten Kommanditgesellschaft]).

3. Hypothetischer Parteiwille

Kommt dispositives Recht zur Lückenfüllung nicht zum Zuge (o Rn 23 ff), so wird die **30** vertragliche Regelung entsprechend dem hypothetischen Parteiwillen ergänzt (BGH WM 1994, 389, 393; NJW-RR 1991, 177; 1990, 817, 819; **aA** AK-BGB/Hart §§ 133, 157 Rn 66). Die Rspr stellt darauf ab, was die Parteien bei einer angemessenen Abwägung ihrer Interessen nach Treu und Glauben als redliche Vertragspartner vereinbart hätten, wenn sie den nicht geregelten Fall bedacht hätten (ständige Rspr: BGHZ 9, 273, 277; 84, 1, 7; 90, 69, 77; 111, 214, 217 f [Erbbauzins]; BGH NJW 2002, 2310, 2311 [Unternehmenskaufvertrag]; NJW-RR 1995, 833, 834 [Unterhaltsverzicht]; BB 1994, 2234 f [Verzinsung einer Mietkaution bei gewerblichen Räumen]; NJW 1994, 2757, 2758; WM 1993, 1668; NJW 1990, 2620, 2621; 1990, 2676, 2677; 1990, 1723, 1725; NJW-RR 1990, 226, 227; NJW 1988, 2099, 2100; WM 1982, 545, 547 [Duldung einer Stromleitung]; WM 1976, 251, 252 f; RGZ 100, 132; BayObLG DNotZ 1990, 734, 735; ähnlich OLG Hamburg DB 1960, 875). Bei einem **Austauschvertrag** wird angenommen, daß nach dem Geschäftswillen der Parteien Leistung und Gegenleistung in einem ausgewogenen Verhältnis standen (BGH NJW 2002, 2310, 2311). Dem Wortlaut des § 157 entsprechend wird daneben gesondert die Berücksichtigung der **Verkehrssitte** (zur Entstehung o Erl § 133) genannt (BGH WM 1993, 1668; NJW-RR 1990, 817, 819; NJW 1978, 695 f; OLG Oldenburg NdsRpfl 1974, 157, 159 [Tragezeit für Rinder]; u Rn 31). Nach vorzugswürdiger Auffassung dient sie der Konkretisierung des hypothetischen Parteiwillens (MünchKomm/Mayer-Maly/Busche⁴ Rn 44). In erster Linie knüpft die Rspr an den Vertrag selbst an, „denn die in ihm enthaltenen Regelungen und Wertungen, sein Sinn und Zweck" sind Ausgangspunkt der Vertragsergänzung (BGH NJW 1988, 2099, 2100; WM 1964, 234, 235; u Rn 33). Der Vertragsinhalt ist „Stütze und Richtlinie" (BGH NJW 1990, 1723, 1725). Die ergänzende Vertragsauslegung erfordert nicht, daß der hypothetische Wille der Parteien im Vertrag hinreichend deutlich Ausdruck gefunden hat. Vielmehr ist sie zulässig, wenn eine Vereinbarung der Parteien in einem regelungsbedürftigen Punkt fehlt. Sie setzt also gerade voraus, daß sich einem Vertrag bei dessen eigentlicher (unmittelbarer) Auslegung (o Rn 3) eine bestimmte Regelung nicht entnehmen läßt (BGH NJW-RR 1987, 458).

a) Bedeutung

Da die ergänzende Vertragsauslegung aus § 157 hergeleitet wird (o Rn 8), treten als **31** für sie beachtliche Momente neben den hypothetischen Parteiwillen die mit der Verkehrssitte (§ 157) gemeinte Üblichkeit und mit Treu und Glauben (§ 157) die Billigkeit. Letzteres wird mit Recht bisweilen besonders betont (BAG DB 1966, 1400; LAG Bremen BB 1975, 839). Heute besteht weithin Einigkeit darüber, daß der hypothetische Parteiwille (krit dazu Graf, Vertrag und Vernunft [1997] 293 ff) ein **normatives Kriterium** idS bedeutet, daß es nicht darauf ankommt, wie die betreffende Lücke von den konkreten Parteien in Wirklichkeit geschlossen worden wäre, sondern darauf, was beide redliche Parteien als einen redlichen Interessenausgleich gewollt oder hingenommen hätten, wenn sie den offengebliebenen Punkt bedacht hätten (Flume, AT II 322; Larenz/M Wolf, AT⁸ § 28 Rn 120; Jauernig¹⁰ Rn 4; MünchKomm/Mayer-

MALY/BUSCHE[4] Rn 38; SOERGEL/M WOLF[13] Rn 131; SANDROCK 95 ff). Es handelt sich bei der ergänzenden Vertragsauslegung gerade um diejenigen Fälle, in denen die an der rechtsgeschäftlichen Regelung beteiligten Parteien die Frage aktuell nicht geregelt haben (FLUME, AT II 322). In den weitaus meisten Fällen läßt sich auch nicht feststellen, was die Parteien vereinbart haben würden, weil sie sich gerade darüber streiten. Gleichwohl muß die ergänzende Regelung gerade für „diesen Vertrag" gefunden werden (u Rn 32) und das Geschäft vom Ausgangspunkt des „wirklich Gewollten her" weitergedacht werden (MEDICUS, AT[8] Rn 343). Darin liegen die Parallelen zu § 139 (o Rn 74, 75) und zu § 140 (o Rn 8, 25). Stets zu beachten ist ein feststellbarer **tatsächlicher übereinstimmender Parteiwille** (MünchKomm/MAYER-MALY/BUSCHE[4] Rn 40; oben Rn 4). Was dem tatsächlichen Willen der Parteien widerspricht, kann nicht als Inhalt ihres hypothetischen Willens gelten (BGHZ 90, 69, 77 [Tagespreisklausel] im Anschluß an MAYER-MALY, in: FS Flume [1998] 625). Doch ist über die spätere Behauptung nur *einer* Vertragspartei, welche Vertragsklausel sie gewünscht hätte, wenn ihr die Lückenhaftigkeit des Vertrags bekannt gewesen wäre, kein Beweis zu erheben (OLG Karlsruhe Ufita 45 [1968] 346, 353). In gleicher Weise ist kein Beweis darüber zu erheben, zu welcher Regelung die eine die andere Partei überredet hätte (JAUERNIG[10] Rn 4). Die ergänzende Auslegung hat einen besonderen Stellenwert auch für die **Verfügung von Todes** wegen. Dort ist oftmals die Verfügung auf eine vom Testierenden angenommene Wirklichkeit bezogen, die so entweder nie bestanden oder sich nach dem Zeitpunkt der Verfügung geändert hat. In diesen Fällen ist anders als bei der ergänzenden Auslegung beim Rechtsgeschäft unter Lebenden diese auf die Person des Erklärenden ausgerichtet. Es kommt nach hL mit Recht maßgebend auf den hypothetischen Willen des Erblassers an. Der hypothetische Wille bedeutet hier aber eine Auslegung ganz im Sinne des Verstorbenen (FLUME, AT II 336; alle weiteren Einzelheiten bei STAUDINGER/OTTE [1996] Vorbem 82 zu §§ 2064 ff; OLG Köln DtZ 1994, 216, 217 [interlokale Nachlaßspaltung]; dazu GERHARDS JuS 1994, 642 ff).

32 Im einzelnen ist das **Rangverhältnis** zwischen hypothetischem Parteiwillen, Üblichkeit und Billigkeit unsicher. Nach richtiger Auffassung gibt es zwischen den verschiedenen Argumentationsebenen kein klares Rangverhältnis (MEDICUS, AT[8] Rn 344). Die Rspr formuliert eher zurückhaltend. Danach können Treu und Glauben und die Verkehrssitte Rechtspflichten nicht unabhängig vom Willen der Beteiligten begründen (BGH NJW 1978, 695). Immerhin dringt heute mit Recht die Lehre vor, daß für die ergänzende Auslegung **individuelle wie objektive Kriterien** zu berücksichtigen sind (MünchKomm/MAYER-MALY/BUSCHE[4] Rn 39; PALANDT/HEINRICHS[62] Rn 7; gegen die Berücksichtigung subjektiver Vorstellungen der Parteien freilich zu Unrecht BGHZ 96, 313, 320 f; o Rn 4). Auch für die ergänzende Vertragsauslegung gilt der überaus wichtige Grundsatz der nach **beiden Seiten hin interessengerechten Auslegung** (SOERGEL/M WOLF[13] Rn 129; BGH NJW-RR 2003, 227, 228; NJW 2002, 669, 670; allgemein BGH WM 2002, 1458, 1459 [Milchlieferungsvertrag]). So wird etwa im Bereich von Gesellschaftsverträgen gleichermaßen der tatsächliche Wille der Parteien wie die objektive Abwägung der beiderseitigen Interessen betont (BGH WM 1993, 2008, 2009). Individuelle Umstände kommen ins Spiel, da die ergänzende Auslegung des betreffenden Vertrages alle Besonderheiten des Einzelfalles erfassen muß (BGHZ 74, 370, 376; BGH NJW-RR 1987, 458, 459 [keine abstrakten Risikoüberlegungen]; BAG NZA 1986, 671, 672 [Kündigung vor Dienstantritt]). Es ist jede schematisierende Betrachtungsweise abzulehnen, was aber die Berücksichtigung typischer Vertragsgestaltungen nicht ausschließt. So wurde für den Kauf von Bauerwartungsland die in dem konkreten Vertrag in seiner individuellen Aus-

gestaltung immanente Risikoverteilung für maßgebend gehalten (BGHZ 74, 370, 376).
Mit Recht wird auch Wert gelegt auf die umfassende Auswertung des Prozeßstoffes
(BGH WM 1974, 74, 75). Die Lit stimmt der Beachtung der **individuellen Merkmale**
weitgehend zu (etwa MünchKomm/MAYER-MALY/BUSCHE⁴ Rn 39, 40; SOERGEL/M WOLF¹³
Rn 129; SANDROCK 92 f; **aA** CANARIS, Die Feststellung von Lücken im Gesetz [1964] 54). Darin
liegt gerade der Unterschied der ergänzenden Vertragsauslegung zur Fortbildung des
dispositiven Rechts, die auf Verallgemeinerungsfähigkeit ausgerichtet ist. Es geht bei
der ergänzenden Vertragsauslegung demnach nicht um „richterliche Vertragsinter-
vention durch Vertragsrechtsfortbildung" (**aA** AK-BGB/HART §§ 133, 157 Rn 66 [freilich
dann wieder mit Zugeständnissen an die hL]; ferner MANGOLD NJW 1961, 2284; auf die Gefahren
weist hin VOGENAUER Bd I S 229). Es kommt auch nicht darauf an, die ergänzende Regelung für „einen solchen" Vertrag, sondern, sie für „diesen Vertrag" zu finden (zutr
LARENZ, AT⁷ 540; MünchKomm/MAYER-MALY³ Rn 39; SANDROCK 102; alle gegen FLUME, AT II
324). Maßgebend ist also ein individueller, nicht gesetzgeberisch generalisierender
Maßstab (MünchKomm/MAYER-MALY/BUSCHE⁴ Rn 38). Die genannten Akzente verschie-
ben sich freilich bei der ergänzenden Vertragsauslegung von **AGB** (u Rn 46).

Objektive Kriterien treten insbes hervor mit der durch die Verkehrssitte gemeinten **33**
Üblichkeit (o Rn 31). Zudem bedeutet das Abstellen auf Sinn und Zweck des Ver-
trages (o Rn 30) die Auslegung der durch den Vertrag selbst geschaffenen objektiven
Regelung (MünchKomm/MAYER-MALY/BUSCHE⁴ Rn 38; LARENZ/M WOLF, AT⁸ § 28 Rn 120; **aA**
LÜDERITZ 399). Es geht dabei um die Ergänzung der durch diesen Vertrag gesetzten
Regelung als solcher und damit aus sich heraus. Abzustellen ist darauf, was beide
Parteien als einen gerechten Interessenausgleich gewollt hätten (deutlich BGH NJW-RR
1987, 458, 459; 1986, 866, 867; WM 1984, 528, 529; NJW 1978, 695; BAG DB 1966, 1400). Einigkeit
besteht heute darin, daß der Richter grundsätzlich zur **Vertragshilfe** nicht berechtigt
ist (etwa HORN NJW 1985, 1118, 1125; u Rn 37). Ist auf der einen Seite des Vertrages ein
Monopolunternehmen beteiligt (zB ein gemeindliches Wasserversorgungsunternehmen), so
kommt es darauf an, was ein im Wettbewerb stehendes Unternehmen billigerweise
eingeräumt hätte (zutr LG Karlsruhe NJW-RR 1990, 1271).

b)   Zeitpunkt der Auslegung
Nach richtiger Auffassung ist der maßgebliche Zeitpunkt der ergänzenden Vertrags- **34**
auslegung derjenige des **Vertragsabschlusses** und nicht derjenige der Gegenwart
(BGHZ 81, 135, 141 [Roggenklausel]; LAG Berlin BB 1991, 1196, 1197; MünchKomm/MAYER-
MALY/BUSCHE⁴ Rn 31; **aA** JAUERNIG¹⁰ Rn 4; FLUME, AT II 326; SOERGEL/M WOLF¹³ Rn 132; SCHIM-
MEL JA 2001, 339, 342; für einen Sonderfall aus der NS-Zeit auch BGHZ 23, 282, 285). Hierin
kommt der Zusammenhang der ergänzenden Vertragsauslegung mit der **Privatautonomie** (o Rn 4) am deutlichsten zum Ausdruck. Der Richter darf die Sache nicht von
seinem eigenen Standpunkt im Nachhinein (ex post) beurteilen. Vielmehr muß er
sich in die Rolle der Beteiligten bei der Vornahme des Rechtsgeschäfts versetzen.
Die Rspr bringt das im Einzelfall auch in der wünschenswerten Deutlichkeit zum
Ausdruck. Danach ist der Richter nicht befugt, allein am Maßstab von Treu und
Glauben eine nach seiner Auffassung objektiv richtige Lösung als ergänzten Vertragsinhalt anzunehmen. Entscheidend ist vielmehr, was die Parteien unter Berücksichtigung von Treu und Glauben vereinbart hätten (BGH WM 1974, 593, 594). Nach
dem Gesagten ist eine nachträglich für ein Geschäft dieser Art entstandene Verkehrssitte nicht zu berücksichtigen, und es sind die Rechtsanschauungen im Zeitpunkt des Abschlusses des Rechtsgeschäfts zu respektieren (**aA** FLUME, AT II 326; für

einen Sonderfall BGHZ 23, 282, 283; im Anschluß daran BGH WM 1969, 1237, 1239). Die Gegenauffassung lockert ohne innere Rechtfertigung den Zusammenhang mit der Privatautonomie und rückt die ergänzende Vertragsauslegung in die Nähe der Fortbildung des dispositiven Rechts. Das Gesagte gilt auch und gerade für die Ergänzung nachträglich entstandener Vertragslücken (aA BGH WM 1969, 1237, 1239; SOERGEL/M WOLF[13] Rn 132). Das bedeutet selbstverständlich nicht, daß das nachträglich eingetretene Ereignis außer Betracht bleiben muß (so aber der Einwand von BGH WM 1969, 1237, 1239).

c) Anfechtung

35 Nach ganz hL kann eine Partei ihre Erklärung nicht wegen Irrtums anfechten, wenn sie sich über die erst im Wege der ergänzenden Vertragsauslegung gefundenen Konsequenzen im Irrtum befunden hat (FLUME, AT II 326; SOERGEL/M WOLF[13] Rn 106 [Grundsätze des unbeachtlichen Rechtsfolgenirrtums]; HENCKEL AcP 159 [1960/1961] 106, 125; RIMMELSPACHER AP § 139 Nr 38; aA SANDROCK 119 ff). Die dafür gegebenen Begründungen sind verschiedenartig. So liegt die Nichtbeachtung eines Irrtums nahe, wenn die ergänzende Vertragsauslegung nicht mehr als Auslegung, sondern als Anwendung dispositiven Rechts eingeordnet wird (so HENCKEL AcP 159 [1960/1961] 106, 125; ähnlich AK-BGB/ HART §§ 133, 157 Rn 76). ZT wird eine Anfechtung ausgeschlossen, weil die ergänzende Auslegung mit der Feststellung der getroffenen Regelung gerade nichts zu tun habe (so FLUME, AT II 325). Schließlich spricht gegen die Anfechtungsmöglichkeit, daß demjenigen, der die Erklärung gewollt hat, die Konsequenzen zuzurechnen sind und das Interesse an der Vertragserhaltung den Vorrang verdient (LARENZ/M WOLF, AT[8] § 33 Rn 18). ME begegnet die hL Bedenken, weil es bei der Anfechtung auch sonst nicht auf die Zumutbarkeit und auch nicht auf das Interesse an der Vertragserhaltung ankommt. Die Gegenauffassung betont zu sehr den Gesichtspunkt der Normativität der ergänzenden Auslegung (o Rn 31) und übersieht, daß auch die einfache, der Anfechtung zugängliche Auslegung, eine normative Auslegung ist (o Rn 3). Auch die ergänzende Auslegung will die Privatautonomie der Beteiligten so weit als möglich verwirklichen. Im Falle des Praxistausches zweier Ärzte (BGHZ 16, 71) kann also der Rückkehrwillige seine Vertragserklärung anfechten, weil er seine Zustimmung zu einem Rückkehrverbot nicht habe erteilen wollen. Die **Schadensersatzpflicht** ergibt sich dann aus § 122. Eine Anfechtung wird freilich häufig daran scheitern, daß ein Irrtum nicht ausreichend dargetan werden kann, weil kein tatsächlicher Wille gebildet wurde. Maßgebend für die Beachtlichkeit des Irrtums muß der Zeitpunkt des Vertragsschlusses sein. Es genügt daher nicht, wenn eine Partei lediglich hinterher mit dem Ergebnis der ergänzenden Auslegung, das auf die Interessen beider Parteien Rücksicht nehmen muß (o Rn 33), nicht einverstanden ist.

d) Verhältnis zur geltungserhaltenden Reduktion

36 Die ergänzende Vertragsauslegung weist in manchen Fallgestaltungen Berührungspunkte mit der geltungserhaltenden Reduktion auf (o § 139 Rn 3). So liegt es insbes, wenn mit Hilfe der ergänzenden Vertragsauslegung **unwirksame Bestimmungen** ersetzt werden, wie im Falle der Ersetzung einer nicht genehmigungsfreien Gleitklausel durch einen genehmigungsfreien Leistungsvorbehalt (BGHZ 63, 132, 136 f; o Rn 18). Dieser Fall läßt sich auch mit geltungserhaltender Reduktion durch Zurückführung der unwirksamen Bestimmung auf den zulässigen unbedenklichen Inhalt lösen (etwa H ROTH JZ 1989, 411, 415 f). Der **methodische Unterschied** liegt darin, daß die geltungserhaltende Reduktion die für die ergänzende Vertragsauslegung vorausgesetzte Lücke (o Rn 15 ff) vermeidet, so daß eine Auslegung nicht mehr durchzuführen ist

(H ROTH, Vertragsänderung 36, 54 ff; NASSALL BB 1988, 1264 ff). Praktische Bedeutung hat die (vorrangig zu prüfende) geltungserhaltende Reduktion dann, wenn die Parteien etwa die Unwirksamkeit der Klausel erkannt oder billigend in Kauf genommen haben. Eine ergänzende Auslegung muß dann unterbleiben, weil sie mit dem zu beachtenden wirklichen Willen in Konflikt geriete (NASSALL BB 1988, 1264, 1265). Dagegen bleibt eine geltungserhaltende Reduktion bis zur Schranke eines **institutionellen Fehlgebrauchs** möglich (etwa H ROTH, Vertragsänderung 37 f). Im Bereich der Individualverträge (zu AGB-Verträgen u Rn 49) sollte daher wenigstens für solche Konstellationen der geltungserhaltenden Reduktion zur weitestmöglichen Aufrechterhaltung des Vertrages der Vorzug gegeben werden.

VI. Schranken der ergänzenden Vertragsauslegung

Es besteht weitgehend Einigkeit darin, daß die ergänzende Vertragsauslegung nicht **37** zu einer freien richterlichen **Rechtsschöpfung** werden darf (BGHZ 9, 273, 279; 40, 91, 103; BGH WM 1965, 1175, 1176; PALANDT/HEINRICHS[62] Rn 8; MEDICUS, AT[8] Rn 344 [gegen AG Schöneberg NJW 1974, 1823]; trotz abweichendem Ausgangspunkt auch AK-BGB/HART §§ 133, 157 Rn 74 f; o Rn 33). Zu respektieren ist stets der Grundsatz der Privatautonomie und der Vertragstreue. Strikt abzulehnen ist die Tendenz zur auf § 242 gestützten Inhaltskontrolle von Individualverträgen, die sich über sämtliche begrenzenden Voraussetzungen der ergänzenden Vertragsauslegung hinwegsetzt (aA BGH WM 1995, 1360, 1361; BVerfG NJW 1994, 36, 39). Das Gesagte gilt auch dann, wenn man ein Fortschreiten der „materialen Vertragsgerechtigkeit" konstatiert (Darstellung bei VOGENAUER Bd I S 229 ff).

1. Parteiautonomie

Das Ergebnis der ergänzenden Vertragsauslegung darf sich nicht in Widerspruch zum **38** **tatsächlichen Parteiwillen** setzen (BGHZ 90, 69, 77; BGH NJW 1995, 1212, 1213; WM 1974, 74, 75; o Rn 4). Da eine inhaltliche Abänderung des Vertrages unzulässig ist (u Rn 39), kann dasjenige, was dem tatsächlichen Willen der Parteien widerspricht, nicht als Inhalt ihres hypothetischen Willens gelten. Andererseits darf nicht an die Stelle des rechtlich unwirksam Gewollten ein inhaltsgleicher tatsächlicher Wille der Vertragsparteien gesetzt werden (BGHZ 90, 69, 77 [Tagespreisklausel]). Auch wenn dispositives Gesetzesrecht fehlt, muß eine Vertragslücke hingenommen werden, wenn die Alternative darin bestünde, die Vertragslücke gegen den Willen der Parteien zu füllen. Deshalb darf etwa ein Vertrag mit einem Schiedsrichter nicht so ergänzt werden, daß dieser verpflichtet ist, sich psychiatrisch untersuchen zu lassen (BGHZ 98, 32; MEDICUS, AT[8] Rn 344). Auch darf im Wege der ergänzenden Vertragsauslegung ein Vertrag nicht um eine Bestimmung angereichert werden, die den im übrigen rechtlich einwandfreien Vertrag zu einer insgesamt nichtigen Vereinbarung machen würde (BGH NJW 1970, 468 [unwiderrufliche Vollmacht zur Ausübung des Stimmrechts]; WM 1974, 74, 76). Deshalb kann etwa die Vertragsergänzung eines Gesellschaftsvertrages nicht zu einem nach § 138 nichtigen Wettbewerbsverbot führen (BGH WM 1974, 74, 76). Ebenso darf die ergänzende Auslegung nicht den **Inhalt** der Erklärungen **verändern** und sich nicht zum **Vertragsinhalt** in **Widerspruch** setzen (BGHZ 9, 273, 279 f; 40, 91, 103 ff; BGH NJW-RR 1989, 1490, 1491 re Sp; SOERGEL/M WOLF[13] Rn 126; SCHLOSSHAUER-SELBACH RdA 1981, 376, 378). Das nachträgliche Verhalten der Vertragsparteien kann insoweit berücksichtigt werden, als es Rückschlüsse auf den tatsächlichen Willen zuläßt (BAG ZIP 1991, 1446 m Anm PLAGEMANN EWiR § 1 BetrAVG 8/91, 1157).

2. Erweiterung des Vertragsgegenstandes

39 Nach dem soeben Gesagten darf die ergänzende Vertragsauslegung nicht zu einer
Abänderung des geschlossenen Vertrages führen, was die Respektierung des tatsächlichen Parteiwillens bedeutet (vorige Rn; BGH NJW 2002, 2310, 2311; WM 1967, 643, 645;
VersR 1962, 809, 810; MünchKomm/Mayer-Maly/Busche⁴ Rn 45; Bork AT Rn 537; Ehricke RabelsZ 60 [1996] 661, 689; aber u Rn 42). Darüber hinausreichende Bedeutung hat jedoch
der Satz, wonach die ergänzende Auslegung nicht zu einer **unzulässigen Erweiterung**
des Vertragsgegenstandes führen dürfe (RGZ 87, 211, 213; 136, 178, 185; 129, 80, 88; BGHZ 9,
273, 278; 40, 91, 103; 77, 301, 304 [Schönheitsreparaturen]; BGH NJW 2002, 2310, 2311 [Unterneh-
menskauf]; NJW-RR 1989, 1490, 1491; WM 1966, 1104, 1105; VersR 1962, 809, 810; BAG AP Nr 3;
NJW 1973, 822 [LS]; LAG Sachsen-Anhalt NZA 1995, 791). Bisweilen werden beide Sätze
auch kombiniert. So dürfe die ergänzende Vertragsauslegung nicht zu einer Abänderung, Einschränkung oder Ergänzung des erklärten Vertragswillens, noch zu einer
Umänderung des Vertrages, sondern bloß zu einer Ergänzung des Vertragsinhalts
führen (BGHZ 23, 282, 285; BGH WM 1969, 1237, 1239; RGZ 87, 211; 129, 88). Auf diese Weise
kann keiner Partei etwas durch Richterspruch zuerkannt werden, was sie hat erreichen wollen, aber nicht erreicht oder vergessen hat (BGH NJW-RR 1991, 1033; Jauernig¹⁰
Rn 4). Mit der Lehre von der unzulässigen Erweiterung des Vertragsgegenstandes soll
die **Privatautonomie** der Beteiligten gesichert werden. Die Lückenfüllung muß sich
im Rahmen des „rechtlichen Beziehungsfeldes" halten, das die Parteien regeln wollten (MünchKomm/Mayer-Maly/Busche⁴ Rn 46). Die Rspr formuliert das bisweilen auch
so, daß sich die Vertragsauslegung innerhalb des tatsächlich gegebenen Rahmens der
getroffenen Vereinbarung bewegen muß (BGHZ 16, 71, 77 [Praxistausch zwischen Ärzten]).
Doch ist dieses Erweiterungsverbot nur „cum grano salis" zu verstehen (zutr Larenz/
M Wolf, AT⁸ § 28 Rn 116; Flume, AT II 327). Ergibt die ergänzende Vertragsauslegung
etwa, daß der Verkäufer eines Geschäfts dem Käufer auch seine Kundenlisten aus-
zuhändigen hat, so liegt darin vom Standpunkt des Verkäufers aus, der die Listen
behalten will, sicher eine Erweiterung des Vertragsgegenstandes (Bsp nach Larenz/M
Wolf, AT⁸ § 28 Rn 117). Diese Erweiterung ist aber zulässig, weil sie nicht im Widerspruch zum Vertrag steht (zur Herausgabe unvollständig genannter Verwaltungsunterlagen auch
LG Berlin ZMR 1990, 218, 219).

40 Neuerdings formuliert die **Rspr** denn auch großzügiger. So darf die ergänzende
Vertragsauslegung nicht darauf hinauslaufen, etwas Neues, bisher im Grundsatz nicht
Vorhandenes, in den Vertrag einzuführen (BGH NJW-RR 1989, 1490, 1491; BGHZ 92, 363,
370; Herpers WuM 1984, 175, 176). Deshalb kann etwa eine im Vertrag vorgesehene, aber
sinnlos gewordene Verpflichtung des Mieters zu Schönheitsreparaturen, durch die
Zahlung eines Geldausgleichs im Falle des Umbaus ersetzt werden. Eine „Abänderung" (o Rn 39) liegt hier sicherlich vor, ist aber unvermeidlich (Flume, AT II 327).
Verboten ist lediglich die Schaffung einer über den wesentlichen Inhalt eines Vertrags
hinausgehenden **zusätzlichen Bindung** (BGHZ 16, 71, 77). Ein auf zwei bis drei Jahre
beschränktes, im Wege der ergänzenden Vertragsauslegung gewonnenes Rückkehrverbot bei einem Praxistausch zwischen Ärzten wurde in zutreffender Weise lediglich
als eine mit dem Zweck des Tauschvertrages in engem Zusammenhang stehende
Nebenverpflichtung angesehen. Darin liegt keine unzulässige Erweiterung des Vertragsinhalts (BGHZ 16, 71, 77). Demnach liegt der Schwerpunkt der Prüfung bei der
Grad- und Maßfrage der Erweiterung (anders etwa die Formulierung von Soergel/M Wolf¹³
Rn 127). Eine zulässige Erweiterung betrafen wohl auch manche entgegengesetzt

entschiedenen Fälle (RGZ 87, 211 ff; BGH LM § 157 [D] Nr 1; krit auch FLUME, AT II 327; zust PALANDT/HEINRICHS[62] Rn 9; SOERGEL/M WOLF[13] Rn 127). Eine unzulässige Erweiterung wurde in der Ausdehnung der Umsatzbeteiligung auf die Umsätze der neuen Bundesländer bei einem im Jahre 1977 geschlossenen Vertrag mit einem Außendienstmitarbeiter gesehen (LAG Düsseldorf NZA 1992, 839, 840).

In vergleichbarer Weise kann die ergänzende Vertragsauslegung auch zu einer **Ein-** **41**
schränkung der Vertragspflichten führen (anders wohl BGB-RGRK/PIPER[12] Rn 103). Hatte in dem Beispiel von o Rn 39 der Verkäufer die Übergabe von allen das Geschäft betreffenden Papieren versprochen, so können etwa Papiere mit Erinnerungswert, aber ohne geschäftliche Bedeutung, von der Übergabepflicht ausgenommen sein (LARENZ/M WOLF, AT[8] § 28 Rn 117).

Nach dem Gesagten sind Erweiterungen, Einschränkungen und Abänderungen des **42**
Vertragsgegenstandes zulässig, soweit sie sich in den Grenzen des **Regelungsplanes der Parteien** halten (EHRICKE RabelsZ 60 [1996] 661, 688; o Rn 15). Eine unzulässige Erweiterung wurde dagegen bejaht, wenn der Verpflichtete für eine bestimmte Zeit darauf verzichtet hat, die Einrede der bereits eingetretenen Verjährung geltend zu machen und diese Frist zum Nachteil der Partei durch das Gericht verlängert wird (BGH VersR 1962, 809, 811). Die Rspr spricht denn auch folgerichtig von der Zulässigkeit der ergänzenden Vertragsauslegung, wenn sie sich als selbstverständliche Folge aus dem Vereinbarungszusammenhang ergibt (BGH NJW-RR 1989, 1490, 1491). Dort wurde ein 1940 zwischen Berlin und Siedlern geschlossener Erbbau-Heimstättenvertrag im Wege der ergänzenden Vertragsauslegung um eine anteilige Zahlungspflicht (etwa 10.000 DM) als Beteiligung an den Kosten einer Entwässerungsanlage in zulässiger Weise erweitert.

3. Vielzahl von Rechtsfolgen

Ergeben sich verschiedene Auslegungsmöglichkeiten, so scheidet eine ergänzende **43**
Vertragsauslegung aus, wenn der Wille der Parteien nicht in die eine oder in die andere Richtung weist (BGHZ 143, 103, 121 [Optionsklausel in Tankstellenvertrag]; BGH NJW 1974, 1322, 1323 [Beschränkung der Mängelhaftung des Werkunternehmers]; OLG Karlsruhe JZ 1982, 860 m Anm SCHLOSSHAUER-SELBACH). Das Gericht kann die Parteien nicht auf eine einzige von mehreren möglichen Problemlösungen festlegen (BGH NJW 2002, 2310, 2311 [Unternehmenskaufvertrag]; NJW-RR 1987, 1459, 1460 [Arzneilieferungsvertrag]). In derartigen Fällen kann ein **hypothetischer Parteiwille** nicht ermittelt werden (BGHZ 90, 69, 80; BGH NJW 1990, 1723, 1725). Doch setzt die Zulässigkeit einer ergänzenden Vertragsauslegung auf der anderen Seite nicht voraus, daß sich für jede Einzelheit der eher technischen Ausgestaltung der Ergänzung Anhaltspunkte im Willen oder in den Erklärungen der Vertragsparteien nachweisen lassen. So wurde es für eine *unwirksame Wertsicherungsklausel* mit Recht als ausreichend angesehen, wenn die Parteien eine „solche oder ähnliche" Ersatzklausel vereinbart hätten (BGHZ 63, 132, 137; auch OLG Köln ZMR 1999, 633). Auch bei einem der Partei eingeräumten Leistungsbestimmungsrecht hindert es die ergänzende Auslegung nicht, daß die Leistungsbestimmung in unterschiedlicher Weise ausgeübt werden kann (BGHZ 90, 69, 81). Anders lag es bei dem unklaren Umfang der möglichen Vergütung bei vorzeitiger Beendigung eines Steuerberatervertrages (BGHZ 54, 106, 115) oder für die verschiedenen Gestaltungsmöglichkeiten im Falle der unterbliebenen oder mißlungenen Nachbesserung

(BGHZ 62, 83, 89 f). Läßt sich daher eine Regelungslücke nicht schließen, weil es dafür keine Anhaltspunkte im Vertragsgefüge gibt, so kommt gleichwohl eine Anpassung (§ 313 BGB nF) wegen **Wegfalls der Geschäftsgrundlage** in Betracht (o Rn 9).

44 Zu weit geraten ist allerdings die Formulierung der Rspr, wonach eine ergänzende Vertragsauslegung ausgeschlossen ist, wenn sich ein Ereignis infolge einer **grundlegenden Änderung der Verhältnisse** der Beurteilung nach dem Vertragswillen entzieht (so aber BGHZ 84, 361, 368 [Ehescheidung] unter Berufung auf den Sonderfall von BGHZ 23, 282, 286 [NSDAP-Mitglied]; anders noch für die Ehescheidung BGH NJW 1968, 245, 246; iE richtig freilich BGH NJW 1994, 2688, 2690; JZ 1994, 968, 971; o Rn 21). Die Richtigkeit der Entscheidungen zu Ansprüchen zwischen Ehegatten nach der Trennung kann in diesem Rahmen freilich nicht diskutiert werden (Überblick bei MEDICUS, Bürgerliches Recht[19] Rn 690 a ff). Die Verdrängung einer ergänzenden Vertragsauslegung läßt sich hier aber nicht mit dem Abstellen auf eine „grundlegende Änderung" der Verhältnisse begründen, sondern eher mit dem speziellen Instrumentarium des Güterrechts (dazu BGHZ 115, 132 ff).

4. Interessen des Rechtsverkehrs

45 Eine ergänzende Vertragsauslegung scheitert, wenn das Gesetz **Ausdrücklichkeit** verlangt. So liegt es etwa in den Fällen der §§ 244 Abs 1, 700 Abs 2, 1059 a Abs 1 Nr 1 BGB; §§ 38 Abs 3, 1031 Abs 4 ZPO (MEDICUS, AT[8] Rn 339). Vergleichbares gilt im Interesse des Rechtsverkehrs im **Grundbuchrecht**, wo der öffentliche Glaube des Grundbuchs zu beachten ist. So scheidet bei der Auslegung von Grundbucheintragungen und der dort in Bezug genommenen Eintragungsbewilligungen eine ergänzende Vertragsauslegung nach dem mutmaßlichen Parteiwillen aus (BGHZ 60, 226, 230; BGH WM 1969, 863, 865; 1975, 498, 499; BGB-RGRK/PIPER[12] Rn 104; SOERGEL/M WOLF[13] Rn 118; allgemein BÖHRINGER Rpfleger 1988, 389 ff). Das Gesagte gilt auch für die Auslegung materiellrechtlicher Willenserklärungen wie der Einigung nach § 873 (BGHZ 60, 226, 231). Ebenso liegt es für die schriftliche Abtretungserklärung nach § 1154, da diese die Grundbucheintragung ersetzt (BGH NJW-RR 1992, 178, 179). Für das **Wechselrecht** ist der Grundsatz der Wechselstrenge zu beachten (BGH NJW 1994, 447; SOERGEL/M WOLF[13] Rn 118). Ist ein Wechsel versehentlich unvollständig geblieben, so kann er schon deshalb nicht als Blankowechsel aufrechterhalten werden, weil es an der Voraussetzung eines gültigen Vertrags fehlt (BGH NJW 1957, 1837; **aA** OLG Frankfurt aM NJW 1954, 803). Diese Einschränkungen kommen aber im Verhältnis zwischen den Parteien des Begebungsvertrages nicht zum Tragen (BGH NJW-RR 1991, 229, 230 [Scheck]). Wird in einem **Globalvergleich** die Formulierung „Abgeltung aller Ansprüche" ständig wiederholt, so scheidet eine einschränkende Auslegung aus Gründen der Rechtssicherheit aus (OLG Celle NJW 1971, 145). Vergleichbare Einschränkungen gelten im Anwendungsbereich des Grundsatzes der **Dokumentenstrenge** (dazu BGH BB 1994, 1162, 1163 [„standby Letter of Credit"]).

VII. Ergänzende Auslegung von Allgemeinen Geschäftsbedingungen

46 Nach § 6 Abs 2 AGBG (§ 306 Abs 2 BGB nF) richtet sich der Inhalt des AGB-Vertrages nach den gesetzlichen Vorschriften, soweit die Bestimmungen nicht Vertragsbestandteil geworden oder unwirksam sind. Soweit dispositives Recht vorhanden ist, das zu dem Rechtsgeschäft paßt (o Rn 25), hat dieses vor der ergänzenden

Vertragsauslegung den Vorrang. Doch kann sich auch im Bereich des § 306 Abs 2 ein Bedürfnis nach ergänzender Vertragsauslegung ergeben, wenn die in der Norm vorausgesetzte Lücke (eine Lücke war zB zu verneinen in BGH WM 1995, 1397, 1398 [Bürgenhaftung; Anlaßkredit]) nicht geschlossen werden kann, weil etwa bei **atypischen Verträgen** dispositive Normen ganz fehlen oder auf den betreffenden Vertrag nicht passen. Dadurch tauchen vergleichbare Probleme wie bei der allgemeinen Rechtsgeschäftslehre auf (o Rn 27; NEUMANN, Geltungserhaltende Reduktion und ergänzende Auslegung von Allgemeinen Geschäftsbedingungen [1988] 113 ff mit Bespr H ROTH JZ 1989, 632). Doch kann ergänzende Vertragsauslegung nur im **Individualprozeß**, nicht aber im Verbandsprozeß des § 13 AGBG (§ 1 UKlaG nF) zur Anwendung kommen (BGHZ 82, 21 [Tagespreisklausel I]).

1.   Grundsatz

Die Rspr erkennt die ergänzende Vertragsauslegung im Rahmen des § 6 Abs 2   **47** AGBG (§ 306 Abs 2 BGB nF) weithin an (BGH ZIP 2002, 1690, 1692 mit Anm SCHMITZ/VOGEL [unwirksame Stellung einer Bürgschaft auf erstes Anfordern]; BGHZ 90, 69, 80 [Tagespreisklausel II]; 117, 92, 98 [Krankentagegeldversicherung]; 137, 153, 157 [Bürgschaft für unlimitierten Kontokorrentkredit]; 143, 103, 120 [Optionsklausel; ergänzende Auslegung abgelehnt]; OLG Oldenburg NJW-RR 1992, 1036; OLG Köln NJW-RR 1995, 758; AG Rastatt DAR 1988, 170, 171; OLG Hamburg EWiR § 9 AGBG 25/91, 1041 [vWESTPHALEN]; der Sache nach ebenso OLG München ZIP 1983, 837 [Tagespreisklausel]; auch schon BGH WM 1983, 677, 678). Einer der Schwerpunkte liegt derzeit bei den formularmäßigen **Globalbürgschaften**, bei denen durch eine weite Zweckerklärung alle gegenwärtigen und künftigen Verbindlichkeiten des Hauptschuldners gesichert werden sollten. Sie werden in der Weise beschränkt, daß lediglich die Hauptschuld verbürgt wird, die den Anlaß für die Übernahme der Bürgschaft bildete (BGHZ 130, 19, 34 ff; 137, 153, 157 ff; 143, 95, 102). Die ergänzende Vertragsauslegung hat Vorrang vor der **Unklarheitenregel** des § 5 AGBG (§ 305c Abs 2 BGB nF), weil sie den dort vorausgesetzten Zweifel vermeidet (H ROTH WM 1991, 2085, 2130). Danach kann eine durch eine unwirksame AGB-Klausel verursachte Vertragslücke durch ergänzende Vertragsauslegung geschlossen werden, wenn dispositive Normen zur Ausfüllung der Lücke nicht vorhanden sind und die ersatzlose Streichung der Klausel nicht zu einer angemessenen, den typischen Interessen des Klauselverwenders und des Kunden Rechnung tragenden Lösung führt (so BGHZ 90, 69, 80; im Anschluß daran BGHZ 143, 103, 120; ferner BGH BB 1989, 1579). Doch zeigt sich bisweilen auch eine ablehnende oder abschwächende Haltung der uneinheitlichen Rspr (etwa BGHZ 88, 78; 96, 18; BGH NJW 1979, 2095). Bisweilen wird auch offengelassen, ob eine Lückenfüllung durch ergänzende Vertragsauslegung möglich ist, wenn die Lücke durch Unwirksamkeit einer Formularklausel entstand (BGHZ 104, 82, 91; 94, 335, 343). Stets wird aber betont, daß die ergänzende Vertragsauslegung nicht auf eine von der Rspr für allgemeine Geschäftsbedingungen abgelehnte **geltungserhaltende Reduktion** hinauslaufen dürfe (BGHZ 143, 103, 119 [Optionsklausel in Tankstellenvertrag]; 107, 273, 277; 90, 69, 81; krit zu dieser Argumentation H ROTH, Vertragsänderung 58 f mwNw). Die ergänzende Vertragsauslegung dürfe nicht dazu führen, daß die Gerichte an die Stelle der unzulässigen Klausel die zulässige Klausel setzten, die der Verwender der AGB voraussichtlich gewählt haben würde, wenn ihm die Unzulässigkeit der beanstandeten Klausel bekannt gewesen wäre. Vielmehr müsse sich der Verwender mit der ihm ungünstigeren Regelung begnügen, die der ersatzlose Wegfall der von ihm verwendeten unzulässigen Klausel zur Folge habe (BGHZ 143, 103, 120 f). Damit werden freilich die Grenzen der ergänzenden Vertragsauslegung ebenso unsicher wie diejenigen der (angeblich) unzulässigen geltungserhaltenden Reduktion (beispielhaft BGH WM 1995, 1397, 1402 [teilweise Aufrechterhaltung einer überschießenden Zweckerklärung bei der Bürgschaft]; vergleichbar undeutlich BGH ZIP 2002, 1690 mit krit Anm SCHMITZ/VOGEL). Auch scheidet sie aus, wenn zur Ausfüllung der vertraglichen Regelungslücke verschiedene Gestaltungsmöglichkeiten in Betracht kommen und kein Anhaltspunkt dafür besteht, welche Regelung die Parteien getroffen hätten (BGHZ 143, 103, 121; BGH NJW 2002, 894, 895 [Sicherheitseinbehalt des Auftraggebes]). Auch die Literatur spricht sich überwiegend für die Zulässigkeit der ergänzenden Vertragsauslegung aus (Nachw zum Streitstand bei H SCHMIDT, Vertragsfolgen der Nichteinbeziehung und Unwirksamkeit von Allgemeinen Geschäftsbedingungen [1986] 180 ff; MOCKENHAUPT, Ergänzende Vertragsauslegung bei unwirksamen AGB-Klauseln am Beispiel der Tagespreisklausel in Kaufverträgen über fabrikneue Personenkraftwagen [1987] 163 ff; 198 ff; H ROTH, Vertragsänderung 57 Fn 187; PALANDT/ HEINRICHS[62] § 306 Rn 7; dagegen RÜSSMANN BB 1987, 843; E SCHMIDT ZIP 1987, 1505 ff, je mwNw).

2. Maßstab

48 Die ergänzende Vertragsauslegung weist im AGB-Bereich gegenüber dem gleichlautenden Institut der allgemeinen Rechtsgeschäftslehre entscheidende Unterschiede auf (näher H ROTH, Vertragsänderung 62 f). Dort bedeutet ergänzende Vertragsauslegung eine konkret-typisierende Auslegung unter Anlehnung an die Privatautonomie (o Rn 31 ff). Dagegen ist § 306 idS vertragsfern, als es nicht um die Durchsetzung der Privatautonomie, sondern um die **Durchsetzung von Interessenschutz** geht (MEDICUS, in: Zehn Jahre AGB-Gesetz [1987] 94 ff). Daher orientiert sich die ergänzende Vertragsauslegung im Anwendungsbereich des § 306 Abs 2 an einem objektiv generalisierenden, am Willen und Interesse der typischerweise an Geschäften dieser Art beteiligten Verkehrskreise, ausgerichteten Maßstab (BGHZ 107, 273, 277; 143, 103, 121; H SCHMIDT, in: ULMER/BRANDNER/HENSEN, AGBG [9. Aufl 2000] § 6 Rn 37 a; H ROTH WM 1991, 2085, 2130; zur Gefahr einer verdeckten Inhaltskontrolle BERNREUTHER BB 1993, 1823 ff). Darin liegt eine Verschiebung des Maßstabes weg von der Betonung der privatautonomen Regelung, hin zu einer generellen Ersatzlösung iSe Fortbildung oder Neuschaffung von positivem Recht (näher H ROTH, Vertragsänderung 63 mN; ders JZ 1998, 463 zu BGHZ 137, 212 [Freigabe bei revolvierenden Globalsicherheiten]).

3. Kritik

49 Im Ergebnis bedeutet ergänzende Vertragsauslegung im Anwendungsbereich des § 306 Abs 2 eine Abkehr von der allgemeinen Rechtsgeschäftslehre, wie sie für Individualverträge entwickelt worden ist (o Rn 4). Es handelt sich im wesentlichen um einen funktionswidrigen Einsatz dieses Rechtsinstruments im vertragsfernen § 306. Da die ergänzende Vertragsauslegung auf eine teilweise Aufrechterhaltung der betreffenden Bestimmung hinausläuft, sollte sie im AGB-Bereich durch die Anerkennung einer **geltungserhaltenden Reduktion** abgelöst werden. Das bedeutet iE die offene richterliche Fortbildung von objektivem Recht. Dagegen bleibt hier das Abstellen auf den sonst anerkannten hypothetischen Parteiwillen (o Rn 30 ff) fiktiv (H ROTH, Vertragsänderung 62 f).

VIII. Prozessuales

Für die ergänzende Vertragsauslegung ist ebenso wie für die einfache Auslegung **50** zwischen der von dem Richter von sich aus vorzunehmenden Auslegung iSe rechtlichen Würdigung und der Feststellung der für die Auslegung maßgeblichen Tatsachen zu unterscheiden. Nur für diese auslegungsrelevanten tatsächlichen Umstände besteht eine **Behauptungs- und Beweislast** (zB BGH WM 1962, 812, 813; für das Strafrecht BayObLG NJW 1994, 952 f; ferner Erl zu § 133). Die prozessuale Behandlung der ergänzenden Vertragsauslegung weist daher keine Unterschiede zu den dort dargestellten allgemeinen Grundsätzen auf (ebenso PALANDT/HEINRICHS[62] Rn 11; SOERGEL/M WOLF[13] Rn 33). Insbes ist die ergänzende Vertragsauslegung ganz unabhängig von den Regeln über Behauptungs- und Beweislast vorzunehmen (BGHZ 20, 109, 111; ROSENBERG, Die Beweislast[3] 9 ff; POHLE MDR 1951, 91 f; BAUMGÄRTEL, Beweislast Anm 1). Der Richter hat jedoch die nach seiner Auffassung in Betracht kommenden Lösungen mit den Parteien zu erörtern (BGH NJW 1978, 695).

1. Individualverträge

Da die ergänzende Vertragsauslegung normative Auslegung ist (o Rn 31), ist sie als **51** **Rechtsfrage** und nicht als Tatfrage einzuordnen. Das gilt gleichermaßen für allgemeine Geschäftsbedingungen (u Rn 55) wie für Individualverträge (LARENZ/M WOLF, AT[8] § 28 Rn 128; MünchKomm/MAYER-MALY/BUSCHE[4] § 133 Rn 59; PALANDT/HEINRICHS[62] § 133 Rn 30). Deshalb muß die ergänzende Vertragsauslegung wenigstens grundsätzlich der Überprüfung durch die Revision zugänglich sein (dagegen aber SANDROCK 130). Nicht durchgesetzt haben sich freilich Ansichten, die für eine **unbeschränkte Revisibilität** eintreten (dafür aber MünchKomm/MAYER-MALY/BUSCHE[4] Rn 48; HENCKEL AcP 159 [1960/1961] 106, 126; PILZ 104 f; MANGOLD NJW 1962, 1597, 1600; MANIGK RG Praxis VI [1929] 94, 196; HART KritVJ 72 [1989] 179, 186; NEUFERT, Die Revisibilität der Auslegung individueller Vertragserklärungen [1988] 122 ff; BORK, AT Rn 557; EHRICKE RabelsZ 60 [1996] 661, 672). Die Rspr räumt vielmehr dem Richter der Tatsacheninstanz bei der ergänzenden Vertragsauslegung einen gewissen **Ermessensspielraum** ein. Maßgebend dafür ist die Verschlingung von Tat- und Rechtsfrage in der praktischen Handhabung, die größere Sachnähe des Richters der Tatsacheninstanz und wohl auch ein gewünschter Entlastungseffekt für das Revisionsgericht (LARENZ/M WOLF, AT[8] § 28 Rn 131 ff; zur Tatfrage KUCHINKE, Grenzen der Nachprüfbarkeit tatrichterlicher Würdigung und Feststellung in der Revisionsinstanz [1964], an der Unterscheidbarkeit zweifelnd). Zudem geht es bei Individualverträgen nicht in erster Linie um die Sicherung einer einheitlichen Rspr durch das Revisionsgericht, weil die auszulegenden Vereinbarungen eben sehr verschieden sind.

Nicht revisibel sind die tatsächlichen Feststellungen und Würdigungen, die für die **52** Untersuchung maßgebend sind, wie die Parteien den betreffenden Punkt als redliche Vertragspartner geregelt haben würden, wenn sie ihn bedacht hätten. Diese Tatsachen gehören zum Bereich der **Tatfrage** (BGH LM Nr 5 [D]). Der Beurteilung des Revisionsgerichts zugänglich ist aber die daraus gezogene Folgerung, ob eine planwidrige Regelungslücke vorliegt (BGH NJW 1993, 2395, 2396). Als Grundsatz gilt, daß die Auslegung eines Einzelvertrages ohne typischen Inhalt für das Revisionsgericht bindend ist (BGH WM 1970, 1142, 1143). Im übrigen wird die ergänzende Vertragsauslegung grundsätzlich als zum Bereich der **tatrichterlichen Feststellung** zugehörig erachtet (BAGE 4, 360, 365 = NJW 1956, 1732; BGH NJW 1994, 2757, 2758; WM 1994, 1936, 1940)

und revisionsrechtlich nur darauf nachgeprüft, ob das Berufungsgericht Auslegungs-
oder Ergänzungsregeln, Denk- oder Erfahrungssätze verletzt oder wesentliche Umstände unbeachtet gelassen hat (BGH NJW 1990, 1723, 1724; SOERGEL/M WOLF[13] Rn 134;
ERMAN/ HEFERMEHL[10] Rn 14). Das Revisionsgericht hält sich schon daran gebunden, daß
sich das Berufungsgericht nicht in der Lage sieht, eine Lücke festzustellen (BGH NJW
1990, 1723, 1724; WM 1973, 294, 295). Doch muß diese Feststellung wiederum unter
Berücksichtigung aller wesentlichen Umstände getroffen worden sein (BGH NJW-
RR 1990, 817, 818). Zusätzlich zu dem genannten Katalog wird als überprüfbar noch
der Verstoß gegen Verfahrensvorschriften genannt (etwa BGH WM 1969, 1237, 1239;
BayObLG DNotZ 1990, 734 f). Die Überprüfung der genannten Auslegungsgrundsätze,
Auslegungsregeln, Denkgesetze oder Erfahrungssätze geschieht schon auf die **Rüge
der Verletzung sachlichen Rechts** hin (BGH NJW-RR 1990, 455). Bleiben wesentliche für
die Auslegung maßgebliche Tatsachen unberücksichtigt, so liegt darin grundsätzlich
ein materiellrechtlicher Auslegungsfehler und kein Verfahrensmangel, so daß das
Berufungsgericht nicht nach § 539 ZPO (§ 538 Abs 2 Nr 1 ZPO nF) zurückverweisen
darf. Anders liegt es nur bei einer Verkennung des Prozeßstoffes (BGH ZZP 106 [1993]
241, 244 m zust Anm RIMMELSPACHER). Hervorgehoben wird für die ergänzende Vertragsauslegung der Grundsatz einer möglichst nach beiden Seiten hin interessengerechten
Auslegung (BGH NJW 1994, 2228; NJW-RR 1992, 182; NJW 1990, 2676, 2677). Revisionsfähig
ist es auch, wenn das Untergericht Möglichkeit und Notwendigkeit einer ergänzenden Vertragsauslegung nicht erkannt hat (BGH BB 1994, 2234, 2235; BayObLG WuM 1993,
482, 483).

53 Hat das Berufungsgericht die ergänzende Auslegung unterlassen, oder sind die
Gründe des Berufungsurteils lückenhaft und kommen weitere tatsächliche Feststellungen nicht mehr in Betracht, so kann das **Revisionsgericht selbst auslegen**, auch
wenn mehrere Auslegungsmöglichkeiten bestehen (BGH NJW-RR 2000, 894, 895 [Er-
schließungskosten]; BGHZ 16, 71, 81; 65, 107, 112; BGH NJW-RR 1995, 833, 834; NJW 1995, 196;
WM 1993, 1668; NJW 1990, 2620, 2621; NJW-RR 1990, 817, 819; 1989, 1490, 1491; 1987, 1459, 1460;
WM 1979, 440, 442). Daran wird deutlich, daß es sich im Grunde doch um eine Rechtsfrage handelt (LARENZ/ M WOLF, AT[8] § 28 Rn 133). Im Einzelfall wird das Berufungsgericht im Falle der Aufhebung und Zurückverweisung auch auf die Möglichkeit der
ergänzenden Vertragsauslegung hingewiesen (BGH WM 1984, 1007, 1009; 1978, 1090, 1091;
WarnR 1972 Nr 250; WM 1969, 185, 186; 1964, 906, 908; 1960, 1389, 1390).

54 Die beschränkte Nachprüfbarkeit der Auslegung von Individualverträgen ist beifallswert, weil sie der rechtswahrenden Aufgabe des Revisionsgerichts entspricht. Dafür
ist es ausreichend, wenn die Einhaltung der allgemeinen Grundsätze überwacht und
vertretbare Auslegungen der Tatsacheninstanzen bis zu bestimmten Schranken respektiert werden (SOERGEL/M WOLF[13] Rn 134; **aA** MünchKomm/MAYER-MALY/BUSCHE[4] Rn 48;
AK-BGB/HART §§ 133, 157 Rn 99: volle Überprüfbarkeit).

2.   AGB-Verträge

55 Geht es nicht um die ergänzende Auslegung von Individualverträgen, sondern um
diejenige von Allgemeinen Geschäftsbedingungen oder um rechtsgeschäftliche Erklärungen von überindividueller Bedeutung, so sind die Ergebnisse der ergänzenden
Vertragsauslegung revisibel. Dort ist sie von der Tatfrage abgelöst (H SCHMIDT, in:
ULMER/BRANDNER/HENSEN, AGBG[9] § 6 Rn 32; H ROTH WM 1991, 2085, 2130). Bei der Aus-

legung von AGB kommt es auf die besonderen Umstände des Einzelfalles nicht an, so daß das Revisionsgericht nicht sachferner ist als die Tatsacheninstanz. Es geht dort um die typische Aufgabe des Revisionsgerichts, generelle Ersatzlösungen iSd Fortbildung und Neuschaffung positiven Rechts zu finden (o Rn 48; ebenso LARENZ/M WOLF, AT[8] § 28 Rn 134; BGB-RGRK/PIPER[12] Rn 119; PALANDT/HEINRICHS[62] Rn 11; ERMAN/ HEFERMEHL[10] Rn 14).

Der BGH verlangt für die unbeschränkte Nachprüfung in analoger Anwendung des **56** § 549 Abs 1 ZPO (§ 545 Abs 1 ZPO nF), daß der Anwendungsbereich der betreffenden allgemeinen Geschäftsbedingungen über den **Bezirk eines Oberlandesgerichts** hinausreicht (BGHZ 22, 109, 112; 62, 251, 254; 65, 107, 112; 83, 334, 337; 105, 24, 27; BGH NJW 1993, 1381, 1382). Auch diese Rspr ist zur Sicherung der Einheitlichkeit der Auslegung von AGB beifallswert. Ausländische AGB- oder Formularverträge sind der Auslegung im Revisionsverfahren grundsätzlich entzogen (BGH NJW 1994, 1408, 1409; 1992, 1032, 1033; H ROTH WM 1991, 2085, 2131).

IX. Weitere Einzelfälle

Wird zur *Abwendung einer Enteignung* ein Grundstück außerhalb eines Enteignungs- **57** verfahrens übertragen, so scheidet ein im Verfahren der ergänzenden Vertragsauslegung gewonnener Rückübertragungsanspruch aus, wenn das betreffende Unternehmen später aufgegeben wird (BayObLG DNotZ 1990, 734 [Flughafen München/Riem]; ferner BGHZ 84, 1, 7 und BGH WM 1980, 1258, 1259). Das einem *Altenteiler* eingeräumte Recht zum unentgeltlichen Wasserschöpfen steht ihm auch aus dem Zapfhahn in seiner Altenteilswohnung zu, die der Hofeigentümer nach Einführung des Anschluß- und Benutzungszwanges für die Trinkwasserversorgung in der Gemeinde hat anlegen lassen (OLG Celle NdsRpfl 1962, 131; ferner BGH LM BayGO Nr 1 [späterer Erlaß einer Satzung mit Anschluß- und Benutzungszwang]). Im Falle des Ausschlusses und des kündigungsbedingten *Ausscheidens eines Gesellschafters* aus einer Personengesellschaft ist eine Abfindungsklausel mit einer unter dem realen Anteilswert liegenden Abfindung nicht deswegen unwirksam, weil sie infolge eines im Laufe der Zeit eingetretenen groben Mißverhältnisses zwischen dem Betrag, der sich aufgrund der vertraglichen Vereinbarung ergibt, und dem wirklichen Anteilswert geeignet ist, das Kündigungsrecht des Gesellschafters in tatsächlicher Hinsicht zu beeinträchtigen. Der Abfindungsmaßstab ist dann durch ergänzende Vertragsauslegung neu zu ermitteln (BGHZ 123, 281; BGH WM 1993, 1412; ZIP 1994, 1173, 1179 f [dazu K SCHMIDT JuS 1994, 257; G MÜLLER ZIP 1995, 1561; ULMER/SCHÄFER ZGR 1995, 134; KANZLEITER NJW 1995, 905, 909]; zum GmbH-Recht BGH NJW 1992, 892 m Anm SCHULZE-OSTERLOH JZ 1993, 45). Eine ergänzende Vertragsauslegung kommt in Betracht, wenn die Parteien eines *Bürgschaftsvertrages* den Fall der Auflösung der Hauptschuldnerin (GmbH) nicht bedacht haben (BGH NJW 2001, 3616, 3617 [dort abgelehnt bei einer Bürgschaft auf erstes Anfordern]).

Wenn der *Erbbauberechtigte* sein Erbbaurecht verkauft und er von dem Besteller **58** wegen Wegfalls der Geschäftsgrundlage auf Erhöhung des Erbbauzinses in Anspruch genommen wird, so kann sich im Wege der ergänzenden Vertragsauslegung des Kaufvertrages gegen den Käufer ein Anspruch auf Freistellung von dem erhöhten Zins ergeben (BGH NJW 1990, 2620). Ein im Jahre 1940 geschlossener *Erbbau-Heimstättenvertrag* kann um die Beteiligung des Siedlers an den Kosten einer Entwässerungsanlage für die Siedlung ergänzt werden (BGH NJW-RR 1989, 1490). Ist bei einem

Erbbaurechtsvertrag die als Absicherung des Kaufkraftschwundes vereinbarte Roggenklausel ungeeignet, so kann die ergänzende Vertragsauslegung einen Leistungsvorbehalt ergeben (BGHZ 81, 135; ferner OLG Düsseldorf AgrarR 1981 m abl Anm RINCK [Weizenklausel]; LG Lübeck NJW 1976, 427 m Anm HARTMANN [Roggenklausel]). Der Verkäufer kann *Erschließungskosten* in Höhe der Vorauszahlung tragen müssen, wenn eine bestimmte, von den Vertragsparteien nicht bedachte Änderung der Verwaltungspraxis eintritt (BGH NJW 1988, 2099; ebenfalls zu Erschließungsfragen BGH NJW-RR 1987, 458, 459). Wird dem Käufer vom Grundstücksverkäufer durch *Erlaß* ein Kaufpreisteil erlassen, weil die Parteien als sicher davon ausgehen, daß eine bestimmte Teilfläche von der Gemeinde für öffentliche Zwecke in Anspruch genommen wird, und beansprucht die Gemeinde nur einen Bruchteil der Fläche, so ist der erlassene Teilbetrag im Wege ergänzender Vertragsauslegung anteilig nachzuzahlen (OLG Frankfurt aM MDR 1985, 52).

59 Haften Verkäufer und Käufer beim widerruflichen *finanzierten Abzahlungskauf* gesamtschuldnerisch und widerruft der Käufer wirksam, so soll eine ergänzende Vertragsauslegung ergeben, daß dem Kreditgeber gegenüber dem Verkäufer ein vertraglicher Anspruch auf Rückzahlung des Nettokreditbetrages und eine marktübliche Verzinsung zusteht (BGH NJW 1993, 1912, 1914 m krit Anm OSE EWiR § 157 BGB 1/93, 747; dazu vROTTENBURG WuB IV C § 1b AbzG 4.93 und Anm GRUNEWALD LM § 157 [D] Nr 59). Trifft der Hauptschuldner (Gesellschafter einer OHG) mit dem Bürgen eine *Freistellungsvereinbarung*, und scheidet der Schuldner aus der OHG aus, so muß er nur für solche Verbindlichkeiten des in Anspruch genommenen Bürgen aufkommen, die bis zum Ausscheiden begründete Kredite betreffen (BGH WM 1993, 1668, 1669). Die Frage der ergänzenden Vertragsauslegung kann auch eine Rolle spielen, wenn die *Folgekosten* streitig werden, die infolge einer Veränderung der Straße durch Umlegung bereits verlegter Leitungen entstehen (BGH NJW 1982, 1283).

60 In der *Gebäudefeuerversicherung* ergibt eine ergänzende Vertragsauslegung einen Regreßverzicht des Versicherers für die Fälle, in denen der Wohnungsmieter einen Brandschaden durch einfache Fahrlässigkeit verursacht hat (BGH NJW 2001, 1353). Soll sich bei einem *Grundstücksverkauf* die als Kaufpreis vereinbarte Rente nach dem Anfangsgrundgehalt einer später weggefallenen Beamtenbesoldungsgruppe richten, so ergibt die ergänzende Vertragsauslegung die Berechnung nach der nächst benachbarten Besoldungsgruppe (BGH WM 1968, 833). Eine Beschränkung der *Haftung des Arbeitnehmers* im Außenverhältnis kann nicht im Wege ergänzender Vertragsauslegung der zwischen dem geschädigten Dritten und seinem Vertragspartner getroffenen Vereinbarungen hergeleitet werden (BGH WM 1994, 389, 393 mN der Gegenauffassung). Bei *indexabhängigen Mieterhöhungen* muß nach einer Umbasierung dieses Indexes bei der Feststellung der eine weitere Erhöhung auslösenden Steigerung von dem umbasierten Wert der letzten Erhöhung ausgegangen werden (OLG Düsseldorf NJW-RR 1987, 402).

61 Auch bei fehlender Bestimmung wurde bei einem gewerblichen Mietvertrag angenommen, daß der Vermieter die *Kaution* verzinslich anzulegen hat (OLG Düsseldorf NJW-RR 1993, 709; zur Höhe BGH BB 1994, 2234, 2235; anders AG Köln BB 1994, 2236). Im Wege der ergänzenden Vertragsauslegung kann ein *Konkurrenzverbot*, das für einen kündigenden Gesellschafter einer GmbH vereinbart wurde, auf den Fall der vorzeitigen Niederlegung seines Geschäftsführeramtes unter Beibehaltung seiner Gesellschafter-

stellung erweitert werden (BGH NJW-RR 1990, 226). Eine nachvertragliche Verpflichtung des bisherigen Versorgungsunternehmens, die zuvor vertraglich geschuldete *Konzessionsabgabe* auch nach Beendigung des Konzessionsvertrages (§ 103a
GWB aF) fortzuentrichten, wurde auf die für die Abwicklung des Vertragsverhältnisses erforderliche Zeit, längstens auf ein Jahr, begrenzt (BGH WM 2001, 1970).

Mit ergänzender Vertragsauslegung wurde auch in mit dem *Lastenausgleichsgesetz* **62**
zusammenhängenden Fällen geholfen (zB BGH WM 1962, 488, 491; 1960, 665, 667; zu den
verwendeten Klauseln ROTHE DB 1963, 1527, 1529). Ein vor dem Inkrafttreten des LAG
geschlossener Schenkungsvertrag über wertvollen Grundbesitz wurde ergänzend dahin ausgelegt, daß der Beschenkte die auf den Grundbesitz entfallende Vermögensabgabe zu tragen hatte (BGH LM § 61 LAG Nr 1). Eine unwirksame *Mieterhöhungs-
klausel* kann im Wege der ergänzenden Vertragsauslegung ersetzt werden (dazu OLG
Hamburg NJW-RR 1992, 74, 75). Ein *Mietvertrag* wurde durch ergänzende Vertragsauslegung dahin konkretisiert, daß der Vermieter bei einer vorzeitigen grundlosen Ver-
tragsauflösung durch den Mieter für die von diesem auf dem Mietgrundstück er-
richteten Bauten keine Entschädigung zu zahlen braucht (BGH WM 1970, 1142). Bei
einem Mietvertrag kommt ein Anspruch des Vermieter auf Geldersatz in Betracht,
wenn der ausziehende Mieter die von ihm geschuldeten *Schönheitsreparaturen* nicht
ausführt, weil der Vermieter die Mieträume umbauen will, und an einer Sachleistung
des Mieters deshalb nicht mehr interessiert ist (BGH NJW 2002, 2383 mit Nachw unter
Abgrenzung der Fallgruppen). Bei überzahlten Betriebskosten wurde dem Mieter ein
Rückforderungsanspruch gewährt, soweit den Zahlungen kein entsprechender Auf-
wand des Vermieters gegenübersteht (OLG Koblenz NJW-RR 2002, 800).

Im Wege der ergänzenden Vertragsauslegung wurde die *Nichtabnahmeentschädigung* **63**
für ein Darlehen so bestimmt, daß die Bank die bankübliche Kreditlinie nicht unter-
schreiten und nicht ohne besonderen Grund von ihrer bisherigen Beleihungspraxis
abweichen darf (BGH NJW 1990, 2676, 2677).

Gibt der Schwiegervater dem Ehemann seiner Tochter ein Darlehen zur Existenz- **64**
sicherung, so muß dieser das Darlehen nach dem *Scheitern der Ehe* in einer angemessenen Frist zurückzahlen (BGH FamRZ 1973, 252). Wenn die Parteien eines Mietvertrages vereinbart haben, daß der Mietzins jeweils durch *Schiedsgutachten* neu
festgesetzt werden soll, über die Kostentragung jedoch keine Regelung getroffen
haben, so sind nach ergänzender Vertragsauslegung diese Kosten des Schiedsgut-
achtens von Vermieter und Mieter je zur Hälfte zu tragen (LG Hamburg MDR 1975, 143).
Der Sicherungsgeber hat bei formularmäßig bestellten *revolvierenden Globalsicherungen* (Sicherungsübereignung, Sicherungsabtretung) im Falle nachträglicher Übersicherung einen ermessensunabhängigen Freigabeanspruch auch ohne entsprechende vertragliche Regelung (BGHZ 137, 212 [Großer Senat für Zivilsachen] mit Anm
H ROTH JZ 1998, 462, 463). Ein den AVB unterliegender *Stromversorgungsvertrag* wurde
so ergänzt, daß das Elektrizitätsunternehmen dem Stromabnehmer, der zugleich
Grundstückseigentümer ist, für die Verkehrswertminderung seines Grundstücks infolge der Überspannung mit einer Leitung eine angemessene Entschädigung zu
zahlen hat (BGH WM 1982, 545).

Sind Parteien irrtümlicherweise übereinstimmend davon ausgegangen, daß ein über **65**
Bergwerkseigentum abgeschlossener Kaufvertrag nicht der *Umsatzsteuer* unterliegt,

kann die Frage, wer die tatsächlich angefallene Umsatzsteuer zu tragen hat, einer ergänzenden Vertragsauslegung zugänglich sein (BGH NJW 2002, 2312; NJW-RR 2000, 1652; NJW 2001, 2464, 2465). Die ergänzende Auslegung einer zwischen Pflegesohn und Pflegemutter zu deren Gunsten getroffenen *Unterhaltsvereinbarung* kann nicht ohne weiteres an die familienrechtlich geordneten gesetzlichen Unterhaltsansprüche anknüpfen (BGH NJW-RR 1986, 866, 867; zum *Unterhaltsverzicht* BGH NJW-RR 1995, 833). Ergänzende Vertragsauslegung spielt auch bei der Auslegung von arbeitsrechtlichen *Versorgungszusagen* eine Rolle (dazu OSTHEIMER DB 1993, 1974, 1975 f). Bei dem *Verkauf eines Pfandrechts* ohne die zugrunde liegende Forderung kann bei einer erfüllungsbereiten Partei die Verpflichtung zur Abtretung der Forderung angenommen werden, wenn die vereinbarte Leistung nur so erbracht werden kann (BGH NJW-RR 1990, 817, 819; zum *Vertragsstrafeversprechen* OLG Düsseldorf NJW-RR 1995, 1455). Wird eine fremde überlassene Sache verwendet, um Vertragspflichten aus einem Drittvertrag zu erfüllen, so ist die Vereinbarung so zu ergänzen, daß die *vertragliche Haftpflicht* des anderen Teils den Schutz der dem Vertragszweck dienenden Sache auch dann umfaßt, wenn die Sache einem anderen gehört (BGHZ 15, 224, 228 f; mE unrichtig, Abgrenzungsentscheidung BGHZ 40, 91 ff).

66 Ein für das frühere Gebiet der Bundesrepublik Deutschland vereinbartes *Wettbewerbsverbot* kann im Wege der ergänzenden Vertragsauslegung auf das gesamte heutige Staatsgebiet erstreckt werden (LAG Berlin BB 1991, 1196 m Anm LEPKE EWiR § 74 HGB 3/91, 797). Andererseits wurde eine im Jahre 1977 abgeschlossene Vereinbarung mit einem Außendienstmitarbeiter, wonach alle Inlandsumsätze provisionspflichtig sind, nicht auf die Umsätze in den neuen Bundesländern erstreckt (LAG Düsseldorf ZIP 1992, 647 m Anm GRIEBELING EWiR § 87 HGB 1/92, 573). Im Wege der ergänzenden Vertragsauslegung kann anstelle einer nichtigen *Wertsicherungsklausel* ein Leistungsvorbehalt im Mietvertrag anzunehmen sein (OLG Karlsruhe BB 1981, 2097; o Rn 18).

Titel 4
Bedingung und Zeitbestimmung

Vorbemerkungen zu §§ 158–163

Schrifttum

1. Zur Bedingung

ADICKES, Zur Lehre von den Bedingungen nach römischem und heutigem Recht (1876)

A BLOMEYER, Studien zur Bedingungslehre (1938/39)

BRECHT, Bedingung und Anwartschaft, JherJb 61, 263

CALLMANN, Die condicio iuris (Diss Rostock 1908)

EGERT, Die Rechtsbedingung im System des bürgerlichen Rechts (1974)

EHRICH, Die Zulässigkeit von auflösenden Bedingungen in Arbeitsverträgen, DB 1992, 1186

EISELE, Zur Lehre von den conditiones iuris, AcP 54 (1871) 109

ENNECCERUS, Rechtsgeschäft, Bedingung und Anfangstermin, 2 Bde (1888/9)

FALKENBERG, Zulässigkeit und Grenzen auflösender Bedingungen in Arbeitsverträgen, DB 1979, 590

FITTING, Über den Begriff der Bedingung, AcP 39 (1856) 305

HENKE, Bedingte Übertragungen im Rechtsverkehr und Rechtsstreit (1959)

HÖLDER, Zur Lehre von der Wollensbedingung, JherJb 56, 147

HOLTZ, Der Schwebezustand bei bedingten Rechtsgeschäften (Diss Rostock 1904)

HROMADKA, Zur Zulässigkeit des auflösend bedingten Arbeitsvertrages, RdA 1983, 88

KAPLER, Begriff und Wesen der conditio iuris (Diss Berlin 1889)

KEMPF, Auflösende Bedingung und Rechtsnachfolge, AcP 158 (1959/60) 308

KÖRNER/RODEWALD, Bedingungen, Befristungen, Rücktritts- und Kündigungsrechte in Verschmelzungs- und Spaltungsverträgen, BB 1999, 853

KOLLER/BUCHHOLZ, Der bedingte Beitritt zu einer Kommanditgesellschaft, DB 1982, 2172

KRÜCKMANN, Die Wollens-Bedingung, BayZ 1913, 345

KRUG, Die Zulässigkeit der reinen Wollensbedingung (Diss Marburg 1904)

MERLE, Der auflösend bedingte „Zitterbeschluß" – Brot oder Stein?, in: FS Bärmann/Weitnauer (1990) 497

ders, Risiko und Schutz des Eigentümers bei Genehmigung der Verfügung eines Nichtberechtigten, AcP 183 (1983) 81

MINAS, Theorie der bedingten Rechtsgeschäfte (Diss Saarbrücken 1966)

MÜLLER, Zur Beweislast bei der aufschiebenden Bedingung, JZ 1953, 727

MUSKAT, Die Bedingung des reinen Wollens des Verpflichteten bei dem Kauf auf Probe und anderen Verträgen, Gruchot 49, 472

OERTMANN, Die Rechtsbedingung (condicio iuris) (1924)

PIETZKER, Über den Begriff der aufschiebenden Bedingung, AcP 74 (1974) 462

PLANDER, Befristung von Anstellungsverhältnissen im Bereich der Drittmittelforschung, WissR 1982, 3

POHLE, Prozeßführungsrecht und Rechtskrafterstreckung bei bedingten Veräußerungen, in: FS Lehmann II (1956) 738

POHLMANN, Verzicht auf die aufschiebende Bedingung einer GmbH-Anteilsübertragung, NJW 1999, 190

RAAPE, Die Wollensbedingung (2. Aufl 1912)

RODERMUND, Rechtsgeschäfte unter Vergangenheits- oder Gegenwartsbedingungen mit besonderer Berücksichtigung letztwilliger Verfügungen (Diss Münster 1990)

SCHERBRING, Natur und Wirkungen der conditio iuris (Diss Erlangen 1897)

Reinhard Bork

SCHIEMANN, Pendenz und Rückwirkung der Bedingung (1973)

G SCHMIDT, Die betagte und die befristete Forderung (Diss Freiburg 1969)

SCHOTT, Über Veräußerungsverbote und Resolutivbedingungen im bürgerlichen Recht, in: Breslauer Festgabe für Dahn (1905) 305

SIMSHÄUSER, Windscheids Voraussetzungslehre rediviva, AcP 172 (1972) 19

STACHOW, Über Potestativbedingungen, welche auf die freie Entschließung des Verpflichteten gestellt sind (Diss Heidelberg 1908)

WALSMANN, Ein Beitrag zur Lehre von der Wollensbedingung, JherJb 54, 197

WENDT, Die Lehre vom bedingten Rechtsgeschäft (1872)

WOLLSTADT, Die auflösende Bedingung (Diss Heidelberg 1908)

WUNNER, Die Rechtsnatur der Rückgewährpflichten bei Rücktritt und auflösender Bedingung mit Rückwirkungsklausel, AcP 168 (1968) 425

ZAWAR, Der bedingte oder befristete Erwerb von Todes wegen, DNotZ 1986, 515

ZIMMERMANN, „Heard melodies are sweet, but those unheard are sweeter ...", AcP 193 (1993) 121.

2. Zur Anwartschaft

A BLOMEYER, Die Rechtsstellung des Vorbehaltskäufers, AcP 162 (1963) 193

ders, Kreditsicherung durch Übertragung von Anwartschaftsrechten aus bedingter Übereignung, NJW 1951, 548

ders, Neue Vorschläge zur Vollstreckung in die unter Eigentumsvorbehalt gelieferte Sache, ein Beispiel sinnvoller Rechtsrückbildung?, JR 1978, 271

BRECHT, Bedingung und Anwartschaft, JherJb 61, 263

BROX, Das Anwartschaftsrecht des Vorbehaltskäufers, JuS 1984, 657

EICHENHOFER, Anwartschaftsrecht und Pendenztheorie, AcP 185 (1985) 162

ETZRODT, Die Abtretung des Anwartschaftsrechts aus bedingtem Rechtsgeschäft (Diss Köln 1935)

FLUME, Die Rechtsstellung des Vorbehaltskäufers, AcP 161 (1962) 385

FORKEL, Grundfragen der Lehre vom privatrechtlichen Anwartschaftsrecht (1962)

GEORGIADES, Die Eigentumsanwartschaft beim Vorbehaltskauf (1963)

GERNHUBER, Freiheit und Bindung des Vorbehaltskäufers nach Übertragung seines Anwartschaftsrechts, in: FS Baur (1981) 31

HAAS/BEINER, Das Anwartschaftsrecht im Vorfeld des Eigentumserwerbs, JA 1998, 23

HABERSACK, Das Anwartschaftsrecht des Auflassungsempfängers – gesicherter Bestand des Zivilrechts oder überflüssiges Konstrukt der Wissenschaft?, JuS 2000, 1145

HAGER, Das Anwartschaftsrecht des Auflassungsempfängers, JuS 1991, 1

HOLTZ, Das Anwartschaftsrecht aus bedingter Übereignung als Kreditsicherungsmittel (1933)

U HÜBNER, Zur dogmatischen Einordnung der Rechtsposition des Vorbehaltskäufers, NJW 1980, 729

KOCH, Die rechtliche Wirkung der Übertragung von Anwartschaftsrechten, insbesondere beim Kauf unter Eigentumsvorbehalt (Diss Köln 1936)

KOLLHOSSER, Auflösung des Anwartschaftsrechts trotz Zubehörhaftung?, JZ 1985, 370

KRÜGER, Das Anwartschaftsrecht – ein Faszinosum, JuS 1994, 905

KUPISCH, Durchgangserwerb oder Direkterwerb?, JZ 1976, 417

LETZGUS, Die Anwartschaft des Käufers unter Eigentumsvorbehalt (1938)

LUDWIG, Zur Auflösung des Anwartschaftsrechts des Vorbehaltskäufers, auch bei Zubehörhaftung, NJW 1989, 1458

MAROTZKE, Das Anwartschaftsrecht als Beispiel sinnvoller Rechtsfortbildung? (1977)

MEISTER, Die Pfändung aufschiebend bedingten und künftigen Eigentums, NJW 1959, 608

MICHAELSEN, Das Anwartschaftsrecht im BGB (Diss Köln 1935)

MINTHE, Die Übertragung des Anwartschaftsrechts durch einen Nichtberechtigten (1998)

MÜNZBERG, Abschied von der Pfändung der Auflassungsanwartschaft?, in: FS Schiedermair (1976) 439

MÜNZEL, Grundsätzliches zum Anwartschaftsrecht, MDR 1959, 345

PIKART, Die Rechtsprechung des Bundesgerichtshofs zur Anwartschaft, WM 1962, 1230
RADKE, Anwartschaften und Anwartschaftsrechte des bürgerlichen Rechts (Diss Straßburg
1913)
L RAISER, Dingliche Anwartschaften (1961)
G REINICKE, Gesetzliche Pfandrechte und
Hypotheken am Anwartschaftsrecht aus bedingter Übereignung (1941)
ders, Zur Lehre vom Anwartschaftsrecht aus
bedingter Übereignung, MDR 1959, 613
G U D REINICKE, Kreditsicherung durch Übertragung von Anwartschaftsrechten aus bedingter
Übereignung, NJW 1951, 547
RINKE, Die Kausalabhängigkeit des Anwart-
schaftsrechts aus Eigentumsvorbehalt (1998)
SCHNEIDER, Kettenauflassung und Anwart-
schaft, MDR 1994, 1057
SCHOLZ, Das Anwartschaftsrecht in der Hypo-
thekenverbandshaftung, MDR 1990, 679
SCHREIBER, Anwartschaftsrechte, Jura 2001, 623

SCHREIBER, Die bedingte Übereignung, NJW
1966, 2333
SCHWERDTNER, Anwartschaftsrechte, Jura 1980,
609/661
SEMEKA, Das Wartrecht, ArchBürgR 35, 121
SPONER, Das Anwartschaftsrecht und seine
Pfändung (1965)
STOLL, Das Anwartschaftsrecht des gutgläubigen Vorbehaltskäufers, JuS 1967, 12
STRACKE, Zur Lehre von der Übertragbarkeit
der Anwartschaft des Käufers unter Eigen-
tumsvorbehalt (Diss Tübingen 1955)
TIEDKE, Die Aufhebung des belasteten An-
wartschaftsrechts ohne Zustimmung des Pfand-
gläubigers, NJW 1988, 28 und 1985, 1305
WILHELM, Das Anwartschaftsrecht des Vorbe-
haltskäufers im Hypotheken- und Grund-
schuldverband, NJW 1987, 1785
WÜRDINGER, Die privatrechtliche Anwartschaft
als Rechtsbegriff (1928).
Vgl auch die Schrifttumshinweise bei
STAUDINGER/HONSELL (1995) § 455 Rn 34 ff.

Systematische Übersicht

Reinhard Bork

Alphabetische Übersicht

Reinhard Bork

Reinhard Bork

I. Historische Entwicklung

1. Römisches und gemeines Recht

a) Das **römische Recht** kannte nur aufschiebende Bedingungen. Die auflösende **1**
Bedingung wurde als aufschiebend bedingte Aufhebungsabrede angesehen (JAHR AcP
168 [1968] 9, 20; ZIMMERMANN AcP 193 [1993] 121, 124 f). Allerdings waren dem römischen
Recht durchaus der Kauf auf Billigung, die Verfallklausel und die addictio in diem
bekannt (FLUME, in: FS Kaser [1976] 309 ff). Unzulässig waren Bedingungen bei Rechtsgeschäften über absolute Rechte.

b) Im **gemeinen Recht** wurden Bedingung, Befristung und Auflage als „Neben- **2**
bestimmungen" der Rechtsgeschäfte zusammengefaßt. WINDSCHEID fügte die Auflage seinem umfassenden Begriff der *Voraussetzung* ein, die er als eine nicht zur
Bedingung entwickelte Willensbeschränkung definierte (vgl SIMSHÄUSER AcP 172 [1972]
19 ff). Allerdings wurde diese Lehre von der gemeinrechtlichen Theorie weitgehend
abgelehnt. Auch das BGB hat sie nicht übernommen (SCHUBERT SZRA 92 [1975] 186,
211 ff; SIMSHÄUSER 33; vgl im übrigen zur Genese der §§ 158–163 JAKOBS/SCHUBERT, Die Beratung
des Bürgerlichen Gesetzbuches, AT, 2. Teilband [1985] 827 ff). Wohl aber entwickelte OERT-
MANN aus den Ansätzen WINDSCHEIDS die Lehre von der subjektiven Geschäftsgrundlage (s dazu näher STAUDINGER/DILCHER[12] § 119 Rn 91 ff; vgl auch unten Rn 11).

2. Regelung im BGB

Das BGB enthält in §§ 158 ff allgemeine Regeln über die *Bedingung* und die *Befri-* **3**
stung, während die *Auflage* nur im Zusammenhang mit der Schenkung (§§ 525 ff) und
den letztwilligen Verfügungen (§§ 1940, 2192 ff, 2278 f) behandelt wird. Ihnen ist
gemeinsam, daß die sie enthaltenen Klauseln einem Rechtsgeschäft als *accidentalia
negotii* (vgl dazu STAUDINGER/DILCHER[12] Einl 14 zu §§ 104 ff) hinzugefügt werden. Bedingungen unterscheiden sich von der Auflage dadurch, daß die Wirksamkeit des
Rechtsgeschäfts durch Nichterfüllung der Auflage nicht berührt wird (s SOERGEL/
WOLF Vor § 158 Rn 19). Die *Bedeutung* der Bedingungen liegt darin, daß die Parteien
durch ihre Vereinbarung die Gleichzeitigkeit von Rechtsgeschäft und Rechtswirkung
(Rechtsfolge) durchbrechen können (vgl BLOMEYER, Studien zur Bedingungslehre I [1938] 1).
Insbesondere bei in die Zukunft wirkenden Rechtsgeschäften dienen sie dazu, den

Einfluß künftiger Veränderungen schon jetzt vorausschauend vertraglich zu regeln (MünchKomm/H P WESTERMANN § 158 Rn 2; SOERGEL/WOLF Vor § 158 Rn 13). – Zur *Abgrenzung* von anderen Gestaltungsmöglichkeiten s unten Rn 10 und § 158 Rn 8 ff.

II.   Bedingung und Befristung

1.   Bedingung

4 a)   Die Begriffe „Bedingung" und „Befristung" werden in den §§ 158 ff als inhaltsbekannt vorausgesetzt. **Bedingung** iSd §§ 158 ff ist eine durch den Parteiwillen zum Geschäftsinhalt erhobene *Bestimmung, welche die Rechtswirkungen des Geschäfts von einem künftigen Ereignis abhängig macht, dessen Eintritt jetzt noch ungewiß ist.* Das Gesetz versteht allerdings in § 158, wo vom „Eintritte der Bedingung" die Rede ist, unter der Bedingung nicht nur eine entsprechende Bestimmung, sondern auch das künftige Ereignis selbst. Man kann hier auch von dem „Bedingungsfall" sprechen (SOERGEL/WOLF Vor § 158 Rn 2). Im Anschluß an die gemeinrechtliche Terminologie wird ferner vom *dies incertus an* gesprochen. Dieser kann entweder *incertus quando* sein, wie zB das bestandene Examen als Bedingung, oder *certus quando*, wie zB das Erleben eines bestimmten Geburtstages (vgl BAG AP Nr 9 zu § 620 BGB-Bedingung). Liegt dagegen ein *dies certus an* vor, so handelt es sich regelmäßig um eine Befristung (s Rn 9 sowie FLUME § 38, 1a); maßgeblich ist freilich stets der Parteiwille (s § 163 Rn 4). Außerhalb der §§ 158 ff wird der Begriff oft untechnisch zur Bezeichnung des Geschäftsinhalts verwendet, wenn zB von Vertragsbedingungen oder Geschäftsbedingungen gesprochen wird (vgl zur Abgrenzung OLG Düsseldorf NJW-RR 1991, 435). Dies gilt etwa auch für § 387 Abs 1 HGB. – Zur Frage, ob eine Bedingung im Rechtssinne gewollt ist, s § 158 Rn 8 ff.

5   Als ungewisses Ereignis, welches die Rechtswirkungen des Geschäfts bedingt, kommt grundsätzlich **jede künftige Begebenheit** in Betracht, insbesondere eine Handlung der Geschäftsbeteiligten oder eines Dritten (BayObLG NJW-RR 1986, 93, 94; OLG Frankfurt NJW-RR 1998, 1130, 1131; OLG Hamm NJW-RR 1988, 1268, 1269; LG Köln NJW-RR 1993, 1424; s auch unten Rn 20). Auch Erwartungen eines Erklärenden können zur Bedingung erhoben werden (SOERGEL/WOLF § 158 Rn 14; s näher unten Rn 10 f). In der Regel stellt die bloße Angabe eines Beweggrundes aber keine echte Bedingung iSd § 158 dar (BayObLG Rpfleger 1983, 440).

6   **Bedingt** sind in den Fällen der §§ 158 ff die **Rechtswirkungen** eines Rechtsgeschäfts. In der gemeinrechtlichen Theorie wurde beim bedingten Rechtsgeschäft der Wille des Erklärenden als bedingt verstanden, so daß man von einer Selbstbeschränkung des Willens sprach (FLUME § 38, 4a). Heute ist anerkannt, daß sich die Bedingung auf den Eintritt oder den Fortbestand von Rechtswirkungen bezieht. Der rechtsgeschäftliche Wille als solcher muß den allgemeinen Regeln über Willenserklärungen entsprechen. Die Parteien sind daher auch beim bedingten Rechtsgeschäft mit Vertragsschluß an das Rechtsgeschäft gebunden und können es nicht mehr einseitig lösen (s auch § 158 Rn 18).

7 b)   **Vereinbart** wird eine Bedingung regelmäßig nicht in einer eigenen Willenserklärung, die der allgemeinen Willenserklärung im Rechtsgeschäft hinzugefügt wird. Man kann hier nicht von zwei getrennten Tatbeständen ausgehen, dem Hauptrechts-

geschäft und einem zusätzlichen Bedingungsgeschäft (aM Minas 50 ff). Ein solcher
Gedankengang würde der römisch-rechtlichen Konstruktion der auflösenden Bedingung als einer unter aufschiebender Bedingung stehenden Auflösungserklärung folgen (s oben Rn 1), die für das BGB keine Geltung beanspruchen kann. Vielmehr stellt
die Bedingung eine *Modalität der rechtsgeschäftlichen Willenserklärung* selbst dar
(Prot I 185 = Mugdan I 764; Enneccerus/Nipperdey § 194 I 1).

Normalerweise wird eine Bedingung **ausdrücklich** vereinbart. Sie kann jedoch, wie **8**
die Willenserklärung insgesamt, auch **durch schlüssiges Verhalten** verlautbart werden,
sofern erkennbar wird, daß die Rechtswirkungen der Erklärung von einem ungewissen künftigen Ereignis abhängig sein sollen (vgl LG Köln NJW-RR 1993, 1424), zB vom
künftigen Verhalten des Erklärungsadressaten. Die darüber hinausgehende Auffassung, es könne eine Bedingung auch stillschweigend gesetzt werden, ohne daß der
Erklärende ein entsprechendes Bewußtsein habe (so E Wolf, AT [3. Aufl 1982] 541), ist
abzulehnen. Es handelt sich in solchen Fällen entweder um Sachverhalte, die der
Geschäftsgrundlage zuzuordnen sind (vgl unten Rn 11), oder um Scheinbedingungen
(s unten Rn 28).

2. Befristung

Eine Befristung liegt vor, wenn die Rechtswirkungen eines Geschäfts mit einem **9**
zukünftigen, aber gewissen Ereignis beginnen oder enden sollen (Enneccerus/
Nipperdey § 193 II). Dabei kann es sich, im Anschluß an die gemeinrechtliche Terminologie (s Rn 4), um einen *dies certus an, certus quando* handeln, zB um einen bestimmten Kalendertag. Befristung ist jedoch auch der *dies certus an, incertus quando*, wie zB
der Todestag eines Menschen (Flume § 38, 1a; Soergel/Wolf Vor § 158 Rn 6; s auch § 163
Rn 4). Eine Bedingung wird nicht dadurch zur Befristung, daß sie in Zeitbegriffen
ausgedrückt wird, wie zB der Zeitpunkt des abzulegenden Examens (vgl oben Rn 4).

3. Abgrenzung von anderen Rechtsinstituten

Die Motive, die eine Partei zur Abgabe der Willenserklärung veranlassen, können **10**
zur *Bedingung* erhoben werden (s oben Rn 5). Dann berührt das Nichteintreten des
erwarteten Ereignisses unmittelbar den Bestand des Rechtsgeschäfts. Es kommen
aber auch andere Gestaltungsmöglichkeiten in Betracht (vgl instruktiv für die Bindung
eines Lebensversicherungsbezugsrechts für den Ehegatten an das Bestehen der Ehe Finger VersR
1990, 229 ff; vgl dazu auch Fuchs JuS 1989, 179, 181 mwN; Wrabetz, in: FS vLübtow [1991] 239 ff).
Sofern Vorstellungen oder Erwartungen in den Erklärungstatbestand aufgenommen
werden, ohne die Rechtsnatur einer Bedingung zu haben, begründen sie möglicherweise ein *Anfechtungsrecht* (vgl näher Staudinger/Dilcher[12] § 119 Rn 34 ff, 68 ff). Schließlich können die Erwartungen der Parteien in einer *Zweckvereinbarung* im Rahmen
des § 812 Abs 1 S 2, 2. Fall Ausdruck finden (BGH NJW 1966, 448, 449; Soergel/Wolf Vor
§ 158 Rn 14), so daß beim Fehlen des erstrebten Zwecks das Rechtsgeschäft wirksam
bleibt und eine Leistungskondiktion stattfinden muß (s näher Staudinger/Lorenz [1993]
§ 812 Rn 80, 105 f). Davon zu unterscheiden ist ein *Rücktrittsvorbehalt* (vgl LG Hamburg
NJW-RR 1991, 823). Treten dessen Voraussetzungen ein, so enden die Rechtswirkungen
nicht, wie bei der auflösenden Bedingung, automatisch, sondern es bedarf einer
Rücktrittserklärung, durch die ein Rückgewährschuldverhältnis nach Maßgabe der
§§ 346 ff begründet wird (RGZ 161, 253, 255; Erman/Hefermehl § 158 Rn 4; Soergel/Wolf

Vor § 158 Rn 17; vgl auch § 158 Rn 8 ff). Dasselbe gilt für eine *Verfallklausel* gemäß § 360 (vgl KNÜTEL JR 1982, 20, zur Abgrenzung aber auch OLG München NJW-RR 1998, 1663, 1664). Ein *„Kündigungsrecht"* kann aber durchaus auch als auflösende Bedingung zu verstehen sein (BayObLG NJW-RR 1990, 87 [LS]), und bei einem *Widerrufsvorbehalt* in einem Prozeßvergleich handelt es sich idR ebenfalls um eine aufschiebende Bedingung für die Wirksamkeit des Vergleichs, nicht um einen Rücktrittsvorbehalt (BGHZ 88, 364, 366 f; BGH NJW-RR 1989, 1214, 1215). – Wegen der Abgrenzung zur *Auflage* s oben Rn 3.

11 Ferner kann eine beiderseitig als gewiß vorausgesetzte Sachlage oder Sachentwicklung *Geschäftsgrundlage* iSv § 313 sein (näher dazu STAUDINGER/DILCHER[12] § 119 Rn 91 ff). Sie ist, im Unterschied zur Bedingung, nicht inhaltlicher Bestandteil des Rechtsgeschäfts (SOERGEL/WOLF Vor § 158 Rn 15). Außerdem löst ihr Fehlen oder Wegfall keine automatischen Rechtsfolgen aus, sondern führt nach Maßgabe des Einzelfalles zur richterlichen Vertragsanpassung (§ 313 Abs 1) und nur subsidiär zu einem Rücktrittsrecht (§ 313 Abs 3). Wegen dieser größeren Flexibilität auf der Rechtsfolgenseite ist daher im Zweifel nicht von einer Bedingung, sondern von einer Geschäftsgrundlage auszugehen (SOERGEL/WOLF Vor § 158 Rn 15).

III. Bedingungsarten

1. Allgemeine Einteilungen

12 a) Im BGB wird die überkommene Unterscheidung von **aufschiebenden und auflösenden Bedingungen**, von Suspensiv- und Resolutivbedingungen, zugrundegelegt. Gegenüber der gesetzlichen Gleichstellung beider Arten in § 158 betont jedoch FLUME (§ 38, 2a) mit Recht deren Unterschiedlichkeit, die darin zum Ausdruck kommt, daß bei der aufschiebenden Bedingung die Geltung des Rechtsgeschäfts in der Schwebe bleibt, während es sich bei der auflösenden Bedingung um die Begrenzung eines geltenden Geschäfts handelt. Dies führt zu einer unterschiedlichen Behandlung vor allem im Hinblick auf die *Teilbarkeit* des von der Bedingung getroffenen Rechtsgeschäfts: Nur die auflösende Bedingung ist selbständiger Teil eines Rechtsgeschäfts, das beim Wegfall der Bedingung als Restgeschäft iSd § 139 fortbestehen kann. Handelt es sich um eine aufschiebende Bedingung, so ist nicht nur die Bedingung, sondern das ganze Rechtsgeschäft nichtig, da regelmäßig nicht anzunehmen ist, dass die Parteien das Rechtsgeschäft auch ohne den nichtigen Teil, also unbedingt gewollt hätten. Das ergibt sich nicht aus einer die Anwendung des § 139 verdrängenden Deutung der Bedingung als untrennbarer Bestandteil der rechtsgeschäftlichen Regelung, in der sie sich befindet (so aber FLUME § 38, 4c; SOERGEL/WOLF § 158 Rn 32; Voraufl; vgl auch ENNECCERUS/NIPPERDEY § 194 I 1, der dies für beide Arten der Bedingungen annimmt), sondern aus einer sachgerechten Anwendung des § 139 (BORK Rn 1260 Fn 14; MünchKomm/H P WESTERMANN § 158 Rn 9/46). Die Unterscheidung wird vor allem im Zusammenhang mit verbots- und sittenwidrigen Bedingungen erheblich (s dazu unten Rn 33). – Zur Frage, ob im Einzelfall eine aufschiebende oder eine auflösende Bedingung gewollt ist, s § 158 Rn 4 ff.

13 b) Ferner lassen sich **bejahende und verneinende Bedingungen** (affirmative und negative Bedingungen) unterscheiden, je nachdem, ob ihre Erfüllung eine Veränderung des zZ der Geschäftsvornahme bestehenden Zustandes erfordert oder nicht.

Ein Fall dieser Art ist in § 2075 geregelt. – Zu den *Potestativbedingungen* s Rn 14 ff, zu den *Rechtsbedingungen* s Rn 22 ff, zu den *notwendigen Bedingungen* s Rn 27.

2. Potestativbedingungen

a) Die Frage, ob es sich noch um ein Rechtsgeschäft handelt, wenn die Rechts- **14** wirkungen einer Verlautbarung *ausschließlich vom Wollen einer Partei abhängen* sollen, ist umstritten. Die Geschichte dieses Streits reicht in die Zeit vor der Schaffung des BGB zurück. SAVIGNY und die gemeinrechtliche Lehre verneinten dies (vgl FLUME § 38, 2d). Im Anschluß daran wurde in § 138 E I vorgesehen, daß eine aufschiebende Bedingung, die in dem bloßen Wollen des Verpflichteten besteht, die betroffene Verpflichtung unwirksam werden lasse. Die Vorschrift wurde jedoch später „ihres doktrinären Charakters wegen" gestrichen (Prot I 185 = MUGDAN I 764).

b) Beim **Kauf auf Probe** bestimmt § 454 Abs 1 S 2 ausdrücklich, daß die reine **15** Willkür des Käufers als aufschiebende Bedingung vorgesehen werden kann (s näher STAUDINGER/MADER [1995] § 495 Rn 2). Es gibt allerdings auch die Auffassung, daß hier statt einer Bedingung die Begründung eines Gestaltungsrechts vereinbart werde (so wohl PALANDT/PUTZO § 495 Rn 5).

c) In der heutigen Diskussion ist man sich zunächst darüber einig, daß Bedingun- **16** gen, bei denen eine Partei ein maßgebliches *objektives* Ereignis gewollt eintreten lassen kann, anzuerkennen sind (vgl nur OLG Hamm OLGZ 1978, 169, 171; OLG München NJW-RR 1988, 58, 59; MünchKomm/H P WESTERMANN § 158 Rn 19; SOERGEL/WOLF Vor § 158 Rn 23; s auch Rn 41 sowie § 158 Rn 2). In § 2075 ist dieser Fall auch gesetzlich anerkannt (vgl BGHZ 96, 198, 202). Die Bedingung ist dann grundsätzlich mit dem vereinbarten Erfolg oder Verhalten eingetreten, gleich ob sie vorsätzlich, irrtümlich oder rechtsfehlerhaft herbeigeführt wurde (SOERGEL/WOLF Vor § 158 Rn 23). Streitig sind dagegen Potestativbedingungen, bei denen lediglich das Wollen des *Verpflichteten* für die Geltung des Geschäfts maßgebend sein soll; zT spricht man hier von einer **Wollensbedingung** (*condicio si volam* oder *si voluero*; vgl nur FLUME § 38, 2d; SOERGEL/WOLF Vor § 158 Rn 25).

Die Literatur spricht sich weitgehend gegen die Anerkennung von solchen Potesta- **17** tivbedingungen aus (ERMAN/HEFERMEHL Vor § 158 Rn 12; FLUME § 38, 2d; JAUERNIG § 158 Rn 4; LARENZ/WOLF § 50 Rn 20; MünchKomm/H P WESTERMANN § 158 Rn 21 ff; wohl auch MEDICUS Rn 831 und JuS 1988, 1, 2 f). § 454 Abs 1 wird dabei als Ausnahmeregel verstanden, die auf ihren engsten Wortlaut zu beschränken sei. Die Rechtsprechung hingegen läßt auf willkürliche Geltung des Geschäfts ausgerichtete Potestativbedingungen zu (RGZ 94, 291, 297; 77, 415, 417), jedenfalls bei gegenseitigen Verträgen, bei denen jeder Partner zugleich Gläubiger und Schuldner ist (BGHZ 47, 387, 391; BGH WM 1966, 1267, 1269; DB 1962, 1567; BayObLG NJW-RR 1988, 982; 1986, 568; RGZ 104, 98, 100; OLG Hamm OLGZ 1978, 169, 171; ebenso ENNECCERUS/NIPPERDEY § 194 IV 3; SOERGEL/WOLF Vor § 158 Rn 28; WUNNER AcP 168 [1968] 425 ff; vgl auch BGHZ 119, 35, 37 f).

Dem ist für *aufschiebende Wollensbedingungen* nicht zuzustimmen. Die Bindung **18** einer Partei darf nicht in ihre Willkür gestellt werden, weil es sonst am Zustandekommen des Vertrages fehlt (vgl auch RGZ 136, 132, 135; 131, 24, 26). Entscheidend für die Zulässigkeit der Wollensbedingung und zugleich für den Bedingungcharakter einer

Reinhard Bork

solchen Bestimmung ist daher, daß nicht die Entstehung des Rechtsgeschäfts, sondern seine Rechtswirkungen (vgl oben Rn 6), also letztlich die Durchführung, vom Willen einer Partei abhängig sein soll (vgl OLG Hamm OLGZ 1978, 169, 171). Bei einer aufschiebenden Wollensbedingung ist aber letztlich die Verbindlichkeit des Rechtsgeschäfts und nicht nur seine Durchführung offen. Die Abgrenzung zwischen einem noch nicht als bindend gewollten Geschäft und einem als verbindlich gewollten, aber an eine Wollensbedingung geknüpften Geschäft kann hier nicht gelingen. Anders kann man für *auflösende Wollensbedingungen* entscheiden, deren Vereinbarung ebenso zulässig sein muß wie die Vereinbarung eines Kündigungsrechts oder eines Rücktrittsvorbehalts (vgl auch JAUERNIG § 158 Rn 4; SOERGEL/WOLF Vor § 158 Rn 26). Bei *Verfügungen* wird man allerdings annehmen müssen, daß sie im Interesse der Verkehrssicherheit nicht unter auflösende Potestativbedingungen gestellt werden können (FLUME § 38, 2d).

19 Im übrigen ist sorgfältig durch **Auslegung** zu prüfen, ob überhaupt eine Wollensbedingung vereinbart ist. Möglich ist auch, daß es sich gar nicht um ein bedingtes Rechtsgeschäft handelt, sondern daß die rechtsgeschäftliche *Bindungswirkung* überhaupt erst mit dem „Bedingungseintritt" begründet werden soll (vgl HÜBNER Rn 1128). Ferner kann eine *Option* als Angebot mit verlängerter Bindungswirkung (s STAUDINGER/BORK [1996] Vorbem 69 ff zu §§ 145 ff) vorliegen (so für den Normalfall FLUME § 38, 2d; SOERGEL/WOLF Vor § 158 Rn 29). Ebenso besteht die Möglichkeit, daß keine auflösende „Potestativbedingung", sondern ein *Rücktrittsvorbehalt* vereinbart wurde (s oben Rn 10, 18).

20 **d)** In keinem Fall handelt es sich um eine Potestativbedingung, wenn das willensabhängige *Verhalten eines Dritten* zur Bedingung erhoben wird. In diesen Fällen spricht man auch von einer **Zufallsbedingung** (ERMAN/HEFERMEHL Vor § 158 Rn 12; LARENZ/WOLF § 50 Rn 11; MünchKomm/H P WESTERMANN § 158 Rn 20; SOERGEL/WOLF Vor § 158 Rn 24). Sie ist – von der Ausnahme des § 2065 abgesehen – grundsätzlich zulässig (vgl BayObLG NJW-RR 1986, 93, 94; OLG Hamm OLGZ 1968, 80, 84; NJW-RR 1988, 1268, 1269). Es handelt sich, wenn nicht eine Rechtsbedingung vorliegt (s dazu Rn 22 ff), um eine echte Bedingung iSv § 158.

21 Erklärt ein *Vertreter* (insbesondere das Organ einer juristischen Person), dessen Vertretungsmacht das Rechtsgeschäft an sich abdecken würde, den Vertrag nur unter der „Bedingung" zu schließen, daß der Vertretene oder ein weiterer Vertreter zustimmt, so fehlt es idR am Rechtsbindungswillen. Es liegt dann nur ein bindendes Angebot des Gegners vor. Im Einzelfall kann es sich auch einmal um einen Vorvertrag oder eine Option handeln (SOERGEL/WOLF Vor § 158 Rn 30 f).

3. Rechtsbedingungen

22 **a)** Schon das römische Recht betonte die Unterscheidung zwischen tatsächlichen Bedingungen und einer Rechtsbedingung *(condicio iuris* oder *condicio tacita*; vgl dazu ZIMMERMANN AcP 193 [1993] 121, 126 mwN). Infolgedessen entstand im 19. Jahrhundert eine umfangreiche Literatur zur Frage der Rechtsbedingung (vgl EGERT 2 ff). Von ihr beeinflußt hatte § 140 E I eine Regelung über die Rechtsbedingung vorgesehen, die aber von der 2. Kommission wieder gestrichen wurde.

b) Rechtsbedingungen sind die **gesetzlichen Wirksamkeitsvoraussetzungen** eines 23
Rechtsgeschäfts (vgl LG Aachen Rpfleger 1979, 61). Insofern spricht man auch von *Gültig-keitserfordernissen* (EGERT 29). OERTMANN hat als Rechtsbedingungen im engeren
Sinne die beim Geschäftsabschluß noch ausstehenden, aber *nachholbaren* Wirksam-keitsvoraussetzungen bezeichnet, wovon insbesondere die noch fehlende Ge-nehmigung erfaßt wird (SOERGEL/WOLF Vor § 158 Rn 7).

c) Rechtsbedingungen sind **keine Bedingungen iSd §§ 158 ff**, da zT schon die recht- 24
liche Bindung und nicht nur die Rechtswirkungen hinausgeschoben sind und dieser
Effekt in jedem Fall auf Gesetz und nicht auf Parteivereinbarung beruht. Rechts-bedingungen vermögen zwar ebenfalls einen Schwebezustand zu erzeugen. Es sind
dafür aber speziellere Regeln ergangen, zB in §§ 115, 184, 185 Abs 2 (vgl BGH ZIP
2000, 1007, 1009; EGERT 49 ff, 183). Daneben können die §§ 158 ff grundsätzlich nicht –
auch nicht analog – verwendet werden (vgl RGZ 144, 71, 73; OGHBrZ 3, 250, 253; NdsFG
EFG 1981, 621; EGERT 183 ff; s aber auch LARENZ/WOLF § 50 Rn 24; SOERGEL/WOLF Vor § 158
Rn 8).

Rechtsbedingungen können auch nicht als echte Bedingungen **vereinbart** werden. 25
Zwar hatte das RG (JW 1933, 1387) obiter eine Vereinbarung, nach welcher die mittels
Kapitalabfindung zu erfüllende Kaufpreiszahlungspflicht von der Genehmigung der
Abfindung durch das Versorgungsamt abhängig sein sollte, als echte Bedingung be-zeichnet. Eine solche Vertragsklausel wirkt jedoch nur deklaratorisch (vgl auch OLG
Düsseldorf NJW-RR 1991, 435: Entstehen der Hauptschuld als Rechtsbedingung der Bürgschaft).
Die Wiederholung einer gesetzlichen Wirksamkeitsvoraussetzung im rechtsgeschäft-lichen Tatbestand begründet keine auf den *Parteiwillen* zurückzuführende Abhän-gigkeit der Rechtswirkungen von einem ungewissen zukünftigen Ereignis (vgl FLUME
§ 38, 1c). Rechtsbedingungen können nicht Ausdruck privatautonomer Gestaltung
sein. Umgekehrt ist deshalb auch das Hinzufügen einer Rechtsbedingung bei *bedin-gungsfeindlichen Rechtsgeschäften* unschädlich (OLG Karlsruhe NJW 1967, 935, 936;
SOERGEL/WOLF Vor § 158 Rn 9), und wenn eine Rechtsbedingung, zB hinsichtlich einer
Genehmigungspflicht, zu Unrecht gesetzt wurde, so berührt dieser Fehler die Gül-tigkeit des Rechtsgeschäfts nicht (BGH WM 1976, 271, 273; 1961, 407, 408; BFHE 132, 106, 107
= WM 1981, 343).

Rechtsbedingungen können allerdings durch den Parteiwillen **umgestaltet** werden, 26
etwa dadurch, daß die nach dem Gesetz notwendige Genehmigung des gesetzlichen
Vertreters in einer gegenüber der gesetzlichen Regelung erschwerten Form gefordert
wird. In diesen Fällen vertritt EGERT (44) die Auffassung, es handele sich weiterhin
um Rechtsbedingungen, so daß sie zB von den Vorschriften über Bedingungsverbote
nicht erfaßt würden. Dem ist grundsätzlich zuzustimmen. §§ 158 ff finden in diesen
Fällen keine Anwendung. Es ist indessen im Einzelfall zu prüfen, ob die auf dem
Parteiwillen beruhende Modifikation mit Sinn und Zweck eines etwaigen Bedin-gungsverbots vereinbar ist oder ob sie eine Unsicherheit schafft, die durch das kon-krete Bedingungsverbot gerade vermieden werden soll.

4. Notwendige Bedingungen

Nicht um Bedingungen iSd §§ 158 ff handelt es sich bei einer sog notwendigen Be- 27
dingung *(condicio necessaria)*, durch die die Rechtswirkungen eines Geschäfts von

Reinhard Bork

unausbleiblichen und in ihrem Zeitpunkt *feststehenden Ereignissen* abhängig gemacht werden. Es fehlt an der für die Bedingungen kennzeichnenden Ungewißheit, so daß ein unbedingtes Rechtsgeschäft vorliegt (Erman/Hefermehl Vor § 158 Rn 7). Das BGB enthält, anders als frühere Rechte, hierüber keine Bestimmungen. Allerdings kann sich im Wege der Auslegung ergeben, daß in Wirklichkeit eine *Befristung* mit aufschiebender oder auflösender Wirkung gewollt war, also ein Anfangs- oder Endtermin gesetzt werden sollte. Dann findet § 163 Anwendung.

5. Scheinbedingungen

28 Nicht um eine echte Bedingung iSd § 158 (BGH NJW 1999, 379, 381), sondern um eine Scheinbedingung handelt es sich bei der zZ der Vornahme des Rechtsgeschäfts *bereits entschiedenen* Bedingung (*condicio in praesens vel praeteritum collata* oder *relata*; auch *Gegenwartsbedingung, Voraussetzung* oder *Unterstellung* genannt). Es fehlt hier am Erfordernis des ungewissen zukünftigen Ereignisses, da nur *subjektive Ungewißheit* der Beteiligten besteht; es geht den Parteien nicht um die künftige Entwicklung, sondern um die Aufklärung der gegenwärtigen Verhältnisse (Soergel/Wolf Vor § 158 Rn 10). § 137 E I hatte hierzu ausdrücklich eine Regel vorgesehen, die jedoch von der 2. Kommission wieder gestrichen wurde. Da es sich nicht um eine echte Bedingung handelt, ist ein Rechtsgeschäft, das unter einer schon negativ entschiedenen aufschiebenden Scheinbedingung vorgenommen wird, unwirksam (LAG Saarbrücken NJW 1966, 2136, 2137; s auch LG Köln VersR 1985, 384, 385; Frohn Rpfleger 1982, 56, 57 sowie unten Rn 27). Im Falle einer bereits eingetretenen auflösenden Scheinbedingung ist das vorgenommene Geschäft unbedingt gültig (vgl Rodermund 28 ff; ferner OLG Köln NJW-RR 1992, 237, 239 [für den Vorbehalt bei einer Erfüllungshandlung, daß die Schuld auch wirklich besteht]; s dazu auch Seibert JR 1983, 491 ff).

29 Allerdings kann im Einzelfall ein schutzwürdiges Interesse der Parteien anzuerkennen sein, die Wirkungen eines Rechtsgeschäfts von einem nur subjektiv ungewissen Umstand abhängig zu machen (Flume § 38, 1b). Es gelten dann zwar die §§ 158 ff nicht unmittelbar (**aM** Rodermund 49 ff). Sie werden jedoch kraft Privatautonomie für das betreffende Rechtsgeschäft so in Geltung gesetzt, als seien sie auch für diesen Fall bestimmt (Brox Rn 432; Erman/Hefermehl Vor § 158 Rn 6; Jauernig § 158 Rn 6; Palandt/Heinrichs Einf v § 158 Rn 6; **aM** wohl MünchKomm/H P Westermann § 158 Rn 52 f). Dies ist vor allem der Fall, wenn eine unklare Rechtslage im bestimmten Sinne zur „Bedingung" eines Geschäfts erhoben wurde. Maßgeblich für den „Schwebezustand" ist dann nicht der Eintritt eines Ereignisses, sondern die Kenntnis der Parteien davon (OLG Düsseldorf NJW-RR 1998, 150, 151). So hat der BGH (LM Nr 1 zu § 159) die Formulierung, ein Pachtvertrag solle nur dann gelten, wenn der Verpächter bereits von einem anderen Pachtvertrag über dieselbe Sache wirksam zurückgetreten sei, wie eine auflösende Bedingung behandelt (vgl auch Soergel/Wolf Vor § 158 Rn 10). Entsprechendes kann für sog „Steuerklauseln" gelten, mit denen die Parteien die zivilrechtliche Wirksamkeit ihres Rechtsgeschäfts von der steuerlichen Anerkennung durch die Finanzverwaltung abhängig machen (s näher Theisen GmbHR 1980, 132, 137; Zenthöfer DStZ 1987, 185, 189 f mwN; vgl aber auch BFHE 153, 58, 61; Kaligin GmbHR 1981, 70 f). Im übrigen kann die Auslegung eines mit einer Scheinbedingung versehenen Rechtsgeschäfts ergeben, daß es sich in Wirklichkeit um eine Wette handeln sollte.

6. Unzulässige Bedingungen

a)   Sofern dem Rechtsgeschäft eine **unmögliche Bedingung** beigefügt ist, dh auf ein   **30**
künftiges Ereignis abgestellt wird, das objektiv nicht eintreten kann, hat dies bei
einer aufschiebenden Bedingung die Unwirksamkeit des Rechtsgeschäfts zur Folge,
im Falle einer auflösenden Bedingung dessen unbedingte Gültigkeit. An einer ausdrücklichen Regelung hierzu fehlt es im BGB. Ein Rückgriff auf § 311a wird idR
daran scheitern, daß die vereinbarten Leistungen möglich sind. Gleichwohl ist die
Vereinbarung unwirksam, wenn die vereinbarten Rechtsfolgen nicht in Kraft treten
können (ebenso ERMAN/HEFERMEHL Vor § 158 Rn 8; MünchKomm/H P WESTERMANN § 158
Rn 48; SOERGEL/WOLF § 158 Rn 31 mwN). Es kann bei der ursprünglichen Unmöglichkeit
des Bedingungseintritts nichts anderes gelten als beim nachträglichen endgültigen
Ausfall der Bedingung (s dazu § 158 Rn 16). Ist die Unmöglichkeit behebbar und soll
das Geschäft für diesen Fall geschlossen werden, so liegt allerdings eine echte Bedingung vor und das Rechtsgeschäft ist wirksam, sofern nicht §§ 134, 138 entgegenstehen (ERMAN/HEFERMEHL Vor § 158 Rn 8; s auch unten Rn 33). Zur Problematik der unmöglichen Bedingung bei Verfügungen von Todes wegen s STAUDINGER/OTTE (1995)
§ 2074 Rn 65 f.

b)   Ist einem Rechtsgeschäft eine **unverständliche oder widersinnige (perplexe) Be-**   **31**
dingung beigefügt, so ist es insgesamt nichtig (ERMAN/HEFERMEHL Vor § 158 Rn 11). Dies
war in § 139 E I ausdrücklich so vorgesehen, wurde jedoch später gestrichen (vgl Mot
I 267). Kann allerdings die Unverständlichkeit, zB weil sie auf einem Schreibver-
sehen beruht, im Wege der Auslegung beseitigt werden, so gelten für die „berichtigte
Fassung" die allgemeinen Regeln der §§ 158 ff.

c)   Das ALR hatte in den §§ 133 ff I 4 auch Bestimmungen über **nutzlose Bedin-**   **32**
gungen getroffen. Das BGB hat eine solche Regelung nicht vorgesehen, so daß die
allgemeinen Bedingungsregeln auch hier gelten (Mot I 264). Zu beachten ist allerdings, daß durch unnütze Bedingungen im Hinblick auf § 118 die Ernstlichkeit des
Rechtsgeschäfts in Frage gestellt werden kann (ERMAN/HEFERMEHL Vor § 158 Rn 10).

d)   Auch über **unerlaubte und sittenwidrige Bedingungen** hat das BGB, im Unter-   **33**
schied zu früheren Rechten, keine Regeln aufgestellt. Derartige Bedingungen führen
daher nach Maßgabe der §§ 134, 138 grundsätzlich zur Nichtigkeit des Rechtsgeschäfts (vgl LAG Düsseldorf DB 1977, 1196). Sittenwidrig können vor allem solche
Bedingungen sein, die eine Zuwendung an ein bestimmtes Verhalten des Empfängers
knüpfen und dadurch unzumutbaren Druck auf den Empfänger ausüben, weil sie
übermäßig in seine Persönlichkeitssphäre eingreifen (zB durch „Zölibatsklauseln" in
Arbeitsverträgen, s BAGE 4, 274, 285 und allg MünchKomm/H P WESTERMANN § 158 Rn 45).
Bei auflösenden Bedingungen kann allerdings das Rechtsgeschäft nach § 139 ohne
die Bedingung aufrechterhalten werden (BAGE 4, 274, 285; SOERGEL/WOLF § 158 Rn 32).
Bei aufschiebenden Bedingungen hilft § 139 hingegen nicht weiter (vgl oben Rn 12); zur
Umdeutung in ein unbedingtes Geschäft s unten Rn 44. Zulässig ist eine Bedingung,
wonach das gegenwärtig unerlaubte Geschäft für den Fall einer *Gesetzesänderung*
Wirkungen entfalten soll.

IV. Bedingungsfeindliche Rechtsgeschäfte

1. Allgemeine Gründe der Bedingungsfeindlichkeit

34 a)   Rechtsgeschäfte, auch einseitige Rechtsgeschäfte (vgl zu diesen Merle AcP 183 [1983] 81, 90 ff), sind grundsätzlich bedingungsfreundlich. Das gilt auch bei dinglichen Rechten (BayObLG NJW-RR 1990, 1169, 1170), wobei allerdings im Hinblick auf die grundbuchrechtliche Eintragungsfähigkeit an die Bestimmbarkeit der Bedingung erhöhte Anforderungen zu stellen sind (BayObLG NJW-RR 1998, 85; OLG Frankfurt OLGZ 1993, 385, 386). Aus Gründen der **öffentlichen Ordnung** kann es jedoch ausgeschlossen sein, Rechtsgeschäfte von Bedingungen oder Zeitbestimmungen abhängig zu machen. Dies gilt zB für die Eheschließung gemäß § 13 Abs 2 EheG (vgl OLG Hamburg OLGZ 1983, 18, 20), für die Anerkennung eines nichtehelichen Kindes (§ 1600b), für die Ehelicherklärung nach § 1724 oder für die Adoption gemäß §§ 1750 Abs 2 S 1, 1752 Abs 2. Entsprechendes muß für den Namen betreffende Erklärungen nach §§ 1355, 31a PStG gelten (BayObLGZ 1964, 213, 218; OLG Frankfurt OLGZ 1971, 298, 300; MünchKomm/H P Westermann § 158 Rn 27).

35 b)   Ferner erfordert es die Rücksicht auf das **Vertrauen des Rechtsverkehrs**, daß bestimmte rechtsgeschäftlich herbeigeführte Situationen als endgültig zugrunde gelegt werden können. Dies führt zB im *Grundstücksrecht* zur Bedingungsfeindlichkeit der Auflassungserklärung nach § 925 Abs 2, der Übertragung des Erbbaurechts nach § 11 Abs 1 ErbbauRVO oder der Einräumung bzw Aufhebung von Wohnungseigentum nach § 4 Abs 2 WEG. Das Erbbaurecht kann gemäß § 1 Abs 4 ErbbauRVO auch nicht als solches durch eine auflösende Bedingung beschränkt werden (vgl BGHZ 52, 269, 271), und eine Grundschuld kann nicht an einem Teil des Grundstücks auflösend bedingt bestehen (BayObLG DNotZ 1979, 25, 26). Bedingungsfeindlich ist auch die Abtretung von Rückübertragungsansprüchen nach § 3 Abs 1 S 2 VermG (dazu Jesch DB 1992, 2073). Ebenso sind im *Erbrecht* Annahme und Ausschlagung der Erbschaft nach § 1947, eines Vermächtnisses nach § 2180 Abs 2 und die Ablehnung der fortgesetzten Gütergemeinschaft nach § 1484 Abs 2 bedingungsfeindlich. Auch bei Annahme und Ablehnung des Testamentsvollstreckeramtes ist gemäß § 2202 Abs 2 eine Bedingung ausgeschlossen. Dasselbe gilt im *Wertpapierrecht* nach Art 1 Nr 2 WG und Art 1 Nr 2 ScheckG bei Wechsel und Scheck für die Zahlungsanweisung, ferner nach Art 12 Abs 1 und Art 26 Abs 1 WG für Wechselannahme und Indossament sowie gemäß Art 15 Abs 1 ScheckG für das Scheckindossament. Im *Handelsrecht* sind gemäß § 50 Abs 2 HGB die Prokuraerteilung und gemäß §§ 126 Abs 2, 161 Abs 2 HGB die Einräumung der organschaftlichen Vertretungsmacht bedingungsfeindlich.

36   Im *Gesellschaftsrecht* ist aus Gründen des Verkehrsschutzes die Zeichnung von Aktien bedingungsfeindlich (vgl Soergel/Wolf § 158 Rn 48). Zwar ist die ausdrückliche Regelung über die Stufengründung im früheren § 30 AktG weggefallen. Die Bedingungsfeindlichkeit ergibt sich jedoch aus § 2 AktG, wonach mindestens fünf an der Satzungsfeststellung beteiligte Personen alle Aktien übernehmen müssen (vGodin/ Wilhelmi, AktG [4. Aufl 1971] § 23 Anm 21). Bedingungsfeindlich ist auch der Beitritt zu einer Genossenschaft gemäß § 15 Abs 1 GenG (vgl RGZ 147, 257, 263). Ebenso werden die Beitrittserklärungen der Gründer einer GmbH und die Übernahme von Stammeinlagen bei der Kapitalerhöhung bewertet (RGZ 83, 256, 258; KG JW 1935, 1796;

HACHENBURG/ULMER, GmbHG [8. Aufl 1991] § 2 Rn 113 ff). Allerdings heilt nach hM die Eintragung den Mangel der unwirksamen Beitrittserklärung (vgl BAUMBACH/HUECK/ FASTRICH, GmbHG [17. Aufl 2000] § 3 Rn 23 mwN; HACHENBURG/ULMER § 2 Rn 115). Hingegen wird die Erklärung des Vereinsbeitritts in bedingter Form zugelassen (RG JW 1938, 3229, 3230; SOERGEL/WOLF § 158 Rn 37). Ebenso können Gesellschaftsverträge für Personengesellschaften unter Bedingungen oder Zeitbestimmungen gestellt werden (vgl BGH NJW 1985, 1080; OLG München WM 1984, 1335, 1336; KOLLER/BUCHHOLZ DB 1982, 2172 ff; MünchKomm/H P WESTERMANN § 158 Rn 34; SOERGEL/WOLF § 158 Rn 30). Nicht möglich ist hingegen die auflösend bedingte oder befristete Umwandlung einer Kommanditisten- in eine Komplementärstellung (BGHZ 101, 123, 129 f).

Im *Arbeitsrecht* sind auflösende Bedingungen bei enger Betrachtungsweise dann **37** unwirksam, wenn sie es ermöglichen, ein Arbeitsverhältnis zu beenden, ohne daß die Voraussetzungen der §§ 626 BGB, 1 KSchG vorliegen (vgl BAG NJW 1982, 788, 790 = BB 1982, 368 m Anm BÖHM = AP Nr 4 zu § 620 BGB-Bedingung m Anm HERSCHEL; ArbG Wetzlar DB 1990, 1339; EHRICH DB 1992, 1186 ff; FALKENBERG DB 1979, 590 ff; FÜLLGRAF NJW 1982, 738 f; HROMADKA RdA 1983, 88 ff; ZÖLLNER/LORITZ, Arbeitsrecht [5. Aufl 1998] § 21 I 4). Zulässig sind damit praktisch nur Potestativbedingungen, bei denen der Bedingungseintritt vom Willen des Arbeitnehmers abhängt, und solche Bedingungen, die den Arbeitnehmer nicht belasten. Das Bundesarbeitsgericht läßt es indessen genügen, daß ein sachlicher Grund für die auflösende Bedingung gegeben ist (BAG DB 1992, 948 f mwN; vgl auch LAG Baden-Württemberg DB 1982, 1989; LAG Berlin DB 1990, 2223, 2224; LAG Frankfurt BB 1981, 1465; LAG Köln LAGE § 620 BGB-Bedingung Nr 1, 3; PLANDER WissR 1982, 3, 38 ff; zu tariflichen Altersgrenzen vgl BAG DB 1993, 443; AP Nr 9 zu § 620 BGB-Bedingung m Anm BELLING). Ist die auflösende Bedingung wirksam vereinbart, so kann das Arbeitsverhältnis nur aus wichtigem Grund gekündigt werden (BAGE 33, 220, 222 f = AP Nr 55 zu § 620 BGB-Befristeter Arbeitsvertrag m Anm KRAFT = SAE 1981, 4 m Anm SIEG). – Zu den *befristeten* Arbeitsverhältnissen s § 163 Rn 9, zu den bedingten Aufhebungsverträgen unten Rn 41.

2. Ausübung von Gestaltungsrechten

a) Gestaltungsrechtsgeschäfte (vgl allg dazu STAUDINGER/DILCHER[12] Einl 48 ff zu §§ 104 ff) **38** greifen in einen fremden Rechtskreis ein. Daraus wird allgemein hergeleitet, daß dem Betroffenen keine Ungewißheit und kein Schwebezustand zugemutet werden kann, so daß Gestaltungsrechtsgeschäfte schon aus diesem Grunde als **bedingungsfeindlich** anzusehen sind (BGHZ 97, 264 = NJW 1986, 2245, 2246; OLG Stuttgart OLGZ 1979, 129, 131; ERMAN/HEFERMEHL Vor § 158 Rn 15; LARENZ/WOLF § 50 Rn 33; SOERGEL/WOLF § 158 Rn 43; zur eventuellen Geltendmachung im Prozeß s unten Rn 43). Ausdrücklich ist die Bedingungsfeindlichkeit in § 388 S 2 für die *Aufrechnungserklärung* vorgesehen. Die Vorschrift wird auf andere Gestaltungsrechte übertragen, vor allem auf die *Anfechtungserklärung* (BGH WM 1961, 785, 786; 1961, 156, 157; RGZ 146, 234, 238; 66, 153). Der Gedanke gilt ebenso für *Rücktritts- und Wandelungserklärungen*, für den *Widerruf*, für die *Rücknahme* gemäß §§ 112 Abs 2, 113 Abs 2 sowie für die *Wahlerklärung* nach den §§ 263 Abs 1, 2154 (FLUME § 38, 5; SOERGEL/WOLF § 158 Rn 43).

Auch die Ausübung selbständiger Gestaltungsrechte wie des *Vor- oder Wiederkaufs-* **39** *rechts* ist bedingungsfeindlich (LARENZ/WOLF § 50 Rn 34). Allerdings wird die Eventualausübung des Wiederkaufsrechts für den Fall erfolgloser Anfechtung zugelassen (RGZ 97, 269, 273). Nicht berührt von der Regel über die Bedingungsfeindlichkeit

Reinhard Bork

wird die Vereinbarung eines Vorkaufs- oder Wiederkaufsrechts. Hier sind grundsätzlich beliebige Bedingungen möglich. Eine Ausnahme mit der Folge relativer Unwirksamkeit gilt jedoch für den Fall des Rücktrittsvorbehalts gemäß § 465.

40 b) Für **Kündigungserklärungen** wurde die Bedingungsfeindlichkeit ursprünglich, wie bei allen Gestaltungserklärungen, uneingeschränkt bejaht. Ausgenommen waren nur sog Rechtsbedingungen, denen der Charakter einer echten Bedingung nicht zukommt (s oben Rn 24 sowie BAG DB 1981, 1601). Der Grundsatz, daß Kündigungen bedingungsfeindlich und bedingte Kündigungen folglich unwirksam sind (BAG NJW 2001, 3355 f), wird heute jedoch dahin eingeschränkt, daß Bedingungen zulässig sind, durch welche die berechtigten *Interessen des Kündigungsempfängers nicht beeinträchtigt* werden, weil durch sie „der Empfänger nicht in eine ungewisse Lage versetzt wird" (BGH WM 1973, 694, 695; OLG Hamburg NJW-RR 1991, 1199, 1201; HUECK/NIPPERDEY, Lehrbuch des Arbeitsrechts I [7. Aufl 1963] § 56 IV 2). Das gilt bei allen Kündigungsarten, dh sowohl bei Kündigungen im Miet- oder Dienstvertragsrecht als auch, hier vor allem mit Rücksicht auf § 643, im Werkvertragsrecht und bei Gesellschaftsverträgen.

41 Zulässig sind demnach aufschiebende Bedingungen, die vor dem Lauf einer Kündigungsfrist eingetreten und zur Kenntnis des Kündigungsadressaten gelangt sind (OLG Hamburg NJW-RR 1991, 1199, 1201; FLUME § 38, 5; SOERGEL/WOLF § 158 Rn 44), ferner alle Bedingungen, deren Erfüllung lediglich vom Willen des Erklärungsempfängers abhängt (BAG NJW 1968, 2078; RAG DRW 1943, 545, 546). So kann zB die Kündigung davon abhängig gemacht werden, daß ein ausländischer Arbeitnehmer nach dem Urlaub nicht nach Deutschland zurückkehrt (vgl LAG Mannheim NJW 1974, 1919; ein Auflösungsvertrag kann hingegen nach BAG NJW 1975, 1531 nicht unter eine solche Bedingung gestellt werden; vgl auch BAG NZA 1988, 391 = AP Nr 14 zu § 620 BGB-Bedingung m abl Anm BICKEL; NJW 1985, 1918, 1919 = AP Nr 8 zu § 620 BGB-Bedingung m abl Anm BICKEL; LAG Baden-Württemberg DB 1991, 918; LAG Nürnberg ARST 1984, 10). Den wichtigsten Fall dieser Art bildet die sog *Änderungskündigung*, die für den Fall ausgesprochen wird, daß der Kündigungsempfänger nicht mit einer gleichzeitig angebotenen Änderung des bestehenden Vertragsverhältnisses einverstanden ist (ERMAN/HEFERMEHL Vor § 158 Rn 15; MünchKomm/H P WESTERMANN § 158 Rn 31; SOERGEL/WOLF § 158 Rn 44; ZÖLLNER/LORITZ, Arbeitsrecht [5. Aufl 1998] § 22 I 1). Sie ist für das Arbeitsrecht auch in § 2 KSchG zugelassen (vgl zB BAGE 47, 26, 39); für das Mietrecht ist die Änderungskündigung zum Zwecke einer Mietzinserhöhung allerdings bei der Wohnraummiete gemäß § 1 S 1 MHG unzulässig.

42 Für **andere Gestaltungserklärungen** gelten die vorstehenden Einschränkungen der Bedingungsfeindlichkeit entsprechend (vgl zu Potestativbedingungen BGHZ 97, 264 = NJW 1986, 2245, 2246 für die Rücktrittserklärung [zu dieser auch BÜLOW JZ 1979, 430, 431]; ferner LG Braunschweig NdsRpfl 1984, 12, 13 für die Aufrechnungserklärung).

43 c) Schließlich kann die Ausübung aller Gestaltungsrechte unter der Bedingung erfolgen, daß eine in erster Linie bezogene Rechtsposition nicht mehr vertreten werden soll, insbesondere weil ein erforderlicher Beweis sich nicht führen läßt. Dies gilt vor allem für die sog **Eventualerklärungen im Prozeß** (MünchKomm/H P WESTERMANN § 158 Rn 29; SOERGEL/WOLF § 158 Rn 42). Dementsprechend ist eine *Eventualaufrechnung* zulässig, dh eine Aufrechnungserklärung für den Fall, daß ein in erster Linie geltend gemachtes Verteidigungsmittel nicht durchgreift, die Klage also begründet ist (vgl Rosenberg/Schwab/Gottwald, Zivilprozeßrecht [15. Aufl 1993] § 105 II 2; Schwab, in: FS Nipperdey I [1965] 939, 943 ff). Dasselbe gilt hinsichtlich der *Eventualanfechtung* (s dazu näher Staudinger/Roth [1996] § 143 Rn 8). Allg zu den bedingten Prozeßhandlungen s unten Rn 76.

3.   Rechtsfolgen eines Verstoßes gegen die Bedingungsfeindlichkeit

a)   Wird einem bedingungsfeindlichen Rechtsgeschäft eine Bedingung oder Zeit-   **44** bestimmung beigefügt, so gelten mangels besonderer Anordnung (vgl etwa §§ 50 Abs 2, 126 Abs 2 HGB) die allgemeinen Regeln. Diese bewirken nicht ohne weiteres, daß das gesamte betroffene Rechtsgeschäft nichtig ist (so aber Enneccerus/Nipperdey § 195 II 1 und 3). Vielmehr ist nur ein Teil des Rechtsgeschäfts nichtig. Ob diese **Teilnichtigkeit nach § 139** ein gültiges Rechtsgeschäft bestehen läßt, ist für aufschiebende und auflösende Bedingungen unterschiedlich zu beurteilen (vgl oben Rn 12). Im letzteren Fall kann eine Fortgeltung des Restgeschäftes in Betracht kommen. Allerdings gibt es Spezialvorschriften, die bei jeder Art der unzulässigen Bedingung anordnen, daß das Rechtsgeschäft ohne die Bedingung fortgelten soll, zB § 126 Abs 2 HGB. Eine *Umdeutung nach § 140* kann nicht erfolgen, weil das unbedingte Geschäft ein „Mehr" gegenüber dem mit der nichtigen Bedingung versehenen Geschäft darstellen würde (Flume § 38, 5; MünchKomm/H P Westermann § 158 Rn 37; Soergel/Wolf § 158 Rn 32; großzügiger Erman/Hefermehl Vor § 158 Rn 9).

b)   Wurde eine bedingungsfeindliche Erklärung, welche der **Eintragung in ein**   **45** **öffentliches Register** bedarf, insbesondere der Beitritt zu einer Kapitalgesellschaft (s oben Rn 36), mit einer unzulässigen Bedingung versehen, so ist die unzulässige Bedingung nach erfolgter Eintragung als hinfällig anzusehen (Baumbach/Hueck/Fastrich [oben Rn 36] § 3 GmbHG Rn 23 mwN; MünchKomm/H P Westermann § 158 Rn 33; Soergel/Wolf § 158 Rn 49).

4.   Geschäftsähnliche Handlungen

Für geschäftsähnliche Handlungen, die als adressatengerichtete Willensäußerungen   **46** erfolgen (vgl dazu näher Staudinger/Dilcher[12] Einl 18 zu §§ 104 ff), wird die Zulässigkeit von Bedingungen und Zeitbestimmungen grundsätzlich abgelehnt. Das galt ursprünglich auch uneingeschränkt für die *Mahnung* (RGZ 75, 333, 335; RG JW 1927, 521). Heute werden bei der Mahnung jedoch solche Bedingungen zugelassen, die ihrem Zweck, dem Schuldner Klarheit über das Leistungsverlangen des Gläubigers zu verschaffen, nicht zuwiderlaufen. Dies bedeutet, daß Bedingungen und Zeitbestimmungen im gleichen Umfang zulässig sind wie bei einer Kündigung (s dazu oben Rn 40 f).

V.   Bedingungen in Prozeß und Insolvenz

1.   Prozessuale Wirkungen der Bedingungen

a)   Bedingte und befristete Rechtsverhältnisse können, wenn eine Leistungsklage   **47** mangels Entstehung oder Fälligkeit eines Anspruchs keinen Erfolg haben kann, Gegenstand einer **Feststellungsklage** nach § 256 ZPO sein. Gegebenenfalls ist gemäß § 259 ZPO eine **Klage auf künftige Leistung** möglich (RGZ 90, 177, 181; Rosenberg/

SCHWAB/GOTTWALD, Zivilprozeßrecht [15. Aufl 1993] § 92 II 2c; H ROTH ZZP 98 [1985] 287 ff), die die Feststellungsklage aber nicht ausschließt (RGZ 113, 410, 411 ff). – Zu *Eventualerklärungen* im Prozeß s oben Rn 43; zu bedingten *Prozeßhandlungen* allgemein s unten Rn 76.

48 **b)** Eine vor oder während des Prozesses unter einer *aufschiebenden* Bedingung vorgenommene *Verfügung über den Streitgegenstand* berührt weder die **Prozeßführungsbefugnis** noch die Sachlegitimation des Veräußerers (SOERGEL/WOLF Vor § 158 Rn 33 ff). Ob bei Bedingungseintritt während der Rechtshängigkeit der nunmehr Berechtigte als Rechtsnachfolger iSd §§ 265, 325 ZPO angesehen werden kann, ist umstritten. Nach einer Auffassung wird die Rechtsänderung bereits in der Vornahme des Rechtsgeschäfts gesehen, so daß mit dem Bedingungseintritt während des Prozesses keine Rechtsnachfolge verbunden ist (vgl KEMPF AcP 158 [1959/60] 308, 317 f; STEIN/JONAS/LEIPOLD, ZPO [21. Aufl 1998] § 325 Rn 22). Nach überwiegender Ansicht wirkt hingegen die Rechtskraft gemäß § 325 ZPO für und gegen den jetzigen Berechtigten, weil die Rechtsnachfolge erst mit Bedingungseintritt und damit nach Rechtshängigkeit eingetreten ist (FLUME § 39, 3 f; HENKE 111 ff; POHLE, in: FS Lehmann II [1956] 738, 760; ROSENBERG/SCHWAB/GOTTWALD § 102 II 5; SOERGEL/WOLF Vor § 158 Rn 33 ff). Allerdings muß § 161 Rechnung getragen werden (vgl FLUME § 39, 3 f; HENKE 89 ff; MünchKomm/H P WESTERMANN § 161 Rn 15 ff; SOERGEL/WOLF Vor § 158 Rn 34). Das bedeutet vor allem, daß die Rechtskraft gegen den Anwartschaftsberechtigten insoweit nicht wirkt, als das Urteil eine Beeinträchtigung seines Rechts darstellt.

49 Ist unter einer *auflösenden* Bedingung verfügt worden, so steht dem Erwerber die Prozeßführungsbefugnis bis zum Bedingungseintritt zu (POHLE, in: FS Lehmann II [1956] 738, 761). Die Rechtskrafterstreckung auf den mit Bedingungseintritt nachfolgenden Rückerwerber ist in analoger Anwendung des § 325 ZPO zu bejahen, jedoch auch hier nach Maßgabe der Schutzwirkungen des § 161 einzuschränken (SOERGEL/WOLF Vor § 158 Rn 37 f).

50 **c)** Die **Beweislast** dafür, daß eine *aufschiebende Bedingung eingetreten* ist, trifft denjenigen, der aus dem bedingten Rechtsgeschäft Ansprüche ableitet (BGH BB 1981, 1732; AG Delmenhorst NJW-RR 1994, 823). Ist streitig, ob eine Bedingung *vereinbart* ist, so trifft die Beweislast grundsätzlich den Kläger, der aus einem unbedingten Vertrag Rechte herleitet (so auf der Basis der Klageleugnungstheorie BGH NJW 2002, 2862, 2863; 1985, 497; RGZ 107, 405, 406; RG DR 1939, 769; OLG Jena MDR 1999, 1381; OLG Karlsruhe OLGZ 1972, 277, 279; LG Aachen NJW-RR 1986, 411; ERMAN/HEFERMEHL § 158 Rn 11; JAUERNIG § 158 Rn 15; MünchKomm/H P WESTERMANN § 158 Rn 49; PALANDT/HEINRICHS Einf v § 158 Rn 14; REINECKE JZ 1977, 159, 164; nach **aM** handelt es sich um eine vom Beklagten zu beweisende Einwendung, s MÜLLER JZ 1953, 727 f; ROSENBERG, Die Beweislast [5. Aufl 1965] 262 ff; SOERGEL/WOLF Vor § 158 Rn 40). Behauptet der Beklagte hingegen die *nachträgliche Vereinbarung* einer aufschiebenden Bedingung, so trifft ihn die Beweislast (RGZ 107, 405, 406). Auch *auflösende Bedingungen* muß derjenige beweisen, der aus ihrem Eintritt Rechte ableitet (BGH JZ 1966, 480; ENNECCERUS/NIPPERDEY § 194 V; SOERGEL/WOLF Vor § 158 Rn 42; **aM** REINECKE JZ 1977, 159, 164).

2. Insolvenzrechtliche Wirkungen der Bedingungen

51 In der Insolvenz gehören bedingte und betagte **Rechte des Schuldners** schon vor dem

Bedingungseintritt zu seinem Vermögen und damit zur Insolvenzmasse. Der Verwalter kann die Anwartschaft (s dazu Rn 53 ff) für die Masse verwerten. Auflösend bedingte, zur Insolvenzmasse gehörende Rechte des Schuldners werden mit dem Bedingungseintritt der Masse entzogen und zum Gegenstand eines Aussonderungsrechts.

*Aufschiebend bedingte **Forderungen gegen die Insolvenzmasse*** sind Insolvenzforderun- **52** gen, die am Verfahren teilnehmen. Der auf sie entfallende Betrag wird aber gem § 191 InsO bei einer Abschlagsverteilung zurückbehalten und bei der Schlußverteilung nur berücksichtigt, wenn der Bedingungseintritt nicht völlig unwahrscheinlich ist. *Auflösend bedingte* Forderungen gegen die Insolvenzmasse werden nach § 42 InsO wie unbedingte geltend gemacht. Die **Aufrechnung** ist nach § 95 Abs 1 InsO erst bei Bedingungseintritt möglich.

VI. Das Anwartschaftsrecht

1. Begriff

Bei Bedingungen und Befristungen entsteht nach der Vornahme des Rechtsgeschäfts **53** ein Schwebezustand, der zur Folge hat, daß während dieser Zeit eine Partei entweder nur vorläufig vollberechtigt oder noch nicht vollberechtigt ist, während die andere die Aussicht hat, bei Eintritt der Bedingung oder des Termins das Recht zu erwerben, es zu verlieren oder von einer Belastung befreit zu werden. Erst damit entscheidet sich die endgültige Rechtslage. Allgemein kann man eine solche Aussicht als eine Anwartschaft bezeichnen (vgl insbes § 1587). Liegt darüber hinaus eine gegen Zwischenverfügungen gesicherte Rechtsstellung vor, so handelt es sich um ein **Anwartschaftsrecht**, von dem allein im folgenden gehandelt werden soll. Von einem solchen Anwartschaftsrecht kann man sprechen, wenn von einem mehraktigen Erwerbstatbestand schon so viele Erfordernisse erfüllt sind, daß von einer gesicherten Rechtsstellung des Erwerbers gesprochen werden kann, die der Veräußerer nicht mehr einseitig zu zerstören vermag (vgl BGHZ 49, 197, 201; 45, 186, 188 f; BGH NJW 1991, 2019, 2020; MEDICUS, Bürgerliches Recht Rn 456; krit FORKEL 104 ff; RAISER 52 ff).

An diesen Voraussetzungen fehlt es insbesondere dann, wenn der Bedingungseintritt **54** noch von einem Verhalten des Veräußerers abhängt oder wenn der Veräußerer die Vollendung des Rechtserwerbs noch durch die einseitige Beseitigung bereits geschaffener Voraussetzungen (zB durch die Rücknahme des nur von ihm gestellten Antrages auf Eintragung in das Grundbuch) verhindern kann. In diesen Fällen liegt kein Anwartschaftsrecht, sondern allenfalls eine Anwartschaft vor, bei der es sich nicht um eine besondere Rechtsposition handelt. Der Erwerber hat hier nur seine schuldrechtlichen Verschaffungsansprüche und die mehr oder weniger realistische Aussicht auf deren endgültige Erfüllung (vgl BGH NJW 1984, 973 f; ferner KreisG Magdeburg DtZ 1991, 223, 224, das freilich einer solchen Aussicht wegen der besonderen Umstände des Einzelfalles anwartschaftsähnlichen Schutz gewährt).

Grundlage der Überlegungen zum Anwartschaftsrecht aus bedingtem Recht ist § 161 **55** Abs 1 S 1 (FLUME AcP 161 [1962] 385, 390 ff; SCHIEMANN 2). Die dort für aufschiebende Bedingungen vorgesehene Schutzwirkung wird durch § 161 Abs 2 auf auflösende Bedingungen und durch § 163 auf Befristungen übertragen. Im Ergebnis bedeutet dies, daß bei Bedingungen und Befristungen der Erwerber gegen Zwischenverfügungen des Veräußerers grundsätzlich gesichert ist.

2. Bedeutung

56 Aus dem eben Gesagten folgt schon, daß der Erwerber unter den Voraussetzungen, unter denen man von einem Anwartschaftsrecht sprechen kann, eine so starke Rechtsposition innehat, daß es gerechtfertigt erscheint, diese als eigenständiges, vom schuldrechtlichen Verschaffungsanspruch wie vom dinglichen Vollrecht verschiedenes Recht zu erfassen (s näher zur Dogmatik unten Rn 62 ff). Das bedeutet, daß der Anwartschaftsberechtigte nicht als Gläubiger eines schuldrechtlichen Anspruchs, sondern als Inhaber einer besonderen Rechtsposition angesehen wird. Diese Rechtsposition ist vom Vollrecht verschieden, aber es kann und muß in jedem Einzelfall überlegt werden, ob und wieweit sich die für das Vollrecht geltenden Rechtsnormen auch auf das Anwartschaftsrecht übertragen lassen. Im Ergebnis besteht heute grundsätzlich Einigkeit darüber, daß es sich um eine übertragbare (s Rn 71 f) und pfändbare (s Rn 75) Rechtsposition handelt, die auch gegenüber Dritten besonderen Schutz beanspruchen kann (s Rn 69 f).

57 Freilich besteht aller Anlaß, vor Fehlschlüssen zu warnen. Ob und wieweit die Rechtsposition des bedingt Berechtigten besondere Behandlung genießen kann, läßt sich nicht aus dem Begriff des Anwartschaftsrechts ableiten, sondern nur aus Sinn und Zweck der jeweiligen Norm. Der Begriff des Anwartschaftsrechts ist kein normativer Begriff, aus dem sich Rechtsfolgen ableiten ließen, sondern ein deskriptiver Begriff für eine besonders gefestigte Rechtsposition, für die sich bestimmte Rechtsfolgen aus den allgemeinen Rechtsnormen ableiten lassen. Dabei ist noch einmal zu unterscheiden, ob es sich erst wegen dieser Rechtsnormen um eine besonders gefestigte Rechtsposition handelt (Beispiel: Der bedingt Berechtigte ist gegen Zwischenverfügungen nicht geschützt, weil er ein Anwartschaftsrecht hat, sondern es gehört zu den konstituierenden Merkmalen des Anwartschaftsrechts, daß er wegen § 161 gegen Zwischenverfügungen geschützt ist), oder ob bestimmte Rechtsnormen angewendet werden können, weil bereits eine (anderweitig konstituierte) besonders gefestigte Rechtsposition vorliegt.

3. Erscheinungsformen

58 Es gibt kein einheitliches Institut des Anwartschaftsrechts, sondern nur die nach den anwartschaftsrechtsbegründenden Vorschriften zu unterscheidenden Einzelformen (MünchKomm/H P Westermann § 161 Rn 6). Folglich kann man nach ihrem Gegenstand obligatorische, dingliche, erbrechtliche oder immaterialgüterrechtliche Anwartschaftsrechte unterscheiden (vgl den Überblick bei Schwerdtner Jura 1980, 609 ff). Die praktisch wichtigste Erscheinungsform des Anwartschaftsrechts ist die Rechtsstellung des Käufers beim *Eigentumsvorbehaltskauf.* Der Käufer, dem die Sache übergeben und unter der Bedingung vollständiger Kaufpreiszahlung übereignet worden ist, ist gemäß § 161 Abs 1 S 1 gegen Zwischenverfügungen des Verkäufers gesichert. Auch ein gutgläubiger Erwerb eines Dritten kommt gemäß § 936 Abs 3 nicht in Betracht (BGHZ 45, 186, 190). Ob die Bedingung eintritt und der Käufer damit das Volleigentum erwirbt, hängt allein vom Verhalten des Erwerbers ab, der es in der Hand hat, den geschuldeten Kaufpreis zu zahlen. Es ist daher gerechtfertigt, die

Rechtsposition des Vorbehaltskäufers als Anwartschaftsrecht zu bezeichnen (s näher
STAUDINGER/HONSELL [1995] § 455 Rn 34 ff).

Daneben gibt es weitere wichtige Erscheinungsformen des Anwartschaftsrechts, etwa **59**
die Rechtsposition eines *Sicherungsgebers*, wenn die Sicherungsübertragung an die
auflösende Bedingung der Kredittilgung gebunden ist (vgl dazu STAUDINGER/WIEGAND
[1995] Anh zu §§ 929 ff Rn 196 ff, 262), was freilich in der Praxis nicht mehr häufig vorkommt (s auch § 158 Rn 9). Außerdem reichen die Anwartschaftsrechte über den Zusammenhang der bedingten Rechtsgeschäfte hinaus. So hat zB ein Anwartschaftsrecht auch der *Grundstückskäufer*, wenn eine Vormerkung eingetragen ist oder der
Käufer nach bindender Auflassung selbst den Eintragungsantrag gestellt hat (s dazu
BGH NJW 1991, 2019 f; 1984, 973 f; HABERSACK JuS 2000, 1145 ff; HAGER JuS 1991, 1 ff sowie ausf
STAUDINGER/PFEIFER [1995] § 925 Rn 120 ff, 140 ff), ferner der Hypothekengläubiger zwischen Eintragung/Briefübergabe und Valutierung der Hypothek (s STAUDINGER/WOLF-
STEINER [1996] § 1163 Rn 31 ff). Auch der *Nacherbe* ist Inhaber eines Anwartschaftsrechts
(s ausf STAUDINGER/BEHRENDS/AVENARIUS [1996] § 2100 Rn 53 ff).

4.   Geschichtliche Entwicklung

a)   Das **römische Recht** bewertete den bis zum Eintritt einer Bedingung bestehen- **60**
den Schwebezustand dahin, daß der bedingt Berechtigte nur eine Hoffnung habe, die
spes debitum iri. Allerdings konnte diese Hoffnung bereits vererbt werden (SCHIE-
MANN 8 ff). Zweifelhaft ist, ob dem Bedingungseintritt Rückwirkung zukam. Unter
Harmonisierung der Quellen hat BARTOLUS eine allgemeine Lehre von der Rückwirkung des Bedingungseintritts begründet, die – wenn auch keineswegs unbestritten – in Deutschland übernommen wurde (vgl SCHIEMANN 29 ff).

b)   Der soeben dargestellten Lehre folgten die bayerische und die österreichische **61**
Gesetzgebung (SCHIEMANN 77 ff), während sich das ALR anstelle der Rückwirkung für
einen Schadensersatzanspruch entschied (SCHIEMANN 86 ff). Mit § 128 E I wurde dann
eine die Rückwirkung ablehnende Regelung in das BGB aufgenommen, die sich in
dem heutigen § 158 wiederfindet (s auch § 158 Rn 3). Außerdem entstand in der Rechtslehre des 19. Jahrhunderts die Theorie von der stufenweisen Verwirklichung des
bedingten Rechts, für welches VJHERING (Der Geist des römischen Rechts III/1 [4. Aufl
1888] § 53 II 2) den Vergleich mit einem *nasciturus* zog. Im Jahre 1897 formulierte
ZITELMANN (IPR II/1, 50 ff) eine erste allgemeine Theorie der Anwartschaftsrechte,
die im Lehrbuch von VTUHR (I 180 ff) ihren vorläufigen Abschluß fand. In den Pro-
tokollen wurde die Anwartschaft bereits als übertragbarer und vererblicher Vermögenswert anerkannt (Prot I 181 = MUGDAN I 763).

5.   Dogmatische Einordnung

a)   Das Anwartschaftsrecht ist im BGB nicht geregelt. Es ist daher bei einigen **62**
Autoren auf **grundsätzliche Ablehnung** gestoßen (vgl etwa EICHENHOFER AcP 185 [1985]
162 ff [s dazu § 158 Rn 3]; KUPISCH JZ 1976, 417, 425 ff; MAROTZKE 44, 134 ff; E WOLF, AT [3. Aufl
1982] 549 f). Unter anderen hat A BLOMEYER in mehreren Arbeiten den Standpunkt
vertreten, daß der Begriff in sich verfehlt sei. Die auftauchenden Fragen ließen sich
mit den Begriffen des Vollrechts einerseits und gewissen begrenzten Rechten auf Zeit
oder Nutzungsrechten andererseits lösen. Habe jemand aufschiebend bedingt ver-

fügt, so erwerbe der andere sofort das Vollrecht, das mit einem nießbrauchsähnlichen Eigentum auf Zeit belastet sei (so zB in Studien zur Bedingungslehre 165). Beim Eigentumsvorbehalt stehe dem Erwerber das Eigentum sogleich zu, dem Veräußerer dagegen verbleibe ein pfandähnliches Recht (220). Im übrigen schaffe § 161 ein „Nutzungsrecht auf Zeit", das eigentlich in das dritte Buch des BGB gehöre (AcP 153 [1954] 239, 246; vgl ferner AcP 162 [1963] 193, 195; JR 1978, 271 ff; krit dazu Forkel 65 ff; zust hingegen U Hübner NJW 1980, 729 ff). Die Vorstellung von einem „nießbrauchsähnlichen Eigentum auf Zeit" ist indessen mit dem Sachenrecht des BGB nicht vereinbar. Die ganz überwiegende Meinung in Rechtsprechung und Literatur ist daher diesen Auffassungen, die das Anwartschaftsrecht grundsätzlich ablehnen, nicht gefolgt. Der Begriff hat sich heute durchgesetzt, im wesentlichen deshalb, weil der Rechtsposition des Erwerbers nach der Verkehrsanschauung bereits ein wirtschaftlicher Wert zukommt, der übertragen und geschützt werden können muß. Die Dogmatik ist hier den Bedürfnissen der Praxis gefolgt (vgl nur Baur/Stürner, Sachenrecht [17. Aufl 1999] § 59 Rn 33).

63 **b)** Ist die Existenz von Anwartschaftsrechten also mittlerweile ganz überwiegend anerkannt, so herrscht doch noch Streit über die richtige **rechtliche Qualifizierung** der gesicherten Rechtsposition. Dieser Streit, der für die Entscheidung praktischer Rechtsfragen ohne jede Bedeutung ist, wenn man sich nur vor Augen hält, daß aus dem Begriff des Anwartschaftsrechts keine Rechtsfolgen abgeleitet werden dürfen (s oben Rn 57), beruht nicht zuletzt auf der Notwendigkeit, die dinglichen Anwartschaftsrechte nicht als Verstoß gegen den Grundsatz des numerus clausus der Sachenrechte erscheinen zu lassen. Der **BGH** bezeichnet das Anwartschaftsrecht deshalb nicht als *aliud*, sondern als ein wesensgleiches *minus* gegenüber dem Vollrecht (vgl BGHZ 83, 395, 399; 35, 85, 89; 30, 374, 377; 28, 16, 21; 20, 88, 93 ff), bei dem es sich um eine Vorstufe zum dinglichen Vollrecht handele (BGHZ 83, 395, 399; BGH NJW 1984, 1184, 1185).

64 In der **Literatur** wird das Anwartschaftsrecht ebenfalls als Vorstufe zum dinglichen Recht angesehen (vgl vor allem Raiser 64 ff; Serick, Eigentumsvorbehalt und Sicherungsübertragung I [1963] 244 ff; ebenso Medicus, Bürgerliches Recht Rn 456), wobei freilich zu berücksichtigen ist, daß es sich eher um eine Bildersprache als um eine exakte juristische Begriffsbildung handelt (Baur/Stürner [Rn 62]). Unbehagen hat dabei vielen die Vorstellung bereitet, daß sich Rechte „aus einem unscheinbaren Keim ... zur ausgewachsenen Existenz entwickeln" könnten (so schon Enneccerus, Rechtsgeschäft, Bedingung und Anfangstermin [1889] 440; vgl auch Flume AcP 161 [1962] 385, 390; Forkel 122).

65 In dem Bemühen um eine präzisere dogmatische Qualifizierung ist im Anschluß an Heck (Sachenrecht [1930] § 21) vor allem von Raiser (66) auf das sog „Teilungsprinzip" zurückgegriffen worden. Danach sind zB bei der Eigentumsanwartschaft die Eigentümerrechte zwischen Veräußerer und Erwerber aufgeteilt. Das von der Bedingung erfaßte Recht ist in ein Vorrecht des Erwerbers und ein Nachrecht des Veräußerers aufgespalten, von denen das eine zur Wahrung des Sicherungsinteresses und das andere zur Wahrung des Nutzungsinteresses dienen kann (vgl auch Baur/Stürner [Rn 62]; Schwerdtner Jura 1980, 609, 614; Flume AcP 161 [1962] 385, 392 bezeichnet die für die Aufspaltung verwendete Begründung freilich als „apriorisch"). Damit ist zwar die *wirtschaftliche* Interessenverteilung richtig erfaßt. *Rechtlich* aber ist mit einer solchen Teilübertragung der Eigentümerbefugnisse das typische Merkmal der beschränkt dinglichen

Rechte beschrieben, denen man ja das Anwartschaftsrecht gerade nicht zuordnen will (zutr GEORGIADES 102 f).

Ein besseres Verständnis des Anwartschaftsrechts wird durch die von GEORGIADES **66** (113) vertretene Einordnung als „Erwerbsrecht eigener Art" ermöglicht, dessen Tatbestand darin besteht, daß beim Eintritt bestimmter Voraussetzungen ein Rechtsübergang *ipso iure* erfolgt. Wegen der Abhängigkeit vom bedingten Recht spricht FORKEL (142 ff) im Anschluß an vTUHR (I 184) von dem Anwartschaftsrecht als einem „Warterecht".

Daneben besteht Uneinigkeit über die Einordnung des Anwartschaftsrechts in das **67** System der übrigen Rechte. So kann das **Anwartschaftsrecht als dingliches Recht** nur dann aufgefaßt werden, wenn es sich auf ein solches bezieht (FORKEL 159 ff, 167; ganz abl GEORGIADES 104 ff; ebenso SERICK I 247 f mwN und AcP 166 [1966] 129, 130, der wegen der Abhängigkeit vom Kausalgeschäft von einem schuldrechtlich-dinglichen Recht eigener Art spricht; vgl auch BÜLOW Jura 1986, 234). Unter demselben Gesichtspunkt ist auch die Frage zu entscheiden, ob es sich um ein *absolutes oder relatives Recht* handelt. Maßgebend hierfür ist der Rechtscharakter des Hauptrechts (FORKEL 156 ff; FLUME § 39, 3e hält das für eine gedankliche Konstruktion ohne juristischen Wert, was jedenfalls insoweit zutrifft, als die Einordnung irgendwelche Rechtsfolgen nicht präjudizieren kann, s Rn 57).

6.   Rechtsschutz und Übertragbarkeit des Anwartschaftsrechts

Kennzeichnend für die Rechtslage des Anwartschaftsrechts ist es, daß es in Analogie **68** zu den Vorschriften für das jeweilige Hauptrecht **übertragbar** und **schutzfähig** ist. Dabei setzt der Regelungsrahmen des jeweiligen Hauptrechts die Grenzen, so daß dem Anwartschaftsrecht äußerstenfalls ebensoviel Schutz und Übertragbarkeit wie dem Hauptrecht zukommen kann (FORKEL 180). Der BGH (vgl nur NJW 1984, 1184, 1185 sowie die bei Rn 63 angegebenen Nachweise) gewährt dem Anwartschaftsrechtsinhaber grundsätzlich dieselben Rechte wie dem Inhaber des Vollrechts. Auch **vererblich** ist das Anwartschaftsrecht so wie das Vollrecht (FLUME § 39, 2; SERICK I 243 mwN).

a)   Für den **Schutz des Anwartschaftsrechts** gegenüber demjenigen, der das An- **69** wartschaftsrecht durch Setzen einer Bedingung begründet hat, gelten in erster Linie die §§ 160 ff (FLUME § 39, 3d; FORKEL 200; SERICK I 273). Soweit mit dem Anwartschaftsrecht Besitz verbunden ist, wird der Berechtigte gegen Besitzbeeinträchtigungen nach den §§ 858 ff, 1007 geschützt (GEORGIADES 48 f). Auch § 1004 kann analog angewandt werden. Außerdem steht dem Anwartschaftsberechtigten gegenüber Dritten ein Schadensersatzanspruch gemäß § 823 Abs 1 zu, weil das Anwartschaftsrecht als sonstiges Recht im Sinne dieser Vorschrift anerkannt wird (BGHZ 55, 20, 25 f; BGH WM 1957, 514; RGZ 170, 1, 6; aM FLUME § 39, 3 d, der nur die Besitzposition des Anwartschaftsrechtsinhabers als schutzfähig iSd § 823 Abs 1 ansieht). Allerdings bestehen erhebliche Kontroversen über die Aktivlegitimation und die Höhe des zu ersetzenden Schadens (vgl BGH NJW 1991, 2019, 2020; BAUR/STÜRNER § 59 Rn 55; BÜLOW Jura 1986, 234, 236 f; FLUME AcP 161 [1962] 385, 400; SCHWERDTNER Jura 1980, 661, 666; SERICK I 277 ff). Ferner kommen Ansprüche aus §§ 823 Abs 2, 909 in Betracht (BGH NJW 1991, 2019 f). Auch ein Bereicherungsanspruch des Anwartschaftsberechtigten nach § 816 wird bejaht, wenn ein Nichtberechtigter über die Anwartschaft wirksam verfügt hat (RAISER 42, 83 ff; SERICK I 275). Schließlich berechtigt das Anwartschaftsrecht zur Drittwiderspruchsklage nach

§ 771 ZPO (BGHZ 55, 20, 28; BAUR/STÜRNER § 59 Rn 48; GEORGIADES 55). Der Anspruch aus § 985 steht dem Anwartschaftsberechtigten aber nicht zu: es reicht, daß der Eigentümer den Anwartschaftsberechtigten zur Geltendmachung seines Herausgabeanspruchs ermächtigt (BROX JuS 1984, 657, 660; **aM** SCHWAB/PRÜTTING, Sachenrecht [29. Aufl 2000] Rn 398 mwN).

70 Sehr umstritten ist, ob der Anwartschaftsberechtigte ein gegen den derzeitigen Rechtsinhaber – wenn dieser nicht der Verkäufer ist (s dazu BGHZ 54, 214 ff) – wirkendes *Recht zum Besitz* hat. Der BGH (BGHZ 10, 69, 72) verneint dies, hilft aber dem Anwartschaftsberechtigten mit der *exceptio doli*. Dem folgt ein Teil der Literatur (vgl GEORGIADES 54, 134). Nach anderer Auffassung soll dem Anwartschaftsberechtigten ein der Stellung des Eigentümers ähnliches Besitzrecht zugebilligt werden (vgl OLG Karlsruhe NJW 1966, 885, 886 m abl Anm STOLL JuS 1967, 12, 15 ff; BAUR/STÜRNER § 59 Rn 47; HAGER JuS 1991, 1, 7; RAISER 75 ff; SCHWERDTNER Jura 1980, 661, 664). Dem ist zuzustimmen. Wenn das Anwartschaftsrecht wirksam entstanden ist, dann kann es insoweit den beschränkt dinglichen Rechten gleichgestellt werden.

71 b) Der Anwartschaftsberechtigte kann ohne Zustimmung desjenigen, der das bedingte Rechtsgeschäft vorgenommen hat, über sein Anwartschaftsrecht **verfügen** (BGHZ 28, 16, 21; 20, 88, 93 ff; 10, 69, 73; PIKART WM 1962, 1230, 1232). Dies gilt insbesondere für Sicherungsübertragungen zum Zwecke der Kreditbeschaffung (SERICK I 255 ff). Ein zwischen Eigentümer und Anwartschaftsberechtigtem vereinbartes Veräußerungsverbot hat gemäß § 137 lediglich schuldrechtliche Wirkung (BGH NJW 1970, 699; OLG Bamberg ZIP 1983, 597, 598). Die Übertragung des Anwartschaftsrechts erfolgt nicht, wie dies früher angenommen wurde, als zustimmungsbedürftige Verfügung eines Nichtberechtigten, sondern als Verfügung eines Berechtigten. Auf diese Verfügung finden die für das Vollrecht geltenden Übertragungsregeln entsprechende Anwendung, bei einer Eigentumsanwartschaft für bewegliche Sachen also nicht §§ 398, 413, sondern §§ 929 ff (BGH NJW 1984, 1184, 1185; FLUME AcP 161 [1962] 385, 393; GEORGIADES 26 ff; MEDICUS, Bürgerliches Recht Rn 473; SERICK I 255), bei einem Grundstück §§ 873, 925 (BGHZ 47, 197, 202 ff; BGH NJW 1991, 2019; dazu SCHNEIDER MDR 1994, 1057, 1060 f). Für das Verpflichtungsgeschäft gilt § 313 (BGHZ 83, 395, 399; BGH NJW 1984, 973). Der Anwartschaftsrechtsinhaber ist hingegen Nichtberechtigter, wenn er nicht über das Anwartschaftsrecht, sondern über das Vollrecht verfügt. Freilich kann eine gescheiterte Verfügung über das Vollrecht in eine solche über das Anwartschaftsrecht umgedeutet werden (vgl nur LOEWENHEIM JuS 1981, 721, 722 mwN), wenn nicht schon die Vertragsauslegung zum selben Ergebnis führt (vgl dazu BGHZ 75, 221, 222; 50, 45, 48 f).

72 Mit dem Bedingungseintritt geht das Vollrecht *unmittelbar vom Veräußerer* auf den derzeitigen Inhaber des Anwartschaftsrechts über. Es findet kein Durchgangserwerb durch die Person des früheren Anwartschaftsrechtsinhabers statt (BGHZ 30, 374, 377; 28, 16, 22; abl KUPISCH JZ 1976, 417, 422 f). Ebensowenig muß der Veräußerungswille des Veräußerers noch bei Bedingungseintritt fortbestehen (BGHZ 30, 374, 377; 20, 88, 97; BAUR/STÜRNER § 59 Rn 34; FORKEL 182 ff; PIKART WM 1962, 1230, 1232). Auch eine nachträgliche Beeinträchtigung des Anwartschaftsrechts durch eine Änderung des dinglichen Übereignungsgeschäfts ist ohne Zustimmung des Dritterwerbers nicht mehr möglich (BGHZ 75, 221, 225 ff [m Anm FORKEL NJW 1980, 774]; GERNHUBER, in: FS Baur [1981] 31 ff).

73 Bei einer **Verpfändung** der Anwartschaft gelten nach § 1274 Abs 1 ebenfalls die

Übertragungsregeln (GEORGIADES 38; PIKART WM 1962, 1230, 1233). Im Falle einer Konkurrenz mit der hypothekarischen Haftung gemäß § 1120 erstreckt sich diese auch auf die unter Eigentumsvorbehalt stehenden Zubehörstücke, an denen nur ein Anwartschaftsrecht besteht (BGHZ 35, 85, 87 ff; vgl auch BGHZ 117, 200, 205 ff; 92, 280, 289). Tritt die Bedingung ein, so besteht das Pfandrecht nunmehr analog § 1287 am Vollrecht, wenn kein Enthaftungstatbestand vorliegt (BROX JuS 1984, 657, 663; FORKEL 196 ff mwN; KOLLHOSSER JZ 1985, 370 ff; JA 1984, 196 ff; LUDWIG NJW 1989, 1458 ff; M REINICKE JuS 1986, 957 ff; SCHOLZ MDR 1990, 679 f; TIEDTKE NJW 1988, 28 f [gegen WILHELM NJW 1987, 1785 ff] und 1985, 1305 ff).

Der **gutgläubige Erwerb** eines Anwartschaftsrechts ist in Analogie zu den Regeln **74** über den Vollrechtserwerb möglich. Dies gilt jedenfalls dann, wenn ein Anwartschaftsrecht vom Nichtberechtigten begründet werden soll. Maßgebend ist dann der gute Glaube des Erwerbers zum Zeitpunkt des Erwerbs, bei Anwartschaftsrechten an beweglichen Sachen also der Übergabezeitpunkt (BGHZ 30, 374, 377; 10, 69, 72; BAUR/STÜRNER § 59 Rn 38; FORKEL 192; KRÜGER JuS 1994, 905 f; MEDICUS, Bürgerliches Recht Rn 465). Anders ist zu entscheiden, wenn der Veräußerer aufdeckt, daß er nicht Eigentümer ist, aber behauptet, er habe ein Anwartschaftsrecht. In diesen Fällen vertraut der Erwerber nicht auf den Besitzstandsrechtsschein, sondern auf das „Gerede" des Veräußerers, so daß ein gutgläubiger Erwerb nicht möglich ist (abl MINTHE 121 f). Das muß sowohl dann gelten, wenn es zwar ein Anwartschaftsrecht gibt, dieses aber dem Veräußerer nicht gehört (so die inzwischen hM; vgl nur BROX JuS 1984, 657, 661 f; BÜLOW Jura 1986, 234, 235; FLUME AcP 161 [1962] 385, 394 ff; SCHWERDTNER Jura 1980, 661, 665, je mwN; anders die früher hM; vgl nur BAUR/STÜRNER § 59 Rn 39; SERICK I 267 ff mwN), als auch dann, wenn gegen den Scheinanwärter zwar eine Kaufpreisforderung besteht, es aber wegen Fehlens einer bedingten Übereignung an einem Anwartschaftsrecht mangelt (BAUR/STÜRNER § 59 Rn 40; BROX JuS 1984, 657, 662; BÜLOW Jura 1986, 234, 236; FLUME AcP 161 [1962] 385, 394 ff; KRÜGER JuS 1994, 905, 906 f; MEDICUS, Bürgerliches Recht Rn 475; SCHWERDTNER Jura 1980, 661, 665; WIEGAND JuS 1974, 201, 211; **aM** RAISER 38 f; WIELING, Sachenrecht [Bd I 1990] § 17 IV 1b bb).

c) Das Anwartschaftsrecht ist **pfändbar** (BGH NJW 1954, 1325, 1326), auch durch den **75** Vorbehaltsverkäufer (SERICK I 319 ff). Hinsichtlich der für die Pfändung maßgebenden Regeln gehen die Auffassungen allerdings auseinander (vgl die umfassende Darstellung bei BROX/WALKER, Zwangsvollstreckungsrecht [6. Aufl 1999] Rn 806 ff). Nach der *Theorie der reinen Sachpfändung* wird das Anwartschaftsrecht gemäß § 808 ZPO durch Pfändung der Sache selbst beschlagnahmt (vgl zB HÜBNER NJW 1980, 729, 733 f; KUPISCH JZ 1976, 417, 426 f; RAISER 91). Dafür spricht zwar, daß sich dann Pfändungs- und Übertragungsvorschriften entsprechen. Der Gläubiger, der letztlich ja nur an dem Wert der Sache selbst interessiert ist, muß aber, wenn er die Drittwiderspruchsklage des Eigentümers abwenden will, die Bedingung herbeiführen (also den Restkaufpreis zahlen), was zudem der Schuldner durch Widerspruch gemäß § 267 Abs 2 verhindern kann. Nach der *Theorie der reinen Rechtspfändung* wird das Anwartschaftsrecht gemäß §§ 857, 828 ff ZPO durch Pfändungs- und Überweisungsbeschluß gepfändet (vgl insbes BAUR/STÜRNER, Sachenrecht [17. Aufl 1999] § 59 Rn 41). Das würde aber bedeuten, daß das Pfandrecht am Anwartschaftsrecht mit Bedingungseintritt zu einem Pfandrecht an der Sache selbst wird, was man dieser indessen nicht ansieht, so daß ein Verstoß gegen das Publizitätsprinzip vorliegt. Nach der *Theorie der Rechtspfändung durch Sachpfändung* wird das Anwartschaftsrecht durch Pfändung der Sache gepfändet, wobei der Gerichtsvollzieher protokolliert, daß dies nur zum Zwecke der Rechtspfändung geschehe (BROX/WALKER Rn 812 ff; *de lege ferenda* zust STEIN/JONAS/MÜNZBERG, ZPO [21. Aufl 1995] § 857 Rn 87). Das schließt zwar eine Drittwiderspruchsklage des Eigentümers aus, da die Sache trotz Verstrickung nicht verwertet werden kann, ist aber zumindest wegen § 857 ZPO mit dem Gesetz unvereinbar. Die hM folgt daher der *Theorie der Doppelpfändung* (vgl nur BGH NJW 1954, 1325 ff; BAUMBACH/LAUTERBACH/HARTMANN, ZPO [60. Aufl 2002] Grundz § 704 Rn 60; JAUERNIG, Zwangsvollstreckungs- und Konkursrecht [21. Aufl 1999] § 20 III 2; ROSENBERG/GAUL/SCHILKEN, Zwangsvollstreckungsrecht [11. Aufl 1997] § 58 III 4; ZÖLLER/STÖBER, ZPO [23. Aufl 2002] § 857 Rn 6): Die Sachpfändung wahrt das Publizitätsprinzip, was freilich nichts daran ändert, daß der Eigentümer die Drittwiderspruchsklage behält, die der Gläubiger nur durch Herbeiführung des Bedingungseintritts abwehren kann. Immerhin kann der Schuldner der Zahlung des Gläubigers wegen der Forderungspfändung nicht mehr widersprechen, weil dies ein Verstoß gegen das *inhibitorium* wäre.

VII. Bedingungen und Befristungen im öffentlichen Recht

1. Prozeßhandlungen und Verfahrensakte

76 **a)** **Prozeßhandlungen** sind aus Gründen der Rechtssicherheit grundsätzlich *bedingungsfeindlich* (BGHZ 18, 61, 62; BGH NJW-RR 1989, 766, 767; BayObLG DNotZ 1993, 197; ROSENBERG/SCHWAB/GOTTWALD § 65 IV). Zulässig sind jedoch innerprozessuale Bedingungen, insbesondere solche, die *Eventualanträge* schaffen. Für den hilfsweise geltend gemachten Anspruch entsteht eine durch die Zuerkennung des Hauptanspruchs auflösend bedingte Rechtshängigkeit (OLG Karlsruhe NJW 1967, 935, 936; BLOMEYER, Zivilprozeßrecht [2. Aufl 1985] § 30 VI 2). – Zu Eventualerklärungen wie der Hilfsaufrechnung s oben Rn 43.

77 **b)** Bei einer **vormundschaftsgerichtlichen Genehmigung** sind auflösende Bedingungen ausgeschlossen (SOERGEL/WOLF § 158 Rn 54). Aufschiebende Bedingungen sind dagegen zulässig (RGZ 85, 416, 420 f). Vielfach liegt allerdings in solchen Fällen eine Verweigerung der Genehmigung unter gleichzeitiger Vorausgenehmigung eines bedingungsgemäß vorgenommenen Geschäftes vor (BayObLGZ 1958, 177, 181; KG JW 1937, 1551, 1552).

2. Verwaltungsakte

78 Verwaltungsakte können gemäß § 36 VwVfG unter Bedingungen und Befristungen sowie unter Auflagen und Vorbehalten ergehen. Dieselbe Regelung enthält § 120 AO. Statusbegründende Verwaltungsakte sind allerdings bedingungsfeindlich, so zB die Einbürgerung (BVerwGE 27, 263, 266) oder die Versetzung in den Ruhestand (RGZ 161, 308, 318). Ist das Hinzufügen von Bedingungen nicht ausdrücklich zugelassen, so dürfen Verwaltungsakte, auf deren Erlaß ein Anspruch besteht, gemäß § 36 Abs 1 VwVfG nicht mit einschränkenden Bedingungen versehen werden, sofern diese nicht nur sicherstellen sollen, daß die gesetzlichen Voraussetzungen des Verwaltungsaktes erfüllt sind (ERICHSEN, Allgemeines Verwaltungsrecht [11. Aufl 1998] § 14 Rn 10). Bei begünstigenden Verwaltungsakten hingegen, deren Erlaß im behördlichen Ermessen steht, ist das Hinzufügen von Bedingungen gemäß § 36 Abs 3 VwVfG zulässig, sofern es sich um sachgerechte Bedingungen handelt (vgl auch BVerwGE 36, 145, 147).

Wurde einem Verwaltungsakt eine *unzulässige Bedingung* beigefügt, so entsteht eine **79** Teilrechtswidrigkeit, die bei Teilbarkeit der im Verwaltungsakt getroffenen Regelung den übrigen Teil des Aktes in Geltung beläßt, sofern er ohne die wegfallende Bedingung erlassen worden wäre. Ist dies nicht der Fall, so tritt gemäß § 44 Abs 4 VwVfG die Gesamtnichtigkeit des Verwaltungsaktes ein (vgl ERICHSEN § 15 Rn 29 ff).

Für *steuerliche Fragen* gelten die Begriffe der Bedingung und der Befristung grund- **80** sätzlich mit ihrem bürgerlich-rechtlichen Inhalt (vgl einkommensteuerrechtlich BFHE 153, 318, 321; FG Hamburg EFG 1981, 562, 563; schenkungsteuerrechtlich BFHE 157, 440, 442; grunderwerbsteuerrechtlich NdsFG EFG 1983, 366; bewertungsrechtlich BFHE 153, 422, 425; FG Hamburg EFG 1988, 457; MOENCH DStR 1981, 581 ff; PEUSQUENS, Die bewertungsrechtliche Behandlung bedingter und befristeter Rechtsverhältnisse [Diss Köln 1964] 2 ff). Nach den §§ 4 ff BewG werden Bedingungen für die steuerrechtliche Bewertung erst nach ihrem Eintritt berücksichtigt, was freilich nicht für den aufschiebend bedingten Eigentumserwerb gilt, da hier idR an den Erwerb des Anwartschaftsrechts anzuknüpfen ist (RÖSSLER/ TROLL, Bewertungsgesetz [17. Aufl 1995] § 4 Rn 3).

§ 158
Aufschiebende und auflösende Bedingung

(1) Wird ein Rechtsgeschäft unter einer aufschiebenden Bedingung vorgenommen, so tritt die von der Bedingung abhängig gemachte Wirkung mit dem Eintritt der Bedingung ein.

(2) Wird ein Rechtsgeschäft unter einer auflösenden Bedingung vorgenommen, so endigt mit dem Eintritt der Bedingung die Wirkung des Rechtsgeschäfts; mit diesem Zeitpunkt tritt der frühere Rechtszustand wieder ein.

Materialien: E I §§ 128, 129; II § 128; III § 154; Mot I 248; Prot I 179.

Systematische Übersicht

Reinhard Bork

Alphabetische Übersicht

S Vorbem zu §§ 158–163.

I. Allgemeines

1. Regelung des Schwebezustandes

1 a) Durch eine Bedingung macht der Erklärende den Eintritt der Rechtsfolgen eines Geschäfts von einem *ungewissen künftigen Ereignis* abhängig (s näher Vorbem 4 zu §§ 158 ff). Somit entsteht das Bedürfnis nach einer Regelung des **Schwebezustandes** bis zu dem Zeitpunkt, in dem entweder die Bedingung eintritt oder sicher ist, daß sie nicht mehr eintreten wird. Diese Regelung kann dahin gehen, die Folgen des Rechtsgeschäfts vorläufig eintreten zu lassen, sie jedoch mit dem Bedingungseintritt wieder zu beseitigen. Ebenso kann man aber auch die Rechtslage bis zum Bedingungseintritt unverändert lassen. Die Entscheidung, welcher dieser beiden Wege beschritten werden soll, überläßt das BGB den Parteien. Im Falle der *aufschiebenden Bedingung* steht dem künftigen Erwerber eines Rechts zunächst nur die Anwartschaft zu (vgl Vorbem 53 ff zu §§ 158 ff). Das betroffene Recht verbleibt dem ursprünglichen Inhaber. Dabei bleibt es, wenn die Bedingung ausfällt. Freilich ist auch der bedingte Anspruch schon abtretbar (s unten Rn 20) und kann durch Bürgschaft (§ 765 Abs 2), Vormerkung (§ 883 Abs 1 S 2), Hypothek (§ 1113 Abs 2) oder Pfandrecht (§ 1204 Abs 2) gesichert werden. Auch eine Kündigung des aufschiebend bedingten Vertrages ist möglich (OLG Brandenburg NJW-RR 1998, 1746, 1747). Bei der *auflösenden Bedingung* hingegen tritt zunächst die gewollte Rechtsänderung ein. Der frühere Rechtsinhaber hat jedoch eine Anwartschaft auf den Rückerwerb.

2 In jedem Fall sind die Parteien einander während des Schwebezustandes zu **vertragstreuem Verhalten** verpflichtet (BGHZ 90, 302, 308; BGH NJW 1992, 2489, 2490; 1990, 507, 508; s auch Rn 17). Eine Pflicht, den Bedingungseintritt herbeizuführen, folgt daraus aber regelmäßig nicht (MünchKomm/H P WESTERMANN § 158 Rn 43; SOERGEL/WOLF § 158 Rn 26). Das gilt auch für Potestativbedingungen (s zu diesen Vorbem 14 ff zu §§ 158 ff). Hier hat der Gegner allerdings die Möglichkeit, demjenigen, von dessen Willen der Bedingungseintritt abhängt, analog §§ 146, 148 eine angemessene Frist zu setzen, innerhalb derer die zur Bedingung erhobene Handlung vorgenommen sein muß (BGH NJW 1985, 1556, 1557). Außerdem sind §§ 160, 162 zu beachten (s auch § 160 Rn 6 f, § 162 Rn 1).

3 b) Hinsichtlich weiterer Verfügungen über den betroffenen Gegenstand während der Schwebezeit einer aufschiebenden Bedingung müßte der bisherige Rechtsinhaber als ein Nichtberechtigter bewertet werden, sofern mit dem Bedingungseintritt eine Rückwirkung der Rechtsänderung verbunden wäre. Entsprechendes würde für den Fall der auflösenden Bedingung gelten. Das BGB hat dies jedoch in § 158 abgelehnt und sich dafür entschieden, daß der Bedingungseintritt **keine Rückwirkung** haben soll (s auch unten Rn 20 f). Die gegenteilige Auffassung der sog „Pendenztheorie", derzufolge ein unter einer Bedingung abgeschlossenes Rechtsgeschäft als auf den Abschlußzeitpunkt rückwirkend wirksam gilt, wenn und soweit die Bedingung eintritt (EICHENHOFER AcP 185 [1985] 162, 165), ist mit §§ 158, 159 unvereinbar und deshalb abzulehnen. Lediglich Verpflichtungen, die Wirkung des Bedingungseintritts zurückzubeziehen, sind gemäß § 159 möglich (dazu näher § 159 Rn 1 ff). Demnach handelt der Rechtsinhaber bei Zwischenverfügungen während der Schwebezeit als Berechtigter. Durch § 161 wird dieser Grundsatz allerdings insoweit eingeschränkt, als zugunsten des Anwärters relative Unwirksamkeit beeinträchtigender Zwischenverfügungen eintritt, soweit nicht vorrangig ein gutgläubiger Erwerber zu schützen ist.

2. Entscheidung zwischen aufschiebender und auflösender Bedingung

a)   Ob die gesetzte Bedingung eine aufschiebende oder eine auflösende (s zu den **4** Begriffen Vorbem 12 zu §§ 158 ff) sein soll, steht in der Entscheidung dessen, der das bedingte Rechtsgeschäft vornimmt. Es besteht **keine Rechtsvermutung** und auch **keine Auslegungsregel** zugunsten einer der beiden Arten (Mot I 251). Die Gegenmeinung, die davon ausgeht, daß im Zweifel wegen der geringeren Bindungswirkung eine aufschiebende Bedingung anzunehmen sei (ENNECCERUS/NIPPERDEY § 194 III 3; ERMAN/HEFERMEHL § 158 Rn 1; SOERGEL/WOLF § 158 Rn 4; offen BGH NJW 1975, 776, 777), ist nur für die ausdrücklich geregelten Fälle der §§ 449, 454 zutreffend.

Es ist demnach eine **nach den Umständen des Einzelfalles** zu beurteilende Frage der **5** Auslegung, ob es sich um eine aufschiebende oder um eine auflösende Bedingung handelt (BGH NJW 1975, 776, 777; WM 1963, 192, 193; OLG Karlsruhe JurBüro 1983, 776, 778). So ist zB beim Kauf eines Gebrauchtwagens die Klausel „vorbehalten, daß eine Probefahrt keine technischen Mängel ergibt" als aufschiebende Bedingung anzusehen (LG Berlin MDR 1970, 923). Dagegen ist beim Kauf unter Vorbehalt eines Umtausches die Eigentumsübertragung im Zweifel auflösend bedingt (SOERGEL/WOLF § 158 Rn 6). Ebenso erhebt die Klausel „richtige und rechtzeitige Selbstbelieferung vorbehalten" die Nichterfüllung des Deckungskaufes zur auflösenden Bedingung des Vertrages (vgl § 145 Rn 32). Bei der Bezahlung mit einem die Kaufsumme deutlich übersteigenden Geldschein kann die Übereignung unter der aufschiebenden Bedingung der Herausgabe des Wechselgeldes liegen (OLG Saarbrücken NJW 1976, 65 f). Bei *Finanzierungsklauseln* wird man darauf abzustellen haben, wer das Risiko tragen soll, daß die Finanzierung mißlingt. Soll die Wirksamkeit des Vertrages von der Finanzierung abhängen, so wird es sich in aller Regel um eine aufschiebende Bedingung handeln (vgl OLG Celle BB 1969, 558; OLG Köln ZIP 1985, 22, 25; OLG München WM 1984, 1335, 1336; LG Aachen NJW-RR 1986, 411; ESSER, in: FS Kern [1968] 87, 104; HERETH NJW 1971, 1704; SOERGEL/WOLF § 158 Rn 2; vgl auch OLG Köln NJW-RR 1988, 504 für die Finanzierung im Leasingwege; **aM** OLG Braunschweig NJW-RR 1998, 567, 568: auflösende Bedingung; OLG Frankfurt MDR 1978, 50 wendet die Lehre von der Geschäftsgrundlage an). Soll hingegen die Finanzierung im Risikobereich des Käufers liegen, so handelt es sich regelmäßig gar nicht um eine Bedingung (**aM** KG NJW 1971, 1139: auflösende Bedingung), sondern es kommt allenfalls Leistungsstörungsrecht zur Anwendung (MünchKomm/H P WESTERMANN § 158 Rn 13; RUTKOWSKY NJW 1971, 1705). Entsprechendes gilt, wenn in einem Vertrag die Bestellung einer Sicherheit vereinbart ist. Auch hier kann es sich um eine aufschiebende Bedingung handeln (vgl OLG Saarbrücken WM 1981, 1212 f; LG Krefeld WuM 1989, 168).

Eine Bedingung kann *zugleich aufschiebend und auflösend* sein (BayObLG NJW-RR **6** 1988, 982), zB wenn eine Darlehensrückzahlungspflicht für den Fall eines Überlebens des Schuldners erlassen wird. Hier liegen ein auflösend bedingtes Darlehen und eine aufschiebend bedingte Schenkung vor (ERMAN/HEFERMEHL § 158 Rn 2; MünchKomm/H P

Westermann § 158 Rn 15). Eine beschränkte persönliche Dienstbarkeit „solange ein Vertragsverhältnis mit dem Eigentümer besteht, mindestens jedoch bis zum 31. 12. 1984" ist sowohl auflösend bedingt als auch befristet (OLG Köln Rpfleger 1963, 381, 382). Im Lastschriftverfahren ist die Gutschrift für den Gläubiger aufschiebend bedingt durch den Eingang des Geldes und auflösend bedingt durch den Widerspruch des Schuldners (Bork JA 1986, 121, 127; Häuser WM 1991, 1, 4 je mwN).

7 Die *Beweislast* für die Tatsachen, aus denen der aufschiebende oder auflösende Charakter einer Bedingung zu entnehmen ist, trifft denjenigen, der aus der von ihm behaupteten Art der Bedingung seine Ansprüche ableitet (vgl Vorbem 50 zu §§ 158 ff).

8 b) Vor der Frage, welche Art von Bedingung gesetzt worden ist, steht die Entscheidung darüber, **ob überhaupt eine Bedingung gewollt** war. Auch dies ist durch *Auslegung* zu ermitteln (vgl nur BGH NJW 1985, 376, 377; LG Köln NJW-RR 1993, 1424). Die von den Parteien gewählten Begriffe sind dafür nicht ausschlaggebend. Allerdings spricht bei einer von einem Notar formulierten Erklärung eine Vermutung dafür, daß der Begriff im technischen Sinne benutzt wird (BayObLG Rpfleger 1967, 11, 12; Soergel/Wolf § 158 Rn 2; zurückhaltender MünchKomm/H P Westermann § 158 Rn 10).

9 Anstelle einer Bedingung kann eine *obligatorische Verpflichtung* gewollt sein. So ist zB bei der Sicherungsübereignung nur bei ausdrücklicher Vereinbarung anzunehmen, daß die vollständige Rückzahlung des Kredits auflösende Bedingung für die Übereignung sein soll; idR besteht nur eine obligatorische Verpflichtung zur Rückübereignung aus dem Sicherungsvertrag (vgl BGH NJW 1991, 353 f; 1986, 977; 1984, 1184, 1185; NJW-RR 1991, 744, 746; Baur/Stürner, Sachenrecht [17. Aufl 1999] § 57 Rn 10; MünchKomm/H P Westermann § 158 Rn 12; Reich AcP 169 [1969] 246, 255 ff; Schütz NJW 1957, 1541; Westermann, Sachenrecht [7. Aufl 1998] § 44 III 3; aM Lange NJW 1950, 565, 569; Serick, Eigentumsvorbehalt und Sicherungsübertragung III [1970] § 37 I 3; Thoma NJW 1984, 1162 f; vgl auch BGH NJW 1982, 275, 276 und dazu Jauernig NJW 1982, 268 ff). Die Abrede bei Bestellung einer Grundschuld, wonach die einem Dritten zu gewährenden Darlehensbeträge nur mit Zustimmung des Grundstückseigentümers ausgezahlt werden dürfen, kann eine auflösende Bedingung darstellen (BGH WM 1963, 192, 193); anderenfalls wird für den Darlehensgeber nur eine entsprechende Verpflichtung begründet, deren Nichterfüllung den Grundschuldbestellungsvertrag nicht berührt (vgl BGH WM 1960, 355, 356). Der mit der Abtretung einer Lebensversicherungsforderung verbundene Widerruf der Bezugsberechtigung steht freilich bei einer Sicherungszession unter der auflösenden Bedingung der Erfüllung des Sicherungszwecks (OLG Hamburg VersR 1989, 389, 390).

10 Ebenso ist die auflösende Bedingung vom *Rücktrittsvorbehalt* zu unterscheiden, aufgrund dessen die Rücktrittserklärung ein Rückgewährschuldverhältnis begründet (s näher Vorbem 10 zu §§ 158 ff). Die *Verknüpfung mehrerer Rechtsgeschäfte* wird idR nur nach § 139 zu beurteilen sein. So ist zB bei einem Bauträgervertrag die Wirksamkeit des Bauwerkvertrages regelmäßig keine Bedingung des Grundstückskaufvertrages (vgl BGHZ 79, 103, 106; vgl auch Korte DNotZ 1984, 3 ff), wohl aber uU der Grundstückserwerb aufschiebende Bedingung des Architektenvertrages (OLG Hamm BauR 1987, 582). Auch die Wirksamkeit des Verpflichtungsgeschäfts ist im Hinblick auf das Abstraktionsprinzip regelmäßig nicht Bedingung des Verfügungsvertrages (vgl – auch zu den Ausnahmen – BGH NJW-RR 1989, 519; BORK, Der Vergleich [1988] 60 ff mwN; MünchKomm/H P WESTERMANN § 158 Rn 26; SOERGEL/WOLF § 158 Rn 3). Beim finanzierten Abzahlungskauf können Kauf- und Darlehensvertrag hingegen gegenseitig bedingt sein (s oben Rn 5), ebenso beim Autokauf der Vertrag über einen vom Händler vermittelten Gebrauchtwagen und ein weiterer über den Verkauf des bisherigen Fahrzeugs des Käufers an diesen Händler (vgl KG DAR 1980, 118).

Die aufschiebende Bedingung ist ferner von einer bloßen *Fälligkeitsregelung* zu **11** unterscheiden. Auch insoweit ist durch Auslegung nach der Interessenlage zu unterscheiden, ob die Wirksamkeit des ganzen Rechtsgeschäfts oder nur die Fälligkeit eines Anspruchs hinausgeschoben sein soll (vgl BGH NJW-RR 1998, 801, 802; NJW 1993, 1381, 1382 f; s auch § 163 Rn 2).

c)   Da beim bedingten Rechtsgeschäft die **Wirkungen** des Geschäfts bedingt sind **12** (s Vorbem 6 zu §§ 158 ff), kann bei mehreren Wirkungen zwischen bedingten und unbedingten Wirkungen differenziert werden. Ebenso kann bezüglich einer Wirkung eine aufschiebende, bezüglich einer anderen Wirkung eine auflösende Bedingung vorgesehen werden. Sofern ein *Kausalgeschäft* unter einer Bedingung vorgenommen wurde, ist durch Auslegung des Parteiwillens zu ermitteln, ob auch das *Erfüllungsgeschäft* unter einer Bedingung stehen sollte. Dabei kann nicht davon ausgegangen werden, daß hinsichtlich des Erfüllungsgeschäftes regelmäßig dieselbe Bedingung gewollt sei, wie sie für das Verpflichtungsgeschäft besteht (aM ERMAN/HEFERMEHL § 158 Rn 3). Für den Kauf unter Eigentumsvorbehalt gilt die gesetzliche Bestimmung des § 449, welche im Zweifel eine aufschiebend bedingte Übereignung vorsieht. Dagegen greift bei der Auflassung das Bedingungsverbot des § 925 Abs 2 ein.

3. Eintritt und Ausfall der Bedingung

a)   Das BGB enthält keine allgemeinen Regeln darüber, wann eine Bedingung **13** eingetreten ist (vgl Mot I 262 ff). In welchen Umständen die Verwirklichung des gewollten Bedingungsinhaltes zu sehen ist oder zu sehen gewesen wäre, muß demnach durch **Auslegung** ermittelt werden, wobei im Falle bedingter letztwilliger Zuwendungen § 2076 zu beachten ist. Eine Fiktion des Bedingungseintritts bei treuwidriger Vereitelung sieht § 162 vor.

Die **affirmative Bedingung** (s dazu Vorbem 13 zu §§ 158 ff) ist grundsätzlich erst *erfüllt*, **14** wenn der ihrem Inhalt entsprechende Sachverhalt wirklich eingetreten ist. Die Bereitschaft zu seiner Verwirklichung genügt nicht. Andererseits muß es sich, wenn zB der Zollbetrag aufschiebend bedingt als Restkaufpreis vereinbart wurde, für den Bedingungseintritt nicht um einen rechtlich zutreffenden Zollbescheid handeln (OLG Frankfurt NJW 1958, 997). Die affirmative Bedingung ist *ausgefallen*, sofern feststeht, daß der Tatbestand, an welchen die Rechtswirkungen geknüpft sein sollten, sich nicht verwirklicht hat und nicht mehr verwirklichen wird. Hierfür kann ein längerer ergebnisloser Zeitablauf genügen, zB wenn das Bestehen des Examens zur Bedingung erhoben war (SOERGEL/WOLF § 158 Rn 25).

Eine **negative Bedingung** ist *erfüllt*, wenn mit Sicherheit feststeht, daß das Ereignis, an **15** dessen Nichteintritt die Rechtswirkung geknüpft sein sollte, nicht eingetreten ist und nicht mehr eintreten kann. Die negative Bedingung ist *ausgefallen*, wenn der Tatbestand, der nicht eintreten sollte, eingetreten ist.

16 b) Die **Rechtsfolgen** des Bedingungseintritts regelt § 158 (s dazu Rn 18 ff). Der Bedingungsausfall beendet zunächst die Anwartschaft (vgl Rn 1) desjenigen, der beim Bedingungseintritt etwas erworben oder zurückerworben hätte. Sofern ein Gegenstand unbedingt übertragen worden ist, entsteht beim Wegfall des Verpflichtungsgeschäfts infolge Bedingungsausfalls ein Bereicherungsanspruch. Allerdings kann die Leistung in Kenntnis des noch fehlenden Bedingungseintritts unter Umständen auch als vertragsändernder **Verzicht** auf die Bedingung zu verstehen sein (MünchKomm/H P WESTERMANN § 158 Rn 40). Daß die Parteien ihr Rechtsgeschäft ändern, die Bedingungsabrede aufheben und die Rechtsfolgen ohne weitere Voraussetzung wollen können, ist selbstverständlich (vgl etwa OLG Düsseldorf WM 1991, 1029, 1033 f). Ob ein solcher Verzicht auch einseitig möglich ist oder stets einer (stillschweigenden) vertragsändernden Parteivereinbarung bedarf, hängt davon ab, ob die Bedingung im Interesse der verzichtenden oder beider Parteien vereinbart war (BGH NJW-RR 1989, 291, 292/293; SOERGEL/WOLF § 158 Rn 33; stets für Vertragserfordernis POHLMANN NJW 1999, 190 ff). In jedem Fall wirkt der Verzicht nur ex nunc. Der Schwebezustand wird nicht rückwirkend, sondern nur für die Zukunft beendet (BGH NJW 1998, 2360, 2362). Das Rechtsgeschäft wird also erst mit Zugang der Verzichtserklärung wirksam. Eine **Umdeutung** in ein weniger bedeutsames Geschäft kommt indessen regelmäßig nicht in Betracht (BGH NJW 1971, 420; MünchKomm/H P WESTERMANN § 158 Rn 44).

17 Eine Pflicht, dem anderen Teil von dem Bedingungseintritt oder dem Bedingungsausfall *Mitteilung zu machen*, ist als – schadensersatzbewehrte – vorvertragliche oder vertragliche Pflicht (vgl Rn 2) gemäß § 242 zu bejahen, wenn der andere Teil von der Entscheidung nichts wissen kann, jedoch erkennbares Interesse daran hat, von den maßgeblichen Umständen alsbald zu erfahren (KOHLER ArchBürgR 25, 164 ff; SOERGEL/WOLF § 158 Rn 26). Über den Eintritt oder das (endgültige) Fehlen von Bedingungen, deren Eintritt im Belieben des Gegners steht, muß aber keinesfalls informiert werden (vgl BGH NJW 1987, 1631).

II. Regelungsgehalt des § 158

1. Bedingungseintritt bei aufschiebend bedingten Rechtsgeschäften (Abs 1)

18 a) Das aufschiebend bedingte Rechtsgeschäft ist tatbestandlich mit seiner Vornahme vollendet. Es fehlt aber an einer Wirksamkeitsvoraussetzung (SOERGEL/WOLF § 158 Rn 8; vgl auch Vorbem 6 zu §§ 158 ff). Daher führt der Bedingungseintritt gemäß § 158 Abs 1 ohne weiteren Rechtsakt zum **Eintritt der Rechtswirkungen**. Bei einer bedingten Verfügung bedarf es im Zeitpunkt des Bedingungseintritts auch nicht mehr eines entsprechenden *Verfügungswillens* des Veräußerers. Das gilt selbst dann, wenn der Anwärter inzwischen über sein Anwartschaftsrecht wirksam verfügt hat, so daß mit dem Bedingungseintritt der nunmehrige Anwärter zum Vollberechtigten wird (s näher Vorbem 72 zu §§ 158 ff). Ebenso bestimmen sich *Geschäftsfähigkeit* und *Verfügungsbefugnis* der Parteien sowie die *Formwahrung* nach dem Zeitpunkt der Geschäftsvornahme und nicht nach dem Zeitpunkt des Bedingungseintritts (SOERGEL/WOLF § 158 Rn 11). Dasselbe gilt für den *guten Glauben* beim Erwerb vom Nichtberechtigten (BGHZ 30, 374, 377; 10, 69, 73).

Aufschiebend bedingte Ansprüche unterliegen nicht der *Verjährung*, weil sie noch **19**
nicht entstanden sind (BGHZ 47, 387, 391; Soergel/Wolf § 158 Rn 14; **aM** Langheineken,
Anspruch und Einrede nach dem Deutschen Bürgerlichen Gesetzbuch [1903] 74 ff). Die Möglichkeit einer Feststellungsklage und einer Klage auf künftige Leistung (s dazu Vorbem 47
zu §§ 158 ff) vermag hieran nichts zu ändern.

b) § 158 Abs 1 regelt auch den **Zeitpunkt** des Eintritts der Rechtswirkungen. Sie **20**
werden erst mit dem Bedingungseintritt ausgelöst (BGH NJW 1998, 2360, 2362; zur Rückwirkung s oben Rn 3). Bis zu diesem Zeitpunkt besteht für den künftigen Erwerber eine
Anwartschaft (s Vorbem 53 ff zu §§ 158 ff; zur Prozeßführungsbefugnis während der Schwebezeit
s ebenda Rn 48). Sofern jedoch eine bedingte Forderung unbedingt *abgetreten* wird, hat
die Abtretung sogleich Vollwirksamkeit (BGH LM Nr 14 zu § 313; RGZ 67, 425, 430).

2. Bedingungseintritt bei auflösend bedingten Rechtsgeschäften (Abs 2)

a) Der Eintritt einer auflösenden Bedingung, die nach dem BGB Modalität des **21**
Rechtsgeschäfts ist (s Vorbem 7 zu §§ 158 ff), führt gemäß § 158 Abs 2 zur **Beendigung**
der Rechtswirkungen, und zwar mit Wirkung ex nunc (BGHZ 133, 331, 334; zur Rückwirkung s oben Rn 3; vgl auch unten Rn 22). Daher unterliegt ein auflösend bedingter
Anspruch während der Schwebezeit der *Verjährung* (Soergel/Wolf § 158 Rn 21). *Ver-*
fügungswirkungen werden durch den Bedingungseintritt automatisch und ex nunc
rückgängig gemacht (vgl OLG München Ufita 90 [1981] 166, 167 ff für die auflösend bedingte
Übertragung von Fernsehrechten). Soweit der Anwärter sein Anwartschaftsrecht auf einen Dritten übertragen hatte, wird dieser unmittelbar und nicht als Rechtsnachfolger
des früheren Berechtigten zum Rechtsinhaber (vgl Vorbem 72 zu §§ 158 ff). Auch ein
Anwärter, der ein ihm früher zustehendes Recht aufgrund auflösender Bedingung
zurückerwirbt, ist nicht Rechtsnachfolger des vor dem Bedingungseintritt Berechtigten, weil dem ursprünglichen Rechtsinhaber eine Rückerwerbsanwartschaft ver-
blieben ist, die mit dem Bedingungseintritt zum Vollrecht erstarkt. Es bedarf daher
nicht der Einigung und Übergabe (Soergel/Wolf § 158 Rn 29; zur Rechtsnachfolge iSd ZPO
s Vorbem 48 zu §§ 158 ff). Wer aufgrund des Eintritts einer auflösenden Bedingung
wieder zum Gläubiger einer Forderung wird, ist nicht „neuer Gläubiger" iSd
§ 407; dennoch kann zum Schutz des Schuldners bei Leistung an den zwischenzeitlich
auflösend bedingt Berechtigten § 407 analog angewendet werden (s § 161 Rn 5).

b) Sofern ein Kausalgeschäft aufgrund auflösender Bedingung entfällt, erfolgt die **22**
Rückabwicklung nicht nach den Regeln der §§ 346 ff, sondern mangels rechtsgeschäftlicher Bestimmung für diesen Fall nach Bereicherungsrecht (s näher § 159
Rn 9). Ist eine Verfügung auflösend bedingt, so kommt § 985 zum Zuge. – Ein *Dau-*
erschuldverhältnis endet mit dem Eintritt der auflösenden Bedingung ebenso, als
wenn es durch Kündigung oder einverständliche Aufhebung beendet würde. Nur
schuldrechtliche Pflichten gemäß § 159 können dazu führen, daß der Zustand wie
zu Beginn des Dauerschuldverhältnisses wiederhergestellt werden muß (Larenz/Wolf
§ 50 Rn 50). Bei auflösend bedingten Gesellschaftsverträgen führt der Bedingungseintritt dazu, daß die Gesellschaft liquidiert werden muß (Soergel/Wolf § 158 Rn 30).

§ 159
Rückbeziehung

Sollen nach dem Inhalt des Rechtsgeschäfts die an den Eintritt der Bedingung geknüpften Folgen auf einen früheren Zeitpunkt zurückbezogen werden, so sind im Falle des Eintritts der Bedingung die Beteiligten verpflichtet, einander zu gewähren, was sie haben würden, wenn die Folgen in dem früheren Zeitpunkt eingetreten wären.

Materialien: E I § 130; II § 129; III § 155; Mot I
254; Prot I 180.

Systematische Übersicht

Alphabetische Übersicht

I. Allgemeines

1 Das BGB hat sich in § 158 gegen die Rückwirkung kraft Bedingungseintritts entschieden (s näher § 158 Rn 3). Es läßt jedoch in § 159 der Privatautonomie Raum und erlaubt, daß die Parteien eine **obligatorisch wirkende Rückbeziehung** bestimmen. Damit soll dem Umstand Rechnung getragen werden, daß ein Interesse daran bestehen kann, die Rechtsbeziehungen unter den Beteiligten nach Eintritt der Bedingung so zu beurteilen, als seien die Wirkungen des bedingten Rechtsgeschäfts bereits zu einem früheren Zeitpunkt eingetreten oder beendet worden (Mot I 254).

II. Vereinbarung

2 In der Literatur findet sich häufig die Formulierung, die obligatorische Rückbeziehung müsse unter den Beteiligten *vereinbart* werden (vgl ERMAN/HEFERMEHL § 159 Rn 1; SOERGEL/WOLF § 159 Rn 1). Dies trifft jedoch, wie schon der Wortlaut des Gesetzes zeigt, nur zu, wenn beiderseitige Verpflichtungen begründet werden sollen. Alternativ hierzu kann bei einseitigen Rechtsgeschäften, insbesondere bei Verfügungen von Todes wegen, durchaus auch eine einseitige Rückbeziehungsbestimmung getroffen werden.

Ist eine Vereinbarung erforderlich, so kann sie *ausdrücklich oder konkludent* getrof- **3** fen werden. Eine Vermutung für die Rückbeziehungsbestimmung wird nicht aufgestellt (Prot I 180 = MUGDAN I 762). Demnach entscheidet die *Auslegung* des Parteiwillens, ob eine obligatorische Rückwirkung gewollt war und welchen Umfang sie haben soll (vgl BGH WM 1961, 177, 179; MDR 1959, 658).

So ist zB beim bedingten *Beitritt zu einer Personengesellschaft* im Zweifel anzuneh- **4** men, daß sich der Gesellschafter vor den nachteiligen Folgen des Beitritts schützen will und deshalb eine Rückbeziehung gewollt ist (ausf KOLLER/BUCHHOLZ DB 1982, 2172/ 2173). Dasselbe gilt, wenn eine *Änderungskündigung* unter der auflösenden Bedingung angenommen wurde, daß die Sozialwidrigkeit der Änderung festgestellt wird (BAG NJW 1985, 1797, 1799; dazu KEMPFF AiB 1985, 126, 127). *Steuerklauseln*, mit denen die Parteien die Wirksamkeit ihres Rechtsgeschäfts von der steuerlichen Anerkennung durch die Finanzbehörden abhängig machen, enthalten ebenfalls eine stillschweigende Rückbeziehungsvereinbarung (ZENTHÖFER DStZ 1987, 185, 189), sofern nicht überhaupt nur eine Scheinbedingung vereinbart ist (s dazu Vorbem 28 f zu §§ 158 ff).

Der *Zeitpunkt*, auf den die Wirkungen des bedingten Rechtsgeschäfts zurückbezogen **5** werden sollen, liegt im Ermessen der Parteien. Es muß sich keineswegs um den Moment des Geschäftsabschlusses handeln.

III. Rechtsfolgen

1. Grundsätze

Eine Rückbeziehungsvereinbarung iSd § 159 hat zunächst *nur obligatorische Wir-* **6** *kung.* Eine dingliche Rückwirkung kann nur der Gesetzgeber anordnen (s unten Rn 11). Generell hat daher eine Rückbeziehungsbestimmung zur Folge, daß sich die Parteien so behandeln müssen, als seien die Wirkungen des Rechtsgeschäfts bereits zu dem vereinbarten früheren Zeitpunkt eingetreten (vgl BAG NJW 1985, 1797, 1799). Von Bedeutung wird die Rückbeziehungsbestimmung vor allem hinsichtlich der in der Schwebezeit anfallenden *Nutzungen* (s Rn 7), für die *Gefahrtragung* und für den Verfall einer *Vertragsstrafe*. Über andere wichtige Vorgänge während der Schwebezeit enthalten §§ 160, 161 Spezialregeln (FLUME § 39, 1). Für die Beurteilung des *Rechtszustandes während der Schwebezeit* bleibt aber das unmodifizierte, nicht durch den Bedingungseintritt beeinflußte Rechtsgeschäft maßgebend (MünchKomm/H P WESTERMANN § 159 Rn 2).

2. Insbesondere: Zuweisung der Nutzungen

Auf die angefallenen Nutzungen hat der aufgrund des Bedingungseintritts nunmehr **7** Vollberechtigte einen **Anspruch**, wenn dies nach dem Geschäftsinhalt, eventuell im Wege ergänzender Auslegung, als gewollt anzusehen ist (BGH MDR 1959, 658). Die Auslegung kann auch ergeben, daß der Rückbeziehungswille dem jetzigen Berechtigten nur einen Teil der Nutzungen zuweist (WUNNER AcP 168 [1968] 425, 446; s auch oben Rn 5).

Besteht danach ein Anspruch auf die Nutzungen, so ist dieser nach den allgemeinen **8** Vorschriften zu erfüllen. Ein **dinglicher Rechtsübergang** an den zwischenzeitlich angefallenen Früchten einer Hauptsache, welche aufgrund Bedingungseintritts nunmehr dem Erwerber gehört, kann (nur) stattfinden, wenn eine Rückbeziehungsvereinbarung getroffen wurde, welche hinsichtlich der Wirkungen des Bedingungseintritts zugleich als *vorweggenommene Einigung* und *antizipiertes Besitzkonstitut* bzw als Vorausabtretung der Rechtsfrüchte aufgefaßt werden kann (FLUME § 40, 2a).

3. Fehlende Rückbeziehungsbestimmung

9 Läßt sich eine Rückbeziehungsvereinbarung nicht feststellen, so treten die Rechtsfolgen erst mit Bedingungseintritt ein. Bei der **aufschiebenden Bedingung** bedeutet das zB, daß dem nunmehr Vollberechtigten die Nutzungen erst ab Bedingungseintritt zustehen. Bei der **auflösenden Bedingung** ist das zwischenzeitlich Erlangte nach hM nicht gemäß §§ 346 ff, sondern gemäß § 812 Abs 1 S 2 herauszugeben (BGH MDR 1959, 658 f; RG HRR 1933 Nr 1008; WarnR 1921 Nr 43; JAUERNIG § 159 Rn 1; MünchKomm/H P WESTERMANN § 159 Rn 3; SOERGEL/WOLF § 159 Rn 2). Demgegenüber nimmt FLUME (§ 40, 2d) im Falle einer auflösenden Bedingung an, daß auch ohne besondere Rückbeziehungsvereinbarung ein im Wege der Auslegung zu gewinnender vertraglicher Rückabwicklungsanspruch begründet worden sei (zust jetzt JAUERNIG § 159 Rn 1; LARENZ/WOLF § 50 Rn 50; MEDICUS Rn 840; wohl auch WUNNER AcP 168 [1968] 425 Fn 102). Dem ist grundsätzlich zuzustimmen. Daß die Parteien – etwa hinsichtlich der Nutzungen etc – keine Rückwirkung wollen, hindert sie nicht, eine vertragliche Rückabwicklung des ex nunc beendeten Vertrages zu vereinbaren. Im Gegenteil wird man annehmen können, daß ein vertraglicher Rückgewähranspruch regelmäßig stillschweigend mitvereinbart ist, wenn die Parteien eine auflösende Bedingung vereinbart haben. Denn daß sie für einen bestimmten Fall zwar die Auflösung des Vertrages, aber nicht die Rückgewähr des zwischenzeitlich Empfangenen gewollt haben, ist als Prinzip nicht zu unterstellen. Etwas anderes kann sich, wie bei jeder Auslegung, aus den konkreten Umständen des Einzelfalles, etwa aus der Rechtsnatur des beendeten Vertrages ergeben.

IV. Beweislast

10 Die Beweislast für eine obligatorisch wirkende Rückbeziehungsbestimmung trägt derjenige, der daraus Rechte herleiten will (ROSENBERG AcP 94 [1903] 1, 100; SOERGEL/WOLF § 159 Rn 4).

V. Sonstige Rückbeziehungsvereinbarungen

11 Rückbeziehungsvereinbarungen gibt es auch außerhalb der bedingten Rechtsgeschäfte. Eine häufige Erscheinungsform ist die Rückdatierung von Verträgen (dazu ausf U H SCHNEIDER AcP 175 [1975] 279 ff). Bei der bereinigenden Regelung von Streitigkeiten, insbesondere bei einem Vergleich, können die Parteien ebenfalls den bereits zurückliegenden Zeitraum regeln (vgl ausf BORK, Der Vergleich [1988] 140 ff). In jedem Fall haben aber solche Rückbeziehungsvereinbarungen **nur schuldrechtliche Wirkung.** Eine dingliche Wirkung ex tunc ist eine Fiktion, die nur der Gesetzgeber anordnen kann (vTUHR II/1, 28). Die Parteien können sich lediglich schuldrechtlich verpflichten, einander so zu stellen, wie sie stehen würden, wenn eine dingliche Rückwirkung möglich wäre.

§ 160
Haftung während der Schwebezeit

(1) Wer unter einer aufschiebenden Bedingung berechtigt ist, kann im Falle des Eintritts der Bedingung Schadensersatz von dem anderen Teil verlangen, wenn dieser während der Schwebezeit das von der Bedingung abhängige Recht durch sein Verschulden vereitelt oder beeinträchtigt hat.

(2) Den gleichen Anspruch hat unter denselben Voraussetzungen bei einem unter einer auflösenden Bedingung vorgenommenen Rechtsgeschäft derjenige, zu dessen Gunsten der frühere Rechtszustand wieder eintritt.

Materialien: E I § 134; II § 130; III § 156; Mot I 258; Prot I 183.

Systematische Übersicht

Alphabetische Übersicht

S Vorbem zu §§ 158–163.

I.   Allgemeines

Nach der Entscheidung des BGB-Gesetzgebers wirkt der Bedingungseintritt nicht **1** zurück (s näher § 158 Rn 3). Hätte man diesen Gedanken streng durchgeführt, so wäre es möglich, daß zumindest **bei bedingten Verfügungsgeschäften** während der Schwebezeit bis zum Bedingungseintritt *keine schuldrechtliche Bindung* der Beteiligten besteht. In diesem Fall könnte der unter einer aufschiebenden Bedingung Erwerbende den Veräußerer nicht für Handlungen verantwortlich machen, die die Erfüllung der bedingt versprochenen Leistung beeinträchtigen. Deshalb begründet § 160 für die Schwebezeit ein **gesetzliches Schuldverhältnis**, aus dem sich *Schutzpflichten* zugunsten des Erwerbers herleiten. – Zur *analogen Anwendung* des § 160 bei Zwischenverfügungen vor Annahme eines Übereignungsangebotes s § 145 Rn 23.

Bei bedingten Verpflichtungsgeschäften können sich entsprechende Schutzpflichten **2** bereits *aus dem Rechtsgeschäft* als solchem ergeben (Flume § 40, 2c). Außerdem ist an verschuldensunabhängige Ansprüche wie etwa aus § 281 zu denken (vgl BGH JR 1987, 455, 456). Jedenfalls begründet § 160 auch hier Schutzpflichten während der Schwebezeit (Larenz/Wolf § 50 Rn 59). Hinsichtlich des Geltungsgrundes der Schutzpflichten ist also zu unterscheiden, ob sie auf rechtsgeschäftlicher Grundlage bestehen oder auf der gesetzlichen Grundlage des § 160 erwachsen. Die rechtsgeschäftlich begründeten Schutzpflichten können über die des § 160 hinausgehen (FLUME § 40, 2c). Werden ausdrücklich Pflichten vereinbart, die hinter dem Maß des § 160 zurückbleiben, so ist die Vorschrift insoweit abbedungen (vgl ZAWAR DNotZ 1986, 515, 524 f). Daß § 160 kein zwingendes Recht enthält, ist unstreitig (vgl nur MünchKomm/H P WESTERMANN § 160 Rn 8; SOERGEL/WOLF § 160 Rn 3).

3 Der **Zweck** des § 160 besteht darin, den bedingt Berechtigten davor zu schützen, daß die bedingt übertragene Sache oder das bedingt begründete bzw übertragene Recht während der Schwebezeit vom Vorberechtigten beeinträchtigt wird. Es handelt sich freilich nur um einen schuldrechtlichen Schutz. Ein darüber hinausgehendes Anwartschaftsrecht des Erwerbers (s Vorbem 53 zu §§ 158 ff) kann daher aus § 160 nicht hergeleitet werden. Folglich begründet § 160 auch keinen Schutz gegenüber Dritten (ENNECCERUS/NIPPERDEY § 197 II 2/3).

II. Einzelheiten des Anspruchs

1. Bedingtheit des Schadensersatzanspruchs

4 Der Anspruch aus § 160 setzt zunächst voraus, daß der Gläubiger unter einer Bedingung berechtigt war. Bedingt ist daher auch der Schadensersatzanspruch aus § 160. Eine Pflichtverletzung kann den Schadensersatzanspruch nur auslösen, wenn die Bedingung eingetreten ist, da dem Gläubiger anderenfalls die Hauptleistung nicht zusteht (MünchKomm/H P WESTERMANN § 160 Rn 2).

5 Gleichwohl kann man von einer gewissen **„Vorwirkung"** sprechen (vgl SOERGEL/WOLF § 160 Rn 1). Diese besteht nicht nur darin, daß der bedingte Schadensersatzanspruch seinerseits bereits vor Bedingungseintritt *abgetreten* werden kann (SOERGEL/WOLF § 160 Rn 2; vgl auch § 158 Rn 20). Vielmehr kann auch die *Erfüllung der Sorgfaltspflichten* im Wege der Leistungs- oder Unterlassungsklage sowie des Arrestes (§ 916 Abs 2 ZPO) oder der einstweiligen Verfügung verfolgt werden (FLUME § 39, 4; SOERGEL/WOLF § 160 Rn 5 f; ZAWAR DNotZ 1986, 515, 524; zur Klage auf künftige Leistung s Vorbem 47 zu §§ 158 ff). Außerdem können *Auskunftsansprüche* bestehen (vgl OLG Oldenburg NJW-RR 1990, 650). In § 133 E I war außerdem vorgesehen, daß der bedingt Berechtigte unter den Voraussetzungen des Arrestes einen Anspruch auf *Sicherheitsleistung* haben sollte. Dies ist aber – abgesehen von den Fällen der §§ 1986 Abs 2, 2128 Abs 1, 2217 Abs 2 – nicht Gesetz geworden (vgl auch ERMAN/HEFERMEHL § 160 Rn 2; MünchKomm/H P WESTERMANN § 160 Rn 7). Zur Sicherung des bedingten Anspruchs durch Vormerkung etc s § 158 Rn 1; zum Schutz des Anwartschaftsrechts s Vorbem 69 zu §§ 158 ff.

2. Inhalt der Pflichten

6 Durch § 160 wird der gegenwärtig Berechtigte verpflichtet, sich während der Schwebezeit aller Einwirkungen zu enthalten, die das Eintreten der von der Bedingung abhängigen Rechtswirkungen beeinträchtigen könnten. Er hat demnach hinsichtlich des betroffenen Gegenstandes **Erhaltungspflichten** (FLUME § 39, 3c). Dies gilt zunächst bezüglich des tatsächlichen Zustandes. Der betroffene Gegenstand ist ordnungsmäßig zu verwalten (BGHZ 114, 16, 21) und vor Zerstörung oder Beschädigung zu schützen. Außerdem hat sich der gegenwärtig Berechtigte auch nachteiliger rechtlicher Einwirkungen zu enthalten, so daß Zwischenverfügungen zum Schadensersatz nach § 160 führen können, soweit der Schadenseintritt nicht durch die relative Unwirksamkeit gemäß § 161 verhindert wird.

Ferner besteht gemäß § 160 die Pflicht, dafür zu sorgen, daß den Belangen des **7** anderen Teils Rechnung getragen wird. Demnach trefffen den gegenwärtig Berechtigten **Vorbereitungs- und Unterlassungspflichten** (LARENZ/WOLF § 50 Rn 60). Eine Pflicht zur Förderung des Bedingungseintritts besteht jedoch nicht (s auch § 158 Rn 2, § 162 Rn 1). Auch einen auf die bedingte Hauptleistung gerichteten vorzeitigen Erfüllungsanspruch begründet § 160 während des Schwebezustandes nicht. Die Vorschrift hat nur eine „Sicherstellungsaufgabe" (WUNNER AcP 168 [1968] 425, 444).

3. Schuldhafte Pflichtverletzung

Der Schadensersatzanspruch aus § 160 setzt voraus, daß das von der Bedingung **8** abhängige **Recht vereitelt oder beeinträchtigt** worden ist. Dies muß **durch eine während der Schwebezeit vorgenommene pflichtwidrige Handlung** verursacht worden sein. Der Anspruch setzt **Verschulden** des anderen Teils oder der ihm gemäß § 278 zuzurechnenden Personen voraus (zur Darlegungs- und Beweislast s unten Rn 12). Die Gefahr einer vom anderen Teil nicht zu vertretenden Beeinträchtigung trägt demnach der bedingt Berechtigte. Dafür, ihm nur die Gefahr für Verschlechterungsschäden zuzuweisen, gibt das Gesetz keine Handhabe (vgl FLUME § 40, 2c). Hinsichtlich der Gefahrtragung für Untergang oder Verschlechterung einer Sache greift im übrigen der Rechtsgedanke des § 446 Abs 1 S 1 ein, so daß beim bedingten Kauf der Käufer, dem die Sache bereits vor Bedingungseintritt übergeben worden ist, die Preisgefahr trägt (FLUME aaO).

Die **Anforderungen an die Sorgfalt** des anderen Teils ergeben sich grundsätzlich aus **9** § 276, jedoch sind Haftungsmilderungen möglich. Die in § 134 E I noch vorgesehene Regel, daß der Sorgfaltsmaßstab für das Verhalten des anderen Teils sich aus dem Maßstab für das bedingte Rechtsgeschäft ergebe, wurde für das BGB als entbehrlich bezeichnet (Prot I 184 = MUGDAN I 763). Demgemäß gilt der allgemeine Gesichtspunkt, daß für die Pflichten aus § 160 keine schärfere Haftung bestehen kann als für die rechtsgeschäftlich begründeten Haupt- oder Nebenpflichten (FLUME § 40, 2c; SOERGEL/WOLF § 160 Rn 4). So hat zB bei einem bedingten Schenkungsversprechen der Schenker entsprechend § 521 während der Schwebezeit nur für Vorsatz und grobe Fahrlässigkeit einzustehen. Bei bedingten Verfügungen bestimmt das ihnen zugrunde liegende Kausalgeschäft den Haftungsmaßstab. Bestehen keine Sonderregeln, so gilt § 276.

4. Umfang des Schadensersatzes

Es handelt sich bei dem Schadensersatzanspruch des § 160 nicht um einen solchen **10** aus cic. Der Schädiger haftet demnach gemäß §§ 249 ff auf *Ersatz des vollen Schadens*, nicht auf das negative Interesse.

5. Passivlegitimation

11 Der Ersatzanspruch aus § 160 richtet sich nicht gegen jeden Schädiger, sondern nur gegen denjenigen, der das bedingte Rechtsgeschäft vorgenommen hat (MünchKomm/H P Westermann § 160 Rn 6; Soergel/Wolf § 160 Rn 7). Auch dessen Singularnachfolger kann nach § 160 nicht in Anspruch genommen werden. Dies gilt selbst dann, wenn der Nachfolger an dem schädigenden Verhalten des anderen Teils beteiligt war. Gegenüber dem Nachfolger kann nur ein Ersatzanspruch wegen Verletzung des Anwartschaftsrechts aus § 823 Abs 1 in Betracht kommen (vgl Vorbem 69 zu §§ 158 ff). Außerdem ist § 281 anwendbar (vgl OLG Oldenburg NJW-RR 1990, 650; Flume § 40, 2c; Zawar DNotZ 1986, 515, 524), so daß der bedingt Berechtigte Abtretung von Ersatzansprüchen verlangen kann, die der Vollberechtigte gegen einen schädigenden Dritten erworben hat.

III. Beweislast

12 Wer einen Schadensersatzanspruch auf § 160 stützen will, muß den Bedingungseintritt und die Vereitelung oder Beeinträchtigung des bedingten Rechts während der Schwebezeit durch den Vertragspartner beweisen. Es ist dann dessen Sache, in entsprechender Anwendung von § 280 Abs 1 S 2 sein mangelndes Verschulden darzulegen und zu beweisen (Baumgärtel/Laumen, Hdb d Beweislast [2. Aufl 1991] § 160 Rn 1; MünchKomm/H P Westermann § 160 Rn 5; Soergel/Wolf § 160 Rn 4).

§ 161
Unwirksamkeit von Verfügungen wegen Schwebezeit

(1) Hat jemand unter einer aufschiebenden Bedingung über einen Gegenstand verfügt, so ist jede weitere Verfügung, die er während der Schwebezeit über den Gegenstand trifft, im Falle des Eintritts der Bedingung insoweit unwirksam, als sie die von der Bedingung abhängige Wirkung vereiteln oder beeinträchtigen würde. Einer solchen Verfügung steht eine Verfügung gleich, die während der Schwebezeit im Wege der Zwangsvollstreckung oder der Arrestvollziehung oder durch den Insolvenzverwalter erfolgt.

(2) Dasselbe gilt bei einer auflösenden Bedingung von den Verfügungen desjenigen, dessen Recht mit dem Eintritt der Bedingung endigt.

(3) Die Vorschriften zugunsten derjenigen, welche Rechte von einem Nichtberechtigten herleiten, finden entsprechende Anwendung.

Materialien: E I § 135; II § 131; III § 157; Mot I 259; Prot I 184; VI 129 und 133.

Schrifttum

Vgl die Literaturhinweise bei Vorbem zu §§ 158–163 sowie

Berger, Zur Anwendung des § 161 BGB bei bedingter Forderungsabtretung, KTS 1997, 393

BLOMEYER, Eigentumsvorbehalt und gutgläubiger Erwerb, AcP 153 (1954) 239

GRAUE, Der Eigentumsvorbehalt im ausländischen Recht (2. Aufl 1960)

GRIMM, Gutgläubiger Erwerb bei bedingten Verfügungen (Diss Göttingen 1913)

HEITSCH, Die Verfügungsbeschränkung des §161 BGB (Diss Jena 1906)

NEUMANN, Über die Rechtswirksamkeit von Verfügungen während des Schwebens einer aufschiebenden Bedingung (Diss Rostock 1905)

WINKLER, Verfügungen des bedingten Grundstückseigentümers, MittBayNot 1978, 1.

Systematische Übersicht

Alphabetische Übersicht

I. Allgemeines

Verfügt der Noch-Berechtigte in der Schwebezeit zwischen Geschäftsabschluß und **1** Bedingungseintritt über den betroffenen Gegenstand, so handelt er als Berechtigter. Es handelt sich nicht um die Verfügung eines Nichtberechtigten, da der Verfügende bis zum Bedingungseintritt Berechtigter bleibt und der Eintritt der Bedingung keine rückwirkende Kraft entfaltet (s § 158 Rn 3). Der Noch-Berechtigte könnte daher die Vollendung des Rechtserwerbs durch *Zwischenverfügungen* vereiteln. Um das zu verhindern, begründet § 161, dessen Vorläufer in das römische und in das gemeine Recht zurückreichen, eine *dingliche Vorwirkung* für bedingte Verfügungen. Es handelt sich dabei nicht um eine Beschränkung der Verfügungsmacht des Verfügenden (so aber die **hM**: FLUME § 39, 3a; MünchKomm/H P WESTERMANN § 161 Rn 7; SOERGEL/WOLF § 161 Rn 1; Voraufl), sondern um ein **absolutes Verfügungsverbot** (BORK Rn 1273, 1134 Fn 5; vgl auch unten Rn 12). Es hat zur Folge, daß Verfügungen, die die Bedingungswirkung beeinträchtigen (s dazu näher Rn 4 ff), mit Bedingungseintritt absolut unwirksam werden (s näher Rn 12 f). Nur soweit diese Schranke nicht überschritten wird, bleiben sie unberührt. Eine dingliche Rückwirkung des Bedingungseintritts wird aber auch in § 161 nicht angeordnet.

Begünstigt durch den Schutz gegen Zwischenverfügungen während der Schwebezeit **2** wird bei aufschiebend bedingten Verfügungen der bedingt berechtigte Erwerber, bei auflösend bedingten Verfügungen derjenige, zu dessen Gunsten der frühere Rechtszustand wieder eintritt.

II.   Anwendungsbereich

3   § 161 befaßt sich mit unverträglichen Zwischenverfügungen, setzt daher seinerseits voraus, daß es sich bei dem unter einer Bedingung stehenden Rechtsgeschäft um eine **bedingte Verfügung** handelt. Wichtigster Fall ist auch hier die aufschiebend bedingte Übereignung an den Eigentumsvorbehaltskäufer. Nicht betroffen von § 161 ist daher der Fall einer nur bedingten Verpflichtung. Wird also etwa ein bedingtes Schenkungsversprechen abgegeben, so kann der Versprechende über den versprochenen Gegenstand ohne die Beschränkungen des § 161 verfügen. Allerdings kann dann die in § 160 vorgesehene Schadensersatzpflicht eingreifen; außerdem kommen die Rechtsfolgen des verschuldeten nachträglichen Unvermögens gemäß §§ 275, 280, 283 in Betracht (ERMAN/HEFERMEHL § 161 Rn 2; SOERGEL/WOLF § 161 Rn 2). Zur Anwendung des § 161 bei bedingter Voll- bzw Vorerbschaft s WOLF, in: FS vLübtow (1991) 325 ff.

III.   Beeinträchtigende Zwischenverfügungen

1.   Verfügungen

4   a)   § 161 verlangt im Grundsatz, daß es sich bei dem den endgültigen Rechtserwerb vereitelnden oder beeinträchtigenden Umstand um eine **rechtsgeschäftliche Verfügung** handelt. Verpflichtungsgeschäfte über den von einer bedingten Verfügung erfaßten Gegenstand sind also wirksam und bleiben dies auch nach Bedingungseintritt (BGH DB 1962, 331; SOERGEL/WOLF § 161 Rn 6). Unter einer Verfügung versteht man dabei auch hier jede Einwirkung auf das (bedingt übertragene) Recht durch Übertragung, Belastung, Inhaltsänderung oder Aufhebung (vgl BayObLG NJW-RR 1986, 93, 94 f). Die letztwillige Verfügung wird nicht erfaßt (WOLF, in: FS vLübtow [1991] 325, 328).

5   Verfügung in diesem Sinne ist auch das *Einziehen einer Forderung* (oder deren *Erlaß*, s BGHZ 20, 127, 133; BGH NJW 1999, 1782, 1783; OLG Düsseldorf DAVorm 1982, 283, 285; OLG Hamm FamRZ 1980, 890, 892; vgl auch OLG Karlsruhe FamRZ 1979, 709, 711; AG Duisburg DA-Vorm 1981, 676, 678) durch den Gläubiger, dessen Recht auflösend bedingt ist (**aM** BERGER KTS 1997, 393, 405 ff). Demnach wird die Einziehung mit dem Bedingungseintritt grundsätzlich unwirksam (**aM** POHLE, in: FS Lehmann II [1956] 738, 741 ff). Zum Schutz des Leistenden greift aber § 407 ein, wenn er hinsichtlich der Bedingung gutgläubig war (FLUME § 39, 3a; MünchKomm/H P WESTERMANN § 161 Rn 10; SOERGEL/WOLF § 161 Rn 3). § 407 wird hier angewendet, obwohl der Anwärter nach dem Bedingungseintritt nicht Rechtsnachfolger des bedingt Berechtigten ist (vgl § 158 Rn 21). Wenn der Schuldner die Bedingtheit der Zession kennt, muß er entweder verlangen, daß der Anwärter der Einziehung durch den derzeit Berechtigten zustimmt (vgl unten Rn 13), oder er muß in entsprechender Anwendung des § 372 hinterlegen (MünchKomm/H P WESTERMANN § 161 Rn 10).

6   Auch die *Zustimmung* des bedingt Berechtigten zu einer Verfügung eines Nichtberechtigten über den von der Bedingung betroffenen Gegenstand steht unter der Einschränkung des § 161 (FLUME § 39, 3e).

7   Die *Prozeßführung* des Berechtigten wird durch § 161 nicht eingeschränkt, weil es sich bei ihr nicht um eine Verfügung handelt. Allerdings führt die Berücksichtigung des § 161 zu einer Beschränkung der Rechtskrafterstreckung (vgl näher Vorbem 48 f zu §§ 158 ff).

Die gegen die Wirkungen eines bedingten Verfügungsgeschäfts verstoßende Ver- **8** fügung muß – da der Schutz des § 161 vom Bedingungseintritt abhängig ist, die Zwischenverfügung bis dahin also nur auflösend bedingt wirksam ist (s unten Rn 12) – **ihrerseits bedingungsfähig** sein. Deshalb ist die Vornahme einer Kündigung oder einer Aufrechnung als gegen die Bedingungswirkung verstoßendes Rechtsgeschäft endgültig unwirksam, weil Kündigung und Aufrechnung grundsätzlich nicht auf Zeit vorgenommen werden können (vgl Vorbem 38 ff zu §§ 158 ff). Allerdings muß dann auch hier zugunsten des Schuldners § 407 eingreifen (FLUME § 39, 3a).

b) Den rechtsgeschäftlichen Verfügungen werden in § 161 Abs 1 S 2 Verfügungen **9** durch den **Insolvenzverwalter** und Verfügungen im Wege der **Zwangsvollstreckung** oder der **Arrestvollziehung** gleichgestellt. Die aus solchen Verfügungen erlangten Rechte, insbesondere das Pfändungspfandrecht, erlöschen also mit Bedingungseintritt (BayObLG NJW-RR 1997, 1173, 1174; MünchKomm/H P WESTERMANN § 161 Rn 14), so daß die Rechtsstellung des Anwärters grundsätzlich konkursfest ist. Eine andere Frage ist, ob der Insolvenzverwalter das schuldrechtliche Geschäft durch Erfüllungsablehnung gemäß § 103 InsO zu Fall bringen und damit den Bedingungseintritt vereiteln kann. – Die Eigentumsbegründung durch Hoheitsakt stellt hingegen als originärer Eigentumserwerb keine Verfügung im Sinne des § 161 dar. Deshalb ist die den Eigentumsübergang bewirkende Ablieferung durch den eine beschlagnahmte Sache versteigernden Gerichtsvollzieher nicht nach § 161 unwirksam (BGHZ 55, 20, 25; A BLOMEYER JR 1978, 271, 273; **aM** MAROTZKE NJW 1978, 133 ff).

c) **Kraft Gesetzes entstehende dingliche Rechte** an dem Gegenstand, über den **10** bedingt verfügt wurde, können unter § 161 subsumiert werden (so für gesetzliche Pfandrechte ERMAN/HEFERMEHL § 161 Rn 3; MünchKomm/H P WESTERMANN § 161 Rn 13; SOERGEL/ WOLF § 161 Rn 4; WEIMAR JR 1968, 456, 457). Es liegt zwar keine Verfügung vor, wohl aber eine Realhandlung (etwa das Einbringen in eine gemietete Wohnung), die in ihrer Wirkung der rechtsgeschäftlichen Verpfändung gleichsteht und daher nach Sinn und Zweck des § 161 zum Schutz des Anwärters erfaßt werden muß. Das bedeutet, daß das gesetzliche Pfandrecht bei Bedingungseintritt unwirksam wird. Ein gutgläubiger Erwerb kommt nicht in Betracht (**aM** MünchKomm/H P WESTERMANN § 161 Rn 13), da es bei gesetzlichen Pfandrechten grundsätzlich keinen gutgläubigen Erwerb gibt und § 161 Abs 3 den gutgläubigen Erwerb nur im Rahmen der allgemeinen Vorschriften zuläßt (s Rn 15).

2. Vereitelnde oder beeinträchtigende Wirkung

§ 161 erfaßt nur solche Verfügungen während der Schwebezeit, die die Bedingungs- **11** wirkung nachteilig beeinflussen. Das liegt vor, wenn der Rechtsübergang auf den Anwärter ausfallen würde oder wenn das Recht zwar übergehen würde, aber belastet oder in seinem Inhalt verändert wäre (SOERGEL/WOLF § 161 Rn 5; vgl auch BayObLG NJW-RR 1986, 93, 94 f). Dementsprechend werden für die Bedingungswirkung vorteilhafte Verfügungen des bedingt Berechtigten nicht berührt. Maßgebend ist hierbei der konkrete Bedingungsinhalt. Ebensowenig werden neutrale Verfügungen erfaßt. So kann zB eine aufschiebend bedingt verpfändete Sache einem Dritten nach §§ 929,

Reinhard Bork

931 übereignet werden. In diesem Falle kann das Pfandrecht gemäß § 936 Abs 3 mit dem Bedingungseintritt entstehen (ERMAN/HEFERMEHL § 161 Rn 2; MünchKomm/H P WESTERMANN § 161 Rn 12; SOERGEL/WOLF § 161 Rn 5).

3. Die Person des Verfügenden

11a Unwirksam sind Verfügungen des *bedingt Gebundenen*. Ungeachtet des zu eng gefaßten Wortlauts („er") ist damit jeder, der sein Recht vom bedingt Berechtigten ableitet, gebunden. Die durch § 161 bewirkte dingliche Vorwirkung (s Rn 1) erreicht nämlich, vom gutgläubigen Erwerb abgesehen (s Rn 15), daß der *Rechtsnachfolger* nicht mehr Rechte erwirbt, als der Rechtsvorgänger hatte (BGB-RGRK/STEFFEN § 161 Rn 6); der bedingt Berechtigte ist so auch gegenüber Verfügungen des Zweiterwerbers geschützt.

IV. Rechtsfolgen

12 Das in § 161 angeordnete absolute Verfügungsverbot (s Rn 1) bewirkt bei den hiergegen verstoßenden Verfügungen nicht nur, wie bei einem Veräußerungsverbot nach §§ 135, 136, eine relative, sondern eine **absolute Unwirksamkeit** (ENNECCERUS/ NIPPERDEY § 198 I 2; ERMAN/HEFERMEHL § 161 Rn 1/5; MünchKomm/H P WESTERMANN § 161 Rn 7 f; SOERGEL/WOLF § 161 Rn 9; WINKLER MittBayNot 1978, 1 ff). Demnach kann sich auf die eingetretene Unwirksamkeit nicht nur der begünstigte Erwerber, sondern jedermann berufen. Daß nur vereitelnde oder beeinträchtigende Verfügungen sanktioniert sind, führt also nur zu einer objektiven, nicht zu einer subjektiven Begrenzung der Unwirksamkeit. Im übrigen ergibt sich schon aus dem Wortlaut der Vorschrift, daß die Zwischenverfügung **erst bei Bedingungseintritt** unwirksam wird. Bis dahin ist sie (ihrerseits auflösend bedingt) wirksam (vgl aber SOERGEL/WOLF § 161 Rn 1: wird von Anfang an unwirksam; für Rückwirkung auch BROX JuS 1984, 657, 658; KOHLER DNotZ 1989, 339, 344). Außerdem ergibt sich aus Sinn und Zweck der Norm, daß die Unwirksamkeit **nur soweit wie die Unverträglichkeit reicht**. Ist zB für ein dingliches Recht aufschiebend bedingt eine Inhaltsänderung vereinbart, so ist eine spätere Belastung des Rechts nicht grundsätzlich unwirksam, sondern es ist zu prüfen, ob die Belastung für das inhaltlich geänderte Recht bestehen bleiben kann (vgl BayObLG NJW-RR 1986, 93, 94 f).

13 Da jedoch das Verfügungsverbot den Schutz des privaten Interesses des Anwärters verfolgt (s oben Rn 2), kann dieser durch **Zustimmung**, also durch Einwilligung oder Genehmigung, den Mangel beseitigen und auf diese Weise die Wirksamkeit der Verfügung begründen (BGHZ 92, 280, 288; RGZ 76, 89, 91; OLG Celle OLGZ 1979, 329, 332/334; MünchKomm/H P WESTERMANN § 161 Rn 7; SOERGEL/WOLF § 161 Rn 9).

V. Schutz des gutgläubigen Erwerbers

14 § 161 Abs 3 erstreckt den Schutz des guten Glaubens beim Erwerb vom Nichtberechtigten auf das in § 161 Abs 1 und 2 vorgesehene Verfügungsverbot. Diese Erstreckung ist notwendig, weil der Verfügende im Moment der Zwischenverfügung noch Berechtigter war (s oben Rn 1).

15 Voraussetzung des gutgläubigen Erwerbs ist zunächst ein **rechtsgeschäftliches Ver-**

kehrsgeschäft. Daher scheidet der gutgläubige Erwerb von Pfändungspfandrechten bei der Pfändung aus (BayObLG NJW-RR 1997, 1173, 1174). Sodann muß der Erwerber **gutgläubig** sein. Der gute Glaube muß sich darauf beziehen, daß die Verfügungsmacht des Verfügenden nicht durch eine schwebende Bedingung beschränkt war (Soergel/Wolf § 161 Rn 11). Bei Verfügungen über *bewegliche Sachen* gelten dann die §§ 932 ff, 1032, 1207, 1208, 1244 und §§ 366, 367 HGB entsprechend. Demnach schließt die auf grober Fahrlässigkeit beruhende Unkenntnis des Erwerbers seinen guten Glauben aus. An abhanden gekommenen Sachen ist ein gutgläubiger Erwerb durch § 935 ausgeschlossen. Bei Verfügungen über *Grundstücksrechte* gelten die §§ 892, 893, 1138, 1155 entsprechend. Ein vorsichtiger Anwärter kann daher einen gutgläubigen Erwerb verhindern, denn zu seinem Schutz gegen einen Rechtsverlust durch gutgläubigen Erwerb Dritter ist die Eintragung der schwebenden Bedingung im Grundbuch zulässig (RGZ 76, 89, 91; BayObLG NJW-RR 1986, 697, 698; LG Nürnberg-Fürth MittBayNot 1982, 21, 22; Erman/Hefermehl § 161 Rn 6; Soergel/Wolf § 161 Rn 12; Winkler MittBayNot 1978, 1, 2). Außerdem kommt die Sicherung durch Eintragung einer Vormerkung in Betracht. Bei *Forderungen und sonstigen Rechten* (§ 413) gibt es grundsätzlich keinen gutgläubigen Erwerb, also auch nicht im Rahmen des § 161 (vgl zB für GmbH-Anteile BFHE 153, 318, 321 f; FG Münster EFG 1986, 186, 187).

Soweit § 161 Abs 3 eingreift, also ein in der Verfügungsmacht Beschränkter gegen- **16** über einem gutgläubigen Erwerber wirksam verfügt hat, sind auch die §§ 816, 822 anwendbar. Außerdem ist § 160 in Betracht zu ziehen und zu erwägen, ob der bedingt Berechtigte daneben wegen des Verfügungsverbots (s Rn 1) einen deliktischen Ersatzanspruch hat, soweit der Zweiterwerber bösgläubig war.

§ 162
Verhinderung oder Herbeiführung des Bedingungseintritts

(1) Wird der Eintritt der Bedingung von der Partei, zu deren Nachteil er gereichen würde, wider Treu und Glauben verhindert, so gilt die Bedingung als eingetreten.

(2) Wird der Eintritt der Bedingung von der Partei, zu deren Vorteil er gereicht, wider Treu und Glauben herbeigeführt, so gilt der Eintritt als nicht erfolgt.

Materialien: E I § 136; II § 132; III § 158; Mot I 262; Prot I 184; VI 133.

Schrifttum

Vgl die Literaturhinweise bei Vorbem zu §§ 158–163 sowie Ganns, Die analoge Anwendung des § 162 BGB (Diss Bielefeld 1983)

Krückmann, Verhinderung des Vertragsschlusses, Recht 1911, 56 Schiedermair, Das Anwendungsgebiet des § 162 BGB (1929).

Reinhard Bork

Systematische Übersicht

Alphabetische Übersicht

I. Allgemeines

1 Daß einem Rechtsgeschäft eine Bedingung hinzugefügt ist, begründet grundsätzlich **keine Pflicht, den Bedingungseintritt zu fördern**. Bei Verpflichtungsgeschäften kann sich eine derartige Pflicht allerdings als Nebenpflicht ergeben (s § 158 Rn 2). Auch § 160 bestimmt lediglich, daß die mit der Bedingung erstrebten Rechtswirkungen nicht beeinträchtigt werden dürfen (s § 160 Rn 7). Eine Pflicht, auf den Bedingungseintritt hinzuwirken, wird dadurch nicht begründet (s auch unten Rn 5).

2 Um aber Manipulationen beim Bedingungseintritt oder Bedingungsausfall zu verhindern, normiert § 162 eine **gesetzliche Treuepflicht**: Derjenige, zu dessen Nachteil der Bedingungseintritt gereicht, darf den Lauf der Dinge nicht zu seinen Gunsten korrigieren und die Bedingung treuwidrig verhindern; derjenige, zu dessen Vorteil der Bedingungseintritt gereicht, darf die Bedingung nicht treuwidrig herbeiführen. Das Gesetz verbindet diese Regel mit einer **Ergebnisfiktion**: Bei entsprechendem treuwidrigem Verhalten wird das den Tatsachen entgegengesetzte Ergebnis fingiert. Diese Regelung, die auf das römische Recht zurückgeht (vgl FLUME § 40, 1b) und bei der es sich um *zwingendes Recht* handelt, ist als besondere Ausprägung des Grundsatzes von Treu und Glauben zu verstehen, wonach niemand aus eigenem treuwidrigen Verhalten einen Vorteil ziehen darf (vgl nur BGH NJW-RR 1991, 177, 178; BAGE 4, 306, 309; SOERGEL/WOLF § 162 Rn 1). Freilich geht es bei § 162 nicht so sehr um eine Sanktion für treuwidriges Verhalten als vielmehr um eine flankierende Maßnahme zur Durchsetzung des ursprünglichen rechtsgeschäftlichen Parteiwillens (OLG Düsseldorf NJW 1981, 463, 464; FLUME § 40, 1b; MünchKomm/H P WESTERMANN § 162 Rn 3). Deshalb muß auch eine sachgerechte, an Treu und Glauben orientierte *Vertragsauslegung* den Vorrang genießen (vgl BGH VersR 1986, 58 sowie zu den Umgehungsgeschäften unten Rn 9; fragwürdig deshalb LG Hanau NJW 1983, 2577, das einen Studienabbruch dem zur Bedingung für die Rückzahlung eines Studiendarlehens erhobenen Examen nicht gleichstellen will).

II. Voraussetzungen

1. Beeinflussung des Kausalverlaufs

a) Erste Voraussetzung für die Rechtsfolgen des § 162 ist eine tatsächliche Beein- **3** flussung des Kausalverlaufs, der zum Bedingungseintritt oder zum Bedingungsausfall führen soll, durch die jeweils berührte Partei. Dies setzt die objektive **Beeinflußbarkeit** des Kausalverlaufs voraus. Der Versuch, auf einen objektiv von der Partei nicht beeinflußbaren Kausalverlauf einzuwirken, genügt nicht (was zugleich zeigt, daß § 162 keine Sanktion für treuwidriges Verhalten ist, s Rn 2).

Diese Voraussetzung ist auch bei der *Potestativbedingung* (dazu allg Vorbem 14 ff zu **4** §§ 158 ff) erfüllt. Ein Grund, § 162 hier generell nicht anzuwenden, wie dies in Mot I 263 und im Anschluß an RGZ 53, 257, 259 von FLUME (§ 40, 1 f; zust LG Krefeld WuM 1989, 168; JAUERNIG § 162 Rn 1; KNÜTEL FamRZ 1981, 1079; PALANDT/HEINRICHS § 162 Rn 1) vertreten wird, besteht nicht. Auf jeden Fall kommen bei der Potestativbedingung treuwidrige Beeinflussungen des Kausalverlaufs durch die Gegenseite oder einen Dritten in Betracht (vgl SOERGEL/WOLF § 162 Rn 6). Aber auch im übrigen erfüllt die Potestativbedingung, und zwar in besonderem Maße, die Voraussetzung menschlicher Beeinflußbarkeit des Kausalverlaufs, so daß insoweit hinreichender Grund für einen Schutz gegen treuwidrige Beeinflussungen besteht (ebenso RG Recht 1922 Nr 406; OLG München NJW-RR 1988, 58, 59; vMETTENHEIM RIW 1981, 581, 583; grds auch ENNECCERUS/NIPPERDEY § 196 III; ERMAN/HEFERMEHL § 162 Rn 3; MünchKomm/H P WESTERMANN § 162 Rn 4; offen BGH WM 1972, 1422, 1424; zweifelnd OLG Dresden OLG-NL 2001, 97, 99; abl BGH NJW 1996, 3338, 3340). Dies gilt zB für die Ersatzraumbeschaffung als Bedingung einer Mietvertragsbeendigung (vgl MünchKomm/H P WESTERMANN § 162 Rn 14), für die Gestellung angemessener Nachmieter (OLG Düsseldorf NJW-RR 1992, 657; AG Essen WuM 1983, 230 m Anm RÖCHLING; AG Köln WuM 1988, 106) oder für die Wiederverheiratung als auflösende Bedingung für einen in einem Scheidungsvergleich vereinbarten Unterhaltsanspruch (zT abw OLG Düsseldorf NJW 1981, 463; vgl auch unten Rn 15 zu den gesetzlichen Unterhaltsansprüchen). Freilich muß bei der Bestimmung der Treuwidrigkeit (s Rn 7) berücksichtigt werden, daß bei einer Wollensbedingung auf die Interessen des Vertragspartners nur eingeschränkt Rücksicht zu nehmen ist, so daß die Voraussetzungen des § 162 nur in Ausnahmefällen vorliegen werden (iE ebenso OLG München NJW-RR 1988, 58, 59; RING JuS 1991, 634 ff; SOERGEL/WOLF § 162 Rn 6).

b) Für die tatsächliche **Beeinflussung** des Kausalverlaufs genügt *jede auch nur* **5** *mittelbare Einwirkung* (BGH BB 1965, 1052). Das vom Begünstigten nicht beherrschbare Verhalten eines Dritten oder sonstige von seinem Willen unabhängige Ereignisse können die Rechtsfolgen des § 162 hingegen nicht auslösen (vgl für den Konkurs LG Bielefeld ZIP 1987, 730 = KTS 1987, 533 m zust Anm WAGNER = EWiR 1987, 441 [zust JOHLKE] sowie MünchKomm/H P WESTERMANN § 162 Rn 9; vgl aber OLG Hamm KTS 1987, 527). Die Beeinflussung ist durch *positives Tun* ebenso wie durch *Unterlassen* möglich. Die Beeinflussung durch Unterlassen setzt allerdings eine entsprechende Rechtspflicht zum Handeln voraus (LG Gießen NJW-RR 1997, 1081). Diese wird vielfach dem Grundsatz von Treu und Glauben entnommen (vgl BGH MDR 1959, 924; RGZ 79, 96, 98; LG Hannover WuM 1990, 334, 335). Dies erscheint jedoch nicht als zutreffend, weil der Verstoß gegen Treu und Glauben nach der Formulierung des § 162 ein zusätzliches

Reinhard Bork

Tatbestandsmerkmal ist und erst zur Mißbilligung des bereits als rechtserheblich festgestellten Kausalverlaufs herangezogen werden kann (s Rn 7). Deshalb muß sich die Rechtspflicht zum Handeln aus einer anderen Grundlage ergeben. Sie kann insbesondere in der Pflicht zur Förderung des Vertragszwecks begründet sein (s auch Rn 1).

6 Die Einflußnahme auf den Kausalverlauf muß eine **Verhinderung** des Eintritts einer aufschiebenden Bedingung bzw die **Herbeiführung** des Eintritts einer auflösenden Bedingung zur Folge gehabt haben. Die bloße *Erschwerung* bzw *Erleichterung* beider Ereignisse genügt nicht (RGZ 66, 222, 226). Jedoch ist § 162 anzuwenden, wenn der Eintritt einer aufschiebenden Bedingung durch dauernde Verzögerung behindert wird (Soergel/Wolf § 162 Rn 12; krit MünchKomm/H P Westermann § 162 Rn 15).

2. Treuwidrigkeit

7 Nach einer noch in § 136 E I vorgesehenen Regel sollte es erforderlich sein, daß sich die Beeinflussung des Kausalverlaufs durch die davon begünstigte Partei gegen den Inhalt des Rechtsgeschäfts richtete. Der heutige Gesetzeswortlaut geht weiter: Die Treuwidrigkeit wird aus dem Grundsatz des § 242 hergeleitet, wonach das **Gesamtverhalten** nach *Anlaß, Zweck und Beweggrund unter Berücksichtigung aller Umstände des Einzelfalles* zu würdigen ist (Soergel/Wolf § 162 Rn 7; vgl auch OLG Düsseldorf NJW-RR 1987, 362, 364; OLG Hamm NJW-RR 1989, 1366). Zu den Umständen des Einzelfalles gehört dann natürlich auch der Inhalt des Rechtsgeschäfts, durch dessen Auslegung in erster Linie zu ermitteln ist, welches Verhalten von einem loyalen Vertragspartner zu erwarten war (BGH NJW 1984, 2568, 2569; OLG Dresden OLG-NL 2001, 97, 99; MünchKomm/H P Westermann § 162 Rn 9).

8 **Treuwidrig** ist es deshalb schon, wenn der *Mißerfolg provoziert* wurde. Das ist zB der Fall, wenn die finanzielle Leistungsfähigkeit zur aufschiebenden Bedingung für die Leistungspflicht erhoben worden ist und der Schuldner dann „nicht gehörig arbeitet" (BGH BB 1965, 1052) oder wenn ein sonstiger Bedingungseintritt an der finanziellen Leistungsfähigkeit scheitert, solange diese nur im Risikobereich des durch den Bedingungsausfall Begünstigten liegt (vgl BGH NJW-RR 1989, 802 f; OLG Karlsruhe NJW-RR 1996, 80; LG Essen WuM 1992, 359, 360; im konkreten Fall Treuwidrigkeit zutr verneinend OLG Hamm NJW-RR 1989, 1366). Auch die Zurückweisung der von einem Dritten für den Vorbehaltskäufer angebotenen Zahlung des Restkaufpreises kann treuwidrig sein, so daß gemäß § 162 der Eigentumserwerb des Käufers eintritt (OLG Hamburg MDR 1959, 398, 399; MünchKomm/H P Westermann § 162 Rn 7; Soergel/Wolf § 162 Rn 9; vgl auch BGHZ 75, 221, 228 sowie unten Rn 16, 18). Treuwidrig handelt ferner, wer ein Kind adoptiert, um einen für den Fall der Kinderlosigkeit bestehenden Vermächtnisanspruch zu vereiteln (OLG Stuttgart FamRZ 1981, 818 m zust Anm Bausch; vgl auch BayObLGZ 1984, 246, 249), wer die Gegenseite an Maßnahmen hindert, die zum Bedingungseintritt oder -ausfall erforderlich sind (vgl OLG Düsseldorf OLGZ 1990, 224, 225 f; DB 1984, 239 und unten Rn 16), oder wer sich ohne vernünftigen Grund weigert, zur Bedingung erhobene Erklärungen abzugeben (vgl OLG Brandenburg NJW-RR 2000, 766, 767 f; OLG Hamm NJW-RR 1995, 113, 114), Zustimmungen Dritter einzuholen (OLG Dresden OLG-NL 2001, 97, 99; s Rn 14) oder Verträge mit Dritten zu schließen (s Rn 4, 9 sowie BGH NJW-RR 1990, 1009, 1011; OLG München NJW-RR 1988, 58, 59 [dazu Ring JuS 1991, 634, 638 f]; WM 1984, 1335, 1336).

An der Treuwidrigkeit fehlt es bei *wirtschaftlich vernünftigen Gründen* für das be- **9**
einflussende Verhalten (KG DAR 1980, 118, 119). **Nicht treuwidrig** ist es daher zB, wenn
aus wirtschaftlich fundiertem Grunde statt eines Hausbaus das Hausgrundstück verkauft wird (BGH WM 1964, 921, 922; SOERGEL/WOLF § 162 Rn 10) oder wenn ein Käufer die
Ratenzahlung einstellt, weil ihm die dann eintretenden vertraglich geregelten Verzugsfolgen günstiger erscheinen (BGH NJW 1984, 2568, 2569; vgl aber auch KG DAR 1980,
118, 119). Das gleiche gilt, wenn ein Bauherr den gegen die Versagung der beantragten
Baugenehmigung eingelegten Widerspruch zurücknimmt, weil aufgrund Zeitablaufs
die Durchführung des Baues ohne Interesse für ihn ist (OLG Köln OLGZ 1974, 8, 10).
Nicht treuwidrig ist es ferner, aus einem wirtschaftlich anerkennenswerten Grunde
vom Abschluß eines vermittelten Vertrages abzusehen, obwohl deshalb dem Makler
die Provision entgeht (BGH BB 1960, 1262; OLG Düsseldorf MDR 1999, 1376; freilich wird es in
solchen Fällen, in denen der Vertragsschluß mit einem Dritten zur Bedingung erhoben wurde, häufig
schon an einer Rechtspflicht zum Handeln fehlen, s LG Hannover WuM 1990, 334, 335 und oben
Rn 5). Wurde allerdings der Makler zu besonderer Tätigkeit angespornt, so kann das
Unterlassen des Vertragsabschlusses treuwidrig sein (BGH NJW 1966, 1404, 1405). Wird
der Makler nicht darauf hingewiesen, daß das Objekt bereits bekannt ist, liegt kein
Fall des § 162, sondern eine cic vor (**aM** OLG Koblenz MDR 1990, 1115, 1116; s auch Rn 15).
Läßt der Vertragspartner das Objekt von einem ihm nahestehenden Dritten erwerben, so ist die Bedingung für den Provisionsanspruch – wie bei allen *Umgehungs-*
geschäften (allg dazu KNÜTEL FamRZ 1981, 1079; vgl auch BGH JR 1992, 415 m Anm PROBST) –
nicht ausgefallen, sondern bei der im Maklerrecht vorherrschenden wirtschaftlichen
Betrachtungsweise eingetreten (vgl BGH BB 1990, 2296; SCHEIBE BB 1988, 849, 850 ff, 855 f;
für Anwendung des § 162 hingegen SCHÄFER BB 1990, 2275, 2277). Nur wo eine solche sachgerechte Tatbestandsauslegung nicht in Betracht kommt, bedarf es eines Rückgriffs
auf § 162 (s auch unten Rn 15), dessen Voraussetzungen bei „Vorschieben" eines Dritten
regelmäßig erfüllt sein werden (vgl BGH NJW 1982, 2552, 2553). Bei *eigener Vertragsun-*
treue des Vertragspartners kommt § 162 nicht zum Zuge (BGH NJW 1984, 2568, 2569).

Ein **Verschulden** des Handelnden im technischen Sinne ist nach heute überwiegender **10**
Auffassung nicht erforderlich (ERMAN/HEFERMEHL § 162 Rn 2; JAUERNIG § 162 Rn 4;
PALANDT/HEINRICHS § 162 Rn 3; SCHIEDERMAIR 16 ff; SOERGEL/WOLF § 162 Rn 8), so daß auch
das Verhalten eines Schuldunfähigen von § 162 erfaßt werden kann. Ursprünglich
wurde allerdings Vorsatz verlangt, also das Wissen und Wollen der treuwidrigen
Kausalverlaufsbeeinflussung. Seit RGZ 122, 247, 251 wird auch fahrlässiges Handeln
als hinreichend bewertet (vgl BGH NJW-RR 1989, 802; OLG Düsseldorf NJW 1981, 463, 464;
ENNECCERUS/NIPPERDEY § 196 III; FLUME § 40, 1e; MünchKomm/H P WESTERMANN § 162 Rn 10).
Das Gesetz gibt für ein solches zusätzliches Tatbestandsmerkmal keinen Anhalt, so
daß es ausreichen muß, wenn sich das Verhalten bei Würdigung (auch) der subjektiven Beweggründe als treuwidrig darstellt (s Rn 7). Das gilt um so mehr, als es
sich bei § 162 nicht um eine Sanktion handelt (s Rn 2). Da aber auch der Sorgfaltsmaßstab bei der Fahrlässigkeit objektiv bestimmt wird, werden sich Unterschiede im
praktischen Ergebnis kaum finden lassen (vgl auch MünchKomm/H P WESTERMANN § 162
Rn 10).

III. Rechtsfolgen

1. Fiktion

11 Als Folge einer treuwidrigen Einflußnahme auf den Kausalverlauf wird kraft Gesetzes fingiert, daß die Bedingung, deren Eintritt herbeigeführt wurde, nicht eingetreten (bzw eine Bedingung, deren Eintritt verhindert wurde, eingetreten) ist. *Nicht* fingiert (und auch nicht vermutet) wird der ursächliche Zusammenhang zwischen dem Parteiverhalten und der eingetretenen Sachlage (s Rn 3; zur Beweislast s Rn 20). Ist die Bedingung einer Partei sowohl vorteilhaft als auch nachteilig, so kann die Wirkung des § 162 nur insoweit eintreten, als sie dem Treuwidrigen nachteilig ist. Soll zum Beispiel bei Vorlage einer Bescheinigung durch den Schuldner der Gläubiger die Klage zurücknehmen und der Schuldner zahlen und besorgt die vorlagepflichtige Partei die Bescheinigung in treuwidriger Weise nicht, so tritt die Wirkung des § 162 nur zugunsten der anderen Partei ein. Das ergibt sich daraus, dass § 162 denjenigen, zu dessen Vorteil die Bedingung gereicht schützen, nicht aber ihn (zugleich) benachteiligen bzw den treuwidrigen Gegner bevorteilen soll. Dieser hat es in der Hand, die Bedingung durch pflichtgemäßes Verhalten eintreten zu lassen und sich dadurch einen unbedingten Anspruch auf die ihm gebührende Leistung zu verschaffen.

2. Zeitpunkt

12 Als Zeitpunkt des Bedingungseintritts wird nach hM derjenige Augenblick angesehen, in dem die Bedingung bei ordnungsgemäßem Verhalten des Verpflichteten mutmaßlich eingetreten wäre (Mot I 263; RGZ 79, 96, 101; OLG Düsseldorf NJW 1981, 463, 464; Soergel/Wolf § 162 Rn 14). Ist dieser Zeitpunkt nicht festzustellen, so soll hilfsweise auf den Zeitpunkt abgestellt werden, in dem die treuwidrige Handlung beendet wurde (BGB-RGRK/Steffen § 162 Rn 5; Soergel/Wolf § 162 Rn 14). Der BGH (NJW 1975, 205, 206) nimmt dies für den Fall an, daß die Erfüllung der ursprünglichen Leistung nicht mehr möglich ist. Nach anderer Auffassung ist dagegen der Bedingungseintritt stets zu dem Zeitpunkt anzunehmen, in dem die treuwidrige Handlung vorgenommen wurde (Erman/Hefermehl § 162 Rn 6; Jauernig § 162 Rn 5; grds auch Münch-Komm/H P Westermann § 162 Rn 17). Zutreffend erscheint demgegenüber die von Flume (§ 40, 1b) vertretene Mittelmeinung, wonach der erstgenannte Gesichtspunkt in den Fällen des *dies incertus an, certus quando* (vgl Vorbem 4 zu §§ 158 ff) gelten muß, also zB, wenn das Erleben eines bestimmten Tages zur Bedingung erhoben war. Auf den Zeitpunkt der Handlungsbeendigung soll dagegen in den Fällen des *dies incertus an, incertus quando* abgestellt werden, also zB wenn das Überleben einer Person gegenüber einer anderen die Bedingung bildete.

IV. Anwendungsbereich

1. Direkte Anwendung

13 § 162 greift nur bei **rechtsgeschäftlich gesetzten Bedingungen**, nicht auch bei Rechtsbedingungen ein (RGZ 129, 357, 376; Flume § 40, 1g; Soergel/Wolf § 162 Rn 5; allg zur Rechtsbedingung Vorbem 22 ff zu §§ 158 ff). Gleichwohl wird der Rechtsgedanken des § 162 vielfach herangezogen, wenn jemand anspruchsbegründende oder -vernichtende ge-

setzliche Tatbestandsmerkmale treuwidrig herbeiführt oder verhindert (s Rn 15 ff).
Zur Potestativbedingung s oben Rn 4. Für das Erbrecht enthält § 2076 eine Sonderregelung (s dazu FLUME § 40, 1d).

§ 162 gilt nicht für das gesetzliche Erfordernis einer *behördlichen Genehmigung* (RGZ **14**
168, 261, 267; 129, 357, 376; OLG Frankfurt DNotZ 1972, 180, 181; ERMAN/HEFERMEHL § 162 Rn 1).
Jedoch kann sich aus § 242 die Pflicht zur Mitwirkung bei der Herbeiführung einer
behördlichen Genehmigung ergeben (vgl BGH MDR 1963, 837, 838; MünchKomm/H P
WESTERMANN § 162 Rn 5). Hinsichtlich der *vormundschaftsgerichtlichen Genehmigung*
wird in § 1829 dem gesetzlichen Vertreter ausdrücklich zugebilligt, daß er von ihr
nach seinem freien Ermessen Gebrauch machen darf (BGHZ 54, 71, 73; FLUME § 40, 1g).
Auch die nach § 177 erforderliche *Genehmigung vollmachtlosen Handelns* fällt als
Rechtsbedingung (s Vorbem § 158 Rn 23) nicht unter diese Vorschrift (vgl BGH ZIP 2000,
1007, 1009; NJW 1996, 3338, 3340). Ist hingegen eine nach dem Gesetz nicht erforderliche
Genehmigung eines Dritten einzuholen, so ist § 162 anwendbar (vgl BAG ZIP 1985, 1510,
1512). Das gilt beispielsweise auch dann, wenn sich eine Aktiengesellschaft in einem
Vertrag gebunden hat, der unter der aufschiebenden Bedingung der Genehmigung
durch den Aufsichtsrat steht (OLG Dresden OLG-NL 2001, 97, 98).

2. Analoge Anwendung

§ 162 ist Ausdruck eines **allgemeinen Rechtsgedankens** (vgl nur BVerfGE 83, 82, 86 und **15**
ausf GANNS 138 ff), wonach niemand aus einer von ihm treuwidrig herbeigeführten
Rechtslage Vorteile ziehen soll (BGHZ 88, 240, 248; OLG Brandenburg NJW-RR 2000,
766, 767; BAG NZA 2000, 894, 897). Freilich sollte dieser Rechtsgedanke nicht überstrapa-
ziert werden. Bedenkt man, daß es bei § 162 nicht um eine Sanktion für treuwidriges
Verhalten geht, sondern um die Durchsetzung des ursprünglichen rechtsgeschäftlichen Parteiwillens (s oben Rn 2), so sind der Analogie zu § 162 Grenzen gesetzt.
Vorrangig ist zu überlegen, ob sich das Problem nicht durch eine sachgerechte *Aus-*
legung besonderer Tatbestände lösen läßt (vgl für die „Kenntnis" in § 852 bei verweigerter
Kenntnisnahme BGH VersR 1991, 1032 und NJW-RR 1990, 606; für die „schwere Verfehlung" im
damaligen § 66 EheG bei verweigerter Wiederverheiratung BGH NJW-RR 1991, 388 und FamRZ
1982, 896, 897; entsprechend für § 1579 Abs 1 Nr 4 BGH NJW 1984, 2692 ff; vgl auch OLG Celle
FamRZ 1980, 256, 258; ROTH-STIELOW JR 1982, 53 ff). Hilfsweise wird in vielen Fällen ein
Rückgriff auf § 242 vorzuziehen sein (vgl auch MünchKomm/H P WESTERMANN § 162 Rn 18),
sofern nicht überhaupt das treuwidrige Verhalten *selbständige Gegenansprüche* auslöst, etwa gemäß § 280 aus cic oder pVV (unnötig deshalb zB der Rückgriff auf § 162 in LG
Berlin WM 1981, 1242; vgl auch oben Rn 9).

Analoge Anwendung findet die Regelung des § 162 in bestimmten Fällen der *Zu-* **16**
gangsvereitelung (s STAUDINGER/DILCHER[12] § 130 Rn 51). Ebenso wird § 162 analog herangezogen, wenn ein Gläubiger einer durch Pfandrecht oder Bürgschaft gesicherten
Forderung selbst die *Nichterfüllung* durch den Hauptschuldner herbeiführt (BGH BB
1966, 305; ERMAN/HEFERMEHL § 162 Rn 7), etwa indem er einen ihm übersandten Scheck
nicht einlöst (BGH NJW 2002, 1788 f), oder wenn ein Grundstückseigentümer die Zustimmung zur Belastung eines Erbbaurechts verweigert und dadurch den Heimfall-
anspruch wegen nicht fristgerechter Bebauung auslöst (BGH NJW-RR 1993, 465, 466).
Auch wenn beim finanzierten Abzahlungskauf die *Abnahme der Sache* grundlos
abgelehnt wird, muß sich der Käufer gegenüber der finanzierenden Bank so behan-

deln lassen, als sei er Besitzer geworden (BGH NJW 1964, 36, 37; SOERGEL/WOLF § 162 Rn 16). Wer eine vom Werkunternehmer geschuldete Mängelbeseitigung verhindert, muß sich nach dem Rechtsgedanken des § 162 so behandeln lassen, als seien die Mängel beseitigt (BGHZ 88, 240, 248). Weiter wird § 162 auch dann analog herangezogen, wenn jemand den Vertragspartner durch eigenes Verhalten von bestimmten (fristwahrenden) Maßnahmen abhält (vgl für den Rücktritt BGH NJW-RR 1991, 177, 178; ferner BGH MDR 1986, 316 [LS] für einen Entschädigungsantrag; BAGE 66, 1, 8 für einen Konkursantrag); allerdings dürfte auch hier § 242 besser passen (vgl für den Scheidungsantrag BGH NJW 1993, 1004, 1005).

17 Ferner findet der Rechtsgedanke des § 162 im *Arbeitsrecht* Anwendung. So wird er herangezogen, wenn bei einem Dienstvertrag auf Lebenszeit der Diensther eine als Gegenleistung vereinbarte Geschäftsübertragung dadurch verhindert, daß er die vorzeitige Lösung des Vertragsverhältnisses in einer von ihm zu vertretenden Weise herbeiführt (RGZ 170, 385, 389). Dasselbe gilt hinsichtlich betrieblicher Ruhegeldvereinbarungen (BGHZ 22, 375, 378; NIKISCH NJW 1954, 529, 532; vgl für betriebsbedingte Kündigungen aber BAG BB 1983, 2119, 2120). Ebenso kann der Rechtsgedanke des § 162 bei Kündigungen unmittelbar vor Eintritt eines Kündigungsschutzes eingreifen (BAGE 4, 306, 309; BAG NJW 1983, 2836, 2837; SAE 1980, 36, 37; vgl aber auch LAG Schleswig-Holstein DB 1983, 2260) sowie bei Kündigungen zur Umgehung des Weihnachtsgeldanspruchs (SOERGEL/WOLF § 162 Rn 16) oder sonstiger an einen Stichtag gebundener Gratifikationen. Eine betriebsbedingte Kündigung ist dabei aber als solche nicht treuwidrig iSd § 162 (BAG NJW 1993, 1414, 1415; 1986, 1063; BB 1991, 1713, 1715; s dazu auch MISERA SAE 1992, 242 ff; REICHOLD DB 1988, 498 ff; REISERER NZA 1992, 436 ff), ebenso wenig eine Kündigung innerhalb der Probezeit (LAG Hamm MDR 2000, 219, 220). Auch eine rückwirkende Lohnminderung im Falle einer Kündigung seitens des Arbeitnehmers verstößt gegen den Grundsatz des § 162 (SCHAUB, Arbeitsrechtshandbuch [9. Aufl 2000] § 74 Rn 11). Die Kündigung ist einem Arbeitgeber ferner versagt, wenn er ein zur Kündigung berechtigendes Fehlverhalten des Arbeitnehmers provoziert hat (vgl LAG Hamm LAGE § 626 BGB Nr 44 sowie oben Rn 8). Umgekehrt kann sich ein Arbeitnehmer auf eine Verlängerung seiner Probezeit nicht berufen, wenn er die Unterbrechung der Probezeit treuwidrig herbeigeführt hat (BAG NJW 1982, 2628, 2629 f).

18 In gleicher Weise gilt der Rechtsgedanke des § 162 für das *zivilprozessuale Erkenntnisverfahren* (vgl für die unter eine Bedingung gestellte Verpflichtung zur Rechtsmittelrücknahme BGH NJW 1989, 802) und für das *Vollstreckungsverfahren*, etwa wenn der Eigentümer einer unter Eigentumsvorbehalt verkauften Sache die Zahlung des Restkaufpreises durch den Pfandgläubiger ablehnt (ERMAN/HEFERMEHL § 162 Rn 4; vgl auch oben Rn 8). Ebenso kann sich auf die durch Einleitung der Zwangsversteigerung begründete Fälligkeit derjenige Gläubiger nicht berufen, der selbst das Zwangsversteigerungsverfahren zu Unrecht herbeigeführt hat (RG HRR 1931, 1905).

19 Schließlich gilt der Rechtsgedanke des § 162 auch im *Verwaltungsrecht* (BVerwGE 68, 156, 159; 31, 197, 200; 11, 350, 352; 9, 89, 92; BVerwG NVwZ 1993, 1101; JR 1970, 274, 275; OVG Koblenz NVwZ 1988, 945, 946 und 947, 948; MünchKomm/H P WESTERMANN § 162 Rn 8; vgl auch BGH MDR 1986, 316 [LS]), auch für die Frage der Zugangsvereitelung (BVerwGE 85, 213, 216; BVerwG NVwZ 1987, 793, 794). Für öffentlich-rechtliche Verträge ergibt sich die Anwendbarkeit von § 162 unmittelbar aus § 62 S 2 VwVfG.

V. Beweislast

Wer aus der Fiktion des § 162 (s Rn 11) Rechte herleitet, muß das treuwidrige Ver- **20**
halten darlegen und beweisen (BGH NJW-RR 1989, 802; 1987, 304, 305; OLG Düsseldorf NJW-
RR 1997, 211, 212; OLG Karlsruhe NJW-RR 1996, 80; OLG Köln VersR 1999, 638; LG Aachen NJW-
RR 1986, 411, 412; ArbG Frankfurt ZIP 1999, 1771, 1772). Der Ursachenzusammenhang
zwischen dem Parteiverhalten und der eingetretenen Sachlage (s Rn 3) muß nach
den allgemeinen Regeln *bewiesen* werden (BGH JZ 1958, 211; RGZ 66, 222, 224;
SOERGEL/WOLF § 162 Rn 13). Allerdings muß nicht bewiesen werden, daß keine andere
Ursache zur Vereitelung des Eintritts bzw zur Herbeiführung des Ausfalls hätte
führen können (RG JW 1911, 213, 214).

§ 163
Zeitbestimmung

**Ist für die Wirkung eines Rechtsgeschäfts bei dessen Vornahme ein Anfangs- oder ein
Endtermin bestimmt worden, so finden im ersteren Fall die für die aufschiebende, im
letzteren Fall die für die auflösende Bedingung geltenden Vorschriften der §§ 158,
160, 161 entsprechende Anwendung.**

Materialien: E I §§ 141 und 142; II § 133; III
§ 159; Mot I 269; Prot I 186.

Schrifttum

Vgl die Literaturhinweise bei Vorbem zu
§§ 158–163 sowie
DU CHESNE, Betagte Rechte, BayZ 1909, 423
NASTELSKI, Die Zeit als Bestandteil des Lei-
stungsinhalts, JuS 1962, 289
ROMEICK, Zur Technik des Bürgerlichen Gesetzbuchs: Die Fristbestimmung (1901)

U SCHNEIDER, Die Rückdatierung von Rechtsgeschäften, AcP 175 (1975) 279
PLANDER, Befristung von Arbeitsverhältnissen
im Bereich der Drittmittelforschung, WissR
1982, 3.

Systematische Übersicht

Alphabetische Übersicht

I.   Befristung

1.   Begriff

1 Eine Befristung oder, wie das BGB sagt, eine Zeitbestimmung, ist die auf dem Parteiwillen beruhende Gestaltung des Rechtsgeschäfts, kraft deren seine Wirkungen entweder erst von einem künftigen zeitlich bestimmten Augenblick ab oder nur bis zu einem solchen bestehen sollen (Ennecerus/Nipperdey § 193 II). Im ersten Falle wird der entscheidende Zeitpunkt *Anfangstermin (dies a quo)*, im letzteren Falle *Endtermin (dies ad quem)* genannt (vgl zur auflösenden Befristung RGZ 76, 89, 90; BayObLG NJW-RR 1993, 1164, 1165). Es handelt sich auch hier um eine rechtsgeschäftliche Nebenabrede (s schon Vorbem 3, 7 zu §§ 158 ff), die durch Änderungsvertrag nach § 305 auch wieder aufgehoben werden kann (sog „Entfristung", s Soergel/Wolf § 163 Rn 5). – Zur Berechnung der Frist s unten Rn 6.

2.   Befristung und Betagung

2 Bei Forderungen läßt sich zwischen befristeten und betagten Ansprüchen unterscheiden. Die Grundlage für diese Unterscheidung wird vor allem aus § 813 Abs 2 entnommen (Erman/Hefermehl § 163 Rn 5; Larenz/Wolf § 50 Rn 90; MünchKomm/H P Westermann § 163 Rn 3). Befristete Forderungen sind in ihrem Bestehen, betagte nur hinsichtlich ihrer Fälligkeit vom Ablauf einer Frist abhängig (zB bei gestundetem Kaufpreis). Ob bei Vereinbarung eines Anfangstermins Befristung oder Betagung gewollt ist, ist Auslegungsfrage (Jauernig § 163 Rn 1). So sind zB Mietzinsansprüche befristete (BGH WM 1965, 628, 630), Leasingraten hingegen betagte Forderungen (BGHZ 118, 282, 290; 111, 84, 95; 109, 368, 372). § 163 gilt nur für befristete, nicht auch für betagte Forderungen (Roth ZZP 98 [1985] 287, 293; Soergel/Wolf § 163 Rn 6). Die Gegenansicht (Ennecerus/Nipperdey § 199 II; Flume § 41), die die Unterscheidung insgesamt ablehnt und stets § 163 anwendet, verdient keine Gefolgschaft. Die Unterscheidung ist wichtig für § 813 Abs 2 (eine vorzeitig gezahlte Summe kann nur bei Befristung, nicht bei Betagung kondiziert werden) und für § 41 InsO (betagte Forderungen gelten in der Insolvenz als fällig, während aufschiebend befristete nach § 191 InsO behandelt werden; s Vorbem 52 zu §§ 158 ff). Ferner hat die Unterscheidung Auswirkungen auf die Insolvenzfestigkeit einer Vorauszession (BGHZ 109, 368, 370 ff; nach BGHZ 111, 84, 95 auch für Änderungsverfügungen nach einer Vorauszession; krit dazu Deubner JuS 1992, 19, 22).

3 Von der Befristung im Sinne des § 163 ist auch die *Ausschlußfrist* zu unterscheiden, innerhalb derer jemand eine Handlung vornehmen muß, um Rechtsnachteile zu vermeiden; s dazu näher Staudinger/Peters (2001) Vorbem 11 zu §§ 194 ff.

3.   Befristung und Bedingung

4 Gemeinrechtlich lag eine Befristung immer dann vor, wenn auf einen bestimmten Tag abgestellt wurde. Dabei wurde unterschieden zwischen einem *dies certus an et quando* (zB „am 12. Juli des folgenden Jahres") und einem *dies certus an, incertus quando* (zB „an meinem Todestag"; vgl auch Vorbem 4, 9 zu §§ 158 ff). Nach dem BGB kommt es hingegen auf den *Parteiwillen* an (Mot I 270): Demnach kann auch ein *dies certus an* als Bedingung gesetzt werden, ebenso ein *dies incertus an, certus quando* als

Befristung, je nachdem, ob die für die Befristung kennzeichnende Gewißheit des künftigen Ereignisses oder die für die Bedingung kennzeichnende Ungewißheit die Geltung des Rechtsgeschäfts bestimmen soll (BGH DB 1958, 162; RGZ 91, 226, 229; 68, 141, 145; zu pauschal deshalb BGH MDR 1980, 41; BayObLG NJW-RR 1993, 1164, 1165; BAG AP Nr 9 zu § 620 BGB-Bedingung m krit Anm BELLING). Maßgebend hierfür ist die *Auslegung* (ERMAN/HEFERMEHL § 163 Rn 1; MünchKomm/H P WESTERMANN § 163 Rn 2; SOERGEL/WOLF § 163 Rn 3). Zweifel hinsichtlich des Ob und Wann sprechen eher für eine Bedingung; bei einer nur kurzen Zeitspanne liegt eine Befristung näher (vgl BGH NJW 1993, 1976, 1977: Befristung bei Kündigung eines ursprünglichen Vertrages für den Zeitpunkt der in Kürze erwarteten Eintragung eines ablösenden Vertrages; OLG Karlsruhe BadRspr 1922, 61: „Provision zahlbar nach Verladung" ist bei unmittelbar erwarteter Verladung eine Befristung; vgl zur Provision eines Maklers auch BGH NJW 1986, 1035). Bedingung und Befristung können auch kombiniert verwendet werden, etwa wenn eine beschränkte persönliche Dienstbarkeit begründet wird „solange ein Vertragsverhältnis mit dem Eigentümer besteht, mindestens jedoch bis zum 31. 12. 1984" (OLG Köln Rpfleger 1963, 381).

II. Regelungsgehalt des § 163

1. Verweisung auf das Recht der Bedingung

Das BGB regelt den *Anfangstermin* durch Verweisung auf die Vorschriften über die **5** aufschiebende Bedingung, den *Endtermin* durch Verweisung auf die Vorschriften über die auflösende Bedingung. Das bedeutet, daß die Rechtswirkungen bei einem Anfangstermin erst mit dem Erreichen des Termins eintreten. Bei einem Endtermin enden sie mit dessen Erreichen automatisch, so daß zB eine Rückübertragung nur hinsichtlich des Besitzes erforderlich ist (vgl für den Rückfall eines Patents RG GRUR 1943, 355, 356). Welche Maßnahmen bei befristeten *Sicherheiten* zur Fristwahrung getroffen werden müssen, hängt vom Einzelfall ab (BGH ZIP 1983, 287, 288). Bei einer befristeten Verpfändung reicht idR die rechtzeitige Ankündigung der Inanspruchnahme (RGZ 68, 141, 145 f), bei einem Grundpfandrecht jedenfalls die rechtzeitige Einleitung der Zwangsvollstreckung (LG Tübingen Rpfleger 1984, 156; vgl aber auch BGH ZIP 1983, 287, 288 f). Für die befristete Bürgschaft enthält § 777 eine Spezialvorschrift (BGHZ 76, 81, 85), die freilich durch Parteivereinbarung im Sinne des § 163 abdingbar ist (BGHZ 99, 288, 291; s dazu auch STÖTTER/STÖTTER DB 1987, 1621, 1624). Bei befristeten Garantien ist es erforderlich, daß sie innerhalb der Frist unzweideutig angefordert werden (HORN IPRax 1981, 149, 151 mwN).

§ 163 schreibt eine entsprechende Anwendung der §§ 158, 160, 161 vor (vgl für § 161 **6** BFHE 153, 318, 321 f). Für die *Berechnung* rechtsgeschäftlicher Zeitbestimmungen gelten im übrigen die §§ 186 ff. Wie lange die Frist läuft, ergibt sich also aus diesen Vorschriften, nicht aus § 163 selbst (BGHZ 99, 288, 291). Die Verweisung auf § 161 impliziert, daß auch beim befristeten Rechtsgeschäft ein *Anwartschaftsrecht* entstehen kann (vgl BGH MDR 1960, 1004; ENNECCERUS/NIPPERDEY § 199 I 2, 200 II; MünchKomm/ H P WESTERMANN § 163 Rn 4; NASTELSKI JuS 1962, 289, 290; SOERGEL/WOLF § 163 Rn 7/10; allg zum Anwartschaftsrecht s Vorbem 53 ff zu §§ 158 ff).

Die Nichtanwendung des § **162** ist für den *dies certus quando* selbstverständlich. **7** Hingegen könnte der Befristungseintritt im Falle eines *dies incertus quando* durchaus wider Treu und Glauben von einer Partei beschleunigt oder verzögert werden. Deshalb ist in diesem Fall § 162 analog anwendbar (JAUERNIG § 163 Rn 1; MünchKomm/H P WESTERMANN § 163 Rn 6; SOERGEL/WOLF § 163 Rn 9; **aM** BGB-RGRK/STEFFEN § 163 Rn 1; für Anwendung des § 242 ERMAN/HEFERMEHL § 163 Rn 3).

8 Auch **§ 159** gilt für die Befristung nicht. Dies hindert jedoch die Parteien nicht, im Vereinbarungswege eine obligatorische Rückbeziehung, zB bezüglich der Früchte für die Zwischenzeit, zu vereinbaren und sich zu verpflichten, einander so zu behandeln, als ob der Termin schon früher eingetreten wäre (RGZ 68, 141, 145; ERMAN/HEFERMEHL § 163 Rn 2; MünchKomm/H P WESTERMANN § 163 Rn 6; PALANDT/HEINRICHS § 163 Rn 3; SOERGEL/ WOLF § 163 Rn 8). Eine dingliche Rückwirkung ist aber auch hier nicht möglich (s schon § 159 Rn 6, 11).

9 Bedingungsfeindliche Rechtsgeschäfte (vgl Vorbem 34 ff zu §§ 158 ff) sind auch **befristungsfeindlich** (ERMAN/HEFERMEHL § 163 Rn 4; MünchKomm/H P WESTERMANN § 163 Rn 5; SOERGEL/WOLF § 163 Rn 10; vgl auch BGHZ 52, 269, 271 f; **aM** BGB-RGRK/STEFFEN § 163 Rn 3, der ein ausdrückliches gesetzliches Verbot verlangt). Darüber hinaus können Wohnraummietverhältnisse nur kalendermäßig befristet werden, also nicht durch einen *dies certus an, incertus quando* (AG Bruchsal WuM 1983, 142; vgl auch oben Rn 4). Ein Sonderproblem der Befristung entsteht, wenn sich die in § 620 Abs 1 zugelassene Befristung von **Arbeitsverträgen** dahin auswirkt, daß Kündigungsschutzvorschriften umgangen oder dem Arbeitnehmer Vorteile (zB Feiertagsvergütungen) entzogen werden. Befristungen mit derartigen Wirkungen sind nur bei Vorliegen sachlicher Gründe zulässig (vgl BAGE [GS] 10, 65, 71 f; LAG Frankfurt BB 1978, 712; KOCH BB 1978, 1218 ff; ZÖLLNER/ LORITZ, Arbeitsrecht [5. Aufl 1998] § 21 I 3 mwN; vgl zur auflösenden Bedingung Vorbem 37 zu §§ 158 ff).

2. Prozessuales

10 Prozessual ist bei befristeten Rechten ebenso wie bei bedingten eine Feststellungsklage gem § 256 ZPO und die Klage auf künftige Leistung nach Maßgabe der §§ 257 ff ZPO möglich (BGB-RGRK/STEFFEN § 163 Rn 4; ENNECCERUS/NIPPERDEY § 199 I 4; ROTH ZZP 98 [1985] 287 ff; vgl auch Vorbem 47 ff zu §§ 158 ff). Hinsichtlich der **Beweislast** gelten die Ausführungen zu den bedingten Rechten (vgl näher Vorbem 50 zu §§ 158 ff).

III. Befristung im öffentlichen Recht

11 Für **Prozeßhandlungen** besteht Bedingungs- und damit (s Rn 9) auch Befristungsfeindlichkeit (vgl ROSENBERG/SCHWAB/GOTTWALD § 65 IV). Anders ist es hingegen bei Prozeßverträgen. Allerdings kann auch bei ihnen die Befristung keine Wirkungen entfalten, die eine bereits eingetretene unveränderliche Prozeßsituation rückgängig machen würde (ROSENBERG/SCHWAB/GOTTWALD § 66 IV 2).

12 **Verwaltungsakte** dürfen gemäß § 36 Abs 2 Nr 1 VwVfG befristet erlassen werden (vgl Vorbem 78 zu §§ 158 ff). Bei öffentlich-rechtlichen Verträgen gilt nach der Regelung des § 62 S 2 VwVfG der § 163 entsprechend.

Sachregister

Die fetten Zahlen beziehen sich auf die
Paragraphen, die mageren Zahlen auf die
Randnummern.

J. von Staudingers
Kommentar zum Bürgerlichen Gesetzbuch
mit Einführungsgesetz und Nebengesetzen

Übersicht vom 16. Juni 2003

Die Übersicht informiert über die Erscheinungsjahre der Kommentierungen in der 13. Bearbeitung und deren Neubearbeitungen (= Gesamtwerk STAUDINGER). *Kursiv* geschrieben sind die geplanten Erscheinungsjahre.

Die Übersicht ist für die 13. Bearbeitung und für deren Neubearbeitungen zugleich ein Vorschlag für das Aufstellen des „Gesamtwerk STAUDINGER" (insbesondere für solche Bände, die nur eine Sachbezeichnung haben). Es wird empfohlen, die Austauschbände chronologisch neben den überholten Bänden einzusortieren, um bei Querverweisungen auf diese schnell Zugriff zu haben. Bei Platzmangel sollten die ausgetauschten Bände an anderem Ort in gleicher Reihenfolge verwahrt werden.

	13. Bearb.	Neubearbeitungen
Buch 1. Allgemeiner Teil		
Einl BGB; §§ 1–12; VerschG	1995	
§§ 21–89; 90–103 (1995)	1995	
§§ 90–103 (2004); 104–133	*2004*	
§§ 134–163	1996	2003
§§ 164–240	1995	2001
Buch 2. Recht der Schuldverhältnisse		
§§ 241–243	1995	
AGBG	1998	
§§ 244–248	1997	
§§ 249–254	1998	
§§ 255–292	1995	
§§ 293–327	1995	
§§ 255–314		2001
§§ 315–327		2001
§§ 328–361	1995	
§§ 328–361b		2001
§§ 362–396	1995	2000
§§ 397–432	1999	
§§ 433–534	1995	
Wiener UN-Kaufrecht (CISG)	1994	1999
§§ 535–563 (Mietrecht 1)	1995	
§§ 564–580a (Mietrecht 2)	1997	
2. WKSchG; MÜG (Mietrecht 3)	1997	
§§ 535–562d (Mietrecht 1)		2003
§§ 563–580a (Mietrecht 2)		2003
§§ 581–606	1996	
§§ 607–610	*J.*	
VerbrKrG; HWiG; § 13a UWG	1998	
VerbrKrG; HWiG; § 13a UWG; TzWrG		2001
§§ 611–615	1999	
§§ 616–619	1997	
§§ 620–630	1995	
§§ 616–630		2002
§§ 631–651	1994	2000
§§ 651a–651l	2001	
§§ 652–704	1995	
§§ 652–656		2003
§§ 705–740	*2003*	
§§ 741–764	1996	2002
§§ 765–778	1997	
§§ 779–811	1997	2002
§§ 812–822	1994	1999
§§ 823–825	1999	
§§ 826–829; ProdHaftG	1998	2003
§§ 830–838	1997	2002
§§ 839, 839a	2002	
§§ 840–853	2002	
Buch 3. Sachenrecht		
§§ 854–882	1995	2000
§§ 883–902	1996	2002
§§ 903–924; UmweltHaftR	1996	
§§ 903–924		2002
UmweltHaftR		2002
§§ 925–984	1995	
§§ 985–1011	1993	1999

	13. Bearb.	Neubearbeitungen
ErbbVO; §§ 1018–1112	1994	2002
§§ 1113–1203	1996	2002
§§ 1204–1296; §§ 1–84 SchiffsRG	1997	2002
§§ 1–64 WEG	*2003*	

Buch 4. Familienrecht

	13. Bearb.	Neubearbeitungen
§§ 1297–1320; NeLebGem (Anh §§ 1297 ff); §§ 1353–1362	2000	
§§ 1363–1563	1994	2000
§§ 1564–1568; §§ 1–27 HausratsVO	1999	
§§ 1569–1586b	*2004*	
§§ 1587–1588; VAHRG	1998	
§§ 1589–1600o	1997	
§§ 1589–1600e; Anh §§ 1592, 1600e		2000
§§ 1601–1615o	1997	2000
§§ 1616–1625	2000	
§§ 1626–1633; §§ 1-11 RKEG	2002	
§§ 1638–1683	2000	
§§ 1684–1717; Anh § 1717	2000	
§§ 1741–1772	2001	
§§ 1773–1895; Anh §§ 1773–1895 (KJHG)	1999	
§§ 1896–1921	1999	

Buch 5. Erbrecht

	13. Bearb.	Neubearbeitungen
§§ 1922–1966	1994	2000
§§ 1967–2086	1996	
§§ 1967–2063		2002
§§ 2087–2196	1996	
§§ 2197–2264	1996	
§§ 2265–2338a	1998	
§§ 2339–2385	1997	

EGBGB

	13. Bearb.	Neubearbeitungen
Einl EGBGB; Art 1–2, 50–218	1998	
Art 219–222, 230–236	1996	

EGBGB/Internationales Privatrecht

	13. Bearb.	Neubearbeitungen
Einl IPR; Art 3–6	1996	
Art 7, 9–12	2000	
IntGesR	1993	1998
Art 13–18	1996	
IntVerfREhe	1997	
Kindschaftsrechtl Ü; Art 19	1994	
Art 19–24		2002
Art 20–24	1996	
Art 25, 26	1995	2000
Art 27–37	2002	
Art 38	1998	
Art 38–42		2001
IntWirtschR	2000	
IntSachenR	1996	

	13. Bearb.	Neubearbeitungen
Gesamtregister	*2004*	
Vorläufiges Abkürzungsverzeichnis	1993	
Das Schuldrechtsmodernisierungsgesetz	2002	2002
BGB-Synopse 1896–1998	1998	
BGB-Synopse 1896–2000		2000
100 Jahre BGB – 100 Jahre Staudinger (Tagungsband 1998)	1999	

Demnächst erscheinen

	13. Bearb.	Neubearbeitungen
§§ 631–651		2003
§§ 705–740	2003	
§§ 2064–2196		2003
Art 18 EGBGB; Vorbem A + B zu Art 19 EGBGB		2003
Art 219–245 EGBGB		2003

Nachbezug: Um sich die Vollständigkeit des „Gesamtwerk STAUDINGER" zu sichern, haben Abonnenten jederzeit die Möglichkeit, die ihnen fehlenden Bände früherer Jahre zu für sie erheblich vergünstigten Bedingungen nach-zubeziehen (z. B. 55 bis Dezember 2000 erschienene Bände [1994 ff., 37.981 Seiten] seit 1. Januar 2003 als Stau-dinger-Einstiegspaket 2003 für € [D] 4.598,–/sFr 7.357,– ISBN 3-8059-0972-1). Auskünfte erteilt jede gute Buch-handlung und der Verlag.

Dr. Arthur L. Sellier & Co. KG – Walter de Gruyter GmbH & Co. KG oHG, Berlin
Postfach 30 34 21, D-10728 Berlin, Telefon (030) 2 60 05-0, Fax (030) 2 60 05-222